मध्य प्रदेश कर्मचारी चयन मण्डल

मध्य प्रदेश

शासन, स्कूल शिक्षा विभाग के अन्तर्गत

उच्च माध्यमिक शिक्षक

पात्रता परीक्षा (ऑनलाइन)

गणित

लेखक

सुशील सिंह

अरिहन्त पब्लिकेशन्स (इण्डिया) लिमिटेड

卐 रजि. कार्यालय

'रामछाया' 4577/15, अग्रवाल रोड, दरिया गंज, नई दिल्ली- 110002

फोन: 011-47630600, 43518550

卐 मुख्य कार्यालय

कालिन्दी, टी.पी. नगर, मेरठ (यूपी)– 250002

फोन: 0121-7156203, 7156204

卐 शाखा कार्यालय

आगरा, अहमदाबाद, बरेली, बेंगलुरु, चेन्नई, दिल्ली, गुवाहाटी, हैदराबाद, जयपुर, झाँसी, कोलकाता, लखनऊ, नागपुर तथा पुणे

卐 मूल्य ₹ 445.00

PUBLISHED BY ARIHANT PUBLICATIONS (INDIA) LTD.

'अरिहन्त' की पुस्तकों के बारे में अधिक जानकारी के लिए हमारी वेबसाइट **www.arihantbooks.com** पर लॉग इन करें या **info@arihantbooks.com** पर सम्पर्क करें।

विषय-सूची

परीक्षा का प्रारूप व पाठ्यक्रम

परीक्षा योजना निर्देश

1. सभी प्रश्न अनिवार्य होंगे।
2. सभी प्रश्न बहुविकल्पीय (वस्तुनिष्ठ 4 विकल्प वाले) होंगे। प्रत्येक प्रश्न हेतु 1 अंक निर्धारित रहेगा।
3. परीक्षा समय 2:30 घण्टे का होगा।
4. इस परीक्षा हेतु एक प्रश्न-पत्र होगा। इसका कुल पूर्णांक 150 होगा। इसमें बहुविकल्पीय प्रश्नों की कुल संख्या 150 होगी। प्रत्येक सही प्रश्न हेतु 1 अंक निर्धारित रहेगा। ऋणात्मक मूल्यांकन होगा। प्रति 4 प्रश्नों के गलत उत्तर पर 1 अंक काटा जाएगा।
5. प्रश्न-पत्र के दो भाग होंगे- भाग अ एवं भाग ब। **भाग अ** सभी के लिए अनिवार्य होगा। **भाग ब** के अन्तर्गत शामिल विषयों में से एक विषय का चयन करना होगा।
6. **भाग अ** के चार खण्ड होंगे, जिनमें अंकों का अधिभार निम्नानुसार होगा

क्र.स.	विषय	प्रश्नों की संख्या	कुल अंक
1.	सामान्य हिन्दी	8	8
2.	सामान्य अंग्रेजी	5	5
3.	सामान्य ज्ञान व समसामयिक घटनाक्रम, तार्किक एवं आंकिक योग्यता	7	7
4.	पेडागोगी	10	10
	कुल	**30**	**30**

7. **भाग ब** 120 अंक का होगा एवं इस प्रश्न-पत्र में 120 बहुविकल्पीय प्रश्न पूछे जायेंगे। प्रश्न-पत्र के अन्तर्गत 16 विषय नीचे तालिका में दिए अनुसार होंगे, जिसमें से अभ्यर्थी अपने स्नातकोत्तर उपाधि के विषय में ही परीक्षा में सम्मिलित हो सकेगा।

क्र. स.	विषय	प्रश्नों की संख्या	कुल अंक	क्र. स.	विषय	प्रश्नों की संख्या	कुल अंक
1.	हिन्दी भाषा	120	120	9.	गृह विज्ञान	120	120
2.	अंग्रेजी भाषा	120	120	10.	वाणिज्य	120	120
3.	संस्कृत भाषा	120	120	11.	इतिहास	120	120
4.	उर्दू भाषा	120	120	12.	भूगोल	120	120
5.	गणित	120	120	13.	राजनीति शास्त्र	120	120
6.	भौतिक विज्ञान	120	120	14.	अर्थशास्त्र	120	120
7.	जीव विज्ञान	120	120	15.	कृषि	120	120
8.	रसायन विज्ञान	120	120	16.	समाजशास्त्र	120	120

विषय वस्तु का स्तर

- प्रश्न-पत्र के **भाग अ** में सामान्य ज्ञान व समसामयिक घटनाक्रम, तार्किक एवं आंकिक योग्यता, पेडागोगी की विषयवस्तु का स्तर स्नातक स्तर के छात्र के मानसिक स्तर के समकक्ष होगा। हिन्दी व अंग्रेजी की विषयवस्तु का स्तर हायरसेकेंडरी स्कूल परीक्षा के समकक्ष होगा।
- प्रश्न-पत्र के **भाग ब** की विषयवस्तु का स्तर स्नातकोत्तर स्तर के समकक्ष होगा।

परीक्षा का पाठ्यक्रम

1. **अंकगणित** संख्याएँ (प्राकृत संख्याएँ, पूर्ण संख्याएँ, पूर्णांक, परिमेय व अपरिमेय संख्याएँ, वास्तविक संख्याएँ, सम्मिश्र संख्याएँ), ऐकिक नियम, औसत, लाभ–हानि, सरल ब्याज, चक्रवृद्धि ब्याज, लम्बाई, वजन, धारिता, समय, सरल भिन्न, दशमलव भिन्न, प्रतिशत, अनुपात–समानुपात, गुणज व गुणनखण्ड, लघुत्तम समापवर्त्य एवं महत्तम समापवर्तक, लघुगणक।

2. **बीजगणित** बीजीय व्यंजक व उनके गुणनखण्ड, एक व दो चर वाले रैखिक समीकरण तथा उनके अनुप्रयोग, समुच्चय व उन पर संक्रियाएँ, आंशिक भिन्न, युगपत समीकरण, वर्गात्मक समीकरण के सिद्धान्त।

3. **रेखीय असमिका** एक चर की रैखिक असमिका के बीजगणितीय हल एवं संख्या रेखा पर प्रदर्शन, दो चरों की रैखिक असमिका का आलेखीय हल, दो चरों की रैखिक असमिका के निकायों का हल ग्राफ द्वारा, निरपेक्ष मान, माध्यों की असमता, कोशी–स्वार्ज असमिका, चेबसेव असमिका।

4. **सम्बन्ध एवं फलन** क्रमित युग्म, समुच्चयों का कार्तीय गुणन, दो परिमित समुच्चयों के कार्तीय गुणन में अवयवों की संख्या, वास्तविक संख्याओं के समुच्चयों का स्वयं से कार्तीय गुणन (Upto $R \times R \times R$), सम्बन्ध की परिभाषा, सचित्र आरेख, प्रांत, सहप्रांत तथा परिसर। फलन : एक समुच्चय से दूसरे समुच्चय पर विशेष प्रकार का सम्बन्ध, फलन का सचित्र आरेख, प्रांत, सहप्रांत तथा परिसर। वास्तविक चरों का वास्तविक मान फलन, वास्तविक फलनों का प्रांत, सहप्रांत तथा परिसर। अचर फलन, तत्समक बहुपद, परिमेय, मापांक, सिग्नम फलन, महत्तम पूर्णांक फलन तथा उनके ग्राफ। फलनों के योग, अन्तर, गुणा एवं भाग। समुच्चय तथा उनका निरूपण, समुच्चयों का संघ, सर्वनिष्ठ तथा पूरक तथा उनके बीजगणितीय गुणधर्म, सम्बन्ध, तुल्यता सम्बन्ध, प्रतिचित्रण, एकैक, अन्तर्क्षेपी एवं आच्छादक प्रतिचित्रण, प्रतिचित्रण का संयोजन, द्विआधारी संक्रियाएँ।

5. **सारणिक एवं आव्यूह** परिभाषा एवं प्रकार, त्रिभुज का क्षेत्रफल ज्ञात करना, सारणिक का अनुप्रयोग, आव्यूहों पर संक्रियाएँ व क्रमविनिमेय आदि नियम, परिवर्त, सहखण्ड व प्रतिलोम आव्यूह, रैखिक समीकरण का आव्यूह द्वारा हल, सीमेट्रिक्स, स्क्यू सीमेट्रिक्स मैट्रिक्स।

6. **ज्यामिति** कोण व उनके प्रकार, समान्तर रेखाएँ, समान्तर रेखाओं पर तिर्यक रेखा द्वारा बनाए गए कोण, त्रिभुज–प्रकार व गुणधर्म, त्रिभुजों की सर्वांगसमता, चतुर्भुज–प्रकार व गुणधर्म, वृत्त के कोण सम्बन्धी गुणधर्म, समान्तर रेखाएँ, त्रिभुज, चतुर्भुज व वृत्त पर आधारित प्रमेय एवं प्रमेयों पर आधारित प्रश्न, ज्यामितीय आकृतियाँ, रचनाएँ व गुणधर्म।

7. **निर्देशांक ज्यामिति** बिन्दुओं के निर्देशांक, सरल रेखा, रेखा–युग्म, वृत्त एवं वृत्त संकाय, शंकु परिच्छेद, त्रिविमीय ज्यामिति, गोला।

8. **अदिश व सदिश राशियाँ** सदिश के परिमाण एवं दिशा, द्विविमीय एवं त्रिविमीय सदिश, सदिशों का गुणनफल एवं उनके गुणधर्म, बलयुग्म का आघूर्ण, त्रिविमीय ज्यामिति में सदिश के अनुप्रयोग, दो असमान्तर और असमतलीय रेखाओं के बीच में न्यूनतम दूरी सदिश द्वारा।

9. **क्षेत्रमिति** त्रिभुज व चतुर्भुज के परिमाप व क्षेत्रफल, घन, घनाभ, शंकु, गोला, बेलन आदि के पृष्ठीय क्षेत्रफल व आयतन।

10. **त्रिकोणमिति** त्रिकोणमितीय फलन, त्रिकोणमितीय सर्वसमिकाएँ व समीकरण, त्रिभुज के गुण व त्रिभुज के हल, ऊँचाई व दूरी, प्रतिलोम त्रिकोणमितीय फलन।

11. **सांख्यिकी** माध्य, माध्यिका, बहुलक, दण्ड आरेख, प्रकीर्णन की माप, परिसर, माध्य विचलन, प्रसरण तथा मानक विचलन, बारम्बारता बंटनों का विश्लेषण, क्रमचय–संचय, प्रायिकता।

12. **गणितीय विवेचन** कथन, पुराने ज्ञात कथनों से नए कथन, विशेष शब्द/वाक्यांश, अर्न्तभाव, कथनों की वैधता प्रमाणित करना।

13. **अनुक्रम तथा श्रेणी** समान्तर श्रेढ़ी, गुणोत्तर श्रेढ़ी, हरात्मक श्रेढ़ी एवं विशेष श्रेणियाँ, चरघातांकीय व लघुगणकीय श्रेणी।

14. **मूलसंख्या सिद्धान्त** पियानो के अभिगृहीत, आगमन का सिद्धान्त, प्रथम सिद्धान्त, द्वितीय सिद्धान्त, तृतीय सिद्धान्त, बेसिस रिप्रजेंटेशन प्रमेय, महत्तम पूर्णांक फलन, विभाज्यता का परीक्षण, यूक्लिड एल्गोरिथम, अद्वितीय गुणनखण्ड प्रमेय, सर्वांगसमता, संख्या के भाजकों का योग, यूलर का टोसेंट प्रमेय, फरमेट और विल्सन की प्रमेय।

15. **अवकलन एवं समाकलन** फलन, सीमा एवं सततता, अवकलन, उत्तरोत्तर अवकलन, अवकलज के अनुप्रयोग, समाकलन, समाकलन की मूलभूत प्रमेय, निश्चित समाकलन, अवकल समीकरण।

16. **कैलकुलस** लैबनीज प्रमेय, मैक्लॉरिन व टेलर श्रेणियों का विस्तार। अपरिमेय बीजगणितीय फलनों का समाकलन, रिडक्सन फॉर्मूले। रैखिक समीकरण, समीकरण जिन्हें रैखिक रूप में परिवर्तित किया जा सकता है, एक्जेक्टर अवकल समीकरण। रैखिक अवकल समीकरण (Linear differential equation), समघातीय रैखिक अवकल समीकरण (Ordinary), द्वितीय ऑर्डर के रैखिक अवकल समीकरण।

17. **उच्च कलन**
- अनुक्रम की परिभाषा, अनुक्रम की सीमा पर प्रमेय, परिबद्ध एवं एकदिष्ट अनुक्रम, कोशी का अभिसरण, निकर्ष अऋणात्मक पदों की श्रेणी, तुलना परीक्षण, कोशी का समाकल परीक्षण, अनुपात परीक्षण, रॉबे परीक्षण, लॉगेरिथ्मीय, डी मॉरगन एवं बर्टरैंड के परीक्षण (बिना प्रमाण), एकान्तर श्रेणी, लैबनीज का प्रमेय, निरपेक्ष एवं प्रतिबंधित अभिसरण।
- सांतत्व (एक चर), अनुक्रमणीय सांतत्व, संतत फलनों के गुणधर्म, एकसमान सांतत्य, अवकलनीयता का शृंखला नियम, मध्यमान प्रमेय एवं उनका ज्यामीतीय अर्थ, अवकलों के लिए डारबॉक्स का मध्यस्थता मान प्रमेय।
- दो चरों के फलनों की सीमा एवं सांतत्व, आंशिक अवकलन, चरों का परिवर्तन, समघात फलनों पर आयलर का प्रमेय, दो चरों के फलनों के लिए टेलर का प्रमेय, जेकोबियन।
- एन्विलप, एवलूटस, दो चरों के फलनों का उच्चिष्ठ, निम्निष्ठ एवं सैडल बिन्दु, लैग्रांज की गुणांक विधि, अनिर्धार्य रूप।
- बीटा एवं गामा फलन, द्विवश एवं त्रि-समाकल, डीरिश्लेट समाकल, द्विवश समाकल के क्रम का परिवर्तन।

18. **अवकल समीकरण**
- अवकल समीकरणों का श्रेणी हल-घात श्रेणी विधि, बेसल व लेजेण्डर समीकरण एवं फलन तथा उनके गुणधर्म, पुनरागमन एवं जनक-सम्बन्ध फलनों की लम्बिकता, स्टर्म-लुइविले प्रश्न, आइगेन फलनों की लम्बिकता, आइगेनमान की वास्तविकता।
- लाप्लॉस रूपान्तरण- लाप्लॉस रूपान्तरण की रैखिकता, लाप्लॉस रूपान्तर की अस्तित्व प्रमेय, अवकलों एवं समाकलों के लाप्लॉस रूपान्तर, विस्थापन प्रमेय, प्रमेय रूपान्तरों का अवकलन एवं समाकलन, प्रतिलोम लाप्लॉस फलन, कन्वोलूशन प्रमेय, अचर गुणांकों वाले अवकल समीकरण पर लाप्लॉस समीकरण के अनुप्रयोग।
- प्रथम कोटि के आंशिक अवकल समीकरण, लैग्रांज का हल, कुछ विशिष्ट प्रकार के समीकरण जिन्हें सरलता से व्यापक विधि के अलावा विधि से हल किया जा सके। चारपिट के हल की व्यापक विधि।
- द्वितीय एवं उच्चतर कोटि के आंशिक अवकल समीकरण, द्वितीय कोटि के रैखिय आंशिक अवकल समीकरणों का वर्गीकरण, अचर गुणांकों के समघाती एवं असमघाती समीकरण, आंशिक अवकल समीकरण जो अचर गुणांकों वाले समीकरणों में परिवर्तनीय है।
- विचरण का कलन-स्थिर सीमान्त वाले विचरणीय प्रश्न, प्रथम कोटि अवकल एवं एक स्वतन्त्र चर को अंतर्विष्ट करने वाले फलनक के लिए आयलर का समीकरण, एक्स्ट्रीमलस उच्चतर कोटि के अवकलों पर आधारित फलनक, एक से अधिक स्वतन्त्र चर पर आधारित फलनक, प्राचल रूप में विचरणीय प्रश्न, रूपान्तरण के अधीन आयलर के समीकरण की अपरिवर्तता।

19. **गणितीय आगमन एवं द्विपद प्रमेय**

20. **लीनियर प्रोग्रामिंग**

21. **बीजगणित एवं त्रिकोणमिति**
- पंक्ति एवं स्तर आव्यूहों की एक घाततः स्वतन्त्रता एवं परतंत्रता, पंक्ति स्तम्भ व आव्यूह की जाति, पंक्ति व स्तम्भ को जाति तुल्यता, आइगेनमान, आइगेन सदिश व आव्यूह का अभिलाक्षणिक समीकरण, कैले-हेमिल्टन प्रमेय और आव्यूह का व्युत्क्रम ज्ञात करने में उसका उपयोग।
- ग्रुप-उदाहरण व प्रगुण, सबग्रुप (उपसमूह), चक्रीय समूह, कोसेट डीकम्पोजीशन, लैग्रांज प्रमेय, फर्मेट्स एवं यूलर्स प्रमेय, समकारिता एवं तुल्यकारिता, नॉर्मल सबग्रुप, कोसेंट ग्रुप।
- समकारिता की मूलभूत प्रमेय, क्रमचय ग्रुप, सम और विषम क्रमचय, रिंग, सबरिंग, इंटीग्रल डोमेन एवं फील्ड, रिंग के प्रगुण।

22. **सदिश विश्लेषण एवं ज्यामिति**
- तीन सदिशों का सदिश व अदिश गुणन, सदिशों के व्युत्क्रम (Reciprocal), सदिश अवकलन, ग्रेडिएंट, डाइवर्जैंस व कर्ल।
- सदिश समाकलन, गॉस, ग्रीन व स्टोक की प्रमेय।
- दिए गए आधार वाले शंकु का समीकरण, समकोणीय शंकु (Right circular cone), बेलन का समीकरण और उसके प्रगुण।

परीक्षा का पाठ्यक्रम

1. **अंकगणित** संख्याएँ (प्राकृत संख्याएँ, पूर्ण संख्याएँ, पूर्णांक, परिमेय व अपरिमेय संख्याएँ, वास्तविक संख्याएँ, सम्मिश्र संख्याएँ), ऐकिक नियम, औसत, लाभ–हानि, सरल ब्याज, चक्रवृद्धि ब्याज, लम्बाई, वजन, धारिता, समय, सरल भिन्न, दशमलव भिन्न, प्रतिशत, अनुपात–समानुपात, गुणज व गुणनखण्ड, लघुत्तम समापवर्त्य एवं महत्तम समापवर्तक, लघुगणक।

2. **बीजगणित** बीजीय व्यंजक व उनके गुणनखण्ड, एक व दो चर वाले रैखिक समीकरण तथा उनके अनुप्रयोग, समुच्चय व उन पर संक्रियाएँ, आंशिक भिन्न, युगपत समीकरण, वर्गात्मक समीकरण के सिद्धान्त।

3. **रेखीय असमिका** एक चर की रैखिक असमिका के बीजगणितीय हल एवं संख्या रेखा पर प्रदर्शन, दो चरों की रैखिक असमिका का आलेखीय हल, दो चरों की रैखिक असमिका के निकायों का हल ग्राफ द्वारा, निरपेक्ष मान, माध्यों की असमता, कोशी–स्वार्ज असमिका, चेबसेव असमिका।

4. **सम्बन्ध एवं फलन** क्रमित युग्म, समुच्चयों का कार्तीय गुणन, दो परिमित समुच्चयों के कार्तीय गुणन में अवयवों की संख्या, वास्तविक संख्याओं के समुच्चयों का स्वयं से कार्तीय गुणन (Upto $R \times R \times R$), सम्बन्ध की परिभाषा, सचित्र आरेख, प्रांत, सहप्रांत तथा परिसर। फलन : एक समुच्चय से दूसरे समुच्चय पर विशेष प्रकार का सम्बन्ध, फलन का सचित्र आरेख, प्रांत, सहप्रांत तथा परिसर। वास्तविक चरों का वास्तविक मान फलन, वास्तविक फलनों का प्रांत, सहप्रांत तथा परिसर। अचर फलन, तत्समक बहुपद, परिमेय, मापांक, सिग्नम फलन, महत्तम पूर्णांक फलन तथा उनके ग्राफ। फलनों के योग, अन्तर, गुणा एवं भाग। समुच्चय तथा उनका निरूपण, समुच्चयों का संघ, सर्वनिष्ठ तथा पूरक तथा उनके बीजगणितीय गुणधर्म, सम्बन्ध, तुल्यता सम्बन्ध, प्रतिचित्रण, एकैक, अन्तर्क्षेपी एवं आच्छादक प्रतिचित्रण, प्रतिचित्रण का संयोजन, द्विआधारी संक्रियाएँ।

5. **सारणिक एवं आव्यूह** परिभाषा एवं प्रकार, त्रिभुज का क्षेत्रफल ज्ञात करना, सारणिक का अनुप्रयोग, आव्यूहों पर संक्रियाएँ व क्रमविनिमेय आदि नियम, परिवर्त, सहखण्ड व प्रतिलोम आव्यूह, रैखिक समीकरण का आव्यूह द्वारा हल, सीमेट्रिक्स, स्क्यू सीमेट्रिक्स मैट्रिक्स।

6. **ज्यामिति** कोण व उनके प्रकार, समान्तर रेखाएँ, समान्तर रेखाओं पर तिर्यक रेखा द्वारा बनाए गए कोण, त्रिभुज–प्रकार व गुणधर्म, त्रिभुजों की सर्वांगसमता, चतुर्भुज–प्रकार व गुणधर्म, वृत्त के कोण सम्बन्धी गुणधर्म, समान्तर रेखाएँ, त्रिभुज, चतुर्भुज व वृत्त पर आधारित प्रमेय एवं प्रमेयों पर आधारित प्रश्न, ज्यामितीय आकृतियाँ, रचनाएँ व गुणधर्म।

7. **निर्देशांक ज्यामिति** बिन्दुओं के निर्देशांक, सरल रेखा, रेखा–युग्म, वृत्त एवं वृत्त संकाय, शंकु परिच्छेद, त्रिविमीय ज्यामिति, गोला।

8. **अदिश व सदिश राशियाँ** सदिश के परिमाण एवं दिशा, द्विविमीय एवं त्रिविमीय सदिश, सदिशों का गुणनफल एवं उनके गुणधर्म, बलयुग्म का आघूर्ण, त्रिविमीय ज्यामिति में सदिश के अनुप्रयोग, दो असमान्तर और असमतलीय रेखाओं के बीच में न्यूनतम दूरी सदिश द्वारा।

9. **क्षेत्रमिति** त्रिभुज व चतुर्भुज के परिमाप व क्षेत्रफल, घन, घनाभ, शंकु, गोला, बेलन आदि के पृष्ठीय क्षेत्रफल व आयतन।

10. **त्रिकोणमिति** त्रिकोणमितीय फलन, त्रिकोणमितीय सर्वसमिकाएँ व समीकरण, त्रिभुज के गुण व त्रिभुज के हल, ऊँचाई व दूरी, प्रतिलोम त्रिकोणमितीय फलन।

11. **सांख्यिकी** माध्य, माध्यिका, बहुलक, दण्ड आरेख, प्रकीर्णन की माप, परिसर, माध्य विचलन, प्रसरण तथा मानक विचलन, बारम्बारता बंटनों का विश्लेषण, क्रमचय–संचय, प्रायिकता।

12. **गणितीय विवेचन** कथन, पुराने ज्ञात कथनों से नए कथन, विशेष शब्द/वाक्यांश, अर्न्तभाव, कथनों की वैधता प्रमाणित करना।

13. **अनुक्रम तथा श्रेणी** समान्तर श्रेढ़ी, गुणोत्तर श्रेढ़ी, हरात्मक श्रेढ़ी एवं विशेष श्रेणियाँ, चरघातांकीय व लघुगणकीय श्रेणी।

14. **मूलसंख्या सिद्धान्त** पियानो के अभिगृहीत, आगमन का सिद्धान्त, प्रथम सिद्धान्त, द्वितीय सिद्धान्त, तृतीय सिद्धान्त, बेसिस रिप्रजेंटेशन प्रमेय, महत्तम पूर्णांक फलन, विभाज्यता का परीक्षण, यूक्लिड एल्गोरिथम, अद्वितीय गुणनखण्ड प्रमेय, सर्वांगसमता, संख्या के भाजकों का योग, यूलर का टोसेंट प्रमेय, फरमेट और विल्सन की प्रमेय।

15. **अवकलन एवं समाकलन** फलन, सीमा एवं सततता, अवकलन, उत्तरोत्तर अवकलन, अवकलज के अनुप्रयोग, समाकलन, समाकलन की मूलभूत प्रमेय, निश्चित समाकलन, अवकल समीकरण।

16. **कैलकुलस** लैबनीज प्रमेय, मैक्लॉरिन व टेलर श्रेणियों का विस्तार। अपरिमेय बीजगणितीय फलनों का समाकलन, रिडक्सन फॉर्मूले। रैखिक समीकरण, समीकरण जिन्हें रैखिक रूप में परिवर्तित किया जा सकता है, एक्जेक्टर अवकल समीकरण। रैखिक अवकल समीकरण (Linear differential equation), समघातीय रैखिक अवकल समीकरण (Ordinary), द्वितीय ऑर्डर के रैखिक अवकल समीकरण।

17. **उच्च कलन**

- अनुक्रम की परिभाषा, अनुक्रम की सीमा पर प्रमेय, परिबद्ध एवं एकदिष्ट अनुक्रम, कोशी का अभिसरण, निकर्ष अऋणात्मक पदों की श्रेणी, तुलना परीक्षण, कोशी का समाकल परीक्षण, अनुपात परीक्षण, रॉबे परीक्षण, लॉगेरिथ्मीय, डी मॉरगन एवं बर्टरैंड के परीक्षण (बिना प्रमाण), एकान्तर श्रेणी, लैबनीज का प्रमेय, निरपेक्ष एवं प्रतिबंधित अभिसरण।
- सांतत्व (एक चर), अनुक्रमणीय सांतत्व, संतत फलनों के गुणधर्म, एकसमान सांतत्य, अवकलनीयता का शृंखला नियम, मध्यमान प्रमेय एवं उनका ज्यामीतीय अर्थ, अवकलों के लिए डारबॉक्स का मध्यस्थता मान प्रमेय।
- दो चरों के फलनों की सीमा एवं सांतत्व, आंशिक अवकलन, चरों का परिवर्तन, समघात फलनों पर आयलर का प्रमेय, दो चरों के फलनों के लिए टेलर का प्रमेय, जेकोबियन।
- एन्विलप, एवलूटस, दो चरों के फलनों का उच्चिष्ठ, निम्निष्ठ एवं सैडल बिन्दु, लैग्रांज की गुणांक विधि, अनिर्धार्य रूप।
- बीटा एवं गामा फलन, द्विवश एवं त्रि–समाकल, डीरिश्लेट समाकल, द्विवश समाकल के क्रम का परिवर्तन।

18. **अवकल समीकरण**

- अवकल समीकरणों का श्रेणी हल–घात श्रेणी विधि, बेसल व लेजेण्डर समीकरण एवं फलन तथा उनके गुणधर्म, पुनरागमन एवं जनक–सम्बन्ध फलनों की लम्बिकता, स्टर्म–लुइविले प्रश्न, आइगेन फलनों की लम्बिकता, आइगेनमान की वास्तविकता।
- लाप्लॉस रूपान्तरण– लाप्लॉस रूपान्तरण की रैखिकता, लाप्लॉस रूपान्तर की अस्तित्व प्रमेय, अवकलों एवं समाकलों के लाप्लॉस रूपान्तर, विस्थापन प्रमेय, प्रमेय रूपान्तरों का अवकलन एवं समाकलन, प्रतिलोम लाप्लॉस फलन, कन्वोलूशन प्रमेय, अचर गुणांकों वाले अवकल समीकरण पर लाप्लॉस समीकरण के अनुप्रयोग।
- प्रथम कोटि के आंशिक अवकल समीकरण, लैग्रांज का हल, कुछ विशिष्ट प्रकार के समीकरण जिन्हें सरलता से व्यापक विधि के अलावा विधि से हल किया जा सके। चारपिट के हल की व्यापक विधि।
- द्वितीय एवं उच्चतर कोटि के आंशिक अवकल समीकरण, द्वितीय कोटि के रैखिय आंशिक अवकल समीकरणों का वर्गीकरण, अचर गुणांकों के समघाती एवं असमघाती समीकरण, आंशिक अवकल समीकरण जो अचर गुणांकों वाले समीकरणों में परिवर्तनीय है।
- विचरण का कलन–स्थिर सीमान्त वाले विचरणीय प्रश्न, प्रथम कोटि अवकल एवं एक स्वतन्त्र चर को अंतर्विष्ट करने वाले फलनक के लिए आयलर का समीकरण, एक्स्ट्रीमलस उच्चतर कोटि के अवकलों पर आधारित फलनक, एक से अधिक स्वतन्त्र चर पर आधारित फलनक, प्राचल रूप में विचरणीय प्रश्न, रूपान्तरण के अधीन आयलर के समीकरण की अपरिवर्तता।

19. **गणितीय आगमन एवं द्विपद प्रमेय**

20. **लीनियर प्रोग्रामिंग**

21. **बीजगणित एवं त्रिकोणमिति**

- पंक्ति एवं स्तर आव्यूहों की एक घाततः स्वतन्त्रता एवं परतंत्रता, पंक्ति स्तम्भ व आव्यूह की जाति, पंक्ति व स्तम्भ को जाति तुल्यता, आइगेनमान, आइगेन सदिश व आव्यूह का अभिलाक्षणिक समीकरण, कैले–हेमिल्टन प्रमेय और आव्यूह का व्युत्क्रम ज्ञात करने में उसका उपयोग।
- ग्रुप–उदाहरण व प्रगुण, सबग्रुप (उपसमूह), चक्रीय समूह, कोसेट डीकम्पोजीशन, लैग्रांज प्रमेय, फर्मेट्स एवं यूलर्स प्रमेय, समकारिता एवं तुल्यकारिता, नॉर्मल सबग्रुप, कोसेंट ग्रुप।
- समकारिता की मूलभूत प्रमेय, क्रमचय ग्रुप, सम और विषम क्रमचय, रिंग, सबरिंग, इटीग्रल डोमेन एवं फील्ड, रिंग के प्रगुण।

22. **सदिश विश्लेषण एवं ज्यामिति**

- तीन सदिशों का सदिश व अदिश गुणन, सदिशों के व्युत्क्रम (Reciprocal), सदिश अवकलन, ग्रेडिएंट, डाइवर्जेंस व कर्ल।
- सदिश समाकलन, गॉस, ग्रीन व स्टोक की प्रमेय।
- दिए गए आधार वाले शंकु का समीकरण, समकोणीय शंकु (Right circular cone), बेलन का समीकरण और उसके प्रगुण।

23. स्थैतिकी

- समतलीय बलों के सन्तुलन का विश्लेषणात्मक प्रतिबन्ध, आभासी कार्य (Virtual work), रज्जुका।
- त्रिविमीय बल, पॉयनसॉट मध्य अक्ष, शून्य रेखा एवं तल, स्थायी एवं अस्थायी सन्तुलन।

24. गतिकी विज्ञान

- त्रिज्जीय एवं तिर्यग्रेखा दिशा के परितः वेग एवं त्वरण, स्पर्शीय एवं अभिलंब के परितः वेग एवं त्वरण, सरल हरमिति गति, प्रत्यास्थ डोरियाँ।
- समतल व असमतल वक्र पर गति, प्रतिरोधी माध्यम में गति, विभिन्न संहति के कणों की गति।
- केन्द्रीय कक्ष, कैप्लर के गति नियम, त्रिविम दिशा में कणों की गति।

25. वास्तविक विश्लेषण

- रीमान समाकलन, सतत् एवं एकदिष्ट फलनों की समाकलनीयता, समाकलन की मूलभूत प्रमेय, समाकलन के लिए मध्यमान प्रमेय। आंशिक अवकलन तथा दो चरों के वास्तविक मान फलनों की अवकलनीयता। स्वार्ज एवं यंग प्रमेय, अस्पष्ट फलन प्रमेय।
- विषम समाकल एवं विषम समाकल के अभिसरण के लिए परीक्षण, तुलना परीक्षण, आंबल परीक्षण, डिरण्ले का परीक्षण, फुलानी समाकल, प्राचलित फलनों के समाकल की सततता, अवकलीनयता एवं समाकलनीयता। फोरियर श्रेणी, अर्ध एवं पूर्ण अंतराल के लिए।

26. सम्मिश्र विश्लेषण

- क्रमित युग्म के रूप में सम्मिश्र संख्याएँ।
- सम्मिश्र संख्याओं की ज्यामितीय व्याख्या, स्टिरियोग्राफिक प्रक्षेप, सम्मिश्र फलनों की सततता एवं अवकलनीयता, विश्लेषक– फलन, कोशी–रीमान समीकरण, हारमोनिक फलन।
- मॉबियस रूपान्तरण, स्थिर बिन्दु, तिर्यक अनुपात, व्युत्क्रम बिन्दु तथा क्रान्तिक प्रतिचित्रण, कॉनफारमल प्रतिचित्रण।

27. दूरीक समष्टि

- दूरीक समष्टि की परिभाषा एवं उदाहरण, सामीप्य बिन्दु, अंत बिन्दु, विवृत्त एवं संवृत्त समुच्चय, संवरणक एवं अभ्यंतर, परिसीमा बिन्दु, दूरीक समष्टि का उपसमष्टि, कोशी अनुक्रम, पूर्णता, केन्टर सर्वनिष्ठ प्रमेय, कांट्रेक्शन सिद्धान्त, वास्तविक संख्याओं का पूर्ण क्रमित क्षेत्र। सघन उपसमुच्चय, बेयर केटगरी प्रमेय, विघटीय प्रथम एवं द्वितीय गणनीय समष्टि। सतत् फलन, विस्तार प्रमेय, एकसमान सततता। संहिता, अनुक्रमणीय संहिता, पूर्ण परिबद्ध समष्टि, परिमित सर्वनिष्ठ व गुण, सतत फलन एवं संहिता समुच्चय, संबद्धता।

28. अमूर्त बीजगणित

- ग्रुप–स्वाकारिता (स्वसमरूपता), आंतर स्वाकरिता, स्वाकारिता, ग्रुप एवं उनकी गणना, संयुग्मता का सम्बन्ध, नॉर्मलाईजर, सेन्ट्रीलाईजर, गणतीय सिद्धान्त एवं परिमित ग्रुप का वर्ग समीकरण, कोशी एवं सेलो प्रमेय, परिमित आवेली एवं अनआवेली समूह के लिए।
- रिंग (वलय) थ्योरी–रिंग समाकारिता, आईडियल एवं भाजन वलय पूर्णांकीय डोमेन (प्रांत) की भाज्य फील्ड, यूक्लिडीयन रिंग, बहुपद रिंग, परिमेय फील्ड पर बहुपद, क्रमविनिमेय रिंग पर बहुपद रिंग, अद्वितीय गुणनखण्ड डोमेन।
- सदिश समष्टि की परिभाषा एवं उदाहरण, उपसमष्टि, उपसमष्टियों का योग एवं सरल योग, रैखिक विस्तृति रेखीय आश्रितता एवं स्वातंत्र्य एवं उनके मूल गुणधर्म, आधार, परिमित विमीय समष्टियाँ, आधारों की अस्तित्व प्रमेय, आधार समुच्चय में अवयवों की संख्या। अविचरणीयता विमा, परिमित विमीय सदिश समष्टि की उपसमष्टि की पूरक उपसमष्टि का अस्तित्व, उपसमष्टियों के योग की विमा, भाज्य समष्टि एवं उसकी विमा।
- रैखिक रूपान्तरण एवं उनका आव्यूह निरूपण, रैखिक रूपान्तरणों का बीजगणित, जाति–शून्यता प्रमेय। आधार का परिवर्तन, द्वैत समष्टि, द्विद्वैत समष्टि एवं प्राकृत तुल्यकारिता, रैखिक रूपान्तरण का बीजीय समष्टि, रैखिक रूपान्तरण के आइगेन मान एवं आइगेन सदिश, विकर्णीकरण उपसमष्टि का द्वि–एकघाती, द्विघाती एवं हरमिशियन समघात।
- आंतर गुणन समष्टि– कोशी स्वार्ज असमिका, लाम्बिक सदिश, लाम्बिक पूरक, प्रसामान्य लाम्बिक समुच्चय एवं आधार, बेसल्स की असमिका, ग्रामष्टिक लाम्बिकता प्रक्रम।

सॉल्वड पेपर

परीक्षा तिथि 06 फरवरी, 2019

मध्य प्रदेश उच्च माध्यमिक शिक्षक पात्रता परीक्षा

गणित

1. 7 चित्रों को दीवार पर लगी 5 चित्र कीलों पर कुल कितने तरीके से लटकाया जा सकता है?

(a) 2520 (b) 16807
(c) 2250 (d) 21

2. 'TRICK' शब्द के अक्षरों का उपयोग कर 3 अक्षरों के शब्दों [अर्थ के साथ या बिना] की संख्या ज्ञात करें?

(a) 125 (b) 120
(c) 60 (d) 15

3. दो पासों को एक बार उछाला गया। तब पहले पासे पर सम संख्या अथवा कुल 8 प्राप्त होने की प्रायिकता .... है।

(a) $\frac{5}{9}$ (b) $\frac{4}{9}$ (c) $\frac{2}{9}$ (d) $\frac{7}{9}$

4. P तथा Q का परिणामी R है, यदि Q को दोगुना करते हैं, तो R भी दोगुना हो जाता है। तथा यदि एक को विपरीत दिशा में घुमाते है, तो R पुनः दोगुना हो जाता है। तब P^2, Q^2, R^2 का मान है

(a) 2 : 2 : 3 (b) 3 : 2 : 2
(c) 2 : 3 : 2 (d) 2 : 3 : 1

5. उस बिन्दु का बिन्दुपथ ज्ञात कीजिए जो बिन्दुओं $A(3, 4, -5)$ और $B(-2, 1, 4)$ से समदूरस्थ है।

(a) $10x + 6y - 18z - 29 = 0$ (b) $10x + 6y - 18z + 29 = 0$
(c) $10x + 6y + 18z + 29 = 0$ (d) $10x - 6y + 18z + 29 = 0$

6. एक लड़की 16 किमी/घण्टा की गति से साइकिल चला सकती है और 7 किमी/घण्टा की गति से चल सकती है। वह 109 किमी की दूरी तय करने में 8.5 घण्टे का समय लेती है। वह पैदल कितनी दूरी तय करती है?

(a) 17.5 किमी (b) 24.5 किमी
(c) 21 किमी (d) 28 किमी

7. $\int_0^{\pi/2} \frac{\sin^2 x}{\sin^2 x + \cos^2 x} dx$

(a) $\frac{\pi}{2}$ (b) $\frac{\pi}{4}$ (c) $\frac{\pi}{6}$ (d) π

8. श्रेणी $1 + \frac{1^2 + 2^2}{2} + \frac{1^2 + 2^2 + 3^2}{3} + ...$ का n पदों का योग है।

(a) $\frac{n}{6}(4n^2 + 15n + 17)$ (b) $\frac{n}{36}(4n^2 + 15n + 17)$
(c) $\frac{n}{12}(4n^2 + 15n + 17)$ (d) $\frac{n}{24}(4n^2 + 15n + 17)$

9. मान लीजिए सभी x के लिए फलन $f(x) = x^n$, $n \neq 0$ अवकलनीय है। तो n निम्न में से किस अन्तराल का कोई भी तत्व हो सकता है

(a) $[1, \infty)$ (b) $(0, \infty)$
(c) $\left(\frac{1}{2}, \infty\right)$ (d) कोई नहीं

10. यदि $\begin{bmatrix} 2 & 3 \\ 4 & 1 \end{bmatrix} \times \begin{bmatrix} 5 & -2 \\ -3 & 1 \end{bmatrix} = \begin{bmatrix} 1 & -1 \\ 17 & \lambda \end{bmatrix}$ है, तो λ किसके बराबर है?

(a) 7 (b) −7 (c) 9 (d) −9

11. यदि $f(a + b - x) = f(x)$, तब $\int_a^b x f(x)\, dx$ के समान है

(a) $\frac{a+b}{2}\int_a^b f(b-x)\, dx$ (b) $\frac{a+b}{2}\int_a^b f(b+x)\, dx$
(c) $\frac{b-a}{2}\int_a^b f(x)\, dx$ (d) $\frac{a+b}{2}\int_a^b f(x)\, dx$

12. एक खिड़की से किसी झण्डे के शिखर का उन्नयन कोण 60° और आधार का अवनमन कोण 30° है। यदि खिड़की से झण्डे की क्षैतिज दूरी 12 मी है, तो झण्डे की ऊँचाई होगी।

(a) $16\sqrt{3}$ मी (b) 16 मी
(c) $16\sqrt{2}$ मी (d) 15 मी

13. यदि किसी त्रिभुज के तीनों कोण 1 : 2 : 7 के अनुपात में हों, तो उस त्रिभुज की सबसे बड़ी तथा सबसे छोटी भुजा का अनुपात है।

(a) $(\sqrt{5} + 2) : (\sqrt{5} - 2)$ (b) $(3 + \sqrt{5}) : (3 - \sqrt{5})$
(c) $(\sqrt{5} + 1) : (\sqrt{5} - 1)$ (d) इनमें से कोई नहीं

14. यदि $\sin A + \cos A = 1$, तब $\sin 2A$ का मान है

(a) − 1 (b) 0 (c) 2 (d) 1

15. एक गेंद एक घनाकृतिक बॉक्स के अन्दर बिल्कुल फिट बैठता है। घनाकृतिक बॉक्स के आयतन के साथ गेंद के आयतन का अनुपात ज्ञात करें।
(a) $\pi : 12$ (b) $\pi : 6$
(c) $12 : \pi$ (d) $6 : \pi$

16. यदि समीकरण $ax^2 + bx + c = 0$ के मूल $m : n$ के अनुपात में है, तब
(a) $bmn = (m + n)\, ac$ (b) $bmn = (m^2 + n^2)\, ac$
(c) $b^2mn = (m + n)\, ac$ (d) $b^2mn = (m + n)^2\, ac$

17. यदि एक गुणोत्तर श्रेढ़ी का 5वाँ पद 2 है, तब इसके प्रथम 9 पदों का गुणनफल है
(a) 64 (b) 512
(c) 128 (d) 256

18. एक समानान्तर चतुर्भुज जोकि चक्रीय है, एक .... भी होता है।
(a) आयत (b) वर्ग
(c) समलम्ब (d) समचतुर्भुज

19. एक पासे को दो बार फेंका गया। तब दोनों प्रक्षेप में से कम-से-कम एक बार 4 प्राप्त होने की प्रायिकता ...... है।
(a) $\frac{11}{36}$ (b) $\frac{10}{36}$
(c) $\frac{12}{36}$ (d) $\frac{13}{36}$

20. नौ पारियों में एक क्रिकेटर का माध्य स्कोर 58 है। अपने माध्य स्कोर को 61 तक बढ़ाने के लिए उसे अपने दसवीं पारी में कितने रन बनाने पड़ेंगे?
(a) 80 (b) 85
(c) 88 (d) 87

21. परवलय $5y^2 = 4x$ के नियता का समीकरण .... है।
(a) $5x + 1 = 0$ (b) $5x - 1 = 0$
(c) $5y + 1 = 0$ (d) $5y - 1 = 0$

22. वह सबसे छोटी धनात्मक पूर्ण संख्या जिसके लिए $(1 + i)^{2n} = (1 - i)^{2n}$ निम्न है
(a) 1 (b) 3 (c) 2 (d) 4

23. एक गोले का पृष्ठीय क्षेत्रफल 154 वर्ग सेमी है। गोले का आयतन ज्ञात करें।
(a) 179.66 घन सेमी (b) 343 घन सेमी
(c) 539 घन सेमी (d) 77 घन सेमी

24. शब्द "MATHEMATICS" से चार अक्षरों के चयन करने के तरीकों की कुल संख्या है
(a) 133 (b) 70 (c) 73 (d) 136

25. घन की सभी भुजाओं का योग 60 सेमी है। घन का आयतन ज्ञात करें।
(a) 625 सेमी^{3} (b) 10 सेमी^{3}
(c) 1000 सेमी^{3} (d) 125 सेमी^{3}

26. समीकरण $(x - 1)^2 + (x - 2)^2 + (x - 3)^2 = 0$ के वास्तविक मूलों की संख्या है
(a) 0 (b) 3
(c) 2 (d) 1

27. Y-अक्ष से बिन्दु (3, 4, 5) की दूरी है
(a) 3 (b) 4
(c) 5 (d) $\sqrt{34}$

28. एक स्कूल के 20 शिक्षक या तो भौतिकी या फिर गणित पढ़ाते हैं। उनमें से 12 शिक्षक गणित पढ़ाते हैं जबकि 4 दोनों विषयों को पढ़ाते हैं। फिर, केवल भौतिकी पढ़ाने वाले शिक्षकों की संख्या है
(a) 16 (b) 12
(c) 8 (d) इनमें से कोई नहीं

29. यदि क्रम 3 का एक वर्ग आव्यूह A इस प्रकार है कि $|A| = 3$, तब adj (adj A) है
(a) $27A$ (b) $3A$
(c) $9A$ (d) A

30. यदि ${}^nC_r + {}^nC_{r+1} = {}^{n+1}C_x$, तब $x =$
(a) $2r + 1$ (b) r
(c) $r + 1$ (d) $2r$

31. यदि $n \in N$, तब $\int_0^n x - [x]\, dx$
(a) n (b) $\frac{n}{2}$
(c) $\frac{2}{n}$ (d) कोई नहीं

32. निम्नलिखित में से कौन-सा कथन सरल आवर्त गति के बारे में सही है?
(a) सरल आवर्त गति का आवधिक समय, $2\pi\sqrt{\mu}$ है
(b) सरल आवर्त गति की आवृत्ति, $\frac{2\mu}{\sqrt{\pi}}$ है
(c) सरल आवर्त गति की आवृत्ति, इसकी अवधि $\frac{2\pi}{\sqrt{\mu}}$ की व्युत्क्रम है
(d) सरल आवर्त गति का आवधिक समय 2π है

33. बिन्दुओं (6, 0) तथा (0, 8) को मिलाने वाली रेखाखण्ड के मध्यबिन्दु का निर्देशांक .... है।
(a) (6, 8) (b) (0, 4) (c) (4, 3) (d) (3, 4)

34. यदि $|z_1| = |z_2|$ एवं amp z_1 + amp $z_2 = 0$ है, तब z_1 एवं z_2 दो सम्मिश्र संख्याएँ इस प्रकार हैं कि
(a) दोनों समान हैं
(b) दोनों एक-दूसरे की ऋणात्मक हैं
(c) दोनों एक-दूसरे की संयुग्मी हैं
(d) उपरोक्त में से कोई नहीं

35. बिन्दु (– 1, 2) से होकर गुजरने वाली एक सरल रेखा की मूलबिन्दु से दूरी एक इकाई है। तब इसका समीकरण .... है।
(a) $6x + 3y - 5 = 0$ (b) $6x + 3y + 5 = 0$
(c) $3x + 4y = 5$ (d) $3x + 4y + 5 = 0$

36. ABC, 4 सेमी त्रिज्या के वृत्त में बना हुआ एक समबाहु त्रिकोण है। CD, AB पर लम्बरूप है, तो भुजा AC है
(a) $3\sqrt{2}$ सेमी (b) $\sqrt{2}$ सेमी
(c) $2\sqrt{3}$ सेमी (d) $4\sqrt{3}$ सेमी

37. स्थिति के अधीन $2x + 3y$ का न्यूनतम मूल्य $x + 4y \geq 8$, $4x + y \geq 12$, $x \geq 0$ और $y \geq 0$ है।
(a) 9 (b) 18 (c) 27 (d) 34

38. एक आयताकार बॉक्स, जो शीर्ष पर खुला है, इसका आयतन 32 घन फीट है। इसका आयाम क्या होना चाहिए, ताकि कुल पृष्ठ न्यूनतम हो?

(a) 8 फीट × 4 फीट × 1 फीट (b) 16 फीट × 2 फीट × 1 फीट
(c) 8 फीट × 2 फीट × 2 फीट (d) 4 फीट × 4 फीट × 2 फीट

39. 25 मी ऊँची इमारत पर एक 5 मी ऊँचा ध्वजदण्ड खड़ा है। 30 मी की ऊँचाई पर खड़े एक प्रेक्षक के साथ ध्वजदण्ड एवं इमारत समान कोण बनाते हैं। ध्वजदण्ड के शीर्ष से प्रेक्षक की दूरी है

(a) $5\sqrt{\frac{3}{2}}$ (b) $\sqrt{\frac{3}{2}}$
(c) $\frac{2}{3}$ (d) $\sqrt{\frac{2}{3}}$

40. यदि α एवं β, बहुपद $f(x) = a(x^2 - 1) - x(a^2 + 1)$ के शून्य हैं, तब $(\alpha + 1)(\beta + 1)$ है

(a) $\frac{(a^2 - 1)}{a}$ (b) $\frac{(a + 1)}{a}$
(c) $\frac{(a + 1)}{a^2}$ (d) $\frac{(a^2 + 1)}{a}$

41. $\int_c F \cdot dr$ ज्ञात करें, जहाँ $F = (x^2 - y^2)\,\hat{i} + 2xy\,\hat{j}$ और C एक वर्ग है जो निर्देशांक अक्षों और रेखाओं $x = a$, $y = a$ से घिरा है।

(a) $2a^3$ (b) $2a^2$
(c) a^2 (d) a^3

42. यदि $x^2 + px + 1 = 0$ के मूल α, β एवं $x^2 + qx + 1 = 0$ के मूल γ, δ हैं, तब $(\alpha - \gamma)(\beta - \gamma)(\alpha + \delta)(\beta + \delta)$ का मान होगा

(a) q^2 (b) $q^2 + p^2$
(c) $q^2 - p^2$ (d) p^2

43. μ एवं σ प्रेक्षण के एक समूह के माध्य एवं मानक विचलन हैं। यदि प्रत्येक प्रेक्षण को 5 द्वारा बढ़ा दिया जाए, तो नए माध्य एवं मानक विचलन को μ_1 एवं σ_1 मान लीजिए, तब सही विकल्प ...... है।

(a) $\mu > \mu_1$ एवं $\sigma = \sigma_1$ (b) $\mu < \mu_1$ एवं $\sigma = \sigma_1$
(c) $\mu = \mu_1$ एवं $\sigma = \sigma_1$ (d) $\mu = \mu_1$ एवं $\sigma < \sigma_1$

44. यदि A और B व्युत्क्रमणीय आव्यूह इस प्रकार हैं कि $A^2 = I$ और $B^2 = I$, तो $(AB)^{-1}$ है

(a) $B^{-1}A^{-1}$ (b) BA
(c) AB (d) $A^{-1}B^{-1}$

45. यदि $16 \times 4^{x+2} - 16 \times 2^{x+1} + 1 = 0$, तब $x =$ ......

(a) -4 (b) 6
(c) 2 (d) 4

46. यदि $r = (\sinh t)\,a + \cosh t)\,b$, जहाँ **a** एवं **b** स्थिर सदिश हैं, तब $\frac{d^2r}{dt^2} = ?$

(a) $-r$ (b) r (c) $2r$ (d) **0**

47. अवकल समीकरण $\left(\frac{dy}{dx}\right)^4 + 3\frac{d^2y}{dx^2} = 0$ की घातें ...... हैं।

(a) परिभाषित नहीं है (b) 2
(c) 4 (d) 1

48. हल करें: $\lim_{x \to 0} (\sin x)^{\tan x}$

(a) 1 (b) $\frac{1}{2}$
(c) $\frac{1}{\sqrt{e}}$ (d) 0

49. $\lim_{x \to 0} \frac{e^x - 1 - x - x^2}{x^2} =$ ....

(a) 0 (b) $\frac{1}{2}$
(c) $\frac{-1}{2}$ (d) -1

50. उत्तर की ओर 30 किमी/घण्टा की रफ्तार से चलने वाली एक ट्रेन पर एक प्रेक्षक के लिए, उत्तर में 15° पूर्व से हवा बहती प्रतीत होती है और पूर्व में $15(\sqrt{3} - 1)$ किमी/घण्टा पर चलने वाली मोटर कार से, पूर्व में 15° उत्तर से आती प्रतीत होती है। हवा की सही दिशा ज्ञात करें।

(a) पूर्व के 60° उत्तर (b) उत्तर के 30° पूर्व
(c) उत्तर के 60° पूर्व (d) पूर्व के 30° उत्तर

51. यदि $\mathbf{a} = 2\hat{i} - 3\hat{j} - \hat{k}$, $\mathbf{b} = -\hat{i} + \hat{k}$, $\mathbf{c} = 2\hat{j} - \hat{k}$ है, तब समान्तर चतुर्भुज जिसका विकर्ण $(\mathbf{a} + \mathbf{b})$ एवं $(\mathbf{b} + \mathbf{c})$ है, का क्षेत्रफल .... है।

(a) 1 वर्ग इकाई (b) 2 वर्ग इकाई
(c) $\frac{1}{2}$ वर्ग इकाई (d) $\frac{1}{4}$ वर्ग इकाई

52. z समतल मैप में $x = 0$, $y = 0$ रेखाओं के द्वारा परिबद्ध $w = e^{\frac{-i\pi}{2}} z$ का रूपान्तरण निम्न है

(a) $u = v = 0$ (b) $u = 0, v = 1$
(c) $u = 1, v = -1$ (d) $u = -1, v = 1$

53. श्रेणी $\frac{3}{2} + \frac{5}{4} + \frac{9}{8} + \frac{17}{16} + \ldots$ का अगला पद है

(a) $\frac{35}{32}$ (b) $\frac{29}{32}$ (c) $\frac{25}{32}$ (d) $\frac{33}{32}$

54. दिया गया है, $\mathbf{AB} = 3\hat{i} - \hat{j} - 5\hat{k}$ एवं अन्तिम बिन्दु का निर्देशांक (9, 1, 3) है, तब प्रारम्भिक बिन्दु का निर्देशांक ...... है।

(a) (0, 10, 2) (b) (6, 2, 8)
(c) (10, 1, − 2) (d) (10, 12, 2)

55. यदि A एवं B दो परस्पर अपवर्जी घटनाएँ इस प्रकार हैं कि $P(A) = \frac{1}{2}, P(B) = \frac{1}{3}$, तब $P(A \text{ or } B) =$ ....

(a) $\frac{1}{6}$ (b) $\frac{3}{5}$ (c) $\frac{5}{6}$ (d) $\frac{1}{5}$

56. श्रेणी $1 + \frac{k}{3} + \frac{k(k+1)}{3 \times 6} + \frac{k(k+1)((k+2)}{3 \times 6 \times 9} + \ldots$ का योग है

(a) $\left(\frac{2}{3}\right)^k$ (b) $\left(\frac{3}{2}\right)^k$
(c) $\left(\frac{1}{3}\right)^k$ (d) इनमें से कोई नहीं

57. सरल करें: $9^{x+1} = 24 + 9^x$

(a) 0.2 (b) 0.5
(c) 0.4 (d) 1

58. शीर्षों $(1, \sqrt{3})$, (0, 0) एवं (2, 0) वाले त्रिभुज का अन्त:केन्द्र ...... है।

(a) (1, 1) (b) (1, 2) (c) $(\sqrt{3}, 1)$ (d) $\left(1, \frac{1}{\sqrt{3}}\right)$

59. यदि 0.2316 को पूर्ण संख्याओं m एवं n के न्यूनतम मानों के लिए $\frac{p}{2^n \times 5^m}$ रूप में व्यक्त किया जाता है, तब $m + n$ का मान .... है

(a) 6 (b) 4 (c) 5 (d) 7

60. हल करें: $(\sqrt{x} - \sqrt{y})(\sqrt{x} + \sqrt{y})(x + y)(x^2 + y^2)$

(a) $(x^2 - y^2)$ (b) $(x - y)$
(c) $(x^4 + y^4)$ (d) $(x^4 - y^4)$

61. $\int_0^{\frac{\pi}{4}} \frac{dx}{\cos^3 x\sqrt{2 \sin 2x}} =$ ....

(a) $\frac{6}{5}$ (b) $\frac{3}{5}$ (c) $\frac{1}{5}$ (d) $\frac{2}{5}$

62. यदि $A = 4u^2\hat{i} - u^3\hat{j} + u\mathbf{k}$ और $B = 2\hat{i} - u\hat{k}, u$ अदिश चर के वेक्टर फलन हैं तो $A \times B$ का व्युत्पन्न (डेरिवेटिव) है

(a) $u^3\hat{i} + 12u^2\hat{j}$ (b) $3u^2\hat{j} + 2u\hat{k}$
(c) $4u^3\hat{i} + (12u^2 + 2)\hat{j} + 6u^2\hat{k}$ (d) $14u - 3u^2$

63. $\int_{-1}^{1} [P_2(x)]^2 \, dx$ का मान निम्न होगा, जहाँ $P_2(x)$, डिग्री 2 का लेगेंद्रे बहुपद है।

(a) $\frac{2}{3}$ (b) $\frac{2}{5}$ (c) $\frac{5}{2}$ (d) $\frac{3}{2}$

64. निर्धारक में अवयव 3 के सह-कारक को ज्ञात करें।

$$\Delta = \begin{vmatrix} 2 & 7 & 4 \\ 11 & 6 & 3 \\ 8 & 5 & 1 \end{vmatrix}$$

(a) – 46 (b) 46 (c) 42 (d) – 42

65. कार्यात्मक $I(y(x)) = \int_a^b (y^2 + y'^2 + 2y \sin x) \, dx$ में एकपक्षीय स्थिरांक के रूप में C_1 और C_2 सहित निम्नलिखित में से कौन-सा चरम होगा?

(a) $y = C_1e^{-x} + C_2e^{x} - \frac{1}{2}\sin x$

(b) $y = C_1e^{x} + C_2e^{-x} + \frac{1}{2}\sin x$

(c) $y = C_1e^{2x} + C_2e^{-2x} - \frac{1}{2}\sin x$

(d) $y = C_1e^{2x} + C_2e^{-2x} + \frac{1}{2}\sin x$

66. ΔPQR में, माध्यिका PS का मध्यबिन्दु T है। ΔTQS का क्षेत्रफल क्या है?

(a) ΔPQR के क्षेत्रफल का $\frac{1}{3}$

(b) ΔPQR के क्षेत्रफल का $\frac{1}{2}$

(c) ΔPQR के क्षेत्रफल का $\frac{2}{3}$

(d) ΔPQR के क्षेत्रफल का $\frac{1}{4}$

67. $n = 1$ से ∞ तक श्रेणी का योग ज्ञात करें, जिसका nवाँ पद $\frac{1}{(n+1)!}$ है

(a) e (b) $e - 1$
(c) $e - 2$ (d) इनमें से कोई नहीं

68. माल लें कि $T : R^2 \to R^3$ एक रैखिक परिवर्तन है, जिसके लिए $T(1, 2) = (3, -1, 5)$ और $T(0, 1) = (2, 1, -1)$ है। तब $T(a, b)$ ज्ञात करें

(a) $(a + 2b, 3a + b, 7a + b)$
(b) $(-a + 2b, -3a + b, 7a - b)$
(c) $(3a + 2b, -a + b, 5a - b)$
(d) $(-a + b, -2a + b, a - b)$

69. रेखाओं $\frac{x-1}{2} = \frac{y-2}{3} = \frac{z-3}{4}$ एवं $\frac{x-2}{3} = \frac{y-4}{4} = \frac{z-5}{5}$ के बीच न्यूनतम दूरी ...... है।

(a) $\sqrt{\frac{3}{2}}$ (b) $\frac{2}{\sqrt{5}}$
(c) $\frac{1}{\sqrt{6}}$ (d) $\frac{1}{6}$

70. $[\hat{i} + \hat{j} + \hat{k}, \hat{i} - \hat{j} + \hat{k}, \hat{i} + \hat{j} - \hat{k}]$ का मान = ...

(a) 0 (b) 3 (c) 2 (d) 4

71. $\cos^2 \frac{3\pi}{5} + \cos^2 \frac{4\pi}{5} =$

(a) 1 (b) $\frac{3}{4}$
(c) $\frac{1}{4}$ (d) इनमें से कोई नहीं

72. यदि $\frac{e^x}{1-x} = B_0 + B_1x + B_2x^2 + \ldots + B_nx^n + \ldots$, तब $(B_n - B_{n-1})$ का मान है

(a) $\frac{1}{n!}$ (b) $\frac{1}{(n-1)!}$
(c) $\frac{n}{n+1}$ (d) $\frac{n-1}{n+1}$

73. यदि A, B एवं C तीन परस्पर अपवर्जी एवं निशेष घटनाएँ इस प्रकार हैं कि यदि $P(B) = \frac{3}{2}P(A)$ एवं $P(C) = \frac{1}{2}P(B)$, तब $P(A) =$ ......

(a) $\frac{5}{14}$ (b) $\frac{5}{13}$ (c) $\frac{4}{11}$ (d) $\frac{4}{13}$

74. यदि रेखाएँ $3x - 4y + 4 = 0$ एवं $6x - 8y - 7 = 0$ एक वृत्त की स्पर्श रेखाएँ हैं, तब वृत्त की त्रिज्या .... है।

(a) $\frac{4}{3}$ (b) $\frac{11}{5}$ (c) $\frac{3}{2}$ (d) $\frac{3}{4}$

75. यदि $\mathbf{a} = 2\hat{i} + \hat{j} + 3\hat{k}$ एवं $\mathbf{b} = 3\hat{i} + 5\hat{j} - 2\hat{k}$, तब $|\mathbf{a} \times \mathbf{b}| =$.......

(a) $\sqrt{507}$ (b) $\sqrt{107}$ (c) $\sqrt{105}$ (d) $\sqrt{705}$

76. रेखा $3x - 4y = \lambda$ वृत्त $x^2 + y^2 - 4x - 8y - 5 = 0$ को स्पर्श करती है, तब λ का मान ...... है।

(a) – 15 या – 35 (b) – 15 या 35
(c) 15 या – 35 (d) 15 या 35

77. $\lim_{x \to \pi} \frac{1+\cos^3 x}{1-\cos^2 x} = \ldots\ldots$

(a) 1 (b) $\frac{3}{2}$ (c) $\frac{3}{4}$ (d) $\frac{3}{8}$

78. $\lim_{x \to 3} \frac{x^3 - 7x^2 + 15x - 9}{x^4 - 5x^3 + 27x - 27} = ?$

(a) 9 (b) 3 (c) $\frac{1}{9}$ (d) $\frac{2}{9}$

79. यदि $\sqrt{\sin x} + \cos x = 0$, तब $\sin x =$

(a) $\frac{\sqrt{5}-1}{2}$ (b) $\frac{-\sqrt{5}-1}{2}$ (c) $\frac{-\sqrt{5}+1}{2}$ (d) $\frac{\sqrt{5}+1}{2}$

80. मैट्रिक्स $\begin{bmatrix} 1 & 2 & 3 \\ 0 & -4 & 2 \\ 0 & 0 & 7 \end{bmatrix}$ का आईगेन मान है

(a) 1, – 4, 7 (b) 1, 4, 7
(c) 1, 4, – 7 (d) –1, – 4, 7

81. यदि $\sin^{-1}\left(\frac{3}{5}\right) + \sin^{-1}\left(\frac{5}{13}\right) = \sin^{-1}(x)$, तब $x =$

(a) $\frac{56}{65}$ (b) $\frac{16}{65}$ (c) $\frac{20}{65}$ (d) $\frac{64}{65}$

82.

x	42	46	49	51	55	a	56
f	1	4	4	1	4	1	4

यदि उपरोक्त डेटा का बहुलक 49 है, तब "a" का मान होगा

(a) 51 (b) 49 (c) 42 (d) 56

83. दो गैर-समानान्तर रेखाएँ l एवं m इस प्रकार हैं कि एक रेखा n दोनों रेखाओं को विशिष्ट बिन्दुओं पर प्रतिच्छेदित करती हैं, जैसा कि चित्र में दिखाया गया है। निम्नलिखित में से कौन-सा एकान्तर बाह्य कोणों का युग्म है?

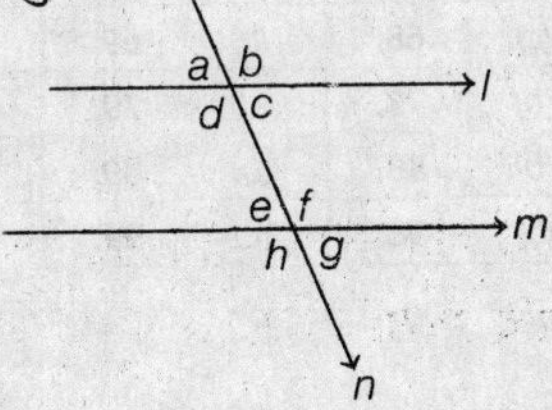

(a) $\angle a$ एवं $\angle g$ (b) $\angle d$ एवं $\angle e$
(c) $\angle a$ एवं $\angle c$ (d) $\angle d$ एवं $\angle f$

84. यदि $\int \left(\frac{x-1}{x^2}\right) e^x dx = f(x)e^x + c$, तब $f(x) = \ldots\ldots$

(a) $\frac{1}{x^2}$ (b) $\frac{1}{x}$ (c) $-\frac{1}{x}$ (d) $\frac{2}{x}$

85. $\frac{6s-4}{s^2-4s+20}$ का विपरीत लाप्लास ट्रान्सफॉर्म ज्ञात करें, जहाँ पैरामीटर s वास्तविक है।

(a) $4e^{-4t} - e^{-t} \sin 2t$
(b) $6e^{2t} \cos 4t + 2e^{2t} \sin 4t$
(c) $5e^{3t} - 2e^{-2t}$
(d) $3e^{-4t} + 3 \cos 3t$

86. उस समान्तर चतुर्भुज जिसके विकर्ण $d_1 = 5\hat{i}$ एवं $d_2 = 2\hat{j}$ हैं, का क्षेत्रफल ...... है।

(a) 10 वर्ग इकाई
(b) 5 वर्ग इकाई
(c) 8 वर्ग इकाई
(d) $\frac{5}{2}$ वर्ग इकाई

87. अवकल समीकरण $\sqrt{1+\frac{d^2y}{dx^2}} = x\frac{dy}{dx}$ के क्रम एवं घात का गुणनफल ...... है।

(a) 3 (b) 2
(c) 4 (d) 1

88. दिव्या 1.26 मी लम्बाई, 30 सेमी चौड़ाई और 50 सेमी उँचाई वाला एक मछलीघर बनाती है। यदि उसका शीर्ष खुला रहता है तो इसे बनाने के लिए आवश्यक ग्लास का क्षेत्रफल क्या होगा?

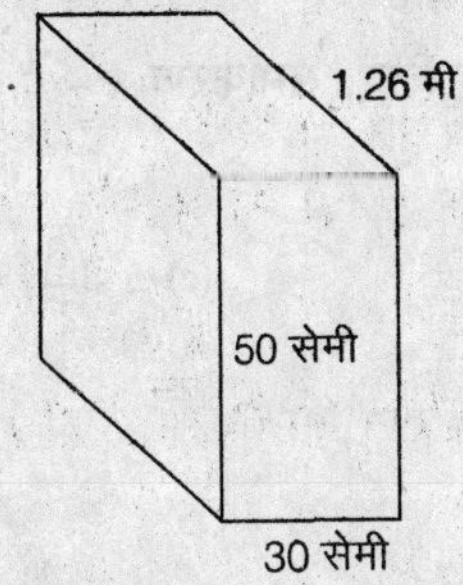

(a) 1.524 मी^{2} (b) 1.938 मी^{2}
(c) 1.308 मी^{2} (d) 1.678 मी^{2}

89. यदि $f(x) = \begin{vmatrix} x & b & b \\ a & x & b \\ a & a & x \end{vmatrix}$, तब $f'(x)$ निम्न के बराबर है

(a) $3(2x - ab)$ (b) $3(x^2 - ab)$
(c) $\begin{vmatrix} 1 & b & b \\ a & 1 & b \\ a & a & 1 \end{vmatrix}$ (d) $\begin{vmatrix} 1 & 0 & 0 \\ 0 & 1 & 0 \\ 0 & 0 & 1 \end{vmatrix}$

90. यदि $A + B = \begin{bmatrix} 1 & 2 \\ 5 & -6 \end{bmatrix}$ एवं $A - B = \begin{bmatrix} -3 & 4 \\ -1 & -2 \end{bmatrix}$, तब $AB =$

(a) $\begin{bmatrix} -7 & -5 \\ -8 & 6 \end{bmatrix}$ (b) $\begin{bmatrix} 7 & -5 \\ -8 & 6 \end{bmatrix}$
(c) $\begin{bmatrix} 7 & 5 \\ -8 & -6 \end{bmatrix}$ (d) $\begin{bmatrix} -7 & 5 \\ 8 & -6 \end{bmatrix}$

91. यदि एक हरात्मक श्रेणी का pवाँ, qवाँ एवं rवाँ पद क्रमशः a, b, c है, तब $\begin{vmatrix} bc & ca & ab \\ p & q & r \\ 1 & 1 & 1 \end{vmatrix} =$

(a) abc
(b) pqr
(c) 0
(d) $(ab + bc + ca)(p + q + r)$

92. $f(x) = \begin{cases} 4x-5, & x \le 2 \\ x-k, & x > 2 \end{cases}$, यदि $\lim_{x \to 2} f(x)$ है, तब $k = ...$

(a) 0 (b) 5
(c) 1 (d) – 1

93. x-अक्ष पर सदिश $r = 4\hat{i} + 8\hat{j} + \hat{k}$, ... कोण पर आनत है।

(a) $\frac{\pi}{4}$ (b) $\cos^{-1}\left(\frac{4}{9}\right)$ (c) $\cos^{-1}\left(\frac{8}{9}\right)$ (d) $\frac{\pi}{2}$

94. यदि $(1+x+x^2)^n = \Sigma_{r=0}^{2n} a_r x^r$ है, तब

$a_1 - 2a_2 + 3a_3 - ... - 2n\ a_{2n}$ है

(a) $(n+1)\ 2^n$ (b) n
(c) $-n$ (d) $n\ (2^n)$

95. $x^2 + y^2 = 2ax$ द्वारा दिए गए वक्र-कुल का अवकल समीकरण .... है।

(a) $x^2 + y^2 - 2xyy' = 0$ (b) $x^2 - y^2 + 2xyy' = 0$
(c) $x^2 - y^2 - 2xyy' = 0$ (d) $x^2 + y^2 + 2xyy' = 0$

96. यदि वास्तविक x के लिए, समीकरण $x + \frac{1}{x} = 2\cos\theta$ है, तब

$\cos\theta =$

(a) 0 (b) ± 1 (c) $\pm \frac{\sqrt{3}}{2}$ (d) $\pm \frac{1}{\sqrt{2}}$

97. यदि $A = \begin{bmatrix} 0 & 1 \\ -1 & 0 \end{bmatrix}$ एवं $(aI_2 + bA)^2 = A$ है, तब

(a) $a = b = \sqrt{2}$ (b) $a = b = \frac{1}{\sqrt{2}}$
(c) $a = b = \frac{1}{\sqrt{3}}$ (d) $a = b = \sqrt{3}$

98. यदि $r = x\hat{i} + y\hat{j} + z\hat{k}$, तब $(r \times \hat{i}) \cdot (r \times \hat{j}) + xy = ...$

(a) $-2xy$ (b) $2xy$
(c) 0 (d) xy

99. यदि एक हरात्मक श्रेणी के प्रथम दो पद क्रमशः $\frac{2}{5}$ एंव $\frac{12}{13}$ है, तब सबसे बड़ा पद निम्न है

(a) 5वाँ पद (b) 15वाँ पद
(c) 12वाँ पद (d) 10वाँ पद

100. एक वक्र ऐसा होता है कि उस पर किसी भी बिन्दु पर उपस्पर्शक भुजांक के वर्ग के बराबर होता है। यदि यह (2, 1) से होकर गुजरता है, तो इसका समीकरण है

(a) $y = e^{\frac{1}{2} - \frac{1}{x}}$ (b) $y = e^{\frac{-1}{x}}$
(c) $y = -\frac{1}{x}$ (d) $y = e^{\frac{1}{x}}$

उत्तरमाला

1.	(a)	2.	(c)	3.	(a)	4.	(c)	5.	(a)	6.	(c)	7.	(b)	8.	(b)	9.	(a)	10.	(b)
11.	(d)	12.	(a)	13.	(c)	14.	(b)	15.	(d)	16.	(d)	17.	(b)	18.	(a)	19.	(a)	20.	(c)
21.	(a)	22.	(c)	23.	(a)	24.	(d)	25.	(d)	26.	(a)	27.	(d)	28.	(c)	29.	(a)	30.	(c)
31.	(b)	32.	(c)	33.	(d)	34.	(c)	35.	(c)	36.	(d)	37.	(a)	38.	(d)	39.	(a)	40.	(d)
41.	(a)	42.	(c)	43.	(b)	44.	(b)	45.	(a)	46.	(b)	47.	(d)	48.	(a)	49.	(c)	50.	(*)
51.	(c)	52.	(a)	53.	(d)	54.	(b)	55.	(c)	56.	(b)	57.	(b)	58.	(d)	59.	(a)	60.	(d)
61.	(a)	62.	(c)	63.	(b)	64.	(b)	65.	(a)	66.	(d)	67.	(c)	68.	(b)	69.	(c)	70.	(d)
71.	(b)	72.	(a)	73.	(d)	74.	(d)	75.	(a)	76.	(c)	77.	(b)	78.	(d)	79.	(a)	80.	(a)
81.	(a)	82.	(b)	83.	(a)	84.	(b)	85.	(b)	86.	(b)	87.	(b)	88.	(b)	89.	(b)	90.	(b)
91.	(c)	92.	(d)	93.	(b)	94.	(c)	95.	(b)	96.	(b)	97.	(b)	98.	(c)	99.	(b)	100.	(a)

संकेत एवं हल

1. (a) दिया गया है,
चित्रों की संख्या = 7
कीलों की संख्या = 5
हम जानते हैं कि

$$n(E) = {}^nP_r = \frac{n!}{(n-r)!}$$

$n(E)$ = सम्भावित तरीकों की संख्या
$\because n(E)$ घटना घटित होगी जब n वस्तुओं में से r वस्तुएँ चुनी गई हो।
$\therefore$ 7 चित्रों को 5 चित्र कीलों पर लटकाने के कुल तरीकों की संख्या $= \frac{7!}{(7-5)!} = \frac{7!}{2!}$

$$= \frac{7 \times 6 \times 5 \times 4 \times 3 \times 2!}{2!}$$

$$= 2520$$

2. (c) हम जानते हैं कि

$$n(E) = {}^nP_r = \frac{n!}{(n-r)!}$$

जहाँ $n = 5$ एवं $r = 3$
तीन अक्षर वाले शब्दों की संख्या $= {}^5P_3 = \frac{5!}{(5-3)!}$

$$= \frac{5!}{2!}$$

$$= \frac{5 \times 4 \times 3 \times 2!}{2!} = 60$$

3. (a) दिया है, पासों की संख्या = 2
एक पासे पर फलकों की संख्या = 6
कुल सम्भावनाएँ = $6 \times 6 = 36$
माना स्थिति A पहले पासे पर सम संख्या प्राप्त हो तथा स्थिति B पहले व दूसरे पासे पर प्राप्त संख्या का जोड़ 8 हो
स्थिति $A = 18$ {(2, 1) (2, 2) (2, 3) (2, 4) (2, 5) (2, 6) (4, 1) (4, 2) (4, 3) (4, 4) (4, 5) (4, 6) (6, 1) (6, 2) (6, 3), (6, 4) (6, 5) (6, 6)}
स्थिति $B = 5$ (2, 6) (3, 5) (4, 4) (5, 3) (6, 2)
उभयनिष्ट स्थिति $(A \cap B) = 3$ {(2, 6) (4, 4) (6, 2)}
हम जानते हैं

$$P(A \cup B) = P(A) + P(B) - P(A \cap B)$$

जहाँ $P(A) = \frac{\text{अनुकूल परिणाम}}{\text{कुल सम्भावित परिणाम}} = \frac{18}{36}$

$$P(B) = \frac{5}{36}$$

$$P(A \cap B) = \frac{3}{36}$$

$$P(A \cup B) = \frac{18}{36} + \frac{5}{36} - \frac{3}{36} = \frac{20}{36}$$

$$P(A \cup B) = \frac{5}{9}$$

दो पासों को एक बार उछालने पर पहले पासे पर सम संख्या और पहले व दूसरे पर क्रमशः सम संख्या व योग 8 प्राप्त होने की प्रायिकता $= \frac{5}{9}$

4. (c) दिया हैं, P तथा Q का परिणामी R है

$$Q \Rightarrow 2Q, R \Rightarrow 2R$$

$$\theta \Rightarrow 180^\circ - \theta \rightarrow R \Rightarrow 2R$$

$$R^2 = P^2 + Q^2 + 2PQ\cos\theta \quad \text{...(i)}$$

$$(2R)^2 = P^2 + (2Q)^2 + 2P(2Q)\cos\theta$$

$$4R^2 = P^2 + 4Q^2 + 4PQ\cos\theta \quad \text{...(ii)}$$

$$(2R)^2 = P^2 + Q^2 + 2PQ\cos(180^\circ - \theta)$$

$$4R^2 = P^2 + Q^2 - 2PQ\cos\theta \quad \text{...(iii)}$$

समी (iii) को (i) में से घटाने पर

$$-3R^2 = 4PQ\cos\theta$$

$$PQ = \frac{-3R^2}{4\cos\theta} \quad \text{...(iv)}$$

समी (i) व (iiii) को जोड़ने पर

$$5R^2 = 2(P^2 + Q^2)$$

$$P^2 + Q^2 = \frac{5}{2}R^2 \quad \text{...(v)}$$

समी (iv) का मान समी (ii) में रखने पर,

$$4R^2 = P^2 + 4Q^2 - 4\left(\frac{3R^2}{4\cos\theta}\right)\cos\theta$$

$$7R^2 = P^2 + 4Q^2 \quad \text{...(vi)}$$

समी (v) में से समी (vi) को घटाने पर,

$$Q^2 = \frac{3}{2}R^2$$

समी (v) में Q^2 का मान रखने पर,

$$P^2 = \frac{5}{2}R^2 - \frac{3}{2}R^2$$

$$P^2 = R^2 = P^2 : Q^2 : R^2$$

$$= R^2 : \frac{3}{2}R^2 : R^2$$

$$= 2R^2 : 3R^2 : 2R^2$$

$$P^2 : Q^2 : R^2 = 2 : 3 : 2$$

5. (a) माना $P(x, y, z)$ बिन्दुओं $A(3, 4, -5)$ और $B(-2, 1, 4)$ से समदूरस्थ है।
प्रश्नानुसार, $PA = PB$

$$\sqrt{(x_2 - x_1)^2 + (y_2 - y_1)^2 + (z_2 - z_1)^2}$$

$$= \sqrt{(x_2 - x_1)^2 + (y_2 - y_1)^2 + (z_2 - z_1)^2}$$

$$\Rightarrow \sqrt{(x-3)^2 + (y-4)^2 + (z+5)^2}$$

$$= \sqrt{(x+2)^2 + (y-1)^2 + (z-4)^2}$$

दोनों पक्षो का वर्ग करने पर

$$\Rightarrow (x-3)^2 + (y-4)^2 + (z+5)^2 =$$

$$(x+2)^2 + (y-1)^2 + (z-4)^2$$

$\Rightarrow$

$$x^2 + 9 - 6x + y^2 + 16 - 8y + z^2 + 25 + 10z$$

$$= x^2 + 4 + 4x + y^2 + 1 - 2y + z^2 + 16 - 8z$$

$$\Rightarrow 10x + 6y - 18z - 29 = 0$$

6. (c) माना, वह x घण्टों के लिए पैदल चलती है।
प्रश्नानुसार,

$$x \times 7 + (8.5 - x) \times 16 = 109$$

$$\Rightarrow 7x + 136 - 16x = 109$$

$$\Rightarrow \quad 9x = 27$$

$$\Rightarrow \quad x = 3$$

$\therefore$ पैदल तय की गई दूरी = (7×3)
= 21 किमी

7. (b) दिया है,

$$I = \int_0^{\pi/2} \frac{\sin^2 x}{\sin^2 x + \cos^2 x} dx = \int_0^{\pi/2} \sin^2 x dx \quad \text{...(i)}$$

$$\left[\because \int_a^b f|x| dx = \int_a^b f(a + b - x) dx\right]$$

$$I = \int_0^{\pi/2} \sin^2\left(\frac{\pi}{2} - x\right) dx$$

$$= \int_0^{\pi/2} \cos^2 x \, dx \quad \text{...(ii)}$$

समी (i) व समी (ii) को जोड़ने पर,

$$I + I = \int_0^{\pi/2} [\sin^2 x + \cos^2 x] dx$$

$$2I = \int_0^{\pi/2} [\sin^2 x + \cos^2 x] dx$$

$$2I = \int_0^{\pi/2} dx = [x]_0^{\pi/2}$$

$$2I = \frac{\pi}{2} - 0$$

$$I = \frac{\pi}{4}$$

8. (b) दिया है, $1 + \frac{1^2 + 2^2}{2} + \frac{1^2 + 2^2 + 3^2}{3} + \dots$

तब, $$T_n = \frac{1^2 + 2^2 + 3^2 + \dots + n^2}{n}$$

$$T_n = \frac{n(n+1)(2n+1)}{6n}$$

$$T_n = \frac{2n^2 + 3n + 1}{6}$$

$$S = \Sigma T_n$$

$$= \frac{2}{6}\Sigma n^2 + \frac{3}{6}\Sigma n + \frac{1}{6}\Sigma 1$$

$$S = \frac{1}{3}\frac{n(n+1)(2n+1)}{6} + \frac{1}{2}\frac{n(n+1)}{2} + \frac{n}{6}$$

$$= \frac{n}{6}\left[\frac{(n+1)(2n+1)}{3} + \frac{3(n+1)}{2} + 1\right]$$

$$= \frac{n}{6}\left[\frac{2(2n^2 + 3n + 1) + 3(3n + 3) + 6}{6}\right]$$

$$= \frac{n}{36}(4n^2 + 6n + 2 + 9n + 9 + 6)$$

$$= \frac{n}{36}(4n^2 + 15n + 17)$$

9. (a) दिया गया है,

$$f(x) = x^n$$

$$f'(x) = nx^{n-1}$$

$f(x)$ के अवकलनीय होने के लिए, $n - 1 \geq 0$
$\therefore n \geq 1$
अतः $n \in [1, \infty)$ है।

10. (b) दिया है, $\begin{bmatrix} 2 & 3 \\ 4 & 1 \end{bmatrix} \times \begin{bmatrix} 5 & -2 \\ -3 & 1 \end{bmatrix} = \begin{bmatrix} 1 & -1 \\ 17 & \lambda \end{bmatrix}$

$\Rightarrow \quad \begin{bmatrix} 10-9 & -4+3 \\ 20-3 & -8+1 \end{bmatrix} = \begin{bmatrix} 1 & -1 \\ 17 & \lambda \end{bmatrix}$

$\Rightarrow \quad \begin{bmatrix} 1 & -1 \\ 17 & -7 \end{bmatrix} = \begin{bmatrix} 1 & -1 \\ 17 & \lambda \end{bmatrix}$

$\therefore \quad \lambda = -7$

11. (d) माना $I = \int_a^b x f(x)\, dx$ ...(i)

निश्चित समाकलन के गुणों से,

$I = \int_a^b (a+b-x) f(a+b-x)\, dx$

$= \int_a^b (a+b-x) f(x)\, dx$ ...(ii)

$[\because f(a+b-x) = f(x)]$

समी (i) और (ii) को जोड़ने पर,

$2I = \int_a^b (a+b) f(x)\, dx$

$\Rightarrow \quad I = \dfrac{a+b}{2} \int_a^b f(x)\, dx$

12. (a) माना C खिड़की है तथा AD झण्डा है। खिड़की C पर झण्डे के शिखर A का उन्नयन कोण $60°$ अर्थात् $\angle ACE = 60°$, जबकि झण्डे के आधार D का अवनमन कोण $30°$ है अर्थात् $\angle DCE = 30°$

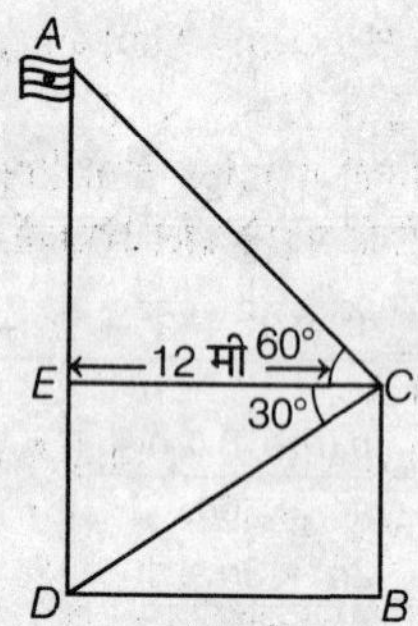

समकोण ΔAEC में,

$\tan 60° = \dfrac{AE}{12}$

या $\quad AE = 12 \tan 60° \Rightarrow AE = 12\sqrt{3}$

पुनः समकोण ΔCED में,

$\tan 30° = \dfrac{DE}{12} = \dfrac{1}{\sqrt{3}}$

$\Rightarrow \quad DE = 12/\sqrt{3} = 4\sqrt{3}$

$\therefore \quad AD = AE + ED$

$= 12\sqrt{3} + 4\sqrt{3} = 16\sqrt{3}$ मी

13. (c) दिया है, त्रिभुज के कोणों का अनुपात

$= 1 : 2 : 7$

तब, $\quad x + 2x + 7x = 180°$

$\therefore \quad x = 18°$

अतः त्रिभुज के कोण क्रमशः 18°, 36° तथा 126° हैं।

$\Rightarrow \quad \dfrac{\text{बड़ी भुजा}}{\text{छोटी भुजा}} = \dfrac{\sin 126°}{\sin 18°} = \dfrac{\sqrt{5}+1}{\sqrt{5}-1}$

14. (b) दिया है, $\sin A + \cos A = 1$ ...(i)

समी (i) का वर्ग करने पर,

$\Rightarrow \sin^2 A + \cos^2 A + 2\sin A \cos A = 1$

$\Rightarrow \sin^2 A + \cos^2 A + \sin 2A = 1$

$[\because 2\sin A \cos A = \sin 2A]$

$\Rightarrow 1 + \sin 2A = 1 \quad [\because \cos^2\theta + \sin^2\theta = 1]$

$\Rightarrow 1 + \sin 2A = 1$

$\Rightarrow \quad \sin 2A = 0$

15. (d) प्रश्नानुसार, घन की भुजा की लम्बाई उस घन के अन्दर फिट गेंद के व्यास के बराबर होगी।

माना घनाकृतिक बॉक्स की भुजा $= a$

तब घनाकृतिक बॉक्स की भुजा = गेंद का व्यास

गेंद की त्रिज्या $r = \dfrac{a}{2}$

चूँकि हम जानते है,

घनाकृतिक बॉक्स का आयतन $= a^3$

गेंद का आयतन $= \dfrac{4}{3}\pi r^3$

घनाकृतिक बॉक्स का आयतन : गेंद का आयतन

$= a^3 : \dfrac{4}{3}\pi r^3$

$= a^3 : \dfrac{4}{3} \times \pi \times \left(\dfrac{a}{2}\right)^3$

$= a^3 : \dfrac{4}{3} \times \pi \times \dfrac{a^3}{8}$

$= 6 : \pi$

16. (d) दिया गया है, समीकरण $ax^2 + bx + c = 0$ के मूलों का अनुपात $= m : n$

माना α, β दी गई समीकरण के मूल हैं, तब

तब $\quad \dfrac{\alpha}{\beta} = \dfrac{m}{n}$ ...(i)

दोनों पक्षों में 1 जोड़ने पर,

$\dfrac{\alpha}{\beta} + 1 = \dfrac{m}{n} + 1$

$\dfrac{\alpha+\beta}{\beta} = \dfrac{m+n}{n}$

$\dfrac{\alpha+\beta}{m+n} = \dfrac{\beta}{n}$ ...(ii)

समी (i) से,

$\dfrac{\beta}{n} = \dfrac{\alpha}{m}$

दोनों पक्षों में $\dfrac{\beta}{n}$ से गुणा करने पर

$\dfrac{\beta^2}{n^2} = \dfrac{\alpha\beta}{mn}$

$\Rightarrow \quad \dfrac{\beta}{n} = \sqrt{\dfrac{\alpha\beta}{mn}}$ ...(iii)

समी (ii) व (iii) से,

$\dfrac{\alpha+\beta}{m+n} = \sqrt{\dfrac{\alpha\beta}{mn}}$

$\Rightarrow \quad \dfrac{(\alpha+\beta)^2}{(m+n)^2} = \dfrac{(\alpha\beta)}{mn}$

$\Rightarrow \quad \dfrac{(\alpha+\beta)^2}{\alpha\beta} = \dfrac{(m+n)^2}{mn}$ ...(iv)

$\because$ हम जानते हैं, मूलों का योग $= \alpha + \beta$

$= \dfrac{-b}{a}$

मूलों का गुणनफल $= \alpha \cdot \beta = \dfrac{c}{a}$

समी (iv) से, $\dfrac{(-b/a)^2}{(c/a)} = \dfrac{(m+n)^2}{mn}$

$\Rightarrow \quad \dfrac{b^2}{ac} = \dfrac{(m+n)^2}{mn}$

$\Rightarrow \quad b^2 mn = (m+n)^2 ac$

17. (b) दिया गया है,

गुणोत्तर श्रेणी का 5 वाँ पद $a_5 = 2$

हम जानते हैं कि

n वाँ पद $a_n = ar^{n-1}$

जहाँ, $\quad a$ = प्रथम पद

r = सार्वनुपात

n = पदों की संख्या

$a_n = n$ वाँ पद

माना श्रेणी है

a, ar, ar^2, ar^3, ar^4 ......

5वाँ पद $ar^4 = 2$ ...(i)

माना प्रथम 9 पद हैं

$a, ar, ar^2, ar^3, ar^4, ar^5, ar^6, ar^7, ar^8$

प्रथम 9 पदों का गुणनफल $= a^9 r^{(1+2+3..)}$

$= a^9 r^{36}$

$= (ar^4)^9$ ...(ii)

समी (i) का मान समी (ii) में रखने पर,

प्रथम 9 पदों का गुणनफल $= (2)^9 = 512$

18. (a) माना $ABCD$ एक चक्रीय समान्तर चतुर्भुज है।

चतुर्भुज $ABCD$ में,

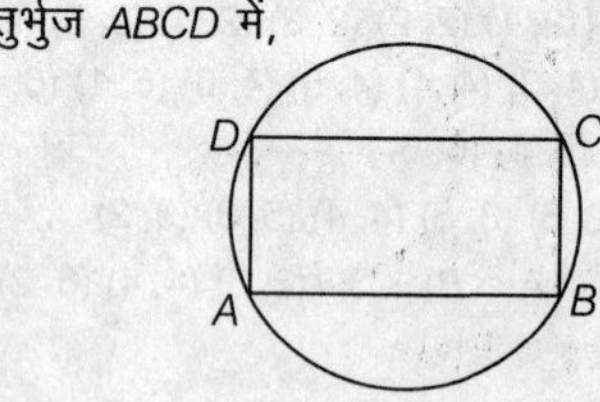

$\angle A = \angle C$

समान्तर चतुर्भुज में आमने-सामने के कोण समान होते है।

चक्रीय चतुर्भुज $ABCD$ में,

$\angle A + \angle C = 180°$

[$\because$ चक्रीय चतुर्भुज में आमने-सामने के कोणों का योग 180° होता है।]

$\because \quad \angle A = \angle C$

$\angle A + \angle A = 180°$

$2\angle A = 180°$

$\angle A = 90°$

अतः चक्रीय चतुर्भुज एक आयत भी होता है।

19. (a) दो बार पासा फेकने पर कुल सम्भावनाएँ $= 36$

माना स्थिति A = पहली बार फेंकने पर कम-से-कम एक बार 4 आए।

स्थिति B = दूसरी बार फेंकने पर कम-से-कम 4 एक बार आए

$P(A) = \frac{6}{36}$ {(4, 1), (4, 2), (4, 3), (4, 4), (4, 5), (4, 6)}

$P(B) = \frac{6}{36}$ {(1, 4), (2, 4), (3, 4), (4, 4), (5, 4), (6, 4)}

$\therefore \quad P(A \cap B) = \frac{1}{36}$ {(4, 4)}

तब $P(A \cup B) = P(A) + P(B) - P(A \cap B)$

$$= \frac{6}{36} + \frac{6}{36} - \frac{1}{36}$$

$$P(A \cup B) = \frac{11}{36}$$

एक पासे को दो बार फेंकने पर कम-से-कम एक बार 4 आने की प्रायिकता $= \frac{11}{36}$

20. (c) दिया गया है,

9 पारियों में माध्य स्कोर = 58

तब 9 पारियों में रनों की संख्या $= 9 \times 58 = 522$

नया माध्य = 61

माना 10वीं पारी में रनों की संख्या $= x$

10 पारियों में कुल रनों की संख्या $= 10 \times 61 = 610$

10वीं पारी में रनों की संख्या = 10 पारियों में रनों की संख्या − 9 पारियों में रनों की संख्या

$$x = 610 - 522 \Rightarrow x = 88$$

अतः 10वीं पारी में रनों की संख्या = 88

21. (a) दिया गया है,

परवलय का समीकरण $5y^2 = 4x$ ...(i)

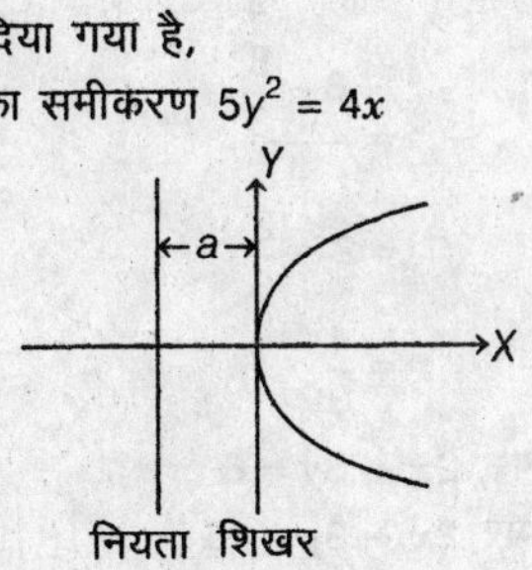

नियता शिखर

समी (i) से,

$$y^2 = \frac{4}{5}x$$

परवलय का मानक रूप $y^2 = 4ax$ ...(ii)

समी (ii) से तुलना करने पर

$$a = \frac{1}{5}$$

परवलय $5y^2 = 4x$ के लिए नियता का समीकरण

$$x = -a$$

$$x = -\left(\frac{1}{5}\right) \quad \left(\because a = \frac{1}{5}\right)$$

$$5x = -1$$

$$5x + 1 = 0$$

22. (c) दिया है, $(1+i)^{2n} = (1-i)^{2n}$

$$[(1+i)^2]^n = [(1-i)^2]^n$$

$$(1+i^2+2i)^n = (1+i^2-2i)^n \quad [\because i^2 = -1]$$

$\therefore \quad (2i)^n = (-2i)^n$

$\Rightarrow \quad 2^n i^n = (2)^n(-i)^n$

$\Rightarrow \quad i^n = (-i)^n$ ...(i)

$n = 1$ रखने पर समी (i) सन्तुष्ट नहीं होती है

$n = 2$ रखने पर समी (i) सन्तुष्ट होती है। अतः 2 वह सबसे छोटी धनात्मक पूर्ण संख्या है

23. (a) दिया है, गोले का पृष्ठीय क्षेत्रफल $= 154$ सेमी^{2}

हम जानते हैं

गोले का पृष्ठीय क्षेत्रफल $= 4\pi r^2 = 4\pi r^2 = 154$

$\Rightarrow \quad r = \frac{7}{2}$

हम जानते हैं,

गोले का आयतन $v = \frac{4}{3}\pi r^3$

$$= \frac{4}{3} \times \frac{22}{7} \times \left(\frac{7}{2}\right)^3$$

$= 179.66$ घन सेमी

24. (d) हम जानते है,

कुल तरीकों की संख्या $= {}^nC_r = \frac{n!}{(n-r)!r!}$

MATHEMATICS = 2M, 2A, 2T, H, E, I, C, S

स्थिति-I जब 4 भिन्न अक्षर हों, तब ${}^8C_4 = \frac{8!}{4!\,4!}$

$$= \frac{8 \times 7 \times 6 \times 5 \times 4!}{4! \times 4 \times 3 \times 2 \times 1} = 70$$

स्थिति-II 2 समान, 2 भिन्न अक्षर हो ,

तब ${}^3C_1 \times {}^7C_2$

$$= \frac{3!}{2!1!} \times \frac{7!}{5! \times 2!} = 63$$

स्थिति-III जब 4 अक्षर समान होने पर,

$${}^3C_2 = \frac{3!}{1!2!} = 3$$

अतः कुल तरीके $= 70 + 63 + 3 = 136$

25. (d) दिया है, घन की भुजाओं का योग $= 60$ सेमी

घन की कुल भुजाओं की संख्या = 12

माना घन की एक भुजा की लम्बाई $= a$ सेमी

तब $12 \times a = 60$

$a = 5$ सेमी

$\because$ घन का आयतन $= a^3$

$$= (5)^3$$

= 125 घन सेमी

26. (a) $(x-1)^2 + (x-2)^2 + (x-3)^2 = 0$

$x^2 + 1 - 2x + x^2 + 4 - 4x + x^2 + 9 - 6x = 0$

$3x^2 - 12x + 14 = 0$ ...(i)

समी (i) की $ax^2 + bx + c = 0$ से तुलना करने पर

$$a = 3, b = -12, c = 14$$

हम जानते हैं,

यदि $b^2 - 4ac > 0$, तो मूलों की संख्या = 2

$b^2 - 4ac = 0$, तो मूलों की संख्या = 1

$b^2 - 4ac < 0$, तो मूलों की संख्या = 0

यहाँ $b^2 - 4ac = (-12)^2 - 4(3)(14)$

$= -24$ (ऋणात्मक)

अर्थात् मूलों की संख्या = 0

27. (d) हम जानते हैं,

$\because$ बिन्दु $P(x, y, z)$ की Y-अक्ष से दूरी $= \sqrt{x^2 + z^2}$

$$= \sqrt{(3)^2 + (5)^2}$$

$$= \sqrt{34}$$

28. (c) दिया गया है,

भौतिकी या गणित पढ़ाने वाले शिक्षकों की संख्या

$$P(p \cup m) = 20$$

गणित पढ़ाने वाले शिक्षकों की संख्या $P(m) = 12$

दोनों विषय पढ़ाने वाले शिक्षकों की संख्या

$$P(p \cap m) = 4$$

हम जानते हैं,

$$P(p \cup m) = P(m) + P(p) - P(p \cap m)$$

भौतिकी पढ़ाने वालों की संख्या

$$P(p) = P(p \cup m) - P(m) + P(p \cap m)$$

$$P(p) = 20 - 12 + 4 = 12$$

चूँकि 4 शिक्षक भौतिकी व गणित दोनों विषय पढ़ाते हैं इसलिए केवल भौतिकी पढ़ाने वाले शिक्षकों की संख्या $= 12 - 4 = 8$

29. (a) दिया गया है

$|A| = 3, n = 3 \quad [\because |\text{adj } A| = |A|^{n-1}]$

तब $|\text{adj } A| = A^{(n-1)^2}$

$\text{adj } |\text{adj } A| = |A|^{(3-1)^2} = |A|^4$

$= 3^4 \quad [\because |A| = 3]$

$= 81$

$= 3 \times 27 = 27A$

30. (c) $\because {}^nC_r + {}^nC_{r+1} = {}^{n+1}C_x$

$${}^nC_r + {}^nC_{r+1} = {}^{n+1}C_r$$

$${}^{n+1}C_{r+1} = {}^{n+1}C_x$$

तुलना करने पर,

$$r + 1 = x$$

अतः $\quad x = r + 1$

31. (b) दिया है, $I = \int_0^n x - [x]\,dx$

$$I = \int_0^n x\,dx - \int_0^n [x]\,dx$$

$$I = \left[\frac{x^2}{2}\right]_0^n - \left[\int_0^1 [x]\,dx + \int_1^2 [x]\,dx + \ldots \int_{n-1}^n [x]\,dx\right]$$

$$I = \frac{n^2}{2} - \left\{\int_0^1 0\,dx + \int_1^2 1\,dx + \ldots + \int_{n-1}^n (n-1)\,dx\right\}$$

$I = \frac{n^2}{2} - \{0 + 1.(x)_1^2 + 2\,(x)_2^3 + ...$

$+ (n-1)\,(x)_{n-1}^n\}$

$I = \frac{n^2}{2}\,[1 + 2 + ... + (n-1)]$

$I = \frac{n^2}{2} - \frac{n(n-1)}{2}$

$I = \frac{n^2}{2} - \frac{n^2}{2} + \frac{n}{2}$

$I = \frac{n}{2}$

32. (c) सरल आवर्त गति की आवृत्ति इसकी अवधि $\frac{2\pi}{\sqrt{\mu}}$ की व्युत्क्रम है।

हम जानते हैं,

आवृत्ति $f = \frac{1}{2\pi}\sqrt{\frac{K}{m}}$

जहाँ f = आवृत्ति
K = नियतांक
m = द्रव्यमान

माना $\frac{K}{m} = \mu$

तब $f = \frac{\sqrt{\mu}}{2\pi}$

अवधि $= \frac{1}{f} = \frac{2\pi}{\sqrt{\mu}}$

33. (d) माना बिन्दु (6, 0) व (0, 8) को मिलाने वाली रेखाखण्ड AB है व AB का मध्य-बिन्दु $P(x, y)$ है

$P(x, y)$

$A(x_1, y_1)$ —— $B(x_2, y_2)$

मध्य-बिन्दु के निर्देशांक

$P(x, y) = \left(\frac{x_1 + x_2}{2}, \frac{y_1 + y_2}{2}\right)$

$= \left(\frac{6+0}{2}, \frac{0+8}{2}\right)$

$= (3, 4)$

34. (c) $\because |z_1| = |z_2|$

amp z_1 + amp $z_2 = 0$

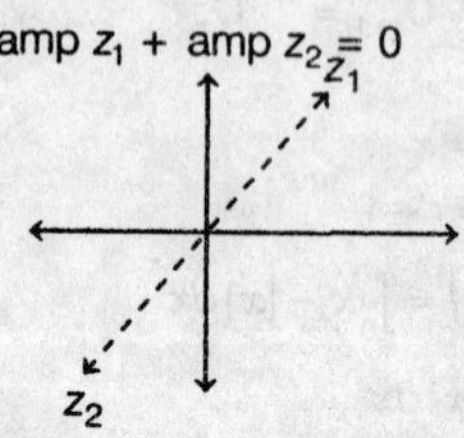

माना $z_1 = ae^{-i\theta}$

तब, $|z_2| = a$

θ_1 + amp $z_2 = 0$

amp $z_2 = -\theta_1$

अतः $z_2 = ae^{i\theta_2} \Rightarrow z_1.z_2 = a^2$

अतः दोनों सम्मिश्र संख्याएँ एक-दूसरे के संयुग्मी हैं।

35. (c) माना सरल रेखा का समीकरण

$y = mx + c$ ...(i)

जहाँ m = प्रवणता

$y - mx - c = 0$

किसी सरल रेखा $ax + by + c = 0$ की मूलबिन्दु से दूरी $D = \left|\frac{ax + by + c}{\sqrt{a^2 + b^2}}\right|$

तब $y - mx - c = 0$ की (0, 0) से दूरी = 1

$\left|\frac{-c}{\sqrt{1 + m^2}}\right| = 1$

$\sqrt{1 + m^2} = c$

$1 + m^2 = c^2$ ...(ii)

रेखा बिन्दु $y = mx + c$ बिन्दु (−1, 2) से होकर गुजरती है तो

$2 + m - c = 0$

$c^2 = (2 + m)^2$ ...(iii)

समी (ii) व (iii) से,

$(2 + m)^2 = (1 + m^2)$

$\Rightarrow 4 + m^2 + 4m = 1 + m^2$

$m = -\frac{3}{4}$ ...(iv)

समी (ii) में m का मान रखने पर,

$c = \frac{5}{4}$ ...(v)

c व m का मान समी (i) में रखने पर

$y = \left(-\frac{3}{4}\right)x + \frac{5}{4}$

$\Rightarrow 4y = -3x + 5$

$\Rightarrow 3x + 4y = 5$

36. (d) दिया गया है,

वृत्त की त्रिज्या OB = 4 सेमी

कोण $3x = 360°$

$x = 120°$

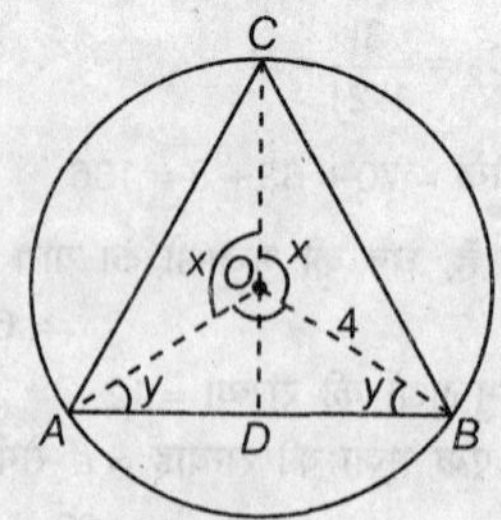

ΔOAB में, $2y + 120° = 180°$

$y = 30°$

ΔOBD में,

$\frac{OD}{OB} = \sin y$

$\frac{OD}{OB} = \sin 30°$

$\frac{OD}{4} = \frac{1}{2} \Rightarrow OD = 2$ सेमी

ΔOBD में,

$\cos 30° = \frac{DB}{OB}$

$\frac{\sqrt{3}}{2} = \frac{DB}{4}$

$DB = 2\sqrt{3}$ सेमी

त्रिभुज की भुजा $AB = 2 \times BD = 2 \times 2\sqrt{3}$

$= 4\sqrt{3}$ सेमी

37. (a)

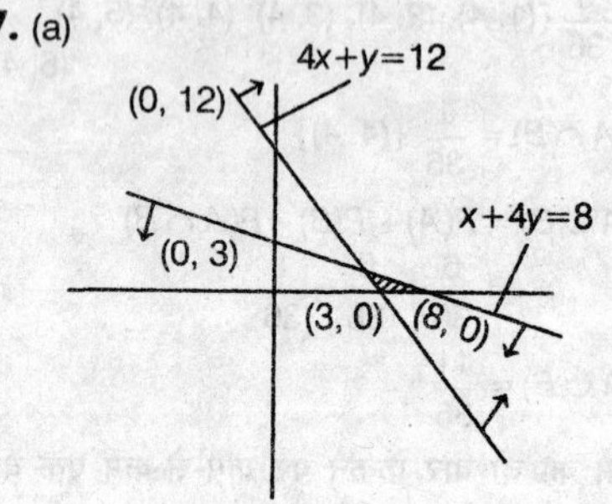

$x + 4y = 8$ ...(i)

$4x + y = 12$ ...(ii)

समी (i) व समी (ii) से,

$16x + 4y = 48$

$x + 4y = 8$

$\underline{-\quad -\quad -}$

$15x = 40$

$x = \frac{40}{15}$

$= \frac{8}{3}$

$4y = 8 - x$

$y = 8 - \frac{x}{4}$

$= \frac{8 - \frac{8}{3}}{4}$

$= 2 - \frac{2}{3}$

$= \frac{4}{3}$

बिन्दु (3, 0) पर, $2x + 3y = 6$

बिन्दु (8, 0) पर, $2x + 3y = 16$

बिन्दु $\left(\frac{8}{3}, \frac{4}{3}\right)$ पर, $2x + 3y = \frac{16}{3} + \frac{12}{3}$

$= \frac{28}{3}$

≈ 9

38. (d) दिया है,

खुले आयताकार बॉक्स का आयतन = 32 फीट^3

आयताकार बॉक्स का आयतन

= लम्बाई × चौड़ाई × ऊँचाई

$l \times b \times h = 31$ ...(i)

कुल पृष्ठीय क्षेत्रफल न्यूनतम होने के लिए $l = b$

तब समी (i) से,

$l^2 \times h = 32$

जहाँ $h = \frac{32}{l^2}$

खुले आयताकार बॉक्स का क्षेत्रफल

$$A = l \times b + 2(b \times h + h \times l)$$

$h = \frac{32}{l^2}$ व $b = l$ रखने पर,

$$A = l \times l + 2\left(l \times \frac{32}{l^2} + \frac{32}{l^2} \times l\right)$$

$$= l^2 + 2\left(\frac{64}{l}\right)$$

$$A = l^2 + \frac{128}{l} \quad \text{...(ii)}$$

अवकलन करने पर

$$\frac{dA}{dl} = 2l - \frac{128}{l^2} \quad \text{...(iii)}$$

$\frac{dA}{dl} = 0$ रखने पर

$$2l^3 - 128 = 0$$

$$l^3 = 64$$

$$l = 4$$

समी (ii) का पुनः अवकलन करने पर,

$$\frac{d^2A}{dl^2} = 2 + \frac{256}{l^3}$$

अतः कम-से-कम पृष्ठीय क्षेत्रफल के लिए $l = 4$

समी (ii) में $l = 4$ रखने पर

$$A = 16 + \frac{128}{4}$$

$A = 48$ फीट

$\therefore \quad h = \frac{32}{l^2} = \frac{32}{16} = 2 \quad [\because l = 4]$

$\because \quad b = l$ फीट

$b = 4$ फीट

अतः $l \times b \times h = 4$ फीट $\times 4$ फीट $\times 2$ फीट

39. (a)

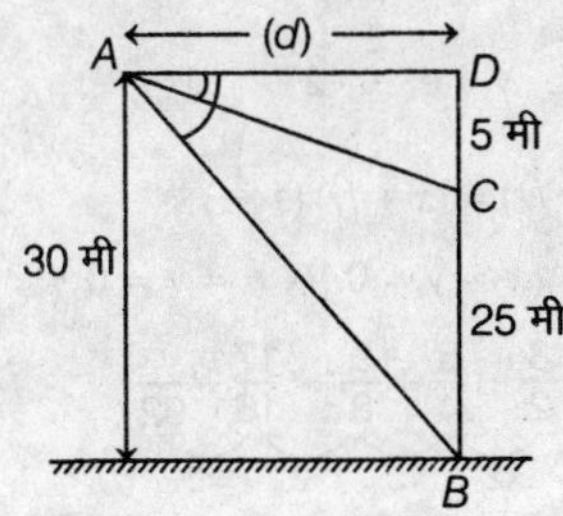

ΔACD में,

$$\tan\theta = \frac{\text{लम्ब}}{\text{आधार}}$$

$$\tan\theta = \frac{5}{d} \quad \text{...(i)}$$

(जहाँ d प्रेक्षक की शीर्ष से दूरी है)

ΔABD में,

$$\tan 2\theta = \frac{30}{d} \quad \text{...(ii)}$$

हम जानते है, $\tan 2\theta = \frac{2\tan\theta}{1 - \tan^2\theta}$

$$\tan 2\theta = \frac{2 \times \frac{5}{d}}{1 - \left(\frac{5}{d}\right)^2} \quad \text{(समी (i) से)}$$

$$\tan 2\theta = \frac{10d}{d^2 - 25} \quad \text{...(iii)}$$

समी (ii) व (iii) से,

$$\frac{10d}{d^2 - 25} = \frac{30}{d}$$

$$\Rightarrow \quad 10d^2 = 30d^2 - 750$$

$$\Rightarrow \quad 20d^2 = 750$$

$$d = \sqrt{\frac{75}{2}} = \sqrt{\frac{25 \times 3}{2}} = 5\sqrt{\frac{3}{2}}$$

ध्वजदण्ड के शीर्ष की प्रेक्षक से दूरी $= 5\sqrt{\frac{3}{2}}$ मी

40. (d) दिया है

$$f(x) = a(x^2 - 1) - x(a^2 + 1)$$

$$(\alpha + 1)(\beta + 1) = \alpha\beta + (\alpha + \beta) + 1 \quad \text{...(i)}$$

$$f(x) = ax^2 - a - xa^2 - x$$

$$= ax^2 - (a^2 + 1)x - a$$

$Ax^2 + Bx + C$ से तुलना करने पर,

$$A = a,\ B = -(a^2 + 1),\ C = -a$$

$$\alpha + \beta = -\frac{B}{A} = \frac{a^2 + 1}{a}$$

$$\alpha\beta = \frac{C}{A} = \frac{-a}{a} = -1$$

$$= -1 + \frac{a^2 + 1}{a} + 1 \quad \text{[समी (i) से]}$$

$$= \frac{a^2 + 1}{a}$$

41. (a) दिया है, $F = (x^2 - y^2)\,\hat{\mathbf{i}} + 2xy\,\hat{\mathbf{j}}$

$$F = F_1\hat{\mathbf{i}} + F_2\hat{\mathbf{j}}$$

ग्रीन की प्रमेय के द्वारा,

$$\left\{\int_R\int \frac{\partial F_2}{\partial x} - \frac{\partial F_1}{\partial y}\right\} dx\, dy = \oint_c (F_1\, dx + F_2\, dy)$$

$$= \int_0^a \left[\int_0^a (2x + 2y)\, dx\right] dy$$

$$= \int_0^a (a^2 + 2ay)\, dy = 2a^3$$

42. (c) दिया है, $x^2 + px + 1 = 0$ ...(i)

समी (i) के मूल α, β है, तब

$$\alpha + \beta = -p \quad \text{...(ii)}$$

$$\alpha\beta = 1 \quad \text{...(iii)}$$

तथा $x^2 + qx + 1 = 0$ ...(iv)

समी (iv) के मूल γ व δ हैं, तब

$$\gamma + \delta = -q \quad \text{...(v)}$$

$$\gamma\delta = 1 \quad \text{...(vi)}$$

$$= (\alpha - \gamma)(\alpha + \delta)(\beta - \gamma)(\beta + \delta)$$

$$= (\alpha - \gamma)(\beta - \gamma)(\alpha + \delta)(\beta + \delta)$$

$$= (\alpha\beta - \alpha\gamma - \beta\gamma + \gamma^2)(\alpha\beta + \alpha\delta + \delta\beta + \delta^2)$$

समी (ii) व (iii) से मान रखने पर,

$$= (1 + \gamma p + \gamma^2)(1 - p\delta + \delta^2)$$

समी (iv) से,

$$\gamma^2 + q\gamma + 1 = 0$$

$\gamma^2 + 1 = -q\gamma$ रखने पर,

तथा $\delta^2 + \delta q + 1 = 0$

$\delta^2 + 1 = -\delta q$ रखने पर,

$$= (\gamma p - q\gamma)(-p\delta - q\delta)$$

$$= -1(p - q)(p + q) = (q - p)(q + p)$$

$$= q^2 - p^2 \quad [\because (a + b)(a - b) = a^2 - b^2]$$

43. (b) माना माध्य μ तथा मानक विचलन σ है तब,

माध्य में 5 बढ़ाने पर नया माध्य $\mu_1 = \mu + 5$

हम जानते हैं

मानक विचलन $\sigma = \sqrt{\frac{1}{n}\sum_{i=1}^{n}(x_i - \mu)^2}$

तब नया मानक विचलन (5 बढ़ाने पर)

$$\sigma_1 = \sqrt{\frac{1}{n}[(x_1 + 5 + x_2 + 5 + \ldots x_n + 5) - (\mu + 5)]^2}$$

$$= \sqrt{\frac{1}{n}[(x_1 + x_2 + x_3 \ldots\ldots x_n) + 5n - \mu - 5n]^2}$$

$$= \sqrt{\frac{1}{n}[(x_1 + x_2 + \ldots\ldots + x_n - \mu]^2}$$

$$\sigma = \sqrt{\frac{1}{n}\sum_{i=1}^{n}(x_i - \mu)^2} = \sigma$$

अतः प्रेक्षण में 5 बढ़ने पर

$$\sigma_1 = \sigma$$

तथा $\mu_1 = \mu + 5$

अर्थात् $\mu_1 > \mu$

44. (b) दिया है,

A और B व्युत्क्रमणीय आव्यूह है

$A^2 = I$ तथा $B^2 = I$

$$A^2 = I$$

$$AA = I$$

$$A(AA^{-1}) = IA^{-1}$$

$$AI = A^{-1}$$

$$A^{-1} = A$$

इसी प्रकार, $B^2 = I$

$$BB = I$$

$$B(BB^{-1}) = IB^{-1}$$

$$BI = IB^{-1}$$

$$B^{-1} = B$$

तब $\because (AB)(AB)^{-1} = I$

$$A^{-1}(AB)(AB)^{-1} = IA^{-1}$$

$$(A^{-1}A)B(AB)^{-1} = IA^{-1}$$

$$IB(AB)^{-1} = A^{-1}$$

$$B(AB)^{-1} = A^{-1}$$

अब $B^{-1}B(AB)^{-1} = B^{-1}A^{-1}$

$$I(AB)^{-1} = B^{-1}A^{-1}$$

$$(AB)^{-1} = B^{-1}A^{-1}$$

$\because \quad B^{-1} = B$ तथा $A^{-1} = A$

$\therefore \quad (AB)^{-1} = BA$

45. (a) दिया है,

$$16\times 4^{x+2}-16\times 2^{x+1}+1=0$$

$\Rightarrow$ $4^2\times 4^x, 4^2-4^2\times 2^x.2^1+1=0$

$\Rightarrow$ $(16)^2\times(2^x)^2-32\times 2^x+1=0$

माना $2^x=a$

$\Rightarrow$ $(16)^2\times a^2-32a+1=0$

$\Rightarrow$ $256a^2-32a+1=0$

$\Rightarrow$ $(16a-1)(16a-1)=0$

$$a=\frac{1}{16}$$

$\Rightarrow$ $2^x=\frac{1}{16}$

$\Rightarrow$ $2^x=\frac{1}{2^4}=2^{-4}$

घतों की तुलना करने पर,

$$x=-4$$

46. (b) दिया है, $r=(\sinh t)\,a+(\cosh t)\,b$

$$\frac{dr}{dt}=(\cosh t)\,a+(\sinh t).b$$

$$\frac{d^2r}{dt^2}=(\sinh t)\,a+(\cosh t)\,b$$

$$\frac{d^2r}{dt}=r$$

47. (d) अवकल समीकरण $\left(\frac{dy}{dx}\right)^4+3\frac{d^2y}{dx^2}=0$

$\frac{dy}{dx}$ = रेखीय व्युत्पन्न

$\frac{d^2y}{dx^2}$ = द्वितीय क्रम व्युत्पन्न समीकरण

द्वितीय क्रम व्युत्पन्न समीकरण की उच्चतम क्रम है यह घात की समीकरण की घात है। जोकि 1 है।

48. (a) माना $y=\lim_{x\to 0}(\sin x)^{\tan x}$

$$\log y=\lim_{x\to 0}\log(\sin x)^{\tan x}$$

$$=\lim_{x\to 0}\tan x\log(\sin x)$$

$$[\because \log a^b=b\log a]$$

$$=\lim_{x\to 0}\frac{\log(\sin x)}{\cot x}\quad\left[\because\frac{\infty}{\infty}\right]$$

L'Hospital नियम उयोग करने पर,

$$=\lim_{x\to 0}\frac{\frac{d}{dx}\log(\sin x)}{\frac{d}{dx}\cot x}$$

$$=\lim_{x\to 0}\frac{\frac{1}{\sin x}\cos x}{-\text{cosec}^2 x}$$

$\Rightarrow$ $\log y=\lim_{x\to 0}\frac{\frac{\cos x}{\sin x}}{-\frac{1}{\sin^2 x}}$

$\Rightarrow$ $\log y=\lim_{x\to 0}-\cos x\sin x$

$\Rightarrow$ $\log y=0$

$\Rightarrow$ $y=e^0$

$\therefore$ $y=1$

49. (c) दिया है,

$$\lim_{x\to 0}\frac{e^x-1-x-x^2}{x^2}$$

L'Hospital नियम लगाने पर,

$$=\lim_{x\to 0}\frac{\frac{d}{dx}(e^x-1-x-x^2)}{\frac{d}{dx}x^2}$$

$$=\lim_{x\to 0}\frac{e^x-1-2x}{2x}$$

$x=0$ रखने पर $\frac{0}{0}$ रूप

फिर से L'Hospital नियम लगाने पर,

$$=\lim_{x\to 0}\frac{\frac{d}{dx}(e^x-1-2x)}{\frac{d}{dx}(2x)}$$

$$=\lim_{x\to 0}\frac{e^x-2}{2}=\frac{e^x-2}{2}=-\frac{1}{2}$$

50. (*) माना ट्रेन की रफ्तार V_T और कार की V_C हैं।

V_{wa} = हवा का वेग जब प्रेक्षक ट्रेन में है।

V_{wb} = हवा का वेग जब प्रेक्षक कार में है।

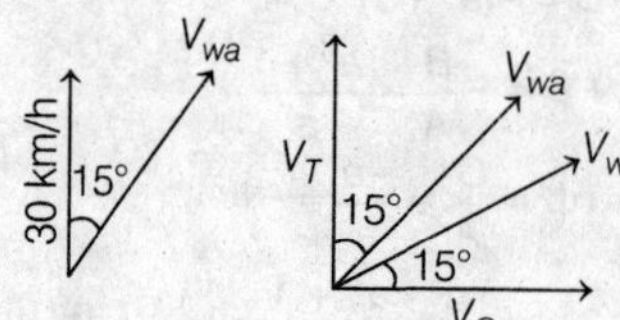

V_T = 30 किमी/घण्टा

$V_C=15(\sqrt{3}-1)$

माना V_{ac} हवा का वेग जमीन से है

तब त्रिभुज (1)

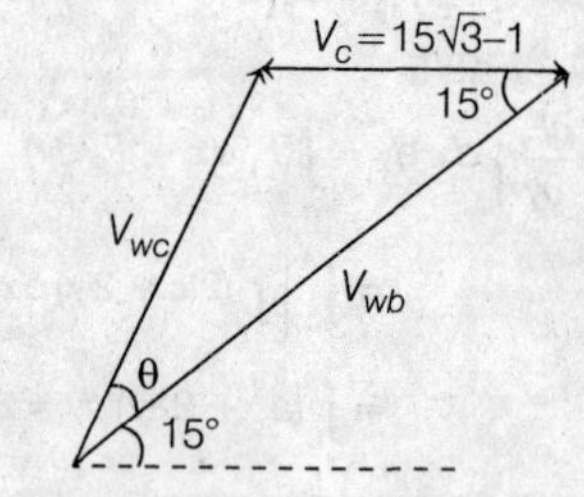

$$\frac{15(\sqrt{3}-1)}{\sin\theta}=\frac{V_{ac}}{\sin 15^\circ}\quad\ldots(i)$$

त्रिभुज 2

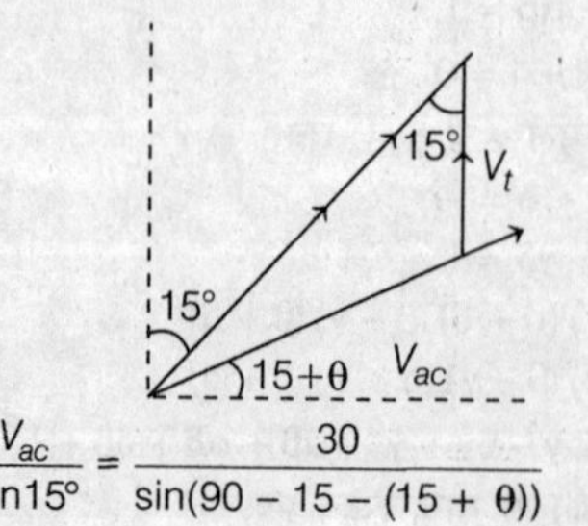

$$\frac{V_{ac}}{\sin 15^\circ}=\frac{30}{\sin(90-15-(15+\theta))}$$

$$\frac{V_{ac}}{\sin 15^\circ}=\frac{30}{\sin(60-\theta)}\quad\ldots(ii)$$

समी (ii) और (i) से,

$$\frac{15(\sqrt{3}-1)}{\sin\theta}=\frac{30}{\sin(60-\theta)}$$

$$\frac{\sqrt{3}-1}{2}=\frac{\sin\theta}{\sin(60-\theta)}$$

θ=15

V_{ac}

60°

30°

अत: 60° पूर्व के उत्तर व 30° उत्तर के पूर्व।

51. (c) दिया है,

$$\mathbf{a}=2\hat{i}-3\hat{j}-\hat{k}$$

$$\mathbf{b}=-\hat{i}+\hat{k}$$

$$\mathbf{c}=2\hat{j}-\hat{k}$$

$$(\mathbf{a}+\mathbf{b})=(2\hat{i}-3\hat{j}-\hat{k})+(-\hat{i}+\hat{k})$$

$$=\hat{i}-3\hat{j}\quad\ldots(i)$$

$$b+c=(-\hat{i}+\hat{k})+(2\hat{j}-\hat{k})$$

$$=-\hat{i}+2\hat{j}\quad\ldots(ii)$$

हम जानते हैं

समान्तर चतुर्भुज का क्षेत्रफल $=\frac{1}{2}\times$ विकर्ण I $\times$ विकर्ण II

$$=\frac{1}{2}\times(\hat{i}-3\hat{j})\times(-\hat{i}+2\hat{j})$$

$$=\frac{1}{2}\times 1$$

$=\frac{1}{2}$ वर्ग इकाई

52. (a) माना $w=u+iv$

$$z=x+iy$$

दिया गया है, $w=e^{-\frac{\pi i}{z}}\cdot z$

$$(u+iv)=(x+iy)(e^{\frac{-\pi i}{2}})$$

$x=y=0$ पर $u=v=0$

53. (d) $\frac{3}{2}+\frac{5}{4}+\frac{9}{8}+\frac{17}{16}+\frac{}{32}$......

×2 ×2 ×2 ×2

3 5 9 17 (33)

+2 +4 +8 +16

×2 ×2 ×2

54. (b) दिया है,

$$\mathbf{AB}=3\hat{i}-\hat{j}-5\hat{k}=(3,-1,-5)=x_1$$

अन्तिम बिन्दु $=(x_2, y_2, z_2)=(9,1,3)$

$$\mathbf{AB}=(x_2-x_1)\,\hat{i}+(y_2-y_1)\,\hat{j}+(z_2-z_1)\,\hat{k}$$

$$=(9-3)\,\hat{i}+[(1-(-1)\,]\hat{j}+[(3-(-5)\,\hat{k}$$

$$=6\hat{i}+2\hat{j}+8\hat{k}$$

$\therefore$ प्रारम्भिक बिन्दु के निर्देशांक (6, 2, 8) है।

55. (c) दिया गया है,

$$P(A) = \frac{1}{2}$$
$$P(B) = \frac{1}{3}$$
$$P(A \text{ or } B) = P(A \cup B)$$
$$P(A \cap B) = 0$$

(परस्पर अपवर्जी घटना के लिए)

$$= P(A) + P(B) = \frac{1}{2} + \frac{1}{3}$$
$$P(A \cup B) = \frac{5}{6}$$

56. (b) श्रेणी

$$\Rightarrow 1 + \frac{k}{3} + \frac{k(k+1)}{3 \times 6} + \frac{k(k+1)(k+2)}{3 \times 6 \times 9} + \ldots\ldots ?$$
$$\Rightarrow 1 + \frac{k}{1} \cdot \frac{1}{3} + \frac{k(k+1)}{1 \times 2}\left(\frac{1}{3}\right)^2 + \frac{k(k+1)(k+2)}{1 \cdot 2 \cdot 3}\frac{1}{3^3}$$
$$\left[\because (1-x)^{-n} = 1 + nx + \frac{n(n+1)}{2!}x^2 + \frac{n(n+1)(n+2)}{3!}x^3\right]$$

तुलना करने पर,

$$x = \frac{1}{3} \text{ तथा } n = k$$

तब, $\left(1 - \frac{1}{3}\right)^{-k} = \left(\frac{2}{3}\right)^{-k} = \left(\frac{3}{2}\right)^k$

57. (b) दिया है, $9^{x+1} = 24 + 9^x$

$$\Rightarrow 9^x 9^1 = 24 + 9^x$$
$$\Rightarrow 9^x \cdot 9^1 - 9^x = 24$$
$$\Rightarrow 9^x(8) = 24$$
$$\Rightarrow 9^x = 3$$
$$\Rightarrow 3^{2x} = 3^1$$
$$\Rightarrow 2x = 1$$
$$\Rightarrow x = 0.5$$

58. (d)

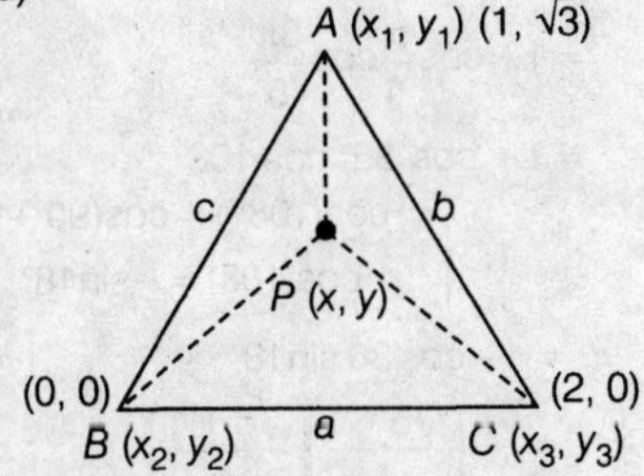

अन्तःकेन्द्र के निर्देशांक

$$P(x, y) = P\left(\frac{ax_1 + bx_2 + cx_3}{a+b+c}, \frac{ay_1 + by_2 + cy_3}{a+b+c}\right)$$
$$B = a = \sqrt{(x_3 - x_2)^2 + (y_3 - y_2)^2}$$
$$= \sqrt{(2-0)^2 + (0-0)^2}$$
$$= \sqrt{4} = 2$$
$$AC = b = \sqrt{(x_3 - x_1)^2 + (y_3 - y_1)^2}$$
$$= \sqrt{(2-1)^2 + (0-\sqrt{3})^2}$$
$$= \sqrt{1+3}$$
$$AB = c = \sqrt{(x_2 - x_1)^2 + (y_2 - y_1)^2}$$
$$= \sqrt{(0-1)^2 + (0-\sqrt{3})^2}$$
$$= \sqrt{1+3} = 2$$
$$P(x, y) = P\left(\frac{2 \times 1 + 2 \times 0 + 2 \times 2}{2+2+2}, \frac{2 \times \sqrt{3} + 2 \times 0 + 2 \times 0}{2+2+2}\right)$$
$$P(x, y) = P\left(1, \frac{1}{\sqrt{3}}\right)$$

अन्तःकेन्द्र के निर्देशांक $= \left(1, \frac{1}{\sqrt{3}}\right)$

59. (a) $\because 0.2316 = \frac{2316}{10000} = \frac{579}{2500}$

$$= \frac{579}{2 \times 2 \times 5 \times 5 \times 5 \times 5} = \frac{579}{2^2 \times 5^4}$$

तब, $\frac{P}{2^n \times 5^m}$ से तुलना करने पर

$$m = 4, n = 2$$

अतः $m + n = 4 + 2 = 6$

60. (d) दिया गया है,

$$(\sqrt{x} - \sqrt{y})(\sqrt{x} + \sqrt{y})(x+y)(x^2+y^2)$$
$$= (x + \sqrt{xy} - \sqrt{xy} - y)(x+y)(x^2+y^2)$$
$$= (x-y)(x+y) + (x^2+y^2)$$
$$= (x^2 - y^2)(x^2 + y^2)$$
$$[\because (x-y)(x+y) = x^2 - y^2)]$$
$$\Rightarrow x^4 - y^4$$

61. (a) दिया है.

$$\int_0^{\pi/4} \frac{dx}{\cos^3 x \sqrt{2 \sin 2x}} = \int_0^{\pi/4} \frac{\sec^3 x \, dx}{\sqrt{2 . 2 \sin x \cos x}}$$
$$[\because \sin 2x = 2 \sin x \cos x]$$
$$= \int_0^{\pi/4} \frac{\sec^3 x . dx}{2\sqrt{\tan x}}$$

(अंश व हर को $\sec x$ से गुणा करने पर)

माना $\tan x = t^2$

$$\sec^2 x \, dx = 2t \, dt$$
$$\because \sec^2 x = 1 + \tan^2 x$$
$$\therefore \sec^2 x = 1 + t^4$$
$$\int_0^{\pi/4} \frac{(1+t^4)}{2t} 2t \, dt = \int_0^1 1 \, dt + \int_0^1 t^4 dt$$
$$= \left[t + \frac{t^5}{5}\right]_0^1$$
$$= \left[1 + \frac{1}{5} - 0\right] = \frac{6}{5}$$

62. (c) दिया है, $\mathbf{A} = 4u^2 \hat{\mathbf{i}} - u^3 \hat{\mathbf{j}} + u \hat{\mathbf{k}}$

$$\mathbf{B} = 2 \hat{\mathbf{i}} - u \hat{\mathbf{k}}$$
$$\frac{d\mathbf{A}}{du} = 8u \hat{\mathbf{i}} - 3u^2 \hat{\mathbf{j}} + \hat{\mathbf{k}}$$
$$\frac{d\mathbf{B}}{du} = -\hat{\mathbf{k}}$$
$$\therefore \frac{d}{du}(\mathbf{A} \times \mathbf{B}) = \mathbf{A} \times \frac{d\mathbf{B}}{du} + \frac{d\mathbf{A}}{du} \times \mathbf{B}$$
$$= (4u^2 \hat{\mathbf{i}} - u^3 \hat{\mathbf{j}} + u\hat{\mathbf{k}}) \times (-\hat{\mathbf{k}})$$
$$(8u \hat{\mathbf{i}} - 3u^2 \hat{\mathbf{j}} + \hat{\mathbf{k}}) \times (2 \hat{\mathbf{i}} - u\hat{\mathbf{k}})$$
$$= \begin{vmatrix} \hat{\mathbf{i}} & \hat{\mathbf{j}} & \hat{\mathbf{k}} \\ 4u^2 & -u^3 & u \\ 0 & 0 & -1 \end{vmatrix} + \begin{vmatrix} \hat{\mathbf{i}} & \hat{\mathbf{j}} & \hat{\mathbf{k}} \\ 8u & -3u^2 & u \\ 2 & 0 & -u \end{vmatrix}$$
$$= \hat{\mathbf{i}}(u^3 - 0) - \hat{\mathbf{j}}(-4u^2 - 0) + \hat{\mathbf{k}}(0 - 0)$$
$$+ \hat{\mathbf{i}}(3u^3 - 0) - \hat{\mathbf{j}}(-8u^2 - 2) + \hat{\mathbf{k}}(0 - 6u^2)$$
$$= u^3\hat{\mathbf{i}} + 4u^2 \hat{\mathbf{j}} + 3u^3 \hat{\mathbf{i}} + 8u^2 \hat{\mathbf{j}} + 2\hat{\mathbf{j}} + 6u^2\hat{\mathbf{k}}$$
$$= 4u^3\hat{\mathbf{i}} + (12u^2 + 2)\hat{\mathbf{j}} + 6u^2 \hat{\mathbf{k}}$$

63. (b) $\int_{-1}^{1} [P_2(x)]^2 dx$ ...(i)

जहाँ $P_2(x)$ डिग्री 2 का लेगरांजे बहुपद है

रोड्रिग्स सूत्र से,

$$P_n(x) = \frac{1}{2^n n!} \frac{d^n}{dx^n}(x^2 - 1)^n$$
$$P_2(x) = \frac{1}{2^2(2!)} \frac{d^2}{dx^2}(x^2 - 1)^2$$
$$= \frac{1}{8} \frac{d^2}{dx^2}(x^4 - 2x^2 + 1)$$
$$= \frac{1}{8} \frac{d}{dx}\left[\frac{d}{dx}(x^4 - 2x^2 + 1)\right]$$
$$= \frac{1}{8} \frac{d}{dx}(4x^3 - 4x)$$
$$= \frac{1}{8}(12x^2 - 4)$$
$$P_2(x) = \frac{3x^2 - 1}{2} \quad \ldots\text{(ii)}$$

समी (i) में मान रखने पर,

$$= \int_{-1}^{1}\left[\frac{3x^2 - 1}{2}\right]^2 dx$$
$$= \frac{1}{4}\int_{-1}^{1}(9x^4 - 6x^2 + 1) \, dx$$
$$= \frac{1}{4}\left[\int_{-1}^{1} 9x^4 . dx - \int_{-1}^{1} 6x^2 dx + \int_{-1}^{1} dx\right]$$
$$= \frac{1}{4}\left[\frac{9x^5}{5} - \frac{6x^3}{3} + x\right]_{-1}^{1}$$
$$= \frac{1}{4}\left[\left(\frac{9}{5} - 2 + 1\right) - \left(\frac{-9}{5} + 2 - 1\right)\right]$$
$$= \frac{1}{4}\left(\frac{4}{5}\right) - \frac{1}{4}\left(\frac{-4}{5}\right)$$
$$= \frac{1}{4}\left(\frac{4}{5} + \frac{4}{5}\right) = \frac{2}{5}$$
$$\therefore \int_{-1}^{1} [P_2(x)]^2 dx = \frac{2}{5}$$

64. (b) दिया है,

$$\Delta = \begin{vmatrix} 2 & 7 & 4 \\ 11 & 6 & 3 \\ 8 & 5 & 1 \end{vmatrix}$$

अवयव 3 के सह-कारक

$$\begin{vmatrix} 2 & 7 \\ 8 & 5 \end{vmatrix} = |56 - 10| = 46$$

65. (a) $\because I(y(x)) \int_a^b (y^2 + y'^2 + 2y\sin x)\,dx$

$$f(x, y, y') = y^2 + y'^2 + 2y\sin x \quad \text{...(i)}$$

आयलर समीकरण से,

$$\frac{\partial f}{\partial y} - \frac{d}{dx}\left(\frac{\partial f}{\partial y'}\right) = 0 \quad \text{[समी (i) से]}$$

अब $2y + 2\cos x - \frac{d}{dx}(2y^1) = 0$

$$y = \cos x - y'' = 0 \quad \left(\because y'' = \frac{dy'}{dx}\right)$$

$$y'' - y = \cos x$$

$$(D^2 - 1)y = \cos x \quad \left(\because \frac{d}{dx} = D\right)$$

समीकरण $m^2 - 1 = 0$ व $m = \pm 1$

पूरक समीकरण

$$y_C = C_1 e^{-x} + C_2 e^x$$

विशेष समाकलन समीकरण से

$$y_P = \frac{\cos x}{D^2 - 1}$$

$$y_P = \frac{\cos x}{1 - 1}$$

$$y_P = \infty$$

$$\therefore \quad y_P = \frac{-\sin x}{2D} \quad \text{(अवकलन करने पर)}$$

$$y = y_C + y_P$$

$$y = C_1 e^{-x} + C_2 e^x - \frac{\sin x}{2}$$

66. (d)

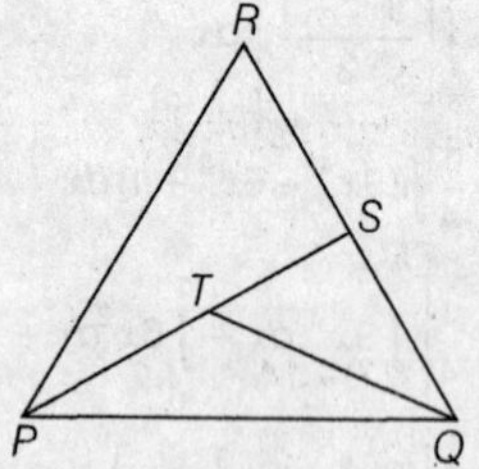

$\because PS$ माध्यिका है जो ΔPQR को दो भागों में बांटती है।

दिया है, T, PS का मध्य-बिन्दु है

$$PS = 2TS$$

ΔPQS का क्षेत्रफल $= \Delta PSR$ का क्षेत्रफल

अब ΔPQS में,

$$\frac{\Delta TQS \text{ का क्षेत्रफल}}{\Delta QTP \text{ का क्षेत्रफल}} = \frac{1}{1}$$

माना ΔTQS का क्षेत्रफल = 1 इकाई

$\therefore$ ΔQTP का क्षेत्रफल = 1 इकाई

ΔQSP का क्षेत्रफल = ΔTQS का क्षेत्रफल + ΔQTP का क्षेत्रफल

$= 1 + 1 = 2$ वर्ग इकाई

ΔPQR का क्षेत्रफल = $2 \times \Delta QSP$ का क्षेत्रफल

$= 2 \times 2 = 4$ वर्ग इकाई

ΔTQS का क्षेत्रफल ΔPQR के क्षेत्रफल का $\frac{1}{4}$ है।

67. (c) दिया है, $S_n = \frac{1}{(n+1)!}$

$$S_n = \frac{1}{2!} + \frac{1}{3!} + \ldots\ldots \infty$$

$$= \left[\left(\frac{1}{1!} + \frac{1}{2!} + \frac{1}{3!} + \ldots\ldots \infty\right) - 2\right]$$

$$S_n = e - 2 \quad \left(\because e = \frac{1}{11} + \frac{1!}{2!} + \frac{1}{3!} + \ldots\ldots\right)$$

अतः $n = 1$ से ∞ तक के पदों का योग $= e - 2$

68. (b) दिया है, $T(1, 2) = (3, -1, 5)$

$$T(1, 0) = (2, 1, -1)$$

माना पैरामीटर (x_1, y_1, z_1) है,

तब, x_1 के लिए, $x_1 = (ax + by)$

$(1, 2) \neq (0, 1)$ रखने पर,

$$x + 2y = 3$$

$$y = 2$$

$$\because \quad x = -1, y = 2$$

$$\Rightarrow \quad x_1 = -a + 2b$$

y_1 के लिए, $y_1 = ax + by$

$(1, 2) \neq (0, 1)$ रखने पर,

$$x + 2y = -1$$

$$y = 1$$

$\because$ $x = -3$ और $y = 1$

$$y_1 = -3a + b$$

z_1 के लिए, $z_1 \Rightarrow ax + by$

$(1, 2) \neq (0, 1)$ रखने पर

$$x + 2y = 5$$

$$y = -1$$

$$\because \quad x = 7, y = -1$$

$$z_1 = 7a - b$$

$$(x_1, y_1, z_1) = (-a + 2b, -3a + b, 7a - b)$$

69. (c) दी गई रेखाएँ

$$\frac{x-1}{2} = \frac{y-2}{3} = \frac{z-3}{4} \quad \text{...(i)}$$

$$\frac{x-2}{3} = \frac{y-4}{4} = \frac{z-5}{5} \quad \text{...(ii)}$$

समी (i) से,

$$\mathbf{r}_1 = \mathbf{a}_1 + \lambda \mathbf{b}_1$$

सदिश $\mathbf{r}_1 = \hat{i} + 2\hat{j} + 3\hat{k} + \lambda(2\hat{i} + 3\hat{j} + 4\hat{k})$

समी (ii) से

$$\mathbf{r}_2 = \mathbf{a}_2 + \lambda \mathbf{b}_2$$

सदिश $\mathbf{r}_2 = 2\hat{i} + 4\hat{j} + 5\hat{k} + \lambda(3\hat{i} + 4\hat{j} + 5\hat{k})$

$\mathbf{r}_1$ व $\mathbf{r}_2$ के बीच दूरी $= \left|\frac{(\mathbf{a}_2 - \mathbf{a}_1)\cdot(\mathbf{b}_1 \times \mathbf{b}_2)}{|\mathbf{b}_1 \times \mathbf{b}_2|}\right|$ ...(iii)

$$\mathbf{a}_2 - \mathbf{a}_1 = (2\hat{i} + 4\hat{j} + 5\hat{k}) - (\hat{i} + 2\hat{j} + 3\hat{k})$$

$$= \hat{i} + 2\hat{j} + 2\hat{k} \quad \text{...(iv)}$$

$$\mathbf{b}_1 \times \mathbf{b} = \begin{vmatrix} \mathbf{i} & \mathbf{j} & \mathbf{k} \\ 2 & 3 & 4 \\ 3 & 4 & 5 \end{vmatrix} = -\hat{i} + 2\hat{j} - 3\hat{k} \quad \text{...(v)}$$

$$|\mathbf{b}_1 \times \mathbf{b}_2| = \sqrt{(-1)^2 + (2)^2 + (-1)^2} = \sqrt{6}$$

अब $(\mathbf{a}_2 - \mathbf{a}_1)\cdot(\mathbf{b}_1 \times \mathbf{b}_2)$ समी (iv) व (v) का डॉट प्रॉडक्ट

$$= (1)(-1) + (2)(2) + 2(-1)$$

$$= -1 + 4 - 2 = 1$$

तब r_1 के r_2 बीच दूरी

$$= \left|\frac{(\mathbf{a}_2 - \mathbf{a}_1)\cdot(\mathbf{b}_1 \times \mathbf{b}_2)}{|\mathbf{b}_1 \times \mathbf{b}_2|}\right| = \frac{1}{\sqrt{6}}$$

70. (d) दिया है, $[\hat{i} + \hat{j} + \hat{k}, \hat{i} - \hat{j} + \hat{k}, \hat{i} + \hat{j} - \hat{k}]$

$$\Rightarrow \begin{bmatrix} 1 & 1 & 1 \\ 1 & -1 & 1 \\ 1 & 1 & -1 \end{bmatrix}$$

$$= (-1 + 1) - 1(-1 - 1) + 1[1 - (-1)]$$

$$= 2 + 2$$

$$= 4$$

71. (b) दिया है,

$$\cos^2\frac{3\pi}{5} + \cos^2\frac{4\pi}{5}$$

$$= \cos^2\left(\pi - \frac{2\pi}{5}\right) + \cos^2\left(\pi - \frac{\pi}{5}\right)$$

$$= \cos^2\frac{2\pi}{5} + \cos^2\frac{\pi}{5}$$

$$= 1 - \sin^2\frac{2\pi}{5} + \cos^2\frac{\pi}{5}$$

$$[\because \cos^2\theta = 1 - \sin^2\theta]$$

$$= 1 + \cos^2\frac{\pi}{5} - \sin^2\frac{2\pi}{5}$$

$$[\because \cos^2 A - \sin^2 B = \cos(A - B)\cos(A + B)]$$

अब

$$= 1 + \cos\left(\frac{\pi}{5} - \frac{2\pi}{5}\right)\cos\left(\frac{\pi}{5} + \frac{2\pi}{5}\right)$$

$$= 1 + \cos\frac{\pi}{5}\cos\frac{3\pi}{5}$$

$$= 1 + \cos 36° \cos 108°$$

$$\left[\begin{array}{l} \because \cos(108°) = \cos(90° + 18°) \\ \therefore \cos(108) = -\sin 18° \end{array}\right]$$

$$= 1 - \cos 36 \sin 18°$$

$$= 1 - \left(\frac{\sqrt{5} - 1}{4}\right)\left(\frac{\sqrt{5} + 1}{4}\right)$$

$$\left[\because \cos 36° = \frac{\sqrt{5} + 1}{4} \text{ तथा } \sin 18° = \frac{\sqrt{5} - 1}{4}\right]$$

$$= \frac{16 - (\sqrt{5} - 1)(\sqrt{5} + 1)}{16}$$

$$= \frac{3}{4}$$

72. (a) $\because \frac{e^x}{1-x} = B_0 + B_1x + B_2x^2 + \ldots + B_nx^n$

$\because e^x = 1 + \frac{x}{1!} + \frac{x^2}{2!} + \frac{x^3}{3!} + \ldots \frac{x^{n-1}}{(n-1)!} + \frac{x^n}{n!} + \ldots$

$(1-x)^{-1} = 1 + x + x^2 + x^{n-1} + x_n + \ldots$

$(1-x)^{-n} = 1 - nx + \frac{n(n+1)}{2!}x^2 - \frac{n(n+1)(n+2)}{3!}x^3 + \ldots$

x^n के x^{n-1} गुणांकों की तुलना करने पर

$B_n = \frac{1}{n!} + \frac{1}{(n-1)!} + \ldots \frac{1}{2!} + \frac{1}{1!} + 1 = B_n$ ...(i)

$B_{n-1} = \frac{1}{(n-1)!} + \frac{1}{(n-2)!} + \ldots \frac{1}{2!} + \frac{1}{1!} + 1$

$= B_{n-1}$

समी (i) में से समी (ii) को घटाने पर,

$$B_n - B_{n-1} = \frac{1}{n!}$$

73. (d) दिया है, A, B, C तीन परस्पर अपवर्जी घटनाएँ है, तब

$$P(B) = \frac{3}{2}P(A)$$

$$P(C) = \frac{1}{2}P(B)$$

$$P(C) = \frac{1}{2} \times \frac{3}{2}P(A)$$

$$P(C) = \frac{3}{4}P(A)$$

$P(A), P(B)$ व $P(C)$ का अनुपात निकालने पर

$P(A) : P(B) : P(C) = 8 : 12 : 6$

$= 4 : 6 : 3$

अत: $P(A) = \frac{4}{13}$

74. (d) दी गई रेखाएँ,

$3x - 4y + 4 = 0$ ...(i)

$6x - 8y - 7 = 0$

$3x - 4y - \frac{7}{2} = 0$ ...(ii)

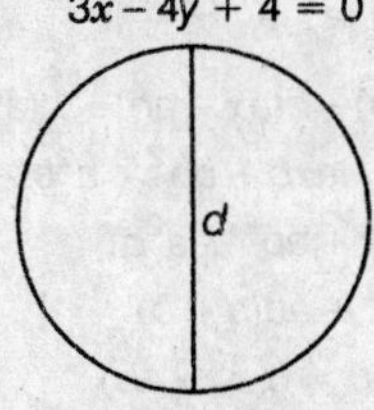

सरल रेखा के समीकरणों

$$a_1x + b_1y + c_1 = 0$$

व $a_2x + b_2y + c_2 = 0$ से तुलना करने पर

$a_1 = a_2 = 3$

$b_1 = b_2 = -4$

$c_1 = 4$

$c_2 = \frac{-7}{2}$

$y_1 = m_1x_1 + c_1$

$y = \frac{3}{4}x_1 + 4$

$m_1 = \frac{3}{4}$

$y_2 = m_2x_2 + c_2$

$y_2 = \frac{3}{4}x_2 - \frac{7}{2}$

दोनों रेखाओं की प्रवणता समान है अर्थात् दोनों स्पर्श रेखाएँ समान्तर हैं

$$m_1 = m_2 = \frac{3}{4}$$

दोनों रेखाओं के बीच की दूरी वृत्त के व्यास के समान होगी।

दो समान्तर रेखाओं की बीच दूरी

$$d = \left|\frac{c_2 - c_1}{\sqrt{a^2 + b^2}}\right| = \left|\frac{4 - \left(-\frac{7}{2}\right)}{\sqrt{3^2 + (-4)^2}}\right|$$

$$d = \frac{3}{2} = \frac{d}{2} = \frac{1}{2} \times \frac{3}{2} = \frac{3}{4}$$

75. (a) दिया है,

$\mathbf{a} = 2\hat{\mathbf{i}} + \hat{\mathbf{j}} + 3\hat{\mathbf{k}}$

$\mathbf{b} = 3\hat{\mathbf{i}} + 5\hat{\mathbf{j}} - 2\hat{\mathbf{k}}$

$$\because \quad \mathbf{a} \times \mathbf{b} = \begin{vmatrix} \hat{\mathbf{i}} & \hat{\mathbf{j}} & \hat{\mathbf{k}} \\ 2 & 1 & 3 \\ 3 & 5 & -2 \end{vmatrix}$$

$= (-2-15)\hat{\mathbf{i}} - (-4-9)\hat{\mathbf{j}} + (10-3)\hat{\mathbf{k}}$

$|\mathbf{a} \times \mathbf{b}| = -17\hat{\mathbf{i}} + 13\hat{\mathbf{j}} + 7\hat{\mathbf{k}}$

$= \sqrt{(-17)^2 + (13)^2 + (7)^2}$

$= \sqrt{289 + 169 + 89}$

$|\mathbf{a} \times \mathbf{b}| = \sqrt{507}$

76. (c) रेखा $3x - 4y = \lambda$ वृत्त $x^2 + y^2 - 4x - 8y - 5 = 0$ को स्पर्श करती है, तब

$\Rightarrow x^2 + 4 - 4x + y^2 + 16 - 8y - 4 - 16 - 5 = 0$

$= (x-2)^2 + (y-4)^2 = 25$

$[\because x^2 + y^2 - 2xy = (x-y)^2]$

(2, 4) O, 5

वृत्त के मानक रूप का समीकरण

$(x-h)^2 + (y-k)^2 = r^2$ से तुलना करने पर

$h = 2, k = 4, r = 5$

जहाँ (h, λ) मूलबिन्दु (2, 4)

स्पर्श रेखा $3x - 4y = \lambda$

रेखा $ax + by + c = 0$ को बिन्दु (x_1, y_1) से दूरी

दूरी $= \left|\frac{ax_1 + by_1 + c}{\sqrt{a^2 + b^2}}\right|$

जहाँ $a = 3$

$b = -4$

$x_1 = 2$

$y_1 = 4$

$= \frac{(3 \times 2) + (-4)(4) + (-\lambda)}{\sqrt{3^2 + 4^2}}$

$= \frac{6 - 16 - \lambda}{\sqrt{9 + 16}} = \frac{-10 - \lambda}{5}$

$-10 - \lambda = \pm 25$

$\lambda = -35, \; -\lambda = 15$

77. (b) दिया है,

$\lim_{x \to \pi} \frac{1 + \cos^3 x}{1 - \cos^2 x}$

$[\because a^3 + b^3 + (a+b)(a^2 - ab + b^2)]$

$= \lim_{x \to \pi} \frac{(1 + \cos x)(1 - \cos x + \cos^2 x)}{(1 + \cos x)(1 - \cos x)}$

$= \lim_{x \to \pi} \frac{1 - \cos x + \cos^2 x}{1 - \cos x}$

$x = \pi$ रखने पर

$= \frac{1 - (-1) + (-1)^2}{1 - (-1)}$ $[\because \cos \pi = -1]$

$= \frac{3}{2}$

78. (d) दिया है,

$\lim_{x \to 3} \frac{x^3 - 7x^2 + 15x - 9}{x^4 - 5x^3 + 27x - 27}$

L'Hospital नियम लगाने पर,

$= \lim_{x \to 3} \frac{\frac{d}{dx}(x^3 - 7x^2 + 15x - 9)}{(x^4 - 5x^3 + 27x - 27)}$

$= \lim_{x \to 3} \frac{3x^2 - 14x + 15}{4x^3 - 15x^2 + 27}$

$x = 3$ रखने पर $\frac{0}{0}$ रूप

पुन: L'Hospital नियम लगाने पर,

$\Rightarrow \lim_{x \to 3} \frac{6x - 14}{12x^2 - 30x}$

$x = 3$ रखने पर,

$= \frac{6(3) - 14}{12(3)^2 - 30(3)} = \frac{2}{9}$

79. (a) $\because \sqrt{\sin x} + \cos x = 0$ ...(i)

$\Rightarrow \quad \sqrt{\sin x} = -\cos x$

$\Rightarrow \quad \sin x = \cos^2 x$

$\Rightarrow \quad \sin x = 1 - \sin^2 x$

$\Rightarrow \quad \sin x + \sin^2 x = 1$

$\sin x + \sin^2 x + \frac{1}{4} = 1 + \frac{1}{4} = \frac{5}{4}$

$\Rightarrow \quad \left(\sin x + \frac{1}{2}\right)^2 = \frac{5}{4}$

$\Rightarrow \quad \sin x + \frac{1}{2} = \frac{\sqrt{5}}{2}$

$\Rightarrow \quad \sin x = \frac{\sqrt{5}}{2} - \frac{1}{2} = \frac{\sqrt{5}-1}{2}$

80. (a) दिया है, मैट्रिक्स

$$\begin{bmatrix} 1 & 2 & 3 \\ 0 & -4 & 2 \\ 0 & 0 & 7 \end{bmatrix}$$

तब, $|A - \lambda I| = 0$

$$\begin{vmatrix} 1-\lambda & 2 & 3 \\ 0 & -4-\lambda & 2 \\ 0 & 0 & 7-\lambda \end{vmatrix} = 0$$

$(1-\lambda)[(-4-\lambda)(7-\lambda)-0]-2[0]+[0]=0$

$\Rightarrow (\lambda-1)(\lambda+4)(\lambda-7)=0$

$\lambda = 1, -4, 7$

आईगेन मान = 1, − 4, 7

81. (a) दिया है,

$\sin^{-1}\left(\frac{3}{5}\right) + \sin^{-1}\left(\frac{5}{13}\right) = \sin^{-1}(x)$ ...(i)

माना $\sin^{-1}\left(\frac{3}{5}\right) = A \Rightarrow \sin A = \frac{3}{5}$

$\sin^{-1}\left(\frac{5}{13}\right) = B \Rightarrow \sin B = \frac{5}{13}$

समी (i) से,

$\sin\left[\sin^{-1}\left(\frac{3}{5}\right) + \sin^{-1}\left(\frac{5}{13}\right)\right] = x$

$\sin(A+B) = x$

$[\because \sin(A+B) = \sin A \cos B + \cos A \sin B]$

$\because \cos A = \sqrt{1-\sin^2 A}$

$= \sqrt{1-\left(\frac{3}{5}\right)^2}$

$\cos A = \frac{4}{5}$

$\cos B = \sqrt{1-\sin^2 B}$

$= \sqrt{1-\left(\frac{5}{13}\right)^2}$

$\cos B = \frac{12}{13}$

$\sin(A+B) = \frac{3}{5} \times \frac{12}{13} + \frac{4}{5} \times \frac{5}{13}$

$= \frac{56}{65}$

82. (b)

$x =$	42	46	49	51	55	a	56
$y =$	1	4	4	1	4	1	4

बहुलक = 9

46 की आवृत्ति → 4 बार

49 की आवृत्ति → 4 बार

55 की आवृत्ति → 4 बार

56 की आवृत्ति → 4 बार

42, 51, 46, 55, 49, 56, a में से 49 की आवृत्ति सर्वाधिक है इसीलिए वह बहुलक है अतः a के स्थान पर भी 49 होगा। क्योंकि 46, 49, 55, 56 में सभी की आवृत्ति संमान है।

83. (a)

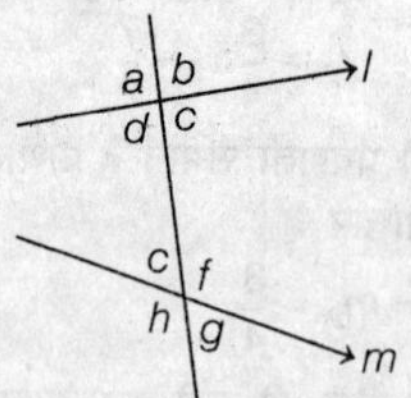

बाह्य कोण = $\angle a, \angle b, \angle h, \angle g$

एकान्तर बाह्य कोण युग्म = $\angle a$ तथा $\angle g$

= $\angle b$ तथा $\angle h$

84. (b)

$\int\left(\frac{x-1}{x^2}\right)e^x dx = f(x)e^x + c$

$\Rightarrow \int e^x\left(\frac{1}{x} - \frac{1}{x^2}\right)dx = f(x)e^x + c$

$\Rightarrow \int \frac{e^x}{x}dx - \int \frac{e^x}{x^2}dx = f(x)e^x + c$

$\Rightarrow 0 - e^x \frac{x^{-2+1}}{-2+1} = f(x)e^x + c$

$\Rightarrow \frac{e^x}{x} = f(x)e^x + c$

e^x का गुणांक $f(x) = \frac{1}{x}$

85. (b) दिया है,

$\frac{6s-4}{s^2-4s+20} = \frac{6s-4-8+8}{s^2-4s-4+4+20}$

$= \frac{6s-12+8}{s^2-4s+4+16}$

$= \frac{6(s-2)+8}{(s-2)^2+(4)^2}$

$[\because a^2-2ab+b^2 = (a-b)^2]$

$= L^{-1}\left[\frac{6(s-2)+8}{(s-2)^2+(4)^2}\right]$

$= L^{-1}\frac{6(s-2)}{(s-2)^2+(4)^2} + L^{-1}\frac{8}{(s-2)^2+(4)^2}$

$\because L^{-1}\frac{(s-a)}{(s-a)^2+b^2} = e^{at}\cos(bt)$

व $L^{-1}\frac{1}{(s-a)^2+b^2} = \frac{1}{b}e^{at}\sin(bt)$

$\therefore = 6L^{-1}\frac{(s-2)}{(s-2)^2+(4)^2} + 8L^{-1}\frac{1}{(s-2)^2+(4)^2}$

$= 6e^{2t}\cos(4t) + 2e^{2t}\sin(4t)$

86. (b) दिया है, समान्तर चतुर्भुज के विकर्ण

$\mathbf{d}_1 = 5\hat{\mathbf{i}}$

$\mathbf{d}_2 = 2\hat{\mathbf{j}}$

समान्तर चतुर्भुज का क्षेत्रफल $= \frac{1}{2} \times |\mathbf{d}_1 \times \mathbf{d}_2|$ ...(i)

$$\mathbf{d}_1 \times \mathbf{d}_2 = \begin{vmatrix} \hat{\mathbf{i}} & \hat{\mathbf{j}} \\ 5 & 0 \\ 0 & 2 \end{vmatrix}$$

$\mathbf{d}_1 \times \mathbf{d}_2 = \hat{\mathbf{i}}(10-0) + \hat{\mathbf{j}}(0-0)$

$= 10\hat{\mathbf{i}}$

$|\mathbf{d}_1 \times \mathbf{d}_2| = \sqrt{(10)^2 + (0)^2}$

समी (i) से,

समान्तर चतुर्भुज का क्षेत्रफल $= \frac{1}{2} \times 10$

= 5 वर्ग इकाई

87. (b) अवकल समीकरण

$\sqrt{1+\frac{d^2y}{dx^2}} = x\frac{dy}{dx} \Rightarrow 1 + \frac{d^2y}{dx^2} = \left(x\frac{dy}{dx}\right)^2$

क्रम = 2, घात = 1

∴ क्रम × घात = 2 × 1 = 2

88. (b)

ऊपर से खुले मछलीघर का क्षेत्रफल

A = लम्बाई × चौड़ाई +2 (चौड़ाई × ऊँचाई) +2 (ऊँचाई × लम्बाई)

दिया है, लम्बाई = 126 मी = 126 सेमी

चौड़ाई = 30 सेमी

ऊँचाई = 50 सेमी

$A = (126 \times 30) + 2(30 \times 50) + 2(126 \times 50)$

$= 3780 + 3000 + 12600$

$= 19380$ सेमी^{2}

$= \frac{19380}{10000} = 1.938$ वर्ग मी

89. (b) दिया है,

$$f(x) = \begin{vmatrix} x & b & b \\ a & x & b \\ a & a & x \end{vmatrix}$$

$f(x) = x(x^2-ab) - b(ax-ab) + b(a^2-ax)$

$= x^3 - axb - axb + ab^2 + a^2b - abx$

$= x^2 - 3abx + ab^2 + a^2b$

$f(x) = x^3 - 3abx + ab(a+b)$

$f'(x) = 3x^2 - 3ab = 3(x^2 - ab)$

90. (b) दिया है,

$A + B = \begin{bmatrix} 1 & 2 \\ 5 & -6 \end{bmatrix}$ ...(i)

$A - B = \begin{bmatrix} -3 & 4 \\ -1 & -2 \end{bmatrix}$ ...(ii)

समी (i) व (ii) को जोड़ने पर,

$$2A = \begin{bmatrix} -2 & 6 \\ 4 & -8 \end{bmatrix}$$

$$A = \begin{bmatrix} -1 & 3 \\ 2 & -4 \end{bmatrix}$$

तब $$B = \begin{bmatrix} 2 & -1 \\ 3 & -2 \end{bmatrix}$$

$$AB = \begin{bmatrix} -1 & 3 \\ 2 & -4 \end{bmatrix}\begin{bmatrix} 2 & -1 \\ -3 & -2 \end{bmatrix}$$

$$= \begin{bmatrix} -2+9 & 1-6 \\ 4-12 & -2+8 \end{bmatrix}$$

$$AB = \begin{bmatrix} 7 & -5 \\ -8 & 6 \end{bmatrix}$$

91. (c) दिया है, किसी हरात्मक श्रेढ़ी का pवाँ qवाँ व rवाँ पद क्रमशः a, b, c हैं।

$$\begin{vmatrix} bc & ca & ab \\ p & q & r \\ 1 & 1 & 1 \end{vmatrix}$$

दी गई श्रेणी हरात्मक श्रेणी है तब

समान्तर श्रेणी में pवाँ, qवाँ व rवाँ पद क्रमशः $\frac{1}{a}, \frac{1}{b}, \frac{1}{c}$ होंगे।

$$\frac{1}{a} = A + (p-1)D$$

$$\frac{1}{b} = A + (q-1)D$$

$$\frac{1}{c} = A + (r-1)D$$

$$\Delta = \begin{vmatrix} bc & ca & ab \\ p & q & r \\ 1 & 1 & 1 \end{vmatrix}$$

$$= abc\begin{vmatrix} \frac{1}{a} & \frac{1}{b} & \frac{1}{c} \\ p & q & r \\ 1 & 1 & 1 \end{vmatrix}$$

$$= abc\begin{vmatrix} A+(p-1)D & A+(q-1)D & A+(r-)D \\ p & q & r \\ 1 & 1 & 1 \end{vmatrix}$$

$R_1 \to R_1 - AR_3$

$$= abc\begin{vmatrix} A+(p-1)D-A & A+(q-1)D-A & A+(r-1)D-A \\ p & q & r \\ 1 & 1 & 1 \end{vmatrix}$$

$$= abcD\begin{vmatrix} p-1 & q-1 & r-1 \\ p & q & r \\ 1 & 1 & 1 \end{vmatrix} \quad R_1 \to R_1 + R_3$$

$$= abcD\begin{vmatrix} p & q & r \\ p & q & r \\ 1 & 1 & 1 \end{vmatrix}$$

$$= abc\ D[p(q-r) - q(p-r) + r(p-q)]$$

$$= abc\ D[pq - pr - pq + qr + pr - qr] = 0$$

92. (d) दिया है;

$$f(x) = \begin{cases} 4x-5, & x \le 2 \\ x-k, & x > 2 \end{cases}$$

समीकरण $4x - 5$ में $x = 2$ रखने पर,

$$f(x) = 4(2) - 5$$

$$f(x) = 3 \quad \ldots(i)$$

समीकरण $x - k$ में $x = 2$ रखने पर

$$f(x) = 2 - k$$

समी (i) व (ii) से,

$$2 - k = 3$$

$$k = 2 - 3$$

$$k = -1$$

93. (b) दिया है, $\mathbf{r} = 4\hat{\mathbf{i}} + 8\hat{\mathbf{j}} + \hat{\mathbf{k}}$

सदिश $l\hat{\mathbf{i}} + m\hat{\mathbf{j}} + n\hat{\mathbf{k}}$ व X-अक्ष के बीच कोण

$$\theta = \cos^{-1}\left|\frac{l}{\sqrt{l^2 + m^2 + n^2}}\right|$$

$$= \cos^{-1}\frac{4}{\sqrt{(4)^2 + (8)^2 + (1)^2}}$$

$$= \cos^{-1}\frac{4}{\sqrt{16 + 64 + 1}}$$

$$\theta = \cos^{-1}\frac{4}{9}$$

94. (c) $\because (1 + x + x^2)^n = \sum_{r=0}^{2n} a_r x^r$

$$(1 + x + x^2)^n = a_0 + a_1x + a_2x^2 + \ldots a_{2n}x^{2n}$$

x के सापेक्ष अवकलन करने पर,

$$n(1 + x + x^2)^{n-1}(1 + 2x) = a_1 + 2a_2x + 3a_3x^2 + \ldots + 2na_{2n}x^{2n-1}$$

$x = -1$ रखने पर

$$n(1 - 1 + 1)^{n-1}(1 - 2) = a_1 - 2a_2 + 3a_3 - 4a_4 + \ldots + 2na_{2n}(-1)^{2n-1}$$

$$-n = a_1 - 2a_2 + 3a_3 - 4a_4 + 5a_5 + \ldots + 2na_{2n}$$

95. (b) दिया है,

समीकरण $x^2 + y^2 = 2ax \quad \ldots(i)$

x के सापेक्ष अवकलन करने पर

$$2x + 2y\frac{dy}{dx} = 2a$$

$$\Rightarrow \quad x + y\frac{dy}{dx} = a$$

$\Rightarrow \quad \frac{dy}{dx} = y'$ रखने पर,

$$x + yy' = a$$

a का मान समी (i) में रखने पर

$$\Rightarrow \quad x^2 + y^2 = 2x(x + yy')$$

$$\Rightarrow \quad x^2 + y^2 = 2x^2 + 2xyy'$$

$$\Rightarrow x^2 - y^2 + 2xyy' = 0$$

96. (b) यदि x वास्तविक संख्या है, तब

$$x + \frac{1}{x} = 2\cos\theta$$

$$x^2 - 2x\cos\theta + 1 = 0$$

x के वास्तविक मान के लिए $4\cos^2\theta - 4 \ge 0$

$\cos^2\theta \ge 1$

$\cos^2\theta > 1$ सम्भव नही हैं तब $\cos^2\theta = 1$ होगा

अर्थात् $\cos\theta \pm 1$

97. (b) यदि $A = \begin{bmatrix} 0 & 1 \\ -1 & 0 \end{bmatrix}$ एवं $[aI_2 + BA]^2 = A$

$$(aI_2 + bA)^2 = a^2I_2^2 + b^2A^2 + 2abI_2A$$

$$A^2 = \begin{bmatrix} 0 & 1 \\ -1 & 0 \end{bmatrix}\begin{bmatrix} 0 & 1 \\ -1 & 0 \end{bmatrix}$$

$$A^2 = \begin{bmatrix} -1 & 0 \\ 0 & -1 \end{bmatrix} = -I$$

$I_2^2 = I$ व $A^2 = -I$ रखने पर,

$$(aI_2 + bA)^2 = a^2I + b^2(-I) + 2abIA$$

$$= (a^2 - b^2)I + 2abA$$

$$= \begin{bmatrix} a^2-b^2 & 0 \\ 0 & a^2-b^2 \end{bmatrix} + 2ab\begin{bmatrix} 0 & 1 \\ -1 & 0 \end{bmatrix}$$

$$= \begin{bmatrix} a^2-b^2 & 0 \\ 0 & a^2-b^2 \end{bmatrix} + 2ab\begin{bmatrix} 0 & 2ab \\ -2ab & 0 \end{bmatrix}$$

$$= \begin{bmatrix} a^2-b^2 & 2ab \\ -ab & a^2-b^2 \end{bmatrix} \quad [\because (aI_2 + bA)^2 = A]$$

$a^2 - b^2 = 0,\ 2ab = 1$

$a^2 = b^2$, $a = b$ रखने पर,

$a = b,\ a = b = \pm\frac{1}{\sqrt{2}}$

98. (c) $\because \mathbf{r} = x\hat{\mathbf{i}} + y\hat{\mathbf{j}} + z\hat{\mathbf{k}}$

तब, $\mathbf{r} \times \hat{\mathbf{i}} = (x\hat{\mathbf{i}} + y\hat{\mathbf{j}} + z\hat{\mathbf{k}}) \times \hat{\mathbf{j}}$

$$= -y\hat{\mathbf{k}} + z\hat{\mathbf{j}} \quad \ldots(i)$$

$$\mathbf{r} \times \hat{\mathbf{j}} = (x\hat{\mathbf{i}} + y\hat{\mathbf{j}} + z\hat{\mathbf{k}}) \times \hat{\mathbf{j}}$$

$$= x\hat{\mathbf{k}} - z\hat{\mathbf{i}} \quad \ldots(ii)$$

समी (i) व (ii) की गुणा करने पर

तब, $(\mathbf{r} \times \hat{\mathbf{i}})(\mathbf{r} \times \hat{\mathbf{j}}) = (-y\hat{\mathbf{k}} + z\hat{\mathbf{j}})(x\hat{\mathbf{k}} - z\hat{\mathbf{i}})$

$$= 0 + 0 - xy$$

$$(\mathbf{r} \times \hat{\mathbf{i}})(\mathbf{r} \times \hat{\mathbf{j}}) + xy = -xy + xy$$

$$(\mathbf{r} \times \hat{\mathbf{i}})(\mathbf{r} \times \hat{\mathbf{j}}) + xy = 0$$

99. (b) दिया है,

प्रथम पद $a_1 = \frac{2}{5}$ (हरात्मक श्रेढ़ी)

दूसरा पद $a_2 = \frac{12}{13}$ (हरात्मक श्रेढी)

$\because \frac{1}{a_1} = \frac{2}{5}$ तब, $a_1 = \frac{5}{2}$ (समान्तर श्रेढ़ी)

$\because \frac{1}{a_2} = \frac{12}{13}$ तब, $a_2 = \frac{13}{12}$ (समान्तर श्रेढ़ी)

n वाँ पद $a_n = a + (n-1)d$

$\because \quad d = a_2 - a_1$

$$d = \frac{13}{12} - \frac{5}{2}$$

$$d = \frac{-17}{12}$$

$$\therefore \quad a_n = \frac{5}{2} + (n-1)\left(\frac{-17}{12}\right)$$

$$a_n = \frac{47-17n}{12}$$

$$\frac{1}{a_n} = \frac{12}{47-17n}$$

$\frac{1}{a_n}$ का सबसे बड़ा पद होने के लिए $47 - 17n < 0$

(धनात्मक)

$n = 1$ रखने पर, $\frac{1}{a_n} = \frac{2}{5}$

$n = 2$ रखने पर, $\frac{1}{a_n} = \frac{12}{13}$

$n = 3,4,5 .....$ $\frac{1}{a_n}$ = ऋणात्मक मान प्राप्त होंगे

अर्थात् सबसे बड़ा पद दूसरा पद 15वाँ पद होगा।

100. (a) माना वक्र का उपस्पर्शक $= y\frac{dx}{dy}$

$\because$ उपस्पर्शक, भुजांक के वर्ग के बराबर है, तब

$$y.\frac{dx}{dy} = x^2$$

$$\frac{dx}{x^2} = \frac{dy}{y}$$

दोनों पक्षो का समाकलन करने पर,

$$\frac{1}{x} + c = \log y$$

$$y = e^{-\frac{1}{x}} \quad ...(i)$$

समी (i) बिन्दु (2, 1) द्वारा सन्तुष्ट होगी

$$1 = e^{-1/2} + c$$

$$e = \frac{1}{2}$$

$\therefore$ अभीष्ट उत्तर $= e^{\frac{1}{2} - \frac{1}{x}}$

अध्याय 01

अंकगणित

Arithmetic

संख्या पद्धति Number System

एक ऐसी पद्धति, जिसमें विभिन्न प्रकार की संख्याओं एवं उनके मध्य सम्बन्धों व नियमों का क्रमबद्ध अध्ययन किया जाता है, संख्या पद्धति कहलाती है।

अंक Digits

किसी भी संख्या को व्यक्त करने के लिए हम दस संकेतों 0, 1, 2, 3, 4, 5, 6, 7, 8, 9 का प्रयोग करते हैं तथा इन दस संकेतों को अंक कहते हैं। दस संकेतों की यह पद्धति दाशमिक पद्धति कहलाती है। 1, 2, 3, 4, 5, 6, 7, 8, 9 को सार्थक अंक कहते हैं जबकि शून्य (0) असार्थक अंक कहलाता है।

संख्यांक Numerals

संख्या को व्यक्त करने वाले अंकों के समूह को संख्यांक कहते हैं। किसी संख्या को लिखने के लिए हम दाईं ओर से बाईं ओर क्रमशः इकाई, दहाई, सैकड़ा, हजार, दस हजार, लाख, दस लाख, करोड़, दस करोड़, अरब, दस अरब, खरब, दस खरब, ... आदि स्थान लेते हैं।

संख्याओं के प्रकार Types of Numbers

संख्याओं के प्रकार निम्न हैं

1. प्राकृतिक संख्याएँ Natural Numbers

वे संख्याएँ, जिनसे वस्तुओं की गणना की जाती है, प्राकृतिक संख्याएँ कहलाती हैं तथा इनके समुच्चय को 'N' से प्रदर्शित करते हैं।

$$N = \{1, 2, 3, 4, 5, \dots\}$$

नोट (i) शून्य को प्राकृतिक संख्या नहीं माना जाता है, क्योंकि हम संख्या 1 से गिनना प्रारम्भ करते हैं, इसलिए 1 प्रथम एवं सबसे छोटी प्राकृतिक संख्या होती है।

(ii) सभी प्राकृतिक संख्याएँ धनात्मक होती हैं।

2. पूर्ण संख्याएँ Whole Numbers

जब प्राकृतिक संख्याओं में शून्य (0) को भी सम्मिलित कर लिया जाता है, तब वे संख्याएँ पूर्ण संख्याएँ कहलाती हैं तथा इनके समुच्चय को 'W' से प्रदर्शित करते हैं। $W = \{0, 1, 2, 3, 4, 5, \dots\}$

नोट शून्य (0) पहली तथा सबसे छोटी पूर्ण संख्या है।

3. पूर्णांक Integers

प्राकृतिक संख्याओं में उनकी ऋणात्मक संख्याओं तथा शून्य को भी सम्मिलित करने पर जो संख्याएँ प्राप्त होती हैं, वे पूर्णांक कहलाते हैं तथा इनके समुच्चय को 'I' से प्रदर्शित करते हैं।

$$I = \{\dots, -5, -4, -3, -2, -1, 0, 1, 2, 3, 4, 5, \dots\}$$

पूर्णांक निम्न दो प्रकार के होते हैं

(i) **धन पूर्णांक** (Positive Integers) प्राकृतिक संख्याओं को धन पूर्णांक कहते हैं तथा इनके समुच्चय को I^+ से प्रदर्शित करते हैं।

$$I^+ = \{1, 2, 3, 4, \dots\}$$

(ii) **ऋण पूर्णांक** (Negative Integers) प्राकृतिक संख्याओं की ऋणात्मक संख्याओं को ऋण पूर्णांक कहते हैं तथा इनके समुच्चय को I^- से प्रदर्शित करते हैं।

$I^- = \{-1, -2, -3, -4, \dots\}$

नोट शून्य (0) न तो धन पूर्णांक है और न ही ऋण पूर्णांक। ऋण पूर्णांक संख्याओं का मान शून्य से कम तथा धन पूर्णांक संख्याओं का मान शून्य से अधिक होता है।

4. परिमेय संख्याएँ Rational Numbers

वे संख्याएँ, जिन्हें p/q के रूप में व्यक्त किया जा सकें, परिमेय संख्याएँ कहलाती हैं, जहाँ p व q दोनों पूर्णांक हैं तथा $q \neq 0$। जैसे— 3/5, 7/9 आदि।

नोट प्रत्येक पूर्णांक संख्या एक परिमेय संख्या होती है।

5. अपरिमेय संख्याएँ Irrational Numbers

वे संख्याएँ, जिन्हें p/q के रूप में व्यक्त नहीं किया जा सकता है, अपरिमेय संख्याएँ कहलाती हैं, जहाँ p व q पूर्णांक हैं तथा $q \neq 0$।
जैसे— $\sqrt{2}, \sqrt{5}, \sqrt{7}$ आदि।

नोट π एक अपरिमेय संख्या है क्योंकि $\frac{22}{7}$, π का यथार्थ मान नहीं है। यह इसका सन्निकट मान है।

6. वास्तविक संख्याएँ Real Numbers

वे संख्याएँ, जो परिमेय और अपरिमेय दोनों होती हैं, वास्तविक संख्याएँ कहलाती हैं तथा इनके समुच्चय को 'R' से प्रदर्शित करते हैं। जैसे— $\sqrt{5}, \frac{7}{4}, \frac{1}{2}, \pi, -1, 0, 5$ आदि।

7. सम्मिश्र संख्याएँ Complex Numbers

$(x + iy)$ के रूप में प्रदर्शित प्रत्येक संख्या जहाँ, $x, y \in R$ तथा $i = \sqrt{-1}$ को सम्मिश्र संख्या कहते हैं। सम्मिश्र संख्या $z = x + iy$ में x को इसका वास्तविक भाग (Real part) तथा y को काल्पनिक भाग (Imaginary part) कहते हैं।

अर्थात् $x = \text{Re}(z)$ तथा $y = \text{Im}(z)$

यदि $x = 0 \Rightarrow z$ एक शुद्ध काल्पनिक संख्या है तथा $y = 0 \Rightarrow z$ एक शुद्ध वास्तविक संख्या है।

नोट (i) $\sqrt{-3}\sqrt{-5} \neq \sqrt{15}$, परन्तु $\sqrt{-3}\sqrt{-5} = \sqrt{3}i\sqrt{5}i = -\sqrt{15}$

(ii) $i = \sqrt{-1}, i^2 = -1, i^3 = -i$ तथा $i^4 = 1$

(iii) यदि n एक पूर्णांक है, तब

$$i^{4n} = 1, i^{4n+1} = i, i^{4n+2} = -1 \text{ तथा } i^{4n+3} = -i$$

ऐकिक नियम Unitary Law

इस नियम में जिस वस्तु की मात्रा ज्ञात करनी होती है, उसे बराबर (=) के दाईं ओर लिखते हैं तथा शेष सभी वस्तुओं को बाईं ओर लिखकर सभी मात्राओं को इकाई बनाते हैं। इसके लिए यदि बाईं तथा दाईं ओर की वस्तुओं में सीधा अनुपात होता है, तो बाईं ओर की मात्रा से दाईं ओर गुणा कर देते हैं एवं यदि बाईं तथा दाईं ओर की मात्राओं में विलोमानुपात होता है, तो बाईं ओर की मात्रा से दाईं ओर भाग कर देते हैं अर्थात् संक्षेप में कम के लिए भाग तथा अधिक के लिए गुणा होती है।

औसत Average

दो या दो से अधिक सजातीय राशियों के योगफल को उन राशियों की कुल संख्या से विभाजित करने पर प्राप्त परिणाम ही उन राशियों का **औसत** कहलाता है। औसत को समान्तर माध्य अथवा माध्य भी कहते हैं।

$$\text{औसत} = \frac{\text{सभी राशियों का योग}}{\text{राशियों की कुल संख्या}}$$

जैसे—यदि 20, 25, 30, 40, 45 संख्याएँ दी गई हों, तब इन संख्याओं का

$$\text{औसत} = \frac{(20+25+30+40+45)}{5} = \frac{160}{5} = 32$$

नोट यदि दी गई संख्याओं में शून्य को भी सम्मिलित किया जाता है, तो औसत ज्ञात करते समय शून्य को भी गिना अथवा जोड़ा जाएगा।

संख्याओं के औसत सम्बन्धी महत्त्वपूर्ण सूत्र
Important Formulae Related to Average of Numbers

- प्रथम 'n' प्राकृतिक संख्याओं का औसत $= \frac{1+2+3+\ldots+n}{n} = \left(\frac{n+1}{2}\right)$
- प्रथम 'n' सम संख्याओं का औसत $= \frac{2+4+6+\ldots+2n}{n} = (n+1)$

या

$$= \frac{\text{पहली सम संख्या} + \text{अन्तिम सम संख्या}}{2}$$

नोट यदि पदों का अन्तर समान हो तब भी उपरोक्त सूत्र का प्रयोग किया जाता है।

- प्रथम 'n' विषम संख्याओं का औसत $= \frac{1+3+5+\ldots+(2n-1)}{n} = n$
- प्रथम 'n' प्राकृतिक संख्याओं के वर्गों का औसत $= \frac{1^2+2^2+3^3+\ldots+n^2}{n} = \frac{(n+1)(2n+1)}{6}$
- प्रथम 'n' प्राकृतिक संख्याओं के घनों का औसत $= \frac{1^3+2^3+3^3+\ldots+n^3}{n} = \frac{n(n+1)^2}{4}$
- यदि दी गई संख्याएँ एक श्रृंखला में हों तथा उसके किन्हीं भी दो क्रमागत पदों के बीच अन्तर समान हों, तो

$$\text{सम्पूर्ण श्रृंखला का औसत} = \frac{\text{प्रथम संख्या} + \text{अन्तिम संख्या}}{2}$$

लाभ और हानि Profit and Loss

लाभ और हानि मुख्य रूप से व्यापारिक लेन-देन से सम्बन्धित है। जब कोई व्यक्ति किसी वस्तु को खरीदता या बेचता है, तो उसे कुछ धनराशि का फायदा या नुकसान होता है। यह फायदा ही उसका लाभ तथा नुकसान, उसकी हानि कहलाता है।

अथवा

यदि किसी वस्तु को एक दुकानदार द्वारा उसके लागत मूल्य से अधिक मूल्य पर बेचा जाता है, तो उसे लाभ होता है तथा लागत मूल्य से कम मूल्य पर बेचे जाने पर हानि होती है।

लाभ और हानि से सम्बन्धित महत्त्वपूर्ण पद
Important Terms Related to Profit and Loss

(i) **क्रय मूल्य** (Cost Price) किसी वस्तु का वह मूल्य, जिस पर वह वस्तु खरीदी जाती है, वस्तु का क्रय मूल्य (CP) कहलाता है।

(ii) **विक्रय मूल्य** (Selling Price) किसी वस्तु का वह मूल्य, जिस पर वह वस्तु बेची जाती है, वस्तु का विक्रय मूल्य (SP) कहलाता है।

(iii) **उपरिव्यय** (Overhead Charges) जब कोई वस्तु किसी दुकानदार द्वारा खरीदी जाती है, तो वस्तुओं को लाने में मजदूरी, रख-रखाव आदि में कुछ राशि व्यय करनी पड़ती है, इस राशि को उपरिव्यय कहते हैं। इस राशि को सदैव क्रय मूल्य में जोड़ा जाता है।

अर्थात् वास्तविक क्रय मूल्य = क्रय मूल्य + उपरिव्यय

(iv) **लाभ** (Profit) जब किसी वस्तु का विक्रय मूल्य, उसके क्रय मूल्य से अधिक होता है, तो उस वस्तु को बेचने में लाभ होता है।

(v) **हानि** (Loss) जब किसी वस्तु का विक्रय मूल्य, उसके क्रय मूल्य से कम होता है, तो उस वस्तु को बेचने में हानि होती है।

(vi) **अंकित मूल्य** (Marked Price) किसी कम्पनी द्वारा बनाए गए विभिन्न उत्पादों का जो मूल्य सूची पत्र में दर्शाया जाता है, उसे अंकित मूल्य कहते हैं अर्थात् वह मूल्य जो वस्तुओं के पैकेट पर अंकित होता है, अंकित मूल्य कहलाता है।

लाभ और हानि से सम्बन्धित मूलभूत सूत्र
Basic Formulae Related to Profit and Loss

(i) लाभ (P) = विक्रय मूल्य (SP) − क्रय मूल्य (CP)

(ii) हानि (C) = क्रय मूल्य (CP) − विक्रय मूल्य (SP)

(iii) लाभ प्रतिशत $= \dfrac{\text{लाभ}}{\text{क्रय मूल्य}} \times 100$

(iv) हानि प्रतिशत $= \dfrac{\text{हानि}}{\text{क्रय मूल्य}} \times 100$

(v) विक्रय मूल्य (SP) = ₹ $\left(\dfrac{100 + \text{लाभ}\%}{100}\right) \times$ क्रय मूल्य

(vi) क्रय मूल्य (CP) = ₹ $\left(\dfrac{100}{100 + \text{लाभ}\%}\right) \times$ विक्रय मूल्य

(vii) विक्रय मूल्य (SP) = ₹ $\left(\dfrac{100 - \text{हानि}\%}{100}\right) \times$ क्रय मूल्य

(viii) क्रय मूल्य (CP) = ₹ $\left(\dfrac{100}{100 - \text{हानि}\%}\right) \times$ विक्रय मूल्य

नोट लाभ/हानि तथा लाभ/हानि प्रतिशत की गणना सदैव क्रय मूल्य पर की जाती है, न कि विक्रय मूल्य पर।

ब्याज Interest

जब कोई व्यक्ति किसी बैंक अथवा साहूकार से कोई धनराशि एक निश्चित अवधि के लिए उधार लेता है, तो पूर्व निर्धारित शर्तों के अनुसार निश्चित अवधि पर उसे उस धनराशि के लिए कुछ अतिरिक्त धनराशि देनी पड़ती है, इस अतिरिक्त धनराशि को **ब्याज** (Interest) कहते हैं।

ब्याज से सम्बन्धित कुछ पद
Some Terms Related to Interest

(i) **मूलधन** (Principal) किसी व्यक्ति द्वारा बैंक अथवा साहूकार से उधार ली गई राशि को मूलधन कहते हैं। मूलधन को 'P' से निरूपित करते हैं।

(ii) **मिश्रधन** (Amount) मूलधन व साधारण ब्याज के योग को मिश्रधन कहते हैं। मिश्रधन को 'A' से निरूपित करते हैं।

(iii) **समय** (Time) किसी व्यक्ति द्वारा उधार लिया गया धन या जमा किया गया धन जिस निश्चित अवधि के पश्चात् वापस या पुनः प्राप्त किया जाता है, उस अवधि को समय कहते हैं। समय को 't' से निरूपित करते हैं।

(iv) **ब्याज की दर** (Rate of Interest) पूर्व निर्धारित शर्तों के अनुसार जिस दर से उधार ली गई धनराशि पर ब्याज की गणना की जाती है, वह दर ब्याज की दर कहलाती है। ब्याज की दर को '$r\%$' या '$R\%$' (प्रतिशत वार्षिक) से निरूपित करते हैं।

साधारण ब्याज Simple Interest

जब ब्याज की गणना केवल उधार ली गई धनराशि पर निश्चित अवधि के लिए समान रूप से की जाती है, तो इस प्रकार प्राप्त ब्याज को साधारण ब्याज कहते हैं। सामान्यतः साधारण ब्याज को 'SI' से निरूपित करते हैं।

$$\text{साधारण ब्याज} = \frac{\text{मूलधन} \times \text{दर} \times \text{समय}}{100} \quad \text{या} \quad \text{SI} = \frac{P \times r \times t}{100}$$

मिश्रधन = मूलधन + साधारण ब्याज

या $$A = P + \text{SI} \Rightarrow A = P\left(1 + \frac{rt}{100}\right)$$

नोट (i) जिस दिन धन लिया जाता है, वह दिन ब्याज हेतु नहीं गिना जाता, परन्तु जिस दिन धन वापस दिया जाता है, वह दिन ब्याज हेतु गिना जाता है।

(ii) समय की इकाई ब्याज दर के अनुसार होनी चाहिए अर्थात् यदि ब्याज दर वार्षिक, छमाही, तिमाही तथा मासिक हो तो समय भी क्रमशः वर्षों, छमाही, तिमाही तथा माह में ही होना चाहिए।

चक्रवृद्धि ब्याज Compound Interest

यदि एक निश्चित अवधि के उपरान्त ब्याज की गणना मूलधन के साथ-साथ विगत् अवधि के ब्याज पर भी की जाती है, तो इस प्रकार प्राप्त ब्याज को चक्रवृद्धि ब्याज कहते हैं तथा इसे 'CI' से निरूपित करते हैं। चक्रवृद्धि ब्याज में प्रत्येक निश्चित अवधि के समाप्त होने पर मूलधन बदलता जाता है। अर्थात् यदि अवधि वार्षिक हो तो पहले वर्ष के अन्त का मिश्रधन (मूलधन + ब्याज), अगले वर्ष के लिए मूलधन बन जाता है।

चक्रवृद्धि मिश्रधन Compound Amount

मूलधन व चक्रवृद्धि ब्याज के योग को चक्रवृद्धि मिश्रधन कहते हैं। सामान्यतः इसे 'A' से निरूपित करते हैं।

चक्रवृद्धि मिश्रधन (A) = चक्रवृद्धि ब्याज (CI) + मूलधन (P)

या चक्रवृद्धि ब्याज (CI) = चक्रवृद्धि मिश्रधन (A) − मूलधन (P)

चक्रवृद्धि ब्याज से सम्बन्धित महत्त्वपूर्ण सूत्र
Important Formulae Related to Compound Interest

यदि मूलधन = ₹P, चक्रवृद्धि मिश्रधन = ₹A, दर = $r\%$ वार्षिक तथा समय = n वर्ष हो, तब

(i) चक्रवृद्धि ब्याज = मूलधन $\left[\left(1 + \dfrac{\text{दर}}{100}\right)^{\text{समय}} - 1\right]$

अर्थात् $$\text{CI} = P\left[\left(1 + \frac{r}{100}\right)^n - 1\right]$$

(ii) चक्रवृद्धि मिश्रधन (A) $= P\left(1 + \dfrac{r}{100}\right)^n$

लम्बाई Length

लम्बाई को मीटर, सेमी, किमी आदि में मापा जाता है। 1 मी वह लम्बाई है, जिसमें शुद्ध क्रिप्टॉन 86 से उत्सर्जित होने वाले नारंगी प्रकाश की 1,650,763,73 तरंगें आती हैं।

वजन Weight

वजन को ग्राम, मिलीग्राम, किलोग्राम, क्विंटल, टन आदि में मापा जाता है। 1 किलोग्राम, पेरिस में रखे प्लेटिनम-इरेडियम के एक विशेष टुकड़े के द्रव्यमान के बराबर है। व्यवहार में 1 किलोग्राम 4°C के 1 लीटर (अर्थात् 1000 सेमी^{3}) जल का द्रव्यमान होता है।

धारिता Capacity

कोई तरल पदार्थ जितना स्थान घेरता है, उस स्थान की माप को, पदार्थ की धारिता कहते है तथा इसका मात्रक लीटर होता है।

समय Time

किसी व्यक्ति या वस्तु द्वारा इकाई चाल में चली गई दूरी उसके समय को निर्धारित करती है।

अर्थात् $\quad \text{समय} = \dfrac{\text{दूरी}}{\text{चाल}}$

भिन्न Fraction

ऐसी संख्या, जिसे p/q (जहाँ, $q \neq 0$)के रूप में व्यक्त किया जा सके, भिन्न कहलाती है। भाज्य (p) को भिन्न का अंश (Numerator) तथा भाजक (q) को हर (Denominator) कहते हैं।

जैसे— भिन्न $\frac{3}{5}$ में 3 भिन्न का अंश तथा 5 भिन्न का हर है।

साधारण भिन्न Simple Fractions

ऐसी भिन्न, जिसका हर 10 की घात न होकर कोई अन्य संख्या होती है, साधारण भिन्न कहलाती है। जैसे— $\frac{3}{7}, \frac{5}{13}, \frac{9}{7}$, आदि।

साधारण भिन्नों के प्रकार
Types of Simple Fractions

साधारण भिन्नों के मुख्य प्रकार निम्नवत् हैं

1. **संक्षिप्त भिन्न** (Lowest Fraction) ऐसी भिन्न, जिसके अंश व हर परस्पर अभाज्य हों अर्थात् दोनों में 1 के अतिरिक्त कोई अन्य उभयनिष्ठ न हो, संक्षिप्त भिन्न कहलाती है।

   जैसे— $\frac{3}{7}, \frac{4}{13}$, आदि।

2. **उचित भिन्न** (Proper Fraction) यदि किसी भिन्न का अंश हर से कम होता है, तो ऐसी भिन्न उचित भिन्न कहलाती है।

   जैसे— $\frac{2}{7}$ में अंश 2, हर 7 से कम है। अत: $\frac{2}{7}$ एक उचित भिन्न है।

3. **अनुचित/विषम भिन्न** (Improper Fraction) यदि किसी भिन्न का अंश, हर से अधिक होता है, तो ऐसी भिन्न अनुचित भिन्न कहलाती है।

   जैसे— $\frac{13}{4}$ में अंश 13, हर 4 से अधिक है। अत: $\frac{13}{4}$ एक अनुचित भिन्न है।

4. **मिश्रित भिन्न** (Mixed Fraction) ऐसी भिन्न, जो पूर्णांक तथा एक भिन्न से मिलकर बनी होती हैं, मिश्रित भिन्न कहलाती है।

   जैसे— $3\frac{1}{4}$ एक मिश्रित भिन्न है।

5. **समान भिन्न** (Like Fraction) वे भिन्न, जिनके हर समान होते हैं, समान भिन्न कहलाती हैं।

   जैसे— $\frac{1}{17}, \frac{2}{17}, \frac{5}{17}$, आदि।

6. **असमान भिन्न** (Unlike Fraction) वे भिन्न, जिनके हर असमान होते हैं परन्तु अंश समान होते हैं, असमान भिन्न कहलाती हैं।

   जैसे— $\frac{7}{15}, \frac{7}{19}$, आदि।

7. **व्युत्क्रम भिन्न** (Inverse Fraction) किसी भिन्न के अंश तथा हर को परस्पर बदलने से प्राप्त भिन्न उस भिन्न की व्युत्क्रम भिन्न कहलाती है। जैसे— $\frac{5}{7}$ की व्युत्क्रम भिन्न $\frac{7}{5}$ है।

8. **सतत् भिन्न** (Continuous Fraction) निम्न रूप से लिखी जाने वाली भिन्न सतत् भिन्न कहलाती है।

   जैसे— $3+\cfrac{2}{4+\cfrac{1}{1+\cfrac{5}{6}}}$

नोट सतत् भिन्न को सरल करने के लिए सदैव नीचे से हल करना प्रारम्भ करते हैं।

दशमलव भिन्न Decimal Fractions

जिस भिन्न का हर 10 या 10 की घात के रूप में होता है, उसे दशमलव भिन्न कहते हैं। जैसे— $\frac{2}{10}, \frac{3}{10}, \frac{11}{10}$, आदि या 0.2, 0.3, 1.1, आदि।

दशमलव भिन्नों के प्रकार
Types of Decimal Fractions

दशमलव भिन्नों के मुख्य प्रकार निम्न हैं

1. **पुनरावृत्त दशमलव भिन्न** (Recurring Decimal Fraction) वह दशमलव भिन्न जिसमें दशमलव के बाद एक से अधिक बार एक ही अंक की पुनरावृत्ति हो अर्थात् एक ही अंक बार-बार आए, पुनरावृत्त दशमलव भिन्न कहलाती है। ऐसी संख्याओं को प्रदर्शित करने के लिए पुनरावृत्त अंकों पर रेखा खींचते हैं।

2. **शुद्ध पुनरावृत्त दशमलव भिन्न** (Pure Recurring Decimal Fraction) वह दशमलव भिन्न, जिनमें दशमलव के बाद के दो या दो से अधिक अंकों के समूह की पुनरावृत्ति होती है, शुद्ध पुनरावृत्त दशमलव भिन्न कहलाती है।

   जैसे— $0.786786786... = 0.\overline{786}$ तथा $0.575757... = 0.\overline{57}$, आदि।

3. **मिश्रित पुनरावृत्त दशमलव भिन्न** (Mixed Recurring Decimal Fraction) वह दशमलव भिन्न, जिनमें दशमलव के बाद के सभी

अंकों की पुनरावृत्ति नहीं होती है अर्थात् कुछ अंकों की होती है तथा कुछ अंकों की नहीं होती है, मिश्रित पुनरावृत्त दशमलव भिन्न कहलाती है।

जैसे– $0.179999... = 0.17\bar{9}$ तथा $0.6393939... = 0.6\overline{39}$, आदि।

प्रतिशत Per cent

प्रतिशत का शाब्दिक अर्थ 'प्रति सौ' या 'प्रति सैकड़ा' या 'सौवें भाग' से है। दूसरे शब्दों में, "प्रतिशत वह भिन्न है जिसका हर 100 तथा अंश कोई निर्धारित राशि होती है। इसी निर्धारित राशि (अंश) को दर प्रति सौ (Rate per cent) कहते हैं तथा प्रतिशत को चिह्न '%' द्वारा प्रदर्शित किया जाता है। $x\%$ का अर्थ है– किसी वस्तु के 100 भागों में से x भाग।

जैसे– 35% का अर्थ है— $\frac{35}{100}$ अर्थात् 100 भाग में से 35 भाग।

प्रतिशतता से सम्बन्धित महत्त्वपूर्ण नियम
Important Rules Related to Percentage

(i) किसी दी गई साधारण या दशमलव भिन्न को प्रतिशत में परिवर्तित करने के लिए उसमें 100 से गुणा करके प्रतिशत का चिह्न लगा दिया जाता है।

(ii) किसी दी गई प्रतिशत राशि $x\%$ को भिन्न में परिवर्तित करने के लिए प्रतिशत का चिह्न हटाकर राशि को 100 से भाग किया जाता है।

तब, अभीष्ट भिन्न $= \frac{x}{100}$

(iii) यदि किसी संख्या 'x' का $y\%$ ज्ञात करना हो, तब

$$x \text{ का } y\% = \frac{x \times y}{100}$$

(iv) किसी एक राशि का दूसरी राशि से प्रतिशत

$$= \frac{\text{पहली राशि}}{\text{दूसरी राशि}} \times 100\%$$

प्रतिशतता से सम्बन्धित मूलभूत सूत्र
Basic Formulae Related to Percentage

1. किसी राशि में होने वाली वृद्धि या कमी को प्रतिशत के रूप में निम्न प्रकार व्यक्त किया जाता है

(i) प्रतिशत वृद्धि $= \frac{\text{वृद्धि}}{\text{प्रारम्भिक राशि}} \times 100\%$

(ii) प्रतिशत कमी $= \frac{\text{कमी}}{\text{प्रारम्भिक राशि}} \times 100\%$

2. यदि कोई राशि p, $r\%$ की दर से निश्चित समयान्तराल में परिवर्तित हो रही है, तब

(i) n समयान्तराल बाद परिणामी राशि

$$= \text{प्रारम्भिक राशि} \times \left(1 \pm \frac{r}{100}\right)^n = P\left(1 \pm \frac{r}{100}\right)^n$$

(ii) n समयान्तराल पूर्व परिणामी राशि

$$= \frac{\text{प्रारम्भिक राशि}}{\left(1 \pm \frac{r}{100}\right)^n} = \frac{P}{\left(1 \pm \frac{r}{100}\right)^n}$$

अनुपात Ratio

दो सजातीय राशियों के बीच ऐसा सम्बन्ध जो यह प्रकट करता है कि एक राशि दूसरी राशि की कितनी गुनी है, अनुपात कहलाता है।

अथवा

दो सजातीय राशियों का अनुपात एक ऐसी संख्या या भिन्न है, जो उन दो राशियों के सम्बन्ध को भागफल द्वारा प्रदर्शित करती है। यदि a व b दो अशून्य संख्याएँ हैं, तो a व b के अनुपात को $a : b$ द्वारा निरूपित करते हैं तथा इसे a अनुपात b पढ़ते हैं। यहाँ, a को पूर्व पद (Antecedent) तथा b को उत्तर पद (Consequent) कहते हैं।

30 सेकण्ड व 20 मिनट का अनुपात

$= 30$ सेकण्ड : 20×60 सेकण्ड $= 1 : 40$

अनुपात के प्रकार Types of Ratio

अनुपात के प्रकार निम्नवत् हैं

1. **वर्गानुपात** (Duplicate Ratio) किसी अनुपात के प्रत्येक पद का वर्ग करने पर प्राप्त अनुपात को उस अनुपात का वर्गानुपात कहते है, अर्थात् यदि $a : b$ एक अनुपात है, तो इसका वर्गानुपात $a^2 : b^2$ होगा।
   जैसे—4 : 5 का वर्गानुपात $= 4^2 : 5^2 = 16 : 25$

2. **वर्गमूलानुपात** (Subduplicate Ratio) किसी अनुपात के प्रत्येक पद का वर्गमूल लेने पर प्राप्त अनुपात को उस अनुपात का वर्गमूलानुपात कहते है, अर्तात् यदि $a : b$ एक अनुपात है, तो इसका वर्गमूलानुपात $\sqrt{a} : \sqrt{b}$ होगा।
   जैसे—25 : 36 का वर्गमूलानुपात $= \sqrt{25} : \sqrt{36} = 5 : 6$

3. **घनानुपात** (Triplicate Ratio) किसी अनुपात के प्रत्येक पद का घन करने पर प्राप्त अनुपात को उस अनुपात का घनानुपात कहते है, अर्थात् यदि $a : b$ एक अनुपात है, तो इसका घनानुपात $a^3 : b^3$ होगा।
   जैसे—8 : 3 का घनानुपात $= 8^3 : 3^3 = 512 : 27$

4. **घनमूलानुपात** (Subtriplicate Ratio) किसी अनुपात के प्रत्येक पद का घनमूल लेने पर प्राप्त अनुपात को उस अनुपात का घनमूलानुपात कहते है, अर्थात् यदि $a : b$ एक अनुपात है, तो इसका घनमूलानुपात $\sqrt[3]{a} : \sqrt[3]{b}$ होगा।
   जैसे—64 : 27 का घनमूलानुपात $= \sqrt[3]{64} : \sqrt[3]{27} = 4 : 3$

5. **विलोमानुपात** (Reciprocal Ratio) किसी अनुपात के प्रत्येक पद का व्युत्क्रम करने पर प्राप्त अनुपात को उस अनुपात का व्युत्क्रमानुपात या विलोमानुपात कहते है, अर्थात् यदि $a : b$ एक अनुपात है, तो इसका विलोमानुपात $\frac{1}{a} : \frac{1}{b}$ होगा।
   जैसे—2 : 5 का विलोमानुपात $= \frac{1}{2} : \frac{1}{5}$

6. **मिश्र अनुपात** (Compounded Ratio) दो या दो से अधिक अनुपातों के अग्रपदों तथा पश्चपदों के गुणनफलों के अनुपात को उन अनुपातों का मिश्र अनुपात कहा जाता है। दो अनुपात $a : b$ व $c : d$ का मिश्र अनुपात $ac : bd$ होगा।
   जैसे- 3 : 4, 5 : 3 व 7 : 9 का मिश्र अनुपात
   $= 3 \times 5 \times 7 : 4 \times 3 \times 9$
   $= 105 :$ [illegible]
   $= 35 : 36$

समानुपात Proportion

यदि चार अशून्य संख्याएँ a, b, c व d इस प्रकार हैं कि $a : b$ और $c : d$ समान हों, तब संख्याएँ a, b, c और d समानुपात में होती हैं तथा इन्हें $a : b :: c : d$ से प्रदर्शित करते हैं। यहाँ, a व d को 'बाह्य पद' (Extremes) तथा b व c को 'मध्य पद' (Means) कहते हैं। इस स्थिति में, बाह्य पदों का गुणनफल, मध्य पदों के गुणनफल के बराबर होता है अर्थात् $a \times d = b \times c$

समानुपात के प्रकार Types of Proportion

समानुपात के प्रकार निम्नलिखित हैं

1. **वितत्नुपाती** (Continued Proportion) यदि तीन सजातीय राशियाँ इस प्रकार की हों कि पहली और दूसरी राशि का अनुपात, दूसरी और तीसरी राशि के अनुपात के बराबर हो, तो वे राशियाँ वितत्नुपाती कहलाती हैं। तीन राशियाँ a, b व c वितत्नुपाती होंगी, यदि $\boldsymbol{a : b :: b : c}$.
2. **अनुलोमानुपाती** (Direct Proportion) यदि एक राशि के बढ़ने या घटने पर दूसरी राशि उसी अनुपात में बढ़ती या घटती है, तो वे राशियाँ अनुलोमानुपाती होती हैं।
3. **विलोमानुपाती** (Reciprocal Proportion) यदि एक राशि के बढ़ने या घटने पर दूसरी राशि उसी अनुपात में घटती या बढ़ती है, तो वे राशियाँ परस्पर विलोमानुपाती होती हैं।
4. **मिश्रित समानुपात** (Compounded Proportion) दिए हुए अनुपातों के अग्र व पश्च पदों के गुणनफलों से बना अनुपात मिश्रित समानुपात कहलाता है। अनुपातों $a : b, c : d$ तथा $e : f$ का मिश्रित समानुपात $\boldsymbol{ace : bdf}$ है।

समानुपात के नियम Rules of Proportion

समानुपात के नियम निम्न प्रकार हैं

***नियम* 1. मध्यानुपाती** (Mean Proportional) यदि $a : x :: x : b$ हो, तो x, a और b का मध्यानुपाती होता है तथा $\boldsymbol{x^2 = ab \Rightarrow x = \sqrt{ab}}$

***नियम* 2. तृतीयानुपाती** (Third Proportional) यदि $a : b :: b : x$ हो, तो x, a और b का तृतीयानुपाती होता है तथा $\boldsymbol{x = \frac{b^2}{a}}$

***नियम* 3. चतुर्थानुपाती** (Fourth Proportional) यदि $a : b :: c : x$ हो, तो a, b और c का चतुर्थानुपाती x होता है तथा $\boldsymbol{x = \frac{bc}{a}}$

गुणज एवं गुणनखण्ड Multiple and Factor

यदि संख्या a, संख्या b को पूर्णतया विभाजित कर दे, तो संख्या a को संख्या b का गुणनखण्ड (Factor) कहते हैं।

जैसे— 1, 2, 5, 10, 15 तथा 30, संख्या 30 के गुणनखण्ड हैं।

यहाँ, संख्या b को संख्या a का गुणज (Multiple) कहते हैं।

जैसे— 5, 10, 15, 20, ... सभी संख्या 5 के गुणज हैं।

लघुत्तम समापवर्त्य
Least Common Multiple (LCM)

वह छोटी-से-छोटी संख्या, जो दी गई दो या दो से अधिक संख्याओं में से प्रत्येक से पूर्णतया विभाजित हो, दी गई संख्याओं का **लघुत्तम समापवर्त्य** कहलाती है। लघुत्तम समापवर्त्य को संक्षेप में ल.स. (LCM) लिखते हैं।

जैसे—3 व 5 के समापवर्त्य 15, 30, 45, ... हैं। इनमें सबसे छोटा समापवर्त्य 15 है। इसलिए 3 व 5 का ल.स. 15 है।

ल.स. ज्ञात करने की विधियाँ
Methods to Find LCM

दी गई दो या दो से अधिक संख्याओं का ल.स. ज्ञात करने की निम्न विधियाँ हैं

1. अभाज्य गुणनखण्ड विधि Prime Factorisation Method

दी गई दो या दो से अधिक संख्याओं का ल.स. अभाज्य गुणनखण्ड विधि से ज्ञात करने के लिए निम्न चरणों का अनुसरण करते हैं

चरण 1 सर्वप्रथम दी गई संख्याओं को अभाज्य गुणनखण्डों के गुणनफल के रूप में लिखते हैं।

चरण 2 प्राप्त गुणनफलों को अभाज्य गुणनखण्डों की घातांकों के गुणनफल के रूप में लिखते हैं।

चरण 3 इनमें से अधिकतम घातांकों वाली संख्याओं का गुणनफल ज्ञात करते हैं।

इस प्रकार प्राप्त गुणनफल ही दी गई संख्याओं का ल.स. होता है।

2. भाग विधि Division Method

दी गई दो या दो से अधिक संख्याओं का ल.स. भाग विधि से ज्ञात करने के लिए निम्न चरणों का अनुसरण करते हैं

चरण 1 सर्वप्रथम दी गई संख्याओं को एक पंक्ति में लिखकर छोटी-से-छोटी अभाज्य संख्या से भाग करते हैं।

चरण 2 उपरोक्त चरण में प्राप्त भागफलों व बची संख्याओं की अगली पंक्ति में लिखकर चरण 1 को पुनः दोहराते हैं।

चरण 3 चरण 2 की पुनरावृत्ति तब तक करते हैं, जब तक प्रत्येक संख्या के नीचे भागफल एक प्राप्त न हो जाए।

चरण 4 सभी अभाज्य भाजकों का गुणनफल ज्ञात करते हैं। प्राप्त गुणनफल ही अभीष्ट ल.स. होता है।

महत्तम समापवर्तक
Highest Common Factor (HCF)

ऐसी बड़ी-से-बड़ी संख्या, जो दी गई दो या दो से अधिक संख्याओं को पूर्णतया विभाजित करे, दी गई संख्याओं का **महत्तम समापवर्तक** कहलाती है। महत्तम समापवर्तक को संक्षेप में म.स. (HCF या GCD) पढ़ते व लिखते हैं।

जैसे—15, 30 व 45 के समापवर्तक 3, 5 व 15 हैं परन्तु इनमें बड़ी-से-बड़ी संख्या 15 है। इसलिए इनका म.स. 15 है।

म.स. ज्ञात करने की विधियाँ

Methods to Find HCF

दी गई दो या दो से अधिक संख्याओं का म.स. ज्ञात करने की निम्न विधियाँ हैं

1. अभाज्य गुणनखण्ड विधि

Prime Factorisation Method

दी गई संख्याओं का म.स. अभाज्य गुणनखण्ड विधि से ज्ञात करने के लिए निम्न चरणों का अनुसरण करते हैं

चरण 1 सर्वप्रथम दी गई संख्याओं को अभाज्य गुणनखण्डों के गुणनफल के रूप में लिखते हैं।

चरण 2 सभी संख्याओं में से उभयनिष्ठ गुणनखण्डों का गुणनफल ज्ञात करते हैं। प्राप्त गुणनफल ही अभीष्ट म.स. होता है।

2. भाग विधि Division Method

दी गई संख्याओं का म.स. भाग विधि से ज्ञात करने के लिए निम्न चरणों का अनुसरण करते हैं

चरण 1 सर्वप्रथम दी गई दो संख्याओं में बड़ी संख्या को छोटी संख्या से भाग करके शेषफल प्राप्त करते हैं।

चरण 2 प्राप्त शेषफल से भाजक को भाग करते हैं।

चरण 3 चरण 2 को तब तक दोहराते हैं जब तक कि शेषफल शून्य प्राप्त न हो। इस प्रकार प्राप्त भाजक ही दी गई दो संख्याओं का म.स. होता है।

नोट दो से अधिक संख्याओं का म.स. ज्ञात करने के लिए पहले दो संख्याओं का म.स. ज्ञात करते हैं। तथा इसके बाद इस म.स. व तीसरी संख्या का म.स. ज्ञात करते हैं। यह म.स. ही अभीष्ट म.स. होता है।

भिन्नों का ल.स. तथा म.स. ज्ञात करना

To Find LCM and HCF of Factions

भिन्नों का ल.स. तथा म.स. निम्न सूत्रों की सहायता से ज्ञात किया जाता है

(i) भिन्नों का म.स. $= \dfrac{\text{अंशों का म.स.}}{\text{हरों का ल.स.}}$

(ii) भिन्नों का ल.स. $= \dfrac{\text{अंशों का ल.स.}}{\text{हरों का म.स.}}$

दशमलव भिन्नों का ल.स. व म.स. ज्ञात करना

To Find LCM and HCF of Decimal Fractions

दशमलव भिन्नों (अर्थात् संख्याओं) का ल. स. व म. स. ज्ञात करने के लिए दशमलत भिन्नों को साधारण भिन्नों के रूप में परिवर्तित कर लेते हैं।

दो संख्याओं के म.स. व ल.स. तथा उनके गुणनफलों में सम्बन्ध Relation between HCF & LCM of Two Numbers and Their Product

दो संख्याओं के म.स. व ल.स. में तथा उनके गुणनफल में निम्नलिखित सम्बन्ध होता है

$$\text{म.स.} \times \text{ल.स.} = \text{पहली संख्या} \times \text{दूसरी संख्या}$$

लघुगणक Logarithm

यदि a, 1 के अतिरिक्त एक धन पूर्णांक है तथा b एक परिमेय संख्या इस प्रकार है कि $a^b = N$, तब हम कह सकते हैं कि आधार a पर N का लघुगणक b है। अतः $a^b = N \Rightarrow \log_a N = b$

$[a, N > 0]$

लघुगणक के नियम Laws of Logarithm

यदि a, m, n धनात्मक वास्तविक संख्याएँ हों तथा $a \neq 1$, तब

(i) $\log_a(mn) = \log_a m + \log_a n$

व्यापक रूप में,

$\log_a(m_1 m_2 m_3 \ldots) = \log_a m_1 + \log_a m_2 + \log_a m_3 + \ldots$

(ii) $\log_a\left(\dfrac{m}{n}\right) = \log_a m - \log_a n$

(iii) $\log_a(m^n) = n \log_a m$

(iv) $\log_{a^n} m = \dfrac{1}{n}\log_a m$

(v) $\log_{a^b} m^n = \dfrac{n}{b}\log_a m$

(vi) $\log_a m = \dfrac{\log_b m}{\log_b a} = \dfrac{\log m}{\log a}$

(vii) $\log_a m = \dfrac{1}{\log_m a} \Leftrightarrow \log_a m \cdot \log_m a = 1$

(viii) $a^{\log_b m} = m^{\log_b a}$ (ix) $a^{\log_a m} = m$

(x) $\log_a a = 1$ (xi) $\log_a 1 = 0$

साधारण लघुगणक Simple Logarithm

आधार 10 वाले लघुगणक को साधारण लघुगणक कहा जाता है।

$\log_{10} 10 = 1$ $[\because 10^1 = 10]$

$\log_{10} 100 = 2$ $[\because 10^2 = 100]$

$\log_{10} 1 = 0$ $[\because 10^0 = 1]$

यदि लघुगणक का आधार दिया नहीं गया है, तो उसे 10 मान लिया जाता है।

अभ्यास प्रश्न

संख्याएँ, ऐकिक नियम एवं औसत

1. π है, एक

(a) परिमेय संख्या (b) अपरिमेय संख्या
(c) अभाज्य संख्या (d) पूर्णांक

2. शून्य है

(a) प्राकृत संख्या (b) पूर्णांक
(c) धनात्मक पूर्णांक (d) ऋणात्मक पूर्णांक

3. यदि 90 आदमी प्रतिदिन 12 घण्टे कार्य करके किसी कार्य को 16 दिन में पूरा कर सकते हैं, तो 70 आदमियों द्वारा 8 घण्टे प्रतिदिन कार्य करके 24 दिन में उस कार्य का कितना हिस्सा पूरा किया जा सकता है?

(a) $\frac{2}{3}$ (b) $\frac{5}{8}$ (c) $\frac{7}{9}$ (d) $\frac{1}{3}$

4. यदि 12 बढ़ई 6 घण्टे प्रतिदिन काम करके 240 दिन में 460 कुर्सियाँ बना सकते हैं, तो 18 बढ़ई 8 घण्टे प्रतिदिन काम करके 36 दिन में कितनी कुर्सियाँ बनाएँगे?

(a) 92 (b) 132
(c) 138 (d) 126

5. प्रथम 50 प्राकृतिक संख्याओं का औसत क्या है?

(a) 12.25 (b) 21.25 (c) 25 (d) 25.5

6. 100 से कम सभी विषम संख्याओं का औसत होगा

(a) 49.5 (b) 50 (c) 50.5 (d) 51

7. 3 के प्रथम 9 गुणजों का औसत ज्ञात कीजिए।

(a) 10 (b) 12 (c) 15 (d) 18

8. 3, 7, 11, 15, … ,79 का औसत ज्ञात कीजिए।

(a) 39 (b) 41 (c) 43 (d) 45

9. निम्नलिखित अंकों के सेट का औसत बताइए।

232, 149, 208, 301, 399, 415

(a) 296 (b) 284 (c) 272 (d) 260

10. 7, 11, 15, x, 14, 21, 25 का औसत 15 है, तब x का मान होगा

(a) 3 (b) 14.5 (c) 12 (d) 13.3

11. तीन संख्याओं में से पहली संख्या दूसरी की दोगुनी है और दूसरी संख्या तीसरी की तीन गुनी है। यदि तीनों संख्याओं का औसत 10 है, तो सबसे बड़ी संख्या क्या है?

(a) 12 (b) 18 (c) 30 (d) 15

लाभ एवं हानि

12. किसी वस्तु को ₹ 500 में बेचने पर ₹ 150 का लाभ होता है। वस्तु का क्रय मूल्य ज्ञात कीजिए।

(a) ₹ 350 (b) ₹ 300 (c) ₹ 250 (d) ₹ 400

13. किसी वस्तु का क्रय मूल्य ₹ 500 है तथा इसे ₹ 400 में बेचा जाता है। लाभ/हानि ज्ञात कीजिए।

(a) लाभ, ₹ 100 (b) हानि, ₹ 50
(c) लाभ, ₹ 50 (d) हानि, ₹ 100

14. एक पुस्तक की लागत कीमत ₹ 150 है। 20% लाभ के लिए उसे किस कीमत पर बेचा जाए?

(a) ₹ 120 (b) ₹ 180
(c) ₹ 100 (d) ₹ 80

15. एक व्यक्ति एक वस्तु ₹ 960 में बेचता है और 4% की हानि उठाता है। तद्नुसार उसका क्रय मूल्य कितना था?

(a) ₹ 1000 (b) ₹ 784
(c) ₹ 498.4 (d) ₹ 300

16. यदि चावल को ₹ 54 प्रति किग्रा की दर से बेचा जाता है, तो 10% की हानि होगी। 20% का लाभ प्राप्त करने के लिए चावल की प्रति किग्रा कीमत क्या होगी?

(a) ₹ 65 (b) ₹ 72
(c) ₹ 63 (d) ₹ 70

17. एक वस्तु ₹ 220 में बेचकर नीता ने 10% लाभ प्राप्त किया। तद्नुसार, वह उसे कितने रुपये में बेचे कि लाभ 30% हो जाए?

(a) ₹ 220 (b) ₹ 230
(c) ₹ 260 (d) ₹ 280

साधारण एवं चक्रवृद्धि ब्याज

18. 4% वार्षिक साधारण ब्याज की दर से ₹ 2500 का 3 वर्ष का ब्याज होगा

(a) ₹ 240 (b) ₹ 250 (c) ₹ 288 (d) ₹ 300

19. ₹ 15000 की राशि पर तीन वर्षों में प्राप्त साधारण ब्याज ₹ 5400 है। वार्षिक ब्याज दर ज्ञात कीजिए।

(a) 11.5% (b) 12% (c) 12.5% (d) 15%

20. 3000 की राशि पर 12% वार्षिक के साधारण ब्याज पर 1080 का ब्याज कितने वर्षों में मिलेगा?

(a) 4 वर्ष (b) 3 वर्ष (c) 5 वर्ष (d) $2\frac{1}{2}$ वर्ष

21. ₹ 4000 पर 18 माह में 12% वार्षिक ब्याज की दर से कितना साधारण ब्याज अर्जित होगा?

(a) ₹ 216 (b) ₹ 360
(c) ₹ 720 (d) ₹ 960

22. कितनी राशि पर 2 वर्ष की R% पर साधारण ब्याज R होगा?

(a) ₹ $\frac{100}{2R}$ (b) ₹ 50
(c) ₹ $\frac{100}{R}$ (d) ₹ $\frac{200}{R}$

23. एक ₹ 2500 की राशि चक्रवृद्धि ब्याज की एक निश्चित दर से 2 वर्ष में ₹ 8100 हो जाती है। 4 वर्ष पश्चात् राशि (₹ में) क्या होगी?

(a) 29824 (b) 36284
(c) 41624 (d) 26244

24. 10% वार्षिक चक्रवृद्धि ब्याज की दर पर ₹ 1400 का 2 वर्ष का ब्याज क्या होगा?

(a) ₹ 288 (b) ₹ 294
(c) ₹ 302 (d) ₹ 308

साधारण व दशमलव भिन्न तथा प्रतिशतता

25. $\dfrac{5}{5+\dfrac{1}{5+\dfrac{1}{5}}}$ का मान है

(a) $\frac{26}{135}$ (b) $\frac{130}{135}$ (c) $\frac{135}{26}$ (d) $\frac{135}{130}$

26. $0.\bar{3}+0.\bar{6}+0.\bar{7}+0.\bar{8}$ का साधारण (भिन्न में) मान है

(a) $2\frac{3}{10}$ (b) $2\frac{2}{3}$ (c) $2.\overline{35}$ (d) $5\frac{3}{10}$

27. $0.1\overline{236}$ का साधारण भिन्न में मान होगा

(a) $\frac{101}{825}$ (b) $\frac{102}{825}$ (c) $\frac{103}{825}$ (d) $\frac{104}{825}$

28. 0.035 का प्रतिशत में मान है

(a) 0.035% (b) 35% (c) 3.5% (d) 49.5%

29. 150% का मान है

(a) 2/3 (b) 3/2 (c) 2/5 (d) 5/2

30. किसी संख्या के आधे का पाँचवाँ हिस्सा 20 है, तो उस संख्या का 20% है

(a) 60 (b) 20 (c) 40 (d) 80

31. 30 किग्रा, 120 किग्रा का कितने प्रतिशत है?

(a) 27% (b) 20% (c) 25% (d) 30%

32. एक व्यक्ति का वेतन ₹ 7200 से बढ़कर ₹ 8100 हो गया। उसके वेतन में कितने प्रतिशत की वृद्धि हुई

(a) 25% (b) 18% (c) $16\frac{2}{3}$% (d) $12\frac{1}{2}$%

33. एक LCD की कीमत ₹ 28000 है। यदि दीपावली के अवसर पर LCD की कीमत में 20% की कमी हो जाती है, तब LCD का नया मूल्य ज्ञात कीजिए।

(a) ₹ 42200 (b) ₹ 22400
(c) ₹ 21400 (d) ₹ 22500

34. एक व्यक्ति की दैनिक मजदूरी में 15% की वृद्धि की गई। उस व्यक्ति को अब ₹ 230 प्रतिदिन मिलने लगे। वृद्धि के पूर्व उसकी दैनिक मजदूरी कितनी थी?

(a) ₹202 (b) ₹210 (c) ₹212 (d) ₹200

35. यदि राम की आय श्याम की आय से 25% अधिक है, तो श्याम की आय, राम की आय से कितने प्रतिशत कम है?

(a) 20% (b)30% (c) 40% (d) 50%

36. यदि किसी परीक्षा में प्रियंका के अंक वैशाली के अंकों से 20% कम हैं, तो वैशाली के अंक प्रियंका के अंकों से कितने प्रतिशत अधिक हैं?

(a) 26% (b) 25% (c) 27% (d) 28%

37. चीनी के भाव में 20% वृद्धि हो जाने पर एक गृहिणी को चीनी की खपत कितने प्रतिशत कम कर देनी चाहिए, ताकि इस मद में खर्च न बढ़े?

(a) 20% (b) 80% (c) $16\frac{2}{3}$% (d) $83\frac{1}{3}$%

38. किसी वस्तु के मूल्य में 10% की कमी की गई है। इसे पुराने मूल्य पर लाने के लिए नए मूल्य में कितनी वृद्धि करनी होगी?

(a) $9\frac{1}{11}$% (b) 10% (c) 11% (d) $11\frac{1}{9}$%

39. एक कस्बे की जनसंख्या एक वर्ष में 133575 से बढ़कर 138918 हो गई। इस कस्बे की जनसंख्या में कितने प्रतिशत वृद्धि हुई?

(a) 2.5% (b) 3% (c) 3.5% (d) 4%

अनुपात एवं समानुपात

40. यदि $x:y=4:5$ हो, तो $(3x+y):(5x+3y)$ होगा

(a) 3 : 5 (b) 5 : 3 (c) 17 : 35 (d) 35 : 17

41. यदि $A:B=\frac{1}{2}:\frac{1}{3}, B:C=\frac{1}{5}:\frac{1}{3}$, तो $(A+B):(B+C)$ क्या होगा?

(a) 9 : 10 (b) 6 : 15 (c) 5 : 8 (d) 15 : 16

42. यदि $\frac{a}{b}=\frac{2}{3}$ और $\frac{b}{c}=\frac{4}{5}$ हो, तो $\frac{a+b}{b+c}$ किसके बराबर होगा?

(a) $\frac{20}{27}$ (b) $\frac{27}{20}$ (c) $\frac{6}{8}$ (d) $\frac{8}{6}$

43. यदि $\frac{b}{a}=0.25$ हो, तो $\frac{2a-b}{2a+b}+\frac{2}{9}$ का मान क्या है?

(a) 1 (b) $\frac{4}{9}$ (c) $\frac{5}{9}$ (d) 2

44. यदि $\frac{3a+5b}{3a-5b}=5$ हो, तो $a:b$ बराबर होगा

(a) 2 : 1 (b) 5 : 3 (c) 3 : 2 (d) 5 : 2

45. यदि $15(2A^2-B^2)=7AB$ और A, B दोनों धनात्मक हैं, तो $A:B$ बराबर है

(a) 3 : 5 (b) 5 : 3 (c) 5 : 6 (d) 6 : 5

46. यदि $(B-A)$ का 30% = $(B+A)$ का 18% हो, तो अनुपात $A:B$ बराबर होगा

(a) 4 : 1 (b) 1 : 4 (c) 5 : 4 (d) 5 : 9

47. यदि A का 30% = B का 0.25 = C का 1/5 भाग है, तो $A:B:C$ होगा

(a) 10 : 12 : 15 (b) 10 : 13 : 17 (c) 10 : 12 : 13 (d) 10 : 12 : 17

48. यदि $A:B=2:1$ और $A:C=1:3$, तो $A:B:C$ क्या होगा?

(a) 1 : 3 : 2 (b) 3 : 2 : 1 (c) 2 : 1 : 6 (d) 1 : 2 : 6

49. यदि $A:B=3:5$ तथा $B:C=4:7$ हो, तो $A:B:C$ होगा

(a) 6 : 9 : 14 (b) 3 : 5 : 7 (c) 12 : 20 : 21 (d) 12 : 20 : 35

50. यदि $0.75:x::5:8$ हो, तो x का मान ज्ञात कीजिए।

(a) 1.2 (b) 2.5 (c) 3.5 (d) 3

51. यदि $2x=3y=4z$ हो, तब $x:y:z$ का मान है

(a) 2 : 3 : 4 (b) 4 : 3 : 2 (c) 6 : 4 : 3 (d) 3 : 4 : 6

52. 7, 17, 22 तथा 47 प्रत्येक में कौन-सी संख्या जोड़ी जानी चाहिए ताकि परिणामी संख्याएँ एक समानुपात में हों?

(a) 1 (b) 3 (c) 2 (d) 4

53. यदि 2, b और 8 वितत् समानुपात में हैं, तो b का मान क्या है?

(a) 2 (b) 8 (c) 16 (d) 4

54. 2 तथा 32 का मध्यानुपाती है

(a) 64 (b) 34 (c) 30 (d) 8

55. 10 और 25 का तीसरा अनुपातिक ज्ञात करें।

(a) 2.5 (b) 62.5 (c) 40 (d) 100

56. संख्याओं 6, 11 तथा 12 का चतुर्थ समानुपाती है

(a) 29 (b) 23 (c) 72 (d) 22

ल.स. तथा म.स.

57. 40, 36 व 126 का ल.स. ज्ञात कीजिए।
(a) 2520 (b) 2620 (c) 2530 (d) 2430

58. 48, 64, 72, 96 व 108 का ल.स. ज्ञात कीजिए।
(a) 1729 (b) 1728 (c) 1720 (d) 1719

59. 36 तथा 84 का महत्तम समापवर्तक है
(a) 12 (b) 6 (c) 4 (d) 18

60. 144, 180, 192 का म.स. ज्ञात कीजिए।
(a) 38 (b) 34 (c) 35 (d) 12

61. $\frac{54}{9}, 3\frac{9}{17}$ तथा $\frac{36}{51}$ का म.स. ज्ञात कीजिए।
(a) $\frac{6}{17}$ (b) $\frac{8}{17}$ (c) $\frac{10}{17}$ (d) $\frac{12}{17}$

62. $\frac{2}{3}, \frac{3}{5}, \frac{7}{11}, \frac{9}{13}$ का ल.स. ज्ञात कीजिए।
(a) 125 (b) 126 (c) 120 (d) 130

63. 0.45, 2.7 व 1.5 का ल.स. ज्ञात कीजिए।
(a) 14.5 (b) 13.5 (c) 15.5 (d) 12.5

64. 3.9, 6.6 तथा 8.22 का म.स. ज्ञात कीजिए।
(a) 0.05 (b) 0.9 (c) 50 (d) 0.06

65. दो संख्याओं का ल.स. 864 तथा म.स. 144 है। यदि इनमें से एक संख्या 288 हो, तो दूसरी संख्या क्या होगी?
(a) 432 (b) 345 (c) 540 (d) 324

66. दो संख्याओं का म.स. और ल.स. क्रमशः 21 और 84 है। यदि दो संख्याओं का अनुपात 1 : 4 है, तो दोनों संख्याओं में से बड़ी संख्या होगी
(a) 84 (b) 108 (c) 48 (d) 12

67. वह कौन-सी सबसे छोटी संख्या है, जिसको 35 से भाग देने पर शेषफल 25 प्राप्त होता है तथा 45 से भाग देने पर शेषफल 35 तथा 55 से भाग देने पर शेषफल 45 प्राप्त होता है?
(a) 3455 (b) 3485 (c) 3465 (d) 3475

68. 15, 18, 36 और 144 का लघुत्तम समापवर्त्य होगा
(a) 144 (b) 360 (c) 1440 (d) 720

69. $10a^2b, 15b^2c$ और $20c^2d$ का ल.स. है
(a) $15b^2cd$ (b) 0 (c) $a^2b^2c^2d$ (d) $60a^2b^2c^2d$

70. वह छोटी-से-छोटी संख्या ज्ञात करो जिसमें 15, 18, 27 तथा 35 का भाग देने पर 9 शेष बचे।
(a) 1910 (b) 2190 (c) 1890 (d) 1899

71. 1.75, 5.6 तथा 7 का महत्तम समापवर्तक क्या होगा?
(a) 0.7 (b) 0.07 (c) 3.5 (d) 0.35

72. 2.4, 0.36 तथा 7.2 का महत्तम समापवर्तक है
(a) 12 (b) 120 (c) 1.2 (d) 0.12

73. दो संख्याएँ 3 : 4 के अनुपात में हैं। यदि इनका ल.स. 108 है, तो उन संख्याओं का म.स. क्या होगा?
(a) 3 (b) 4 (c) 9 (d) 12

74. 28 और 42 के ल.स. और म.स. किस अनुपात में हैं?
(a) 6 : 1 (b) 2 : 3 (c) 3 : 2 (d) 7 : 2

75. $\frac{54}{9}, 3\frac{9}{17}$ व $\frac{36}{51}$ का म.स. ज्ञात कीजिए।
(a) $\frac{6}{17}$ (b) $\frac{8}{17}$ (c) $\frac{10}{17}$ (d) $\frac{12}{17}$

76. 270 तथा 405 का ल.स. तथा म.स. का अनुपात है
(a) 6 : 1 (b) 2 : 3 (c) 3 : 2 (d) 1 : 6

77. वह बड़ी-से-बड़ी संख्या क्या है, जिससे 522, 1276 और 1624 में पूरा-पूरा भाग हो जाए?
(a) 4 (b) 29
(c) 58 (d) इनमें से कोई नहीं

लघुगणक

78. $\log_2 x = 3$ में x का मान होगा
(a) 2 (b) 4 (c) 8 (d) 16

79. $\frac{\log 256}{\log 16} = \log x$ में x का मान होगा
(a) 10 (b) 100 (c) 16 (d) 64

80. $\log_3 4 \cdot \log_4 5 \cdot \log_5 6 \cdot \log_6 7 \cdot \log_7 8 \cdot \log_8 9$ का मान क्या होगा?
(a) 1 (b) 2 (c) 3 (d) 4

81. यदि $\log_5 y = x$ और $\log_2 z = x$, तो $(20)^x$ का मान y तथा z के पदों में होगा
(a) y^2z (b) yz (c) z^2y (d) y^2z^2

82. $\log_{10} 50$ का मान होगा
(a) $\log_{10}5 + 2\log_{10}5$ (b) $\log_{10}2 + \log_{10}5$
(c) $5\log_{10}2 + \log_{10}2$ (d) $\log_{10}2 + 2\log_{10}5$

83. यदि $a = b^x$, $b = c^y$ तथा $c = a^z$ हो, तो xyz का मान ज्ञात कीजिए।
(a) 1 (b) $\frac{1}{2}$ (c) −1 (d) 0

84. यदि $\log_3 x = -2$ हो, तो x का मान बताइए।
(a) 3 (b) 9 (c) 6 (d) $\frac{1}{9}$

85. $\log_{10}(0.0001)$ का मान है
(a) $\frac{1}{4}$ (b) $-\frac{1}{4}$ (c) −4 (d) 4

86. $\log_2 \log_2 \log_2 \log_2 2^{16}$ का मान बताइए।
(a) 2 (b) 4 (c) 8 (d) 1

87. यदि $\log_r 6 = m$ तथा $\log_r 3 = n$ हो, तो $\log_r\left(\frac{r}{2}\right)$ का मान बताइए।
(a) $m + n$ (b) $m + n + 1$ (c) $m - n$ (d) $1 - m + n$

88. $\log_{100}(0.1)$ का मान बताइए।
(a) $\frac{1}{2}$ (b) $-\frac{1}{2}$ (c) 1 (d) 2

89. यदि $\log_{10} 2 = 0.3010, \log_{10} 3 = 0.4771$ तथा $\log 7 = 0.8491$ हो, तो $\log_{10}\frac{108}{\sqrt{7}}$ का मान ज्ञात कीजिए।
(a) 1.4034 (b) 1.6088 (c) 1.5342 (d) 1.6408

90. $\log_{(0.01)}(1000)$ का मान है
(a) $\frac{1}{3}$ (b) $-\frac{1}{3}$ (c) $\frac{3}{2}$ (d) $-\frac{3}{2}$

उत्तरमाला

1.	(b)	2.	(b)	3.	(c)	4.	(c)	5.	(d)	6.	(b)	7.	(c)	8.	(b)	9.	(b)	10.	(c)
11.	(b)	12.	(a)	13.	(d)	14.	(b)	15.	(a)	16.	(b)	17.	(c)	18.	(d)	19.	(b)	20.	(b)
21.	(c)	22.	(b)	23.	(d)	24.	(b)	25.	(b)	26.	(b)	27.	(b)	28.	(c)	29.	(b)	30.	(c)
31.	(c)	32.	(d)	33.	(b)	34.	(d)	35.	(a)	36.	(b)	37.	(c)	38.	(d)	39.	(d)	40.	(c)
41.	(d)	42.	(a)	43.	(a)	44.	(d)	45.	(c)	46.	(b)	47.	(a)	48.	(c)	49.	(d)	50.	(a)
51.	(c)	52.	(b)	53.	(d)	54.	(d)	55.	(b)	56.	(d)	57.	(a)	58.	(b)	59.	(a)	60.	(d)
61.	(a)	62.	(b)	63.	(b)	64.	(d)	65.	(a)	66.	(a)	67.	(a)	68.	(d)	69.	(d)	70.	(d)
71.	(d)	72.	(d)	73.	(c)	74.	(a)	75.	(a)	76.	(a)	77.	(c)	78.	(c)	79.	(b)	80.	(b)
81.	(c)	82.	(d)	83.	(a)	84.	(d)	85.	(c)	86.	(d)	87.	(d)	88.	(b)	89.	(b)	90.	(d)

संकेत एवं हल

1. π एक अपरिमेय संख्या है।

2. शून्य एक पूर्णांक है।

3. $\because$ 90 आदमी प्रतिदिन 12 घण्टे कार्य करके 16 दिन में करते हैं = 1 भाग

$\therefore$ 1 आदमी प्रतिदिन 1 घण्टे कार्य करके 1 दिन में करेगा

$= \dfrac{1}{90 \times 12 \times 16}$ [ऐकिक नियम से]

$\therefore$ 70 आदमी प्रतिदिन 8 घण्टे कार्य करके 24 दिन में करेंगे

$= \dfrac{1 \times 70 \times 8 \times 24}{90 \times 12 \times 16} = \dfrac{7}{9}$ भाग

4. 12 बढ़ई 6 घण्टे प्रतिदिन काम करके 240 दिन में बनाते हैं = 460 कुर्सियाँ

1 बढ़ई 1 घण्टे प्रतिदिन काम करके 1 दिन में बनाएगा

$= \dfrac{460}{12 \times 6 \times 240}$ [ऐकिक नियम से]

$\therefore$ 18 बढ़ई 8 घण्टे प्रतिदिन काम करके 36 दिन में बनाएँगे

$= \dfrac{460 \times 18 \times 8 \times 36}{12 \times 6 \times 240} = 138$ कुर्सियाँ

5. यहाँ, $n = 50$

$\because$ प्रथम n प्राकृतिक संख्याओं का औसत $= \dfrac{n+1}{2}$

$\therefore$ अभीष्ट औसत $= \dfrac{50+1}{2} = 25.5$

6. 100 से कम सभी विषम संख्याएँ = 1, 3, 5, 7, 9,..., 99

यहाँ, अन्तिम विषम संख्या = 99

अर्थात् nवाँ पद $= 2n - 1 = 99 \Rightarrow n = 50$

अतः अभीष्ट औसत = 50

7. 3 के प्रथम 9 गुणज = 3, 6, 9, ..., 27

$\therefore$ अभीष्ट औसत $= \dfrac{\text{प्रथम संख्या + अन्तिम संख्या}}{2} = \dfrac{3+27}{2} = 15$

8. यहाँ, प्रथम संख्या = 3, अन्तिम संख्या = 79

$\therefore$ दी गई श्रृंखला का औसत $= \dfrac{\text{प्रथम संख्या + अन्तिम संख्या}}{2}$

$= \dfrac{3+79}{2} = 41$

9. हम जानते हैं कि,

औसत $= \dfrac{\text{सभी राशियों का योग}}{\text{राशियों की कुल संख्या}}$

$= \dfrac{232 + 149 + 208 + 301 + 399 + 415}{6}$

$= \dfrac{1704}{6} = 284$

10. दिया है, राशियों का औसत = 15

$\because$ औसत $= \dfrac{\text{सभी राशियों का योग}}{\text{राशियों की कुल संख्या}}$

$\therefore$ $15 = \dfrac{7 + 11 + 15 + x + 14 + 21 + 25}{7}$

$\Rightarrow$ $105 = 93 + x \Rightarrow x = 105 - 93 = 12$

11. माना तीसरी संख्या $= x$

$\therefore$ दूसरी संख्या $= 3x$ तथा पहली संख्या $= 6x$

प्रश्नानुसार, $\dfrac{x + 3x + 6x}{3} = 10$ [दिया है, औसत = 10]

$\Rightarrow$ $x + 3x + 6x = 30 \Rightarrow 10x = 30$

$\therefore$ $x = 3$

अतः सबसे बड़ी संख्या $= 6x = 6 \times 3 = 18$

12. यहाँ, विक्रय मूल्य (SP) = ₹500 तथा लाभ (P) = ₹ 150

$\because$ लाभ = विक्रय मूल्य – क्रय मूल्य

$\Rightarrow$ 150 = 500 – क्रय मूल्य

$\therefore$ क्रय मूल्य (CP) = ₹350

13. यहाँ, क्रय मूल्य (CP) = ₹ 500 तथा विक्रय मूल्य (SP) = ₹ 400

$\because$ क्रय मूल्य (CP) > विक्रय मूल्य (SP)

अतः इस लेन-देन में हानि होगी।

$\therefore$ हानि (L) = क्रय मूल्य (CP) – विक्रय मूल्य (SP)

= 500 – 400 = ₹100

14. दिया है, क्रय मूल्य = ₹ 150 तथा लाभ प्रतिशत = 20%

$\therefore$ वस्तु का विक्रय मूल्य $= \left(\dfrac{100 + \text{लाभ\%}}{100}\right) \times$ क्रय मूल्य

$= \left(\dfrac{100+20}{100}\right) \times 150$

$= \dfrac{120}{100} \times 150 =$ ₹ 180

15. दिया है, विक्रय मूल्य = ₹ 960 तथा हानि प्रतिशत = 4%

$\therefore$ वस्तु का क्रय मूल्य $= \left(\frac{100}{100 - \text{हानि\%}}\right) \times$ विक्रय मूल्य

$$= \left(\frac{100}{100-4}\right) \times 960$$

$$= \frac{100 \times 960}{96} = ₹\,1000$$

16. दिया है, विक्रय मूल्य = ₹ 54, हानि = 10%

$\therefore$ क्रय मूल्य $= \left(\frac{100}{100 - \text{हानि\%}}\right) \times$ विक्रय मूल्य

$$= \frac{100}{100-10} \times 54 = \frac{100}{90} \times 54 = ₹\,60$$

अब, 20% लाभ प्राप्त करने के लिए चावल का विक्रय मूल्य

$= \left(\frac{100 + \text{लाभ\%}}{100}\right) \times$ क्रय मूल्य

$$= \frac{100+20}{100} \times 60 = \frac{120}{100} \times 60 = ₹\,72$$

17. दिया है, विक्रय मूल्य = ₹220, लाभ = 10%

$\therefore$ क्रय मूल्य = विक्रय मूल्य $\times \left(\frac{100}{100 + \text{लाभ\%}}\right)$

$$= 220 \times \left(\frac{100}{100+10}\right)$$

$$= 220 \times \frac{100}{110} = ₹200$$

अब, लाभ = 30% [दिया है]

$\therefore$ विक्रय मूल्य = क्रय मूल्य $\times \frac{100 + \text{लाभ}}{100} = 200 \times \frac{130}{100} = ₹260$

18. यहाँ, मूलधन = ₹ 2500, दर = 4% वार्षिक, समय = 3 वर्ष

$\therefore$ साधारण ब्याज $= \frac{\text{मूलधन} \times \text{दर} \times \text{समय}}{100}$

$$= \frac{2500 \times 4 \times 3}{100} = ₹\,300$$

19. दिया है, मूलधन (P) = ₹15000, साधारण ब्याज (SI) = ₹5400 तथा समय (t) = 3 वर्ष

माना ब्याज दर r% वार्षिक है।

$\therefore$ साधारण ब्याज (SI) $= \frac{P \times r \times t}{100}$

$\Rightarrow$ $5400 = \frac{15000 \times r \times 3}{100}$

$\Rightarrow$ $r = 12\%$

20. यहाँ, P = ₹3000, r = 12% तथा SI = ₹1080

माना समय t वर्ष है।

$\therefore$ $\text{SI} = \frac{Prt}{100} \Rightarrow 1080 = \frac{3000 \times 12 \times t}{100}$

$\Rightarrow$ $t = \frac{1080 \times 100}{3000 \times 12} = 3$ वर्ष

21. यहाँ, P = ₹ 4000, r = 12% वार्षिक तथा t = 18 माह

$\because$ दर वार्षिक है, तो समय को वर्षों में परिवर्तित करेंगे।

$\therefore$ $t = 18 \times \frac{1}{12} = \frac{3}{2}$ वर्ष [$\because$ 1 वर्ष = 12 माह]

अब, $\text{SI} = \frac{Prt}{100} = \frac{4000 \times 12 \times \frac{3}{2}}{100} = ₹\,720$

22. माना राशि x है।

यहाँ, $t = 2$ वर्ष, $r = R\%$, SI = R तथा $P = x$

$\therefore$ $\text{SI} = \frac{Prt}{100} \Rightarrow R = \frac{x \times R \times 2}{100} \Rightarrow x = 50$

अतः वह राशि ₹50 है।

23. यहाँ, P = ₹ 2500, n = 2 वर्ष तथा A = ₹ 8100

माना चक्रवृद्धि ब्याज की दर r% है।

$\therefore$ $A = P\left(1 + \frac{r}{100}\right)^n$

$\Rightarrow$ $8100 = 2500\left(1 + \frac{r}{100}\right)^2 \Rightarrow \frac{81}{25} = \left(1 + \frac{r}{100}\right)^2$

$\Rightarrow$ $\frac{9}{5} = 1 + \frac{r}{100} \Rightarrow \frac{r}{100} = \frac{9}{5} - 1$

$\Rightarrow$ $\frac{r}{100} = \frac{4}{5} \Rightarrow r = 80\%$

अब, P = ₹ 2500, n = 4 वर्ष, r = 80% तथा A = ?

$\therefore$ $A = P\left(1 + \frac{r}{100}\right)^n = 2500\left(1 + \frac{80}{100}\right)^4$

$$= 2500 \times \frac{9}{5} \times \frac{9}{5} \times \frac{9}{5} \times \frac{9}{5} = ₹26244$$

24. यहाँ, P = ₹ 1400, r = 10% तथा n = 2 वर्ष

$\therefore$ $\text{CI} = P\left[\left(1 + \frac{r}{100}\right)^n - 1\right] = 1400\left[\left(1 + \frac{10}{100}\right)^2 - 1\right]$

$$= 1400\left[\frac{121}{100} - 1\right] = 1400 \times \frac{21}{100} = ₹\,294$$

25. $\frac{5}{5 + \frac{1}{5 + \frac{1}{5}}} = \frac{5}{5 + \frac{1}{\frac{26}{5}}} = \frac{5}{5 + \frac{5}{26}}$

$$= \frac{5}{\frac{130+5}{26}} = \frac{5}{\frac{135}{26}} = \frac{5 \times 26}{135} = \frac{130}{135}$$

26. $0.\bar{3} + 0.\bar{6} + 0.\bar{7} + 0.\bar{8} = \frac{3}{9} + \frac{6}{9} + \frac{7}{9} + \frac{8}{9}$

$$= \frac{3+6+7+8}{9} = \frac{24}{9} = \frac{8}{3} = 2\frac{2}{3}$$

27. $0.12\overline{36} = \frac{1236 - 12}{9900} = \frac{1224}{9900} = \frac{102}{825}$

28. $0.035 = 0.035 \times 100\% = 3.5\%$

29. $150\% = \frac{150}{100} = \frac{15}{10} = \frac{3}{2}$

30. माना वह संख्या = x, तब संख्या का आधा भाग $= \frac{x}{2}$

प्रश्नानुसार, $\frac{x}{2} \times \frac{1}{5} = 20$

$\Rightarrow$ $x = 20 \times 5 \times 2 = 200$ [वज्रगुणन करने पर]

अब, संख्या का 20% $= x \times \frac{20}{100} = 200 \times \frac{20}{100} = 40$

अतः अभीष्ट संख्या का 20%, 40 है।

31. माना 120 किग्रा का x%, 30 किग्रा है।

तब, 120 का $x\% = 30 \Rightarrow 120 \times \frac{x}{100} = 30$

$\Rightarrow \quad x = \frac{30 \times 100}{120} = 25\%$

32. दिया है, व्यक्ति का प्रारम्भिक वेतन = ₹ 7200

तथा वृद्धि के पश्चात् वेतन = ₹ 8100

∴ वृद्धि = ₹ (8100 − 7100) = ₹ 900

तब, वेतन में प्रतिशत वृद्धि = $\frac{\text{वृद्धि}}{\text{प्रारम्भिक वेतन}} \times 100\%$

$= \frac{900}{7200} \times 100\% = \frac{25}{2}\% = 12\frac{1}{2}\%$

33. दिया है, LCD की कीमत = ₹ 28000

∴ 20% कमी हो जाने पर LCD का नया मूल्य

= 28000 − 28000 का 20%

$= 28000 - 28000 \times \frac{20}{100}$

= 28000 − 5600

= ₹ 22400

34. माना वृद्धि से पूर्व व्यक्ति की दैनिक मजदूरी = ₹ x

तब प्रश्नानुसार, $x + x$ का 15% = 230

$\Rightarrow \quad x + x \times \frac{15}{100} = 230$

$\Rightarrow \quad \frac{115}{100}x = 230 \Rightarrow x = \frac{230 \times 100}{115} = ₹200$

35. माना श्याम की आय = ₹ 100

तब राम की आय = 100 + 100 का 25% = $100 + 100 \times \frac{25}{100}$

= 100 + 25 = ₹ 125

अब, दोनों की आयों में अन्तर = 125 − 100 = ₹25

∴ आय में प्रतिशत कमी = $\frac{\text{दोनों की आयों में अन्तर}}{\text{राम की आय}} \times 100\%$

$= \frac{25}{125} \times 100\% = 20\%$

36. माना वैशाली के अंक = x

तब, प्रियंका के अंक = $x - x$ का 20%

$= \frac{x \times (100-20)}{100} = \frac{x \times 80}{100} = \frac{4}{5}x$

∴ अभीष्ट वृद्धि प्रतिशत = $\frac{\text{अन्तर}}{\text{प्रियंका के अंक}} \times 100$

$= \frac{x - \frac{4}{5}x}{\frac{4}{5}x} \times 100 = \frac{\frac{5x-4x}{5}}{\frac{4x}{5}} \times 100 = 25\%$

अतः वैशाली के अंक प्रियंका से 25% अधिक हैं।

37. माना चीनी की कीमत = ₹x

तब, भाव बढ़ने के बाद चीनी की नई कीमत = ($x + x$ का 20%)

$= x \times \frac{120}{100} = ₹\frac{6x}{5}$

∴ बढ़ी हुई कीमत $= \frac{6x}{5} - x = \frac{6x - 5x}{5} = \frac{x}{5}$

अब, ग्रहणी द्वारा चीनी की खपत में की गई प्रतिशत कमी

$= \frac{x/5}{6x/5} \times 100 = \frac{1}{6} \times 100 = \frac{50}{3} = 16\frac{2}{3}\%$

38. माना वस्तु का पहला मूल्य = x

10% कमी करने पर नया मूल्य = $x - x$ का 10%

$= x - x \times \frac{10}{100} = \frac{90x}{100}$

पुनः माना नए मूल्य को पहले मूल्य पर लाने के लिए y% की वृद्धि की जाए।

∴ $\frac{90}{100}x + \frac{90x}{100}$ का $y\% = x$

$\Rightarrow \quad \frac{90x}{100}\frac{(100+y)}{100} = x$

$\Rightarrow \quad 100 + y = \frac{100 \times 100}{90}$

$\Rightarrow \quad y = \frac{1000}{9} - 100 = \frac{1000 - 900}{9}$

$= \frac{100}{9} = 11\frac{1}{9}\%$

39. माना कस्बे की वार्षिक प्रतिशत दर x% है।

तब, कस्बे की वर्तमान जनसंख्या = 133575

एक वर्ष बाद, कस्बे की जनसंख्या = 138918

प्रश्नानुसार, $133575\left(1 + \frac{x}{100}\right) = 138918$

$\Rightarrow \quad \frac{133575 \times (100 + x)}{100} = 138918$

$\Rightarrow \quad 100 + x = \frac{138918 \times 100}{133575}$

$\Rightarrow \quad 100 + x = 104$

$\Rightarrow \quad x = 104 - 100 = 4\%$

अतः कस्बे की जनसंख्या में 4% वृद्धि हुई है।

40. $x : y = 4 : 5$

माना $x = 4k, y = 5k$

अब, $3x + y : 5x + 3y = \frac{3x + y}{5x + 3y}$

$= \frac{3 \times 4k + 5k}{5 \times 4k + 3 \times 5k}$

$= \frac{12k + 5k}{20k + 15k} = \frac{17k}{35k} = 17 : 35$

41. $A : B = \frac{1}{2} : \frac{1}{3} = 3 : 2 = 9 : 6$

$B : C = \frac{1}{5} : \frac{1}{3} = 3 : 5 = 6 : 10$

$\Rightarrow \quad A : B : C = 9 : 6 : 10$

माना $A = 9k, B = 6k$ तथा $C = 10k$

तब, $\frac{(A+B)}{(B+C)} = \frac{(9k + 6k)}{(6k + 10k)} = \frac{15k}{16k} = 15 : 16$

42. ∵ $\frac{a}{b} = \frac{2}{3}$

$\Rightarrow \quad \frac{a+b}{b} = \frac{2+3}{3} = \frac{5}{3}$ [योगानुपात से] ...(i)

तथा $\frac{b}{c} = \frac{4}{5} \Rightarrow \frac{c}{b} = \frac{5}{4}$

$\Rightarrow \quad \frac{c+b}{b} = \frac{5+4}{4} = \frac{9}{4}$ [योगानुपात से]

$\Rightarrow \quad \frac{b}{c+b} = \frac{4}{9}$ ...(ii)

समी (i) व (ii) की गुणा करने पर,

$\frac{a+b}{b} \times \frac{b}{c+b} = \frac{5}{3} \times \frac{4}{9}$

$\Rightarrow \quad \frac{a+b}{b+c} = \frac{20}{27}$

43. दिया है, $\frac{b}{a} = 0.25$

माना $b = 0.25K, a = K$

अब, $\frac{2a-b}{2a+b} + \frac{2}{9} = \frac{2K - 0.25K}{2K + 0.25K} + \frac{2}{9}$

$= \frac{1.75}{2.25} + \frac{2}{9} = \frac{7}{9} + \frac{2}{9} = \frac{9}{9} = 1$

44. $\frac{3a+5b}{3a-5b} = \frac{5}{1}$

$\Rightarrow \quad 15a - 25b = 3a + 5b$

$\Rightarrow \quad 15a - 3a = 5b + 25b$

$\Rightarrow \quad 12a = 30b$

$\Rightarrow \quad \frac{a}{b} = \frac{30}{12} = \frac{5}{2}$

$\Rightarrow \quad a : b = 5 : 2$

45. $\because 15(2A - B^2) = 7AB$

$\Rightarrow \quad 30A^2 - 15B^2 - 7AB = 0$

$\Rightarrow 30A^2 - 25AB + 18AB - 15B^2 = 0$

$\Rightarrow \quad 5A(6A - 5B) + 3B(6A - 5B) = 0$

$(6A - 5B)(5A + 3B) = 0$

अब $6A - 5B = 0$ से,

$6A = 5B \Rightarrow \frac{A}{B} = \frac{5}{6}$

$\Rightarrow \quad A : B = 5 : 6$

46. दिया है, $(B - A)$ का 30% = $(B + A)$ का 18%

$\Rightarrow \frac{(B-A)\times 30}{100} = \frac{(B+A)\times 18}{100}$

$\Rightarrow \quad (B - A) \times 30 = (B + A) \times 18$

$\Rightarrow \quad (B - A) \times 5 = (B + A) \times 3$

$\Rightarrow \quad 5B - 5A = 3B + 3A$

$\Rightarrow \quad 2B = 8A$

$\Rightarrow \quad A : B = 1 : 4$

47. A का 30% = B का 0.25 = C का $\frac{1}{5}$

$\Rightarrow \quad \frac{30}{100}A = \frac{25}{100}B = \frac{1}{5}C$

$\Rightarrow \quad \frac{3}{10}A = \frac{1}{4}B = \frac{1}{5}C$

$\therefore A : B : C = \frac{10}{3} : 4 : 5 = 10 : 12 : 15$

48. $\because \frac{A}{B} = \frac{2}{1} \Rightarrow B = \frac{A}{2}$

तथा $\frac{A}{C} = \frac{1}{3} \Rightarrow \quad C = 3A$

अब, $A : B : C = A : \frac{A}{2} : 3A = 2 : 1 : 6$

49. दिया है, $A : B = 3 : 5 = a : b$, $B : C = 4 : 7 = c : d$

$\Rightarrow \quad A : B : C = ac : bc : bd$

$= 3 \times 4 : 5 \times 4 : 7 \times 5 = 12 : 20 : 35$

50. $\because 0.75 : x :: 5 : 8$

$\therefore \quad 0.75 \times 8 = x \times 5 \Rightarrow x = \frac{6}{5} = 1.2$

51. प्रश्नानुसार, $2x = 3y \Rightarrow \frac{x}{y} = \frac{3}{2}$

$\Rightarrow \quad x : y = 3 : 2 = a : b$ [माना]

तथा $3y = 4z \Rightarrow \frac{y}{z} = \frac{4}{3}$

$\Rightarrow \quad y : z = 4 : 3 = c : d$ [माना]

$\therefore \quad x : y : z = ac : bc : bd$

$\Rightarrow \quad x : y : z = 3 \times 4 : 4 \times 2 : 2 \times 3$

$= 12 : 8 : 6 = 6 : 4 : 3$

52. माना x जोड़ा जाए।

तब प्रश्नानुसार, $7 + x : 17 + x :: 22 + x : 47 + x$ समानुपात में हैं।

$\therefore \quad (7 + x)(47 + x) = (17 + x)(22 + x)$

$\Rightarrow \quad 329 + 7x + 47x + x^2 = 374 + 17x + 22x + x^2$

$\Rightarrow \quad 54x - 39x = 374 - 329$

$\Rightarrow \quad 15x = 45 \Rightarrow x = \frac{45}{15} = 3$

53. प्रश्नानुसार, 2, b और 8 वितत् समानुपात में हैं।

$\therefore \quad 2 : b :: b : 8$ अर्थात् $\frac{2}{b} = \frac{b}{8}$

$\Rightarrow \quad b^2 = 16 \Rightarrow b = 4$

54. माना 2 तथा 32 का मध्यानुपाती x है।

तब, $2 : x :: x : 32$

$\therefore \quad x^2 = 2 \times 32$

$\Rightarrow \quad x = \sqrt{2 \times 32} = \sqrt{64} = 8$

55. यहाँ, $a = 10$ तथा $b = 25$

माना a, b का तीसरा अनुपातिक x है।

$\therefore \quad x = \frac{b^2}{a} = \frac{25 \times 25}{100} = 62.5$

56. माना 6, 11, 12 का चतुर्थानुपाती d है।

तब, $6 : 11 :: 12 : d$

$\Rightarrow \quad \frac{6}{11} = \frac{12}{d} \Rightarrow d = \frac{11 \times 12}{6} = 22$

57. $40 = 2 \times 2 \times 2 \times 5 = 2^3 \times 5$; $36 = 2 \times 2 \times 3 \times 3 = 3^2 \times 2^2$

तथा $126 = 2 \times 3 \times 3 \times 7 = 2 \times 3^2 \times 7$

$\therefore$ 40, 36 व 126 का ल.स. $= 2^3 \times 3^2 \times 5 \times 7$

$= 8 \times 9 \times 35 = 2520$

58.

2	48, 64, 72, 96, 108
2	24, 32, 36, 48, 54
2	12, 16, 18, 24, 27
2	6, 8, 9, 12, 27
2	3, 4, 9, 6, 27
2	3, 2, 9, 3, 27
3	3, 1, 9, 3, 27
3	1, 1, 3, 1, 9
3	1, 1, 1, 1, 3
	1, 1, 1, 1, 1

∴ 48, 64, 72, 96 व 108 का ल.स.

$= 2\times2\times2\times2\times2\times2\times3\times3\times3$

$= 64\times27 = 1728$

59. $36 = 2\times2\times3\times3$ तथा $84 = 2\times2\times3\times7$

∴ म.स. $= 2\times2\times3 = 12$

60. पहले 180 व 144 का म.स. ज्ञात करते हैं।

```
144)180(1
    144
    36)144(4
       144
        ×
```

∴ 180 व 144 का म.स. = 36

अब, 36 व 192 का म.स. ज्ञात करेंगे।

```
36)192(5
   180
   12)36(3
      36
      ×
```

∴ 36 व 192 का म.स. = 12

अत: 144, 180 व 192 का म.स. = 12

61. ∵ दी गई भिन्न $\frac{54}{9}, 3\frac{9}{17}$ तथा $\frac{36}{51}$ हैं।

यहाँ, भिन्नों का सरलतम रूप $\frac{6}{1}, \frac{60}{17}$ तथा $\frac{12}{17}$ होगा।

अब, $\frac{6}{1}, \frac{60}{17}, \frac{12}{17}$ का म.स. $= \frac{\text{अंशों का म.स.}}{\text{हरों का ल.स.}}$

$= \frac{6, 60, 12 \text{ का म.स.}}{1, 17, 17 \text{ का ल.स.}} = \frac{6}{17}$

62. $\frac{2}{3}, \frac{3}{5}, \frac{7}{11}, \frac{9}{13}$ का ल.स. $= \frac{\text{अंशों का ल.स.}}{\text{हरों का म.स.}}$

$= \frac{2, 3, 7, 9 \text{ का ल.स.}}{3, 5, 11, 13 \text{ का म.स.}} = \frac{126}{1} = 126$

63. दी गई दशमलव भिन्नों को साधारण भिन्नों में परिवर्तित करने पर,

$0.45, 2.7, 1.5 = \frac{45}{100}, \frac{27}{10}, \frac{15}{10} = \frac{9}{20}, \frac{27}{10}, \frac{3}{2}$

अब, $\frac{9}{20}, \frac{27}{10}$ व $\frac{3}{2}$ का ल.स.

$= \frac{9, 27, 3 \text{ का ल.स.}}{20, 10, 2 \text{ का म.स.}} = \frac{27}{2} = 13.5$

64. दशमलव भिन्नों को साधारण भिन्नों में परिवर्तित करने पर,

$3.9, 6.6, 8.22 = \frac{39}{10}, \frac{66}{10}, \frac{822}{100} = \frac{39}{10}, \frac{33}{5}, \frac{411}{50}$

अब, $\frac{39}{10}, \frac{33}{5}$ तथा $\frac{411}{50}$ का म.स.

$= \frac{39, 33, 411 \text{ का म.स.}}{10, 5, 50 \text{ का ल.स.}} = \frac{3}{50} = 0.06$

65. दिया है, पहली संख्या = 288, संख्याओं का ल.स. = 864

तथा संख्याओं का म.स. = 144

∴ दूसरी संख्या $= \frac{\text{ल.स.} \times \text{म.स.}}{\text{पहली संख्या}}$

$= \frac{864\times144}{288} = 432$

66. माना संख्याएँ क्रमशः x तथा $4x$ हैं।

दिया है, संख्याओं का म.स. = 21 तथा ल.स. = 84

तब, संख्याओं का गुणनफल = ल.स. × म.स.

⇒ $x\times4x = 21\times84$

⇒ $x^2 = 21\times21$

∴ $x = 21$

अत: बड़ी संख्या $= 4x = 4\times21 = 84$

67. भाजक और शेषफल के बीच का अन्तर

$= 35 - 25 = 45 - 35 = 55 - 45 = 10$

अब, 35, 45 तथा 55 का ल.स.

$= 5\times7\times9\times11 = 3465$

∴ अभीष्ट संख्या $= 3465 - 10 = 3455$

68. ∵ $15 = 3\times5$; $18 = 2\times3\times3 = 2\times3^2$;

$36 = 2\times2\times3\times3 = 2^2\times3^2$

तथा $144 = 2\times2\times2\times2\times3\times3 = 2^4\times3^2$

∴ अभीष्ट ल.स. $= 2^4\times3^2\times5 = 720$

69. ∵ $10a^2b = 2\times5\times a^2\times b$

$15b^2c = 3\times5\times b^2\times c$

तथा $20c^2d = 2\times2\times5\times c^2\times d$

$= 2^2\times5\times c^2\times d$

∴ $10a^2b, 15b^2c$ तथा $20c^2d$ का ल.स.

$= 2^2\times3\times5\times a^2\times b^2\times c^2\times d$

$= 60a^2b^2c^2d$

70. ∵ $15 = 3\times5$, $18 = 3\times3\times2 = 3^2\times2$,

$27 = 3\times3\times3 = 3^3$, $35 = 5\times7$

∴ 15, 18, 27 तथा 35 का ल. स.

$= 2\times3^3\times5\times7 = 1890$

अब, अभीष्ट संख्या $= 1890 + 9 = 1899$

71. 1.75, 5.6, 7 का म.स.

$= \frac{175}{100}, \frac{56}{10}, 7$ का म. स. [भिन्न के रूप में लिखने पर]

$= \frac{7}{4}, \frac{28}{5}, \frac{7}{1}$ का म. स. [सरलतम रूप में लिखने पर]

$= \frac{7, 28, 7 \text{ का म.स.}}{4, 5, 1 \text{ का ल.स.}} = \frac{7}{20} = 0.35$

72. 2.4, 0.36 व 7.2 का म.स.

$= \frac{24}{10}, \frac{36}{100}$ व $\frac{72}{10}$ का म.स.

$= \frac{12}{5}, \frac{9}{25}$ व $\frac{36}{5}$ का म.स.

$= \frac{12, 9 \text{ व } 36 \text{ का म.स.}}{5, 25 \text{ व } 5 \text{ का ल.स.}} = \frac{3}{25} = 0.12$

73. माना संख्याएँ क्रमशः $3x$ व $4x$ हैं।

तब, $3x$ व $4x$ का म.स. $= x$

$\therefore$ पहली संख्या × दूसरी संख्या = ल.स. × म.स.

$\Rightarrow \quad 3x \times 4x = 108 \times x$

$\Rightarrow \quad x = 9$

74. $\because 28 = 7 \times 2 \times 2$ व $42 = 7 \times 3 \times 2$

$\therefore$ 28 व 42 का म.स. $= 7 \times 2 = 14$

तथा 28 व 42 का ल.स. $= 7 \times 2 \times 2 \times 3 = 84$

अतः अभीष्ट अनुपात $= 84 : 14 = 6 : 1$

75. $\frac{54}{9}, 3\frac{9}{17}, \frac{36}{51}, = \frac{54}{9}, \frac{60}{17}, \frac{36}{51} = \frac{6}{1}, \frac{60}{17}, \frac{12}{17}$ का म.स. $= \frac{\text{अंशों का म.स.}}{\text{हरों का ल.स.}}$

$= \frac{6, 60, 12 \text{ का म.स.}}{1, 17, 17 \text{ का ल.स.}} = \frac{6}{17}$

76. $\because 270 = 2 \times 3 \times 3 \times 3 \times 5$

तथा $405 = 3 \times 3 \times 3 \times 3 \times 5$

$\therefore$ म.स. $= 3 \times 3 \times 3 \times 5 = 135$

तथा ल.स. $= 3^4 \times 5 \times 2 = 810$

अतः अभीष्ट अनुपात $= 810 : 135 = 6 : 1$

77. $\because \quad 522 = 2 \times 3 \times 3 \times 29$

$1276 = 2 \times 2 \times 11 \times 29$

तथा $1624 = 2 \times 2 \times 2 \times 7 \times 29$

$\therefore$ 522, 1276 व 1624 का म.स. $= 2 \times 29 = 58$

अतः अभीष्ट संख्या = 522, 1276, 1624 का म.स. = 58

78. $\log_2 x = 3 \Rightarrow x = 2^3 = 8$

79. $\log x = \frac{\log 256}{\log 16} = \frac{\log 16^2}{\log 16} = \frac{2\log 16}{\log 16} = 2$

$\Rightarrow \quad \log x = 2$

$\Rightarrow \quad \log_{10} x = 2 \Rightarrow x = 10^2 = 100 \quad [\because \log x = \log_{10} x]$

80. $\log_3 4 \cdot \log_4 5 \cdot \log_5 6 \cdot \log_6 7 \cdot \log_7 8 \cdot \log_8 9$

$= \frac{\log 4}{\log 3} \times \frac{\log 5}{\log 4} \times \frac{\log 6}{\log 5} \times \frac{\log 7}{\log 6} \times \frac{\log 8}{\log 7} \times \frac{\log 9}{\log 8}$

$\left[\because \log_a m = \frac{\log m}{\log a}\right]$

$= \frac{\log 9}{\log 3} = \frac{\log 3^2}{\log 3} = \frac{2\log 3}{\log 3} = 2$

81. दिया है, $\log_5 y = x$ और $\log_2 z = x \Rightarrow y = 5^x$ और $z = 2^x$

अब, $(20)^x = (2^2 \times 5)^x = 2^{2x} \times 5^x = (2^x)^2 \times 5^x = z^2 y$

$\therefore \quad (20)^x = z^2 y$

82. $\log_{10} 50 = \log_{10}(2 \times 25) = \log_{10} 2 + \log_{10} 25$

$= \log_{10} 2 + \log_{10} 5^2 = \log_{10} 2 + 2\log_{10} 5$

83. दिया है, $a = b^x \Rightarrow \log_b a \Rightarrow x$, $b = c^y \Rightarrow \log_c b = y$

तथा $\quad c = a^z \Rightarrow \log_a c = z$

अब, $\quad xyz = \log_b a \cdot \log_c b \cdot \log_a c = \frac{\log a}{\log b} \cdot \frac{\log b}{\log c} \cdot \frac{\log c}{\log a} = 1$

84. $\log_3 x = -2 \Rightarrow x = 3^{-2} = \frac{1}{3^2} = \frac{1}{9}$

85. $\log_{10} 0.0001 = \log_{10}(10)^{-4}$

$= -4\log_{10} 10$

$= -4 \quad [\because \log_a a = 1]$

86. $\log_2 \log_2 \log_2 \log_2 2^{16} = \log_2 \log_2 \log_2 (16)$

$= \log_2 \log_2 \log_2 (2^4) = \log_2 \log_2 (4)$

$= \log_2 \log_2 (2^2) = \log_2 (2) = 1$

87. दिया है, $\quad \log_r 6 = m$ तथा $\log_r 3 = n$

$\therefore \quad \log_r 3 + \log_r 2 = m$

$[\because \log_r 6 = \log_r (2 \times 3) = \log_r 2 + \log_r 3]$

$\Rightarrow \quad n + \log_r 2 = m$

$\Rightarrow \quad \log_r 2 = m - n$

$\therefore \quad \log_r \left(\frac{r}{2}\right) = \log_r r - \log_r 2 = 1 - m + n$

88. $\log_{100} 0.1 = \log_{10^2}\left(\frac{1}{10}\right)$

$= \frac{1}{2}\log_{10}\left(\frac{1}{10}\right) = \frac{1}{2}\log_{10}(10)^{-1}$

$= \frac{-1}{2}\log_{10} 10 = -\frac{1}{2}$

89. $\log_{10} \frac{108}{\sqrt{7}} = \log_{10} 108 - \log_{10} \sqrt{7}$

$= \log_{10} 2^2 \times 3^3 - \log_{10} 7^{1/2}$

$= 2\log_{10} 2 + 3\log_{10} 3 - \frac{1}{2}\log_{10} 7$

$= 2 \times (0.3010) + 3(0.4771) - \frac{1}{2}(0.8491)$

$= 0.6020 + 1.4313 - 0.4245 = 1.6088$

90. $\log_{0.01} 1000 = \frac{\log 1000}{\log 0.01} = \frac{\log 10^3}{\log \frac{1}{(10)^2}} = \frac{3\log 10}{\log 10^{-2}}$

$= \frac{3\log 10}{-2\log 10} = -\frac{3}{2}$

अध्याय 02

बीजगणित

Algebra

बीजगणितीय व्यंजक/बहुपद
Algebraic Expression/Polynomial

एक या एक से अधिक अक्षर (चर), संख्याओं (अचर) और गणितीय संक्रियाओं के संयोजन से बने व्यंजक या फलन को बीजगणितीय (बीजीय) व्यंजक या बीजगणितीय बहुपद कहते हैं। व्यंजक में दिए गए अक्षर को चर कहते हैं जिसका मान एक संख्या होती है।

गणितीय व्यंजकों को संख्याओं की संक्रियाओं के समान ही हल करते हैं। अर्थात् गणितीय व्यंजकों में भी जोड़, घटाव, गुणा, भाग और अन्य गणितीय संक्रियाएँ कर सकते हैं। जैसे—$a + a = 2a$, $a \times a = a^2$ इत्यादि

बीजगणितीय व्यंजकों को चर पदों की घातों के रूप में भी व्यक्त कर सकते हैं। जैसे— $x^2 + x$, $2y^3 + 5$, $x^2 + y^3 + 3xy^2$ इत्यादि।

नोट यदि व्यंजक में अक्षर और संख्या के बीच कोई भी चिह्न न दिया गया हो, तो उनके बीच गुणन का चिह्न मान लिया जाता है।

बहुपदों के गुणनखण्ड Factors of Polynomials

किसी बहुपद को दो या दो से अधिक अभाज्य खण्डों के गुणनफल के रूप में लिखना, बहुपद के गुणनखण्ड कहलाता है।

जैसे— $x^2 - 4x = x(x-4)$

गुणनखण्ड ज्ञात करने की विधियाँ
Methods to Find Factors

(i) **बीजगणितीय सूत्र का प्रयोग करके** (By using Algebraic Formulae) दिए गए बहुपद को किसी बीजगणित सूत्र के रूप में लिखकर उसे गुणनखण्डों के रूप में लिखा जा सकता है।

(ii) **मध्य पद को विभक्त करके** (By Splitting the Middle Term) यदि किसी बहुपद में तीन पद हैं तब मध्य पद को अचर पद (या अचर पद व x^2 के गुणांक का गुणनफल) के गुणनखण्डों के योग तथा अन्तर में विभक्त करके लिख देते हैं और फिर दो-दो पदों के जोड़े में से उभयनिष्ठ लेकर गुणनखण्डों के रूप में लिख देते हैं।

(iii) **शेषफल प्रमेय द्वारा** (By Remainder Theorem) यदि $f(x)$ चर x का बहुपद है जिसकी घात 2 से अधिक है तथा $x = a$ रखने पर $f(a)$ का मान शून्य है, तब $x - a$ व्यंजक $f(x)$ का एक गुणनखण्ड होता है। जहाँ $a, f(x)$ के अचर पद का गुणनखण्ड है इस गुणनखण्ड से $f(x)$ को भाग देते हैं यदि भागफल की घात 2 होती है तब उसके गुणनखण्ड मध्य पद को विभक्त करके ज्ञात कर लेते हैं, परन्तु यदि घात 2 से अधिक होती है तब पुन: उपरोक्त प्रक्रिया दोहराते हैं।

नोट (i) यदि $x - a$, बहुपद $f(x)$ का एक गुणनखण्ड है, तब $x - a$ से $f(x)$ को भाग देने पर शेषफल $= f(a)$ होगा, जो शून्य के बराबर होगा अर्थात् $f(a) = 0$

(ii) शेषफल प्रमेय से गुणनखण्ड करते समय एक गुणनखण्ड ज्ञात करके इस गुणनखण्ड को बहुपद की घात के बराबर स्थान पर लिखकर इसे बहुपद के समान बनाने पर भाग संक्रिया के अनुरूप ही बहुपद के गुणनखण्ड प्राप्त हो जाते हैं।

समीकरण Equation

ऐसा गणितीय व्यंजक, जो एक या एक से अधिक अज्ञात राशियों के बीच सम्बन्ध को दर्शाता है, समीकरण कहलाती है।

दी गई समीकरण के अन्तर्गत ज्ञात राशियों को अंकों (1, 2, 3, ...) द्वारा दर्शाया जाता है, इन्हें अचर राशि (Non-variable quantity or constants) कहते हैं तथा इनका मान निश्चित होता है।

रैखिक समीकरण Linear Equations

वह समीकरण, जिसमें केवल एक रैखिक बहुपद होता है अर्थात् अज्ञात चर राशि की अधिकतम घात 1 होती है, रैखिक समीकरण कहलाती है।

जैसे— $4x + 3 = 0$, $4x + 5y = 7$ इत्यादि।

एक चर वाली रैखिक समीकरण
Linear Equations in One Variable

वह रैखिक समीकरण, जिसमें अज्ञात चरों की संख्या 1 होती है, एक चर वाली रैखिक समीकरण कहलाती है। जैसे– $3x + 5 = 10$ तथा $y + 3 = 5$ इत्यादि।

दो चर वाली रैखिक समीकरण
Linear Equations in Two Variables

वह रैखिक समीकरण जिसमें अज्ञात चरों की संख्या 2 होती है, दो चर वाली रैखिक समीकरण कहलाती है। जैसे– $2x + 5y = 10, x + 4y = 8$ इत्यादि।

दो चर वाली रैखिक समीकरण को हल करने की विधियाँ
Methods to Solve the Linear Equations in Two Variables

दो चर वाले रैखिक समीकरण युग्म को हल करने के लिए निम्न विधियों का प्रयोग करते हैं

1. **प्रतिस्थापन विधि** (Substitution Method) किसी भी एक समीकरण से किसी एक चर के मान (माना y) को दूसरे चर (माना x) के पदों में ज्ञात कीजिए, जो सुविधाजनक हो। अब, y के इस मान को दूसरे समीकरण में प्रतिस्थापित करके एक चर x के समीकरण के रूप में बदलिए और अब इसे एक चर वाले रैखिक समीकरण की तरह हल कीजिए तथा प्राप्त x (अथवा y) का मान किसी समीकरण में रखकर दूसरे चर का मान ज्ञात करते हैं।
2. **विलोपन विधि** (Elimination Method) सर्वप्रथम, दोनों समीकरणों के किसी एक चर (x अथवा y) के गुणांकों को संख्यात्मक रूप में समान करने के लिए दोनों समीकरणों को उपयुक्त शून्येत्तर (अशून्य) अचरों से, गुणा कीजिए। अब एक समीकरण को दूसरे में इस प्रकार जोड़ें या उसमें से घटाएँ, जिससे कि एक चर विलुप्त हो जाए, ताकि एक चर में समीकरण प्राप्त हो जाए। इस प्रकार एक चर (x या y) में प्राप्त समीकरण को हल करके उस चर का मान ज्ञात कीजिए तथा (x या y) के इस मान को मूल समीकरणों में से किसी एक में प्रतिस्थापित करके दूसरे चर का मान ज्ञात कीजिए।
3. **वज्रगुणन विधि** (Cross-multiplication Method) माना $a_1x + b_1y + c_1 = 0$ तथा $a_2x + b_2y + c_2 = 0$ दो रैखिक समीकरण है। अत: वज्रगुणन विधि से,

$$\frac{x}{b_1c_2 - b_2c_1} = \frac{y}{c_1a_2 - c_2a_1} = \frac{1}{a_1b_2 - a_2b_1}$$

$$\Rightarrow \quad x = \frac{b_1c_2 - b_2c_1}{a_1b_2 - a_2b_1} \text{ तथा } y = \frac{c_1a_2 - c_2a_1}{a_1b_2 - a_2b_1}$$

नोट उपरोक्त हल को याद करने के लिए निम्न चित्र ध्यान में रखिए

$$\begin{matrix} & x & & y & & +1 & \\ b_1 & & c_1 & & a_1 & & b_1 \\ & \times & & \times & & \times & \\ b_2 & & c_2 & & a_2 & & b_2 \end{matrix}$$

दो संख्याओं के बीच का तीर का निशान यह प्रदर्शित करता है कि दोनों का गुणन किया जा रहा है। नीचे की ओर तीर वाली संख्याओं का गुणनफल पहले किया जाता है। इस गुणनफल में से ऊपर की ओर तीर वाली संख्याओं का गुणनफल घटा दिया जाता है।

रैखिक समीकरण निकाय के लिए प्रतिबन्ध
Conditions for System of Linear Equations

यदि दिए गए रैखिक समीकरण $a_1x + b_1y + c_1 = 0$ और $a_2x + b_2y + c_2 = 0$ एक रैखिक समीकरण युग्म को प्रदर्शित करते हैं, तो निम्न स्थितियों के अनुसार हल करते हैं।

(i) **कोई हल नहीं** होगा, यदि $\frac{a_1}{a_2} = \frac{b_1}{b_2} \neq \frac{c_1}{c_2}$ [असंगत]

(ii) **अनन्त हल** होंगे, यदि $\frac{a_1}{a_2} = \frac{b_1}{b_2} = \frac{c_1}{c_2}$ [आश्रित]

(iii) **एक अद्वितीय हल** होगा, यदि $\frac{a_1}{a_2} \neq \frac{b_1}{b_2}$ [संगत]

समुच्चय Sets

भिन्न-भिन्न सुपरिभाषित वस्तुओं के समूह को समुच्चय कहते हैं। सुपरिभाषित से तात्पर्य है कि दिए गए समुच्चय में यह बताना सम्भव है कि कोई अवयव समुच्चय का अवयव है या नहीं तथा भिन्न से तात्पर्य है कि वस्तुओं की पुनरावृत्ति न हो।

समुच्चय की वस्तुएँ, समुच्चय के अवयव या समुच्चय के सदस्य कहलाते हैं। सामान्यत: समुच्चयों को $A, B, C, \ldots$ तथा अवयवों को $a, b, c, \ldots$ से निरूपित करते हैं।

माना A एक अरिक्त समुच्चय है। यदि A का अवयव x है, तब इसे $x \in A$ लिखते हैं तथा इसे 'A का अवयव x है, या 'x,A का अवयव है' पढ़ते हैं। यदि A का अवयव x नहीं है, तब इसे $x \notin A$ लिखते हैं तथा इसे 'x, A का अवयव नहीं है' या 'A का अवयव x नहीं है' पढ़ते हैं।

समुच्चयों का निरूपण Representation of Sets

हम समुच्चयों के निरूपण के लिए निम्न दो विधियों का प्रयोग करते हैं

1. सारणी विधि Tabular Method

इस विधि में अवयवों की सारणी बनाते हैं तथा उन्हें मंझले कोष्ठक {} में रखते हैं एवं अवयवों के बीच में कोमा (,) लगाते हैं। इस विधि को 'रोस्टर विधि' भी कहते हैं। जैसे—

(i) $A = 11$ से छोटी सभी अभाज्य संख्याओं का समुच्चय

$= \{2, 3, 5, 7\}$

(ii) अंग्रेजी वर्णमाला में स्वरों का समुच्चय, $A = \{a, e, i, o, u\}$

2. समुच्चय निर्माण विधि Set Builder Method

इस विधि में समुच्चय के सभी अवयवों की सारणी बनाने के स्थान पर समुच्चय के प्रत्येक अवयव द्वारा सन्तुष्ट होने वाले गुण या गुणों को लिखते हैं, जोकि निम्न प्रकार है

$$A = \{x : P(x)\}$$

इसे 'सभी अवयव x का समुच्चय A है', जो इस प्रकार है कि x, गुण $P(x)$ को सन्तुष्ट करते हैं जिसे चिन्ह ':' या '|' से निरूपित करते हैं।

समुच्चयों के प्रकार Types of Sets

समुच्चयों के प्रकार निम्न हैं

1. रिक्त समुच्चय Empty or Void or Null Set

वह समुच्चय, जिसमें कोई अवयव नहीं होता है, रिक्त समुच्चय कहलाता है तथा इसे ϕ या { } से निरूपित करते हैं।

निम्न समुच्चय रिक्त समुच्चय हैं

(i) $\{x : x^2 = 4, x$ एक विषम संख्या है$\}$

(ii) $\{x : x, 2$ से भाज्य विषम संख्या है$\}$

ऐसे समुच्चय, जिनमें कम-से-कम एक अवयव हो, अरिक्त समुच्चय (Non-empty sets) कहलाते हैं। जैसे—

(i) {0} एक अरिक्त समुच्चय है, क्योंकि इसमें एक अवयव है। अतः $\{0\} \neq \phi$

(ii) $\phi \neq \{\phi\}$ या $\{\} \neq \{\{\}\}$ स्पष्ट है कि ϕ रिक्त समुच्चय है, जबकि $\{\phi\}$ अरिक्त समुच्चय है जिसमें एक अवयव है।

नोट रिक्त रागुच्चय ϕ एक अद्वितीय (unique) रागुच्चय होता है।

2. एकल समुच्चय Singleton Set

एक समुच्चय, जिसमें केवल एक अवयव होता है, एकल समुच्चय कहलाता है।

जैसे—

(i) $\{\phi\}$ एकल समुच्चय है।

(ii) {5} एकल समुच्चय है।

(iii) $\{x : x + 5 = 9\}$ एकल समुच्चय है।

(iv) $\{x : x \in N$ तथा $3 < x < 5\}$ एकल समुच्चय है।

(v) $\{x : x$ पृथ्वी के निकट तारा$\}$ एकल समुच्चय है।

3. परिमित समुच्चय Finite Set

वह समुच्चय जिसमें अवयवों की संख्या निश्चित हो, परिमित समुच्चय कहलाता है। परिमित समुच्चय में अवयवों की संख्या को उसकी कोटि कहते हैं तथा इसे $n(A)$ अथवा $O(A)$ से प्रदर्शित करते हैं।

जैसे— माना $A = \{x : x \in N$ तथा $x \leq 7\} = \{1, 2, 3, 4, 5, 6, 7\}$

$\therefore \quad n(A) = 7$

4. अपरिमित समुच्चय Infinite Set

वह समुच्चय ,जिसमें अवयवों की संख्या अनिश्चित होती है, अपरिमित समुच्चय कहलाता है।

जैसे— $A = \{x : x \in N$ तथा $x < 5\}$

तथा $B =$ एक तल पर सभी बिन्दुओं का समुच्चय

5. समतुल्य समुच्चय Equivalent Sets

यदि दो परिमित समुच्चयों की कार्डिनल संख्या समान हो अर्थात् $n(A) = n(B)$, तब दो समुच्चय समतुल्य समुच्चय कहलाते हैं।

जैसे— यदि $A = \{x : x \in N$ तथा $x < 4\}$

तथा $B = \{x : x$ सम संख्या तथा $x < 8\}$

$\therefore \quad A = \{1, 2, 3\}$ तथा $B = \{2, 4, 6\}$

$\Rightarrow \quad n(A) = 3$ तथा $n(B) = 3$

अतः A व B दोनों समतुल्य समुच्चय हैं।

6. समान समुच्चय Equal Sets

यदि A व B दो अरिक्त समुच्चय हैं तथा A का प्रत्येक अवयव समुच्चय B में हो तथा समुच्चय B का प्रत्येक अवयव समुच्चय A में हो, तब समुच्चय A तथा B समान समुच्चय कहलाते हैं।

जैसे— $A = \{1, 2, 4, 5\}$ तथा $B = \{5, 4, 1, 2\}$

नोट समान समुच्चय, समतुल्य समुच्चय होते हैं, जबकि समतुल्य समुच्चय, समान समुच्चय हो, यह आवश्यक नहीं है।

7. उपसमुच्चय तथा अधिसमुच्चय Subset and Superset

मान लीजिए A व B दो अरिक्त समुच्चय हैं। यदि A का प्रत्येक अवयव समुच्चय B का अवयव हो, तब समुच्चय A को समुच्चय B का उपसमुच्चय कहते हैं। यदि 'B का उपसमुच्चय A है', तब B को A का अधिसमुच्चय कहते हैं।

यदि B का उपसमुच्चय A है, तब इसे $A \subseteq B$ द्वारा निरूपित करते हैं तथा इसे 'B का उपसमुच्चय A है' पढ़ते हैं।

इस प्रकार, यदि $x \in A \Rightarrow x \in B$, तब $A \subseteq B$

तथा यदि $x \in A \Rightarrow x \notin B$, तब $A \not\subseteq B$

अर्थात् B का उपसमुच्चय A नहीं है।

जैसे— यदि $A = \{1, 2, 4\}$ तथा $B = \{1, 2, 3, 4, 6, 7\}$

8. उचित उपसमुच्चय Proper Subset

यदि A, B का उपसमुच्चय है और $A \neq B$, तब A, B का उचित उपसमुच्चय होगा तथा इसे $A \subset B$ से निरूपित करते हैं। B का उचित उपसमुच्चय A पढ़ते हैं। ऐसी स्थिति में B को A का अधिसमुच्चय कहते हैं तथा इसे $B \supset A$ से निरूपित करते हैं एवं 'B अधिसमुच्चय A' पढ़ते हैं।

जैसे— यदि $N = \{1, 2, 3, 4, \ldots\}$ तथा $I = \{\ldots, -3, -2, -1, 0, 1, 2, 3, \ldots\}$ है।

तब, $\quad N \subset I$ तथा $I \supset N$

स्पष्ट है कि, $N \subset Z \subset Q \subset R \subset C$

नोट (i) प्रत्येक समुच्चय स्वयं का उपसमुच्चय होता है।
(ii) रिक्त समुच्चय, प्रत्येक समुच्चय का उपसमुच्चय होता है।
(iii) n अवयवों वाले समुच्चय में उपसमुच्चयों की संख्या 2^n होती है।
(iv) $A \subseteq B, B \subseteq A \Leftrightarrow A = B$

9. घात समुच्चय Power Set

गान लीजिए A एक अरिक्त रागुच्चय है, तब A के सभी ठगसमुच्चगों के समुच्चय को A का घात समुच्चय कहते हैं तथा इसे $P(A)$ से निरूपित करते हैं। जैसे— $A = \{1, 2, 4\}$

$\therefore \quad P(A) = \{\phi, \{1\}, \{2\}, \{4\}, \{1, 2\}, \{2, 4\}, \{4, 1\}, \{1, 2, 4\}\}$

नोट (i) घात समुच्चय का प्रत्येक अवयव एक समुच्चय होता है।
(ii) प्रत्येक समुच्चय का घात समुच्चय सदैव अरिक्त होता है।
(iii) यदि समुच्चय A में n अवयव हैं, तब $P(A)$ में 2^n अवयव होते हैं।

10. **सार्वत्रिक समुच्चय** Universal Set

प्रत्येक समुच्चय का अधिसमुच्चय सार्वत्रिक समुच्चय कहलाता है तथा इसे U से निरूपित करते हैं। यह समुच्चय दिए गए समुच्चयों के लिए स्वेच्छ रूप से माना जा सकता है, परन्तु एक बार चुनने के उपरान्त इसे नहीं बदलते हैं।

जैसे— $A = \{1, 3\}, B = \{1, 2, 3, 4\}$ तथा $C = \{5, 6, 7\}$

$\therefore \quad U = \{1, 2, 3, 4, 5, 6, 7\}$

यहाँ, तीनों समुच्चयों के लिए U एक सार्वत्रिक समुच्चय है।

11. **तुलनीय समुच्चय** Comparable Sets

दो समुच्चय A तथा B तुलनीय समुच्चय होंगे, यदि उनमें से एक, दूसरे का उपसमुच्चय हो अर्थात् या तो $A \subseteq B$ या $B \subseteq A$।

यदि न तो $A \subseteq B$ और न ही $B \subseteq A$ हो, तब समुच्चयों A व B को अतुलनीय समुच्चय कहते हैं।

जैसे— $A = \{1, 2, 3\}$ तथा $B = \{1, 2, 3, 4, 5\}$

यहाँ, $A \subseteq B$

अत: A व B दोनों तुलनीय समुच्चय हैं।

समुच्चयों पर संक्रियाएँ Operations on Sets

समुच्चयों पर संक्रियाएँ निम्न हैं

1. समुच्चयों का सम्मिलन Union of Sets

यदि A व B दो समुच्चय हैं, तब A व B का सम्मिलन वह समुच्चय है, जिसमें वे सभी अवयव होते हैं जो या तो A या B या दोनों में होते हैं तथा इसे $A \cup B$ द्वारा निरूपित करते हैं।

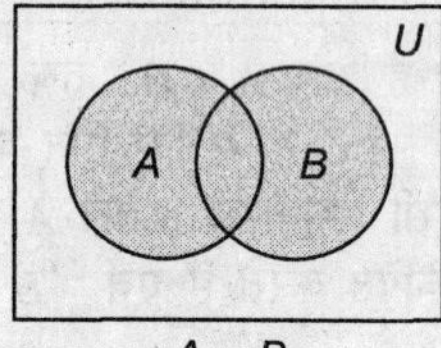

$A \cup B$

$\therefore \quad A \cup B = \{x : x \in A$ या $x \in B\}$

यदि $\quad x \in A \cup B$ व $x \in A$ या $x \in B$

तथा यदि $\quad x \notin A \cup B \Rightarrow x \notin A$ व $x \notin B$

2. समुच्चयों का प्रतिच्छेदन Intersection of Sets

यदि A व B दो समुच्चय हैं, तब A व B का प्रतिच्छेदन वह समुच्चय है जिनमें वे अवयव हैं जो दोनों A व B में हैं तथा A व B के प्रतिच्छेदन को $A \cap B$ द्वारा निरूपित करते हैं।

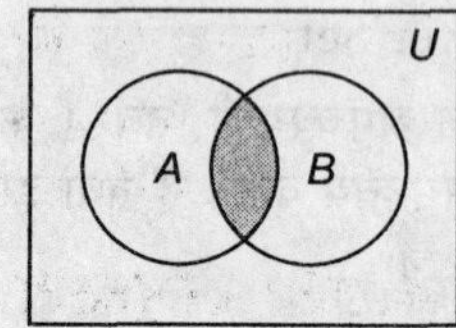

$A \cap B$

$\therefore \quad A \cap B = \{x : x \in A$ व $x \in B\}$

यदि $x \in A \cap B \Rightarrow x \in A$ व $x \in B$

तथा यदि $x \notin A \cap B \Rightarrow x \notin A$ व $x \notin B$

नोट दो समुच्चयों A व B विसंघीय समुच्चय (Disjoint sets) कहलाते हैं, यदि $A \cap B = \phi$ अर्थात् यदि A तथा B में कोई उभयनिष्ठ अवयव नहीं है। निम्न विसंघीय समुच्चय के वेन आरेख को चित्रानुसार बनाते हैं

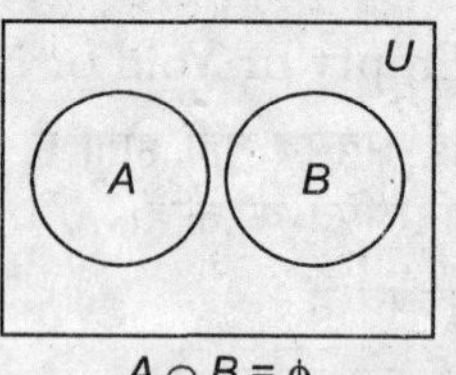

$A \cap B = \phi$

3. दो समुच्चयों का अन्तर Difference of Two Sets

यदि A व B दो अरिक्त समुच्चय हैं, तब A व B का अन्तर वह समुच्चय है जिसमें वे सभी अवयव होते हैं जो A में होते हैं परन्तु B में नहीं होते हैं तथा इसे $A-B$ द्वारा निरूपित करते हैं। यदि दो समुच्चयों का अन्तर $B-A$ हो, तब इस समुच्चय में वे अवयव आते हैं, जो B में तो होते हैं परन्तु A में नहीं होते हैं।

अत: $\quad A - B = \{x : x \in A$ परन्तु $x \notin B\}$

तथा $\quad B - A = \{x : x \in B$ परन्तु $x \notin A\}$

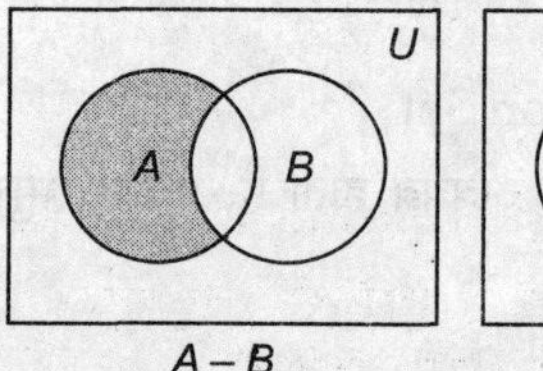

$A - B$

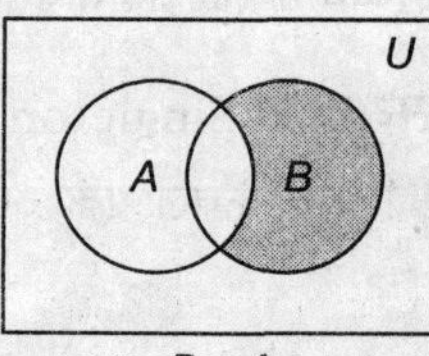

$B - A$

4. समुच्चयों का सममित अन्तर
Symmetric Difference of Sets

यदि A व B दो समुच्चय हैं, तब समुच्चय $(A - B) \cup (B - A)$ को समुच्चयों A व B का सममित अन्तर कहते हैं तथा इसे $A \Delta B$ से निरूपित करते हैं।

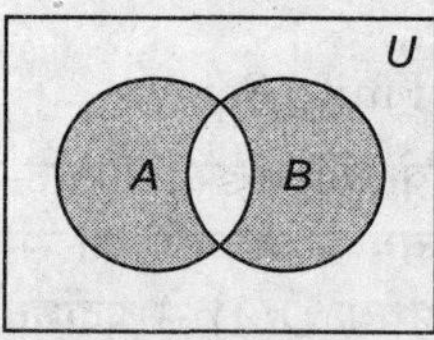

$A \Delta B$

5. पूरक समुच्चय Complementary Set

समुच्चय A का पूरक समुच्चय वह समुच्चय है जिसमें वे सभी अवयव होते हैं जो सार्वत्रिक समुच्चय में तो होते हैं परन्तु समुच्चय A में नहीं होते हैं तथा इसे A' या A^c से निरूपित करते हैं।

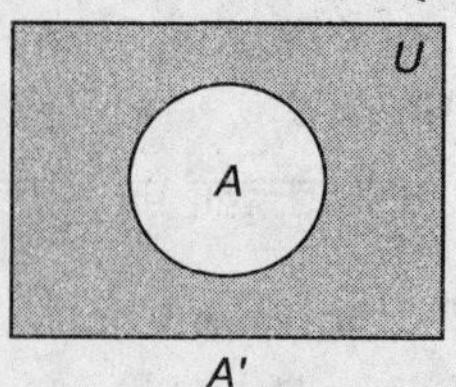

A'

यदि U एक सार्वत्रिक समुच्चय है तथा $A \subset U$

तब, $A' = U - A = \{x : x \in U$ परन्तु $x \notin A\}$

यदि $\quad x \in A$, तब $x \notin A'$

समुच्चयों की संक्रियाओं पर महत्त्वपूर्ण नियम
Important Rules on Operations of Sets

यदि A, B तथा C क्रमश: तीन समुच्चय हैं, तब

(i) (a) $A - B = A \cap B'$
(b) $B - A = B \cap A'$
(c) $A - B = A \Leftrightarrow A \cap B = \phi$
(d) $(A - B) \cup B = A \cup B$
(e) $(A - B) \cap B = \phi$

(ii) (a) $n(A \cup B) = n(A) + n(B) - n(A \cap B)$
(b) $n(A \cup B) = n(A) + n(B)$, यदि A व B विसंघीय समुच्चय हैं।
(c) $n(A \cup B \cup C) = n(A) + n(B) + n(C) - n(A \cap B) - n(B \cap C) - n(A \cap C) + n(A \cap B \cap C)$
(d) $n(A - B) = n(A) - n(A \cap B)$
(e) $n(A \Delta B) = n(A) + n(B) - 2n(A \cap B)$
(f) $n(A') = n(U) - n(A)$
(g) $n(A' \cup B') = n(U) - n(A \cap B)$
(h) $n(A' \cap B') = n(U) - n(A \cup B)$

आंशिक भिन्न Partial Fractions

भिन्नात्मक परिमेय फलनों को छोटे से छोटे भागों के योग में वियोजित करने पर प्रत्येक भाग को आंशिक भिन्न कहते हैं।

द्विघात समीकरण Quadratic Equations

ऐसा बहुपद, जिसमें चर राशि की अधिकतम घात 2 हो, द्विघात (या युगपत) समीकरण कहलाती है। द्विघात समीकरण का व्यापक रूप निम्न प्रकार है $ax^2 + bx + c = 0$, जहाँ a, b, c वास्तविक संख्याएँ व x कोई चर राशि है तथा $a \neq 0$।

जैसे— $x^2 + 5x + 2 = 0$ एक द्विघात समीकरण है। द्विघात समीकरण के अधिकतम दो मूल अर्थात् दो हल होते हैं।

द्विघात समीकरण को हल करने की विधियाँ
Methods of Solving the Quadratic Equations

दी गई द्विघात समीकरण को निम्न विधियों द्वारा हल किया जा सकता है

(i) **गुणनखण्ड द्वारा** द्विघात समीकरण के सभी पदों को एक ओर लेकर दूसरी ओर शून्य बना लेते हैं। तत्पश्चात् द्विघात बहुपद के गुणनखण्ड ज्ञात कर प्रत्येक गुणनखण्ड को शून्य के बराबर रखते हैं तथा प्राप्त रैखिक समीकरणों को हल कर चर का मान ज्ञात कर लेते हैं।

(ii) **श्रीधराचार्य सूत्र द्वारा** द्विघात समीकरण को हल करने के लिए श्रीधराचार्य का सूत्र प्रयुक्त करते हैं। यदि द्विघात समीकरण $ax^2 + bx + c = 0$ हो, तब $x = \dfrac{-b \pm \sqrt{b^2 - 4ac}}{2a}$

द्विघात समीकरण के गुण
Characteristics of Quadratic Equations

1. यदि द्विघात समीकरण $ax^2 + bx + c = 0$ के मूल α तथा β हैं, तब

$$\text{मूलों का योग} = \alpha + \beta = -\frac{x \text{ का गुणांक } (b)}{x^2 \text{ का गुणांक } (a)}$$

$$\text{तथा मूलों का गुणनफल} = \alpha\beta = \frac{\text{अचर पद } (c)}{x^2 \text{ का गुणांक } (a)}$$

2. द्विघात समीकरण का **विविक्तकर** (Discriminant), $D = b^2 - 4ac$
3. द्विघात समीकरण $ax^2 + bx + c = 0$ में मूलों की प्रवृत्ति (Nature of Roots) विविक्तकर $D = b^2 - 4ac$ के मान पर निर्भर करती है।
   (i) यदि $D = 0$, तब मूल वास्तविक तथा समान होंगे।
   (ii) यदि $D > 0$ तथा D एक पूर्ण वर्ग है, तब मूल वास्तविक, असमान तथा परिमेय होंगे।
   (iii) यदि $D > 0$ तथा D एक पूर्ण वर्ग नहीं है, तब मूल वास्तविक असमान तथा अपरिमेय होंगे।
   (iv) यदि $D < 0$, तब मूल काल्पनिक या अधिकल्पित होंगे।

अभ्यास प्रश्न

बीजीय व्यंजक तथा उनके गुणनखण्ड

1. $9x^2 - 25y^2$ के गुणनखण्ड क्या हैं?
(a) $(3x - 5y)(3x + 5y)$
(b) $(3x + 5y)(5y - 3x)$
(c) $(5y + 3x)(5y - 3x)$
(d) इनमें से कोई नहीं

2. $f(x) = 2x^2 - 5x + 2$ का एक गुणनखण्ड कौन-सा है?
(a) $x - 2$
(b) $x - 3$
(c) $x - 4$
(d) $x - 5$

3. $x^3 - 7x + 6$ के गुणनखण्ड क्या हैं?
(a) $(x-2)(x-1)(x+3)$
(b) $(x-2)(x-1)(x-3)$
(c) $(x+2)(x-1)(x-3)$
(d) $(x+2)(x+1)(x-3)$

4. यदि $x^2 + 3Qx - 2Q$ का गुणक $(x - 2)$ है, तो Q का मान है
(a) 2 (b) −2 (c) 1 (d) −1

5. $x^3 + 6x^2 + 3x - 10$ के गुणनखण्ड क्या हैं?
(a) $(x-1)(x+2)(x+5)$
(b) $(x-1)(x-2)(x+5)$
(c) $(x+1)(x-2)(x+5)$
(d) $(x+1)(x-2)(x-5)$

रैखिक समीकरण तथा समुच्चय

6. निम्न समीकरणों को प्रतिस्थापन विधि द्वारा हल करके x और y के मान बताइए।

$$2x - y = 3, 4x - y = 5$$

(a) 1, −1 (b) −1, −2 (c) 1, −2 (d) −2, −2

7. यदि $999x + 888y = 1332$ तथा $888x + 999y = 555$, तो $x + y$ का मान क्या होगा?

(a) 555 (b) 888 (c) 999 (d) 1

8. निम्न समीकरणों को वज्रगुणन विधि की सहायता से हल करके x तथा y के मान ज्ञात कीजिए।

$$2x - 3y + 1 = 0, \quad 3x + 4y - 5 = 0$$

(a) $\frac{4}{17}, \frac{15}{17}$ (b) $\frac{12}{17}, \frac{13}{17}$ (c) $\frac{11}{17}, \frac{13}{17}$ (d) $\frac{12}{17}, \frac{15}{17}$

9. k का मान बताइए, जिसके लिए $x + 2y - 3 = 0$ और $5x + ky + 7 = 0$ समीकरणों के निकाय का कोई हल न हो।

(a) –3/14 (b) –14/3 (c) 1/10 (d) 10

10. यदि $n(A) = 3, n(B) = 6$ तथा $A \subseteq B$ है, तब $A \cup B$ में अवयवों की संख्या है

(a) 3 (b) 9
(c) 6 (d) इनमें से कोई नहीं

11. यदि A और B दो समुच्चय हैं, तब $A \cup (A \cap B)$ का मान होगा

(a) A (b) B (c) A^c (d) B^c

12. समुच्चयों $X = \{1, 3, 5, 7, ...\}$ और $Y = \{2, 4, 6, 8, ...\}$ के संघ ज्ञात कीजिए।

(a) $\{1, 2, 3, 4, 5, 6, 7, 8, ...\}$ (b) $\{2, 4, 6, 8, ...\}$
(c) $\{1, 3, 5, 7, ...\}$ (d) इनमें से कोई नही

13. यदि $A = \{x : x^2 - 2x + 1 = 0\}$, $B = \{x : x^3 - 6x^2 + 11x - 6 = 0\}$ तथा $C = \{1, 2, 3\}$, तो $A \cup B$ का मान होगा

(a) A (b) B
(c) C (d) इनमें से कोई नहीं

14. समुच्चयों $A = \{1, 2, 3\}$ तथा $B = \{2, 4\}$ का सार्वनिष्ठ ज्ञात कीजिए।

(a) {2} (b) {3} (c) {4} (d) {1}

15. यदि $A = \{1, 2, 3\}, B = \{2, 3, 4\}$ तथा $C = \{3, 4, 5, 6\}$ हो, तो $A - (B - C)$ का मान ज्ञात कीजिए।

(a) {1, 2} (b) {1, 3} (c) {2, 3} (d) {4, 5}

16. यदि $A = \{a, b, c, d, e\}$ तथा $B = \{a, c, e, g, h\}$, तो $A \Delta B$ का मान बताइए।

(a) $\{a, b, c, d\}$ (b) $\{b, c, d, e\}$
(c) $\{b, d, g, h\}$ (d) $\{b, e, g, h\}$

17. यदि $U = \{1, 2, 3, 4, 5, 6\}$ तथा $A = \{2, 4\}$, तो A' का मान ज्ञात कीजिए।

(a) {1, 3, 5, 6} (b) {2, 3, 4, 6}
(c) {1, 2, 3, 4} (d) {2, 4, 5, 6}

18. यदि $n(A) = 12, n(B) = 8, n(A \cap B) = 4$, तो $n(A \cup B)$ का मान ज्ञात कीजिए।

(a) 10 (b) 12 (c) 14 (d) 16

19. 30 विद्यार्थियों की कक्षा में 12 सिलाई कार्य, 16 भौतिकी और 18 इतिहास लेते हैं। यदि सभी 30 विद्यार्थी कम-से-कम एक विषय लेते हैं और कोई भी तीनों विषयों को नहीं लेता है, तब उन विद्यार्थियों की संख्या, जो दो विषय लेते हैं, होगी

(a) 16 (b) 6
(c) 8 (d) 20

20. एक युद्ध में 70% सिपाहियों ने एक आँख, 80% सिपाहियों ने एक कान, 75% सिपाहियों ने एक भुजा, 85% सिपाहियों ने एक पैर तथा x% सिपाहियों ने चारों अंग गवाँ दिए, तब x का निम्नतम मान क्या होगा?

(a) 10 (b) 12
(c) 15 (d) इनमें से कोई नहीं

21. एक कक्षा में 175 विद्यार्थी हैं। निम्न आँकड़े यह प्रदर्शित करते हैं कि कितने विद्यार्थी एक या एक से अधिक विषय का चयन करते हैं?

गणित 100, भौतिकी 70, रसायन 40, गणित और भौतिकी 30, गणित और रसायन 28, भौतिकी और रसायन 23; गणित, भौतिकी और रसायन 18 तब कितने विद्यार्थियों के पास केवल गणित विषय है?

(a) 35 (b) 48
(c) 60 (d) 22

22. यदि $A = \{x : x$, 4 का गुणक है$\}$ तथा $B = \{x : x$, 6 का गुणक है$\}$, तब $A \cap B$ निम्न में से किसके सभी गुणकों को सम्मिलित करता है?

(a) 16 (b) 12
(c) 8 (d) 4

द्विघात समीकरण

23. समीकरण $\frac{1}{(x-3)} - \frac{1}{(x+5)} = \frac{1}{6}$ में x के मान क्रमशः होंगे

(a) 7, – 9 (b) –7, – 9 (c) 7, 9 (d) 7, 9

24. $9x^2 - 10x + 2 = 0$ को सूत्र द्वारा हल कीजिए।

(a) $1, \frac{1}{9}$ (b) $2, \frac{1}{9}$ (c) $\frac{5 \pm \sqrt{11}}{9}$ (d) $\frac{5 \pm \sqrt{7}}{9}$

25. द्विघात समीकरण $4x^2 + 4x + 1 = 0$ के मूल हैं

(a) वास्तविक तथा असमान (b) वास्तविक तथा समान
(c) अवास्तविक (d) अपरिमेय

26. यदि समीकरण $kx^2 + 2x + 3k = 0$ के मूलों का योग उनके गुणनफल के बराबर है, तो k का मान ज्ञात कीजिए।

(a) $\frac{1}{3}$ (b) $-\frac{1}{3}$ (c) $\frac{2}{3}$ (d) $-\frac{2}{3}$

उत्तरमाला

1.	(a)	2.	(a)	3.	(a)	4.	(d)	5.	(a)	6.	(a)	7.	(d)	8.	(c)	9.	(d)	10.	(c)
11.	(a)	12.	(a)	13.	(c)	14.	(a)	15.	(b)	16.	(c)	17.	(a)	18.	(d)	19.	(a)	20.	(a)
21.	(c)	22.	(b)	23.	(a)	24.	(d)	25.	(b)	26.	(d)								

संकेत एवं हल

1. $9x^2 - 25y^2 = (3x)^2 - (5y)^2$

$= (3x - 5y)(3x + 5y) \quad [\because a^2 - b^2 = (a - b)(a + b)]$

2. $f(x) = 2x^2 - 5x + 2$

$= 2x^2 - (4 + 1)x + 2 \quad [\because 2 \times 2 = 4 = 4 \times 1]$

$= 2x^2 - 4x - x + 2 = 2x(x - 2) - 1(x - 2)$

$= (x - 2)(2x - 1)$

अतः $(x - 2)$, $f(x)$ का एक गुणनखण्ड है।

3. यहाँ, $f(x) = x^3 - 7x + 6$

$x = 2$ रखने पर, $[\because 6 = 1 \times 2 \times 3]$

$f(2) = (2)^3 - 7(2) + 6$

$= 8 - 14 + 6 = 0$

$\because (x - 2)$, $f(x)$ का एक गुणनखण्ड है।

$x - 2)\; x^3 - 7x + 6\; (x^2 + 2x - 3$
$x^3 - 2x^2$
$- \quad +$
$2x^2 - 7x + 6$
$2x^2 \quad 4x$
$- \quad +$
$-3x + 6$
$-3x + 6$
$+ \quad -$
0

$\therefore \quad x^3 - 7x + 6 = (x - 2)(x^2 + 2x - 3)$

$= (x - 2)[x^2 + (3 - 1)x - 3]$

$= (x - 2)[x^2 + 3x - x - 3]$

$= (x - 2)[x(x + 3) - 1(x + 3)]$

$= (x - 2)(x - 1)(x + 3)$

4. $x - 2$, $x^2 + 3Qx - 2Q$ का गुणक है

$\therefore \quad x - 2 = 0 \Rightarrow x = 2$ बहुपद में रखने पर,

$(2)^2 + 3Q(2) - 2Q = 0$

$\Rightarrow \quad 4 + 6Q - 2Q = 0$

$\Rightarrow \quad 4Q = -4$

$\Rightarrow \quad Q = \frac{-4}{4} = -1$

5. $\because$ दिया गया व्यंजक $= x^3 + 6x^2 + 3x - 10$

$x = 1$ व्यंजक में रखने पर, $[\because 10 = 1 \times 2 \times 5]$

शेषफल $= (1)^3 + 6(1)^2 + 3(1) - 10$

$= 1 + 6 + 3 - 10 = 0$

$\because (x - 1)$, दिए गए व्यंजक का गुणनखण्ड है।

अब, $x^3 + 6x^2 + 3x - 10 = x^2(x - 1) + 7x(x - 1) + 10(x - 1)$

$= (x - 1)(x^2 + 7x + 10)$

$= (x - 1)[x^2 + 5x + 2x + 10]$

$= (x - 1)[x(x + 5) + 2(x + 5)]$

$= (x - 1)(x + 5)(x + 2)$

6. दिया है, $2x - y = 3$ ...(i)

तथा $4x - y = 5$ ...(ii)

समी (i) से, $y = 2x - 3$

अब, y का मान समी (ii) में रखने पर,

$4x - (2x - 3) = 5 \Rightarrow 2x + 3 = 5$

$\Rightarrow \quad 2x = 2 \Rightarrow x = 1$

x का मान समी (i) में रखने पर,

$2 \times 1 - y = 3 \Rightarrow -y = 3 - 2 = 1$

$\Rightarrow \quad -y = 1 \Rightarrow y = -1$

अतः $x = 1$ तथा $y = -1$

7. दिया है, $999x + 888y = 1332$ तथा $888x + 999y = 555$

दोनों समीकरणों को 111 से भाग देने पर,

$9x + 8y = 12$ ...(i)

तथा $8x + 9y = 5$ ...(ii)

समी (i) में 9 की तथा समी (ii) में 8 की गुणा करने पर,

$81x + 72y = 108$ ...(iii)

तथा $64x + 72y = 40$ ...(iv)

समी (iii) में से समी (iv) घटाने पर,

$17x = 68 \Rightarrow x = 4$

x का मान समी (iii) में रखने पर,

$9 \times 4 + 8y = 12$

$\Rightarrow \quad 8y = 12 - 36 = -24$

$\Rightarrow \quad y = -3$

अतः $x + y = 4 + (-3) = 4 + (-3) = 1$

8. दिया है, $2x - 3y + 1 = 0$ ...(i)

तथा $3x + 4y - 5 = 0$ ...(ii)

समी (i) से, $a_1 = 2, b_1 = -3$ तथा $c_1 = 1$

समी (ii) से, $a_2 = 3, b_2 = 4$ तथा $c_2 = -5$

वज्रगुणन विधि से,

$$\frac{x}{b_1c_2 - b_2c_1} = \frac{y}{c_1a_2 - c_2a_1} = \frac{1}{a_1b_2 - a_2b_1}$$

$$\Rightarrow \quad \frac{x}{(-3) \times (-5) - 4 \times 1} = \frac{y}{1 \times 3 - (-5) \times 2} = \frac{1}{2 \times 4 - 3 \times (-3)}$$

$$\Rightarrow \quad \frac{x}{15 - 4} = \frac{y}{3 + 10} = \frac{1}{8 + 9} \Rightarrow \frac{x}{11} = \frac{y}{13} = \frac{1}{17}$$

$$\therefore \quad x = \frac{11}{17} \text{ तथा } y = \frac{13}{17}$$

9. $\because$ दिए गए समीकरण निकाय $x + 2y - 3 = 0$ तथा $5x + ky + 7 = 0$ का कोई हल नहीं है।

यहाँ, $a_1 = 1, b_1 = 2, c_1 = -3, a_2 = 5, b_2 = k$ तथा $c_2 = 7$

$\because \quad \frac{a_1}{a_2} = \frac{b_1}{b_2} \neq \frac{c_1}{c_2}$

$\therefore \quad \frac{1}{5} = \frac{2}{k} \neq -\frac{3}{7} \Rightarrow k = 10$

10. $\because A \subseteq B \Rightarrow A \cup B = B$

अतः $n(A \cup B) = n(B) = 6$

11. $\because A \cap B \subseteq A$

$\therefore A \cup (A \cap B) = A$

12. दिया है, $X = \{1, 3, 5, 7, ...\}$ और $Y = \{2, 4, 6, 8, ...\}$

स्पष्ट है कि X व Y में कोई भी अवयव उभयनिष्ठ नहीं है।

अतः $X \cup Y = \{1, 2, 3, 4, 5, 6, 7, 8, ...\}$

जोकि प्राकृत संख्याओं का समुच्चय N है।

$x + 1 = 0\} = \{x : (x-1)^2 = 0\} = \{1\}$

$\{x : x^3 - 6x^2 + 11x - 6 = 0\}$

$= \{x : (x-1)(x-2)(x-3) = 0\} = \{1, 2, 3\}$

तथा $C = \{1, 2, 3\}$

$\therefore\ A \cup B = \{1\} \cup \{1, 2, 3\} = \{1, 2, 3\} = C$

अतः $(A \cup B) = C$

14. दिया है, $A = \{1, 2, 3\}, B = \{2, 4\}$

स्पष्ट है कि A व B में अवयव '2' ही उभयनिष्ठ है।

अतः $A \cap B = A$ व B के उभयनिष्ठ अवयवों का समुच्चय $= \{2\}$

15. दिया है, $A = \{1, 2, 3\}, B = \{2, 3, 4\}$ तथा $C = \{3, 4, 5, 6\}$

$B - C = \{2, 3, 4\} - \{3, 4, 5, 6\} = \{2\}$

$\therefore\ A - (B - C) = \{1, 2, 3\} - \{2\} = \{1, 3\}$

16. दिया है, $A = \{a, b, c, d, e\}, B = \{a, c, e, g, h\}$

अब, $A - B = \{a, b, c, d, e\} - \{a, c, e, g, h\} = \{b, d\}$

तथा $B - A = \{a, c, e, g, h\} - \{a, b, c, d, e\} = \{g, h\}$

$\therefore\ A \Delta B = (A - B) \cup (B - A)$

$= \{b, d\} \cup \{g, h\} = \{b, d, g, h\}$

17. दिया है, $U = \{1, 2, 3, 4, 5, 6\}$ तथा $A = \{2, 4\}$

$\because\ A' = U - A = \{1, 2, 3, 4, 5, 6\} - \{2, 4\} = \{1, 3, 5, 6\}$

18. दिया है, $n(A) = 12, n(B) = 8$ तथा $n(A \cap B) = 4$

अब, सूत्र $n(A \cup B) = n(A) + n(B) - n(A \cap B)$ से,

$\therefore\ n(A \cup B) = 12 + 8 - 4 = 16$

19. दिया है, $n(N) = 12, n(P) = 16, n(H) = 18$ तथा $n(N \cup P \cup H) = 30$

अब, $n(N \cup P \cup H) = n(N) + n(P) + n(H) - n(N \cap P)$

$- n(P \cap H) - n(N \cap H) + n(N \cap P \cap H)$

$\therefore n(N \cap P) + n(P \cap H) + n(N \cap H) = 12 + 16 + 18 - 30 = 16$

अतः उन विद्यार्थियों की संख्या, जिन्होंने दो विषय लिए हैं

$= n(N \cap P) + n(P \cap H) + n(N \cap H) - 3n(N \cap P \cap H)$

$= 16 - 0 = 16$

20. n का न्यूनतम मान $= 100 - (30 + 20 + 25 + 15) = 100 - 90 = 10$

22. दिया है, $A = \{4, 8, 12, 16, 20, 24, \ldots\}$

तथा $B = \{6, 12, 18, 24, 30, \ldots\}$

$\therefore\ A \cap B = \{12, 24, \ldots\} = \{x : x, 12$ का गुणक है$\}$

23. दिया है, $\dfrac{1}{(x-3)} - \dfrac{1}{(x+5)} = \dfrac{1}{6}$

$$\Rightarrow \frac{x+5-x+3}{(x-3)(x+5)} = \frac{1}{6}$$

$$\Rightarrow \frac{8}{x^2 - 3x + 5x - 15} = \frac{1}{6}$$

$$\Rightarrow x^2 + 2x - 15 = 48$$

$$\Rightarrow x^2 + 2x - 63 = 0$$

$$\Rightarrow x^2 + 9x - 7x - 63 = 0$$

$$\Rightarrow x(x+9) - 7(x+9) = 0$$

$$\Rightarrow (x+9)(x-7) = 0$$

यदि $x - 7 = 0$, तब $x = 7$

यदि $x + 9 = 0$, तब $x = -9$

अतः x के मान क्रमशः 7 तथा –9 हैं।

24. यहाँ, $a = 9, b = -10$ तथा $c = 2$

$\therefore$ श्रीधराचार्य सूत्र से,

$$x = \frac{-b \pm \sqrt{b^2 - 4ac}}{2a}$$

$$= \frac{10 \pm \sqrt{100 - 4 \times 9 \times 2}}{2 \times 9}$$

$$= \frac{10 \pm \sqrt{100 - 72}}{18}$$

$$= \frac{10 \pm \sqrt{28}}{18}$$

$$= \frac{10 \pm 2\sqrt{7}}{18} = \frac{5 \pm \sqrt{7}}{9}$$

25. दी गई समीकरण $4x^2 + 4x + 1 = 0$ की तुलना द्विघात समीकरण $ax^2 + bx + c = 0$ से करने पर, $a = 4, b = 4$ और $c = 1$

अब, विविक्तकर $(D) = b^2 - 4ac = (4)^2 - 4(4)(1) = 16 - 16 = 0$

अतः दी गई समीकरण के मूल वास्तविक तथा समान होंगे।

26. दिए गए समीकरण $kx^2 + 2x + 3k = 0$ की तुलना मानक समीकरण $ax^2 + bx + c = 0$ से करने पर,

$$a = k, b = 2, c = 3k$$

दिए गए समीकरण के मूलों का योगफल $= \dfrac{-b}{a} = \dfrac{-2}{k}$

तथा मूलों का गुणनफल $= \dfrac{c}{a} = \dfrac{3k}{k} = 3$

प्रश्नानुसार, मूलों का योगफल = मूलों का गुणनफल

$$\Rightarrow -\frac{2}{k} = 3 \Rightarrow k = \frac{-2}{3}$$

अध्याय 03

रैखिक असमिकाएँ
Linear Inequalities

समीकरण तथा असमिका Equation and Inequality

समीकरण एक ऐसा कथन है, जिसमें एक अथवा एक से अधिक चर राशियाँ तथा समानता का चिन्ह (Sign of equality) सम्मिलित होता है।

जैसे— (i) $2x - 3y = 7$ (ii) $3x - 2 = 7x + 5$

जबकि असमिका एक ऐसा कथन है जिसमें एक या एक से अधिक चर राशियाँ तथा असमता का चिन्ह (Sign of inequality) $<, >, \leq, \geq$ सम्मिलित होता है।

जैसे— (i) $3x + 7 > 0$ (ii) $7x - 5y \geq 10$

(iii) $\frac{2}{3}x - 7 < 3y - 4$ (iv) $4x^3 + 2x \leq x^2 - 4$

असमिकाओं के प्रकार Types of Inequalities

(i) **संख्यात्मक असमिका** (Numerical inequality) ऐसी असमिका, जिसमें कोई चर राशि न हो, संख्यात्मक असमिका कहलाती है।
जैसे— $4 > 2, 8 < 21$

(ii) **शाब्दिक असमिका** (Literal inequality) ऐसी असमिका, जिसमें चर राशि उपस्थित होती है, शाब्दिक (चरांक) असमिका कहलाती है।
जैसे—$x \leq 7, y \geq 11, x - y \leq 4$

(iii) **सुनिश्चित असमिका** (Strict inequality) ऐसी असमिका, जिसमें केवल $<$ या $>$ असमिका उपस्थित होती है, सुनिश्चित असमिका कहलाती है। *जैसे*— $3x + y < 0, x > 7$

(iv) **स्लैक असमिका** (Slack inequality) ऐसी असमिका, जिसमें केवल $\geq$ या $\leq$ असमिका उपस्थित होती है, स्लैक असमिका कहलाती है। *जैसे*— $3x + 2y \leq 0, y \geq 4$

(v) **द्विअसमिका** (Double inequality) यदि एक असमिका $a \leq x < b$ या $a \leq x \leq b$ या $a < x \leq b$ या $a < x < b$ के रूप में हो, तो उसे द्विअसमिका कहते हैं। *जैसे*— $5 \leq x < 7$

रैखिक असमिका Linear Inequality

यदि किसी असमिका के सभी चर एकघातीय हों और उसमें कोई भी पद, चरों के गुणनफल से प्राप्त न हो, तो वह असमिका रैखिक असमिका कहलाती है। *जैसे*—$ax + b \leq 0,\ ax + by + c > 0,\ ax \leq 4$

एक चर राशि में रैखिक असमिका
Linear Inequality in One Variable

यदि a एक अशून्य वास्तविक संख्या है तथा x एक चर राशि है, तो $ax + b < 0,\ ax + b \leq 0,\ ax + b > 0$ अथवा $ax + b \geq 0$ के रूप की प्रत्येक असमिका, एक चर राशि x में रैखिक असमिका कहलाती है।
जैसे—$2x - 5 > 0,\ 5x + 7 \leq 0$

दो चर राशियों में रैखिक असमिका
Linear Inequality in Two Variables

यदि a तथा b दो अशून्य वास्तविक संख्याएँ हैं और x तथा y दो चर राशियाँ हैं, तब $ax + by < c,\ ax + by \leq c,\ ax + by > c$ अथवा $ax + by \geq c$ के रूप की प्रत्येक असमिका, दो चर राशियों x तथा y में रैखिक असमिका कहलाती है। *जैसे*— $4x + 3y \leq 15,\ x - 2y > 13$

संख्या रेखा पर अन्तरालों का निरूपण
Representation of Intervals on a Number Line

संख्या रेखा या वास्तविक रेखा पर विभिन्न प्रकार के अनन्त समुच्चय, जिन्हें अन्तराल (Interval) कहते हैं। निम्न प्रकार परिभाषित हैं

बन्द या संवृत्त अन्तराल Closed Interval

यदि a और b दो वास्तविक संख्याएँ इस प्रकार हैं कि $a < b$, तब सभी वास्तविक संख्याओं x का समुच्चय जो $a \leq x \leq b$ प्रकार का है बन्द अन्तराल कहलाता है, इसे $[a, b]$ द्वारा प्रदर्शित करते हैं।

$\therefore\ [a, b] = \{x : a \leq x \leq b, x \in R\}$

...निम्न प्रकार निरूपित करते हैं

$-\infty$ ← $a \le x \le b$ → $+\infty$ (a, b)

यहाँ, अन्तराल के अन्त बिन्दु a, b अन्तराल में सम्मिलित होते हैं इसलिए संख्या रेखा पर इन्हें काले बिन्दुओं द्वारा दर्शाते हैं।

खुला या विवृत्त अन्तराल Open Interval

यदि a और b दो वास्तविक संख्याएँ इस प्रकार हैं कि $a < b$ तब सभी वास्तविक संख्याओं x का समुच्चय जो $a < x < b$ प्रकार का है, खुला अन्तराल कहलाता है इसे (a, b) या $]a, b[$ द्वारा प्रदर्शित करते हैं।

$\therefore \quad (a, b) = \{x : a < x < b, x \in R\}$

संख्या रेखा पर (a, b) को निम्न प्रकार निरूपित करते हैं

$-\infty$ ← $a < x < b$ → $+\infty$ (a, b)

यहाँ, अन्तराल के अन्त बिन्दु a, b अन्तराल में सम्मिलित नहीं होते हैं इसलिए संख्या रेखा पर इन्हें खाली वृत्त द्वारा दर्शाते हैं।

अर्द्ध-बन्द या अर्द्ध-खुला अन्तराल
Semi-closed or Semi-open Interval

यदि a और b दो वास्तविक संख्याएँ इस प्रकार हैं कि $a < b$

तब, $\quad (a, b] = \{x : a < x \le b, x \in R\}$

$\quad [a, b) = \{x : a \le x < b, x \in R\}$

क्रमश: अर्द्ध-बन्द और अर्द्ध-खुला अन्तराल कहलाते हैं। संख्या रेखा पर इन अन्तरालों को निम्न प्रकार निरूपित करते हैं

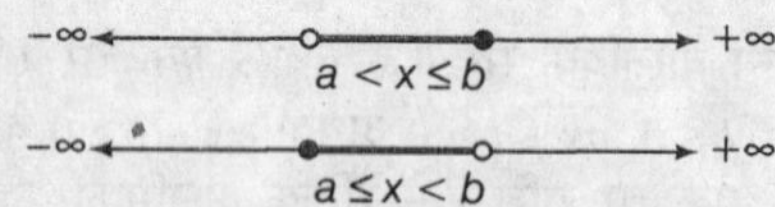

अनन्त की संकल्पना Concept of Infinity

धनात्मक अनन्त $(+\infty)$ तथा ऋणात्मक अनन्त $(-\infty)$, वास्तविक संख्याएँ नहीं होती हैं। धनात्मक अनन्त सदैव ही प्रत्येक वास्तविक संख्या से बड़ा होता है तथा ऋणात्मक अनन्त $(-\infty)$ सदैव ही प्रत्येक वास्तविक संख्या से छोटा होता है। हम ऐसा कह सकते हैं कि $-\infty$ तथा $+\infty$ वास्तविक संख्या के खुले (विवृत्त) अन्तराल के अन्त बिन्दु होते हैं अर्थात् प्रत्येक $x \in R$ के लिए, $-\infty < x < \infty$ या $x \in (-\infty, \infty)$

नोट $x = \infty$ या $-\infty$ लिखना अर्थहीन है, जबकि $x \to \infty$ या $-\infty$ (x, $+\infty$ या $-\infty$ की तरफ अग्रसर है) लिखना अर्थपूर्ण अर्थात् सही तरीका (विधि) है। $+\infty$ तथा $-\infty$ एक स्थिर संख्या को निरूपित नहीं करते हैं तथा ये दोनों ही क्रमश: एक बहुत ही बड़ी तथा बहुत ही छोटी संख्याओं का निरूपित करने की प्रतीकात्मक विधि है।

असमिका का हल Solution of an Inequality

चर राशियों का वह मान जो दी गई असमिका को सन्तुष्ट करता है (अथवा एक सत्य कथन बनाता है), असमिका का हल (Solution) कहलाता है।

किसी असमिका के सभी सम्भावित हलों का समुच्चय दी गई असमिका का **हल समुच्चय** (Solution set) कहलाता है।

हम इस प्रकार की असमिका का हल 'प्रयास और भूल विधि' (Trial and Error method) द्वारा ज्ञात कर सकते हैं परन्तु यह अधिक सुविधाजनक नहीं है क्योंकि यह विधि अधिक समय लेने वाली तथा कभी-कभी सम्भव नहीं होती है इसलिए, हम असमिकाओं को क्रमबद्ध तकनीक द्वारा हल करते हैं।

असमिकाओं को हल करने के लिए कुछ महत्त्वपूर्ण नियम नीचे दिए गए हैं।

रैखिक असमिकाओं को हल करने के महत्त्वपूर्ण नियम Important Rules to Solve Linear Inequalities

(i) किसी असमिका के दोनों पक्षों में समान संख्या या व्यंजक जोड़ने अथवा घटाने पर असमिका का चिन्ह अपरिवर्तित रहता है।

जैसे– $\quad 2x + 3 < 10$

दोनों पक्षों में से 3 घटाने पर,

$$2x + 3 - 3 < 10 - 3 \Rightarrow 2x < 7$$

तथा $\quad 3x + 2 < x + 7$

दोनों पक्षों में से x घटाने पर,

$$3x + 2 - x < x + 7 - x$$

$$\Rightarrow \quad 2x + 2 < 7$$

(ii) किसी असमिका के दोनों पक्षों को समान धनात्मक संख्या से गुणा या भाग करने पर असमिका का चिन्ह अपरिवर्तित रहता है।

जैसे– $\quad 5x < \frac{13}{2}$

दोनों पक्षों में 2 से गुणा करने पर,

$$2 \times 5x < 2 \times \frac{13}{2}$$

$$\Rightarrow \quad 10x < 13 \text{ तथा } 9x \ge 45$$

दोनों पक्षों में 9 से भाग देने पर,

$$\frac{9x}{9} \ge \frac{45}{9}$$

$$\Rightarrow \quad x \ge 5$$

(iii) किसी असमिका के दोनों पक्षों को समान ऋणात्मक संख्या से गुणा या भाग करने पर असमिका का चिन्ह परिवर्तित अर्थात् बदल जाता है।

जैसे– $\quad 2 - 3x > \left(-\frac{7}{3}\right)$

दोनों पक्षों में (–3) से गुणा करने पर,

$$(-3) \times (2 - 3x) < (-3) \times \left(-\frac{7}{3}\right)$$

$$\Rightarrow \quad 9x - 6 < 7 \text{ तथा } -3x + 27 \le 6$$

दोनों पक्षों में (–3) से भाग देने पर,

$$\frac{-3x + 27}{-3} \ge \frac{6}{-3} \Rightarrow x - 9 \ge -2$$

(iv) किसी असमिका के किसी भी पद को उसका चिन्ह बदलकर दूसरे पक्ष में असमता का चिन्ह परिवर्तित किए बिना ले जा सकते हैं। इस प्रक्रिया को पक्षान्तरण (Transposition) कहते हैं।

जैसे— $3x + 2 < 10$

2 का चिन्ह बदलकर दूसरे पक्ष में ले जाने पर,

$3x < 10 - 2 \Rightarrow 3x < 8$

किसी चर राशि की रैखिक असमिका को हल करने की क्रियाविधि Working Method to Solve Linear Inequation in One Variable

***चरण* I** सर्वप्रथम, चर राशि वाले सभी पदों को असमिका के बाईं (या दाईं) ओर तथा अचर राशियों को दाईं (या बाईं) ओर पक्षान्तरित कीजिए। (व्यंजकों या संख्याओं को एक पक्ष से दूसरे पक्ष की ओर पक्षान्तरण करते हुए इसका चिन्ह परिवर्तित कीजिए।)

***चरण* II** दोनों पक्षों को सरल करके असमिका को निम्न रूप में परिवर्तित कीजिए।

$ax > b, ax \geq b, ax < b$ अथवा $ax \leq b$

***चरण* III** अब, दोनों पक्षों में x के गुणांक (a) से भाग दीजिए। यदि गुणांक a का चिन्ह धनात्मक है, तो असमता का चिन्ह अपरिवर्तित तथा यदि गुणांक a का चिन्ह ऋणात्मक है, तो असमता का चिन्ह परिवर्तित करते हैं।

***चरण* IV** अब, चरण III से प्राप्त हल को समुच्चय रूप में लिखकर अभीष्ट हल प्राप्त कीजिए।

एक चर राशि की रैखिक असमिका के हल का संख्या रेखा पर निरूपण (या प्रदर्शन) Representation of Solution of a Linear Inequality of One Variable on Number Line

एक चर राशि की रैखिक असमिका के हल को संख्या रेखा पर निरूपित करने के लिए निम्न नियमों का प्रयोग करते हैं

(i) यदि दी गई असमिका में चिन्ह $\geq$ या $\leq$ है, तब संख्या रेखा पर काले डॉट (•) का प्रयोग करते हैं जो यह दर्शाता है कि काले डॉट के संगत संख्या, हल समुच्चय में सम्मिलित है।

(ii) यदि दी गई असमिका में चिन्ह $>$ या $<$ है, तब संख्या रेखा पर खाली वृत्त (○) का प्रयोग करते हैं जो यह दर्शाता है कि खाली वृत्त के संगत संख्या, हल समुच्चय में सम्मिलित नहीं है।

एक चर राशि के रैखिक असमिका निकाय का हल Solution of a System of Linear Inequation in One Variable

दो या दो से अधिक रैखिक असमिकाओं को यदि एकसाथ लिया जाए, तो यह रैखिक असमिका निकाय कहलाता है इसलिए एक चर राशि के रैखिक असमिका निकाय का हल समुच्चय दिए गए निकाय की रैखिक असमिकाओं के हल समुच्चय का सर्वनिष्ठ होता है।

रैखिक असमिका निकाय को हल करने के लिए निम्न चरणों का प्रयोग किया जाता है

***चरण* I** दिए गए निकाय की प्रत्येक असमिका को हल करके हल समुच्चय ज्ञात कीजिए तथा हल समुच्चय को संख्या रेखा पर निरूपित कीजिए।

***चरण* II** चरण I में प्राप्त हल समुच्चयों का सर्वनिष्ठ (Intersection) समुच्चय ज्ञात कीजिए।
यह सर्वनिष्ठ ही दिए गए रैखिक असमिका निकाय का अभीष्ट हल समुच्चय होगा।

दो चर राशियों की रैखिक असमिकाओं का आलेखीय हल Graphical Solution of Linear Inequalities in Two variables

$ax + by + c > 0$ या $ax + by + c < 0$ या $ax + by + c \geq 0$ या $ax + by + c \leq 0$ जहाँ $a \neq 0$ तथा $b \neq 0$ रूप की असमिकाओं को दो चरों x तथा y में रैखिक असमिका कहते हैं।

अर्द्धतल एवं उनके प्रकार Half-plane and Their Types

हम जानते हैं कि प्रत्येक रैखिक समीकरण $ax + by + c = 0$ का आलेख कार्तीय समतल अर्थात् XY-समतल (या द्विविमीय तल) को दो भागों में विभाजित करता है। प्रत्येक भाग को **अर्द्धतल** कहते हैं। यदि एक ऊर्ध्वाधर रेखा XY-तल को दो भागों में विभाजित करती है, तो रेखा के दाईं ओर के तल को **दायाँ अर्द्धतल** (Right half-plane) तथा बाईं ओर के तल को **बायाँ अर्द्धतल** (Left half-plane) कहते हैं। इसी प्रकार, यदि कोई तिरछी (या ऊर्ध्वाधर) रेखा XY-तल को दो भागों में बाँटती है, तो रेखा के ऊपरी भाग को **ऊपरी अर्द्धतल** (Upper half-plane) तथा नीचे के भाग को **निचला अर्द्धतल** (Lower half-plane) कहते हैं।

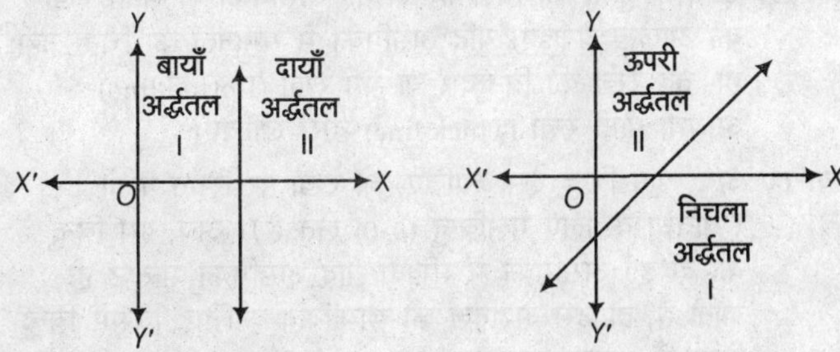

अर्द्धतल के मुख्य प्रकार निम्न हैं

(i) **बन्द अर्द्धतल** (Closed half-plane) यदि रेखा $ax + by + c = 0$, कार्तीय तल को दो भागों में विभाजित करती है, तो अर्द्धतल बन्द अर्द्धतल कहलाता है यदि अर्द्धतलों को अलग करने वाली रेखा के बिन्दु भी अर्द्धतल में सम्मिलित हैं। इसलिए असमिकाओं $ax + by \geq c$ या $ax + by \leq c$ से निरूपित अर्द्धतल सदैव बन्द अर्द्धतल होते हैं।

(ii) **खुला अर्द्धतल** (Open half-plano) यदि रेखा $ax + by + c = 0$, कार्तीय तल को दो भागों में विभाजित करती है, तो अर्द्धतल खुला अर्द्धतल कहलाता है। यदि अर्द्धतलों को अलग करने वाली रेखा के बिन्दु अर्द्धतल में सम्मिलित ना हों इसलिए असमिकाओं $ax + by < c$ या $ax + by > c$ से निरूपित अर्द्धतल सदैव खुले अर्द्धतल होते हैं। खुला तथा बन्द अर्द्धतलों को समुच्चय के रूप में निम्न सारणी में दिया गया है

	रेखा/तल
$\{(x, y) : ax + by + c = 0\}$	सरल रेखा
$\{(x, y) : ax + by + c < 0\}$	खुला अर्द्धतल
$\{(x, y) : ax + by + c \le 0\}$	बन्द अर्द्धतल
$\{(x, y) : ax + by + c > 0\}$	खुला अर्द्धतल
$\{(x, y) : ax + by + c \ge 0\}$	बन्द अर्द्धतल

नोट हल क्षेत्र (Solution region) वह क्षेत्र, जिसमें दी गई असमिका का प्रत्येक हल उपस्थित हो, दी गई असमिका का हल क्षेत्र कहलाता है।

दो चर राशियों की रैखिक असमिकाओं का आलेख Graph of Linear Inequalities in Two Variables

रैखिक असमिकाओं को आलेखीय विधि द्वारा हल करने के लिए निम्न चरणों का प्रयोग करते हैं

चरण I सर्वप्रथम, दी गई रैखिक असमिका के संगत रैखिक समीकरण का आलेख खींचिए, जोकि असमिका चिन्ह को समता चिन्ह द्वारा प्रतिस्थापित करके प्राप्त होती है।

चरण II रैखिक समीकरण का आलेख खींचने हेतु रेखा पर उपस्थित कोई भी दो उचित बिन्दु लीजिए। यदि रेखा, मूलबिन्दु (0, 0) से होकर नहीं गुजरती, तो सामान्यत: वे बिन्दु लेते हैं, जहाँ रेखा, X-अक्ष तथा Y-अक्ष को काटती है। लेकिन यदि रेखा, मूलबिन्दु से होकर जाए, तब एक बिन्दु (0, 0) तथा दूसरा कोई अन्य उचित बिन्दु लेते हैं।

चरण III उक्त बिन्दुओं को मिलाकर दी गई असमिका के संगत रेखा का आलेख बनाइए। यदि असमिका में समानता का चिन्ह नहीं हो, तब रेखा को बिन्दुदार या भंग रेखा (Dotted line) अन्यथा मोटी रेखा (Thick line) द्वारा खींचिए।

चरण IV अब, एक बिन्दु ऐसा लीजिए, जो रेखा पर स्थित न हो (सुविधा के लिए मूलबिन्दु (0, 0) लेते हैं)। अब, इस बिन्दु को दी हुई असमिका में रखिए। यदि असमिका सन्तुष्ट हो जाती है, तो उस अर्द्धतल को छायांकित कीजिए, जिसमें बिन्दु स्थित हैं अन्यथा उस अर्द्धतल को छायांकित कीजिए, जिसमें बिन्दु स्थित नहीं हैं। यह छायांकित क्षेत्र (Shaded region) दी गई असमिका का अभीष्ट हल क्षेत्र होगा।

नोट असमिकाओं $ax + by + c < 0$ तथा $ax + by + c > 0$ की दशा में रेखा $ax + by + c = 0$ पर स्थित बिन्दु हल क्षेत्र (छायांकित क्षेत्र) में नहीं होते हैं, जबकि असमिकाओं $ax + by + c \le 0$ तथा $ax + by + c \ge 0$ की दशा में रेखा $ax + by + c = 0$ पर स्थित बिन्दु हल क्षेत्र (छायांकित क्षेत्र) में होते हैं। एक चर राशि की रैखिक असमिका का आलेखीय हल भी उपरोक्त चरणों का प्रयोग करके ही ज्ञात किया जाता है। चूँकि $x \gtreqless k$ को द्विविमीय तल में, $x + 0 \gtreqless k$ लिखा जा सकता है।

दो चर राशियों की रैखिक असमिकाओं के निकाय का ग्राफ द्वारा हल Solution of System of Linear Inequations by Graph in Two Variables

दो चर राशियों x तथा y की दो या दो से अधिक रैखिक असमिकाओं को एकसाथ लेने पर बना निकाय ही दो चर राशियों की रैखिक असमिका का निकाय होता है। दो चर राशियों के रैखिक असमिका का हल समुच्चय निकाय की सभी रैखिक असमिकाओं के हल समुच्चयों का सर्वनिष्ठ समुच्चय होता है। इस प्रकार प्राप्त हल क्षेत्र (या समुच्चय) एक रिक्त समुच्चय या बहुभुज से परिबद्ध क्षेत्र या बहुभुज या सरल रेखाओं से परिबद्ध क्षेत्र या कुछ ओर से खुला तथा दूसरी ओर से सरल रेखाओं से बन्द असीमाबद्ध क्षेत्र हो सकता है।

निरपेक्ष मान Absolute Value

किसी राशि की माप को राशि का निरपेक्ष मान कहते हैं।

माध्यों की असमिका Inequality of Means

वह असमिका जो $a < x < b$ के रूप में होती है उसे माध्यों की असमिका कहते है, जहाँ a व b अक्षर राशियाँ तथा x चर राशि है।

चेबसेव असमिका Tcheychef's Inequality

यदि x तथा y दो चर राशियाँ हैं, तब

$$|x + y| \le |x| + |y|$$

इस असमिका को कोशी–स्वार्ज असमिका कहते है।

कोशी–स्वार्ज असमिका Cauchy-Schwarz Inequality

यदि x एवं y दो चर राशियाँ है तथा a एवं b अचर राशियाँ हैं, तब

$$|ax + by| \le |ax| + |by|$$

अभ्यास प्रश्न

1. असमिका $4x - 3 < 2x + 1$ को हल कीजिए, जहाँ x एक वास्तविक संख्या है।

(a) $(-\infty, 2)$ (b) $(2, \infty)$ (c) $(\infty, 2]$ (d) $(1, 2)$

2. असमिका $\frac{5 - 3x}{3} \le \frac{x}{6} - 5$ को हल कीजिए।

(a) $\left(\frac{20}{7}, \infty\right)$ (b) $\left[\frac{40}{7}, \infty\right)$ (c) $(\infty, 1)$ (d) $\left[\infty, \frac{20}{7}\right]$

3. असमिका $3x - 7 > x + 1$ को हल कीजिए।

(a) $(4, \infty)$ (b) $(\infty, 0)$ (c) $(0, 1]$ (d) $[1, 2]$

4. दिए गए असमिका निकाय को हल कीजिए।

$$3x + 9 \le 0, 7x - 2 < 0, 1 - x > 9$$

(a) $(\infty, -8]$ (b) $(-\infty, 8)$ (c) $(-\infty, -8)$ (d) $[8, 0]$

5. $|x - 1| < 2$ का हल समुच्चय है

(a) $(-1, 2)$ (b) $(-1, 3)$ (c) $(2, 3)$ (d) $2, 6$

6. $12 + 1\frac{5}{6}x \le 5 + 3x$ का हल समुच्चय है

(a) $[6, \infty)$ (b) $(5, \infty)$
(c) $[4, \infty)$ (d) इनमें से कोई नहीं

7. $|x| > 4$ का हल समुच्चय है

(a) $(-\infty, -4) \cup (4, \infty)$ (b) $(-4, 4)$
(c) R (d) इनमें से कोई नहीं

8. $\left|x+\frac{2}{x}\right| < 3$, तब x होगा अन्तराल

(a) $(-2, -1) \cup (1, 2)$ में
(b) $(-\infty, 2) \cup (-1, 1) \cup (2, \infty)$ में
(c) $(-2, 2)$ में
(d) $(-3, 3)$ में

9. यदि $x^2 + 6x - 27 > 0$ तथा $x^2 - 3x - 4 < 0$, तब

(a) $x > 3$ (b) $x < 4$
(c) $3 < x < 4$ (d) $x = 7/2$

10. $|x + 1| \geq 3$ को हल कीजिए।

(a) $(-\infty, 2) \cup [2, \infty]$ (b) $(-\infty, -4] \cup [2, \infty)$
(c) $[\infty, 4) \cup (\infty, -2]$ (d) इनमें से कोई नहीं

11. असमिका $3x + 7 > 5 - 2x \geq 13 - 6x$, (यदि $x \in R$) को हल कीजिए।

(a) $x \in (2, \infty)$ (b) $x \in [\infty, 2]$
(c) $x \in (-2, \infty]$ (d) $x \in [-2, -\infty]$

12. असमिका $|3x - 2| \leq \frac{1}{2}$ को हल कीजिए।

(a) $x \in \left[\frac{5}{2}, \frac{1}{2}\right]$ (b) $x \in \left[\frac{1}{2}, \frac{5}{6}\right]$
(c) $x \in \left[\frac{1}{2}, \frac{3}{2}\right]$ (d) $x \in \left[\frac{-1}{2}, \frac{-5}{6}\right]$

13. असमिका $\frac{|x| - 1}{|x| - 2} \geq 0, x \in R, x \neq \pm 2$ को हल कीजिए।

(a) $x \in [-1, 1] \cup (-\infty, -2) \cup (2, \infty)$
(b) $x \in [1, 1] \cup [\infty, 2] \cup (\infty, -2]$
(c) $x \in [2, -2] \cup [\infty, 0] \cup [2, 0)$
(d) उपरोक्त में से कोई नहीं

14. असमिका $\frac{-1}{|x| - 2} \geq 1, x \in R, x \neq \pm 2$ को हल कीजिए।

(a) $x \in (2, 1) \cup [1, 2]$ (b) $x \in [-2, 1] \cup [1, 2)$
(c) $x \in (-2, -1] \cup [1, 2)$ (d) $x \in (2, \infty) \cup [1, \infty]$

15. असमिका $\frac{x + 3}{x - 2} \leq 2$ को हल कीजिए।

(a) $x \in (-\infty, 2) \cup [7, \infty)$ (b) $x \in (\infty, -2) \cup [5, \infty]$
(c) $x \in [-\infty, -2] \cup [-7, \infty]$ (d) $x \in [2, \infty] \cup (7, \infty]$

उत्तरमाला

1.	(a)	2.	(b)	3.	(a)	4.	(c)	5.	(b)	6.	(a)	7.	(a)	8.	(a)	9.	(c)	10.	(b)
11.	(a)	12.	(b)	13.	(a)	14.	(c)	15.	(a)										

संकेत एवं हल

1. दी गई असमिका निम्न है

$$4x - 3 < 2x + 1$$

$\Rightarrow$ $4x - 2x < 3 + 1$

$\Rightarrow$ $2x < 4 \Rightarrow \frac{2x}{2} < \frac{4}{2}$

[दोनों पक्षों को $\frac{1}{2}$ से गुणा करने पर]

$\Rightarrow$ $x < 2$

यदि $x \in R$, तब $x < 2 \Rightarrow x \in (-\infty, 2)$

अतः हल समुच्चय $(-\infty, 2)$ है।

2. दिया है, $\frac{5 - 3x}{3} \leq \frac{x}{6} - 5$

$\Rightarrow$ $\frac{5 - 3x}{3} \leq \frac{x - 30}{6}$

$\Rightarrow$ $\frac{5 - 3x}{3} \times 6 \leq \frac{x - 30}{6} \times 6$

[दोनों पक्षों को 6 से गुणा करने पर]

$\Rightarrow$ $2(5 - 3x) \leq x - 30$

$\Rightarrow$ $10 - 6x \leq x - 30$

$\Rightarrow$ $10 - 6x - 10 \leq x - 30 - 10$

[दोनों पक्षों में से 10 घटाने पर]

$\Rightarrow$ $-6x \leq x - 40$

$\Rightarrow$ $-6x - x \leq x - 40 - x$ [दोनों पक्षों में से x घटाने पर]

$\Rightarrow$ $-7x \leq -40$

$\Rightarrow$ $7x \geq 40$ [दोनों पक्षों में (–1) से गुणा करने पर]

$\Rightarrow$ $\frac{7x}{7} \geq \frac{40}{7}$ [दोनों पक्षों को 7 से भाग देने पर]

$\Rightarrow$ $x \geq \frac{40}{7}$

अर्थात् $x \in \left[\frac{40}{7}, \infty\right)$

अतः अभीष्ट हल समुच्चय $\left[\frac{40}{7}, \infty\right)$ है।

3. दिया है, $3x - 7 > x + 1 \Rightarrow 3x - x > 1 + 7$

$\Rightarrow$ $2x > 8$

$\Rightarrow$ $x > \frac{8}{2} \Rightarrow x > 4$

कोई भी वास्तविक संख्या जो 4 से बड़ी है, असमिका का हल होगा। असमिका का हल वास्तविक रेखा पर निम्न प्रकार से आलेखित किया जा सकता है

–∞ 0 1 2 3 4 5 ∞

इस प्रकार असमिका का हल समुच्चय $(4, \infty)$ होगा।

5. दी गई असमिका निम्न है

$$|x - 1| < 2$$

$\Rightarrow$ $-2 < x - 1 < 2$

$+ 1 < x < 2 + 1$

$-1 < x < 3$

∴ हल समुच्चय $(-1, 3)$ है।

6. दी गई असमिका निम्न है

$$12 + 1\frac{5}{6}x \le 5 + 3x$$

⇒ $12 + \frac{11}{6}x \le 5 + 3x$

⇒ $\frac{72 + 11x}{6} \le 5 + 3x$

⇒ $72 + 11x \le 30 + 18x$

⇒ $72 - 30 \le 18x - 11x$

⇒ $42 \le 7x$

⇒ $6 \le x$

⇒ $x \ge 6$

अतः हल समुच्चय $[6, \infty)$ है।

7. दी गई असमिका निम्न है

$$|x| > 4$$

⇒ $-x > 4, x > 4$

⇒ $x < -4, x > 4$

अतः हल समुच्चय $(-\infty, -4) \cup (4, \infty)$ है।

9. ∵ $x^2 + 6x - 27 > 0$

तथा $x^2 - 3x - 4 < 0$

⇒ $(x + 9)(x - 3) > 0$

तथा $(x - 4)(x + 1) < 0$

⇒ $x \in (-\infty, -9) \cup (3, \infty)$

तथा $-1 < x < 4$

∴ $3 < x < 4$

10. हम जानते हैं कि, यदि $|x| \ge a$

तब, $x \ge a$ या $x \le -a$

दिया है, $|x + 1| \ge 3$, तब $x + 1 \le -3$ या $(x + 1) \ge 3$

दोनों पक्षों में से 1 घटाने पर,

$x + 1 - 1 \le -3 - 1$ या $x + 1 - 1 \ge 3 - 1$

⇒ $x \le -4$ या $x \ge 2$

x के उपरोक्त मानों को संख्या रेखा पर निम्न प्रकार प्रदर्शित किया जा सकता है

$-\infty$ –6 –5 –4 –3 –2 –1 0 1 2 3 4 5 6 $+\infty$

आलेख से स्पष्ट है कि

हल समुच्चय $= (-\infty, -4] \cup [2, \infty)$

अतः $x \in (-\infty, -4] \cup [2, \infty)$

11. ∵ $3x + 7 > 5 - 2x > 13 - 6x$, यदि $x \in R$

***स्थिति* I** $3x + 7 > 5 - 2x$

⇒ $3x + 2x > 5 - 7$

⇒ $5x > -2 \Rightarrow x > -\frac{2}{5}$

⇒ $x \in \left(-\frac{2}{5}, \infty\right)$

***स्थिति* II** $5 - 2x > 13 - 6x$

⇒ $5 - 2x + 6x > 13$

⇒ $4x > 13 - 5 \Rightarrow 4x > 8$

⇒ $x > \frac{8}{4} \Rightarrow x > 2$

⇒ $x \in (2, \infty)$

स्थिति I व II से, $x \in (2, \infty)$

12. दिया है, $|3x - 2| \le \frac{1}{2}$

⇒ $-\frac{1}{2} \le 3x - 2 \le \frac{1}{2}$

⇒ $2 - \frac{1}{2} \le 3x \le 2 + \frac{1}{2}$

⇒ $\frac{3}{2} \le 3x \le \frac{5}{2} \Rightarrow \frac{1}{2} \le x \le \frac{5}{6}$

⇒ $x \in \left[\frac{1}{2}, \frac{5}{6}\right]$

13. दिया है, $\frac{|x| - 1}{|x| - 2} \ge 0$

⇒ $\frac{y - 1}{y - 2} \ge 0$, जहाँ $y = |x|$

⇒ $y \le 1, y < 2$ या $y \ge 1, y > 2$

⇒ $y \le 1$ या $y > 2$

⇒ $|x| \le 1$ या $|x| > 2$

⇒ $(-1 \le x \le 1)$ या $(x < -2$ तथा $x > 2)$

⇒ $x \in [-1, 1]$

तथा $x \in (-\infty, -2) \cup (2, \infty)$

⇒ $x \in [-1, 1] \cup (-\infty, -2) \cup (2, \infty)$

15. दिया है, $\frac{x + 3}{x - 2} \le 2$

⇒ $\frac{x + 3}{x - 2} - 2 \le 0$

⇒ $\frac{x + 3 - 2x + 4}{x - 2} \le 0$

⇒ $\frac{-x + 7}{x - 2} \le 0$

⇒ $\frac{x - 7}{x - 2} \ge 0$

⇒ $x - 7 \ge 0, x - 2 > 0$

या $x - 7 \le 0, x - 2 < 0$

⇒ $x \ge 7$ या $x < 2$

⇒ $x \in (-\infty, 2) \cup [7, \infty)$

अध्याय 04

सम्बन्ध
Relations

क्रमित युग्म Ordered Pairs

सामान्यत: समुच्चय के अवयवों के क्रम में परिवर्तन करने पर समुच्चय में कोई भी परिवर्तन नहीं होता है, परन्तु यदि दो अवयवों वाले समुच्चय $\{a,b\}$ में a का प्रथम स्थान तथा b का द्वितीय स्थान निर्धारित कर दिया जाए, तो इस प्रकार निर्मित समुच्चय क्रमित युग्म कहलाता है, जिसे संकेत (a,b) द्वारा व्यक्त किया जाता है। यहाँ, $(a,b)\neq(b,a)$

क्रमित युग्म में अवयवों को लिखने के लिए एक विशेष क्रम में सूचीबद्ध करके अवयवों को 'कोमा' से पृथक् करके छोटे कोष्ठक के अन्दर लिखते हैं।

दो समुच्चयों का कार्तीय गुणन Cartesian Product of Two Sets

यदि A और B कोई दो अरिक्त समुच्चय हों (अर्थात् $A\neq\phi, B\neq\phi$) तथा $a\in A, b\in B$, तो सभी सम्भव क्रमित युग्मों (a, b) से बने समुच्चय को A और B का कार्तीय गुणन कहते हैं। इसे $A\times B$ से निरूपित किया जाता है और इसे 'A क्रॉस B' पढ़ते हैं।

इसी प्रकार, सभी सम्भव क्रमित युग्मों (b, a), जहाँ $b\in B$ एवं $a\in A$, से बने समुच्चय को B और A का कार्तीय गुणन कहते हैं तथा इसे $(B\times A)$ से निरूपित करते हैं।

अर्थात् $A\times B=\{(a, b): a\in A, b\in B\}$

तथा $B\times A=\{(b, a): a\in A, b\in B\}$

जैसे—यदि $A=\{1, 2, 3\}$ तथा $B=\{4, 5\}$ हो, तब

$$A\times B=\{(1, 4), (1, 5), (2, 4), (2, 5), (3, 4), (3, 5)\}$$

तथा $B\times A=\{(4, 1), (5, 1), (4, 2), (5, 2), (4, 3), (5, 3)\}$

दो परिमित समुच्चयों के कार्तीय गुणन में अवयवों की संख्या Number of Elements in Cartesian Product of Two Finite Sets

यदि समुच्चय A में अवयवों की संख्या m तथा समुच्चय B में अवयवों की संख्या n हो, तो $A\times B$ में mn अवयव होंगे अर्थात् यदि $n(A)=m$ तथा $n(B)=n$ हो, तब

$$n(A\times B)=mn$$

नोट (i) यदि A और B अरिक्त समुच्चय हैं तथा A या B में से कोई अपरिमित समुच्चय है, तब $A\times B$ भी एक अपरिमित समुच्चय होगा।

(ii) यदि A और B में n अवयव उभयनिष्ठ हैं, तो $A\times B$ और $B\times A$ में n^2 अवयव उभयनिष्ठ होंगे।

(iii) यदि A में m अवयव हों तथा B में n अवयव हों, तो

$A\times B$ के उपसमुच्चयों की संख्या $=2^{mn}$

तथा अरिक्त उपसमुच्चयों की संख्या $=2^{mn}-1$

वास्तविक संख्याओं के समुच्चय का अपने से कार्तीय गुणन Cartesian Product of Real Numbers with Itself

यदि R समस्त वास्तविक संख्याओं का समुच्चय है, तो कार्तीय गुणन

$$R\times R=\{(x, y): x, y\in R\}$$

इसका प्रयोग त्रिविम समष्टि के बिन्दुओं के निर्देशांकों को प्रकट करने के लिए किया जाता है।

$$R\times R\times R=\{(x, y, z): x, y, z\in R\}$$

इसका प्रयोग त्रिविमीय आकाश के बिन्दुओं के निर्देशांकों को प्रकट करने के लिए किया जाता है।

... समुच्चय हैं, तो $A \times B$ का कोई उपसमुच्चय, A से ... एक सम्बन्ध R कहलाता है,

अर्थात् $R \subseteq A \times B$

यदि समुच्चय A का कोई अवयव a, समुच्चय B के किसी अवयव b से सम्बन्ध R से सम्बन्धित हो, तब $(a,b) \in R$। इसे aRb भी लिखते हैं और 'a का सम्बन्ध b से' पढ़ते हैं। यदि a, b से, सम्बन्ध R से सम्बन्धित नहीं है, तब इसे $(a,b) \notin R$ या $a \not R b$ से दर्शाते हैं।

अब, हम दो समुच्चयों में सम्बन्ध की बात करेंगे। निम्नलिखित पर विचार करें

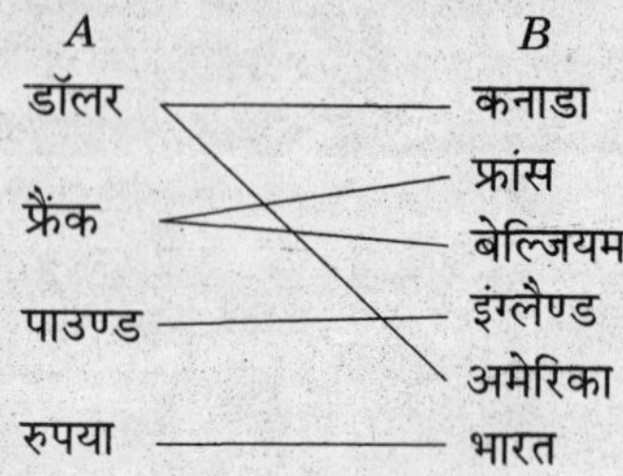

इस सम्बन्ध को निम्न प्रकार से भी लिख सकते हैं

$R = \{(x, y) : x \in A, y \in B;$ x देश y की एक मुद्रा है $\}$

= {(डॉलर, कनाडा), (डालर, अमेरिका), (फ्रैंक, फ्रांस), (फ्रैंक, बेल्जियम) (पाउण्ड, इंग्लैण्ड), (रुपया, भारत)}

सम्बन्ध ज्ञात करने के लिए निम्न बिन्दुओं का ज्ञान होना आवश्यक है

(i) क्रमित युग्मों का समुच्चय R, A से B में सम्बन्ध होगा यदि और केवल यदि R के दिए हुए प्रत्येक अवयवों में प्रथम घटक A का तथा द्वितीय घटक B का अवयव हो अर्थात् यदि और केवल यदि $R \subseteq A \times B$

(ii) समुच्चय A पर क्रमित युग्मों का समुच्चय R सम्बन्ध होगा, यदि R के प्रत्येक अवयव के दोनों घटक X के अवयव हों अर्थात् यदि और केवल यदि $R \subseteq A \times A$

नोट यदि किसी समुच्चय A में कोई सम्बन्ध R, $A \times A$ का उपसमुच्चय होता है, तो इस प्रकार प्राप्त सम्बन्ध को समुच्चय A से एक **द्विआधारी सम्बन्ध** (Binary relation) कहा जाता है।

सम्बन्ध का प्रान्त, परिसर तथा सहप्रान्त Domain, Range and Codomain of a Relation

माना R, समुच्चय A से B में एक सम्बन्ध है, तब

$$R \subseteq A \times B$$

प्रान्त (Domain) सम्बन्ध R को व्यक्त करने वाले सभी सम्भावित क्रमित युग्मों के प्रथम अवयवों का समुच्चय सम्बन्ध R का प्रान्त कहलाता है। अर्थात् R का प्रान्त = R के क्रमित युग्मों के सभी प्रथम अवयवों का समुच्चय

अत: प्रान्त $(R) = \{x : x \in A$ तथा $(x, y) \in R\}$

परिसर (Range) R के सभी सम्भावित क्रमित युग्मों के द्वितीय अवयवों का समुच्चय सम्बन्ध R का परिसर कहलाता है अर्थात् R का परिसर = R के क्रमित युग्मों के सभी द्वितीय अवयवों का समुच्चय

अत: परिसर $(R) = \{y : y \in B$ तथा $(x, y) \in R\}$

सहप्रान्त (Codomain) सम्पूर्ण समुच्चय B, सम्बन्ध R का सहप्रान्त कहलाता है।

अत: परिसर $\subseteq$ सहप्रान्त

स्पष्ट है कि, प्रान्त $(R) \subseteq A$ तथा परिसर $(R) \subseteq B$

सम्बन्धों के प्रकार Types of Relations

किसी अरिक्त समुच्चय A पर सम्बन्धों के विभिन्न प्रकार निम्नलिखित हैं

1. रिक्त सम्बन्ध Empty or Void Relation

किसी समुच्चय A में सम्बन्ध R **रिक्त सम्बन्ध** कहलाता है, यदि A का कोई भी अवयव A के किसी भी अवयव से सम्बन्धित न हो। रिक्त सम्बन्ध को ϕ से व्यक्त करते हैं। हम यह जानते हैं कि $\phi \subseteq A \times A$ तथा $A \times A$ का कोई भी उपसमुच्चय, समुच्चय A में एक सम्बन्ध होता है। अत: यहाँ ϕ, समुच्चय A पर एक सम्बन्ध हुआ, जिसे रिक्त सम्बन्ध कहते हैं।

जैसे—यदि $A = \{1, 2, 3, 4, 5\}$ तथा A में कोई सम्बन्ध R इस प्रकार है कि $R = \{(a, b) : a - b = 6\}$। स्पष्ट है कि $A \times A$ का कोई भी अवयव (a, b), $a - b = 6$ को सन्तुष्ट नहीं करता। अत: R एक रिक्त सम्बन्ध है।

2. सार्वत्रिक सम्बन्ध Universal Relation

यदि A कोई समुच्चय है, तो $A \times A \subseteq A \times A$ अर्थात् $A \times A, A$ में एक सम्बन्ध है, इसे ही सार्वत्रिक सम्बन्ध कहते हैं।

जैसे—यदि $A = \{1, 2, 3\}$, तब

$$R = A \times A = \{(1, 1), (1, 2), (1, 3), (2,1), (2, 2), (2, 3), (3, 1), (3, 2), (3, 3)\}$$

एक सार्वत्रिक सम्बन्ध है।

नोट (i) किसी अरिक्त समुच्चय A में परिभाषित सबसे बडा सम्बन्ध, सार्वत्रिक सम्बन्ध $(A \times A)$ तथा सबसे छोटा सम्बन्ध, रिक्त सम्बन्ध (ϕ) होता है।

(ii) रिक्त सम्बन्ध एवं सार्वत्रिक सम्बन्ध को **तुच्छ सम्बन्ध** (Trivial relations) भी कहते हैं।

3. तत्समक सम्बन्ध Identity Relation

समुच्चय A में सम्बन्ध R तत्समक सम्बन्ध कहलाता है, यदि $(x, y) \in R, \forall x, y \in A \Rightarrow x = y$ अर्थात् किसी समुच्चय A में परिभाषित सम्बन्ध R एक तत्समक सम्बन्ध होगा। यदि समुच्चय A का प्रत्येक अवयव, सम्बन्ध R द्वारा केवल स्वयं से सम्बन्धित हो। इसे I_A से प्रदर्शित करते हैं।

अत: $I_A = \{(x, y) : x \in A, y \in A$ तथा $x = y\}$ अर्थात् $I_A = \{(x, x) : x \in A\}$

जैसे—यदि $A = \{1, 2, 3\}$, तब $I_A = \{(1, 1), (2, 2), (3, 3)\}$ एक तत्समक सम्बन्ध है।

नोट स्पष्ट है कि समुच्चय A $\{a, b, 3\}$ के सभी अवयवों के द्विक; जैसे– (a, a), (b, b), $(3, 3)$, I_A में होने चाहिए। द्विक के अतिरिक्त और कोई भी अवयव I_A में नहीं होगा।

4. **स्वतुल्य (स्वसम) सम्बन्ध** Reflexive Relation

यदि किसी समुच्चय A में कोई सम्बन्ध R इस प्रकार हो कि A का प्रत्येक अवयव स्वयं से R द्वारा सम्बन्धित हो, तो R स्वतुल्य (स्वसम) सम्बन्ध कहलाता है, अर्थात् R स्वतुल्य होगा, यदि

$$(x, x) \in R, \forall x \in A$$

जैसे—यदि $A = \{11, 12, 15\}$ तथा इस पर सम्बन्ध निम्न प्रकार परिभाषित है $R = \{(11, 11), (12, 12), (11, 12), (15, 15), (11, 15), (12, 15)\}$

तब R एक स्वतुल्य सम्बन्ध है, क्योंकि A के प्रत्येक अवयव 11, 12 तथा 15 के लिए $(11, 11), (12, 12), (15, 15) \in R$

5. **सममित सम्बन्ध** Symmetric Relation

किसी समुच्चय A पर परिभाषित कोई सम्बन्ध R सममित सम्बन्ध कहलाता है, यदि और केवल यदि $xRy \Rightarrow yRx$

अर्थात् यदि $(x, y) \in R \Rightarrow (y, x) \in R$, जहाँ $x, y \in A$

जैसे—

(i) सम्बन्ध $R = \{(x, y) : x \in A, y \in A$ तथा $x = y\}$ सममित है, क्योंकि $(x, y) \in R \Rightarrow x = y \Rightarrow y = x \Rightarrow (y, x) \in R$

(ii) यदि $S = \{1, 2, 3, 4\}$ तथा $R = \{(1, 3), (2, 4), (2, 3), (3, 1)\}$ स्पष्ट है कि R सममित नहीं है, क्योंकि $(2, 3) \in R$ लेकिन $(3, 2) \notin R$

6. **प्रति-सममित सम्बन्ध** Anti-symmetric Relation

समुच्चय A में परिभाषित कोई सम्बन्ध R प्रति-सममित सम्बन्ध कहलाता है, यदि xRy और $yRx \Rightarrow x = y$

दूसरे शब्दों में, यदि $(a, b) \in R$ और $(b, a) \in R \Rightarrow a = b$

जैसे—वास्तविक संख्याओं में, $\leq, \geq, <$ या $>$ सम्बन्ध प्रति-सममित है, क्योंकि यदि $a \leq b$ तथा $b \leq a \Rightarrow a = b$

इसी प्रकार, यदि $a \geq b$ तथा $b \geq a \Rightarrow a = b$

7. **संक्रमक सम्बन्ध** Transitive Relation

यदि किसी समुच्चय A में सम्बन्ध R इस प्रकार हो कि $x, y, z \in A$ के लिए, यदि $(x, y) \in R, (y, z) \in R \Rightarrow (x, z) \in R$, तो सम्बन्ध R संक्रमक होगा। इसके अतिरिक्त यदि $(x, y) \in R, (y, z) \in R \Rightarrow (x, z) \notin R$, तो सम्बन्ध R संक्रमक नहीं होगा।

जैसे—

(i) यदि $A = \{1, 2, 3\}$ तथा सम्बन्ध $R = \{(1, 2), (1, 3), (2, 3)\}$, तो R एक संक्रमक सम्बन्ध है, क्योंकि

$$(1, 2) \in R, (2, 3) \in R \Rightarrow (1, 3) \in R$$

(ii) यदि $a < b, b < c$, तो $a < c$, अत: सम्बन्ध '<' एक संक्रमक सम्बन्ध है।

(iii) समतल में स्थित सभी सरल रेखाओं के समुच्चय में 'रेखाओं के समान्तर का सम्बन्ध' संक्रमक है, क्योंकि यदि रेखा L_1, रेखा L_2 के समान्तर तथा रेखा L_2, रेखा L_3 के समान्तर है, तो रेखा L_1, रेखा L_3 के समान्तर होगी।

तुल्यता सम्बन्ध Equivalence Relation

समुच्चय A में कोई सम्बन्ध R तुल्यता सम्बन्ध कहलाता है, यदि R स्वतुल्य, सममित तथा संक्रमक हो। दूसरे शब्दों में, यदि A कोई अरिक्त समुच्चय है, तो A में कोई सम्बन्ध R तुल्यता सम्बन्ध होगा, यदि निम्नलिखित प्रतिबन्ध सन्तुष्ट हो

(i) R **स्वतुल्य** हो अर्थात् $\forall x \in A, xRx$ अर्थात् $(x, x) \in R$

(ii) R **सममित** हो अर्थात् $x, y \in A, xRy \Rightarrow yRx$

अर्थात् $(x, y) \in R \Rightarrow (y, x) \in R$

(iii) R **संक्रमक** हो अर्थात् $x, y, z \in A, xRy$ तथा $yRz \Rightarrow xRz$

अर्थात् $(x, y) \in R$ तथा $(y, z) \in R \Rightarrow (x, z) \in R$

अभ्यास प्रश्न

1. यदि $A = \{1, 2\}, B = \{2, 3\}$ तथा $C = \{3, 7\}$ है, तब $(A \times B) \cup (A \times C)$ का मान ज्ञात कीजिए।

(a) {(1, 1), (1, 2), (2, 1), (2, 2), (2, 3), (2, 4)}
(b) {(1, 2), (1, 3), (2, 2), (2, 3), (1, 7), (2, 7)}
(c) {(2, 1), (2, 2), (3, 2), (3, 2), (3, 3), (2, 7), (7, 2)}
(d) उपरोक्त में से कोई नहीं

2. यदि $A = \{2, 3\}$ है, तब $A \times A \times A$ का मान ज्ञात कीजिए।

(a) {(2, 2, 2), (2, 2, 3), (2, 3, 2), (2, 3, 3), (3, 2, 2), (3, 2, 3), (3, 3, 2) (3, 3, 3)}
(b) {(2, 2, 1), (2, 2, 2), (2, 2, 3), (2, 2, 4), (3, 3, 1), (3, 3, 2), (3, 3, 3) (3, 3, 4)}
(c) {(2, 1, 2), (2, 1, 3), (2, 1, 4), (2, 2, 1), (2, 2, 2), (2, 2, 3), (2, 3, 1), (2, 3, 2), (2, 3, 3)}
(d) उपरोक्त में से कोई नहीं

3. मान लीजिए A व B दो समुच्चय इस प्रकार है, कि $n(A \times B) = 6$ यदि $A \times B$ में (3, 2), (7, 5), (8, 5) अवयव है, तब

(a) $A = \{3, 7, 8\}$
(b) $B = \{2, 5, 7\}$
(c) $B = \{3, 5\}$
(d) इसमें से कोई नहीं

4. मान लिजिए R, N पर एक सम्बन्ध है जो $R = \{(x, y) : x + 2y = 10\}$ द्वारा परिभाषित है, तब R का प्रान्त (Domain) है

(a) {2, 3, 4, 5}
(b) {2, 4, 6, 8}
(c) {3, 5, 7}
(d) इसमें से कोई नहीं

5. माना R इस प्रकार परिभाषित सम्बन्ध है कि $R = \{(a, a^3) : a, 5$ से कम अभाज्य है$\}$, तब R का परिसर है

(a) {8,27}
(b) {5,17}
(c) {10,48}
(d) {2,11}

6. माना R, N पर निम्न प्रकार परिभाषित सम्बन्ध है $R = \{(x, y): x + 2y = 8\}$, तब R का प्रान्त है
(a) {1,2,3} (b) {2,4,6}
(c) {3,6,9} (d) {2,3,4}

7. यदि X एक अरिक्त समुच्चय है जिसमें n अवयव है तब X पर सम्बन्धों की कुल संख्या है
(a) 2^{n^2} (b) 2^n (c) n^2 (d) 2^{2n}

8. यदि $A = \{x: x^2 - 5x + 6 = 0\}$, $B = \{2, 4\}$ तथा $C = \{4, 5\}$, तब $A \times (B \cap C)$ हैं
(a) {(2, 4), (3, 4)}
(b) {(4, 2), (4, 3)}
(c) {(2, 4), (3, 4), (4, 4)}
(d) {(2, 2), (3, 3), (4, 4), (5, 5)}

9. सम्बन्ध $R = \{(x, y): y = |x - 1|, x \in Z$ तथा $|x| \leq 3\}$ का परिसर है
(a) {2, 3, 4}
(b) {4, 6, 8, 10}
(c) {0, 1, 2, 3, 4, 5}
(d) उपरोक्त में से कोई नहीं

10. माना R, $A = \{0, 1, 2, 3, 4, 5\}$ में तुल्यता सम्बन्ध इस प्रकार है कि $R = \{(a, b) : 2, (a - b)$ से भाज्य है$\}$, तब तुल्यता वर्ग [0] है
(a) {0,2,4} (b) {1,3,5} (c) {0,1,3} (d) {1,2,4}

11. यदि $(2x, y) = (x + 1, 1 - y)$ हो, तो x और y के मान ज्ञात कीजिए।
(a) $x = \frac{1}{2}, y = 1$ (b) $x = 1, y = \frac{1}{2}$
(c) $x = 1, y = -1$ (d) $x = -1, y = 1$

12. यदि $A = \{3, 4, 5, 6, 7\}$ तथा $B = \{a, b\}$ हो, तो $A \times B$ में अवयवों की संख्या ज्ञात कीजिए।
(a) 10 (b) 15 (c) 18 (d) 20

13. यदि $A = \{a, b, c\}$ तथा $B = \{7, 3\}$ हो, तो $A \times B$ तथा $B \times A$ के मान ज्ञात कीजिए।
(a) $A \times B = \{(a,7), (a,3), (b,7), (b,3), (c,7), (c,3)\}$
$B \times A = \{(7,a), (7,b), (7,c), (3,a), (3,b), (3,c)\}$
(b) $A \times B = \{(7,a), (7,b), (7,c), (3,a), (3,b), (3,c)\}$
$B \times A = \{(a,7), (a,3), (b,7), (b,3), (c,7), (c,3)\}$
(c) $A \times B = \{(2,a), (2,b), (2,c), (3,a), (3,b), (3,c)\}$
$B \times B = \{(3,a), (3,b), (3,c), (5,a), (5,b), (5,c)\}$
(d) उपरोक्त में से कोई नहीं

14. यदि $A = \{5, 7\}$ तथा $B = \{3, 4, 6\}$ हो, तो $A \times B$ का मान ज्ञात कीजिए।
(a) {(2,2), (2,3), (2,4), (3,2), (3,3), (3,4)}
(b) {(5,3), (5,4), (5,6), (7,3), (7,4), (7,6)}
(c) {(1,1), (1,2), (1,3), (2,1), (2,2), (2,3)}
(d) उपरोक्त में से कोई नहीं

15. यदि $A = \{x, y, z\}$ तथा $B = \{5, 6\}$ हो, तब A से B में सम्बन्धों की कुल संख्या ज्ञात कीजिए।
(a) 25 (b) 50 (c) 60 (d) 64

16. यदि A व B में क्रमश: 2 और 3 अवयव हैं, तो $A \times B$ के कुल उपसमुच्चयों की संख्या बताइए।
(a) 25 (b) 50 (c) 60 (d) 64

17. यदि $A \times B = \{(\alpha, a), (\alpha, b), (\beta, a), (\beta, b)\}$ हो, तो A तथा B ज्ञात कीजिए
(a) $A = (\alpha, \beta), B = \{a, b\}$
(b) $A = (\alpha, \alpha), B = (\beta, \beta)$
(c) $A = (a, b), B = (b, a)$
(d) उपरोक्त में से कोई नहीं

18. यदि $A = \{1, 2, 3\}, B = \{3, 4, 5\}$ है, तब $(A \cap B) \times A$ का मान ज्ञात कीजिए।
(a) {(1,1), (1,2), (1,3)}
(b) {(2,1), (2,2), (2,3)}
(c) {(3,1), (3,2), (3,3)}
(d) उपरोक्त में से कोई नहीं

19. मान लीजिए R, N पर एक सम्बन्ध है, जो $R = \{(x, y) : x + 2y = 8\}$ द्वारा परिभाषित है, तब R का प्रान्त है
(a) {2,4,6} (b) {3,6,9} (c) {1,2,3} (d) {0,1,2}

20. यदि $A \times B = \{(a, 1), (b, 3), (a, 3), (b, 1), (a, 2), (b, 2)\}$ हो, तो समुच्चय A है
(a) {1,a} (b) {a,b} (c) {1, 2} (d) {2,3}

उत्तरमाला

1.	(b)	2.	(a)	3.	(a)	4.	(b)	5.	(a)	6.	(b)	7.	(a)	8.	(a)	9.	(d)	10.	(a)
11.	(b)	12.	(a)	13.	(a)	14.	(b)	15.	(d)	16.	(d)	17.	(a)	18.	(c)	19.	(a)	20.	(b)

संकेत एवं हल

1. दिया है, $A = \{1, 2\}, B = \{2, 3\}$ तथा $C = \{3, 7\}$
अब, $A \times B = \{1, 2\} \times \{2, 3\} = \{(1, 2), (1, 3), (2, 2), (2, 3)\}$
तथा $A \times C = \{1, 2\} \times \{3, 7\} = \{(1, 3), (1, 7), (2, 3), (2, 7)\}$
$\therefore (A \times B) \cup (A \times C) = \{(1, 2), (1, 3), (2, 2), (2, 3)\}$
$\cup \{(1, 3), (1, 7), (2, 3), (2, 7)\}$
$= \{(1, 2), (1, 3), (2, 2), (2, 3), (1, 7), (2, 7)\}$

2. दिया है, $A \times A = \{2, 3\} \times \{2, 3\} = \{(2,2), (2,3), (3,2)(3,3)\}$
अब, $(A \times A) \times A = A \times A \times A$
$= \{(2,2), (2,3), (3,2)(3,3)\} \times \{2, 3\}$
$= \{(2,2,2), (2,2,3), (2,3,2), (2,3,3), (3,2,2), (3,2,3), (3,3,2), (3,3,3)\}$

3. $\because n(A \times B) = 6 = 3 \times 2$
तथा $A \times B$ में $(3, 2), (7, 5), (8, 5)$ अवयव हैं।
$\therefore \quad A = \{3, 7, 8\}$

4. दिया है, $R : N \to N$
तथा $\quad R = \{(x, y) : x + 2y = 10\}$
$\Rightarrow \quad x = 10 - 2y, y \in N$
$\therefore \quad x = 2, 4, 6, 8$
अतः R का प्रान्त $= \{2, 4, 6, 8\}$

5. दिया है, $R = \{(a, a^3) : a$, 5 से कम अभाज्य है$\}$
हम जानते हैं कि 5 से छोटी अभाज्य संख्या 2 और 3 हैं।
$\therefore R = \{(2, 8), (3, 27)\}$
अतः R का परिसर $= \{8, 27\}$

6. दिया है, $R = \{(x, y) : x + 2y = 8\}$
यदि $y = 1$, तब $x = 8 - 2 = 6$
यदि $y = 2$, तब $x = 8 - 4 = 4$
यदि $y = 3$, तब $x = 8 - 6 = 2$
$\therefore \quad R = \{(6, 1) (4, 2) (2, 3)\}$
अतः R का प्रान्त $= \{6, 4, 2\}$ या $\{2, 4, 6\}$

7. हम जानते हैं कि n अवयव वाले समुच्चय X पर सम्बन्धों की संख्या 2^{n^2} होती है।

8. यहाँ, $A = \{x : x^2 - 5x + 6 = 0\}$
$= \{x : (x - 2)(x - 3) = 0\} = \{2, 3\}$
$B = \{2, 4\}$ तथा $C = \{4, 5\}$
$\therefore \quad B \cap C = \{2, 4\} \cap \{4, 5\} = \{4\}$
अतः $A \times (B \cap C) = \{2, 3\} \times \{4\}$
$= \{(2, 4), (3, 4)\}$

9. $R = \{(x, y) : y = |x - 1|, x \in Z$ तथा $|x| \le 3\}$
अब, $|x| \le 3 \Rightarrow -3 \le x \le 3$
$\Rightarrow \quad x = -3, -2, -1, 0, 1, 2, 3$
$\therefore \quad x = -3$ पर, $y = |-3 - 1| = 4$
इसी प्रकार,

x	-3	-2	-1	0	1	2	3
y	4	3	2	1	0	1	2

अतः R का परिसर $= \{0, 1, 2, 3, 4\}$

10. दिया है, $A = \{0, 1, 2, 3, 4, 5\}$
तथा $\quad R = \{(a, b) : (a - b)$, 2 से भाज्य है$\}$
तब, $\quad [0]^R[0] \Rightarrow (0 - 0)$, जोकि 2 से भाज्य है।
$[2]^R[0] \Rightarrow (2 - 0)$, जोकि 2 से भाज्य है।
$[4]^R[0] \Rightarrow (4 - 0)$, जोकि 2 से भाज्य है।
अतः तुल्यता वर्ग $[0] = \{0, 2, 4\}$

11. $\because (2x, y) = (x + 1, 1 - y)$
$\Rightarrow \quad 2x = x + 1$ तथा $y = 1 - y$
$\Rightarrow \quad x = 1$ तथा $2y = 1$
$\Rightarrow \quad x = 1$ तथा $y = 1/2$

12. $\because A = \{3, 4, 5, 6, 7\}$ तथा $B = \{a, b\}$
$\therefore \quad n(A) = 5$ तथा $n(B) = 2$
अतः $A \times B$ में अवयवों की संख्या
$= n(A) \times n(B) = 5 \times 2 = 10$

13. $\because A = \{a, b, c\}$ तथा $B = \{7, 3\}$
$\therefore \quad A \times B = \{a, b, c\} \times \{7, 3\}$
$= \{(a, 7), (a, 3), (b, 7), (b, 3), (c, 7), (c, 3)\}$
तथा $\quad B \times A = \{7, 3\} \times \{a, b, c\}$
$= \{(7, a), (7, b), (7, c), (3, a), (3, b), (3, c)\}$

14. दिया है, $A = \{5, 7\}$ तथा $B = \{3, 4, 6\}$
$\therefore \quad A \times B = \{5, 7\} \times \{3, 4, 6\}$
$= \{(5, 3), (5, 4), (5, 6), (7, 3), (7, 4), (7, 6)\}$

15. हम जानते हैं कि यदि A में m तथा B में n अवयव हों, तो A से B में कुल सम्बन्धों की संख्या $= 2^{mn}$
दिया है, $A = \{x, y, z\}$ तथा $B = \{5, 6\}$
$\therefore \quad n(A) = m = 3$ तथा $n(B) = n = 2$
$\therefore A$ से B में कुल सम्बन्धों की संख्या
$= 2^{mn} = 2^{3 \times 2} = 2^6 = 64 \qquad [\because m = 3, n = 2]$

16. $\because n(A) = 2$ तथा $n(B) = 3$
$\therefore A \times B$ के कुल उपसमुच्चयों की संख्या
$= 2^{\{n(A) \times n(B)\}}$
$= 2^{2 \times 3} = 2^6 = 64$

17. दिया है, $A \times B = \{(\alpha, a), (\alpha, b), (\beta, a), (\beta, b)\}$
$\therefore A =$ क्रमित युग्मों के प्रथम अवयवों का समुच्चय $= \{\alpha, \beta\}$
$B =$ क्रमित युग्मों के द्वितीय अवयवों का समुच्चय $= \{a, b\}$

18. $\because A = \{1, 2, 3\}$ तथा $B = \{3, 4, 5\}$
$A \cap B = \{1, 2, 3\} \cap \{3, 4, 5\} = \{3\}$
अतः $\quad (A \cap B) \times A = \{3\} \times \{1, 2, 3\} = \{(3, 1), (3, 2), (3, 3)\}$

19. यहाँ R, N पर एक सम्बन्ध है जोकि $x + 2y = 8$ परिभाषित है।
$\therefore \quad R = \{(2, 3), (4, 2), (6, 1)\}$
अतः R का प्रान्त $= \{2, 4, 6\}$

20. *(b)* स्पष्ट है कि समुच्चय A, क्रमित युग्मों के पहले अवयवों का समुच्चय है।
अतः $A = \{a, b\}$

अध्याय 05

फलन
Functions

फलन या प्रतिचित्रण Function

समुच्चय A से समुच्चय B में कोई सम्बन्ध एक फलन होगा, यदि समुच्चय A के प्रत्येक अवयव का समुच्चय B में एक और केवल एक प्रतिबिम्ब स्थित हो।

दूसरे शब्दों में, 'फलन f एक अरिक्त समुच्चय A से दूसरे अरिक्त समुच्चय B में इस प्रकार का सम्बन्ध होगा कि सम्बन्ध का प्रान्त A हो तथा किन्हीं भी दो क्रमित युग्मों का प्रथम अवयव समान न हों।'

जैसे—

(i) माना $A = \{1,3,5\}$ तथा $B = \{2,4,6\}$ दो समुच्चय हैं तथा R समुच्चय A से B में एक सम्बन्ध इस प्रकार है कि $R = \{(x, y): x > y$, जहाँ $x \in A, y \in B\}$,
तब $R = \{(3, 2), (5, 2), (5, 4)\}$

यहाँ, यह सम्बन्ध फलन नहीं होगा समुच्चय A का अवयव '1' समुच्चय B के किसी भी अवयव से सम्बन्धित नहीं है। इसके अतिरिक्त समुच्चय A के अवयव '5' का सम्बन्ध समुच्चय B के दो अवयवों '2' और '4' से है।

(ii) माना $A = \{2,3,4\}$ तथा $B = \{3,4,5\}$ दो समुच्चय हैं तथा A से B पर तीन सम्बन्ध f_1, f_2 और f_3 इस प्रकार हैं कि
$f_1 = \{(2, 3), (3, 4), (4, 5)\}$, $f_2 = \{(2, 3), (2, 4), (3, 4), (4, 5)\}$
तथा $f_3 = \{(2, 4), (3, 5)\}$, तब

(a) f_1 एक फलन होगा क्योंकि A का प्रत्येक अवयव B के एक अद्वितीय अवयव से सम्बन्धित है।

(b) f_2 एक फलन नहीं होगा, क्योंकि क्रमित युग्मों (2,3) और (2,5) का प्रथम अवयव समान है अर्थात् '2' किसी अद्वितीय अवयव से सम्बन्धित नहीं है।

(c) f_3 भी फलन नहीं होगा, क्योंकि A के अवयव '4' का कोई भी प्रतिबिम्ब नहीं है अर्थात् वह B के किसी भी अवयव से सम्बन्धित नहीं है।

(iii) तीर आरेख के रूप में,

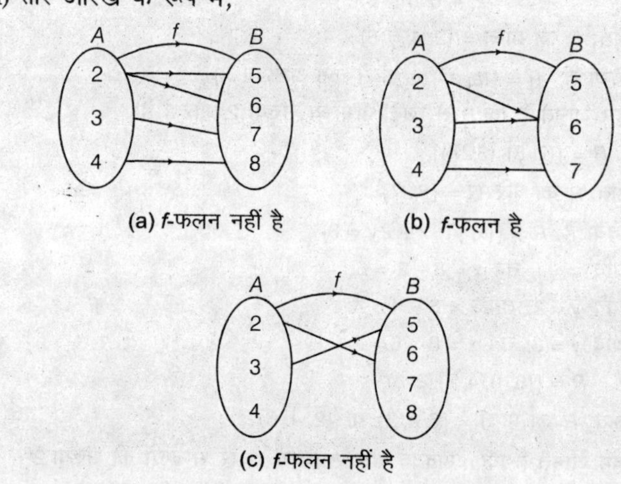

(a) f-फलन नहीं है (b) f-फलन है

(c) f-फलन नहीं है

यदि f समुच्चय A से समुच्चय B में एक फलन है, तो इसे निम्न प्रकार लिखते हैं

$$f: A \to B \text{ या } A \xrightarrow{f} B$$

तथा इसे f, A से B का फलन है, पढ़ते हैं।

यदि एक फलन f इस प्रकार है कि $x \in A$ तथा $y \in B$, तब हम कहते हैं कि y फलन f के अन्तर्गत अवयव x का **प्रतिबिम्ब** (Image) है या x का f-प्रतिबिम्ब है तथा इसे $f(x)$ से दर्शाते हैं या $y = f(x)$ लिखते हैं। अवयव x फलन f के अन्तर्गत y का **पूर्व-प्रतिबिम्ब** (Pre-image) या **व्युत्क्रम प्रतिबिम्ब** कहते हैं।

यदि $A = \{1,2,3\}$ तथा $B = \{2,4,6\}$ दो समुच्चय हैं तथा एक फलन $f: A \to B$ इस प्रकार है कि $f(x) = \{(1,2), (2,4), (3,6)\}$, तब 1 का f-प्रतिबिम्ब 2, 2 का f-प्रतिबिम्ब 4 तथा 3 का f-प्रतिबिम्ब 6 होगा अर्थात् $f(1) = 2, f(2) = 4$ तथा $f(3) = 6$

नोट प्रत्येक फलन एक सम्बन्ध होता है परन्तु प्रत्येक सम्बन्ध एक फलन नहीं होता है।

फलन (प्रतिचित्रण) क्रमित युग्मों के समुच्चय के रूप में
Function (Mapping) as a Set of Ordered Pairs

दो अरिक्त समुच्चय A तथा B में कोई सम्बन्ध, A से B में फलन (f से निरूपित) होगा, यदि वह निम्न प्रतिबन्ध को सन्तुष्ट करता है

(i) प्रत्येक $a \in A$ के लिए, $b \in B$ का अस्तित्व इस प्रकार है कि $(a, b) \in f$

(ii) $(a, b) \in f$ तथा $(a, c) \in f \Rightarrow b = c$
जैसे— यदि $A = \{1, 2, 3\}$ तथा $B = \{4, 5\}$,
तब $f = \{(1, 4), (2, 5), (3, 4)\}$ एक फलन है,
लेकिन $f = \{(1, 4), (1, 5), (2, 4), (3, 5)\}$ फलन नहीं है, क्योंकि $(1, 4) \in f$ तथा $(1, 5) \in f \Rightarrow 4 \neq 5$

प्रत्येक फलन एक सम्बन्ध होता है, जबकि प्रत्येक सम्बन्ध एक फलन नहीं होता है।

जैसे- यदि $A = \{1, 2, 3\}$ तथा $B = \{1, 4\}$ है, तब $R = \{(1, 1), (2, 4)\}$ एक सम्बन्ध है, लेकिन यह एक फलन नहीं है।

फलन का प्रान्त, सहप्रान्त तथा परिसर
Domain, Codomain and Range of a Function

यदि समुच्चय A का समुच्चय B में फलन $f: A \rightarrow B$ इस प्रकार है कि समुच्चय A के प्रत्येक अवयव का B में एक अद्वितीय प्रतिबिम्ब है, तब पहले सम्पूर्ण समुच्चय A को f का प्रान्त व समुच्चय B को सहप्रान्त कहते हैं तथा समुच्चय B के उन सभी अवयवों का समुच्चय, जोकि A के अवयवों के प्रतिबिम्ब हैं, फलन f का परिसर या परास कहलाता है तथा इसे $f(A)$ से प्रदर्शित करते हैं।

$\therefore$ परिसर $= \{f(x) : x \in A\}$

जैसे—माना $f: A \rightarrow B$ एक फलन है, जहाँ $A = \{a, b, c\}$ तथा $B = \{2, 4, 8, 16\}$ है।

तब, प्रान्त $= \{a, b, c\}$, सहप्रान्त $= \{2, 4, 8, 16\}$ तथा परिसर $= \{2, 4, 8\}$
स्पष्ट है कि परिसर $\subseteq$ सहप्रान्त अर्थात् $f(A) \subseteq B$

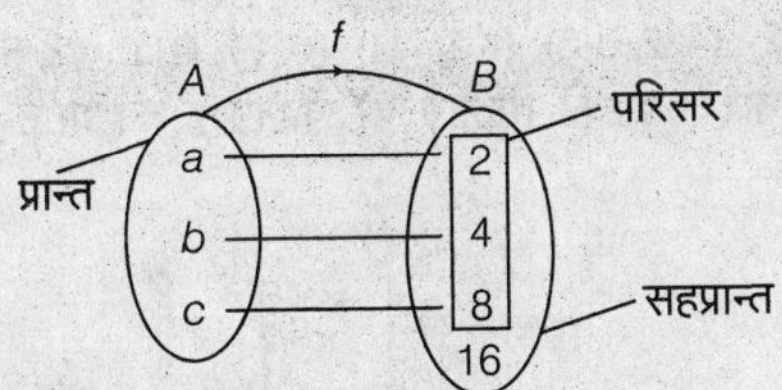

यदि फलन क्रमित युग्मों के रूप में दिया गया हो, तब सभी प्रथम अवयवों का समुच्चय प्रान्त तथा सभी द्वितीय अवयवों का समुच्चय परिसर होता है।

अत: f का प्रान्त $= f$ के सभी अवयवों के प्रथम घटकों का समुच्चय $= \{x : (x, y) \in f\}$

तथा f का परिसर $- f$ के सभी अवयवों के द्वितीय घटकों का समुच्चय $= \{y : (x, y) \in f\}$

समान फलन Equal Functions

दो फलन $f: A \rightarrow B$ व $g: A \rightarrow B$ समान फलन कहलाते हैं यदि और केवल यदि

(i) f का प्रान्त $= g$ का प्रान्त

(ii) f का सहप्रान्त $= g$ का सहप्रान्त

(iii) प्रत्येक x के लिए, $f(x) = g(x)$
यदि f व g समान हैं, तो इसे $f = g$ लिखा जाता है।

नोट दो समान फलन f तथा g समान क्रमित युग्मों के समुच्चय होते हैं

वास्तविक चरों का वास्तविक मान फलन
Real Valued Function of Real Variables

फलन $f: A \rightarrow B$ एक वास्तविक मान फलन कहलाता है, यदि समुच्चय B, वास्तविक संख्याओं के समुच्चय R का एक उपसमुच्चय हो।

अर्थात् वह फलन जिसके परिसर का मान वास्तविक संख्याओं के समुच्चय R का उपसमुच्चय होता है, वास्तविक मान फलन कहलाता है।

वास्तविक फलन Real Function

फलन $f: A \rightarrow A$ एक वास्तविक फलन कहलाता है, यदि समुच्चय A तथा B दोनों ही वास्तविक संख्याओं के समुच्चय R के उपसमुच्चय हों।

अर्थात् वह फलन जिसके प्रान्त तथा परिसर का मान वास्तविक संख्याओं के समुच्चय R का उपसमुच्चय होता है, वास्तविक फलन कहलाता है।

जैसे—माना f, N से N का एक फलन है, जहाँ $f(x) = 2x + 1$, तब

x	1	2	3	4	5
f(x) = y	$f(1) = 3$	$f(2) = 5$	$f(3) = 7$	$f(4) = 9$	$f(5) = 11$

यहाँ, प्रान्त $= \{1, 2, 3, 4, 5, \ldots\} = N \subseteq R$

तथा परिसर $= \{3, 5, 7, 9, 11, \ldots\} \subseteq N \subseteq R$

अत: f एक वास्तविक फलन है।

वास्तविक फलन का मान Value of a Real Function

यदि $f: A \rightarrow B$, x में कोई फलन है, तब A के किसी बिन्दु 'a' पर फलन $f(x)$ का मान $f(a)$ होगा।

वास्तविक फलनों का प्रान्त Domain of Real Functions

हम जानते हैं कि वास्तविक फलनों के प्रान्त तथा सहप्रान्त तथा दोनों ही वास्तविक संख्याओं के समुच्चय R के अपरिमित उपसमुच्चय होते हैं। इसलिए प्राय: वास्तविक फलनों को सूत्रों के माध्यम से व्यक्त किया जाता है तथा उनके प्रान्त दिए गए नहीं होते हैं। इस स्थिति में फलन f का प्रान्त करने हेतु उन सभी वास्तविक संख्याओं x का समुच्चय ज्ञात करते हैं। जिनके लिए $f(x)$ एक वास्तविक संख्या है अर्थात् $f(x)$ एक निश्चित एवं अर्थपूर्ण है।

वास्तविक फलनों का परिसर Range of Real Functions

वास्तविक चर के वास्तविक फलन का परिसर उन सभी वास्तविक मानों का समुच्चय होता है जोकि $f(x)$ के इसके प्रान्त द्वारा लिए जाते हैं।

कुछ मानक वास्तविक फलन तथा उनके आलेख
Some Standard Real Functions and Their Graphs

यहाँ, कुछ महत्त्वपूर्ण फलन तथा उनके प्रान्त, परिसर एवं आरेख दिए गए हैं, जोकि निम्न प्रकार हैं

तत्समक फलन Identity Function

माना R वास्तविक संख्याओं का समुच्चय है, तब वास्तविक मान फलन $f: R \to R$, $y = f(x) = x$, $\forall\ x \in R$, तत्समक फलन कहलाता है। इसका प्रान्त तथा परिसर दोनों वास्तविक संख्याओं के समुच्चय R के बराबर होते हैं तथा इसे I_R से निरूपित करते हैं।

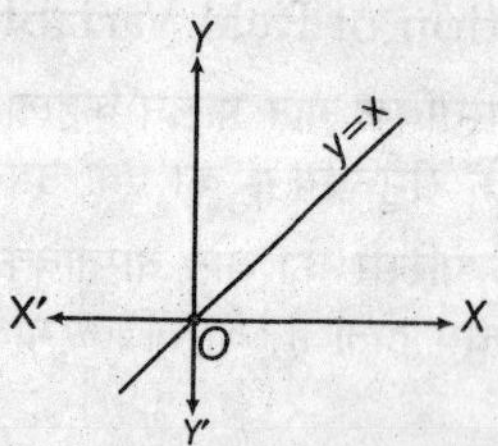

तत्समक फलन का आरेख मूलबिन्दु से जाने वाली एक सरल रेखा होती है जो X-अक्ष से 45° माप का कोण बनाती है अर्थात् जिसकी प्रवणता 1 होती है।

अचर फलन Constant Function

समुच्चय R से R में फलन f, अचर फलन (Constant function) कहलाता है, यदि इसके प्रान्त (Domain) R का प्रत्येक अवयव, R के केवल एक (Only one) अवयव से सम्बद्ध हो अर्थात् R के समस्त अवयवों का R में एक ही प्रतिबिम्ब हो। दूसरे शब्दों में, 'यदि किसी फलन का परिसर (Range) एकल समुच्चय हो, तो वह अचर फलन होगा।'

प्रतीकात्मक भाषा में, $f: R \to R$ अचर फलन है, यदि $\forall\ x \in R$ (प्रान्त)

$\therefore\ y = f(x) = k, k \in R$ (सहप्रान्त) एक अचर है।

यहाँ, प्रान्त $(f) = R$ तथा परिसर $(f) = k$

जैसे—$f(x) = 4, \forall\ x \in N$, एक अचर फलन है, क्योंकि परिसर $= \{4\}$

अचर फलन f का आरेख X-अक्ष के समान्तर एक रेखा होती है जो X-अक्ष के ऊपर अथवा नीचे हो सकती है, जो k के धनात्मक अथवा ऋणात्मक होने पर निर्भर करती है। $k = 0$ के लिए यह रेखा X-अक्ष के सम्पाती होती है।

जैसे—यदि $f(x) = 4, \forall\ x \in R$, तो इसका आरेख इस प्रकार होगा

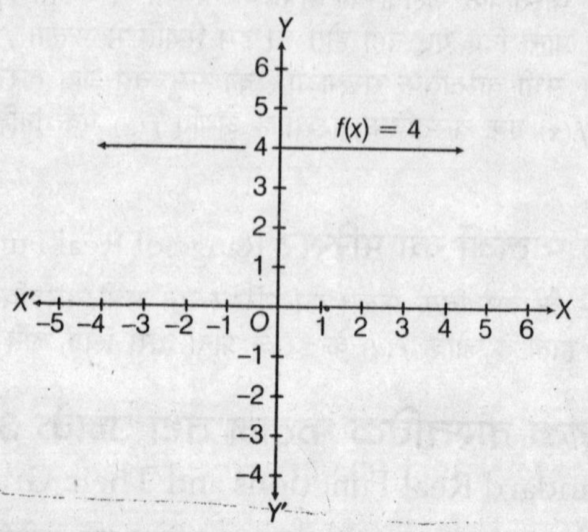

नोट यदि $f(x) = 0, \forall\ x \in R$, तब फलन शून्य फलन (Zero function) कहलाता है।

बहुपद फलन या बहुपदीय फलन Polynomial Function

माना R वास्तविक संख्याओं का समुच्चय है, तब फलन $f: R \to R$ एक बहुपदीय फलन कहलाता है, यदि $\forall\ x \in R$ के लिए,

$$y = f(x) = a_0 + a_1 x + a_2 x^2 + a_3 x^3 + \ldots + a_n x^n$$

जहाँ, n एक ऋणेत्तर पूर्णांक है तथा $a_0, a_1, a_2, \ldots, a_n \in R$

जैसे—

(i) माना फलन $f: R \to R$; $f(x) = x^2, \forall\ x \in R$

यहाँ, f का प्रान्त $= R$ तथा f का परिसर $= \{x : x \in R, x \geq 0\}$

f के प्रान्त से x के भिन्न-भिन्न मान लेने पर y के संगत मान इस प्रकार हैं

x	−2	−1	0	1	2
$f(x) = x^2$	4	1	0	1	4

$\therefore$ X तथा Y-अक्ष पर 1 सेमी = 1 मात्रक लेकर बिन्दुओं (− 2, 4), (− 1, 1), (0, 0), (1, 1), (2, 4) को अंकित करते हैं। इन बिन्दुओं को क्रमश: मिलाने पर फलन का ग्राफ चित्रानुसार प्राप्त होता है।

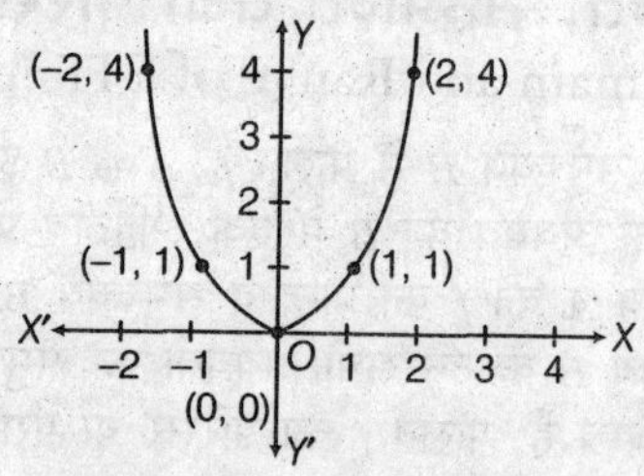

(ii) माना फलन $f: R \to R; f(x) = x^3, \forall\ x \in R$

यहाँ, फलन f का प्रान्त $= R$ तथा f का परिसर $= R$

f के प्रान्त से x के भिन्न-भिन्न मान लेने पर y के संगत मान इस प्रकार हैं

x	−2	−1	0	1	2
$f(x) = x^3$	−8	−1	0	1	8

प्राप्त बिन्दुओं (− 2, − 8), (− 1, − 1), (0, 0), (1, 1), (2, 8) को XY-तल में आलेखित करके इनको मिलाने पर फलन f का ग्राफ चित्रानुसार प्राप्त होता है

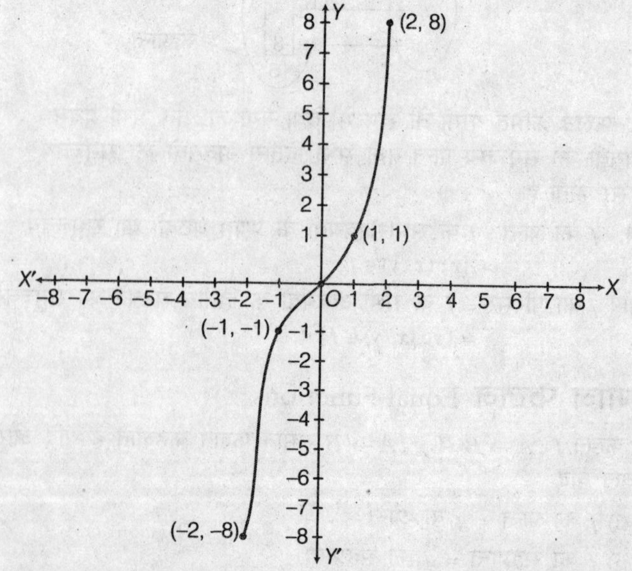

परिमेय फलन Rational Function

$f(x) = \frac{p(x)}{q(x)}$ के रूप के फलन, जहाँ $p(x)$ व $q(x)$, x के बहुपदीय फलन हैं, जिनके प्रान्त समान हैं तथा $q(x) \neq 0$, परिमेय फलन कहलाते हैं।

जैसे—फलन $f : (R - \{0\}) \to R : f(x) = \frac{1}{x}, \forall x \in R - \{0\}$

यहाँ, f का प्रान्त $= R - \{0\}$ और परिसर $= R - \{0\}$ अर्थात् f का प्रान्त व परिसर दोनों ही शून्य के अतिरिक्त सभी वास्तविक संख्याएँ हैं क्योंकि परिमेय फलन में $q(x) \neq 0$ होता है। फलन के प्रान्त से x के भिन्न-भिन्न मान लेने पर $f(x)$ के संगत मान इस प्रकार प्राप्त होते हैं

x	−4	−2	−1	−0.5	−025	0.25	0.5	1	2
$f(x) = \frac{1}{x}$	−025	−0.5	−1	−2	−4	4	2	1	0.5

प्राप्त बिन्दुओं $A(-4, -0.25)$, $B(-2, -0.5)$, $C(-1, -1)$, $D(-0.5, -2)$, $E(-0.25, -4)$, $F(0.25, 4)$, $G(0.5, 2)$, $H(1, 1)$ और $I(2, 0.5)$ को XY-तल में अंकित करके इनको मिलाने पर फलन $f(x)$ का निम्न आरेख प्राप्त होता है

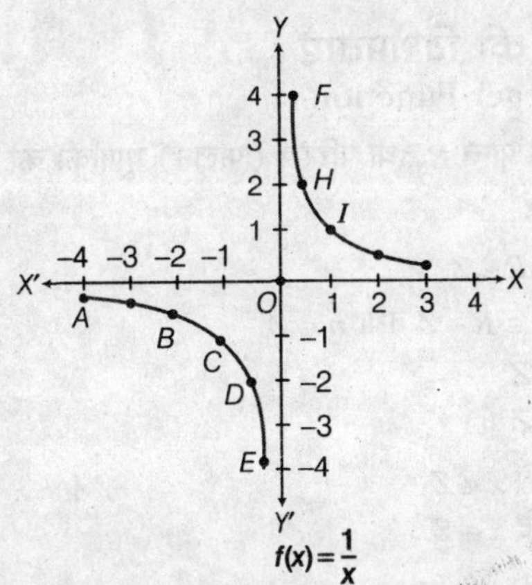

$f(x) = \frac{1}{x}$

मापांक फलन अथवा निरपेक्ष मान फलन
Modulus Function or Absolute Value Function

यदि फलन $f : R \to R$, इस प्रकार है कि

$$f(x) = |x| = \begin{cases} x, \text{ जबकि } x \geq 0 \\ -x, \text{ जबकि } x < 0 \end{cases}$$

तब, फलन f मापांक फलन कहलाता है। इसे निरपेक्ष मान फलन भी कहते हैं। इसका प्रान्त सभी वास्तविक संख्याओं का समुच्चय R व परिसर सभी ऋणेत्तर वास्तविक संख्याओं का समुच्चय $[0, \infty)$ है। फलन $f(x)$ के प्रान्त से x के भिन्न-भिन्न मान लेने पर $f(x)$ के संगत मान निम्न सारणी अनुसार प्राप्त होते हैं

x	−3	−2	−1	0	1	2	3	4
$f(x) = \|x\|$	3	2	1	0	1	2	3	4

प्राप्त बिन्दुओं $(-3, 3)$, $(-2, 2)$, $(-1, 1)$, $(0, 0)$, $(1, 1)$, $(2, 2)$, $(3, 3)$, $(4, 4)$ को XY-तल में अंकित करके इनको मिलाने पर अभीष्ट आरेख प्राप्त होता है।

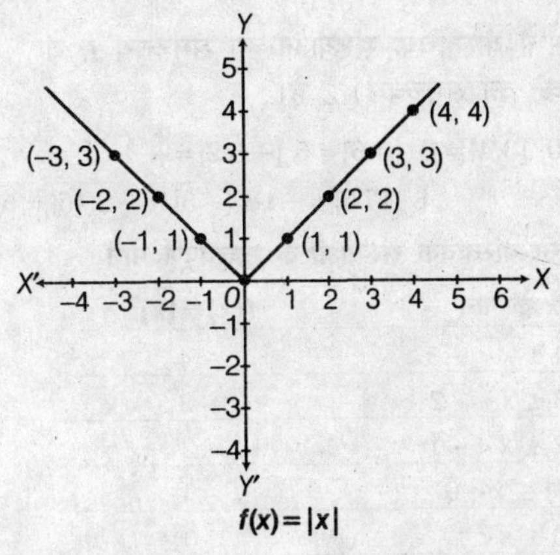

$f(x) = |x|$

मापांक फलन की विशेषताएँ
Properties of Modulus Function

(i) किसी वास्तविक संख्या x, के लिए $\sqrt{x^2} = |x|$

(ii) यदि a और b दो वास्तविक संख्याएँ है, तब

(a) $x^2 \leq a^2 \Leftrightarrow |x| \leq a \Leftrightarrow -a \leq x \leq a$

(b) $x^2 \geq a^2 \Leftrightarrow |x| \geq a \Leftrightarrow x \leq -a$ या $x \geq a$

(c) $x^2 < a^2 \Leftrightarrow |x| < a \Leftrightarrow -a < x < a$

(d) $x^2 > a^2 \Leftrightarrow |x| > a \Leftrightarrow x < -a$ या $x > a$

(e) $a^2 \leq x^2 \leq b^2 \Leftrightarrow a \leq |x| \leq b \Leftrightarrow x \in [-b, -a] \cup [a, b]$

(f) $a^2 < x^2 < b^2 \Leftrightarrow a < |x| < b \Leftrightarrow x \in (-b, -a) \cup (a, b)$

चिन्ह फलन या सिग्नम फलन Signum Function

यदि फलन $f : R \to R$ इस प्रकार है कि

$$f(x) = \begin{cases} \frac{|x|}{x}, & x \neq 0 \\ 0, & x = 0 \end{cases} \quad \text{या} \quad f(x) = \begin{cases} 1, & x > 0 \\ 0, & x = 0 \\ -1, & x < 0 \end{cases}$$

तब, फलन f सिग्नम फलन कहलाता है तथा इसे चिन्ह फलन भी कहते हैं। इसका प्रान्त सभी वास्तविक संख्याओं का समुच्चय R व परिसर $\{-1, 0, 1\}$ होता है। सिग्नम फलन का आरेख निम्न है

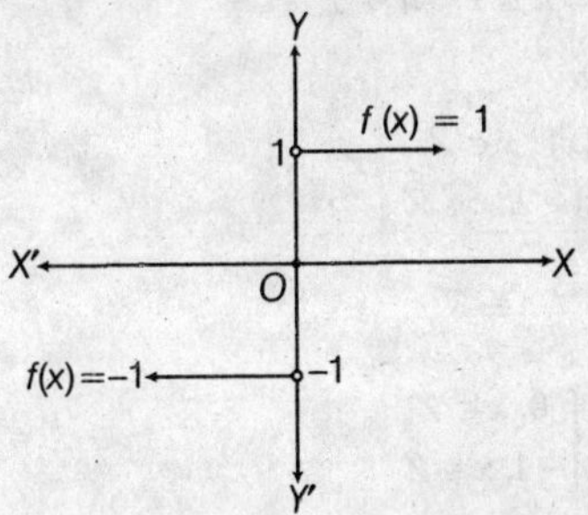

महत्तम पूर्णांक फलन अथवा पग फलन
Greatest Integer Function or Step Function

फलन $f(x) = [x]$, $x \in R$, जहाँ $f : R \to R$, महत्तम पूर्णांक फलन कहलाता है, जहाँ $[x] = x$ से कम या x के बराबर महत्तम पूर्णांक का मान है।

इसका प्रान्त सभी वास्तविक संख्याओं का समुच्चय R व परिसर (पूर्णांकों का समुच्चय) Z है।

जैसे —$[0] = 0$, $[3.4] = 3$, $[5.6] = 5$, $[-3.2] = -4$, $[-17.6] = -18$, $[-3] = -3$, $[5] = 5$

भिन्न-भिन्न वास्तविक संख्याओं के महत्त्वपूर्ण मान

x के मान	f(x) = [x]
$-4 \le x < -3$	-4
$-3 \le x < -2$	-3
$-2 \le x < -1$	-2
$-1 \le x < 0$	-1
$0 \le x < 1$	0
$1 \le x < 2$	1
$2 \le x < 3$	2

इस फलन का आलेख नीचे दिए गए चित्र में दर्शाया गया है

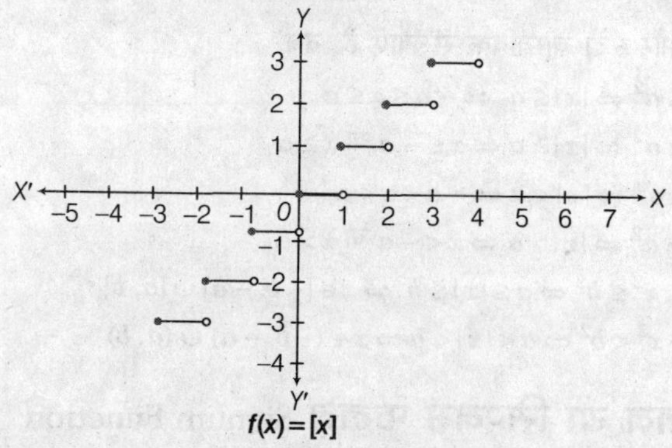

f(x) = [x]

महत्तम पूर्णांक फलन की विशेषताएँ
Properties of Greatest Integer Function

(i) $[x] = x$, यदि $x \in Z$

(ii) $[x] = n$, यदि $n \le x < n+1, n \in Z$

(iii) $[x + k] = k + [x], k \in Z$

(iv) $k \le [x] \le n \Rightarrow k \le x < n + 1$

(v) $x - 1 < [x] \le x$

(vi) $[-x] = \begin{cases} -[x], x \in Z \\ -[x] - 1, x \notin Z \end{cases}$

(vii) $\left[\frac{[x]}{n}\right] = \left[\frac{x}{n}\right], \forall n \in N$

(viii) $[-x] + [x] = \begin{cases} 0, x \in Z \\ -1, x \notin Z \end{cases}$

(ix) $[x] > n \Rightarrow x \ge n + 1$

(x) $[x] + \left[x + \frac{1}{n}\right] + \left[x + \frac{2}{n}\right] + \dots + \left[x + \frac{n-1}{n}\right] = [nx]$

न्यूनतम पूर्णांक फलन
Least Integer Function as Celling Function

$f(x) = (x) = [x] =$ छोटे-छोटे से पूर्णांक $\ge x$ द्वारा परिभाषित फलन, न्यूनतम पूर्णांक फलन कहलाता है।

विशेष रूप में,

$$f(x) = [x] = \begin{cases} x, \text{ प्रत्येक } x \in j \text{ के लिए} \\ n+1, n < x \le n+1, n \in 2 \end{cases}$$

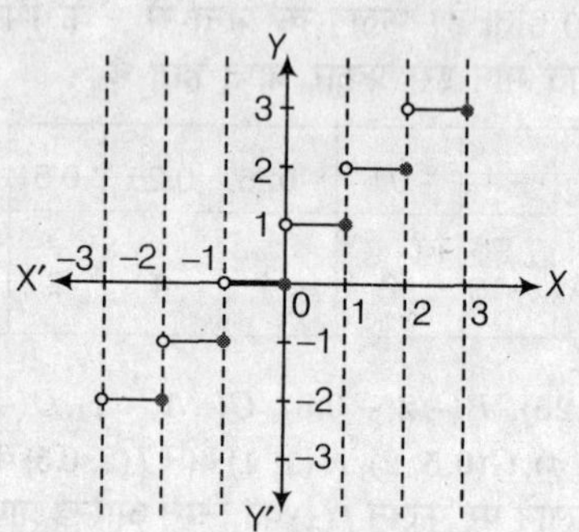

न्यूनतम पूर्णांक फलन की विशेषताएँ
Properties of Small Integer Function

(i) न्यूनतम पूर्णांक फलन का प्रान्त R तथा परिसर (फलन) पूर्णांकों का समुच्चय I है।

(ii) $[-n] = -[n]$, जहाँ $n \in Z$

(iii) $[-x] = -[x] + 1$, जहाँ $x \in R - Z$

(iv) $[x + n] = [x] + n$, जहाँ $x \in R - Z$ तथा $n \in Z$

(v) $[x] + [-x] = \begin{cases} 1, \text{ यदि } x \notin Z \\ 0, \text{ यदि } x \in Z \end{cases}$

(vi) $[x] - [-x] = \begin{cases} 2[x] - 1, \text{ यदि } x \notin Z \\ 2[x], \text{ यदि } x \in Z \end{cases}$

दो वास्तविक फलनों का योग Sum of Two Real Functions

माना $f : A \to B$ व $g : A \to B$ दो वास्तविक फलन हैं, जहाँ $A, B \subseteq R$

तब, $(f + g)x = f(x) + g(x)$, जहाँ $(f + g) : A \to B$

A से B का यह फलन $(f + g)$ फलनों f तथा g का योग कहलाता है।

दो वास्तविक फलनों का अन्तर
Difference of Two Real Functions

माना $f : A \to B$ तथा $g : A \to B$ दो वास्तविक फलन हैं, जहाँ $A, B \subseteq R$

तब, $(f - g)\,x = f(x) - g(x)$, जहाँ $(f - g) : A \to B$

A से B का यह फलन $(f - g)$, फलनों f तथा g का अन्तर कहलाता है।

दो वास्तविक फलनों का गुणनफल
Product of Two Real Functions

माना $f : A \to B$ तथा $g : A \to B$ दो वास्तविक फलन हैं, जहाँ $A, B \subseteq R$, तब,

$(fg)(x) = f(x)\,g(x)$, जहाँ $fg : A \to B$

दो वास्तविक फलनों का भागफल
Quotient of Two Real Functions

माना $f: A \to B$ तथा $g: A \to B$ दो वास्तविक फलन हैं, जहाँ $A, B \subseteq R$, तब $\left(\frac{f}{g}\right)x = \frac{f(x)}{g(x)}$, जहाँ $\frac{f}{g}: A \to B$ तथा $g(x) \neq 0$

A से B का यह फलन $\left(\frac{f}{g}\right)$, फलन f का g से भागफल कहलाता है।

फलनों के प्रकार Types of Functions

हम जानते हैं कि यदि f, A से B के मध्य एक फलन है, तो A के प्रत्येक अवयव का B में एक अद्वितीय प्रतिबिम्ब अवश्य होगा परन्तु इसमें निम्नलिखित सम्भावनाएँ हो सकती हैं

(i) समुच्चय A के विभिन्न अवयवों का समुच्चय B में f-प्रतिबिम्ब भी विभिन्न (Distinct) हो।

(ii) समुच्चय A के दो या दो से अधिक अवयवों का समुच्चय B में f-प्रतिबिम्ब एक ही हो।

(iii) B का कोई अवयव ऐसा न हो, जो A के किसी अवयव का f-प्रतिबिम्ब न हो।

(iv) B में कम-से-कम एक अवयव ऐसा हो, जो A के किसी अवयव का f-प्रतिबिम्ब न हो।

इन सम्भावनाओं के आधार पर फलनों को निम्न प्रकारों मे बाँटा जा सकता है

एकैकी (या एकैक) फलन
One-One (or Injective) Function

फलन $f: A \to B$ एकैकी होगा, यदि प्रान्त A के भिन्न-भिन्न अवयव सहप्रान्त B के भिन्न-भिन्न अवयवों से सम्बद्ध हों अर्थात् प्रान्त A के कोई दो भिन्न-भिन्न अवयव सहप्रान्त B के किसी एक अवयव से सम्बद्ध न हों।

प्रतीकात्मक भाषा में, $f: A \to B$ एकैकी होगा, यदि

$$x_1 \neq x_2 \Rightarrow f(x_1) \neq f(x_2), \forall x_1, x_2 \in A$$

दूसरे शब्दों में, f एकैकी होगा, यदि

$$x_1 = x_2 \Rightarrow f(x_1) = f(x_2)$$

जैसे— यदि $A = \{1, 2, 3, 4, 5\}$, $B = \{x : x \in N, x \leq 10\}$ तथा फलन $f: A \to B$ इस प्रकार है कि $f(x) = 2x$

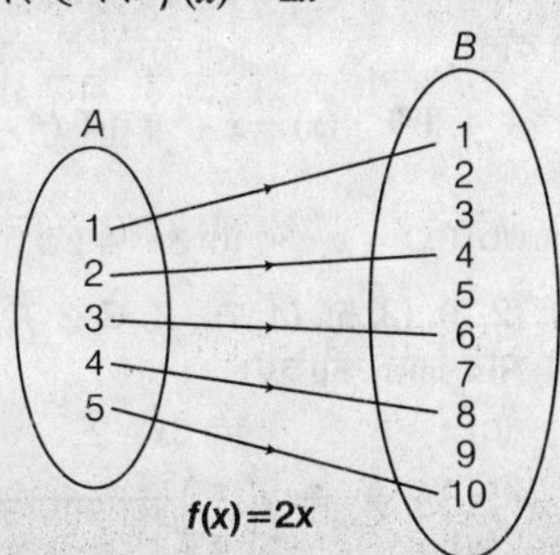

स्पष्ट है कि A के भिन्न-भिन्न अवयवों के प्रतिबिम्ब B में भिन्न-भिन्न हैं। अतः f एक एकैकी फलन है।

बहुएक फलन Many-one Function

फलन $f: A \to B$ बहुएक होगा, यदि प्रान्त A के दो या दो से अधिक अवयवों का प्रतिबिम्ब सहप्रान्त B में एक अवयव हो।

प्रतीकात्मक भाषा में,

$f: A \to B$ बहुएक फलन होगा, यदि $x_1 \neq x_2 \Rightarrow f(x_1) = f(x_2)$

जैसे—यदि $A = \{-1, 1, 2, 3\}$, $B = \{4, 1, 9\}$ तथा $f: A \to B, f(x) = x^2$

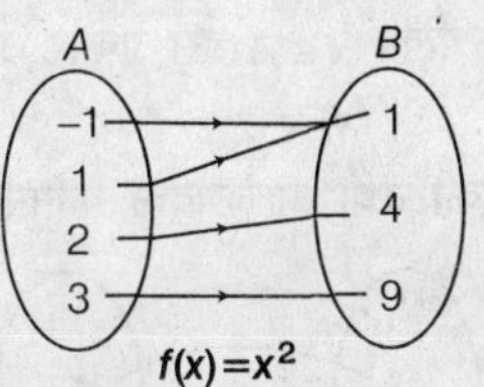

स्पष्ट है कि A के दो भिन्न-भिन्न अवयवों 1 व -1 के B में एक ही प्रतिबिम्ब 1 है। अतः f एक बहुएक फलन है।

आच्छादक (या आच्छादी) फलन
Onto (or Surjective) Function

फलन $f: A \to B$ आच्छादक होगा, यदि सहप्रान्त B का प्रत्येक अवयव A के किसी-न-किसी अवयव का प्रतिबिम्ब हो।

प्रतीकात्मक भाषा में, $f: A \to B$ आच्छादक फलन होगा, यदि

f का परिसर $= f$ का सहप्रान्त

दूसरे शब्दों में, फलन $f: A \to B$ आच्छादक फलन कहलाता है, यदि प्रत्येक $b \in B$ के लिए $a \in A$ इस प्रकार हो कि $f(a) = b$

जैसे—यदि $A = \{-1, 1, 2, 3\}$, $B = \{1, 4, 9\}$ तथा $f: A \to B, f(x) = x^2, \forall x \in A$ है, तब फलन को तीर आरेख में लिखने पर,

A	B
–1	1
1	4
2	9
3

यहाँ, स्पष्ट है कि B का प्रत्येक अवयव A के अवयवों से सम्बद्ध है।

अतः f एक आच्छादक फलन है।

अन्तःक्षेपी फलन Into Function

फलन $f: A \to B$ अन्तःक्षेपी होगा, यदि सहप्रान्त B में कम-से-कम एक ऐसा अवयव हो, जो प्रान्त A के किसी भी अवयव का प्रतिबिम्ब नहीं हो।

प्रतीकात्मक भाषा में, $f: A \to B$ अन्तःक्षेपी फलन होगा, यदि

f का परिसर $\subset f$ का सहप्रान्त

जैसे—यदि $A = \{1, 2, 3\}$, $B = \{1, 2, 6, 16\}$ तथा $f: A \to B, f(x) = 2x$, $\forall x \in A$ है, तब फलन को तीर आरेख में लिखने पर,

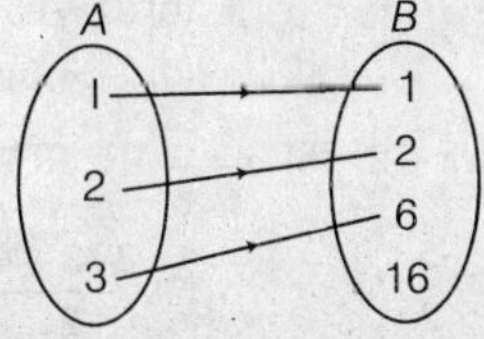

यहाँ, स्पष्ट है कि $1, 16 \in B$ ऐसे अवयव हैं, जो A के किसी भी अवयव से सम्बद्ध नहीं हैं।

अतः f एक अन्तःक्षेपी फलन है।

एकैकी तथा आच्छादक या एकैकी आच्छादी फलन
One-one and Onto or Bijective Function

यदि फलन $f: A \to B$ एकैकी और आच्छादक दोनों हो, तब उसे एकैकी तथा आच्छादक फलन या एकैकी आच्छादी फलन कहते हैं।

प्रतीकात्मक भाषा में, f एकैकी आच्छादक फलन है, यदि

$$f(x_1) = f(x_2) \Rightarrow x_1 = x_2 \text{ तथा } f \text{ का परिसर } = f \text{ का सहप्रान्त}$$

अर्थात् प्रत्येक $y \in B$ के लिए $x \in A$ इस प्रकार अस्तित्व में हो कि

$$f(x) = y$$

जैसे—निम्न फलन एकैकी तथा आच्छादक फलन है

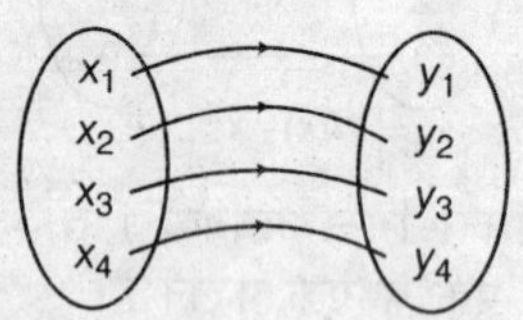

यहाँ, $f(x_1) = y_1, f(x_2) = y_2, f(x_3) = y_3, f(x_4) = y_4$

फलनों का संयोजन Composition of Functions

यदि $f: A \to B$ तथा $g: B \to C$ दो फलन हैं, तो f एवं g का संयोजन gof, A से C में एक ऐसा फलन होता है जो A के प्रत्येक अवयव को C के एक अद्वितीय अवयव से सम्बद्ध करता है अर्थात् $gof: A \to C$, f व g के संयोजन को निम्न प्रकार से परिभाषित करते हैं

$$(gof)(x) = g(f(x)), \forall x \in A$$

स्पष्ट है कि, gof का प्रान्त $= f$ का प्रान्त, gof का सहप्रान्त $= g$ का सहप्रान्त तथा परिसर $(f) \subseteq$ प्रान्त (g)

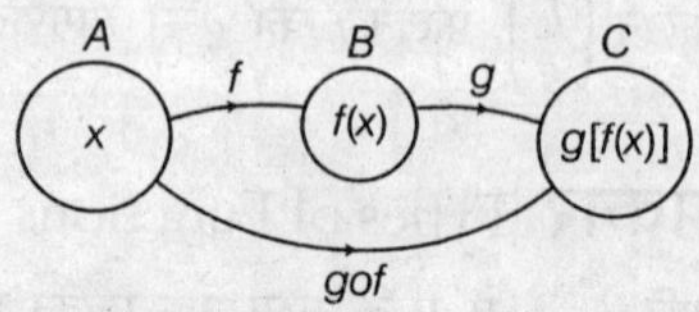

उपरोक्त परिभाषा से स्पष्ट है कि केवल gof परिभाषित है, यदि प्रत्येक $x \in A$ के लिए, $f(x)$; g के प्रान्त का अवयव है, तब हम g-प्रतिबिम्ब लेते हैं। इस प्रकार, gof का अस्तित्व है यदि और केवल यदि f का परिसर g के प्रान्त का उपसमुच्चय है। इसी प्रकार, fog का अस्तित्व होगा, यदि और केवल यदि g का परिसर f के प्रान्त का उपसमुच्चय है।

जैसे— यदि $f(x) = 3x + 5$ तथा $g(x) = x^2$ है।

तब, $fog(3) = f(g(3)) = f(3^2) = f(9)$

$= 3 \times 9 + 5 = 32$

अभ्यास प्रश्न

1. x का मान ज्ञात कीजिए, जब फलन $f(x) = 3x^2 - 1$ तथा $g(x) = 3 + x$ समान हैं।

(a) $-1, \frac{4}{3}$ (b) $1, -1$ (c) $-1, -1$ (d) $1, 0$

2. निम्नलिखित फलन का प्रान्त ज्ञात कीजिए।

$$f(x) = \frac{1}{\sqrt{x + |x|}}$$

(a) R^- (b) R^+ (c) $(1, 0)$ (d) $[\infty, 1]$

3. फलन $f(x) = \frac{x-2}{3-x}$ का परिसर ज्ञात कीजिए।

(a) $R - \{-1\}$ (b) $R - \{0\}$
(c) $R - \{2\}$ (d) $[\infty, 2]$

4. फलन $f(x) = \frac{1}{x^2}$ का प्रान्त होगा

(a) $(-\infty, 0)$ (b) $(0, \infty)$
(c) $(-\infty, \infty)$ (d) $(-\infty, 0) \cup (0, \infty)$

5. फलन $f(x) = 3\sin x + 2$ का $x = \frac{\pi}{6}$ पर मान होगा

(a) $\frac{7}{2}$ (b) $\frac{5}{2}$ (c) $\frac{3\sqrt{3}+4}{2}$ (d) 1

6. फलन $f(x) = 3\cos x$ का परिसर है

(a) $[-1, 1]$ (b) $[-3, 3]$ (c) $(-3, 3)$ (d) $(-1, 1)$

7. यदि $f(x) = \frac{x+3}{x+5}$, तो $f(x+1)$ का मान होगा

(a) $\frac{x+3}{x+6}$ (b) $\frac{x+4}{x+5}$ (c) $\frac{x+4}{x+6}$ (d) $\frac{x+2}{x+4}$

8. यदि $f(x) = 3x - 5$ है, तो x के किस मान के लिए $f(x) = 6$ है

(a) $\frac{11}{3}$ (b) 9 (c) 4 (d) 5

9. यदि $y = f(x) = \frac{x+2}{x-1}$ हो, तब $f(y)$ का मान होगा

(a) 1 (b) x (c) 0 (d) $2x$

10. यदि $f: R \to R$, $f(x) = 3x + 7$ हो, तो f होगा

(a) एकैकी (b) बहुएकैकी
(c) (a) तथा (b) दोनों (d) इनमें से कोई नहीं

11. यदि $f(x) = 3x^2 + 4$ तथा $g(x) = x + 4$, तब $(f - g)x$ का मान ज्ञात कीजिए।

(a) $x^2 - x$ (b) $2x^2 - x$ (c) $3x^2 - x$ (d) $3x^2 - 1$

12. यदि $f = \{(1, 1), (2, 3), (3, 5), (4, 7)\}$, Z से Z में एक रैखिक फलन है, तो $f(x)$ का मान ज्ञात कीजिए।

(a) $2x - 1$ (b) $x - 1$ (c) $3x - 2$ (d) $x - 2$

13. यदि $f(x) = \frac{1 - 2\tan x}{1 + 2\tan x}$ है, तो $f\left(\frac{\pi}{4}\right)$ का मान ज्ञात कीजिए।

(a) 0 (b) $\frac{-1}{3}$ (c) $\frac{3}{2}$ (d) 5/2

14. यदि $f(x) = \frac{2x-3}{2x+3}$ है, तो $f(x)\,f(-x)$ का मान होगा

(a) 1 (b) 2 (c) 5 (d) 8

15. सम्बन्ध $R = \{(x, y) : x + y = 8; x, y \in N\}$ का प्रान्त व परिसर ज्ञात कीजिए।

(a) प्रान्त = {1,2,3,4,5,6,7}, परिसर = {1,2,3,4,5,6,7}
(b) प्रान्त = {2,4,6,8}, परिसर = {1,3,5,7}
(c) प्रान्त = {1,2,3,4,6,7}, परिसर = {2,3,4,6,8}
(d) उपरोक्त में से कोई नहीं

16. $y = \frac{|x-1|}{x-1}$ का परिसर ज्ञात कीजिए।

(a) {1,1} (b) {−1,1}
(c) {0,∞} (d) {1,0}

17. फलन $f(x) = 2 - 3x, x \in R, x > 0$ का परिसर ज्ञात कीजिए।

(a) $(0,\infty)$ (b) $(\infty,1)$
(c) $(-\infty,2)$ (d) $(2,\infty)$

18. यदि $f(x) = \frac{x^2-x+1}{x^2+x+1}$ है, तब $f(1+h)$ ज्ञात कीजिए।

(a) $\frac{h^2+h+1}{h^2+3h+3}$ (b) $\frac{h^2-h+1}{h^2-h+2}$
(c) $\frac{h^2+h+2}{h^2+2h+2}$ (d) $\frac{h^2-h-2}{h^2-2h-1}$

19. यदि $f(x) = \frac{x+1}{x-1}$ है, तब $f(x^2)$ ज्ञात कीजिए।

(a) $\frac{x^2-1}{x^2+1}$ (b) $\frac{x^2+1}{x^2-1}$
(c) $\frac{x-1}{x+1}$ (d) $\frac{x+1}{x-1}$

20. यदि $f(x) = ax^2 + bx + c$ इस प्रकार है कि $f(x+1) = f(x) + x + 1$, तब a और b ज्ञात कीजिए।

(a) $a = 1, b = \frac{1}{2}$ (b) $a = \frac{1}{2}, b = -\frac{1}{2}$
(c) $a = \frac{1}{2}, b = \frac{1}{2}$ (d) $a = \frac{-1}{2}, b = \frac{-1}{2}$

21. यदि f, g और h तीन वास्तविक फलन इस प्रकार हैं कि $f(x) = \sqrt{x-1}$, $g(x) = \frac{1}{2}$ और $h(x) = 2x^2 + 3$, तब $2f + g - h$ का मान $x = 1$ पर ज्ञात कीजिए।

(a) $\frac{-9}{2}$ (b) $\frac{9}{2}$
(c) $\frac{11}{2}$ (d) $\frac{-13}{2}$

22. माना $f : R \to R, f(x) = 3x^2 - 5$ से परिभाषित है तथा $g : R \to R, g(x) = \frac{x}{x^2+1}$ से परिभाषित है, तब gof बराबर है

(a) $\frac{3x^2-5}{9x^4-30x^2+26}$ (b) $\frac{3x^2-5}{9x^4-6x^2+26}$
(c) $\frac{3x^2}{x^4+2x^2-4}$ (d) $\frac{3x^2}{9x^4+30x^2-2}$

23. यदि $A = \{1, 2, 3, ..., n\}$ तथा $B = \{a, b\}$, तब A से B में आच्छादक फलनों की संख्या होगी

(a) $^nP_2$ (b) $2^n - 2$
(c) $2^n - 1$ (d) इनमें से कोई नहीं

24. माना $f : R \to R$ एक फलन जोकि $f(x) = x^3 + 5$ से परिभाषित है, तब $f^{-1}(x)$ का मान है

(a) $(x+5)^{1/3}$ (b) $(x-5)^{1/3}$
(c) $(5-x)^{1/3}$ (d) $5 - x$

उत्तरमाला

1.	(a)	2.	(b)	3.	(a)	4.	(d)	5.	(a)	6.	(b)	7.	(c)	8.	(a)	9.	(b)	10.	(a)
11.	(c)	12.	(a)	13.	(b)	14.	(a)	15.	(a)	16.	(b)	17.	(c)	18.	(a)	19.	(b)	20.	(c)
21.	(a)	22.	(a)	23.	(b)	24.	(b)												

संकेत एवं हल

1. दिया है, $f(x) = 3x^2 - 1$ तथा $g(x) = 3 + x$

यदि $f(x) = g(x)$

तब, $3x^2 - 1 = 3 + x$

$\Rightarrow 3x^2 - x - 4 = 0$

$\Rightarrow 3x^2 - (4-3)x - 4 = 0$

$\Rightarrow 3x^2 - 4x + 3x - 4 = 0$

$\Rightarrow x(3x-4) + 1(3x-4) = 0$

$\Rightarrow (3x-4) = 0$ तथा $x + 1 = 0$

$\Rightarrow x = \frac{4}{3}$ तथा $x = -1 \Rightarrow x = -1, \frac{4}{3}$

3. दिया है, $f(x) = \frac{x-2}{3-x} = y$ (माना)

$\Rightarrow y = \frac{x-2}{3-x} \Rightarrow 3y - xy = x - 2$

$\Rightarrow 3y + 2 = xy + x \Rightarrow x(y+1) = 3y + 2$

$\therefore x = \frac{3y+2}{y+1}$

अब, $y + 1 = 0$ रखने पर, $y = -1$

यह y का वह मान है, जिस पर x वास्तविक नहीं है।

अतः $f(x)$ का परिसर, $R - \{-1\}$ है।

4. दिया है, $f(x) = \frac{1}{x^2}$

$\therefore$ $f(x)$ का प्रान्त $= (-\infty, 0) \cup (0, \infty)$

अतः $x = 0$ पर $f(x)$ अपरिभाषित होगा।

5. दिया है, $f(x) = 3\sin x + 2$

$\therefore \quad f\left(\frac{\pi}{6}\right) = 3\sin\frac{\pi}{6} + 2 \qquad \left[x \text{ के स्थान पर } \frac{\pi}{6} \text{ रखने पर}\right]$

$= 3 \times \frac{1}{2} + 2 \qquad \left[\because \sin\frac{\pi}{6} = \frac{1}{2}\right]$

$= \frac{3+4}{2} = \frac{7}{2}$

6. $\because -1 \le \cos x \le 1$

$\therefore$ $f(x) = 3\cos x$ का परिसर $= 3 \le \cos x \le 3$

अर्थात् $f(x)$ का परिसर $= [-3, 3]$

7. दिया है, $f(x) = \frac{x+3}{x+5}$

$\therefore \quad f(x+1) = \frac{x+1+3}{x+1+5} = \frac{x+4}{x+6}$

8. दिया है, $f(x) = 3x - 5$

अब, $f(x) = 6 \Rightarrow 3x - 5 = 6$

$\Rightarrow \quad 3x = 11 \Rightarrow x = \frac{11}{3}$

9. दिया है, $y = f(x) = \frac{x+2}{x-1} \Rightarrow y = \frac{x+2}{x-1}$

$\Rightarrow y(x-1) = x + 2$

$\Rightarrow \quad yx - y = x + 2 \Rightarrow yx - x = y + 2$

$\Rightarrow x(y-1) = y + 2 \Rightarrow x = \frac{y+2}{y-1} = f(y)$

10. $f(x)$ एकैकी होगा, यदि $x_1 = x_2$

$\Rightarrow f(x_1) = f(x_2)$ या $f(x_1) = f(x_2) \Rightarrow x_1 = x_2$

दिया है, $f: R \to R$, जहाँ $f(x) = 3x + 7$

माना $x_1, x_2 \in R$ तथा $f(x_1) = f(x_2)$

$\Rightarrow \quad 3x_1 + 7 = 3x_2 + 7$

$\Rightarrow \quad 3x_1 = 3x_2 + 7 - 7$

$\Rightarrow \quad 3x_1 = 3x_2 \Rightarrow x_1 = \frac{3x_2}{3} \Rightarrow x_1 = x_2$

अतः f एकैकी है।

11. दिया है, $f(x) = 3x^2 + 4, g(x) = x + 4$

तब, $(f-g)x = (3x^2 + 4) - (x + 4) = 3x^2 + 4 - x - 4 = 3x^2 - x$

13. दिया गया फलन निम्न है

$$f(x) = \frac{1 - 2\tan x}{1 + 2\tan x}$$

उपरोक्त फलन में $x = \frac{\pi}{4}$ रखने पर,

$$f\left(\frac{\pi}{4}\right) = \frac{1 - 2\tan\frac{\pi}{4}}{1 + 2\tan\frac{\pi}{4}} = \frac{1 - 2\tan 45°}{1 + 2\tan 45°} \left[\because \frac{\pi}{4} = \frac{180°}{4} = 45°\right]$$

$$= \frac{1 - 2 \times 1}{1 + 2 \times 1} = \frac{-1}{3} \qquad [\because \tan 45° = 1]$$

14. दिया है, $f(x) = \frac{2x-3}{2x+3}$

x को $-x$ से प्रतिस्थापित करने पर,

$$f(-x) = \frac{2 \times (-x) - 3}{2 \times (-x) + 3} = -\frac{(2x+3)}{-(2x-3)} = \frac{2x+3}{2x-3}$$

$\therefore \quad f(x)\, f(-x) = \frac{2x-3}{2x+3} \cdot \frac{2x+3}{2x-3} = 1$

15. दिया है, $R = \{(x, y) : x + y = 8, x, y \in N\}$

$= \{(1, 7), (2, 6), (3, 5), (4, 4), (5, 3), (6, 2), (7, 1)\}$

$\therefore$ R का प्रान्त $= \{1, 2, 3, 4, 5, 6, 7\}$

तथा R का परिसर $= \{1, 2, 3, 4, 5, 6, 7\}$

17. दिया है, $f(x) = 2 - 3x$

यहाँ, $x \in R$ तथा $x > 0$

तब, $f(x)$ के मान 2 से छोटे होंगे।

अतः $f(x)$ का परिसर $= (-\infty, 2)$

18. दिया है, $f(x) = \frac{x^2 - x + 1}{x^2 + x + 1}$

$$\therefore \quad f(1+h) = \frac{(1+h)^2 - (1+h) + 1}{(1+h)^2 + (1+h) + 1} = \frac{1 + h^2 + 2h - 1 - h + 1}{1 + h^2 + 2h + 1 + h + 1}$$

$[\because (a+b)^2 = a^2 + b^2 + 2ab]$

$$= \frac{h^2 + h + 1}{h^2 + 3h + 3}$$

19. दिया है, $f(x) = \frac{x+1}{x-1}$

$\therefore \quad f(x^2) = \frac{x^2 + 1}{x^2 - 1}$

21. दिया है, $f(x) = \sqrt{x-1}, g(x) = \frac{1}{2}$

तथा $h(x) = 2x^2 + 3$

$\therefore \; 2f(x) + g(x) - h(x) = 2\sqrt{x-1} + \frac{1}{2} - (2x^2 + 3)$

$= 2\sqrt{x-1} + \frac{1}{2} - 2x^2 - 3$

$= 2\sqrt{x-1} - 2x^2 - \frac{5}{2}$

अतः $2f(1) + g(1) - h(1) = 2\sqrt{1-1} - 2(1)^2 - \frac{5}{2} = -2 - \frac{5}{2} = -\frac{9}{2}$

22. दिया है, $f(x) = 3x^2 - 5$ तथा $g(x) = \frac{x}{x^2 + 1}$

तब, $\quad gof = g\{f(x)\} = g\{3x^2 - 5\}$

$$= \frac{(3x^2 - 5)}{(3x^2 - 5) + 1} = \frac{3x^2 - 5}{9x^4 + 25 - 30x^2 + 1}$$

$$= \frac{3x^2 - 5}{9x^4 - 30x^2 + 26}$$

23. $\because$ A में अवयवों की संख्या $= n$

तथा B में अवयवों की संख्या $= 2$

$\therefore$ A से B में आच्छादक फलनों की संख्या $= 2^n - 2$

24. दिया है, $f(x) = x^2 + 5$

माना $\quad y = x^2 + 5$

$\Rightarrow \quad x^3 = y - 5 \Rightarrow x = (y-5)^{1/3}$

अतः $\quad f^{-1}(x) = (x-5)^{1/3}$

अध्याय 06

द्विआधारी संक्रियाएँ

Binary Operations

संक्रियाओं (Operations) से तात्पर्य ऐसी प्रक्रियाओं से है, जो दिए गए अवयवों पर करने से नया अवयव उत्पन्न करती है।

जैसे—दो या दो से अधिक संख्याओं के योग (+), व्यवकलन (–), गुणन (×) तथा भाजन (÷), आदि।

द्विआधारी संक्रियाएँ वे संक्रियाएँ हैं जिन्हें किसी समुच्चय के दो अवयवों पर करने से प्राप्त अवयव भी उसी समुच्चय से सम्बद्ध (Associate) होता है। *जैसे*—प्राकृत संख्याओं के समुच्चय $N = \{1, 2, 3, 4, \ldots\}$ को लेकर एक संक्रिया '+' (योग) पर विचार करेंगे। यदि हम N के कोई भी दो अवयव लेकर उनका योग करें, तो परिणामी N का एक अवयव आता है परन्तु यदि संक्रिया '–'(अन्तर) लें, तो परिणामी सदैव N का अवयव नहीं आएगा। अत: '+' संक्रिया N पर एक द्विआधारी संक्रिया है परन्तु '–' संक्रिया N पर द्विआधारी नहीं है।

परिभाषा Definition

संक्रिया '*' किसी अरिक्त समुच्चय A पर एक द्विआधारी संक्रिया कहलाती है, यदि $A * A$ का प्रत्येक अवयव (a, b), * के अन्तर्गत A के अद्वितीय अवयव c (माना) से सम्बद्ध हो अर्थात्

$$a * b \in A \times A \Rightarrow c \in A$$

अथवा

किसी समुच्चय A में द्विआधारी संक्रिया '*', एक फलन $* : A \times A \to A$ है तथा $*(a, b)$ को $a * b$ से निरूपित करते हैं।

जैसे—संक्रिया '+', R पर एक द्विआधारी संक्रिया है, क्योंकि यदि $a, b \in R$, तब $a + b \in R$

इसी प्रकार, संक्रियाएँ '–' व '×' भी R पर द्विआधारी हैं, लेकिन '÷', R पर द्विआधारी नहीं है, क्योंकि $3 \in R, 0 \in R$ परन्तु $\frac{3}{0} \notin R$

भाजन की संक्रिया '÷' $R - \{0\}$ पर एक द्विआधारी संक्रिया है।

इसी प्रकार, संक्रिया $* : N \times N \to N$, $(a, b) \to a^2 + b^2$ द्वारा प्रदत्त एक द्विआधारी संक्रिया है, क्योंकि यदि $a, b \in N$, तब $a^2 + b^2 \in N$

नोट (i) **संवृत्ती गुण** (Closure property) किसी अरिक्त समुच्चय A पर संक्रिया * को संवृत्ती गुण कहते हैं, यदि प्रत्येक $a, b \in A$ के लिए $a * b \in A$

(ii) यदि * किसी अरिक्त समुच्चय A पर एक द्विआधारी संक्रिया है, तब * संवृत्ती गुण को सन्तुष्ट करेगा, क्योंकि परिभाषा से $*(a, b)$ या $a * b \in A$

(iii) यदि किसी समुच्चय A में n अवयव हैं, तब द्विआधारी संक्रियाओं की कुल संख्या n^{n^2} होगी।

द्विआधारी संक्रियाओं के गुण
Properties of Binary Operations

1. क्रमविनिमेय गुण Commutative Property

किसी समुच्चय S में द्विआधारी संक्रिया '*' क्रमविनिमेय कहलाती है, यदि

$$a * b = b * a, \forall a, b \in S$$

जैसे—प्राकृत संख्याओं के समुच्चय N में योग व गुणन की संक्रिया क्रमविनिमेय है।

इसी प्रकार, Z में योग व गुणन की संक्रिया क्रमविनिमेय है, लेकिन अन्तर की संक्रिया क्रमविनिमेय नहीं है, क्योंकि $3 - 2 \neq 2 - 3$

2. साहचर्य गुण Associative Property

किसी समुच्चय S में द्विआधारी संक्रिया '*' साहचर्य कहलाती है, यदि

$$(a * b) * c = a * (b * c), \forall a, b, c \in S$$

जैसे—

(i) N में योग तथा गुणन की संक्रियाएँ साहचर्य हैं, क्योंकि

$3 + (2 + 6) = (3 + 2) + 6$ तथा $5 \times (2 \times 3) = (5 \times 2) \times 3$

(ii) Z में योग व गुणन की संक्रियाएँ साहचर्य हैं, लेकिन अन्तर की संक्रिया साहचर्य नहीं है, क्योंकि

$$(3-5)-6 \neq 3-(5-6)$$

द्विआधारी संक्रिया का तत्समक अवयव
Identity Element of Binary Operation

किसी प्रदत्त द्विआधारी संक्रिया $*: A \times A \to A$ के लिए, एक अवयव $e \in A$ यदि इसका अस्तित्व है, तत्समक अवयव कहलाता है, यदि

$$a * e = a = e * a, \forall a \in S$$

जैसे— N में अवयव 1 गुणन के सापेक्ष तत्समक है, क्योंकि

$1 \times 1 = 1 = 1 \times 1, 1 \times 2 = 2 = 2 \times 1, 1 \times 3 = 3 = 3 \times 1$, आदि।

इसी प्रकार, Z में अवयव 0 योग के सापेक्ष तत्समक है, क्योंकि

$0 + 3 = 3 = 3 + 0,\ 0 + (-5) = -5 = (-5) + 0$, आदि।

नोट यदि किसी द्विआधारी संक्रिया का तत्समक अवयव 'e' का अस्तित्व हो, तो वह सदैव अद्वितीय (Unique) होगा।

द्विआधारी संक्रिया के अवयव का प्रतिलोम
Inverse of an Element of Binary Operation

माना संक्रिया '*' समुच्चय S के लिए एक द्विआधारी संक्रिया है तथा e संक्रिया '*' का तत्समक अवयव है, तब अवयव $a \in S$ के लिए यदि S में एक अवयव b इस प्रकार है कि $a * b = e = b * a$, तब b को a का प्रतिलोम (Inverse) कहते हैं तथा a के प्रतिलोम को a^{-1} द्वारा निरूपित करते हैं।

अत: $$b = a^{-1}$$

जैसे—

(i) Z में योग (+) के सापेक्ष तत्समक अवयव 0 है, तब स्पष्ट है कि,

$3 + (-3) = 0 = (-3) + 3$

$4 + (-4) = 0 = (-4) + 4$, आदि।

अत: 3 का प्रतिलोम –3 है तथा 4 का प्रतिलोम –4 है। इस प्रकार, Z में प्रत्येक अवयव व्युत्क्रमणीय होता है।

नोट यदि a का प्रतिलोम अवयव S में विद्यमान हैं, तो अवयव a व्युत्क्रमणीय अवयव कहलाता है।

(ii) N में गुणन के सापेक्ष तत्समक अवयव 1 है। लेकिन $2 \times \frac{1}{2} = 1 = \frac{1}{2} \times 2, 3 \times \frac{1}{3} = 1 = \frac{1}{3} \times 3$, आदि। परन्तु $\frac{1}{2}, \frac{1}{3} \notin N$ अत: N का कोई भी अवयव (1 के अतिरिक्त) व्युत्क्रमणीय नहीं है।

द्विआधारी संक्रिया सारणी
Binary Operation Table or Composition Table

किसी परिमित समुच्चय में परिभाषित किसी संक्रिया को द्विआधारी दिखाने के लिए एक सारणी की सहायता ली जा सकती है, जिसे संक्रिया सारणी कहते हैं।

माना $A = \{a_1, a_2, \ldots, a_n\}$ कोई समुच्चय है, जिसमें n अवयव हैं। अब, एक सारणी बनाइए, जिसमें $(n+1)$ पंक्ति व $(n+1)$ स्तम्भ हैं। A के अवयवों $a_1, a_2, \ldots, a_n$ को सारणी की पहली पंक्ति तथा पहले स्तम्भ में लिख लें। अब, परस्पर क्षैतिज व ऊर्ध्वाधर अवयवों की संक्रिया करके $a_i * a_j$ को $(i+1)$वीं पंक्ति तथा $(j+1)$वें स्तम्भ के कटान वाले बॉक्स में लिख लेते हैं।

*	a_1	a_2	...	a_j	...	a_n
a_1	$a_1 * a_1$	$a_1 * a_2$	...	$a_1 * a_j$	...	$a_1 * a_n$
a_2	$a_2 * a_1$	$a_2 * a_2$	...	$a_2 * a_j$	...	$a_2 * a_n$
$\vdots$	$\vdots$	$\vdots$	...	$\vdots$	...	$\vdots$
a_i	$a_i * a_1$	$a_i * a_2$	...	$a_i * a_j$	...	$a_i * a_n$
$\vdots$	$\vdots$	$\vdots$	...	$\vdots$	...	$\vdots$
a_n	$a_n * a_1$	$a_n * a_2$	...	$a_n * a_j$	...	$a_n * a_n$

सारणी में आए हुए सभी परिणामी अवयव यदि A के अवयव हैं, तो * एक द्विआधारी संक्रिया है।

अभ्यास प्रश्न

1. माना $* R \times R \to R$, जो $(a, b) \to a + 6b^2$ से परिभाषित है, एक द्विआधारी संक्रिया है, तब $(-4) * (3 * 0)$ की गणना कीजिए।

(a) 100 (b) 250 (c) 350 (d) 482

2. माना N में द्विआधारी संक्रिया $*, a * b =$ म.स. (a, b) से परिभाषित है, तब $20 * 5$ का मान ज्ञात कीजिए।

(a) 5 (b) 10 (c) 18 (d) 25

3. माना '*' द्विआधारी संक्रिया है, जो $a * b = 7a + 9b$ द्वारा परिभाषित है, तब $3 * 4$ का मान होगा

(a) 55 (b) 56 (c) 57 (d) 58

4. $a * b = a^2 + b^2, \forall a, b \in Q$ प्रकार से परिभाषित Q में एक द्विआधारी है, तब $\sqrt{8 * 6}$ का मान होगा

(a) 10 (b) 11 (c) 12 (d) 13

5. माना '*' द्विआधारी संक्रिया है, जो $a * b = a + b + 4$ द्वारा परिभाषित है, तब $2 * 6$ का मान होगा

(a) 10 (b) 11 (c) 12 (d) 13

6. यदि $a * b = (a+b)^2 - 1$ एक द्विआधारी संक्रिया है, तब $(2 * 3) * 1$ का मान होगा

(a) 625 (b) 624 (c) 623 (d) 622

7. यदि $A = \{a, b, c\}$ हो, तो A में द्विआधारी संक्रियाओं की संख्या ज्ञात कीजिए।

(a) 2500 (b) 10500 (c) 19683 (d) 20252

8. माना $S = R - \{-1\}$ तथा S में संक्रिया '*' इस प्रकार परिभाषित है $a * b = a + b + ab, \forall a, b \in S$ के लिए तत्समक अवयव तथा प्रत्येक अवयव का प्रतिलोम ज्ञात कीजिए।

(a) $\frac{a}{a+1}$ (b) $\frac{-a}{a+1}$ (c) $\frac{a+1}{a}$ (d) $-\frac{a+1}{a}$

9. '*' समुच्चय N में निम्न प्रकार से परिभाषित द्विआधारी संक्रिया है

$$a * b = a^2 + b^2 + 2, \forall a, b \in N$$

तब, $2 * 5$ ज्ञात कीजिए।

(a) 10 (b) 22 (c) 28 (d) 31

10. यदि $A = Q \times Q$ तथा N में द्विआधारी संक्रिया '*' इस प्रकार परिभाषित है $(a, b) * (c, d) = (ac, ad + b)$, तब $(A, *)$ का तत्समक अवयव ज्ञात कीजिए।

(a) (1, 0) (b) (0, 1) (c) $(1, \infty)$ (d) (2, 0)

11. यदि द्विआधारी संक्रिया '*' समुच्चय R पर $a * b = \frac{3ab}{7}$ द्वारा परिभाषित है, तो समुच्चय R में संक्रिया '*' के लिए तत्समक अवयव ज्ञात कीजिए।

(a) $\frac{1}{2}$ (b) $\frac{5}{3}$ (c) $\frac{7}{3}$ (d) $\frac{9}{2}$

12. क्या समुच्चय $\{1, 2, 3, 4\}$ में $a * b =$ अधिकतम (a, b) द्वारा परिभाषित संक्रिया एक द्विआधारी संक्रिया है?

(a) हाँ (b) नहीं

(c) ज्ञात नहीं किया जा सकता (d) इनमें से कोई नहीं

उत्तरमाला

1.	(d)	2.	(a)	3.	(c)	4.	(a)	5.	(c)	6.	(b)	7.	(c)	8.	(b)	9.	(d)	10.	(a)
11.	(c)	12.	(a)																

संकेत एवं हल

1. दिया है, $* : R \times R \to R$,

जोकि निम्न प्रकार परिभाषित है

$$(a, b) = a + 6b^2 \qquad [\because a * b \to a + 6b^2]$$

$$\therefore \quad (-4) * (3 * 0) = (-4) * [(3)^2 + 6(0)^2]$$
$$= (-4) * (9) = -4 + 6(9)^2$$
$$= -4 + 6 \times 81 = -4 + 486 = 482$$

2. दिया है, $a * b =$ म.स. (a, b)

$\therefore$ $20 * 5 =$ म.स. $(20, 5) = 5$

3. दिया है, $a * b = 7a + 9b$

$\therefore \quad 3 * 4 = 7(3) + 9(4) = 21 + 36 = 57$

4. दिया है, $a * b = a^2 + b^2$

$\therefore \quad \sqrt{8 * 6} = \sqrt{8^2 + 6^2} = \sqrt{64 + 36} = \sqrt{100} = 10$

5. दिया है, $a * b = a + b + 4$

$\therefore \quad 2 * 6 = 2 + 6 + 4 = 12$

6. दिया है, $a * b = (a + b)^2 - 1$

$\therefore \quad 2 * 3 = (2 + 3)^2 - 1 = (5)^2 - 1 = 25 - 1 = 24$

अब $(2 * 3) * 1 = 24 * 1 = (24 + 1)^2 - 1$

$= (25)^2 - 1 = 625 - 1 = 624$

7. माना $m = A$ में अवयवों की संख्या $= 3$

$\therefore n(A \times A) = 3 \times 3 = 3^2 = 9$

$\therefore A$ में द्विआधारी संक्रियाओं की संख्या

$= A \times A \to A$ से प्राप्त फलनों की संख्या

$= [n(A)]^{n(A \times A)} = 3^9 = 19683$

8. दिया है, $a * b = a + b + ab, \forall a, b \in S = R - \{-1\}$

माना e तत्समक अवयव है।

तब परिभाषा से, $a * e = a$

$\Rightarrow \quad a + e + ae = a$

$\Rightarrow \quad e(1 + a) = 0$

$\Rightarrow \quad e = 0$ या $a = -1$

$\Rightarrow \quad e = 0 \qquad [\because a \neq -1]$

अतः तत्समक अवयव 0 है।

माना b, अवयव a का प्रतिलोम है।

तब, $a * b = e = 0 \Rightarrow a + b + ab = 0 \Rightarrow b(a + 1) = -a$

$\therefore \quad b = \frac{-a}{a+1}$

अतः अवयव a का प्रतिलोम अवयव $\frac{-a}{a+1}$ है।

9. दिया है, $a * b = a^2 + b^2 + 2, \forall a, b \in N$ ...(i)

समी (i) में $a = 2, b = 5$ रखने पर,

$2 * 5 = 2^2 + 5^2 + 2 = 4 + 25 + 2 = 31$

10. दिया है, $(a, b) * (c, d) = (ac, ad + b)$

माना तत्समक अवयव (x, y) है।

तब, $(a, b) * (x, y) = (a, b) \Rightarrow (ax, ay + b) = (a, b)$

$\Rightarrow \quad ax = a, ay + b = b \Rightarrow x = 1, ay = 0$

$x = 1, y = 0$

अतः तत्समक अवयव (1, 0) है।

11. दिया है, $a * b = \frac{3ab}{7}, \forall a, b \in R$

माना तत्समक अवयव e है। तब परिभाषा से, $a * e = a = e * a$

$\Rightarrow \quad a * e = a$ और $e * a = a$

$\Rightarrow \quad \frac{3ae}{7} = a$ और $\frac{3ea}{7} = a \Rightarrow e = \frac{7}{3} \in R$

अतः अभीष्ट तत्समक अवयव $\frac{7}{3}$ है।

12. माना $A = \{1, 2, 3, 4\}$

यहाँ, $(1 * 2) = 2, (2 * 3) = 3, (4 * 3) = 4$ इत्यादि।

*	1	2	3	4
1	1	2	3	4
2	2	2	3	4
3	3	3	3	4
4	4	4	4	4

इस प्रकार, उपरोक्त सारणी से स्पष्ट है कि सभी परिणामी अवयव $a_i * a_j; i, j = 1, 2, 3, 4$; A में हैं।

अतः संक्रिया '*' एक द्विआधारी संक्रिया है।

अध्याय 07

आव्यूह
Matrices

आव्यूह Matrix

संख्याओं (वास्तविक अथवा काल्पनिक) अथवा फलनों की आयताकार सरणी (Rectangular array) को **आव्यूह** कहते हैं। उक्त संख्याओं अथवा फलनों को संगत आव्यूह के **अवयव** (Elements) कहते हैं। किसी आव्यूह को प्रायः अंग्रेजी वर्णमाला के बड़े (Capital) अक्षरों A, B, X, Y आदि द्वारा तथा इनके संगत अवयवों को छोटे अक्षरों a, b, x, y या $a_{11}, a_{12}, \ldots$, आदि द्वारा निरूपित किया जाता है। आव्यूह में उपस्थित अवयवों से बनी क्षैतिज रेखाओं को **पंक्ति** (Row) तथा ऊर्ध्वाधर रेखाओं को **स्तम्भ** (Column) कहते हैं।

जैसे—
$$\begin{bmatrix} 2 & -5 \\ 7 & 0 \\ \sqrt{5} & 3 \end{bmatrix} \begin{matrix} \longrightarrow \text{पहली पंक्ति } (R_1) \\ \longrightarrow \text{दूसरी पंक्ति } (R_2) \\ \longrightarrow \text{तीसरी पंक्ति } (R_3) \end{matrix}$$

पहला स्तम्भ (C_1) दूसरा स्तम्भ (C_2)

तथा
$$B = \begin{bmatrix} 2+3i & 7 & -2/3 \\ 4.2 & -1 & 0 \\ \sqrt{3} & 5 & 5/7 \end{bmatrix} \begin{matrix} \longrightarrow R_1 \\ \longrightarrow R_2 \\ \longrightarrow R_3 \end{matrix}$$

$C_1 \quad C_2 \quad C_3$

आव्यूह की कोटि (क्रम) Order of a Matrix

यदि mn संख्याओं को प्रत्येक पंक्ति में n संख्याएँ लेकर, m पंक्तियों में क्रमबद्ध व्यवस्थित करें, तो प्राप्त संरचना $m \times n$ क्रम (अथवा कोटि) का आव्यूह होगा अर्थात् किसी आव्यूह की कोटि को उस आव्यूह में स्थित पंक्तियों की संख्या $\times$ स्तम्भों की संख्या द्वारा निरूपित किया जाता है।

$m \times n$ आव्यूह को निम्न प्रकार से लिख सकते हैं

$$\begin{bmatrix} a_{11} & a_{12} & \ldots & a_{1n} \\ a_{21} & a_{22} & \ldots & a_{2n} \\ \vdots & \vdots & \vdots & \vdots \\ a_{m1} & a_{m2} & \ldots & a_{mn} \end{bmatrix}_{m \times n} = [a_{ij}]_{m \times n}$$

जहाँ, m पंक्तियों की संख्या तथा n स्तम्भों की संख्या को दर्शाता है। सांकेतिक रूप में इसे $A = [a_{ij}]_{m \times n}$ लिखते हैं, जहाँ $1 \le i \le m$, $1 \le j \le n; i, j \in N$ है।

अवयव a_{ij} में, i व j क्रमशः उस पंक्ति तथा स्तम्भ को व्यक्त करते हैं, जिसमें वह अवयव उपस्थित होता है। आव्यूह की iवीं पंक्ति तथा jवें स्तम्भ का अवयव आव्यूह का (i, j)वाँ अवयव कहलाता है।

जैसे— $\begin{bmatrix} 1 & 2 \\ 7 & -3 \\ 0 & 5 \end{bmatrix}, \begin{bmatrix} 1 & -1 & 0 \\ 2 & 3 & -4 \end{bmatrix}$ क्रमशः 3×2 तथा 2×3 क्रम के आव्यूह हैं।

बिन्दु(ओं) का आव्यूह रूप में निरूपण
Representation of Point(s) in Matrix Form

हम समतल में किसी बिन्दु (x, y) को आव्यूह (स्तम्भ या पंक्ति) को $\begin{bmatrix} x \\ y \end{bmatrix}$ या $[x \ \ y]$ के रूप में प्रदर्शित कर सकते हैं।

जैसे— माना एक चतुर्भुज $ABCD$ है जिसके शीर्षों के निर्देशांक $A(3,0)$, $B(-1, 2)$, $C(2, -2)$ तथा $D(-3, 2)$ है, जिसे आव्यूह रूप में निम्न प्रकार से निरूपित कर सकते हैं

$$X = \begin{matrix} & A & B & C & D \\ & \left[\begin{matrix} 3 \\ 0 \end{matrix}\right. & \begin{matrix} -1 \\ 2 \end{matrix} & \begin{matrix} 2 \\ -2 \end{matrix} & \left.\begin{matrix} -3 \\ 2 \end{matrix}\right] \end{matrix} \text{ या } Y = \begin{matrix} A \\ B \\ C \\ D \end{matrix} \begin{bmatrix} 3 & 0 \\ -1 & 2 \\ 2 & -2 \\ -3 & 2 \end{bmatrix}$$

आव्यूह का निर्माण Formation of a Matrix

कभी-कभी आव्यूह के अवयवों और कोटि में एक सम्बन्ध दिया जाता है। जिससे ऐसा आव्यूह बनाना होता है। जिस के सभी अवयव इस सम्बन्ध को सन्तुष्ट करें। इसके लिए दी गई कोटि के अनुसार सम्बन्ध में $\hat{i}$ और $\hat{j}$ के विभिन्न मान रखकर विभिन्न अवयव ज्ञात करते हैं और फिर उन्हें आव्यूह रूप में लिखते हैं।

आव्यूहों के प्रकार Types of Matrices

आव्यूहों के विभिन्न प्रकार निम्नलिखित हैं

1. **पंक्ति आव्यूह** Row Matrix

ऐसा आव्यूह, जिसमें केवल एक ही पंक्ति हो, पंक्ति आव्यूह कहलाता है। जैसे— [5 2 4], एक 1×3 क्रम का पंक्ति आव्यूह है।

2. **स्तम्भ आव्यूह** Column Matrix

ऐसा आव्यूह, जिसमें केवल एक ही स्तम्भ हो, स्तम्भ आव्यूह कहलाता है।

जैसे— $\begin{bmatrix} 1 \\ 5 \\ 7 \end{bmatrix}$ एक 3×1 क्रम का स्तम्भ आव्यूह है।

3. **शून्य या रिक्त आव्यूह** Zero or Null or Void Matrix

$m \times n$ क्रम का ऐसा आव्यूह, जिसका प्रत्येक अवयव शून्य हो, उसे शून्य या रिक्त आव्यूह कहते हैं तथा इसे सामान्यत: O से व्यक्त करते हैं।

जैसे— $\begin{bmatrix} 0 & 0 & 0 \\ 0 & 0 & 0 \end{bmatrix}$ एक 2×3 क्रम का शून्य आव्यूह या रिक्त आव्यूह है।

4. **वर्ग आव्यूह** Square Matrix

ऐसा आव्यूह, जिसमें पंक्तियों तथा स्तम्भों की संख्या समान हों, वर्ग आव्यूह कहलाता है।

जैसे— $\begin{bmatrix} 1 & 3 \\ 7 & 4 \end{bmatrix}$ एक 2×2 क्रम का वर्ग आव्यूह है।

एक वर्ग आव्यूह $A = [a_{ij}]_{n \times n}$, जोकि $n \times n$ क्रम का आव्यूह है, को n क्रम का वर्ग आव्यूह अथवा n पंक्तियों वाला वर्ग आव्यूह कहते हैं, इसमें अवयव a_{ij} तथा a_{ji} **संयुग्मी अवयव** (Conjugate element) कहलाते हैं।

5. **विकर्ण आव्यूह** Diagonal Matrix

वर्ग आव्यूह, जिसके मुख्य विकर्ण के अतिरिक्त सभी अवयव शून्य हों, विकर्ण आव्यूह कहलाता है अर्थात् $a_{ij} = 0$, जब $i \neq j$ है।

जैसे— $\begin{bmatrix} d_1 & 0 & 0 \\ 0 & d_2 & 0 \\ 0 & 0 & d_3 \end{bmatrix}$ एक विकर्ण आव्यूह है, जिसे diag $[d_1, d_2, d_3]$ या विकर्ण $[d_1, d_2, d_3]$ द्वारा निरूपित किया जाता है।

नोट यदि $A = [a_{ij}]$ एक n कोटि का वर्ग आव्यूह है, तब अवयव $a_{11}, a_{22}, a_{33}, \ldots, a_n$ को आव्यूह A के **विकर्ण अवयव** (Diagonal elements) कहते हैं।

जैसे-यदि $A = \begin{bmatrix} 4 & 5 & 1 \\ 8 & 3 & 2 \\ 3 & 2 & 8 \end{bmatrix}$ है, तब A के विकर्ण अवयव 4, 3 तथा 8 हैं।

6. **अदिश आव्यूह** Scalar Matrix

विकर्ण आव्यूह जिसमें विकर्ण के सभी अवयव बराबर हों, अदिश आव्यूह कहलाता है अर्थात् $a_{ij} = \begin{cases} 0, \text{ जब } i \neq j \\ \text{अचर } k, \text{ जब } i = j (k \neq 0) \end{cases}$

जैसे— $\begin{bmatrix} 4 & 0 & 0 \\ 0 & 4 & 0 \\ 0 & 0 & 4 \end{bmatrix}$ तथा $\begin{bmatrix} -1 & 0 \\ 0 & -1 \end{bmatrix}$ क्रमश: 3 तथा 2 क्रम के अदिश आव्यूह हैं।

7. **इकाई या तत्समक आव्यूह** Unit or Identity Matrix

एक वर्ग आव्यूह, जिसके विकर्ण के सभी अवयव 1 होते हैं तथा शेष अन्य सभी अवयव शून्य होते हैं, तत्समक आव्यूह कहलाता है। दूसरे शब्दों में, वर्ग आव्यूह $A = [a_{ij}]_{n \times n}$ एक तत्समक आव्यूह है, यदि $a_{ij} = \begin{cases} 1, \text{ यदि } i = j \\ 0, \text{ यदि } i \neq j \end{cases}$ हो।

इकाई या तत्समक आव्यूह को I_n से व्यक्त करते हैं, जहाँ n इकाई आव्यूह का क्रम है।

जैसे—(i) $I_2 = \begin{bmatrix} 1 & 0 \\ 0 & 1 \end{bmatrix}$ एक 2×2 क्रम का इकाई या तत्समक आव्यूह है।

(ii) $I_3 = \begin{bmatrix} 1 & 0 & 0 \\ 0 & 1 & 0 \\ 0 & 0 & 1 \end{bmatrix}$ एक 3×3 क्रम का इकाई आव्यूह है।

आव्यूहों की समानता Equality of Matrices

दो आव्यूह $A = [a_{ij}]$ एवं $B = [b_{ij}]$ समान कहलाते हैं, यदि

(i) A और B दोनों तुल्य हों अर्थात् समान कोटि के हों।

(ii) A का प्रत्येक अवयव, B के संगत अवयव के समान हो अर्थात् i तथा j के सभी मानों के लिए $a_{ij} = b_{ij}$ हों।

जैसे— $\begin{bmatrix} 1 & 2 \\ 0 & 4 \end{bmatrix}$ एवं $\begin{bmatrix} 1 & 2 \\ 0 & 4 \end{bmatrix}$ समान आव्यूह हैं, लेकिन $\begin{bmatrix} 1 & 2 \\ 0 & 4 \end{bmatrix}$ एवं $\begin{bmatrix} 2 & 1 \\ 4 & 0 \end{bmatrix}$ समान आव्यूह नहीं हैं, क्योंकि इनके संगत अवयव समान नहीं हैं।

आव्यूहों पर संक्रियाएँ Operations on Matrices

आव्यूहों का योग Addition of Matrices

यदि दो आव्यूह $A = [a_{ij}]$ तथा $B = [b_{ij}]$ एक ही क्रम के हों, तो वे योग के लिए सुसंगत होते हैं तथा इनका योग $A + B$ से निरूपित करते हैं जोकि इनके संगत अवयवों को जोड़कर प्राप्त होता है। $A + B$ का क्रम वही होता है, जो क्रम A एवं B का है।

अत: $A + B = [a_{ij}]_{m \times n} + [b_{ij}]_{m \times n} = [a_{ij} + b_{ij}]_{m \times n}$, प्रत्येक i तथा j के लिए

जैसे— यदि $A = \begin{bmatrix} 1 & 2 & 3 \\ 4 & 5 & 6 \end{bmatrix}$ व $B = \begin{bmatrix} 2 & -3 & 4 \\ -3 & -2 & -1 \end{bmatrix}$ हो, तो

$$A + B = \begin{bmatrix} 1+2 & 2-3 & 3+4 \\ 4-3 & 5-2 & 6-1 \end{bmatrix} = \begin{bmatrix} 3 & -1 & 7 \\ 1 & 3 & 5 \end{bmatrix}$$

नोट (i) यदि दो आव्यूह योग के अनुरूप हों, तो उनका योग एक द्विआधारी संक्रिया (Binary operation) का उदाहरण है।

(ii) यदि $A = \begin{bmatrix} -2 & 4 & 7 \\ 3 & 2 & 3 \end{bmatrix}$ व $B = \begin{bmatrix} 1 & 3 \\ -1 & 4 \end{bmatrix}$ हो, तो $A + B$ अस्तित्व में नहीं होगा, क्योंकि A तथा B समान क्रम में नहीं हैं

एक आव्यूह का एक अदिश द्वारा गुणन

Multiplication of a Matrix by a Scalar

यदि एक आव्यूह $A = [a_{ij}]_{m \times n}$ तथा k कोई अशून्य अदिश संख्या है, तो आव्यूह A के प्रत्येक अवयव को k से गुणा कर प्राप्त आव्यूह को आव्यूह A का k गुना आव्यूह कहते हैं तथा इसे kA द्वारा प्रदर्शित किया जाता है।

अर्थात् $kA = [ka_{ij}]_{m\times n} = [k(a_{ij})]_{m\times n}$

जैसे—यदि $A = \begin{bmatrix} 7 & 18 \\ -1 & 3 \end{bmatrix}$ तथा $k = 3$ है।

तब, $kA = 3\begin{bmatrix} 7 & 18 \\ -1 & 3 \end{bmatrix} = \begin{bmatrix} 3\times 7 & 3\times 18 \\ 3\times(-1) & 3\times 3 \end{bmatrix} = \begin{bmatrix} 21 & 54 \\ -3 & 9 \end{bmatrix}$

नोट आव्यूह की किसी अदिश संख्या से गुणा को आव्यूह का **अदिश गुणन** भी कहते हैं।

ऋणात्मक आव्यूह Negative of a Matrix

किसी दिए गए आव्यूह $A = [a_{ij}]$ के ऋणात्मक आव्यूह को $-A$ द्वारा निर्दिष्ट किया जाता है तथा इसे $-A = (-1)A = [-a_{ij}]$ द्वारा परिभाषित करते हैं।

जैसे– माना $A = \begin{bmatrix} 1 & 3 \\ 4 & -1 \end{bmatrix}$ है, तब

$$-A = (-1)A = (-1)\begin{bmatrix} 1 & 3 \\ 4 & -1 \end{bmatrix} = \begin{bmatrix} -1 & -3 \\ -4 & 1 \end{bmatrix}$$

आव्यूहों का व्यवकलन (अन्तर)

Subtraction (or Difference) of Matrices

जब दो आव्यूह $A = [a_{ij}]$ तथा $B = [b_{ij}]$ एक ही क्रम के हों, तो वे व्यवकलन के लिए अनुकूलनीय होते हैं। इनका व्यवकलन $A - B$ द्वारा निरूपित किया जाता है तथा इसे A के अवयवों में से B के संगत अवयवों को घटाकर प्राप्त करते हैं और $A - B$ का क्रम वही होता है, जो क्रम A एवं B का होता है।

अर्थात् $A - B = A + (-B) = [a_{ij}]_{m\times n} - [b_{ij}]_{m\times n} = [a_{ij} - b_{ij}]_{m\times n}$

जैसे—माना $A = \begin{bmatrix} 2 & 4 \\ 8 & 6 \end{bmatrix}$ तथा $B = \begin{bmatrix} 1 & -5 \\ -3 & 8 \end{bmatrix}$

तब $A - B = \begin{bmatrix} 2 & 4 \\ 8 & 6 \end{bmatrix} - \begin{bmatrix} 1 & -5 \\ -3 & 8 \end{bmatrix} = \begin{bmatrix} 2-1 & 4-(-5) \\ 8-(-3) & 6-7 \end{bmatrix} = \begin{bmatrix} 1 & 9 \\ 11 & -2 \end{bmatrix}$

आव्यूह योग के गुणधर्म Properties of Matrix Addition

1. **क्रमविनिमय नियम** (Commutative Law) यदि A तथा B दो समान क्रम (माना $m \times n$) के आव्यूह हैं, तब $A + B = B + A$

अत: आव्यूहों का योग क्रमविनिमेय नियम का पालन करता है।

जैसे– माना $A = \begin{bmatrix} 2 & 3 \\ 4 & 5 \end{bmatrix}_{2\times 2}$ तथा $B = \begin{bmatrix} 1 & 4 \\ 3 & 2 \end{bmatrix}_{2\times 2}$

तब, $A + B = \begin{bmatrix} 2+1 & 3+4 \\ 4+3 & 5+2 \end{bmatrix} = \begin{bmatrix} 3 & 7 \\ 7 & 7 \end{bmatrix}_{2\times 2}$

तथा $B + A = \begin{bmatrix} 1+2 & 4+3 \\ 3+4 & 2+5 \end{bmatrix} = \begin{bmatrix} 3 & 7 \\ 7 & 7 \end{bmatrix}_{2\times 2}$

$\therefore$ $A + B = B + A$

2. **साहचर्य नियम** (Associative Law) यदि A, B तथा C समान क्रम (माना $m \times n$) के आव्यूह हैं, तब

$$(A + B) + C = A + (B + C)$$

अत: आव्यूहों का योग साहचर्य नियम का पालन करता है।

जैसे– यदि $A = \begin{bmatrix} 1 & -2 \\ -2 & 1 \end{bmatrix}$, $B = \begin{bmatrix} 2 & -1 \\ -2 & 4 \end{bmatrix}$ तथा $C = \begin{bmatrix} 0 & 3 \\ 5 & -4 \end{bmatrix}$ हो,

तब, $A + B = \begin{bmatrix} 1+2 & -2-1 \\ -2-2 & 1+4 \end{bmatrix} = \begin{bmatrix} 3 & -3 \\ -4 & 5 \end{bmatrix}$

अब, $(A + B) + C = \begin{bmatrix} 3 & -3 \\ -4 & 5 \end{bmatrix} + \begin{bmatrix} 0 & 3 \\ 5 & -4 \end{bmatrix}$

$= \begin{bmatrix} 3+0 & -3+3 \\ -4+5 & 5-4 \end{bmatrix} = \begin{bmatrix} 3 & 0 \\ 1 & 1 \end{bmatrix}$ ...(i)

$\because$ $B + C = \begin{bmatrix} 2 & -1 \\ -2 & 4 \end{bmatrix} + \begin{bmatrix} 0 & 3 \\ 5 & -4 \end{bmatrix} = \begin{bmatrix} 2+0 & -1+3 \\ -2+5 & 4-4 \end{bmatrix} = \begin{bmatrix} 2 & 2 \\ 3 & 0 \end{bmatrix}$

अब, $A + (B + C) = \begin{bmatrix} 1 & -2 \\ -2 & 1 \end{bmatrix} + \begin{bmatrix} 2 & 2 \\ 3 & 0 \end{bmatrix}$

$= \begin{bmatrix} 1+2 & -2+2 \\ -2+3 & 1+0 \end{bmatrix} = \begin{bmatrix} 3 & 0 \\ 1 & 1 \end{bmatrix}$ ...(ii)

समी (i) व (ii) से, $(A + B) + C = A + (B + C)$

3. **योज्य तत्समक का अस्तित्व** (Existence of Additive Identity) माना A एक $m \times n$ क्रम का आव्यूह है तथा O, $m \times n$ क्रम का शून्य आव्यूह है, तब $A + O = O + A = A$ अर्थात् योग के लिए O आव्यूह योज्य तत्समक होता है।

नोट $O, m \times n$ क्रम का कोई शून्य आव्यूह है तथा $m \times n$ क्रम के किसी भी आव्यूह के लिए योज्य तत्समक का कार्य करता है।

4. **योज्य प्रतिलोम का अस्तित्व** (Existence of Additive Inverse) माना A एक $m \times n$ क्रम का कोई आव्यूह है, तब आव्यूह $-A$ इस प्रकार होगा कि $A + (-A) = (-A) + A = O$, जहाँ O, $m \times n$ क्रम का शून्य आव्यूह है। अत: $-A, A$ का योज्य प्रतिलोम या ऋणात्मक होता है।

जैसे– आव्यूह $A = \begin{bmatrix} -3 & 1 & 2 \\ -1 & -2 & 5 \end{bmatrix}_{2\times 3}$ का योज्य प्रतिलोम आव्यूह

$(-A) = \begin{bmatrix} 3 & -1 & -2 \\ 1 & 2 & -5 \end{bmatrix}_{2\times 3}$ है।

$\therefore$ $A + (-A) = \begin{bmatrix} -3 & 1 & 2 \\ -1 & -2 & 5 \end{bmatrix} + \begin{bmatrix} 3 & -1 & -2 \\ 1 & 2 & -5 \end{bmatrix}$

$= \begin{bmatrix} 0 & 0 & 0 \\ 0 & 0 & 0 \end{bmatrix}_{2\times 3} = O$

आव्यूह के अदिश गुणन के गुणधर्म

Properties of Scalar Multiplication of a Matrix

यदि A एवं B समान क्रम के दो आव्यूह हैं तथा k एवं l दो अदिश राशियाँ हैं, तब

(i) $k(A + B) = kA + kB$, जहाँ k एक अचर है।

(ii) $(k_1 + k_2)A = k_1A + k_2A$, जहाँ k_1 तथा k_2 अचर हैं।

(iii) $k(lA) = l(kA) = (lk)A$, जहाँ k तथा l अचर हैं।

आव्यूहों का गुणन Multiplication of Matrices

दो आव्यूहों A तथा B का गुणनफल परिभाषित होता है, यदि A में स्तम्भों की संख्या, B में पंक्तियों की संख्या के बराबर हों।

माना $A = [a_{ij}]$ एक $m \times n$ कोटि का आव्यूह है तथा $B = [b_{jk}]$ एक $n \times p$ कोटि का आव्यूह है, तब A और B का गुणनफल एक $m \times p$ कोटि का आव्यूह C होगा।

अत: $C = [c_{ik}]_{m \times p} = AB = [a_{ij}]_{m \times n} \quad [b_{jk}]_{n \times p}$

समान संख्या

परिणामी आव्यूह का क्रम

आव्यूह C का (i, k)वाँ अवयव C_{ik} प्राप्त करने के लिए हम A की iवीं पंक्ति तथा B के kवें स्तम्भ को लेते हैं और फिर उनके अवयवों का क्रमानुसार गुणन करते हैं, तत्पश्चात् उन सभी गुणनफलों का योग करते हैं।

जैसे— $[1 4]\begin{bmatrix} 3 \\ 2 \end{bmatrix} = \begin{bmatrix} 1 \times 3 \\ 4 \times 2 \end{bmatrix} = \begin{bmatrix} 3 \\ 12 \end{bmatrix}$ [पंक्ति को स्तम्भ से गुणा करने पर]

नोट यदि आव्यूह गुणनफल AB सम्भव है, तो यह आवश्यक नहीं है कि गुणनफल BA भी सम्भव हो। यदि गुणनफल BA भी सम्भव हो, तब $A, m \times n$ क्रम का आव्यूह है, तो $B, n \times m$ क्रम का आव्यूह होगा तथा दोनों गुणनफल वर्ग आव्यूह ($AB, m \times m$ तथा $BA, n \times n$) होंगे।

आव्यूहों के गुणन के गुणधर्म
Properties of Multiplication of Matrices

आव्यूहों के गुणन के गुणधर्म निम्न प्रकार हैं

1. **साहचर्य नियम** (Associative law) आव्यूह गुणन में साहचर्य नियम का पालन नहीं होता हैं अर्थात् यदि A, B तथा C तीन आव्यूह हैं, तब $(AB)C = A(BC)$, जब समीकरण के दोनों पक्ष परिभाषित हों।
2. **वितरण नियम** (Distributive law) आव्यूह गुणन में वितरण (बंटन) नियम का पालन होता है अर्थात् यदि A, B तथा C तीन आव्यूह हैं, तब

   $A(B + C) = AB + AC$ या $(A + B)C = AC + BC$, जब समीकरण के दोनों पक्ष परिभाषित हों।
3. **गुणन के तत्समक का अस्तित्व** (Existence of multiplicative identity) प्रत्येक वर्ग आव्यूह A के लिए समान कोटि के एक आव्यूह I का अस्तित्व इस प्रकार है कि $IA = AI = A$
4. **अक्रमविनिमेयता** (Non-commutativity) सामान्यत: आव्यूह गुणन में क्रमविनिमेय नियम का पालन नहीं होता है अर्थात् माना A एवं B दो आव्यूह हैं तथा AB एवं BA दोनों परिभाषित भी हों, तब यह आवश्यक नहीं है कि $AB = BA$ हो।
5. **दो शून्येत्तर आव्यूहों के गुणनफल के रूप में शून्य आव्यूह** (Zero matrix as the product of two non-zero matrices) यदि दो आव्यूहों का गुणन (Multiplication) एक शून्य आव्यूह है, तब यह आवश्यक नहीं है कि उनमें से एक आव्यूह अनिवार्यत: शून्य आव्यूह हो।

   जैसे— $A = \begin{bmatrix} 0 & -1 \\ 0 & 2 \end{bmatrix} \neq O, B = \begin{bmatrix} 3 & 5 \\ 0 & 0 \end{bmatrix} \neq O$

   परन्तु $AB = \begin{bmatrix} 0 & -1 \\ 0 & 2 \end{bmatrix}\begin{bmatrix} 3 & 5 \\ 0 & 0 \end{bmatrix} = \begin{bmatrix} 0 & 0 \\ 0 & 0 \end{bmatrix} = O$

आव्यूह का परिवर्त Transpose of a Matrix

यदि किसी आव्यूह A की पंक्तियों और स्तम्भों को परस्पर बदल (Interchange) दिया जाए, तो इस प्रकार प्राप्त नए आव्यूह को आव्यूह A का **परिवर्त आव्यूह** कहते हैं तथा इसे A' या A^T से निरूपित करते हैं।

दूसरे शब्दों में, यदि $A = [a_{ij}]_{m \times n}$ हो, तब $A' = [a_{ji}]_{n \times m}$ होगा।

जैसे— माना $A = \begin{bmatrix} 1 & 5 \\ \sqrt{2} & 1 \\ -1/5 & 0 \end{bmatrix}_{3 \times 2}$ है, तब $A' = \begin{bmatrix} 1 & \sqrt{2} & -1/5 \\ 5 & 1 & 0 \end{bmatrix}$

नोट स्तम्भ आव्यूह का परिवर्त एक पंक्ति आव्यूह तथा पंक्ति आव्यूह का परिवर्त एक स्तम्भ आव्यूह होता है।

आव्यूह के परिवर्त के गुणधर्म
Properties of Transpose of a Matrix

किन्हीं दो आव्यूहों A तथा B के लिए,

(i) $(A')' = A$

(ii) $(kA)' = kA'$, जहाँ k एक अचर राशि है।

(iii) $(A + B)' = A' + B'$

(iv) $(AB)' = B'A'$ [व्युत्क्रम नियम]

सममित आव्यूह Symmetric Matrix

एक वर्ग आव्यूह $A = [a_{ij}]$ सममित आव्यूह कहलाता है, यदि और केवल यदि $[a_{ij}] = [a_{ji}]$, प्रत्येक i, j के लिए अर्थात् यदि $A' = A$ हो, तो आव्यूह A सममित आव्यूह कहलाता है।

जैसे— माना $A = \begin{bmatrix} 3 & -4 \\ -4 & 6 \end{bmatrix}$, तब $A' = \begin{bmatrix} 3 & -4 \\ -4 & 6 \end{bmatrix}$

$\because \quad A' = A$

अत: आव्यूह A, एक सममित आव्यूह है।

विषम सममित आव्यूह Skew-symmetric Matrix

एक वर्ग आव्यूह A विषम सममित आव्यूह कहलाता है, यदि और केवल यदि $a_{ij} = \begin{cases} -a_{ji}, & \text{जब } i \neq j \\ 0, & \text{जब } i = j \end{cases}$, प्रत्येक i, j के लिए अर्थात् यदि $A' = -A$ हो, तो आव्यूह A विषम सममित आव्यूह कहलाता है।

जैसे— (i) माना $A = \begin{bmatrix} 0 & -2 \\ 2 & 0 \end{bmatrix}$, तब $A' = \begin{bmatrix} 0 & 2 \\ -2 & 0 \end{bmatrix}$

$\because \quad A' = -A$

अत: आव्यूह A, एक विषम सममित आव्यूह है।

(ii) माना $B = \begin{bmatrix} 0 & h & -g \\ -h & 0 & f \\ g & -f & 0 \end{bmatrix}$

तब, $B' = \begin{bmatrix} 0 & -h & g \\ h & 0 & -f \\ -g & f & 0 \end{bmatrix} = -\begin{bmatrix} 0 & h & -g \\ -h & 0 & f \\ g & -f & 0 \end{bmatrix}$

$\because \quad B' = -B$

अत: आव्यूह B, एक विषम सममित आव्यूह है।

प्रतिलोमीय (व्युत्क्रमणीय) आव्यूह

Invertible Matrices

n क्रम का कोई वर्ग आव्यूह प्रतिलोमीय आव्यूह कहलाता है, यदि किसी अन्य समान क्रम n के वर्ग आव्यूह B का अस्तित्व इस प्रकार हो कि $AB = I_n = BA$, तब आव्यूह B, A का **प्रतिलोम या व्युत्क्रम** (Inverse) कहलाता है तथा इसे A^{-1} द्वारा निरूपित किया जाता है।

जैसे—माना $A = \begin{bmatrix} 1 & 2 \\ 2 & -1 \end{bmatrix}$ तथा $B = \begin{bmatrix} \frac{1}{5} & \frac{2}{5} \\ \frac{2}{5} & -\frac{1}{5} \end{bmatrix}$, तब $AB = \begin{bmatrix} 1 & 0 \\ 0 & 1 \end{bmatrix} = BA$

अत: $B = A^{-1}$ तथा $A = B^{-1}$ अर्थात् A तथा B एक-दूसरे के प्रतिलोम (या व्युत्क्रम) आव्यूह हैं।

नोट (i) किसी आयताकार (Rectangular) आव्यूह का व्युत्क्रम आव्यूह नहीं होता है, क्योंकि गुणनफल AB तथा BA के परिभाषित होने और समान होने के लिए यह अनिवार्य है कि A तथा B समान कोटि के वर्ग आव्यूह हों।

(ii) यदि A का प्रतिलोम आव्यूह B है, तब B का प्रतिलोम आव्यूह भी A है।

अभ्यास प्रश्न

1. यदि किसी आव्यूह में 10 अवयव हैं, तो इसकी सम्भव कोटियों की संख्या होगी

(a) 1 (b) 2
(c) 4 (d) 5

2. यदि $A = \begin{bmatrix} 2 & 2 \\ 4 & -6 \end{bmatrix}$ तथा $B = \begin{bmatrix} 7 & 6 \\ -5 & 8 \end{bmatrix}$, तो $A + B$ का मान होगा

(a) $\begin{bmatrix} 9 & 8 \\ -1 & 2 \end{bmatrix}$ (b) $\begin{bmatrix} 9 & -1 \\ 8 & 2 \end{bmatrix}$
(c) $\begin{bmatrix} 8 & 9 \\ -1 & 2 \end{bmatrix}$ (d) $\begin{bmatrix} 1 & 8 \\ 9 & 4 \end{bmatrix}$

3. यदि $\begin{bmatrix} x \\ y \end{bmatrix} = \begin{bmatrix} 3 & 4 \\ 2 & 3 \end{bmatrix}\begin{bmatrix} 4 \\ 2 \end{bmatrix}$, तो x तथा y के मान क्रमश: होंगे

(a) 30, 14 (b) 20, 14
(c) 10, 14 (d) 14, 10

4. x तथा y के मान क्या होंगे, यदि $\begin{bmatrix} x & y \\ 3y & x \end{bmatrix}\begin{bmatrix} 1 \\ 2 \end{bmatrix} = \begin{bmatrix} 3 \\ 5 \end{bmatrix}$ हो?

(a) 2, 2 (b) 3, 3
(c) 1, 1 (d) 4, 5

5. यदि $A = \begin{bmatrix} 0 & 1 & 5 \\ -3 & 2 & 1 \end{bmatrix}$ व $B = \begin{bmatrix} 6 & 2 & -3 \\ -1 & 4 & 2 \end{bmatrix}$ है, तब $A + B$ का मान है

(a) $\begin{bmatrix} 6 & 3 & 2 \\ -4 & 6 & 3 \end{bmatrix}$ (b) $\begin{bmatrix} 3 & 5 & 8 \\ -4 & 6 & 9 \end{bmatrix}$
(c) $\begin{bmatrix} 3 & 2 & 6 \\ 3 & 6 & -4 \end{bmatrix}$ (d) इनमें से कोई नहीं

6. यदि $\begin{bmatrix} x+y \\ x-y \end{bmatrix} = \begin{bmatrix} 6 \\ 4 \end{bmatrix}$ है, तब x व y के मान क्रमश: हैं

(a) 4, 2 (b) 5, 1 (c) 3, 3 (d) 2, 4

7. यदि $A = \begin{bmatrix} 1 & -2 & 3 \\ 4 & 5 & -1 \\ 5 & 0 & 2 \end{bmatrix}$ है, तब $3A$ का मान क्या होगा?

(a) $\begin{bmatrix} 3 & -6 & 9 \\ 12 & 15 & -3 \\ 15 & 0 & 6 \end{bmatrix}$ (b) $\begin{bmatrix} 2 & -6 & 8 \\ 12 & -3 & 15 \\ 15 & 6 & 0 \end{bmatrix}$
(c) $\begin{bmatrix} 8 & -6 & 2 \\ 12 & -3 & 15 \\ 0 & 6 & 15 \end{bmatrix}$ (d) इनमें से कोई नहीं

8. a, b तथा c के मान ज्ञात कीजिए, यदि $\begin{bmatrix} a & 3 \\ 2 & c \end{bmatrix} = \begin{bmatrix} 1 & b \\ 2 & 2 \end{bmatrix}$ हो।

(a) $a = 1, b = 2, c = 3$ (b) $a = 1, b = 3, c = 2$
(c) $a = -1, b = 2, c = -3$ (d) इनमें से कोई नहीं

9. यदि $\begin{bmatrix} x-y & 2x+z \\ 2x-y & 3z+w \end{bmatrix} = \begin{bmatrix} -1 & 5 \\ 0 & 13 \end{bmatrix}$, तब x, y, z तथा w के मान क्रमश: होंगे।

(a) 1, 2, 3, 4 (b) 4, 3, 2, 1 (c) 3, 2, 4, 1 (d) 4, 2, 1, 3

10. यदि $A = \begin{bmatrix} 2+i & -i \\ 3 & 4i \end{bmatrix}$ तथा $B = \begin{bmatrix} 1+i & 2i \\ 2i & 3 \end{bmatrix}$ हो, तो $A + B$ का मान बताइए।

(a) $\begin{bmatrix} 1+i & 2+3i \\ 3+2i & 1-i \end{bmatrix}$ (b) $\begin{bmatrix} 3+2i & 1-i \\ 1+i & 2+3i \end{bmatrix}$
(c) $\begin{bmatrix} 3+2i & i \\ 3+2i & 4i+3 \end{bmatrix}$ (d) इनमें से कोई नहीं

11. यदि $A = \begin{bmatrix} 2 & 3 \\ 4 & -5 \end{bmatrix}$ तथा $B = \begin{bmatrix} 8 & 9 \\ 6 & 7 \end{bmatrix}$ हो, तो $2A + 3B$ का मान बताइए।

(a) $\begin{bmatrix} 28 & 33 \\ 26 & 11 \end{bmatrix}$ (b) $\begin{bmatrix} 20 & 31 \\ 22 & 33 \end{bmatrix}$ (c) $\begin{bmatrix} 18 & 27 \\ 21 & 33 \end{bmatrix}$ (d) $\begin{bmatrix} 15 & 25 \\ 20 & 35 \end{bmatrix}$

12. यदि $A = \begin{bmatrix} 4 & 4 \\ 2 & 7 \end{bmatrix}$, $B = \begin{bmatrix} 1 & 2 \\ -1 & 3 \end{bmatrix}$ तथा $C = \begin{bmatrix} 1 & 4 \\ 3 & -5 \end{bmatrix}$, तब $A - B - C$ का मान ज्ञात कीजिए।

(a) $\begin{bmatrix} 0 & 9 \\ 2 & -2 \end{bmatrix}$ (b) $\begin{bmatrix} 1 & 0 \\ 0 & -2 \end{bmatrix}$ (c) $\begin{bmatrix} 1 & 2 \\ 2 & -1 \end{bmatrix}$ (d) $\begin{bmatrix} 2 & -2 \\ 0 & 9 \end{bmatrix}$

13. यदि $A = \begin{bmatrix} 1 & 2 & 3 \\ 0 & 5 & 7 \\ 6 & 8 & 9 \end{bmatrix}$ तथा $B = \begin{bmatrix} 2 & 0 & 3 \\ 3 & 0 & 5 \\ 5 & 7 & 0 \end{bmatrix}$ है, तो $3A - 2B$ ज्ञात कीजिए।

(a) $\begin{bmatrix} -1 & 6 & 3 \\ -6 & 15 & 11 \\ 8 & 10 & 27 \end{bmatrix}$ (b) $\begin{bmatrix} 6 & 1 & 3 \\ 15 & 6 & 11 \\ 12 & -8 & -27 \end{bmatrix}$

(c) $\begin{bmatrix} 3 & -1 & 6 \\ -11 & 6 & -15 \\ 27 & -8 & 10 \end{bmatrix}$ (d) इनमें से कोई नहीं

14. x, y, z, t के मान ज्ञात कीजिए, जो समीकरण

$2\begin{bmatrix} x & z \\ y & t \end{bmatrix} + 3\begin{bmatrix} 1 & -1 \\ 0 & 2 \end{bmatrix} = 3\begin{bmatrix} 3 & 5 \\ 4 & 6 \end{bmatrix}$ को सन्तुष्ट करते हैं।

(a) $x = 1, y = 2, z = 3, t = 4$

(b) $x = 3, y = 6, z = 9, t = 6$

(c) $x = 6, y = 5, z = 3, t = 4$

(d) $x = 2, y = 4, z = 6, t = 8$

15. आव्यूह X ज्ञात कीजिए, यदि $A + 2B + X = 0$, जहाँ

$A = \begin{bmatrix} 2 & -1 \\ 3 & 5 \end{bmatrix}$ तथा $B = \begin{bmatrix} -1 & 1 \\ 0 & 2 \end{bmatrix}$ है।

(a) $\begin{bmatrix} 0 & -1 \\ -3 & -9 \end{bmatrix}$ (b) $\begin{bmatrix} -1 & 3 \\ 9 & 0 \end{bmatrix}$

(c) $\begin{bmatrix} -3 & 9 \\ 0 & 1 \end{bmatrix}$ (d) $\begin{bmatrix} 1 & 0 \\ 9 & -3 \end{bmatrix}$

16. यदि $A = \begin{bmatrix} 0 & -1 \\ 0 & 2 \end{bmatrix}$ तथा $B = \begin{bmatrix} 3 & 5 \\ 0 & 0 \end{bmatrix}$ है, तो $A \cdot B$ का मान ज्ञात कीजिए।

(a) $\begin{bmatrix} 0 & 1 \\ 1 & 0 \end{bmatrix}$ (b) $\begin{bmatrix} 1 & 0 \\ 0 & 1 \end{bmatrix}$

(c) $\begin{bmatrix} 0 & 2 \\ 2 & 0 \end{bmatrix}$ (d) $\begin{bmatrix} 0 & 0 \\ 0 & 0 \end{bmatrix}$

17. यदि $P = \begin{bmatrix} x & 0 & 0 \\ 0 & y & 0 \\ 0 & 0 & z \end{bmatrix}$ तथा $Q = \begin{bmatrix} a & 0 & 0 \\ 0 & b & 0 \\ 0 & 0 & c \end{bmatrix}$, तो PQ का मान होगा

(a) $\begin{bmatrix} ax & 0 & 0 \\ 0 & by & 0 \\ 0 & 0 & cz \end{bmatrix}$ (b) $\begin{bmatrix} 0 & by & 0 \\ ax & 0 & 0 \\ 0 & 0 & cz \end{bmatrix}$

(c) $\begin{bmatrix} 0 & 0 & cz \\ 0 & by & 0 \\ ax & 0 & 0 \end{bmatrix}$ (d) इनमें से कोई नहीं

18. आव्यूह गुणन का प्रयोग करके ₹ 30000 को दो भागों में इस प्रकार विभाजित करें कि पहले भाग पर 9% तथा दूसरे भाग पर 11% की दर पर कुल वार्षिक ब्याज ₹ 3060 है।

(a) ₹ 12000, ₹ 18000 (b) ₹ 15000, ₹ 17000

(c) ₹ 20000, ₹ 22000 (d) ₹ 10000, ₹ 12000

19. x के किस मान के लिए आव्यूह $A = \begin{bmatrix} 0 & 1 & -2 \\ -1 & 0 & 3 \\ x & -3 & 0 \end{bmatrix}$ एक विषम सममित आव्यूह है?

(a) 0 (b) 1 (c) 2 (d) 3

20. यदि $x + y = \begin{bmatrix} 4 & 2 \\ 2 & 4 \end{bmatrix}$ तथा $2x - y = \begin{bmatrix} 2 & 10 \\ 10 & 2 \end{bmatrix}$, तो x का मान ज्ञात कीजिए।

(a) $\begin{bmatrix} 2 & 4 \\ 4 & 2 \end{bmatrix}$ (b) $\begin{bmatrix} 1 & 2 \\ 2 & 1 \end{bmatrix}$ (c) $\begin{bmatrix} 2 & 5 \\ 4 & 6 \end{bmatrix}$ (d) इनमें से कोई नहीं

21. यदि $A = \begin{bmatrix} \cos\alpha & \sin\alpha \\ -\sin\alpha & \cos\alpha \end{bmatrix}$, तो A^2 का मान ज्ञात कीजिए।

(a) $\begin{bmatrix} \sin 2\alpha & \cos 2\alpha \\ -\cos 2\alpha & -\sin 2\alpha \end{bmatrix}$ (b) $\begin{bmatrix} \cos 2\alpha & \sin 2\alpha \\ -\sin 2\alpha & \cos 2\alpha \end{bmatrix}$

(c) $\begin{bmatrix} \sin\alpha & \cos\alpha \\ -\cos\alpha & -\sin\alpha \end{bmatrix}$ (d) इनमें से कोई नहीं

22. यदि $A = \begin{bmatrix} 0 & 1 \\ 1 & 0 \end{bmatrix}$, तो A^4 का मान ज्ञात कीजिए।

(a) $\begin{bmatrix} 1 & 2 \\ 2 & 1 \end{bmatrix}$ (b) $\begin{bmatrix} 1 & 0 \\ 0 & 2 \end{bmatrix}$ (c) $\begin{bmatrix} 1 & 0 \\ 0 & 1 \end{bmatrix}$ (d) $\begin{bmatrix} 0 & 1 \\ 1 & 0 \end{bmatrix}$

23. यदि $x + y = \begin{bmatrix} 2 & 1 \\ 1 & 2 \end{bmatrix}$ तथा $2x - y = \begin{bmatrix} 1 & 2 \\ 2 & 1 \end{bmatrix}$, तो x का मान ज्ञात कीजिए।

(a) $\begin{bmatrix} 1 & 0 \\ 0 & 1 \end{bmatrix}$ (b) $\begin{bmatrix} 1 & 1 \\ 1 & 1 \end{bmatrix}$ (c) $\begin{bmatrix} 0 & 1 \\ 1 & 0 \end{bmatrix}$ (d) $\begin{bmatrix} 1 & 2 \\ 2 & 1 \end{bmatrix}$

24. $\begin{bmatrix} 2 & -1 \\ 3 & 4 \end{bmatrix} + \begin{bmatrix} 2 & -3 \\ -1 & 0 \end{bmatrix}$ का मान होगा

(a) $\begin{bmatrix} 4 & -4 \\ 2 & 4 \end{bmatrix}$ (b) $\begin{bmatrix} 2 & 4 \\ 4 & 2 \end{bmatrix}$ (c) $\begin{bmatrix} 3 & 2 \\ 2 & 3 \end{bmatrix}$ (d) $\begin{bmatrix} 1 & 0 \\ 0 & 1 \end{bmatrix}$

25. यदि $A = \begin{bmatrix} 1 & 2 & -3 \\ 5 & 0 & 2 \\ 1 & -1 & 1 \end{bmatrix}$ तथा $B = \begin{bmatrix} 3 & -1 & 2 \\ 4 & 2 & 5 \\ 2 & 0 & 3 \end{bmatrix}$, तब आव्यूह C ज्ञात कीजिए, जबकि $A + C = B$ है।

(a) $\begin{bmatrix} 1 & 0 & 0 \\ 0 & 1 & 0 \\ 0 & 0 & 1 \end{bmatrix}$ (b) $\begin{bmatrix} 2 & -3 & 5 \\ -1 & 2 & 3 \\ 1 & 1 & 2 \end{bmatrix}$

(c) $\begin{bmatrix} 1 & 3 & 2 \\ 2 & 2 & -1 \\ 3 & 1 & -3 \end{bmatrix}$ (d) इनमें से कोई नहीं

26. यदि $A=\begin{bmatrix}2 & 1 & 3\\4 & 1 & 0\end{bmatrix}$ तथा $B=\begin{bmatrix}1 & -1\\0 & 2\\5 & 0\end{bmatrix}$, तब AB का मान ज्ञात कीजिए।

(a) $\begin{bmatrix}17 & 0\\4 & -2\end{bmatrix}$ (b) $\begin{bmatrix}4 & -2\\17 & 0\end{bmatrix}$

(c) $\begin{bmatrix}4 & 2\\15 & -1\end{bmatrix}$ (d) $\begin{bmatrix}15 & -1\\4 & 2\end{bmatrix}$

27. यदि $A=\begin{bmatrix}5 & 6 & 2\\1 & 7 & 1\\3 & 7 & 9\end{bmatrix}$, तो A का परिवर्त आव्यूह ज्ञात कीजिए।

(a) $\begin{bmatrix}1 & 3 & 5\\7 & 7 & 6\\1 & 9 & 2\end{bmatrix}$ (b) $\begin{bmatrix}3 & 5 & 1\\7 & 6 & 7\\9 & 2 & 1\end{bmatrix}$

(c) $\begin{bmatrix}5 & 1 & 3\\6 & 7 & 7\\2 & 1 & 9\end{bmatrix}$ (d) $\begin{bmatrix}-3 & 1 & 0\\2 & -2 & -1\\-1 & 1 & 2\end{bmatrix}$

28. क्या आव्यूह $\begin{bmatrix}0 & 1 & -1\\-1 & 0 & 1\\1 & -1 & 0\end{bmatrix}$ एक विषम सममित आव्यूह है।

(a) हाँ (b) नहीं (c) ज्ञात नहीं (d) इनमें से कोई नहीं

29. यदि $A=\begin{bmatrix}2 & -1\\4 & 2\end{bmatrix}$, $B=\begin{bmatrix}4 & 3\\-2 & 1\end{bmatrix}$ तथा $C=\begin{bmatrix}-2 & -3\\-1 & 2\end{bmatrix}$, तब $A+(B+C)$ का मान होगा

(a) $\begin{bmatrix}2 & -2\\5 & -4\end{bmatrix}$ (b) $\begin{bmatrix}-1 & 1\\5 & 4\end{bmatrix}$ (c) $\begin{bmatrix}1 & -4\\5 & 2\end{bmatrix}$ (d) $\begin{bmatrix}4 & -1\\1 & 5\end{bmatrix}$

30. 2×2 आव्यूह B ज्ञात कीजिए, जबकि $B\begin{bmatrix}1 & -2\\1 & 4\end{bmatrix}=\begin{bmatrix}6 & 0\\0 & 6\end{bmatrix}$ है।

(a) $\begin{bmatrix}4 & 2\\-1 & 1\end{bmatrix}$ (b) $\begin{bmatrix}2 & 4\\1 & 1\end{bmatrix}$ (c) $\begin{bmatrix}1 & 1\\2 & -4\end{bmatrix}$ (d) $\begin{bmatrix}-1 & -1\\2 & 4\end{bmatrix}$

31. यदि $[x\ 1]\begin{bmatrix}1 & 0\\-2 & -3\end{bmatrix}\begin{bmatrix}x\\3\end{bmatrix}=0$, तो x का मान ज्ञात कीजिए।

(a) $1\mp\sqrt{10}$ (b) $1\pm\sqrt{10}$ (c) $1\mp\sqrt{12}$ (d) $1\pm\sqrt{2}$

उत्तरमाला

1.	(c)	2.	(a)	3.	(b)	4.	(c)	5.	(a)	6.	(b)	7.	(a)	8.	(b)	9.	(a)	10.	(c)
11.	(a)	12.	(d)	13.	(a)	14.	(b)	15.	(a)	16.	(d)	17.	(a)	18.	(a)	19.	(c)	20.	(a)
21.	(b)	22.	(c)	23.	(b)	24.	(a)	25.	(b)	26.	(a)	27.	(c)	28.	(a)	29.	(d)	30.	(a)
31.	(b)																		

संकेत एवं हल

1. चूँकि आव्यूह में 10 अवयव हैं।

अतः इसकी निम्नलिखित कोटियाँ हो सकती हैं

$1\times 10, 2\times 5, 5\times 2, 10\times 1$

अतः सम्भव कोटियों की संख्या 4 है।

2. दिया है, $A=\begin{bmatrix}2 & 2\\4 & -6\end{bmatrix}$ तथा $B=\begin{bmatrix}7 & 6\\-5 & 8\end{bmatrix}$

$\therefore A+B=\begin{bmatrix}2 & 2\\4 & -6\end{bmatrix}+\begin{bmatrix}7 & 6\\-5 & 8\end{bmatrix}=\begin{bmatrix}2+7 & 2+6\\4-5 & -6+7\end{bmatrix}$ [योग करने पर]

$=\begin{bmatrix}9 & 8\\-1 & 2\end{bmatrix}$

3. दिया है, $\begin{bmatrix}x\\y\end{bmatrix}=\begin{bmatrix}3 & 4\\2 & 3\end{bmatrix}\begin{bmatrix}4\\2\end{bmatrix}$

चूँकि दाएँ पक्ष के प्रथम आव्यूह में स्तम्भों की संख्या, द्वितीय आव्यूह में पंक्तियों की संख्या के बराबर है। अतः गुणनफल सम्भव है।

$\Rightarrow \begin{bmatrix}x\\y\end{bmatrix}=\begin{bmatrix}3\cdot 4+4\cdot 2\\2\cdot 4+3\cdot 2\end{bmatrix}\Rightarrow\begin{bmatrix}x\\y\end{bmatrix}=\begin{bmatrix}12+8\\8+6\end{bmatrix}\Rightarrow\begin{bmatrix}x\\y\end{bmatrix}=\begin{bmatrix}20\\14\end{bmatrix}$

$\because$ दोनों आव्यूह समान हैं।

$\therefore$ इनके संगत अवयवों की तुलना करने पर,

$x=20$ तथा $y=14$

4. (c) दिया है, $\begin{bmatrix}x & y\\3y & x\end{bmatrix}\begin{bmatrix}1\\2\end{bmatrix}=\begin{bmatrix}3\\5\end{bmatrix}$

बाएँ पक्ष के आव्यूहों की गुणा करने पर,

$\begin{bmatrix}x\cdot 1+2\cdot y\\3y\cdot 1+2\cdot x\end{bmatrix}=\begin{bmatrix}3\\5\end{bmatrix}$

$\Rightarrow \begin{bmatrix}x+2y\\3y+2x\end{bmatrix}=\begin{bmatrix}3\\5\end{bmatrix}$

अब, संगत अवयवों की तुलना करने पर,

$x+2y=3$ ...(i)

तथा $3y+2x=5$ ...(ii)

समी (i) में 2 से गुणा करके प्राप्त समीकरण में से समी (ii) को घटाने पर,

$$\begin{array}{r}2x+4y=6\\2x+3y=5\\-\quad -\quad -\\\hline y=1\end{array}$$

y का मान समी (i) में रखने पर,

$x+2=3 \Rightarrow x=1$

अतः x तथा y के मान क्रमशः 1 तथा 1 हैं।

5. दिया है, $A=\begin{bmatrix}0 & 1 & 5\\-3 & 2 & 1\end{bmatrix}, B=\begin{bmatrix}6 & 2 & -3\\-1 & 4 & 2\end{bmatrix}$

$\therefore \quad A + B = \begin{bmatrix} 0 & 1 & 5 \\ -3 & 2 & 1 \end{bmatrix} + \begin{bmatrix} 6 & 2 & -3 \\ -1 & 4 & 2 \end{bmatrix}$

$= \begin{bmatrix} 0+6 & 1+2 & 5-3 \\ -3-1 & 2+4 & 1+2 \end{bmatrix} = \begin{bmatrix} 6 & 3 & 2 \\ -4 & 6 & 3 \end{bmatrix}$

6. दिया है, $\begin{bmatrix} x+y \\ x-y \end{bmatrix} = \begin{bmatrix} 6 \\ 4 \end{bmatrix}$

संगत अवयवों की तुलना करने पर,

$x + y = 6$ ...(i)

तथा $x - y = 4$ ...(ii)

समी (i) व (ii) को जोड़ने पर,

$2x = 10 \Rightarrow x = 5$

तब समी (i) से, $5 + y = 6 \Rightarrow y = 6 - 5 = 1$

अतः $x = 5, y = 1$

7. दिया है, $A = \begin{bmatrix} 1 & -2 & 3 \\ 4 & 5 & -1 \\ 5 & 0 & 2 \end{bmatrix}$

$\therefore \quad 3A = \begin{bmatrix} 3\times1 & -2\times3 & 3\times3 \\ 4\times3 & 5\times3 & -1\times3 \\ 5\times3 & 0\times3 & 2\times3 \end{bmatrix} = \begin{bmatrix} 3 & -6 & 9 \\ 12 & 15 & -3 \\ 15 & 0 & 6 \end{bmatrix}$

8. दिया है, $\begin{bmatrix} a & 3 \\ 2 & c \end{bmatrix} = \begin{bmatrix} 1 & b \\ 2 & 2 \end{bmatrix}$

यहाँ, दोनों आव्यूह समान हैं, इसलिए इनके संगत अवयव भी समान होंगे।

$\therefore \quad a = 1, 3 = b$ तथा $c = 2$

अर्थात् $a = 1, b = 3$ तथा $c = 2$

9. दिया है, $\begin{bmatrix} x-y & 2x+z \\ 2x-y & 3z+w \end{bmatrix} = \begin{bmatrix} -1 & 5 \\ 0 & 13 \end{bmatrix}$

यहाँ, दोनों आव्यूह समान हैं, इसलिए इनके संगत अवयव भी समान होंगे।

$\therefore \quad x - y = -1$ ...(i)

$2x + z = 5$ ...(ii)

$2x - y = 0$ ...(iii)

तथा $3z + w = 13$ ...(iv)

समी (i) तथा (iii) को हल करने पर,

$x = 1$ तथा $y = 2$

x का मान समी (ii) में रखने पर,

$2\times1 + z = 5 \Rightarrow z = 5 - 2 = 3$

z का मान समी (iv) में रखने पर,

$3\times3 + w = 13 \Rightarrow w = 13 - 9 = 4$

अतः $x = 1, y = 2, z = 3$ तथा $w = 4$

10. दिया है, $A = \begin{bmatrix} 2+i & -i \\ 3 & 4i \end{bmatrix}$ तथा $B = \begin{bmatrix} 1+i & 2i \\ 2i & 3 \end{bmatrix}$

$\therefore \quad A + B = \begin{bmatrix} 2+i & -i \\ 3 & 4i \end{bmatrix} + \begin{bmatrix} 1+i & 2i \\ 2i & 3 \end{bmatrix}$

$= \begin{bmatrix} 2+i+1+i & -i+2i \\ 3+2i & 4i+3 \end{bmatrix} = \begin{bmatrix} 3+2i & i \\ 3+2i & 4i+3 \end{bmatrix}$

11. दिया है, $A = \begin{bmatrix} 2 & 3 \\ 4 & -5 \end{bmatrix}$ तथा $B = \begin{bmatrix} 8 & 9 \\ 6 & 7 \end{bmatrix}$

अब, $2A + 3B = 2\begin{bmatrix} 2 & 3 \\ 4 & -5 \end{bmatrix} + 3\begin{bmatrix} 8 & 9 \\ 6 & 7 \end{bmatrix}$

$= \begin{bmatrix} 4 & 6 \\ 8 & -10 \end{bmatrix} + \begin{bmatrix} 24 & 27 \\ 18 & 21 \end{bmatrix}$

$= \begin{bmatrix} 4+24 & 6+27 \\ 8+18 & -10+21 \end{bmatrix} = \begin{bmatrix} 28 & 33 \\ 26 & 11 \end{bmatrix}$

14. दिया है, $2\begin{bmatrix} x & z \\ y & t \end{bmatrix} + 3\begin{bmatrix} 1 & -1 \\ 0 & 2 \end{bmatrix} = 3\begin{bmatrix} 3 & 5 \\ 4 & 6 \end{bmatrix}$

$\Rightarrow \begin{bmatrix} 2x & 2z \\ 2y & 2t \end{bmatrix} + \begin{bmatrix} 3 & -3 \\ 0 & 6 \end{bmatrix} = \begin{bmatrix} 9 & 15 \\ 12 & 18 \end{bmatrix}$

$\Rightarrow \begin{bmatrix} 2x+3 & 2z-3 \\ 2y & 2t+6 \end{bmatrix} = \begin{bmatrix} 9 & 15 \\ 12 & 18 \end{bmatrix}$

$\Rightarrow \quad 2x + 3 = 9$ ...(i)

$2z - 3 = 15$ ...(ii)

$2y = 12$ ...(iii)

तथा $2t + 6 = 18$ ...(iv)

समी (iii) से, $y = \frac{12}{2} = 6$

समी (i) से, $2x = 9 - 3 \Rightarrow x = \frac{6}{2} = 3$

समी (ii) से, $2z = 18 \Rightarrow z = 9$

समी (iv) से, $2t + 6 = 18 \Rightarrow 2t = 12 \Rightarrow t = 6$

15. दिया है, $A = \begin{bmatrix} 2 & -1 \\ 3 & 5 \end{bmatrix}$ तथा $B = \begin{bmatrix} -1 & 1 \\ 0 & 2 \end{bmatrix}$

$\because \quad A + 2B + X = 0$

$\therefore \begin{bmatrix} 2 & -1 \\ 3 & 5 \end{bmatrix} + 2\begin{bmatrix} -1 & 1 \\ 0 & 2 \end{bmatrix} + X = \begin{bmatrix} 0 & 0 \\ 0 & 0 \end{bmatrix}$

$\Rightarrow \begin{bmatrix} 2 & -1 \\ 3 & 5 \end{bmatrix} + \begin{bmatrix} -2 & 2 \\ 0 & 4 \end{bmatrix} + X = \begin{bmatrix} 0 & 0 \\ 0 & 0 \end{bmatrix}$

$\Rightarrow \begin{bmatrix} 0 & 1 \\ 3 & 9 \end{bmatrix} + X = \begin{bmatrix} 0 & 0 \\ 0 & 0 \end{bmatrix}$

$\Rightarrow X = \begin{bmatrix} 0 & 0 \\ 0 & 0 \end{bmatrix} - \begin{bmatrix} 0 & 1 \\ 3 & 9 \end{bmatrix} = \begin{bmatrix} 0 & -1 \\ -3 & -9 \end{bmatrix}$

16. दिया है, $A = \begin{bmatrix} 0 & -1 \\ 0 & 2 \end{bmatrix}$ तथा $B = \begin{bmatrix} 3 & 5 \\ 0 & 0 \end{bmatrix}$

$\therefore \quad A \cdot B = \begin{bmatrix} 0 & -1 \\ 0 & 2 \end{bmatrix}\begin{bmatrix} 3 & 5 \\ 0 & 0 \end{bmatrix} = \begin{bmatrix} 0\times3+(-1)\times0 & 0\times5+(-1)\times0 \\ 0\times3+2\times0 & 0\times5+2\times0 \end{bmatrix}$

$= \begin{bmatrix} 0+0 & 0+0 \\ 0+0 & 0+0 \end{bmatrix} = \begin{bmatrix} 0 & 0 \\ 0 & 0 \end{bmatrix}$

17. $PQ = \begin{bmatrix} x & 0 & 0 \\ 0 & y & 0 \\ 0 & 0 & z \end{bmatrix}\begin{bmatrix} a & 0 & 0 \\ 0 & b & 0 \\ 0 & 0 & c \end{bmatrix}$

$= \begin{bmatrix} ax+0+0 & 0+0+0 & 0+0+0 \\ 0+0+0 & 0+by+0 & 0+0+0 \\ 0+0+0 & 0+0+0 & 0+0+cz \end{bmatrix} = \begin{bmatrix} ax & 0 & 0 \\ 0 & by & 0 \\ 0 & 0 & cz \end{bmatrix}$

18. माना पहला तथा दूसरा भाग क्रमशः ₹ x तथा ₹ $(30000 - x)$ है। माना इन भागों को 1×2 कोटि के आव्यूह A से तथा इन दो भागों पर वार्षिक ब्याज की दर को 2×1 कोटि के आव्यूह B से निरूपित करते हैं।

अर्थात् $A = [x \quad 30000 - x]$ (भाग I, भाग II) तथा $B = \begin{bmatrix} 0.09 \\ 0.11 \end{bmatrix}$ (भाग I, भाग II)

स्पष्ट है कि कुल ब्याज AB के द्वारा प्रदत्त है अर्थात्

$$AB = [x \quad 30000 - x]\begin{bmatrix}0.09\\0.11\end{bmatrix} = [x \times 0.09 + (30000 - x) \times 0.11]$$

$$= 0.09x + 3300 - 0.11x] = [3300 - 0.02x]$$

इस प्रकार, $3300 - 0.02x = 3060$ [$\because$ कुल ब्याज = ₹ 3060]

$\Rightarrow$ $0.02x = 240 \Rightarrow x = 12000$

अतः दोनों भाग क्रमशः ₹ 12000 तथा ₹ 18000 हैं।

19. दिया है, $A = \begin{bmatrix}0 & 1 & -2\\-1 & 0 & 3\\x & -3 & 0\end{bmatrix}$

हम जानते हैं कि यदि A एक विषम आव्यूह है।

तब, $A = -A^T$ ...(i)

समी (i) से, $\begin{bmatrix}0 & 1 & -2\\-1 & 0 & 3\\x & -3 & 0\end{bmatrix} = -\begin{bmatrix}0 & -1 & x\\1 & 0 & -3\\-2 & 3 & 0\end{bmatrix}$

$\Rightarrow \begin{bmatrix}0 & 1 & -2\\-1 & 0 & 3\\x & -3 & 0\end{bmatrix} = \begin{bmatrix}0 & 1 & -x\\-1 & 0 & 3\\2 & -3 & 0\end{bmatrix}$

संगत अव्यवों की तुलना करने पर, $-2 = -x \Rightarrow x = 2$

20. दिया है, $x + y = \begin{bmatrix}4 & 2\\2 & 4\end{bmatrix}$ तथा $2x - y = \begin{bmatrix}2 & 10\\10 & 2\end{bmatrix}$

दिए गए दोनों आव्यूह समीकरणों को जोड़ने पर,

$$(x + y) + (2x - y) = \begin{bmatrix}4 & 2\\2 & 4\end{bmatrix} + \begin{bmatrix}2 & 10\\10 & 2\end{bmatrix}$$

$\Rightarrow 3x = \begin{bmatrix}4+2 & 2+10\\2+10 & 4+2\end{bmatrix} \Rightarrow 3x = \begin{bmatrix}6 & 12\\12 & 6\end{bmatrix}$

$\Rightarrow x = \frac{1}{3}\begin{bmatrix}6 & 12\\12 & 6\end{bmatrix}$

$\Rightarrow x = \begin{bmatrix}2 & 4\\4 & 2\end{bmatrix}$ [3 से विभाजित करने पर]

22. दिया है, $A = \begin{bmatrix}0 & 1\\1 & 0\end{bmatrix}$

$\therefore A^2 = A \times A = \begin{bmatrix}0 & 1\\1 & 0\end{bmatrix}\begin{bmatrix}0 & 1\\1 & 0\end{bmatrix}$

$= \begin{bmatrix}0\cdot0 + 1\cdot1 & 0\cdot1 + 1\cdot0\\1\cdot0 + 0\cdot1 & 1\cdot1 + 0\cdot0\end{bmatrix}$ [गुणा करने पर]

$= \begin{bmatrix}1 & 0\\0 & 1\end{bmatrix}$

अब, $A^4 = A^2 \times A^2 = \begin{bmatrix}1 & 0\\0 & 1\end{bmatrix}\begin{bmatrix}1 & 0\\0 & 1\end{bmatrix}$

$= \begin{bmatrix}1\cdot1 + 0\cdot0 & 1\cdot0 + 0\cdot1\\0\cdot1 + 1\cdot0 & 0\cdot0 + 1\cdot1\end{bmatrix} = \begin{bmatrix}1 & 0\\0 & 1\end{bmatrix}$

23. दिया है, $x + y = \begin{bmatrix}2 & 1\\1 & 2\end{bmatrix}$ तथा $2x - y = \begin{bmatrix}1 & 2\\2 & 1\end{bmatrix}$

दिए गए दोनों आव्यूह समीकरणों को जोड़ने पर,

$$(x + y) + (2x - y) = \begin{bmatrix}2 & 1\\1 & 2\end{bmatrix} + \begin{bmatrix}1 & 2\\2 & 1\end{bmatrix}$$

$\Rightarrow 3x = \begin{bmatrix}2+1 & 1+2\\1+2 & 2+1\end{bmatrix}$

$\Rightarrow 3x = \begin{bmatrix}3 & 3\\3 & 3\end{bmatrix} \Rightarrow x = \frac{1}{3}\begin{bmatrix}3 & 3\\3 & 3\end{bmatrix}$

$\Rightarrow x = \begin{bmatrix}1 & 1\\1 & 1\end{bmatrix}$ [3 से विभाजित करने पर]

24. $\begin{bmatrix}2 & -1\\3 & 4\end{bmatrix} + \begin{bmatrix}2 & -3\\-1 & 0\end{bmatrix} = \begin{bmatrix}2+2 & -1-3\\3-1 & 4+0\end{bmatrix} = \begin{bmatrix}4 & -4\\2 & 4\end{bmatrix}$

25. दिया है, $A = \begin{bmatrix}1 & 2 & -3\\5 & 0 & 2\\1 & -1 & 1\end{bmatrix}$ तथा $B = \begin{bmatrix}3 & -1 & 2\\4 & 2 & 5\\2 & 0 & 3\end{bmatrix}$

$\because A + C = B$

$\therefore C = B - A$

$= \begin{bmatrix}3 & -1 & 2\\4 & 2 & 5\\2 & 0 & 3\end{bmatrix} - \begin{bmatrix}1 & 2 & -3\\5 & 0 & 2\\1 & -1 & 1\end{bmatrix}$

$= \begin{bmatrix}3-1 & -1-2 & 2+3\\4-5 & 2-0 & 5-2\\2-1 & 0+1 & 3-1\end{bmatrix}$

$= \begin{bmatrix}2 & -3 & 5\\-1 & 2 & 3\\1 & 1 & 2\end{bmatrix}$

27. दिया है, $A = \begin{bmatrix}5 & 6 & 2\\1 & 7 & 1\\3 & 7 & 9\end{bmatrix}$, तब $A' = \begin{bmatrix}5 & 6 & 2\\1 & 7 & 1\\3 & 7 & 9\end{bmatrix}' = \begin{bmatrix}5 & 1 & 3\\6 & 7 & 7\\2 & 1 & 9\end{bmatrix}$

28. दिया है, $A = \begin{bmatrix}0 & 1 & -1\\-1 & 0 & 1\\1 & -1 & 0\end{bmatrix}$

$\therefore A' = \begin{bmatrix}0 & 1 & -1\\-1 & 0 & 1\\1 & -1 & 0\end{bmatrix}' = \begin{bmatrix}0 & -1 & 1\\1 & 0 & -1\\-1 & 1 & 0\end{bmatrix} = -\begin{bmatrix}0 & 1 & -1\\-1 & 0 & 1\\1 & -1 & 0\end{bmatrix} = -A$

$\therefore A' = -A$

अतः आव्यूह A एक विषम सममित आव्यूह है।

29. दिया है, $A = \begin{bmatrix}2 & -1\\4 & 2\end{bmatrix}, B = \begin{bmatrix}4 & 3\\-2 & 1\end{bmatrix}$

तथा $C = \begin{bmatrix}-2 & -3\\-1 & 2\end{bmatrix}$

$A + (B + C) = \begin{bmatrix}2 & -1\\4 & 2\end{bmatrix} + \left(\begin{bmatrix}4 & 3\\-2 & 1\end{bmatrix} + \begin{bmatrix}-2 & -3\\-1 & 2\end{bmatrix}\right)$

$= \begin{bmatrix}2 & -1\\4 & 2\end{bmatrix} + \begin{bmatrix}4-2 & 3-3\\-2-1 & 1+2\end{bmatrix}$

$= \begin{bmatrix}2 & -1\\4 & 2\end{bmatrix} + \begin{bmatrix}2 & 0\\-3 & 3\end{bmatrix}$

$= \begin{bmatrix}2+2 & -1+0\\4-3 & 2+3\end{bmatrix} = \begin{bmatrix}4 & -1\\1 & 5\end{bmatrix}$

अध्याय 08

सारणिक

Determinants

सारणिक Determinant

प्रत्येक वर्ग आव्यूह $A=[a_{ij}]_{n\times n}$, जहाँ n आव्यूह की कोटि है तथा a_{ij} = आव्यूह A का (i, j) वाँ अवयव है, के संगत एक संख्या (वास्तविक या सम्मिश्र) का अस्तित्व होता है जिसे आव्यूह A का सारणिक कहते हैं। दूसरे शब्दों में, यदि M सभी वर्ग आव्यूहों तथा K वास्तविक या सम्मिश्र संख्याओं का समुच्चय है, तो इसे फलन $f: M\to K$ के रूप में व्यक्त कर सकते हैं।

यदि $f(A)=k$, जहाँ $A\in M, k\in K$, तब $f(A)$ को A का सारणिक कहते हैं तथा इसे $|A|$ अथवा $\det(A)$ से प्रदर्शित करते हैं।

अर्थात् यदि $A=[a_{ij}]_{n\times n}$, तब

$$|A|=\begin{vmatrix} a_{11} & a_{12} & \dots & a_{1n} \\ a_{21} & a_{22} & \dots & a_{2n} \\ a_{n1} & a_{22} & \dots & a_{nn} \end{vmatrix}$$

नोट (i) आव्यूह A के लिए, $|A|$ को A का सारणिक पढ़ते हैं, जबकि इसे A का मापांक नहीं पढ़ते हैं।

(ii) सारणिक में हम मान ज्ञात कर सकते हैं, परन्तु आव्यूह में हम मान ज्ञात नहीं कर सकते।

सारणिक की कोटि Order of a Determinant

किसी सारणिक में आने वाली क्षैतिज रेखाएँ सारणिक की पंक्तियाँ (Rows) कहलाती हैं। इन्हें $R_1, R_2, R_3,\dots$ से प्रदर्शित करते हैं तथा ऊर्ध्वाधर रेखाएँ सारणिक के स्तम्भ (Column) कहलाते हैं, जिन्हें $C_1, C_2, C_3,\dots$ से निरूपित करते हैं।

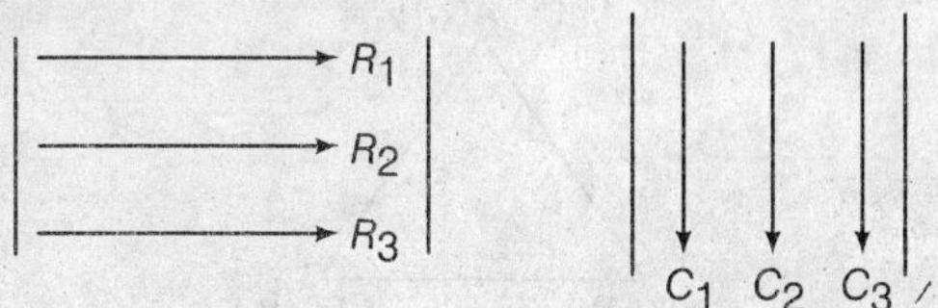

स्पष्ट है कि एक सारणिक में पंक्तियों की संख्या तथा स्तम्भों की संख्या सदैव समान होती है अर्थात् सारणिक सदैव वर्ग आव्यूह का ही होता है।

सारणिक की कोटि = पंक्तियों की संख्या × स्तम्भों की संख्या = $n\times n$

जहाँ, n सारणिक में पंक्तियों की संख्या है।

नोट (i) सारणिक को 'Δ (Delta)' या अंग्रेजी अक्षर 'D' से प्रदर्शित किया जाता है।

(ii) केवल वर्ग आव्यूहों (Square matrices) के सारणिक होते हैं।

(iii) यहाँ, हम तृतीय कोटि तक के सारणिकों का अध्ययन करेंगे।

भिन्न कोटि के सारणिक एवं उनका विस्तार

Determinants of Different Order and Their Expansion

1. एक कोटि के आव्यूह का सारणिक

Determinant of Matrix of Order 1

यदि आव्यूह $A=[a_{11}]$, तब $|A|=a_{11}$ अर्थात् एक कोटि के आव्यूह का सारणिक स्वयं वह अवयव ही होता है।

2. द्वितीय कोटि के आव्यूह का सारणिक

Determinant of Matrix of Order 2

माना आव्यूह $A=\begin{bmatrix} a_{11} & a_{12} \\ a_{21} & a_{22}\end{bmatrix}$, 2×2 कोटि का आव्यूह है।

तब, $$|A|=\begin{vmatrix} a_{11} & a_{12} \\ a_{21} & a_{22}\end{vmatrix}=a_{11}a_{22}-a_{12}a_{21}$$

अत: द्वितीय कोटि के सारणिक का विस्तार करने के लिए मुख्य विकर्ण के अवयवों के गुणनफल में से दूसरे विकर्ण के अवयवों का गुणनफल घटा दिया जाता है।

जैसे— $\begin{vmatrix} 1 & 2 \\ 3 & 5\end{vmatrix}=1\times 5-2\times 3=5-6=-1$

3. तृतीय कोटि के आव्यूह का सारणिक
Determinant of Matrix of Order 3

तृतीय कोटि के आव्यूह के सारणिक का मान द्वितीय कोटि के सारणिकों के पदों में ज्ञात किया जाता है। जिसे सारणिक का पंक्तियाँ या स्तम्भ के सापेक्ष विस्तार कहते हैं। तृतीय कोटि के आव्यूह को विस्तार 6 प्रकार से किया जा सकता है। (तीन पंक्तियों R_1, R_2, R_3 और तीन स्तम्भों C_1, C_2, C_3 के सापेक्ष) सारणिक की किसी भी पंक्ति या स्तम्भ के सापेक्ष विस्तार करके प्राप्त सारणिक के मान समान होते हैं।

माना $A = [a_{ij}]_{3 \times 3}$ कोटि 3 का एक वर्ग आव्यूह है।

तब, $|A| = \begin{vmatrix} a_{11} & b_{12} & c_{13} \\ a_{21} & b_{22} & c_{23} \\ a_{31} & b_{32} & c_{33} \end{vmatrix}$

सारणिकों के गुणधर्म Properties of Determinants

किसी सारणिक का विस्तार निम्नलिखित गुणों की सहायता से बहुत सुगमता से किया जा सकता है। यहाँ, इन गुणों की व्याख्या द्वितीय व तृतीय क्रम के सारणिक के लिए की गई है, परन्तु ये गुण किसी भी क्रम के सारणिक के लिए सत्य हैं।

1. किसी सारणिक की पंक्तियों का स्तम्भों में व स्तम्भों का पंक्तियों में परस्पर विनिमय (परिवर्तन) करने से सारणिक का मान नहीं बदलता।

   सांकेतिक रूप में इसे निम्न प्रकार लिखते हैं

   $C_i \leftrightarrow R_i$, जहाँ $R_i = i$वीं पंक्ति तथा $C_i = i$वाँ स्तम्भ

   जैसे— $\begin{vmatrix} a_1 & b_1 & c_1 \\ a_2 & b_2 & c_2 \\ a_3 & b_3 & c_3 \end{vmatrix} = \begin{vmatrix} a_1 & a_2 & a_3 \\ b_1 & b_2 & b_3 \\ c_1 & c_2 & c_3 \end{vmatrix}$

   नोट यदि A एक वर्ग आव्यूह है, तो $\det(A) = \det(A')$, जहाँ A', A का परिवर्त (Transpose) है।

2. किसी सारणिक की कोई दो पंक्तियों (या स्तम्भों) को परस्पर बदलने पर सारणिक का मान नहीं बदलता लेकिन उसका चिन्ह बदल जाता है।

   सांकेतिक रूप में इसे निम्न प्रकार लिखते हैं

   $R_i \leftrightarrow R_j$ [जब पंक्ति को पंक्ति से बदलते हैं]

   या $C_i \leftrightarrow C_j$ [जब स्तम्भ को स्तम्भ से बदलते हैं]

   जैसे— $\begin{vmatrix} a_1 & b_1 & c_1 \\ a_2 & b_2 & c_2 \\ a_3 & b_3 & c_3 \end{vmatrix} = -\begin{vmatrix} c_1 & b_1 & a_1 \\ c_2 & b_2 & a_2 \\ c_3 & b_3 & a_3 \end{vmatrix}$, जहाँ $C_1 \leftrightarrow C_3$

3. यदि किसी सारणिक की कोई दो पंक्तियाँ (या स्तम्भ) समान हों, तो सारणिक का मान शून्य होता है।

   जैसे— $\Delta = \begin{vmatrix} 2 & 3 & 1 \\ 0 & 5 & 9 \\ 2 & 3 & 1 \end{vmatrix} = 0$, क्योंकि यहाँ R_1 तथा R_3 समान हैं।

4. यदि किसी सारणिक की किसी पंक्ति (या स्तम्भ) के सभी अवयवों को किसी संख्या (k माना) से गुणा किया जाए, तो सारणिक का मान k से गुणित हो जाता है।

   अतः $\begin{vmatrix} ka_1 & kb_1 & kc_1 \\ a_2 & b_2 & c_2 \\ a_3 & b_3 & c_3 \end{vmatrix} = k\begin{vmatrix} a_1 & b_1 & c_1 \\ a_2 & b_2 & c_2 \\ a_3 & b_3 & c_3 \end{vmatrix}$.

5. यदि किसी सारणिक की किसी पंक्ति (या स्तम्भ) के सभी अवयव शून्य हों, तो सारणिक का मान शून्य होता है।

   जैसे— $\Delta = \begin{vmatrix} 0 & 0 & 0 \\ b_1 & b_2 & b_3 \\ c_1 & c_2 & c_3 \end{vmatrix} = 0$

6. यदि किसी सारणिक की कोई दो पंक्तियाँ (या स्तम्भ) समानुपाती हैं, तो सारणिक का मान शून्य होता है।

   जैसे— $\Delta = \begin{vmatrix} a_1 & a_2 & a_3 \\ b_1 & b_2 & b_3 \\ ka_1 & ka_2 & ka_3 \end{vmatrix}$

   तब, $\Delta = k\begin{vmatrix} a_1 & a_2 & a_3 \\ b_1 & b_2 & b_3 \\ a_1 & a_2 & a_3 \end{vmatrix} = k \times 0 = 0$

   [$\because R_1$ व R_3 सर्वसम हैं]

7. यदि किसी सारणिक की किसी पंक्ति (या स्तम्भ) का प्रत्येक अवयव दो या दो से अधिक पदों का योगफल हो, तो वह सारणिक उसी क्रम के दो या दो से अधिक सारणिकों के योगफल के बराबर होता है।

   जैसे— $\begin{vmatrix} a_1 + k_1 & b_1 & c_1 \\ a_2 + k_2 & b_2 & c_2 \\ a_3 + k_3 & b_3 & c_3 \end{vmatrix} = \begin{vmatrix} a_1 & b_1 & c_1 \\ a_2 & b_2 & c_2 \\ a_3 & b_3 & c_3 \end{vmatrix} + \begin{vmatrix} k_1 & b_1 & c_1 \\ k_2 & b_2 & c_2 \\ k_3 & b_3 & c_3 \end{vmatrix}$

8. यदि किसी पंक्ति (या स्तम्भ) को किसी राशि से गुणा करके किसी अन्य पंक्ति (या स्तम्भ) में जोड़ा या घटाया जाता है अर्थात् $R_i \to R_i + kR_j$ या $C_i \to C_i + kC_j$ से भी सारणिक का मान अपरिवर्तित रहता है, तब सारणिक का मान अपरिवर्तित रहता है।

   जैसे— $\begin{vmatrix} a_1 & a_2 & a_3 \\ b_1 & b_2 & b_3 \\ c_1 & c_2 & c_3 \end{vmatrix} = \begin{vmatrix} a_1 + kb_1 & a_2 + bk_2 & a_3 + kb_3 \\ b_1 & b_2 & b_3 \\ c_1 & c_2 & c_3 \end{vmatrix}$

निर्देशांक ज्यामिति में सारणिकों के अनुप्रयोग
Applications of Determinants in Coordinate Geometry

सारणिक का प्रयोग हम निर्देशांक ज्यामिति में भी कर सकते हैं। यहाँ, हम इसका प्रयोग त्रिभुज का क्षेत्रफल तथा रेखा का समीकरण ज्ञात करने के लिए करते हैं।

त्रिभुज का क्षेत्रफल Area of a Triangle

माना ABC एक त्रिभुज है, जिसके शीर्षों के निर्देशांक क्रमशः $A(x_1, y_1)$, $B(x_2, y_2)$ व $C(x_3, y_3)$ हैं।

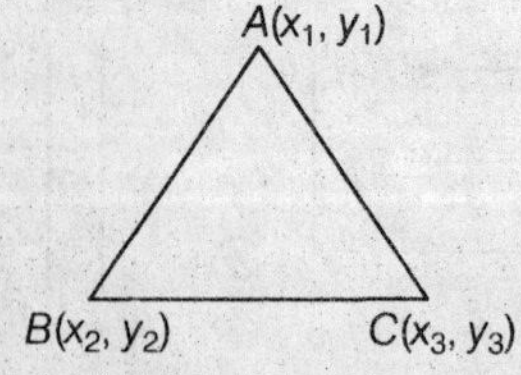

तब, सारणिक के रूप में त्रिभुज का क्षेत्रफल,

$$\Delta = \frac{1}{2}\begin{vmatrix} x_1 & y_1 & 1 \\ x_2 & y_2 & 1 \\ x_3 & y_3 & 1 \end{vmatrix}$$

$$= \frac{1}{2}[x_1(y_2 - y_3) + x_2(y_3 - y_1) + x_3(y_1 - y_2)]$$

नोट (i) त्रिभुज का क्षेत्रफल सदैव धनात्मक होता है। अतः क्षेत्रफल निकालने के लिए सदैव उक्त सारणिक का निरपेक्ष (Modulus) मान लेते हैं।

(ii) जब क्षेत्रफल दिया गया हो, तब गणना के लिए इस क्षेत्रफल के धनात्मक तथा ऋणात्मक दोनों मानों का प्रयोग किया जाता है।

तीन बिन्दुओं के संरेख होने का प्रतिबन्ध
Condition for Collinearity of Three Points

माना तीन बिन्दु $A(x_1, y_1)$, $B(x_2, y_2)$ तथा $C(x_3, y_3)$ हैं, तब ये तीनों बिन्दु संरेखीय होंगे यदि और केवल यदि

ΔABC का क्षेत्रफल - 0

अर्थात्
$$\frac{1}{2}\begin{vmatrix} x_1 & y_1 & 1 \\ x_2 & y_2 & 1 \\ x_3 & y_3 & 1 \end{vmatrix} = 0 \Rightarrow \begin{vmatrix} x_1 & y_1 & 1 \\ x_2 & y_2 & 1 \\ x_3 & y_3 & 1 \end{vmatrix} = 0$$

उपसारणिक Minor

सारणिक में किसी अवयव a_{ij} से होकर जाने वाली iवीं पंक्ति व jवें स्तम्भ को छोड़ने पर प्राप्त होने वाला द्वितीय कोटि का सारणिक a_{ij} का उपसारणिक कहलाता है तथा इसे M_{ij} से व्यक्त करते हैं।

माना सारणिक $(\Delta) = \begin{vmatrix} a_{11} & a_{12} & a_{13} \\ a_{21} & a_{22} & a_{23} \\ a_{31} & a_{32} & a_{33} \end{vmatrix}$ है।

तब, $M_{11} =$ अवयव a_{11} का उपसारणिक $= \begin{vmatrix} a_{22} & a_{23} \\ a_{32} & a_{33} \end{vmatrix}$

$M_{12} =$ अवयव a_{12} का उपसारणिक $= \begin{vmatrix} a_{21} & a_{23} \\ a_{31} & a_{33} \end{vmatrix}$

तथा $M_{13} =$ अवयव a_{13} का उपसारणिक $= \begin{vmatrix} a_{21} & a_{22} \\ a_{31} & a_{32} \end{vmatrix}$

जैसे— माना $\Delta = \begin{vmatrix} 2 & 0 & 3 \\ 1 & -3 & 4 \\ 7 & 6 & 5 \end{vmatrix}$ है, तब a_{11} के उपसारणिक अर्थात् 2 के

उपसारणिक $= M_{11} = \begin{vmatrix} -3 & 4 \\ 6 & 5 \end{vmatrix} = -15 - 24 = -39$

इसी प्रकार, अन्य अवयवों के भी उपसारणिक ज्ञात कर सकते हैं।

सहगुणनखण्ड (सहखण्ड) Cofactor

अवयव a_{ij} के उपसारणिक M_{ij} को $(-1)^{i+j}$ से गुणा करने पर प्राप्त मान a_{ij} का सहगुणनखण्ड कहलाता है तथा इसे A_{ij} या C_{ij} से निरूपित करते हैं।

अतः a_{ij} का सहगुणनखण्ड $= A_{ij} = (-1)^{i+j} M_{ij}$

जैसे— माना $\Delta = \begin{vmatrix} 2 & 0 & 3 \\ 1 & -3 & 4 \\ 7 & 6 & 5 \end{vmatrix}$ है, तब a_{11} के सहखण्डज (सहखण्ड)

अर्थात् 2 के सहखण्ड $= (-1)^{1+1}$ a_{11} का उपसारणिक

$= C_{11} = (-1)^{1+1}(-39) = -39$

व्युत्क्रमणीय तथा अव्युत्क्रमणीय आव्यूह
Singular and Non-singular Matrices

वर्ग आव्यूह A व्युत्क्रमणीय कहलाता है, यदि $|A| \neq 0$ हो तथा वर्ग आव्यूह A अव्युत्क्रमणीय कहलाता है, यदि $|A| = 0$ हो।

जैसे—

(i) माना $A = \begin{bmatrix} 1 & 2 & 3 \\ 0 & -1 & 2 \\ 3 & 4 & 5 \end{bmatrix}$, तब

$$|A| = \begin{vmatrix} 1 & 2 & 3 \\ 0 & -1 & 2 \\ 3 & 4 & 5 \end{vmatrix}$$

$$= 1(-5-8) - 2(0-6) + 3(0+3) = 8 \neq 0$$

अतः A एक व्युत्क्रमणीय आव्यूह है।

(ii) माना $B = \begin{bmatrix} 1 & 2 & 3 \\ 0 & -1 & 2 \\ 2 & 4 & 6 \end{bmatrix}$, तब

$$|B| = \begin{vmatrix} 1 & 2 & 3 \\ 0 & -1 & 2 \\ 2 & 4 & 6 \end{vmatrix}$$

$$= 1(-6-8) - 2(0-4) + 3(0+2)$$
$$= -14 + 8 + 6 = 0$$

अतः B एक अव्युत्क्रमणीय आव्यूह है।

आव्यूह का सहखण्डज Adjoint of a Matrix

माना $A = [a_{ij}]$ एक $n \times n$ कोटि का वर्ग आव्यूह है एवं $[A_{ij}]$, A का सहगुणनखण्ड आव्यूह है, जहाँ A_{ij}, आव्यूह A के अवयव a_{ij} का सहगुणनखण्ड है। आव्यूह $[A_{ij}]$ का परिवर्त आव्यूह $[A_{ij}]^T$, A का सहखण्डज आव्यूह कहलाता है तथा इसे adj (A) से प्रदर्शित करते हैं।

जैसे— यदि $A = \begin{vmatrix} a_{11} & a_{12} & a_{13} \\ a_{21} & a_{22} & a_{23} \\ a_{31} & a_{32} & a_{33} \end{vmatrix}$ है।

तब, $\text{adj}(A) = \begin{vmatrix} A_{11} & A_{12} & A_{13} \\ A_{21} & A_{22} & A_{23} \\ A_{31} & A_{32} & A_{33} \end{vmatrix}$ का परिवर्त

$$= \begin{vmatrix} A_{11} & A_{21} & A_{31} \\ A_{12} & A_{22} & A_{32} \\ A_{13} & A_{23} & A_{33} \end{vmatrix}$$

जहाँ, A_{ij}, अवयव a_{ij} के सहखण्ड हैं।

आव्यूह के सहखण्डज के गुण
Properties of Adjoint of a Matrix

माना A तथा B समान कोटि n के व्युत्क्रमणीय आव्यूह हैं, तब

(i) $|\text{adj}A| = |A|^{n-1}$ (ii) $\text{adj}(A^T) = (\text{adj}A)^T$

(iii) $\text{adj}(AB) = (\text{adj}B)\cdot(\text{adj}A)$ (iv) $\text{adj}(\text{adj}A) = |A|^{n-2}\cdot A$

(v) $\text{adj}(kA) = k^{n-1}(\text{adj}A), k \in R$ (vi) $|\text{adj}[\text{adj}(A)]| = |A|^{(n-1)^2}$

आव्यूह का व्युत्क्रम Inverse of a Matrix

माना A, n कोटि का अशून्य वर्ग आव्यूह है तथा यदि n कोटि का एक वर्ग आव्यूह B इस प्रकार है कि $AB = BA = I_n$, तब आव्यूह B को आव्यूह A का प्रतिलोम या व्युत्क्रम कहते हैं तथा इसे $A^{-1} = B$ लिखा जाता है।

अत: $AB = BA = I_n \Rightarrow A^{-1} = B$ इसलिए $AA^{-1} = A^{-1}A = I_n$

आव्यूह के व्युत्क्रम के गुण
Properties of Inverse of a Matrix

माना A तथा B समान कोटि के दो वर्ग व्युत्क्रमणीय आव्यूह हैं, तब

(i) $(A^{-1})^{-1} = A$ (ii) $(AB)^{-1} = B^{-1}A^{-1}$

(iii) $(A^T)^{-1} = (A^{-1})^T$ (iv) $|A^{-1}| = |A|^{-1}$

(v) $AA^{-1} = A^{-1}A = I$ (vi) $(kA)^{-1} = \frac{1}{k}A^{-1}, k \neq 0$

संगत तथा असंगत निकाय
Consistent and Inconsistent System

यदि समीकरण निकाय का कम-से-कम एक हल विद्यमान है, तो निकाय **संगत** कहलाता है तथा यदि समीकरण निकाय का कोई हल विद्यमान नहीं है, तो समीकरण निकाय **असंगत** कहलाता है।

नोट यहाँ, हम केवल उन रैखिक समीकरण निकाय का अध्ययन करेंगे जिनका केवल एक अद्वितीय हल (Unique solution) होता है।

आव्यूह के व्युत्क्रम द्वारा रैखिक समीकरणों के निकाय का हल Solution of a System of Linear Equations using Inverse of a Matrix

माना तीन चरों x, y, z में रैखिक समीकरण निकाय निम्न है

$a_1x + b_1y + c_1z = d_1$, $a_2x + b_2y + c_2z = d_2$ तथा $a_3x + b_3y + c_3z = d_3$

इस समीकरण निकाय को आव्यूह रूप में लिखने पर,

$$AX = B \quad \ldots(i)$$

जहाँ, $A = \begin{bmatrix} a_1 & b_1 & c_1 \\ a_2 & b_2 & c_2 \\ a_3 & b_3 & c_3 \end{bmatrix}$, $X = \begin{bmatrix} x \\ y \\ z \end{bmatrix}$ तथा $B = \begin{bmatrix} d_1 \\ d_2 \\ d_3 \end{bmatrix}$

***स्थिति* I. यदि $|A| \neq 0$ अर्थात् A व्युत्क्रमणीय आव्यूह है,** तब A^{-1} का अस्तित्व है।

$\therefore \quad AX = B$

$\Rightarrow \quad A^{-1}(AX) = A^{-1}B$ [A^{-1} से गुणा करने पर]

$\Rightarrow \quad (A^{-1}A)X = A^{-1}B$

$\Rightarrow \quad IX = A^{-1}B$ [$\because A^{-1}A = AA^{-1} = I$]

$\Rightarrow \quad \boxed{X = A^{-1}B}$

इस विधि को **आव्यूह विधि** (Matrix method) कहते हैं।

हम जानते हैं कि किसी आव्यूह का व्युत्क्रम अद्वितीय होता है इसलिए दिए गए समीकरण निकाय का भी एक अद्वितीय हल प्राप्त होता है।

***स्थिति* II. यदि $|A| = 0$ अर्थात् A अव्युत्क्रमणीय आव्यूह है,** तब इसका व्युत्क्रम विद्यमान नहीं हैं। इस स्थिति में $(\text{adj}A)B$ ज्ञात करते हैं, तब

(i) यदि $(\text{adj}A)B \neq O$, तब हल विद्यमान नहीं होता है और दिया गया समीकरण निकाय असंगत कहलाता है।

(ii) यदि $(\text{adj}A)B = O$, तब दिया गया समीकरण निकाय संगत होगा, यदि निकाय के अनन्त हल हैं और असंगत होगा, यदि निकाय का कोई हल नहीं है।

समीकरणों का समघातीय निकाय
Homogeneous System of Equations

यदि रैखिक समीकरणों का निकाय, आव्यूह रूप $AX = O$ के रूप में लिखा जाता है, तब दिए गए समीकरणों के निकाय को रैखिक समीकरणों का समघात निकाय कहते हैं। इस स्थिति में, यदि

(i) A व्युत्क्रमणीय आव्यूह है, तब A^{-1} विद्यमान होगा। इसलिए, इसका अद्वितीय हल होगा अर्थात् $x_1 = x_2 = \ldots = x_n = 0$, जिसे **तुच्छ हल** (Trivial solution) भी कहते हैं।

(ii) A अव्युत्क्रमणीय आव्यूह है अर्थात् $|A| = 0$, तब दिए गए समीकरणों का निकाय संगत होगा एवं इसके अनन्त हल होंगे।

आव्यूह विधि द्वारा रैखिक समीकरण निकाय को हल करने की विधि Method to Solve System of Linear Equations by Matrix Method

दिए गए समीकरण निकाय को आव्यूह द्वारा हल करने के लिए इन चरणों का प्रयोग करते हैं

***चरण* I** सर्वप्रथम, दिए गए समीकरण निकाय को आव्यूह रूप

$$AX = B \quad \ldots(i)$$

में लिखते हैं।

यदि रैखिक समीकरण नहीं दी गई हो, तो सर्वप्रथम दिए गए प्रतिबन्धों से रैखिक समीकरण बनाते है और फिर आव्यूह रूप में लिखते हैं।

***चरण* II** $|A|$ ज्ञात करते हैं। यदि $|A| = 0$, तब यह विधि प्रयोग नहीं की जा सकती है और यदि $|A| \neq 0$, तब आगे के चरणों का प्रयोग करते हैं।

***चरण* III** A का व्युत्क्रम A^{-1} ज्ञात करते हैं जिसके लिए निम्न सूत्र का प्रयोग करते हैं $A^{-1} = \frac{1}{|A|}\text{adj}(A)$

***चरण* IV** समी (i) का हल $X = A^{-1}B \quad \ldots(ii)$

सूत्र द्वारा ज्ञात की जाती है। इसलिए समी (ii) के दाएँ पक्ष में A^{-1} और B का मान रखकर सरल करते हैं।

***चरण* V** अब, समी (ii) के बाएँ पक्ष की तुलना चरण IV में दाएँ पक्ष को सरल करने पर प्राप्त आव्यूह से करते हैं तथा x, y, z के अभीष्ट मान ज्ञात करते हैं।

अभ्यास प्रश्न

1. सारणिक $\begin{vmatrix} 2000 & 2001 & 2002 \\ 2003 & 2004 & 2005 \\ 2006 & 2007 & 2008 \end{vmatrix}$ का मान है

(a) 1 (b) 2 (c) 0 (d) 4

2. $\begin{vmatrix} 1 & x & y \\ 0 & y & x \\ 0 & x^2 & y^2 \end{vmatrix}$ का मान है

(a) $x^3 - y^3$ (b) $y^3 - x^3$ (c) $x^2 + y^2$ (d) $x^3 + y^3$

3. आव्यूह $A = \begin{bmatrix} 6 & 2 \\ 12 & 4 \end{bmatrix}$ निम्न में से है

(a) व्युत्क्रमणीय (b) अव्युत्क्रमणीय (c) व्युत्क्रम (d) सममित

4. $\begin{vmatrix} b+c & a-b & a \\ c+a & b-c & b \\ a+b & c-a & c \end{vmatrix}$ का मान है

(a) $a^3 + b^3 + c^3 - 3abc$ (b) $a^3 - b^3 - c^3$
(c) $3abc - a^3 - b^3 - c^3$ (d) $a^2 + b^2 + c^2$

5. यदि A तथा B दो वर्ग आव्यूह हैं एवं $|A| \neq 0, |B| \neq 0$ है, तब $\frac{|AB|}{|A||B|}$ का मान है

(a) 0 (b) 1 (c) 2 (d) 3

6. यदि $\begin{bmatrix} 1 & a & 2 \\ 1 & 2 & 5 \\ 2 & 1 & 1 \end{bmatrix}$ अव्युत्क्रमणीय आव्यूह है, तब a का मान होगा

(a) 1 (b) 2 (c) 3 (d) 4

7. यदि $\begin{vmatrix} x+1 & x-1 \\ x-3 & x+2 \end{vmatrix} = \begin{vmatrix} 4 & -1 \\ 1 & 3 \end{vmatrix}$, तब x का मान ज्ञात कीजिए।

(a) 0 (b) 1 (c) 2 (d) 3

8. आव्यूह $\begin{vmatrix} 4 & 3 & 2 \\ 6 & -1 & 7 \\ 1 & 5 & 2 \end{vmatrix}$ के सारणिक का मान ज्ञात कीजिए।

(a) 25 (b) 50 (c) 100 (d) – 101

9. सारणिक $\begin{vmatrix} 1 & a & bc \\ 1 & b & ca \\ 1 & c & ab \end{vmatrix}$ का मान होगा

(a) $(a + b)(b + c)(c + a)$ (b) $(a - b)(b - c)(c - a)$
(c) abc (d) $a + b + c$

10. सारणिक $\begin{vmatrix} 3 & 4 & -1 \\ 2 & 5 & 0 \\ 6 & 1 & 8 \end{vmatrix}$ का मान ज्ञात कीजिए।

(a) 84 (b) 95 (c) 100 (d) 105

11. यदि a के दो मान, जोकि सारणिक, $\Delta = \begin{vmatrix} 1 & -2 & 5 \\ 2 & a & -1 \\ 0 & 4 & 2a \end{vmatrix} = 86$ का निर्माण करते हैं, तब इन संख्याओं का योगफल ज्ञात कीजिए।

(a) 2 (b) 4 (c) – 4 (d) 10

12. $\begin{vmatrix} 0 & c & b \\ -c & 0 & a \\ -b & -a & 0 \end{vmatrix}$ का मान ज्ञात कीजिए।

(a) 0 (b) 1 (c) 2 (d) 3

13. बिना विस्तार किए हुए, और सारणिक के गुणधर्मों का प्रयोग करके, निम्न सारणिक का मान ज्ञात कीजिए।

$\begin{vmatrix} 1 & \omega & \omega^2 \\ \omega & \omega^2 & 1 \\ \omega^2 & 1 & \omega \end{vmatrix}$, जहाँ ω इकाई का घनमूल है।

(a) 1 (b) 2 (c) 5 (d) 0

14. यदि $\begin{vmatrix} 1 & 0 & 6 \\ 3 & 4 & 15 \\ 5 & 6 & 21 \end{vmatrix} = -18$ है, तो $\begin{vmatrix} 5 & 0 & 6 \\ 15 & 8 & 15 \\ 25 & 12 & 21 \end{vmatrix}$ सारणिक का मान बिना गणना किए निकालिए।

(a) 50 (b) 80 (c) – 100 (d) – 180

15. उस त्रिभुज का क्षेत्रफल ज्ञात कीजिए, जिसके शीर्ष $(-8, -2)$, $(-4, -6)$ तथा $(-1, 5)$ हैं।

(a) 15 वर्ग इकाई (b) 25 वर्ग इकाई
(c) 28 वर्ग इकाई (d) 35 वर्ग इकाई

16. यदि शीर्ष $(2,4)$, $(3,-2)$ तथा $(k,5)$ वाले त्रिभुज का क्षेत्रफल $\frac{13}{2}$ वर्ग इकाई है, तो k का मान ज्ञात कीजिए।

(a) 4 या $\frac{-1}{3}$ (b) 4 या – 4
(c) 4 या $\frac{1}{2}$ (d) 2 या $\frac{-3}{2}$

17. यदि बिन्दु $(2, -3)$, $(\lambda, -1)$ तथा $(0, 4)$ संरेखीय हैं, तब λ का मान ज्ञात कीजिए।

(a) $\frac{1}{2}$ (b) $\frac{5}{2}$ (c) $\frac{10}{7}$ (d) $\frac{7}{9}$

18. यदि $\Delta = \begin{vmatrix} 6 & -2 & 3 \\ 4 & 5 & -1 \\ -7 & 6 & 4 \end{vmatrix}$ के अवयव a_{13} के उपसारणिक और सहखण्ड ज्ञात कीजिए।

(a) उपसारणिक = 59, सहखण्ड = 59
(b) उपसारणिक = – 59, सहखण्ड = 59
(c) उपसारणिक = 65, सहखण्ड = – 70
(d) उपरोक्त में से कोई नहीं

19. आव्यूह $\begin{bmatrix} 3 & -6 \\ 4 & 2 \end{bmatrix}$ का सहखण्डज ज्ञात कीजिए।

(a) $\begin{bmatrix} 2 & 3 \\ 4 & 6 \end{bmatrix}$ (b) $\begin{bmatrix} 2 & 6 \\ -4 & 3 \end{bmatrix}$ (c) $\begin{bmatrix} 6 & 1 \\ 2 & 0 \end{bmatrix}$ (d) $\begin{bmatrix} 0 & 1 \\ 1 & 0 \end{bmatrix}$

20. माना A एक कोटि 3×3 का वर्ग आव्यूह है, तब $|2A|$ का मान लिखिए, जहाँ $|A| = 4$ है।

(a) 12 (b) 18 (c) 28 (d) 32

21. यदि ω इकाई का घनमूल हो, तो $\begin{vmatrix} 1 & \omega^6 & \omega^8 \\ \omega^6 & \omega^3 & \omega^7 \\ \omega^8 & \omega^7 & 1 \end{vmatrix}$ का मान ज्ञात कीजिए।

(a) 1 (b) 2 (c) 3 (d) 5

22. यदि ω इकाई का घनमूल हो, तो $\begin{vmatrix} 1 & \omega & \omega^2 \\ \omega & \omega^2 & 1 \\ \omega^2 & 1 & \omega \end{vmatrix}$ का मान ज्ञात कीजिए।

(a) 0 (b) 1 (c) 2 (d) 4

23. $\begin{vmatrix} 1 & 1 & 1 \\ 1 & 1+x & 1 \\ 1 & 1 & 1+y \end{vmatrix}$ का मान ज्ञात कीजिए।

(a) x (b) y (c) xy (d) $x - y$

24. आव्यूह $A = \begin{bmatrix} 1 & 2 & -2 \\ -1 & 3 & 0 \\ 0 & -2 & 1 \end{bmatrix}$ का A^{-1} ज्ञात कीजिए।

(a) $\begin{bmatrix} 3 & 2 & 6 \\ 1 & 1 & 1 \\ 2 & 2 & 5 \end{bmatrix}$ (b) $\begin{bmatrix} 2 & 3 & -6 \\ 1 & -1 & 1 \\ 2 & 2 & 5 \end{bmatrix}$

(c) $\begin{bmatrix} 2 & 0 & 3 \\ 0 & 1 & 0 \\ 2 & 2 & -1 \end{bmatrix}$ (d) $\begin{bmatrix} 3 & 1 & 0 \\ 1 & 2 & 0 \\ 2 & 3 & 1 \end{bmatrix}$

25. यदि $f(x) = \begin{vmatrix} 1 & x & x+1 \\ 2x & x(x-1) & x(x+1) \\ 3x(x-1) & x(x-1)(x-2) & (x+1)x(x-1) \end{vmatrix}$

तब, $f(100)$ का मान ज्ञात कीजिए।

(a) 0 (b) 1 (c) 2 (d) 3

26. निम्न सारणिक में प्रथम पंक्ति के अवयवों के सहगुणनखण्ड लिखिए।

$$\begin{vmatrix} 1 & 0 & 0 \\ 0 & 1 & 0 \\ 0 & 0 & 1 \end{vmatrix}$$

(a) 1, 0, 0 (b) 0, 0, 1 (c) 0, 1, 0 (d) 0, 0, 0

27. आव्यूह $\begin{bmatrix} a & b \\ c & d \end{bmatrix}$ का सहखण्डज आव्यूह ज्ञात कीजिए।

(a) $\begin{bmatrix} a & d \\ b & c \end{bmatrix}$ (b) $\begin{bmatrix} d & -b \\ -c & a \end{bmatrix}$ (c) $\begin{bmatrix} b & c \\ a & d \end{bmatrix}$ (d) $\begin{bmatrix} a & c \\ b & -d \end{bmatrix}$

28. यदि $A = \begin{bmatrix} 2 & 3 \\ 5 & -2 \end{bmatrix}$ हो, तो A^{-1} का मान होगा

(a) $\frac{1}{19}A$ (b) $\frac{1}{2}A$ (c) $\frac{-1}{19}A$ (d) $\frac{19}{2}A$

29. सारणिक $\Delta = \begin{bmatrix} 1 & 1 & 1 \\ 1 & 1+\sin\theta & 1 \\ 1+\cos\theta & 1 & 1 \end{bmatrix}$ का महत्तम मान ज्ञात कीजिए।

(a) 1 (b) $\frac{1}{2}$ (c) $\frac{-1}{2}$ (d) $\frac{3}{2}$

30. निम्नलिखित समीकरण निकाय की संगतता की जाँच कीजिए।

$x + y = 4$ तथा $2x - 3y = 9$

(a) संगत (b) असंगत

(c) ज्ञात नहीं किया जा सकता (d) इनमें से कोई नहीं

31. निम्नलिखित समीकरणों को आव्यूह विधि से हल कीजिए।

$2x + y + z = 1,\ x - 2y - 3z = 1$ तथा $3x + 2y + 4z = 5$

(a) $x = 1, y = 2, z = 3$ (b) $x = 3, y = 2, z = 1$

(c) $x = 1, y = -3, z = 2$ (d) $x = 2, y = 1, z = -3$

उत्तरमाला

1.	(c)	2.	(b)	3.	(b)	4.	(c)	5.	(b)	6.	(a)	7.	(c)	8.	(d)	9.	(b)	10.	(a)
11.	(c)	12.	(a)	13.	(d)	14.	(d)	15.	(c)	16.	(a)	17.	(c)	18.	(a)	19.	(b)	20.	(d)
21.	(c)	22.	(a)	23.	(c)	24.	(a)	25.	(a)	26.	(a)	27.	(b)	28.	(a)	29.	(b)	30.	(a)
31.	(c)																		

संकेत एवं हल

1. माना $\Delta = \begin{vmatrix} 2000 & 2001 & 2002 \\ 2003 & 2004 & 2005 \\ 2006 & 2007 & 2008 \end{vmatrix}$

$C_3 \to C_3 - C_2$ से, $\Delta = \begin{vmatrix} 2000 & 2001 & 1 \\ 2003 & 2004 & 1 \\ 2006 & 2007 & 1 \end{vmatrix}$

$C_2 \to C_2 - C_1$ से, $\Delta = \begin{vmatrix} 2000 & 1 & 1 \\ 2003 & 1 & 1 \\ 2006 & 1 & 1 \end{vmatrix}$

यहाँ, $C_2 = C_3$ तथा हम जानते हैं कि यदि किसी सारणिक के दो स्तम्भों के अवयव सर्वसम हों, तो सारणिक का मान शून्य होता है।

$\therefore \quad \Delta = \begin{vmatrix} 2000 & 1 & 1 \\ 2003 & 1 & 1 \\ 2006 & 1 & 1 \end{vmatrix} = 0$

2. माना $\Delta = \begin{vmatrix} 1 & x & y \\ 0 & y & x \\ 0 & x^2 & y^2 \end{vmatrix}$

C_1 के सापेक्ष विस्तार करने पर,

$\Delta = 1(y^3 - x^3) - 0 + 0$

$= y^3 - x^3$

3. दिया है, $A = \begin{bmatrix} 6 & 2 \\ 12 & 4 \end{bmatrix}$

$\therefore \quad |A| = \begin{vmatrix} 6 & 2 \\ 12 & 4 \end{vmatrix}$

$= 6 \times 4 - 12 \times 2 = 24 - 24 = 0$

अतः आव्यूह A अव्युत्क्रमणीय है।

5. दिया है, $|A| \neq 0, |B| \neq 0$

$\therefore \quad \frac{|AB|}{|A||B|} = \frac{|A|\cdot|B|}{|A||B|} = 1 \quad [\because |AB| = |A|\cdot|B|]$

6. माना $A = \begin{bmatrix} 1 & a & 2 \\ 1 & 2 & 5 \\ 2 & 1 & 1 \end{bmatrix}$

$\because$ A एक अव्युत्क्रमणीय आव्यूह है।

$\therefore \quad |A| = 0$

$\Rightarrow \begin{vmatrix} 1 & a & 2 \\ 1 & 2 & 5 \\ 2 & 1 & 1 \end{vmatrix} = 0$

$\Rightarrow \quad 1(2-5) - a(1-10) + 2(1-4) = 0$

$\Rightarrow \quad -3 + 9a - 6 = 0 \Rightarrow 9a - 9 = 0$

$\Rightarrow \quad 9a = 9 \Rightarrow a = 1$

7. दिया है, $\begin{vmatrix} x+1 & x-1 \\ x-3 & x+2 \end{vmatrix} = \begin{vmatrix} 4 & -1 \\ 1 & 3 \end{vmatrix}$

$\Rightarrow \quad (x+1)(x+2) - (x-1)(x-3) = 4 \times 3 - (-1) \times 1$

$\Rightarrow \quad (x^2 + 2x + x + 2) - (x^2 - 3x - x + 3) = 12 + 1$

$\Rightarrow \quad x^2 + 3x + 2 - x^2 + 4x - 3 = 13$

$\Rightarrow \quad 7x - 1 = 13$

$\Rightarrow \quad 7x = 14 \Rightarrow x = 2$

8. माना $A = \begin{bmatrix} 4 & 3 & -2 \\ 6 & -1 & 7 \\ 1 & 5 & 2 \end{bmatrix}$

तब $|A| = \begin{vmatrix} 4 & 3 & 2 \\ 6 & -1 & 7 \\ 1 & 5 & 2 \end{vmatrix}$

$= (-1)^{1+1}(4)\begin{vmatrix} -1 & 7 \\ 5 & 2 \end{vmatrix} + (-1)^{1+2}(3)\begin{vmatrix} 6 & 7 \\ 1 & 2 \end{vmatrix}$

$+ (-1)^{1+3}(2)\begin{vmatrix} 6 & -1 \\ 1 & 5 \end{vmatrix}$

[प्रथम पंक्ति के अनुदिश विस्तार करने पर]

$= (-1)^2 (4)(-1 \times 2 - 5 \times 7) + (-1)^3 (3)(6 \times 2 - 7 \times 1)$

$+ (-1)^4 (2)[6 \times 5 - (-1) \times 1]$

$= 4(-2 - 35) - 3(12 - 7) + 2(30 + 1)$

$= 4(-37) - 3(5) + 2(31)$

$= -148 - 15 + 62 = -101$

9. $\begin{vmatrix} 1 & a & bc \\ 1 & b & ca \\ 1 & c & ab \end{vmatrix} = \begin{vmatrix} 0 & a-b & c(b-a) \\ 0 & b-c & a(c-b) \\ 1 & c & ab \end{vmatrix}$

[$R_1 \to R_1 - R_2$ तथा $R_2 \to R_2 - R_3$ के प्रयोग से]

C_1 के सापेक्ष विस्तार करने पर,

$= 1[(a-b)a(c-b) - (b-c)c(b-a)]$

$= [-(a-b)(b-c)a + (a-b)(b-c)c]$

$= (a-b)(b-c)(c-a)$

10. माना $\Delta = \begin{vmatrix} 3 & 4 & -1 \\ 2 & 5 & 0 \\ 6 & 1 & 8 \end{vmatrix}$

तीसरे स्तम्भ (C_3) के सापेक्ष विस्तार करने पर,

$\Delta = (-1)^{1+3}(-1)\begin{vmatrix} 2 & 5 \\ 6 & 1 \end{vmatrix} + (-1)^{2+3}(0)\begin{vmatrix} 3 & 4 \\ 6 & 1 \end{vmatrix}$

$+ (-1)^{3+3}(8)\begin{vmatrix} 3 & 4 \\ 2 & 5 \end{vmatrix}$

$= (-1)^4 (-1)[2 \times 1 - 5 \times 6] + 0 + (-1)^6 8[3 \times 5 - 4 \times 2]$

$= -1(2 - 30) + 8(15 - 8) = -1(-28) + 8(7)$

$= 28 + 56 = 84$

11. दिया है, $\Delta = \begin{vmatrix} 1 & -2 & 5 \\ 2 & a & -1 \\ 0 & 4 & 2a \end{vmatrix} = 86$

$\Rightarrow \quad 1(2a^2 + 4) - 2(-4a - 20) + 0 = 86$

[प्रथम स्तम्भ के अनुदिश विस्तार करने पर]

$\Rightarrow \quad 2a^2 + 4 + 8a + 40 = 86$

$\Rightarrow \quad 2a^2 + 8a + 44 - 86 = 0$

$\Rightarrow \quad a^2 + 4a - 21 = 0$

$\Rightarrow \quad a^2 + 7a - 3a - 21 = 0$

$\Rightarrow \quad (a+7)(a-3) = 0$

$\Rightarrow \quad a = -7$ तथा 3

$\therefore$ अभीष्ट योगफल $= -7 + 3 = -4$

12. माना $\Delta = \begin{vmatrix} 0 & c & b \\ -c & 0 & a \\ -b & -a & 0 \end{vmatrix}$

प्रत्येक पंक्ति से (–1) उभयनिष्ठ लेने पर,

$\Delta = (-1)^3 \begin{vmatrix} 0 & -c & -b \\ c & 0 & -a \\ b & a & 0 \end{vmatrix}$

अब, पंक्तियों को स्तम्भों में तथा स्तम्भों को पंक्तियों में परिवर्तित करने पर,

$\Delta = -1\begin{vmatrix} 0 & c & b \\ -c & 0 & a \\ -b & -a & 0 \end{vmatrix} = -1(\Delta)$

$\Rightarrow \quad \Delta = -\Delta \Rightarrow 2\Delta = 0 \Rightarrow \Delta = 0$

13. दिया है, ω इकाई का एक घनमूल है।

माना $\Delta = \begin{vmatrix} 1 & \omega & \omega^2 \\ \omega & \omega^2 & 1 \\ \omega^2 & 1 & \omega \end{vmatrix}$

अब, $R_1 \to R_1 + R_2 + R_3$ के प्रयोग से,

$\Delta = \begin{vmatrix} 1+\omega+\omega^2 & 1+\omega+\omega^2 & 1+\omega+\omega^2 \\ \omega & \omega^2 & 1 \\ \omega^2 & 1 & \omega \end{vmatrix}$

$= \begin{vmatrix} 0 & 0 & 0 \\ \omega & \omega^2 & 1 \\ \omega^2 & 1 & \omega \end{vmatrix} \quad [\because 1 + \omega + \omega^2 = 0]$

$\because$ R_1 का प्रत्येक अवयव शून्य है तथा हम जानते हैं, कि यदि किसी सारणिक में एक पंक्ति के सभी अवयव शून्य हों, तो सारणिक का मान शून्य होता है।

$\therefore \Delta = 0$

14. दिया है, $\begin{vmatrix} 1 & 0 & 6 \\ 3 & 4 & 15 \\ 4 & 6 & 21 \end{vmatrix} = -18$ ...(i)

माना $\Delta = \begin{vmatrix} 5 & 0 & 6 \\ 15 & 8 & 15 \\ 25 & 12 & 21 \end{vmatrix}$

C_1 में से 5, C_2 में से 2 उभयनिष्ठ लेने पर,

$$\Delta = 5 \times 2 \times \begin{vmatrix} 1 & 0 & 6 \\ 3 & 4 & 15 \\ 5 & 6 & 21 \end{vmatrix} = 10 \times (-18) \quad \text{[समी (i) से]}$$

$= -180$

15. त्रिभुज के दिए गए शीर्ष निम्न हैं

$(x_1, y_1) = (-8, -2), (x_2, y_2) = (-4, -6)$ तथा $(x_3, y_3) = (-1, 5)$

$\therefore$ त्रिभुज का क्षेत्रफल $= \frac{1}{2}\begin{vmatrix} x_1 & y_1 & 1 \\ x_2 & y_2 & 1 \\ x_3 & y_3 & 1 \end{vmatrix} = \frac{1}{2}\begin{vmatrix} -8 & -2 & 1 \\ -4 & -6 & 1 \\ -1 & 5 & 1 \end{vmatrix}$

$= \frac{1}{2}[-8(-6-5) + 2(-4+1) + 1(-20-6)]$

$= \frac{1}{2}[-8(-11) + 2(-3) + 1(-26)]$

$= \frac{1}{2}[88 - 6 - 26] = \frac{1}{2}(-56) = -28$

$= |-28| = 28$ वर्ग इकाई

[$\because$ त्रिभुज का क्षेत्रफल सदैव धनात्मक होता है।]

17. चूँकि दी गई बिन्दु $(2, -3), (\lambda, -1)$ तथा $(0, 4)$ संरेखीय हैं अतः इन बिन्दुओं से बने त्रिभुज का क्षेत्रफल शून्य होगा।

$$\therefore \quad \begin{vmatrix} 2 & -3 & 1 \\ \lambda & -1 & 1 \\ 0 & 4 & 1 \end{vmatrix} = 0$$

$R_2 \to R_2 - R_1$ तथा $R_3 \to R_3 - R_1$ के प्रयोग से,

$$\begin{vmatrix} 2 & -3 & 1 \\ \lambda - 2 & 2 & 0 \\ -2 & 7 & 0 \end{vmatrix} = 0$$

अब, C_3 के अनुदिश विस्तार करने पर,

$$\begin{vmatrix} \lambda - 2 & 2 \\ -2 & 7 \end{vmatrix} = 0$$

$\Rightarrow \quad 7(\lambda - 2) - 2(-2) = 0$

$\Rightarrow \quad 7\lambda - 14 + 4 = 0$

$\Rightarrow \quad 7\lambda - 10 = 0$

$\Rightarrow \quad \lambda = \frac{10}{7}$

अतः λ का अभीष्ट मान $\frac{10}{7}$ है।

18. दिया है, $\Delta = \begin{vmatrix} 6 & -2 & 3 \\ 4 & 5 & -1 \\ -7 & 6 & 4 \end{vmatrix}$

अब, a_{13} का उपसारणिक, अर्थात्

$$M_{13} = \begin{vmatrix} 4 & 5 \\ -7 & 6 \end{vmatrix}$$

$= 4 \times 6 - 5 \times (-7)$

$= 24 + 35 = 59$

a_{13} का सहखण्ड, अर्थात्

$$A_{13} = (-1)^{1+3} M_{13} = (-1)^4 (59) = 59$$

19. माना $A = \begin{bmatrix} 3 & -6 \\ 4 & 2 \end{bmatrix}$

हम जानते हैं कि, $A_{11} = (-1)^{1+1}(2) = 2$, $A_{12} = (-1)^{1+2}(4) = -4$, $A_{21} = (-1)^{2+1}(-6) = 6$ तथा $A_{22} = (-1)^{2+2}(3) = 3$

अतः $\text{adj}(A) = \begin{bmatrix} A_{11} & A_{12} \\ A_{21} & A_{22} \end{bmatrix}^T = \begin{bmatrix} 2 & -4 \\ 6 & 3 \end{bmatrix}^T = \begin{bmatrix} 2 & 6 \\ -4 & 3 \end{bmatrix}$

20. माना $|2A| = 2^3|A|$

[$\because$ यदि A एक कोटि n का वर्ग आव्यूह है, तब $|kA| = k^n|A|$]

$= 8 \cdot 4$ [$\because |A| = 4$]

$= 32$

22. दिया है, ω इकाई का एक घनमूल है।

माना $D = \begin{vmatrix} 1 & \omega & \omega^2 \\ \omega & \omega^2 & 1 \\ \omega^2 & 1 & \omega \end{vmatrix}$

अब, $R_1 \to R_1 + R_2 + R_3$ के प्रयोग से,

$$D = \begin{vmatrix} 1+\omega+\omega^2 & 1+\omega+\omega^2 & 1+\omega+\omega^2 \\ \omega & \omega^2 & 1 \\ \omega^2 & 1 & \omega \end{vmatrix}$$

$$= \begin{vmatrix} 0 & 0 & 0 \\ \omega & \omega^2 & 1 \\ \omega^2 & 1 & \omega \end{vmatrix} \quad [\because 1 + \omega + \omega^2 = 0]$$

चूँकि R_1 का प्रत्येक अवयव शून्य हैं तथा हम जानते हैं कि किसी सारणिक में एक पंक्ति के सभी अवयव यदि शून्य हों, तो सारणिक का मान शून्य होता है।

$\therefore \quad D = 0$

23. दिया है, $\begin{vmatrix} 1 & 1 & 1 \\ 1 & 1+x & 1 \\ 1 & 1 & 1+y \end{vmatrix} = \begin{vmatrix} 1 & 0 & 1 \\ 1 & x & 1 \\ 1 & 0 & 1+y \end{vmatrix}$ [$C_2 \to C_2 - C_1$ से]

$$= \begin{vmatrix} 1 & 0 & 0 \\ 1 & x & 0 \\ 1 & 0 & y \end{vmatrix} \quad [C_3 \to C_3 - C_1 \text{ से}]$$

R_1 के सापेक्ष विस्तार करने पर,

$$= 1\begin{vmatrix} x & 0 \\ 0 & y \end{vmatrix} - 0\begin{vmatrix} 1 & 0 \\ 1 & y \end{vmatrix} + 0\begin{vmatrix} 1 & x \\ 1 & 0 \end{vmatrix}$$

$$= 1\begin{vmatrix} x & 0 \\ 0 & y \end{vmatrix} = (xy - 0) = xy$$

24. दिया है, $A = \begin{bmatrix} 1 & 2 & -2 \\ -1 & 3 & 0 \\ 0 & -2 & 1 \end{bmatrix}$

अब, $|A| = 1(3-0) - 2(-1-0) - 2(2-0)$

$= 3 + 2 - 4 = 1 \neq 0$

चूँकि A एक व्युत्क्रमणीय आव्यूह है। अतः A^{-1} विद्यमान है।

अब, A के अवयवों के सहगुणनखण्ड निम्न हैं

$A_{11} = 3, A_{12} = 1, A_{13} = 2$

$A_{21} = -(2-4) = 2, A_{22} = 1 - 0 = 1, A_{23} = -(-2-0) = 2$

$A_{31} = (0+6) = 6, A_{32} = -(1-2) = 1, A_{33} = (3+2) = 5$

$$\therefore \quad \text{adj}(A) = [A_{ij}]^T = \begin{bmatrix} A_{11} & A_{12} & A_{13} \\ A_{21} & A_{22} & A_{23} \\ A_{31} & A_{32} & A_{33} \end{bmatrix}^T$$

$$= \begin{bmatrix} 3 & 1 & 2 \\ 2 & 1 & 2 \\ 6 & 1 & 5 \end{bmatrix}^T = \begin{bmatrix} 3 & 2 & 6 \\ 1 & 1 & 1 \\ 2 & 2 & 5 \end{bmatrix}$$

अब, $A^{-1} = \dfrac{\text{adj}(A)}{|A|}$

$$\therefore \quad = \frac{1}{1}\begin{bmatrix} 3 & 2 & 6 \\ 1 & 1 & 1 \\ 2 & 2 & 5 \end{bmatrix} = \begin{bmatrix} 3 & 2 & 6 \\ 1 & 1 & 1 \\ 2 & 2 & 5 \end{bmatrix}$$

25. दिया है, $f(x) = \begin{vmatrix} 1 & x & x+1 \\ 2x & x(x-1) & x(x+1) \\ 3x(x-1) & x(x-1)(x-2) & (x+1)x(x-1) \end{vmatrix}$

$$= \begin{vmatrix} x+1 & x & (x+1) \\ x(x+1) & x(x-1) & x(x+1) \\ x(x+1)(x-1) & x(x-1)(x-2) & x(x+1)(x-1) \end{vmatrix}$$

[$C_1 \to C_1 + C_2$ के प्रयोग से]

$f(x) = 0$ [$\because C_1$ तथा C_3 सर्वसम है]

$\therefore \quad f(100) = 0$

26. माना $A = \begin{vmatrix} 1 & 0 & 0 \\ 0 & 1 & 0 \\ 0 & 0 & 1 \end{vmatrix}$

A के प्रथम पंक्ति के अवयवों के सहगुणनखण्ड निम्न हैं

$A_{11} = (1-0) = 1,\ A_{12} = -(0-0) = 0$

तथा $A_{13} = (0-0) = 0$

27. माना $A = \begin{bmatrix} a & b \\ c & d \end{bmatrix}$

A के सहगुणनखण्ड निम्न हैं

$A_{11} = d,\ A_{12} = -c,\ A_{21} = -b,\ A_{22} = a$

$$\therefore \quad \text{adj}\, A = [A_{ij}]^T = \begin{bmatrix} d & -c \\ -b & a \end{bmatrix}^T = \begin{bmatrix} d & -b \\ -c & a \end{bmatrix}$$

28. दिया है, $A = \begin{vmatrix} 2 & 3 \\ 5 & -2 \end{vmatrix}$

अब, $|A| = \begin{vmatrix} 2 & 3 \\ 5 & -2 \end{vmatrix} = -4 - 15 = -19 \neq 0$

$\therefore A^{-1}$ विद्यमान है।

$|A|$ के अवयवों के सहगुणनखण्ड निम्न हैं

$A_{11} = -2,\ A_{12} = -5,\ A_{21} = -3$ तथा $A_{22} = 2$

$$\therefore \quad \text{adj}\ (A) = [A_{ij}]^T = \begin{bmatrix} -2 & -5 \\ -3 & 2 \end{bmatrix}^T = \begin{bmatrix} -2 & -3 \\ -5 & 2 \end{bmatrix}$$

अत: $A^{-1} = \dfrac{1}{|A|}(\text{adj}A)$

$$= -\frac{1}{19}\begin{bmatrix} -2 & -3 \\ -5 & 2 \end{bmatrix} = \frac{1}{19}\begin{bmatrix} 2 & 3 \\ 5 & -2 \end{bmatrix} = \frac{1}{19}A$$

29. दिया है, $\Delta = \begin{vmatrix} 1 & 1 & 1 \\ 1 & 1+\sin\theta & 1 \\ 1+\cos\theta & -\sin\theta & 1 \end{vmatrix}$

$$= \begin{vmatrix} 1 & 1 & 1 \\ 0 & \sin\theta & 0 \\ 1+\cos\theta & -\sin\theta & 1 \end{vmatrix} \quad [R_2 \to R_2 - R_1 \text{ के प्रयोग से}]$$

R_2 के संगत विस्तार करने पर,

$= -\sin\theta\{1 - (1+\cos\theta)\}$

$= -\sin\theta(-\cos\theta) = \sin\theta\cos\theta$

$= \dfrac{1}{2}\sin 2\theta = \dfrac{1}{2} \times 1$

[जब θ का मान $45°$ है, तब $\sin 2\theta$ का मान महत्तम है]

$= \dfrac{1}{2}$

30. दिए गए समीकरणों को $AX = B$ के आव्यूह रूप में लिखने पर,

जहाँ $A = \begin{bmatrix} 1 & 1 \\ 2 & -3 \end{bmatrix}$, $X = \begin{bmatrix} x \\ y \end{bmatrix}$ तथा $B = \begin{bmatrix} 4 \\ 9 \end{bmatrix}$ हैं।

अब, $|A| = \begin{vmatrix} 1 & 1 \\ 2 & -3 \end{vmatrix} = (1)(-3) - (1)(2) = -3 - 2 = -5 \neq 0$

$\because A$ एक व्युत्क्रमणीय आव्यूह है।

$\therefore A^{-1}$ का अस्तित्व है।

अतः दिया गया समीकरण निकाय संगत है।

अध्याय 09

ज्यामिति

Geometry

रेखाएँ एवं कोण Lines and Angles

बिन्दु (Point) वह ज्यामितीय आकृति जिसकी कोई माप (अर्थात् लम्बाई, चौड़ाई तथा ऊँचाई) नहीं होती है, बिन्दु कहलाता है। व्यवहार में कलम को कागज के ऊपर ऊर्ध्वाधर रखकर हल्का-सा दबाने से 'बिन्दु' आकृति प्राप्त होती है। इसे सामान्यत: A, B, C इत्यादि से निरूपित किया जाता है।

रेखाखण्ड (Line Segment) दो बिन्दुओं को मिलाने पर रेखाखण्ड प्राप्त होता है जिसके दो अन्त: बिन्दु होते हैं। प्रत्येक रेखाखण्ड की एक निश्चित लम्बाई होती है।

किरण (Ray) यदि किसी रेखाखण्ड को एक दिशा में अनन्त तक बढ़ाया जाता है, तो एक किरण प्राप्त होती है। किरण का एक अंत: बिन्दु होता है।

A

रेखा (Line) यदि किसी रेखाखण्ड को दोनों दिशाओं में अनन्त तक बढ़ाया जाता है, तो एक रेखा प्राप्त होती है। रेखा का कोई भी अंत: बिन्दु नहीं होता है।

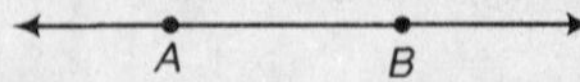

संरेख व असंरेख बिन्दु (Collinear and Non-collinear Points) यदि तीन या तीन से अधिक बिन्दु एक ही रेखा पर स्थित हों, तो वे संरेख बिन्दु कहलाते हैं, अन्यथा वे असंरेख बिन्दु कहलाते हैं।

प्रतिच्छेदी तथा समान्तर रेखाएँ (Intersecting and Parallel Lines) यदि दो रेखाएँ परस्पर एक-दूसरे को किसी एक बिन्दु पर प्रतिच्छेदित करती हैं, तो रेखाएँ प्रतिच्छेदी रेखाएँ कहलाती हैं अन्यथा अप्रतिच्छेदी या समान्तर रेखाएँ कहलाती हैं।

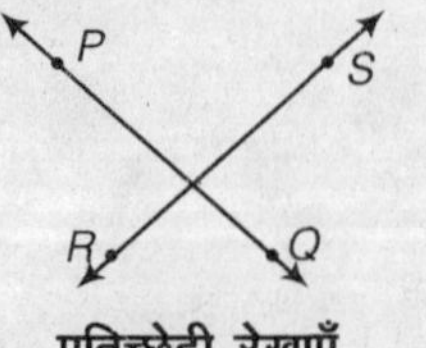

प्रतिच्छेदी रेखाएँ

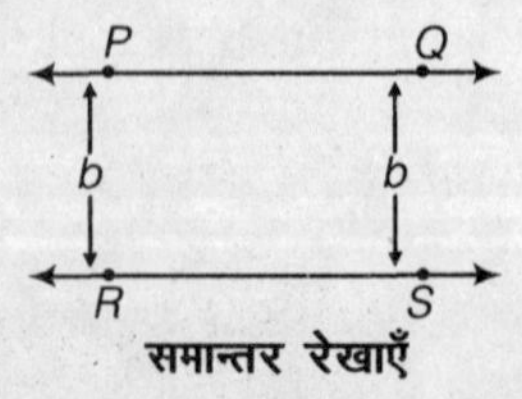

समान्तर रेखाएँ

कोण Angle

किसी उभयनिष्ठ बिन्दु से प्रारम्भ होने वाली दो रेखाओं द्वारा उस बिन्दु पर बनाई गई आकृति या दोनों रेखाओं के एक-दूसरे से झुकाव को कोण कहते हैं।

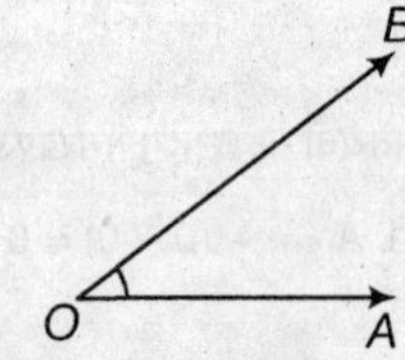

जैसा कि चित्र से स्पष्ट है कि बिन्दु O से प्रारम्भ होने वाली दोनों रेखाएँ OA तथा OB, बिन्दु O पर मिलकर कोण $\angle A\hat{O}B$ बनाती हैं।

कोण के प्रकार Types of Angles

कोण मुख्यतया निम्न प्रकार के होते हैं

(i) **न्यून कोण** (Acute Angle) वह कोण, जिसकी माप 0° से अधिक परन्तु 90° से कम होती है, न्यून कोण कहलाता है।

(ii) **समकोण** (Right Angle) वह कोण, जिसकी माप 90° होती है, समकोण कहलाता है।

(iii) **अधिक कोण** (Obtuse Angle) वह कोण, जिसकी माप 90° से अधिक परन्तु 180° से कम होती है, अधिक कोण कहलाता है।

(iv) **सरल कोण** (Straight Angle) वह कोण, जिसकी माप 180° होती है, सरल कोण कहलाता है।

(v) **वृहत् कोण** (Reflex Angle) वह कोण, जिसकी माप 180° से अधिक परन्तु 360° से कम होती है, वृहत् कोण कहलाता है।

कोणों के युग्म Pair of Angles

कोटिपूरक कोण (Complementary Angle) यदि दो कोणों की मापों का योग 90° है, तो वे दोनों कोण परस्पर कोटिपूरक कोण कहलाते हैं।

सम्पूरक कोण (Supplementary Angle) यदि दो कोणों की मापों का योग 180° हो, तो वे दोनों कोण सम्पूरक कोण कहलाते हैं।

आसन्न कोण (Adjacent Angle) दो कोण आसन्न कोण होंगे, यदि

(i) उनका एक ही उभयनिष्ठ शीर्ष बिन्दु हो।

(ii) उनकी एक उभयनिष्ठ भुजा हो।

(iii) उनकी वे भुजाएँ जो उभयनिष्ठ नहीं है, उभयनिष्ठ भुजा के विपरीत स्थित हों।

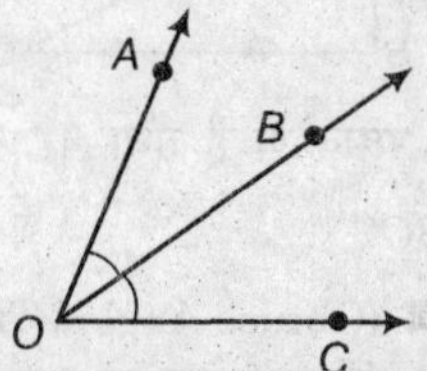

चित्र में, $\angle AOB$ और $\angle BOC$ आसन्न कोण हैं।

रेखीय युग्म (Linear Pair) यदि दो आसन्न कोणों की मापों का योग $180°$ हो, तो वह युग्म रेखीय युग्म कहलाता है। इसकी दो भुजाएँ विपरीत किरणें होती हैं।

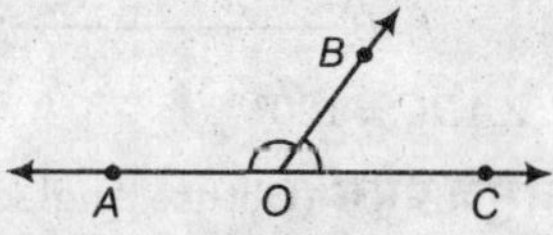

चित्र में, $\angle AOB$ और $\angle BOC$ एक रेखीय युग्म हैं।

$\therefore \angle AOB + \angle BOC = 180°$

शीर्षाभिमुख कोण (Vertically Opposite Angles) जब दो रेखाएँ एक-दूसरे को प्रतिच्छेदित करती हैं, तो शीर्षाभिमुख कोणों के दो युग्म बनते हैं। चित्र में, ($\angle AOC, \angle BOD$) और ($\angle AOD, \angle BOC$) शीर्षाभिमुख कोणों के युग्म हैं। शीर्षाभिमुख कोणों के मान समान होते हैं अर्थात्

$\angle AOC = \angle BOD$ और $\angle AOD = \angle BOC$

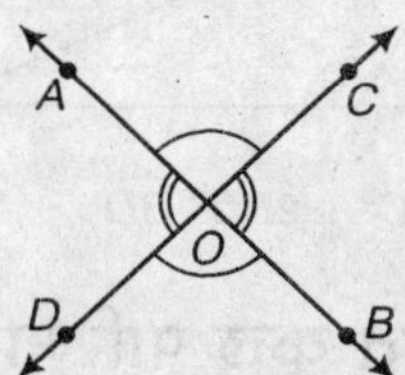

समान्तर तथा तिर्यक रेखाएँ (Parallel and Transversal Lines) ऐसी दो रेखाएँ, जो समान तल पर खींची गई हों और एक-दूसरे को प्रतिच्छेदित न करती हों तथा असीमित दूरी तक खींची जाती हैं, समान्तर रेखाएँ कहलाती हैं तथा दो समान्तर रेखाओं को प्रतिच्छेदित करने वाली तीसरी रेखा तिर्यक रेखा कहलाती है।

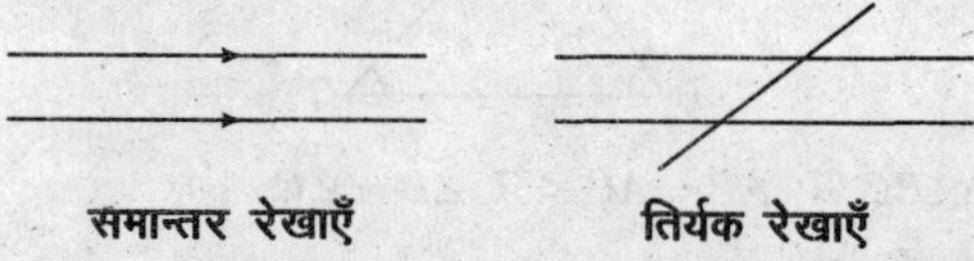

बाह्य तथा अन्तः कोण (Exterior and Interior Angles) जब रेखा l, रेखाओं m और n को क्रमशः बिन्दुओं P और Q पर प्रतिच्छेद करती हैं, तब आठ कोणों की प्राप्ति होती है जिनमें $\angle 1, \angle 2, \angle 7$ और $\angle 8$ बाह्य कोण (Exterior angles) तथा $\angle 3, \angle 4, \angle 5$ और $\angle 6$ अन्तः कोण (Interior angles) कहलाते हैं।

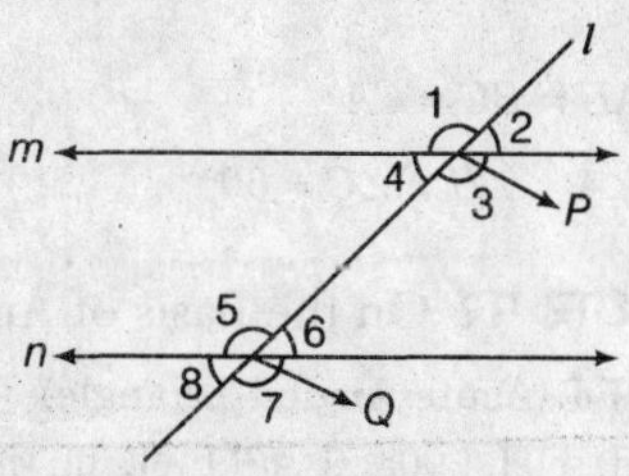

यहाँ, एक तिर्यक रेखा द्वारा दो रेखाओं को प्रतिच्छेद करने से युग्म बनते हैं, जोकि निम्न प्रकार हैं

(i) संगत कोण (Corresponding angles)

(a) $\angle 1$ और $\angle 5$ (b) $\angle 2$ और $\angle 6$

(c) $\angle 4$ और $\angle 8$ (d) $\angle 3$ और $\angle 7$

(ii) एकान्तर अन्तःकोण (Alternate interior angles)

(a) $\angle 4$ और $\angle 6$ (b) $\angle 3$ और $\angle 5$

(iii) एकान्तर बाह्य कोण (Alternate exterior angles)

(a) $\angle 1$ और $\angle 7$ (b) $\angle 2$ और $\angle 8$

(iv) तिर्यक रेखा (Transversal lines) के एक ही ओर के अन्तःकोण

(a) $\angle 4$ और $\angle 5$ (b) $\angle 3$ और $\angle 6$

त्रिभुज Triangles

एक तल में तीन रेखाखण्डों से बनी बन्द आकृति को त्रिभुज कहते हैं। त्रिभुज के तीनों अन्तः कोणों का योग सदैव $180°$ तथा दो छोटी भुजाओं की लम्बाई का योग, तीसरी भुजा की लम्बाई से अधिक होता है।

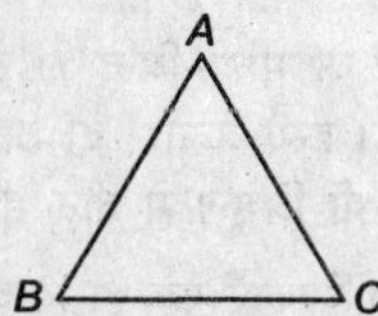

चित्र में, ABC एक त्रिभुज है जिसमें त्रिभुज के तीन शीर्ष A, B व C; तीन भुजाएँ AB, BC व CA तथा तीन कोण $\angle BAC, \angle ABC$ तथा $\angle ACB$ हैं।

त्रिभुजों के प्रकार Types of Triangles

त्रिभुजों के प्रकारों को दो भागों में विभाजित किया गया है

1. भुजाओं के आधार पर On the Basis of Sides

(i) **विषमबाहु त्रिभुज** (Scalene Triangle) यदि किसी त्रिभुज की तीनों भुजाएँ असमान लम्बाई की हों, तो वह त्रिभुज विषमबाहु त्रिभुज कहलाता है।

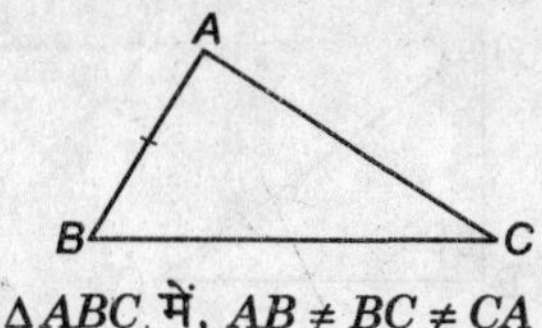

ΔABC में, $AB \neq BC \neq CA$

(ii) **समद्विबाहु त्रिभुज** (Isosceles Triangle) यदि किसी त्रिभुज की कोई दो भुजाएँ समान लम्बाई की हैं, तो वह त्रिभुज समद्विबाहु त्रिभुज कहलाता है। इसमें समान भुजाओं के विपरीत कोण भी समान होते हैं।

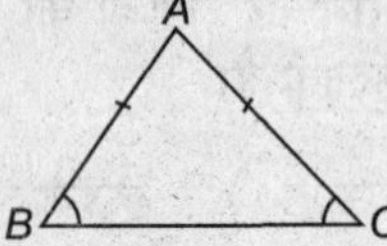

ΔABC में, $AB = AC$ और $\angle B = \angle C$

(iii) **समबाहु त्रिभुज** (Equilateral Triangle) यदि किसी त्रिभुज की तीनों भुजाएँ समान लम्बाई की हों, तो वह त्रिभुज समबाहु त्रिभुज कहलाता है। समबाहु त्रिभुज के तीनों कोणों का मान बराबर अर्थात् 60° होता है।

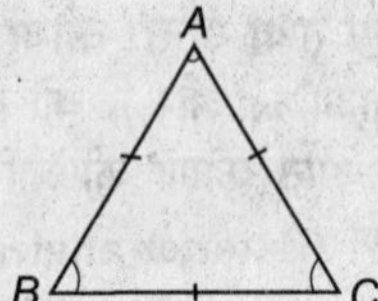

ΔABC में, $AB = BC = CA$

और $\angle A = \angle B = \angle C = 60°$

2. कोणों के आधार पर On the Basis of Angles

(i) **न्यून कोण त्रिभुज** (Acute Angled Triangle) यदि किसी त्रिभुज के सभी कोण न्यून कोण (90° से कम) हों, तो वह त्रिभुज न्यून कोण त्रिभुज कहलाता है।

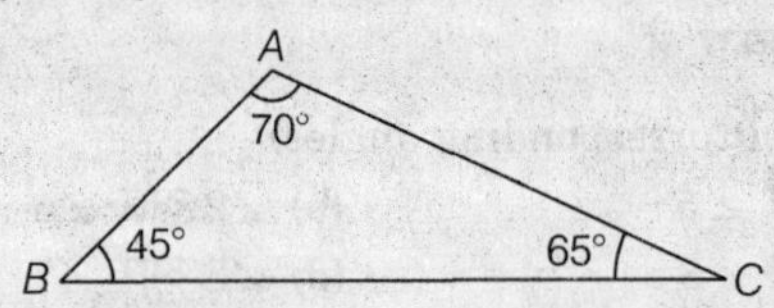

ΔABC में, $\angle A = 45°$ $\angle C = 65°$ और $\angle A = 70°$

न्यून कोण त्रिभुज प्रमेय (Acute Angled Triangle Theorem) न्यून कोण त्रिभुज प्रमेय के अनुसार "किसी न्यून कोण त्रिभुज में न्यून कोण के सामने वाली भुजा का वर्ग, शेष दो भुजाओं के वर्गों के योग और इनमें से एक भुजा व दूसरी के प्रक्षेप के गुणनफल के दोगुने के अन्तर के बराबर होता है।"

ΔABC में $\angle B$ न्यून कोण है।

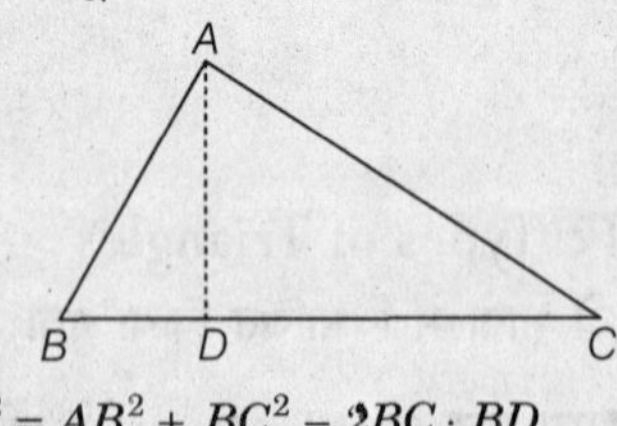

$\therefore \quad AC^2 = AB^2 + BC^2 - 2BC \cdot BD$

(ii) **समकोण त्रिभुज** (Right angled triangle) यदि किसी त्रिभुज का एक कोण समकोण हो तथा अन्य शेष कोण न्यून कोण हैं, तो वह त्रिभुज समकोण त्रिभुज कहलाता है।

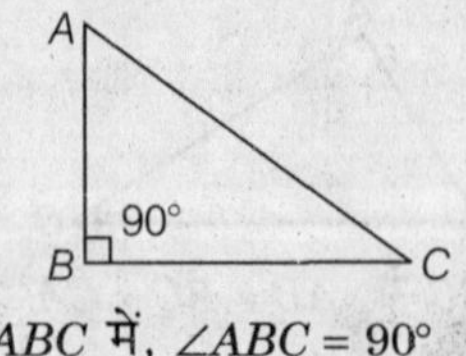

ΔABC में, $\angle ABC = 90°$

पाइथागोरस प्रमेय (Pythagoras Theorem) पाइथागोरस प्रमेय के अनुसार, "एक समकोण त्रिभुज के कर्ण का वर्ग अन्य भुजाओं के वर्गों के योगफल के बराबर होता है।"

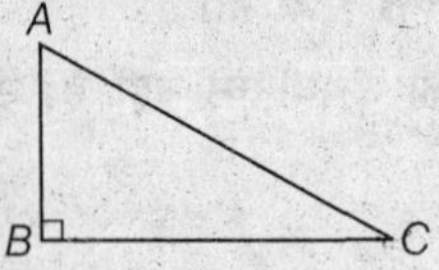

ΔABC में, $\angle B$ समकोण है तथा AC कर्ण है।

$\therefore \quad AC^2 = AB^2 + BC^2$

(iii) **अधिक कोण त्रिभुज** (Obtuse Angled Triangle) यदि किसी त्रिभुज का एक कोण अधिक कोण हो तथा शेष अन्य कोण न्यून कोण हैं, तो वह त्रिभुज अधिक कोण त्रिभुज कहलाता है।

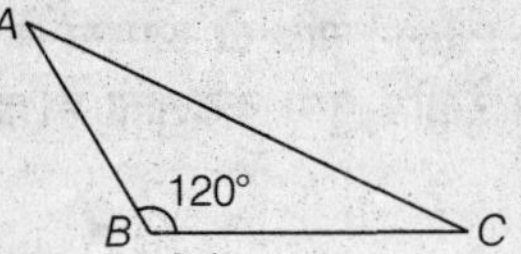

ΔABC में, $\angle ABC = 120°$

अधिक कोण त्रिभुज प्रमेय (Obtuse Angled Triangle Theorem) अधिक कोण त्रिभुज प्रमेय के अनुसार "किसी अधिक कोण त्रिभुज में अधिक कोण के सामने वाली भुजा का वर्ग, शेष दो भुजाओं के वर्गों के योग और इनमें से एक भुजा व दूसरी के प्रक्षेप के गुणनफल के दोगुने के योग के बराबर होता है।

ΔABC में $\angle B$ अधिक कोण है

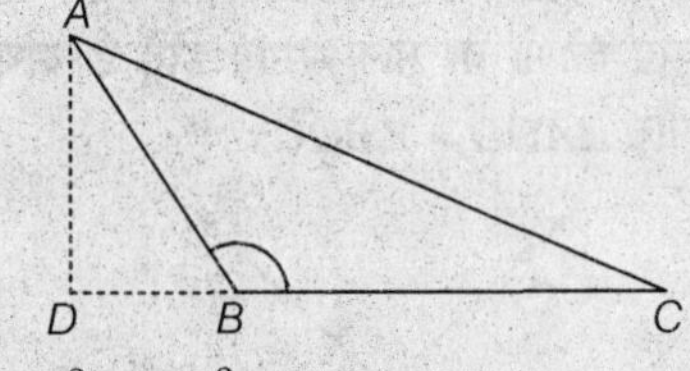

$\therefore \quad AC^2 = AB^2 + BC^2 + 2BC \cdot BD$

त्रिभुज से सम्बन्धित कुछ पारिभाषिक शब्द
Some Terminologies Related to Triangle

माध्यिका (Median) किसी त्रिभुज के किसी शीर्ष को सम्मुख भुजा के मध्य-बिन्दु से मिलाने वाले रेखाखण्ड को त्रिभुज की माध्यिका कहते हैं।

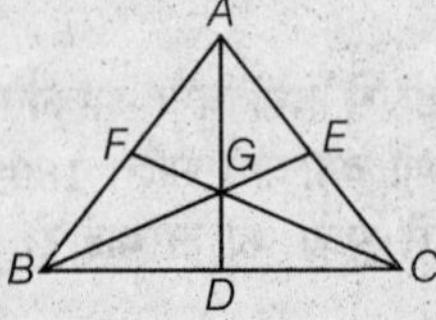

ΔABC में, शीर्ष A को BC के मध्य-बिन्दु D से मिलाया जाता है। अतः ΔABC की माध्यिका AD है। इसी प्रकार, दो अन्य माध्यिकाएँ (FC तथा BE) होती हैं अर्थात् किसी भी त्रिभुज में तीन माध्यिकाएँ सम्भव हैं।

नोट (i) त्रिभुज की तीनों माध्यिकाएँ एक ही बिन्दु से होकर जाती हैं, जिसे त्रिभुज का **केन्द्रक** (Centroid) कहते हैं। सामान्यतः केन्द्रक को G से प्रदर्शित करते हैं।

(ii) केन्द्रक माध्यिका को 2 : 1 के अनुपात में विभाजित करता है।

(iii) समकोण त्रिभुज में कर्ण की माध्यिका कर्ण की आधी होती है।

त्रिभुज की माध्यिका प्रमेय या अपोलोनियस की प्रमेय Median Theorem of Triangle and Apolonious's Theorem

इस प्रमेय के अनुसार "किसी त्रिभुज की किन्हीं दो भुजाओं के वर्गों का योग तीसरी भुजा के आधे के वर्ग और इस भुजा के सम्मुख शीर्ष से खींची गई माध्यिका के वर्ग के योग के दोगुने के बराबर होता है।

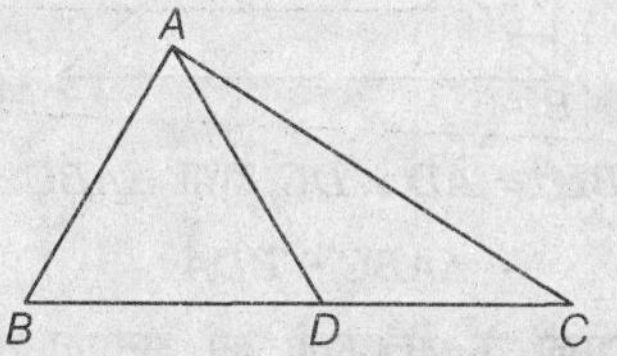

ΔABC में AD भुजा BC की माध्यिका है

$\therefore \quad AC^2 + AB^2 = 2(AD^2 + BD^2)$

शीर्षलम्ब (Altitudes) किसी त्रिभुज के शीर्ष से सम्मुख भुजा पर खींचा लम्ब शीर्षलम्ब कहलाता है। किसी भी त्रिभुज में तीन शीर्षलम्ब सम्भव हैं।

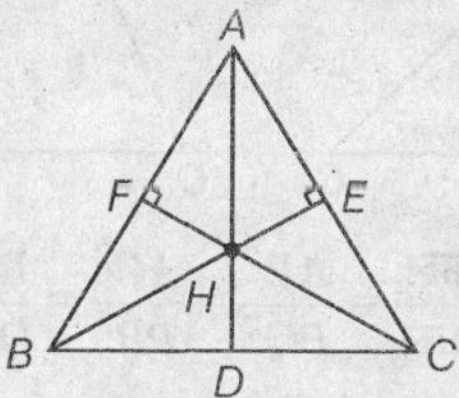

यहाँ, AD, BE और CF क्रमशः BC, AC और AB पर डाले गए शीर्षलम्ब हैं।

नोट किसी त्रिभुज के तीनों शीर्षलम्बों का प्रतिच्छेद बिन्दु **लम्बकेन्द्र** (Orthocentre) कहलाता है।

त्रिभुज का अन्तःकेन्द्र (Incentre of a Triangle) किसी त्रिभुज के तीनों कोणों के अर्द्धकों का प्रतिच्छेदन बिन्दु त्रिभुज का अन्तः केन्द्र कहलाता है। सामान्यतः इसे I से निरूपित करते हैं।

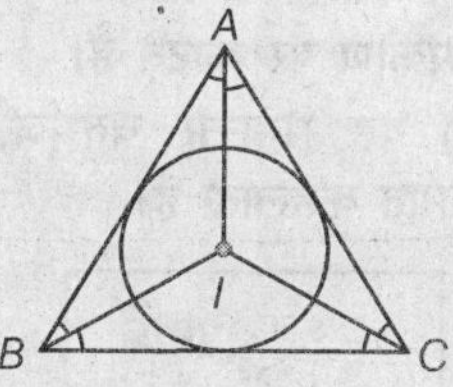

चित्र में, ΔABC का अन्तः केन्द्र I है।

त्रिभुज का परिकेन्द्र (Circumcentre of a Triangle) किसी त्रिभुज की भुजाओं के लम्ब अर्द्धकों का प्रतिच्छेदन (कटान) बिन्दु, त्रिभुज का परिकेन्द्र कहलाता है। सामान्यतः इसे O से निरूपित करते हैं।

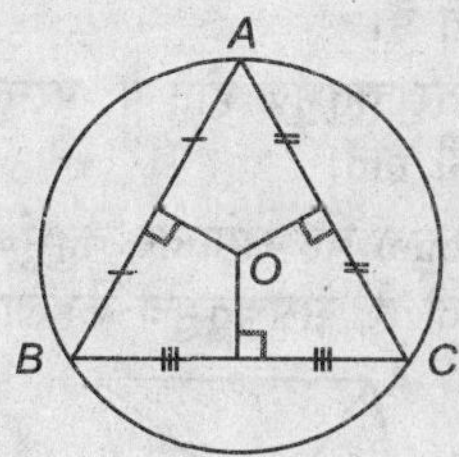

चित्र में, ΔABC का परिकेन्द्र O है।

सर्वांगसम त्रिभुज Congruence Triangles

यदि किन्हीं दो त्रिभुजों के आकार तथा आकृति समान हों अर्थात् उनके संगत कोण तथा संगत भुजाएँ समान हों, तो वे त्रिभुज सर्वांगसम त्रिभुज कहलाते हैं। सर्वांगसमता के लिए '≅' चिह्न का प्रयोग करते हैं। सर्वांगसम त्रिभुजों के संगत भागों के लिए इसे संक्षेप में CPCT लिखते हैं।

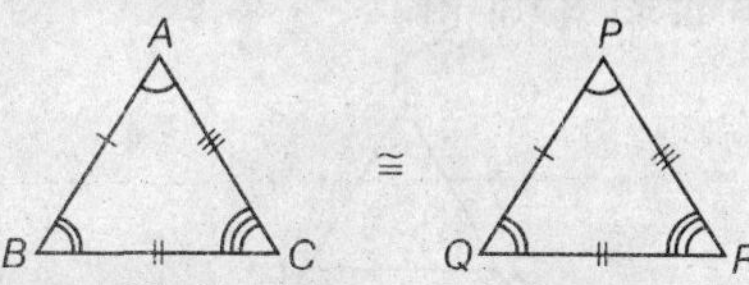

चित्र में, ΔABC तथा ΔPQR सर्वांगसम हैं।

$\therefore \quad \angle A = \angle P$ तथा $AB = PQ$, $\quad \angle B = \angle Q$ तथा $BC = QR$,
$\angle C = \angle R$ तथा $CA = RP$

दो त्रिभुज सर्वांगसम होंगे, यदि वे निम्न शर्तों को पूर्ण करते हैं

(i) **भुजा-कोण-भुजा** (SAS) **सर्वांगसमता** जब एक त्रिभुज की संगत भुजाएँ एवं उनके बीच का कोण दूसरे त्रिभुज की संगत भुजाओं और उनके बीच के कोण के बराबर हो।

(ii) **कोण-भुजा-कोण** (ASA) **सर्वांगसमता** जब एक त्रिभुज के दो कोण और संगत भुजा दूसरे त्रिभुज के दो कोणों तथा संगत भुजा के समान होते हैं।

(iii) **भुजा-भुजा-भुजा** (SSS) **सर्वांगसमता** जब एक त्रिभुज की तीनों भुजाएँ दूसरे त्रिभुज की तीनों भुजाओं के समान होती हैं।

(iv) **समकोण-कर्ण-भुजा** (RHS) **सर्वांगसमता** यदि दो समकोण त्रिभुजों में एक त्रिभुज का कर्ण और एक भुजा क्रमशः दूसरे त्रिभुज के कर्ण और एक भुजा के बराबर हो, तो दोनों त्रिभुज सर्वांगसम होते हैं।

समरूप त्रिभुज Similar Triangles

दो त्रिभुज समरूप होंगे, यदि

(i) उनके संगत कोण समान हों।

(ii) उनकी संगत भुजाएँ समानुपाती हों।

समरूपता के लिए '~' चिह्न का प्रयोग करते हैं।

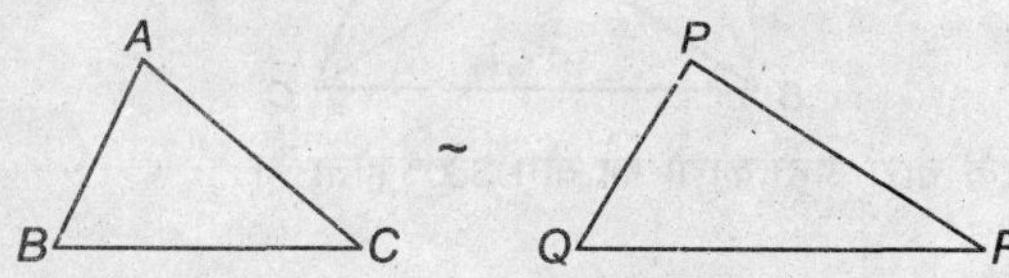

चित्र में, ΔABC व ΔPQR समरूप त्रिभुज हैं।

यहाँ, $\angle A = \angle P, \angle B = \angle Q, \angle C = \angle R$

तथा $\dfrac{AB}{PQ} = \dfrac{BC}{QR} = \dfrac{AC}{RP}$

नोट (i) यदि दो त्रिभुजों के संगत कोण समान हों, तो दोनों त्रिभुज समरूप त्रिभुज होते हैं।

(ii) यदि दो त्रिभुजों की संगत भुजाएँ अनुपातिक हों, तो दोनों त्रिभुज समरूप त्रिभुज होते हैं।

(iii) यदि दो त्रिभुजों में संगत भुजाओं का एक युग्म अनुपातिक हो तथा अन्तरित कोण बराबर हों, तो वे त्रिभुज समरूप त्रिभुज होते हैं।

समरूप त्रिभुजों पर आधारित प्रमेय
Theorems Based on Similar Triangles

1. **थेल्स प्रमेय** (Thales Theorem) इस प्रमेय के अनुसार "किसी त्रिभुज की एक भुजा के समान्तर खींची गई रेखा, शेष दो भुजाओं को समान अनुपात में विभाजित करती है।

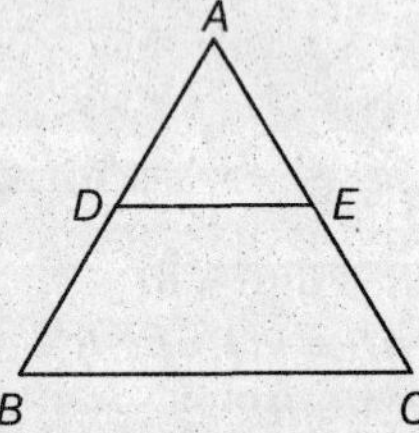

ΔABC में, $DE \parallel BC$ है जो AB तथा AC को क्रमशः D तथा E पर प्रतिच्छेदित करती है, तब

$$\frac{AD}{DB} = \frac{AE}{EC} \Rightarrow \frac{AD}{AB} = \frac{AE}{AC}$$

$\therefore \quad \Delta ADE \sim \Delta ABC$

2. यदि समकोण त्रिभुज के समकोण वाले शीर्ष से कर्ण पर लम्ब डाला जाता है, तो लम्ब का वर्ग, कर्ण के दोनों भागों की लम्बाइयों के गुणनफल के बराबर होता है।

ΔABC में, $\angle B$ समकोण है, शीर्ष B से कर्ण AC पर लम्ब BD खींचा गया है, तो

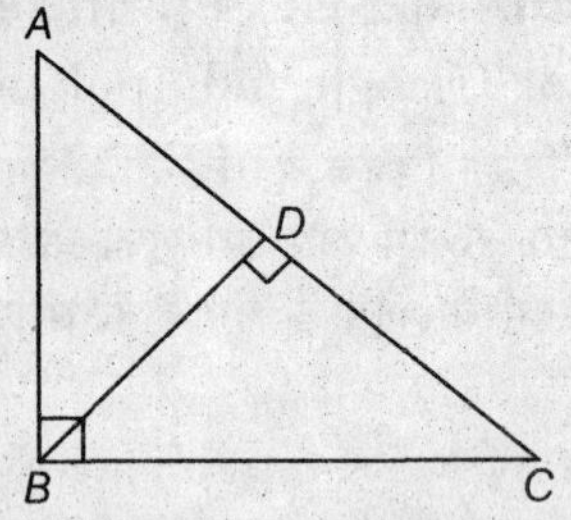

$BD^2 = AD \times DC$ तथा $\Delta ABC \sim \Delta BDC$

एवं $\Delta ABC \sim BDA$

3. दो समरूप त्रिभुजों के क्षेत्रफलों का अनुपात उन त्रिभुजों की संगत भुजाओं या माध्यिकाओं के वर्गों के अनुपात के बराबर होता है ΔABC तथा ΔPQR समरूप हैं, तब

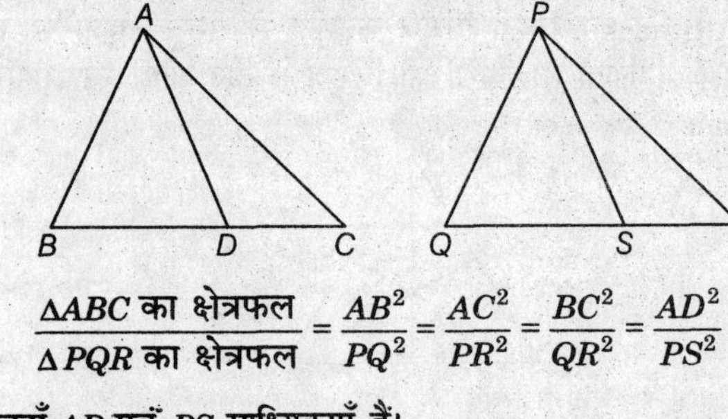

$$\frac{\Delta ABC \text{ का क्षेत्रफल}}{\Delta PQR \text{ का क्षेत्रफल}} = \frac{AB^2}{PQ^2} = \frac{AC^2}{PR^2} = \frac{BC^2}{QR^2} = \frac{AD^2}{PS^2}$$

जहाँ AD एवं PS माध्यिकाएँ हैं।

चतुर्भुज Quadrilateral

चार रेखाखण्डों से घिरी आकृति को चतुर्भुज कहते हैं। चित्र में, $ABCD$ एक चतुर्भुज है जिसकी भुजाएँ AB, BC, CD व DA व विकर्ण AC, BD तथा चार कोण $\angle A, \angle B, \angle C$ व $\angle D$ हैं।

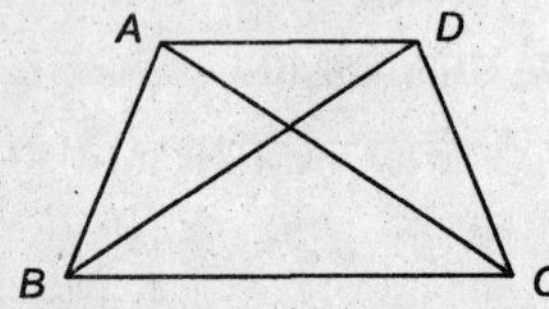

नोट चतुर्भुज के चारों अन्तःकोणों का योग 360° होता है।

चतुर्भुज के प्रकार Types of Quadrilaterals

चतुर्भुज के प्रकार निम्नलिखित हैं

(i) **समान्तर चतुर्भुज** (Parallelogram) वह चतुर्भुज, जिसकी सम्मुख (आमने-सामने की) भुजाएँ परस्पर समान्तर होती हैं, समान्तर चतुर्भुज कहलाता है।

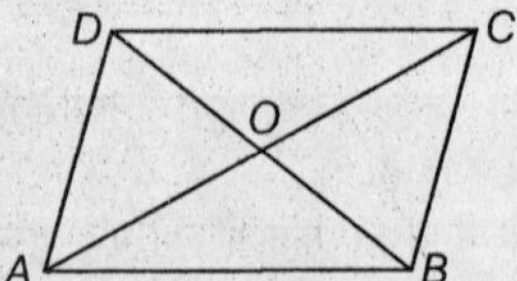

चित्र में, $AB \parallel CD$ तथा $AD \parallel BC$

- सम्मुख भुजाएँ तथा सम्मुख कोण बराबर होते हैं।
- विकर्ण बराबर नहीं होते हैं।
- दोनों विकर्ण एक-दूसरे को समद्विभाजित करते हैं।
- समान्तर चतुर्भुज के किन्हीं दो क्रमागत कोणों के समद्विभाजक एक-दूसरे को समकोण पर काटते हैं।

(ii) **आयत** (Rectangle) वह समान्तर चतुर्भुज, जिसका प्रत्येक कोण समकोण होता है, आयत कहलाता है।

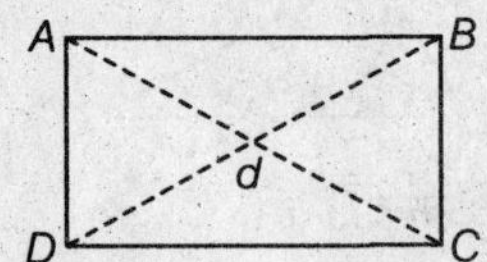

- सभी कोण समकोणीय होते हैं।
- विपरीत भुजाएँ समान होती हैं।
- विकर्ण बराबर होते हैं।
- सभी आयत समान्तर चतुर्भुज होते हैं, परन्तु सभी समान्तर चतुर्भुज आयत नहीं होते।

(iii) **समचतुर्भुज** (Rhombus) वह समान्तर चतुर्भुज, जिसकी प्रत्येक भुजा की लम्बाई समान होती है, समचतुर्भुज कहलाता है।

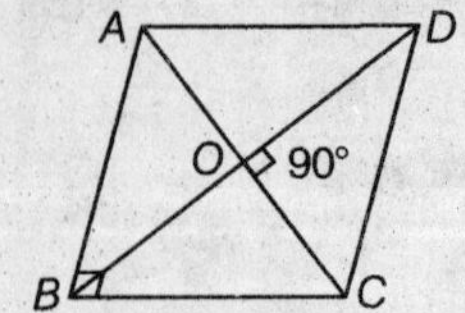

- विकर्ण एक-दूसरे को 90° पर समद्विभाजित करते हैं।
- विकर्ण बराबर नहीं होते हैं।
- भुजाओं के वर्गों का योग विकर्णों के वर्गों के योग के बराबर होता है। यदि भुजा a तथा विकर्ण d_1 एवं d_2 हैं, तब $4a^2 = d_1^2 + d_2^2$

(iv) **वर्ग** (Square) वह समान्तर चतुर्भुज जिसकी प्रत्येक भुजा की लम्बाई समान हो तथा प्रत्येक कोण समकोण होता है, वर्ग कहलाता है।

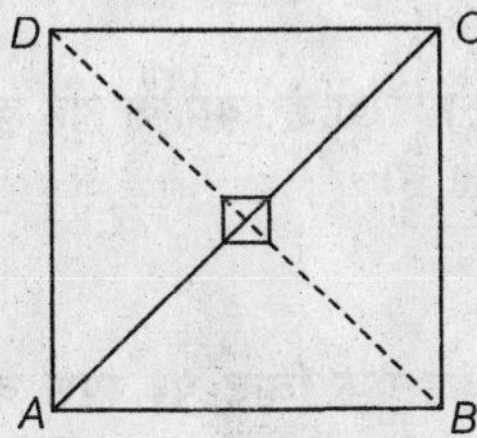

- प्रत्येक अन्त: कोण का मान 90° होता है।
- चारों भुजाएँ बराबर होती हैं।
- विकर्ण बराबर और एक-दूसरे को लम्बवत् समद्विभाजित करते हैं।
- विकर्णों की लम्बाई समान होती हैं।

(v) **समलम्ब चतुर्भुज** (Trapezium) वह चतुर्भुज, जिसकी दो भुजाएँ परस्पर समान्तर होती हैं तथा शेष दो भुजाएँ परस्पर असमान्तर होती हैं, समलम्ब चतुर्भुज कहलाता है।

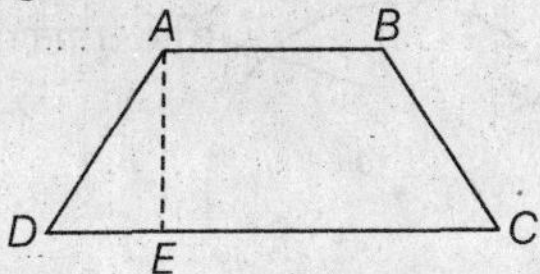

चित्र में, $AB \parallel DC$

चतुर्भुज से सम्बन्धित महत्त्वपूर्ण तथ्य
Important Facts Related to Quadrilateral

(i) यदि समान्तर चतुर्भुज का एक विकर्ण समान्तर चतुर्भुज के एक कोण को अर्द्धक करता है, तब यह विकर्ण दूसरे कोण को भी अर्द्धक करेगा और तब, दोनों विकर्ण एक-दूसरे के लम्बवत् होते हैं।

(ii) एक आयत की क्रमागत भुजाओं के मध्य-बिन्दुओं को मिलाने पर बनने वाला चतुर्भुज एक समचतुर्भुज होता है।

(iii) एक समचतुर्भुज की क्रमागत भुजाओं के मध्य-बिन्दुओं को मिलाने पर बनने वाला चतुर्भुज एक आयत होता है।

(iv) एक वर्ग की क्रमागत भुजाओं के मध्य-बिन्दुओं को मिलाने पर बनने वाला चतुर्भुज एक वर्ग होता है।

वृत्त Circle

किसी समतल में स्थित उन बिन्दुओं का बिन्दुपथ, जो समतल में दिए गए एक स्थिर बिन्दु से दी गई स्थिर दूरी पर होते हैं, वृत्त कहलाता है।

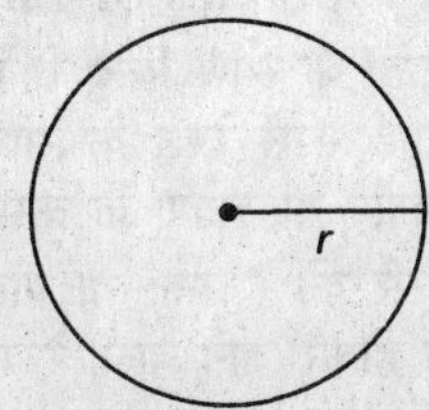

स्थिर बिन्दु को वृत्त का **केन्द्र** तथा इससे वृत्त के प्रत्येक बिन्दु की स्थिर दूरी को वृत्त की **त्रिज्या** कहते हैं। त्रिज्या को 'r' से निरूपित करते हैं।

वृत्त का चाप (Arc of a Circle) यदि बिन्दु P व Q वृत्त पर कोई दो बिन्दु हैं, तो इन बिन्दुओं को वृत्त की परिधि के अनुदिश मिलाने पर वृत्त दो भागों में बँट जाता है जिसमें प्रत्येक भाग को वृत्त का चाप कहते हैं। छोटे भाग को **लघु चाप** (Minor arc) तथा बड़े भाग को **दीर्घ चाप** (Major arc) कहते हैं।

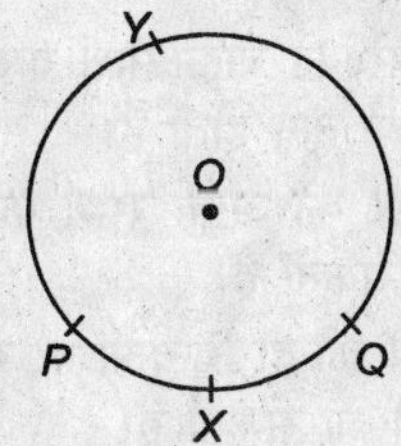

चित्र में, PXQ लघु चाप तथा PYQ दीर्घ चाप है।

वृत्त की जीवा (Chord of a Circle) वृत्त के दो बिन्दुओं को मिलाने वाले रेखाखण्ड को वृत्त की जीवा कहते हैं।

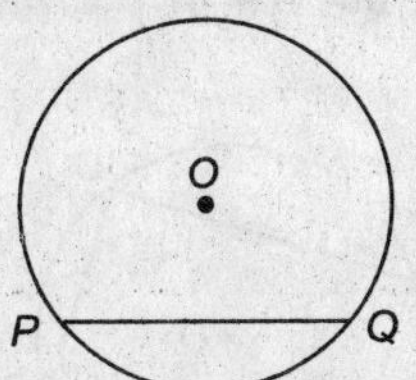

चित्र में, PQ वृत्त की जीवा है।

वृत्त का व्यास (Diameter of a Circle) वृत्त के केन्द्र से होकर जाने वाली जीवा को वृत्त का व्यास कहते हैं।

अर्थात् वृत्त का व्यास $(d) = 2 \times$ वृत्त की त्रिज्या (r)

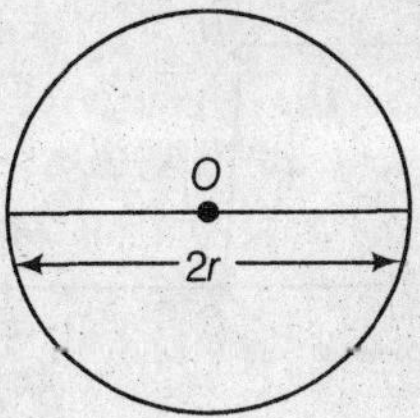

वृत्त की परिधि (Circumference of a Circle) वृत्त के परिमाप को वृत्त की परिधि कहते हैं।

$\therefore$ वृत्त की परिधि $= 2\pi r$, जहाँ $r =$ वृत्त की त्रिज्या

वृत्तखण्ड (Segment of a Circle) वृत्त की जीवा वृत्त को दो भागों में बाँटती है। छोटे भाग को लघु वृत्तखण्ड तथा बड़े भाग को दीर्घ वृत्तखण्ड कहते हैं।

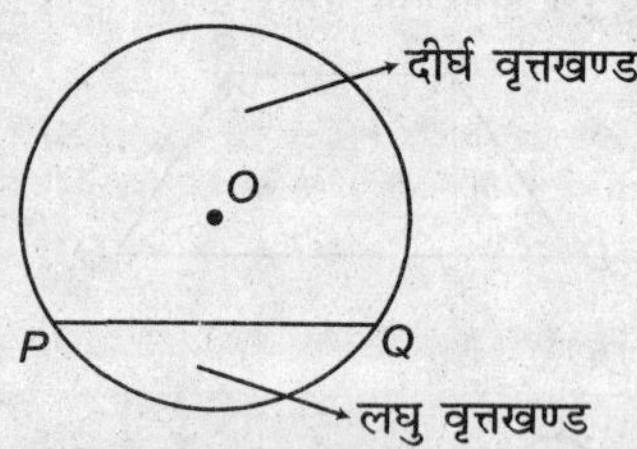

त्रिज्यखण्ड (Sector) दो त्रिज्याओं तथा उनके अन्तिम बिन्दुओं से बनने वाले चाप से घिरे क्षेत्र को वृत्त का त्रिज्यखण्ड कहते हैं।

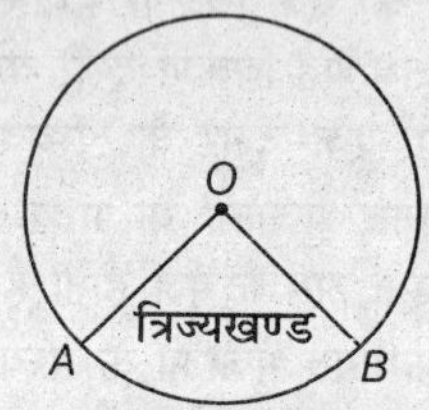

चित्र में, वृत्त का O केन्द्र तथा OAB एक त्रिज्यखण्ड है।

संकेन्द्रीय वृत्त (Concentric Circles) एक ही केन्द्र वाले दो या दो से अधिक वृत्तों को संकेन्द्रीय वृत्त कहते हैं। संकेन्द्रीय वृत्तों की त्रिज्याएँ भिन्न होती हैं। एक ही बिन्दु को केन्द्र मानकर अनन्त वृत्त बनाए जा सकते हैं।

चक्रीय चतुर्भुज Cyclic Quadrilateral

वह चतुर्भुज, जिसके शीर्ष एक वृत्त पर स्थित हों, चक्रीय चतुर्भुज कहलाता है।

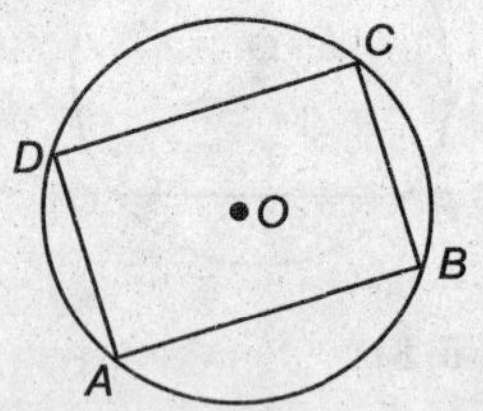

चित्र में, चतुर्भुज $ABCD$ एक चक्रीय चतुर्भुज है।

(i) $\angle A, \angle B, \angle C$ और $\angle D$ अन्त:कोण हैं।

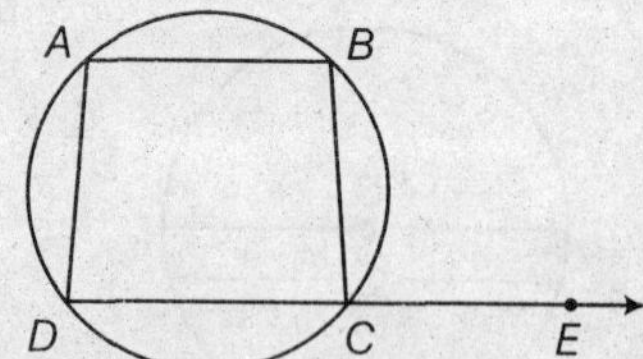

(ii) $\angle A$ और $\angle C$ सम्मुख कोण हैं, तथा $\angle B$ और $\angle D$ सम्मुख कोण हैं।

$$\angle A + \angle C = 180° = \angle B + \angle D$$

(iii) चक्रीय चतुर्भुज की किसी एक भुजा को आगे बढ़ाने पर बनने वाला बहिष्कोण, सम्मुख अन्त:कोण के बराबर होता है।

यहाँ, $\angle BAD = \angle BCF$

छेदक रेखा Secant

वह रेखा, जो वृत्त को दो पृथक्-पृथक् बिन्दुओं पर प्रतिच्छेदित करती है, वृत्त की छेदक रेखा कहलाती है।

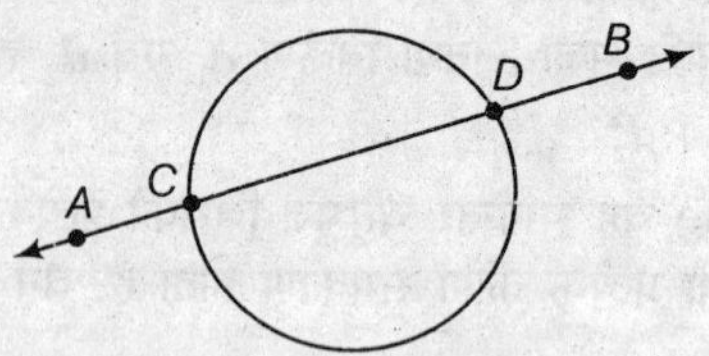

चित्र में AB, वृत्त की छेदक रेखा है, क्योंकि यह वृत्त को दो बिन्दुओं C व D पर प्रतिच्छेदित करती है।

स्पर्श रेखा Tangent

वह रेखा, जो वृत्त को केवल एक बिन्दु पर स्पर्श करती है, वृत्त की स्पर्श रेखा कहलाती है।

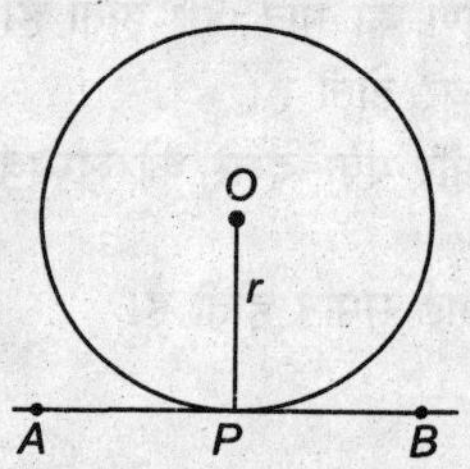

चित्र में, APB एक स्पर्श रेखा है तथा इस बिन्दु P को **स्पर्श बिन्दु** कहते हैं।

स्पर्श रेखा के गुण Properties of Tangent

(i) यदि वृत्त की स्पर्श रेखा के स्पर्श बिन्दु से एक जीवा खींची जाए, तो इस जीवा द्वारा दी हुई स्पर्श रेखा के साथ बनाए गए कोण संगत एकान्तर खण्डों में बनाए गए कोण के क्रमश: बराबर होते हैं।

(ii) यदि दो वृत्त एक-दूसरे को (अन्त: या बाह्यत:) स्पर्श करते हों, तो स्पर्श-बिन्दु केन्द्रों से होकर जाने वाली रेखा पर स्थित होता है।

(iii) यदि दो वृत्त $C_1(O, r), C_2(O', s)$ एक-दूसरे को

(a) बाह्यत: स्पर्श करते हैं, तो $OO' = r + s$

(b) अन्त: स्पर्श करते हैं, तो $OO' = r - s\,(r > s) = s - r$

(iv) एक बाह्य बिन्दु से वृत्त पर खींची गई स्पर्श रेखा की लम्बाई

$$= \sqrt{(\text{वृत्त के केन्द्र से बिन्दु की दूरी})^2 - (\text{त्रिज्या})^2}$$

(v) यदि दो वृत्त एक-दूसरे को नहीं काटते हैं, तो उभयनिष्ठ स्पर्श रेखाओं की कुल संख्या चार होती है।

(vi) यदि दो वृत्त एक-दूसरे को बाह्य स्पर्श करते हैं, तो उभयनिष्ठ स्पर्श रेखाओं की कुल संख्या तीन होती है।

(vii) यदि दो वृत्त एक-दूसरे को अन्त: स्पर्श करते हैं, तो एक उभयनिष्ठ स्पर्श रेखा खींची जा सकती हैं।

(viii) यदि दो वृत्त एक-दूसरे को दो बिन्दुओं पर काटते हैं, तो दो उभयनिष्ठ अनुस्पर्श रेखाएँ खींची जा सकती हैं।

(ix) यदि दो वृत्त एक-दूसरे के अन्दर स्थित हैं तथा दोनों वृत्त एक-दूसरे को स्पर्श नहीं करते हैं, तो कोई भी उभयनिष्ठ स्पर्श रेखा खींचना सम्भव नहीं है।

(x) यदि वृत्त की दो जीवाएँ वृत्त के अन्दर प्रतिच्छेदित होती हैं या आगे बढ़ाने पर वृत्त के बाहर प्रतिच्छेदित होती हैं और यदि प्रतिच्छेदित बिन्दु P है,

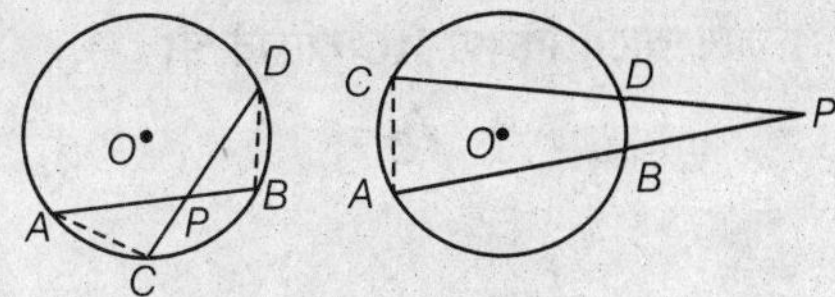

तब, $AP \times BP = CP \times DP$

(xi) यदि PAB वृत्त की एक छेदक रेखा है, जो वृत्त को बिन्दु A और B पर काटती है तथा PT स्पर्श रेखा है।

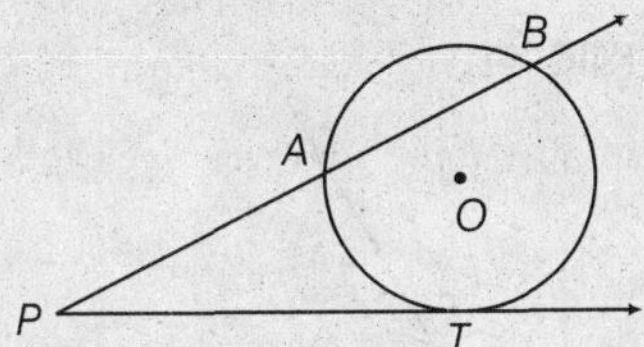

तब, $PA \times PB = PT^2$

(xii) यदि दो वृत्त एक-दूसरे से कुछ दूरी पर स्थित हों, तब

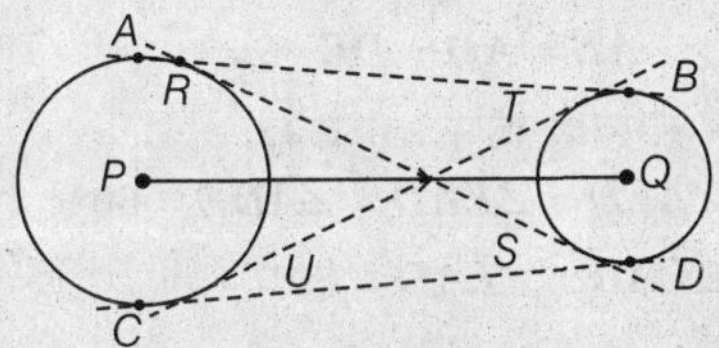

उभयनिष्ठ अनुप्रस्थ स्पर्श रेखाएँ AB और $CD = \sqrt{(PQ)^2 - (r_1 - r_2)^2}$

उभयनिष्ठ तिर्यक स्पर्श रेखाएँ RS और $TU = \sqrt{(PQ)^2 - (r_1 + r_2)^2}$

वृत्त से सम्बन्धित महत्त्वपूर्ण तथ्य

Important Facts Related to Circles

(i) यदि किसी वृत्त के दो चाप सर्वांगसम हों, तो उनकी संगत जीवाएँ बराबर होती हैं।

(ii) वृत्त के केन्द्र से जीवा पर डाला गया लम्ब जीवा को समद्विभाजित करता है।

(iii) वृत्त की दो जीवाओं के लम्ब समद्विभाजक वृत्त के केन्द्र पर प्रतिच्छेद करते हैं।

(iv) तीन असंरेख बिन्दुओं से एक और केवल एक वृत्त खींचा जा सकता है।

(v) एक वृत्त की समान जीवाएँ केन्द्र से समदूरस्थ होती हैं।

(vi) वृत्त के एक चाप द्वारा वृत्त के केन्द्र पर अन्तरित उसी चाप द्वारा शेष परिधि द्वारा बने कोण का दोगुना होता है।

(vii) अर्द्धवृत्त में बना कोण समकोण होता है।

(viii) एकान्तर खण्ड में लघु चाप द्वारा अन्तरित कोण न्यून कोण होता है और एकान्तर खण्ड के दीर्घ चाप द्वारा अन्तरित कोण अधिक कोण होता है।

(ix) एक ही वृत्तखण्ड में बने दो कोण बराबर होते हैं।

(x) एक वृत्त की समान जीवाएँ केन्द्र पर बराबर कोण अन्तरित करती हैं।

(xi) चक्रीय चतुर्भुज के सम्मुख कोण सम्पूरक होते हैं अर्थात् सम्मुख कोणों का योग $180°$ होता है।

(xii) यदि दो बिन्दुओं को मिलाने वाला रेखाखण्ड दो अन्य बिन्दुओं पर, जो इस रेखाखण्ड को आविष्ट करने वाली रेखा के एक ओर स्थित होते हैं, समान कोण अन्तरित करता है, तो ये चार बिन्दु एक वृत्तीय होते हैं तथा इसका विलोम भी सत्य है।

(xiii) यदि किसी वृत्त के अन्दर एक समान्तर चतुर्भुज बनाया जाए, तो वह आयत या वर्ग होगा।

(xiv) वृत्त की स्पर्श रेखा स्पर्श बिन्दु से होकर जाने वाली त्रिज्या पर लम्ब होती है।

(xv) किसी बाह्य बिन्दु से वृत्त पर दो स्पर्श रेखाएँ खींची जा सकती हैं जिनकी लम्बाइयाँ बराबर होती हैं।

(xvi) यदि किसी वृत्त पर दो स्पर्श रेखाएँ किसी बाह्य बिन्दु से खींची जाती हैं, तब वे केन्द्र पर समान कोण अन्तरित करती हैं।

(xvii) दो स्पर्श रेखाओं के बीच का कोण व केन्द्र को स्पर्श-बिन्दुओं से मिलाने वाली दो रेखाओं के बीच बने कोण का सम्पूरक होता है।

(xviii) एक वृत्त के परितः बना समान्तर चतुर्भुज, समचतुर्भुज होता है।

कुछ आधारभूत रचनाएँ Some Basic Constructions

रचना 1

एक दिए गए कोण के समद्विभाजक की रचना करना।

किसी दिये गए कोण (माना $\angle ABC$) को, समद्विभाजित करने के लिए निम्न चरण का प्रयोग करते हैं

रचना के चरण

***चरण* I** सर्वप्रथम $\angle ABC$ बनाने के लिए, B को केंद्र मानकर तथा कोई त्रिज्या लेकर एक चाप लगाइए
जो किरण BA और BC को क्रमशः माना E और D पर प्रतिच्छेद करता है।

***चरण* II** पुनः D और E को केंद्र मानकर तथा $\frac{1}{2}DE$ से बड़ी त्रिज्या लेकर चाप लगाइए जो माना एक-दूसरे को F पर प्रतिच्छेद करते हैं।

***चरण* III** किरण BF खींचिए। यही किरण BF, $\angle ABC$ का अभीष्ट समद्विभाजक है।

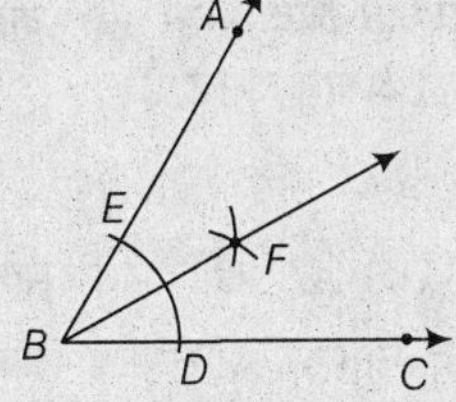

सत्यापन EF और DF को मिलाया

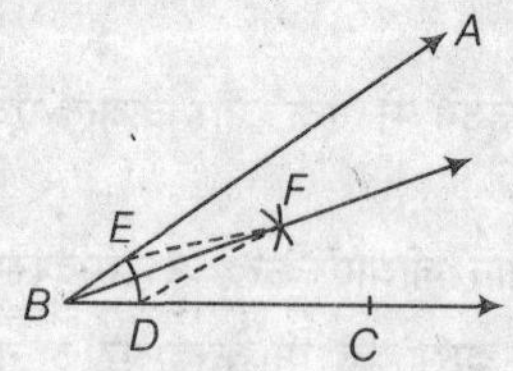

ΔBEF तथा ΔBDF में,

$BE = BD$ [एक ही चाप की त्रिज्याएँ]

$EF = DF$ [समान त्रिज्या वाले चाप]

$BF = BF$ [उभयनिष्ठ भुजा]

$\therefore$ $\Delta BEF \cong \Delta BDF$ [SSS सर्वांगसमता नियम से]

तब $\angle EBF = \angle DBF$ [CPCT द्वारा]

अत: BF, $\angle ABC$ का कोण समद्विभाजक है।

रचना 2

एक दिए गए रेखाखंड के लंब समद्विभाजक (लंबार्द्धक) की रचना करना।

यदि दिए गए किसी लंबाई के रेखाखंड का लंब समद्विभाजक खींचना हो, तब हम निम्नलिखित चरणों का उपयोग करते हैं।

रचना के चरण

***चरण* I** सर्वप्रथम एक रेखाखंड AB खींचा, अब A और B को केंद्र मानकर तथा $\frac{1}{2}AB$ से अधिक त्रिज्या लेकर रेखाखंड AB के दोनों ओर (एक-दूसरे को प्रतिच्छेद करते हुए) चाप लगाते हैं।

माना चरण I में खींचे गए चाप एक-दूसरे को P और Q पर प्रतिच्छेद करते हैं। PQ को मिलाते हैं।

***चरण* II** माना PQ, AB को बिंदु M पर प्रतिच्छेद करता है, तब रेखा PMQ, AB का अभीष्ट लंब समद्विभाजक है।

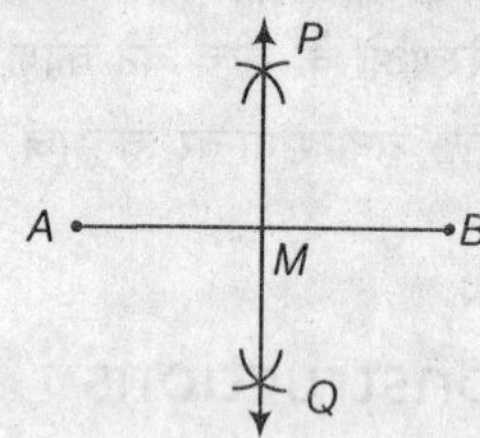

रचना 3

एक दी गई किरण के प्रारंभिक बिंदु पर 60° के कोण की रचना करना।

माना एक किरण AB (माना) जिसका प्रारंभिक बिंदु A दिया गया है तथा हमें रेखाखंड AB के प्रारंभिक बिंदु A पर 60° का कोण बनाना है, तब हम निम्नलिखित चरणों का प्रयोग करते हैं।

रचना के चरण

***चरण* I** सर्वप्रथम, एक रेखा AB खींचिए जिसका प्रारंभिक बिंदु A है।

***चरण* II** बिंदु A को केंद्र मानकर और कोई त्रिज्या लेकर एक चाप खींचते हैं, जो AB को माना एक बिंदु D पर प्रतिच्छेद करता है।

***चरण* III** D को केंद्र मानकर और उसी त्रिज्या, जो पहले ली गई थी, से एक चाप खींचते हैं, जो चरण (II) में खींचे गए चाप को बिंदु E पर प्रतिच्छेद करता है।

***चरण* IV** E से जाने वाली किरण AC खींचते हैं।

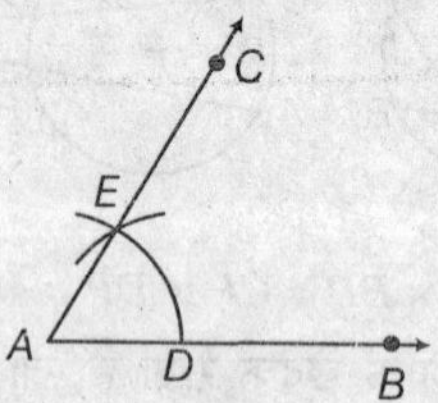

तब, $\angle CAB$ ही 60° का अभीष्ट कोण है।

उपपत्ति DE को मिलाते हैं।

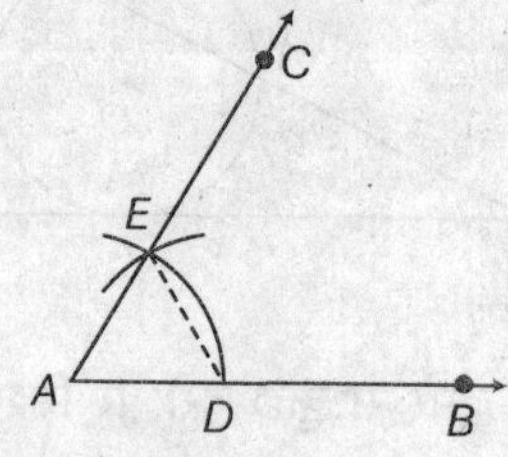

तब $AE = AD = DE$ [रचना से]

अत: ΔEAD एक समबाहु त्रिभुज है तब,

$$\angle AED = \angle EAD = \angle ADE = 60°$$

अत: $\angle CAB = \angle EAD = 60°$

त्रिभुज की कुछ रचनाएँ

Some Constructions of Triangles

हम जानते हैं कि, किसी त्रिभुज के छ: अवयव, जिनमें तीन भुजाएँ और तीन कोण होते हैं। अत: किसी त्रिभुज की रचना के लिए कम-से-कम उसके तीन अवयव दिया होना आवश्यक है परंतु तीन अवयव के सभी संचय (Combinations) इसकी रचना के लिए पर्याप्त नहीं है।

उदाहरण— यदि दो भुजाएँ तथा एक कोण (बीच का कोण नहीं) दिए हों, तो अद्वितीय रूप से त्रिभुज की रचना सदैव संभव नहीं है।

रचना 1

दिए हुए आधार, एक आधार कोण तथा अन्य दो भुजाओं के योग द्वारा त्रिभुज की रचना करना।

एक त्रिभुज ABC में, आधार BC आधार कोण (माना $\angle B$) तथा दो भुजाओं का योग $(AB + AC)$ दिया हो, तथा हमें ΔABC की रचना करना होती है, तब रचना के लिए, हम निम्न चरणों का उपयोग करते हैं।

***चरण* I** सर्वप्रथम आधार BC खींचिए और बिंदु B पर दिए कोण के बराबर $\angle XBC$ बनाए।

***चरण* II** किरण BX से $AB + AC$ के बराबर रेखाखंड BD काटते हैं।

***चरण* III** DC को मिलाया।

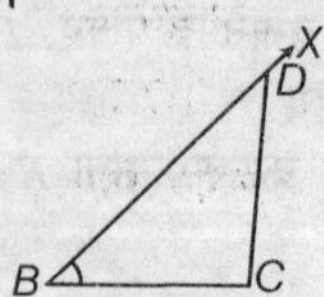

अब, हम निम्नलिखित दो विधियों का उपयोग कर सकते हैं।

विधि I

चरण **I** DC का लंब समद्विभाजक, PQ खीचते हैं।

चरण **II** माना PQ, BD को बिंदु A पर प्रतिच्छेद करता है तब, AC को मिलाया।

अब, ABC अभीष्ट त्रिभुज है।

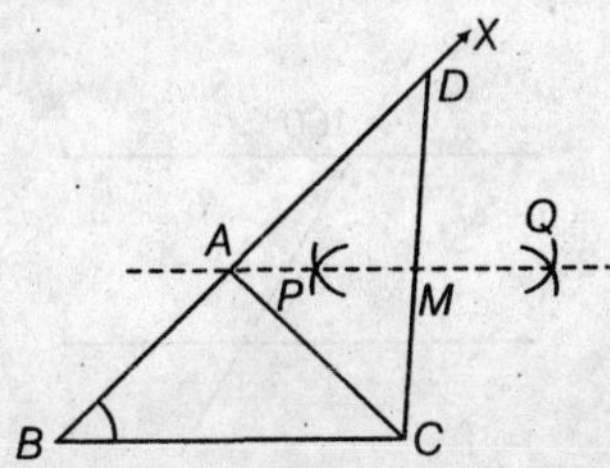

सत्यापन आधार BC तथा $\angle B$ बनाते हैं।

चूँकि, PQ, CD का लंब समद्विभाजक है तथा A इस पर स्थित हैं।

इसलिए, $AD = AC$ [$\because \Delta AMD \cong \Delta AMC$, SAS नियम से]

अब, $AB = BD - AD = BD - AC$

$\Rightarrow AB + AC = BD$

विधि II

चरण **I** बिंदु C पर $\angle BDC$ के बराबर $\angle DCY$ बनाते है।

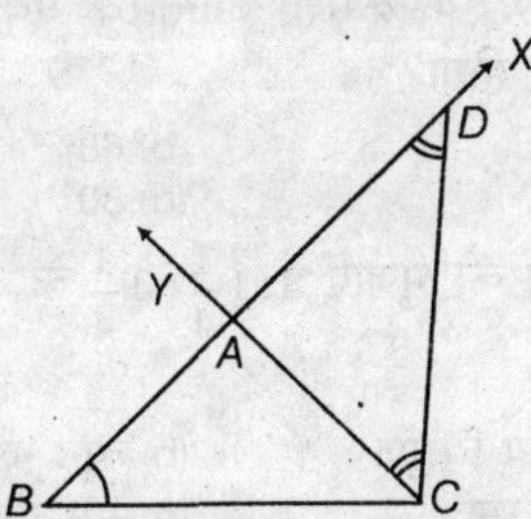

चरण **II** माना CY, BX को A पर प्रतिच्छेदित करती है, तब ABC अभीष्ट त्रिभुज है।

सत्यापन आधार BC तथा $\angle B$ बनाते हैं।

$\angle ACD$में, $\angle ACD = \angle ADC$ [रचना से]

$\therefore$ $AD = AC$

[$\because$ त्रिभुज के बराबर कोणों की सम्मुख भुजाएँ बराबर होती हैं]

अब, $AB = BD - AD = BD - AC$

$\Rightarrow$ $AB + AC = BD$

रचना 2

एक त्रिभुज की रचना करना जिसका आधार, एक आधार कोण तथा अन्य दो भुजाओं का अंतर दिया हो।

कभी-कभी आधार (माना BC), आधार कोण (माना $\angle B$) तथा दूसरी दो भुजाओं का अंतर (जैसे–$AB - AC$ तथा $AC - AB$) दिया होता है। ΔABC की रचना स्थितियों के अनुसार निम्न चरण प्रयोग करते हैं।

स्थिति I

माना $AB > AC$ अर्थात् $AB - AC$ दिया हो।

रचना के चरण

चरण **I** आधार BC खींचिए और बिंदु B पर दिए गए कोण के बराबर $\angle XBC$ बनाइए।

चरण **II** किरण BX से, $AB - AC$ के बराबर रेखाखंड BD काटिए।

चरण **III** DC को मिलाया तथा इसका लंब समद्विभाजक PQ खींचा जोकि CD को बिंदु M पर समद्विभाजित करता है।

चरण **IV** माना PQ, BX को बिंदु A प्रतिच्छेद करता हैं। AC को मिलाया।

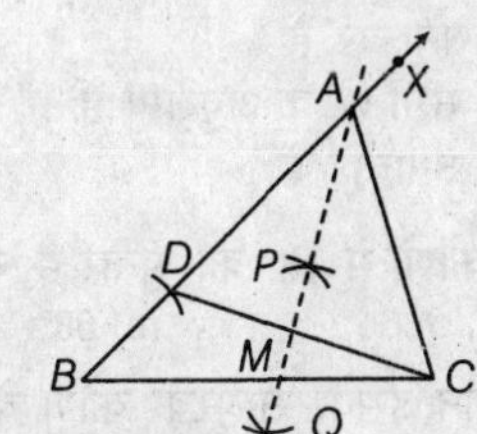

अत: ABC ही अभीष्ट त्रिभुज है।

सत्यापन दिए गए मापन के अनुसार, आधार BC तथा $\angle B$ बनाते हैं।

चूँकि बिंदु A, DC के लंब समद्विभाजक पर स्थित है।

$\therefore$ $AD = AC$ [$\because \Delta AMD \cong \Delta AMX$, SAS नियम से]

इसलिए, $BD = AB - AD = AB - AC$

स्थिति II

माना $AB < AC$ है अर्थात् $AC - AB$ दिया हुआ है।

रचना के चरण

चरण **I** आधार BC खींचिए और बिंदु B पर दिए गए कोण के बराबर एक कोण, माना $\angle XBC$ बनाते हैं।

चरण **II** आधार BC के विपरीत दिशा में बढ़ी हुई रेखा BX से $AC - AB$ के बराबर एक रेखाखंड BD काटते हैं।

चरण **III** DC को मिलाते है तथा DC का लंब समद्विभाजक PQ खींचते है जोकि DC को बिंदु M पर प्रतिच्छेद करता है।

चरण **IV** माना PQ, BX को बिंदु A पर प्रतिच्छेद करती है। AC को मिलाते हैं, तब ABC अभीष्ट त्रिभुज है।

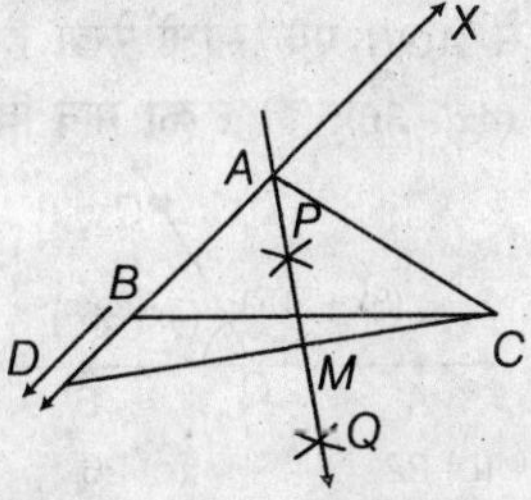

सत्यापन दिए गए मापन के अनुसार, आधार BC तथा $\angle B$ बनाते हैं।

चूँकि बिंदु A, DC के लंब समद्विभाजक पर स्थित है।

$\therefore$ $AD = AC$

इसलिए, $BD = AD - AB = AC - AB$

अभ्यास प्रश्न

रेखाएँ एवं कोण

1. एक समतल में रेखा X, रेखा Y के अनुलम्ब है और रेखा Z के समान्तर है। रेखा U, रेखा V और रेखा W दोनों के अनुलम्ब है, रेखा X, रेखा V के अनुलम्ब है। निम्नलिखित में से कौन-सा एक कथन सही है?
(a) Z, U और W समान्तर हैं
(b) X, V और Y समान्तर हैं
(c) Z, V और U, सभी W के अनुलम्ब हैं
(d) Y, V और W समान्तर हैं

2. यदि दो सम्पूरक कोणों में $44°$ का अन्तर है, तो उनमें से एक कोण है
(a) 102° (b) 65° (c) 68° (d) 72°

3. एक कोण का मान इसके सम्पूरक कोण के मान से दोगुना है। इस कोण की माप है
(a) 120° (b) 60° (c) 100° (d) 90°

4. दस भुजाओं वाले किसी बहुभुज में कुल विकर्ण होंगे।
(a) 10 (b) 20 (c) 35 (d) 45

5. उस कोण का मान ज्ञात कीजिए जोकि अपने सम्पूरक का 1/4 गुना है।
(a) 45° (b) 36° (c) 90° (d) 58°

6. एक कोण अपने पूरक से दोगुना बड़ा है। कोण का माप क्या है?
(a) 30° (b) 90° (c) 60° (d) 120°

7. एक रेखा पर कम-से-कम कितने विभिन्न बिन्दु हो सकते हैं?
(a) एक (b) दो (c) तीन (d) अनन्त

8. यदि OA और OB विपरीत किरणें हैं तथा एक किरण OC इनसे कोई कोण बनाती है। यदि एक कोण 75° है, तब दूसरा कोण है
(a) 105° (b) 70° (c) 15° (d) 72°

9. यदि एक कोण के कोटिपूरक का सात गुना उस कोण के सम्पूरक के तीन गुने से 10° कम है, तो कोण की माप है
(a) 30° (b) 35° (c) 25° (d) 20°

10. $\angle a$ और $\angle b$ एक रेखा युग्म बनाते हैं। यदि $a - 2b = 30°$ हो, तब a और b के मान क्रमशः हैं
(a) 128°, 52° (b) 120°, 60° (c) 130°, 50° (d) 110°, 70°

11. दिए गए चित्र में AOB एक सीधी रेखा है, $\angle AOC = (3x + 20)°$ और $\angle BOC = (4x - 36)°$ है। x का मान कितना है?

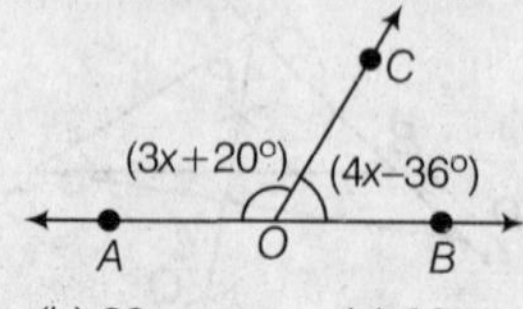

(a) 32 (b) 22 (c) 26 (d) 28

12. निम्नलिखित कथनों पर विचार कीजिए और सही विकल्प का चयन करें जब दो सीधी रेखाएँ एक-दूसरे को प्रतिच्छेद करती हैं, तो
1. दो संलग्न कोण पूरक होते हैं।
2. अभिमुख कोण बराबर होते हैं।
(a) दोनों 1 और 2 सही नहीं हैं (b) दोनों 1 और 2 सही हैं
(c) 1 गलत है और 2 सही है (d) 1 सही है और 2 गलत है

13. रेखाएँ A और B एक-दूसरे के समानान्तर हैं। $\angle X$ का मान ज्ञात करें।

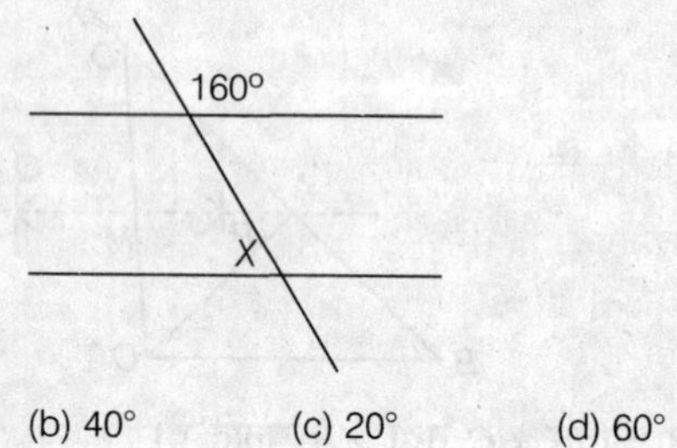

(a) 160° (b) 40° (c) 20° (d) 60°

त्रिभुज

14. किसी ΔABC में, $\angle A - \angle B = 20°$ तथा $\angle B - \angle C = 32°$, तो $\angle A$ कितना होगा?
(a) 84° (b) 90° (c) 75° (d) 80°

15. एक रेखाखण्ड में तीन बिन्दु A, O, B हैं और C एक ऐसा बिन्दु है, जो AOB पर नहीं है। तदनुसार, यदि $\angle AOC = 40°$ हो और $OX, OY, \angle AOC$ के क्रमशः आन्तरिक एवं बाह्य द्विभाजक हों, तो $\angle BOY$ कितना होगा?
(a) 72° (b) 68°
(c) 70° (d) 80°

16. यदि एक त्रिभुज की भुजाएँ $3 : 1\frac{1}{4} : 3\frac{1}{4}$ के अनुपात में हैं, तो त्रिभुज कैसा है?
(a) अधिक कोणीय त्रिभुज (b) न्यून कोणीय त्रिभुज
(c) समकोणीय त्रिभुज (d) समानकोणिक त्रिभुज

17. यदि किसी त्रिभुज की भुजाएँ क्रमशः 9 सेमी, 11 सेमी तथा 15 सेमी हों, तो सबसे बड़ी भुजा के सामने का कोण होगा
(a) न्यून कोण (b) समकोण
(c) अधिक कोण (d) सरल रेखा

18. एक ΔPQR में, यदि $PQ = 10$ सेमी, $QR = 20$ सेमी तथा $RP = 25$ सेमी हो, तो
(a) तीनों कोण न्यून कोण हैं
(b) P अधिक कोण तथा शेष न्यून कोण हैं
(c) Q समकोण तथा शेष न्यून कोण हैं
(d) Q अधिक कोण तथा शेष न्यून कोण हैं

19. यदि $(2k + 15)$, $(3k - 14)$ और $(4k - 3)$ एक त्रिभुज की तीन भुजाओं की लम्बाइयाँ हैं, तो k निश्चित रूप से बड़ा होगा
(a) -4 से (b) $\frac{32}{5}$ से (c) $\frac{16}{3}$ से (d) $\frac{14}{3}$ से

20. ΔABC की BC भुजा, D तक बढ़ायी गई है। तदनुसार, यदि $\angle ACD = 108°$ और $\angle B = \frac{1}{2}\angle A$ हो, तो $\angle A$ का मान कितना होगा?
(a) 108° (b) 59° (c) 36° (d) 72°

21. एक त्रिभुज की दो भुजाएँ क्रमशः 4 सेमी तथा 10 सेमी लम्बी हैं। तद्नुसार, यदि तीसरी भुजा की लम्बाई a सेमी हो, तो a का कौन-सा मान सही है?
(a) $a < 6$ (b) $6 < a < 14$ (c) $a > 5$ (d) $6 \le a \le 12$

22. यदि ΔABC के शीर्ष कोण $\angle A$ का बाहरी द्विभाजक आधार BC के समान्तर है, तो ΔABC क्या है?
(a) समकोणीय (b) समद्विबाहु
(c) विषमबाहु (d) समभुज

23. मान लीजिए ΔABD में, $\angle ADB = 20°$ और C, BD पर एक ऐसा बिन्दु है, जिसमें $AB = AC$ तथा $CD = CA$ है, तो $\angle ABC$ की माप कितनी होगी?
(a) 45° (b) 60° (c) 30° (d) 40°

24. ΔABC का केन्द्रक G है। ΔABC का क्षेत्रफल 60 सेमी^{2} है। ΔGBC का क्षेत्रफल कितना होगा?
(a) 40 सेमी^{2} (b) 20 सेमी^{2}
(c) 30 सेमी^{2} (d) 10 सेमी^{2}

25. एक ΔABC, C पर समकोणिक है। यदि C से AB पर लम्ब की लम्बाई p है और a, b, c भुजाएँ हैं, तो निम्नलिखित में से कौन-सा एक सही है?
(a) $pa = bc$ (b) $pb = ca$
(c) $pc = ab$ (d) $p^2 = ab$

26. ΔABC में, AB भुजा, B के पार तक, BC भुजा, C के पार तक और CA भुजा, A के पार तक बढ़ायी जाती है। तीनों बाह्य कोणों का योगफल क्या है?
(a) 270° (b) 305° (c) 360° (d) 540°

27. यदि किसी समकोण त्रिभुज की भुजाएँ तीन क्रमिक पूर्णांक हों, तो सबसे छोटी भुजा की लम्बाई क्या होगी?
(a) 3 इकाई (b) 2 इकाई
(c) 4 इकाई (d) 5 इकाई

28. एक वृत्त, जिसका केन्द्र O है, में AB तथा CD दो असमान जीवाएँ एक-दूसरे को बिन्दु P पर काटती हैं, तो ΔAPC एवं ΔDPB होंगे
(a) समरूप (b) क्षेत्रफलों में समान
(c) सर्वांगसम (d) इनमें से कोई नहीं

29. यदि O, ΔABC का परिकेन्द्र है जो त्रिभुज के अन्दर पड़ता है, तो $\angle OBC + \angle BAC$ किसके बराबर होगा?
(a) 60° (b) 90° (c) 110° (d) 120°

30. निम्न चित्र में, रेखाखण्ड AD, ΔABC के $\angle A$ का अर्द्धक है। बिन्दु D भुजा BC पर स्थित है। $BD : DC$ का मान होगा

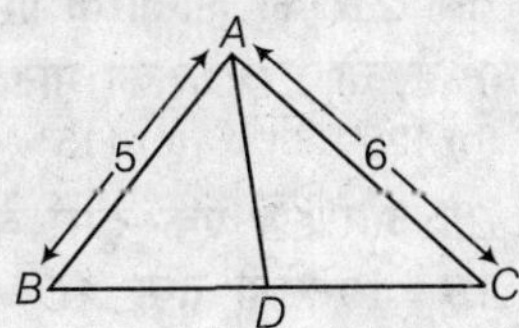

(a) 6 : 5 (b) 5 : 6
(c) 4 : 5 (d) उपरोक्त में से कोई नहीं

31. ΔABC में, AD माध्यिका है और $AD = \frac{1}{2} BC$ तद्नुसार, यदि $\angle BAD = 30°$ हो, तो $\angle ACB$ की माप कितनी होगी?
(a) 30° (b) 60° (c) 90° (d) 45°

32. यदि 'O' ΔPQR का अन्तः केन्द्र हो और $\angle POR = 115°$ हो, तो $\angle PQR$ का मान क्या है?
(a) 40° (b) 65° (c) 50° (d) 25°

33. ΔPQR में, PD एक माध्यिका तथा G केन्द्रक है। यदि $PG = 24$ सेमी हो, तो PD की लम्बाई क्या है?
(a) 48 सेमी (b) 36 सेमी (c) 60 सेमी (d) 72 सेमी

34. ΔABC के $\angle B$ तथा $\angle C$ के बाह्य द्विभाजक P बिन्दु पर मिलते हैं। तद्नुसार, यदि $\angle BAC = 80°$ हो, तो $\angle BPC$ कितना होगा?
(a) 50° (b) 40° (c) 80° (d) 100°

35. एक ΔABC है, जिसमें $AB = AC$ है। BC को D तक बढ़ाया जाता है। रेखा AC पर एक बिन्दु E से AB के समान्तर सरल रेखा EF हैं। इस प्रकार, निर्मित चतुर्भुज $ECDF$ पर विचार कीजिए। यदि $\angle ABC = 65°$ और $\angle EFD = 80°$, तो $\angle FDC$ किसके बराबर है?
(a) 43° (b) 41° (c) 37° (d) 35°

36. एक समकोण त्रिभुज में, जिसकी भुजाएँ a और b हैं तथा कर्ण c है, कर्ण पर खींचा गया शीर्षलम्ब x है, तो निम्नलिखित में से कौन-सा एक सही है?
(a) $ab = cx$ (b) $ax = bc$
(c) $bx = ac$ (d) $ab = 2cx$

37. ΔABC की भुजा BC को D तक बढ़ाया गया है। यदि $\angle ACD = 120°$, $\angle ABC = \frac{2}{3} \angle CAB$, तो $\angle BAC$ का मान कितना है?
(a) 60° (b) 45° (c) 30° (d) 72°

38. यदि एक समकोण त्रिभुज का क्षेत्रफल A है और b एक ऐसी भुजा है जिस पर समकोण है, तो कर्ण पर शीर्षलम्ब की लम्बाई क्या हैं?
(a) $\frac{2Ab}{\sqrt{b^4 + 4A^2}}$ (b) $\frac{2A^2b}{\sqrt{b^2 + 4A^2}}$
(c) $\frac{2Ab^2}{\sqrt{b^4 + 4A^2}}$ (d) $\frac{2A^2b^2}{\sqrt{b^4 + A^2}}$

39. चित्र में, $(2x - y)$ का मान क्या है?

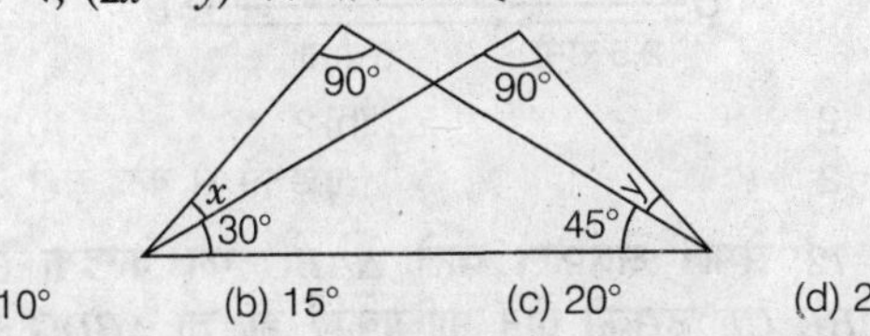

(a) 10° (b) 15° (c) 20° (d) 25°

40. एक बिन्दु P इस प्रकार चलता है कि दो दिए गए बिन्दु A और B से उसकी दूरी समान रहती है। तब, बिन्दु P का बिन्दुपथ क्या है?
(a) एक सरल रेखा जो AB की लम्बवत् द्विभाजक है
(b) एक वृत्त जिसका केन्द्र A है
(c) एक वृत्त जिसका केन्द्र B है
(d) एक सरल रेखा जो या तो A या B से गुजरती है

41. चित्र में, एक वृत्त की त्रिज्या 5 रोगी है। बाह्य बिन्दु से वृत्त पर खींची गई स्पर्श रेखा की माप 12 सेमी हैं। बाह्य बिन्दु से वृत्त के केन्द्र की दूरी की माप होगी

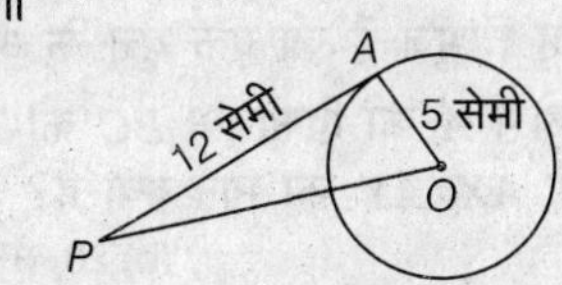

(a) $\sqrt{119}$ सेमी (b) 13 सेमी (c) 17 सेमी (d) 7 सेमी

42. ABC कोई समद्विबाहु त्रिभुज इस प्रकार है कि $AB = BC = 8$ सेमी और $\angle ABC = 90°$, तब B से AC पर खींचे गए लम्ब की लम्बाई क्या है?
(a) 4 सेमी (b) $4\sqrt{2}$ सेमी (c) $2\sqrt{2}$ सेमी (d) 2 सेमी

43. एक ΔABC के दो माध्यक BE और CF एक-दूसरे को G पर प्रतिच्छेद करते हैं। यदि $BG = CG$, $\angle BGC = 60°$, $BC = 8$ सेमी है, तो ΔABC का क्षेत्रफल है
(a) $96\sqrt{3}$ सेमी^{2} (b) $48\sqrt{3}$ सेमी^{2}
(c) 48 सेमी^{2} (d) $64\sqrt{3}$ सेमी^{2}

44. चित्र में, यदि $\angle ABD = \angle CDB = \angle PQD = 90°$, $AB = x$, $CD = y$ तथा $PQ = z$ हो, तो $\frac{1}{x} + \frac{1}{y}$ का मान है

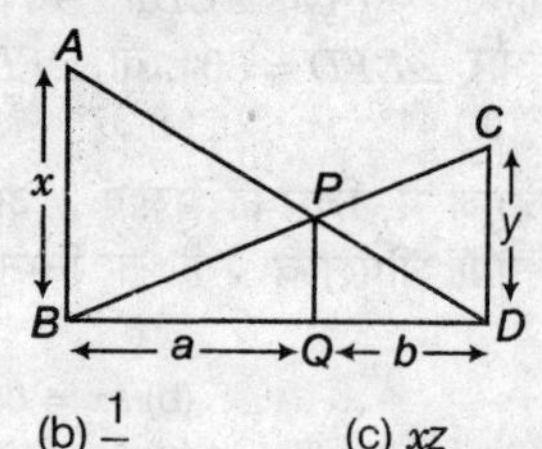

(a) z (b) $\frac{1}{z}$ (c) xz (d) yz

45. एक समकोणिक त्रिभुज के न्यून कोणों के शीर्ष से बनाई गई माध्यिकाओं की लम्बाई 6 सेमी तथा 8 सेमी है। त्रिभुज के कर्ण की लम्बाई है
(a) $\sqrt{5}$ सेमी (b) $8\sqrt{5}$ सेमी (c) $2\sqrt{5}$ सेमी (d) $4\sqrt{5}$ सेमी

46. चित्र में, $AC \parallel MN$, $BN = 5$ सेमी एवं $NC = 2.5$ सेमी हो, तो $BM : MA$ का मान होगा

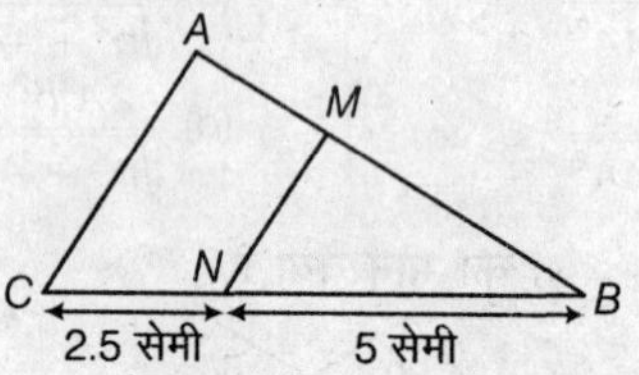

(a) 1 : 2 (b) 2 : 1
(c) 2 : 2 (d) इनमें से कोई नहीं

47. यदि 72 सेमी^{2} क्षेत्रफल वाले ΔABC का केन्द्रक G हो और AD, BE, CF उसकी तीन माध्यिकाएँ हों, तो ΔBDG का क्षेत्रफल कितना होगा?
(a) 16 सेमी^{2} (b) 24 सेमी^{2}
(c) 8 सेमी^{2} (d) 12 सेमी^{2}

48. ΔABC की तीन माध्यिकाएँ AD, BE तथा CF, G बिन्दु पर एक-दूसरे को काटती हैं। तदनुसार, यदि ΔABC का क्षेत्रफल 60 सेमी^{2} हो, तो चतुर्भुज $BDGF$ का क्षेत्रफल कितना होगा?
(a) 15 सेमी^{2} (b) 20 सेमी^{2}
(c) 30 सेमी^{2} (d) 10 सेमी^{2}

49. ABC समबाहु त्रिभुज है जो एक वृत्त के अन्तर्गत है, जहाँ $AB = 5$ सेमी। यदि कोण A का द्विभाजक BC को X में और वृत्त को Y में मिलता है, तो $AX \cdot AY$ का मान क्या है?
(a) 16 सेमी^{2} (b) 20 सेमी^{2}
(c) 25 सेमी^{2} (d) 30 सेमी^{2}

50. यदि दो समरूप त्रिभुजों की दो संगत भुजाओं में अनुपात 9 : 4 है, तो उनके क्षेत्रफलों में अनुपात क्या है?
(a) 9 : 4 (b) 3 : 2 (c) 81 : 16 (d) 27 : 8

51. दो समान त्रिभुजों ΔABC और ΔPQR के परिमाप क्रमश: 36 सेमी और 24 सेमी हैं। यदि $PQ = 10$ सेमी, तो AB क्या होगा?
(a) 15 सेमी (b) 12 सेमी (c) 14 सेमी (d) 26 सेमी

52. ΔABC में, $\angle BAC = 90°$ और $AD \perp BC$ है। यदि $BD = 3$ सेमी और $CD = 4$ सेमी है, तो AD की लम्बाई है
(a) 6 सेमी (b) $2\sqrt{3}$ सेमी (c) 5 सेमी (d) 3.5 सेमी

53. ΔABC और ΔDEF समरूप त्रिभुज हैं तथा $\frac{AB}{DE} = \frac{BC}{EF}$। यदि ΔABC का क्षेत्रफल 16 सेमी^{2} और ΔDEF का क्षेत्रफल 49 सेमी^{2} है एवं $BC = 2\sqrt{2}$ सेमी है, तब EF किसके बराबर है?
(a) 3.5 सेमी (b) $(3.5)\sqrt{2}$ सेमी
(c) $(3.5)\sqrt{3}$ सेमी (d) 7.0 सेमी

54. ΔABC में D और E दो बिन्दु हैं जो क्रमश: भुजा AB और AC पर इस प्रकार हैं कि $DE \parallel BC$ और $\frac{AD}{BD} = \frac{2}{3}$, तो $\frac{DECB \text{ समलम्ब का क्षेत्रफल}}{\Delta ABC \text{ का क्षेत्रफल}}$ किसके बराबर होगा?
(a) $\frac{5}{9}$ (b) $\frac{21}{25}$ (c) $1\frac{4}{5}$ (d) $5\frac{1}{4}$

55. ABC एक ऐसा त्रिभुज है, जिसमें $DE \parallel BC$ और $AD : DB = 5 : 4$, तो $DE : BC$ क्या है?
(a) 4 : 9 (b) 5 : 9 (c) 4 : 5 (d) 9 : 5

56. एक ΔABC में $DE \parallel BC$ है, जिसमें D, AB पर एक बिन्दु है और E, AC पर एक बिन्दु है। DE, ΔBAC के क्षेत्रफल को दो समान भागों में विभाजित करता है, तो $DB : AB$ किसके बराबर है?
(a) $(\sqrt{2} - 1) : \sqrt{2}$ (b) $\sqrt{2} : (\sqrt{2} - 1)$
(c) $\sqrt{2} : (\sqrt{2} + 1)$ (d) $(\sqrt{2} + 1) : \sqrt{2}$

57. PQR इस प्रकार एक त्रिभुज है कि $PQ = PR$ है। RS तथा QT क्रमश: भुजाओं PQ तथा PR की माध्यिकाएँ हैं। यदि माध्यिकाएँ RS तथा QR समकोण पर प्रतिच्छेद करती हैं, तब $\left(\frac{PQ}{QR}\right)^2$ का मान क्या है?
(a) $\frac{3}{2}$ (b) $\frac{5}{2}$ (c) 2 (d) इनमें से कोई नहीं

58. ΔPQR में, $\angle Q$ तथा $\angle R$ का आन्तरिक द्विभाजक O पर मिलते हैं यदि $\angle QPR = 70°$ है, तो $\angle QOR$ का मान क्या है?
(a) 45° (b) 125° (c) 115° (d) 110°

59. यदि ΔABC में, BE और CF एक-दूसरे के लम्बवत् दो माध्यिका रेखाएँ हैं। यदि $AB = 19$ सेमी तथा $AC = 22$ सेमी, तो BC की लम्बाई कितनी है?
(a) 26 सेमी (b) 20.5 सेमी (c) 13 सेमी (d) 19.5 सेमी

60. O, ΔABC का परिकेन्द्र है। यदि $\angle BAC = 50°$, तो $\angle OBC$ कितना होगा?
(a) 130° (b) 40° (c) 50° (d) 100°

61. ΔABC के $\angle ABC$ का द्विभाजक BC को D पर काटता है और त्रिभुज के परिवृत्त को E पर काटता है। यदि $DE = 3$ सेमी, $AC = 4$ सेमी और $AD = 5$ सेमी, तो AB की लम्बाई कितनी होगी?
(a) 9 सेमी (b) 10 सेमी (c) 7 सेमी (d) 8 सेमी

62. दो त्रिभुजों ABC और PQR में, $\overline{BC} = \overline{QR}$, $AB = PQ$ और विस्तृत $m\angle ABD = 120^\circ$ और विस्तृत $m\ \angle PQS = 120^\circ$ हैं, तो किस स्थिति से दो त्रिभुज समनुरूप (सर्वांगसम) हैं?
(a) भुजा-कोण-भुजा (b) कोण-भुजा-भुजा
(c) कोण-भुजा-कोण (d) भुजा-भुजा-भुजा

63. यदि एक समबाहु $\Delta ABC, O$ केन्द्र वाले वृत्त में अन्त: वृत्त है, तो $\angle BOC, \angle COA$ और $\angle AOB$ क्रमश: क्या होंगे?
(a) 50°, 60°, 70° (b) 120°, 120°, 120°
(c) 60°, 60°, 60° (d) 80°, 120°, 160°

64. एक समबाहु त्रिभुज के लिए आन्तरिक त्रिज्या और बाह्य त्रिज्या का अनुपात क्या होता है?
(a) $1:\sqrt{2}$ (b) $1:\sqrt{3}$ (c) $1:2$ (d) $1:3$

65. ΔABC में $\angle A = 70^\circ$, $\angle B = 80^\circ$ तथा D, ΔABC का अन्त:केन्द्र है। यदि $\angle ACB = 2x^\circ$ तथा $\angle BDC = y^\circ$, तब x तथा y का क्रमश: मान है
(a) 15, 130 (b) 15, 125 (c) 35, 40 (d) 30, 150

66. यदि 12 सेमी त्रिज्या वाले वृत्त को एक संकेन्द्रित वृत्त द्वारा दो बराबर भागों में विभाजित किया जाता है, तो आन्तरिक वृत्त की त्रिज्या कितनी होगी?
(a) 6 सेमी (b) 4 सेमी (c) $6\sqrt{2}$ सेमी (d) $4\sqrt{2}$ सेमी

67. ΔABC में, यदि $\angle A = 40^\circ$ और $\angle B = 60^\circ$, तो त्रिभुज की कौन-सी भुजा सबसे छोटी होगी?
(a) AB (b) AC (c) BC (d) CA

68. ΔABC के दो माध्यक BE, CF हैं और G उनके प्रतिच्छेद का बिन्दु है। EF, O पर AG को काटती है। अनुपात $AO : OG$ किसके बराबर है?
(a) 1 : 3 (b) 2 : 3 (c) 3 : 1 (d) 1 : 2

69. ABC एक त्रिभुज है, जिसमें $\angle A = 90^\circ$ है, मान लें कि AC भुजा पर P कोई बिन्दु है। यदि $BC = 10$ सेमी, $AC = 8$ सेमी और $BP = 9$ सेमी है, तो AP का मान होगा
(a) $2\sqrt{3}$ सेमी (b) $3\sqrt{5}$ सेमी (c) $3\sqrt{3}$ सेमी (d) $2\sqrt{5}$ सेमी

70. दी गई आकृति में, एक वृत्त ΔABC के द्वारा परिगत किया गया है। वृत्त भुजाओं AB, BC और CA को क्रमश: P, Q और R पर स्पर्श करता है। यदि $AP = 5$ सेमी, $BP = 7$ सेमी और $AC = 14$ सेमी है, तो BC ज्ञात कीजिए।

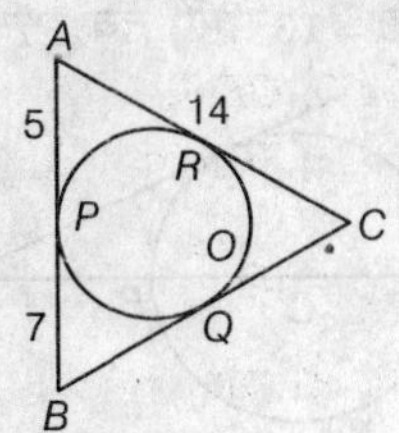

(a) 14 सेमी (b) 12 सेमी
(c) 15 सेमी (d) 16 सेमी

71. $AD, \Delta ABC$ के $\angle ABC$ के आन्तरिक द्विभाजक का लम्ब है। DE को D से होकर और BC के समान्तर बढ़ाया है जिससे AC, E पर मिल सके। यदि AC की लम्बाई 12 सेमी है, तो AE की लम्बाई (सेमी में) कितनी होगी?
(a) 4 (b) 8 (c) 3 (d) 6

चतुर्भुज

72. एक समलम्ब $ABCD$ में, $AB \parallel CD$ और $AB = 2CD$ है। इसके विकर्ण O पर एक-दूसरे को काटते हैं। यदि ΔAOB का क्षेत्रफल 84 सेमी^{2} है, तो ΔCOD का क्षेत्रफल किसके बराबर है?
(a) 42 सेमी^{2} (b) 72 सेमी^{2}
(c) 26 सेमी^{2} (d) 21 सेमी^{2}

73. यदि एक चतुर्भुज के कोणों का अनुपात $2:7:2:7$ है, तो वह क्या है?
(a) समान्तर चतुर्भुज (b) समचतुर्भुज
(c) समलम्ब (d) वर्ग

74. $ABCD$ चक्रीय चतुर्भुज है, AB वृत्त का व्यास है। यदि $\angle ACD = 50^\circ$ है, तो $\angle BAD$ की माप है
(a) 140° (b) 40° (c) 50° (d) 130°

75. चतुर्भुज $ABCD$ की AB, BC, CD, DA भुजाओं के मध्य-बिन्दुओं को मिलाने से निर्मित चतुर्भुज कैसा है?
(a) एक समलम्ब किन्तु समान्तर चतुर्भुज नहीं
(b) एक चतुर्भुज किन्तु समलम्ब नहीं
(c) केवल समान्तर चतुर्भुज
(d) एक समचतुर्भुज

76. एक समचतुर्भुज की घूर्णी समरूपता का क्रम है
(a) 1 (b) 4 (c) 2 (d) 0

77. यदि n भुजाओं वाले एक सम बहुभुज में प्रत्येक आन्तरिक कोण, प्रत्येक बाह्य कोण का दोगुना हो, तो n का मान क्या होगा?
(a) 5 (b) 6 (c) 8 (d) 10

78. चित्र में, यदि $\angle A = 80^\circ$, तो $\angle C$ का मान क्या होगा?

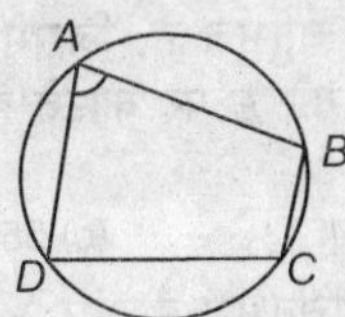

(a) 80° (b) 160°
(c) 100° (d) 120°

79. चित्र में, एक आयत $ABCD$ की भुजा AB को x, y, z बिन्दुओं द्वारा चार बराबर भागों में बाँटा गया है। तदनुसार,
$\dfrac{\text{क्षेत्रफल } (\Delta XYC)}{\text{क्षेत्रफल (आयत } ABCD)}$ कितना होगा?

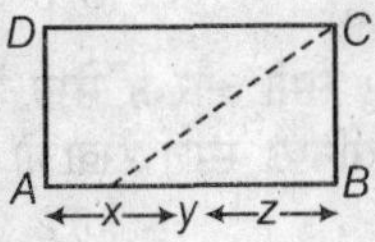

(a) $\frac{1}{6}$ (b) $\frac{1}{9}$ (c) $\frac{1}{8}$ (d) $\frac{1}{7}$

80. $ABCD$ एक ऐसा समलम्ब है, जिसमें $AB = CD$ तथा $AD \parallel BC$ और $AD = 5$ सेमी तथा $BC = 9$ सेमी है। तद्नुसार, यदि $ABCD$ का क्षेत्रफल 35 वर्ग सेमी हो, तो CD की लम्बाई कितनी होगी?

(a) 5 सेमी (b) 6 सेमी
(c) $\sqrt{21}$ सेमी (d) $\sqrt{29}$ सेमी

81. चित्र में, $ABCD$ एक वर्ग है, जिसमें $AO = AX$ है। $\angle XOB$ किसके बराबर है?

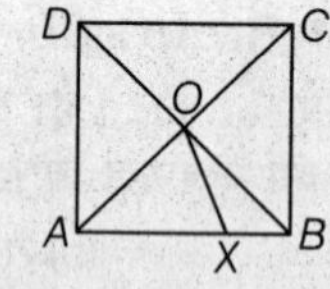

(a) 22.5° (b) 25° (c) 30° (d) 45°

82. निम्न चित्र में, $ABCD$ एक चतुर्भुज है। AB, DC के समान्तर और AD, BC के समान्तर है। ADC समकोण है। यदि ΔABE का परिमाप 6 इकाई है, तो चतुर्भुज का क्षेत्रफल कितना है?

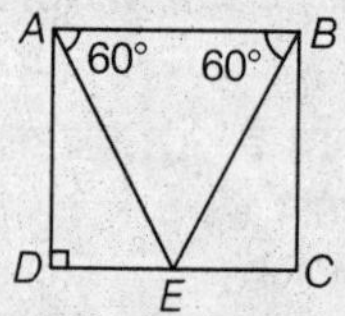

(a) $2\sqrt{3}$ इकाई^2 (b) 4 इकाई^2
(c) 3 इकाई^2 (d) $4\sqrt{3}$ इकाई^2

83. $ABCD$ एक समचतुर्भुज है जिसकी भुजा $AB = 4$ सेमी है और $\angle ABC = 120°$, तद्नुसार उसके विकर्ण BD की लम्बाई कितनी होगी?

(a) 1 सेमी (b) 2 सेमी (c) 3 सेमी (d) 4 सेमी

84. समलम्ब $ABCD$ में, AB तथा DC समान्तर भुजाएँ हैं तथा $\angle ADC = 90°$। यदि $AB = 15$ सेमी, $CD = 40$ सेमी तथा विकर्ण $AC = 41$ सेमी, तब समलम्ब $ABCD$ का क्षेत्रफल है

(a) 245 सेमी^{2} (b) 240 सेमी^{2}
(c) 247.5 सेमी^{2} (d) 250 सेमी^{2}

85. $ABCD$ एक चक्रीय चतुर्भुज है, जिसमें AB व्यास है। विकर्ण AC तथा BD एक-दूसरे को E पर काटते हैं। यदि $\angle DBC = 35°$, तब $\angle AED$ का मान है

(a) 35° (b) 45° (c) 55° (d) 90°

86. यदि $PQRS$ एक समचतुर्भुज है और $\angle SPQ = 50°$ है, तो $\angle RSQ$ का मान है

(a) 75° (b) 45° (c) 55° (d) 65°

87. यदि $ABCD$ एक समचतुर्भुज है, AC लघुत्तम विकर्ण है, $\angle ABC = 60°$ और $AC = 6$ सेमी है, तो समचतुर्भुज की भुजा की लम्बाई ज्ञात करें।

(a) 3 सेमी (b) $6\sqrt{2}$ सेमी
(c) $3\sqrt{3}$ सेमी (d) 6 सेमी

88. दो वृत्तों के व्यास 18 सेमी और 8 सेमी हैं। उनके केन्द्रों के बीच की दूरी 13 सेमी है। सर्वनिष्ठ स्पर्श रेखाओं की संख्या कितनी है?

(a) 1 (b) 2
(c) 3 (d) इनमें से कोई नहीं

89. चित्र में, TPT' वृत्त $C(O, r)$ की बिन्दु P पर स्पर्श रेखा है। यदि $\angle POA = 140°$ तथा $\angle APT' = x°$, तब x का मान है

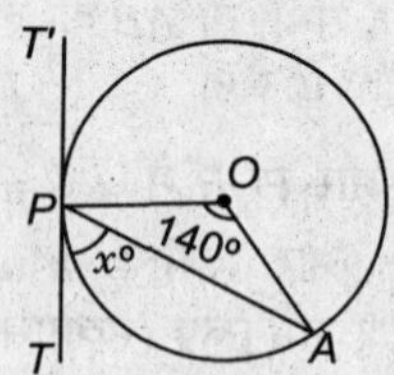

(a) 70° (b) 60° (c) 20° (d) 90°

90. 10 सेमी और 8 सेमी त्रिज्या वाले दो वृत्त परस्पर अन्त: काट करते हैं और उभयनिष्ठ जीवा की लम्बाई 12 सेमी है, तो उनके केन्द्रों के बीच की दूरी कितनी होगी?

(a) 8 सेमी (b) 13.3 सेमी (c) 15 सेमी (d) 10 सेमी

91. एक वृत्त 5 सेमी त्रिज्या का है और वृत्त के केन्द्र से वृत्त की जीवा की लम्बवत् दूरी 3 सेमी है, तो जीवा की लम्बाई कितनी है?

(a) 6 सेमी (b) 5 सेमी (c) 8 सेमी (d) 4 सेमी

92. एक वृत्त में, जिसके केन्द्र में O (0, 0) है और जिसकी त्रिज्या 5 सेमी है। AB 8 सेमी लम्बी जीवा है। यदि OM, AB लम्ब है, तो OM की लम्बाई कितनी है?

(a) 2.5 सेमी (b) 3 सेमी (c) 4 सेमी (d) 1 सेमी

वृत्त

93. एक वृत्त के केन्द्र से 3 सेमी की दूरी पर एक 8 सेमी लम्बा चापकर्ण खींचा गया है। वृत्त की त्रिज्या क्या है?

(a) 3.5 सेमी (b) 5 सेमी (c) 4.5 सेमी (d) 6 सेमी

94. चित्र में, $\angle DEC$ का मान होगा

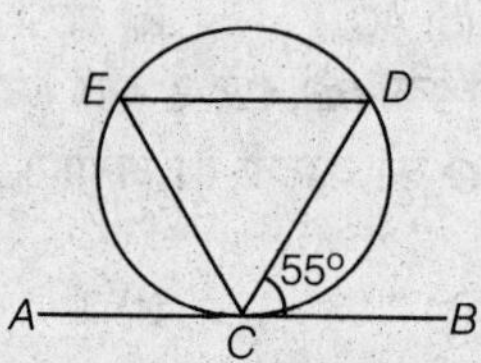

(a) 45° (b) 65° (c) 75° (d) 55°

95. एक वृत्त, जिसका केन्द्र O है, की एक जीवा $AB = 4$ सेमी है। वृत्त का व्यास 8 सेमी है। AB द्वारा दीर्घ वृत्तखण्ड पर एक बिन्दु C द्वारा AB पर बनाए गए $\angle ACB$ का मान होगा

(a) 60° (b) 30°
(c) 45° (d) इनमें से कोई नहीं

96. चित्र में, PT वृत्त के T बिन्दु पर एक स्पर्श रेखा है। यदि $PB = 9$ सेमी और व्यास $AB = 16$ सेमी, तब PT बराबर है

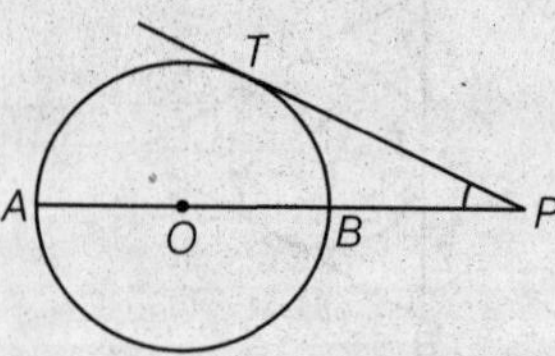

(a) 5 सेमी (b) 7 सेमी (c) 12 सेमी (d) 15 सेमी

97. O केन्द्र वाले एक वृत्त के A तथा B बिन्दुओं पर खींची गई स्पर्श रेखाएँ P पर मिलती हैं। तद्नुसार, यदि $\angle AOB = 120°$ हो, तो $\angle APB : \angle APO$ कितना होगा?

(a) 3 : 2 (b) 1 : 1
(c) 2 : 1 (d) 2 : 5

98. r_1 तथा r_2 त्रिज्याओं वाले एक-दूसरे को बाहर से A बिन्दु पर स्पर्श करने वाले दो वृत्तों की एक सीधी उभयनिष्ठ स्पर्श रेखा PQ है। तद्नुसार, PQ^2 का मान क्या होगा?

(a) r_1r_2 (b) $2r_1r_2$
(c) $3r_1r_2$ (d) $4r_1r_2$

99. 5 सेमी तथा 8 सेमी त्रिज्याओं वाले दो वृत्त एक-दूसरे को बाहर से A बिन्दु पर स्पर्श करते हैं। तद्नुसार, यदि A बिन्दु से गुजरने वाली एक सरल रेखा उन वृत्तों को क्रमश: P तथा Q पर काटे, तो $AP : AQ$ कितना होगा?

(a) 8 : 5 (b) 5 : 8
(c) 3 : 4 (d) 4 : 5

100. दो वृत्त एक-दूसरे को आन्तरिक रूप से स्पर्श करते हैं जिनकी त्रिज्याएँ 4 सेमी और 6 सेमी हैं। बाह्य वृत्त की अधिकतम जीवा की लम्बाई, जो अन्त: वृत्त के बाहर है, क्या है?

(a) $4\sqrt{2}$ सेमी (b) $4\sqrt{3}$ सेमी
(c) $6\sqrt{3}$ सेमी (d) $8\sqrt{2}$ सेमी

101. एक वृत्त के चारों ओर चतुर्भुज $ABCD$ बना हुआ है। यदि AB, BC, CD की लम्बाई क्रमश: 7 सेमी, 8.5 सेमी और 9.2 सेमी है, तो DA की लम्बाई (सेमी में) कितनी होगी?

(a) 7.2 (b) 16.2
(c) 7.7 (d) 10.7

102. 5 सेमी त्रिज्या वाले एक वृत्त की दो समान्तर जीवा की लम्बाई केन्द्र के समान पार्श्व में 6 सेमी और 8 सेमी है। उनके बीच की दूरी है

(a) 1.5 सेमी (b) 1 सेमी
(c) 3 सेमी (d) 2 सेमी

रचनाएँ

103. पटरी और परकार की सहायता से निम्नलिखित कोण की रचना करना संभव नहीं है

(a) 37.5° (b) 40° (c) 22.5° (d) 67.5°

104. एक ΔABC, जिसमें $BC = 6$ सेमी और $\angle B = 45°$ दिया है, की रचना संभव नहीं है, यदि AB और AC का अंतर है

(a) 6.9 सेमी (b) 5.2 सेमी (c) 5.0 सेमी (d) 4.0 सेमी

105. एक ΔABC, जिसमें $BC = 3$ सेमी और $\angle C = 60°$ है, की रचना संभव है जब AB और AC का अंतर बराबर है

(a) 3.2 सेमी (b) 3.1 सेमी
(c) 3 सेमी (d) 2.8 सेमी

106. क्या पटरी और परकार की सहायता से $32\frac{1}{2}°$ के कोण की रचना करना संभव है?

(a) हाँ (b) नहीं
(c) ज्ञात नहीं किया जा सकता (d) इनमें से कोई नहीं

107. क्या 67.5° के कोण की रचना की जा सकती है?

(a) हाँ (b) नहीं
(c) ज्ञात नहीं किया जा सकता (d) इनमें से कोई नहीं

108. 175° के कोण का समद्विभाजक लिखिए।

(a) 52.5° (b) 60.2° (c) 75.8° (d) 87.5°

109. दी गई आकृति में, $\angle MNO = 60°$, रचना की सहायता से $\angle MNA = \angle ANB + \angle BNO$ तथा $\angle ANB = \angle BNO$, तब $\angle BNO$ की माप ज्ञात कीजिए।

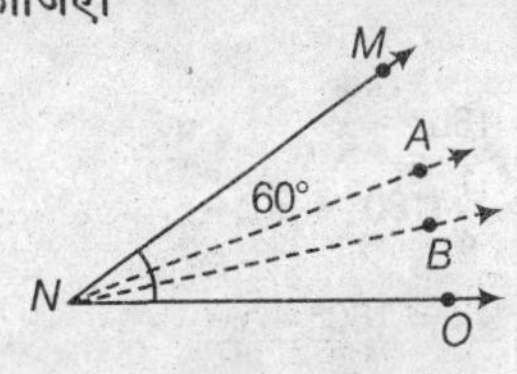

(a) 10° (b) 15° (c) 18° (d) 20°

उत्तरमाला

1	(d)	2	(c)	3	(a)	4	(c)	5	(b)	6	(c)	7	(b)	8	(a)	9	(c)	10	(c)
11	(d)	12	(c)	13	(c)	14	(a)	15	(c)	16	(c)	17	(c)	18	(d)	19	(b)	20	(d)
21	(b)	22	(b)	23	(d)	24	(b)	25	(c)	26	(c)	27	(a)	28	(a)	29	(b)	30	(b)
31	(b)	32	(c)	33	(b)	34	(a)	35	(d)	36	(a)	37	(d)	38	(a)	39	(b)	40	(a)
41	(b)	42	(b)	43	(b)	44	(b)	45	(d)	46	(b)	47	(d)	48	(b)	49	(c)	50	(c)
51	(a)	52	(b)	53	(b)	54	(b)	55	(b)	56	(a)	57	(b)	58	(b)	59	(c)	60	(b)
61	(b)	62	(a)	63	(h)	64	(c)	65	(b)	66	(c)	67	(c)	68	(c)	69	(b)	70	(d)
71	(d)	72	(d)	73	(a)	74	(b)	75	(c)	76	(c)	77	(b)	78	(c)	79	(c)	80	(d)
81	(a)	82	(a)	83	(d)	84	(c)	85	(c)	86	(d)	87	(d)	88	(c)	89	(a)	90	(b)
91	(c)	92	(b)	93	(b)	94	(d)	95	(b)	96	(d)	97	(c)	98	(d)	99	(b)	100	(d)
101	(c)	102	(b)	103	(b)	104	(a)	105	(d)	106	(b)	107	(a)	108	(d)	109	(b)		

संकेत एवं हल

1. प्रश्नानुसार,

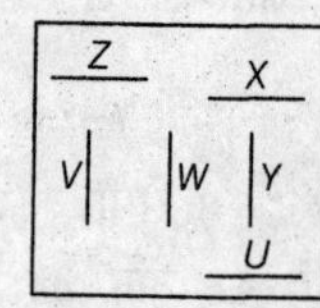

अतः उपरोक्त से स्पष्ट है कि Y, V और W समान्तर हैं।

2. माना एक कोण $= x°$

तब, दूसरा कोण $= x + 44°$

$\because$ दो सम्पूरक कोणों का योग $= 180°$

अब, $x + x + 44° = 180°$

$\Rightarrow \quad 2x = 180° - 44° = 136°$

$\Rightarrow \quad x = \frac{136°}{2} = 68°$

3. माना कोण x है, तब इसका सम्पूरक कोण $(180° - x)$ होगा।

प्रश्नानुसार, $x = 2(180° - x)$

$\Rightarrow \quad 3x = 360° \Rightarrow x = 120°$

4. हम जानते हैं कि,

x भुजा वाले बहुभुज में विकर्णों की संख्या $= \frac{n(n-3)}{2}$

दिया है, $\quad n = 10$

अतः विकर्णों की कुल संख्या

$$= \frac{10(10-3)}{2} = \frac{10 \times 7}{2} = 35$$

5. माना कोण $= x$

$\therefore$ सम्पूरक कोण $= 180° - x$

प्रश्नानुसार, $\quad x = \frac{1}{4}(180° - x)$

$\Rightarrow \quad 4x = 180° - x$

$\Rightarrow \quad 5x = 180°$

$\Rightarrow \quad x = \frac{180°}{5} = 36°$

6. माना कोण $= x$

$\therefore$ पूरक कोण $= 90° - x$

प्रश्नानुसार, $x = 2(90° - x)$

$\Rightarrow \quad x = 180° - 2x$

$\Rightarrow \quad 3x = 180°$

$\Rightarrow \quad x = \frac{180°}{3} = 60°$

7. दो विभिन्न बिन्दुओं से होकर एक और केवल एक सरल रेखा खींची जा सकती है।

अतः रेखा पर कम-से-कम दो बिन्दु हो सकते हैं।

8. यहाँ, दो कोणों का योग 180° है।

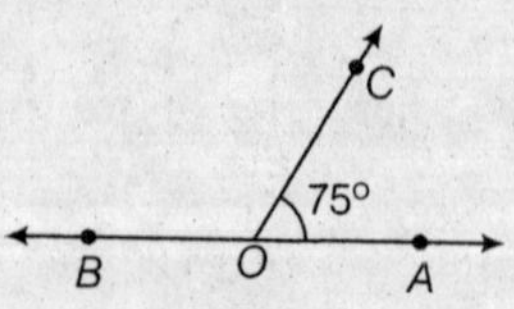

अतः दूसरा कोण $= 180° - 75° = 105°$

9. माना अभीष्ट कोण θ है।

तब, इसका कोटिपूरक $= (90° - \theta)$

तथा इसका सम्पूरक $= (180° - \theta)$

प्रश्नानुसार,

$7(90° - \theta) = 3(180° - \theta) - 10°$

$\Rightarrow \quad 630° - 7\theta = 540° - 3\theta - 10°$

$\Rightarrow \quad 7\theta - 3\theta = 630° - 540° + 10°$

$\Rightarrow \quad 4\theta = 100°$

$\Rightarrow \quad \theta = \frac{100°}{4} = 25°$

10. यहाँ, $\quad a + b = 180° \quad$ ...(i)

और $\quad a - 2b = 30° \quad$ ...(ii)

समी (i) व (ii) को हल करने पर,

$a = 130°$ तथा $b = 50°$

11. $\because$ AOB एक सरल रेखा है।

$\therefore \quad \angle AOC + \angle BOC = 180° \quad$ [रैखिक युग्म कोण]

$\Rightarrow \quad (3x + 20)° + (4x - 36)° = 180°$

$\Rightarrow \quad 7x - 16° = 180°$

$7x = 180° + 16$

$\Rightarrow \quad x = \frac{196°}{7} = 28°$

12. जब दो सीधी रेखाएँ एक-दूसरे को प्रतिच्छेद करती हैं, तो अभिमुख कोण बराबर होते हैं। जबकि संलग्न कोण सम्पूरक होते हैं।

अतः 1 गलत है और 2 सही है।

13. चित्र में बिन्दु दर्शाने पर,

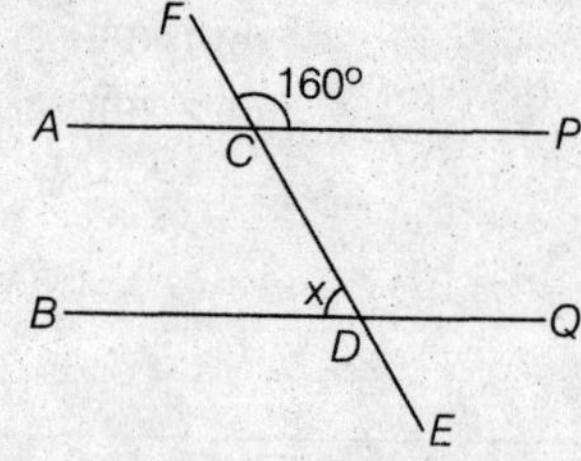

$\because \quad AP \parallel BQ$

$\therefore \quad \angle BDC = \angle PCD \quad$ [एकान्तर अन्तःकोण]

$\because \quad \angle PCD = 180° - \angle PCF$

$= 180° - 160° = 20°$

$\therefore \quad \angle BDC = 20°$

$\Rightarrow \quad x = 20°$

14. दिया है, $\quad \angle A - \angle B = 20° \quad$ ...(i)

तथा $\quad \angle B - \angle C = 32° \quad$ ...(ii)

हम जानते हैं कि,

$\angle A + \angle B + \angle C = 180° \quad$ ...(iii)

समी (i), (ii) व (iii) को हल करने पर,

$\angle A = 84°$

15. दिया है, $\angle AOC = 40°$

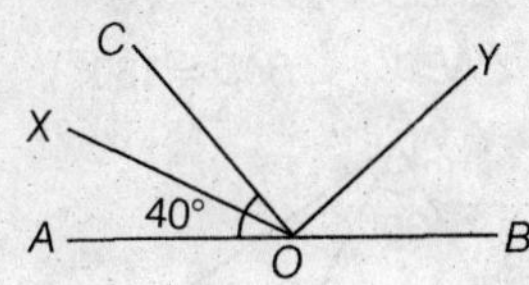

$\therefore \quad \angle BOC = 180° - 40° = 140°$

[$\because$ $\angle AOC$ और $\angle BOC$ एक ही रेखा पर स्थित कोण है]

$\therefore \quad \angle BOY = \dfrac{140°}{2} = 70°$

16. त्रिभुज की भुजाओं का अनुपात

$$= 3 : 1\frac{1}{4} : 3\frac{1}{4}$$

$$= 3 : \frac{5}{4} : \frac{13}{4} = 12 : 5 : 13$$

माना त्रिभुज की भुजाएँ $12x$, $5x$ तथा $13x$ हैं।

तब पाइथागोरस प्रमेय से,

$$(12x)^2 + (5x)^2 = (13x)^2$$

$\Rightarrow \quad 144x^2 + 25x^2 = 169x^2$

$\Rightarrow \quad 169x^2 = 169x^2$

$\because$ त्रिभुज की दो भुजाओं के वर्गों का योग तीसरी भुजा के वर्ग के बराबर है।

अतः यह त्रिभुज एक समकोण त्रिभुज है।

17. $\because 15^2 = 225,\ 9^2 = 81$ तथा $11^2 = 121$

यहाँ, $\quad 9^2 + 11^2 = 81 + 121 = 202$

$\therefore \quad 15^2 > 9^2 + 11^2$

अतः सबसे बड़ी भुजा के सामने का कोण अधिक कोण होगा।

18. दिया है, $PQ = 10$ सेमी, $QR = 20$ सेमी

तथा $\quad RP = 25$ सेमी

$\because \quad PQ^2 + QR^2 < RP^2$

$\therefore$ दिया गया त्रिभुज अधिक कोणीय त्रिभुज होगा।

19. $\because$ किसी त्रिभुज में दो छोटी भुजाओं का योग > तीसरी बड़ी भुजा

$\Rightarrow \quad 3k - 14 + 4k - 3 > 2k + 15$

$\Rightarrow \quad 7k - 2k > 15 + 17$

$\Rightarrow \quad 5k > 32$

$\Rightarrow \quad k > \dfrac{32}{5}$

20. $\because \quad \angle ACD = 108°$ [रेखीय युग्म]

तथा $\quad \angle ACD = \angle A + \angle B$

[$\because$बाह्य कोण अन्तः सम्मुख कोणों के योग के बराबर होता है]

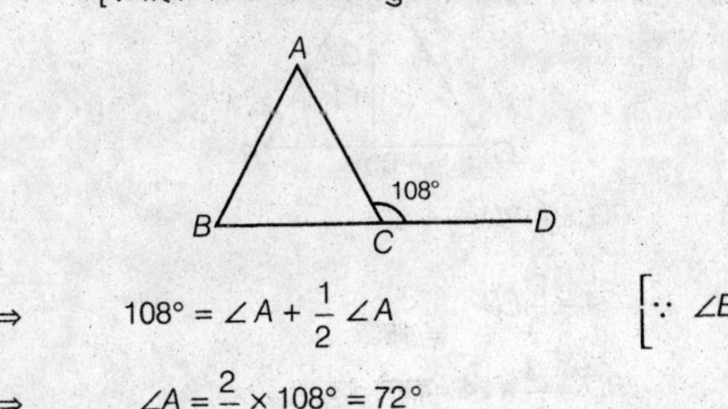

$\Rightarrow \quad 108° = \angle A + \dfrac{1}{2}\angle A$ $\quad \left[\because \angle B = \dfrac{1}{2}\angle A\right]$

$\Rightarrow \quad \angle A = \dfrac{2}{3} \times 108° = 72°$

21. हम जानते हैं कि, $10 - 4 < a < 10 + 4$

$\Rightarrow \quad 6 < a < 14$

22. माना ΔABC है।

$\therefore$ जिसका $\angle A$ का बाह्य द्विभाजक AD है।

$\Rightarrow$ AD, BC के समान्तर है।

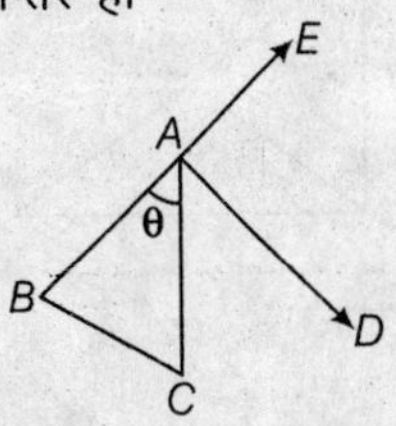

$\therefore \quad \angle EAD = \angle ABC$ [संगत कोण हैं]

माना $\quad \angle BAC = \theta$

$\therefore \quad \angle CAD = \angle EAD = \dfrac{180° - \theta}{2} = 90 - \dfrac{\theta}{2}$

$\therefore \quad \angle ABC = 90 - \dfrac{\theta}{2}$

ΔABC में, $\angle ACB = 180° - (\angle ABC + \angle BAC)$

$$= 180° - 90 + \frac{\theta}{2} - \theta$$

$$= 90 - \frac{\theta}{2}$$

ΔABC में, $\angle ABC = \angle ACB$

तब $\quad AC = AB$

अतः ΔABC समद्विबाहु होगा।

23. ΔABC में, $\angle ADB = 20°$ [दिया है]

साथ ही, $\quad AB = AC$ तथा $CD = CA$

$\Rightarrow \quad \angle CAD = \angle ADC = 20°$ [$\because CA = CD$]

$\therefore \quad \angle ACB = \angle CAD + \angle ADC$

$$= 20° + 20° = 40°$$

अब ΔABC में, $AB = AC$

$\therefore \quad \angle ACB = \angle ABC$

$\Rightarrow \quad \angle ABC = 40°$

24. दिया है, ΔABC का क्षेत्रफल = 60 सेमी^{2}

$\because \quad AG : GE = 2 : 1$

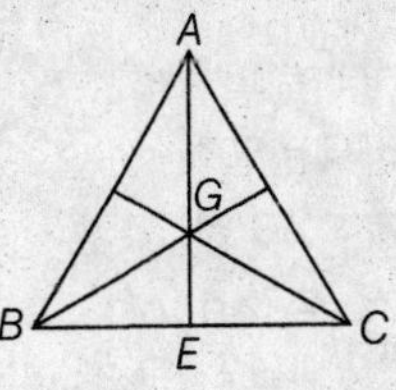

$\therefore \quad \Delta GBC$ का क्षेत्रफल $= \dfrac{1}{3} \times 60 = 20$ सेमी^{2}

25. ΔABC का क्षेत्रफल $= \frac{1}{2} \times$ आधार $\times$ ऊँचाई

$$= \frac{1}{2} ab$$

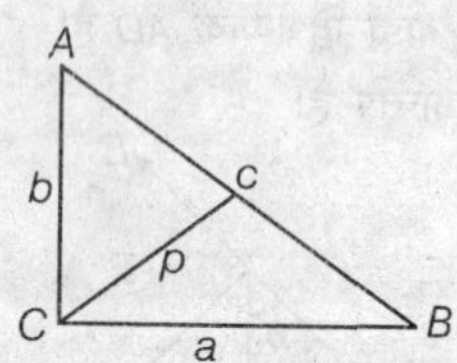

पुनः ΔABC का क्षेत्रफल $= \frac{1}{2} cp$

$\therefore \quad \frac{1}{2} ab = \frac{1}{2} pc \Rightarrow pc = ab$

26. किसी बहुभुज के सभी बाह्य कोणों का योगफल 360° होता है।

27. माना समकोण त्रिभुज की भुजाएँ

$x, x+1, x+2$ हैं।

$\because$ समकोण त्रिभुज में (बड़ी भुजा)^2 = शेष दो भुजाओं के वर्गों का योग

$$\Rightarrow \quad (x+2)^2 = x^2 + (x+1)^2$$
$$\Rightarrow \quad x^2 + 4 + 4x = x^2 + x^2 + 1 + 2x$$
$$\Rightarrow \quad x^2 + 2x + 1 - 4x - 4 = 0$$
$$\Rightarrow \quad x^2 - 2x - 3 = 0$$
$$\Rightarrow \quad x^2 - 3x + x - 3 = 0$$
$$\Rightarrow \quad x(x-3) + 1(x-3) = 0$$
$$\Rightarrow \quad (x-3)(x+1) = 0$$
$$\Rightarrow \quad x = 3, -1$$

$\therefore x = 3$ [$\because$ भुजा ऋणात्मक नहीं हो सकती है]

अतः सबसे छोटी भुजा 3 है।

28. यदि किसी वृत्त की दो जीवाएँ परस्पर एक बिन्दु पर प्रतिच्छेदित करती हैं, तो इस प्रकार बने त्रिभुज परस्पर समरूप होते हैं।

29. हम जानते हैं कि किसी जीवा द्वारा केन्द्र पर बनाया गया कोण जीवा द्वारा परिधि पर स्थित किसी बिन्दु पर बने कोण का दोगुना होता है।

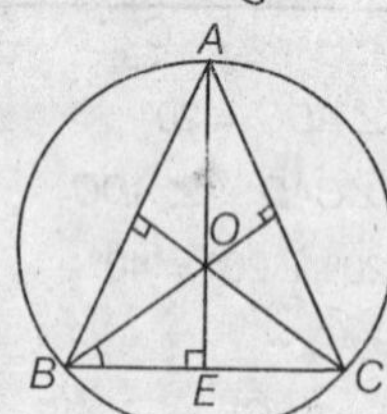

$\therefore \quad \angle BOC = 2\angle BAC$

$\therefore \quad \angle BOE = \frac{1}{2}\angle BOC = \angle BAC$

अब ΔOBE में,

$\angle OBE + \angle BOE + 90° = 180°$ [$\because \angle OEB = 90°$]

$\Rightarrow \quad \angle OBC + \angle BAC = 90°$ [$\because \angle BAC = \angle BOE$]

30. दिया है, $\angle A$ का अर्द्धक AD है।

$\therefore \quad \frac{BD}{DC} = \frac{AB}{AC} \Rightarrow BD : DC = 5 : 6$

31. दिया है, $AD = \frac{1}{2} BC$

$\Rightarrow \quad AD = BD = DC$

ΔABD में, $\angle ABD = \angle BAD = 30°$ [$\because AD = BD$]

तथा $\angle ADB + \angle ABD + \angle BAD = 180°$

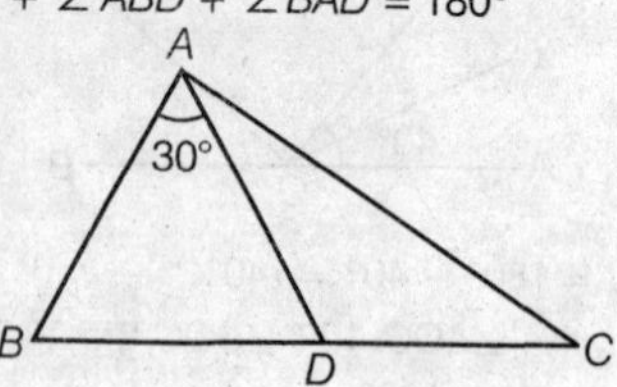

$\because$ त्रिभुज के तीनों कोणों का योग 180° होता है।

$\therefore \quad \angle ADB + 30° + 30° = 180°$

$\Rightarrow \quad \angle ADB = 120°$

तब, $\angle ADC = 180° - \angle ADB$ [रेखीय युग्म]

$= 180° - 120° = 60°$

$\therefore \quad AD = DC$

$\Rightarrow \quad \angle ACD = \angle CAD$ ...(i)

अब ΔADC में,

$\angle ACD + \angle CAD + \angle ADC = 180°$

$\Rightarrow \angle ACD + \angle ACD + 60° = 180°$ [समी (i) से]

$\Rightarrow 2\angle ACD = 120° \Rightarrow \angle ACD = 60°$

$\therefore \quad \angle ACB = 60°$

32. यहाँ, $\angle POR = 115°$

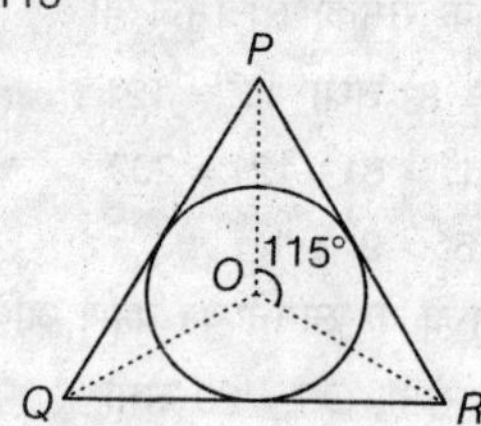

हम जानते हैं कि, $\angle POR = 90° + \frac{\angle PQR}{2}$

$\Rightarrow \quad 115° = 90° + \frac{\angle PQR}{2}$

$\Rightarrow \frac{\angle PQR}{2} = 115° - 90° \Rightarrow \frac{\angle PQR}{2} = 25°$

$\therefore \angle PQR = 50°$

33. ΔPQR में माध्यिका PD है,

और $PG = 24$ सेमी।

जैसा हम जानते हैं कि केन्द्रक माध्यिका को 2 : 1 अनुपात में विभाजित करता है।

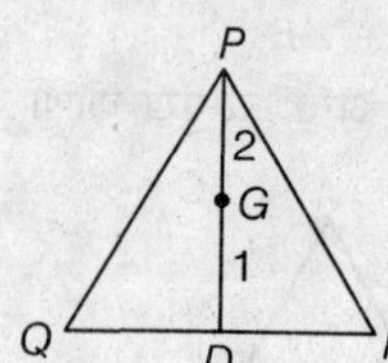

तब, $PG = \frac{2}{3} PD$

$\Rightarrow \quad 24 = \frac{2}{3} PD$

$\Rightarrow \quad PD = \frac{3}{2} \times 24 = 36$

अतः PD की लम्बाई 36 सेमी है।

34. ΔABC में,

$$\angle A + \angle B + \angle C = 180°$$

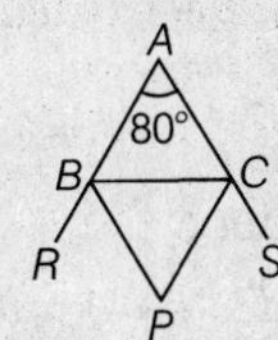

$$\angle B + \angle C = 180° - 80°$$

$\Rightarrow \quad \angle B + \angle C = 100$

$\Rightarrow 180° - \angle CBR + 180° - \angle BCS = 100°$

$\Rightarrow \quad \angle CBR + \angle BCS = 260°$

$\Rightarrow \quad \dfrac{\angle CBR}{2} + \dfrac{\angle BCS}{2} = \dfrac{260}{2}$

$\Rightarrow \quad \angle PBC + \angle PCB = \dfrac{260°}{2} = 130°$

अब ΔBPC में,

$$\angle BPC + \angle PBC + \angle PCB = 180°$$

$\because$ त्रिभुज के तीनों कोणों का योग 180° होता है।

$\Rightarrow \quad \angle BPC = 180° - 130° = 50°$

35. यहाँ, $\angle B = \angle C = 65°$

तथा $\angle G = \angle B = 65°$ [संगत कोण]

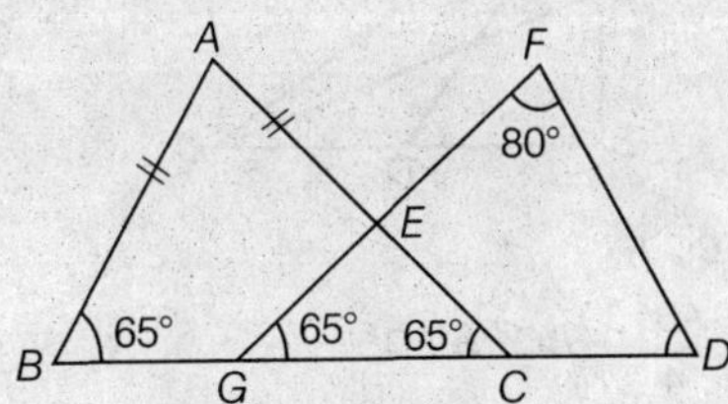

ΔFGD में, $\angle G + \angle F + \angle D = 180°$

$\because$ त्रिभुज के तीनों कोणों का योग 180° होता है।

$\Rightarrow \; 65° + 80° + \angle D = 180° \Rightarrow \angle D = 35°$

36. दिया है, $AB = c, BC = a$ तथा $CA = b$

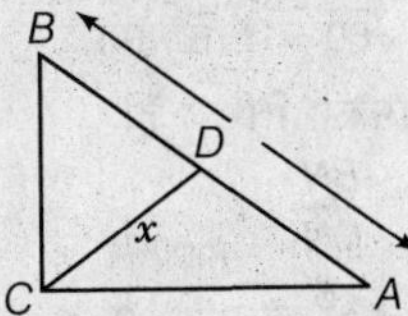

$\therefore \quad \Delta ABC$ का क्षेत्रफल $= \dfrac{1}{2} \times$ आधार $\times$ ऊँचाई

$$= \frac{1}{2} \times AC \times BC = \frac{1}{2} \times a \times b \quad \ldots(i)$$

पुन: ΔABC का क्षेत्रफल $= \dfrac{1}{2} \times AB \times CD$

$$= \frac{1}{2} \times c \times x \quad \ldots(ii)$$

समी (i) व (ii) से,

$$\frac{1}{2} a \times b = \frac{1}{2} c \times x$$

$\Rightarrow \quad ab = cx$

37. दिया है, $\angle ACD = 120°$

$\Rightarrow \quad \angle CAB + \angle ABC = 120°$

[$\because$ त्रिभुज का बाह्य कोण अन्तः सम्मुख कोणों के योग के बराबर होता है]

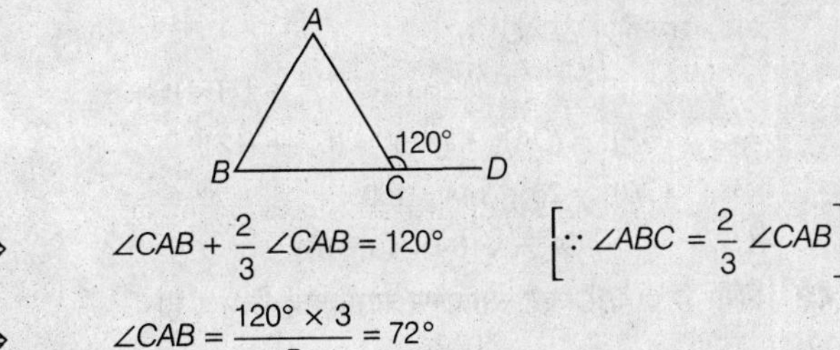

$\Rightarrow \quad \angle CAB + \dfrac{2}{3} \angle CAB = 120° \quad \left[\because \angle ABC = \dfrac{2}{3} \angle CAB\right]$

$\Rightarrow \quad \angle CAB = \dfrac{120° \times 3}{5} = 72°$

38. ΔABC में,

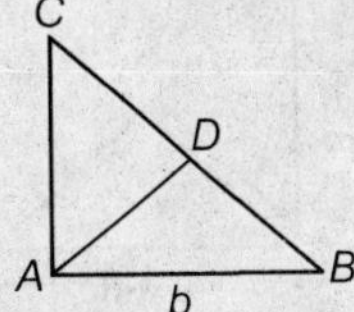

$A = \dfrac{1}{2} \times$ आधार $\times$ शीर्षलम्ब $= \dfrac{1}{2} \times b \times AC \Rightarrow AC = \dfrac{2A}{b}$

पाइथागोरस प्रमेय से,

$$AC^2 + AB^2 = BC^2 \Rightarrow BC = \sqrt{\frac{4A^2}{b^2} + b^2}$$

पुन: $\quad \Delta ABC$ में, $A = \dfrac{1}{2} \times BC \times AD$

$$\Rightarrow \quad AD = \frac{2A}{\sqrt{\dfrac{4A^2 + b^4}{b^2}}} = \frac{2Ab}{\sqrt{4A^2 + b^4}}$$

39. ΔADB में, $\angle DAB + \angle ABD + \angle BDA = 180°$

$\because$ त्रिभुज के तीनों कोणों का योग 180° होता है।

$\therefore \quad 30° + x + 45° + 90° = 180°$

$\Rightarrow \quad x = 15°$

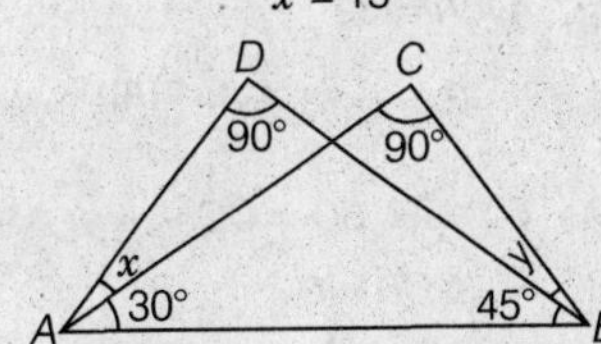

अब ΔACB में,

$$\angle CAB + \angle ABC + \angle BCA = 180°$$

$\because$ त्रिभुज के तीनों कोणों का योग 180° होता है।

$\Rightarrow 30° + 45° + y + 90° = 180° \Rightarrow y = 15°$

$\therefore \quad 2x - y = 2(15°) - 15° = 15°$

40. बिन्दु P का बिन्दुपथ एक सरल रेखा है, जोकि एक लम्बवत् द्विभाजक है।

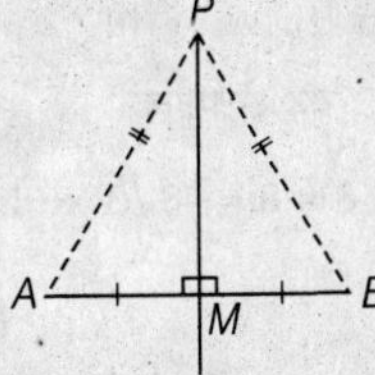

चित्र से, रेखा PM, रेखा AB को दो समान भागों में विभाजित करेगी, यदि A तथा B से बिन्दु P की दूरी बराबर है।

41. हम जानते हैं कि वृत्त के किसी बिन्दु पर खींची गई स्पर्श रेखा तथा स्पर्श बिन्दु से खींची गई त्रिज्या एक-दूसरे पर लम्ब होती हैं।

$\therefore \quad OA \perp PA$

$\Rightarrow \quad \angle OAP = 90°$

अब, समकोण ΔPAO में,

$$(\text{कर्ण})^2 = (\text{आधार})^2 + (\text{लम्ब})^2$$

$\Rightarrow \quad (OP)^2 = (OA)^2 + (AP)^2 = (5)^2 + (12)^2$

$\Rightarrow \quad (OP)^2 = 25 + 144 = 169$

$\therefore \quad OP = \sqrt{169} = 13$ सेमी

42. दिया है, ΔABC एक समकोण समद्विबाहु त्रिभुज है।

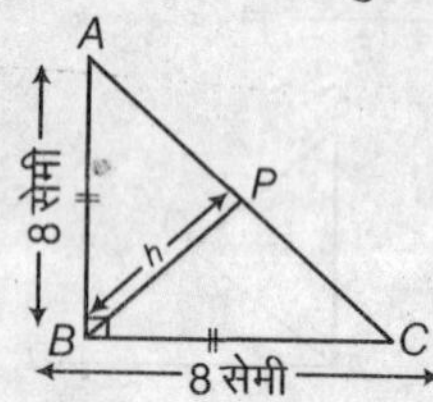

माना B से AC पर खींचे गए लम्ब की लम्बाई h सेमी है।

तब पाइथागोरस प्रमेय से,

$AC^2 = BC^2 + AB^2$

$\Rightarrow \quad AC^2 = 8^2 + 8^2 = 64 + 64 = 128$

$\therefore \quad AC = 8\sqrt{2}$ सेमी

ΔABC का क्षेत्रफल $= \frac{1}{2} \times AB \times BC = \frac{1}{2} \times 8 \times 8$

$= 32$ वर्ग सेमी ...(i)

तथा ΔABC का क्षेत्रफल $= \frac{1}{2} \times AC \times BP$

$= \frac{1}{2} \times 8\sqrt{2} \times h$

$= 4\sqrt{2}\ h$ ...(ii)

समी (i) व (ii) से, $4\sqrt{2}h = 32$

$\Rightarrow \quad h = \frac{8}{\sqrt{2}} = 4\sqrt{2}$ सेमी

43. दिया है, $\angle BGC = 60°$ और $BG = CG$

$\therefore \quad \angle GBC = \angle GCB = 60°$

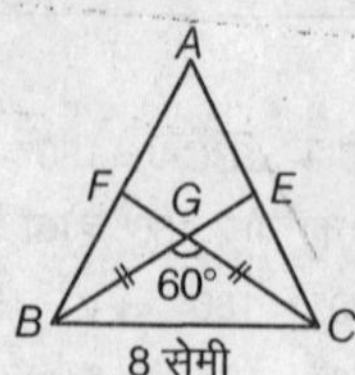

अतः ΔBGC एक समबाहु त्रिभुज है।

$\therefore \quad BC = BG = GC = 8$ सेमी

अतः ΔABC का क्षेत्रफल

$= 3 \times \Delta BGC$ का क्षेत्रफल

$= 3 \times \frac{\sqrt{3}}{4} \times 8 \times 8 = 48\sqrt{3}$ सेमी^{2}

44. ΔABD में, $PQ \parallel AB$

$\Delta PQD \sim \Delta ABD$

$\therefore \quad \frac{PQ}{AB} = \frac{QD}{BD}$

$\Rightarrow \quad \frac{z}{x} = \frac{b}{a+b}$ ...(i)

ΔBDC में, $PQ \parallel CD$

$\Delta BQP \sim \Delta BDC$

$\Rightarrow \quad \frac{PQ}{CD} = \frac{QB}{DB}$

$\Rightarrow \quad \frac{z}{y} = \frac{a}{a+b}$ ...(ii)

समी (i) व (ii) से,

$$\frac{z}{x} + \frac{z}{y} = \frac{b}{a+b} + \frac{a}{a+b} = \frac{a+b}{a+b} = 1$$

$\Rightarrow \quad \frac{1}{x} + \frac{1}{y} = \frac{1}{z}$

45. समकोण ΔABC में,

$AB^2 + BC^2 = AC^2$ ...(i)

पुनः समकोण ΔABD में,

$AB^2 + \frac{BC^2}{4} = AD^2$ ...(ii)

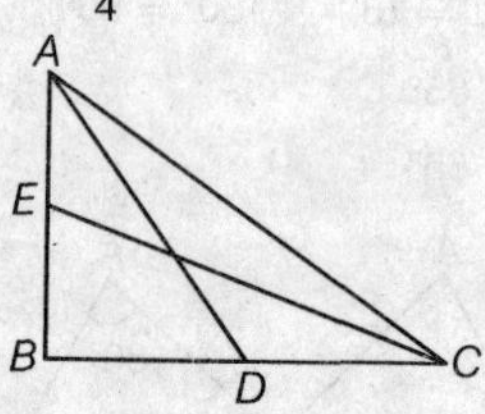

समकोण ΔEBC में,

$\frac{AB^2}{4} + BC^2 = EC^2$ ...(iii)

समी (ii) व (iii) को जोड़ने पर,

$\frac{5AB^2}{4} + \frac{5BC^2}{4} = AD^2 + EC^2$

$\Rightarrow \quad AC^2 = \frac{4}{5}(36 + 64)$

$\Rightarrow \quad AC = \sqrt{80} = 4\sqrt{5}$ सेमी

46. $\because \Delta BMN$ व ΔBAC समरूप त्रिभुज हैं।

$\therefore \quad \frac{BM}{AM} = \frac{BN}{CN}$

$\Rightarrow \quad \frac{BM}{AM} = \frac{5}{2.5} = \frac{2}{1} = 2:1$

47. $\because \Delta ABC$ का क्षेत्रफल $= 72$ सेमी^{2}

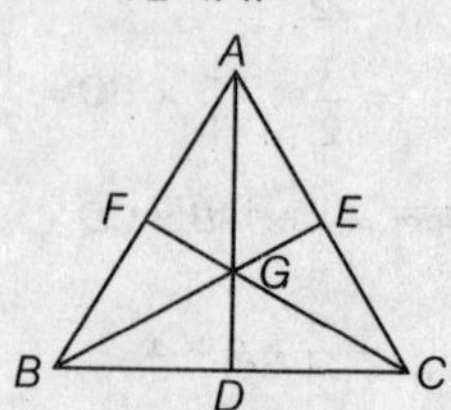

$\therefore \Delta BGC$ का क्षेत्रफल $= \frac{1}{3} \times \Delta ABC$ का क्षेत्रफल

$= \frac{1}{3} \times 72 = 24$ सेमी^{2}

अतः ΔBDG का क्षेत्रफल $= \frac{1}{2}\Delta BGC$ का क्षेत्रफल

$= \frac{1}{2} \times 24 = 12$ सेमी^{2}

48. $\because \Delta ABC$ का क्षेत्रफल = 60 सेमी^{2}

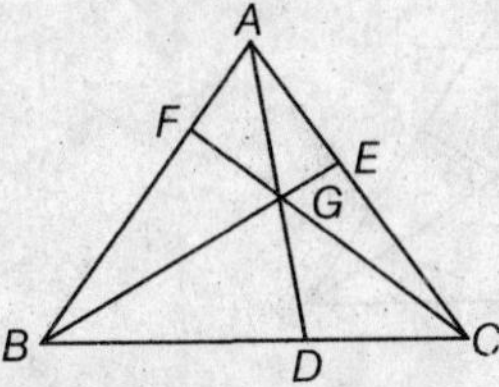

अतः चतुर्भुज $BDGF$ का क्षेत्रफल

$= \Delta BDG$ का क्षेत्रफल + ΔBGF का क्षेत्रफल

$= \frac{2}{6}(\Delta ABC$ का क्षेत्रफल$) = \frac{2}{6} \times 60 = 20$ सेमी^{2}

49. ΔABC में,

$BX = \frac{5}{2}$ सेमी, $CX = \frac{5}{2}$ सेमी

और $AX = \frac{\sqrt{3}}{2} \times 5 = \frac{5\sqrt{3}}{2}$ सेमी

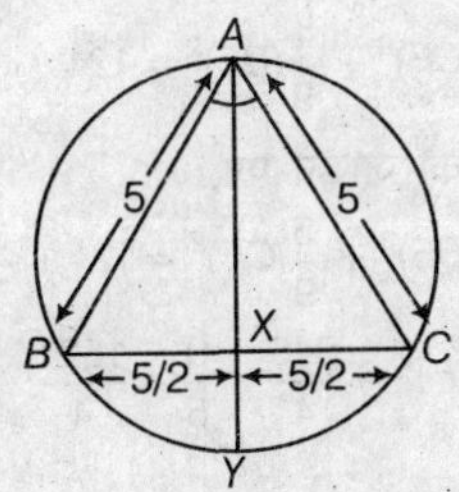

$\because$ AY और BC वृत्त की दो जीवाएँ हैं।

$\therefore \quad AX \cdot XY = BX \cdot CX$

$\Rightarrow \quad \frac{5\sqrt{3}}{2} \cdot XY = \frac{5}{2} \cdot \frac{5}{2} \Rightarrow XY = \frac{5}{2\sqrt{3}}$

$\therefore \quad AX \cdot AY = \frac{5\sqrt{3}}{2}\left(\frac{5\sqrt{3}}{2} + \frac{5}{2\sqrt{3}}\right) = 25$ सेमी^{2}

50. दिया है, भुजाओं का अनुपात = 9 : 4

दो समरूप त्रिभुजों के गुण से,

$\frac{\text{पहले त्रिभुज का क्षेत्रफल}}{\text{दूसरे त्रिभुज का क्षेत्रफल}} = \frac{(9)^2}{(4)^2} = \frac{81}{16}$

51. $\frac{\Delta ABC \text{ का परिमाप}}{\Delta PQR \text{ का परिमाप}} = \frac{AB}{PQ}$

$\Rightarrow \quad \frac{36}{24} = \frac{AB}{10} \Rightarrow AB = \frac{3}{2} \times 10$

$\therefore \quad AB = 15$ सेमी

52. $\because$ $BD = 3$ सेमी तथा $CD = 4$ सेमी

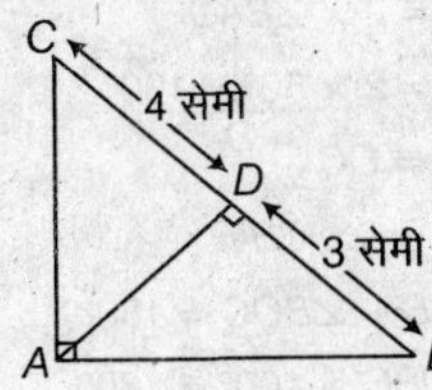

$\therefore \quad AD = \sqrt{BD \times CD} = \sqrt{4 \times 3} = 2\sqrt{3}$ सेमी

53. $\because \Delta ABC \sim \Delta DEF$

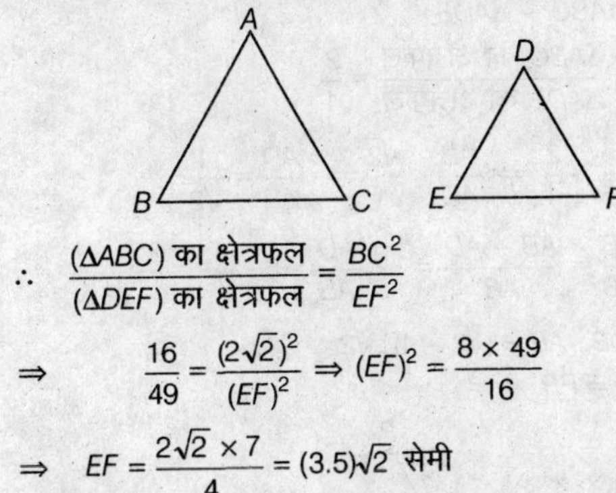

$\therefore \quad \frac{(\Delta ABC) \text{ का क्षेत्रफल}}{(\Delta DEF) \text{ का क्षेत्रफल}} = \frac{BC^2}{EF^2}$

$\Rightarrow \quad \frac{16}{49} = \frac{(2\sqrt{2})^2}{(EF)^2} \Rightarrow (EF)^2 = \frac{8 \times 49}{16}$

$\Rightarrow \quad EF = \frac{2\sqrt{2} \times 7}{4} = (3.5)\sqrt{2}$ सेमी

54. माना $AD = 2x$ तथा $BD = 3x$

तब, $AB = AD + BD = 2x + 3x = 5x$

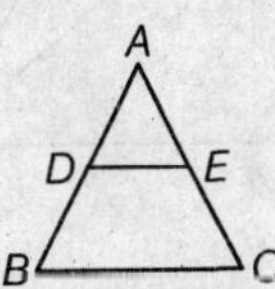

$\because \Delta ADE$ तथा ΔABC समरूप त्रिभुज हैं।

$\therefore \quad \frac{AD^2}{AB^2} = \frac{\Delta ADE \text{ का क्षेत्रफल}}{\Delta ABC \text{ का क्षेत्रफल}}$

$\Rightarrow \quad \frac{4x^2}{25x^2} = \frac{\Delta ADE \text{ का क्षेत्रफल}}{\Delta ABC \text{ का क्षेत्रफल}}$

$\Rightarrow \quad \frac{\Delta ADE \text{ का क्षेत्रफल}}{\Delta ABC \text{ का क्षेत्रफल}} = \frac{4}{25}$

अब, $\frac{DECB \text{ समलम्ब का क्षेत्रफल}}{\Delta ABC \text{ का क्षेत्रफल}}$

$= \frac{\Delta ABC \text{ का क्षेत्रफल} - \Delta ADE \text{ का क्षेत्रफल}}{\Delta ABC \text{ का क्षेत्रफल}}$

$= 1 - \frac{\Delta ADE \text{ का क्षेत्रफल}}{\Delta ABC \text{ का क्षेत्रफल}} = 1 - \frac{4}{25} = \frac{21}{25}$

55. दिया है, ΔABC में, $DE \parallel BC$

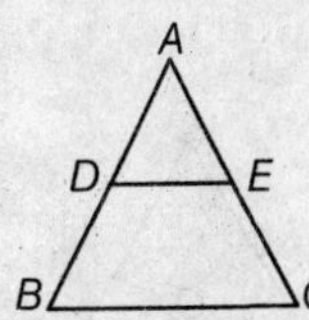

$\therefore \Delta ABC$ तथा ΔADE समरूप होंगे।

माना $AD = 5x$ तथा $DB = 4x$

$\therefore \quad AB = AD + DB = 5x + 4x = 9x$

ΔABC तथा ΔADE में,

$\frac{AD}{AB} = \frac{AE}{AC} = \frac{DE}{BC} \Rightarrow \frac{DE}{BC} = \frac{5x}{9x} = 5:9$

56. ΔABC में, $DE \parallel BC$

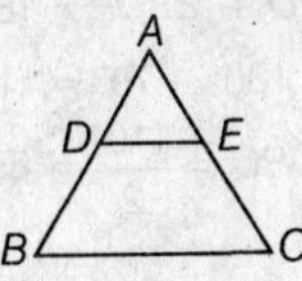

अब, ΔABC तथा ΔADE में तीनों संगत कोण समान होंगे

$\therefore \quad \Delta ABC \sim \Delta ADE$

प्रश्नानुसार, $\dfrac{\Delta ABC \text{ का क्षेत्रफल}}{\Delta ADE \text{ का क्षेत्रफल}} = \dfrac{2}{1}$

$\Rightarrow \quad \dfrac{AB^2}{AD^2} = \dfrac{2}{1} \Rightarrow \dfrac{AB}{AD} = \dfrac{\sqrt{2}}{1} \Rightarrow \dfrac{AD}{AB} = \dfrac{1}{\sqrt{2}}$

$\therefore \quad \dfrac{DB}{AB} = \dfrac{AB - AD}{AB} = 1 - \dfrac{AD}{AB} = 1 - \dfrac{1}{\sqrt{2}} = \dfrac{\sqrt{2}-1}{\sqrt{2}}$

अतः $\quad DB : AB = (\sqrt{2} - 1) : \sqrt{2}$

57. दिया है, $PQ = PR$

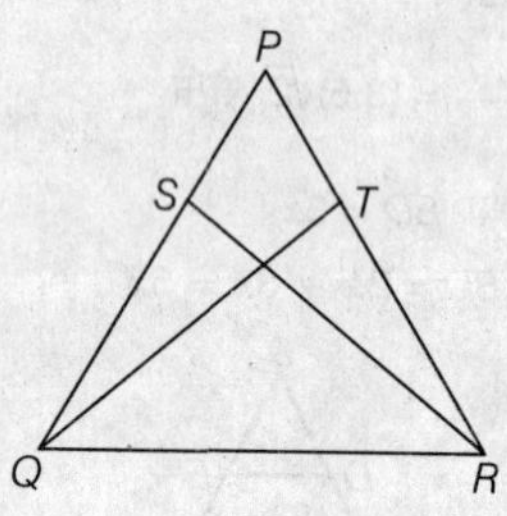

अब, ΔPQT में,

$$(PQ)^2 = (PT)^2 + (QT)^2 \quad \ldots(i)$$

तथा ΔQRT में,

$$(QR)^2 = (TR)^2 + (QT)^2 \quad \ldots(ii)$$

समी (i) व (ii) से,

$$\frac{(PQ)^2}{(QR)^2} = \frac{(PT)^2 + (QT)^2}{(TR)^2 + (QT)^2} = \frac{\left(\frac{PR}{2}\right)^2 + PR^2}{\left(\frac{PR}{2}\right)^2 + \left(\frac{PR}{2}\right)^2}$$

$$= \frac{\frac{PR^2}{4} + PR^2}{\frac{PR^2}{4} + \frac{PR^2}{4}} = \frac{\frac{5}{4}PR^2}{\frac{2PR^2}{4}}$$

$$= \frac{5PR^2}{2PR^2} = \frac{5}{2}$$

$$\Rightarrow \quad \left(\frac{PQ}{QR}\right)^2 = \frac{5}{2}$$

58.

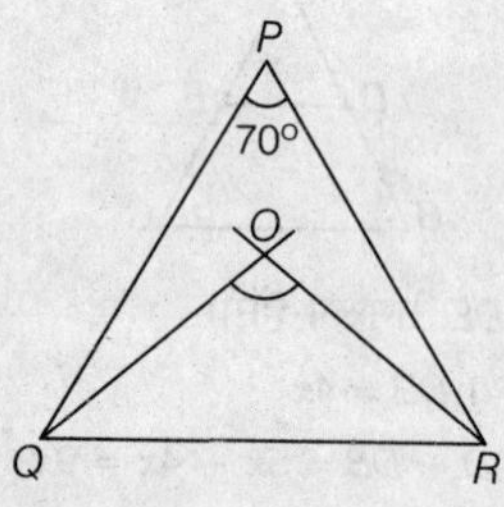

यहाँ, $\quad \angle QPR = 70°$

ΔPQR में,

$$\angle QPR + \angle PRQ + \angle RQP = 180°$$

$$\Rightarrow \quad 70° + \angle PRQ + \angle RQP = 180°$$

$$\Rightarrow \angle PRQ + \angle RQP = 180° - 70° = 110°$$

$$\therefore \quad \angle OQR + \angle ORQ = \frac{110°}{2} = 55° \quad \ldots(i)$$

अब, $\quad \Delta QOR$ में,

$$\angle QOR + \angle OQR + \angle RQO = 180°$$

$$\Rightarrow \quad \angle QOR + 55° = 180° \quad \text{[समी (i) से]}$$

$$\Rightarrow \quad \angle QOR = 180° - 55° = 125°$$

59.

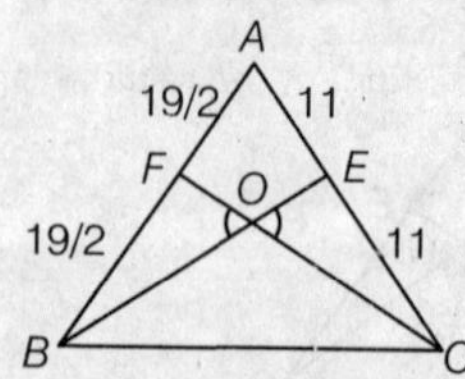

समकोण ΔBOF में, $\quad BO^2 + OF^2 = \left(\dfrac{19}{2}\right)^2$

$$\Rightarrow \quad \left(\frac{2}{3}BE\right)^2 + \left(\frac{1}{3}CF\right)^2 = \left(\frac{19}{2}\right)^2$$

$$\Rightarrow \quad \frac{4}{9}(BE)^2 + \frac{1}{9}(CF)^2 = \left(\frac{19}{2}\right)^2 \quad \ldots(i)$$

समकोण ΔCOE में, $(CO)^2 + (OE)^2 = (11)^2$

$$\left(\frac{2}{3}CF\right)^2 + \left(\frac{1}{3}BE\right)^2 = 121$$

$$\Rightarrow \quad \frac{4}{9}(CF)^2 + \frac{1}{9}(BE)^2 = 121 \quad \ldots(ii)$$

अब, समी (i) व (ii) को जोड़ने पर,

$$\frac{5}{9}(BE)^2 + \frac{5}{9}(CF)^2 = 121 + \frac{361}{4}$$

$$\Rightarrow \quad (BE)^2 + (CF)^2 = \frac{845}{4} \times \frac{9}{5} = \frac{1521}{4} \quad \ldots(iii)$$

समकोण ΔBOC से,

$$(BC)^2 = (OB)^2 + (OC)^2$$

$$= \left(\frac{2}{3}BE\right)^2 + \left(\frac{2}{3}CF\right)^2$$

$$= \frac{4}{9}[(BE)^2 + (CF)^2]$$

समी (iii) से, $(BC)^2 = \dfrac{4}{9} \times \dfrac{1521}{4} = 169$

$\therefore \quad BC = 13$ सेमी

60. $\because$ केन्द्र पर बना कोण परिधि पर बने कोण का दोगुना होता है।

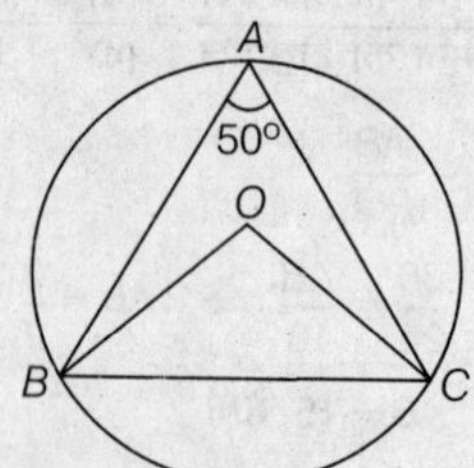

$$\therefore \quad \angle BOC = 2 \times \angle BAC$$

$$= 2 \times 50° = 100°$$

अब, ΔBOC में, $\quad OB = OC \quad$ [वृत्त की त्रिज्याएँ]

$$\therefore \quad \angle OBC = \angle OCB \quad \ldots(i)$$

तथा $\angle OBC + \angle OCB + \angle BOC = 180°$

$$\Rightarrow \quad \angle OBC + \angle OBC + 100° = 180° \quad \text{[समी (i) से]}$$

$\Rightarrow \quad 2\angle OBC = 180° - 100° = 80°$

$\Rightarrow \quad \angle OBC = \frac{80°}{2} = 40°$

61. चित्र से, $AE = AD + DE = 5 + 3 = 8$ सेमी

$\angle ABC = \angle CED$

[$\because$ एक ही वृत्तखण्ड में बने कोण बराबर होते हैं]

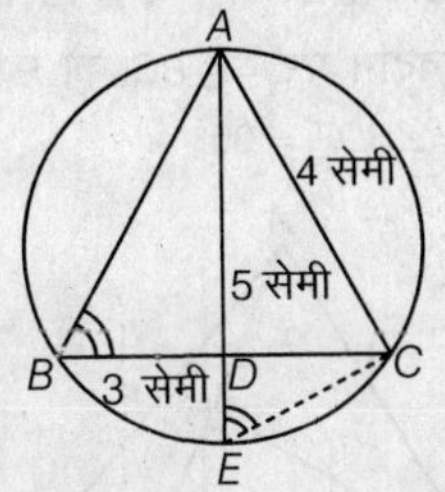

अब, ΔADB तथा ΔAEC में,

$\frac{AB}{AE} = \frac{AD}{AC}$ [समरूप त्रिभुज]

$\Rightarrow \quad \frac{AB}{8} = \frac{5}{4}$

$\Rightarrow \quad AB = \frac{8 \times 5}{4} = 10$

$\therefore \quad AB = 10$ सेमी

62. चित्र में, ΔABC व ΔPQR समरूप त्रिभुज हैं।

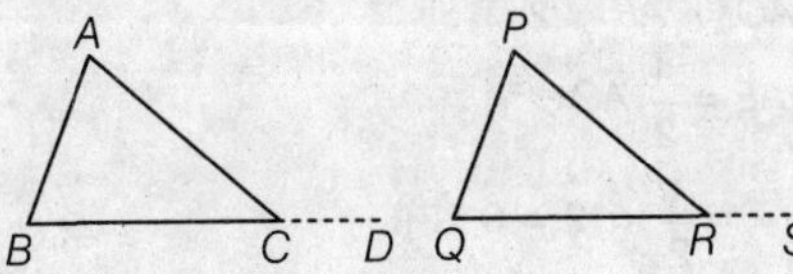

यहाँ, $\overline{BC} = \overline{QR}$ तथा $\overline{AB} = \overline{PQ}$

एवं $\angle B = \angle Q = 120°$

अतः दोनों त्रिभुज भुजा-कोण-भुजा स्थिति से समरूप हैं।

63. $\because$ दिया गया ΔABC समबाहु त्रिभुज है तथा इसके अन्तः वृत्त के केन्द्र से बने कोण भी समान होंगे।

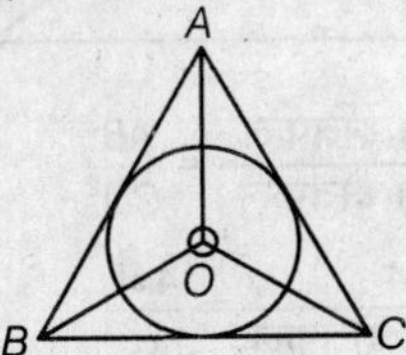

$\therefore \angle BOC, \angle COA$ तथा $\angle AOB$ प्रत्येक $120°$ का होगा।

64. हम जानते हैं कि त्रिभुज की माध्यिका एक-दूसरे को 2 : 1 के अनुपात में बाँटती है।

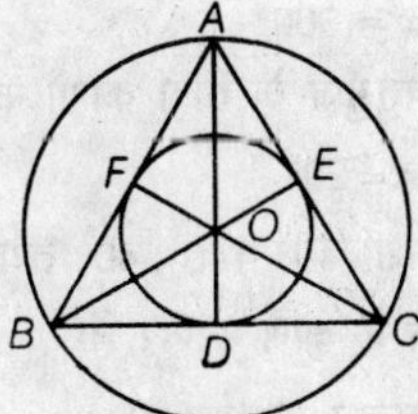

समबाहु त्रिभुज के अन्तः वृत्त तथा बाह्य वृत्त का केन्द्र एकसमान होगा, जो केन्द्रक के समान ही होगा।

$\therefore$ बाह्य वृत्त की त्रिज्या माध्यिका का बड़ा भाग तथा अन्तः वृत्त की त्रिज्या माध्यिका का छोटा भाग होगी।

अतः अन्तः वृत्त की त्रिज्या तथा बाह्य वृत्त की त्रिज्या का अनुपात सदैव 1 : 2 होगा।

65. चित्र में, $\quad \angle ACB = 30°$

तथा $\quad \angle ACB = 2x°$ [दिया है]

$\Rightarrow \quad 30° = 2x°$

$\Rightarrow \quad x = 15°$ तथा $\angle BDC = y°$ [दिया है]

चित्र से,

$\angle BDC = \left[180° - \left(\frac{\angle ABC}{2} + \frac{\angle ACB}{2}\right)\right]$

$\therefore \quad y = \left[180° - \left(\frac{80°}{2} + \frac{30°}{2}\right)\right]$

$= [180° - (40° + 15°)]$

$y = (180° - 55°) = 125°$

$\therefore \quad x = 15$ तथा $y = 125$

66. समकोण ΔAOB में,

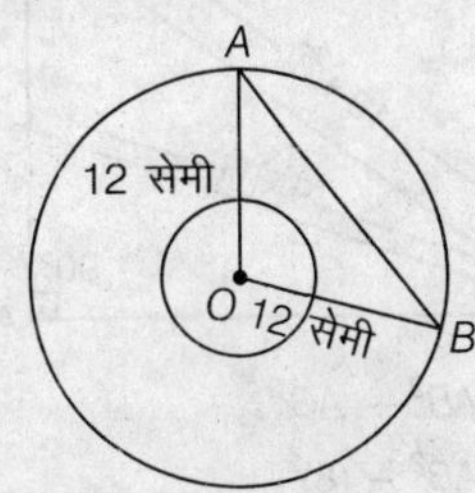

$(AB)^2 = (AO)^2 + (OB)^2$

$\Rightarrow \quad (AB)^2 = (12)^2 + (12)^2$

$\Rightarrow \quad (AB)^2 = 144 + 144 = 288$

$\Rightarrow \quad AB = \sqrt{288} = 12\sqrt{2}$ सेमी

$\therefore$ आन्तरिक वृत्त की त्रिज्या

$= \frac{AB}{2} = \frac{12\sqrt{2}}{2} = 6\sqrt{2}$ सेमी

67. दिया है, ΔABC में,

$\angle A = 40°, \angle B = 60°$ तथा $\angle C = ?$

हम जानते हैं कि त्रिभुज के तीनों कोणों का योग 180° होता है।

$\therefore \quad \angle A + \angle B + \angle C = 180°$

$\Rightarrow \quad 60° + 40° + \angle C = 180°$

$\Rightarrow \quad \angle C = 180° - 100° = 80°$

चूँकि सबसे छोटे कोण के सामने की भुजा सबसे छोटी होती है। इसलिए सबसे छोटे कोण $\angle A$ के सामने की भुजा BC सबसे छोटी होगी।

68. प्रश्नानुसार ΔABC में, F और E क्रमशः AB और AC के मध्य-बिन्दु हैं।

$\therefore \quad EF \parallel BC$

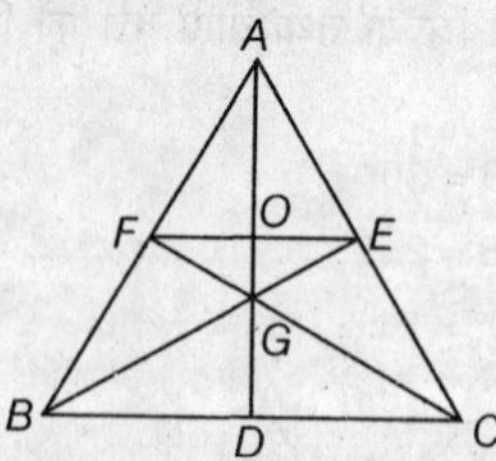

इसलिए ΔADB में, O, AD का मध्य-बिन्दु होगा।

$\therefore \quad FO \parallel BD$

$\therefore \quad OA = OD$ या $AO = \frac{1}{2} AD$

तथा $\quad AG = \frac{2}{3} AD$ [$\because AD$ माध्यिका है]

$$\frac{AO}{OG} = \frac{AO}{AG - AO} = \frac{\frac{1}{2} AD}{\frac{2}{3} AD - \frac{1}{2} AD}$$

$$= \frac{1}{2} \times \frac{6}{4-3} = \frac{3}{1}$$

अतः $AO : OG = 3 : 1$

69. ΔABC में, $\angle A = 90°$, $BC = 10$ सेमी

$AC = 8$ सेमी और $BP = 9$ सेमी

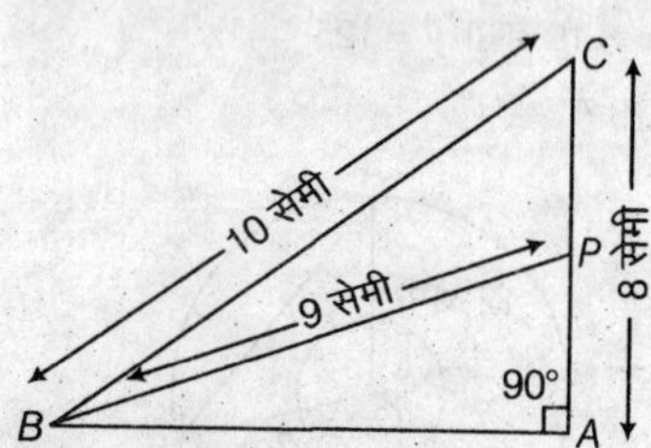

ΔABC में, $BC^2 = AB^2 + AC^2$

$\Rightarrow \quad (10)^2 = AB^2 + (8)^2$

$\Rightarrow \quad AB^2 = 100 - 64 = 36$

$\Rightarrow \quad AB = 6$ सेमी

अब ΔABP में,

$BP^2 = AB^2 + AP^2$

$\Rightarrow \quad (9)^2 = (6)^2 + AP^2$

$\Rightarrow \quad AP^2 = 81 - 36 = 45$

$\therefore \quad AP = \sqrt{45} = 3\sqrt{5}$ सेमी

70. दिया है, $AP = 5$ सेमी, $BP = 7$ सेमी

तथा $AC = 14$ सेमी

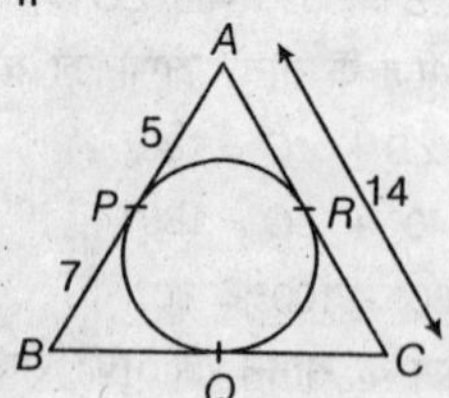

$\therefore \quad AP = AR = 5$ सेमी

$\because \quad AC = 14$ सेमी

$\therefore \quad RC = AC - AR = 14 - 5 = 9$ सेमी

पुनः $\quad BP = BQ = 7$ सेमी

और $\quad RC = QC = 9$ सेमी

$\therefore \quad BC = BQ + QC = 7 + 9 = 16$ सेमी

71. माना AD को आगे बढ़ाने पर यह BC को F पर मिलती है।

तब, $\quad \angle ADB = \angle BDF = 90°$

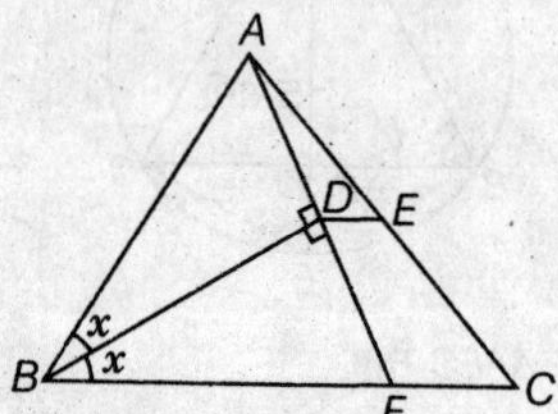

माना $\quad \angle DBF = \angle ABD = x$

यहाँ, BD, $\angle ABD$ को समद्विभाजित करता है।

$\therefore \quad \angle BAD = \angle BFD$

$\therefore \Delta ABD$ तथा ΔFBD समरूप होंगे और ΔADE, ΔAFC के समरूप होगा। [$\because DE \parallel BC$]

$\therefore \quad \frac{AE}{AC} = \frac{AD}{AF} = \frac{1}{2}$

$\Rightarrow \quad AE = \frac{1}{2} AC$

$= \frac{1}{2} \times 12 = 6$ सेमी

72. माना $CD = x$, तब $AB = 2x$

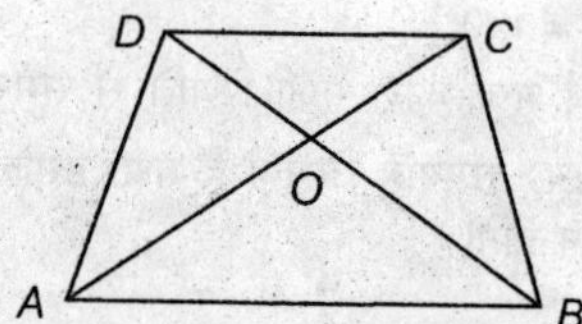

$$\therefore \quad \frac{\Delta AOB \text{ का क्षेत्रफल}}{\Delta COD \text{ का क्षेत्रफल}} = \frac{AB^2}{CD^2}$$

$$\frac{84}{\Delta COD \text{ का क्षेत्रफल}} = \frac{4x^2}{x^2}$$

$\therefore \quad \Delta COD$ का क्षेत्रफल $= \frac{84}{4} = 21$ सेमी^{2}

73. माना चतुर्भुज के कोण क्रमशः $2x, 7x, 2x$ तथा $7x$ हैं।

तब, $2x + 7x + 2x + 7x = 360°$

[$\because$ चतुर्भुज के चारों कोणों का योग 360° होता है]

$\Rightarrow \quad 18x = 360° \Rightarrow x = 20°$

अतः चतुर्भुज के कोण क्रमशः 40°, 140°, 40° तथा 140° होंगे।

$\because$ चतुर्भुज के आमने-सामने के कोण बराबर हैं।

अतः यह चतुर्भुज एक समान्तर चतुर्भुज है।

75. $ABCD$ चतुर्भुज की भुजा के मध्य-बिन्दु को मिलाने पर एक समान्तर चतुर्भुज $PQRS$ बनता है। [प्रगुण से]

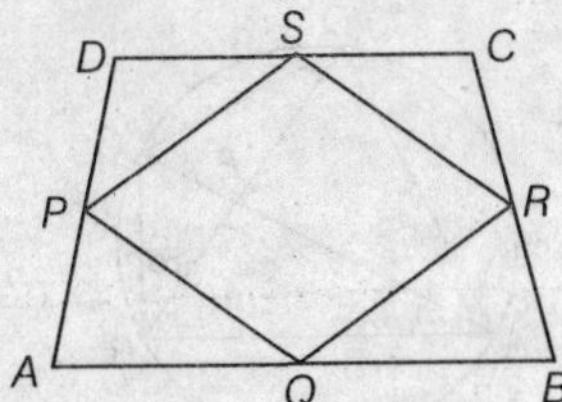

76. $\because$ सम्मुख भुजाएँ बराबर हैं
तथा विकर्ण परस्पर लम्ब समद्विभाजित करते हैं।

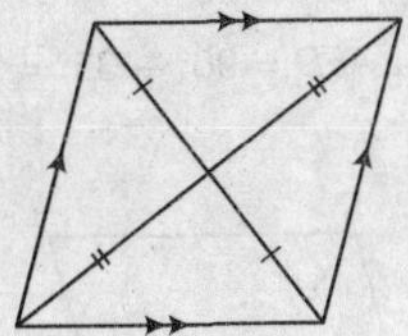

$\therefore$ घूर्णी समरूपता का क्रम 2 है।

77. $\because$ n भुजा वाले समबहुभुज का प्रत्येक
आन्तरिक कोण $= \frac{(n-2)\times 180°}{n}$

तथा n भुजा वाले समबहुभुज का प्रत्येक बाह्य कोण $= \frac{360°}{n}$

प्रश्नानुसार, $\frac{(n-2)\times 180°}{n} = \frac{360°}{n} \times 2$

$\Rightarrow \quad n - 2 = 2 \times 2$

$\Rightarrow \quad n = 4 + 2 = 6$

78. $\because$ $ABCD$ एक चक्रीय चतुर्भुज है।

$\therefore \quad \angle A + \angle C = 180°$

$\therefore \quad \angle C = 180° - \angle A$

$= 180° - 80° = 100°$ $[\because \angle A = 80°]$

79. माना $AB = a$ तथा $BC = b$

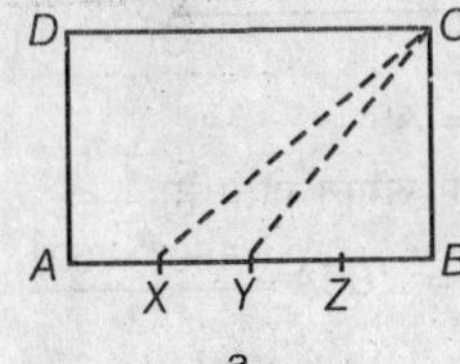

तब, $XY = \frac{a}{4}$

$\therefore \quad \Delta BCY$ का क्षेत्रफल $= \frac{1}{2} \times \frac{a}{2} \times b = \frac{ab}{4}$

तथा ΔBCX का क्षेत्रफल $= \frac{1}{2} \times \frac{3a}{4} \times b = \frac{3ab}{8}$

अब, ΔXYC का क्षेत्रफल

$= \Delta BCX$ का क्षेत्रफल $- \Delta BCY$ का क्षेत्रफल

$= \frac{3ab}{8} - \frac{ab}{4} = \frac{ab}{8}$

तथा आयत $ABCD$ का क्षेत्रफल $= a \times b$

अतः अभीष्ट अनुपात $= \frac{ab/8}{ab} = \frac{1}{8}$

80. $\because$ $AD = 5$ सेमी तथा $BC = 9$ सेमी

$\therefore \quad BE = CF = 2$ सेमी

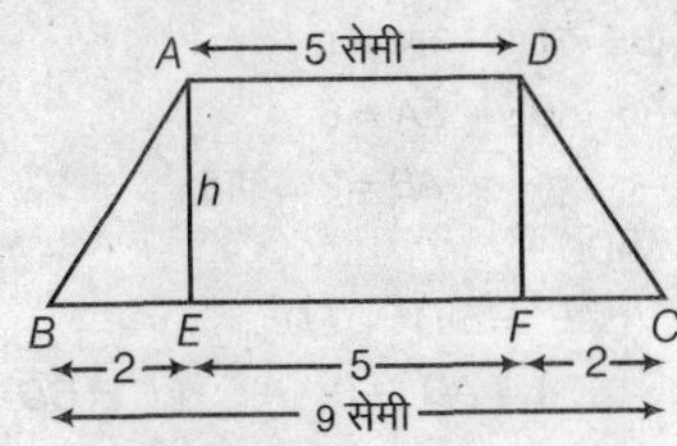

अब, समलम्ब $ABCD$ का क्षेत्रफल

$= \frac{1}{2}(AD + BC) \times h$

$\Rightarrow \quad 35 = \frac{1}{2}(5 + 9) \times h$

$\Rightarrow \quad h = \frac{70}{14} = 5$ सेमी

ΔCDF में, $CD^2 = DF^2 + FC^2 = 25 + 4 = 29$

$\Rightarrow \quad CD = \sqrt{29}$ सेमी

81. माना $\angle XOB = \theta$

ΔOXB में,

$\angle XOB + \angle OBX + \angle OXB = 180°$

$\because$ त्रिभुज के तीनो कोणों का योग $180°$ होता है।

$\Rightarrow \quad \theta + 45° + \angle OXB = 180°$

$\Rightarrow \quad \angle OXB = 180° - 45° - \theta$

$\Rightarrow \quad \angle OXB = 135° - \theta$

यहाँ, $\angle OXA + \angle OXB = 180°$ [रेखीय युग्म]

$\Rightarrow \quad \angle OXA + 135° - \theta = 180°$

$\Rightarrow \quad \angle OXA = 45° + \theta$

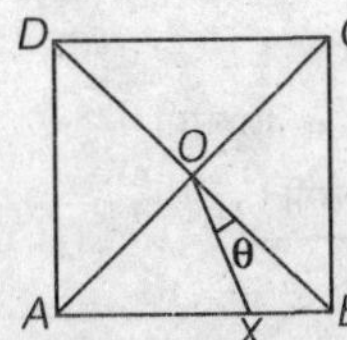

ΔOAX में,

$AO = OX$ [दिया है]

$\therefore \quad \angle OXA = \angle AOX = 45° + \theta$

अब, $\angle AOX + \angle XOB = 90°$

$\Rightarrow \quad \angle 45° + \theta + \theta = 90°$

$\Rightarrow \quad 2\theta = 45°$

$\Rightarrow \quad \theta = 22.5°$

82. $\because$ $AB \parallel DC$ तथा $AD \parallel BC$

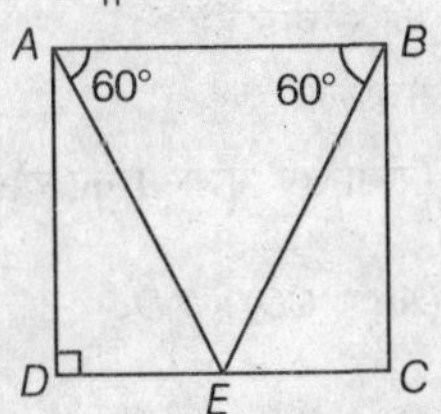

ΔABE में,

$\angle EAB = \angle ABE = 60°$

$\angle AEB = 60°$

यहाँ, ΔABC के दो कोण 60° के हैं, तब तीसरा कोण भी 60° होगा।

$\Rightarrow \Delta ABE$ समबाहु त्रिभुज है।

अब, ΔABE का परिमाप = 6

$\Rightarrow \quad AB + BE + EA = 6$

$\Rightarrow \quad AB = 2$ इकाई

तथा समकोण ΔADE में,

$$AE^2 = AD^2 + ED^2$$

$\Rightarrow \quad 4 = AD^2 + 1$ [$\because$ E, CD का मध्य-बिन्दु है]

$\Rightarrow \quad AD = \sqrt{3}$ इकाई

अतः चतुर्भुज $ABCD$ का क्षेत्रफल $= AB \times AD$

$= 2 \times \sqrt{3} = 2\sqrt{3}$ इकाई^2

83. $\angle ABC = 120°$

$\because$ विकर्ण कोण को समद्विभाजित करता है।

$\therefore \quad \angle ABD = 60°$

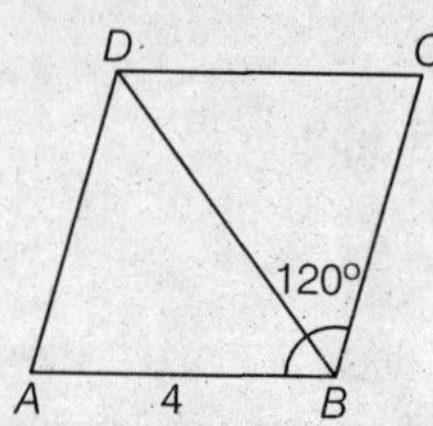

अब, ΔABD में, $AB = AD$ [समचतुर्भुज की भुजाएँ]

$\therefore \quad \angle ADC = \angle ABD = 60°$

$\because$ त्रिभुज के तीनों कोणों का योग = 180°

$\therefore \quad \angle BAD = 60°$

अतः ΔABD समबाहु त्रिभुज है।

$\therefore \quad BD = AB = 4$ सेमी

84. समकोण ΔADC में,

$AC = 41$ सेमी, $DC = 40$ सेमी

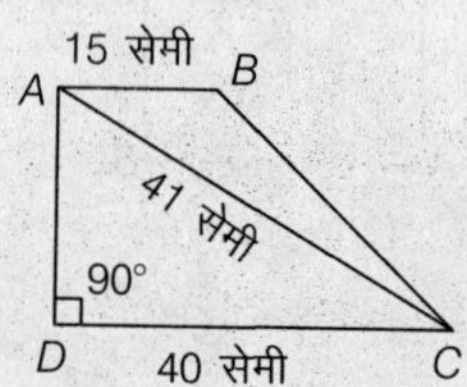

$\Rightarrow \quad (AC)^2 = (AD)^2 + (DC)^2$

$\Rightarrow \quad (AD)^2 = (AC)^2 - (DC)^2$

$(AD)^2 = (41)^2 - (40)^2 = 1681 - 1600$

$(AD)^2 = 81$

$\Rightarrow \quad AD = \sqrt{81} = 9$ सेमी

जोकि समलम्ब $ABCD$ की ऊँचाई है।

$\therefore$ समलम्ब $ABCD$ का क्षेत्रफल

$= \frac{1}{2} \times$ (समान्तर भुजाओं का योग) $\times$ ऊँचाई

$= \frac{1}{2} \times (AB + CD) \times AD$

$= \frac{1}{2} \times (15 + 40) \times 9$

$= \frac{1}{2} \times 55 \times 9 = 247.5$ सेमी^{2}

85. चित्र में $\angle DBC = 35°$

तथा $\angle AED$ इसका कोटिपूरक कोण है।

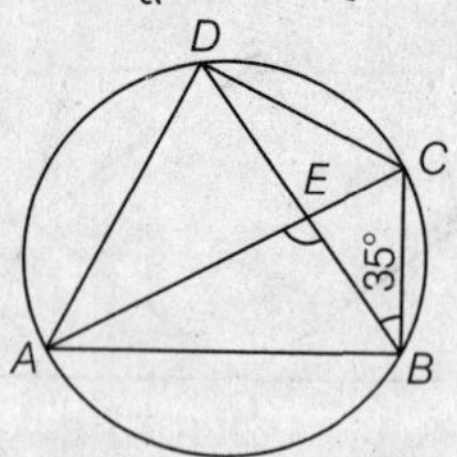

$\therefore \quad \angle AED = \angle DBC = 90°$

$\Rightarrow \quad \angle AED + 35° = 90°$

$\Rightarrow \quad \angle AED = 90° - 35° = 55°$

86. दिया है, $\angle SPQ = 50°$

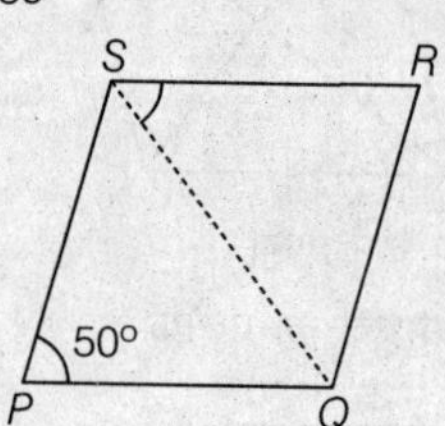

ΔPQS में, $PQ = PS$ [समचतुर्भुज की भुजाएँ]

$\therefore \quad \angle PQS = \angle PSQ = \frac{180° - 50°}{2} = 65°$

$\because \quad PQ \parallel SR$

$\therefore \quad \angle RSQ = \angle PQS = 65°$ [एकान्तर कोण]

87. दिया है, $\angle ABC = 60°$

विकर्ण $AC = 6$ सेमी

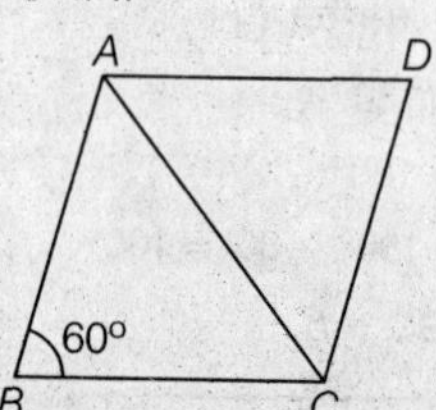

$\because \Delta ABC$ में, $BC = AB$

[समचतुर्भुज की भुजाएँ समान होती हैं]

$\therefore \quad \angle BAC = \angle BCA = \frac{180° - 60°}{2} = 60°$

$\because \Delta ABC$ में, $\angle ABC = \angle BAC = \angle BCA = 60°$

$\therefore$ त्रिभुज समबाहु होगा

तब $AB = BC = AC = 6$

अतः समचतुर्भुज की भुजा की लम्बाई 6 सेमी है।

88. यहाँ, $r_1 = 9$ सेमी तथा $r_2 = 4$ सेमी

$\therefore \quad r_1 + r_2 = 9 + 4 = 13$ सेमी तथा $r_1 - r_2 = 9 - 4 = 5$ सेमी

$\therefore \quad d = r_1 + r_2 = 13$ सेमी

अर्थात् दो वृत्त एक-दूसरे को बाह्य स्पर्श करेंगे। अतः तीन सर्वनिष्ठ स्पर्श रेखाएँ सम्भव हैं।

89. $\because OP = OA$

ΔOPA में, $\angle OPA + \angle OAP + \angle POA = 180°$

$\Rightarrow \quad 2\angle OPA = 180° - 140° \Rightarrow \angle OPA = 20°$

$\therefore \quad x = 90° - \angle OPA = 90° - 20° = 70°$

90.

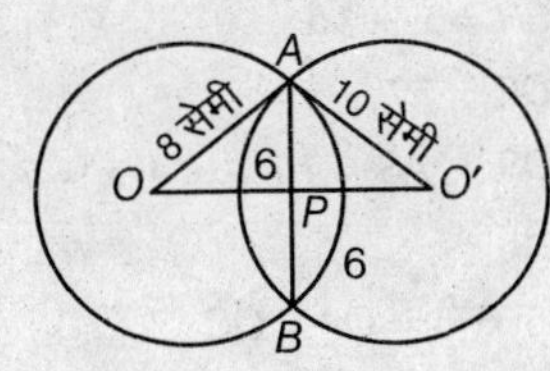

समकोण ΔAOP में,

$\Rightarrow \quad (AO)^2 = (OP)^2 + (PA)^2$

$\Rightarrow \quad (8)^2 = (OP)^2 + (6)^2$

$\Rightarrow \quad 64 = (OP)^2 + 36$

$\Rightarrow \quad (OP)^2 = 64 - 36 = 28$

$\Rightarrow \quad OP = \sqrt{28} = 5.2915$

$\Rightarrow \quad OP = 5.3$ सेमी

अब, समकोण $\Delta AO'P$ में,

$(AO')^2 = (OP)^2 + (PA)^2$

$\Rightarrow \quad (10)^2 = (O'P)^2 + (6)^2$

$\Rightarrow \quad 100 = (O'P)^2 + 36$

$\Rightarrow \quad (O'P)^2 = 100 - 36 = 64$

$\Rightarrow \quad O'P = \sqrt{64} = 8$ सेमी

$\therefore$ दोनों वृत्तों के केन्द्र के बीच की दूरी

$= OP + O'P$

$= 5.3 + 8 = 13.3$ सेमी

91. चित्र में, $OM \perp AB$, त्रिज्या $OC = 5$ सेमी तथा केन्द्र से जीवा AB पर लम्ब OM की लाम्बिक दूरी = 3 सेमी

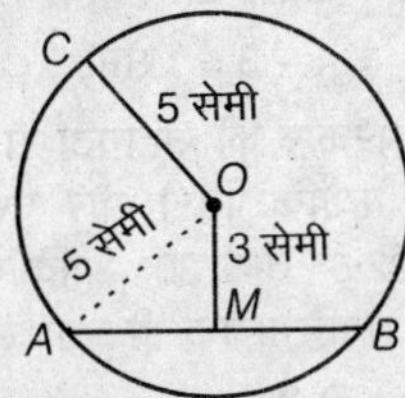

अब, $OA = OC = 5$ सेमी [$\because$ वृत्त की त्रिज्या]

$\because$ बिन्दु M, जीवा AB को समद्विभाजित करता है।

$\therefore \quad AB = 2AM$

अब समकोण ΔOAM में,

$(OA)^2 = (AM)^2 + (OM)^2$ [पाइथागोरस प्रमेय से]

$\Rightarrow \quad (AM)^2 = (OA)^2 - (OM)^2$

$\Rightarrow \quad (AM)^2 = (5)^2 - (3)^2 = 25 - 9 = 16$

$\Rightarrow \quad (AM)^2 = (4)^2 \Rightarrow AM = 4$ सेमी

अब, जीवा AB की लम्बाई $= 2 \times AM = 2 \times 4 = 8$ सेमी

92.

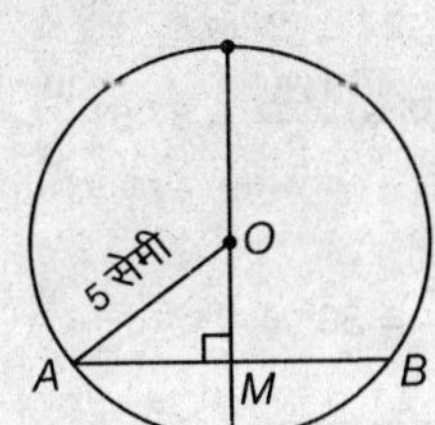

यदि $OM = AB$ पर लम्ब है, तो OM, AB को समद्विभाजित करेगी,

तब $AM = MB = 4$ सेमी

पाइथागोरस प्रमेय से,

$(OA)^2 = OM^2 + AM^2$

$\Rightarrow \quad 25 = (OM)^2 + 16$

$\Rightarrow \quad OM = \sqrt{25 - 16}$

$= \sqrt{9} = 3$ सेमी

93. $\because \; OA = \sqrt{AM^2 + OM^2}$

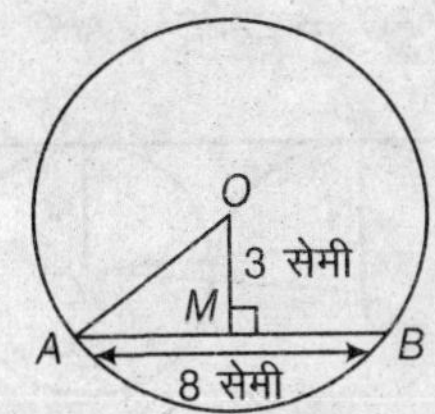

$\therefore \quad$ त्रिज्या $= \sqrt{4^2 + 3^2}$ $\left[\because AM = \frac{AB}{2} = \frac{8}{2} = 4 \text{ सेमी}\right]$

$= 5$ सेमी

94. $\because \; \angle DEC = \angle DCB$ [$\because$ एकान्तर वृत्तखण्ड के कोण]

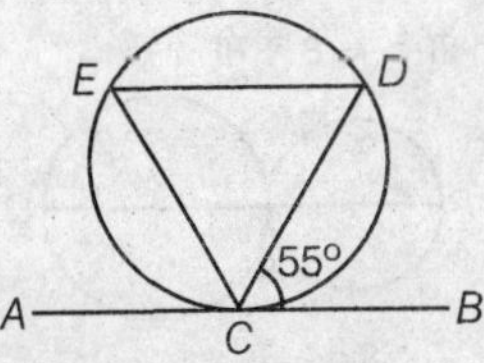

$\Rightarrow \quad \angle DEC = 55°$

95. $\because$ वृत्त की त्रिज्या = 4 सेमी

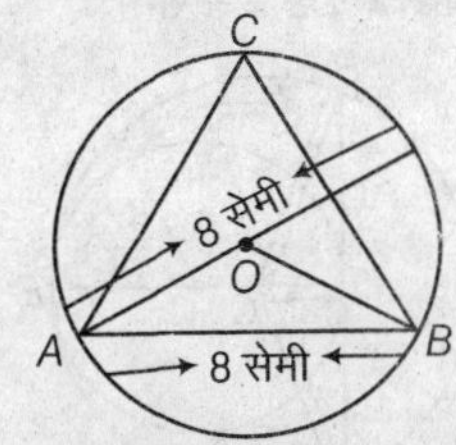

$\therefore \quad OA = OB = AB = 4$ सेमी

$\Rightarrow \Delta AOB$ एक समबाहु त्रिभुज है।

$\Rightarrow \quad \angle AOB = 60°$ तथा $\angle AOB = 2\angle ACB$

$\Rightarrow \quad \angle ACB = \frac{60°}{2} = 30°$

[$\because$ परिधि पर बना कोण केन्द्र पर बने कोण का आधा होता है]

96. दिया है, $PB = 9$ सेमी तथा $AB = 16$ सेमी

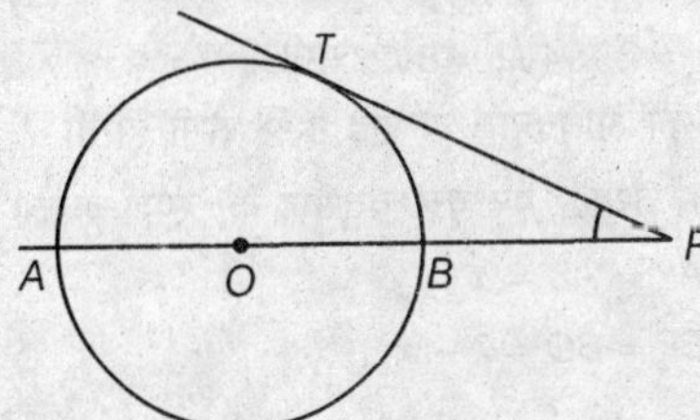

हम जानते हैं कि,

$PT^2 = PA \cdot PB = (PB + AB)\,PB$

$= (9 + 16)(9) = 25 \times 9$

$\Rightarrow \quad PT = 5 \times 3 = 15$ सेमी

97. $\because$ OP, $\angle APB$ का समद्विभाजक होता है।

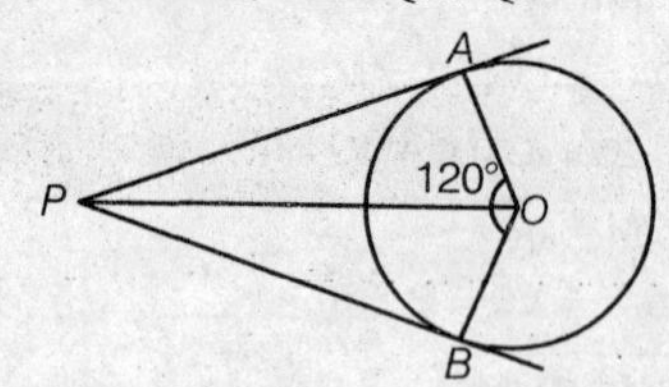

$\therefore$ $\angle APB = 2\angle APO \Rightarrow \angle APB : \angle APO = 2 : 1$

98.

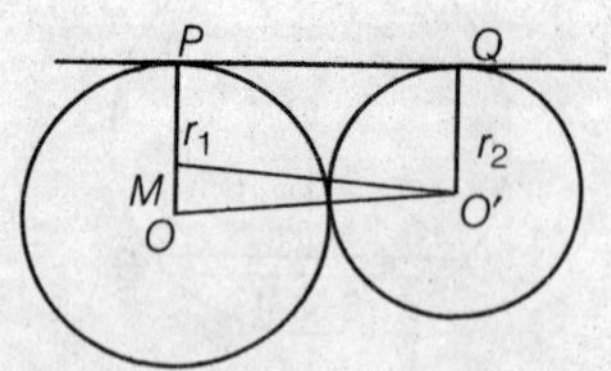

चित्र से, $O'M = PQ$, $OM = (r_1 - r_2)$ तथा $OO' = (r_1 + r_2)$

समकोण $\Delta OO'M$ में,

$$PQ^2 = (OO')^2 - O'M^2$$

$$= (r_1 + r_2)^2 - (r_1 - r_2)^2 = 2r_1r_2 + 2r_1r_2 = 4r_1r_2$$

99. $\because$ $r_1 = 5$ सेमी तथा $r_2 = 8$ सेमी

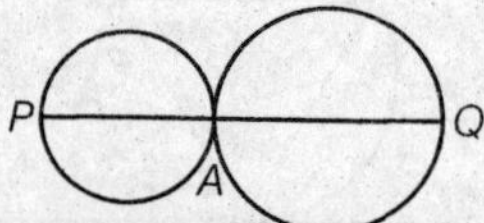

$\therefore$ $AP = 2r_1 = 10$ सेमी तथा $AQ = 2r_2 = 16$ सेमी

अतः $AP : AQ = 10 : 16 = 5 : 8$

100. $\because$ अन्तः वृत्त का व्यास $= DE = 8$ सेमी

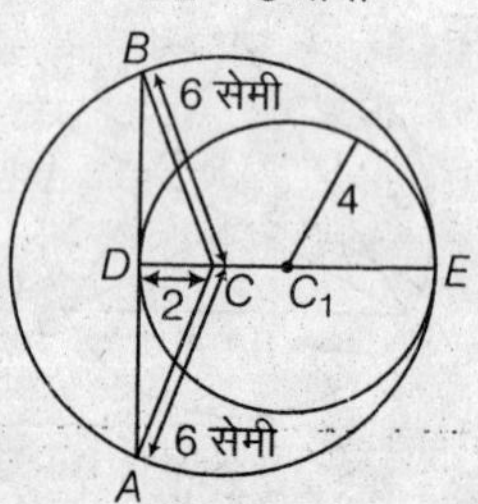

$DC = 2$ सेमी, $CC_1 = 2$ सेमी, $C_1E = 4$ सेमी

बाह्य वृत्त की जीवा अन्तः वृत्त की स्पर्श रेखा होगी, जिसे AB द्वारा दर्शाया गया है।

यहाँ, $AC = BC = 6$ सेमी [अन्तः वृत्त की त्रिज्या]

$\therefore$ $AB = 2AD = 2\sqrt{AC^2 - CD^2}$

$= 2\sqrt{6^2 - 2^2} = 2\sqrt{36 - 4} = -2\sqrt{32}$

$= 2 \times 4\sqrt{2} = 8\sqrt{2}$ सेमी

अतः जीवा की अधिकतम लम्बाई $8\sqrt{2}$ सेमी होगी।

101. माना P, Q, R तथा S पर वृत्त चतुर्भुज को स्पर्श करता है।

पुनः माना $AP = AS = x$

$\therefore$ $BP = BQ = 7 - x$ [$\because AB = 7$ सेमी]

$\therefore$ $CQ = CR = x + 1.5$ [$\because BC = 8.5$ सेमी]

$\therefore$ $DS = DR = 7.7 - x$

$\therefore$ $AD = DS + AS = 7.7 - x + x = 7.7$ सेमी

102. प्रश्नानुसार,

वृत्त की त्रिज्या = 5 सेमी = $OA = OC$

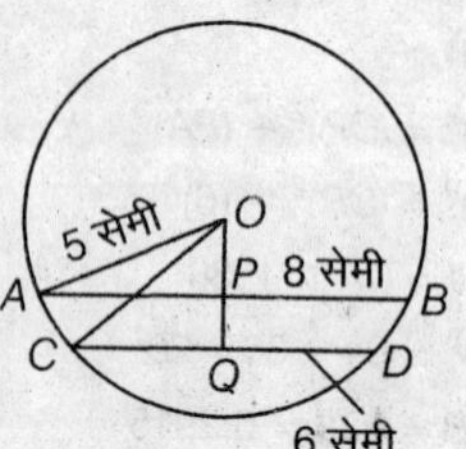

$\because$ जीवा $AB = 8$ सेमी तथा $CD = 6$ सेमी

$\therefore$ $AP = 4$ सेमी तथा $CQ = 3$ सेमी

ΔOAP में, $OA^2 = AP^2 + OP^2$

$\Rightarrow$ $(5)^2 = (4)^2 + OP^2$

$\Rightarrow$ $OP^2 = 25 - 16 = 9$

$\therefore$ $OP = 3$ सेमी

अब, ΔOCQ में, $OC^2 = CQ^2 + OQ^2$

$\Rightarrow$ $(5)^2 = (3)^2 + OQ^2$

$\Rightarrow$ $OQ^2 = 25 - 9 = 16$

$\therefore$ $OQ = 4$ सेमी

अतः दोनों जीवाओं के बीच की दूरी,

$PQ = OQ - OP$

$= 4 - 3 = 1$ सेमी

103. एक पटरी तथा एक परकार की सहायता से कोण 40° की रचना करना संभव नहीं होता है, क्योंकि पटरी और परकार की सहायता से, हम कोण 60°, 90°, 45°, 22.5° तथा 30° आदि को बनाते हैं तथापि परकार केवल एक कोण का समद्विभाजक ही बना सकता है।

104. जब $-AB + AC = 6.9$ सेमी, तब ΔABC की रचना, यदि $BC = 6$ सेमी तथा $\angle B = 45°$ दिया हो, संभव नहीं है। क्योंकि ΔABC बनाने के लिए, हमें $AC - AB < BC$ अर्थात् $AC < AB + BC$ की आवश्यकता होती है।

105. जब $AB - AC = 2.8$ सेमी, तब ΔABC की रचना सम्भव होती है, यदि $BC = 3$ सेमी तथा $\angle B = 60°$ दिया हो। क्योंकि ΔABC बनाने के लिए, हमें $AC - AB < BC$ अर्थात् $AC < AB + BC$ की आवश्यकता होती है।

106. नहीं, यह संभव नहीं है।

क्योंकि $32.5° = \frac{1}{2} \times 65°$ तथा 65° की रचना पटरी और परकार की सहायता से नहीं की जा सकती है।

107. हाँ, क्योंकि $67.5 = \frac{135°}{2} = \frac{1}{2}(90° + 45°)$

108. 175° का समद्विभाजक $= \frac{175°}{2} = 87.5°$

109. $\because$ $\angle MNO = 60°$

$\therefore$ $\angle ANO = \frac{60°}{2} = 30°$

तथा $\angle ANO$ का समद्विभाजक,

$\angle BNO = \frac{30°}{2} = 15°$

अध्याय 10

निर्देशांक ज्यामिति एवं शंकु परिच्छेद

Coordinate Geometry and Conic Section

कार्तीय पद्धति Cartesian System

एक तल में एक बिन्दु की स्थिति का निर्धारण करने में प्रयुक्त पद्धति को कार्तीय पद्धति कहा जाता है।

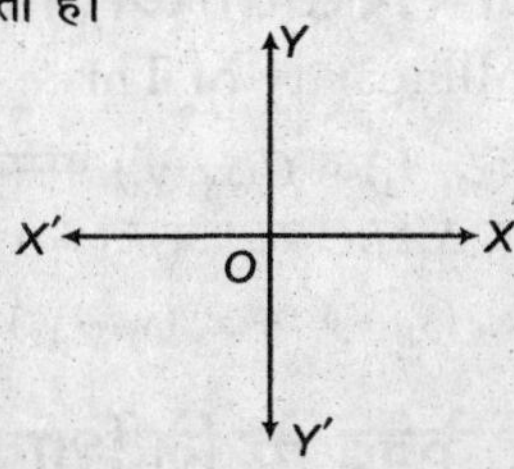

कार्तीय पद्धति में दो लम्बवत् रेखाएँ होती हैं तथा उनके द्वारा निर्देशित एक बिन्दु होता है। क्षैतिज रेखा XX' को **X-अक्ष** तथा ऊर्ध्वाधर रेखा YY' को **Y-अक्ष** कहा जाता है।

वह बिन्दु, जहाँ ये रेखाएँ एक-दूसरे को प्रतिच्छेदित करती हैं, **मूलबिन्दु** कहलाता है तथा इसे 'O' से निरूपित किया जाता है। OX तथा OY को धनात्मक दिशाएँ, जबकि OX' तथा OY' को ऋणात्मक दिशाएँ कहा जाता है।

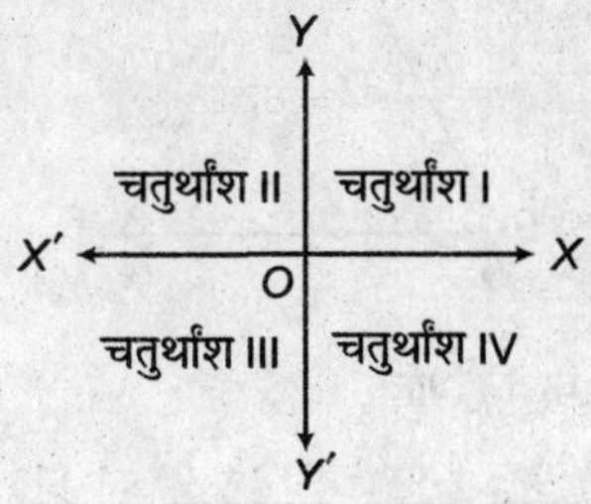

ये अक्ष तल को चार भागों में विभाजित करते हैं। इन चारों भागों को चतुर्थांश (एक-चौथाई) कहा जाता है। OX से वामावर्त दिशा में इन्हें I, II, III और IV चतुर्थांश कहा जाता है। इस प्रकार, इस तल में दोनों अक्ष और चारों चतुर्थांश सम्मिलित हैं। हम इस तल को **कार्तीय तल** या **निर्देशांक तल** या **XY-तल** भी कहते हैं तथा अक्षों को निर्देशांक अक्ष कहा जाता है।

एक बिन्दु के निर्देशांक Coordinates of a Point

माना एक तल में बिन्दु P है। बिन्दु P की Y-अक्ष से दूरी x तथा X-अक्ष से बिन्दु P की दूरी y है, तब बिन्दु P के निर्देशांक (x, y) होंगे। अर्थात् x, भुज या X-अक्ष कहलाता है तथा y, कोटि या Y-अक्ष या कोटि कहलाता है।

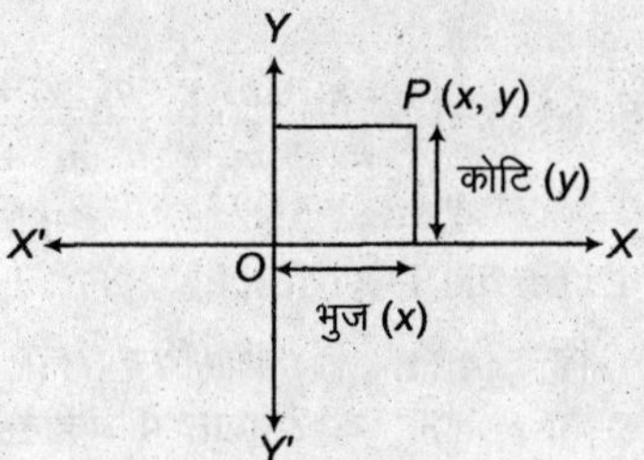

नोट (i) Y-अक्ष पर स्थित प्रत्येक बिन्दु का भुज अर्थात् x-निर्देशांक सदैव शून्य होता है।

(ii) X-अक्ष पर स्थित प्रत्येक बिन्दु की कोटि अर्थात् y-निर्देशांक सदैव शून्य होता है।

विभिन्न चतुर्थांशों में निर्देशांकों के चिह्न
Sign of Coordinates in Different Quadrants

विभिन्न चतुर्थांशों में निर्देशांकों के चिह्न निम्न सारणी द्वारा प्रदर्शित किए जा सकते हैं

चतुर्थांश	x-निर्देशांक (भुज)	y-निर्देशांक (कोटि)	बिन्दु के निर्देशांक
प्रथम चतुर्थांश, YOX	+	+	(+, +)
द्वितीय चतुर्थांश, YOX'	–	+	(–, +)
तृतीय चतुर्थांश, $X'OY'$	–	–	(–, –)
चतुर्थ चतुर्थांश, $Y'OX$	+	–	(+, –)

दिए हुए दो बिन्दुओं के बीच की दूरी
Distance between Two Given Points

माना P व Q दो दिए हुए बिन्दु हैं जिनके निर्देशांक क्रमश: (x_1, y_1) व (x_2, y_2) हैं। यदि उनके बीच की दूरी d है, तो

$d = \sqrt{(x_2 - x_1)^2 + (y_2 - y_1)^2}$ या $\sqrt{(x_1 - x_2)^2 + (y_1 - y_2)^2}$

(x_1, y_1) (x_2, y_2)
P ← d → Q

मूलबिन्दु (0, 0) तथा किसी बिन्दु (x, y) के बीच की दूरी, $d = \sqrt{x^2 + y^2}$

रेखाखण्ड को दिए हुए अनुपात में विभाजित करने वाले बिन्दु के निर्देशांक Coordinates of the Point Dividing a Line Segment in the Given Ratio

अन्त: विभाजन Internal Division

यदि बिन्दु A के निर्देशांक (x_1, y_1) और बिन्दु B के निर्देशांक (x_2, y_2) हैं तथा बिन्दु $P(x, y)$, रेखाखण्ड AB को $m_1 : m_2$ के अनुपात में अन्त: विभाजित करता है, तब

(x_1, y_1) (x, y) (x_2, y_2)
A ← m_1 → P ← m_2 → B

बिन्दु P के निर्देशांक $(x, y) = \left(\dfrac{m_1 x_2 + m_2 x_1}{m_1 + m_2}, \dfrac{m_1 y_2 + m_2 y_1}{m_1 + m_2}\right)$

बाह्य विभाजन External Division

यदि बिन्दु $P(x, y)$, बिन्दु $A(x_1, y_1)$ तथा बिन्दु $B(x_2, y_2)$ से खींचे जाने वाले रेखाखण्ड को $m_1 : m_2$ के अनुपात में बाह्यत: विभाजित करता है, तब

← m_1 →
A (x_1, y_1) B (x_2, y_2) ← m_2 → P (x, y)

बिन्दु P के निर्देशांक $(x, y) = \left(\dfrac{m_1 x_2 - m_2 x_1}{m_1 - m_2}, \dfrac{m_1 y_2 - m_2 y_1}{m_1 - m_2}\right)$

मध्य-बिन्दु Mid-point

दो बिन्दुओं $A(x_1, y_1)$ व $B(x_2, y_2)$ को मिलाने वाली रेखा के मध्य-बिन्दु के निर्देशांक $= \left(\dfrac{x_1 + x_2}{2}, \dfrac{y_1 + y_2}{2}\right)$

त्रिभुज का क्षेत्रफल Area of a Triangle

यदि ΔABC के शीर्षों A, B तथा C के निर्देशांक क्रमश: (x_1, y_1), (x_2, y_2) व (x_3, y_3) हैं, तब

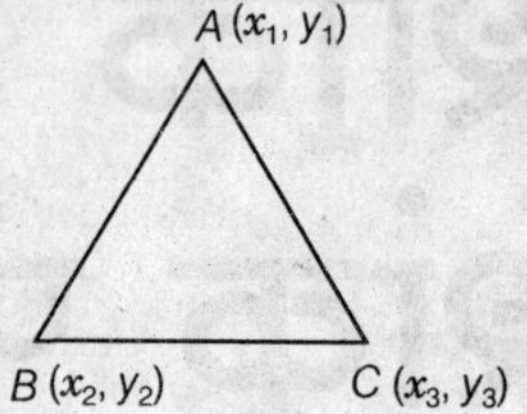

ΔABC का क्षेत्रफल $= \dfrac{1}{2}[x_1(y_2 - y_3) + x_2(y_3 - y_1) + x_3(y_1 - y_2)]$

त्रिभुज के केन्द्रक के निर्देशांक
Coordinates of Centroid of Triangle

त्रिभुज की सभी माध्यिकाओं का प्रतिच्छेद बिन्दु, त्रिभुज का केन्द्रक कहलाता है। यदि ΔABC के शीर्ष $A(x_1, y_1)$, $B(x_2, y_2)$ व $C(x_3, y_3)$ हैं, तो

त्रिभुज के केन्द्रक के निर्देशांक $\left(\dfrac{x_1 + x_2 + x_3}{3}, \dfrac{y_1 + y_2 + y_3}{3}\right)$ होंगे।

तीन बिन्दुओं की संरेखता का प्रतिबन्ध
Condition for Collinearity of Three Points

तीन बिन्दु $A(x_1, y_1)$, $B(x_2, y_2)$ व $C(x_3, y_3)$ परस्पर संरेख होंगे अर्थात् एक ही रेखा में होंगे, यदि ΔABC का क्षेत्रफल $= 0$ है,

अर्थात् $x_1(y_2 - y_3) + x_2(y_3 - y_1) + x_3(y_1 - y_2) = 0$

त्रिभुज के अन्त: केन्द्र के निर्देशांक
Coordinates of Incentre of Triangle

त्रिभुज के सभी कोण अर्द्धकों का प्रतिच्छेद बिन्दु त्रिभुज का अन्त: केन्द्र कहलाता है। यदि $A(x_1, y_1)$, $B(x_2, y_2)$ तथा $C(x_3, y_3)$ एक ΔABC के शीर्ष इस प्रकार हैं कि $BC = a$, $CA = b$ तथा $AB = c$, हों, तब

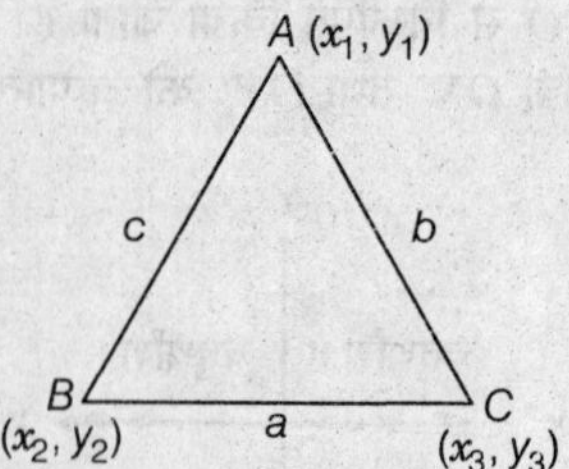

त्रिभुज के अन्त: केन्द्र के निर्देशांक

$$= \left(\frac{ax_1 + bx_2 + cx_3}{a + b + c}, \frac{ay_1 + by_2 + cy_3}{a + b + c}\right)$$

सरल रेखा के समीकरण

Equations of Straight Line

किसी सरल रेखा के निम्न समीकरण हैं

1. (i) X-अक्ष का समीकरण $y=0$ होता है।
   (ii) Y-अक्ष का समीकरण $x=0$ होता है।
   (iii) Y-अक्ष के समान्तर व इससे a दूरी पर स्थित रेखा का समीकरण, $x=a$ होता है।
   (iv) X-अक्ष के समान्तर व इससे b दूरी पर स्थित रेखा का समीकरण, $y=b$ होता है।
2. यदि किसी सरल रेखा द्वारा Y-अक्ष पर काटा गया अन्त:खण्ड c तथा उसका X-अक्ष से झुकाव θ हो, तो रेखा का समीकरण $y=mx+c$ होता है, जहाँ $m=\tan\theta$ रेखा की प्रवणता है

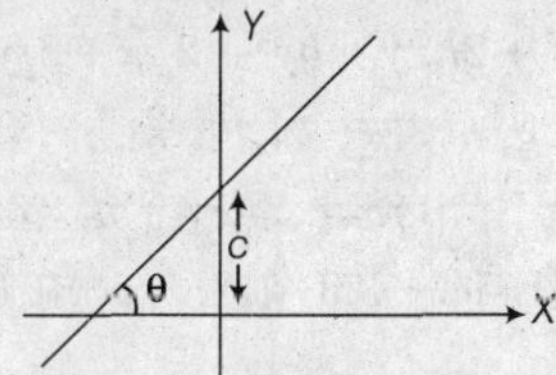

मूलबिन्दु से होकर जाने वाली रेखा का समीकरण $y=mx$ होता है।

3. सरल रेखा, जो अक्षों से a व b लम्बाई के अन्त:खण्ड काटती है, का समीकरण $\frac{x}{a}+\frac{y}{b}=1$ होता है।

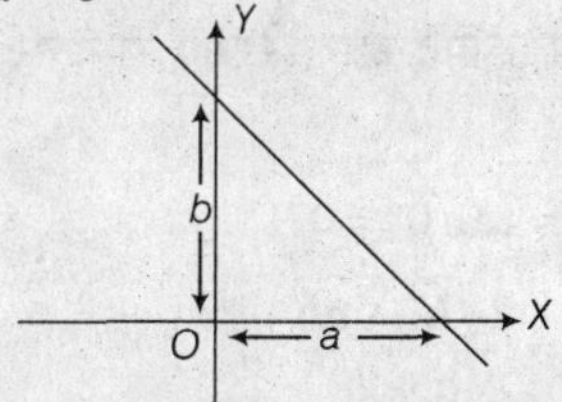

4. मूलबिन्दु से किसी सरल रेखा पर डाले गए लम्ब तथा उस लम्ब द्वारा X-अक्ष के साथ बने हुए कोण के रूप में सरल रेखा का समीकरण $x\cos\alpha + y\sin\alpha = p$, जहाँ p लम्ब की लम्बाई है।

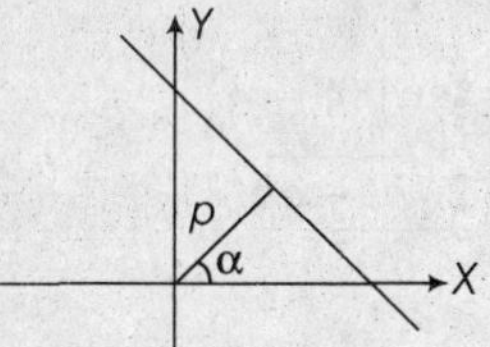

5. रेखा $Ax+By+C=0$ सरल रेखा का व्यापक समीकरण होता है यहाँ रेखा की प्रवणता $=-\frac{A}{B}$ होती है।
6. एक दिए हुए बिन्दु (x_1, y_1) से होकर जाने वाली रेखा का समीकरण $y-y_1=m(x-x_1)$ होता है जहाँ m रेखा की प्रवणता है।
7. दो दिए गए बिन्दुओं $A(x_1, y_1)$ व $B(x_2, y_2)$ से होकर जाने वाली रेखा का समीकरण $y-y_1=\frac{y_2-y_1}{x_2-x_1}(x-x_1)$ होता है, जहाँ $m=\frac{y_2-y_1}{x_2-x_1}$ रेखा की प्रवणता है।

दो सरल रेखाओं के बीच का कोण

Angle between Two Straight Lines

रेखाओं $y=m_1x+c_1$ व $y=m_2x+c_2$ के बीच का कोण,

$$\theta = \tan^{-1}\left(\frac{m_1-m_2}{1+m_1m_2}\right)$$

(i) यदि $m_1=m_2$, तब दोनों रेखाएँ परस्पर समान्तर होती हैं।

(ii) यदि $m_1m_2=1$, तब दोनों रेखाएँ परस्पर लम्ब होती हैं।

यदि दी गई रेखाएँ $a_1x+b_1y+c_1=0$ तथा $a_2x+b_2y+c_2=0$ हों, तब

$$\theta = \tan^{-1}\left(\frac{a_2b_1-a_1b_2}{a_1a_2+b_1b_2}\right)$$

(i) यदि $\frac{a_1}{a_2}=\frac{b_1}{b_2}$, तब दोनों रेखाएँ समान्तर होती हैं।

(ii) यदि $a_1a_2+b_1b_2$, तब दोनों रेखाएँ लम्बवत होती हैं।

सरल रेखा के समान्तर तथा लम्बवत् रेखाओं के समीकरण

Equations of Lines Parallel and Perpendicular to a Straight Line

सरल रेखा $ax+by+c=0$ के समान्तर रेखा का समीकरण $ax+by=\lambda$ तथा लम्ब रेखा का समीकरण $bx-ay=\lambda$ होता है।

सरल रेखा पर किसी बिन्दु से खींचे गए लम्ब की लम्बाई

Length of Perpendicular Drawn from a Point on Straight Line

बिन्दु (x_1, y_1) से रेखा $ax+by+c=0$ पर खींचे गए लम्ब की लम्बाई

$$=\frac{ax+by+c}{\sqrt{a^2+b^2}}$$

मूलबिन्दु से रेखा $ax+by+c=0$ पर खींचे गए लम्ब की लम्बाई

$$=\frac{c}{\sqrt{a^2+b^2}}$$

तथा दो समान्तर रेखाओं $ax+by+c_1=0$ तथा $ax+by+c_2=0$ के बीच की दूरी $=\frac{|c_1-c_2|}{\sqrt{a^2+b^2}}$

रेखा-युग्म का सम्मिलित समीकरण

Combined Equation of a Pair of Lines

एक सरल रेखा-युग्म

$$a_1x+b_1y+c_1=0 \quad \text{...(i)}$$

तथा

$$a_2x+b_2y+c_2=0 \quad \text{...(ii)}$$

का सम्मिलित समीकरण निम्न होता है

$$(a_1x+b_1y+c_1)(a_2x+b_2y+c_2)=0 \quad \text{...(iii)}$$

स्पष्ट है कि रेखा (i) पर स्थित प्रत्येक बिन्दु के निर्देशांक समी (iii) को सन्तुष्ट करेंगे तथा रेखा (ii) पर स्थित प्रत्येक बिन्दु के निर्देशांक भी समी (iii) को सन्तुष्ट करेंगे।

अतः समी (iii) दो सरल रेखाओं (i) तथा (ii) को सम्मिलित रूप में निरूपित करता है।

समी (iii) को निम्न प्रकार लिख सकते हैं

$$a_1a_2x^2 + xy(a_1b_2 + a_2b_1) + b_1b_2y^2 + (a_1c_2 + a_2c_1)x + (b_1c_2 + b_2c_1)y + c_1c_2 = 0$$

$$\Rightarrow \quad ax^2 + 2hxy + by^2 + 2gx + 2fy + c = 0 \quad \ldots(iv)$$

जहाँ, $a = a_1a_2, b = b_1b_2, 2h = a_1b_2 + a_2b_1,$

$2g = a_1c_2 + a_2c_1, 2f = b_1c_2 + b_2c_1, c = c_1c_2$

समी (iv) द्वितीय घात का व्यापक समीकरण कहलाता है। इस प्रकार, एक सरल रेखा-युग्म का एक सम्मिलित समीकरण द्वितीय घात का व्यापक समीकरण होता है।

रेखाओं के अलग-अलग समीकरण ज्ञात होने पर उनका सम्मिलित समीकरण ज्ञात करने के लिए निम्नलिखित कार्य विधि का प्रयोग करते हैं

कार्य विधि Working Rule

प्रत्येक रेखा के समीकरण में सभी पदों को बाएँ पक्ष में लेकर दाएँ पक्ष को शून्य बनाने पर, प्राप्त समीकरणों के बाएँ पक्षों की गुणा करके शून्य के बराबर रखने पर अभीष्ट सम्मिलित समीकरण प्राप्त होता है।

n घात का समघातीय समीकरण Homogeneous Equation of n Degree

समीकरण $a_0y^n + a_1y^{n-1}x + a_2y^{n-2}x^2 + \ldots + a_nx^n = 0 \quad \ldots(i)$

जिसके प्रत्येक पद में, x तथा y की घातों का योग n है, n घात का समघातीय समीकरण कहलाता है।

समी (i) के प्रत्येक पद को x^n से भाग करने पर,

$$a_0\left(\frac{y}{x}\right)^n + a_1\left(\frac{y}{n}\right)^{n-1} + a_2\left(\frac{y}{x}\right)^{n-2} + \ldots + a_n = 0 \quad \ldots(ii)$$

समी (ii), $\left(\frac{y}{x}\right)$ में, n घात का समीकरण है अतः समी (ii) के n मूल होंगे।

मान लीजिए समी (ii) के n मूल $m_1, m_2, m_3, \ldots\ldots, m_n$ हैं, तब समीकरण

$$a_0\left(\frac{y}{x} - m_1\right)\left(\frac{y}{x} - m_2\right)\left(\frac{y}{x} - m_3\right)\ldots\left(\frac{y}{x} - m_n\right) = 0$$

समी (ii) के समान (Identical) होगा।

अर्थात् $\quad a_0(y - m_1x)(y - m_2x)(y - m_3x)\ldots(y - m_nx) = 0$

$$\Rightarrow \quad y = m_1x, y = m_2x, y = m_3x, \ldots\ldots, y = m_nx$$

अतः n घात का समघातीय समीकरण मूलबिन्दु से जाने वाली n सरल रेखाएँ निरूपित करता है।

समघातीय द्विघात समीकरण Homogeneous Equation of Second Degree

x तथा y में एक ऐसा समीकरण जिसमें x तथा y की घातों का योगफल 2 हो, समघातीय द्विघात समीकरण कहलाता है।

जैसे— $2x^2 - 3xy + y^2 = 0$ तथा $x^2 + 3xy = 0$ समघातीय द्विघात समीकरण हैं।

एक समघातीय द्विघात समीकरण का व्यापक रूप

$$ax^2 + 2hxy + by^2 = 0$$

होता है, जहाँ a, b तथा h अचर राशियाँ हैं।

व्यापक द्विघात समीकरण General Equation of Second Degree

हम जानते हैं कि, समघातीय द्विघात समीकरण मूलबिन्दु से जाने वाली दो सरल रेखाएँ निरूपित करता है लेकिन प्रत्येक द्विघात समीकरण मूलबिन्दु से जाने वाली सरल रेखाएँ निरूपित नहीं करता है।

x तथा y में व्यापक द्विघात समीकरण

$$ax^2 + 2hxy + by^2 + 2gx + 2fy + c = 0 \quad \ldots(i)$$

होता है, जहाँ a, b, c, f, g, h अचर राशियाँ हैं।

व्यापक द्विघात समीकरण भिन्न-भिन्न प्रतिबन्धों के अधीन भिन्न-भिन्न शांकव निरूपित करता है। जैसे—रेखा-युग्म, वृत्त, परवलय, दीर्घवृत्त तथा अतिपरवलय।

व्यापक समीकरण द्वारा रेखाओं के समान्तर तथा लम्बवत् होने का प्रतिबन्ध Condition for the Lines to be Parallel and Perpendicular by General Equation

व्यापक समीकरण द्वारा निरूपित सरल रेखाएँ समान्तर होंगी, यदि उनके बीच का कोण 0° हो,

$$\Rightarrow \quad \tan\theta = \tan 0° = 0$$

$$\Rightarrow \quad 0 = \frac{2\sqrt{h^2 - ab}}{a + b}$$

$$\Rightarrow \quad h^2 = ab$$

अब, व्यापक समीकरण द्वारा निरूपित सरल रेखाएँ लम्बवत् होंगी, यदि उनके बीच का कोण 90° हो,

$$\Rightarrow \quad \tan\theta = \tan 90° = \infty$$

$$\Rightarrow \quad \infty = \frac{2\sqrt{h^2 - ab}}{a + b}$$

$$\Rightarrow \quad \frac{a + b}{2\sqrt{h^2 - ab}} = 0$$

$$\Rightarrow \quad a + b = 0$$

लम्बवृत्तीय शंकु Right Circular Cone

एक स्थिर बिन्दु V से होकर जाने वाली स्थिर रेखा VO से नियत कोण θ बनाने वाली रेखा को बिन्दु V के परितः घुमाने से उत्पन्न पृष्ठ, लम्बवृत्तीय शंकु कहलाता है। यहाँ, स्थिर बिन्दु V को शंकु का **शीर्ष**, स्थिर रेखा VO को शंकु का **अक्ष** तथा नियत कोण θ को शंकु का **अर्द्धशीर्ष कोण** कहते हैं तथा घूमने वाली रेखा को शंकु की **जनक रेखा**

(Generator) कहते हैं। नीचे चित्र में एक लम्बवृत्तीय शंकु VAB को दर्शाया गया है।

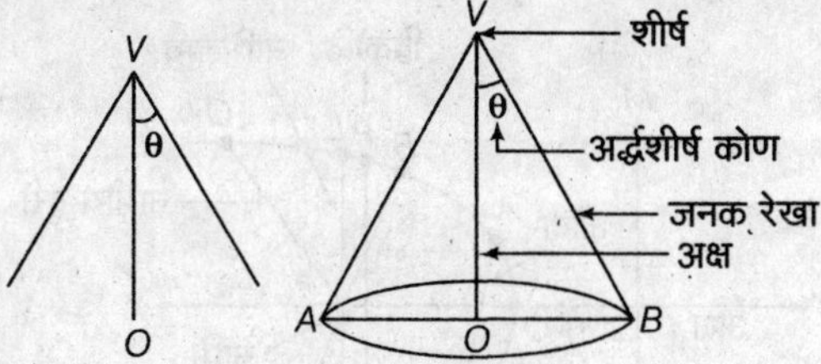

लम्बवृत्तीय द्विशंकु
Double Napped Right Circular Cone

माना AB एक स्थिर रेखा है तथा l एक दूसरी रेखा है जो रेखा AB को बिन्दु V पर काटती है तथा रेखा AB से θ कोण बनाती है। कोण θ तथा बिन्दु V को अचर रखते हुए रेखा l को AB के परित: घुमाने पर उत्पन्न पृष्ठ, लम्बवृत्तीय द्विशंकु कहलाता है, जिसे दोनों दिशाओं में अनिश्चित रूप से बढ़ाया जा सकता है। यहाँ, स्थिर रेखा AB को शंकु का **अक्ष**, स्थिर बिन्दु V को शंकु का **शीर्ष** तथा नियत कोण θ को शंकु का **अर्द्धशीर्ष कोण** कहते हैं। चर रेखा l को शंकु की **जनक रेखा** कहते हैं तथा शंकु का शीर्ष शंकु को दो भागों में विभक्त करता है, जिन्हें **नापें** (Nappes) कहते हैं।

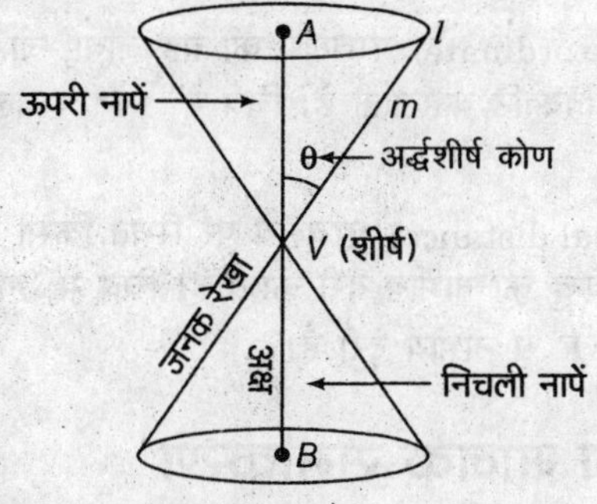

शंकु परिच्छेद Conic Section

यदि हम एक समतल और एक शंकु का परिच्छेदन लेते हैं, तो इस प्रकार प्राप्त परिच्छेद वक्र, **शंकु परिच्छेद** कहलाते हैं अर्थात् शंकु परिच्छेद वे वक्र हैं, जिन्हें एक लम्बवृत्तीय शंकु और एक समतल के परिच्छेदन से प्राप्त किया जाता है।

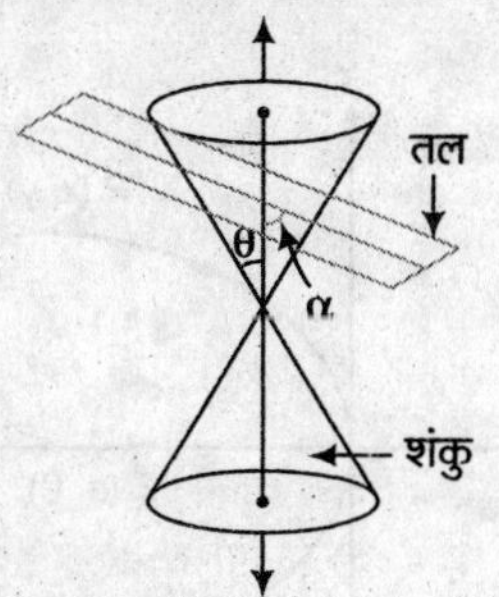

शंकु के ऊर्ध्वाधर अक्ष और परिच्छेदी समतल के बीच बने कोण और परिच्छेदी समतल की विभिन्न स्थितियों के अनुसार अनेक प्रकार के शंकु परिच्छेद प्राप्त होते हैं। माना परिच्छेदी समतल, शंकु के ऊर्ध्वाधर अक्ष के साथ α कोण बनाता है। शंकु के साथ समतल का परिच्छेदन या तो शंकु के शीर्ष पर हो सकता है या नापे के किसी दूसरे भाग के ऊपर या नीचे हो सकता है।

वृत्त Circle

"वृत्त उस बिन्दु का बिन्दुपथ है जो एक स्थिर बिन्दु से एक निश्चित दूरी पर स्थित होता है।"

वृत्त का सबसे सरलतम तथा महत्त्वपूर्ण उदाहरण पहिया (Wheel) है जो हमारे दैनिक जीवन में अत्यन्त उपयोगी है। प्रस्तुत अध्याय में हम वृत्त के विभिन्न समीकरणों (मानक समीकरण, व्यापक समीकरण, प्राचल समीकरण, आदि) का अध्ययन करेंगे।

वृत्त का मानक समीकरण
Standard Equation of a Circle

माना वृत्त का केन्द्र $O(h, k)$, वृत्त की त्रिज्या r तथा वृत्त की परिधि पर स्थित कोई चर बिन्दु $P(x, y)$ है।

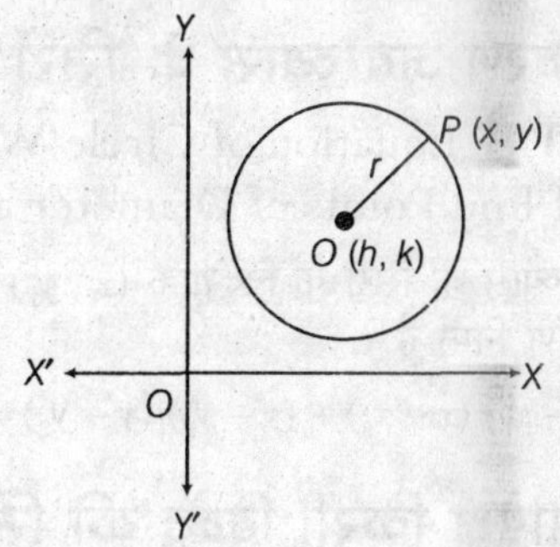

तब, वृत्त का मानक समीकरण निम्न है

$$(x-h)^2 + (y-k)^2 = r^2$$

नोट यदि वृत्त का केन्द्र मूलबिन्दु (0, 0) हो अर्थात् $h = 0, k = 0$, तब वृत्त का मानक समीकरण $(x-0)^2 + (y-0)^2 = r^2$

या $$x^2 + y^2 = r^2$$

वृत्त का व्यापक समीकरण
General Equation of a Circle

वृत्त का मानक समीकरण, जिसका केन्द्र (h, k) तथा त्रिज्या r है, निम्न है

$$(x-h)^2 + (y-k)^2 = r^2$$

$$\Rightarrow \quad x^2 + y^2 - 2hx - 2ky + h^2 + k^2 - r^2 = 0 \quad \ldots(i)$$

$$[\because (a-b)^2 = a^2 + b^2 - 2ab]$$

उपरोक्त समीकरण को निम्न रूप में लिखा जा सकता है

$$x^2 + y^2 + 2gx + 2fy + c = 0 \quad \ldots(ii)$$

समी (i) तथा (ii) की तुलना करने पर,

$$h = -g, k = -f \text{ तथा } r = \sqrt{g^2 + f^2 - c}$$

समी (ii) वृत्त का व्यापक समीकरण कहलाता है।

जिसका केन्द्र $= (-g, -f) = \left(\frac{-1}{2} x \text{ का गुणांक}, \frac{-1}{2} y \text{ का गुणांक}\right)$

तथा त्रिज्या, $r = \sqrt{g^2 + f^2 - c}$

$$= \sqrt{\left(\frac{x \text{ का गुणांक}}{2}\right)^2 + \left(\frac{y \text{ का गुणांक}}{2}\right)^2 - \text{अचर पद}}$$

संकेन्द्रीय वृत्त Concentric Circles

दो या दो से अधिक वृत्त, जिनके केन्द्र समान परन्तु त्रिज्याएँ भिन्न-भिन्न हों, **संकेन्द्रीय वृत्त** कहलाते हैं।

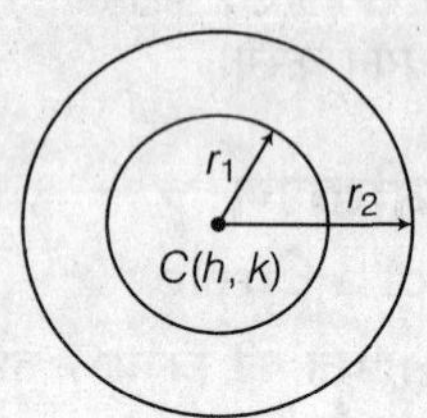

वृत्त का समीकरण जब व्यास के सिरों के निर्देशांक ज्ञात हैं Equation of Circle When Coordinates of End Points of Diameter are Given

माना किसी वृत्त के व्यास के सिरों के निर्देशांक (x_1, y_1) तथा (x_2, y_2) हैं, तब वृत्त का समीकरण निम्न है

$$(x - x_1)(x - x_2) + (y - y_1)(y - y_2) = 0$$

एक वृत्त के सापेक्ष किसी बिन्दु की स्थिति Position of a Point w.r.t. a Circle

माना किसी वृत्त का समीकरण $S \equiv x^2 + y^2 + 2gx + 2fy + c = 0$ है जिसका केन्द्र $C(-g, -f)$ है तथा बिन्दु P के निर्देशांक (x_1, y_1) हैं।

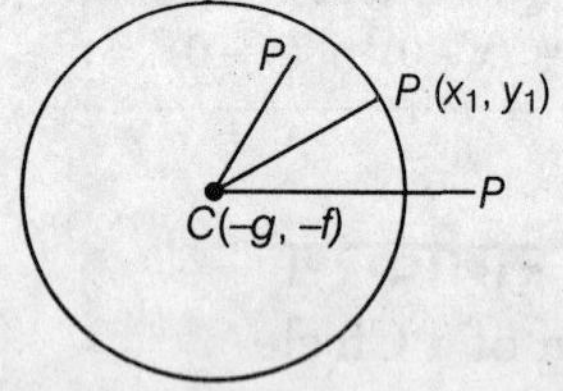

बिन्दु P की वृत्त के सापेक्ष स्थिति ज्ञात करने के लिए सबसे पहले वृत्त के समीकरण में बिन्दु P के निर्देशांक रखते हैं

अर्थात् $S_1 = x_1^2 + y_1^2 + 2gx_1 + 2fy_1 + c$ ज्ञात करते हैं।

(i) यदि $S_1 < 0$, तब बिन्दु वृत्त के अन्दर स्थित होगा।

(ii) यदि $S_1 = 0$, तब बिन्दु वृत्त पर स्थित होगा।

(iii) यदि $S_1 > 0$, तब बिन्दु वृत्त के बाहर स्थित होगा।

परवलय से सम्बन्धित कुछ पद Some Terms Related to a Parabola

अक्ष (Axis) एक रेखा, जो नाभि से होकर जाती है तथा नियता पर लम्ब है, परवलय का अक्ष कहलाती है। चित्र में, XX'-अक्ष है।

शीर्ष (Vertex) परवलय का अक्ष के साथ प्रतिच्छेदन बिन्दु को परवलय का शीर्ष कहते हैं। चित्र में, O शीर्ष है।

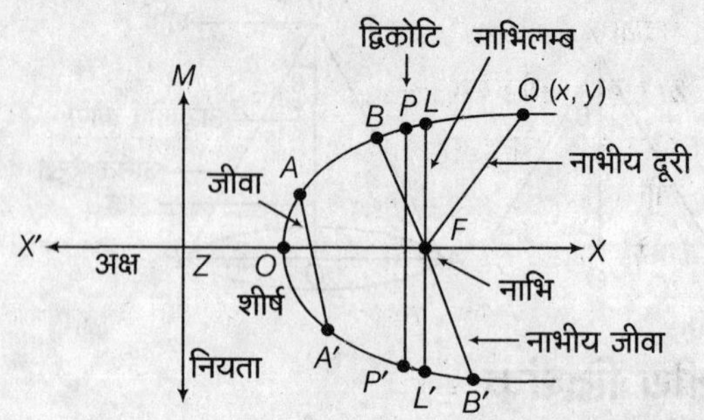

जीवा (Chord) परवलय पर स्थित किन्हीं दो बिन्दुओं को मिलाने वाले रेखाखण्ड को परवलय की जीवा कहते हैं। चित्र में, AA' एक जीवा है।

नाभीय जीवा (Focal chord) परवलय की वह जीवा, जो उसकी नाभि से होकर जाती है, नाभीय जीवा कहलाती है। चित्र में, BB' एक नाभीय जीवा है।

नाभिलम्ब (Latusrectum) परवलय की नाभि से होकर जाने वाली वह जीवा जो अक्ष पर लम्ब होती है, नाभिलम्ब कहलाती है। चित्र में, LL' नाभिलम्ब है।

द्विकोटि (Double ordinate) परवलय की वह जीवा, जो अक्ष के लम्बवत् होती है, द्विकोटि कहलाती है। चित्र में, PP' परवलय की द्विकोटि है।

नाभीय दूरी (Focal distance) परवलय पर स्थित किसी बिन्दु की नाभि से दूरी को उस बिन्दु की नाभीय दूरी कहते हैं। चित्र में, FQ बिन्दु $Q(x, y)$ की नाभि F से नाभीय दूरी है।

परवलय का मानक समीकरण Standard Equation of a Parabola

माना परवलय की नाभि F तथा नियता ZM है। F से नियता पर लम्ब FZ खींचिए और FZ को बिन्दु O पर समद्विभाजित कीजिए। ZO को X तक बढ़ाइए। परवलय की परिभाषा के अनुसार, मध्य-बिन्दु O परवलय पर है जिसे परवलय का शीर्ष कहते हैं। अब, O को मूलबिन्दु मानकर OX को X-अक्ष और इसके लम्बवत् OY को Y-अक्ष लेते हैं।

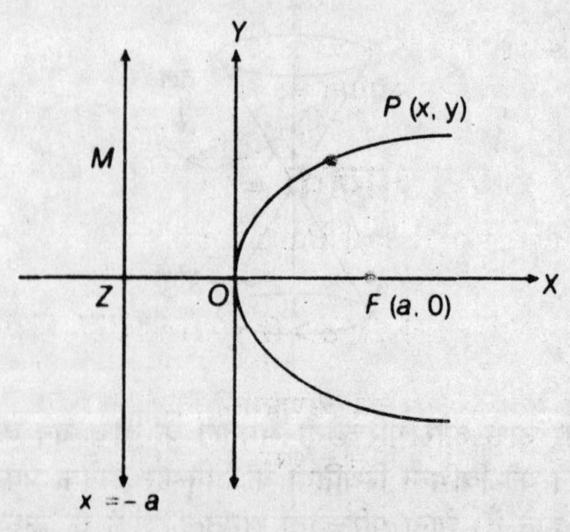

पुनः माना नाभि F की नियता से दूरी, $FZ = 2a$

तब, $ZO = OF = a$

अब, F के निर्देशांक $= (a, 0)$

तथा नियता ZM का समीकरण $x = -a$ या $x + a = 0$ है।

माना परवलय पर कोई बिन्दु $P(x, y)$ है, PF को मिलाइए तथा $PM \perp ZM$ खींचिए।

परवलय की परिभाषा से, $PF = PM$

$\Rightarrow \quad PF^2 = PM^2$ [दोनों पक्षों का वर्ग करने पर]

$\Rightarrow \quad \sqrt{(x-a)^2 + (y-0)^2} = \dfrac{|x+a|}{\sqrt{1}}$

[$\because$ दो बिन्दुओं के बीच की दूरी $= \sqrt{(x_2 - x_1)^2 + (y_2 - y_1)^2}$ तथा बिन्दु (x_1, y_1) से रेखा $ax + by + c = 0$ पर डाले गए लम्ब की लम्बाई $= \dfrac{|ax_1 + by_1 + c|}{\sqrt{a^2 + b^2}}$]

$\Rightarrow \quad (x-a)^2 + y^2 = (x+a)^2$

[पुनः दोनों पक्षों का वर्ग करने पर]

$\Rightarrow \quad x^2 + a^2 - 2ax + y^2 = x^2 + a^2 + 2ax$

[$\because (a-b)^2 = a^2 + b^2 - 2ab$ तथा $(a+b)^2 = a^2 + b^2 + 2ab$]

$\Rightarrow \quad y^2 - 2ax = 2ax$

$\Rightarrow \quad y^2 = 4ax$

जोकि परवलय का अभीष्ट मानक समीकरण है।

यहाँ, परवलय का मुख X-अक्ष की धनात्मक दिशा में खुला है, इसे **दक्षिणावर्त परवलय** भी कहते हैं।

परवलय $y^2 = 4ax$ से सम्बन्धित महत्त्वपूर्ण पद
Important Terms Related to Parabola $y^2 = 4ax$

(i) शीर्ष : $O(0, 0)$
(ii) अक्ष : X-अक्ष अर्थात् $y = 0$
(iii) नाभि : $F(a, 0)$
(iv) नियता का समीकरण, $x + a = 0$
(v) नाभिलम्ब की लम्बाई $= 4a$
(vi) नाभिलम्ब के सिरों के निर्देशांक $= (a, \pm 2a)$
(vii) नाभिलम्ब का समीकरण, $x - a = 0$
(viii) यह X-अक्ष के सापेक्ष सममित है।

परवलय के अन्य मानक रूप
Other Standard Forms of Parabola

1. परवलय $y^2 = -4ax, a > 0$ (वामावर्त परवलय)

यदि परवलय का मुख X-अक्ष की ऋणात्मक दिशा में खुला है, तब परवलय का मानक समीकरण $y^2 = -4ax, a > 0$ होता है।

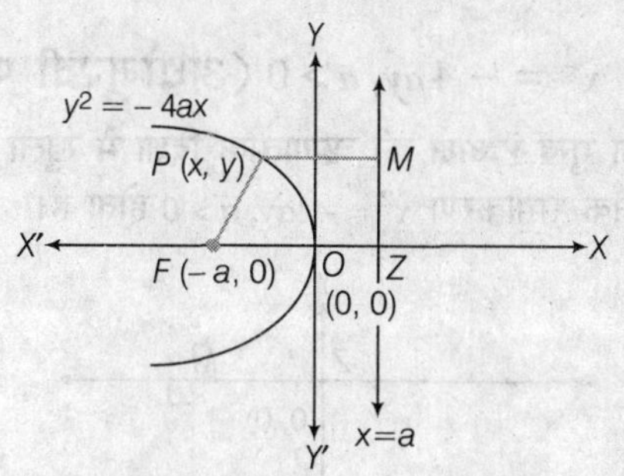

इसे **वामावर्त परवलय** भी कहते हैं।

परवलय $y^2 = -4ax$ से सम्बन्धित महत्त्वपूर्ण पद
Important Terms Related to Parabola $y^2 = -4ax$

(i) शीर्ष : $O(0, 0)$
(ii) नाभि : $F(-a, 0)$
(iii) नियता का समीकरण, $x - a = 0$
(iv) अक्ष : X-अक्ष अर्थात् $y = 0$
(v) नाभिलम्ब की लम्बाई $= 4a$
(vi) नाभिलम्ब का समीकरण, $x + a = 0$
(vii) नाभिलम्ब के सिरों के निर्देशांक $= (-a, \pm 2a)$
(viii) यह X-अक्ष के सापेक्ष सममित है।

2. परवलय $x^2 = 4ay, a > 0$ (उपरिमुख परवलय)

यदि परवलय का मुख Y-अक्ष की धनात्मक दिशा में खुला है, तब इस परवलय का मानक समीकरण $x^2 = 4ay, a > 0$ है।

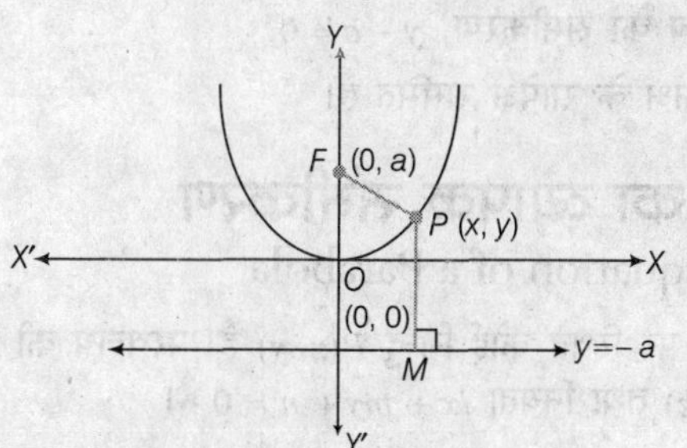

इसे **उपरिमुख परवलय** भी कहते हैं।

परवलय $x^2 = 4ay$ से सम्बन्धित महत्त्वपूर्ण पद
Important Terms Related to Parabola $x^2 = 4ay$

(i) शीर्ष : $O(0, 0)$
(ii) नाभि : $F(0, a)$
(iii) नियता का समीकरण, $y + a = 0$
(iv) अक्ष : Y-अक्ष अर्थात् $x = 0$
(v) नाभिलम्ब की लम्बाई $= 4a$
(vi) नाभिलम्ब के सिरों के निर्देशांक $= (\pm 2a, a)$
(vii) नाभिलम्ब का समीकरण, $y - a = 0$
(viii) यह Y-अक्ष के सापेक्ष सममित है।

3. परवलय $x^2 = -4ay, a > 0$ (अधोमुखी परवलय)

यदि परवलय का मुख Y-अक्ष की ऋणात्मक दिशा में खुला है, तब परवलय का मानक समीकरण $x^2 = -4ay, a > 0$ होता है।

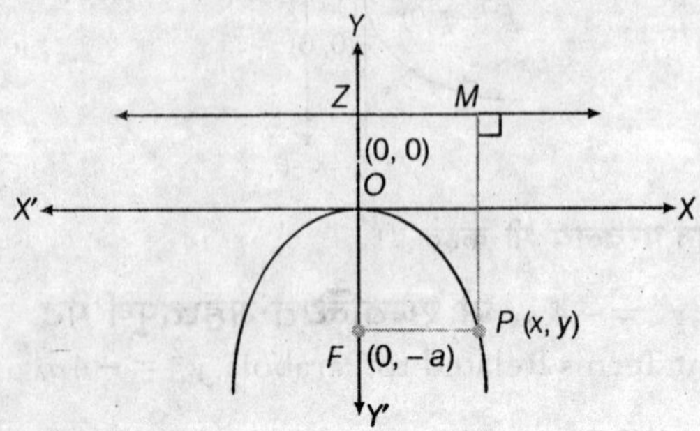

इसे **अधोमुखी परवलय** कहते हैं।

परवलय $x^2 = -4ay$ से सम्बन्धित महत्त्वपूर्ण पद

Important Terms Related to Parabola $x^2 = -4ay$

(i) शीर्ष : $O(0, 0)$

(ii) नाभि : $F(0, -a)$

(iii) नियता का समीकरण, $y - a = 0$

(iv) अक्ष : Y-अक्ष अर्थात् $x = 0$

(v) नाभिलम्ब की लम्बाई $= 4a$

(vi) नाभिलम्ब के सिरों के निर्देशांक $= (\pm 2a, -a)$

(vii) नाभिलम्ब का समीकरण, $y - a = 0$

(viii) यह Y-अक्ष के सापेक्ष सममित है।

परवलय का व्यापक समीकरण

General Equation of a Parabola

माना परवलय पर स्थित कोई बिन्दु $P(x, y)$ है। परवलय की नाभि के निर्देशांक (h, k) तथा नियता $lx + my + n = 0$ है।

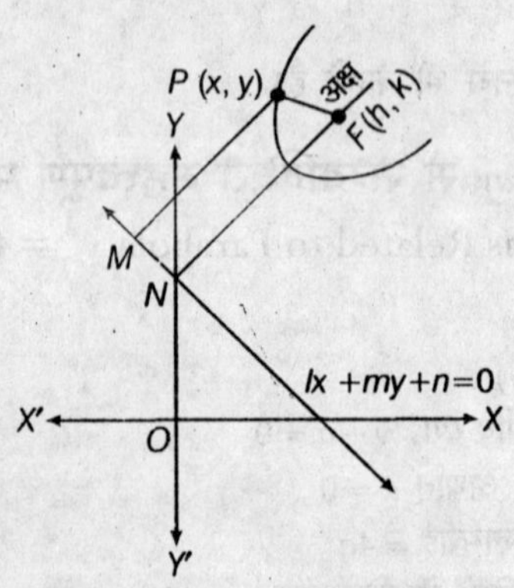

तब, परवलय की परिभाषा से,

बिन्दु P की नाभि F से दूरी = बिन्दु P से नियता $lx + my + n = 0$ पर डाले गए लम्ब की लम्बाई PM

अर्थात् $$\sqrt{(x-h)^2 + (y-k)^2} = \frac{|lx + my + n|}{\sqrt{l^2 + m^2}}$$

$\left[\because \text{ बिन्दु } (x_1, y_1) \text{ से रेखा } ax + by + c = 0 \text{ पर डाले गए लम्ब की लम्बाई} = \left|\frac{ax_1 + by_1 + c}{\sqrt{a^2 + b^2}}\right|\right]$

$$\Rightarrow (x-h)^2 + (y-k)^2 = \frac{(lx + my + n)^2}{(l^2 + m^2)}$$

[दोनों पक्षों का वर्ग करने पर]

$$\Rightarrow (l^2 + m^2)[(x-h)^2 + (y-k)^2] = (lx + my + n)^2$$

$$\Rightarrow (l^2 + m^2)(x^2 + h^2 - 2xh + y^2 + k^2 - 2yk) = l^2x^2 + m^2y^2 + n^2 + 2lmxy + 2mny + 2lnx$$

$\left[\because (a-b)^2 = a^2 + b^2 - 2ab \text{ तथा } (a+b+c)^2 = a^2 + b^2 + c^2 + 2ab + 2bc + 2ca\right]$

$$\Rightarrow m^2x^2 - 2lmxy + l^2y^2 - 2x\{h(l^2 + m^2) + ln\} - 2y[k(l^2 + m^2) + mn] + (l^2 + m^2)(h^2 + k^2) - n^2 = 0$$

$$\Rightarrow (mx - ly)^2 - 2x\{h(l^2 + m^2) + lm\} - 2y\{k(l^2 + m^2) + mn\} + (l^2 + m^2)(h^2 + k^2) - n^2 = 0$$

$$\Rightarrow (mx - ly)^2 + 2gx + 2fy + c = 0$$

$$\Rightarrow (mx - ly)^2 = -2(gx + fy) - c$$

यह परवलय का व्यापक समीकरण है, जहाँ f, g तथा c अचर राशियाँ हैं।

दीर्घवृत्त से सम्बन्धित महत्त्वपूर्ण पद

Important Terms Related to an Ellipse

(i) **केन्द्र** (Centre) नाभियों को मिलाने वाले रेखाखण्ड के मध्य-बिन्दु को दीर्घवृत्त का केन्द्र कहते हैं। दूसरे शब्दों में, "वह बिन्दु जिससे गुजरने वाली दीर्घवृत्त की प्रत्येक जीवा समद्विभाजित होती है, दीर्घवृत्त का केन्द्र $O(0, 0)$ कहलाता है।" चित्र में, O दीर्घवृत्त का केन्द्र है।

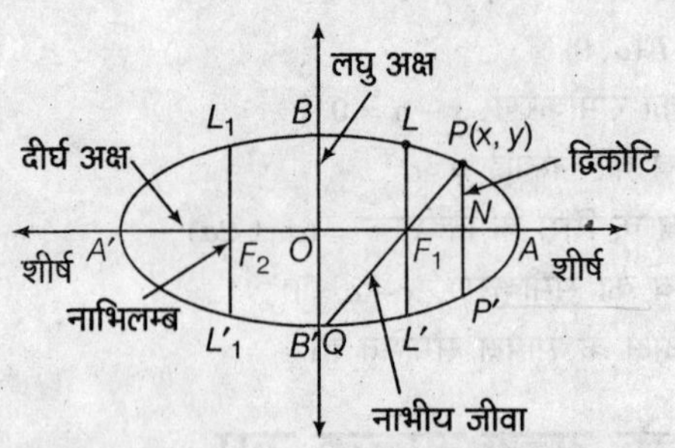

(ii) **दीर्घ अक्ष** (Major axis) नाभियों से होकर जाने वाला रेखाखण्ड, जिसके सिरे दीर्घवृत्त पर होते हैं, दीर्घ अक्ष कहलाता है। चित्र में, AA' दीर्घ अक्ष है।

(iii) **लघु अक्ष** (Minor axis) दीर्घवृत्त के केन्द्र से होकर जाने वाला रेखाखण्ड, जो दीर्घ अक्ष पर लम्ब होता है तथा जिसके सिरे दीर्घवृत्त पर स्थित होते हैं, लघु अक्ष कहलाता है। चित्र में, BB' लघु अक्ष है।

(iv) **शीर्ष** (Vertices) दीर्घ अक्ष के सिरों को दीर्घवृत्त के शीर्ष कहते हैं। चित्र में A' तथा A दीर्घवृत्त के शीर्ष हैं।

(v) **उत्केन्द्रता** (Eccentricity) दीर्घवृत्त के केन्द्र से किसी एक नाभि तथा शीर्ष की दूरियों का अनुपात दीर्घवृत्त की उत्केन्द्रता कहलाती है। इसे e से निरूपित करते हैं। अर्थात् $e = \frac{c}{a}$

(vi) **नाभीय दूरी** (Focal distance) दीर्घवृत्त पर स्थित किसी बिन्दु की नाभि से दूरी, उस बिन्दु की नाभीय दूरी कहलाती है। चित्र में, $P(x, y)$ की नाभीय दूरियाँ क्रमशः PF_2 तथा PF_1 हैं। नाभीय दूरी को नाभीय त्रिज्या भी कहते हैं।

(vii) **नाभीय जीवा** (Focal chord) दीर्घवृत्त पर स्थित किन्हीं दो बिन्दुओं को मिलाने वाली रेखा दीर्घवृत्त की जीवा कहलाती है। वह जीवा जो नाभि से होकर जाती है, दीर्घवृत्त की नाभीय जीवा कहलाती है। चित्र में, PQ एक नाभीय जीवा है।

(viii) **द्विकोटि** (Double ordinate) दीर्घवृत्त पर स्थित किसी बिन्दु से जाने वाली तथा दीर्घ अक्ष पर लम्ब जीवा को द्विकोटि कहते हैं। चित्र में, PNP' द्विकोटि है।

(ix) **नाभिलम्ब** (Latusrectum) दीर्घवृत्त की वह जीवा, जो नाभि से होकर जाती है तथा दीर्घ अक्ष पर लम्ब होती है, नाभिलम्ब कहलाती है। चित्र में, LL' तथा L_1L_1' नाभिलम्ब है।

दीर्घवृत्त का मानक समीकरण
Standard Equation of an Ellipse

दीर्घवृत्त का मानक समीकरण $\frac{x^2}{a^2} + \frac{y^2}{b^2} = 1, a > b$ है जिसका केन्द्र तथा दीर्घ अक्ष X-अक्ष पर तथा लघु अक्ष Y-अक्ष पर है। इसे क्षैतिज दीर्घवृत्त भी कहते हैं।

माना $AA' = 2a$ तथा AA' का मध्य-बिन्दु O है।

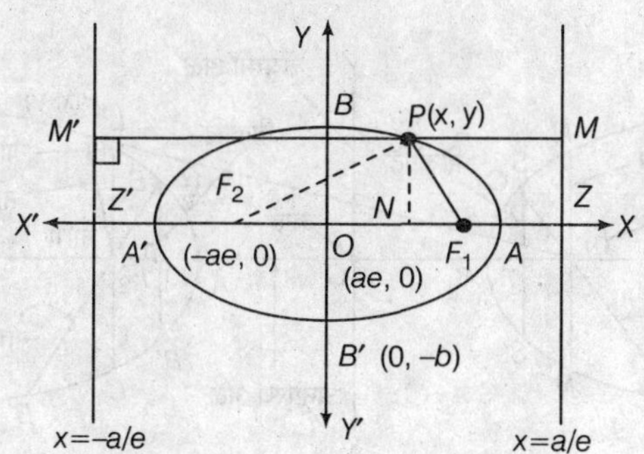

नाभिलम्ब की लम्बाई
Length of Latusrectum

दीर्घवृत्त पर स्थित किन्हीं दो बिन्दुओं को मिलाने वाली रेखा जो नाभि से होकर जाती है तथा दीर्घ अक्ष पर लम्ब होती है, नाभिलम्ब कहलाती है। नाभि, नाभिलम्ब का मध्य-बिन्दु होता है।

चित्र में, नाभीय जीवा LL' तथा L_1L_1' हैं।

माना $LL' = 2k$, तब $LF_1 = L'F_1 = k$

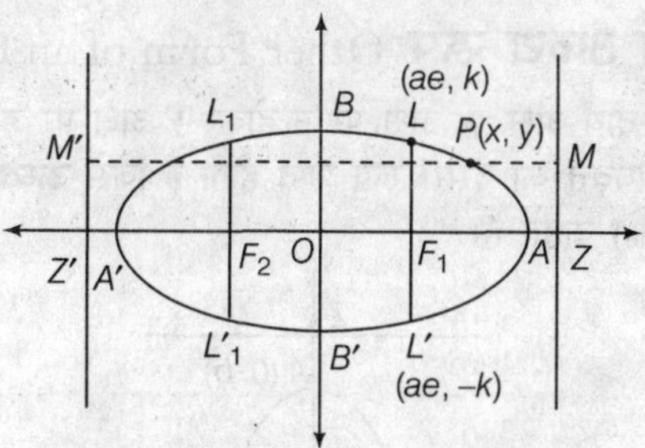

बिन्दु L तथा L', दीर्घवृत्त पर स्थित हैं तथा इनके निर्देशांक क्रमशः (ae, k) तथा $(ae, -k)$ हैं।

$\therefore$ समीकरण $\frac{x^2}{a^2} + \frac{y^2}{b^2} = 1$ में $x = ae$ तथा $y = k$ रखने पर,

$$\frac{a^2e^2}{a^2} + \frac{k^2}{b^2} = 1 \Rightarrow e^2 + \frac{k^2}{b^2} = 1$$

$$\Rightarrow \quad k^2 = b^2(1-e^2) = b^2\left(\frac{b^2}{a^2}\right) \left[\because b^2 = a^2(1-e^2) \Rightarrow 1-e^2 = \frac{b^2}{a^2}\right]$$

$$\Rightarrow \quad k = \frac{b^2}{a} \quad [\because k > 0]$$

$$\therefore \quad 2k = \frac{2b^2}{a} = LL'$$

नाभिलम्ब की लम्बाई, $LL' = L_1L_1' = \frac{2b^2}{a}$

तथा नाभिलम्ब के सिरों के निर्देशांक निम्न हैं

$$L = \left(ae, \frac{b^2}{a}\right), L' = \left(ae, \frac{-b^2}{a}\right)$$

$$L_1 = \left(-ae, \frac{b^2}{a}\right), L_1' = \left(-ae, \frac{-b^2}{a}\right)$$

क्षैतिज दीर्घवृत्त से सम्बन्धित महत्त्वपूर्ण पद
Important Terms Related to Horizontal Ellipse

(i) केन्द्र $O(0,0)$

(ii) शीर्ष $(\pm a, 0)$

(iii) दीर्घ अक्ष की लम्बाई $= 2a$

(i) लघु अक्ष की लम्बाई $= 2b$

(iv) दीर्घ अक्ष का समीकरण $y = 0$

(v) लघु अक्ष का समीकरण $x = 0$

(vi) नाभियाँ $(\pm ae, 0)$

(vii) नियताओं के समीकरण $x = \pm\left(\frac{a}{e}\right)$

(viii) उत्केन्द्रता, $e = \sqrt{1 - \frac{b^2}{a^2}}$

(ix) नाभिलम्ब की लम्बाई $= \frac{2b^2}{a}$

(x) नाभिलम्ब के शीर्ष $= \left(\pm ae, \pm\frac{b^2}{a}\right)$

(xi) नाभियों के बीच की दूरी $= 2ae$

दीर्घवृत्त का अन्य रूप Other Form of an Ellipse

यदि दीर्घवृत्त का दीर्घ अक्ष X-अक्ष पर न होकर Y-अक्ष पर हो अर्थात् $a < b$ हो, तब दीर्घवृत्त का दूसरा रूप प्राप्त होता है जिसे **ऊर्ध्वाधर दीर्घवृत्त** (Vertical ellipse) कहते हैं।

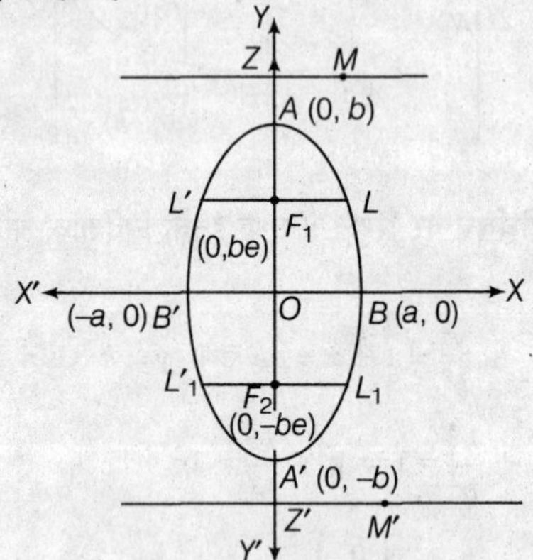

अतः दीर्घवृत्त के दूसरे रूप का समीकरण अर्थात् ऊर्ध्वाधर दीर्घवृत्त का समीकरण $\frac{x^2}{a^2} + \frac{y^2}{b^2} = 1, a < b$ है।

ऊर्ध्वाधर दीर्घवृत्त से सम्बन्धित महत्त्वपूर्ण पद
Important Terms Related to Vertical Ellipse

(i) केन्द्र (0, 0)

(ii) शीर्ष $(0, \pm b)$

(iii) दीर्घ अक्ष की लम्बाई $= 2b$

(iv) लघु अक्ष की लम्बाई $= 2a$

(v) दीर्घ अक्ष का समीकरण, $x = 0$

(vi) लघु अक्ष का समीकरण, $y = 0$

(vii) नाभि $= (0 \pm be)$

(viii) नियताओं का समीकरण, $y = \pm \frac{b}{e}$

(ix) उत्केन्द्रता, $e = \sqrt{1 - \frac{a^2}{b^2}}$

(x) नाभिलम्ब की लम्बाई $= \frac{2a^2}{b}$

(xi) नाभिलम्ब के शीर्ष $= \left(\pm \frac{a^2}{b}, \pm be\right)$

(xii) नाभियों के बीच की दूरी $= 2be$

दीर्घवृत्त का व्यापक समीकरण
General Equation of an Ellipse

माना दीर्घवृत्त की नाभि $F(h,k)$, नियता का समीकरण $lx + my + n = 0$ तथा उत्केन्द्रता e है।

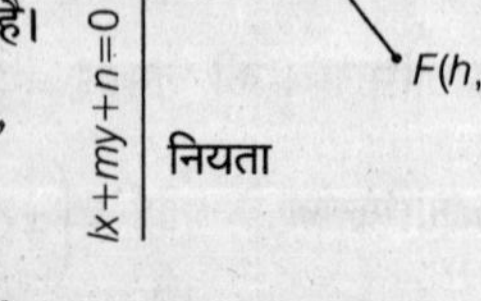

पुनः माना दीर्घवृत्त पर स्थित कोई बिन्दु P है, जिसके निर्देशांक (x, y) हैं।

बिन्दु P से नियता पर लम्ब PM खींचिए तथा PF को मिलाइए। अब दीर्घवृत्त की परिभाषा से, $PF = e \cdot PM$

$$\Rightarrow \sqrt{(x-h)^2 + (y-k)^2} = e\left|\frac{lx + my + n}{\sqrt{l^2 + m^2}}\right|$$

[∵ बिन्दु (x_1, y_1) से रेखा $ax + by + c = 0$ पर डाले गए लम्ब की लम्बाई $= \left|\frac{ax_1 + by_1 + c}{\sqrt{a^2 + b^2}}\right|$]

$$\Rightarrow (x-h)^2 + (y-k)^2 = e^2 \frac{(lx + my + n)^2}{l^2 + m^2} \quad ...(i)$$

उपरोक्त समीकरण दीर्घवृत्त का व्यापक समीकरण है।

ऐसे दीर्घवृत्त जिनके दीर्घ अक्ष तथा लघु अक्ष निर्देशांकों के समान्तर हों, निम्नलिखित रूप में समानीत किए जा सकते हैं

(i) यदि दीर्घ अक्ष, X-अक्ष के समान्तर तथा लघु अक्ष Y-अक्ष के समान्तर है, तब दीर्घवृत्त का व्यापक समीकरण निम्न है

$$\frac{(x-h)^2}{a^2} + \frac{(y-k)^2}{b^2} = 1$$

जहाँ, $a > b$ तथा (h, k) दीर्घवृत्त का केन्द्र है।

(ii) यदि दीर्घ अक्ष, Y-अक्ष के समान्तर तथा लघु अक्ष X-अक्ष के समान्तर है, तब दीर्घवृत्त का व्यापक समीकरण निम्न है

$$\frac{(x-h)^2}{a^2} + \frac{(y-k)^2}{b^2} = 1$$

जहाँ, $a < b$ तथा (h, k) दीर्घवृत्त का केन्द्र है।

अतिपरवलय से सम्बन्धित कुछ पद
Some Terms Related to Hyperbola

(i) **केन्द्र** (Centre) नाभियों को मिलाने वाले रेखाखण्ड के मध्य-बिन्दु को अतिपरवलय का केन्द्र कहते हैं। चित्र में, O अतिपरवलय का केन्द्र है।

(ii) **अनुप्रस्थ अक्ष** (Transverse axis) नाभियों से होकर जाने वाली रेखा को अतिपरवलय का अनुप्रस्थ अक्ष कहते हैं। चित्र में, XX' अनुप्रस्थ अक्ष है।

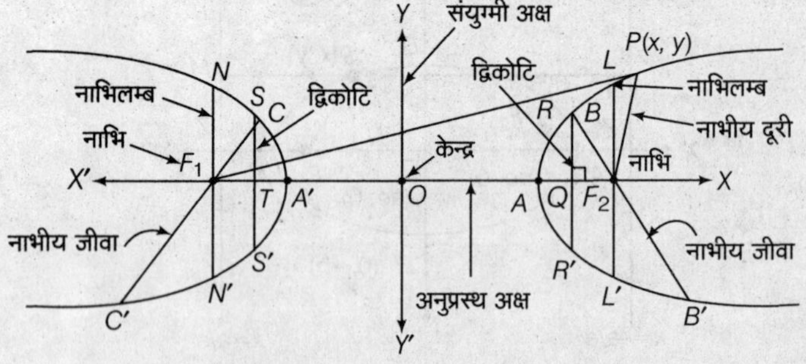

(iii) **संयुग्मी अक्ष** (Conjugate axis) वह रेखा जो अतिपरवलय के केन्द्र से होकर जाती है तथा अनुप्रस्थ अक्ष पर लम्ब होती है, संयुग्मी अक्ष कहलाती है। चित्र में, YY' संयुग्मी अक्ष है।

(iv) **शीर्ष** (Vertices) वे बिन्दु, जहाँ अतिपरवलय अनुप्रस्थ अक्ष को काटती है, अतिपरवलय के शीर्ष कहलाते हैं। चित्र में, A तथा A' शीर्ष हैं।

(v) **उत्केन्द्रता** (Eccentricity) केन्द्र से किसी एक नाभि की दूरी तथा केन्द्र से किसी एक शीर्ष की दूरी के अनुपात को अतिपरवलय की उत्केन्द्रता कहते हैं। इसे 'e' से प्रदर्शित करते हैं। अर्थात् $e = \frac{c}{a}$

(vi) **द्विकोटि** (Double ordinate) अतिपरवलय के किसी बिन्दु से जाने वाली तथा अनुप्रस्थ अक्ष पर लम्ब जीवा को द्विकोटि कहते हैं। चित्र में RQR' और STS' द्विकोटि हैं।

(vii) **नाभीय दूरी** (Focal distance) अतिपरवलय पर स्थित किसी बिन्दु की नाभि से दूरी, उस बिन्दु की नाभीय दूरी कहलाती है। चित्र में, $P(x, y)$ की नाभीय दूरियाँ क्रमश: PF_1 और PF_2 हैं।

(viii) **नाभीय जीवा** (Focal chord) अतिपरवलय की वह जीवा, जो नाभि से होकर जाती है, नाभीय जीवा कहलाती है। चित्र में, BB' तथा CC' नाभीय जीवा हैं।

(ix) **नाभिलम्ब** (Latusrectum) किसी अतिपरवलय की नाभि से होकर जाने वाली तथा अनुप्रस्थ अक्ष पर लम्बवत् जीवा को नाभिलम्ब कहते हैं। चित्र में, LL' तथा NN' नाभिलम्ब हैं।

अतिपरवलय का मानक समीकरण
Standard Equation of Hyperbola

अतिपरवलय का मानक समीकरण $\frac{x^2}{a^2}-\frac{y^2}{b^2}=1$ है जिसका X – अक्ष अनुप्रस्थ अक्ष तथा Y –अक्ष संयुग्मी अक्ष के रूप में हैं। इसे अनुप्रस्थ अतिपरवलय कहते हैं।

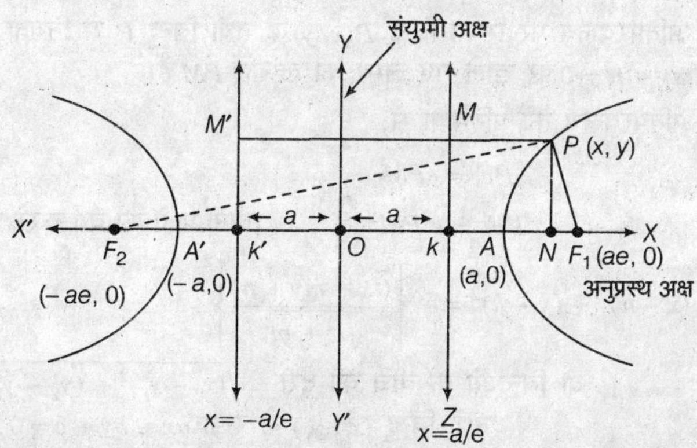

नाभिलम्ब की लम्बाई Length of Latusrectum

माना LL' तथा NN' नाभिलम्ब हैं, तब $LL' = 2l$

हम जानते हैं कि नाभि, नाभिलम्ब का मध्य-बिन्दु होता है इसलिए $LF_1 = F_1L' = l$

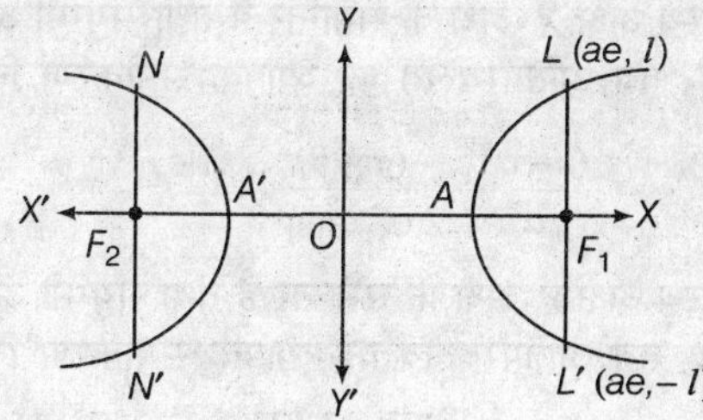

तब, L तथा L' के निर्देशांक क्रमश: (ae, l) तथा $(ae, -l)$ हैं।

अतिपरवलय का मानक समीकरण निम्न है $\frac{x^2}{a^2}-\frac{y^2}{b^2}=1$ ... (i)

चूँकि बिन्दुएँ L तथा L' अतिपरवलय (i) पर स्थित हैं

इसलिए समी (i) में $x = ae$ तथा $y = l$ रखने पर,

$$\frac{a^2e^2}{a^2}-\frac{l^2}{b^2}=1 \Rightarrow l^2=b^2(e^2-1)$$

$$\Rightarrow \quad l^2=b^2\left(\frac{b^2}{a^2}\right) \quad \left[\because b^2=a^2(e^2-1) \Rightarrow e^2-1=\frac{b^2}{a^2}\right]$$

$$\Rightarrow \quad l=\frac{b^2}{a} \quad \text{[दोनों पक्षों का वर्गमूल लेने पर]}$$

$$\Rightarrow \quad 2l=\frac{2b^2}{a} \quad \text{[दोनों पक्षों में 2 से गुणा करने पर]}$$

अत: नाभिलम्ब की लम्बाई, $LL' = NN' = \frac{2b^2}{a}$

तथा नाभिलम्ब के अन्त: बिन्दुओं के निर्देशांक क्रमश: निम्न हैं

$$L\left(ae, \frac{b^2}{a}\right), L'\left(ae, -\frac{b^2}{a}\right), N\left(-ae, \frac{b^2}{a}\right) \text{ तथा } N'\left(-ae, -\frac{b^2}{a}\right)$$

अतिपरवलय $\frac{x^2}{a^2}-\frac{y^2}{b^2}=1$ से सम्बन्धित महत्त्वपूर्ण पद
Important Terms Related to Hyperbola

(i) शीर्ष : $A(a, 0)$ व $A'(-a, 0)$

(ii) केन्द्र : $O(0, 0)$

(iii) अनुप्रस्थ अक्ष की लम्बाई $= 2a$

(iv) अनुप्रस्थ अक्ष का समीकरण $y = 0$

(v) संयुग्मी अक्ष की लम्बाई $= 2b$

(vi) संयुग्मी अक्ष का समीकरण $x = 0$

(vii) नाभियाँ : $F_1(ae, 0)$ तथा $F_2(-ae, 0)$

(viii) उत्केन्द्रता, $e=\sqrt{\frac{a^2+b^2}{a^2}}$ या $b^2 = a^2(e^2-1)$

(ix) नियता का समीकरण, $x=\pm\frac{a}{e}$

(x) नाभिलम्ब की लम्बाई $=\frac{2b^2}{a}$

(xi) नाभिलम्ब के शीर्ष $=\left(\pm ae, \pm\frac{b^2}{a}\right)$

(xii) नाभीय दूरी $= 2ae$

संयुग्मी अतिपरवलय Conjugate Hyperbola

वह अतिपरवलय, जिसके अनुप्रस्थ तथा संयुग्मी अक्ष क्रमश: दिए गए अतिपरवलय के संयुग्मी तथा अनुप्रस्थ अक्ष हो, अर्थात् अतिपरवलय के अनुप्रस्थ तथा संयुग्मी अक्षों को आपस में बदल देने पर प्राप्त अतिपरवलय दिए गए अतिपरवलय का संयुग्मी अतिपरवलय कहलाता है।

अतः अतिपरवलय $\frac{x^2}{a^2} - \frac{y^2}{b^2} = 1$, का संयुग्मी अतिपरवलय $-\frac{x^2}{a^2} + \frac{y^2}{b^2} = 1$ है। इसका चित्र निम्न प्रकार है

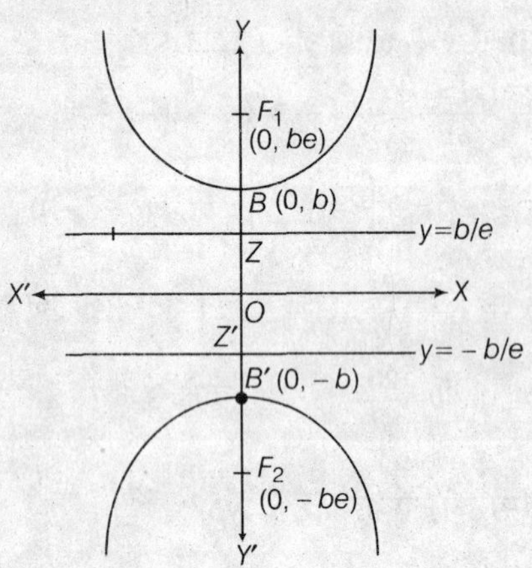

संयुग्मी अतिपरवलय $\frac{-x^2}{a^2}+\frac{y^2}{b^2}=1$ से सम्बन्धित महत्त्वपूर्ण पद Important Terms Related to Conjugate Hyperbola

(i) शीर्ष : $B(0, b)$ व $B'(0, -b)$

(ii) केन्द्र : $O(0, 0)$

(iii) अनुप्रस्थ अक्ष की लम्बाई = $2b$

(iv) संयुग्मी अक्ष की लम्बाई = $2a$

(v) नाभियाँ : $F_1(0, \pm be)$

(vi) उत्केन्द्रता, $e = \sqrt{\frac{a^2 + b^2}{b^2}}$ या $a^2 = b^2(e^2 - 1)$

(vii) नियता का समीकरण, $y = \pm \frac{b}{e}$

(viii) नाभिलम्ब की लम्बाई $= \frac{2a^2}{b}$

(ix) नाभिलम्ब के शीर्ष $= \left(\pm \frac{a^2}{b}, \pm be\right)$

(x) नाभीय दूरी = $2be$

समकोणीय अतिपरवलय

Rectangular or Equilateral Hyperbola

हम जानते हैं कि अतिपरवलय का मानक समीकरण निम्न है

$$\frac{x^2}{a^2} - \frac{y^2}{b^2} = 1$$

जब $a = b$ (अर्थात् दोनों अक्षों की लम्बाइयाँ बराबर हों), तब

तब $$\frac{x^2}{a^2} - \frac{y^2}{a^2} = 1$$

$$\Rightarrow \quad x^2 - y^2 = a^2$$

समकोणीय अतिपरवलय की उत्केन्द्रता

Eccentricity of Rectangular Hyperbola

हम जानते हैं कि,

उत्केन्द्रता $(e) = \sqrt{\frac{a^2 + b^2}{a^2}}$

$= \sqrt{\frac{a^2 + a^2}{a^2}}$ [∵ समकोणीय अतिपरवलय के लिए, $a = b$]

$= \sqrt{\frac{2a^2}{a^2}} = \sqrt{2}$

अतः **समकोणीय अतिपरवलय की उत्केन्द्रता सदैव $\sqrt{2}$ होती है।**

अतिपरवलय का व्यापक समीकरण

General Equation of Hyperbola

माना अतिपरवलय के एक नाभि के निर्देशांक $F_1(h,k)$, उत्केन्द्रता e और एक नियता $lx + my + n = 0$ है।

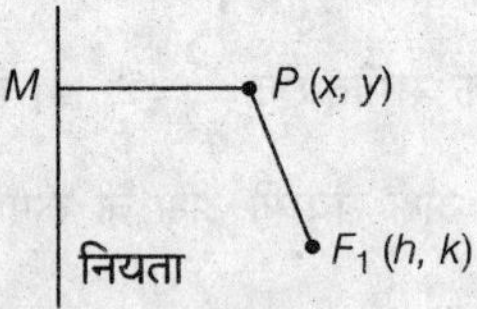

माना अतिपरवलय पर स्थित बिन्दु $P(x, y)$ है तथा बिन्दु P से नियता $lx + my + n = 0$ पर डाले गए लम्ब की लम्बाई PM है।

तब, अतिपरवलय की परिभाषा से,

$$PF_1 = ePM$$

$$\Rightarrow \quad PF_1^2 = e^2PM^2 \quad \text{[दोनों पक्षों का वर्ग करने पर]}$$

$$\Rightarrow \quad (x-h)^2 + (y-k)^2 = e^2\left\{\frac{(lx + my + n)}{\sqrt{l^2 + m^2}}\right\}^2 \quad ...(i)$$

[∵ दो बिन्दुओं के बीच की दूरी $= \sqrt{(x_2 - x_1)^2 + (y_2 - y_1)^2}$ तथा बिन्दु (x_1, y_1) से रेखा $ax + by + c = 0$ पर डाले गए लम्ब की लम्बाई $= \left|\frac{ax_1 + by_1 + c}{\sqrt{a^2 + b^2}}\right|$]

यह अतिपरवलय का व्यापक समीकरण है।

यदि अतिपरवलय (i) के अनुप्रस्थ तथा संयुग्मी अक्ष निर्देशांक्षों के समान्तर हों, तो समी (i) को निम्न रूपों में समानीत किया जा सकता है

(i) यदि अनुप्रस्थ अक्ष X-अक्ष के समान्तर है तथा संयुग्मी अक्ष Y-अक्ष के समान्तर है, तब अतिपरवलय का व्यापक समीकरण निम्न है

$$\frac{(x-\alpha)^2}{a^2} - \frac{(y-\beta)^2}{b^2} = 1 \quad ...(ii)$$

(ii) यदि अनुप्रस्थ अक्ष Y-अक्ष के समान्तर है तथा संयुग्मी अक्ष X-अक्ष के समान्तर है, तब अतिपरवलय का व्यापक समीकरण निम्न है

$$-\frac{(x-\alpha)^2}{a^2} + \frac{(y-\beta)^2}{b^2} = 1 \quad ...(iii)$$

गोला Sphere

एक ऐसे बिन्दु का बिन्दुपथ, जो समष्टि में इस प्रकार गति करता है कि एक नियत बिन्दु से इसकी दूरी हमेशा स्थिर रहती है, गोला कहलाता है।

नियत बिन्दु गोले का केन्द्र तथा नियत दूरी गोले की त्रिज्या कहलाती है। चित्र में, गोले का केन्द्र C तथा त्रिज्या r है।

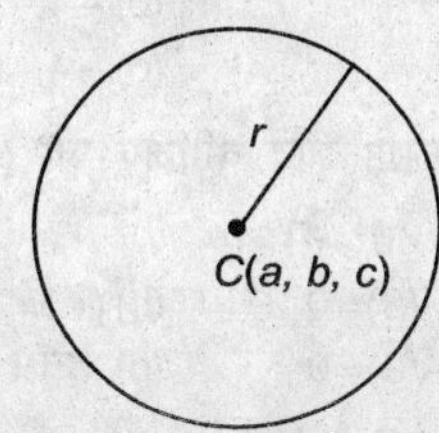

गोले का समीकरण Equation of a Sphere

मान लीजिए मूलबिन्दु O है और इसके सापेक्ष केन्द्र C का स्थिति सदिश $\vec{c}$ है। मान लीजिए गोले पर कोई बिन्दु P है, जिसका स्थिति सदिश $\vec{r}$ है तथा गोले की त्रिज्या a है। इसलिए

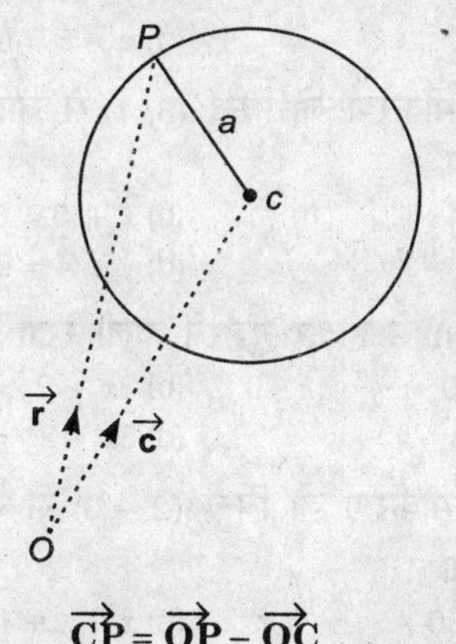

$$\overrightarrow{CP} = \overrightarrow{OP} - \overrightarrow{OC}$$

$$\Rightarrow \quad \overrightarrow{CP} = \vec{r} - \vec{c} \quad \ldots(i)$$

लेकिन CP गोले की त्रिज्या है।

$$\Rightarrow \quad |\overrightarrow{CP}| = a$$

$$\Rightarrow \quad |\vec{r} - \vec{c}| = a \Rightarrow |\vec{r} - \vec{c}| = a \quad \ldots(ii)$$

$$\Rightarrow \quad (\vec{r} - \vec{c}) \cdot (\vec{r} - \vec{c}) = a^2$$

$$\Rightarrow \quad r^2 - 2\vec{r} \cdot \vec{c} + c^2 - a^2 = 0 \quad \ldots(iii)$$

$$c^2 - a^2 = k \text{ (माना)}$$

$\Rightarrow r^2 - 2\vec{r} \cdot \vec{c} + k = 0$, जोकि गोले का अभीष्ट सदिश समीकरण है।

गोले का केन्द्र और त्रिज्या
Centre and Radius of the Sphere

(i) यदि गोले का समीकरण $|\vec{r} - \vec{c}| = a$ रूप में है, तो गोले के केन्द्र के निर्देशांक स्थिति सदिश $\vec{c}$ से प्राप्त होंगे तथा त्रिज्या a होगी।

(ii) यदि गोले का समीकरण $r^2 - 2\vec{r} \cdot \vec{c} + k = 0$ रूप में है, तो इस समीकरण को कार्तीय रूप में रूपान्तरित करके केन्द्र के निर्देशांक और त्रिज्या प्राप्त की जाती है।

व्यास रूप में गोले का समीकरण
Equation of a Sphere in Diametric Form

मान लीजिए गोले के व्यास के सिरों A और B के स्थिति सदिश क्रमशः $\vec{a}$ और $\vec{b}$ हैं तथा गोले पर स्थित किसी बिन्दु P का स्थिति सदिश $\vec{r}$ है, तब $\overrightarrow{AP} = \vec{r} - \vec{a}$ तथा $\overrightarrow{BP} = \vec{r} - \vec{b}$ होगा। चूँकि गोले का व्यास गोले पर स्थित किसी बिन्दु पर समकोण बनाता है अतः

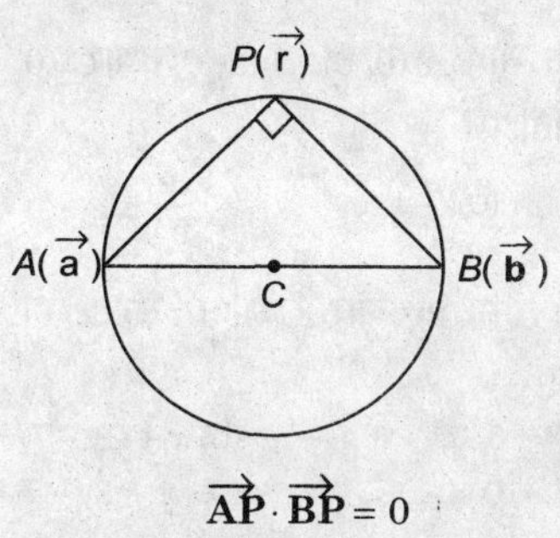

$$\overrightarrow{AP} \cdot \overrightarrow{BP} = 0$$

$$\Rightarrow \quad (\vec{r} - \vec{a}) \cdot (\vec{r} - \vec{b}) = 0$$

जोकि व्यास रूप में गोले का अभीष्ट सदिश समीकरण है।

अभ्यास प्रश्न

निर्देशांक ज्यामिति

1. बिन्दु (7, 3) और (4, −1) के बीच की दूरी बताइए।
(a) 4 इकाई (b) 5 इकाई (c) 6 इकाई (d) 7 इकाई

2. मूलबिन्दु से बिन्दु (− 3, − 4) की दूरी बताइए।
(a) 4 इकाई (b) 5 इकाई (c) 6 इकाई (d) 7 इकाई

3. उस बिन्दु के निर्देशांक ज्ञात कीजिए, जो बिन्दुओं (− 1, 3) तथा (4, − 7) को मिलाने वाले रेखाखण्ड को 3 : 4 के अनुपात में अन्त: विभाजित करता है।
(a) $\left(\frac{2}{7}, -\frac{3}{7}\right)$ (b) $\left(\frac{4}{7}, -\frac{5}{7}\right)$ (c) $\left(\frac{8}{7}, -\frac{9}{7}\right)$ (d) $\left(\frac{5}{7}, -\frac{6}{7}\right)$

4. उस बिन्दु के निर्देशांक ज्ञात कीजिए जो (2, 1) तथा (3, 5) को मिलाने वाली रेखा को 2 : 3 के अनुपात में बाह्य विभाजित करता है।
(a) (0, 7) (b) (0, − 7)
(c) (0, 6) (d) (0, −6)

5. बिन्दुओं $P(-4, -6)$ तथा $Q(4, 4)$ को मिलाने वाले रेखाखण्ड को X-अक्ष किस अनुपात में विभाजित करता है?
(a) 3 : 2 (b) − 3 : 2
(c) 1 : 1 (d) − 1 : 1

6. यदि ΔABC के शीर्ष A (0, 0), B (a, 0) तथा C (0, − a) हों, तो त्रिभुज का क्षेत्रफल बताइए।
(a) $\frac{a^2}{2}$ (b) $\frac{a^2}{\sqrt{2}}$ (c) $\frac{a}{2}$ (d) $\frac{a}{\sqrt{2}}$

7. यदि $A(x, y)$, B (3, 2) और C (1, 3) संरेख हों, तो x और y में सम्बन्ध बताइए।
(a) $x - 2y - 7 = 0$ (b) $x + 2y - 7 = 0$
(c) $x - 3y + 7 = 0$ (d) $x + 3y - 7 = 0$

8. शीर्ष $A(-1, 3)$, $B(5, -2)$ तथा $C(5, -4)$ से बनने वाले त्रिभुज के केन्द्रक के निर्देशांक हैं
(a) (3, −1) (b) (2, 3)
(c) (−3, 4) (d) (2, −2)

9. किसी समकोण समद्विबाहु त्रिभुज के अन्त: केन्द्र के निर्देशांक ज्ञात कीजिए जिसका एक शीर्ष मूल बिन्दु पर तथा अन्य दो शीर्ष (6, 0) और (0, 6) हैं।
(a) $\left(\frac{6}{1+\sqrt{2}}, \frac{6}{1+\sqrt{2}}\right)$ (b) $\left(\frac{6}{2+\sqrt{2}}, \frac{6}{2+\sqrt{2}}\right)$
(c) $\left(\frac{6}{3+\sqrt{2}}, \frac{6}{3+\sqrt{2}}\right)$ (d) $\left(\frac{6}{4+\sqrt{2}}, \frac{6}{4+\sqrt{2}}\right)$

सरल रेखा

10. एक सरल रेखा, जिसकी प्रवणता $\frac{1}{\sqrt{3}}$ है, का X-अक्ष से झुकाव ज्ञात कीजिए।
(a) 30° (b) 45° (c) 60° (d) 90°

11. उस रेखा की प्रवणता और Y-अक्ष पर अन्त:खण्ड क्रमश: ज्ञात कीजिए जिसकी समीकरण $4x + y - 5 = 0$ है।
(a) −4, 6 (b) − 4, − 4
(c) 4, − 5 (d) − 4, 5

12. उस रेखा का समीकरण ज्ञात कीजिए जो (−1, 4) से होकर जाती है तथा जिसका झुकाव 60° है।
(a) $(\sqrt{3}x - y) + (4 + \sqrt{3}) = 0$ (b) $(\sqrt{3}x - y) - (4 + \sqrt{3}) = 0$
(c) $(\sqrt{3}x + y) + (4 - \sqrt{3}) = 0$ (d) इनमें से कोई नहीं

13. क्षैतिज रेखा की ढाल कितनी है?
(a) 0 (b) 1
(c) − 1 (d) इनमें से कोई नहीं

14. उस रेखा का समीकरण जो X-अक्ष के समान्तर है तथा उससे '− 5' दूरी पर है, होगा
(a) $y - 5 = 0$ (b) $y + 5 = 0$
(c) $x + 5 = 0$ (d) $x - 5 = 0$

15. उस रेखा का समीकरण जो बिन्दु (3, 4) से जाती है तथा Y-अक्ष के समान्तर है, होगा
(a) $x - 3 = 0$ (b) $x + 3 = 0$
(c) $y - 4 = 0$ (d) $y + 4 = 0$

16. (3, 2) तथा (0, 0) से होकर गुजरने वाली रेखा का समीकरण होगा
(a) $2x + 3y = 0$ (b) $3x + 2y = 0$
(c) $2x - 3y = 0$ (d) $3x - 2y = 0$

17. उस रेखा का समीकरण जो बिन्दु (2, − 3) से जाती है तथा जिसकी ढाल − 1 है, होगा
(a) $x + y - 1 = 0$ (b) $x - y + 1 = 0$
(c) $x + y + 1 = 0$ (d) $x - y - 1 = 0$

18. रेखा $x + \sqrt{3}y - 6 = 0$ का X-अक्ष की धनात्मक दिशा के साथ बना कोण कितना है?
(a) 30° (b) 60°
(c) 120° (d) 150°

19. रेखाएँ $x + 2y - 9 = 0$ तथा $3x + 6y + 8 = 0$ परस्पर हैं
(a) समान्तर (b) लम्बवत्
(c) सम्पाती (d) इनमें से कोई नहीं

20. यदि रेखाएँ $2x + 3y - 5 = 0$ तथा $kx + 6y + 7 = 0$ समान्तर हों, तो k का मान कितना होगा?
(a) 2 (b) 4
(c) 3 (d) 5

21. रेखा-युग्म $y = \sqrt{3}x + 8$ तथा $y = \frac{1}{\sqrt{3}}x + 7$ के बीच का कोण ज्ञात कीजिए।
(a) 30° (b) 60° (c) 40° (d) 50°

22. बिन्दु (− 3, − 4) रेखा $5x + 12y - 15 = 0$ से कितनी दूरी पर है?
(a) 2 (b) 4 (c) 5 (d) 6

रेखायुग्म

23. समीकरण $6x^2 - xy - 12y^2 - 8x + 29y - 14 = 0$ एक रेखा-युग्म को प्रदर्शित करता है जिनके बीच का कोण है

(a) $\tan^{-1}\left(\frac{17}{6}\right)$ (b) $\tan^{-1}\left(\frac{3}{4}\right)$ (c) $\frac{\pi}{4}$ (d) $\frac{\pi}{3}$

24. समीकरण $x^2y^2 - 2xy^2 - 3y^2 - 4x^2y + 8xy + 12y = 0$ प्रदर्शित करता है

(a) एक रेखा-युग्म
(b) एक रेखा-युग्म और एक वृत्त
(c) एक रेखा-युग्म और एक परवलय
(d) चार रेखाएँ जो एक वर्ग बनाती हैं

25. यदि मूलबिन्दु को रेखा $kx + hy = 2kh$ और वृत्त $(x-h)^2 + (y-k)^2 = a^2$ के प्रतिच्छेद बिन्दुओं से मिलाने वाली रेखाएँ परस्पर लम्ब हों, तो $h^2 + k^2$ का मान है

(a) 0 (b) a
(c) a^2 (d) -1

26. यदि $ax^2 + 2hxy + by^2 = 0$ द्वारा निरूपित रेखाओं की प्रवणताओं में 1 : 3 का अनुपात है, तो अनुपात $h^2 : ab$ का मान है

(a) $\frac{1}{3}$ (b) $\frac{3}{4}$
(c) $\frac{4}{3}$ (d) 1

27. समीकरण $ax^2 + 2hxy + by^2 + 2gx + 2fy + c = 0$ द्वारा प्रदर्शित रेखाएँ मूलबिन्दु से समान दूरी पर होंगी, यदि

(a) $f^2 + g^2 = c(b-a)$ (b) $f^4 + g^4 = c(bf^2 + ag^2)$
(c) $f^4 - g^4 = c(bf^2 - ag^2)$ (d) $f^2 + g^2 = af^2 + bg^2$

28. यदि रेखाएँ $ax^2 + 2hxy + by^2 = 0$ एक समान्तर चतुर्भुज की आसन्न भुजाओं को निरूपित करती हों तथा एक विकर्ण $lx + my = 1$ हो, तो दूसरा विकर्ण होगा

(a) $(am + hl)x = (bl + hm)y$ (b) $(am - hl)x = (bl - hm)y$
(c) $(am - hl)x = (bl + hm)y$ (d) इनमें से कोई नहीं

29. समीकरण $ax^2 + 2hxy + by^2 + 2gx + 2fy + c = 0$ द्वारा प्रदर्शित रेखाओं के प्रतिच्छेद बिन्दु व मूलबिन्दु के बीच की दूरी का वर्ग है

(a) $\frac{c(a+b) - f^2 - g^2}{ab - h^2}$ (b) $\frac{c(a-b) + f^2 + g^2}{\sqrt{ab - h^2}}$
(c) $\frac{c(a+b) - f^2 - g^2}{ab + h^2}$ (d) इनमें से कोई नहीं

30. रेखाओं $y^2 - 9xy + 18x^2 = 0$ तथा $y = 9$ से बने त्रिभुज का क्षेत्रफल होगा

(a) $\frac{27}{4}$ वर्ग इकाई (b) 27 वर्ग इकाई
(c) $\frac{27}{2}$ वर्ग इकाई (d) इनमें से कोई नहीं

31. मूलबिन्दु को वक्रों $x^2 + y^2 = 9$ तथा $x + y = 3$ के प्रतिच्छेद बिन्दुओं से मिलाने वाली रेखाओं का समीकरण है

(a) $(x+y)^2 = 9$ (b) $x^2 + (3-x)^2 = 9$
(c) $xy = 0$ (d) $(3-x)^2 + y^2 = 9$

32. यदि $y = mx$ रेखाओं $ax^2 - 2hxy + by^2 = 0$ के बीच के कोणों का अर्द्धक हो, तो

(a) $h(1+m)^2 + m(a-b) = 0$ (b) $h(1-m^2) + m(a+b) = 0$
(c) $h(1-m^2) + m(a-b) = 0$ (d) $h(1+m^2) + m(a+b) = 0$

33. रेखाएँ $(lx + my)^2 - 3(mx - ly)^2 = 0$ व $lx + my + n = 0$ बनाती हैं

(a) एक समद्विबाहु त्रिभुज (b) एक समकोण त्रिभुज
(c) एक समबाहु त्रिभुज (d) इनमें से कोई नहीं

34. यदि रेखा $lx + my = 1$ का वृत्त $x^2 + y^2 = a^2$ के अन्तर्गत कटा भाग मूलबिन्दु पर 45° का कोण बनाता हो, तो

(a) $4[a^2(l^2 + m^2) - 1] = a^2(l^2 + m^2)$
(b) $4[a^2(l^2 + m^2) - 1] = a^2(l^2 + m^2) - 2$
(c) $4[a^2(l^2 + m^2) - 1] = [a^2(l^2 + m^2) - 2]^2$
(d) उपरोक्त में से कोई नहीं

35. रेखाओं $4x^2 - 9xy - 9y^2 = 0$ तथा $x = 2$ से बने त्रिभुज का क्षेत्रफल है

(a) 2 वर्ग इकाई (b) 3 वर्ग इकाई
(c) $\frac{10}{3}$ वर्ग इकाई (d) $\frac{20}{3}$ वर्ग इकाई

वृत्त

36. यदि वृत्त $x^2 + y^2 - 4x - 6y + \lambda = 0$, X-अक्ष को स्पर्श करता है, तब स्पर्श बिन्दु है

(a) (2, 0) (b) (0, 2)
(c) (–3, 0) (d) (0, –4)

37. वृत्त $x^2 + y^2 + 3x + 3y = 0$ के लिए निम्न में से कौन-सा कथन सत्य है

(a) केन्द्र X-अक्ष पर है
(b) केन्द्र Y-अक्ष पर है
(c) केन्द्र मूलबिन्दु पर है
(d) वृत्त मूलबिन्दु से होकर गुजरता है

38. मूलबिन्दु से होकर जाने वाले वृत्त $x^2 + y^2 - 2x + 4y = 0$ के व्यास का समीकरण है

(a) $x + 2y = 0$ (b) $x - 2y = 0$
(c) $2x + y = 0$ (d) $2x - y = 0$

39. केन्द्र (1, – 5) तथा त्रिज्या 7 वाले वृत्त का समीकरण ज्ञात कीजिए।

(a) $x^2 + y^2 - 2x + 10y - 23 = 0$
(b) $x^2 - y^2 - 2x - 10y - 20 = 0$
(c) $x^2 + y^2 - 3x - 9y + 20 = 0$
(d) उपरोक्त में से कोई नहीं

40. वृत्त $x^2 + y^2 - 8x + 10y - 12 = 0$ का केन्द्र तथा त्रिज्या ज्ञात कीजिए।

(a) केन्द्र = (4, 5), त्रिज्या = 52
(b) केन्द्र = (4, – 5), त्रिज्या = $\sqrt{53}$
(c) केन्द्र = (– 4, 5), त्रिज्या = $\sqrt{53}$
(d) केन्द्र = (– 4, – 5), त्रिज्या = $\sqrt{52}$

41. वृत्त $x^2 + (y-1)^2 = 2$ का केन्द्र तथा त्रिज्या ज्ञात कीजिए।

(a) केन्द्र = (0, 1), त्रिज्या = $\sqrt{2}$ (b) केन्द्र = (0, 0), त्रिज्या 2
(c) केन्द्र = (1, 0), त्रिज्या = $-\sqrt{2}$ (d) केन्द्र = (2, 0), त्रिज्या = $\sqrt{5}$

42. उस वृत्त का समीकरण ज्ञात कीजिए, जिसके दो व्यासों के समीकरण $2x + y = 6$ तथा $3x + 2y = 4$ तथा त्रिज्या 10 इकाई है।

(a) $x^2 + y^2 + 16x - 20y + 64 = 0$
(b) $x^2 + y^2 - 16x + 20y + 64 = 0$
(c) $x^2 - y^2 - 16x - 20y + 62 = 0$
(d) उपरोक्त में से कोई नहीं

43. उस वृत्त का समीकरण ज्ञात कीजिए, जो X-अक्ष को स्पर्श करता है तथा जिसका केन्द्र (3, 4) है।

(a) $x^2 + y^2 - 6x - 8y + 9 = 0$
(b) $x^2 + y^2 + 6x + 8y + 9 = 0$
(c) $x^2 - y^2 - 6x - 8y - 9 = 0$
(d) $x^2 + y^2 + 6x - 8y - 9 = 0$

परवलय एवं दीर्घवृत्त

44. यदि परवलय का शीर्ष (0,0) तथा नाभि (–3,0) है, तब परवलय का समीकरण है

(a) $y^2 = 12x$ (b) $y^2 = -12x$
(c) $x^2 = -12y$ (d) इनमें से कोई नहीं

45. यदि परवलय $y^2 = 8ax$ बिन्दु $(2, -5)$ से होकर जाता है, तब नाभिलम्ब की लम्बाई ज्ञात कीजिए।

(a) $\frac{25}{8}$ (b) $\frac{25}{4}$
(c) $\frac{25}{16}$ (d) $\frac{13}{16}$

46. बिन्दु $(-3, 5)$ की परवलय $2y^2 - 5y + 7x + 10 = 0$ के सापेक्ष स्थिति परवलय के

(a) बाहर है (b) अन्दर है
(c) ऊपर है (d) इनमें से कोई नहीं

47. यदि परवलय की नाभि $(0, -5)$ तथा नियता $y = 4$ है, तो परवलय का समीकरण होगा

(a) $x^2 = 20y$ (b) $x^2 = -9(2y + 1)$
(c) $y^2 = -20x$ (d) $y^2 = 20x$

48. परवलय $y^2 = -12x$ की नाभि के निर्देशांक ज्ञात कीजिए।

(a) (3, 0) (b) (–3, 0)
(c) (0, 3) (d) (0, – 3)

49. उस परवलय का समीकरण ज्ञात कीजिए, जिसका शीर्ष (0, 0) और नाभि (0,2) है।

(a) $x^2 = 8y$ (b) $y^2 = 8x$
(c) $x^2 = y$ (d) $y^2 = x$

50. परवलय का समीकरण ज्ञात कीजिए, जिसकी नाभि (–1, – 2) तथा नियता $x - 2y + 3 = 0$ है।

(a) $4x^2 + y^2 + 4xy + 4x + 32y + 16 = 0$
(b) $x^2 + y^2 + xy + 4x + 32y + 16 = 0$
(c) $x^2 + 2y^2 + 2xy + 4x - 32y - 16 = 0$
(d) उपरोक्त में से कोई नहीं

51. उस परवलय का समीकरण ज्ञात कीजिए, जिसके अक्ष का समीकरण $3x + 4y - 4 = 0$, शीर्ष पर खींची गई स्पर्श रेखा का समीकरण $4x - 3y + 7 = 0$ तथा नाभिलम्ब की लम्बाई 4 इकाई है।

(a) $\left(\frac{16}{25}, \frac{13}{25}\right)$ (b) $\left(\frac{16}{13}, \frac{12}{13}\right)$
(c) $\left(\frac{-16}{25}, \frac{13}{25}\right)$ (d) $\left(\frac{16}{25}, \frac{-13}{25}\right)$

52. परवलय $y^2 = 8x$ पर स्थित उन बिन्दुओं को ज्ञात कीजिए, जिनकी नाभीय दूरी 8 इकाई है।

(a) $(6, 2\sqrt{3})$ (b) $(6, 3\sqrt{3})$
(c) $(6, \pm 4\sqrt{3})$ (d) $(5, 2\sqrt{3})$

53. दीर्घवृत्त $3x^2 + y^2 = 12$ की नाभिलम्ब की लम्बाई है

(a) 4 (b) 3
(c) 8 (d) $\frac{4\sqrt{3}}{3}$

54. यदि e दीर्घवृत्त $\frac{x^2}{a^2} + \frac{y^2}{b^2} = 1 (a < b)$ की उत्केन्द्रता है, तब

(a) $b^2 = a^2(1 - e^2)$ (b) $a^2 = b^2(1 - e^2)$
(c) $a^2 = b^2(e^2 - 1)$ (d) $b^2 = a^2(e^2 - 1)$

55. वक्र $10x^2 + 20y^2 = 200$ के शीर्ष होंगे

(a) $(\pm 2\sqrt{5}, 0)$ (b) $(0, \pm\sqrt{10})$
(c) $(\pm\sqrt{5}, 0)$ (d) $(0, \pm\sqrt{5})$

56. दीर्घवृत्त $x^2 + 9y^2 = 9$ पर स्थित किसी बिन्दु से उसकी दोनों नाभियों की दूरी का योग होगा

(a) 2 (b) 4
(c) 6 (d) 8

57. किसी दीर्घवृत्त की उत्केन्द्रता (e) होगी

(a) > 1 (b) < 1
(c) = 1 (d) इनमें से कोई नहीं

58. दीर्घवृत्त $\frac{(x-1)^2}{20} + \frac{(y-2)^2}{45} = 1$ का केन्द्र होगा

(a) (–1, – 2) (b) (1, 2)
(c) $(2\sqrt{5}, 0)$ (d) $(0, 3\sqrt{5})$

59. दीर्घवृत्त $3x^2 + 4y^2 + 6x - 8y - 5 = 0$ की उत्केन्द्रता होगी

(a) $\frac{1}{3}$ (b) $\frac{1}{2}$
(c) $\frac{1}{4}$ (d) $\frac{1}{5}$

60. उस दीर्घवृत्त का समीकरण ज्ञात कीजिए, जो बिन्दुओं $(3, -1)$ और $(2, -2)$ से होकर जाता है।

(a) $3x^2 + 5y^2 = 32$ (b) $3x^2 - 5y^2 = 32$
(c) $2x^2 + 3y^2 = 25$ (d) $2x^2 - y^2 = 30$

अतिपरवलय एवं गोला

61. अतिपरवलय $x^2 - 2y^2 = 1$ की उत्केन्द्रता ज्ञात कीजिए।

(a) $\sqrt{\frac{3}{2}}$ (b) $\sqrt{\frac{2}{3}}$
(c) $\sqrt{\frac{1}{7}}$ (d) $\sqrt{\frac{3}{8}}$

62. उस अतिपरवलय का समीकरण ज्ञात कीजिए, जिसके अनुप्रस्थ अक्ष और संयुग्मी अक्ष क्रमशः 3 और 4 हैं।

(a) $16x^2-9y^2=36$ (b) $9x^2-16y^2=25$
(c) $16x^2-9y^2=25$ (d) $9x^2-16y^2=36$

63. उस अतिपरवलय का समीकरण ज्ञात कीजिए, जिसकी नाभियाँ $(0, \pm 12)$ तथा नाभिलम्ब की लम्बाई 36 है।

(a) $y^2-3x^2=108$ (b) $2y^2-3x^2=56$
(c) $x^2-3y^2=108$ (d) $y^2-x^2=54$

64. यदि समकोणीय अतिपरवलय की नियताओं के मध्य दूरी 10 इकाई है, तब इसकी नाभियों के मध्य की दूरी ज्ञात कीजिए।

(a) 10 (b) 21 (c) 15 (d) 20

65. वक्र $\frac{x^2}{2}-\frac{y^2}{3}=1$ की उत्केन्द्रता ज्ञात कीजिए।

(a) $\sqrt{\frac{2}{5}}$ (b) $\sqrt{\frac{5}{2}}$
(c) $\sqrt{\frac{3}{2}}$ (d) $\sqrt{\frac{2}{3}}$

66. नाभियाँ $(0, \pm 3)$ तथा शीर्षों $\left(0, \pm \frac{\sqrt{11}}{2}\right)$ वाले अतिपरवलय का समीकरण ज्ञात कीजिए।

(a) $100y^2 - 44x^2 = 275$ (b) $44y^2 - 100x^2 = 225$
(c) $75x^2 - 100y^2 = 250$ (d) $100x^2 - 75y^2 = 275$

67. उस गोले का सदिश समीकरण ज्ञात कीजिए जिसके केन्द्र का स्थिति सदिश $\hat{i}+\hat{j}+\hat{k}$ और त्रिज्या 5 है।

(a) $|\vec{r}-(\hat{i}+\hat{j}+\hat{k})|=5$ (b) $|\vec{r}-(2\hat{i}+\hat{j}-\hat{k})|=5$
(c) $|\vec{r}+(\hat{i}+\hat{j}+\hat{k})|=5$ (d) $|\vec{r}-(\hat{i}-2\hat{j}+3\hat{k})|=5$

68. उस गोले का समीकरण ज्ञात कीजिए जिसके केन्द्र का स्थिति सदिश $5\hat{i}-2\hat{j}+3\hat{k}$ और यह एक बिन्दु से गुजरता है जिसका स्थिति सदिश $8\hat{i}-6\hat{j}+3\hat{k}$ है।

(a) $|\vec{r}-(\hat{i}+\hat{j}+2\hat{k})|=-5$ (b) $|\vec{r}-(5\hat{i}-2\hat{j}+3\hat{k})|=5$
(c) $|\vec{r}-(\hat{i}+\hat{j}-\hat{k})|=5$ (d) $|2\vec{r}-(\hat{i}-2\hat{j}+\hat{k})|=5$

69. उस गोले का समीकरण ज्ञात कीजिए जिसके व्यास के सिरों के निर्देशांक (2, 1, 2) तथा (4, 2, 3) हैं।

(a) $|\vec{r^2}-\vec{r}\cdot[6\hat{i}+3\hat{j}+6\hat{k}]+16=0$
(b) $|\vec{r^2}-\vec{r}\cdot[\hat{i}+\hat{j}+\hat{k}]+16=0$
(c) $|\vec{r^2}-\vec{r}\cdot[-\hat{i}+\hat{j}-2\hat{k}]-16=0$
(d) उपरोक्त में से कोई नहीं

70. यदि गोले $|\vec{r}-(2\hat{i}+\hat{j}-6\hat{k})|=\sqrt{18}$ के व्यास के एक सिरे के निर्देशांक (3, 2, –2) हैं तब, दूसरे सिरे के निर्देशांक ज्ञात कीजिए।

(a) (1, 0, 0) (b) 0, 1, 0)
(c) (0, 0, 1) (d) (1, 0, – 10)

उत्तरमाला

1.	(b)	2.	(b)	3.	(c)	4.	(b)	5.	(a)	6.	(a)	7.	(b)	8.	(a)	9.	(b)	10.	(a)
11.	(d)	12.	(a)	13.	(a)	14.	(b)	15.	(a)	16.	(c)	17.	(c)	18.	(d)	19.	(a)	20.	(b)
21.	(a)	22.	(d)	23.	(a)	24.	(d)	25.	(c)	26.	(c)	27.	(c)	28.	(b)	29.	(a)	30.	(a)
31.	(c)	32.	(c)	33.	(c)	34.	(c)	35.	(c)	36.	(a)	37.	(d)	38.	(c)	39.	(a)	40.	(b)
41.	(a)	42.	(b)	43.	(a)	44.	(b)	45.	(b)	46.	(a)	47.	(d)	48.	(b)	49.	(a)	50.	(a)
51.	(a)	52.	(c)	53.	(d)	54.	(b)	55.	(a)	56.	(c)	57.	(b)	58.	(b)	59.	(b)	60.	(a)
61.	(a)	62.	(a)	63.	(d)	64.	(d)	65.	(b)	66.	(a)	67.	(a)	68.	(b)	69.	(a)	70.	(d)

संकेत एवं हल

1. माना $(x_1, y_1)=(7, 3)$ तथा $(x_2, y_2)=(4,-1)$

$\therefore$ अभीष्ट दूरी $=\sqrt{(x_2-x_1)^2+(y_2-y_1)^2}$

$=\sqrt{(4-7)^2+(-1-3)^2}$

$=\sqrt{9+16}$

$=\sqrt{25}=5$ इकाई

2. माना $(x, y)=(-3,-4)$

$\therefore$ अभीष्ट दूरी $=\sqrt{x^2+y^2}=\sqrt{(-3)^2+(-4)^2}$

$=\sqrt{9+16}$

$=\sqrt{25}=5$ इकाई

3. माना अभीष्ट बिन्दु के निर्देशांक $R(x, y)$ हैं तथा दिए गए बिन्दु $P(-1, 3)$ तथा $Q(4,-7)$ हैं और $m:n=3:4$

$P(-1,3)$ —3— $R(x,y)$ —4— $(4,-7)Q$

तब, अन्तः विभाजन सूत्र से,

$$x=\frac{3\times 4+4(-1)}{3+4}=\frac{12-4}{7}=\frac{8}{7}$$

तथा $$y=\frac{3(-7)+4\times 3}{3+4}=\frac{-21+12}{7}=\frac{-9}{7}$$

अतः बिन्दु R के निर्देशांक $\left(\frac{8}{7},-\frac{9}{7}\right)$ हैं।

4. माना (x, y) अभीष्ट बिन्दु के निर्देशांक हैं।

माना $(x_1, y_1)=(2,1)$, $(x_2, y_2)=(3,5)$ तथा $m_1:m_2=2:3$

तब, $$x=\frac{m_1x_2-m_2x_1}{m_1-m_2}=\frac{2\times 3-3\times 2}{2-3}=\frac{0}{-1}=0$$

तथा $$y=\frac{m_1y_2-m_2y_1}{m_1-m_2}=\frac{2\times 5-3\times 1}{2-3}=\frac{10-3}{-1}=-7$$

अतः दिए गए बिन्दुओं को मिलाने वाली रेखा को दिए गए अनुपात में बाह्यतः विभाजित करने वाले बिन्दु के निर्देशांक (0, –7) हैं।

5. अभीष्ट अनुपात $= -\dfrac{y_1}{y_2} = -\dfrac{(-6)}{4} = 3:2$

6. यहाँ, $x_1 = 0, y_1 = 0, x_2 = a, y_2 = 0, x_3 = 0$ तथा $y_3 = -a$

तब, $\Delta = \dfrac{1}{2}[x_1(y_2 - y_3) + x_2(y_3 - y_1) + x_3(y_1 - y_2)]$

$= \dfrac{1}{2}[0 + a(-a - 0) + 0]$

$= \dfrac{1}{2}(-a^2) = \dfrac{-a^2}{2} = \dfrac{a^2}{2}$

(यहाँ, ऋणात्मक चिह्न छोड़ देते हैं क्योंकि क्षेत्रफल कभी भी ऋणात्मक नहीं होता)

7. माना $x_1 = x, y_1 = y, x_2 = 3, y_2 = 2, x_3 = 1$ तथा $y_3 = 3$

चूँकि A, B व C संरेख हैं।

$\therefore \quad x_1(y_2 - y_3) + x_2(y_3 - y_1) + x_3(y_1 - y_2) = 0$

$\Rightarrow \quad x(2-3) + 3(3-y) + 1(y-2) = 0$

$\Rightarrow \quad -x + 9 - 3y + y - 2 = 0$

$\Rightarrow \quad -x - 2y + 7 = 0$

$\therefore \quad x + 2y - 7 = 0$

8. यहाँ, $x_1 = -1, x_2 = 5, x_3 = 5$ तथा $y_1 = 3, y_2 = -2, y_3 = -4$

$\therefore$ केन्द्रक के निर्देशांक $= \left(\dfrac{x_1 + x_2 + x_3}{3}, \dfrac{y_1 + y_2 + y_3}{3}\right)$

$= \left(\dfrac{-1 + 5 + 5}{3}, \dfrac{3 - 2 - 4}{3}\right) = \left(\dfrac{9}{3}, \dfrac{-3}{3}\right) = (3, -1)$

9. यह एक समद्विबाहु त्रिभुज है जिसकी दो भुजाओं AB तथा BC की लम्बाई 6 इकाई हैं।

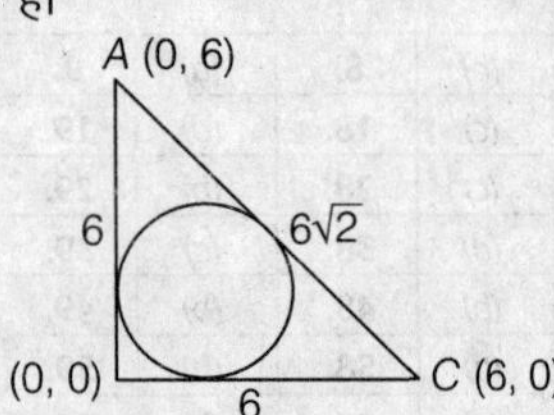

अब, पाइथागोरस प्रमेय से,

तीसरी भुजा, $AC = \sqrt{(AB)^2 + (BC)^2}$

$= \sqrt{6^2 + 6^2}$

$= \sqrt{36 + 36} = 6\sqrt{2}$

$\therefore$ त्रिभुज के अन्तः केन्द्र के निर्देशांक

$= \dfrac{(6 \cdot 0 + 6\sqrt{2} \cdot 0 + 6 \cdot 6)}{(6 + 6 + 6\sqrt{2})}, \dfrac{(6 \cdot 6 + 6\sqrt{2} \cdot 0 + 6 \cdot 0)}{(6 + 6 + 6\sqrt{2})}$

$= \dfrac{36}{12 + 6\sqrt{2}}, \dfrac{36}{12 + 6\sqrt{2}} = \left(\dfrac{6}{2 + \sqrt{2}}, \dfrac{6}{2 + \sqrt{2}}\right)$

10. माना θ झुकाव कोण है, तब $m = \tan\theta$

$\therefore \quad \tan\theta = \dfrac{1}{\sqrt{3}}$

$\Rightarrow \quad \tan\theta = \tan 30°$

$\Rightarrow \quad \theta = 30°$

11. $\because$ दी गई समीकरण $4x + y - 5 = 0$ है।

$\Rightarrow \quad y = -4x + 5$

उपरोक्त समीकरण की तुलना $y = mx + c$ से करने पर,

$m = -4$ और $c = 5$

12. रेखा की प्रवणता $= \tan 60° = \sqrt{3}$ और यह $(-1, 4)$ से होकर जाती है।

अतः रेखा का समीकरण $(y - 4) = \sqrt{3}\,[x - (-1)]$

$\Rightarrow \quad (y - 4) = \sqrt{3}x + \sqrt{3}$

$\Rightarrow \quad (\sqrt{3}x - y) + (4 + \sqrt{3}) = 0$

13. क्षैतिज रेखा X-अक्ष के समान्तर होती है अर्थात् $\theta = 0$,

तब ढाल $= \tan\theta = \tan 0° = 0$

14. हम जानते हैं कि X-अक्ष के समान्तर किसी रेखा का समीकरण $y = b$ होता है, यहाँ $b = -5$ है।

अतः अभीष्ट रेखा का समीकरण $y = -5$ या $y + 5 = 0$

15. Y-अक्ष के समान्तर रेखा का समीकरण $x = a$ होता है।

अतः अभीष्ट समीकरण $x = 3$ या $x - 3 = 0$ है।

16. $(3, 2)$ व $(0, 0)$ से होकर जाने वाली रेखा का समीकरण,

$y - 0 = \dfrac{2 - 0}{3 - 0}(x - 0)$

$\Rightarrow \quad 3y = 2x \Rightarrow 2x - 3y = 0$

17. अभीष्ट रेखा का समीकरण, $y - y_1 = m(x - x_1)$

$y - (-3) = -1(x - 2)$

$\Rightarrow \quad y + 3 = -x + 2$

$\Rightarrow \quad x + y + 1 = 0$

18. दी गई रेखा का समीकरण, $x + \sqrt{3}y - 6 = 0$

$\Rightarrow \quad y = \dfrac{-1}{\sqrt{3}}x + \dfrac{6}{\sqrt{3}}$

तब, $\quad m = \tan\theta = \dfrac{-1}{\sqrt{3}} = -\tan 30°$

$= \tan(180° - 30°) = \tan 150°$

$\Rightarrow \quad \theta = 150°$

19. $\because x + 2y - 9 = 0 \quad \Rightarrow \quad y = -\dfrac{1}{2}x + \dfrac{9}{2}$

यहाँ, $\quad m_1 = -\dfrac{1}{2}$

तथा $\quad 3x + 6y + 8 = 0 \Rightarrow y = -\dfrac{1}{2}x - \dfrac{4}{3}$

यहाँ, $\quad m_2 = -\dfrac{1}{2}$

चूँकि $\quad m_1 = m_2 = \dfrac{-1}{2}$

$\therefore$ दी गई रेखाएँ परस्पर समान्तर हैं।

20. यहाँ, $2x + 3y - 5 = 0$

$\Rightarrow \quad 3y = -2x + 5 \quad \Rightarrow \quad y = \dfrac{-2}{3}x + \dfrac{5}{3}$

यहाँ $\quad m_1 = -\dfrac{2}{3}$

तथा $\quad kx + 6y + 7 = 0$

$\Rightarrow \quad y = \dfrac{-k}{6}x - \dfrac{7}{6}$ यहाँ, $m_2 = \dfrac{-k}{6}$

चूँकि रेखाएँ समान्तर हैं।

$\therefore \quad m_1 = m_2$

$\Rightarrow \quad \dfrac{-k}{6} = \dfrac{-2}{3}$

$\Rightarrow \quad k = \dfrac{2}{3} \times 6 = 4$

21. दी गई रेखाओं के समीकरण निम्न हैं

$$y = \sqrt{3}x + 8 \quad \text{...(i)}$$

तथा $$y = \frac{1}{\sqrt{3}}x + 7 \quad \text{...(ii)}$$

समी (i) व (ii) की तुलना क्रमश: $y = mx + c$ से करने पर,

$m_1 = \sqrt{3}$ [समी (i) से]

तथा $m_2 = \frac{1}{\sqrt{3}}$ [समी (ii) से]

माना दोनों रेखाओं के बीच का कोण θ है, तब

$$\tan\theta = \left|\frac{m_2 - m_1}{1 + m_1 m_2}\right| = \left|\frac{\frac{1}{\sqrt{3}} - \sqrt{3}}{1 + \sqrt{3}\cdot\frac{1}{\sqrt{3}}}\right|$$

[m_1 तथा m_2 के मान रखने पर]

$$\Rightarrow \quad \tan\theta = \left|\frac{\frac{(1-3)}{\sqrt{3}}}{1+1}\right| = \left|\frac{-\frac{2}{\sqrt{3}}}{2}\right| = \frac{1}{\sqrt{3}}$$

$$\Rightarrow \quad \tan\theta = \frac{1}{\sqrt{3}} = \tan 30°$$

$$\therefore \quad \theta = 30°$$

22. अभीष्ट दूरी $= \left|\frac{5(-3) + 12(-4) - 15}{\sqrt{5^2 + 12^2}}\right|$

$$= \left|\frac{-15 - 48 - 15}{\sqrt{169}}\right| = \left|\frac{-78}{13}\right| = |-6| = 6$$

23. दिए हुए समीकरण का गुणनखण्ड करने पर, गुणनखण्ड $(2x - 3y + 2)(3x + 4y - 7)$ प्राप्त होते हैं। अब, इनके बीच के कोण के लिए निम्न सूत्र का प्रयोग करें

$$\tan\theta = \frac{m_1 - m_2}{1 + m_1 m_2}$$

$$\tan\theta = \frac{\frac{2}{3} - \left(-\frac{3}{4}\right)}{1 + \frac{2}{3}\left(\frac{-3}{4}\right)} = \frac{17}{6}$$

$$\therefore \quad \theta = \tan^{-1}\left(\frac{17}{6}\right)$$

24. y^2 तथा y के पदों को एकत्रित करके दिए हुए समीकरण को निम्नवत् लिख सकते हैं

$$y^2(x^2 - 2x - 3) - 4y(x^2 - 2x - 3) = 0$$

$$\Rightarrow \quad (x - 3)(x + 1)\,y(y - 4) = 0$$

यह चार रेखाओं $x = -1, x = 3, y = 0$ और $y = 4$ को प्रदर्शित करता है। समान्तर रेखाओं के ये दो जोड़े एक वर्ग बनाते हैं।

25. रेखा $\frac{x}{2h} + \frac{y}{2k} - 1$ है और वृत्त

$$x^2 + y^2 - 2(hx + ky) + (h^2 + k^2 - a^2) = 0$$

इसे समघात बनाने पर,

$$(x^2 + y^2) - 2(hx + ky)\left(\frac{x}{2h} + \frac{y}{2k}\right) - (h^2 + k^2 - a^2)\left(\frac{x}{2h} + \frac{y}{2k}\right)^2 = 0$$

यदि रेखाएँ परस्पर लम्ब हैं, तो $A + B = 0$

$$\left[1 - 1 - \frac{(h^2 + k^2 - a^2)}{4h^2}\right] + \left[1 - 1 - \frac{(h^2 + k^2 - a^2)}{4k^2}\right] = 0$$

$$\Rightarrow \quad (h^2 + k^2 - a^2)\frac{(h^2 + k^2)}{4h^2k^2} = 0$$

$$\therefore \quad h^2 + k^2 - a^2 = 0 \text{ या } h^2 + k^2 = a^2$$

26. प्रवणताएँ $\frac{m_1}{m_2} = 1:3 \Rightarrow m_1 = m, m_2 = 3m$ ...(i)

$\therefore \quad m_1 + m_2 = -\frac{2h}{b}$ तथा $m_1 \cdot m_2 = \frac{a}{b}$ ...(ii)

समी (i) से, $m + 3m = -\frac{2h}{b} \Rightarrow m = -\frac{h}{2b}$

समी (ii) से, $m \cdot 3m = \frac{a}{b}$

$$3\cdot\frac{h^2}{4b^2} = \frac{a}{b} \Rightarrow \frac{h^2}{ab} = \frac{4}{3}$$

30. समीकरण $y^2 - 9xy + 18x^2 = 0$ द्वारा निरूपित रेखायें $6x - y = 0$ व $3x - y = 0$ हैं तथा तीसरी रेखा $y = 9$ है, इसलिए त्रिभुज के शीर्षों के निर्देशांक $A(0, 0), B(3, 9)$ व $C\left(\frac{3}{2}, 9\right)$ होंगे।

अत: ΔABC का क्षेत्रफल $= \frac{1}{2}\begin{vmatrix} 0 & 0 & 1 \\ 3 & 9 & 1 \\ 3/2 & 9 & 1 \end{vmatrix} = \frac{27}{4}$ वर्ग इकाई

31. दिया है, $x^2 + y^2 = 9$ ...(i)

तथा $x + y = 3$ ...(ii)

समी (i) व (ii) से,

$$x^2 + (x - 3)^2 = 9$$

$$\Rightarrow \quad x^2 + 9 + x^2 - 6x = 9$$

$$\Rightarrow \quad 2x^2 = 6x \Rightarrow x = 3$$

$x = 3$ समी (ii) में रखने पर, $y = 0$

इसी प्रकार, $x = 3 - y$ समी (i) में रखने पर, $y = 3, x = 0$

अत: प्रतिच्छेद बिन्दु (3, 0) व (0, 3) हैं। अत: मूलबिन्दु से मिलाने पर इनका अलग-अलग समीकरण है

$$y - 0 = \frac{0 - 0}{0 - 3}(x - 3) \Rightarrow y = 0$$

बिन्दु (0, 0) व (0, 3) को लेने पर, $x = 0$

अत: अभीष्ट रेखा-युग्म क समीकरण $xy = 0$ है।

32. यहाँ एक कोण के अर्द्धक का समीकरण $y - mx = 0$ है।

अत: दूसरा अर्द्धक $x + my = 0$ होगा।

अत: संयुक्त समीकरण $(x + my)(y - mx) = 0$ होगा।

$$\Rightarrow \quad -mx^2 - xy(m^2 - 1) + my^2 = 0 \quad \text{...(i)}$$

तथा $ax^2 - 2hxy + by^2 - 0$ के अर्द्धकों का रामीकरण

$$-hx^2 - (a - b)xy + hy^2 = 0 \quad \text{...(ii)}$$

समी (i) व (ii) एक ही समीकरण को प्रदर्शित करते हैं,

अत: $\frac{m}{h} = \frac{m^2 - 1}{(a - b)}$

$$\Rightarrow \quad h(m^2 - 1) = m(a - b)$$

$$\Rightarrow \quad m(a - b) + h(1 - m^2) = 0$$

34. रेखा $lx + my = 1$ के समीकरण की सहायता से वृत्त के समीकरण को समघातीय बनाने पर,

$$x^2 + y^2 - a^2(lx + my)^2 = 0$$

$$\Rightarrow (a^2l^2 - 1)x^2 + (a^2m^2 - 1)y^2 + 2a^2 lmxy = 0$$

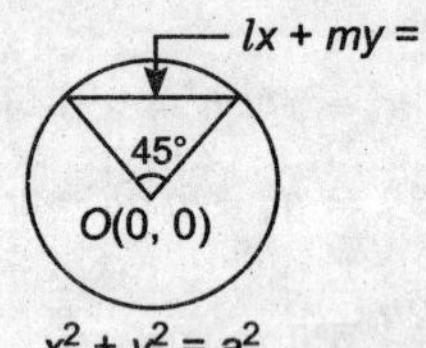

$x^2 + y^2 = a^2$

अब, $$\tan 45° = \frac{2\sqrt{(a^2lm)^2 - (a^2l^2 - 1)(a^2m^2 - 1)}}{a^2l^2 + a^2m^2 - 2}$$

$$\Rightarrow 2\sqrt{a^2l^2 + a^2m^2 - 1} = a^2l^2 + a^2m^2 - 2$$

दोनों ओर वर्ग करने पर,

$$4[a^2(l^2 + m^2) - 1] = [a^2(l^2 + m^2) - 2]^2$$

35. $4x^2 - 9xy - 9y^2 = 0$

$$\Rightarrow 4x^2 - 12xy + 3xy - 9y^2 = 0$$

$$\Rightarrow 4x(x - 3y) + 3y(x - 3y) = 0$$

$$\Rightarrow (4x + 3y)(x - 3y) = 0$$

$\Rightarrow$ $4x + 3y = 0$ या $x - 3y = 0$

अतः दिये गये समघातीय समीकरण द्वारा प्रदर्शित रेखाएँ

$4x + 3y = 0$ तथा $x - 3y = 0$ हैं।

अतः त्रिभुज की भुजाएँ $4x + 3y = 0, x - 3y = 0$ तथा $x = 2$ हैं।

इन समीकरणों को हल करने पर त्रिभुज के शीर्ष $A\left(2, -\frac{8}{3}\right), B\left(2, \frac{2}{3}\right), C\ (0, 0)$ प्राप्त होते हैं।

अतः ΔABC का क्षेत्रफल $= \frac{1}{2}\left[2\left(\frac{2}{3}\right) + 2\left(\frac{8}{3}\right) + 0\right] = \frac{10}{3}$ वर्ग इकाई

36. (a) दिए गए वृत्त का समीकरण निम्न है

$$x^2 + y^2 - 4x - 6y + 4 = 0$$

यह रेखा X-अक्ष को स्पर्श करेगा, यदि $y = 0$

$$\Rightarrow x^2 - 4x + 4 = 0$$

$$\Rightarrow (x - 2)^2 = 0$$

$$\Rightarrow x = 2$$

अतः वृत्त X-अक्ष को (2, 0) पर स्पर्श करेगा।

37. दिए गए विकल्पों से स्पष्ट है कि मूलबिन्दु वृत्त की समीकरण को सन्तुष्ट कर रहा है।

$\therefore$ स्पष्ट है कि वृत्त मूलबिन्दु से होकर जाता है।

38. दिए गए वृत्त का समीकरण निम्न है

$$x^2 + y^2 - 2x + 4y = 0$$

इस समीकरण $x^2 + y^2 + 2gx + 2fy + c = 0$ से तुलना करने पर,

$2g = -2$ तथा $2f = 4$

$\Rightarrow$ $g = -1$ तथा $f = 2$

$\therefore$ वृत्त के केन्द्र के निर्देशांक (+ 1, – 2) है।

अतः (1, – 2) व (0, 0) से जाने वाले व्यास का समीकरण निम्न है

$$y + 2 = \frac{+2}{-1}(x - 1)$$

$$\Rightarrow y + 2 = -2x + 2 \Rightarrow 2x + y = 0$$

39. दिया है, केन्द्र = (1, –5), त्रिज्या = 7

यदि केन्द्र (h, k) व त्रिज्या r हो तो वृत्त का समीकरण है

$(x - h)^2 + (y - k)^2 = r^2$

अतः अभीष्ट वृत्त का समीकरण निम्न होगा

$$(x - 1)^2 + (y + 5)^2 = 7^2$$

$$\Rightarrow x^2 - 2x + 1 + y^2 + 25 + 10y - 49 = 0$$

$$\Rightarrow x^2 + y^2 - 2x + 10y - 23 = 0$$

40. दिया है, $x^2 + y^2 - 8x + 10y - 12 = 0$ ...(i)

इस समीकरण की तुलना वृत्त के व्यापक समीकरण $x^2 + y^2 + 2gx + 2fy + c = 0$ से करने पर,

$2g = -8 \Rightarrow g = -4$

$2f = 10 \Rightarrow f = 5$

तथा $c = -12$

अतः वृत्त का केन्द्र $= C(-g, -f) = C(4, -5)$

तथा त्रिज्या $(r) = \sqrt{g^2 + f^2 - c} = \sqrt{4^2 + (-5)^2 + 12} = \sqrt{53}$

41. दिए हुए वृत्त का समीकरण है

$$x^2 + (y - 1)^2 = 2$$

इसकी तुलना समीकरण

$(x - h)^2 + (y - k)^2 = r^2$ से करने पर,

$$h = 0, k = 1, r^2 = 2$$

अतः वृत्त का केन्द्र $= (h, k) = (0, 1)$

तथा त्रिज्या, $r = \sqrt{2}$

43. $\because$ वृत्त X-अक्ष को स्पर्श करता है।

अतः वृत्त की त्रिज्या $(r) = CP = 4$

अब, वृत्त का केन्द्र $= C(3, 4)$

तथा त्रिज्या $r = 4$

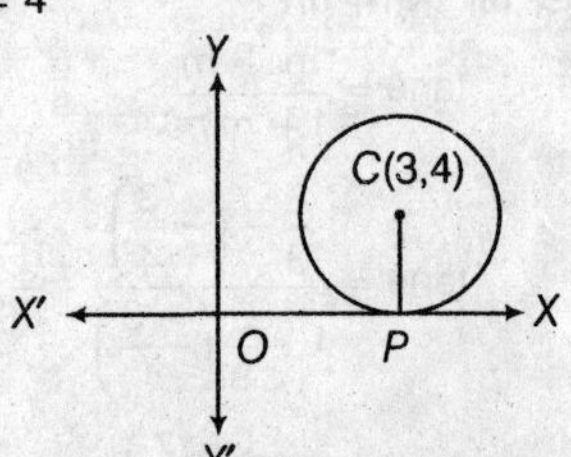

अतः वृत्त का समीकरण निम्न होगा

$$(x - 3)^2 + (y - 4)^2 = 4^2$$

$[\because (x - h)^2 + (y - k)^2 = r^2]$

$$\Rightarrow x^2 - 6x + 9 + y^2 - 8y + 16 - 16 = 0$$

$$\Rightarrow x^2 + y^2 - 6x - 8y + 9 = 0$$

44. दिया है, शीर्ष $= A(0, 0)$ तथा नाभि $= S(-3, 0)$

$\therefore$ $a = -3$

अतः परवलय का समीकरण निम्न है

$$y^2 = -4 \times 3x \Rightarrow y^2 = -12x$$

45. परवलय का समीकरण निम्न है

$$y^2 = 8ax \quad \text{...(i)}$$

$\because$ यह परवलय बिन्दु (2, – 5) से होकर जाता है।

$\therefore$ $(-5)^2 = 8 \times a \times 2 \Rightarrow a = \frac{25}{16}$

अतः नाभिलम्ब की लम्बाई $= 4a = \frac{4 \times 25}{16} = \frac{25}{4}$

46. माना $S \equiv 2y^2 - 5y + 7x + 10$ ...(i)

समी (i) में $x = -3$ व $y = 5$ रखने पर,

$$S \equiv 2(5)^2 - 5(5) + 7(-3) + 10$$
$$= 50 - 25 - 21 + 10$$
$$= 60 - 46 = 14 > 0$$

अतः बिन्दु परवलय के बाहर स्थित है।

47. दिया है, नाभि $= S(0,-5)$ तथा नियता, $y = 4$

माना परवलय पर स्थित कोई बिन्दु $P(x, y)$ है।

$\therefore \quad PS = \sqrt{(x-0)^2 + (y+5)^2} = \sqrt{x^2 + (y+5)^2}$

तथा बिन्दु $P(x, y)$ से नियता पर डाले गए लम्ब की लम्बाई

$PM = \frac{y-4}{\sqrt{1}} = y - 4$

अतः $PS = PM \Rightarrow \sqrt{x^2 + (y+5)^2} = y - 4$

$\Rightarrow \quad x^2 + (y+5)^2 = (y-4)^2$

$\Rightarrow x^2 + y^2 + 10y + 25 = y^2 - 8xy + 16$

$[\because (a+b)^2 = a^2 + 2ab + b^2)$
तथा $(a-b)^2 = a^2 - 2ab + b^2]$

$\Rightarrow \quad x^2 = -8y - 10y + 16 - 25 = -18y - 9$

$\Rightarrow \quad x^2 = -9(2y+1)$

48. दिए गए परवलय का समीकरण निम्न है

$$y^2 = -12x$$

इसकी तुलना $y^2 = -4ax$ से करने पर,

$$4a = 12 \Rightarrow a = 3$$

$\therefore$ नाभि $= (-a, 0) = (-3, 0)$

49. शीर्ष $= A(0,0)$, नाभि $= S(0,2)$

$\therefore \quad a = 2$

परवलय का समीकरण निम्न है

$$x^2 = 4ay \Rightarrow x^2 = 4 \times 2y$$

$\Rightarrow \quad x^2 = 8y$

50. माना परवलय पर कोई बिन्दु $P(x, y)$ है।

$\therefore \quad PS = PM$

$\Rightarrow \quad PS^2 = PM^2$

$\Rightarrow \quad \sqrt{(x+1)^2 + (y+2)^2} = \frac{x - 2y + 3}{\sqrt{1+4}}$

$\Rightarrow \sqrt{5}\sqrt{(x+1)^2 + (y+2)^2} = x - 2y + 3$

दोनों पक्षों का वर्ग करने पर,

$5(x+1)^2 + 5(y+2)^2 = (x - 2y + 3)^2$

$\Rightarrow 5x^2 + 10x + 5 + 5(y^2 + 4y + 4) = x^2 + (-2y)^2 + 3^2 + 2x(-2y)$
$+2(-2y \times 3) + 2(3x)$

$\Rightarrow 5x^2 + 10x + 5 + 5y^2 + 20y + 20 - x^2$
$-4y^2 - 9 + 4xy + 12y - 6x = 0$

$\Rightarrow \ 4x^2 + y^2 + 4xy + 4x + 32y + 16 = 0$

51. अक्ष का समीकरण निम्न है

$$3x + 4y - 4 = 0 \quad \text{...(i)}$$

तथा शीर्ष पर खींची गई स्पर्श रेखा का समीकरण निम्न है

$$4x - 3y + 7 = 0 \quad \text{...(ii)}$$

समी (i) व (ii) को हल करने पर,

$$x = \frac{16}{25} \text{ तथा } y = \frac{13}{25}$$

$\therefore$ परवलय की नाभि $\left(\frac{16}{25}, \frac{13}{25}\right)$ है।

53. दिए गए दीर्घवृत्त के समीकरण को निम्न प्रकार लिखा जा सकता है

$$\frac{3x^2}{12} + \frac{y^2}{12} = 1 \Rightarrow \frac{x^2}{4} + \frac{y^2}{12} = 1$$

दीर्घवृत्त के मानक समीकरण से तुलना करने पर,

$$a^2 = 4 \text{ तथा } b^2 = 12$$

$\therefore$ नाभिलम्ब की लम्बाई $= \frac{2a^2}{b}$ $\quad [\because a < b]$

$$= \frac{2 \times 4}{2\sqrt{3}} = \frac{4}{\sqrt{3}} \times \frac{\sqrt{3}}{\sqrt{3}} = \frac{4\sqrt{3}}{3}$$

54. दीर्घवृत्त $\frac{x^2}{a^2} + \frac{y^2}{b^2} = 1 \, (a < b)$ के लिए,

$$e = \sqrt{1 - \frac{a^2}{b^2}}$$

$\Rightarrow \quad e^2 = 1 - \frac{a^2}{b^2}$

$\Rightarrow \quad \frac{a^2}{b^2} = 1 - e^2$

$\Rightarrow \quad a^2 = (1 - e^2)b^2$

55. दिए गए दीर्घवृत्त के समीकरण को निम्न प्रकार लिखा जा सकता है

$$\frac{x^2}{20} + \frac{y^2}{10} = 1$$

दीर्घवृत्त के मानक समीकरण से तुलना करने पर,

$$a^2 = 20 \text{ तथा } b^2 = 10 \quad [\because a > b]$$

$\therefore$ शीर्ष $= (\pm a, 0) = (\pm 2\sqrt{5}, 0)$

56. दिए गए दीर्घवृत्त के समीकरण को निम्न प्रकार लिखा जा सकता है

$\frac{x^2}{9} + \frac{y^2}{1} = 1$

दीर्घवृत्त के मानक समीकरण से तुलना करने पर,

$$a^2 = 9 \text{ तथा } b^2 = 1$$

$\Rightarrow \quad a = 3, b = 1 (a > b)$

$\therefore \quad e = \sqrt{1 - \frac{b^2}{a^2}} = \sqrt{1 - \frac{1}{9}} = \sqrt{\frac{8}{9}} = \frac{2\sqrt{2}}{3}$

अतः दोनों नाभियों से बिन्दु की दूरी $= 2a$

$$= 2 \times 3 = 6$$

57. हम जानते हैं कि दीर्घवृत्त की उत्केन्द्रता 1 से छोटी होती है।

58. दिए गए दीर्घवृत्त का समीकरण निम्न है

$$\frac{(x-1)^2}{20} + \frac{(y-2)^2}{45} = 1$$

माना $X = x - 1$ तथा $Y = y - 2$

$\therefore$ दीर्घवृत्त का समीकरण निम्न होगा

$$\frac{X^2}{20} + \frac{Y^2}{45} = 1$$

यहाँ, केन्द्र के निर्देशांक $= (0, 0)$

$\Rightarrow \quad X = 0,$ तथा $Y = 0$

$\Rightarrow \quad x-1=0$ तथा $y-2=0$

$\Rightarrow \quad x=1$ तथा $y=2$

अतः दिए गए दीर्घवृत्त के केन्द्र के निर्देशांक (1, 2) होंगे।

59. दिए गए दीर्घवृत्त का समीकरण निम्न है

$$3x^2+4y^2+6x-8y-5=0$$

$$\Rightarrow \quad 3(x^2+2x)+4(y^2-2y)=5$$

$$\Rightarrow \quad 3(x^2+2x+1)+4(y^2-2y+1)=5+3+4$$

$$\Rightarrow \quad 3(x+1)^2+4(y-1)^2=12$$

$$\Rightarrow \quad \frac{(x+1)^2}{4}+\frac{(y-1)^2}{3}=1$$

यहाँ, $a^2=4$ तथा $b^2=3$

$\therefore$ उत्केन्द्रता $=\sqrt{1-\frac{b^2}{a^2}}=\sqrt{1-\frac{3}{4}}=\sqrt{\frac{1}{4}}=\frac{1}{2}$

61. दिए गए अतिपरवलय का समीकरण निम्न है

$$x^2-2y^2=1 \Rightarrow \frac{x^2}{1}-\frac{y^2}{1/2}=1$$

अतिपरवलय के मानक समीकरण से तुलना करने पर,

$$a^2=1, b^2=\frac{1}{2} \qquad [\because a>b]$$

$$\therefore \quad e=\sqrt{1+\frac{b^2}{a^2}}=\sqrt{1+\frac{1}{2}}=\sqrt{\frac{3}{2}}$$

62. दिया है, अनुप्रस्थ अक्ष $=2a=3 \Rightarrow a=\frac{3}{2}$ तथा संयुग्मी अक्ष $=2b=4$

$$\Rightarrow \quad b=2$$

$\therefore$ अतिपरवलय का समीकरण निम्न है

$$\frac{x^2}{a^2}-\frac{y^2}{b^2}=1 \Rightarrow \frac{x^2}{9/4}-\frac{y^2}{4}=1$$

$$\Rightarrow \quad \frac{4x^2}{9}-\frac{y^2}{4}=1 \Rightarrow 16x^2-9y^2=36$$

63. दिया है, नाभियाँ $=(0, \pm 12)$

तथा नाभिलम्ब = 36

स्पष्ट है कि नाभि का x-निर्देशांक शून्य है इसलिए अनुप्रस्थ अक्ष Y-अक्ष के अनुदिश होगा।

$$\therefore \quad be=12 \text{ तथा } \frac{2a^2}{b}=36$$

$$\Rightarrow \quad a^2=18b \Rightarrow b^2e^2=144$$

$$\Rightarrow \quad a^2+b^2=144 \Rightarrow b^2+18b=144$$

$$\Rightarrow \quad b^2+18b-144=0$$

$$\Rightarrow \quad b^2+24b-6b-144=0$$

$$\Rightarrow b(b+24)-6(b+24)=0$$

$$\Rightarrow \quad (b-6)(b+24)=0$$

$$\Rightarrow \quad b=6$$

$$\therefore \quad a^2=18\times 6=108$$

अतः अतिपरवलय का समीकरण निम्न है

$$\frac{x^2}{a^2}-\frac{y^2}{b^2}=1$$

$$\Rightarrow \quad \frac{x^2}{108}-\frac{y^2}{36}=1$$

$$\Rightarrow \quad x^2-3y^2=108$$

64. दिए गए समकोणीय अतिपरवलय में,

$$\frac{2a}{e}=10 \Rightarrow \frac{2a}{\sqrt{2}}=10 \qquad [\because e=\sqrt{2}]$$

$$\Rightarrow \quad a=5\sqrt{2}$$

हम जानते हैं कि, $e=\sqrt{\frac{a^2+b^2}{a^2}}$

$$\Rightarrow (\sqrt{2})^2\times(5\sqrt{2})^2=(5\sqrt{2})^2+b^2$$

$$\Rightarrow \quad 2\times 25\times 2=25\times 2+b^2$$

$$\Rightarrow \quad b^2=100-50=50$$

अतः नाभियों के बीच की दूरी $=2ae$

$$=2\times 5\sqrt{2}\times\sqrt{2}=20$$

65. दिए गए अतिपरवलय का समीकरण निम्न है

$$\frac{x^2}{2}-\frac{y^2}{3}=1 \qquad \ldots(i)$$

समी (i) की तुलना $\frac{x^2}{a^2}-\frac{y^2}{b^2}=1$ से करने पर,

$$a^2=2, b^2=3$$

सूत्र $\quad b^2=a^2(e^2-1)$ से ,

$$3=2(e^2-1)$$

$$\Rightarrow \quad e^2-1=\frac{3}{2} \Rightarrow e^2=1+\frac{3}{2}=\frac{5}{2}$$

$\therefore$ उत्केन्द्रता $(e)=\sqrt{\frac{5}{2}}$

अतः शीर्ष $=(\pm a, 0)=(\pm\sqrt{2}, 0)$

69. मान लीजिए गोले के व्यास के सिरों के स्थिति सदिश $\vec{\mathbf{a}}$ तथा $\vec{\mathbf{b}}$ हैं।

$$\therefore \quad \vec{\mathbf{a}}=2\hat{\mathbf{i}}+\hat{\mathbf{j}}+2\hat{\mathbf{k}}$$

तथा $\quad \vec{\mathbf{b}}=4\hat{\mathbf{i}}+2\hat{\mathbf{j}}+3\hat{\mathbf{k}}$

अतः गोले के व्यास के रूप में गोले का समीकरण निम्न है

$$(\vec{\mathbf{r}}-\vec{\mathbf{a}})\cdot(\vec{\mathbf{r}}-\vec{\mathbf{b}})=0$$

$$[\vec{\mathbf{r}}-(2\hat{\mathbf{i}}+\hat{\mathbf{j}}+2\hat{\mathbf{k}})][\vec{\mathbf{r}}-(4\hat{\mathbf{i}}+2\hat{\mathbf{j}}+3\hat{\mathbf{k}})]=0$$

$$\Rightarrow \quad \vec{\mathbf{r}}^2-\vec{\mathbf{r}}\cdot[6\hat{\mathbf{i}}+3\hat{\mathbf{j}}+6\hat{\mathbf{k}}]+16=0$$

70. दिए गए गोले का केन्द्र $\vec{\mathbf{c}}=2\hat{\mathbf{i}}+\hat{\mathbf{j}}-6\hat{\mathbf{k}}$ है। जिसके एक सिरे A के निर्देशांक $3\hat{\mathbf{i}}+2\hat{\mathbf{j}}-2\hat{\mathbf{k}}$ है।

मान लीजिए सिरे B के निर्देशांक $x\hat{\mathbf{i}}+y\hat{\mathbf{j}}+z\hat{\mathbf{k}}$ हैं।

$$\therefore \quad \frac{(3\hat{\mathbf{i}}+2\hat{\mathbf{j}}-2\hat{\mathbf{k}})+(x\hat{\mathbf{i}}+y\hat{\mathbf{j}}+z\hat{\mathbf{k}})}{2}=2\hat{\mathbf{i}}+\hat{\mathbf{j}}-6\hat{\mathbf{k}}$$

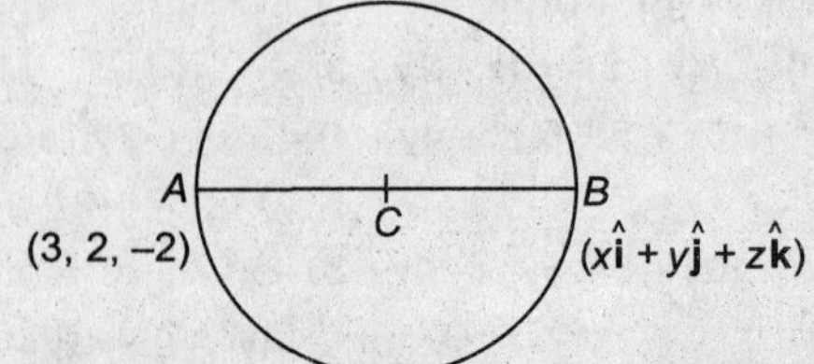

$$\Rightarrow \quad (3+x)\hat{\mathbf{i}}+(2+y)\hat{\mathbf{j}}+(-2+z)\hat{\mathbf{k}}=4\hat{\mathbf{i}}+2\hat{\mathbf{j}}-12\hat{\mathbf{k}}$$

$$\Rightarrow \quad 3+x=4 \Rightarrow x=1$$

$$2+y=2 \Rightarrow y=0$$

तथा $\quad -2+z=-12 \Rightarrow z=-10$

अतः सिरे B के निर्देशांक (1, 0, – 10) प्राप्त होंगे।

अध्याय 11

सदिश बीजगणित

Vector Algebra

अदिश व सदिश राशियाँ
Scalar and Vector Quantities

वे भौतिक राशियाँ जिनमें केवल परिमाण (Magnitude) होता है और समष्टि (Space) में किसी भी दिशा से सम्बन्धित नहीं होती हैं, अदिश राशियाँ कहलाती हैं। जैसे—द्रव्यमान, चाल, दूरी, तापमान इत्यादि।

वे राशियाँ, जिन्हें व्यक्त करने के लिए परिमाण व दिशा दोनों की आवश्यकता होती है, सदिश राशियाँ कहलाती हैं। जैसे—विस्थापन, वेग इत्यादि। यह आवश्यक नहीं है कि किसी भी भौतिक राशि को सदिश राशि कहते हैं यदि उसको व्यक्त करने के लिए परिमाण व दिशा दोनों हों। उस भौतिक राशि को सदिश बीजगणित के नियमों का भी अनुपालन करना चाहिए।

सदिशों का निरूपण तथा संकेतन
Representation and Notation of Vectors

ज्यामितीय रूप से एक सदिश एकदिष्ट रेखाखण्ड (Directed line segment) से निरूपित किया जाता है।

A — $\vec{a}$ → B

यदि किसी सदिश $\vec{a}$ के लिए $\vec{a} = \overrightarrow{AB}$, तो A इस सदिश का प्रारम्भिक बिन्दु (Initial point) या मूलबिन्दु (Origin) तथा B उसका अन्तिम बिन्दु (Terminal point or terminus) कहलाता है।

हम सदिशों को एक अक्षरीय संकेत, जैसे—$\vec{a}, \vec{b}, \vec{c}, \ldots$ से भी प्रकट करते हैं, जबकि संगत अक्षर $a, b, c, \ldots$ इनके परिमाण (Magnitude) को निरूपित करते हैं। इस प्रकार, यदि $\overrightarrow{AB} = \vec{a}$ हो, तो $|\overrightarrow{AB}| = a$, जहाँ $|\overrightarrow{AB}|$ का अर्थ सदिश $\vec{a}$ का परिमाण है। सदिश $\vec{a}$ का परिमाण $|\vec{a}|$ इसका मापांक (Modulus or module) कहलाता है।

एक सदिश के अभिलक्षण
Characteristics of a Vector

प्रत्येक सदिश $\overrightarrow{AB}$ के निम्नलिखित तीन अभिलक्षण होते हैं

(i) **परिमाण** (Magnitude) सदिश $\overrightarrow{AB}$ या $\vec{a}$ की लम्बाई को $\overrightarrow{AB}$ या $\vec{a}$ का परिमाण कहते हैं तथा इसे $|\overrightarrow{AB}|$ या $|\vec{a}|$ या a द्वारा निरूपित किया जाता है।

प्रारम्भिक बिन्दु — अन्तिम बिन्दु

A •————• B

चूँकि लम्बाई कभी भी ऋणात्मक नहीं हो सकती है, इसलिए संकेतन $|\overrightarrow{AB}| < 0$ का कोई अर्थ नहीं है।

(ii) **अभिदिशा** (Sense) किसी दिष्ट रेखाखण्ड की अभिदिशा प्रारम्भिक बिन्दु से अन्तिम बिन्दु की ओर होती है। अत: दिष्ट रेखाखण्ड $\overrightarrow{AB}$ की अभिदिशा बिन्दु A से B की ओर है।

(iii) **अवलम्ब** (Support) असीमित लम्बाई की रेखा जिसका दिष्ट रेखाखण्ड $\overrightarrow{AB}$ एक भाग है, अवलम्ब कहलाती है।

सदिशों के प्रकार Types of Vectors

(i) **मुक्त सदिश** (Free Vector) वह सदिश जो विशेष बिन्दु से सम्बन्धित नहीं होता है, मुक्त सदिश कहलाता है। ऐसे सदिश के स्थानान्तरण से कोई परिवर्तन नहीं होता है। ऐसे सदिश का मान केवल उसके परिमाण तथा दिशा पर आश्रित होता है। यह समष्टि में सदिश की स्थिति पर आश्रित नहीं होता है।

(ii) **स्थानीकृत सदिश** (Localised Vector) वह सदिश जो किसी निश्चित बिन्दु से सम्बन्धित होता है, स्थानीकृत सदिश कहलाता है। इसका कार्य बिन्दु बदलने से सदिश का प्रभाव भी बदल जाता है।

(iii) **शून्य सदिश** (Zero Vector) ऐसा सदिश जिसका परिमाण शून्य हो, शून्य सदिश कहलाता है। शून्य सदिश की दिशा अनिश्चित होती है। इसे प्राय: $\vec{0}$ से व्यक्त करते हैं। शून्य सदिश को निरूपित करने वाली दिष्ट रेखा के दोनों बिन्दु सम्पाती होते हैं।

(iv) **एकक सदिश या इकाई सदिश** (Unit Vector) एक सदिश, जिसका परिमाण इकाई हो, इकाई सदिश कहलाता है। किसी सदिश $\vec{\mathbf{a}}$ की दिशा में इकाई सदिश को $\hat{\mathbf{a}}$ द्वारा निरूपित किया जाता है अत:

$$|\hat{\mathbf{a}}| = 1 \cdot \hat{\mathbf{a}} = \frac{\vec{\mathbf{a}}}{|\mathbf{a}|} = \frac{\text{सदिश } \vec{\mathbf{a}}}{\vec{\mathbf{a}} \text{ का परिमाण}}$$

(v) **स्थिति सदिश** (Position Vector) किसी निश्चित मूलबिन्दु O के सापेक्ष बिन्दु P की स्थिति को निरूपित करने वाला सदिश $\overrightarrow{\mathbf{OP}}$, P का स्थिति सदिश कहलाता है। यदि बिन्दु A का कार्त्तीय निर्देशांक (x, y, z) हो, तो $\overrightarrow{\mathbf{OA}} = x\hat{\mathbf{i}} + y\hat{\mathbf{j}} + z\hat{\mathbf{k}}$, A का स्थिति सदिश है।

अत: $x\hat{\mathbf{i}} + y\hat{\mathbf{j}} + z\hat{\mathbf{k}} \equiv (x, y, z)$

यदि $\vec{\mathbf{a}}$ तथा $\vec{\mathbf{b}}$ दो बिन्दुओं A और B के स्थित सदिश हों, तो

$$\overrightarrow{\mathbf{AB}} = B \text{ का स्थित सदिश} - A \text{ के स्थित सदिश}$$

$$= \vec{\mathbf{b}} - \vec{\mathbf{a}}$$

(vi) **सदिशों की समानता** (Equality of Vectors) दो सदिश राशियाँ $\vec{\mathbf{a}}$ तथा $\vec{\mathbf{b}}$ समान कहलाएँगे, यदि (a) $|\vec{\mathbf{a}}| = |\vec{\mathbf{b}}|$, (b) उनके आधार समान अथवा समान्तर हों (c) समान अभिदिशा हों।

(vii) **अनुदिश सदिश** (Like Vector) एक दिशा में कार्य करने वाले सदिश राशियों को अनुदिश सदिश कहते हैं। चित्र में, सदिश $\vec{\mathbf{a}}$ व $\vec{\mathbf{b}}$ अनुदिश सदिश है।

$\vec{\mathbf{a}}$

$\vec{\mathbf{b}}$

(viii) **प्रतिदिश सदिश** (Unlike Vector) विपरीत दिशा में कार्य करने वाले सदिश राशियों को प्रतिदिश सदिश कहते हैं। चित्र में, सदिश $\vec{\mathbf{a}}$ व $\vec{\mathbf{b}}$ प्रतिदिश सदिश हैं।

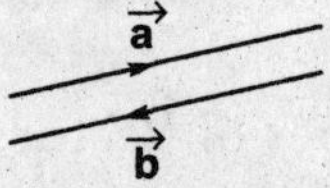

(ix) **किसी सदिश का अदिश गुणज** (Scalar Multiple of a Vector) मान लीजिए $\vec{\mathbf{a}}$ एक ज्ञात सदिश राशि है, तो $k\vec{\mathbf{a}}$ एक ऐसा सदिश राशि है जिसका परिमाण (Magnitude) सदिश $\vec{\mathbf{a}}$ के परिमाण का $|k|$ गुना है और जिसकी दिशा सदिश $\vec{\mathbf{a}}$ के समान अथवा विपरीत है, यदि k क्रमश: धनात्मक अथवा ऋणात्मक है।

(x) **ऋणात्मक सदिश** (Negative Vector) यदि $\vec{\mathbf{a}}$ एक ज्ञात सदिश राशि है, तो $-\vec{\mathbf{a}}$ एक ऐसी सदिश राशि है जिसका परिमाण सदिश $\vec{\mathbf{a}}$ के समान किन्तु दिशा सदिश $\vec{\mathbf{a}}$ की दिशा के विपरीत है।

(xi) **सहआदि-बिन्दु सदिश** (Coinitial Vector) वे सदिश राशियाँ जिनका आदि-बिन्दु समान होता है, सहआदि-बिन्दु सदिश राशियाँ सहप्रारम्भिक सदिश राशियाँ कहलाते हैं।

(xii) **विस्थापन सदिश** (Displacement Vector) यदि कोई कण बिन्दु A से बिन्दु B तक विस्थापित किया जाये, तो विस्थापन AB एक सदिश राशि है, अर्थात् $\overrightarrow{\mathbf{AB}}$ उस कण का विस्थापन सदिश कहलाता है।

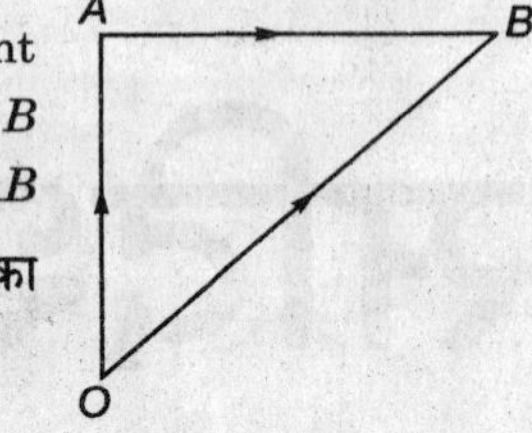

अत: $\overrightarrow{\mathbf{AB}} = \overrightarrow{\mathbf{OB}} - \overrightarrow{\mathbf{OA}}$

(xiii) **समरेखीय या समान्तर सदिश** (Collinear or Parallel Vector) दो या दो से अधिक सदिश राशियाँ समरेख या समान्तर कहलाती हैं। यदि वे एक ही (same) रेखा के अनुदिश या समान्तर रेखाओं के अनुदिश हों।

(xiv) **एक-समतलीय सदिश** (Coplanar Vector) तीन या तीन से अधिक सदिश राशियाँ एक-समतलीय कहलाती हैं। यदि वे एक ही (Same) समतल के समान्तर हों या एक ही समतल में स्थित हों चाहे उनका परिमाण (Magnitude) कुछ भी हो।

(xv) **व्युत्क्रम सदिश** (Reciprocal Vector) एक सदिश राशि, जिसकी दिशा दिए गए सदिश $\vec{\mathbf{a}}$ की दिशा के समान हो, लेकिन परिमाण दिए गए सदिश के परिमाण के व्युत्क्रम के बराबर हो, $\vec{\mathbf{a}}$ का व्युत्क्रम सदिश कहलाता है तथा इसे $\vec{\mathbf{a}}^{-1}$ द्वारा निरूपित करते हैं। अत: यदि

$$|\vec{\mathbf{a}}| = a \Rightarrow |\vec{\mathbf{a}}^{-1}| = \frac{1}{a}$$

(xvi) **संलग्न सदिश** (Coterminous Vector) वह सदिश राशि, जिनके सिरे बिन्दु समान हैं, संलग्न सदिश कहलाते हैं।

एक सदिश के घटक Components of a Vector

द्विविमीय Two Dimensions

माना मूलबिन्दु O के सापेक्ष समतल में स्थित कोई बिन्दु P है, जबकि $\hat{\mathbf{i}}$ तथा $\hat{\mathbf{j}}$ क्रमश: OX तथा OY दिशाओं में एकांक सदिश हैं।

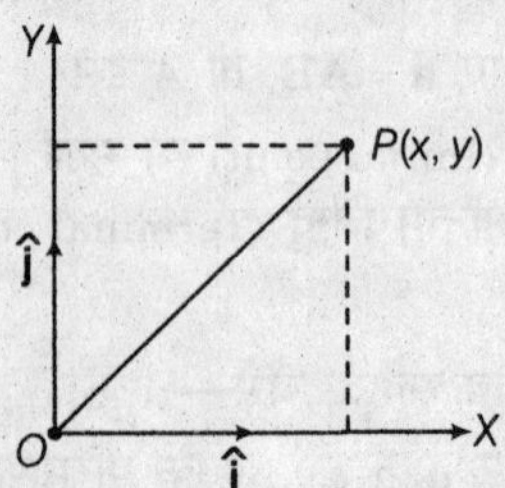

तब, $\overrightarrow{\mathbf{OP}} = x\hat{\mathbf{i}} + y\hat{\mathbf{j}} \Rightarrow \vec{\mathbf{r}} = x\hat{\mathbf{i}} + y\hat{\mathbf{j}}$ तथा $|\vec{\mathbf{r}}| = \sqrt{x^2 + y^2}$

यहाँ, सदिशों $x\hat{i}$ और $y\hat{j}$ को सदिश $\vec{r}$ या $\overrightarrow{OP}$ के $\hat{i}$ और $\hat{j}$ की दिशा में **लम्बकोणीय घटक** (Orthogonal components) कहते हैं।

त्रिविमीय Three Dimensions

माना अन्तरिक्ष में कोई बिन्दु P है, जिसके निर्देशांक (x, y, z) तथा अक्षों OX, OY तथा OZ के सापेक्ष एकांक सदिश क्रमश: $\hat{i}, \hat{j}$ तथा $\hat{k}$ हैं, तब मूलबिन्दु O के सापेक्ष P का स्थिति सदिश निम्न होगा

$$\overrightarrow{OP} \text{ या } \vec{r} = x\hat{i} + y\hat{j} + z\hat{k}$$

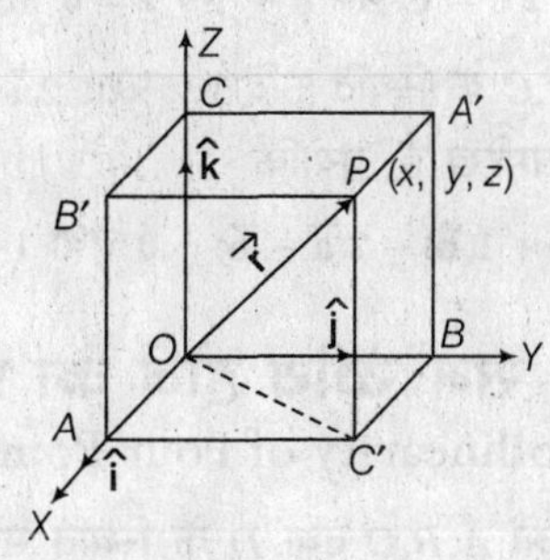

सदिश $\overrightarrow{OP}$ के इस रूप को **घटक रूप** (Component form) कहते हैं, जहाँ x, y तथा z; r के **अदिश घटक** (Scalar component) कहलाते हैं और $x\hat{i}, y\hat{j}$, तथा $z\hat{k}$, $\overrightarrow{OP}$ (या $\vec{r}$) के संगत अक्षों के सापेक्ष **सदिश घटक** (Vector components) हैं।

कभी-कभी x, y तथा z को **समकोणिक घटक** (Rectangular components) भी कहा जाता है। किसी सदिश $\vec{r} = x\hat{i} + y\hat{j} + z\hat{k}$ की लम्बाई, $|\vec{r}| = |x\hat{i} + y\hat{j} + z\hat{k}| = \sqrt{x^2 + y^2 + z^2}$ होगी।

सदिशों का व्यवकलन Subtraction of Vectors

दो सदिश राशियों $\vec{a}$ तथा $\vec{b}$ के लिए उनका व्यवकलन $\vec{a} - \vec{b}$ निम्न प्रकार परिभाषित होता है $\vec{a} - \vec{b} = \vec{a} + (-\vec{b})$

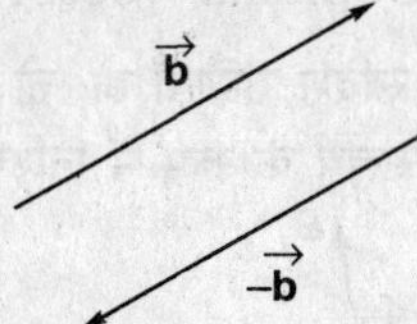

जहाँ सदिश राशि $-\vec{b}$, सदिश राशि $\vec{b}$ का ऋण सदिश राशि है जिसका मापांक $\vec{b}$ के मापांक के बराबर तथा दिशा सदिश $\vec{b}$ से विपरीत है।

जैसे—यदि $\vec{a} = a_1\hat{i} + a_2\hat{j} + a_3\hat{k}$ तथा $\vec{b} = b_1\hat{i} + b_2\hat{j} + b_3\hat{k}$ हो, तो

$$\vec{a} - \vec{b} = (a_1 - b_1)\hat{i} + (a_2 - b_2)\hat{j} + (a_3 - b_3)\hat{k}$$

सदिशों का योग Addition of Vectors

दो सदिश राशियों $\vec{a}$ तथा $\vec{b}$ के योग को $\vec{a} + \vec{b}$ से निरूपित करते हैं तथा इसे सदिश $\vec{a}$ तथा सदिश $\vec{b}$ का परिणामी कहते हैं।

सदिश राशियों के योग के निम्न दो नियम हैं

1. सदिशों के योग का त्रिभुज नियम
Triangle Law of Vectors Addition

यदि दो सदिश राशियाँ किसी ΔABC की दो भुजाओं AB तथा BC से क्रमवार निरूपित हों, तो उनका योग उस त्रिभुज की तीसरी भुजा AC से विपरीत क्रम में निरूपित होता है। अत: यदि $\vec{a} = \overrightarrow{AB}$ तथा $\vec{b} = \overrightarrow{BC}$ हो, तो $\vec{a} + \vec{b} = \overrightarrow{AC}$

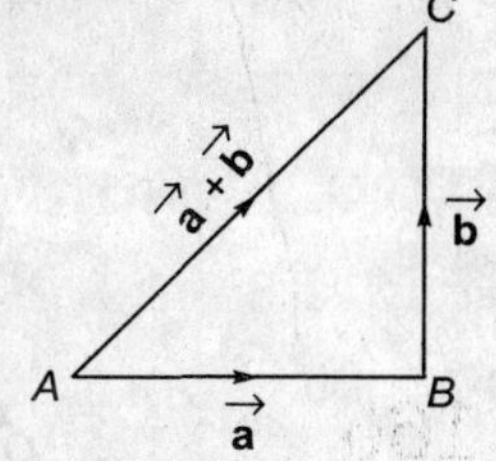

2. सदिशों के योग का समान्तर चतुर्भुज नियम
Parallelogram Law of Vectors Addition

यदि दो सदिश राशियाँ $\vec{a}$ तथा $\vec{b}$ किसी समान्तर चतुर्भुज $OABC$ की क्रमागत भुजाओं क्रमश: OA तथा OC के अनुदिश (चित्रानुसार) हों, तो उभयनिष्ठ शीर्ष से जाने वाला विकर्ण उनके योग को निरूपित करेगा।

अत: यदि $\vec{a} = \overrightarrow{OA}$ तथा $\vec{b} = \overrightarrow{OC}$ हो तो $\vec{a} + \vec{b} = \overrightarrow{OB}$

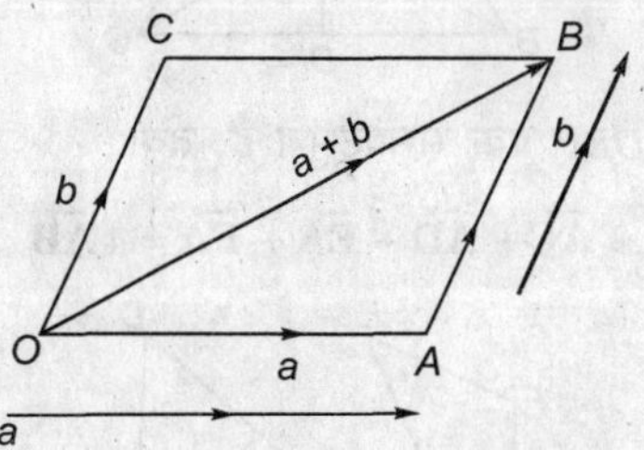

सदिश योग के गुणधर्म
Properties of Vector Addition

(i) **द्विआधारी संक्रिया** (Binary operation) दो सदिश राशियों का योग एक द्विआधारी संक्रिया है अर्थात् दो सदिश राशियों का योग एक सदिश राशि होता है।

(ii) **क्रमविनिमेयता** (Comutating) सदिश राशियों का योग क्रमविनिमेय होता है अर्थात् किन्हीं सदिश राशियों $\vec{a}, \vec{b}$ के लिए $\vec{a} + \vec{b} = \vec{b} + \vec{a}$ होता है।

(iii) **साहचर्यता** (Associativity) सदिश राशियों का योग सहचारी होता है अर्थात् किन्हीं सदिश राशियों $\vec{a}, \vec{b}, \vec{c}$ के लिए $(\vec{a} + \vec{b}) + \vec{c} = \vec{a} + (\vec{b} + \vec{c})$ होता है।

(iv) **योज्य तत्समक** (Additive identity) शून्य सदिश योज्य तत्समक है अर्थात् किसी सदिश राशि $\vec{a}$ के लिए, $\vec{a} + \vec{0} = \vec{a} = \vec{0} + \vec{a}$ होता है।

(v) **योज्य प्रतिलोम** (Additive inverse) प्रत्येक सदिश राशि $\vec{a}$ के लिए ऋण सदिश $-\vec{a}$ ऐसा विद्यमान होता है कि $\vec{a} + (-\vec{a}) = \vec{0} = -\vec{a} + \vec{a}$

(vi) **निरसन नियम** (Cancelation law) किन्हीं सदिश राशियों $\vec{a}, \vec{b}, \vec{c}$ के लिए,

$$\left.\begin{array}{l}\vec{a} + \vec{b} = \vec{a} + \vec{c} \\ \vec{b} + \vec{a} = \vec{c} + \vec{a}\end{array}\right\} \Rightarrow \vec{b} = \vec{c}$$

(vii) दो सदिश $\lambda\overrightarrow{OA}$ तथा $\mu\,\overrightarrow{OB}$ का परिणामी सदिश $(\lambda+\mu)\overrightarrow{OG}$ होता है, जहाँ G रेखा AB को $\mu:\lambda$ के अनुपात में बाँटता है।

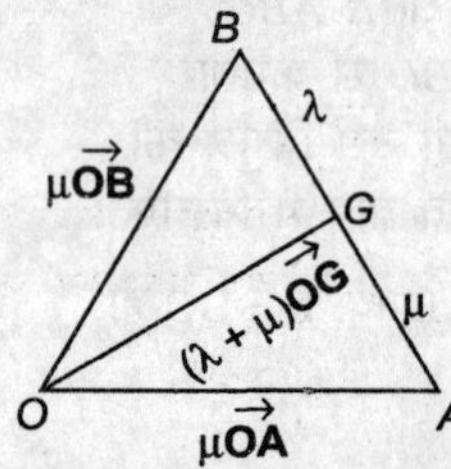

(viii) यदि AD, BE तथा CF एक ΔABC की माध्यिकाएँ हैं, तब

$$\overrightarrow{AD}+\overrightarrow{BE}+\overrightarrow{CF}=\vec{0}$$

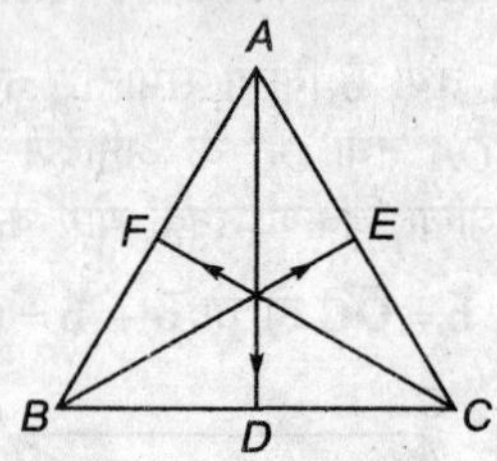

(ix) यदि $ABCDEF$ एक समषट्भुज है, तब

$$\overrightarrow{AB}+\overrightarrow{AC}+\overrightarrow{AD}+\overrightarrow{EA}+\overrightarrow{FA}=4\overrightarrow{AB}$$

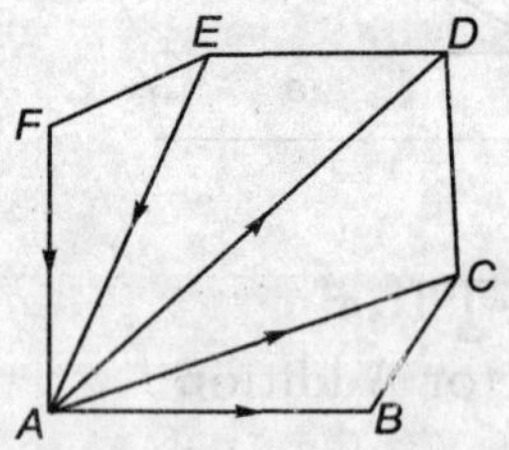

समरेखीय तथा असमरेखीय सदिश
Collinear and Non-Collinear Vectors

दो सदिश राशियाँ समरेखीय कहलाती हैं, यदि

(i) दोनों सदिश राशियाँ समान्तर हों।

(ii) एक सदिश राशि का परिमाण, दूसरी सदिश राशि के परिमाण का अदिश गुणन हो। अन्यथा सदिश राशियाँ असमरेखीय कहलाती हैं।

मान लीजिए $\vec{a}$ तथा $\vec{b}$ दो समरेखीय सदिश राशियाँ हैं तथा मान लीजिए $\hat{x}$, सदिश $\vec{a}$ की दिशा में एक इकाई सदिश है, तब सदिश $\vec{b}$ की दिशा में इकाई सदिश राशि $\vec{a}$ तथा $\vec{b}$ के समदिश या असमदिश समान्तर सदिश होने के अनुसार क्रमश: $\hat{x}$ या $-\hat{x}$ होगा। अत:

$\vec{a}=|\vec{a}|\,\hat{x}$ तथा $\vec{b}=\pm|\vec{b}|\,\hat{x}$

$$\Rightarrow\quad \vec{a}=\left(\frac{|\vec{a}|}{|\vec{b}|}\right)|\vec{b}|\,\hat{x}\quad\Rightarrow \vec{a}=\left(\pm\frac{|\vec{a}|}{|\vec{b}|}\right)\vec{b}$$

$$\Rightarrow\quad \vec{a}=\lambda\vec{b},\quad \text{जहाँ } \lambda=\pm\frac{|\vec{a}|}{|\vec{b}|}$$

अत: यदि $\vec{a}$ तथा $\vec{b}$ समरेखीय सदिश राशि हैं, तो $\vec{a}=\lambda\vec{b}$ या $\vec{b}=\lambda\vec{a}$, जहाँ λ एक अदिश राशि है।

तीन बिन्दुओं के समरेखीय होने का प्रतिबन्ध
Condition for Collinearity of Three Points

(i) तीन बिन्दु A,B,C समरेख होंगे, यदि सदिश राशि $\overrightarrow{AB}, \overrightarrow{BC}$ तथा $\overrightarrow{AC}$ में कोई दो समान्तर सदिश राशि हों।

(ii) यदि तीन बिन्दुओं के स्थिति सदिश राशि $\vec{a},\vec{b},\vec{c}$ हों तथा x,y,z तीन अदिश राशियाँ (सभी शून्य नहीं) हों, तो इन तीन बिन्दुओं के समरेख होने के लिए आवश्यक एवं पर्याप्त प्रतिबन्ध

$x\vec{a}+y\vec{b}+z\vec{c}=\vec{0}$ जब $x+y+z=0$ होगा।

जैसे—यदि A,B,C के स्थिति सदिश क्रमश: $2\vec{a}-3\vec{b}$, $\vec{b}$ तथा $\vec{a}-\vec{b}$ हों, तो A,B,C समरेख हैं, क्योंकि

$1(2\vec{a}-3\vec{b})+1(\vec{b})-2(\vec{a}-\vec{b})=\vec{0}$ तथा $1+1-2=0$

चार बिन्दुओं के समरेखीय होने का प्रतिबन्ध
Condition for Collinearity of Four Points

मान लीजिए चार बिन्दुओं A,B,C तथा D के स्थिति सदिश क्रमश: $\vec{a},\vec{b},\vec{c}$ तथा $\vec{d}$ हैं। अब, चार बिन्दुओं द्वारा निरूपित तीन सदिश $\overrightarrow{AB}, \overrightarrow{AC}$ तथा $\overrightarrow{AD}$ चित्रानुसार हैं।

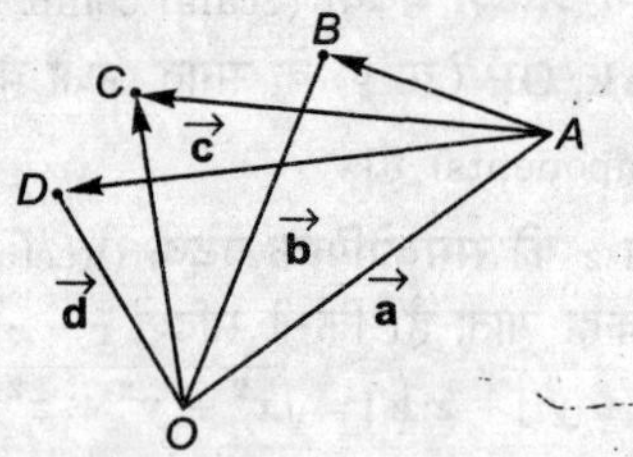

सदिश $\overrightarrow{AB}, \overrightarrow{AC}$ तथा $\overrightarrow{AD}$ समरेखीय होंगे, यदि

$$\overrightarrow{AC}=m\overrightarrow{AB} \text{ तथा } \overrightarrow{AD}=n\overrightarrow{AB}$$

समतलीय सदिश Coplanar Vector

यदि $\vec{a},\vec{b},\vec{c}$ तीन समतलीय सदिश राशियाँ हों, तो किसी एक सदिश $\vec{c}$ को शेष दो सदिशों के एकघात संचय के रूप में निश्चित किया जा सकता है।

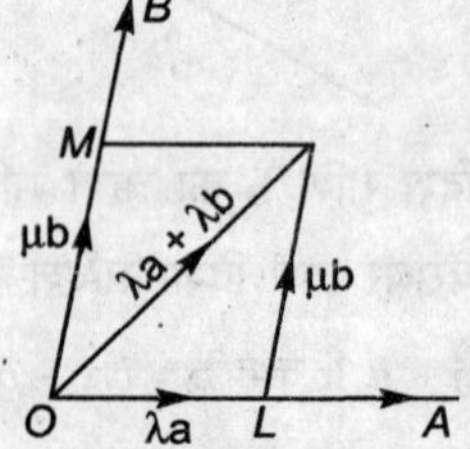

अर्थात् $\quad \vec{c}=\lambda\vec{a}+\mu\vec{b}$

जहाँ λ तथा μ उपयुक्त अदिश राशियाँ हैं।

अत: यदि $\vec{a},\vec{b},\vec{c}$ तीन समतलीय सदिश हों, तो x,y,z (सभी शून्य नहीं) अदिश राशियाँ इस प्रकार विद्यमान होंगी कि, $x\vec{a}+y\vec{b}+z\vec{c}=0$

जैसे—सदिश $\vec{A}=2\vec{a}+3\vec{b}$, $\vec{B}=\vec{a}-\vec{b}$ तथा $\vec{C}=\vec{a}+9\vec{b}$ समतलीय सदिश हैं, चूँकि $\vec{C}=2\vec{A}-3\vec{B}$

असमतलीय सदिश Non-coplanar Vector

यदि तीन सदिश राशियाँ $\vec{a}, \vec{b}, \vec{c}$ ऐसे हों, कि $\lambda\vec{a} + \mu\vec{b} + \nu\vec{c} = 0$ तथा $\lambda = \mu = \nu = 0$ जहाँ λ, μ, ν अदिश राशि हैं। असमतलीय सदिश राशि कहलाते हैं।

सदिश की दिक् कोज्याएँ
Direction Cosines of a Vector

माना बिन्दु $P(x, y, z)$ का स्थिति सदिश $\overrightarrow{OP}$ है, जो निर्देशांक्षों की धनात्मक दिशाओं OX, OY तथा OZ से क्रमश: α, β तथा γ कोण बनाता है, तो इन कोणों की कोज्याएँ (Cosines) अर्थात् $\cos\alpha$, $\cos\beta$ तथा $\cos\gamma$ को सदिश $\overrightarrow{OP}$ की **दिक् कोज्याएँ** कहते हैं। इन्हें क्रमश: l, m तथा n से प्रदर्शित करते हैं।

अर्थात् $\quad l = \cos\alpha, m = \cos\beta, n = \cos\gamma$

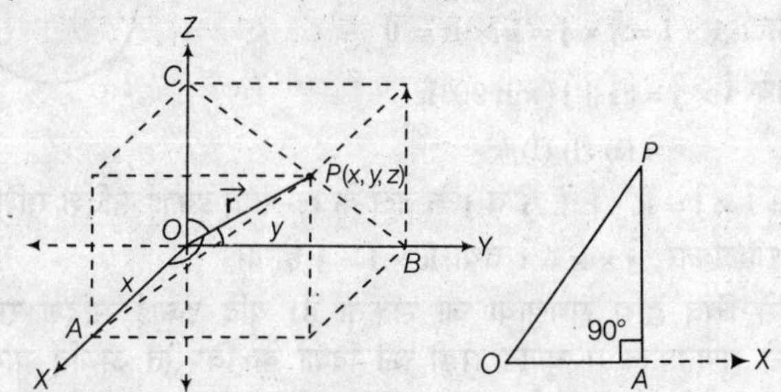

यहाँ, α, β तथा γ को **दिक् कोण** (Direction angles) कहते हैं, जो प्रतिबन्ध $\alpha, \beta \geq 0$ तथा $\gamma \leq \pi$ को सन्तुष्ट करते हैं।

साथ ही, इन कोणों के कोज्या मानों अर्थात् $\cos\alpha, \cos\beta$ तथा $\cos\gamma$ को सदिश $\overrightarrow{OP}$ की दिक् कोज्याओं के नाम से भी जाना जाता है।

चित्र में, ΔOAP एक समकोण त्रिभुज है।

तब, $\quad \cos\alpha = \dfrac{x}{r}$, जहाँ $r = |\vec{r}|$

सदिश के दिक् अनुपात
Direction Ratios of a Vector

माना सदिश $\vec{r}$ की दिक् कोज्याएँ l, m, n हैं तथा संख्याएँ a, b, c इस प्रकार हैं कि $\dfrac{l}{a} = \dfrac{m}{b} = \dfrac{n}{c}$, तब a, b, c को सदिश $\vec{r}$ के **दिक् अनुपात** (Direction ratios) कहते हैं।

यदि $\vec{r} = a\hat{i} + b\hat{j} + c\hat{k}$, जहाँ a, b तथा c; $\vec{r}$ के दिक् अनुपात हैं, तब इसकी **दिक् कोज्याएँ** $\dfrac{a}{\sqrt{a^2+b^2+c^2}}, \dfrac{b}{\sqrt{a^2+b^2+c^2}}, \dfrac{c}{\sqrt{a^2+b^2+c^2}}$ होंगी।

नोट $l^2 + m^2 + n^2 = 1$, परन्तु $a^2 + b^2 + c^2 \neq 1$

दो सदिशों का गुणन
Multiplication of Two Vectors

दो सदिश राशियों का गुणनफल बीजगणित में अपनायी जाने वाली गुणनफल की साधारण प्रक्रिया से नहीं किया जा सकता क्योंकि सदिश राशियों में परिमाण के साथ-साथ दिशा का भी महत्त्व होता हैं।

अत: दो सदिश राशियों के गुणन की निम्नलिखित दो विधियाँ हैं

(i) अदिश या बिन्दु गुणन (Scalar or Dot Product)

(ii) सदिश या वज्र गुणन (Vector or Cross Product)

अदिश या बिन्दु गुणन Scalar or Dot Product

मान लीजिए $\vec{a}$ और $\vec{b}$ दो सदिश राशियाँ हैं जिनके बीच का कोण θ हो, तो अदिश राशि $ab\cos\theta$ उनका अदिश या बिन्दु गुणनफल कहलाता है। जिसे $\vec{a}\cdot\vec{b}$ से निरूपित करते हैं। अत:

$$\vec{a}\cdot\vec{b} = |\vec{a}||\vec{b}|\cos\theta$$

विशेष दशाओं में अदिश गुणनफल
Scalar Product in Particular Cases

मान लीजिए a, b दो सदिश राशियाँ हैं, जिनके बीच का कोण θ है, तब

$$\vec{a}\cdot\vec{b} = |\vec{a}||\vec{b}|\cos\theta \quad \ldots(i)$$

जहाँ $|\vec{a}|$ तथा $|\vec{b}|$ क्रमश: सदिश राशियों a तथा b के मापांक हैं और $0 \leq \theta \leq \pi$

$$\Rightarrow \quad \cos\theta = \frac{\vec{a}\cdot\vec{b}}{|\vec{a}||\vec{b}|} \Rightarrow \theta = \cos^{-1}\left(\frac{\vec{a}\cdot\vec{b}}{|\vec{a}||\vec{b}|}\right)$$

(i) जब सदिश $\vec{a}$ तथा $\vec{b}$ समान सदिश हों, तो सदिशों के मध्य का कोण $\theta = 0°$ होगा। अत: समी (i) से,

$$\vec{a}\cdot\vec{a} = |\vec{a}||\vec{a}|\cos 0° = |\vec{a}||\vec{a}|$$

$$\Rightarrow \quad \vec{a}\cdot\vec{a} = |\vec{a}|^2$$

अर्थात् किसी सदिश का वर्ग उसके मापांक के वर्ग के बराबर होता है।

(ii) जब सदिश $\vec{a}$ तथा $\vec{b}$ समदिश समान्तर हों, तो सदिशों के मध्य का कोण $\theta = 0°$ होगा। अत: समी (i) से,

$$\vec{a}\cdot\vec{b} = |\vec{a}||\vec{b}|\cos 0° = |\vec{a}||\vec{b}|$$

अर्थात् इस स्थिति में सदिशों का अदिश गुणनफल उनके परिमाणों के गुणनफल के बराबर होता है।

(iii) जब सदिश $\vec{a}$ तथा $\vec{b}$ परस्पर लम्बवत् हों, तो सदिशों के मध्य का कोण $\theta = \pi/2$ होगा। अत: समी (i) से,

$$\vec{a}\cdot\vec{b} = |\vec{a}||\vec{b}|\cos\frac{\pi}{2} = |\vec{a}||\vec{b}|0 = 0$$

लेकिन इसका विलोम सदैव सत्य नहीं होता है।

अर्थात् $\quad a\cdot b = 0 \Rightarrow a \perp b$

लेकिन यदि $\vec{a}$ और $\vec{b}$ अशून्य सदिश राशियाँ हैं, तो

$$\vec{a}\cdot\vec{b} = 0 \Rightarrow \vec{a} \perp \vec{b}$$

अत: $\quad \vec{a} \neq 0, \vec{b} \neq 0, \vec{a}\cdot\vec{b} = 0 \Leftrightarrow \vec{a} \perp \vec{b}$

अदिश गुणन के गुणधर्म
Properties of Scalar Product

(i) दो सदिश राशियों का अदिश गुणनफल क्रमविनिमेय होता है अर्थात्

$\vec{a}\cdot\vec{b} = \vec{b}\cdot\vec{a} = |\vec{a}||\vec{b}|\cos\theta$

(ii) यदि m तथा n कोई दो अदिश राशियाँ हैं, तो,

$$(m\vec{a})\cdot(n\vec{b}) = (m\vec{b})\cdot(n\vec{a}) \quad \text{[साहचर्यता]}$$

(iii) $\vec{a}\cdot(\vec{b}+\vec{c})=\vec{a}\cdot\vec{b}+\vec{a}\cdot\vec{c}$ [वितरण नियम]

(iv) $\vec{a}\cdot\vec{b}=\vec{a}\cdot\vec{c}\not\Rightarrow\vec{b}=\vec{a}$ [वास्तव में $\vec{a}\cdot\vec{b}=\vec{a}\cdot\vec{c}\Rightarrow\vec{a}\cdot(\vec{b}-\vec{c})=0$ $\Rightarrow\vec{a}=\vec{0}$ या $\vec{b}=\vec{c}$ या $\vec{a}\perp(\vec{b}-\vec{c})$]

(v) यदि $\vec{a}=a_1\hat{i}+a_2\hat{j}+a_3\hat{k}$ तथा $\vec{b}=b_1\hat{i}+b_2\hat{j}+b_3\hat{k}$ हो, तो

$$\vec{a}\cdot\vec{b}=a_1b_1+a_2b_2+a_3b_3=|\vec{a}||\vec{b}|\cos\theta$$

(vi) यदि $a_1a_2+b_1b_2+c_1c_2=0$ हो, तो दोनों सदिश राशियाँ परस्पर लम्ब होंगी तथा यदि $\frac{a_1}{b_1}=\frac{a_2}{b_2}=\frac{a_3}{b_3}$ हो, तो दोनों सदिश राशियाँ परस्पर समान्तर होंगी।

(vii) यदि कोई बल $\vec{F}$ किसी पिण्ड को $\vec{d}$ दूरी तक विस्थापित करता हो तथा विस्थापन की दिशा बल की क्रिया रेखा से θ कोण बनाती हो, तो बल द्वारा किया गया कार्य, $\vec{W}=\vec{F}\cdot\vec{d}=Fd\cos\theta$

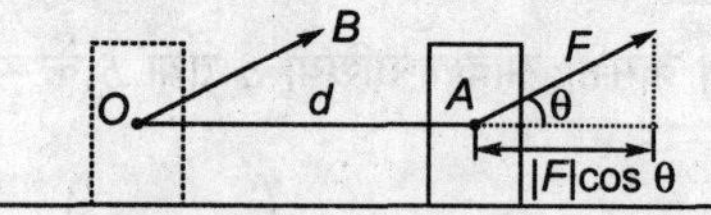

सदिश या वज्र गुणन Vector or Cross Product

मान लीजिए $\vec{a}$ और $\vec{b}$ दो सदिश राशियों के बीच का कोण θ $(0\le\theta<\pi)$ हो, तो इनका सदिश या वज्र (cross) गुणनफल एक ऐसी सदिश राशि है जिसका परिमाण $|\vec{a}||\vec{b}|\sin\theta$ और जिसकी दिशा $\vec{a}$ और $\vec{b}$ के तल के लम्बवत् ($\vec{a}$ से $\vec{b}$ की ओर घूर्णन की दिशा में) है। इसे $\vec{a}\times\vec{b}$ संकेत से निरूपित करते हैं।

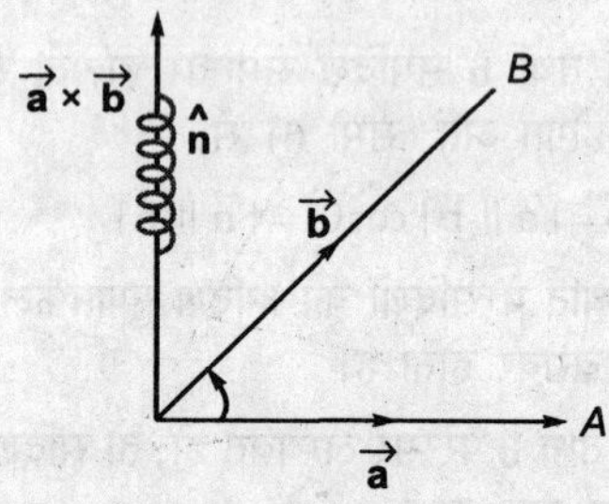

अत: यदि सदिश राशियों $\vec{a}$ और $\vec{b}$ के तल के लम्बवत् सदिश राशियों $\vec{a}$ से $\vec{b}$ की ओर घूर्णन की दिशा में $\hat{n}$ इकाई सदिश राशि हो, तो

$$\vec{a}\times\vec{b}=|\vec{a}||\vec{b}|\sin\theta\,\hat{n}=|\vec{a}\times\vec{b}|\,\hat{n}$$

अत: $|\vec{a}\times\vec{b}|=|\vec{a}||\vec{b}|\sin\theta$

$$\Rightarrow\quad \sin\theta=\frac{|\vec{a}\times\vec{b}|}{|\vec{a}||\vec{b}|}\text{ तथा }\hat{n}=\frac{\vec{a}\times\vec{b}}{|\vec{a}\times\vec{b}|}$$

विशेष दशाओं में सदिश गुणनफल
Cross Product in Particular Cases

(a) जब सदिश $\vec{a}$ और सदिश $\vec{b}$ समान्तर सदिश हैं तो इस स्थिति में, θ = 0 या π, अत: $\vec{a}\times\vec{b}=\vec{0}$, लेकिन इसका विलोम सदैव सत्य नहीं होता है, अर्थात्

$$\vec{a}\times\vec{b}=0\not\Rightarrow\vec{a}\parallel\vec{b}$$

लेकिन यदि $\vec{a}$ और $\vec{b}$ अशून्य सदिश हों, तो

$$\vec{a}\times\vec{b}=\vec{0}\Rightarrow\vec{a}\parallel\vec{b}$$

(b) जब सदिश $\vec{a}$ तथा सदिश $\vec{b}$ लम्बवत् सदिश हों, तो इस स्थिति में, सदिश $\vec{a}$ तथा सदिश $\vec{b}$ के बीच कोण θ = 90° अत:

$$\vec{a}\times\vec{b}=|\vec{a}||\vec{b}|\sin 90^\circ\,\hat{n}=|\vec{a}||\vec{b}|\,\hat{n}$$

$$\Rightarrow\quad |\vec{a}\times\vec{b}|=|\vec{a}||\vec{b}| \qquad [\because|\hat{n}|=1]$$

अत: दो लम्बवत् सदिश राशियों का सदिश गुणनफल एक सदिश राशि होता है जिसका परिमाण दोनों सदिश राशियों के परिमाणों के गुणनफल के बराबर होता है तथा जिसकी दिशा पहली सदिश राशि से दूसरी सदिश राशि की ओर घूर्णन दिशा में है।

(c) चूँकि $\hat{i},\hat{j}$ तथा $\hat{k}$ तीन परस्पर लम्बवत् इकाई सदिश राशियाँ हैं।

अत: $\hat{i}\times\hat{i}=\hat{j}\times\hat{j}=\hat{k}\times\hat{k}=\vec{0}$

तथा $\hat{i}\times\hat{j}=|\hat{i}||\hat{j}|\sin 90^\circ\,\hat{k}$

$=(1)(1)(1)\,\hat{k}$

$\Rightarrow\hat{i}\times\hat{j}=\hat{k}$ [$\because\hat{k}$, $\hat{i}$ व $\hat{j}$ के तल के लम्बवत् इकाई सदिश राशि है]

इसी प्रकार, $\hat{j}\times\hat{k}=\hat{i}$ तथा $\hat{k}\times\hat{i}=\hat{j}$ होगा।

इसे चित्र द्वारा समझाया जा सकता है। यदि इकाई सदिश राशियों को गुणनफल में घूर्णन घड़ी की दिशा के विपरीत अर्थात् वामावर्त दिशा है, तो परिणामी इकाई सदिश राशि ऋणात्मक होगी तथा यदि घूर्णन दक्षिणावर्त दिशा है, तो परिणामी इकाई सदिश राशि धनात्मक होगी।

(d) माना $\vec{a}=a_1\hat{i}+a_2\hat{j}+a_3\hat{k}$ तथा $\vec{b}=b_1\hat{i}+b_2\hat{j}+b_3\hat{k}$

$$\text{तब, }\vec{a}\times\vec{b}=\begin{vmatrix}\hat{i}&\hat{j}&\hat{k}\\a_1&a_2&a_3\\b_1&b_2&b_3\end{vmatrix}$$

$$=\hat{i}(a_2b_3-b_2a_3)-\hat{j}(a_1b_3-b_1a_3)+\hat{k}(a_1b_2-b_1a_2)$$

बलयुग्म का आघूर्ण Moment of Couple

(i) **बिन्दु के सापेक्ष**

बल आघूर्ण $=\vec{r}\times\vec{F}=|\vec{r}||\vec{F}|\sin\theta\,\hat{n}$

जहाँ $\vec{r}$ किसी बिन्दु की स्थिति सदिश राशि है तथा बिन्दु O पर कार्यरत् बल $\vec{F}$ है।

(ii) **रेखा के सापेक्ष** किसी रेखा L के सापेक्ष बिन्दु P पर कार्यरत् बल $\vec{F}$ का आघूर्ण एक अदिश राशि है तथा आघूर्ण $(\vec{r}\times\vec{F})\cdot\hat{a}$ है।

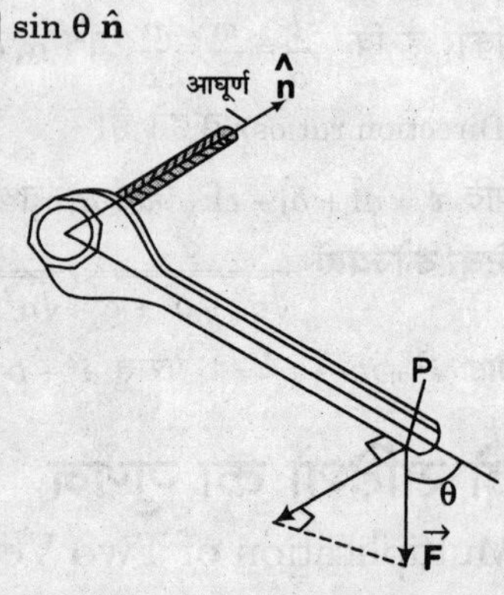

जहाँ $\hat{a}$ एक इकाई सदिश राशि है जिसकी दिशा रेखा की दिशा के अनुदिश है तथा $\vec{r}=\overrightarrow{OP}$, जहाँ विशिष्ट बिन्दु रेखा पर कोई बिन्दु O है।

सदिश गुणन के गुणधर्म
Properties of Vector Product

(i) **क्रमविनिमेयता** (Commutativity) सदिश गुणनफल क्रमविनिमेय गुणधर्म का पालन नहीं करता है अर्थात् किन्हीं दो सदिश राशियों $\vec{a}$ तथा $\vec{b}$ के लिए

$$\vec{a} \times \vec{b} \neq \vec{b} \times \vec{a}$$

(ii) **साहचर्यता** (Associativity) किसी अदिश राशि के प्रति, सदिश गुणनफल साहचर्य होता है अर्थात् यदि $\vec{a}$ तथा $\vec{b}$ कोई दो सदिश राशियाँ हैं तथा m कोई एक अदिश राशि हो, तो

$$m(\vec{a} \times \vec{b}) = (m\vec{a}) \times \vec{b} = \vec{a} \times (m\vec{b})$$

(iii) यदि सदिश राशियाँ समरेख हैं, तो

$$\vec{a} \times \vec{b} = \vec{0}, \qquad [\because \ \theta = \vec{0} \text{ या } \pi]$$

अत: स्पष्ट है कि $\vec{a} \times \vec{a} = \vec{0}$

(iv) **बंटनता** (Distributivity) सदिश गुणनफल सदिश योग के साथ बंटन नियम का पालन करता है अर्थात् किन्हीं तीन सदिश राशियों $\vec{a}, \vec{b}$ तथा $\vec{c}$ के लिए

$$\vec{a} \times (\vec{b} + \vec{c}) = \vec{a} \times \vec{b} + \vec{a} \times \vec{c}$$

त्रिविम निर्देशांक ज्यामिति में सदिशों के अनुप्रयोग Applications of Vectors in Three-Dimensional Coordinate Geometry

त्रिविम समष्टि में प्रत्येक वस्तु की लम्बाई, चौड़ाई तथा ऊँचाई होती हैं अर्थात् त्रिविम समष्टि में किसी बिन्दु के प्रदर्शन के लिए तीन स्वतन्त्र राशियों की आवश्यकता होती है। इन तीन राशियों को तीन निर्देश अक्षों की सहायता से निरूपित किया जाता है।

विज्ञान की उन सभी शाखाओं में जहाँ दिशाएँ महत्त्वपूर्ण होती हैं, में सदिशों का प्रयोग कर समस्याओं का समाधान किया जा सकता है। इस अध्याय में, सदिशों के अनुप्रयोग से समतल, सरल रेखा तथा गोले के मानक समीकरणों तथा उन पर आधारित समस्याओं के हल ज्ञात किये जायेंगे।

प्रारम्भिक संकल्पनाएँ एवं सूत्र
Initial Hypothesis and Formulae

प्रारम्भिक संकल्पनाएँ एवं सूत्र निम्नलिखित हैं

1. इकाई सदिशों के रूप में बिन्दु
Form of Unit Vector in a Point

X, Y तथा Z-अक्षों के अनुदिश इकाई सदिश राशियाँ क्रमशः $\hat{\mathbf{i}}, \hat{\mathbf{j}}$ तथा $\hat{\mathbf{k}}$ होते हैं। इन इकाई सदिश राशियों को आधार सदिश राशि भी कहते हैं। यदि किसी बिन्दु P के निर्देशांक (x, y, z) हों, तो

$$\overrightarrow{OP} = x\hat{\mathbf{i}} + y\hat{\mathbf{j}} + z\hat{\mathbf{k}}$$

या $$\overrightarrow{OP} = (x, y, z)$$

जहाँ $\overrightarrow{OP}$ बिन्दु P का स्थिति सदिश है तथा O मूलबिन्दु है।

2. त्रिविम में किसी बिन्दु का स्थिति सदिश
Position Vector of Any Point in 3-D

किसी समतल, सरल रेखा या पृष्ठ इत्यादि के समीकरण ज्ञात करने के लिए सदैव उस पर एक चर बिन्दु लिया जाता है, जिसे सामान्यतया $\vec{r}$ से निरूपित किया जाता है। अत:

$$\vec{r} = x\hat{\mathbf{i}} + y\hat{\mathbf{j}} + z\hat{\mathbf{k}}$$

3. दो बिन्दुओं के मध्य दूरी
Distance Between Two Points

मान लीजिए त्रिविम में दो बिन्दुओं A तथा B के मूलबिन्दु O के सापेक्ष स्थिति सदिश क्रमश: $\vec{a}$ तथा $\vec{b}$ हैं।

तब दोनों बिन्दुओं के बीच की दूरी,

$\overrightarrow{AB} = B$ का स्थिति सदिश $- A$ का स्थिति सदिश

$\Rightarrow \overrightarrow{AB} = \vec{b} - \vec{a} \Rightarrow |\overrightarrow{AB}| = |\vec{b} - \vec{a}|$

अत: दोनों बिन्दुओं के बीच की दूरी, $AB = |\vec{b} - \vec{a}|$

नोट यदि किसी बिन्दु P का स्थिति सदिश $\vec{r} = x\hat{\mathbf{i}} + y\hat{\mathbf{j}} + z\hat{\mathbf{k}}$ है, तो

(i) बिन्दु P की X-अक्ष से दूरी $= \sqrt{y^2 + z^2}$

(ii) बिन्दु P की Y-अक्ष से दूरी $= \sqrt{x^2 + z^2}$

(iii) बिन्दु P की Z-अक्ष से दूरी $= \sqrt{x^2 + y^2}$

4. विभाजन सूत्र Division Formula

(i) **बाह्य विभाजन** (External division) यदि बिन्दु $R(\vec{r})$ दो बिन्दुओं $P(\vec{r}_1)$ तथा $Q(\vec{r}_2)$ को $m_1 : m_2$ में बाह्य विभाजित करता है, तो

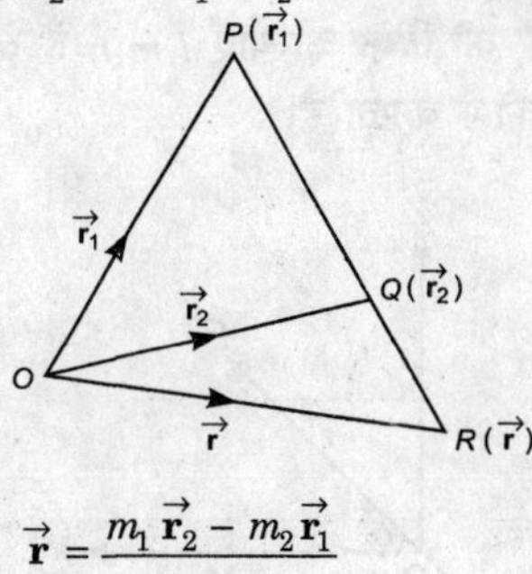

$$\vec{r} = \frac{m_1\vec{r}_2 - m_2\vec{r}_1}{m_1 - m_2}$$

(ii) **अन्त: विभाजन** (Internal division) यदि बिन्दु $R(\vec{r})$ दो बिन्दुओं $P(\vec{r}_1)$ तथा $Q(\vec{r}_2)$ को $m_1 : m_2$ अनुपात में अन्त:विभाजित करता है, तो

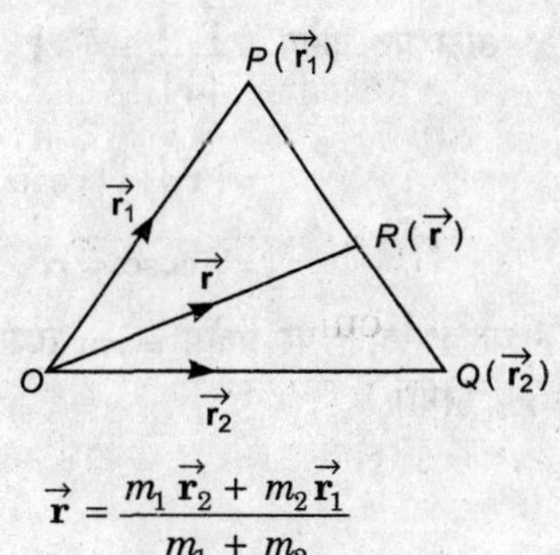

$$\vec{r} = \frac{m_1\vec{r}_2 + m_2\vec{r}_1}{m_1 + m_2}$$

(iii) **मध्य-बिन्दु** (Mid-point) यदि बिन्दु $R(\vec{r})$ PQ का मध्य-बिन्दु है,

तब $\vec{r} = \dfrac{\vec{r}_1 + \vec{r}_2}{2}$

5. एक रेखा की दिक् कोज्याएँ

Direction Cosines of a Line

मान लीजिए सदिश $\overrightarrow{AB}$ के समान सदिश $\overrightarrow{OP}$ है जो मूलबिन्दु से होकर जाता है। मान लीजिए सदिश $\overrightarrow{OP}$, अक्षों की धनात्मक दिशाओं से α, β तथा γ कोण बनाता है, तब सदिश $\overrightarrow{OP}$ की दिक् कोज्याएँ (या $\overrightarrow{AB}$ की दिक् कोज्याएँ) $l = \cos\alpha$, $m = \cos\beta$, $n = \cos\gamma$ प्राप्त होंगी। जहाँ $(0 \le \alpha \le \pi, 0 \le \beta \le \pi, 0 \le \gamma \le \pi)$ हम जानते हैं कि किसी रेखा AB की दिक् कोज्याओं से तात्पर्य उस सदिश $\overrightarrow{AB}$ की दिक् कोज्याओं से है जिसका आधार दी गई रेखा होती है।

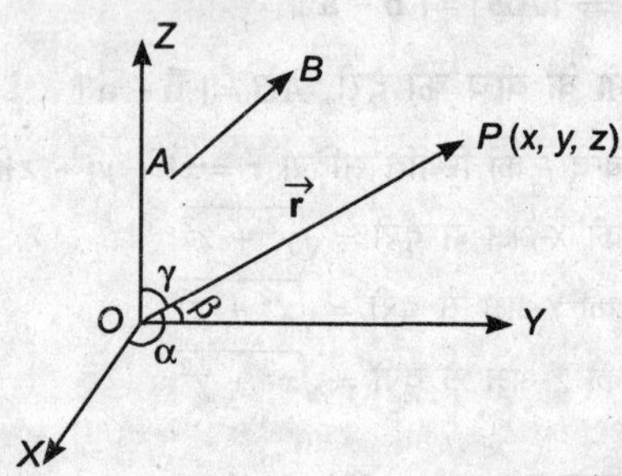

6. निर्देशांक अक्षों पर सदिश का प्रक्षेप

Projection of a Vector on Coordinate Axes

मान लीजिए सदिश $\vec{r}$ की दिक् कोज्याएँ l, m, n हैं तथा $\vec{r}$ अक्षों से क्रमशः α, β तथा γ कोण बनाता है।

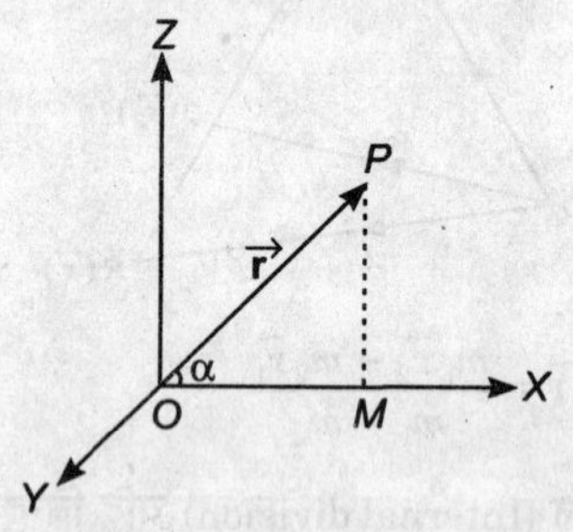

तब, $l = \cos\alpha$, $m = \cos\beta$ तथा $n = \cos\gamma$

अतः सदिश $\vec{r}$ का X-अक्ष पर प्रक्षेप $= \dfrac{\vec{r} \cdot \hat{i}}{|\hat{i}|} = \vec{r} \cdot \hat{i}$

$$= |\vec{r}||\hat{i}|\cos\alpha$$

$$= r\cos\alpha = rl$$

इसी प्रकार, सदिश $\vec{r}$ का Y-अक्ष पर प्रक्षेप $= rm$ तथा सदिश $\vec{r}$ का Z-अक्ष पर प्रक्षेप $= rn$ होगा।

7. $\overrightarrow{OP}$ की दिक् कोज्याएँ ज्ञात होने पर बिन्दु P के निर्देशांक

मान लीजिए बिन्दु P के निर्देशांक (x, y, z) हैं। P से X-अक्ष पर लम्ब खींचा गया है।

$\therefore$ $x = X$-अक्ष पर $\overrightarrow{OP}$ का प्रक्षेप $= lr = l|\vec{r}|$

$y = Y$-अक्ष पर $\overrightarrow{OP}$ का प्रक्षेप $= mr = m|\vec{r}|$

तथा $z = Z$-अक्ष पर $\overrightarrow{OP}$ का प्रक्षेप $= nr = n|\vec{r}|$

अतः बिन्दु P के निर्देशांक (lr, mr, nr) होंगे।

8. एक सदिश के दिक् अनुपातों का दिक् कोज्याओं में परिवर्तन Transformation of Direction Ratios of a Line into Direction Cosines

मान लीजिए $\vec{r} = a\hat{i} + b\hat{j} + c\hat{k}$ एक सदिश है, जिसके दिक् अनुपात a, b, c हैं तथा सदिश $\vec{r}$ की दिक् कोज्याएँ l, m, n हैं।

अर्थात् $$l = \cos\alpha = \frac{\vec{r} \cdot \hat{i}}{|\vec{r}||\hat{i}|} = \frac{(a\hat{i} + b\hat{j} + c\hat{k}) \cdot \hat{i}}{\sqrt{(a^2 + b^2 + c^2)}} = \frac{a}{\sqrt{(a^2 + b^2 + c^2)}}$$

$$m = \cos\beta = \frac{\vec{r} \cdot \hat{j}}{|\vec{r}||\hat{j}|} = \frac{(a\hat{i} + b\hat{j} + c\hat{k}) \cdot \hat{j}}{\sqrt{(a^2 + b^2 + c^2)}} = \frac{b}{\sqrt{(a^2 + b^2 + c^2)}}$$

तथा $$n = \cos\gamma = \frac{\vec{r} \cdot \hat{k}}{|\vec{r}||\hat{k}|} = \frac{(a\hat{i} + b\hat{j} + c\hat{k}) \cdot \hat{k}}{\sqrt{(a^2 + b^2 + c^2)}} = \frac{c}{\sqrt{(a^2 + b^2 + c^2)}}$$

अतः सदिश $\vec{r}$ की दिक् कोज्याएँ $\dfrac{a}{|\vec{r}|}, \dfrac{b}{|\vec{r}|}, \dfrac{c}{|\vec{r}|}$ हैं।

अर्थात् $l = \dfrac{a}{\sqrt{a^2 + b^2 + c^2}}$, $m = \dfrac{b}{\sqrt{a^2 + b^2 + c^2}}$, $n = \dfrac{c}{\sqrt{a^2 + b^2 + c^2}}$ होंगी।

9. एक रेखा के दिक् अनुपात Direction Ratio of a Line

यदि तीन सदिश राशियाँ a, b, c इस प्रकार हैं कि ये एक रेखा की दिक् कोज्याओं के समानुपाती हैं, तो a, b, c को उस रेखा के दिक् अनुपात कहते हैं।

यदि l, m, n रेखा की दिक् कोज्याएँ हैं, तो $l|\vec{r}|, m|\vec{r}|, n|\vec{r}|$ उस रेखा के दिक् अनुपात होंगे अर्थात् $(a = lr, b = mr, c = nr)$

यदि $\vec{r} = x\hat{i} + y\hat{j} + z\hat{k} = lr\hat{i} + mr\hat{j} + nr\hat{k}$

$\Rightarrow$ $\hat{r} = a\hat{i} + b\hat{j} + c\hat{k}$, जब a, b, c सदिश $\vec{r}$ के दिक् अनुपात हैं।

10. दो बिन्दुओं को मिलाने वाली रेखाखण्ड की दिक् कोज्याएँ एवं दिक् अनुपात Direction Cosines and Direction Raties of a Line Joining Two Points

मान लीजिए $A(x_1, y_1, z_1)$ तथा $B = (x_2, y_2, z_2)$ दो दिए हुए सदिश हैं, तो

$$\overrightarrow{AB} = \overrightarrow{OB} - \overrightarrow{OA} = (x_2\hat{i} + y_2\hat{j} + z_2\hat{k}) - (x_1\hat{i} + y_1\hat{j} + z_1\hat{k})$$

$$\overrightarrow{AB} = (x_2 - x_1)\hat{i} + (y_2 - y_1)\hat{j} + (z_2 - z_1)\hat{k}$$

अत: $\overrightarrow{AB}$ के दिक् अनुपात $x_2 - x_1, y_2 - y_1, z_2 - z_1$ हैं तथा दिक् कोज्याएँ $\frac{x_2 - x_1}{|\overrightarrow{AB}|}, \frac{y_2 - y_1}{|\overrightarrow{AB}|}, \frac{z_2 - z_1}{|\overrightarrow{AB}|}$ होंगे।

11. दो सदिशों के मध्य कोण Angle Between Two Vectors

मान लीजिए कि $\vec{a}$ तथा $\vec{b}$ दो सदिश हैं जिनकी दिक् कोज्याएँ l_1, m_1, n_1 तथा l_2, m_2, n_2 हैं।

$\therefore$ $\hat{a} = \vec{a}$ की दिशा में इकाई सदिश $= l_1\hat{i} + m_1\hat{j} + n_1\hat{k}$

तथा $\hat{b} = \vec{b}$ की दिशा में इकाई सदिश $= l_2\hat{i} + m_2\hat{j} + n_2\hat{k}$

यदि $\vec{a}$ तथा $\vec{b}$ के मध्य कोण θ है, तो $\hat{a}$ तथा $\hat{b}$ के मध्य भी कोण θ ही होगा।

अत: $$\cos\theta = \frac{\hat{a} \cdot \hat{b}}{|\hat{a}||\hat{b}|}$$

$$\Rightarrow \quad \cos\theta = l_1l_2 + m_1m_2 + n_1n_2$$

$$\Rightarrow \quad \theta = \cos^{-1}(l_1l_2 + m_1m_2 + n_1n_2)$$

(i) **समान्तर होने की शर्त** (Condition for parallel) सदिश $\vec{a}$ तथा $\vec{b}$ परस्पर समान्तर हों, तो

$$\hat{a} \parallel \hat{b} \Rightarrow \hat{a} = \lambda\hat{b} = (l_1\hat{i} + m_1\hat{j} + n_1\hat{k}) = \lambda(l_2\hat{i} + m_2\hat{j} + n_2\hat{k})$$

$$\Rightarrow \quad \frac{l_1}{l_2} = \frac{m_1}{m_2} = \frac{n_1}{n_2} = \lambda = 1$$

(ii) **लम्बवत् होने की शर्त** (Condition for perpendicular) सदिश $\vec{a}$ तथा $\vec{b}$ परस्पर लम्बवत् हों, तो

$$\hat{a} \perp \hat{b} \quad \Rightarrow \quad \hat{a} \cdot \hat{b} = 0$$

$$\Rightarrow (l_1\hat{i} + m_1\hat{j} + n_1\hat{k}) \cdot (l_2\hat{i} + m_2\hat{j} + n_2\hat{k}) = 0$$

$$\Rightarrow \quad l_1l_2 + m_1m_2 + n_1n_2 = 0$$

दो असमान्तर और असमतलीय रेखाओं के बीच की न्यूनतम दूरी Shortest Distance between Two Non-parallel and Non-coplanar Lines

अन्तरिक्ष में दो रेखाएँ निम्न में से किसी एक रूप में होती हैं

(i) प्रतिच्छेदी

(ii) समान्तर

(iii) न तो प्रतिच्छेदी और न ही समान्तर

अन्तरिक्ष में, यदि दो रेखाएँ परस्पर एक-दूसरे को प्रतिच्छेदित करती हैं, तो उनके बीच की न्यूनतम दूरी शून्य है और अन्तरिक्ष में, यदि दो रेखाएँ परस्पर एक-दूसरे के समान्तर हैं, तो उनके बीच की न्यूनतम दूरी उनके बीच लम्बवत् दूरी होगी अर्थात् एक रेखा के एक बिन्दु से दूसरी रेखा पर खींचा गया लम्ब होगा।

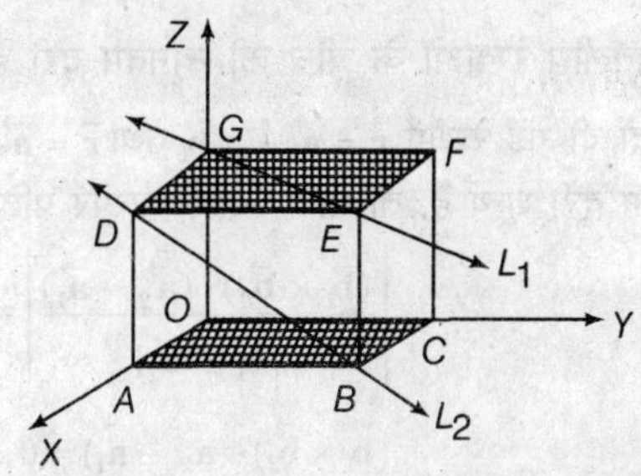

इसके अतिरिक्त अन्तरिक्ष में, ऐसी भी रेखाएँ होती हैं जो न तो प्रतिच्छेदी और न ही समान्तर होती हैं। मुख्यतया ऐसी रेखाओं के युग्म असमतलीय (Non-coplanar) होते हैं और इन्हें **विषमतलीय रेखाएँ** (Skew-lines) कहते हैं।

चित्र में, रेखा *GE* (छत *DEFG* में स्थित) तथा *BD* (दीवार *ABED* में स्थित है) विषमतलीय रेखाएँ हैं, क्योंकि ये रेखाएँ न तो समान्तर हैं और न ही कभी एक-दूसरे से मिलती हैं।

नोट दो रेखाएँ, जो समतल में स्थित हैं, समतलीय रेखाएँ कहलाती है। समतलीय रेखाएँ या तो समान्तर होती है या प्रतिच्छेदी होती है।

सदिश रूप Vector Form

माना दो विषमतलीय रेखाएँ क्रमश: L_1 तथा L_2 हैं जिनके सदिश समीकरण निम्नवत् हैं

$$\vec{r} = \vec{a_1} + \lambda\vec{b_1} \quad \text{तथा} \quad \vec{r} = \vec{a_2} + \mu\vec{b_2}$$

यहाँ, रेखा L_1 सदिश $\vec{b_1}$ के समान्तर है तथा यह रेखा बिन्दु *T* जिसका स्थिति सदिश $\vec{a_1}$ है, से होकर जाती है। इसी प्रकार, रेखा L_2 सदिश $\vec{b_2}$ के समान्तर है तथा यह रेखा बिन्दु *S*, जिसका स्थिति सदिश $\vec{a_2}$ है, से होकर जाती है।

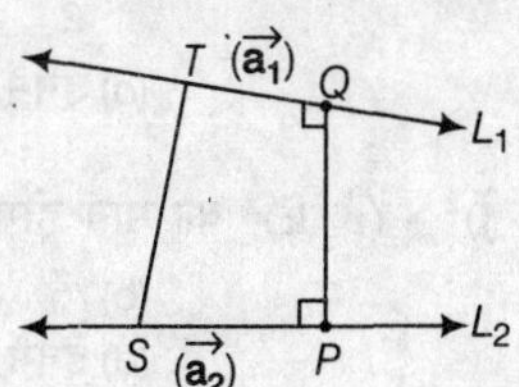

माना रेखाओं L_1 और L_2 के बीच न्यूनतम दूरी सदिश $\overrightarrow{PQ}$ है, तब

$$\overrightarrow{PQ} \perp \vec{b_1}, \ \overrightarrow{PQ} \perp \vec{b_2} \ \Rightarrow \ \overrightarrow{PQ} \parallel (\vec{b_1} \times \vec{b_2})$$

माना $\hat{n}$ = सदिश $\overrightarrow{PQ}$ की दिशा में इकाई सदिश तब, $\hat{n} = \pm \frac{\vec{b_1} \times \vec{b_2}}{|\vec{b_1} \times \vec{b_2}|}$

चित्र से, PQ = सदिश $\overrightarrow{TS}$ का सदिश $\overrightarrow{PQ}$ पर प्रक्षेप

$$= \overrightarrow{ST} \cdot \hat{n} = \pm\left(\vec{a_2} - \vec{a_1}\right)\left[\frac{\vec{b_1} \times \vec{b_2}}{|\vec{b_1} \times \vec{b_2}|}\right]$$

$$\Rightarrow \quad PQ = \left| \frac{(\vec{\mathbf{a}}_2 - \vec{\mathbf{a}}_1) \cdot (\vec{\mathbf{b}}_1 \times \vec{\mathbf{b}}_2)}{|\vec{\mathbf{b}}_1 \times \vec{\mathbf{b}}_2|} \right|$$

जोकि दो विषमतलीय रेखाओं के बीच की न्यूनतम दूरी है।

नोट यदि दो दी गई रेखाएँ $\vec{\mathbf{r}} = \vec{\mathbf{a}}_1 + \lambda \vec{\mathbf{b}}_1$ तथा $\vec{\mathbf{r}} = \vec{\mathbf{a}}_2 + \mu \vec{\mathbf{b}}_2$ के बीच न्यूनतम दूरी शून्य है, तो दोनों रेखाएँ परस्पर प्रतिच्छेद करेंगी।

अर्थात् $$\left| \frac{(\vec{\mathbf{b}}_1 \times \vec{\mathbf{b}}_2) \cdot (\vec{\mathbf{a}}_2 - \vec{\mathbf{a}}_1)}{|\vec{\mathbf{b}}_1 \times \vec{\mathbf{b}}_2|} \right| = 0$$

$$\Rightarrow \quad (\vec{\mathbf{b}}_1 \times \vec{\mathbf{b}}_2) \cdot (\vec{\mathbf{a}}_2 - \vec{\mathbf{a}}_1) = 0$$

कार्तीय रूप Cartesian Form

माना दो विषमतलीय रेखाओं के समीकरण निम्न हैं

$$\frac{x - x_1}{a_1} = \frac{y - y_1}{b_1} = \frac{z - z_1}{c_1} \text{ तथा } \frac{x - x_2}{a_2} = \frac{y - y_2}{b_2} = \frac{z - z_2}{c_2}$$

इन रेखाओं के सदिश समीकरण $\vec{\mathbf{r}} = \vec{\mathbf{a}}_1 + \lambda \vec{\mathbf{b}}_1$ तथा $\vec{\mathbf{r}} = \vec{\mathbf{a}}_2 + \mu \vec{\mathbf{b}}_2$ हैं

जहाँ, $\vec{\mathbf{a}}_1 = x_1\hat{\mathbf{i}} + y_1\hat{\mathbf{j}} + z_1\hat{\mathbf{k}}, \vec{\mathbf{a}}_2 = x_2\hat{\mathbf{i}} + y_2\hat{\mathbf{j}} + z_2\hat{\mathbf{k}}$,

$\vec{\mathbf{b}}_1 = a_1\hat{\mathbf{i}} + b_1\hat{\mathbf{j}} + c_1\hat{\mathbf{k}}$ तथा $\vec{\mathbf{b}}_2 = a_2\hat{\mathbf{i}} + b_2\hat{\mathbf{j}} + c_2\hat{\mathbf{k}}$

अब, $$\vec{\mathbf{b}}_1 \times \vec{\mathbf{b}}_2 = \begin{vmatrix} \hat{\mathbf{i}} & \hat{\mathbf{j}} & \hat{\mathbf{k}} \\ a_1 & b_1 & c_1 \\ a_2 & b_2 & c_2 \end{vmatrix}$$

$$= (b_1c_2 - b_2c_1)\hat{\mathbf{i}} + (c_1a_2 - c_2a_1)\hat{\mathbf{j}} + (a_1b_2 - a_2b_1)\hat{\mathbf{k}}$$

$$\therefore \quad |\vec{\mathbf{b}}_1 \times \vec{\mathbf{b}}_2| = \sqrt{(b_1c_2 - b_2c_1)^2 + (c_1a_2 - c_2a_1)^2 + (a_1b_2 - a_2b_1)^2}$$

तथा $$(\vec{\mathbf{a}}_2 - \vec{\mathbf{a}}_1) \cdot (\vec{\mathbf{b}}_1 \times \vec{\mathbf{b}}_2) = \begin{vmatrix} x_2 - x_1 & y_2 - y_1 & z_2 - z_1 \\ a_1 & b_1 & c_1 \\ a_2 & b_2 & c_2 \end{vmatrix}$$

$$\therefore \quad \text{न्यूनतम दूरी} = \left| \frac{(\vec{\mathbf{a}}_2 - \vec{\mathbf{a}}_1) \cdot (\vec{\mathbf{b}}_1 \times \vec{\mathbf{b}}_2)}{|\vec{\mathbf{b}}_1 \times \vec{\mathbf{b}}_2|} \right|$$

$$\Rightarrow \quad \text{न्यूनतम दूरी} = \frac{\begin{vmatrix} x_2 - x_1 & y_2 - y_1 & z_2 - z_1 \\ a_1 & b_1 & c_1 \\ a_2 & b_2 & c_2 \end{vmatrix}}{\sqrt{(b_1c_2 - b_2c_1)^2 + (c_1a_2 - c_2a_1)^2 + (a_1b_2 - a_2b_1)^2}}$$

नोट रेखाएँ L_1 और L_2 परस्पर प्रतिच्छेद करेंगी, यदि

$$\begin{vmatrix} x_2 - x_1 & y_2 - y_1 & z_2 - z_1 \\ a_1 & b_1 & c_1 \\ a_2 & b_2 & c_2 \end{vmatrix} = 0$$

अभ्यास प्रश्न

1. यदि $\vec{\mathbf{a}} \times \vec{\mathbf{b}} = \vec{\mathbf{b}} \times \vec{\mathbf{c}} \neq 0$ तथा $\vec{\mathbf{a}} + \vec{\mathbf{c}} \neq 0$, तब

(a) $(\vec{\mathbf{a}} + \vec{\mathbf{c}}) \perp \vec{\mathbf{b}}$ (b) $(\vec{\mathbf{a}} + \vec{\mathbf{c}}) \parallel \vec{\mathbf{b}}$

(c) $\vec{\mathbf{a}} + \vec{\mathbf{c}} = \vec{\mathbf{b}}$ (d) इनमें से कोई नहीं

2. यदि दो सदिशों $\vec{\mathbf{a}}$ तथा $\vec{\mathbf{b}}$ के मध्य कोण θ है, तो $\vec{\mathbf{a}} \cdot \vec{\mathbf{b}} \geq 0$ यदि

(a) $0 \leq \theta \leq \pi$ (b) $\frac{\pi}{2} \leq \theta \leq \pi$

(c) $0 \leq \theta \leq \frac{\pi}{2}$ (d) इनमें से कोई नहीं

3. $(\vec{\mathbf{r}} \cdot \hat{\mathbf{i}})^2 + (\vec{\mathbf{r}} \cdot \hat{\mathbf{j}})^2 + (\vec{\mathbf{r}} \cdot \hat{\mathbf{k}})^2$ का मान होगा

(a) $3r^2$ (b) r^2

(c) 0 (d) इनमें से कोई नहीं

4. एक बिन्दु B किसी वृत्त के चतुर्थांश के चाप AC को 1: 2 के अनुपात में विभाजित करता है। यदि O केन्द्र है तथा $\vec{OA} = \vec{\mathbf{a}}$ तथा $\vec{OB} = \vec{\mathbf{b}}$, तो सदिश $\vec{OC}$ है

(a) $\vec{\mathbf{b}} - 2\vec{\mathbf{a}}$ (b) $2\vec{\mathbf{a}} - \vec{\mathbf{b}}$

(c) $3\vec{\mathbf{b}} - 2\vec{\mathbf{a}}$ (d) इनमें से कोई नहीं

5. समतलीय बिन्दुओं A, B, C, D के स्थिति सदिश क्रमशः $\vec{\mathbf{a}}, \vec{\mathbf{b}}, \vec{\mathbf{c}}$ तथा $\vec{\mathbf{d}}$ इस प्रकार हैं कि $(\vec{\mathbf{a}} - \vec{\mathbf{d}}) \cdot (\vec{\mathbf{b}} - \vec{\mathbf{c}}) = (\vec{\mathbf{b}} - \vec{\mathbf{d}}) \cdot (\vec{\mathbf{c}} - \vec{\mathbf{a}}) = 0$, तो ΔABC का बिन्दु D होगा

(a) अन्तःकेन्द्र (b) परिकेन्द्र

(c) लम्बकेन्द्र (d) इनमें से कोई नहीं

6. सदिश $\vec{\mathbf{a}}$ के अशून्य सदिश $\vec{\mathbf{b}}$ के अनुदिश तथा लम्बवत् घटक है

(a) $\frac{\vec{\mathbf{a}} \cdot \vec{\mathbf{b}}}{|\vec{\mathbf{a}}|}, \frac{|\vec{\mathbf{a}} \times \vec{\mathbf{b}}|}{|\vec{\mathbf{a}}|}$ (b) $\frac{\vec{\mathbf{a}} \cdot \vec{\mathbf{b}}}{|\vec{\mathbf{b}}|}, \frac{|\vec{\mathbf{a}} \times \vec{\mathbf{b}}|}{|\vec{\mathbf{b}}|}$

(c) $\frac{\vec{\mathbf{a}} \cdot \vec{\mathbf{b}}}{|\vec{\mathbf{a}}|}, \frac{\vec{\mathbf{a}} \times \vec{\mathbf{b}}}{|\vec{\mathbf{a}}|}$ (d) $\frac{\vec{\mathbf{a}} \times \vec{\mathbf{b}}}{|\vec{\mathbf{a}}|}, \frac{\vec{\mathbf{a}} \times \vec{\mathbf{b}}}{|\vec{\mathbf{b}}|}$

7. बिन्दु $A(\vec{\mathbf{a}}), B(\vec{\mathbf{b}}), C(\vec{\mathbf{c}})$ समरेख होंगे, यदि

(a) $\vec{\mathbf{a}} + \vec{\mathbf{b}} + \vec{\mathbf{c}} = 0$

(b) $\vec{\mathbf{a}} \times \vec{\mathbf{b}} + \vec{\mathbf{b}} \times \vec{\mathbf{c}} + \vec{\mathbf{c}} \times \vec{\mathbf{a}} = 0$

(c) $\vec{\mathbf{a}} \cdot \vec{\mathbf{b}} + \vec{\mathbf{b}} \cdot \vec{\mathbf{c}} + \vec{\mathbf{c}} \cdot \vec{\mathbf{a}} = 0$

(d) उपरोक्त में से कोई नहीं

8. मान लीजिए $\vec{\mathbf{a}} = \hat{\mathbf{i}} + \hat{\mathbf{j}}, \vec{\mathbf{b}} = 3\hat{\mathbf{j}} + 4\hat{\mathbf{k}}$ तथा $\vec{\mathbf{a}}$ के समान्तर तथा अभिलम्बित $\vec{\mathbf{b}}$ के घटक $\vec{\mathbf{b}}_1, \vec{\mathbf{b}}_2$ हैं। यदि $\vec{\mathbf{b}}_1 = \frac{3}{2}\hat{\mathbf{i}} + \frac{3}{2}\hat{\mathbf{j}}$, तो $\vec{\mathbf{b}}_2$ का मान होगा

(a) $\frac{3}{2}\hat{\mathbf{i}} + \frac{3}{2}\hat{\mathbf{j}} + 4\hat{\mathbf{k}}$ (b) $-\frac{3}{2}\hat{\mathbf{i}} + \frac{3}{2}\hat{\mathbf{j}} + 4\hat{\mathbf{k}}$

(c) $-\frac{3}{2}\hat{\mathbf{i}} + \frac{3}{2}\hat{\mathbf{j}}$ (d) इनमें से कोई नहीं

9. सदिश $\vec{\mathbf{c}}, \vec{\mathbf{a}} = x\hat{\mathbf{i}} + y\hat{\mathbf{j}} + z\hat{\mathbf{k}}$ तथा $\vec{\mathbf{b}} = \hat{\mathbf{j}}$, इस प्रकार हैं कि $\vec{\mathbf{a}}, \vec{\mathbf{c}}, \vec{\mathbf{b}}$ एक दक्षिणावर्त निकाय बनाते हैं, तो $\vec{\mathbf{c}}$ है

(a) $z\hat{\mathbf{i}} - x\hat{\mathbf{k}}$ (b) 0 (c) $y\hat{\mathbf{j}}$ (d) $-z\hat{\mathbf{i}} + x\hat{\mathbf{k}}$

10. यदि अदिश l तथा m इस प्रकार हों कि $l\vec{a} + m\vec{b} = \vec{c}$, जहाँ $\vec{a}, \vec{b}, \vec{c}$ दिये गये सदिश हैं, तो l तथा m हैं

(a) $l = \dfrac{(\vec{c} \times \vec{b}) \cdot (\vec{a} \times \vec{b})}{(\vec{a} \times \vec{b})^2}, m = \dfrac{(\vec{c} \times \vec{a}) \cdot (\vec{b} \times \vec{a})}{(\vec{b} \times \vec{a})^2}$

(b) $l = \dfrac{(\vec{c} \times \vec{b}) \cdot (\vec{a} \times \vec{b})}{(\vec{a} \times \vec{b})}, m = \dfrac{(\vec{c} \times \vec{a}) \cdot (\vec{b} \times \vec{a})}{(\vec{b} \times \vec{a})}$

(c) $l = \dfrac{(\vec{c} \times \vec{b}) \times (\vec{a} \times \vec{b})}{(\vec{a} \times \vec{b})^2}, m = \dfrac{(\vec{c} \times \vec{a}) \cdot (\vec{b} \times \vec{a})}{(\vec{b} \times \vec{a})}$

(d) उपरोक्त में से कोई नहीं

11. बिन्दुओं $P(1, -1, 2), Q(2, 0, -1)$ तथा $R(0, 2, 1)$ द्वारा निर्धारित समतल पर लम्ब इकाई सदिश है

(a) $\dfrac{2\hat{i} - \hat{j} + \hat{k}}{\sqrt{6}}$ (b) $\dfrac{2\hat{i} + \hat{j} + \hat{k}}{\sqrt{6}}$

(c) $\dfrac{-2\hat{i} + \hat{j} + \hat{k}}{\sqrt{6}}$ (d) $\dfrac{2\hat{i} + \hat{j} - \hat{k}}{\sqrt{6}}$

12. यदि $\vec{a} = 2\hat{i} + 3\hat{j} - 5\hat{k}, \vec{b} = m\hat{i} + n\hat{j} + 12\hat{k}$ तथा $\vec{a} \times \vec{b} = \vec{0}$, तब (m, n) का मान होगा

(a) $\left(-\dfrac{24}{5}, \dfrac{36}{5}\right)$ (b) $\left(\dfrac{24}{5}, -\dfrac{36}{5}\right)$

(c) $\left(-\dfrac{24}{5}, -\dfrac{36}{5}\right)$ (d) $\left(\dfrac{24}{5}, \dfrac{36}{5}\right)$

13. एक 6 इकाई का बल जो सदिश (9, 6, –2) के अनुदिश कार्य करता है और बिन्दु $A(4, -1, -7)$ से होकर जाता है। बिन्दु $O(1, -3, 2)$ के परित: बल का आघूर्ण है

(a) $\dfrac{150}{11}(2\hat{i} - 3\hat{j})$ (b) $\dfrac{6}{11}(50\hat{i} - 75\hat{j} + 36\hat{k})$

(c) $150(2\hat{i} - 3\hat{j})$ (d) $6(50\hat{i} - 75\hat{j} + 36\hat{k})$

14. यदि ΔABC के शीर्षों के स्थिति सदिश $\vec{a}, \vec{b}, \vec{c}$ हैं, तब इसके समतल के लम्बवत् इकाई सदिश है

(a) $\vec{a} \times \vec{b} + \vec{b} \times \vec{c} + \vec{c} \times \vec{a}$ (b) $\dfrac{\vec{a} \times \vec{b} + \vec{b} \times \vec{c} + \vec{c} \times \vec{a}}{|\vec{a} \times \vec{b} + \vec{b} \times \vec{c} + \vec{c} \times \vec{a}|}$

(c) $\dfrac{\vec{a} \times \vec{b}}{|\vec{a} \times \vec{b}|}$ (d) इनमें से कोई नहीं

15. यदि θ, सदिश $\vec{a}$ तथा $\vec{b}$ के बीच का कोण है, तब $\dfrac{|\vec{a} \times \vec{b}|}{|\vec{a} \cdot \vec{b}|}$ का मान है

(a) $\tan\theta$ (b) $-\tan\theta$ (c) $\cot\theta$ (d) $-\cot\theta$

16. दो सदिशों $3\hat{i} + 2\hat{j} - \hat{k}$ तथा $12\hat{i} + 5\hat{j} - 5\hat{k}$ के बीच कोण की ज्या (Sine) है

(a) $\dfrac{\sqrt{115}}{\sqrt{14}\sqrt{194}}$ (b) $\dfrac{51}{\sqrt{14}\sqrt{144}}$

(c) $\dfrac{\sqrt{64}}{\sqrt{14}\sqrt{194}}$ (d) इनमें से कोई नहीं

17. सदिश $\hat{a}$ तथा $\hat{b}$ दो ऐसे इकाई सदिश हों कि $\hat{a} \times \hat{b}$ एक इकाई सदिश है, तो $\hat{a}$ तथा $\hat{b}$ के बीच का कोण होगा

(a) 0 (b) $\dfrac{\pi}{3}$ (c) $\dfrac{\pi}{2}$ (d) π

18. यदि $|\vec{a}| = a$ तथा $|\vec{b}| = b$, तब $\left(\dfrac{\vec{a}}{a^2} - \dfrac{\vec{b}}{b^2}\right)^2$ का मान होगा

(a) $\left(\dfrac{\vec{a} + \vec{b}}{ab}\right)^2$ (b) $\dfrac{(\vec{a} - \vec{b})^2}{ab}$

(c) $\left(\dfrac{\vec{a} - \vec{b}}{ab}\right)^2$ (d) $\dfrac{(\vec{a} + \vec{b})^2}{ab}$

19. किन्हीं भी दो सदिशों $\vec{a}$ तथा $\vec{b}$ के लिए, $(\vec{a} \times \vec{b})^2$ का मान होगा

(a) $a^2 - b^2$ (b) $a^2 + b^2$

(c) $a^2b^2 - (\vec{a} \cdot \vec{b})^2$ (d) इनमें से कोई नहीं

20. मान लीजिए $\vec{a}, \vec{b}, \vec{c}$ तीन सदिश इस प्रकार हैं कि $\vec{a} \neq 0$ और $\vec{a} \times \vec{b} = 2\vec{a} \times \vec{c}$, $|\vec{a}| = |\vec{c}| = 1, |\vec{b}| = 4$ और $|\vec{b} \times \vec{c}| = 15$, यदि $\vec{b} - 2\vec{c} = \lambda\vec{a}$, तब λ का मान होगा

(a) 1 (b) ± 4

(c) 3 (d) -2

21. दिया है, $\hat{i}, \hat{j}, \hat{k}$ लाम्बिक इकाई सदिश हैं तथा $\vec{a}$ एक सदिश है। यदि $\vec{a} \times \vec{r} = \hat{j}$, तो $\vec{a} \cdot \vec{r}$ है

(a) 0 (b) 1

(c) -1 (d) स्वेच्छ अदिश

22. c का (x के सभी वास्तविक मानों के लिए) वह मान, जिसके लिए सदिश $cx\hat{i} - 6\hat{j} + 3\hat{k}, x\hat{i} + 2\hat{j} + 2cx\hat{k}$ के बीच अधिक कोण है, है

(a) $c < 0$ (b) $0 < c < \dfrac{4}{3}$

(c) $-\dfrac{4}{3} < c < 0$ (d) $c > 0$

23. यदि किसी समान्तर चतुर्भुज के विकर्ण सदिशों $3\hat{i} + \hat{j} - 2\hat{k}$ तथा $\hat{i} + 3\hat{j} - 4\hat{k}$ से निरूपित है, तब इसका क्षेत्रफल (वर्ग इकाई में) है

(a) $5\sqrt{3}$ (b) $6\sqrt{3}$

(c) $\sqrt{26}$ (d) $\sqrt{42}$

24. सदिश $\vec{a}, \vec{b}, \vec{c}$ एक-दूसरे से 60° के कोण पर झुके हैं और $|\vec{a}| = |\vec{b}| = 2$ तथा $|\vec{c}| = 2$, तो $(2\vec{a} + 3\vec{b} - 5\vec{c}) \cdot (4\vec{a} - 6\vec{b} + 10\vec{c})$ का मान होगा

(a) 167 (b) -167

(c) 120 (d) -120

25. बिन्दुओं A, B, C के स्थिति सदिश क्रमश: $\hat{i} + \hat{j}, \hat{j} + \hat{k}$ तथा $\hat{k} + \hat{i}$ हैं। ΔABC का सदिश क्षेत्रफल $= \pm \dfrac{1}{2}\vec{\alpha}$, जहाँ $\vec{\alpha}$ का मान होगा

(a) $-\hat{i} + \hat{j} + \hat{k}$ (b) $\hat{i} - \hat{j} + \hat{k}$

(c) $\hat{i} + \hat{j} - \hat{k}$ (d) $\hat{i} + \hat{j} + \hat{k}$

26. मान लीजिए $\alpha = (x + 4y)\vec{a} + (2x + y + 1)\vec{b}$ और $\beta = (y - 2x + 2)\vec{a} + (2x - 3y - 1)\vec{b}$, जहाँ $\vec{a}$ और $\vec{b}$ अशून्य, असमरेख हैं। यदि $3\alpha = 2\beta$, तो

(a) $x = 1, y = 2$ (b) $x = 2, y = 1$

(c) $x = -1, y = 2$ (d) $x = 2, y = -1$

27. $ABCDE$ एक पंचभुज है, तो बलों $\vec{AB}, \vec{AE}, \vec{BC}, \vec{DC}, \vec{ED}$ और $\vec{AC}$ का परिणामी है

(a) $\vec{AD}$ (b) $2\vec{AC}$
(c) $3\vec{AC}$ (d) 0

28. चार बिन्दुओं A, B, C, D के स्थिति सदिश क्रमशः $\vec{a}, \vec{b}, \vec{c}, \vec{d}$ हैं। यदि $\vec{a} - \vec{b} = 2(\vec{d} - \vec{c})$, तो

(a) AB और CD समद्विभाजित करते हैं
(b) BD और AC समद्विभाजित करते हैं
(c) AB और CD समत्रिभाजित करते हैं
(d) BD और AC समत्रिभाजित करते हैं

29. मान लीजिए $\vec{a}, \vec{b}, \vec{c}$ तीन सदिश $(\neq 0)$ हैं, जिनमें से कोई भी दो समरेख नहीं है। यदि $\vec{a} + 2\vec{b}$ सदिश $\vec{c}$ के साथ समरेख है तथा $\vec{b} + 3\vec{c}$ सदिश $\vec{a}$ के साथ समरेख है, तो $\vec{a} + 2\vec{b} + 6\vec{c}$ है

(a) $\vec{a}$ के समान्तर (b) $\vec{b}$ के समान्तर
(c) $\vec{c}$ के समान्तर (d) 0

30. सदिशों $\vec{a} = (1, 1, 0)$ और $\vec{b} = (0, 1, 1)$ पर लम्ब, इकाई लम्बाई के सदिशों की संख्या है

(a) एक (b) दो
(c) तीन (d) अनन्त

31. $\hat{i} - \hat{j}$ तथा $2\hat{i} + 3\hat{j}$ को मिलाने वाली रेखा पर, मूलबिन्दु की ओर निर्दिष्ट एकक अभिलम्ब सदिश है

(a) $\frac{4\hat{i} - \hat{j}}{\sqrt{17}}$ (b) $\frac{-4\hat{i} + \hat{j}}{\sqrt{17}}$
(c) $\frac{2\hat{i} - 3\hat{j}}{\sqrt{13}}$ (d) $\frac{-2\hat{i} + 3\hat{j}}{\sqrt{13}}$

32. यदि $l\vec{a} + m\vec{b} + n\vec{c} = 0$, जहाँ l, m, n अदिश हैं और $\vec{a}, \vec{b}, \vec{c}$ परस्पर लम्ब सदिश हैं, तब

(a) $l = m = n = 1$ (b) $l + m + n = 1$
(c) $l = m = n = 0$ (d) $l \neq 0, m \neq 0, n \neq 0$

33. यदि $\vec{a} \times \vec{b} = \vec{b} \times \vec{c} \neq \vec{0}$, जहाँ $\vec{a}, \vec{b}$ और $\vec{c}$ समतलीय सदिश हैं, तो किसी अदिश k के लिए

(a) $\vec{a} + \vec{c} = k\vec{b}$ (b) $\vec{a} + \vec{b} = k\vec{c}$
(c) $\vec{b} + \vec{c} = k\vec{a}$ (d) इनमें से कोई नहीं

34. मान लीजिए $\vec{a}, \vec{b}, \vec{c}$ तीन अशून्य, असमतलीय सदिश हैं, तो कोई सदिश $\vec{r}$ बराबर है

(a) $z\vec{a} + x\vec{b} + y\vec{c}$ (b) $x\vec{a} + y\vec{b} + z\vec{c}$
(c) $y\vec{a} + z\vec{b} = x\vec{c}$ (d) इनमें से कोई नहीं

$$\left(\text{जहाँ } x = \frac{[\vec{r}\,\vec{b}\,\vec{c}]}{[\vec{a}\,\vec{b}\,\vec{c}]}, y = \frac{[\vec{r}\,\vec{c}\,\vec{a}]}{[\vec{a}\,\vec{b}\,\vec{c}]}, z = \frac{[\vec{r}\,\vec{a}\,\vec{b}]}{[\vec{a}\,\vec{b}\,\vec{c}]}\right)$$

35. रेखाएँ जिनके सदिश समीकरण निम्नलिखित हैं, के बीच की न्यूनतम दूरी ज्ञात कीजिए।

$$\vec{r} = (1 + \lambda)\hat{i} + (2 - 3\lambda)\hat{j} + (3 + 2\lambda)\hat{k}$$

तथा $$\vec{r} = (4 + 2\mu)\hat{i} + (5 + 3\mu)\hat{j} + (6 + \mu)\hat{k}$$

(a) $\frac{2}{\sqrt{15}}$ इकाई (b) $\frac{3}{\sqrt{19}}$ इकाई
(c) $\frac{4}{\sqrt{21}}$ इकाई (d) $\frac{5}{\sqrt{19}}$ इकाई

36. रेखाओं $\frac{1-x}{-2} = \frac{2-y}{-3} = \frac{z-3}{4}$ तथा $\frac{x-2}{3} = \frac{y-4}{4} = \frac{z-5}{5}$ के बीच की न्यूनतम दूरी ज्ञात कीजिए।

(a) $\frac{1}{\sqrt{2}}$ इकाई (b) $\frac{1}{\sqrt{3}}$ इकाई
(c) $\frac{1}{\sqrt{6}}$ इकाई (d) $\frac{1}{\sqrt{10}}$ इकाई

37. रेखाओं $\frac{x-6}{3} = \frac{y-7}{-1} = \frac{z-4}{1}$ एवं $\frac{x}{-3} = \frac{y-9}{2} = \frac{z-2}{4}$ के बीच की न्यूनतम दूरी ज्ञात कीजिए।

(a) 0 (b) 1 (c) 2 (d) 3

उत्तरमाला

1.	(b)	2.	(c)	3.	(b)	4.	(c)	5.	(c)	6.	(b)	7.	(b)	8.	(b)	9.	(a)	10.	(a)
11.	(b)	12.	(c)	13.	(a)	14.	(b)	15.	(a)	16.	(a)	17.	(c)	18.	(c)	19.	(c)	20.	(b)
21.	(d)	22.	(c)	23.	(d)	24.	(d)	25.	(d)	26.	(d)	27.	(c)	28.	(d)	29.	(d)	30.	(b)
31.	(b)	32.	(c)	33.	(a)	34.	(b)	35.	(b)	36.	(c)	37.	(a)						

संकेत एवं हल

1. चूँकि $\vec{a} \times \vec{b} = \vec{b} \times \vec{c} \Rightarrow (\vec{a} + \vec{c}) \times \vec{b} = 0$, लेकिन $\vec{a} + \vec{c} \neq 0$

$\Rightarrow \quad \vec{a} + \vec{c} \parallel \vec{b}$

2. चूँकि $\vec{a} \cdot \vec{b} = ab\cos\theta$

$\Rightarrow \quad 0 \le \theta \le \frac{\pi}{2}$ तथा $\frac{3\pi}{2} \le \theta \le 2\pi$ के लिए, $\cos\theta \ge 0$

3. मान लीजिए $\vec{r} = x\hat{i} + y\hat{j} + z\hat{k} \Rightarrow \vec{r} \cdot \hat{i} = x, \vec{r} \cdot \hat{j} = y, \vec{r} \cdot \hat{k} = z$

$\Rightarrow \quad (\vec{r} \cdot \hat{i})^2 + (\vec{r} \cdot \hat{j})^2 + (\vec{r} \cdot \hat{k})^2 = x^2 + y^2 + z^2 = r^2$

6. $\because \vec{a}$ का $\vec{b}$ के अनुदिश घटक $= a\cos\theta = \frac{|\vec{a} \cdot \vec{b}|}{|\vec{b}|}$

इसी प्रकार, $\vec{a} \perp \vec{b}$ का घटक $= a\sin\theta = \frac{|\vec{a} \times \vec{b}|}{|\vec{b}|}$

7. अभीष्ट प्रतिबन्ध $= (\vec{b} - \vec{a}) \times (\vec{c} - \vec{b}) = \vec{0}$

$\Rightarrow \quad \vec{b} \times \vec{c} + \vec{a} \times \vec{b} + \vec{c} \times \vec{a} = \vec{0}$

8. $\vec{b_2} = \vec{b} - \vec{b_1} = -\frac{3}{2}\hat{i} + \frac{3}{2}\hat{j} + 4\hat{k}$, अतः स्पष्ट है कि $\vec{b_2}, \vec{a}$ के लम्बवत् है।

9. चूँकि $\vec{a}, \vec{c}, \vec{b}$ एक दक्षिणावर्त निकाय बनाते हैं।

$$\therefore \quad \vec{c} = \vec{b} \times \vec{a} = \hat{j} \times (x\hat{i} + y\hat{j} + z\hat{k})$$
$$= x(\hat{j} \times \hat{i}) + z(\hat{j} \times \hat{k}) = -x\hat{k} + z\hat{i} = z\hat{i} - x\hat{k}$$

11. बिन्दुओं $P(1, -1, 2), Q(2, 0, -1)$ तथा $R(0, 2, 1)$ से निर्धारित समतल पर लम्ब सदिश $= \overrightarrow{QR} \times \overrightarrow{PR}$

$$= (-2\hat{i} + 2\hat{j} + 2\hat{k}) \times (-\hat{i} + 3\hat{j} - \hat{k})$$

अतः इकाई सदिश $= \frac{2\hat{i} + \hat{j} + \hat{k}}{\sqrt{4+1+1}} = \frac{2\hat{i} + \hat{j} + \hat{k}}{\sqrt{6}}$

12. चूँकि $\vec{a} \times \vec{b} = \begin{vmatrix} \hat{i} & \hat{j} & \hat{k} \\ 2 & 3 & -5 \\ m & n & 12 \end{vmatrix}$

$$= (36 + 5n)\,\hat{i} - (24 + 5m)\,\hat{j} + (2n - 3m)\,\hat{k} = 0$$

$$\Rightarrow \quad m = -\frac{24}{5}, n = -\frac{36}{5}$$

13. यहाँ $\overrightarrow{OA} = 3\hat{i} + 2\hat{j} - 9\hat{k}$ तथा बल $\vec{F} = (9\hat{i} + 6\hat{j} - 2\hat{k}) \times \frac{6}{11}$

अतः बल का आघूर्ण $= \overrightarrow{OA} \times \vec{F} = \frac{6}{11}\begin{vmatrix} \hat{i} & \hat{j} & \hat{k} \\ 3 & 2 & -9 \\ 9 & 6 & -2 \end{vmatrix}$

$$= \frac{6}{11}(50\hat{i} - 75\hat{j}) = \frac{150}{11}(2\hat{i} - 3\hat{j})$$

14. तल के लम्बवत् इकाई सदिश $= \frac{\overrightarrow{AB} \times \overrightarrow{AC}}{|\overrightarrow{AB} \times \overrightarrow{AC}|} = \frac{(\vec{b} - \vec{a}) \times (\vec{c} - \vec{a})}{|(\vec{b} - \vec{a}) \times (\vec{c} - \vec{a})|}$

$$= \frac{\vec{a} \times \vec{b} + \vec{b} \times \vec{c} + \vec{c} \times \vec{a}}{|\vec{a} \times \vec{b} + \vec{b} \times \vec{c} + \vec{c} \times \vec{a}|}$$

15. माना सदिशों $\vec{a}$ तथा $\vec{b}$ के बीच कोण θ है।

तब, $\frac{|\vec{a} \times \vec{b}|}{|\vec{a} \cdot \vec{b}|} = \frac{|\vec{a}||\vec{b}|\sin\theta}{|\vec{a}||\vec{b}|\cos\theta} = \tan\theta$

16. चूँकि $\vec{a} \times \vec{b} = \begin{vmatrix} \hat{i} & \hat{j} & \hat{k} \\ 3 & 2 & -1 \\ 12 & 5 & -5 \end{vmatrix} = -5\hat{i} + 3\hat{j} - 9\hat{k}$

$$\Rightarrow \quad \sin\theta = \frac{\sqrt{25 + 9 + 81}}{\sqrt{14} \cdot \sqrt{194}} = \frac{\sqrt{115}}{\sqrt{14} \cdot \sqrt{194}}$$

17. चूँकि $|\vec{a} \times \vec{b}| = 1 \Rightarrow |\sin\theta| = 1 \Rightarrow \sin\theta = 1 \Rightarrow \theta = \frac{\pi}{2}$

19. यहाँ $(\vec{a} \times \vec{b})^2 = (\vec{a} \times \vec{b}) \cdot (\vec{a} \times \vec{b}) = (ab\sin\theta\hat{n})(ab\sin\theta\hat{n})$

$$= a^2b^2\sin^2\theta = a^2b^2(1 - \cos^2\theta)$$
$$= a^2b^2 - a^2b^2\cos^2\theta = a^2b^2 - (\vec{a} \cdot \vec{b})^2$$

21. चूँकि $|\vec{a} \times \vec{r}|^2 + |\vec{a} \cdot \vec{r}|^2 = |\vec{a}|^2 |\vec{r}|^2$

$$\Rightarrow |\hat{j}|^2 + (\vec{a} \cdot \vec{r})^2 = |\vec{a}|^2 |\vec{r}|^2 \Rightarrow (\vec{a} \cdot \vec{r}) = \pm\sqrt{|\vec{a}|^2 |\vec{r}|^2 - 1}$$

इससे सिद्ध होता है कि $\vec{a} \cdot \vec{r}$ का मान दिए गए $\vec{a}$ के लिए $|\vec{r}|$ पर निर्भर करता है, अतः $\vec{a} \cdot \vec{r}$ स्वेच्छ अदिश है।

22. चूँकि सदिश $\vec{a} = cx\hat{i} - 6\hat{j} + 3\hat{k}$ तथा $\vec{b} = x\hat{i} + 2\hat{j} + 2cx\hat{k}$ परस्पर अधिक कोण बनाते हैं, अतः

$$\vec{a} \cdot \vec{b} < 0 \Rightarrow cx^2 - 12 + 6cx < 0, \forall x$$
$$\Rightarrow c < 0 \text{ तथा विविक्तकर } < 0 \Rightarrow c < 0 \text{ तथा } 36c^2 + 48c < 0$$
$$\Rightarrow c < 0 \text{ तथा } 3c + 4 > 0 \Rightarrow c < 0 \text{ तथा } 3c + 4 > 0$$
$$\Rightarrow -4/3 < c < 0$$

23. चूँकि $\vec{d_1} \times \vec{d_2} = \begin{vmatrix} \hat{i} & \hat{j} & \hat{k} \\ 3 & 1 & -2 \\ 1 & 3 & -4 \end{vmatrix} \Rightarrow \vec{d_1} \times \vec{d_2} = 2\hat{i} + 10\hat{j} + 8\hat{k}$

अतः समान्तर चतुर्भुज का क्षेत्रफल

$$\frac{1}{2}|\vec{d_1} \times \vec{d_2}| = \frac{1}{2}\sqrt{4 + 100 + 64} = \frac{1}{2}\sqrt{168} = \sqrt{42}$$

24. यहाँ $(2\vec{a} + 3\vec{b} - 5\vec{c}) \cdot (4\vec{a} - 6\vec{b} + 10\vec{c})$

$$= 8\vec{a} \cdot \vec{a} - 18\vec{b} \cdot \vec{b} - 50\vec{c} \cdot \vec{c} - 12\vec{a} \cdot \vec{b} + 20\vec{a} \cdot \vec{c} + 12\vec{b} \cdot \vec{a} + 30\vec{b} \cdot \vec{a} - 20\vec{c} \cdot \vec{a} + 30\vec{c} \cdot \vec{b}$$
$$= 8a^2 - 18b^2 - 50c^2 + 60\vec{c} \cdot \vec{b}$$
$$= 32 - 72 - 200 + 60 \cdot |\vec{b}| \cdot |\vec{c}| \cos 60° = -120$$

25. ΔABC का सदिश क्षेत्रफल

$$= \frac{1}{2}(\overrightarrow{AB} \times \overrightarrow{AC}) = \frac{1}{2}|(-\hat{i} + \hat{k}) \times (-\hat{j} + \hat{k})|$$
$$= \frac{1}{2}\begin{vmatrix} \hat{i} & \hat{j} & \hat{k} \\ -1 & 0 & 1 \\ 0 & -1 & 1 \end{vmatrix} = \frac{1}{2}(\hat{i} + \hat{j} + \hat{k})$$

अतः तुलना करने पर, $\vec{\alpha} = \hat{i} + \hat{j} + \hat{k}$

26. दिया है $3\alpha = 2\beta \Rightarrow p\vec{a} + q\vec{b} = 0$, तो

$$\Rightarrow \quad p = 0, q = 0 \qquad [\because \vec{a} \text{ और } \vec{b} \text{ असमतलीय हैं}]$$
$$\therefore \quad 7x + 10y - 4 = 0 \text{ या } 2x + 9y + 5 = 0$$

हल करने पर, $x = 2, y = -1$

27. $\because \overrightarrow{AB} + \overrightarrow{BC} = \overrightarrow{AC}$ ...(i)

$\overrightarrow{AE} + \overrightarrow{ED} + \overrightarrow{DC} = \overrightarrow{AC}$ ...(ii)

तथा $\overrightarrow{AC} = \overrightarrow{AC}$ ...(iii)

समी (i), (ii) तथा (iii) को जोड़ने पर,

$$\overrightarrow{AB} + \overrightarrow{AE} + \overrightarrow{BC} + \overrightarrow{DC} + \overrightarrow{ED} + \overrightarrow{AC} = 3\overrightarrow{AC}$$

28. दिए हुए सम्बन्ध से,

$$\vec{a} + 2\vec{c} = \vec{b} + 2\vec{d}$$

$\Rightarrow \frac{\vec{a} + 2\vec{c}}{3} = \frac{\vec{b} + 2\vec{d}}{3}$ अर्थात् 1 : 2 के अनुपात में काटते हैं। यह सम्बन्ध दर्शाता है कि AC और BD परस्पर समत्रिभाजित करते हैं।

30. चूँकि $\vec{a} \times \vec{b} = \hat{i} - \hat{j} + \hat{k}$ सदिशों $\vec{a}$ और $\vec{b}$ दोनों पर लम्ब है।

अतः इकाई सदिश $= \pm \dfrac{\hat{i} - \hat{j} + \hat{k}}{\sqrt{3}}$

31. $\because \vec{L} = \hat{i} + 4\hat{j}$

अतः $\vec{L}$ के लम्बवत् सदिश $= \lambda(4\hat{i} - \hat{j})$

$\therefore$ इकाई सदिश $= \dfrac{4\hat{i} - \hat{j}}{\sqrt{17}}$

लेकिन इसकी दिशा मूलबिन्दु की ओर है।

अतः अभीष्ट सदिश $= \dfrac{-4\hat{i} + \hat{j}}{\sqrt{17}}$

32. दिया है, $l\vec{a} + m\vec{b} + n\vec{c} = 0$

वर्ग करने पर,

$a^2l^2 + m^2b^2 + n^2c^2 + 2lm\vec{a}\cdot\vec{b} + 2ln\vec{a}\cdot\vec{c} + 2mn\vec{b}\cdot\vec{c} = 0$

लेकिन $\vec{a}, \vec{b}, \vec{c}$ परस्पर लम्बवत् हैं, अतः $\vec{a}\cdot\vec{b}, \vec{b}\cdot\vec{c}, \vec{c}\cdot\vec{a}$ शून्य होंगे तथा इसलिए $a^2l^2 + m^2b^2 + n^2c^2 = 0$ अर्थात् l, m, n शून्य हैं क्योंकि a^2, b^2 तथा c^2 शून्य नहीं हो सकते हैं।

33. चूँकि $\vec{a} \times \vec{b} = \vec{b} \times \vec{c} \neq \vec{0} \Rightarrow \vec{a} \times \vec{b} - \vec{b} \times \vec{c} = \vec{0}$

$\Rightarrow \vec{a} \times \vec{b} + \vec{c} \times \vec{b} = \vec{0} \Rightarrow (\vec{a} + \vec{c}) \times \vec{b} = \vec{0}$

$\Rightarrow \vec{a} + \vec{c}, \vec{b}$ के समान्तर हैं, अतः $\vec{a} + \vec{c} = k\vec{b}$

34. यहाँ, $x = \vec{r} \cdot \dfrac{(\vec{b} \times \vec{c})}{[\vec{a}\,\vec{b}\,\vec{c}]} = \vec{r}\cdot\vec{a}'$, इसी प्रकार $y = \vec{r}\cdot\vec{b}'$ तथा $z = \vec{r}\cdot\vec{c}'$

तथा हम जानते हैं कि,

$$\vec{r} = \vec{r}\cdot\vec{a}'\vec{a} + \vec{r}\cdot\vec{b}'\vec{b} + \vec{r}\cdot\vec{c}'\vec{c}$$

$$\Rightarrow \vec{r} = x\vec{a} + y\vec{b} + z\vec{c}$$

35. दी गई रेखाओं के समीकरण निम्न हैं

$$\vec{r} = (1+\lambda)\hat{i} + (2 - 3\lambda)\hat{j} + (3 + 2\lambda)\hat{k}$$

$$\Rightarrow \vec{r} = (\hat{i} + 2\hat{j} + 3\hat{k}) + \lambda(\hat{i} - 3\hat{j} + 2\hat{k}) \quad \ldots(i)$$

तथा $\vec{r} = (4 + 2\mu)\hat{i} + (5 + 3\mu)\hat{j} + (6 + \mu)\hat{k}$

$$\Rightarrow \vec{r} = (4\hat{i} + 5\hat{j} + 6\hat{k}) + \mu(2\hat{i} + 3\hat{j} + \hat{k}) \quad \ldots(ii)$$

समी (i) व (ii) की $\vec{r} = \vec{a}_1 + \lambda\vec{b}_1, \vec{r} = \vec{a}_2 + \mu\vec{b}_2$ से तुलना करने पर,

$$\vec{a}_1 = \hat{i} + 2\hat{j} + 3\hat{k}, \vec{b}_1 = \hat{i} - 3\hat{j} + 2\hat{k}$$

तथा $\vec{a}_2 = 4\hat{i} + 5\hat{j} + 6\hat{k}, \vec{b}_2 = 2\hat{i} + 3\hat{j} + \hat{k}$

अब, $\vec{b}_1 \times \vec{b}_2 = \begin{vmatrix} \hat{i} & \hat{j} & \hat{k} \\ b_1 & b_2 & b_3 \\ b'_1 & b'_2 & b'_3 \end{vmatrix} = \begin{vmatrix} \hat{i} & \hat{j} & \hat{k} \\ 1 & -3 & 2 \\ 2 & 3 & 1 \end{vmatrix}$

$$= \hat{i}(-3-6) - \hat{j}(1-4) + \hat{k}(3+6) = -9\hat{i} + 3\hat{j} + 9\hat{k}$$

$\therefore |\vec{b}_1 \times \vec{b}_2| = |-9\hat{i} + 3\hat{j} + 9\hat{k}|$

$$= \sqrt{(-9)^2 + (3)^2 + (9)^2} = \sqrt{81 + 9 + 81}$$

$\Rightarrow |\vec{b}_1 \times \vec{b}_2| = \sqrt{171} = 3\sqrt{19}$

$\because \vec{a}_2 - \vec{a}_1 = (4\hat{i} + 5\hat{j} + 6\hat{k}) - (\hat{i} + 2\hat{j} + 3\hat{k})$

$= 3\hat{i} + 3\hat{j} + 3\hat{k}$

$\therefore \vec{a}_2 - \vec{a}_1 = 3\hat{i} + 3\hat{j} + 3\hat{k}$

तथा $(\vec{a}_2 - \vec{a}_1)\cdot(\vec{b}_1 \times \vec{b}_2) = (3\hat{i} + 3\hat{j} + 3\hat{k})\cdot(-9\hat{i} + 3\hat{j} + 9\hat{k})$

$= (-27 + 9 + 27) = 9$

अतः दो रेखाओं के बीच न्यूनतम दूरी $= \left|\dfrac{(\vec{b}_1 \times \vec{b}_2)\cdot(\vec{a}_2 - \vec{a}_1)}{|\vec{b}_1 \times \vec{b}_2|}\right|$

$= \dfrac{9}{3\sqrt{19}} = \dfrac{3}{\sqrt{19}}$ इकाई

36. दी गई रेखाएँ निम्न हैं

$$\frac{1-x}{-2} = \frac{2-y}{-3} = \frac{z-3}{4} \Rightarrow \frac{x-1}{2} = \frac{y-2}{3} = \frac{z-3}{4} \quad \ldots(i)$$

तथा $\dfrac{x-2}{3} = \dfrac{y-4}{4} = \dfrac{z-5}{5} \quad \ldots(ii)$

समी (i) तथा (ii) की तुलना $\dfrac{x-x_1}{a_1} = \dfrac{y-y_1}{b_1} = \dfrac{z-z_1}{c_1}$

तथा $\dfrac{x-x_2}{a_2} = \dfrac{y-y_2}{b_2} = \dfrac{z-z_2}{c_2}$ से करने पर,

$x_1 = 1, x_2 = 2, a_1 = 2, a_2 = 3, y_1 = 2, y_2 = 4, b_1 = 3, b_2 = 4$

तथा $z_1 = 3, z_2 = 5, c_1 = 4, c_2 = 5$

अब, $\begin{vmatrix} x_2 - x_1 & y_2 - y_1 & z_2 - z_1 \\ a_1 & b_1 & c_1 \\ a_2 & b_2 & c_2 \end{vmatrix} = \begin{vmatrix} 2-1 & 4-2 & 5-3 \\ 2 & 3 & 4 \\ 3 & 4 & 5 \end{vmatrix}$

$= \begin{vmatrix} 1 & 2 & 2 \\ 2 & 3 & 4 \\ 3 & 4 & 5 \end{vmatrix}$

$= 1(15-16) - 2(10-12) + 2(8-9)$

$= 1(-1) - 2(-2) + 2(-1) = -1 + 4 - 2 = 1$

अब, $\sqrt{(b_1c_2 - b_2c_1)^2 + (c_1a_2 - c_2a_1)^2 + (a_1b_2 - a_2b_1)^2}$

$= \sqrt{(3 \times 5 - 4 \times 4)^2 + (4 \times 3 - 5 \times 2)^2 + (2 \times 4 - 3 \times 3)^2}$

$= \sqrt{(15-16)^2 + (12-10)^2 + (8-9)^2}$

$= \sqrt{(-1)^2 + (2)^2 + (-1)^2}$

$= \sqrt{1 + 4 + 1} = \sqrt{6}$

अतः दो रेखाओं के बीच की न्यूनतम दूरी

$$= \left|\frac{\begin{vmatrix} x_2 - x_1 & y_2 - y_1 & z_2 - z_1 \\ a_1 & b_1 & c_1 \\ a_2 & b_2 & c_2 \end{vmatrix}}{\sqrt{(b_1c_2 - b_2c_1)^2 + (c_1a_2 - c_2a_1)^2 + (a_1b_2 - a_2b_1)^2}}\right|$$

$= \left|\dfrac{1}{\sqrt{6}}\right| = \dfrac{1}{\sqrt{6}}$ इकाई

अध्याय 12

क्षेत्रमिति

Mensuration

क्षेत्रफल Area

किसी समतल आकृति द्वारा घेरा जाने वाला स्थान अथवा आकृति की सीमाओं के अन्दर के धरातल (फर्श) का परिमाण, उसका क्षेत्रफल कहलाता है। क्षेत्रफल का मात्रक 'वर्ग इकाई' या 'इकाई^2' होता है।

जैसे—किसी आयत की लम्बाई $(l) = 5$ सेमी तथा चौड़ाई $(b) = 4$ सेमी, तब आयत का क्षेत्रफल $(A) = l \times b = 5 \times 4 = 20$ वर्ग सेमी

परिमिति या परिमाप Perimeter

किसी समतल आकृति की सभी भुजाओं का योगफल, उसका परिमाप कहलाता है। इसे परिमिति भी कहते हैं। जिस इकाई में भुजा की माप दी गई होती है, वही इकाई परिमिति की भी होती है।

जैसे—किसी त्रिभुज की भुजाएँ क्रमशः 4 सेमी, 5 सेमी व 8 सेमी हैं, तब त्रिभुज का परिमाप $(P) =$ तीनों भुजाओं का योग $= 4 + 5 + 8 = 17$ सेमी

विभिन्न आकृतियों के क्षेत्रफल व परिमाप
Area and Perimeter of Various Figures

त्रिभुज Triangle

तीन रेखाखण्डों से घिरी हुई आकृति, त्रिभुज कहलाती है। इन रेखाखण्डों को त्रिभुज की भुजाएँ कहते है। इसमें तीन कोण होते हैं जिनका योग 180° होता है तथा किन्हीं दो भुजाओं का योग तीसरी भुजा से अधिक होता है।

विभिन्न प्रकार के त्रिभुज तथा उनके क्षेत्रफल व परिमाप निम्न प्रकार हैं

1. विषमबाहु त्रिभुज Scalene Triangle

वह त्रिभुज, जिसकी तीनों भुजाएँ अलग-अलग माप की हों, विषमबाहु त्रिभुज कहलाता है।

माना त्रिभुज की भुजाएँ a, b व c हैं तथा शीर्षलम्ब की लम्बाई (त्रिभुज की ऊँचाई) h है, तब

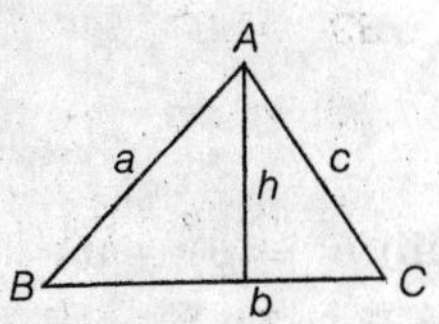

(i) विषमबाहु त्रिभुज का क्षेत्रफल,

$$\Delta = \sqrt{s(s-a)(s-b)(s-c)}$$

जहाँ, $s = \dfrac{a+b+c}{2}$

या विषमबाहु त्रिभुज का क्षेत्रफल

$$= \frac{1}{2} \times \text{आधार} \times \text{ऊँचाई}$$

$$= \frac{1}{2} \times b \times h$$

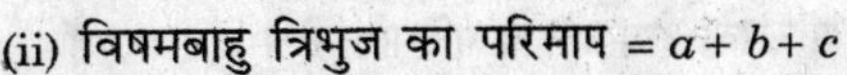

(ii) विषमबाहु त्रिभुज का परिमाप $= a + b + c$

2. समबाहु त्रिभुज Equilateral Triangle

वह त्रिभुज, जिसकी तीनों भुजाएं समान लम्बाई की हों, समबाहु त्रिभुज कहलाता है।

माना समबाहु त्रिभुज की भुजा a तथा ऊँचाई h है, तब

(i) समबाहु त्रिभुज का क्षेत्रफल $= \dfrac{\sqrt{3}}{4} a^2$

(ii) समबाहु त्रिभुज की ऊँचाई, $h = \dfrac{\sqrt{3}}{2} a$

(iii) समबाहु त्रिभुज का परिमाप $= 3a$

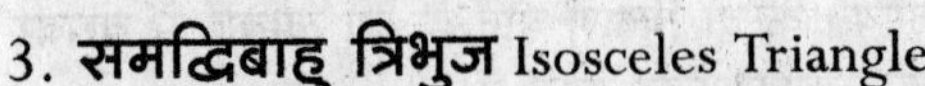

3. समद्विबाहु त्रिभुज Isosceles Triangle

वह त्रिभुज, जिसकी कोई दो भुजाएँ तथा दो कोण समान हों, समद्विबाहु त्रिभुज कहलाता है।

माना त्रिभुज की समान भुजाओं की लम्बाई a व तीसरी भुजा की लम्बाई b है, तब

(i) समद्विबाहु त्रिभुज का क्षेत्रफल $= \sqrt{s(s-a)(s-a)(s-b)}$
$= (s-a)\sqrt{s(s-b)}$

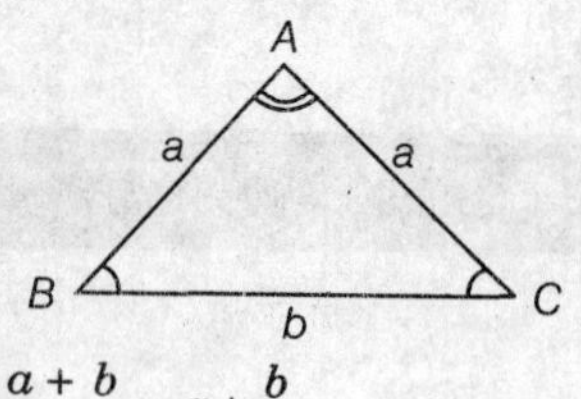

जहाँ, $s = \frac{a + a + b}{2} = a + \frac{b}{2}$

या समद्विबाहु त्रिभुज का क्षेत्रफल $= \frac{b}{4}\sqrt{4a^2 - b^2}$

(ii) समद्विबाहु त्रिभुज का परिमाप $= a + a + b = 2a + b$

4. समकोण त्रिभुज Right Angled Triangle

वह त्रिभुज, जिसमें एक कोण समकोण अर्थात् 90° का होता है, समकोण त्रिभुज कहलाता है।

(i) समकोण त्रिभुज का क्षेत्रफल $= \frac{1}{2} \times$ आधार $(b) \times$ लम्ब (p)

(ii) समकोण त्रिभुज का परिमाप $= h + p + b$

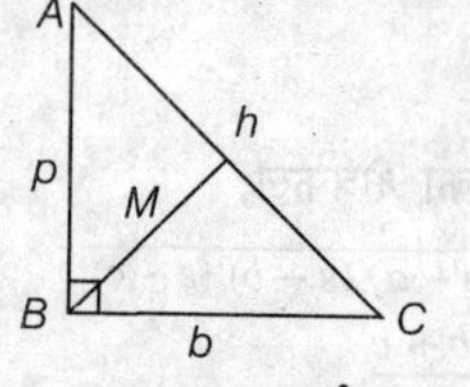

(iii) $h^2 = (p)^2 + (b)^2$ [$\because$ (कर्ण)^2 = (लम्ब)^2 + (आधार)^2]

चतुर्भुज Quadrilateral

चार रेखाखण्डों से घिरी आकृति को चतुर्भुज कहते हैं। इन रेखाखण्डों को चतुर्भुज की भुजाएँ कहते हैं। इसमें चार कोण होते हैं जिनका योग 360° होता है।

विभिन्न प्रकार के चतुर्भुज तथा उनके क्षेत्रफल व परिमाप नीचे दिए गए हैं

1. वर्ग Square

वह चतुर्भुज, जिसकी सभी भुजाएँ समान लम्बाई की हों तथा जिसके सभी कोण 90° के हों, वर्ग कहलाता है।

माना वर्ग की प्रत्येक भुजा की लम्बाई a है, तब

(i) वर्ग का क्षेत्रफल = (भुजा)$^2 = a^2 = \frac{1}{2}$ (विकर्ण)^2

(ii) वर्ग का परिमाप = 4 × भुजा = $4a$

(iii) वर्ग का विकर्ण $= a\sqrt{2}$

2. आयत Rectangle

वह चतुर्भुज, जिसकी सम्मुख भुजाएँ बराबर तथा प्रत्येक कोण 90° का होता है, आयत कहलाता है। आयत के दो विकर्ण होते हैं, जो लम्बाई में बराबर होते हैं तथा एक-दूसरे को समद्विभाजित करते हैं।

माना आयत की लम्बाई व चौड़ाई क्रमशः l व b हैं, तब

(i) आयत का क्षेत्रफल = लम्बाई × चौड़ाई = $l \times b$

(ii) आयत का परिमाप $= 2(l + b)$

(iii) आयत का विकर्ण $= \sqrt{l^2 + b^2}$

3. समचतुर्भुज Rhombus

वह चतुर्भुज, जिसकी सभी भुजाएँ समान लम्बाई तथा आमने-सामने की भुजाएँ समान्तर हों, समचतुर्भुज कहलाता है। इसे विषमकोण चतुर्भुज भी कहते हैं। समचतुर्भुज के विकर्ण एक-दूसरे को 90° पर समद्विभाजित करते हैं

माना समचतुर्भुज की भुजा a व विकर्ण क्रमशः d_1 व d_2 हैं, तब

(i) समचतुर्भुज का क्षेत्रफल $= \frac{1}{2} \times d_1 \times d_2$

(ii) समचतुर्भुज का परिमाप $= 4 \times a$

(iii) $4a^2 = d_1^2 + d_2^2$

4. समान्तर चतुर्भुज Parallelogram

वह चतुर्भुज, जिसकी सम्मुख भुजाएँ समान तथा समान्तर होती हैं, समान्तर चतुर्भुज कहलाता है

माना समान्तर चतुर्भुज की संलग्न भुजाएँ क्रमशः a व b हैं तथा इसकी ऊँचाई h है, तब

(i) समान्तर चतुर्भुज का क्षेत्रफल = आधार × ऊँचाई $= a \times h$

(ii) समान्तर चतुर्भुज का क्षेत्रफल $= 2\sqrt{s(s-a)(s-b)(s-d)}$

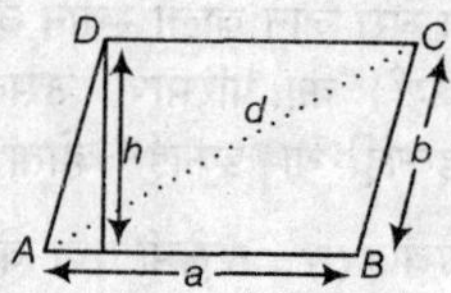

जहाँ, a व b चतुर्भुज की संलग्न भुजाएँ हैं, d इन भुजाओं के अन्त बिन्दुओं को मिलाने वाला विकर्ण है तथा $s = \frac{a + b + d}{2}$

(iii) समान्तर चतुर्भुज का परिमाप $= 2(a + b)$

5. समलम्ब चतुर्भुज Trapezium

वह चतुर्भुज, जिसकी सम्मुख भुजाओं का एक युग्म समान्तर हो तथा दूसरा युग्म असमान्तर हो, समलम्ब चतुर्भुज कहलाता हैं।

माना समलम्ब चतुर्भुज की समान्तर भुजाएँ क्रमशः a व b हैं, इनके बीच की दूरी h तथा अन्य दो भुजाएँ c तथा d हैं, तब

(i) समलम्ब चतुर्भुज का क्षेत्रफल $= \frac{1}{2} \times$ (समान्तर भुजाओं का योग) × ऊँचाई

$= \frac{1}{2} \times (a + b) \times h$

(ii) समलम्ब चतुर्भुज का परिमाप $= a + b + c + d$

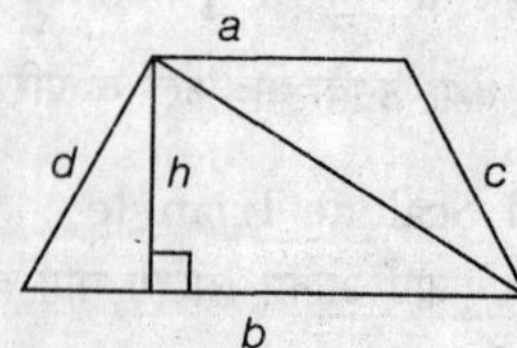

(iii) $d_1^2 + d_2^2 = c^2 + d^2 + 2ab$, जहाँ d_1 व d_2 इसके विकर्ण हैं।

आयतन Volume

कोई वस्तु जितना स्थान घेरती है, उसे उस वस्तु का आयतन कहते हैं। आयतन को घन इकाई में मापा जाता है। जैसे—किसी सन्दूक की विमाएँ, लम्बाई $(l) = 15$ सेमी, चौड़ाई $(b) = 8$ सेमी व ऊँचाई $(h) = 4$ सेमी हों, तब सन्दूक का आयतन $= l \times b \times h = 15 \times 8 \times 4 = 480$ घन सेमी

वक्रपृष्ठीय क्षेत्रफल तथा सम्पूर्ण पृष्ठीय क्षेत्रफल

Curved Surface Area and Total Surface Area

ठोस वस्तुओं के फैलाव को सतह या पृष्ठ कहते हैं। किसी त्रिविमीय आकृति को चारों ओर से घेरने वाले पृष्ठ या सतह का क्षेत्रफल, आकृति का वक्रपृष्ठीय क्षेत्रफल कहलाता है।

किसी आकृति के वक्रपृष्ठीय क्षेत्रफल, आधार के क्षेत्रफल तथा उसके समान्तर पृष्ठ के क्षेत्रफल का योग आकृति के सम्पूर्ण पृष्ठ का क्षेत्रफल कहलाता है। पृष्ठीय क्षेत्रफल को वर्ग इकाई में मापा जाता है।

घन का वक्रपृष्ठ $= 4 \times$ (भुजा)^2

तथा घन का सम्पूर्ण पृष्ठ $= 6 \times$ (भुजा)^2

विभिन्न आकृतियों के आयतन एवं पृष्ठीय क्षेत्रफल

Surface Area and Volume of Various Figures

1. घन Cube

छ: समान पृष्ठों वाली ऐसी ठोस आकृति, जिसकी सभी विमाएँ (लम्बाई, चौड़ाई व ऊँचाई) समान हों, घन कहलाती हैं।

यदि घन की प्रत्येक भुजा की लम्बाई a हो, तब

(i) घन का विकर्ण $= a\sqrt{3}$

(ii) घन का आयतन $= a^3$

(iii) घन का वक्रपृष्ठीय क्षेत्रफल $= 4a^2$

(iv) घन का सम्पूर्ण पृष्ठीय क्षेत्रफल $= 6a^2$

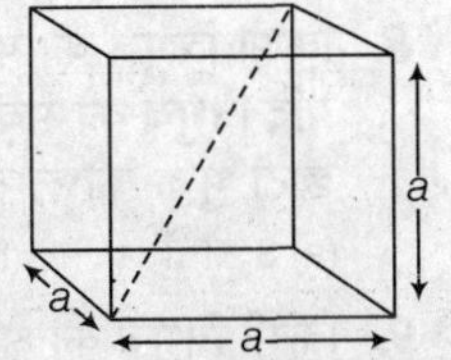

2. घनाभ Cuboid

ऐसी आकृति, जो छ: पृष्ठों या तलों से घिरी हो तथा सभी तल आयताकार हों, उन्हें घनाभ कहते हैं।

यदि घनाभ की लम्बाई, चौड़ाई व ऊँचाई क्रमश: l, b व h हों, तब

(i) घनाभ का विकर्ण $= \sqrt{l^2 + b^2 + h^2}$

(ii) घनाभ का आयतन

$=$ लम्बाई $\times$ चौड़ाई $\times$ ऊँचाई $= lbh$

(iii) घनाभ का वक्रपृष्ठीय क्षेत्रफल

$=$ आधार का परिमाप $\times$ ऊँचाई

$= 2(l + b) \times h = 2(l + b)h$

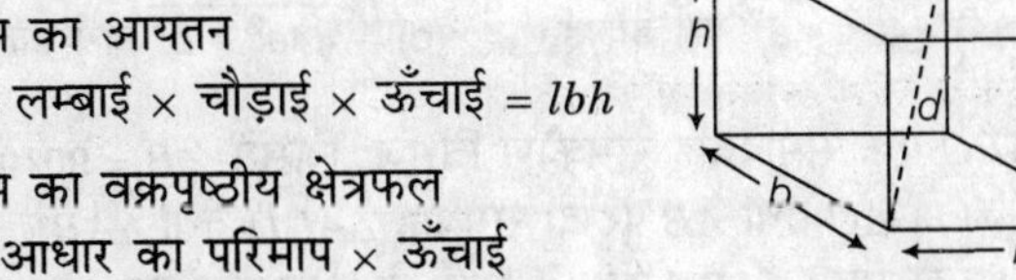

(iv) घनाभ का सम्पूर्ण पृष्ठीय क्षेत्रफल

$= 2$ (लम्बाई $\times$ चौड़ाई $+$ चौड़ाई $\times$ ऊँचाई $+$ ऊँचाई $\times$ लम्बाई)

$= 2(lb + bh + hl)$

3. बेलन Cylinder

वृत्तीय आधार वाली ऐसी ठोस आकृति, जिसके पार्श्व समतल होते हैं, बेलन कहलाती है।

यदि बेलन के आधार की त्रिज्या r तथा ऊँचाई h हैं, तब

(i) बेलन का आयतन $= \pi r^2 h$

(ii) बेलन के वक्रपृष्ठ का क्षेत्रफल $= 2\pi rh$

(iii) बेलन के सम्पूर्ण पृष्ठ का क्षेत्रफल $= 2\pi r\,(h + r)$

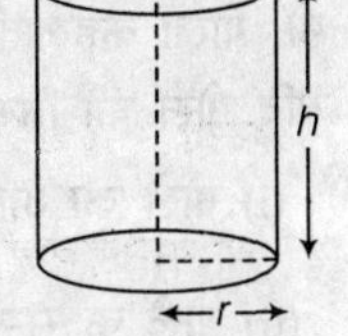

4. खोखला बेलन Hollow Cylinder

वृत्तीय आधार वाली खोखली आकृति, जिसके पार्श्व समतल होते हैं, खोखला बेलन कहलाती हैं। जैसे-पाइप, बाँसुरी इत्यादि।

यदि खोखले बेलन के आधार की बाह्य व अन्त: त्रिज्याएँ क्रमश: r_1 व r_2 तथा ऊँचाई h हैं, तब

(i) खोखले बेलन का आयतन $= \pi h(r_1^2 - r_2^2)$

(ii) खोखले बेलन का वक्रपृष्ठ का क्षेत्रफल

$= 2\pi h(r_1 + r_2)$

(iii) खोखले बेलन का सम्पूर्ण पृष्ठ का क्षेत्रफल

$= 2\pi(r_1 + r_2)(h + r_1 - r_2)$

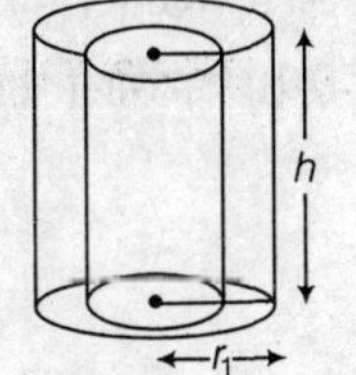

5. शंकु Cone

यह एक ऐसा पिरामिड है जिसका आधार एक वृत्त होता है तथा समकोण त्रिभुज को समकोण बनाने वाली भुजा आधार या लम्ब के परित: घुमाने पर इसका निर्माण होता है।

यदि एक शंकु की ऊँचाई h व आधार की त्रिज्या r है, तब

(i) शंकु की तिरछी ऊँचाई, $l = \sqrt{h^2 + r^2}$

(ii) शंकु का आयतन $= \frac{1}{3}\pi r^2 h$

(iii) शंकु के वक्रपृष्ठ का क्षेत्रफल $= \pi rl$

(iv) शंकु के सम्पूर्ण पृष्ठ का क्षेत्रफल $= \pi r(l + r)$

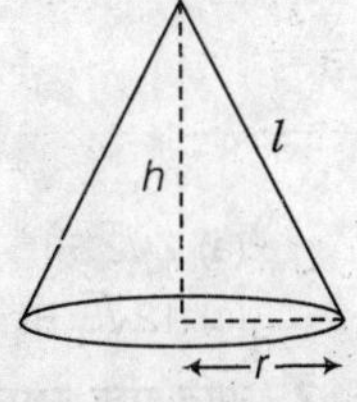

6. शंकु का छिन्नक Frustum of Cone

यदि एक शंकु में उसके ऊपर के शंक्वाकार भाग को काट दिया जाए, तो नीचे की शेष आकृति छिन्नक कहलाती है।

यदि शंकु के छिन्नक के आधार व शीर्ष के वृत्ताकार क्षेत्र की त्रिज्या क्रमश: r_1 व r_2 हैं तथा ऊँचाई h है, तब

(i) छिन्नक की तिरछी ऊँचाई,

$l = \sqrt{h^2 + (r_1 - r_2)^2}$

(ii) छिन्नक का आयतन

$= \frac{1}{3}\pi h\,(r_1^2 + r_2^2 + r_1 r_2)$

(iii) छिन्नक के वक्रपृष्ठ का क्षेत्रफल

$= \pi l\,(r_1 + r_2)$

(iv) छिन्नक के सम्पूर्ण पृष्ठ का क्षेत्रफल

$= \pi l(r_1 + r_2) + \pi r_1^2 + \pi r_2^2$

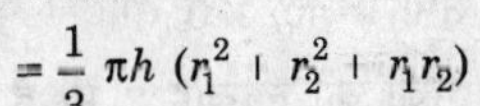

7. गोला Sphere

एक ऐसी ठोस व गोल आकृति, जिसकी सतह का प्रत्येक बिन्दु एक निश्चित बिन्दु से समान दूरी पर स्थित हो, गोला कहलाती है।

यदि गोले की त्रिज्या r है, तब

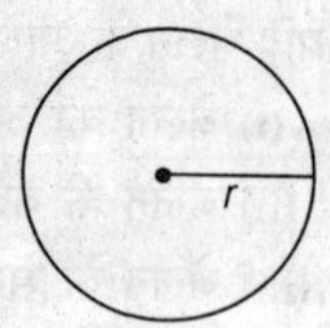

(i) गोले का आयतन $= \frac{4}{3}\pi r^3$

(ii) गोले के सम्पूर्ण पृष्ठ का क्षेत्रफल $= 4\pi r^2$

8. अर्द्धगोला Hemisphere

ठोस गोले को व्यास के अनुदिश दो भागों में बाँट देने पर प्राप्त प्रत्येक भाग को अर्द्धगोला कहते हैं तथा इन दोनों तलों का केन्द्र बिन्दु एक ही होता है।

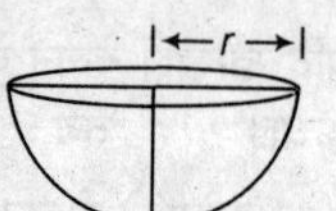

यदि अर्द्धगोले की त्रिज्या r है, तब

(i) अर्द्धगोले का आयतन $= \frac{2}{3}\pi r^3$

(ii) अर्द्धगोले का वक्रपृष्ठ $= 2\pi r^2$

(iii) अर्द्धगोले का सम्पूर्ण पृष्ठ $= 3\pi r^2$

यदि r त्रिज्या वाले अर्द्धगोले में से अधिकतम आयतन का एक गोला काटा जाए, तब अधिकतम आयतन वाले गोले की त्रिज्या

$$= \frac{\text{अर्द्धगोले की त्रिज्या}}{2}$$

9. खोखला गोला Hollow Sphere

एक ऐसी खोखली आकृति, जिसके बाहरी व भीतरी दोनों तल गोलाकार होते हैं, खोखला गोला कहलाती है तथा इन दोनों तलों का केन्द्र बिन्दु एक ही होता है।

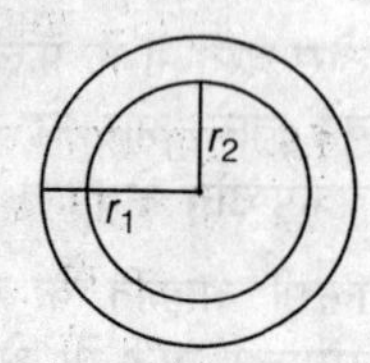

यदि खोखले गोले की बाह्य व अन्त: त्रिज्याएँ क्रमश: r_1 व r_2 हैं, तब

(i) खोखले गोले का आयतन $= \frac{4}{3}\pi(r_1^3 - r_2^3)$

(ii) खोखले गोले के आन्तरिक पृष्ठ का क्षेत्रफल $= 4\pi r_2^2$

(iii) खोखले गोले के बाह्य पृष्ठ का क्षेत्रफल $= 4\pi r_1^2$

अभ्यास प्रश्न

क्षेत्रफल एवं परिमाप

1. निम्नलिखित त्रिभुज का क्षेत्रफल क्या होगा?

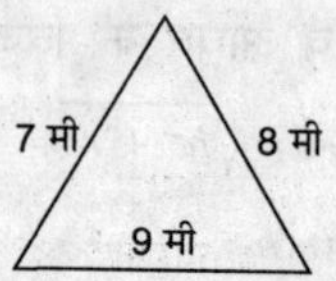

(a) $7\sqrt{2}$ मी^{2} (b) 9 मी^{2}
(c) $12\sqrt{5}$ मी^{2} (d) उपरोक्त में से कोई नहीं

2. यदि एक समबाहु त्रिभुज का परिमाप 42 सेमी है, तो सेमी^{2} में उसका क्षेत्रफल कितना होगा?

(a) $24\sqrt{3}$ (b) $49\sqrt{3}$ (c) $7\sqrt{3}$ (d) $14\sqrt{3}$

3. एक समकोण त्रिभुज के आधार की लम्बाई 5 मी तथा उसका कर्ण 13 मी है। त्रिभुज का क्षेत्रफल क्या है?

(a) 25 मी^{2} (b) 28 मी^{2}
(c) 30 मी^{2} (d) इनमें से कोई नहीं

4. एक समकोण त्रिभुज में एक-दूसरे के लम्बवत् भुजाएँ 15 सेमी व 8 सेमी हैं। इसका परिमाप कितना होगा?

(a) 46 सेमी (b) 60 सेमी (c) 120 सेमी (d) 40 सेमी

5. यदि समबाहु त्रिभुज की भुजा की लम्बाई 3 मी है, तब परिवृत्त की त्रिज्या ज्ञात कीजिए।

(a) $\sqrt{2}$ मी (b) $\sqrt{3}$ मी (c) $\sqrt{5}$ मी (d) $\sqrt{1}$ मी

6. यदि समान्तर चतुर्भुज $ABCD$ का क्षेत्रफल 25 वर्ग सेमी है, तो ΔBCD का क्षेत्रफल ज्ञात करें।

(a) 25 सेमी (b) 25 वर्ग सेमी
(c) 12.5 सेमी (d) 12.5 वर्ग सेमी

7. एक समबाहु त्रिभुज की ऊँचाई 15 सेमी है। तद्नुसार, उसका क्षेत्रफल कितना होगा?

(a) $50\sqrt{3}$ सेमी^{2} (b) $70\sqrt{3}$ सेमी^{2}
(c) $75\sqrt{3}$ सेमी^{2} (d) $150\sqrt{3}$ सेमी^{2}

8. किसी त्रिभुज का परिमाप 30 सेमी और उसका क्षेत्रफल 30 सेमी^{2} है। यदि त्रिभुज की सबसे बड़ी भुजा की लम्बाई 13 सेमी है, तो उसकी सबसे छोटी भुजा की लम्बाई क्या है?

(a) 3 सेमी (b) 4 सेमी (c) 5 सेमी (d) 6 सेमी

9. किसी त्रिभुज का क्षेत्रफल 216 सेमी^{2} है और उसकी भुजाएँ 3 : 4 : 5 के अनुपात में हैं। इस त्रिभुज का परिमाप होगा

(a) 6 सेमी (b) 12 सेमी (c) 36 सेमी (d) 72 सेमी

10. यदि एक समद्विबाहु त्रिभुज के लिए प्रत्येक सम भुजा की लम्बाई 'a' इकाई है और तीसरी भुजा की लम्बाई 'b' इकाई है, तो उसका क्षेत्रफल क्या होगा?

(a) $\frac{a}{2}\sqrt{2a^2 - b^2}$ वर्ग इकाई (b) $\frac{b}{2}\sqrt{a^2 - 2b^2}$ वर्ग इकाई
(c) $\frac{a}{4}\sqrt{4b^2 - a^2}$ वर्ग इकाई (d) $\frac{b}{4}\sqrt{4a^2 - b^2}$ वर्ग इकाई

11. ABC एक समद्विबाहु समकोण त्रिभुज, जिसमें $\angle B = 90°$ है। उसकी भुजाओं AC तथा AB पर दो समबाहु ΔACD तथा ΔABE बनाए गए हैं। तद्नुसार, ΔABE तथा ΔACD के क्षेत्रफलों का अनुपात कितना होगा?

(a) 1 : 3 (b) 2 : 3 (c) 1 : 2 (d) 1 : $\sqrt{2}$

12. यदि a और b एक ऐसे समकोण त्रिभुज की भुजाओं की लम्बाइयाँ हैं जिसका कर्ण 10 है और क्षेत्रफल 20 है, तो $(a+b)^2$ का मान कितना है?

(a) 180 (b) 160 (c) 140 (d) 120

13. एक समद्विबाहु त्रिभुज के शीर्ष से आधार तक खींचा गया लम्ब 8 सेमी है और उसका परिमाप 64 सेमी है। तदनुसार, उस त्रिभुज का क्षेत्रफल कितने सेमी^{2} है?
(a) 240 (b) 180 (c) 360 (d) 120

14. समबाहु त्रिभुज की भुजा की लम्बाई 8 सेमी है। त्रिभुज के अन्त: वृत्त तथा परिवृत्त के मध्य का क्षेत्रफल है
(a) $50\frac{1}{7}$ सेमी^{2} (b) $50\frac{2}{7}$ सेमी^{2}
(c) $75\frac{1}{7}$ सेमी^{2} (d) $75\frac{2}{7}$ सेमी^{2}

15. एक आयत की लम्बाई इसकी चौड़ाई से तीन गुनी है। यदि परिमाप 80 मी है, तो आयत की लम्बाई है
(a) 20 मी (b) 25 मी
(c) 30 मी (d) 35 मी

16. एक बगीचे की लम्बाई व चौड़ाई का अनुपात 2 : 1 है। यदि इस बगीचे का परिमाप 60 मी है, तो इस बगीचे की लम्बाई होगी
(a) 20 मी (b) 25 मी (c) 30 मी (d) 40 मी

17. यदि एक आयत के विकर्ण की लम्बाई 17 सेमी तथा परिमाप 46 सेमी हो, तो उस आयत का क्षेत्रफल होगा
(a) 100 सेमी^{2} (b) 110 सेमी^{2}
(c) 120 सेमी^{2} (d) 150 सेमी^{2}

18. किसी आयताकार मेज की ऊपरी सतह का परिमाप 28 मी है और उसका क्षेत्रफल 48 मी^{2} है। उस मेज की विकर्णवत् लम्बाई क्या होगी?
(a) 5 मी (b) 10 मी (c) 12 मी (d) 12.5 मी

19. चतुष्कोणीय मैदान की चौड़ाई उसकी लम्बाई की 60% है। यदि मैदान का परिमाप 800 मी है, तो मैदान का क्षेत्रफल क्या होगा?
(a) 18750 मी^{2} (b) 37500 मी^{2}
(c) 40000 मी^{2} (d) 48000 मी^{2}

20. एक खेत आयताकार आकृति में है जिसकी लम्बाई X_1 मी और चौड़ाई X_2 मी है (X_1 और X_2 चर हैं)। यदि $X_1 + X_2 = 40$ मी है, तो उस खेत का क्षेत्रफल निम्नलिखित किस एक मान से अधिक नहीं होगा?
(a) 400 वर्ग मी (b) 300 वर्ग मी
(c) 200 वर्ग मी (d) 80 वर्ग मी

21. किसी आयत की लम्बाई तथा चौड़ाई क्रमश: 48 सेमी और 21 सेमी हैं। किसी वर्ग की भुजा इस आयत की लम्बाई का दो-तिहाई है। इनके क्षेत्रफलों का योग है
(a) 2032 वर्ग सेमी (b) 2123 वर्ग सेमी
(c) 2028 वर्ग सेमी (d) 2030 वर्ग सेमी

22. किसी आयत का परिमाप 28 सेमी है। यदि इसकी एक भुजा 4 सेमी की है, तो इसकी अन्य भुजा ज्ञात कीजिए।
(a) 24 (b) 7 (c) 10 (d) 8

23. 15×20 मी के आयताकार मैदान के बीच में गड़े खम्भे से एक गाय 7 मी लम्बी रस्सी से बन्धी है। मैदान का कितना प्रतिशत क्षेत्रफल गाय की पहुँच से परे है?
(a) $14\frac{1}{3}$% (b) $48\frac{2}{3}$%
(c) $51\frac{1}{3}$% (d) $85\frac{2}{3}$%

24. 210 मी लम्बे तथा 150 मी चौड़े आयताकार मैदान में लम्बाई तथा चौड़ाई के समान्तर ठीक मध्य में 25 मी चौड़ी दो सड़कें एक-दूसरे को काटती हैं। सड़क का क्षेत्रफल है
(a) 9025 मी^{2} (b) 37 मी^{2}
(c) 1250 मी^{2} (d) 8375 मी^{2}

25. एक आयताकार बगीचा 100 मी × 80 मी का है। उसके बाहर, उसके साथ बना एक रास्ता भी है। उस रास्ते की चौड़ाई 10 मी है। तदनुसार, उस रास्ते का क्षेत्रफल कितना है?
(a) 1900 मी^{2} (b) 2400 मी^{2}
(c) 3660 मी^{2} (d) 4000 मी^{2}

26. एक आयताकार पार्क की लम्बाई और चौड़ाई को 20% बढ़ा दिया जाए, तो उसके क्षेत्रफल में वृद्धि होगी
(a) 40% (b) 20% (c) 44% (d) 36%

27. एक आयत की चौड़ाई को 40% बढ़ा दिया जाता है। इसकी लम्बाई को कितने प्रतिशत से घटा दिया जाए, जिससे क्षेत्रफल पूर्ववत् रहे?
(a) 60% (b) $60\frac{3}{7}$% (c) $28\frac{4}{7}$% (d) 80%

28. एक आयत की लम्बाई में 10% वृद्धि की गई और चौड़ाई में 10% कमी की गई। क्षेत्रफल में प्रतिशत परिवर्तन है
(a) 1% वृद्धि (b) 1% कमी (c) 10% वृद्धि (d) 10% कमी

29. 4 मी और 3 मी भुजाओं वाले आयत के विकर्ण की लम्बाई कितनी होगी?
(a) 7 मी (b) 14 मी (c) 12 मी (d) 5 मी

30. एक आयत की लम्बाई तथा चौड़ाई का क्रमश: अनुपात 4 : 3 है तथा इसका क्षेत्रफल 1728 मी^{2} है। आयत का परिमाप ज्ञात कीजिए। (मी में)
(a) 116 (b) 152 (c) 176 (d) 168

31. एक आयताकार मैदान की लम्बाई 125 मी और चौड़ाई 75 मी है तथा मैदान के बीच में 3 मी चौड़ी लम्बाई की दिशा में पैदल पट्टी है। पैदल पट्टी के बिना मैदान का क्षेत्रफल क्या है?
(a) 9375 वर्ग मी (b) 9000 वर्ग मी
(c) 9750 वर्ग मी (d) 8625 वर्ग मी

32. एक आयताकार पार्क में उसकी चौड़ाई के समान्तर, मध्य में कंक्रीट का मार्ग बना है। बाकी पार्क को लॉन के तौर पर प्रयोग किया जाता है, जिसका क्षेत्रफल 240 मी^{2} है। यदि मार्ग की चौड़ाई 3 मी हो तथा आयताकार पार्क की लम्बाई, उसकी चौड़ाई से 2 मी ज्यादा हो, तो आयताकार पार्क का क्षेत्रफल कितना है?
(a) 255 मी^{2} (b) 168 मी^{2} (c) 288 मी^{2} (d) 360 मी^{2}

33. यदि एक आयताकार प्लॉट के क्षेत्रफल का एक-चौथाई भाग 2700 मी^{2} हो और उस प्लॉट की चौड़ाई 90 मी हो, तो प्लॉट की चौड़ाई और लम्बाई में क्या अनुपात होगा?
(a) 3 : 4 (b) 4 : 3 (c) 3 : 1 (d) 1 : 3

34. 55 मी लम्बाई और 45 मी चौड़ाई वाले एक आयताकार प्लॉट के बीच में समान चौड़ाई वाली दो सड़क हैं। एक सड़क लम्बाई के समानान्तर तथा दूसरी चौड़ाई के समानान्तर है। शेष प्लॉट का प्रयोग लॉन के रूप में किया जाता है। यदि लॉन का क्षेत्रफल 1911 मी^{2} है, तो प्रत्येक सड़क की चौड़ाई क्या है?
(a) 5 मी (b) 5.5 मी (c) 6 मी (d) 4 मी

35. 30 मी लम्बे और 17.5 मी चौड़े आयताकार प्रांगण में पत्थर बिछाने के लिए 2.5×2 मी माप के कितने फर्शी पत्थरों की आवश्यकता पड़ेगी?
(a) 105 (b) 99 (c) 80 (d) 33

36. एक कमरे में गलीचा बिछाने का व्यय ₹ 120 है। यदि कमरे की चौड़ाई 4 मी कम होती, तो गलीचा बिछाने का व्यय ₹ 20 कम आता। कमरे की चौड़ाई है
(a) 24 मी (b) 20 मी (c) 25 मी (d) 18.5 मी

37. 40 मी लम्बे व 30 मी चौड़े एक आयताकार मैदान के चारों ओर 2.5 मी चौड़ा रास्ता है। ₹ 3.50 प्रति मी^{2} की दर से रास्ते पर घास लगवाने का खर्च क्या होगा?
(a) ₹ 1312.50 (b) ₹ 1000
(c) ₹ 1012.50 (d) ₹ 1300

38. एक आयताकार खेत की लम्बाई व चौड़ाई का अनुपात 6 : 5 है। एक साइकिल चालक इसके परिमाप का चक्कर 19.8 किमी/घण्टा की चाल से 2 मिनट में पूरा कर लेता है। इस खेत का क्षेत्रफल है
(a) 19200 मी^{2} (b) 27000 मी^{2}
(c) 32500 मी^{2} (d) निर्धारित नहीं किया जा सकता

39. 882 सेमी^{2} क्षेत्रफल वाले वर्ग के विकर्ण की माप है
(a) 38 सेमी (b) 32 सेमी
(c) 42 सेमी (d) 48 सेमी

40. उस वर्ग का क्षेत्रफल क्या होगा, जिसके विकर्ण की लम्बाई 28 सेमी है?
(a) 288 सेमी^{2} (b) 574 सेमी^{2}
(c) 428 सेमी^{2} (d) 392 सेमी^{2}

41. 16200 मी^{2} क्षेत्रफल के एक वर्ग के विकर्ण की लम्बाई क्या होगी?
(a) 180 मी (b) 360 मी
(c) 90 मी (d) इनमें से कोई नहीं

42. एक वर्गाकार खेल के मैदान की माप 1127.6164 वर्ग मी है। यदि एक आदमी, एक मिनट में $2\frac{9}{20}$ मी चलता है, तब उसके द्वारा मैदान का एक चक्कर लगाने में, लगने वाला अनुमानित समय है
(a) 50.82 मिनट (b) 54.82 मिनट
(c) 54.62 मिनट (d) 50.62 मिनट

43. एक व्यक्ति अपने गोलाकार खेत के 10 चक्कर लगाने पर 4.40 किमी की दूरी तय करता है। उसके खेत का क्षेत्रफल है
(a) 1.34 हेक्टेयर (b) 1.54 हेक्टेयर
(c) 1.44 हेक्टेयर (d) 1.64 हेक्टेयर

44. वृत्ताकार खेत में लेवलिंग का खर्च 50 पैसे/वर्ग मी की दर से ₹ 7700 है। इस पर चारों ओर से ₹ 1.20 प्रति वर्ग मी की दर से पुताई का खर्च कितना होगा?
(a) ₹ 132 (b) ₹ 264 (c) ₹ 528 (d) ₹ 1056

45. वर्ग की प्रत्येक भुजा को 50% तक बढ़ाने पर नए वर्ग और दिए गए वर्ग के क्षेत्रफल का अनुपात क्या होगा?
(a) 9 : 35 (b) 9 : 4
(c) 9 : 5 (d) 9 : 7

46. एक आदमी एक वर्गाकार मैदान को विकर्ण रेखीय 3 किमी/घण्टा की चाल से 2 मिनट में पार कर लेता है। मैदान का क्षेत्रफल है
(a) 25 एकड़ (b) 30 एकड़
(c) 50 एकड़ (d) 60 एकड़

47. ₹ 9 प्रति मी की दर से किसी वर्गाकार प्लॉट के चारों ओर बेड़ा लगाने का व्यय ₹ 432 है। उसी प्लॉट पर टाइल लगवाने की कुल कीमत क्या होगी, यदि टाइल लगवाने की दर ₹ 20 प्रति मी^{2} हो?
(a) ₹ 2220 (b) ₹ 2150
(c) ₹ 1180 (d) ₹ 2880

48. एक वर्गाकार खेत को ₹ 135 प्रति हेक्टेयर की दर से जुताई करने पर ₹ 1215 लागत आती है। इस खेत के चारों ओर ₹ 0.75 प्रति मी की दर से बाड़ लगाने की लागत होगी
(a) ₹ 360 (b) ₹ 810
(c) ₹ 900 (d) ₹ 1800

49. दो वर्गों के परिमाप क्रमश: 40 सेमी और 32 सेमी हैं। उस तीसरे वर्ग का परिमाप, जिसका क्षेत्रफल इन दोनों वर्गों के क्षेत्रफलों के अन्तर के बराबर है, निम्न है
(a) 24 सेमी (b) 42 सेमी
(c) 40 सेमी (d) 20 सेमी

50. a भुजा वाले वर्ग के क्षेत्रफल व a भुजा के समबाहु त्रिभुज के क्षेत्रफल का अनुपात है
(a) $4 : \sqrt{3}$ (b) 4 : 3 (c) $2 : \sqrt{3}$ (d) 2 : 1

आयतन एवं पृष्ठीय क्षेत्रफल

51. 25×20 सेमी विमाओं वाली आयताकार शीट के चारों कोनों से 2 सेमी का एक वर्गाकार टुकड़ा काटा जाता है तथा उससे एक सन्दूक बनाया जाता है। सन्दूक का आयतन है
(a) 828 सेमी^{3} (b) 672 सेमी^{3}
(c) 500 सेमी^{3} (d) 1000 सेमी^{3}

52. एक घनाभाकार बक्सा 13 सेमी लम्बा, 11 सेमी चौड़ा और 9 सेमी ऊँचा है। एक घनाकार बक्से की भुजा 12 सेमी है। तनु इन बक्सों में 1 सेमी भुजा वाले 3060 घन पैक करना चाहती है। उन घनों की संख्या, जो इनमें पैक नहीं हो जाएँगे, है
(a) 30 (b) 45 (c) 15 (d) 28

53. एक घन के आयतन तथा उस घन के अन्दर समा जाने वाले सबसे बड़े गोले के आयतन का अनुपात होगा
(a) $4 : \pi$ (b) $4 : 3\pi$ (c) $2 : \pi$ (d) $6 : \pi$

54. टिन का एक टुकड़ा आयत की आकृति में है, जिसकी लम्बाई 12 सेमी तथा चौड़ाई 8 सेमी है। इसका उपयोग कर एक बन्द घन निर्मित किया जाता है। घन की भुजा की लम्बाई क्या है?
(a) 2 सेमी (b) 3 सेमी
(c) 4 सेमी (d) 6 सेमी

55. एक बेलनाकार ओवरहैड टंकी को, जिसकी त्रिज्या 2 मी और ऊँचाई 7 मी है, $5.5 \times 4 \times 6$ मी माप वाली किसी भूमिगत टंकी के जल से भरा जाना है। ओवरहैड टंकी को पूरा भर देने के बाद, भूमिगत टंकी का कितना भाग पानी से भरा है?
(a) $\frac{1}{3}$ (b) $\frac{1}{2}$ (c) $\frac{1}{4}$ (d) $\frac{1}{6}$

56. 5 सेमी भुजा वाले एक घन के सभी फलकों पर रंग लगाया जाता है। यदि इसे 1 सेमी^{3} वाले घनों में काटा जाता है, तो 1 सेमी^{3} वाले कितने घनों में केवल एक ही फलक पर रंग होगा?
(a) 142 (b) 27 (c) 42 (d) 54

57. एक 48 मी लम्बी और 31.5 मी चौड़ी निम्न भूमि को 6.5 डेसीमी ऊँचा किया जाता है। इसके लिए मिट्टी को भूमि के पार्श्व में खोदे गए 27 मी लम्बे और 18.2 मी चौड़े घनाकार विवर से निकला जाता है। विवर की गहराई कितनी होगी?

(a) 3 मी (b) 2.2 मी (c) 2.4 मी (d) 2 मी

58. एक गाँव की जनसंख्या 4000 है जिसके लिए प्रति व्यक्ति प्रतिदिन 150 लीटर जल की आवश्यकता है। इसके पास एक पानी की टंकी है जिसकी माप 20 मी × 15 मी × 6 मी है। पानी की टंकी का जल कितने दिनों में समाप्त होगा?

(a) 2 दिनों में (b) 3 दिनों में
(c) 4 दिनों में (d) 5 दिनों में

59. टिन की एक आयताकार चादर (लम्बाई 6 मी तथा चौड़ाई 4 मी) के सभी कोनों में, 1.5 मी लम्बाई के वर्गाकार हिस्सों को निकाल दिया गया है। चादर के बचे हुए भाग को एक खुले बक्से के रूप में मोड़ दिया गया है। इस बक्से का आयतन (घन मी में) है

(a) $9\frac{1}{2}$ (b) 9 (c) $4\frac{1}{2}$ (d) $\frac{135}{8}$

60. पानी से पूरी तरह भरे हुए एक घनाकार टैंक से यदि 64 बाल्टी पानी निकाल लिया जाता है, तो $\frac{1}{3}$ टैंक पानी से भरा रहता है। टैंक की प्रत्येक भुजा की लम्बाई 1.2 मी है। माना सभी बाल्टियाँ समान माप की हैं, तो प्रत्येक बाल्टी में पानी का आयतन (लीटर में) कितना होगा?

(a) 12 (b) 16 (c) 18 (d) 15

61. यदि ठोस से बने तीन घन जिनकी एक भुजा क्रमशः 30 सेमी, 40 सेमी और 50 सेमी है, को पिघलाकर एक नया घन बनाया जाए, तो नए बने घन की सभी सतहों का कुल क्षेत्रफल क्या है?

(a) 2 सेमी^{2} (b) 21600 सेमी^{2}
(c) 2160 सेमी^{2} (d) 2.15 सेमी^{2}

62. यदि एक घन का विकर्ण $\sqrt{12}$ सेमी है, तो उसका आयतन (सेमी^{3} में) क्या है?

(a) 8 (b) 12 (c) 24 (d) $3\sqrt{2}$

63. 729 सेमी^{3} आयतन वाले एक घन के विकर्ण की लम्बाई है

(a) $4\sqrt{3}$ सेमी (b) $9\sqrt{3}$ सेमी
(c) $\sqrt{3}$ सेमी (d) 1 सेमी

64. यदि दो घनों के आयतनों में 27 : 1 का अनुपात है, तो इनकी भुजाओं का अनुपात है

(a) 3 : 1 (b) 27 : 1 (c) 1 : 3 (d) 1 : 27

65. 5 सेमी किनारे वाले एक घन को 1 सेमी किनारे वाले घनों में काटा जाता है। छोटे घन के सम्पूर्ण पृष्ठ का बड़े घन के सम्पूर्ण पृष्ठ से अनुपात होगा

(a) 1 : 125 (b) 1 : 5 (c) 1 : 625 (d) 1 : 25

66. यदि दो घनों के आयतन का अनुपात $V_1 : V_2$ हो, तो उन घनों के कुल पृष्ठ क्षेत्रफल का अनुपात होगा

(a) $V_1^{1/3} : V_2^{1/3}$ (b) $V_1^{2/3} : V_2^{2/3}$
(c) $V_1^{1/2} : V_2^{1/2}$ (d) $V_1^{3/2} : V_2^{3/2}$

67. यदि दो घनों के आयतनों का अनुपात 27 : 64 है, तो उनके सम्पूर्ण पृष्ठीय क्षेत्रफलों का अनुपात है

(a) 27 : 64 (b) 3 : 4 (c) 9 : 16 (d) 3 : 8

68. किसी घन की लम्बाई किसी अन्य घन की लम्बाई से दोगुनी है। पहले और दूसरे घनों के आयतनों का अनुपात है

(a) 1 : 1 (b) 2 : 1 (c) 4 : 1 (d) 8 : 1

69. यदि एक आयताकार डिब्बा 90 सेमी लम्बा, 50 सेमी चौड़ा तथा 1 मी ऊँचा है, तो इसका आयतन क्या होगा?

(a) 4.5 मी^{3} (b) 0.45 मी^{3} (c) 4500 मी^{3} (d) 20 मी^{3}

70. 12 सेमी लम्बे, 8 सेमी चौड़े तथा 6 सेमी ऊँचे गत्ते के डिब्बे को बनाने के लिए कितने वर्ग सेमी गत्ते की आवश्यकता होगी?

(a) 576 सेमी^{2} (b) 216 सेमी^{2}
(c) 432 सेमी^{2} (d) इनमें से कोई नहीं

71. एक लम्बकोणिक समान्तर षट्फलक के तीन फलकों के क्षेत्रफल क्रमशः 12 सेमी^{2}, 20 सेमी^{2} तथा 15 सेमी^{2} हैं। तद्नुसार, उसका आयतन (सेमी^{3} में) कितना होगा?

(a) 3600 (b) 100 (c) 80 (d) 60

72. यदि एक घनाभ की लम्बाई, चौड़ाई और विकर्ण क्रमशः 60 सेमी, 20 सेमी और 65 सेमी हैं, तो इसका आयतन है

(a) 16000 सेमी^{3} (b) 18000 सेमी^{3}
(c) 15000 सेमी^{3} (d) इनमें से कोई नही

73. यदि एक घन मीटर ठोस का 25 सेमी के घनों में काटकर उन्हें एक सीध में एक के ऊपर एक रखकर सीधी लाइन बनायी जाए, तो उसकी ऊँचाई कितनी होगी?

(a) 16 मी (b) 32 मी (c) 4 मी (d) 8 मी

74. पानी का एक हौज 4 मी लम्बा 3.5 मी चौड़ा है और हौज पानी से भरा है। पानी की सतह को 2 सेमी नीचा करने के लिए कितना घन सेमी पानी निकालना होगा?

(a) 28000 सेमी^{3} (b) 280000 सेमी^{3}
(c) 280 सेमी^{3} (d) 28 सेमी^{3}

75. किसी घनाभ की भुजाओं का अनुपात 1 : 2 : 3 है। इसका पृष्ठीय क्षेत्रफल 88 सेमी^{2} है। घनाभ का आयतन है

(a) 120 सेमी^{3} (b) 64 सेमी^{3} (c) 48 सेमी^{3} (d) 24 सेमी^{3}

76. यदि किसी बेलन की त्रिज्या में 25% कमी तथा उसकी ऊँचाई में 10% की वृद्धि कर दी जाए, तो उसके वक्रपृष्ठ के क्षेत्रफल में कितने प्रतिशत कमी या वृद्धि होगी?

(a) 17.5% कमी (b) 16.5% वृद्धि
(c) 17.5% वृद्धि (d) 11.5% कमी

77. एक कमरा 3 मी भुजा वाले एक घन के आकार का है। कमरे में रखी जाने वाली सबसे लम्बी छड़ की लम्बाई है

(a) $3\sqrt{2}$ मी (b) $3\sqrt{3}$ मी (c) 3 मी (d) 9/2 मी

78. 25 मी की लम्बाई और 12 मी की चौड़ाई के आयताकार स्विमिंग पूल में एक समान रूप से झुकती हुई फर्श है। वह अपनी लम्बाई के एक छोर पर 2 मी गहरा है, और दूसरी ओर 3 मीटर गहरा है। इस पूल को पूरी तरह से भरने के लिए कितने पानी की आवयकता होगी?

(a) 1500 घन मी (b) 2250 घन मी
(c) 3000 घन मी (d) 750 घन मी

79. एक कमरा 12 मी लम्बा, 9 मी चौड़ा और 8 मी ऊँचा है। इसके विकर्ण की लम्बाई कितनी होगी?

(a) 17 मी (b) $6\sqrt{3}$ मी (c) $4\sqrt{6}$ मी (d) 12 मी

80. 5 मी लम्बी, 3 मी ऊँची और 20 सेमी मोटाई वाली एक दीवार को बनाने में $25 \times 12.5 \times 7.5$ सेमी आकार की कितनी ईंटों की आवश्यकता होगी?

(a) 1000 (b) 1080 (c) 1100 (d) 1280

81. एक घनाकार पानी की टंकी में 216 लीटर पानी है। उसकी गहराई उसकी लम्बाई का $\frac{1}{3}$ भाग है, और चौड़ाई उसकी लम्बाई और गहराई के अन्तर के $\frac{1}{2}$ की $\frac{1}{3}$ है। टंकी की लम्बाई होगी

(a) 72 डेसीमी (b) 18 डेसीमी
(c) 6 डेसीमी (d) 2 डेसीमी

82. 50 मी चौड़ी और 15 मी गहरी एक नदी 6 किमी/घण्टा के वेग से बह रही है। बताइए कि वह समुद्र में प्रति मिनट कितने लीटर पानी गिराएगी।

(a) 75000 लीटर (b) 750000 लीटर
(c) 7500000 लीटर (d) 75000000 लीटर

83. 100 सेमी $\times$ 75 सेमी $\times$ 25 सेमी का एक आयताकार पात्र A पानी से भरा हुआ है। इसका कुछ पानी 50 सेमी $\times$ 50 सेमी $\times$ 25 सेमी के एक–दूसरे बर्तन के लिए प्रयोग किया जाता है। A में बचे हुए पानी का आयतन कितने लीटर होगा?

(a) 25 लीटर (b) 5 लीटर
(c) 125 लीटर (d) 150 लीटर

उत्तरमाला

1	(c)	2	(b)	3	(c)	4	(d)	5	(b)	6	(d)	7	(c)	8	(c)	9	(d)	10	(d)
11	(c)	12	(a)	13	(d)	14	(b)	15	(c)	16	(a)	17	(c)	18	(b)	19	(b)	20	(a)
21	(a)	22	(c)	23	(b)	24	(d)	25	(d)	26	(c)	27	(c)	28	(b)	29	(d)	30	(d)
31	(b)	32	(c)	33	(a)	34	(c)	35	(a)	36	(a)	37	(a)	38	(b)	39	(c)	40	(d)
41	(a)	42	(b)	43	(b)	44	(c)	45	(b)	46	(c)	47	(d)	48	(c)	49	(a)	50	(a)
51	(b)	52	(b)	53	(d)	54	(c)	55	(a)	56	(d)	57	(d)	58	(b)	59	(c)	60	(c)
61	(b)	62	(a)	63	(b)	64	(a)	65	(d)	66	(b)	67	(c)	68	(d)	69	(b)	70	(c)
71	(d)	72	(b)	73	(a)	74	(b)	75	(c)	76	(a)	77	(b)	78	(a)	79	(a)	80	(d)
81	(b)	82	(d)	83	(c)														

संकेत एवं हल

1. यहाँ, $a = 7$ मी, $b = 8$ मी तथा $c = 9$ मी

$\because \quad s = \frac{a+b+c}{2} = \frac{7+8+9}{2} = \frac{24}{2} = 12$ मी

$\therefore$ त्रिभुज का क्षेत्रफल $= \sqrt{s(s-a)(s-b)(s-c)}$

$= \sqrt{12(12-7)(12-8)(12-9)}$

$= \sqrt{12 \times 5 \times 4 \times 3} = 12\sqrt{5}$ मी^{2}

2. हम जानते हैं कि,

समबाहु त्रिभुज का परिमाप $= 3 \times$ भुजा

$\Rightarrow \quad 42 = 3 \times$ भुजा $\Rightarrow$ भुजा $= \frac{42}{3} = 14 \Rightarrow$ भुजा $= 14$ सेमी

अब, समबाहु त्रिभुज का क्षेत्रफल $= \frac{\sqrt{3}}{4} \times (\text{भुजा})^2$

$= \frac{\sqrt{3}}{4} \times (14)^2 = \frac{\sqrt{3}}{4} \times 14 \times 14$

$= \sqrt{3} \times 7 \times 7 = 49\sqrt{3}$ सेमी^{2}

3. दिया है, आधार = 5 मी तथा कर्ण = 13 मी

$\therefore$ समकोण त्रिभुज में,

लम्ब $= \sqrt{(\text{कर्ण})^2 - (\text{आधार})^2} = \sqrt{(13)^2 - (5)^2}$

$= \sqrt{169 - 25}$

$= \sqrt{144} = 12$ मी

$\therefore$ समकोण त्रिभुज का क्षेत्रफल

$= \frac{1}{2} \times$ आधार $\times$ लम्ब

$= \frac{1}{2} \times 5 \times 12 = 30$ मी $= 30$ मी^{2}

4. दिया है, लम्ब = 15 सेमी तथा आधार = 8 सेमी

$\therefore$ त्रिभुज का कर्ण $= \sqrt{(\text{लम्ब})^2 + (\text{आधार})^2} = \sqrt{(15)^2 + (8)^2}$

$= \sqrt{225 + 64} = \sqrt{289} = 17$ सेमी

तब, त्रिभुज का परिमाप = लम्ब + आधार + कर्ण

$= 15 + 8 + 17 = 40$ सेमी

5. यहाँ, $a = 3$ मी

$\therefore$ परिवृत्त की त्रिज्या $= \frac{a}{\sqrt{3}} = \frac{3}{\sqrt{3}} = \frac{3 \times \sqrt{3}}{3} = \sqrt{3}$ मी

7. माना समबाहु त्रिभुज की प्रत्येक भुजा a है

अर्थात् $\quad AB = BC = CA = a$ सेमी

$\because$ समबाहु त्रिभुज की ऊँचाई $= \frac{\sqrt{3}}{2}a$

$\Rightarrow \quad 15 = \frac{\sqrt{3}}{2}a \Rightarrow a = \frac{30}{\sqrt{3}} = 10\sqrt{3}$ सेमी

अतः समबाहु ΔABC का क्षेत्रफल $= \frac{\sqrt{3}}{4} \times (\text{भुजा})^2$

$= \frac{\sqrt{3}}{4} \times (10\sqrt{3})^2 = 75\sqrt{3}$ सेमी^{2}

8. माना त्रिभुज की सबसे छोटी भुजा x है।

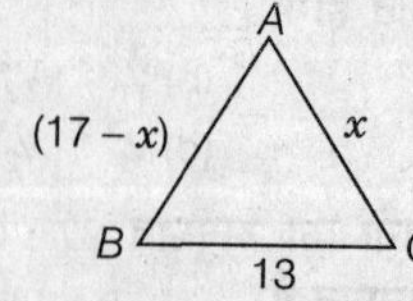

तब, मध्य की भुजा $= 30 - (13 + x) = (17 - x)$ सेमी

यहाँ, $a = 13$ सेमी, $b = x$ सेमी तथा $c = 17 - x$ सेमी

$\therefore \quad s = \frac{30}{2} = 15$ सेमी

$\because$ त्रिभुज का क्षेत्रफल $= \sqrt{s(s-a)(s-b)(s-c)}$

$\Rightarrow \quad 30 = \sqrt{15 \times (15-13)(15-x)(15-17+x)}$

$\Rightarrow \quad 30 = \sqrt{(15 \times 2)(15-x)(x-2)}$

$\Rightarrow \quad 900 = 30(15x - 30 - x^2 + 2x)$

$\Rightarrow \quad 30 = 17x - x^2 - 30$

$\Rightarrow \quad x^2 - 17x + 60 = 0$

$\Rightarrow \quad x^2 - 12x - 5x + 60 = 0$

$\Rightarrow \quad x(x-12) - 5(x-12) = 0$

$\Rightarrow \quad (x-12)(x-5) = 0$

$\Rightarrow \quad x = 12$ या 5 $\quad [\because x \neq 12]$

अतः सबसे छोटी भुजा 5 सेमी है।

9. माना त्रिभुज की भुजाएँ क्रमशः $3x$, $4x$ तथा $5x$ सेमी हैं।

$\because \quad (5x)^2 = (3x)^2 + (4x)^2$

$\Rightarrow \quad 25x^2 = 25x^2$

अतः त्रिभुज एक समकोण त्रिभुज है।

दिया है, त्रिभुज का क्षेत्रफल = 216 सेमी^{2}

तब, $\quad \frac{1}{2} \times 3x \times 4x = 216$

$\Rightarrow \quad x^2 = \frac{216 \times 2}{3 \times 4} = 36$

$\Rightarrow \quad x = 6$ सेमी

$\therefore$ त्रिभुज का परिमाप $= 3x + 4x + 5x$

$= 12x = 12 \times 6 = 72$ सेमी

10. त्रिभुज का अर्द्धपरिमाप,

$$s = \frac{a+a+b}{2} = \frac{2a+b}{2}$$

समद्विबाहु त्रिभुज का क्षेत्रफल

$= \sqrt{s(s-a)(s-a)(s-b)}$

$= (s-a)\sqrt{s(s-b)}$

$= \left[\left(\frac{2a+b}{2}\right) - a\right]\sqrt{\left(\frac{2a+b}{2}\right)\left(\frac{2a+b}{2} - b\right)}$ [s का मान रखने पर]

$= \frac{b}{2}\sqrt{\left(\frac{2a+b}{2}\right)\left(\frac{2a-b}{2}\right)}$ $[\because (a+b)(a-b) = a^2 - b^2]$

$= \frac{b}{4}\sqrt{4a^2 - b^2}$ वर्ग इकाई

11. माना $AB = x$ इकाई, $BC = x$ इकाई

तथा $\quad AC = \sqrt{2}x$ इकाई

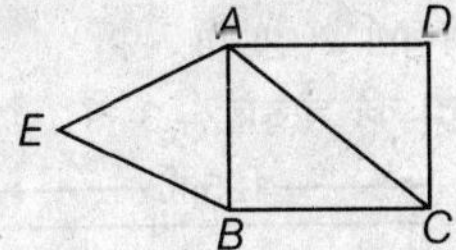

$\therefore \frac{\Delta ABE \text{ का क्षेत्रफल}}{\Delta ACD \text{ का क्षेत्रफल}} = \frac{\frac{\sqrt{3}}{4}x^2}{\frac{\sqrt{3}}{4}(\sqrt{2}x)^2} = \frac{1}{2}$ या 1 : 2

12. पाइथागोरस प्रमेय से,

$(\text{लम्ब})^2 + (\text{आधार})^2 = (\text{कर्ण})^2$

$\Rightarrow \quad (a)^2 + (b)^2 = (10)^2$

$\Rightarrow \quad a^2 + b^2 = 100$

$\therefore$ समकोण त्रिभुज का क्षेत्रफल

$= \frac{1}{2} \times \text{लम्ब} \times \text{आधार} = \frac{1}{2} \times a \times b$

$\therefore \quad 20 = \frac{ab}{2} \Rightarrow ab = 40$

अतः $(a+b)^2 = a^2 + b^2 + 2ab = 100 + 2 \times 40 = 180$

14. यहाँ, समबाहु त्रिभुज की भुजा $(a) = 8$ सेमी

$\because$ अन्तः वृत्त का क्षेत्रफल $= \frac{\pi a^2}{12}$

तथा परिवृत्त का क्षेत्रफल $= \frac{\pi a^2}{3}$

$\therefore$ अभीष्ट क्षेत्रफल $= \frac{\pi a^2}{3} - \frac{\pi a^2}{12}$

$= \frac{\pi(4a^2 - a^2)}{12} = \frac{\pi}{12} \times 3a^2$

$= \frac{22}{7 \times 12} \times 3 \times 8 \times 8$

$= \frac{352}{7} = 50\frac{2}{7}$ सेमी^{2}

15. माना आयत की चौड़ाई $= x$ मी

तब, आयत की लम्बाई $= 3x$ मी

$\therefore$ आयत का परिमाप = 2 (लम्बाई + चौड़ाई)

$\Rightarrow \quad 80 = 2(3x + x)$

$\Rightarrow \quad x = \frac{80}{2 \times 4} = 10$ मी

अतः आयत की लम्बाई $= 3x = 3 \times 10 = 30$ मी

16. माना बगीचे की लम्बाई $= 2x$

तथा बगीचे की चौड़ाई $= x$

$\therefore$ बगीचे का परिमाप = 2 (लम्बाई + चौड़ाई)

$\Rightarrow \quad 60 = 2(2x + x)$

$\Rightarrow \quad x = 10$ मी

$\therefore$ बगीचे की लम्बाई $= 2x = 2 \times 10 = 20$ मी

17. माना आयत की लम्बाई l सेमी एवं चौड़ाई b सेमी है।

$\because \quad (\text{विकर्ण})^2 = (\text{लम्बाई})^2 + (\text{चौड़ाई})^2$

$\Rightarrow \quad 17^2 = l^2 + b^2 \quad \ldots(i)$

आयत का परिमाप = 2 (लम्बाई + चौड़ाई)

$\therefore \quad 2(l+b) = 46 \Rightarrow l + b = 23$

दोनों पक्षों का वर्ग करने पर,

$l^2 + b^2 + 2lb = 529$

$\Rightarrow \quad 17^2 + 2lb = 529$ [समी (i) से]

$\Rightarrow \quad 2lb = 529 - (17)^2$

$\Rightarrow \quad 2lb = 529 - 289 = 240$

$\Rightarrow \quad lb = 120$ सेमी^{2}

अतः आयत का क्षेत्रफल $= lb = 120$ सेमी^{2}

18. माना मेज की लम्बाई l मी तथा चौडाई b मी है।

$\therefore \quad 2(l+b) = 28 \Rightarrow l + b = 14 \quad \ldots(i)$

तथा $\quad l \times b = 48$ [दिया है] ...(ii)

अतः $(l-b)^2 = (l+b)^2 - 4lb = (14)^2 - 4 \times 48$

$\Rightarrow \quad l - b = 2$ ...(iii)

समी (i) व (iii) से,

$l = 8$ मी तथा $b = 6$ मी

अतः मेज की विकर्णवत् लम्बाई

$= \sqrt{l^2 + b^2} = \sqrt{(8)^2 + (6)^2}$

$= \sqrt{100} = 10$ मी

19. (*b*) माना चतुष्कोणीय मैदान की लम्बाई $= x$ मी

तब, मैदान की चौड़ाई $= x \times \frac{60}{100} = \frac{3x}{5}$ मी

मैदान का परिमाप = 2 (लम्बाई + चौड़ाई)

$= 2\left(x + \frac{3x}{5}\right) = 2 \times \frac{8x}{5}$

प्रश्नानुसार, मैदान का परिमाप = 800 मी

$\Rightarrow \quad 2 \times \frac{8x}{5} = 800 \Rightarrow x = 250$ मी

$\therefore$ मैदान की लम्बाई $x = 250$ मी

तथा चौड़ाई $= \frac{3x}{5} = \frac{3 \times 250}{5} = 150$ मी

$\therefore$ मैदान का क्षेत्रफल = लम्बाई × चौड़ाई

$= 250 \times 150 = 37500$ मी^{2}

20. माना लम्बाई = चौड़ाई = 20 मी

$\therefore$ क्षेत्रफल $= 20 \times 20 = 400$ वर्ग मी

अतः क्षेत्रफल 400 वर्ग मी से अधिक नहीं होगा।

21. वर्ग की भुजा = 48 का $\frac{2}{3} = 32$ सेमी

तब, आयत का क्षेत्रफल $= 48 \times 21$

$= 1008$ वर्ग सेमी

तथा वर्ग का क्षेत्रफल $= (32)^2 = 1024$ वर्ग सेमी

$\therefore$ अभीष्ट योग $= 1008 + 1024 = 2032$ वर्ग सेमी

22. दिया है, $b = 4$ सेमी

आयत का परिमाप = 28 सेमी

$\therefore$ आयत का परिमाप $= 2\,(l + b)$

$\therefore \quad 28 = 2\,(l + b)$

$\Rightarrow \quad (l + b) = 14$

$\Rightarrow \quad l + 4 = 14$

$\Rightarrow \quad l = 14 - 4$

$\Rightarrow \quad l = 10$ सेमी

23. आयताकार मैदान के बीच में गड़े खम्भे से एक गाय एक रस्सी से बन्धी है, जिसकी लम्बाई = 7 मी

$\therefore$ गाय द्वारा चरे गए मैदान का क्षेत्रफल

$= \pi r^2 = \frac{22}{7} \times 7 \times 7 = 154$ मी^{2}

आयताकार भाग का क्षेत्रफल

= लम्बाई × चौड़ाई $= 15 \times 20 = 300$ मी^{2}

[$\because$ लम्बाई = 15 मी, चौड़ाई = 20 मी]

गाय द्वारा चरे जा सकने वाले क्षेत्रफल से परे मैदान का क्षेत्रफल

$= 300 - 154 = 146$ मी^{2}

अतः मैदान का प्रतिशत क्षेत्रफल, जो गाय की पहुँच से परे है

$= \frac{146}{300} \times 100 = 48\frac{2}{3}\%$

24. यहाँ, आयताकार मैदान की लम्बाई =210 मी, चौड़ाई = 150 मी तथा सड़क की चौड़ाई = 25 मी

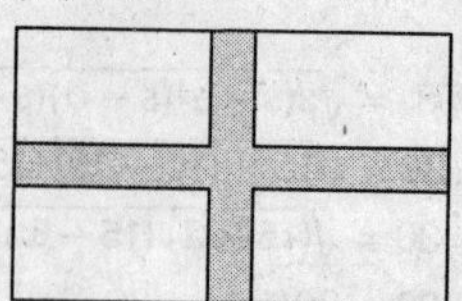

सड़क का क्षेत्रफल = दोनों सड़कों का क्षेत्रफल – सड़कों के उभयनिष्ठ भाग का क्षेत्रफल

= मैदान की लम्बाई × सड़क की चौड़ाई

+ मैदान की चौड़ाई × सड़क की चौड़ाई

– सड़क की चौड़ाई × सड़क की चौड़ाई

$= 210 \times 25 + 150 \times 25 - 25 \times 25$

$= (210 + 150 - 25) \times 25$

$= 335 \times 25 = 8375$ मी^{2}

27. माना आयत की लम्बाई और चौड़ाई क्रमशः l और b हैं।

$\therefore$ आयत का क्षेत्रफल $= l \times b$

यदि चौड़ाई में 40% की वृद्धि और लम्बाई को x% कम कर दिया जाए, तब आयत का क्षेत्रफल $= \left(\frac{140}{100} \times b\right) \times \left[l \times \left(\frac{100 - x}{100}\right)\right]$

प्रश्नानुसार, $l \times b = \frac{7}{5} b \times l \times \left(\frac{100 - x}{100}\right)$

$\Rightarrow \quad \frac{500}{7} = 100 - x \Rightarrow x = \frac{200}{7} = 28\frac{4}{7}\%$

28. माना आयत की लम्बाई l तथा चौड़ाई b है।

$\therefore$ आयत का क्षेत्रफल = लम्बाई × चौड़ाई $= lb$

अब, आयत की लम्बाई में 10% की वृद्धि और चौड़ाई में 10% की कमी करने पर,

आयत का क्षेत्रफल $= l \times \frac{110}{100} \times b \times \frac{90}{100} = \frac{99}{100} lb$

$\therefore$ क्षेत्रफल में प्रतिशत कमी $= \frac{lb - \frac{99}{100} lb}{lb} \times 100$

$= \left(1 - \frac{99}{100}\right) \times 100 = \frac{1}{100} \times 100 = 1\%$

29. दिया है, आयत की लम्बाई (l) = 4 मी तथा चौड़ाई (b) = 3 मी

$\therefore$ आयत का विकर्ण $= \sqrt{l^2 + b^2} = \sqrt{4^2 + 3^2}$

$= \sqrt{16 + 9} = \sqrt{25} = 5$ मी

30. माना आयत की लम्बाई $4x$ मी तथा चौड़ाई $3x$ मी है।

तब, आयत का क्षेत्रफल = लम्बाई × चौड़ाई $= 4x \times 3x$

$\Rightarrow \quad 1728 = 12x^2 \Rightarrow x^2 = 144 \Rightarrow x = 12$

$\therefore$ आयत का परिमाप = 2 (लम्बाई + चौड़ाई) $= 2(4x + 3x)$

$= 14x = 14 \times 12 = 168$ मी

31. दिया है, मैदान की लम्बाई = 125 मी,

चौड़ाई = 75 मी, पट्टी की चौड़ाई = 3 मी

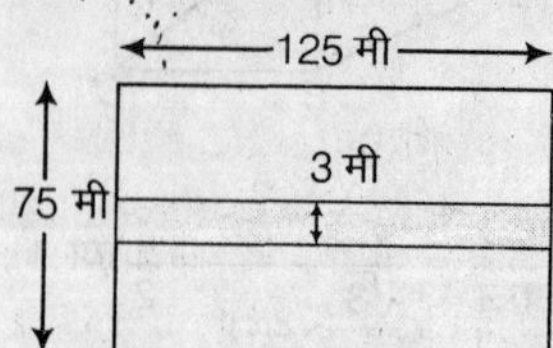

∴ पैदल पट्टी के बिना मैदान का क्षेत्रफल

= मैदान का क्षेत्रफल – पट्टी का क्षेत्रफल

$= 125 \times 75 - 125 \times 3 = 125(75 - 3)$

$= 125 \times 72 = 9000$ मी^{2}

32. माना पार्क की चौड़ाई = x मी

तब, पार्क की लम्बाई = $(x + 2)$ मी

दिया है, चौड़ाई के समान्तर रास्ते की चौड़ाई = 3 मी

प्रश्नानुसार, $x \times (x + 2) - 3 \times x = 240$

$\Rightarrow \quad x^2 + 2x - 3x - 240 = 0$

$\Rightarrow \quad x^2 - x - 240 = 0$

$\Rightarrow \quad x^2 - 16x + 15x - 240 = 0$

$\Rightarrow \quad (x - 16)(x + 15) = 0$

$x = 16$ मी

∴ पार्क की चौड़ाई = 16 मी तथा लम्बाई = 18 मी

अतः पार्क का क्षेत्रफल $= 16 \times 18 = 288$ मी^{2}

33. दिया है, आयताकार प्लॉट का क्षेत्रफल

$= 4 \times 2700 = 10800$ मी^{2}

∴ प्लॉट की चौड़ाई = 90 मी

तथा प्लॉट की लम्बाई $= \frac{10800}{90} = 120$ मी

∴ प्लॉट की चौड़ाई और लम्बाई में अनुपात

$= 90 : 120 = 3 : 4$

34. माना सड़क की चौड़ाई x मी है।

तब, दोनों सड़कों का कुल क्षेत्रफल

$= 55 \times x + 45 \times x - x^2 = 100x - x^2$

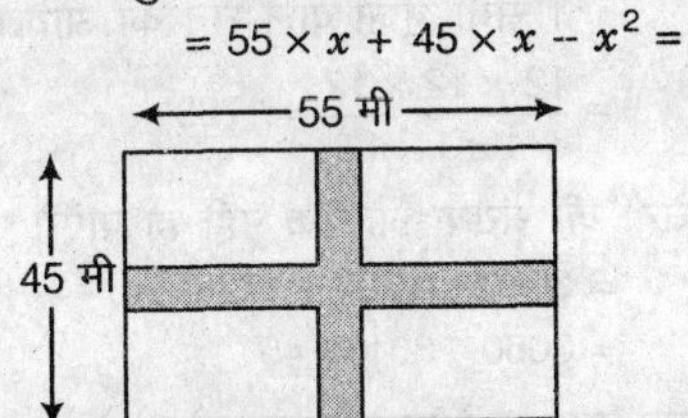

अब, लॉन का क्षेत्रफल = आयताकार प्लॉट का क्षेत्रफल – सड़कों का क्षेत्रफल

$\Rightarrow \quad 1911 = 55 \times 45 - 100x + x^2$

$\Rightarrow \quad 1911 = 2475 - 100x + x^2$

$\Rightarrow \quad x^2 - 100x + 564 = 0$

$\Rightarrow \quad x^2 - 94x - 6x + 564 = 0$

$\Rightarrow \quad x(x - 94) - 6(x - 94) = 0$

$\Rightarrow \quad (x - 94)(x - 6) = 0$

$\Rightarrow \quad x = 6 \qquad [\because x \neq 94]$

अतः प्रत्येक सड़क की चौड़ाई 6 मी है।

35. प्रांगण में बिछाने हेतु आवश्यक फर्शी पत्थरों की संख्या

$= \frac{\text{प्रांगण का क्षेत्रफल}}{\text{1 फर्शी पत्थर का क्षेत्रफल}} = \frac{30 \times 17.5}{2.5 \times 2} = 105$

36. माना कमरे की लम्बाई x एवं चौड़ाई y मी है।

तब, कमरे का क्षेत्रफल = xy मी^{2}

∴ 1 मी^{2} में गलीचा बिछाने का खर्च = ₹ $\frac{120}{xy}$

पुनः चौड़ाई 4 मी कम करने पर नई चौड़ाई = $(y - 4)$ मी

अतः गलीचा बिछाने का खर्च = ₹(120 – 20) = ₹100

अब, 1 मी^{2} में गलीचा बिछाने का खर्च $= \frac{100}{x(y-4)}$

$\therefore \quad \frac{120}{xy} = \frac{100}{x(y-4)} \Rightarrow \frac{12}{y} = \frac{10}{(y-4)}$

$\Rightarrow \quad 12y - 48 = 10y \Rightarrow 2y = 48 \Rightarrow y = 24$ मी

38. माना आयताकार खेत की लम्बाई व चौड़ाई क्रमशः $6x$ व $5x$ मी हैं।

∴ परिमाप = 2 (लम्बाई + चौड़ाई) $= 2(6x + 5x) = 22x$ मी

∵ साइकिल की चाल = 19.8 किमी/घण्टा

$= 19.8 \times \frac{5}{18}$ मी/से = 5.5 मी/से

तथा लगा समय = 2 मिनट = 120 सेकण्ड

∴ चाल $= \frac{\text{दूरी}}{\text{समय}} \Rightarrow 5.5 = \frac{22x}{120}$

$\Rightarrow \quad x = \frac{5.5 \times 120}{22} = 30$ मी

अतः खेत का क्षेत्रफल = लम्बाई × चौड़ाई

$= 6x \times 5x = 30x^2$

$= 30 \times 900 = 27000$ मी^{2}

39. दिया है, वर्ग का क्षेत्रफल = 882 सेमी^{2}

$\Rightarrow \quad \frac{1}{2}d^2 = 882 \Rightarrow d^2 = 1764$

$\Rightarrow \quad d = 42$ सेमी

40. दिया है, $d = 28$ सेमी

∴ वर्ग का क्षेत्रफल $= \frac{1}{2}(d^2) = \frac{1}{2} \times 28 \times 28$

= 392 सेमी^{2}

41. माना वर्ग की एक भुजा x मी है।

तब, $x^2 = 16200 \Rightarrow x = 90\sqrt{2}$

∴ वर्गाकार क्षेत्र के विकर्ण की लम्बाई

$= x\sqrt{2}$ मी $= (90\sqrt{2}) \times \sqrt{2}$ मी = 180 मी

42. दिया है, वर्गाकार मैदान का क्षेत्रफल

= 1127.6164 वर्ग मी

∴ वर्गाकार मैदान की भुजा $= \sqrt{1127.6164} = 33.58$ मी

∴ वर्गाकार मैदान का परिमाप = 4 × 33.58 मी

तथा आदमी की चाल $= 2\frac{9}{20} = \frac{49}{20} = 2.45$ मी/मिनट

∴ आदमी द्वारा मैदान का 1 चक्कर लगाने में लगा समय

$= \frac{\text{कुल दूरी}}{\text{चाल}} = 4 \times \frac{33.58}{2.45}$ मिनट

= 54.82 मिनट

43. 10 चक्कर में तय की गई दूरी = 4.40 किमी

एक चक्कर में तय की गई दूरी = 440 मी

$\Rightarrow \quad 2\pi r = 440$

$\Rightarrow \quad r = \frac{400 \times 7}{2 \times 22} = 70$ मी

∴ खेत का क्षेत्रफल $= \pi r^2 = \frac{22}{7} \times 70 \times 70$

= 15400 वर्ग मी = 1.54 हेक्टेयर

[∵ 1 हेक्टेयर = 10000 वर्ग मी]

44. (c) $\because$ वृत्ताकार खेत का क्षेत्रफल $= \dfrac{\text{खर्च}}{\text{दर}}$

$\Rightarrow \quad \pi r^2 = \dfrac{7700}{0.50}$

$\Rightarrow \quad \dfrac{22}{7} \times r^2 = \dfrac{7700}{50} \times 100$

$\Rightarrow \quad \dfrac{22}{7} \times r^2 = 15400$

$\Rightarrow \quad r^2 = \dfrac{15400 \times 7}{22} = 700 \times 7$

$\Rightarrow \quad r^2 = 4900$

$\Rightarrow \quad r = 70$ मी

अब, वृत्ताकार खेत का परिमाप $= 2\pi r$

$= 2 \times \dfrac{22}{7} \times 70 = 440$ सेमी

$\therefore$ इसके चारों ओर पुताई का खर्च

$= 440 \times 1.20 =$ ₹ 528

45. माना मूल वर्ग की भुजा $= a$

तब, क्षेत्रफल $= a^2$

अब, 50% बढ़ाने पर नए वर्ग की भुजा $= \dfrac{150}{100}a^2 = 1.5a$

तथा क्षेत्रफल $= 2.25a^2$

$\therefore$ अभीष्ट अनुपात $= 2.25a^2 : a^2 = 225 : 100 = 9 : 4$

46. वर्गाकार मैदान के विकर्ण की लम्बाई = 3 किमी/घण्टा की चाल से 2 मिनट में तय दूरी

$= 3 \times 1000 \times \dfrac{2}{60} = 100$ मी

$\therefore$ वर्गाकार मैदान की एक भुजा की लम्बाई

$= \dfrac{100}{\sqrt{2}} = 50\sqrt{2}$

अतः मैदान का क्षेत्रफल $= (50\sqrt{2})^2 = 5000$ मी^{2}

$= 50$ एकड़ $\quad [\because 1$ एकड़ $= 100$ मी$^2]$

47. वर्ग का परिमाप $= \dfrac{432}{9} = 48$ मी

$\Rightarrow \quad 4a = 48 \Rightarrow a = 12$ मी

$\therefore \quad$ वर्ग का क्षेत्रफल $= (12)^2 = 144$ मी^{2}

अब, टाइल लगवाने की कुल कीमत

$= 144 \times 20 =$ ₹ 2880 $\quad [\because 1$ एकड़ $= 100$ मी$^2]$

48. खेत का क्षेत्रफल $= \dfrac{\text{कुल लागत}}{\text{जोतने की दर}} = \dfrac{1215}{135} = 9$ हेक्टेयर

$= 90000$ मी^{2}

$\therefore \quad$ खेत की भुजा $= \sqrt{90000} = 300$ मी

$\Rightarrow$ खेत का परिमाप $= 4 \times 300 = 1200$ मी

अतः ₹ 0.75 प्रति मी की दर से बाड़ लगाने की लागत

$= 1200 \times 0.75 =$ ₹ 900

49. $\because$ दोनों वर्गों की भुजाएँ $= \dfrac{40}{4} = 10$ सेमी तथा $\dfrac{32}{4} = 8$ सेमी

$\therefore$ दोनों वर्गों के क्षेत्रफलों का अन्तर

$= (10)^2 - (8)^2 = 36$ सेमी^{2}

तीसरे वर्ग की भुजा $= \sqrt{36} = 6$ सेमी

$\therefore$ तीसरे वर्ग का परिमाप $= 4 \times 6 = 24$ सेमी

50. $\because a$ भुजा वाले वर्ग का क्षेत्रफल $= a^2$

$\therefore a$ भुजा वाले समबाहु त्रिभुज का क्षेत्रफल $= \dfrac{\sqrt{3}}{4} \times a^2$

अतः अनुपात $= a^2 : \dfrac{\sqrt{3}}{4} \times a^2 = 4a^2 : \sqrt{3}a^2 = 4 : \sqrt{3}$

51. दी गई शीट में से चित्रानुसार 2 सेमी का टुकड़ा काटा जाता है।

तब, बनने वाले सन्दूक की लम्बाई

$= 25 - 2 \times 2 = 25 - 4 = 21$ सेमी

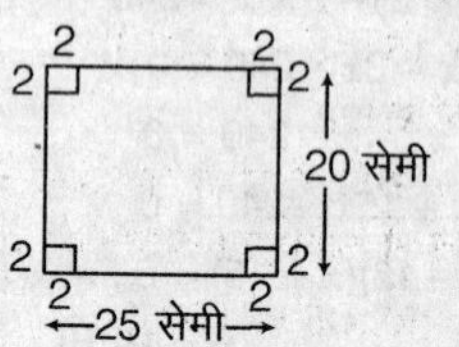

तथा बनने वाले सन्दूक की चौड़ाई $= 20 - 2 \times 2 = 20 - 4 = 16$ सेमी

तथा बनने वाले सन्दूक की ऊँचाई 2 सेमी होगी।

$\therefore$ सन्दूक का आयतन = लम्बाई × चौड़ाई × ऊँचाई

$= 21 \times 16 \times 2 = 672$ सेमी^{3}

52. घनाभाकार बक्से में पैक होने वाले घनों (1 सेमी भुजा वाले) की संख्या

$= \dfrac{\text{घनाभाकार बक्से का आयतन}}{\text{1 सेमी भुजा वाले घन का आयतन}}$

$= \dfrac{13 \times 11 \times 9}{1 \times 1 \times 1} = 1287$

घनाकार बक्से में पैक होने वाले घनों (1 सेमी भुजा वाले) की संख्या

$= \dfrac{\text{घनाकार बक्से का आयतन}}{\text{1 सेमी भुजा वाले घन का आयतन}}$

$= \dfrac{12 \times 12 \times 12}{1 \times 1 \times 1} = 1728$

तब, उन घनों की संख्या जो पैक नहीं हो पाएँगे

$= 3060 - (1287 + 1728)$

$= 3060 - 3015 = 45$

53. घन के अन्दर समा जाने वाले सबसे बड़े गोले का व्यास तथा घन की कोर एक समान अर्थात् इनका मान समान होगा।

माना घन की कोर $= a$

$\therefore$ गोले की त्रिज्या $= \dfrac{a}{2}$

$\because$ घन का आयतन $= a^3$ तथा गोले का आयतन $= \dfrac{4}{3}\dfrac{\pi a^3}{8}$

$\therefore$ अभीष्ट अनुपात $= a^3 : \dfrac{\pi a^3}{6} = 6 : \pi$

54. $\because$ घन का क्षेत्रफल = टिन का क्षेत्रफल

$\Rightarrow \quad 6a^2 = 12 \times 8 \Rightarrow a^2 = 16$

$\Rightarrow \quad a = 4$ सेमी

55. बचा हुआ पानी = भूमिगत टंकी का आयतन

– बेलनाकार ओवरहैड टंकी का आयतन

$= 5.5 \times 4 \times 6 - \dfrac{22}{7} \times 2 \times 2 \times 7$

$= 132 - 88 = 44$ मी^{3}

$\therefore$ भरा भाग $= \dfrac{44}{132} = \dfrac{1}{3}$

56. केवल एक सतह रंगे घनों की संख्या

$= 6(n-2)^2 = 6(5-2)^2$

$= 6 \times (3)^2 = 6 \times 9 = 54$

57. माना विवर छेद की गहराई = x मी

प्रश्नानुसार, निम्न भूमि को ऊँचा करने के लिए आवश्यक मिट्टी का आयतन = खोदी गई भूमि का आयतन

$\therefore \quad 48 \times 3.15 \times \frac{6.5}{10} = 27 \times 18.2 \times x$

$\Rightarrow \quad x = \frac{48 \times 31.5 \times 6.5}{27 \times 18.2 \times 10} = \frac{20}{10} = 2$ मी

58. $\because$ पानी की कुल मात्रा $= 20 \times 15 \times 6$ मी^{3}

$= 20 \times 15 \times 6 \times 1000$ लीटर [$\because$ 1 मी^{3} = 1000 लीटर]

तब, अभीष्ट दिनों की संख्या

$= \frac{\text{टंकी में पानी का आयतन}}{\text{1दिन में आवश्यक पानी का आयतन}}$

$= \frac{20 \times 15 \times 6 \times 1000}{4000 \times 150} = 3$

59. सन्दूक की लम्बाई $= 6 - 2 \times 1.5 = 6 - 3 = 3$ मी,

सन्दूक की चौड़ाई $= 4 - 2 \times 1.5 = 4 - 3 = 1$ मी,

सन्दूक की ऊँचाई = 1.5 मी

$\therefore$ सन्दूक का आयतन = लम्बाई $\times$ चौड़ाई $\times$ ऊँचाई

$= 3 \times 1 \times 1.5 = \frac{3 \times 15}{10}$

$= \frac{9}{2} = 4\frac{1}{2}$ घन मी

60. $\because$ पानी से भरा टैंक का भाग $= \frac{1}{3}$

$\therefore$ खाली टैंक का भाग $= 1 - \frac{1}{3} - \frac{2}{3} = 64$ बाल्टी पानी निकालने पर

$\therefore$ पूरा खाली होगा $= 64 \times \frac{3}{2} = 96$ बाल्टी पानी निकालने पर

$\therefore$ 1 बाल्टी का आयतन $= \frac{1.2 \times 1.2 \times 1.2 \times 1000}{96} = 18$ लीटर

61. दिया है, तीन घनों की भुजाएँ 30 सेमी, 40 सेमी और 50 सेमी हैं।

माना बनाए गए घन की भुजा a सेमी है।

प्रश्नानुसार, बनाए गए घन का आयतन = तीनों घनों का आयतन

$\Rightarrow \quad a^3 = (30)^3 + (40)^3 + (50)^3$

$\Rightarrow \quad a^3 = 27000 + 64000 + 125000$

$\Rightarrow \quad a = \sqrt[3]{216000} = 60$ सेमी

$\therefore$ सतह का क्षेत्रफल $= 6 \cdot a^2 = 6 \times 60 \times 60 = 21600$ सेमी^{2}

62. $\because$ घन का विकर्ण $= \sqrt{3} \times$ भुजा

$\Rightarrow \quad \sqrt{12} = \sqrt{3} \times$ भुजा

$\Rightarrow \quad$ भुजा $= \frac{\sqrt{12}}{\sqrt{3}} = \sqrt{4} = 2$ सेमी

$\therefore \quad$ आयतन $=$ (भुजा)$^3 = (2)^3 = 8$ सेमी^{3}

63. $\because$ घन का आयतन = (भुजा)^3

$\Rightarrow \quad 729 =$ (भुजा)^3

$\Rightarrow \quad$ भुजा $= \sqrt[3]{729} = 27$

$\therefore \quad$ घन का विकर्ण = भुजा $\times \sqrt{3} = 9\sqrt{3}$ सेमी

64. माना घनों की भुजाएँ क्रमशः a_1 तथा a_2 हैं।

प्रश्नानुसार, $\frac{\text{पहले घन का आयतन}}{\text{दूसरे घन का आयतन}} = \frac{a_1^3}{a_2^3}$

$\Rightarrow \quad \frac{27}{1} = \frac{a_1^3}{a_2^3} \Rightarrow \frac{a_1}{a_2} = \sqrt[3]{\frac{27}{1}} = \frac{3}{1}$

$\Rightarrow \quad a_1 : a_2 = 3 : 1$

65. अभीष्ट अनुपात $= \frac{\text{छोटे घन के सम्पूर्ण पृष्ठ का क्षेत्रफल}}{\text{बड़े घन के सम्पूर्ण पृष्ठ का क्षेत्रफल}}$

$= \frac{6(1)^2}{6(5)^2} = 1 : 25$

66. $\because$ घनों के आयतन का अनुपात $= V_1 : V_2$

$\therefore$ घनों की भुजाओं का अनुपात, $a_1 : a_2 = V_1^{1/3} : V_2^{1/3}$

अतः घनों के कुल पृष्ठ क्षेत्रफल का अनुपात $= \frac{6a_1^2}{6a_2^2} = V_1^{2/3} : V_2^{2/3}$

67. माना घनों की भुजाएँ क्रमशः a_1 तथा a_2 हैं।

तब प्रश्नानुसार,

$\frac{\text{पहले घन का आयतन}}{\text{दूसरे घन का आयतन}} = \frac{a_1^3}{a_2^3}$

$\Rightarrow \quad \frac{27}{64} = \frac{a_1^3}{a_2^3}$

$\Rightarrow \quad \frac{a}{a_2} = \sqrt[3]{\frac{27}{64}} = \frac{3}{4}$

$\therefore$ सम्पूर्ण पृष्ठों का अनुपात $= \frac{6a_1^2}{6a_2^2} = \left(\frac{a_1}{a_2}\right)^2 = \left(\frac{3}{4}\right)^2 = 9 : 16$

68. माना एक घन की भुजा $= a$,

तब, दूसरे घन की भुजा $= 2a$

$\therefore$ घनों के आयतनों का अनुपात $= \frac{(2a)^3}{(a)^3} = \frac{8a^3}{a^3} = \frac{8}{1} = 8 : 1$

69. $\because$ लम्बाई (l) = 90 सेमी, चौड़ाई (b) = 50 सेमी

तथा ऊँचाई (h) = 1 मी = 100 सेमी

$\therefore$ डिब्बे का आयतन $= l \times b \times h = 90 \times 50 \times 100$

$= 450000$ सेमी^{3}

$= 0.45$ मी^{3}

70. दिया है, $l = 12$ सेमी, $b = 8$ सेमी तथा $h = 6$ सेमी

$\therefore$ आवश्यक गत्ता = घनाभ के वक्रपृष्ठ का क्षेत्रफल

$= 2(lb + bh + hl)$

$= 2(12 \times 8 + 8 \times 6 + 12 \times 6)$

$= 2 \times 216 = 432$ सेमी^{2}

71. दिया है, समान्तर षट्फलक के तीन फलकों के क्षेत्रफल क्रमशः 12 सेमी^{2}, 20 सेमी^{2} व 15 सेमी^{2} हैं।

माना समान्तर षट्फलक की लम्बाई, चौड़ाई तथा ऊँचाई क्रमशः l, b तथा h है।

तब, $\quad lb = 12 \quad$ ...(i)

$bh = 20 \quad$ ...(ii)

तथा $\quad hl = 15 \quad$ ...(iii)

समी (i), (ii) तथा (iii) की गुणा करने पर,

$(lbh)^2 = 12 \times 20 \times 15$

$\Rightarrow \quad$ (आयतन)$^2 = 3600$

$\Rightarrow \quad$ आयतन $= \sqrt{3600} = 60$ सेमी^{3}

72. दिया है, घनाभ की लम्बाई (l) = 60 सेमी

घनाभ की चौड़ाई (b) = 20 सेमी

तथा विकर्ण की लम्बाई (d) = 65 सेमी

$\because \quad d^2 = l^2 + b^2 + h^2$

$\Rightarrow \quad (65)^2 = (60)^2 + (20)^2 + h^2$

$\Rightarrow 4225 - 3600 - 400 = h^2$

$\Rightarrow \quad h = \sqrt{225} = 15$

$\therefore$ घनाभ का आयतन $= l \times b \times h = 60 \times 20 \times 15$

$= 18000$ सेमी^{3}

73. ठोस का आयतन = 1 घन मीटर

$= 100 \times 100 \times 100$ घन सेमी

25 सेमी भुजा वाले घनों की संख्या

$= \dfrac{\text{ठोस का आयतन}}{\text{1घन का आयतन}} = \dfrac{100 \times 100 \times 100}{25 \times 25 \times 25} = 64$

$\therefore$ सीधी लाइन की ऊँचाई $= 64 \times 25$ सेमी

$= \dfrac{64 \times 25}{100}$ मी $= 16$ मी

74. दिया है, $l = 4$ मी $= 400$ सेमी, $b = 3.5$ मी

$= 3.5 \times 100$ सेमी $= 350$ सेमी तथा $h = 2$ सेमी

$\therefore$ निकाले गए आवश्यक पानी की मात्रा

$= 400 \times 350 \times 2 = 280000$ सेमी^{3}

75. माना घनाभ की लम्बाई, चौड़ाई व ऊँचाई क्रमशः x सेमी, $2x$ सेमी व $3x$ सेमी है।

$\because$ घनाभ का सम्पूर्ण पृष्ठ $= 2(lb + bh + hl)$

$\Rightarrow 2(x \times 2x + 2x \times 3x + 3x \times x) = 88$

$\Rightarrow \quad 2x^2 + 6x^2 + 3x^2 = \dfrac{88}{2} = 44$

$\Rightarrow \quad 11x^2 = 44 \Rightarrow x = 2$

$\therefore$ घनाभ का आयतन $= l \times b \times h = x \times 2x \times 3x = 6x^3$

$= 6 \times 2^3 = 48$ सेमी^{3}

76. माना बेलन की त्रिज्या r तथा ऊँचाई h है।

$\therefore$ बेलन का पहला वक्रपृष्ठ $= 2\pi rh$

25% की कमी करने पर नई त्रिज्या

$(r_1) = r \times \dfrac{75}{100} = \dfrac{3r}{4}$

10% की वृद्धि करने पर नई ऊँचाई

$(h_1) = h \times \dfrac{110}{100} = \dfrac{11}{10}h$

$\therefore$ नया वक्रपृष्ठ $= 2\pi r_1 h_1 = 2\pi \times \dfrac{3r}{4} \times \dfrac{11}{10}h = \dfrac{33}{40}(2\pi rh)$

अतः वक्रपृष्ठ में प्रतिशत कमी

$= \dfrac{2\pi rh - \dfrac{33}{40}(2\pi rh)}{2\pi rh} \times 100$

$= \dfrac{40 - 33}{40} \times 100 = \dfrac{35}{2} = 17.5\%$

77. घनाकार कमरे में रखी जाने वाली सबसे लम्बी छड़ की लम्बाई

= घनाकार कमरे के विकर्ण की लम्बाई

$= a\sqrt{3}$ [जहाँ, a घनाकार कमरे की भुजा है]

$= 3\sqrt{3}$ मी

78. यहाँ, $DP = 3$ मी, $AP = 2$ मी, $AD = 25$ मी तथा $DC = 12$ मी

D ←25मी→ A
12 मी
3 मी
2 मी
C P B

स्विमिंग पूल के पहले छोर की गहराई = 2 मी

दूसरे छोर की गहराई = 3 मी

पूल को भरने के लिए आवश्यक पानी की मात्रा

= पहले छोर का आयतन + दूसरे छोर का आयतन

$= 25 \times 12 \times 2 + 25 \times 12 \times 3$

$= 600 + 900 = 1500$ घन मी

79. दिया है, कमरे की लम्बाई = 12 मी,

कमरे की चौड़ाई = 9 मी

तथा कमरे की ऊँचाई = 8 मी

$\therefore$ विकर्ण की लम्बाई $= \sqrt{(\text{लम्बाई})^2 + (\text{चौड़ाई})^2 + (\text{ऊँचाई})^2}$

$= \sqrt{(12)^2 + (9)^2 + (8)^2}$

$= \sqrt{144 + 81 + 64}$

$= \sqrt{289} = 17$ मी

80. आवश्यक ईंटों की संख्या

$= \dfrac{\text{दीवार का आयतन}}{\text{1 ईंट का आयतन}} = \dfrac{5 \times 3 \times \dfrac{20}{100}}{\dfrac{25}{100} \times \dfrac{12.5}{100} \times \dfrac{7.5}{100}}$

$= \dfrac{5 \times 3 \times 20 \times 100 \times 100 \times 100}{25 \times 12.5 \times 7.5 \times 100}$

$= \dfrac{3 \times 4 \times 100 \times 100 \times 100}{125 \times 75} = 1280$

81. माना टंकी की लम्बाई l सेमी है।

$\therefore$ टंकी की गहराई $= \dfrac{l}{3}$ सेमी

टंकी की चौड़ाई $= \left(l - \dfrac{l}{3}\right)\dfrac{1}{2} \times \dfrac{1}{3} = \dfrac{2l}{3} \times \dfrac{1}{2} \times \dfrac{1}{3} = \dfrac{l}{9}$ सेमी

$\therefore$ टंकी का आयतन = लम्बाई × चौड़ाई × गहराई

$= l \times \dfrac{l}{9} \times \dfrac{l}{3} = \dfrac{l^3}{27}$ सेमी^{3}

अब, 1 लीटर = 1000 सेमी^{3}

$\therefore$ 216 लीटर = 216000 सेमी^{3}

प्रश्नानुसार, $\dfrac{l^3}{27} = 216000$

$\Rightarrow \quad l^3 = 216000 \times 27$

$\Rightarrow \quad l^3 = 216 \times 1000 \times 27$

$\Rightarrow \quad l^3 = (6)^3 \times (10)^3 \times (3)^3$

$\Rightarrow \quad l = 6 \times 10 \times 3 = 180$ सेमी $= 18$ डेसीमी

82. दिया है, लम्बाई = 6 किमी = 6000 मी

चौड़ाई = 50 मी तथा ऊँचाई = 15 मी,

$\because$ प्रति मिनट गिरने वाली पानी की अभीष्ट मात्रा

= घनाभ का आयतन

$\therefore$ 1 मिनट में पानी का आयतन

$= \left(\dfrac{6000 \times 50 \times 15}{60} \times 1000\right)$

= 75000000 लीटर

83. B पात्र को भरने के बाद A में बचे हुए पानी का आयतन

$= (100 \times 75 \times 25) - (50 \times 50 \times 25)$

$= 187500 - 62500$

$= 125000$ सेमी^{3} $= 125$ लीटर

अध्याय 13

त्रिकोणमिति एवं उनके अनुप्रयोग

Trigonometry and Their Applications

त्रिकोणमिति Introduction

शब्द ''त्रिकोणमिति'' दो ग्रीक अक्षरों 'त्रिकोण' तथा 'मिति' से मिलकर बना है। 'त्रिकोण' का अर्थ 'त्रिभुज' तथा 'मिति' का अर्थ 'मापन' होता है। अत: ''त्रिकोणमिति'' का अर्थ 'त्रिभुज का मापन' होता है।

कोण का अर्थ Sense of an Angle

एक रेखा OA को लेने पर यदि रेखा OA अन्त:बिन्दु O के सापेक्ष घूमकर स्थिति OB में आती है, तो कोण $\angle AOB$ उत्पन्न होता है। बिन्दु O जिसके सापेक्ष रेखा OA घूमती है, को कोण का शीर्ष कहते हैं।

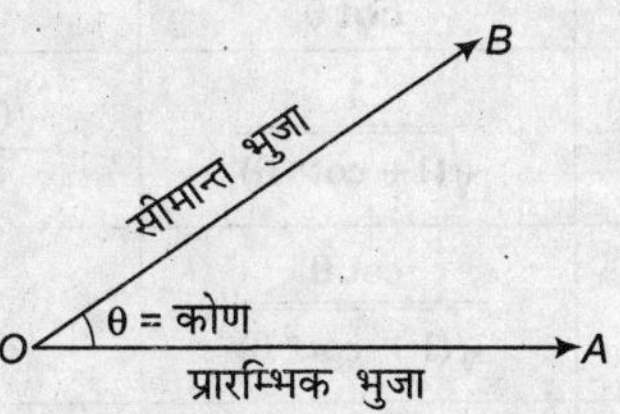

यदि घूर्णन की दिशा वामावर्त (Anti-clockwise) हो, तो कोण धनात्मक (Positive) और यदि दिशा दक्षिणावर्त (Clockwise) हो, तो कोण ऋणात्मक कहलाता है।

समकोण Right Angle

जब दो रेखाएँ OA एवं OB बिन्दु O पर इस प्रकार मिलती हों कि इनके द्वारा बनाए गए आसन्न कोण बराबर हों, तो प्रत्येक कोण समकोण कहलाता है।

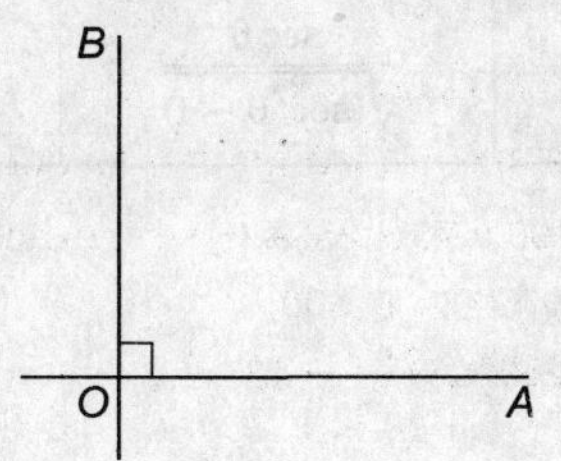

रेडियन Radian

मान लीजिए किसी वृत्त का केन्द्र O है। इस वृत्त में चाप AB को वृत्त की त्रिज्या के बराबर नापकर तथा O को A व B से मिलाने पर, $\angle AOB$ की माप एक रेडियन (one radian) कहलाती है। अर्थात् एक वृत्त की त्रिज्या के बराबर लम्बाई के चाप द्वारा उस वृत्त के केन्द्र पर अन्तरित किया गया कोण एक रेडियन कहलाता है। हम एक रेडियन को प्रतीक 1^c द्वारा निरूपित करते हैं तथा यह वृत्तीय माप की इकाई है।

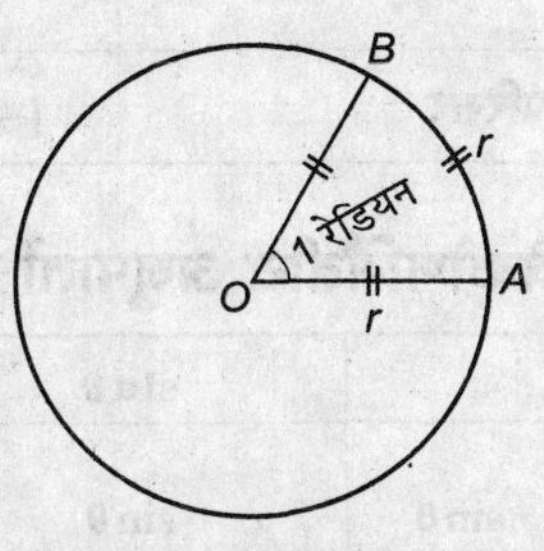

कोण मापन की पद्धतियाँ

Systems of Measurement of an Angle

कोण मापन की मुख्यत: तीन पद्धतियाँ हैं।

षाष्टिक या ब्रिटिश पद्धति

Sexagesimal or English System

इस पद्धति में कोण की इकाई डिग्री होती है।

1 समकोण $= 90°$ (= 90 अंश)

$1° = 60'$ (= 60 मिनट)

$1' = 60''$ (= 60 सेकण्ड)

शतिक पद्धति Centesimal System

इस पद्धति में कोण की इकाई ग्रेड होती है।

1 समकोण = 100 ग्रेड (= 100^g),

1 ग्रेड = 100 मिनट (= $100'$)

1 मिनट = 100 सेकण्ड (= $100''$)

वृत्तीय पद्धति Circular System

इस पद्धति में कोण की इकाई रेडियन होती है।

$$1^c = 1 \text{ रेडियन} = \left(\frac{180}{\pi}\right)^\circ = 57^\circ 17' 45'', \quad 1^\circ = \left(\frac{\pi}{180}\right)^c$$

त्रिकोणमितीय अनुपात Trigonometrical Ratios

मान लीजिए समकोण ΔOMP में, आधार $OM = x$, लम्ब $= PM = y$ तथा कर्ण $= OP = r$ है, तो

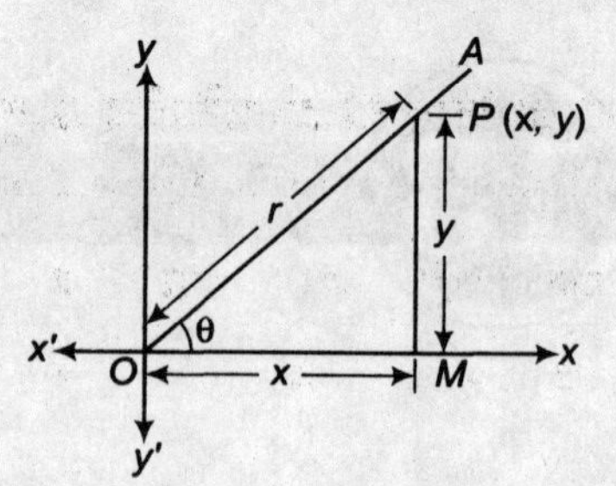

$$\sin\theta = \frac{\text{लम्ब}}{\text{कर्ण}} = \frac{y}{r}, \quad \cos\theta = \frac{\text{आधार}}{\text{कर्ण}} = \frac{x}{r},$$

$$\tan\theta = \frac{\text{लम्ब}}{\text{आधार}} = \frac{y}{x}, \quad \text{cosec}\,\theta = \frac{\text{कर्ण}}{\text{लम्ब}} = \frac{r}{y},$$

$$\sec\theta = \frac{\text{आधार}}{\text{कर्ण}} = \frac{r}{x}, \quad \cot\theta = \frac{\text{आधार}}{\text{लम्ब}} = \frac{x}{y}$$

स्पष्ट है कि उपरोक्त राशियाँ केवल θ का फलन हैं। ये राशियाँ बिन्दु P के चुनाव पर निर्भर नहीं करती हैं।

त्रिकोणमितीय फलनों के प्रान्त एवं परिसर Domain and Range of Trigonometrical Functions

त्रिकोणमितीय फलन	$\sin\theta$	$\cos\theta$	$\tan\theta$	$\cot\theta$	$\sec\theta$	$\text{cosec}\,\theta$
प्रान्त	R	R	$R - \{(2n+1)\frac{\pi}{2}, n \in Z\}$	$R - \{n\pi, n \in Z\}$	$R - \{(2n+1)\frac{\pi}{2}, n \in Z\}$	$R - \{n\pi, n \in Z\}$
परिसर	$[-1, 1]$	$[-1, 1]$	R	R	$R - (-1, 1)$	$R - (-1, 1)$

त्रिकोणमितीय अनुपातों के मध्य सम्बन्ध Relations Between Trigonometrical Ratios

	$\sin\theta$	$\cos\theta$	$\tan\theta$	$\cot\theta$	$\sec\theta$	$\text{cosec}\,\theta$
$\sin\theta$	$\sin\theta$	$\sqrt{(1-\cos^2\theta)}$	$\frac{\tan\theta}{\sqrt{(1+\tan^2\theta)}}$	$\frac{1}{\sqrt{(1+\cot^2\theta)}}$	$\frac{\sqrt{(\sec^2\theta-1)}}{\sec\theta}$	$\frac{1}{\text{cosec}\,\theta}$
$\cos\theta$	$\sqrt{(1-\sin^2\theta)}$	$\cos\theta$	$\frac{1}{\sqrt{(1+\tan^2\theta)}}$	$\frac{\cot\theta}{\sqrt{(1+\cot^2\theta)}}$	$\frac{1}{\sec\theta}$	$\frac{\sqrt{(\text{cosec}^2\theta-1)}}{\text{cosec}\,\theta}$
$\tan\theta$	$\frac{\sin\theta}{\sqrt{(1-\sin^2\theta)}}$	$\frac{\sqrt{(1-\cos^2\theta)}}{\cos\theta}$	$\tan\theta$	$\frac{1}{\cot\theta}$	$\sqrt{(\sec^2\theta-1)}$	$\frac{1}{\sqrt{(\text{cosec}^2\theta-1)}}$
$\cot\theta$	$\frac{\sqrt{(1-\sin^2\theta)}}{\sin\theta}$	$\frac{\cos\theta}{\sqrt{(1-\cos^2\theta)}}$	$\frac{1}{\tan\theta}$	$\cot\theta$	$\frac{1}{\sqrt{(\sec^2\theta-1)}}$	$\sqrt{(\text{cosec}^2\theta-1)}$
$\sec\theta$	$\frac{1}{\sqrt{(1-\sin^2\theta)}}$	$\frac{1}{\cos\theta}$	$\sqrt{(1+\tan^2\theta)}$	$\frac{\sqrt{(1+\cot^2\theta)}}{\cot\theta}$	$\sec\theta$	$\frac{\text{cosec}\,\theta}{\sqrt{(\text{cosec}^2\theta-1)}}$
$\text{cosec}\,\theta$	$\frac{1}{\sin\theta}$	$\frac{1}{\sqrt{(1-\cos^2\theta)}}$	$\frac{\sqrt{(1+\tan^2\theta)}}{\tan\theta}$	$\sqrt{(1+\cot^2\theta)}$	$\frac{\sec\theta}{\sqrt{(\sec^2\theta-1)}}$	$\text{cosec}\,\theta$

कुछ ज्ञात कोणों के लिए त्रिकोणमितीय अनुपातों के मान

Trigonometrical Ratios for Some Known Angles

θ	0	$\pi/6$	$\pi/4$	$\pi/3$	$\pi/2$	π	$3\pi/2$	2π
$\sin\theta$	0	1/2	$1/\sqrt{2}$	$\sqrt{3}/2$	1	0	−1	0
$\cos\theta$	1	$\sqrt{3}/2$	$1/\sqrt{2}$	1/2	0	−1	0	1
$\tan\theta$	0	$1/\sqrt{3}$	1	$\sqrt{3}$	∞	0	∞	0

विभिन्न त्रिकोणमितीय अनुपातों के ग्राफ

Graphs of Different Trigonometrical Ratios

(i) $y = \sin\theta$

आवर्त $= 2\pi$ तथा $\sin\theta$ विषम फलन है।

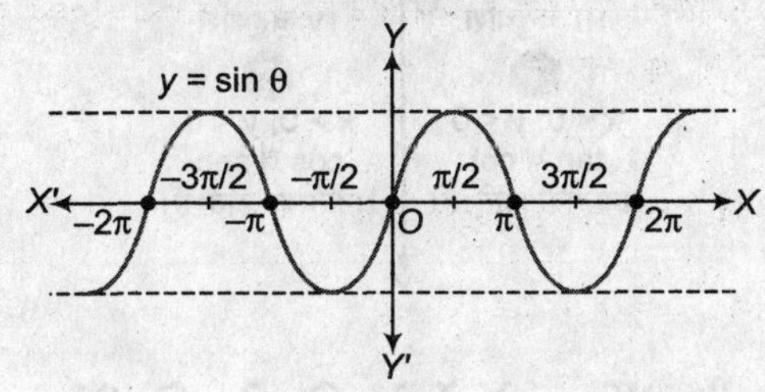

(ii) $y = \cos\theta$

आवर्त $= 2\pi$ तथा $\cos\theta$ सम फलन है।

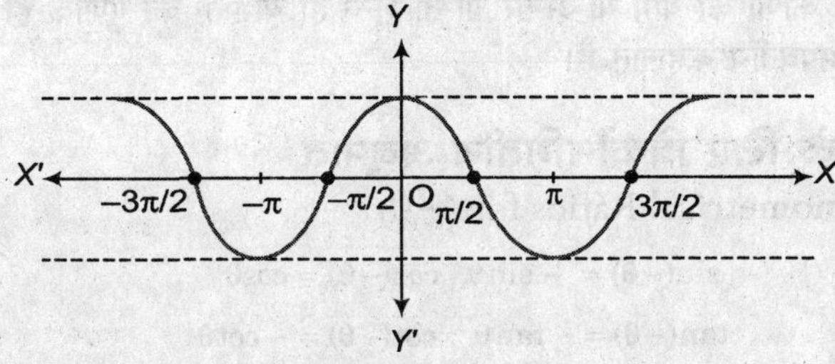

(iii) $y = \tan\theta$

आवर्त $= \pi$ तथा $\tan\theta$ विषम फलन है।

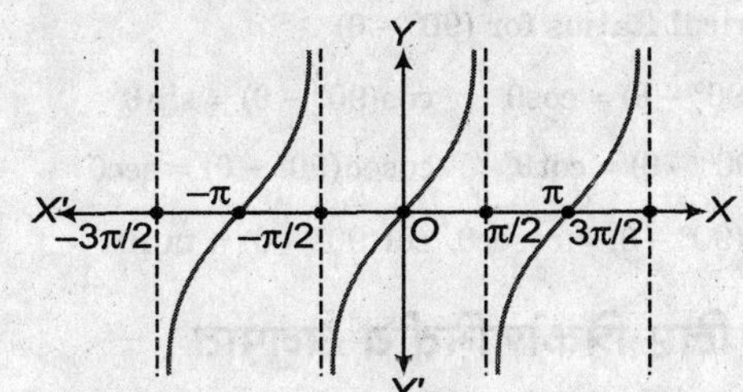

(iv) $y = \text{cosec}\,\theta$

आवर्त $= 2\pi$ तथा $\text{cosec}\,\theta$ विषम फलन है।

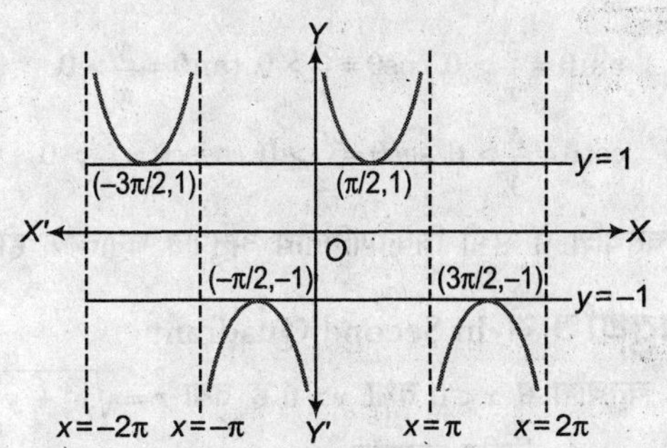

(v) $y = \sec\theta$

आवर्त $= 2\pi$ तथा $\sec\theta$ सम फलन है।

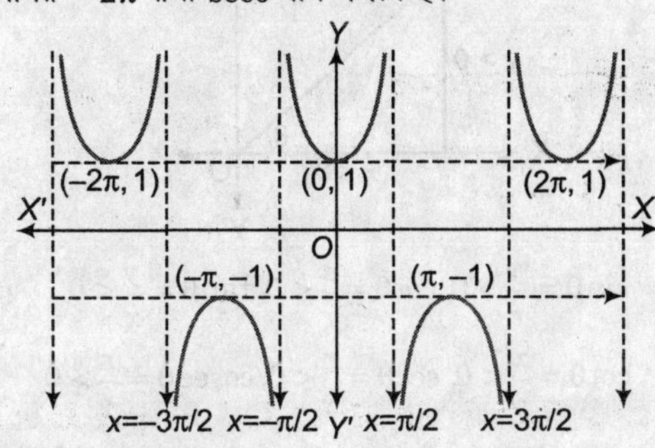

(vi) $y = \cot\theta$

आवर्त $= \pi$ तथा $\cot\theta$ विषम फलन है।

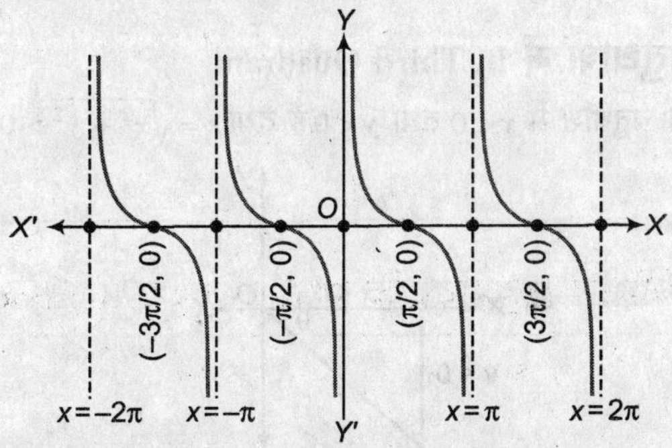

विभिन्न चतुर्थांशों में त्रिकोणमितीय अनुपातों के चिन्ह

Sign for Trigonometrical Ratios in Different Quadrants

त्रिकोणमितीय अनुपातों के चिन्ह उस चतुर्थांश पर निर्भर करते हैं जिनमें कोण की सीमान्त भुजा स्थित होती है।

प्रथम चतुर्थांश में In First Quadrant

चूँकि प्रथम चतुर्थांश में $x > 0$ तथा $y > 0$ है तथा $r = \sqrt{x^2 + y^2} > 0$

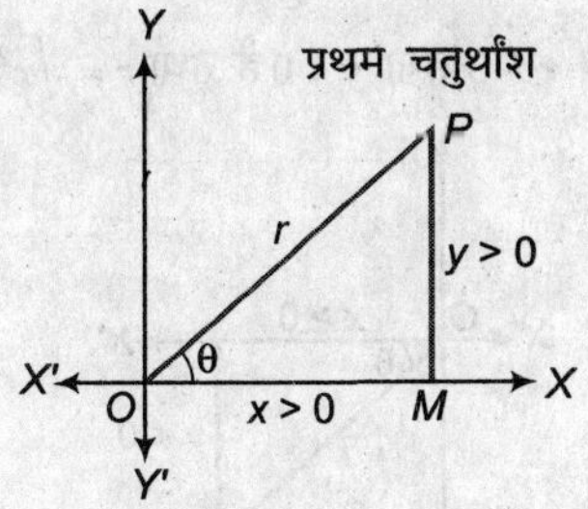

$\therefore$ $\sin\theta = \frac{y}{r} > 0, \cos\theta = \frac{x}{r} > 0, \tan\theta = \frac{y}{x} > 0,$

$\cot\theta = \frac{x}{y} > 0, \sec\theta = \frac{r}{x} > 0, \text{cosec}\theta = \frac{r}{y} > 0$

अत: प्रथम चतुर्थांश में सभी त्रिकोणमितीय अनुपात धनात्मक होते हैं।

द्वितीय चतुर्थांश में In Second Quadrant

चूँकि द्वितीय चतुर्थांश में $x < 0$ तथा $y > 0$ है तथा $r = \sqrt{x^2 + y^2} > 0$

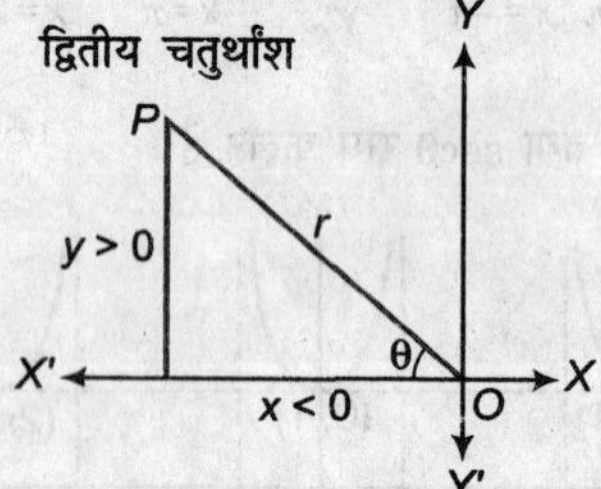

$\therefore$ $\sin\theta = \frac{y}{r} > 0, \cos\theta = \frac{x}{r} < 0, \tan\theta = \frac{y}{x} < 0,$

$\cot\theta = \frac{x}{y} < 0, \sec\theta = \frac{r}{x} < 0, \text{cosec}\,\theta = \frac{r}{y} > 0$

अत: द्वितीय चतुर्थांश में sin और cosec फलन धनात्मक होते हैं तथा अन्य त्रिकोणमितीय फलन ऋणात्मक होते हैं।

तृतीय चतुर्थांश में In Third Quadrant

चूँकि तृतीय चतुर्थांश में $x < 0$ तथा $y < 0$ है तथा $r = \sqrt{x^2 + y^2} > 0$

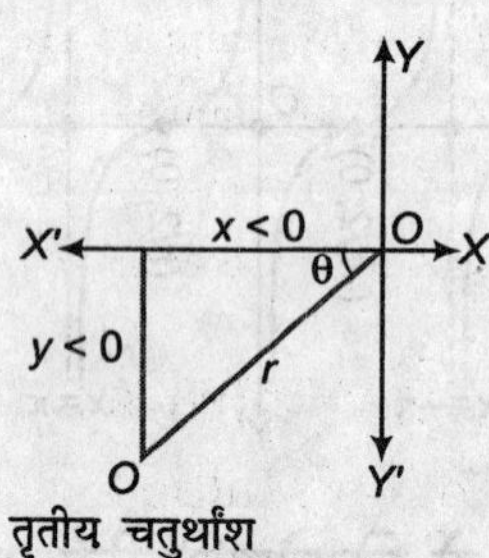

$\therefore$ $\sin\theta = \frac{y}{r} < 0, \cos\theta = \frac{x}{r} < 0, \tan\theta = \frac{y}{x} > 0,$

$\cot\theta = \frac{x}{y} > 0, \sec\theta = \frac{r}{x} < 0, \text{cosec}\theta = \frac{r}{y} < 0$

अत: तृतीय चतुर्थांश में tan और cot धनात्मक होते हैं और अन्य त्रिकोणमितीय फलन ऋणात्मक होते हैं।

चतुर्थ चतुर्थांश में In Fourth Quadrant

चूँकि चतुर्थ चतुर्थांश में $x > 0$ तथा $y < 0$ है तथा $r = \sqrt{x^2 + y^2} > 0$

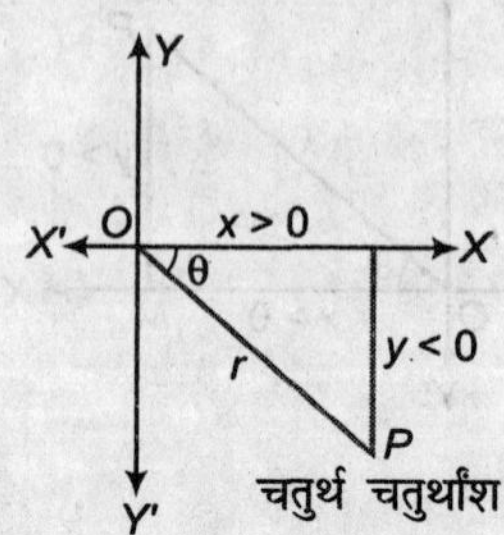

$\therefore$ $\sin\theta = \frac{y}{r} < 0, \cos\theta = \frac{x}{r} > 0, \tan\theta = \frac{y}{x} < 0,$

$\cot\theta = \frac{x}{y} < 0, \sec\theta = \frac{r}{x} > 0, \text{cosec}\theta = \frac{r}{y} < 0$

अत: चतुर्थ चतुर्थांश में cos और sec धनात्मक होते हैं और अन्य त्रिकोणमितीय फलन ऋणात्मक होते हैं।

नोट विभिन्न चतुर्थांश में त्रिकोणमितीय अनुपातों के चिन्ह याद रखने का एक तरीका "All Students To Coffee Point" है।

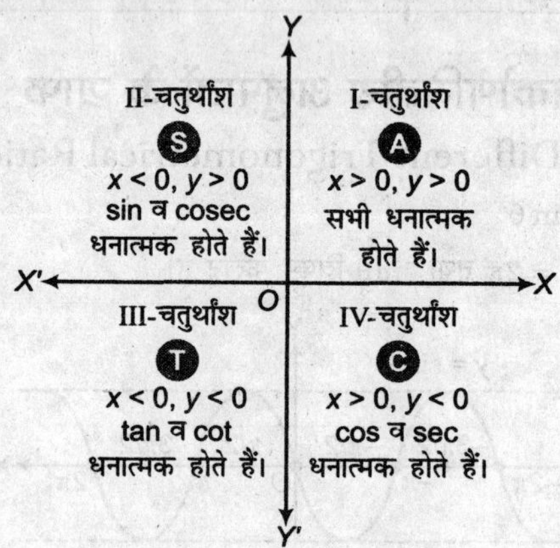

विभिन्न अपवर्तीय कोणों के त्रिकोणमितीय अनुपात
Trigonometrical Ratio for Different Allied Angles

यदि दो कोणों का योग या अन्तर या तो शून्य हो या 90° का गुणांक हो, तो कोण अपवर्तीय कहलाते हैं।

$(-\theta)$ के लिए त्रिकोणमितीय अनुपात
Trigonometrical Ratios for $(-\theta)$

$\therefore$ $\sin(-\theta) = -\sin\theta, \quad \cos(-\theta) = \cos\theta$

$\tan(-\theta) = -\tan\theta, \quad \cot(-\theta) = -\cot\theta$

$\sec(-\theta) = \sec\theta, \quad \text{cosec}(-\theta) = -\text{cosec}\theta$

$(90° - \theta)$ के लिए त्रिकोणमितीय अनुपात
Trigonometrical Ratios for $(90° - \theta)$

$\therefore$ $\sin(90° - \theta) = \cos\theta, \quad \cos(90° - \theta) = \sin\theta$

$\tan(90° - \theta) = \cot\theta, \quad \text{cosec}(90° - \theta) = \sec\theta$

$\sec(90° - \theta) = \text{cosec}\theta, \quad \cot(90° - \theta) = \tan\theta$

$(90° + \theta)$ के लिए त्रिकोणमितीय अनुपात
Trigonometrical Ratios for $(90° + \theta)$

$\sin(90° + \theta) = \cos\theta, \quad \cos(90° + \theta) = -\sin\theta$

$\tan(90° + \theta) = -\cot\theta, \quad \text{cosec}(90° + \theta) = \sec\theta$

$\sec(90° + \theta) = -\text{cosec}\theta$

$\cot(90° + \theta) = -\tan\theta$

आधारभूत त्रिकोणमितीय सर्वसमिकाएँ

Fundamental Trigonometrical Identities

आधारभूत त्रिकोणमितीय सर्वसमिकाएँ निम्न प्रकार हैं

(i) $\sin^2\theta + \cos^2\theta = 1$

(ii) $1 + \tan^2\theta = \sec^2\theta$

(iii) $1 + \cot^2\theta = \operatorname{cosec}^2\theta$

दो कोणों के लिए त्रिकोणमितीय अनुपातों के योग तथा अन्तर के सूत्र Formulae of the Trigonometrical Ratios for Sum and Difference for Two Angles

(i) $\sin(A+B) = \sin A\cos B + \cos A\sin B$

(ii) $\sin(A-B) = \sin A\cos B - \cos A\sin B$

(iii) $\cos(A+B) = \cos A\cos B - \sin A\sin B$

(iv) $\cos(A-B) = \cos A\cos B + \sin A\sin B$

(v) $\tan(A+B) = \dfrac{\tan A + \tan B}{1 - \tan A\tan B}$

(vi) $\tan(A-B) = \dfrac{\tan A - \tan B}{1 + \tan A\tan B}$

(vii) $\cot(A+B) = \dfrac{\cot A\cot B - 1}{\cot A + \cot B}$

(viii) $\cot(A-B) = \dfrac{\cot A\cot B + 1}{\cot B - \cot A}$

(ix) $\sin(A+B)\sin(A-B) = \sin^2 A - \sin^2 B$
$= \cos^2 B - \cos^2 A$

(x) $\cos(A+B)\cos(A-B) = \cos^2 A - \sin^2 B$
$= \cos^2 B - \sin^2 A$

(xi) $\tan A \pm \tan B = \dfrac{\sin A}{\cos A} \pm \dfrac{\sin B}{\cos B}$

$$= \frac{\sin A\cos B \pm \cos A\sin B}{\cos A\cos B}$$

$$= \frac{\sin(A \pm B)}{\cos A\cdot\cos B}, \left(A \neq n\pi + \frac{\pi}{2}, B \neq m\pi\right)$$

(xii) $\cot A \pm \cot B = \dfrac{\sin(B \pm A)}{\sin A\sin B}, \left(A \neq n\pi, B \neq m\pi + \dfrac{\pi}{2}\right)$

त्रिकोणमितीय अनुपातों के योग या अन्तर को गुणनफल में रूपान्तरित करने वाले सूत्र

Formulae for Transformation of Sum or Difference of Trigonometrical Ratios into Product

हम जानते हैं कि,

$$\sin(A+B) + \sin(A-B) = 2\sin A\cos B \quad \ldots(i)$$

मान लीजिए $A + B = C$ तथा $A - B = D$,

तब $A = \dfrac{C+D}{2}$ तथा $B = \dfrac{C-D}{2}$

समी (i) में रखने पर,

(i) $\sin C + \sin D = 2\sin\left(\dfrac{C+D}{2}\right)\cdot\cos\left(\dfrac{C-D}{2}\right)$

इसी प्रकार, अन्य सूत्र

(ii) $\sin C - \sin D = 2\cos\left(\dfrac{C+D}{2}\right)\cdot\sin\left(\dfrac{C-D}{2}\right)$

(iii) $\cos C + \cos D = 2\sin\left(\dfrac{C+D}{2}\right)\cdot\cos\left(\dfrac{C-D}{2}\right)$

(iv) $\cos C - \cos D = 2\sin\left(\dfrac{C+D}{2}\right)\cdot\sin\left(\dfrac{D-C}{2}\right)$

त्रिकोणमितीय अनुपातों की गुणा को योग या अन्तर में परिवर्तित करने वाले सूत्र Formulae for Transformation of Product of Trigonometrical Ratios into Sum or Difference

हम जानते हैं कि,

$$\sin A\cos B + \cos A\sin B = \sin(A+B) \quad \ldots(i)$$
$$\sin A\cos B - \cos A\sin B = \sin(A-B) \quad \ldots(ii)$$
$$\cos A\cos B - \sin A\sin B = \cos(A+B) \quad \ldots(iii)$$
$$\cos A\cos B + \sin A\sin B = \cos(A-B) \quad \ldots(iv)$$

समी (i) व (ii) को जोड़ने पर,

$$2\sin A\cos B = \sin(A+B) + \sin(A-B)$$

समी (i) में से (ii) को घटाने पर,

$$2\cos A\sin B = \sin(A+B) - \sin(A-B)$$

समी (iii) व (iv) को जोड़ने पर,

$$2\cos A\cos B = \cos(A+B) + \cos(A-B)$$

समी (iv) में से (iii) को घटाने पर,

$$2\sin A\sin B = \cos(A-B) - \cos(A+B)$$

सूत्र Formulae

(i) $2\sin A\cos B = \sin(A+B) + \sin(A-B)$

(ii) $2\cos A\sin B = \sin(A+B) - \sin(A-B)$

(iii) $2\cos A\cos B = \cos(A+B) + \cos(A-B)$

(iv) $2\sin A\sin B = \cos(A-B) - \cos(A+B)$

अपवर्त्य कोणों के लिए त्रिकोणमितीय अनुपात

Trigonometrical Ratios for Multiple of an Angle

(i) $\sin 2A = 2\sin A\cos A = \dfrac{2\tan A}{1 + \tan^2 A}$

(ii) $\cos 2A = 2\cos^2 A - 1 = 1 - 2\sin^2 A$

$$= \cos^2 A - \sin^2 A = \frac{1 - \tan^2 A}{1 + \tan^2 A}, A \neq (2n+1)\frac{\pi}{4}$$

(iii) $\tan 2A = \dfrac{2\tan A}{1 - \tan^2 A}$

(iv) $\sin 3A = 3\sin A - 4\sin^3 A$

$$= 4\sin(60° - A)\cdot\sin A\sin(60° + A)$$

(v) $\cos 3A = 4\cos^3 A - 3\cos A$

$$= 4\cos(60° - A)\cos A\cdot\cos(60° + A)$$

(vi) $\tan 3A = \dfrac{3\tan A - \tan^3 A}{1 - 3\tan^2 A}$

$$= \tan(60° - A)\cdot\tan A\cdot\tan(60° + A)$$

$\left[\text{जहाँ } A \neq n\pi + \dfrac{\pi}{6}\right]$

अपवर्तक कोणों के लिए त्रिकोणमितीय अनुपात
Trigonometrical Ratios for Submultiple of an Angle

(i) $\left|\sin\frac{A}{2}+\cos\frac{A}{2}\right|=\sqrt{1+\sin A}$

या $\sin\frac{A}{2}+\cos\frac{A}{2}=\pm\sqrt{1+\sin A}$

(ii) $\left|\sin\frac{A}{2}-\cos\frac{A}{2}\right|=\sqrt{1-\sin A}$

या $\sin\frac{A}{2}-\cos\frac{A}{2}=\pm\sqrt{1-\sin A}$

(iii) $\tan\frac{A}{2}=\pm\frac{\sqrt{\tan^2 A+1}-1}{\tan A}=\pm\sqrt{\frac{1-\cos A}{1+\cos A}}=\frac{1-\cos A}{\sin A}$

[जहाँ $A\neq(2n+1)\pi$]

(iv) $\cot\frac{A}{2}=\pm\sqrt{\frac{1+\cos A}{1-\cos A}}=\frac{1+\cos A}{\sin A}, A\neq 2n\pi$

(v) $\tan^2\frac{A}{2}=\frac{1-\cos A}{1+\cos A}, A\neq(2n+1)\pi$

(vi) $\cot^2\frac{A}{2}=\frac{1+\cos A}{1-\cos A}, A\neq 2n\pi$

त्रिकोणमितीय समीकरण
Trigonometrical Equations

वे समीकरण जिनमें अज्ञात कोण के एक या एक से अधिक त्रिकोणमितीय फलन होते हैं, त्रिकोणमितीय समीकरण कहलाते हैं।

जैसे— $\sin x+\cos 2x=1, \cos\theta-4\cos^2\theta=1$ इत्यादि।

त्रिकोणमितीय समीकरण के हल
Solution of Trigonometrical Equations

अज्ञात कोण (एक चर राशि) का वह मान, जो दिए गए त्रिकोणमितीय समीकरण को सन्तुष्ट करे, समीकरण का हल कहलाता है। उदाहरणार्थ $\cos x=\frac{1}{2}$ का हल $x=60^\circ$ या $x=300^\circ$ है क्योंकि ये दोनों मान समीकरण को सन्तुष्ट करते हैं।

1. विशिष्ट हल Particular Solution

अज्ञात कोण का विशेष मान, जो समीकरण को सन्तुष्ट करता है विशिष्टि हल कहलाता है।

2. मुख्य हल Principal Solution

त्रिकोणमितीय समीकरण को सन्तुष्ट करने वाले अज्ञात कोण के न्यूनतम मान को मुख्य हल कहते हैं।

3. व्यापक हल General Solution

अज्ञात कोण के सभी मानों का समुच्चय जो समीकरण को सन्तुष्ट करता है, व्यापक हल कहलाता है। व्यापक हल में सभी विशिष्ट हल तथा मुख्य हल सम्मिलित होते हैं।

त्रिकोणमितीय समीकरणों के व्यापक हल
General Solution of Trigonometrical Equations

1.

क्र. सं.	त्रिकोणमितीय समीकरण	व्यापक हल
(i)	$\sin\theta=0$	$\theta=n\pi, n\in I$
(ii)	$\cos\theta=0$	$\theta=(2n+1)\frac{\pi}{2}, n\in I$
(iii)	$\tan\theta=0$	$\theta=n\pi, n\in I$
(iv)	$\sin\theta=\sin\alpha$	$\theta=n\pi+(-1)^n\alpha]$, $\alpha\in\left[-\frac{\pi}{2},\frac{\pi}{2}\right], n\in I$
(v)	$\cos\theta=\cos\alpha$	$\theta=2n\pi\pm\alpha$, $\alpha\in[0,\pi], n\in I$
(vi)	$\tan\theta=\tan\alpha$	$\theta=n\pi+\alpha$, $\alpha\in\left(-\frac{\pi}{2},\frac{\pi}{2}\right), n\in I$
(vii)	$\sin^2\theta=\sin^2\alpha$, $\cos^2\theta=\cos^2\alpha$, $\tan^2\theta=\tan^2\alpha$	$\theta=n\pi\pm\alpha, n\in I$
(viii)	$\sin\theta=1$	$\theta=(4n+1)\frac{\pi}{2}, n\in I$
(ix)	$\cos\theta=1$	$\theta=2n\pi, n\in I$
(x)	$\cos\theta=-1$	$\theta=(2n+1)\pi, n\in I$

2. जब θ, $\frac{\pi}{2}$ का विषम गुणांक हो अर्थात् जब $\theta=(2n+1)\frac{\pi}{2}, n\in I$ हो, तब $\sec\theta$ व $\tan\theta$ अपरिभाषित होते हैं।
3. जब θ, $\frac{\pi}{2}$ का सम गुणांक हो अर्थात् जब $\theta=n\pi, n\in I$ हो, तब $\operatorname{cosec}\theta$ व $\cot\theta$ अपरिभाषित होते हैं।
4. $\operatorname{cosec}\theta, \sec\theta$ व $\cot\theta$ वाली समीकरणों के व्यापक हल क्रमशः $\sin\theta, \cos\theta, \tan\theta$ वाली समीकरणों के तुल्य होते हैं।
5. यदि दो दिए गए त्रिकोणमितीय समीकरणों को सन्तुष्ट करने वाले θ का न्यूनतम धनात्मक मान α हो, तब $\theta=2n\pi+\alpha, n\in I$ होता है।
उदाहरणार्थ $\sin\theta=\sin\alpha$ तथा $\cos\theta=\cos\alpha$,
तब $\theta=2n\pi+\alpha, n\in I$
6. जब $\cos\theta=0$, तब $\sin\theta=1$ या -1

$\Rightarrow \quad \theta=\left(n+\frac{1}{2}\right)\pi$

यदि $\sin\alpha=1$, तब n सम होगा तथा यदि $\sin\theta=-1$, तब n विषम होगा।

इसी प्रकार जब $\sin\theta=0$, तब $\cos\theta=1$ या -1

$\Rightarrow \quad \theta=n\pi$

यदि $\cos\theta=1$, तब n सम होगा तथा यदि $\cos\theta=-1$, तब n विषम होगा।

त्रिकोणमितीय समीकरण $a\cos\theta + b\sin\theta = c$ का व्यापक हल
General Solution of Trigonometrical Equation
$a\cos\theta + b\sin\theta = c$

मान लीजिए समीकरण निम्न है,

$$a\cos\theta + b\sin\theta = c$$

दोनों पक्षों में $\sqrt{a^2+b^2}$ से भाग करने पर

$$\frac{a}{\sqrt{a^2+b^2}}\cos\theta + \frac{b}{\sqrt{a^2+b^2}}\sin\theta = \frac{c}{\sqrt{a^2+b^2}} \quad \text{...(i)}$$

जहाँ, $\alpha = \tan^{-1}\left(\frac{b}{a}\right)$

$\therefore \quad \sin\alpha = \frac{b}{\sqrt{a^2+b^2}}$ तथा $\cos\alpha = \frac{a}{\sqrt{a^2+b^2}}$

समी (i) से,

$$\cos\alpha\cos\theta + \sin\alpha\sin\theta = \frac{c}{\sqrt{a^2+b^2}}$$

$$\Rightarrow \quad \cos(\theta-\alpha) = \frac{c}{\sqrt{a^2+b^2}}$$

यदि $|c| > \sqrt{a^2+b^2}$, तब, समीकरण $a\cos\theta + b\sin\theta = c$ का कोई हल नहीं है। यदि $|c| \le \sqrt{a^2+b^2}$ हो, तो

$$\cos(\theta-\alpha) = \cos\phi, \text{ जहाँ } \cos\phi = \frac{|c|}{\sqrt{a^2+b^2}}$$

$$\Rightarrow \quad \theta - \alpha = 2n\pi \pm \phi$$

$$\Rightarrow \quad 0 - 2n\pi \pm \phi + \alpha, n \in I$$

त्रिभुज की भुजाओं तथा कोणों के मध्य सम्बन्ध
Relation Between Sides and Angles of a Triangle

किसी ΔABC की भुजाओं a, b, c तथा कोण A, B, C के त्रिकोणमितीय अनुपातों में निम्नांकित सम्बन्ध हैं।

1. ज्या नियम Sine Rule

किसी त्रिभुज की भुजाएँ (किसी भी प्रकार का त्रिभुज) उनके सम्मुख कोण की ज्या की समानुपाती होती हैं अर्थात्

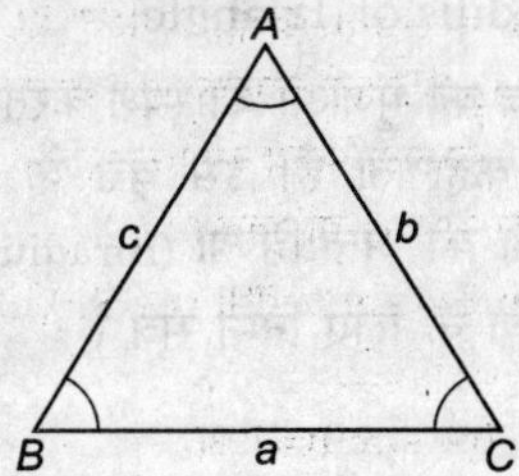

नोट ज्या नियम को इस प्रकार भी परिभाषित किया जा सकता है

$$\frac{\sin A}{a} = \frac{\sin B}{b} = \frac{\sin C}{c}$$

2. कोज्या नियम Cosine Rule

किसी ΔABC की भुजाओं BC, CA तथा AB की लम्बाइयाँ क्रमशः a, b तथा c हों, तो

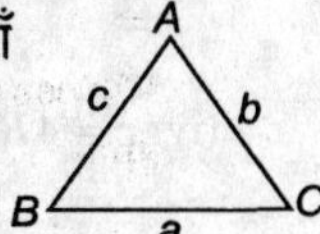

(i) $\cos A = \frac{b^2+c^2-a^2}{2bc} \Rightarrow a^2 = b^2+c^2-2bc\cos A$

(ii) $\cos B = \frac{a^2+c^2-b^2}{2ac} \Rightarrow b^2 = c^2+a^2-2ac\cos B$

(iii) $\cos C = \frac{a^2+b^2 c^2}{2ab} \Rightarrow c^2 = a^2+b^2-2ab\cos C$

3. प्रक्षेप सूत्र Projection Formulae

किसी ΔABC में,

(i) $a = b\cos C + c\cos B$
(ii) $b = a\cos C + c\cos A$
(iii) $c = a\cos B + b\cos A$

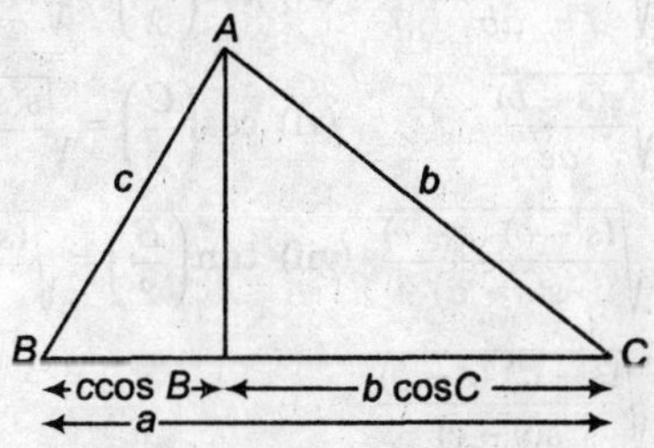

अर्थात् किसी त्रिभुज की एक भुजा दूसरी दो भुजाओं के प्रक्षेप के योग के बराबर होती है।

4. माध्यिका की प्रमेय (अपोलोनियस प्रमेय)
Theorem of Median (Apollonius Theorem)

किसी त्रिभुज में दो भुजाओं के वर्गों का योग, तीसरी भुजा के आधे के वर्ग तथा तीसरी भुजा को समद्विभाजित करने वाली माध्यिका के वर्ग के योग के दो गुने के बराबर होता है।

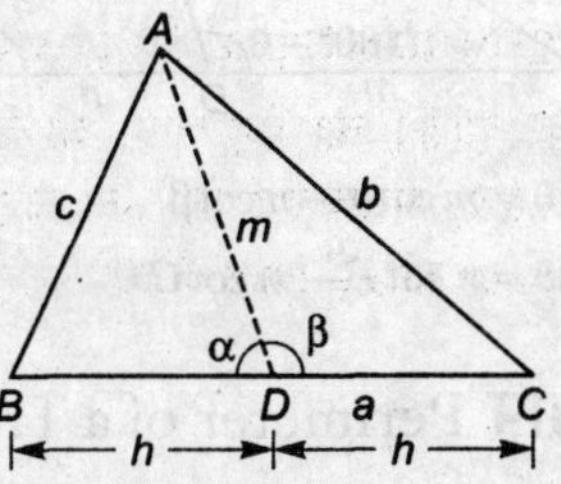

अर्थात् $b^2 + c^2 = 2(h^2+m^2) = 2\left\{m^2 + \left(\frac{a}{2}\right)^2\right\}$

5. नेपियर तुल्यता Napier's Analogy

स्पर्शज्या का नियम (Law of Tangent)

(i) $\tan\frac{C-A}{2} = \frac{c-a}{c+a}\cot\frac{B}{2}$

(ii) $\tan\frac{A-B}{2} = \frac{a-b}{a+b}\cot\frac{C}{2}$

(iii) $\tan\frac{B-C}{2} = \frac{b-c}{b+c}\cot\frac{A}{2}$

त्रिभुज के अर्द्ध-कोणों के त्रिकोणमितीय

Trigonometrical Ratio of Half-Angles of a Triangle

यहाँ हम ज्या, कोज्या तथा किसी त्रिभुज की भुजाओं के सन्दर्भ में कोणों के अर्द्धक का सूत्र व्युत्पन्न करेंगे। किसी ΔABC में, $2s$ त्रिभुज का परिमाप तथा त्रिभुज का क्षेत्रफल प्रदर्शित करते हैं।

अत: $2s = a + b + c$

किसी $\Delta\, ABC$ में,

(i) $\sin\left(\frac{A}{2}\right) = \sqrt{\frac{(s-b)(s-c)}{bc}}$ (ii) $\sin\left(\frac{B}{2}\right) = \sqrt{\frac{(s-c)(s-a)}{ac}}$

(iii) $\sin\left(\frac{C}{2}\right) = \sqrt{\frac{(s-a)(s-b)}{ab}}$ (iv) $\cos\left(\frac{A}{2}\right) = \sqrt{\frac{s(s-a)}{bc}}$

(v) $\cos\left(\frac{B}{2}\right) = \sqrt{\frac{s(s-b)}{ac}}$ (vi) $\cos\left(\frac{C}{2}\right) = \sqrt{\frac{s(s-c)}{ab}}$

(vii) $\tan\left(\frac{A}{2}\right) = \sqrt{\frac{(s-b)(s-c)}{s(s-a)}}$ (vii) $\tan\left(\frac{B}{2}\right) = \sqrt{\frac{(s-c)(s-a)}{s(s-b)}}$

(xi) $\tan\left(\frac{C}{2}\right) = \sqrt{\frac{(s-a)(s-b)}{s(s-c)}}$

m-n प्रमेय m-n Theorem

यदि D, ΔABC की भुजा BC पर स्थित कोई बिन्दु इस प्रकार है कि $BD : DC = m : n$ तथा $\angle ADC = \theta, \angle BAD = \alpha$ तथा $\angle DAC = \beta$, तो

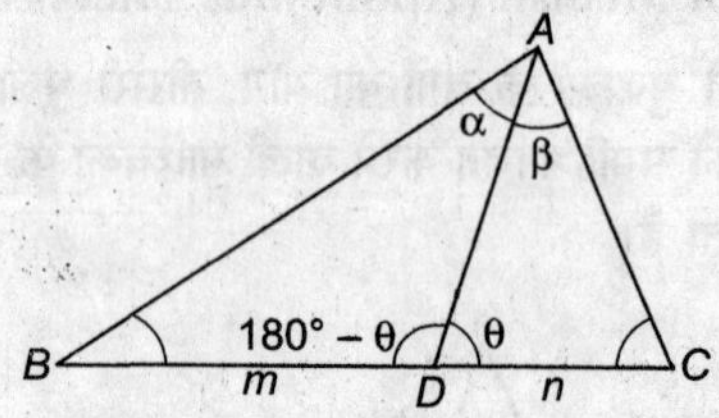

(i) $(m+n)\cot\theta = m\cot\alpha - n\cot\beta$

(ii) $(m+n)\cot\theta = n\cot B - m\cot C$

त्रिभुज का परिमाप Perimeter of a Triangle

यदि किसी त्रिभुज की भुजाएँ a, b तथा c हो, तो त्रिभुज का अर्द्ध-परिमाप $s = \frac{a+b+c}{2}$ होता है।

त्रिभुज का क्षेत्रफल Area of a Triangle

मान लीजिए किसी ΔABC के तीन कोण A, B, C हैं तथा इन कोणों की सम्मुख भुजाएँ क्रमशः a, b, c हैं।

(i) जब दो भुजाएँ तथा उनके मध्य कोण दिया गया हो, तो

त्रिभुज का क्षेत्रफल $\Delta = \frac{1}{2}ac\sin B$

$= \frac{1}{2}ab\sin C = \frac{1}{2}bc\sin A$

(ii) जब तीनों भुजाएँ दी गई हों, तो

त्रिभुज का क्षेत्रफल $= \sqrt{s(s-a)(s-b)(s-c)}$

जहाँ s त्रिभुज का अर्द्ध-परिमाप है।

(iii) जब दो कोण तथा एक भुजा दी गई हो, तो

त्रिभुज का क्षेत्रफल $= \frac{c^2\sin A\sin B}{2\sin C} = \frac{a^2\sin B\sin A}{2\sin A}$

$= \frac{b^2\sin C\sin A}{2\sin B}$

(iv) जब तीनों भुजाएँ तथा परित्रिज्या दी गई हों, तो

त्रिभुज का क्षेत्रफल, $\Delta = \frac{abc}{4R}$

त्रिभुज पर बने वृत्तों के विभिन्न प्रकार

Different Types of Circles Over Triangle

त्रिभुज का परिवृत्त तथा परित्रिज्या

Circumcircle and Circumradius of Triangle

त्रिभुज के शीर्षों से होकर जाने वाला वृत्त त्रिभुज का परिवृत्त कहलाता है। इस वृत्त के केन्द्र को परिकेन्द्र (Circumcentre) तथा त्रिभुज को परित्रिज्या कहते हैं।

त्रिभुज का परिकेन्द्र त्रिभुज की भुजाओं के लम्ब अर्द्धकों का प्रतिच्छेद बिन्दु होता है तथा परिकेन्द्र से त्रिभुज के किसी भी शीर्ष की दूरी परित्रिज्या (Circumradius) R कहलाती है।

किसी ΔABC की परित्रिज्या के लिए निम्न सूत्र हैं

(i) $R = \frac{a}{2\sin A} = \frac{b}{2\sin B} = \frac{c}{2\sin C}$

(ii) $R = \frac{abc}{4\Delta}$

(iii) $\frac{\sin A}{a} = \frac{\sin B}{b} = \frac{\sin C}{c} = \frac{1}{2R}$

त्रिभुज का अन्त:वृत्त तथा अन्त:त्रिज्या

Incircles and Inradius of Triangle

त्रिभुज के अन्दर, त्रिभुज की भुजाओं को स्पर्श करता हुआ खींचा गया वृत्त त्रिभुज का अन्त:वृत्त कहलाता है। इस वृत्त के केन्द्र को अन्त:केन्द्र (Incentre) तथा त्रिज्या को अन्त:त्रिज्या (Inradius) कहते हैं।

$\Delta\, ABC$ की अन्त:त्रिज्या के लिए निम्न सूत्र हैं

(i) $r = \frac{\Delta}{s}$

(ii) $r = (s-a)\tan\frac{A}{2}$, $r = (s-b)\tan\frac{B}{2}$, $r = (s-c)\tan\frac{C}{2}$

(iii) $r = \frac{a\sin B/2\sin C/2}{\cos A/2}$, $r = \frac{b\sin A/2\sin C/2}{\cos B/2}$,

$r = \frac{c\sin B/2\sin A/2}{\cos C/2}$

(iv) $r = 4R\sin\frac{A}{2}\sin\frac{B}{2}\sin\frac{C}{2}$

त्रिभुज का बर्हिवृत्त और बर्हित्रिज्या
Excribed Circle and Excribed Radius of a Triangle

वह वृत्त जो किसी ΔABC की एक भुजा BC को बाहर से स्पर्श करे तथा शेष दो भुजाओं AB तथा AC के बढ़े हुए भागों को कोण A के सामने का स्पर्श करें, बर्हिवृत्त कहलाता है। इसकी त्रिज्या को r_1 से निरूपित करते हैं। इसी प्रकार, कोण B तथा कोण C के सम्मुख बनाए गए वृत्तों की त्रिज्या को r_2 तथा r_3 से निरूपित करते हैं।

इन बर्हिवृत्तों के केन्द्र को बर्हिकेन्द्र तथा त्रिज्या को बर्हित्रिज्या कहते हैं।

ΔABC के कोण A के सम्मुख बनाए गए बर्हिवृत्त का केन्द्र, कोण B तथा C के बाह्य कोणों के समद्विभाजकों का प्रतिच्छेद बिन्दु होता है। इस केन्द्र को सामान्यत: I_1, I_2, I_3 से निरूपित करते हैं।

किसी ΔABC में, बर्हिवृत्त की त्रिज्याओं के सूत्र निम्न हैं

(i) $r_1 = \dfrac{\Delta}{s-a}, r_2 = \dfrac{\Delta}{s-b}, r_3 = \dfrac{\Delta}{s-c}$

(ii) $r_1 = s\tan\dfrac{A}{2}, r_2 = s\tan\dfrac{B}{2}, r_3 = s\tan\dfrac{C}{2}$

(iii) $r_1 = a\dfrac{\cos B/2 \cos C/2}{\cos A/2}, r_2 = b\dfrac{\cos C/2 \cos A/2}{\cos B/2}$

$r_3 = c\dfrac{\cos A/2 \cos B/2}{\cos C/2}$

(iv) $r_1 = 4R\sin\dfrac{A}{2}\cos\dfrac{B}{2}\cos\dfrac{C}{2},\ r_2 = 4R\cos\dfrac{A}{2}\sin\dfrac{B}{2}\cos\dfrac{C}{2}$

$r_3 = 4R\cos\dfrac{A}{2}\cos\dfrac{B}{2}\sin\dfrac{C}{2}$

त्रिभुजों के हल Solutions of Triangles

ΔABC की तीन भुजाएँ a, b, c तथा तीन कोण $\angle A, \angle B, \angle C$ त्रिभुज के अवयव कहलाते हैं। जब त्रिभुज के कोई तीन अवयव (तीनों कोणों के अतिरिक्त) ज्ञात हों, तो त्रिभुज के अन्य तीन अवयवों को दिए गए अवयवों के पदों में ज्ञात कर सकते हैं। यह प्रक्रिया त्रिभुजों का हल कहलाती है।

1. सामान्य त्रिभुज का हल
Solution of General Triangle

(a) **जब तीनों भुजाएँ a, b तथा c ज्ञात हो** (When three sides a, b, c are given) त्रिभुज की तीनों भुजाएँ ज्ञात होने पर अन्य अवयव निम्न तालिका से ज्ञात कर सकते हैं

दिया है	ज्ञात करना है
a, b, c	(i) त्रिभुज का क्षेत्रफल $= \sqrt{s(s-a)(s-b)(s-c)},\ 2s = a+b+c$ (ii) $\sin A = \dfrac{2\Delta}{bc}, \sin B = \dfrac{2\Delta}{ac}, \sin C = \dfrac{2\Delta}{ab}$ (iii) $\tan\dfrac{A}{2} = \dfrac{\Delta}{s(s-a)}, \tan\dfrac{B}{2} = \dfrac{\Delta}{s(s-b)},$ $\tan\dfrac{C}{2} = \dfrac{\Delta}{s(s-c)}$

(b) **जब दो भुजाएँ b, c मध्य कोण A ज्ञात हो** (When two sides b, c and angle a between them are given) इस स्थिति में अन्य अवयव निम्न तालिका से ज्ञात कर सकते हैं

दिया है	ज्ञात करना है
b, c व $\angle A$	(i) त्रिभुज का क्षेत्रफल $= \dfrac{1}{2}bc\sin A$ (ii) $\tan\left(\dfrac{B-C}{2}\right) = \dfrac{b-c}{b+c}\cot\left(\dfrac{A}{2}\right)$ (iii) $a = \dfrac{b\sin A}{\sin B}$

(c) **जब एक भुजा a तथा दो कोण A तथा B ज्ञात हो** (When one side a and two angles A and B are given) इस स्थिति में भी अन्य अवयव हम निम्न तालिका से ज्ञात कर सकते हैं

दिया है	ज्ञात करना है
a और $\angle A, \angle B$	(i) $\angle C = 180^\circ - (\angle A + \angle B)$ (ii) $b = \dfrac{a\sin B}{\sin A}$ तथा $c = \dfrac{a\sin C}{\sin A}$ (iii) $\Delta = \dfrac{1}{2}ac\sin B$

(d) **जब दो भुजाएँ a, b तथा एक भुजा के सम्मुख कोण A ज्ञात हो** (When two sides a, b and one angle A near any one side are given) इस स्थिति में निम्न सूत्रों का उपयोग करते हैं

$$\sin B = \frac{b}{a}\sin A$$

$$C = 180^\circ - (A+B), c = \frac{a\sin C}{\sin A}$$

2. समकोण त्रिभुज का हल
Solution of Right Angle Triangle

(a) **जब दो भुजाएँ ज्ञात हों** (When Two Sides are Given) मान लीजिए ΔABC का कोण $\angle C = 90^\circ$ है, तो अन्य अवयव निम्न तालिका से लिए जा सकते हैं

ज्ञात है	ज्ञात करना है
(i) a, b	$\tan A = \dfrac{a}{b}, B = 90^\circ - A, C = \dfrac{a}{\sin A}$
(ii) a, c	$\sin A = \dfrac{a}{c}, b = c\cos A, B = 90^\circ - A$ जहाँ $\angle C = 90^\circ$

(b) **जब एक भुजा तथा एक न्यून कोण ज्ञात हों** (When One Side and One Cute Angle are Given) निम्न तालिका को देखकर अन्य अवयव ज्ञात कर सकते हैं

दिया है	ज्ञात करना है
(i) a, A	$B = 90^\circ - A, b = a\cot A, c = \dfrac{a}{\sin A}$
(ii) c, A	$B = 90^\circ - A, a = c\sin A, b = c\cos A$

प्रतिलोम फलन Inverse Function

मान लीजिए A तथा B दो अरिक्त समुच्चय हैं एक फलन $f : A \to B$ प्रतिलोमीय फलन कहलाता है यदि f एकैकी अच्छादी हो तथा f का प्रतिलोम फलन $f^{-1} : B \to A$ इस प्रकार परिभाषित होता है

$$f^{-1}(y) = x$$

यदि $\quad f(x) = y, x \in A, y \in B$

अत: $\quad f^{-1}$ का प्रान्त $= f$ का परिसर

तथा $\quad f^{-1}$ का परिसर $= f$ का प्रान्त

तथा $\quad (f^{-1} o f)(x) = f^{-1}(f(x))$

$$= f^{-1}(y) = x$$

सभी $x \in A$ के लिए

$$(f o f^{-1})(x) = f(f^{-1}(x)) = f(x) = y$$

सभी $y \in B$ के लिए

प्रतिलोम त्रिकोणमितीय फलन
Inverse Trigonometrical Functions

हम जानते हैं कि, $x = \sin\theta$ एक फलन है क्योंकि θ के प्रत्येक मान के लिए x का एक अद्वितीय मान मिलता है। जैसे—$\theta = \frac{\pi}{2} \Rightarrow x = 1, \theta = \frac{3\pi}{2} \Rightarrow x = -1$

लेकिन एक दिए हुए x के लिए θ का मान या तो सम्भव नहीं है या तो θ के मान अनन्त हैं। जैसे—$x = 2$ के लिए θ का कोई मान सम्भव नहीं है क्योंकि $-1 \le \sin\theta \le 1$ तथा $x = \frac{1}{2}$ के लिए,

$$\theta = \ldots -\frac{11\pi}{6}, -\frac{7\pi}{6}, \frac{\pi}{6}, \frac{5\pi}{6}, \frac{13\pi}{6}, \ldots$$

इत्यादि (अनन्त मान) है। अत: θ, sin फलन के प्रान्त R तथा परिसर $[-1, 1]$ में x का फलन नहीं हो सकता है। अत: sin फलन प्रान्त R तथा परिसर $[-1, 1]$ में एकैकी अच्छादक नहीं हैं इसलिए sin फलन का प्रतिलोम प्रान्त R तथा परिसर $[-1, 1]$ में परिभाषित नहीं है। लेकिन यदि हम sin फलन के प्रान्त को $\left[-\frac{\pi}{2}, \frac{\pi}{2}\right]$ या $\left[-\frac{3\pi}{2}, -\frac{\pi}{2}\right]$ या $\left[\frac{\pi}{2}, \frac{3\pi}{2}\right]$ इत्यादि के बीच में प्रतिबन्धित कर दें, तो θ का मान, x के प्रत्येक मान के लिए एक अद्वितीय मान होगा। जैसे $x = \frac{1}{2} \Rightarrow \theta = \frac{\pi}{6}$ जो $-\frac{\pi}{2}$ तथा $\frac{\pi}{2}$ के बीच में है तथा इस प्रान्त और परिसर में sin फलन एकैकी अच्छादक होगा। इस स्थिति में sin फलन का प्रतिलोम परिभाषित है। जिसे $\theta = \sin^{-1} x$ या $\theta = \text{arc}\sin x$ से प्रदर्शित करते हैं और इसे प्रतिलोम sin फलन पढ़ते हैं। अत: $\sin^{-1} : [-1, 1] \to \left[-\frac{\pi}{2}, \frac{\pi}{2}\right]$ में एकैकी अच्छादक फलन है।

अर्थात् $x = \sin\theta \Leftrightarrow \theta = \sin^{-1} x$ जहाँ $-1 \le x \le 1$ तथा $-\frac{\pi}{2} \le \theta \le \frac{\pi}{2}$

अत: त्रिकोणमितीय फलनों के प्रतिलोम फलन निम्न प्रकार परिभाषित हैं

- $x = \sin\theta \Leftrightarrow \theta = \sin^{-1} x$, जहाँ $-1 \le x \le 1$ तथा $-\frac{\pi}{2} \le \theta \le \frac{\pi}{2}$
- $x = \cos\theta \Leftrightarrow \theta = \cos^{-1} x$, जहाँ $-1 \le x \le 1$ तथा $0 \le \theta \le \pi$
- $x = \tan\theta \Leftrightarrow \theta = \tan^{-1} x$, जहाँ $-\infty \le x \le \infty$ तथा $-\frac{\pi}{2} < \theta < \frac{\pi}{2}$
- $x = \text{cosec}\,\theta \Leftrightarrow \theta = \text{cosec}^{-1} x$, जहाँ $-\infty < x \le -1$ या $1 \le x < \infty$ तथा $-\frac{\pi}{2} \le \theta < 0$ या $0 < \theta \le \frac{\pi}{2}$
- $x = \sec\theta \Leftrightarrow \theta = \sec^{-1} x$, जहाँ $-\infty < x \le -1$ या $1 \le x < \infty$ तथा $0 \le \theta < \frac{\pi}{2}$ या $\frac{\pi}{2} < \theta \le \pi$
- $x = \cot\theta \Leftrightarrow \theta = \cot^{-1} x$, जहाँ $-\infty \le x \le \infty$ तथा $0 < \theta < \pi$

नोट

(i) $\sin^{-1} x \ne (\sin x)^{-1} \ne \sin x^{-1}$ जहाँ $-1 \le x \le 1$

(ii) $\sin^{-1} x$ एक कोण है जबकि $\sin\theta$ एक वास्तविक संख्या है।

प्रतिलोम त्रिकोणमितीय फलनों के आलेख, प्रान्त तथा परिसर Domain, Range and Graph of Inverse Trigonometrical Functions

1. $y = f(x) = \sin^{-1} x$

(i) $\sin^{-1} x : [-1, 1] \to \left[-\frac{\pi}{2}, \frac{\pi}{2}\right]$ में एकैकी अच्छादक फलन है।

(ii) $\sin^{-1} x$ का प्रान्त $[-1, 1]$ तथा परिसर $\left[-\frac{\pi}{2}, \frac{\pi}{2}\right]$ है।

(iii) फलन $y = \sin^{-1} x, x \in [-1, 1]$ का ग्राफ, रेखा $y = x$ के परित: फलन $y = \sin x, x \in \left[-\frac{\pi}{2}, \frac{\pi}{2}\right]$ के सममित (symmetric) है। अर्थात् $y = x$ के सापेक्ष $\sin x$ का प्रतिबिम्ब लेने पर $\sin^{-1} x$ प्राप्त होता है।

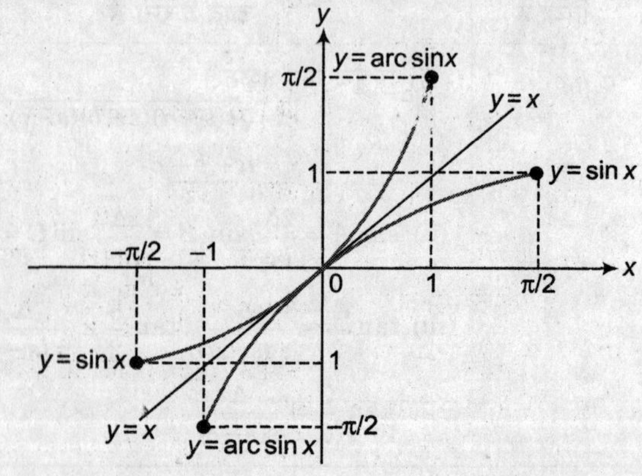

2. $y = f(x) = \cos^{-1} x$

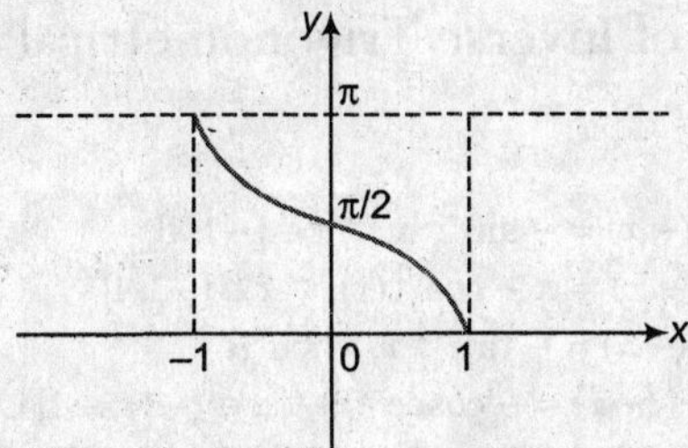

(i) $\cos^{-1} : [-1, 1] \to [0, \pi]$ में एकैकी अच्छादक फलन है।

(ii) $\cos^{-1} x$ का प्रान्त $[-1, 1]$ तथा परिसर $[0, \pi]$ है।

(iii) फलन $y = \cos^{-1} x, x \in [-1, 1]$ का ग्राफ, रेखा $y = x$ के परित: फलन $y = \cos x, x \in [0, \pi]$ के सममित (Symmetric) है।

अर्थात् $y = x$ के सापेक्ष $\cos x$ का प्रतिबिम्ब लेने पर $\cos^{-1} x$ प्राप्त होता है।

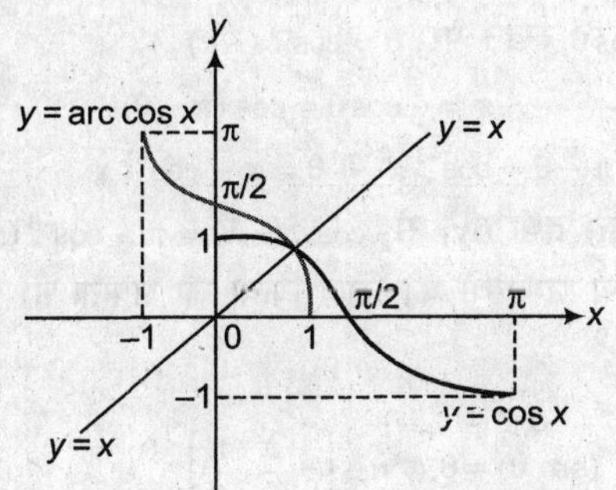

cos x का y = x के सापेक्ष प्रतिबिम्ब

3. $y = f(x) = \tan^{-1} x$

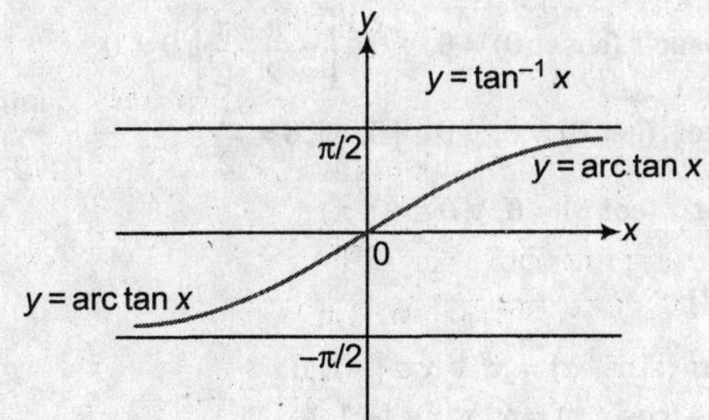

(i) $\tan^{-1} : R \to \left(-\frac{\pi}{2}, \frac{\pi}{2}\right)$ में एकैकी अच्छादक फलन है।

(ii) $\tan^{-1} x$ का प्रान्त R तथा परिसर $\left(-\frac{\pi}{2}, \frac{\pi}{2}\right)$ है।

(iii) फलन $y = \tan^{-1} x, x \in R$ का आलेख, रेखा $y = x$ के परित: फलन $y = \tan x, x \in \left(-\frac{\pi}{2}, \frac{\pi}{2}\right)$ के सममित है

अर्थात् $y = x$ के सापेक्ष $\tan x$ का प्रतिबिम्ब लेने पर $\tan^{-1} x$ प्राप्त होता है।

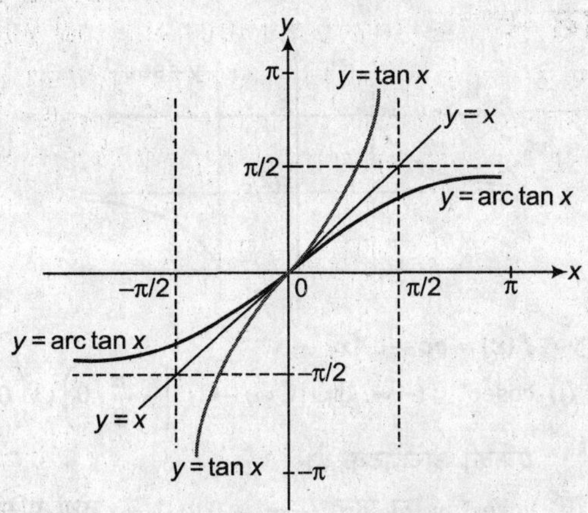

tan x का y = x के सापेक्ष प्रतिबिम्ब

4. $y = f(x) = \cot^{-1} x$

(i) $\cot^{-1} : R \to (0, \pi)$ में एकैकी अच्छादक फलन है।

(ii) $\cot^{-1} x$ का प्रान्त R तथा परिसर $(0, \pi)$ है।

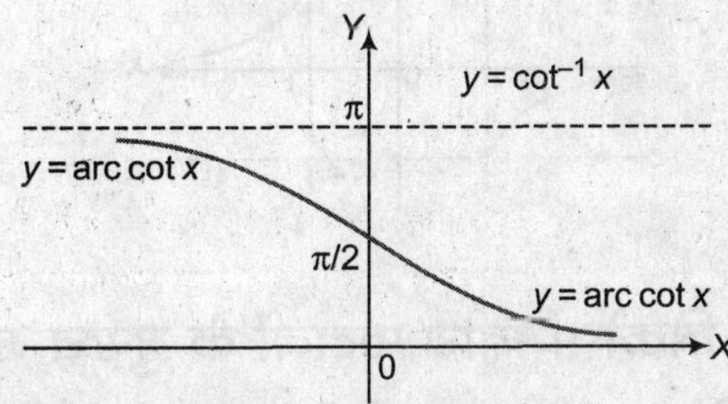

(iii) फलन $y = \cot^{-1} x, x \in R$ का ग्राफ, $y = x$ के परित: फलन $y = \cot x, x \in (0, \pi)$ के सममित (symmetric) है। अत: $y = x$ के सापेक्ष $\cot x$ का प्रतिबिम्ब $\cot^{-1} x$ है।

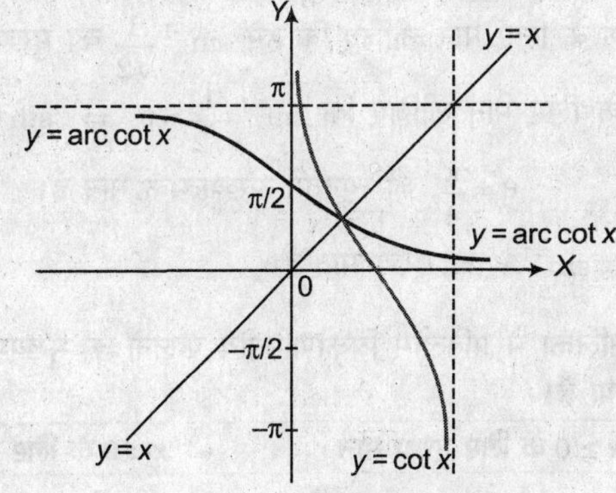

cot x का y = x के सापेक्ष प्रतिबिम्ब

5. $y = f(x) = \sec^{-1} x$

(i) $\sec^{-1} : (-\infty, 1] \cup [1, \infty) \to \left[0, \frac{\pi}{2}\right) \cup \left(\frac{\pi}{2}, \pi\right]$ में एकैकी अच्छादक है।

(ii) $\sec^{-1} x$ का प्रान्त $(-\infty, -1] \cup [1, \infty)$ तथा परिसर $\left[0, \frac{\pi}{2}\right) \cup \left(\frac{\pi}{2}, \pi\right]$ है।

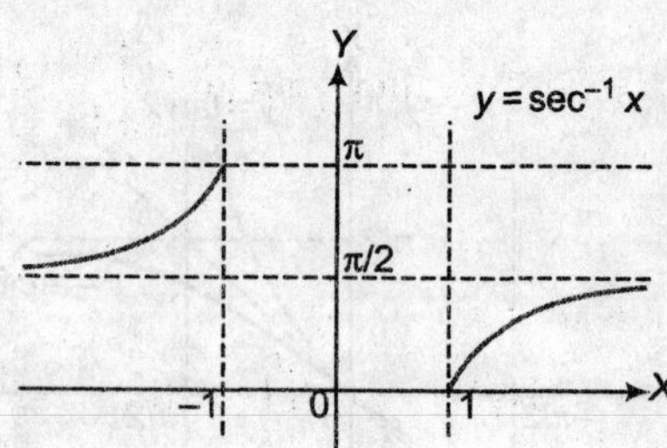

6. $y = f(x) = \text{cosec}^{-1} x$.

(i) $\text{cosec}^{-1} : (-\infty, 1] \cup [1, \infty) \to \left[-\frac{\pi}{2}, 0\right) \cup \left(0, \frac{\pi}{2}\right]$ में एकैकी अच्छादक है।

(ii) $\text{cosec}^{-1} x$ का प्रान्त $(-\infty, -1] \cup [1, \infty)$ तथा परिसर $\left[-\frac{\pi}{2}, 0\right) \cup \left(0, \frac{\pi}{2}\right]$ है।

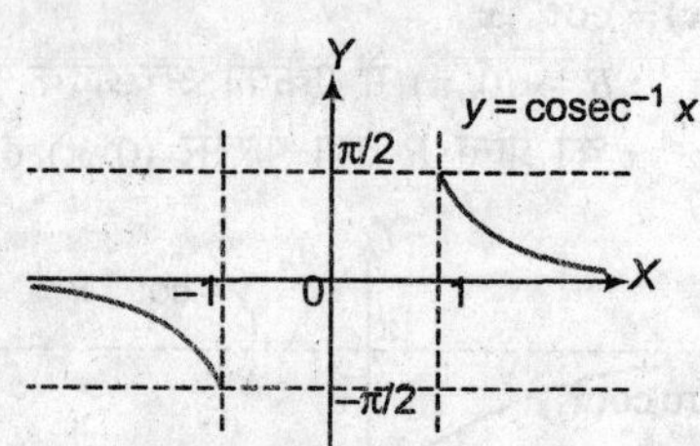

प्रतिलोम त्रिकोणमितीय फलनों के मुख्य मान

Principal Value of Inverse Trigonometrical Functions

हम जानते हैं कि $\sin\theta = x$, x के एक दिए हुए मान के लिए कोण θ के अनन्त मान देता है। कोण θ के इन अनन्त मानों में से न्यूनतम संख्यात्मक मान $\sin^{-1} x$ का मुख्य मान (Principal value) कहलाता है।

उदाहरण के लिए मान लीजिए कि हमें $\sin^{-1}\frac{1}{\sqrt{2}}$ का मुख्य मान ज्ञात करना है। इसके लिए मान लीजिए कि $\sin^{-1}\frac{1}{\sqrt{2}} = \theta \Rightarrow \sin\theta = \frac{1}{\sqrt{2}}$

$\Rightarrow \quad \theta = \frac{\pi}{4}$, जो न्यूनतम संख्यात्मक मान है।

अत: $\frac{\pi}{4}$, $\sin^{-1} x$ का मुख्य मान है।

निम्न तालिका में प्रतिलोम त्रिकोणमितीय फलनों के मुख्यमान का अन्तराल दिया गया है।

$x \geq 0$ के लिए मुख्य मान	$x < 0$ के लिए मुख्य मान
$0 \leq \sin^{-1} x \leq \frac{\pi}{2}$	$-\frac{\pi}{2} \leq \sin^{-1} x < 0$
$0 \leq \cos^{-1} x \leq \frac{\pi}{2}$	$\frac{\pi}{2} < \cos^{-1} x \leq \pi$
$0 \leq \tan^{-1} x < \frac{\pi}{2}$	$-\frac{\pi}{2} < \tan^{-1} x < 0$
$0 < \cot^{-1} x \leq \frac{\pi}{2}$	$\frac{\pi}{2} < \cot^{-1} x < \pi$
$0 \leq \sec^{-1} x < \frac{\pi}{2}$	$\frac{\pi}{2} < \sec^{-1} x \leq \pi$
$0 < \text{cosec}^{-1} x \leq \frac{\pi}{2}$	$-\frac{\pi}{2} \leq \text{cosec}^{-1} x < 0$

प्रतिलोम त्रिकोणमितीय फलनों के गुणधर्म

Properties of Inverse Trigonometrical Functions

गुणधर्म I

(i) $\sin^{-1}(-x) = -\sin^{-1} x, \forall x \in [-1, 1]$

(ii) $\cos^{-1}(-x) = \pi - \cos^{-1}(x), \forall x \in [-1, 1]$

(iii) $\tan^{-1}(-x) = -\tan^{-1} x, \forall x \in R$

(iv) $\text{cosec}^{-1}(-x) = -\text{cosec}^{-1} x, \forall x \in (-\infty, -1] \cup [1, \infty)$

(v) $\sec^{-1}(-x) = \pi - \sec^{-1} x, \forall x \in (-\infty, -1] \cup [1, \infty)$

(vi) $\cot^{-1}(-x) = \pi - \cot^{-1} x, \forall x \in R$

उपपत्ति (Proof) मान लीजिए $-x = \sin\theta$

$\therefore \quad \theta = \sin^{-1}(-x) \quad \ldots(i)$

$\therefore \quad x = -\sin\theta = \sin(-\theta)$

$\therefore \quad -\theta = \sin^{-1} x$ या $\theta = -\sin^{-1} x \quad \ldots(ii)$

समी (i) तथा (ii) से,

$$\sin^{-1}(-x) = -\sin^{-1} x$$

पुन: $-x = \cos\theta$ रखने पर, $\theta = \cos^{-1}(-x)$

$\therefore \quad x = -\cos\theta = \cos(\pi - \theta) \quad \ldots(iii)$

$\therefore \quad \pi - \theta = \cos^{-1} x$ या $\theta = \pi - \cos^{-1} x \quad \ldots(iv)$

$\therefore$ समी (iii) तथा (iv) से, $\cos^{-1}(-x) = \pi - \cos^{-1}(x)$

इसी प्रकार, अन्य सम्बन्धों को सिद्ध किया जा सकता है।

गुणधर्म II

(i) $\sin^{-1}(\sin\theta) = \theta, \forall \theta \in \left[-\frac{\pi}{2}, \frac{\pi}{2}\right]$

(ii) $\cos^{-1}(\cos\theta) = \theta, \forall \theta \in [0, \pi]$

(iii) $\tan^{-1}(\tan\theta) = \theta, \forall \theta \in \left(-\frac{\pi}{2}, \frac{\pi}{2}\right)$

(iv) $\text{cosec}^{-1}(\text{cosec}\,\theta) = \theta, \forall \theta \in \left[-\frac{\pi}{2}, \frac{\pi}{2}\right], \theta \neq 0$

(v) $\sec^{-1}(\sec\theta) = \theta, \forall \theta \in [0, \pi], \theta \neq \frac{\pi}{2}$

(vi) $\cot^{-1}(\cot\theta) = \theta, \forall \theta \in (0, \pi)$

गुणधर्म III

(i) $\sin(\sin^{-1} x) = x, \forall x \in [-1, 1]$

(ii) $\cos(\cos^{-1} x) = x, \forall x \in [-1, 1]$

(iii) $\tan(\tan^{-1} x) = x, \forall x \in R$

(iv) $\text{cosec}(\text{cosec}^{-1} x) = x, \forall x \in (-\infty, -1] \cup [1, \infty)$

(v) $\sec(\sec^{-1} x) = x, \forall x \in (-\infty, -1] \cup [1, \infty)$

(vi) $\cot(\cot^{-1} x) = x, \forall x \in R$

गुणधर्म IV

(i) $\sin^{-1}\left(\frac{1}{x}\right) = \text{cosec}^{-1} x, \forall x \in (-\infty, 1] \cup [1, \infty)$

(ii) $\cos^{-1}\left(\frac{1}{x}\right) = \sec^{-1} x, \forall x \in (-\infty, 1] \cup [1, \infty)$

(iii) $\tan^{-1}\left(\frac{1}{x}\right) = \begin{cases} \cot^{-1} x & , \forall x > 0 \\ -\pi + \cot^{-1} x, & \forall x < 0 \end{cases}$

गुणधर्म V

(i) $\sin^{-1} x = \cos^{-1} \sqrt{1-x^2} = \tan^{-1} \left(\frac{x}{\sqrt{1-x^2}}\right)$

$= \cot^{-1} \frac{\sqrt{1-x^2}}{x} = \sec^{-1} \left(\frac{1}{\sqrt{1-x^2}}\right)$

$= \text{cosec}^{-1} \left(\frac{1}{x}\right)$

(ii) $\cos^{-1} x = \sin^{-1} \sqrt{1-x^2} = \tan^{-1} \left(\frac{\sqrt{1-x^2}}{x}\right)$

$= \cot^{-1} \left(\frac{x}{\sqrt{1-x^2}}\right) = \sec^{-1} \left(\frac{1}{x}\right)$

$= \text{cosec}^{-1} \left(\frac{1}{\sqrt{1-x^2}}\right)$

(iii) $\tan^{-1} x = \sin^{-1} \left(\frac{x}{\sqrt{1-x^2}}\right) = \cos^{-1} \left(\frac{1}{\sqrt{1+x^2}}\right)$

$= \cot^{-1} \left(\frac{1}{x}\right) = \sec^{-1} (\sqrt{1+x^2})$

$= \text{cosec}^{-1} \left(\frac{\sqrt{1+x^2}}{x}\right)$

गुणधर्म VI

(i) $\sin^{-1} x + \cos^{-1} x = \frac{\pi}{2}, \forall\, x \in [-1, 1]$

(ii) $\tan^{-1} x + \cot^{-1} x = \frac{\pi}{2}, \forall\, x \in R$

(iii) $\sec^{-1} x + \text{cosec}^{-1} x = \frac{\pi}{2}, \forall\, x \in (-\infty, -1] \cup [1, \infty)$

गुणधर्म VII

(i) $\tan^{-1} x + \tan^{-1} y$

$$= \begin{cases} \tan^{-1} \left(\frac{x+y}{1-xy}\right), \text{ यदि } xy < 1 \\ \pi + \tan^{-1} \left(\frac{x+y}{1-xy}\right), \text{ यदि } x > 0, y > 0 \text{ तथा } xy > 1 \\ -\pi + \tan^{-1} \left(\frac{x+y}{1-xy}\right), \text{ यदि } x < 0, y < 0 \text{ तथा } xy > 1 \end{cases}$$

(ii) $\tan^{-1} x - \tan^{-1} y$

$$= \begin{cases} \tan^{-1} \left(\frac{x-y}{1+xy}\right), \text{ यदि } xy > -1 \\ \pi + \tan^{-1} \left(\frac{x-y}{1+xy}\right), \text{ यदि } x > 0, y < 0 \text{ तथा } xy < -1 \\ -\pi + \tan^{-1} \left(\frac{x-y}{1+xy}\right), \text{ यदि } x < 0, y > 0 \text{ तथा } xy < -1 \end{cases}$$

(iii) $\tan^{-1} x + \tan^{-1} y + \tan^{-1} z = \tan^{-1} \left[\frac{x+y+z-xyz}{1-xy-yz-zx}\right]$

गुणधर्म VIII

(i) $\sin^{-1} x + \sin^{-1} y$

$$= \begin{cases} \sin^{-1} \{x\sqrt{1-y^2} + y\sqrt{1-x^2}\}, & \text{यदि } -1 \le x, y \le 1 \text{ तथा } x^2 + y^2 \le 1 \text{ यदि } xy < 0 \text{ तथा } x^2 + y^2 > 1 \\ \pi - \sin^{-1} \{x\sqrt{1-y^2} + y\sqrt{1-x^2}\}, & \text{यदि } 0 < x, y \le 1 \text{ तथा } x^2 + y^2 > 1 \\ -\pi - \sin^{-1} \{x\sqrt{1-y^2} + y\sqrt{1-x^2}\}, & \text{यदि } -1 \le x, y < 0 \text{ तथा } x^2 + y^2 > 1 \end{cases}$$

(ii) $\sin^{-1} x - \sin^{-1} y$

$$= \begin{cases} \sin^{-1} \{x\sqrt{1-y^2} - y\sqrt{1-x^2}\}, & \text{यदि } -1 \le x, y \le 1 \text{ तथा } x^2 + y^2 \le 1 \text{ यदि } xy > 0 \text{ तथा } x^2 + y^2 > 1 \\ \pi - \sin^{-1} \{x\sqrt{1-y^2} - y\sqrt{1-x^2}\}, & \text{यदि } 0 < x \le 1, -1 \le y < 0 \text{ तथा } x^2 + y^2 > 1 \\ -\pi - \sin^{-1} \{x\sqrt{1-y^2} - y\sqrt{1-x^2}\}, & \text{यदि } -1 \le x < 0, 0 < y \le 1 \text{ तथा } x^2 + y^2 > 1 \end{cases}$$

गुणधर्म IX

(i) $$\cos^{-1} x + \cos^{-1} y = \begin{cases} \cos^{-1} \{xy - \sqrt{1-x^2}\sqrt{1-y^2}\}, \\ \text{यदि } -1 \le x, y \le 1 \text{ तथा } x + y \ge 0 \\ 2\pi - \cos^{-1} \{xy - \sqrt{1-x^2}\sqrt{1-y^2}\}, \\ \text{यदि } -1 \le x, y \le 1 \text{ तथा } x + y \le 0 \end{cases}$$

(ii) $$\cos^{-1} x - \cos^{-1} y = \begin{cases} \cos^{-1} \{xy + \sqrt{1-x^2}\sqrt{1-y^2}\}, \\ \text{यदि } -1 \le x, y \le 1 \text{ तथा } x \le y \\ -\cos^{-1} \{xy - \sqrt{1-x^2}\sqrt{1-y^2}\}, \\ \text{यदि } -1 \le y \le 0, 0 < x \le 1 \text{ तथा } x \ge y \end{cases}$$

गुणधर्म X

(i) $$2 \sin^{-1} x = \begin{cases} \sin^{-1} (2x\sqrt{1-x^2}), \text{ यदि } -\frac{1}{\sqrt{2}} \le x \le \frac{1}{\sqrt{2}} \\ \pi - \sin^{-1} (2x\sqrt{1-x^2}), \text{ यदि } \frac{1}{\sqrt{2}} < x \le 1 \\ -\pi - \sin^{-1} (2x\sqrt{1-x^2}), \text{ यदि } -1 \le x < -\frac{1}{\sqrt{2}} \end{cases}$$

(ii) $$3 \sin^{-1} x = \begin{cases} \sin^{-1} (3x - 4x^3), \text{ यदि } -\frac{1}{2} \le x \le \frac{1}{2} \\ \pi - \sin^{-1} (3x - 4x^3), \text{ यदि } \frac{1}{2} < x \le 1 \\ -\pi - \sin^{-1} (3x - 4x^3), \text{ यदि } -1 \le x < -\frac{1}{2} \end{cases}$$

गुणधर्म XI

(i) $2\cos^{-1}x = \begin{cases} \cos^{-1}(2x^2-1), \text{ यदि } 0 \le x \le 1 \\ 2\pi - \cos^{-1}(2x^2-1), \text{ यदि } -1 \le x \le 0 \end{cases}$

(ii) $3\cos^{-1}x = \begin{cases} \cos^{-1}(4x^3-3x), \text{ यदि } \frac{1}{2} \le x \le 1 \\ 2\pi - \cos^{-1}(4x^3-3x), \text{ यदि } -\frac{1}{2} \le x \le \frac{1}{2} \\ 2\pi + \cos^{-1}(4x^3-3x), \text{ यदि } -1 \le x \le -\frac{1}{2} \end{cases}$

गुणधर्म XII

(i) $2\tan^{-1}x = \begin{cases} \tan^{-1}\left(\frac{2x}{1-x^2}\right), \text{ यदि } -1 < x \le 1 \\ \pi + \tan^{-1}\left(\frac{2x}{1-x^2}\right), \text{ यदि } x > 1 \\ -\pi + \tan^{-1}\left(\frac{2x}{1-x^2}\right), \text{ यदि } x < -1 \end{cases}$

(ii) $3\tan^{-1}x = \begin{cases} \tan^{-1}\left(\frac{3x-x^3}{1-3x^2}\right), \text{ यदि } -\frac{1}{\sqrt{3}} < x < \frac{1}{\sqrt{3}} \\ \pi + \tan^{-1}\left(\frac{3x-x^3}{1-3x^2}\right), \text{ यदि } x > \frac{1}{\sqrt{3}} \\ -\pi + \tan^{-1}\left(\frac{3x-x^3}{1-3x^2}\right), \text{ यदि } x < -\frac{1}{\sqrt{3}} \end{cases}$

गुणधर्म XIII

(i) $2\tan^{-1}x = \begin{cases} \sin^{-1}\left(\frac{2x}{1+x^2}\right), \text{ यदि } -1 \le x \le 1 \\ \pi - \sin^{-1}\left(\frac{2x}{1+x^2}\right), \text{ यदि } x > 1 \\ -\pi - \sin^{-1}\left(\frac{2x}{1+x^2}\right), \text{ यदि } x < -1 \end{cases}$

(ii) $2\tan^{-1}x = \begin{cases} \cos^{-1}\left(\frac{1-x^2}{1+x^2}\right), \text{ यदि } 0 \le x < \infty \\ -\cos^{-1}\left(\frac{1-x^2}{1+x^2}\right), \text{ यदि } -\infty < x \le 0 \end{cases}$

उन्नयन कोण Angle of Elevation

जब कोई वस्तु, उस वस्तु को देखने वाले की आँख से जाने वाली क्षैतिज रेखा के ऊपर स्थित होती है तो वस्तु और वस्तु को देखने वाले की आँख को मिलाने वाली रेखा, क्षैतिज रेखा (Horizontal line) से जो कोण बनाती है, उसे उस वस्तु का उन्नयन कोण (Angle of Elevation) कहते हैं।

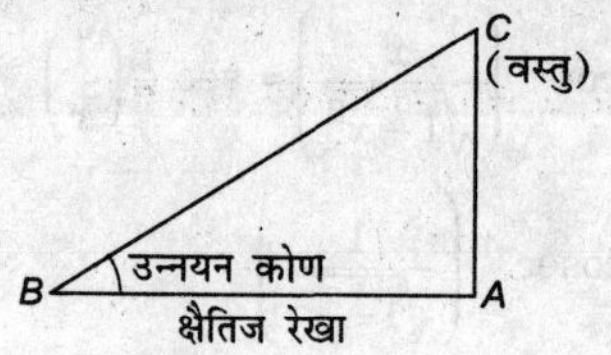

चित्र में, $\angle ABC$ वस्तु C का उन्नयन कोण है।

अवनमन कोण Angle of Depression

जब कोई वस्तु, उस वस्तु को देखने वाले की आँख से जाने वाली क्षैतिज रेखा (Horizontal line) के नीचे स्थित होती है तो वस्तु और देखने वाले की आँख को मिलाने वाली रेखा, क्षैतिज रेखा से जो कोण बनाती है, उसे उस वस्तु का अवनमन कोण (Angle of depression) कहते हैं।

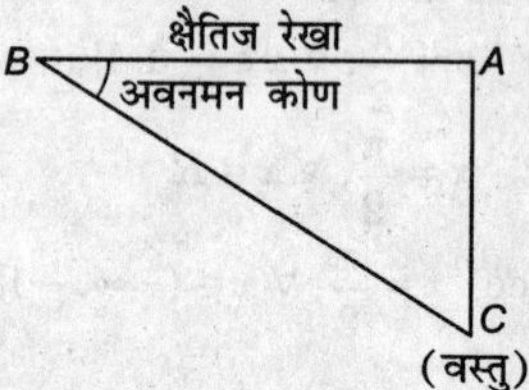

चित्र में, $\angle ABC$ वस्तु C का अवनमन कोण है।

अभ्यास प्रश्न

त्रिकोणमितीय फलन एवं सर्वसमिकाएँ

1. व्यंजक $1-\dfrac{\sin^2 y}{1+\cos y}+\dfrac{1+\cos y}{\sin y}-\dfrac{\sin y}{1-\cos y}$ का मान होगा

(a) 0 (b) 1 (c) $\sin y$ (d) $\cos y$

2. $\sin 10° + \sin 20° + \sin 30° + ... + \sin 360°$ का मान होगा

(a) 1 (b) 0
(c) -1 (d) इनमें से कोई नहीं

3. $1+8\sin^2 x^2 \cos^2 x^2$ का अधिकतम मान होगा

(a) 9 (b) -8 (c) 3 (d) -1

4. $\left(1+\cos\dfrac{\pi}{8}\right)\left(1+\cos\dfrac{3\pi}{8}\right)\left(1+\cos\dfrac{5\pi}{8}\right)\left(1+\cos\dfrac{7\pi}{2}\right)$ का मान होगा

(a) $\dfrac{1}{2}$ (b) $\cos\dfrac{\pi}{8}$ (c) $\dfrac{1}{8}$ (d) $\dfrac{1+\sqrt{2}}{2\sqrt{2}}$

5. व्यंजक $\sqrt{3}\,\text{cosec}\,20° - \sec 20°$ का मान होगा

(a) 2 (b) $2\sin 20°/\sin 40°$
(c) 4 (d) $4\sin 20°/\sin 40°$

6. निम्न में से कौन-सी संख्या परिमेय होगी?

(a) $\sin 15^b$ (b) $\cos 15°$
(c) $\sin 15° \cos 15°$ (d) $\sin 15° \cos 75°$

7. $\cos\dfrac{2\pi}{15}\cos\dfrac{4\pi}{15}\cos\dfrac{8\pi}{15}\cos\dfrac{16\pi}{15}$ का मान होगा

(a) $\dfrac{1}{2}$ (b) $\dfrac{1}{4}$ (c) $\dfrac{1}{8}$ (d) $\dfrac{1}{16}$

8. यदि $y=\dfrac{\sec^2\theta-\tan\theta}{\sec^2\theta+\tan\theta}$ हो, तो

(a) $y = 3, \dfrac{1}{3}$ (b) $\dfrac{1}{3} \le y \le 3$
(c) $-3 \le y \le \dfrac{1}{3}$ (d) $y \le \dfrac{1}{3}$ या $y \ge 3$

9. θ के सभी वास्तविक मानों के लिए $3-\cos\theta+\cos(\theta+\pi/3)$ विद्यमान होगा

(a) $[2, 4]$ में (b) $[1, 5]$ में (c) $[-2, 3]$ में (d) $[-2, 1]$ में

10. $\sin 47° + \sin 61° - \sin 11° - \sin 25°$ का मान होगा

(a) $\sin 7°$ (b) $\cos 7°$ (c) $\sin 36°$ (d) $\cos 36°$

त्रिकोणमितीय समीकरण

11. यदि $\sin\theta - \cos\theta = 1$ हो, तो θ का व्यापक मान होगा

(a) $2n\pi$ (b) $n\pi + (-1)^n \dfrac{\pi}{4} + \dfrac{\pi}{4}$
(c) $2n\pi + \dfrac{\pi}{2}$ (d) इनमें से कोई नहीं

12. समीकरण $\tan^4 x - 2\sec^2 x + a^2 = 0$ का कम-से-कम एक हल होगा यदि

(a) $|a| \le 4$ (b) $|a| \le 2$
(c) $|a| \le \sqrt{3}$ (d) इनमें से कोई नहीं

13. समीकरण $(1-\tan\theta)(1+\tan\theta)\sec^2\theta + 2^{\tan^2\theta} = 0$ के अन्तराल $\left(-\dfrac{\pi}{2}, \dfrac{\pi}{2}\right)$ में हल होंगे

(a) $\pm\dfrac{\pi}{6}$ (b) $\pm\dfrac{\pi}{3}$ (c) $\pm\dfrac{\pi}{4}$ (d) ये सभी

14. यदि $\sqrt{3}\cos\theta + \sin\theta = \sqrt{2}$ हो, तो θ का व्यापक मान होगा

(a) $n\pi + (-1)^n \dfrac{\pi}{4}$ (b) $(-1)^n \dfrac{\pi}{4} - \dfrac{\pi}{3}$
(c) $n\pi + \dfrac{\pi}{4} - \dfrac{\pi}{3}$ (d) $n\pi + (-1)^n \dfrac{\pi}{4} - \dfrac{\pi}{3}$

15. समीकरणों $\sin\theta = \sin\alpha$ तथा $\cos\theta = \cos\alpha$ को सन्तुष्ट करने वाला θ का सर्वव्यापक मान होगा

(a) $2n\pi + \alpha$ (b) $2n\pi - \alpha$ (c) $n\pi + \alpha$ (d) $n\pi - \alpha$

16. समीकरण $2\cot^2\theta + 2\sqrt{3}\cot\theta + 4\,\text{cosec}\,\theta + 8 = 0$ का व्यापक हल होगा

(a) $n\pi - \dfrac{\pi}{6}$ (b) $n\pi + \dfrac{\pi}{6}$ (c) $2n\pi - \dfrac{\pi}{6}$ (d) $2n\pi + \dfrac{\pi}{6}$

17. समीकरण $\sin^4 x + \cos^4 x + \sin 2x + \alpha = 0$, α के निम्न मान के लिए हल योग्य होगा

(a) $-\dfrac{1}{2} \le \alpha \le \dfrac{1}{2}$ (b) $-3 \le \alpha \le 1$
(c) $-\dfrac{3}{2} \le \alpha \le \dfrac{1}{2}$ (d) $-1 \le \alpha \le 1$

18. समीकरण $5\sec\theta - 13 = 12\tan\theta$ के अन्तराल $[0, 2\pi]$ में हलों की संख्या होगी

(a) 2 (b) 1 (c) 4 (d) 0

19. यदि $|k| = 5$ तथा $0° \le \theta \le 360°$, तब $3\cos\theta + 4\sin\theta = k$ के विभिन्न हलों की संख्या होगी

(a) शून्य (b) दो (c) एक (d) अनन्त

20. समीकरण $x + y = \dfrac{2\pi}{3}$ तथा $\cos x + \cos y = \dfrac{3}{2}$ को सन्तुष्ट करने वाले क्रमित युग्मों (x, y) की संख्या होगी

(a) 0 (b) 1 (c) 2 (d) अनन्त

21. समीकरण $\sin^6 x + \cos^6 x = a$ का हल वास्तविक होगा, यदि

(a) $\dfrac{1}{2} \le a \le 1$ (b) $\dfrac{1}{4} \le a \le 1$ (c) $-1 \le a \le 1$ (d) $0 \le a \le \dfrac{1}{2}$

22. $\cot\dfrac{\theta}{2} - \cot\theta = \text{cosec}\dfrac{\theta}{2}$ का हल होगा

(a) $2n\pi, 2n\pi \pm \dfrac{\pi}{3}$ (b) $4n\pi, 4n\pi \pm \dfrac{2\pi}{3}$
(c) $2n\pi, 4n\pi \pm \dfrac{2\pi}{3}$ (d) इनमें से कोई नहीं

त्रिभुजों के गुण एवं हल

23. यदि ΔABC में, $a = 2, b = 3, c = 4$ हो, तो $\angle A$ का मान होगा

(a) $\cos^{-1}\left(\dfrac{1}{24}\right)$ (b) $\cos^{-1}\left(\dfrac{11}{16}\right)$
(c) $\cos^{-1}\left(\dfrac{7}{8}\right)$ (d) $\cos^{-1}\left(-\dfrac{1}{4}\right)$

24. यदि एक त्रिभुज के कोण 1 : 2 : 7 के अनुपात में हों, तो उसकी सबसे बड़ी तथा सबसे छोटी भुजाओं का अनुपात होगा

(a) 1 : 2 (b) 2 : 1
(c) $(\sqrt{5}+1):(\sqrt{5}-1)$ (d) $(\sqrt{5}-1):(\sqrt{5}+1)$

25. ΔABC का परिमाप उसके कोणों की ज्या के समान्तर माध्य का 6 गुना है। यदि $a=1$, तो $\angle A$ का मान होगा

(a) $\frac{\pi}{6}$ (b) $\frac{\pi}{4}$ (c) $\frac{\pi}{3}$ (d) $\frac{\pi}{2}$

26. यदि एक समद्विबाहु त्रिभुज का एक कोण 120° तथा इसकी अन्त:त्रिज्या $\sqrt{3}$ हो, तो इसका क्षेत्रफल होगा

(a) 4π (b) $12+7\sqrt{3}$
(c) $7+12\sqrt{3}$ (d) $12-7\sqrt{3}$

27. यदि ΔABC में, a, c तथा कोण A दिये गये हैं तथा $c\sin A < a < c$, तब

(a) $b_1+b_2=2c\cos A$ (b) $b_1+b_2=c\cos A$
(c) $b_1+b_2=3c\cos A$ (d) $b_1+b_2=4c\sin A$

28. यदि ΔABC में, $2s=a+b+c$ तथा $(s-b)(s-c)=x\sin^2\frac{A}{2}$ हो, तो x का मान होगा

(a) bc (b) ca (c) ab (d) abc

29. यदि ΔABC में, $a=5, b=13, c=12$ हो, तो $\tan\frac{B}{4}$ का मान होगा

(a) 2 (b) $\sqrt{2}$
(c) $\sqrt{2}+1$ (d) $\sqrt{2}-1$

30. ΔABC में, $\dfrac{\cos\frac{1}{2}(B-C)}{\sin\frac{1}{2}A}$ का मान होगा

(a) $\frac{b-c}{a}$ (b) $\frac{b+c}{a}$ (c) $\frac{a}{b-c}$ (d) $\frac{a}{b+c}$

31. ΔABC में, $2ac\sin\frac{1}{2}(A-B+C)$ का मान होगा

(a) $a^2+b^2-c^2$ (b) $c^2+a^2-b^2$
(c) $b^2-c^2-a^2$ (d) $c^2-a^2-b^2$

32. यदि ΔABC में, $\frac{2\cos A}{a}+\frac{\cos B}{b}+\frac{2\cos C}{c}=\frac{a}{bc}+\frac{b}{ca}$ हो, तो $\angle A$ का मान होगा

(a) 30° (b) 45° (c) 60° (d) 90°

33. ΔABC में, $r_1+r_2+r_3-r$ का मान होगा

(a) $2a\sin\frac{A}{2}$ (b) $2a\sin A$
(c) $2a\,\text{cosec}\,\frac{A}{2}$ (d) $2a\,\text{cosec}\,A$

प्रतिलोम त्रिकोणमितीय फलन

34. $\sin\left[\frac{\pi}{3}-\sin^{-1}\left(-\frac{1}{2}\right)\right]$ का मान होगा

(a) 0 (b) 1
(c) –1 (d) इनमें से कोई नहीं

35. यदि $\sin^{-1}x+\sin^{-1}(1-x)=\cos^{-1}x$ हो, तो x का मान होगा

(a) 1, – 1 (b) 0, $\frac{1}{2}$
(c) 0 (d) इनमें से कोई नहीं

36. यदि $\cos^{-1}\left(\frac{1}{x}\right)=\theta$ हो, तो $\tan\theta$ का मान होगा

(a) $\frac{1}{\sqrt{x^2-1}}$ (b) $\sqrt{x^2+1}$ (c) $\sqrt{1-x^2}$ (d) $\sqrt{x^2-1}$

37. $\sin^{-1}\left(\sin\frac{22\pi}{7}\right)+\cos^{-1}\left(\cos\frac{5\pi}{3}\right)+\tan^{-1}\left(\tan\frac{5\pi}{7}\right)+\sin^{-1}(\cos 2)$ का मान होगा

(a) $\frac{17\pi}{42}-2$ (b) – 2
(c) $\frac{-\pi}{21}-2$ (d) इनमें से कोई नहीं

38. यदि $\sin^{-1}x=\frac{\pi}{5}, x\in(-1,1)$ हो, तो $\cos^{-1}x$ का मान होगा

(a) $\frac{\pi}{10}$ (b) $\frac{5\pi}{10}$ (c) $\frac{3\pi}{10}$ (d) $\frac{9\pi}{10}$

39. यदि प्रतिचित्रण $f(x)=ax+b, a>0$ $[-1,1]$ से $[0,2]$, पर आच्छादित हो, तो $\cot[\cot^{-1}7+\cot^{-1}8+\cot^{-1}18]$ का मान होगा

(a) $f(-1)$ (b) $f(0)$ (c) $f(1)$ (d) $f(2)$

40. यदि

$$\sin^{-1}\left(x-\frac{x^2}{2}+\frac{x^3}{4}-\ldots\right)+\cos^{-1}\left(x^2-\frac{x^4}{2}+\frac{x^6}{4}-\ldots\right)=\frac{\pi}{2},$$

$0<|x|<\sqrt{2}$ हो, तो x का मान होगा

(a) $\frac{1}{2}$ (b) 1
(c) $-\frac{1}{2}$ (d) –1

41. $\tan(\cos^{-1}x)$ का मान होगा

(a) $\frac{\sqrt{1-x^2}}{x}$ (b) $\frac{x}{1+x^2}$ (c) $\frac{\sqrt{1+x^2}}{x}$ (d) $\sqrt{1-x^2}$

42. समीकरण $\sin^{-1}x=2\tan^{-1}x$ का हल समुच्चय होगा

(a) {1, 2} (b) {–1, 2} (c) {– 1, 1, 0} (d) $\left\{1,\frac{1}{2},0\right\}$

43. $\sin(\cot^{-1}x)$ का मान होगा

(a) $\sqrt{1+x^2}$ (b) x (c) $(1+x^2)^{-3/2}$ (d) $(1+x^2)^{-1/2}$

44. यदि $\cos^{-1}\sqrt{p}+\cos^{-1}\sqrt{1-p}+\cos^{-1}\sqrt{1-q}=\frac{3\pi}{4}$ हो, तो q का मान होगा

(a) 1 (b) $\frac{1}{\sqrt{2}}$
(c) $\frac{1}{3}$ (d) $\frac{1}{2}$

45. यदि $2\sin^{-1}x=\sin^{-1}(2x\sqrt{1-x^2})$ हो, तो $x\in$

(a) [– 1, 1] (b) $\left[-\frac{1}{\sqrt{2}},1\right]$
(c) $\left[-\frac{1}{\sqrt{2}},\frac{1}{\sqrt{2}}\right]$ (d) इनमें से कोई नहीं

46. $\left[\tan\left\{\frac{\pi}{2}+\frac{1}{2}\cos^{-1}\left(\frac{a}{b}\right)\right\}+\tan\left\{\frac{\pi}{4}-\frac{1}{2}\cos^{-1}\left(\frac{a}{b}\right)\right\}\right]$ का मान होगा

(a) $\frac{b}{a}$ (b) $\frac{2}{a}$
(c) $\frac{2b}{a}$ (d) इनमें से कोई नहीं

47. यदि $3\sin^{-1} x = \pi + \sin^{-1}(3x - 4x^3)$ हो, तो

(a) $\frac{1}{2} \le |x| \le 1$ (b) $|x| \le 1$

(c) $|x| \le \frac{1}{2}$ (d) इनमें से कोई नहीं

48. $\tan\left(\cos^{-1}\frac{1}{5\sqrt{2}} - \sin^{-1}\frac{4}{\sqrt{17}}\right)$ का मान होगा

(a) $\sqrt{\frac{29}{3}}$ (b) $\frac{29}{3}$ (c) $\sqrt{\frac{3}{29}}$ (d) $\frac{3}{29}$

49. यदि $\cos^{-1} x = \alpha, (0 < x < 1)$ तथा $\sin^{-1}(2x\sqrt{1-x^2}) + \sec^{-1}\left(\frac{1}{2x^2-1}\right) = \frac{2\pi}{3}$ हो, तो $\tan^{-1}(2x)$ का मान होगा

(a) $\frac{\pi}{6}$ (b) $\frac{\pi}{4}$ (c) $\frac{\pi}{3}$ (d) $\frac{\pi}{2}$

50. यदि $\cot^{-1} x + \cot^{-1} y + \cot^{-1} z = \frac{\pi}{2}$ हो, तो $x + y + z$ का मान होगा

(a) $\frac{1}{x} + \frac{1}{y} + \frac{1}{z}$ (b) xyz

(c) $xy + yz + zx$ (d) इनमें से कोई नहीं

51. $\cos^{-1}\left[\frac{\sqrt{1-\sin x} + \sqrt{1+\sin x}}{\sqrt{1-\sin x} - \sqrt{1+\sin x}}\right]$ का मान होगा

(a) $\pi - x$ (b) $\pi - \frac{x}{2}$

(c) $\pi - \frac{x}{3}$ (d) इनमें से कोई नहीं

52. $\sec^2(\tan^{-1} 2) + \operatorname{cosec}^2(\cot^{-1} 3)$ का मान होगा

(a) 5 (b) 13 (c) 15 (d) 6

53. यदि $\sec^{-1}\left(\frac{1}{x}\right) + 2\sin^{-1}(1) = \pi$ हो, तो x का मान होगा

(a) 1 (b) $\frac{1}{2}$

(c) π (d) इनमें से कोई नहीं

54. यदि $\sin^{-1} x + \sin^{-1} y + \sin^{-1} z = \pi$ हो, तो

(a) $x^2 + y^2 + z^2 + xyz = 0$ (b) $x^2 + y^2 + z^2 + 2xyz = 0$

(c) $x^2 + y^2 + z^2 + xyz = 1$ (d) $x^2 + y^2 + z^2 + 2xyz = 1$

55. $4\tan^{-1}\frac{1}{5} - \tan^{-1}\frac{1}{70} + \tan^{-1}\frac{1}{99}$ का मान होगा

(a) $\frac{\pi}{2}$ (b) $\frac{\pi}{3}$

(c) $\frac{\pi}{4}$ (d) इनमें से कोई नहीं

ऊँचाई एवं दूरी

56. भूमि के एक बिन्दु पर एक मीनार के शिखर का उन्नयन कोण 30° है। यदि मीनार की ओर 20 मी चलने पर उन्नयन कोण 60° हो जाता हो, तो मीनार की ऊँचाई होगी

(a) 10 मी (b) $\frac{10}{\sqrt{3}}$ मी

(c) $10\sqrt{3}$ मी (d) इनमें से कोई नहीं

57. एक मीनार की चोटी का उन्नयन कोण इसके आधार से 20 मी की दूरी पर स्थित किसी बिन्दु से 45° है। मीनार की ऊँचाई होगी

(a) 10 मी (b) 20 मी (c) 40 मी (d) $20\sqrt{3}$ मी

58. एक ऊर्ध्वाधर खम्भे के ऊपर का $\frac{3}{4}$ भाग, उसके पाद से होकर जाते क्षैतिज तल में स्थित एक बिन्दु पर, जो पाद से 40 मी की दूरी पर है, $\tan^{-1}\frac{3}{5}$ का कोण बनाता है। ऊर्ध्वाधर खम्भे की एक सम्भव ऊँचाई होगी

(a) 80 मी (b) 20 मी

(c) 40 मी (d) 60 मी

59. 60 मी ऊँचे एक प्रकाश स्तम्भ के शिखर से जिसका आधार समुद्र तल पर है, एक नाव का अवनमन कोण 15° है। नाव की प्रकाश स्तम्भ से दूरी (मी में) होगी

(a) $\left(\frac{\sqrt{3}-1}{\sqrt{3}+1}\right)60$ (b) $\left(\frac{\sqrt{3}+1}{\sqrt{3}-1}\right)60$

(c) $\left(\frac{\sqrt{3}-1}{\sqrt{3}+1}\right)^2$ (d) इनमें से कोई नहीं

60. एक मीनार के पाद से d मीटर दूरी पर स्थित बिन्दु पर मीनार के शिखर का उन्नयन कोण 30° है। यदि मीनार की ऊँचाई 20 मी हो, तो d का मान होगा

(a) $10\sqrt{3}$ मी (b) $\frac{20}{\sqrt{3}}$ मी

(c) $20\sqrt{3}$ मी (d) 10 मी

61. जब एक खम्भे की परछाई उसकी ऊँचाई की $\sqrt{3}$ गुनी है, तो सूर्य का उन्नयन कोण होगा

(a) 30° (b) 45° (c) 60° (d) 15°

62. एक समतल पर स्थित किसी स्तम्भ के शीर्ष का एक बिन्दु A पर उन्नयन कोण 15° है। समतल पर स्तम्भ की ओर 40 मी चलने पर यह कोण 30° हो जाता है तो स्तम्भ की ऊँचाई होगी

(a) 40 मी (b) 20 मी

(c) $20\sqrt{3}$ मी (d) $\frac{40}{3}\sqrt{3}$ मी

63. एक a ऊँचाई वाले मकान के शीर्ष एवं पाद के सापेक्ष एक मीनार के शिखर के उन्नयन कोण क्रमशः 30° तथा 45° हैं। यदि मकान एवं मीनार एक ही तल पर स्थित हों तो मीनार की ऊँचाई होगी

(a) $a(\sqrt{3}+1)$ (b) $\frac{a}{2}(3+\sqrt{3})$

(c) $a(\sqrt{3}-1)$ (d) $a\sqrt{3}$

64. एक मीनार के पाद से गुजरने वाली क्षैतिज रेखा पर मीनार के पाद से एक ही ओर a एवं b दूरी पर स्थित दो बिन्दुओं पर मीनार के शीर्ष के उन्नयन कोण पूरक कोण हों, तो मीनार की ऊँचाई होगी

(a) ab (b) $\sqrt{ab}$ (c) $\sqrt{\frac{a}{b}}$ (d) $\sqrt{\frac{b}{a}}$

65. एक क्षैतिज समतल पर स्थित दो बिन्दुओं A तथा B के ($AB = 200$) अवनमन कोण एक मीनार ($PQ = 100$) के शीर्ष P से $45° - \theta$ तथा $45° + \theta$ हैं। यदि रेखा AB मीनार के पाद Q से होकर जाती है, तो θ का मान होगा

(a) 45° (b) 30° (c) 22.5° (d) 15°

उत्तरमाला

1.	(d)	2.	(b)	3.	(c)	4.	(c)	5.	(c)	6.	(c)	7.	(d)	8.	(b)	9.	(a)	10.	(b)
11.	(b)	12.	(c)	13.	(b)	14.	(d)	15.	(a)	16.	(c)	17.	(c)	18.	(a)	19.	(b)	20.	(a)
21.	(b)	22.	(c)	23.	(c)	24.	(c)	25.	(a)	26.	(b)	27.	(a)	28.	(a)	29.	(d)	30.	(b)
31.	(b)	32.	(d)	33.	(d)	34.	(b)	35.	(b)	36.	(d)	37.	(a)	38.	(c)	39.	(d)	40.	(b)
41.	(a)	42.	(c)	43.	(d)	44.	(d)	45.	(c)	46.	(c)	47.	(b)	48.	(d)	49.	(c)	50.	(b)
51.	(b)	52.	(c)	53.	(a)	54.	(d)	55.	(c)	56.	(c)	57.	(b)	58.	(c)	59.	(b)	60.	(c)
61.	(a)	62.	(b)	63.	(b)	64.	(b)	65.	(c)										

संकेत एवं हल

1. व्यंजक $= 1 - \dfrac{\sin^2 y}{1+\cos y} + \dfrac{1+\cos y}{\sin y} - \dfrac{\sin y}{1-\cos y}$

$$= \left[1 - \frac{\sin^2 y}{1+\cos y}\right] + \left[\frac{1+\cos y}{\sin y} - \frac{\sin y}{1-\cos y}\right]$$

$$= \frac{1+\cos y - \sin^2 y}{1+\cos y} + \frac{1-\cos^2 y - \sin^2 y}{\sin y\cdot(1-\cos y)}$$

$$= \frac{\cos y + \cos^2 y}{1+\cos y} + 0 = \cos y$$

3. व्यंजक $= 1 + 2(2\sin x^2 \cos x^2)^2$

$= 1 + 2\sin^2(2x^2)$, जिसका अधिकतम मान $= 1 + 2(1) = 3$

5. व्यंजक $= \sqrt{3}\operatorname{cosec} 20° - \sec 20°$

$$= \tan 60° \operatorname{cosec} 20° - \sec 20°$$

$$= \frac{\sin 60° \cos 20° - \cos 60° \sin 20°}{\cos 60° \sin 20° \cos 20°}$$

$$= \frac{\sin(60° - 20°)}{\cos 60° \sin 20° \cos 20°}$$

$$= \frac{\sin 40°}{\frac{1}{2}\cdot \sin 20° \cos 20°} = \frac{2\sin 20° \cos 20°}{\frac{1}{2}\cdot \sin 20° \cos 20°} = 4$$

6. चूँकि $\sin 15° = \dfrac{\sqrt{3}-1}{2\sqrt{2}}$ तथा $\cos 15° = \dfrac{\sqrt{3}+1}{2\sqrt{2}}$

तथा $\sin 15° \cos 75° = \sin 15° \sin 15° = \left(\dfrac{\sqrt{3}-1}{2\sqrt{2}}\right)^2$

$\therefore$ ये सभी मान अपरिमेय हैं तथा

$$\sin 15° \cos 15° = \frac{1}{2}\cdot 2\sin 15° \cos 15°$$

$= \dfrac{1}{2}\cdot \sin 30° = \dfrac{1}{4}$, जोकि परिमेय है।

7. व्यंजक $= \cos\dfrac{2\pi}{15}\cos\dfrac{4\pi}{15}\cos\dfrac{8\pi}{15}\cos\dfrac{16\pi}{15}$

$$= \frac{\sin 2^4 \frac{2\pi}{15}}{2^4 \sin\frac{2\pi}{15}} = \frac{\sin\frac{32\pi}{15}}{16\sin\frac{2\pi}{15}} = \frac{1}{16}\frac{\sin\frac{2\pi}{15}}{\sin\frac{2\pi}{15}} = \frac{1}{16}$$

8. माना $\tan\theta = x$

$$\Rightarrow \quad y = \frac{1+x^2-x}{1+x^2+x}$$

$$\Rightarrow \quad x^2(y-1) + x(y+1) + (y-1) = 0$$

$\because$ x वास्तविक है, अत: $B^2 - 4AC \geq 0$

$$\Rightarrow \quad (y+1)^2 - 4(y-1)^2 \geq 0$$

$$\Rightarrow \quad (3y-1)(y-3) \leq 0$$

$$\Rightarrow \quad \frac{1}{3} \leq y \leq 3$$

9. दिया व्यंजक $f(\theta)$ हो, तो

$$f(\theta) = 3 - \frac{1}{2}\cos\theta - \frac{\sqrt{3}}{2}\sin\theta = 3 - \sin\left(\theta + \frac{\pi}{3}\right)$$

परन्तु $\quad -1 < \sin\left(\theta + \dfrac{\pi}{3}\right) < 1$

अत: $\quad 3 - 1 < 3 - \sin\left(\theta + \dfrac{\pi}{3}\right) < 3 + 1 \Rightarrow 2 < f(\theta) < 4$

10. व्यंजक $= (\sin 47° + \sin 61°) - (\sin 11° + \sin 25°)$

$$= 2\sin 54° \cos 7° - 2\sin 18° \cos 7°$$

$$= 2\cos 7°(\sin 54° - \sin 18°)$$

$$= 2\cos 7° \cdot 2\cos 36° \sin 18$$

$$= 4\cos 7° \cdot \frac{\sqrt{5}+1}{4} \cdot \frac{\sqrt{5}-1}{4} = \cos 7°$$

12. चूँकि $\quad \tan^4 x - 2\sec^2 x + a^2 = 0$

$$\Rightarrow \quad \tan^4 x - 2(1 + \tan^2 x) + a^2 = 0$$

$$\Rightarrow \quad \tan^4 x - 2\tan^2 x + 1 = 3 - a^2$$

$$\Rightarrow \quad (\tan^2 x - 1)^2 = 3 - a^2$$

$$\Rightarrow \quad 3 - a^2 \geq 0$$

$$\Rightarrow \quad a^2 \leq 3 \Rightarrow |a| \leq \sqrt{3}$$

13. मान लीजिए $\tan^2\theta = t$ तथा समीकरण को पुन: लिखने पर,

$$(1-t)(1+t) + 2^t = 0$$

$$\Rightarrow \quad 1 - t^2 + 2^t = 0$$

$\because$ समीकरण $t = 3$ से सन्तुष्ट होता है।

$\therefore \quad t = \tan^2\theta = 3 \Rightarrow \tan\theta = \pm\sqrt{3}$

अत: $\quad \theta = \pm\dfrac{\pi}{3}$

14. चूँकि $\dfrac{\sqrt{3}}{2}\cos\theta + \dfrac{1}{2}\sin\theta = \dfrac{\sqrt{2}}{2}$ [$\sqrt{(\sqrt{3})^2 + 1^2} = 2$ से भाग करने पर]

$$\Rightarrow \quad \sin\left(\theta + \frac{\pi}{3}\right) = \frac{1}{\sqrt{2}} = \sin\left(\frac{\pi}{4}\right)$$

$$\Rightarrow \quad \theta = n\pi + (-1)^n \frac{\pi}{4} - \frac{\pi}{3}$$

15. चूँकि $\sin\theta = \sin\alpha$

$$\theta = n\pi + (-1)^n\alpha, n \in I \quad \ldots(i)$$

तथा $\cos\theta = \cos\alpha$

$\Rightarrow$ $\theta = 2n\pi \pm \alpha, n \in I \quad \ldots(ii)$

समी (i) और (ii) से उभयनिष्ठ हल लेने पर, $\theta = 2n\pi + \alpha$

16. चूँकि $2\cot^2\theta + 2\sqrt{3}\cot\theta + 4\operatorname{cosec}\theta + 8 = 0$

$\Rightarrow$ $(\cot\theta + \sqrt{3})^2 + \cot^2\theta + 4\operatorname{cosec}\theta + 5 = 0$

$\Rightarrow$ $(\cot\theta + \sqrt{3})^2 + (\operatorname{cosec}\theta + 2)^2 = 0$

$[\because \cot^2\theta = \operatorname{cosec}^2\theta - 1]$

$\Rightarrow$ $\cot\theta = -\sqrt{3}$ तथा $\operatorname{cosec}\theta = -2$

$\because$ θ चतुर्थ चतुर्थांश में होगा तथा $\theta = -\frac{\pi}{6}$

अतः व्यापक हल $\theta = 2n\pi - \frac{\pi}{6}$

17. चूँकि $\sin^4 x + \cos^4 x + \sin 2x + \alpha = 0$

$\Rightarrow$ $(\sin^2 x + \cos^2 x)^2 - 2\sin^2 x\cos^2 x + \sin 2x + \alpha = 0$

$\Rightarrow$ $\sin^2 2x - 2\sin 2x - 2 - 2\alpha = 0$

मान लीजिए $\sin 2x = y$, तब समीकरण $y^2 - 2y - 2(1+\alpha) = 0$ होगा

जहाँ $-1 \le y \le 1$, $[\because -1 \le \sin 2x \le 1]$

वास्तविक मूल के लिए, विविक्तकर $\ge 0 \Rightarrow 4 + 8(1+\alpha) \ge 0$

$\Rightarrow$ $3 + 2\alpha \ge 0$

$\Rightarrow$ $\alpha \ge -\frac{3}{2}$

$\because$ $-1 \le y \le 1 \Rightarrow -1 \le 1 - \sqrt{3 + 2\alpha} \le 1$

$\Rightarrow$ $3 + 2\alpha \le 4 \Rightarrow \alpha \le \frac{1}{2}$

$\therefore$ $-\frac{3}{2} \le \alpha \le \frac{1}{2}$

19. चूँकि $3\cos\theta + 4\sin\theta = 5\left[\frac{3}{5}\cos\theta + \frac{4}{5}\sin\theta\right] = 5\cos(\theta - \alpha)$

जहाँ, $\cos\alpha = \frac{3}{5}$, $\sin\alpha = \frac{4}{5}$ अब, $3\cos\theta + 4\sin\theta = k$

$\therefore$ $5\cos(\theta - \alpha) = k \Rightarrow \cos(\theta - \alpha) = \pm 1$

$\Rightarrow$ $\theta - \alpha = 0°, 180° \Rightarrow \theta = \alpha, 180° + \alpha$

20. चूँकि $\cos x + \cos y = \frac{3}{2}$

$\Rightarrow$ $2\cos\frac{x+y}{2}\cos\frac{x-y}{2} = \frac{3}{2}$

$\Rightarrow$ $2\cos\frac{\pi}{3}\cos\frac{x-y}{2} = \frac{3}{2}$

$\Rightarrow$ $\cos\frac{x-y}{2} = \frac{3}{2} > 1$

जो असम्भव है, अतः दिए गए समीकरण का कोई हल नहीं है।

21. दिए गए समीकरण को निम्न प्रकार लिख सकते हैं,

$$(\sin^2 x)^3 + (\cos^2 x)^3 = a$$

$\Rightarrow$ $(\sin^2 x + \cos^2 x)^3 - 3\sin^2 x\cos^2 x(\sin^2 x + \cos^2 x) = a$

$\Rightarrow$ $1 - \frac{3}{4}\sin^2 2x = a$

$\Rightarrow$ $\sin 2x = \pm\sqrt{4\left(\frac{1-a}{3}\right)}$

$\therefore$ हल वास्तविक है, यदि

$a \le 1$ और $\left(\frac{4}{3}\right)(1-a) \le 1$

$\Rightarrow$ $a \le 1$ और $a \ge \frac{1}{4} \Rightarrow \frac{1}{4} \le a \le 1$

22. चूँकि $\left(\frac{\cos\frac{\theta}{2}}{\sin\frac{\theta}{2}} - \frac{\cos\theta}{\sin\theta}\right) = \operatorname{cosec}\frac{\theta}{2}$

$\Rightarrow$ $\frac{\sin\left[\theta - \frac{\theta}{2}\right]}{\sin\theta\sin\frac{\theta}{2}} = \frac{1}{\sin\frac{\theta}{2}}$

$\Rightarrow$ $\sin\frac{\theta}{2}\left[\sin\theta - \sin\frac{\theta}{2}\right] = 0$

$\Rightarrow$ $\sin\frac{\theta}{2}\left[2\sin\frac{\theta}{2}\cos\frac{\theta}{2} - \sin\frac{\theta}{2}\right] = 0$

$\Rightarrow$ $\sin^2\frac{\theta}{2}\left[2\cos\frac{\theta}{2} - 1\right] = 0$

अब, यदि $\sin^2\frac{\theta}{2} = 0 = \sin n\pi$

$\Rightarrow$ $\theta = 2n\pi$

तथा यदि $2\cos\frac{\theta}{2} - 1 = 0$

$\Rightarrow$ $\cos\frac{\theta}{2} = \frac{1}{2} = \cos\frac{\pi}{3} = \cos\left(2n\pi \pm \frac{\pi}{3}\right)$

$\Rightarrow$ $\frac{\theta}{2} = 2n\pi \pm \frac{\pi}{3} \Rightarrow \theta = 4n\pi \pm \frac{2\pi}{3}$

23. कोज्या सूत्र से,

$$\cos A = \frac{b^2 + c^2 - a^2}{2bc}$$

$\Rightarrow$ $\cos A = \frac{9 + 16 - 4}{2(3)(4)} = \frac{21}{24} = \frac{7}{8}$

अतः $\angle A = \cos^{-1}\left(\frac{7}{8}\right)$

24. $x + 2x + 7x = 180° \Rightarrow x = 18°$

$\therefore$ कोण 18°, 36°, 126° हैं।

महत्तम भुजा $\propto \sin(126°)$

न्यूनतम भुजा $\propto \sin(18°)$ तथा अनुपात $= \frac{\sin 126°}{\sin(18°)} = \frac{\sqrt{5}+1}{\sqrt{5}-1}$

25. दिया गया है, $a + b + c = 6\frac{\sin A + \sin B + \sin C}{3}$

$\Rightarrow k(\sin A + \sin B + \sin C) = 2(\sin A + \sin B + \sin C)$,

जहाँ $k = \frac{a}{\sin A} = \frac{b}{\sin B} = \frac{c}{\sin C}$ [ज्या नियम से]

$\Rightarrow$ $k = 2$ $[\because \sin A + \sin B + \sin C \ne 0]$

अब, $k = \frac{a}{\sin A} \Rightarrow 2 = \frac{1}{\sin A}$

$\Rightarrow$ $\sin A = \frac{1}{2} \Rightarrow A = \frac{\pi}{6}$

26. मान लीजिए दिया गया ΔABC है तथा $\angle A = 120°$, तब

$$\Delta = (b\sin 60°)(b\cos 60°) = \frac{\sqrt{3}}{4}b^2 \quad \ldots(i)$$

पुनः $$\frac{a}{\sin 120°} = \frac{b}{\sin 30°} \Rightarrow a = \sqrt{3}b \quad \ldots(ii)$$

तथा $$r = \frac{\Delta}{s} \quad \Rightarrow \Delta = rs = \sqrt{3}s$$

$$\Rightarrow \Delta = \sqrt{3}\cdot\frac{1}{2}(a + 2b) = \frac{\sqrt{3}}{2}(\sqrt{3}+2)b \quad \text{[समी (ii) से]} \ldots(iii)$$

समी (i) तथा (iii) से,

$$\Rightarrow \frac{\Delta^2}{\Delta} = \frac{\frac{3}{4}(\sqrt{3}+2)^2 b^2}{(\sqrt{3}/4)b^2} = \sqrt{3}(7+4\sqrt{3}) \Rightarrow \Delta = 12 + 7\sqrt{3}$$

27. कोज्या (Cosine) सूत्र से, $\cos A = \frac{b^2 + c^2 - a^2}{2bc}$

$\Rightarrow b^2 - (2c\cos A)b + (c^2 - a^2) = 0$, जोकि b में द्विघातीय है।

$\because \quad c\sin A < a < c$

$\therefore$ दो त्रिभुज प्राप्त होते हैं। किन्तु यह तभी सम्भव है जब तीसरी भुजा के दो मान प्राप्त होते हैं। स्पष्टतः भुजा b के दो मान b_1 तथा b_2 होंगे। मान लीजिए ये उपरोक्त समीकरण के मूल हैं,

अतः मूलों का योगफल $= b_1 + b_2 = 2c\cos A$

28. $\because (s-b)(s-c) = x\sin^2\frac{A}{2}$

$$\Rightarrow (s-b)(s-c) = x\frac{(s-b)(s-c)}{bc} \Rightarrow x = bc$$

29. चूँकि $b^2 = a^2 + c^2 \Rightarrow \angle B = 90°$

$$\therefore \quad \tan\frac{B}{2} = \tan 45° \Rightarrow \frac{2\tan\frac{B}{4}}{1-\tan^2\frac{B}{4}} = 1$$

$$\Rightarrow \quad \tan^2\frac{B}{4} + 2\tan\frac{B}{4} - 1 = 0$$

$$\Rightarrow \quad \tan\frac{B}{4} = \frac{-2 \pm \sqrt{4+4}}{2} = -1 \pm \sqrt{2}$$

$$= -1 + \sqrt{2} = \sqrt{2} - 1 \quad \left[\because \tan\frac{B}{4} > 0\right]$$

30. $$\text{व्यंजक} = \frac{\cos\frac{B-C}{2}}{\sin\frac{A}{2}} = \frac{\sin\frac{B+C}{2}\cos\frac{B-C}{2}}{\sin\frac{B+C}{2}\sin\frac{A}{2}}$$

$$= \frac{\sin B + \sin C}{\sin A} = \frac{b+c}{a}$$

31. व्यंजक $= 2ac\sin\frac{1}{2}(180° - 2B) = 2ac\cos B$

$$= 2ac\frac{c^2 + a^2 - b^2}{2ca} \quad \text{[कोज्या सूत्र से]}$$

$$= c^2 + a^2 - b^2$$

32. कोज्या सूत्र से,

$$\frac{2}{a}\cdot\frac{b^2+c^2-a^2}{2bc} + \frac{1}{b}\cdot\frac{c^2+a^2-b^2}{2ca} + \frac{2}{c}\cdot\frac{a^2+b^2-c^2}{2ab} = \frac{a}{bc} + \frac{b}{ca}$$

$$\Rightarrow \quad 2(b^2+c^2-a^2) + (c^2+a^2-b^2) + 2(a^2+b^2-c^2) = 2(a^2+b^2)$$

$$\Rightarrow \quad a^2 + c^2 + 3b^2 = 2(a^2+b^2)$$

$$\Rightarrow \quad b^2 + c^2 = a^2 \Rightarrow \angle A = 90°$$

34. $$\text{व्यंजक} = \sin\left[\frac{\pi}{3} - \sin^{-1}\left(-\frac{1}{2}\right)\right] = \sin\left[\frac{\pi}{3} + \sin^{-1}\frac{1}{2}\right]$$

$[\because \sin^{-1}(-x) = -\sin^{-1}x, x > 0]$

$$= \sin\left(\frac{\pi}{3} + \frac{\pi}{6}\right) = \sin\frac{\pi}{2} = 1$$

35. दिए गए समीकरण से,

$$\sin^{-1}x - \cos^{-1}x = -\sin^{-1}(1-x)$$

$$\Rightarrow \quad \sin^{-1}x + \sin^{-1}x = \cos^{-1}(1-x)$$

$$\Rightarrow \quad 2\sin^{-1}x = \cos^{-1}(1-x)$$

$$\Rightarrow \quad \cos(2\sin^{-1}x) = (1-x)$$

$$\Rightarrow \quad 1 - 2\sin^2(\sin^{-1}x) = (1-x)$$

$$\Rightarrow \quad 1 - 2x^2 = 1 - x$$

$$\Rightarrow \quad 2x^2 - x = 0$$

अतः $$x = 0, \frac{1}{2}$$

36. चूँकि $\cos^{-1}\left(\frac{1}{x}\right) = \theta \Rightarrow \cos\theta = \frac{1}{x}$

$$\Rightarrow \quad \tan\theta = \frac{\sin\theta}{\cos\theta} = \frac{\sqrt{1-(1/x)^2}}{1/x} = \sqrt{x^2-1}$$

37. चूँकि $$\sin^{-1}\sin\left(\frac{22\pi}{7}\right) = \sin^{-1}\sin\left(3\pi + \frac{\pi}{7}\right) = -\frac{\pi}{7}$$

$$\cos^{-1}\cos\left(\frac{5\pi}{3}\right) = \cos^{-1}\cos\left(2\pi - \frac{\pi}{3}\right) = \frac{\pi}{3}$$

$$\tan^{-1}\tan\left(\frac{5\pi}{7}\right) = \tan^{-1}\tan\left(\pi - \frac{2\pi}{7}\right) = -\frac{2\pi}{7}$$

$$\sin^{-1}\cos(2) = \frac{\pi}{2} - \cos^{-1}\cos 2 = \frac{\pi}{2} - 2$$

अतः $$\text{अभीष्ट मान} = -\frac{\pi}{7} + \frac{\pi}{3} - \frac{2\pi}{7} + \frac{\pi}{2} - 2$$

$$= -\frac{(-18+35)\pi}{42} - 2 = \frac{17\pi}{42} - 2$$

38. $$\cos^{-1}x = \frac{\pi}{2} - \sin^{-1}x = \frac{\pi}{2} - \frac{\pi}{5} = \frac{3\pi}{10}$$

40. मान लीजिए $x - \frac{x^2}{2} + \frac{x^3}{4} - \ldots = p$ तथा $x^2 - \frac{x^4}{2} + \frac{x^6}{4} - \ldots = q$

तब, $$\sin^{-1}p + \cos^{-1}q = \frac{\pi}{2}$$

$$\Rightarrow \quad \sin^{-1}p = \frac{\pi}{2} - \cos^{-1}q = \sin^{-1}q \Rightarrow p = q$$

लेकिन $$p = \frac{x}{1+x/2} = \frac{2x}{x+2} \text{ तथा } q = \frac{x^2}{1+x^2/2} = \frac{2x^2}{x^2+2}$$

$$\therefore \quad p = q \Rightarrow \frac{2x}{x+2} = \frac{2x^2}{x^2+2}$$

$$\Rightarrow \quad x = 1 \quad [\because x \neq 0]$$

41. चूँकि $\cos^{-1} x = \tan^{-1} \frac{\sqrt{1-x^2}}{x} \Rightarrow \tan(\cos^{-1} x) = \frac{\sqrt{1-x^2}}{x}$

42. चूँकि $\sin^{-1} x = 2\tan^{-1} x \Rightarrow \sin^{-1} x = \sin^{-1} \frac{2x}{1+x^2}$

$\Rightarrow \quad \frac{2x}{1+x^2} = x \Rightarrow x^3 - x = 0$

$\Rightarrow \quad x(x+1)(x-1) = 0$

$\Rightarrow \quad x = \{-1, 1, 0\}$

43. मान लीजिए $\cot^{-1} x = \theta \Rightarrow x = \cot\theta$

अब, $\quad \operatorname{cosec}\theta = \sqrt{1+\cot^2\theta} = \sqrt{1+x^2}$

$\therefore \quad \sin\theta = \frac{1}{\operatorname{cosec}\theta} = \frac{1}{\sqrt{1+x^2}} \Rightarrow \theta = \sin^{-1}\frac{1}{\sqrt{1+x^2}}$

$\therefore \quad \sin(\cot^{-1} x) = \sin\left(\sin^{-1}\frac{1}{\sqrt{1+x^2}}\right)$

$= \frac{1}{\sqrt{1+x^2}} = (1+x^2)^{-1/2}$

44. माना $\alpha = \cos^{-1}\sqrt{p}, \beta = \cos^{-1}\sqrt{1-p}$ तथा $\gamma = \cos^{-1}\sqrt{1-q}$

या $\quad \cos\alpha = \sqrt{p}, \cos\beta = \sqrt{1-p}$

तथा $\quad \cos\gamma = \sqrt{1-q}$

$\sin\alpha = \sqrt{1-p}, \sin\beta = \sqrt{p}$

तथा $\quad \sin\gamma = \sqrt{q}$

$\because \quad \alpha + \beta + \gamma = \frac{3\pi}{4}$

$\Rightarrow \quad \alpha + \beta = \frac{3\pi}{4} - \gamma$

$\Rightarrow \quad \cos(\alpha+\beta) = \cos\left(\frac{3\pi}{4} - \gamma\right)$

$\Rightarrow \cos\alpha\cos\beta - \sin\alpha\sin\beta = \cos\left\{\pi - \left(\frac{\pi}{4} + \gamma\right)\right\} = -\cos\left(\frac{\pi}{4} + \gamma\right)$

$\Rightarrow \quad \sqrt{p}\sqrt{1-p} - \sqrt{1-p}\sqrt{p} = -\left(\frac{1}{\sqrt{2}}\sqrt{1-q} - \frac{1}{\sqrt{2}}\cdot\sqrt{q}\right)$

$\Rightarrow \quad 0 = \sqrt{1-q} - \sqrt{q} \Rightarrow 1 - q = q \Rightarrow q = \frac{1}{2}$

45. चूँकि $2\sin^{-1} x = \sin^{-1}(2x\sqrt{1-x^2})$ तथा दाएँ पक्ष का परास $\left[-\frac{\pi}{2}, \frac{\pi}{2}\right]$ है।

$\Rightarrow \quad -\frac{\pi}{2} \le 2\sin^{-1} x \le \frac{\pi}{2}$

$\Rightarrow \quad \frac{\pi}{4} \le \sin^{-1} x \le \frac{\pi}{4}$

$\Rightarrow \quad x \in \left[-\frac{1}{\sqrt{2}}, \frac{1}{\sqrt{2}}\right]$

47. चूँकि $3\sin^{-1} x = \sin^{-1}(3x - 4x^3), \forall x \in \left[-\frac{1}{2}, \frac{1}{2}\right]$

$\Rightarrow \; 3\sin^{-1} x = \pi + \sin^{-1}(3x - 4x^3), \forall x \in \left[-1, -\frac{1}{2}\right] \cup \left[\frac{1}{2}, 1\right]$

$\Rightarrow \quad -1 \le x \le 1$

$\Rightarrow \quad |x| \le 1$

48. व्यंजक $= \tan\left(\cos^{-1}\frac{1}{5\sqrt{2}} - \sin^{-1}\frac{4}{\sqrt{17}}\right)$

$= \tan(\tan^{-1} 7 - \tan^{-1} 4)$

$= \tan\left[\tan^{-1}\left(\frac{7-4}{1+28}\right)\right] = \frac{3}{29}$

49. दिया है, $\cos^{-1} x = \alpha \Rightarrow x = \cos\alpha$

$\therefore \quad \sin^{-1}(2\cos\alpha\sqrt{1-\cos^2\alpha}) + \sec^{-1}\left(\frac{1}{2\cos^2\alpha - 1}\right) = \frac{2\pi}{3}$

$\Rightarrow \quad \sin^{-1}(\sin 2\alpha) + \sec^{-1}(\sec 2\alpha) = \frac{2\pi}{3}$

$\Rightarrow \quad 4\alpha = \frac{2\pi}{3} \Rightarrow \alpha = \frac{\pi}{6} \Rightarrow x = \cos\frac{\pi}{6} \Rightarrow x = \frac{\sqrt{3}}{2}$

$\Rightarrow \quad 2x = \sqrt{3} \therefore \tan^{-1}(2x) = \tan^{-1}(\sqrt{3}) = \frac{\pi}{3}$

50. चूँकि $\cot^{-1} x + \cot^{-1} y + \cot^{-1} z = \frac{\pi}{2}$

$\Rightarrow \quad \Sigma\left(\frac{\pi}{2} - \tan^{-1} x\right) = \frac{\pi}{2}$

$\Rightarrow \quad \Sigma\tan^{-1} x = \pi$

$\Rightarrow \quad \tan(\Sigma\tan^{-1} x) = 0$

$\Rightarrow \quad \Sigma\tan(\tan^{-1} x) = \pi\tan(\tan^{-1} x)$

$\Rightarrow \quad x + y + z = xyz$

51. व्यंजक $= \cot^{-1}\left[\frac{\left(\cos\frac{1}{2}x - \sin\frac{1}{2}x\right) + \left(\cos\frac{1}{2}x + \sin\frac{1}{2}x\right)}{\left(\cos\frac{1}{2}x - \sin\frac{1}{2}x\right) - \left(\cos\frac{1}{2}x + \sin\frac{1}{2}x\right)}\right]$

$= \cot^{-1}\left(-\cot\frac{1}{2}x\right) = \cot^{-1}\cot\left(\pi - \frac{1}{2}x\right) = \pi - \frac{1}{2}x$

53. $\because \quad \sec^{-1}\left(\frac{1}{x}\right) + 2\sin^{-1}(1) = \pi$

$\Rightarrow \quad \cos^{-1} x + 2\left(\frac{\pi}{2}\right) = \pi$

$\Rightarrow \quad \cos^{-1} x = 0$

$\Rightarrow \quad x = \cos 0 = 1$

54. दिया है कि $\quad \sin^{-1} x + \sin^{-1} y + \sin^{-1} z = \pi$

$\Rightarrow \quad \sin^{-1}(x) + \sin^{-1}(y) + \sin^{-1}(z) = \sin^{-1}(-1)$

$\Rightarrow \quad \sin^{-1}(x) + \sin^{-1}(y) = \pi - \sin^{-1}(z)$

$\Rightarrow \quad \sin^{-1}(xy - \sqrt{1-x^2}\sqrt{1-y^2}) = \sin^{-1}(-z)$

$\Rightarrow \quad xy - \sqrt{(1-x^2)(1-y^2)} = -z$

$\Rightarrow \quad (xy + z) = \sqrt{(1-x^2)(1-y^2)}$

दोनों तरफ का वर्ग करने पर, $x^2 + y^2 + z^2 + 2xyz = 1$

56. ΔPAO में, $OA = h\cot 60°$ तथा ΔPBO में, $OB = h\cot 30°$

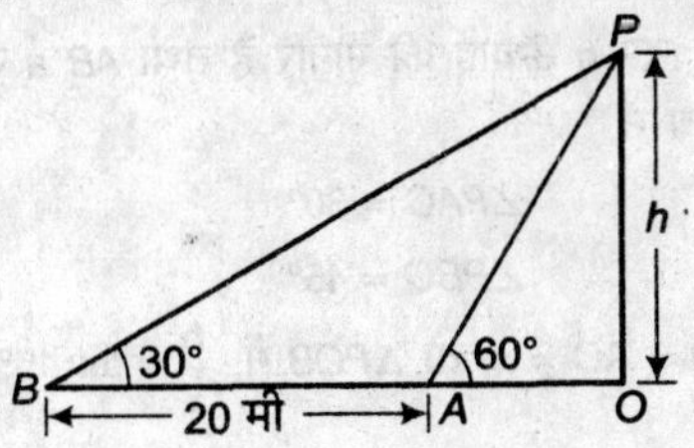

$\therefore \quad OB - OA = 20 = h(\cot 30° - \cot 60°)$

$\Rightarrow h = \dfrac{20}{\sqrt{3} - \dfrac{1}{\sqrt{3}}} = \dfrac{20\sqrt{3}}{2} = 10\sqrt{3}$ मी

57. दिया है, $OQ = 20$ मी

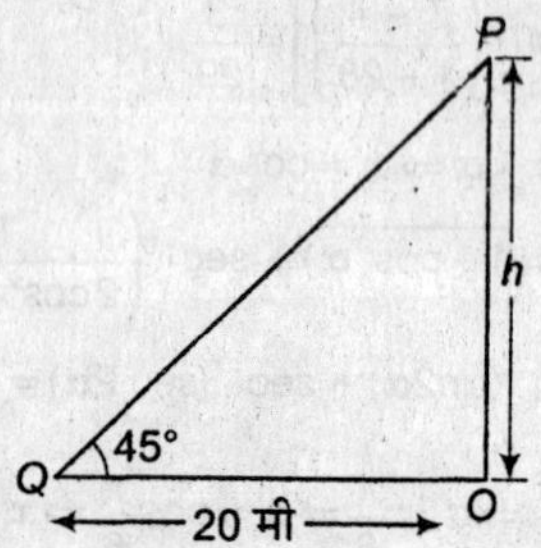

$\Rightarrow h = OQ \tan 45° = 20$ मी

60. $20 \cot 30° = d \Rightarrow d = 20\sqrt{3}$ मी

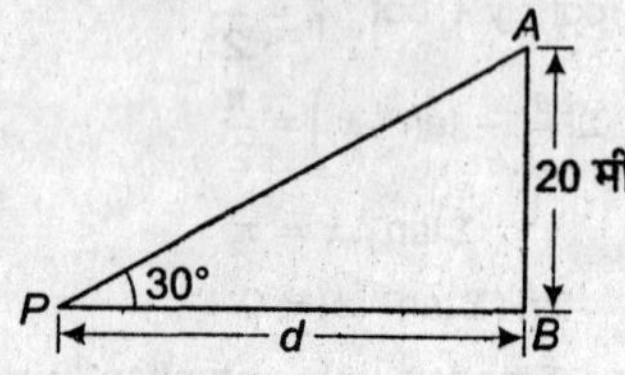

61. मान लीजिए $\angle APB = \theta$

$\tan\theta = \dfrac{h}{h\sqrt{3}} = \dfrac{1}{\sqrt{3}}$

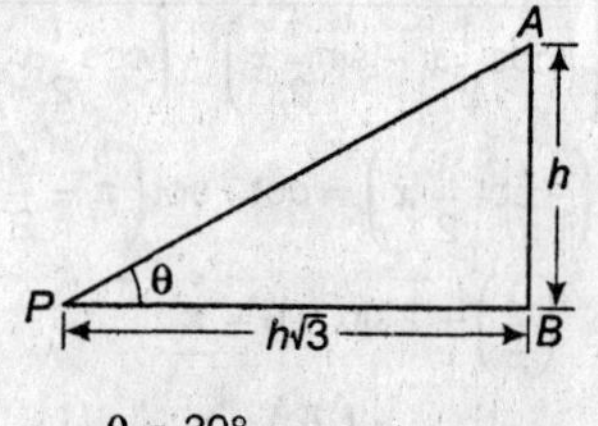

$\therefore \quad \theta = 30°$

62. मान लीजिए PQ स्तम्भ की ऊँचाई h मीटर है तथा A, B समतल पर स्थित दिए गए दो बिन्दु हैं जहाँ $AB = 40$ मी

चित्र में,

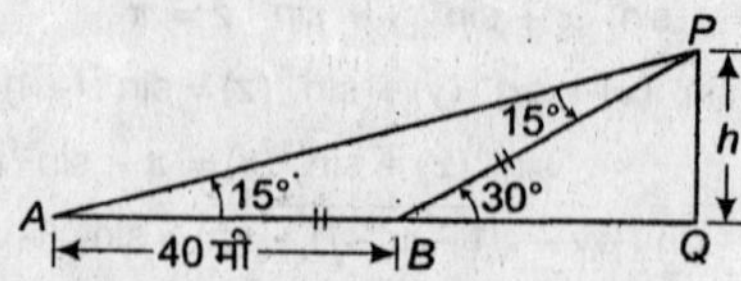

$\angle APB = 30° - 15° = 15° = \angle PAB$

$\Rightarrow \quad PB = AB = 40$ मी

अब, ΔPBQ में, $\dfrac{h}{PB} = \sin 30° \Rightarrow h = 40\left(\dfrac{1}{2}\right) = 20$ मी

63. मान लीजिए PQ, h ऊँचाई की मीनार है तथा AB, a ऊँचाई का मकान है। दिए गए चित्र में,

$\angle PAC = 30°$

तथा $\quad \angle PBQ = 45°$

यदि $\quad BQ = AC = x$, तो ΔPQB में, $\dfrac{h}{x} = \tan 45°$

$\Rightarrow \quad x = h \quad \ldots(i)$

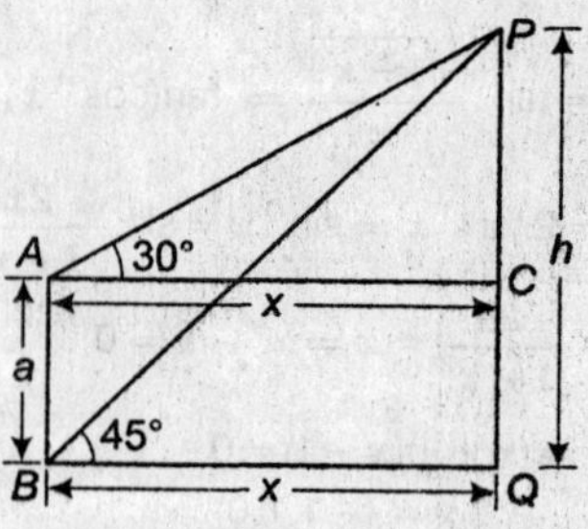

पुनः ΔPCA में,

$\dfrac{h-a}{x} = \tan 30° \Rightarrow h - a = h\left(\dfrac{1}{\sqrt{3}}\right)$ [समी (i) से]

$\Rightarrow \quad h\left(1 - \dfrac{1}{\sqrt{3}}\right) = a$

अतः $\quad h = \dfrac{\sqrt{3}}{\sqrt{3}-1}a = \dfrac{3+\sqrt{3}}{2}a$

64. मान लीजिए PQ की ऊँचाई = h

यदि A एवं B दिए गए दो बिन्दु हों, तो मान लीजिए

$\angle PAQ = \alpha$ तथा $PBQ = \beta$

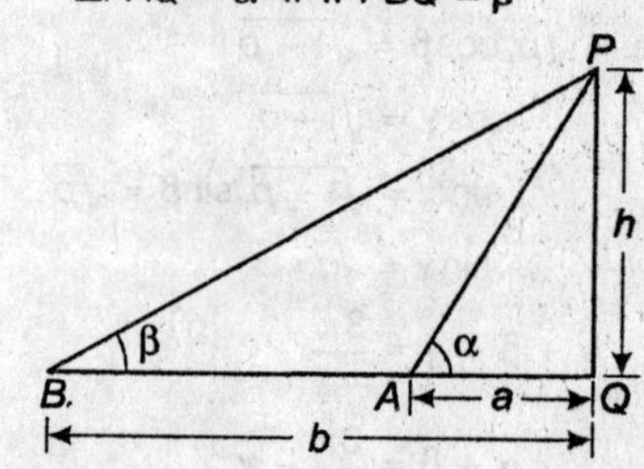

तब, $\quad \alpha + \beta = \dfrac{\pi}{2}$

अब, ΔPAQ में, $\quad \tan\alpha = \dfrac{h}{a} \quad \ldots(i)$

तथा ΔPBQ में, $\quad \tan\beta = \dfrac{h}{b} \quad \ldots(ii)$

समी (i) तथा (ii) से, $\tan\alpha \tan\beta = \dfrac{h}{a}\cdot\dfrac{h}{b}$

$\Rightarrow \quad \tan\alpha \tan\left(\dfrac{\pi}{2} - \alpha\right) = \dfrac{h^2}{ab}$

$\Rightarrow \quad h = \sqrt{ab}$

65. $\because AB = 200 = AQ - BQ$

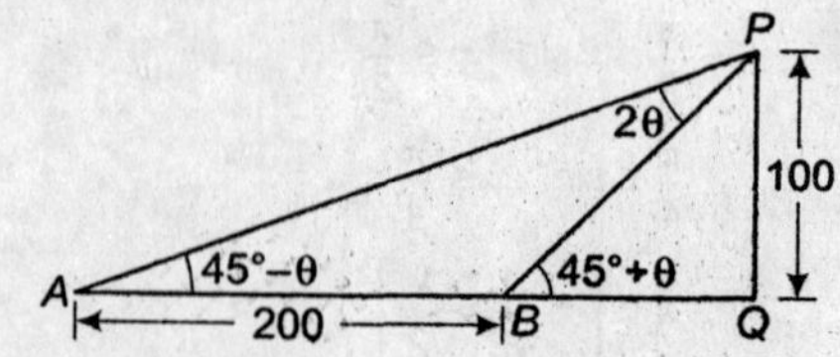

$\Rightarrow \quad 200 = 100\cot(45° - \theta) - 100\cot(45 + \theta)$

$\Rightarrow \quad 200 = 100\left[\dfrac{1+\tan\theta}{1-\tan\theta} - \dfrac{1-\tan\theta}{1+\tan\theta}\right]$

$\Rightarrow \quad 2 = \dfrac{4\tan\theta}{1-\tan^2\theta} = 2\tan 2\theta$

$\therefore \quad \tan 2\theta = 1 = \tan 45° \Rightarrow 2\theta = 45° \Rightarrow \theta = 22.5°$

अध्याय 14

साँख्यिकी, क्रमचय-संचय एवं प्रायिकता

Statistics, Permutation-Combination and Probability

साँख्यिकी एक गणितीय विज्ञान है जिसमें किसी वस्तु/अवयव/तन्त्र/समुदाय से सम्बन्धित आँकड़ों का संग्रह, विश्लेषण, व्याख्या या स्पष्टीकरण और प्रस्तुति की जाती है।

केन्द्रीय प्रविति की मापें

Measures of Central Tendency

सामान्यत: किसी बंटन का औसत मान बटन के मध्य भाग में होता है। इस प्रकार के मानों को केन्द्रीय प्रवृत्ति की माप कहते हैं।

केन्द्रीय प्रवृत्ति की मापें मुख्यत: निम्न पाँच प्रकार की होती हैं

(i) समान्तर माध्य या माध्य (ii) गुणोत्तर माध्य

(iii) हरात्मक माध्य (iv) माध्यिका

(v) बहुलक

समान्तर माध्य Arithmetic Mean

समस्त आँकड़ों के योग को आँकड़ों की कुल संख्या से भाग करने पर प्राप्त मान को माध्य या समान्तर माध्य कहते हैं तथा इसे $\bar{x}$ से प्रदर्शित करते हैं।

अवर्गीकृत आँकड़ों का माध्य

Mean of Unclassified or Ungrouped Data

माना $x_1, x_2, x_3, \ldots, x_n$, n आँकड़े हैं, तब माध्य निम्न है

(i) **प्रत्यक्ष विधि** $\bar{x} = \dfrac{x_1 + x_2 + \ldots + x_n}{n} = \dfrac{1}{n}\sum_{i=1}^{n} x_i$

(ii) **लघु विधि** $\bar{x} = A + \dfrac{1}{n}\sum_{i=1}^{n} d_i$

जहाँ, A = कल्पित माध्य व $d_i = x_i - A$

वर्गीकृत या सतत् आँकड़ों का माध्य

Mean of Grouped or Continuous Data

माना $x_1, x_2, x_3, \ldots, x_n$, n आँकड़े हैं जिनकी संगत बारम्बारताएँ $f_1, f_2, f_3, \ldots, f_n$ हैं, तब माध्य निम्न ह

(i) **प्रत्यक्ष विधि** $\bar{x} = \dfrac{x_1f_1 + x_2f_2 + \ldots + x_nf_n}{f_1 + f_2 + \ldots + f_n} = \dfrac{\sum_{i=1}^{n} f_ix_i}{\sum_{i=1}^{n} f_i}$

(ii) **लघु विधि** $\bar{x} = A + \dfrac{\sum_{i=1}^{n} f_i\, d_i}{\sum_{i=1}^{n} f_i}$

जहाँ, A = कल्पित माध्य तथा $d_i = x_i - A$

नोट **वर्ग चिह्न** चूँकि वर्गीकृत आँकड़े किसी विशेष वर्ग अन्तराल के मध्य बारम्बारता को प्रदर्शित करते हैं। इसलिए हमें वास्तव में यह ज्ञात नहीं होता है कि विशेष सीमा के मध्य स्थित एक विशेष आँकड़ें की पुनरावृत्ति कितनी बार हो रही है। अत: दी गई बारम्बारता को उस विशिष्ट वर्ग अन्तराल के मध्य-बिन्दु की बारम्बारता मान लेते हैं। यह मध्य-बिन्दु वर्ग चिह्न कहलाता है।

अत: किसी वर्ग अन्तराल का वर्ग चिह्न

$$= \frac{(\text{अन्तराल की निम्न सीमा} + \text{अन्तराल की उच्च सीमा})}{2}$$

भारित समान्तर माध्य Weighted Arithmetic Mean

यदि $x_1, x_2, \ldots, x_n$ के संगत भार $w_1, w_2, \ldots, w_n$ हों, तब

$$\text{भारित समान्तर माध्य} = \frac{w_1x_1 + w_2x_2 + \ldots + w_nx_n}{w_1 + w_2 + \ldots + w_n} = \frac{\sum_{i=1}^{n} w_ix_i}{\sum_{i=1}^{n} w_i}$$

संयुक्त माध्य Combined Mean

यदि दो आँकड़ों के समुच्चय दिए गए हैं, तब दोनों आँकड़ों के समुच्चय के संयुक्त माध्य को निम्न सूत्र द्वारा ज्ञात किया जा सकता है

$$\bar{x}_{12} = \frac{n_1\bar{x}_1 + n_2\bar{x}_2}{n_1 + n_2}$$

जहाँ, $\bar{x}_{12}$ = दोनों आँकड़ों के समुच्चय का माध्य

$\bar{x}_1$ = आँकड़ों के पहले समुच्चय का माध्य

n_1 = पहले समुच्चय में आँकड़ों की संख्या

$\bar{x}_2$ = आँकड़ों के दूसरे समुच्चय का माध्य

तथा n_2 = दूसरे समुच्चय में आँकड़ों की संख्या

समान्तर माध्य के गुण
Properties of Arithmetic Mean

(i) समान्तर माध्य के सापेक्ष विचलनों का योग शून्य होता है।

(ii) समान्तर माध्य के सापेक्ष विचलनों के वर्गों का योग न्यूनतम होता है।

(iii) माध्य मूलबिन्दु तथा स्केल परिवर्तन से प्रभावित होता है।

(iv) माना $x_1, x_2, x_3, \dots, x_n$ चर X के n मान हैं जिनका समान्तर माध्य $\bar{X}$ है, तब $\overline{X+\lambda} = \bar{X} + \lambda$

$\Rightarrow$ $\overline{\lambda X} = \lambda\bar{X} \Rightarrow \overline{\lambda X + \delta} = \lambda\bar{X} + \delta$

जहाँ, λ एवं δ अचर संख्याएँ हैं।

गुणोत्तर माध्य Geometric Mean

आँकड़ों की गुणा का nवाँ मूल गुणोत्तर माध्य कहलाता है।

अवर्गीकृत आँकड़ों का गुणोत्तर माध्य
Geometric Mean of Ungrouped Data

माना $x_1, x_2, x_3, \dots, x_n > 0$, n प्रेक्षण हैं, तब गुणोत्तर माध्य

$$G = (x_1 \cdot x_2 \cdot x_3 \cdot \dots \cdot x_n)^{1/n}$$

$$\Rightarrow \log G = \frac{1}{n}(\log x_1 + \log x_2 + \dots + \log x_n)$$

$$\Rightarrow \log G = \frac{1}{n}\sum_{i=1}^{n}\log x_i \Rightarrow G = \text{antilog}\left(\frac{1}{n}\sum_{i=1}^{n}\log x_i\right)$$

वर्गीकृत आँकड़ों का गुणोत्तर माध्य
Geometric Mean of Grouped Data

माना $x_1, x_2, x_3, \dots, x_n > 0$, n प्रेक्षण हैं जिनके संगत बारम्बारताएँ $f_1, f_2, f_3, \dots, f_n$ हैं, तब गुणोत्तर माध्य

$$G = (x_1^{f_1} \cdot x_2^{f_2} \cdot x_3^{f_3} \cdot \dots \cdot x_n^{f_n})^{1/N}, \text{ जहाँ } N = \sum_{i=1}^{n} f_i$$

$$\Rightarrow \log G = \frac{1}{N}(f_1 \log x_1 + f_2 \log x_2 + \dots + f_n \log x_n)$$

$$\Rightarrow \log G = \frac{1}{N}\sum_{i=1}^{n} f_i \log x_i$$

$$\Rightarrow G = \text{antilog}\left(\frac{1}{N}\sum_{i=1}^{n} f_i \log x_i\right)$$

संयुक्त गुणोत्तर माध्य Combined Geometric Mean

माना G_1, G_2 क्रमशः n_1, n_2 पदों वाली दो श्रेणियों के गुणोत्तर माध्य हैं तथा उनकी संयुक्त श्रेणी का गुणोत्तर माध्य G हो, तो

$$\log G = \frac{n_1 \log G_1 + n_2 \log G_2}{n_1 + n_2}$$

हरात्मक माध्य Harmonic Mean

किसी श्रेणी के प्रेक्षणों के समान्तर माध्य का व्युत्क्रम हरात्मक माध्य कहलाता है।

अवर्गीकृत आँकड़ों का हरात्मक माध्य
Harmonic Mean of Ungrouped Data

माना $x_1, x_2, x_3, \dots, x_n$, n प्रेक्षण हैं, तब हरात्मक माध्य,

$$\text{HM} = \frac{n}{\frac{1}{x_1} + \frac{1}{x_2} + \dots + \frac{1}{x_n}}$$

वर्गीकृत आँकड़ों का हरात्मक माध्य
Harmonic Mean of Grouped Data

माना $x_1, x_2, x_3, \dots, x_n$, n प्रेक्षण हैं जिनकी संगत बारम्बारताएँ $f_1, f_2, f_3, \dots, f_n$ हैं, तब

$$\text{हरात्मक माध्य (HM)} = \frac{f_1 + f_2 + f_3 + \dots + f_n}{\left(\frac{f_1}{x_1} + \frac{f_2}{x_2} + \dots + \frac{f_n}{x_n}\right)}$$

माध्यिका Median

प्रेक्षणों के समुच्चय को मापांक के (आरोही या अवरोही क्रम में) क्रम में व्यवस्थित करने पर प्राप्त मध्यमान, माध्यिका कहलाता है। यह प्रेक्षणों को दो बराबर भागों में इस प्रकार विभाजित करता है कि माध्यिका से छोटे प्रेक्षणों की संख्या इससे अधिक प्रेक्षणों की संख्या के बराबर होती है।

वैयक्तिक या अवर्गीकृत आँकड़ों की माध्यिका
Median of Individual or Ungrouped Data

माना प्रेक्षणों की संख्या n है। आँकड़ों को आरोही क्रम या अवरोही क्रम में व्यवस्थित करते हैं।

(i) यदि n विषम संख्या है, तब

$$\text{माध्यिका} = \left(\frac{n+1}{2}\right)\text{वें पद का मान}$$

(ii) यदि n एक सम संख्या है, तब

$$\text{माध्यिका} = \frac{\frac{n}{2}\text{वें पद का मान} + \left(\frac{n}{2}+1\right)\text{वें पद का मान}}{2}$$

वितत् श्रेणी की माध्यिका Median of a Discrete Series

सर्वप्रथम दिए गए आँकड़ों को आरोही या अवरोही क्रम में व्यवस्थित करके संचयी बारम्बारता ज्ञात करते हैं।

अब, $\frac{N}{2}$ ज्ञात करते हैं, जहाँ $N = \Sigma f_i \cdot \frac{N}{2}$ से ठीक बड़ी संचयी बारम्बारता के संगत x का मान अभीष्ट माध्यिका होगी।

सतत् श्रेणी की माध्यिका
Median of a Continuous Series

सर्वप्रथम दिए गए आँकड़ों की संचयी बारम्बारता सारणी ज्ञात करके $\frac{N}{2}$ ज्ञात करते हैं, जहाँ $N = \Sigma f_i \cdot \frac{N}{2}$ से ठीक बड़ी संचयी बारम्बारता वाला वर्ग माध्यिका वर्ग कहलाता है तथा माध्यिका का मान निम्न सूत्र द्वारा ज्ञात करते है।

$$\text{माध्यिका} = l + \left(\frac{\frac{N}{2} - c}{f}\right) \times h$$

जहाँ, l = माध्यिका वर्ग की निम्न सीमा
f = माध्यिका वर्ग की बारम्बारता
h = माध्यिका वर्ग का आकार (Size)
तथा c = माध्यिका वर्ग से पहले वर्ग की संचयी बारम्बारता

बहुलक Mode

चर का वह मान जो सर्वाधिक बार उपस्थित हो अर्थात् जिसकी पुनरावृत्ति सर्वाधिक हो बहुलक कहलाता है।

(i) **वैयक्तिक श्रेणी का बहुलक** (Mode of an Individual Series) श्रेणी में अधिकतम बार पुनरावृत्ति वाले मान को श्रेणी का बहुलक कहते हैं।

(ii) **वितत् श्रेणी का बहुलक** (Mode of a Discrete Series) वितत् श्रेणी में अधिकतम बारम्बारता वाले चर का मान वितत् श्रेणी का बहुलक होता है।

(iii) **सतत् श्रेणी का बहुलक** (Mode of a Continuous Series) अधिकतम बारम्बारता वाले वर्ग को बहुलक वर्ग कहते हैं तथा बहुलक निम्न सूत्र द्वारा ज्ञात करते हैं।

$$\text{बहुलक} = l + \frac{f_1 - f_0}{2f_1 - f_0 - f_2} \times h$$

जहाँ, l = बहुलक वर्ग की निम्न सीमा,
h = बहुलक वर्ग का आकार
f_1 = बहुलक वर्ग की बारम्बारता,
f_0 = बहुलक वर्ग से पहले वर्ग की बारम्बारता
तथा f_2 = बहुलक वर्ग से अगले वर्ग की बारम्बारता

माध्य, माध्यिका व बहुलक में सम्बन्ध
Relation among Mean, Median and Mode

बहुलक = 3 (माध्यिका) − 2 (माध्य)

या माध्य − बहुलक = 3 (माध्य − माध्यिका)

दण्ड आरेख Bar Graph

जब एक क्षैतिज व ऊर्ध्वाधर रेखा के साथ आँकड़ों को व्यवस्थित करके आरेख बनाया जाता है, तो उसे दण्ड आरेख कहते हैं। दण्ड आरेख में प्रत्येक दण्ड की केवल लम्बाई ही आँकड़ों को व्यक्त करती है। इनकी मोटाई तथा बीच की दूरी केवल आकर्षण के लिए होती है। दण्ड आरेख एकविमीय आकृति है।

सामान्यत: क्षैतिज रेखा पर शीर्षक का नाम, आँकड़ों का प्रकार, कम्पनी, वर्ष इत्यादि को लिखते हैं तथा ऊर्ध्वाधर रेखा पर आँकड़ों को दिए गए शीर्षक के अनुसार एक विशेष पैमाने के आधार पर लिखते हैं।

दण्ड आरेख के प्रकार Types of Bar Graph

(i) **एक दण्ड आरेख** इसके अन्तर्गत केवल एक ही गुण या विशेषता वाले समंकों को प्रदर्शित किया जाता है। इन्हें एकल दण्ड आरेख या सरल आरेख कहा जाता है।

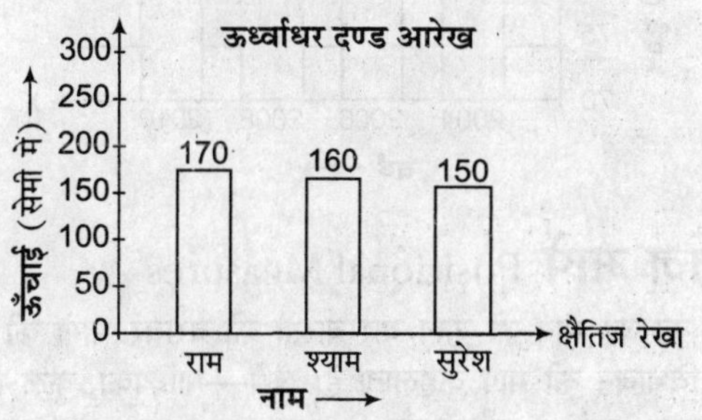

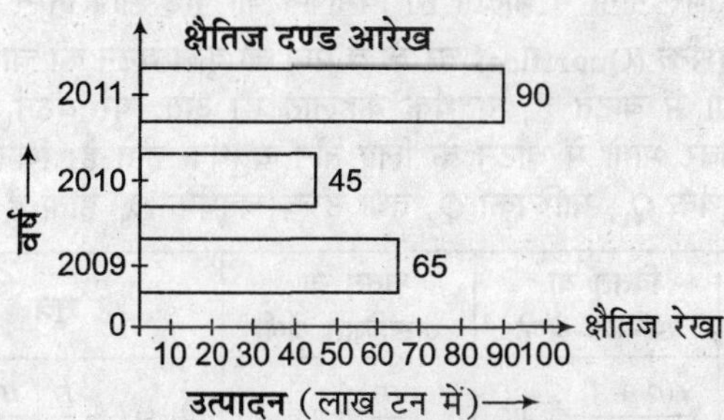

(ii) **बहुगुण दण्ड आरेख** इसके अन्तर्गत एक से अधिक गुण या विशेषताओं वाले समंकों को प्रदर्शित किया जाता है। एक ही समंक के भिन्न-भिन्न गुण वाले दण्डों को एक-दूसरे के साथ संलगन करके बनाया जाता है। दो भिन्न-भिन्न समंकों के गुणों को दर्शाने वाले दण्डों के बीच थोड़ा सा रिक्त स्थान रखा जाता है।

पाँच संस्थाओं में पुरुषों और महिलाओं का प्रतिशत ब्यौरा

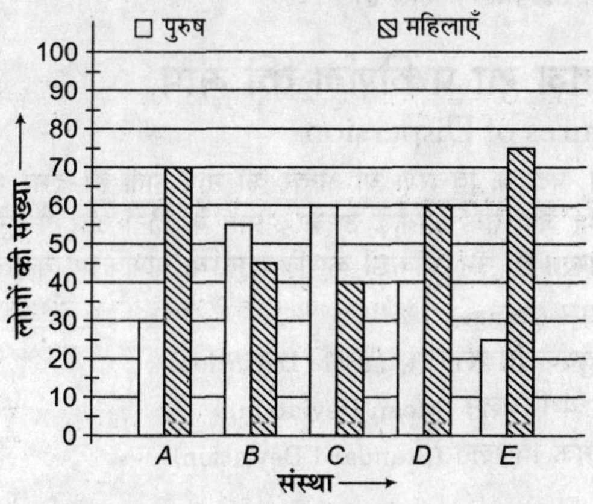

(iii) **अन्त: विभाजित दण्ड आरेख** इसके अन्तर्गत एक ही चर राशि को उसके अनेक भागों में विभक्त करके प्रदर्शित किया जाता है। इसमें दो प्रकार के समंकों और उनके पारस्परिक अन्तर को तुलनात्मक रूप में दर्शाया जाता है।

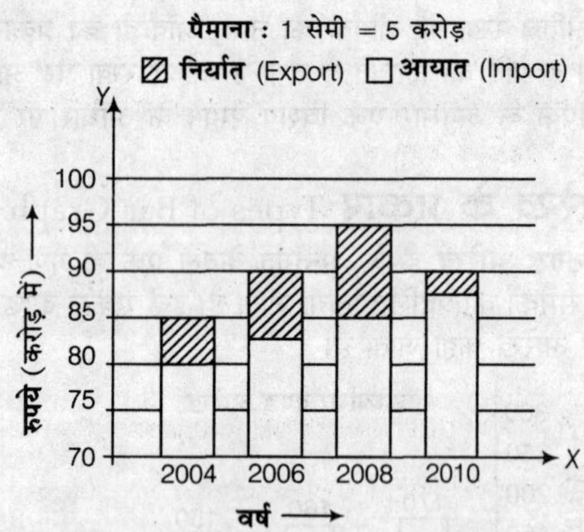

विभाजन मापें Positional Measures

किसी चर का वह मान जो कुल बारम्बारता को बराबर भागों की संख्या में बाँटता है विभाजन की माप कहलाता है। जैसे—माध्यिका, कुल बारम्बारता को दो बराबर भागों में बाँटती है। विभाजन की कुछ मापें निम्न हैं

(i) **चतुर्थक** (Quartiles) चर के वे मान जो कुल बंटन को चार बराबर भागों में बाँटते हैं, चतुर्थक कहलाते हैं। अत: पूरे बंटन को चार बराबर भागों में बाँटने के लिए तीन चतुर्थक होते हैं। जिनके निम्न चतुर्थक Q_1, माध्यिका Q_2 तथा उच्च चतुर्थक Q_3 होता है।

	वितत् या खण्डित श्रेणी	सतत् या अखण्डित श्रेणी	सूत्र
Q_r	$\frac{r(n+1)}{2}$ वाँ पद	$\frac{rn}{4}$ वाँ पद	$Q_r = l + \frac{h}{f}\left(\frac{rn}{4} - c\right)$

(ii) **दशमक** (Deciles) चर के वे मान जो बंटन को दस बराबर भागों में विभाजित करते हैं, दशमक कहलाते हैं। साथ ही एक श्रेणी में 9 दशमक होते हैं।

(iii) **शतमक** (Percentiles) चर के वे मान जो बंटन को सौ बराबर भागों में विभाजित करते हैं, शतमक कहलाते हैं। साथ ही एक श्रेणी में 99 शतमक होते हैं।

विचलन या प्रकीर्णन की मापें
Measures of Dispersion

विचलन, पदों के विचरण या अन्तर की माप होती है। दूसरे शब्दों में, वह सीमा जहाँ तक आँकड़े उनके औसत के दोनों ओर फैलने की प्रवृत्ति रखते हैं, उन आँकड़ों का विचलन या अपकिरण कहलाती है।

1. परास (Range)
2. चतुर्थक विचलन (Quartile Deviation)
3. माध्य विचलन (Mean Deviation)
4. मानक विचलन (Standard Deviation)

परास या परिसर Range

बंटन के प्रेक्षणों में से अधिकतम व न्यूनतम प्रेक्षणों का अन्तर परास कहलाता है। यदि प्रेक्षणों में L अधिकतम व S न्यूनतम प्रेक्षण है, तब

$$\text{परास} = L - S \text{ तथा परास का गुणांक} = \frac{L - S}{L + S}$$

चतुर्थक विचलन Quartile Deviation

चतुर्थक विचलन या अर्द्ध अन्त: चतुर्थक परास निम्न सूत्र द्वारा ज्ञात किया जाता है।

$$QD = \frac{1}{2}(Q_3 - Q_1) \text{ तथा } QD \text{ का गुणांक} = \frac{Q_3 - Q_1}{Q_3 + Q_1}$$

जहाँ, Q_1 = प्रथम चतुर्थक तथा Q_3 = तृतीय चतुर्थक

माध्य विचलन Mean Deviation

किसी बंटन का माध्य विचलन, बंटन के पदों का सांख्यिकी माध्य (समान्तर माध्य, माध्यिका या बहुलक) के सापेक्ष विचलन का समान्तर माध्य होता है।

अवर्गीकृत या वैयक्ति श्रेणी के लिए
For Ungrouped or Individual Series

यदि $x_1, x_2, ..., x_3, n$ प्रेक्षण हैं, तब औसत A (माध्य या माध्यिका या बहुलक) के सापेक्ष माध्य विचलन निम्न है

$$\text{माध्य विचलन, MD} = \frac{\sum_{i=1}^{n} |x_i - A|}{n} = \frac{\sum_{i=1}^{n} |d_i|}{n} \text{ जहाँ, } d_i = x_i - A$$

वर्गीकृत बंटन के लिए For Grouped Distribution

यदि $x_1, x_2, \dots, x_n, n$ प्रेक्षण है जिनकी संगत बारम्बारता $f_1, f_2, \dots, f_n$ हैं, तब औसत A (माध्य या माध्यिका या बहुलक) के सापेक्ष माध्य विचलन निम्न है।

$$\text{MD} = \frac{\sum_{i=1}^{n} f_i |x_i - A|}{\sum_{i=1}^{n} f_i} = \frac{\sum_{i=1}^{n} f_i |d_i|}{\sum_{i=1}^{n} f_i}$$

माध्य विचलन का गुणांक Coefficient of MD

$$= \frac{\text{माध्य विचलन}}{\text{संगत औसत}}$$

मानक विचलन Standard Deviation

चर के विभिन्न मानों के अपने समान्तर माध्य से विचलनों के वर्गों के समान्तर माध्य का वर्गमूल मानक विचलन कहलाता है। इसे ग्रीक अक्षर σ (सिग्मा) से निरूपित करते हैं।

अवर्गीकृत आँकड़ों के लिए मानक विचलन
Standard Deviation for Ungrouped Data

माना किसी चर X के n मान $x_1, x_2, x_3, \dots, x_n$ हो, तो मानक विचलन

$$\sigma = \sqrt{\frac{1}{n}\sum_{i=1}^{n}(x_i - \bar{x})^2} \quad \text{या} \quad \sigma = \sqrt{\frac{\sum_{i=1}^{n} x_i^2}{n} - (\bar{x})^2}$$

या $$\sigma = \sqrt{\frac{1}{n}\sum_{i=1}^{n} d_i^2 - \left(\frac{1}{n}\sum_{i=1}^{n} d_i\right)^2}$$

जहाँ, $\bar{x}$ = माध्य (Mean) तथा $d_i = x_i - \bar{x}$

वर्गीकृत आँकड़ों के लिए मानक विचलन
Standard Deviation for Grouped Data

(i) **असतत् बंटन का मानक विचल**
Standard Deviation for Discontinuous Distribution

माना किसी चर X के n मानों $x_1, x_2, x_3, \ldots, x_n$ के संगत बारम्बारता बंटन $f_1, f_2, f_3, \ldots, f_n$ हैं, तो मानक विचलन

$$\sigma = \sqrt{\frac{1}{N}\sum_{i=1}^{n} f_i (x_i - \bar{x})^2}, \text{ जहाँ } N = \sum_{i=1}^{n} f_i, \ \bar{x} = \text{माध्य}$$

(ii) **सतत् बंटन का मानक विचलन**
Standard Deviation for Continuous Distribution

यदि n वर्गों वाला बारम्बारता बंटन जिसमें प्रत्येक अन्तराल उसके मध्यमान x_i तथा बारम्बारता f_i द्वारा परिभाषित हो, तो मानक विचलन

$$\sigma = \sqrt{\frac{1}{N}\sum_{i=1}^{n} f_i(x_i - \bar{x})^2} \text{ या } \sigma = \frac{\sum_{i=1}^{n} f_i x_i^2 - (\bar{x})^2}{N}$$

या $$\sigma = \sqrt{\frac{1}{N}\left(\sum_{i=1}^{n} f_i d_i^2\right) - \frac{1}{N}\left(\sum_{i=1}^{n} f_i d_i\right)^2}$$

जहाँ, $\bar{x}$ बंटन का माध्य $d_i = x_i - \bar{x}$ तथा $N = \sum_{i=1}^{n} f_i$

मानक विचलन गुणांक
Coefficient of Standard Deviation

$$\text{मानक विचलन गुणांक} = \frac{\text{मानक विचलन}}{\text{माध्य}} = \frac{\sigma}{\bar{x}}$$

मानक विचलन के गुण
Properties of Standard Deviation

(i) यह मूलबिन्दु में परिवर्तन से प्रभावित नहीं होता है।

(ii) यह स्केल में परिवर्तन से प्रभावित होता है।

(iii) यह माध्य के सापेक्ष माध्य विचलन से कम नहीं होता है।

(iv) माना n_1 और n_2 दो श्रेणियों के आकार हैं। इनके माध्य तथा मानक विचलन क्रमशः $\bar{x}_1, \bar{x}_2$ तथा σ_1, σ_2 हैं। माना $\bar{x}$ दोनों श्रेणियों के संयुक्त माध्य को प्रदर्शित करता है अर्थात्

$$\bar{x} = \frac{n_1\bar{x}_1 + n_2\bar{x}_2}{n_1 + n_2}$$

$\therefore$ दोनों श्रेणियों का संयुक्त मानक विचलन निम्न सूत्र द्वारा ज्ञात किया जाता है।

$$\sigma = \sqrt{\frac{n_1(\sigma_1^2 + d_1^2) + n_2(\sigma_2^2 + d_2^2)}{n_1 + n_2}}$$

या $$\sigma = \sqrt{\frac{n_1\sigma_1^2 + n_2\sigma_2^2}{n_1 + n_2} + \frac{n_1 n_2(\bar{x}_1 - \bar{x}_2)^2}{(n_1 + n_2)^2}}$$

जहाँ, $d_1 = \bar{x}_1 - \bar{x}$ तथा $d_2 = \bar{x}_2 - \bar{x}$

(v) $\sigma = \dfrac{3(\text{चतुर्थक विचलन})}{2}$ (vi) $\sigma = \dfrac{5\,(\text{माध्य विचलन})}{4}$

प्रसरण Variance

किसी बंटन के मानक विचलन के वर्ग को प्रसरण कहते हैं। इसे सामान्यतः σ^2 से प्रदर्शित करते हैं।

तब, $\text{Var}(x) = \sigma^2 = (\text{मानक विचलन})^2$

अर्थात् $$\sigma^2 = \frac{1}{N}\sum_{i=1}^{n} f_i (x_i - \bar{x})^2 = \frac{1}{N}\sum_{i=1}^{n} f_i x_i^2 - \left(\frac{1}{N}\sum_{i=1}^{n} f_i x_i\right)^2$$

प्रसरण गुणांक Coefficient of Variance

$$\text{प्रसरण गुणांक} = \text{मानक विचलन गुणांक} \times 100 = \frac{\sigma}{\bar{x}} \times 100$$

प्रसरण के गुण Properties of Variance

(i) प्रसरण तथा मानक विचलन कल्पित माध्य के परिवर्तन से परिवर्तित नहीं होते हैं।

(ii) प्रसरण तथा मानक विचलन पैमाने के परिवर्तन से परिवर्तित हो जाते हैं।

(iii) माना n_1 तथा n_2 पदों वाली श्रेणियों के समान्तर माध्य क्रमशः x_1 तथा x_2 हैं तथा प्रसरण क्रमशः $\sigma_{x_1}^2, \sigma_{x_2}^2$ है, तब दोनों श्रेणियों की संयुक्त श्रेणी का प्रसरण,

$$\sigma^2 = \frac{n_1\sigma_{x_1}^2 + n_2\sigma_{x_2}^2}{n_1 + n_2} + \frac{n_1 n_2}{(n_1 + n_2)^2}(x_1 - x_2)^2$$

$$= \frac{1}{n_1 + n_2}[n_1(\sigma_{x_1}^2 + d_1^2) + n_2(\sigma_{x_2}^2 + d_2^2)]$$

जहाँ, $d_1 = \bar{x}_1 - \bar{x}, d_2 = \bar{x}_2 - \bar{x}$ तथा $\bar{x} = \dfrac{n_1\bar{x}_1 + n_2\bar{x}_2}{n_1 + n_2}$

(iv) यदि किसी बंटन में चर के सभी मानों को एक अचर संख्या λ से गुणा कर दें, तो बंटन के प्रसरण में λ^2 से गुणा हो जाती है। अतः

$$\text{Var}(\lambda X) = \lambda^2 \text{ Var}(X)$$

(v) यदि किसी बंटन में चर के मानों को एक अचर राशि λ से बढ़ा दें/घटा दें, तो बंटन के प्रसरण में कोई परिवर्तन नहीं होता है। अतः

$$\text{Var}(X \pm \lambda) = \text{Var}(X)$$

(vi) $\text{Var}(\lambda X + \delta) = \lambda^2 \text{ Var}(X)$

माध्य वर्ग विचलन Mean Square Deviation

किसी बंटन में कल्पित माध्य A से चर मानों के विचलनों के वर्गों का माध्य उस बंटन का A से माध्य वर्ग विचलन कहलाता है जिसे S^2 से निरूपित करते हैं।

अतः माध्य वर्ग विचलन $S^2 = \dfrac{\Sigma(x_i - A)^2}{n} = \dfrac{\Sigma f_i(x_i - A)^2}{N}$

माध्य वर्ग विचलन का धनात्मक वर्गमूल वर्ग माध्य मूल विचलन (root mean square deviation) कहलाता है। इसे S से निरूपित करते हैं।

प्रसरण तथा माध्य वर्ग विचलन में सम्बन्ध
Relation between Variance and Mean Square Deviation

प्रसरण तथा माध्य वर्ग विचलन में निम्न सम्बन्ध होता है

$$S^2 = \sigma^2 + d^2, \text{ जहाँ } d = \bar{x} - A$$

स्पष्ट है कि माध्य वर्ग विचलन निम्नतम होगा, यदि $d = 0 \Rightarrow \bar{x} = A$

बारम्बारता बंटनों का विश्लेषण
Analysis of Frequency Distribution

अभी तक इस अध्याय में हम प्रकीर्णन की मापों के विषय में अध्ययन कर चुके हैं। माध्य व मानक विचलन की इकाई वही होती है जो दिए हुए आँकड़ों की होती है लेकिन दो भिन्न-भिन्न इकाइयों वाले बंटनों की तुलना करने के लिए एक विशेष प्रकार की माप की आवश्यकता होती है जो आँकड़ों की इकाई से स्वतन्त्र हो। इस स्वतन्त्र इकाई को विचरण गुणांक कहते हैं। विचरण गुणांक को CV (Coefficient of variation) से निरूपित करते हैं।

यदि दिए गए आँकड़ों का माध्य $\bar{x}$ तथा मानक विचलन σ है, तो

$$\text{विचरण गुणांक (CV)} = \frac{\sigma}{\bar{x}} \times 100, \bar{x} \neq 0$$

दो समान माध्य वाले बारम्बारता बंटनों की तुलना
Comparison of Two Frequency Distributions with Same Mean

माना दो बारम्बारता बंटनों का समान समान्तर माध्य $\bar{x}$ और मानक विचलन σ_1 व σ_2 हैं।

तब, पहले बंटन का विचरण गुणांक $(CV)_1 = \left(\frac{\sigma_1}{\bar{x}} \times 100\right)\%$

तथा दूसरे बंटन का विचरण गुणांक $(CV)_2 = \left(\frac{\sigma_2}{\bar{x}} \times 100\right)\%$

अत: $\frac{(CV)_1}{(CV)_2} = \frac{\sigma_1}{\sigma_2}$

यहाँ, दोनों विचरण गुणांकों की तुलना σ_1 व σ_2 के मानों के आधार पर होती है। स्पष्ट है कि समान माध्य वाली दो शृंखलाओं में से अधिक मानक विचलन वाली शृंखला को अधिक प्रक्षेपित कहा जाता है तथा कम मानक विचलन वाली शृंखला को दूसरी की अपेक्षा अधिक संगत कहा जाता है।

नोट किसी बारम्बारता बंटन की स्थिरता या उसका बिखराव उसके विचरण गुणांक से मापा जा सकता है। विचरण गुणांक जितना कम होगा, बंटन की स्थिरता उतनी ही अधिक होगी तथा विचरण गुणांक जितना अधिक होगा, बंटन की स्थिरता उतनी ही कम होगी अर्थात् बिखराव उतना ही अधिक होगा।

गणना के मूलभूत सिद्धान्त
Fundamental Principles of Counting

गणना के निम्नलिखित दो मूलभूत सिद्धान्त होते हैं

1. गुणन का आधारभूत सिद्धान्त
Fundamental Principle of Multiplication

यदि किसी कार्य को m प्रकार से किया जा सकता है जिसके बाद दूसरे कार्य को n प्रकार से किया जा सकता है, तो दोनों कार्यों को क्रमानुसार $m \times n$ प्रकार से किया जा सकता है।

जैसे—एक हॉल में 12 दरवाजे हैं। यदि एक व्यक्ति किसी दरवाजे से हॉल में अन्दर जाकर किसी अन्य दरवाजे से 11 प्रकार से बाहर आ सकता है।

$\therefore$ कुल तरीकों की संख्या $= 12 \times 11 = 132$

व्यापक रूप में, 'यदि किसी कार्य को m प्रकार से किया जा सकता है जिसके बाद दूसरे कार्य को n प्रकार से किया जा सकता है तथा उसके बाद तीसरा कार्य p प्रकार से किया जा सकता है इत्यादि (क्रियाओं की संख्या परिमित हो)। तब, वर्णित क्रम में सभी कार्यों को एकसाथ $m \times n \times p \ldots$ प्रकार से किया जा सकता है।

2. योग का आधारभूत सिद्धान्त
Fundamental Principle of Addition

यदि किसी कार्य को m प्रकार से तथा अन्य कार्य जोकि पहले कार्य से पूर्णत: स्वतन्त्र है, n प्रकार से किया जा सकता है, तो दोनों में से कम-से-कम एक कार्य को करने के कुल तरीकों की संख्या $(m + n)$ होगी।

जैसे—किसी कक्षा में 25 विद्यार्थी हैं जिनमें से 15 लड़के तथा 10 लड़कियाँ हैं, तब मॉनीटर के लिए 15 लड़कों में से एक लड़के को चुनने के तरीकों की संख्या 15 है तथा 10 लड़कियों में से एक लड़की को चुनने के तरीकों की संख्या 10 है। इसलिए मॉनीटर के लिए एक लड़के या लड़की को चुनने के तरीकों की संख्या $= 10 + 15 = 25$

व्यापक रूप में, यदि कई सह अपवर्जक क्रियाएँ (स्वतन्त्र क्रियाएँ) क्रमश: $m, n, p, \ldots$ इत्यादि विभिन्न विधियों से पूर्ण हो रही हों (क्रियाओं की संख्या परिमित हो), तो सभी में से कोई क्रिया $(m + n + p + \ldots)$ विधियों से पूर्ण हो सकती है।

क्रमगुणित निरूपण Factorial Notation

प्रथम n प्राकृतिक संख्याओं के गुणनफल को $n!$ से निरूपित करते हैं तथा 'क्रमगुणित (Factorial) n' पढ़ते हैं।

इस प्रकार, $n! = n\,(n-1)\,(n-2) \ldots 3 \cdot 2 \cdot 1$

जैसे— $5! = 5 \times 4 \times 3 \times 2 \times 1 = 120$

तथा $4! = 4 \times 3! = 4 \times 3 \times 2! = 4 \times 3 \times 2 \times 1 = 24$

क्रमगुणित निरूपण के गुण
Properties of Factorial Notation

(i) $0! = 1$

(ii) भिन्नों व ऋणात्मक पूर्णांकों के क्रमगुणित (factorial) अपरिभाषित होते हैं।

(iii) $\frac{n!}{r!} = n\,(n-1)\,(n-2) \ldots (r+1)$

(iv) $\frac{n!}{(n-r)!} = n\,(n-1)\,(n-2) \ldots (n-r+1)$

(v) $n! = n\,(n-1)! = n\,(n-1)\,(n-2)!$

$n!$ में अभाज्य संख्या p का घातांक
Exponent of Prime p in $n!$

माना n एक धन पूर्णांक है तथा p एक अभाज्य संख्या है।

$n, (n-1), \ldots, 3, 2, 1$ में अन्तिम पूर्णांक जो p से विभाज्य है, $\left[\frac{n}{p}\right]p$, है,

जहाँ, $\left[\frac{n}{p}\right]$ $\frac{n}{p}$ से छोटे या बराबर महत्तम पूर्णांक फलन को निरूपित करता है।

जैसे— $\left[\frac{12}{5}\right]=2, \left[\frac{15}{5}\right]=3$ इत्यादि।

माना $E_p(n!)$ धन पूर्णांक n में अभाज्य संख्या p के घातांक को निरूपित करता है, तब

$$E_p(n!)=\left[\frac{n}{p}\right]+\left[\frac{n}{p^2}\right]+\left[\frac{n}{p^3}\right]+\ldots+\left[\frac{n}{p^a}\right]$$

जहाँ, a महत्तम धनात्मक पूर्णांक इस प्रकार है कि $p^a \le n < p^{a+1}$

क्रमचय Permutation

यदि दी गई वस्तुओं में से कुछ या सभी वस्तुओं को लेकर किए गए विभिन्न विन्यासों (arrangements) में से प्रत्येक को क्रमचय कहते हैं।

जैसे—दी गई 3 वस्तुओं (a, b, c) में से 2 को एकसाथ लेकर किए गए विन्यास (arrangements) ab, bc, ca, cb, ac, ba हैं, तब कुल विन्यासों की संख्या 6 है जिनमें से प्रत्येक को क्रमचय कहते हैं।

${}^nP_r$ का अर्थ Meaning of ${}^nP_r$

n विभिन्न वस्तुओं में से r को एकसाथ लेकर बने क्रमचयों की संख्या को ${}^nP_r$ से निरूपित करते हैं।

$${}^nP_r=\frac{n!}{(n-r)!}, \forall 0\le r\le n$$

$$= n(n-1)(n-2)\ldots(n-r+1), \forall n\in N \text{ तथा } r\in W$$

${}^nP_r$ के गुण Properties of ${}^nP_r$

(i) सभी n वस्तुओं को लेकर बने क्रमचयों की संख्या $= n!$

(ii) ${}^nP_0=1, {}^nP_1=n$ तथा ${}^nP_{n-1}=n!$

(iii) ${}^nP_r=n\cdot{}^{n-1}P_{r-1}$

(iv) ${}^{n-1}P_r=(n-r)\,{}^{n-1}P_{r-1}$

(v) ${}^nP_r=r\cdot{}^{n-1}P_{r-1}+{}^{n-1}P_r$

क्रमचय से सम्बन्धित महत्त्वपूर्ण परिणाम
Important Results Related to Permutations

(i) यदि n वस्तुओं में से p वस्तुएँ एक प्रकार की, q वस्तुएँ दूसरे प्रकार की, r वस्तुएँ तीसरे प्रकार की हों तथा शेष वस्तुएँ भिन्न-भिन्न प्रकार की हों, तब सभी n वस्तुओं को एकसाथ लेकर बने क्रमचयों की संख्या

$$=\frac{n!}{p!\,q!\,r!}$$

(ii) यदि n वस्तुओं में से r वस्तुओं को लेकर, जिनमें प्रत्येक वस्तु की पुनरावृत्ति हो सकती है, कुल क्रमचयों की संख्या $= n^r$

(iii) n विभिन्न वस्तुओं में से r वस्तुओं को एकसाथ लेकर, जब एक विशेष वस्तु प्रत्येक विन्यास में अवश्य ली जाए, कुल क्रमचयों की संख्या

$$= r\,{}^{n-1}P_{r-1}$$

(iv) n विभिन्न वस्तुओं में से r वस्तुओं को लेकर, जब p वस्तुएँ प्रत्येक विन्यास में अवश्य ली जाए, कुल क्रमचयों की संख्या

$$= p!\,\{r-(p-1)\}\,{}^{n-p}P_{r-p}$$

(v) n विभिन्न वस्तुओं में से r वस्तुओं को लेकर, जब एक विशेष वस्तु प्रत्येक विन्यास में अवश्य नहीं ली जाए, कुल क्रमचयों की संख्या

$$= {}^{n-1}P_r$$

(vi) n विभिन्न वस्तुओं को लेकर जिनमें से m वस्तुएँ सदैव एकसाथ आए, कुल क्रमचयों की संख्या $= m!\times(n-m+1)!$

(vii) n विभिन्न वस्तुओं को लेकर, जिनमें m वस्तुएँ सदैव एकसाथ न आए, कुल क्रमचयों की संख्या $= n! - m!\times(n-m+1)!$

चक्रीय क्रमचय Circular Permutations

यदि वस्तु को किसी परिबद्ध वक्र के अनुदिश व्यवस्थित किया जाता है, तो क्रमचय को चक्रीय क्रमचय कहते हैं।

दूसरे शब्दों में, एक पंक्ति में क्रमचय में एक आरम्भ और एक अन्त रहता है किन्तु चक्रीय क्रमचय में कोई आरम्भ या अन्त नहीं होता। अतः हमें किसी एक वस्तु को स्थिर मानना होता है और शेष वस्तुएँ $(n-1)$ तरीकों से व्यवस्थित की जाती हैं।

जैसे—मान लें कि पाँच व्यक्तियों A, B, C, D और E को एक वृत्ताकार मेज की परिधि के गिर्द क्रम से बैठना है जिसमें कोई प्रधान (Head) नहीं है। अब, A, B, C, D एवं E को एक स्थान वामावर्त स्थानान्तरित कराने पर हम देखते हैं कि क्रम व्यवस्था में कोई परिवर्तन नहीं हुआ है।

$\therefore n$ विभिन्न वस्तुओं को एकसाथ लेते हुए चक्रीय क्रमचयों की संख्या $\frac{{}^nP_n}{n}=(n-1)!$ होती है। (यदि वस्तुओं को वामावर्त या दक्षिणावर्त क्रम में अलग-अलग लिया जाए)

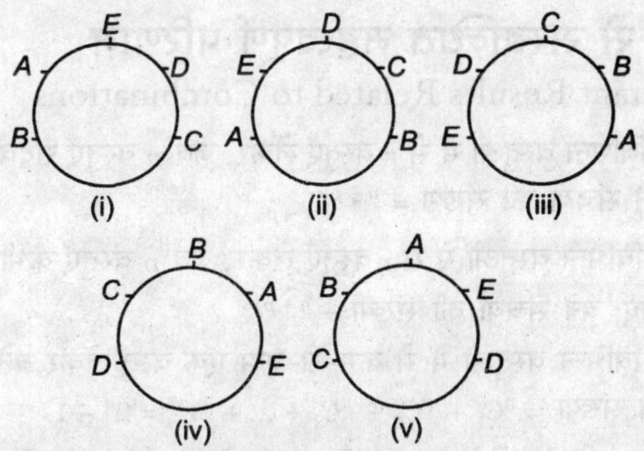

चक्रीय क्रमचय के महत्त्वपूर्ण परिणाम
Important Results on Circular Permutation

n विभिन्न वस्तुओं में से r वस्तुओं को लेने पर बने वृत्ताकार क्रमचयों की संख्या

(i) $\frac{{}^nP_r}{r}$ अर्थात् $\frac{n!}{r(n-r)!}$, यदि वामावर्त तथा दक्षिणावर्त में भेद हों।

(ii) $\frac{{}^nP_r}{2r}$ अर्थात् $\frac{n!}{2r(n-r)!}$, यदि वामावर्त तथा दक्षिणावर्त में भेद न हों।

संचय Combination

यदि दी गई वस्तुओं में से कुछ या सभी को लेकर बनाए गए समूहों में से प्रत्येक समूह (group) को संचय कहते हैं।

जैसे—दी गई तीन वस्तुओं a, b, c में से 2 को एकसाथ लेकर बनाए गए समूह ab, bc, ca हैं, तब कुल समूहों की संख्या 3 है जिनमें से प्रत्येक को संचय कहते हैं।

^nC_r का अर्थ Meaning of ^nC_r

n विभिन्न वस्तुओं में से r वस्तु को लेकर बनाए गए संचयों की संख्या को ^nC_r या $C(n, r)$ या $\binom{n}{r}$ द्वारा प्रदर्शित किया जाता है।

$$^nC_r = \frac{n!}{r!\,(n-r)!} = \frac{^nP_r}{r!}$$

$$= \frac{n\,(n-1)\ldots(n-r+1)}{r\,(r-1)\,(r-2)\ldots 2\cdot 1},\ \forall\ n \in N \text{ और } r \in W \text{ तथा } 0 \le r \le n$$

^nC_r का अर्थ Properties of ^nC_r

(a) ^nC_r एक प्राकृतिक संख्या है।

(b) यदि $r > n$, तब $^nC_r = 0$

(c) $^nC_0 = {^nC_n} = 1$, $^nC_1 = n$

(d) $^nC_r = {^nC_{n-r}}$

(e) $^nC_r + {^nC_{r-1}} = {^{n+1}C_r}$

(f) $^nC_x = {^nC_y} \Leftrightarrow x = y$ या $x + y = n$

(g) $n \cdot {^{n-1}C_{r-1}} = (n - r + 1)\ {^nC_{r-1}}$

(h) यदि n एक सम संख्या है, तब ^nC_r का महत्तम मान $= {^nC_{n/2}}$

संचय से सम्बन्धित महत्त्वपूर्ण परिणाम

Important Results Related to Combinations

(i) n विभिन्न वस्तुओं में से r वस्तुएँ लेकर, जब p वस्तुएँ सदैव ली जाएँ, बने संचयों की संख्या $= {^{n-p}C_{r-p}}$

(ii) n विभिन्न वस्तुओं में से r वस्तुएँ लेकर, जब p वस्तुएँ कभी भी न ली जाए, बने संचयों की संख्या $= {^{n-p}C_r}$

(iii) n विभिन्न वस्तुओं में से कम-से-कम एक वस्तु लेकर बने क्रमचयों की संख्या $= {^nC_1} + {^nC_2} + {^nC_3} + \ldots + {^nC_n} = 2^n - 1$

(iv) n समान वस्तुओं में से r वस्तुएँ $(r \le n)$ लेकर बने संचयों की संख्या $= 1$

(v) एक प्रकार की n वस्तुओं में से r $(r = 0, 1, 2, 3, \ldots, n)$ वस्तुएँ लेकर बने संचयों की संख्या $= n + 1$

(vi) $(p + q + r + t)$ वस्तुओं में से p वस्तुएँ एक प्रकार की, q दूसरे प्रकार की, r तीसरे प्रकार की तथा t वस्तुएँ भिन्न प्रकार की हैं, तब कुल संचयों की संख्या $= (p + q)\,(q + 1)\,(r + 1)\,2^t - 1$

(vii) $(p + q + r)$ वस्तुओं में से p वस्तुएँ एक प्रकार की, q वस्तुएँ दूसरे प्रकार की और शेष तीसरे प्रकार की हैं, तब कुल संचयों की संख्या

$$= [(p+1)\,(q+1)\,(r+1)] - 1$$

(viii) माना $N = p_1^{\alpha_1} \cdot p_2^{\alpha_2} \cdot p_3^{\alpha_3} \cdot \ldots \cdot p_k^{\alpha_k}$, जहाँ $p_1, p_2, p_3, \ldots, p_k$ विभिन्न अभाज्य संख्याएँ हैं तथा $\alpha_1, \alpha_2, \alpha_3, \ldots, \alpha_k$ प्राकृतिक संख्या हैं, तब

(a) N के कुल भाजकों की संख्या

$$= (\alpha_1 + 1)\,(\alpha_2 + 1)\,(\alpha_3 + 1)\ldots(\alpha_k + 1)$$

(b) 1 व N के अतिरिक्त N के भाजकों की संख्या

$$= (\alpha_1 + 1)\,(\alpha_2 + 1)(\alpha_3 + 1)\ldots(\alpha_k + 1) - 2$$

(c) इन भाजकों का योग

$$= (p_1^0 + p_1^1 + p_1^2 + \ldots + p_1^{\alpha_1})\,(p_2^0 + p_2^1 + p_2^2 + \ldots + p_2^{\alpha_2})\ldots(p_k^0 + p_k^1 + p_k^2 + \ldots + p_k^{\alpha_k})$$

(d) तरीकों की संख्या जिनमें N को दो गुणनखण्डों की गुणा के रूप में व्यक्त किया जा सकता है

(e) एक भाज्य संख्या N के दो गुणनखण्डों, जो परस्पर अभाज्य हैं, में 2^{n-1} तरीकों से विभक्त किया जा सकता है, जहाँ N के विभिन्न गुणनखण्डों की संख्या n है।

प्रयोग Experiment

ऐसी क्रिया जो कुछ सुपरिभाषित परिणामों को उत्पन्न कर सके, प्रयोग कहलाती है। प्रयोग दो प्रकार के होते हैं।

(i) **निर्धारणात्मक प्रयोग** वे प्रयोग जो निर्धारित प्रतिबन्धों के अन्तर्गत दोहराने पर समान परिणाम उत्पन्न करे, निर्धारणात्मक प्रयोग कहलाते हैं। विज्ञान या अभियान्त्रिकी में निधारित प्रतिबन्धों के अन्तर्गत प्रयोग को दोहराने पर लगभग समान परिणाम प्राप्त होते हैं।

(ii) **यादृच्छिक प्रयोग** वे प्रयोग जो समान व निर्धारित परिस्थितियों में दोहराने पर असमान परिणाम उत्पन्न करें, यादृच्छिक प्रयोग कहलाते हैं। इसमें प्राप्त परिणाम कुछ सम्भव परिणामों में से ही एक होता है।

जैसे—एक पासे को उछालने पर 1 से 6 तक के अंकों में से कोई भी परिणाम आ सकता है परन्तु यह निश्चित नहीं है कि प्रत्येक बार समान परिणाम आए।

प्रतिदर्श समष्टि Sample Space

किसी प्रयोग के सभी सम्भव परिणामों के समुच्चय को प्रतिदर्श समष्टि कहते हैं। जैसे—किसी पासे को उछालने पर 1 से 6 तक के अंक आ सकते हैं। इसलिए

$$S = \{1, 2, 3, 4, 5, 6\}$$

प्रतिदर्श समष्टि को S से निरूपित करते हैं।

प्रतिदर्श बिन्दु/घटना बिन्दु Sample Point/Event Point

प्रतिदर्श समष्टि के प्रत्येक अवयव को प्रतिदर्श बिन्दु कहते हैं।

जैसे—किसी पासे को उछालने पर 1 से 6 तक के अंक आ सकते हैं अर्थात् $S = \{1, 2, 3, 4, 5, 6\}$, जहाँ, 1, 2, 3, 4, 5 एवं 6 प्रतिदर्श बिन्दु हैं।

सिक्का एक सिक्के के दो पहलू होते हैं। जिसमें एक शीर्ष (head) और दूसरा पुच्छ (Tail) होता है।

पासा एक पासे में 6 फलक होते हैं जिनमें से प्रत्येक फलक पर 1, 2, 3, 4, 5 एवं 6 लिखा होता है या बिन्दु बना होता है।

ताश ताश की एक गड्डी में 52 पत्ते होते हैं। इसमें चार रंग (Suits) स्याह (Spade), लाल पान (Heart), चिड़ी (Club) एवं ईंट (Diamond) होते हैं। प्रत्येक रंग में 13 पत्ते होते हैं। प्रत्येक रंग के 13 पत्तों में 4 चेहरे वाले पत्ते होते हैं जैसे— इक्का (Ace), बादशाह (King), बेगम (Queen) एवं गुलाम (Jack) आदि।

घटना Event

प्रतिदर्श समष्टि के उपसमुच्चय को घटना कहते हैं। जैसे—दो सिक्कों को उछालने पर $A = \{HH, TT\}$ तथा $B = \{HT, TH\}$

यहाँ, A व B प्रतिदर्श समष्टि की दो घटनाएँ हैं।

घटनाओं को $E_1, E_2, \ldots$ इत्यादि से निरूपित करते हैं तथा $n(E)$ घटना में प्रतिदर्श बिन्दुओं की संख्या निरूपित करता है।

जैसे—

1. यदि दो सिक्के एक-साथ उछाले जाते हैं, तब प्रतिदर्श समष्टि

$S = \{HH, HT, TH, TT\}$ होगा

(i) दोनों शीर्ष ऊपर एक-साथ आने की घटना

$E_1 = \{HH\}$ होगी

(ii) दोनों पुच्छ ऊपर एक-साथ आने की घटना $E_2 = \{TT\}$ होगी।

(iii) एक शीर्ष तथा एक पुच्छ ऊपर एक-साथ आने की घटना $E_3 = \{HT, TH\}$ होगी।

2. यदि तीन सिक्के एक-साथ एक बार उछाले जाते हैं, तब प्रतिदर्श समष्टि $S = \{HHH, HTH, HHT, THH, TTH, THT, HTT, TTT\}$ होगा।

(i) तीनों शीर्ष ऊपर एक-साथ आने की घटना $E_1 = \{HHH\}$ होगी।

(ii) तीनों पुच्छ ऊपर एक-साथ आने की घटना $E_2 = \{TTT\}$ होगी।

(iii) एक शीर्ष तथा दो पुच्छ ऊपर एक-साथ आने की घटना $E_3 = \{HTT, THT, TTH\}$ होगी।

(iv) दो शीर्ष तथा एक पुच्छ ऊपर एक-साथ आने की घटना $E_4 = \{HTH, THH, HHT\}$ होगी।

3. यदि दो पासे एक-साथ यादृच्छया फेंके जाते हैं, तो 1, 2, 3, 4, 5, 6 के अंकों के ऊपर आने की परिस्थिति को निम्नलिखित प्रकार से प्रदर्शित करते हैं

$S = \{(1, 1), (1, 2), (1, 3), (1, 4), (1, 5), (1, 6), (2, 1), (2, 2) (2, 3), (2, 4), (2, 5), (2, 6), (3, 1), (3, 2) (3, 3), (3, 4), (3, 5), (3, 6), (4, 1), (4, 2), (4, 3), (4, 4), (4, 5), (4, 6), (5, 1), (5, 2), (5, 3), (5, 4), (5, 5), (5, 6), (6, 1), (6, 2), (6, 3), (6, 4), (6, 5), (6, 6)\}$

∵ कुल प्रतिदर्श बिन्दुओं की संख्या 36 है।

(i) दोनों अंकों का योग 7 आने की घटनाएँ निम्न है

$E_1 = \{(1, 6), (2, 5), (3, 4), (4, 3), (5, 2), (6, 1)\}$

(ii) दोनों अंकों का योग 10 आने की घटनाएँ निम्न है

$E_2 = \{(4, 6), (5, 5), (6, 4)\}$

घटनाओं के प्रकार Types of Events

घटनाओं के मुख्य प्रकार निम्नवत् हैं

(i) **सरल घटना** (Simple event) ऐसी घटना जिनमें केवल एक प्रतिदर्श बिन्दु होता है, सरल घटना कहलाती है।
जैसे—दो सिक्कों को उछाला जाता है, तब
प्रतिदर्श समष्टि, $S = \{HH, TH, HT, TT\}$
तथा घटना, E = दो शीर्ष प्राप्त करने की घटना = $\{HH\}$
E एक सरल घटना है।

(ii) **संयुक्त घटना** (Compound event) वे घटनाएँ जो सरल घटनाएँ नहीं होती हैं, संयुक्त घटना कहलाती हैं।
जैसे—दो सिक्कों को उछाला जाता है, तब
प्रतिदर्श समष्टि, $S = \{HH, HT, TH, TT\}$
घटना, E = कम-से-कम एक शीर्ष प्राप्त करने की घटना
$= \{HH, HT, TH\}$ E एक संयुक्त घटना है।

(iii) **असम्भव व सम्भव घटनाएँ** (Impossible and certain events) माना यादृच्छिक प्रयोग से सम्बन्धित प्रतिदर्श समष्टि S है, तब ϕ व S, S के उपसमुच्चय हैं। घटना ϕ असम्भव घटना व घटना S सम्भव (निश्चित) घटना है।

(iv) **समसम्भावी घटनाएँ** (Equally likely events) यदि दी गई घटनाओं में से प्रत्येक घटना के घटित होने की सम्भावना समान हो, तब वे घटनाएँ समसम्भावी घटनाएँ कहलाती हैं।

(v) **स्वतन्त्र घटनाएँ** (Independent events) यदि दो घटनाओं में से एक घटना के घटित होने का प्रभाव दूसरी घटना के घटित होने पर नहीं पड़ता है, तो वे स्वतन्त्र घटनाएँ कहलाती हैं, अन्यथा वे घटनाएँ **परतन्त्र घटनाएँ** (Dependent events) कहलाती हैं।
जैसे—

(a) यदि एक थैले में 5 सफेद तथा 4 काली गेंदे हैं। दो गेंदे एक-एक करके निकाली जाती है। तब दो घटनाएँ कि पहली गेंद सफेद तथा दूसरी गेंद काली हो, स्वतन्त्र घटनाएँ होंगी यदि पहली गेंद को, दूसरी गेंद निकालने से पूर्व थैले में वापस रख दिया जाए। यदि पहली गेंद वापस थैले में नहीं रखी जाती है, तो ये दो घटनाएँ आश्रित घटनाएँ होंगी क्योंकि दूसरी गेंद निकालने के लिए केवल 8 परिपूर्ण घटनाएँ ही होंगी।

(b) दो सिक्कों को उछालने पर एक सिक्के पर चित (Head) का आना दूसरे सिक्के पर चित या पट (Tail) आने को किसी भी तरह प्रभावित नहीं करता अत: ये घटनाएँ स्वतन्त्र घटनाएँ हैं।

(vi) **पूरक घटनाएँ** (Complementary events) यादृच्छिक प्रयोग से सम्बन्धित प्रतिदर्श समष्टि S तथा घटना E है, तब E की पूरक घटना को E', E^c या $\overline{E}$ से निरूपित करते हैं। E' का तात्पर्य है कि घटना E घटित नहीं होती है। जैसे—जब एकपासे को उछाला जाता है, तब
$S = \{1, 2, 3, 4, 5, 6\}$ तथा $E = \{1, 3, 5\}$ हो, तब $E' = \{2, 4, 6\}$

(vii) **परस्पर अपवर्जी घटनाएँ** (Mutually exclusive events) किसी प्रतिदर्श समष्टि S की दो घटनाएँ E_1 व E_2 परस्पर अपवर्जी घटनाएँ होंगी, यदि E_1 व E_2 साथ-साथ घटित न हो। अर्थात् प्रतिदर्श समष्टि S की दो घटनाएँ E_1 व E_2 परस्पर अपवर्जी घटनाएँ होंगी, यदि $E_1 \cap E_2 = \phi$
जैसे—

(a) एक सिक्के को उछालने पर चित (head) या पट (tail) आना, दो परस्पर अपवर्जी घटनाएँ हैं क्योंकि ये दोनों घटनाएँ एक-साथ घटित नहीं हो सकती है।

(b) एक पांसे को उछालने पर 1 या 2 या 3 या 4 या 5 या 6 आना, छ: परस्पर अपवर्जी घटनाएँ हैं। क्योंकि में घटनाएँ एक साथ घटित नहीं हो सकती है।

(c) ताश की गड्डी से एक पत्ता खींचने पर, पत्ते का ईंट या चिड़ी या हुकम या पान का होना चार परस्पर अपवर्जी घटनाएँ हैं।

(viii) **सम्पूर्ण घटनाएँ** (Exhaustive events) ऐसी घटनाओं का समुच्चय, जिसके बाहर कोई घटना घटित न हो तथा कम-से-कम एक घटना उसमें से किसी प्रयोग में घटित हो, सम्पूर्ण घटनाएँ कहलाती हैं। घटनाओं $E_1, E_2, E_3, \ldots, E_n$ के समुच्चय को सम्पूर्ण घटनाएँ कहते हैं, यदि $E_1 \cup E_2 \cup E_3 \cup \ldots \cup E_n = S$

(ix) **परस्पर अपवर्जी तथा सम्पूर्ण घटनाएँ** (Mutually exclusive and Exhaustive events) वे घटनाएँ जो परस्पर अपवर्जी तथा सम्पूर्ण घटनाएँ दोनों हों, परस्पर अपवर्जी तथा सम्पूर्ण घटनाएँ कहलाती हैं। यदि $E_1, E_2, E_3, \ldots, E_n$ घटनाओं का समुच्चय इस प्रकार है कि $E_1 \cup E_2 \cup E_3 \cup \ldots \cup E_n = S$ तथा $E_1 \cap E_2 \cap E_3 \cap \ldots \cap E_n = \phi$ हो, तब ये घटनाएँ परस्पर अपवर्जी तथा सम्पूर्ण घटनाएँ कहलाती हैं। जैसे—

(a) एक सिक्के को उछालने पर 2 सम्पूर्ण घटनाएँ हो सकती हैं अर्थात् या तो चित या पट आ सकता है।

(b) एक पांसे को उछालने पर 6 सम्पूर्ण घटनाएँ हो सकती हैं क्योंकि 1, 2, 3, 4, 5, 6 में से कोई भी अंक आ सकता है।

(c) एक पांसे के जोड़े को फेंकने पर कुल 36 सम्पूर्ण घटनाएँ हो सकती हैं क्योंकि 6 अंकों में से कोई भी अंक 1, 2, 3, 4, 5, 6 पांसे के फलक पर आ सकता है अतः कुल सम्पूर्ण घटनाएँ

$$= 6 \times 6 = 36$$

(d) 4 काली तथा 3 सफेद गेंदों के एक थैले में से एक गेंद निकालने की कुल ${}^7C_1$ सम्पूर्ण घटनाएँ घट सकती हैं अर्थात् ${}^7C_1 = 7$ घटनाएँ सम्पूर्ण घटनाएँ हैं।

स्वतन्त्र घटनाएँ Independent Events

यदि दो घटनाओं में से एक घटना के घटित होने का प्रभाव दूसरी घटना के घटित होने पर नहीं पड़ता है, तो वे घटनाएँ स्वतन्त्र घटनाएँ कहलाती हैं, अन्यथा वे घटनाएँ परतन्त्र आश्रित घटनाएँ (Dependent events) कहलाती हैं। जैसे—

(i) यदि एक थैले में 5 सफेद तथा 4 काली गेंदें हैं। दो गेंदें एक-एक करके निकाली जाती है, तब दो घटनाओं की पहली गेंद सफेद तथा दूसरी गेंद काली हो, स्वतन्त्र घटनाएँ होंगी यदि पहली गेंद को, दूसरी गेंद निकालने से पूर्व थैले में वापस रख दिया जाए। यदि पहली गेंद वापस थैले में नहीं रखी जाती है, तो ये दो घटनाएँ आश्रित घटनाएँ होंगी क्योंकि दूसरी गेंद निकालने के लिए केवल 8 परिपूर्ण घटनाएँ ही होंगी।

(ii) दो सिक्कों को उछालने पर एक सिक्के पर चित (head) का आना दूसरे सिक्के पर चित या पट (tail) आने को किसी भी तरह प्रभावित नहीं करता है। अतः ये घटनाएँ स्वतन्त्र घटनाएँ हैं।

प्रायिकता Probability

यदि यादृच्छिक प्रयोग से सम्बन्धित n घटनाओं में से, m घटनाएँ, घटना E के अनुकूल हैं, तब घटना E के घटित होने की प्रायिकता को $P(E)$ से निरूपित करते हैं।

तब, $$P(E) = \frac{m}{n}$$

स्पष्ट है कि, $0 \le m \le n \Rightarrow 0 \le P(E) \le 1$

घटना E के घटित न होने की प्रायिकता को $P(\overline{E})$ से निरूपित करते हैं,

तब $$P(\overline{E}) = \frac{n-m}{n} = 1 - P(E)$$

माना किसी यादृच्छिक प्रयोग में प्रतिदर्श समष्टि S तथा घटना $E \subseteq S$ है, तब घटना E के घटित होने की प्रायिकता $P(E) = \frac{n(E)}{n(S)}$

यदि $P(E) = 1$ हो, तब E को निश्चित घटना (Certain event) तथा यदि $P(E) = 0$ हो, तब E को असम्भव घटना (Impossible event) कहते हैं।

प्रायिकता का योगशील प्रमेय Additional Theorem of Probability

(i) **जब घटनाएँ परस्पर अपवर्जी न हों** (When events are not mutually exclusive) यदि E_1 तथा E_2 किसी प्रतिदर्श समष्टि S की दो घटनाएँ हों, तब दोनों घटनाओं की प्रायिकताओं का योगफल दोनों घटनाओं के संघ तथा सर्वनिष्ठ की प्रायिकताओं के योगफल के बराबर होता है।

अर्थात् $P(E_1) + P(E_2) = P(E_1 \cup E_2) + P(E_1 \cap E_2)$

या $P(E_1) + P(E_2) = P(E_1 + E_2) + P(E_1E_2)$

प्रतिदर्श समष्टि S की किन्हीं तीन घटनाओं E_1, E_2 तथा E_3 के लिए

$$P(E_1) + P(E_2) + P(E_3) = P(E_1 \cup E_2 \cup E_3) + P(E_1 \cap E_2 \cap E_3) - P(E_1 \cap E_2) - P(E_2 \cap E_3) - P(E_1 \cap E_3)$$

(ii) **जब घटनाएँ परस्पर अपवर्जी हों** (When events are mutually exclusive) यदि E_1 तथा E_2 किसी प्रतिदर्श समष्टि की दो परस्पर अपवर्जी घटनाएँ हों, तो दोनों घटनाओं की प्रायिकताओं का योगफल दोनों घटनाओं की प्रायिकताओं के सम्मिलन के बराबर होता है

अर्थात् $P(E_1) + P(E_2) = P(E_1 \cup E_2)$ [चूँकि $P(E_1 \cap E_2) = 0$]

प्रतिदर्श समष्टि S की किन्हीं तीन परस्पर अपवर्जी घटनाओं E_1, E_2 तथा E_3 के लिए,

$$P(E_1 \cap E_2) = 0, P(E_2 \cap E_3) = 0,$$
$$P(E_1 \cap E_3) = 0 \text{ तथा } P(E_1 \cap E_2 \cap E_3) = 0$$
$$\therefore \quad P(E_1 \cup E_2 \cup E_3) = P(E_1) + P(E_2) + P(E_3)$$

प्रतिदर्श समष्टि S की कई परस्पर अपवर्जी घटनाओं $E_1, E_2, \ldots, E_n$ में से किसी एक या अधिक घटना के घटित होने की प्रायिकता उन सभी घटनाओं की प्रायिकता के योग के बराबर होती है

अर्थात् $P(E_1 \cup E_2 \cup \ldots \cup E_n) = P(E_1) + P(E_2) + \ldots + P(E_n)$

या $P(E_1 + E_2 + \ldots + E_n) = P(E_1) + P(E_2) + \ldots + P(E_n)$

या $P(\Sigma P_i) = \Sigma P(E_i)$

प्रायिकता से सम्बन्धित महत्त्वपूर्ण तथ्य Important Facts Related to Probability

(i) किसी यादृच्छिक प्रयोग से सम्बन्धित घटनाएँ E_1 व E_2 हों, तब

$$P(E_1 \cup E_2) = P(E_1) + P(E_2) - P(E_1 \cap E_2)$$

(ii) यदि E_1 व E_2 परस्पर अपवर्जी घटनाएँ हैं, तब

$$P(E_1 \cup E_2) = P(E_1) + P(E_2)$$

(iii) किसी यादृच्छिक प्रयोग से सम्बन्धित घटनाएँ E_1, E_2 व E_3 हों, तब

$$P(E_1 \cup E_2 \cup E_3) = P(E_1) + P(E_2) + P(E_3) - P(E_1 \cap E_2) - P(E_2 \cap E_3) - P(E_1 \cap E_3) + P(E_1 \cap E_2 \cap E_3)$$

(iv) यदि E_1, E_2 व E_3 परस्पर अपवर्जी घटनाएँ हैं, तब

$$P(E_1 \cup E_2 \cup E_3) = P(E_1) + P(E_2) + P(E_3)$$

(v) यादृच्छिक प्रयोग से सम्बन्धित घटनाएँ E_1 व E_2 हैं, तब

(a) $P(E_1 \cap E_2) = P(E_2) - P(E_1 \cap E_2)$

(b) $P(E_1 \cap E_2) = P(E_1) - P(E_1 \cap E_2)$

(vi) यदि $E_2 \subset E_1$ हो, तब

(a) $P(E_1 \cap \overline{E}_2) = P(E_1) - P(E_2)$ (b) $P(E_2) \le P(E_1)$

(vii) **बोले की असमिका** (Booley's Inequality) यदि यादृच्छिक प्रयोग से सम्बन्धित n घटनाएँ $E_1, E_2, E_3, \ldots, E_n$ हो, तब

(a) $P\left(\bigcap_{i=1}^{n} E_i\right) \geq \sum_{i=1}^{n} P(E_i) - (n-1)$

(b) $P\left(\bigcup_{i=1}^{n} E_i\right) \leq \sum_{i=1}^{n} P(E_i)$

(viii) P (E_1, E_2, E_3 में से कम-से-कम दो घटनाएँ घटित हो)
$$= P(E_1 \cap E_2) + P(E_2 \cap E_3) + P(E_3 \cap E_1) - 2P(E_1 \cap E_2 \cap E_3)$$

(ix) P (E_1, E_2, E_3 में से दो घटनाएँ घटित हो)
$$= P(E_1 \cap E_2) + P(E_2 \cap E_3) + P(E_3 \cap E_1) - 3P(E_1 \cap E_2 \cap E_3)$$

(x) P (E_1, E_2, E_3 में से केवल एक घटना घटित हो)
$$= P(E_1) + P(E_2) + P(E_3) - 2P(E_1 \cap E_2) - 2P(E_2 \cap E_3) - 2P(E_3 \cap E_1) + 3P(E_1 \cap E_2 \cap E_3)$$

(xi) यदि $E_1, E_2, E_3, \ldots, E_n$ स्वतन्त्र घटनाएँ हों, तब
$$P(E_1 \cap E_2 \cap E_3 \cap \ldots \cap E_n) = P(E_1)\, P(E_2) \ldots P(E_n)$$

(xii) यदि $E_1, E_2, E_3, \ldots, E_n$ परस्पर अपवर्जी घटनाएँ हैं, तब
$$P(E_1 \cup E_2 \cup \ldots \cup E_n) = P(E_1) + P(E_2) + \ldots + P(E_n)$$
जहाँ, $P(E_1 \cap E_2 \cap \ldots \cap E_n) = 0$

(xiii) यदि $E_1, E_2, \ldots, E_n$ सम्पूर्ण घटनाएँ हैं, तब
$$P(E_1 \cup E_2 \cup \ldots \cup E_n) = 1$$

(xiv) यदि $E_1, E_2, \ldots, E_n$ परस्पर अपवर्जी व सम्पूर्ण घटनाएँ हैं
$$P(E_1 \cup E_2 \cup \ldots \cup E_n) = P(E_1) + P(E_2) + \ldots + P(E_n) = 1$$

(xv) यदि $E_1, E_2, E_3, \ldots, E_n$, n घटनाएँ हैं, तब

(a) $P(E_1 \cup E_2 \cup E_3 \cup \ldots \cup E_n) \leq P(E_1) + P(E_2) + \ldots + P(E_n)$

(b) $P(E_1 \cup E_2 \cup \ldots \cup E_n) \geq 1 - P(\overline{E}_1) - P(\overline{E}_2) - \ldots - P(\overline{E}_n)$

अभ्यास प्रश्न

समान्तर, गुणोत्तर एवं हरात्मक माध्य

1. सांख्यकीय माप जिसे ग्राफीय विधि से नहीं मापा जा सकता है, है

(a) माध्यिका (b) बहुलक (c) हरात्मक माध्य (d) माध्य

2. किसी समान्तर श्रेणी का समान्तर माध्य तथा उसी श्रेणी के प्रथम एवं अन्तिम पद का समान्तर माध्य होगा

(a) बराबर (b) असमान (c) एक-दूसरे के वर्ग (d) इनमें से कोई नहीं

3. किसी फैक्ट्री में 25 पुरुष मजदूरों की लम्बाई का माध्य 61 सेमी तथा 35 महिला मजदूरों की लम्बाई का माध्य 58 सेमी है, तो 60 मजदूरों की लम्बाई का संयुक्त माध्य है

(a) 59.25 (b) 59.5 (c) 59.75 (d) 58.75

4. संख्याओं 0, 1, 2, 3, 4,..., n के वर्गों का माध्य है

(a) $\frac{1}{2}n(n+1)$ (b) $\frac{1}{6}n(2n+1)$ (c) $\frac{1}{6}(n+1)(2n+1)$ (d) $\frac{1}{6}n(n+1)$

5. 100 वस्तुओं का माध्य 49 है। बाद में यह पता चला कि तीन आँकड़े जो 60, 70 व 80 होने चाहिए थे गलती से क्रमशः 40, 20 व 50 ले लिए गए। सही माध्य है

(a) 48 (b) 82 (c) 50 (d) 80

6. किसी श्रेणी की n संख्याओं का माध्य $\bar{x}$ है तथा प्रथम $(n-1)$ संख्याओं का योग k है, तब nवीं संख्या है

(a) $x - k$ (b) $n\bar{x} - k$ (c) $x - nk$ (d) $n\bar{x} - nk$

7. श्रेणी $x_1, x_2, \ldots, x_n$ का माध्य $\bar{x}$ है, यदि x_2 को λ से परिवर्तित किया जाए, तो माध्य होगा

(a) $\bar{x} - x_2 + \lambda$ (b) $\frac{\bar{x} - x_2 + \lambda}{n}$ (c) $\frac{(n-1)\bar{x} + \lambda}{n}$ (d) $\frac{n\bar{x} - x_2 + \lambda}{n}$

8. निम्नलिखित बारम्बारता तालिका का समान्तर माध्य ₹ 28.07 है

आय (₹ में)	मजदूरों की संख्या
15	8
20	12
25	?
30	16
35	?
40	10

यदि मजदूरों की कुल संख्या 75 हो, तो अज्ञात बारम्बारता होंगी

(a) 14, 15 (b) 15, 14 (c) 13, 16 (d) 12, 17

9. संख्याओं 148, 146, 144, 142, ... जो समान्तर श्रेणी में हैं, का औसत 125 है, तब श्रेणी में कुल संख्याओं की संख्या है

(a) 18 (b) 24 (c) 30 (d) 48

10. संख्याओं 1, 2, 3, ..., n जिनकी बारम्बारताएँ क्रमशः $x, 2x, 3x, \ldots, nx$ हैं, का माध्य है

(a) $\frac{n}{2}$ (b) $\frac{1}{3}(2n+1)$ (c) $\frac{1}{6}(2n+1)$ (d) $\frac{n}{2}$

11. यदि n वस्तुओं का माध्य $\bar{x}$ है। यदि प्रथम पद में 1 की व दूसरे पद में 2 की वृद्धि तथा इसी प्रकार अन्य पदों में वृद्धि की जाती है, तब नया माध्य है

(a) $\bar{x}+n$ (b) $\bar{x}+\frac{n}{2}$

(c) $\bar{x}+\frac{n+1}{2}$ (d) इनमें से कोई नहीं

12. n प्रेक्षणों $1^2, 2^2, 3^2, ..., n^2$ का माध्य $\frac{46n}{11}$ है, तब n का मान है

(a) 11 (b) 12

(c) 23 (d) 22

13. श्रेणी 1, 2, 4, 8, 16, ..., 2^n का समान्तर माध्य है

(a) $\frac{2^n-1}{n}$ (b) $\frac{2^{n+1}-1}{n+1}$ (c) $\frac{2^n+1}{n}$ (d) $\frac{2^n-1}{n+1}$

14. 50 छात्रों की कक्षा में, 10 छात्र अनुत्तीर्ण होते हैं तथा उनका औसत प्राप्तांक 28 है तथा पूरी कक्षा के प्राप्तांकों का कुल योग 2800 है। उत्तीर्ण छात्रों के प्राप्तांकों का औसत है

(a) 43 (b) 53 (c) 63 (d) 70

15. यदि दो प्रेक्षणों के माध्य $\bar{x}_1$ तथा $\bar{x}_2$ इस प्रकार हैं कि $\bar{x}_1<\bar{x}_2$ तथा संयुक्त बंटन का माध्य $\bar{x}$ है, तब

(a) $\bar{x}<\bar{x}_1$ (b) $\bar{x}>\bar{x}_2$ (c) $\bar{x}=\frac{\bar{x}_1+\bar{x}_2}{2}$ (d) $\bar{x}_1<\bar{x}<\bar{x}_2$

16. यदि संख्याओं के समुच्चय $x_1, x_2, ..., x_n$ का माध्य $\bar{x}$ हो, तो संख्याओं $x_i+2i, 1\le i\le n$ का माध्य होगा

(a) $\bar{x}+2n$ (b) $\bar{x}+n+1$ (c) $\bar{x}+2$ (d) $\bar{x}+n$

17. दी गई 30 संख्याओं जिनमें से 10 संख्याओं का औसत 12 व शेष 20 संख्याओं का औसत 9 है, का औसत है

(a) 11 (b) 10 (c) 9 (d) 5

18. 100 प्रेक्षणों का माध्य 45 है। यदि बाद में पता चला कि दो प्रेक्षणों 19 व 31 के स्थान पर 91 व 13 ले लिया गया है, तब सही माध्य है

(a) 44 (b) 45 (c) 44.46 (d) 45.54

19. प्रेक्षणों के एक समुच्चय का माध्य $\bar{x}$ है। यदि प्रत्येक प्रेक्षण को $\alpha\,(\ne 0)$ से विभाजित किया जाता है तथा उसके बाद प्रत्येक प्रेक्षण में 10 की वृद्धि की जाती है, तब नए समुच्चय का माध्य है

(a) $\frac{\bar{x}}{\alpha}$ (b) $\frac{\bar{x}+10}{\alpha}$ (c) $\frac{\bar{x}+10\alpha}{\alpha}$ (d) $\alpha\bar{x}+10$

20. n प्रेक्षणों का माध्य $\bar{x}$ है। यदि एक प्रेक्षण x_{n+1} जोड़ी जाती है, तब माध्य समीकरण समान है। x_{n+1} का मान है

(a) 0 (b) 1 (c) n (d) $\bar{x}$

21. एक कक्षा में 100 छात्र हैं। प्रत्येक छात्र की औसत पॉकेटमनी ₹ 35 है। यदि लड़कियों व लड़कों के लिए क्रमशः औसत पॉकेटमनी ₹ 25 व ₹ 50 है, तब कक्षा में लड़कियों की संख्या है

(a) 20 (b) 40 (c) 60 (d) 80

22. यदि 4 के सापेक्ष, प्रेक्षणों की संख्या के विचलन का योग 30 तथा 3 के सापेक्ष, प्रेक्षणों की संख्या के विचलन का योग 40 हो, तो प्रेक्षणों का माध्य होगा

(a) 7 (b) 10

(c) 11 (d) इनमें से कोई नहीं

23. यदि चर x, दो चरों u तथा v का रैखिक फलन इस प्रकार हो कि $x=au+bv$, तब $\bar{x}$ का मान है

(a) $a\bar{u}+b\bar{v}$ (b) $\bar{u}+\bar{v}$

(c) $\bar{b}u+\bar{a}v$ (d) इनमें से कोई नहीं

24. एक फर्म में पुरुष मजदूरों का माध्य वेतन ₹ 520 है तथा महिलाओं मजदूरों का माध्य वेतन ₹ 420 है। सभी मजदूरों का संयुक्त माध्य ₹ 500 है, तब पुरुष मजदूरों की प्रतिशत संख्या है

(a) 80 (b) 60 (c) 40 (d) 20

25. यदि n प्रेक्षणों का माध्य M है। यदि $(n-4)$ प्रेक्षणों का योग a है, तब शेष चार प्रेक्षणों का माध्य है

(a) $\frac{nM-a}{4}$ (b) $\frac{nM+a}{2}$

(c) $\frac{nM-a}{2}$ (d) $nM+a$

26. n प्रेक्षणों $x_1, x_2, x_3, ..., x_n$ का माध्य $\bar{x}$ है, तब n प्रेक्षणों $2x_1+3, 2x_2+3, 2x_3+3, ..., 2x_n+3$ का माध्य है

(a) $3\bar{x}+2$ (b) $2\bar{x}+3$ (c) $\bar{x}+3$ (d) $2\bar{x}$

27. पुरुषों व महिलाओं के समूह की औसत आयु 25 वर्ष है। यदि पुरुषों की औसत आयु 26 वर्ष व महिलाओं की औसत आयु 21 वर्ष है, तब समूह में पुरुषों व महिलाओं की संख्या का प्रतिशत है

(a) 60, 40 (b) 80, 20 (c) 20, 80 (d) 40, 60

28. ${}^{2n+1}C_0, {}^{2n+1}C_1, {}^{2n+1}C_2, ..., {}^{2n+1}C_n$ का समान्तर माध्य है

(a) $\frac{2^n}{n}$ (b) $\frac{2^n}{n+1}$ (c) $\frac{2^{2n}}{n}$ (d) $\frac{2^{2n}}{(n+1)}$

29. मानों 0, 1, 2, 3, ..., n जिनके संगत भार क्रमशः ${}^nC_0, {}^nC_1, ..., {}^nC_n$ हैं, का माध्य है

(a) $\frac{2^n}{(n+1)}$ (b) $\frac{2^{n+1}}{n(n+1)}$ (c) $\frac{n+1}{2}$ (d) $\frac{n}{2}$

30. यदि एक चर $0, 1, 2, ..., n$ मान प्राप्त करता है, जबकि आवृत्तियाँ $q^n, \frac{n}{1}\cdot q^{n-1}p, \frac{n(n-1)}{1\cdot 2}q^{n-2}p^2, ..., p^n$ हैं, जहाँ $p+q=1$, तब माध्य है

(a) np (b) nq

(c) $n(p+q)$ (d) इनमें से कोई नहीं

31. संख्याओं $2, 2^2, 2^3, ..., 2^n$ का गुणोत्तर माध्य है

(a) $2^{2/n}$ (b) $2^{n/2}$ (c) $2^{n-1/2}$ (d) $2^{n+1/2}$

32. माना दो श्रेणियों $x_1, x_2, ..., x_n$ तथा $y_1, y_2, ..., y_n$ का गुणोत्तर माध्य क्रमशः G_1 तथा G_2 है। यदि $\frac{x_i}{y_i}, i=1, 2, ..., n$ का गुणोत्तर माध्य G हो, तो G का मान है

(a) G_1-G_2 (b) $\frac{\log G_1}{\log G_2}$ (c) $\frac{G_1}{G_2}$ (d) $\log\left(\frac{G_1}{G_2}\right)$

33. 4 प्रेक्षणों के प्रथम समूह का गुणोत्तर माध्य 8 तथा तीन प्रेक्षणों के द्वितीय समूह का गुणोत्तर माध्य 1024 है। सभी 7 प्रेक्षणों का संयुक्त गुणोत्तर माध्य होगा

(a) 64 (b) 32

(c) 128 (d) इनमें से कोई नहीं

34. यदि प्रेक्षण 2, 4, 8 तथा 16 क्रमश: 8, 6, 4 तथा 2 बार घटित होते हैं, तो प्रेक्षणों का गुणोत्तर माध्य होगा

(a) 8 (b) $4\sqrt{2}$
(c) 4 (d) इनमें से कोई नहीं

35. संख्याओं $1, \frac{1}{2}, \frac{1}{3}, \ldots, \frac{1}{n}$ का हरात्मक माध्य है

(a) $\frac{1}{n+1}$ (b) $\frac{2}{n+1}$
(c) $\frac{3}{n+1}$ (d) इनमें से कोई नहीं

36. यदि 5 प्रेक्षणों का हरात्मक माध्य $\frac{5}{2}$ तथा दूसरे 5 प्रेक्षणों का हरात्मक माध्य $\frac{9}{2}$ हो, तो सभी 10 प्रेक्षणों का संयुक्त हरात्मक माध्य होगा

(a) 7 (b) $\frac{45}{14}$
(c) $\frac{101}{36}$ (d) इनमें से कोई नहीं

37. 10 प्रेक्षणों का गुणोत्तर माध्य 8 है। यदि प्रथम 6 प्रेक्षणों का गुणोत्तर माध्य 4 हो, तो शेष प्रेक्षणों का गुणोत्तर माध्य होगा

(a) $16\sqrt{2}$ (b) $8\sqrt{2}$
(c) 16 (d) इनमें से कोई नहीं

38. दो सम्भव प्रेक्षणों का समान्तर माध्य 3 तथा गुणोत्तर माध्य $2\sqrt{2}$ है। यदि प्रत्येक प्रेक्षण को 2 से गुणा किया जाए, तो हरात्मक माध्य होगा

(a) $\frac{16}{3}$ (b) $\frac{8}{3}$
(c) 12 (d) इनमें से कोई नहीं

39. यदि प्रथम समूह के 5 प्रेक्षणों का गुणोत्तर माध्य 8 तथा द्वितीय समूह के 6 प्रेक्षणों का गुणोत्तर माध्य $128\sqrt{2}$ हो, तो सभी प्रेक्षणों का संयुक्त गुणोत्तर माध्य होगा

(a) 64 (b) $32\sqrt{2}$
(c) 32 (d) इनमें से कोई नहीं

40. निम्न में से कौन केन्द्रीय प्रवृत्ति की माप नहीं है?

(a) माध्य (b) माध्यिका
(c) माध्य विचलन (d) बहुलक

माध्यक, बहुलक तथा दण्ड आरेख

41. परिमाणात्मक आँकड़ों के लिए उत्तम औसत है

(a) समान्तर माध्य (b) गुणोत्तर माध्य
(c) माध्यिका (d) बहुलक

42. 9 पदों का माध्य 15 है। यदि एक और पद जोड़ दिया जाए, तो माध्य 16 हो जाता है। 10 वें पद का मान है

(a) 35 (b) 30
(c) 25 (d) 20

43. यदि किसी चर के असतत् मान $\alpha + 4, \alpha - \frac{7}{2}, \alpha - \frac{5}{2}, \alpha - 3, \alpha - 2, \alpha + \frac{1}{2}, \alpha - \frac{1}{2}, \alpha + 5\ (\alpha > 0)$ हों, तो माध्यिका होगी

(a) $\alpha - \frac{5}{4}$ (b) $\alpha - \frac{1}{2}$
(c) $\alpha - 2$ (d) $\alpha + \frac{5}{4}$

44. यदि माध्यिका = 18.8, $Q_1 = 14.6$, $Q_3 = 25.2$ है, तब विषमता का गुणांक है

(a) 0.2 (b) 0.5
(c) 0.7 (d) इनमें से कोई नहीं

45. ${}^{2n}C_0, {}^{2n}C_1, {}^{2n}C_2, {}^{2n}C_3, \ldots, {}^{2n}C_n$ (जहाँ, n सम है) की माध्यिका है

(a) ${}^{2n}C_{\frac{n}{2}}$ (b) ${}^{2n}C_{\frac{n+1}{2}}$
(c) ${}^{2n}C_{\frac{n-1}{2}}$ (d) इनमें से कोई नहीं

46. यदि 11 लगातार प्राकृत संख्याओं का योग 2761 हो, तो मध्य पद होगा

(a) 249 (b) 250 (c) 251 (d) 252

47. यदि आँकड़ों का बहुलक 18 तथा माध्य 24 हो, तो माध्यिका होगी

(a) 18 (b) 24 (c) 22 (d) 21

48. यदि किसी असममित वितरण का बहुलक तथा माध्य क्रमशः 6λ तथा 9λ हो, तो माध्यिका होगी

(a) 8λ (b) 7λ (c) 6λ (d) 9λ

49. यदि 21 प्रेक्षणों की माध्यिका 40 हो तथा माध्यिका से बड़े प्रेक्षणों में 5 की वृद्धि कर दी जाए, तब नए प्रेक्षणों की माध्यिका होगी

(a) 40 (b) 45 (c) $4 + \frac{50}{21}$ (d) $45 - \frac{50}{21}$

50. किसी विषम वितरण में माध्य तथा माध्यिका का मान क्रमश: 5 तथा 6 हो, तो बहुलक का मान होगा

(a) 8 (b) 11
(c) 16 (d) इनमें से कोई नहीं

निर्देश (प्र. सं. 51-52) *निम्नलिखित बार ग्राफ का अध्ययन कीजिए और दिए गए प्रश्नों के उत्तर दीजिए।*

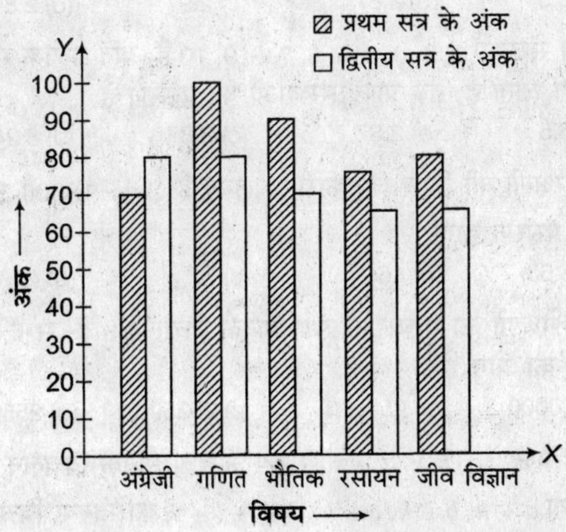

प्रथम सत्र के अंक
द्वितीय सत्र के अंक
Y
अंक
X
अंग्रेजी गणित भौतिक रसायन जीव विज्ञान
विषय

51. सभी विषयों में प्रथम सत्र में प्राप्त अधिकतम और न्यूनतम अंकों का अनुपात क्या है?

(a) 7 : 9 (b) 9 : 7 (c) 10 : 7 (d) 7 : 10

52. द्वितीय सत्र में छात्रों द्वारा सभी विषयों में प्राप्त अंकों का औसत क्या है?

(a) 65 (b) 73 (c) 62 (d) 72

चतुर्थक, माध्य एवं मानक विचलन

53. किसी श्रेणी के माध्य विचलन का मान 15 हो, तो इसके चतुर्थक विचलन का मान होगा
(a) 12.5 (b) 11.6 (c) 13 (d) 9.7

54. माध्य के सापेक्ष आँकड़ों 3, 10, 10, 4, 7, 10, 5 का माध्य विचलन है
(a) 2 (b) 2.57 (c) 3 (d) 3.75

55. 5 उजज्वलित बल्बों का परीक्षण (घण्टों में) निम्न है

1357, 1090, 1666, 1494, 1623

माध्य के सापेक्ष माध्य विचलन (घण्टों में) है
(a) 178 (b) 179 (c) 220 (d) 356

56. गणित की परीक्षा में 9 विद्यार्थियों के अंक 50, 69, 20, 33, 53, 39, 40, 65, 59 हैं। माध्यिका के सापेक्ष माध्य विचलन है
(a) 9 (b) 10.5 (c) 12.67 (d) 14.76

57. प्रथम n प्राकृत संख्याओं का माध्य के सापेक्ष माध्य विचलन, जहाँ n विषम संख्या है, है
(a) $\frac{n^2+1}{4n}$ (b) $\frac{n^2-1}{4n}$
(c) $\frac{n^2-3}{5n}$ (d) इनमें से कोई नहीं

58. निम्न आँकड़ों का माध्यिका के सापेक्ष माध्य विचलन है

वर्ग अन्तराल	0-6	6-12	12-18	18-24	24-30
बारम्बारता	4	5	3	6	2

(a) 7.08 (b) 7 (c) 7.1 (d) 7.05

59. आँकड़ों 6, 5, 9, 13, 12, 8, 10 का मानक विचलन है
(a) $\sqrt{\frac{52}{7}}$ (b) $\frac{52}{7}$ (c) $\sqrt{6}$ (d) 6

60. प्रथम 10 प्राकृत संख्याओं का मानक विचलन है
(a) 5.5 (b) 3.87 (c) 2.97 (d) 2.87

61. माना संख्याएँ 1, 2, 3, 4, 5, 6, 7, 8, 9, 10 हैं, यदि प्रत्येक संख्या में 1 जोड़ा जाता है, तब प्राप्त संख्याओं का प्रसरण है
(a) 6.5 (b) 2.87 (c) 3.87 (d) 8.24

62. 60 प्रेक्षणों की निम्न जानकारी उपलब्ध है $\Sigma x^2 = 18000$, $\Sigma x = 960$, तब प्रसरण होगा
(a) 6.63 (b) 16 (c) 22 (d) 44

63. 100 प्रेक्षणों का माध्य 50 तथा मानक विचलन 5 है, सभी प्रेक्षणों के वर्गों का योग है
(a) 50000 (b) 250000 (c) 252500 (d) 255000

64. माना प्रेक्षणों a, b, c, d, e का माध्य m तथा मानक विचलन s है। तब, प्रेक्षणों $a+k, b+k, c+k, d+k, e+k$ का मानक विचलन है
(a) s (b) ks (c) $s+k$ (d) $\frac{s}{k}$

65. 15 प्रेक्षणों का मानक विचलन 6 है। यदि प्रत्येक प्रेक्षण को 1 कम कर दिया जाए, तो प्राप्त परिणाम का मानक विचलन होगा
(a) 5 (b) 7 (c) $\frac{91}{15}$ (d) 6

66. दो वितरणों का प्रसरण गुणांक 50 तथा 60 है। तथा समान्तर माध्य क्रमशः 30 तथा 25 है उनके मानक विचलन का अन्तर है
(a) 0 (b) 1 (c) 1.5 (d) 2.5

67. दो बंटनों के विचरण गुणांक क्रमशः 50 एवं 60 हैं तथा इनके मानक विचलन क्रमशः 22 एवं 25 हैं। इनके समान्तर माध्य ज्ञात कीजिए।
(a) 44, 41.67 (b) 40, 42.50
(c) 43, 42.80 (d) 41, 43.67

68. दो बंटनों के विचरण गुणांक क्रमशः 50 एवं 60 हैं तथा इनके मानक विचलन क्रमशः 30 और 25 हैं। इनके मानक विचलनों का अन्तर ज्ञात कीजिए।
(a) 0 (b) 1 (c) 2 (d) 3

गणना का आधारभूत सिद्धान्त

69. 0 से 9 तक के अंकों का प्रयोग करके कितने 5-अंकीय टेलीफोन नम्बर बनाए जा सकते हैं, यदि प्रत्येक नम्बर 67 से प्रारम्भ होता है और कोई अंक एक बार से अधिक नहीं आता है?
(a) 336 (b) 337 (c) 335 (d) 339

70. भिन्न-भिन्न रंगों के 5 झण्डे दिए हुए हैं। इनसे कितने विभिन्न संकेत बनाए जा सकते हैं, यदि प्रत्येक संकेत में 2 झण्डों, एक के नीचे दूसरे के प्रयोग की आवश्यकता पड़ती है?.
(a) 18 (b) 20 (c) 19 (d) 23

71. 8 व्यक्तियों की समिति में, हम कितने प्रकार से एक अध्यक्ष और एक उपाध्यक्ष चुन सकते हैं, यह मानते हुए कि एक व्यक्ति एक से अधिक पद पर नहीं रह सकता है?
(a) 54 (b) 55 (c) 52 (d) 56

72. यदि $\frac{1}{6!}+\frac{1}{7!}=\frac{x}{8!}$ हो, तो x का मान है
(a) 63 (b) 64 (c) 66 (d) 65

73. $2^n [1 \cdot 3 \cdot 5 \ldots (2n-3)(2n-1)]$ का मान है
(a) $\frac{(2n)!}{n!}$ (b) $\frac{(2n)!}{2^n}$
(c) $\frac{n!}{(2n)!}$ (d) इनमें से कोई नहीं

74. r क्रमागत प्राकृतिक संख्याओं का गुणनफल सदैव भाज्य होता है
(a) $r!$ से (b) r^2 से
(c) r^n से (d) इनमें से कोई नहीं

क्रमचय एवं चक्रीय क्रमचय

75. यदि ${}^5P_r = 2\,{}^6P_{r-1}$ हो, तो r का मान है
(a) 10 (b) 3
(c) 0 (d) इनमें से कोई नहीं

76. शब्द 'PERMUTATIONS' के अक्षरों को कितने तरीकों से व्यवस्थित किया जा सकता है, यदि चयनित शब्द का प्रारम्भ P से तथा अन्त S से होता है?
(a) 1814400 (b) 1814405
(c) 1824050 (d) उपरोक्त में से कोई नहीं

77. संख्या 223355888 के अंकों के पुर्नव्यवस्थापन जो इस प्रकार हो, कि विषम अंक सम स्थान पर हो, से बनने वाली 9 अंकों की विभिन्न संख्याओं की संख्या कितनी होगी?
(a) 16 (b) 36 (c) 60 (d) 180

78. अंकों 1, 2, 3, 4, 5, 6, 7, 8 व 9 से बनने वाली 3 विभिन्न अंकों की सम संख्याओं की संख्या कितनी होगी, जबकि अंकों की पुनरावृत्ति नहीं की जा सकती है?
(a) 224 (b) 280
(c) 324 (d) इनमें से कोई नहीं

79. 9 अंकों वाली ऐसी संख्या जिनके सभी अंक भिन्न हो, है
(a) 10! (b) 9! (c) $9 \times 9!$ (d) $10 \times 10!$

80. शब्द 'ARTICLE' के सभी अक्षरों से बनाए जा सकने वाले शब्दों की संख्या जिसमें, स्वर सम स्थानों पर रहे, हैं
(a) 1440 (b) 144 (c) 7! (d) ${}^4C_4 \times {}^3C_3$

81. यदि 11 सदस्यों की एक समिति के सदस्य एक गोल मेज के चारों ओर इस प्रकार बैठना चाहते हैं कि अध्यक्ष व सचिव सदैव साथ बैठें, तब व्यवस्थाओं की कुल संख्या है
(a) $10! \times 2$ (b) 10!
(c) $9! \times 2$ (d) इनमें से कोई नहीं

82. 7 व्यक्तियों को एक गोल मेज के चारों ओर इस प्रकार बैठना है कि कोई दो विशिष्ट व्यक्ति एकसाथ न बैठें। उनके बैठने के तरीकों की संख्या है
(a) 480 (b) 120
(c) 80 (d) इनमें से कोई नहीं

83. 15 सदस्यों की एक समिति के सदस्य एक गोल मेज के चारों ओर इस प्रकार बैठते हैं कि अध्यक्ष के एक ओर सचिव तथा दूसरी ओर उपसचिव बैठें। यह कितने तरीकों से सम्भव है?
(a) $2 \times 12!$ (b) 24
(c) $2 \times 15!$ (d) इनमें से कोई नहीं

संचय

84. अंकों 1, 2, 3, 4, 5, 6, 7, 8, 9 (अंकों की पुनरावृत्ति की जा सकती है) से 10 व 1000 के बीच कितनी संख्याएँ बन सकती हैं?
(a) 1024 (b) 810
(c) 2346 (d) इनमें से कोई नहीं

85. माना एक समुच्चय A में 10 विभिन्न अवयव हैं। तब, A से A पर विभिन्न फलनों की कुल संख्या है
(a) 10! (b) 10^{10} (c) 2^{10} (d) $2^{10}-1$

86. 1 तथा 2 अंकों से 10 अंक की कितनी संख्याएँ बन सकती हैं?
(a) ${}^{10}C_1 + {}^9C_2$ (b) 2^{10} (c) ${}^{10}C_2$ (d) 101

87. 1 से 1000 तक पूर्णांकों को लिखने पर अंक 3 कितनी बार आता है?
(a) 269 (b) 300 (c) 271 (d) 302

88. अंकों 4, 5, 6, 7 व 8 को प्रत्येक सम्भव क्रम में लिखा जाता है। 56000 से बड़ी संख्याओं की संख्या है
(a) 72 (b) 96 (c) 90 (d) 98

89. यदि ${}^nC_{12} = {}^nC_8$ हो, तो n का मान है
(a) 20 (b) 12 (c) 6 (d) 30

90. ${}^{47}C_4 + \sum_{r=1}^{5} {}^{52-r}C_3$ का मान है
(a) ${}^{47}C_6$ (b) ${}^{52}C_5$ (c) ${}^{52}C_4$ (d) इनमें से कोई नहीं

91. ${}^nC_r + 2\,{}^nC_{r-1} + {}^nC_{r-2}$ का मान है
(a) ${}^{n+1}C_r$ (b) ${}^{n+1}C_{r+1}$ (c) ${}^{n+2}C_r$ (d) ${}^{n+2}C_{r+1}$

प्रायिकता

92. एक सिक्का उछाला गया है और एक पासा फेंका गया है। सिक्के पर H और T प्राप्त होते हैं तथा पासे पर 1 से 6 तक कोई भी संख्या प्राप्त होती है
(a) {H1, H2, H3, H4, H5, H6, T1, T2, T3, T4, T5, T6}
(b) {1H, 2H, 3H, 4H, 5H, 6H, T1, T2, T3, T4, T5, T6}
(c) {H, T, 1, 2, 3, 4, 5, 6}
(d) उपरोक्त में से कोई नहीं

93. एक डिब्बे में 1 लाल और एक जैसी 3 सफेद गेंद रखी गई हैं। दो गेंद उत्तरोतर बिना प्रतिस्थापित किए यादृच्छया निकाली जाती हैं। इस परीक्षण का प्रतिदर्श समष्टि ज्ञात कीजिए।
(a) {RW, WW} (b) {RW, WW, WR}
(c) {RW, RR} (d) इनमें से कोई नहीं

94. एक अनभिनत (unbiased) सिक्का जिसके एक तल पर 1 और दूसरे तल पर 6 अंकित है तथा एक अनभिनत पासा दोनों को उछाला जाता है। प्रायिकता ज्ञात कीजिए कि प्राप्त संख्याओं का योग 3 है
(a) $-\frac{1}{12}$ (b) $\frac{1}{12}$ (c) $\frac{1}{3}$ (d) $\frac{1}{4}$

95. एक पासे की उछाल में सम अंक आने की प्रायिकता होगी
(a) 1/6 (b) 1/3 (c) 1/2 (d) 1/5

96. दो पासों को उछाला जाता है। यदि इनमें से कम-से-कम एक पासे पर 5 हो, तब योग 10 या अधिक प्राप्त होने की प्रायिकता है
(a) $\frac{11}{36}$ (b) $\frac{2}{9}$ (c) $\frac{3}{11}$ (d) $\frac{1}{12}$

97. किन्हीं दो घटनाओं A तथा B के लिए, यदि $P(A \cup B) = P(A \cap B)$ है, तब
(a) $P(A) = P(B)$ (b) $P(A) > P(B)$
(c) $P(A) < P(B)$ (d) इनमें से कोई नहीं

98. माना 1 से 1000 तक के पूर्णांकों में से एक पूर्णांक यादृच्छया चुना जाता है, तो इस पूर्णांक की संख्या 2 का गुणज या संख्या 9 का गुणज होने की प्रायिकता ज्ञात कीजिए।
(a) 0.556 (b) 0.557 (c) 0.559 (d) इनमें से कोई नहीं

99. एक व्यक्ति व उसकी पत्नि दो पदों के लिए एक साक्षात्कार देते हैं। व्यक्ति के चयनित होने की प्रायिकता 1/5 व उसकी पत्नी के चयनित होने की प्रायिकता 1/7 है, तब कम से कम एक के चयनित होने की प्रायिकता है
(a) $\frac{9}{35}$ (b) $\frac{12}{35}$ (c) $\frac{2}{7}$ (d) $\frac{11}{35}$

100. दो परस्पर अपवर्जी घटनाएँ A व B इस प्रकार हैं कि $P(A) = 0.45$ व $P(B) = 0.35$, तब $P(A \cap B)$ का मान है
(a) $\frac{63}{400}$ (b) 0.8 (c) $\frac{63}{200}$ (d) 0

उत्तरमाला

1.	(c)	2.	(a)	3.	(a)	4.	(b)	5.	(c)	6.	(b)	7.	(d)	8.	(b)	9.	(b)	10.	(b)
11.	(c)	12.	(a)	13.	(b)	14.	(c)	15.	(d)	16.	(b)	17.	(b)	18.	(c)	19.	(c)	20.	(d)
21.	(c)	22.	(a)	23.	(a)	24.	(a)	25.	(a)	26.	(b)	27.	(b)	28.	(d)	29.	(d)	30.	(a)
31.	(d)	32.	(c)	33.	(a)	34.	(c)	35.	(b)	36.	(b)	37.	(a)	38.	(a)	39.	(c)	40.	(c)
41.	(c)	42.	(c)	43.	(a)	44.	(a)	45.	(a)	46.	(c)	47.	(c)	48.	(a)	49.	(a)	50.	(a)
51.	(c)	52.	(d)	53.	(a)	54.	(b)	55.	(a)	56.	(c)	57.	(b)	58.	(b)	59.	(a)	60.	(d)
61.	(d)	62.	(d)	63.	(c)	64.	(a)	65.	(d)	66.	(a)	67.	(a)	68.	(a)	69.	(a)	70.	(b)
71.	(d)	72.	(b)	73.	(a)	74.	(a)	75.	(b)	76.	(a)	77.	(c)	78.	(a)	79.	(c)	80.	(b)
81.	(c)	82.	(a)	83.	(a)	84.	(b)	85.	(b)	86.	(b)	87.	(b)	88.	(c)	89.	(a)	90.	(c)
91.	(c)	92.	(a)	93.	(b)	94.	(b)	95.	(c)	96.	(d)	97.	(a)	98.	(a)	99.	(d)	100.	(d)

संकेत एवं हल

1. हरात्मक माध्य को ग्राफीय विधि से नहीं हल किया जा सकता है।

2. माना $a, a+d, a+2d, \ldots, a+(n-1)d$ समान्तर श्रेणी के n पद हैं।

$\therefore$ माध्य $= \dfrac{a + (a+d) + \ldots + \{a + (n-1)d\}}{n}$

$$= \frac{n}{2}\left\{\frac{2a + (n-1)d}{n}\right\} = \frac{a + \{a + (n-1)d\}}{2}$$

= प्रथम तथा अन्तिम पद का माध्य

3. दिया है, $n_1 = 25, n_2 = 35, \bar{x}_1 = 61, \bar{x}_2 = 58$

$$\because \quad \bar{x} = \frac{n_1\bar{x}_1 + n_2\bar{x}_2}{n_1 + n_2}$$

$$\therefore \quad \bar{x} = \frac{(25)(61) + (35)(58)}{25 + 35} = 59.25$$

4. माध्य $= \dfrac{0^2 + 1^2 + 2^2 + 3^2 + \ldots + n^2}{(n+1)}$

$$= \frac{n(n+1)(2n+1)}{6(n+1)} = \frac{1}{6}n(2n+1)$$

5. 100 पदों का योग $= 49 \times 100 = 4900$

सही पदों का योग $= 60 + 70 + 80 = 210$

परिवर्तित पदों का योग $= 40 + 20 + 50 = 110$

$\therefore$ नया योग $= 4900 - 110 + 210 = 5000$

$\therefore$ नया माध्य $= \dfrac{5000}{100} = 50$

6. माना $x_1, x_2, \ldots, x_n$, n संख्याएँ हैं।

तब, $\bar{x} = \dfrac{1}{n}\sum_{i=1}^{n} x_i$

$\Rightarrow \quad \bar{x} = \dfrac{x_1 + x_2 + \ldots + x_{n-1} + x_n}{n}$

$\Rightarrow \quad \bar{x} = \dfrac{k + x_n}{n}$ $\quad [\because x_1 + x_2 + \ldots + x_{n-1} = k]$

$\therefore \quad x_n = n\bar{x} - k$

7. $\because \quad \bar{x} = \dfrac{x_1 + x_2 + \ldots + x_{n-1} + x_n}{n}$

$\Rightarrow \quad n\bar{x} = x_1 + x_2 + \ldots + x_{n-1} + x_n$

माना ज़ब x_2 को λ से परिवर्तित किया जाता है, तो नया माध्य $\bar{y}$ है।

तब, $\bar{y} = \dfrac{x_1 + \lambda + x_2 + \ldots + x_{n-1} + x_n}{n}$

$\Rightarrow \quad \bar{y} = \dfrac{(x_1 + x_2 + \ldots + x_n) - x_2 + \lambda}{n}$

$\therefore \quad \bar{y} = \dfrac{n\bar{x} - x_2 + \lambda}{n}$

8. $\because 8 + 12 + f_1 + 16 + f_2 + 10 = 75$

$\Rightarrow \quad f_1 + f_2 = 29 \quad \ldots(i)$

तथा $120 + 240 + 25f_1 + 480 + 35f_2 + 400 = 28.07 \times 75$

$\Rightarrow \quad 1240 + 25f_1 + 35f_2 = 2105.25$

$\Rightarrow \quad 5f_1 + 7f_2 = 173.25 \quad \ldots(ii)$

समी (i) तथा (ii) को हल करने पर,

$f_1 = 15$ तथा $f_2 = 14$

9. दी गई श्रेणी 148, 146, 144, 142, ... है।

$\therefore \quad a = 148, d = (146 - 148) = -2$

अब, $S_n = \dfrac{n}{2}[2a + (n-1)d] = 125n$ [दिया है]

$\Rightarrow \quad 125n = \dfrac{n}{2}[2 \times 148 + (n-1) \times (-2)]$

$\Rightarrow \quad n^2 - 24n = 0 \Rightarrow n(n-24) = 0 \Rightarrow n = 24 \quad [\because n \neq 0]$

10. माध्य $= \dfrac{1 \times x + 2 \times 2x + 3 \times 3x + \ldots n \times nx}{x + 2x + 3x + \ldots + nx}$

$$= \frac{x(1^2 + 2^2 + 3^2 \ldots + n^2)}{x(1 + 2 + 3 + \ldots + n)}$$

$$= \frac{\dfrac{n(n+1)(2n+1)}{6}}{\dfrac{n(n+1)}{2}} = \frac{2n+1}{3}$$

11. माना $x_1, x_2, \ldots, x_n$, n पद हैं।

दिया है, $\bar{x} = \dfrac{x_1 + x_2 + \ldots + x_n}{n} \quad \ldots(i)$

$\therefore$ नया माध्य $= \dfrac{(x_1 + 1) + (x_2 + 2) + \ldots + (x_n + n)}{n}$

$$= \frac{(x_1 + x_2 + \ldots + x_n) + (1 + 2 + \ldots + n)}{n}$$

$= \bar{x} + \dfrac{n(n+1)}{2n} = \bar{x} + \dfrac{(n+1)}{2}$ [समी (i) से]

12. प्रश्नानुसार, $\frac{1^2 + 2^2 + 3^2 + \ldots + n^2}{n} = \frac{46n}{11}$

$\Rightarrow \quad \frac{n(n+1)(2n+1)}{6n} = \frac{46n}{11}$

$\Rightarrow \quad 11(2n^2 + 3n + 1) = 276n$

$\Rightarrow \quad 22n^2 - 243n + 11 = 0$

$\Rightarrow \quad (n - 11)(22n - 1) = 0$

$\Rightarrow \quad n = 11$

13. अभीष्ट समान्तर माध्य,

$$\bar{x} = \frac{1 + 2 + 2^2 + 2^3 + \ldots + 2^n}{n+1}$$

$$= \frac{1(2^{n+1} - 1)}{(2-1)} \cdot \frac{1}{(n+1)} = \frac{2^{n+1} - 1}{n+1}$$

14. 10 असफल विद्यार्थियों के अंकों का योग $= 28 \times 10 = 280$

50 विद्यार्थियों के कुल अंक $= 2800$

$\therefore$ 40 सफल विद्यार्थियों के अंकों का योग

$= 2800 - 280 = 2520$

अत: 40 सफल विद्यार्थियों के अंकों का औसत $= \frac{2520}{40} = 63$

15. माना माध्य $\bar{x}_1$ तथा $\bar{x}_2$ वाले दो समूहों के प्रेक्षणों की संख्या क्रमश: n_1 तथा n_2 है, तब

$$\bar{x} = \frac{n_1\bar{x}_1 + n_2\bar{x}_2}{n_1 + n_2}$$

अब, $\quad \bar{x} - \bar{x}_1 = \frac{n_2(\bar{x}_2 - \bar{x}_1)}{n_1 + n_2} - \bar{x}_1$

$\Rightarrow \quad \bar{x} - \bar{x}_1 = \frac{n_2(\bar{x}_2 - \bar{x}_1)}{n_1 + n_2} > 0 \quad [\because \bar{x}_2 > \bar{x}_1$, दिया है]

$\Rightarrow \quad \bar{x} > \bar{x}_1 \quad \ldots$(i)

पुन: $\quad \bar{x} - \bar{x}_2 = \frac{n_1(\bar{x}_1 - \bar{x}_2)}{n_1 + n_2} < 0 \quad [\because \bar{x}_2 > \bar{x}_1$, दिया है]

$\Rightarrow \quad \bar{x}_1 < \bar{x}_2 \quad \ldots$(ii)

समी (i) तथा (ii) से, $\bar{x}_1 < \bar{x} < \bar{x}_2$

16. $\because \quad \bar{x} = \frac{1}{n}\sum_{i=1}^{n} x_i \Rightarrow \sum_{i=1}^{n} x_i = n\bar{x}$

माना $\quad M = \frac{1}{n}\sum_{i=1}^{n}(x_i + 2i) = \frac{1}{n}\sum_{i=1}^{n} x_i + 2(1 + 2 + \ldots + n)$

$\Rightarrow \quad M = \frac{1}{n} n\bar{x} + 2\frac{n(n+1)}{2}$

$\therefore \quad M = \bar{x} + (n+1)$

17. दिया है, $n_1 = 10, \bar{x}_1 = 12, n_2 = 20, \bar{x}_2 = 9$

$\therefore \quad \bar{x} = \frac{n_1\bar{x}_1 + n_2\bar{x}_2}{n_1 + n_2} = \frac{10 \times 12 + 20 \times 9}{10 + 20}$

$= \frac{120 + 180}{30} = \frac{300}{30} = 10$

18. सही प्रेक्षणों का योग

$= 4500 - (91 + 13) + (19 + 31) = 4446$

$\therefore$ माध्य $= \frac{4446}{100} = 44.46$

19. माना $x_1, x_2, x_3, \ldots, x_n$, n प्रेक्षण हैं, तब $\bar{x} = \frac{1}{n}\sum_{i=1}^{n} x_i$

$\therefore$ नया माध्य, $\bar{X} = \frac{1}{n}\sum_{i=1}^{n}\left(\frac{x_i}{\alpha} + 10\right)$

$= \frac{1}{\alpha}\left(\frac{1}{n}\sum_{i=1}^{n} x_i\right) + \frac{1}{n}\cdot(10n)$

$= \frac{1}{\alpha}\bar{x} + 10 = \frac{\bar{x} + 10\alpha}{\alpha}$

20. माना $x_1, x_2, x_3, \ldots, x_n$, n प्रेक्षण हैं।

$\therefore \quad \bar{x} = \frac{\Sigma x_i}{n} \quad \ldots$(i)

अब, नया माध्य $= \frac{\Sigma x_i + x_{n+1}}{n+1}$

प्रश्नानुसार, $\quad \bar{x} = \frac{\Sigma x_i + x_{n+1}}{n+1}$

$\Rightarrow \quad (n+1)\bar{x} = n\bar{x} + x_{n+1} \Rightarrow x_{n+1} = \bar{x}$

21. माना कक्षा में लड़कियों की संख्या $= y$

$\therefore$ लड़कों की संख्या $= 100 - y$

अब, $\quad \bar{x}_1 = 25, \; n_1 = y, \; \bar{x}_2 = 50, \; n_2 = 100 - y$

तथा $\quad z\bar{x} = 35, \quad n_1 + n_2 = 100$

$\therefore \quad 35 = \frac{25 \times y + 50 \times (100 - y)}{100}$

$\Rightarrow \quad 3500 = 25y + 5000 - 50y$

$\Rightarrow \quad 25y = 1500 \Rightarrow y = 60$

$\therefore$ कक्षा में लड़कियों की संख्या $= 60$

22. दिया है, $\sum_{i=1}^{n}(x_i - 4) = 30$ तथा $\sum_{i=1}^{n}(x_i - 3) = 40$

अर्थात् $\quad \Sigma x_i - 4n = 30 \quad \ldots$(i)

तथा $\quad \Sigma x_i - 3n = 40 \quad \ldots$(ii)

समी (i) तथा (ii) को हल करने पर,

$n = 10$

तथा $\quad \Sigma x_i = 70$

$\therefore \quad$ माध्य $= \frac{\sum_{i=1}^{n} x_i}{n} = \frac{1}{10}(70) = 7$

23. चूँकि $\quad x = au + bv$

$\therefore \quad \Sigma x = a\Sigma u + b\Sigma v$

$\Rightarrow \quad n\bar{x} = a(n\bar{u}) + b(n\bar{v})$

$\Rightarrow \quad \bar{x} = a\bar{u} + b\bar{v}$

24. दिया है, $\bar{x}_1 = 520, \bar{x}_2 = 420$ तथा $\bar{x} = 500$

हम जानते हैं कि, $\quad \bar{x} = \frac{n_1\bar{x}_1 + n_2\bar{x}_2}{n_1 + n_2}$

$\Rightarrow \quad 500(n_1 + n_2) = 520n_1 + 420n_2$

$\Rightarrow \quad 20n_1 = 80n_2 \Rightarrow n_1 : n_2 = 4 : 1$

अत: फर्म में पुरुष मजदूरों का प्रतिशत

$= \left(\frac{4}{4+1}\right) \times 100 = 80\%$

25. माना $x_1, x_2, ..., x_n$, n प्रेक्षण हैं।

$$\therefore \quad M = \frac{x_1 + x_2 + x_3 + ... + x_n}{n}$$

$$= \frac{x_1 + x_2 + ... + x_{n-4} + x_{n-3} + x_{n-2} + x_{n-1} + x_n}{n}$$

$$\Rightarrow \quad nM = a + x_{n-3} + x_{n-2} + x_{n-1} + x_n$$

$$\Rightarrow \quad \frac{nM - a}{4} = \frac{x_{n-3} + x_{n-2} + x_{n-1} + x_n}{4}$$

26. $\because \quad \bar{x} = \dfrac{x_1 + x_2 + ... + x_n}{n}$

$$\Rightarrow \quad n\bar{x} = x_1 + x_2 + ... + x_n$$

अब, अभीष्ट माध्य $= \dfrac{2x_1 + 3 + ... + 2x_n + 3}{n}$

$$= \frac{2(x_1 + x_2 + ... + x_n) + 3n}{n}$$

$$= \frac{2n\bar{x} + 3n}{n} = 2\bar{x} + 3$$

27. दिया है, $\bar{X} = 25, \bar{X}_1 = 26, \bar{X}_2 = 21$

$$\bar{X} = \frac{n_1\bar{X}_1 + n_2\bar{X}_2}{n_1 + n_2}$$

माना $n_1 + n_2 = 100$, जहाँ n_1 पुरुषों की संख्या तथा n_2 महिलाओं की संख्या है।

तब, $\quad n_2 = 100 - n_1$

$$\therefore \quad 25 = \frac{26n_1 + 21(100 - n_1)}{100} \Rightarrow n_1 = 80$$

अत: $\quad n_2 = 20$

28. $^{2n+1}C_0 + {}^{2n+1}C_1 + {}^{2n+1}C_2 + ... + {}^{2n+1}C_{2n} + {}^{2n+1}C_{2n+1}$

$$= 2^{2n+1}$$

अब, $\quad ^{2n+1}C_0 = {}^{2n+1}C_{2n+1},$

$$^{2n+1}C_1 = {}^{2n+1}C_{2n}, ..., {}^{2n+1}C_r = {}^{2n+1}C_{2n-r+1}$$

$\therefore$ प्रथम $(n+1)$ पदों का योग = अन्तिम $(n+1)$ पदों का योग

$$\Rightarrow \quad ^{2n+1}C_0 + {}^{2n+1}C_1 + {}^{2n+1}C_2 + ... + {}^{2n+1}C_n = 2^{2n}$$

$$\Rightarrow \quad \frac{^{2n+1}C_0 + {}^{2n+1}C_1 + {}^{2n+1}C_2 + ... + {}^{2n+1}C_n}{n+1} = \frac{2^{2n}}{(n+1)}$$

29. अभीष्ट माध्य $= \dfrac{0 \cdot {}^nC_0 + 1 \cdot {}^nC_1 + 2 \cdot {}^nC_2 + ... + n \cdot {}^nC_n}{^nC_0 + {}^nC_1 + {}^nC_2 + ... + {}^nC_n}$

$$= \frac{n \cdot 2^{n-1}}{2^n} = \frac{n}{2}$$

30. अभीष्ट माध्य,

$$\bar{x} = \frac{0 \cdot q^n + 1 \cdot \frac{n}{1} q^{n-1} p + 2 \cdot \frac{n(n-1)}{2!} q^{n-2} p^2 + ... + n \cdot p^n}{q^n + \frac{n}{1} q^{n-1} p + \frac{n(n-1)}{2!} q^{n-2} p^2 + ... + p^n}$$

$$= \frac{0 \cdot {}^nC_0 q^n p^0 + 1 \cdot {}^nC_1 q^{n-1} p + ... + n \cdot {}^nC_n q^0 p^n}{^nC_0 q^n p^0 + {}^nC_1 q^{n-1} p^1 + ... + {}^nC_n q^{n-n} p^n}$$

$$= \frac{\sum_{r=0}^{n} r \cdot {}^nC_r q^{n-r} p^r}{\sum_{r=0}^{n} {}^nC_r q^{n-r} p^r} = \frac{\sum_{r=0}^{n} r \cdot \frac{n}{r} \, {}^{n-1}C_{r-1} q^{n-r} p \cdot p^{r-1}}{\sum_{r=0}^{n} {}^nC_r q^{n-r} p^r}$$

$$= \frac{np\left\{\sum_{n}^{n-1} {}^{n-1}C_{r-1} p^{r-1} q^{(n-1)-(r-1)}\right\}}{\sum_{r=0}^{n} {}^nC_r q^{n-r} p^r} = \frac{np(q+p)^{n-1}}{(q+p)^n}$$

$$\therefore \quad \bar{x} = np \qquad [\because q + p = 1]$$

31. गुणोत्तर माध्य $= (2^1 \cdot 2^2 \cdot 2^3 \ldots 2^2)^{1/n}$

$$= (2^{1+2+3 \ldots + n})^{1/n}$$

$$= \left\{2^{\frac{n(n+1)}{2}}\right\}^{1/n} = \{2\}^{\frac{n+1}{2}}$$

32. दिया है, $G_1 = (x_1 \cdot x_2 \ldots x_n)^{1/n}$

तथा $\quad G_2 = (y_1 \cdot y_2 \ldots y_n)^{1/n}$

$$\therefore \quad G = \left(\frac{x_1}{y_1} \cdot \frac{x_2}{y_2} \ldots \frac{x_n}{y_n}\right)^{1/n} = \frac{(x_1 \cdot x_2 \ldots x_n)^{1/n}}{(y_1 \cdot y_2 \ldots y_n)^{1/n}} = \frac{G_1}{G_2}$$

33. संयुक्त गुणोत्तर माध्य सूत्र के प्रयोग से,

गुणोत्तर माध्य $= \sqrt[(n_1+n_2)]{x_1^{n_1} \times x_2^{n_2}}$

$$= \sqrt[7]{8^4 \times 1024^3} = \sqrt[7]{2^{12} \times 2^{30}}$$

$$= 2^{42/7} = 2^6 = 64$$

34. $\because$ हम जानते हैं कि,

गुणोत्तर माध्य $= \sqrt[n]{x_1 \times x_2 \times \ldots \times x_n}$

$$= \sqrt[20]{2^8 \times 4^6 \times 8^4 \times 16^2}$$

$$= \sqrt[20]{2^8 \times 2^{12} \times 2^{12} \times 2^8}$$

$$= \sqrt[20]{2^{40}} = 2^{\frac{40}{20}} = 2^2 = 4$$

35. हरात्मक माध्य $= \dfrac{n}{\Sigma 1/x} = \dfrac{n}{1 + 2 + 3 + \ldots + n}$

$$= \frac{n}{\frac{n(n+1)}{2}} = \frac{2}{n+1}$$

36. माना H_1 तथा n_1 प्रथम समूह के हरात्मक माध्य तथा प्रेक्षणों की संख्या हैं तथा H_2 तथा n_2 द्वितीय समूह के हरात्मक माध्य तथा प्रेक्षणों की संख्या हैं, तब

संयुक्त हरात्मक माध्य $= \dfrac{n_1 + n_2}{\frac{n_1}{H_1} + \frac{n_2}{H_2}} = \dfrac{5 + 5}{\frac{5}{\frac{5}{2}} + \frac{5}{\frac{9}{2}}} = \dfrac{10}{\frac{28}{9}} = \dfrac{90}{28} = \dfrac{45}{14}$

37. माना G अन्तिम चार प्रेक्षणों का GM है, तब

$$8^{10} = 4^6 \times G^4$$

$$\Rightarrow \quad G^4 = \frac{8^{10}}{4^6} = \frac{2^{30}}{2^{12}} = 2^{18}$$

$$\Rightarrow \quad G = 2^{18/4} = 2^4\sqrt{2} = 16\sqrt{2}$$

38. हम जानते हैं कि,

(गुणोत्तर माध्य)^2 = समान्तर माध्य × हरात्मक माध्य

$\Rightarrow \quad (2\sqrt{2})^2 = 3 \times$ हरात्मक माध्य $\Rightarrow$ हरात्मक माध्य $= \dfrac{8}{3}$

चूँकि प्रत्येक प्रेक्षण को 2 से गुणा किया जाता है, अतः

हरात्मक माध्य $= \dfrac{8}{3} \times 2 = \dfrac{16}{3}$

39. माना प्रथम 5 प्रेक्षणों का गुणोत्तर माध्य, $G_1 = 8$ तथा अन्तिम 4 प्रेक्षणों का गुणोत्तर माध्य, $G_2 = 128\sqrt{2}$ है।

तब, संयुक्त गुणोत्तर माध्य $= {}^{(n_1+n_2)}\sqrt{(G_1^{n_1} \times G_2^{n_2})} = (G_1^5 \times G_2^4)^{1/9}$

$$= [8^5 \times (128\sqrt{2})^4]^{1/9} = \left[(2^3)^5 \times \left(2^{7+\frac{1}{2}}\right)^4\right]^{1/9}$$

$$= (2^{15} \times 2^{30})^{1/9} = 2^{\frac{45}{9}} = 2^5 = 32$$

40. माध्य विचलन, केन्द्रीय प्रवृत्ति की माप नहीं है।

41. माध्यिका उत्तम औसत है।

42. 9 पदों का कुल भार $= 15 \times 9 = 135$

तथा 10 पदों का कुल भार $= 16 \times 10 = 160$

$\therefore$ 10वें पद का भार $= 160 - 135 = 25$

43. चूँकि $\alpha > 0$ (दिया है)

आरोही क्रम में व्यवस्थित करने पर,

$$\alpha - \frac{7}{2}, \alpha - 3, \alpha - \frac{5}{2}, \alpha - 2, \alpha - \frac{1}{2}, \alpha + \frac{1}{2}, \alpha + 4, \alpha + 5$$

$$\therefore \text{ माध्यिका} = \frac{\alpha - 2 + \alpha - \frac{1}{2}}{2} = \frac{2\alpha - \frac{5}{2}}{2} = \alpha - \frac{5}{4}$$

44. विषमता गुणांक $= \dfrac{Q_3 + Q_1 - 2 \text{ माध्यिका}}{Q_3 - Q_1}$

$$= \frac{25.2 + 14.6 - 2(18.8)}{25.2 - 14.6} = \frac{2.2}{10.6} = 0.20$$

45. जब n सम है, तब द्विपद गुणांकों ${}^{2n}C_0, {}^{2n}C_1, {}^{2n}C_2, \dots {}^{2n}C_n$ की संख्या विषम होती है तथा मध्य द्विपद गुणांक ${}^{2n}C_{n/2}$ है। अतः अभीष्ट माध्यिका $= {}^{2n}C_{n/2}$

46. माना प्रथम प्राकृतिक संख्या x है, तब प्रश्नानुसार

$$(x) + (x+1) + (x+2) + (x+3) + (x+4) + (x+5) + (x+6) + (x+7) + (x+8) + (x+9) + (x+10) = 2761$$

$\Rightarrow \quad 11x + 55 = 2761$

$\Rightarrow \quad x = \dfrac{2761 - 55}{11} = \dfrac{2706}{11} = 246$

अतः माध्य संख्या $= x + 5 = 246 + 5 = 251$

47. चूँकि बहुलक = 3 (माध्यिका) − 2 (माध्य)

$\therefore \quad 18 = 3$ (माध्यिका) $- 2(24) \Rightarrow$ माध्यिका $= 22$

48. $\because$ बहुलक = 3 (माध्यिका) − 2 (माध्य)

$\therefore \quad 6\lambda = 3$ (माध्यिका) $- 18\lambda \Rightarrow$ माध्यिका $= 8\lambda$

49. यदि माध्यिका से बड़े प्रेक्षणों में 5 की वृद्धि कर दी जाती है, तो माध्यिका पर कोई प्रभाव नहीं पड़ता है।

50. दिया है, माध्य = 5, माध्यिका = 6

$\therefore$ विषम वितरण के लिए,

बहुलक = 3 माध्यिका − 2 माध्य $\Rightarrow$ बहुलक $= 3(6) - 2(5) = 8$

51. प्रथम सत्र में प्राप्त अधिकतम अंक 100 तथा न्यूनतम अंक 70 क्रमशः गणित और अँग्रेजी विषयों में हैं।

अतः अभीष्ट अनुपात $= \dfrac{100}{70} = \dfrac{10}{7} = 10:7$

52. द्वितीय सत्र में छात्रों द्वारा सभी विषयों में प्राप्त अंकों का औसत

$$= \frac{80 + 80 + 70 + 65 + 65}{5} = \frac{360}{5} = 72$$

53. $\because$ माध्य विचलन $= \frac{4}{5}\sigma$, चतुर्थक विचलन $= \frac{2}{3}\sigma$

$$\therefore \quad \frac{\text{माध्य विचलन}}{\text{चतुर्थक विचलन}} = \frac{6}{5}$$

$$\Rightarrow \quad \text{चतुर्थक विचलन} = \frac{5}{6} (\text{माध्य विचलन}) = \frac{5}{6}(15) = 12.5$$

54. माध्य, $\bar{x} = \dfrac{3 + 10 + 10 + 4 + 7 + 10 + 5}{7} = \dfrac{49}{7} = 7$

$$\therefore \text{ माध्य विचलन (MD)} = \sum_{i=1}^{7} \frac{|x_i - \bar{x}|}{n}$$

$$= \frac{|3-7| + |10-7| + |10-7| + |4-7| + |7-7| + |10-7| + |5-7|}{7}$$

$$= \frac{4 + 3 + 3 + 3 + 0 + 3 + 2}{7} = \frac{18}{7} = 2.57$$

55. माध्य, $\bar{x} = \dfrac{1357 + 1090 + 1666 + 1494 + 1623}{5} = \dfrac{7230}{5} = 1446$

$$\therefore \text{ माध्य विचलन (MD)} = \sum_{i=1}^{5} |x_i - \bar{x}|$$

$$= \frac{|1357 - 1446| + |1090 - 1446| + |1666 - 1446| + |1494 - 1446| + |1623 - 1446|}{5}$$

$$= \frac{89 + 356 + 220 + 48 + 177}{5} = \frac{890}{5} = 178$$

56. आरोही क्रम में व्यवस्थित करने पर,

20, 33, 39, 40, 50, 53, 59, 65, 69

$\therefore \quad$ माध्यिका $(M_d) = \left(\dfrac{9+1}{2}\right)$वाँ पद = 5वाँ पद = 50

$$\therefore \text{ माध्य विचलन (MD)} = \frac{\sum_{i=1}^{9} |x_i - M_d|}{n}$$

$$= \frac{|20-50| + |33-50| + |39-50| + |40-50| + |50-50| + |53-50| + |59-50| + |65-50| + |69-50|}{9}$$

$$= \frac{30 + 17 + 11 + 10 + 0 + 3 + 9 + 15 + 19}{9} = \frac{114}{9} = 12.67$$

57. प्रथम n प्राकृतिक संख्याओं का माध्य

$$\bar{x} = \frac{1 + 2 + \dots + n}{n} = \frac{n(n+1)}{2n} = \frac{n+1}{2}$$

$$\therefore \text{ माध्य विचलन} = \frac{\Sigma|(x_i - \bar{x})|}{n}$$

$$= \frac{\left|\frac{n+1}{2} - 1\right| + \left|\frac{n+1}{2} - 2\right| \dots + \left|\frac{n+1}{2} - \frac{n+1}{2}\right| + \left|\frac{n+1}{2} - \left(\frac{n+1}{2} + 1\right)\right| + \left|\left(\frac{n+1}{2}\right) - \left(\frac{n+1}{2} + 2\right)\right| + \dots + \left|\frac{n+1}{2} - \left(\frac{n+1}{2} + \frac{n-1}{2}\right)\right|}{n}$$

$$= \frac{\frac{n-1}{2} + \frac{n-3}{2} + \ldots + 0 + 1 + 2 + \ldots + \frac{n-1}{2}}{n}$$

$$= \frac{\left\{\frac{n}{2} + \frac{n}{2} + \ldots + (n-1) \text{ पद}\right\} + \frac{1}{2} + \frac{1}{2} + \ldots + \frac{n-1}{2} \text{ पद}}{n}$$

$$= \frac{\frac{n(n-1)}{2 \times 2} + \frac{(n-1)}{2 \times 2}}{n} = \frac{n^2 - n + n - 1}{4n}$$

$$= \frac{n^2 - 1}{4n}$$

58.

वर्ग अन्तराल	x_i का मध्यमान	f	cf	$\lvert x - M_d \rvert$	$f \lvert x - M_d \rvert$
0-6	3	4	4	11	44
6-12	9	5	9	5	25
12-18	15	3	12	1	3
18-24	21	6	18	7	42
24-30	27	2	20	13	26
योग		20			140

अब, $\frac{N}{2} = \frac{20}{2} = 10$, जोकि अन्तराल 12-18 में स्थित है।

यहाँ, $l = 12, cf = 9$ तथा $f = 3$

$$\therefore \quad M_d = 12 + \frac{10-9}{3} \times 6 \qquad \left[\because M_d = l + \frac{\frac{N}{2} - cf}{f} \times h\right]$$

$$= 12 + 2 = 14$$

$$\therefore \text{ माध्य विचलन} = \frac{\Sigma f_i \lvert x_i - M_d \rvert}{N} = \frac{140}{20} = 7$$

59. माध्य $(\bar{x}) = \frac{6 + 5 + 9 + 13 + 12 + 8 + 10}{7} = \frac{63}{7} = 9$

$$\therefore \text{ मानक विचलन, } \sigma = \sqrt{\frac{(x_i - \bar{x})^2}{n}}$$

$$= \sqrt{\frac{(6-9)^2 + (5-9)^2 + (9-9)^2 + (13-9)^2 + (12-9)^2 + (8-9)^2 + (10-9)^2}{7}}$$

$$= \sqrt{\frac{9 + 16 + 0 + 16 + 9 + 1 + 1}{7}} = \sqrt{\frac{52}{7}}$$

60. माध्य, $\bar{x} = \frac{1 + 2 + \ldots + 10}{10}$

$$= \frac{\frac{10(10+1)}{2}}{10} = \frac{11}{2} \qquad \left[\because \Sigma n = \frac{n(n+1)}{2}\right]$$

$$\therefore \quad \sigma = \sqrt{\frac{\Sigma x_i^2}{n} - (\bar{x})^2} = \sqrt{\frac{1^2 + 2^2 + \ldots + 10^2}{10} - \left(\frac{11}{2}\right)^2}$$

$$= \sqrt{\frac{\frac{10(10+1)}{6} \times (2 \times 10 + 1)}{10} - \frac{121}{4}}$$

$$\left[\because \Sigma n^2 = \frac{n(n+1)(2n+1)}{6}\right]$$

$$= \sqrt{\frac{11 \times 21}{6} - \frac{121}{4}} = \sqrt{\frac{1386 - 1089}{36}}$$

$$= \sqrt{\frac{297}{36}} = \frac{1}{6}\sqrt{297} = \frac{17.23}{6} = 2.87$$

61. हम जानते हैं कि प्रथम 10 प्राकृत संख्याओं का मानक विचलन 2.87 है।

अर्थात् $\sigma = 2.87$

तब, प्रसरण $\sigma^2 = 8.24$

हम जानते हैं कि प्रसरण पर मूलबिन्दु में परिवर्तन का प्रभाव नहीं पड़ता है। अतः प्रत्येक संख्या में 1 जोड़ने पर प्राप्त संख्याओं का प्रसरण समान होगा अर्थात् 8.24 होगा।

62. दिया है, $\Sigma x^2 = 18000, \Sigma x = 960$ तथा $n = 60$

$$\because \quad \sigma^2 = \frac{\Sigma x^2}{n} - \left(\frac{\Sigma x}{n}\right)^2 = \frac{18000}{60} - \left(\frac{960}{60}\right)^2$$

$$= 300 - (16)^2 = 300 - 256 = 44$$

63. दिया है, $\bar{x} = 50, n = 100$

$$\therefore \quad \sigma = \sqrt{\frac{\Sigma x_i^2}{n} - (\bar{x})^2}$$

$$\Rightarrow \quad 5 = \sqrt{\frac{\Sigma x_i^2}{100} - (50)^2}$$

$$\Rightarrow \quad 25 = \frac{\Sigma x_i^2}{100} - 2500$$

$$\Rightarrow \quad \Sigma x_i^2 = 252500$$

65. हम जानते हैं कि मानक विचलन मूलबिन्दु के परिवर्तन से अपरिवर्तित रहता है। यदि प्रत्येक प्रेक्षण को 1 कम कर दिया जाए, तो मानक विचलन अपरिवर्तित रहता है।

अतः अभीष्ट मानक विचलन 6 है।

66. प्रसरण गुणांक, $(C_1) = 50$,

प्रसरण गुणांक, $(C_2) = 60$, $\bar{x}_1 = 30$ तथा $\bar{x}_2 = 25$

$$\because \quad C = \frac{\sigma}{\bar{x}} \times 100 \Rightarrow 50 = \frac{\sigma_1}{30} \times 100$$

$$\Rightarrow \quad \sigma_1 = 15 \text{ तथा } 60 = \frac{\sigma_2}{25} \times 100 \Rightarrow \sigma_2 = 15$$

$$\therefore \text{ अभीष्ट अन्तर} = \sigma_1 - \sigma_2 = 15 - 15 = 0$$

67. दिया है, प्रथम विचरण गुणांक $(CV_1) = 50$

द्वितीय विचरण गुणांक $(CV_2) = 60$

प्रथम मानक विचलन $(\sigma_1) = 22$

तथा द्वितीय मानक विचलन $(\sigma_2) = 25$

पुनः विचरण गुणांक $(CV_1) = \frac{\sigma_1}{\bar{x}_1} \times 100$

$$\Rightarrow \quad 50 = \frac{22}{\bar{x}_1} \times 100 \Rightarrow \bar{x}_1 = \frac{22}{50} \times 100 = 44$$

तथा द्वितीय विचरण गुणांक $(CV_2) = \frac{\sigma_2}{\bar{x}_2} \times 100$

$$\Rightarrow \quad 60 = \frac{25}{\bar{x}_2} \times 100$$

$$\Rightarrow \quad \bar{x}_2 = \frac{25}{60} \times 100 = 41.67$$

अतः समान्तर माध्य क्रमशः 44 तथा 41.67 हैं।

68. दिया है, प्रथम विचरण गुणांक, $C_1 = 50$

तथा द्वितीय विचरण गुणांक, $C_2 = 60$

$\because \quad C = \frac{\sigma}{\bar{x}} \times 100 \Rightarrow 50 = \frac{\sigma_1}{30} \times 100 \Rightarrow \sigma_1 = 15$

तथा $\quad 60 = \frac{\sigma_2}{25} \times 100 \Rightarrow \sigma_2 = 15$

अतः अभीष्ट अन्तर, $\sigma_1 - \sigma_2 = 15 - 15 = 0$

69. यहाँ, प्रथम दो अंक निश्चित हैं। अतः केवल अन्तिम तीन अंकों का चयन यह ध्यान में रखते हुए करना है कि पुनरावृत्ति की अनुमति नहीं है।

6	7			
I	II	III	IV	V

तीसरे स्थान को भरने के तरीकों की संख्या = 8

चौथे स्थान को भरने के तरीकों की संख्या = 7

तथा पाँचवें स्थान को भरने के तरीकों की संख्या = 6

अतः गणना के आधारभूत सिद्धान्त से,

कुल तरीकों की संख्या = $8 \times 7 \times 6 = 56 \times 6 = 336$

70. एक झण्डा चुनने के तरीकों की संख्या = 5

बचे हुए चार झण्डों में से दूसरे झण्डे को चुनने के तरीकों की संख्या = 4

अतः गणना के आधारभूत सिद्धान्त से,

कुल तरीकों की संख्या = $5 \times 4 = 20$

71. 8 व्यक्तियों की समिति में, एक व्यक्ति अध्यक्ष पद के लिए 8 तरीकों से चुना जा सकता है। चूँकि एक व्यक्ति एक से अधिक पद पर नहीं रह सकता है अर्थात् बचे हुए 7 व्यक्तियों में से एक व्यक्ति उपाध्यक्ष पद के लिए 7 तरीकों से चुना जा सकता है।

अतः गणना के आधारभूत सिद्धान्त से,

कुल तरीकों की संख्या = $8 \times 7 = 56$

72. दिया है, $\frac{1}{6!} + \frac{1}{7!} = \frac{x}{8!}$

$$\frac{1}{6!} + \frac{1}{7 \times 6!} = \frac{x}{8 \times 7 \times 6!}$$

बाएँ पक्ष से $\frac{1}{6!}$ उभयनिष्ठ लेने पर,

$$\frac{1}{6!}\left[1 + \frac{1}{7}\right] = \frac{x}{8 \times 7 \times 6!}$$

$$\Rightarrow \quad \frac{1}{1} + \frac{1}{7} = \frac{x}{8 \times 7}$$

$$\Rightarrow \quad \frac{7+1}{7} = \frac{x}{8 \times 7}$$

$$\Rightarrow \quad x = 8 \times 8 = 64$$

73. $[1 \cdot 3 \cdot 5 \ldots (2n-3)(2n-1)]2^n$

$$= \frac{1 \cdot 2 \cdot 3 \cdot 4 \cdot 5 \cdot 6 \ldots (2n-1)(2n)2^n}{2 \cdot 4 \cdot 6 \ldots 2n}$$

$$= \frac{(2n)!\,2^n}{2^n(1 \cdot 2 \cdot 3 \ldots n)} = \frac{(2n)!}{n!}$$

74. r प्राकृतिक क्रमागत संख्याओं का गुणनफल

$$= 1 \cdot 2 \cdot 3 \cdot 4 \cdot \ldots \cdot r = r!$$

$\therefore$ क्रमागत r प्राकृतिक संख्याओं का गुणनफल $r!$ से विभाजित होता है।

75. दिया है, ${}^5P_r = 2\,{}^6P_{r-1}$

$$\frac{5!}{(5-r)!} = 2 \times \frac{6!}{(6-r+1)!} \qquad \left[\because {}^nP_r = \frac{n!}{(n-r)!}\right]$$

$$\Rightarrow \quad \frac{5!}{(5-r)!} = 2 \times \frac{6 \times 5!}{(7-r)!}$$

$$\Rightarrow \quad \frac{1}{(5-r)!} = \frac{12}{(7-r)(6-r)(5-r)!}$$

$$\Rightarrow \quad (7-r)(6-r) = 12$$

$$\Rightarrow \quad 42 - 7r - 6r + r^2 = 12$$

$$\Rightarrow \quad r^2 - 13r + 30 = 0$$

$$\Rightarrow \quad r^2 - 10r - 3r + 30 = 0$$

$$\Rightarrow \quad r(r-10) - 3(r-10) = 0$$

$$\Rightarrow \quad (r-10)(r-3) = 0$$

$r = 10, 3$ यहाँ, $r = 10$ अमान्य है चूँकि $0 \le r \le 5$

अतः $r = 3$

76. शब्द PERMUTATIONS में अक्षर निम्न प्रकार आए हुए हैं

P — 1 बार
E — 1 बार
R — 1 बार
M — 1 बार
U — 1 बार
T — 2 बार
A — 1 बार
I — 1 बार
O — 1 बार
N — 1 बार
S — 1 बार

शब्द, जिनका प्रारम्भ P से तथा अन्त S से हो अर्थात्

P □ . □ . □ . □ . □ . □ . □ . □ . □ . □ . S

प्रथम तथा अन्तिम स्थान क्रमशः P तथा S से भरे जाएँगे, तब बचे हुए 10 स्थान भरे जाने के तरीकों की संख्या = $\frac{10!}{2!}$

$$= \frac{10 \times 9 \times 8 \times 7 \times 6 \times 5 \times 4 \times 3 \times 2!}{2!}$$

$$= 720 \times 7 \times 6 \times 5 \times 4 \times 3$$

$$= 720 \times 2520 = 1814400$$

77. अभीष्ट तरीके $= \frac{4!}{2!\,2!} = \frac{5!}{2!\,3!} = 60$

78. संख्या सम होगी यदि इकाई का अंक 2, 4, 6 या 8 हो अर्थात् अन्तिम अंक (इकाई का अंक) 4 तरीकों से भरा जा सकता है तथा शेष अंकों को ${}^8P_2$ तरीकों से भरा जा सकता है।

तीन भिन्न अंकों वाली संख्याओं की संख्या = ${}^8P_2 \times 4 = 224$

79. 9 अलग-अलग अंकों से, 9 अंक की कुल बनी संख्या = $9 \times {}^9P_8$

$$= \frac{9 \times 9!}{1!} = 9 \times 9!$$

80. ARTICLE शब्द में AEI स्वर तथा C, L, R, T व्यंजन हैं। सात अक्षरों के शब्द में तीन सम स्थान हैं जिसमें 3 स्वर 3! तरीकों से भरा जा सकता है। शेष चार स्थानों में चार व्यंजन 4! तरीकों से भरा जा सकता है।

$\therefore$ अभीष्ट तरीकों की संख्या $= 3! \times 4! = 6 \times 24 = 144$

81. चूँकि 11 सदस्यों में से 2 को एकसाथ बैठाना है।

$\therefore$ व्यवस्थाओं की संख्या $= 9! \times 2$

[$\because$ दो सदस्य 2 तरीकों से बैठ सकते हैं]

83. कुल तरीकों की संख्या $= 12! \times 2$

84. ***स्थिति*** I जब संख्याएँ 2 अंक की हों, तो कुल तरीके $= 9 \times 9 = 81$

स्थिति II जब संख्याएँ 3 अंक की हों, तो कुल तरीके $= 9 \times 9 \times 9 = 729$

$\therefore$ कुल तरीके $= 81 + 729 = 810$

85. चूँकि प्रान्त का प्रत्येक अवयव, सहप्रान्त के किसी अवयव का प्रतिबिम्ब है।

अतः अभीष्ट तरीके $= 10 \times 10 \times \ldots \times 10 = 10^{10}$

86. अभीष्ट तरीके $= 2^{10}$

87. 1 से 999 तक के पूर्णांकों में तीन अंकों की संख्या xyz, जहाँ अंक x, y, z, 0 से 9 तक के अंक होंगे, हैं।

अब, हम उन तीन की संख्या ज्ञात करेंगे जिनमें तीन केवल एक बार आता है।

चूँकि 3 एक स्थान पर केवल ${}^3C_1$ तरीकों से आ सकता है। ऐसी संख्याओं की संख्या ${}^3C_1 \cdot (9 \times 9) = 3 \cdot 9^2$ होगी।

पुनः 3 दो स्थान पर ${}^3C_2 \cdot (9)$ तरीकों से संख्या बनाई जा सकती है। संख्या 333 में तीन तीनों स्थान पर केवल इसी संख्या में आता है।

$\therefore$ 3 की कुल संख्या $= 1 \times (3 \times 9^2) + 2 \times (3 \times 9) + 3 \times 1 = 300$

88. 56000 से बड़ी संख्याओं को अंकों 4, 5, 6, 7, 8 द्वारा निम्न दो स्थितियों में बनाई जा सकती है।

स्थिति I माना दस हजारवाँ अंक 5 से बड़ा है

संख्याओं की संख्या $= 3 \times 4 \times 3 \times 2 \times 1 = 72$

स्थिति II माना दस हजारवाँ अंक 5 तथा हजारवाँ अंक 6 या 6 से बड़ा है

तब, संख्याओं की संख्या $= 3 \times 3 \times 2 \times 1 = 18$

$\therefore$ अभीष्ट संख्याओं की संख्या $= 72 + 18 = 90$

89. दिया है, ${}^nC_{12} = {}^nC_8$

$\therefore \quad {}^nC_{n-12} = {}^nC_8 \qquad [\because {}^nC_r = {}^nC_{n-r}]$

$\Rightarrow \quad n - 12 = 8 \Rightarrow n = 20$

90. ${}^{47}C_4 + \sum_{r=1}^{5} {}^{52-r}C_3 = {}^{47}C_4 + {}^{51}C_3 + {}^{50}C_3 + {}^{49}C_3 + {}^{48}C_3 + {}^{47}C_3$

$= {}^{51}C_3 + {}^{50}C_3 + {}^{49}C_3 + {}^{48}C_3 + ({}^{47}C_3 + {}^{47}C_4) = {}^{52}C_4$

91. ${}^nC_r + 2\,{}^nC_{r-1} + {}^nC_{r-2} = {}^nC_r + {}^nC_{r-1} + {}^nC_{r-1} + {}^nC_{r-2}$

$= {}^{n+1}C_r + {}^{n+1}C_{r-1} = {}^{n+2}C_r$

95. $\because$ अनुकूल घटनाएँ $= 3$

$\therefore$ अभीष्ट प्रायिकता $= \frac{3}{6} = \frac{1}{2}$

96. 10 या 10 से अधिक जहाँ 5 एक पासे पर हो, की दशाएँ $= \{(5, 6), (6, 5), (5, 5)\}$ हैं।

$\therefore \; n(E) = 3$ तथा $n(S) = 36$

अतः अभीष्ट प्रायिकता $= \frac{n(E)}{n(S)} = \frac{3}{36} = \frac{1}{12}$

97. दिया है, $P(A \cup B) = P(A \cap B)$

जोकि सम्भव है यदि $P(A) = P(B)$

98. यहाँ, $n(S) = 1000$

माना $E = 2$ से गुणित पूर्णांक चुनने की घटना

$= \{2, 4, 8, \ldots, 1000\}$

$\therefore n(E) = 500$

तथा $F = 9$ से गुणित पूर्णांक चुनने की घटना

$= \{9, 18, \ldots, 999\}$

$\therefore \; n(F) = 111$

तथा $E \cap F = 2$ तथा 9 से गुणित पूर्णांक चुनने की घटना

$= \{18, 36, \ldots, 990\}$

$\therefore n(E \cap F) = 55$

$\therefore \quad P(E) = \frac{n(E)}{n(S)} = \frac{500}{1000} = \frac{1}{2}, \; P(F) = \frac{n(F)}{n(S)} = \frac{111}{1000}$

तथा $\quad P(E \cap F) = \frac{n(E \cap F)}{n(S)} = \frac{55}{1000}$

$\therefore \quad P(E \cup F) = P(E) + P(F) - P(E \cap F)$

$= \frac{1}{2} + \frac{111}{1000} - \frac{55}{1000} = \frac{556}{1000} = 0.556$

99. $\because P(A \cup B) = P(A) + P(B) - P(A \cap B)$

$\therefore P(A \cup B) = P(A) + P(B) - P(A) \cdot P(B)$

[$\because$ A व B स्वतन्त्र घटनाएँ हैं]

$= \frac{1}{5} + \frac{1}{7} - \frac{1}{35} = \frac{11}{35}$

अध्याय 15

गणितीय विवेचना

Mathematical Reasoning

वाक्य Sentence

वार्तालाप में प्रयुक्त तर्क वाक्य कहलाते हैं। दूसरे शब्दों में हम यह कह सकते हैं कि किसी भी भाषा में बातचीत वाक्यों के द्वारा ही की जाती है। वाक्य निम्नलिखित चार प्रकार के होते हैं

1. **सुनिश्चित या स्पष्ट वाक्य** (Assertive or declarative sentence) वे वाक्य, जो एक निश्चित घोषणा करते हों, सुनिश्चित या स्पष्ट वाक्य कहलाते हैं। इस प्रकार के वाक्य या तो सत्य होते हैं या असत्य परन्तु दोनों नहीं हो सकते। जैसे—
   (i) आज सर्दी है। यहाँ यह **सुनिश्चित** है कि आज सर्दी है।
   (ii) ममता अच्छी लड़की है। यहाँ यह **सुनिश्चित** है कि ममता अच्छी लड़की है।
   (iii) लखनऊ उत्तर प्रदेश की राजधानी है। यहाँ यह **सुनिश्चित** है कि लखनऊ उत्तर प्रदेश की राजधानी है।
   (iv) सूर्य पूर्व दिशा में निकलता है। यहाँ यह **सुनिश्चित** है कि सूर्य पूर्व दिशा में निकलता है।
2. **विस्मयबोधक वाक्य** (Exclaimatory sentence) वे वाक्य, जो तीव्र आवेग (विस्मय) व्यक्त करें, विस्मयबोधक वाक्य कहलाते हैं। जैसे— (i) ओह! मैं फेल हो गया।
   (ii) वाह! भारत का परमाणु परीक्षण सफल रहा।
3. **प्रश्नवाचक वाक्य** (Interrogative sentence) वे वाक्य, जिसमें प्रश्न पूछे जाते हैं, प्रश्नवाचक वाक्य कहलाते हैं।
   जैसे—(i) तुम्हारा नाम क्या है? (ii) तुम किस कक्षा में पढ़ते हो?
4. **आज्ञासूचक वाक्य** (Imperative sentence) वे वाक्य, जो 'प्रार्थना या आज्ञा व्यक्त करते हों, आज्ञासूचक वाक्य कहलाते हैं।
   जैसे—(i) कृपया मुझे दस रुपये दे दीजिए। (प्रार्थना)
   (ii) स्कूल जाइए। (आज्ञा)
   (iii) प्रश्न हल कीजिए। (आज्ञा)

कथन Statement

एक स्पष्ट या सुनिश्चित वाक्य **कथन** या **साध्य** कहलाता है, यदि यह या तो सत्य हो या असत्य हो परन्तु दोनों न हो।

कथनों को अंग्रेजी वर्णमाला के छोटे अक्षरों $p, q, r, s \ldots$ से निरूपित किया जाता है जिन्हें तर्कसंगत चर कहते हैं।

उदाहरण के लिए—

(i) यदि कथन p, 'भारत एक संवैधानिक देश है' को निरूपित करता है, तब हम लिखते हैं

p : भारत एक संवैधानिक देश है।

(ii) यदि कथन q '5, 3 से छोटा है' को निरूपित करता है, तब हम लिखते हैं

q : 5, 3 से छोटा है।

यहाँ उदाहरण (i) सत्य कथन है तथा उदाहरण (ii) असत्य कथन है।

निम्नलिखित वाक्यों पर विचार कीजिए

(i) 7, 5 से अधिक है। (सत्य)
(ii) 5, 8 से अधिक है। (असत्य)
(iii) प्रत्येक समचतुर्भुज समान्तर चतुर्भुज है। (सत्य)
(iv) तुम्हारा नाम क्या है?
यह कथन नहीं है क्योंकि यह निश्चित नहीं किया जा सकता कि यह वाक्य सत्य है या असत्य है।
(v) बाहर मत जाइए। *यह कथन नहीं है।*
(vi) मुम्बई भारत की राजधानी है। (असत्य)
(vii) ताजमहल, आगरा में स्थित है। (सत्य)
(viii) 18909, 3 से पूर्णतया विभाजित है। (सत्य)

यहाँ (i), (ii), (iii), (vi), (vii) और (viii) कथन हैं क्योंकि ये या तो सत्य हैं या असत्य परन्तु (iv) और (v) कथन नहीं हैं।

पुराने ज्ञात कथनों से नए कथन
New Statement from Old

पुराने ज्ञात कथनों से नए कथन बनाना हम निम्नलिखित उदाहरणों की सहायता से समझ सकते हैं

(i) पुराना कथन : 7, 5 से अधिक है। (सत्य)
नया कथन : 5, 7 से कम है। (सत्य)
इस प्रकार स्पष्ट है कि नया कथन पुराने कथन से बनाया गया है जो सत्य कथन है।

(ii) पुराना कथन : $N=\{1, 2, 3, 4 \ldots\}$ प्राकृतिक संख्याओं का समुच्चय है।
नया कथन : संख्या 1 एक प्राकृतिक संख्या है।

परिमाणवाचक Quantifiers

वाक्यांश या शब्दों के समूह को सूचित करने वाले प्रतीक, परिमाणवाचक कहलाते हैं। जैसे—

(i) प्रतीक '$\forall$' का अर्थ है 'सभी के लिए', एक परिमाणवाचक है।
(ii) '$\in$' का अर्थ है 'सम्बन्धित है', एक परिमाणवाचक है।

परिमाणवाची कथन Quantified Statement

वह कथन, जिसमें परिमाणवाचक सम्मिलित होता है, परिमाणवाची कथन कहलाता है। जैसे— $e^m > 0, \forall m \in R$

सरल कथन Simple Statement

वह कथन जिसे दो या दो से अधिक कथनों में अलग-अलग नहीं किया जा सके साधारण कथन कहलाता है सामान्यत: सरल कथनों को अक्षरों p, q, r से व्यक्त किया जाता है। उदाहरण के लिए,

(i) $p : \sqrt{2}$ एक वास्तविक संख्या है (सत्य)
(ii) q : सूर्य पूरब दिशा में डूबता है (असत्य)

खुला कथन Open Statement

ऐसे कथन, जिनकी सत्यता या असत्यता की जाँच करने के लिए कुछ अतिरिक्त जानकारी आवश्यक होती हो अर्थात् चर या चरों के निश्चित मान निर्दिष्ट होने पर वे कथन बन जाते हों, खुले कथन कहलाते हैं।

जैसे—$x + 3 = 0$ एक खुला कथन है क्योंकि यह सत्य है या असत्य, x के मान पर निर्भर करता है।

यह सत्य है जब $x = -3$ तथा यह असत्य है जब $x = 5$

सत्य समुच्चय Truth Set

चर के उन सभी मानों का समुच्चय, जिनके लिए खुला कथन सत्य हो, सत्य समुच्चय कहलाता है।

जैसे— खुला कथन $(x-1)(x+2)(x-5) = 0$; $x = 1, -2, 5$ के लिए सत्य कथन है। अत: सत्य समुच्चय $= \{1, -2, 5\}$

कथन का सत्य मान True Value of Statement

किसी कथन की सत्यता अथवा असत्यता को कथन का सत्य मान कहते हैं, किसी कथन के सत्य मान को **T** से व असत्य मान को **F** से प्रदर्शित करते हैं। जैसे—

(i) कथन '5 एक अभाज्य संख्या है' का सत्य मान T है क्योंकि यह एक सत्य कथन है।
(ii) कथन '2 एक विषम संख्या है' का सत्य मान F है क्योंकि यह एक असत्य कथन है।

कथन का निषेधन Negation of a Statement

माना कोई कथन p दिया गया है, तब कथन p की प्रतिकूलता को इसका निषेधन कहते हैं अर्थात् कथन p का निषेधन इसके स्वरूप को नकारता है। कथन p के निषेधन को $\sim p$ से निरूपित करते हैं तथा इसे '**p नहीं**' पढ़ते हैं।

जैसे— कथन **p** : 'आलोक बीमार है' तब निषेधन $(\sim p)$: 'आलोक बीमार नहीं है' होगा। अत: स्पष्ट है कि निषेधन सत्य कथनों को असत्य कथनों में तथा असत्य कथनों को सत्य कथनों में बदल देता है।

निषेधन ($\sim p$) के लिए सत्य मान
Truth Value for Negation ($\sim p$)

p	$\sim p$
T	F
F	T

मिश्र या संयुक्त कथन
Mixed or Compound Statement

वह कथन, जो दो या दो से अधिक कथनों से मिलकर बना होता है, मिश्र या संयुक्त कथन कहलाता है तथा इस स्थिति में प्रत्येक कथन को घटक कथन कहते हैं। संयुक्त कथन में, दोनों कथन **या** (अथवा), **और** (तथा) शब्दों से जुड़े होते हैं, जिन्हें **संयोजक शब्द** कहते हैं।

जैसे—कथन : संख्या 8, 2 और 4 का गुणक है।

यह कथन निम्न दो कथनों का संयुक्त कथन है, जिन्हें संयोजक शब्द 'और' द्वारा जोड़कर संयुक्त किया गया है।

p : संख्या 8, 2 का गुणक है।
q : संख्या 8, 4 का गुणक है।

यहाँ कथन p और q दिए गए संयुक्त कथन के घटक कथन हैं।

'और' And

माना दो कथन p और q निम्न हैं

p : संख्या 28, 7 से विभाज्य है
q : संख्या 28, 5 से विभाज्य है

तब इन्हें संयोजक 'और' से जोड़ने पर प्राप्त मिश्र कथन निम्न प्रकार होगा संख्या 28,7 और 5 से विभाज्य है। 'और' को '$\wedge$' से निरूपित करते हैं

अर्थात् $p \wedge q =$ संख्या 28, 7 और 5 से विभाज्य है।

संयोजक 'और' से निर्मित मिश्र कथन की सत्यता के नियम निम्नलिखित हैं

(i) संयोजक 'और' (And) से बना हुआ मिश्र कथन तब सत्य होगा, जब इसके सभी घटक कथन सत्य होंगे।
(ii) मिश्र कथन असत्य होगा यदि इसका कोई भी घटक कथन असत्य है।

'और (तथा)' के लिए सत्यता सारणी
Truth Table For Connective 'AND'

यदि p तथा q दो कथन हैं, तब 'p तथा q' की सत्यता सारणी निम्न है

p	q	p तथा q (या $p \wedge q$)
T	T	T
T	F	F
F	T	F
F	F	F

'या' 'Or'

माना दो कथन p व q निम्न हैं

p : किसी भी राष्ट्रीयकृत बैंक में खाता खोलने के लिए मतदाता पहचान-पत्र की आवश्यकता पड़ती है।

q : किसी भी राष्ट्रीयकृत बैंक में खाता खोलने के लिए स्थायी निवास प्रमाण-पत्र की आवश्यकता पड़ती है। इन कथनों को संयोजक 'या' से जोड़ने पर प्राप्त मिश्र कथन निम्न प्रकार होगा

$p \vee q$ = किसी भी राष्ट्रीयकृत बैंक में खाता खोलने के लिए मतदाता पहचान-पत्र या स्थायी निवास प्रमाण-पत्र की आवश्यकता पड़ती है। जहाँ '$\vee$', 'या' को निरूपित करता है।

संयोजक 'या' से मिश्रित मिश्र कथन की सत्यता के नियम निम्नलिखित हैं

(i) मिश्र कथन सत्य होगा, यदि कम-से-कम एक घटक कथन सत्य है।

(ii) मिश्र कथन असत्य होगा, यदि दोनों घटक कथन असत्य हैं।

अपवर्जित 'या' Exclusive 'Or'

यदि मिश्र कथन 'p या q' में केवल एक ही घटित होता है, तो संयोजक 'या' अपवर्जी कहलाता है।

जैसे—'दो सरल रेखाएँ एक बिन्दु पर प्रतिच्छेद करती हैं या वे समान्तर होती हैं' यहाँ संयोजक 'या' अपवर्जित है।

अन्तर्विष्ट 'या' Inclusive 'Or'

यदि मिश्र कथन 'p या q' में कम-से-कम एक अवश्य घटे, तब संयोजक अन्तर्विष्ट 'या' कहलाता है।

जैसे—मिश्र कथन 'आज स्कूल बन्द होगा, यदि छुट्टी है या रविवार है।' यहाँ संयोजक 'या' अन्तर्विष्ट है।

"या (अथवा)' के लिए सत्यता सारणी
Truth Table For Connective 'OR'

यदि p तथा q दो कथन हैं तब 'p ताथा q' के लिए सत्यता सारणी निम्न है

p	q	p or q या $p\ (\vee)\ q$
T	T	T
T	F	T
F	T	T
F	F	F

परिमाणवाचक वाक्यांश (सूक्ति)
Quantifiers Phrases

गणित में विभिन्न प्रकार के वाक्यांशों; *जैसे*—'एक ऐसे का अस्तित्व हैं' तथा 'प्रत्येक के लिए/सभी के लिए' का प्रयोग होता है, इन्हें परिमाणवाचक वाक्यांश कहते हैं।

निम्नलिखित वाक्यों पर विचार कीजिए

(i) प्रत्येक धन पूर्णांक संख्या n के लिए कोई धन वास्तविक संख्या x अवश्य है जिसके लिए $x < n$।

(ii) एक ऐसी धन वास्तविक संख्या y अवश्य है कि प्रत्येक संख्या x के लिए सम्बन्ध $y < x$ का अस्तित्व है।

यद्यपि देखने में दोनों वाक्य समान लगते हैं परन्तु ऐसा नहीं है। वास्तव में वाक्य (i) सत्य है तथा वाक्य (ii) असत्य है। अत: गणित में इन परिमाणवाचक वाक्यांशों को लिखते समय अत्यन्त सावधानी की आवश्यकता है। प्रत्येक चिन्ह को सही स्थान पर सही प्रकार से प्रस्तावित करना आवश्यक है।

नोट (i) युक्ति 'सभी के लिए/प्रत्येक के लिए' को संकेत '$\forall$' से व्यक्त करते हैं तथा इसे सर्व-परिमाणक कहते हैं।

(ii) युक्ति 'एक ऐसे का अस्तित्व है' को संकेत '$\exists$' से व्यक्त करते हैं तथा इसे अस्तित्व परिमाणक कहते हैं।

(iii) यदि कथन परिमाणवाचक को रखता है, तो उसे परिमाणवाचक कथन कहते हैं।

परिमाणवाचक वाक्यांश का निषेधन
Negation of a Quantified Statement

(i) यदि कोई कथन वाक्यांश "एक ऐसे का अस्तित्व है' से बना है, तब कथन का निषेधन लिखने के लिए 'एक ऐसे का अस्तित्व' के स्थान पर 'एक ऐसे का अस्तित्व नहीं है' लिखते हैं।

उदाहरण के लिए,
कथन 'एक ऐसी वास्तविक संख्या का अस्तित्व है जो अपने वर्ग के बराबर है' का निषेधन है।
'एक ऐसी वास्तविक संख्या का अस्तित्व नहीं है जो अपने वर्ग के बराबर है'।

(ii) यदि कोई कथन वाक्यांश 'प्रत्येक के लिए' से बना है तब कथन का निषेधन लिखने के लिए 'प्रत्येक के लिए' के स्थान पर 'एक ऐसे का अस्तित्व है' या कुछ या कम से कम एक ऐसे का अस्तित्व है। दिए गए गुण के निषेधन के साथ लिखते हैं।

उदाहरण के लिए,
कथन 'प्रत्येक वास्तविक संख्या x के लिए, $x, x+1$ से छोटा है' का निषेधन है 'एक वास्तविक संख्या x का अस्तित्व है, ताकि $x, x+1$ से कम नही हैं'

सप्रतिबन्ध या अन्तर्भाव कथन
Conditional Statement

वे कथन जिसमें 'यदि-तो', 'केवल यदि' तथा 'यदि और केवल यदि' अन्तर्भाव वाले शब्द आते हैं, सप्रतिबन्ध कथन (Conditional statement) कहलाते हैं। गणित में सप्रतिबन्ध कथन **p व q को $p \Rightarrow q$** से निरूपित करते हैं।

यहाँ प्रतीक '⇒' अन्तर्भाव (सप्रतिबन्ध कथन) के लिए प्रयोग किया जाता है *जैसे—*

(i) यदि $a = 5$, तब $a^2 = 25$

(ii) यदि अशोक बीमार है, तो डॉक्टर के पास जाएगा।

सप्रतिबन्ध कथन 'यदि p, तो q' विभिन्न तरीकों से व्यक्त किया जा सकता है

(i) p अन्तर्भाव q को $p \Rightarrow q$ से या $p \rightarrow q$ से व्यक्त किया जाता है

(ii) p पर्याप्त प्रतिबन्ध है q के लिए

(iii) p केवल यदि q

(iv) q अनिवार्य प्रतिबन्ध है p के लिए

(v) $\sim q$ अन्तर्भाव $\sim p$ या $\sim q \Rightarrow \sim p$

उदाहरण के लिए

माना p: ट्रेन समय पर पहुँचती है तथा q: मैं मीटिग में उपस्थित हो सकता हूँ। तब, $p \Rightarrow q \equiv$ यदि ट्रेन समय पर पहुँचती है, तब मैं मीटिंग में उपस्थित हो सकता हूँ। यहाँ p को पूर्वगामी तथा q को अग्रगामी कहते हैं

'यदि-तो' अन्तर्भाव के नियम

Rules For 'It-Then Implication'

सप्रतिबन्ध कथन $p \Rightarrow q$ असत्य है केवल तब, जब p सत्य है तथा q असत्य है इसके अलावा अन्य सभी स्थितियों में सत्य होगा।

इस नियम को सत्यता सारणी से आसानी से समझा जा सकता है

सप्रतिबन्ध के लिए सत्यता सारणी

Truth Table for Conditional

यदि p तथा q दो कथन हैं, तब (⇒) अन्तर्भाव $p \Rightarrow q$ के सारणी निम्न है

p	q	$p \Rightarrow q$
T	T	T
T	F	F
F	T	T
F	F	T

प्रतिधनात्मक कथन Contrapositive Statement

यदि p तथा q दो कथन हैं, तब सप्रतिबन्ध कथन 'यदि p, तो q' का प्रतिधनात्मक कथन इस प्रकार होगा

'यदि q नहीं, तो p नहीं' अर्थात् यदि $\sim q$, तो $\sim p$।

जैसे—यदि कोई संख्या 9 से विभाज्य है, तो वह 3 से भी विभाज्य होगी।

नोट प्रतिथनात्मक कथन यदि कोई संख्या 3 से विभाज्य नहीं है, तो वह 9 से भी विभाज्य नहीं होगी।

विलोम कथन Converse Statement

यदि p व q दो कथन हैं। तब कथन 'यदि p तो q' का विलोम कथन 'यदि q तो p' है। *जैसे*—कथन 'यदि k एक विषम संख्या है तो k^2 भी एक विषम संख्या होगी।'

नोट विलोम कथन 'यदि k^2 एक विषम संख्या है, तो k भी एक विषम संख्या होगी।'

सप्रतिबन्ध 'यदि और केवल यदि'

If and only if Conditional

यदि p व q दो कथन हैं, तब सप्रतिबन्ध कथन $p \Rightarrow q$ तथा $q \Rightarrow p$ का संयुक्त कथन 'यदि और केवल यदि' होगा। ये दो मुख वाले परिणाम देते हैं। इसे संकेत $p \Leftrightarrow q$ से निरूपित करते हैं।

इसके निम्नलिखित रूप भी हो सकते हैं

(i) p यदि और केवल यदि q

(ii) q यदि और केवल यदि p

(iii) p व q के लिए आवश्यक तथा पर्याप्त प्रतिबन्ध तथा विलोमत:

उदाहरण के लिए

माना p : ABC एक समद्विबाहु त्रिभुज है

तथा q : त्रिभुज जिसकी दो भुजाएँ बराबर हैं

तब, $p \Leftrightarrow q \equiv ABC$ एक समद्विबाहु त्रिभुज है यदि और केवल यदि किसी त्रिभुज की दो भुजाएँ बराबर हों

यदि और केवल यदि सप्रतिबन्ध का नियम

(i) कथन $p \Leftrightarrow q$ सत्य है यदि p व q दोनों सत्य हैं या दोनों असत्य हैं

(ii) कथन $p \Leftrightarrow q$ असत्य है यदि कोई एक कथन असत्य है

'यदि' और केवल यदि' सप्रतिबन्ध के लिए सत्यता सारणी

यदि p तथा q दो कथन हैं, तब अन्तर्भाव $p \Leftrightarrow q$ के लिए सत्यता सारणी निम्न है

p	q	$p \Leftrightarrow q$
T	T	T
T	F	F
F	T	F
F	F	T

मिश्र कथन का निषेधन

Negation of a Compound Statement

1. p तथा q का निषेधन (संयोजन) : $\sim (p \wedge q) \equiv \sim p \vee \sim q$
2. p या q का निषेधन (वियोजन) : $\sim (p \vee q) \equiv \sim p \wedge \sim q$
3. निषेधन का निषेधन : $\sim(\sim p) \equiv p$
4. सप्रतिबन्ध कथन 'यदि p तो q' का निषेधन अन्तर्भाव 'यदि p, तो q' का निषेधन की सत्यता सरणी नीचे दी गई है

p	q	$p \Rightarrow q$	$\sim (p \Rightarrow q)$	$\sim q$	$p \wedge \sim q$
T	T	T	F	F	F
T	F	F	T	T	T
F	T	T	F	F	F
F	F	T	F	T	F

अत: सप्रतिबन्ध कथन का निषेधन $p \wedge \sim q$ है

अर्थात् $\sim (p \Rightarrow q) \equiv p \wedge \sim q$

5. सप्रतिबन्ध कथन 'p यदि और केवल यदि q' का निषेधन
द्विसप्रतिबन्ध कथन 'p यदि और केवल यदि q' की सत्यता सारणी नीचे दी गई है

p	q	$p \Leftrightarrow q$	$\sim p$	$\sim q$	$p \wedge \sim q$	$\sim p \wedge q$	$(p \wedge \sim q) \vee (\sim p \wedge q)$	$\sim (p \Leftrightarrow q)$
T	T	T	F	F	F	F	F	F
T	F	F	F	T	T	F	T	T
F	T	F	T	F	F	T	T	T
F	F	T	T	T	F	F	F	F

इस प्रकार, द्विसप्रतिबन्ध कथन का निषेधन है

$$(p \wedge \sim q) \vee (\sim p \wedge q)$$

अर्थात् $\sim (p \Leftrightarrow q) \equiv (p \wedge \sim q) \vee (\sim p \wedge q)$

कथनों की वैधता Validity of Statements

कोई मिश्र कथन या सप्रतिबन्ध कथन कब सत्य होगा तथा कब असत्य होगा, इसके परीक्षण के लिए निम्नलिखित नियम आवश्यक हैं

1. **कथन जिसमें 'और'** (And) **का प्रयोग है** मिश्र कथन 'p तथा q' की सत्यता के लिए निम्न चरणों को अपनाते हैं

   ***चरण* I.** प्रमाणित कीजिए कथन p सत्य है।

   ***चरण* II.** प्रमाणित कीजिए कथन q सत्य है।

   नोट इसे प्रत्यक्ष विधि भी कहते हैं।

2. **कथन जिसमें 'या'** (Or) **का प्रयोग है** मिश्र कथन 'p या q' की सत्यता के लिए निम्न नियम को अपनाते हैं

   माना p असत्य है तो प्रमाणित कीजिए कि q सत्य है या
   माना q असत्य है तब प्रमाणित कीजिए कि p सत्य है।

3. **'यदि तो' से युक्त कथन सप्रतिबन्ध** कथन 'यदि p तो q' की सत्यता के लिए हम दो नियम अपनाते हैं

   नियम (i) यदि p सत्य है, तो प्रमाणित कीजिए कि q सत्य है। [प्रत्यक्ष विधि]

   (ii) यदि कथन q असत्य है, तो प्रमाणित कीजिए कि कथन p सत्य है। [प्रतिधनात्मक विधि]

4. **वाक्यांश 'यदि और केवल यदि' से प्रयुक्त कथन** इस प्रकार के कथनों की सत्यता निम्न प्रकार से दर्शाएँगे

   ***चरण* I** माना p सत्य है तो प्रमाणित कीजिए कि q भी सत्य है।

   ***चरण* II** माना q सत्य है, तब प्रमाणित कीजिए p भी सत्य है।

पुनरूक्ति Tautology

एक मिश्र कथन पुनरुक्ति कहलाता है, यदि कथन का सदैव सत्य मान हो, चाहे इसके घटकों का सत्य मान कुछ भी हो।

जैसे—कथन $(p \Rightarrow q) \wedge p \Rightarrow q$ एक पुनरुक्ति है
जिसकी सत्यता सारणी निम्न है

p	q	$p \Rightarrow q$	$(p \Rightarrow q) \wedge p$	$(p \Rightarrow q) \wedge p \Rightarrow q$
T	T	T	T	T
T	F	F	F	T
F	T	T	F	T
F	F	T	F	T

विरोधोक्ति Contradiction

एक मिश्र कथन विरोधोक्ति कहलाता है, यदि इसका सत्य मान सदैव F हो जबकि इसके घटकों का सत्य मान कुछ भी हो। जैसे—कथन $\sim p \wedge q$ एक विरोधोक्ति है।

p	$\sim p$	$\sim p \wedge p$
T	F	F
F	T	F

नोट एक कथन जो न तो पुनरूक्ति हो और न ही विरोधोक्ति, तब वह कथन आकस्मिकता (Contingency) कहलाता है।

तार्किक समतुल्यता Logically Equivalent

दो मिश्र कथनों को तार्किक समतुल्य कहा जाता है, यदि सभी सम्भव दशाओं में उनके समान सत्य मान हों अर्थात् या तो दोनों सत्य हों या दोनों असत्य हों।

यदि मिश्र कथन p व q तार्किक समतुल्य हों, तब हम $p \equiv q$ लिख सकते हैं।

स्पष्टतः, $p \equiv q$ यदि और केवल यदि $p \Leftrightarrow q$ एक पुनरुक्ति है।

प्रतिधनात्मक कथन द्वारा कथन की अवैधता
Disprove the Statement by Counter Example

यह दिखाने के लिए कि कथन असत्य है, हम ऐसा उदाहरण देते हैं जिसमें कथन सत्य नहीं है। इसे ही प्रतिकूल कथन कहते हैं तथा इसे प्रत्यु उदाहरण के प्रयोग की विधि कहते हैं।

द्वैतता के नियम Laws of Duality

दो सूत्र A व B को एक-दूसरे के द्वैत कहते हैं, यदि प्रत्येक को दूसरे में चिह्न $\wedge$ को $\vee$ से तथा $\vee$ को $\wedge$ से प्रतिस्थापित करने से प्राप्त किया जा सकता है।

यदि $S(p, q) = p \wedge q$, तब $S'(p, q) = p \vee q$ ~को S का द्वैतता कहते हैं।

(i) $\sim S'(p, q) = S'(\sim p, \sim q)$

(ii) $\sim S(p, q) = S'(\sim p, \sim q)$

अभ्यास प्रश्न

1. निम्नलिखित में से कौन एक सत्य कथन है?
(a) x एक वास्तविक संख्या है। (b) पंखे को बन्द कर दीजिए।
(c) 6 एक प्राकृत संख्या है। (d) मुझे जाने दीजिए।

2. निम्नलिखित में से कौन एक कथन नहीं है?
(a) धुम्रपान स्वास्थ्य के लिए हानिकारक है।
(b) $2 + 2 = 4$
(c) केवल 2 एक सम अभाज्य संख्या है।
(d) यहाँ आइए।

3. कथन '72, 2 और 3 से भाज्य है' का निषेधन है
(a) 72, 2 से भाज्य नहीं है या 72, 3 से भाज्य नहीं है।
(b) 72, 2 से भाज्य नहीं है और 72, 3 से भाज्य नहीं है।
(c) 72, 2 से भाज्य है और 72, 3 से भाज्य नहीं है।
(d) 72, 2 से भाज्य नहीं है और 72, 3 से भाज्य है।

4. कथन 'यदि 7, 5 से बड़ा है, तो 8, 6 से बड़ा है' का प्रतिधनात्मक कथन है
(a) यदि 8, 6 से बड़ा है, तो 7, 5 से बड़ा है।
(b) यदि 8, 6 से बड़ा नहीं है, तो 7, 5 से बड़ा है।
(c) यदि 8, 6 से बड़ा नहीं है, तो 7, 5 से बड़ा नहीं है।
(d) यदि 8, 6 से बड़ा है, तो 7, 5 से बड़ा नहीं है।

5. कथन 'यदि $x > y$, तो $x + a > y + a$' का विलोम कथन है
(a) यदि $x < y$, तो $x + a < y + a$
(b) यदि $x + a > y + a$, तो $x > y$
(c) यदि $x < y$, तो $x + a > y + a$
(d) यदि $x > y$, तो $x + a < y + a$

6. यदि $p : \Delta ABC$ एक समबाहु त्रिभुज है, q: प्रत्येक कोण 60° है, तब इस कथन का सांकेतिक रूप क्या होगा? 'ΔABC एक समबाहु त्रिभुज है यदि और केवल यदि इसका प्रत्येक कोण 60° है'
(a) $p \vee q$ (b) $p \wedge q$ (c) $p \Rightarrow q$ (d) $p \Leftrightarrow q$

7. यदि p: वह बुद्धिमान है, q: वह ताकतवर है। तब, कथन 'यह असत्य है कि वह ताकतवर है या बुद्धिमान है' का सांकेतिक रूप क्या है?
(a) $\sim p \vee \sim q$ (b) $\sim (p \wedge q)$ (c) $\sim (p \vee q)$ (d) $p \vee \sim q$

8. यदि p व q दो कथन हैं, तब कथन $p \Rightarrow q \wedge \sim q$ है
(a) पुनरुक्ति
(b) विरोधोक्ति
(c) न तो पुनरुक्ति न ही विरोधोक्ति
(d) उपरोक्त में से कोई नहीं

9. माना R वास्तविक संख्याओं का समुच्चय है तथा $x \in R$, तब $x + 3 = 8$ है
(a) खुला कथन (b) एक सत्य कथन
(c) असत्य कथन (d) इनमें से कोई नहीं

10. दो सामान्य कथनों p तथा q को प्रयोग करके बनने वाला संयुक्त कथन क्या होगा?
(a) संयोजन (b) वियोजन
(c) प्रतिबन्धित कथन (d) इनमें से कोई नहीं

11. यदि p व q दो कथन हैं, तब $\sim (p \wedge q) \vee \sim (q \Leftrightarrow p)$ है
(a) पुनरुक्ति
(b) विरोधोक्ति
(c) न तो पुनरुक्ति न ही विरोधोक्ति
(d) उपरोक्त में से कोई नहीं

12. माना p व q में सत्य मान क्रमश: F व T हैं, तब $\sim (\sim p \vee q)$ का सत्य मान है
(a) T (b) F
(c) या तो T या F (d) न तो T न ही F

13. यदि कथन p व r असत्य हैं तथा q सत्य है, तब $\sim p \Rightarrow (q \wedge r) \vee r$ का सत्य मान है
(a) T (b) F
(c) या तो T या F (d) न तो T न ही F

14. माना p व q दो कथन हैं, तब $(\sim p \vee q) \wedge (\sim p \wedge \sim q)$ है
(a) पुनरुक्ति
(b) विरोधोक्ति
(c) न तो पुनरुक्ति न ही विरोधोक्ति
(d) दोनों पुनरुक्ति व विरोधोक्ति

15. निम्न में से कौन-सा कथन है?
(a) $x + 1 = 6$ (b) $5 \in N$
(c) $x + y < 12$ (d) इनमें से कोई नहीं

16. एक प्रस्तावना को पुनरुक्ति कहते हैं, यदि यह
(a) सदैव सत्य है
(b) सदैव असत्य है
(c) कुछ समय सत्य व कुछ समय असत्य है
(d) उपरोक्त में से कोई नहीं

17. माना p व q दो कथन हैं, तब $p \vee q$ असत्य है, यदि
(a) p असत्य व q सत्य है
(b) p व q दोनों असत्य हैं
(c) p व q दोनों सत्य हैं
(d) उपरोक्त में से कोई नहीं

18. माना $p \wedge (q \wedge r) = (p \wedge q) \vee (p \wedge r)$। यह नियम है
(a) क्रमविनिमय नियम (b) साहचर्य नियम
(c) डिमॉर्गन नियम (d) वितरण नियम

19. निम्न में से कौन-सा कथन नहीं है?
(a) $3 < 4$ (b) $4 < 3$
(c) राजू बुद्धिमान व्यक्ति है (d) वह आगरा में रहता है

20. माना p व q दो कथन हैं, तब $(p \vee q) \vee \sim p$ है
(a) पुनरुक्ति (b) विरोधोक्ति
(c) 'a' व 'b' दोनों (d) इनमें से कोई नहीं

21. $p \vee \sim p$ है
(a) पुनरुक्ति (b) विरोधोक्ति
(c) 'a' व 'b' (d) इनमें से कोई नहीं

22. कथन $(\sim p \wedge q) \vee \sim q$ है
(a) $p \vee q$ (b) $p \wedge q$
(c) $\sim (p \vee q)$ (d) $\sim (p \wedge q)$

23. $(p \Rightarrow q) \Leftrightarrow (\sim p \wedge q)$ है
(a) पुनरुक्ति
(b) विरोधोक्ति
(c) न तो पुनरुक्ति न ही विरोधोक्ति
(d) उपरोक्त में से कोई नहीं

24. $(p \Rightarrow q) \Rightarrow (\sim q \Rightarrow \sim p)$ है
(a) विरोधोक्ति
(b) पुनरुक्ति
(c) न तो पुनरुक्ति न ही विरोधोक्ति
(d) उपरोक्त में से कोई नहीं

25. $p \Rightarrow \sim q$ का प्रति परावर्तित है
(a) $\sim p \Rightarrow q$ (b) $\sim q \Rightarrow p$
(c) $q \Rightarrow \sim p$ (d) इनमें से कोई नहीं

26. $p \Leftrightarrow q$ का तार्किक समतुल्य है
(a) $(p \Rightarrow q) \vee (q \Rightarrow p)$ (b) $(p \vee q) \Rightarrow (p \vee q)$
(c) $(p \wedge q) \wedge (p \vee q)$ (d) $(p \Rightarrow q) \wedge (q \Rightarrow p)$

27. यदि $p \Rightarrow (q \vee r)$ असत्य है, तब p, q, r के सत्य मान क्रमशः हैं
(a) F, T, T (b) T, T, F (c) T, F, F (d) F, F, F

28. माना p : गणित एक रोचक विषय है तथा q : गणित कठिन विषय है, तब $p \wedge q$ का तात्पर्य है
(a) गणित रूचिकर विषय है ⇒ गणित कठिन विषय है
(b) गणित रूचिकर विषय है ⇔ गणित कठिन विषय है
(c) गणित रूचिकर विषय है तथा गणित कठिन विषय है
(d) गणित रूचिकर विषय है या गणित कठिन विषय है

29. निम्न में से असत्य कथन है
(a) $p \wedge (\sim p)$ एक विरोधोक्ति है
(b) $(p \Rightarrow q) \Leftrightarrow (\sim q \Rightarrow \sim p)$ एक विरोधोक्ति है
(c) $\sim (\sim p) \Leftrightarrow p$ एक पुनरुक्ति है
(d) $p \vee (\sim p)$ एक पुनरुक्ति है

30. यदि $p \Rightarrow (\sim p \vee q)$ असत्य है, तब p व q के सत्य मान क्रमशः हैं
(a) F, T (b) F, F (c) T, T (d) T, F

उत्तरमाला

1.	(c)	2.	(d)	3.	(a)	4.	(c)	5.	(c)	6.	(d)	7.	(c)	8.	(c)	9.	(a)	10.	(a)
11.	(c)	12.	(b)	13.	(b)	14.	(c)	15.	(b)	16.	(a)	17.	(d)	18.	(d)	19.	(c)	20.	(a)
21.	(a)	22.	(d)	23.	(c)	24.	(b)	25.	(c)	26.	(d)	27.	(c)	28.	(c)	29.	(b)	30.	(d)

संकेत एवं हल

1. (a) x का मान ज्ञात होने के बिना हम ज्ञात नहीं कर सकते हैं कि दिया गया वाक्य सत्य है या नहीं है। इसलिए यह एक वाक्य है लेकिन कथन है।
(b) यह विस्मयबोधक वाक्य है और इसलिए कथन नहीं है।
(c) यह सत्य कथन है।
(d) स्पष्ट है कि यह भी कथन नहीं है।

2. विकल्प (a), (b), (c) में कथात्मक कथन है, जोकि सत्य है। अतः यह सत्य कथन है।
जबकि विकल्प (d) में अनिवार्य कथन है जोकि कथन नहीं है।

3. दिए गए कथन का निषेधन निम्न है
72, 2 से भाज्य नहीं है या 72, 3 से भाज्य नहीं है'

4. दिए गए कथन का सहप्रतिबन्ध कथन है 'यदि 8, 6 से बड़ा न हो, तो 7, 5 से बड़ा नहीं होगा'

5. दिए गए कथन का विलोम निम्न है 'यदि $x+a > y+a$ हो, तो $x > y$'

6. दिए गए कथन का सांकेतिक रूप $p \Leftrightarrow q$ है।

7. दिए गए कथन का सांकेतिक रूप $\sim (p \vee q)$ है।

8. सत्यता सारणी से,

p	q	$\sim q$	$q \wedge \sim q$	$p \Rightarrow q \wedge \sim q$
T	T	F	F	F
T	F	T	F	F
F	T	F	F	T
F	F	T	F	T

अतः यह न तो पुनरुक्ति और न ही विरोधोक्ति है।

11. सत्यता सारणी से,

p	q	$(p \wedge q)$	$\sim (p \wedge q)$	$q \Leftrightarrow p$	$\sim (q \Leftrightarrow p)$	$\sim (p \wedge q) \vee \sim (p \Leftrightarrow q)$
T	T	T	F	T	F	F
T	F	F	T	T	F	T
F	T	F	T	F	T	T
F	F	F	T	F	T	T

अतः यह स्पष्ट है कि यह न तो पुनरुक्ति है और न ही विरोधोक्ति है।

12. $\sim(\sim p \vee q) \equiv p \wedge \sim q$

$\equiv F \wedge \sim T$

$\equiv F \wedge F$

$\equiv F$

13. $\sim p \Rightarrow (q \wedge r) \vee r$

$\sim F \Rightarrow (T \wedge F) \vee F$

$T \Rightarrow F \vee F$

$T \Rightarrow F$

$\therefore$ अभीष्ट सत्य मान F है।

14. सत्यता सारणी से,

p	q	$\sim p$	$\sim q$	$(\sim p \vee q)$	$(\sim p \wedge \sim q)$	$(\sim p \vee q) \wedge (\sim p \wedge \sim q)$
T	F	F	T	F	F	F
T	T	F	F	T	F	F
F	F	T	T	T	T	T
F	T	T	F	T	F	F

स्पष्ट है, यह न तो पुनरुक्ति है न ही विरोधोक्ति है।

15. $5 \in N$ एक कथन है क्योंकि यह सत्य है।

16. जब सभी सत्य मान T हों।

17.

p	q	$p \vee q$
F	F	F
T	F	F
F	T	F

18. वितरण नियम।

19. 'राजू बुद्धिमान व्यक्ति है' यह एक कथन है।

20. सत्यता सारणी से,

p	q	$p \vee q$	$\sim p$	$(p \vee q) \vee \sim p$
T	T	T	F	T
T	F	T	F	T
F	T	T	T	T
F	F	F	T	T

स्पष्ट है कि $(p \vee q) \vee \sim p$ पुनरुक्ति है।

21. $p \vee \sim p \Rightarrow T \vee \sim T \Rightarrow T \vee F \Rightarrow T$ [पुनरुक्ति]

22. $(\sim p \wedge q) \vee \sim q \equiv \sim q \vee (\sim p \wedge q)$ [क्रमविनिमय नियम से]

$\equiv \sim q \vee (q \wedge \sim p)$ [क्रमविनिमय नियम से]

$\equiv \sim q \vee q (\sim q \vee \sim p)$ [वितरण नियम से]

$\equiv \sim (q \wedge p)$

$\equiv \sim (p \wedge q)$

23.

p	q	$\sim p$	$p \Rightarrow q$	$(\sim p \wedge q)$	$(p \Rightarrow q) \Leftrightarrow (\sim p \wedge q)$
T	F	F	F	F	T
T	T	F	T	F	F
F	F	T	T	F	F
F	T	T	T	T	T

स्पष्ट है, कथन न तो पुनरुक्ति न ही विरोधोक्ति है।

24.

p	q	$\sim p$	$\sim q$	$p \Rightarrow q$	$(\sim q \Rightarrow \sim p)$	$(p \Rightarrow q) \Rightarrow (\sim q \Rightarrow \sim p)$
T	F	F	T	F	F	T
T	T	F	F	T	T	T
F	F	T	T	T	T	T
F	T	T	F	T	T	T

स्पष्ट है, कथन पुनरुक्ति है।

25. $p \Rightarrow \sim q$ का प्रतिपरावर्तित निम्न है

अर्थात् $\sim(\sim q \Rightarrow p) \equiv q \Rightarrow \sim p$

26.

p	q	$p \Rightarrow q$	$q \Rightarrow p$	$(p \Rightarrow q) \wedge (q \Rightarrow p)$
T	F	F	T	F
T	T	T	T	T
F	F	T	T	T
F	T	T	F	F

स्पष्ट है, '$p \Leftrightarrow q$' कथन $(p \Rightarrow q) \wedge (q \Rightarrow p)$ के साथ तार्किक रूप से समतुल्य है।

27.

p	q	r	$(q \vee r)$	$p \Rightarrow (q \vee r)$
T	T	T	T	T
T	T	F	T	T
T	F	T	T	T
T	F	F	F	F
F	T	T	T	T
F	T	F	T	T
F	F	T	T	T
F	F	F	F	T

स्पष्ट है, $p \Rightarrow (q \vee r)$ असत्य होगा, जब T का मान सत्य व q तथा r का मान असत्य होगा।

28. $p \wedge q$ *का अर्थ, गणित रूचिकर है व सदैव गणित कठिन है।*

29. $p \Rightarrow q, \sim q \Rightarrow \sim p$ के तार्किक समतुल्य है।

$\therefore$ $(p \Rightarrow q) \Leftrightarrow (\sim q \Rightarrow \sim p)$ एक पुनरुक्ति है।

30. $p \Rightarrow (\sim p \vee q)$ असत्य है अर्थात् p सत्य है तथा $\sim p \vee q$ असत्य है।

$\Rightarrow$ p सत्य है तथा दोनों $\sim p$ व q असत्य हैं।

$\Rightarrow$ p सत्य है तथा q असत्य है।

अध्याय 16

अनुक्रम एवं श्रेणियाँ

Sequences and Series

अनुक्रम Sequence

किसी संख्याओं का एक समुच्चय जो विशेष निश्चित नियम के अनुसार एक निश्चित क्रम में व्यवस्थित होता है, अनुक्रम कहलाता है।

अथवा

फलन $f : N \longrightarrow X$ जिसका प्रान्त प्राकृतिक संख्याओं का समुच्चय है, अनुक्रम कहलाता है। इसे $f(n) = a_n, \forall\, n$ अर्थात् $\{f(1), f(2), f(3), \ldots, f(n)\} \equiv \{a_1, a_2, a_3, \ldots, a_n\}$ से निरूपित करते हैं। जहाँ, $f(n) = a_n$ अनुक्रम का nवाँ पद कहलाता है।

जैसे— (i) 1, 4, 9, 16, 25, … (ii) –1, 1, – 1, 1, …

वह अनुक्रम जिसका परिसर वास्तविक संख्याओं का समुच्चय है, वास्तविक अनुक्रम (Real sequence) कहलाता है।

जैसे—1, 3, 5, 9, 10, 19 एक वास्तविक अनुक्रम है, जबकि $1, i, -i, 2i, 3i, 6i$ वास्तविक अनुक्रम नहीं है।

अनुक्रम में पदों की संख्या के अनुसार, अनुक्रम को दो भागों में विभाजित किया जाता है।

परिमित अनुक्रम Finite Sequence

वह अनुक्रम जिसमें पदों की संख्या परिमित हो, परिमित अनुक्रम कहलाता है। जैसे— (i) $\{2^n : 1 \le n \le 15\}$ (ii) {1, 2, 4, 9, 6, 8} परिमित अनुक्रम हैं।

अपरिमित अनुक्रम Infinite Sequence

वह अनुक्रम जिसमें पदों की संख्या अपरिमित है, अपरिमित अनुक्रम कहलाता है। जैसे— (i) $\{4n : n \in N\}$ (ii) $\{\sqrt{n}, n \in N\}$ अपरिमित अनुक्रम हैं।

श्रेणी Series

किसी अनुक्रम के पदों पर बीजगणितीय संक्रियाएँ करने से प्राप्त व्यंजक श्रेणी कहलाता है।

यदि $a_1, a_2, a_3, \ldots, a_n$ एक अनुक्रम हो, तो व्यंजक $a_1 + a_2 + a_3 + \ldots + a_n$; $a_1 - a_2 - a_3 - \ldots - a_n$ तथा $a_1 - a_2 \times a_3 + a_4 - a_5 \div a_6 + \ldots$ श्रेणी होंगे।

जैसे— (i) $1 + 2 + 3 + 4 + \ldots + n$ (ii) $1^2 + 2^2 + 3^2 + 4^2 + \ldots + n^2$ श्रेणी हैं।

यदि किसी श्रेणी में पदों की संख्या परिमित हो, तो वह श्रेणी परिमित श्रेणी कहलाती है अन्यथा अपरिमित श्रेणी कहलाती है।

श्रेढ़ी Progression

एक श्रेढ़ी वह अनुक्रम है जिसके पद किसी विशेष नियम के अन्तर्गत व्यवस्थित किए गए हों, जैसे—1, 4, 7, 11, … एक ऐसी श्रेढ़ी है जिसके पद नियम $a_n = 3n - 2$ के अन्तर्गत व्यवस्थित किए गए हैं।

श्रेढ़ी के मुख्यत: तीन प्रकार होते हैं समान्तर श्रेढ़ी, गुणोत्तर श्रेढ़ी तथा हरात्मक श्रेढ़ी लेकिन इस अध्याय में हम इन तीन श्रेढ़ियों के अतिरिक्त समान्तरीय-गुणोत्तर श्रेढ़ी तथा विविध श्रेढ़ी का भी अध्ययन करेंगे।

समान्तर श्रेढ़ी Arithmetic Progression

यदि किसी अनुक्रम में दी हुई राशियाँ एकसमान अचर राशि द्वारा बढ़ती या घटती हैं, तो वह अनुक्रम एक श्रेणी बनाता है जो समान्तर श्रेढ़ी (AP) कहलाती है। इस अचर राशि को सार्वान्तर या पदान्तर (Common difference) कहते हैं। अर्थात् वह अनुक्रम जिसमें प्रत्येक पद को अपने अगले पद से घटाने पर एक अचर राशि प्राप्त होती है समान्तर श्रेढ़ी कहलाती है।

जैसे—(i) 1, 4, 7, 10, … (ii) 9, 6, 3, 0, –3, …

समान्तर श्रेढ़ी हैं जिनके सार्वान्तर क्रमश: 3 तथा – 3 हैं।

संकेतन Notation

समान्तर श्रेढ़ी के प्रथम पद को a से, सार्वान्तर को d से, अन्तिम पद को l से, पदों की संख्या को n से, n पदों के योग को S_n से तथा nवें पद को T_n से निरूपित करते हैं।

अत: यदि किसी समान्तर श्रेढ़ी का प्रथम पद a तथा सार्वान्तर d हो, तो समान्तर श्रेढ़ी $a, a+d, a+2d, \ldots$ होगी।

प्रारम्भ से समान्तर श्रेढ़ी का nवाँ पद

nth Term of an Arithmetic Progression from Beginning

माना समान्तर श्रेढ़ी का प्रथम पद a तथा सार्वान्तर d है, तब

$$T_1 = a = a + (1-1)d$$
$$T_2 = a + d = a + (2-1)d$$
$$T_3 = a + 2d = a + (3-1)d$$
$$T_4 = a + 3d = a + (4-1)d$$
$$\vdots \quad \vdots \quad \vdots$$

इसी प्रकार, $T_n = a + (n-1)d$

अत: प्रारम्भ से समान्तर श्रेढ़ी का nवाँ पद $T_n = a + (n-1)d$ होगा।

अत: समान्तर श्रेढ़ी $a, a+d, a+2d, \ldots, a+(n-1)d \ldots$ होगी।

पुन: समान्तर श्रेढ़ी का अन्तिम पद, $l = a + (n-1)d$, जहाँ nवाँ पद समान्तर श्रेढ़ी का अन्तिम पद है।

अन्त से समान्तर श्रेढ़ी का nवाँ पद

nth Term of Arithmetic Progression from End

माना m पदों वाली समान्तर श्रेढ़ी का प्रथम पद a तथा सार्वान्तर d है, तब अन्त से समान्तर श्रेढ़ी का nवाँ पद, प्रारम्भ से समान्तर श्रेढ़ी के $(m-n+1)$वें पद के बराबर होगा।

अत: अन्त से समान्तर श्रेढ़ी का nवाँ पद

$$= a_{m-n+1} = a + (m-n+1-1)d$$
$$= a + (m-n)d$$

समान्तर श्रेढ़ी के n पदों का योगफल

Sum of n Terms of an Arithmetic Progression

माना एक अनुक्रम में n पद हैं, जिसका प्रथम पद 'a', सार्वान्तर 'd' तथा अन्तिम पद 'l' है, तब इसके n पदों का योगफल निम्न सूत्र द्वारा दिया जाता है,

$$S_n = \frac{n}{2}[2a + (n-1)d]$$
$$= \frac{n}{2}[a + l]$$

समान्तर श्रेढ़ी से सम्बन्धित महत्त्वपूर्ण तथ्य

Important Facts Related to AP

(i) यदि किसी श्रेणी का nवाँ पद n में एक घात व्यंजक हो (जैसे—$an + b$), तो वह श्रेढ़ी समान्तर श्रेणी होगी।

(ii) यदि किसी श्रेणी के n पदों का योगफल n का द्विघात व्यंजक हो (जैसे—$an^2 + bn$), तो वह श्रेढ़ी समान्तर श्रेढ़ी होगी।

(iii) समान्तर श्रेढ़ी के प्रत्येक पद में एक ही राशि जोड़ी या घटाई जाए, तो नई बनी श्रेणी भी समान्तर श्रेढ़ी होगी।

(iv) समान्तर श्रेढ़ी के प्रत्येक पद में एक ही राशि से गुणा किया जाए या भाग दिया जाए, तो नई बनी श्रेणी भी समान्तर श्रेढ़ी होगी।

(v) दो समान्तर श्रेढ़ियों के संगत पदों को जोड़ने या घटाने से प्राप्त नई श्रेणी समान्तर श्रेढ़ी होगी।

(vi) दो समान्तर श्रेढ़ी के संगत पदों के गुणनफलों तथा भागफलों से बनी श्रेणी समान्तर श्रेढ़ी नहीं होती है।

(vii) समान्तर श्रेढ़ी में कोई तीन संख्याएँ लेनी हों, तो उन्हें $a-d, a, a+d$ लेनी चाहिए।

(viii) समान्तर श्रेढ़ी में कोई चार संख्याएँ लेनी हों, तो उन्हें $a-3d, a-d, a+d, a+3d$ लेनी चाहिए।

(ix) समान्तर श्रेढ़ी में कोई पाँच संख्याएँ लेनी हों, तो उन्हें $a-2d, a-d, a, a+d, a+2d$ लेनी चाहिए।

(x) सम पदों वाली समान्तर श्रेढ़ी में पदों की संख्या $2n$ माननी चाहिए, तब nवाँ और $(n+1)$वाँ दो मध्य (पद) होंगे।

(xi) विषम पदों वाली समान्तर श्रेढ़ी में पदों की संख्या $(2n+1)$ माननी चाहिए, तब $(n+1)$वाँ मध्य पद होगा।

(xii) समान्तर श्रेढ़ी के आदि और अन्त से समान दूरी वाले पदों का योगफल अचर होता है।

(xiii) समान्तर श्रेढ़ी का सार्वान्तर शून्य, धनात्मक या ऋणात्मक हो सकता है।

(xiv) यदि किसी समान्तर श्रेढ़ी के n पदों का योगफल S_n से निरूपित हो, तो श्रेणी का nवाँ पद, $t_n = S_n - S_{n-1}, n > 1$

(xv) प्रथम पद को छोड़कर समान्तर श्रेढ़ी का कोई पद, इससे समान दूरी पर स्थित पदों के योग के आधे के बराबर होता है अर्थात् $T_n = \frac{1}{2}(T_{n-k} + T_{n+k}), \forall k \le n$

दो संख्याओं के मध्य समान्तर माध्य

Arithmetic Mean between Two Numbers

माना दो संख्याएँ a व b हैं, यहाँ n समान्तर माध्य $A_1, A_2, \ldots, A_n$ इस प्रकार हैं कि $a, A_1, A_2, \ldots, A_n, b$ समान्तर श्रेढ़ी बनाते हैं।

यहाँ कुल पदों की संख्या $(n+2)$ व सार्वान्तर d माना है।

$\therefore$ b $(n+2)$ वाँ पद $= a + (n+2-1)d$

$\Rightarrow$ $d = \dfrac{b-a}{n+1}$

$\therefore$ $A_1 = a + d = a + \left(\dfrac{b+a}{n+1}\right)$

तथा $A_2 = a + 2d = a + 2\left(\dfrac{b-a}{n+1}\right)$

व्यापक रूप में, $A_r = a + r\left(\dfrac{b-a}{n+1}\right), \forall r = 1, 2, \ldots, n$

समान्तर माध्य Arithmetic Mean

यदि हम दो संख्याओं a तथा b के मध्य एक समान्तर माध्य का समावेश करते हैं, तब समान्तर माध्य $= \frac{a+b}{2}$

गुणोत्तर श्रेढ़ी Geometric Progression

वह अनुक्रम जिसमें प्रत्येक पद अपने पूर्वगामी (Preceding) पद का समान गुणज (Same multiple) हो, गुणोत्तर श्रेढ़ी कहलाती है। दूसरे शब्दों में, वह श्रेणी जिसके उत्तरोत्तर (Successive) पदों का अनुपात अचर हो, गुणोत्तर श्रेढ़ी (GP) कहलाती है।

निश्चित (अचर) अनुपात को गुणोत्तर श्रेढ़ी का सार्वानुपात या पदानुपात (Common Ratio) कहते हैं।

यदि $a_1, a_2, a_3, \ldots, a_n$ गुणोत्तर श्रेढ़ी में हैं, तब

$$\frac{a_2}{a_1} = \frac{a_3}{a_2} = \ldots = \frac{a_n}{a_{n-1}} = r \text{ (माना)}$$

r को गुणोत्तर श्रेढ़ी का सार्वानुपात कहा जाता है।

यदि a प्रथम पद तथा r सार्वानुपात है, तब गुणोत्तर श्रेढ़ी को निम्न प्रकार से लिखा जा सकता है

$$a, ar, ar^2, \ldots, ar^{n-1}, (a \neq 0)$$

जैसे— 9, 6, 4, ...एक गुणोत्तर श्रेणी है जिसका सार्वानुपात 2/3 है।

संकेतन Notation

किसी गुणोत्तर श्रेढ़ी के प्रथम पद को a तथा सार्वानुपात को r से निरूपित करते हैं। गुणोत्तर श्रेढ़ी का nवाँ पद T_n से तथा n पदों का योगफल S_n से तथा अनन्त पदों का योगफल S_∞ से निरूपित करते हैं अत:

$$a, ar, ar^2, \ldots$$

एक गुणोत्तर श्रेढ़ी है।

गुणोत्तर श्रेढ़ी का nवाँ पद nth Term of a GP

माना एक गुणोत्तर श्रेढ़ी का a प्रथम पद, r सार्वनुपात तथा l अन्तिम पद है, तब इसका nवाँ पद निम्न प्रकार से दिया जाता है

$$T_n = l = ar^{n-1}, \text{ जहाँ } r = \frac{T_n}{T_{n-1}}$$

अन्त से nवाँ पद, $T'_n = \frac{l}{r^{n-1}}$

गुणोत्तर श्रेढ़ी के n पदों का योग

Sum of n Terms of a Geometric Progression

माना गुणोत्तर श्रेढ़ी का प्रथम पद a तथा सार्वानुपात r है, तब

$$S_n = a + ar + ar^2 + \ldots + ar^{n-1} \quad \ldots(i)$$

अब, हम निम्नलिखित स्थितियों पर समान्तर श्रेढ़ी का योग ज्ञात कर सकते हैं।

***स्थिति* I** जब $r = 1$ हो, तो

$$S_n = a + a + a + \ldots + n \text{ पदों तक} = na$$

***स्थिति* II** जब $r \neq 1$ हो, तो

$$r\,S_n = ar + ar^2 + ar^3 + \ldots + ar^{n-1} + ar^n \quad \ldots(ii)$$

समी (ii) से समी (i) को घटाने पर,

$$(1-r)\,S_n = a - ar^n = a\,(1-r^n)$$

$$\Rightarrow \quad S_n = \frac{a\,(1-r^n)}{1-r} \text{ या } \frac{a\,(r^n-1)}{r-1}$$

$$\Rightarrow \quad S_n = \begin{cases} \frac{a\,(1-r^n)}{1-r}, & \text{यदि } r<1 \\ \frac{a\,(r^n-1)}{r-1}, & \text{यदि } r>1 \end{cases}$$

$$\Rightarrow \quad S_n = \begin{cases} \frac{a-rT_n}{1-r}, & \text{यदि } r<1 \\ \frac{rT_n-a}{r-1}, & \text{यदि } r>1 \end{cases} = \begin{cases} \frac{a-lr}{1-r}, & \text{यदि } r<1 \\ \frac{lr-a}{r-1}, & \text{यदि } r>1 \end{cases}$$

जहाँ, l गुणोत्तर श्रेढ़ी का अन्तिम पद है।

गुणोत्तर श्रेढ़ी के अनन्त पदों का योग

Sum of Terms of an Infinite Geometric Progression

माना गुणोत्तर श्रेढ़ी का प्रथम पद a तथा सार्वानुपात r हो, तो श्रेणी $a, ar, ar^2, \ldots \infty$ पदों तक अनन्त गुणोत्तर श्रेढ़ी कहलाती है। अनन्त पदों की गुणोत्तर श्रेढ़ी का योग

$$S_\infty = \lim_{n\to\infty} \frac{a\,(1-r^n)}{1-r}$$

अब, हम निम्न स्थितियों पर विचार कर सकते हैं

***स्थिति* I** जब $|r| > 1$ हो, तो

$$\lim_{n\to\infty} r^n = \infty$$

$$\therefore \quad S_\infty = \infty$$

गुणोत्तर श्रेढ़ी से सम्बन्धित महत्त्वपूर्ण तथ्य

Important Facts Related to GP

(i) गुणोत्तर श्रेढ़ी का कोई भी पद शून्य नहीं हो सकता है।

(ii) यदि किसी गुणोत्तर श्रेढ़ी के प्रत्येक पद को एक निश्चित संख्या से गुणा या भाग किया जाए या प्रत्येक पद का व्युत्क्रम किया जाए, तो प्राप्त श्रेणी भी गुणोत्तर श्रेढ़ी होगी।

(iii) यदि $x_1, x_2, x_3, \ldots$ तथा $y_1, y_2, y_3, \ldots$ दो गुणोत्तर श्रेढ़ी हों, तब $x_1y_1, x_2y_2, x_3y_3, \ldots$ और $\frac{x_1}{y_1}, \frac{x_2}{y_2}, \frac{x_3}{y_3}, \ldots$ भी गुणोत्तर श्रेढ़ियाँ होंगी।

(iv) यदि $x_1, x_2, x_3, \ldots$ धनात्मक पदों की गुणोत्तर श्रेढ़ी हों, तब $\log x_1, \log x_2, \log x_3, \ldots$ एक समान्तर श्रेढ़ी होगी तथा इसका प्रतिक्रम (*vice-versa*) सत्य होगा।

(v) गुणोत्तर श्रेढ़ी के तीन क्रमागत पद $\frac{a}{r}, a, ar$ तथा चार क्रमागत पद $\frac{a}{r^3}, \frac{a}{r}, ar, ar^3$ तथा पाँच क्रमागत पद $\frac{a}{r^2}, \frac{a}{r}, a, ar, ar^2$ लिए जाते हैं।

(vi) गुणोत्तर श्रेढ़ी के आदि और अन्त से समान दूरी वाले पदों का गुणनफल अचर होता है।

यदि $a_1, a_2, a_3, \ldots, a_{n-2}, a_{n-1}, a_n$ गुणोत्तर श्रेढ़ी में है, तब $a_1a_n = a_2a_{n-1} = a_3a_{n-1} = \ldots$

(vii) किसी n पदों का गुणोत्तर श्रेढ़ी में अन्त से kवाँ पद $= l\left(\frac{1}{r}\right)^{k-1}$, जबकि l अन्तिम पद एवं r सार्वानुपात है।

(viii) यदि किसी गुणोत्तर श्रेढ़ी के n पदों का योग S_n से निरूपित हो, तो श्रेणी का nवाँ पद $t_n = S_n - S_{n-1}, n > 1$ और प्रथम पद $t_1 = S_1$

(ix) यदि $a_1, a_2, a_3, \ldots, a_n$ गुणोत्तर श्रेढ़ी में हों, तब $a_1^k, a_2^k, a_3^k, \ldots, a_n^k$ भी गुणोत्तर श्रेढ़ी में होंगे जिनका सार्वानुपात r^k होगा।

(x) यदि $a_1, a_2, a_3, \ldots, a_n$ समान्तर श्रेढ़ी में हों, तो श्रेणी $a^{a_1}, a^{a_2}, a^{a_3}, \ldots, a^{a_n}$ गुणोत्तर श्रेढ़ी होगी जिसका सार्वानुपात a^d है।

(xi) यदि $a_1, a_2, a_3, \ldots$ तथा b_1, b_2, b_3 गुणोत्तर श्रेढ़ी में हैं, तब अनुक्रम $a_1 \pm b_1, a_2 \pm b_2, a_3 \pm b_3 \ldots$ गुणोत्तर श्रेढ़ी में नहीं होगी।

नोट (i) यदि a, b, c समान्तर श्रेढ़ी में हों, तो $x^a, x^b, x^c (x \neq \pm 1)$ गुणोत्तर श्रेढ़ी में होंगे।

(ii) यदि किसी गुणोत्तर श्रेढ़ी के pवें, qवें व rवें पद गुणोत्तर श्रेढ़ी में हों, तो p, q, r समान्तर श्रेढ़ी में होंगे।

दो संख्याओं के मध्य गुणोत्तर माध्य
Geometric Mean between Two Numbers

माना a व b दो संख्याएँ हैं तथा n गुणोत्तर माध्य $G_1, G_2, \ldots, G_n$ इस प्रकार हैं कि $a, G_1, G_2, \ldots, G_n, b$ गुणोत्तर श्रेढ़ी में हैं। यहाँ कुल पदों की संख्या $(n+2)$ है तथा सार्वानुपात r है।

$$\therefore \quad b = (n+2)\text{वाँ पद} = ar^{n+2-1} \Rightarrow r = \left(\frac{b}{a}\right)^{\frac{1}{n+1}}$$

$$\therefore \quad G_1 = ar = a\left(\frac{b}{a}\right)^{\frac{1}{(n+1)}}, G_2 = ar^2 = a\left(\frac{b}{a}\right)^{\frac{2}{(n+1)}}$$

व्यापक रूप में, $G_k = a\left(\frac{b}{a}\right)^{\frac{k}{(n+1)}}, \forall k = 1, 2, 3, \ldots, n$

गुणोत्तर माध्य Geometric Mean

यदि हम दो संख्याओ a तथा b के मध्य एक गुणोत्तर माध्य को समावेशित करते हैं, तब गुणोत्तर माध्य $= \sqrt{ab}$

हरात्मक श्रेढ़ी Harmonic Progression

संख्याओं की वह श्रेणी जिसके पदों के व्युत्क्रम (reciprocals) समान्तर श्रेढ़ी में हों, हरात्मक श्रेढ़ी कहलाती है।

जैसे— $\frac{1}{3}, \frac{1}{5}, \frac{1}{7}, \ldots$ हरात्मक श्रेढ़ी में हैं क्योंकि इनके व्युत्क्रम 3, 5, 7, …समान्तर श्रेढ़ी में हैं।

यदि $a_1, a_2, \ldots, a_n$ हरात्मक श्रेढ़ी में हैं, तब $\frac{1}{a_1}, \frac{1}{a_2}, \ldots, \frac{1}{a_n}$ समान्तर श्रेढ़ी में होंगे।

अतः यदि किसी समान्तर श्रेढ़ी का प्रथम पद a तथा सार्वान्तर d हो, तो $\frac{1}{a}, \frac{1}{a+d}, \frac{1}{a+2d}, \ldots$ हरात्मक श्रेढ़ी में होंगे।

प्रारम्भ से हरात्मक श्रेढ़ी का nवाँ पद,

$$T_n = \frac{1}{\frac{1}{a_1} + (n-1)\left(\frac{1}{a_2} - \frac{1}{a_1}\right)} = \frac{a_1 a_2}{a_2 + (n-1)(a_1 - a_2)}$$

अन्त से हरात्मक श्रेढ़ी का nवाँ पद,

$$T'_n = \frac{1}{\frac{1}{a_n} - (n-1)\left(\frac{1}{a_2} - \frac{1}{a_1}\right)} = \frac{a_1 a_2 a_n}{a_1 a_2 - a_n (n-1)(a_1 - a_2)}$$

दो संख्याओं के मध्य हरात्मक माध्य
Harmonic Mean between Two Numbers

माना a व b दो संख्याएँ हैं तथा $H_1, H_2, H_3, \ldots, H_n$ हरात्मक श्रेढ़ी में इस प्रकार हैं कि $a, H_1, H_2, \ldots, H_n, b$ हरात्मक श्रेढ़ी में हैं।

यहाँ कुल पदों की संख्या $(n+2)$ है तथा $\frac{1}{a}, \frac{1}{H_1}, \frac{1}{H_2}, \ldots, \frac{1}{H_n}, \frac{1}{b}$ समान्तर श्रेढ़ी में हैं।

माना इस समान्तर श्रेढ़ी का सार्वान्तर d है।

$$\therefore \quad \frac{1}{b} = (n+2)\text{वाँ पद} = \frac{1}{a} + (n+2-1)d \Rightarrow d = \frac{a-b}{(n+1)ab}$$

अब, $\frac{1}{H_1} = \frac{1}{a} + d = \frac{1}{a} + \frac{(a-b)}{(n+1)ab} \Rightarrow H_1 = \frac{bn+a}{(n+1)ab}$

तथा $\frac{1}{H_n} = \frac{1}{a} + nd = \frac{1}{a} + \frac{n(a-b)}{(n+1)ab} \Rightarrow H_n = \frac{an+b}{(n+1)ab}$

हरात्मक माध्य Harmonic Mean

यदि हम दो संख्याओं के मध्य एक हरात्मक माध्य समावेशित करते हैं, तब हरात्मक माध्य $= \frac{2ab}{(a+b)}$

समान्तर माध्य, गुणोत्तर माध्य व हरात्मक माध्य में सम्बन्ध Relation among Arithmetic Mean, Geometric Mean and Harmonic Mean

माना a तथा b दो राशियाँ, जो वास्तविक धनात्मक तथा भिन्न संख्याएँ हैं, के मध्य समान्तर माध्य A, गुणोत्तर माध्य G तथा हरात्मक माध्य H है।

तब, $A = \frac{a+b}{2}, G = \sqrt{ab}$ तथा $H = \frac{2ab}{a+b}$

अब, $$A \cdot H = \frac{a+b}{2} \cdot \frac{2ab}{a+b} = ab = G^2$$

$$\Rightarrow \quad A \cdot H = G^2 \Rightarrow \frac{G}{A} = \frac{H}{G} \quad \ldots(i)$$

$\Rightarrow$ A, G, H गुणोत्तर श्रेढ़ी में हैं।

पुनः $$A - G = \frac{a+b}{2} - \sqrt{ab} = \frac{a+b-2\sqrt{ab}}{2}$$

$$= \frac{(\sqrt{a} - \sqrt{b})^2}{2} > 0 \quad [\because a \text{ तथा } b \text{ धनात्मक संख्याएँ हैं}]$$

$$\Rightarrow \quad A - G > 0$$

$$\Rightarrow \quad A > G \quad \ldots(ii)$$

$\Rightarrow \quad \frac{G}{A} < 1 \Rightarrow \frac{H}{G} < 1$ [समी (i) से]

$\Rightarrow \quad H < G$ ...(iii)

समी (ii) तथा (iii) से, $A > G > H$

समान्तरीय-गुणोत्तर श्रेढ़ी

Arithmetico-Geometric Progression

वह श्रेणी जिसका प्रत्येक पद किसी समान्तर श्रेढ़ी और गुणोत्तर श्रेढ़ी के संगत पदों के गुणनफल से प्राप्त होता है, समान्तरीय-गुणोत्तर श्रेढ़ी कहलाती है अर्थात् यदि $x_1, x_2, x_3, \ldots$ एक समान्तर श्रेढ़ी हो तथा $y_1, y_2, y_3, \ldots$ एक गुणोत्तर श्रेढ़ी हो, तो श्रेढ़ी $x_1y_1, x_2y_2, x_3y_3, \ldots$ एक समान्तरीय-गुणोत्तर श्रेढ़ी (AGP) होगी।

यदि समान्तर श्रेढ़ी $a + (a+d) + (a+2d) + \ldots + [a + (n-1)d]$ हो और गुणोत्तर श्रेढ़ी $1 + r + r^2 + \ldots + r^{n-1}$ हो, तो उपरोक्त के संगत पदों की गुणा करने से बनी श्रेणी

$$a + (a+d)r + (a+2d)r^2 + \ldots + \{a + (n-1)d\}r^{n-1}$$

समान्तरीय-गुणोत्तर श्रेढ़ी होगी। इसे व्यापक समान्तरीय-गुणोत्तर श्रेढ़ी कहते हैं।

समान्तरीय-गुणोत्तर श्रेढ़ी का nवाँ पद, $T_n = [a + (n-1)d]r^{n-1}$ होता है। जैसे— $1 + 3x + 5x^2 + 7x^3 + \ldots$ एक समान्तरीय-गुणोत्तर श्रेढ़ी है जिसमें $1, 3, 5, 7, \ldots$ समान्तर श्रेढ़ी तथा $1, x, x^2, x^3, \ldots$ गुणोत्तर श्रेढ़ी हैं जिसका nवाँ पद, $T_n = (2n-1)x^{n-1}$ है।

समान्तरीय-गुणोत्तर श्रेढ़ी के n पदों को योग

Sum of n Terms of an Arithmetico-Geometric Progression

किसी समान्तरीय-गुणोत्तर श्रेढ़ी का योग ज्ञात करने के लिए हम इसका योग S मानते हैं तत्पश्चात् समान्तरीय-गुणोत्तर श्रेढ़ी के दोनों तरफ के पदों को संगत गुणोत्तर श्रेढ़ी के सार्वानुपात से गुणा करके दोनों समीकरणों को घटाने पर एक गुणोत्तर श्रेढ़ी प्राप्त होती है। जिसका योग हम सरलता से प्राप्त कर सकते हैं।

समान्तरीय-गुणोत्तर श्रेढ़ी के n पदों का योगफल है।

$$\therefore \quad S = \frac{a}{1-r} + \frac{dr(1-r^{n-1})}{(1-r)^2} - \frac{[a + (n-1)d]r^n}{1-r}$$

यदि $|r| < 1$ हो तथा $n \to \infty$ हो, तो $\lim_{n \to \infty} r^n = 0$

$$\text{अत:} \quad S_\infty = \frac{a}{1-r} + \frac{dr}{(1-r)^2}$$

जोकि समान्तरीय-गुणोत्तर श्रेढ़ी के अनन्त पदों का योगफल है।

अन्तर विधि द्वारा nवाँ पद ज्ञात करना

To Find nth Term by the Difference Method

यदि $T_1, T_2, T_3, \ldots, T_n$ किसी श्रेणी के पद हों और उनके अन्तर $(T_2 - T_1), (T_3 - T_2), (T_4 - T_3), \ldots, (T_n - T_{n-1})$ समान्तर श्रेढ़ी या गुणोत्तर श्रेढ़ी में हों, तो T_n का मान बड़ी सरलतापूर्वक ज्ञात किया जा सकता है। इस प्रकार, T_n ज्ञात होने पर उसके पहले Σ (सिग्मा) लगाकर उस श्रेणी का योग ज्ञात किया जा सकता है। T_n ज्ञात करने की इस विधि को अन्तर विधि कहते हैं। कभी-कभी ऐसा होता है कि इस विधि का प्रयोग दो बार भी करना पड़ता है।

जैसे—निम्न श्रेणी पर ध्यान दीजिए

$$3 + 7 + 14 + 24 + 37 + \ldots + n \text{ पदों तक}$$

यहाँ, उत्तरोत्तर पदों का अन्तर,

$$7-3, 14-7, 24-14, 37-24, \ldots$$

अर्थात् $4, 7, 10, 13, \ldots$ हैं जो समान्तर श्रेढ़ी में हैं।

उपरोक्त अन्तर गुणोत्तर श्रेढ़ी के रूप में भी आ सकते हैं। इनका योगफल ज्ञात करने के लिए हम निम्न विधि को अपनाते हैं

माना $\quad S = 3 + 7 + 14 + 24 + 37 + \ldots + T_n$

तथा $\quad S = 3 + 7 + 14 + 24 + \ldots + T_{n-1} + T_n$

घटाने पर, $0 = 3 + [4 + 7 + 10 + 13 + \ldots (n-1) \text{ पद}] - T_n$

$\therefore T_n = 3 + S_{n-1}$, जहाँ S_{n-1} एक समान्तर श्रेढ़ी का योगफल है जिसका प्रथम पद $a = 4$ और सार्वान्तर $d = 3$

$$\therefore \quad T_n = 3 + \frac{n-1}{2}[2 \cdot 4 + (n-2) \cdot 3]$$

$$= \frac{6 + (n-1)(3n+2)}{2}$$

$$\Rightarrow \quad T_n = \frac{1}{2}(3n^2 - n + 4)$$

जो दी गई श्रेढ़ी का nवाँ पद है।

सिग्मा संकेतन Sigma Notation

संख्याओं के अनुक्रम के योग की संक्रिया को सिग्मा (Σ) कहते हैं।

सामान्यत: किसी श्रेणी के n पदों का योगफल ज्ञात करने के लिए श्रेणी के n पद से पहले Σ लगा देते हैं।

विशेष श्रेणी तथा उनके पदों का योगफल

Special Series and Sum of Their Terms

(i) $\sum_{i=1}^{m} a = a + a + \ldots m$ पदों तक $= am$

(ii) $\sum_{i=1}^{m} ai = a\sum_{i=1}^{m} i$

(iii) प्रथम n प्राकृतिक संख्याओं का योगफल

$$= 1 + 2 + 3 + 4 + \ldots + n = \Sigma n = \frac{n(n+1)}{2}$$

(iv) प्रथम n प्राकृतिक संख्याओं के वर्गों का योगफल

$$= 1^2 + 2^2 + 3^2 + 4^2 + \ldots + n^2$$

$$= \Sigma n^2 = \frac{n(n+1)(2n+1)}{6}$$

(v) प्रथम n प्राकृतिक संख्याओं के घनों का योगफल

$$= 1^3 + 2^3 + 3^3 + 4^3 + \ldots + n^3$$

$$= \Sigma n^3 = \frac{n^2(n+1)^2}{4} = \left\{\frac{n(n+1)}{2}\right\}^2 = [\Sigma n]^2$$

(vi) किन्हीं n प्राकृतिक संख्याओं के घनों का योगफल उन संख्याओं के योगफल से विभाज्य होता है।

नोट (i) $\frac{1}{1\cdot 2}+\frac{1}{2\cdot 3}+\frac{1}{3\cdot 4}+\ldots+\frac{1}{n(n+1)}=\frac{n}{n+1}$

(ii) $\frac{1}{1\cdot 2\cdot 3}+\frac{1}{2\cdot 3\cdot 4}+\ldots+\frac{1}{n(n+1)(n+2)}$

$$=\frac{1}{4}-\frac{1}{2(n+1)(n+2)}$$

(iii) $1\cdot 2+2\cdot 3+\ldots+n(n+1)=\frac{n(n+1)(n+2)}{3}$

(iv) $1\cdot 2\cdot 3\cdot 4+2\cdot 3\cdot 4\cdot 5+\ldots+n(n+1)(n+2)(n+3)$

$$=\frac{1}{5}n(n+1)(n+2)(n+3)(n+4)$$

विशेष श्रेणी का योगफल
Summation of Special Series

जब दी गई श्रेणी $\frac{1}{a(a+d)}+\frac{1}{(a+d)(a+2d)}+\frac{1}{(a+d)(a+3d)}+\ldots.$ के रूप का है, तब इसका योगफल ज्ञात करने के लिए सर्वप्रथम हम श्रेणी के प्रत्येक पद को दो पदों के अन्तर के रूप में लिखते हैं तथा उसके बाद इन्हें आपस में जोड़कर अभीष्ट ज्ञात करते हैं।

चरघातांकी श्रेणी Exponential Series

यदि $n>1$ हो, तो x के प्रत्येक मान के लिए,

$$\left(1+\frac{1}{n}\right)^{nx}=1+nx\cdot\frac{1}{n}+\frac{nx(nx-1)}{2!}\cdot\frac{1}{n^2}+\frac{nx(nx-1)(nx-2)}{3!}\cdot\frac{1}{n^3}+\ldots$$

$$=1+nx\cdot\frac{1}{n}+\frac{n^2x\left(x-\frac{1}{n}\right)}{2!}\frac{1}{n^2}+\frac{n^3x\left(x-\frac{1}{n}\right)\left(x-\frac{2}{n}\right)}{3!}\cdot\frac{1}{n^3}+\ldots$$

$$=1+x+\frac{x\left(x-\frac{1}{n}\right)}{2!}+\frac{x\left(x-\frac{1}{n}\right)\left(x-\frac{2}{n}\right)}{3!}+\ldots$$

अब यदि $n\to\infty$ हो, तो $\frac{1}{n},\frac{2}{n},\frac{3}{n},\ldots$ शून्य की ओर अग्रसर होंगे। अतः $n\to\infty$ पर दोनों पक्षों की सीमा लेने पर,

$$\lim_{n\to\infty}\left[\left(1+\frac{1}{n}\right)^n\right]^x=1+x+\frac{x^2}{2!}+\frac{x^3}{3!}+\ldots$$

$$\Rightarrow\quad e^x=1+x+\frac{x^2}{2!}+\frac{x^3}{3!}+\ldots\qquad\left[\because\lim_{n\to\infty}\left(1+\frac{1}{n}\right)^n=e\right]$$

इसे चरघातांकी प्रमेय कहते हैं तथा दायें पक्ष की श्रेणी को **चरघातांकी श्रेणी** कहते हैं।

कुछ महत्त्वपूर्ण परिणाम Some Important Results

हम जानते हैं कि,

$$e^x=1+\frac{x}{1!}+\frac{x^2}{2!}+\frac{x^3}{3!}+\ldots+\frac{x^n}{n!}+\ldots\infty$$

$$\Rightarrow\quad e^x=\sum_{n=0}^{\infty}\frac{x^n}{n!}\qquad\ldots(i)$$

x के स्थान पर $-x$ रखने पर,

$$e^{-x}=1-\frac{x}{1!}+\frac{x^2}{2!}-\frac{x^3}{3!}+\frac{x^4}{4!}-\ldots+\frac{(-1)^n}{n!}x^n+\ldots\infty$$

$$\Rightarrow\quad e^{-x}=\sum_{n=0}^{\infty}(-1)^n\frac{x^n}{n!}\qquad\ldots(ii)$$

समी (i) तथा (ii) में $x=1$ रखने पर,

$$e=1+\frac{1}{1!}+\frac{1}{2!}+\frac{1}{3!}+\ldots\infty$$

$$\Rightarrow\quad e=\sum_{n=0}^{\infty}\frac{1}{n!}\qquad\ldots(iii)$$

तथा $$e^{-1}=1-\frac{1}{1!}+\frac{1}{2!}-\frac{1}{3!}+\ldots\infty$$

$$\Rightarrow\quad e^{-1}=\sum_{n=0}^{\infty}\frac{(-1)^n}{n!}\qquad\ldots(iv)$$

समी (i) तथा (ii) से,

$$\frac{e^x+e^{-x}}{2}=1+\frac{x^2}{2!}+\frac{x^4}{4!}+\frac{x^6}{6!}+\ldots\infty$$

$$\Rightarrow\quad\frac{e^x+e^{-x}}{2}=\sum_{n=0}^{\infty}\frac{x^{2n}}{(2n)!}\qquad\ldots(v)$$

तथा $$\frac{e^x-e^{-x}}{2}=x+\frac{x^3}{3!}+\frac{x^5}{5!}+\ldots\infty$$

$$\Rightarrow\quad\frac{e^x-e^{-x}}{2}=\sum_{n=0}^{\infty}\frac{x^{2n+1}}{(2n+1)!}\qquad\ldots(vi)$$

समी (v) तथा (vi) में $x=1$ रखने पर,

$$\frac{e+e^{-1}}{2}=1+\frac{1}{2!}+\frac{1}{4!}+\frac{1}{6!}+\ldots\infty=\sum_{n=0}^{\infty}\frac{1}{(2n)!}$$

तथा $$\frac{e-e^{-1}}{2}=1+\frac{1}{3!}+\frac{1}{5!}+\ldots\infty=\sum_{n=0}^{\infty}\frac{1}{(2n+1)!}$$

इस प्रकार अन्य परिणाम निम्नवत् हैं

(i) $e^x=1+\frac{x}{1!}+\frac{x^2}{2!}+\frac{x^3}{3!}+\ldots+\frac{x^n}{n!}+\ldots\infty$

(ii) $e^{-x}=1-\frac{x}{1!}+\frac{x^2}{2!}-\frac{x^3}{3!}+\frac{x^4}{4!}-\ldots+\frac{(-1)^n}{n!}x^n+\ldots\infty$

(iii) $e^{ax}=1+\frac{(ax)}{1!}+\frac{(ax)^2}{2!}+\frac{(ax)^3}{3!}+\ldots+\frac{(ax)^n}{n!}+\ldots\infty$

(iv) $\sum_{n=0}^{\infty}\frac{1}{n!}=\sum_{n=1}^{\infty}\frac{1}{(n-1)!}=\sum_{n=k}^{\infty}\frac{1}{(n-k)!}=e$

(v) $\sum_{n=1}^{\infty} \frac{1}{n!} = \frac{1}{1!} + \frac{1}{2!} + \frac{1}{3!} + \dots \infty = e - 1$

(vi) $\sum_{n=2}^{\infty} \frac{1}{n!} = \frac{1}{2!} + \frac{1}{3!} + \frac{1}{4!} + \dots \infty = e - 2$

(vii) $\sum_{n=0}^{\infty} \frac{1}{(n+1)!} = \frac{1}{1!} + \frac{1}{2!} + \frac{1}{3!} + \dots \infty = e - 1$

(viii) $\sum_{n=0}^{\infty} \frac{1}{(n+2)!} = \frac{1}{2!} + \frac{1}{3!} + \frac{1}{4!} + \dots \infty = e - 2$

(ix) $\sum_{n=1}^{\infty} \frac{1}{(n+1)!} = \frac{1}{2!} + \frac{1}{3!} + \frac{1}{4!} + \dots \infty = e - 2$

(x) $\sum_{n=0}^{\infty} \frac{1}{(2n)!} = 1 + \frac{1}{2!} + \frac{1}{4!} + \frac{1}{6!} + \dots = \frac{e + e^{-1}}{2} = \sum_{n=1}^{\infty} \frac{1}{(2n-2)!}$

(xi) $\sum_{n=1}^{\infty} \frac{1}{(2n-1)!} = \frac{1}{1!} + \frac{1}{3!} + \frac{1}{5!} + \dots = \frac{e - e^{-1}}{2} = \sum_{n=0}^{\infty} \frac{1}{(2n+1)!}$

लघुगणकीय श्रेणी Logarithmic Series

हम जानते हैं कि यदि a एक धनात्मक वास्तविक संख्या हो, तो व्यापक चरघातांकी प्रमेय से,

$$a^y = 1 + y(\log_e a) + \frac{y^2}{2!}(\log_e a)^2 + \frac{y^3}{3!}(\log_e a)^3 + \dots \infty \quad \dots(i)$$

यदि $|x| < 1 \Rightarrow -1 < x < 1$ हो, तो $1 + x > 0$ समी (i) में $a = 1 + x$ रखने पर,

$$(1+x)^y = 1 + y\{\log_e(1+x)\} + \frac{y^2}{2!}\{\log_e(1+x)\}^2 + \frac{y^3}{3!}\{\log_e(1+x)\}^3 + \dots \infty \quad \dots(ii)$$

यदि $|x| < 1$ हो, तो द्विपद प्रमेय से,

$$(1+x)^y = 1 + yx + \frac{y(y-1)}{2!}x^2 + \frac{y(y-1)(y-2)}{3!}x^3 + \dots$$

$$= \left[1 + y\left(x - \frac{x^2}{2!} + \frac{1 \cdot 2}{3!}x^3 - \frac{1 \cdot 2 \cdot 3}{4!}x^4 + \dots\right) + y^2(\dots) + \dots\right]$$

$$\Rightarrow (1+x)^y = \left[1 + y\left(x - \frac{x^2}{2} + \frac{x^3}{3} - \frac{y^4}{4} + \dots\right) + y^2(\dots) + y^3(\dots) + \dots\right] \quad \dots(iii)$$

समी (ii) तथा (iii) से,

$$1 + y\left(x - \frac{x^2}{2} + \frac{x^3}{3} - \frac{x^4}{4} + \dots\right) + y^2(\dots) + y^3(\dots) + \dots$$

$$= 1 + y\{\log_e(1+x)\} + \frac{y^2}{2!}\{\log_e(1+x)\}^2 + \dots$$

जोकि y में एक सर्वसमिका है। अत: दोनों पक्षों में y के गुणांकों की तुलना करने पर,

$$\log_e(1+x) = x - \frac{x^2}{2} + \frac{x^3}{3} - \frac{x^4}{4} + \dots$$

उपरोक्त श्रेणी को लघुगणकीय श्रेणी कहते हैं।

कुछ महत्त्वपूर्ण परिणाम Some Important Results

चूँकि $\log_e(1+x) = x - \frac{x^2}{2} + \frac{x^3}{3} - \frac{x^4}{4} + \dots \quad \dots(i)$

समी (i) में x के स्थान पर $-x$ रखने पर,

$$\log_e(1-x) = -x - \frac{x^2}{2} - \frac{x^3}{3} - \frac{x^4}{4} - \dots \quad \dots(ii)$$

समी (i) व (ii) को जोड़ने पर,

$$\log_e(1+x) + \log_e(1-x) = -2\left(\frac{x^2}{2} + \frac{x^4}{4} + \dots\right)$$

अभ्यास प्रश्न

1. यदि समान्तर श्रेढ़ी के n पदों का योग इस प्रकार दिया जाता है कि $S_n = 3n + 2n^2$, तब समान्तर श्रेढ़ी का सार्वान्तर निम्न होगा

(a) 3 (b) 2
(c) 6 (d) 4

2. यदि किसी समान्तर श्रेढ़ी के 9वें पद का 9 गुना, 13वें पद के 13 गुना के बराबर हो, तब 22 वें पद का मान है

(a) 0 (b) 22
(c) 220 (d) 198

3. यदि किसी समान्तर श्रेढ़ी का प्रथम पद 2 है तथा प्रथम पाँच पदों का योग,अगले पाँच पदों के योग का एक-चौथाई है, 20वाँ पद होगा

(a) 112 (b) –112
(c) 114 (d) –114

4. यदि a, b, c, d, e, f समान्तर श्रेढ़ी में हैं, तब $e - c$ का मान है

(a) $2(c - a)$ (b) $2(f - d)$
(c) $2(d - c)$ (d) $d - c$

5. यदि समान्तर श्रेढ़ी के प्रथम n पदों का योग S_n है तथा $S_{2n} = 3S_n$, तब $\frac{S_{3n}}{S_n}$ का मान है

(a) 4 (b) 6
(c) 8 (d) 10

6. यदि किसी समान्तर श्रेढ़ी का pवाँ पद $\frac{1}{q}$ हो तथा qवाँ पद $\frac{1}{p}$ हो, तो प्रथम pq पदों का योग निम्न होगा

(a) $(pq + 1)$ (b) $\frac{1}{2}(pq + 1)$
(c) $\frac{1}{2}(pq - 1)$ (d) इनमें से कोई नहीं

7. यदि समान्तर श्रेढ़ी 25, 22, 19, ... के कुछ निश्चित पदों का योगफल 116 हो, तब अन्तिम पद निम्न होगा

(a) 4 (b) 3
(c) 2 (d) –4

8. यदि समान्तर श्रेढ़ी के क्रमागत पद $\frac{1}{b-c}, \frac{1}{c-a}, \frac{1}{a-b}$ हैं, तब $(b-c)^2, (c-a)^2, (a-b)^2$ होंगे

(a) गुणोत्तर श्रेढ़ी में (b) समान्तर श्रेढ़ी में
(c) हरात्मक श्रेढ़ी में (d) इनमें से कोई नहीं

9. यदि $\log 2, \log(2^n - 1)$ तथा $\log(2^n + 3)$ समान्तर श्रेढ़ी में हैं, तब n का मान है

(a) $\frac{5}{2}$ (b) $\log_2 5$ (c) $\log_3 5$ (d) $\frac{3}{2}$

10. यदि a व b का समान्तर माध्य $\frac{a^n + b^n}{a^{n-1} + b^{n-1}}$ है, तब n का मान है

(a) −1 (b) 0
(c) 1 (d) इनमें से कोई नहीं

11. किसी समान्तर श्रेढ़ी के प्रथम p, q, r पदों का योगफल क्रमशः a, b तथा c है। तब, $\frac{a}{p}(q-r) + \frac{b}{q}(r-p) + \frac{c}{r}(p-q)$ का मान निम्न है।

(a) pq (b) 0 (c) rp (d) 3

12. यदि दो समान्तर श्रेढ़ियों के n पदों के योगफल का अनुपात $(7n+1):(4n+27)$ हो, तब उनके 11वें पदों का अनुपात होगा।

(a) 2 : 3 (b) 3 : 4
(c) 4 : 3 (d) 5 : 6

13. 3 तथा 19 के मध्य तीन समान्तर माध्य हैं

(a) 6, 10, 14 (b) 7, 11,15
(c) 8, 12, 16 (d) इनमें से कोई नहीं

14. यदि किसी गुणोत्तर श्रेढ़ी का 4वाँ, 10वाँ तथा 16वाँ पद क्रमशः x, y तथा z है, तब x, y, z होंगे

(a) समान्तर श्रेढ़ी (b) गुणोत्तर श्रेढ़ी
(c) समान्तरीय-गुणोत्तर श्रेढ़ी (d) हरात्मक श्रेढ़ी

15. अनुक्रम 8, 88, 888, 8888 के n पदों का योग है

(a) $\frac{80}{81}(10^n - 1) - \frac{8n}{9}$ (b) $\frac{80}{81}(10^n + 1) + \frac{8n}{9}$
(c) $\frac{80}{81}(10^n - 1) - \frac{8n^2}{9}$ (d) इनमें से कोई नहीं

16. ऐसे चार पद ज्ञात कीजिए जो गुणोत्तर श्रेढ़ी में हों, जिसका तीसरा पद प्रथम पद से 9 अधिक हो तथा दूसरा पद चौथे पद से 18 अधिक हो।

(a) 2, −6, 12, −24 (b) 3, 6, 12, 24
(c) 3, −6, 12, −24 (d) इनमें से कोई नहीं

17. संख्याओं 2, 14 व 62 में किस संख्या को जोड़ें कि परिणामी गुणोत्तर श्रेढ़ी में हो?

(a) 1 (b) 2 (c) 3 (d) 4

18. माना धनात्मक संख्याओं की गुणोत्तर श्रेढ़ी में nवाँ पद a_n है। $\sum_{n=1}^{100} a_{2n} = \alpha$ तथा $\sum_{n=1}^{100} a_{2n-1} = \beta$ इस प्रकार हैं कि $\alpha \neq \beta$, तब सार्वानुपात है

(a) $\frac{\alpha}{\beta}$ (b) $\frac{\beta}{\alpha}$
(c) $\sqrt{\frac{\alpha}{\beta}}$ (d) $\sqrt{\frac{\beta}{\alpha}}$

19. यदि किसी गुणोत्तर श्रेढ़ी का pवाँ, qवाँ तथा rवाँ पद क्रमशः a, b तथा c हो, तो $a^{q-r} b^{r-p} c^{p-q}$ का मान है

(a) 0 (b) 2
(c) 1 (d) 4

20. यदि a, b, c तथा d गुणोत्तर श्रेढ़ी में हों, तब $(a^2 + b^2 + c^2)(b^2 + c^2 + d^2)$ का मान है

(a) $(ab + bc + cd)^2$ (b) $(ab - bc - cd)^2$
(c) $(ab + bc + cd)$ (d) इनमें से कोई नहीं

21. किसी गुणोत्तर श्रेढ़ी का तृतीय पद 4 है। इसके प्रथम पाँच पदों का गुणनफल है

(a) 4^3 (b) 4^4
(c) 4^5 (d) इनमें से कोई नहीं

22. यदि $x, 2y, 3z$ समान्तर श्रेढ़ी में हों, जहाँ x, y, z अलग-अलग संख्याएँ हैं तथा गुणोत्तर श्रेढ़ी में हैं, तब गुणोत्तर श्रेढ़ी का सार्वानुपात होगा

(a) 3 (b) $\frac{1}{3}$ (c) 2 (d) $\frac{1}{2}$

23. यदि a, b, c तथा d गुणोत्तर श्रेढ़ी में हैं, तब $a^n + b^n, b^n + c^n, c^n + d^n$ होंगे

(a) समान्तर श्रेढ़ी में (b) गुणोत्तर श्रेढ़ी में
(c) हरात्मक श्रेढ़ी में (d) इनमें से कोई नहीं

24. यदि G_1, G_2 दो संख्याओं के मध्य का गुणोत्तर माध्य है तथा A समान्तर माध्य है, तब $\frac{G_1^2}{G_2} + \frac{G_2^2}{G_1}$ है

(a) $2A$ (b) A
(c) $3A$ (d) इनमें से कोई नहीं

25. यदि किसी गुणोत्तर श्रेढ़ी का pवाँ तथा qवाँ पद क्रमशः q तथा p है, तब $(p-q)$वाँ पद है

(a) $\left(\frac{q^p}{p^q}\right)^{\frac{1}{p-q}}$ (b) $\left(\frac{q^p}{p^p}\right)^{\frac{1}{p-q}}$
(c) $\left(\frac{q^q}{p^p}\right)^{\frac{1}{p-q}}$ (d) इनमें से कोई नहीं

26. श्रेढ़ी 0.9 + 0.09 + 0.009 + ... के 100 पदों का योगफल है

(a) $1 - \left(\frac{1}{10}\right)^{100}$ (b) $1 + \left(\frac{1}{10}\right)^{100}$
(c) $1 - \left(\frac{1}{10}\right)^{106}$ (d) $1 + \left(\frac{1}{10}\right)^{99}$

27. यदि a व b के बीच n गुणोत्तर माध्य $G_1, G_2, \ldots, G_n$ हैं तथा एक गुणोत्तर माध्य G है, तब सही सम्बन्ध है

(a) $G_1 G_2 G_3 \ldots G_n = G$ (b) $G_1 G_2 \ldots G_n = G^{1/n}$
(c) $G_1 G_2 \ldots G_n = G^n$ (d) $G_1 G_2 \ldots G_n = G^{2/n}$

28. यदि $1 + \cos\alpha + \cos^2\alpha + \ldots \infty = 2 - \sqrt{2}$, तब $\alpha\ (0 < \alpha < \pi)$ का मान है

(a) $\frac{\pi}{8}$ (b) $\frac{\pi}{6}$
(c) $\frac{\pi}{4}$ (d) $\frac{3\pi}{4}$

29. यदि हरात्मक श्रेढ़ी का 7वाँ पद $\frac{1}{10}$ है तथा 12वाँ पद $\frac{1}{25}$ है, तब 20वाँ पद होगा

(a) $\frac{1}{41}$ (b) $\frac{1}{45}$ (c) $\frac{1}{49}$ (d) $\frac{1}{37}$

30. श्रेणी $1\cdot 3^2 + 2\cdot 5^2 + 3\cdot 7^2 + \dots \infty$ के n पदों का योग है

(a) $\frac{n}{6}(n+1)(6n^2+14n+7)$

(b) $\frac{n}{6}(n+1)(2n+1)(3n+1)$

(c) $4n^3+4n^2+n$

(d) उपरोक्त में से कोई नहीं

31. $1+\frac{3}{2}+\frac{5}{2^2}+\frac{7}{2^3}+\dots\infty$ का मान है

(a) 3 (b) 6

(c) 9 (d) 12

32. यदि t_n, श्रेणी $2+3+6+11+18+\dots$, का n वाँ पद हो, तब t_{50} है

(a) 49^2-1 (b) 49^2

(c) 50^2+1 (d) 49^2+2

33. $12+16+24+40+\dots$ के n पदों का योगफल है

(a) $2(2^n-1)+8n$ (b) $2(2^n-1)+6n$

(c) $3(2^n-1)+8n$ (d) $4(2^n-1)+8n$

34. श्रेणी $1+3x+6x^2+10x^3+\dots\infty$ का योग है

(a) $\frac{1}{(1-x)^2}$ (b) $\frac{1}{1-x}$

(c) $\frac{1}{(1+x)^2}$ (d) $\frac{1}{(1-x)^3}$

35. माना S_n प्रथम n प्राकृत संख्याओं के घनों के योगफल को निरूपित करता है तथा s_n प्रथम n प्राकृत संख्याओं के योगफल को निरूपित करता है, तब $\sum_{r=1}^{n}\frac{S_r}{s_r}$ का मान है

(a) $\frac{n(n+1)(n+2)}{6}$ (b) $\frac{n(n+1)}{2}$

(c) $\frac{n^2+3n+2}{2}$ (d) इनमें से कोई नहीं

36. श्रेणी $\frac{1}{1+1^2+1^4}+\frac{2}{1+2^2+2^4}+\frac{3}{1+3^2+3^4}+\dots n$ पदों तक का योग है

(a) $\frac{n(n^2+1)}{n^2+n+1}$ (b) $\frac{n(n+1)}{2(n^2+n+1)}$

(c) $\frac{n(n^2-1)}{2(n^2+n+1)}$ (d) इनमें से कोई नहीं

37. $\frac{1}{3\times 7}+\frac{1}{7\times 11}+\frac{1}{11\times 15}+\dots\infty$ का योग है

(a) 1/3 (b) 1/6 (c) 1/9 (d) 1/12

38. $1\cdot 3\cdot 5+2\cdot 5\cdot 8+3\cdot 7\cdot 11+\dots$ के n पदों तक का योग है

(a) $\frac{n(n+1)(9n^2+23n+13)}{6}$

(b) $\frac{n(n-1)(9n^2+23n+12)}{6}$

(c) $\frac{(n+1)(9n^2+23n+13)}{6}$

(d) $\frac{n(9n^2+23n+13)}{6}$

39. $\frac{1^3}{1}+\frac{1^3+2^3}{1+3}+\frac{1^3+2^3+3^3}{1+3+5}+\dots$ का nवाँ पद है

(a) n^2+2n+1 (b) $\frac{n^2+2n+1}{8}$

(c) $\frac{n^2+2n+1}{4}$ (d) $\frac{n^2-2n+1}{4}$

40. श्रेणी $\frac{1}{1\times 3}+\frac{1}{3\times 5}+\frac{1}{5\times 7}+\dots$ के n पदों का योगफल ज्ञात कीजिए।

(a) $\frac{n}{2n+1}$ (b) $\frac{n}{n+1}$ (c) $\frac{n+1}{n}$ (d) $\frac{2n+1}{n}$

41. श्रेणी

$$(1+3)\log_e 3+\frac{(1+3^2)}{2!}(\log_e 3)^2+\frac{(1+3^3)}{3!}(\log_e 3)^3+\dots\infty$$

का योग ज्ञात कीजिए।

(a) 10 (b) 15 (c) 25 (d) 28

42. श्रेणी $\sum_{n=0}^{\infty}\frac{n^2-n+1}{n!}$ का योग ज्ञात कीजिए।

(a) e (b) $2e$ (c) e^{-1} (d) e^2

43. श्रेणी $3\log 2+\frac{1}{4}-\frac{1}{2}\left(\frac{1}{4}\right)^2+\frac{1}{3}\left(\frac{1}{4}\right)^3-\dots$ का मान ज्ञात कीजिए।

(a) log 1 (b) log 10 (c) 2 log 2 (d) log 4

44. श्रेणी

$$2\left[\frac{1}{2n+1}+\frac{1}{3(2n+1)^3}+\frac{1}{5(2n+1)^5}+\dots\right]$$ का मान ज्ञात कीजिए।

(a) $\log\frac{n+1}{n}$ (b) $\log\frac{n}{n+1}$ (c) $\log\frac{n}{n-1}$ (d) $\log\frac{n-1}{n}$

45. $\log 2+2\left[\frac{1}{5}+\frac{1}{3}\cdot\frac{1}{5^2}+\frac{1}{5}\cdot\frac{1}{5^3}+\dots\infty\right]$ का मान ज्ञात कीजिए।

(a) log 0 (b) log 1

(c) log 2 (d) log 3

उत्तरमाला

1.	(d)	2.	(a)	3.	(b)	4.	(c)	5.	(b)	6.	(b)	7.	(a)	8.	(b)	9.	(b)	10.	(c)
11.	(b)	12.	(c)	13.	(b)	14.	(b)	15.	(a)	16.	(c)	17.	(b)	18.	(a)	19.	(c)	20.	(a)
21.	(c)	22.	(b)	23.	(b)	24.	(a)	25.	(a)	26.	(a)	27.	(c)	28.	(d)	29.	(c)	30.	(a)
31.	(b)	32.	(d)	33.	(d)	34.	(d)	35.	(a)	36.	(b)	37.	(d)	38.	(a)	39.	(c)	40.	(a)
41.	(d)	42.	(b)	43.	(b)	44.	(a)	45.	(d)										

संकेत एवं हल

1. $S_n = 3n + 2n^2$

हम जानते हैं, $T_n = S_n - S_{n-1}$

$\Rightarrow \quad T_n = 2n^2 + 3n - \{2(n-1)^2 + 3(n-1)\}$

$= 4n + 1$ तथा $d = T_n - T_{n-1}$

$\Rightarrow \quad d = 4n + 1 - \{4(n-1) + 1\} = 4$

2. माना समान्तर श्रेढ़ी का प्रथम पद $= a$ तथा सार्वान्तर $= d$

दिया गया है, $\quad 9 \times a_9 = 13 \times a_{13}$

$\Rightarrow \quad 9(a + 8d) = 13(a + 12d)$

$\Rightarrow \quad 4a + 84d = 0$

$\Rightarrow \quad a + 21d = 0$

अतः $\quad T_{22} = a + 21d = 0$

4. चूँकि a, b, c, d, e, f समान्तर श्रेढ़ी में हैं।

$\therefore \ b - a = c - b = d - c = e - d = f - e = k$

जहाँ, k पदों का सार्वान्तर है।

अब, $\quad d - c = e - d$

$\Rightarrow \quad e + c = 2d$

$\Rightarrow \quad e - c + 2c = 2d$

$\Rightarrow \quad e - c = 2(d - c)$

5. माना अन्तिम पद $= a$ तथा सार्वान्तर $= d$

दिया है, $\ S_{2n} = 3S_n$

$$\Rightarrow \frac{2n}{2}[2a + (2n-1)d] = 3\left\{\frac{n}{2}[2a + (n-1)d]\right\}$$

$\Rightarrow \quad 4a + (4n-2)d = 6a + (3n-3)d$

$\Rightarrow \quad 2a = (n+1)d \quad \ldots(i)$

$$\text{अब,} \quad \frac{S_{3n}}{S_n} = \frac{\frac{3n}{2}[2a + (3n-1)d]}{\frac{n}{2}[2a + (n-1)d]}$$

$$= \frac{\{3(n+1)d + 3(3n-1)d\}}{(n+1)d + (n-1)d} \quad \text{[समी (i) से]}$$

$$= \frac{3(4nd)}{2nd} = 6$$

7. दी गई श्रेणी है, 25, 22, 19, ...

यहाँ, $\quad a = 25, d = -3$ तथा $S_n = 116$

$\because \quad S_n = \frac{n}{2}[2a + (n-1)d]$

$\therefore \quad 116 = \frac{n}{2}\{2a + (n-1)d\}$

$\Rightarrow \quad 116 \times 2 = n(50 - 3n + 3)$

$\Rightarrow \quad 232 = n(53 - 3n)$

$\Rightarrow \quad 232 = 53n - 3n^2$

$\Rightarrow \quad 3n^2 - 53n + 232 = 0$

$\Rightarrow \quad 3n^2 - 24n - 29n + 232 = 0$

$\Rightarrow \quad 3n(n-8) - 29(n-8) = 0$

$\Rightarrow \quad (3n - 29)(n - 8) = 0$

$\Rightarrow \quad n = \frac{29}{3}, n = 8 \quad \left[\because n \neq \frac{29}{3}\right]$

$\therefore \quad n = 8$

अब, $\quad T_n = a + (n-1)d$

$T_8 = 25 + (8-1)(-3)$

$= 25 + 7 \times (-3) = 25 - 21 = 4$

8. माना $(b-c)^2, (c-a)^2, (a-b)^2$ समान्तर श्रेढ़ी में हैं।

तब, $\quad (c-a)^2 - (b-c)^2 = (a-b)^2 - (c-a)^2$

$\Rightarrow \quad (b-a)(2c - a - b) = (c-b)(2a - b - c) \quad \ldots(i)$

तथा यदि $\frac{1}{b-c}, \frac{1}{c-a}, \frac{1}{a-b}$ समान्तर श्रेढ़ी में हैं।

$$\text{तब,} \quad \frac{1}{c-a} - \frac{1}{b-c} = \frac{1}{a-b} - \frac{1}{c-a}$$

$$\Rightarrow \quad \frac{b + a - 2c}{(c-a)(b-c)} = \frac{c + b - 2a}{(a-b)(c-a)}$$

$\Rightarrow \quad (a-b)(b + a - 2c) = (b-c)(c + b - 2a)$

$\Rightarrow \quad (b-a)(2c - a - b) = (c-b)(2a - b - c)$

जोकि समी (i) के समान है।

$\therefore$ हमारी परिकल्पना सही है।

9. $\because \log 2, \log(2^n - 1)$ तथा $\log(2^n + 3)$ समान्तर श्रेढ़ी में हैं।

$\therefore \quad 2\log(2^n - 1) = \log 2 + \log(2^n + 3)$

$\Rightarrow \quad (2^n - 1)^2 = 2(2^n + 3)$

$\Rightarrow \quad (2^n)^2 - 4(2^n) - 5 = 0$

$\Rightarrow \quad (2^n)^2 - 5 \cdot (2^n) + (2^n) - 5 = 0$

$\Rightarrow \quad 2^n(2^n - 5) + 1(2^n - 5) = 0$

$\Rightarrow \quad (2^n - 5)(2^n + 1) = 0$

$2^n - 5 = 0 \quad [\because 2^n \neq -1]$

$\Rightarrow \quad 2^n = 5$

$\Rightarrow \quad n = \log_2 5$

10. $\because a$ व b का समान्तर माध्य $= \frac{a+b}{2}$

$$\text{परन्तु} \quad \frac{a+b}{2} = \frac{a^n + b^n}{a^{n-1} + b^{n-1}} \quad \text{[दिया है]}$$

$$\Rightarrow \quad a^n + b^n + \frac{ab^n}{b} + \frac{ba^n}{a} = 2(a^n + b^n)$$

$$\Rightarrow \quad \frac{a}{b}b^n + \frac{b}{a}a^n = a^n + b^n$$

$$\Rightarrow \quad a^n\left(\frac{a-b}{a}\right) = -b^n\left(\frac{b-a}{b}\right)$$

$$\Rightarrow \quad \left(\frac{a}{b}\right)^n = \left(\frac{a}{b}\right)$$

$\therefore \quad n = 1$

12. माना S_n तथा S_n' दो समान्तर श्रेढ़ियों के n पदों का योग हैं तथा उनके 11वें पद क्रमशः T_{11} व T'_{11} हैं, तब

$$\frac{S_n}{S_n'} = \frac{\frac{n}{2}[2a + (n-1)d]}{\frac{n}{2}[2a' + (n-1)d']} = \frac{7n+1}{4n+27} \quad \text{[दिया है]}$$

$$\Rightarrow \quad \frac{a + \frac{(n-1)}{2}d}{a' + \frac{(n-1)}{2}d'} = \frac{7n+1}{4n+27}$$

अब, $n = 21$ रखने पर,

$$\frac{a + 10d}{a' + 10d'} = \frac{T_{11}}{T'_{11}} = \frac{148}{111} = \frac{4}{3}$$

13. माना 3 तथा 19 के मध्य 3 समान्तर माध्य A_1, A_2, A_3 हैं।

तब 3, A_1, A_2, A_3, A_{19} समान्तर श्रेढ़ी में होंगे जिसका सार्वान्तर,

$d = \frac{19-3}{3+1} = 4$ है।

$\therefore \quad A_1 = 3 + d = 3 + 4 = 7; A_2 = 3 + 2d = 3 + 2 \times 4 = 11,$

$A_3 = 3 + 3d = 3 + 3 \times 4 - 15$

14. दिया है, $T_4 = x \Rightarrow ar^{4-1} = x \Rightarrow ar^3 = x$ ...(i)

$T_{10} = y \Rightarrow ar^{10-1} = y \Rightarrow ar^9 = y$ ...(ii)

तथा $T_{16} = z \Rightarrow ar^{16-1} = z \Rightarrow ar^{15} = z$ ...(iii)

समी (i) को समी (iii) से गुणा करने पर,

$$ar^3 \times ar^{15} = x \times z$$

$$\Rightarrow \quad a^2r^{3+15} = xz$$

$$\Rightarrow \quad a^2r^{18} = xz$$

$$\Rightarrow \quad (ar^9)^2 = xz$$

$$\Rightarrow \quad y^2 = xz \quad \text{[समी (ii) से]}$$

अतः x, y, z गुणोत्तर श्रेढ़ी में हैं ।

15. माना $S = 8 + 88 + 888 + 8888 + \ldots +$ n पदों तक

$\Rightarrow \quad S = 8(1 + 11 + 111 + 1111 + \ldots +$ n पदों तक)

$= \frac{8}{9}[9 + 99 + 999 + 9999 + \ldots +$ n पदों तक]

$= \frac{8}{9}[(10 + 100 + 1000 + \ldots +$ n पदों तक)

$-(1 + 1 + 1 + 1 + \ldots +$ n पदों तक)]

$$= \frac{8}{9}\left[10\frac{(10^n - 1)}{10 - 1} - n\right] \quad \left[\because S_n = \frac{a(r^n - 1)}{r - 1}, r > 1\right]$$

$$= \frac{8}{9}\left[\frac{10(10^n - 1)}{9} - n\right]$$

$$= \frac{8}{9} \times \frac{10}{9} \times (10^n - 1) - \frac{8}{9} \times n$$

$$= \frac{80}{81}(10^n - 1) - \frac{8n}{9}$$

17. माना x जोड़ने पर संख्याएँ $x + 2, x + 14, x + 62$ गुणोत्तर श्रेढ़ी में हैं।

$$\therefore \quad (x + 14)^2 = (x + 2)(x + 62)$$

$$\Rightarrow x^2 + 196 + 28x = x^2 + 64x + 124$$

$$\Rightarrow \quad 36x = 72$$

$$\Rightarrow \quad x = 2$$

18. माना r सार्वानुपात है।

$$\therefore \quad \frac{\sum_{n=1}^{100} a_{2n}}{\sum_{n=1}^{100} a_{2n-1}} = \frac{a_2 + a_4 + a_6 + \ldots + a_{200}}{a_1 + a_3 + a_5 + \ldots + a_{199}}$$

$$= \frac{a_1(r + r^3 + r^5 + \ldots + r^{199})}{a_1(1 + r^2 + r^4 + \ldots + r^{198})} = r$$

$$\Rightarrow \quad \frac{\alpha}{\beta} = r$$

19. माना गुणोत्तर श्रेढ़ी का प्रथम पद A तथा सार्वानुपात R है।

दिया है, pवाँ पद $= T_p = a \Rightarrow AR^{p-1} = a$ ...(i)

qवाँ पद $= T_q = b \Rightarrow AR^{q-1} = b$ ...(ii)

तथा rवाँ पद $= T_r = c \Rightarrow AR^{r-1} = c$ ...(iii)

$\therefore a^{q-r}b^{r-p}c^{p-q}$

$= (AR^{p-1})^{q-r}(AR^{q-1})^{r-p}(AR^{r-1})^{p-q}$

$= A^{q-r}R^{(p-1)(q-r)}A^{r-p}R^{(q-1)(r-p)}A^{p-q}R^{(r-1)(p-q)}$

$= A^0R^{pq - pr - q + r + qr - pq - r + p + rp - rq - p + q}$

$= A^0R^0 = 1$

20. $\because a, b, c, d$ गुणोत्तर श्रेढ़ी में हैं।

$$\therefore \quad \frac{b}{a} = \frac{c}{b} = \frac{d}{c} = r \quad \text{(माना)}$$

$$\Rightarrow \quad b = ar, c = br, d = cr$$

$$\Rightarrow \quad b = ar, c = (ar)r, d = (br)r$$

$$\Rightarrow \quad b = ar, c = ar^2, d = br^2$$

$$\Rightarrow \quad b = ar, c = ar^2, d = (ar)r^2 = ar^3 \quad \ldots\text{(i)}$$

$\therefore \quad (a^2 + b^2 + c^2)(b^2 + c^2 + d^2)$

$= (a^2 + b^2 + c^2)(b^2 + c^2 + d^2)$

$= (a^2 + a^2r^2 + a^2r^4)(a^2r^2 + a^2r^4 + a^2r^6)$

$= a^2(1 + r^2 + r^4)a^2r^2(1 + r^2 + r^4)$

$= a^4r^2(1 + r^2 + r^4)^2 = [a^2r(1 + r^2 + r^4)]^2$

$= (a^2r + a^2r^3 + a^2r^5)^2$

$= (a \cdot ar + ar \cdot ar^2 + ar^2 \cdot ar^3)^2$

$= (ab + bc + cd)^2$ [समी (i) से]

21. माना a प्रथम पद तथा r सार्वानुपात है।

अब, $T_3 = 4$ [दिया है]

$\Rightarrow \quad ar^2 = 4$ ...(i)

$\therefore$ प्रथम 5 पदों का गुणनफल $= a_1 \cdot a_2 \cdot a_3 \cdot a_4 \cdot a_5$

$= a(ar)(ar^2)(ar^3)(ar^4)$

$= a^5r^{10}$

$= (ar^2)^5 = (4)^5$ [समी (i) से]

22. $\because x, 2y$ तथा $3z$ समान्तर श्रेढ़ी में हैं।

$\therefore \quad 4y = x + 3z$ ...(i)

तथा x, y, z गुणोत्तर श्रेढ़ी में हैं।

$\therefore \quad y = rx$ तथा $z = xr^2$

y तथा z का मान समी (i) में रखने पर,

$4xr = x + 3xr^2$ $[\because x \neq 0]$

$\Rightarrow \quad 3r^2 - 4r + 1 = 0$

$\Rightarrow \quad (3r-1)(r-1)=0$

$\Rightarrow \quad r=\frac{1}{3}, 1$

$\therefore \quad r=\frac{1}{3} \quad [\because r \neq 1]$

23. $\because a, b, c, d$ गुणोत्तर श्रेणी में हैं।

$\Rightarrow \quad b=ar, c=ar^2, d=ar^2 \quad \ldots(i)$

अब, $(a^n+b^n)(c^n+d^n)$

$=(a^n+a^nr^n)\times(a^nr^{2n}+a^nr^{3n}) \quad$ [समी (i) से]

$=a^n(1+r^n)a^nr^{2n}(1+r^n)$

$=a^{2n}r^{2n}(1+r^n)^2=\{a^nr^n(1+r^n)\}^2=[a^nr^n+a^nr^{2n}]^2$

$=[(ar)^n+(ar^2)^n]^2=(b^n+c^n)^2 \quad$ [समी (i) से]

अतः ये गुणोत्तर श्रेढ़ी में हैं।

24. माना दो संख्याओं a तथा b का समान्तर माध्य A है।

पुनः माना दो संख्याओं a तथा b का गुणोत्तर माध्य G_1 तथा G_2 है।

$\therefore \quad A=\frac{a+b}{2}$ तथा $G_1=ar, G_2=ar^2$

जहाँ, $\quad r=\left(\frac{b}{a}\right)^{\frac{1}{2+1}}=\left(\frac{b}{a}\right)^{1/3} \quad \ldots(i)$

$\therefore \quad \frac{G_1^2}{G_2}+\frac{G_2^2}{G_1}=\frac{a^2r^2}{ar^2}+\frac{a^2r^4}{ar}$

$=a+ar^3=a+a\left[\left(\frac{b}{a}\right)^{1/3}\right]^3 \quad$ [समी (i) से]

$=a+b=2A \quad \left[\because A=\frac{a+b}{2}\right]$

26. यहाँ, $a=0.9=\frac{9}{10}$ तथा $r=\frac{1}{10}=0.1$

$\therefore \quad S_{100}=a\left(\frac{1-r^{100}}{1-r}\right) \quad [\because |r|<1]$

$=\frac{9}{10}\left(\frac{1-\frac{1}{10^{100}}}{1-\frac{1}{10}}\right)=1-\frac{1}{10^{100}}$

27. $\because a$ तथा b का गुणोत्तर माध्य G है

$\therefore G=(ab)^{1/2}$ तथा n गुणोत्तर माध्य $G_1, G_2, \ldots, G_n$, a व b के बीच डाले जाते हैं

$\therefore \quad G_1=ar^1, G_2=ar^2, \ldots, G_n=ar^n$

अब, $G_1\cdot G_2\cdot G_3\cdots G_n=a^nr^{1+2+\ldots+n}$

$=a^nr^{n(n+1)/2} \quad \left[\because \sum_1^n n=\frac{n(n+1)}{2}\right]$

लेकिन $\quad b=ar^{n+1} \Rightarrow r=\left(\frac{b}{a}\right)^{\frac{1}{n+1}}$

अतः अभीष्ट गुणनफल,

$a^n\cdot\left(\frac{b}{a}\right)^{\left(\frac{1}{n+1}\right)\frac{n(n+1)}{2}}=(ab)^{\frac{n}{2}}=\{(ab)^{\frac{1}{2}}\}^n=G^n$

28. दिया है, $1+\cos\alpha+\cos^2\alpha+\ldots+\infty=2-\sqrt{2}$

$\Rightarrow \quad \frac{1}{1-\cos\alpha}=2-\sqrt{2}$

$\Rightarrow \quad 1-\cos\alpha=\frac{1}{2-\sqrt{2}}=1+\frac{1}{\sqrt{2}}$

$\Rightarrow \quad \cos\alpha=-\frac{1}{\sqrt{2}} \Rightarrow \alpha=\frac{3\pi}{4}$

29. $\because$ हरात्मक श्रेणी का 7वाँ पद $\frac{1}{10}$ है तथा 12वाँ पद $\frac{1}{25}$ है।

समान्तर श्रेणी के संगत पद 10 तथा 25 हैं।

$\therefore \quad T_7=a+(n+1)d=10$

$\Rightarrow \quad a+(7-1)d=10$

$\Rightarrow \quad a+6d=10 \quad \ldots(i)$

तथा $\quad T_{12}=a+(12-1)d=25$

$\Rightarrow \quad a+11d=25 \quad \ldots(ii)$

समी (i) व (ii) को हल करने पर,

$a=-8, d=3$

$\therefore \quad T_{20}=-8+(20-1)3=-8+57=49$

तब, हरात्मक श्रेणी का 20वाँ पद $\frac{1}{49}$ है।

30. दी गई श्रेणी $1\cdot3^2+2\cdot5^2+3\cdot7^2+\ldots\infty$ है

यह एक समान्तरीय-गुणोत्तर श्रेढ़ी है, जिसका nवाँ पद है

$T_n=n(2n+1)^2=4n^3+4n^2+n$

$\therefore \quad S_n=\sum_1^n T_n=\sum_1^n(4n^3+4n^2+n)$

$=4\sum_1^n n^3+4\sum_1^n n^2+\sum_1^n n$

$=4\left[\frac{n}{2}(n+1)\right]^2+\frac{4}{6}n(n+1)(2n+1)+\frac{n}{2}(n+1)$

$=n(n+1)\left[n^2+n+\frac{4}{6}(2n+1)+\frac{1}{2}\right]$

$=\frac{n}{6}(n+1)(6n^2+14n+7)$

31. $\because$ दी गई श्रेढ़ी यह समान्तरीय-गुणोत्तर श्रेढ़ी है।

$\therefore \quad S_\infty=\frac{a}{1-r}+\frac{dr}{(1-r)^2}$

$=\frac{1}{1-1/2}+\frac{2\cdot\frac{1}{2}}{(1-1/2)^2}$

$=\frac{1}{1/2}+\frac{1}{1/4}$

$=2+4=6$

32. माना $\quad S=2+3+6+11+18+\ldots+t_n$

या $\quad S=2+3+6+11+\ldots+t_n$

घटाने पर,

$0=2+1+3+5+7+\ldots-t_n$

$\Rightarrow \quad T_n=2+[1+3+5+\ldots(n-1)$ पद$]$

$=2+\frac{n-1}{2}[2+(n-1-1)2]$

$T_n=2+(n-1)^2$

$\therefore \quad T_{50}=2+(50-1)^2=49^2+2$

33. माना $S_n = 12 + 16 + 24 + \ldots + T_n$

या $\quad S_n = 12 + 16 + \ldots + T_n$

घटाने पर,

$$0 = 12 + 4 + 8 + 16 + \ldots - T_n$$

$$\Rightarrow \quad T_n = 12 + \frac{4(2^{n-1}-1)}{2-1} = 2^{n+1} + 8$$

$$S_n = \Sigma T_n = 2^2 + 2^3 + 2^4 + \ldots + 8n$$

$$= \frac{2^2(2^n-1)}{2-1} + 8n = 4(2^n - 1) + 8n$$

34. माना $S = 1 + 3x + 6x^2 + 10x^3 + \ldots \infty$

या $\quad xS = x + 3x^2 + 6x^3 + \ldots \infty$

घटाने पर,

$$S(1-x) = 1 + 2x + 3x^2 + 4x^3 + \ldots \infty$$

$$x(1-x)S = x + 2x^2 + 3x^3 + \ldots \infty$$

पुन: घटाने पर,

$$S[(1-x) - x(1-x)] = (1 + x + x^2 + x^3 + \ldots \infty)$$

$$\Rightarrow \quad S[(1-x)(1-x)] = \frac{1}{1-x}$$

$$\Rightarrow \quad S = \frac{1}{(1-x)^3}$$

35. $$\sum_{r=1}^{n} \frac{S_r}{s_r} = \sum_{r=1}^{n} \frac{\frac{r^2(r+1)^2}{4}}{\frac{r(r+1)}{2}}$$

$$\left[\because \sum n = \frac{n(n+1)}{2} \text{ तथा } \sum n^3 = \left(\frac{n(n+1)}{2}\right)^2\right]$$

$$= \sum_{r=1}^{n} \frac{r(r+1)}{2} = \frac{1}{2}\sum_{r=1}^{n}(r^2 + r)$$

$$= \frac{1}{2}\left[\frac{n(n+1)(2n+1)}{6} + \frac{n(n+1)}{2}\right]$$

$$= \frac{1}{12}(n)(n+1)(2n+1+3)$$

$$= \frac{n(n+1)(n+2)}{6}$$

37. माना $S = \frac{1}{3\times 7} + \frac{1}{7\times 11} + \frac{1}{11\times 15} + \ldots \infty$

$$= \frac{1}{4}\left[\left\{\frac{1}{3} - \frac{1}{7}\right\} + \left\{\frac{1}{7} - \frac{1}{11}\right\} + \ldots\right]$$

$$= \frac{1}{4}\left(\frac{1}{3} + 0\right) = \frac{1}{12}$$

39. माना $S_n = \frac{1^3}{1} + \frac{1^3 + 2^3}{1+3} + \frac{1^3 + 2^3 + 3^3}{1+3+5} + \ldots$

$$\therefore \quad T_n = \frac{1^3 + 2^3 + 3^3 + \ldots + n^3}{1 + 3 + \ldots + (2n-1)}$$

$$= \frac{\Sigma n^3}{n^2} \qquad [\because 1 + 3 + \ldots + (2n-1) = n^2]$$

$$= \frac{\{n(n+1)2\}^2}{n^2} = \frac{(n+1)^2}{4}$$

$$= \frac{n^2 + 2n + 1}{4}$$

40. यदि rवाँ पद T_r हो, तब

$$T_r = \frac{1}{(2r-1)(2r+1)}; r = 1, 2, 3, \ldots, n$$

$$= \frac{1}{2}\left(\frac{1}{2r-1} - \frac{1}{2r+1}\right)$$

अत: अभीष्ट योग

$$\sum_{r=1}^{n} R_r = \frac{1}{2}\left[\left(\frac{1}{1} - \frac{1}{3}\right) + \left(\frac{1}{3} - \frac{1}{5}\right) + \left(\frac{1}{5} - \frac{1}{7}\right) + \ldots + \left(\frac{1}{2o-1} - \frac{1}{2o+1}\right)\right]$$

$$= \frac{1}{2}\left(1\frac{1}{2n+1}\right) = \frac{n}{2n+1}$$

41. $(1+3)\log_e 3 + \frac{(1+3^2)}{2!}(\log_e 3)^2 + \frac{(1+3^3)}{3!}(\log_e 3)^3 + \ldots$

$$= \left[1 + \log_e 3 + \frac{(\log_e 3)^2}{2!} + \frac{(\log_e 3)^3}{3!} + \ldots\right]$$

$$+ \left[1 + 3\log_e 3 + \frac{(3\log_e 3)^2}{2!} + \frac{(3\log_e 3)^3}{3!} + \ldots\right] - 2$$

$$= e^{\log_e 3} + e^{3\log_e 3} - 2$$

$$= e^{\log_e 3} + e^{\log_e 3^3} - 2$$

$$= 3 + 3^3 - 2 = 28$$

42. $$\sum_{n=0}^{\infty} \frac{n^2 - n + 1}{n!} = \sum_{n=1}^{\infty} \frac{n(n-1)}{n!} + \sum_{n=0}^{\infty} \frac{1}{n!}$$

$$= \sum_{n=1}^{\infty} \frac{n-1}{(n-1)!} + \sum_{n=0}^{\infty} \frac{1}{n!}$$

$$= \sum_{n=2}^{\infty} \frac{1}{n-2!} + \sum_{n=0}^{\infty} \frac{1}{n!}$$

$$= \left[\frac{1}{0!} + \frac{1}{1!} + \ldots\right] + \left[\frac{1}{0!} + \frac{1}{1!} + \frac{1}{2!} + \ldots\right]$$

$$= e + e = 2e$$

43. $3\log 2 + \frac{1}{4} - \frac{1}{2}\left(\frac{1}{4}\right)^2 + \frac{1}{3}\left(\frac{1}{4}\right)^3 - \ldots$

$$= \log 2^3 + \left(x - \frac{x^2}{2} + \frac{x^3}{3} - \ldots\right) \qquad \left[\text{जहाँ, } x = \frac{1}{4}\right]$$

$$= \log 8 + \log(1 + x) = \log 8 + \log\left(1 + \frac{1}{4}\right)$$

$$= \log 8 + \log\frac{5}{4} = \log\left(8 \times \frac{5}{4}\right) = \log 10$$

45. दी गई श्रेणी $= \log 2 + 2\left[x + \frac{x^3}{3} + \frac{x^5}{5} + \ldots\right] \qquad \left[\text{जहाँ, } x = \frac{1}{5}\right]$

$$= \log 2 + \log\frac{1+x}{1-x} = \log 2 + \log\left(\frac{1 + \frac{1}{5}}{1 - \frac{1}{5}}\right)$$

$$= \log 2 + \log\left(\frac{6}{5} \times \frac{5}{4}\right) = \log 2 + \log\frac{3}{2}$$

$$= \log\left(2 \times \frac{3}{2}\right) = \log 3$$

अध्याय 17

मूलसंख्या सिद्धान्त
Elementary Number Theory

पियानो के अभिगृहीत Peano's Postulates

वास्तविक संख्याओं को निरूपित करने के लिए पियानो ने निम्नलिखित पाँच अभिगृहीत प्रस्तुत किए

1. 1 एक प्राकृत संख्या है।
2. प्रत्येक प्राकृत संख्या n का एक उत्तरोत्तर $(n+1)$ होता है।
3. दो प्राकृत संख्याएँ बराबर होती हैं यदि और केवल उनके उत्तरोत्तर बराबर हैं।
4. 1 के अलावा प्रत्येक प्राकृत संख्या, किसी दूसरी प्राकृत संख्या का उत्तरोत्तर होता है।
5. कोई ऐसा समुच्चय, जिसमें 1 तथा प्रत्येक प्राकृत संख्या n का उत्तरोत्तर होता है। प्राकृत संख्याओं का समुच्चय कहलाता है।

पियानो की प्रमेय Peano's Theorem

माना $n \in N$ के सभी मानों के लिए कथन $P(n)$ सत्य है।

(a) $P(1)$ सत्य है।

(b) $P(m)$ सत्य है। $\Rightarrow P(m+1)$ सत्य है।

गणितीय आगमन का सिद्धान्त
Principle of Mathematical Induction

प्राकृत संख्याओं के लिए दिया गया कथन $P(n)$, प्रत्येक प्राकृतिक संख्या n के लिए सत्य होगा, यदि

(i) $P(1)$ सत्य है अर्थात् $P(n)$, $n=1$ के लिए सत्य है।

(ii) $P(k)$ सत्य है $\Rightarrow P(k+1)$ सत्य है अर्थात् यदि $P(n)$, $n=k$ के लिए सत्य है, तो यह $n=k+1$ के लिए भी सत्य है।

गणितीय आगमन का प्रथम सिद्धान्त
First Principle of Mathematical Induction

माना $P(n)$ एक कथन है, जहाँ n प्राकृतिक संख्या है। $P(n)$ को सभी प्राकृतिक संख्याओं के लिए सत्य सिद्ध करने के लिए निम्नानुसार पदों का उपयोग करते हैं

(i) सिद्ध करते हैं कि $P(1)$ सत्य है।

(ii) $P(k)$ को सत्य मानते हैं।

(iii) पद (1) व (2) का उपयोग करके $n=k+1$ के लिए कथन को सिद्ध करते हैं अर्थात् $P(k+1)$ सत्य है।

गणितीय आगमन का द्वितीय सिद्धान्त
Second Principle of Mathematical Induction

गणितीय आगमन के द्वितीय सिद्धान्त में निम्न पदों का उपयोग करते हैं

(i) $P(1)$ को सत्य सिद्ध करते हैं।

(ii) कल्पना करते हैं कि $P(n)$ सभी प्राकृतिक संख्याओं $2 \le n \le k$ के लिए सत्य है।

(iii) पद (1) व (2) का उपयोग करके $P(k+1)$ को सत्य सिद्ध करते हैं।

महत्तम पूर्णांक अथवा पग फलन
Greatest Integer or Step Function

फलन $f(x)=[x]$, $x \in R$, जहाँ $f: R \to R$, महत्तम पूर्णांक फलन कहलाता है, जहाँ $[x]=x$ से कम या x के बराबर महत्तम पूर्णांक का मान है।

इसका प्रान्त सभी वास्तविक संख्याओं का समुच्चय R व परिसर (पूर्णांकों का समुच्चय) Z है।

विभाज्यता का परीक्षण Test of Divisibility

किसी फलन की विभाज्यता का परीक्षण करने के लिए गणितीय आगमन का प्रथम सिद्धान्त का प्रयोग करते हैं। यदि $P(x)$ कोई फलन है

(i) सिद्ध करते हैं कि $P(1)$ सत्य है।

(ii) $P(K)$ को सत्य करते हैं।

(iii) $P(K+1)$ को सत्य करते हैं।

भाजकों की संख्या का योग ज्ञात करना
To Find the Sum of Number of Divisors

यदि $N = a^p\, b^q\, c^r\, d^s$ हो, तो N के कुल भाजकों की संख्या $= (p+1)(q+1)(r+1)(s+1)$ जहाँ a, b, c और d अभाज्य संख्याएँ तथा p, q, r और s धनात्मक पूर्णांक हैं।

यूक्लिड विभाजन एल्गोरिथ्म
Euclid's Division Algorithm

यूक्लिड विभाजन एल्गोरिथ्म दो या तीन धनात्मक पूर्णांकों का महत्तम समापवर्तक (म.स.) ज्ञात करने की एक विधि है।

जिसके अनुसार, यदि दो धनात्मक पूर्णांक a और b इस प्रकार हैं कि $a > b$, तब इनका महत्तम समापवर्तक (म.स.) नीचे दिए गए चरणों के अनुसार ज्ञात करते हैं

(i) a और b के लिए यूक्लिड विभाजन प्रमेयिका का प्रयोग करके q और r इस प्रकार ज्ञात $a = bq + r, 0 \le r < b$ है।

(ii) यदि $r = 0$ है, तब b पूर्णांकों a और b का महत्तम समापवर्तक है और यदि $r \ne 0$ है, तो b और r के लिए, यूक्लिड विभाजन प्रमेयिका का प्रयोग पुन: कीजिए।

(iii) उपरोक्त प्रक्रिया को तब तक जारी रखिए, जब तक कि शेषफल शून्य प्राप्त न हो जाए अर्थात् चरण II की पुनरावृत्ति शेषफल शून्य $(r = 0)$ होने तक बार-बार होती है। इस स्थिति में, प्राप्त भाजक ही अभीष्ट महत्तम समापवर्तक है।

अंकगणित की आधारभूत प्रमेय
Fundamental Theorem of Arithmetic

अंकगणित की आधारभूत प्रमेय के अनुसार, 'प्रत्येक भाज्य संख्या को अभाज्य संख्याओं के गुणनफल के रूप में व्यक्त (गुणनखण्डित) किया जा सकता है तथा यह गुणनखण्ड अभाज्य गुणनखण्डों के आने वाले क्रम के बिना अद्वितीय होता है। अंकगणित की मूलभूत प्रमेय को **अद्वितीय गुणनखण्ड प्रमेय** (Unique factorisation theorem) भी कहते हैं।'

$\therefore$ **भाज्य या मिश्रित संख्या = अभाज्य संख्याओं का गुणनफल** *या* कोई भी एक से बड़ा पूर्णांक या तो अभाज्य संख्या या फिर अभाज्य संख्याओं के अद्वितीय गुणनफल के रूप में लिखा जा सकता है।

तुल्यता सम्बन्ध Equivalence Relation

समुच्चय A में कोई सम्बन्ध R तुल्यता सम्बन्ध कहलाता है, यदि R स्वतुल्य सममित तथा संक्रमक हो। अर्थात् R तुल्यता सम्बन्ध होगा।

(i) R स्वतुल्य हो अर्थात् $\forall x \in A, xRx$ अर्थात् $(x, x) \in R$

(ii) R सममित हो अर्थात् $x, y \in A, xRy \Rightarrow yRx$
अर्थात् $(x, y) \in R \Rightarrow (y, x) \in R$

(iii) R संक्रमक हो अर्थात् $x, y, z \in A, xRy$ तथा $yRz \Rightarrow xRz$
अर्थात् $(x, y) \in R$ तथा $(y, z) \in R \Rightarrow (x, z) \in R$

अभ्यास प्रश्न

1. यदि $P(n), (n \in N)$ एक कथन इस प्रकार है कि यदि $P(k)$ सत्य है, $P(k+1), k \in N$ के लिए सत्य है, तब $P(n)$ सत्य है
(a) सभी n के लिए
(b) सभी $n > 1$ के लिए
(c) सभी $n > 2$ के लिए
(d) कुछ कहा नहीं जा सकता है

2. यदि $P(n)$ एक कथन इस प्रकार है कि $P(3)$ सत्य है। माना $P(k)$ सत्य है $\Rightarrow P(k+1)$ सत्य है, $\forall k \ge 3$, तब $P(n)$ सत्य है
(a) सभी n के लिए (b) $n \ge 3$ के लिए
(c) $n > 4$ के लिए (d) इनमें से कोई नहीं

3. माना $P(n) : n^2 + n + 1$ एक सम पूर्णांक है। यदि माना $P(k)$ सत्य है $\Rightarrow P(k+1)$ सत्य है, तब $P(n)$ सत्य है
(a) $n > 1$ के लिए (b) $n \in N$ के लिए
(c) $n > 2$ के लिए (d) इनमें से कोई नहीं

4. यदि $A = \begin{bmatrix} \cos\theta & \sin\theta \\ -\sin\theta & \cos\theta \end{bmatrix}$, तब सभी $n \in N$ के लिए, A^n बराबर है
(a) $\begin{bmatrix} \cos^n\theta & \sin^n\theta \\ -\sin^n\theta & \cos^n\theta \end{bmatrix}$ (b) $\begin{bmatrix} \cos n\theta & \sin n\theta \\ -\sin n\theta & \cos n\theta \end{bmatrix}$
(c) $\begin{bmatrix} n\cos\theta & n\sin\theta \\ -n\sin\theta & n\cos\theta \end{bmatrix}$ (d) इनमें से कोई नहीं

5. $\frac{1}{1\cdot 4} + \frac{1}{4\cdot 7} + \frac{1}{7\cdot 10} + \dots + \frac{1}{(3n-2)\cdot(3n+1)}$ का मान क्या होगा?
(a) $\frac{n}{3n+1}$ (b) $\frac{n}{2n+1}$ (c) $\frac{3n}{n+1}$ (d) $\frac{2n}{n+2}$

6. निम्न में महत्तम पूर्णांक फलन कौन-सा है?
(a) $[x + n] = [x] + n$ (b) $[-3] = -[3]$
(c) $[3\cdot 4] = 3$ (d) इनमें से कोई नहीं

7. सभी $n \in N$ के लिए $3 \cdot 5^{2n+1} + 2^{3n+1}$ भाज्य है
(a) 19 (b) 17 (c) 23 (d) 25

8. यदि $x^n - 1, x - k$ द्वारा विभाज्य है, तब k का न्यूनतम धनात्मक पूर्णांक है
(a) 1 (b) 2 (c) 3 (d) 4

9. सभी $n \in N$ के लिए, $41^n - 14^n$ का गुणज है
(a) 26 (b) 27
(c) 25 (d) इनमें से कोई नहीं

10. सभी $n \in N$ के लिए, $2 \cdot 4^{2n+1} + 3^{3n+1}$ भाज्य है
(a) 2 से (b) 9 से
(c) 3 से (d) 11 से

11. 216 के धनात्मक भाजकों की कुल संख्या कितनी है?
(a) 17 (b) 16
(c) 18 (d) 20

12. 252 के धनात्मक भाजकों की संख्या होगी
(a) 9 (b) 5
(c) 18 (d) 10

13. यदि संख्याओं 65 और 117 का म.स. $65m - 117$ के रूप में हो, तो m का मान क्या होगा?
(a) 2 (b) 3
(c) 7 (d) 5

14. वह बड़ी-से-बड़ी संख्या क्या होगी, जिससे 969 तथा 2059 को भाग देने पर शेषफल क्रमश: 9 तथा 11 प्राप्त होता है?
(a) 128 (b) 64
(c) 960 (d) 256

15. संख्या 1470 के अभाज्य गुणनखण्डों का रूप कौन-सा है?
(a) $2 \times 3^2 \times 5 \times 7^2$ (b) $2^3 \times 3 \times 5 \times 7$
(c) $2 \times 3 \times 5 \times 7^2$ (d) $2^2 \times 3 \times 5^2 \times 7^2$

16. किसी प्राकृत संख्या n के लिए 12^n का मान किस अंक पर समाप्त नहीं हो सकता है?
(a) 0 तथा 5 (b) 2
(c) 4 (d) इनमें से कोई नहीं

17. निम्न में कौन-सा सम्बन्ध तुल्यता सम्बन्ध है?
(a) $aRb \Rightarrow a - b$, 5 से भाज्य है, $\forall a, b \in Z$
(b) $aRb \Rightarrow \frac{a}{b}$, अभाज्य संख्या है $\forall a, b \in Z$
(c) $aRb \Rightarrow a + b$, 3 से भाज्य है, $\forall a > b$
(d) उपरोक्त में से कोई नहीं

18. निम्न में कौन-सा सम्बन्ध तुल्यता सम्बन्ध नहीं है?
(a) $R = \{(x, y) : x^2 + y^2 = 1, x, y \in R\}$
(b) $(a, b) \, R \, (c, d) \Leftrightarrow a + d = b + c, \ \forall R \in N \times N$
(c) धन पूर्णांकों के समुच्चय में विभाज्यता सम्बन्ध
(d) धन पूर्णांकों के समुच्चय में सम्बन्ध '<' है

उत्तरमाला

1.	(d)	2.	(b)	3.	(d)	4.	(b)	5.	(a)	6.	(c)	7.	(b)	8.	(a)	9.	(b)	10.	(d)
11.	(b)	12.	(c)	13.	(a)	14.	(b)	15.	(c)	16.	(a)	17.	(a)	18.	(a)				

संकेत एवं हल

1. जब तक $P(1)$ को सत्य सिद्ध नहीं करते हैं, तब तक कुछ नहीं कहा जा सकता है।

2. $P(3)$ सत्य है
माना $P(k)$ सत्य है
$\Rightarrow$ $P(k+1)$ सत्य है।
$\because$ $P(3)$ सत्य है।
$\therefore$ $P(4)$ भी सत्य है।
अत: कथन $n \geq 3$ के लिए सत्य है।

3. $P(n) : n^2 + n + 1$ एक सम संख्या है।
$P(1) = 1$ एक सम संख्या नहीं है।
$\therefore P = n(n+1) + 1$ एक विषम संख्या होगी।

11. $216 = 2 \times 2 \times 2 \times 3 \times 3 \times 3 = 2^3 \times 3^3$
यहाँ, $p = 3$ तथा 3
$\therefore$ भाजकों की कुल संख्या
$= (p+1)(q+1)$
$= (3+1)(3+1)$
$= 4 \times 4 = 16$

15. $1470 = 2 \times 3 \times 5 \times 7 \times 7 = 2 \times 3 \times 5 \times 7^2$

16. 12^n में $n = 1$ रखने पर मान $= 12^1$
$n = 2$ रखने पर मान $= (12)^2 = 144$
इसी प्रकार 3, 4, ... रखने पर, $(12)^n$ में इकाई अंक 0 तथा 5 नहीं हो सकता है।

अध्याय 18

अवकलन एवं उनके अनुप्रयोग

Differentiation and Their Applications

फलन की सीमा Limit of a Function

संख्या A को $x = a$ पर $f(x)$ की सीमा कहा जाता है यदि किसी स्वेच्छ (Arbitrary) धनात्मक संख्या ε के लिए, चाहे वह कितनी भी छोटी क्यों न हो किन्तु शून्य न हो, चुनने पर उसके संगत एक ऐसी शून्य से बड़ी संख्या δ विद्यमान है कि x के समस्त मानों के लिए,

$$0 < |x - a| < \delta \quad \Rightarrow \quad |f(x) - A| < \varepsilon,$$

जहाँ $|x - a|$ का अर्थ है $x - a$ का निरपेक्ष मान

दक्षिण एवं वाम सीमाएँ (दाईं एवं बाईं सीमाएँ)

यदि x, a की ओर दाईं ओर से अर्थात् दीर्घतर (Larger) मानों $(x > a)$ से अग्रसर हो, तो f की सीमा, $f(x)$ की दक्षिण सीमा कहलाती है और इसे निम्न प्रकार लिखते हैं

$$\lim_{x \to a+0} f(x) \quad \text{या} \quad f(a+0) = \lim_{h \to 0} f(a+h)$$

इसी प्रकार, यदि x, a की ओर बाईं ओर से अर्थात् लघुत्तर (Smaller) मानों $(x < a)$ से अग्रसर हो, तो f की सीमा $f(x)$ की वाम सीमा कहलाती है और इसे इस प्रकार लिखते हैं

$$\lim_{x \to a-0} f(x) \text{ या } f(a-0) = \lim_{h \to 0} f(a-h)$$

यदि $f(x)$ की दक्षिण एवं वाम दोनों सीमाएँ (जब $x \to a$) विद्यमान हों और इनके मान बराबर हों, तो इनका उभयनिष्ठ (Common) मान ही, स्पष्ट रूप से $f(x)$ की सीमा होगा अर्थात् $\lim_{x \to a^-} f(x)$ तथा $\lim_{x \to a^+} f(x)$ का मान निश्चित हो तथा $\lim_{x \to a^-} f(x) = \lim_{x \to a^+} f(x) = k$ हो, तब $x = a$ पर $f(x)$ की सीमा का मान है।

सीमाओं से सम्बन्धित मूलभूत प्रमेय

Fundamental Theorems Related to Limits

(i) $\lim_{x \to a} \{f_1(x) + f_2(x)\} = \lim_{x \to a} f_1(x) + \lim_{x \to a} f_2(x)$

(ii) $\lim_{x \to a} \{f_1(x) - f_2(x)\} = \lim_{x \to a} f_1(x) - \lim_{x \to a} f_2(x)$

(iii) $\lim_{x \to a} \{f_1(x) \cdot f_2(x)\} = \lim_{x \to a} f_1(x) \cdot \lim_{x \to a} f_2(x)$

(iv) $\lim_{x \to a} \{cf_1(x)\} = c \lim_{x \to a} f_1(x)$, जहाँ c अचर राशि है।

(v) $\lim_{x \to a} \dfrac{f_1(x)}{f_2(x)} = \dfrac{\lim_{x \to a} f_1(x)}{\lim_{x \to a} f_2(x)}$

(vi) यदि $\lim_{x \to a} [f(x)]^{g(x)} = [\lim_{x \to a} f(x)]^{\lim_{x \to a} g(x)}$

(vii) यदि $f(x) \le g(x)$, तब $\lim_{x \to a} f(x) \le \lim_{x \to a} g(x)$

(viii) $\lim_{x \to a} (fog)(x) = f\left(\lim_{x \to a} g(x)\right)$

(a) $\lim_{x \to a} \log f(x) = \log\left(\lim_{x \to a} g(x)\right)$

(b) $\lim_{x \to a} e^{f(x)} = e^{\lim_{x \to a} f(x)}$

(ix) $\lim_{x \to a} |f(x)| = \left|\lim_{x \to a} f(x)\right|$

(x) यदि $\lim_{x \to a} f(x) = +\infty$ या $-\infty$, तब $\lim_{x \to a} \dfrac{1}{f(x)} = 0$

त्रिकोणमितीय सीमाएँ Trigonometrical Limits

(i) $\lim_{x\to 0} \frac{\sin x}{x} = 1 = \lim_{x\to 0} \frac{x}{\sin x}$

(ii) $\lim_{x\to 0} \frac{\tan x}{x} = 1 = \lim_{x\to 0} \frac{x}{\tan x}$

(iii) $\lim_{x\to 0} \frac{\sin^{-1} x}{x} = 1 = \lim_{x\to 0} \frac{x}{\sin^{-1} x}$

(iv) $\lim_{x\to 0} \frac{\tan^{-1} x}{x} = 1 = \lim_{x\to 0} \frac{x}{\tan^{-1} x}$

(v) $\lim_{x\to 0} \frac{\sin x^\circ}{x} = \frac{\pi}{180}$

(vi) $\lim_{x\to 0} \cos x = 1$

(vii) $\lim_{x\to a} \frac{\sin(x-a)}{x-a} = 1$

(viii) $\lim_{x\to a} \frac{\tan(x-a)}{x-a} = 1$

(ix) $\lim_{x\to a} \sin^{-1} x = \sin^{-1} a, |a| \le 1$

(x) $\lim_{x\to a} \cos^{-1} x = \cos^{-1} a, |a| \le 1$

(xi) $\lim_{x\to a} \tan^{-1} x = \tan^{-1} a, -\infty < a < \infty$

(xii) $\lim_{x\to \infty} \frac{\sin x}{x} = \lim_{x\to \infty} \frac{\cos x}{x} = 0$

(xiii) $\lim_{x\to \infty} \frac{\sin \frac{1}{x}}{\frac{1}{x}} = 1$

लघुगणकीय सीमाएँ Logarithmic Limits

श्रेणी $\log(1+x) = x - \frac{x^2}{2} + \frac{x^3}{3} - \ldots \infty$, जहाँ $-1 \le x \le 1$ का प्रयोग करने पर (प्रसार तभी सत्य है जब आधार e है)

(i) $\lim_{x\to 0} \frac{\log(1+x)}{x} = 1$

(ii) $\lim_{x\to e} \log_e x = 1$

(iii) $\lim_{x\to 0} \frac{\log(1-x)}{x} = -1$

(iv) $\lim_{x\to 0} \frac{\log_a(1+x)}{x} = \log_a e; a > 0, \ne 1$

चरघातांकीय सीमाएँ Exponential Limits

श्रेणी $e^x = 1 + x + \frac{x^2}{2!} + \frac{x^3}{3!} + \ldots \infty$ का प्रयोग करने पर,

(i) $\lim_{x\to 0} \frac{e^x - 1}{x} = 1$ (ii) $\lim_{x\to 0} \frac{a^x - 1}{x} = \log_e a$

(iii) $\lim_{x\to 0} \frac{e^{\lambda x} - 1}{x} = \lambda; (\lambda \ne 0)$

1^∞ पर आधारित सीमाएँ Limits Based on 1^∞

यदि $\lim_{x\to a} f(x) = \lim_{x\to a} g(x) = 0$, तब

$$\lim_{x\to a} \{1 + f(x)\}^{1/g(x)} = e^{\lim_{x\to a} \frac{f(x)}{g(x)}}$$

या जब $\lim_{x\to a} f(x) = 1$ तथा $\lim_{x\to a} g(x) = \infty$, तब

$$\lim_{x\to a} \{f(x)\}^{g(x)} = e^{\lim_{x\to a} [1 + \{f(x)-1\}] g(x)} = e^{\lim_{x\to a} \{f(x)-1\} g(x)}$$

(i) $\lim_{x\to 0} (1+x)^{1/x} = e$ (ii) $\lim_{x\to \infty} \left(1 + \frac{1}{x}\right)^x = e$

(iii) $\lim_{x\to 0} (1+\lambda x)^{1/x} = e^\lambda$ (iv) $\lim_{x\to \infty} \left(1 + \frac{\lambda}{x}\right)^x = e^\lambda$

(v) $\lim_{x\to \infty} a^x = \begin{cases} \infty, \text{ यदि } a > 1 \\ 0, \text{ यदि } a < 1 \end{cases}$ (vi) $\lim_{x\to n} \frac{x^n - a^n}{n - a} = na^{n-1}$

एल हॉस्पिटल नियम L' Hospital's Rule

यदि एक फलन $f(x)$, $x = a$ पर $\frac{0}{0}, \frac{\infty}{\infty}, \infty - \infty, 0 \times \infty, 1^\infty, 0^0, \infty^0$ का रूप लेता है, तो हम कहते हैं कि $f(x)$, $x = a$ पर अनिर्धार्य है। इनमें यदि $f(x)$, $\frac{0}{0}$ या $\frac{\infty}{\infty}$ का रूप लेता है, तब एल हॉस्पिटल नियम का प्रयोग करते हैं।

यदि $\phi(x)$ और $\psi(x)$, x के ऐसे फलन हैं कि $\phi(a) = 0$ तथा $\psi(a) = 0$, तब

$$\lim_{x\to a} \frac{\phi(x)}{\psi(x)} = \lim_{x\to a} \frac{\phi'(x)}{\psi'(x)}$$

कुछ महत्त्वपूर्ण प्रसार Some Important Expansions

(i) $e^x = 1 + x + \frac{x^2}{2!} + \frac{x^3}{3!} + \ldots$

(ii) $a^x = 1 + x \log_e a + \frac{x^2}{2!} (\log_e a)^2 + \ldots$

(iii) $\log(1+x) = x - \frac{x^2}{2} + \frac{x^3}{3} - \frac{x^4}{4} + \ldots, |x| < 1$

(iv) $(1+x)^n = 1 + nx + \frac{n(n-1)}{2!} x^2 + \ldots$

(v) $\sin x = x - \frac{x^3}{3!} + \frac{x^5}{5!} - \ldots$

(vi) $\cos x = 1 - \frac{x^2}{2!} + \frac{x^4}{4!} - \ldots$

(vii) $\tan x = x + \frac{x^3}{3} + \frac{2x^5}{15} + \ldots$

सततता Continuity

यदि किसी फलन का आलेख किसी भी जगह खण्डित नहीं है, तब यह फलन सतत् फलन कहलाता है अन्यथा यह फलन असतत् कहलाता है। एक फलन, जो सतत् नहीं है, असतत् फलन कहलाता है।

उदाहरणार्थ $\sin x, x$ तथा e^x फलनों का आलेख सतत् है, जबकि $\tan x$ तथा $\sec x$ के आलेख असतत् फलन हैं।

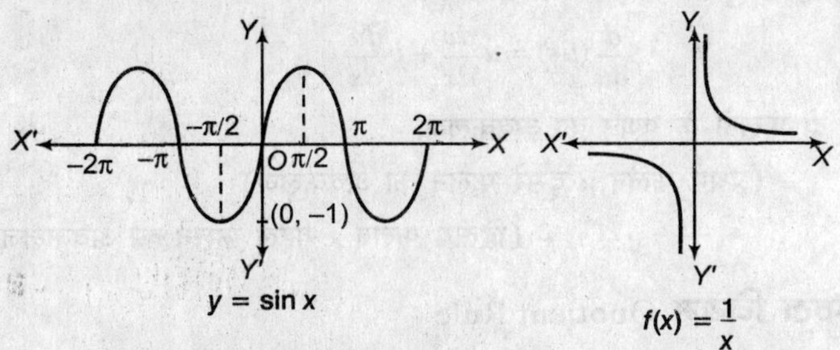

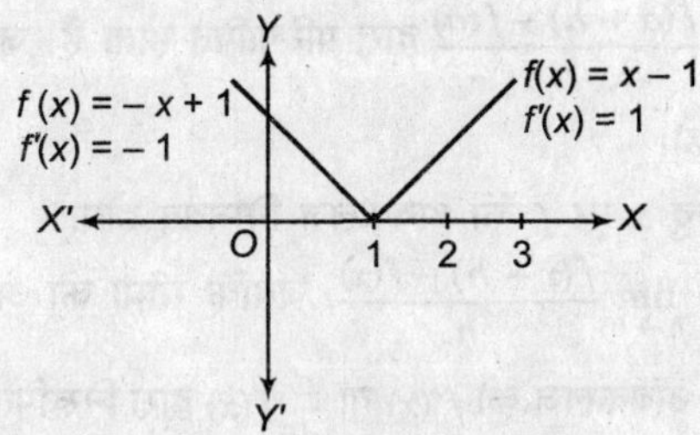

(i) **एक बिन्दु पर फलन की सतत्ता** एक फलन $f(x)$ अपने प्रान्त में स्थित बिन्दु $x = a$ पर सतत् कहलाता है यदि और केवल यदि यह दिए गए प्रतिबन्ध को सन्तुष्ट करता है।

(a) $f(a)$ विद्यमान है (a, f के प्रान्त में निहित है)

(b) $\lim_{x \to a} f(x)$ विद्यमान है।

अर्थात् $\lim_{x \to a^-} f(x) = \lim_{x \to a^+} f(x)$ या RHL = LHL

(c) $\lim_{x \to a} f(x) = f(a)$

(ii) **एक विवृत्त अन्तराल में सतत्ता** एक फलन $f(x)$ एक विवृत्त अन्तराल (a,b) में सतत् होगा, यदि यह विवृत्त अन्तराल (a,b) के प्रत्येक बिन्दु पर सतत् है।

(iii) **एक संवृत्त अन्तराल में सतत्ता** एक फलन $f(x)$ एक संवृत्त अन्तराल $[a, b]$ में सतत् होगा यदि

(a) यह विवृत्त अन्तराल (a, b) में सतत् है।

(b) बिन्दु b पर फलन का मान बिन्दु b पर बाएँ पक्ष की सीमा के बराबर है अर्थात् $f(b) = \lim_{x \to b^-} f(x)$

(c) बिन्दु a पर फलन का मान बिन्दु a पर दाएँ पक्ष की सीमा के बराबर है अर्थात् $f(a) = \lim_{x \to a^+} f(x)$

सतत् फलनों के गुणधर्म
Properties of Continuous Functions

मान लीजिए $f(x)$ तथा $g(x)$, $x = a$ पर दो सतत् फलन हैं, तब

(i) $x = a$ पर, $f(x) \pm g(x)$ सतत् हैं।

(ii) $x = a$ पर, $f(x) \cdot g(x)$ सतत् हैं।

(iii) $x = a$ पर, $\frac{f(x)}{g(x)}$ सतत् है परन्तु $g(a) \neq 0$

(iv) फलन $f(x)$ सभी जगह सतत् कहलाता है, यदि यह सम्पूर्ण वास्तविक रेखा अर्थात् $(-\infty, \infty)$ पर सतत् हो।

(v) सतत् फलन का समाकलन भी एक सतत् फलन होता है।

(vi) बिन्दु $x = a$ पर फलन f तथा g का संयोजन $fog(x)$ सतत् होता है।

(vii) यदि एक सतत् फलन $f(x)$ संवृत्त अन्तराल $[a, b]$ में इस प्रकार परिभाषित है कि $f(a)$ तथा $f(b)$ दोनों विपरीत चिह्नों की है, तब $f(x)$ x के कम-से-कम एक मान के लिए शून्य होगा अर्थात् यदि $f(a) > 0, f(b) < 0$, तब कम-से-कम एक $c \in (a, b)$ का अस्तित्व इस प्रकार होगा कि $f(c) = 0$

एक बिन्दु पर अवकलनीय फलन
Differentiability of a Function at a Point

फलन $f(x)$, बिन्दु P पर अवकलनीय होगा यदि केवल और केवल जब बिन्दु P पर अद्वितीय स्पर्श रेखा विद्यमान हो।

$f(x) = -x + 1$, $f'(x) = -1$; $f(x) = x - 1$, $f'(x) = 1$ (आलेख: X'–X, Y–Y' अक्ष, O, 1, 2, 3)

दूसरे शब्दों में, $f(x)$ एक बिन्दु P पर अवकलनीय होगा यदि और केवल यदि वक्र में बिन्दु P शीर्ष बिन्दु नहीं है अर्थात् फलन उन बिन्दुओं पर अवकलनीय नहीं होगा जिन पर फलन में कोई छिद्र (hole) या तीक्ष्ण घुमाव हो। मान लीजिए फलन $f(x) = |x - 1|$

अत: यह $x - 1$ पर अवकलनीय नहीं है। चूँकि फलन $f(x)$ का $x = 1$ पर तीक्ष्ण घुमाव है।

दाएँ पक्ष तथा बाएँ पक्ष का अवकलज
Right Hand and Left Hand Derivative

(i) $x = a$ पर फलन $f(x)$ के दाएँ पक्ष के अवकलज को $f'(a + 0)$ या $f'(a^+)$ से निरूपित करते हैं।

अत: $f'(a^+) = \lim_{h \to 0} \frac{f(a + h) - f(a)}{h}$

(ii) $x = a$ पर फलन $f(x)$ के बाएँ पक्ष के अवकलज को $f'(a - 0)$ या $f'(a^-)$ से निरूपित करते हैं। अत: $f'(a^-) = \lim_{h \to 0} \frac{f(a - h) - f(a)}{-h}$

एक फलन $f(x)$, $x = a$ पर अवकलनीय होगा। यदि $f'(a + 0) = f'(a - 0)$ परिमित उभयनिष्ठ सीमा को $x = a$ पर $f(x)$ का अवकलज कहते हैं तथा इसे $f'(a)$ से निरूपित करते हैं अर्थात्

$$f'(a) = \lim_{x \to a} \frac{f(x) - f(a)}{x - a}$$

अवकलनीयता के गुणधर्म
Properties of Differentiability

(i) एक फलन f अवकलनीय फलन कहलाता है। यदि वह प्रत्येक बिन्दु के लिए अपने प्रान्त में अवकलनीय है।

(ii) दो अवकलनीय फलनों का योग, अन्तर, गुणन तथा भाग भी अवकलनीय फलन होता है।

(iii) दो अवकलनीय फलनों का संयोजन भी एक अवकलनीय फलन होता है।

(iv) लघुगणक, त्रिकोणमितीय व प्रतिलोम त्रिकोणमितीय फलन अपने प्रान्त में अवकलनीय होते हैं।

(v) अचर व बहुपद फलन सभी वास्तविक संख्याओं के लिए अवकलनीय होते हैं।

(vi) यदि फलन f विवृत्त अन्तराल (a,b) तथा अन्त: बिन्दु a तथा b पर अवकलनीय है, तब फलन f संवृत्त अन्तराल (a, b) में अवकलनीय कहलाता है।

अवकलज या अवकल गुणांक
Derivative or Differential Coefficient

माना f एक वास्तविक मानीय फलन है तथा a इसके प्रान्त का कोई बिन्दु है, तब बिन्दु a पर f का अवकलज

$f'(a) = \lim_{h \to 0} \frac{f(a+h) - f(a)}{h}$ द्वारा परिभाषित होता है, जबकि सीमा का अस्तित्व हो।

सामान्यत: बिन्दु x पर f का अवकलज निम्नवत् होगा

$f'(x) = \lim_{h \to 0} \frac{f(x+h) - f(x)}{h}$, जबकि सीमा का अस्तित्व हो।

(i) $f(x)$ के अवकलज को $f'(x)$ या $\frac{d}{dx} f(x)$ द्वारा निरूपित करते हैं।

(ii) यदि $y = f(x)$ हो, तब अवकलज या x के सापेक्ष अवकल गुणांक को $\frac{dy}{dx}$ या y' या $f'(x)$ या $Df(x)$ द्वारा निरूपित किया जाता है।

अवकलन Differentiation

किसी फलन का अवकलज ज्ञात करने की प्रक्रिया को **अवकलन** कहते हैं।

कुछ मानक फलनों के अवकलज
Derivatives of Some Standard Functions

कक्षा XI में प्रथम सिद्धान्त द्वारा अवकलित किए गए कुछ मानक फलनों के अवकलज नीचे दिए गए हैं

(i) $\frac{d}{dx}$ अचर $= 0$ (ii) $\frac{d}{dx}(x^n) = nx^{n-1}$

(iii) $\frac{d}{dx}(cx^n) = cnx^{n-1}$ (iv) $\frac{d}{dx}(\sin x) = \cos x$

(v) $\frac{d}{dx}(\cos x) = -\sin x$ (vi) $\frac{d}{dx}(\tan x) = \sec^2 x$

(vii) $\frac{d}{dx}(\operatorname{cosec} x) = -\operatorname{cosec} x \cot x$

(viii) $\frac{d}{dx}(\sec x) = \sec x \tan x$

(ix) $\frac{d}{dx}(\cot x) = -\operatorname{cosec}^2 x$

(x) $\frac{d}{dx}(e^x) = e^x$ (xi) $\frac{d}{dx}(a^x) = a^x \log_e a, a > 0$

(xii) $\frac{d}{dx}(\log_e x) = \frac{1}{x}, x > 0$

(xiii) $\frac{d}{dx}(\log_a x) = \frac{1}{x \log_e a}, a > 0, a \neq 1$

अवकलजों का बीजगणित
Algebra of Derivatives

योग तथा अन्तर नियम Sum and Difference Rule

माना u तथा v, x के दो फलन हैं, तब

$$\frac{d}{dx}(u \pm v) = \frac{du}{dx} \pm \frac{dv}{dx}$$

गुणन नियम Product or Leibnitz Rule

दो फलनों के गुणन का अवकलज निम्नवत् होगा

$$\frac{d}{dx}(uv) = u\frac{dv}{dx} + v\frac{du}{dx}$$

अर्थात् दो फलनों के गुणन का अवकलज

= (प्रथम फलन × दूसरे फलन का अवकलज) + (द्वितीय फलन × पहले फलन का अवकलज)

भागफल नियम Quotient Rule

यदि u तथा v दो अवकलनीय फलन हैं, तब

$$\frac{d}{dx}\left(\frac{u}{v}\right) = \frac{\left[v\frac{du}{dx} - u\frac{dv}{dx}\right]}{v^2}$$

$$= \frac{\text{हर} \times \frac{d}{dx}(\text{अंश}) - \text{अंश} \times \frac{d}{dx}(\text{हर})}{(\text{हर})^2}$$

संयुक्त फलनों के अवकलज
Derivatives of Composite Functions

संयुक्त फलनों का अवकलन श्रृंखला नियम (Chain rule) द्वारा किया जाता है।

श्रृंखला नियम Chain Rule

यदि दिया गया फलन किसी अन्य फलन का फलन हो अर्थात् दिया गया फलन $gof(x)$ या $g[f(x)]$ रूप में हो, तब श्रृंखला नियम का प्रयोग किया जाता है।

माना y एक वास्तविक मान फलन है जो दो फलनों अर्थात् $y = f(u)$ और $u = g(x)$ के संयोजन से बना है, तब

$$\frac{dy}{dx} = \frac{dy}{du} \cdot \frac{du}{dx} = f'(u) \cdot g'(x)$$

अर्थात् $\frac{d}{dx}[g\{f(x)\}] = g'\{f(x)\} \cdot f'(x)$

श्रृंखला नियम का विस्तार Extension of Chain Rule

श्रृंखला नियम का विस्तार तब किया जाता है जब y तीन अथवा उससे अधिक फलनों का संयुक्त फलन हो।

जैसे—$f[g\{h(x)\}]$ के लिए, माना $y = f(u)$, $u = g(v)$ तथा $v = h(x)$ है।

तब, $\frac{dy}{dx} = \frac{dy}{du} \cdot \frac{du}{dv} \cdot \frac{dv}{dx} = f'(u) \cdot g'(v) \cdot h'(x)$

अर्थात् $\frac{d}{dx}[f(g(h(x)))] = f'[g(h(x))] \cdot g'(h(x)) \cdot h'(x)$

उत्तरोत्तर अवकलन Successive Differentiation

किसी फलन का बार-बार अवकलन करने की प्रक्रिया (Process) को उत्तरोत्तर अवकलन कहते हैं।

जैसे—$y = f(x)$, अर्थात् y, x का फलन है, तब

$\frac{d^2y}{dx^2}, \frac{d^3y}{dx^3}$ ...... उत्तरोत्तर अवकलन को प्रदर्शित करते हैं।

राशियों के परिवर्तन की दर
Rate of Changes of Quantity

हम जानते हैं कि अवकलज $\frac{ds}{dt}$ से हमारा आशय दूरी s में समय अन्तराल t के सापेक्ष परिवर्तन की दर से है, जहाँ s एक परतन्त्र राशि तथा t एक स्वतन्त्र राशि है। इसलिए हम कह सकते हैं कि किसी राशि के परिवर्तन की दर से तात्पर्य उस राशि के अवकलज से है जोकि स्वतन्त्र राशि के सापेक्ष है तथा उस पर ही निर्भर है।

इसी प्रकार, माना एक राशि y, किसी अन्य राशि x के सापेक्ष किसी नियम $y = f(x)$ को सन्तुष्ट करते हुए परिवर्तित होती है, तब $\frac{dy}{dx}$ (या $f'(x)$), x के सापेक्ष y में परिवर्तन की दर को दर्शाता है।

किसी बिन्दु पर राशि के परिवर्तन की दर
Rate of Change of a Quantity at a Point

माना राशि y, अन्य राशि x के सापेक्ष परिवर्तित होती है, तब बिन्दु $x = x_0$ पर x के सापेक्ष y के परिवर्तन की दर को $\left(\frac{dy}{dx}\right)_{x=x_0}$ या $f'(x_0)$ द्वारा प्रदर्शित करते हैं। इसलिए सर्वप्रथम x के सापेक्ष y का अवकलज ज्ञात कीजिए, तत्पश्चात् $\frac{dy}{dx}$ में x के स्थान पर x_0 का मान रखिए।

दो चरों के परिवर्तन की दर
Rate of Change of Two Variables

माना दो चर अन्य चर राशि t के सापेक्ष परिवर्तित हो रहे हैं अर्थात् $y = f(t)$ तथा $x = g(t)$, तब x के सापेक्ष y के परिवर्तन की दर होगी

$$\frac{dy}{dx} = \frac{dy/dt}{dx/dt}, \text{ जहाँ } \frac{dx}{dt} \neq 0 \text{ या } \frac{dy}{dx} = \frac{dy}{dt} \cdot \frac{dt}{dx}$$

[अवकलज के शृंखला नियम से]

अतः x के सापेक्ष y के परिवर्तन की दर का परिकलन y और x दोनों के t के सापेक्ष परिवर्तन की दर का उपयोग करके किया जा सकता है।

नोट (i) यहाँ, पद 'परिवर्तन की दर' से तात्पर्य 'परिवर्तन की तात्क्षणिक दर' है।

(ii) $\frac{dy}{dx}$ धानात्मक होगा, यदि x का मान बढ़ाने पर y का मान बढ़ता है तथा $\frac{dy}{dx}$ ऋणात्मक होगा, यदि x का मान बढ़ाने पर y का मान घटता है।

कुछ महत्त्वपूर्ण सूत्र Some Important Formulae

- वर्ग का क्षेत्रफल $= x^2$ तथा परिमाप $= 4x$, जहाँ x वर्ग की भुजा है।
- आयत का क्षेत्रफल $= xy$ तथा परिमाप $= 2(x + y)$, जहाँ आयत की लम्बाई x तथा चौड़ाई y है।
- समलम्ब चतुर्भुज का क्षेत्रफल $= \frac{1}{2} \times (a + b) \times h$, जहाँ समान्तर चतुर्भुज की मापें क्रमशः a व b हैं तथा समान्तर भुजाओं के बीच की दूरी h है।
- वृत्त का क्षेत्रफल $= \pi r^2$ और परिमाप (परिधि) $= 2\pi r$, जहाँ r वृत्त की त्रिज्या है।
- गोले का आयतन $= \frac{4}{3}\pi r^3$ तथा सम्पूर्ण पृष्ठ $= 4\pi r^2$, जहाँ r गोले की त्रिज्या है।
- लम्बवृत्तीय बेलन का सम्पूर्ण पृष्ठ $= 2\pi rh + 2\pi r^2$, वक्रपृष्ठ $= 2\pi rh$ तथा आयतन $= \pi r^2 h$, जहाँ r बेलन की त्रिज्या तथा h बेलन की ऊँचाई है।
- लम्बवृत्तीय शंकु का आयतन $= \frac{1}{3}\pi r^2 h$, वक्रपृष्ठ $= \pi rl$

  तथा सम्पूर्ण पृष्ठ $= \pi r^2 + \pi rl$, जहाँ लम्बवृत्तीय शंकु की ऊँचाई $= h$, त्रिज्या $= r$ तथा तिर्यक ऊँचाई $= l$ है।
- घनाभ का आयतन $= xyz$
- तथा पृष्ठीय क्षेत्रफल $= 2(xy + yz + xz)$, जहाँ x, y और z घनाभ की विमाएँ हैं।
- घन का आयतन $= x^3$ तथा पृष्ठीय क्षेत्रफल $= 6x^2$, जहाँ x घन की भुजा है।
- समबाहु त्रिभुज का क्षेत्रफल $= \frac{\sqrt{3}}{4}$ (भुजा)^2

सीमान्त लागत Marginal Cost

सम्पूर्ण लागत की किसी क्षण उत्पादित वस्तुओं की संख्या के सापेक्ष तत्कालिक परिवर्तन की दर सीमान्त लागत कहलाती है। यदि किसी वस्तु की x इकाई उत्पादित होने पर, सम्पूर्ण लागत $C(x)$ है, तब

सीमान्त लागत $= \frac{d\{C(x)\}}{dx} = \frac{dC}{dx}$

सीमान्त आय Marginal Revenue

सम्पूर्ण आय की किसी क्षण बेची गई वस्तुओं की संख्या के सापेक्ष तत्कालिक परिवर्तन की दर सीमान्त आय कहलाती है।

यदि किसी वस्तु की x इकाई बेचने पर, सम्पूर्ण आय $R(x)$ हो, तब

$$\text{सीमान्त आय} = \frac{d}{dx}\{R(x)\} = \frac{dR}{dx}$$

नोट कुल आयत = स्थिर मूल्य + चर मूल्य, अर्थात् $C(x) = f(c) + v(x)$

वर्धमान फलन Increasing Function

माना वास्तविक फलन f के प्रान्त में एक खुला (विवृत्त) अन्तराल I है, तब f अन्तराल I में वर्धमान या अह्रासमान फलन कहलाता है,

यदि $x_1 < x_2 \Rightarrow f(x_1) \leq f(x_2), \forall x_1, x_2 \in I$

दिए गए आलेख द्वारा प्रदर्शित फलन $y = f(x)$ एक वर्धमान फलन का उदाहरण है।

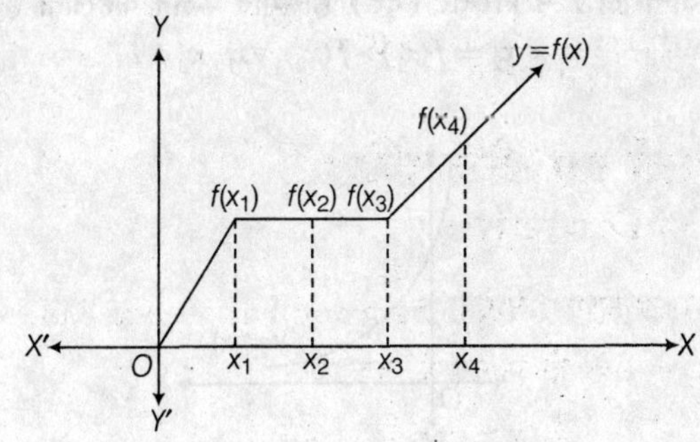

निरन्तर (पूर्णतः) वर्धमान फलन
Strictly Increasing Function

माना वास्तविक फलन f के प्रान्त में एक खुला (विवृत्त) अन्तराल I है, तब f, अन्तराल I में निरन्तर वर्धमान या दृढ़ वर्धमान है, यदि $x_1 < x_2$

$\Rightarrow \ f(x_1) < f(x_2), \forall x_1, x_2 \in I$

निम्न आलेख द्वारा प्रदर्शित फलन $y = f(x)$ एक निरन्तर वर्द्धमान फलन का उदाहरण है।

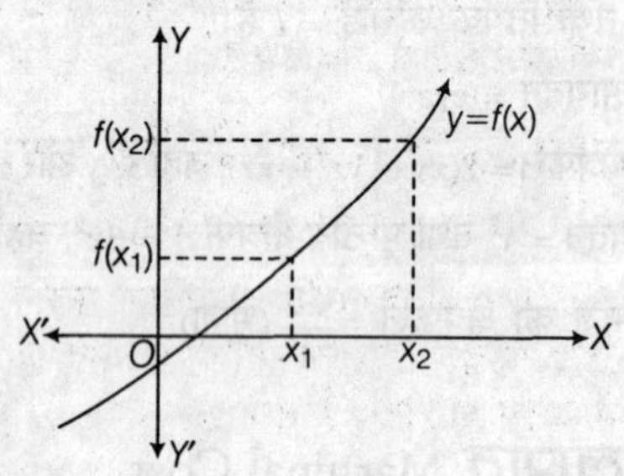

ह्रासमान फलन Decreasing Function

माना वास्तविक फलन f के प्रान्त में I एक खुला (विवृत्त) अन्तराल है, तब फलन f, अन्तराल I में ह्रासमान (अवर्धमान) फलन कहलाता है, यदि $x_1 < x_2 \Rightarrow f(x_1) \geq f(x_2), \forall x_1, x_2 \in I$

निम्न आलेख द्वारा प्रदर्शित फलन $y = f(x)$, ह्रासमान (अवर्धमान) फलन का एक उदाहरण है

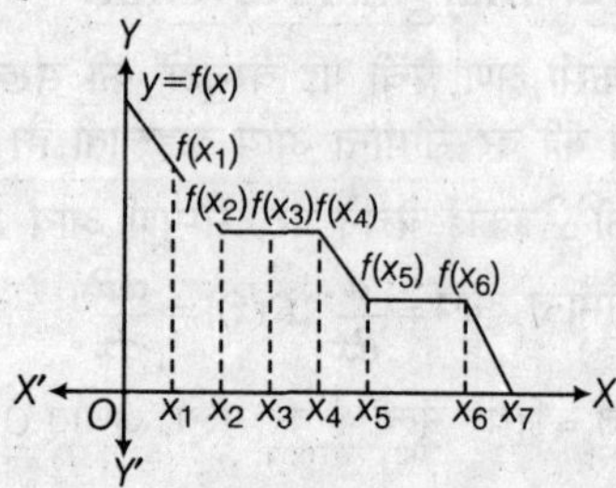

क्योंकि $x_1 < x_2$ के लिए $f(x_1) > f(x_2)$ है तथा $x_2 < x_3$ के लिए $f(x_2) = f(x_3)$ है।

निरन्तर (दृढ़) ह्रासमान फलन
Strictly Decreasing Function

माना वास्तविक फलन f के प्रान्त में एक खुला (विवृत्त) अन्तराल I है। तब, फलन f, अन्तराल I में निरन्तर (दृढ़) ह्रासमान फलन कहलाता है, यदि

$$x_1 < x_2 \Rightarrow f(x_1) > f(x_2), \forall x_1, x_2 \in I$$

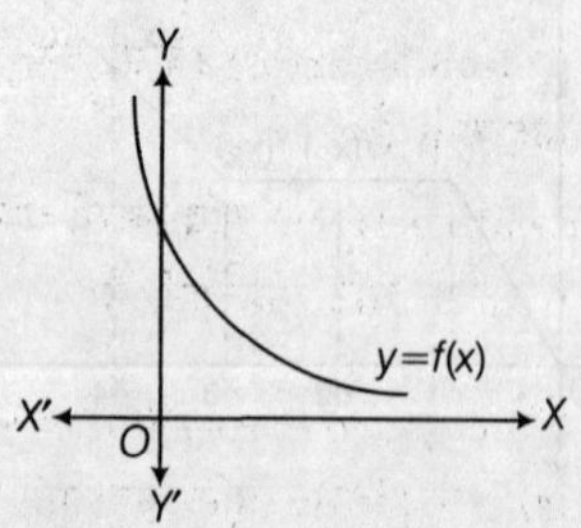

निम्न आलेख द्वारा प्रदर्शित फलन $y = f(x)$, निरन्तर (दृढ़) ह्रासमान फलन का एक उदाहरण है।

एक बिन्दु पर वर्धमान तथा ह्रासमान फलन
Increasing and Decreasing Functions at a Point

माना वास्तविक फलन f के प्रान्त में एक बिन्दु x_0 है, तब x_0 पर फलन f, वर्धमान, निरन्तर वर्धमान, ह्रासमान और निरन्तर ह्रासमान फलन कहलाता है, यदि x_0 को अन्तर्विष्ट करने वाला एक खुला अन्तराल I इस प्रकार हो कि I में, f क्रमशः वर्धमान, निरन्तर वर्धमान, ह्रासमान तथा निरन्तर ह्रासमान फलन है।

इस परिभाषा को स्पष्ट करने के लिए हम वर्धमान, निरन्तर वर्धमान, ह्रासमान तथा निरन्तर ह्रासमान फलनों को निम्न प्रकार परिभाषित करते हैं

परिभाषा 1 x_0 पर फलन f, वर्धमान फलन कहलाता है, यदि एक अन्तराल $I = (x_0 - h, x_0 + h), h > 0$ इस प्रकार हो कि,

$$x_1 < x_2 \Rightarrow f(x_1) \leq f(x_2), \forall x_1, x_2 \in I$$

परिभाषा 2 x_0 पर फलन f, निरन्तर वर्धमान फलन कहलाता है, यदि एक अन्तराल $I = (x_0 - h, x_0 + h), h > 0$ इस प्रकार हो, कि

$$x_1 < x_2 \Rightarrow f(x_1) < f(x_2), \forall x_1, x_2 \in I$$

परिभाषा 3 x_0 पर फलन f ह्रासमान फलन कहलाता है, यदि एक अन्तराल $I = (x_0 - h, x_0 + h)$ इस प्रकार हो कि,

$$x_1 < x_2 \Rightarrow f(x_1) \geq f(x_2), \forall x_1, x_2 \in I$$

परिभाषा 4 x_0 पर फलन f, निरन्तर ह्रासमान फलन कहलाता है, यदि एक अन्तराल $I = (x_0 - h, x_0 + h)$ इस प्रकार हो कि,

$$x_1 < x_2 \Rightarrow f(x_1) > f(x_2), \forall x_1, x_2 \in I$$

वर्धमान तथा ह्रासमान फलनों के लिए प्रथम अवकलज परीक्षण First Derivative Test for Increasing and Decreasing Functions

दिया गया फलन वर्धमान है या ह्रासमान, यह ज्ञात/जाँच करने के लिए हम प्रथम अवकलन परीक्षण का उपयोग करते हैं जोकि नीचे दिया गया है

प्रमेय माना फलन f अन्तराल $[a, b]$ में सतत् तथा विवृत्त अन्तराल (a, b) पर अवकलनीय है, तब

(i) f अन्तराल $[a, b]$ में वर्धमान होगा, यदि $f'(x) > 0$ है, $\forall x \in (a, b)$

(ii) f अन्तराल $[a, b]$ में ह्रासमान होगा, यदि $f'(x) < 0$ है, $\forall x \in (a, b)$

(iii) f अन्तराल $[a, b]$ में एक अचर फलन होगा, यदि $f'(x) = 0$ है $\forall x \in (a, b)$

स्पर्श रेखाएँ तथा अभिलम्ब
Tangents and Normals

स्पर्श रेखा एक सरल रेखा होती है जोकि दिए गए वक्र $y = f(x)$ को एक बिन्दु पर स्पर्श करती है।

अभिलम्ब एक सरल रेखा होती है जो कि वक्र $y = f(x)$ के किसी बिन्दु पर खींची गई स्पर्श रेखा के लम्बवत् होती है तथा स्पर्श बिन्दु पर प्रतिच्छेदित करती है।

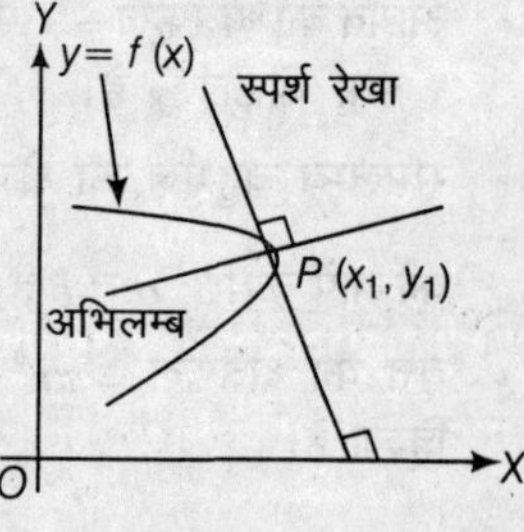

स्पर्श रेखा तथा अभिलम्ब की प्रवणता
Slope of Tangent and Normal

माना दिया गया वक्र, $y = f(x)$ ...(i)

है, तब इस वक्र पर बिन्दु (x_0, y_0) पर खींची गई स्पर्श रेखा की प्रवणता (या ढाल) को $\left(\frac{dy}{dx}\right)_{(x_0, y_0)}$ या $f'(x_0)$ द्वारा प्रदर्शित करते हैं तथा यदि वक्र (i) से खींची गई स्पर्श रेखा X-अक्ष की धनात्मक दिशा में θ कोण बनाती है, तब

स्पर्श रेखा की प्रवणता $= \frac{dy}{dx} = \tan\theta$

साथ ही, बिन्दु (x_0, y_0) पर वक्र (i) के अभिलम्ब की प्रवणता

$$= \frac{-1}{\text{स्पर्श रेखा की प्रवणता}} \text{ अर्थात् } \frac{-1}{\left(\frac{dy}{dx}\right)_{(x_0, y_0)}}$$

विशेष स्थितियाँ Particular Cases

***स्थिति* I** यदि स्पर्श रेखा की प्रवणता शून्य हो अर्थात् $\frac{dy}{dx} = 0 \Rightarrow \tan\theta = 0$
$\Rightarrow \theta = 0$, तब इससे तात्पर्य है कि स्पर्श रेखा X-अक्ष के समान्तर है।

***स्थिति* II** यदि $\theta = \frac{\pi}{2}$ है, तब $\frac{dy}{dx} = \tan\theta = \infty$, इसका तात्पर्य है कि स्पर्श रेखा X-अक्ष के लम्बवत् है अर्थात Y-अक्ष के समान्तर है।

स्पर्श रेखा तथा अभिलम्ब के समीकरण
Equations of Tangent and Normal

माना $y = f(x)$ एक वक्र है तथा वक्र पर कोई बिन्दु $P(x_1, y_1)$ है, तब प्रवणता के अनुसार स्पर्श रेखा तथा अभिलम्ब के समीकरण इस प्रकार हैं

(i) **जब प्रवणता m है**

यदि बिन्दु (x_0, y_0) पर स्पर्श रेखा की प्रवणता $m = \frac{dy}{dx}$ है, तब

(a) स्पर्श रेखा का समीकरण $(y - y_0) = m(x - x_0)$ होगा।

(b) अभिलम्ब का समीकरण $(y - y_0) = m_1(x - x_0)$ होगा, जहाँ $m_1 = -\frac{1}{m}$ है।

(ii) **जब प्रवणता शून्य है**

यदि स्पर्श रेखा की प्रवणता $\frac{dy}{dx} = 0$ अर्थात् $\theta = 0$ है, तब

(a) स्पर्श रेखा का समीकरण $y = y_0$ होगा।

(b) अभिलम्ब का समीकरण $x = x_0$ होगा।

(iii) **जब प्रवणता अनन्त है**

यदि स्पर्श रेखा की प्रवणता $\frac{dy}{dx} = \infty$ अर्थात् $\theta = \frac{\pi}{2}$ है, तब

(a) स्पर्श रेखा का समीकरण $x = x_0$ होगा।

(b) अभिलम्ब का समीकरण $y = 0$ होगा।

सन्निकटन Approximations

माना $f : D \to R, D \subset R$ एक प्रदत्त फलन है।

अर्थात् $y = f(x)$ ...(i)

माना स्वतन्त्र चर x में अल्प परिवर्तन Δx के संगत परतन्त्र चर y में Δy का अल्प परिवर्तन होता है।

$\therefore \quad \Delta y = f(x + \Delta x) - f(x)$, तब

(i) x के अवकल को dx से प्रदर्शित करते हैं और $dx = \Delta x$ से परिभाषित करते हैं।

(ii) y के अवकल को dy से प्रदर्शित करते हैं और $dy = f'(x)dx$ या $dy = \left(\frac{dy}{dx}\right)\Delta x$ से परिभाषित करते हैं।

(iii) यदि $dx = \Delta x$, x की तुलना में अपेक्षाकृत छोटा हो तथा Δy का एक उपयुक्त सन्निकट dy हो, तब हम इसे $dy \approx \Delta y$ से प्रदर्शित करते हैं।

$dx, dy, \Delta x$ तथा Δy की ज्यामितीय व्याख्या
Geometrical Interpretation of dx, dy, Δx and Δy

माना वक्र $y = f(x)$ एक अवकलनीय वास्तविक फलन है तथा $P(x, y)$ वक्र पर स्थित कोई बिन्दु है। इसके समीपस्थ बिन्दु $Q(x + \Delta x, y + \Delta y)$ है, जहाँ Δx, x में अल्प परिवर्तन है तथा Δy, y में Δx के संगत अल्प परिवर्तन है।

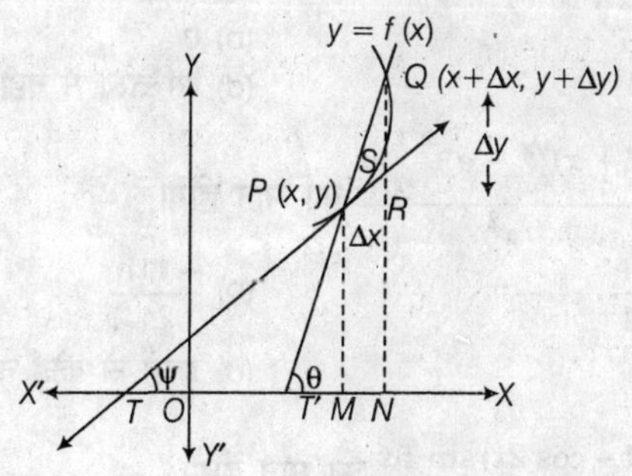

चित्र से स्पष्ट है कि $\frac{\Delta y}{\Delta x}$, जीवा PQ की प्रवणता है परन्तु जब $\Delta x \to 0$, तो $\frac{\Delta y}{\Delta x}$, सीमान्त मान $\frac{dy}{dx}$ अर्थात् बिन्दु P पर स्पर्श रेखा की प्रवणता की ओर अग्रसर होता है।

अत: जब $\Delta x \to 0$, तो $\Delta y (= QS)$ लगभग $dy (= RS)$ के बराबर हो जाता है।

नोट (i) x के अवकल को dx से सूचित करते हैं तथा इसे इस प्रकार परिभाषित करते है $dx = \Delta x$ अर्थात् स्वतन्त्र चर राशि x का अवकल dx, x में अल्प परिवर्तन Δx के बराबर है।

(ii) y के अवकल को dy से सूचित करते हैं तथा इसे इस प्रकार परिभाषित करते है $dy = \frac{dy}{dx}\Delta x$ अर्थात् परतन्त्र चर राशि y का अवकल dy, y में अल्प परिवर्तन Δy के बराबर नहीं है परन्तु यह लगभग y में अल्प परिवर्तन Δy के बराबर है, जब x में अल्प परिवर्तन Δx है।

कुछ महत्त्वपूर्ण पद Some Important Terms

(i) **निरपेक्ष त्रुटि** (Absolute Error) किसी वस्तु की x माप में त्रुटि Δx, निरपेक्ष त्रुटि कहलाती है।

(ii) **सापेक्ष त्रुटि** (Relative Error) यदि किसी वस्तु की x माप में त्रुटि Δx है, तो $\frac{\Delta x}{x}$, x में सापेक्ष त्रुटि कहलाती है।

(iii) **प्रतिशत त्रुटि** (Percentage Error) किसी वस्तु की x माप में त्रुटि Δx है, तो $\frac{\Delta x}{x} \times 100$, x में प्रतिशत त्रुटि कहलाती है।

अभ्यास प्रश्न

सीमा

1. $\lim_{x \to 0} \frac{\sin x}{\sqrt{x+1} - \sqrt{1-x}}$ का मान है

(a) 2 (b) 0 (c) 1 (d) − 1

2. $\lim_{\theta \to 0} \frac{1 - \cos 4\theta}{1 - \cos 6\theta}$ का मान है

(a) $\frac{4}{9}$ (b) $\frac{1}{2}$

(c) $-\frac{1}{2}$ (d) − 1

3. यदि $f(x) = \begin{cases} \frac{\sin [x]}{[x]}, & [x] \neq 0 \\ 0, & x = 0 \end{cases}$, जहाँ [·] महत्तम पूर्णांक फलन है, तब $\lim_{x \to 0} f(x)$ का मान होगा

(a) 1 (b) 0

(c) − 1 (d) अस्तित्व में नहीं है

4. $\lim_{x \to 0} \frac{(1+x)^{1/x} - e + \frac{1}{2}ex}{x^2}$ का मान होगा

(a) $\frac{11e}{24}$ (b) $\frac{-11e}{24}$

(c) $\frac{e}{24}$ (d) इनमें से कोई नहीं

5. $\lim_{x \to 0} \frac{(1 - \cos 2x) \sin 5x}{x^2 \sin 3x}$ का मान होगा

(a) $\frac{10}{3}$ (b) $\frac{3}{10}$ (c) $\frac{6}{5}$ (d) $\frac{5}{e}$

6. $\lim_{n \to \infty} \frac{1}{1 \cdot 3} + \frac{1}{3 \cdot 5} + \frac{1}{5 \cdot 7} + \ldots + \frac{1}{(2n-1)(2n+1)}$ का मान है

(a) $\frac{1}{2}$ (b) $\frac{1}{3}$

(c) $\frac{1}{4}$ (d) इनमें से कोई नहीं

7. यदि $S_1 = \Sigma n, S_2 = \Sigma n^2$ तथा $S_3 = \Sigma n^3$ है, तब $\lim_{x \to \infty} \frac{S_1\left(1 + \frac{S_3}{8}\right)}{S_2^2}$ का मान है

(a) $\frac{3}{32}$ (b) $\frac{3}{64}$

(c) $\frac{9}{32}$ (d) $\frac{9}{64}$

8. $\lim_{n \to \infty} \left[\frac{1}{n^2} \sec^2 \frac{1}{n^2} + \frac{2}{n^2} \sec^2 \frac{4}{n^2} + \ldots + \frac{1}{n} \sec^2 1\right]$ का मान है

(a) $\frac{1}{2}$sec 1 (b) $\frac{1}{2}$cosec 1 (c) tan 1 (d) $\frac{1}{2}$tan 1

9. $x > 0$, $\lim_{x \to 0} \left((\sin x)^{1/x} + \left(\frac{1}{x}\right)^{\sin x} \right)$ का मान है

(a) 0 (b) − 1 (c) 1 (d) 2

10. माना करें $L = \lim_{x \to 0} \frac{a - \sqrt{a^2 - x^2} - \frac{x^2}{4}}{x^4}$, $a > 0$, यदि L परिमित है, तब

(a) $a = 2$ (b) $a = 1$ (c) $L = \frac{1}{64}$ (d) $L = \frac{1}{32}$

11. $\lim_{x \to 0} x \log_e (\sin x)$ का मान है

(a) − 1 (b) $\log_e 1$

(c) 1 (d) इनमें से कोई नहीं

12. $\lim_{x \to -\infty} \frac{x^4 \sin(1/x) + x^2}{1 + |x|^3}$ का मान होगा

(a) 1 (b) 2

(c) − 1 (d) इनमें से कोई नहीं

13. यदि $f(x) = \cot^{-1} \frac{3x - x^3}{1 - 3x^2}$ तथा $g(x) = \sin^{-1} \frac{1 - x^2}{1 + x^2}$ हो, तो $\lim_{x \to t} \frac{f(x) - f(t)}{g(x) - g(t)}$ का मान होगा

(a) $\frac{3}{2(1 + t^2)}$ (b) $-\frac{3}{2}$

(c) $\frac{3}{2}$ (d) $\frac{-3}{2(1 + t^2)}$

14. $\lim_{x \to 2} \frac{2^x + 2^{3-x} - 6}{\sqrt{2^{-x}} - 2^{1-x}}$ का मान होगा

(a) 16 (b) 8 (c) 4 (d) 2

15. $\lim_{n \to \infty} \left[\tan \left\{ \frac{\pi - 4}{4} + \left(1 + \frac{1}{n}\right) \right\}^a \right]^n$ का मान होगा

(a) e^a (b) e^{2a}

(c) e^0 (d) विद्यमान नहीं

16. यदि $f(x) = \lim_{n \to \infty} \left(\frac{1}{\left(\frac{3}{\pi} \tan^{-1} 2x\right)^{2n} + 5} \right)$ हो, तो x के मानों का समुच्चय जिसके लिए $f(x) = 0$ होगा

(a) $|2x| < \sqrt{3}$ (b) $|2x| > \sqrt{3}$

(c) $|2x| \geq \sqrt{3}$ (d) $|2x| \leq \sqrt{3}$

17. निम्न सीमा अनिर्धार्य रूप (Indeterminate) में नहीं होगी

(a) $\lim_{x \to a} \frac{x^3 - a^3}{x - a}$ (b) $\lim_{x \to 0} \sin x \operatorname{cosec} x$

(c) $\lim_{x \to 0} x^x$ (d) $\lim_{x \to 0} \frac{0}{x}$

18. $\lim_{x \to 0} \frac{2 \sin^2 3x}{x^2}$ का मान होगा

(a) 9 (b) 2

(c) 18 (d) 3

19. $\lim_{\theta \to 0} (\cos\theta)^{\cot\theta}$ का मान होगा

(a) 1 (b) −1
(c) 0 (d) ∞

20. $\lim_{x \to 0} \frac{(2a)^x - (3b)^x}{x}$ का मान होगा

(a) $\log(ab)$ (b) $\log(2a/3b)$
(c) $\log(b/a)$ (d) इनमें से कोई नहीं

21. $\lim_{x \to \infty} \left\{\frac{x}{1+x}\right\}^x$ का मान होगा

(a) $\frac{e}{1-e}$ (b) e
(c) $e^{\frac{e}{1-e}}$ (d) e^{-1}

22. $\lim_{x \to 0} \frac{a^{\sin x} - 1}{b^{\sin x} - 1}$ का मान होगा

(a) $\frac{a}{b}$ (b) $\frac{b}{a}$
(c) $\frac{\log a}{\log b}$ (d) $\frac{\log b}{\log a}$

23. यदि $f(x) = \frac{1}{\sqrt{(18 - x^2)}}$ हो, तो $\lim_{x \to 3} \frac{f(x) - f(3)}{x - 3}$ का मान होगा

(a) 0 (b) $-\frac{1}{9}$
(c) $-\frac{1}{3}$ (d) $\frac{1}{9}$

24. $\lim_{x \to \frac{\pi}{4}} \frac{1 - \cot^3 x}{2 - \cot x - \cot^3 x}$ का मान होगा

(a) $\frac{3}{4}$ (b) $\frac{11}{4}$
(c) $\frac{1}{2}$ (d) इनमें से कोई नहीं

25. यदि $f(x) = \begin{cases} \frac{1}{1 + e^{-\frac{1}{x}}}, & x \neq 0 \\ 0, & x = 0 \end{cases}$ हो, तो $x = 0$ पर

(a) $f(x)$ की दाईं सीमा विद्यमान है परन्तु बाईं सीमा नहीं
(b) $f(x)$ की बाईं सीमा विद्यमान है परन्तु दाईं सीमा नहीं
(c) दोनों सीमाएँ विद्यमान हैं परन्तु समान नहीं
(d) दोनों सीमाएँ विद्यमान हैं एवं समान हैं

26. $\lim_{x \to \infty} 1 + \left(\frac{2}{x}\right)^x$ का मान होगा

(a) e (b) ∞ (c) e^2 (d) $\frac{1}{e}$

27. $\lim_{x \to 9} [\log_2 \log_3 x]^{\frac{1}{x-9}}$ का मान होगा

(a) 1 (b) 0 (c) ∞ (d) −∞

28. $\lim_{n \to \infty} \left(\frac{1}{n} + \frac{e^{\frac{1}{n}}}{n} + \frac{e^{\frac{2}{n}}}{n} + \dots + \frac{e^{\frac{(n-1)}{n}}}{n}\right)$ का मान होगा

(a) 0 (b) 1
(c) $e - 1$ (d) इनमें से कोई नहीं

29. $\lim_{x \to \infty} \left(\frac{x^2 - 2x + 1}{x^2 - 4x + 2}\right)^x$ का मान होगा

(a) e^2 (b) e^{-2}
(c) e^6 (d) इनमें से कोई नहीं

30. यदि $f(x) = \begin{cases} x^2 + 1, & x \geq 1 \\ 3x - 1, & x < 1 \end{cases}$, तो $\lim_{x \to 1} f(x)$ का मान होगा

(a) 1 (b) 2
(c) 3 (d) विद्यमान नहीं है

31. $\lim_{x \to 0} f\left(\frac{1 - \cos 3x}{x^2}\right)$ का मान होगा (जहाँ $f(x)$ एक सतत् फलन है जो प्रतिबन्ध $f(9/2) = 2/9$ को सन्तुष्ट करता है)

(a) 0 (b) $\frac{9}{2}$
(c) $\frac{2}{9}$ (d) इनमें से कोई नहीं

32. $\lim_{x \to 7} \left(\frac{2 - \sqrt{x - 3}}{x^2 - 49}\right)$ का मान होगा

(a) $\frac{2}{9}$ (b) $-\frac{2}{49}$ (c) $-\frac{1}{56}$ (d) $-\frac{1}{59}$

33. यदि $f(x) = x^{x^{x^{x^{\cdots\infty}}}}$ तथा $f(2) = 2$ हो, तो $\lim_{x \to 2} \frac{f(x) - f(2)}{x - 2}$ का मान होगा

(a) $\frac{1}{1 - \log 2}$ (b) $\frac{2}{2 - \log 2}$
(c) $\frac{2}{1 - 2\log 2}$ (d) इनमें से कोई नहीं

34. फलन $f(x) = \begin{cases} mx + 1, & \text{यदि } x \leq \frac{\pi}{2} \\ \sin x + n, & \text{यदि } x > \frac{\pi}{2} \end{cases}$, $x = \frac{\pi}{2}$ पर सतत् है, तब

(a) $m = 1, n = 0$ (b) $m = \frac{n\pi}{2} + 1$
(c) $n = \frac{m\pi}{2}$ (d) $m = n = \frac{\pi}{2}$

35. $x = 0$ पर फलन $f(x) = (x + 1)^{\cot x}$ के सतत् होने के लिए $f(0)$ इस प्रकार परिभाषित होनी चाहिए कि

(a) $f(0) = \frac{1}{e}$ (b) $f(0) = 0$
(c) $f(0) = e$ (d) इनमें से कोई नहीं

36. p तथा q के वे मान, जिनके लिए फलन

$$f(x) = \begin{cases} \frac{\sin (p+1)x + \sin x}{x}; & x < 0 \\ q; & x = 0 \\ \frac{\sqrt{x + x^2} - \sqrt{x}}{x^{3/2}}; & x > 0 \end{cases}$$

R में सतत् है, हैं

(a) $\frac{1}{2}, \frac{1}{2}$ (b) $\frac{3}{2}, \frac{-1}{2}$ (c) $\frac{-3}{2}, \frac{1}{2}$ (d) $\frac{-3}{2}, \frac{-1}{2}$

37. यदि $f(x) = \begin{cases} x^p \cos\left(\frac{1}{x}\right), & x \neq 0 \\ 0, & x = 0 \end{cases}$, $x = 0$ पर अवकलनीय है, तब

(a) $p < 0$ (b) $0 < p < 1$
(c) $p = 1$ (d) $p > 1$

सततता

38. फलन $f(x) = \begin{cases} \left(x^2 + e^{\frac{1}{2-x}}\right)^{-1}, & x \neq 2, \\ k, & x = 2 \end{cases}$ $x = 2$ पर दाईं ओर से सतत् है, तब k का मान है

(a) 0 (b) $\frac{1}{4}$

(c) $-\frac{1}{2}$ (d) इनमें से कोई नहीं

39. माना $f(x) = \begin{cases} 5^{1/x}, & x < 0 \\ \lambda[x], & x \geq 0 \end{cases}$ और $\lambda \in R$, तब $x = 0$ पर

(a) f असतत् होगा

(b) यदि $\lambda = 0$ हो, केवल तभी f सतत् होगा

(c) λ के किसी भी मान के लिए f सतत् होगा

(d) उपरोक्त में से कोई नहीं

40. फलन $f : \frac{R}{\{0\}} \to R$ इस प्रकार ज्ञात है कि $f(x) = \frac{1}{x} - \frac{2}{e^{2x} - 1}$ इस फलन को $x = 0$ पर सतत् किया जा सकता है, जब $f(0)$ का मान है

(a) -1 (b) 0 (c) 1 (d) 2

41. फलन $f(x) = \begin{cases} \frac{e^{1/x} - 1}{e^{1/x} + 1}, & x \neq 0 \end{cases}$ के लिए निम्न में से सही कथन है

(a) $\lim_{x \to 0} f(x)$ का अस्तित्व नहीं है

(b) $\lim_{x \to 0} f(x) = 1$

(c) $\lim_{x \to 0} f(x)$ का अस्तित्व है परन्तु $x = 0$ पर सतत् नहीं है

(d) $f(x)$, $x = 0$ पर सतत् है

42. फलन $f(x) = \begin{cases} x - 1, & x < 2 \\ 2x - 3, & x \geq 2 \end{cases}$, एक सतत् फलन है

(a) केवल $x = 2$ के लिए

(b) x के सभी वास्तविक मानों के लिए जबकि $x \neq 2$

(c) x के सभी वास्तविक मानों के लिए

(d) केवल x के सभी पूर्णांकीय मानों के लिए

43. $f(0)$ का वह मान जिसके लिए फलन $f(x) = \frac{2^x - 2^{-x}}{x}, x \neq 0, x = 0$ पर सतत् है, है

(a) 0 (b) log 2 (c) log 4 (d) e^4

44. बिन्दुओं की संख्या, जहाँ $f(x) = [\sin x + \cos x]$ (जहाँ [.] महत्तम पूर्णांक फलन को निरूपित करता है), $x \in (0, 2\pi)$ असतत् है, होगी

(a) 3 (b) 4 (c) 5 (d) 6

45. फलन $f(x) = [x] \cos\left(\frac{2x - 1}{2}\right)\pi$, जहाँ [.] महत्तम पूर्णांक फलन को प्रदर्शित करता है, असतत् है

(a) सभी x के लिए

(b) सभी पूर्णांक बिन्दुओं के लिए

(c) किसी भी x के लिए नहीं

(d) x के लिए जोकि एक पूर्णांक नहीं है

46. यदि $f(x) = \frac{1}{2}x - 1$, तब अन्तराल $[0, \pi]$ पर

(a) $\tan[f(x)]$ और $\frac{1}{f(x)}$ दोनों सतत् हैं

(b) $\tan[f(x)]$ और $\frac{1}{f(x)}$ दोनों असतत् है

(c) $\tan[f(x)]$ और $f^{-1}(x)$ दोनों सतत् हैं

(d) $\tan[f(x)]$ सतत् परन्तु $\frac{1}{f(x)}$ सतत् नहीं है

47. माना $f(x) = [x] \sin\left(\frac{\pi}{[x + 1]}\right)$, जहाँ [.] महत्तम पूर्णांक फलन को व्यक्त करता है, f की प्रान्त में असतत् बिन्दुओं का समुच्चय है

(a) Z (b) Z_0

(c) N (d) इनमें से कोई नहीं

48. k का वह मान जिसके लिए फलन $f(x) = \begin{cases} k(2x - x^2), & x < 0 \\ \cos x, & x \geq 0 \end{cases}$, $x = 0$ पर सतत् होगा, है

(a) 1 (b) 2

(c) 4 (d) इनमें से कोई नहीं

49. फलन $f(x) = \frac{x}{[x]}$, किन बिन्दुओं पर असतत् है जहाँ [.] महत्तम पूर्णांक फलन को निरूपित करता है?

(a) केवल धनात्मक पूर्णांकों पर

(b) सभी धनात्मक एवं ऋणात्मक पूर्णांकों तथा (0, 1) पर

(c) सभी परिमेय संख्याओं पर

(d) उपरोक्त में से कोई नहीं

50. फलन $f(x) = (\sin 2x)^{\tan^2 2x} = x = \frac{\pi}{4}$ पर परिभाषित नहीं है। यदि $f(x)$, $x = \frac{\pi}{4}$ पर सतत् हो, तो $f\left(\frac{\pi}{4}\right)$ का मान होगा

(a) 1 (b) 2

(c) $\sqrt{e}$ (d) इनमें से कोई नहीं

51. $x = 4$ पर, $f(x) = [x] \sin(\pi x)$ का बायाँ अवकलज है

(a) $(-1)^4(4 - 1)\pi$ (b) $(-1)^{4-1}(4 - 1)$

(c) $(-1)^4 4\pi$ (d) $(-1)^{4-1} 4\pi$

52. फलन $f(x) = (x + 1)^{\cot x}$ को $x = 0$ पर सतत् होने के लिए $f(0)$ किस प्रकार परिभाषित होना चाहिए?

(a) $f(0) = 0$ (b) $f(0) = e$

(c) $f(0) = \frac{1}{e}$ (d) इनमें से कोई नहीं

53. यदि $f(x) = \begin{cases} \frac{ae^{1/(|x+2|)} - 1}{2 - e^{1/(|x+2|)}}, & -3 < x < -2 \\ b, & x = -2, \\ \sin\left(\frac{x^4 - 16}{x^5 + 32}\right), & -2 < x < 0 \end{cases}$ $x = -2$ पर सतत् हो, तो a तथा b के मान होंगे

(a) $a = \sin\left(\frac{2}{5}\right), b = -\sin\left(\frac{2}{5}\right)$ (b) $a = \sin\left(\frac{3}{5}\right), b = -\sin\left(\frac{2}{5}\right)$

(c) $a = \sin\left(\frac{2}{5}\right), b = -\sin\left(\frac{3}{5}\right)$ (d) इनमें से कोई नहीं

54. दो असतत् फलनों का योग फलन

(a) सदैव असतत् होता है (b) सतत् हो सकता है

(c) सदैव सतत् होता है (d) कुछ नहीं कहा जा सकता

55. यदि $f(x)=\begin{cases}\dfrac{36^x-9^x-4^x+1}{\sqrt{2}-\sqrt{1+\cos x}}, & x\neq 0\\ k, & x=0\end{cases}$, $x=0$ पर सतत् हो, तो k बराबर होगा

(a) $16\log 2\log 3$ (b) $16\sqrt{2}\log 6$
(c) $16\sqrt{2}\log 3\log 2$ (d) इनमें से कोई नहीं

56. फलन $f(x)=|\sin x|+|\cos x|+|x|$ असतत् होगा

(a) $x=0$ पर (b) $x=\dfrac{\pi}{2}$ पर
(c) $x=\pi$ पर (d) कहीं पर भी नहीं

57. फलन $f(x)=a[x+1]+b[x-1]$ (जहाँ $[\cdot]$ महत्तम पूर्णांक फलन को व्यक्त करता है) $x=1$ पर सतत् है, यदि

(a) $a+b=0$ (b) $a=b$
(c) $2a-b=0$ (d) इनमें से कोई नहीं

58. यदि $f:R\to R, f(x)=\begin{cases}\dfrac{\cos 3x-\cos x}{x^2}, x\neq 0 \text{ के लिए}\\ \lambda, \quad x=0 \text{ के लिए}\end{cases}$ द्वारा परिभाषित है, एवं f, $x=0$ पर सतत् है, तब λ बराबर है

(a) –2 (b) –6 (c) –4 (d) –8

59. माना $f(x)=\begin{cases}\dfrac{x^2}{|x|}, x\neq 0\\ 0, x=0\end{cases}$

(a) $f(x)$ प्रत्येक जगह असतत् है (b) $f(x)$ प्रत्येक जगह सतत् है
(c) $f(x)$ का $(-1,1)$ में अस्तित्व है (d) $f(x)$ का $(-2,2)$ में अस्तित्व है

60. यदि $f(x)=\begin{cases}\dfrac{\sqrt{2}\cos x-1}{\cot x-1}, & x\neq\dfrac{\pi}{4}\\ 2\alpha, & x=\dfrac{\pi}{4}\end{cases}$, $x=\dfrac{\pi}{4}$ पर सतत् है, तो α का मान होगा

(a) 2 (b) $\dfrac{1}{4}$ (c) $-\dfrac{1}{2}$ (d) $\sqrt{2}$

61. मान लीजिए $f(x)$ एक फलन है जो $f(x+y)=f(x)+f(y)$ और $f(x)=x^2g(x)$ को सन्तुष्ट करता है $\forall x, y\in R$, जहाँ $g(x)$ सतत् फलन है, तो

(a) $f'(x)=g'(x)$ (b) $f'(x)=g(x)$
(c) $f'(x)=(0)$ (d) इनमें से कोई नहीं

62. यदि $f(x)=\begin{cases}x+\lambda, & x<3\\ 8, & x=3\\ 3x-5, & x>3\end{cases}$, $x=3$ पर सतत् हो, तो λ का मान होगा

(a) 4 (b) 3 (c) 2 (d) 5

63. फलन $f(x)=\begin{cases}\dfrac{\sin^2 ax}{x^2}, & \text{जब } x\neq 0\\ 1, & \text{जब } x=0\end{cases}$ के लिए कौन-सा कथन सत्य होगा

(a) $f(x)$, $x=0$ पर सतत् है
(b) $f(x)$, $x=0$ पर असतत् है जब $a\neq\pm 1$
(c) $f(x)$, $x=a$ पर सतत् है
(d) उपरोक्त में से कोई नहीं

अवकलनीयता

64. फलन $f(x)=e^{|x|}$ है

(a) सर्वत्र सतत् लेकिन $x=0$ पर अवकलनीय नहीं
(b) सर्वत्र सतत् व अवकलनीय
(c) $x=0$ पर असतत्
(d) उपरोक्त में से कोई नहीं

65. यदि $f(x)=|\sin x|$, तब

(a) f सर्वत्र अवकलनीय है
(b) f सर्वत्र सतत् है लेकिन $x=n\pi, n\in Z$ पर अवकलनीय नहीं
(c) f सर्वत्र सतत् है परन्तु $x=(2n+1)\dfrac{\pi}{2}, n\in Z$ पर अवकलनीय नहीं
(d) उपरोक्त में से कोई नहीं

66. यदि $f(x)=x[\sqrt{x}-\sqrt{x+1}]$, तब

(a) $f(x)$ सतत् है लेकिन $x=0$ पर अवकलनीय नहीं है
(b) $f(x)$, $x=0$ पर अवकलनीय नहीं है
(c) $f(x)$, $x=0$ पर अवकलनीय है
(d) उपरोक्त में से कोई नहीं

67. माना $g(x)=\dfrac{(x-1)^n}{\log\cos^m(x-1)}$; $0<x<2$, m एवं n पूर्णांक हैं, $m\neq 0, n>0$ तथा माना p, $|x-1|$ का $x=1$ पर बायाँ अवकलन है। यदि $\lim\limits_{x\to 1^+} g(x)=p$, तब

(a) $n=1, m=1$ (b) $n=1, m=-1$
(c) $n=2, m=2$ (d) $n>2, m=n$

68. फलन $f(x)=(x^2-1)|x^2-3x+2|+\cos(|x|)$ पर अवकलनीय नहीं है

(a) –1 (b) 0 (c) 1 (d) 2

69. माना $f(x)$ अन्तराल $(a-h, a+h)$, $a\in R$ पर सतत् एवं अवकलनीय है तथा

$$F(x)=\begin{cases}\dfrac{f'(x)}{f(x)-f(a)}-\dfrac{1}{x-a}, & x\neq 0\\ a, & x=0\end{cases}$$

यदि $F(x)$, $x=a$ पर सतत् है, तो a बराबर होगा

(a) 0 (b) 1 (c) $\dfrac{f'(a)}{f(a)}$ (d) $\dfrac{f''(a)}{2f'(a)}$

70. उन बिन्दुओं की संख्या जहाँ फलन $f(x)=\max\left\{||x|-1|, \dfrac{1}{2}\right\}$ अवकलनीय नहीं है

(a) 4 (b) 3 (c) 2 (d) 5

71. यदि $f(x)=\int_1^x |t|\,dt, x\geq -1$, तो

(a) $x+1>0$ के लिए f और f' सतत् होंगे
(b) $x+1>0$ के लिए f सतत् होगा परन्तु f' नहीं
(c) $x=0$ पर f और f' सतत् नहीं हैं
(d) $x=0$ पर f सतत् है परन्तु f' नहीं

72. माना फलन $f:R\to R$ में निम्न प्रकार परिभाषित है $f\left(\dfrac{x+y}{3}\right)=\dfrac{f(x)+f(y)}{3}$, $f(0)=3$ तथा $f'(0)=3$, तब

(a) $\frac{f(x)}{x}$, R पर अवकलनीय होगा
(b) $f(x)$, R पर सतत् तथा अवकलनीय है
(c) $f(x)$, R पर सतत् है
(d) $f(x)$, R पर परिबद्ध है

73. उन सभी बिन्दुओं का समुच्चय जहाँ फलन
$f(x) = \begin{cases} 0, & x = 0 \\ \dfrac{x}{1+e^{1/x}}, & x \neq 0 \end{cases}$ अवकलनीय है, होगा

(a) $(0, \infty)$ (b) $(-\infty, \infty) - \{0\}$
(c) $(-\infty, 0)$ (d) $(-\infty, \infty)$

74. उन बिन्दुओं की संख्या जिन पर फलन
$f(x) = |x - 0.5| + |x - 1| + \tan x$ अन्तराल $(0, 2)$ में कोई अवकलज नहीं रखता है, है

(a) 1 (b) 2 (c) 3 (d) 4

75. फलन $f : R \to R$ समीकरण $f(x + y) = f(x)f(y)$ को x और y के सभी मानों के लिए सन्तुष्ट करता है, जहाँ $x \in R$ तथा $f(x) = 0$, यदि फलन $x = 0$ पर अवकलनीय हो तथा $f'(0) = 2$, तो सभी $x \in R$ के लिए $f(x)$ बराबर होगा

(a) e^x (b) e^{2x}
(c) e^{-x} (d) इनमें से कोई नहीं

76. यदि $f(x) = \begin{cases} e^x + ax, & x < 0 \\ b(x-1)^2, & x \geq 0 \end{cases}$, $x = 0$ पर अवकलनीय है, तब (a, b) का मान है

(a) $(-3, -1)$ (b) $(-3, 1)$ (c) $(3, 1)$ (d) $(3, -1)$

77. माना $f(x) = \begin{cases} \sin x, & x \geq 0 \text{ के लिए} \\ 1 - \cos x, & x \leq 0 \text{ के लिए} \end{cases}$ और $g(x) = e^x$, तब $(gof)'(0)$ है

(a) 1 (b) -1
(c) 0 (d) इनमें से कोई नहीं

78. यदि $f(x) = \begin{cases} x^2 \sin \frac{1}{x}, & x \neq 0 \\ 0, & x = 0 \end{cases}$, तो

(a) सतत् है किन्तु अवकलनीय नहीं
(b) असतत्
(c) सतत् अवकलज रखता है
(d) सतत् एवं अवकलनीय है

79. यदि $f(x) = \begin{cases} x \dfrac{e^{(1/x)} - e^{-1/x}}{e^{(1/x)} - e^{-1/x}}, x \neq 0 \\ 0, x = 0 \end{cases}$, तो निम्न कथन सत्य है

(a) f सभी बिन्दुओं पर सतत् और अवकलनीय है
(b) f सभी बिन्दुओं पर सतत् है किन्तु अवकलनीय नहीं है
(c) f सभी बिन्दुओं पर अवकलनीय है
(d) f केवल मूल बिन्दु पर अवकलनीय है

80. यदि $f(x) = |x - 3|$ तब f है

(a) $x = 2$ पर असतत्
(b) $x = 2$ पर अवकलनीय नहीं
(c) $x = 3$ पर अवकलनीय
(d) $x = 3$ पर सतत् परन्तु अवकलनीय नहीं

81. माना $f : (-1, 1) \to R$ एक ऐसा अवकलनीय फलन है जिसमें $f(0) = -1$ तथा $f'(0) = 1$ है। माना $g(x) = [f(2f(x) + 2)]^2$, तो $g'(0)$ बराबर है

(a) 4 (b) -4 (c) 0 (d) -2

82. यदि $f(0) = 1, f'(0) = -1, f(x) > 0$ सभी x के लिए फलन $f(x)$ को सन्तुष्ट करें, तो

(a) $f(x) < 0, \forall x$ (b) $-1 < f''(x) < 0, \forall x$
(c) $-2 < f''(x) \leq -1, \forall x$ (d) $f''(x) < -2, \forall x$

83. फलन $f(x) = \begin{cases} x, \text{ यदि } & 0 \leq x \leq 1 \\ 1, \text{ यदि } & 1 < x \leq 2 \end{cases}$, तब

(a) x के सभी मानों के लिए $0 < x \leq 2$ सतत् तथा $x = 1$ को छोड़कर x के सभी मानों के लिए अन्तराल $[0, 2]$ में अवकलनीय
(b) x के सभी मानों के लिए अन्तराल $[0, 2]$ में सतत् तथा अवकलनीय
(c) अन्तराल $[0, 2]$ में किसी भी बिन्दु परसतत् नहीं होगा
(d) अन्तराल $[0, 2]$ में किसी भी बिन्दु पर अवकलनीय नहीं होगा

84. यदि $f(x) = \begin{cases} x, & x \geq 0 \\ -x, & x < 0 \end{cases}$, तब

(a) $x = 0$ पर $f(x)$ अवकलनीय है
(b) $x = 0$ पर $f(x)$ सतत् नहीं है
(c) $x = 0$ पर $f(x)$ सतत् है लेकिन अवकलनीय नहीं है
(d) $x = 0$ पर $f(x)$ सतत् है और अवकलनीय है

85. $x = 1$ पर फलन $f(x) = \begin{cases} x^3 - x; 1 < x < \infty \\ x - 1; -\infty < x \leq 1 \end{cases}$

(a) सतत् व अकवलनीय (b) सतत् व अनअवकलनीय
(c) असतत् व अवकलनीय (d) असतत् व अनअवकलनीय

86. यदि $f(x)$ अवकलनीय फलन है और $f''(0) = a$, तब
$\lim_{x \to 0} \dfrac{2f(x) - 3f(2x) + f(4x)}{x^2}$ बराबर है

(a) $3a$ (b) $2a$ (c) $5a$ (d) $4a$

87. फलन $y = |\sin x|$, प्रत्येक x के लिए सतत् है लेकिन यह अवकलनीय नहीं है

(a) केवल $x = 0$ पर
(b) केवल $x = \pi$ पर
(c) केवल $x = k\pi$ पर (k एक पूर्णांक है)
(d) $x = 0$ तथा $k = k\pi$ पर (k एक पूर्णांक है)

88. फलन $f(x) = e^{-|x|}$

(a) सर्वत्र सतत् है परन्तु $x = 0$ पर अवकलनीय नहीं है
(b) सर्वत्र सतत् एवं अवकलनीय है
(c) $x = 0$ पर सतत् नहीं है
(d) उपरोक्त में से कोई नहीं

89. m का वह मान, जिसके लिए फलन $f(x) = \begin{cases} mx^2, & x \leq 1 \\ 2x, & x > 1 \end{cases}$, $x = 1$ पर अवकलनीय हो, है

(a) 0 (b) 1
(c) 2 (d) अस्तित्व नहीं है

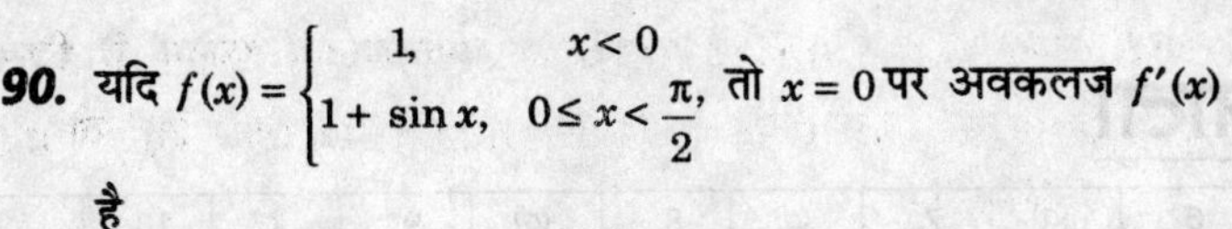

90. यदि $f(x) = \begin{cases} 1, & x < 0 \\ 1 + \sin x, & 0 \le x < \frac{\pi}{2} \end{cases}$, तो $x = 0$ पर अवकलज $f'(x)$ है

(a) 1 (b) 0
(c) अपरिमित (d) विद्यमान नहीं

91. उन बिन्दुओं का समुच्चय जिन पर फलन $f(x) = |2x - 1| \sin x$ अवकलनीय है, हैं

(a) R (b) $R - \left\{\frac{1}{2}\right\}$
(c) $(0, \infty)$ (d) इनमें से कोई नहीं

92. यदि $f(x) = x|x|$ हो, तब $f'(x)$ का मान है

(a) $2x$ (b) $2|x|$
(c) $-2x$ (d) इनमें से कोई नहीं

93. उन बिन्दुओं का समुच्चय, जहाँ फलन $f(x) = x^2|x|$ अवकलनीय है, है

(a) $(-\infty, \infty)$ (b) $(-\infty, 0) \cup (0, \infty)$ (c) $(0, \infty)$ (d) $[0, \infty]$

94. फलन $(\tan x^2 + 5)$ का अवकलन ज्ञात कीजिए।

(a) $2x\sec^2(x^2 + 5)$ (b) $2x^2\sec(x^2 + 5)$
(c) $x^2\sec(x^2 + 5)$ (d) $x^3\sec^2(x^2 + 5)$

95. यदि $f(x) = |\cos x|$ है, तब $f'\left(\frac{3\pi}{4}\right)$ ज्ञात कीजिए।

(a) $\frac{1}{2}$ (b) $\frac{1}{\sqrt{2}}$ (c) $\frac{\sqrt{3}}{2}$ (d) $\frac{3}{2}$

96. फलन $\frac{x^2}{\log x}$ का x के सापेक्ष अवकल गुणांक ज्ञात कीजिए।

(a) $\frac{2x}{\log x} - \frac{x}{(\log x)^2}$ (b) $\frac{x}{\log x} - \frac{x}{(\log x)^3}$
(c) $\frac{3x}{\log x} - \frac{2x}{(\log x)^2}$ (d) $\frac{x^2}{\log x} - \frac{x}{(\log x)^3}$

97. फलन $(-x)^{-2}$ का x के सापेक्ष अवकल गुणांक ज्ञात कीजिए।

(a) $\frac{2}{x^2}$ (b) $\frac{-2}{x^2}$ (c) $\frac{2}{(-x)^3}$ (d) $\frac{3}{x^2}$

98. फलन $e^{\sin x^2}$ का अवकल गुणांक ज्ञात कीजिए।

(a) $2xe^{\sin x} \cdot \cos x$ (b) $2xe^{\sin x^2} \cdot \cos x^2$
(c) $x\cos x^2 \cdot e^{\sin x}$ (d) $2xe^{\sin x^2} \cdot \cos x^3$

99. यदि $y = 4e^x \cdot \sin\frac{\pi}{2} + 5^x$ तो $\frac{dy}{dx}$ का मान ज्ञात कीजिए।

(a) $4e^x + 5^x \log 5$ (b) $e^x - 5^x \log 5$
(c) $2e^x + 5^x \log 5$ (d) $3e^x + 2^x \log 2$

100. फलन $\cot^3 2x$ का x के सापेक्ष अवकल गुणांक ज्ञात कीजिए।

(a) $6\cot x \cdot \cos^2 2x$ (b) $-6\cot^2 2x \cdot \text{cosec}^2 2x$
(c) $-6\tan^2 x \cdot \text{cosec}^2 x$ (d) $-4\tan^2 x \cdot \text{cosec}^2 2x$

अवकलज के अनुप्रयोग

101. वक्र $y = x^3 - x + 1$ की स्पर्श रेखा की प्रवणता उस बिन्दु पर ज्ञात कीजिए, जिसका x-निर्देशांक 2 है।

(a) 5 (b) 10 (c) 11 (d) 15

102. वक्र $y = x^3$ पर उन बिन्दुओं को ज्ञात कीजिए, जिन पर स्पर्श रेखा की प्रवणता बिन्दु के y-निर्देशांक के बराबर है।

(a) (0,0), (3,27) (b) (1,0), (3,28)
(c) (0,1), (28,3) (d) इनमें से कोई नहीं

103. बर्फ का गोला एकसमान दर से पिघलता है। गोले की त्रिज्या 5 सेमी होने पर गोले के आयतन में परिवर्तन की दर, इसकी त्रिज्या के सापेक्ष ज्ञात कीजिए।

(a) 50π घन सेमी/से (b) 100π घन सेमी/से
(c) 150π घन सेमी/से (d) इनमें से कोई नहीं

104. एक गोले की त्रिज्या 7 मी मापी जाती है, जिसमें 0.02 मी की त्रुटि है। इसके आयतन के परिकलन में सन्निकट त्रुटि ज्ञात कीजिए।

(a) 3.92π घन मी (b) 3.95π घन मी
(c) 4.25π घन मी (d) 5π घन मी

105. वक्र $x^2 + y^2 - 2x - 3 = 0$ के उन बिन्दुओं पर स्पर्श रेखाओं के समीकरण ज्ञात कीजिए, जहाँ वे X-अक्ष के समान्तर हैं।

(a) (1, 2), (1, −2) (b) (1, 0), (0,1)
(c) (1, −2), (0,1) (d) (1,1), (0,0)

106. भुजा में 3% वृद्धि के कारण भुजा x के घन के आयतन में सन्निकट मान परिवर्तन ज्ञात कीजिए।

(a) $0.01x^3$ घन मी (b) $0.09x^3$ घन मी
(c) $0.02x$ घन मी (d) $0.05x^2$ घन मी

107. वक्र $y^2 - 7x - 8y + 14 = 0$ के बिन्दु (2, 0) पर स्पर्श रेखा का समीकरण ज्ञात कीजिए।

(a) $8x + 5y = 10$ (b) $2x + 4y = -10$
(c) $7x + 8y = 14$ (d) इनमें से कोई नहीं

108. अन्तराल ज्ञात कीजिए, जिन पर $f(x) = x^3 + \frac{1}{x^3}$, $x \ne 0$ से प्रदत्त फलन वर्धमान है।

(a) $(-\infty, -1] \cup [1, \infty)$ (b) $[\infty, 1] \cup [1, \infty)$
(c) $(0, \infty) \cup (\infty, 1]$ (d) $(\infty, 1] \cup [-1, \infty)$

109. वक्र $2x^2 + 3y^2 = 18$ पर उन बिन्दुओं को ज्ञात कीजिए, जहाँ पर स्पर्श रेखा Y-अक्ष के समान्तर है।

(a) (0,3), (0, −3) (b) (3,0), (0,1)
(c) (3,0), (−3,0) (d) (2,0), (−2,0)

110. एक वृत्तीय प्लेट की त्रिज्या 0.2 सेमी/से की दर से बढ़ रही है। यदि त्रिज्या 10 सेमी हो, तो प्लेट के क्षेत्रफल परिवर्तन की दर क्या होगी?

(a) 4π वर्ग सेमी/से (b) π वर्ग सेमी/से
(c) π^2 वर्ग सेमी/से (d) 3π वर्ग सेमी/से

111. वक्र $y = x^2 - 4x - 5$ के बिन्दु $x = -2$ पर स्पर्श रेखा का समीकरण ज्ञात कीजिए।

(a) $x + y + 2 = 0$ (b) $8x + y + 9 = 0$
(c) $x - y - 2 = 0$ (d) $x + 8y + 9 = 0$

112. वक्र $y^2 = x^3$ के बिन्दु (4, 8) पर अभिलम्ब का समीकरण ज्ञात कीजिए।

(a) $x + 3y = 28$ (b) $x + y = 25$
(c) $2x + y = 28$ (d) $5x + 6y = 24$

उत्तरमाला

1.	(c)	2.	(a)	3.	(d)	4.	(a)	5.	(a)	6.	(a)	7.	(d)	8.	(d)	9.	(c)	10.	(c)
11.	(b)	12.	(c)	13.	(c)	14.	(b)	15.	(b)	16.	(b)	17.	(d)	18.	(c)	19.	(a)	20.	(b)
21.	(d)	22.	(c)	23.	(d)	24.	(a)	25.	(c)	26.	(c)	27.	(c)	28.	(c)	29.	(a)	30.	(b)
31.	(c)	32.	(c)	33.	(c)	34.	(c)	35.	(c)	36.	(c)	37.	(d)	38.	(b)	39.	(c)	40.	(c)
41.	(c)	42.	(c)	43.	(c)	44.	(c)	45.	(c)	46.	(b)	47.	(a)	48.	(d)	49.	(b)	50.	(c)
51.	(a)	52.	(b)	53.	(a)	54.	(c)	55.	(c)	56.	(c)	57.	(a)	58.	(c)	59.	(c)	60.	(b)
61.	(c)	62.	(d)	63.	(b)	64.	(a)	65.	(b)	66.	(c)	67.	(c)	68.	(d)	69.	(d)	70.	(d)
71.	(a)	72.	(b)	73.	(b)	74.	(c)	75.	(b)	76.	(b)	77.	(c)	78.	(d)	79.	(b)	80.	(d)
81.	(b)	82.	(d)	83.	(a)	84.	(c)	85.	(b)	86.	(a)	87.	(a)	88.	(a)	89.	(d)	90.	(d)
91.	(b)	92.	(b)	93.	(a)	94.	(a)	95.	(b)	96.	(a)	97.	(c)	98.	(b)	99.	(a)	100.	(b)
101.	(c)	102.	(a)	103.	(b)	104.	(a)	105.	(a)	106.	(b)	107.	(c)	108.	(a)	109.	(c)	110.	(a)
111.	(b)	112.	(a)																

संकेत एवं हल

1. $\lim_{x\to 0}\dfrac{\sin x}{\sqrt{x+1}-\sqrt{1-x}}$

$$= \lim_{x\to 0}\frac{\sin x}{\sqrt{x+1}-\sqrt{1-x}}\cdot\frac{\sqrt{x+1}+\sqrt{1-x}}{\sqrt{x+1}+\sqrt{1-x}}$$

[परिमेयीकरण करने पर]

$$= \lim_{x\to 0}\frac{\sin x(\sqrt{x+1}+\sqrt{1-x})}{(x+1)-(1-x)}$$

$$= \lim_{x\to 0}\frac{\sin x(\sqrt{x+1}+\sqrt{1-x})}{x+1-1+x}$$

$$= \frac{1}{2}\lim_{x\to 0}\frac{\sin x}{x}\lim_{x\to 0}(\sqrt{x+1}+\sqrt{1-x})$$

$$= \frac{1}{2}\cdot 1\cdot 2 \qquad \left[\because \lim_{x\to 0}\frac{\sin x}{x}=1\right]$$

$$= 1$$

2. $\lim_{\theta\to 0}\dfrac{1-\cos 4\theta}{1-\cos 6\theta}=\lim_{\theta\to 0}\dfrac{2\sin^2 2\theta}{2\sin^2 3\theta}$ $\quad[\because 1-\cos 2\theta = 2\sin^2\theta]$

$$= \frac{\lim_{\theta\to 0}\dfrac{\sin^2 2\theta}{(2\theta)^2}\cdot(2\theta)^2}{\lim_{\theta\to 0}\dfrac{\sin^2 3\theta}{(3\theta)^2}\cdot(3\theta)^2} = \frac{4}{9}\cdot\frac{\lim_{\theta\to 0}\left(\dfrac{\sin 2\theta}{2\theta}\right)^2}{\lim_{\theta\to 0}\left(\dfrac{\sin 3\theta}{3\theta}\right)^2}$$

$$= \frac{4}{9} \qquad \left[\because \lim_{x\to 0}\frac{\sin x}{x}=1\right]$$

3. दिया है, $f(x)=\begin{cases}\dfrac{\sin[x]}{[x]}, & [x]\neq 0\\ 0, & [x]=0\end{cases}$

$\therefore$ बाईं सीमा $= \lim_{x\to 0^-} f(x) = \lim_{x\to 0^-}\dfrac{\sin[x]}{[x]} = \lim_{h\to 0}\dfrac{\sin[0-h]}{[0-h]}$

$$= \lim_{h\to 0}\frac{-\sin[-h]}{[-h]} = -1$$

दाईं सीमा $= \lim_{x\to 0^+} f(x) = \lim_{h\to 0}\dfrac{\sin[0+h]}{[0+h]} = \lim_{h\to 0}\dfrac{\sin[h]}{[h]} = 1$

चूँकि, बाईं सीमा $\neq$ दाईं सीमा

अतः सीमा का अस्तित्व नहीं है।

4. $(1+x)^{1/x} = e^{\frac{1}{x}\log(1+x)}$

$$= e^{\frac{1}{x}\left(x-\frac{x^2}{2}+\frac{x^3}{3}-\dots\right)} = e^{1-\frac{x}{2}+\frac{x^2}{3}-\dots} = e\cdot e^{-\frac{x}{2}+\frac{x^2}{3}-\dots}$$

$$= e\left[1+\left(-\frac{x}{2}+\frac{x^2}{3}-\dots\right)+\frac{1}{2!}\left(-\frac{x}{2}+\frac{x^2}{3}-\dots\right)^2+\dots\right]$$

$$= e\left[1-\frac{x}{2}+\frac{11}{24}x^2-\dots\right]$$

$$\therefore \lim_{x\to 0}\frac{(1+x)^{\frac{1}{x}}-e+\dfrac{ex}{2}}{x^2} = \frac{11e}{24}$$

5. $\lim_{x\to 0}\dfrac{(1-\cos 2x)\sin 5x}{x^2\sin 3x}$

$$= \lim_{x\to 0}\frac{2\sin^2 x\sin 5x}{x^2\sin 3x}$$

$$= \lim_{x\to 0}\left(\frac{2\sin^2 x}{x^2}\right)\frac{\left(\dfrac{\sin 5x}{x}\right)}{\left(\dfrac{\sin 3x}{x}\right)}$$

$$= \lim_{x\to 0}2\left(\frac{\sin x}{x}\right)^2\times\frac{5\lim_{x\to 0}\left(\dfrac{\sin 5x}{5x}\right)}{3\lim_{x\to 0}\left(\dfrac{\sin 3x}{3x}\right)} = \frac{2\times 5}{3} = \frac{10}{3}$$

6. माना $S_n = \dfrac{1}{1\cdot 3}+\dfrac{1}{3\cdot 5}+\dfrac{1}{5\cdot 7}+\dots+\dfrac{1}{(2n-1)(2n+1)}$

$$= \frac{1}{2}\left[\left(1-\frac{1}{3}\right)+\left(\frac{1}{3}-\frac{1}{5}\right)+\dots+\left(\frac{1}{2n-1}-\frac{1}{2n+1}\right)\right]$$

$$= \frac{1}{2}\left[1-\frac{1}{2n+1}\right]$$

$$\therefore \lim_{n\to\infty} S_n = \lim_{n\to\infty}\frac{1}{2}\left[1-\frac{1}{2n+1}\right] = \frac{1}{2}$$

7. $\because S_1 = \Sigma n = \dfrac{n(n+1)}{2}, S_2 = \Sigma n^2 = \dfrac{n(n+1)(2n+1)}{6}$

तथा $S_3 = \Sigma n^3 = \dfrac{n^2(n+1)^2}{4}$

अब $\lim\limits_{n \to \infty} \dfrac{S_1\left(1 + \dfrac{S_3}{8}\right)}{S_2^2}$

$$= \lim_{n \to \infty} \frac{\dfrac{n(n+1)}{2}\left(1 + \dfrac{n^2(n+1)^2}{32}\right)}{\dfrac{n^2(n+1)^2(2n+1)^2}{36}}$$

$$= \lim_{n \to \infty} \frac{36}{2 \times 32}\left(\frac{n^2(n+1)^2 + 32}{n(n+1)(2n+1)^2}\right)$$

$$= \frac{9}{16} \lim_{n \to \infty} \left[\frac{\left(1 + \dfrac{1}{n}\right)^2 + \dfrac{32}{n^4}}{\left(1 + \dfrac{1}{n}\right)\left(2 + \dfrac{1}{n}\right)^2}\right] = \frac{9}{16} \cdot \frac{1}{1 \cdot 4} = \frac{9}{64}$$

8. माना $A = \lim\limits_{n \to \infty}\left(\dfrac{1}{n^2}\sec^2\dfrac{1}{n^2} + \dfrac{2}{n^2}\sec^2\dfrac{4}{n^2} + \ldots + \dfrac{1}{n}\sec^2 1\right)$

$$= \lim_{n \to \infty} \frac{1}{n}\left[\frac{1}{n}\sec^2\left(\frac{1}{n}\right)^2 + \frac{2}{n}\sec^2\left(\frac{2}{n}\right)^2 + \ldots + \frac{n}{n}\sec^2\left(\frac{n}{n}\right)^2\right]$$

$$= \lim_{n \to \infty} \frac{1}{n} \sum_{r=1}^{n} \left(\frac{r}{n}\right)\sec^2\left(\frac{r}{n}\right)^2$$

$$\therefore A = \int_0^1 x \sec^2(x^2)\, dx$$

$x^2 = t$ तथा $2x\, dx = dt \Rightarrow x\, dx = \dfrac{dt}{2}$ रखने पर,

$$\therefore \quad A = \frac{1}{2}\int_0^1 \sec^2 t\, dt = \frac{1}{2}[\tan t]_0^1 = \frac{1}{2}\tan 1$$

9. $\lim\limits_{x \to 0}\left[(\sin x)^{1/x} + \left(\dfrac{1}{x}\right)^{\sin x}\right]$

$$= \lim_{x \to 0} (\sin x)^{1/x} + \lim_{x \to 0}\left(\frac{1}{x}\right)^{\sin x}$$

$$= 0 + \lim_{x \to 0} e^{\sin x \log\left(\frac{1}{x}\right)}$$

$$[\because x > 0 \Rightarrow 0 < \sin x < 1 \Rightarrow \lim_{x \to 0}(\sin x)^{1/x} = 0]$$

$$= \lim_{x \to 0} e^{\left\{\frac{\log\left(\frac{1}{x}\right)}{\operatorname{cosec} x}\right\}}$$

$$= \lim_{x \to 0} e^{\left\{\frac{x\left(\frac{-1}{x^2}\right)}{-\operatorname{cosec} x \cdot \cot x}\right\}} \quad \text{[एल हॉस्पिटल नियम से]}$$

$$= \lim_{x \to 0} e^{\left\{\frac{\frac{1}{x}\sin^2 x}{\cos x}\right\}} = \lim_{x \to 0} e^{\left\{\frac{\sin^2 x}{x^2} \cdot \frac{x}{\cos x}\right\}}$$

$$= e^{(1)^2 \frac{0}{1}} = e^0 = 1$$

10. $L = \lim\limits_{x \to 0} \dfrac{a - \sqrt{a^2 - x^2} - \dfrac{x^2}{4}}{x^4}, a > 0$

$$= \lim_{x \to 0} \frac{a - a\left[1 - \dfrac{1}{2}\dfrac{x^2}{a^2} + \dfrac{\dfrac{1}{2}\cdot\left(\dfrac{1}{2} - 1\right)}{2} \cdot \dfrac{x^4}{a^4} + \ldots\right] - \dfrac{x^2}{4}}{x^4}$$

$$= \lim_{x \to 0} \frac{\dfrac{x^2}{2a} + \dfrac{1}{8} \cdot \dfrac{x^4}{a^3} + \ldots - \dfrac{x^2}{4}}{x^4}$$

चूँकि L परिमित है, तब $2a = 4 \Rightarrow a = 2$

$$\therefore \quad L = \lim_{x \to 0} \frac{1}{8a^3} = \frac{1}{64}$$

13. माना $x = i + \delta t$ और जब $x \to t$, तब $\delta t \to 0$.

अतः $\lim\limits_{\delta t \to 0} \dfrac{f(t + \delta t) - f(t)}{\delta t} \div \lim\limits_{\delta t \to 0} \dfrac{g(t + \delta t) - g(t)}{\delta t}$

$$= \frac{f'(t)}{g'(t)}$$

$\therefore \quad f(x) = \cot^{-1}(\tan 3\theta)$, यदि $x = \tan\theta$

$\therefore \quad \theta = \tan^{-1} x$

अब, $f(x) = \dfrac{\pi}{2} - \tan^{-1}(\tan 3\theta)$

$$= \frac{\pi}{2} - 3\theta = \frac{\pi}{2} - 3\tan^{-1} x$$

तथा $g(x) = \sin^{-1}(\cos 2\theta) = \dfrac{\pi}{2} - \cos^{-1}(\cos 2\theta)$

$$\Rightarrow \quad g(x) = \frac{\pi}{2} - 2\theta = \frac{\pi}{2} - 2\tan^{-1} x$$

$$\therefore \quad \frac{f'(t)}{g'(t)} = \frac{\dfrac{-3}{(1+t^2)}}{\dfrac{-2}{(1+t^2)}} \Rightarrow \frac{f'(t)}{g'(t)} = \frac{3}{2}$$

14. $\lim\limits_{x \to 2} \dfrac{2^x + 2^{3-x} - 6}{\sqrt{2^{-x}} - 2^{1-x}}$

$$= \lim_{x \to 2} \frac{(2^x)^2 - 6 \cdot 2^x + 2^3}{\sqrt{2^x} - 2} \quad \text{(अंश तथा हर को } 2^x \text{ से गुणा करने पर)}$$

$$= \lim_{x \to 2} \frac{(2^x - 4)(2^x - 2)(\sqrt{2^x} + 2)}{(\sqrt{2^x} - 2)(\sqrt{2^x} + 2)}$$

$$= \lim_{x \to 2} \frac{(2^x - 4)(2^x - 2)(\sqrt{2^x} + 2)}{(2^x - 4)}$$

$$= \lim_{x \to 2} (2^x - 2)(\sqrt{2^x} + 2)$$

$$= (2^2 - 2)(2 + 2) = 8$$

16. $f(x) = \lim\limits_{n \to \infty} \dfrac{1}{\left(\dfrac{3}{\pi}\tan^{-1} 2x\right)^{2n} + 5} = 0$

$$\Rightarrow \quad \left[\left(\frac{3}{\pi}\tan^{-1} 2x\right)^2\right]^n \to \infty$$

$$\Rightarrow \quad \left(\frac{3}{\pi}\tan^{-1} 2x\right)^2 > 1 \Rightarrow |\tan^{-1} 2x| > \frac{\pi}{3}$$

$\Rightarrow \quad \tan^{-1}2x < -\frac{\pi}{3}$ या $\tan^{-1}2x > \frac{\pi}{3}$

$\Rightarrow \quad 2x < -\sqrt{3}$ या $2x > \sqrt{3} \Rightarrow |2x| > \sqrt{3}$

17. विकल्पों से

(a) $\lim_{x\to a}\frac{x^3-a^3}{x-a} = \left(\frac{0}{0}\text{ अनिर्धार्य रूप}\right)$

(b) $\lim_{x\to 0}\sin x \operatorname{cosec} x = (0\times\infty$ अनिर्धार्य रूप)

(c) $\lim_{x\to 0}x^x = (0^0$ अनिर्धार्य रूप)

(d) $\lim_{x\to 0}\frac{0}{x} = 0$ (अनिर्धार्य रूप नहीं है)

18. सीमा $= \lim_{x\to 0} 9\times 2\left(\frac{\sin 3x}{3x}\right)^2 = 18\cdot 1 = 18$

19. चूँकि सीमा 1^∞ रूप का है

$\therefore$ सीमा $= \lim_{\theta\to 0}(1+(\cos\theta-1))^{\cot\theta} = e^{\lim_{\theta\to 0}(\cos\theta-1)\cot\theta}$

$= e^{\lim_{\theta\to 0}\frac{\cos\theta-1}{\tan\theta}} = e^{\lim_{\theta\to 0}\frac{\sin\theta}{\sec^2\theta}} = e^0 = 1$

20. सीमा $= \lim_{x\to 0}\left(\frac{(2a)^x-1}{x} - \frac{(3b)^x-1}{x}\right)$

$= \log 2a - \log 3b = \log(2a/3b)$ [एल हॉस्पिटल नियम से]

21. $\lim_{x\to\infty}\left(\frac{x}{1+x}\right)^x = e^{\lim_{x\to\infty}\left(\frac{x}{1+x}-1\right)x} = e^{\lim_{x\to\infty}\left(\frac{x-1-x}{1+x}\right)x} = e^{-1} = \frac{1}{e}$

22. सीमा $= \lim_{x\to 0}\frac{a^{\sin x}-1}{b^{\sin x}-1}$ $\left[\frac{0}{0}\text{ रूप}\right]$

$= \lim_{x\to 0}\frac{\log_e a^{\sin x}}{\log_e b^{\sin x}} = \frac{\log_e a}{\log_e b}$

23. एल हॉस्पिटल के नियम से,

सीमा $= \lim_{x\to 0}\frac{f'(x)}{1} = \lim_{x\to 3} -\frac{1}{2(18-x^2)^{3/2}}\cdot(-2x) = \frac{3}{3^3} = \frac{1}{9}$

24. चूँकि समीकरण $\frac{0}{0}$ रूप की है। अंश और हर का गुणनखण्ड करने पर,

सीमा $= \lim_{x\to\frac{\pi}{4}}\frac{(1-\cot x)(1+\cot x+\cot^2 x)}{(1-\cot x)(2+\cot x+\cot^2 x)}$

$= \frac{1+\cot\frac{\pi}{4}+\cot^2\frac{\pi}{4}}{2+\cot\frac{\pi}{4}+\cot^2\frac{\pi}{4}}$

$= \frac{1+1+1}{2+1+1} = \frac{3}{4}$

25. चूँकि बाईं सीमा $= f(0-0) = \lim_{h\to 0}\frac{1}{1+e^{1/h}} = \frac{1}{1+\infty} = 0$

दाईं सीमा $= f(0+0) = \lim_{h\to 0}\frac{1}{1+e^{-1/h}} = \frac{1}{1+0} = 1$

$\therefore$ दोनों सीमाएँ विद्यमान हैं परन्तु समान नहीं।

26. मान लीजिए $x = \frac{1}{y}$ जब $x\to\infty \Rightarrow y\to 0$

सीमा $= \lim_{x\to\infty}\left(1+\frac{2}{x}\right)^x = \lim_{y\to 0}(1+2y)^{1/y} = e^2$

27. सीमा $= \lim_{x\to 9}[\log_2\log_3 x]^{1/(x-9)}$

अब $\quad \log_2\log_3 9 = \log_2 2 = 1$

चूँकि दी हुई सीमा 1^∞ की रूप है।

मान लीजिए अभीष्ट सीमा y है।

$\therefore \quad \log y = \lim_{x\to 9}\frac{\log_2\log_3 x}{x-9}$

जब $x\to 9$, अंश = 1, हर $\to 0$

$\therefore \quad \log y = \infty \Rightarrow y = \infty$

28. सीमा $= \lim_{n\to\infty}\left(\frac{1+e^{1/n}+(e^{1/n})^2+\ldots+(e^{1/n})^{n-1}}{n}\right)$

$= \lim_{n\to\infty}\frac{1\cdot[(e^{1/n})^n-1]}{n(e^{1/n}-1)}$

$= (e-1)\lim_{n\to\infty}\frac{1}{\left(\frac{e^{1/n}-1}{1/n}\right)} = (e-1)\times 1 = e-1$

29. सीमा $= \lim_{x\to\infty}\left(1+\frac{2x-1}{x^2-4x+2}\right)^x$

मान लीजिए $\frac{2x-1}{x^2-4x+2} = t$ और जब $x\to\infty$, तब $t\to 0$

$\therefore \quad \lim_{t\to 0}\{(1+t)^{1/t}\}^{tx} = \lim_{t\to 0}e^{tx}$

जहाँ $\quad tx = \frac{x(2x-1)}{x^2-4x+2} \to 2$ जब $x\to\infty$

$\therefore$ सीमा $= e^2$

30. बाईं सीमा $= \lim_{x\to 1^-}f(x) = \lim_{x\to 1^-}(3x-1) = 3\cdot 1 - 1 = 2$

दाईं सीमा $= \lim_{x\to 1^+}f(x) = \lim_{x\to 1^+}(1)^2+1 = 2$

अतः $\lim_{x\to 1}f(x) =$ बाईं सीमा = दाईं सीमा = 2

31. सीमा $= \lim_{x\to 0}\frac{1-\cos 3x}{x^2} = \lim_{x\to 0}\frac{2\sin^2(3x/2)}{x^2}$

$\lim_{x\to 0}\frac{2\sin^2(3x/2)}{(3x/2)^2}\times\frac{9}{4}$

अतः $\quad \lim_{x\to 0}f\left(\frac{9}{2}\right) = \frac{2}{9}$

32. सीमा $= \lim_{x\to 7}\left(\frac{2-\sqrt{x-3}}{x^2-49}\right)$ $\left[\frac{0}{0}\text{ रूप}\right]$

$= \lim_{x\to 7}\frac{0-\frac{1}{2\sqrt{x-3}}}{2x}$ [एल हॉस्पिटल नियम से]

$= \lim_{x\to 7}\frac{-1}{4x\sqrt{x-3}} = \frac{-1}{4\times 7\sqrt{7-3}} = -\frac{1}{56}$

33. दिया है $f(x) = x^{x^{x^{\cdot^{\cdot^{\infty}}}}} \Rightarrow f(x) = x^{f(x)}$

दोनों तरफ का log लेने पर, $\log f(x) = f(x)\log x$

दोनों तरफ का x के सापेक्ष अवकलन करने पर,

$\frac{1}{f(x)}f'(x) = \frac{f(x)}{x} + f'(x)\log x$

$$\Rightarrow \quad f'(x) = \frac{f(x)}{x\left(\frac{1}{f(x)} - \log x\right)}$$

$$\Rightarrow \quad f'(2) = \frac{f(2)}{2\left(\frac{1}{f(2)} - \log 2\right)} = \frac{2}{2\left(\frac{1}{2} - \log 2\right)}$$

$$= \frac{1}{\left(\frac{1}{2} - \log 2\right)} = \frac{2}{1 - 2\log 2}$$

35. $x = 0$ पर सतत् होने के लिए

$$f(0) = \lim_{x \to 0} f(x) = \lim_{x \to 0} (x + 1)^{\cot x} = \lim_{x \to 0} \{(1 + x)^{1/x}\}^{x \cot x}$$

$$= \lim_{x \to 0} \{(1 + x)^{1/x}\}^{\lim_{x \to 0}\left(\frac{x}{\tan x}\right)} = e^1 = e$$

36. $f(0) = q$

$$f(0^+) = \lim_{x \to 0^+} \frac{(1 + x)^{1/2} - 1}{x}$$

$$= \lim_{x \to 0^+} \frac{1 + \frac{1}{2}x + \ldots - 1}{x} - \frac{1}{2}$$

$$f(0^-) = \lim_{x \to 0^-} \frac{\sin (p + 1)x + \sin x}{x} \quad \left(\frac{0}{0} \text{ रूप}\right)$$

$$f(0^-) = \lim_{x \to 0^-} \frac{[\cos (p + 1)x](p + 1) + \cos x}{1}$$

[एल हॉस्पिटल नियम से]

$$= (p + 1) + 1 = p + 2$$

$$\therefore \quad p + 2 = q = \frac{1}{2}$$

$$\Rightarrow \quad p = -\frac{3}{2}, q = \frac{1}{2}$$

37. दिया है, $f(x) = \begin{cases} x^p \cos\left(\frac{1}{x}\right), & x \neq 0 \\ 0, & x = 0 \end{cases}$

$\because x = 0$ पर यह अवकलनीय है।

$\therefore \quad \lim_{x \to 0} \frac{f(x) - f(0)}{x - 0}$ परिमित है।

$\Rightarrow \quad \lim_{x \to 0} \frac{x^p \cos\frac{1}{x} - 0}{x}$ परिमित है।

$\Rightarrow \quad \lim_{x \to 0} x^{p-1} \cos\frac{1}{x} - 0$ परिमित है।

$\Rightarrow \quad p - 1 > 0$

$\Rightarrow \quad p > 1$

38. दिया है, $f(x) = \left[x^2 + e^{\left(\frac{1}{2-x}\right)}\right]^{-1}$ तथा $f(2) - k$

$$\Rightarrow \quad \lim_{x \to 2^+} f(x) = f(2) = k$$

$$\Rightarrow \quad k = \lim_{h \to 0} f(2 + h)$$

$$\Rightarrow \quad k = \lim_{h \to 0}\left[(2 + h)^2 + e^{\frac{1}{2 - (2 + h)}}\right]^{-1}$$

$$\Rightarrow \quad k = \lim_{h \to 0} [4 + h^2 + 4h + e^{-1/h}]^{-1}$$

$$\Rightarrow \quad k = [4 + 0 + 0 + e^{-\infty}]^{-1}$$

$$\Rightarrow \quad k = \frac{1}{4}$$

39. $\because \quad f(x) = \begin{cases} 5^{1/x}, & x < 0 \\ \lambda [x], & x \geq 0 \end{cases}$

$\therefore \quad x = 0$ पर, $L = \lim_{x \to 0^+} f(x) = \lim_{x \to 0^+} \lambda[x]$

$$= \lim_{h \to 0} \lambda[h] = 0$$

तथा $\quad R = \lim_{x \to 0^{-1}} f(x) = \lim_{x \to 0^-} 5^{1/x}$

$$= \lim_{h \to 0} 5^{-1/h} = 0$$

तथा $\quad f(0) = \lambda[0] = 0 \qquad [\because V = L = R]$

$\therefore \lambda$ के किसी भी मान के लिए $f(x)$ सतत् है।

40. $\lim_{x \to 0}\left\{\frac{1}{x} - \frac{2}{e^{2x} - 1}\right\} = \lim_{x \to 0} \frac{e^{2x} - 1 - 2x}{x(e^{2x} - 1)} \qquad \left[\frac{0}{0} \text{ रूप}\right]$

एल हॉस्पिटल नियग रो,

$$= \lim_{x \to 0} \frac{2e^{2x} - 2}{(e^{2x} - 1) + 2xe^{2x}} \qquad \left[\frac{0}{0} \text{ रूप}\right]$$

एल हॉस्पिटल नियम से,

$$= \lim_{x \to 0} \frac{4e^{2x}}{4e^{2x} + 4xe^{2x}} = 1$$

$\because \quad f(x), x = 0$ पर सतत् है।

$\therefore \quad \lim_{x \to 0} f(x) = f(0) \Rightarrow 1 = f(0)$

41. दिया है, $\quad f(x) = \begin{cases} \frac{e^{1/x} - 1}{e^{1/x} + 1}, & x \neq 0 \\ 0, & x = 0 \end{cases}$

$$\therefore \quad \lim_{x \to 0} f(x) = \lim_{x \to 0} \frac{e^{1/x} - 1}{e^{1/x} + 1}$$

$$= \lim_{x \to 0}\left[\frac{1 - e^{-1/x}}{1 + e^{-1/x}}\right] = \frac{1}{1} = 1 \, (\because e^{-1/x} = e^{-\infty} = 0)$$

$\lim_{x \to 0} f(x) = 1$ तथा $f(x) = 0$

$\therefore \lim_{x \to 0} f(x)$ का अस्तित्व है परन्तु $x = 0$ सतत् नहीं है।

42. $f(x) = \begin{cases} x - 1, & x < 2 \\ 2x - 3, & x \geq 2 \end{cases}$

चूँकि यह एक बहुपद फलन है। इसलिए यह $x = 2$ के अतिरिक्त सभी बिन्दुओं पर सतत् है।

$x = 2$ पर, $\quad L = \lim_{x \to 2^-} x - 1 = \lim_{h \to 0} 2 - h - 1 = 1$

$$R = \lim_{x \to 2^+} 2x - 3$$

$$= \lim_{h \to 0} 2(2 + h) - 3 = 1$$

तथा $\quad V = f(2) = 2(2) - 3 = 1$

$\therefore \quad V = L = R$

अतः x के सभी वास्तविक मानों के लिए $f(x)$ सतत् है।

43. $\lim_{x \to 0} \frac{2^x - 2^{-x}}{x} = \lim_{x \to 0} 2^x \log 2 + 2^{-x} \log 2$ $\left[\frac{0}{0} \text{ रूप}\right]$

$= \log 2 + \log 2 = \log 4$

$\because$ $x = 0$ पर फलन सतत् है।

$\therefore$ $f(0) = \lim_{x \to 0} \frac{2^x - 2^{-x}}{x}$

$\Rightarrow$ $f(0) = \log 4$

44. चूँकि $L \neq R$ अतः फलन, x के सभी पूर्णांकीय मानों के लिए असतत् है

यहाँ, $y = [\sin x + \cos x], x \in (0, 2\pi); x = 0, \frac{\pi}{2}, \frac{3\pi}{2}, \frac{5\pi}{5}, \frac{7\pi}{4}$

एक पूर्णांक है।

अतः ऐसे सभी पाँचों बिन्दुओं पर $f(x) =$ [पूर्णांक x] असतत् होगा जैसा ऊपर दर्शाया गया है।

46. दिया है, $f(x) = \frac{1}{2}x - 1, 0 \leq x \leq \pi$ के लिए,

$\therefore$ $[f(x)] = \begin{cases} -1, & 0 \leq x < 2 \\ 0, & 2 \leq x \leq \pi \end{cases}$ $[\because \pi = 3.14]$

$\Rightarrow$ $\tan [f(x)] = \begin{cases} \tan(-1), & 0 \leq x < 2 \\ \tan 0, & 2 \leq x \leq \pi \end{cases}$

$\therefore$ $L = \lim_{x \to 2^-} \tan [f(x)] = -\tan 1$

तथा $R = \lim_{x \to 2^+} \tan [f(x)] = 0$

अतः $\tan f(x), x = 2$ पर सतत् नहीं है।

अब, $f(x) = \frac{1}{2}x - 1 \Rightarrow f(x) = \frac{x-2}{2}$ $[\because L \neq R]$

$\Rightarrow$ $\frac{1}{f(x)} = \frac{2}{x-2}$

स्पष्ट है, कि $f(x), x = 2$ पर सतत् नहीं है। अतः $\tan [f(x)]$ और $\left[\frac{1}{f(x)}\right]$

दोनों $x = 2$ पर असतत् हैं।

48. $x = 0$ पर, $L = f(0^-) = \lim_{x \to 0^-} k(2x - x^2) = 0$,

$R = f(0^+) = \lim_{x \to 0^+} \cos x = 1$

$\therefore$ $V = f(0) = \cos x = 1$

अतः k के किसी भी मान के लिए $f(0^-) = 1$ नहीं है।

49. (i) जब $0 \leq x < 1$, तब $f(x)$ का अस्तित्व नहीं है क्योंकि $[x] = 0$

तथा (ii) $\lim_{x \to 1^+} f(x)$ एवं $\lim_{x \to 1^-} f(x)$ का भी अस्तित्व नहीं है।

अतः $f(x)$ प्रत्येक पूर्णांकों एवं (0, 1) में असतत् है।

50. सतत्ता के लिए, सीमा = मान

$\therefore$ $f\left(\frac{\pi}{4}\right) = \lim_{x \to \frac{\pi}{4}} (\sin 2x)^{\tan^2 2x}$ $[1^\infty$ रूप$]$

$= \lim_{x \to \frac{\pi}{4}} (\sin^2 2x)^{\frac{1}{2}\tan^2 2x}$

$= \lim_{x \to \frac{\pi}{4}} (1 - \cos^2 2x)^{\frac{1}{2}\tan^2 2x}$

$= \lim_{x \to \frac{\pi}{4}} \left[(1 - \cos^2 2x)^{\frac{1}{\cos^2 2x}}\right]^{\frac{1}{2}\sin^2 2x} = e^{\frac{1}{2} \cdot 1} = \sqrt{e}$

51. $x = 4$ पर $L' = \lim_{h \to 0} \frac{[4-h] \sin \pi (4-h)}{-h}$

$= \lim_{h \to 0} (4-1) [\sin \pi\, 4 \cos \pi h - \cos \pi\, 4 \sin \pi h] / -h$

क्योंकि $[4-h] = 3, \sin \pi 4 = 0, \cos \pi 4 = (-1)^4$

$\therefore$ $L' = \lim_{h \to 0} (4-1) \frac{[0 - (-1)^4 \sin \pi h]}{-h}$

$= (4-1)(-1)^4 \pi$ $\left[\because \lim_{h \to 0} \frac{\sin(\pi h)}{h} = \pi\right]$

52. सतत्ता के लिए, सीमा = मान

मान लीजिए $A = \lim_{x \to 0} (x+1)^{\cot x}$

दोनों तरफ log लेने पर,

$\therefore$ $\log A = \lim_{x \to 0} \cot x \log(1+x)$

$= \lim_{x \to 0} \frac{\log(1+x)}{\tan x}$

$= \lim_{x \to 0} \frac{1/(1+x)}{\sec^2 x} = 1$ [एल हॉस्पिटल नियम से]

अतः $A = e^1 = e$

$\therefore f(0)$ की परिभाषा $f(0) = e$ होनी चाहिए।

54. यदि $f(x) = \begin{cases} 1, & x \neq 0 \\ 0, & x = 0 \end{cases}$ तथा $g(x) = \begin{cases} -1, & x \neq 0 \\ 0, & x = 0 \end{cases}$

तो f एवं g दोनों $x = 0$ पर असतत् हैं। परन्तु उनका योग फलन $(f+g)(x) = 0, \forall x \in R$ सर्वत्र सतत् है।

55. $\lim_{x \to 0} \frac{(9^x - 1)(4^x - 1)}{\sqrt{2}\left(1 - \cos\frac{x}{2}\right)}$

$= \lim_{x \to 0} \frac{9^x - 1}{x} \cdot \frac{4^x - 1}{x} \cdot \frac{x^2}{\sqrt{2} \cdot 2 \sin^2 \frac{x}{4}}$

$= \log 9 \cdot \log 4 \cdot \frac{1}{2\sqrt{2}} \cdot \lim_{x \to 0} \frac{\left(\frac{x}{4}\right)^2}{\left(\sin \frac{x}{4}\right)^2}$

$\left[\because \lim_{x \to 0} \frac{a^x - 1}{x} = \log a \text{ तथा } \lim_{\theta \to 0} \sin \theta = 1\right]$

$= 16\sqrt{2} \log 3 \cdot \log 2$

सतत्ता के लिए सीमा = मान

$\therefore$ $16\sqrt{2} \log 3 \cdot \log 2 = k$

56. $|\sin x|, |\cos x|$ तथा $|x|$ तीनों R पर सतत् फलन हैं। अतः उनका योग भी R पर सतत् होगा।

57. $x = 1$ पर, $L = f(1-0) = \lim_{h \to 0} \{a[1 - h + 1] + b[1 - h - 1]\}$

$= \lim_{h \to 0} \{a(1) + b(-1)\} = a - b$

$R = f(1+0) = \lim_{h \to 0} \{a[1 + h + 1] + b[1 + h - 1]\}$

$= \lim_{h \to 0} \{a(2) + b(0)\} = 2a$

सतत्ता के लिए, $L = R = V$

$f(1-0) = f(1+0) \Rightarrow a - b = 2a \Rightarrow a + b = 0$

58. दिया है, कि $f(x) = \begin{cases} \dfrac{\cos 3x - \cos x}{x^2}, & x \neq 0 \text{ के लिए} \\ \lambda, & x = 0 \text{ के लिए} \end{cases}$

अब, $\text{LHL} = \lim_{x \to 0^-} f(x)$

$= \lim_{h \to 0} \dfrac{\cos 3(0-h) - \cos(0-h)}{(0-h)^2}$

$= \lim_{h \to 0} \dfrac{\cos 3h - \cos h}{h^2}$

$= \dfrac{-9\cos 3h + \cos h}{2}$ [एल हॉस्पिटल नियम से]

$= \dfrac{-9+1}{2} = -4$

$\therefore \lim_{x \to 0^-} f(x) = f(0)$ [$\because f(x), x = 0$ पर सतत् है]

$\Rightarrow \quad -4 = \lambda \Rightarrow \lambda = -4$

60. $\because V = f\left(\dfrac{\pi}{4}\right) = \lim_{x \to \frac{\pi}{4}} f(x)$ [$\because V = \lim_{x \to a} f(a)$]

$\therefore \quad 2\alpha = \lim_{x \to \frac{\pi}{4}} \dfrac{\sqrt{2}\cos x - 1}{\cot x - 1}$ $\left[\dfrac{0}{0} \text{ रूप}\right]$

$\Rightarrow \quad 2\alpha = \lim_{x \to \frac{\pi}{4}} \dfrac{-\sqrt{2}\sin x}{-\text{cosec}^2 x} = \dfrac{1}{2}$

$\Rightarrow \quad \alpha = \dfrac{1}{4}$

61. $f'(x) = \lim_{h \to 0} \dfrac{f(x+h) - f(x)}{h} = \lim_{h \to 0} \dfrac{f(x) + f(h) - f(x)}{h}$,

$= \lim_{h \to 0} \dfrac{h^2 g(h)}{h} = 0, \; g(0) = 0$

62. फलन $f(x)$, $x = 3$ पर सतत् है अत: $V = L = R$

$f(3) = \lim_{x \to 3-0} f(x)$

$\Rightarrow \quad 8 = \lim_{h \to 0} [(3-h) + \lambda]$

$8 = 3 + \lambda$

$\Rightarrow \quad \lambda = 5$

63. $V = \lim_{x \to 0} f(x) = \dfrac{\sin^2 ax}{(ax)^2} \cdot a^2 = a^2$ $\left[\because \lim_{\theta \to 0} \left(\dfrac{\sin\theta}{\theta}\right)^2 = 1\right]$

तथा $\quad f(0) = 1$

अत: $f(x)$, $x = 0$ पर असतत् फलन है, जब $a \neq \pm 1$

64. माना $u(x) = |x|$ और $v(x) = e^x$

$\therefore \quad f(x) = vou(x) = v[u(x)] = v|x| = e^{|x|}$

चूँकि, $u(x)$ और $v(x)$ दोनों सतत् फलन हैं। इसलिए, $f(x)$ भी सतत् फलन होगा।

परन्तु $u(x) = |x|$, $x = 0$ पर अवकलनीय नहीं है, जबकि $v(x) = e^x$ सर्वत्र अवकलनीय है।

अत: $f(x)$ सर्वत्र सतत् है लेकिन $x = 0$ पर अवकलनीय नहीं है।

65. दिया है, $f(x) = |\sin x|$

माना $\quad u(x) = \sin x$ और $v(x) = |x|$

तब, $\quad f(x) = vou(x) = v[u(x)] = v(\sin x) = |\sin x|$

यहाँ $u(x)$ और $v(x)$ दोनों सतत् फलन हैं, इसलिए $f(x)$ भी सतत् होगा।

परन्तु $v(x)$, $x = 0$ पर अवकलनीय नहीं है। इसलिए, $f(x)$ उन बिन्दुओं पर अवकलनीय नहीं होगा जहाँ पर $\sin x = 0$,

अर्थात् $x = n\pi, n \in Z$ पर।

अत: $f(x)$ सर्वत्र सतत् है परन्तु $x = n\pi, n \in Z$ पर अवकलनीय नहीं है।

66. माना $f(x) = x[\sqrt{x} - \sqrt{x+1}]$, जोकि एक बीजीय फलन है। इसलिए $f(x)$ सर्वत्र सतत् है।

अब, $\quad Lf'(0) = \lim_{h \to 0} \dfrac{-h[\sqrt{-h} - \sqrt{-h+1}] - 0}{-h} = -1$

और $\quad Rf'(0) = \lim_{h \to 0} \dfrac{h[\sqrt{h} - \sqrt{h+1}] - 0}{h}$

$= -1$

चूँकि, $\quad Lf'(0) = Rf'(0) = -1$

$\therefore$ फलन $f(x)$, $x = 0$ पर अवकलनीय है।

67. $\quad f(x) = |x-1| = -x + 1, x < 1$

$f'(x) = -1$

$\therefore x = -1$ पर LHD -1 है।

$\therefore \quad p = -1$

अब, $\lim_{x \to 1^+} \dfrac{(x-1)^n}{\log \cos^m (x-1)} = p$ ...(i)

माना, $x - 1 = t$ समी (i) के बाएँ पक्ष में रखने पर,

$\lim_{t \to 0} \dfrac{t^n}{m \log \cos t} = -\dfrac{n}{m} \lim_{t \to 0} \dfrac{t^{n-1}}{\tan t}$ $\left[\dfrac{0}{0} \text{ रूप}\right]$

$= \lim_{t \to 0} \dfrac{-nt^{n-1}}{m \tan t}$ [एल हॉस्पिटल नियम से]

$= -\dfrac{n}{m} \lim_{t \to 0} \dfrac{t^{n-1}}{\tan t}$ $\left[\dfrac{0}{0} \text{ रूप}\right]$

पुन: एल हॉस्पिटल नियम का प्रयोग करने पर,

$-\dfrac{n}{m} \lim_{t \to 0} \dfrac{(n-1)t^{n-2}}{\sec^2 t} = p$

$\Rightarrow \quad -\dfrac{n}{m} \lim_{t \to 0} \dfrac{(n-1)t^{n-2}}{\sec^2 t} = -1$

अशून्य हल के लिए, $n - 2 = 0$

$\Rightarrow \quad n = 2$ एवं $m = n = 2$

68. फलन $|x|$, $x = 0$ पर अवकलनीय है।

$\therefore |x^2 - 3x + 2| = |(x-1)(x-2)|$

अत: $x = 1$ और 2 पर $f(x)$ अवकलनीय हैं।

अब, $f(x) = (x^2 - 1)|x^2 - 3x + 2| + \cos(|x|)$ $x = 2$ पर अवकलनीय नहीं है।

$1 < x < 2$ के लिए, $f(x) = -(x^2 - 1)(x^2 - 3x + 2) + \cos x$

$2 < x < 3$ के लिए

$f(x) = +(x^2 - 1)(x^2 - 3x + 2) + \cos x$

$Lf'(x) = -(x^2 - 1)(2x - 3) - 2x(x^2 - 3x + 2) - \sin x$

$Lf'(2) = -3 - \sin 2$

$Rf'(x) = (x^2 - 1)(2x - 3) + 2x(x^2 - 3x + 2) - \sin x$

$Rf'(2) = (4-1)(4-3) + 0 - \sin 2 = 3 - \sin 2$

अत: $\quad Lf'(2) \neq Rf'(2)$

69. $\because V = F(a) = \lim_{x \to a} F(x)$

$\Rightarrow \quad a = \lim_{x \to a}\left(\frac{f'(x)}{f(x) - f(a)} - \frac{1}{x - a}\right)$

$= \lim_{x \to a} \frac{(x - a)f'(x) - f(x) + f(a)}{(x - a)\{f(x) - f(a)\}}$

$= \lim_{x \to a} \frac{(x - a)f''(x)}{(x - a)f'(x) + f(x) - f(a)}$

$= \lim_{x \to a} \frac{f''(a)}{f'(a) + \frac{f(x) - f(a)}{x - a}}$

$= \frac{f''(a)}{f'(a) + f'(a)} = \frac{f''(a)}{2f'(a)} \quad \left[\because f'(x) = \lim_{x \to a} \frac{f(x) - f(a)}{x - a}\right]$

72. दिया है, $f\left(\frac{x + y}{3}\right) = \frac{f(x) + f(y)}{3}$

x के स्थान पर $3x$ तथा y के स्थान पर 0 रखने पर,

$f(x) = \frac{f(3x) + f(0)}{3}$

$\Rightarrow \; f(3x) - 3f(x) = -f(0)$ ...(i)

तथा $f'(x) = \lim_{h \to 0} \frac{f(x + h) - f(x)}{h}$

$= \lim_{h \to 0} \frac{f\left(\frac{3x + 3h}{3}\right) - f(x)}{h} = \lim_{h \to 0} \frac{\frac{f(3x) + f(3h)}{3} - f(x)}{h}$

$= \lim_{h \to 0} \frac{f(3x) + f(3h) - 3f(x)}{3h}$

$= \lim_{h \to 0} \frac{f(3h) - f(0)}{3h} = f'(0) = 3$ [समी (i) से]

$\therefore \quad f(x) = 3x + c \Rightarrow f(0) = 0 + c = 3 \Rightarrow c = 3$

$\therefore \quad f(x) = 3x + 3$

अतः $f(x)$ सर्वत्र सतत् तथा अवकलनीय है।

73. $x = 0$ पर, $R = f(0 + 0) = \lim_{h \to 0} \frac{0 + h}{1 + e^{1/(0 + h)}} = \lim_{h \to 0} \frac{h}{1 + e^{1/h}} = 0$

इसी प्रकार, $L = f(0 - 0) = \lim_{h \to 0} \frac{-h}{1 + e^{-1/h}} = 0$

चूँकि $f(0 + 0) = f(0) = f(0 - 0)$, फलन $x = 0$ पर सतत् है।

अब, हम $f(x)$ का $x = 0$ पर अवकलन ज्ञात करेंगे।

$Rf'(0) = \lim_{h \to 0} \frac{h/(1 + e^{1/h}) - 0}{h} = \lim_{h \to 0} \frac{1}{1 + e^{1/h}} = \frac{1}{1 + e^{\infty}} = 0$

और $Lf'(0) = \lim_{h \to 0} \frac{-h/(1 + e^{-1/h}) - 0}{-h}$

$= \lim_{h \to 0} \frac{1}{1 + e^{-1/h}} = \frac{1}{1 + e^{-\infty}} = \frac{1}{1 + 0} = 1$

चूँकि $Rf'(0) \neq Lf'(0)$

अतः f का, $x = 0$ पर अवकलज विद्यमान नहीं है।

अतः फलन $(-\infty, \infty) - \{0\}$ में अवकलनीय होगा।

75. दिया है, $f(x + y) + f(x) \cdot f(y), \forall x, y \in R$

$\therefore \; x = y = 0$ के लिए, ...(i)

$f(0) = f(0) \cdot f(0) \Rightarrow f(0) = 1 \quad [\because f(0) \neq 0]$ ...(ii)

अब, $\quad f'(x) = \lim_{h \to 0} \frac{f(x + h) - f(x)}{h} = \lim_{h \to 0} \frac{f(x)f(h) - f(x)}{h}$

$= f(x) \lim_{h \to 0} \frac{f(h) - 1}{h}$ [समी (i) से]

$= f(x) \lim_{h \to 0} \frac{f(h) - f(0)}{h}$ [समी (ii) से]

$= f(x)f'(0) = f(x) \cdot 2$ $[\because f'(0) = 2]$

इस प्रकार, $\; f'(x) = 2f(x), \forall x$

पुनः $\frac{f'(x)}{f(x)} = 2$ दोनों पक्षों का समाकलन करने पर,

$\log f(x) = 2x + \log A$

जब $x = 0$, तब $\log f(0) = 0 + \log A$

$\Rightarrow \quad \log 1 = \log A \Rightarrow \log A = 0$

$\therefore \quad \log f(x) = 2x \Rightarrow f(x) = e^{2x}$

76. दिया है $f(x)$, $x = 0$ पर अवकलनीय है, अतः $f(x)$, $x = 0$ पर सतत् होगा।

$\therefore \lim_{x \to 0^-} (e^x + ax) = \lim_{x \to 0^+} b(x - 1)^2$ $[\because L = R]$

$\lim_{h \to 0} \{e^{-h} - ah\} = \lim_{h \to 0} b(h - 1)^2$

$\Rightarrow \quad e^0 + a \times 0 = b(0 - 1)^2 \Rightarrow b = 1$ ...(i)

लेकिन $f(x)$, $x = 0$ पर अवकलनीय है, तब

$Lf'(x) = Rf'(x) \Rightarrow \frac{d}{dx}(e^x + ax) = \frac{d}{dx} b(x - 1)^2$

$\Rightarrow \quad e^x + a = 2b(x - 1)$

$x = 0$ पर, $e^0 + a = -2b \Rightarrow a + 1 = -2b$ ...(ii)

समी (i) तथा (ii) को हल करने पर, $(a, b) = (-3, 1)$

78. $\lim_{x \to 0} f(x) = x^2 \sin\left(\frac{1}{x}\right)$ परन्तु $-1 \leq \sin\left(\frac{1}{x}\right) \leq 1$ तथा $x \to 0$

$\therefore \quad \lim_{x \to 0^+} f(x) = 0 = \lim_{x \to 0^-} f(x) = f(0)$

अतः $f(x)$, $x = 0$ पर सतत् है। साथ ही $f(x) = x^2 \sin\frac{1}{x}$

अवकलनीय है।

क्योंकि $Rf'(x) = \lim_{x \to 0} \frac{h^2 \sin\frac{1}{h} - 0}{h} = 0$

तथा $\quad Lf'(x) = \lim_{h \to 0} \frac{h^2 \sin\left(\frac{1}{-h}\right)}{-h} = 0$

79. $f(0 + 0) = \lim_{h \to 0} f(x) = \lim_{h \to 0} f(0 + h)$

$= \lim_{h \to 0} (0 + h) \frac{e^{\frac{1}{0 + h}} - e^{-\frac{1}{0 + h}}}{e^{\frac{1}{0 + h}} + e^{-\frac{1}{0 + h}}}$

$= \lim_{h \to 0} h \frac{e^{\frac{1}{h}} - e^{-\frac{1}{h}}}{e^{\frac{1}{h}} + e^{-\frac{1}{h}}} = 0$

$f(0 - 0) = \lim_{h \to 0\, f(0 - h)} \frac{= \lim_{h \to 0} -he^{-\frac{1}{h}} - \frac{e^1}{h}}{e^{-\frac{1}{h}} + e^{\frac{1}{h}}} = 0$

तथा $\quad f(0) = 0,$

$\therefore \quad f(0 + 0) = f(0 - 0) = f(0)$

f, $x = 0$ पर सतत् है। शेष बिन्दुओं पर फलन $f(x)$ स्पष्टतः सतत् होगा। इस प्रकार $f(x)$ प्रत्येक बिन्दु पर सतत् है।

पुन: $Lf'(0) = \lim_{h\to 0} \dfrac{h\dfrac{e^{-\frac{1}{h}} - e^{\frac{1}{h}}}{e^{-\frac{1}{h}} + e^{\frac{1}{h}}} - 0}{-h} = -1$

तथा $Rf'(0) = \lim_{h\to 0} \dfrac{f(0+h) - f(0)}{h} = \lim_{h\to 0} \dfrac{h\dfrac{e^{-\frac{1}{h}} - e^{\frac{1}{h}}}{e^{-\frac{1}{h}} + e^{\frac{1}{h}}}}{-h} = -1$

$\because \quad Lf'(0) \neq Rf'(0)$

$\therefore$ फलन f, $x = 0$ पर अवकलनीय नहीं है।

80. यहाँ, $\lim_{x\to 3^-} f(x) = \lim_{h\to 0} f(3-h) = \lim_{h\to 0} |3 - h - 3| = 0$

तथा $\lim_{x\to 3^+} f(x) = \lim_{x\to 0} f(3+h) = \lim_{h\to 0} |3 + h - 3| = 0$

$\because \lim_{x\to 3^-} f(x) = \lim_{x\to 3^-} f(x) = f(3)$

अत: $Lf'(3) = \lim_{h\to 0} \dfrac{f(3-h) - f(3)}{-h}$

$= \lim_{h\to 0} \dfrac{|3 - h - 3| - 0}{-h}$

$= -1$

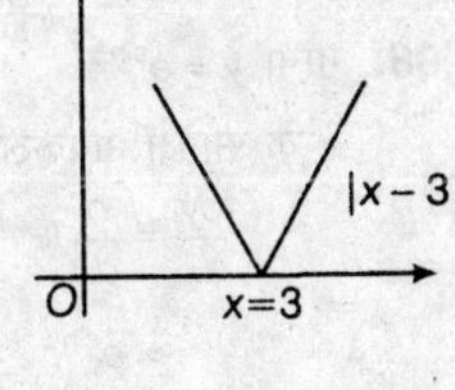

$Rf'(3) = \lim_{h\to 0} \dfrac{f(3+h) - f(3)}{h}$

$= \lim_{h\to 0} \dfrac{|3 + h - 3| - 0}{h} = 1$

$\because \quad Lf'(3) \neq R\,f'(3)$

अत: f, $x = 3$ पर अवकलनीय नहीं है।

81. $\because g(x) = [f(2f(x) + 2)]^2$

$\therefore g'(x) = 2f(2f(x) + 2) \cdot f(2f(x) + 2) \cdot 2f'(x)$

$x = 0$ रखने पर,

$g'(0) = 2f(2f(0) + 2) \cdot f'(2f(0) + 2) \cdot 2f'(0)$

$= 2f(2(-1) + 2) \cdot f'(2(-1) + 2) \cdot 2f'(0)$

$= 2f(0) \cdot d'(0) \cdot 2f'(0) = 4(-1)(1)(1) = -4$

83. $\because f(x) = \begin{cases} x, & 0 \le x \le 1 \\ 1, & 1 < x \le 2 \end{cases}$

$\therefore \lim_{x\to 1^-} f(x) = \lim_{h\to 0} f(1-h) = \lim_{h\to 0} (1-h) = 1$

तथा $\lim_{x\to 1} f(x) = \lim_{h\to 0} f(1+h) = 1$

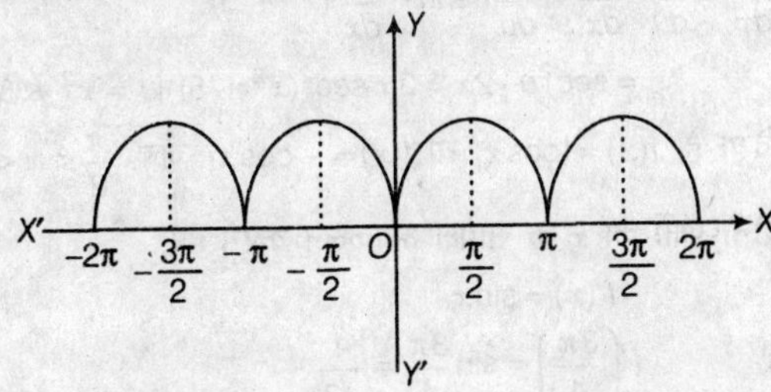

अत: फलन अन्तराल (0, 2) में सतत् है।

अब $\lim_{x\to 0^+} f(x) = \lim_{h\to 0} (0+h) = 0 = f(0)$

$\lim_{x\to 2^-} f(x) = \lim_{h\to 0} (2-h) = 1 = f(2)$

अत: फलन अन्तराल [0, 2] में सतत् है। चित्र से, फलन $x = 1$ पर अवकलनीय नहीं है।

84. $\because f(x) = \begin{cases} x, & x \ge 0 \\ -x, & x < 0 \end{cases}$

$x = 0$ पर,

L.H.L = $\lim_{x\to 0^-} f(x) = \lim_{h\to 0} f(0-h) = \lim_{h\to 0} -(0-h) = 0$

R.H.L. = $\lim_{x\to 0} f(x) = \lim_{x\to 0} f(0+h)$

$\lim_{h\to 0} (0+h) = 0$

$\therefore f(0) =$ R.H.L. = L.H.L. = 0

$\Rightarrow x = 0$ पर सतत् है।

L.H.D. = $\lim_{h\to 0} \dfrac{f(0-h) - f(0)}{-h} = \lim_{h\to 0} \dfrac{-(-h) - 0}{-h} = \lim_{h\to 0} \dfrac{(h)}{(-h)} = -1$

R.H.D. = $\lim_{h\to 0} \dfrac{f(0+h) - f(0)}{h}$

$= \lim_{h\to 0} \dfrac{h - 0}{h} = \lim_{h\to 0} \dfrac{h}{h} = 1$

$\because$ L.H.D. $\neq$ R.H.D.

$\Rightarrow x = 0$, पर अवकलनीय नहीं है।

85. $Rf'(1) = \lim_{h\to 0} \dfrac{f(1+h) - f(1)}{h}$

$= \lim_{h\to 0} \dfrac{\{(1+h)^3 - 1\} - 0}{h} = 3$

तथा $Lf'(1) = \lim_{h\to 0} \dfrac{f(1-h) - f(1)}{-h} = \lim_{h\to 0} \dfrac{\{(1-h) - 1\} - 13 - 0}{-h} = 1$

$\therefore \quad Rf'(1) \neq Lf'(1)$

$\Rightarrow f(x)$, $x = 1$ पर अनअवकलनीय है।

अब $\quad f(1+0) = \lim_{h\to 0} f(1+h) = 0$

तथा $\quad f(1-0) = \lim_{h\to 0} f(1-h) = 0$

$\therefore \quad f(1+0) = f(1-0) = f(0)$

$\therefore \quad f(x)$, $x = 1$ पर सतत् है।

अत: $x = 1$ पर, $f(x)$ सतत् व अनअवकलनीय है।

86. $\lim_{x\to 0} \dfrac{2f(x) - 3f(2x) + f(4x)}{x^2}$

$= \lim_{x\to 0} \dfrac{2f'(x) - 6f'(2x) + 4f'(4x)}{2x}$ [एल हॉस्पिटल नियम से]

$= \lim_{[x} \to 0 \dfrac{2f''(x) - 12f''(2x) + 16f''(4x)}{2}$

[एल हॉस्पिटल नियम से]

$= \dfrac{2f''(0) - 12f''(0) + 16f''(0)}{2} = \dfrac{6a}{2} = 3a$

87. $f(x) = |\sin x|$ के ग्राफ से स्पष्ट है कि यह सभी जगह सतत् है लेकिन π के पूर्णांक गुणकों तथा $x = 0$ पर अवकलनीय नहीं है।

88. दिये गए फलन को परिभाषित करने पर $f(x) = e^x, x < 0 = e^{-x}, x \ge 0$

$x = 0$ पर, $L - \lim_{h\to 0} e^{-h} = 1, R = \lim_{h\to 0} e^{-h} = 1 = V$

अत: फलन $x = 0$ पर सतत् है।

अब $x = 0$ पर, $L' = \lim_{h\to 0} \dfrac{e^{-h} - 1}{-h} = \lim_{h\to 0} \dfrac{1 - h + \ldots - 1}{-h} = 1$

$R' = \lim_{h\to 0} \dfrac{e^{-h} - 1}{h} = \lim_{h\to 0} \dfrac{1 - h - \ldots - 1}{h} = -1$

चूँकि $L' \neq R'$ अत: यह $x = 0$ पर अवकलनीय नहीं है।

89. $Lf'(1) = \lim_{h \to 0} \frac{f(1-h) - f(1)}{-h} = \lim_{h \to 0} \frac{m(1-h)^2 - m}{-h}$

$= \lim_{h \to 0} \frac{m[1 + h^2 - 2h - 1]}{-h} = \lim_{h \to 0} m(2-h) = 2m$

तथा $Rf'(1) = \lim_{h \to 0} \frac{f(1+h) - f(1)}{h} = \lim_{h \to 0} \frac{2(1+h) - m}{h}$

अवकलनीयता के लिए, $Lf'(1) = Rf'(1)$

किन्तु m के प्रत्येक मान के लिए $Rf'(1) = Lf'(1)$ सम्भव नहीं है।

90. $f(0) = 1 + \sin 0 = 1$, तो

$Rf'(0) = \lim_{h \to 0} \frac{1 + \sin(0+h) - 1}{h} = \lim_{h \to 0} \frac{\sin h}{h} = 1$

और $Lf'(0) = \lim_{h \to 0} \frac{1-1}{-h} = 0$ $[\because Rf'(0) \neq Lf'(0)]$

अतः $f'(0)$ विद्यमान नहीं है।

92. यहाँ, $f(x) = \begin{cases} -x^2, & x < 0 \\ x^2, & x > 0 \end{cases}$

$\Rightarrow f'(x) = \begin{cases} -2x, & x < 0 \\ 2x, & x > 0 \end{cases}$

$\therefore f'(x) = 2|x|$

93. यहाँ, $f(x) = \begin{cases} -x^3, & x \le 0 \\ x^3, & x \ge 0 \end{cases}$

चूँकि फलन बीजीय होने के कारण सभी $x > 0$ और $x < 0$ के लिए अवकलनीय है।

$\therefore x = 0$ पर,

$Lf'(0) = \lim_{h \to 0} \frac{f(0-h) - f(0)}{-h} = \lim_{h \to 0} \frac{-(-h)^3 - 0}{-h} = 0$

$Rf'(0) = \lim_{h \to 0} \frac{f(0+h) - f(0)}{h} = \lim_{h \to 0} \frac{h^3 - 0}{h} = 0$

$\because x = 0$, फलन $f(x)$ अवकलनीय नहीं है।

अतः अभीष्ट समुच्चय $(-\infty, \infty)$ है।

94. माना $y = \tan u$, जहाँ $u = x^2 + 5$

अवकलज के शृंखला नियम से,

$\frac{dy}{dx} = \frac{dy}{du} \cdot \frac{du}{dx} = \frac{d}{du}(\tan u) \cdot \frac{d}{dx}(x^2 + 5)$

$= \sec^2 u \cdot 2x = 2x \sec^2(x^2 + 5)$ [$u = x^2 + 5$ रखने पर]

95. दिया है, $f(x) = |\cos x|$ या $f(x) = -\cos x$, जब $\frac{\pi}{2} < x < \pi$

दोनों पक्षों का x के सापेक्ष अवकलन करने पर,

$f'(x) = \sin x$

$\therefore f'\left(\frac{3\pi}{4}\right) = \sin \frac{3\pi}{4} = \frac{1}{\sqrt{2}}$

96. दिया है, $y = \frac{x^2}{\log x}$

x के सापेक्ष अवकलन करने पर,

$\frac{d}{dx}(y) = \frac{d}{dx}\left(\frac{x^2}{\log x}\right)$

$\frac{dy}{dx} = \frac{\log x \cdot \frac{d}{dx}(x^2) - x^2 \cdot \frac{d}{dx}(\log x)}{(\log x)^2}$ [अवकलन के भागफल नियम से]

$= \frac{2x \log x - x^2 \cdot \frac{1}{x}}{(\log x)^2}$ $\left[\because \frac{d}{dx}(\log_e x) = \frac{1}{x}\right]$

$= \frac{2x \log x - x}{(\log x)^2}$

$= \frac{2x}{\log x} - \frac{x}{(\log x)^2}$

97. माना $y = (-x)^{-2}$

दोनों पक्षों का x के सापेक्ष अवकलन करने पर,

$\frac{d(y)}{dx} = \frac{d}{dx}\{(-x)^{-2}\}$

$= -2(-x)^{-2-1} \cdot \frac{d}{dx}(-x)$ [शृंखला नियम से]

$= -2(-x)^{-3}(-1) = 2(-x)^{-3}$

$\Rightarrow \frac{dy}{dx} = \frac{2}{(-x)^3}$

98. माना $y = e^{\sin x^2}$

x के सापेक्ष अवकलन करने पर,

$\frac{dy}{dx} = \frac{d}{dx}(e^{\sin x^2})$

$= e^{\sin x^2} \frac{d}{dx}(\sin x^2)$ [शृंखला नियम से]

$= e^{\sin x^2}(\cos x^2) \frac{d}{dx}(x^2)$

$= e^{\sin x^2} \cdot \cos x^2 2x$

$= 2x e^{\sin x^2} \cdot \cos x^2$

99. दिया है, $y = 4e^x \cdot \sin \frac{\pi}{2} + 5^x \Rightarrow y = 4e^x + 5^x$

x के सापेक्ष अवकलन करने पर,

$\frac{dy}{dx} = \frac{d}{dx}(4e^x + 5^x)$

$= 4\frac{d}{dx}(e^x) + \frac{d}{dx}(5^x) = 4e^x + 5^x \log 5$

100. माना $y = \cot^3 2x$

x के सापेक्ष अवकलन करने पर,

$\frac{dy}{dx} = 3\cot^2 2x \frac{d}{dx}(\cot 2x)$

$= 3\cot^2 2x(-\text{cosec}^2 2x)\frac{d}{dx}(2x)$

$= 3\cot^2 2x(-\text{cosec}^2 2x)(2)$

$= -6\cot^2 2x \, \text{cosec}^2 2x$

101. दिए गए वक्र का समीकरण निम्न है

$y = x^3 - x + 1$

x के सापेक्ष अवकलन करने पर,

$\frac{dy}{dx} = 3x^2 - 1$

$\therefore$ बिन्दु $x = 2$ पर स्पर्श रेखा की प्रवणता,

$\left(\frac{dy}{dx}\right)_{x=2} = 3(2)^2 - 1 = 11$

अतः $x = 2$ पर स्पर्श रेखा की प्रवणता 11 है।

102. दिए गए वक्र का समीकरण निम्न है

$$y = x^3 \quad \ldots(i)$$

x के सापेक्ष अवकलन करने पर, $\frac{dy}{dx} = 3x^2$

बिन्दु (x, y) पर स्पर्श रेखा की प्रवणता,

$$m = \left(\frac{dy}{dx}\right)_{(x, y)} = 3x^2$$

जब स्पर्श रेखा की प्रवणता y-निर्देशांक के बराबर है, तब

$$y = 3x^2$$

$\Rightarrow \quad 3x^2 = x^3 \quad [\because y = x^3, \text{ दिया है}]$

$\Rightarrow \quad x^2(3 - x) = 0 \Rightarrow x = 0$ या $x = 3$

जब $x = 0$, तब समी (i) से, $y = 0^3 = 0$

तथा जब $x = 3$, तब समी (i) से, $y = 3^3 = 27$

अतः अभीष्ट बिन्दु (0, 0) और (3, 27) हैं।

103. माना गोले की त्रिज्या r है तथा आयतन V है।

तब, गोले का आयतन $(V) = \frac{4}{3}\pi r^3$

r के सापेक्ष अवकलन करने पर,

$$\frac{dV}{dr} = \frac{4}{3}\pi(3r^2) = 4\pi r^2$$

जब $r = 5$ सेमी, तब $\frac{dV}{dr} = 4\pi(5)^2 = 100\pi$

अतः r के सापेक्ष आयतन में परिवर्तन की दर 100π घन सेमी/से है।

104. माना गोले की त्रिज्या r है और त्रिज्या मापन में त्रुटि Δr है।

तब, $r = 7$ मी और $\Delta r = 0.02$ मी

अब, गोले का आयतन $(V) = \frac{4}{3}\pi r^3$

x के सापेक्ष अवकलन करने पर,

$$\frac{dV}{dr} = \left(\frac{4}{3}\pi\right)(3r^2) = 4\pi r^2$$

$\therefore \quad \Delta V = \left(\frac{dV}{dr}\right)\Delta r = (4\pi r^2)\Delta r$

$\Rightarrow \quad \Delta V = 4\pi \times 7^2 \times 0.02 = 3.92\pi$ घन मी

$\Rightarrow \quad \Delta V = 3.92\pi$ घन मी

अतः आयतन के परिकलन में सन्निकट त्रुटि 3.92π घन मी है।

105. दिए गए वक्र का समीकरण निम्न है

$$x^2 + y^2 - 2x - 3 = 0 \quad \ldots(i)$$

x के सापेक्ष अवकलन करने पर,

$$2x + 2y\frac{dy}{dx} - 2 = 0 \Rightarrow 2y\frac{dy}{dx} = 2 - 2x$$

$\Rightarrow \quad \frac{dy}{dx} = \frac{2(1 - x)}{2y} = \frac{1 - x}{y}$

यदि स्पर्श रेखा X-अक्ष के समान्तर है, तब

$$\frac{dy}{dx} = 0 \Rightarrow \frac{1 - x}{y} = 0 \Rightarrow 1 - x = 0 \Rightarrow x = 1$$

$x = 1$ समी (i) में रखने पर,

$$1^2 + y^2 - 2 \times 1 - 3 = 0 \Rightarrow y^2 - 4 = 0$$

$\Rightarrow \quad y = \pm 2$

अतः वे बिन्दु जहाँ पर स्पर्श रेखा X-अक्ष के समान्तर है, (1, 2) और (1, −2) हैं।

106. माना x भुजा वाले घन का आयतन V है।

तब, $\quad V = x^3$

x के सापेक्ष अवकलन करने पर, $\frac{dV}{dx} = 3x^2$

पुनः माना $\Delta x = x$ का 3% = $0.03x$

अब, आयतन में परिवर्तन, $\Delta V = \left(\frac{dV}{dx}\right)\Delta x$

$$= (3x^2)\Delta x = (3x^2)(0.03x)$$

$$= 0.09x^3 \text{ घन मी}$$

अतः घन के आयतन में सन्निकट परिवर्तन $0.09x^3$ घन मी है।

107. दिए गए वक्र का समीकरण निम्न है

$$y^2 - 7x - 8y + 14 = 0$$

x के सापेक्ष अवकलन करने पर,

$$2y\frac{dy}{dx} - 7 - 8\frac{dy}{dx} = 0$$

$\Rightarrow \quad (2y - 8)\frac{dy}{dx} = 7 \quad \Rightarrow \frac{dy}{dx} = \frac{7}{2y - 8}$

बिन्दु (2, 0) पर वक्र की स्पर्श रेखा की प्रवणता,

$$m = \left(\frac{dy}{dx}\right)_{(2, 0)} = \frac{7}{2(0) - 8} = -\frac{7}{8}$$

अब, बिन्दु (2, 0) पर स्पर्श रेखा का समीकरण निम्न है

$$y - 0 = -\frac{7}{8}(x - 2)$$

$$\left[\text{सूत्र } (y - y_1) = \left(\frac{dy}{dx}\right)_{(x_1, y_1)}(x - x_1) \text{ से}\right]$$

$\Rightarrow \quad 8y = -7x + 14 \Rightarrow 7x + 8y = 14$

जोकि अभीष्ट स्पर्श रेखा का समीकरण है।

109. दिए गए वक्र का समीकरण निम्न है

$$2x^2 + 3y^2 = 18 \quad \ldots(i)$$

x के सापेक्ष अवकलन करने पर,

$$4x + 6y\frac{dy}{dx} = 0 \Rightarrow 6y\frac{dy}{dx} = -4x$$

$\Rightarrow \quad \frac{dy}{dx} = -\frac{4x}{6y} = -\frac{2}{3}\cdot\frac{x}{y} \quad \ldots(ii)$

प्रश्नानुसार, स्पर्श रेखा Y-अक्ष के समान्तर है, तब $\theta = 90°$ होगा।

$\therefore \quad \frac{dy}{dx} = \infty$

$\Rightarrow \quad -\frac{2}{3}\cdot\frac{x}{y} = \frac{1}{0} \quad$ [समी (ii) से]

$\Rightarrow \quad y = 0$

समी (i) में $y = 0$ रखने पर,

$$2x^2 + 3(0)^2 = 18 \Rightarrow x^2 = \frac{18}{2} = 9 \Rightarrow x = \pm 3$$

अतः बिन्दुओं (3, 0) तथा (− 3, 0) पर दिए गए वक्र की स्पर्श रेखाएँ Y-अक्ष के समान्तर हैं।

110. माना वृत्तीय प्लेट की त्रिज्या r तथा क्षेत्रफल A है।

तब, $\quad A = \pi r^2 \Rightarrow \frac{dA}{dr} = 2\pi r$

$\because$ त्रिज्या परिवर्तन की दर, $\frac{dr}{dt} = 0.2$ सेमी/से

$\therefore$ क्षेत्रफल परिवर्तन की दर,

$$\frac{dA}{dt} = \frac{dA}{dr} \cdot \frac{dr}{dt} = 2\pi r \cdot (0.2) = 0.4\pi r$$

$= 0.4\pi(10)$ [$\because r = 10$ सेमी]

$= 4\pi$ वर्ग सेमी/से

111. दिया है, वक्र $y = x^2 - 4x - 5$ ...(i)

जब, $x = -2$, तब $y = (-2)^2 - 4(-2) - 5$

$\Rightarrow \quad y = 4 + 8 - 5 = 7$

अतः बिन्दु (–2,7) पर स्पर्श रेखा का समीकरण ज्ञात करता है

समी (i) का x के सापेक्ष अवकलन करने पर,

$$\frac{dy}{dx} = 2x - 4$$

बिन्दु (–2,7) पर स्पर्श रेखा की प्रवणता,

$$\left(\frac{dy}{dx}\right)(-2,7) = 2 \times (-2) - 4 = -8$$

∴ बिन्दु (–2,7) पर स्पर्श रेखा का समीकरण निम्न है

$$y - 7 = (-8)(x + 2)$$

$\Rightarrow \quad y - 7 = -8x - 16 \Rightarrow 8x + y - 7 + 16 = 0$

$\Rightarrow \quad 8x + y + 9 = 0$

112. दिए गए वक्र का समीकरण निम्न है

$$y^2 = x^3 \quad \text{...(i)}$$

समी (i) का x के सापेक्ष अवकलन करने पर,

$$\frac{d}{dx}(y^2) = \frac{d}{dx}(x^3) \Rightarrow 2y\frac{dy}{dx} = 3x^2 \Rightarrow \frac{dy}{dx} = \frac{3x^2}{2y}$$

बिन्दु (4, 8) पर स्पर्श रेखा की प्रवणता

$$m = \left(\frac{dy}{dx}\right)_{(4,\,8)} = \frac{3 \times (4)^2}{2 \times 8} = \frac{3 \times 16}{16} = 3$$

∴ अभिलम्ब का समीकरण निम्न है

$$y - y_1 = -\frac{1}{(dy/dx)_{(4,\,8)}}(x - x_1)$$

$\Rightarrow \quad y - 8 = -\frac{1}{3}(x - 4)$

[x_1, y_1 तथा $\left(\frac{dy}{dx}\right)_{4,\,8}$ के मान रखने पर]

$\Rightarrow 3y - 24 = -x + 4 \Rightarrow x + 3y = 28$

जोकि अभिलम्ब का अभीष्ट समीकरण है।

अध्याय 19

समाकलन

Integration

अवकलन के व्युत्क्रम प्रक्रम को समाकलन कहते हैं। यदि किसी फलन का अवकलन ज्ञात करने के स्थान पर फलन का अवकल गुणांक अथवा अवकलज दिया गया है, तो समाकलन के द्वारा इसके पूर्वग अर्थात् वास्तविक फलन को ज्ञात किया जा सकता है। यह प्रक्रिया **समाकलन** या **प्रति-अवकलन** (Anti-derivative) कहलाती है। अत: यदि किसी फलन $f(x)$ का अवकल गुणांक $F(x)$ हो, तो हम कहते हैं कि $F(x)$ का **समाकलन** (Integral) या प्रति-अवकलज $f(x)$ है तथा इसे $\int F(x)\,dx = f(x)$ द्वारा निरूपित करते हैं। यहाँ, '∫' समाकलन का प्रतीक है तथा dx इस बात को सूचित करता है कि समाकलन 'चर x के सापेक्ष' किया गया है तथा जिस फलन का समाकलन किया जाता है, उसे **समाकल्य** (Integrand) कहते हैं।

इस प्रकार, यदि $\frac{d}{dx}[f(x)] = F(x)$, तब $\int F(x)\,dx = f(x)$

पुन: हम जानते हैं कि किसी भी वास्तविक संख्या C, जिसे **अचर** (Constant) फलन माना जाता है, का अवकलज शून्य होता है।

अत: यदि फलन $f(x)$ का x के सापेक्ष अवकलज $F(x)$ हो, तो फलन $[f(x) + C]$, जहाँ C स्वेच्छ अचर है, का भी x के सापेक्ष अवकलज $F(x)$ होगा।

अर्थात् यदि $\frac{d}{dx}[f(x)] = F(x)$ तब $\frac{d}{dx}[f(x) + C] = F(x)$

$\therefore$ $\int F(x)\,dx = f(x)$ तथा $\int F(x)\,dx = f(x) + C$

स्पष्ट है कि C के भिन्न-भिन्न मान के लिए भिन्न-भिन्न समाकलन प्राप्त होते हैं। इस प्रकार एक दिए गए फलन $F(x)$ के अनेक समाकलन प्राप्त होते हैं अर्थात् किसी फलन का समाकलन अद्वितीय नहीं होता है।

अत: यदि $f(x)$, फलन $F(x)$ का कोई समाकलन हो, तो $f(x) + C$ उसका **व्यापक समाकलन** (General integral) कहलाता है तथा स्वेच्छ अचर C को **समाकलन अचर** (Constant of integration) कहते हैं। यदि दिए गए प्रतिबन्ध के अन्तर्गत अचर C का मान ज्ञात कर लिया जाए, तो ऐसे समाकलन को **विशेष समाकलन** कहते हैं।

कुछ प्रतीक और उनके अर्थ

प्रतीक या संकेत	अर्थ
(i) $\int f(x)\,dx$	f का x के सापेक्ष समाकलन
(ii) $\int f(x)\,dx$ में $f(x)$	समाकल्य
(iii) $\int f(x)\,dx$ में x	समाकलन का चर
(iv) समाकलन करना	समाकलन ज्ञात करना
(v) $f(x)$ का समाकलन	एक फलन $F(x)$ जिसके लिए $F'(x) = f(x)$
(vi) समाकलन संक्रिया	समाकलन ज्ञात करने की प्रक्रिया
(vii) समाकलन का अचर	कोई भी वास्तविक संख्या, जिसे अचर फलन कहते हैं।

समाकलन के मूलभूत सूत्र

Fundamental Formulae of Integral

समाकलन के मूलभूत सूत्र निम्न प्रकार हैं

1. बीजगणितीय सूत्र Algebraic Formulae

(i) $\int x^n dx = \frac{x^{n+1}}{n+1} + C, n \neq -1$

(ii) $\int (ax+b)^n dx = \frac{1}{a} \cdot \frac{(ax+b)^{n+1}}{n+1} + C, n \neq -1$

(iii) $\int \frac{1}{x} dx = \log|x| + C$

(iv) $\int \frac{1}{ax+b} dx = \frac{1}{a}(\log|ax+b|) + C$

(v) $\int \frac{1}{a^2 - x^2} dx = \frac{1}{2a} \log\left|\frac{a+x}{a-x}\right| + C$, जब $x < a$

(vi) $\int \frac{1}{x^2 - a^2}\, dx = \frac{1}{2a} \log \left|\frac{x-a}{x+a}\right| + C$, जब $x > a$

(vii) $\int \frac{1}{\sqrt{a^2 - x^2}}\, dx = \sin^{-1} \frac{x}{a} + C$

(viii) $\int \frac{-1}{\sqrt{a^2 - x^2}}\, dx = \cos^{-1} \frac{x}{a} + C$

(ix) $\int \frac{1}{a^2 + x^2}\, dx = \frac{1}{a} \tan^{-1} \frac{x}{a} + C$

(x) $\int \frac{-1}{a^2 + x^2}\, dx = \frac{1}{a} \cot^{-1} \frac{x}{a} + C$

(xi) $\int \frac{1}{x\sqrt{x^2 - a^2}}\, dx = \frac{1}{a} \sec^{-1} \left(\frac{x}{a}\right) + C$

(xii) $\int \frac{-1}{x\sqrt{x^2 - a^2}}\, dx = \frac{1}{a} \operatorname{cosec}^{-1} \left(\frac{x}{a}\right) + C$

(xiii) $\int \frac{1}{\sqrt{x^2 - a^2}}\, dx = \log|x + \sqrt{x^2 - a^2}| + C$

(xiv) $\int \frac{1}{\sqrt{x^2 + a^2}}\, dx = \log|x + \sqrt{x^2 + a^2}| + C$

(xv) $\int \sqrt{a^2 - x^2}\, dx = \frac{1}{2} x\sqrt{a^2 - x^2} + \frac{1}{2} a^2 \sin^{-1} \left(\frac{x}{a}\right) + C$

(xvi) $\int \sqrt{x^2 - a^2}\, dx = \frac{1}{2} x\sqrt{x^2 - a^2} - \frac{1}{2} a^2 \log|x + \sqrt{x^2 - a^2}| + C$

(xvii) $\int \sqrt{x^2 + a^2}\, dx = \frac{1}{2} x\sqrt{x^2 + a^2} + \frac{1}{2} a^2 \log|x + \sqrt{x^2 + a^2}| + C$

2. **त्रिकोणमितीय सूत्र** Trigonometric Formulae

(i) $\int \sin x\, dx = -\cos x + C$

(ii) $\int \cos x\, dx = \sin x + C$

(iii) $\int \tan x\, dx = -\log|\cos x| + C = \log|\sec x| + C$

(iv) $\int \cot x\, dx = \log|\sin x| + C = -\log|\operatorname{cosec} x| + C$

(v) $\int \sec x\, dx = \log|\sec x + \tan x| + C = \log\left|\tan\left(\frac{\pi}{4} + \frac{x}{2}\right)\right| + C$

(vi) $\int \operatorname{cosec} x\, dx = \log|\operatorname{cosec} x - \cot x| + C = \log\left|\tan\left(\frac{x}{2}\right)\right| + C$

(vii) $\int \sec^2 x\, dx = \tan x + C$

(viii) $\int \operatorname{cosec}^2 x\, dx = -\cot x + C$

(ix) $\int \sec x \tan x\, dx = \sec x + C$

(x) $\int \operatorname{cosec} x \cot x\, dx = -\operatorname{cosec} x + C$

3. **चरघातांकीय सूत्र** Exponential Formulae

(i) $\int e^x dx = e^x + C$ (ii) $\int e^{ax+b} dx = \frac{1}{a} e^{ax+b} + C$

(iii) $\int a^x dx = \frac{a^x}{\log_e a} + C$ (iv) $\int a^{bx+c} dx = \frac{1}{b} \cdot \frac{a^{(bx+c)}}{\log_e a} + C$

4. **लघुगणकीय सूत्र** Logarithmic Formulae

(i) $\int \log x\, dx = x \log x - x + C$

(ii) $\int \log(ax + b)\, dx = x \log(ax + b) - x + \frac{b}{a} \log(ax + b) + C$

प्रतिस्थापन द्वारा समाकलन
Integration by Substitution

(i) यदि $\int \frac{f'(x)}{f(x)}\, dx$ हो, तब $f(x) = t$ तथा $f'(x)\, dx = dt$ रखते हैं।

$\therefore \quad \int \frac{1}{t}\, dt = \log|t| + C = \log|f(x)| + C$

(ii) यदि $f(x)^n f'(x)\, dx$ हो, तब $f(x) = t$ तथा $f'(x)\, dx = dt$ रखते हैं।

$\therefore \quad \int t^n\, dt = \frac{t^{n+1}}{n+1} + C = \frac{(f(x))^{n+1}}{n+1} + C \quad (\because n \neq -1)$

खण्डशः समाकलन Integration by Parts

यदि u और v, x के दो अवकलनीय फलन हैं, तब

$$\int u \cdot v\, dx = u \int v\, dx - \int \left[\left(\frac{d}{dx} u\right) \int v\, dx\right] dx$$

अर्थात् दो फलनों के गुणनफल का समाकलन
= (पहला फलन) (दूसरे फलन का समाकलन)
– {(पहले फलन का अवकलन)
(दूसरे फलन का समाकलन)} का समाकलन

प्रथम फलन को चुनने के लिए निम्नलिखित वरीयता क्रम का प्रयोग करते हैं

I $\rightarrow$ Inverse (प्रतिलोम फलन) जैसे—$\sin^{-1} x$

L $\rightarrow$ Logarithmic (लघुगणक) जैसे—$\log_e x$

A $\rightarrow$ Algebraic (बीजगणित) जैसे—$x^3 + 2x$

T $\rightarrow$ Trigonometric (त्रिकोणमितीय) जैसे—$\sin x$

E $\rightarrow$ Exponential (चरघातांकीय) जैसे—e^x

आंशिक भिन्नों द्वारा समाकलन
Integration by Partial Fractions

यदि $f(x)$ तथा $g(x)$ x के दो बहुपद हों, तो भिन्न (Fraction) $\frac{f(x)}{g(x)}$, x का परिमेय **बीजीय फलन** कहलाती है।

जैसे— $\frac{x^2 + x - 1}{x^3 + x^2 - 6x}$, $\frac{x^3}{x^2 + 8x + 12}$

नोट (i) यदि $f(x)$ की घात $< g(x)$ की घात हो, तो ऐसी भिन्न परिमेय वास्तविक भिन्न (Rational proper fraction) कहलाती है।

(ii) यदि $f(x)$ की घात $\geq g(x)$ की घात हो, तो भिन्न $\frac{f(x)}{g(x)}$ अनुचित परिमेय फलन (Improper rational function) कहलाती है।

किसी उचित परिमेय फलन $\frac{f(x)}{g(x)}$ को परिमेय फलनों के योग के रूप में व्यक्त किया जा सकता है, जबकि प्रत्येक में $g(x)$ का एक रेखीय गुणनखण्ड होता है। इस तरह की प्रत्येक भिन्न, आंशिक भिन्न कहलाती हैं तथा इसे प्राप्त करने की प्रक्रिया $\frac{f(x)}{g(x)}$ का आंशिक भिन्न में विघटन करना कहलाती है।

यदि $\frac{f(x)}{g(x)}$ अनुचित परिमेय फलन हो, तो $f(x)$ को $g(x)$ द्वारा भाग दिया जाता है, ताकि परिमेय फलन $\frac{f(x)}{g(x)} \phi(x) + \frac{\psi(x)}{g(x)}$ के रूप में विस्तारित हो जाए, जहाँ $\phi(x)$ तथा $\psi(x)$ ऐसे बहुपद हैं, ताकि $\psi(x)$ की घात, $g(x)$ की घात से कम हो। इस प्रकार $\frac{f(x)}{g(x)}$, बहुपद तथा उचित परिमेय फलन के योग के रूप में विस्तारित हो जाती है और तब आंशिक भिन्न ज्ञात करते हैं। $\frac{f(x)}{g(x)}$ को आंशिक भिन्न में विघटन मुख्यत: $g(x)$ के गुणनखण्ड की प्रकृति पर निर्भर करता है।

वास्तविक भिन्न को आंशिक भिन्नों में वियोजित करने के नियम Rules of Resolving a Proper Fraction into Partial Fractions

1. जब हर में बिना पुनरावृत्ति के एकघातीय गुणनखण्ड (Non-repeated linear factor) हो।

अर्थात् $\frac{px+q}{(x-a)(x-b)} = \frac{A}{x-a} + \frac{B}{x-b}$

जहाँ A, B अचर राशियाँ हैं, जिनके मान दोनों पक्षों के अंश में x की समान घातों के गुणांकों तथा अचर राशि की तुलना कर प्राप्त किए जाते हैं।

2. जब हर में एकघातीय गुणनखण्डों की पुनरावृत्ति (Repeated linear factor) हों।

अर्थात् $\frac{px+q}{(x-a)^3} = \frac{A}{x-a} + \frac{B}{(x-a)^2} + \frac{C}{(x-a)^3}$

जहाँ A, B, C अचर राशियाँ हैं, जिनके मान ऊपर बताई गई विधि से ज्ञात करते हैं।

3. जब हर में बिना पुनरावृत्ति के द्विघात गुणनखण्ड (Non-repeated quadratic factor) हो

अर्थात् $\frac{px^2+qx+r}{(x-a)(x^2+bx+c)} = \frac{A}{x-a} + \frac{Bx+C}{x^2+bx+c}$

या $\frac{(px+q)}{(x^2+a^2)(x^2+b^2)} = \frac{Ax+B}{(x^2+a^2)} + \frac{Cx+D}{(x^2+b^2)}$

जहाँ A, B, C, D के मान ऊपर बताई गई विधि के अनुसार ज्ञात कर सकते हैं।

4. जब हर में द्विघाती गुणनखण्डों की पुनरावृत्ति (Repeated quadratic factor) हों।

अर्थात् $\frac{px+q}{(x^2+a^2)^2} = \frac{Ax+B}{(x^2+a^2)} + \frac{Cx+D}{(x^2+a^2)^2}$

जहाँ A, B, C, D के मान ऊपर बताई गई विधि के अनुसार ज्ञात कर सकते हैं।

कुछ महत्त्वपूर्ण प्रतिस्थापन
Some Important Substitutions

1. $\int \frac{dx}{ax^2+bx+c}, \int \frac{dx}{\sqrt{(ax^2+bx+c)}}, \int \sqrt{ax^2+bx+c}\, dx$

ax^2+bx+c को दो वर्गों के योग अथवा अन्तर के रूप में व्यक्त कीजिए तथा दिए हुए सूत्रों को आवश्यकतानुसार प्रयोग कीजिए।

2. $\int \frac{px+q}{ax^2+bx+c}\, dx, \int \frac{px+q}{\sqrt{(ax^2+bx+c)}}\, dx,$

$\int (px+q)\sqrt{ax^2+bx+c}\, dx$

यहाँ $(px+q)$ को हम निम्न प्रकार लिखते हैं

$(px+q) = A[(ax^2+bx+c)$ का अवकलज$] + B$

A तथा B का मान निकालकर $(px+q)$ को प्रतिस्थापित करते हैं।

3. $\int \frac{dx}{a\sin^2 x + b\cos^2 x},$

$\int \frac{dx}{a\cos^2 x + 2b\sin x\cos x + c\sin^2 x},$

$\int \frac{dx}{a+b\sin^2 x + c\cos^2 x}, \int \frac{dx}{a\cos^2 x + b}, \int \frac{dx}{a+b\sin^2 x}$

इस प्रकार के प्रश्नों में अंश तथा हर को $\cos^2 x$ से भाग कीजिए। तब अंश में $\sec^2 x$ प्राप्त होगा तथा हर में $\tan x$ में द्विघात प्राप्त होगा ($\sec^2 x = 1 + \tan^2 x$ रखने पर)

अब, $\tan x = t$ रखने पर प्रश्न निम्न रूप में बदल जाएगा।

$$\int \frac{dt}{at^2+bt+c}$$

त्रिकोणमितीय तादात्मय का प्रयोग कर समाकलन ज्ञात करना To Find the Integration by using Trigonometric Identities

निम्न प्रकार के समाकलन $\int \sin mx \cdot \cos nx\, dx$, $\int \sin mx \cdot \sin nx\, dx$, $\int \cos mx \cdot \cos nx\, dx$, तथा $\int \cos mx \cdot \sin nx\, dx$ को हल करने के लिए निम्न त्रिकोणमितीय तादात्मय की आवश्यकता है

(i) $2\sin A \cdot \cos B = \sin(A+B) + \sin(A-B)$

(ii) $2\cos A \cdot \sin B = \sin(A+B) - \sin(A-B)$

(iii) $2\cos A \cdot \cos B = \cos(A+B) + \cos(A-B)$

(iv) $2\sin A \cdot \sin B = \cos(A-B) - \cos(A+B)$

(v) $2\sin A \cdot \cos A = \sin 2A$

(vi) $\cos 2A = \cos^2 A - \sin^2 A = 1 - 2\sin^2 A = 2\cos^2 A - 1$

(vii) $\sin^2 A + \cos^2 A = 1$

समाकलन गणित की आधारभूत प्रमेय
Fundamental Theorem of Integral Calculus

समाकलन गणित की आधारभूत प्रमेय निश्चित समाकलन तथा अनिश्चित समाकलन के मध्य एक संयोजन है तथा यह निश्चित समाकलन को विज्ञान तथा अभियान्त्रिकी के लिए एक प्रायोगिक उपकरण बनाती है।

क्षेत्रफल फलन Area Function

वक्र $y = f(x)$, X-अक्ष एवं दी गई कोटियों $x = a$ तथा $x = b$ द्वारा परिबद्ध क्षेत्र के घिरा हुआ क्षेत्रफल कहा जाता है।

माना अन्तराल $[a, b]$ में x कोई बिन्दु है, तब $\int_a^b f(x)\,dx$ छायांकित क्षेत्र $A(x)$ का क्षेत्रफल दर्शाता है। इस छायांकित भाग का क्षेत्रफल x के मान पर निर्भर करता है या हम कह सकते हैं कि यह छायांकित भाग x का फलन है तथा इसे $A(x)$ द्वारा दर्शाते हैं, तब फलन $A(x)$ को हम क्षेत्रफल फलन कहते हैं।

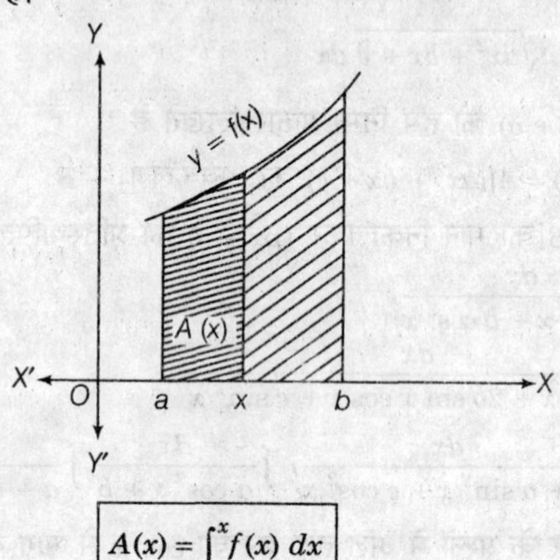

अर्थात् $$A(x) = \int_a^x f(x)\,dx$$

समाकलन गणित की प्रथम आधारभूत प्रमेय
First Fundamental Theorem of Integral Calculus

माना f एक सतत् फलन है, जोकि संवृत्त अन्तराल $[a, b]$ पर परिभाषित है तथा $A(x)$ फलन का क्षेत्रफल है।

अर्थात् $A(x) = \int_a^b f(x)\,dx$, तब $A'(x) = f(x), \forall x \in [a, b]$

समाकलन गणित की द्वितीय आधारभूत प्रमेय
Second Fundamental Theorem of Integral Calculus

माना F एक सतत् फलन है, जोकि संवृत्त अन्तराल $[a, b]$ पर परिभाषित है तथा F, फलन f का प्रति-अवकलज है।

तब, $$\int_a^b f(x)\,dx = [F(x)]_a^b = F(b) - F(a)$$

अन्य शब्दों में,

$\int_a^b f(x)dx =$ उपरि सीमा b पर f के प्रति-अवकलज F का मान

– निम्न सीमा a पर समान प्रति-अवकलज का मान

नोट (i) उपरोक्त प्रमेय अत्यन्त उपयोगी, क्योंकि यह हमें योगफल की सीमा ज्ञात किए बिना ही निश्चित समाकलन को ज्ञात करने की सरलतम विधि प्रदान करती है।

(ii) किसी निश्चित समाकलन का मान ज्ञात करने में एक जटिल संक्रिया एक ऐसे फलन का मान प्राप्त करना है जिसका अवकलन दिया गया समाकल्य है। यह अवकलन और समाकलन के मध्य सम्बन्ध को और अधिक दृढ़ता प्रदान करता है।

(iii) $\int_a^b f(x)dx$ में, फलन f सुपरिभाषित तथा अन्तराल $[a, b]$ में सतत् होना चाहिए।

(iv) समाकलन गणित की आधारभूत प्रमेय से, हम योगफल की सीमा के उत्तर की जाँच कर सकते है।

निश्चित समाकलन Definite Integral

माना फलन $f(x)$ का प्रति-अवकलज $\phi(x)$ है जो संवृत्त अन्तराल $[a, b]$ पर परिभाषित है अर्थात् $\frac{d}{dx}\{\phi(x)\} = f(x)$

फलन $f(x)$ का निश्चित समाकलन संवृत्त अन्तराल $[a, b]$ पर $\int_a^b f(x)dx$ से निरूपित करते हैं जो निम्न प्रकार परिभाषित है

$$\int_a^b f(x)\,dx = [\phi(x)]_a^b = \phi(b) - \phi(a)$$

इसे न्यूटन-लेबनीज (Newton-Leibnitz) सूत्र भी कहते हैं। संख्याएँ a तथा b को क्रमश: समाकलन की निम्न सीमा तथा उच्च सीमा कहते हैं। संवृत्त अन्तराल $[a, b]$ को समाकलन का परिसर कहते हैं।

निश्चित समाकलन के आधारभूत गुण
Basic Properties of Definite Integral

- $\int_a^b f(x)\,dx = \int_a^b f(t)\,dt = \int_a^b f(u)\,du$
- $\int_a^b f(x)\,dx = -\int_b^a f(x)\,dx$
- $\int_a^b f(x)\,dx = \int_a^c f(x)\,dx + \int_c^b f(x)\,dx \; (a < c < b)$
- $\int_a^b f(x)\,dx = \int_a^b f(a + b - x)\,dx$

  विशेषत: $\int_0^a f(x)\,dx = \int_0^a f(a - x)\,dx$
- $\int_0^{2a} f(x)\,dx = \int_0^a f(x)\,dx + \int_0^a f(2a - x)\,dx$

  $$= \begin{cases} 2\int_0^a f(x)\,dx, \text{ यदि } f(2a - x) = f(x) \\ 0, \quad \text{ यदि } f(2a - x) = -f(x) \end{cases}$$
- $$\int_{-a}^a f(x)\,dx = \begin{cases} 2\int_0^a f(x)dx, \text{ यदि } f(-x) = f(x) \\ 0, \quad \text{ यदि } f(-x) = -f(x) \end{cases}$$
- यदि $f(x)$ एक आवर्ती फलन है जिसका आवर्तनांक T है, तब

  (i) $\int_\alpha^{\alpha + nT} f(x)\,dx = n\int_0^T f(x)\,dx; n \in I$

  (ii) $\int_{\alpha T}^{\beta T} f(x)\,dx = (\beta - \alpha)\int_0^T f(x)\,dx; \quad \alpha, \beta \in I$

  (iii) $\int_{\alpha + nT}^{\beta + nT} f(x)\,dx = \int_\alpha^\beta f(x)\,dx; n \in I$

  (iv) यदि $f(x)$ $\left[-\frac{T}{2}, \frac{T}{2}\right]$, में परिभाषित एक विषम आवर्ती फलन है जिसका आवर्तनांक T है, तब $g(x) = \int_\alpha^x f(t)\,dt$ एक आवर्ती फलन होगा अर्थात् $g(x + T) = g(x)$

  (v) यदि $f(x)$ एक आवर्ती फलन है जिसका आवर्तनांक T है, तब $f(x) = \int_\alpha^x f(t)\,dt$ एक सम आवर्ती फलन होगा जिसका आवर्तनांक T होगा।

- यदि $f(t)$ एक विषम फलन है, तब $g(x) = \int_a^x f(t)\, dt$ एक सम फलन होगा।
- यदि $f(t)$ एक सम फलन है, तब $g(x) = \int_0^x f(t)\, dt$
- (i) $\int_0^\pi x\, f(\sin x)\, dx = \frac{\pi}{2} \int_0^\pi f(\sin x)\, dx$

  (ii) $\int_a^{\pi - a} x\, f(\sin x)\, dx = \frac{\pi}{2} \int_a^{\pi - a} f(\sin x)\, dx$
- $\int_{-a}^a f(x)^2\, dx = 2\int_0^a f(x)^2 dx, f(-x) = f(x)$

  अर्थात् $f(x)$ एक सम फलन है।
- $\int_{-a}^a x\, f(x)^2\, dx = 0, f(-x) = -f(x)$ अर्थात् $f(x)$ एक विषम फलन है।
- $\int_0^{n\pi} f(\cos^2 x)\, dx = n \int_0^\pi f(\cos^2 x)\, dx, n \in I^+$

निश्चित समाकलन में असमिकाएँ
Inequalities in Definite Integral

1. यदि $f(x) \geq 0$, तब $\int_\alpha^\beta f(x)\, dx \geq 0$

2. यदि $f(x) \geq g(x)$, तब $\int_a^b f(x)\, dx \geq \int_a^b g(x)\, dx$ (जहाँ, $b > a$)

3. $|\int_a^b f(x)\, dx| \leq \int_a^b |f(x)|\, dx$

4. यदि m तथा M, $[a, b]$ में निम्निष्ठ व उच्चिष्ठ मान हैं, तब $m(b-a) \leq \int_a^b f(x)\, dx \leq M(b-a)$

5. यदि $f(x) \leq g(x)$, तब $\int_\alpha^\beta f(x)\, dx \leq \int_\alpha^\beta g(x)\, dx$

6. $[\alpha, \beta]$ में $f(x)$ एक सतत् फलन है $e \leq f(x) \leq M$, $\forall\, x \in [\alpha, \beta]$, तब एक वास्तविक संख्या $\lambda \in [e, m]$ के लिए,

$$\int_\alpha^\beta f(x)\, dx = \lambda\, (\beta - \alpha)$$

7. $[\alpha, \beta]$ में $f(x)$ एक सतत् फलन है यदि $|f(x)| \leq k$, $\forall x \in [\alpha, \beta]$, तब $\int_\alpha^\beta f(x)\, dx \leq k(\beta - \alpha)$

8. $\left|\int_a^b f(x) g(x) dx\right| \leq \sqrt{\left(\int_a^b f^2(x) dx\right)\left(\int_a^b g^2(x) dx\right)}$, जहाँ $f^2(x)$ तथा $g^2(x)$ अन्तराल $[a, b]$ में समाकलनीय हैं।

लैबनीज का नियम Leibnitz's Rule

$[\alpha, \beta]$ में परिभाषित दो फलन $\phi(x)$ तथा $\psi(x)$ एक बिन्दु $x \in (\alpha, \beta)$ में अवकलनीय है तथा $f(x, t)$ एक सतत् फलन है।

1. यदि $f(x, t)$ एक अस्पष्ट (Implicit) फलन है, तब

$$\frac{d}{dx}\left[\int_{\phi(x)}^{\psi(x)} f(x, t)\, dt = \int_{\phi(x)}^{\psi(x)} \frac{\partial}{\partial x} f(x, t)\, dt + \left(\frac{d}{dx}\{\psi(x)\}\, f\{x, \psi(x)\} - \frac{d}{dx}\{\phi(x)\}\right) f\{x, \phi(x)\}\right]$$

2. यदि $f(t)$ अन्तराल $[\phi(\alpha), \phi(\beta)]$ में सतत् फलन है, तब

$$\frac{d}{dx}\left[\int_{\phi(x)}^{\psi(x)} f(t)\, dt\right] = \left\{\frac{d}{dx}\psi(x)\right\} f\{\psi(x)\} - \left\{\frac{d}{dx}\{\phi(x)\}\, f\,\phi(x)\right\}$$

श्रेणियों के योगफल द्वारा समाकलन
Integration by Summation of Series

हम जानते हैं कि $\int_a^b f(x) dx = \lim_{n \to \infty} h \sum_{r=1}^n f(a + rh)$, जहाँ $nh = b - a$

अब $a = 0, b = 1$ रखने पर, $nh = 1$ या $(n) = \frac{1}{h}$

$$\therefore \quad \int_0^1 f(x)\, dx = \lim_{n \to \infty} \Sigma f\left(\frac{r}{n}\right)$$

श्रेणी को $\Sigma \frac{1}{n} f\left(\frac{r}{n}\right)$ के रूप में लिख सकते हैं। Σ के स्थान पर $\int$ $\left(\frac{1}{n}\right)$ के स्थान पर dx, $\left(\frac{r}{n}\right)$ के स्थान पर x रखते हैं तथा r के न्यूनतम एवं अधिकतम मानों को $\lim_{n \to \infty}\left(\frac{r}{n}\right)$ में रखकर निम्न व उच्च सीमाएँ ज्ञात करते हैं। अत: सीमा का योग $= \int_0^1 f(x)\, dx$

अभ्यास प्रश्न

अनिश्चित समाकलन

1. यदि $\int \cos^4 x\, dx = Ax + B\sin 2x + C\sin 4x + D$ हो, तो $\{A, B, C\}$ का मान होगा

(a) $\left\{\frac{3}{8}, \frac{1}{32}, \frac{1}{4}\right\}$ (b) $\left\{\frac{3}{8}, \frac{1}{4}, \frac{1}{32}\right\}$

(c) $\left\{\frac{1}{32}, \frac{1}{4}, \frac{3}{8}\right\}$ (d) $\left\{\frac{1}{4}, \frac{3}{8}, \frac{1}{32}\right\}$

2. $\int \frac{\sqrt{a^2 - x^2}}{x^4}\, dx$ का मान होगा

(a) $C + \frac{\sqrt{a^2 - x^2}}{3a^2x^3}$ (b) $C - \frac{(a^2 - x^2)^{3/2}}{2a^2x^2}$

(c) $C - \frac{(a^2 - x^2)^{3/2}}{3a^2x^2}$ (d) इनमें से कोई नहीं

3. $\int \frac{(2x^{12} + 5x^9)}{(x^5 + x^3 + 1)^3}\, dx$ का मान होगा

(a) $\frac{x^2 + 2x}{(x^5 + x^3 + 1)^2} + C$

(b) $\frac{x^{10}}{2(x^5 + x^3 + 1)^2} + C$

(c) $\ln|x^5 + x^3 + 1| + \sqrt{(2x^7 + 5x^4)} + C$

(d) उपरोक्त में से कोई नहीं

4. प्रतिबन्ध $f(0) = f'(0) = 0,\ f''(x) = \sec^4 x + 4$ को सन्तुष्ट करने वाला फलन होगा

(a) $\ln|(\sin x)| + \frac{1}{3}\tan^3 x + x$

(b) $\frac{2}{3}\ln|(\sec x)| + \frac{1}{6}\tan^2 x + 2x^2$

(c) $\ln|\cos x| + \frac{1}{6}\cos^2 x + \frac{x^2}{5}$

(d) उपरोक्त में से कोई नहीं

5. $\int |x| \ln|x|$ का मान होगा $(x \neq 0)$

(a) $\frac{x^2}{2}\ln|x| - \frac{x^2}{4} + C$ (b) $\frac{1}{2}x|x|\ln x + \frac{1}{4}x|x| + C$

(c) $-\frac{x^2}{2}\ln|x| + \frac{x^2}{4} + C$ (d) $\frac{1}{2}x|x|\ln|x| - \frac{1}{4}x|x| + C$

6. यदि $\frac{(\sqrt{x})^5}{(\sqrt{x})^7 + x^6}\, dx = \lambda \ln\left(\frac{x^a}{x^a + 1}\right) + C$ हो, तो $a + \lambda$ का मान होगा

(a) $= 2$ (b) > 2

(c) < 2 (d) $= 1$

7. $\int (x - {}^{11}C_1x^2 + {}^{11}C_2x^3 - {}^{11}C_3x^4 + \dots - {}^{11}C_{11}x^{12})\, dx$ बराबर है

(a) $\frac{(1-x)^{12}}{12} - \frac{(1-x)^{11}}{11} + C$ (b) $\frac{(1-x)^{13}}{13} - \frac{(1-x)^{12}}{12} + C$

(c) $\frac{(1-x)^{11}}{11} - \frac{(1-x)^{12}}{12} + C$ (d) $\frac{(1-x)^{12}}{12} - \frac{(1-x)^{13}}{13} + C$

8. यदि $f(x) = \begin{vmatrix} 0 & x^2 - \sin x & \cos x - 2 \\ \sin x - x^2 & 0 & 1 - 2x \\ 2 - \cos x & 2x - 1 & 0 \end{vmatrix}$ हो, तो $\int f(x)\, dx$ का मान होगा

(a) $\frac{x^3}{3} - x^2\sin x + \sin 2x$ (b) $\frac{x^3}{3} - x^2\sin x - \cos 2x$

(c) $\frac{x^3}{3} - x^2\cos x - \cos 2x$ (d) अचर (C)

9. $\int \sqrt{1 + \sin\left(\frac{x}{4}\right)}\, dx$ का मान है

(a) $8\left(\sin\frac{x}{8} - \cos\frac{x}{8}\right) + C$ (b) $\left(\sin\frac{x}{8} + \cos\frac{x}{8}\right) + C$

(c) $\frac{1}{8}\left(\sin\frac{x}{8} - \cos\frac{x}{8}\right) + C$ (d) $8\left(\cos\frac{x}{8} - \sin\frac{x}{8}\right) + C$

10. यदि l^r का अर्थ $\log\log\log \dots x$ हो, जहाँ log, r बार हैं, तो $\int [x\, l(x)\, l^2(x)\, l^3(x) \dots l^r(x)]^{-1}\, dx$ का मान है

(a) $l^{r+1}(x)$ (b) $\frac{l^{r+1}(x)}{r+1}$

(c) $l^r(x)$ (d) इनमें से कोई नहीं

11. $\int [f(x)\, g''(x) - f''(x)\, g(x)]\, dx$ का मान होगा

(a) $\frac{f(x)}{g'(x)}$ (b) $f'(x)\, g(x) - f(x)\, g'(x)$

(c) $f(x)\, g'(x) - f'(x)\, g(x)$ (d) $f(x)\, g'(x) + f'(x)\, g(x)$

12. यदि $\int g(x)\, dx = g(x)$ हो, तो $\int (f(x) + f'(x))\, g(x)\, dx$ का मान होगा

(a) $f(x)\, g(x)$ (b) $f'(x)\, g(x)$

(c) $(f(x) - f'(x))\, g(x)$ (d) $f(x)\, g'(x)$

13. $\int \frac{\sin^8 x - \cos^8 x}{1 - 2\sin^2 x\cos^2 x}\, dx$ का मान होगा

(a) $\sin 2x + C$ (b) $-\frac{1}{2}\sin 2x + C$

(c) $\frac{1}{2}\sin 2x + C$ (d) $-\sin 2x + C$

14. $\int (\log x)^2\, dx$ का मान होगा

(a) $x(\log x)^2 - 2x\log x - 2x + C$

(b) $x(\log x)^2 - 2x\log x - x + C$

(c) $x(\log x)^2 - 2x\log x + 2x + C$

(d) $x(\log x)^2 - 2x\log x + x + C$

15. $\int \tan^3 2x \sec 2x\, dx$ का मान होगा

(a) $\frac{1}{6}\sec^3 2x - \frac{1}{2}\sec 2x + C$ (b) $\frac{1}{6}\sec^3 2x + \frac{1}{2}\sec 2x + C$

(c) $\frac{1}{9}\sec^2 2x - \frac{1}{3}\sec 2x + C$ (d) इनमें से कोई नहीं

16. माना $x^2 + 1 \neq n\pi, n \in N$, तब

$\int x\sqrt{\left\{\frac{2\sin(x^2+1) - \sin\{2(x^2+1)\}}{2\sin(x^2+1) + \sin\{2(x^2+1)\}}\right\}}\, dx$ का मान होगा

(a) $\ln\left|\frac{1}{2}\sec(x^2+1)\right| + C$ (b) $\ln\left|\sec\left\{\frac{1}{2}(x^2+1)\right\}\right| + C$

(c) $\frac{1}{2}\ln|\sec(x^2+1)| + C$ (d) $\ln|\sec(x^2+1)| + C$

17. $\int \frac{dx}{\sqrt{x} + \sqrt[3]{x^2}}\, dx$ का मान होगा

(a) $6\{\sqrt[3]{x^2} - \sqrt[3]{x} + \ln|1 + \sqrt[3]{x}|\} + C$

(b) $3\sqrt[3]{x} - 6\sqrt[6]{x} + 6\ln|1 + \sqrt[6]{x}| + C$

(c) $3\sqrt[3]{x} + 6\sqrt[6]{x} + 6\ln|1 + \sqrt[6]{x}| + C$

(d) $6\sqrt[3]{x^2} - 3\sqrt[3]{x} + 6\ln|1 + \sqrt[3]{x}| + C$

18. $\int \frac{dx}{(x+\alpha)^{8/7}(x-\beta)^{6/7}}$ का मान होगा

(a) $\frac{6}{\alpha+\beta}\left(\frac{x-\beta}{x+\alpha}\right)^{1/6}$ (b) $\frac{6}{\alpha+\beta}\left(\frac{x+\alpha}{x-\beta}\right)^{1/6}$

(c) $\frac{7}{\alpha+\beta}\left(\frac{x+\alpha}{x-\beta}\right)^{1/7}$ (d) $\frac{7}{\alpha+\beta}\left(\frac{x-\beta}{x+\alpha}\right)^{1/7}$

19. यदि $\int \frac{\log(x + \sqrt{1+x^2})}{\sqrt{1+x^2}}\, dx = (fog)\, x + C$ हो, तो फलन f और g क्रमश: हैं

(a) $\log\sqrt{1+x^x}, x$ (b) $\log(x + \sqrt{1+x^2}), x^2$

(c) $\frac{x^2}{2}, \log(x + \sqrt{1+x^2})$ (d) इनमें से कोई नहीं

20. $\int \frac{f(x)\,\phi'(x) - f'(x)\,\phi(x)}{f(x)\cdot\phi(x)} . [\log\phi(x) - \log f(x)]\, dx$ का मान होगा

(a) $\frac{1}{2}\left\{\log\frac{\phi(x)}{f(x)}\right\}^2$ (b) $\log\frac{\phi(x)}{f(x)}$

(c) $\frac{\phi(x)}{f(x)}\log\frac{\phi(x)}{f(x)}$ (d) इनमें से कोई नहीं

21. $\int \cos 2\theta \log\left(\frac{\cos\theta + \sin\theta}{\cos\theta - \sin\theta}\right) d\theta$ का मान होगा

(a) $(\cos\theta - \sin\theta)^2 \log\left(\frac{\cos\theta + \sin\theta}{\cos\theta - \sin\theta}\right)$

(b) $(\cos\theta + \sin\theta)^2 \log\left(\frac{\cos\theta + \sin\theta}{\cos\theta - \sin\theta}\right)$

(c) $\frac{(\cos\theta - \sin\theta)^2}{2} \log\left(\frac{\cos\theta - \sin\theta}{\cos\theta + \sin\theta}\right)$

(d) $\frac{1}{2}\sin 2\theta \log\tan\left(\frac{\pi}{4} + \theta\right) - \frac{1}{2}\log\sec 2\theta$

22. $\int x\{f(x^2)\, g''(x^2) - f''(x^2)\, g(x^2)\}\, dx$ का मान है

(a) $f(x^2)\, g'(x^2) - g(x^2)\, f'(x^2) + C$

(b) $\frac{1}{2}\{f(x^2)\, g(x^2)\, f'(x^2)\} + C$

(c) $\frac{1}{2}\{f(x^2)\, g'(x^2) - g(x^2)\, f'(x^2)\} + C$

(d) उपरोक्त में से कोई नहीं

23. यदि $f(x) = \lim_{n\to\infty} n^2(x^{1/n} - x^{1/(n+1)}), x > 0$ तब $\int xf(x)\, dx$ का मान है

(a) $\frac{x^2}{2}$ (b) 0

(c) $x^2\log x - \frac{1}{2}x^2 + C$ (d) इनमें से कोई नहीं

24. यदि $f(x) = \lim_{n\to\infty} \frac{x^n - x^{-n}}{x^n + x^{-n}}, x > 1$ हो, तो

$\int \frac{x\, f(x)\, \ln(x + \sqrt{(1+x^2)})}{\sqrt{(1+x^2)}}\, dx$ है

(a) $\ln(x + \sqrt{(1+x^2)}) - x + C$

(b) $\frac{1}{2}\{x^2\ln(x + \sqrt{(1+x^2)}) - x^2\} + C$

(c) $x\ln(x + \sqrt{(1+x^2)}) - \ln(x + \sqrt{(1+x^2)}) + C$

(d) उपरोक्त में से कोई नहीं

25. यदि $f'(x) = \frac{\left(\frac{1}{2}\right) - \sin^2 x}{f(x)}$ हो, तो $f(x)$ का आवर्त होगा

(a) $\pi/2$ (b) π

(c) 2π (d) इनमें से कोई नहीं

26. $\sqrt{2}\int \frac{\sin x\, dx}{\sin\left(x - \frac{\pi}{4}\right)}$ का मान होगा

(a) $x - \log\left|\cos\left(x - \frac{\pi}{4}\right)\right| + C$ (b) $x + \log\left|\cos\left(x - \frac{\pi}{4}\right)\right| + C$

(c) $x - \log\left|\sin\left(x - \frac{\pi}{4}\right)\right| + C$ (d) $x + \log\left|\sin\left(x - \frac{\pi}{4}\right)\right| + C$

27. माना $f(x) = \int \frac{x^2\, dx}{(1+x^2)(1+\sqrt{1+x^2})}$ और $f(0) = 0$, तब $f(1)$ का मान होगा

(a) $\log(1+\sqrt{2})$ (b) $\log(1+\sqrt{2}) - \frac{\pi}{4}$

(c) $\log(1+\sqrt{2}) + \frac{\pi}{2}$ (d) इनमें से कोई नहीं

28. $\int[\sin(\log x) + \cos(\log x)]dx$ का मान है

(a) $x\cos(\log x) + C$ (b) $\sin(\log x) + C$

(c) $\cos(\log x) + C$ (d) $x\sin(\log x) + C$

29. यदि $[f(x)] = x\cos x + \sin x$ तथा $f(0) = 2$, तब $f(x)$ का मान होगा

(a) $x\sin x$ (b) $x\cos x + \sin x + 2$

(c) $x\sin x + 2$ (d) $x\cos x + 2$

30. यदि $\int \frac{2x^3 + 3}{(x^2-1)(x^2-4)}\, dx = \log\left(\frac{x-2}{x+2}\right)^a \left(\frac{x+1}{x-1}\right)^b + C$ हो, तब a व b का मान होगा

(a) $\frac{11}{12}, \frac{5}{6}$ (b) $\frac{11}{12}, -\frac{5}{6}$

(c) $-\frac{11}{12}, \frac{5}{6}$ (d) इनमें से कोई नहीं

31. यदि $x \in \left(\frac{\pi}{4}, \frac{3\pi}{4}\right)$, तब $\int \frac{\sin x - \cos x}{\sqrt{1 - \sin 2x}} e^{\sin x}\cos x\, dx$ का मान होगा

(a) $e^{\sin x} + C$ (b) $e^{\sin x - \cos x} + C$

(c) $e^{\sin x + \cos x} + C$ (d) इनमें से कोई नहीं

32. फलन $f(x) = \dfrac{1}{3 + 5\sin x + 3\cos x}$ जिसका आलेख बिन्दु (0, 0) से होकर जाता है, का समाकलन है

(a) $\frac{1}{5}\log\left|1 - \frac{5}{3}\tan\left(\frac{x}{2}\right)\right|$ (b) $\frac{1}{5}\log\left|1 + \frac{5}{3}\tan\left(\frac{x}{2}\right)\right|$

(c) $\frac{1}{5}\log\left|1 + \frac{5}{3}\cot\left(\frac{x}{2}\right)\right|$ (d) इनमें से कोई नहीं

33. यदि $I = \int e^x \sin 2x\, dx$, तब k के किस मान के लिए $kI = e^x(\sin 2x - 2\cos 2x) + C$ होगा?

(a) 1 (b) 3

(c) 5 (d) 7

34. यदि $u = \int e^{ax}\cos bx\, dx$ तथा $v = \int e^{ax}\sin bx\, dx$, तब $(a^2 + b^2)(u^2 + v^2)$ बराबर होगा

(a) $2e^{ax}$ (b) $(a^2 + b^2)e^{2ax}$

(c) e^{2ax} (d) $(a^2 - b^2)e^{2ax}$

35. यदि $I_n = \int e^{ax}\sin^n x\, dx$

तथा $I_n = \dfrac{e^{ax}\sin^{n-1}x\,(a\sin x - \cos x)}{(n + a^2)} - A\sin^n x + B\, I_{n-2}$,

तब $A + B$ का मान है

(a) $\frac{a(n^2+1)}{n(n+a^2)}$ (b) $\frac{a(n^2-1)}{n(n+a^2)}$

(c) $\frac{a(n^2+1)}{n(n^2+a^2)}$ (d) $\frac{a(n^2-1)}{n(n^2+a^2)}$

36. $\int \dfrac{x^2}{(x\sin x + \cos x)^2}dx$ का मान है

(a) $\frac{\sin x + \cos x}{x\sin x + \cos x} + C$

(b) $\frac{x\sin x - \cos x}{x\sin x + \cos x} + C$

(c) $\frac{\sin x - x\cos x}{x\sin x + \cos x} + C$

(d) उपरोक्त में से कोई नहीं

37. किसी प्राकृतिक संख्या m के लिए,

$\int (x^{3m} + x^{2m} + x^m)(2x^{2m} + 3x^m + 6)^{1/m}\, dx,\ x > 0$

का मान है

(a) $\frac{1}{6(m+1)}(2x)^{2m} + 3x^{2m} + C$

(b) $\frac{1}{6(m+1)}(2x^{3m} + 3x^{2m} + 6x^m)^{\frac{m+1}{m}} + C$

(c) $\frac{1}{6(m-1)}(2x)^m + 3x^{2m} + C$

(d) $\frac{1}{6(m-1)}(2x^{3m} + 3x^{2m} + 6x^m)^{\frac{m+1}{m}} + C$

38. $n \ge 2$ के लिए, माना $f(x) = \dfrac{x}{(1 + x^n)^{1/n}}$ और

$g(x) = \underbrace{(fofo\ldots of)}_{n \text{ बार}}(x)$, तब $\int x^{n-2}g(x)\,dx$ बराबर है

(a) $\frac{1}{n(n-1)}(1 + nx^n)^{1-\frac{1}{n}} + K$ (b) $\frac{1}{n-1}(1 + nx^n)^{1-\frac{1}{n}} + K$

(c) $\frac{1}{n(n+1)}(1 + nx^n)^{1+\frac{1}{n}} + K$ (d) $\frac{1}{(n+1)}(1 + nx^n)^{1+\frac{1}{n}} + K$

39. यदि समाकलन $\int \dfrac{5\tan x}{\tan x - 2}dx = x + a\ln|\sin x - 2\cos x| + K$ है, तो a का मान है

(a) –1 (b) –2 (c) 1 (d) 2

40. $\int \left\{\dfrac{(\log x - 1)}{1 + (\log x)^2}\right\}^2 dx$ बराबर होगा

(a) $\frac{xe^x}{1 + x^2} + C$ (b) $\frac{x}{(\log x)^2 + 1} + C$

(c) $\frac{\log x}{(\log x)^2} + C$ (d) $\frac{x}{x^2 + 1} + C$

41. यदि $\int \dfrac{\sin x}{\sin(x - \alpha)}dx = Ax + B\log\sin(x - \alpha) + C$, तब (A, B) का मान होगा

(a) $(\sin\alpha, \cos\alpha)$ (b) $(\cos\alpha, \sin\alpha)$

(c) $(-\sin\alpha, \cos\alpha)$ (d) $(-\cos\alpha, \sin\alpha)$

42. $\int \dfrac{dx}{\cos x - \sin x}$ बराबर है

(a) $\frac{1}{\sqrt{2}}\log\left|\tan\left(\frac{x}{2} - \frac{\pi}{8}\right)\right| + C$ (b) $\frac{1}{\sqrt{2}}\log\left|\cot\left(\frac{x}{2}\right)\right| + C$

(c) $\frac{1}{\sqrt{2}}\log\left|\tan\left(\frac{x}{2} - \frac{3\pi}{8}\right)\right| + C$ (d) $\frac{1}{\sqrt{2}}\log\left|\tan\left(\frac{x}{2} + \frac{3\pi}{8}\right)\right| + C$

43. $\int \dfrac{dx}{x(x^n + 1)}$ का मान होगा

(a) $\frac{1}{n}\log\left(\frac{x^n}{x^n + 1}\right) + C$ (b) $\frac{1}{n}\log\left(\frac{x^n + 1}{x^n}\right) + C$

(c) $\log\left(\frac{x^n}{x^n + 1}\right) + C$ (d) इनमें से कोई नहीं

44. $\int a^{a^{a^x}} \cdot a^{a^x} \cdot a^x\, dx$ का मान होगा

(a) $\frac{a^{a^x}}{(\log a)^3} + C$ (b) $a^{a^{a^x}}(\log a)^3 + C$

(c) $\frac{a^{a^{a^x}}}{(\log a)^3} + C$ (d) इनमें से कोई नहीं

45. $\int x\sin x\sec^3 x\, dx$ का मान होगा

(a) $\frac{1}{2}[\sec^2 x - \tan x] + C$ (b) $\frac{1}{2}[x\sec^2 x - \tan x] + C$

(c) $\frac{1}{2}[x\sec^2 x + \tan x] + C$ (d) $\frac{1}{2}[\sec^2 x + \tan x] + C$

46. $\int x^3(\log x)^2\, dx$ बराबर है

(a) $\frac{1}{32}x^4[8(\log x)^2 - 4\log x + 1] + C$

(b) $\frac{1}{32}x^4[8(\log x)^2 - 4\log x - 1] + C$

(c) $\frac{1}{32}x^4[8(\log x)^2 + 4\log x + 1] + C$

(d) उपरोक्त में से कोई नहीं

47. यदि $f(x) = \cos x - \cos^2 x + \cos^3 x - \dots \infty$, तब $\int f(x)\,dx$ का मान है

(a) $\tan\frac{x}{2} + C$ (b) $x - \tan\frac{x}{2} + C$

(c) $x - \frac{1}{2}\tan\frac{x}{2} + C$ (d) $\frac{x - \tan\frac{x}{2}}{2} + C$

48. यदि $\int \frac{2x+3}{x^2 - 5x + 6}\,dx = 9\log(x-3) - 7\log(x-2) + A$, तब A बराबर है

(a) $5\log(x-2)$ + अचर (b) $-4\log(x-3)$ + अचर

(c) अचर (d) इनमें से कोई नहीं

49. मान लीजिए $f(x) = \frac{\sin^2 \pi x}{1 + \pi^x}$, तब $\int (f(x) + f(-x))\,dx$ का मान होगा

(a) 0 (b) $x + C$

(c) $\frac{x}{2} - \frac{\cos \pi x}{2\pi} + C$ (d) $\frac{x}{2} - \frac{\sin 2\pi x}{4\pi} + C$

50. यदि $\int \frac{x + (\cos^{-1} 3x)^2}{\sqrt{1 - 9x^2}}\,dx = A\sqrt{1 - 9x^2} + B(\cos^{-1} 3x)^3$, तब

(a) $A = B = \frac{1}{9}$ (b) $A = B = -\frac{1}{9}$

(c) $A = -\frac{1}{9}, B = \frac{1}{9}$ (d) $7A = \frac{1}{9}, B = -\frac{1}{9}$

51. $\int \frac{1}{\sqrt{x}} \tan^4 \sqrt{x} \sec^2 \sqrt{x}\,dx$ का मान होगा

(a) $2\tan^5 \sqrt{x} + C$ (b) $\frac{1}{5}\tan^5 \sqrt{x} + C$

(c) $\frac{2}{5}\tan^5 \sqrt{x} + C$ (d) इनमें से कोई नहीं

52. $\int \frac{1 + \sin 2x}{\sin x - \cos x}\,dx$ बराबर है, जहाँ $y = \sin x + \cos x$

(a) $y + \frac{1}{\sqrt{2}}\log\left|\frac{y - \sqrt{2}}{y + \sqrt{2}}\right| + C$ (b) $y - \frac{1}{\sqrt{2}}\log\left|\frac{y - \sqrt{2}}{y + \sqrt{2}}\right| + C$

(c) $y + \frac{1}{2}\log\left|\frac{y - \sqrt{2}}{y + \sqrt{2}}\right| + C$ (d) $y - \frac{1}{2}\log\left|\frac{y - \sqrt{2}}{y + \sqrt{2}}\right| + C$

53. $\int \frac{dx}{\sin x - \cos x + \sqrt{2}}$ बराबर है

(a) $\frac{1}{\sqrt{2}}\tan\left(\frac{x}{2} + \frac{\pi}{8}\right) + C$ (b) $\frac{1}{\sqrt{2}}\cot\left(\frac{x}{2} + \frac{\pi}{8}\right) + C$

(c) $-\frac{1}{\sqrt{2}}\tan\left(\frac{x}{2} + \frac{\pi}{8}\right) + C$ (d) $-\frac{1}{\sqrt{2}}\cot\left(\frac{x}{2} + \frac{\pi}{8}\right) + C$

54. यदि $f(0) = f'(0) = 0$ और $f''(x) = \tan^2 x$, तो $f(x)$ का मान है

(a) $\log|\sec x| + \frac{1}{2}x^2$ (b) $\log|\sec x| - \frac{1}{2}x^2$

(c) $\log|\cos x| + \frac{1}{2}x^2$ (d) $\log|\cos x| - \frac{1}{2}x^2$

55. $\int \frac{\sin^3 2x}{\cos^5 2x}\,dx$ का मान होगा

(a) $\tan^4 x + C$ (b) $\tan 4x + C$

(c) $\tan^4 2x + x + C$ (d) $\frac{1}{8}\tan^4 2x + C$

56. यदि $\int \frac{dx}{1 + \sin x} = \tan\left(\frac{x}{2} + a\right) + b$, तब

(a) $a = \frac{\pi}{4}, b = 3$ (b) $a = -\frac{\pi}{4}, b = 3$

(c) $a = \frac{\pi}{4}$, b = कोई स्थिरांक (d) $a = -\frac{\pi}{4}$, b = कोई स्थिरांक

57. फलन $\frac{x^{e-1} + e^{x-1}}{x^e + e^x}$ का x के सापेक्ष समाकलन है

(a) $\frac{1}{e}\log(x^e - e^x) + C$ (b) $\frac{1}{e}\log(x^e + e^x) + C$

(c) $\frac{1}{e}\log(e^x - x^e) + C$ (d) इनमें से कोई नहीं

58. यदि $\int\left[\log(\log x) + \frac{1}{(\log x)^2}\right]dx = x\,|\,f(x) - g(x)\,| + C$ हो तो

(a) $f(x) = \log(\log x), g(x) = \frac{1}{\log x}$

(b) $f(x) = \frac{1}{\log x}, g(x) = \log(\log x)$

(c) $f(x) = \log x, g(x) = \frac{1}{\log x}$

(d) उपरोक्त में से कोई नहीं

59. यदि $f\left(\frac{3x - 4}{3x + 4}\right) = x + 2$ हो, तो $\int f(x)\,dx$ का मान होगा

(a) $e^{x+2}\log\left|\frac{3x - 4}{3x + 4}\right| + C$ (b) $-\frac{8}{3}\log|1 - x| + \frac{2}{3}x + C$

(c) $\frac{8}{3}\log|1 - x| + \frac{x}{3} + C$ (d) इनमें से कोई नहीं

60. $\int 5^{5^{5^x}} 5^{5^x} 5^x\,dx$ का मान होगा

(a) $5^{5^{5^x}}(\log 5)^3 + C$ (b) $\frac{5^{5^{5^x}}}{(\log 5)^3} + C$

(c) $\frac{5^{5^x}}{(\log 5)^3} + C$ (d) $5^{5^x}(\log 5)^3 + C$

61. $\int e^x \frac{x^2 + 1}{(x + 1)^2}\,dx$ का मान होगा

(a) $\frac{-e^x}{x + 1} + C$ (b) $\frac{e^x}{x + 1} + C$ (c) $e^x\frac{x - 1}{x + 1} + C$ (d) $\frac{xe^x}{x + 1} + C$

62. माना $I = \int \frac{e^x}{e^{4x} + e^{2x} + 1}\,dx, J = \int \frac{e^{-x}}{e^{-4x} + e^{-2x} + 1}\,dx$, तब एक स्वेच्छाचारी अचर C के लिए, $J - I$ का मान बराबर है

(a) $\frac{1}{2}\log\left|\frac{e^{4x} - e^{2x} + 1}{e^{4x} + e^{2x} + 1}\right| + C$ (b) $\frac{1}{2}\log\left|\frac{e^{2x} + e^x + 1}{e^{2x} - e^x + 1}\right| + C$

(c) $\frac{1}{2}\log\left|\frac{e^{2x} - e^x + 1}{e^{2x} + e^x + 1}\right| + C$ (d) $\frac{1}{2}\log\left|\frac{e^{4x} + e^{2x} + 1}{e^{4x} - e^{2x} + 1}\right| + C$

63. $\int \frac{e^{\cot x}}{\sin^2 x}(2\log \operatorname{cosec} x + \sin 2x)\,dx$ बराबर है

(a) $e^{\cot x}\log x + C$

(b) $e^{\cot x}\log \operatorname{cosec} x + C$

(c) $-2e^{\cot x}\log \operatorname{cosec} x + C$

(d) $-2e^{\cot x}\log x + C$

64. यदि $\frac{d}{dx} f(x) = x \cos x + \sin x$ और $f(0) = 2$, तब $f(x)$ का मान है

(a) $x \sin x$ (b) $x \cos x + \sin x + 2$
(c) $x \sin x + 2$ (d) $x \cos x + 2$

65. $\int \frac{dx}{\sqrt[4]{x^4 - 1}}$ बराबर है

(a) $\frac{1}{2} \log |x^2 - \sqrt{x^4 - 1}| + C$ (b) $\frac{1}{2} \log |x^2 + \sqrt{x^4 - 1}| + C$
(c) $-\frac{1}{2} \log |x^2 + \sqrt{x^4 + 1}| + C$ (d) इनमें से कोई नहीं

66. $\int \frac{1}{\sqrt{\left(\log \frac{1}{2}\right)^2 - x^2}} dx = ... + C$

(a) $\sin^{-1}\left(\frac{x}{\log 2}\right)$ (b) $-\sin^{-1}\left(\frac{x}{\log 2}\right)$
(c) $-2\sin^{-1}\left(\frac{\log 2}{x}\right)$ (d) $2\sin^{-1}\left(\frac{\log 2}{x}\right)$

67. $\int \cos\left(b \log \frac{x}{a}\right) dx$ का मान होगा

(a) $\frac{x}{1+b^2}\left[b \cos\left(b \log \frac{x}{a}\right) + \sin\left(b \log \frac{x}{a}\right)\right]$
(b) $\frac{x}{1+b^2}\left[\cos\left(b \log \frac{x}{a}\right) + b \sin\left(b \log \frac{x}{a}\right)\right]$
(c) $\frac{x}{1+b^2}\left[\cos\left(b \log \frac{x}{a}\right) + a \sin\left(b \log \frac{x}{a}\right)\right]$
(d) $\frac{x}{4b^2}\left[a \cos\left(b \log \frac{x}{a}\right) + \sin\left(b \log \frac{x}{a}\right)\right]$

68. $\int \frac{1}{1 + \cos x + \sin x} dx =$

(a) $\log\left|1 + \tan\frac{x}{2}\right| + C$ (b) $\frac{1}{2}\log\left|1 + \tan\frac{x}{2}\right| + C$
(c) $2\log\left|1 + \tan\frac{x}{2}\right| + C$ (d) $\frac{1}{2}\log\left|1 - \tan\frac{x}{2}\right| + C$

69. $\int \frac{\sin 3x}{\sin x} dx$ का मान होगा

(a) $x + \sin 2x + C$ (b) $3x + \sin 2x + C$
(c) $3x + \sin^2 x + C$ (d) इनमें से कोई नहीं

70. $\int \frac{x^2 + x - 6}{(x-2)(x-1)} dx$ का मान होगा

(a) $x + 2 \log (x-1) + C$ (b) $2x + 2 \log (x-1) + C$
(c) $x + 4 \log (1-x) + C$ (d) $x + 4 \log (x-1) + C$

71. $\int x \frac{(\sec 2x - 1)}{(\sec 2x + 1)} dx$ का मान होगा

(a) $x \tan x - \log \sec x - \frac{x^2}{2}$ (b) $x \tan x + \log \sec x + \frac{x^2}{2}$
(c) $x \sec^2 x + \log \tan x - \frac{x^2}{2}$ (d) इनमें से कोई नहीं

72. $\int x^n \log x \, dx$ का मान होगा

(a) $\frac{x^{n+1}}{n+1}\left(\log x + \frac{1}{n+1}\right) + C$ (b) $\frac{x^{n+1}}{n+1}\left(\log x + \frac{2}{n+1}\right) + C$
(c) $\frac{x^{n+1}}{n+1}\left(2\log x - \frac{1}{n+1}\right) + C$ (d) $\frac{x^{n+1}}{n+1}\left(\log x - \frac{1}{n+1}\right) + C$

73. $\int \log x (\log x + 2) \, dx$ का मान है

(a) $x (\log x)^2 + C$ (b) $x(1 + \log x)^2 + C$
(c) $x[1 + (\log x)^2] + C$ (d) इनमें से कोई नहीं

74. $\int \frac{x-2}{x(2 \log x - x)} dx$ का मान होगा

(a) $\log (2 \log x - x) + C$ (b) $\log\left(\frac{1}{2 \log x - x}\right) + C$
(c) $\log (x - 2 \log x) + C$ (d) $\log\left(\frac{1}{x - 2 \log x}\right) + C$

75. $\int \frac{e^x (x+1)}{\cos^2 (xe^x)} dx$ का मान होगा

(a) $\tan (xe^x) + C$ (b) $\sec (xe^x) \tan (xe^x) + C$
(c) $-\tan (xe^x) + C$ (d) इनमें से कोई नहीं

76. $\int e^{x \log_e 2006} . e^x \, dx$ बराबर है

(a) $(2006e)^x + C$ (b) $2006e^x + C$
(c) $\frac{(2006e)^x}{\log (2006e)} + C$ (d) $\frac{e^x}{1 + \log 2006} + C$

77. $\int \frac{d (\sin x)}{\sqrt{1 - \sin^2 x}}$ का मान है

(a) $x + C$ (b) $3x + C$
(c) $x^2 + C$ (d) इनमें से कोई नहीं

78. $\int e^{2x} (-\sin x + 2 \cos x) \, dx$ का मान होगा

(a) $e^{2x} \sin x + C$ (b) $-e^{2x} \sin x + C$
(c) $-e^{2x} \cos x + C$ (d) $e^{2x} \cos x + C$

79. यदि $f'(x) = \frac{x}{\sqrt{1+x}}$ तथा $f(0) = 0$, तो $f(x)$ बराबर है

(a) $\frac{2}{3} [(1+x)^{3/2} - 6(1+x)^{1/2} + 1]$
(b) $\frac{2}{3} [(1+x)^{3/2} - 3(1+x)^{1/2} + 2]$
(c) $\frac{2}{3} [(1+x)^{3/2} - 4(1+x)^{1/2} + 2]$
(d) $\frac{2}{3} [(1+x)^{3/2} - 3(1+x)^{1/2} + 1]$

80. यदि $\int \frac{x+2}{2x^2 + 6x + 5} dx = P\int \frac{4x+6}{2x^2 + 6x + 5} dx + \frac{1}{2}\int \frac{1}{2x^2 + 6x + 5} dx$

तब, P का मान है

(a) $\frac{1}{3}$ (b) $\frac{1}{2}$ (c) $\frac{1}{4}$ (d) 2

81. यदि $\int \frac{2x^2 + 3}{(x^2 - 1)(x^2 + 4)} dx = a \log\left(\frac{x+1}{x-1}\right) + b \tan^{-1} \frac{x}{2} + C,$

तो (a, b) बराबर है

(a) $\left(-\frac{1}{2}, \frac{1}{2}\right)$ (b) $\left(\frac{1}{2}, \frac{1}{2}\right)$ (c) $(-1, 1)$ (d) $(1, -1)$

82. माना $I = \int_0^1 \frac{\sin x}{\sqrt{x}} dx$ तथा $J = \int_0^1 \frac{\cos x}{\sqrt{x}} dx$, तब निम्न में से कौन-सा कथन सही है?

(a) $I > \frac{2}{3}$ व $J < 2$ (b) $I > \frac{2}{3}$ व $J > 2$
(c) $I < \frac{2}{3}$ व $J < 2$ (d) $I < \frac{2}{3}$ व $J > 2$

83. यदि $\int \sqrt{2}\sqrt{1+\sin x}\,dx = -4\cos(ax+b)+C$, तब (a, b) का मान है

(a) $\frac{1}{2}, \frac{\pi}{4}$ (b) $1, \frac{\pi}{2}$

(c) 1, 1 (d) इनमें से कोई नहीं

84. $\int \cos\left[2\cot^{-1}\sqrt{\frac{1-x}{1+x}}\right]dx$ का मान है

(a) $\frac{1}{2}x^2+C$ (b) $\frac{1}{2}\sin\left[2\cot^{-1}\sqrt{\frac{1-x}{1+x}}\right]+C$

(c) $-\frac{1}{2}x^2+C$ (d) $\frac{1}{2}x+C$

85. $\int x\cdot\sqrt{\left[\frac{2\sin(x^2-1)-\sin 2(x^2-1)}{2\sin(x^2-1)+\sin 2(x^2-1)}\right]}\,dx$ का मान है

(जहाँ, $x^2-1\neq n\pi$ है)

(a) $\log\frac{1}{2}\sec(x^2-1)$ (b) $\log\sec\left(\frac{x^2-1}{2}\right)$

(c) $\frac{1}{2}\log\sec(x^2-1)$ (d) इनमें से कोई नहीं

86. यदि $\int \frac{\log(x+\sqrt{1+x^2})}{\sqrt{1+x^2}}dx = (fog)\,x + C$ हो, तो फलन f और g क्रमशः हैं

(a) $\log\sqrt{1+x^x}, x$ (b) $\log(x+\sqrt{1+x^2}), x^2$

(c) $\frac{x^2}{2}, \log(x+\sqrt{1+x^2})$ (d) इनमें से कोई नहीं

87. यदि $\int\frac{f(x)}{\log\sin x}dx = \log\log\sin x$; तब $f(x)$ का मान क्या होगा?

(a) $\sin x$ (b) $\cos x$ (c) $\log\sin x$ (d) $\cot x$

88. $\int e^{-2x}\sin 3x\,dx$ का मान होगा

(a) $\frac{1}{13}e^{-2x}[\sin 3x+\cos 3x]+C$

(b) $-\frac{1}{13}e^{-2x}[\sin 3x+\cos 3x]+C$

(c) $\frac{1}{13}e^{-2x}[2\sin 3x+3\cos 3x]+C$

(d) $-\frac{1}{13}e^{-2x}[2\sin 3x+3\cos 3x]+C$

89. यदि $\int\frac{e^x(1+\sin x)}{(1+\cos x)}dx = e^x f(x)+C$, तब $f(x)$ का मान है

(a) $\sin\frac{x}{2}$ (b) $\cos\frac{x}{2}$

(c) $\tan\frac{x}{2}$ (d) $\log\frac{x}{2}$

90. $\int\frac{1}{\cos x(1+\cos x)}dx$ का मान है

(a) $\log(\sec x+\tan x)+2\tan\frac{x}{2}+C$

(b) $\log(\sec x+\tan x)-2\tan\frac{x}{2}+C$

(c) $\log(\sec x+\tan x)+\tan\frac{x}{2}+C$

(d) $\log(\sec x+\tan x)-\tan\frac{x}{2}+C$

91. यदि $u=-f''(\theta)\sin\theta+f'(\theta)\cos\theta$ एवं $V=f''\cos\theta+f'(\theta)\sin\theta$, तब $\int\left[\left(\frac{du}{d\theta^2}\right)^2+\left(\frac{dv}{d\theta}\right)^2\right]^{\frac{1}{2}}d\theta$ का मान है

(a) $f(\theta)-f''(\theta)+C$ (b) $f(\theta)+f''(\theta)+C$

(c) $f'(\theta)+f''(\theta)+C$ (d) $f'(\theta)-f''(\theta)+C$

92. $\int\frac{a\,dx}{b+ce^x}$ का मान है

(a) $\frac{a}{b}\log\left(\frac{e^x}{b+ce^x}\right)+C$ (b) $\frac{a}{b}\log\left(\frac{b+ce^x}{e^x}\right)+C$

(c) $\frac{b}{a}\log\left(\frac{e^x}{b+ce^x}\right)+C$ (d) $\frac{b}{a}\log\left(\frac{b+ce^x}{e^x}\right)+C$

93. $\int x\sqrt{\frac{1-x^2}{1+x^2}}dx$ का मान है

(a) $\frac{1}{2}[\sin^{-1}x^2+\sqrt{1-x^4}]+C$ (b) $\frac{1}{2}[\sin^{-1}x^2+\sqrt{1-x^2}]+C$

(c) $\sin^{-1}x^2+\sqrt{1-x^4}+C$ (d) $\sin^{-1}x^2+\sqrt{1-x^2}+C$

94. यदि $\int\frac{(2x^2+1)dx}{(x^2-4)(x^2-1)}=\log\left[\left(\frac{x+1}{x-1}\right)^a\left(\frac{x-2}{x+2}\right)^b\right]+C$ तब a व b के मान क्रमशः हैं

(a) $\frac{1}{2}, \frac{3}{4}$ (b) $-1, \frac{3}{2}$ (c) $1, \frac{3}{2}$ (d) $-\frac{1}{2}, \frac{3}{4}$

95. $\int\frac{\sec x}{\sqrt{\sin(2x+\alpha)+\sin\alpha}}dx$ का मान है

(a) $\sqrt{2\sec\alpha(\tan x+\tan\alpha)}+C$ (b) $\sqrt{2\sec\alpha(\tan x-\tan\alpha)}+C$

(c) $\sqrt{2\sec\alpha(\tan\alpha-\tan x)}+C$ (d) इनमें से कोई नहीं

निश्चित समाकलन

96. $\int_0^2\frac{x^3\,dx}{(x^2+1)^{3/2}}$ का मान है

(a) $(\sqrt{2}-1)^2$ (b) $\frac{(\sqrt{2}-1)^2}{\sqrt{2}}$

(c) $\frac{\sqrt{2}-1}{\sqrt{2}}$ (d) इनमें से कोई नहीं

97. $\int_0^a\frac{x^4}{(a^2+x^2)^4}dx$ का मान है

(a) $\frac{1}{16a^3}\left(\frac{\pi}{4}-\frac{1}{3}\right)$ (b) $\frac{1}{16a^3}\left(\frac{\pi}{4}+\frac{1}{3}\right)$

(c) $\frac{1}{16}a^3\left(\frac{\pi}{4}-\frac{1}{3}\right)$ (d) $\frac{1}{16}a^3\left(\frac{\pi}{4}+\frac{1}{3}\right)$

98. $\int_0^{1000}e^{x-[x]}dx$ का मान है

(a) $e^{1000}-1$ (b) $\frac{e^{1000}-1}{e-1}$

(c) $1000(e-1)$ (d) $\frac{e-1}{1000}$

99. $\lim_{x\to 0}\frac{1}{x^3}\int_0^x\frac{t\log(1+t)}{t^4+4}dt$ का मान निम्न है

(a) 0 (b) $\frac{1}{12}$ (c) $\frac{1}{24}$ (d) $\frac{1}{64}$

100. $\int_0^1 \frac{x^4 (1-x)^4}{1+x^2} dx$ का मान निम्न है

(a) $\frac{22}{7} - \pi$ (b) $\frac{2}{105}$

(c) $\frac{22}{7} + \pi$ (d) $\frac{3}{107}$

101. दिया है कि किसी वास्तविक संख्या x के लिए $[x]$, अधिकतम पूर्णांक $\le x$ को दर्शाता है। यदि अन्तराल $[-10, 10]$ पर वास्तविक मानों वाला फलन f निम्न प्रकार से परिभाषित है

$$f(x) = \begin{cases} x - [x, & \text{यदि } [x] \text{ विषम है} \\ 1 + [x] - x, & \text{यदि } [x] \text{ सम है} \end{cases}$$

तो $\frac{\pi^2}{10} \int_{-10}^{10} f(x)(\cos \pi x \, dx$ (पूर्णांक उत्तर) का मान होगा

(a) 3 (b) 2

(c) 4 (d) 0

102. माना $p(x)$, R पर परिभाषित एक ऐसा फलन है कि $p'(x) = p'(1-x)$, प्रत्येक $x \in [0, 1]$ के लिए, $p(0) = 1$ तथा $p(1) = 41$ है, तो $\int_0^1 p(x) \, dx$ बराबर है

(a) $\sqrt{41}$ (b) 21

(c) 41 (d) 42

103. यदि $I_n = \int_{-\pi}^{\pi} \frac{\sin nx}{(1+\pi^2) \sin x} dx, n = 0, 1, 2, \ldots$, तब कौन-सा कथन सही नहीं है?

(a) $I_n = I_{n+2,}$ (b) $\sum_{m=1}^{10} I_{2m+1} = 10\pi$

(c) $\sum_{m=1}^{10} I_{2m} = 0$ (d) $I_n = I_{n+1}$

104. सीमा $\lim_{n \to \infty} \left[\frac{1}{n+1} + \frac{1}{n+2} + \ldots + \frac{1}{6n} \right]$ का मान है

(a) log 2 (b) log 6

(c) 1 (d) log 3

105. $\lim_{n \to \infty} \sum_{r=1}^{n} \frac{1}{n} e^{r/n}$ का मान है

(a) e (b) $e - 1$

(c) $1 - e$ (d) $e + 1$

106. यदि $f(x) = \frac{e^x}{1+e^x}$, $I_1 = \int_{f(-a)}^{f(a)} x g\{x(1-x)\} dx$ तथा $I_2 = \int_{f(-a)}^{f(a)} g\{x(1-x)\} dx$, तब $\frac{I_2}{I_1}$ का मान है

(a) 2 (b) – 3

(c) – 1 (d) 1

107. समीकरण $\int_{\sqrt{2}}^{x} \frac{dt}{t\sqrt{t^2-1}} = \frac{\pi}{2}$ के लिए x का मान है

(a) 2

(b) π

(c) $\sqrt{3}/2$

(d) उपरोक्त में से कोई नहीं

108. माना f अन्तराल $[0, 1]$ में अऋणात्मक फलन परिभाषित है। यदि $\int_0^x \sqrt{1-(f'(t))^2} \, dt = \int_0^x f(t) \, dt, 0 \le x \le 1$ और $f(0) = 0$, तब

(a) $f\left(\frac{1}{2}\right) < \frac{1}{2}$ तथा $f\left(\frac{1}{3}\right) > \frac{1}{3}$ (b) $f\left(\frac{1}{2}\right) > \frac{1}{2}$ तथा $f\left(\frac{1}{3}\right) > \frac{1}{3}$

(c) $f\left(\frac{1}{2}\right) < \frac{1}{2}$ तथा $f\left(\frac{1}{3}\right) < \frac{1}{3}$ (d) $f\left(\frac{1}{2}\right) > \frac{1}{2}$ तथा $f\left(\frac{1}{3}\right) < \frac{1}{3}$

109. $\int_0^{\pi} [\cot x] \, dx$, $[\cdot]$ महत्तम पूर्णांक फलन को निरूपित करता है, का मान है

(a) $\frac{\pi}{2}$ (b) 1 (c) – 1 (d) $-\frac{\pi}{2}$

110. $\int_a^b \sqrt{(x-a)(b-x)} \, dx \; (b > a)$ का मान है

(a) $\frac{\pi(b-a)^2}{8}$ (b) $\frac{\pi(b+a)^2}{8}$

(c) $(b-a)^2$ (d) $(b+a)^2$

111. यदि $f(x) = \int_1^x \sqrt{2-t^2} \, dt$, तब समीकरण $x^2 - f'(x) = 0$ के वास्तविक मूल है

(a) ± 1 (b) $\pm \frac{1}{\sqrt{2}}$ (c) $\pm \frac{1}{2}$ (d) 0 तथा 1

112. $\int_2^4 \{|x-2| + |x-3|\} \, dx$ का मान है

(a) 1 (b) 2 (c) 3 (d) 5

113. यदि $g(1) = g(2)$, तब $\int_1^2 [f\{g(x)\}]^{-1} f'\{g(x)\} g'(x) \, dx$ का मान होगा

(a) 1 (b) 2

(c) 0 (d) इनमें से कोई नहीं

114. माना $\frac{d}{dx} f(x) = \left(\frac{e^{\sin x}}{x} \right)$; $x > 0$, यदि $\int_1^4 \frac{3}{x} e^{\sin x^3} dx = F(k) - F(1)$, तब k के सम्भावित मानों में से एक

(a) 15 (b) 16 (c) 63 (d) 64

115. $\int_0^{\pi} e^{\cos^2 x} \cos^5 3x \, dx$ का मान होगा

(a) 1 (b) –1

(c) 0 (d) इनमें से कोई नहीं

116. $\int_{-1}^{1} \frac{\sin x - x^2}{3 - |x|} dx$ का मान होगा

(a) 0 (b) $2 \int_0^1 \frac{\sin x}{3-|x|} dx$

(c) $2 \int_0^1 \frac{-x^2}{3-|x|} dx$ (d) $2 \int_0^1 \frac{\sin x - x^2}{3-|x|} dx$

117. $\int_{\frac{1}{n}}^{\frac{an-1}{n}} \frac{\sqrt{x}}{\sqrt{a-x} + \sqrt{x}} dx$ का मान होगा

(a) $\frac{a}{2}$ (b) $\frac{na+2}{2n}$

(c) $\frac{na-2}{2n}$ (d) इनमें से कोई नहीं

118. $\int_a^b \frac{x}{|x|} dx, a < b < 0$ का मान है

(a) $-(|a| + |b|)$ (b) $|b| - |a|$

(c) $|a| - |b|$ (d) $|a| + |b|$

119. यदि $P = \int_0^{3\pi} f(\cos^2 x)\, dx$ और $Q = \int_0^{\pi} f(\cos^2 x)\, dx$, तब

(a) $P - Q = 0$ (b) $P - 2Q = 0$
(c) $P - 3Q = 0$ (d) $P - 5Q = 0$

120. $\lim_{n \to \infty} \left[\frac{n!}{n^n}\right]^{1/n}$ का मान है

(a) e (b) $\frac{1}{e}$
(c) $\frac{\pi}{4}$ (d) $\frac{4}{\pi}$

121. यदि $[x]$ महत्तम पूर्णांक, जो x से कम या x के बराबर है, तब $\int_1^5 [|x-3|]\, dx$ का मान होगा

(a) 1 (b) 2
(c) 4 (d) 8

122. फलन $f(x) = \int_{5\pi/4}^{x} (3\sin u + 4\cos u)\, du$ का अन्तराल $\left[\frac{5\pi}{4}, \frac{4\pi}{3}\right]$ में न्यूनतम मान होगा

(a) $\sqrt{3} + \frac{3}{2}$ (b) $-2\sqrt{3} + \frac{3}{2} + \frac{1}{\sqrt{2}}$
(c) $\frac{3}{2} + \frac{1}{\sqrt{2}}$ (d) इनमें से कोई नहीं

123. $\int_{1/4}^{4} |\log x|\, dx$ का मान है

(a) $\frac{1}{4}\log\left(\frac{e^9}{4^{15}}\right)$ (b) $\frac{1}{4}\log_4\left(\frac{4^{15}}{e^9}\right)$
(c) $\frac{1}{2}\log_4\left(\frac{e^9}{4^{15}}\right)$ (d) इनमें से कोई नहीं

124. $\lim_{n \to \infty}\left[\frac{1}{n} + \frac{1}{\sqrt{n^2+n}} + \frac{1}{\sqrt{n^2+2n}} + \ldots + \frac{1}{\sqrt{n^2+(n-1)n}}\right]$ का मान है

(a) $2 + 2\sqrt{2}$ (b) $2\sqrt{2} - 2$ (c) $2\sqrt{2}$ (d) 2

125. $\lim_{x \to 0} \frac{1}{x}\left[\int_y^a e^{\sin^2 t}\, dt - \int_{x+y}^{a} e^{\sin^2 t} dt\right]$ का मान होगा

(a) $e^{\sin^2 y}$ (b) $\sin 2y\, e^{\sin^2 y}$
(c) 0 (d) इनमें से कोई नहीं

126. यदि $f(x) = \begin{cases} e^{\cos x}\sin x & , |x| \le 2 \\ 2 & , \text{अन्यथा} \end{cases}$, तब $\int_{-2}^{3} f(x)\, dx$ का मान है

(a) 0 (b) 1 (c) 2 (d) 3

127. यदि $\int_0^1 (tx + 1 - x)^n\, dx = \frac{1}{(n+1)}[1 + t + t^2 + \ldots + t^n]$ हो, तब $\int_0^1 x^k (1-x)^{n-k}\, dx$ का मान होगा

(a) ${}^nC_{k+1}(n+1)$ (b) $\frac{1}{n-1} \cdot {}^nC_{k-1}$
(c) $\frac{1}{n+1}\, {}^nC_k$ (d) $\frac{1}{n-1}\, {}^nC_k$

128. यदि किसी वास्तविक संख्या y के लिए $[y]$, y या y से छोटे महत्तम पूर्णांक को प्रदर्शित करता है, तो समाकलन $\int_{\pi/2}^{3\pi/2} [2\sin x]\, dx$ का मान है

(a) $-\pi$ (b) 0 (c) $-\frac{\pi}{2}$ (d) $\frac{\pi}{2}$

129. वह धन पूर्णांक n क्या होगा, जिसके लिए $\int_0^1 e^x (x-1)^n\, dx = 16 - 16e$ हो?

(a) 2 (b) 3
(c) 5 (d) 6

130. माना $g(x) = \int_0^x f(t)\, dt$, जहाँ f इस प्रकार है कि $\frac{1}{2} \le f(t) \le 1$, $t \in [0, 1]$ के लिए और $0 \le f(t) \le \frac{1}{2}$, $t \in [1, 2]$ के लिए, तो $g(2)$ निम्न असमिका को सन्तुष्ट करेगा

(a) $-\frac{3}{2} \le g(2) < \frac{1}{2}$ (b) $0 \le g(2) \le 2$
(c) $\frac{3}{2} < g(2) \le \frac{5}{2}$ (d) $2 < g(2) < 4$

131. माना [.] एक महत्तम पूर्णांक फलन दर्शाता है, तो $\int_0^{1.5} x[x^2]\, dx$ का मान है

(a) 0 (b) $\frac{3}{2}$
(c) $\frac{3}{4}$ (d) $\frac{5}{4}$

132. $\int_1^a [x] f'(x)\, dx$, $a > 1$ का मान, जहाँ $[x]$ महत्तम पूर्णांक फलन है, क्या होगा?

(a) $[a]\, f(a) - \{f(1) + f(2) + \ldots + f([a])\}$
(b) $[a]\, f([a]) - \{f(1) + f(2) + \ldots + f(a)\}$
(c) $af([a]) - \{f(1) + f(2) + \ldots + f(a)\}$
(d) $af(a) - \{f(1) + f(2) + \ldots + f([a])\}$

133. $\int_{-3\pi/2}^{-\pi/2} [(x+\pi)^3 + \cos^2(x + 3\pi)]\, dx$ का मान होगा

(a) $\left(\frac{\pi^4}{32}\right) + \frac{\pi}{2}$ (b) $\frac{\pi}{2}$
(c) $\left(\frac{\pi}{4}\right) - 1$ (d) $\frac{\pi^4}{32}$

134. $I = \int_0^1 x(1-x)^n\, dx$ का मान होगा

(a) $\frac{1}{n+1}$ (b) $\frac{1}{n+2}$
(c) $\frac{1}{n+1} - \frac{1}{n+2}$ (d) $\frac{1}{n+1} + \frac{1}{n+2}$

135. यदि $b > a$, तब $\int_a^b \frac{dx}{\sqrt{(x-a)(b-x)}}$ का मान होगा

(a) $\frac{\pi}{2}$ (b) π (c) $\frac{\pi}{2}(b-a)$ (d) $\frac{\pi}{4}(b-a)$

136. व्यंजक $\frac{\int_0^n [x]\, dx}{\int_0^n \{x\}\, dx}$, जहाँ $[x]$ और $\{x\}$ क्रमशः x के पूर्णांकीय एवं भिन्नात्मक भाग हैं और $n \in N$, का मान है

(a) $\frac{1}{n-1}$ (b) $\frac{1}{n}$ (c) n (d) $n-1$

137. फलन $L(x) = \int_1^x \frac{dt}{t}$ निम्न समीकरण को सन्तुष्ट करता है

(a) $L(x+y) = L(x) + L(y)$ (b) $L\left(\frac{x}{y}\right) = L(x) + L(y)$
(c) $L(xy) = L(x) + L(y)$ (d) इनमें से कोई नहीं

138. $\lim_{x \to 0} \dfrac{\int_0^{x^2} (\tan^{-1} t)dt}{\int_0^{x^4} \sin\sqrt{t}\, dt}$ का मान होगा

(a) – 1 (b) – 1/2 (c) 1/2 (d) 1

139. यदि $I_n = \int_0^{\pi/2} \dfrac{\sin^2 nx}{\sin^2 x} dx$, तब I_1, I_2, I_3 किस श्रेणी में हैं?

(a) समान्तर श्रेणी (b) गुणोत्तर श्रेणी
(c) हरात्मक श्रेणी (d) इनमें से कोई नहीं

140. यदि $\int_{-\pi/3}^{\pi/3} \left[\dfrac{a}{3}|\tan x| + \dfrac{b \tan x}{1+\sec x} + c\right] dx = 0$, जहाँ a, b, c अचर हैं, तो c बराबर है

(a) $-\dfrac{a}{\pi}\log 2$ (b) $\dfrac{2a}{\pi}\log 2$ (c) $a\log 2$ (d) $\dfrac{a}{\pi}\log 2$

141. $\int_0^{\frac{3\pi}{2}} \dfrac{|\tan^{-1}\tan x| - |\sin^{-1}\sin x|}{|\tan^{-1}\tan x| + |\sin^{-1}\sin x|} dx$ का मान है

(a) $\dfrac{\pi}{2}$ (b) π
(c) $\dfrac{3\pi}{2}$ (d) इनमें से कोई नहीं

142. माना $f(x)$ अन्तराल $[0, a]$, $\forall a \in R$ में समाकलनीय है। यदि $I_1 = \int_0^{\pi/2} \cos\theta f(\sin\theta + \cos^2\theta) d\theta$ तथा $I_2 = \int_0^{\pi/2} \sin 2\theta f (\sin\theta + \cos^2\theta) d\theta$, तब

(a) $I_1 = I_2$ (b) $I_1 = -I_2$ (c) $I_1 = 2I_2$ (d) $I_1 = -2I_2$

143. यदि $f(x) = \begin{cases} e^{\cos x}\sin x, & \text{जब } |x| \le 2 \\ 2 & \text{अन्यथा} \end{cases}$, तो $\int_{-2}^{3} f(x)\,dx$ का मान होगा

(a) 0 (b) 1 (c) 2 (d) 3

144. यदि $\int_{-1}^{4} f(x)\,dx = 4$ और $\int_2^4 (3 - f(x))\,dx = 7$, तो $\int_2^{-1} f(x)$ का मान है

(a) 2 (b) – 3
(c) – 5 (d) इनमें से कोई नहीं

145. $\int_{-1}^{1} \dfrac{x^2 + \sin x}{1 + x^2} dx$ का मान होगा

(a) 2 (b) 0 (c) $2 - \dfrac{\pi}{2}$ (d) $\dfrac{\pi}{2}$

146. $\int_0^{\infty} \sec h\, x\, dx$ बराबर है

(a) π (b) $\pi/2$ (c) 2π (d) $-\pi/2$

147. $\int_0^{\pi/2} \dfrac{a\sin x + b\cos x}{\sin x + \cos x} dx$ बराबर है

(a) $(a+b)\pi/2$ (b) $(a+b)\pi$
(c) $(a+b)\pi/4$ (d) $\pi/4$

148. $\int_{-2}^{2} \left\{p\log\left(\dfrac{1+x}{1-x}\right) + q\log\left(\dfrac{1-x}{1+x}\right)^{-2} + r\right\} dx$ निर्भर है

(a) $\int_{-2}^{2} r\,dx$ पर (b) r पर
(c) $\int_{-2}^{2} q\,dx$ पर (d) p तथा q पर

149. माना $I_1 = \int_0^{\infty} \dfrac{\log(x + 1/x)}{1 + x^2} dx$ तथा $I_2 = \int_0^{\pi/2} \log\sin 2t\, dt$, तो $I_1 + I_2$ बराबर है

(a) $(\pi/2)\log 2$ (b) $-(\pi/2)\log 2$
(c) $\pi\log 2$ (d) $-\pi\log 2$

150. $\int_3^6 2[x]\,dx$ का मान है (जहाँ, [.] महत्तम पूर्णांक फलन को निरूपित करता है।)

(a) 12 (b) 30 (c) 18 (d) 24

151. यदि $f(x) = \int_x^{x^2} \dfrac{dt}{1+t^3}$, तो $f'(2)$ का मान होगा

(a) $-\dfrac{56}{585}$ (b) $-\dfrac{29}{585}$
(c) $\dfrac{101}{585}$ (d) इनमें से कोई नहीं

152. समाकल $\int_{e^{-1}}^{e^2} \left|\dfrac{\log_e x}{x}\right| dx$ का मान है

(a) $\dfrac{3}{2}$ (b) $\dfrac{5}{2}$ (c) 3 (d) 5

153. यदि $f(x)$, T आवर्तकाल का आवर्ती फलन है तथा $\int_0^{f(t)} (t)\,dt = x^2 + \int_0^x t\,f(t)\,dt$, तो $f(1-T)$ बराबर है

(a) 0 (b) T (c) $2T$ (d) 2

154. $\int_{-1}^{1} (x^4 \tan^3 x + x^2)\,dx$ बराबर है

(a) 2/3 (b) 3/2 (c) 0 (d) 1

155. $\int_0^{\pi/3} |\tan x - 1|\,dx$ का मान होगा

(a) $\dfrac{\pi}{2} + \dfrac{1}{2}\log 2$ (b) $\dfrac{\pi + \log 8}{6}$
(c) $\log 2 - \dfrac{\pi}{3}$ (d) इनमें से कोई नहीं

156. $\lim_{n\to\infty}\left[\dfrac{1}{\sqrt{n^2-1}} + \dfrac{1}{\sqrt{n^2-2^2}} + \ldots + \dfrac{1}{\sqrt{n^2-(n-1)^2}}\right]$ बराबर है

(a) 0 (b) $\pi/2$
(c) π (d) इनमें से कोई नहीं

157. यदि $\int_0^1 \dfrac{e^t\,dt}{t+1} = a$, तब $\int_{b-1}^{b} \dfrac{e^{-t}}{t-b-1}$ का मान है

(a) ae^{-b} (b) $-ae^{-b}$
(c) $-be^{-a}$ (d) ae^{b}

158. यदि $f(x)$ एक विषम फलन है तथा इसका आवर्त T है, तब $\phi(x) = \int_0^x f(t)\,dt$ है

(a) आवर्त $T/2$ के साथ आवर्ती फलन
(b) आवर्त T के साथ आवर्ती फलन
(c) आवर्त फलन नहीं है
(d) आवर्त $T/4$ के साथ आवर्ती फलन

159. यदि $x(x^4 + 1)\phi(x) = 1$, तो $\int_1^2 \phi(x)\,dx$ का मान होगा

(a) $\dfrac{1}{4}\log\dfrac{32}{17}$ (b) $\dfrac{1}{2}\log\dfrac{32}{17}$
(c) $\dfrac{1}{4}\log\dfrac{16}{17}$ (d) इनमें से कोई नहीं

160. $\int_{-1}^{3}\left[\tan^{-1}\left(\frac{x}{x^2+1}\right)+\tan^{-1}\left(\frac{x^2+1}{x}\right)\right]dx$ का मान है

(a) 2π (b) π (c) $\pi/2$ (d) $\pi/4$

161. यदि $\int_{-3}^{2} f(x)\,dx = \frac{7}{3}$ तथा $\int_{-3}^{9} f(x)\,dx = -\frac{5}{6}$ तो $\int_{2}^{9} f(x)\,dx$ बराबर है

(a) 3/2 (b) – 3/2 (c) – 19/6 (d) 19/6

162. मान लीजिए a, b, c अशून्य वास्तविक संख्यायें इस प्रकार हैं कि $\int_0^3 (3ax^2+2bx+c)\,dx = \int_1^3 (3ax^2+2bx+c)\,dx$, तो

(a) $a+b+c=3$ (b) $a+b+c=1$
(c) $a+b+c=0$ (d) $a+b+c=2$

163. $\int_{-\pi/2}^{199\pi/2}\sqrt{(1+\cos 2x)}\,dx$ का मान है

(a) $50\sqrt{2}$ (b) $100\sqrt{2}$
(c) $150\sqrt{2}$ (d) $200\sqrt{2}$

164. $\int_0^{\pi}\cos mx \sin nx\,dx = 0$, (जहाँ $m, n \in Z$)

(a) सदैव (b) जबकि $(n-m)\in N$
(c) जबकि $(n-m)$ सम है (d) जबकि $(n-m)$ विषम है

165. $\int_0^3 \{\sqrt{x}\}\,dx$, जहाँ $\{x\}$, x का भिन्नात्मक भाग प्रदर्शित करता है, के बराबर है

(a) $\frac{5}{2}$ (b) $\frac{7}{2}$
(c) $\frac{3}{2}$ (d) इनमें से कोई नहीं

166. $\lim_{n\to\infty}\left[\frac{1}{na}+\frac{1}{na+1}+\frac{1}{na+2}+\ldots+\frac{1}{nb}\right]$ बराबर है

(a) log (b/a) (b) log (a/b)
(c) log a (d) log b

167. मान लीजिए f एक धनात्मक फलन है। यदि

$$I_1=\int_{1-k}^{k} x.\, f\{x(1-x)\}\,dx,\ I_2=\int_{1-k}^{k} f\{x(1-x)\}\,dx$$

जहाँ $2k-1>0$, तो I_1/I_2 का मान होगा

(a) 2 (b) k (c) 1/2 (d) 1

168. $\int_0^{\pi/2}\frac{\sin x\cos x}{\cos^2 x+3\cos x+2}\,dx$ का मान होगा

(a) log (9 / 8) (b) log (8 / 9)
(c) log (3 / 4) (d) इनमें से कोई नहीं

169. $\int_0^1 \frac{dx}{[ax+b(1-x)]^2}$ का मान होगा

(a) $\frac{a}{b}$ (b) $\frac{b}{a}$ (c) ab (d) $\frac{1}{ab}$

170. यदि $I_m=\int_1^x (\ln x)^m\,dx$ तथा $I_m = x(\ln x)^m - kI_{m-1}$, तो k बराबर है

(a) $m-1$ (b) m (c) $m+1$ (d) m^2+1

171. समाकल $\int_0^1 \frac{1}{x^2+2x\cos\alpha+1}\,dx$ का मान है

(a) $\sin\alpha$ (b) $\alpha\sin\alpha$ (c) $2\alpha\sin\alpha$ (d) $\frac{\alpha}{2}\sin\alpha$

172. $\int_0^{\sin^2 x}\sin^{-1}\sqrt{t}\,dt+\int_0^{\cos^2 x}\cos^{-1}\sqrt{t}\,dt$ का मान होगा

(a) $\pi/2$ (b) 1
(c) $\pi/4$ (d) इनमें से कोई नहीं

173. यदि $f(x)=\min[x+1, \sqrt{1-x}]$, तो $\int_{-1}^{1} f(x)\,dx$ का मान होगा

(a) 1/6 (b) 5/6 (c) 7/6 (d) 11/6

174. फलन $y=f(x)$ के ग्राफ की स्पर्शी, X-अक्ष से उस बिन्दु पर $\pi/3$ कोण बनाती है जहाँ भुज $x=a$ है तथा उस बिन्दु पर $\pi/4$ का कोण बनाती है जहाँ भुज $x=b$ है, तो $\int_a^b f'(x)f''(x)\,dx$ का मान है

(a) $\frac{1}{2}(1-\sqrt{3})$ (b) $\frac{1}{2}(1+\sqrt{3})$
(c) –1 (d) इनमें से कोई नहीं

175. यदि शून्येत्तर x के लिए, $af(x)+bf\left(\frac{1}{x}\right)=\frac{1}{x}-5$; $a\neq b$, तो $\int_1^2 f(x)\,dx$ का मान होगा

(a) $\frac{1}{(a^2-b^2)}\left[a\log 2-5a+\frac{7}{2}b\right]$

(b) $\frac{1}{(a^2+b^2)}\left[a\log 2-5a+\frac{7}{2}b\right]$

(c) $\frac{1}{(a^2-b^2)}\left[a\log 2-5a-\frac{7}{2}b\right]$

(d) $\frac{1}{(a^2+b^2)}\left[a\log 2-5a-\frac{7}{2}b\right]$

176. $\int_0^{\pi/3}[\sqrt{3}\tan x]\,dx$, जहाँ [.] महत्तम पूर्णांक फलन है

(a) $\frac{\pi}{2}-\tan^{-1}\frac{2}{\sqrt{3}}$ (b) $\frac{5\pi}{6}-\tan^{-1}\frac{2}{\sqrt{3}}$
(c) $\frac{5\pi}{6}$ (d) इनमें से कोई नहीं

177. यदि $I_n=\int_0^{\pi/2}x^n\sin x\,dx$ तथा $n>1$, तो $I_n+n(n-1)I_{n-2}$ का मान होगा

(a) $n\left(\frac{\pi}{2}\right)^n$ (b) $(n-1)\left(\frac{\pi}{2}\right)^n$
(c) $n\left(\frac{\pi}{2}\right)^{n-1}$ (d) $(n-1)\left(\frac{\pi}{2}\right)^{n-1}$

178. $\int_{-\pi}^{\pi}(\cos px-\sin qx)^2\,dx$, जहाँ p व q पूर्णांक हैं, का मान होगा

(a) $-\pi$ (b) 0
(c) π (d) 2π

179. $\alpha\ (\alpha>0)$ के मानों का समुच्चय जिसके लिए असमिका $\int_{-\alpha}^{\alpha} e^x\,dx>\frac{3}{2}$ सत्य है, हैं

(a) $(0,\infty)$ (b) $(2,\infty)$
(c) $(\log 2,\infty)$ (d) इनमें से कोई नहीं

180. $\int_0^{\pi/2}\text{cosec}\left(x-\frac{\pi}{3}\right)\text{cosec}\left(x-\frac{\pi}{6}\right)dx$ का मान होगा

(a) 2 log 3 (b) – 2 log 3
(c) log 3 (d) इनमें से कोई नहीं

उत्तरमाला

1.	(b)	2.	(d)	3.	(b)	4.	(b)	5.	(d)	6.	(b)	7.	(b)	8.	(d)	9.	(a)	10.	(a)
11.	(c)	12.	(a)	13.	(b)	14.	(c)	15.	(a)	16.	(b)	17.	(b)	18.	(d)	19.	(c)	20.	(a)
21.	(d)	22.	(c)	23.	(d)	24.	(d)	25.	(b)	26.	(d)	27.	(b)	28.	(d)	29.	(c)	30.	(a)
31.	(a)	32.	(b)	33.	(c)	34.	(c)	35.	(b)	36.	(c)	37.	(b)	38.	(a)	39.	(d)	40.	(b)
41.	(b)	42.	(d)	43.	(a)	44.	(c)	45.	(b)	46.	(a)	47.	(b)	48.	(c)	49.	(d)	50.	(b)
51.	(c)	52.	(a)	53.	(d)	54.	(b)	55.	(d)	56.	(d)	57.	(b)	58.	(a)	59.	(b)	60.	(b)
61.	(c)	62.	(c)	63.	(c)	64.	(c)	65.	(b)	66.	(a)	67.	(b)	68.	(a)	69.	(a)	70.	(d)
71.	(a)	72.	(d)	73.	(a)	74.	(b)	75.	(a)	76.	(c)	77.	(a)	78.	(d)	79.	(b)	80.	(c)
81.	(a)	82.	(c)	83.	(a)	84.	(c)	85.	(b)	86.	(c)	87.	(d)	88.	(d`)	89.	(c)	90.	(d)
91.	(b)	92.	(a)	93.	(a)	94.	(a)	95.	(a)	96.	(d)	97.	(a)	98.	(c)	99.	(b)	100.	(a)
101.	(c)	102.	(b)	103.	(d)	104.	(b)	105.	(b)	106.	(a)	107.	(d)	108.	(c)	109.	(d)	110.	(a)
111.	(a)	112.	(c)	113.	(c)	114.	(d)	115.	(c)	116.	(c)	117.	(c)	118.	(b)	119.	(c)	120.	(b)
121.	(b)	122.	(b)	123.	(b)	124.	(b)	125.	(c)	126.	(c)	127.	(c)	128.	(c)	129.	(b)	130.	(b)
131.	(c)	132.	(a)	133.	(b)	134.	(c)	135.	(b)	136.	(d)	137.	(c)	138.	(c)	139.	(a)	140.	(a)
141.	(d)	142.	(a)	143.	(c)	144.	(c)	145.	(c)	146.	(b)	147.	(c)	148.	(a)	149.	(a)	150.	(d)
151.	(b)	152.	(b)	153.	(d)	154.	(a)	155.	(d)	156.	(b)	157.	(b)	158.	(b)	159.	(a)	160.	(b)
161.	(c)	162.	(c)	163.	(d)	164.	(c)	165.	(a)	166.	(a)	167.	(c)	168.	(a)	169.	(d)	170.	(b)
171.	(d)	172.	(c)	173.	(c)	174.	(c)	175.	(a)	176.	(a)	177.	(c)	178.	(d)	179.	(c)	180.	(b)

संकेत एवं हल

1. $\because \int \cos^4 x\, dx = \frac{1}{4}\int (2\cos^2 x)^2 dx = \frac{1}{4}\int (1+\cos 2x)^2\, dx$

$$= \frac{1}{4}\int (1 + 2\cos 2x + \cos^2 2x)\, dx$$

$$= \frac{1}{8}\int (2 + 4\cos 2x + (1+\cos 4x))\, dx$$

$$= \frac{1}{8}\left\{3x + 2\sin 2x + \frac{1}{4}\sin 4x\right\} + D$$

$$= \frac{3}{8}x + \frac{1}{4}\sin 2x + \frac{1}{32}\sin 4x + D$$

तुलना करने पर,

$$A = \frac{3}{8}, B = \frac{1}{4}, C = \frac{1}{32}$$

2. $I = \int \frac{\sqrt{(a^2 - x^2)}}{x^4}\, dx = \int \frac{x\sqrt{\left(\frac{a^2}{x^2} - 1\right)}}{x \cdot x^3}\, dx$

$$= \int \frac{1}{x^3} \cdot \sqrt{\left(\frac{a^2}{x^2} - 1\right)}\, dx$$

माना $\frac{a^2}{x^2} - 1 = t^2 \Rightarrow -\frac{2a^2}{x^3}\, dx = 2t\, dt$

$\Rightarrow \quad \frac{1}{x^3}\, dx = -\frac{1}{a^2}\, t\, dt$

$\therefore \quad I = -\frac{1}{a^2}\int t^2\, dt = -\frac{1}{3a^2}\, t^3 + C$

$$= -\frac{1}{3a^2}\left(\frac{a^2}{x^2} - 1\right)^{3/2} + C$$

3. $I = \int \frac{2x^{12} + 5x^9}{(x^5 + x^3 + 1)^3}\, dx = \int \frac{\left(\frac{2}{x^3} + \frac{5}{x^6}\right)}{\left(1 + \frac{1}{x^2} + \frac{1}{x^5}\right)^3}\, dx$

माना $1 + \frac{1}{x^2} + \frac{1}{x^5} = t \Rightarrow \left(-\frac{2}{x^3} - \frac{5}{x^6}\right) dx = dt$

$\therefore I = -\int \frac{dt}{t^3} = \frac{1}{2t^2} + C$

$$= \frac{1}{2\left(1 + \frac{1}{x^2} + \frac{1}{x^5}\right)^2} + C = \frac{x^{10}}{2(x^5 + x^3 + 1)^2} + C$$

6. $I = \int \frac{(\sqrt{x})^5}{(\sqrt{x})^7 + x^6}\, dx = \int \frac{dx}{(\sqrt{x})^2 + (\sqrt{x})^7} = \int \frac{dx}{(\sqrt{x})^7\left(\frac{1}{(\sqrt{x})^5} + 1\right)}$

माना $\frac{1}{(\sqrt{x})^5} + 1 = t$

$\Rightarrow \quad dt = -\frac{5}{2} \cdot \frac{1}{(\sqrt{x})^7}\, dx$

$\Rightarrow \quad \frac{dx}{(\sqrt{x})^7} = -\frac{2}{5}\, dt$

$\therefore \quad I = -\frac{2}{5}\int \frac{dt}{t} = -\frac{2}{5}\ln|t| + C$

$$= -\frac{2}{5}\ln\left|\frac{1}{(\sqrt{x})^5} + 1\right| + C$$

$$= \frac{2}{5}\ln\left(\frac{(\sqrt{x})^5}{(\sqrt{x})^5 + 1}\right) + C = \frac{2}{5}\ln\left(\frac{x^{5/2}}{x^{5/2} + 1}\right) + C$$

तुलना करने पर,

$$\lambda = \frac{2}{5} \text{ और } a = \frac{5}{2}$$

$\because \quad$ AM> GM

$\therefore \quad \frac{\lambda + a}{2} > \sqrt{\lambda a} = 1$

$\therefore \quad \lambda + a > 2$

7. $I = \int x(1 - {}^{11}C_1 x + {}^{11}C_2 x^2 - {}^{11}C_3 x^3 + \ldots - {}^{11}C_{11} x^{11})\, dx$

$= \int x(1-x)^{11}\, dx$

माना $1 - x = t \Rightarrow dx = -dt$

$\therefore \quad I = -\int (1-t)t^{11}\, dt = -\frac{t^{12}}{12} + \frac{t^{13}}{13} + C$

$= \frac{(1-x)^{13}}{13} - \frac{(1-x)^{12}}{12} + C$

8. दी हुई सारणिक का रूप $f(x) = \begin{vmatrix} 0 & a & b \\ -a & 0 & c \\ -b & -c & 0 \end{vmatrix}$ अर्थात् $f(x)$ विषम कोटि का एक विषम सममित सारणिक (Skew-symmetric determinant) है।

$f(x) = 0 \Rightarrow \int f(x)\, dx = C$ (अचर)

$\Rightarrow \quad f(x) = -a(bc) + b(ac) = abc - abc = 0$

$\therefore \quad \int f(x) = C$ (अचर)

9. $I = \int \sqrt{1 + \sin\left(\frac{x}{4}\right)}\, dx$

$= \int \sqrt{\left(\sin^2 \frac{x}{8} + \cos^2 \frac{x}{8}\right) + \left(2 \sin \frac{x}{8} \cos \frac{x}{8}\right)}\, dx$

$= \int \left(\sin \frac{x}{8} + \cos \frac{x}{8}\right) dx = \frac{-\cos \frac{x}{8}}{\left(\frac{1}{8}\right)} + \frac{\sin \frac{x}{8}}{\left(\frac{1}{8}\right)} + C$

$= 8\left(\sin \frac{x}{8} - \cos \frac{x}{8}\right) + C$

10. $I_1 = \int \frac{1}{x \log x}\, dx$

माना $\log x = t \Rightarrow \frac{1}{x} dx = dt$

$\therefore \; I_1 = \int \frac{1}{t}\, dt = \log t = \log(\log x) = l^2(x)$

$I_2 = \int \frac{1}{x(\log x) \log(\log x)}\, dx$

माना $\log(\log x) = t$

$\therefore \quad \frac{1}{\log x} \cdot \frac{1}{x}\, dx = dt$

$\therefore \quad I_2 = \int \frac{1}{t}\, dt = \log t = \log \log(\log x) = l^3 x$

$\therefore \quad I_r = l^{r+1}(x)$

11. $\int f(x)\, g''(x)\, dx = f(x)\, g'(x) - \int f'(x)\, g'(x)\, dx$

इसी प्रकार, $\int f''(x)\, g(x) = f'(x)\, g(x) - \int f'(x)\, g'(x)\, dx$

अब घटाने पर, $I = f(x)\, g'(x) - f'(x)\, g(x)$

13. $\int \frac{\sin^8 x - \cos^8 x}{1 - 2\sin^2 x \cos^2 x}\, dx$

$= \int \frac{(\sin^4 x + \cos^4 x)(\sin^4 x - \cos^4 x)}{(\sin^2 x + \cos^2 x)^2 - 2\sin^2 x \cos^2 x}\, dx$

$= \int (\sin^4 x - \cos^4 x)\, dx$

$= \int (\sin^2 x + \cos^2 x)(\sin^2 x - \cos^2 x)\, dx$

$= \int (\sin^2 x - \cos^2 x)\, dx$

$= \int -\cos 2x\, dx = -\frac{\sin 2x}{2} + C$

14. माना $\quad I = \int (\log x)^2\, dx$

पुन: माना $\log x = t \Rightarrow e^t = x \Rightarrow dx = e^t\, dt$

$\therefore \quad I = \int t^2 \cdot e^t\, dt = t^2 e^t - 2te^t + 2e^t + C$

$= x(\log x)^2 - 2x \log x + 2x + C$

15. $I = \int \tan^3 2x \sec 2x\, dx = \int (\sec^2 2x - 1) \sec 2x \tan 2x\, dx$

$= \int (\sec^3 2x \tan 2x - \sec 2x \tan 2x)\, dx$

$= \int \sec^3 2x \tan 2x\, dx - \int \sec 2x \tan 2x\, dx \quad \ldots(i)$

माना $\quad I_1 = \int \sec^3 2x \tan 2x\, dx$

$\sec 2x = t$ रखने पर,

$\sec 2x \tan 2x dx = \frac{dt}{2}$

$\therefore \quad I_1 = \frac{1}{2}\int t^2 dt = \frac{t^3}{6} = \frac{\sec^3 2x}{6}$

समी (i) से, $I = \int \sec^3 2x \tan 2x dx - \int \sec 2x \tan 2x dx$

$= \frac{\sec^3 2x}{6} - \frac{\sec 2x}{2} + C$

16. $I = \int x \sqrt{\left\{\frac{2\sin(x^2+1) - \sin\{2(x^2+1)\}}{2\sin(x^2+1) + \sin\{2(x^2+1)\}}\right\}}\, dx$

माना $x^2 + 1 = t \Rightarrow x\, dx = \frac{1}{2} dt$

$\therefore \quad I = \frac{1}{2}\int \sqrt{\left(\frac{2\sin t - \sin 2t}{2\sin t + \sin 2t}\right)}\, dt$

$= \frac{1}{2}\int \sqrt{\left(\frac{1 - \cos t}{1 + \cos t}\right)}\, dt - \frac{1}{2}\int \tan(t/2)\, dt$

$= \frac{1}{2} \cdot 2 \cdot \ln|\sec(t/2)| + C = \ln\left|\sec\left(\frac{x^2+1}{2}\right)\right| + C$

$= \ln\left|\sec\left\{\frac{1}{2}(x^2+1)\right\}\right| + C$

17. $I = \int \frac{dx}{(\sqrt{x} + \sqrt[3]{x^2})}$

माना $\quad x = t^6 \Rightarrow dx = 6t^5\, dt$

$I = \int \frac{6t^5 dt}{(t^3 + t^4)} = 6\int \frac{t^2 dt}{(1+t)} = 6\int \left(t - 1 + \frac{1}{1+t}\right) dt$

$= 6\left\{\frac{t^2}{2} - t + \ln|1+t|\right\} + C$

$= 3t^2 - 6t + 6\ln|1+t| + C$

$= 3 \cdot \sqrt[3]{x} - 6 \cdot \sqrt[6]{x} + 6\ln|1 + \sqrt[6]{x}| + C$

18. $I = \int \frac{dx}{(x+\alpha)^{8/7 + 6/7} \cdot \left(\frac{x-\beta}{x+\alpha}\right)^{6/7}}$

$= \int \frac{dx}{(x+\alpha)^2 \left(1 - \frac{\alpha+\beta}{x+\alpha}\right)^{6/7}} \quad \left[\because \frac{8}{7} + \frac{6}{7} = \frac{14}{7} = 2\right]$

माना $1 - \frac{\alpha+\beta}{x+\alpha} = t \Rightarrow \frac{\alpha+\beta}{(x+\alpha)^2}\, dx = dt$

$\therefore \quad I = \frac{1}{(\alpha+\beta)}\int \frac{dt}{t^{6/7}} = \frac{7}{\alpha+\beta} t^{1/7}$

$= \frac{7}{\alpha+\beta}\left[1 - \frac{\alpha+\beta}{x+\alpha}\right]^{1/7} = \frac{7}{\alpha+\beta}\left(\frac{x-\beta}{x+\alpha}\right)^{1/7}$

21. हम जानते हैं कि,

$$\log\left(\frac{\cos\theta+\sin\theta}{\cos\theta-\sin\theta}\right)=\log\left(\frac{1+\tan\theta}{1-\tan\theta}\right)=\log\tan\left(\frac{\pi}{4}+\theta\right)$$

$$\therefore I=\int\cos 2\theta\log\tan\left(\frac{\pi}{4}+\theta\right)d\theta \quad ...(i)$$

$$I=\frac{1}{2}\sin 2\theta\log\tan\left(\frac{\pi}{4}+\theta\right)-\frac{1}{2}\int\sin 2\theta\cdot 2\sec 2\theta\, d\theta$$

[समी (i) से]

$$I=\frac{1}{2}\sin 2\theta\log\tan\left(\frac{\pi}{4}+\theta\right)-\int\tan 2\theta\, d\theta$$

$$I=\frac{1}{2}\sin 2\theta\log\tan\left(\frac{\pi}{4}+\theta\right)-\frac{1}{2}\log\sec 2\theta$$

22. $I=\int x\{f(x^2)\,g''(x^2)-f''(x^2)\,g(x^2)\}\,dx$

माना $x^2=t\Rightarrow 2x\,dx=dt$

$$\therefore I=\frac{1}{2}\left[\int\{f(t)\,g''(t)\}.dt-\int f''(t)\,g(t)\,dt\right]$$

$$=\frac{1}{2}\left[f(t)\,g'(t)-\int f'(t)\,g(t)\,dt-g(t)\,f'(t)+\int g'(t)\,f'(t)\,dt\right]+C$$

$$=\frac{1}{2}[f(t)\,g'(t)-g(t)\,f'(t)]+C$$

$$=\frac{1}{2}[f(x^2)\,g'(x^2)-g(x^2)\,f'(x^2)]+C$$

23. $$f(x)=\lim_{n\to\infty}n^2x^{\frac{1}{(n+1)}}\left(x^{\frac{1}{n}-\frac{1}{n+1}}-1\right)$$

$$=\lim_{n\to\infty}\frac{x^{\frac{1}{n+1}}\left(x^{\frac{1}{n(n+1)}}-1\right)}{\frac{1}{n(n+1)}\times\frac{n(n+1)}{n^2}}=\log x$$

अतः $\int x\,f(x)\,dx=\int x\log x\,dx=\frac{x^2}{2}\log x-\frac{1}{4}x^2+C$

24. $\because$ $$f(x)=\lim_{n\to\infty}\frac{x^n-x^{-n}}{x^n+x^{-n}},\ x>1=\lim_{n\to\infty}\frac{1-x^{-2n}}{1+x^{-2n}}$$

$$=\frac{1-0}{1+0}=1 \qquad [\because x>1\therefore x^{-\infty}=0]$$

$$\therefore\quad \int\frac{x\,f(x)\ln(x+\sqrt{(1+x^2)})}{\sqrt{(1+x^2)}}dx$$

$$=\int\frac{x\ln(x+\sqrt{1+x^2})}{\sqrt{(1+x^2)}}dx$$

माना $\ln(x+\sqrt{(1+x^2)})=t$

$$\Rightarrow\quad \frac{dx}{\sqrt{(1+x^2)}}=dt$$

तथा $\quad (e^t-x)^2=1+x^2$

$$\Rightarrow\quad e^{2t}-2xe^t=1\Rightarrow x=\frac{1}{2}(e^t-e^{-t})$$

$$\therefore\quad \int\frac{x\ln(x+\sqrt{(1+x^2)})}{\sqrt{(1+x^2)}}dx=\int\frac{1}{2}(e^t-e^{-t})\cdot t\,dt$$

$$=\frac{1}{2}\{t\,(e^t+e^{-t})-(e^t-e^{-t})+C\}$$

$$=\sqrt{(1+x^2)}\cdot\ln(x+\sqrt{(1+x^2)})-x+C$$

25. $$\because f'(x)=\frac{\left(\frac{1}{2}\right)-\sin^2 x}{f(x)}=\frac{\cos 2x}{2\,f(x)}$$

$$\Rightarrow\quad 2f(x)\,f'(x)=\cos 2x$$

तब $$\{f(x)\}^2=\frac{\sin 2x}{2}+C$$

$$\Rightarrow\quad f(x)=\sqrt{\left(\frac{\sin 2x}{2}+C\right)}$$

$\therefore$ $f(x)$ का आवर्त $=\frac{2\pi}{2}=\pi$

26. $$I=\sqrt{2}\int\frac{\sin x}{\sin\left(x-\frac{\pi}{4}\right)}dx$$

माना $x-\frac{\pi}{4}=t\Rightarrow dx=dt$

$$\therefore\ I=\sqrt{2}\int\frac{\sin\left(\frac{\pi}{4}+t\right)dt}{\sin t}=\sqrt{2}\int\left[\frac{1}{\sqrt{2}}\cot t+\frac{1}{\sqrt{2}}\right]dt$$

$$=\log|\sin t|+t+C=x+\log\left|\sin\left(x-\frac{\pi}{4}\right)\right|+C$$

27. $$f(x)=\int\frac{x^2dx}{(1+x^2)(1+\sqrt{1+x^2})}$$

$x=\tan\theta\ \Rightarrow\ dx=\sec^2\theta\,d\theta=(1+x^2)\,d\theta$ रखने पर

$$\therefore\quad f(x)=\int\frac{\tan^2\theta\sec^2\theta}{\sec^2\theta(1+\sec\theta)}d\theta=\int\frac{1-\cos^2\theta\,d\theta}{\cos\theta(1+\cos\theta)}$$

$$=\int\sec\theta\,d\theta-\int d\theta=\log(\sec\theta+\tan\theta)-\theta+C$$

$$=\log(x+\sqrt{1+x^2})-\tan^{-1}x+C$$

$$\Rightarrow\ f(0)=\log(0+\sqrt{1+0})-\tan^{-1}(0)+C$$

तथा $f(1)=\log(1+\sqrt{2})-\frac{\pi}{4}$

28. $\int\sin(\log x)\,dx+\int\cos(\log x)\,dx=x\sin(\log x)+C$

29. $f(x)=\int(x\cos x+\sin x)dx=x\sin x+C$

$$f(0)=2\ \Rightarrow\ C=2$$

$$\therefore\quad f(x)=x\sin x+2$$

30. $$I=\int\frac{2x^3+3}{(x^2-1)(x^2-4)}dx$$

अब, $$\frac{2x^3+3}{(x^2-1)(x^2-4)}=\frac{A}{x^2-1}+\frac{B}{x^2-4}$$

$$2x^3+3=x^2(A+B)-4(A-B)$$

$$A=-\frac{5}{3},\quad B=\frac{11}{3}$$

$$\therefore I=-\frac{5}{3}\int\frac{dx}{(x+1)(x-1)}+\frac{11}{3}\int\frac{dx}{(x+2)(x-2)}$$

$$=-\frac{5}{3}\cdot\frac{1}{2}\int\frac{dx}{x-1}+\frac{5}{6}\int\frac{dx}{x+1}+\frac{11}{3}\cdot\frac{1}{4}\int\frac{dx}{x-2}-\frac{11}{12}\int\frac{dx}{x+2}+C$$

$$=\frac{5}{6}\log\left(\frac{x+1}{x-1}\right)+\frac{11}{12}\log\left(\frac{x-2}{x+2}\right)+C$$

$$\therefore\ a=\frac{11}{12},\quad b=\frac{5}{6}$$

31. $$\int\frac{\sin x-\cos x}{\sin x-\cos x}e^{\sin x}\cdot\cos x\,dx=\int e^{\sin x}\cdot\cos x\,dx=e^{\sin x}+C$$

32. $y = \int \frac{dx}{(3 + 5\sin x + 3\cos x)}$

$= \int \frac{\sec^2\left(\frac{x}{2}\right)}{10\tan\left(\frac{x}{2}\right) + 6} dx = \frac{1}{5}\log\left[5\tan\left(\frac{x}{2}\right) + 3\right] + C$

$= \frac{1}{5}\log\left|\frac{5}{3}\tan\left(\frac{x}{2}\right) + 1\right| + C$

यह वक्र बिन्दु (0, 0) से होकर जाता है।

$\therefore \quad C = 0$

तब, $\quad y = \frac{1}{5}\log\left|1 + \frac{5}{3}\tan\left(\frac{x}{2}\right)\right|$

33. $I = \sin 2x \cdot e^x - 2\int \cos 2x \cdot e^x dx$

$= \sin 2x \cdot e^x - 2\cos 2x \cdot e^x - 4\int e^x \sin 2x\, dx + C$

$\Rightarrow \quad 5I = e^x(\sin 2x - 2\cos 2x) + C$

$\Rightarrow \quad k = 5$

34. $u = \int e^{ax}\cos bx\, dx = \frac{e^{ax}\sin bx}{b} - \frac{a}{b}v$

$= e^{ax}\sin bx \quad \ldots(i)$

$\therefore \quad (a^2 + b^2)(u^2 + v^2) = e^{2ax}$

35. $I_n = \int \sin^{n-1} x \cdot (e^{ax}\sin x)\, dx$

$= \sin^{n-1} x \cdot \left(\frac{e^{ax}}{1 + a^2}(a\sin x - \cos x)\right)$

$- \frac{1}{(1 + a^2)}\int (n-1)\sin^{n-2} x\cos x[e^{ax}(a\sin x - \cos x)]\, dx$

$= \frac{e^{ax}\sin^{n-1} x(a\sin x - \cos x)}{(1 + a^2)}$

$- \frac{(n-1)}{(1 + a^2)}\int [a\sin^{n-1} x\cos x - \sin^{n-2} x(1 - \sin^2 x)]\, dx$

$= \frac{e^{ax}\sin^{n-1} x(a\sin x - \cos x)}{(1 + a^2)} - \frac{(n-1)a}{(1 + a^2)}\cdot\frac{\sin^n x}{n}$

$+ \frac{(n-1)}{(1 + a^2)}I_{n-2} - \frac{(n-1)}{(1 + a^2)}I_n$

$\Rightarrow I_n(n + a^2) = e^{ax}\sin^{n-1} x(a\sin x - \cos x)$

$- (n-1)\frac{a\sin^n x}{n} + (n-1)I_{n-2}$

$\Rightarrow \quad I_n = \frac{e^{ax}\sin^{n-1} x(a\sin x - \cos x)}{(n + a^2)}$

$- \frac{(n-1)a\sin^n x}{n(n + a^2)} + \frac{(n-1)}{(n + a^2)}I_{n-2}$

यहाँ, $A = \frac{(n-1)a}{n(n + a^2)}, B = \frac{(n-1)}{(n + a^2)}$

$\therefore \quad A + B = \frac{(n-1)a + n(n-1)a}{n(n + a^2)} = \frac{a(n^2 - 1)}{n(n + a^2)}$

36. $x\sin x + \cos x$ का अवकलन $x\cos x$ है, तो

$I = \int \frac{x^2\, dx}{(x\sin x + \cos x)^2}$

$= \int \frac{x\cos x}{(x\sin x + \cos x)^2}\cdot\frac{x}{\cos x}dx \qquad \left[\because \int \frac{1}{t^2}dt = -\frac{1}{t}\right]$

$\therefore I = \frac{-1}{(x\sin x + \cos x)}\cdot\frac{x}{\cos x}$

$+ \int \frac{1}{(x\sin x + \cos x)}\cdot\frac{\cos x\cdot 1 - x(-\sin x)}{\cos^2 x}dx$

$= -\frac{1}{(x\sin x + \cos x)}\cdot\frac{x}{\cos x} + \int \sec^2 x\, dx$

$= -\frac{1}{(x\sin x + \cos x)}\cdot\frac{x}{\cos x} + \frac{\sin x}{\cos x} + C$

$= \frac{-x + x\sin^2 x + \sin x\cos x}{(x\sin x + \cos x)\cos x} + C$

$= \frac{\sin x\cos x - x(1 - \sin^2 x)}{(x\sin x + \cos x)\cos x} + C$

$= \frac{\sin x - x\cos x}{x\sin x + \cos x} + C$

37. किसी प्राकृतिक संख्या m के लिए, दिए गए समाकलन को निम्न प्रकार लिखा जा सकता है

$\int (x^{3m} + x^{2m} + x^m)\frac{(2x^{3m} + 3x^{2m} + 6x^m)^{1/m}}{x}dx$

$= \int (2x^{3m} + 3x^{2m} + 6x^m)^{1/m}(x^{3m-1} + x^{2m-1} + x^{m-1})\, dx$

$= \int t^{1/m}\cdot\frac{dt}{6m}$, जहाँ $t = 2x^{3m} + 3x^{2m} + 6x^m$

$= \frac{1}{6m}\cdot\frac{t^{\left(\frac{1}{m}+1\right)}}{\left(\frac{1}{m}+1\right)} + C$

$= \frac{1}{6(m+1)}(2x^{3m} + 3x^{2m} + 6x^m)^{(m+1)/m} + C$

38. $f(x) = \frac{x}{(1 + x^n)^{1/n}}$

$fof(x) = \frac{f(x)}{[1 + \{f(x)\}^n]^{1/n}} = \frac{x}{(1 + 2x^n)^{1/n}}$

$fofof(x) = \frac{x}{(1 + 3x^n)^{1/n}}$

$\therefore \quad g(x) = \underbrace{(fofo\ldots of)}_{n \text{ बार}}(x) + \frac{x}{(1 + nx^n)^{1/n}}$

माना $\quad I = \int x^{n-2}g(x)\, dx = \int \frac{x^{n-1}}{(1 + nx^n)^{1/n}}dx$

$= \frac{1}{n^2}\int \frac{n^2x^{n-1}}{(1 + nx^n)^{1/n}}dx = \frac{1}{n^2}\int \frac{\frac{d}{dx}(1 + nx^n)}{(1 + nx^n)^{1/n}}dx$

$I = \frac{1}{n(n-1)}(1 + nx^n)^{1-\frac{1}{n}} + K$

40. $\log x = t \Rightarrow x = e^t \Rightarrow dx = e^t dt$

$[\because \int [e^x\{f(x)\} + f'(x)]dx = e^x f(x) + C]$

$\therefore \int e^t\left[\frac{1}{1 + t^2} - \frac{2t}{(1 + t^2)^2}\right]dt = \frac{e^t}{1 + t^2} + C = \frac{x}{1 + (\log x)^2} + C$

41. माना $x - \alpha = t \Rightarrow dx = dt$

$\therefore \quad I = \int \frac{\sin(t + \alpha)}{\sin t}dt = \int \cos\alpha\, dt + \int \sin\alpha\cdot\frac{\cos t}{\sin t}dt$

$= \cos\alpha \cdot t + \sin\alpha \log\sin t + C$

$= x\cos\alpha + \sin\alpha \log\{\sin(x-\alpha)\} + C$ (माना $C = -\alpha\cos\alpha$)

$\therefore\ A = \cos\alpha,\quad B = \sin\alpha$

42. $I = \frac{1}{\sqrt{2}}\int \frac{dx}{\left(\frac{1}{\sqrt{2}}\cos x - \frac{1}{\sqrt{2}}\sin x\right)}$

$= \frac{1}{\sqrt{2}}\int \sec\left(x + \frac{\pi}{4}\right)dx = \frac{1}{\sqrt{2}}\log\left|\tan\left(\frac{\pi}{4} + \frac{x}{2} + \frac{\pi}{8}\right)\right| + C$

$= \frac{1}{\sqrt{2}}\log\left|\tan\left(\frac{x}{2} + \frac{3\pi}{8}\right)\right| + C$

43. माना $I = \int \frac{x^{n-1}}{x^n(x^n+1)}dx$

$x^n + 1 = t \Rightarrow nx^{n-1}dx = dt$ रखने पर,

$I = \frac{1}{n}\int \frac{dt}{t(t-1)} = \frac{1}{n}\int\left(\frac{1}{t-1} - \frac{1}{t}\right)dt = \frac{1}{n}\log\left(\frac{t-1}{t}\right) + C$

$= \frac{1}{n}\log\left(\frac{x^n}{x^n+1}\right) + C$

44. मान लीजिए $a^x = t \Rightarrow a^x \log a = dt$

$\therefore\quad I = \int \frac{a^{a^t} \cdot a^t dt}{\log a}$

पुनः मान लीजिए $a^t = z \Rightarrow a^t \log a = dz$

$\therefore\quad I = \int \frac{a^z dz}{(\log a)^2} = \frac{a^z}{(\log a)^3} + C = \frac{a^{a^{a^x}}}{(\log a)^3} + C$

45. $\int x\sin x\sec^3 x\,dx = \int x\sin x\frac{1}{\cos^3 x}dx$

$= \int x\tan x \cdot \sec^2 x\,dx$

मान लीजिए $\tan x = t \Rightarrow \sec^2 x\,dx = dt$ और $x = \tan^{-1}t$

$\therefore\quad \int \tan^{-1}t \cdot t\,dt = \frac{t^2\tan^{-1}t}{2} - \frac{1}{2}t + \frac{1}{2}\tan^{-1}t$

$= \frac{x(\sec^2 x - 1)}{2} - \frac{1}{2}\tan x + \frac{1}{2}x$

$= \frac{1}{2}[x\sec^2 x - \tan x] + C$

46. $I = \int \underset{\text{II}}{x^3}\underset{\text{I}}{(\log x)^2}dx$

$I = \frac{1}{4}x^4(\log x)^2 - \frac{1}{2}\int x^3\log x\,dx$

$= \frac{1}{4}x^4(\log x)^2 - \frac{1}{2}\left(\frac{1}{4}x^4\log x - \frac{1}{16}x^4\right) + C$

$= \frac{1}{32}x^4[8(\log x)^2 - 4\log x + 1] + C$

47. चूँकि $f(x) = \cos x - \cos^2 x + \cos^3 x - \ldots \infty$

$= \frac{\cos x}{1+\cos x}$

$\therefore\quad \int f(x)\,dx = \int \frac{1+\cos x}{1+\cos x}dx - \int \frac{1}{1+\cos x}dx$

$= x - \frac{1}{2}\int \sec^2\frac{x}{2}dx = x - \frac{1}{2}\tan\frac{x}{2}\cdot 2 + C$

$= x - \tan\frac{x}{2} + C$

48. $I = \int \frac{2x+3}{(x-3)(x-2)}dx$

$= 9\int \frac{1}{x-3}dx - \int \frac{7}{x-2}dx$

$= 9\log(x-3) - 7\log(x-2) + A$

$\therefore A =$ अचर

49. $\int[f(x) + f(-x)]\,dx = \int\left[\frac{\sin^2\pi x}{1+\pi^x} + \frac{\sin^2(-\pi x)}{1+\pi^{-x}}\right]dx$

$= \int\left(\frac{\sin^2\pi x}{1+\pi^x} + \frac{\pi^x\sin^2\pi x}{1+\pi^x}\right)dx = \int\sin^2(\pi x)\left(\frac{1+\pi^x}{1+\pi^x}\right)dx$

$= \int\sin^2\pi x\,dx = \frac{1}{2}\int(1-\cos 2\pi x)\,dx$

$= \frac{1}{2}\left(x - \frac{\sin 2\pi x}{2\pi}\right) + C = \frac{x}{2} - \frac{\sin 2\pi x}{4\pi} + C$

50. $I = \int \frac{x}{\sqrt{1-9x^2}}dx + \int \frac{(\cos^{-1}3x)^2}{\sqrt{1-9x^2}}dx$

$= -\frac{1}{9}\sqrt{1-9x^2} - \frac{1}{3}\int t^2\,dt$, जहाँ $t = \cos^{-1}3x$

$= -\frac{1}{9}\sqrt{1-9x^2} - \frac{1}{9}(\cos^{-1}3x)^3 + C$

$\therefore\quad A = B = -\frac{1}{9}$

51. $\int \frac{1}{\sqrt{x}}\tan^4\sqrt{x}\cdot\sec^2\sqrt{x}\,dx$

मान लीजिए $\tan\sqrt{x} = t$

$\Rightarrow\quad \frac{\sec^2\sqrt{x}}{2\sqrt{x}}dx = dt$

$\therefore\quad 2\int t^4 dt = \frac{2}{5}(\tan\sqrt{x})^5 + C = \frac{2}{5}\tan^5\sqrt{x} + C$

52. $I = \int \frac{(\sin x + \cos x)^2}{(\sin x - \cos x)^2}(\sin x - \cos x)\,dx$

अब $\sin x + \cos x = y \Rightarrow (\cos x - \sin x)\,dx = dy$

पुनः तब $1 + 2\sin x\cos x = y^2$

$\Rightarrow\quad 1 - 2\sin x\cos x = 2 - y^2$

$\Rightarrow\quad (\sin x - \cos x)^2 = 2 - y^2$

$\therefore\quad I = \int \frac{-y^2\,dy}{2-y^2} = \int\left(1 + \frac{2}{y^2-2}\right)dy$

$= y + \frac{1}{\sqrt{2}}\log\left|\frac{y-\sqrt{2}}{y+\sqrt{2}}\right| + C$

53. $I = \frac{1}{\sqrt{2}}\int \frac{dx}{\frac{1}{\sqrt{2}}\sin x - \frac{1}{\sqrt{2}}\cos x + 1}$

$= \frac{1}{\sqrt{2}}\int \frac{dx}{-\cos\left(x + \frac{\pi}{4}\right) + 1}$

$= \frac{1}{2\sqrt{2}}\int \operatorname{cosec}^2\left(\frac{x}{2} + \frac{\pi}{8}\right)dx$

$= -\frac{1}{\sqrt{2}}\cot\left(\frac{x}{2} + \frac{\pi}{8}\right) + C$

54. $f''(x) = \sec^2 x - 1,$

$\Rightarrow \quad f'(x) = \tan x - x + c$ [समाकलन से]

$\Rightarrow \quad f'(0) = 0 + C \therefore C = 0$

$\Rightarrow \quad f'(x) = \tan x - x,$

$\Rightarrow \quad f(x) = \log \sec x - \dfrac{x^2}{2} + k,$ [समाकलन से]

$\Rightarrow \quad f(0) = \log 1 - 0 + k$

$\therefore \quad k = 0$

$\therefore \quad f(x) = \log \sec x - \dfrac{1}{2}x^2$

55. $I = \int \dfrac{\sin^3 2x}{\cos^5 2x} dx$

$\Rightarrow I = \int \dfrac{\sin^3 2x}{\cos^3 2x} \cdot \dfrac{1}{\cos^2 2x} dx = \int \tan^3 2x \cdot \sec^2 2x \, dx$

मान लीजिए $\tan 2x = t, \Rightarrow 2 \sec^2 2x \, dx = dt$

$\therefore \quad I = \int t^3 \dfrac{dt}{2} = \dfrac{1}{2} \cdot \dfrac{t^4}{4} + C = \dfrac{1}{8}(\tan^4 2x) + C$

56. $\int \dfrac{dx}{1 + \sin x} = \tan x - \sec x + c = -\dfrac{1 - \sin x}{\cos x} + c$

$= -\dfrac{\left(\cos\dfrac{x}{2} - \sin\dfrac{x}{2}\right)^2}{\cos^2\dfrac{x}{2} - \sin^2\dfrac{x}{2}} + C = -\dfrac{1 - \tan\dfrac{x}{2}}{1 + \tan\dfrac{x}{2}} + C$

$= \dfrac{\tan\dfrac{x}{2} - 1}{1 + \tan\dfrac{x}{2}} + C = \tan\left(\dfrac{x}{2} - \dfrac{\pi}{4}\right) + C$

$\Rightarrow \quad a = -\dfrac{\pi}{4}, b =$ स्वेच्छ अचर

57. $I = \int \dfrac{x^{e-1} + e^{x-1}}{x^e + e^x} dx$

माना $x^e + e^x = t \Rightarrow (ex^{e-1} + e^x) dx = dt$

$\Rightarrow \quad e\left(x^{e-1} + \dfrac{e^x}{e}\right) dx = dt$

$\Rightarrow \quad (x^{e-1} + e^{x-1}) dx = \dfrac{dt}{e}$

$\therefore \quad I = \dfrac{1}{e}\int \dfrac{1}{t} dt = \dfrac{1}{e}\log t + C = \dfrac{1}{e}\log(x^e + e^x) + C$

58. $\int \left[\log(\log x) + \dfrac{1}{(\log x)^2}\right] dx = x[f(x) - g(x)] + C$

दायाँ पक्ष $= \int 1 \cdot \log(\log x) dx + \int \dfrac{1}{(\log x)^2} dx$

$= x \log(\log x) - \int \dfrac{1}{\log x} dx + \int \dfrac{1}{(\log x)^2} dx$

$= x \log(\log x) - \dfrac{x}{\log x} - \int \dfrac{1}{(\log x)^2} dx + \int \dfrac{1}{(\log x)^2} dx + C$

$= x\left[\log(\log x) - \dfrac{1}{\log x}\right] + C$

$\therefore \quad f(x) = \log(\log x)$ तथा $g(x) = \dfrac{1}{\log x}$

59. $\because f\left(\dfrac{3x - 4}{3x + 4}\right) = x + 2$

माना $\dfrac{3x - 4}{3x + 4} = X$

$\Rightarrow \quad \dfrac{3x - 4 + 3x + 4}{3x - 4 - (3x + 4)} = \dfrac{X + 1}{X - 1}$

$\Rightarrow \quad \dfrac{6x}{-8} = \dfrac{X + 1}{X - 1} \Rightarrow x = \dfrac{4(X + 1)}{3(1 - X)}$

$\therefore \quad f(X) = \dfrac{4(X + 1)}{3(1 - X)} + 2 = \dfrac{10 - 2X}{3(1 - X)}$

$\therefore \int f(x) dx = \int \dfrac{10 - 2x}{3(1 - x)} dx = \dfrac{2}{3}\int \dfrac{5 - x}{1 - x} dx$

$= \dfrac{2}{3}\left[\int dx + \int \dfrac{4}{1 - x} dx\right]$

$= \dfrac{2}{3}[x - 4\log|(1 - x)|] + C$

$= \dfrac{2}{3}x - \dfrac{8}{3}\log|(1 - x)| + C$

60. $I = \int 5^{5^{5^x}} \cdot 5^{5^x} \cdot 5^x \, dx$

माना $5^{5^{5^x}} = t \Rightarrow 5^{5^{5^x}} \cdot 5^{5^x} \cdot 5^x (\log 5)^3 dx = dt$

$\therefore \quad I = \int \dfrac{dt}{(\log 5)^3} = \dfrac{t}{(\log 5)^3} + C$

$= \dfrac{5^{5^{5^x}}}{(\log 5)^3} + C$

61. $I = \int e^x \dfrac{x^2 + 1}{(x + 1)^2} dx$

$= \int e^x \dfrac{(x - 1)}{(x + 1)} dx + 2\int \dfrac{e^x}{(x + 1)^2} dx$

$= \int e^x dx - 2\int \dfrac{e^x}{(x + 1)} dx + 2\int \dfrac{e^x}{(x + 1)^2} dx$

$= e^x - 2\int \dfrac{e^x}{(x + 1)} dx + 2\left[-\dfrac{e^x}{(x + 1)} - \int -\dfrac{e^x}{(x + 1)} dx\right]$

$= e^x - \dfrac{2e^x}{x + 1} + C = e^x\left(\dfrac{x - 1}{x + 1}\right) + C$

63. $I = \int e^{\cot x} \{\log \operatorname{cosec}^2 x + 2 \sin x \cos x\} \left(\dfrac{dx}{\sin^2 x}\right)$

माना $\cot x = t \Rightarrow -\operatorname{cosec}^2 x \, dx = dt$

$I = -\int e^t \left\{\log(1 + t^2) + \dfrac{2t}{1 + t^2}\right\} dt$

$= -e^t f(t) + C = -e^{\cot x} \log(\operatorname{cosec}^2 x) + C$

$= -2e^{\cot x} \log(\operatorname{cosec} x) + C$

64. $\dfrac{d}{dx} f(x) = x \cos x + \sin x$

$\Rightarrow f(x) = \int (x \cos x + \sin x) dx = x \sin x + C$

$\because \quad f(0) = 2$

$\Rightarrow \quad C = 2$

$\therefore \quad f(x) = x \sin x + 2$

65. $I=\int \frac{dx}{x\sqrt[4]{\left(1-\frac{1}{x^4}\right)}}$

अब माना $\frac{1}{x^2}=\sin\theta \Rightarrow -2x^{-3}\,dx=\cos\theta\,d\theta$

$\therefore \quad I=-\frac{1}{2}\int\frac{x^2\cos\theta}{\cos\theta}d\theta=-\frac{1}{2}\int \text{cosec}\,\theta\,d\theta$

$=-\frac{1}{2}\log|\text{cosec}\,\theta-\cot\theta|+C$

$=\frac{1}{2}\log|\text{cosec}\,\theta+\cot\theta|+C$

$=\frac{1}{2}\log|x^2+\sqrt{x^4-1}|+C$

66. $\int\frac{1}{\sqrt{\left(\log\frac{1}{2}\right)^2-x^2}}dx=\int\frac{1}{\sqrt{(-\log 2)^2-x^2}}dx$

$=\int\frac{1}{\sqrt{(\log 2)^2-x^2}}dx=\sin^{-1}\left(\frac{x}{\log 2}\right)+C$

67. माना $\log\frac{x}{a}=t$

$\Rightarrow \quad x=ae^t \Rightarrow dx=ae^t\,dt$

$\therefore \quad I=\int ae^t\cos bt\,dt$

$=\frac{ae^t}{1+b^2}[\cos bt-(-b\sin bt)]$

$=\frac{x}{1+b^2}\left[\cos\left(b\log\frac{x}{a}\right)+b\sin\left(b\log\frac{x}{a}\right)\right]$

68. $\int\frac{1}{1+\cos x+\sin x}dx$

$=\int\frac{1\cdot dx}{2\cos^2\frac{x}{2}+2\sin\frac{x}{2}\cos\frac{x}{2}}$

$=\int\frac{1\cdot dx}{2\cos^2\left(\frac{x}{2}\right)\cdot\left(1+\tan\frac{x}{2}\right)}$

$=\frac{1}{2}\int\frac{\sec^2\frac{x}{2}dx}{\left(1+\tan\frac{x}{2}\right)}$ [माना $1+\tan\frac{x}{2}=t \therefore \frac{1}{2}\sec^2\frac{x}{2}\cdot dx=dt$]

$=\frac{1}{2}\int\frac{2dt}{t}=\frac{1}{2}2\log t+C=\log\left|1+\tan\frac{x}{2}\right|+C$

69. $\int\frac{\sin 3x}{\sin x}dx=\int\frac{3\sin x-4\sin^3 x}{\sin x}dx$

$=\int 3\,dx-4\int\sin^2 x\,dx$

$=3x-2\int(1-\cos 2x)\,dx+C$

$=3x-2x+\sin 2x+C$

$=x+\sin 2x+C$

70. $\int\frac{x^2+x-6}{(x-2)(x-1)}dx=\int\frac{(x+3)(x-2)}{(x-2)(x-1)}dx$

$=\int\frac{x+3}{x-1}dx=\int\frac{x-1}{x-1}dx+\int\frac{4}{x-1}dx$

$=x+4\log(x-1)+C$

71. $I=\int x\frac{(1-\cos 2x)}{(1+\cos 2x)}dx=\int x\tan^2 x\,dx$

$=\int \underset{\text{I}}{x}\,\underset{\text{II}}{\sec^2 x}\,dx-\int x\,dx$

$=x\tan x-\int 1\cdot\tan x\,dx-\frac{x^2}{2}$

$=x\tan x-\log\sec x-\frac{x^2}{2}$

72. $\int x^n\log x\,dx=\log x\cdot\frac{x^{n+1}}{n+1}-\int\frac{x^{n+1}}{n+1}\cdot\frac{1}{x}dx$

$=\frac{x^{n+1}}{n+1}\log x-\frac{x^{n+1}}{(n+1)^2}+C$

$=\frac{x^{n+1}}{n+1}\left(\log x-\frac{1}{n+1}\right)+C$

73. $I=\int\log x(\log x+2)\,dx$

माना $\quad \log x=t\Rightarrow e^t=x$

$\Rightarrow \quad e^t dt=dx$

$\therefore \quad I=\int t(t+2)e^t\,dt=t^2\cdot e^t+C=x(\log x)^2+C$

74. $\int\frac{x-2}{x(2\log x-x)}dx=-\int\frac{\left(\frac{2}{x}-1\right)}{(2\log x-x)}dx$

माना $(2\log x-x)=t\Rightarrow\left(\frac{2}{x}-1\right)dx=dt$

$\therefore \quad -\int\frac{1}{t}dt=-\log t=-\log(2\log x-x)$

$=\log\left(\frac{1}{2\log x-x}\right)+C$

75. $\int\frac{e^x(x+1)}{\cos^2(xe^x)}=\int e^x(x+1)\sec^2(xe^x)\,dx$

माना $xe^x=t\Rightarrow(x+1)e^x dx=dt$

$\therefore \int\sec^2 t\,dt=\tan t+C=\tan(xe^x)+C$

76. $I=\int e^{\log(2006)^x}\cdot e^x\,dx=\int(2006\,e)^x\,dx$

$=\frac{(2006\,e)^x}{\log(2006\,e)}+C$

77. माना $\sin x=z$

$\Rightarrow \quad d(\sin x)=dz$

$\therefore \quad \int\frac{dz}{\sqrt{1-z^2}}=\sin^{-1}z+C$

$=\sin^{-1}(\sin x)+C=x+C$

78. $\int e^{2x}(-\sin x+2\cos x)\,dx$

$=-\int e^{2x}\sin x\,dx+2\int e^{2x}\cos x\,dx$

$=e^{2x}\cos x-2\int e^{2x}\cos x\,dx+2\int e^{2x}\cos x\,dx+C$

$=e^{2x}\cos x+C$

79. $f'(x)=\frac{x}{\sqrt{1+x}}\Rightarrow f(x)=\int\frac{x}{\sqrt{1+x}}dx$

$=\int\left(\sqrt{1+x}-\frac{1}{\sqrt{1+x}}\right)dx$

$=\frac{2}{3}(1+x)^{3/2}-2(1+x)^{1/2}+C$

परन्तु $f(0) = 0 \Rightarrow 0 = \frac{2}{3} - 2 + C$

$\Rightarrow \quad C = \frac{4}{3}$

$\therefore f(x) = \frac{2}{3}\ [(1+x)^{3/2} - 3(1+x)^{1/2} + 2]$

80. $\int \frac{x+2}{2x^2+6x+5} dx$

$$x + 2 = P\left(\frac{d}{dx}(2x^2 + 6x + 5)\right) + Q$$

$$x + 2 = P(4x + 6) + Q$$

x के गुणांकों तथा अचर पदों की तुलना करने पर,

$$1 = 4P \text{ तथा } 2 = 6P + Q$$

$$\Rightarrow \quad P = \frac{1}{4} \text{ तथा } Q = \frac{1}{2}$$

81. $I = \int \frac{1}{x^2 - 1} dx + \int \frac{1}{x^2 + 4} dx$

[समाकल्य को आंशिक भिन्नों में विभक्त करने पर]

$$= \frac{1}{2}\log\left(\frac{x-1}{x+1}\right) + \frac{1}{2}\tan^{-1}\frac{x}{2} + C$$

$$= -\frac{1}{2}\log\left(\frac{x+1}{x-1}\right) + \frac{1}{2}\tan^{-1}\frac{x}{2} + C$$

$$\therefore \quad (a, b) = \left(-\frac{1}{2}, \frac{1}{2}\right)$$

83. $I = \int \sqrt{2}\sqrt{1 + \sin x}\, dx = \sqrt{2}\int\left(\sin\frac{x}{2} + \cos\frac{x}{2}\right)dx$

$$= 2\int \sin\left(\frac{\pi}{4} + \frac{x}{2}\right)dx = -4\cos\left(\frac{x}{2} + \frac{\pi}{4}\right) + C$$

तुलना करने पर, $a = \frac{1}{2}, b = \frac{\pi}{4}$

84. $I = \int \cos\left[2\cot^{-1}\sqrt{\frac{1-x}{1+x}}\right]dx = \int \cos[\cos^{-1}(-x)]\,dx$

$$= \int(-x)\,dx = -\frac{x^2}{2} + C$$

85. मान लीजिए $x^2 - 1 = t \Rightarrow \quad 2x\,dx = dt$

तथा (अंश)$^2 = 2\sin t - \sin 2t = 2\sin t\,(1 - \cos t)$

(हर)$^2 = 2\sin t\,(1 + \cos t)$

तथा $\frac{1 - \cos t}{1 + \cos t} = \frac{2\sin^2\left(\frac{t}{2}\right)}{2\cos^2\left(\frac{t}{2}\right)} = \tan^2\frac{t}{2}$

$$\therefore \quad I = \frac{1}{2}\int \tan\frac{t}{2}\,dt = \log\sec\frac{t}{2}$$

$$I = \log\sec\frac{x^2 - 1}{2}$$

86. मान लीजिए $\log[x + \sqrt{1 + x^2}] = t \Rightarrow \frac{1}{\sqrt{1+x^2}}dx = dt$

$$\therefore \quad I = \int t\,dt = \frac{1}{2}t^2 + C$$

$= \frac{1}{2}[\log(x + \sqrt{1 + x^2})]^2 + C$

$$(fog)x = f(g(x))$$

$$\therefore \quad f = \frac{x^2}{2} \text{ और } g = \log(x + \sqrt{1 + x^2})$$

87. $\int \frac{f(x)}{\log\sin x} dx = \log\log\sin x$

दोनों ओर अवकलन करने पर,

$$\frac{f(x)}{\log\sin x} = \frac{\cot x}{\log\sin x}$$

$$\Rightarrow \quad f(x) = \cot x$$

88. $I = \int e^{-2x}\sin 3x\,dx$

$$= -\frac{e^{-2x}\cos 3x}{3} - \int \frac{2e^{-2x}\cos 3x}{3}dx + C_1$$

$$= -\frac{e^{-2x}\cos 3x}{3} - \frac{2}{3}\left[\frac{e^{-2x}\sin 3x}{3} + \int\frac{2e^{-2x}\sin 3x}{3}dx\right] + C_1$$

$$\Rightarrow \quad I = -\frac{e^{-2x}\cos 3x}{3} - \frac{2e^{-2x}\sin 3x}{9} - \frac{4}{9}I + C_1$$

$$\Rightarrow \quad \frac{13}{9}I = -e^{-2x}\left[\frac{3\cos 3x + 2\sin 3x}{9}\right] + C_1$$

$$\therefore \quad I = -\frac{1}{13}e^{-2x}[3\cos 3x + 2\sin 3x] + C_1$$

89. $I = \int e^x\left(\frac{1 + \sin x}{1 + \cos x}\right)dx$

$$= \int e^x\left[\frac{1 + 2\sin(x/2)\cos(x/2)}{2\cos^2(x/2)}\right]dx$$

$$I = \int e^x\left[\frac{1}{2}\sec^2(x/2) + \tan(x/2)\right]dx$$

$$= e^x\tan(x/2) + C \quad [\because \int e^x[f(x) + f'(x)]dx = e^x f(x) + C]$$

90. $\int \frac{1}{\cos x(1 + \cos x)}dx = \int\frac{dx}{\cos x} - \int\frac{dx}{1 + \cos x}$

$$= \int \sec x\,dx - \frac{1}{2}\int\sec^2\frac{x}{2}dx$$

$$= \log(\sec x + \tan x) - \tan\frac{x}{2} + C$$

91. $u = -f''(\theta)\sin\theta + f'(\theta)\cos\theta$

$$\therefore \quad \frac{du}{d\theta} = -f'''(\theta)\sin\theta - f''(\theta)\cos\theta + f'(\theta)\cos\theta - f'(\theta)\sin\theta$$

$$\Rightarrow \quad \frac{du}{d\theta} = -[f'''(\theta)\sin\theta + f'(\theta)\sin\theta] \quad \ldots(i)$$

$$v = f'''(\theta)\cos\theta + f'(\theta)\sin\theta$$

$$\therefore \quad \frac{dv}{d\theta} = f'''(\theta)\cos\theta - f''(\theta)\sin\theta + f''(\theta)\sin\theta + f'(\theta)\cos\theta$$

$$\Rightarrow \quad \frac{dv}{d\theta} = f'''(\theta)\cos + f'(\theta)\cos\theta \quad \ldots(ii)$$

$$\therefore \quad \int\left[\left(\frac{du}{d\theta}\right)^2 + \left(\frac{dv}{d\theta}\right)^2\right]^{\frac{1}{2}}d\theta = \int[(f'''(\theta))^2 + (f'(\theta))^2 + 2f'(\theta)f'''(\theta)]^{\frac{1}{2}}$$

$$= [(f''(\theta) + f'(\theta)d\theta = f''(\theta) + f(\theta) + C$$

92. $\int \frac{a\,dx}{b + c\,e^x} = \int\frac{ae^x}{be^x + c\,e^{2x}}dx$

$e^x = t, \Rightarrow e^x dx = dt$

$$a\int \frac{dt}{t(ct+b)} = a\int -\frac{1}{b}\left\{\frac{c}{ct+b} - \frac{1}{t}\right\}dt$$ [आंशिक भिन्न द्वारा]

$$= \frac{a}{b}\log\left(\frac{e^x}{b+ce^x}\right) + c$$

93. $\int x\sqrt{\frac{1-x^2}{1+x^2}}dx = \int \frac{x(1-x^2)}{\sqrt{1-x^4}}dx$

[अंश व हर को $(1-x^2)^{1/2}$ से गुणा करने पर]

$$= \int \frac{x}{\sqrt{1-x^4}}dx - \int \frac{x^3}{\sqrt{1-x^4}}dx$$

$$= \frac{1}{2}[\sin^{-1}(x^2) + \sqrt{1-x^4}] + C$$

[$x^2 = t$ तथा $\sqrt{1-x^4} = \sqrt{t}$ रखने पर]

94. $I = \int \frac{(2x^2+1)}{(x^2-4)(x^2-1)}dx = \frac{2x^2+1}{(x^2-4)(x^2-1)}$

$$= \frac{3}{(x^2-4)} - \frac{1}{x^2-1}$$

$$\therefore \quad I = \int\left[\frac{3}{(x^2-4)} - \frac{1}{x^2-1}\right]dx$$

$$= \frac{3}{2\times 2}\log\left|\frac{x-2}{x+2}\right| - \frac{1}{2}\log\left|\frac{x-1}{x+1}\right| + C$$

$$= \frac{3}{4}\log\left|\frac{x-2}{x+2}\right| + \log\left|\frac{x+1}{x-1}\right|^{1/2} + C$$

$$= \log\left|\frac{x-2}{x+2}\right|^{3/4} + \log\left|\frac{x+1}{x-1}\right|^{1/2} + C$$

$$= \log\left[\left(\frac{x+1}{x-1}\right)^{1/2}\left(\frac{x-2}{x+2}\right)^{3/4}\right] + C$$

95. $\int \frac{\sec x}{\sqrt{\sin(2x+\alpha)+\sin\alpha}}dx = \int \frac{\sec x\, dx}{\sqrt{2\sin(x+\alpha)\cos x}}dx$

$$= \int \frac{\sec^2 x\, dx}{\sqrt{2\sin(x+\alpha)/\cos x}}$$

$$= \frac{1}{\sqrt{2}}\int \frac{\sec^2 x}{\sqrt{\tan x\cos\alpha + \sin\alpha}}dx$$

$$= \frac{1}{\sqrt{2}\cos\alpha}\int \frac{dt}{\sqrt{t}}$$ [$\because \tan x\cos\alpha + \sin\alpha = t$]

$$= \frac{1}{\sqrt{2}\cos\alpha}2\sqrt{t} + C$$

$$= \sqrt{2}\sec\alpha\sqrt{\tan x\cos\alpha + \sin\alpha} + C$$

$$= \sqrt{2\sec\alpha(\tan x + \tan\alpha)} + C$$

96. माना $t = x^2 + 1 \Rightarrow dt = 2x\, dx$

$$\therefore \quad I = \int_0^2 \frac{x^3}{(x^2+1)^{3/2}}dx = \frac{1}{2}\int_1^5 \frac{(t-1)}{t^{3/2}}dt$$

$$= \frac{1}{2}\int_1^5 [t^{-1/2} - t^{-3/2}]dt = \frac{1}{2}\left[2\sqrt{t} + 2\frac{1}{\sqrt{t}}\right]_1^5$$

$$= \frac{1}{2}\left[2\sqrt{5} + \frac{2}{\sqrt{5}} - 2 - 2\right]$$

$$= \left[\sqrt{5} + \frac{1}{\sqrt{5}} - 2\right] = \frac{6-2\sqrt{5}}{\sqrt{5}}$$

98. $\because e^{x-[x]}$ एक आवर्ती फलन है जिसका आवर्त 1 है।

$$\therefore \quad I = \int_0^{1000} e^{x-[x]}dx = 1000\int_0^{-1} e^x\, dx$$

$$= 1000\,[e^x]_0^1 = 1000\,[e^1 - e^0]$$

$$= 1000\,(e-1)$$

99. सीमा $= \lim_{x\to 0}\frac{x\log(1+x)}{(x^4+4)\times 3x^2} = \lim_{x\to 0}\frac{1}{4}\times\frac{1}{3} = \frac{1}{12}$

101. $f(x) = \begin{cases}\{x\}, & 2n-1 \le x < 2n \\ 1-\{x\}, & 2n \le x < 2n+1\end{cases}$

स्पष्टतया $f(x)$ आवर्ती फलन है जिसका आवर्त = 2

$$\therefore \quad I = \frac{\pi^2}{10}\int_{-10}^{10} f(x)\cos \pi x\, dx$$

$$= \pi^2\int_0^2 f(x)\cos(\pi x)\, dx$$

$$= \pi^2\int_0^1((1-\{x\}) + \{-x\})\cos(\pi x)\, dx$$

$$= 2\pi^2\int_0^1(-x\cos\pi x)\, dx$$

$$= -2\pi^2\left[\frac{x\sin\pi x}{\pi} + \frac{\cos\pi x}{\pi^2}\right]_0^1$$

$$= -2\pi^2\left(-\frac{2}{\pi^2}\right) = 4$$

104. $\lim_{n\to\infty}\left(\frac{1}{n+1} + \frac{1}{n+2} + \ldots + \frac{1}{6n}\right)$

$$= \lim_{n\to\infty}\left(\frac{1}{n+1} + \frac{1}{n+2} + \ldots + \frac{1}{n+5n}\right)$$

$$= \frac{1}{n}\lim_{n\to\infty}\left(\frac{1}{1+1/n} + \frac{1}{1+2/n} + \ldots + \frac{1}{1+5}\right)$$

$$= \frac{1}{n}\lim_{n\to\infty}\sum_{r=0}^{\infty}\left(\frac{1}{1+r/n}\right) \Rightarrow \int_0^5 \frac{1\cdot dx}{1+x}$$

जहाँ $x = \frac{r}{n}$ तथा समाकलन $0 \to 5$ तक होता है, क्योंकि श्रेणी मानक श्रेणी की पाँच गुना है।

$$[\log(1+x)]_0^5 = [\log(6) - \log 1] = \log 6$$

105. सीमा $= \lim_{n\to\infty}\sum_{r=1}^{n}\frac{1}{n}e^{r/n} = \int_0^1 e^x\, dx = [e^x]_0^1 = e - 1$

107. दिया है, $\int_{\sqrt{2}}^{x}\frac{dt}{t\sqrt{t^2-1}} = \frac{\pi}{2}$

$$\Rightarrow \quad [\sec^{-1}(t)]_{\sqrt{2}}^x = \frac{\pi}{2}$$

$$\Rightarrow \sec^{-1}x - \sec^{-1}\sqrt{2} = \frac{\pi}{2}$$

$$\Rightarrow \quad \sec^{-1}x - \frac{\pi}{4} = \frac{\pi}{2}$$

$$\Rightarrow \quad \sec^{-1}x = \frac{3\pi}{4}$$

$$\therefore \quad x = -\sqrt{2}$$

परन्तु दिए गए समाकलन में यह सम्भव नहीं है।

109. माना $I = \int_0^{\pi}[\cot x]\, dx$ ... (i)

$$\Rightarrow \quad I = \int_0^{\pi}[\cot(\pi - x)]\, dx$$

$$= \int_0^{\pi}[-\cot x]\, dx$$ ... (ii)

सभी (i) तथा (ii) को जोड़ने पर,

$$2I = \int_0^{\pi} [\cot x]\,dx + \int_0^{\pi} [-\cot x\,dt]\,dx$$

$$= \int_0^{\pi} (-1)\,dx = -\pi$$

$[\because [x] + [-x] = -1,$ यदि $x \notin z = 0,$ यदि $x \in z]$

$\therefore \quad I = -\dfrac{\pi}{2}$

110. $I = \int_a^b \sqrt{(x-a)(b-x)}\,dx$

माना $\quad x = a\cos^2\theta + b\sin^2\theta$

$\Rightarrow \quad dx = -2a\cos\theta\sin\theta + 2b\sin\theta\cos\theta$

$\Rightarrow \quad dx = \sin 2\theta\,(b-a)$

$\therefore \quad I = \int_0^{\pi/2} \sqrt{(b-a)\sin^2\theta\,(b-a)\cos^2\theta}$

$$= \int_0^{\pi/2} \frac{(b-a)^2}{2} \sin^2 2\theta\,d\theta$$

$$= \frac{(b-a)^2}{2} \int_0^{\pi/2} \left[\frac{1-\cos 4\theta}{2}\right] d\theta$$

$$= \frac{(b-a)^2}{2} \cdot \frac{1}{2}\left[\theta - \frac{\sin 4\theta}{4}\right]_0^{\pi/2}$$

$$= \frac{(b-a)^2}{4}\left[\frac{\pi}{2}\right] = \frac{\pi(b-a)^2}{8}$$

111. $f'(x) = \sqrt{2-x^2} \Rightarrow x^2 - \sqrt{2-x^2} = 0$

या $\quad x^4 + x^2 - 2 = 0$ या $(x^2+2)(x^2-1) = 0$

$\therefore \quad x^2 - 1 = 0 \Rightarrow x = \pm 1$

112. $I = \int_2^4 \{|x-2| + |x-3|\}\,dx$

$$= \int_2^3 \{(x-2) + (3-x)\}\,dx + \int_3^4 \{(x-2) + (x-3)\}\,dx$$

$$= \int_2^3 dx + \int_3^4 (2x-5)\,dx$$

$$= [x]_2^3 + [x^2 - 5x]_3^4$$

$$= 3 - 2 + [16 - 20 - (9 - 15)] = 1 + 2 = 3$$

113. माना $I = \int_1^2 [f\{g(x)\}]^{-1} f'\{g(x)\}\,\{g'(x)\}\,dx$

$$f\{g(x)\} = z$$

$\Rightarrow f'\{g(x)\}\,g'(x)\,dx = dz$ रखने पर,

जब $x = 1,\ z = f\{g(1)\}$

जब $x = 2,\ z = f\{g(2)\}$

$\therefore \quad I = \int_{f\{g(1)\}}^{f\{g(2)\}} \dfrac{1}{z}\,dz = [\log z]_{f\{g(1)\}}^{f\{g(2)\}}$

$\Rightarrow \quad I = \log f\{g(2)\} - \log f\{g(1)\} = 0 \qquad [\because g(2) = g(1)]$

114. $\dfrac{d}{dx}F(x) = \dfrac{e^{\sin x}}{x} \Rightarrow \int_1^4 \dfrac{3}{x} e^{\sin x^3}\,dx = \int_1^4 \dfrac{3x^2}{x^3} e^{\sin x^3}\,dx$

$x^3 = t \Rightarrow 3x^2 dx = dt$ रखने पर,

$$F(t) = \int_1^{64} \frac{e^{\sin t}}{t}\,dt = \int_1^{64} F(t)\,dt = F(64) - F(1)$$

तुलना करने पर, $k = 64$

115. $I = \int_0^{\pi} e^{\cos^2 x} \cos^5 3x\,dx$

$= \int_0^{\pi} e^{\cos^2 x} \cos^5 3(\pi - x)\,dx \quad \left[\because \int_0^a f(x)\,dx = \int_0^a f(a-x)\,dx\right]$

$\Rightarrow \quad I = -\int_0^{\pi} e^{\cos^2 x} \cos^5 3x\,dx = -I$

$\Rightarrow \quad 2I = 0 \Rightarrow I = 0$

116. $I = \int_{-1}^{1} \dfrac{\sin x - x^2}{3 - |x|}\,dx$

$$= \int_{-1}^{1} \frac{\sin x}{3-|x|}\,dx - \int_{-1}^{1} \frac{x^2}{3-|x|}\,dx$$

$f(x) = \dfrac{\sin x}{3-|x|}$ एक विषम फलन है।

$f(x) = \dfrac{x^2}{3-|x|}$ एक सम फलन है।

$\therefore \quad I = -\int_{-1}^{1} \dfrac{x^2}{3-|x|}\,dx = 2\int_0^1 \dfrac{-x^2}{3-|x|}\,dx$

118. $\int_a^b \dfrac{x}{|x|}\,dx = -\int_a^b dx \qquad [\because a < b < 0]$

$$= -(b-a) = |b| - |a|$$

119. $P = \int_0^{3\pi} f(\cos^2 x)\,dx$ और $Q = \int_0^{\pi} f(\cos^2 x)\,dx$

$P = 3\int_0^{\pi} f(\cos^2 x)\,dx = 3Q$

$\Rightarrow \quad P - 3Q = 0$

120. $P = \lim\limits_{n\to\infty}\left[\dfrac{n!}{n^n}\right]^{1/n} = \lim\limits_{n\to\infty}\left[\dfrac{1}{n}\cdot\dfrac{2}{n}\cdot\dfrac{3}{n}\cdot\dfrac{4}{n}\cdot\dfrac{n}{n}\right]^{1/n}$

$\therefore \log P = \lim\limits_{n\to\infty}\dfrac{1}{n}\left[\log\dfrac{1}{n} + \log\dfrac{2}{n} + \ldots + \log\dfrac{n}{n}\right]$

$\Rightarrow \quad \log P = \lim\limits_{n\to\infty} \sum\limits_{r=1}^{n} \dfrac{1}{n}\log\dfrac{r}{n}$

$\Rightarrow \quad \log P = \int_0^1 \log x\,dx = [x\log x - x]_0^1 = -1$

$\Rightarrow \quad P = \dfrac{1}{e}$

121. $I = \int_1^5 [|x-3|]\,dx$

$\Rightarrow I = \int_1^3 [-(x-3)]\,dx + \int_3^5 [(x-3)]\,dx$

$\Rightarrow I = \int_1^2 [-(x-3)]\,dx + \int_2^3 [-(x-3)]\,dx$

$$+ \int_3^4 [x-3]\,dx + \int_4^5 [x-3]\,dx$$

$\Rightarrow \quad I = \int_1^2 dx + \int_2^3 0\,dx + \int_3^4 0\,dx + \int_4^5 dx = [x]_1^2 + [x]_4^5$

$\Rightarrow \quad I = (2-1) + (5-4) = 2$

122. $f'(x) = 3\sin x + 4\cos x$

चूँकि $\left[\dfrac{5\pi}{4}, \dfrac{4\pi}{3}\right]$ में $f'(x) < 0$, अत: बिन्दु $x = \dfrac{4\pi}{3}$ पर मान न्यूनतम होगा।

$\therefore \quad f\left[\dfrac{4\pi}{3}\right] = \int_{5\pi/4}^{4\pi/3} (3\sin u + 4\cos u)\,du$

$$= [-3\cos u + 4\sin u]_{5\pi/4}^{4\pi/3} = \frac{3}{2} - 2\sqrt{3} + \frac{1}{\sqrt{2}}$$

125. $I = \int_0^{2\pi} e^{x/2} \sin\left(\dfrac{x}{2} + \dfrac{\pi}{4}\right) dx$

$\Rightarrow \quad I = 2\int_0^{2\pi} e^t \sin\left(t + \dfrac{\pi}{4}\right) dx \qquad \left[\text{जहाँ, } \dfrac{x}{2} = t\right]$

$$= 2\left[\frac{e^t}{\sqrt{1+1}}\sin\left(t+\frac{\pi}{4}-\tan^{-1}\frac{1}{1}\right)\right]_0^{\pi}$$

$$= \frac{2}{\sqrt{2}}[e^t \sin t]_0^{\pi} = \frac{2}{\sqrt{2}}[0] = 0$$

126. $\int_{-2}^{3} f(x)\,dx = \int_{-2}^{2} f(x)\,dx + \int_{2}^{3} f(x)\,dx$

$\because e^{\cos x}\sin x$ एक विषम फलन है।

$\therefore \int_{-2}^{3} f(x)\,dx = 0 + 2(3-2) = 2$

131. $I = \int_0^{1.5} x[x^2]dx$

$$= \int_0^1 x\cdot 0dx + \int_1^{\sqrt{2}} x\cdot 1dx + \int_{\sqrt{2}}^{1.5} x\cdot 2dx$$

$$= 0 + \left(\frac{x^2}{2}\right)_1^{\sqrt{2}} + (x^2)_{\sqrt{2}}^{1.5} = \frac{1}{2}\{2-1\} + \{(1.5)^2 - 2\}$$

$$= \frac{1}{2} + 2.25 - 2 = \frac{1}{2} + \frac{1}{4} = \frac{3}{4}$$

132. $\therefore \int_1^a [x] f'(x)\,dx = [f(x)]_1^2 + 2\,[f(x)]_2^3 + \ldots + [a]\,[f(x)]_{[a]}^a$

$= f(2) - f(1) + 2f(3) - 2f(2) + \ldots + [a]\,f(a) - [a]\,f([a])$

$= [a]\,f(a) - \{f(1) + f(2) + \ldots + f([a])\}$

134. $1 - x = z \Rightarrow -dx = dz$ रखने पर,

$$\therefore \quad I = \int_1^0 (1-z)z^n(-dz) = \int_0^1 (1-z)\,z^n dz$$

$$= \int_0^1 (z^n - z^{n+1})\,dz$$

$$= \left[\frac{z^{n+1}}{n+1} - \frac{z^{n+2}}{n+2}\right]_0^1$$

$$= \frac{1}{n+1} - \frac{1}{n+2}$$

136. अंश $= \int_0^n [x]\,dx = \int_0^1 0\cdot dx + \int_1^2 1\cdot dx + \int_2^3 2\cdot dx + \ldots + \int_{n-1}^n (n-1)\,dx$

$= 0 + 1\cdot(2-1) + 2\cdot(3-2) + \ldots + (n-1)\cdot 1$ ... (i)

$= \frac{(n-1)n}{2}$

अब $x = [x] + (x)$,

$\therefore$ हर $= \int_0^n (x)\,dx = \int_0^n \{x - [x]\}\,dx$

$= \frac{n^2}{2} - \frac{(n-1)n}{2} = \frac{n}{2}$, [समी (i) से]

$\therefore \quad I =$ अंश/हर $= \frac{(n-1)n/2}{n/2} = (n-1)$

137. दिया है, $L(x) = \int_1^x \frac{1}{t}\,dt = [\log t]_1^x = \log x - \log 1 = \log x$

$\therefore \quad L(xy) = \log(xy) = \log x + \log y = L(x) + L(y)$

138. $I = \lim_{x\to 0} \frac{(\tan^{-1}x^2)^2\cdot 2x - 0}{(\sin x^2)\cdot 4x^3 - 0} = \lim_{x\to 0} \frac{\left(\frac{\tan^{-1}x^2}{x^2}\right)^2\cdot 2x^5}{\left(\frac{\sin x^2}{x^2}\right)4x^5}$

$= \frac{2}{4} = \frac{1}{2}$ $\left[\because \lim_{\theta\to 0}\frac{\sin\theta}{\theta} = 1 \text{ और } \lim_{x\to 0}\frac{\tan^{-1}x}{x} = 1\right]$

139. $I_1 = \int_0^{\pi/2} \frac{\sin^2 x}{\sin^2 x}\,dx = \frac{\pi}{2}$

$I_2 = \int_0^{\pi/2} \frac{\sin^2 2x}{\sin^2 x}\,dx = \pi$

तथा $I_3 = \int_0^{\pi/2} \frac{\sin^2 3x}{\sin^2 x}\,dx = \frac{3\pi}{2}$

$\therefore \quad I_1 + I_3 = \frac{\pi}{2} + \frac{3\pi}{2} = \frac{4\pi}{2}$

$\therefore \quad 2\pi = 2I_2$

$\therefore I_1, I_2, I_3$ समान्तर श्रेणी में हैं।

140. $\frac{a}{3}|\tan x| + c$ एक सम फलन है लेकिन $\frac{b\tan x}{1+\sec x}$ विषम है।

$\therefore \quad I = 2\int_0^{\pi/3}\left(\frac{a}{3}\tan x + c\right)dx + 0$

$\left[\because |\tan x| = \tan x, 0 < x < \frac{\pi}{2}\right]$

$= 2\left[\frac{a}{3}\log\sec x + cx\right]_0^{\pi/3} = 0$ [दिया है]

$\Rightarrow \quad \frac{a}{3}\log 2 + c\cdot\frac{\pi}{3} = 0$

$\therefore \quad c = -\frac{a}{\pi}\log 2$

142. $I_1 - I_2 = \int_0^{\pi/2}(\cos\theta - \sin 2\theta)\,f(\sin\theta + \cos^2\theta)\,d\theta$

माना $\sin\theta + \cos^2\theta = t$

$\Rightarrow \quad (\cos\theta - \sin 2\theta)\,d\theta = dt$

$\therefore \quad I_1 - I_2 = \int_1^1 f(t)\,dt = 0 \Rightarrow I_1 = I_2$

143. $|x| \le 2 \Rightarrow -2 \le x \le 2$

और $f(-x) = -f(x)$ इस अन्तराल में

$$I = \int_{-2}^{3} f(x)\,dx = \int_{-2}^{2} f(x)\,dx + \int_2^3 f(x)\,dx$$

चूँकि $f(x)$ अन्तराल $(-2, 2)$ में एक विषम फलन है। अत: प्रथम समाकल शून्य है तथा अन्तराल $(2, 3)$ में $f(x) = 2$ है।

$\therefore I = 0 + \int_2^3 2dx = [2x]_2^3 = 2$

144. $\because \int_2^4 [3 - f(x)]\,dx = 7$

$\Rightarrow \quad [3x]_2^4 - \int_2^4 f(x)\,dx = 7$

$\Rightarrow \quad \int_2^4 f(x)\,dx = 3(4-2) - 7 = -1$ ...(i)

तथा $\int_{-1}^4 f(x)\,dx = 4$ [दिया है] ...(ii)

अत: $\int_2^{-1} f(x)\,dx = \left[\int_2^4 + \int_4^{-1}\right] = \left[\int_2^4 - \int_{-1}^4\right]$

$= [-1 - 4] = -5$ [समी (i) तथा (ii) से]

145. $I = \int_{-1}^1 \frac{x^2}{1+x^2}\,dx + 0$

$$= 2\int_0^1\left(1 - \frac{1}{1+x^2}\right)dx = 2[x - \tan^{-1}x]_0^1$$

$$= 2\left[1 - \frac{\pi}{4}\right] = \left(2 - \frac{\pi}{2}\right)$$

146. $I = \int_0^{\infty} \frac{2}{e^x + e^{-x}} dx = 2$

$= 2 \int_0^{\infty} \frac{e^x}{e^{2x} + 1} dx = 2 \, [\tan^{-1} (e^x)]_0^{\infty} = \frac{\pi}{2}$

147. $I = \int_0^{\pi/2} \frac{a \sin x + b \cos x}{\sin x + \cos x} dx$ ... (i)

$\Rightarrow \quad I = \int_0^{\pi/2} \frac{a \sin (\pi/2 - x) + b \cos (\pi/2 - x)}{\sin(\pi/2 - x) + \cos (\pi/2 - x)} dx$

$\Rightarrow \quad I = \int_0^{\pi/2} \frac{a \cos x + b \sin x}{\sin x + \cos x}$ ... (ii)

समी (i) तथा (ii) को जोड़ने पर,

$2I = \int_0^{\pi/2} \frac{(a + b)(\sin x + \cos x)}{\sin x + \cos x} dx$

$= \int_0^{\pi/2} (a + b)\, dx = (a + b)\, \pi/2$

$\therefore \quad I = (a + b)\pi/4$

148. $\because p \log \left(\frac{1 + x}{1 - x}\right) + q \log \left(\frac{1 - x}{1 + x}\right)^{-2}$ विषम फलन है।

अत: $\quad I = 0 + \int_{-2}^{2} r \, dx = \int_{-2}^{2} r \, dx$

149. $I_1 = \int_0^{\infty} \log(\tan t + \cot t)\, dt$, जहाँ $x = \tan t$

$= \int_0^{\pi/2} \log (2/\sin 2t)\, dt = (\pi/2)\log 2 - I_2$

$\therefore \quad I_1 + I_2 = (\pi/2)\log 2$

150. $I = 2\left[\int_3^4 3\, dx + \int_4^5 4\, dx + \int_5^6 5\, dx\right] = 2(12) = 24$

151. दिया है, $\quad f(x) = \int_x^{x^2} \frac{dt}{1 + t^3}$

$\Rightarrow \quad f'(x) = \frac{1}{1 + (x^2)^3} \cdot 2x - f \frac{1}{1 + x^3}$

$\therefore \quad f'(2) = \frac{4}{1 + 2^6} - \frac{1}{1 + 2^3}$

$= \frac{4}{65} - \frac{1}{9} = -\frac{29}{585}$

153. दिया है, $\int_0^x f(x)\, dt = x^2 + \int_x^{T + x} t\, f(x)\, dt$

दोनों पक्षों का अवकलन करने पर,

$f(x) = 2x + (T + x)\, f(T + x) - x f(x)$

$\Rightarrow \quad f(x) = 2x + (T + x)\, f(x) - x f(x)$

$\Rightarrow \quad (1 - T)\, f(x) = 2x$

$\therefore \quad f(1 - T) = 2$

154. $I = \int_{-1}^{1} x^4 \tan^3 x\, dx + \int_{-1}^{1} x^2\, dx = 0 + 2 \int_0^1 x^2\, dx = \frac{2}{3}$

155. $\int_0^{\pi/4} (1 - \tan x)\, dx + \int_{\pi/4}^{\pi/3} (\tan x - 1) dx$

$= [x - \log\sec x]_0^{\pi/4} + [\log\sec x - x]_{\pi/4}^{\pi/3}$

$= \frac{\pi}{4} - \log\sqrt{2} + \log 2 - \frac{\pi}{3} + \frac{\pi}{4}$

$= \frac{1}{2}\log 2 + \frac{\pi}{6}$

156. सीमा $= \lim_{n \to \infty} \sum_{r=1}^{n-1} \frac{1}{\sqrt{n^2 - r^2}} = \lim_{n \to \infty} \frac{1}{n} \sum_{r=1}^{n-1} \frac{1}{\sqrt{1 - (r/n)^2}}$

$= \int_0^1 \frac{1}{\sqrt{1 - x^2}} dx = [\sin^{-1} x]_0^1 = \frac{\pi}{2}$

157. $I = \int_{b-1}^{b} \frac{e^{-t}}{t - b - 1} dt = \int_{-1}^{0} \frac{e^{-(t + b)}}{(t + b) - b - 1} dt$

$= e^{-b} \int_{-1}^{0} \frac{e^{-t}}{t - 1} dt = e^{-b} \int_0^1 \frac{e^{-(t - 1)}}{t - 2} dt$

मान लीजिए $\quad t - 1 = -s \Rightarrow dt = -ds$

$I = -e^{-b} \int_1^0 \frac{e^s}{-(s + 1)} ds = e^{-b} \int_1^0 \frac{e^s}{s + 1} ds$

$= -e^{-b} \int_0^1 \frac{e^t}{t + 1} = -ae^{-b}$

158. चूँकि $\phi'(x) = f(x)$

$\therefore \phi(x)$ एक आवर्ती फलन है जिसका आवर्त T है चूँकि $f(x)$ का आवर्त T है।

159. $\phi(x) = \frac{1}{x(x^4 + 1)} = \frac{1}{x} - \frac{x^3}{x^4 + 1}$

$\therefore \quad \int_1^2 \phi(x)\, dx = \int_1^2 \left(\frac{1}{x} - \frac{x^3}{x^4 + 1}\right) dx$

$= [\log x]_1^2 - \left[\frac{1}{4} \log (x^4 + 1)\right]_1^2 = \frac{1}{4} \log \frac{32}{17}$

160. $I = \int_{-1}^{3} \left[\tan^{-1}\left(\frac{x}{x^2 + 1}\right) + \cot^{-1}\left(\frac{x}{x^2 + 1}\right)\right] dx$

$= \int_{-1}^{3} \left(\frac{\pi}{2}\right) dx = \frac{\pi}{2} [x]_{-1}^{3} = \pi \qquad \left[\because \tan^{-1} x + \cot^{-1} x = \frac{\pi}{2}\right]$

161. चूँकि $\int_{-3}^{0} f(x)\, dx = \int_{-3}^{2} f(x)\, dx + \int_2^9 f(x)\, dx$

$\Rightarrow \quad -\frac{5}{6} = \frac{7}{3} + I \Rightarrow I = -\frac{19}{6}$

162. $\int_0^3 (3ax^2 + 2bx + c)\, dx = \int_1^3 (3ax^2 + 2bx + c)\, dx$

$\Rightarrow \quad \int_0^1 (3ax^2 + 2bx + c)\, dx + \int_1^3 (3ax^2 + 2bx + c)\, dx$

$= \int_1^3 (3ax^2 + 2bx + c)\, dx$

$\Rightarrow \int_0^1 (3ax^2 + 2bx + c)\, dx = 0$

$\Rightarrow \quad \left[\frac{3ax^3}{3} + \frac{2bx^2}{2} + cx\right]_0^1 = 0 \Rightarrow a + b + c = 0$

163. $I = \sqrt{2} \int_{-\pi/2}^{199\pi/2} |\cos x|\, dx$

माना $x = -\frac{\pi}{2} + t \Rightarrow dx = dt$

$= \sqrt{2} \int_0^{100\pi} |\sin t|\, dt = 100\sqrt{2} \int_0^{\pi} \sin t\, dt$

$= 100\sqrt{2}\, [-\cos t]_0^{\pi}$

$= -100\sqrt{2}\, [\cos \pi - \cos 0]$

$= -100\sqrt{2}\, [-1 - 1] = -100\sqrt{2} \times -2$

$= 100\sqrt{2} \times 2 = 200\sqrt{2}$

164. $I = \frac{1}{2}\int_0^{\pi}[\sin(n+m)x + \sin(n-m)x]dx$

$= -\frac{1}{2}\left[\frac{\cos(n+m)x}{n+m} + \frac{\cos(n-m)x}{n-m}\right]_0^{\pi}$

$= -\frac{1}{2}\left[\frac{(-1)^{n+m}}{n+m} + \frac{(-1)^{n-m}}{n-m} - \frac{1}{n+m} - \frac{1}{n-m}\right]$

= 0, यदि $n - m$ तथा $n + m$ दोनों सम हों।

165. $\int_0^3 \{\sqrt{x}\}dx = \int_0^3 (x - [\sqrt{x}])dx = \int_0^3 x\,dx - \int_0^3 [\sqrt{x}]dx$

$= \left[\frac{x^2}{2}\right]_0^3 - \left(\int_0^1 [\sqrt{x}]\,dx + \int_1^3 [\sqrt{x}]\,dx\right)$

$= \frac{9}{2} - \left(\int_0^1 0\,dx + \int_1^3 1\,dfx\right) = \frac{9}{2} - 2 = \frac{5}{2}$

166. सीमा $= \lim_{n\to\infty} \sum_{r=0}^{n(b-a)} \frac{1}{na+r} = \int_0^{b-a} \frac{1}{a+x}dx = \log(b/a)$

167. $\because \int_a^b f(x)\,dx = \int_a^b f(a+b-x)\,dx$

$\therefore \quad I_1 = \int_{1-k}^{k}(1-x)\,f\{(1-x)x\}\,dx$

$\Rightarrow \quad I_1 = \int_{1-k}^{k} f\{(1-x)x\}\,dx - I_1 \Rightarrow 2I_1 = I_2 \Rightarrow \frac{I_1}{I_2} = 1/2$

168. मान लीजिए $\cos x = t \Rightarrow -\sin x\,dx = dt$

$\therefore \quad I = -\int_1^0 \frac{t\,dt}{(t+1)(t+2)}$

$= \int_0^1\left(\frac{2}{t+2} - \frac{1}{t+1}\right)dt = \left[\log\frac{(t+2)^2}{(t+1)}\right]_0^1$

$= \log\frac{9}{2} - \log 4 = \log\frac{9}{8}$

169. $I = \int_0^1 \frac{dx}{[(a-b)x+b]^2}$

मान लीजिए $t = (a-b)x + b \Rightarrow dt = (a-b)\,dx$

तथा $x = 1 \Rightarrow t = a$ व $x = 0 \Rightarrow t = b$

$\therefore I = \frac{1}{a-b}\int_b^a \frac{1}{t^2}dt = \frac{1}{(a-b)}\left[-\frac{1}{t}\right]_b^a = \frac{1}{(a-b)}\left(\frac{a-b}{ab}\right) = \frac{1}{ab}$

170. $I_m = \int_1^x (\log x)^m\,dx$

$= x(\log x)^m - \int_1^x m(\log x)^{m-1}\,dx$ [खण्डश: समाकलन से]

$= x(\log x)^m - m\,I_{m-1}$

$\Rightarrow k = m$

171. $I = \frac{1}{\sin\alpha}\left[\tan^{-1}\frac{x+\cos\alpha}{\sin\alpha}\right]_0^1$

$= \frac{1}{\sin\alpha}\left(\tan^{-1}\frac{1+\cos\alpha}{\sin\alpha} - \tan^{-1}\frac{\cos\alpha}{\sin\alpha}\right)$

$= \frac{1}{\sin\alpha}\left(\tan^{-1}\cot\frac{\alpha}{2} - \tan^{-1}\cot\alpha\right)$

$= \frac{1}{\sin\alpha}\left[\left(\frac{\pi}{2} - \frac{\alpha}{2}\right) - \left(\frac{\pi}{2} - \alpha\right)\right] = \frac{\alpha}{2\sin\alpha}$

173. फलन को निम्न प्रकार पुनः परिभाषित करने पर,

$f(x) = \begin{cases} x+1 & -1 \le x < 0 \\ \sqrt{1-x} & 0 < x \le 1 \end{cases} \quad I = \int_{-1}^0 (x+1)\,dx + \int_0^1 \sqrt{1-x}\,dx$

$= \left[\frac{x^2}{2} + x\right]_{-1}^0 + \left[-\frac{2}{3}(1-x)^{3/2}\right]_0^1$

$= \frac{1}{2} + \frac{2}{3} = \frac{7}{6}$

176. $f(x) = 0$, $x = 0$ पर; $f(x) = 3$, $x = \pi/3$ पर तथा 0 और 3 के बीच पूर्णांक 1, 2, 3 होंगे।

$x = \pi/6$ पर, $f(x) = 1$

$f(x) = 2 \Rightarrow \sqrt{3}\tan x = 2$

$\therefore \quad x = \tan^{-1}\frac{2}{\sqrt{3}}$

$\therefore I = \int_0^{\pi/6} [f(x)]\,dx + \int_{\pi/6}^{\tan^{-1}2/\sqrt{3}} [f(x)]\,dx + \int_{\tan^{-1}2/\sqrt{3}}^{\pi/3} [f(x)]\,dx$

$= \int_0^{\pi/6} 0\,dx + \int_{\pi/6}^{\tan^{-1}2/\sqrt{3}} 1\,dx + \int_{\tan^{-1}2/\sqrt{3}}^{\pi/6} 2\,dx$

$= 0 + [x]_{\pi/6}^{\tan^{-1}2/\sqrt{3}} + [2x]_{\tan^{-1}2/\sqrt{3}}^{\pi/3}$

$= \tan^{-1}\frac{2}{\sqrt{3}} - \frac{\pi}{6} + \frac{2\pi}{3} - 2\tan^{-1}\frac{2}{\sqrt{3}}$

$= \frac{\pi}{2} - \tan^{-1}\frac{2}{\sqrt{3}}$

177. $I_n = [x^n(-\cos x)]_0^{\pi/2} + n\int_0^{\pi/2} x^{n-1}\cos x\,dx$

$= 0 + n\left[\{x^{n-1}(\sin x)\}_0^{\pi/2} - (n-1)\int_0^{\pi/2} x^{n-2}\sin x\,dx\right]$

$\Rightarrow \quad I_n = \left\{n\left(\frac{\pi}{2}\right)^{n-1} - 0\right\} - n(n-1)I_{n-2}$

$\Rightarrow \quad I_n + n(n-1)I_{n-2} = n\left(\frac{\pi}{2}\right)^{n-1}$

178. $I = \int_{-\pi}^{\pi} (\cos^2 px + \sin^2 qx - 2\sin qx\cos px)\,dx$

$= \int_{-\pi}^{\pi} (\cos^2 px + \sin^2 qx)\,dx - 2\int_{-\pi}^{\pi} \sin qx\cos px\,dx$

$= 2\int_0^{\pi} (\cos^2 px + \sin^2 qx)\,dx - 0$

$= 2\int_0^{\pi} dx = 2[x]_0^{\pi} = 2\pi$

अध्याय 20

कैलकुलस

Calculus

लैबनीज प्रमेय Leibnitz's Theorem

यदि u तथा v, n क्रम के अवकलनीय फलन हैं, तब उनके गुणनफल का nवाँ अवकल गुणांक,

$$D^n(uv) = (D^n u)v + {}^nC_1 D^{n-1} u \cdot Dv + {}^nC_2 D^{n-2} u \cdot D^2 v + \ldots + {}^nC_r D_u^{n-r} \cdot D^r v + \ldots + u \cdot D^n v$$

$$\left[\text{जहाँ, } D = \frac{d}{dx}\right]$$

टेलर तथा मैक्लोरिन की अनन्त श्रेणी

Taylor's and Maclaurin's Infinite Series

माना फलन (f) सतत् अवकलनीय है, तब $[a, a+h]$ के प्रत्येक क्रम के लिए, सम्पूर्ण $n \in N$, टेलर प्रमेय से,

$$f(a+h) = f(a) + hf'(a) + \frac{h^2}{2!} f''(a) + \ldots + \frac{h^{n-1}}{(n-1)} f^{n-1}(a) + \frac{h^n}{n!} f^n(a + \theta h), \text{ जहाँ } 0 < \theta < 1$$

माना $\quad s_n = f(a) + hf'(a) + \dfrac{h^2}{2!} f''(a) + \ldots + \dfrac{h^{n-1}}{(n-1)!} f^{n-1}(a)$

तथा $\quad R_n = \dfrac{h^n}{n!} f^n(a + \theta h)$

यदि $R_n \to 0$ तथा $n \to \infty$ है, तब $\lim\limits_{x \to \infty} S_n = f(a+h)$

हम जानते हैं कि,

$$\text{अनन्त श्रेणी} = f(a) + hf'(a) + \frac{h^2}{2!} f''(a) + \ldots + \frac{h^{n-1}}{(n-1)!} f^{n-1}(a) + \ldots + f(a+h)$$

अत: f सतत् अवकलनीय हैं। $[a, a+h]$ के प्रत्येक क्रम के रूप में। यहाँ $a = 0$ तथा n के स्थान पर x लेने पर निम्न श्रेणी प्राप्त होती है

$$f(x) = f(0) + xf'(0) + \frac{x^2}{2} f''(0) + \ldots + \frac{x^n}{n!} f^n(0) + \ldots$$

अपरिमेय बीजीय फलनों का समाकलन

Integration of Irrational Algebraic Functions

$\int f\{x, (ax+b)^{1/n}\}\, dx$ प्रकार के अपरिमेय फलनों का समाकलन ज्ञात करने के लिए $ax + b = t^n$ प्रतिस्थापित करें।

इस प्रकार, $\int f\{x, (a+b)^{1/n}\}\, dx = \int f\left(\dfrac{t^n - b}{a}, t\right) \dfrac{nt^{n-1}}{a}\, dt$

(i) यदि $\int \dfrac{dx}{(Ax+B)\sqrt{Cx+D}}$ में $Cx + D = t^2$ प्रतिस्थापित करें, तब यह समाकलन $\int \dfrac{2dt}{At^2 - AD + BC}$ प्रकार में परिवर्तित हो जाएगा।

(ii) यदि $\int \dfrac{dx}{(Ax^2+B)\sqrt{Cx+D}}$ में $Cx + D = t^2$ रखें, तब यह समाकलन

$$\int \frac{2Cdt}{At^4 - 2DAt^2 + (AD^2 + BC^2)} \text{ में परिवर्तित हो जाएगा।}$$

$\int x^m (a + bx^n)^p\, dx$ के रूप का समाकलन

Integration in the Form of $\int x^m (a + bx^n)^p\, dx$

चरण I यदि p एक धन पूर्णांक हो, तब समाकल्य को द्विपद प्रमेय की सहायता से प्रसारित करके समाकलन किया जा सकता है।

चरण II यदि p एक ऋण गूर्णांक हो, तब $x = t^k$ रखें, जहाँ h, m तथा n के हर के लघुत्तम समापवर्त्य हैं।

चरण III यदि $\left(\dfrac{m+1}{n}\right)$ एक पूर्णांक हो, तब $(a + bx^n) = t^\alpha$ रखें, जहाँ α, p का हर है।

चरण IV यदि $\left\{\left(\dfrac{m+1}{n}\right) + p\right\}$ एक पूर्णांक है, तब $(a + bx^n) = t^\alpha x^n$, जहाँ α, p का हर है।

अपचयन सूत्र Reduction Formulae

(i) $\int \sin^n x\,dx = -\frac{1}{n}\sin^{n-1}x\cos x + \frac{n-1}{n}\int \sin^{n-2}x\,dx$

(ii) $\int \cos^n x\,dx = \frac{\cos^{n-1}x\sin x}{n} + \frac{n-1}{n}\int \cos^{n-2}x\,dx$

(iii) $\int \tan^n x\,dx = \frac{\tan^{n-1}x}{n-1} - \int \tan^{n-2}x\,dx$

(iv) $\int \sec^n x\,dx = \frac{\sec^{n-2}x\tan x}{n-1} + \frac{n-2}{n-1}\int \sec^{n-2}x\,dx$

(v) $\int \operatorname{cosec}^n x\,dx = \frac{-\operatorname{cosec}^{n-2}x\cot x}{n-1} + \frac{n-2}{n-1}\int \operatorname{cosec}^{n-2}x\,dx$

(vi) $\int \cot^n x\,dx = \frac{-\cot^{n-1}x}{n-1} - \int \cot^{n-2}x\,dx$

यथातथ अवकल समीकरण
Exact Differential Equation

अवकल समीकरण $M(x, y)\,dy + N(x, y)\,dy = 0$ यथातथ अवकल समीकरण कहलाता है, यदि एक फलन $u(x, y)$ इस प्रकार विद्यमान हो कि

$$du = Mdx + Ndy$$

(i) **एक अवकल समीकरण के यथातथ होने के लिए आवश्यक एवं पर्याप्त प्रतिबन्ध** (Necessary and Sufficient Conditions for an Equation to be an Exact Differential Equation) अवकल समीकरण $Mdx + Ndy = 0$ जहाँ, M तथा N, x तथा y के फलन हैं, यथातथ (exact) अवकल समीकरण होगा, यदि $\frac{\partial M}{\partial y} = \frac{\partial N}{\partial x}$

(ii) **यथातथ अवकल समीकरण का हल** (Solution of Exact Differential Equation) यथातथ अवकल समीकरण $Mdx + Ndy = 0$ जहाँ, M तथा N, x तथा y के फलन हैं जिसका हल निम्न द्वारा दिया जाता है

$$\int M\,dx + \int N\,dy = C$$

↓ {y अचर} ↓ {केवल N के पद, जो x से स्वतन्त्र हैं}

रेखीय अवकल समीकरण
Linear Differential Equation

यदि किसी अवकल समीकरण को बहुपद के रूप में व्यक्त किए जाने पर अवकलज तथा परतन्त्र चर प्रथम घात में हों तथा इनका गुणनफल नहीं हो एवं इनके गुणांक नियतांक हों या स्वतन्त्र चर के फलन हों, तब यह समीकरण रैखिक अवकल समीकरण कहलाता है, अन्यथा इसे अरैखिक अवकल समीकरण कहते हैं।

अत: रैखिक अवकल समीकरण को

$P_0\frac{d^ny}{dx^n} + P_1\frac{d^{n-1}y}{dx^{n-1}} + P_2\frac{d^{n-2}y}{dx^{n-2}} + \ldots + P_{n-1}\frac{dy}{dx} + P_ny = Q$ के रूप में निरूपित किया जाता है, जहाँ $P_0, P_1, P_2, \ldots, P_{n-1}, P_n$ तथा Q या तो नियतांक हैं या स्वतन्त्र चर x के फलन हैं।

प्रथम कोटि की रेखीय अवकल समीकरण
Linear Differential Equation of First Order

प्रथम कोटि के रैखिक अवकल समीकरण का मानक रूप

$$\frac{dy}{dx} + Py = Q \quad \ldots(i)$$

होता है, जहाँ P तथा Q, x के फलन या अचर पद होते हैं।

समी (i) का समाकलन गुणांक (Integrating Factor) $e^{\int P\,dx}$ होता है, जिसे संक्षेप में (IF) भी लिखा जाता है,

अर्थात् $\text{IF} = e^{\int P\,dx}$

अब, $e^{\int P\,dx}$ से समी (i) के दोनों पक्षों को गुणा करने पर,

$$e^{\int P\,dx}\left(\frac{dy}{dx} + Py\right) = e^{\int P\,dx}\cdot Q$$

$$\Rightarrow \quad e^{\int P\,dx}\frac{dy}{dx} + Pye^{\int P\,dx} = Qe^{\int P\,dx}$$

$$\Rightarrow \quad \frac{d}{dx}\cdot\{e^{\int P\,dx}\cdot y\} = Q\cdot e^{\int P\,dx}$$

दोनों पक्षों का समाकलन करने पर,

$$ye^{\int P\,dx} = \int Qe^{\int P\,dx}dx + C \quad \ldots(ii)$$

जोकि समी (i) का अभीष्ट हल है।

इसे निम्न प्रकार से भी लिखा जाता है

$$y\cdot(\text{IF}) = \int Q\cdot(\text{IF})\,dx + C \quad \ldots(iii)$$

इसी प्रकार, y को स्वतन्त्र चर तथा x को आश्रित चर लें, तब रैखिक अवकल समीकरण का रूप $\frac{dx}{dy} + P_1x = Q_1$ होगा, जहाँ, P_1 तथा Q_1, y के फलन या अचर पद होते हैं।

यहाँ, $\text{IF} = e^{\int P_1\,dy}$

अत: रैखिक समीकरण का हल होगा

$$x\cdot(\text{IF}) = \int Q_1\cdot(\text{IF})\,dy + C$$

बरनौली का समीकरण Bernoulli's Equation

बरनौली के समीकरण का मानक रूप निम्न है

$$\frac{dy}{dx} + Py = Qy^n$$

जहाँ, P तथा Q केवल x के फलन हैं या अचर पद हैं।

y^n से भाग करने पर, $\frac{1}{y^n}\cdot\frac{dy}{dx} + P\cdot\frac{1}{y^{n-1}} = Q$

माना $\frac{1}{y^{n-1}} = v \Rightarrow \frac{-(n-1)}{y^n}\cdot\frac{dy}{dx} = \frac{dv}{dx}$

$$\Rightarrow \quad \frac{1}{y^n}\cdot\frac{dy}{dx} = \frac{-1}{(n-1)}\cdot\frac{dv}{dx}$$

$$\therefore \quad \frac{1}{(1-n)}\cdot\frac{dv}{dx} + P\cdot v = Q$$

$$\Rightarrow \quad \frac{dv}{dx} + P\cdot(1-n) = Q(1-n)$$

जो स्वतन्त्र चर v वाला एक रैखिक समीकरण है।

रेखीय अवकल समीकरण के नियत गुणांक

Linear Differential Equations with Constant Coefficient

माना अवकल समीकरण,

$$(D^n + a_{n-1}D^{n-1} + a_{n-2}D^{n-2} + \ldots + a_0)y = r(x) \qquad \ldots(i)$$

जहाँ, $D = \dfrac{d}{dx}$, तब $f(D)y = r(x)$

अब, $f(D) = D^n + a_{n-1}D^{n-1} + a_{n-2}D^{n-2} + \ldots + a_0$

अत: समी (i) का हल, $y = y_c + y_p$

जहाँ, $y_c = c_1y_1 + c_2y_2 + \ldots + c_ny_n$ समी (i) का पूरक फलन है।

तथा $y_p = \dfrac{1}{f(D)} r(x)$ विशिष्ट समाकलन है।

समी (i) के पूरक फलन ज्ञात करने की विधि

Method to Determine Complementary Function of Eq. (i)

माना $f(D)y = 0$

अत: सहायक समीकरण (Auxiliary equation), $f(D) = 0$

$$\Rightarrow \quad f(m) = 0 \qquad \ldots(ii)$$

(a) यदि सहायक समी (ii) के विभिन्न मूल $m_1, m_2, \ldots, m_n$ हैं, तब समी (i) का पूरक फलन $y = c_1e^{m_1x} + c_2e^{m_2x} + \ldots + c_ne^{m_nx}$ है।

(b) यदि सहायक समी (ii) के सभी मूल समान हैं, तब समी (i) का पूरक फलन $y = (c_1 + c_2x + \ldots + c_nx^{n-1})e^{mx}$ है।

समी (i) के विशिष्ट समाकलन ज्ञात करने की विधि

Method to Determine a Particular Integral of Eq. (i)

(a) $\dfrac{1}{f(D)} x^m = \{f(D)\}^{-1} x^m$

(b) $\dfrac{1}{f(D^2)}(\sin ax) = \begin{cases} \dfrac{1}{f(-a^2)}(\sin ax), \text{यदि } f(-a^2) \neq 0 \\ x\dfrac{1}{f'(-a^2)}(\sin ax), \text{यदि } f(-a^2) = 0 \end{cases}$

$\dfrac{1}{f(D^2)}(\cos ax) = \begin{cases} \dfrac{1}{f(-a^2)}(\cos ax) \text{ यदि } f(-a^2) \neq 0 \\ x\dfrac{1}{f'(-a^2)}(\cos ax), \text{ यदि } f(-a^2) = 0 \end{cases}$

(c) $\dfrac{1}{f(D)} e^{ax} = \begin{cases} \dfrac{1}{f(a)} e^{ax}, \text{यदि } f(a) \neq 0 \\ x\dfrac{1}{f'(a)} e^{ax}, \text{यदि } f(a) = 0 \\ x^2\dfrac{1}{f''(a)} e^{ax}, \text{यदि } f'(a) = 0 \end{cases}$

(d) $\dfrac{1}{f(D)}[e^{ax}\phi(x)] = e^{ax}\dfrac{1}{f(D+a)}\phi(x)$

अभ्यास प्रश्न

1. $\dfrac{d^n}{dx^n}(x^{-1}\log_e x)$ का मान होगा

(a) $\left\{\log_e x + 1 + \dfrac{1}{2} + \dfrac{1}{3} + \ldots + \dfrac{1}{n}\right\}$

(b) $(-1)^n(n!)\left\{\log_e x - 1 - \dfrac{1}{2} - \dfrac{1}{3} - \ldots - \dfrac{1}{n}\right\}$

(c) $(-1)^{n+1}\dfrac{(n!)}{x^{n+1}}\left\{\log_e x + 1 + \dfrac{1}{2} + \dfrac{1}{3} + \ldots + \dfrac{1}{n}\right\}$

(d) $(-1)^n\dfrac{(n!)}{x^{n+1}}\left\{\log_e x - 1 - \dfrac{1}{2} - \dfrac{1}{3} - \ldots - \dfrac{1}{n}\right\}$

2. यदि $y = x^{n-1}\log x$ हो, तब $\dfrac{d^ny}{dx^n}$ का मान होगा

(a) $\dfrac{(n-1)!}{x}$ (b) $\dfrac{(n+1)!}{x}$ (c) $(n+1)!$ (d) $(n-1)!$

3. $\sin x$ का $\left(x - \dfrac{\pi}{2}\right)$ की घात के पदों में प्रसार क्या होगा?

(a) $1 - \dfrac{1}{3!}\left(x - \dfrac{1}{2}\pi\right)^3 + \dfrac{1}{5!}\left(x - \dfrac{1}{2}\pi\right)^5 \ldots$

(b) $1 - \dfrac{1}{2!}\left(x - \dfrac{1}{2}\pi\right)^2 + \dfrac{1}{4!}\left(x - \dfrac{1}{2}\pi\right)^4 \ldots$

(c) $1 - \dfrac{1}{2!}\left(x - \dfrac{1}{2}\pi\right)^2 + \dfrac{1}{4!}\left(x - \dfrac{1}{2}\pi\right)^4 \ldots$

(d) $1 - \dfrac{1}{1!}\left(x - \dfrac{1}{2}\pi\right) + \dfrac{1}{2!}\left(x - \dfrac{1}{2}\pi\right)^2 \ldots$

4. निम्न में से कौन-सा e^x का प्रसार होगा?

(a) $1 + x - \dfrac{2x^3}{3!} - \dfrac{2^2x^4}{4!} - \dfrac{2^2x^5}{5!} + \dfrac{2^3x^7}{7!} + \ldots$

(b) $1 - x + \dfrac{2x^3}{3!} + \dfrac{2^2x^4}{4!} - \dfrac{2^2x^5}{5!} + \dfrac{2^3x^7}{7!} + \ldots$

(c) $1 - x + \dfrac{2x^3}{3!} - \dfrac{2^2x^4}{4!} - \dfrac{2^2x^5}{5!} - \dfrac{2^3x^7}{7!} + \ldots$

(d) उपरोक्त में से कोई नहीं

5. $\displaystyle\int \dfrac{(x^2-1)}{x^3\sqrt{(2x^4 - 2x^2 + 1)}}dx$ का मान होगा

(a) $\dfrac{\sqrt{(2x^4 - 2x^2 + 1)}}{x(x^2-1)} + C$ (b) $\dfrac{\sqrt{(2x^4 - 2x^2 + 1)}}{x^3} + C$

(c) $\dfrac{\sqrt{(2x^4 - 2x^2 + 1)}}{x^2} + C$ (d) $\dfrac{\sqrt{(2x^4 - 2x^2 + 1)}}{2x^2} + C$

6. समाकलन $\int \frac{dx}{(\sqrt{x} + \sqrt[3]{x^2})}$ निम्नलिखित में से किस फलन को निरूपित करता है?

(a) $6 \cdot \{\sqrt[3]{x^2} - \sqrt[3]{x} + \ln|1 + \sqrt[3]{x}|\} + C$

(b) $3 \cdot \sqrt[3]{x} - 6 \cdot \sqrt[6]{x} + 6\ln|1 + \sqrt[6]{x}| + C$

(c) $3 \cdot \sqrt[3]{x} + 6 \cdot \sqrt[6]{x} + 6\ln|1 + \sqrt[6]{x}| + C$

(d) $6 \cdot \sqrt[3]{x^2} - 3\sqrt[3]{x} + 6\ln|1 + \sqrt[3]{x}| + C$

7. $\int \sec^{4/9}\theta \, \text{cosec}^{14/9}\theta \, d\theta$ का मान होगा

(a) $\frac{5}{9}(\tan\theta)^{-5/9} + C$
(b) $-\frac{9}{5}(\tan\theta)^{-5/9} + C$
(c) $\frac{9}{5}(\tan\theta)^{-9/5} + C$
(d) $-\frac{5}{9}(\tan\theta)^{-9/5} + C$

8. यदि $\int \cos^4 x \, dx = Ax + B\sin 2x + C\sin 4x + D$ है, तब $\{A, B, C\}$ का मान होगा

(a) $\left\{\frac{3}{8}, \frac{1}{32}, \frac{1}{4}\right\}$
(b) $\left\{\frac{3}{8}, \frac{1}{4}, \frac{1}{32}\right\}$
(c) $\left\{\frac{1}{32}, \frac{1}{4}, \frac{3}{8}\right\}$
(d) $\left\{\frac{1}{4}, \frac{3}{8}, \frac{1}{32}\right\}$

9. अवकल समीकरण $xdy - ydx = \sqrt{(x^2 + y^2)}dx$ का हल है

(a) $y + \sqrt{(x^2 + y^2)} - Cx^2 = 0$

(b) $x + \sqrt{(x^2 + y^2)} - Cy^2 = 0$

(c) $Cx^2 - y + \sqrt{(x^2 + y^2)} = 0$

(d) उपरोक्त में से कोई नहीं

10. अवकल समीकरण $(xy^2 + x)dx + (yx^2 + y)dy = 0$ का हल है

(a) $(x^2 + 1)(y^2 + 1) - C = 0$

(b) $(x^2 - 1)(y^2 - 1) - C = 0$

(c) $\left(\frac{1}{x^2} + 1\right)\left(\frac{1}{y^2} + 1\right) - C = 0$

(d) उपरोक्त में से कोई नहीं

11. अवकल समीकरण $\frac{d^2y}{dx^2} + x\frac{dy}{dx} + \sin y + x^2 = 0$ का प्रकार है

(a) रेखीय
(b) समघात
(c) कोटि 2
(d) घात 2

12. $y = A + Bx + Ce^{-x}$ से स्वेच्छ अचरों A, B तथा C को विलोपित करने पर प्राप्त होने वाला अवकल समीकरण है

(a) $y''' - y' = 0$
(b) $y''' - y'' + y' = 0$
(c) $y''' + y'' = 0$
(d) $y''' + y'' - y' = 0$

13. $y = 2e^{2x} - e^{-x}$ किस अवकल समीकरण का हल है?

(a) $y_2 + y_1 + 2y = 0$
(b) $y_2 - y_1 + 2y = 0$
(c) $y_2 + y_1 = 0$
(d) $y_2 - y_1 - 2y = 0$

14. वह अवकल समीकरण, जिसके लिए $\sin^{-1} x + \sin^{-1} y = C$ है, है

(a) $\sqrt{1 - x^2}dx + \sqrt{1 - y^2}dy = 0$
(b) $\sqrt{1 - x^2}dy + \sqrt{1 - y^2}dx = 0$
(c) $\sqrt{1 - x^2}dy - \sqrt{1 - y^2}dx = 0$
(d) $\sqrt{1 - x^2}dx - \sqrt{1 - y^2}dy = 0$

15. अवकल समीकरण $\frac{dy}{dx} = \frac{xy}{x^2 + y^2}$ का हल है

(a) $ay^2 = e^{x^2/y^2}$
(b) $ay = e^{x/y}$
(c) $y = e^{x^2} + e^{y^2} + C$
(d) $y = e^{x^2} + y^2 + C$

16. अवकल समीकरण $(D^2 + D + 1)y = \cos 2x$ का विशिष्ट हल है

(a) $-\frac{1}{13}(-2\sin 2x + 3\cos 2x)$
(b) $\frac{1}{13}(-2\sin 2x + 3\cos 2x)$
(c) $-\frac{1}{13}(2\sin 2x + 3\cos 2x)$
(d) इनमें से कोई नहीं

17. अवकल समीकरण $(D^2 - 5D + 6)y = e^x \cos 2x$ का हल है

(a) $C_1e^{2x} + C_2e^{3x} + \frac{e^x}{20}(3\sin 2x + \cos 2x)$

(b) $C_1e^{2x} + C_2e^{3x} - \frac{e^x}{20}(3\sin 2x + \cos 2x)$

(c) $C_1e^{2x} + C_2e^{3x} + e^x(3\sin 2x + \cos 2x)$

(d) उपरोक्त में से कोई नहीं

उत्तरमाला

1.	(d)	2.	(a)	3.	(b)	4.	(a)	5.	(d)	6.	(b)	7.	(b)	8.	(b)	9.	(a)	10.	(a)
11.	(c)	12.	(c)	13.	(d)	14.	(b)	15.	(a)	16.	(a)	17.	(b)						

संकेत एवं हल

1. माना $u = x^{-1}$ तथा $v = \log_e x$

तब, $u_1 = (-1)x^{-2}$

$u_2 = (-1)(-2)x^{-3}$

$\vdots$

$u_n = (-1)(-2)\ldots(-n)x^{-n-1} = (-1)^n \cdot n! \cdot x^{-n-1}$ तथा $v = \log_e x$

$v_1 = x^{-1}$

$v_2 = (-1)x^{-2}$

$\vdots$

$v_n = (-1)(-2)\ldots(-n+1)x^{-n} = (-1)^{n-1}(n-1)!\,x^{-n}$

लैबनीज प्रमेय से,

$$\frac{d^n}{dx^n}(x^{-1}\log_e x) = (uv)_n$$

$$= u_n v + {}^nC_1 u_{n-1}v_1 + \ldots + {}^nC_n u v_n$$

$$= (-1)^n \cdot n! \cdot x^{-n-1}\left\{\log_e x - 1 + \ldots + \frac{-(r-1)!}{r!} + \ldots + \frac{-(n-1)!}{n!}\right\}$$

$$= \frac{(-1)^n(n!)}{x^{n+1}}\left\{\log_e x - 1 - \frac{1}{2} - \frac{1}{3} - \ldots - \frac{1}{n}\right\}$$

2. माना $y = x^{n-1}\log x$ ...(i)

$\Rightarrow \quad y_1 = x^{n-1}\cdot\left(\frac{1}{x}\right) + (n-1)\cdot x^{n-2}\cdot\log x$

दोनों पक्षों में x से गुणा करने पर,

$xy_1 = x^{n-1} + (n-1)x^{n-1}\log x$

$\Rightarrow \quad xy_1 = x^{n-1} + (n-1)y$ [समी (i) से, $y = x^{n-1}\log x$] ...(ii)

दोनों पक्षों का $(n-1)$ बार अवकलन करने पर,

$D^{n-1}(y_1 x) = D^{n-1}x^{n-1} + (n-1)D^{n-1}y$

$\Rightarrow \quad (D^{n-1}y_1)\cdot x + {}^{n-1}C_1(D^{n-2}y_1)\cdot 1 = (n-1)! + (n-1)y_{n-1}$

$\Rightarrow \quad xy_n + (n-1)y_{n-1} = (n-1)! + (n-1)y_{n-1}$

$\Rightarrow \quad xy_n = (n-1)! \Rightarrow y_n = \frac{(n-1)!}{x}$

$\therefore \quad \frac{d^n y}{dx^n} = \frac{(n-1)!}{x}$

5. माना $I = \int \frac{(x^2-1)dx}{x^3\cdot x^2\sqrt{2 - \frac{2}{x^2} + \frac{1}{x^4}}} = \int \frac{\left(\frac{1}{x^3} - \frac{1}{x^5}\right)dx}{\sqrt{2 - \frac{2}{x^2} + \frac{1}{x^4}}}$

पुन: माना $2 - \frac{2}{x^2} + \frac{1}{x^4} = t \Rightarrow \left(\frac{4}{x^3} - \frac{4}{x^5}\right)dx = dt$

$\therefore \quad I = \frac{1}{4}\int\frac{dt}{\sqrt{t}} = \frac{\sqrt{2x^4 - 2x^2 + 1}}{2x^2} + C$

6. माना $I = \int \frac{dx}{(\sqrt{x} + \sqrt[3]{x^2})}$

पुन: माना $x = t^6 \Rightarrow dx = 6t^5\,dt$

$\therefore \quad I = 6\int\frac{t^2\,dt}{1+t}$

$= 6\int\left(t - 1 + \frac{1}{1+t}\right)dt$

$= 3t^2 - 6t + 6\ln|1+t| + C$

$= 3\sqrt[3]{x} - 6\cdot\sqrt[6]{x} + 6\ln|1 + \sqrt[6]{x}| + C$

7. माना $I = \int \sec^{4/9}\theta\,\text{cosec}^{14/9}\theta\,d\theta$

$= \int\frac{d\theta}{(\sin\theta)^{14/9}(\cos\theta)^{4/9}}$

$= \int\frac{\sec^2\theta\,d\theta}{(\tan\theta)^{14/9}}$

पुन: माना $\tan\theta = t \Rightarrow \sec^2\theta\,d\theta = dt$

$\therefore \quad I = \int t^{-14/9}\,dt = -\frac{9}{5}(\tan\theta)^{-5/9} + C$

10. दिया है, $(xy^2 + x)dx + (yx^2 + y)dy = 0$

इसे निम्न प्रकार से लिख सकते हैं

$$x(y^2+1)dx + y(x^2+1)dy = 0$$

अब, समीकरण में चरों को पृथक करने पर,

$\therefore \quad \frac{x\,dx}{x^2+1} + \frac{y\,dy}{y^2+1} = 0$

समाकलन करने पर,

$$\frac{1}{2}\log(x^2+1) + \frac{1}{2}\log(y^2+1) = \frac{1}{2}\log C$$

$\Rightarrow \quad (x^2+1)(y^2+1) = C$, जोकि अभीष्ट हल है।

11. दिए गए अवकल समीकरण $\frac{d^2y}{dx^2} + x\frac{dy}{dx} + \sin y + x^2 = 0$ में उच्चतम अवकलज की कोटि = 2 तथा घात = 1 है।

12. दिया है, $y = A + Bx + Ce^{-x}$ ...(i)

तब, $\frac{dy}{dx} = B - Ce^{-x}$ ...(ii)

$\frac{d^2y}{dx^2} = Ce^{-x}$ ...(iii)

तथा $\frac{d^3y}{dx^3} = -Ce^{-x}$ ...(iv)

समी (iii) तथा (iv) को जोड़ने पर,

$$\frac{d^3y}{dx^3} + \frac{d^2y}{dx^2} = 0 \Rightarrow y''' + y'' = 0$$

13. दिया है, $y = 2e^{2x} - e^{-x}$ ...(i)

$\Rightarrow \quad y_1 = 4e^{2x} + e^{-x}$ ...(ii)

$\Rightarrow \quad y_2 = 8e^{2x} - e^{-x} = (4e^{2x} + e^{-x}) + 2(2e^{2x} - e^{-x})$

$\Rightarrow \quad y_2 = y_1 + 2y$ [समी (i) और (ii) से]

$\Rightarrow \quad y_2 - y_1 - 2y = 0$

अध्याय 21

उच्च कलन
Advance Calculus

अनुक्रम Sequence

फलन $f: N \to X$ जिसका प्रान्त (Field) प्राकृतिक संख्याओं का समुच्चय है, अनुक्रम कहलाता है। इसे $f(n) = a_n, \forall n$ अर्थात् $\{f(1), f(2), \ldots, f(n)\} = \{a_1, a_2, \ldots, a_n\}$ से निरूपित करते हैं, जहाँ $f(n) = a_n$ अनुक्रम का nवाँ पद कहलाता है।

अनुक्रम के समुच्चय का परिसर Range of Set of Sequences

अनुक्रम के सभी दिए हुए विभिन्न तत्वों का समुच्चय, अनुक्रम का परिसर कहलाता है।

अनुक्रम $< \frac{1}{n} >$ के परिसर का समुच्चय $= \left\{\frac{1}{n} : n \in N\right\}$

दो अनुक्रमों की समानता Equality of Two Sequences

दो अनुक्रम $< S_n >$ और $< t_n >$ समान होंगे, यदि $S_n = t_n, \forall n \in N$

अनुक्रम की सीमाएँ Limits of Sequence

अनुक्रम की सीमाएँ निम्नलिखित हैं

(i) एक अनुक्रम $\{S_n\}$ ऊपरी सीमित कहलाता है, यदि यहाँ पर एक वास्तविक संख्या k इस प्रकार अस्तित्व में है। जैसे $-S_n \le k$, $\forall n \in N$, k को अनुक्रम की ऊपरी सीमा कहते हैं।

(ii) एक अनुक्रम $\{S_n\}$ तलीय सीमित कहलाता है, यदि यहाँ पर एक वास्तविक संख्या k इस प्रकार अस्तित्व में है। जैसे—
$k \le S_n, \forall n \in N, k$ को अनुक्रम $\{S_n\}$ की तलीय सीमा कहते हैं।

(iii) एक अनुक्रम $\{S_n\}$ सीमित कहलाता है, यदि यह ऊपरी सीमित व तलीय सीमित है।

(iv) एक अनुक्रम असीमित कहलाता है, यदि यह या तो ऊपरी असीमित हो या तलीय असीमित हो।

अनुक्रम का अभिसरण Convergence of Sequence

एक अनुक्रम $\{x_n\}$ अभिसारी (Convergent) कहलाता है, यदि इसकी सीमा परिमित हो अर्थात् यदि $\{x_n\}$ की सीमा ξ परिमित हो, तो अनुक्रम $\{x_n\}, \xi$ को अभिसृत होता है तथा इसे $\lim_{n \to \infty} x_n = \xi$ लिखा जाता है।

अथवा

एक अनुक्रम $\{x_n\}$ अभिसारी कहलाता है तथा सीमा ξ को अभिसृत होता है, यदि और केवल यदि दिए हुए $\varepsilon > 0$ के लिए एक प्राकृत संख्या n_0 (ε पर निर्भर) विद्यमान है ताकि

$$|x_n - \xi| < \varepsilon, \forall n > n_0$$

अर्थात् $\quad \xi - \varepsilon < x_n < \xi + \varepsilon, \forall n > n_0$

यदि ξ परिमित संख्या नहीं हो, तो अनुक्रम अपसारी (Divergent) कहलाता है।

गैर-अभिसरण Non-convergent

अनुक्रम का गैर-अभिसरण दो प्रकार से प्राप्त हो सकता है एक दोलन से और दूसरा भिन्नित: से। एक अनुक्रम परिमित दोलित या अपरिमित दोलित हो सकता है। इसी तरह कोई अनुक्रम $+\infty$ से $-\infty$ तक बदल सकता है। एक अनुक्रम जो न तो $+\infty$ की ओर बढ़ सकता है और न ही $-\infty$ की ओर बढ़ सकता है, उसे गैर-अभिसरण अनुक्रम कहते हैं।

दोलनी अनुक्रम Oscillatory Sequence

जो अनुक्रम न तो अभिसारी है और न ही अपसारी, वह दोलनी अनुक्रम कहलाता है। दोलनी अनुक्रम परिमित अथवा अपरिमित रूप से दोलन करती है, यदि अनुक्रम परिबद्ध (Bounded) अथवा अपरिबद्ध (Unbounded) हो।

अभिसरण और गैर-अभिसरण अनुक्रम पर महत्त्वपूर्ण प्रमेय Important Theorems on Convergent and Non-convergent Sequence

(i) एक अनुक्रम एक से ज्यादा सीमा पर अभिसृत नहीं हो सकता है।

(ii) यदि $\lim S_n = l$ और $t_n = l'$, तब $\lim (S_n - t_n) = l - l'$

(iii) यदि $\lim S_n = l$ और $t_n = l'$, तब $\lim (S_n + t_n) = l + l'$

(iv) यदि $\lim S_n = l$ और $t_n = l'$, तब $\lim (S_n \cdot t_n) = l \cdot l'$

(v) यदि $\lim t_n = l'$, $l' \neq 0$ और $t_n \neq 0, \forall n$, तब $\lim (1/t_n) = 1/l'$

(vi) यदि $\lim S_n = l$ और $\lim t_n = l', l' \neq 0, t_n \neq 0, \forall n$, तब $\lim (S_n/t_n) = l/l'$

(vii) यदि $\lim S_n = l$ और $c \in R$, तब $\lim (cS_n) = cl$

सीमा पर आधारित महत्त्वपूर्ण प्रमेय
Important Theorems Based on Limits

***प्रमेय* 1.** माना $\{S_n\}$ अनुक्रम जैसे— $S_n \neq 0, \forall n$ और

$$\lim_{n \to \infty} \frac{S_{n+1}}{S_n} = l, \text{ यदि } |l| < 1, \text{ तब } \lim_{n \to \infty} S_n = 0$$

***प्रमेय* 2.** माना $\{S_n\}$ अनुक्रम इस प्रकार है कि $S_n \neq 0, \forall n \in N$.

और $\lim_{n \to \infty} \frac{S_{n+1}}{S_n} = l$, यदि $l > 1$, तब $\lim_{n \to \infty} S_n = \infty$

***प्रमेय* 3. सैन्डविच प्रमेय** (Sandwich Theorem) यदि $\{S_n\}, \{u_n\}$ और $\{t_n\}$ तीन अनुक्रम हैं, तब

(i) $S_n \leq u_n \leq t_n, \forall n \in N$

(ii) यदि $\lim_{n \to \infty} S_n = l = \lim_{n \to \infty} t_n$, तब $\lim_{n \to \infty} u_n = l$

***प्रमेय* 4. सीमा पर प्रथम कोच्चि प्रमेय**
(Cauchy's First Theorem on Limits)

यदि $\lim_{n \to \infty} S_n = l$, तब $\lim_{n \to \infty} \frac{S_1 + S_2 + \ldots + S_n}{n} = l$

***प्रमेय* 5. सीमा पर द्वितीय कोच्चि प्रमेय**
(Cauchy's Second Theorem on Limits)

यदि $< S_n >$ अनुक्रम जैसे— $S_n > 0, \forall n$ और $\lim S_n = l$,

तब $\lim (S_1, S_2, \ldots, S_n)^{1/n} = l$

उच्च और निम्न कोटि की सीमाएँ
Limits of Greatest and Lowest Order

(i) सीमित अनुक्रम $\{S_n\}$ का महत्तम सीमा पर बिन्दु $\{S_n\}$ की उच्च कोटि सीमा कहलाती है अर्थात् $\lim_{n \to \infty} \sup S_n$ अथवा $\overline{\lim_{n \to \infty}} S_n$.

(ii) सीमित अनुक्रम $\{S_n\}$ का न्यूनतम सीमा पर बिन्दु $\{S_n\}$ की निम्न कोटि की सीमा कहलाती है अर्थात् $\lim_{n \to \infty} \inf S_n$ अथवा $\underline{\lim_{n \to \infty}} S_n$.

अनुक्रम का सीमा बिन्दु
Limit Point of a Sequence

एक वास्तविक संख्या α, किसी दिए हुए अनुक्रम x_n की सीमा बिन्दु कहलाती है, यदि α के प्रत्येक प्रतिवेश में अनुक्रम के अनन्त पद हो अर्थात् $\{x_n\}$ का सीमा बिन्दु होगा, यदि और केवल यदि प्रत्येक $\varepsilon > 0$ के लिए

$|x_n - \alpha| < \varepsilon$, अनन्त $n \in N$ के लिए

$\Rightarrow$ $x_n \in (\alpha - \varepsilon, \alpha + \varepsilon)$ अनन्त $n \in N$ के लिए

परिबद्ध अनुक्रम Bounded Sequence

वह अनुक्रम जो निम्न परिबद्ध एवं अवर परिबद्ध होती है अर्थात् निम्न परिसीमा बिन्दु एवं अवर परिसीमा बिन्दु रखती है, उसे परिबद्ध अनुक्रम कहते हैं।

एकदिष्ट अनुक्रम Monotonic Sequences

(i) एक अनुक्रम $\{S_n\} = < S_1, S_2, S_3, \ldots >$ को एकदिष्टीय वर्द्धमान कहते हैं, यदि $S_{n+1} \geq S_n, \forall n \in N$ अर्थात् $a_2 \geq a_1, a_3 \geq a_2, a_4 \geq a_3, \ldots$

(ii) अनुक्रम $\{S_n\} = < S_1, S_2, S_3, \ldots >$ को एकदिष्टीय ह्रासमान कहते हैं, यदि $S_{n+1} \leq S_n, \forall n \in N$ अर्थात् $a_2 \leq a_1, a_3 \leq a_2, a_4 \leq a_3, \ldots$

(iii) एक अनुक्रम $\{S_n\}$ एकदिष्ट कहलाता है, यदि यह या तो एकदिष्टीय वर्धमान या एकदिष्टीय ह्रासमान हो।

(iv) एक अनुक्रम $\{S_n\}$ निरन्तर एकदिष्टीय वर्धमान अनुक्रम होगा, यदि $S_{n+1} > S_n, \forall n \in N$ अर्थात् $a_2 > a_1, a_3 > a_2, a_4 > a_3, \ldots$

(v) एक अनुक्रम $\{S_n\}$ निरन्तर एकदिष्टीय होगा, यदि $S_n + 1 < S_n, \forall n \in N$ अर्थात् $a_2 < a_1, a_3 < a_2, \ldots$

अनुक्रमों का बीजगणित Algebra of Sequences

यदि $a = \{a_x\}$ और $b = \{b_x\}$ कोई दो वास्तविक अनुक्रम हो, तो इसका योग, अन्तर, गुणा एवं भागफल निम्न होंगे

$$a + b = \{a_n + b_n\}, \; a - b = \{a_n - b_n\}, \; ab = \{a_n b_n\}$$

तथा $$\frac{a}{b} = \left\{\frac{a_n}{b_n}\right\}, b_n \neq 0, \forall n \in N$$

मूल या कोच्चि अनुक्रम
Fundamental or Cauchy's Sequences

एक अनुक्रम $\{x_n\}$ कोच्चि अनुक्रम कहलाती है, यदि स्वेच्छ (arbitrary) $\varepsilon > 0$ के संगत एक ऐसा धनात्मक पूर्णांक n_0 विद्यमान है कि

$|x_n - x_m| < \varepsilon, \forall n \geq n_0$ और $m \geq n_0$

अत: यदि $\{x_n\}$ एक कोच्चि अनुक्रम हो, तो स्वेच्छ $\varepsilon > 0$ के संगत एक धनात्मक पूर्णांक n_0 विद्यमान है कि

$X_{n+p} - X_n < \varepsilon, \forall n \geq n_0$ एवं $P \in N$

श्रेणी Series

$u_1 + u_2 + u_3 + ... + u_n + ...$ के रूप का व्यंजक जिसमें उत्तरोत्तर पद किसी निश्चित नियम के अनुसार हो, श्रेणी (Series) कहलाती है।

$u_1 + u_2 + u_3 + ... + u_n + ...$ श्रेणी में u_n श्रेणी का n वाँ पद है। प्रत्येक श्रेणी में u_n, पूर्णांक n का फलन होता है।

श्रेणियाँ निम्न दो प्रकार की होती हैं

(i) **परिमित श्रेणी** (Finite Series) यदि किसी श्रेणी में पदों की संख्या परिमित हो, तो वह परिमित श्रेणी कहलाती है।

(ii) **अनन्त श्रेणी** (Infinite Series) यदि किसी श्रेणी में पदों की संख्या अनन्त हो, तो वह अनन्त श्रेणी कहलाती है।

माना $u_1 + u_2 + u_3 + ... + u_n + ...$ एक अनन्त श्रेणी है। इस श्रेणी को हम $\sum_{n=1}^{\infty} u_n$ अथवा केवल Σu_n से प्रदर्शित करते हैं तथा इसके प्रथम n पदों के योग को S_n से निर्दिष्ट करते हैं अर्थात् $S_n = u_1 + u_2 + ... + u_n$

यहाँ हम देखते हैं कि $S_1 = u, S_2 = u_1 + u_2, S_3 = u_1 + u_2 + u_3 ....,$ $s_n = u_1 + u_2 + ... u_n + ...$ अत: श्रेणी Σu_n के प्रथम n पदों का आंशिक योगफल कहलाता है तथा $\{S_n\}$, श्रेणी Σu_n के आंशिक योगफलों का अनुक्रम कहलाता है।

श्रेणी का अभिसरण Convergence of Series

यदि Σu_n से सम्बद्ध आंशिक योगफलों का अनुक्रम $\{S_n\}$ अभिसारी है तथा इसकी सीमा कोई वास्तविक संख्या S है, तो श्रेणी Σu_n अभिसारी (Convergent) कहलाती है तथा S इस श्रेणी का योगफल कहलाता है,

अर्थात् $$\sum_{n=1}^{\infty} u_n = \lim_{n\to\infty} \sum_{n=1}^{\infty} u_n = \lim_{n\to\infty} S_n = S$$

यदि Σu_n से सम्बद्ध आंशिक योगफलों का अनुक्रम $\{S_n\}$ अपसारी हो, तो श्रेणी Σu_n अपसारी कहलाती है।

अर्थात् $\lim S_n = +\infty$ या $\lim S_n = -\infty$

सहायक श्रेणी Auxiliary Series

अपरिमित श्रेणी $\Sigma \frac{1}{n^p}$ अर्थात् $\frac{1}{1^P} + \frac{1}{2^P} + \frac{1}{3^P} + ... + \frac{1}{n^P}$ संसृत है, यदि $P > 1$ और असंसृत, यदि $P \le 1$ हो

कुछ महत्त्वपूर्ण परीक्षण Some Important Tests

सहायक श्रेणी के महत्त्वपूर्ण परीक्षण निम्न प्रकार हैं

डी-अलेमबर्ट अनुपात परीक्षण D'Alembert Ratio Test

माना $\sum u_n$ धनात्मक पदों की एक श्रेणी है।

(i) $\lim_{n\to\infty} \frac{u_n}{u_{n+1}} = l$, तब श्रेणी

(a) संसृत होगी, यदि $l > 1$ हो।

(b) असंसृत होगी, यदि $l < 1$ हो।

(c) यदि $l = 1$, तब परीक्षण असफल हो जाएगा।

(ii) यदि $\lim_{n\to\infty} \frac{u_n}{u_{n+1}} = \infty$, तब $\sum u_n$ एक असंसृत है।

कोच्चि का nवाँ मूल परीक्षण Cauchy's nth Root Test

माना $\sum u_n$ धनात्मक पदों की एक श्रेणी है जैसे कि $\lim u_n^{1/n} = l$, जहाँ $u_n^{1/n}$, u_n के nवें धनात्मक मूल को प्रदर्शित करता है।

(i) $\sum u_n$ संसृत होगा, यदि $l < 1$ हो।

(ii) $\sum u_n$ असंसृत होगा, यदि $l > 1$ हो।

(iii) यदि $l = 1$, तब परीक्षण असफल हो जाएगा।

रॉबे का परीक्षण Rabe's Test

माना $\sum u_n$ धनात्मक पदों की एक श्रेणी है, जैसे कि

$$\lim\left\{n\left(\frac{u_n}{u_{n+1}} - 1\right)\right\} = l$$

तब, श्रेणी

(i) संसृत होगी, यदि $l > 1$ हो।

(ii) श्रेणी असंसृत होगी यदि $l < 1$ हो।

(iii) यदि $l = 1$, तब परीक्षण असफल हो जाएगा।

द्वितीय लघुगणकीय अनुपात परीक्षण Second Logarithmic Ratio Test

माना $\sum u_n$ धनात्मक पदों की एक श्रेणी है

$$\lim_{n\to 0}\left\{\left(n \log \frac{u_n}{u_{n+1}}\right) \log n\right\} = l$$

तब, श्रेणी

(i) संसृत होगी, यदि $l > 1$ हो। (ii) असंसृत होगी, यदि $l < 1$ हो।

(iii) यदि $l = 1$, तब परीक्षण असफल हो जाएगा।

लघुगणकीय परीक्षण Logarithmic Test

माना $\sum u_n$ धनात्मक पदों की एक श्रेणी है, जैसे

$$\lim_{n\to\infty} n \log\left(\frac{u_n}{u_{n+1}}\right) = l$$

तब, श्रेणी

(i) संसृत होगी, यदि $l > 1$ हो।

(ii) असंसृत होगी, यदि $l < 1$ हो।

(iii) यदि $l = 1$, तब परीक्षण असफल हो जाएगा।

डी मॉरगन एवं बर्टरैंड परीक्षण De Morgan's and Bertrand's Test

एक धनात्मक पदों की श्रेणी Σu_n अभिसारी या अपसारी है

$$\lim\left[\left\{n\left(\frac{u_n}{u_{n+1}} - 1\right) - 1\right\} \log n\right] > 1 \text{ या } < 1$$

एकान्तर श्रेणी Alternating Series

श्रेणी $u_1 - u_2 + u_3 - u_4 + \ldots$, जहाँ $u_n > 0, \forall\ n \in N$, को एकान्तर श्रेणी कहते हैं। इसे $\sum(-1)^{n-1} u_n$ से निरूपित करते हैं।

जैसे— $1 - \frac{1}{\sqrt{2}} + \frac{1}{\sqrt{3}} - \frac{1}{\sqrt{4}} + \ldots, 2 - \frac{3}{2} + \frac{4}{3} - \frac{5}{4} + \ldots$

बन्द संवृत्त अन्तराल $[a, b]$ अर्थात् $a \le x \le b$ सतत्ता Continuity in a Closed Interval $[a, b]$ or $a \le x \le b$

फलन $y = f(x)$ बन्द अन्तराल $[a, b]$ में सतत् होगा, यदि

(i) $y = f(x)$ खुले अन्तराल (a, b) में सतत् हो।

(ii) फलन दाएँ पक्ष से $x = a$ पर सतत् हो अर्थात् $\lim_{x \to a^+} f(x)$ या $\lim_{h \to 0} f(a+h) = f(a)$

(iii) फलन बाएँ पक्ष से $x = b$ पर सतत् हो अर्थात् $\lim_{x \to b^-} f(x)$ या $\lim_{h \to 0} f(b-h) = f(b)$

संयोजित फलनों की सतत्ता
Continuity for Composite Functions

यदि $x = a$ पर फलन $u = f(x)$ सतत् तथा $u = f(a)$ पर फलन $y = g(u)$ सतत् है, तब संयोजित फलन $y = gof(x)\ (x) = g[f(x)]$, $x = a$ पर सतत् होगा।

जैसे— $f(x) = \frac{x \sin x}{x^2 + 2}$ तथा $g(x) = |x|$, $x = 0$ पर सतत् है।

अतः संयोजित $(gof)(x) = \left|\frac{x \sin x}{x^2 + 2}\right|$ भी $x = 0$ पर सतत् होगा।

सतत् फलन के गुण
Properties of Continuous Functions

(i) अन्तराल $[a, b]$ में आलेखीय निरूपण में फलन सतत् होता है तथा विवृत्त अन्तराल (a, b) में $f(x)$ सतत् होगा, यदि

$$\lim_{x \to c} f(x) = f(c)$$

(ii) यदि $x = a$ पर $y = f(x)$ व $y = g(x)$ सतत् फलन हैं, तब फलन $f(x) \pm g(x), f(x)\ g(x), \frac{f(x)}{g(x)}, x = a$ पर सतत् होंगे।

(iii) यदि $x = a$ पर $y = f(x)$ सतत् तथा $y = g(x)$ असतत् हो, तब $f(x)\, g(x)$, $x = a$ पर सतत् हो सकता है। जैसे—$x = 0$ पर $f(x) = x$ सतत् तथा $g(x) = [x]$ असतत् है, तब $x = 0$ पर, $x[x]$ सतत् है।

(iv) यदि $x = a$ पर $f(x)$ व $g(x)$ असतत् हैं, तब $x = a$ पर $f(x) \pm g(x), f(x)\, g(x)$ तथा $\frac{f(x)}{g(x)}$ पर सतत् हो सकता है।

जैसे— $x = 0$ पर, $f(x) = [x]$ व $g(x) = \{x\}$ दोनों असतत् फलन हैं परन्तु $x = 0$ पर, $f(x) + g(x)$ सतत् फलन है।

(v) यदि $f, [a, b]$ में सतत् है, तब ये $[a, b]$ में परिबद्ध होता है अर्थात् m तथा H इस प्रकार विद्यमान हैं कि $m \le f(x) \le M, \forall\ x \in [a, b]$, जहाँ m तथा M को अन्तराल $[a, b]$ में $f(x)$ के क्रमशः न्यूनतम तथा महत्तम मान कहते हैं।

(vi) यदि $f, [a, b]$ में सतत् है, तब f कम-से-कम एक बार प्रत्येक मान के मध्य $f(x)$ के न्यूनतम तथा महत्तम मान मानता है।
इस प्रकार, $a \le x \le b \Rightarrow m \le f(x) \le M$
या $f(x)$ का परिसर $= [m, M]$, यदि $x \in [a, b]$

(vii) यदि f अपने प्रान्त में सतत् है, तब $|f|$ भी अपने प्रान्त में सतत् होगा।

(viii) यदि f, a पर सतत् है तथा $f(a) \ne 0$, तब एक विवृत्त अन्तराल $(a - \delta, a + \delta)$ इस प्रकार विद्यमान है कि सभी $x \in (a - \delta, a + \delta)$ के लिए $f(x), f(a)$ की भाँति समान चिह्न रखता है।

(ix) यदि f एक सतत् फलन है जो $[a, b]$ पर इस प्रकार परिभाषित है कि $f(a)$ तथा $f(b)$ विपरीत चिह्न के हैं, तब विवृत्त अन्तराल (a, b) में समीकरण $f(x) = 0$ का कम-से-कम एक हल विद्यमान है।

(x) यदि $f, [a, b]$ पर सतत् है तथा $[a, b]$ से $[a, b]$ में प्रतिचित्रित है, तब कुछ $x \in [a, b]$ के लिए, हम रखते हैं $f(x) = x$

(xi) यदि f, प्रान्त D में सतत् है, तब $\frac{1}{f}, D - \{x : f(x) = 0\}$ में भी सतत् होगा।

(xii) एक फलन को सभी जगह सतत् कहते हैं, यदि ये पूरी वास्तविक रेखा $(-\infty, \infty)$ पर सतत् होता है।

(xiii) एक सतत् फलन का समाकलन फलन, सतत् फलन होता है।

एकसमान सांतत्य Uniform Continuity

एक फलन f, जो अन्तराल $[a, b]$ पर परिभाषित है, को अन्तराल $[a, b]$ में एक समान सांतत्य कहते हैं यदि प्रत्येक के लिए $\in > 0$, यहाँ एक धनात्मक वास्तविक संख्या $\delta > 0$, इस प्रकार है कि

$$|f(x_1) - f(x_2)| < \in, \text{ जबकि } |x_1 - x_2| < \delta, \text{ जहाँ } x_1, x_2 \in [a, b]$$

अवकलनीयता का श्रृंखला नियम
Chain Rule of Differentiability

माना f एवं g दो फलन इस प्रकार हैं कि f की परास g के क्षेत्र (डोमेन) में सम्मिलित है। यदि f, x_0 पर अवकलनीय है और $g\ f(x_0)$ पर अवकलनीय है तब gof, x_0 पर अवकलनीय है तथा

$$(gof)'(x_0) = g'\{f(x_0)\} f'(x_0)$$

लैग्रांज मध्यमान प्रमेय
Lagrange's Mean Value Theorem

यदि $f(x)$ एक फलन है, यदि

(i) $f(x)$ संवृत्त अन्तराल $[a, b]$ में सतत् है

(ii) $f(x)$ विवृत्त अन्तराल $]a, b[$ में अवकलनीय है

तब x का कम-से-कम एक मान c विवृत्त अन्तराल $]a, b[$ में इस प्रकार है कि $\frac{f(b) - f(a)}{b - a} = f'(c)$

उपरोक्त प्रमेय को मध्यमान प्रमेय (Mean value theorem) के नाम से भी जाना जाता है।

अवकलों के लिए डारबॉक्स का मध्यस्ता मान प्रमेय

Darboux's Mean Value Theorem for Derivative

यदि f अन्तराल $[a, b]$ में अवकलनीय है और $f'(a), f'(b)$ विपरीत चिन्हों के हैं, तब यहाँ कम-से-कम एक बिन्दु $c \in [a, b]$ इस प्रकार है कि $f'(c) = 0$

सतत्ता के अनुप्रयोग Applications of Continuity

मध्यवर्ती मान प्रमेय Intermediate Value Theorem

माना $f(x)$ अन्तराल I में सतत् है तथा a और b, I के कोई दो बिन्दु हैं, तब यदि $y_0, f(a)$ तथा $f(b)$ के मध्य कोई संख्या है, एक संख्या c, a तथा b के मध्य इस प्रकार विद्यमान है कि $f(c) = y_0$

चरम मान प्रमेय Extreme Value Theorem

यदि f एक बन्द (संवृत्त) अन्तराल I के प्रत्येक बिन्दु पर सतत् है, तब f, I में कहीं पर एक निरपेक्ष महत्तम मान M तथा एक निरपेक्ष न्यूनतम मान m मानता है अर्थात् $f(x_1) = m, f(x_2) = M$ के साथ I में संख्याएँ x_1 तथा x_2 हैं तथा I में अन्य x के लिए $m \le f(x) \le M$

अवकलनीयता Differentiability

माना $f(x)$ एक वास्तविक फलन है जो खुले अन्तराल (a, b) में परिभाषित है तथा $c \in (a, b)$, तब $x = c$ पर $f(x)$ अवकलनीय फलन कहलाता है, यदि और केवल यदि

$$\lim_{x \to c} \frac{f(x) - f(c)}{x - c}$$

विद्यमान (परिमित) और अद्वितीय हो तथा इसे $f'(c)$ या $\left(\frac{df}{dx}\right)_{x=c}$ से प्रदर्शित करते हैं।

इस प्रकार, $x = c$ पर $f(x)$ अवकलनीय होगा।

$\Leftrightarrow \quad \lim_{x \to c} \frac{f(x) - f(c)}{x - c}$ विद्यमान (परिमित) होगा

$$\Leftrightarrow \quad \lim_{x \to c^-} \frac{f(x) - f(c)}{x - c} = \lim_{x \to c^+} \frac{f(x) - f(c)}{x - c}$$

$$\Leftrightarrow \quad \lim_{h \to 0} \frac{f(c - h) - f(c)}{-h} = \lim_{h \to 0} \frac{f(c + h) - f(c)}{h}$$

अब, $$\lim_{x \to c^-} \frac{f(x) - f(c)}{x - c} = \lim_{h \to 0} \frac{f(c - h) - f(c)}{-h}$$

$x = c$ पर $f(x)$ का बायाँ (वाम) अवकलन कहलाता है तथा

$$\lim_{x \to c^+} \frac{f(x) - f(c)}{x - c} = \lim_{h \to 0} \frac{f(c + h) - f(c)}{h}$$

$x = c$ पर, $f(x)$ का दायाँ (दक्षिण) अवकलन कहलाता है।

$x = c$ पर, $f(x)$ का बायाँ अवकलन $f'(c^-)$ या $Lf'(c)$ या L' से प्रदर्शित करते हैं तथा $x = c$ पर $f(x)$ का दायाँ अवकलन $f'(c^+)$ या $Rf'(c)$ या R' से प्रदर्शित करते हैं।

अत: $x = c$ पर, $f(x)$ अवकलनीय है यदि और केवल यदि $Lf'(c) = Rf'(c)$ अर्थात् $L' = R'$

एक बिन्दु पर फलन की अवकलनीयता

Differentiability of a Function at a Point

फलन $f(x)$ एक बिन्दु P पर अवकलनीय होगा यदि और केवल यदि बिन्दु P पर एक अद्वितीय स्पर्श रेखा विद्यमान होती है।

अन्य शब्दों में, $f(x)$, बिन्दु P पर अवकलनीय है यदि और केवल यदि वक्र बिन्दु P को एक कोने का बिन्दु नहीं रखता है अर्थात् फलन उन बिन्दुओं पर अवकलनीय नहीं होता है। जिस पर फलन के आरेख छिद्र या तीक्ष्ण घुमाव रखते हैं।

फलन $f(x) = |x - 1|$ पर विचार करने पर,

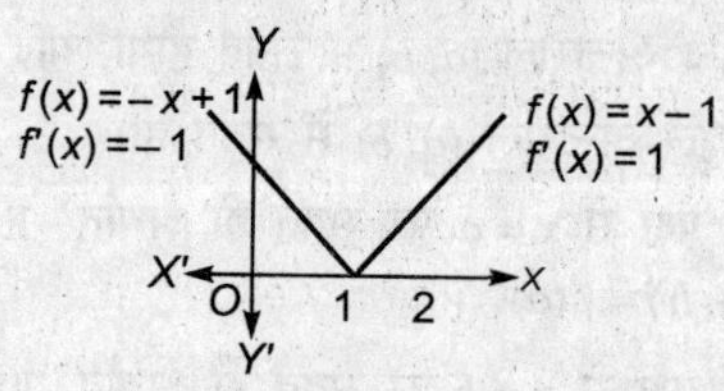

यह $x = 1$ पर अवकलनीय नहीं है। चूँकि फलन $f(x)$ का आलेख $x = 1$ पर तीक्ष्ण घुमाव रखता है।

दो चरों के फलनों की सीमा एवं सतत्ता

Limit and Continuity of Two Variable Functions

सीमा Limit

फलन $f(x, y)$ किसी क्षेत्र R में, सीमा l की ओर अग्रसर होता है तथा $x \to a, y \to b$, यदि और केवल यदि एक धनात्मक संख्या के लिए संगत एवं दूसरी धनात्मक संख्या के लिए δ इस प्रकार हो कि

$$|f(x, y) - l| < \varepsilon, 0 \le (x - a)^2 + (y - b)^2 < \delta^2$$

R में सभी बिन्दु (x, y) के लिए।

सतत्ता Continuity

एक फलन $f(x, y)$ किसी बिन्दु (a, b) पर सतत् होता है। यदि $\lim_{\substack{x \to a \\ y \to b}} f(x, y)$ का अस्तित्व हो तथा $\lim_{\substack{x \to a \\ y \to b}} f(x, y) = f(a, b)$

नोट सामान्यत $\lim_{x \to a} [\lim_{y \to b} f(x, y)] = \lim_{y \to b} [\lim_{x \to a} f(x, y)]$ लेकिन यह सदैव सत्य नहीं होता हैं।

आंशिक अवकलन Partial Differentiation

माना $z = f(x, y)$ एक स्वतन्त्र चर, x तथा y का फलन है। यदि हम y को अचर रखते हुए x को बदलते हैं, तब z केवल x का फलन होता है। z का अवकलन x के सापेक्ष, y को अचर रखते हुए करते हैं, तब इसे z का आंशिक अवकलन, x के सापेक्ष कहते हैं तथा निम्न चिन्हों द्वारा प्रदर्शित करते हैं

$\frac{\partial z}{\partial x}, \frac{\partial f}{\partial x}$ तथा $f_x(x, y)$ इत्यादि।

तब, $$\frac{\partial z}{\partial x} = \lim_{\delta x \to 0} \frac{f(x + \delta x, y) - f(x, y)}{\delta x}$$

इसी प्रकार, z का आंशिक अवकलन y के सापेक्ष, x को अचर रखते हुए निम्न प्रकार प्रदर्शित करते हैं $\frac{\partial z}{\partial y}, \frac{\partial f}{\partial y}$ तथा $f_y(x, y)$ इत्यादि।

तब, $$\frac{\partial z}{\partial y} = \lim_{\delta y \to 0} \frac{f(x, y+\delta y) - f(x, y)}{\delta y}$$

संकेतन Notation

$$\frac{\partial z}{\partial x} = p, \frac{\partial z}{\partial y} = q, \frac{\partial^2 z}{\partial x^2} = r, \frac{\partial^2 z}{\partial x \partial y} = s \text{ तथा } \frac{\partial^2 z}{\partial y^2} = t$$

उच्चकोटि का आंशिक अवकलन

Partial Differentiation of Higher Rank

माना $z = f(x, y)$, तब $\frac{\partial z}{\partial x}$ तथा $\frac{\partial z}{\partial y}$, x तथा y के फलन होने के कारण इसको पुनः आंशिक अवकलन x तथा y के सापेक्ष कर सकते हैं।

$$\frac{\partial}{\partial x}\left(\frac{\partial z}{\partial x}\right) = \frac{\partial^2 z}{\partial x^2} \text{ या } \frac{\partial^2 f}{\partial x^2} \text{ या } f_{xx}$$

$$\frac{\partial}{\partial y}\left(\frac{\partial z}{\partial x}\right) = \frac{\partial^2 z}{\partial y \partial x} \text{ या } \frac{\partial^2 f}{\partial y \partial x} \text{ या } f_{yx}$$

$$\frac{\partial}{\partial x}\left(\frac{\partial z}{\partial y}\right) = \frac{\partial^2 z}{\partial x \partial y} \text{ या } \frac{\partial^2 f}{\partial x \partial y} \text{ या } f_{xy}$$

$$\frac{\partial}{\partial y}\left(\frac{\partial z}{\partial y}\right) = \frac{\partial^2 z}{\partial y^2} \text{ या } \frac{\partial^2 f}{\partial y^2} = f_{yy}$$

सजातीय फलन Homogeneous Function

एक फलन $f(x, y)$ को सजातीय फलन कहते हैं, यदि इसमें प्रयुक्त सभी पदों की घात समान हो।

एक फलन $f(x, y)$ को n घातीय सजातीय फलन कहते हैं यदि इसमें प्रयुक्त सभी पदों की घात n हो।

$$a_0 x^n + a_1 x^{n-1} y + a_2 x^{n-2} y^2 + \ldots + a_{n-1} x y^{n-1} + a_n y^n \quad \ldots(i)$$

एक n घातीय सजातीय फलन है।

फलनों पर यूलर का प्रमेय

Euler's Theorem on Homogeneous Functions

यदि z, x तथा y का एक सजातीय फलन है जिसकी घात n है, तब

$$x \cdot \frac{\partial z}{\partial x} + y \cdot \frac{\partial y}{\partial z} = nz$$

नोट (i) यदि z एक n घातीय, x तथा y का सजातीय फलन है, तब

$$z = f(u)$$

$$\Rightarrow \quad x\frac{\partial u}{\partial x} + y\frac{\partial u}{\partial y} = n\frac{f(u)}{f'(u)}$$

(ii) $x^2 \frac{\partial^2 u}{\partial x^2} + 2xy\frac{\partial^2 u}{\partial x \partial y} + y^2 \frac{\partial^2 u}{\partial y^2} = g(u)\,[g'(u) - 1]$

दो चरों के फलनों के लिए टैलर की प्रमेय

Taylor's Theorem for Functions of Two Variables

यदि $f(x, y)$ दो चरों x तथा y का एक फलन है, तब

$$f(x+h, y+k) = f(x, y) + \left(h\frac{\partial}{\partial x} + k\frac{\partial}{\partial y}\right) f(x, y) + \frac{1}{2!}\left(h\frac{\partial}{\partial x} + k\frac{\partial}{\partial y}\right)^2 f(x, y) + \ldots + \frac{1}{n!}\left(h\frac{\partial}{\partial x} + k\frac{\partial}{\partial y}\right)^n f(x, y) + \ldots$$

जेकोबियन Jacobian

यदि u और v दो स्वतन्त्र चरों x और y के फलन हैं, तब

सारणिक $\begin{vmatrix} \frac{\partial u}{\partial x} & \frac{\partial u}{\partial y} \\ \frac{\partial v}{\partial x} & \frac{\partial v}{\partial y} \end{vmatrix}$ को u, v का जेकोबियन कहते हैं तथा इसे हम निम्न प्रकार लिख सकते हैं $\frac{\partial(u, v)}{\partial(x, y)}$ या $J\left(\frac{u, v}{x, y}\right)$

समान्तर u, v तथा w का जेकोबियन x, y तथा z के क्रमकक्ष होता है।

$$\frac{\partial(u, v, w)}{\partial(x, y, z)} = \begin{vmatrix} \frac{\partial u}{\partial x} & \frac{\partial u}{\partial y} & \frac{\partial u}{\partial z} \\ \frac{\partial v}{\partial x} & \frac{\partial v}{\partial y} & \frac{\partial v}{\partial z} \\ \frac{\partial w}{\partial x} & \frac{\partial w}{\partial y} & \frac{\partial w}{\partial z} \end{vmatrix}$$

जेकोबियन के गुणधर्म Properties of Jacobian

जेकोबियन के गुणधर्मों को इसकी आधारभूत समीकरणों की सहायता से प्राप्त कर सकते हैं।

(i) यदि u और v, x और y के फलन हैं, तब $\frac{\partial(u,v)}{\partial(x,y)} \times \frac{\partial(x,y)}{\partial(u,v)} = 1$

(ii) यदि u और v, r और s के फलन हैं तथा r व s, x और y के फलन हैं, तब $\frac{\partial(u, v)}{\partial(x, y)} = \frac{\partial(u, v)}{\partial(r, s)} \times \frac{\partial(r, s)}{\partial(x, y)}$

(iii) यदि u, v तथा w तीन स्वतन्त्र चरों x, y तथा z के फलन हैं, जहाँ u, v तथा w अस्वतन्त्र चर हैं, तब $\frac{\partial(u, v, w)}{\partial(x, y, z)} = 0$

(iv) यदि x और y दो स्वतन्त्र चर u, v के फलन हैं,तब

$$J(x,y) = -J(y,x) = J(y, -x) = J(-y,x)$$

जेकोबियन का अस्पष्ट फलन

Implicit Function of Jacobian

माना x, y, u और v चर अस्पष्ट फलन से जुड़े हुए हैं।

तब, $$f_1(x, y, u, v) = 0 \quad \ldots(i)$$

तथा $$f_2(x, y, u, v) = 0 \quad \ldots(ii)$$

जहाँ, u और v, x और y के अस्पष्ट फलन हैं।

समी (i) और (ii) का अवकलन करने पर,

$$\frac{\partial f_1}{\partial x} + \frac{\partial f_1}{\partial u} \cdot \frac{\partial u}{\partial x} + \frac{\partial f_1}{\partial v} \cdot \frac{\partial v}{\partial x} = 0 \quad \ldots(iii)$$

$$\frac{\partial f_1}{\partial y}+\frac{\partial f_1}{\partial u}\cdot\frac{\partial u}{\partial y}+\frac{\partial f_1}{\partial v}\cdot\frac{\partial v}{\partial y}=0 \quad \ldots(iv)$$

$$\frac{\partial f_2}{\partial x}+\frac{\partial f_2}{\partial u}\cdot\frac{\partial u}{\partial x}+\frac{\partial f_2}{\partial v}\cdot\frac{\partial v}{\partial x}=0 \quad \ldots(v)$$

$$\frac{\partial f_2}{\partial y}+\frac{\partial f_2}{\partial u}\cdot\frac{\partial u}{\partial y}+\frac{\partial f_2}{\partial v}\cdot\frac{\partial v}{\partial y}=0 \quad \ldots(vi)$$

तब, $\dfrac{\partial(u,v)}{\partial(x,y)}=(-1)^2\dfrac{\partial(f_1,f_2)/\partial(x,y)}{\partial(f_1,f_2)/\partial(u,v)}$

सामान्यत: $x_1, x_2, \ldots, x_n$ चरों के सम्बन्ध $u_1, u_2, \ldots, u_n$ को अस्पष्टता से लिख सकते हैं

$$f_1(x_1, x_2, \ldots, x_n, u_1, u_2, \ldots, u_n)=0$$
$$f_2(x_1, x_2, \ldots, x_n, u_1, u_2, \ldots, u_n)=0$$
$$\ldots\quad\ldots\quad\ldots\quad\ldots\quad\ldots\quad\ldots$$
$$\ldots\quad\ldots\quad\ldots\quad\ldots\quad\ldots\quad\ldots$$
$$\ldots\quad\ldots\quad\ldots\quad\ldots\quad\ldots\quad\ldots$$
$$f_n(x_1, x_2, \ldots, x_n, u_1, u_2, \ldots, u_n)=0$$

तब, $\dfrac{\partial(u_1,u_2,\ldots,u_n)}{\partial(x_1,x_2,\ldots,x_n)}=(-1)^n\dfrac{\partial(f_1,f_2,\ldots,f_n)/\partial(x_1,x_2,\ldots,x_n)}{\partial(f_1,f_2,\ldots,f_n)/\partial(u_1,u_2,\ldots,u_n)}$

अस्पष्ट फलनों का जेकोबियन द्वारा आंशिक अवकलन
Partial Differentiation of Implicit Functions by Jacobian

दिया है, $\dfrac{\partial f_1}{\partial u}\cdot\dfrac{\partial u}{\partial x}+\dfrac{\partial f_1}{\partial v}\cdot\dfrac{\partial v}{\partial x}+\dfrac{\partial f_1}{\partial x}\cdot 1=0 \quad \ldots(i)$

तथा $\dfrac{\partial f_2}{\partial u}\cdot\dfrac{\partial u}{\partial x}+\dfrac{\partial f_2}{\partial v}\cdot\dfrac{\partial v}{\partial x}+\dfrac{\partial f_2}{\partial x}\cdot 1=0 \quad \ldots(ii)$

समी (i) और (ii) को हल करने पर,

$$\frac{\dfrac{\partial u}{\partial x}}{\dfrac{\partial f_1}{\partial v}\cdot\dfrac{\partial f_2}{\partial x}-\dfrac{\partial f_1}{\partial x}\cdot\dfrac{\partial f_2}{\partial v}}=\frac{\dfrac{\partial v}{\partial x}}{\dfrac{\partial f_1}{\partial x}\cdot\dfrac{\partial f_2}{\partial u}-\dfrac{\partial f_1}{\partial u}\cdot\dfrac{\partial f_2}{\partial x}}=\frac{1}{\dfrac{\partial f_1}{\partial u}\cdot\dfrac{\partial f_2}{\partial v}-\dfrac{\partial f_1}{\partial v}\cdot\dfrac{\partial f_2}{\partial u}}$$

$$\therefore \quad \frac{\partial u}{\partial x}=\frac{\dfrac{\partial f_1}{\partial v}\cdot\dfrac{\partial f_2}{\partial x}-\dfrac{\partial f_1}{\partial x}\cdot\dfrac{\partial f_2}{\partial v}}{\dfrac{\partial f_1}{\partial u}\cdot\dfrac{\partial f_2}{\partial v}-\dfrac{\partial f_1}{\partial v}\cdot\dfrac{\partial f_2}{\partial u}}=-\frac{\dfrac{\partial(f_1,f_2)}{\partial(x,y)}}{\dfrac{\partial(f_1,f_2)}{\partial(u,v)}}$$

$$\text{तथा} \quad \frac{\partial v}{\partial x}=\frac{\dfrac{\partial f_1}{\partial x}\cdot\dfrac{\partial f_2}{\partial u}-\dfrac{\partial f_1}{\partial u}\cdot\dfrac{\partial f_2}{\partial x}}{\dfrac{\partial f_1}{\partial u}\cdot\dfrac{\partial f_2}{\partial v}-\dfrac{\partial f_1}{\partial v}\cdot\dfrac{\partial f_2}{\partial u}}=-\frac{\dfrac{\partial(f_1,f_2)}{\partial(x,y)}}{\dfrac{\partial(f_1,f_2)}{\partial(v,u)}}$$

यदि $f_1(x,y,z,u,v,w)=0, f_2(x,y,z,u,v,w)=0$
तथा $f_3(x,y,z,u,v,w)=0$ है, तब

$$\frac{\partial x}{\partial u}=-\frac{\partial(f_1,f_2,f_3)/\partial(x,y,z)}{\partial(f_1,f_2,f_3)/\partial(x,y,z)}$$

एन्विलप Envelope

माना $F(x,y,\alpha)=0$ एक वक्रों का परिवार है, जहाँ α प्राचलिक है।

माना P दो सदस्यों के सर्वनिष्ठ का एक बिन्दु है, कि $F(x,y,\alpha)=0$ एवं $F(x,y,\alpha+\delta d)=0$ इसकी परास का मान इसके परिवार के अनुसार α तथा $\alpha+\delta d$ है।

माना सदस्य α, P से Q तक परिभाषित है एवं $\delta d\to 0$, तब Q के बिन्दु को एन्विलप परिवार वक्र कहते हैं।

एवलूट्स Evolutes

किसी वक्र के वक्रता त्रिज्या के केन्द्र के बिन्दुपथ को एवलूट्स कहते हैं तथा वक्र स्वयं इस एवलूट्स का एवलूट्स कहलाता है।

उच्चिष्ठ मान Maximum Value

माना एक अन्तराल I में एक फलन f परिभाषित है जहाँ $I\subset R$, तब f का उच्चतम मान I में होता है। यदि I में एक बिन्दु c का अस्तित्व (Existence) इस प्रकार है कि $f(c)\ge f(x), \forall x\in I$, तब संख्या $f(c)$ को I में f का उच्चतम मान कहते हैं और बिन्दु c को I में f के उच्चतम मान वाला बिन्दु कहा जाता है।

निम्निष्ठ मान Minimum Value

माना एक अन्तराल I में एक फलन f परिभाषित है, जहाँ $I\subset R$ तब f का निम्नतम मान I में होता है। यदि I में एक बिन्दु c का अस्तित्व (Existence) इस प्रकार है कि $f(c)\le f(x), \forall x\in I$, तब संख्या $f(c)$ को I में f का निम्नतम मान कहते हैं और बिन्दु c को I में f के निम्नतम मान वाला बिन्दु कहा जाता है।

सैडल बिन्दु Saddle Point

एक बिन्दु (a,b) को सैडल बिन्दु कहते हैं, यदि बिन्दु (a,b) पर फलन $f(x,y)$ न तो उच्चिष्ठ है और न ही निम्निष्ठ।

स्थानीय उच्चिष्ठ तथा स्थानीय निम्निष्ठ
Local Maximum and Local Minimum

निम्न आलेख में,

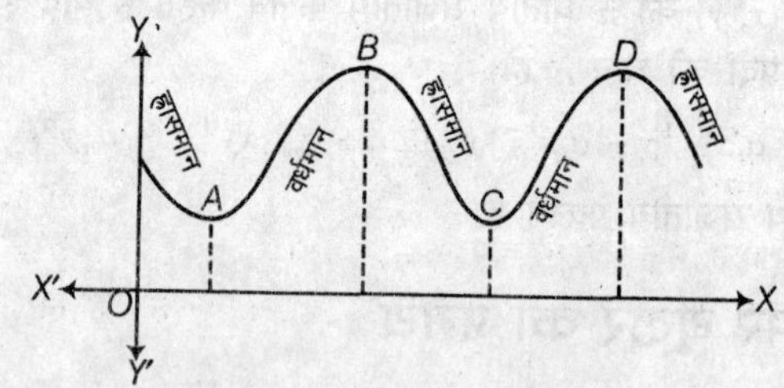

स्थानीय उच्चिष्ठ Local Maximum

माना f एक वास्तविक मानीय फलन है और c फलन f के प्रान्त में एक आन्तरिक बिन्दु है, तब c को स्थानीय उच्चतम का बिन्दु कहा जाता है। यदि एक ऐसा $h>0$ है कि $(c-h, c+h)$ में सभी x के लिए $f(c)\ge f(x)$ हो, तब $f(c)$, फलन f का स्थानीय उच्चतम मान कहलाता है।

स्थानीय निम्निष्ठ Local Minimum

माना, f एक वास्तविक मानीय फलन है और c फलन f के प्रान्त में एक आन्तरिक बिन्दु है, तब c को स्थानीय निम्नतम का बिन्दु कहा जाता है। यदि एक ऐसा $h>0$ है कि $(c-h, c+h)$ में सभी x के लिए $f(c)\le f(x)$ हो, तब $f(c)$, फलन f का स्थानीय निम्नतम मान कहलाता है।

स्थानीय उच्चतम तथा स्थानीय निम्नतम मान के लिए प्रथम अवकलन परीक्षण First Derivative Test for Local Maxima and Local Minima

माना $f(x), x = a$ पर एक अवकलनीय फलन है, तब

(i) $f(x), x = a$ पर स्थानीय उच्चतम मान रखता है, यदि
$f'(a) = 0$ तथा $f''(a) < 0$

(ii) $f(x), x = a$ पर स्थानीय निम्नतम मान रखता है, यदि
$f'(a) = 0$ तथा $f''(a) > 0$

(iii) यदि $f'(a) = 0$ तथा $f''(a) = 0$ परन्तु $f'''(a) \neq 0$, तब $f(x), x = a$ पर न उच्चतम और न ही निम्नतम मान रखेगा। यह बिन्दु नति परिवर्तन बिन्दु (Point of inflection) कहलाता है।

लैग्रांज की अनिर्धार्य गुणांक विधि
Lagrange's Method of Undetermined Multipliers

माना $u = (x_1, x_2, x_3), x_1, x_2, x_3$ का एक फलन है जो निम्न सम्बन्ध से जुड़ा है

$$f_1(x_1, x_2, x_3) = 0, f_2(x_1, x_2, x_3) = 0 \quad \ldots(i)$$

समी (i), दो समीकरणों को निरुपित करती है जो केवल एक चर पर निर्भर नहीं है।

u के सापेक्ष मान के लिए,

$$du = \frac{\partial u}{\partial x_1}dx_1 + \frac{\partial u}{\partial x_2}dx_2 + \frac{\partial u}{\partial x_3}dx_3 = 0 \quad \ldots(ii)$$

$$df_1 = \frac{\partial f_1}{\partial x_1}dx + \frac{\partial f_1}{\partial x_2}dx_2 + \frac{\partial f_1}{\partial x_3}dx_3 = 0 \quad \ldots(iii)$$

$$df_2 = \frac{\partial f_2}{\partial x_1}dx_1 + \frac{\partial f_2}{\partial x_2}dx_2 + \frac{\partial f_2}{\partial x_3}dx_3 = 0 \quad \ldots(iv)$$

समी (ii) को 1 से, समी (iii) को λ_1 से, समी (iv) को λ_2 से गुणा करके जोड़ने पर,

$$c_1 dx_1 + c_2 dx_2 + c_3 dx_3 = 0$$

जहाँ, $$c_r = \frac{\partial u}{\partial x_1} + \lambda_1 \frac{\partial f_1}{\partial x_1} + \lambda_2 \frac{\partial f_2}{\partial x_1}$$

λ_1 तथा λ_2 के मान ज्ञात करके हम $c_1 = c_2 = 0 = c_3$ को सन्तुष्ट कर सकते हैं तथा इन्हें हल करके λ_1, λ_2 एवं चरों x_1, x_2, x_2 के सापेक्ष मान प्राप्त होंगे।

बीटा फलन Beta Function

समाकलन $\int_0^1 x^{l-1}(1-x)^{m-1}dx$ जहाँ, $(l > 0, m > 0)$ को l, m का बीटा फलन कहते हैं तथा इसे निम्न प्रकार भी लिख सकते हैं

$$B(l, m) = \int_0^1 x^{l-1}(1-x)^{m-1}dx$$

बीटा फलन का आंकलन
Measurement of Beta Function

$$B(l, m) = \frac{\sqrt{l}\sqrt{m}}{\sqrt{l+m}}$$

बीटा फलन के गुणधर्म Properties of Beta Function

(i) $B(l, m) = B(m, l)$ (ii) $B(l, m) = \int_0^\infty \frac{x^{l-1}}{(1+x)^{l+m}}dx$

(iii) $B(l, m) = 2\int_0^{\pi/2} \sin^{2l-1}\theta \cos^{2m-1}\theta \, d\theta$

बीटा फलन का रूपान्तरण
Transformation of Beta Function

हम जानते हैं कि,

$$B(l, m) = \int_0^1 x^{l-1}(1-x)^{m-1}dx$$

यहाँ, $x = \frac{1}{1+y}dx$, इसलिए $dx = -\frac{1}{(1+y)^2}dx$

या $$1 - x = \frac{y}{1+y}$$

$$\therefore \quad B(l, m) = \int_\infty^0 \left(\frac{1}{1+y}\right)^{l-1}\left(\frac{y}{1+y}\right)^{m-1}\left[-\frac{1}{(1+y)^2}dy\right]$$

$$= \int_0^\infty \frac{y^{m-1}}{(1+y)^{l+m}}dy$$

हम m को $B(l, m)$ में परिवर्तित कर सकते हैं।

$$B(l, m) = \int_0^\infty \frac{y^{l-1}}{(1+y)^{m+l}}dy \text{ या } B(l, m) = \int_0^\infty \frac{x^{l-1}}{(1+x)^{m+l}}dx$$

गामा फलन Gamma Function

समाकलन $\int_0^\infty e^{-x}x^{n-1}dx$ जहाँ, $(n > 0)$ को n को गामा फलन कहते हैं तथा इसे निम्न प्रकार भी लिखा जा सकता है

$$\Gamma n = \int_0^\infty e^{-x}x^{n-1}\, dx \text{ या } \int_0^\infty e^{-x}x^{n-1}\, dx = \Gamma n$$

गामा फलन के गुणधर्म
Properties of Gamma Function

(i) $\Gamma(n+1) = n\,\Gamma(n), n > 0$ (ii) $\Gamma(n+1) = n!, \forall n \in N$

गामा फलन का रूपान्तरण
Transformation of Gamma Function

(i) $\int_0^\infty e^{-ky}y^{n-1}dy = \frac{\Gamma n}{k^n}$ (ii) $\frac{1}{2} = \sqrt{\pi}$

(iii) $\int_0^1 \left(\log\frac{1}{y}\right)^{n-1}dy = \Gamma n$

बीटा और गामा फलन में सम्बन्ध
Relation between Beta and Gamma Functions

हम जानते हैं कि, $\Gamma l = \int_0^\infty e^{-x}x^{l-1}dx$ तथा $\frac{\Gamma l}{z^l} = \int_0^\infty e^{-zx}x^{l-1}dx$

$$\Rightarrow \quad \Gamma l = \int_0^\infty z^l e^{-zx}x^{l-1}dx$$

दोनों पक्षों में $e^{-z}z^{m-1}$ से गुणा करने पर,

$$\Gamma l \cdot e^{-z} \cdot z^{m-1} = \int_0^\infty e^{-z} \cdot z^{m-1} \cdot z^l \cdot e^{-zx} x^{l-1} dx$$

$$\Rightarrow \quad \Gamma l \cdot e^{-z} \cdot z^{m-1} = \int_0^\infty e^{-(1+x)z} z^{l+m-1} x^{l-1} dx$$

x के लिए, दोनों पक्षों का समाकलन करने पर, हमें प्राप्त होगा

$$\int_0^\infty \Gamma(le^{-z}) z^{m-1} dz = \int_0^\infty \int_0^\infty e^{-(1+x)z} z^{l+m-1} x^{l-1} dx\, dz$$

$$\Rightarrow \quad \Gamma l \Gamma m = \int_0^\infty x^{l-1} dx \int_0^\infty e^{-(1+x)z} z^{l+m-1} dz$$

$$= \int_0^\infty x^{l-1} dx \cdot \frac{\Gamma(l+m)}{(1+x)^{l+m}}$$

$$\Rightarrow \quad \Gamma l \Gamma m = \Gamma(l+m) \int_0^\infty \frac{x^{l-1}}{(1+x)^{l+m}} dx$$

$$= \Gamma(l+m) \cdot B(l, m)$$

$$\therefore \quad B(l, m) = \frac{\Gamma(l)\,\Gamma(m)}{\Gamma(l+m)}$$

नोट $\int_0^{\pi/2} \sin^p \theta \cdot \cos^q \theta d\theta = \dfrac{\Gamma\left(\frac{p+1}{2}\right)\Gamma\left(\frac{q+1}{2}\right)}{2\Gamma\left(\frac{p+q+2}{2}\right)}$

प्रतिलिपिकरण सूत्र Duplication Formula

$\Gamma(m)\,\Gamma\left(m+\frac{1}{2}\right) = \frac{\sqrt{\pi}}{Z^{2m-1}} \cdot \Gamma(2m)\ m > 0$, जहाँ m धनात्मक है, $m > 0$

इस प्रकार, $B(m, m) = 2^{l-2m} B\left(m, \frac{1}{2}\right)$

नोट (i) $\Gamma\left(\frac{1}{n}\right)\Gamma\left(\frac{2}{n}\right)\Gamma\left(\frac{3}{n}\right)\Gamma\left(\frac{n-1}{n}\right) = \frac{2(\pi)^{\left(\frac{n-1}{2}\right)}}{n^{1/2}}$ जहाँ, n धनात्मक है और 1 से अधिक है।

(ii) $\int_0^\infty e^{-ax} x^{n-1} \cos bx dx = \frac{\Gamma(n)\cos n\theta}{(a^2+b^2)^{n/2}}$

(iii) $\int_0^\infty e^{-ax} x^{n-1} \sin bx dx = \frac{\Gamma(n)\sin n\theta}{(a^2+b^2)^{n/2}}, \theta = \tan^{-1}\left(\frac{b}{a}\right)$

डिरिश्लेट का त्रिपदीय प्रमेय सिद्धान्त
Dirichlet's Three Steps Theorem Principle

यदि l, m तथा n सभी धनात्मक हैं, तब त्रिपदीय समाकलन होगा

$\iiint_V x^{l-1} y^{m-1} z^{n-1} dx\, dy\, dz = \frac{\Gamma l\, \Gamma m\, \Gamma n}{\Gamma(l+m+n+1)}$ जहाँ, V क्षेत्र $x \geq 0, y \geq 0, z \geq 0$ और $x + y + z \leq 1$ है।

डिरिश्लेट प्रमेय का विस्तार
Expansion of Dirichlet's Theorem

यदि पद x, y और z सभी धनात्मक हैं, इसलिए $h_l < x + y + z < h_2$, तब

$$\iiint f(x+y+z) x^{l-1} y^{m-1} z^{n-1} dx\, dy\, dz = \frac{\Gamma l \Gamma m \Gamma n}{\Gamma(l+m+n)} \int_{h_1}^{h_2} f(u) u^{l+m+n-1} du$$

द्विवश समाकल के क्रम का परिवर्तन
Change of Order of Double Integrals

माना एक समाकलन $\int_a^b \int_{f_1(x)}^{f_2(x)} f(x, y)\, dx dy$ है। यह समाकलन Y-अक्ष पर दो समान्तर खण्डों का योग है। यदि हम समाकलन के क्रम का परिवर्तन करते हैं, तब यह समाकलन X-अक्ष पर दो समान्तर खण्डों के योग में परिवर्तित हो जाएगा।

अभ्यास प्रश्न

अनुक्रम एवं श्रेणी

1. अनुक्रम $\left\{\frac{n}{n+1}\right\}$ है

(a) वर्द्धमान (b) ह्रासमान
(c) अपरिबद्ध (d) इनमें से कोई नहीं

2. अनुक्रम $\{(-1)^n\}_{n=1}^\infty$ है

(a) परिबद्ध और अभिसारी (b) अभिसारी और अपरिबद्ध
(c) परिबद्ध और अपसारी (d) अपसारी और अपरिबद्ध

3. निम्न में से कौन-सी अनुक्रम संसृत है?

(a) $< 2^n >$ (b) $< \left(\frac{1}{3}\right)^n >$ (c) $< 3^n >$ (d) इनमें से कोई नहीं

4. $\lim_{n\to\infty} \frac{1}{n}\left[\left(\frac{1}{2}\right)^n + \left(\frac{1}{2}\right)\left(\frac{1}{2}\right)^{n-1} + \left(\frac{1}{3}\right)\left(\frac{1}{2}\right)^{n-2} + \ldots + \left(\frac{1}{n}\right)\left(\frac{1}{2}\right)\right]$ का मान होगा

(a) 0 (b) अस्तित्व में नहीं है
(c) 1 (d) इनमें से कोई नहीं

5. एक अनुक्रम $\{x_n\}$, जहाँ $x_n = \frac{n^2+1}{2n^2+5}$ से परिभाषित हो, तो m का मान क्या होगा, यदि $\lim x_n = \frac{1}{2}$ हो?

(a) $\sqrt{\frac{3}{4\varepsilon} - \frac{5}{2}}$ (b) 1 (c) 0 (d) इनमें से कोई नहीं

6. श्रेणी $\sum_{n=1}^\infty \frac{1}{(1+1/n)^{n^2}}$ है

(a) अभिसारी (b) अपसारी
(c) दोलनकारी (d) इनमें से कोई नहीं

7. श्रेणी $\sum_{n=1}^\infty (-1)^n$ है

(a) अपसारी (b) अभिसारी (c) अपरिबद्ध (d) इनमें से कोई नहीं

8. श्रेणी $\Sigma\left(\sin\frac{1}{n} + \frac{1}{n^2}\right)$ है

(a) अभिसारी (b) अपसारी
(c) दोलनी (d) इनमें से कोई नहीं

9. श्रेणी $S_n = \left\{\frac{(3n+1)(n-2)}{n(n+3)}\right\}$ की सीमा है

(a) 0 (b) 1 (c) 2 (d) 3

10. निम्न में से कौन-सी श्रेणी संसृत है?

(a) $\sum_{n=1}^{\infty} \cos\left(\frac{1}{n}\right)$

(b) $\sqrt[7]{\frac{1}{1+1}} + \sqrt[7]{\frac{2}{2+1}} + \sqrt[7]{\frac{3}{3+1}} + \ldots + \sqrt[7]{\frac{n}{n+1}} + \ldots$

(c) $\sum_{n=1}^{\infty} \left[n\log\left(\frac{3n+2}{3n-2}\right) - 1\right]$

(d) उपरोक्त में से कोई नहीं

सीमा एवं सतत्ता

11. फलन $f(x) = \begin{cases} 2x, & \text{यदि } x < 0 \\ 0, & \text{यदि } 0 \le x \le 1 \\ 4x, & \text{यदि } x > 1 \end{cases}$

(a) $x = 1$ के अतिरिक्त सर्वत्र सतत् है

(b) $x = 0$ के अतिरिक्त सर्वत्र सतत् है

(c) सर्वत्र असतत् है

(d) उपरोक्त में से कोई नहीं

12. फलन a और b के उन मानों को ज्ञात कीजिए जिनके लिए

$$f(x) = \begin{cases} ax+1, & \text{यदि } x \le 3 \\ bx+3, & \text{यदि } x > 3 \end{cases}$$

द्वारा परिभाषित फलन $x = 3$ पर सतत् है।

(a) $a = 1, b = \frac{1}{2}$ (b) $a = \frac{3}{2}, b = \frac{5}{2}$

(c) $a = 1, b \in R$ (d) $a = b + \frac{2}{3}$

13. λ के किस मान के लिए

$$f(x) = \begin{cases} \lambda(x^2 - 2x), & \text{यदि } x \le 0 \\ 4x+1, & \text{यदि } x > 0 \end{cases}$$

द्वारा परिभाषित फलन $x = 0$ पर सतत् है। $x = 1$ पर इसकी सतत्ता पर विचार कीजिए।

(a) $\lambda = 0$ (b) $\lambda = 1$

(c) $\lambda = 0, 1$ (d) $\lambda \in R$

14. फलन f, $f(x) = \begin{cases} x^2 \sin\frac{1}{x}, & \text{यदि } x \ne 0 \\ 0, & \text{यदि } x = 0 \end{cases}$

(a) सर्वत्र सतत् है

(b) केवल $x = 0$ पर सतत् है

(c) केवल $x = 0$ पर असतत् है

(d) सर्वत्र असतत् है

15. फलन $f(x) = \begin{cases} \frac{\sqrt{x+1} - 1}{x^{3/2}}, & x \ne 0 \\ 0 & x = 0 \end{cases}$ के अवकलनीय बिन्दु है

(a) R (b) $[0, \infty]$

(c) $(0, \infty)$ (d) $R - \{0\}$

16. यदि $f(x) = \frac{x}{1+|x|}, \forall x \in R$ तब $f'(0)$ का मान है

(a) 0 (b) 1 (c) 2 (d) 3

17. $\lim_{\substack{x\to 0 \\ y\to 0}} \frac{x-y}{x+2y}$ का मान है

(a) 1 (b) 0

(c) 2 (d) इनमें से कोई नहीं

18. $\lim_{\substack{x\to \infty \\ y\to 2}} \frac{xy+4}{x^2+2y^2}$ का मान है

(a) 1 (b) 2

(c) 0 (d) इनमें से कोई नहीं

आंशिक अवकलन एवं जेकोबियन

19. यदि $z = \log(e^x + e^y)$, तब

(a) $rt = s$ (b) $r^2 = ts$

(c) $rt = s^2$ (d) $r^2t^2 = s$

20. यदि $ux + vy = 0$ और $\frac{u}{x} + \frac{v}{y} = 1$ है, तब $\frac{\partial u}{\partial x} - \frac{\partial v}{\partial y}$ का मान होगा

(a) $\frac{x^2+y^2}{y^2-x^2}$ (b) $\frac{y^2-x^2}{x^2+y^2}$

(c) $\frac{x^2+y^2}{x^2-y^2}$ (d) $\frac{x^2-y^2}{x^2+y^2}$

21. यदि $u = \log\frac{x^3+y^3}{x^2+y^2}$ है, तब $x\frac{\partial u}{\partial x} + y\frac{\partial u}{\partial y}$ का मान है

(a) 0 (b) 1

(c) 2 (d) इनमें से कोई नहीं

22. यदि $u = \tan^{-1}\left(\frac{y^2}{x}\right)$ है, तब $x\frac{\partial u}{\partial x} + y\frac{\partial u}{\partial y}$ का मान है

(a) $\frac{xy}{x^2+y^2}$ (b) $\frac{xy^2}{x^2+y^4}$

(c) $\frac{x^2y}{x^2+y^4}$ (d) $\frac{x^2y^2}{x^2+y^4}$

23. यदि $v = \frac{x^3y^3}{x^3+y^3}$ है, तब $x\frac{\partial v}{\partial x} + y\frac{\partial v}{\partial y}$ का मान होगा

(a) v (b) $2v$ (c) $3v$ (d) $5v$

24. यदि $z = u^2 + v^2$, $u = at^2$ तथा $v = 2a$ है, तब $\frac{dz}{dt}$ का मान है

(a) $4at(t+2)$ (b) $4a^2t(t^2+2)$

(c) $4at^2(t^2+2)$ (d) $4a^2t^2(t^2+2)$

25. यदि $z = f(x)$, जहाँ $x = uv$ तथा $y = \frac{u+v}{u-v}$ है, तब $u\frac{\partial z}{\partial u} + v\frac{\partial z}{\partial v}$ का मान है

(a) $\frac{\partial z}{\partial x}$ (b) $x\frac{\partial z}{\partial x}$ (c) $2x\frac{\partial z}{\partial x}$ (d) $\frac{x}{2}\frac{\partial z}{\partial x}$

26. यदि $ax^2 + 2hxy + by^2 = 1$ है, तब $\frac{d^2y}{dx^2}$ का मान है

(a) $\frac{h^2+ab}{(hx-by)^3}$ (b) $\frac{h^2-ab}{(hx-by)}$

(c) $\frac{h^2-ab}{(hx+by)}$ (d) $\frac{h^2-ab}{(hx+by)^3}$

27. यदि $f(x, y, z) = 0$ है, तब $\frac{\partial x}{\partial y}\cdot\frac{\partial y}{\partial z}\cdot\frac{\partial z}{\partial x}$ का मान है

(a) 1 (b) 0

(c) -1 (d) -2

28. यदि $u = x^2$ तथा $v = y^2$ है, तब $\frac{\partial(u, v)}{\partial(x, y)}$ का मान होगा

(a) $5xy$ (b) $4xy$
(c) $2xy$ (d) xy

29. यदि $u = \frac{y - x}{1 + xy}$ और $v = \tan^{-1} y - \tan^{-1} x$ है, तब $\frac{\partial(u, v)}{\partial(x, y)}$ का मान होगा

(a) 0 (b) 1 (c) 2 (d) 3

30. यदि $x = r\sin\theta\cos\phi$, $y = r\sin\theta\sin\phi$ तथा $z = r\cos\theta$ है, तब $\frac{\partial(x, y, z)}{\partial(r, \theta, \phi)}$ का मान होगा

(a) $r\sin\phi$ (b) $r^2\sin\theta$ (c) $r^2\sin\phi$ (d) $r\sin\theta$

31. यदि $u = x^2 - y^2$ तथा $v = 2xy$ है, तब $\frac{\partial(x, y)}{\partial(u, v)}$ का मान होगा

(a) $x^2 + y^2$ (b) $2(x^2 + y^2)$
(c) $\frac{1}{4(x^2 + y^2)}$ (d) $\frac{4}{(x^2 + y^2)}$

32. यदि $x = uv$ तथा $y = \frac{u + v}{u - v}$ है, तब $\frac{\partial(u, v)}{\partial(x, y)}$ का मान होगा

(a) $(u - v)^2$ (b) $4uv(u - v)^2$
(c) $\frac{(u + v)^2}{4uv}$ (d) $\frac{(u - v)^2}{4uv}$

33. यदि $x = \sin\theta\cos\phi$ तथा $y = \sin\theta\sin\phi$ है, तब JJ' का मान होगा

(a) 0 (b) 1
(c) 2 (d) 3

34. यदि $u^3 + v^3 = x + y$ तथा $u^2 + v^2 = x^3 + y^3$ है, तब $\frac{\partial(u,v)}{\partial(x,y)}$ का मान होगा

(a) $\frac{(y^2 - x^2)}{uv(u - v)}$ (b) $\frac{2(y^2 + x^2)}{uv(u + v)}$
(c) $\frac{(y^2 - x^2)}{2uv(u - v)}$ (d) इनमें से कोई नहीं

35. यदि $u = x + y^2, v = y + z^2$ तथा $w = z + x^2$ है, तब $\frac{\partial x}{\partial u}$ का मान होगा

(a) $\frac{1}{1 + 6xyz}$ (b) $1 + 10xyz$
(c) $-1 + 6xyz$ (d) $\frac{1}{1 + 8xyz}$

उच्चिष्ठ एवं निम्निष्ठ

36. यदि x तथा y दो चर हैं तथा $x > 0, xy = 1$, तब $x + y$ का निम्निष्ठ मान होगा

(a) 1 (b) 2 (c) 3 (d) 4

37. फलन $f(x) = (1 - x)^2 e^x$ न्यूनतम होगा

(a) $x = -1$ पर (b) $x = 1$ पर
(c) $x = 0$ पर (d) $x = 2$ पर

38. $\left(\frac{1}{x}\right)^{2x^2}$ का उच्चिष्ठ मान होगा

(a) 1 (b) e
(c) $e^{1/e}$ (d) इनमें से कोई नहीं

39. यदि $\sin x - x\cos x$ का मान $x = n\pi$ पर उच्चिष्ठ हो, तब n है

(a) विषम धन पूर्णांक
(b) सम ऋण पूर्णांक
(c) सम धन पूर्णांक
(d) विषम धन या सम ऋण पूर्णांक

40. $[0, 2\pi]$ में $x + \sin 2x$ का एक उच्चिष्ठ मान होगा

(a) $2\pi/3 + \sqrt{3}/2$ (b) $2\pi/3 - \sqrt{3}/2$
(c) $\pi/3 + \sqrt{3}/2$ (d) $\pi/3 - \sqrt{3}/2$

41. $x^2\log(1/x)$ उच्चिष्ठ है, जबकि x बराबर होगा

(a) e (b) $1/e$
(c) $\sqrt{e}$ (d) $1/\sqrt{e}$

42. $\frac{40}{3x^4 + 8x^3 - 18x^2 + 60}$ के क्रमशः उच्चिष्ठ व निम्निष्ठ मान ज्ञात कीजिए।

(a) $-3, 0$ तथा 1 (b) 0 तथा -3
(c) 1 तथा 3 (d) इनमें से कोई नहीं

43. $\sin x$ का मान निम्निष्ठ है जबकि x बराबर होगा

(a) $(4n + 3)\,\pi/2, n \in Z$ (b) $(4n + 1)\,\pi/2, n \in Z$
(c) $n\pi, n \in Z$ (d) $n\pi/2, n \in Z$

44. फलन $\frac{\log_e x}{x}$ का उच्चिष्ठ मान है

(a) $\frac{1}{e}$ (b) e (c) $\frac{1}{x}$ (d) x

बीटा और गामा फलन

45. $B(m - n)$ का मान है

(a) $\int_0^1 x^{m-1}(1 - x)^{n-1}dx$ (b) $\int_0^{\pi/2} \sin^{m-1}\theta\cos^{2n-1}\theta\, d\theta$
(c) $-\int_0^{\infty} x^{m-1}/(1 - x)^{m+n}dx$ (d) इनमें से कोई नहीं

46. Γn निम्न में से किसके द्वारा ज्ञात किया जा सकता है?

(a) $\int_0^{\infty} e^{-x}x^{n+1}dx$ (b) $\int_0^{\infty} e^{x}x^{n-1}dx$
(c) $\int_0^{\infty} e^{-x}x^{n-1}dx$ (d) $\int_0^{\infty} x^{n}e^{-x}dx$

47. $\Gamma n\Gamma(1 - n)$ का मान है, जहाँ $0 < n < 1$

(a) $\frac{\pi}{\cos\pi}$ (b) $\pi\cos n\pi$
(c) $\frac{\pi}{\sin\pi}$ (d) $\frac{\pi}{\sin n\pi}$

48. $\int_0^1 \frac{dx}{(1 - x^n)^{1/n}}$ का मान है

(a) $2\pi\sin\frac{\pi}{n}$ (b) $\frac{2\pi}{\sin\frac{\pi}{n}}$ (c) $\frac{\pi}{\sin\frac{\pi}{n}}$ (d) $\frac{2\pi n}{\sin\frac{\pi}{n}}$

49. $\int_{-\infty}^{\infty} \cos\frac{\pi}{2}x^2 dx$ का मान है

(a) 1 (b) 0
(c) 2 (d) 3

50. $\int_0^{\pi/2} \sqrt{(\tan\theta)}\, d\theta$ का मान है

(a) $\Gamma\left(\frac{3}{2}\right)\Gamma\left(\frac{1}{2}\right)$ (b) $\frac{1}{2}\left(\Gamma\left(\frac{3}{4}\right)\Gamma\left(\frac{1}{4}\right)\right)$
(c) $\Gamma(3)\Gamma\left(\frac{1}{2}\right)$ (d) इनमें से कोई नहीं

51. $\int_0^\infty \frac{\tan^{-1}(ax)dx}{x(1+x^2)}$ का मान है

(a) $\log(1+a)$ (b) $\pi/2 \log(1+a)$

(c) $\pi/2 \log(1-a)$ (d) इनमें से कोई नहीं

52. $\int_0^2 x(8-x^3)^{1/3}\,dx$ का मान है

(a) 16π (b) $2\sqrt{3}\,\pi$ (c) $\frac{2\sqrt{3}\pi}{16}$ (d) $\frac{16\pi}{2\sqrt{3}}$

53. $\int_0^a \frac{dx}{(a^n - x^n)^{1/n}}$ का मान है

(a) $\frac{\pi}{\sin\frac{\pi}{n}}$ (b) $\frac{n\pi}{\sin\frac{\pi}{n}}$

(c) $\frac{\pi}{n\sin\frac{\pi}{n}}$ (d) इनमें से कोई नहीं

54. $\Gamma(m)\,\Gamma\left(m+\frac{1}{2}\right)$, जहाँ $m>0$, का मान है

(a) $\frac{\sqrt{\pi}}{2^{m+1}}$ (b) $\frac{\sqrt{\pi}}{z^{2m-1}}$

(c) $\frac{\sqrt{\pi}}{2^{m-1}}$ (d) इनमें से कोई नहीं

55. $\int_0^\infty x^4 e^{-x}\,dx$ का मान होगा

(a) 42 (b) 12

(c) 24 (d) इनमें से कोई नहीं

56. $\int_0^\infty \frac{x}{1+x^6}\,dx$ का मान निम्न में से है

(a) $\frac{\pi}{2\sqrt{2}}$ (b) $\frac{\pi}{3\sqrt{3}}$

(c) $\frac{\pi}{4\sqrt{5}}$ (d) इनमें से कोई नहीं

57. $\int_0^\infty \sin(x^2)\,dx$ का मान है

(a) $\frac{1}{2}\sqrt{\left(\frac{2}{\pi}\right)}$ (b) $2\sqrt{\frac{\pi}{2}}$

(c) $\frac{1}{2}\sqrt{\left(\frac{\pi}{2}\right)}$ (d) इनमें से कोई नहीं

58. $2^{2n-1} B(n,n)$ का मान है

(a) $\frac{\sqrt{\pi}\,.\,\Gamma(n)}{\Gamma\left(n+\frac{1}{2}\right)}$ (b) $\frac{\sqrt{\pi}\,.\,\Gamma(n)}{\Gamma\left(n-\frac{1}{2}\right)}$

(c) $\frac{\Gamma(n)}{\Gamma\left(n+\frac{1}{2}\right)}$ (d) इनमें से कोई नहीं

उत्तरमाला

1.	(a)	2.	(c)	3.	(b)	4.	(a)	5.	(a)	6.	(a)	7.	(a)	8.	(b)	9.	(d)	10.	(d)
11.	(a)	12.	(d)	13.	(d)	14.	(b)	15.	(c)	16.	(b)	17.	(d)	18.	(c)	19.	(c)	20.	(a)
21.	(b)	22.	(b)	23.	(c)	24.	(b)	25.	(c)	26.	(d)	27.	(c)	28.	(b)	29.	(a)	30.	(b)
31.	(c)	32.	(d)	33.	(b)	34.	(c)	35.	(d)	36.	(b)	37.	(b)	38.	(c)	39.	(d)	40.	(c)
41.	(d)	42.	(a)	43.	(a)	44.	(a)	45.	(a)	46.	(c)	47.	(d)	48.	(c)	49.	(a)	50.	(b)
51.	(b)	52.	(d)	53.	(c)	54.	(b)	55.	(c)	56.	(b)	57.	(c)	58.	(a)				

संकेत एवं हल

1. $x_n = \frac{n}{n+1} \Rightarrow x_{n+1} = \frac{n+1}{n+1+1} = \frac{n+1}{n+2}$

$\therefore \quad x_{n+1} - x_n = \frac{n+1}{n+2} - \frac{n}{n+1}$

$= \frac{(n+1)^2 - n(n+2)}{(n+2)(n+1)} = \frac{1}{(n+2)(n+1)}$

$\Rightarrow \quad x_{n+1} - x_n > 0 \Rightarrow x_{n+1} > x_n$

$\Rightarrow \left\{\frac{n}{n+1}\right\}$ एक वर्द्धमान अनुक्रम है।

2. $x_n = (-1)^n,\ \forall\, n \in N$

$\forall\, n \in N, -1 \le x_n$ और $\forall\, n \in N, 1 \ge x_n$

$\Rightarrow \{(-1)^n\}$ परिबद्ध है।

सम n के लिए, $\lim_{n\to\infty} (-1)^n = 1$

विषम n के लिए, $\lim_{n\to\infty} (-1)^n = -1$

अत: श्रेणी अपसारी है।

3. चूँकि हम जानते हैं कि अनुक्रम $< r^n >$ संसृत है, यदि $r<1$ और असंसृत है, यदि $r \ge 1$, अत: केवल अनुक्रम $< \left(\frac{1}{3}\right)^n >$ संसृत है।

4. माना $S_n = \left(\frac{1}{2}\right)^n$ और $t_n = \frac{1}{n}$

तब, $\lim_{n\to\infty} S_n = \lim_{n\to\infty}\left(\frac{1}{2}\right)^n = 0$ और $\lim_{n\to\infty} t_n = \lim_{n\to\infty}\frac{1}{n} = 0$

अत: सेसारो प्रमेय से,

$$\lim_{n\to\infty}\frac{1}{n}\left[\left(\frac{1}{2}\right)^n + \left(\frac{1}{2}\right)\left(\frac{1}{2}\right)^{n-1} + \left(\frac{1}{3}\right)\left(\frac{1}{2}\right)^{n-2} + \ldots + \left(\frac{1}{n}\right)\left(\frac{1}{2}\right)\right] = 0$$

6. यहाँ, $a_n = \frac{1}{\left(1+\frac{1}{n}\right)^{n^2}}$

मूल परीक्षण से, $\lim_{n\to\infty}\sqrt[n]{a_n} = \lim_{n\to\infty}\frac{1}{\left(1+\frac{1}{n}\right)^n} = \frac{1}{e} < 1$

अत: श्रेणी अभिसारी है।

7. $S_n = \sum_{n=1}^{\infty} = 1$ या 0 जब n क्रमशः विषम या सम

$\Rightarrow \quad \{S_n\} = \{1, 0, 1, 0, \ldots\}$

यह एक अपसारी श्रेणी है

$\Rightarrow \quad \Sigma(-1)^n$ अपसारी है।

8. यहाँ, $u_n = \sin\frac{1}{n} + \frac{1}{n^2}$

माना $v_n = \frac{1}{n}$

तब $\lim_{n\to\infty}\frac{u_n}{v_n} = \lim_{n\to\infty}\left[n\left(\sin\frac{1}{n} + \frac{1}{n^2}\right)\right] = 1$, जोकि परिमित व अशून्य है।

$\because \Sigma\frac{1}{n}$ अपसारी है,

$\therefore \Sigma\left(\sin\frac{1}{n} + \frac{1}{n^2}\right)$ अपसारी है।

17. $\lim_{x\to 0}\left[\lim_{y\to 0}\frac{x-y}{x+2y}\right] = \lim_{x\to 0}\left(\frac{x}{x}\right) = 1$

$\lim_{y\to 0}\left[\lim_{x\to 0}\frac{x-y}{x+2y}\right] = \lim_{y\to 0}\left(\frac{-y}{2y}\right) = \frac{-1}{2}$

अतः पुनरावृत्ति सीमा समान नहीं है।

30. $\frac{\partial(x, y, z)}{\partial(r, \theta, \phi)} = \begin{vmatrix} \partial x/\partial r & \partial x/\partial\theta & \partial x/\partial\phi \\ \partial y/\partial r & \partial y/\partial\theta & \partial y/\partial\phi \\ \partial z/\partial r & \partial z/\partial\theta & \partial z/\partial\phi \end{vmatrix}$

$= \begin{vmatrix} \sin\theta\cos\phi & r\cos\theta\cos\phi & -r\sin\theta\sin\phi \\ \sin\theta\sin\phi & r\cos\theta\sin\phi & r\sin\theta\cos\phi \\ \cos\theta & -r\sin\theta & 0 \end{vmatrix}$

$= \sin\theta\cos\phi(r^2\sin^2\theta\cos\phi) + r\cos\theta\cos\phi(r\sin\theta\cos\theta\cos\phi)$
$\qquad - r\sin\theta\sin\phi(-r\sin^2\theta\sin\phi - r\cos^2\theta\sin\phi)$

$= r^2\sin^3\theta\cos^2\phi + r^2\cos^2\theta\cos^2\phi\sin\theta + r^2\sin^3\theta\sin^2\phi$
$\qquad + r^2\cos^2\theta\sin^2\phi\sin\theta$

$= r^2[\sin^3\theta + \cos^2\theta\sin\theta] = r^2\sin\theta$

32. $\because \quad x = uv$ तथा $y = \frac{u+v}{u-v}$

$\therefore \quad \frac{\partial(x, y)}{\partial(u, v)} = \begin{vmatrix} \partial x/\partial u & \partial x/\partial v \\ \partial y/\partial u & \partial y/\partial v \end{vmatrix}$

$= \begin{vmatrix} v & u \\ \frac{-2v}{(u-v)^2} & \frac{2u}{(u-v)^2} \end{vmatrix} = \frac{4uv}{(u-v)^2}$

अतः $\frac{\partial(u, v)}{\partial(x, y)} = \frac{(u-v)^2}{4uv}$

34. $\because \quad f_1 \equiv u^3 + v^3 - x - y = 0$ और $f_2 \equiv u^2 + v^2 - x^3 - y^3 = 0$

हम जानते हैं कि $\frac{\partial(f_1, f_2)}{\partial(x, y)} = \frac{\partial(f_1, f_2)}{\partial(u, v)} \cdot \frac{\partial(u, v)}{\partial(x, y)}$

अब, $\frac{\partial(f_1, f_2)}{\partial(x, y)} = \begin{vmatrix} -1 & -1 \\ -3x^2 & -3y^2 \end{vmatrix} = 3(y^2 - x^2)$

और $\frac{\partial(f_1, f_2)}{\partial(u, v)} = \begin{vmatrix} 3u^2 & 2u \\ 3v^2 & 2v \end{vmatrix} = 6uv(u - v)$

इस प्रकार, $\frac{\partial(u, v)}{\partial(x, y)} = \frac{y^2 - x^2}{2uv(u-v)}$

37. $\because f(x) = (1-x)^2 e^x$

$f'(x) = -2(1-x)e^x + (1-x)^2 e^x$

$\therefore \quad = (x-1)(x+1)e^x = (x^2-1)e^x$

$\Rightarrow \quad f''(x) = (x^2-1)e^x + 2xe^x = (x^2 + 2x - 1)e^x$

अब, $f'(x) = 0 \Rightarrow x = 1$ तथा -1 $\quad [\because e^x \neq 0]$

तथा $f''(1) = 2e > 0$

अतः $x = 1$ पर फलन का मान न्यूनतम है।

38. y महत्तम होगा, जब $\log y = z$ महत्तम हो।

$\therefore \quad z = 2x^2\log\frac{1}{x} = -2x^2\log x$

$\Rightarrow \quad \frac{dz}{dx} = -2(x + 2x\log x) = 0$

$= -2x(1 + 2\log x) = 0$

$\therefore \quad \log x = -\frac{1}{2} \Rightarrow x = e^{-\frac{1}{2}} = \frac{1}{\sqrt{e}}$

अब, $\frac{d^2z}{dx^2} = -2\left[(1 + 2\log x)\cdot 1 + x\cdot\frac{2}{x}\right]$

$= -2[0 + 2] = -4 =$ ऋणात्मक, (उच्चिष्ठ)

$x = \frac{1}{\sqrt{e}}$ पर, $y = \left(\frac{1}{x}\right)^{2x^2} = (\sqrt{e})^{2\cdot(1/e)} = e^{1/e}$

39. माना $f(x) = \sin x - x\cos x$

$\therefore \quad f'(x) = \cos x - \cos x + x\sin x = x\sin x$

तथा $f''(x) = x\cos x + \sin x$

अब, $f'(x) = 0$

$\Rightarrow \quad x\sin x = 0 \Rightarrow x = 0, \sin x = 0$

$\Rightarrow \quad x = n\pi, n = 0, \pm 1, \pm 2, \ldots$

लेकिन $f''(n\pi) = n\pi\cos n\pi + \sin n\pi = (-1)^n n\pi$

उच्चिष्ठ मान के लिए, $f''(n\pi) < 0 \Rightarrow (-1)^n n\pi < 0$

अतः n विषम धन या सम ऋण पूर्णांक है।

50. $\int_0^{\pi/2}\sqrt{\tan\theta}\,d\theta = \int_0^{\pi/2}\sin^{1/2}\theta\cos^{-1/2}\theta\,d\theta$

$= \frac{\Gamma\left(\frac{3}{4}\right)\Gamma\left(\frac{1}{4}\right)}{2\Gamma(1)} = \frac{1}{2}\Gamma\left(\frac{3}{4}\right)\Gamma\left(\frac{1}{4}\right)$

58. $\Gamma(m)\,\Gamma\left(m + \frac{1}{2}\right) = \frac{\sqrt{\pi}\,\Gamma(2m)}{2^{2m-1}}$ [सूत्र से]

इसमें $m = n$ रखने पर,

$\Gamma(n)\,\Gamma\left(n + \frac{1}{2}\right) = \frac{\sqrt{\pi}\,\Gamma(2n)}{2^{2n-1}}$ या $\frac{\Gamma(n)}{\Gamma(2n)} = \frac{\sqrt{\pi}}{2^{2n-1}\,\Gamma\left(n + \frac{1}{2}\right)} \ldots$(i)

पुनः $B(n,n) = \frac{\Gamma(n)\,\Gamma(n)}{\Gamma(n+n)} = \frac{\Gamma(n)\,.\,\Gamma(n)}{\Gamma(2n)}$

$= \Gamma(n)\,.\,\frac{\sqrt{\pi}}{2^{2n-1}\,\Gamma\left(n + \frac{1}{2}\right)}$ [समी (i) से]

$\therefore \quad 2^{2n-1}B(n,n) = \frac{\sqrt{\pi}\,.\,\Gamma(n)}{\Gamma\left(n + \frac{1}{2}\right)}$

अध्याय 22

अवकल समीकरण

Differential Equations

अवकल समीकरण Differential Equation

वह समीकरण, जिसमें स्वतन्त्र चर, परतन्त्र चर तथा स्वतन्त्र चर के सापेक्ष परतन्त्र चर के अवकलज का समावेश हो, अवकल समीकरण कहलाती है।

जैसे– (i) $\frac{d^2y}{dx^2} + 2\frac{dy}{dx} + \frac{dy}{dx}\log x = 0$ (ii) $\frac{d^2y}{dx^3} - \frac{3d^2y}{dx^2} + \frac{3dy}{dx} - y = \sin 2x$

साधारण अवकल समीकरण

Ordinary Differential Equation

वे अवकल समीकरण जिनमें केवल एक ही स्वतन्त्र चर के सापेक्ष एक या एक से अधिक क्रम के अवकलज विद्यमान हों, साधारण अवकल समीकरण कहलाते हैं। जैसे— $x\frac{d^2y}{dx^2} + 3\frac{dy}{dx} + 5 = 0$

अवकल समीकरण की कोटि

Order of Differential Equation

दी गई अवकल समीकरण में प्रयुक्त अवकलजों की उच्चतम कोटि ही उस अवकल समीकरण की कोटि कहलाती है अर्थात् दी गई अवकल समीकरण में $\frac{d^ny}{dx^n}$ विद्यमान हो परन्तु $\frac{d^ry}{dx^r}, r > n$ विद्यमान न हो, तब अवकल समीकरण की घात n होती है।

जैसे— $\frac{d^2y}{dx^2} + x\frac{dy}{dx} + 2y = e^x$ में $\frac{d^2y}{dx^2}$ विद्यमान है परन्तु $\frac{d^ry}{dx^r}, r > 2$ विद्यमान नहीं है। अतः इस अवकल समीकरण की कोटि 2 है।

अवकल समीकरण की घात

Degree of Differential Equation

किसी अवकल समीकरण में उच्चतम कोटि के अवकलज की घात (Power) को उस अवकल समीकरण की घात (Degree) कहते हैं, जबकि वह करणी (Radical) और भिन्न (Fraction) से मुक्त हो अर्थात् अवकल गुणांकों के बहुपद के रूप की अवकल समीकरण में उच्चतम कोटि के अवकलज की घात अवकल समीकरण की घात कहलाती है, जबकि वह करणी और भिन्न से मुक्त हो। इस प्रकार m कोटि व p घात की अवकल समीकरण निम्न होगी

$$f(x, y)\left[\frac{d^my}{dx^m}\right]^p + \phi(x, y)\left[\frac{d^{m-1}(y)}{dx^{m-1}}\right]^q + \ldots = 0$$

एक प्राचलिक वक्र निकाय के लिए अवकल समीकरण

Differential Equation for One Parameter Family of Curve

माना दिए गए एक प्राचलिक वक्र निकाय का समीकरण निम्न है अर्थात्

$$f(x, y, a_1) = 0 \quad \ldots(i)$$

जहाँ, a_1 एक प्राचल (Parameter) है।

समी (i) का x के सापेक्ष अवकलन करने पर,

$$f(x, y, y', a_1) = 0 \quad \ldots(ii)$$

अब, समी (i) तथा (ii) से प्राचल 'a_1' का विलोपन (Elimination) करने पर निम्न समीकरण प्राप्त होगी

$$f(x, y, y') = 0$$

जोकि प्रथम क्रम (First order) की अभीष्ट अवकल समीकरण है।

अवकल समीकरण का हल

Solution of Differential Equation

किसी अन्तराल I में स्वतन्त्र चर x तथा परतन्त्र चर y में फलनात्मक सम्बन्ध (Functional relation) जो प्रत्येक $x \in I$ के लिए, जो दी गई अवकल समीकरण को सन्तुष्ट करता है, उस अन्तराल में अवकल समीकरण का हल या समाकलन कहलाता है।

अतः किसी अन्तराल I में, $y = g(x)$, अवकल समीकरण $f(x, y, y', y'', \ldots) = 0$ का हल होगा, यदि

$$[f(x, g(x), g'(x), g''(x), \ldots)] = 0, \forall x \in I$$

अवकल समीकरण के हल के प्रकार

Types of Solutions of Differential Equation

अवकल समीकरण क हल के मुख्य प्रकार निम्नवत् हैं

1. **विशेष हल** Particular Solution

किसी दी गई अवकल समीकरण का कोई एक हल विशेष हल कहलाता है। जैसे— $y = e^{2x}$, अवकल समीकरण $y' - 2y = 0$ का विशेष हल है। इसी प्रकार, $y = 2\cos x - 3\sin x$ अवकल समीकरण $y'' + y = 0$ का विशेष हल है।

2. **व्यापक हल** General Solution

किसी दी गई अवकल समीकरण के विशेष हलों का समुच्चय उस अवकल समीकरण का व्यापक हल कहलाता है।

जैसे— अवकल समीकरण $y' - y = 0$ का व्यापक हल

$$y = \{e^x, 2e^x, -5e^x, \sqrt{2}e^x, \ldots\}$$

या $y = ce^x$ [जहाँ, c एक स्वेच्छ अचर है]

इसी प्रकार, अवकल समीकरण $y'' + y = 0$ का व्यापक हल

$$y = \{\cos x, \sin x, \cos x + \sin x, 2\cos x - 3\sin x, \ldots\}$$

या $y = c_1 \cos x + c_2 \sin x$

जहाँ, c_1 तथा c_2 स्वेच्छ अचर हैं।

अत: उपरोक्त से स्पष्ट है कि व्यापक हल में स्वेच्छ अचरों की संख्या दी गई अवकल समीकरण की कोटि (Order) के बराबर होती है।

3. **विचित्र हल** Singular Solution

अवकल समीकरण का वह हल जो व्यापक हल के अचरों के विशेष मान देने से प्राप्त नहीं होता है, विचित्र हल कहलाता है।

विचित्र हल, व्यापक हल द्वारा निरूपित वक्र निकाय का envelope होता है तथा किसी एक प्राचलिक वक्र निकाय $F(x, y, c) = 0$ का envelope, वक्र निकाय $F(x, y, c) = 0$ तथा $\frac{\partial F}{\partial c} = 0$ के बीच से प्राचलिक c के विलोपन से प्राप्त होता है।

जैसे— अवकल समीकरण $yy' - xy'^2 - 1 = 0$ का व्यापक हल $y = cx + \frac{1}{c}$, विशेष हल $y = x + 1 (c = 1)$ तथा विचित्र हल $y^2 = 4x$ है।

प्रथम कोटि व प्रथम घात की अवकल समीकरण

Ordinary Differential Equations of First Order and First Degree

प्रथम कोटि तथा प्रथम घात की अवकल समीकरण में स्वतन्त्र चर x, परतन्त्र चर y तथा $\frac{dy}{dx}$ विद्यमान होता है अर्थात् प्रथम कोटि तथा प्रथम घात की समीकरण $f(x, y, y') = 0$ के रूप की होती है।

अत: इस समीकरण को निम्न प्रकार से लिखा जा सकता है

$\frac{dy}{dx} = f(x, y)$, जहाँ $f(x,y)$ चर x तथा y का कोई फलन है।

जैसे— $xy' - y = 0$ प्रथम कोटि तथा प्रथम घात की अक्कल समीकरण है।

$$\Rightarrow \quad x\frac{dy}{dx} - y = 0 \Rightarrow x\frac{dy}{dx} = y \Rightarrow \frac{dy}{y} = \frac{dx}{x}$$

$$\Rightarrow \quad \frac{dx}{x} - \frac{dy}{y} = 0 \Rightarrow M\,dx + N\,dy = 0$$

जहाँ, $M = \frac{1}{x}$ तथा $N = -\frac{1}{y}$ है।

प्रथम कोटि एवं प्रथम घात की अवकल समीकरणों को हल करने की विधियाँ

Methods for Solving Ordinary Differential Equations of First Order and First Degree

प्रथम कोटि एवं प्रथम घात की अवकल समीकरणों को हल करने की विधियाँ निम्न प्रकार हैं

1. **निरीक्षण विधि** Inspection Method

यदि अवकल समीकरण को निम्नांकित स्वरूप में लिखा जा सकता है $f(f_1(x, y))\, d(f_1(x, y)) + \phi(f_2(x, y))\, d(f_2(x, y)) + \ldots = 0$, तब प्रत्येक पद को आसानी से अलग-अलग समाकलित किया जा सकता है।

इसके लिए निम्नलिखित परिणामों को याद रखना चाहिए

(i) $xdy + ydx = d(xy)$

(ii) $d(x + y) = dx + dy$

(iii) $d\left(\frac{y}{x}\right) = \frac{xdy - ydx}{x^2}$

(iv) $d\left(\frac{x}{y}\right) = \frac{ydx - xdy}{y^2}$

2. **चर पृथक्करण विधि** Variables Separable Method

वे सभी समीकरण, जिनमें एक पक्ष में dx तथा x वाले समस्त पद एवं दूसरे पक्ष में dy तथा y वाले समस्त पद प्राप्त करना सम्भव हो, चर पृथक्करण रूप में कहलाते हैं।

दूसरे शब्दों में, वे समीकरण जिनको $f(x)\,dx + \phi(y)\,dy = 0$ के रूप में रखा जा सकता है, चर पृथक्करण के रूप में कहलाते हैं।

ऐसे समीकरण को हल करने के लिए समीकरण का समाकलन करते हैं और किसी एक पक्ष में एक अचर जोड़ देते हैं।

अत: $f(x)\,dx + \phi(y)\,dy = 0$ का पूर्ण व्यापक हल

$\int f(x)\,dx + \int \phi(y)\,dy =$ एक अचर होता है।

समघात (या समघातीय) अवकल समीकरण

Homogeneous Differential Equation

एक अवकल समीकरण, जिसका रूप $\frac{dy}{dx} = \frac{f(x)}{g(x)}$..... का हो, जहाँ $f(x)$ तथा $g(x)$ दोनों x और y के एक ही घात के समघात फलन (Homogeneous functions of same degree) हों, उन्हें समघात अवकल समीकरण (Homogeneous differential equation) कहते हैं।

समघात अवकल समीकरण का हल
Solution of Homogeneous Differential Equation

अवकल समीकरण $M(x, y)dx + N(x, y)dy = 0$

समघात अवकल समीकरण कहलाता है, यदि $M(x, y)$ तथा $N(x, y)$ समान घात के समघात फलन हों अर्थात् $\frac{dy}{dx} = \frac{f(x, y)}{g(x, y)}$

जहाँ, $f(x, y)$ तथा $g(x, y)$ समान घात के समघात फलन हैं, समघात अवकल समीकरण कहलाता है। इसे हम निम्न प्रकार लिख सकते हैं

$$\frac{dy}{dx} = h\left(\frac{y}{x}\right)$$

इस प्रकार के अवकल समीकरण को हल करने के लिए सर्वप्रथम $\frac{y}{x} = v$ या $y = vx$ रखकर, x के सापेक्ष अवकलन ज्ञात करने पर, $\frac{dy}{dx} = v + x\frac{dv}{dx}$ प्राप्त होता है।

समघातीय रूप में परिवर्तनीय अवकल समीकरण Differential Equations Reducible to Homogeneous Form

यदि दी गई अवकल समीकरण निम्न है

$$\frac{dy}{dx} = \frac{a_1x + b_1y + c_1}{a_2x + b_2y + c_2}, \text{ जहाँ } \frac{a_1}{a_2} \neq \frac{b_1}{b_2}$$

यह समीकरण समघात समीकरण नहीं है। यदि c_1 तथा c_2 क्रमशः अंश तथा हर में नहीं होते, तब यह प्रथम घात (first degree) का समघात समीकरण होता और तब इसकी हल करने की विधि पूर्वोक्त की भाँति होती।

समीकरण को समघात रूप में परिवर्तित करने के लिए c_1 तथा c_2 का विलोपन निम्न प्रकार करते हैं

माना $x = X + h$ तथा $y = Y + k$

जहाँ, h तथा k अचर राशियाँ हैं, जिन्हें ज्ञात करना है।

$$\Rightarrow \quad \frac{dy}{dx} = \frac{dY}{dX}$$

तथा उपरोक्त अवकल समीकरण को निम्न रूप में बदला जाता है

$$\frac{dY}{dX} = \frac{a_1X + b_1Y + c_1 + a_1h + b_1k}{a_2X + b_2Y + c_2 + a_2h + b_2k}$$

$$\Rightarrow \quad \frac{dY}{dX} = \frac{a_1X + b_1Y + (a_1h + b_1k + c_1)}{a_2X + b_2Y + (a_2h + b_2k + c_2)}$$

अब, h तथा k का मान निम्न समीकरणों को हल करके प्राप्त करते हैं

तथा $a_1h + b_1k + c_1 = 0$ ...(i)

$a_2h + b_2k + c_2 = 0$ ...(ii)

अब, उपरोक्त समीकरण निम्न रूप में प्राप्त होती है

$$\frac{dY}{dX} = \frac{a_1X + b_1Y}{a_2X + b_2Y}$$

जोकि X तथा Y में समघात अवकल समीकरण है, जिसे निम्न प्रकार हल कर सकते हैं।

माना $Y = vX$

$$\Rightarrow \quad \frac{dY}{dX} = v + X\frac{dv}{dX}$$

$$\Rightarrow \quad v + X\frac{dv}{dx} = \frac{a_1 + b_1v}{a_2 + b_2v}$$

$$\Rightarrow \quad X\frac{dv}{dX} = \frac{a_1 + b_1v}{a_2 + b_2v} - v$$

अब, चरों को पृथक् करके समीकरण को हल कर सकते हैं।

आंशिक अवकल समीकरण
Partial Differential Equation

यदि किसी समीकरण में आंशिक अवकलन सम्मिलित हो, तब उसे आंशिक अवकल समीकरण कहते हैं।

जैसे— $x\frac{\partial z}{\partial x} + y\frac{\partial z}{\partial y} = \left(\frac{\partial z}{\partial y}\right)^2$

माना $z = f(x, y)$ दो स्वतन्त्र चरों x तथा y का फलन है, तब z का आंशिक अवकलन, x के सापेक्ष, y को अचर रखते हुए $\frac{\partial z}{\partial x}$ है तथा z का आंशिक अवकलन, y के सापेक्ष, x को अचर रखते हुए $\frac{\partial z}{\partial y}$ है।

संकेतन Notation

$$\Rightarrow \quad z = f(x,y)$$

$$p = \frac{\partial z}{\partial x}, q = \frac{\partial z}{\partial y}, r = \frac{\partial^2 z}{\partial x^2}, s = \frac{\partial^2 z}{\partial x \partial y} \text{ तथा } t = \frac{\partial^2 z}{\partial y^2}$$

$$\Rightarrow \quad u = f(x, y)$$

$$p = \frac{\partial u}{\partial x}, q = \frac{\partial u}{\partial y}, r = \frac{\partial^2 u}{\partial x^2}, s = \frac{\partial^2 u}{\partial x \partial y} \text{ तथा } t = \frac{\partial^2 u}{\partial y^2}$$

रैखिक आंशिक अवकल समीकरण
Linear Partial Differential Equations

एक आंशिक अवकलन को रैखिक (Linear) कहते हैं, यदि परतन्त्र चर तथा इसका आंशिक अवकलन केवल एकघातीय हो।

जैसे— (i) $\frac{\partial z}{\partial x} + \frac{\partial z}{\partial y} = xyz$ (ii) $x\frac{\partial z}{\partial x} + y\frac{\partial z}{\partial y} = z$

आंशिक अवकल समीकरण के प्रकार
Types of Partial Differential Equation

आंशिक अवकल समीकरण $f(x, y, z, p, q) = 0$ के लिए

I. पूर्ण हल है $z = F(x, y, a, b)$

या $F_1(x, y, z, a, b) = 0$ ...(i)

चूँकि इस समीकरण में दो अचर a तथा b सम्मिलित हैं। अतः यह पृष्ठों के द्वि-अनन्त निकाय से सम्बन्धित है।

II. समी (i) से a को विलुप्त करने पर,

$b = \phi(a)$ ...(ii)

तथा $\frac{\partial F_1}{\partial a} + \frac{\partial F_1}{\partial b}\phi'\cdot(a) = 0$ ...(iii)

जहाँ, ϕ एक स्वेच्छ फलन है।

प्रथम कोटि का रैखिक आंशिक अवकल समीकरण
Linear Partial Differential Equation of First Order

लैगरेंज समीकरण Lagrange's Equation

एक अर्द्ध-रैखिक आंशिक अवकल समीकरण जिसकी घात एक है, $Pp + Qq - R$ के रूप का होता है।

जहाँ, P, Q तथा $R; x, y$ तथा z के फलन हैं।

इस रूप के आंशिक अवकल समीकरण को लैगरेंज समीकरण कहते हैं। जैसे— $xyp + yzq = zx$ एक लैगरेंज समीकरण है।

$Pp + Qq = R$ के रूप का आंशिक अवकल समीकरण को हल करने के लिए लैगरेंज विधि

चरण I दिए गए अवकल समीकरण को

$$Pp + Qq = R \text{ के रूप में लिखिए।} \quad \ldots(i)$$

चरण II समी (i) का सहायक समीकरण लिखिए।

$$\frac{dx}{P} = \frac{dy}{Q} = \frac{dz}{R} \quad \ldots(ii)$$

चरण III उपरोक्त सहायक समीकरण को हल कीजिए।
माना समी (ii) के दो स्वतन्त्र हल निम्न हैं

$$u(x, y, z) = C_1 \text{ तथा } v(x, y, z) = C_2$$

चरण IV $F(u, v) = 0$, समी (i) का अभीष्ट हल है।
यदि $u = f(v)$, तब $v = f(u)$ के समतुल्य होगा।

अरैखिक आंशिक अवकल समीकरण
Non-linear Partial Differential Equation

चारपिट विधि Charpit's Method

माना
$$f(x, y, z, p, q) = 0 \quad \ldots(i)$$

$$\because \quad dz = \frac{\partial z}{\partial x}dx + \frac{\partial z}{\partial y}dy \quad \ldots(ii)$$

$$\Rightarrow \quad dz = pdx + qdy \quad \ldots(iii)$$

हम x, y, z, p तथा q में दूसरा सम्बन्ध स्थापित कर सकते हैं।

$$F(x, y, z, p, q) = 0 \quad \ldots(iv)$$

समी (i) तथा (iv) को हल करने पर, p तथा q का मान ज्ञात करके समी (iii) में प्रतिस्थापित करते हैं जिससे पूर्ण हल प्राप्त होता है।

समी (iv) को निम्न समीकरण से प्राप्त किया जा सकता है

$$\frac{dp}{\frac{\partial f}{\partial x} + p\frac{\partial f}{\partial z}} = \frac{dq}{\frac{\partial f}{\partial y} + q\frac{\partial f}{\partial z}}$$

$$= \frac{dz}{-p\frac{\partial f}{\partial p} - q\frac{\partial f}{\partial q}} = \frac{dx}{-\frac{\partial f}{\partial p}}$$

$$= \frac{dy}{-\frac{\partial f}{\partial q}} = \frac{dF}{0}$$

इसको चारपिट का सहायक समीकरण कहते हैं।

द्वितीय कोटि के आंशिक अवकल समीकरण का वर्गीकरण Classification of Partial Differential Equation of Second Order

माना z दो स्वतन्त्र चरों x तथा y का फलन है एवं एक व्यापक द्वितीय कोटि का आंशिक अवकल समीकरण निम्न है

$$Rr + Ss + Tt + f(x, y, z, p, q) = 0 \quad \ldots(i)$$

जहाँ, R, S तथा $T; x, y$ तथा z के सतत् फलन हैं। समी (i) को,

(i) D के किसी बिन्दु (x, y) पर दीर्घवृत्तीय कहते हैं, यदि $S^2 - 4RT < 0$

(ii) D के किसी बिन्दु (x, y) पर परवलयी कहते हैं, यदि $S^2 - 4RT = 0$

(iii) अतिपरवलयी कहते हैं, यदि $S^2 - 4RT > 0$

अचर गुणांकों वाले आंशिक अवकल समीकरण
Partial Differential Equation of Non-variable Coefficients

माना
$$a_0\frac{\partial^n z}{\partial x^n} + a_1\frac{\partial^n z}{\partial x^{n-1}\partial y} + \ldots + a_n\frac{\partial^n z}{\partial y^n} = f(x, y) \quad \ldots(i)$$

$$\Rightarrow \quad (a_0D^n + a_1D^{n-1}D' + \ldots + a_nD'^n)z = f(x, y) \quad \ldots(ii)$$

$$\Rightarrow \quad F(D, D')z = f(x, y) \quad \ldots(iii)$$

जहाँ, $D = \frac{\partial z}{\partial x}, D' = \frac{\partial z}{\partial x}, a_0, a_1, a_2, \ldots, a_n$ सभी अचर हैं।

समी (i), (ii) तथा (iii) को अचर गुणांकों वाला अवकल समीकरण कहते हैं।

यदि $F(D, D'), D$ तथा D' में समघातीय है, तब उपरोक्त समीकरण, समघातीय आंशिक अवकल समीकरण (Homogeneous partial differential equation) है, यदि $F(D, D')$ समघातीय नहीं है, तब D तथा D' में उपरोक्त समीकरण को असमघातीय अवकल समीकरण (Non-homogeneous partial differential equation) कहते हैं।

अर्थात्
$$\frac{\partial^2 z}{\partial x^2} + \frac{\partial^2 z}{\partial y^2} = x + y$$

$$\Rightarrow \quad D^2 + D'^2 = x + y \quad \text{[समघातीय]}$$

$$\frac{\partial^2 z}{\partial x^2} + \frac{\partial^2 z}{\partial y^2} + \frac{\partial z}{\partial x} = xy$$

$$\Rightarrow \quad D^2 + D'^2 + D = xy \quad \text{[असमघातीय]}$$

आंशिक अवकल समीकरण का पूरक फलन ज्ञात करने की विधि Method to Find Complementary Function of Partial Differential Equation

माना आंशिक अवकल समीकरण निम्न है

$$(a_0D^n + a_1D^{n-1}D' + a_2D^{n-2}D'^2 + \ldots + a_nD'^n)$$

$$\Rightarrow \quad z = f(x, y) \quad \ldots(i)$$

समी (i) का पूरक फलन, समीकरण

$$(a_0D^n + a_1D^{n-1}D' + a_2\,D^{n-2}D'^2 + \ldots + a_nD'^n)\,z = 0 \quad \ldots(ii)$$

का व्यापक हल है। तब, $D = m$ तथा $D' = 1$ समी (ii) में रखने पर,

$$a_0m^n + a_1m^{n-1} + a_2m^{n-2} + \ldots + a_m = 0 \quad \ldots(iii)$$

इसे समी (ii) का सहायक समीकरण कहते हैं।

चरण I माना $m_1, m_2, \ldots, m_n$ समी (iii) के विभिन्न मूल हैं, तब समी (i) का पूरक फलन होगा

$$(F = \phi_1(y + m_1x) + \phi_2(y + m_2x) + \ldots + \phi_n(y + m_nx)$$

जहाँ, $\phi_1, \phi_2, \ldots, \phi_n$ स्वेच्छ फलन हैं।

चरण II माना मूल m की r बार पुनरावृत्ति होती है, तब इसके संगत पूरक फलन होगा

$$(F = \phi_1(y + mx) + x\phi_2(y + mx) + x^2\phi_3(y + mx) + \ldots + x^{r-1}\phi_r(y + mx)$$

लेजेन्डर समीकरण Legendre Equation

अवकल समीकरण $(1-x^2)\frac{d^2y}{dx^2} - 2x\frac{dy}{dx} + n(n+1)y = 0$ को लेजेन्डर समीकरण कहा जाता है तथा उपरोक्त समीकरण को निम्न प्रकार भी लिखा जा सकता है

$$\frac{d}{dx}\left\{(1-x^2)\frac{dy}{dx}\right\} + n(n+1)y + 0,\ n \in I$$

इस समीकरण को अवरोही व आरोही श्रेणी में x के लिए समाकलित कर सकते हैं।

लेजेन्डर का बहुपद $P_n(x)$

Polynomial $P_n(x)$ of Legendre

लेजेन्डर का समीकरण

$$(1-x^2)\frac{d^2y}{dx^2} - 2x\frac{dy}{dx} + n(n+1)y = 0 \qquad \ldots(i)$$

x की श्रेणी के अवरोही घात का हल उपरोक्त समीकरण से निकालने पर,

$$y = a_0\left[x^n - \frac{n(n-1)}{(2n-1)2}x^{n-2} + \frac{n(n-1)(n-2)(n-3)}{(2n-1)(2n-3)2\cdot 4}x^{n-4} - \ldots\right]$$

जहाँ, a_0 स्वेच्छ अचर (Arbitrary constant) है।

अब, यदि n धनात्मक पूर्णांक है, तब $a_0 = \frac{1\cdot 3\cdot 5\ldots(2n-1)}{n!}$

उपरोक्त का हल $P_n(x)$ निम्न होगा

$$P_n(x) = \frac{1\cdot 3\cdot 5\cdot\ldots\cdot(2n-1)}{n!}\left[x^n - \frac{n(n-1)}{(2n-1)\cdot 2}x^{n-2} + \ldots\right]$$

जब $n =$ सम हो, तब अन्तिम पद प्राप्त होगा, जिसमें $\frac{1}{2}(n+1)$ पद होगा

$$(-1)^{n/2}\frac{n(n-1)(n-2)\ldots 1}{(2n-1)(2n-3)\ldots(n+1)\cdot 2\cdot 4\cdot 6\cdot\ldots\cdot(n-1)}$$

और जब $n =$ विषम हो, तब अन्तिम पद प्राप्त होगा, जिसमें $\frac{1}{2}(n+1)$ पद होगा

$$(-1)^{\frac{1}{2}(n-1)}\frac{n(n-1)(n-2)\ldots 3\cdot 2\cdot 1}{(2n-1)(2n-3)\ldots(n+2)\cdot 2\cdot 4\cdot\ldots\cdot(n-1)}x$$

को $P_n(x)$ का **लेजेन्डर फलन** (Legendre function) कहा जाएगा।

लेजेन्डर फलन का दूसरा भाग

Second Part of Legendre Function

लेजेन्डर फलन का दूसरा हल

$$(1-x^2)\frac{d^2y}{dx^2} - 2x\frac{dy}{dx} + n(n+1)y = 0$$

जहाँ, n धनात्मक पूर्णांक है।

$$y = a_0\left[x^{-n-1} + \frac{(n+1)(n+2)}{2\cdot(2n+3)}x^{-n-3} + \ldots\right]$$

$$\therefore \quad a_0 = \frac{n!}{1\cdot 3\cdot 5\cdot\ldots(2n+1)}$$

उपरोक्त हल को $Q_n(x)$ कहेंगे।

$$Q_n(x) = \frac{n!}{1\cdot 3\cdot 5\cdot\ldots(2n+1)}\left[x^{-n-1} + \frac{(n+1)(n+2)}{2\cdot(2n+3)}x^{-n-3} + \ldots\right]$$

इसलिए $Q_n(x)$ एक अविभाजित श्रेणी है।

लेजेन्डर समीकरण का व्यापक हल

Absolute Solution of Legendre Equation

माना $P_n(x)$ और $Q_n(x)$ दो स्वतंन्त्र हल है। इसलिए लेजेन्डर समीकरण का व्यापक हल होगा

$$y = AP_n(x) + BQ_n(x)$$

जहाँ, A और B दो स्वेच्छ अचर हैं।

रोड्रीग का सूत्र Rodrigue's Formula

रोड्रीग का सूत्र निम्न प्रकार है

$$P_n(x) = \frac{1}{2^n\cdot n!}\frac{d^n}{dx^n}(x^2-1)^n$$

लेजेन्डर बहुपद के ऑर्थोगोनल सिद्धान्त

Orthogonal Principle of Legendre Polynomial

(i) $\int_{-1}^{+1} P_m(x)P_n(x)\,dx = 0$, यदि $m \neq n$

(ii) $\int_{-1}^{+1} \{P_n(x)\}^2 dx = \frac{2}{2n+1}$

(iii) $\int_{-1}^{+1} P_m(x)P_n(x)\,dx = \frac{2}{(2n+1)}\delta_{m,n}$

$P_n(x)$ के लिए लाप्लास प्रथम निश्चित समाकलन

Laplace's First Definite Integral for $P_n(x)$

$$P_n(x) = \frac{1}{\pi}\int_0^{\pi}[x \pm \sqrt{x^2-1}\cos\phi]^n\,d\phi$$

जहाँ, n एक धनात्मक पूर्णांक है

$P_n(x)$ के लिए लाप्लास निश्चित समाकलन

Laplace's Definite Integral for $P_n(x)$

$$P_n(x) = \frac{1}{\pi}\int_0^{\pi}\frac{d\phi}{\{x \pm \sqrt{x^2-1}\cos\phi\}^{n+1}}$$ जहाँ, n एक धनात्मक पूर्णांक है।

बेसेल समीकरण Bessel Equation

अवकल समीकरण $x^2\frac{d^2y}{dx^2}+x\frac{dy}{dx}+(x^2-n^2)\,y=0$

को बेसेल का अवकल समीकरण कहते हैं और इस समीकरण का विशेष हल बेसेल का n क्रम का फलन कहते हैं तथा उपरोक्त समीकरण का हल निम्न है

$$y=a_0x^m\left[1-\frac{1}{(m+2)^2-n^2}x^2+\frac{1}{[(m+2)^2-n^2][(m+4)^2-n^2]}x^4-\ldots\right]$$

बेसेल फलन Bessel Function

बेसेल समीकरण $x^2\frac{d^2y}{dx^2}+x\frac{dy}{dx}+(x^2-n^2)y=0$ ...(i)

समीकरण का हल

$$y=a_0x^n\left[1-\frac{x^2}{2\cdot 2\,(n+1)}+\frac{x^4}{2\cdot 4\cdot 2^2(n+1)(n+2)}\ldots+(-1)^r\frac{x^{2r}}{(2^r r!)\cdot 2^r(n+1)(n+2)\ldots(n+r)}+\ldots\right]$$

$$=a_0x^n\sum_{r=0}^{\infty}(-1)^r\frac{x^{2r}}{2^{2r}\cdot r!(n+1)(n+2)\ldots(n+r)}$$

जहाँ, $a_0=$ स्वेच्छ चर (Arbitrary constant) है।

यदि $a_0=\frac{1}{2^n\Gamma(n+1)}$, तब इसे बेसेल फलन $J_n(x)$ कह सकते हैं।

इसी प्रकार, $J_n(x)=\frac{1}{2^n\Gamma(n+1)}\Sigma(-1)^r\frac{x^{n+2r}}{2^{2r}\cdot r!(n+1)(n+2)\ldots(n+r)}$

$[\because \Gamma(n+1)=n!]$

$$\Rightarrow\quad J_n(x)=\left(\frac{x}{2}\right)^n\frac{1}{\Gamma(n+1)}-\frac{1}{1!\Gamma(n+2)}\left(\frac{x}{2}\right)^{\Sigma}+\frac{1}{2!\Gamma(n+3)}\left(\frac{x}{2}\right)^4-\frac{1}{3!\Gamma(n+4)}\left(\frac{x}{2}\right)^6+\ldots$$

$$\Rightarrow\quad J_n(x)=\sum_{r=0}^{\infty}\frac{(-1)^r}{r!\Gamma(n+r+1)}\left(\frac{x}{2}\right)^{n+2r}$$

$$\Rightarrow\quad J_n(x)=\sum_{r=0}^{\infty}\frac{(-1)^r}{r!(n+r)!}\left(\frac{x}{2}\right)^{n+2r}\quad\ldots(ii)$$

यदि $n=0$, तब $J_0(x)=\sum_{r=0}^{\infty}\frac{(-1)^r}{(r!)^2}\left(\frac{x}{2}\right)^{2r}$

$$\Rightarrow\quad J_0(x)=i-\frac{x^2}{2^2}+\frac{x^4}{2^2.4^2}-\frac{x^6}{2^2\cdot4^2\cdot6^2}+\ldots$$

यदि $n=1$, तब $J_1(x)=\frac{x}{2}-\frac{x^3}{2^2\cdot 4}+\frac{x^5}{2^2\cdot4^2\cdot6}-\ldots$

हम एक ग्राफ बनाएँगे, जो उपरोक्त फलन पर आधारित होगा। दोनों फलन बदलती अवधि और घटते आयामों के लिए दोलित हैं।

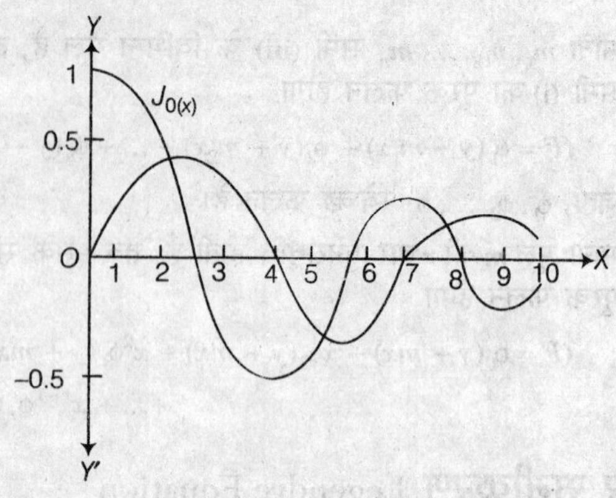

सभी (ii) में n को $-n$ से विस्थापित करने पर,

$$J_{-n}(x)=\sum_{r=0}^{\infty}\frac{(-1)^r}{r!\Gamma(-n+r+1)}\left(\frac{x}{2}\right)^{-n+2r}$$

द्वितीय प्रकार का n घातीय बेसेल फलन Second Type of n Roots Bessel Function

बेसेल समीकरण $x^2\frac{d^2y}{dx^2}+x\frac{dy}{dx}+(x^2-n^2)y=0$ ...(i)

माना $y=u(x)J_n(x)$ जब n पद, बेसेल समीकरण का दूसरा हल हो,

तब $\frac{dy}{dx}=u'J_n+uJ'_n$

तथा $\frac{d^2y}{dx^2}=u''J_n+2u'J'_n+uJ''_n$

समी (i) में y, y' तथा y'' मानों को प्रतिस्थापित करने पर,

$$x^2(u''J_n+2u'J'_n+uJ''_n)+x(u'J_n+uJ'_n)+(x^2-n^2)uJ_n=0$$

$$\Rightarrow\quad u[x^2J''_n+xJ'_n+(x^2-n^2)J_n]+x^2u''J_n+2x^2u'J'_n+xu'J_n=0\quad\ldots(ii)$$

$$\Rightarrow\quad x^2J''_n+xJ'_n+(x^2-n^2)J_n=0$$

J_n, समी (i) का हल है।

$$\therefore\quad x^2u''J_n+2x^2u'J'_n+xu'J_n=0\quad\ldots(iii)$$

समी (iii) में $x^2u'J_n$ से भाग देने पर,

$$\frac{u''}{u'}+2\frac{J'_n}{J_n}+\frac{1}{x}=0\quad\ldots(iv)$$

समी (iv) को निम्न प्रकार से लिखा जा सकता है

$$\frac{d}{dx}[\log u']+2\frac{d}{dx}[\log J_n]+\frac{d}{dx}(\log x)=0$$

$$\Rightarrow\quad\frac{d}{dx}[\log u'+2\log J_n+\log x]=0$$

$$\Rightarrow\quad\frac{d}{dx}[\log(u'\cdot J_n^2\cdot x)]=0\quad\ldots(v)$$

समी (v) का समाकलन करने पर,

$$\log u'\cdot J_n^2\cdot x=\log C_1\Rightarrow u'\cdot J_n^2\cdot x=C_1$$

$$\Rightarrow\quad u'=\frac{C_1}{J_n^2\cdot x}\quad\ldots(vi)$$

समी (vi) का समाकलन करने पर,

$$u = \int \frac{C_1}{J_n^2 \cdot x} dx + C_2$$

$y = u(x) \cdot J_n(x)$ में u का मान रखने पर,

$$y = \left[\int \frac{C_1\, dx}{J_n^2(x) \cdot x} + C_2\right] J_n(x)$$

$$\Rightarrow \quad y = C_2 J_n(x) + C_1 J_n(x) \int \frac{dx}{x J_n^2(x)}$$

$$\Rightarrow \quad y = C_2 J_n(x) + C_1 y_n(x)$$

जहाँ, $\quad y_n(x) = J_n(x) \int \frac{dx}{x J_n^2(x)}$

जब n एक पूर्णांक नहीं है, तब

$$y_n(x) = \frac{1}{\sin n\pi}[J_n(x)\cos n\pi - J_{-n}(x)]$$

जब n एक पूर्णांक है, तब

$$y_n(x) = \lim_{m \to n}\left[\frac{1}{\sin m\pi}\{J_m(x)\cos mx - J_{-m}(x)\}\right]$$

बेसेल समीकरण का व्यापक हल निम्न होगा

$$y = AJ_n(x) + BJ_{-n}(x)$$

बेसेल फलन के महत्त्वपूर्ण गुणधर्म

Important Properties of Bessel Functions

(i) $J_{-n}(t) = (-1)^n J_n(t), n \in N$

(ii) $J_0'(t) = -J_1(t)$ (iii) $J_0(0) = 1$

रीकरैन्स सूत्र Recurrence Formula

यह सूत्र समीकरणों को हल करने में अधिक उपयोगी है। अत: इन सूत्रों को ध्यान में कर लेना आवश्यक है

(i) $xJ_n' = nJ_n - xJ_{n+1}$ (ii) $xJ'_n = -nJ_n + xJ_{n-1}$

(iii) $2J'_n = J_{n-1} - J_{n+1}$ (iv) $2nJ_n = x(J_{n-1} + J_{n+1})$

(v) $\frac{d}{dx}(x^{-n}J_n) = -x^{-n}J_{n+1}$ (vi) $\frac{d}{dx}(x^n J_n) = x^n J_{n-1}$

बेर और बेई फलन Ber and Bei Functions

निम्नलिखित अवकलन समीकरण इलेक्ट्रिकल अभियान्त्रिकी के विभिन्न प्रश्नों को हल करने में सहायक है

$$x\frac{d^2y}{dx^2} + \frac{dy}{dx} - ixy = 0 \quad \ldots(i)$$

$$= 1 + \sum_{k=1}^{\infty}(-1)^k \frac{x^{4k}}{2^2 \cdot 4^2 \cdot 6^2 \ldots (4k)^2} + i\left[-\sum_{k=1}^{\infty}\frac{(-1)^k x^{4k-2}}{2^2 \cdot 4^2 \cdot 6^2 \cdot 8^2 \ldots (4k-2)^2}\right]$$

$\therefore J_0(i^{3/2}x) =$ बेर + बेई

जहाँ, बेर, $x = 1 + \sum_{k=1}^{\infty}(-1)^k \frac{x^{4k}}{2^2 \cdot 4^2 \cdot 6^2 \ldots (4k)^2}$

तथा बेई, $x = -\sum_{k=1}^{\infty}\frac{(-1)^k x^{4k-2}}{2^2 \cdot 4^2 \cdot 6^2 \cdot 8^2 \ldots (4k-2)^2}$

लाप्लास रूपान्तरण Laplace Transformation

माना $f(t)$ फलन सभी धनात्मक (ε) मानों के लिए,

$$F(s) = \int_0^{\infty} e^{-st} f(t)\, dt$$

यदि दिए गए समाकलन का अस्तित्व हो, तब इसे $f(t)$ का लाप्लास कहा जाएगा तथा इसे निम्न प्रकार दर्शाया जाता है

$$L\{f(t)\} = F(s) = \int_0^{\infty} e^{-st} f(t)\, dt$$

लाप्लास रूपान्तरण से सम्बन्धित महत्त्वपूर्ण सूत्र

Important Formulae Related to Laplace Transformation

(i) $L\{1\} = \frac{1}{s}$

(ii) $L\{t^n\} = \frac{n!}{s^{n+1}}$, जहाँ $n = 0, 1, 2, 3, \ldots$

(iii) $L\{e^{at}\} = \frac{1}{s-a}\ (s > a)$

(iv) $L\{\cosh at\} = \frac{s}{s^2 - a^2}\ (s^2 > a^2)$

(v) $L\{\sinh at\} = \frac{a}{s^2 - a^2}\ (s^2 > a^2)$

(vi) $L\{\cos at\} = \frac{s}{s^2 + a^2}\ (s > 0)$

(vii) $L\{\sin at\} = \frac{a}{s^2 + a^2}\ (s > 0)$

लाप्लास रूपान्तरण के रैखिक गुण

Linear Property of Laplace Transformation

किसी लाप्लास फलन के लिए रैखिक गुण,

$$L\{af_1(t) + bf_2(t)\} = a\,L\{f_1(t)\} + bL\{f_2(t)\}$$

यदि $L\{f(t)\} = F(s)$ है, तब $L\{f(at)\} = \frac{1}{a}F\left(\frac{s}{a}\right)$

प्रथम विस्थापन प्रमेय First Shifting Theorem

यदि $L\{f(t)\} = F(s)$ है, तब $L\{e^{at}f(t)\} = F(s-a)$

व्याख्यायित गुणधर्मों की सहायता से हम निम्नलिखित परिणाम ज्ञात कर सकते हैं

(i) $L\{e^{at}t^n\} = \frac{n!}{(s-a)^{n+1}}$

(ii) $L\{t^n\} = \frac{n!}{s^{n+1}}$

(iii) $L\{e^{at}\sinh bt\} = \frac{b}{(s-a)^2 - b^2}$

(iv) $L\{e^{at}\cosh bt\} = \frac{s-a}{(s-a)^2 - b^2}$

(v) $L\{e^{at}\sin bt\} = \frac{b}{(s-a)^2 + b^2}$

(vi) $L\{e^{at}\cos bt\} = \frac{s-a}{(s-a)^2 + b^2}$

हेविसाइड विस्थापन प्रमेय या द्वितीय रुपान्तरण गुणधर्म Heaviside Shifting Theorem or Second Transformation Property

यदि $L\{f(t)\} = F(s)$ तथा $g(t) = \begin{cases} f(t-a), & t > a \\ 0, & 0 < t < a \end{cases}$ है, तब

$L\{(g(t))\} = e^{-as}F(s)$

अस्तित्व प्रमेय Existence Theorem

यदि $f(t), t > 0$ पर निरन्तर है, जोकि a की घात है, तब

$L\{f(t)\} = F(s)$ अस्तित्व $s > a$ के लिए,

$$\int_0^\infty e^{-st} f(t)\,dt = \int_0^{t_0} e^{-st} f(t)\,dt + \int_{t_0}^\infty e^{-st} f(t)\,dt$$

$$\Rightarrow \qquad dt = I_1 + I_2$$

I_1 का अस्तित्व है, यदि $f(t)$ निरन्तर अन्तराल $[0, t_0]$ निम्न हो

$$|I_2| \le \int_{t_0}^\infty |e^{-st} f(t)\,dt|$$
$$\le \int_0^\infty e^{-st} f(t)\,|\,dt$$
$$\le \int_0^\infty e^{-st} \cdot Me^{at}\,dt$$
$$\le \int_0^\infty e^{-st-at} \cdot M dt = \frac{M}{s-a}$$

इस प्रकार लाप्लास का अस्तित्व $s > a$ के लिए होगा लेकिन यह हमेशा इसे सन्तुष्ट करें, जरूरी नहीं है।

लाप्लास रुपान्तरण के विभिन्न प्रकार Different Types of Laplace Transformation

1. $f(t)$ अवकलन का लाप्लास रुपान्तरण

Laplace Transformation of $f(t)$ Differentiation

$$L\{f'(t)\} = sL\{f(t)\} - f(0), \text{ जहाँ } L\{f(t)\} = F(s)$$

2. n कोटि के अवकलन का लाप्लास रुपान्तरण

Laplace Transformation of n order's Differentiation

$$L\{f^n(t)\} = s^n L\{f(t)\} - s^{n-1} f(0) - s^{n-2} f'(0) - s^{n-3} f''(0) - \ldots - f^{n-1}(0)$$

3. $f(t)$ समाकलन का लाप्लास रुपान्तरण

Laplace Transformation of $f(t)$ Integration

$$L\left\{\int_0^t f(t)\,dt\right\} = \frac{1}{s}F(s), \text{ जहाँ } L\{f(t)\} = F(s)$$

4. $t^n \cdot f(t)$ का लाप्लास रुपान्तरण

Laplace Transformation of $t^n \cdot f(t)$

यदि $L\{f(t)\} = F(s)$ है, तब $L\{t^n f(t)\} = (-1)^n \frac{d^n}{ds^n}[F(s)]$

5. $\frac{1}{t} \cdot f(t)$ का लाप्लास रुपान्तरण

Laplace Transformation of $\frac{1}{t} f(t)$

यदि $L\{f(t)\} = F(s)$ है, तब

$$L\left\{\frac{1}{t}f(t)\right\} = \int_s^\infty F(s)\,ds \Rightarrow L^{-1}\left\{\int_s^\infty F(s)\,ds\right\} = \frac{1}{t}f(t)$$

प्रारम्भिक और अन्तिम मान्यता प्रमेय First and Last Recognised Theorems

(i) प्रारम्भिक मान्यता प्रमेय $L\{f(t)\} = F(s)$

$\Rightarrow \lim_{t \to 0} f(t) = \lim_{s \to \infty}[sF(s)]$, दी गई सीमा के अस्तित्व में है।

(ii) अन्तिम मान्यता प्रमेय $L\{f(t)\} = F(s)$

$\Rightarrow \lim_{t \to \infty} f(t) = \lim_{s \to 0}[sF(s)]$, दी गई सीमा के अस्तित्व में है।

चरघातांकीय समाकलन फलन $\int_t^\infty \left(\frac{e^{-x}}{x}\right) dx$

Exponential Integral Function $\int_t^\infty \left(\frac{e^{-x}}{x}\right) dx$

माना $f(t) = \int_t^\infty \frac{e^{-x}}{x}\,dx \quad \Rightarrow f'(t) = -\frac{e^{-t}}{t} \quad \Rightarrow t f'(t) = -e^{-t}$

[यहाँ ऋणात्मक चिह्न, सीमा के निम्न होने के कारण आया है]

t के लाप्लास रुपान्तरण के बाद,

$$L\{tf'(t)\} = L\{-e^{-t}\} = -L\{e^{-t}\}$$

$$\Rightarrow \quad -\frac{d}{ds}[sF(s) - f(0)] = -\frac{1}{s+1}$$

$$\Rightarrow \quad \frac{d}{ds}[sF(s)] = \frac{1}{s+1} \qquad \left[\because f(0) = \text{अचर, तब } \frac{d}{dx}f(0) = 0\right]$$

दोनों भागों का समाकलन करने पर,

$$sF(s) = \log(s+1) + C \qquad \ldots\text{(i)}$$

अब, अन्तिम मान्यता प्रमेय के द्वारा प्राप्त है

$$\lim_{s \to 0} sF(s) = \lim_{t \to \infty} f(t) \qquad \ldots\text{(ii)}$$

इस प्रकार, $\lim_{s \to 0}[sF(s)] = \lim_{s \to 0}[\log(s+1) + C]$

$$= 0 + C = C \qquad \ldots\text{(iii)}$$

पुनः $\quad \lim_{t \to \infty}[f(t)] = \lim_{t \to \infty} \int_t^\infty \left(\frac{e^{-x}}{x}\right) dx = 0 \qquad \ldots\text{(iv)}$

समी (iii) और (iv) से प्राप्त $\lim_{s \to 0}[sF(s)]$ और $\lim_{t \to \infty}[f(t)]$ के मान समी (ii) में रखने पर,

$$C = 0$$

समी (i) से, $\quad sF(s) = \log(s+1) \Rightarrow F(s) = \left[\frac{\log(s+1)}{s}\right]$

$$\therefore \quad L\left\{\int_t^\infty \left(\frac{e^{-x}}{x}\right) dx\right\} = \left[\frac{\log(s+1)}{s}\right]$$

पूरक त्रुटि फलन Complementary Error Function

इस फलन को निम्न प्रकार परिभाषित किया जा सकता है

$$erf_c(\sqrt{t}) = 1 - erf(\sqrt{t}) = 1 - \frac{2}{\sqrt{\pi}}\int_0^{\sqrt{t}} e^{-x^2}dx$$

$$L\{erf_c(\sqrt{t})\} = L\left\{1 - \frac{2}{\sqrt{\pi}}\int_0^{\sqrt{t}} e^{-x^2}dx\right\}$$

$$= L(1) - \frac{2}{\sqrt{\pi}} L\left\{\int_0^{\sqrt{t}} e^{-x^2}dx\right\}$$

$$= \frac{1}{s} - \frac{1}{s\sqrt{(s+1)}}$$

$$= \frac{\sqrt{(s+1)} - 1}{s\sqrt{(s+1)}}$$

$$= \frac{\{\sqrt{(s+1)} - 1\}\{\sqrt{(s+1)} + 1\}}{s\sqrt{(s+1)}\{\sqrt{(s+1)} + 1\}}$$

$$= \frac{1}{\sqrt{(s+1)}\{\sqrt{(s+1)} + 1\}}$$

$$\therefore \quad L\{erf_c(\sqrt{t})\} = \frac{1}{\sqrt{s+1}\{\sqrt{s+1+1}\}}$$

इकाई स्टेप फलन Unit Step Function

इसकी सहायता से हम फलन का व्युत्क्रम रुपान्तरण ज्ञात कर सकते हैं तथा व्युत्क्रम रुपान्तरण को पिछली प्रमेय से नहीं निकाला जा सकता है।

इकाई स्टेप फलन $u(t-a)$ को निम्न प्रकार लिख सकते हैं

$$u(t-a) = \begin{cases} 0, \text{ यदि } t < a \\ 1, \text{ यदि } t \geq a \end{cases}, \text{ जहाँ } a \geq 0$$

इकाई फलन का लाप्लास रुपान्तरण
Laplace Transformation of Unit Function

$$L\{u(t-a)\} = \frac{e^{-as}}{s}$$

द्वितीय विस्थापन प्रमेय Second Shifting Theorem

यदि $L\{f(t)\} = F(s)$, तब $L\{f(t-a)\cdot u(t-a)\} = e^{-as}F(s)$

प्रमेय $L\{f(t)\,u(t-a)\} = e^{-as}\,L\,\{f(t+a)\}$

आवर्ती फलन Periodic Function

माना $f(t)$ आवर्ती फलन है जिसमें आवर्त T है, तब

$$L\{f(t)\} = \frac{\int_0^T e^{-st}f(t)\,dt}{1 - e^{-sT}}$$

कन्वोलूसन प्रमेय Convolution Theorem

यदि $L\{f_1(t)\} = F_1(s)$ तथा $L\{f_2(t)\} = F_2(s)$ हो, तब

$$L\left\{\int_0^t f_1(x)f_2(t-x)\,dx\right\} = F_1(s)\cdot F_2(s)$$

बेसेल फलन $J_0(x)$ और $J_1(x)$ का लाप्लास रुपान्तरण
Laplace Transformation of Bessel Functions $J_0(x)$ and $J_1(x)$

हम जानते हैं कि,

$$J_0(t) = \left[1 - \frac{t^2}{2^2} + \frac{t^4}{2^2\cdot 4^2} - \frac{t^6}{2^2\cdot 4^2\cdot 6^2} + \ldots\right]$$

$$\Rightarrow \quad L\{J_0\,(t)\} = \frac{1}{s}\left[1 + \frac{1}{s^2}\right]^{-1/2} \qquad \text{[द्विपद प्रमेय के द्वारा]}$$

$$\Rightarrow \quad L\{J_0\,(t)\} = \frac{1}{\sqrt{s^2+1}}$$

तथा $\quad L\{J_1(x)\} = -L\{J'_0\,(x)\} = -[sL\{J_0(x)\} - J'_0\,(0)]$

$$= -\left[s\cdot\frac{1}{\sqrt{s^2+1}} - 1\right] = 1 - \frac{s}{\sqrt{s^2+1}}$$

समाकलन का मूल्यांकन
Evaluation of Integration

हम विभिन्न समाकलन का मूल्यांकन कर सकते हैं, जिसकी निम्न सीमा 0 (शून्य) और उच्च सीमा ∞ अनन्त हों। मूल्यांकन केवल लाप्लास रूपान्तरण के द्वारा निम्नलिखित माध्यम से ज्ञात किया जा सकता है।

क्र.सं.	$L\{f(t)\}$	$F(s)$
(i)	e^{at}	$\frac{1}{s-a}$
(ii)	t^n	$\frac{(n+1)}{s^{n+1}}$ या $\frac{n!}{s^{n+1}}$
(iii)	$\sin at$	$\frac{a}{s^2+a^2}$
(iv)	$\cos at$	$\frac{s}{s^2+a^2}$
(v)	$\sinh at$	$\frac{a}{s^2-a^2}$
(vi)	$\cosh at$	$\frac{s}{s^2-a^2}$
(vii)	$u(t-a)$	$\frac{e^{-as}}{s}$
(viii)	$e^{bt}\sin at$	$\frac{a}{(s-b)^2+a^2}$
(ix)	$e^{bt}\cos at$	$\frac{s-b}{(s-b)^2+a^2}$
(x)	$\frac{t}{2a}\sin at$	$\frac{s}{(s^2+a^2)^2}$
(xi)	$t\cos at$	$\frac{s^2-a^2}{(s^2+a^2)^2}$
(xii)	$\frac{1}{2a^3}(\sin at - at\cos at)$	$\frac{1}{(s^2+a^2)^2}$
(xiii)	$\frac{1}{2a}(\sin at + at\cos at)$	$\frac{s^2}{(s^2+a^2)^2}$

लाप्लास प्रमेय/सिद्धान्त के गुण
Properties of Laplace Theorem/Principle

क्र.सं.	गुण	$L\{f(t)\}$	$F(s)$
(i)	मापन	$f(at)$	$\frac{1}{a}F\left(\frac{s}{a}\right), a>0$
(ii)	अवकलन	$\frac{df(t)}{dt}$ $\frac{d^2f(t)}{dt^2}$ $\frac{d^3f(t)}{dt^3}$	$sF(s)-f(0), s>0$ $s^2F(s)-sf(0)-f'(0)$ $(s^3F(s)-s^2f(0)-sf'(0)-f''(0), s>0)$
(iii)	समाकलन	$\int_0^t f(t)dt$	$\frac{1}{s}F(s),\ s>0$
(iv)	प्रारम्भिक मान	$\lim_{t\to 0} f(t)$	$\lim_{s\to 0} sF(s)$
(v)	अन्तिम मान	$\lim_{t\to\infty} f(t)$	$\lim_{s\to 0} sF(s)$
(vi)	प्रथम विस्थापन	$e^{-at}f(t)$	$F(s+a)$
(vii)	द्वितीय विस्थापन	$f(t)u(t-a)$	$e^{-as}L\{f(t+a)\}$
(viii)	t के गुणन द्वारा	$t\,f(t), t^nf(t)$	$-\frac{d}{ds}F(s), (-1)^n\frac{d^n}{ds^n}F(s)$
(ix)	t के विभाजन द्वारा	$\frac{1}{t}f(t)$	$\int_s^\infty F(s)ds$
(x)	आवर्ती फलन	$f(t)$	$\frac{\int_0^T e^{-st}f(t)}{1-e^{-st}} f(t+T)=f(t)$
(xi)	कन्वोलूसन	$f(t)\cdot g(t)$	$F(s)\cdot G(s)$

व्युत्क्रम लाप्लास रूपान्तरण
Inverse Laplace Transformation

यदि $f(t)$ और $F(s)$ दिए गए हैं, तब हम कह सकते हैं कि लाप्लास रुपान्तरण व्युत्क्रम होगा। यदि $L\{f(t)\}=F(s)$ है, तब $L^{-1}\{F(s)\}=f(t)$ जहाँ, L^{-1} को लाप्लास रुपान्तरण का व्युत्क्रम संचालक कह सकते हैं।

व्युत्क्रम लाप्लास रूपान्तरण से सम्बन्धित महत्त्वपूर्ण सूत्र Important Formulae Related to Inverse Laplace Transformation

(i) $L^{-1}\left\{\frac{1}{s}\right\}=1$ (ii) $L^{-1}\left\{\frac{1}{s^n}\right\}=\frac{t^{n-1}}{(n-1)!}$

(iii) $L^{-1}\left\{\frac{1}{s-a}\right\}=e^{at}$ (iv) $L^{-1}\left\{\frac{s}{s^2-a^2}\right\}=\cosh at$

(v) $L^{-1}\left\{\frac{1}{s^2-a^2}\right\}=\frac{1}{a}\sinh at$

(vi) $L^{-1}\left\{\frac{s}{s^2+a^2}\right\}=\cos at$ (vii) $L^{-1}\left\{\frac{1}{s^2+a^2}\right\}=\frac{1}{a}\sin at$

(viii) $L^{-1}\{F(s-a)\}=e^{at}f(t)$

(ix) $L^{-1}\left\{\frac{1}{(s-a)^2+b^2}\right\}=\frac{1}{b}e^{at}\sin bt$

(x) $L^{-1}\left\{\frac{s-a}{(s-a)^2+b^2}\right\}=e^{at}\cos bt$

(xi) $L^{-1}\left\{\frac{1}{(s-a)^2-b^2}\right\}=\frac{1}{b}e^{at}\sin\text{h}\,bt$

(xii) $L^{-1}\left\{\frac{s-a}{(s-a)^2-b^2}\right\}=e^{at}\cosh bt$

व्युत्क्रम लाप्लास रूपान्तरण के रैखिक गुण
Linear Property of Inverse Laplace Transformation

यदि $L\{f(t)\}=F(s)$ और $L\{g(t)\}=G(s)$ हैं, तब दो स्थिरांकों (Constants) C_1 व C_2 के लिए,

$$L^{-1}\{C_1F(s)+C_2G(s)\}=C_1f(t)+C_2g(t)$$

प्रथम विस्थापन गुण First Shifting Theorem

यदि $L^{-1}\{F(s)\}=-f(t)$ है, तब $L^{-1}\{F(s+a)\}=e^{-at}L^{-1}\{F(s)\}$

द्वितीय विस्थापन गुण Second Shifting Theorem

$$L^{-1}\{e^{-as}F(s)\}=f(t-a)\,u(t-a)$$

अवकलज का व्युत्क्रम लाप्लास रुपान्तरण,

$$L^{-1}\left\{\frac{d}{ds}F(s)\right\}=-t\,L^{-1}\{F(s)\}=-t\,f(t)$$

$$\Rightarrow \quad L^{-1}\{F(s)\}=-\frac{1}{t}L^{-1}\left\{\frac{d}{ds}F(s)\right\}$$

समाकलन का व्युत्क्रम लाप्लास रूपान्तरण
Inverse Laplace Transformation of Integration

$$L^{-1}\left\{\int_s^\infty F(s)\,ds\right\}=\frac{f(t)}{t}=\frac{1}{t}L^{-1}\{F(s)\}$$

$$\Rightarrow \quad L^{-1}\{F(s)\}=t\,L^{-1}\left\{\int_0^\infty F(s)\,ds\right\}$$

कन्वोलूसन प्रमेय Convolution Theorem

यदि $L\left\{\int_0^t f_1(x)*f_2(t-x)\,dx\right\}=F_1(s)\cdot F_2(s)$, तब

$$L^{-1}\{F_1(s)\cdot F_2(s)\}=\int_0^t f_1(x)\cdot f_2(t-x)\,dx$$

$\frac{F(s)}{G(s)}$ का हेविसाइड व्युत्क्रम लाप्लास सूत्र

Heaviside Inverse Laplace Formula of $\frac{F(s)}{G(s)}$

यदि $F(s)$ और $G(s)$ दो बहुपदीय s में उपस्थित हैं, तब डिग्री $F(s)<$ डिग्री $G(s)$। माना $\alpha_1,\alpha_2,\alpha_3,\ldots,\alpha_n$, समीकरण $G(s)=0$ की n घात हैं, तब $\frac{F(s)}{G(s)}$ का व्युत्क्रम लाप्लास सूत्र निम्न प्रकार है

$$L^{-1}\left\{\frac{F(s)}{G(s)}\right\}=\sum_{i=1}^{n}\frac{F(\alpha_i)}{G(\alpha_i)}e^{\alpha i}\,t$$

अभ्यास प्रश्न

1. यदि अवकल समीकरण $\left(\frac{d^2y}{dx^2}\right)^5 + 4\frac{\left(\frac{d^2y}{dx^2}\right)^3}{\left(\frac{d^3y}{dx^3}\right)} + \frac{d^3y}{dx^3} = x^2 - 1$ की कोटि तथा घात क्रमशः m तथा n हैं, तब

(a) $m = 3$ तथा $n = 5$ (b) $m = 3$ तथा $n = 1$
(c) $m = 3$ तथा $n = 3$ (d) $m = 3$ तथा $n = 2$

2. द्वितीय कोटि का अवकल समीकरण है

(a) $y' + x = y^2$ (b) $y'y'' + y = \sin x$
(c) $y''' + y'' + y = 0$ (d) $y' = y$

3. अवकल समीकरण $\frac{d^2y}{dx^2} + x\frac{dy}{dx} + \sin y + x^2 = 0$ का प्रकार है

(a) रेखीय (b) समघात (c) कोटि 2 (d) घात 2

4. किस अवकल समीकरण की कोटि और घात समान होगी?

(a) $\frac{d^4y}{dx^4} + 8\left(\frac{dy}{dx}\right)^6 + 5y = e^x$

(b) $5\left(\frac{d^3y}{dx^3}\right)^4 + 8\left(1 + \frac{dy}{dx}\right)^2 + 5y = x^8$

(c) $\left[1 + \left(\frac{dy}{dx}\right)^3\right]^{\frac{2}{3}} = 4\frac{d^3y}{dx^3}$

(d) $y = x^2\frac{dy}{dx} + \sqrt{1 + \left(\frac{dy}{dx}\right)^2}$

5. $y = A + Bx + Ce^{-x}$ से स्वेच्छ अचरों A, B तथा C को विलोपित करने पर प्राप्त होने वाला अवकल समीकरण है

(a) $y''' - y' = 0$ (b) $y''' - y'' + y' = 0$
(c) $y''' + y'' = 0$ (d) $y''' + y'' - y' = 0$

6. समीकरण $y = (x + K)e^{-x}$ से स्वेच्छ अचर K का विलोपन करने पर प्राप्त होने वाला अवकल समीकरण है

(a) $\frac{dy}{dx} - y = e^{-x}$ (b) $\frac{dy}{dx} - ye^x = 1$
(c) $\frac{dy}{dx} + ye^x = 1$ (d) $\frac{dy}{dx} + y = e^{-x}$

7. समीकरण $\frac{\partial z}{\partial x}e^y = \frac{\partial z}{\partial y}e^x$ का व्यापक हल है

(a) $z = ae^x - be^x$ (b) $z = e^x + e^y$
(c) $z = \phi(e^x + e^y)$ (d) इनमें से कोई नहीं

8. समीकरण $z = px + qy + p^2 + q^2$ का पूर्ण हल है

(a) $z = ax + by + a^2 + b^2$ (b) $z = ax + by$
(c) $z = a^2x^2 + z^2 + by^2$ (d) $z = ax^2 + by^2 + z^2$

9. समीकरण $\frac{\partial^2 z}{\partial x^2} - \frac{\partial^2 z}{\partial y^2} + \frac{\partial z}{\partial x} - \frac{\partial z}{\partial y} = 0$ का हल है

(a) $z = f_1(y - x) + e^{-x}f_2(y - x)$
(b) $z = f_1(y + x) + f_2(y - 2x)$
(c) $z = e^{-x}f(y - x)$
(d) $z = f_1(y + x) + e^{-x}f_2(y - x)$

10. समीकरण $\frac{\partial^2 z}{\partial x\partial y}\left(\frac{\partial z}{\partial x} - 2\frac{\partial z}{\partial y} - 3\right) = 0$ का हल है

(a) $z = f_1(y) + f_2(x)$ (b) $z = e^{2x}f_1(y + 3x)$
(c) $z = f_1(y) + e^{2x}f_2(y + 3x)$ (d) $z = f_1(y) + f_2(x) + e^{3x}f_3(y + 3x)$

11. समीकरण $\frac{\partial^2 z}{\partial x^2} - \frac{\partial^2 z}{\partial x^2} + \frac{\partial z}{\partial x} = 1$ का हल है

(a) $z = f_1(y) + e^{-x}f_2(y + x) + x$
(b) $z = f_1(y) + e^{-x}f_2(y + x)$
(c) $z = x$
(d) उपरोक्त में से कोई नहीं

12. $\frac{\partial^2 z}{\partial x^2} + 2\frac{\partial^2 z}{\partial x\partial y} + \frac{\partial^2 z}{\partial y^2} + 2\left(\frac{\partial z}{\partial x} + \frac{\partial z}{\partial y}\right) + z = 0$ का हल है

(a) $z = 2e^{-x}f_1(y + x)$
(b) $z = e^{-x}f_1(y - x) + xe^{-x}f_2(y - x)$
(c) $z = f_1(y - x) + xf_2(y - x)$
(d) उपरोक्त में से कोई नहीं

13. सम्बन्ध $z = (x + a)(y + b)$ निम्न में से कौन-सा आंशिक अवकल समीकरण प्रदर्शित करता है?

(a) $z = \frac{p}{q}$ (b) $z = pq$
(c) $z = p - q$ (d) इनमें से कोई नहीं

14. समीकरण $\frac{\partial^2 u}{\partial x^2} + \frac{\partial^2 u}{\partial y^2} = 0$ का व्यापक हल है

(a) $u = f(x + iy) + g(x - iy)$
(b) $u = f(x - iy) + g(x + iy)$
(c) $u = f(x + iy) - g(x - iy)$
(d) $u = f(x - iy) - g(x - iy)$

15. $x^2\frac{\partial^2 z}{\partial x^2} + 2xy\frac{\partial^2 z}{\partial x\partial y} + y^2\frac{\partial^2 z}{\partial y^2} = 0$ का हल है

(a) $z = f_1\left(\log\frac{y}{x}\right) + xf_2\left(\log\frac{y}{x}\right)$ (b) $z = f_1\left(\log\frac{x}{y}\right) + xf_2\left(\log\frac{y}{x}\right)$

(c) $z = f_1\left(\log\frac{x}{y}\right) \times f_2\left(\log\frac{y}{x}\right)$ (d) इनमें से कोई नहीं

16. $u_{xx} = 0$ का एक हल है

(a) $u = \int f(y)dy + \phi(x)$ (b) $u = \int f'(y)dy + f(y)dx$
(c) $u = \int f(y)dx$ (d) $u = \int f(x)dx + f(y)dy$

17. $xp + yq = z$ का हल है

(a) $f(x^2, y^2) = 0$ (b) $f(xy, yz) = 0$
(c) $f(x, y) = 0$ (d) $f\left(\frac{x}{y}, \frac{y}{z}\right) = 0$

18. $\frac{\partial^2 z}{\partial x^2} - 5\frac{\partial^2 z}{\partial x\partial y} + \frac{4\partial^2 z}{\partial y^2} = \sin(4x + y)$ का हल है

(a) $z = \frac{1}{3}x\cos(4x + y)$

(b) $z = f_1(y + x) + f_2(y + 4x)$
(c) $z = f(y + x) - \frac{1}{3}x\cos(4x + y)$
(d) $z = f_1(y + x) + f_2(y + 4x) - \frac{1}{3}x\cos(4x + 3y)$

19. $p + q = z$ का हल है
(a) $f(xy, y\log z) = 0$ (b) $f(x + y, y + \log z) = 0$
(c) $f(x - y, y - \log z) = 0$ (d) इनमें से कोई नहीं

20. $(2D^2 - 3DD' + D'^2)z = e^{x+2y}$ का विशेष समाकलन है
(a) $\frac{1}{2}e^{x+2y}$ (b) $-\frac{x}{2}e^{x+2y}$ (c) xe^{x+2y} (d) x^2e^{x+2y}

21. $(D^2 - D'^2)z = \cos(x + y)$ का विशेष समाकलन है
(a) $x\cos(x + y)$ (b) $\frac{x}{2}\cos(x + y)$
(c) $x\sin(x + y)$ (d) $\frac{x}{2}\sin(x + y)$

22. $(mz - ny)p + (nx - lz)q = ly - mx$ का हल है
(a) $f(lx + my + nz, x^2 + y^2 + z^2) = 0$
(b) $f(lx - my - nz, x^2 + y^2 + z^2) = 0$
(c) $f(mz - nx + ny) = 0$
(d) उपरोक्त में से कोई नहीं

23. $(y^2 + z^2)p - xyq = -3x$ का हल है
(a) $\phi(y/z, x^2 + y^2 + z^2) = 0$ (b) $\phi(y/z, x^2 - y^2 + z^2) = 0$
(c) $\phi(x/y, x^2 + y^2 + z^2) = 0$ (d) इनमें से कोई नहीं

24. $\int_{-1}^{1} xP_n^2(x)$ का मान है
(a) 0 (b) 1 (c) 2 (d) 3

25. $\int_{-1}^{1} xP_n(x)P'_n(x)\,dx$ का मान है
(a) $\frac{2n}{n+1}$ (b) $2(n + 1)$ (c) $\frac{2n}{2n+1}$ (d) $\frac{2n+1}{2n}$

26. $(n + 1)P_n(x) + xP'_n(x)$ का मान है
(a) $P'_n(x)$ (b) $P'_{n-1}(x)$
(c) $P'_{n+1}(x)$ (d) इनमें से कोई नहीं

27. $P'_{n+1} - P'_{n-1}$ का मान है
(a) $(2n)P_n$ (b) $(2n + 1)P_n$
(c) $(2n - 1)P_n$ (d) $(2n + 2)P_n$

28. $\int_{-1}^{1} P_n^2(x)dx$ का मान है
(a) $\frac{2n}{2n+1}$ (b) $\frac{2}{2n+1}$ (c) $\frac{n}{n+1}$ (d) $\frac{n}{n-1}$

29. $\frac{3}{5}P_1(x) + \frac{2}{5}P_3(x)$ का मान है
(a) x (b) x^2 (c) x^3 (d) x^4

30. $5x^3 + x$ का लेजेन्डरी बहुपदीय सम का मान है
(a) $P_3(x) + 4P_2(x)$ (b) $3P_2(x) + 4P_1(x)$
(c) $2P_2(x) + P_1(x)$ (d) $2P_3(x) + 4P_1(x)$

31. $P_n^m(-x)$ का मान है
(a) $(-1)^{m+n}P_n^m(x)$ (b) $(-1)^m P_n^m(x)$
(c) $(-1)^n P_n^{m+n}(x)$ (d) $(-1)^{m+n}P_n^{m+n}(x)$

32. $\int_{-1}^{1} P_n(x)dx = 2$, यदि n बराबर है
(a) 0 (b) 1 (c) –1 (d) 2

33. $\int_{-1}^{1} P_n(x)dx = 0$, यदि
(a) $n \le 1$ (b) $n \le -1$ (c) $n \le 1$ (d) $n \ge 1$

34. $[J_{1/2}(x)]^2 + [x]^2$ का मान है
(a) $\frac{1}{\pi x}$ (b) $\frac{2}{\pi x}$ (c) $\frac{2}{\pi}$ (d) $\frac{2}{x}$

35. $J_n J'_{-n} - J_n J_{-n}$ का मान है
(a) $\frac{2\sin\pi}{x\pi}$ (b) $\frac{2\sin n\pi}{z}$
(c) $\frac{-2\sin n\pi}{x\pi}$ (d) इनमें से कोई नहीं

36. $\sqrt{\frac{2}{\pi x}}\left(\frac{\sin x}{x} - \cos x\right)$ का मान है
(a) $J_{1/2}(x)$ (b) $J_{5/2}(x)$ (c) $J_{7/2}(x)$ (d) $J_{3/2}(x)$

37. $P_n(-x)$ का मान है
(a) $(-1)^n P_n(x)$ (b) $P_n(x)$
(c) 0 (d) इनमें से कोई नहीं

38. $\int_{-1}^{+1}(P_n')^2 dx$ का मान है
(a) n (b) $n(n + 1)$ (c) $(n + 1)$ (d) 1

39. $P_n'(1)$ के समान है
(a) $n(n + 1)$ (b) $(n + 1)$ (c) $\frac{1}{2}n(n + 1)$ (d) 0

40. J_0' का मान है
(a) J_1 (b) $\frac{1}{2}J_1$ (c) $-\frac{1}{2}J_1$ (d) $-J_1$

41. $J_3 + 3J_0' + 4J_0''$ का मान है
(a) –1 (b) 0
(c) 1 (d) इनमें से कोई नहीं

42. $P_{2m+1}(0)$ का मान है
(a) 1 (b) 0
(c) 2 (d) इनमें से कोई नहीं

43. $L\{\sin^3 2t\}$ का मान है
(a) $\frac{40}{(s + 4) + (s + 36)}$ (b) $\frac{1}{(s^2 + 4)(s^2 + 36)}$
(c) $\frac{16}{(s^2 + 4)(s^2 + 36)}$ (d) $\frac{48}{(s^2 + 4)(s^2 + 36)}$

44. यदि $f(t) = 1$ है, तब $L\{f(t)\}$ का मान है
(a) 0 (b) 1
(c) $\frac{1}{s}, s > 0$ (d) इनमें से कोई नहीं

45. यदि $f(t) = t^3e^{-3t}$ है, तब $L\{f(t)\}$ का मान है
(a) $\frac{3}{(s + 3)^2}$ (b) $\frac{2}{(s + 3)^2}$
(c) $\frac{6}{(s + 3)^4}$ (d) इनमें से कोई नहीं

46. $L\{e^{at}\}$ का मान है
(a) $\frac{1}{a}$ (b) $\frac{1}{(s + a)}$
(c) $\frac{1}{(s - a)}, s > a$ (d) इनमें से कोई नहीं

47. $L\{\sin at\}$ का मान है

(a) $\frac{1}{(s^2+a^2)}, s>0$ (b) $\frac{a}{(s^2+a^2)}, s>0$

(c) $\frac{s}{(s^2+a^2)}, s>0$ (d) इनमें से कोई नहीं

48. $L\{t\cosh t\}$ का मान है

(a) $\frac{(s^2+1)}{(s^2-1)}$ (b) $(s^2+1)(s^2-1)$

(c) $\frac{(s^2+1)}{(s^2-1)^2}$ (d) $\frac{(s^2+1)^2}{(s^2-1)}$

49. $\frac{1}{t}\sin^2 t$ के लाप्लास का मान है

(a) $\log(s^2+4)$ (b) $2\log\left(\frac{s^2+4}{s^2}\right)$

(c) $4\log\left(\frac{s^2+4}{s^2}\right)$ (d) $\frac{1}{4}\log\left(\frac{s^2+4}{s^2}\right)$

50. $L\{e^{at}\cos bt\}$ का मान है

(a) $\frac{a}{(s-a)^2+b^2}$ (b) $\frac{(s-a)}{(s-a)^2+b^2}$

(c) $\frac{a}{(s-b)^2+a^2}$ (d) $\frac{(s-b)}{(s-b)^2+a^2}$

51. यदि $L\{f(t)\}=F(x)$ है, तब $L\{t^n f(t)\}$ का मान है

(a) $\frac{d^n}{ds^n}[F(s)]$ (b) $(-1)^n\frac{d^n}{ds^n}[F(s)]$

(c) $\int_s^\infty F(x)\,dx$ (d) इनमें से कोई नहीं

52. $L^{-1}\left\{\frac{1}{(s-a)}\right\}$ का मान है

(a) $\log(t-a)$ (b) e^t

(c) e^{at} (d) इनमें से कोई नहीं

53. $L^{-1}\left\{\frac{1}{(s^2+a^2)}\right\}$ का मान है

(a) $\cos at$ (b) $\sin at$

(c) $\left(\frac{1}{a}\right)\cos at$ (d) $\left(\frac{1}{a}\right)\sin at$

54. $L^{-1}\left\{\frac{s}{(s^2-a^2)}\right\}$ का मान है

(a) $\sinh at$ (b) $\left(\frac{1}{a}\right)\sinh at$

(c) $\cosh at$ (d) $\left(\frac{1}{a}\right)\cosh at$

55. $L^{-1}\left\{\frac{1}{(s+a)^3}\right\}$ का मान है

(a) $\left(\frac{1}{3}\right)t^3 e^{-at}$ (b) $\left(\frac{1}{2}\right)t^2 e^{at}$

(c) $\left(\frac{1}{2}\right)t^2 e^{-at}$ (d) $\left(\frac{1}{3}\right)t^3 e^{at}$

56. यदि $L^{-1}\{F(p)\}=f(t)$ है, तब $L^{-1}\left\{\frac{F(p)}{p}\right\}$ का मान होगा

(a) $(-1)^n t^n f(t)$ (b) $\int_0^t f(x)dx$ (c) $f'(t)$ (d) $\frac{f(t)}{t}$

57. यदि $L^{-1}\{F(p)\}=f(t)$ है, तब $L^{-1}\{F(p-a)\}$ का मान है

(a) $f(t-a)$ (b) $e^{at}f(t-a)$

(c) $e^{at}f(t)$ (d) इनमें से कोई नहीं

58. $\frac{3}{s^2+4}$ का व्युत्क्रम लाप्लास रूपान्तरण है

(a) $\frac{3}{2}\sin 2t$ (b) $\frac{3}{2}\cos 2t$ (c) $\frac{2}{3}\sin 2t$ (d) $\frac{2}{3}\cos 2t$

59. $L^{-1}\left\{\frac{2s+1}{s^2-2s+2}\right\}$ का मान है

(a) $e^t\cos t+e^t\sin t$ (b) $2(e^t\cos t+e^t\sin t)$

(c) $2e^t\cos t+3e^t\sin t$ (d) $3e^t\cos t+2e^t\sin t$

60. $L^{-1}\left\{\frac{2s+2}{s^2+2s+5}\right\}$ का मान है

(a) $2e^t\sin 2t$ (b) $e^{-t}\cos 2t$ (c) $2e^t\cos t$ (d) $2e^{-t}\cos 2t$

61. $L\{t^2e^t\sin 4t\}$ का मान है

(a) $\frac{8(3s^2+6s+13)}{(s^2-2s+17)}, s<1$ (b) $\frac{8(3s^2-6s-13)}{(s^2-2s+17)^3}, s>1$

(c) $\frac{8(3s^2+6s+13)}{(s^2-2s+17)^3}, s<1$ (d) इनमें से कोई नहीं

62. $L\left\{\frac{\cos at-\cos bt}{t}\right\}$ का मान है

(a) $\frac{1}{2}\log\left(\frac{s^2+b^2}{s^2+a^2}\right)$ (b) $\frac{1}{2}\log\left(\frac{s^2-b^2}{s^2-a^2}\right)$

(c) $\frac{1}{2}\log\left(\frac{b^2-s^2}{b^2-a^2}\right)$ (d) इनमें से कोई नहीं

63. $L\left\{\int_0^\infty \frac{\sin t}{t}dt\right\}$ का मान है

(a) $\frac{\pi}{6}$ (b) $\frac{\pi}{4}$

(c) $\frac{\pi}{2}$ (d) इनमें से कोई नहीं

64. $L\left\{\int_0^\infty \frac{e^{-at}-e^{-bt}}{t}dt\right\}$ का मान है

(a) $\log\left(\frac{a}{b}\right)$ (b) $\log\left(\frac{b}{a}\right)$

(c) $\log 1$ (d) इनमें से कोई नहीं

65. $L^{-1}\left\{\frac{3s+1}{(s+1)^4}\right\}$ का मान है

(a) $e^{-t}\left(\frac{3t^2}{2}+\frac{1}{3}t^3\right)$ (b) $e^{-t}\left(\frac{3t^2}{2}-\frac{1}{3}t^3\right)$

(c) $e^t\left(\frac{3t^2}{2}+\frac{1}{3}t^3\right)$ (d) इनमें से कोई नहीं

66. $L^{-1}\left\{\frac{s}{(s+a)^2+b^2}\right\}$ का मान है

(a) $e^{-at}\left(\cos bt-\frac{a}{b}\sin bt\right)$ (b) $e^{at}\left(\cos bt+\frac{a}{b}\sin bt\right)$

(c) $e^{-at}\left(\frac{a}{b}\sin bt\right)$ (d) इनमें से कोई नहीं

67. $L^{-1}\left\{\int_s^{\infty}\left(\frac{u}{u^2+a^2}-\frac{u}{u^2+b^2}\right)du\right\}$ का मान है

(a) $\frac{\cos at + \cos bt}{t}$ (b) $\frac{\cos at - \cos bt}{t}$

(c) $\cos at - \cos bt$ (d) इनमें से कोई नहीं

68. $L^{-1}\left\{\frac{1}{s^2(s^2+1)}\right\}$ का मान है

(a) $\frac{t^2}{2} - \cos t + 1$ (b) $\frac{t^2}{2} + \cos t + 1$

(c) $\frac{t^2}{2} + \cos t - 1$ (d) इनमें से कोई नहीं

69. $L^{-1}\left\{\frac{1}{(s+1)(s-2)}\right\}$ का मान कन्वोलूसन प्रमेय द्वारा ज्ञात कीजिए।

(a) $\frac{1}{3}(e^{2t} - e^{-t})$ (b) $\frac{1}{3}(e^{2t} + e^{-t})$

(c) $\frac{1}{3}(e^{-t} - e^{2t})$ (d) इनमें से कोई नहीं

70. $L^{-1}\left\{\frac{3s+7}{s^2-2s-3}\right\}$ का मान है

(a) $4e^{3t} - e^{-t}$ (b) $4e^{3t} + e^{-t}$

(c) $4e^{-3t} + e^{t}$ (d) इनमें से कोई नहीं

उत्तरमाला

1.	(d)	2.	(b)	3.	(c)	4.	(c)	5.	(c)	6.	(d)	7.	(c)	8.	(a)	9.	(b)	10.	(d)
11.	(a)	12.	(b)	13.	(b)	14.	(a)	15.	(a)	16.	(a)	17.	(d)	18.	(d)	19.	(c)	20.	(b)
21.	(d)	22.	(a)	23.	(a)	24.	(a)	25.	(c)	26.	(c)	27.	(b)	28.	(b)	29.	(c)	30.	(d)
31.	(a)	32.	(a)	33.	(d)	34.	(b)	35.	(c)	36.	(d)	37.	(a)	38.	(b)	39.	(c)	40.	(d)
41.	(b)	42.	(b)	43.	(d)	44.	(c)	45.	(c)	46.	(c)	47.	(b)	48.	(c)	49.	(d)	50.	(b)
51.	(b)	52.	(c)	53.	(d)	54.	(c)	55.	(c)	56.	(b)	57.	(c)	58.	(a)	59.	(c)	60.	(d)
61.	(b)	62.	(a)	63.	(c)	64.	(b)	65.	(b)	66.	(a)	67.	(b)	68.	(c)	69.	(a)	70.	(a)

संकेत एवं हल

1. चूँकि किसी अवकल समीकरण की कोटि, उसमें विद्यमान उच्चतम कोटि के अवकलज की कोटि के बराबर होती है।

$\therefore$ $m = 3$

तथा $n = 2$

2. किसी अवकल समीकरण की कोटि, उसमें विद्यमान उच्चतम कोटि के अवकलज की कोटि के बराबर होती है।

3. दिए गए अवकल समीकरण $\frac{d^2y}{dx^2} + x\frac{dy}{dx} + \sin y + x^2 = 0$ में उच्चतम अवकलज की कोटि = 2 तथा घात = 1 है।

4. (a) कोटि = 4, घात = 1

(b) कोटि = 3, घात = 4

(c) कोटि = 3, घात = 3 (घन लेने पर)

(d) कोटि = 1, घात = 2 (वर्ग करने पर)

6. दिया है, $y = (x + K)e^{-x}$

$\Rightarrow \quad \frac{dy}{dx} = -(x+K)e^{-x} + e^{-x}$

$\Rightarrow \quad \frac{dy}{dx} = -y + e^{-x}$

$\Rightarrow \quad \frac{dy}{dx} + y = e^{-x}$, जोकि अभीष्ट अवकल समीकरण है।

7. लैगरेंज का सहायक समीकरण है

$$\frac{dx}{e^y} = \frac{dy}{-e^x} = \frac{dz}{0}$$

प्रथम दो पदों से, $e^x dx + e^y dy = 0 \Rightarrow e^x + e^y = C_1$

$\frac{dz}{0}$ के प्रयोग से, $z = C_2$

अतः अभीष्ट हल निम्न है

$$f(e^x + e^y, z) = 0$$

या $z = \phi(e^x + e^y)$

8. $\because z = px + qy + p^2 + q^2$

यहाँ दिया गया समीकरण क्लेरट (Clairaut) समीकरण है।

अतः $z = ax + by + a^2 + b^2$

9. अवकल समीकरण को निम्न रूप से लिख सकते हैं ... (i)

$$(D^2 - D'^2 + D - D')z = 0$$

सहायक समीकरण है $D^2 - D'^2 + D - D' = 0$

$\Rightarrow \quad (D - D')(D + D' + 1) = 0$

13. दिया है, $z = (x + a)(y + b)$ ... (i)

$\Rightarrow \quad \frac{\partial z}{\partial x} = (y + b)$ तथा $\frac{\partial z}{\partial y} = (x + a)$

$\Rightarrow \quad p = (y + b)$ तथा $q = (x + a)$

$\therefore \quad pq = z$ [समी (i) से]

19. $\because \frac{dx}{1} = \frac{dy}{1} = \frac{dz}{z} \Rightarrow dx - dy = 0$

समाकलन करने पर,

$$x - y = C_1$$

अब, $\frac{dy}{1} = \frac{dz/2}{z}$

$\Rightarrow \quad dy - \frac{dz}{z} = 0$

समाकलन करने पर, $y - \log z = C_2$

अतः $f(x - y, y - \log z) = 0$

22. दिया हुआ समीकरण, $\frac{dx}{mz-ny}=\frac{dy}{nx-lz}=\frac{dz}{ly-mx}$

$\Rightarrow \quad xdx+ydy+zdz=0$

समाकलन करने पर,

$x^2+y^2+z^2=C_1$ तथा $ldx+mdy+ndz=0$

समाकलन करने पर,

$lx+my+nz=C_2$

अतः समीकरण हल $f(lx+my+nz, x^2+y^2+z^2)=0$

24. $\int_{-1}^{1} x P_n^2(x)=0$

$\left[\because \int_{-1}^{1} x^m P_n(x)=0,\right.$ जहाँ m तथा n धनात्मक समाकलज हैं और $\left. m<n\right]$

39. $P_n(x)$ लेजेन्डर समीकरण को सन्तुष्ट करता है।

$$(1-x^2)P_n''(x)-2xP_n'(x)+n(n+1)P_n(x)=0$$

$x=1$ लेने पर,

$$-2P_n'(1)+n(n+1)P_n(1)=0$$

जबकि, $P_n(1)=1$

अतः $\quad P_n'(1)=\frac{1}{2}n(n+1)$

41. $2^r J_n^{'''...(r-1)}=J_{n-r}-rJ_{n-r+2}+\frac{r(r-1)}{2!}J_{n-r+4}\cdots+$

$r=3$ तथा $n=0$ लेने पर प्राप्त होता है

$$8J_0''=J_{-3}-3J_{-1}+3J_1-J_3$$

पुनः $J_{-n}=(-1)^n J_n$ अतः

$$8J_0''=-J_3+3J_1+3J_1-J_3$$

$$4J_0''=3J_1-J_3 \qquad [\because J_0'=J_1]$$

अतः $\quad J_3+3J_0'+4J_0''=0$

43. $\because \sin^3 2t=\sin 2t\left(\frac{1-\cos 4t}{2}\right)$

$$=\frac{\sin 2t}{2}-\frac{\sin 2t\cos 4t}{2}$$

$$=\frac{\sin 2t}{2}-\frac{1}{2\times 2}\{\sin 6t+\sin(-2t)\}$$

$$=\frac{\sin 2t}{2}-\frac{\sin 6t}{4}+\frac{\sin 2t}{4}=\frac{3\sin 2t}{4}-\frac{\sin 6t}{4}$$

$\therefore L\{\sin^3 2t\}=L\left\{3\frac{\sin 2t}{4}\right\}-L\left\{\frac{\sin 6t}{4}\right\}$

$$=\frac{3}{4}\left\{\frac{2}{s^2+4}\right\}-\frac{1}{4}\left\{\frac{6}{s^2+36}\right\}$$

$$=\frac{6[s^2+36-s^2-4]}{4(s^2+4)(s^2+36)}$$

$$=\frac{6\times 32}{4(s^2+4)(s^2+36)}$$

$$=\frac{48}{(s^2+4)(s^2+36)}$$

45. $L\{t^3e^{-3t}\}=\frac{3!}{(s+3)^4}=\frac{6}{(s+3)^4}$

49. $L\left\{\frac{\sin^2 t}{t}\right\}=\int_s^\infty[L\{\sin^2 t\}]=\int_s^\infty\left[L\left\{\frac{1-\cos 2t}{2}\right\}\right]ds$

$$=\frac{1}{2}\int_s^\infty\left(\frac{1}{s}-\frac{s}{s^2+4}\right)ds$$

$$=\frac{1}{2}\int_s^\infty\frac{1}{s}ds-\frac{1}{2}\int_s^\infty\frac{s}{s^2+4}ds$$

$$=\frac{2}{4}(-\log s)+\frac{1}{4}\log(s^2+4)=\frac{1}{4}\log\left(\frac{s^2+4}{s^2}\right)$$

58. $L^{-1}\left\{\frac{3}{s^2+4}\right\}=3L^{-1}\left\{\frac{1}{s^2+(2)^2}\right\}=\frac{3}{2}\sin 2t$

59. $L^{-1}\left\{\frac{2s+1}{s^2-2s+2}\right\}=L^{-1}\left\{\frac{2s+1}{(s-1)^2+(1)^2}\right\}=L^{-1}\left\{\frac{2s-2+3}{(s-1)^2+(1)^2}\right\}$

$$=2L^{-1}\left\{\frac{s-1}{(s-1)^2+(1)^2}\right\}+3L^{-1}\left\{\frac{1}{(s-1)^2+(1)^2}\right\}$$

$$=2e^t\cos t+3e^t\sin t$$

60. $L^{-1}\left\{\frac{2s+2}{s^2+2s+5}\right\}=2L^{-1}\left\{\frac{s+1}{(s+1)^2+(2)^2}\right\}$

$$=2L^{-1}\left\{\frac{s-(-1)}{(s-(-1))^2+(2)^2}\right\}=2e^{-t}\cos 2t$$

62. माना $\quad f(t)=\cos at-\cos bt$

तब, $\quad L\{f(t)\}=L\{\cos at\}-L\{\cos bt\}$

$$=\frac{s}{s^2+a^2}-\frac{s}{s^2+b^2}=F(s)$$

$\because \quad L\left\{\frac{f(t)}{t}\right\}=\int_s^\infty F(s)ds$

$\therefore \quad L\left\{\frac{(\cos at-\cos bt)}{t}\right\}=\int_s^\infty\left(\frac{s}{s^2+a^2}-\frac{s}{s^2+b^2}\right)ds$

$$=\frac{1}{2}[\log(s^2+a^2)-\log(s^2+b^2)]_s^\infty$$

$$=\frac{1}{2}\left[\log\left(\frac{s^2+a^2}{s^2+b^2}\right)\right]_s^\infty=\frac{1}{2}\left[\log\frac{1+\frac{a^2}{s^2}}{1+\frac{b^2}{s^2}}\right]_s^\infty$$

$$=\frac{1}{2}\left[0-\log\left(\frac{s^2+a^2}{s^2+b^2}\right)\right]=\frac{1}{2}\log\left(\frac{s^2+b^2}{s^2+a^2}\right)$$

64. $\because L\left\{\int_0^\infty\frac{e^{-at}-e^{-bt}}{t}dt\right\}=\log\left(\frac{s+b}{s+a}\right)$

$\Rightarrow \quad \int_0^\infty e^{-st}\left(\frac{e^{-at}-e^{-bt}}{t}\right)dt=\log\left(\frac{s+b}{s+a}\right)$

दोनों तरफ $s\to 0$ लेने पर,

$$\int_0^\infty\frac{e^{-at}-e^{-bt}}{t}dt=\log\left(\frac{b}{a}\right)$$

66. $L^{-1}\left\{\frac{s}{(s+a)^2+b^2}\right\}=L^{-1}\left\{\frac{(s+a)-a}{(s+a)^2+b^2}\right\}$

$$=e^{-at}L^{-1}\left(\frac{s-a}{s^2+b^2}\right)$$

$$= e^{-at}\left[L^{-1}\left(\frac{s}{s^2+b^2}\right) - L^{-1}\left(\frac{a}{s^2+b^2}\right)\right]$$

$$= e^{-at}\left[\cos bt - \frac{a}{b}\sin bt\right]$$

68. माना $F(s) = \frac{1}{s^2+1}$, तब

$$L^{-1}\{F(s)\} = L^{-1}\left\{\frac{1}{s^2+1}\right\} = \sin t = f(t)$$

$$\therefore \quad L^{-1}\left\{\frac{F(s)}{s}\right\} = \int_0^t F(u)du$$

$$\Rightarrow L^{-1}\left\{\frac{1}{s(s^2+1)}\right\} = \int_0^t \sin u\,du = [-\cos u]_0^t = 1 - \cos t = f_1(t)$$

$$L^{-1}\left\{\frac{1}{s(s^2+1)}\right\} = \int_0^t f_1(u)du = \int_0^t f_1[1-\cos u]du$$

$$= (u - \sin u)_0^t$$

$$= t - \sin t = f_2(t)$$

$$\therefore L^{-1}\left\{\frac{1}{s^2(s^2+1)}\right\} = \int_0^t f_2(u)du = \int_0^t [u - \sin u]du$$

$$= \left(\frac{u^2}{2} + \cos u\right)_0^t$$

$$= \frac{t^2}{2} + \cos t - 1$$

69. माना $F_1(s) = \frac{1}{s+1}$ तथा $F_2(s) = \frac{1}{s-2}$

$$\therefore \quad f_1(t) = L^{-1}\{F_1(s)\} = L^{-1}\left(\frac{1}{s+1}\right) = e^{-t}$$

तथा $f_2(t) = L^{-1}\{F_2(s)\} = L^{-1}\left(\frac{1}{s-2}\right) = e^{2t}$

कन्वोलूसन प्रमेय से,

$$L^{-1}\left\{\frac{1}{(s+1)(s-2)}\right\} = \int_0^t f_1(u)f_2(t-u)du$$

$$= \int_0^t e^{-u}e^{2(t-u)}\,du = e^{2t}\int_0^t e^{-3u}du$$

$$= e^{2t}\left(\frac{e^{-3u}}{-3}\right)_0^t = \frac{1}{3}e^{2t}(1 - e^{-3t})$$

$$= \frac{1}{3}(e^{2t} - e^{-t})$$

अध्याय 23

द्विपद प्रमेय

Binomial Theorem

परिभाषा Definition

एक बीजगणितीय व्यंजक जिसमें दो पद हों, द्विपद व्यंजक (Binomial Expression) कहलाता है।

जैसे—$(2x+3), \left(x^2-\frac{1}{x}\right), (2x-3y), \left(\frac{p}{x^2}-\frac{q}{x^4}\right)$ इत्यादि।

इसी प्रकार, एक बीजगणितीय व्यंजक जिसमें तीन पद हों, त्रिपद व्यंजक (Trinomial Expression) कहलाता है। व्यापक रूप में एक बीजगणितीय व्यंजक जिसमें दो से अधिक पद हों, बहुपदी व्यंजक (Multinomial Expression) कहलाता है।

हम $(x+y)$ तथा $(x-y)$ जैसे द्विपद व्यंजकों के वर्गों तथा घनों का प्रयोग करके संख्याओं के वर्गों तथा घनों का मान ज्ञात कर सकते हैं। जैसे—$(98)^2=[(100-2)]^2, (999)^3=[(1000-1)^3]$ इत्यादि।

फिर भी, अधिक घात वाली संख्याओं जैसे—$(98)^5, (101)^6$ इत्यादि की गणना, क्रमिक गुणनफल द्वारा अधिक जटिल हो जाती हैं इस जटिलता को द्विपद्म प्रमेय द्वारा दूर किया गया।

इससे हमें $(x+y)^n$ के प्रसार की आसान विधि प्राप्त होती है जहाँ घातांक n एक पूर्णांक या परिमेय संख्या है। इस अध्याय में हम धन पूर्णांकों तथा कोई घातांक दोनों के लिए द्विपद प्रमेय का अध्ययन करेंगे।

हम जानते हैं कि,

$$(x+y)^0=1 \qquad [\because x+y\neq 0]$$

$$(x+y)^1=x+y$$

$$(x+y)^2=(x+y)(x+y)=x^2+2xy+y^2$$

$$(x+y)^3=(x+y)^2(x+y)$$
$$=x^3+3x^2y+3xy^2+y^3$$

$$(x+y)^4=(x+y)^3(x+y)$$
$$=x^4+4x^3y+6x^2y^2+4xy^3+y^4$$

उपरोक्त से स्पष्ट है कि

(i) प्रसार में पदों की कुल संख्या, घातांक से 1 अधिक है। उदाहरणत: $(x+y)^2$ के प्रसार में $(x+y)^2$ का घात 2 है जबकि प्रसार में कुल पदों की संख्या 3 है।

(ii) प्रसार के उत्तरोत्तर पद में प्रथम x की घातें एक के क्रम से घट रही हैं जबकि द्वितीय राशि y की घातें एक के क्रम से बढ़ रही हैं।

(iii) प्रसार के प्रत्येक पद में x तथा y की घातों का योग समान है और $x+y$ की घात के बराबर है।

(iv) यदि हमें दो संख्याएँ x तथा y दी गई हों तथा हमें $(x+y)^2$ ज्ञात करना हो, तो हम x तथा y को जोड़ते हैं तथा इस योग को इसी से गुणा करते हैं या दूसरी विधि में $x^2+2xy+y^2$ ज्ञात करते हैं, हम यह भी जानते हैं कि $(x+y)^3=x^3+3x^2y+3xy^2+y^3$ होता है। अब, हमें $(x+y)^4$, $(x+y)^5, (x+y)^6, (x+y)^7$ आदि के लिए व्यंजकों की आवश्यकता पड़ती है किन्तु इन सभी व्यंजकों को हम याद नहीं रख सकते हैं। द्विपद प्रमेय इस प्रकार के व्यंजकों को याद रखने में सहायता करती है।

उपरोक्त $x+y$ के प्रसारों में विभिन्न पदों के गुणांकों को निम्न प्रकार व्यवस्थित करते हैं

द्विपद	घातांक	गुणांक
$(x+y)^0$	0	1
$(x+y)^1$	1	1 1
$(x+y)^2$	2	1 2 1
$(x+y)^3$	3	1 3 3 1
$(x+y)^4$	4	1 4 6 4 1

इस व्यवस्था से स्पष्ट है कि प्रत्येक पंक्ति में कोई संख्या, इससे पहले पंक्ति की उन दो संख्याओं का योगफल है जो दी हुई संख्या के ठीक बाईं ओर तथा दाईं ओर स्थित हैं। इस व्यवस्था को किसी भी घात के लिए लिखा जा सकता है। जिसे निम्न त्रिभुज की सहायता से आसानी से ज्ञात किया जा सकता है।

पास्कल त्रिभुज Pascal's Triangle

द्विपद $(x+y)^n$ के प्रसार में प्राप्त पदों के गुणांकों को निम्न त्रिभुजाकार आकृति में आसानी से व्यवस्थित किया जा सकता है। इसे पास्कल त्रिभुज कहते हैं।

$$
\begin{array}{ll}
n=0 & 1 \\
n=1 & 1 \quad 1 \\
n=2 & 1 \quad 2 \quad 1 \\
n=3 & 1 \quad 3 \quad 3 \quad 1 \\
n=4 & 1 \quad 4 \quad 6 \quad 4 \quad 1 \\
n=5 & 1 \quad 5 \quad 10 \quad 10 \quad 5 \quad 1 \\
n=6 & 1 \quad 6 \quad 15 \quad 20 \quad 15 \quad 6 \quad 1 \\
n=7 & 1 \quad 7 \quad 21 \quad 35 \quad 35 \quad 21 \quad 7 \quad 1 \\
n=8 & 1 \quad 8 \quad 28 \quad 56 \quad 70 \quad 56 \quad 28 \quad 8 \quad 1
\end{array}
$$

इस पास्कल त्रिभुज में प्रत्येक पंक्ति में प्रथम पद तथा अन्तिम पद 1 है। प्रारम्भ तथा अन्त से समदूरस्थ (Equidistant) पद बराबर हैं। प्रत्येक पंक्ति में कोई संख्या, उससे पहली (Preceding) पंक्ति की उन दो संख्याओं का योगफल है, जो दी हुई संख्या के ठीक बाईं तथा दाईं ओर होती है।

जैसे—$n=7$ वाली पंक्ति में 21 उससे पहली ($n=6$ वाली) पंक्ति की संख्याओं 6 (बाईं) व 15 (दाईं) का योगफल है।

$$
\begin{array}{llllll}
n=3 & 1 & 3 & 3 & 1 & \\
n=4 & 1 & 1+3 & 3+3 & 3+1 & 1 \\
\text{अर्थात्} & 1 & 4 & 6 & 4 & 1
\end{array}
$$

स्पष्ट है कि पास्कल त्रिभुज की सहायता से द्विपद व्यंजक की बहुत बड़ी घातांक का मान ज्ञात करना काफी लम्बी तथा जटिल विधि है।

अत: हम ऐसे नियम ढूँढने का प्रयत्न करते हैं जिससे पास्कल त्रिभुज की ऐच्छिक पंक्ति से पहले की सारी पंक्तियों को लिखे बिना ही, द्विपद के किसी भी घात का विस्तार ज्ञात कर सकें।

हम जानते हैं कि, ${}^nC_r = \dfrac{n!}{r!(n-r)!}, 0 \le r \le n$ तथा ${}^nC_0 = 1 = {}^nC_n$

अब, पास्कल त्रिभुज को पुन: इस प्रकार लिख सकते हैं

	घात	गुणांक
$n=0;$	0	${}^0C_0$ (= 1)
$n=1;$	1	${}^1C_0$ (= 1) ${}^1C_1$ (= 1)
$n=2;$	2	${}^2C_0$ (= 1) ${}^2C_1$ (= 2) ${}^2C_2$ (= 1)
$n=3;$	3	${}^3C_0$ (= 1) ${}^3C_1$ (= 3) ${}^3C_2$ (= 3) ${}^3C_3$ (= 1)
$n=4;$	4	${}^4C_0$ (= 1) ${}^4C_1$ (= 4) ${}^4C_2$ (= 6) ${}^4C_3$ (= 4) ${}^4C_4$ (= 1)
$n=5;$	5	${}^5C_0$ (= 1) ${}^5C_1$ (= 5) ${}^5C_2$ (= 10) ${}^5C_3$ (= 10) ${}^5C_4$ (= 5) ${}^5C_5$ (= 1)

उपरोक्त से स्पष्ट है कि ${}^{n+1}C_r = {}^nC_r + {}^nC_{r-1}$ [पास्कल नियम]

अत: पूर्व पंक्तियों को लिखे बिना हम पास्कल त्रिभुज की किसी भी घात के लिए पंक्ति को लिख सकते हैं।

जैसे—$n=7$ के लिए पंक्ति ${}^7C_0\ {}^7C_1\ {}^7C_2\ {}^7C_3\ {}^7C_4\ {}^7C_5\ {}^7C_6\ {}^7C_7$ होगी।

इन प्रेक्षणों का उपयोग करके एक द्विपद के किसी ऋणोत्तर पूर्णांक n के लिए प्रसार दिखाया जा सकता है। अब, हम एक द्विपद के किसी भी (ऋणोत्तर पूर्णांक) घात के प्रसार को लिखने की अवस्था में हैं।

द्विपद प्रमेय किसी धन पूर्णांक के लिए

Binomial Theorem for Any Positive Integer

प्रमेय (Theorem) यदि x तथा a वास्तविक संख्याएँ हैं, तो सभी $n \in N$ के लिए,

$$(x+a)^n = {}^nC_0x^na^0 + {}^nC_1\,x^{n-1}a^1 + {}^nC_2x^{n-2}a^2 + \ldots + {}^nC_rx^{n-r}a^r + \ldots + {}^nC_{n-1}x^1a^{n-1} + {}^nC_nx^0a^n$$

अर्थात् $(x+a)^n = \sum_{r=0}^{n} {}^nC_rx^{n-r}a^r,$

जहाँ गुणांकों ${}^nC_0, {}^nC_1, {}^nC_2, \ldots, {}^nC_n$ को द्विपद गुणांक कहते हैं। इन्हें $C_0, C_1, C_2, \ldots, C_n$ से भी निरूपित करते हैं।

उपपत्ति (Proof) द्विपद प्रमेय की उपपत्ति गणितीय आगमन सिद्धान्त (Principle of Mathematical Induction) द्वारा की जा सकती है।

मान लीजिए कथन $P(n)$ निम्नलिखित है

$$P(n): (x+a)^n = {}^nC_0x^n + {}^nC_1x^{n-1}a + {}^nC_2x^{n-2}a^2 + \ldots + {}^nC_{n-1}xa^{n-1} + {}^nC_na^n$$

(i) $n=1$ रखने पर,

$$P(1): (x+a)^1 = {}^1C_0x^1 + {}^1C_1a^1 = x + a$$

$\Rightarrow$ $P(1)$ सत्य है।

मान लीजिए $P(n)$ किसी धन पूर्णांक $n=k$ के लिए सत्य है। अत:

$$(x+a)^k = {}^kC_0x^k + {}^kC_1x^{k-1}a + {}^kC_2x^{k-2}a^2 + \ldots + {}^kC_ka^k \quad \ldots(i)$$

अब, हम सिद्ध करेंगे कि $P(k+1)$ सत्य है अर्थात्

$$(x+a)^{k+1} = {}^{k+1}C_0x^{k+1} + {}^{k+1}C_1x^ka + {}^{k+1}C_2x^{k-1}a^2 + \ldots + {}^{k+1}C_{k+1}a^{k+1}$$

अब, $(x+a)^{k+1} = (x+a)(x+a)^k \quad \ldots(i)$

$$= (x+a)({}^kC_0x^k + {}^kC_1x^{k-1}a + {}^kC_2x^{k-2}a^2 + \ldots + {}^kC_{k-1}xa^{k-1} + {}^kC_ka^k) \quad \text{[समी (i) से]}$$

$$= ({}^kC_0x^{k+1} + {}^kC_1x^ka + {}^kC_2x^{k-1}a^2 + \ldots + {}^kC_{k-1}x^2a^{k-1} + {}^kC_kxa^k) + ({}^kC_0x^ka + {}^kC_1x^{k-1}a^2 + {}^kC_2x^{k-2}a^3 + \ldots + {}^kC_{k-1}xa^k + {}^kC_ka^{k+1}) \quad \text{[वास्तविक गुणा द्वारा]}$$

$$= {}^kC_0x^{k+1} + ({}^kC_1 + {}^kC_0)\,x^ka + ({}^kC_2 + {}^kC_1)\,x^{k-2}a^2 + \ldots + ({}^kC_k + {}^kC_{k-1})\,xa^k + {}^kC_ka^{k+1}$$

[समान पदों को समूहों में रखने पर]

$$= {}^{k+1}C_0x^{k+1} + {}^{k+1}C_1x^ka + {}^{k+1}C_2x^{k-1}a^2 + \ldots + {}^{k+1}C_kxa^k + {}^{k+1}C_{k+1}a^{k+1}$$

$[{}^{k+1}C_0 = 1, {}^kC_r + {}^kC_{r-1} = {}^{k+1}C_r$ तथा ${}^kC_k = 1 = {}^{k+1}C_{k+1}]$

अतः यदि $P(k)$ सत्य है, तो $P(k+1)$ भी सत्य है। इसलिए गणितीय आगमन सिद्धान्त से, प्रत्येक धन पूर्णांक n के लिए $P(n)$ सत्य हैं। अर्थात् प्रत्येक धन पूर्णांक n के लिए प्रमेय सत्य है।

विशेष रूप में,

(ii) a के स्थान पर $-a$ रखने पर,

$$(x-a)^n = {}^nC_0x^na^0 - {}^nC_1x^{n-1}a^1 + {}^nC_2x^{n-2}a^2 - {}^nC_3x^{n-3}a^3 + \ldots\ldots + (-1)^r\ {}^nC_rx^{n-r}a^r$$

$$= \sum_{r=0}^{n} (-1)^r\ {}^nC_r\ x^{n-r}a^r$$

(iii) a के स्थान पर 1 रखने पर,

$$(x+1)^n = {}^nC_0x^n + {}^nC_1x^{n-1} + {}^nC_2x^{n-2} + \ldots + {}^nC_rx^{n-r} + {}^nC_{n-1}x + {}^nC_n$$

$$= \sum_{r=0}^{n} {}^nC_rx^{n-r}$$

यह $(1+x)^n$ का x की घटती हुई घातों के क्रम में प्रसार है।

(iv) x के स्थान पर 1 तथा a के स्थान पर x रखने पर,

$$(1+x)^n = {}^nC_0 + {}^nC_1x + {}^nC_2x^2 + \ldots + {}^nC_rx^r + \ldots\ldots + {}^nC_{n-1}x^{n-1} + {}^nC_nx^n$$

$$= \sum_{r=0}^{n} {}^nC_rx^r$$

यह $(1+x)^n$ का x की बढ़ती हुई घातों के क्रम में प्रसार है।

(v) x के स्थान पर 1 तथा a के स्थान पर $-x$ रखने पर,

$$(1-x)^n = {}^nC_0 - {}^nC_1x + {}^nC_2\,x^2 - \ldots + (-1)^r\ {}^nC_rx^r + \ldots + (-1)^n\ {}^nC_nx^n$$

$$= \sum_{r=0}^{n} (-1)^r\ {}^nC_rx^r$$

(vi) (a) $(x+a)^n + (x-a)^n = 2\,[{}^nC_0x^n + {}^nC_2x^{n-2}a^2 + \ldots]$

(b) $(x+a)^n - (x-a)^n = 2\,[{}^nC_1x^{n-1}a + {}^nC_3x^{n-3}a^3 + \ldots]$

द्विपद प्रमेय का व्यापक पद
General Term of Binomial Theorem

हम जानते हैं कि

$$(x+a)^n = {}^nC_0\,x^na^0 + {}^nC_1\,x^{n-1}a + \ldots + {}^nC_r\,x^{n-r}a^r + \ldots + {}^nC_n\,a^n$$

$\therefore$ प्रथम पद $= {}^nC_0\,x^na^0$, द्वितीय पद $= {}^nC_1\,x^{n-1}a$ तथा

तृतीय पद $= {}^nC_2x^{n-2}a^2$ इत्यादि।

इस प्रकार, माना $(x+a)^n$ के प्रसार का व्यापक पद $(r+1)$वाँ पद है।

तब, व्यापक पद $= T_{r+1} = {}^nC_rx^{n-r}a^r$

अतः $x^{n-r}a^r$ का गुणांक ${}^nC_r$ होता है।

इसी प्रकार,

- $(x-a)^n$ के प्रसार में व्यापक पद, $T_{r+1} = (-1)^r \cdot {}^nC_rx^{n-r}a^r$
- $(1+x)^n$ के प्रसार में व्यापक पद, $T_{r+1} = {}^nC_rx^r$
- $(1-x)^n$ के प्रसार में व्यापक पद, $T_{r+1} = (-1)^r \cdot {}^nC_rx^r$

द्विपद प्रमेय के प्रसार के गुण
Properties of Expansion of Binomial Theorem

1. $(x+a)^n$ के प्रसार में पदों की संख्या $(n+1)$ होती है।
2. प्रत्येक पद में x व a के घातांकों का योग n होता है।
3. प्रारम्भ व अन्त से एक समान दूरी के पदों के द्विपद गुणांक समान होते हैं।

   चूँकि ${}^nC_r = {}^nC_{n-r}$

   $\therefore$ ${}^nC_0 = 1 = {}^nC_n,\ {}^nC_1 = {}^nC_{n-1}$

   ${}^nC_2 = {}^nC_{n-2}$ इत्यादि।
4. $(x+a)^n$ के द्विपद प्रसार में अन्त से rवाँ पद प्रारम्भ से $(n-r+2)$वाँ पद होता है।

   अतः अन्त से T_r = प्रारम्भ से $T_{(n-r+2)}$
5. यदि n विषम हो, तो $\{(x+a)^n \pm (x-a)^n\}$ के प्रसार में पदों की संख्या $\left(\frac{n+1}{2}\right)$ होती है।
6. यदि n सम हो, तो $\{(x+a)^n + (x-a)^n\}$ के प्रसार में पदों की संख्या $\left(\frac{n}{2}+1\right)$ होती है।
7. यदि n सम हो, तो $\{(x+a)^n - (x-a)^n\}$ के प्रसार में पदों की संख्या $\frac{n}{2}$ होती है।

क्रमागत पदों का अनुपात
Ratio of Consecutive Terms/Coefficients

मान लीजिए x^r तथा x^{r+1} के गुणांक क्रमशः ${}^nC_{r-1}$ तथा ${}^nC_r$ हैं।

हम जानते हैं कि, $\frac{{}^nC_r}{{}^nC_{r-1}} = \frac{n-r+1}{r}$

इसी प्रकार, $\frac{{}^nC_{r+1}}{{}^nC_r} = \frac{n-r}{r+1}$ [r के स्थान पर $r+1$ रखने पर]

$$\frac{{}^{n+1}C_{r+1}}{{}^{n+1}C_r} = \frac{n-r+2}{r+1}$$

[r के स्थान पर $r+1$ तथा n के स्थान पर $n+1$ रखने पर]

द्विपद प्रसार में मध्य पद
Middle Term in a Binomial Expansion

1. यदि n एक सम संख्या है, तो $(x+a)^n$ के प्रसार में मध्य पद $\left(\frac{n}{2}+1\right)$वाँ पद होता है।

$$T_{\frac{n}{2}+1} = {}^nC_{n/2}x^{n/2}a^{n/2}$$

2. यदि n एक विषम संख्या है, तब $(x+a)^n$ के प्रसार के मध्य पद $\left(\frac{n+1}{2}\right)$वाँ व $\left(\frac{n+3}{2}\right)$वाँ पद होते हैं।

$$T_{\frac{n+1}{2}} = {}^nC_{\frac{n-1}{2}}\,x^{\frac{n+1}{2}}\,a^{\frac{n-1}{2}}$$

तथा $$T_{\frac{n+3}{2}} = {}^nC_{\frac{n+1}{2}}\,x^{\frac{n-1}{2}}\,a^{\frac{n+1}{2}}$$

$(x+a)^n$ के प्रसार में महत्तम पद

Greatest Term in the Expansion of $(x+a)^n$

मान लीजिए $(x+a)^n$ के प्रसार में rवें तथा $(r+1)$वें पद क्रमशः T_r तथा T_{r+1} हैं, तब

$$T_r = {}^nC_{r-1}x^{n-r+1}a^{r-1} \text{ तथा } T_{r+1} = {}^nC_r x^{n-r}a^r$$

अतः
$$\frac{T_{r+1}}{T_r} = \frac{{}^nC_r\, x^{n-r}a^r}{{}^nC_{r-1}x^{n-r+1}a^{r-1}}$$

$$= \frac{\dfrac{n!}{r!(n-r)!}x^{n-r}a^r}{\dfrac{n!}{(r-1)!(n-r+1)!}x^{n-r+1}a^{r-1}} = \frac{n-r+1}{r}\cdot\frac{a}{x}$$

$$\Rightarrow \quad T_{r+1} = \frac{n-r+1}{r}\cdot\frac{a}{x}\cdot T_r$$

$\Rightarrow \quad T_{r+1} > T_r$ होगा, यदि $\dfrac{T_{r+1}}{T_r} > 1$

$\Rightarrow$ यदि $\dfrac{n-r+1}{r}\cdot\dfrac{a}{x} > 1$

$\Rightarrow$ यदि $(n+1)a - ra > rx$

$\Rightarrow$ यदि $(n+1)a > r(a+x)$

$\Rightarrow$ यदि $\dfrac{(n+1)a}{x+a} > r$

$\Rightarrow$ यदि $r < \dfrac{(n+1)a}{x+a}$

इसी प्रकार $T_{r+1} < T_r$ होगा, यदि $r > \dfrac{(n+1)a}{x+a}$

तथा $T_{r+1} = T_r$ होगा, यदि $r = \dfrac{(n+1)a}{(x+a)}$

अब निम्न दो स्थितियाँ उत्पन्न होती हैं

(a) (i) मान लीजिए $r < \dfrac{(n+1)a}{x+a} = k$ है, [जहाँ, k धन पूर्णांक है]

तब, 1 से $k-1$ तक के सभी मानों के लिए $T_{r+1} > T_r$ अर्थात्
$$T_1 < T_2 < T_3 < \ldots < T_k$$
अर्थात् $T_1, T_2, T_3, \ldots, T_{k-1}, T_k$ में से प्रत्येक पद, अपने पूर्व आने वाले पद से बड़ा है।

(ii) मान लीजिए $r = \dfrac{(n+1)a}{x+a} = k$ है [जहाँ, k धन पूर्णांक है]

तब, $T_{r+1} = T_r$

अर्थात् $T_{k+1} = T_k$

अर्थात् T_{k+1} तथा T_k दोनों बराबर होंगे।

(iii) मान लीजिए $r > \dfrac{(n+1)a}{x+a} = k$ है [जहाँ k एक धन पूर्णांक है]

तथा $k+1, k+2, k+3, \ldots$ मानों के लिए $T_{r+1} < T_r$

अर्थात् $T_{k+1} > T_{k+2} > T_{k+3} > \ldots$

अर्थात् $T_{k+1}, T_{k+2}, T_{k+3}, \ldots$ में से प्रत्येक पद, अपने पहले आने वाले पद से छोटा है।

अतः उपरोक्त तीनों स्थितियों से स्पष्ट है कि $T_k = T_{k+1}$ दोनों महत्तम पद होंगे।

(b) मान लीजिए $r = \dfrac{(n+1)a}{x+a} = k+f$ है जहाँ k एक धन पूर्णांक तथा f एक धनात्मक उचित भिन्न (Positive proper fraction) है।

स्पष्ट है कि 1 से k तक सभी मानों के लिए $T_{r+1} > T_r$

अर्थात् $T_1, T_2, T_3, \ldots, T_k$ में से प्रत्येक पद, अपने पहले पद से बड़ा होगा अर्थात् $T_1 < T_2 < T_3 < \ldots < T_k$

तथा $k+1$ से n तक के सभी मानों के लिए
$$T_{k+1} > T_{k+2} > T_{k+3} > \ldots > T_{k+1}$$
अतः स्पष्ट है कि महत्तम पद T_{k+1} होगा।

द्विपद गुणांकों के गुण

Properties of Binomial Coefficients

हम जानते हैं कि $(1+n)^n = {}^nC_0 + {}^nC_1x + {}^nC_2x^2 + \ldots + {}^nC_nx^n$ में ${}^nC_0, {}^nC_1, {}^nC_2, \ldots, {}^nC_n$ को द्विपद गुणांक कहते हैं और संक्षेप में $C_0, C_1, C_2, \ldots, C_n$ से निरूपित करते हैं।

(i) $(1+x)^n$ के प्रसार में द्विपद गुणांकों का योगफल 2^n होता है अर्थात् $C_0 + C_1 + C_2 + \ldots + C_n = 2^n$

उपपत्ति (Proof) चूँकि $(1+x)^n = C_0 + C_1x + C_2x^2 + \ldots + C_nx^n$ x के स्थान 1 रखने पर,
$$(1+1)^n = C_0 + C_1 + C_2\,1^2 + \ldots + C_n\cdot 1^n$$
$$\Rightarrow \quad 2^n = C_0 + C_1 + C_2 + \ldots + C_n$$
अतः $C_0 + C_1 + C_2 + \ldots + C_n = 2^n$

(ii) $(1+x)^n$ के प्रसार में सम गुणांकों वाले पदों का योगफल तथा विषम गुणांकों वाले पदों का योगफल बराबर होता है तथा प्रत्येक 2^{n-1} के बराबर होता है अर्थात्
$${}^nC_0 + {}^nC_2 + {}^nC_4 + \ldots = {}^nC_1 + {}^nC_3 + {}^nC_5 + \ldots = 2^{n-1}$$
उपपत्ति (Proof) चूँकि
$$(1+x)^n = {}^nC_0 + {}^nC_1x + {}^nC_2x^2 + \ldots + {}^nC_nx^n \quad \ldots(i)$$
तथा
$$2^n = {}^nC_0 + {}^nC_1 + {}^nC_2 + \ldots + {}^nC_n \quad \ldots(ii)$$
अब प्रसार (i) में $x = -1$ रखने पर,
$$0 = {}^nC_0 - {}^nC_1 + {}^nC_2 - {}^nC_3 + {}^nC_4 - {}^nC_5 + \ldots + (-1)^n\,{}^nC_n \quad \ldots(iii)$$
$$\Rightarrow \quad {}^nC_0 + {}^nC_2 + {}^nC_4 + \ldots = {}^nC_1 + {}^nC_3 + {}^nC_5 + \ldots \quad \ldots(iv)$$
पुनः प्रसार (ii) तथा (iii) को जोड़ने पर
$$2^n = 2({}^nC_0 + {}^nC_2 + {}^nC_4 + \ldots)$$
$$\Rightarrow \quad {}^nC_0 + {}^nC_2 + {}^nC_4 + \ldots = 2^{n-1} \quad \ldots(v)$$
अब, प्रसार (iv) तथा (v) से,
$${}^nC_0 + {}^nC_2 + {}^nC_4 + \ldots = {}^nC_1 + {}^nC_3 + {}^nC_5 + \ldots = 2^{n-1}$$

(iii) $C_1 + 2C_2 + 3C_3 + \ldots + nC_n = n\cdot 2^{n-1}$

उपपत्ति (Proof)

बायाँ पक्ष $= C_1 + 2C_2 + 3C_3 + \ldots + nC_n$
$$= {}^nC_1 + 2\,{}^nC_2 + 3\,{}^nC_3 + \ldots + n\,{}^nC_n$$
$$= n + 2\cdot\frac{n(n-1)}{2!} + 3\cdot\frac{n(n-1)(n-2)}{3!} + \ldots + \frac{n(n-1)(n-2)\ldots 3\cdot 2\cdot 1}{n!}$$

$$= n + \frac{n(n-1)}{1!} + \frac{n(n-1)(n-2)}{2!} + \ldots + \frac{n(n-1)(n-2)\ldots 3\cdot 2\cdot 1}{(n-1)!}$$

$$= n\left\{1 + \frac{(n-1)}{1!} + \frac{(n-1)(n-2)}{2!} + \ldots + \frac{(n-1)(n-2)\ldots 3\cdot 2\cdot 1}{(n-1)!}\right\}$$

$$= n\{{}^{n-1}C_0 + {}^{n-1}C_1 + {}^{n-2}C_2 + \ldots + {}^{n-1}C_{n-1}\} = n\cdot 2^{n-1}$$

= दायाँ पक्ष

$$\Rightarrow \quad {}^1C_1 + {}^2C_2 + {}^3C_3 + \ldots + {}^nC_n = n\cdot 2^{n-1}$$

(iv) $(1+x)^n$ के प्रसार में द्विपद गुणांकों के वर्गों का योगफल ${}^{2n}C_n$ होता है अर्थात् $(C_0)^2 + (C_1)^2 + (C_2)^2 + \ldots + (C_n)^2 = {}^{2n}C_n = \frac{2n!}{n!\,n!}$

उपपत्ति (Proof) हम जानते हैं कि,

$$(1+x)^n = {}^nC_0 + {}^nC_1x + {}^nC_2x^2 + {}^nC_3x^3 + \ldots + {}^nC_nx^n \quad \ldots(i)$$

तथा $(x+1)^n = {}^nC_0x^n + {}^nC_1x^{n-1} + {}^nC_2x^{x-2} + \ldots + {}^nC_nx^0 \quad \ldots(ii)$

समी (i) तथा (ii) के दोनों पक्षों की गुणा करने पर,

$$(1+x)^n \times (x+1)^n = ({}^nC_0 + {}^nC_1x + {}^nC_2x^2 + {}^nC_3x^3 + \ldots + {}^nC_nx^n) \times ({}^nC_0x^n + {}^nC_1x^{n-1} + {}^nC_2x^{n-2} + \ldots + {}^nC_nx^0) \quad \ldots(iii)$$

समी (iii) के दायें पक्ष में गुणा करने पर स्पष्ट है कि x^n का गुणांक

$$= ({}^nC_0)^2 + ({}^nC_1)^2 + ({}^nC_2)^2 + \ldots + ({}^nC_n)^2$$

तथा समी (iii) के बायें पक्ष $(1+x)^{2n}$ के प्रसार में x^n का गुणांक

$$= ({}^nC_0)^2 + ({}^nC_1)^2 + ({}^nC_2)^2 + \ldots + ({}^nC_n)^2$$

मान लीजिए $(1+x)^{2n}$ के प्रसार में $(r+1)$वें पद में x की घात n है, तब

$T_{r+1} = {}^{2n}C_rx^r$

यदि $r = n$ हो, तो $T_{n+1} = {}^{2n}C_nx^n$

$$\Rightarrow ({}^nC_0)^2 + ({}^nC_1)^2 + ({}^nC_2)^2 + \ldots + ({}^nC_n)^2 = {}^{2n}C_n = \frac{2n!}{n!\,n!}$$

(v) ${}^nC_1 - 2\,{}^nC_2 + 3\,{}^nC_3 - \ldots = 0$

(vi) ${}^nC_0 + 2\,{}^nC_1 + 3\,{}^nC_2 + \ldots + (n+1)\,{}^nC_n = (n+2)\,2^{n-1}$

(vii) $C_0C_r + C_1C_{r+1} + \ldots + C_{n-r}C_n = \frac{(2n)!}{(n-r)!\,(n+r)!}$

(viii) $C_0^2 - C_1^2 + C_2^2 - C_3^2 + \ldots = \begin{cases} 0, \text{ यदि } n \text{ विषम है} \\ (-1)^{n/2}\,{}^nC_{n/2}, \text{ यदि } n \text{ सम है} \end{cases}$

(ix) $C_1^2 - 2C_2^2 + 3C_3^2 - \ldots + (-1)^n\,nC_n^2 = (-1)^{\frac{n}{2}-1}\cdot\frac{n}{2}\cdot\frac{n!}{\left(\frac{n}{2}\right)!\left(\frac{n}{2}\right)!}$

जहाँ, n एक सम संख्या है।

द्विपद प्रमेय के प्रयोग से शेषफल ज्ञात करना
To Find the Remainder Using Binomial Theorem

$3k-1$ को 3 से भाग करने पर, $\frac{3k-1}{3} = \frac{3k-3+2}{3} = k-1+\frac{2}{3}$

$\therefore$ शेषफल 2 है।

इसी प्रकार, a^n को b से भाग करके शेषफल ज्ञात करने के लिए a की घातों को a^m में इस प्रकार समायोजित करते हैं कि a^m, b के समीप हो।

द्विपद प्रमेय (कोई घातांक)
Binomial Theorem (for Any Index)

मान लीजिए n एक परिमेय संख्या है तथा x एक वास्तविक संख्या इस प्रकार है कि $|x| < 1$, तब

$$(1+x)^n = 1 + nx + \frac{n(n-1)}{2!}x^2 + \frac{n(n-1)(n-2)}{3!}x^3 + \ldots$$

महत्त्वपूर्ण प्रसार Important Expansion

(i) $(1+x)^{-n} = 1 - nx + \frac{n(n+1)}{2!}x^2 - \frac{n(n+1)(n+2)}{3!}x^3 + \ldots + \frac{(-1)^r\,n(n+1)(n+2)\ldots(n+r-1)}{r!}x^r + \ldots$

(ii) $(1-x)^{-n} = 1 + nx + \frac{n(n+1)}{2!}x^2 + \frac{n(n+1)(n+2)}{3!}x^3 + \ldots + \frac{n(n+1)(n+2)\ldots(n+r-1)}{r!}x^r + \ldots$

(iii) $(1-x)^n = 1 - nx + \frac{n(n-1)}{2!}x^2 - \ldots + (-1)^r\frac{n(n-1)(n-2)\ldots(n-r+1)}{r!}x^r + \ldots$

(iv) $(1+x)^{-1} = 1 - x + x^2 - x^3 + \ldots + (-1)^r x^r + \ldots$

(v) $(1-x)^{-1} = 1 + x + x^2 + x^3 + \ldots + x^r + \ldots$

(vi) $(1+x)^{-2} = 1 - 2x + 3x^2 - 4x^3 + \ldots + (-1)^r(r+1)x^r + \ldots$

(vii) $(1-x)^{-2} = 1 + 2x + 3x^2 + 4x^3 + \ldots + (r+1)x^r + \ldots$

(viii) $(1+x)^{-3} = 1 - 3x + 6x^2 - \ldots$

(ix) $(1-x)^{-3} = 1 + 3x + 6x^2 + \ldots$

महत्तम पद Greatest Term

$(1+x)^n$ के प्रसार में महत्तम पद निम्न दो स्थितियों में ज्ञात किया जा सकता है, जबकि n एक परिमेय संख्या हो तथा x का मान 1 से कम किन्तु धनात्मक हो।

***स्थिति* I** मान लीजिए n एक धनात्मक परिमेय संख्या है तथा x का मान 1 से कम है। तब $(1+x)^n$ के प्रसार में

$$T_{r+1} = \frac{n(n-1)(n-2)\ldots(n-r+1)}{r!}x^r$$

तथा $$T_r = \frac{n(n-1)(n-2)\ldots(n-r+2)}{(r-1)!}x^r$$

अत: $$\frac{T_{r+1}}{T_r} = \frac{n-r+1}{r}x$$

अब, $T_{r+1} >=< T_r$ यदि और केवल यदि $\frac{n-r+1}{r}\cdot n >=< 1$

अर्थात् यदि और केवल यदि $\quad r <=> \frac{(n+1)}{(1+x)}\cdot x$

अत: यदि $\frac{(n+1)}{1+x}\cdot x$ एक पूर्ण संख्या k है, तो दो महत्तम पद $T_k = T_{k+1}$ प्राप्त होंगे। लेकिन यदि $\frac{(n+1)x}{1+x}$ एक पूर्ण संख्या k तथा भिन्नात्मक संख्या f का योगफल हो, तो महत्तम पद T_{k+1} प्राप्त होगा।

स्थिति II मान लीजिए n एक ऋणात्मक परिमेय संख्या हो, तब $n = -m$ जहाँ m धनात्मक संख्या है।

अत: $\frac{T_{r+1}}{T_r} = \frac{-m-r+1}{r} \cdot x = -\frac{m+r-1}{r} \cdot x$

अब, हम निम्न स्थितियों पर विचार करते हैं। यदि $m < 1$ हो, तो $\left(\frac{m+r-1}{r}\right) x$ एक धनात्मक भिन्न होगी तथा r के सभी मानों के लिए

$T_{r+1} < T_r$

अत: प्रथम पद महत्तम पद होगा।

यदि $m = 1$ हो, तो $T_{r+1} < T_r$ चूँकि x का संख्यात्मक मान 1 से कम है। अत: प्रथम पद ही महत्तम पद होगा।

यदि $m > 1$ हो, तो

$$T_{r+1} >=< T_r \text{ यदि } \frac{m+r-1}{r} \cdot x >=< 1$$

$$\Rightarrow \quad T_{r+1} >=< T_r \text{ यदि } r <=> \frac{(m-1)}{1-x} \cdot x$$

अब, मान लीजिए $\frac{(m-1)}{1-x} x = k$ (जहाँ k पूर्ण संख्या है), तो दो महत्तम पद $T_k = T_{k+1}$ प्राप्त होंगे। लेकिन मान लीजिए $\frac{(m-1)}{1-x} \cdot x$ एक पूर्णांक k तथा एक भिन्नात्मक संख्या f का योगफल हो, तो महत्तम पद T_{k+1} प्राप्त होगा।

अनन्त द्विपद श्रेणियों का योगफल
Sum of Infinite Binomial Series

अनन्त द्विपद श्रेणियों का योगफल, श्रेणियों के पदों में उपयुक्त परिवर्तन करके उन्हें द्विपद व्यंजकों के प्रसार के रूप में लिखकर, द्विपद प्रमेय द्वारा उनका योगफल आसानी से ज्ञात कर लेते हैं।

सन्निकटन Approximation

ऐसी भिन्न जिसके अंश या हर में द्विपद व्यंजक उपस्थित हो तथा चर राशि x का मान 1 से कम हो, तो भिन्न को सरल करते समय x^2 तथा उससे उच्च x की घातों के पदों को छोड़ देते हैं। क्योंकि उनका मान संख्यात्मक दृष्टि से नगण्य है।

अभ्यास प्रश्न

1. $(10002)^{3000}$ का लगभग मान होगा
(a) 1.6 (b) 1.4 (c) 1.8 (d) 1.2

2. वह बड़े-से-बड़ा पूर्णांक जो संख्या $101^{100} - 1$ को विभाजित करता है, है
(a) 100 (b) 1000 (c) 10000 (d) 100000

3. $(\sqrt{5}+1)^5 - (\sqrt{5}-1)^5$ का मान है
(a) 252 (b) 352 (c) 452 (d) 532

4. $x^5 + 10x^4a + 40x^3a^2 + 80x^2a^3 + 80xa^4 + 32a^5$ का मान है
(a) $(x+a)^5$ (b) $(3x+a)^5$
(c) $(x+2a)^5$ (d) $(x+2a)^3$

5. $(1+3\sqrt{2}x)^9 + (1-3\sqrt{2}x)^9$ के प्रसार में अशून्य पदों की संख्या है
(a) 9 (b) 0 (c) 5 (d) 10

6. $(x+a)^{100} + (x-a)^{100}$ को विस्तार कर सरल करने के बाद पदों की कुल संख्या होगी
(a) 202 (b) 51
(c) 50 (d) इनमें से कोई नहीं

7. $(1+x)^n - nx - 1$ विभाज्य है (जहाँ $n \in N$)
(a) $2x$ के द्वारा (b) x^2 के द्वारा
(c) $2x^3$ के द्वारा (d) इन सभी के द्वारा

8. यदि $(1+x)^m$ के द्विपद प्रसार में तृतीय पद $-\frac{1}{8}x^2$ है, तब m का परिमेय मान है
(a) 2 (b) 1/2 (c) 3 (d) 4

9. $(\sqrt{x}-\sqrt{y})^{17}$ के विस्तार में 16वाँ पद होगा
(a) $-136xy$ (b) $136xy$
(c) $-136xy^{15/2}$ (d) $-136xy^2$

10. $\left(x^2 - \frac{3\sqrt{3}}{x^3}\right)^{10}$ के विस्तार में x से स्वतन्त्र पद होगा
(a) 153090 (b) 150000
(c) 150090 (d) 153180

11. $\left(x^2 + \frac{a}{x}\right)^5$ के प्रसार में x का गुणांक है
(a) $9a^2$ (b) $10a^3$ (c) $10a^2$ (d) $10a$

12. $\log_e(1+3x+2x^2)$ में x^4 का गुणांक है
(a) $\frac{15}{4}$ (b) $\frac{17}{4}$
(c) $-\frac{17}{4}$ (d) इनमें से कोई नहीं

13. यदि $S_1 = \Sigma n, S_2 = \Sigma n^2, S_3 = \Sigma n^3$, तब $\lim_{n\to\infty} \frac{S_1\left(1+\frac{S_3}{8}\right)}{S_2^2}$ का मान बराबर है
(a) 3/32 (b) 3/64 (c) 9/32 (d) 9/64

14. दशमलव के चार स्थानों तक $(7.995)^{1/3}$ का शुद्ध मान होगा
(a) 1.9995 (b) 1.9996 (c) 1.9990 (d) 1.9991

15. यदि $(x+a)^n$ के विस्तार में विषम पदों का योग P तथा सम पदों का योग Q हो, तो (P^2-Q^2) का मान होगा
(a) $(x^2+a^2)^n$ (b) $(x^2-a^2)^n$
(c) $(x-a)^{2n}$ (d) $(x+a)^{2n}$

16. $\left(x^4 - \frac{1}{x^3}\right)^{15}$ के विस्तार में x^{39} का गुणांक होगा
(a) -455 (b) -105 (c) 105 (d) 455

17. यदि ^nC_r के लिए C_r को प्रयुक्त किया जाता हो, तो श्रेणी $\frac{2(n/2)!(n/2)!}{n!}[C_0^2 - 2C_1^2 + 3C_2^2 - ... + (-1)^n (n+1) C_n^2]$,

जहाँ n सम धनात्मक पूर्णांक है, का योग होगा

(a) 0 (b) $(-1)^{n/2}(n+1)$

(c) $(-1)^n (n+2)$ (d) $(-1)^{n/2}(n+2)$

18. $(1+x)^n$ के विस्तार में pवें तथा $(p+1)$वें पदों के गुणांक क्रमशः r व s हों, तो $r+s$ का मान होगा

(a) $^{n+3}C_p$ (b) $^{n+1}C_p$ (c) $^{n+2}C_p$ (d) ^nC_p

19. यदि p तथा q धनात्मक पूर्णांक हों, तो $(1+x)^{p+q}$ के विस्तार में x^p तथा x^q के गुणांक होंगे

(a) बराबर

(b) परिमाण में बराबर तथा चिन्ह में विपरीत

(c) एक-दूसरे के व्युत्क्रम

(d) उपरोक्त में से कोई नहीं

20. $\left(2x + \frac{1}{3x}\right)^6$ के प्रसार में x से स्वतन्त्र पद है

(a) $\frac{160}{9}$ (b) $\frac{80}{9}$ (c) $\frac{160}{27}$ (d) $\frac{80}{3}$

21. $(1+x)^n \left(1+\frac{1}{x}\right)^n$ के प्रसार में x से स्वतन्त्र पद है

(a) $C_0^2 + 2C_1^2 + ... + (n+1)C_n^2$

(b) $(C_0 + C_1 + ... + C_n)^2$

(c) $C_0^2 + C_1^2 + ... + C_n^2$

(d) उपरोक्त में से कोई नहीं

22. यदि $(1+x)^{21}$ के प्रसार में x^r तथा x^{r+1} के गुणांक बराबर हैं, तो r का मान है

(a) 9 (b) 10 (c) 11 (d) 12

23. यदि द्विपद $\left(\sqrt[3]{2} + \frac{1}{\sqrt[3]{3}}\right)^n$ है और यदि प्रारम्भ से सातवें पद और अन्त से सातवें पद का अनुपात $\frac{1}{6}$ हो, तो n का मान होगा

(a) 7 (b) 8

(c) 9 (d) इनमें से कोई नहीं

24. $(1+x)^{2n}$ के विस्तार में मध्य पद होगा

(a) $\frac{(2n)!}{n!}x^2$ (b) $\frac{(2n)!}{n!(n-1)!}x^{n+1}$

(c) $\frac{(2n)!}{(n!)^2}x^n$ (d) $\frac{(2n)!}{(n+1)!(n-1)!}x^n$

25. $\left(3x - \frac{1}{2x}\right)^8$ के प्रसार का 9वाँ पद है

(a) $\frac{1}{512x^9}$ (b) $\frac{-1}{512x^9}$ (c) $\frac{-1}{256x^8}$ (d) $\frac{1}{256x^8}$

26. यदि $\left(x^2 + \frac{1}{x}\right)^n$ के विस्तार में मध्य पद $924x^6$ हो, तो n का मान होगा

(a) 10 (b) 12

(c) 14 (d) इनमें से कोई नहीं

27. $\left(x - \frac{1}{x}\right)^6$ के विस्तार में x से स्वतन्त्र पद है

(a) -20 (b) 20 (c) 30 (d) -30

28. यदि $(1+x)^{14}$ के विस्तार में T_r, T_{r+1}, T_{r+2} के गुणांक समान्तर श्रेणी में हों, तो r का मान होगा

(a) 6 (b) 7 (c) 8 (d) 9

29. यदि A और B, $(1+x)^{2n}$ तथा $(1+x)^{2n-1}$ के विस्तारों में x^n के गुणांक हैं, तब

(a) $A = B$ (b) $A = 2B$

(c) $2A = B$ (d) इनमें से कोई नहीं

30. $(x^2 - 2x)^{10}$ के विस्तार में x^{16} का गुणांक है

(a) -1680 (b) 1680

(c) 3360 (d) 6720

31. $\left(2x^2 - \frac{1}{x}\right)^{12}$ के प्रसार में x से स्वतन्त्र पद होगा

(a) 10वाँ (b) 9वाँ (c) 8वाँ (d) 7वाँ

32. $\left(x + \frac{2}{x^2}\right)^{15}$ के प्रसार में x से स्वतन्त्र पद है

(a) $^{15}C_6 2^6$ (b) $^{15}C_5 2^5$ (c) $^{15}C_4 2^4$ (d) $^{15}C_8 2^8$

33. $(1+x)^{2n}$ के प्रसार में महत्तम पद का गुणांक भी महत्तम होने के लिए x का मान निम्न अन्तराल में आता है

(a) $\left(\frac{n-1}{n}, \frac{n}{n-1}\right)$ (b) $\left(\frac{n}{n+1}, \frac{n+1}{n}\right)$

(c) $\left(\frac{n}{n+2}, \frac{n+2}{n}\right)$ (d) इनमें से कोई नहीं

34. यदि n एक सम धनात्मक पूर्णांक है, तब $(1+x)^n$ के प्रसार में महत्तम पद का गुणांक भी महत्तम हो, इसकी शर्त है

(a) $\frac{n}{n+2} < x < \frac{n+2}{n}$ (b) $\frac{n+1}{n} < x < \frac{n}{n+1}$

(c) $\frac{n}{n+4} < x < \frac{n+4}{4}$ (d) इनमें से कोई नहीं

35. $\left(\frac{x^2}{2} - \frac{2}{x}\right)^9$ के विस्तार में x^{-9} का गुणांक होगा

(a) 512 (b) -512 (c) 521 (d) 251

36. $\left(x + \frac{1}{x^2}\right)^{2n}$ के विस्तार में x^m का गुणांक होगा

(a) $\frac{(2n)!}{(m)!(2n-m)!}$ (b) $\frac{(2n)!3!3!}{(2n-m)!}$

(c) $\frac{(2n)!}{\left(\frac{2n-m}{3}\right)!\left(\frac{4n+m}{3}\right)!}$ (d) इनमें से कोई नहीं

37. $\left(x - \frac{1}{2x}\right)^8$ के विस्तार में x^2 का गुणांक होगा

(a) $\frac{1}{7}$ (b) $\frac{-1}{7}$ (c) -7 (d) 7

38. $(1+x)^{10}$ के विस्तार में मध्य पद का गुणांक होगा

(a) $\frac{10!}{5!6!}$ (b) $\frac{10!}{(5!)^2}$

(c) $\frac{10!}{5!7!}$ (d) इनमें से कोई नहीं

39. $\left(x - \frac{1}{x}\right)^{18}$ के प्रसार में मध्य पद है

(a) $^{18}C_9$ (b) $-{}^{18}C_9$ (c) $^{18}C_0$ (d) $-{}^{18}C_{10}$

40. यदि $\left(x-\frac{1}{2x}\right)^n$ के विस्तार में तीसरे तथा चौथे पदों के गुणांकों का अनुपात 1 : 2 हो, तो n का मान होगा
(a) 18 (b) 16 (c) 12 (d) – 10

41. $\left(ax-\frac{1}{bx^2}\right)^{11}$ के प्रसार में x^{-7} का गुणांक होगा
(a) $\frac{462a^6}{b^5}$ (b) $\frac{462a^5}{b^6}$
(c) $\frac{-462a^5}{b^6}$ (d) $\frac{-462a^6}{b^5}$

42. $(1+x)^{43}$ के विस्तार में $(2r+1)$वें पद और $(r+2)$वें पद के गुणांक बराबर हैं, तब r का मान होगा
(a) 14 (b) 15 (c) 13 (d) 16

43. संख्या 111...1 (91 बार)
(a) अभाज्य नहीं है (b) एक सम संख्या है
(c) एक विषम संख्या नहीं है (d) इनमें से कोई नहीं

44. यदि $(x-2y-3z)^n$ के प्रसार में गुणांकों का योग 128 हो, तो $(1+x)^n$ के प्रसार में सबसे बड़ा गुणांक है
(a) 35 (b) 20
(c) 10 (d) इनमें से कोई नहीं

45. यदि $\frac{1}{{}^4C_n}=\frac{1}{{}^5C_n}+\frac{1}{{}^6C_n}$, तब n का मान होगा
(a) 3 (b) 2 (c) 1 (d) 0

46. $(x^2+x-3)^{319}$ के प्रसार में सभी गुणांकों का योग है
(a) 1 (b) 2 (c) – 1 (d) 0

47. ${}^{10}C_1+{}^{10}C_3+{}^{10}C_5+{}^{10}C_7+{}^{10}C_9$ का मान है
(a) 2^9 (b) 2^{10}
(c) $2^{10}-1$ (d) इनमें से कोई नहीं

48. ${}^{4n}C_0+{}^{4n}C_4+{}^{4n}C_8+...+{}^{4n}C_{4n}$ का मान है
(a) $2^{4n-2}+(-1)^n 2^{2n-1}$ (b) $2^{4n-2}+2^{2n-1}$
(c) $2^{2n-1}+(-1)^n 2^{4n-2}$ (d) इनमें से कोई नहीं

49. $(1+x-3x^2)^{3148}$ के विस्तार में गुणांकों का योगफल होगा
(a) 7 (b) 8 (c) – 1 (d) 1

50. $n^n\left(\frac{n+1}{2}\right)^{2n}$ होगा
(a) $<\left(\frac{n+1}{2}\right)^3$ (b) $>\left(\frac{n+1}{2}\right)^3$
(c) $<(n!)^3$ (d) इनमें से कोई नहीं

51. यदि $(1+x)^{15}=C_0+C_1x+C_2x^2+...+C_{15}x^{15}$ हो, तब $C_2+2C_3+3C_4+...+14C_{15}$ का मान है
(a) $14\cdot 2^{14}$ (b) $13\cdot 2^{14}+1$
(c) $13\cdot 2^{14}-1$ (d) इनमें से कोई नहीं

52. $(1+x+x^2)^n$ के विस्तार में गुणांकों का योग होगा
(a) 2 (b) 3^n (c) 4^n (d) 2^n

53. ${}^{15}C_0^2-{}^{15}C_1^2+{}^{15}C_2^2-...-{}^{15}C_{15}^2$ का मान है
(a) 15 (b) – 15 (c) 0 (d) 51

54. $(1+x)^5$ के विस्तार में पदों के गुणांकों का योगफल होगा
(a) 80 (b) 16 (c) 32 (d) 64

55. $\frac{1}{1!(n-1)!}+\frac{1}{3!(n-3)!}+\frac{1}{5!(n-5)!}+...$ का मान है
(a) $\frac{2^n}{n!}$ (b) $\frac{2^{n-1}}{n!}$
(c) 0 (d) इनमें से कोई नहीं

56. ${}^nC_0-\frac{1}{2}{}^nC_1+\frac{1}{3}{}^nC_2-...+(-1)^n\frac{{}^nC_n}{n+1}$ का मान है
(a) n (b) $\frac{1}{n}$ (c) $\frac{1}{n+1}$ (d) $\frac{1}{n-1}$

57. $(x+2y+3z)^8$ के विस्तार में गुणांकों का योग होगा
(a) 3^8 (b) 5^8
(c) 6^8 (d) इनमें से कोई नहीं

58. $(x^2-x-1)^{99}$ के गुणांकों का योग है
(a) 1 (b) 0
(c) – 1 (d) इनमें से कोई नहीं

59. $(1+x+x^2+x^3)^5$ के विस्तार में x की सम घातों के गुणांकों का योगफल है
(a) 256 (b) 128 (c) 512 (d) 64

60. यदि n, 1 से बड़ा पूर्णांक है, तब
$a-{}^nC_1(a-1)+{}^nC_2(a-2)+...+(-1)^n(a-n)$ का मान है
(a) a (b) 0 (c) a^2 (d) 2^n

61. $\sum_{j=0}^{200}(1+x)^j$ के प्रसार में x^{100} का गुणांक है
(a) $\binom{200}{100}$ (b) $\binom{201}{102}$ (c) $\binom{200}{101}$ (d) $\binom{201}{100}$

62. $(x+3)^{n-1}+(x+3)^{n-2}(x+2)+(x+3)^{n-3}(x+2)^2+...+(x+2)^{n-1}$ के विस्तार में x^r $[0\le r\le(n-1)]$ का गुणांक है
(a) ${}^nC_r(3^r-2^n)$ (b) ${}^nC_r(3^{n-r}-2^{n-r})$
(c) ${}^nC_r(3^r+2^{n-r})$ (d) इनमें से कोई नहीं

63. यदि x इतना छोटा इस प्रकार है कि x^3 और x की अधिकतम घात को नगण्य माना जा सकता है, तो $\frac{(1+x)^{3/2}-\left(1+\frac{1}{2}x\right)^3}{(1-x)^{1/2}}$ का लगभग मान है
(a) $-\frac{3}{8}x^2$ (b) $\frac{x}{2}-\frac{3}{8}x^2$
(c) $1-\frac{3}{8}x^2$ (d) $3x+\frac{3}{8}x^2$

64. $\frac{1}{\left(x^2+\frac{1}{x}\right)^{4/3}}$ का द्विपद प्रमेय से विस्तार किया जा सकता है, यदि
(a) $x<1$ (b) $|x|<1$ (c) $x>1$ (d) $|x|>1$

65. $(1-x)^{-4}$ के विस्तार में $(r+1)$वाँ पद होगा
(a) $\frac{x^r}{r!}$ (b) $\frac{(r+1)(r+2)(r+3)}{6}x^r$
(c) $\frac{(r+2)(r+3)}{2}x^r$ (d) इनमें से कोई नहीं

66. यदि $y=3x+6x^2+10x^3+...$, तब y के पदों में x का मान है
(a) $1-(1-y)^{-1/3}$ (b) $1-(1+y)^{1/3}$
(c) $1+(1+y)^{-1/3}$ (d) $1-(1+y)^{-1/3}$

67. $(1-x)^{3/2}$ के प्रसार में प्रथम चार पद होंगे जब $|x|<1$

(a) $1-\frac{3}{2}x+\frac{3}{8}x^2-\frac{1}{16}x^3$ (b) $1-\frac{3}{2}x-\frac{3}{8}x^2-\frac{x^3}{16}$

(c) $1-\frac{3}{2}x+\frac{3}{8}x^2+\frac{x^3}{16}$ (d) इनमें से कोई नहीं

68. $\frac{1}{\sqrt[3]{6-3x}}$ का मान होगा

(a) $6^{1/3}\left[1+\frac{x}{6}+\frac{2x^2}{6^2}+...\right]$ (b) $6^{-1/3}\left[1+\frac{x}{6}+\frac{2x^2}{6^2}+...\right]$

(c) $6^{1/3}\left[1-\frac{x}{6}+\frac{2x^2}{6^2}-...\right]$ (d) $6^{-1/3}\left[1-\frac{x}{6}+\frac{2x^2}{6^2}-...\right]$

69. $\frac{1}{(1-x)(3-x)}$ के प्रसार में x^n का गुणांक है

(a) $\frac{3^{n+1}-1}{2\cdot 3^{n+1}}$ (b) $\frac{3^{n+1}-2}{3^{n+1}}$

(c) $\left(\frac{3^{n+1}-1}{3^{n+1}}\right)$ (d) इनमें से कोई नहीं

70. $\sum_{k=1}^{n} k\left(1+\frac{1}{n}\right)^{k-1}$ का मान है

(a) $n(n-1)$ (b) $n(n+1)$ (c) n^2 (d) $(n+1)^2$

71. $(1-2x+3x^2-4x^3+...)^{-n}$ के प्रसार में x^n का गुणांक है

(a) $\frac{(2n)!}{n!}$ (b) $\frac{(2n)!}{(n!)^2}$

(c) $\frac{1(2n)!}{2(n!)^2}$ (d) इनमें से कोई नहीं

72. 217 का घनमूल है

(a) 6.01 (b) 6.04

(c) 6.02 (d) इनमें से कोई नहीं

73. $(1+x)^n$ के विस्तार में दो क्रमागत पदों के गुणांक बराबर होंगे यदि

(a) n कोई पूर्णांक है (b) n विषम है

(c) n सम है (d) इनमें से कोई नहीं

74. $(\sqrt{3}+\sqrt[8]{5})^{256}$ के विस्तार में पूर्णांक पदों की संख्या होगी

(a) 32 (b) 33 (c) 34 (d) 35

75. यदि $(x-2y+3z)^n$ के विस्तार में 45 पद हैं, तब n का मान होगा

(a) 7 (b) 8

(c) 9 (d) इनमें से कोई नहीं

76. $3^{2n+2}-8n-9$ विभाज्य है

(a) 36 से (b) 49 से

(c) 64 से (d) इनमें से कोई नहीं

77. $\sum_{r=1}^{n/2}\frac{1}{(2r-1)!(n+1-2r)!}$ का मान है

(a) $\frac{2^n}{(n-1)!}$ (b) $\frac{2^n}{2\cdot n!}$ (c) $\frac{2^n}{n!}$ (d) $\frac{2^n}{2\cdot(n-1)!}$

78. ${}^{14}C_1+{}^{14}C_3+{}^{14}C_5+...+{}^{14}C_{11}$ का मान है

(a) $2^{14}-1$ (b) $2^{14}-14$ (c) 2^{12} (d) $2^{13}-14$

79. $(1+x)^{19}$ को x के आरोही घातों में प्रसार करने पर इसके प्रसार में अन्तिम 10 गुणांकों का योग है

(a) 2^{19} (b) 2^{18}

(c) $2^{18}-{}^{19}C_1$ (d) इनमें से कोई नहीं

80. $\frac{1}{n!}+\frac{1}{2!(n-2)!}+\frac{1}{4!(n-4)!}+...$ का मान है

(a) $\frac{2^{n-2}}{(n-1)!}$ (b) $\frac{2^{n-1}}{n!}$ (c) $\frac{2^n}{n!}$ (d) $\frac{2^n}{(n+1)!}$

81. $\sum_{r=1}^{10} r\frac{{}^nC_r}{{}^nC_{r-1}}$ का मान है

(a) $10n$ (b) $9(n-4)$

(c) $5(2n-9)$ (d) इनमें से कोई नहीं

82. $aC_0+(a+b)C_1+(a+2b)C_2+...+(a+nb)C_n$ बराबर है

(a) $(2a+nb)2^n$ (b) $(2a+nb)2^{n-1}$

(c) $(na+2b)2^n$ (d) $(na+2b)2^{n-1}$

83. यदि $(1+x)^n=C_0+C_1x+C_2x^2+...+C_nx^n$, तो $C_0+5C_1+9C_2+...+(4n+1)C_n$ का मान है

(a) $n\cdot 2^n$ (b) $(n+1)2^n$ (c) $(2n+1)2^n$ (d) $(4n+1)2^n$

84. यदि $(x+y)^n$ के प्रसार में गुणांकों का योग 4096 हो, तो प्रसार में महत्तम गुणांक है

(a) 1594 (b) 792

(c) 924 (d) इनमें से कोई नहीं

85. यदि $(1+x-2x^2)^6=1+a_1x+a_2x^2+...+a_{12}x^{12}$, तो व्यंजक $a_2+a_4+a_6+...+a_{12}$ का मान है

(a) 32 (b) 63

(c) 64 (d) इनमें से कोई नहीं

86. यदि $(1+2x+3x^2)^{10}=a_0+a_1x+a_2x^2+...+a_{20}x^{20}$, तो a_1 का मान है

(a) 10 (b) 20

(c) 210 (d) इनमें से कोई नहीं

87. $(x+a)^{100}+(x-a)^{100}$ के प्रसार में कुल पदों की संख्या, सरल करने पर, है

(a) 202 (b) 51

(c) 50 (d) इनमें से कोई नहीं

88. $(x+y+z)^n$ के प्रसार में पदों की संख्या है

(a) $n+1$ (b) $n+3$

(c) $\frac{1}{2}(n+1)(n+2)$ (d) इनमें से कोई नहीं

89. $1+(1+x)+(1+x)^2+...+(1+x)^n$, $(n\geq 8)$ के प्रसार में x^8 का गुणांक है

(a) 1 (b) 2 (c) ${}^{n+1}C_{n-8}$ (d) ${}^nC_{n-8}$

90. यदि $(1+x)^m(1-x)^n$ के प्रसार में x और x^2 के गुणांक क्रमशः 3 और -6 हों, तो n का मान है

(a) 6 (b) 9 (c) 12 (d) 24

91. $(1-x+x^2)^5$ के प्रसार में x^3 का गुणांक है

(a) -20 (b) -30 (c) -50 (d) 10

92. यदि $\left(x^3-\frac{3}{x^2}\right)^{15}$ में x से स्वतन्त्र पद T_r हो, तो r का मान है

(a) 6वाँ (b) 7वाँ (c) 8वाँ (d) 10वाँ

93. $(3+7x)^{29}$ के प्रसार में यदि rवें और $(r+1)$वें पदों के गुणांक बराबर हों, तो r का मान है

(a) 15 (b) 21

(c) 14 (d) इनमें से कोई नहीं

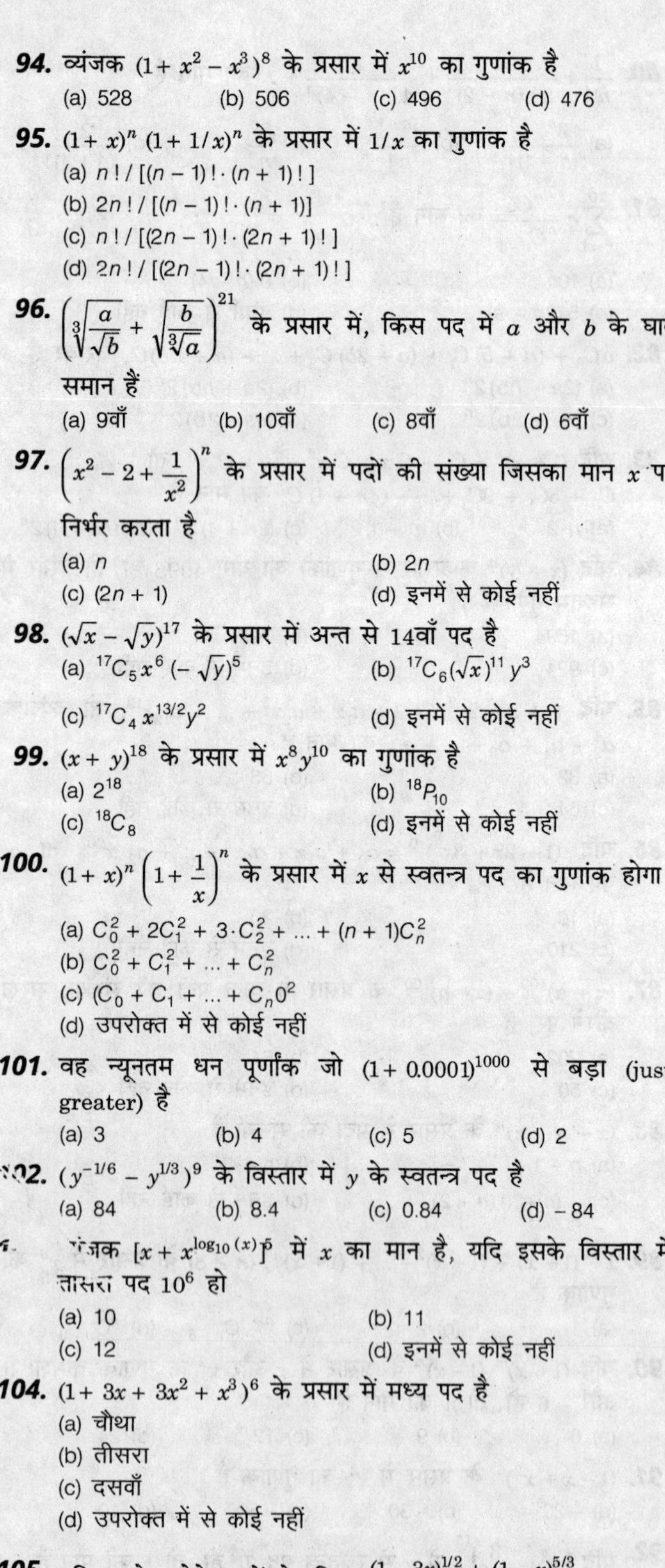

94. व्यंजक $(1+x^2-x^3)^8$ के प्रसार में x^{10} का गुणांक है
(a) 528 (b) 506 (c) 496 (d) 476

95. $(1+x)^n\ (1+1/x)^n$ के प्रसार में $1/x$ का गुणांक है
(a) $n!/[(n-1)!\cdot(n+1)!]$
(b) $2n!/[(n-1)!\cdot(n+1)]$
(c) $n!/[(2n-1)!\cdot(2n+1)!]$
(d) $2n!/[(2n-1)!\cdot(2n+1)!]$

96. $\left(\sqrt[3]{\frac{a}{\sqrt{b}}}+\sqrt{\frac{b}{\sqrt[3]{a}}}\right)^{21}$ के प्रसार में, किस पद में a और b के घात समान हैं
(a) 9वाँ (b) 10वाँ (c) 8वाँ (d) 6वाँ

97. $\left(x^2-2+\frac{1}{x^2}\right)^n$ के प्रसार में पदों की संख्या जिसका मान x पर निर्भर करता है
(a) n (b) $2n$
(c) $(2n+1)$ (d) इनमें से कोई नहीं

98. $(\sqrt{x}-\sqrt{y})^{17}$ के प्रसार में अन्त से 14वाँ पद है
(a) ${}^{17}C_5\,x^6\,(-\sqrt{y})^5$ (b) ${}^{17}C_6(\sqrt{x})^{11}\,y^3$
(c) ${}^{17}C_4\,x^{13/2}y^2$ (d) इनमें से कोई नहीं

99. $(x+y)^{18}$ के प्रसार में x^8y^{10} का गुणांक है
(a) 2^{18} (b) ${}^{18}P_{10}$
(c) ${}^{18}C_8$ (d) इनमें से कोई नहीं

100. $(1+x)^n\left(1+\frac{1}{x}\right)^n$ के प्रसार में x से स्वतन्त्र पद का गुणांक होगा
(a) $C_0^2+2C_2^2+3\cdot C_2^2+\ldots+(n+1)C_n^2$
(b) $C_0^2+C_1^2+\ldots+C_n^2$
(c) $(C_0+C_1+\ldots+C_n0^2$
(d) उपरोक्त में से कोई नहीं

101. वह न्यूनतम धन पूर्णांक जो $(1+0.0001)^{1000}$ से बड़ा (just greater) है
(a) 3 (b) 4 (c) 5 (d) 2

102. $(y^{-1/6}-y^{1/3})^9$ के विस्तार में y के स्वतन्त्र पद है
(a) 84 (b) 8.4 (c) 0.84 (d) – 84

103. व्यंजक $[x+x^{\log_{10}(x)}]^5$ में x का मान है, यदि इसके विस्तार में तीसरा पद 10^6 हो
(a) 10 (b) 11
(c) 12 (d) इनमें से कोई नहीं

104. $(1+3x+3x^2+x^3)^6$ के प्रसार में मध्य पद है
(a) चौथा
(b) तीसरा
(c) दसवाँ
(d) उपरोक्त में से कोई नहीं

105. यदि x के छोटे मानों के लिए $\frac{(1-3x)^{1/2}+(1-x)^{5/3}}{\sqrt{4-x}}$ का मान लगभग $a+bx$ हो, तो (a,b) का मान होगा
(a) $\left(1,\frac{35}{24}\right)$ (b) $\left(1,-\frac{35}{24}\right)$
(c) $\left(2,\frac{35}{12}\right)$ (d) $\left(2,-\frac{35}{12}\right)$

106. $\left(\sqrt{x}-\frac{2}{x}\right)^{18}$ में x से स्वतन्त्र पद है
(a) ${}^{18}C_6 2^6$ (b) ${}^{18}C_6 2^{12}$
(c) ${}^{18}C_{18} 2^{18}$ (d) इनमें से कोई नहीं

107. $(1+x^2)^5\ (1+x)^4$ के विस्तार में x^5 का गुणांक होगा
(a) 30 (b) 60
(c) 40 (d) इनमें से कोई नहीं

108. यदि $[\cdot]$ महत्तम पूर्णांक फलन को निरूपित करें, तो $[(6\sqrt{6}+14)^{2n+1}]$ का मान होगा
(a) एक सम पूर्णांक (b) एक विषम पूर्णांक
(c) n पर आश्रित है (d) इनमें से कोई नहीं

109. $\frac{C_1}{C_0}+2\frac{C_2}{C_1}+3\frac{C_3}{C_2}+\ldots+15\frac{C_{15}}{C_{14}}$ का मान है
(a) 100 (b) 120
(c) – 120 (d) इनमें से कोई नहीं

110. यदि $(x+y)^n$ के विस्तार में गुणांकों का योग 4096 है, तो इसके विस्तार में महत्तम गुणांक का मान होगा
(a) 1024 (b) 924 (c) 824 (d) 724

111. 7^{300} का अन्तिम अंक है
(a) 7 (b) 9 (c) 1 (d) 3

112. $\left(x-\frac{1}{x}\right)^{11}$ के विस्तार में मध्य पद होगा
(a) $231x$ और $\frac{231}{x}$
(b) $462x$ और $\frac{462}{x}$
(c) $-462x$ और $\frac{462}{x}$
(d) उपरोक्त में से कोई नहीं

113. यदि $\left(x^2+\frac{k}{x}\right)^5$ के विस्तार में x का गुणांक 270 हो, तो k का मान होगा
(a) 1 (b) 2 (c) 3 (d) 4

114. यदि $(x+a)^n$, के विस्तार में विषम पदों का योग A तथा सम पदों का योग B हो, तो
(a) $AB=\frac{1}{4}(x-a)^{2n}-(x+a)^{2n}$
(b) $2AB=(x+a)^{2n}-(x-a)^{2n}$
(c) $4AB=(x+a)^{2n}-(x-a)^{2n}$
(d) उपरोक्त में से कोई नहीं

115. यदि $(1-3x+10x^2)^n$ के विस्तार में गुणांकों का योग a तथा $(1+x^2)^n$ के विस्तार में गुणांकों का योग b हो, तो
(a) $a=3b$ (b) $a=b^3$
(c) $b=a^3$ (d) इनमें से कोई नहीं

उत्तरमाला

1.	(a)	2.	(c)	3.	(b)	4.	(c)	5.	(c)	6.	(b)	7.	(b)	8.	(b)	9.	(c)	10.	(a)
11.	(b)	12.	(c)	13.	(d)	14.	(b)	15.	(b)	16.	(a)	17.	(d)	18.	(b)	19.	(a)	20.	(c)
21.	(c)	22.	(b)	23.	(c)	24.	(c)	25.	(d)	26.	(b)	27.	(a)	28.	(d)	29.	(b)	30.	(c)
31.	(b)	32.	(b)	33.	(b)	34.	(a)	35.	(b)	36.	(c)	37.	(c)	38.	(b)	39.	(b	40.	(d)
41.	(b)	42.	(a)	43.	(a)	44.	(a)	45.	(b)	46.	(c)	47.	(a)	48.	(a)	49.	(d)	50.	(d)
51.	(b)	52.	(b)	53.	(c)	54.	(c)	55.	(b)	56.	(c)	57.	(c)	58.	(c)	59.	(c)	60.	(b)
61.	(a)	62.	(b)	63.	(a)	64.	(d)	65.	(b)	66.	(d)	67.	(c)	68.	(b)	69.	(a)	70.	(c)
71.	(b)	72.	(a)	73.	(b)	74.	(b)	75.	(b)	76.	(c)	77.	(b)	78.	(d)	79.	(b)	80.	(b)
81.	(c)	82.	(b)	83.	(c)	84.	(c)	85.	(d)	86.	(b)	87.	(b)	88.	(c)	89.	(c)	90.	(b)
91.	(b)	92.	(d)	93.	(b)	94.	(d)	95.	(b)	96.	(b)	97.	(b)	98.	(c)	99.	(c)	100.	(b)
101.	(d)	102.	(d)	103.	(a)	104.	(c)	105.	(b)	106.	(a)	107.	(b)	108.	(a)	109.	(b)	110.	(b)
111.	(c)	112.	(c)	113.	(c)	114.	(c)	115.	(b)										

संकेत एवं हल

1. $(1.0002)^{3000} = (1 + 0.0002)^{3000}$

$$= 1 + (3000)(0.0002) + \frac{(3000)(2999)}{1\cdot 2}(0.0002)^2 + \frac{(3000)(2999)(2998)}{1\cdot 2\cdot 3}(0.0002)^3 + \ldots$$

दशमलव के एक स्थान तक सही उत्तर देने के लिए आगे वाले पदों को छोड़ने पर

$$= 1 + (3000)(0.0002) = 1.6$$

2. $101^{100} - 1 = (1 + 100)^{100} = 1 + 100\cdot 100 + \frac{100\cdot 99}{1\cdot 2}\cdot(100)^2 + \frac{100\cdot 99\cdot 98}{1\cdot 2\cdot 3}(100)^3 + \ldots$

$$\Rightarrow (101)^{100} - 1 = 100\cdot 100\left[1 + \frac{100\cdot 99}{1\cdot 2} + \frac{100\cdot 99\cdot 98}{1\cdot 2\cdot 3}\cdot 100 + \ldots\right]$$

अतः स्पष्ट है कि

$(101)^{100} - 1$, $(100)^2 = 10000$ से विभाजित है।

3. $(\sqrt{5} + 1)^5 - (\sqrt{5} - 1)^5$

$$= 2\{^5C_1(\sqrt{5})^4 + {}^5C_3(\sqrt{5})^2 + {}^5C_5\cdot 1\} = 352$$

4. $(x + a)^n = {}^nC_0x^n + {}^nC_1x^{n-1}a + {}^nC_2x^{n-2}a^2 + \ldots + {}^nC_na^n$

$\therefore (x + 2a)^5 = x^5 + 10x^4a + 40x^3a^2 + 80x^2a^3 + 80xa^4 + 32a^5$

5. दिया गया व्यंजक $= (1 + 3\sqrt{2}\,x)^9 + (1 - 3\sqrt{2}\,x)^9$

$$= 2[1 + {}^9C_2(3\sqrt{2}x)^2 + {}^9C_4(3\sqrt{2}x)^4 + {}^9C_6(3\sqrt{2}x)^6 + {}^9C_8(3\sqrt{2}x)^8]$$

अतः अशून्य पदों की संख्या 5 है।

6. हम जानते हैं कि,

$$\frac{1}{2}\{(1 + a)^n + (1 - a)^n\} = {}^nC_0 + {}^nC_2a^2 + {}^nC_4a^4 + \ldots$$

अतः $\{(x + a)^{100} + (x - a)^{100}\}$ के प्रसार में पदों की संख्या 51 है।

7. $(1 + x)^n = 1 + nx + \frac{n(n-1)}{1\cdot 2}x^2 + \frac{n(n-1)(n-2)}{1\cdot 2\cdot 3}x^3 + \ldots$

$$\therefore (1 + x)^n - nx - 1 = x^2\left[\frac{n(n-1)}{1\cdot 2} + \frac{n(n-1)(n-2)}{1\cdot 2\cdot 3}x + \ldots\right]$$

अतः $(1 + x)^n - nx - 1$, x^2 से विभाजित है।

8. $(1 + x)^m = 1 + mx + \frac{m(m-1)}{2!}x^2 + \ldots$

प्रश्नानुसार, $\frac{m(m-1)}{2}x^2 = -\frac{1}{8}x^2$

$$\Rightarrow 4m^2 - 4m = -1 \Rightarrow (2m-1)^2 = 0 \Rightarrow m = \frac{1}{2}$$

9. $(\sqrt{x} - \sqrt{y})^{17}$ के प्रसार में,

$$T_{16} = {}^{17}C_{15}(\sqrt{x})^2(-\sqrt{y})^{15}$$

$$= -\frac{17\times 16}{2\times 1}\times xy^{15/2} = -136xy^{15/2}$$

10. $\left(x^2 - \frac{3\sqrt{3}}{x^3}\right)^{10}$ के प्रसार में, $T_{r+1} = {}^{10}C_r(x^2)^{10-r}\left(\frac{-3\sqrt{3}}{x^3}\right)^r$

x से स्वतन्त्र पद के लिए $20 - 2r - 3r = 0 \Rightarrow r = 4$

$$\therefore \quad T_{4+1} = {}^{10}C_4(-3)^4(\sqrt{3})^4 = 153090$$

11. $\left(x^2 + \frac{a}{x}\right)^5$ के प्रसार में व्यापक पद

$$T_{r+1} = {}^5C_r(x^2)^{5-r}\left(\frac{a}{x}\right)^r = {}^5C_ra^rx^{10-3r}$$

जहाँ x की घात $10 - 3r = 1 \Rightarrow r = 3$ है।

$$\therefore \quad T_{3+1} = {}^5C_3a^3x = 10a^3x$$

अतः x का गुणांक $10a^3$ है।

12. $\log_e(1 + 3x + 2x^2) = \log(1 + x)(1 + 2x)$

$$= \log(1 + x) + \log(1 + 2x)$$

$$= \left(x - \frac{x^2}{2} + \frac{x^3}{3} - \frac{x^4}{4} + \ldots\right) + \left(2x - \frac{(2x)^2}{2} + \frac{(2x)^3}{3} - \frac{(2x)^4}{4} + \ldots\right)$$

अतः $\log(1 + 3x + 2x^2)$ में x^4 का गुणांक $= -\frac{1}{4} - \frac{16}{4} = -\frac{17}{4}$

14. $(7.995)^{1/3} = (8 - 0.005)^{1/3} = 8^{1/3}\left[1 - \frac{0.005}{8}\right]^{1/3}$

$$= 2\left[1 - \frac{1}{3}\times\frac{0.005}{8} + \frac{1}{3}\frac{[(1/3) - 1]}{2!}\left(\frac{0.005}{8}\right)^2 + \ldots\right]$$

$$= 2[1 - 0.000208] = 1.999584 = 1.9996$$

15. $(x+a)^n = x^n + {}^nC_1x^{n-1}a + {}^nC_2x^{n-2}a^2 + {}^nC_3x^{n-3}a^3 + \ldots$

$= (x^n + {}^nC_2x^{n-2}a^2 + \ldots + ({}^nC_1x^{n-1}a + {}^nC_3x^{n-3}a^3 + \ldots)$

$= P + Q$

इसी प्रकार, $(x-a)^n = P - Q$, पद क्रमशः एकान्तर क्रम में धनात्मक तथा ऋणात्मक है।

अतः $P^2 - Q^2 = (P+Q)(P-Q)$

$= (x+a)^n(x-a)^n = (x^2-a^2)^n$

16. $\left(x^4 - \frac{1}{x^3}\right)^{15}$ के प्रसार में,

$$T_{r+1} = {}^{15}C_r\, x^{60-4r}\cdot(-1)^r\cdot\frac{1}{x^{3r}}$$

$\therefore$ x^{39} के गुणांक के लिए,

$60 - 7r = 39 \Rightarrow r = 3$

$\therefore \quad T_4 = {}^{15}C_3\,(x^4)^{12}(-1/x^3)^3 = -455x^{39}$

अतः अभीष्ट गुणांक -455 है।

17. यहाँ, $C_0^2 - 2C_1^2 + 3C_2^2 - \ldots + (-1)^n(n+1)C_n^2$

$= (C_0^2 - C_1^2 + C_2^2 - \ldots + (-1)^nC_n^2)$

$-(C_1^2 - 2C_2^2 + 3C_3^2 - \ldots - (-1)^n nC_n^2)$

$= (-1)^{n/2}\dfrac{n!}{(n/2)!(n/2)!} - (-1)^{(n/2)-1}\cdot\dfrac{1}{2}\,n\,{}^nC_{n/2}$

$= (-1)^{n/2}\cdot\dfrac{n!}{(n/2)!(n/2)!}\cdot\left(1+\dfrac{n}{2}\right)$

अतः दिए गए व्यंजक

$= \dfrac{2(n/2)!(n/2)!}{n!}\times(-1)^{n/2}\cdot\dfrac{(n)!}{(n/2)!(n/2)!}\left(1+\dfrac{n}{2}\right)$

$= (-1)^{n/2}(2+n)$

18. $(1+x)^n$ के प्रसार में, pवाँ पद $= {}^nC_{p-1}x^p$

तथा $(p+1)$वाँ पद $= {}^nC_px^p$

$\therefore \quad p + q = {}^nC_{p-1} + {}^nC_p = {}^{n+1}C_p$

20. $\left(2x + \frac{1}{3x}\right)^6$ के प्रसार में

$$T_{r+1} = {}^6C_r\,(2x)^{6-r}\cdot\left(\frac{1}{3x}\right)^r$$

$\therefore$ x से स्वतन्त्र पद के लिए, $6 - r(2) = 0 \Rightarrow r = 3$

अतः चौथा पद x से स्वतन्त्र होगा अर्थात्

$$T_4 = {}^6C_3(2)\left(\frac{1}{3}\right)^3 = 20\times 8\times\frac{1}{27} = \frac{160}{27}$$

21. स्पष्टतः x से स्वतन्त्र पद

${}^nC_0\cdot{}^nC_0 + {}^nC_1\cdot{}^nC_1 + \ldots - {}^nC_n\cdot{}^nC_n = C_0^2 + C_1^2 + \ldots + C_n^2$

22. $(1+x)^{21}$ के प्रसार में,

$$T_{r+1} = {}^{21}C_r(1)^{21-r}(x)^r = {}^{21}C_r$$

$\therefore$ x^r का गुणांक $= {}^{21}C_r$, तथा x^{r+1} का गुणांक $= {}^{21}C_{r+1}$

अतः ${}^{21}C_r = {}^{21}C_{r+1} \Rightarrow r = 10$

23. प्रश्नानुसार, $\dfrac{1}{6} = \dfrac{{}^nC_6\,(2^{1/3})^{n-6}\,(3^{-1/3})^6}{{}^nC_{n-6}\,(2^{1/3})^6\,(3^{-1/3})^{n-6}}$

या $\quad 6^{-1} = 6^{-4}\cdot 6^{n/3} = 6^{\frac{n}{3}-4}$

$\therefore \quad \dfrac{n}{3} - 4 = -1 \Rightarrow n = 9$

24. मध्य पद $= T_{\frac{2n+2}{2}} = T_{n+1} = {}^{2n}C_nx^n = \dfrac{2n!}{(n!)^2}\cdot x^n$

25. $\left(3x - \frac{1}{2x}\right)^8$ के प्रसार में 9वाँ पद अन्तिम पद है।

अतः $\quad T_9 = {}^8C_8\,(3x)^0\left(\dfrac{-1}{2x}\right)^8 = \dfrac{1}{256x^8}$

26. चूँकि केवल एक मध्य पद है। अतः $\left(\frac{n}{2}+1\right)$वाँ पद मध्य पद होगा

अतः $\quad {}^nC_{n/2}\,(x^2)^{n/2}\left(\dfrac{1}{x}\right)^{n/2} = 924x^6$

$\Rightarrow \quad x^{n/2} = x^6 \Rightarrow n = 12$

27. $\left(x - \frac{1}{x}\right)^6$ के प्रसार में,

$$T_{r+1} = {}^6C_r\,x^{6-r}\left(-\frac{1}{x}\right)^r$$

$\therefore$ x के स्वतन्त्र पद के लिए

$6 - r(2) = 0 \Rightarrow r = 3$

अतः $\quad {}^6C_3(x)^3\left(\dfrac{-1}{x}\right)^3 = -20$

28. $(1+x)^{14}$ के प्रसार में,

$T_r = {}^{14}C_{r-1}x^{r-1}, T_{r+1} = {}^{14}C_rx^r$

तथा $\quad T_{r+2} = {}^{14}C_{r+1}x^{r+1}$

प्रश्नानुसार, $\quad 2\cdot{}^{14}C_r = {}^{14}C_{r-1} + {}^{14}C_{r+1} \quad \ldots(i)$

$\Rightarrow \quad 2\cdot\dfrac{14!}{r!(14-r)!} = \dfrac{14!}{(r-1)!(15-r)!} + \dfrac{14!}{(r+1)!(13-r)!}$

$\Rightarrow \quad \dfrac{2}{r\cdot(r-1)!(14-r)\cdot(13-r)!} = \dfrac{1}{(r-1)!(15-r)\cdot(14-r)\cdot(13-r)!} + \dfrac{1}{(r+1)r(r-1)!(13-r)!}$

$\Rightarrow \quad \dfrac{2}{r(14-r)} = \dfrac{1}{(15-r)(14-r)} + \dfrac{1}{(r+1)r}$

$\Rightarrow \quad \dfrac{1}{r(14-r)} - \dfrac{1}{(15-r)(14-r)} = \dfrac{1}{(r+1)r} - \dfrac{1}{r(14-r)}$

$\Rightarrow \quad \dfrac{(15-r)-r}{r(15-r)(14-r)} = \dfrac{(14-r)-(r+1)}{(r+1)r(14-r)}$

$\dfrac{15-2r}{15-r} = \dfrac{13-2r}{r+1}$

$\Rightarrow \quad r^2 - 14r + 45 = 0$

$\Rightarrow \quad (r-5)(r-9) = 0 \Rightarrow r = 5, 9$

लेकिन 5 किसी भी विकल्प में नहीं दिया है अतः $r = 9$ होगा।

29. $\dfrac{(1+x)^{2n} \text{ के प्रसार में } x^n \text{ का गुणांक}}{(1+x)^{2n-1} \text{ के प्रसार में } x^n \text{ का गुणांक}}$

$$= \frac{^{2n}C_n}{^{(2n-1)}C_n} = \frac{(2n)!}{n!n!} \times \frac{(n-1)!n!}{(2n-1)!}$$

$$= \frac{(2n)\,(2n-1)!\,(n-1)!}{n\,(n-1)!\,(2n-1)!} = \frac{2n}{n} = 2:1$$

$\Rightarrow \quad \dfrac{A}{B} = \dfrac{2}{1} \Rightarrow A = 2B$

30. $(x^2 - 2x)^{10}$ के प्रसार में x^{16} का गुणांक

$= x^{10}(x-2)^{10}$ के प्रसार में x^{16} का गुणांक

$= (x-2)^{10}$ के प्रसार में x^6 का गुणांक

$= {}^{10}C_4 \cdot 2^4 \qquad [\because T_{r+1} = {}^nC_r x^{n-r} a^r]$

$= 210 \times 16 = 3360$

31. $\left(2x^2 - \dfrac{1}{x}\right)^{12}$ के प्रसार में,

$$T_{r+1} = {}^{12}C_r\,(2x^2)^{12-r}\,(-1)^r \left(\frac{1}{x}\right)^r$$

अतः x से स्वतन्त्र पद के लिए,

$24 - 3r = 0 \Rightarrow r = 8$ अतः 9वाँ पद x से स्वतन्त्र है।

32. $\left(x + \dfrac{2}{x^2}\right)^{15}$ के प्रसार में, $T_{r+1} = {}^{15}C_r\, x^{15-r} \left(\dfrac{2}{x^2}\right)^r$

अतः x से स्वतन्त्र पद के लिए

$15 - 3r = 0$

$\Rightarrow \quad r = 5$

$\therefore \quad T_6 = {}^{15}C_5\,(1)^{10}(2)^5 = {}^{15}C_5 2^5$

33. यहाँ, महत्तम गुणांक $^{2n}C_n$ है।

$\therefore \quad {}^{2n}C_n x^n > {}^{2n}C_{n+1} x^{n-1} \Rightarrow x > \dfrac{n}{n+1}$

तथा $\quad {}^{2n}C_n x^n > {}^{2n}C_{n-1} x^{n+1} \Rightarrow x < \dfrac{n+1}{n}$

अतः अभीष्ट अन्तराल $\left(\dfrac{n}{n+1}, \dfrac{n+1}{n}\right)$ है।

34. यदि n सम है, तब महत्तम गुणांक $^nC_{n/2}$ है।

$\therefore$ महत्तम पद $= {}^nC_{n/2} x^{n/2}$

$\therefore \quad {}^nC_{n/2} x^{n/2} > {}^nC_{(n/2)-1} x^{(n-2)/2}$

तथा $\quad {}^nC_{n/2} x^{n/2} > {}^nC_{(n/2)+1} x^{(n/2)+1}$

$\Rightarrow \quad \dfrac{n - \frac{n}{2} + 1}{\frac{n}{2}} x > 1$

तथा $\quad \dfrac{\frac{n}{2}}{\frac{n}{2}+1} x < 1$

$\Rightarrow \quad x > \dfrac{\frac{n}{2}}{\frac{n}{2}+1}$ तथा $x < \dfrac{\frac{n}{2}+1}{\frac{n}{2}}$

$\Rightarrow \quad x > \dfrac{n}{n+2}$ तथा $x < \dfrac{n+2}{n}$

35. $\left(\dfrac{x^2}{2} - \dfrac{2}{x}\right)^9$ के प्रसार में,

$$T_{r+1} = {}^9C_r \left(\frac{x^2}{2}\right)^{9-r} \left(\frac{-2}{x}\right)^r = {}^9C_r\,\frac{x^{18-3r}(-2)^r}{2^{9-r}}$$

x^{-9} के गुणांक के लिए,

$18 - 3r = -9 \Rightarrow r = 9$

$\therefore \quad T_{10} = {}^9C_9\,\dfrac{(-2)^9}{2^0} = -2^9 = -512$

36. $\left(x + \dfrac{1}{x^2}\right)^{2n}$ के प्रसार में,

$$T_{r+1} = {}^{2n}C_r x^{2n-r}\left(\frac{1}{x^2}\right)^r = {}^{2n}C_r x^{2n-3r},$$

अतः x^m के लिए

$2n - 3r = m \Rightarrow r = \dfrac{2n-m}{3}$

$\therefore \quad x^m$ का गुणांक $= {}^{2n}C_r,\ r = \dfrac{2n-m}{3}$

$$= \frac{2n!}{(2n-r)!\,r!} = \frac{2n!}{\left(2n - \frac{2n-m}{3}\right)!\left(\frac{2n-m}{3}\right)!}$$

$$= \frac{2n!}{\left(\frac{4n+m}{3}\right)!\left(\frac{2n-m}{3}\right)!}$$

37. $\left(x - \dfrac{1}{2x}\right)^8$ के प्रसार में,

$$T_{r+1} = {}^8C_r(x)^{8-r}\left(-\frac{1}{2x}\right)^r = {}^8C_r\left(\frac{-1}{2}\right)^r x^{8-r-r}$$

x^2 के गुणांक के लिए $8 - 2r = 2 \Rightarrow r = 3$

x^2 का गुणांक $= {}^8C_3\left(\dfrac{-1}{2}\right)^3 = -\dfrac{8!}{5!3!2^3} = -7$

38. यहाँ $n = 10$, एक सम संख्या है अतः $\left(\dfrac{10+2}{2}\right)$वाँ अर्थात् छठा पद मध्य पद होगा

अतः $T_6 = {}^{10}C_5 x^5 \Rightarrow$ मध्य पद का गुणांक $= \dfrac{10!}{5!5!} = \dfrac{10!}{(5!)^2}$

39. यहाँ n सम है मध्य पद $\left(\dfrac{n}{2}+1\right)$वाँ पद है

$\therefore$ 10वाँ पद मध्य पद है।

अर्थात् $T_{10} = {}^{18}C_9(x)^9\left(-\dfrac{1}{x}\right)^9 = -{}^{18}C_9$

40. $\left(x - \dfrac{1}{2x}\right)^n$ के प्रसार में,

$$T_3 = {}^nC_2(x)^{n-2}\left(-\frac{1}{2x}\right)^2$$

तथा $\quad T_4 = {}^nC_3(x)^{n-3}\left(-\dfrac{1}{2x}\right)^3$

प्रश्नानुसार, $\quad \dfrac{-n(n-1)\times 3\times 2\times 1\times 8}{n(n-1)(n-2)\times 2\times 1\times 4} = \dfrac{1}{2} \Rightarrow n = -10$

41. $\left(ax - \frac{1}{bx^2}\right)^{11}$ के प्रसार में,

$$T_{r+1} = {}^{11}C_r (ax)^{11-r} \cdot \left(-\frac{1}{bx^2}\right)^r$$

$\therefore x^{-7}$ के गुणांक के लिए,

$$11 - r(3) = -7 \Rightarrow r = 6$$

अतः x^{-7} का गुणांक ${}^{11}C_6 (a)^5 \left(-\frac{1}{b}\right)^6 = \frac{462}{b^6}a^5$

42. $(1+x)^{43}$ के विस्तार में $(2r+1)$वें पद का गुणांक $= {}^{43}C_2$ और $(r+2)$वें पद का गुणांक $= \{(r+1)+1\}$वें पद का गुणांक $= {}^{43}C_{r+1}$

प्रश्नानुसार, ${}^{43}C_{2r} = {}^{43}C_{r+1} = {}^{43}C_{43-(r+1)}$

$\Rightarrow \quad 2r = 43 - (r+1)$

$\Rightarrow \quad 3r = 42 \Rightarrow r = 14$

43. 111...1 (91 बार) $= 1 + 10 + 10^2 + ... + 10^{90}$

$$= \frac{10^{91}-1}{10-1} = \frac{(10^7)^{13}-1}{10-1} = \frac{t^{13}-1}{9}, \text{ जहाँ } t = 10^7$$

$$= \left(\frac{t-1}{9}\right)(t^{12} + t^{11} + ... + t + 1)$$

$$= \left(\frac{10^7-1}{10-1}\right)(1 + t + t^2 + ... + t^{12})$$

$$= (1 + 10 + 10^2 + ... + 10^6)(1 + t + t^2 + ... + t^{12})$$

$\therefore$ 111.....1 (91 बार) अभाज्य संख्या नहीं है।

44. $(x - 2y + 3z)^n$ के प्रसार में गुणांकों का योग

$$= (1 - 2 + 3)^2 = 2^n$$

$\Rightarrow \quad 2^n = 128 \Rightarrow n = 7$

अतः $(1+x)^7$ के प्रसार में सबसे बड़ा गुणांक ${}^7C_3$ या ${}^7C_4$ होंगे तथा दोनों 35 के बराबर है।

45. दिया है, $\frac{1}{{}^4C_n} = \frac{1}{{}^5C_n} + \frac{1}{{}^6C_n}$

$\Rightarrow \quad \frac{n!(4-n)!}{4!} = \frac{n!(5-n)!}{5!} + \frac{n!(6-n)!}{6!}$

$\Rightarrow \quad \frac{(4-n)!}{4!} = \frac{(5-n)(4-n)!}{5 \cdot 4!} + \frac{(6-n)(5-n)(4-n)!}{6 \cdot 5 \cdot 4!}$

$\Rightarrow \quad 1 = \frac{(5-n)}{5} + \frac{(6-n)(5-n)}{6 \cdot 5}$

$$= \frac{(5-n)}{5}\left[1 + \frac{6-n}{6}\right]$$

$$1 = \left(\frac{5-n}{5}\right)\left(\frac{12-n}{6}\right)$$

$\Rightarrow \quad 30 = n^2 - 17n + 60$

$\Rightarrow \quad n^2 - 17n + 30 = 0$

$\Rightarrow \quad n = 2, 15$

46. $(x^2 + x - 3)^{319}$ में $x = 1$ रखने पर,

गुणांकों का योग $= (1 + 1 - 3)^{319} = -1$

47. हम जानते हैं कि,

$$2^{n-1} = {}^nC_0 + {}^nC_2 + {}^nC_4 + ... = {}^nC_1 + {}^nC_3 + {}^nC_5 + ...$$

अतः $\quad {}^{10}C_1 + {}^{10}C_3 + {}^{10}C_5 + ... + {}^{10}C_9 = 2^{10-1} = 2^9$

48. ${}^{4n}C_0 + {}^{4n}C_2x^2 + {}^{4n}C_4x^4 + ... + {}^{4n}C_{4n}x^{4n}$

$$= \frac{1}{2}[(1+x)^{4n} + (1-x)^{4n}]$$

$x = 1$ तथा $x = i$ रखने पर,

$${}^{4n}C_0 + {}^{4n}C_2 + {}^{4n}C_4 + ... + {}^{4n}C_{4n} = \frac{1}{2}[2^{4n}]$$

तथा ${}^{4n}C_0 - {}^{4n}C_2 + {}^{4n}C_4 - ... + {}^{4n}C_{4n} = \frac{1}{2}[(1+i)^{4n} + (1-i)^{4n}]$

इस प्रकार, $2[{}^{4n}C_0 + {}^{4n}C_4 + ... + {}^{4n}C_{4n}]$

$$= 2^{4n-1} + \frac{1}{2}[(1+i)^{4n} + (1-i)]^{4n}$$

अब, $(1+i)^{4n} + (1-i)^{4n}$

$$= \left[\sqrt{2}\left(\cos\frac{\pi}{4} + i\sin\frac{\pi}{4}\right)\right]^{4n} + \left[\sqrt{2}\left(\cos\frac{\pi}{4} - i\sin\frac{\pi}{4}\right)\right]^{4n}$$

$$= 2^{2n}(\cos n\pi + i\sin n\pi) + 2^{2n}(\cos n\pi - i\sin n\pi)$$

$$= 2^{2n+1}\cos n\pi = 2^{2n+1}(-1)^n$$

$\therefore \quad 2[{}^{4n}C_0 + {}^{4n}C_4 + ... + {}^{4n}C_{4n}] = 2^{4n-1} + \frac{1}{2}2^{2n+1}(-1)^n$

$\Rightarrow \quad {}^{4n}C_0 + {}^{4n}C_4 + .. + {}^{4n}C_{4n} = 2^{4n-2} + (-1)^n 2^{2n-1}$

49. $(1 + x - 3x^2)^{3148}$ के प्रसार में गुणांकों का योग $x = 1$ रखकर प्राप्त कर सकते हैं

$\therefore$ गुणांकों का योग $= (1 + 1 - 3 \cdot 1^2)^{3148}$

$$= (2-3)^{3148} = (-1)^{3148} = 1$$

51. दिया है, $(1+x)^{15} = C_0 + C_1x + C_2x^2 + ... + C_{15}x^{15}$

$\Rightarrow \quad \frac{(1+x)^{15} - 1}{x} = C_1 + C_2x + ... + C_{15}x^{14}$

x के सापेक्ष दोनों पक्षों का अवकलन करने पर,

$$\frac{x \cdot 15(1+x)^{14} - (1+x)^{15} + 1}{x^2}$$

$$= C_2 + 2C_3x + ... + 14C_{15}x^{13}$$

$x = 1$ रखने पर,

$$C_2 + 2C_3 + ... + 14C_{15} = 15 \cdot 2^{14} - 2^{15} + 1 = 13 \cdot 2^{14} + 1$$

52. गुणांकों के योगफल के लिए $x = 1$ रखने पर,

$$(1 + x + x^2)^n = (1 + 1 + 1)^n = 3^n$$

53. हम जानते हैं कि, यदि n विषम हो, तो

$${}^nC_0^2 - {}^nC_1^2 + {}^nC_2^2 - {}^nC_3^2 + ... + (-1)^n \cdot {}^nC_n^2 = 0,$$

एवं प्रश्न में $n = 15$ (विषम) दिया है। अतः दिये गये व्यंजक का मान शून्य होगा।

54. गुणांकों का योग $= (1+1)^5 = 2^5 = 32$

55. प्रत्येक पद को $n!$ से गुणा करने पर,

$$\frac{n!}{1!(n-1)!} + \frac{1}{3!} \cdot \frac{n!}{(n-3)!} + \frac{1}{5!} \cdot \frac{n!}{(n-5)!} + ...$$

$$= {}^nC_1 + {}^nC_3 + {}^nC_5 + ... = 2^{n-1}$$

इस प्रकार $\frac{1}{1!(n-1)!} + \frac{1}{3!(n-3)!} + \frac{1}{5!(n-5)!} + ... = \frac{1}{n!}2^{n-1}$

56. $\because (1-x)^n = {}^nC_0 - x \cdot {}^nC_1 + x^2 \cdot {}^nC_2 - ... + (-1)^n x^n \cdot {}^nC_n$

x के सापेक्ष समाकलन करने पर,

$$\left[-\frac{(1-x)^{n+1}}{n+1}\right]_0^1$$

$$= \left[x\,{}^nC_0 - \frac{x^2}{2}\cdot{}^nC_1 + \frac{x^3}{3}\cdot{}^nC_2 - \ldots + (-1)^n \frac{x^{n+1}}{n+1}\cdot{}^nC_n \right]_0^1$$

$$\frac{1}{n+1} = {}^nC_0 - \frac{1}{2}\cdot{}^nC_1 + \frac{1}{3}\cdot{}^nC_2 - \ldots + \frac{(-1)^n}{n+1}\cdot{}^nC_1$$

57. $(x+2y+3z)^8$ में $x=y=z=1$ रखने पर,

अभीष्ट गुणांकों का योग $= (1+2+3)^8 = 6^8$

58. $(x^2-x-1)^{99}$ में $x=1$ रखने पर,

$(x^2-x-1)^{99}$ के गुणांकों का योग $= (1^2-1-1)^{99} = -1$

59. $(1+x+x^2+x^3)^5 = (1+x)^5(1+x^2)^5$

$$= (1+5x+10x^2+10x^3+5x^4+x^5) \times (1+5x^2+10x^4+10x^6+5x^8+x^{10})$$

अतः अभीष्ट गुणांकों का योग

$$= (1+10+5)\cdot 2^5 = 16\times 32 = 512$$

[$\because 2^n = 2^5 =$ द्वितीय कोष्ठक के सभी द्विपद जिसमें x की सभी घातें सम हैं]

60. व्यंजक $= a[C_0 - C_1 + C_2 - C_3 + \ldots + (-1)^n\cdot C_n] + [C_1 - 2C_2 + 3C_3 - \ldots + (-1)^{n-1}\,n\cdot C_n]$

$$= a\cdot 0 + 0 = 0$$

61. हम जानते हैं कि,

$$(1+x)^j = 1 + {}^jC_1x + {}^jC_2x^2 + {}^jC_3x^3 + \ldots + {}^jC_{100}x^{100} + {}^jC_{101}x^{101} + \ldots + {}^jC_{200}x^{200}$$

अतः $\sum_{j=0}^{200}(1+x)^j$ के प्रसार में x^{100} का गुणांक $= \sum_{j=100}^{200} {}^jC_{100}$

$$= [{}^{100}C_{100} + {}^{101}C_{100} + {}^{102}C_{100} + \ldots + {}^{200}C_{100}] = \binom{200}{100}$$

62. $(x+3)^{n-1} + (x+3)^{n-2}(x+2) + (x+3)^{n-3}(x+2)^2 + \ldots + (x+2)^{n-1}$

$$= \frac{(x+3)^n - (x+2)^n}{(x+3)-(x+2)} = (x+3)^n - (x+2)^n$$

$$\left[\because \frac{x^n - a^n}{x-a} = x^{n-1} + x^{n-2}a^1 + x^{n-3}a^2 + \ldots + a^{n-1}\right]$$

अतः दिए गए व्यंजक में x^r का गुणांक

$$= ((x+3)^n - (x+2)^n)$$

$$= {}^nC_r3^{n-r} - {}^nC_r2^{n-r} = {}^nC_r(3^{n-r} - 2^{n-r})$$

63. व्यंजक $= \dfrac{(1+x)^{3/2} - \left(1+\frac{1}{2}x\right)^3}{(1-x)^{1/2}}$

$$= \frac{1 + \frac{3}{2}x + \frac{\frac{3}{2}\cdot\frac{1}{2}}{2}x^2 - \left(1 + \frac{3x}{2} + \frac{3\cdot 2}{2}\frac{x^2}{4}\right)}{(1-x)^{1/2}}$$

[$\because x^3$ तथा x की अधिकतम घातों को नगण्य मानने पर]

$$= \frac{-\frac{3}{8}x^2}{(1-x)^{1/2}} = -\frac{3}{8}x^2(1-x)^{-1/2}$$

$$= -\frac{3}{8}x^2\left(1+\frac{x}{2}+\ldots\right) = -\frac{3}{8}x^2$$

64. दिया गया व्यंजक $= x^{-8/3}\left(1+\dfrac{1}{x^3}\right)^{-4/3}$

अतः $\left|\dfrac{1}{x^3}\right| < 1 \Rightarrow |x| > 1$

65. $(1-x)^{-4} = \left[\dfrac{1\cdot2\cdot3}{6}x^0 + \dfrac{2\cdot3\cdot4}{6}x + \dfrac{3\cdot4\cdot5}{6}x^2 + \dfrac{4\cdot5\cdot6}{6}x^3 + \ldots + \dfrac{(r+1)(r+2)(r+3)}{6}x^r + \ldots\right]$

अतः $T_{r+1} = \dfrac{(r+1)(r+2)(r+3)}{6}x^r$

66. दिया है, $y = 3x + 6x^2 + 10x^3 + \ldots$

$\therefore\quad 1+y = 1 + 3x + 6x^2 + 10x^3 + \ldots$

$\Rightarrow\quad 1+y = (1-x)^{-3}$

$\Rightarrow\quad 1-x = (1+y)^{-1/3}$

$\Rightarrow\quad x = 1-(1+y)^{-1/3}$

67. $(1-x)^{3/2}$

$$= \left[1 + \frac{3}{2}(-x) + \frac{3}{2}\cdot\frac{1}{2}\cdot\frac{1}{2!}(-x)^2 + \frac{3}{2}\cdot\frac{1}{2}\cdot\left(-\frac{1}{2}\right)\frac{1}{3!}(-x)^3 + \ldots\right]$$

$$= 1 - \frac{3}{2}x + \frac{3}{8}x^2 + \frac{x^3}{16} \text{ (केवल चार पद)}$$

68. व्यंजक $= \dfrac{1}{(6-3x)^{1/3}} = (6-3x)^{-1/3} = 6^{-1/3}\left[1-\dfrac{x}{2}\right]^{-1/3}$

$$= 6^{-1/3}\left[1 + \left(-\frac{1}{3}\right)\left(-\frac{x}{2}\right)x + \frac{\left(-\frac{1}{3}\right)\left(-\frac{4}{3}\right)}{2\cdot1}\left(-\frac{x}{2}\right)^2 + \ldots\right]$$

$$= 6^{-1/3}\left[1 + \frac{x}{6} + \frac{2x^2}{6^2} + \ldots\right]$$

69. $\dfrac{1}{(1-x)(3-x)} = \dfrac{1}{2}\left(\dfrac{1}{1-x} - \dfrac{1}{3-x}\right)$

$$= \frac{1}{2}[(1-x)^{-1} - (3-x)^{-1}] = \frac{1}{2}\left[(1-x)^{-1} - \frac{1}{3}\left(1-\frac{x}{3}\right)^{-1}\right]$$

$$= \frac{1}{2}\left[(1+x+x^2+x^3+\ldots) - \frac{1}{3}\left(1 + \frac{x}{3} + \left(\frac{x}{3}\right)^2 + \left(\frac{x}{3}\right)^3 + \ldots\right)\right]$$

अतः x^n का गुणांक $= \dfrac{1}{2}\left[1 - \dfrac{1}{3}\cdot\dfrac{1}{3^n}\right] = \dfrac{1}{2}\,\dfrac{(3^{n+1}-1)}{3^{n+1}}$

70. व्यंजक $= \sum_{k=1}^{n} k\left(1+\dfrac{1}{n}\right)^{k-1}$

$$= 1 + 2\left(1+\frac{1}{n}\right)^1 + 3\left(1+\frac{1}{n}\right)^2 + \ldots n \text{ पदों तक}$$

$\left[t = \left(1+\dfrac{1}{n}\right) \text{ रखने पर}\right]$

$$= 1 + 2t + 3t^2 + \ldots n \text{ पदों तक}$$

$$= (1-t)^{-2} = \left[1 - \left(1+\frac{1}{n}\right)\right]^{-2} = \left(\frac{-1}{n}\right)^{-2} = (n)^2 = n^2$$

71. $(1-2x+3x^2-4x^3+\ldots)^{-n} = [(1+x)^{-2}]^{-n} = (1+x)^{2n}$

$\therefore (1-2x+3x^2-4x^3+\ldots)^{-n}$ में x^n का गुणांक

$$= (1+x)^{2n} \text{ में } x^n \text{ का गुणांक} = {}^{2n}C_n = \frac{(2n)!}{(n!)^2}$$

72. यहाँ $(217)^{1/3} = (6^3 + 1)^{1/3} = 6\left(1 + \frac{1}{6^3}\right)^{1/3}$

$$= 6\left(1 + \frac{1}{3 \times 216} - \frac{1 \times 2}{3 \times 3 \times 2}\left(\frac{1}{216}\right)^2 + ...\right) = 6.01$$

73. मान लीजिए क्रमागत पद ^nC_r तथा $^nC_{r+1}$ हैं।

प्रश्नानुसार, $\frac{n!}{(n-r)!r!} = \frac{n!}{(n-r-1)!(r+1)!}$

$\Rightarrow \quad \frac{1}{(n-r)(n-r-1)!r!} = \frac{1}{(n-r-1)!(r+1)r!}$

$\Rightarrow \quad r + 1 = n - r \Rightarrow n = 2r + 1$, अतः n विषम है।

74. $(\sqrt{3} + \sqrt[8]{5})^{256}$ के प्रसार में,

$$T_{r+1} = {}^{256}C_r(\sqrt{3})^{256-r}(\sqrt[8]{5})^r = {}^{256}C_r(3)^{\frac{256-r}{2}}(5)^{r/8}$$

पूर्णांक पदों के लिए $\frac{256-r}{2}$ तथा $\frac{r}{8}$ दोनों के मान धनात्मक पूर्णांक होने चाहिए।

$\therefore \quad r = 0, 8, 16, 24, ..., 256 \quad [\because 0 \le r \le 256]$

r के उपरोक्त मानों के लिए $\left(\frac{256-r}{2}\right)$ एक पूर्णांक है।

अतः पूर्णांक पदों की संख्या $r = 33$

75. $(x - 2y + 3z)^n$ के प्रसार में पदों की संख्या $= {}^{n+2}C_2$

$\Rightarrow \quad \frac{(n+1)(n+2)}{2} = 45 \Rightarrow n^2 + 3n - 88 = 0$

$\Rightarrow \quad n = 8$

76. व्यंजक $= 9^{n+1} - 8(n+1) + 8 - 9$

$= (1 + 8)^N - 8N - 1$, जहाँ $N = n + 1$

$= C_2 8^2 + C_3 8^3 + ... = 8^2 \times$ एक पूर्णांक

अतः 64 से विभाज्य है।

77. व्यंजक $= \frac{1}{n!}\left[\frac{n!}{n!(n-1)!} + \frac{n!}{3!(n-3)!} + ...\right]$

$= \frac{1}{n!}[C_1 + C_3 + ... + C_{n-1}]$

$= \frac{1}{n!}2^{n-1} = \frac{2^n}{2 \cdot n!}$

78. चूँकि $C_1 + C_3 + C_5 + ... + C_{11} + C_{13} = 2^{n-1}$

अब, $n = 14, C_{13} = {}^{14}C_{13} = {}^{14}C_1 = \frac{14}{1}$

अतः व्यंजक $= 2^{14-1} - 14 = 2^{13} - 14$

79. हम जानते हैं कि $(1 + x)^{19}$ के प्रसार में 20 पद होंगे।

$x = 1$ रखने पर, सभी 20 पदों के गुणांकों का योग $= 2^{19}$

चूँकि $^nC_r = {}^nC_{n-1}$

$\therefore$ 2 (अन्तिम 10 गुणांकों का योग) $= 2^{19}$

$\therefore$ अन्तिम 10 गुणांकों का योग $= 2^{18}$

80. $n!$ से गुणा व भाग करने पर,

व्यंजक $= \frac{1}{n!}\left[1 + \frac{n!}{2!(n-2)!} + \frac{n!}{4!(n-4)} + ...\right]$

$= \frac{1}{n!}[C_0 + C_2 + C_4 + ...] = \frac{2^{n-1}}{n!}$

81. व्यंजक $= \sum_{r=1}^{10} r \cdot \frac{n-r+1}{r} = \sum_{r=1}^{10}(n+1) - r$

$= n + (n-1) + (n-2) + ...$ 10 पदों तक

$= \frac{10}{2}[2n + 9(-1)] = 5(2n - 9)$

82. व्यंजक $= a\sum_{r=0}^{n} C_r + b\sum_{r=1}^{n} rC_r$

$= a \cdot 2^n + b \cdot n \cdot 2^{n-1} = 2^{n-1}[2a + nb]$

83. $\because (1 + x)^n = C_0 + C_1x + C_2x^2 + ... + C_nx^n$

$x = 1$ रखने पर, $2^n = C_0 + C_1 + C_2 + ... + C_n$ ...(i)

व्यंजक $= (C_0 + C_1 + ... + C_n) + 4[C_1 + 2C_2 + ... + nC_n]$

$= 2^n + 4n2^{n-1} = 2^n[1 + 2n]$ [समी (i) से]

84. $x = y = 1$ रखने पर गुणांकों का योग

$= 2^n = 4096 = 16^3 = (2^4)^3$

$\therefore \quad n = 12$

$^nC_r = {}^{12}C_r$ महत्तम होगा, जब $r = \frac{n}{2} = 6$, क्योंकि n सम है।

अतः $^{12}C_6 = 924$

85. $(1 + x - 2x^2)^6 = 1 + a_1x + a_2x^2 + ... + a_{12}x^{12}$

$x = 1$ और $x = -1$ रखकर जोड़ने पर,

$64 = 2(1 + a_2 + a_4 + ...)$

$\Rightarrow \quad a_2 + a_4 + a_6 + ... + a_{12} = 31$

86. व्यंजक $= [1 + (2x + 3x^2)]^{10}$

$= {}^{10}C_0 + {}^{10}C_1(2x + 3x^2) + {}^{10}C_2(2x + 3x^2)^2 + ...$

$\therefore x$ का गुणांक $= 2 \cdot {}^{10}C_1 = 2 \cdot 10 = 20$

87. प्रत्येक के प्रसार में 101 पद होंगे 50 सम पद निरस्त हो जायेंगे तथा विषम पदों की संख्या 51 होगी जिनको जोड़ा जायेगा। यही अभीष्ट पदों की संख्या है।

88. $(x + y + z)^n$ के प्रसार में पदों की संख्या, जहाँ n धन पूर्णांक है।

$$(x + y + z)^n = x^n + {}^nC_1x^{n-1}(y + z) + {}^nC_2x^{n-2}(y + z)^2 + ... + {}^nC_n(y + z)^n$$

$\therefore$ उपरोक्त प्रसार में पदों की संख्या

$$= 1 + 2 + 3 + 4 + ... + (n + 1) = \frac{(n+1)(n+2)}{2}$$

89. व्यंजक = गुणोत्तर श्रेणी के $(n + 1)$ पदों का योग

$$= 1 \cdot \left[\frac{(1+x)^{n+1} - 1}{1 + x - 1}\right] = \frac{1}{x}[(1 + x)^{n+1} - 1]$$

अतः व्यंजक में x^8 का गुणांक $= (1 + x)^{n+1}$ में x^9 का गुणांक

$= {}^{n+1}C_9 = {}^{n+1}C_{(n+1)-9} = {}^{n+1}C_{n-8} \quad [\because {}^nC_r = {}^nC_{n-r}]$

90. $(1 + x)^m(1 - x)^n$

$= (1 + {}^mC_1x + {}^mC_2x^2 + ...)(1 - {}^nC_1x + {}^nC_2x^2 - ....)$

प्रश्नानुसार, $^mC_1 - {}^nC_1 = 3 \Rightarrow m - n = 3$

तथा $^mC_2 + {}^nC_2 - {}^mC_1{}^nC_1 = -6$

$\Rightarrow \quad m(m-1) + n(n-1) - 2mn = -12$

$\Rightarrow \quad (m-n)^2 - (m+n) = -12$

$\Rightarrow \quad 9 - (2n + 3) = -12$

$\therefore \quad n = 9$

91. व्यंजक $= [1 + x(x-1)]^5$

$= 1 + 5x(x-1) + 10x^2(x-1)^2 + 5x^3(x-1)^3 + \ldots$

स्पष्ट है कि x^3 केवल तीसरे व चौथे पदों में प्राप्त होगा।

अतः अभीष्ट गुणांक $= 10(-2) + 5(-1) = -20 - 10 = -30$

92. $\left(x^3 - \frac{3}{x^2}\right)^{15}$ के प्रसार में,

$$T_{r+1} = {}^{15}C_r (x^3)^{15-r}\left(-\frac{3}{x^2}\right)^r$$

यदि यह x से स्वतन्त्र है, तो x का घात शून्य होगा।

$\therefore \quad 3(15-r) - 2r = 0 \Rightarrow r = 9$

अतः 10वाँ पद x से स्वतन्त्र होगा।

93. $(x+a)^n$ के प्रसार लिए,

$$\frac{T_{r+1}}{T_r} = \frac{n-r+1}{r}\frac{a}{x}$$

$\Rightarrow \quad \frac{T_{r+1}}{T_r} = \frac{30-r}{r}\frac{7x}{3}$, $(3+7x)^{29}$ के प्रसार लिए, $n = 29$

प्रश्नानुसार, $\frac{(30-r)}{r}\cdot\frac{7}{3} = 1 \Rightarrow r = 21$

94. व्यंजक $= [1 + x^2(1-x)]^8$

$= {}^8C_0 + {}^8C_1 x^2(1-x) + {}^8C_2(x^2)^2(1-x)^2 + \ldots$

$\ldots + {}^8C_4(x^2)^4(1-x)^4 + {}^8C_5(x^2)^5(1-x)^5 + \ldots$

अतः x^{10} का गुणांक

$= {}^8C_4 \cdot 1^4C_2 + {}^8C_5 \cdot 1$

$= \frac{8\cdot7\cdot6\cdot5}{1\cdot2\cdot3\cdot4}\cdot\frac{4\cdot3}{1\cdot2} + \frac{8\cdot7\cdot6}{1\cdot2\cdot3} = 420 + 56 = 476$

95. $\frac{1}{x^n}(1+x)^{2n}$ में $\frac{1}{x}$ का गुणांक $= (1+x)^{2n}$ में x^{n-1} का गुणांक

$= {}^{2n}C_{n-1} = \frac{2n!}{(n-1)!(n+1)!}$

96. $\left(\sqrt[3]{\frac{a}{\sqrt{b}}} + \sqrt{\frac{b}{\sqrt[3]{a}}}\right)^{21}$ के प्रसार में,

$$T_{r+1} = {}^{21}C_r a^{7-r/2}\cdot b^{2r/3-7/2}$$

चूँकि a और b के घात समान हैं, अतः

$7 - \frac{1}{2}r = \frac{2}{3}r - \frac{7}{2} \Rightarrow r = 9$

अतः $(9+1)$वाँ अर्थात् 10वाँ पद अभीष्ट पद है।

97. व्यंजक $= \left(x - \frac{1}{x}\right)^{2n}$ के प्रसार में अभीष्ट पदों की संख्या

= कुल $- x$ से स्वतन्त्र पद

$= (2n+1) - 1 = 2n$ [$\because$ मध्य पद T_{n+1}, x से स्वतन्त्र होगा]

98. $(\sqrt{x} - \sqrt{y})^{17}$ का अन्त से $T_{14} = (-\sqrt{y} + \sqrt{x})^{17}$ के प्रारम्भ से T_{14}

$\Rightarrow \quad T_{14} = {}^{17}C_{13}(-\sqrt{y})^4(\sqrt{x})^{13} = {}^{17}C_4 y^2 x^{13/2}$

99. $(x+y)^{18}$ के प्रसार में,

$$T_{r+1} = {}^{18}C_r x^r y^{18-r}$$

$\therefore x^8y^{10}$ से तुलना करने पर, $r = 8$

अतः अभीष्ट गुणांक $= {}^{18}C_8$

100. व्यंजक $= (1+x)^n\left(1+\frac{1}{x}\right)^n$

$= (C_0 + C_1x + \ldots + C_nx^n)\left(C_0 + \frac{C_1}{x} + \frac{C_2}{x^2} + \ldots + \frac{C_n}{x^n}\right)$

अतः x से स्वतन्त्र पद का गुणांक

$= C_0^2 + C_1^2 + C_2^2 + \ldots + C_n^2$

101. व्यंजक $= \left(1 + \frac{1}{10^4}\right)^{1000}$

$= 1 + 1000\left(\frac{1}{10^4}\right) + (1000)\frac{(999)}{2}\left(\frac{1}{10^4}\right)^2$

$< 1 + \frac{1}{10} + \frac{1}{10^2} + \frac{1}{10^3} + \ldots$

$= \frac{1}{1-\frac{1}{10}} = \frac{10}{9} = 1\frac{1}{9}$

अतः वह पूर्णांक जो व्यंजक से बड़ा (Just greater) है

$= 2$

102. $(y^{-1/6} - y^{1/3})^9$ के प्रसार में,

$$T_{r+1} = {}^9C_r(y^{-1/6})^{9-r}(-y^{-1/3})^r$$

$\therefore y$ से स्वतन्त्र पद के लिए,

$(9-r)\left(-\frac{1}{6}\right) + r\left(\frac{1}{3}\right) = 0 \Rightarrow r = 3$

अतः y से स्वतन्त्र पद

$= {}^9C_3(y^{-1/6})^6(-y^{1/3})^3 = -84$

103. $(x + x^{\log_{10} x})^5$ के प्रसार में,

$$T_3 = {}^5C_2\cdot x^2(x^{\log_{10} x})^3 = 10^6$$

${}^5C_2 = 10$ रखने पर,

यदि $x = 10$, तब $10^3\cdot10^{2\cdot1} = 10^5$ सन्तुष्ट है।

अतः $\quad x = 10$

104. $(1 + 3x + 3x^2 + x^3)^6 = \{(1+x)^3\}^6 = (1+x)^{18}$

अतः मध्य पद 10वाँ पद है।

105. व्यंजक $= \frac{(1-3x)^{1/2} + (1-x)^{5/3}}{2\left[1-\frac{x}{4}\right]^{1/2}}$

$$= \frac{\left[1 + \frac{1}{2}(-3x) + \frac{1}{2}\left(-\frac{1}{2}\right)\frac{1}{2}(-3x)^2 + \ldots\right] + \left[1 + \frac{5}{3}(-x) + \frac{5}{3}\frac{2}{3}\frac{1}{2}(-x)^2 + \ldots\right]}{2\left[1 + \frac{1}{2}\left(-\frac{x}{4}\right) + \frac{1}{2}\left(-\frac{1}{2}\right)\frac{1}{2}\left(-\frac{x}{4}\right)^2 + \ldots\right]}$$

$$= \frac{\left[1 - \frac{19}{12}x + \frac{53}{144}x^2 - \ldots\right]}{\left[1 - \frac{x}{2} - \frac{1}{8}x^2 - \ldots\right]}$$

$= 1 - \frac{35}{24}x + \ldots$ [x की उच्चतम घातों को छोड़ने पर]

प्रश्नानुसार, $\quad a + bx = 1 - \frac{35}{24}x \Rightarrow a = 1, \; b = -\frac{35}{24}$

106. $\left(\sqrt{x}-\frac{2}{x}\right)^{18}$ के प्रसार में,

$$T_{r+1} = {}^{18}C_r\,(\sqrt{x})^{18-r}\left(-\frac{2}{x}\right)^r = {}^{18}C_r\,x^{9-r/2-r}\,(-2)^r$$

यदि T_{r+1}, x से स्वतन्त्र है, तब

$$9-\frac{r}{2}-r=0$$

$\Rightarrow$ $r=6$

$\therefore$ x से स्वतन्त्र पद $= T_7 = {}^{18}C_6\,2^6$

107. $(1+x^2)^5(1+x)^4 = ({}^5C_0 + {}^5C_1x^2 + {}^5C_2x^4 + \ldots)$
$({}^4C_0 + {}^4C_1x + {}^4C_2x^2 + {}^4C_3x^3 + {}^4C_4x^4)$

अतः $[(1+x^2)^5(1+x)^4]$ में x^5 का गुणांक

$$= {}^5C_2\cdot{}^4C_1 + {}^4C_3\cdot{}^5C_1 = 60$$

108. मान लीजिए

$(6\sqrt{6}+14)^{2n+1} = I + F$ जहाँ $I \in N$

तथा $0 < F < 1$

पुनः मान लीजिए

$$G = (6\sqrt{6}-14)^{2n+1}$$

$\Rightarrow$ $0 < G < 1$

अतः स्पष्ट है कि $I + F - G$ एक सम पूर्णांक है।

$\Rightarrow$ $F = G \Rightarrow I$ एक सम पूर्णांक है।

109. हम जानते हैं कि,

$$\frac{C_1}{C_0} + 2\frac{C_2}{C_1} + 3\frac{C_3}{C_2} + \ldots + n\cdot\frac{C_n}{C_{n-1}} = \frac{n(n+1)}{2}$$

$n = 15$ रखने पर,

$$= \frac{15\times(15+1)}{2} = 120$$

110. $(x+y)^n$ के विस्तार में गुणांकों का योग $= 2^n$ ($\because x = y = 1$ रखने पर)

प्रश्नानुसार, $2^n = 4096 = 2^{12}$

$\Rightarrow$ $n = 12$

$\because n$ सम है।

अतः महत्तम गुणांक

$$= {}^nC_{n/2} = {}^{12}C_6 = \frac{12\cdot11\cdot10\cdot9\cdot8\cdot7}{1\cdot2\cdot3\cdot4\cdot5\cdot6} = 924$$

111. $7^2 = 49 = 50 - 1$

अब, $7^{300} = (7^2)^{150} = (50-1)^{150}$

$$= {}^{150}C_0(50)^{150}(-1)^0 + {}^{150}C_1(50)^{149}(-1)^1 + \ldots + {}^{150}C_{150}(50)^0(-1)^{150}$$

7^{300} का अन्तिम अंक ${}^{150}C_{150}\cdot1\cdot1$ अर्थात् 1 है।

112. $\because n = 11$ विषम है।

$\therefore$ दो मध्य पद प्राप्त होंगे।

$\left(x-\frac{1}{x}\right)^{11}$ का मध्य पद $T_6 = {}^{11}C_5(x)^6\left(-\frac{1}{x}\right)^5 = -462x$

तथा $T_7 = {}^{11}C_6(x)^5\left(-\frac{1}{x}\right)^6 = \frac{462}{x}$

113. $\left(x^2+\frac{k}{x}\right)^5$ के प्रसार में,

$$T_{r+1} = {}^5C_r\,(x^2)^{5-r}\left(\frac{k}{x}\right)^r$$

$\therefore$ x के गुणांक के लिए $10 - 2r - r = 1 \Rightarrow r = 3$

अतः $T_{3+1} = {}^5C_3\,(x^2)^{5-3}\left(\frac{k}{x}\right)^3$

प्रश्नानुसार, $10k^3 = 270$

$\Rightarrow$ $k = 3$

114. चूँकि $(x+a)^n = {}^nC_0x^n + {}^nC_1x^{n-1}a + {}^nC_2x^{n-2}a^2 + {}^nC_3x^{n-3}a^3 + \ldots$

अतः $A = {}^nC_0x^n + {}^nC_2x^{n-2}a^2 + {}^nC_4x^{n-4}a^4 + \ldots$

तथा $B = {}^nC_1x^{n-1}a + {}^nC_3x^{n-3}a^3 + \ldots$

अतः $AB = \frac{1}{4}\{(x+a)^{2n} - (x-a)^{2n}\}$

$\Rightarrow$ $4AB = (x+a)^{2n} - (x-a)^{2n}$

115. $a = (1-3x+10x^2)^n$ के विस्तार में गुणांकों का योग

$= (1-3+10)^n$ [$x = 1$ रखने पर]

$= (8)^n$

$b = (1+x^2)^n$ के विस्तार में गुणांकों का योग

$= (1+1)^n = 2^n$ [$x = 1$ रखने पर]

अतः $a = b^3$

अध्याय 24

रैखिक प्रोग्रामन

Linear Programming

रैखिक असमिकाएँ Linear Inequalities

एक रैखिक असमिका या असमीकरण को रैखिक कहा जाता है, यदि प्रत्येक चर की घात एक हो तथा चरों के गुणनफल का कोई पद उपस्थित न हो। जैसे—$ax + b \le 0$, $ax + by + c > 0$, $ax <= 8$, इत्यादि।

(i) **एक चर राशि वाली रैखिक असमिका** रैखिक असमिका (असमीकरण), जिसमें केवल चर राशि हो, एक चर राशि वाली रैखिक असमिका (Linear inequality in one variable) कहते हैं। जैसे—$ax + b < 0$, जहाँ $a \ne 0$।

(ii) **दो चर राशियों वाली रैखिक असमिका** रैखिक असमिका, जिसमें केवल दो चर राशियाँ हों, दो चर वाली रैखिक असमिका (Linear inequality in two variables) कहते हैं। जैसे—$ax + by \le 0$ या $ax + by + c > 0$ ।

आलेखीय विधि द्वारा दो चर राशियों वाली रैखिक असमिका का हल Solution of Linear Inequality in Two Variables by Graphical Method

माना दो चर राशियों x तथा y वाली रैखिक असमिका $ax + by + c \le 0$ या $ax + by + c \ge 0$ या $ax + by + c < 0$ या $ax + by + c > 0$ के रूप में है। आलेखीय विधि द्वारा इसका हल ज्ञात करने के लिए निम्न चरणों का प्रयोग करते है

***चरण* I** दी गई असमिका के संगत समीकरण $ax + by + c = 0$ है, जोकि XY-तल में एक सरल रेखा को व्यक्त करता है।

***चरण* II** चरण I प्राप्त समीकरण में $x = 0$ रखकर वह बिन्दु प्राप्त करते हैं, जहाँ रेखा Y-अक्ष पर मिलती है। इसी प्रकार, $y = 0$ रखकर बिन्दु प्राप्त करते हैं, जहाँ रेखा X-अक्ष पर मिलती है।

***चरण* III** चरण II से प्राप्त बिन्दुओं को आपस में मिलाते हैं। यदि असमिका $<$ या $>$ के रूप में है, तब समीकरण $ax + by = c$ पर स्थित बिन्दुओं को सुसंगत क्षेत्र में सम्मिलित नहीं किया जाता है। इसके लिए बिन्दुमय (Dotted) रेखा खींची जाती है। इसके अतिरिक्त रेखा पर स्थित बिन्दुओं को सुसंगत क्षेत्र में सम्मिलित किया जाता है, तब इसके लिए मोटी या गाढ़ी (Dark) रेखा खींची जाती है।

***चरण* IV** अब, कोई बिन्दु (a, b) अर्थात् $(0, 0)$ या $(1, 1)$ (जो रेखा पर स्थित न हो) लेते हैं तथा यह निरीक्षण करते हैं कि ये बिन्दु असमिका को सन्तुष्ट करते हैं या नहीं।

***चरण* V** यदि ये बिन्दु सन्तुष्ट करते हैं, तब असमिका का हल समुच्चय उस बिन्दु को अन्तर्विष्ट करने वाला अर्द्धतल है, अन्यथा दी गई असमिका का हल समुच्चय दूसरा अर्द्धतल होगा।

रैखिक प्रोग्रामन समस्या Linear Programming Problem (LPP)

एक रैखिक प्रोग्रामन समस्या वह समस्या है, जोकि x और y जैसे कुछ अनेक चरों के एक रैखिक फलन Z (जोकि उद्देश्य फलन कहलाता है) का इष्टतम सुसंगत/अनुकूलतम सुसंगत मान (अधिकतम या न्यूनतम मान) ज्ञात करने से सम्बन्धित है। प्रतिबन्ध यह है कि चर ऋणेत्तर पूर्णांक है और ये रैखिक असमिकाओं के समुच्चय रैखिक व्यवरोधों को सन्तुष्ट करते हैं। रैखिक पद से तात्पर्य है कि समस्या में सभी गणितीय सम्बन्ध रैखिक हैं, जबकि प्रोग्रामन से तात्पर्य है कि विशेष प्रोग्राम या विशेष क्रिया योजना निर्धारित करना।

रैखिक प्रोग्रामन समस्या का गणितीय रूप Mathematical Form of Linear Programming Problem

रैखिक प्रोग्रामन समस्या को व्यापक गणितीय रूप में निम्न प्रकार लिखा जाता है

उद्देश्य फलन, $Z = c_1x + c_2y$

व्यवरोध, $a_1x + b_1y \le d_1$, $a_2x + b_2y \le d_2$, इत्यादि

तथा ऋणेत्तर व्यवरोध $x \ge 0, y \ge 0$ हैं।

रैखिक प्रोग्रामन समस्या से सम्बन्धित महत्त्वपूर्ण पद

Important Terms Related to Linear Programming Problem

रैखिक प्रोग्रामन समस्या से सम्बन्धित महत्त्वपूर्ण पद निम्न हैं

1. **उद्देश्य फलन** (Objective function) रैखिक फलन $Z = ax + by$, जहाँ a व b अचर हैं जिसका अधिकतमीकरण या न्यूनतमीकरण होना है, एक रैखिक उद्देश्य फलन कहलाता है।
2. **रैखिक व्यवरोध** (Linear constraints) एक रैखिक प्रोग्रामन समस्या के चरों पर रैखिक असमिकाओं या समीकरण या प्रतिबन्ध रैखिक व्यवरोध कहलाते हैं। प्रतिबन्ध $x \geq 0, y \geq 0$ ऋणेत्तर व्यवरोध (Non-negative constraints or restriction) कहलाते हैं।
3. **इष्टतम सुसंगत समस्या** (Optimisation problem) निश्चित व्यवरोधों के अधीन असमिकाओं के समुच्चय द्वारा निर्धारित समस्या जो चरों (x और y माना) में रैखिक फलन (उद्देश्य फलन) को अधिकतम या न्यूनतम करे, इष्टतम सुसंगत समस्या कहलाती है। रैखिक प्रोग्रामन समस्या एक विशिष्ट प्रकार की इष्टतम सुसंगत समस्या है।
4. **इष्टतम मान** (Optimum value) उद्देश्य फलन का अधिकतम या न्यूनतम मान ही रैखिक प्रोग्रामन समस्या का इष्टतम मान कहलाता है।
5. **सुसंगत तथा असुसंगत क्षेत्र** (Feasible and infeasible regions) रैखिक प्रोग्रामन समस्या के ऋणेत्तर व्यवरोध $x, y \geq 0$ सहित सभी व्यवरोधों द्वारा नियत उभयनिष्ठ क्षेत्र सुसंगत क्षेत्र या हल क्षेत्र कहलाता है। **सुसंगत क्षेत्र** का प्रत्येक बिन्दु एक सुसंगत विकल्प (Choice) प्रस्तुत करता है। सुसंगत क्षेत्र के अतिरिक्त क्षेत्र को **असुसंगत क्षेत्र** कहते हैं।
6. **परिबद्ध तथा अपरिबद्ध क्षेत्र** (Bounded and unbounded regions) रैखिक असमिकाओं के निकाय द्वारा प्राप्त सुसंगत क्षेत्र परिबद्ध क्षेत्र कहलाता है यदि यह एक वृत्त के अन्तर्गत परिबद्ध किया जा सके अन्यथा इसे अपरिबद्ध क्षेत्र कहते हैं।

   अपरिबद्ध से तात्पर्य है कि सुसंगत क्षेत्र किसी भी दिशा में असीमित रूप से बढ़ाया जा सकता है। दूसरे शब्दों में, "असमिकाओं $ax + by \leq m$ तथा $cx + dy \leq n$ से प्रथम चतुर्थांश में घिरा क्षेत्र परिबद्ध क्षेत्र होता है।" जैसे—रैखिक असमिकाओं $3x + 5y \leq 15$, $4x + 3y \leq 12$, $x \geq 0$, $y \geq 0$ द्वारा प्राप्त क्षेत्र परिबद्ध क्षेत्र है।

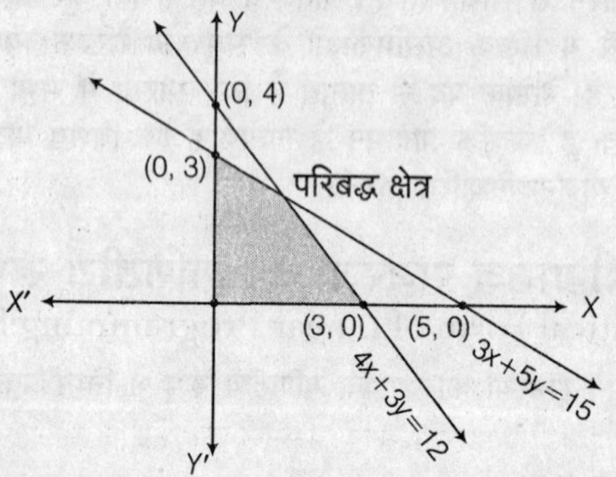

   असमिकाओं $ax + by \geq m$ तथा $cx + dy \geq n$ से प्रथम चतुर्थांश में घिरा क्षेत्र अपरिबद्ध (Unbounded) क्षेत्र होता है।

   जैसे—रैखिक असमिकाओं $2x + 3y \geq 12$, $5x + 2y \geq 10$, $x \geq 0$, $y \geq 0$ द्वारा प्राप्त अपरिबद्ध क्षेत्र है।

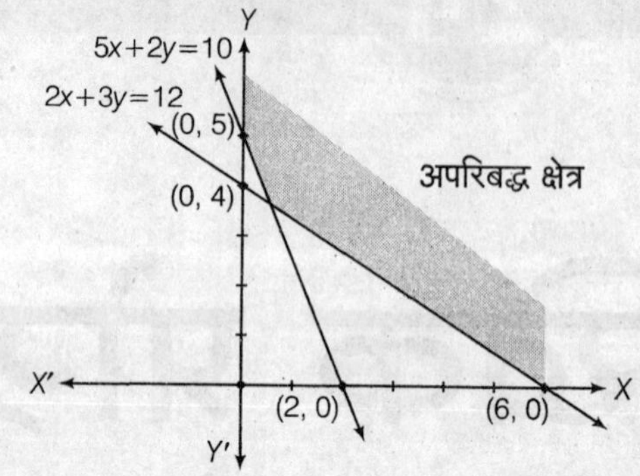

नोट यदि सुसंगत क्षेत्र परिबद्ध है, तो उद्देश्य फलन के अधिकतम एवं न्यूनतम दोनों मान प्राप्त होते हैं।

यदि सुसंगत क्षेत्र अपरिबद्ध है, तो उद्देश्य फलन के अधिकतम या न्यूनतम मान का अस्तित्व हो भी सकता है और नहीं भी।

7. **सुसंगत तथा असुसंगत हल** (Feasible and infeasible solutions) सुसंगत क्षेत्र के अन्त: भाग में तथा सीमा के सभी बिन्दु व्यवरोधों के सुसंगत हल कहलाते हैं। सुसंगत क्षेत्र के बाहर का कोई भी बिन्दु असुसंगत (Infeasible) हल कहलाता है।
8. **इष्टतम/अनुकूलतम सुसंगत हल** (Optimal feasible solution) सुसंगत क्षेत्र का कोई बिन्दु (अर्थात् सुसंगत हल) जिस पर उद्देश्य फलन का इष्टतम मान (अधिकतम या न्यूनतम) प्राप्त होता हैं रैखिक प्रोग्रामन समस्या का इष्टतम हल कहलाता है।

कुछ महत्त्वपूर्ण प्रमेय Some Important Theorems

***प्रमेय* 1** माना R एक रैखिक प्रोग्रामन समस्या के लिए सुसंगत क्षेत्र (उत्तल बहुभुज) है तथा उद्देश्य फलन $Z = ax + by$ है। यदि Z का कोई इष्टतम मान (अधिकतम या न्यूनतम) अस्तित्व में है, तो यह इष्टतम मान R के कोनीय बिन्दु अर्थात् शीर्ष पर स्थित होना चाहिए, जहाँ निर्णायक चर x तथा y दिए गए व्यवरोधों को सन्तुष्ट करते हैं।

***प्रमेय* 2** माना R एक रैखिक प्रोग्रामन समस्या के लिए सुसंगत क्षेत्र (उत्तल बहुभुज) है तथा उद्देश्य फलन $Z = ax + by$ है। यदि R परिबद्ध है, तब उद्देश्य फलन Z के R में अधिकतम और न्यूनतम दोनों प्रकार के मान होंगे। इनमें से प्रत्येक R के कोनीय (Corner) बिन्दु पर स्थित होगा।

नोट यदि R अपरिबद्ध है, तब उद्देश्य फलन का अधिकतम या न्यूनतम मान का अस्तित्व नहीं भी हो सकता है, फिर भी यदि यह विद्यमान है, तो R के कोनीय बिन्दु पर होना चाहिए।

एक क्षेत्र या बिन्दुओं का समुच्चय **उत्तल क्षेत्र** कहलाता है, यदि इसके किन्हीं दो बिन्दुओं को मिलाने वाली रेखा पूर्ण रूप से क्षेत्र के अन्दर स्थित होती है।

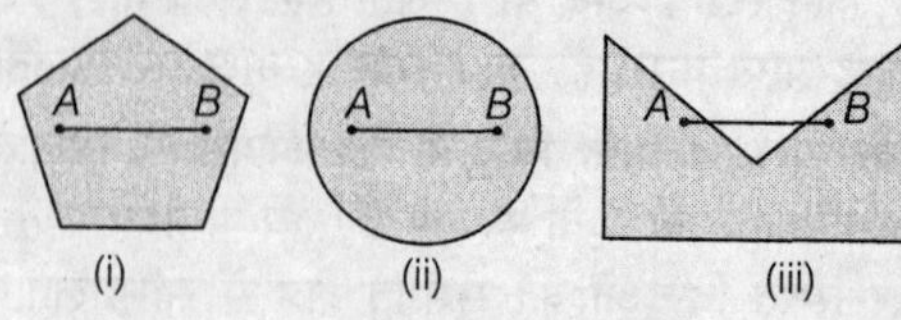

रैखिक प्रोग्रामन समस्या को हल करने की आलेखीय विधि Graphical Method of Solving Linear Programming Problem

इस विधि को **कोनीय बिन्दु विधि** (Corner point method) भी कहा जाता है। रैखिक प्रोग्रामन समस्या को हल करने के लिए निम्न चरणों का प्रयोग करते हैं

चरण **I** सर्वप्रथम, दी गई रैखिक प्रोग्रामन समस्या के व्यवरोधों को समीकरण के रूप में परिवर्तित करके लिखते हैं।

चरण **II** चरण I से प्राप्त समीकरणों को हल करके उनका आलेख बनाते हैं तथा उनका प्रतिच्छेदन बिन्दु ज्ञात करते हैं।

चरण **III** दी गई रैखिक असमिकाओं के उभयनिष्ठ क्षेत्र को छायांकित करते हैं अर्थात् सुसंगत क्षेत्र ज्ञात करते हैं। साथ ही निरीक्षण करते हैं कि सुसंगत क्षेत्र परिबद्ध है या अपरिबद्ध है।

चरण **IV** अब, सुसंगत क्षेत्र के कोनीय बिन्दुओं के निर्देशांक प्राप्त करते हैं, जोकि आलेख के चरम (कोनीय) बिन्दु कहलाते हैं तथा सुसंगत क्षेत्र के प्रत्येक कोनीय बिन्दु के निर्देशांकों को उद्देश्य फलन में प्रतिस्थापित करके न्यूनतम मान m तथा अधिकतम मान M ज्ञात करते हैं।

चरण **V** (i) यदि सुसंगत क्षेत्र **परिबद्ध** है, तब M और m क्रमशः Z अभीष्ट के अधिकतम और न्यूनतम मान हैं।

(ii) यदि सुसंगत क्षेत्र **अपरिबद्ध** है, तो M और m फलन के अधिकतम और न्यूनतम मान हो भी सकते हैं और नहीं भी। तब, अगले चरण का प्रयोग करते हैं।

चरण **VI** यदि $Z = ax + by$ है, तब

(i) असमिका $ax + by > M$ द्वारा निरूपित अर्द्धतल ज्ञात कीजिए। यदि $ax + by > M$ द्वारा निरूपित खुले अर्द्धतल तथा सुसंगत में कोई बिन्दु उभयनिष्ठ नहीं है, तो M, Z का अधिकतम मान है अथवा नहीं।

(ii) असमिका $ax + by < M$ द्वारा निरूपित खुला अर्द्धतल ज्ञात कीजिए। यदि $ax + by < M$ द्वारा निरूपित खुले अर्द्धतल तथा सुसंगत क्षेत्र में कोई बिन्दु उभयनिष्ठ नहीं है, तो M, Z का न्यूनतम मान है अथवा नहीं।

नोट यदि सुसंगत क्षेत्र रिक्त है, तो समस्या का कोई हल नहीं है। मूलबिन्दु के समीप उद्देश्य फलन का मान न्यूनतम तथा मूलबिन्दु से दूर उद्देश्य फलन का मान अधिकतम होता है।

रैखिक प्रोग्रामन समस्या का गणितीय सूत्रीकरण

Mathematical Formulation of Linear Programming Problem

दी गई इबारती समस्या को गणितीय रूप में लिखने की विधि समस्या का सूत्रीकरण कहलाती है। रैखिक प्रोग्रामन समस्या के सूत्रीकरण की कोई निश्चित विधि नहीं होती है परन्तु निम्न चरण सूत्रीकरण में सहायक होंगे

चरण **I** सर्वप्रथम, दी गई रैखिक प्रोग्रामन समस्या के निर्णायक चरों की पहचान कीजिए अर्थात् उन अज्ञात राशियों को ज्ञात कीजिए जिनके मान ज्ञात करते हैं तथा उन्हें x, y आदि से निरूपित कीजिए।

चरण **II** उद्देश्य फलन को पहचानिए जिसका इष्टतमीकरण अधिकतमीकरण या न्यूनतमीकरण करना है तथा उसे चरण I से प्राप्त निर्णायक चरों के रैखिक फलन के रूप में लिखिए।

चरण **III** रैखिक प्रोग्रामन समस्या के व्यवरोधों; *जैसे*—संसाधन प्रतिबन्धों, बाजार स्थितियाँ, आदि को निर्णायक चरों के पदों में रैखिक असमिकाओं के रूप में लिखिए।

चरण **IV** ऋणेत्तर व्यवरोधों का वर्णन कीजिए, क्योंकि निर्णायक चरों के ऋणात्मक मानों का कोई मान्य भौतिक अर्थ नहीं होता है। इस प्रकार उद्देश्य फलन, व्यवरोधों तथा ऋणेत्तर व्यवरोध एकसाथ मिलकर रैखिक प्रोग्रामन समस्या को निरूपित करते हैं।

रैखिक प्रोग्रामन समस्या को हल करने की कार्यविधि

Working Method to Solve LPP

रैखिक प्रोग्रामन समस्या हल करने के लिए, हम निम्न चरणों का प्रयोग करते हैं।

चरण **I** सर्वप्रथम, दी गई रैखिक प्रोग्रामन समस्या को गणितीय सूत्रीकरण की सहायता से इसे गणितीय रूप में लिखिए। (यदि यह गणितीय रूप में नहीं दी गई है)।

चरण **II** इसके पश्चात्, सभी व्यवरोधों को रैखिक समीकरण मानिए।

चरण **III** अब, चरण II से प्राप्त प्रत्येक रैखिक समीकरण का आलेख खींचिए तथा उनका प्रतिच्छेद बिन्दु (यदि कोई है) ज्ञात कीजिए।

चरण **IV** अब, सभी रैखिक असमिकाओं के उभयनिष्ठ भाग को छायांकित कीजिए अर्थात् सुसंगत भाग ज्ञात कीजिए एवं जाँच कीजिए कि सुसंगत भाग परिबद्ध अथवा परिबद्ध क्षेत्र है।

चरण **V** इसके पश्चात्, सुसंगत भाग के कोनीय बिन्दुओं को ज्ञात कीजिए एवं प्रत्येक कोनीय बिन्दु पर उद्देशित फलन का मान ज्ञात कीजिए।

चरण **VI** (i) यदि सुसंगत भाग परिबद्ध है, तब अधिकतम (माना M) या न्यूनतम (माना m) मान होंगे, तब चरण V में प्राप्त मानों में से उद्देशित फलन के अभीष्ट अधिकतम या न्यूनतम मान प्राप्त होते हैं।

(ii) यदि सुसंगत भाग अपरिबद्ध है, तब हमें अगले चरण में जाने की आवश्यकता नहीं होगी। तब, चरण V में प्राप्त मानों में से अधिकतम (माना M) या न्यूनतम (माना m) मान दिए गए उद्देशित फलन के अभीष्ट अधिकतम या न्यूनतम मान हो सकते हैं या नहीं भी, तब हम अगले चरण की ओर अग्रसर होते हैं।

चरण **VII** माना दिया गया उद्देशित फलन $Z = ax + by$ है, तब असमिकाओं $ax + by > m$ या $ax + by < M$ के आलेख खींचिए। यदि, चरण IV से प्राप्त सुसंगत भाग के साथ उपरोक्त असमिकाओं के खुले अर्द्धतल का कोई उभयनिष्ठ बिन्दु न हो, तब M या m अभीष्ट अधिकतम या न्यूनतम मान होंगे, अन्यथा दिए गए उद्देशित फलन के कोई अधिकतम या न्यूनतम मान नहीं होंगे।

रैखिक प्रोग्रामन समस्याओं के विभिन्न प्रकार

Different Types of Linear Programming Problems

रैखिक प्रोग्रामन समस्याओं के कुछ महत्त्वपूर्ण प्रकार निम्नलिखित हैं

1. उत्पादन सम्बन्धी समस्याएँ Manufacturing Problems

उत्पादन सम्बन्धी रैखिक प्रोग्रामन समस्याओं में हम यह निर्धारित करते हैं कि एक फर्म द्वारा विभिन्न उत्पादों के कितने नग बनाकर बेचने से लाभ अधिकतम हो, जबकि माना जाए कि प्रत्येक उत्पाद के प्रत्येक नग में एक निश्चित जन शक्ति, मशीन के घण्टों, प्रति नग के निर्माण में श्रम के घण्टे तथा प्रत्येक उत्पाद के प्रत्येक नग को रखने के लिए माल भण्डार या गोदाम आदि की आवश्यकता होती है। इस प्रकार की समस्याओं को हल करने के लिए सर्वप्रथम दी गई समस्या का गणितीय सूत्रीकरण करते हैं फिर आलेखीय विधि द्वारा हल करते हैं।

2. आहार सम्बन्धी समस्याएँ Diet Problems

आहार सम्बन्धी समस्याओं में आहार में सम्मिलित किए जाने वाले विभिन्न प्रकार के पोषक तत्वों की मात्राओं का निर्धारण करते हैं, जिससे उत्पादित इच्छित आहार में अन्तर्विष्ट प्रत्येक पोषक तत्व की न्यूनतम आवश्यक मात्रा पर लागत कम-से-कम आए। इस प्रकार की समस्याओं को हल करने के लिए सर्वप्रथम दी गई समस्या का गणितीय सूत्रीकरण करते हैं। फिर आलेखीय विधि द्वारा हल करते हैं।

3. परिवहन सम्बन्धी समस्याएँ Transportation Problems

परिवहन सम्बन्धी समस्याओं में हम ऐसी परिवहन प्रणाली को निर्धारित करते हैं जिससे विभिन्न उत्पादों को विभिन्न जगहों जैसे कारखानों/संयंत्रों से विभिन्न बाजारों में पहुँचाने में विभिन्न व्यवरोधों के अन्तर्गत परिवहन व्यय कम-से-कम अर्थात् न्यूनतम हो। इस प्रकार की समस्याओं को हल करने के लिए सर्वप्रथम दी गई समस्याओं का गणितीय सूत्रीकरण करते हैं फिर आलेखीय विधि द्वारा हल करते हैं।

अभ्यास प्रश्न

1. असमीकरणों $3x + 2y \le 6$ तथा $6x + 4y \ge 20$ के ग्राफ के लिए सत्य होगा

(a) दोनों ग्राफ असंयुक्त हैं
(b) दोनों में ही मूलबिन्दु स्थित नहीं है
(c) दोनों में ही (1, 1) शामिल है
(d) उपरोक्त में से कोई नहीं

2. उद्देश्य फलन $z = x_1 + x_2$ के व्यवरोधों $x_1 + x_2 \le 1, 3x_1 + x_2 \ge 3$ तथा $x_1, x_2 \ge 0$ के लिए होंगे

(a) दो सम्भाव्य क्षेत्र (b) अनन्त सम्भाव्य क्षेत्र
(c) कोई सम्भाव्य क्षेत्र नहीं (d) इनमें से कोई नहीं

3. असमीकरणों $2x + y \ge 2$ तथा $x - y \le 3$ के संयुक्त ग्राफ का शीर्ष होगा

(a) (0, 0) (b) $\left(\frac{5}{3}, -\frac{4}{3}\right)$ (c) $\left(\frac{5}{3}, \frac{4}{3}\right)$ (d) $\left(-\frac{4}{3}, \frac{5}{3}\right)$

4. रेखीय प्रक्रमन समस्या Min $(Z) = 2x_1 + 3x_2$, जबकि प्रतिबन्ध $-x_1 + 2x_2 \le 4, x_1 + x_2 \le 6, x_1 + 3x_2 \ge 9$ तथा $x_1, x_2 \ge 0$ हैं, तब

(a) $x_1 = 12$ (b) $x_2 = 2.6$
(c) $Z = 10.2$ (d) ये सभी

5. $\mu = 3x + 4y$ का उच्चिष्ठ मान, जबकि प्रतिबन्ध $x + y \le 40$, $x + 2y \le 60, x, y \ge 0$ हैं, होगा

(a) 130 (b) 120 (c) 40 (d) 140

6. रेखीय असमीकरणों $2x + 3y \le 6, x + 4y \le 4$ तथा $x, y \ge 0$ का एक शीर्ष है

(a) (1, 0) (b) (1, 1) (c) $\left(\frac{12}{5}, \frac{2}{5}\right)$ (d) $\left(\frac{2}{5}, \frac{12}{5}\right)$

7. रेखीय प्रतिबन्धों $3x + 4y \le 18, 2x + 3y \ge 3$ तथा $x, y \ge 0$ के द्वारा प्राप्त सुसंगत क्षेत्र का एक शीर्ष होगा

(a) (0, 2) (b) (4.8, 0)
(c) (0, 3) (d) इनमें से कोई नहीं

8. निम्न व्यवरोधों के अन्तर्गत

$$x + y \le 50$$
$$3x + y \le 90$$
$$x \ge 0, y \ge 0$$

$Z = 4x + y$ का अधिकतम मान होगा

(a) 120 (b) 10
(c) 110 (d) इनमें से कोई नहीं

9. असमीकरणों $x + y \le 1$ तथा $x - y \le 1$ के द्वारा परिबद्ध क्षेत्र किस चतुर्थांशों में स्थित होगा?

(a) I, II (b) I, III
(c) II, III (d) चारों चतुर्थांशों में

10. आलेखीय विधि द्वारा निम्न रैखिक प्रक्रमन समस्या को हल कीजिए। निम्न व्यवरोधों के अन्तर्गत

$$x + 2y \ge 10$$
$$3x + 4y \le 24$$
$$x \ge 0, y \ge 0$$

$Z = 200x + 500y$ का न्यूनतम मान होगा

(a) 2300 (b) 2400
(c) 2200 (d) इनमें से कोई नहीं

11. $2x + 3y - 5 \le 0$ तथा $4x - 3y + 2 \le 0$ द्वारा निरुपित क्षेत्र होगा

(a) प्रथम चतुर्थांश में नहीं है (b) प्रथम चतुर्थांश में परिबद्ध है
(c) प्रथम चतुर्थांश में अपरिबद्ध है (d) उपरोक्त में से कोई नहीं

12. आलेखीय विधि से निम्न समस्या को हल कीजिए। निम्न व्यवरोधों के अन्तर्गत

$$x + 3y \le 60$$
$$x + y \ge 10$$
$$x \le y$$
$$x \ge 0, y \ge 0$$

$Z = 3x + 9y$ का न्यूनतम मान होगा

(a) 110 (b) 60 (c) 130 (d) 140

13. असमीकरण निकाय $x, y \geq 0, y \leq 6, x + y \leq 3$ द्वारा निरूपित क्षेत्र होगा

(a) प्रथम चतुर्थांश में अपरिबद्ध है
(b) प्रथम व द्वितीय चतुर्थांश में अपरिबद्ध है
(c) प्रथम चतुर्थांश में परिबद्ध है
(d) उपरोक्त में से कोई नहीं

14. असमीकरण $y - x \leq 0$ प्रदर्शित करता है

(a) वह अर्द्ध-समतल जिसमें धनात्मक X-अक्ष है
(b) रेखा $y = x$ के ऊपर बन्द अर्द्ध-समतल जिसमें धनात्मक Y-अक्ष निहित है
(c) अर्द्ध-समतल जिसमें ऋणामक X-अक्ष निहित है
(d) उपरोक्त में से कोई नहीं

15. उद्देश्य फलन $Z = 4x + 3y$ को रेखीय प्रतिबन्धों $3x + 4y \leq 24$, $8x + 6y \leq 48, x \leq 5, y \leq 6, x, y \geq 0$ के अन्तर्गत अधिकतम प्राप्त किया जा सकता है

(a) केवल एक बिन्दु पर (b) केवल दो बिन्दुओं पर
(c) अनन्त बिन्दुओं पर (d) इनमें से कोई नहीं

16. असमिकायें

$$-x_1 + x_2 \leq 1$$
$$-x_1 + 3x_2 \leq 9$$
$x_1, x_2 \geq 0$ परिभाषित होगी

(a) परिबद्ध सुसंगत क्षेत्र पर
(b) अपरिबद्ध सुसंगत क्षेत्र पर
(c) परिबद्ध तथा अपरिबद्ध सुसंगत दोनों क्षेत्रों पर
(d) उपरोक्त में से कोई नहीं

17. मोहन बचत पत्र तथा राष्ट्रीय बचत बॉन्ड पर ₹ 15000 निवेश करना चाहता है। नियमानुसार उसे बचत पत्रों पर कम से कम ₹ 2000 तथा राष्ट्रीय बॉन्डों पर कम से कम ₹ 2500 का निवेश करना आवश्यक है। बचत पत्रों पर 8% प्रतिवर्ष तथा राष्ट्रीय बचत बॉन्ड पर 10% प्रतिवर्ष ब्याज दरें देय हैं। वह ₹ x बचत पत्रों में तथा ₹ y राष्ट्रीय बचत बॉन्डों में निवेश करता है, तो उद्देश्य फलन होगा

(a) $0.08x + 0.10y$ (b) $\frac{x}{2000} + \frac{y}{2500}$
(c) $2000x + 2500y$ (d) $\frac{x}{8} + \frac{y}{10}$

18. रेखीय प्रक्रमन समस्या $\text{Min}(Z) = -x_1 + 2x_2$ जबकि $-x_1 + 3x_2 \leq 0, x_1 + x_2 \leq 6, x_1 - x_2 \leq 2$ तथा $x_1, x_2 \geq 0$ के लिए x_1 का मान होगा

(a) 2 (b) 8
(c) 10 (d) 12

19. $Z = 4x + 9y$ का अधिकतमीकरण करने पर जबकि $x + 5y \leq 200, 2x + 3y \leq 134$ तथा $x, y \geq 0$, तब Z का मान होगा

(a) 380 (b) 382
(c) 384 (d) इनमें से कोई नहीं

20. रेखीय प्रतिबन्धों $3x + 2y \geq 12, x + 3y \geq 11$ तथा $x, y \geq 0$ के अन्तर्गत उद्देश्य फलन $C = 2x + 2y$ का न्यूनतम मान होगा

(a) 10 (b) 12
(c) 6 (d) 5

21. उद्देश्य फलन $Z = 2x + 3y$ को अधिकतम करने के लिए प्रतिबन्धों $x + y \leq 30, x - y \geq 0, y \leq 12, x \leq 20, y \geq 3$ व $x, y \geq 0$ के अन्तर्गत हल होंगे

(a) $x = 12, y = 18$ पर
(b) $x = 18, y = 12$ पर
(c) $x = 12, y = 12$ पर
(d) $x = 20, y = 10$ पर

22. फलन $Z = 4x + 2y$ का रेखीय प्रतिबन्धों $2x + 3y \leq 18, x + y \geq 10$ $x, y \geq 0$ के अन्तर्गत अधिकतम मान होगा

(a) 36 (b) 40
(c) 20 (d) इनमें से कोई नहीं

23. छायांकित क्षेत्र निम्न द्वारा प्रदर्शित होता है

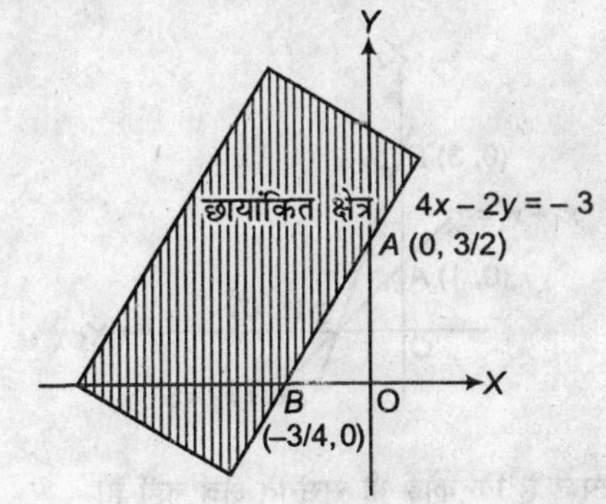

(a) $4x - 2y \leq 3$ (b) $4x - 2y \leq -3$
(c) $4x - 2y \geq 3$ (d) $4x - 2y \geq -3$

24. निम्न छायांकित क्षेत्र के लिए प्रतिबन्ध ($x \geq 0, y \geq 0$ के अतिरिक्त) होंगे

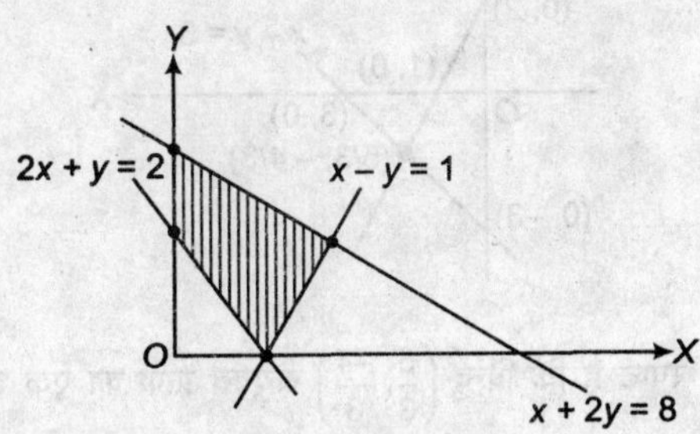

(a) $2x + y \leq 2, x - y \leq 1, x + 2y \leq 8$
(b) $2x + y \geq 2, x - y \leq 1, x + 2y \leq 8$
(c) $2x + y \geq 2, x - y \geq 1, x + 2y \leq 8$
(d) $2x + y \geq 2$ $x - y \geq 1, x + 2y \geq 8$

उत्तरमाला

1.	(a)	2.	(c)	3.	(b)	4.	(d)	5.	(d)	6.	(c)	7.	(d)	8.	(a)	9.	(d)	10.	(a)
11.	(b)	12.	(b)	13.	(c)	14.	(a)	15.	(c)	16.	(b)	17.	(a)	18.	(a)	19.	(b)	20.	(a)
21.	(b)	22.	(d)	23.	(b)	24.	(b)												

संकेत एवं हल

1. असमीकरणों $3x + 2y \leq 6$ तथा $6x + 4y \geq 20$ के अन्तर्गत समीकरण $3x + 2y = 6$ तथा $6x + 4y = 20$ हैं, अतः इनके द्वारा प्रदर्शित रेखायें समान्तर है।

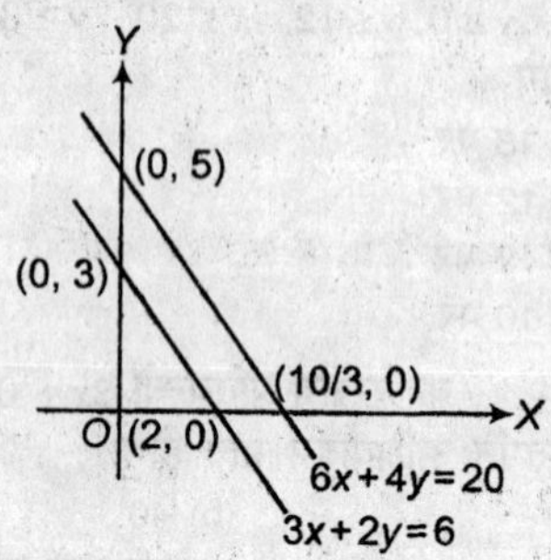

अतः उपरोक्त ग्राफ असंयुक्त हैं।

2.

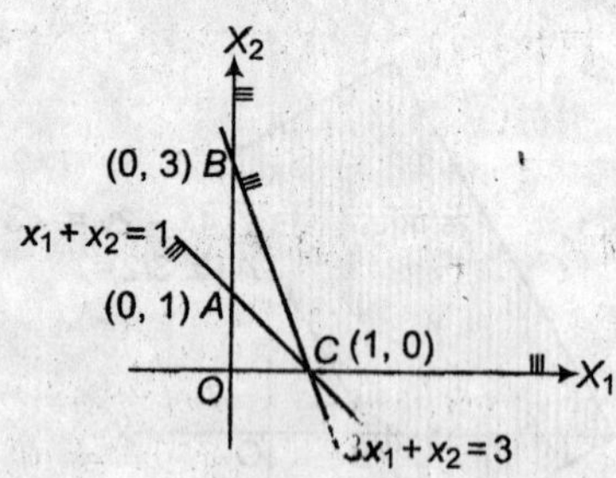

ग्राफ से स्पष्ट है कि कोई भी सुसंगत क्षेत्र नहीं है।

3.

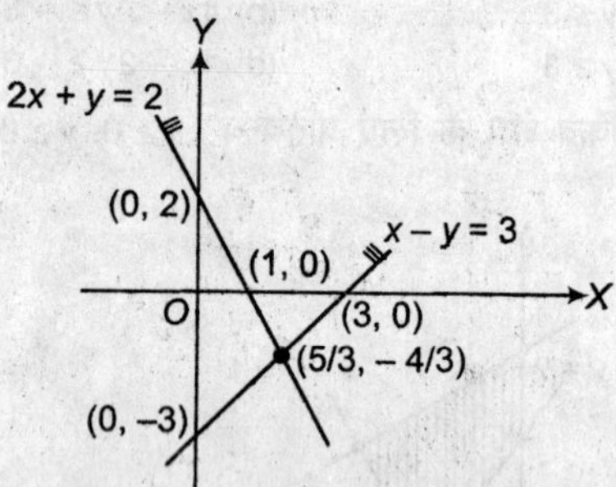

ग्राफ से स्पष्ट है कि बिन्दु $\left(\frac{5}{3}, \frac{-4}{3}\right)$ संयुक्त ग्राफ का एक शीर्ष है।

4. दी गई रैखिक प्रक्रमन समस्या का ग्राफ निम्नांकित हैं,

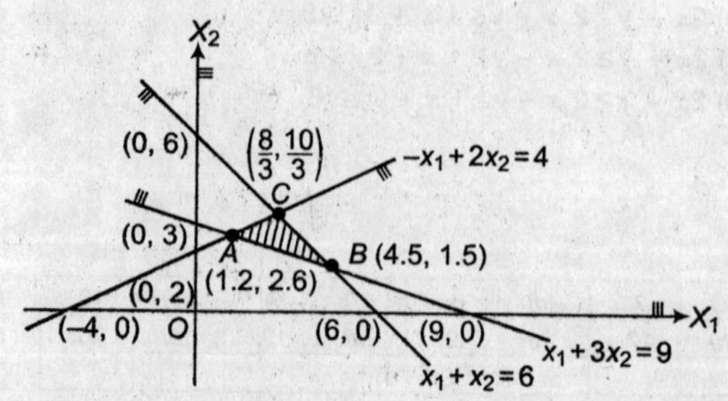

अतः दिए गए ग्राफ में उभयनिष्ठ सुसंगत क्षेत्र है, जिसके शीर्ष $A(1.2, 2.6)$, $B(4.5, 1.5)$ और $C\left(\frac{8}{3}, \frac{10}{3}\right)$ हैं।

$\therefore$ $A(1.2, 2.6)$ पर उद्देश्य फलन न्यूनतम है।

अतः $\quad x_1 = 1.2,\ x_2 = 2.6$ व $Z = 2 \times 1.2 + 3 \times 2.6 = 10.2$

5. स्पष्टतः $\mu = 3x + 4y$ का मान बिन्दु (20, 20) पर अधिकतम होगा।

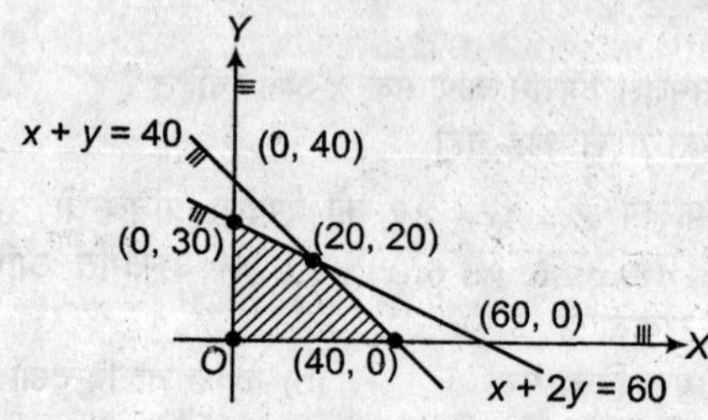

$\therefore \text{Max}(\mu) = 3 \times 20 + 4 \times 20 = 60 + 80 = 140$

6. $2x + 3y = 6$ तथा $x + 4y = 4$ को हल करने पर,

$$x = \frac{12}{5},\ y = \frac{2}{5}$$

अतः एक शीर्ष $\left(\frac{12}{5}, \frac{2}{5}\right)$ है।

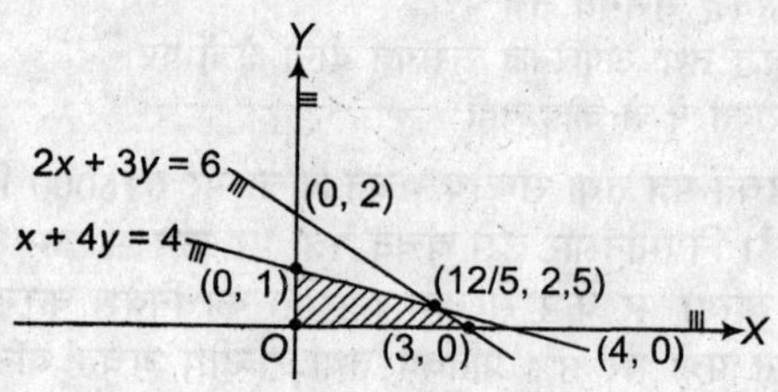

7.

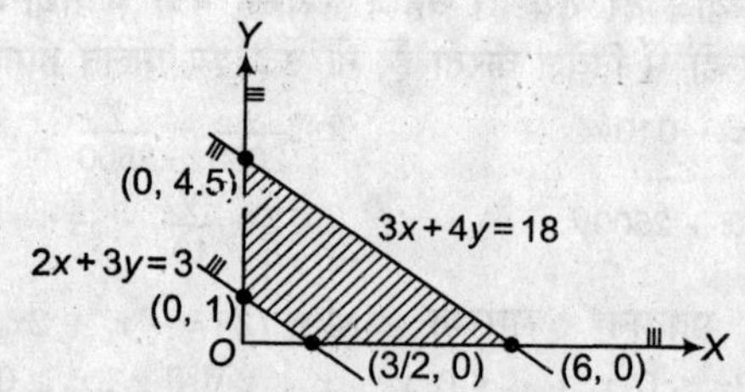

ग्राफ से स्पष्ट है कि सुसंगत क्षेत्र के शीर्ष (0, 4.5), (6, 0), $\left(\frac{3}{2}, 0\right)$ तथा (0, 1) हैं।

8. कोनीय बिन्दुओं O, A, B और C के निर्देशांक क्रमशः (0, 0), (30, 0), (20, 30) और (0, 50) हैं। अब, प्रत्येक कोनीय बिन्दु पर Z का मान ज्ञात करते हैं।

कोनीय बिन्दु	Z के संगत मान
(0, 0)	0
(30, 0)	120 (अधिकतम)
(20, 30)	110
(0, 50)	50

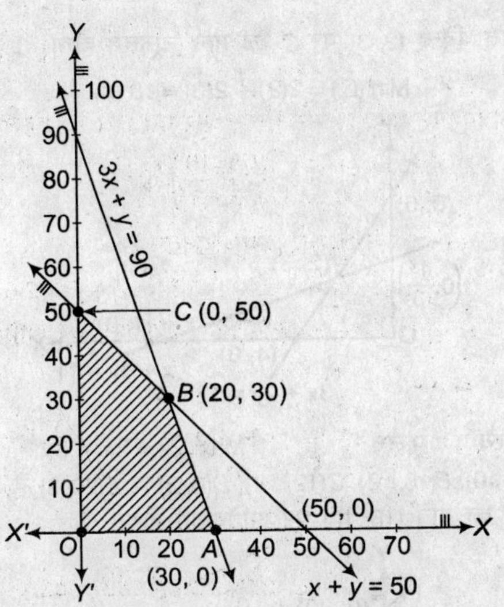

अत: बिन्दु (30, 0) पर Z का अधिकतम मान होगा।

$$\text{Max}\ (Z) = 4 \times 30 + 1 \times 0 = 120$$

9. ग्राफ के अनुसार $x + y = 1$ और $x - y = 1$ के लिये, मूलबिन्दु क्षेत्र में शामिल है।

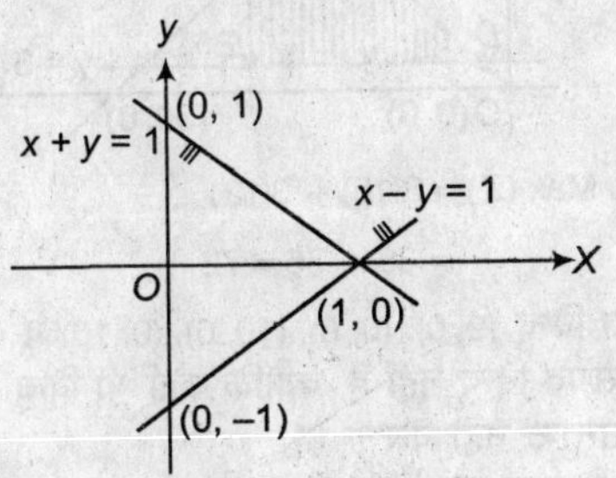

अत: परिबद्ध क्षेत्र चारों चतुर्थांश में स्थित है।

10.

कोनीय बिन्दु	Z के संगत मान
(0, 5)	2500
(4, 3)	2300 (न्यूनतम)
(0, 6)	3000

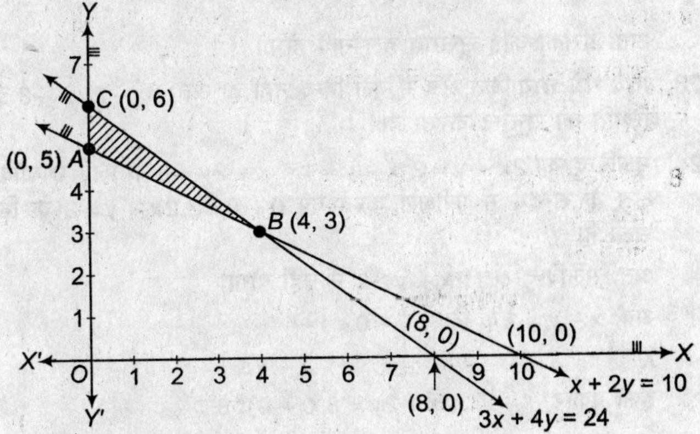

अत: बिन्दु (4, 3) पर Z का न्यूनतम मान प्राप्त होता है।

$\text{Max}\ (Z) = 200 \times 4 + 500 \times 3 = 2300$

11.

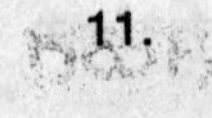

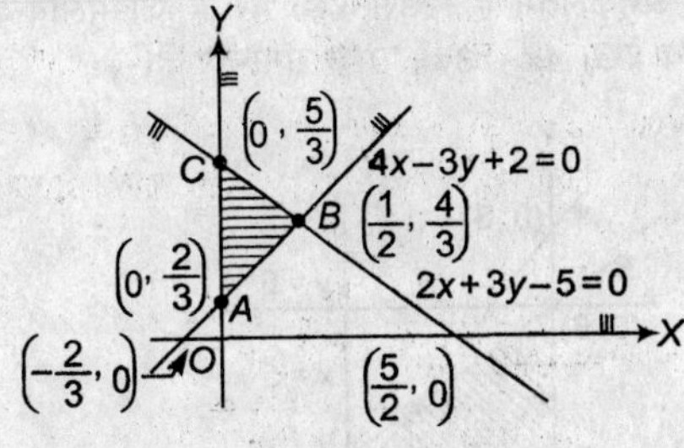

स्पष्ट है कि परिबद्ध क्षेत्र प्रथम चतुर्थांश में स्थित है।

12.

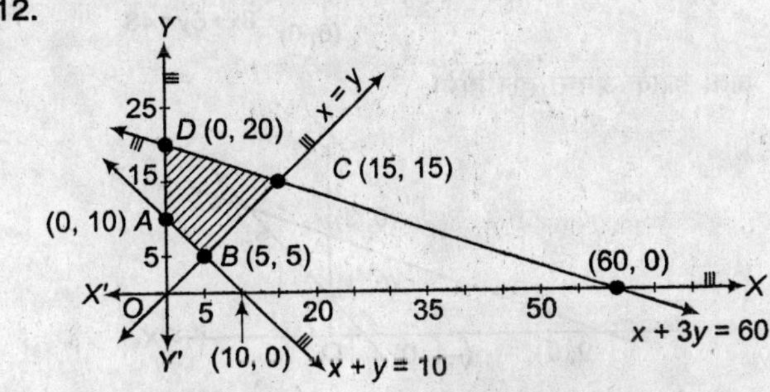

कोनीय बिन्दु	Z के संगत मान $Z = 3x + 9y$
$A(0, 10)$	90
$B(5, 5)$	60 (न्यूनतम)
$C(15, 15)$	180 (अधिकतम)
$D(0, 20)$	180 (बहु इष्टतम हल)

अत: बिन्दु (5, 5) पर, Z का न्यूनतम मान प्राप्त होता है

$\text{Min}\ (Z) = 3 \times 5 + 9 \times 5 = 60$

13.

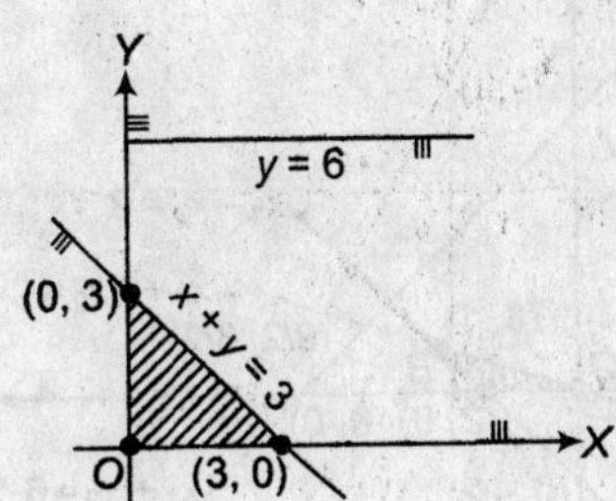

अत: परिबद्ध क्षेत्र प्रथम चतुर्थांश में स्थित है।

14.

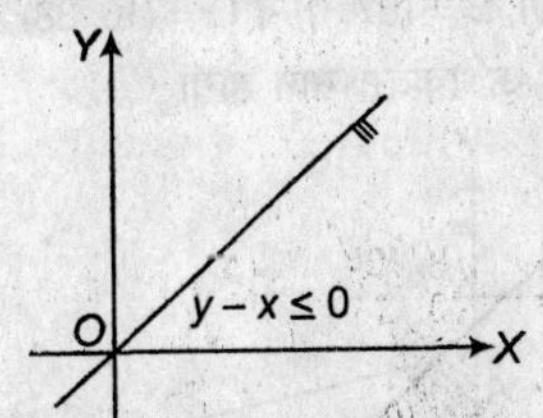

अत: ग्राफ से स्पष्ट है कि परिबद्ध क्षेत्र में धनात्मक X-अक्ष है।

15. स्पष्टतः अनुकूलतम हल उस रेखा पर है जो मूलबिन्दु से जाने वाली समतलीय रेखा $4x + 3y = 0$ के समान्तर है।

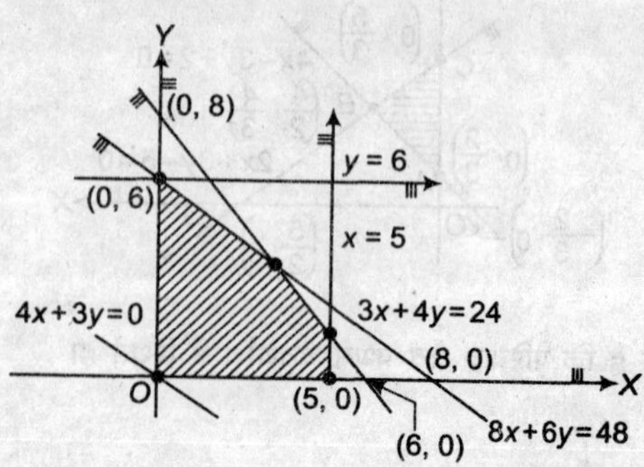

अतः इसके अनन्त हल होंगे।

16.

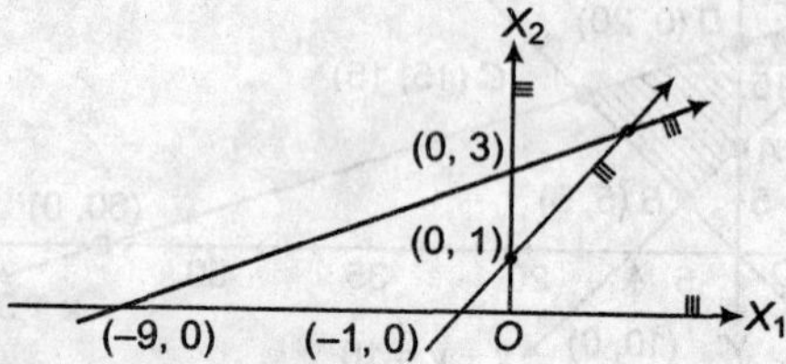

ग्राफ से स्पष्ट है कि असमिकायें अपरिबद्ध सुसंगत क्षेत्र की व्याख्या करती हैं।

17. उद्देश्य फलन, लाभ फलन द्वारा प्राप्त होगा।

अतः उद्देश्य फलन $= x \times \frac{8}{100} + y \times \frac{10}{100} = 0.08x + 0.10y$

18. (0, 0), (3, 1), (2, 0) शीर्ष हैं तथा (2, 0) के लिए Z न्यूनतम है।

बिन्दु (3, 1) पर, $\text{Min}(Z) = -3 + 2 \times 1 = -1$
बिन्दु (2, 0) पर, $\text{Min}(Z) = -2 + 2 \times 1 = -2$ (न्यूनतम)
बिन्दु (0, 0) पर, $\text{Min}(Z) = 0 + 2 \times 0 = 0$

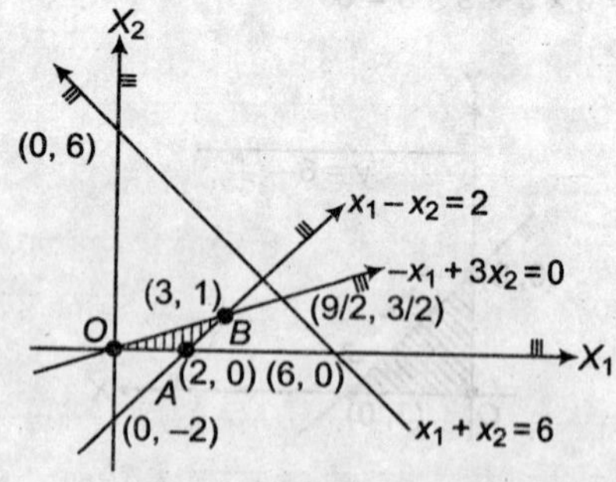

अतः $x_1 = 2$

19. यहाँ, $A = (0, 40)$, $B = (67, 0)$ व $C = (10, 38)$

C के लिए Z का अधिकतम मान होगा

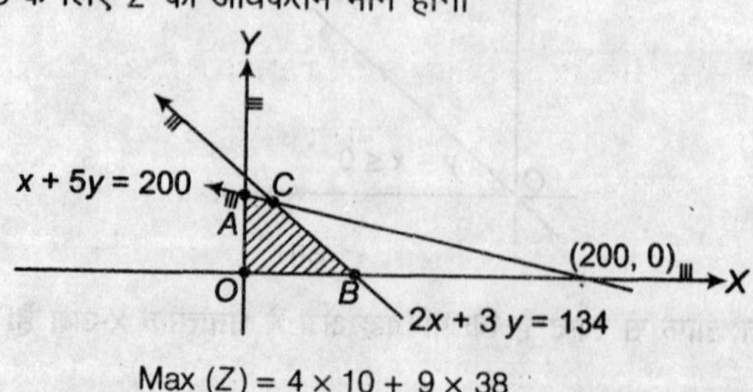

$$\text{Max}(Z) = 4 \times 10 + 9 \times 38$$
$$= 40 + 342 = 382$$

20. स्पष्टतः बिन्दु (2, 3) पर C का मान न्यूनतम होगा

$$\text{Min}(C) = 2(2) + 2(3) = 10$$

21. उद्देश्य फलन है, $\text{Max}(Z) = 2x + 3y$ तथा शीर्ष $A(20, 10)$, $B(18, 12)$, $C(12, 12)$, $D(3, 3)$ व $E(20, 3)$ हैं, अतः उद्देश्य फलन का मान (18, 12) पर अधिकतम होगा।

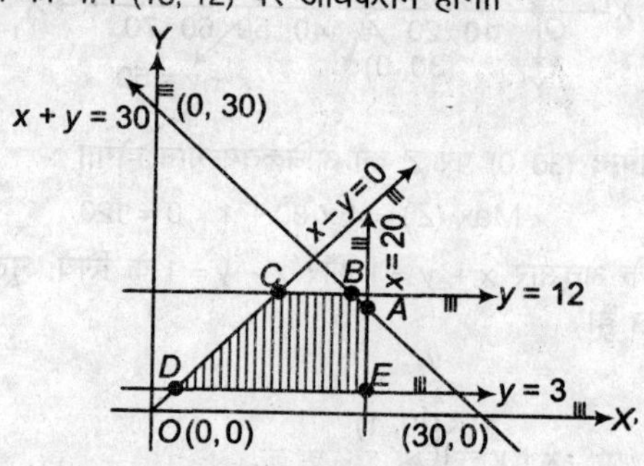

$$\text{Max}(Z) = 2(18) + 3(12)$$
$$= 36 + 36 = 72$$

22. क्षेत्र में प्राप्त बिन्दु (9, 0), (0, 6), (10, 0), (0, 10) व (12, –2) हैं। परन्तु कोई भी सुसंगत बिन्दु नहीं है, क्योंकि कोई भी बिन्दु सभी समिकाओं को एक साथ सन्तुष्ट नही करता है।

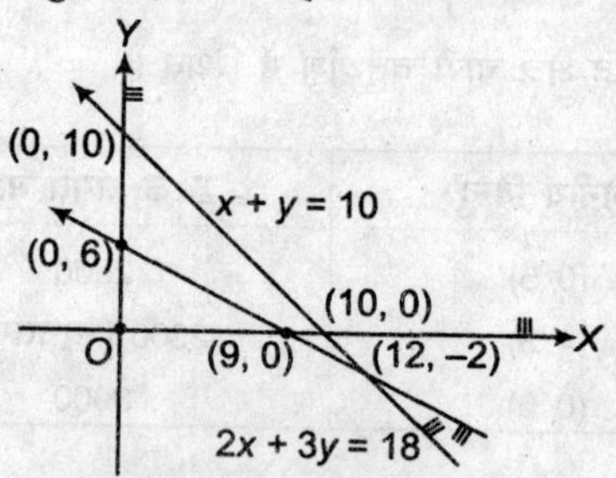

अतः इसका कोई सुसंगत हल नहीं होगा।

23. दिये गये छायांकित क्षेत्र में मूल बिन्दु नहीं है। अतः $4x - 2y \le -3$ इस स्थिति को सन्तुष्ट करता है।

24. मूलबिन्दु का $2x + y = 2$, $x - y = 1$ व $x + 2y = 8$ के लिए छायांकित क्षेत्र के सन्दर्भ में परीक्षण करने पर $0 + 0 < 2$, $2x + y = 2$ के लिए सत्य है।

अतः मूलबिन्दु क्षेत्र $2x + y \ge 2$ में नहीं होगा।

अब, $x - y = 1$ के लिए, $0 - 0 < 1$

$\therefore \quad x - y \le 1$

इसी प्रकार, $x + 2y = 8$, $0 + 0 < 8$

$\therefore \quad x + 2y \le 8$

अतः अभीष्ट प्रतिबन्ध $2x + y \ge 2$, $x - y \le 1$ तथा $x + 2y \le 8$ होंगे।

अध्याय 25

रैखिक बीजगणित

Linear Algebra

सदिश समष्टि Vector Space

माना $(F, +, \cdot)$ एक स्वेच्छ क्षेत्र है जिसके अवयवों को अदिश कहा जाता है तथा V एक अरिक्त समुच्चय है जिसके अवयवों को अदिश कहा जाता है। अरिक्त समुच्चय V को क्षेत्र F पर सदिश समष्टि कहा जाता है तथा इसे $V(F)$ से व्यक्त किया जाता है यदि

(i) अरिक्त समुच्चय V में एक आन्तरिक द्विआधारी संक्रिया जिसे सदिशों का योग कहा जाता है, परिभाषित हो तथा जिसके लिए (V, '+') एक आबेली समूह हो।

(ii) अरिक्त समुच्चय V में एवं क्षेत्र F पर एक बाह्य द्विआधारी संक्रिया जिसे अदिश गुणन कहा जाता है, इस प्रकार परिभाषित हो कि प्रत्येक अवयव $(a, \alpha) \in V \times F$ के लिए एक अवयव $a \cdot \alpha \in V$, $\forall a \in F$, $\alpha \in V$ विद्यमान हो।

(iii) दोनों संक्रियाएँ (सदिशों का योग तथा अदिश गुणन) निम्न अभिगृहीतों को सन्तुष्ट करें।

(a) $a \cdot (\alpha + \beta) = a \cdot \alpha + a \cdot \beta$, $\forall a \in F$, $\alpha, \beta \in V$

(b) $(a + b) \cdot \alpha = a \cdot \alpha + b \cdot \alpha$, $\forall a, b \in F$, $\alpha \in V$

(c) $(ab) \cdot \alpha = a \cdot (b\alpha)$, $\forall a, b \in F$, $\alpha \in V$

(d) $1 \cdot \alpha = \alpha$, $\forall \alpha \in V$, जबकि 1 क्षेत्र F का इकाई अवयव है।

रैखिक आश्रितता तथा रैखिक अनाश्रितता Linear Dependence and Linear Independence

सदिश समष्टि $V(F)$ के परिमित समुच्चय $S = [\alpha_1, \alpha_2, \ldots, \alpha_n]$ के अवयव क्षेत्र F पर **रैखिक आश्रित** कहलाते हैं यदि $a_1, a_2, \ldots, a_n \in F$ अवयव ऐसे हों कि (इनमें से कुछ शून्य अदिश हो सकते हैं, परन्तु सभी नहीं) कि

$a_1\alpha_1 + a_2\alpha_2 + \ldots + a_n\alpha_n = 0$

सदिश समष्टि $V(F)$ को परिमित समुच्चय $S = \{\alpha_1, \alpha_2, \ldots, \alpha_n\}$ के अवयव क्षेत्र F पर रैखिक स्वतन्त्र कहलाते हैं यदि प्रत्येक ऐसा सम्बन्ध

$a_1\alpha_1 + a_2\alpha_2 + \ldots + a_n\alpha_n = 0$, $a_i \in f$, $i = 1, 2, \ldots, n$ के लिए $a_i = 0$ प्रत्येक $i = 1, 2, \ldots, n$ के लिए

***टिप्पणी* 1** एक समुच्चय जिसमें केवल एक ही अवयव {0} शून्य सदिश हो, रैखिक आश्रित कहा जाता है।

***टिप्पणी* 2** यदि एक परिमित सदिश समष्टि $V(F)$ का प्रत्येक परिमित उप-समुच्चय रैखिक स्वतन्त्र है तो $V(F)$ रैखिक स्वतन्त्र होगा अन्यथा रैखिक आश्रित कहा जाएगा।

आधार एवं विमा Basis and Dimension

माना $V(F)$ क्षेत्र F पर सदिश समष्टि है तो $V(F)$ का एक उप-समुच्चय S सदिश समष्टि $V(F)$ का आधार कहलाता है यदि

(i) S में V के केवल रैखिक स्वतन्त्र सदिश हों तथा

(ii) $V(F)$ का जनक S हो अर्थात् V का प्रत्येक सदिश समुच्चय S का रैखिक संयोजन हो अर्थात् $V(F) = L(S)$, $L(S)$ को **एकघात विस्तृति** (Linear span) कहा जाता है।

किसी सदिश समष्टि के आधार समुच्चय में उपस्थित अवयवों की संख्या उस सदिश समष्टि की **विमा** को व्यक्त करती है।

यदि एक सदिश समष्टि का आधार परिमित हो तो उसे **परिमित विमीय सदिश समष्टि** कहते हैं तथा उसे $\dim V$ से प्रदर्शित करते हैं।

रैखिक रूपान्तरण Linear Transformation

माना क्षेत्र F पर $V(F)$ और $W(F)$ दो सदिश समष्टि है। तब प्रतिचित्रण $T: V \to W$ को रैखिक रूपान्तरण कहते हैं यदि

(i) $T(\alpha + \beta) = T(\alpha) + T(\beta)$, $\forall \alpha, \beta \in V$ और

(ii) $T(a, \alpha) = a \cdot T(\alpha)$, $\forall a \in F; \alpha \in V$ दोनों (i), (ii) को एक साथ रखने पर,

$$T(a\alpha + b\beta) = aT(\alpha) + bT(\beta), \forall a, b \in F, \alpha, \beta \in V$$

यहाँ W, V का **समाकारी प्रतिबिम्ब** (Homomorphic image) है।

रैखिक रूपान्तरण की अष्टि
Kernel of Linear Transformation

यदि $T : V \to W$ रैखिक रूपान्तरण है, तो

सदिश समष्टि V के उन अवयवों का समुच्चय K जो सदिश समष्टि W के शून्य सदिश 0_W के साथ प्रतिचित्रित हो, रैखिक रूपान्तरण T की अष्टि कहलाता है।

$$K = \{\alpha \in V : T(\alpha) = 0_W, 0_W \in W\}$$

(i) यदि और केवल यदि $K = \{0\}$ शून्य सदिश, तब रैखिक रूपान्तरण एकैकी (one to one) है।

(ii) अष्टि K, को रैखिक रूपान्तरण की शून्य समष्टि (Null space) भी कहते हैं तथा इसे $N(T)$ से प्रदर्शित करते हैं।

(iii) अष्टि, K, सदिश समष्टि $V(F)$ की एक उप-समष्टि है।

रैखिक रूपान्तरण का प्रतिबिम्ब
Image of Linear Transformation

रैखिक रूपान्तरण का प्रतिबिम्ब, $I_m T = \{T(\alpha) : \alpha \in V\}$ होगा, यदि $I_m T = W$, तब T आच्छादक (Onto) है।

रैखिक रूपान्तरण $T : V \to W$ का परास (Range), $R(T)$, उन सभी सदिशों $\beta \in W$ का समुच्चय होगा जो $T(\alpha) = \beta$ कुछ सदिशों $\alpha \in V$ के लिए हो

अर्थात् $R(T) = \{\beta \in W : T(\alpha) = \beta$, कुछ $\alpha \in V\}$

T का परास, W की उप-समष्टि होती है।

यदि $T : V \to W$, तब

(i) $T_{(0)} = 0_W$, जबकि $0 \in V$, $0_W \in W$ शून्य सदिश हैं

[$\because$ W के शून्य सदिश को $0'$, 0_W या 0 कुछ भी लिखा जा सकता है]

(ii) $T(-\alpha) = -T(\alpha), \alpha \in V \Rightarrow T(\alpha) \in W$

(iii) $T(\alpha - \beta) = T(\alpha) - T(\beta), V\ \alpha, \beta \in \forall$

रैखिक रूपान्तरण की कोटि तथा शून्यता
Rank and Nullity of a Linear Transformation

माना $T : V \to W$ अन्त: क्षेपी (Into)

T के परास की विमा को T की कोटि (Rank) कहते हैं तथा इसे rank (T) या $P(T)$ से दर्शाते हैं। T की शून्यता को शून्य समष्टि की विमा से परिभाषित करते हैं तथा इसे $\nu(T)$ से दर्शाते हैं।

$\nu(T) = T$ की शून्यता $= \dim N(T)$

सिलवेस्टर का नियम rank (T) + nullity $(T) = \dim V$

रैखिक रूपान्तरण का आव्यूह
Matrix of Linear Transformation

B_V और B_W के सापेक्ष रैखिक रूपान्तरण T का आव्यूह निम्न है

$$[T ; B_V ; V_W] = \begin{bmatrix} 1 & 0 \\ 0 & 1 \\ 0 & 0 \end{bmatrix}' = \begin{bmatrix} 1 & 0 & 0 \\ 0 & 1 & 0 \end{bmatrix}$$

आधार का परिवर्तन और इसका आव्यूह निरूपण पर प्रभाव
Change of Basis and Its Effects on Matrix Representation

माना $P = \begin{bmatrix} p_{11} & p_{12} & \cdots & p_{1n} \\ p_{21} & p_{22} & \cdots & p_{2n} \\ \vdots & \vdots & \cdots & \vdots \\ p_{n1} & p_{n2} & \cdots & p_{nn} \end{bmatrix}_{n \times n}$, $Q = \begin{bmatrix} q_1 \\ q_2 \\ \vdots \\ q_n \end{bmatrix}$, $X = \begin{bmatrix} x_1 \\ x_2 \\ \vdots \\ x_n \end{bmatrix}$,

तब $Q = PX$, क्योंकि आधार B_1, B_2 रैखिकत: स्वतन्त्र हैं, अत: $Q = 0$ यदि और केवल यदि $X = 0$, $X = P^{-1}Q$, यदि P व्युत्क्रमणीय है

संकेत रूप में, $[\alpha]_{B_1} = P[\alpha]_{B_2}$ तथा $[\alpha]_{B_2} = P^{-1}[\alpha]_B$

आव्यूह का बीजगणित Algebra of Matrix

आव्यूहों का योग Addition of Matrices

यदि दो आव्यूह A तथा B समान कृम के है, तब आव्यूहों का योग $A + B$ से निरूपित करते हैं।

अर्थात् $A = \begin{bmatrix} a_{11} & a_{12} & a_{13} \\ a_{21} & a_{22} & a_{23} \\ a_{31} & a_{32} & a_{33} \end{bmatrix}$ तथा $B = \begin{bmatrix} b_{11} & b_{12} & b_{13} \\ b_{21} & b_{22} & b_{23} \\ b_{31} & b_{32} & b_{33} \end{bmatrix}$

$$\Rightarrow A + B = \begin{bmatrix} a_{11} + b_{11} & a_{12} + b_{12} & a_{13} + b_{13} \\ a_{21} + b_{21} & a_{22} + b_{22} & a_{23} + b_{23} \\ a_{31} + b_{31} & a_{32} + b_{32} & a_{33} + b_{33} \end{bmatrix}$$

आव्यूहों का व्यवकलन Subtraction of Matrices

यदि A तथा B, दो आव्यूह समान क्रम के हैं, तब इनका अन्तर $A - B$ से निरूपित करते है।

अर्थात् $A - B = [a_{ij} - b_{ij}]$

जहाँ, $A = [a_{ij}]$ तथा $B = [b_{ij}]$

आव्यूह का अदिश गुणन
Scalar Multiplication of a Matrix

माना A एक आव्यूह है तथा k कोई अदिश, तब A आव्यूह के प्रत्येक अवयव को k से गुणन करते हैं।

अर्थात् माना $k = 3$ तथा $A = \begin{bmatrix} 1 & 2 & 5 \\ 3 & -3 & 1 \end{bmatrix}$

तब, $3A = \begin{bmatrix} 3 & 6 & 15 \\ 9 & -9 & 3 \end{bmatrix}$

आव्यूह का गुणन Multiplication of Matrix

यदि A तथा B दो आव्यूह इस प्रकार हैं कि A के स्तम्भों की संख्या, B के पंक्तियों की संख्या के बराबर हो।

अर्थात् $A = \begin{bmatrix} a_{11} & a_{12} & a_{13} \\ a_{21} & a_{22} & a_{23} \end{bmatrix}$, $B = \begin{bmatrix} b_{11} & b_{12} \\ b_{21} & b_{22} \\ b_{31} & b_{32} \end{bmatrix}$

तब, $AB = \begin{bmatrix} a_{11}b_{11} + a_{12}b_{21} + a_{13}b_{31} & a_{11}b_{12} + a_{12}b_{22} + a_{13}b_{32} \\ a_{21}b_{11} + a_{22}b_{21} + a_{23}b_{31} & a_{21}b_{12} + a_{22}b_{22} + a_{23}b_{32} \end{bmatrix}$

आव्यूह का अवकलन Differentiation of Matrix

यदि $A = \begin{bmatrix} f(x) & g(x) \\ h(x) & l(x) \end{bmatrix}$, तब $\frac{dA}{dx} = \begin{bmatrix} f'(x) & g'(x) \\ h'(x) & l'(x) \end{bmatrix}$ आव्यूह A का अवकलन कहलाता है।

जैसे— यदि $A = \begin{bmatrix} x^2 & \sin x \\ 2x & 2 \end{bmatrix}$ है, तब $\frac{dA}{dx} = \begin{bmatrix} 2x & \cos x \\ 2 & 0 \end{bmatrix}$

आव्यूह का ऐशेलान रूप Echelon Form of Matrix

आव्यूह A को आव्यूह का ऐशेलान रूप कहते हैं, यदि A एक शून्य आव्यूह हो या A निम्न प्रतिबन्धों को सन्तुष्ट करें

(i) यदि A में प्रत्येक अशून्य पंक्ति शून्य पंक्ति की पूर्ववर्ती हो।

(ii) किसी पंक्ति में प्रथम अशून्य अवयव से पहले शून्यों की संख्या अगली पंक्ति में इसी प्रकार के शून्यों की संख्या से कम हो।

आव्यूह की रैंक या कोटि Rank of a Matrix

एक दिए गए आव्यूह की रैंक r होगी, यदि

(i) $(r + 1)$ कोटि का प्रत्येक उपसारणिक (Minor) शून्य हो।

(ii) r कोटि का कम-से-कम एक उपसारणिक अशून्य हो तथा आव्यूह A की रैंक को $f(A) = r$ से निरूपित करते हैं।

नोट (i) यदि A का उपसारणिक शून्य हो, तब संगत उपआव्यूह को अव्युत्क्रमणीय तथा यदि A का उपसारणिक अशून्य हो, तब संगत उपआव्यूह को व्युत्क्रमणीय कहते हैं।

(ii) n कोटि के अव्युत्क्रमणीय वर्ग आव्यूह की रैंक n कभी नहीं हो सकती है।

(iii) किसी आव्यूह की रैंक, उसके परिवर्त आव्यूह की रैंक के समान होती है।

(iv) प्रारम्भिक रूपान्तरणों से आव्यूह की रैंक अपरिवर्तित रहती है।

(v) ऐशेलान रूप में अशून्य पंक्तियों की संख्या आव्यूह की रैंक होती है।

रैखिक समीकरण $AX = B$ के निकाय की संगतता Consistency of a System of Linear Equation $AX = B$

मान लीजिए n अज्ञात राशियों में n रैखिक समीकरण निकाय $AX = B$ है, जहाँ A, n कोटि का वर्ग आव्यूह है, तब

(i) यदि $|A| \neq 0$ अर्थात् A एक व्युत्क्रमणीय आव्यूह है, तब समीकरण निकाय संगत (अद्वितीय हल सहित) होगा।

(ii) यदि $|A| = 0$ तथा (adj A) B एक शून्य आव्यूह है, तब समीकरण निकाय संगत (Relevant) (अनन्त हलों सहित) होगा।

(iii) यदि $|A| = 0$ तथा (adj A) B एक अशून्य आव्यूह है, तब समीकरण निकाय असंगत होगा।

रैखिक समीकरणों के समघात निकाय का रैंक विधि से हल Solution of System of Homogeneous Linear Equations by Rank Method

रैखिक समीकरणों के समघात निकाय के सन्दर्भ में विस्तृत आव्यूह की रैंक सदैव गुणांक आव्यूह के समान होती है। अत: रैखिक समीकरणों का समघात निकाय सदैव संगत होता है। यदि $r(A) = n =$ चरों की संख्या, तब $AX = O$ का एक अद्वितीय हल $X = 0$ अर्थात् $x_1 = x_2 = \ldots = x_n = 0$

यदि $r(A) = r < n =$ चरों की संख्या, तब समीकरण निकाय के अनन्त हल होंगे।

रैखिक समीकरणों के असमघात निकाय का रैंक विधि से हल Solution of System Non-homogeneous Linear Equations by Rank Method

(i) रैखिक समीकरण निकाय $AX = B$ संगत होगा, यदि और केवल यदि विस्तृत आव्यूह $[A : B]$ का रैंक गुणांक आव्यूह A की रैंक के तुल्य है।

(ii) मान लीजिए n अज्ञात राशियों में m युगपत् रैखिक समीकरण निकाय $AX = B$ है।

***स्थिति* I** जब $m > n$, तब

- यदि $f(A) \neq r(A : B)$, तब रैखिक समीकरण निकाय असंगत है अर्थात् इसका कोई हल नहीं है।
- यदि $f(A) = r(A : B) = r < n$, तब रैखिक समीकरण निकाय संगत है तथा अनन्त हल रखता है। स्पष्टत: इस स्थिति में $(n - r)$ चरों को स्वेच्छ मान ले सकते हैं।
- यदि $r(A) = r(A : B) = n$, तब रैखिक समीकरण निकाय का एक अद्वितीय हल होता है।

***स्थिति* II** जब $m < n$ तथा $r(A) = r(A : B)$, तब $r \leq m < n$ तथा स्थिति II में, स्थिति I से अनन्त हल विद्यमान हैं।

अभिलाक्षणिक मान व अभिलाक्षणिक सदिश Characteristic Value and Characteristic Vector

माना $T = V_n(F) \to V_n(F)$ एक रैखिक संकारक (liear operator) है। एक अदिश $\lambda \in F$, रैखिक संकारक T का **अभिलाक्षणिक मान** कहा जाता है, यदि सदिश $\alpha \neq 0 \in V_n(F)$ इस प्रकार हो कि $T(\alpha) = \lambda\alpha$

और यदि λ, T का अभिलाक्षणिक मान है तो एक सदिश $\alpha \neq 0 \in V$ इस प्रकार होगा कि $T(\alpha) = \lambda\alpha$ जिसे T का λ **के सापेक्ष अभिलाक्षणिक सदिश** कहा जाता है।

नोट (i) n विमीय सदिश समष्टि V पर किसी रैखिक संकारक T के n से अधिक अभिलाक्षणिक मान नहीं होंगे।

$$T(K\alpha) = KT(\alpha) = K(\lambda\alpha) = \lambda(K\alpha)$$

(ii) $K\alpha$ का प्रत्येक अदिश गुणन, T का λ के सापेक्ष अभिलाक्षणिक सदिश है। इस तरह के सभी सदिशों का समुच्चय 'V की सदिश उप-समष्टि होगी' जिसे 'λ की अभिलाक्षणिक समष्टि' के नाम से जाना जाता है।

अभिलाक्षणिक मान ज्ञात करना To Find the Characteristic Value

माना $T : V_n(F) \to V_n(F)$, एक रैखिक संकारक है।

$B, V_n(F)$ का क्रमित आधार है। A, T का B के सापेक्ष कोई आव्यूह है।

माना $[T]_B = A$ तथा λ कोई अदिश हो, तो

$$[T - \lambda I]_B = [T]_B - [\lambda]_B = A - \lambda[I]_B = A - \lambda I, \text{ जबकि, } [I]_B = I$$

$$|T - \lambda I| = |[T - \lambda T]_B| = |A - \lambda I|$$

$\Rightarrow \lambda, T$ का अभिलाक्षणिक मान होगा यदि और केवल यदि

$$|A - \lambda I| = 0$$

$|A - \lambda I| = 0$ को **अभिलाक्षणिक समीकरण** (Characteristic equation) कहा जाता है।

यदि $(A - \lambda I)X = 0$ अर्थात् $AX = \lambda X$ का अस्तित्व हो, तो X अभिलाक्षणिक सदिश है।

$|A - \lambda I|$ को अभिलाक्षणिक बहुपद कहा जाता है।

कैले-हैमिल्टन प्रमेय Caley-Hamilton Theorem

प्रत्येक वर्ग आव्यूह अपने अभिलाक्षणिक समीकरण को सन्तुष्ट करता है।

अथवा

प्रत्येक आव्यूह अपने अभिलाक्षणिक बहुपद का मूल होता है।

अथवा

माना n विमीय सदिश समष्टि $V(F)$ पर T एक रैखिक संकारक है (या क्षेत्र F पर कोटि n का A वर्ग आव्यूह है) और माना T का (या A का) अभिलाक्षणिक बहुपद $f(x)$ है, तब $f(T) = 0$ [$f(A) = 0$]

कैले-हैमिल्टन प्रमेय का उपयोग करके किसी व्युत्क्रमणीय आव्यूह का प्रतिलोम ज्ञात करना

To find the Inverse of any Invertible Matrix by using Caley-Hamilton Theorem

रैखिक संकारक T के लिए, $T^{-1} = -\left(\frac{a_1}{a_0} + \frac{a_2}{a_0}T + \ldots + \frac{a_n}{a_0}T^{n-1}\right)$

दूरीक समष्टि Metric Space

माना कि A एक अरिक्त समुच्चय हैं। $A \times A$ से वास्तविक संख्याओं के समुच्चय R में परिभाषित फलन d दूरीक (या दूरी फलन) कहलाता है यदि और केवल यदि फलन d, सभी $x, y, z \in A$ के लिए निम्न अभिगृहीतों (Axioms) को सन्तुष्ट करता हो

[m$_1$] $d(x, y) \geq 0$

[m$_2$] $d(x, y) = 0$ यदि और केवल यदि $x = y$

[m$_3$] $d(x, y) = d(y, x)$ (सममित)

[m$_4$] $d(x, y) + d(y, z) \geq d(x, z)$ (त्रिभुज असमिका)

परिबद्ध एवं अपरिबद्ध दूरीक समष्टि

Bounded and Unbounded Metric Spaces

माना (A,d) एक दूरीक समष्टि है। A को **परिबद्ध** (Bounded) कहा जाता है यदि एक धनात्मक संख्या M इस प्रकार विद्यमान है ताकि A में प्रत्येक बिन्दु युग्म x, y के लिए $d(x, y) \leq M$, यदि दूरीक समष्टि A परिबद्ध न हो तो उसे **अपरिबद्ध** (Unbounded) दूरीक समष्टि कहते है।

अत: एक दूरीक समष्टि A परिबद्ध होगी यदि इसका व्यास परिमित हो। इसी प्रकार A का कोई उपसमुच्चय परिबद्ध होगा यदि $\delta(X)$ परिमित हो।

विवृत समुच्चय Open Set

माना कि (A, d) एक दूरीक समष्टि है। A का एक उपसमुच्चय B को **विवृत** (Open) या d-विवृत (d-open) कहते है यदि और केवल यदि प्रत्येक $x \in B$ के लिए $r > 0$ विद्यमान है ताकि $S(x, r) \subset B$ अर्थात् दूरीक समष्टि A का उपसमुच्चय B विवृत होगा यदि और केवल यदि B के प्रत्येक बिन्दु के लिए एक विवृत गोलक प्राप्त किया जा सके जो कि B में आविष्ट हो। या यदि दूरीक समष्टि A के किसी उपसमुच्चय B का प्रत्येक बिन्दु, B के किसी न किसी विवृत गोलक का केन्द्र हो तो B को A का **विवृत समुच्चय** कहते है।

संवृत समुच्चय Closed Set

माना कि (A,d) एक दूरीक समष्टि है और S, A का उपसमुच्चय है। यदि S के समस्त सीमा बिन्दुओं का समुच्चय S_1, S का उपसमुच्य हो तो S का एक **संवृत समुच्चय** कहते है।

केन्टर टरनरी समुच्चय Cantor's Ternary Set

अन्तराल [0, 1] में स्थित उन सभी वास्तविक संख्याओं का समुच्चय केन्टर टरनरी समुच्चय k कहलाता है जिनके अंक 1 के बिना त्रि-आधारी प्रसार हों।

इस प्रकार संख्याएँ $\frac{1}{3} = 0.0222\ldots$ तथा $\frac{2}{3} = 0.2000\ldots$ k में है, परन्तु वे x जिनके लिए $\frac{1}{3} < x < \frac{2}{3}$ है, k में नहीं होंगे।

क्योंकि इस प्रकार के x का प्रसार $0.1\, b_2 b_3 \ldots$ रूप का होगा।

सवंरक Closure

माना कि दूरीक समष्टि A का S कोई उपसमुच्चय है। S का संवरक जिसे $\overline{S}$ से व्यक्त करते हैं, S को अंतर्विष्ट करने वाले सभी संवृत समुच्चयों का सर्वनिष्ठ निर्धारण होता है। अर्थात्

$$\overline{S} = \cap\{F : F \text{ संवृत है तथा } F \supseteq S\}$$

स्पष्ट है कि $\overline{S}, S$ को आविष्ट करने वाला लघुत्तम संवृत समुच्चय होता है।

आधार Bases

दूरीक समष्टि T का एक आधार B है तथा माना $\{B = T_1, T_2 \ldots\ldots\ldots T_n\}$, T का एक परिमित उपसमुच्चय है, तब यदि B निम्न शर्तों को सन्तुष्ट करता है, तो B आधार कहलाता है।

प्रत्येक $\forall\, a_1, a_2 \ldots\ldots, a_n \in F$ के लिए,

यदि $a_1 T_1 + a_2 T_2 + \ldots. + a_n T_n = 0$

तब, $a_1 = a_2 = \ldots. = a_n = 0$ तथा $x = a_1 t_1 + a_2 t_2 + \ldots + a_n t_n$

गुणना समष्टियाँ Product Spaces

हम जानते है कि दो समुच्चयों A एवं B का कार्तीय गुणन $A \times B$ सभी क्रमित युग्मो (x, y) जहाँ $x \in A$ तथा $y \in B$ का समुच्चय होता है। अर्थात्

$$A \times B = \{(x, y) : x \in A \text{ एवं } y \in B\}$$

इसी प्रकार परिमित संख्या में समुच्चयों, $A_1, A_2, \ldots, A_n$ का कार्तीय गुणन $A_1 \times A_2 \times \ldots \times A_n$, क्रमित n-पदों $(x_1, x_2, \ldots, x_n)$ का संग्रह होता है जहाँ $x_i \in A_i$, $i = 1, \ldots, n$ अर्थात्

$$A_1 \times A_2 \times \ldots \times A_n = \{(x_1, x_2, \ldots, x_n) : x_i \in A_i, i = 1, 2, \ldots, n\}$$

इस कार्तीय गुणन को संकेत गुणन चिन्ह $\times\{A_i : 1 \leq i \leq n\}$

$\Pi\{A_i : 1 \leq i \leq n\}$ से भी व्यक्त करते है।

गुणन दूरीक समष्टि Product Metric Space

माना $\{(A_i, d_i : 1 \leq i \leq n\}$ परिमित दूरीक समष्टियों का संग्रह है, तो कोई $A = \times\{A_i : 1 \leq i \leq n\}$ पर परिभाषित कोई दूरीक ρ, जोकि दूरीक d के तुल्य है को A पर गुणन दूरीक कहते है तथा (A, ρ) को गुणन दूरीक समष्टि कहते है।

अभ्यास प्रश्न

1. आव्यूह $\begin{bmatrix} 1 & 2 & 3 & 4 \\ 2 & 4 & 6 & 8 \\ 3 & 6 & 9 & 12 \end{bmatrix}$ की जाति क्या होगी?

(a) 1 (b) 2 (c) 0 (d) 4

2. आव्यूह $\begin{bmatrix} 1 & 5 & 4 \\ 0 & 3 & 2 \\ b & 13 & 10 \end{bmatrix}$ की जाति 2 है, तब b का मान क्या होगा?

(a) 1 (b) 3 (c) 2 (d) 0

3. आव्यूह $\begin{bmatrix} 0 & 1 & 2 & -1 \\ 1 & 0 & 1 & 1 \\ 3 & 1 & 0 & 2 \\ 1 & 1 & -2 & 0 \end{bmatrix}$ की जाति क्या है?

(a) 1 (b) 2 (c) 3 (d) 4

4. समीकरणों $x + 2y - z = 3,\ 3x - y + 2z = 1,\ 2x - 2y + 3z = 2$, तथा $x - y + z = -1$ के लिए कौन-सा कथन सत्य है?

(a) घाततः स्वतन्त्र है (b) घाततः परतन्त्र है
(c) के अनेक हल हैं (d) इनमें से कोई नहीं

5. λ के किस मान के लिए समीकरणों $3x - y + \lambda z = 1, 2x + y + z = 2,\ x + 2y - \lambda z = -1$ का एक अद्वितीय हल होगा?

(a) $\lambda = \frac{7}{2}$ (b) $\lambda \neq \frac{7}{2}$ (c) $\lambda = \frac{-7}{2}$ (d) $\lambda \neq \frac{-7}{2}$

6. आव्यूह $\begin{bmatrix} 8 & -6 & 2 \\ -6 & 7 & -4 \\ 2 & -4 & 3 \end{bmatrix}$ की अभिलाक्षणिक समीकरण क्या होगी?

(a) $\lambda^3 - 15\lambda^2 + 40\lambda = 0$ (b) $\lambda^3 - 14\lambda^2 + 45\lambda = 0$
(c) $\lambda^3 - 18\lambda + 45 = 0$ (d) $\lambda^3 - 18\lambda^2 + 45 = 0$

7. आव्यूह $\begin{bmatrix} 6 & -2 & 2 \\ -2 & 3 & -1 \\ 2 & -1 & 3 \end{bmatrix}$ के अभिलाक्षणिक मूल क्या होंगे?

(a) 2, 2, 8 (b) 2, 2, 4
(c) 2, 3, 6 (d) 2, 3, 5

8. आव्यूह $\begin{bmatrix} 8 & -6 & 2 \\ -6 & 7 & -4 \\ 2 & -4 & 3 \end{bmatrix}$ का एक अभिलाक्षणिक सदिश कौन-सा है?

(a) [2, 4, 3] (b) $\left[\frac{1}{2}, 1, 1\right]$
(c) [− 2, 1, 1] (d) $\left[1, \frac{1}{2}, 1\right]$

9. आव्यूह $A = \begin{bmatrix} 3 & 1 \\ -1 & 2 \end{bmatrix}$ के लिए रैखिक बहुपद $2A^5 - 3A^4 + A^2 - 4I$ का मान क्या होगा, जबकि I इकाई आव्यूह है?

(a) $138A - 403I$ (b) $403A - 138I$
(c) $125A - 503I$ (d) $503A - 125I$

10. यदि $A = \begin{bmatrix} 1 & 2 & 0 \\ 2 & -1 & 0 \\ 0 & 0 & -1 \end{bmatrix}$, तब A^{-1} का मान क्या होगा?

(a) $\frac{1}{5}\begin{bmatrix} 1 & 2 & 0 \\ 3 & 5 & 5 \\ 0 & -1 & 0 \end{bmatrix}$ (b) $\frac{1}{5}\begin{bmatrix} 1 & 2 & 0 \\ 2 & -1 & 0 \\ 0 & 0 & -5 \end{bmatrix}$

(c) $\frac{1}{5}\begin{bmatrix} 1 & 2 & 0 \\ 0 & 0 & 5 \\ 2 & 0 & -1 \end{bmatrix}$ (d) $\frac{1}{5}\begin{bmatrix} 0 & 0 & -5 \\ 2 & 2 & -1 \\ 0 & -2 & 0 \end{bmatrix}$

11. आव्यूह $\begin{bmatrix} a & h & g \\ 0 & b & 0 \\ 0 & c & c \end{bmatrix}$ के अभिलाक्षणिक मूल कौन-से हैं?

(a) a, h, g (b) a, h, c (c) a, g, c (d) a, b, c

12. यदि $a + b + c = 0$, तब आव्यूह $\begin{bmatrix} a & c & b \\ b & b & a \\ c & a & c \end{bmatrix}$ के अभिलाक्षणिक मूल क्रमशः क्या होंगे?

(a) $0, \pm\left\{\frac{3}{2}(a^2 + b^2 + c^2)\right\}^{\frac{1}{2}}$ (b) $b, \pm\left\{\frac{3}{2}(a^2 + c^2)\right\}^{\frac{1}{2}}$

(c) $a, \pm\left\{\frac{3}{2}(b^2 + c^2)\right\}^{\frac{1}{2}}$ (d) $c, \pm\left\{\frac{3}{2}(b^2 + a^2)\right\}^{\frac{1}{2}}$

13. निम्न में से कौन-सा सदिश समष्टि है?

(a) $R(C)$ (b) $Q(R)$ (c) $Q(Q)$ (d) $Z(N)$

14. निम्न में से कौन-सा सदिश समष्टि नहीं है?

(a) $N(Q)$ (b) $C(R)$ (c) $C(Q)$ (d) $R(Q)$

15. किसी दिए हुए सदिश समष्टि के कितने आधारित समुच्चय हो सकते हैं?

(a) 1 (b) 2
(c) अनन्त (d) इनमें से कोई नहीं

16. यदि V फील्ड $(F, +)$ पर सदिश समष्टि है, तो $(-1)V$ का मान होगा

(a) V (b) $-V$
(c) V^2 (d) इनमें से कोई नहीं

17. माना फील्ड F पर V एक सदिश समष्टि है, एक नियत $V \in V$ के लिए माना $Wv = \{\alpha v | \alpha \in F\}$, तो निम्न में से सत्य कथन है

(a) Wv, V की समष्टि है (b) Wv, V की उपसमष्टि है
(c) Wv, V का रैखिक योग है (d) इनमें से कोई नहीं

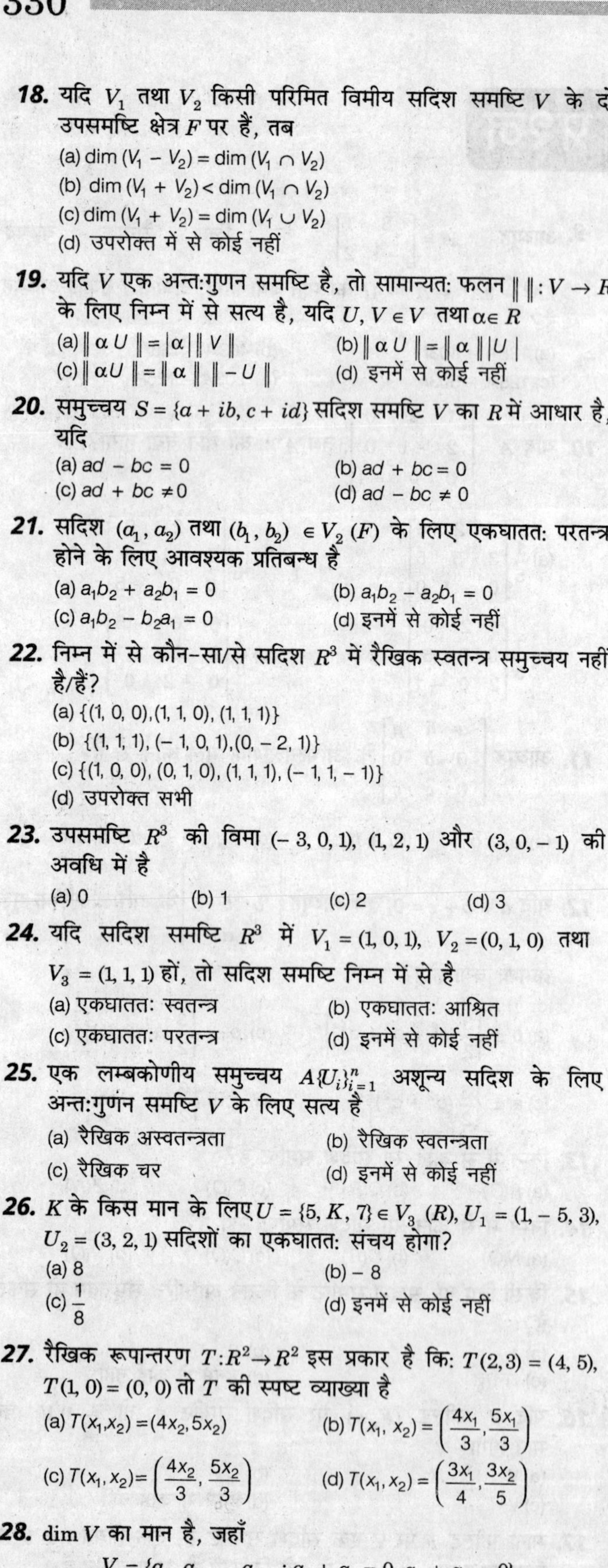

18. यदि V_1 तथा V_2 किसी परिमित विमीय सदिश समष्टि V के दो उपसमष्टि क्षेत्र F पर हैं, तब

(a) $\dim (V_1 - V_2) = \dim (V_1 \cap V_2)$
(b) $\dim (V_1 + V_2) < \dim (V_1 \cap V_2)$
(c) $\dim (V_1 + V_2) = \dim (V_1 \cup V_2)$
(d) उपरोक्त में से कोई नहीं

19. यदि V एक अन्त:गुणन समष्टि है, तो सामान्यत: फलन $\| \, \| : V \to R$ के लिए निम्न में से सत्य है, यदि $U, V \in V$ तथा $\alpha \in R$

(a) $\| \alpha U \| = |\alpha| \| V \|$ (b) $\| \alpha U \| = \| \alpha \| |U|$
(c) $\| \alpha U \| = \| \alpha \| \, \| -U \|$ (d) इनमें से कोई नहीं

20. समुच्चय $S = \{a + ib, c + id\}$ सदिश समष्टि V का R में आधार है, यदि

(a) $ad - bc = 0$ (b) $ad + bc = 0$
(c) $ad + bc \neq 0$ (d) $ad - bc \neq 0$

21. सदिश (a_1, a_2) तथा $(b_1, b_2) \in V_2(F)$ के लिए एकघातत: परतन्त्र होने के लिए आवश्यक प्रतिबन्ध है

(a) $a_1b_2 + a_2b_1 = 0$ (b) $a_1b_2 - a_2b_1 = 0$
(c) $a_1b_2 - b_2a_1 = 0$ (d) इनमें से कोई नहीं

22. निम्न में से कौन-सा/से सदिश R^3 में रैखिक स्वतन्त्र समुच्चय नहीं है/हैं?

(a) $\{(1, 0, 0), (1, 1, 0), (1, 1, 1)\}$
(b) $\{(1, 1, 1), (-1, 0, 1), (0, -2, 1)\}$
(c) $\{(1, 0, 0), (0, 1, 0), (1, 1, 1), (-1, 1, -1)\}$
(d) उपरोक्त सभी

23. उपसमष्टि R^3 की विमा $(-3, 0, 1)$, $(1, 2, 1)$ और $(3, 0, -1)$ की अवधि में है

(a) 0 (b) 1 (c) 2 (d) 3

24. यदि सदिश समष्टि R^3 में $V_1 = (1, 0, 1)$, $V_2 = (0, 1, 0)$ तथा $V_3 = (1, 1, 1)$ हों, तो सदिश समष्टि निम्न में से है

(a) एकघातत: स्वतन्त्र (b) एकघातत: आश्रित
(c) एकघातत: परतन्त्र (d) इनमें से कोई नहीं

25. एक लम्बकोणीय समुच्चय $A\{U_i\}_{i=1}^n$ अशून्य सदिश के लिए अन्त:गुणन समष्टि V के लिए सत्य है

(a) रैखिक अस्वतन्त्रता (b) रैखिक स्वतन्त्रता
(c) रैखिक चर (d) इनमें से कोई नहीं

26. K के किस मान के लिए $U = \{5, K, 7\} \in V_3(R)$, $U_1 = (1, -5, 3)$, $U_2 = (3, 2, 1)$ सदिशों का एकघातत: संचय होगा?

(a) 8 (b) -8
(c) $\frac{1}{8}$ (d) इनमें से कोई नहीं

27. रैखिक रूपान्तरण $T : R^2 \to R^2$ इस प्रकार है कि: $T(2, 3) = (4, 5)$, $T(1, 0) = (0, 0)$ तो T की स्पष्ट व्याख्या है

(a) $T(x_1, x_2) = (4x_2, 5x_2)$ (b) $T(x_1, x_2) = \left(\frac{4x_1}{3}, \frac{5x_1}{3}\right)$
(c) $T(x_1, x_2) = \left(\frac{4x_2}{3}, \frac{5x_2}{3}\right)$ (d) $T(x_1, x_2) = \left(\frac{3x_1}{4}, \frac{3x_2}{5}\right)$

28. $\dim V$ का मान है, जहाँ

$$V = \{a_1, a_2, \ldots, a_{100} : a_1 + a_2 = 0, a_3 + a_4 = 0\}$$

(a) 97 (b) 98
(c) 99 (d) 100

29. सदिश $\alpha_1 = (1, 1, 1)$, $\alpha_2 = (1, 1, -1)$ तथा $\alpha_3 = (1, -1, 1)$ आधार $V_3(C)$ के लिए परिभाषित है। यदि f_1, f_2 तथा f_3 एक ड्यूल आधार है तथा $\alpha = (0, 1, 0)$, तब $f_1(\alpha), f_2(\alpha)$ एवं $f_3(\alpha)$ का मान ज्ञात कीजिए।

(a) $0, \frac{1}{2}, 1$ (b) $0, -\frac{1}{2}, \frac{1}{2}$
(c) $0, \frac{1}{2}, -\frac{1}{2}$ (d) इनमें से कोई नहीं

30. m के किस मान के लिए सदिश $(m, 3, 1)$, सदिश $\alpha_1 = (3, 2, 1)$ तथा $\alpha_2 = (2, 1, 0)$ का रैखिक संयोजन होगा?

(a) 2 (b) 3 (c) 4 (d) 5

31. निम्नलिखित में से कौन-सा प्रतिचित्रण रैखिक रूपान्तरण है?

(a) $T : R^2 \to R^3; T(x, y) = (x, y, 0), x, y \in R$
(b) $T : R^2 \to R^2; T(a, b) = (a^2, b), a, b \in R$
(c) $T : R^2 \to R^2; T(a, b) = (1 + a, b), a, b \in R$
(d) $T : R^2 - R^2; T(x, y) = (x + 2, y + 3), x, y \in R$

32. यदि $T : R^2 \to R^2$ एक रैखिक रूपान्तरण निम्न प्रकार परिभाषित है $T(e_1) = (a, b)$, $T(e_2) = (c, d)$ जहाँ $e_1 = (1, 0)$, $e_2 = (0, 1)$ तब $T(\alpha)$, जहाँ $\alpha = (x, y)$, का मान होगा :

(a) $(ax + cy, bx + dy)$ (b) $(ax, bx) - (cy, dy)$
(c) (acx, cdy) (d) इनमें से कोई नहीं

33. माना $T : R^2 \to R^2$ जहाँ $T(1, 2) = (2, 3)$ तथा $T(0, 1) = (1, 4)$ तब $T^{-1}(-2, 7)$ का मान होगा

(a) (3, 2) (b) (– 3, 2) (c) (3, – 2) (d) (– 3, –2)

34. यदि v एक अशून्य सदिश है, जो R^3 में है, यदि रेखीय रूपान्तरण $T : R^3 \to R^3$ को $T(w) = w - 2\frac{< w, v >}{< v, v >} v$ प्रदर्शित किया जाता है, तब निम्नलिखित में से कौन-सा सही है?

(a) w एक अशून्य सदिश है, जिसमें $T(w) = -v$
(b) $T(v) = v$
(c) $T(v) = -v$
(d) w एक अशून्य सदिश है, जिसमें $Tw = w$

35. माना $S = \{\alpha_1, \alpha_2, \alpha_3\}$ R^3 से सम्बन्धित है, जहाँ $\alpha_1 = (1, 1, 1)$, $\alpha_2 = (1, 1, 0)$, $\alpha_3 = (1, 0, 0)$; $(2, -3, 5)$ को $\alpha_1, \alpha_2, \alpha_3$ के रूप में दर्शाइए

(a) (23, 9) (b) (9, 23) (c) (14, 23) (d) (23, 14)

36. यदि T एक व्युत्क्रम रैखिक रूपान्तरण है सदिश समष्टि $V(F)$ के लिए, तब निम्न में से सत्य कथन है

(a) $T^{-1}T = 1$ (b) $T^{-1}T = 0$
(c) $TT^{-1} = 1$ (d) इनमें से कोई नहीं

37. यदि λ, व्युत्क्रमणीय रूपान्तरण T का एक अभिलाक्षणिक मान है तो T^{-1} का अभिलाक्षणिक मान होगा

(a) λ (b) 0
(c) λ^{-1} (d) इनमें से कोई नहीं

38. माना एक रैखिक रूपान्तरण $T : R^4 \to R^4$ निम्न प्रकार दिया है $T(x, y, z, u) = (x, y, 0, 0), \forall (x, y, z, u) \in R^4$, तब निम्न में से कौन-सा कथन सत्य है?

(a) T की रैंक > T की नलिटि
(b) T की नलिटि > T की रैंक
(c) T की रैंक = T की नलिटि = 3
(d) T की रैंक = T की नलिटि = 2

39. यदि दो सदिश x और y, अन्तः गुणन समष्टि में हैं, तब

(a) $\| x+y \|^2 + \| x-y \|^2 = \| x \|^2 + \| y \|^2$

(b) $\| x+y \|^2 + \| x-y \|^2 = 2(\| x \|^2 + \| y \|^2)$

(c) $\| x+y \|^2 + \| x-y \|^2 = 2\| x \|^2 \cdot \| y \|^2$

(d) उपरोक्त में से कोई नहीं

40. यदि दो सदिश x और y, वास्तविक अन्तः गुणन समष्टि में हैं जिसमें x लम्बकोणीय है y पर, तब

(a) $\| x-y \|^2 > \| x \|^2 + \| y \|^2$

(b) $\| x-y \|^2 < \| x \|^2 + \| y \|^2$

(c) $\| x-y \|^2 = \| x \|^2 + \| y \|^2$

(d) उपरोक्त में से कोई नहीं

41. माना $T: R^3 \to R^3$ एक रैखिक रूपान्तरण है, जो निम्न प्रकार दिया गया है

$T(x, y, z) = \left(\frac{x}{2}, \frac{y}{2}, 0\right)$, तब T की रैंक है

(a) 4 (b) 3

(c) 2 (d) 1

42. माना $T: R^2 \to R^2$ एक प्रतिचित्रण है जोकि निम्न प्रकार परिभाषित है $T(x, y) = (x+y, x-y)$, तब निम्नलिखित में से कौन-सा सत्य है?

(a) T रैखिक है तथा इसका करनेल R^2 के अनन्त अवयव हैं

(b) T रैखिक नहीं है

(c) T का करनेल R^2 के केवल दो अवयव से बना है

(d) T की नलिटि शून्य है

43. निम्न में से किस शर्त के अन्तर्गत समीकरणों का निकाय

$$\begin{bmatrix} 1 & 2 & 4 \\ 2 & 1 & 2 \\ 1 & 2 & a-4 \end{bmatrix} \begin{bmatrix} x \\ y \\ z \end{bmatrix} = \begin{bmatrix} 6 \\ 4 \\ a \end{bmatrix}$$ एक अद्वितीय हल रखता है?

(a) प्रत्येक $a \in R$ के लिए (b) $a = 8$

(c) प्रत्येक $a \in Z$ के लिए (d) $a \neq 8$

44. यदि $A = \begin{bmatrix} 1 & 2 \\ -1 & 3 \end{bmatrix}$ हो, तो $A^6 - 4A^5 + 8A^4 - 12A^3 + 14A^2$ का A में एक रैखिक बहुपद होगा

(a) $4A - 5$ (b) $-4A + 5$

(c) $4A + 5$ (d) $-4A - 5$

45. यदि $A = \begin{bmatrix} 3 & -2 \\ 4 & -2 \end{bmatrix}$ आव्यूह समीकरण $A^2 - kA + 2I = 0$ को सन्तुष्ट करता है, तब k का मान क्या है?

(a) 0 (b) 1

(c) 2 (d) 3

46. यदि $A = \{U_1, U_2, ..., U_n\}$ एक लम्बकोणीय आधार अन्तः गुणन समष्टि V के लिए $V \in V$ एक स्वैच्छित सदिश है, तब V के निर्देशांक सम्बन्धित हैं A के आधार पर, जहाँ $V < V, U_i >, i = 1, 2, ... n$, तब निम्न में से सत्य है

(a) $\| V \|^2 = \sum_{i=1}^{n} |< V, U_i >|^2$

(b) $\| U \|^2 = \sum_{i=1}^{n} |< V, U_i >|^2$

(c) $\| V \|^2 = \sum_{i=1}^{n} |< V, U_i >|^2$

(d) उपरोक्त में से कोई नहीं

47. माना $V = R^{3\times1}$ तथा $W = R^{4\times1}, T: R^{3\times1} \to R^{4\times1}$ तथा रूपान्तरण आव्यूह $= \begin{bmatrix} 1 & 0 & 2 \\ 0 & 1 & 3 \\ 1 & 1 & 0 \\ 0 & 0 & 1 \end{bmatrix}$, तब :

(a) T एकैकी तथा आच्छादक है

(b) T एकैकी है, परन्तु आच्छादक नहीं है

(c) T एकैकी नहीं है, परन्तु आच्छादक है

(d) T न तो एकैकी है और न आच्छादक है

48. माना A और B दूरीक समष्टि (x, d) के कोई दो समुच्चय हैं, तब निम्न में से क्या असत्य है?

(a) $A \subseteq B \Rightarrow \inf A \subseteq \inf B$ (b) $\inf (A \cap B) = (\inf A) \cap (\inf B)$

(c) $\inf (A \cup B) \supseteq \inf A \cup \inf B$ (d) इनमें से कोई नहीं

49. माना $V_n(F)$ एक सदिश समष्टि है। यदि $T: V \to V$ एक तत्समक संकारक है, तब T का अभिलाक्षणिक बहुपद होगा

(a) $(1 - \lambda)$ (b) $\frac{(1-\lambda)}{n}$ (c) $n(1 - \lambda)$ (d) $(1 - \lambda)^n$

50. यदि $A = R$ तथा $d(x, y) = |x - y|$, तो दूरीक समष्टि (A, d) होगी

(a) परिबद्ध (b) अपरिबद्ध

(c) शून्य (d) इनमें से कोई नहीं

51. R में सामान्य दूरीक के लिए प्रत्येक संवृत अन्तराल होता है

(a) संवृत समुच्चय (b) विवृत समुच्चय

(c) कैंटर त्रिगुट समुच्चय (d) इनमें से कोई नहीं

52. किसी दूरीक समष्टि A का कोई उपसमुच्चय S सवृंत होता है, यदि और केवल यदि

(a) $\bar{S} = S$ (b) $\bar{S} \geq S$ (c) $\bar{S} \leq S$ (d) $\bar{S} = 0$

53. यदि $A = X\{A_i : 1 \leq i \leq n\}$ में किसी $x = (x_1, x_2 ...... x_n)$ तथा $r > 0$ के लिए $S(x, r)$ होगा

(a) $\{S_i(x_i, r) : 1 \leq i \leq n\}$ (b) $\{S_i(x_i, r) : 1 \geq i \geq n\}$

(c) $\{S_i : 1 > i > n\}$ (d) $\{S_i : 1 < i < n\}$

उत्तरमाला

1.	(a)	2.	(c)	3.	(c)	4.	(a)	5.	(b)	6.	(d)	7.	(a)	8.	(b)	9.	(a)	10.	(b)
11.	(d)	12.	(a)	13.	(a)	14.	(a)	15.	(c)	16.	(b)	17.	(b)	18.	(b)	19.	(b)	20.	(d)
21.	(b)	22.	(c)	23.	(c)	24.	(b)	25.	(a)	26.	(b)	27.	(c)	28.	(b)	29.	(c)	30.	(d)
31.	(a)	32.	(a)	33.	(d)	34.	(c)	35.	(b)	36.	(c)	37.	(c)	38.	(d)	39.	(b)	40.	(c)
41.	(c)	42.	(d)	43.	(d)	44.	(b)	45.	(b)	46.	(a)	47.	(b)	48.	(c)	49.	(d)	50.	(b)
51.	(a)	52.	(a)	53.	(a)														

संकेत एवं हल

1. माना $A = \begin{bmatrix} 1 & 2 & 3 & 4 \\ 2 & 4 & 6 & 8 \\ 3 & 6 & 9 & 12 \end{bmatrix}$

$R_2 \to R_2 - 2R_1, R_3 \to R_3 - 3R_1$ के प्रयोग से,

$$A \sim \begin{bmatrix} 1 & 2 & 3 & 4 \\ 0 & 0 & 0 & 0 \\ 0 & 0 & 0 & 0 \end{bmatrix}$$

आव्यूह A ऐशेलान रूप में है इसकी अशून्य पंक्तियों की संख्या 1 है।

अतः A की जाति $= 1$

4. दी गई समीकरणों का आव्यूह रूप, $AX = B$

$$\Rightarrow \begin{bmatrix} 1 & 2 & -1 \\ 3 & -1 & 2 \\ 2 & -2 & 3 \\ 1 & -1 & 1 \end{bmatrix} \begin{bmatrix} x \\ y \\ z \end{bmatrix} = \begin{bmatrix} 3 \\ 1 \\ 2 \\ -1 \end{bmatrix}$$

$$\text{यहाँ, } [A \vdots B] = \begin{bmatrix} 1 & 2 & -1 & \vdots & 3 \\ 3 & -1 & 2 & \vdots & 1 \\ 2 & -2 & 3 & \vdots & 2 \\ 1 & -1 & 1 & \vdots & -1 \end{bmatrix}$$

$R_2 \to R_2 - 3R_1, R_3 \to R_3 - 2R_1$ तथा $R_4 \to R_4 - R_1$ के प्रयोग से,

$$[A \vdots B] \sim \begin{bmatrix} 1 & 2 & -1 & \vdots & 3 \\ 0 & -7 & 5 & \vdots & -8 \\ 0 & -6 & 5 & \vdots & -4 \\ 0 & -3 & 2 & \vdots & -4 \end{bmatrix}$$

$R_3 \to R_3 - R_2$ के प्रयोग से,

$$[A \vdots B] \sim \begin{bmatrix} 1 & 2 & -1 & \vdots & 3 \\ 0 & -7 & 5 & \vdots & -8 \\ 0 & 1 & 0 & \vdots & 4 \\ 0 & -3 & 2 & \vdots & -4 \end{bmatrix}$$

$R_4 \to R_4 + 3R_3$ के प्रयोग से,

$$[A \vdots B] \sim \begin{bmatrix} 1 & 2 & -1 & \vdots & 3 \\ 0 & -7 & 5 & \vdots & -8 \\ 0 & 1 & 0 & \vdots & 4 \\ 0 & 0 & 2 & \vdots & 8 \end{bmatrix}$$

आव्यूह A ऐशेलान रूप में है

यहाँ, A की जाति $= B$ की जाति

$\therefore$ समीकरण घाततः स्वतन्त्र है।

7. माना $A = \begin{bmatrix} 6 & -2 & 2 \\ -2 & 3 & -1 \\ 2 & -1 & 3 \end{bmatrix}$

आव्यूह A की अभिलाक्षणिक समीकरण

$$|A - \lambda I| = 0$$

$$\begin{vmatrix} 6-\lambda & -2 & 2 \\ -2 & 3-\lambda & -1 \\ 2 & -1 & 3-\lambda \end{vmatrix} = 0$$

$C_3 \to C_3 + C_2$ के प्रयोग से,

$$\begin{vmatrix} 6-\lambda & -2 & 0 \\ -2 & 3-\lambda & 2-\lambda \\ 2 & -1 & 2-\lambda \end{vmatrix} = 0$$

C_3 से $(2-\lambda)$ उभयनिष्ठ लेने पर,

$$(2-\lambda)\begin{vmatrix} 6-\lambda & -2 & 0 \\ -2 & 3-\lambda & 1 \\ 2 & -1 & 1 \end{vmatrix} = 0$$

$R_2 \to R_2 - R_3$ के प्रयोग से,

$$(2-\lambda)\begin{vmatrix} 6-\lambda & -2 & 0 \\ -4 & 4-\lambda & 0 \\ 2 & -1 & 1 \end{vmatrix} = 0$$

$$\Rightarrow \quad (2-\lambda)[(6-\lambda)(4-\lambda) - 8] = 0$$

$$\Rightarrow \quad (2-\lambda)(\lambda^2 - 10\lambda + 16) = 0$$

$$\Rightarrow \quad (2-\lambda)(\lambda - 2)(\lambda - 8) = 0$$

$$\Rightarrow \quad \lambda = 2, 2, 8$$

अतः अभिलाक्षणिक मूल 2, 2 तथा 8 हैं।

13. $\because Q \subset R \subset C$ और Q, R तथा C क्षेत्र हैं।

अतः $Q(Q)$ सदिश समष्टि है।

14. $N(Q)$ सदिश समष्टि नहीं है।

15. किसी दिए हुए सदिश समष्टि के आधारित समुच्चयों की संख्या अनन्त है।

16. F की परिभाषानुसार, यदि $1 \in F \Rightarrow -1 \in F$

$$[1 + (-1)]V = 1V + (-1)V$$

$$\Rightarrow \quad 0V = 1V + (-1)V$$

$$\Rightarrow \quad 0 = 1V + (-1)V$$

$$\Rightarrow \quad 0 = V + (-1)V$$

$\because V$ का V में योग संक्रिया के सापेक्ष प्रतिलोम $(-1)V$ है।

$$\therefore \quad (-1)V = -V$$

17. सदिश समष्टि की परिभाषा से, $\forall \alpha \in F$ तथा $\forall v \in V \Rightarrow \alpha v = V$

$\therefore \; Wv = V$

$$\because \quad I \in F \Rightarrow Iv = v \in Wv \Rightarrow Wv \neq \phi$$

माना $W_1, W_2 \in Wv$, तब F के दो अवयव α, β का अस्तित्व हैं कि

$$W_1 = \alpha v \text{ तथा } W_2 = \beta v$$

$\forall \lambda, \mu \in F$ के लिए,

$$\lambda W_1 + \mu W_2 = \lambda(\alpha v) + \mu(\beta v) = (\lambda\alpha)v + (\mu B)v$$

$$= (\lambda\alpha + \mu\beta)v \in Wv$$

जहाँ, $\lambda\alpha + \mu\beta \in F$

अतः $Wv(F)$, $V(F)$ की उपसमष्टि है।

18. $\dim(V_1 + V_2) = \dim(V_1) + \dim(V_2) - \dim(V_1 \cap V_2)$

19. $\because \; \|\alpha U\|^2 = <\alpha U, \alpha U>^2$

$$= \alpha <U, \alpha U> = \alpha <\alpha U, U> = \alpha^2 \|U\|^2$$

अतः $\quad \|\alpha U\| = \|\alpha\| \|U\|$

20. किसी सदिश समष्टि $V(F)$ के उपसमष्टि S को $V(E)$ का आधार कहेंगे, यदि

(i) S, रैखिक स्वतन्त्र सदिशों से बना हो।

(ii) S, $V(F)$ का जनित हो अर्थात् $L(S) = V$, अतः V का प्रत्येक सदिश, S के सीमित अवयवों का रैखिक संयोजन हों।

अब, $S = \{a + ib, c + id\}$, $V(R)$ का एक आधार है।

तब (i) से, S को रैखिक स्वतन्त्र होना चाहिए अर्थात्

$\Rightarrow$ $x(a + ib) + y(c + id) = 0$, तब $x = 0$ तथा $y = 0$

$xa + yc + i(xb + yd) = (0,0)$

तब $x = 0$ तथा $y = 0$

$\Rightarrow$ $xa + yc = 0$

$\Rightarrow$ $xb + yd = 0$

इस समीकरण निकाय का एक अद्वितीय हल होगा $x = 0$ तथा $y = 0$

यदि और केवल यदि $\begin{vmatrix} a & c \\ b & d \end{vmatrix} \neq 0 \Rightarrow ad - bc \neq 0$

21. अदिशों α एवं β के लिए,

$\alpha(a_1, a_2) + \beta(b_1, b_2) = 0 = (0, 0)$

$\Rightarrow$ $(\alpha a_1, \alpha a_2) + (\beta b_1, \beta b_2) = 0 = (0, 0)$

$\Rightarrow$ $(\alpha a_1 + \beta b_1, \alpha a_2 + \beta b_2) = (0, 0)$

$\Rightarrow$ $\alpha a_1 + \beta b_1 = 0, \alpha a_2 + \beta b_2 = 0$

इन दोनों में से α, β का विलोपन करने पर,

$a_1b_2 - a_2b_1 = 0$

23. यहाँ, हम देख सकते हैं कि सदिशों $(-3, 0, 1)$, $(1, 2, 1)$ तथा $(3, 0, -1)$ रैखिक परतन्त्र हैं।

अत: $\dim = 2$

24. $1 \cdot V_1 + 1 \cdot V_2 - 1 \cdot V_3 = (1, 0, 1) + (0, 1, 0) - (1, 1, 1)$

$= (1, 0, 1) + (0, 1, 0) + (-1, -1, -1)$

$= (1 + 0 - 1, 0 + 1 - 1, 1 + 0 - 1) = (0, 0, 0) = 0$

अतः V_1, V_2 एवं V_3 एकघाततः आश्रित हैं।

25. सदिश $\alpha_1, \alpha_2, \ldots, \alpha_n, R$ के लिए,

$\alpha_1 V_1 + \alpha_2 V_2 + \ldots + \alpha_n V_n = 0$

अन्त:गुणन समष्टि V_1 के साथ दोनों तरफ लेने पर तथा द्विरैखिक गुण का उपयोग अन्त:गुणन के लिए प्राप्त होता है।

$\alpha_1 < V_1, V_1 > + \alpha_2 < V_2, V_1 > + \ldots + \alpha_n < V_n, V_1 > = < 0, V_1 > = 0$

$\alpha_1 < V_1, V_1 > = 0$

$\Rightarrow \alpha_1 = 0$, जबकि $< V_1, V_1 > \neq 0$, क्योंकि $V_1 \neq 0$ अन्त:गुणन $V_2 \ldots V_n$ के साथ लेने पर प्राप्त होता है।

$\alpha_2 = \alpha_3 = \ldots = \alpha_n = 0$

अत: यह सत्य होता है कि $A = \{V_i\}_{i=1}^{n}$ के लिए रैखिक अस्वतन्त्र है।

26. माना $U = \alpha U_1 + \beta U_2$, जहाँ $\alpha, \beta \in R$ अज्ञात अदिश संख्याएँ हैं।

अर्थात् $(5, k, 7) = \alpha(1, -5, 3) + \beta(3, 2, 1)$

$= (\alpha, -5\alpha, 3\alpha) + (3\beta, 2\beta, \beta)$

$= (\alpha + 3\beta, -5\alpha + 2\beta, 3\alpha + \beta)$

$\because$ $\alpha + 3\beta = 5$ ...(i)

$-5\alpha + 2\beta = k$ ...(ii)

तथा $3\alpha + \beta = 7$ ...(iii)

समी (i) को 3 से गुणा करने पर तथा समी (iii) में से घटाने पर,

$-8\beta = -8 \Rightarrow \beta = 1$

$\beta = 1$ का मान समी (i) में प्रतिस्थापित करने पर,

$\alpha = 5 - 3\beta = 5 - 3 \cdot 1 = 2$

समी (ii) से, $-5(2) + 2(1) = k$

$\therefore$ $k = -10 + 2 = -8$

28. $\because$ चरों की कुल संख्या – आश्रित चर $= 4 - 2 = 2$

$\therefore$ $\dim V = 100 - 2 = 98$

29. माना $\alpha = a_1\alpha_1 + a_2\alpha_2 + a_3\alpha_3$

तब, $f_1(\alpha) = a_1,\ f_2(\alpha) = a_2, f_3(\alpha) = a_3$

अब, $\alpha = a_1\alpha_1 + a_2\alpha_2 + a_3\alpha_3$

$\Rightarrow$ $(0, 1, 0) = a_1(1, 1, 1) + a_2(1, 1, -1) + a_3(1, -1, -1)$

$(0, 1, 0) = (a_1 + a_2 + a_3, a_1 + a_2 - a_3 a_1 - a_2 - a_3)$

$a_1 = 0, a_2 = \frac{1}{2},\ a_3 = -\frac{1}{2}$

$f_1(\alpha) = 0, f_2(\alpha) = \frac{1}{2}, f_3(\alpha) = \frac{-1}{2}$

30. माना $\alpha = (m, 3, 1)$

$= a_1\alpha_1 + a_2\alpha_2$

$\Rightarrow$ $(m, 3, 1) = a_1(3, 2, 1) + a_2(2, 1, 0)$

$= 3a_1 + 2a_2, 2a_1 + a_2, a_1$

तुलना करने पर,

$m = 3a_1 + 2a_2,\ 3 = 2a_1 + a_2, 1 = a_1$

$\therefore$ $a_1 = 1, a_2 = 1, m = 5$

31. माना $\alpha = (x_1, y_1), \beta = (x_2, y_2) \in R^2$

तब, $T(a\alpha + b\beta) = Ta(x_1, y_1) + b(x_2, y_2)]$

$= T[(ax_1 + ay_1) + (bx_2, by_2)]$

$= T[(ax_1 + bx_2, ay_1 + by_2)]$

$= (ax_1 + bx_2, ay_1 + by_2)$ $[\because T(x, y) = (x, y, 0)]$

$= \{(ax_1, ay_1, 0) + (bx_2, by_2, 0)\}$

$= a(x_1, y_1, 0) + b(x_2, y_2, 0)$

$= aT(x_1, y_1) + bT(x_2, y_2)$

$= aT(\alpha) + bT(\beta)$

$\Rightarrow$ T एक रैखिक रूपान्तरण (समाकारिता) है।

अतः विकल्प (a) सही है।

32. माना $\alpha = (x, y) \in R^2, T(\alpha) = T(x, y)$ ज्ञात करना है

जब, $T(e_1) = T(1, 0) = (a, b)$ तथा $T(e_2) = T(0, 1) = (c, d)$

हमें ज्ञात है कि $f = [e_1, e_2]$, R^2 का आधार है अत: α को इनके रैखिक संयोजन के रूप में लिखा जा सकता है।

$\alpha = (x, y) = xe_1 + ye_2$

$\therefore T(\alpha) = T(x, y) = T(xe_1 + ye_2)$

$= T(xe_1) + T(ye_2)$ ($\because T$ रैखिक है)

$= xT(e_1) + yT(e_2)$

$= x(a, b) + y(c, d)$

$= (ax, bx) + (cy, dy)$

$= (ax + cy, bx + dy)$

अतः विकल्प (a) सही है।

33. माना $(a, b) = a_1(1, 2) + a_2(0, 1)$

$= (a_1 + 0, 2a_1 + a_2) = (a_1, 2a_1 + a_2)$

$\Rightarrow$ $a = a_1, b = 2a_1 + a_2$

$\Rightarrow$ $a = a_1, a_2 = b - 2a$ ...(i)

$T(a, b) = T[a_1(1,2) + a_2(0, 1)]$

$= a_1T(1,2) + a_2T(0,1)$ रैखिक रूपान्तरण है।
$= a_1(2, 3) + a_2(1, 4)$
$= a(2, 3) + (b - 2a)(1, 4)$ [समी (i) से]
$= (2a, 3a) + (b - 2a, 4b - 8a)$
$= [(2a + b - 2a), (3a + 4b - 8a)]$
$= (b, -5a + 4b)$ ...(ii)
$= (x, y)$ (माना)

जहाँ, $x = b, y = -5a + 4b$

$\Rightarrow \quad b = x, a = \dfrac{4x - y}{5}$ ...(iii)

$\Rightarrow T^{-1}(x, y) = (a, b) = \left(\dfrac{4x - y}{5}, x\right)$

अत: $T^{-1}(-2, 7) = \left(\dfrac{4(-2) - 7}{5}, -2\right) = (-3, -2)$

अतः विकल्प (d) सही है।

34. दिया है, $T(w) = w - 2\dfrac{< w, v >}{< v, v >}v$

$\therefore \quad T(v) = v - 2\dfrac{< v, v > v}{< v, v >} = v - 2v = -v$

35. माना $(2, -3, 5) = a\alpha_1 + b\alpha_2 + c\alpha_3$
$= (1, 1, 1) + (1,1, 0) + C(1, 0, 0)$

तब, $a + b + c = 2, a + b = -3$ तथा $a = 5$

समीकरण को हल करने पर,

$a = 5, b = -8$ तथा $c = 5$
$(2, -3, 5) = 5\alpha_1 - 8\alpha_2 + 5\alpha_3 + 5T(\lambda_3)$
$T(2, -3, 5) = T(5\alpha_1 - 8\alpha_2 + 5\alpha_3)$
$= 5T(\lambda_1) - 8T(\alpha_2) + 5T(\alpha_3)$
[$\because T$ एक रैखिक रूपान्तरण है।]
$= 5(1, 0) - 8(2, -1) + 5(4, 3)$
$= (5, 0) - (16, -8) + (20, 15) = (9, 23)$

36. माना λ एक तत्व है V का, तथा $T(\lambda) = \beta$,

तब, $\quad T^{-1}(\beta) = \lambda \Rightarrow T(\lambda) = \beta$
$T^{-1}[T(\lambda)] = T^{1}(\beta) \Rightarrow (T^{-1}T)(\alpha) = \alpha$
$\Rightarrow \quad (T^{-1}T)(\alpha) = I(\alpha) \Rightarrow T^{-1}T = I$

माना एक तत्व है V का, अत: $\beta \in V$

$\Rightarrow \quad \exists \alpha \in V$
तथा $\quad T(\alpha) = \beta$
$\Rightarrow \quad T^{-1}(\beta) = \alpha$
$\Rightarrow \quad T[T^{-1}(\beta)] = T(\alpha)$
$\Rightarrow \quad (TT^{-1})\beta = \beta$
$(TT^{-1})\beta = \beta = j(\beta)$
$\therefore \quad TT^{-1} = 1$

37. माना T व्युत्क्रमणीय, है जबकि $\lambda \neq 0 \Rightarrow \lambda^{-1}$ विद्यमान है, क्योंकि λ, T का अभिलाक्षणिक मान है।

अत: $\alpha \neq 0 \in V$, जबकि $T(\alpha) = \lambda\alpha$

$\Rightarrow \quad T^{-1}T(\alpha) = T^{-1}(\lambda\alpha)$
$\Rightarrow \quad L(\alpha) = \lambda T^{-1}(\alpha)$
$\Rightarrow \quad \alpha = \lambda T^{-1}(\alpha)$
$\Rightarrow \quad \lambda^{-1}(\alpha) = \lambda^{-1}\lambda T^{-1}(\alpha)$
$\Rightarrow \quad \lambda^{-1}(\alpha) = LT^{-1}(\alpha) = T^{-1}(\alpha)$
$\Rightarrow \quad T^{-1}(\alpha) = \lambda^{-1}(\alpha)$

अत: λ^{-1}, T^{-1} का एक अभिलाक्षणिक मान है।

38. $\because \{(0, 0, 1, 0), (0, 0, 0, 1)\}$ रैखिक स्वतन्त्र है तथा स्थान $\text{Ker}\, T$

$\Rightarrow \quad T$ की नलिटि $= 2$
$\therefore \quad T$ की रैंक $= 2$ [$\because \dim R^4 =$ नलिटि $T +$ रैंक T]

39. $\| x + y \|^2 + \| x - y \|^2$
$= < x + y, x + y > + < x - y, x - y >$
$= \| x \|^2 + < x, y > + < y, x > + \| y \|^2$
$+ \| x \|^2 - < x, y > - < y, x > + \| y \|^2$
$= 2\| x \|^2 + 2\| y \|^2 = 2(\| x \|^2 + \| y \|^2)$

40. $\because < x, y > = < y, x > = 0$

अब, $\quad \| x - y \|^2 = < x - y, x - y >$
$= < x, x > - < x, y > - < y, x > + < y, y >$
$= < x, x > + < y, y > = \| x \|^2 + \| y \|^2$

41. $T(x, y, z) = x\left(\dfrac{1}{2}, 0, 0\right) + y\left(0, \dfrac{1}{2}, 0\right)$

$\therefore T$ की रैंक $= 2$

42. यदि $(x, y) \in \text{Ker}\,(T)$

$\because \quad T(x, y) = (0, 0)$
$\Rightarrow \quad (x + y, x - y) = (0, 0) \Rightarrow x = 0$ तथा $y = 0$
$\Rightarrow \quad T$ की विमा $= 0$
$\therefore \quad T$ की नलिटि $= 0$

43. समीकरणों के निकाय $AX = B$ का एक हल होगा, यदि A की जाति $= [A : B]$ की जाति

यह हल अद्वितीय होगा, यदि

A की जाति = अज्ञात चरों की संख्या

अत: अद्वितीय हल के लिए, $|A| \neq 0$

यहाँ, $|A| = \begin{vmatrix} 1 & 2 & 4 \\ 2 & 1 & 2 \\ 1 & 2 & a-4 \end{vmatrix} \neq 0$

$= \begin{vmatrix} 1 & -2 & 4 \\ 2 & 1 & 2 \\ 0 & 0 & a-8 \end{vmatrix}$ [संक्रिया $R_3 \to R_3 - R_1$ से]

A की जाति 3 होगी, यदि $a - 8 \neq 0 \Rightarrow \quad a \neq 8$

44. $A = \begin{bmatrix} 1 & 2 \\ -1 & 3 \end{bmatrix}, |A - \lambda I| = 0 \Rightarrow \lambda^2 - 4\lambda + 5 = 0$

$\Rightarrow \quad A^2 - 4A + 5 = 0,$ [कैले-हैमिल्टन प्रमेय से]
$\Rightarrow \quad A^2 = 4A - 5$
$\therefore \quad A^3 = 4A^2 - 5A$
$A^4 = 4A^3 - 5A^2$
$A^5 = 4A^4 - 5A^3$
$A^6 = 4A^5 - 5A^4$

अत: $A^6 - 4A^5 + 8A^4 - 12A^3 + 14A^2$

$= (4A^5 - 5A^4) - 4A^5 + 8A^4 - 12A^3 + 14A^2$

[A^6 का मान रखने पर]

$= 3A^4 - 12A^3 + 14A^2$

$= 3(4A^3 - 5A^2) - 12A^3 + 14A^2$ [A^4 का मान रखने पर]

$= 12A^3 - 15A^2 - 12A^3 + 14A^2 = -A^2$

$= -(4A - 5),$ [A^2 का मान रखने पर]

$= -4A + 5$ या $5 - 4A$

45. कैले-हैमिल्टन प्रमेय से हम जानते हैं कि "प्रत्येक वर्ग आव्यूह अपने अभिलाक्षणिक समीकरण को सन्तुष्ट करता है।"

दिया है,

$$A = \begin{bmatrix} 3 & -2 \\ 4 & 2 \end{bmatrix}$$

यहाँ, $A - \lambda I = \begin{vmatrix} 3-\lambda & -2 \\ 4 & -2-\lambda \end{vmatrix} = 0$

$\Rightarrow (3-\lambda)(-2-\lambda) - 4(-2) = 0$

$\Rightarrow -(3-\lambda)(\lambda+2) + 8 = 0$

$\Rightarrow \lambda^2 - \lambda - 6 + 8 = 0$

$\Rightarrow \lambda^2 - \lambda + 2 = 0$

अत: कैले-हैमिल्टन प्रमेय से,

$A^2 - A + 2I = 0$

$A^2 - kA + I = 0$ से तुलना करने पर,

$\therefore \quad k = 1$

47. माना $x, y, z \in R, \alpha = \begin{bmatrix} x \\ y \\ x \end{bmatrix} \in R^{3\times 1}, A = \begin{bmatrix} 1 & 0 & 2 \\ 0 & 1 & 3 \\ 1 & 1 & 0 \\ 0 & 0 & 1 \end{bmatrix}$

तब, $T(\alpha) = T\begin{bmatrix} x \\ y \\ z \end{bmatrix} = \begin{bmatrix} 1 & 0 & 2 \\ 0 & 1 & 3 \\ 1 & 1 & 0 \\ 0 & 0 & 1 \end{bmatrix}\begin{bmatrix} x \\ y \\ z \end{bmatrix} = \begin{bmatrix} x+2z \\ y+3z \\ x+y \\ z \end{bmatrix}$

यदि $\alpha = \begin{bmatrix} x \\ y \\ z \end{bmatrix} \in \text{Ker } T$, तब

$$T(\alpha) = 0 \Rightarrow \begin{bmatrix} x+2z \\ y+3z \\ x+y \\ z \end{bmatrix} = \begin{bmatrix} 0 \\ 0 \\ 0 \\ 0 \end{bmatrix}$$

$\Rightarrow x = 0, y = 0, z = 0$

$\Rightarrow \quad K[T] = \{0\}$

$\Rightarrow T$ एकैकी है तथा $\nu(T) = \text{nullity } T = 0$

अब, $R(T) = A$ की स्तम्भ समष्टि

$= \text{rank}(A) = 3 < \dim \cdot R^{4\times 1}$

$\Rightarrow \dim \{R(T)\} < \dim R^{4\times 1}$

$\Rightarrow R(T) \neq R^{4\times 1} \Rightarrow T$ आच्छादक नहीं है।

अतः विकल्प (b) सही है।

48. (a) माना $x \in \inf A$, तब $r > 0$ का अस्तित्व इस प्रकार है कि $S_r(x) \subseteq A$

$\Rightarrow \quad S_r(x) \subseteq B \quad [\because A \subseteq B]$

$\Rightarrow \quad x \in \inf B$

$\therefore \quad \inf A \subseteq \inf B$

(b) हम जानते हैं कि $\inf A \subseteq A$ और $\inf B \subseteq B$

$\therefore \inf A \cap \inf B$, दो विवृत्त समुच्चयों का सर्वनिष्ठ होने के कारण, विवृत्त होगा।

अत: $\inf A \cap \inf B \subseteq \inf (A \cap B)$

आगे, $A \cap B \subseteq A \Rightarrow \inf (A \cap B) \subseteq \inf A$

और $\inf (A \cap B) \subseteq \inf B$

$\therefore \quad \inf (A \cap B) \subseteq \inf A \cap \inf B$

(c) $\because A \subseteq A \cup B \Rightarrow \inf A \subseteq \inf (A \cup B)$

और $B \subseteq A \cup B \Rightarrow \inf B \subseteq \inf (A \cup B)$

$\therefore \quad \inf A \cup \inf B \subseteq \inf (A \cup B)$

49. $T = I : V_n(F) \to V_n(F)$, तब $[I]_B = I$

I का अभिलाक्षणिक बहुपद $= |I - \lambda I|$,

जहाँ λ अभिलाक्षणिक मान है

$$= \begin{vmatrix} 1-\lambda & 0 & \dots & 0 \\ 0 & 1-\lambda & \dots & 0 \\ \vdots & \vdots & & \vdots \\ \vdots & \vdots & \dots & \vdots \\ 0 & 0 & 0 & -\lambda \end{vmatrix}_{n\times n}$$

$= (1-\lambda)^n$

50. $\because R$ का व्यास अनन्त होता है, अतः अपरिबद्ध होगा।

अध्याय 26

समूह

Groups

समूह Group

एक बीजगणितीय संरचना $(G, *)$, अरिक्त समुच्चय G तथा बाइनरी ऑपरेशन $(*)$ के साथ समूह कहलाता है, यदि यह निम्नलिखित नियमों को सन्तुष्ट करता है

(i) **संवृत्त नियम** (Closure rule) $a, b \in G \Rightarrow a * b \in G$

(ii) **साहचर्य नियम** (Associatve rule)

$$a * (b * c) = (a * b) * c, \forall\ a, b, c \in G$$

(iii) **तत्समक अवयव का अस्तित्व** (Existence of identity)
एक अवयव $e \in G$ इस प्रकार है कि

$$a * e = e * a = a, \forall a \in G$$

e को तत्समक अवयव कहते हैं।

(iv) **व्युत्क्रम या प्रतिलोम अवयव का अस्तित्व** (Existence of inverse)
सभी $a \in G$ के लिए, एक अवयव $a' \in G$ इस प्रकार है कि $a * a' = a' * a = e$
अवयव a' को a का व्युत्क्रम अवयव कहते हैं तथा इसे a^{-1} से प्रदर्शित करते हैं।

अर्द्धसमूह Semi-group

एक अरिक्त समुच्चय G एक बाइनरी ऑपरेशन $(*)$ के साथ जिसकी बीजगणितीय संरचना $(G, *)$ है, अर्द्धसमूह कहलाता है, यदि

(i) $a, b \in G \Rightarrow a * b \in G$ [संवृत्त नियम]

(ii) $\forall\ a, b, c \in G, a * (b * c) = (a * b) * c$ [साहचर्य नियम]

अबेलियन समूह Abelian Group

एक समूह $(G, *)$ को अबेलियन समूह कहते हैं, यदि बाइनरी ऑपरेशन $*$, G पर क्रमविनिमेय नियम का पालन करता है।

अर्थात् $a * b = b * a, \forall\ a, b \in G$

अनअबेलियन समूह Non-abelian Group

यदि $(G, *)$ एक समूह है, तो यदि एक भी युग्म $a, b \in G$ के लिए $a * b \neq b * a$ हो, तो G को एक अनअबेलियन या अक्रमविनिमेय समूह कहते हैं।

समूह की विशेषताएँ Characteristics of Group

(i) किसी समूह $(G, *)$ का तत्समक अवयव अद्वितीय होता है।

(ii) सभी अवयवों का प्रतिलोम अवयव अद्वितीय होता है।

(iii) **निरसन नियम** (Cancellation rule)
माना $(G, *)$ एक समूह है, तब $a, b, c \in G$ के लिए

(a) $a * b = a * c \Rightarrow b = c$ [वाम निरसन नियम]

(b) $b * a = c * a \Rightarrow b = c$ [दक्षिण निरसन नियम]

(iv) माना $(G, *)$ एक समूह है तथा $a \in G$, तब $(a^{-1})^{-1} = a$

(v) माना $(G, *)$ एक समूह है तथा $a, b \in G$, तब $(a * b)^{-1} = b^{-1} * a^{-1}$

(vi) एक सीमित अर्द्धसमूह को समूह कहते हैं, यदि और केवल यदि यह निरसन नियम का पालन करता है।

(vii) यदि $(G, *)$ एक समूह इस प्रकार है कि $(a * b)^2 = (a * a) * (b * b) = a^2 * b^2, \forall\ a, b \in G$, तब G एक अबेलियन समूह है अर्थात् $(ab)^2 = a^2 b^2$

(viii) यदि a तथा b किसी समूह $(G, *)$ के कोई दो अवयव हों, तो समीकरण $a * x = b$ तथा $y * a = b$ के समूह G में अद्वितीय हल होते हैं।

समूह की कोटि Order of Group

माना $(G, *)$ सीमित समूह है, तब G के अवयवों की संख्या को समूह की कोटि कहते हैं तथा इसे $o(G)$ से प्रदर्शित करते हैं।

किसी समूह के अवयव की कोटि

Order of Element of Any Group

माना $(G, *)$ एक समूह है तथा $a \in G$, तब a को सीमित कोटि का कहेंगे, यदि एक धनात्मक पूर्णांक n इस प्रकार है कि $a^n = e$

यदि n एक लघु धनात्मक पूर्णांक इस प्रकार है कि $a^n = e$, तब $o(a) = n$

कुछ महत्त्वपूर्ण गुणधर्म Some Important Properties

(i) किसी सीमित समूह के सभी अवयवों की कोटि समूह की कोटि से छोटी या उसके बराबर होती है।

(ii) $o(a) = o(a^{-1})$

(iii) यदि a, समूह $(G, *)$ का एक अवयव है, तब $o(x^{-1}ax) = o(a)$

(iv) यदि समूह $(G, *)$ का एक अवयव a की कोटि n तथा तत्समक अवयव e है, तब $a^m = e \Leftrightarrow n, m$ को विभाजित करता है।

(v) यदि किसी समूह के अवयव की कोटि n तथा p एक पूर्णांक हो, जो n का सम्बन्धित अभाज्य है, तब $o(a^p) = n$

(vi) समूह के किसी अवयव a के पूर्णांक घात की कोटि a की कोटि से अधिक नहीं होती है, $o(a^k) \le o(a)$

चक्रीय समूह Cyclic Group

एक समूह $(G, *)$ को चक्रीय समूह कहते हैं, यदि $\exists$ एक अवयव $a \in G$ इस प्रकार है कि G के सभी अवयवों को a की कुछ पूर्ण घातों के रूप में व्यक्त कर सकें। a को G का जनित कहते हैं तथा इसे निम्न रूप में लिखते हैं

$$G = < a >$$

जैसे— समुच्चय $\{1, -1\}$ एक गुणनात्मक समूह जिसके अवयव 1 के वर्गमूल है एक चक्रीय समूह है तथा इसका जनक -1 है।

$$\therefore \quad 1 = (-1)^2, -1 = (-1)^1$$

अर्थात् $\{1, -1\}$ के प्रत्येक अवयव को -1 की पूर्णांक घात के रूप में व्यक्त किया जा सकता है।

चक्रीय समूह के गुणधर्म Properties of Cyclic Group

(i) सभी चक्रीय समूह अबेलियन होते हैं लेकिन इसका विलोम सत्य नहीं होता है।

(ii) यदि a किसी चक्रीय समूह G का जनित है, तब a^{-1} भी G का जनित होगा।

(iii) अभाज्य कोटि के सभी समूह चक्रीय होते हैं।

(iv) किसी चक्रीय समूह की कोटि = जनित की कोटि

(v) n कोटि के एक सीमित समूह में यदि एक अवयव n कोटि का हो, तब यह चक्रीय होगा।

(vi) प्रत्येक अपरिमित चक्रीय समूह के दो और केवल दो ही जनक होते हैं।

विभिन्न प्रकार के मॉड्यूलो m

Different Types of Modulo m

योग (Addition) मॉड्यूलो m

योग मॉड्यूलो m को $\oplus_n$ से प्रदर्शित करते हैं तथा यह निम्न प्रकार परिभाषित है

$$a \oplus_m b = r$$

जहाँ, r एक अत्यन्त अल्प अऋणात्मक शेषफल है जब $a + b$ को m से विभाजित करते हैं, जहाँ $o \le r < m$

गुणन (Multiplication) मॉड्यूलो m

गुणन मॉड्यूलो m को $\otimes_n$ से प्रदर्शित करते हैं तथा इसे निम्न प्रकार परिभाषित करते हैं

$$a \otimes_m b = r$$

जहाँ, r एक अत्यन्त अल्प अऋणात्मक शेषफल है, जब ab को m से विभाजित करते हैं।

क्रमचय समूह Permutation Group

यदि S में n अवयव हैं, तब क्रमचय समूह $A(S)$ में $n!$ अवयव होते हैं तथा $n!$ क्रमचयों से निर्मित समूह को क्रमचय समूह या सममिति समूह कहते हैं।

क्रमचय की कोटि Order of a Permutation

यदि f एक परिमित समुच्चय S का एक क्रमचय है तथा $f^n = I$, जहाँ n न्यूनतम धनात्मक पूर्णांक है, तो n को क्रमचय f की कोटि कहते हैं।

चक्रीय क्रमचय Cyclic Permutation

एक क्रमचय f जो किसी समुच्चय S पर परिभाषित है, चक्रीय क्रमचय कहलाता है, इसकी लम्बाई l होगी।

यदि $x_1, x_2, \ldots, x_l \in S$ इस प्रकार हैं कि

$$f(x_1) = x_2, f(x_2) = x_3, \ldots, f(x_{l-1}) = f(x_l)$$

$$f(x_l) = x_1$$

तथा $f(x) = x, \forall x \in S$, यदि $x \ne x_1, x_2, x_3, \ldots, x_l$

चक्र की कोटि Order of a Cycle

यदि f एक n लम्बाई का चक्र है, तो $f^n = 1$, यहाँ n न्यूनतम धनात्मक पूर्णांक है। इसलिए n को चक्र f की कोटि कहते हैं।

सम क्रमचय Even Permutations

एक क्रमचय को सम क्रमचय कहते हैं, यदि उसके गुणन के प्रसार में परिवर्तित स्थितियों की संख्या सम हो।

विषम क्रमचय Odd Permutations

एक क्रमचय को विषम क्रमचय कहते हैं, यदि उसके गुणन के प्रसार में परिवर्तित स्थितियों की संख्या विषम हो।

उपसमूह Subgroup

यदि H समूह G का एक अरिक्त उपसमुच्चय है तथा G की द्विचर संक्रिया (Binary operation) H में ऐसी द्विचर संक्रिया को प्रेरित (Induced binary composition) करें जिसके लिए H स्वयं भी समूह हो, तो H समूह G का उपसमूह कहलाता है।

कुछ महत्त्वपूर्ण गुणधर्म

Some Important Properties

यदि H किसी समूह G का उपसमूह है, तो

(i) H का तत्समक अवयव वही अवयव है जो G का तत्समक अवयव है

(ii) H के किसी अवयव a का प्रतिलोम अवयव वही अवयव है जो G में a का प्रतिलोम अवयव है।

(iii) H के किसी अवयव a की कोटि वही है जो G में a की कोटि है।

सहसमुच्चय Coset

माना H एक उपसमूह है तथा $a \in G, H \subset G$

तब, $aH = \{ah : h \in H\}$ तथा $Ha = \{ha : h \in H\}$

यहाँ, aH को H का वाम सहसमुच्चय (Left coset) कहते हैं तथा Ha को दक्षिण सहसमुच्चय (Right coset) कहते हैं।

लैगरेन्ज प्रमेय Lagrange's Theorem

किसी सीमित समूह के प्रत्येक उपसमूह की कोटि समूह का भाजक होता है।

अभिलम्ब/विशिष्ट उपसमूह Normal Subgroup

किसी समूह G का कोई उपसमूह कहलाता है, यदि $Ng = gN, \forall\ g \in G$, अथवा किसी समूह G का उपसमूह H, अभिलम्ब या विशिष्ट उपसमूह कहलाता है यदि H के सभी वाम सहसमुच्चय, दक्षिण सहसमुच्चय के बराबर हैं।

अभिलम्ब/विशिष्ट उपसमूह पर महत्त्वपूर्ण प्रमेय Important Theorems on Normal Subgroup

(i) किसी समूह G के उपसमूह H को अभिलम्ब कहते है, यदि और केवल यदि $ghg^{-1} \in H, \forall\ h \in H, g \in G$

(ii) किसी समूह G के उपसमूह H को अभिलम्ब कहते है, यदि और केवल यदि $gHg^{-1} = H, \forall\ g \in G$

(iii) एक अबेलियन समूह का प्रत्येक उपसमूह विशिष्ट होता है।

(iv) किसी समूह G के उपसमूह H को अभिलम्ब कहते हैं यदि और केवल, यदि दो दक्षिण सहसमुच्चय का गुणनफल एक दक्षिण सहसमुच्चय होता हो।

(v) यदि H तथा K, G के अभिलम्ब उपसमूह है, तब $H \cap K$ भी G का अभिलम्ब उपसमूह होगा।

भागफल समूह Quotient Group

यदि G एक समूह है तथा H, G का एक उपसमूह है, तब H के सभी सहसमुच्चय का समुच्चय $\frac{G}{H}$, सहसमुच्चय के गुणन के सापेक्ष भागफल समूह कहलाता है अर्थात् $\frac{G}{H} = \{Ha : a \in G\}$

समूह का आइसोमॉरफीज्म Isomorphism of Group

माना (G, o) तथा $(G', *)$ दो समूह हैं, तब एक एकैकी आच्छादक प्रतिचित्रण $f : G \to G'$ को आइसोमॉरफीज्म कहते हैं।

यदि $f(a\, o\, b) = f(a) * f(b), \forall (a, b) \in G$

यहाँ, हम कहेंगे कि G, G' का आइसोमॉरफीज्म है और इसे निम्न प्रकार लिखते हैं:

$$G \cong G'$$

समूह का होमोमॉरफीज्म Homomorphism of Group

माना (G, O) तथा $(G', *)$ दो समूह हैं, तब एक प्रतिचित्रण $f : G \to G'$ को होमोमॉरफीज्म कहते हैं, यदि

$$f(x\ o\ y) = f(x) * f(y)\ , \forall\ x, y \in G$$

अभ्यास प्रश्न

1. किसी समूह G में, a के संगत

(a) कोई प्रतिलोम नहीं है (b) एक अद्वितीय प्रतिलोम $a^{-1} \in G$
(c) एक से ज्यादा प्रतिलोम हैं (d) इनमें से कोई नहीं

2. यदि $a, b \in G$ एक समूह है, तब b को a का संयुग्मी कहेंगे, यदि $c \in G$ इस प्रकार है कि

(a) $b = c^{-1}ac$ (b) $a = cb$ (c) $b = ac^{-1}$ (d) $b = cc^{-1}a$

3. यदि G एक समूह है तथा $a \in G$, इस प्रकार है कि $a^2 = a$, तब a बराबर होगा

(a) तत्समक अवयव (b) प्रतिलोम अवयव
(c) शून्य अवयव (d) इनमें से कोई नहीं

4. समूह G का जनित $G = \{a, a^2, a^3, a^4, a^5, a^6\}$ होगा

(a) a तथा a^5 (b) a^2 तथा a^4 (c) a^3 तथा a^5 (d) a^2 तथा a^3

5. यदि $G = \{1, -1, i, -i\}$ एक गुणन समूह है, तब $-i$ की कोटि होगी/होंगी

(a) एक (b) दो (c) तीन (d) चार

6. यदि $G = \{0, 1, 2, 3, 4, 5\}$, तब 2 की कोटि होगी

(a) 1 (b) 2 (c) 4 (d) 5

7. यदि G एक सम कोटि का समूह है, तब सभी के लिए $a \neq e$ तथा $a^2 = e$, तब G है

(a) अबेलियन समूह (b) उपसमूह
(c) अभिलम्ब समूह (d) इनमें से कोई नहीं

8. एक समूह G में, यदि $ab = a$ या $ba = a$ है, तब

(a) $a = e$ (b) $a^2 = e$ (c) $b = e$ (d) $b^2 = e$

9. क्रमचय $\begin{pmatrix} 1 & 2 & 3 & 4 \\ 1 & 3 & 4 & 2 \end{pmatrix}$ की कोटि है

(a) 3 (b) 4 (c) 5 (d) 6

10. समुच्चय $\{1, 2, 3, 4\}$ एक सीमित अबेलियन समूह है जिसकी कोटि .... गुणन मॉडूलो ... के अन्तर्गत है।

(a) 3, 4 (b) 4, 5 (c) 1, 2 (d) 2, 3

11. यदि $axa = b$ है, तब x बराबर होगा

(a) $a^{-1}b$ (b) $a^{-1}b^{-1}$ (c) $a^{-1}b^{-1}b^{-1}$ (d) $a^{-1}ba^{-1}$

12. यदि G एक सीमित समूह है तथा समूह की कोटि m है, तब $\forall\ a \in G$

(a) $a^m = e$ (b) $a^m \neq e$ (c) $a^m = a$ (d) $a^m = a^{-1}$

13. HK, G का एक उपसमूह है, यदि और केवल यदि

(a) $HK = KH$ (b) $HK \subset KH$

(c) $HK \supset KH$ (d) $HK \neq KH$

14. एक चक्रीय समूह, जिसकी कोटि 10 है, के जनित की संख्या होगी

(a) 3 (b) 1 (c) 2 (d) 4

15. यदि b तथा c, कुछ अवयव $a \in G$ के प्रतिलोम हों, तब

(a) $b = c$ (b) $b \neq c$

(c) $b = ac$ (d) इनमें से कोई नहीं

16. यदि $f = \begin{pmatrix} 1 & 2 & 3 & 4 \\ 3 & 2 & 4 & 1 \end{pmatrix}$ तथा $g = \begin{pmatrix} 1 & 2 & 3 & 4 \\ 4 & 1 & 2 & 3 \end{pmatrix}$ संकेतों पर दो क्रमचय हैं, तो fog का मान होगा

(a) (1, 2) (b) (2, 3)

(c) (2, 4) (d) इनमें से कोई नहीं

17. समूह $G = (Z_8 + 8)$ में $H = \{0, 4\}$ के सभी सहसमुच्चय (Cosets) होंगे

(a) $H, H + 1, H + 2, H + 3$ (b) $H, H + 3$

(c) $H + 2, H + 3, H$ (d) इनमें से कोई नहीं

18. योगात्मक मापांक 6 के अन्तर्गत समूह $G = \{0, 2, 3, 4, 5\}$ में $(2 + 3^{-1} + 4)^{-1}$ का मान बताइए।

(a) 0 (b) 2

(c) 3 (d) 5

19. यदि किसी समूह G में तीन क्रमागत पूर्णांकों n के लिए $(ab)^n = a^n b^n,\ \forall\ a, b \in G$ है, तो G है

(a) क्रमविनिमेय समूह (b) अबेलियन समूह

(c) उपसमूह (d) इनमें से कोई नहीं

20. क्रमचय $P = \begin{pmatrix} 1 & 2 & 3 & 4 & 5 & 6 & 7 & 8 & 9 \\ 2 & 3 & 4 & 5 & 1 & 6 & 7 & 9 & 8 \end{pmatrix}$ है

(a) सम (b) विषम

(c) चक्रीय (d) इनमें से कोई नहीं

21 यदि $A = \begin{pmatrix} 1 & 2 & 3 & 4 & 5 \\ 2 & 3 & 1 & 5 & 4 \end{pmatrix}$ है, तो A^3 का मान बताइए।

(a) $\begin{pmatrix} 1 & 2 & 3 & 4 & 5 \\ 3 & 1 & 2 & 5 & 4 \end{pmatrix}$ (b) $\begin{pmatrix} 1 & 2 & 3 & 4 & 5 \\ 1 & 2 & 3 & 5 & 4 \end{pmatrix}$

(c) $\begin{pmatrix} 1 & 2 & 3 & 4 & 5 \\ 3 & 1 & 2 & 4 & 5 \end{pmatrix}$ (d) इनमें से कोई नहीं

22. $6^{-1}\rho_\sigma$ का मान ज्ञात कीजिए जबकि

$$\rho_\sigma = \begin{pmatrix} 1 & 2 & 3 & 4 & 5 & 6 & 7 & 8 & 9 \\ 7 & 8 & 9 & 6 & 4 & 5 & 2 & 3 & 1 \end{pmatrix}$$

तथा $\sigma = (1\,3\,4)\,(5\,6)\,(2\,7\,8\,9)$ है

(a) (184297) (356) (b) (19) (13) (18) (12) (46)

(c) (356) (19742) (d) इनमें से कोई नहीं

23. कोटि 7 के सभी समूह हैं

(a) अबेलियन (b) चक्रीय नहीं

(c) चक्रीय (d) इनमें से कोई नहीं

24. निम्न में से कौन-सा विकल्प असत्य है?

(a) $(N, +)$ अर्द्धसमूह है

(b) $(N, \cdot)$ एकल समूह है

(c) $(Z, \cdot)$ समूह है

(d) सभी सम पूर्णांकों का समुच्चय सामान्यतः योग के अन्तर्गत समूह है

25. माना परिमित समूह G का केवल H ही n परिमित कोटि का उपसमूह है, तो H है

(a) विशिष्ट उपसमूह (b) अबेलियन

(c) चक्रीय समूह (d) इनमें से कोई नहीं

26. 252 के धनात्मक भाजकों की संख्या होगी

(a) 9 (b) 5

(c) 18 (d) 10

27. यदि समूह G में $a^5 = b^4 = e$ एवं $ab = ba^3$ है, तो a^2b का मान है

(a) ab (b) ba

(c) b^3a^2 (d) ba^3

28. द्विआधारी संक्रिया * के अन्तर्गत अशून्य परिमेय संख्याओं का समूह $a * b = \frac{ab}{5}$ द्वारा परिभाषित है। समूह का तत्समक अवयव एवं 8 का प्रतिलोम क्रमशः है

(a) 5 एवं $\frac{5}{8}$ (b) 5 एवं $\frac{25}{8}$

(c) 5 एवं $\frac{8}{25}$ (d) इनमें से कोई नहीं

29. समूह $\frac{G}{H}$ का विभाग समूह ज्ञात कीजिए, जहाँ $G = (Z_5, +)$ तथा $H = (4Z, +)$ है।

(a) $\{H, H + 1, H + 2, H + 3\}$ (b) $\{H, H, H + 8\}$

(c) $\{H + 1, H + 2\}$ (d) इनमें से कोई नहीं

30. कोई निश्चित अवयव $X \in G$ हो, तो प्रतिचित्रण $f: G \in G$, $f(a) = x^{-1}ax,\ \forall\ a \in G$ समूह G है

(a) स्वकारिता (b) अन्तरकारिता

(c) तुल्यकारिता (d) इनमें से कोई नहीं

उत्तरमाला

1.	(b)	2.	(a)	3.	(a)	4.	(a)	5.	(d)	6.	(d)	7.	(a)	8.	(c)	9.	(a)	10.	(b)
11.	(d)	12.	(a)	13.	(a)	14.	(d)	15.	(a)	16.	(b)	17.	(a)	18.	(c)	19.	(b)	20.	(b)
21.	(b)	22.	(a)	23.	(c)	24.	(c)	25.	(a)	26.	(c)	27.	(b)	28.	(b)	29.	(a)	30.	(a)

संकेत एवं हल

3. $\because \quad a^2 = a$

$\Rightarrow \quad a^2 = a \cdot e$ [$\because e$ तत्समक् अवयव है]

$\Rightarrow \quad a \cdot a = a \cdot e$

$\Rightarrow \quad a = e$ [वाम निरसन नियम से]

4. $\because \; o(G) = 6$

$\therefore \; o(a) = 6$ तथा $o(a^5) = 6$

अतः a तथा a^5, G के जनित हैं।

5. चूँकि 1, G का तत्समक अवयव है।

$o(-i) = 4$ [$\because (-i)^4 = i^2 \cdot i^2 = (-1)(-1) = 1$]

6. चूँकि समूह G का तत्समक अवयव 0 है।

$\therefore \quad 2 \oplus_5 2 \oplus_5 2 \oplus_5 2 \oplus_5 2 = 4 \oplus_5 2 \oplus_5 2 \oplus_5 2$

$= 1 \oplus_5 2 \oplus_5 2 = 3 \oplus_5 2 = 0$

अतः G की कोटि 5 है।

7. यदि $a, b \in G$, तब $ab \in G$

$\Rightarrow \quad (ab)^2 = e$

$\Rightarrow \quad (ab)^2 = e \cdot e$

$\Rightarrow \quad (ab)^2 = a^2 \cdot b^2$

$\Rightarrow \quad (a \cdot b)(a \cdot b) = a \cdot a \cdot b \cdot b$

$\Rightarrow \quad a \cdot (b \cdot a) \cdot b = a \cdot a \cdot b \cdot b$

$\Rightarrow \quad b \cdot a = a \cdot b$ [वाम तथा दक्षिण निरसन नियम द्वारा]

अतः G अबेलियन समूह है।

8. यदि $ab = a$ या $ba = a$, जहाँ $a, b \in G$

तब b समूह G का तत्समक अवयव है।

9. $\begin{pmatrix} 1 & 2 & 3 & 4 \\ 1 & 3 & 4 & 2 \end{pmatrix}\begin{pmatrix} 1 & 2 & 3 & 4 \\ 1 & 3 & 4 & 2 \end{pmatrix} = \begin{pmatrix} 1 & 2 & 3 & 4 \\ 1 & 4 & 2 & 3 \end{pmatrix}$

$\begin{pmatrix} 1 & 2 & 3 & 4 \\ 1 & 4 & 2 & 3 \end{pmatrix}\begin{pmatrix} 1 & 2 & 3 & 4 \\ 1 & 3 & 4 & 2 \end{pmatrix} = \begin{pmatrix} 1 & 2 & 3 & 4 \\ 1 & 2 & 3 & 4 \end{pmatrix} = I$

अतः अभीष्ट कोटि 3 है।

10.

$\otimes_5$	**1**	**2**	**3**	**4**
1	1	2	3	4
2	2	4	1	3
3	3	1	4	2
4	4	3	2	1

11. $\because G$ में, $a\,x\,a = b$

$\Rightarrow \quad a^{-1} \cdot a \cdot x \cdot a = a^{-1} \cdot b$

$\Rightarrow \quad e \cdot x \cdot a = a^{-1} \cdot b$

$\Rightarrow \quad x \cdot a = a^{-1} \cdot b$

$\Rightarrow \quad x \cdot a \cdot a^{-1} = a^{-1}ba^{-1}$

$\Rightarrow \quad x \cdot e = a^{-1}ba^{-1}$

$\Rightarrow \quad x = a^{-1}ba^{-1}$

19. माना G के कोई दो स्वेच्छ अवयव a, b हैं तथा $n, n+1, n+2$ तीन क्रमागत पूर्णांक हैं, तब

$(ab)^n = a^n b^n, \quad \ldots(i)$

$(ab)^{n+1} = a^{n+1}b^{n+1} \quad \ldots(ii)$

तथा $\quad (ab)^{n+2} = a^{n+2}b^{n+2} \quad \ldots(iii)$

अब, $\quad (ab)^{n+1}(ab) = a^{n+1}a(b^{n+1}b)$

$\Rightarrow \quad (a^{n+1}b^{n+1})(ab) = (a^{n+1}a)(b^{n+1}b)$ [समी (ii) से]

$\Rightarrow \quad a^{n+1}(b^{n+1}ab) = (a^{n+1}(ab^{n+1}b)$ [G में साहचर्यता से]

$\Rightarrow \quad (b^{n+1}a)\,b = (ab^{n+1})b$ [वाम निरसन नियम से]

$\Rightarrow \quad b^{n+1}a = ab^{n+1}$ [दक्षिण निरसन नियम से]

$\Rightarrow \quad a^n(b^{n+1}a) = a^n(ab^{n+1})$

$\Rightarrow \quad (a^nb^n)(ba) = (a^na)b^{n+1}$

$\Rightarrow \quad (ab)^n(ba) = a^{n+1}b^{n+1} = (ab)^{n+1}$

$\Rightarrow \quad (ab)^n(ba) = (ab)^n(ab)$

$\Rightarrow \quad ba = ab$ [दक्षिण निरसन नियम से]

इससे सिद्ध हो गया कि $ab = ba$, $\forall\, a, b \in G$

अतः G एक अबेलियन समूह है।

26. यदि $a = P_1^{\alpha_2}, P_2^{\alpha_2}, \ldots$, जहाँ $P_1, P_2, \ldots$ अभाज्य संख्याएँ हैं, तब a के धनात्मक भाजकों की कुल संख्या

$T(a) = (\alpha_1 + 1)(\alpha_2 + 1)\ldots$

जहाँ, $\quad a = 252 = 2^2 \times 3^2 \times 7^1$

$\alpha_1 = 2, \alpha_2 = 2$ तथा $\alpha_3 = 1$

$\therefore \quad T(a) = (2+1)(2+1)(1+1) = 3 \cdot 3 \cdot 2 = 18$

27. $\because \quad ab = ba^3$

$\therefore \quad aba^2 = ba^5 = be = b$

$\Rightarrow \quad aba^2b^3 = b^4 = e \Rightarrow aba^2b^3 = e$

$\Rightarrow \quad a^2ba^2b^3 = ae = a \Rightarrow a^2ba^2b^4 = ab$

$\Rightarrow \quad a^2ba^2e = ab \Rightarrow a^2ba^2 = ab$

$\Rightarrow \quad a^2ba^5 = aba^3 = ba^3a^3 = baa^5$

$\Rightarrow \quad a^2be = bae = ba$

$\Rightarrow \quad a^2b = ba$

30. माना $a, b \in G$, तब

$f(a) = f(b) \Rightarrow x^{-1}ax = x^{-1}bx$

$\Rightarrow \quad a = b$ [G में निरसन नियम से]

अतः f एकैकी है।

पुनः G के प्रत्येक अवयव a के लिए xax^{-1}, G का ऐसा अवयव विद्यमान है।

$f(xax^{-1}) = x^{-1}(xax^{-1})x = (x^{-1}x)a(x^{-1}x)$

$= eae = a$

अतः f आच्छादक है।

माना अवयव $a, b \in G$ के लिए,

$f(ab) = x^{-1}(ab)x$

$= x^{-1}(axx^{-1}b)x$

$= (x^{-1}ax)(x^{-1}bx)$ [G में साहचर्यता है]

$= f(a) + f(b)$

अतः f समाकारिता है।

अतः उपरोक्त से स्पष्ट है कि f स्वकारिता है।

अध्याय 27

प्रसामान्य उपसमूह, वलय एवं क्षेत्र

Normal Subgroups, Rings and Fields

प्रसामान्य उपसमूह Normal Subgroup

किसी समूह G का कोई उपसमूह, प्रसामान्य उपसमूह कहलाता है, यदि

$$Ng = gN, \forall \ g \in G,$$

अथवा किसी समूह G का उपसमूह H, प्रसामान्य उपसमूह कहलाता है यदि H के सभी वाम सहसमुच्चय, दक्षिण सहसमुच्चय के बराबर हैं।

प्रसामान्य उपसमूह पर महत्त्वपूर्ण प्रमेय Important Theorems on Normal Subgroup

(i) किसी समूह G के उपसमूह H को प्रसामान्य कहते हैं, यदि और केवल यदि $ghg^{-1} \in H, \forall \ h \in H, g \in G$

(ii) किसी समूह G के उपसमूह H को प्रसामान्य कहते हैं, यदि और केवल यदि $gHg^{-1} = H, \forall \ g \in G$

(iii) एक आबेली समूह का प्रत्येक उपसमूह विशिष्ट होता है।

(iv) किसी समूह G के उपसमूह H को प्रसामान्य कहते हैं यदि और केवल यदि दो दक्षिण सहसमुच्चय का गुणनफल एक दक्षिण सहसमुच्चय होता हो।

(v) यदि H तथा K, G के प्रसामान्य उपसमूह हैं, तब $H \cap K$ भी G का प्रसामान्य उपसमूह होगा।

भागफल समूह Quotient Group

यदि G एक समूह है तथा H, G का एक प्रसामान्य उपसमूह है, तथा G में गुणन संक्रिया के अन्तर्गत $\frac{G}{H}$ प्रसामान्य समूह H के सभी सह-समुच्चयों का समूह है, तो $\frac{G}{H}$ को भागफल समूह कहते हैं।

अर्थात् $\frac{G}{H} = \{Ha : a \in G\}$

समूह का आइसोमॉरफीज्म Isomorphism of Group

माना (G, o) तथा $(G', *)$ दो समूह हैं, तब एक एकैकी आच्छादक प्रतिचित्रण $f : G \to G'$ को आइसोमॉरफीज्म कहते हैं।

यदि $f(a\, o b) = f(a) * f(b), \forall (a, b) \in G$

यहाँ, हम कहेंगे कि G, G' का आइसोमॉरफीज्म है और इसे निम्न प्रकार लिखते हैं $G \cong G'$

समूह की समाकारिता Homomorphism of Group

माना (G, O) तथा $(G', *)$ दो समूह हैं, तब एक प्रतिचित्रण $f : G \to G'$ को समाकारिता कहते हैं, यदि

$f(x \ o \ y) = f(x) * f(y) , \forall \ x, y \in G$

वलय Ring

एक बीजगणितीय संरचना $(R, +, \cdot)$ को वलय कहते हैं, यदि यह निम्नलिखित गुणों को सन्तुष्ट करती है

(i) $(R, '+')$ एक अबेलियन समूह (abelian group) है।

(ii) गुणा का क्रमविनिमेय क्लोज्ड है।

(iii) गुणनफल क्रमनिनिमेग है।

(iv) गुणनफल, योग पर वितरित है।

- **इकाई वलय** यदि $1 \cdot a = a = a \cdot 1, \forall \, a \in R$ तब वलय, इकाई वलय कहलाता है।
- **विनियमय वलय** यदि $a \cdot b = b \cdot a, \forall \, a, b \in R$
- **भाजित वलय** एक वलय R, इकाई तत्व के साथ जो कम-से-कम दो तत्वों को रखता है, भाजित वर कहलाता है।

- **शून्य भाजित वलय** यदि $ab=0 \Rightarrow$ या तो $a=0$ या $b=0$ तब वलय, शून्य भाजित वलय कहलाता है।
- **वलय का व्युत्क्रमणीय (एकांक) अवयव** एक वलय R, जोकि क्रमविनिमेय तत्समक वलय है, का अवयव $a \in R, R$ में व्युत्क्रमणीय अवयव है, यदि R में एक ऐसा अवयव b विद्यमान है कि $ab = 1, R$ जहाँ $1, R$ का गुणन संक्रिया का तत्समक अवयव है
  $H6 \rightarrow$ वलय का केन्द्र (centre of a ring) एक वलय R के सभी संयुग्मी अवयवों के समुच्चय C को वलय R का केन्द्र कहते हैं
  $$C = \{r \in R \mid ra = ar \ \forall \ aR\}$$
- **उपवलय** माना $(R,+,\cdot)$ एक वलय है। R का अरिक्त उपसमुच्चय S, उपवलय (Subring) कहलाता है. यदि $(S,+,\cdot)$ एक वलय है।

आइडियल Ideals

वलय R का अरिक्त उपसमुच्चय S, आइडियल कहलाता है, यदि

(i) $(S,+,\cdot)$, $(R,+)$ का उपवलय है।
अर्थात् $a \in S$ और $b \in S \Rightarrow a - b \in S$

(ii) $a \in S, r \in R \Rightarrow ra \in S$ तथा $ar \in S$

बायाँ आइडियल Left Ideal

वलय R का एक अरिक्त उपसमुच्चय S, बायाँ आइडियल कहलाता है, यदि

(i) $(S,+)$, $(R,+)$ का उपवलय है।
अर्थात् $a \in S$ और $b \in S \Rightarrow a-b \in S$

(ii) $a \in S$ और $r \in R \Rightarrow ra \in S$

दायाँ आइडियल Right Ideal

वलय R का अरिक्त उपसमुच्चय S, दायाँ आइडियल कहलाता है, यदि

(i) $(S,+)$, $(R,+)$ का उपवलय है।
अर्थात् $a \in S$ और $b \in S \Rightarrow a - b \in S$

(ii) $a \in S$ और $r \in R \Rightarrow ar \in R$

वलय की समाकारिता Homomorphism of Ring

माना R तथा S दो वलय हैं तथा प्रतिचित्रण $f: R \rightarrow S$ वलय समाकारिता कहलाता है, यदि

$$\left.\begin{aligned} f(a+b) &= f(a) + f(b) \\ f(ab) &= f(a)\,f(b) \end{aligned}\right\} \forall \, a, b \in R$$

वलय का आइसोमॉरफीज्म Isomorphism of Ring

फलन $\phi: R \rightarrow R'$ एक आइसोमॉरफीज्म कहलाता है, यदि

(i) ϕ एक होमोमॉरफीज्म है। (ii) ϕ एकक-एकक है।

(iii) ϕ आच्छादिक है।

भागफल वलय Quotient Ring

माना R एक वलय है और S, R का कोई आइडियल है, तब $\frac{R}{S} = \{a + S : a \in R\}$ भागफल वलय कहलाता है।

सैद्धान्तिक आइडियल Principle Ideal

माना R का एक आइडियल S, सैद्धान्तिक आइडियल कहलाता है, यदि $a \in S$, तब $S = (a)$

अर्थात् यदि यह R के केवल एक ही अवयव से जनित हो।

अभाज्य आइडियल Prime Ideal

माना R एक विनिमय वलय है, तब एक आइडियल $S \neq R$, अभाज्य आइडियल कहलाता है।

यदि $ab \in S \Rightarrow$ या तो $a \in S$ या $b \in S, \forall \, a, b \in R$

अधिकतम आइडियल Maximum Ideal

वलय का एक आइडियल $M \neq R$, यदि किसी आइडियल V के लिए जैसे— $M < V < R$, तब या तो $M = V$ या $V = R$

बहुपदीय वलय Polynomial Ring

माना वलय R, x का एक अनिर्धाय (indeterminant) है। $x \notin R$, तब बहुपदीय

$$f(x) = a_0 + a_1 x + a_2 x^2 + \ldots + a_n x^n, \text{ जहाँ } a_n \neq 0$$

अत: $a_0, a_1, a_2, \ldots, a_n$, सभी R में हैं।

पूर्णांकीय प्रान्त Integral Domain

एक साहचर्य वलय, इकाई तत्व के साथ जिसका कोई शून्य भाज्य न हो, पूर्णांकीय प्रान्त कहलाता है।

क्षेत्र Field

एक साहचर्य वलय इकाई तत्व के साथ, जो कम-से-कम दो तत्वों को रखता है, क्षेत्र कहलाता है।

उपक्षेत्र Semi-field

माना $(F,+,\cdot)$ एक क्षेत्र है। F का अरिक्त उपसमुच्चय K, उपक्षेत्र कहलाता है, यदि $(K,+,\cdot)$ एक क्षेत्र है।

भागफल क्षेत्र Quotient Field

यदि $f: D$, D का एक आइसोमॉरफीज्म है तथा क्षेत्र $F = \{[a,b] : a, b \in 0$ तथा $b \neq 0\}$ को भागफल क्षेत्र कहते हैं।

अभ्यास प्रश्न

प्रसामान्य उपसमूह

1. आबेली समूह का प्रत्येक उपसमूह होता है

(a) प्रसामान्य (b) चक्रीय
(c) सममित (d) इनमें से कोई नहीं

2. एक समूह के किन्हीं दो प्रसामान्य उपसमूहों का सर्वनिष्ठ होता है

(a) चक्रीय (b) प्रसामान्य
(c) आबेली (d) इनमें से कोई नहीं

3. चक्रीय समूह का प्रत्येक उपसमूह होता है

(a) अचक्रीय (b) प्रसामान्य
(c) आबेली (d) इनमें से कोई नहीं

4. एक समूह G का उपसमूह H प्रसामान्य होता है यदि और केवल यदि

(a) $h\,x\,h^{-1} = H \;\forall\; h \in H, x \in G$ (b) $xh^{-1} = x^{-1}h \;\forall\; x \in G, h \in H$
(c) $xHx^{-1} = H \;\forall\; x \in G$ (d) इनमें से कोई नहीं

5. यदि $G = <a>$ कोटि 8 का एक चक्रीय समूह है, तब a^2 और a^4 से जनित उपसमूहों के संगत विभाग समूहों की कोटियाँ क्रमशः हैं

(a) 4, 2 (b) 3, 6 (c) 2, 4 (d) 4, 8

6. माना $G = \{e, a, a^2, a^3, b, ab, a^2b, a^3b\}$ में $a^4 = e, b^2 = e, ab = a^{-1}b$ और $H = \{e, a^2, ab, a^3b\}$, $K = \{e, a^3b\}$, तब निम्न में से क्या सही नहीं है?

(a) H, G में प्रसामान्य है (b) K, G में प्रसामान्य है
(c) K, H में प्रसामान्य है (d) $[G : H]\,[H : K] = 4$

वलय

7. यदि $f(x)$ और $g(x)$ दो बहुपद हैं, तब

(a) $\deg[f(x)g(x)] \le \deg(x), g(x) \ne 0$

(b) $\deg[f(x)\,g(x)] \ge \deg\; f(x), g(x) \ne 0$

(c) $\deg[f(x)g(x)] = \deg f(x) \cdot \deg g(x), g(x) \ne 0$

(d) $\deg[f(x)\,g(x)] = \deg f(x) - \deg\, g(x),\; g(x) \ne 0$

8. $f(x) = a_0 + a_1x + \ldots + a_nx^n$, एक बहुपद है, जहाँ $a_1, a_2, \ldots, a_n$ पूर्णांक हैं, तब $f(x)$ होगा

(a) पूर्णांकों $a_0, \ldots, a_n$ का g.c.d. (b) पूर्णांकों $a_0, \ldots, a_n$ का मध्य पूर्णांक
(c) पूर्णांकों $a_0, \ldots, a_n$ का बहुलक (d) इनमें से कोई नहीं

9. यदि $f(x) = 2x^4 + 3x^3 + 2$ और $g(x) = 3x^5 + 4x^3 + 2x + 3$, $Z_5 = \{0, 1, 2, 3, 4, +_5\}$ के दो बहुपद हैं, तब $\frac{d}{dx} f(x)$ है

(a) $3x^4 + 4x^3$ (b) $3x^3 + 4x^2$
(c) $3x^3 + 4x^4$ (d) $4x^3 + 3x^2$

10. $f(x) = x^2 + 8x - 2$ किस पर खण्डनीय है?

(a) Z (b) Q
(c) Q^C (d) इनमें से कोई नहीं

11. निम्न में से कौन बहुपद Z पर अखण्डनीय है?

(a) $x^2 - 5x + 6$ (b) $x^2 - 7x + 12$
(c) $x^2 - 9x + 20$ (d) इनमें से कोई नहीं

12. Z_6 का वर्गसम अवयव है

(a) $\bar{3}$ (b) $\bar{4}$
(c) $\bar{5}$ (d) इनमें से कोई नहीं

13. एक परिमित पूर्णांकीय प्रान्त का गणनांक नहीं हो सकता है

(a) 2 (b) 3 (c) 5 (d) 6

14. यदि R लाक्षणिक p का एक परिमित क्षेत्र है, तब किसी $b \in R$ के लिए $a \in R$ का अस्तित्व इस प्रकार है

(a) $a^p = b$ (b) $a^p = b - 1$
(c) $a^p = b^{-1}$ (d) इनमें से कोई नहीं

15. निम्न में से कौन पूर्णांकीय प्रान्त है?

(a) Z_6 (b) Z_7
(c) $\text{Mn}(Z)$ (d) इनमें से कोई नहीं

16. यदि R एक वलय है, तो बताइए $C = \{x \in R / xy = yx, \forall\; y \in R\}$ वलय R का है

(a) उपवलय (b) उपक्षेत्र
(c) क्षेत्र (d) इनमें से कोई नहीं

17. यदि R तथा S दो वलय हों, $\phi : R \to S$ वलय समकारिता हो, तो $\phi(-a)$ है, जहाँ $\forall\; a \in R$ है

(a) o (b) o'
(c) $-\phi(a)$ (d) इनमें से कोई नहीं

18. चार आव्यूहों के समुच्चयों जिनके अवयव निम्न आकार के हैं

$$I_1 = \begin{bmatrix} a & b \\ o & o \end{bmatrix}, I_2 = \begin{bmatrix} a & o \\ b & o \end{bmatrix}, I_3 = \begin{bmatrix} a & o \\ o & b \end{bmatrix} \text{ तथा } I_4 = \begin{bmatrix} o & a \\ o & b \end{bmatrix}$$

जहाँ, a, b पूर्णांक हैं तथा वलय R, 2×2 कोटि के सभी आव्यूह हैं जिनके अवयव पूर्णांक हैं, तो बताइए I_1 है

(a) दक्षिण गुणजावली (b) वाम गुणजावली
(c) बहुपद वलय (d) इनमें से कोई नहीं

19. Z_{10^5} के अभाज्य गुणजावलियों की संख्या है

(a) 2 (b) 5
(c) 10 (d) 10000

20. वलय $Z_2 \times Z_4 \times Z_6$ का लाक्षणिक है

(a) 2 (b) 4 (c) 6 (d) 12

21. माना $(D, +, .)$ q अवयवों वाला एक विभाजन वलय है, तब

(a) $a^q = 0 \;\forall\; a \in D$ (b) $a^q = a \;\forall\; a \in D$
(c) $a^q = a - 1 \;\forall\; a \in D$ (d) इनमें से कोई नहीं

22. यदि इकाई सहित वलय R में $(xy)^2 = x^2y^2, \forall x, y \in R$, तब

(a) R एक क्रमविनिमेय वलय है (b) R एक पूर्णांकीय प्रान्त है

(c) R एक क्षेत्र है (d) इनमें से कोई नहीं

23. यदि U वलय R की एक गुणजावली है और $1 \in U$, तब

(a) U, R एक उचित उपसमुच्चय है (b) $U = R$

(c) U, R का एक अधिसमुच्चय है (d) इनमें से कोई नहीं

24. माना $Q[x]$ में $x^4 + 3x^2 + 2$ और $x^3 + 1$ द्वारा जनित दो गुणजावलियाँ क्रमशः I_1 और I_2 हैं। यदि $F_1 = \frac{Q[x]}{I_1}$ और $F_2 = \frac{Q[x]}{I_2}$, तब

(a) F_1 और F_2 क्षेत्र हैं (b) F_1 एक क्षेत्र है लेकिन F_2 नहीं

(c) F_2 एक क्षेत्र है लेकिन F_1 नहीं (d) न तो F_1 और न ही F_2 क्षेत्र है

25. दिया, है समुच्चय $R = \{(a_{ij})_{2\times 2} : a_{ij} \in Z\}$ '+' और '.' जोकि निम्न प्रकार परिभाषित हैं

$(a_{ij})_{2\times 2} + (b_{ij})_{2\times 2} = (a_{ij} + b_{ij})_{2\times 2}$

तथा $(a_{ij})_{2\times 2} \cdot (b_{ij})_{2\times 2} = (a_{ij} \cdot b_{ij})_{2\times 2}$ के सापेक्ष एक वलय है, तब R में मात्रकों की संख्या है

(a) 2 (b) 4 (c) 6 (d) 8

26. निम्न में से कौन Z की अभाज्य गुणजावली नहीं है?

(a) $\{0\}$ (b) $4Z$ (c) $3Z$ (d) $5Z$

27. माना $(R, +, \cdot)$ एक वलय इस प्रकार है कि $a^2 = a, \forall a \in R$, तब

(a) R क्रमविनिमेय है (b) R क्रमविनिमेय नहीं है

(c) $a + a \neq 0, \forall a \in R$ (d) इनमें से कोई नहीं

28. माना $f : F \to R$ क्षेत्र F की वलय R पर एक समकारिता है, तब निम्न में से क्या असत्य है?

(a) Ker (f), R की एक गुणजावली है

(b) Ker (f), F की एक गुणजावली है

(c) यदि Ker $(f) = \{0\}$, तब f एक तुल्यकारिता है

(d) यदि Ker $(f) = F \Rightarrow f(x) = 0, \forall x \in F$

29. एक वलय R निम्न प्रकार परिभाषित है

$$R = \{f \mid f : [0, 1] \to R\ [0, 1] \text{ पर सतत् है}\}$$

तब, नम्न में से कौन R की उच्चिष्ठ गुणजावली नहीं है?

(a) $\left[f \in R : f\left(\frac{1}{3}\right) = 0\right]$ (b) $\left[f \in R : f\left(\frac{1}{5}\right) = 0\right]$

(c) $\left[f \in R : f\left(\frac{5}{2}\right) = 0\right]$ (d) $\left[f \in R : f\left(\frac{2}{3}\right) = 0\right]$

30. यदि $f(x) = 3 + 4x + 2x^2$ और $g(x) = 1 + 3x + 4x^2 + 2x^3$ वलय $(Z_5, +_5, \times_5)$ पर दो बहुपद हैं, तब

(a) $f(x) + g(x) = 4 + 7x + 6x^2 + 2x^3$

(b) $f(x)\,g(x) = 3 + 3x + x^2 + 3x^3 + x^4 + 4x^5$

(c) $f(x) + g(x) = 2 + 4x + 2x^2 + x^3$

(d) $f(x)\,g(x) = 3 + 13x + 26x^2 + 28x^3 + 16x^4 + 4x^5$

31. माना R इकाई सहित क्रमविनिमेय वलय है और I इसकी एक गुणजावली है, तब निम्न में से कौन-सा एक सही नहीं है?

(a) यदि I उच्चिष्ठ है, तब $\frac{R}{I}$ एक क्षेत्र है

(b) यदि I उच्चिष्ठ है, तब $\frac{R}{I}$ एक पूर्णांकीय प्रान्त है

(c) यदि I अभाज्य है, तब $\frac{R}{I}$ एक पूर्णांकीय प्रान्त है

(d) यदि I अभाज्य है, तब $\frac{R}{I}$ एक क्षेत्र है

32. गॉसियन पूर्णांकों की वलय, $S = \{x : x = a + ib, a, b \in I\}$ है

(a) शून्य भाजक सहित (b) शून्य भाजक रहित

(c) एक क्षेत्र (d) एक पूर्णांकीय प्रांन्त नहीं

33. यदि इकाई सहित वलय R का एक अशून्य अवयव x गुणात्मक प्रतिलोम रखता है, तब

(a) x एक शून्य भाजक है (b) x शून्य भाजक नहीं हो सकता

(c) (a) और (b) दोनों (d) उपरोक्त में से कोई नहीं

34. सम्मिश्र संख्याओं का समुच्चय C जोकि योग और गुणन के सापेक्ष एक वलय है, तब क्या सही नहीं है?

(a) C एक क्षेत्र है (b) C क्षेत्र नहीं है

(c) $1 + i\,0$ एक मात्रक अवयव है (d) $0 + i \cdot 0$ शून्य अवयव है

35. निम्न कथनों में से कौन-सा असत्य है?

(a) प्राकृतिक संख्याओं का समुच्चय योग और गुणन के सापेक्ष एक वलय नहीं हैं

(b) प्राकृतिक संख्याओं का समुच्चय योग और गुणन के सापेक्ष एक वलय हैं

(c) प्राकृतिक संख्याओं का समुच्चय एक योज्य समूह हैं

(d) प्राकृतिक संख्याओं का समुच्चय एक गुणन समूह हैं

36. यदि a, b तथा c वलय में हैं, तब

(a) $a0 = 0a = 0$ (b) $a(-b) = -(ab) = (-a)b$

(c) दोनों (a) तथा (b) (d) उपरोक्त में से कोई नहीं

37. यदि R एक वलय इस प्रकार है कि $a^2 = a, \forall R$, तब

(a) $a + a = 0, \forall a \in R$ (b) $a + b = 0 \Rightarrow a = b$

(c) दोनों (a) तथा (b) (d) इनमें से कोई नहीं

38. वलय R की दो उपवलयों का प्रतिच्छेदन होता है

(a) R का उपवलय (b) R का वलय

(c) दोनों (a) तथा (b) (d) इनमें से कोई नहीं

39. समुच्चय E, पूर्णांकों के वलय $(Z, +, \cdot)$ का उपवलय होगा, यदि यह है

(a) विषम पूर्णांक (b) सम पूर्णांक

(c) (a) तथा (b) दोनों (d) इनमें से कोई नहीं

40. यदि S, R का एक आइडियल है, तथा $1 \in S$, तब

(a) $S \neq R$ (b) $S = R$

(c) दोनों (a) तथा (b) (d) इनमें से कोई नहीं

41. यदि R एक विनिमय वलय है, तब समुच्चय $aR = \{ar : r \in R\}$ है

(a) R का एक आइडियल (b) R का एक आइडियल नहीं

(c) R का अधिकतम आइडियल (d) इनमें से कोई नहीं

42. यदि $f: R \to R$ एक आच्छादक होमोमॉरफीज्म तथा S, R का एक आइडियल है, तब

(a) $f(s), f(R)$ का एक आइडियल है

(b) $f(s), f(R)$ का एक आइडियल नहीं है

(c) $f(s), f(R)$ का अधिकतम है

(d) उपरोक्त में से कोई नहीं

क्षेत्र

43. एक विनिमय वलय का क्षेत्र इकाई होगा, यदि यह है

(a) कोई उचित आइडियल नहीं (b) उचित आइडियल

(c) निर्धारित नहीं कर सकते (d) इनमें से कोई नहीं

44. निम्न में से कौन-सा एक क्षेत्र नहीं है?

(a) $\frac{Z}{2Z}$ (b) $\frac{Z}{3Z}$ (c) $\frac{Z}{4Z}$ (d) $\frac{Z}{5Z}$

45. क्षेत्र $\frac{Z_{11}[x]}{<x^2+1>}$ में अवयवों की संख्या है

(a) 11 (b) 121

(c) 22 (d) इनमें से कोई नहीं

46. परिमेय संख्याओं के क्षेत्र Q पर $Q(\sqrt{2}, \sqrt{3})$ की घात है

(a) 4 (b) 3 (c) 1 (d) 2

47. क्षेत्रों $Q(\sqrt{2})$ और $Q(3+\sqrt{2})$ के मध्य सम्बन्ध, जहाँ Q परिमेय संख्याओं का क्षेत्र है, हैं

(a) $Q(\sqrt{2}) + Q(3+\sqrt{2}) = 0$ (b) $Q(\sqrt{2}) = Q(3+\sqrt{2})$

(c) $Q(\sqrt{2}) \times Q(3+\sqrt{2}) = 0$ (d) $\frac{Q\sqrt{2}}{Q(3+\sqrt{2})} = 0$

48. निम्न में से कौन F_{16} का उपक्षेत्र नहीं है?

(a) F_2 (b) F_8 (c) F_4 (d) ये सभी

उत्तरमाला

1.	(a)	2.	(b)	3.	(b)	4.	(c)	5.	(c)	6.	(b)	7.	(b)	8.	(a)	9.	(b)	10.	(c)
11.	(d)	12.	(a)	13.	(d)	14.	(a)	15.	(b)	16.	(a)	17.	(c)	18.	(a)	19.	(a)	20.	(d)
21.	(b)	22.	(a)	23.	(b)	24.	(b)	25.	(d)	26.	(b)	27.	(a)	28.	(a)	29.	(c)	30.	(b)
31.	(c)	32.	(b)	33.	(b)	34.	(a)	35.	(a)	36.	(c)	37.	(c)	38.	(a)	39.	(b)	40.	(b)
41.	(a)	42.	(a)	43.	(a)	44.	(c)	45.	(b)	46.	(a)	47.	(b)	48.	(b)				

संकेत एवं हल

1. माना G एक आबेली समूह तथा H उसका एक उपसमूह है।

माना $x \in G$ और $h \in H$

तब, $x h x^{-1} = x x^{-1} h$ [$\because G$ आबेली है $\Rightarrow x^{-1}h = hx^{-1}$]

$= eh = h \in H$

इसलिए, $x \in G, h \in H \Rightarrow x h x^{-1} \in H$

अतः H, G प्रसामान्य है।

2. माना H और K एक समूह G के दो प्रसामान्य उपसमूह हैं।

तब $H \cap K, G$ का एक उपसमूह होगा।

$\because H, G$ में प्रसामान्य है, इसलिए $x \in G$ और $n \in H$ के लिए $x n x^{-1} \in H$। इसी प्रकार, $x n x^{-1} \in K$

$\Rightarrow x \in G$ और $n \in H \cap K$ के लिए $x n x^{-1} \in H \cap K$

अतः $H \cap K, G$ का प्रसामान्य उपसमूह है।

3. $\because$ प्रत्येक चक्रीय समह आबेली होता है और आबेली समूह का प्रत्येक उपसमूह प्रसामान्य होता है। इसलिए चक्रीय समूह का प्रत्येक उपसमूह भी प्रसामान्य होगा।

4. माना $x H x^{-1} = H \;\forall\; x \in G$, तब $x H x^{-1} \subseteq H \;\forall\; x \in G$

इसलिए H, G का प्रसामान्य उपसमूह होगा।

पुनः माना H, G का एक प्रसामान्य उपसमूह है।

तब, $x H x^{-1} \subseteq H \;\forall\; x \in G$ ...(i)

तथा $x \in G \Rightarrow x^{-1} \in G$

इसलिए $x^{-1} H (x^{-1})^{-1} \subseteq H \;\forall\; x \in G$

$\Rightarrow x^{-1} H x \subseteq H \;\forall\; x \in G$

$\Rightarrow x (x^{-1} H x) x^{-1} \subseteq x H x^{-1} \;\forall\; x \in G$

$\Rightarrow H \subseteq x H x^{-1} \;\forall\; x \in G$ ...(ii)

समी (i) व (ii) से,

$x H x^{-1} = H \;\forall\; x \in G$

5. माना $G = \{a, a^2, a^3, a^4, a^5, a^6, a^7, a^8 = e\}$

तथा $H_1 = \{a^2, a^4, a^6, a^8 = e\}$, $H_2 = \{a^4, a^8 = e\}$

$\because G$ आबेली है इसलिए उपसमूह H_1 और H_2, G में प्रसामान्य होंगे।

अतः $o\left(\frac{G}{H_1}\right) = \frac{8}{4} = 2$

$o\left(\frac{G}{H_2}\right) = \frac{8}{2} = 4$

6. स्पष्टतया, H और K, G के उपसमूह हैं।

इसके अलावा, $[G : H] = \frac{o(G)}{o(H)} = \frac{8}{4} = 2$

और $[H : K] = \frac{o(H)}{o(K)} = \frac{4}{2} = 2$

अतः H, G का प्रसामान्य उपसमूह है और K, H का प्रसामान्य उपसमूह है। परन्तु K, G में प्रसामान्य नहीं है क्योंकि, $a^3 b \in K$ और $b \in G$ के लिए $b(a^3 b) b^{-1} = b a^3 \notin K$।

7. यदि $f(x) = x^2 + 2$

$\Rightarrow \quad \deg [f(x)] = 2$

तब, $g(x) = x \Rightarrow \deg(x)] = 1$

$f(x) \cdot g(x) = (x^2 + 2) \cdot x = x^3 + 2x$

$\therefore \quad \deg [f(x) \cdot g(x)] = 3$

इसका अर्थ है $\deg f(x) \cdot g(x)] \geq \deg f(x), g(x)]$, जहाँ $g(x) \neq 0$

9. $\because f(x) = 2x^4 + 3x^3 + 2$

$\Rightarrow \frac{d}{dx}[f(x)] = 2 \cdot 4x^3 + 3 \cdot 3x^2 = 8x^3 + 9x^2 = 3x^3 + 4x^2$

[$\because f(x)$, क्षेत्र Z_5 पर है]

10. $\because f(x) = x^2 + 8x - 2 = (x - a)(x - b)$

जहाँ, $a, b \notin Q$ [$\because a$ तथा b अपरिमेय संख्याएँ हैं]

अतः $f(x)$, Q^c पर खण्डनीय है।

11. $\because x^2 - 5x + 6 = (x - 2)(x - 3) Z$ में हैं।

$x^2 - 7x + 12 = (x - 3)(x - 4) Z$ में हैं।

और $x^2 - 9x + 20 = (x - 4)(x - 5) Z$ में हैं।

अतः तीनों बहुपद Z में अखण्डनीय नहीं है।

12. $\bar{3} * \bar{3} = \bar{9} = \bar{3}\, Z_6$ में हैं।

अतः, $\bar{3}\, Z_6$ का वर्गसम अवयव है।

13. $\because$ एक परिमित पूर्णांकीय प्रान्त का गणनांक दो भिन्न-भिन्न अभाज्य संख्याओं का गुणक नहीं हो सकता।

अतः गणनांक 6 वाला कोई परिमित पूर्णांकीय प्रान्त नहीं है।

14. माना $a^p = b^p$

तब, $\quad (a - b)^p = a^p - b^p = 0$

$\because R$ एक पूर्णांकीय प्रान्त है, $a - b = 0$

$\Rightarrow \quad a = b$

अतः प्रतिचित्रण $a \to a^p$ एकैक है

परन्तु R परिमित है, इसलिए यह आच्छादक फलन होगा।

फलस्वरूप, दिए गए $b \in R$ के लिए, $a \in R$ का अस्तित्व इस प्रकार होगा $b = a^p$।

15. Z_6 में, $\bar{2}$ वाम और दक्षिण शून्य भाजक है क्योंकि $\bar{2} * \bar{3} = \bar{0} = \bar{3} * \bar{2}$ जबकि $\bar{3} \neq \bar{0}, \bar{2} \neq 0$

$\therefore Z_6$ पूर्णांकीय प्रान्त नहीं है।

Mn (Z) पूर्णांकीय प्रान्त नहीं है क्योंकि इसमें शून्य भाजक उपस्थित है।

Z_7 एक पूर्णांकीय प्रान्त है क्योंकि 7 एक अभाज्य संख्या है।

17. $\because a \in R \quad \Rightarrow -a \in R$

तथा $\quad a + (-a) = 0$

$\Rightarrow \quad f[a + (-a)] = f(0)$

$\Rightarrow \quad \phi(a) + \phi(-a) = o'$

जहाँ, S में योगिक संक्रिया के लिए o' तत्समक अवयव है, जबकि $\phi(-a)$, योगिक संक्रिया के लिए $\phi(a)$ का प्रतिलोम है

$\therefore \quad \phi(-a) = -\phi(a)$

19. $\because 10^5$ के दो अभाज्य विभाजक 2 और 5 हैं।

अतः Z_{10^5} की 2 अभाज्य गुणजावलियाँ हैं।

20. वलय $Z_2 \times Z_4 \times Z_6$ का लाक्षणिक 2, 4, 6 का ल. स. होगा। अर्थात् 12 दिए गए वलय का लाक्षणिक है।

21. दिया है, $(D, +, \cdot) q$ अवयवों वाला एक विभाजन वलय है।

यदि $a = 0$, तब कुछ करने के लिए नहीं है।

माना $a \neq 0$, तब $a \in D^*$ और चूँकि D^* अशून्य अवयवों का गुणन समूह है जोकि $q - 1$ अवयव रखता है।

$\Rightarrow \quad a^{q-1} = 1$ या $\quad a^q = a$

22. दिया है, $(xy)^2 = x^2y^2, \forall x, y \in R$

y की जगह $y + 1$ लिखने पर, हमें प्राप्त होता है

$[x(y + 1)]^2 = x^2 (y + 1)^2$

$\Rightarrow \quad (xy + x)^2 = x^2(y^2 + 2y + 1)$

$\Rightarrow (xy)^2 + (xy)x + x(xy) + x^2 = x^2y^2 + 2x^2y + x^2$

$\Rightarrow \quad x(yx) + x^2y = 2x^2y$ [निरसन नियम से]

$\Rightarrow \quad x(yx) = x^2y = x(xy)$

$\Rightarrow \quad yx = xy \; \forall x, y \in R$

$\therefore R$ एक क्रमविनिमेय वलय है।

23. $\because 1 \in U$

$\Rightarrow$ किसी $r \in R$ के लिए $1r \in R$ [$\because R$ एक गुणजावली है।]

अतः $\quad r \in U \; \forall \; r \in R \Rightarrow R \subseteq U$

स्पष्टतया, $\quad U \subseteq R$

अतः $\quad U = R$

24. $\because x^4 + 3x^2 + 2 \; Q[x]$ में अखण्डनीय बहुपद है जबकि $x^3 + 1$ खण्डनीय है।

अतः F_1 एक क्षेत्र है परन्तु F_2 नहीं है।

25. माना $\begin{bmatrix} a & b \\ c & d \end{bmatrix} R$ के मात्रक हैं,

तब $\quad \begin{bmatrix} a & b \\ c & d \end{bmatrix}^{-1} = \begin{bmatrix} a & b \\ c & d \end{bmatrix}$

$\Rightarrow \quad a = \pm 1, b = \pm 1,$

$c = \pm 1, d = \pm 1$

अतः R में मात्रकों की संख्या 8 है।

26. $3Z$ और $5Z$, Z की अभाज्य गुणजावलियाँ हैं क्योंकि 3 और 5 अभाज्य संख्याएँ हैं।

{0} भी एक अभाज्य गुणजावली है।

$\because 2 \cdot 2 \in 4Z$ परन्तु $2 \notin 4Z$

अतः $4Z, Z$ की अभाज्य गुणजावली नहीं है।

27. $\quad (a + a) = (a + a)^2 = (a + a) \cdot (a + a)$

$= a^2 + a^2 + a^2 + a^2$

$= a + a + a + a, \; \forall \; a \in R$

$\Rightarrow \quad a + a = 0, \forall \; a \in R$ [निरसन नियम से]

अब, $\quad (a + b) = (a + b)^2 = (a + b)(a + b)$

$= a^2 + ab + ba + b^2 = a + ab + ba + b$

$\Rightarrow \quad ab + ba = 0$ [निरसन नियम से]

$\therefore \quad ab + ba = 0 = ab + ab$

$\therefore \quad ab = ba$ [निरसन नियम से]

29. यदि $x \in [0, 1]$, तब $\{f \in R : f(x) = 0\}$ एक उच्चिष्ठ गुणजावली होगी।

31. यदि I एक उच्चिष्ठ गुणजालवी है तब, $\frac{R}{I}$ एक क्षेत्र होगा और चूँकि प्रत्येक क्षेत्र एक पूर्णांकीय प्रान्त होता है, $\frac{R}{I}$ एक पूर्णांकीय प्रान्त भी होगा।

यदि I एक अभाज्य गुणजावली है, तब $\frac{R}{I}$ एक पूर्णांकीय प्रान्त होगा।

32. माना $x, y \in S$ और $\alpha (\neq 0) \in I$ इस प्रकार हैं $\alpha x = \alpha y$

$\Rightarrow \quad \alpha (a + ib) = \alpha(c + id)$

$\Rightarrow \quad \alpha a + i\alpha b = \alpha c + i\alpha d$

$\Rightarrow \quad \alpha a = \alpha c, \ \alpha b = \alpha d$

$\Rightarrow \quad a = c, \ b = d \Rightarrow \quad x = y$

अतः S में निरसन नियम लागू होता है।

$\therefore S$ शून्य भाजक रहित है।

33. दिया है, $x \neq 0$ और x^{-1} का अस्तित्व है।

माना $y \neq 0$ लेकिन $xy = 0$

$\therefore \quad xy = 0$

$\Rightarrow \quad x^{-1}(xy) = x^{-1}(0) \Rightarrow (x^{-1}x)y = 0$

$\Rightarrow \quad 1 \cdot y = 0 \quad [\because x x^{-1} = 1]$

$\Rightarrow \quad y = 0$, जोकि एक विरोधाभास है।

अतः x शून्य भाजक नहीं हो सकता है।

34. दिया है, $C = \{x + iy : x, y \in Q\}$

मात्रक अवयव $1 + i0$ और शून्य अवयव $0 + i0$ है।

$\therefore$ अशून्य अवयव $a + ib \in C$ का गुणन प्रतिलोम

$$= \frac{1}{a + ib} = \frac{a - ib}{(a + ib)(a - ib)} = \frac{a - ib}{a^2 + b^2}$$

$$= \left(\frac{a}{a^2 + b^2}\right) + i\left(\frac{-b}{a^2 + b^2}\right),$$ जोकि $x + iy$ स्वरूप का है।

अतः C साधारण योग और गुणन के सापेक्ष एक क्षेत्र है।

35. यदि $(N, +, \cdot)$ एक वलय है, $(N, +)$ अवश्य ही एक समूह होगा।

परन्तु तत्समक अवयव $e \in N$ का अस्तित्व इस प्रकार से नहीं है कि

$$a + e = e + a = a, \forall \ a \in N$$

अतः $(N, +)$ एक योज्य समूह नहीं है और फलस्वरूप समुच्चय N एक वलय नहीं है।

37. (i) दिया है, $a \in R \Rightarrow a + a \in R$

अब, $(a + a)^2 = (a + a)$ [दिया है]

$\Rightarrow \quad (a + a)(a + a) = a + a$ [बायाँ वितरण नियम]

$\Rightarrow \quad (a + a)a + (a + a)a = a + a$ [दायाँ वितरण नियम]

$\Rightarrow (a^2 + a^2) + (a^2 + a^2) = a + a \quad [\because a^2 = a]$

$\Rightarrow \quad (a + a) + (a + a) = (a + a) + 0 \quad [\because a + 0 = a]$

$\Rightarrow \quad (a + a) = 0$ [R में योग के लिए बायाँ निरसन नियम]

(ii) हमने सिद्ध किया है, $a + a = 0$

$\therefore a + b = 0 \Rightarrow a + b = a + a \Rightarrow b = a$

[R में योग के लिए बायाँ निरसन नियम]

38. माना S_1 तथा S_2 वलय R के दो उपवलय है, तब हमे दर्शाना है कि $S_1 \cap S_2$, R के उपवलय है। चूँकि $0 \in S_1$ तथा $0 \in S_2$, तब $0 \in S_1 \cap S_2$ अतः $S_1 \cap S_2$, R का अरिक्त उपसमुच्चय है।

माना $a, b \in S_1 \cap S_2$ तब $a, b \in S_1$, तथा $a, b \in S_2$.

चूँकि, S_1 तथा S_2 R का उपवलय है, इसलिए

$a - b \in S_1, a - b \in S_2$ तथा $ab \in S_1, ab \in S_2$

अब, $a - b \in S_1 \ a - b \in S_2 \Rightarrow a - b \in S_1 \cap S_2$

तथा $ab \in S_1$ तथा $ab \in S_2 \Rightarrow ab \in S_1 \cap S_2$

$\therefore a \in S_1 \cap S_2, b \in S_1 \cap S_2 \Rightarrow a - b \in S_1 \cap S_2$ तथा $a \in S_1 \cap S_2$, $b \in S_1 \cap S_2 \Rightarrow ab \in S_1 \cap S_2$ अतः $S_1 \cap S_2$, R की उपवलय है

40. चूँकि S, R का आइडियल है, इसलिए $S \subseteq R$

माना a, R का एक स्वेच्छ अवयव है। चूँकि S, R का आइडियल है तथा $1 \in S$,

इसलिए $1 \in S, a \in R$

$\therefore 1 \cdot a \in S \Rightarrow a \in S$ अतः $R \subseteq S$ परन्तु $S \subseteq R$, अतः $S = R$

41. चूँकि R अरिक्त है, तब aR भी अरिक्त होगा।

(i) माना $ar_1, ar_2 \in R$, जहाँ $r_1, r_2 \in R$

तब, $ar_1 - ar_2 = a(r_1 - r_2) \in aR$ चूँकि $r_1, r_2 \in R \Rightarrow r_1, - r_2 \in R$

(ii) माना $ar \in aR$, तब $\forall \ S \in R$

दिया है, $(ar)S = a(rS) \in aR \quad [\because r, S \in R \Rightarrow rS \in R]$

तथा $S(ar) = (Sa)r = a(Sr) \in aR$ [$\because R$ विनिमय है]

अतः aR एक आइडियल है।

42. परिभाषा से, $f(S) = \{b : b \in R', b = f(a)$ कुछ $a \in S$ के लिए$\}$

(i) चूँकि $0 \in S$ तथा $f(0) = 0' \in f(S)$, इसलिए $f(S)$ अरिक्त है।

(ii) यदि $b_1, b_2 \in f(S)$, तब $a_1, a_2 \in S$ इस प्रकार विद्यमान होगा कि

$$b = f(a_1), b_2 = f(a_2)$$

अब, $b_2 - b_1 = f(a_2) - f(a_1) = f(a_2 - a_1)$

जोकि दर्शाता है कि $b_2 - b_1 \in f(S)$, जब $a_2 - a_1 \in S$

(iii) यदि $r_1 \in f(R)$, तब यहाँ कुछ $r \in R$ इस प्रकार विद्यमान होगा कि $r_1 = f(r)$.

अब, $r_1 b = f(r) f(a) = f(ra)$, जब f एक होमोमॉरफीज्म है जोकि दर्शाता है कि $r_1 b \in f(S)$, जब $ra \in S$, इसी प्रकार, $br_1 \in f(S)$

अतः $f(S)$, $f(R)$ का एक आइडियल है।

44. हम जानते हैं कि $\frac{Z}{pZ}$ एक क्षेत्र होता है, यदि और केवल यदि p अभाज्य है।

अतः $\frac{Z}{4Z}$ क्षेत्र नहीं है।

45. यदि F एक परिमित क्षेत्र है और $p(x)$ F पर एक अविभाज्य बहुपद है, तब क्षेत्र $\frac{F[x]}{< p(x) >}$ में अवयवों की संख्या $|F|^{\deg p(x)}$ होती है।

अतः $\frac{Z_{11}[x]}{< x^2 + 1 >}$ में अवयवों की संख्या $= 11^2 = 121$

46. $[Q(\sqrt{2}, \sqrt{3}) : Q] = [Q(\sqrt{2}, \sqrt{3}) : Q(\sqrt{2})][Q(\sqrt{2}) : Q]$

$$= 2 \times 2 = 4$$

47. $\sqrt{2}$ और $3 + \sqrt{2}$ दोनों घात 2 के अखण्डनीय एक गुणांकी बहुपद को सन्तुष्ट करते हैं।

अतः $Q(\sqrt{2}) = Q(3 + \sqrt{2})$

48. हम जानते हैं यदि $|F| = p^n$, p एक अभाज्य संख्या है और $|K| = p^r$, $r \leq n$, तब K, F का उपक्षेत्र कहलाता है यदि $r | n$

अतः F_2, F_4, F_{16} के उपक्षेत्र हैं, जबकि F_8 नहीं है।

अध्याय 28

सदिश विश्लेषण

Vector Analysis

अदिश त्रिक् गुणनफल Scalar Triple Product

यदि $\vec{a}, \vec{b}$ तथा $\vec{c}$ तीन सदिश राशियाँ हों, तब $(\vec{a} \times \vec{b}) \cdot \vec{c}$ को सदिश $\vec{a}, \vec{b}$ तथा $\vec{c}$ का अदिश त्रिक् गुणन कहते हैं तथा इसे $[\vec{a}\ \vec{b}\ \vec{c}]$ से निरुपित किया जाता है।

अर्थात् $[\vec{a}\ \vec{b}\ \vec{c}] = \vec{a} \cdot (\vec{b} \times \vec{c}) = (\vec{b} \times \vec{c}) \cdot \vec{a} = [\vec{b}\ \vec{c}\ \vec{a}]$

अदिश त्रिगुणन के गुणधर्म
Properties of Scalar Triple Product

(i) अदिश त्रिक् गुणनफल में सदिश राशियों का चक्रीय क्रम बदलने से गुणनफल का मान बदल जाता है अर्थात्

$$\vec{a} \cdot (\vec{b} \times \vec{c}) = -\vec{a} \cdot (\vec{c} \times \vec{b}) \Rightarrow [\vec{a}\ \vec{b}\ \vec{c}] = -[\vec{a}\ \vec{c}\ \vec{b}]$$

(ii) दो सदिश राशियों के समान (या समान्तर) होने पर अदिश त्रिक् गुणनफल शून्य होता है अर्थात् $[\vec{a}\ \vec{b}\ \vec{b}] = 0 = [\vec{a}\ \vec{b}\ \vec{a}]$

(iii) अदिश त्रिक् गुणनफल में बिन्दु (Dot) तथा वज्र (Cross) की स्थिति परस्पर बदली जा सकती है।

(iv) किन्हीं सदिश राशियों $\vec{a}, \vec{b}, \vec{c}$ तथा $\vec{d}$ के लिए

$$[\vec{a} + \vec{b}\ \vec{c}\ \vec{d}] = [\vec{a}\ \vec{c}\ \vec{d}] + [\vec{b}\ \vec{c}\ \vec{d}]$$

(v) तीन परस्पर लम्बवत् इकाई सदिश राशियों का अदिश त्रिक् गुणनफल ± 1 होता है। अतः अदिश त्रिक् गुणनफल की ज्यामितीय व्याख्या से,

$$\vec{a} \cdot (\vec{b} \times \vec{c}) = \vec{b} \cdot (\vec{c} \times \vec{a}) = \vec{c} \cdot (\vec{a} \times \vec{b}) \quad \ldots(i)$$

परन्तु $\quad \vec{c} \cdot (\vec{a} \times \vec{b}) = (\vec{a} \times \vec{b}) \cdot \vec{c} \quad$ [क्रमविनिमेयता से] ...(ii)

समी (i) तथा (ii) से,

$$\vec{a} \cdot (\vec{b} \times \vec{c}) = \vec{b} \cdot (\vec{c} \times \vec{a}) = \vec{c} \cdot (\vec{a} \times \vec{b}) = (\vec{a} \times \vec{b}) \cdot \vec{c} \quad \ldots(iii)$$

समी (iii) के प्रथम तथा चतुर्थ पद से,

$$\vec{a} \cdot (\vec{b} \times \vec{c}) = (\vec{a} \times \vec{b}) \cdot \vec{c}$$

अतः अदिश त्रिक् गुणन में बिन्दु तथा वज्र की स्थिति परस्पर बदलने पर मान नहीं बदलता है, जब तक कि उनका चक्रीय क्रम नहीं बदला जाए। तीन असमान्तर और अशून्य सदिश $\vec{a}, \vec{b}$ तथा $\vec{c}$ के समतलीय होने का आवश्यक एवं पर्याप्त प्रतिबन्ध $[\vec{a}\ \vec{b}\ \vec{c}] = 0$ होता है।

आवश्यक प्रतिबन्ध Necessary Condition

माना $\vec{a}, \vec{b}$ तथा $\vec{c}$ तीन अशून्य असमान्तर समतलीय सदिश राशियाँ हैं। अतः $(\vec{b} \times \vec{c})$ समतल के लम्ब दिशा में एक सदिश राशि होगी। पुनः

$\vec{a} \cdot (\vec{b} \times \vec{c}) = 0 \quad$ [$\because \vec{a}$ समतल में है तथा $(\vec{b} \times \vec{c})$ समतल का लम्ब सदिश है तथा दो लम्ब सदिश राशियों का अदिश गुणन शून्य होता है]

$$\Rightarrow \quad \vec{a} \cdot (\vec{b} \times \vec{c}) = [\vec{a}\ \vec{b}\ \vec{c}] = 0$$

पर्याप्त प्रतिबन्ध Sufficient Condition

माना $\quad [\vec{a}\ \vec{b}\ \vec{c}] = 0 \Rightarrow \vec{a} \cdot (\vec{b} \times \vec{c}) = 0$

$\Rightarrow \vec{a} \perp (\vec{b} \times \vec{c})$, लेकिन $\vec{b} \times \vec{c}$ सदिश राशियों $\vec{b}$ तथा $\vec{c}$ के लम्बवत् होता है अर्थात् सदिश राशियों $\vec{a}, \vec{b}$ तथा $\vec{c}$ के तल में स्थित होना चाहिए अर्थात् सदिश राशियाँ $\vec{a}, \vec{b}$ तथा $\vec{c}$ समतलीय होंगी।

चार बिन्दुओं की समतलीयता का प्रतिबन्ध
Condition of Coplanarity for Four Points

चार बिन्दु A, B, C तथा D जिनके स्थिति सदिश क्रमशः $\vec{a}, \vec{b}, \vec{c}$ तथा $\vec{d}$ हैं, समतलीय होते हैं। यदि चतुष्फलक $ABCD$ का आयतन शून्य हो अर्थात् यदि और केवल यदि

$$[\vec{b} - \vec{a}\ \ \vec{c} - \vec{a}\ \ \vec{d} - \vec{a}] = 0$$

नोट चार बिन्दु, जिनके स्थिति सदिश क्रमशः $\vec{a}, \vec{b}, \vec{c}$ तथा $\vec{d}$ हैं, समतलीय होंगे यदि और केवल यदि

$$[\vec{d}\ \vec{b}\ \vec{c}] + [\vec{d}\ \vec{c}\ \vec{a}] + [\vec{d}\ \vec{a}\ \vec{b}] = [\vec{a}\ \vec{b}\ \vec{c}]$$

सदिश त्रिक् गुणनफल Vector Triple Product

यदि $\vec{a}, \vec{b}$ तथा $\vec{c}$ तीन सदिश राशियाँ हैं, तब इनमें से किन्हीं दो के सदिश गुणनफल का तीसरे से सदिश गुणनफल, इनका सदिश त्रिक् गुणनफल कहलाता है।

जैसे— $\vec{a} \times (\vec{b} \times \vec{c}), (\vec{a} \times \vec{b}) \times \vec{c}, \vec{b} \times (\vec{a} \times \vec{c})$ इत्यादि।

तीन सदिश राशियों $\vec{a}, \vec{b}$ तथा $\vec{c}$ के सदिश त्रिक् गुणनफल हैं।

विस्तार सूत्र Expansion Formulae

माना तीन सदिश राशियाँ $\vec{a}, \vec{b}$ तथा $\vec{c}$ हैं, तब

$$\vec{a} \times (\vec{b} \times \vec{c}) = (\vec{a} \cdot \vec{c})\, \vec{b} - (\vec{a} \cdot \vec{b})\, \vec{c}$$

तथा $$(\vec{b} \times \vec{c}) \times \vec{a} = (\vec{b} \cdot \vec{a})\, \vec{c} - (\vec{c} \cdot \vec{a})\, \vec{b}$$

नोट सदिश त्रिक् गुणनफल एक सदिश राशि होती है।

(i) $\vec{a} \times (\vec{b} \times \vec{c}) \neq (\vec{a} \times \vec{b}) \times \vec{c}$

(ii) $\vec{a} \times (\vec{b} \times \vec{c})$ सदिश $\vec{b}$ तथा $\vec{c}$ के समतलीय होगा।

(iii) $\vec{a} \times (\vec{b} \times \vec{c}) \perp \vec{a}$

सदिश त्रिगुणन के गुणधर्म
Properties of Vector Triple Product

(i) सदिश त्रिक् गुणनफल $\vec{a} \times (\vec{b} \times \vec{c})$ उन दो सदिश राशियों का रेखीय संयोजन है, जो कोष्ठक में है।

(ii) सदिश राशि $\vec{r} = \vec{a} \times (\vec{b} \times \vec{c})$ सदिश राशि $\vec{a}$ पर लम्ब है तथा सदिश राशि $\vec{b}$ तथा सदिश राशि $\vec{c}$ के तल में स्थित है।

(iii) सदिश त्रिक् गुणनफल $\vec{a} \times (\vec{b} \times \vec{c}) = (\vec{a} \cdot \vec{c})\, \vec{b} - (\vec{a} \cdot \vec{b})\, \vec{c}$ तभी सत्य है, जब कोष्ठक से बाहर की सदिश त्रिक् बाईं ओर है। यदि ऐसा न हो, तब हम पहले इसे सदिश त्रिक् गुणन के गुणधर्म का उपयोग करके सदिश राशि को बाईं ओर स्थानान्तरित करते हैं और तब उपरोक्त सूत्र का उपयोग करते हैं।

अतः $(\vec{b} \times \vec{c}) \times \vec{a} = -\{\vec{a} \times (\vec{b} \times \vec{c})\}$

$$= -\{(\vec{a} \cdot \vec{c})\, \vec{b} - (\vec{a} \cdot \vec{b})\, \vec{c}\}$$

$$= (\vec{a} \cdot \vec{b})\, \vec{c} - (\vec{a} \cdot \vec{c})\, \vec{b}$$

सदिशों का व्युत्क्रम निकाय
Reciprocal System of Vectors

यदि $\vec{a}, \vec{b}, \vec{c}$ और $\vec{a}', \vec{b}', \vec{c}'$ असमतलीय सदिश राशियों के दो समुच्चय इस प्रकार हैं कि $\vec{a} \cdot \vec{a} = \vec{b} \cdot \vec{b} = \vec{c} \cdot \vec{c} = 1$, तब दोनों निकाय सदिशों के व्युत्क्रम निकाय कहलाते हैं तथा $[\vec{a}, \vec{b}\, \vec{c}] \neq 0$।

$$\therefore \quad \vec{a}' = \frac{\vec{b} \times \vec{c}}{[\vec{a}\, \vec{b}\, \vec{c}]}, \ \vec{b}' = \frac{\vec{c} \times \vec{a}}{[\vec{a}\, \vec{b}\, \vec{c}]} \text{ और } \vec{c}' = \frac{\vec{a} \times \vec{b}}{[\vec{a}\, \vec{b}\, \vec{c}]}$$

(i) यदि $\vec{a}, \vec{b}, \vec{c}$ और $\vec{a}', \vec{b}', \vec{c}$, सदिशों का व्युत्क्रम निकाय है, तब $\vec{a} \cdot \vec{a}' = \vec{b} \cdot \vec{b}' = \vec{c} \cdot \vec{c}' = 1$

(ii) किसी निकाय की एक सदिश राशि का दूसरे निकाय की एक सदिश राशि से गुणनफल, जो उसके अनुरूप न हो, शून्य होता है अर्थात् $\vec{a} \cdot \vec{b}' = \vec{a} \cdot \vec{c}' = \vec{b} \cdot \vec{c}' = \vec{c} \cdot \vec{a}' = \vec{c} \cdot \vec{b}' = 0$

(iii) किन्हीं तीन असमतलीय सदिश राशियों $\vec{a}, \vec{b}$ तथा $\vec{c}$ का अदिश त्रिगुणन $[\vec{a}\, \vec{b}\, \vec{c}]$, सदिश राशियों $\vec{a}, \vec{b}$ तथा $\vec{c}$ के व्युत्क्रम निकाय से बने तत्सम्बन्धी अदिश त्रिगुणन का व्युत्क्रम होता है।

अर्थात् $$[\vec{a}'\, \vec{b}'\, \vec{c}'] = \frac{1}{[\vec{a}\, \vec{b}\, \vec{c}]}$$

(iv) यदि $|\vec{a}\, \vec{b}\, \vec{c}| \neq 0$, तब $|\vec{a}\, \vec{b}\, \vec{c}| \neq 0$, अतः यदि एक निकाय असमतलीय है, तब दूसरा निकाय भी असमतलीय होगा।

(v) सदिश त्रिगुणन एक सदिश राशि है।

(vi) $\vec{a} \times (\vec{b} \times \vec{c}) \neq (\vec{a} \times \vec{b}) \times \vec{c}$

चार सदिशों का अदिश एवं सदिश गुणन
Scalar and Vector Product of Four Vectors

माना $\vec{a}, \vec{b}, \vec{c}$ तथा $\vec{d}$ कोई चार सदिश राशियाँ हैं, तब $(\vec{a} \times \vec{b}) \cdot (\vec{c} \times \vec{d})$ इन चार सदिशों का एक अदिश गुणनफल कहलाता है।

तथा $$(\vec{a} \times \vec{b}) \cdot (\vec{c} \times \vec{d}) = \begin{vmatrix} \vec{a} \cdot \vec{c} & \vec{b} \cdot \vec{c} \\ \vec{a} \cdot \vec{d} & \vec{b} \cdot \vec{d} \end{vmatrix}$$

इसे लैगरेन्ज सर्वसमिका (Lagrange's identity) कहते हैं।

पुनः गुणनफल $(\vec{a} \times \vec{b}) \times (\vec{c} \times \vec{d})$ सदिश राशियों $\vec{a}, \vec{b}, \vec{c}$ तथा $\vec{d}$ का सदिश गुणनफल कहलाता है।

तथा $$(\vec{a} \times \vec{b}) \times (\vec{c} \times \vec{d}) = [\vec{a}\, \vec{b}\, \vec{d}]\vec{c} - [\vec{a}\, \vec{b}\, \vec{c}]\vec{d}$$
$$= [\vec{a}\, \vec{c}\, \vec{d}]\vec{b} - [\vec{b}\, \vec{c}\, \vec{d}]\, \vec{a}$$

नोट किन्हीं चार सदिश राशियों $\vec{a}, \vec{b}, \vec{c}$ तथा $\vec{d}$ के लिए,

$$[\vec{b}\, \vec{c}\, \vec{d}]\vec{a} - [\vec{c}\, \vec{d}\, \vec{a}]\, \vec{b} + [\vec{a}\, \vec{b}\, \vec{d}]\vec{c} - [\vec{a}\, \vec{b}\, \vec{c}]\vec{d} = 0$$

सदिशों का एकघात संचय
Linear Combination of Vectors

यदि सदिश राशियों $\vec{a}, \vec{b}, \vec{c}, \ldots$ का एक परिमित समुच्चय विद्यमान हो, तब सदिश $\vec{r} = x\vec{a} + y\vec{b} + z\vec{c} + \ldots$ को किन्हीं $x, y, z, \ldots \in R$ के लिए सदिश राशियों $\vec{a}, \vec{b}, \vec{c}, \ldots$ का एकघात संचय कहते हैं।

(i) समष्टि में मूलभूत प्रमेय माना तीन अशून्य, असमतलीय सदिश राशियाँ $\vec{a}, \vec{b}$ तथा $\vec{c}$ समष्टि में विद्यमान हैं, तब इनके किसी सदिश राशि $\vec{r}$ को सदिश राशियों $\vec{a}, \vec{b}$ तथा $\vec{c}$ के एकघात संचय के रूप में अद्वितीय रूप से व्यक्त किया जा सकता है अर्थात् अद्वितीय रूप से $x, y, z \in R$ इस प्रकार विद्यमान होंगे कि $x\vec{a} + y\vec{b} + z\vec{c} = \vec{r}$

(ii) यदि $\vec{a}, \vec{b}$ तथा $\vec{c}$ अशून्य, असमतलीय सदिश राशियाँ हों, तब

$$x\vec{a} + y\vec{b} + z\vec{c} = x'\vec{a} + y'\vec{b} + z'\vec{c}$$
$$\Rightarrow \quad x = x', y = y', z = z'$$

(iii) यदि $\bar{x}_1, \bar{x}_2, \ldots, x_k$ एकघाततः स्वतन्त्र नहीं हों, तब इन्हें एकघाततः आश्रित सदिश (Linearly dependent vectors) कहते हैं अर्थात् यदि $l_1\bar{x}_1 + l_2\bar{x}_2 + \ldots + l_k\bar{x}_k = 0$, जहाँ $\bar{x}_1, \bar{x}_2, \ldots, \bar{x}_k$ अशून्य सदिश हैं व $l_1, l_2, \ldots, l_k$ अदिश राशियाँ हैं तथा यहाँ कम-से-कम एक l_r इस प्रकार विद्यमान हो कि $l_r \neq 0$, तब सदिश $\bar{x}_1, \bar{x}_2, \ldots, \bar{x}_k$ एकघाततः आश्रित सदिश कहलाते हैं तथा सभी अदिश राशियों $l_1, l_2, \ldots, l_k$ का मान शून्य है, तब सदिश $\bar{x}_1, \bar{x}_2, \ldots, \bar{x}_k$ एकघाततः स्वतन्त्र सदिश (Linearly indepenc. vectors) कहलाते हैं।

सदिश अवकल कारक ∇

Vector Defferential Operator ∇

सदिश अवकल कारक ∇ (∇ की डेल या नेबला पढ़ते हैं) को निम्न प्रकार परिभाषित करते हैं

$$\nabla = \hat{\mathbf{i}}\frac{\partial}{\partial x} + \hat{\mathbf{j}}\frac{\partial}{\partial y} + \hat{\mathbf{k}}\frac{\partial}{\partial z} = \frac{\partial}{\partial x}\hat{\mathbf{i}} + \frac{\partial}{\partial y}\hat{\mathbf{j}} + \frac{\partial}{\partial z}\hat{\mathbf{k}}$$

अदिश बिन्दु फलन की प्रवणता

Gradient of a Scalar Point Function

यदि $f(x, y, z)$ एक सतत् अवकलनीय अदिश बिन्दु फलन, हो तो f की प्रवणता, जिसको grad f या ∇f लिखते हैं, को निम्न प्रकार परिभाषित करते हैं

$$\text{grad } f = \nabla f = \hat{\mathbf{i}}\frac{\partial f}{\partial x} + \hat{\mathbf{j}}\frac{\partial f}{\partial y} + \hat{\mathbf{k}}\frac{\partial f}{\partial z} = \frac{\partial f}{\partial x}\hat{\mathbf{i}} + \frac{\partial f}{\partial y}\hat{\mathbf{j}} + \frac{\partial f}{\partial z}\hat{\mathbf{k}}$$

प्रवणता पर आधारित प्रमेय

Theorems Based on Gradient

(i) यदि f तथा g दो अदिश बिन्दु फलन हों, तो $(f \pm g) = \text{grad } f \pm \text{grad } g$

(ii) एक अदिश बिन्दु फलन f अचर है यदि और केवल यदि $\text{grad } f = \nabla f = 0$

(iii) यदि f तथा g दो अदिश बिन्दु फलन हों, तो

$$\text{grad } (fg) = f(\text{grad } g) + g(\text{grad } f)$$

या $$\nabla(fg) = f\,\nabla g + g\,\nabla f$$

(iv) यदि f तथा g दो अदिश बिन्दु फलन है, तो

$$\nabla\left(\frac{f}{g}\right) = \frac{g\,\nabla f - f\,\nabla g}{g^2},\ g \neq 0$$

या $$\text{grad}\left(\frac{f}{g}\right) = \frac{g \text{ grad } f - f \text{ grad } g}{g^2},\ g \neq 0$$

सदिश का अपसरण Divergence of a Vectors

यदि $f(x, y, z)$ एक अवकलनीय सदिश बिन्दु फलन है, तो अदिश बिन्दु फलन, जो निम्न द्वारा परिभाषित होगा

$$\left(\hat{\mathbf{i}}\frac{\partial}{\partial x} + \hat{\mathbf{j}}\frac{\partial}{\partial y} + \hat{\mathbf{k}}\frac{\partial}{\partial z}\right) . f = \hat{\mathbf{i}}\frac{\partial f}{\partial x} + \hat{\mathbf{j}}\frac{\partial f}{\partial y} + \hat{\mathbf{k}}\frac{\partial f}{\partial z}$$

$$\text{div } f = \hat{\mathbf{i}} . \frac{\partial f}{\partial x} + \hat{\mathbf{j}} . \frac{\partial f}{\partial y} + \hat{\mathbf{k}} . \frac{\partial f}{\partial z}$$

f का अपसरण कहलाता हैं तथा इसे $\nabla \cdot f$ या div f लिखते हैं।

नोट $\nabla \cdot f \neq f \cdot \nabla$, क्योंकि $f \cdot \nabla$ एक कारक है।

यदि $f = f_1\hat{\mathbf{i}} + f_2\hat{\mathbf{j}} + f_3\hat{\mathbf{k}}$, तब $f \cdot \nabla = f_1\frac{\partial}{\partial x} + f_2\frac{\partial}{\partial y} + f_3\frac{\partial}{\partial z}$

परिनलिका सदिश Solenoidal Vector

$$\text{div} f = \nabla \cdot f = 0$$

अपसरण पर आधारित प्रमेय

Theorem Based on Divergence

(i) $f(x, y, z)$ कोई दिया हुआ अवकलज सदिश बिन्दु फलन है, तथा $f(x, y, z) = f_1\hat{\mathbf{i}} + f_2\hat{\mathbf{j}} + f_3\hat{\mathbf{k}}$, तो $\text{div} f = \nabla \cdot f = \frac{\partial f_1}{\partial x} + \frac{\partial f_2}{\partial y} + \frac{\partial f_3}{\partial z}$

(ii) यदि f तथा g दो अवकलज सदिश बिन्दु फलन हों, तो

$$\text{div}(f + g) = \text{div} f + \text{div} g$$

या $$\nabla \cdot (f + g) = \nabla \cdot f + \nabla \cdot g$$

(iii) यदि a एक अचर सदिश है, तो $\text{div}\, a = 0$

लाप्लासियन कारक Laplacian Operator

$\nabla^2 = \nabla \cdot \nabla = \frac{\partial^2}{\partial x^2} + \frac{\partial^2}{\partial y^2} + \frac{\partial^2}{\partial z^2}$ लाप्लासियन कारक कहलाता है।

$$\text{div grad } f = \nabla^2 f = \frac{\partial^2 f}{\partial x^2} + \frac{\partial^2 f}{\partial y^2} + \frac{\partial^2 f}{\partial z^2}$$

एक सदिश की कुन्तल Curl of a Vector

एक अवकलज्य सदिश बिन्दु है तो सदिश बिन्दु फलन जो निम्न प्रकार परिभाषित होगा

$$\nabla \times f = \hat{\mathbf{i}} \times \frac{\partial f}{\partial x} + \hat{\mathbf{j}} \times \frac{\partial f}{\partial y} + \hat{\mathbf{k}} \times \frac{\partial f}{\partial z}$$

सदिश f की कुन्तल (Curl) कहलाता हैं तथा इसे $\nabla \times f$ या curl f लिखते हैं।

सदिश की कुन्तल पर आधारित प्रमेय

Theorems Based on Curl of a Vector

यदि $f(x, y, z)$ अवकलनीय सदिश बिन्दु फलन है, तो

$$\text{curl } f = \nabla \times f = \left(\hat{\mathbf{i}}\frac{\partial}{\partial x} + \hat{\mathbf{j}}\frac{\partial}{\partial y} + \hat{\mathbf{k}}\frac{\partial}{\partial z}\right) \times f = \hat{\mathbf{i}} \times \frac{\partial f}{\partial x} + \hat{\mathbf{j}} \times \frac{\partial f}{\partial y} + \hat{\mathbf{k}} \times \frac{\partial f}{\partial z}$$

(i) $f(x, y, z) = f_1\hat{\mathbf{i}} + f_2\hat{\mathbf{j}} + f_3\hat{\mathbf{k}}$, तो

$$\text{curl } f = \left(\frac{\partial f_3}{\partial y} - \frac{\partial f_2}{\partial z}\right)\mathbf{i} + \left(\frac{\partial f_1}{\partial z} - \frac{\partial f_3}{\partial x}\right)\mathbf{j} + \left(\frac{\partial f_2}{\partial x} - \frac{\partial f_1}{\partial y}\right)\mathbf{k}$$

(ii) यदि f तथा g दो अवकलज सदिश बिन्दु फलन हैं, तब

$$\text{curl } (f + g) = \text{curl } f + \text{curl } g$$

या $$\nabla \times (f + g) = \nabla \times f + \nabla \times g$$

(iii) यदि a एक अचर सदिश है, तब $\text{curl } a = \nabla \times a = 0$

सदिश की कुछ महत्त्वपूर्ण सर्वसमिकाएँ

Some Important Vector Identities

निम्न सभी सर्वसमिकाओं में a और b अवकलज बिन्दु सदिश फलन तथा u और v अवकलज अदिश बिन्दु फलन हैं।

(i) $\text{grad } (a \cdot b) = (b \cdot \nabla)a + (a \cdot \nabla)b + b \times \text{curl } a + a \times \text{curl } b$

(ii) $\text{div } (ua) = u \text{ div } a + a \cdot \text{grad } u$

या $\nabla \cdot (ua) = u\,(\nabla \cdot a) + a \cdot \nabla u$

(iii) $\text{div}\,(a \times b) = b \cdot \text{curl}\, a - a \cdot \text{curl}\, b$
या $\nabla \cdot (a \times b) = b \cdot (\nabla \times a) - a \cdot (\nabla \times b)$

(iv) $\text{div grad}\,\phi = \nabla^2 \phi$

(v) $\text{curl}\,(ua) = (\text{grad}\, u) \times a + u\, \text{curl}\, a$
या $\nabla \times (ua) = (\nabla u) \times a + u\, (\nabla \times a)$

(vi) $\nabla \cdot (\nabla \times a) = 0$ या $\text{div curl}\, a = 0$

(vii) $\text{curl}\,(a \times b) = (b \cdot \nabla)\, a - b\, \text{div}\, a - (a \cdot \nabla) b + a\, \text{div}\, b$
या $\nabla \times (a \times b) = (b \cdot \nabla) a - b (\nabla \cdot a) - (a \cdot \nabla) b + a (\nabla \cdot b)$

(viii) अदिश फलन u की प्रवणता का कुन्तल शून्य होती है।
अर्थात् $\nabla \times (\nabla u) = 0$ या $\text{curl grad}\, u = 0$

(ix) $\nabla \times (\nabla \times a) = \nabla (\nabla \cdot a) - \nabla^2 a$
या $\text{curl curl}\, a = \text{grad div}\, a - \Sigma \dfrac{\partial^2 a}{\partial x^2}$

रेखा समाकल Line Integral

माना कि $\mathbf{r} = f(t)$ एक सतत् अवकलज वक्र का समीकरण हैं। यह भी माना कि $F(r)$ एक सतत् सदिश बिन्दु फलन है। तब $\dfrac{d\mathbf{r}}{ds}$ एक एकक सदिश फलन वक्र C के कोई भी बिन्दु P पर स्पर्श रेखा के अनुदिश है। सदिश फलन F का स्पर्श रेखा के अनुदिश घटक $F. \dfrac{d\mathbf{r}}{ds}$ है जो वक्र के बिन्दुओं के लिए s का फलन है, तब

$$\int_c F \cdot \frac{d\mathbf{r}}{dt}\, ds = \int_c F \cdot d\mathbf{r}$$

वक्र C के अनुदिश $F(\mathbf{r})$ का रेखा समाकल या स्पर्श रेखा समाकल कहलाता है।

रेखा समाकल का कार्तीय रूप
Cartesian Form of Line Integral

$$\int_c F \cdot d\mathbf{r} = \int_c (F_1 \mathbf{i} + F_2 \mathbf{j} + F_3 \mathbf{k}) \cdot (dx\mathbf{i} + dy\mathbf{j} + dz\mathbf{k})$$
$$= \int_c (F_1 dx + F_2\, dy + F_3 dz)$$

रेखा समाकल का प्राचलिक रूप
Parametric Form of Line Integral

$$\int_c F \cdot d\,\mathbf{r} = \int_{t_1}^{t_2} \left(F_1 \frac{dx}{dt} + F_2 \frac{dy}{dt} + F_3 \frac{dz}{dt} \right) dt$$

जहाँ, वक्र C के छोर बिन्दुओं P तथा Q पर प्राचलिक t के मान क्रमश: t_1 तथा t_2 हैं।

पृष्ठ समाकल Surface Integral

माना कि $F(\mathbf{r})$ एक सतत् सदिश बिन्दु फलन है तथा यह भी माना कि $\mathbf{r} = f(u, v)$ एक पृष्ठ का समीकरण इस प्रकार है कि $f(u,v)$ के सतत प्रथम कोटि के आंशिक अवकलज्य विद्यमान है।

$F(\mathbf{r})$ का पृष्ठ S पर **अभिलम्ब पृष्ठ समाकल** (Normal surface integral) कहते हैं तथा इसे $\int_s F(\mathbf{r}) \cdot da = \int_s F(\mathbf{r}) \cdot \hat{\mathbf{n}}\, ds$ या सरलत: $\int_s F \cdot da = \int_s F \cdot \hat{\mathbf{n}}\, ds$ से व्यक्त करते हैं।

इसको $\iint_S F \cdot da = \iint_s F \cdot \hat{\mathbf{n}}\, ds$ के भी लिखते हैं।

पृष्ठ समाकल का कार्तीय रूप
Cartesian Form of Surface Integral

$$\int_s F(\mathbf{r}) \cdot da = \iint F_1\, dy\, dz + \iint F_2\, dz\, dx + \iint F_3\, dx\, dy$$

आयतन समाकल Volume Integrals

माना कि $F(\mathbf{r})$ एक सतत् सदिश बिन्दु फलन हैं तथा पृष्ठ $\mathbf{r} = f(u,v)$ से बन्द आयतन V है। माना कि दिए हुए आयतन को आयतन के तत्व (बहुत छोटे खण्ड) $\delta v_1, \delta v_2, \delta v_3, \ldots, \delta v_1, \delta v_n$ एक विशेष आयतन तत्व δv_i लीजिए इस पर कोई बिन्दु P_1 लीजिए जिसका स्थिति सदिश $\mathbf{r}_i$ हैं। सदिश फलन $F(\mathbf{r})$ का क्षेत्र V में आयतन समाकल कहते हैं तथा इसे निम्न प्रकार व्यक्त करते हैं।

$$\int_v F(\mathbf{r})\, dv \text{ या } \int_v F\, dv$$

आयतन समाकल का कार्तीय रूप
Cartesian form of Volume Integral

$$\int_v F\, dv = \iiint (F_1 \hat{\mathbf{i}} + F_2 \hat{\mathbf{j}} + F_3 \hat{\mathbf{k}})\, dx\, dy\, dz$$
$$= \hat{\mathbf{i}} \iiint F_1\, dx\, dy\, dz + \hat{\mathbf{j}} \iiint F_2\, dx\, dy\, dz + \hat{\mathbf{k}} \iiint F_3\, dx\, dy\, dz$$

गॉस की डायवर्जेन्स प्रमेय
Divergence Theorem of Gauss

सदिश फलन F का बन्द क्षेत्र की सीमक रेखा पर अभिलम्बीय पृष्ठ समाकलन, $\text{div}\, F$ का पूरे क्षेत्र पर आयतन समाकलन के बराबर होता है।

संकेतों में इसका कथन निम्न प्रकार है

यदि F सतत् अवकलनीय सदिश बिन्दु फलन एक क्षेत्र S में हो तथा S बन्द पृष्ठ क्षेत्र, आयतन V को घेरे हुए हो, तब

$$\iint_S F \cdot \hat{\mathbf{n}}\, ds = \int_v \text{div}\, F\, dv \text{ या } \int_v (\nabla \cdot F)\, dV$$

जहाँ $\hat{\mathbf{n}}$ पृष्ठ पर एकक अभिलम्बीय सदिश पृष्ठ के बाहर की दिशा में हैं।

उक्त का कार्तीय रूप Cartesian Form

$$\iint_S (F_1\, dy\, dz + F_2\, dz\, dx + F_3\, dx\, dy)$$
$$= \iiint_V \left(\frac{\partial F_1}{\partial x} + \frac{\partial F_2}{\partial y} + \frac{\partial F_3}{\partial z} \right) dx\, dy\, dz$$

जहाँ, $F = F_1 \mathbf{i} + F_2 \mathbf{j} + F_3 \mathbf{k}$

गॉस अपसरण प्रमेय से निगमन
Deductions from Gauss Divergence Theorem

(i) $\int_s \hat{\mathbf{n}} \cdot F\, ds = \int_v \nabla \cdot F\, dv$ (ii) $\int_s \hat{\mathbf{n}} \times F\, ds = \int_v \nabla \times F\, dv$

(iii) $\int_s \hat{\mathbf{n}}\, \phi\, ds = \int_v \nabla\, \phi\, dv$

स्टोक्स की प्रमेय Stoke's Theorem

किसी भी बन्द (संवृत) वक्र C पर सदिश फलन F का रेखा समाकल, परिसीमा वक्र C से घिरे पृष्ठ पर curl F का पृष्ठ समाकल के बराबर होता है।

अथवा

यदि F कोई सतत् अवकलनीय सदिश फलन है तथा वक्र C से बन्द पृष्ठ S हो, तब

$$\int_c F \cdot d\mathbf{r} = \iint_S \hat{\mathbf{n}} \cdot \text{curl } F \, ds$$

समतल पृष्ठ के लिए कार्तीय रूप

Cartesian Form for Flat Surface

$$\int_s \text{curl } F \cdot \hat{\mathbf{n}} \, ds = \iint_S \left(\frac{\partial F_2}{\partial x} - \frac{\partial F_1}{\partial y} \right) dx \, dy$$

ग्रीन की प्रमेय Green's Theorem

यदि ϕ तथा ψ दो सतत् अवकलनीय अदिश बिन्दु फलन इस प्रकार है कि $\nabla \phi$ तथा $\nabla \psi$ सतत्, अवकल्य क्षेत्र V में जोकि पृष्ठ S से घिरा हुआ है, तो

$$\int_V (\phi \nabla^2 \psi - \psi \nabla^2 \phi) \, dV = \int_S (\phi \nabla \psi - \psi \nabla \phi) \cdot \hat{n} \, ds$$

ग्रीन प्रमेय का कार्तीय रूप

Cartesian Form of Green's Theorem

यदि C, XY तल में एक सतत् बन्द वक्र है जोकि क्षेत्र S को घेरता है तथा $P(x, y)$ एवं $Q(x, y)$ दो सतत् अवकलनीय फलन हैं, तब

$$\iint_S \left(\frac{\partial Q}{\partial x} - \frac{\partial P}{\partial y} \right) dx \, dy = \int_C (P \, dx + Q \, dy)$$

अभ्यास प्रश्न

1. λ का मान जिसके लिए बिन्दु $L(1, 0, 3), M(-1, 3, 4), N(1, 2, 1)$ और $P(\lambda, 2, 5)$ समतलीय हैं, है

(a) -1 (b) 0 (c) 1 (d) 2

2. $|(\vec{a} \times \vec{b}) \cdot \vec{c}| = |\vec{a}||\vec{b}||\vec{c}|$, यदि

(a) $\vec{a} \cdot \vec{b} = \vec{b} \cdot \vec{c} = 0$ (b) $\vec{b} \cdot \vec{c} = \vec{c} \cdot \vec{a} = 0$

(c) $\vec{c} \cdot \vec{a} = \vec{a} \cdot \vec{b} = 0$ (d) $\vec{a} \cdot \vec{b} = \vec{b} \cdot \vec{c} = \vec{c} \cdot \vec{a} = 0$

3. यदि $\vec{a} = \hat{i} + \hat{j}$ तथा $\vec{b} = 2\hat{i} - \hat{k}$ दो सदिश हैं, तब दो रेखाओं $\vec{r} \times \vec{a} = \vec{b} \times \vec{a}$ तथा $\vec{r} \times \vec{b} = \vec{a} \times \vec{b}$ का प्रतिच्छेद बिन्दु है

(a) $\hat{i} + \hat{j} - \hat{k}$ (b) $\hat{i} - \hat{j} + \hat{k}$ (c) $3\hat{i} + \hat{j} - \hat{k}$ (d) $3\hat{i} - \hat{j} + \hat{k}$

4. यदि A, B, C तथा D आकाश में कोई भी चार बिन्दु हैं, तब $|\overrightarrow{AB} \times \overrightarrow{CD} + \overrightarrow{BC} \times \overrightarrow{AD} + \overrightarrow{CA} \times \overrightarrow{BD}|$ बराबर है

(a) 2Δ (b) 4Δ (c) 3Δ (d) 5Δ

जहाँ Δ, ΔABC का क्षेत्रफल प्रदर्शित करता है

5. बिन्दु $A(1, 4, -2)$ की रेखा BC से लम्बवत् दूरी, जहाँ B और C के निर्देशांक क्रमश: $(2, 1, -2)$ और $(0, -5, 1)$ हैं, होगी

(a) $\frac{3}{2}\sqrt{13}$ (b) $\frac{3}{7}\sqrt{26}$ (c) $3\sqrt{26}$ (d) $\frac{3}{2}\sqrt{26}$

6. माना $\vec{a} = 2\hat{i} + \hat{j} + \hat{k}$ तथा $\vec{b} = \hat{i} + 2\hat{j} - \hat{k}$ और एक इकाई सदिश $\hat{c}$ एकसमतलीय हैं। यदि $\vec{c} \perp \vec{a}$ हो, तब $\vec{c}$ का मान होगा

(a) $\frac{1}{\sqrt{2}}(-\hat{j} + \hat{k})$ (b) $\frac{1}{\sqrt{3}}(-\hat{i} - \hat{j} - \hat{k})$

(c) $\frac{1}{\sqrt{5}}(\hat{i} - 2\hat{j})$ (d) $\frac{1}{\sqrt{3}}(\hat{i} - \hat{j} - \hat{k})$

7. माना $\vec{a}, \vec{b}$ और $\vec{c}, \vec{d}$ प्रत्येक युग्म एक समतल को निर्धारित करता है। समतल लम्बवत् होंगे, यदि

(a) $(\vec{a} \times \vec{c}) \times (\vec{b} \times \vec{d}) = 0$ (b) $(\vec{a} \times \vec{c}) \cdot (\vec{b} \times \vec{d}) = 0$

(c) $(\vec{a} \times \vec{b}) \times (\vec{c} \times \vec{d}) = 0$ (d) $(\vec{a} \times \vec{b}) \cdot (\vec{c} \times \vec{d}) = 0$

8. यदि $\vec{a} = (1, 1, 1)$, तथा $\vec{c} = (0, 1, -1)$ दो सदिश हैं एवं $\vec{b}$ एक सदिश इस प्रकार है कि $\vec{a} \times \vec{b} = \vec{c}$ तथा $\vec{a} \cdot \vec{b} = 3$, तब $\vec{b}$ का मान है

(a) $\left(\frac{2}{3}, \frac{2}{3}, \frac{5}{3}\right)$ (b) $\left(\frac{2}{3}, \frac{5}{3}, \frac{2}{3}\right)$ (c) $(5, 2, 2)$ (d) $\left(\frac{5}{3}, \frac{2}{3}, \frac{2}{3}\right)$

9. यदि $\vec{a}, \vec{b}$ तथा $\vec{c}$ तीन अशून्य असमतलीय सदिश हों तथा $\vec{p}, \vec{q}$ तथा $\vec{r}$ तीन अन्य सदिश इस प्रकार हैं, कि $\vec{p} = \frac{\vec{b} \times \vec{c}}{\vec{a} \cdot \vec{b} \times \vec{c}}, \vec{q} = \frac{\vec{c} \times \vec{a}}{\vec{a} \cdot \vec{b} \times \vec{c}}, \vec{r} = \frac{\vec{a} \times \vec{b}}{\vec{a} \cdot \vec{b} \times \vec{c}}$, तब $[\vec{p} \; \vec{q} \; \vec{r}]$ बराबर है

(a) $\vec{a} \cdot \vec{b} \times \vec{c}$ (b) $\frac{1}{\vec{a} \cdot \vec{b} \times \vec{c}}$

(c) 0 (d) इनमें से कोई नहीं

10. $\vec{a}, \vec{b}$ तथा $\vec{c}$ समान लम्बाई के सदिश हैं तथा प्रत्येक दो के बीच समान कोण है। यदि $\vec{a} = \hat{i} + \hat{j}$ तथा $\vec{b} = \hat{j} + \hat{k}$, तब $\vec{c}$ के निर्देशांक हैं

(a) $(1, 0, 1)$ (b) $(1, 2, 3)$

(c) $(-1, 1, 2)$ (d) इनमें से कोई नहीं

11. यदि $\vec{a}, \vec{b}$, तथा $\vec{c}$ तीन मात्रक सदिश ऐसे हैं कि $\vec{a} \times (\vec{b} \times \vec{c}) = \frac{\vec{b}}{2}$, तब सदिश $\vec{a}, \vec{b}$ एवं $\vec{c}$ से क्रमश: कोण बनाता है

(a) 40°, 80° (b) 45°, 45° (c) 30°, 60° (d) 90°, 60°

12. एक इकाई सदिश जो X-अक्ष से अधिक कोण बनाता है और उस समतल पर लम्ब है, जिसमें बिन्दु $A(1, 2, 3), B(2, 3, 4), C(1, 5, 7)$ अन्तर्विष्ट (Contain) हैं, तब यह और किसके साथ अधिक कोण बनाएगा?

(a) Y-अक्ष (b) Z-अक्ष

(c) Y और Z-अक्ष (d) इनमें से कोई नहीं

13. A, B तथा C तीन सदिश हैं जो क्रमशः $2\hat{i}+\hat{k}, \hat{i}+\hat{j}+\hat{k}$ और $4\hat{i}-3\hat{j}+7\hat{k}$ द्वारा दिए जाते हैं, तब सदिश $\vec{R}$ जो $\vec{R}\times\vec{B}=\vec{C}\times\vec{B}$ और $\vec{R}\cdot\vec{A}=0$ को सन्तुष्ट करता है, होगा

(a) $2\hat{i}-8\hat{j}+2\hat{k}$ (b) $-\hat{i}+4\hat{j}+2\hat{k}$
(c) $-\hat{i}-8\hat{j}+2\hat{k}$ (d) इनमें से कोई नहीं

14. दिया है, तीन सदिश $\vec{a}, \vec{b}$, तथा $\vec{c}$ ऐसे हैं कि $\vec{b}\cdot\vec{c}=3, \vec{a}\cdot\vec{c}=\frac{1}{3}$, सदिश $\vec{r}$ जो $\vec{r}\cdot\vec{a}=\vec{b}\times\vec{a}$ और $\vec{r}\cdot\vec{c}=0$ को सन्तुष्ट करता है, बराबर है

(a) $\vec{b}+9\vec{a}$ (b) $\vec{a}+9\vec{b}$
(c) $\vec{b}-9\vec{a}$ (d) इनमें से कोई नहीं

15. यदि $\vec{a}\times\vec{b}=\vec{c}\times\vec{d}$ और $\vec{a}\times\vec{c}=\vec{b}\times\vec{d}$, तब

(a) $\vec{a}-\vec{d}=\lambda(\vec{b}-\vec{c})$ (b) $\vec{a}+\vec{d}=\lambda(\vec{b}+\vec{c})$
(c) $\vec{a}-\vec{b}=\lambda(\vec{c}+\vec{d})$ (d) इनमें से कोई नहीं

16. यदि $|\vec{a}\cdot\vec{b}|=|\vec{a}\times\vec{b}|$,तब a तथा b के मध्य कोण का मान है

(a) 0° (b) 180° (c) 135° (d) 45°

17. $(\vec{a}\times\vec{b})\cdot(\vec{c}\times\vec{d})$ का अदिश गुणन निम्न में से है

(a) $\begin{vmatrix}\vec{a}\cdot\vec{c} & \vec{a}\cdot\vec{d}\\ \vec{b}\cdot\vec{c} & \vec{b}\cdot\vec{d}\end{vmatrix}$ (b) $\begin{vmatrix}\vec{a}\cdot\vec{d} & \vec{a}\cdot\vec{d}\\ \vec{b}\cdot\vec{c} & \vec{b}\cdot\vec{c}\end{vmatrix}$

(c) $\begin{vmatrix}\vec{a}\cdot\vec{c} & \vec{a}\cdot\vec{d}\\ \vec{b}\cdot\vec{d} & \vec{b}\cdot\vec{c}\end{vmatrix}$ (d) $\begin{vmatrix}\vec{a}\cdot\vec{d} & \vec{a}\cdot\vec{c}\\ \vec{b}\cdot\vec{c} & \vec{b}\cdot\vec{d}\end{vmatrix}$

18. अदिश $[\vec{a}\,\vec{a}\,\vec{b}]$ का त्रिगुणन निम्न में से है

(a) 0 (b) 1
(c) a^2 (d) इनमें से कोई नहीं

19. यदि $\vec{v}=\hat{i}\times(a\times\hat{i})+\hat{j}\times(a\times\hat{j})+\hat{k}\times(a\times\hat{k})$ तब $\vec{v}$ समान है

(a) शून्य (b) a
(c) $2a$ (d) इनमें से कोई नहीं

20. $[\vec{a}, \vec{b}+\vec{c}, \vec{a}+\vec{b}+\vec{c}]$ का मान होगा

(a) $[\vec{a}\,\vec{b}\,\vec{c}]$ (b) 0
(c) $2[\vec{a}\,\vec{b}\,\vec{c}]$ (d) $\vec{a}\times(\vec{b}\times\vec{c})$

21. यदि $\vec{a}=2\hat{i}+3\hat{j}-\hat{k}, \vec{b}=\hat{i}+2\hat{j}-5\hat{k}$ तथा $\vec{c}=3\hat{i}+5\hat{j}-\hat{k}$, तब एक ऐसे सदिश का मान ज्ञात कीजिए, जोकि $\vec{a}$ के लम्बवत् हो तथा $\vec{b}$ व $\vec{c}$ के एकसमतलीय हो।

(a) $-17\hat{i}+21\hat{j}-97\hat{k}$ (b) $17\hat{i}+21\hat{j}-123\hat{k}$
(c) $-17\hat{i}-21\hat{j}+97\hat{k}$ (d) $-17\hat{i}-21\hat{j}-97\hat{k}$

22. यदि $\vec{a}=\hat{i}+\hat{j}-\hat{k}$ तथा $\vec{b}=\hat{i}-\hat{j}+\hat{k}$, तब एकांक सदिश $\vec{v}$ जोकि $\vec{a}$ के लम्बवत् हो तथा $\vec{a}$ और $\vec{b}$ के एकसमतलीय हो, का मान होगा

(a) $\frac{1}{\sqrt{6}}(2i+\hat{j}-\hat{k})$ (b) $\frac{1}{\sqrt{3}}(-\hat{i}+\hat{j}+\hat{k})$
(c) $\frac{1}{\sqrt{6}}(2\hat{i}-\hat{j}+\hat{k})$ (d) इनमें से कोई नहीं

23. f और g दो अदिश बिन्दु फलन है, तब $\nabla\left(\frac{f}{g}\right)$ बराबर है

(a) $\frac{g\nabla f-f\nabla g}{g^2}$ (b) $\frac{f\nabla g-g\nabla f}{g^2}$
(c) $\frac{g\nabla f+f\nabla g}{f^2}$ (d) $\frac{g\nabla f-f\nabla g}{f^2}$

24. यदि $f(x,y,z)=3x^2y-y^3z^2$, तब बिन्दु $(1,-2,-1)$ पर grad f है

(a) $12\hat{\mathbf{i}}+9\hat{\mathbf{j}}-16\hat{\mathbf{k}}$ (b) $-12\hat{\mathbf{i}}-9\hat{\mathbf{j}}-16\hat{\mathbf{k}}$
(c) $12\hat{\mathbf{i}}-7\hat{\mathbf{j}}-9\hat{\mathbf{k}}$ (d) $-9\hat{\mathbf{i}}+12\hat{\mathbf{j}}-16\hat{\mathbf{k}}$

25. स्थिति सदिश r परिमाण के साथ grad r^m का मान ज्ञात कीजिए।

(a) $m\,r^{2-m}r$ (b) $m\,r^{m-2}r$
(c) $r\,m^{m-2}r$ (d) इनमें से कोई नहीं

26. यदि $r=|\mathbf{r}|$, जहाँ $\mathbf{r}=x\hat{\mathbf{i}}+y\hat{\mathbf{j}}+z\hat{\mathbf{k}}$, तब $\nabla\left(\frac{1}{r}\right)$ बराबर है

(a) $-r^2\,\mathbf{r}$ (b) $-\frac{1}{r^2}\mathbf{r}$ (c) $-\frac{1}{r^3}\mathbf{r}$ (d) $r^3\,\mathbf{r}$

27. क्षेत्र $\mathbf{F}=\hat{\theta}=-\sin\theta\hat{\mathbf{i}}+\cos\theta\hat{\mathbf{j}}$ का div होगा

(a) $\nabla\cdot\mathbf{F}=0$
(b) $\nabla\cdot\mathbf{F}=\frac{2\sin\theta\cos\theta}{r}=\frac{\sin 2\theta}{r}$
(c) $\nabla\cdot\mathbf{F}=\frac{-2\sin\theta\cos\theta}{r}\hat{\mathbf{i}}+\frac{2\sin\theta\cos\theta}{r}\hat{\mathbf{j}}$
(d) $\nabla\cdot\mathbf{F}=-\cos\theta-\sin\theta$

28. यदि $\mathbf{F}=x^2y\hat{\mathbf{i}}+xz\hat{\mathbf{j}}+2yz\hat{\mathbf{k}}$, तब div curl $\hat{\mathbf{F}}$ का मान है

(a) 3 (b) 2 (c) 1 (d) 0

29. सदिश $\mathbf{V}=(x+3y)\hat{\mathbf{i}}+(y-2z)\hat{\mathbf{j}}+(x+az)\hat{\mathbf{k}}$ के सोलेनायडल होने के लिए a का मान है

(a) -3 (b) -4
(c) -2 (d) इनमें से कोई नहीं

30. यदि $\mathbf{F}=x^2y\hat{\mathbf{i}}-2xz\hat{\mathbf{j}}+2yz\hat{\mathbf{k}}$, तब curl f का मान है

(a) $(2x+2z)\hat{\mathbf{i}}-(x^2+2z)\hat{\mathbf{k}}$ (b) $(2x+2z)\hat{\mathbf{i}}-(x^2+z)\hat{\mathbf{k}}$
(c) $(x+2z)\hat{\mathbf{i}}-(2x^2+z)\hat{\mathbf{k}}$ (d) इनमें से कोई नहीं

31. $\mathbf{F}=x^3y^2\hat{\mathbf{i}}-3x^2y\hat{\mathbf{j}}+xyz\hat{\mathbf{k}}$ का curl $\mathbf{F}$ होगा

(a) $\nabla\times\mathbf{F}=xz\hat{\mathbf{i}}-yz\hat{\mathbf{j}}-(6xy+2x^3y)\hat{\mathbf{k}}$
(b) $\nabla\times\mathbf{F}=3x^2y^2\hat{\mathbf{i}}-3x^2\hat{\mathbf{j}}+xy\hat{\mathbf{k}}$
(c) $\nabla\times\mathbf{F}=xz\hat{\mathbf{i}}+yz\hat{\mathbf{j}}-(-6xy+2x^3y)\hat{\mathbf{k}}$
(d) $\nabla\times\mathbf{F}=xz\hat{\mathbf{i}}-yz\hat{\mathbf{j}}+(-6xy+2x^3y)\hat{\mathbf{k}}$

32. यदि a एक अचर सदिश है, तब curl $(\mathbf{r}\times\mathbf{a})$ है

(a) $-\frac{1}{2}\mathbf{a}$ (b) $-2\,\mathbf{a}$ (c) $-3\,\mathbf{a}$ (d) $-4\,\mathbf{a}$

33. ϕ के ग्रेडिएंट के curl अर्थात् $\Delta\times(\nabla\phi)$ का मान है

(a) अनन्त (b) शून्य
(c) धनात्मक (d) कोई नहीं

34. यदि $\mathbf{r}=t^3\hat{\mathbf{i}}-\cos t\,\hat{\mathbf{j}}+(t^2+1)\cdot\hat{\mathbf{k}}$ है, तो $\frac{d\mathbf{r}}{dt}$ का मान ज्ञात कीजिए

(a) $3t^2\hat{\mathbf{i}}+\sin t\,\hat{\mathbf{j}}+2t\,\hat{\mathbf{k}}$ (b) $8t^2\hat{\mathbf{i}}+\sin t\,\hat{\mathbf{j}}+2t\,\hat{\mathbf{k}}$
(c) $9t^2\hat{\mathbf{i}}+\sin t\,\hat{\mathbf{j}}+2t\,\hat{\mathbf{k}}$ (d) इनमें से कोई नहीं

35. $\int_C \mathbf{F} \cdot d\mathbf{r}$ का मान, जहाँ $\mathbf{F} = x^2\hat{\mathbf{i}} + y^3\hat{\mathbf{j}}$ और वक्र C परवलय $y = x^2$ का XY-समतल में (0, 0) से (1, 1) तक चाप है

(a) $\frac{7}{12}$ (b) $-\frac{7}{12}$ (c) $\frac{5}{12}$ (d) $\frac{3}{8}$

36. यदि $\mathbf{r}(t) = 5t^2\hat{\mathbf{i}} + t\hat{\mathbf{j}} - t^3\hat{\mathbf{k}}$ हो, तब $\int_1^2 \left[\mathbf{r} \times \frac{d^2\mathbf{r}}{dt^2}\right]$ का मान होगा

(a) $-14\hat{i} - 75\hat{j} + 15\hat{k}$ (b) $-14\hat{i} + 75\hat{j} - 15\hat{k}$

(c) $-14\hat{i} - 55\hat{j} + 10\hat{k}$ (d) $-14\hat{i} + 55\hat{j} + 10\hat{k}$

37. $\int_S \frac{r}{r^3}\, da$ का मान ज्ञात कीजिए, जहाँ S गोले की त्रिज्या तथा a मूलबिन्दु को दर्शाता है

(a) 16π (b) 8π

(c) 4π (d) इनमें से कोई नहीं

38. वृत्त $x^2 + y^2 = 1$ के परित: $\int (xdy - ydx)$ का मान है

(a) $\frac{\pi}{2}$ (b) $\frac{2\pi}{3}$ (c) π (d) 2π

39. किसी संवृत्त सतह, S के लिए $\iint_S \text{curl}\, \mathbf{F} \cdot \mathbf{n}\, dS$ का मान है

(a) 0 (b) π (c) 2π (d) $\frac{\pi}{2}$

40. $\iint_S \mathbf{r} \cdot \mathbf{n}\, dS$ का मान, जहाँ S एक संवृत्त सतह है, है

(a) $\frac{3}{2}V$ (b) $2V$

(c) $3V$ (d) इनमें से कोई नहीं

41. यदि $\mathbf{F} = ax\hat{\mathbf{i}} + by\hat{\mathbf{j}} + cz\hat{\mathbf{k}}$, जहाँ a, b, c अचर हैं, तब इकाई गोले की सतह के लिए $\iint_S \mathbf{F} \cdot \mathbf{n}\, dS$ का मान होगा

(a) $\frac{a+b+c}{2}$ (b) $2(a+b+c)\pi$

(c) $(a+b+c)\pi$ (d) $(a+b+c)\frac{4}{3}\pi$

42. $\int S^{r \cdot n}\, dS$ का क्षेत्रफल ज्ञात कीजिए।

(a) $3V$ (b) V

(c) $4V$ (d) इनमें से कोई नहीं

43. स्टोक प्रमेय से $\oint_C (e^x dx + 2y\, dy - dz)$ का मान, जहाँ $C : x^2 + y^2 = 4, z = 2$ एक वक्र है, होगा

(a) –1 (b) 0 (c) 2 (d) 3

44. स्टोक प्रमेय से $\oint_C (yzdx + xzdy + xydz)$ का मान, जहाँ $C : x^2 + y^2 = 1, z = y^2$ एक वक्र है, होगा

(a) 0 (b) –1

(c) 2 (d) 4

45. ग्रीन प्रमेय से $\oint_C [(x^2 - \cosh y)\, dx + (y + \sin x)\, dy]$ का मान, जहाँ C, (0, 0), $(\pi, 0)$, $(\pi, 1)$ और (0, 1) शीर्षों वाला एक आयत है, हैं

(a) $\pi \cosh^2$ (b) $\pi \sinh 1 - 1$

(c) $\pi(\cosh 1 - 1)$ (d) इनमें से कोई नहीं

46. दीर्घवृत्त $x = a\cos\theta$, $y = b\sin\theta$ द्वारा परिबद्ध क्षेत्र का क्षेत्रफल है

(a) $2\pi ab$ (b) πab

(c) $\frac{\pi^2}{2}ab$ (d) इनमें से कोई नहीं

47. $\oint_C (\cos x \sin y - xy)\, dx + \sin x \cos y\, dy$ का मान, जहाँ $C : x^2 + y^2 = 1$ एक वृत्त है, होगा

(a) 0 (b) 2π (c) $\frac{\pi^2}{2}$ (d) 3π

48. ग्रीन प्रमेय का प्रयोग करके $\int_C y^2 dx + xydy$ का मान C ग्राफ $y = 0$, $y = \sqrt{x}$ और $x = \alpha$ की सीमा रेखा है

(a) $\frac{81}{4}$ (b) $\frac{243}{4}$ (c) $-\frac{81}{4}$ (d) $-\frac{81}{2}$

49. ग्रीन प्रमेय का प्रयोग करके $x^3 + y^3 = 3axy$ जहाँ $a > 0$, क्षेत्रफल ज्ञात कीजिए।

(a) $\frac{3}{2}a^2$ (b) $\frac{7}{2}a^2$

(c) $\frac{9}{2}a^2$ (d) $\frac{5}{2}a^2$

उत्तरमाला

1.	(a)	2.	(d)	3.	(c)	4.	(b)	5.	(b)	6.	(a)	7.	(d)	8.	(d)	9.	(b)	10.	(a)
11.	(d)	12.	(b)	13.	(c)	14.	(c)	15.	(a)	16.	(d)	17.	(a)	18.	(a)	19.	(c)	20.	(b)
21.	(d)	22.	(a)	23.	(a)	24.	(b)	25.	(b)	26.	(c)	27.	(a)	28.	(d)	29.	(c)	30.	(a)
31.	(a)	32.	(b)	33.	(b)	34.	(a)	35.	(a)	36.	(b)	37.	(c)	38.	(d)	39.	(a)	40.	(c)
41.	(d)	42.	(a)	43.	(b)	44.	(a)	45.	(c)	46.	(b)	47.	(a)	48.	(c)	49.	(a)		

संकेत एवं हल

1. यदि चारों बिन्दु समतलीय हैं, तब तीनों सदिश $\overrightarrow{LM}, \overrightarrow{LN}$ और $\overrightarrow{LP}$ समतलीय होंगे।

$\overrightarrow{LM} = -2, 3, 1,\ \overrightarrow{LN} = 0, 2, -2$

तथा $\overrightarrow{LP} = \lambda - 1, 2, 2$

$$\therefore \quad D = \begin{vmatrix} -2 & 3 & 1 \\ 0 & 2 & -2 \\ \lambda - 1 & 2 & 2 \end{vmatrix} = 0$$

$\Rightarrow \quad -2(4 + 4) + (\lambda - 1)(-6 - 2) = 0$

$\Rightarrow \quad -16 - 8\lambda + 8 = 0$

$\Rightarrow \quad 8\lambda = -8 \Rightarrow \lambda = -1$

3. माना $\vec{R} = x\hat{i} + y\hat{j} + z\hat{k}$, तब $\vec{r} \times \vec{a} = \vec{b} \times \vec{a}$

$$\Rightarrow (\vec{r} - \vec{b}) \times \vec{a} = 0 \Rightarrow \begin{vmatrix} \hat{i} & \hat{j} & \hat{k} \\ x-2 & y & z+1 \\ 1 & 1 & 0 \end{vmatrix} = 0$$

$\Rightarrow \quad z = -1, x - y = 2$

अब, $\vec{r} \times \vec{b} = \vec{a} \times \vec{b} \Rightarrow (\vec{r} - \vec{a}) \times \vec{b} = 0$

$\Rightarrow \quad y = 1, x + 2z = 1 \Rightarrow x = 3, y = 1$ तथा $z = -1$

$\therefore \quad \vec{r} = 3\hat{i} + \hat{j} - \hat{k}$

7. उस समतल का अभिलम्ब जिसमें $\vec{c}$ और $\vec{d}$ अन्तर्विष्ट हैं $\vec{n_1} = \vec{c} \times \vec{d}$ के अनुदिश है। उस समतल का अभिलम्ब, जिसमें $\vec{a}$ और $\vec{b}$ सम्मिलित हैं, $\vec{n_2} = \vec{a} \times \vec{b}$ है।

$\because$ ये दोनों समतल एक-दूसरे पर लम्ब हैं, अतः

$$\vec{n_1} \cdot \vec{n_2} = 0 \Rightarrow (\vec{a} \times \vec{b}) \cdot (\vec{c} \times \vec{d}) = 0$$

8. माना $\quad \vec{b} = b_1\hat{i} + b_2\hat{j} + b_3\hat{k}$

$\therefore \quad \vec{a} \cdot \vec{b} = b_1 + b_2 + b_3 = 3 \quad$ ...(i)

तथा $\quad \vec{a} \times \vec{b} = (b_3 - b_2)\hat{i} + (b_1 - b_3)\hat{j} + (b_2 - b_1)\hat{k} = \vec{c}$

अब $\vec{a} \times \vec{b}$ तथा $\vec{c}$ में $\hat{i}, \hat{j}, \hat{k}$ के गुणांकों की तुलना करने पर,

$b_3 - b_2 = 0 \quad$ ...(ii)

$b_1 - b_3 = 1 \quad$ ...(iii)

तथा $\quad b_2 - b_1 = -1 \quad$ ...(iv)

उपरोक्त समीकरणों को हल करने पर,

$$b_1 = \frac{5}{3}, b_2 = \frac{2}{3} \text{ तथा } b_3 = \frac{2}{3} \text{ अतः } \vec{b} = \left(\frac{5}{3}, \frac{2}{3}, \frac{2}{3}\right)$$

21. $$\because \vec{b} \times \vec{c} = \begin{vmatrix} \hat{i} & \hat{j} & \hat{k} \\ 1 & 2 & -5 \\ 3 & 5 & -1 \end{vmatrix} = 23\hat{i} - 14\hat{j} - \hat{k}$$

$$\therefore \vec{a} \times (\vec{b} \times \vec{c}) = \begin{vmatrix} \hat{i} & \hat{j} & \hat{k} \\ 2 & 3 & -1 \\ 23 & -14 & -1 \end{vmatrix} = -17\hat{i} - 21\hat{j} - 97\hat{k}$$

24. $$\text{grad } f = \nabla f = \left(\hat{\mathbf{i}}\frac{\partial}{\partial x} + \hat{\mathbf{j}}\frac{\partial}{\partial y} + \hat{\mathbf{k}}\frac{\partial}{\partial z}\right)(3x^2y - y^3z^2)$$

$$= \hat{\mathbf{i}}\frac{\partial}{\partial x}(3x^2y - y^3z^2) + \hat{\mathbf{j}}\frac{\partial}{\partial y}(3x^2y - y^3z^2) + \hat{\mathbf{k}}\frac{\partial}{\partial z}(3x^2y - y^3z^2)$$

$$= \hat{\mathbf{i}}(6xy) + \hat{\mathbf{j}}(3x^2 - 3y^2z^2) + \hat{\mathbf{k}}(-2y^3z)$$

$$= 6xy\hat{\mathbf{i}} + (3x^2 - 3y^2z^2)\hat{\mathbf{j}} - 2y^3z\hat{\mathbf{k}}$$

$x = 1, y = -2$ तथा $z = -1$ रखने पर,

$$\nabla f = 6(1)(-2)\hat{\mathbf{i}} + \{3(1)^2 - 3(-2)^2(-1)^2\}\hat{\mathbf{j}} - 2(-2)^3(-1)\hat{\mathbf{k}}$$

$$= -12\hat{\mathbf{i}} - 9\hat{\mathbf{j}} - 16\hat{\mathbf{k}}$$

26. $$\nabla\left(\frac{1}{r}\right) = \hat{\mathbf{i}}\frac{\partial}{\partial x}\left(\frac{1}{r}\right) + \hat{\mathbf{j}}\frac{\partial}{\partial y}\left(\frac{1}{r}\right) + \hat{\mathbf{k}}\frac{\partial}{\partial z}\left(\frac{1}{r}\right)$$

$$= \hat{\mathbf{i}}\left(-\frac{1}{r^2}\frac{\partial r}{\partial x}\right) + \hat{\mathbf{j}}\left(-\frac{1}{r^2}\frac{\partial r}{\partial y}\right) + \hat{\mathbf{k}}\left(-\frac{1}{r^2}\frac{\partial r}{\partial z}\right)$$

$$= -\frac{1}{r^2}\left(\frac{\partial r}{\partial x}\hat{\mathbf{i}} + \frac{\partial r}{\partial y}\hat{\mathbf{j}} + \frac{\partial r}{\partial z}\hat{\mathbf{k}}\right) = -\frac{1}{r^2}\left(\frac{x}{r}\hat{\mathbf{i}} + \frac{y}{r}\hat{\mathbf{j}} + \frac{z}{r}\hat{\mathbf{k}}\right)$$

$$= -\frac{1}{r^3}(x\hat{\mathbf{i}} + y\hat{\mathbf{j}} + z\hat{\mathbf{k}}) = -\frac{1}{r^3}\mathbf{r}$$

27. $$\nabla \cdot \vec{\mathbf{F}} = \left(\frac{\partial \hat{\mathbf{i}}}{\partial x} + \frac{\partial \hat{\mathbf{j}}}{\partial y} + \frac{\partial \hat{\mathbf{k}}}{\partial z}\right) \cdot (-\sin\theta\,\hat{\mathbf{i}} + \cos\theta\,\hat{\mathbf{j}})$$

$$= \frac{\partial}{\partial x}(-\sin\theta) + \frac{\partial}{\partial y}(\cos\theta) = 0$$

28. $\because \mathbf{F} = x^2y\,\hat{\mathbf{i}} + xz\,\hat{\mathbf{j}} + 2yz\,\hat{\mathbf{k}}$

$\therefore$ curl $\mathbf{F} = \nabla \times \mathbf{F}$

$$= \left(\hat{\mathbf{i}}\frac{\partial}{\partial x} + \hat{\mathbf{j}}\frac{\partial}{\partial y} + \hat{\mathbf{k}}\frac{\partial}{\partial z}\right) \times (x^2y\,\hat{\mathbf{i}} + xz\,\hat{\mathbf{j}} + 2yz\,\hat{\mathbf{k}})$$

$$= \begin{vmatrix} \hat{\mathbf{i}} & \hat{\mathbf{j}} & \hat{\mathbf{k}} \\ \frac{\partial}{\partial x} & \frac{\partial}{\partial y} & \frac{\partial}{\partial z} \\ x^2y & xz & 2yz \end{vmatrix} = \hat{\mathbf{i}}(2z - x) - \hat{\mathbf{j}}(0) + \hat{\mathbf{k}}(z - x^2)$$

$$= \hat{\mathbf{i}}(2z - x) + \hat{\mathbf{k}}(z - x^2)$$

$$\therefore \text{div curl } \mathbf{F} = \frac{\partial}{\partial x}(2z - x) + \frac{\partial}{\partial z}(z - x^2) = -1 + 1 = 0$$

29. एक सदिश $\mathbf{V}$ सोलेनायडल कहलाता है, यदि div $\mathbf{V} = 0$

$$\text{div } V = \nabla \cdot \mathbf{V} = \frac{\partial}{\partial x}(x + 3y) + \frac{\partial}{\partial y}(y - 2z) + \frac{\partial}{\partial z}(x + az)$$

$$= 1 + 1 + a = 2 + a$$

अब, div $\mathbf{V} = 0$ यदि $2 + a = 0$ अर्थात् $a = -2$

30. $$\text{curl } f = \nabla \times f = \begin{vmatrix} \hat{\mathbf{i}} & \hat{\mathbf{j}} & \hat{\mathbf{k}} \\ \frac{\partial}{\partial x} & \frac{\partial}{\partial y} & \frac{\partial}{\partial z} \\ x^2y & -2xz & 2yz \end{vmatrix}$$

$$= \left[\frac{\partial}{\partial y}(2yz) - \frac{\partial}{\partial z}(-2xz)\right]\hat{\mathbf{i}} - \left[\frac{\partial}{\partial x}(2yz) - \frac{\partial}{\partial z}(x^2y)\right]\hat{\mathbf{j}} + \left[\frac{\partial}{\partial x}(-2xz) - \frac{\partial}{\partial y}(x^2y)\right]\hat{\mathbf{k}}$$

$$= (2z + 2x)\hat{\mathbf{i}} - 0\hat{\mathbf{j}} + (-2z - x^2)\hat{\mathbf{k}}$$

$$= (2x + 2z)\hat{\mathbf{i}} - (x^2 + 2z)\hat{\mathbf{k}}$$

31. $\because \quad \mathbf{F} = x^3y^2\,\hat{\mathbf{i}} - 3x^2y\,\hat{\mathbf{j}} + xyz\,\hat{\mathbf{k}}$

$$\therefore \nabla \times \mathbf{F} = \begin{vmatrix} \hat{\mathbf{i}} & \hat{\mathbf{j}} & \hat{\mathbf{k}} \\ \frac{\partial}{\partial x} & \frac{\partial}{\partial y} & \frac{\partial}{\partial z} \\ x^3y^2 & -3x^2y & xyz \end{vmatrix}$$

$$= (-6xy - 2x^3y)\hat{\mathbf{k}} + (0 - yz)\hat{\mathbf{j}} + (xz + 0)\hat{\mathbf{i}}$$

$$= xz\,\hat{\mathbf{i}} - yz\,\hat{\mathbf{j}} - (6xy + 2x^3y)\hat{\mathbf{k}}$$

32. curl $(\mathbf{r} \times \mathbf{a}) = \nabla \times (\mathbf{r} \times \mathbf{a})$

$$= \begin{vmatrix} \hat{\mathbf{i}} & \hat{\mathbf{j}} & \hat{\mathbf{k}} \\ \frac{\partial}{\partial x} & \frac{\partial}{\partial y} & \frac{\partial}{\partial z} \\ a_3y - a_2z & a_1z - a_3x & a_2x - a_1y \end{vmatrix}$$

$$= \left[\frac{\partial}{\partial y}(a_2x - a_1y) - \frac{\partial}{\partial z}(a_1z - a_3x)\right]\hat{\mathbf{i}} - \left[\frac{\partial}{\partial x}(a_2x - a_1y) - \frac{\partial}{\partial z}(a_3y - a_2z)\right]\hat{\mathbf{j}} + \left[\frac{\partial}{\partial x}(a_1z - a_3x) - \frac{\partial}{\partial y}(a_3y - a_2z)\right]\hat{\mathbf{k}}$$

$$= -2a_1\,\hat{\mathbf{i}} - 2a_2\hat{\mathbf{j}} - 2a_3\hat{\mathbf{k}}$$

$$= -2(a_1\hat{\mathbf{i}} + a_2\hat{\mathbf{j}} + a_3\hat{\mathbf{k}}) = -2a$$

34. दिया है, $\mathbf{r} = t^3\,\hat{\mathbf{i}} - \cos t\,\hat{\mathbf{j}} + (t^2+1)\cdot\hat{\mathbf{k}}$

t के सापेक्ष अवकलन करने पर,

$$\frac{dr}{dt} = \frac{d}{dt}(t^3)\,\hat{\mathbf{i}} - \frac{d}{dt}(\cos t)\,\hat{\mathbf{j}} + \frac{d}{dt}(t^2+1)\hat{\mathbf{k}}$$

$$\therefore \quad \frac{dr}{dt} = 3t^2\,\hat{\mathbf{i}} + \sin t\,\hat{\mathbf{j}} + 2t\,\hat{\mathbf{k}}$$

35. XY-समतल में, $\mathbf{r} = x\hat{\mathbf{i}} + y\hat{\mathbf{j}} \Rightarrow d\mathbf{r} = dx\,\hat{\mathbf{i}} + dy\,\hat{\mathbf{j}}$

$$\therefore \quad \mathbf{F}\cdot d\mathbf{r} = (x^2\,\hat{\mathbf{i}} + y^3\,\hat{\mathbf{j}})\cdot(dx\,\hat{\mathbf{i}} + dy\,\hat{\mathbf{j}}) = x^2\,dx + y^3\,dy$$

$$\Rightarrow \quad \int_C \mathbf{F}\cdot d\mathbf{r} = \int_C (x^2\,dx + y^3\,dy)$$

अब, वक्र $C : y = x^2$ की दिशा में,

$$\int_C \mathbf{F}\cdot d\mathbf{r} = \int_{x=0}^{1} [x^2\,dx + x^6\,(2x)\,dx] \quad [\because dy = 2x\,dx]$$

$$= \int_0^1 (x^2 + 2x^7)\,dx = \left[\frac{x^3}{3} + \frac{2x^8}{8}\right]_0^1 = \frac{7}{12}$$

36. $\because \quad \mathbf{r} = 5t^2\,\hat{\mathbf{i}} + t\,\hat{\mathbf{j}} - t^3\hat{\mathbf{k}}$

$$\therefore \frac{d\mathbf{r}}{dt} = 10t\,\hat{\mathbf{i}} + \hat{\mathbf{j}} - 3t^2\hat{\mathbf{k}} \Rightarrow \frac{d^2\vec{\mathbf{r}}}{dt^2} = 10\hat{\mathbf{i}} - 6t\,\hat{\mathbf{k}}$$

अब,
$$\left(\mathbf{r}\times\frac{d^2\mathbf{r}}{dt^2}\right) = \begin{vmatrix} \hat{\mathbf{i}} & \hat{\mathbf{j}} & \hat{\mathbf{k}} \\ 5t^2 & t & -t^3 \\ 10 & 0 & -6t \end{vmatrix}$$

$$= \hat{\mathbf{i}}\,(-6t^2) - \hat{\mathbf{j}}\,(-30t^3 + 10t^3) + \hat{\mathbf{k}}\,(-10t)$$

$$= -6t^2\,\hat{\mathbf{i}} + 20t^3\hat{\mathbf{j}} - 10t\,\hat{\mathbf{k}}$$

अतः
$$\int_1^2 \left(\mathbf{r}\times\frac{d^2\mathbf{r}}{dt^2}\right)dt = \int_1^2 (-6t^2\,\hat{\mathbf{i}} + 20t^3\hat{\mathbf{j}} - 10t\,\hat{\mathbf{k}})\,dt$$

$$= \left[\frac{-6t^3}{3}\,\hat{\mathbf{i}} + \frac{20t^4}{4}\,\hat{\mathbf{j}} - \frac{10t^2}{2}\,\hat{\mathbf{k}}\right]_1^2$$

$$= [-2(2)^3\,\hat{\mathbf{i}} + 5(2)^4\,\hat{\mathbf{j}} - 5\,(2)^2\,\hat{\mathbf{k}}] - [-2\,(1)^3\,\hat{\mathbf{i}} + 5\,(1)^4\,\hat{\mathbf{j}} - 5\,(1^2)\,\hat{\mathbf{k}}]$$

$$= [-16\hat{\mathbf{i}} + 80\hat{\mathbf{j}} - 20\,\hat{\mathbf{k}} + 2\hat{\mathbf{i}} - 5\hat{\mathbf{j}} + 5\hat{\mathbf{k}}]$$

$$= [-14\hat{\mathbf{i}} + 75\hat{\mathbf{j}} - 15\hat{\mathbf{k}}]$$

38. माना C, वृत्त $x^2 + y^2 = 1$ को प्रदर्शित करता है तथा इस वृत्त के प्राचलिक समीकरण निम्न हैं।

$$x = \cos t,\; y = \sin t$$

$$\therefore \quad \oint_C (xdy - ydx) = \int_0^{2\pi}\left(x\frac{dy}{dt} - y\frac{dx}{dt}\right)dt = \int_0^{2\pi} (\cos^2 t + \sin^2 t)\,dt$$

$$= \int_0^{2\pi} dt = 2\pi$$

39. डाइवर्जेन्स प्रमेय से,

$$\iint_S \text{curl}\,\mathbf{F}\cdot\mathbf{n}'ds = \iiint_V (\text{div curl}\mathbf{F})\,dV$$

जहाँ, V, S द्वारा घेरा गया आयतन है $= 0$ $\quad [\because \text{div curl}\;\vec{\mathbf{F}} = 0]$

40. डाइवर्जेन्स प्रमेय से हम जानते हैं कि,

$$\iint_S \mathbf{r}\mathbf{n}\,dS = \iiint_V \nabla\cdot\vec{\mathbf{r}}\,dV = \iint_S 3dV \quad [\because \nabla\cdot\vec{\mathbf{r}} = \text{div}\,\vec{\mathbf{r}} = 3]$$

$= 3V$, जहाँ V, S द्वारा घेरा गया आयतन है।

41. डाइवर्जेन्स प्रमेय से,

$\iint_S \mathbf{F}\cdot\mathbf{n}\,dS = \iiint_V (\nabla\cdot\mathbf{F})\,dV$, जहाँ V, S द्वारा घिरा हुआ आयतन है।

$$= \iiint_V [\nabla\cdot(ax\,\hat{\mathbf{i}} + by\,\hat{\mathbf{j}} + cz\,\hat{\mathbf{k}})]\,dV$$

$$= \iiint_V \left[\frac{\partial}{\partial x}(ax) + \frac{\partial}{\partial y}(by) + \frac{\partial}{\partial z}(cz)\right]dV$$

$$= \iiint_V (a+b+c)\,dV = (a+b+c)V$$

$$= (a+b+c)\,\frac{4}{3}\pi$$

$[\because$ इकाई त्रिज्या वाले गोले का आयतन $= \frac{4}{3}\pi]$

42. डाइवर्जेन्स प्रमेय से,

$$\int S^{r\cdot n}\cdot dS = \int \nabla\cdot r\,dv = \int 3dv \qquad [\because \nabla\cdot r = \text{div}\,r = 3]$$

$= 3\,V$, जहाँ, V, S द्वारा घिरा आयतन है।

43. $\oint_C (e^x\,dx + 2y\,dy - dz)$

$$= \oint_C (e^x\hat{\mathbf{i}} + 2y\,\hat{\mathbf{j}} - \hat{\mathbf{k}})\cdot(dx\,\hat{\mathbf{i}} + dy\,\hat{\mathbf{j}} + dz\,\hat{\mathbf{k}})$$

$= \oint_C \mathbf{F}\cdot d\mathbf{r}$, जहाँ $\mathbf{F} = e^x\,\hat{\mathbf{i}} + 2y\,\hat{\mathbf{j}} - \hat{\mathbf{k}}$

अब
$$\text{curl}\,\mathbf{F} = \begin{vmatrix} \hat{\mathbf{i}} & \hat{\mathbf{j}} & \hat{\mathbf{k}} \\ \frac{\partial}{\partial x} & \frac{\partial}{\partial y} & \frac{\partial}{\partial z} \\ e^x & 2y & -1 \end{vmatrix} = 0\hat{\mathbf{i}} + 0\hat{\mathbf{i}} + 0\hat{\mathbf{k}} = 0$$

$\therefore$ स्टोक्स प्रमेय से,

$$\oint_C \mathbf{F}\cdot d\mathbf{r} = \iint_S (\text{curl}\,\mathbf{F})\cdot\mathbf{n}\,dS = 0 \qquad [\because \text{curl}\mathbf{F} = 0]$$

44. यहाँ, $\mathbf{F} = yz\,\hat{\mathbf{i}} + xz\,\hat{\mathbf{j}} + xy\hat{\mathbf{k}}$

$$\therefore \quad \text{curl}\,\mathbf{F} = \begin{vmatrix} \hat{\mathbf{i}} & \hat{\mathbf{j}} & \hat{\mathbf{k}} \\ \frac{\partial}{\partial x} & \frac{\partial}{\partial y} & \frac{\partial}{\partial z} \\ yz & xz & xy \end{vmatrix}$$

$$= (x-x)\hat{\mathbf{i}} - (y-y)\,\hat{\mathbf{j}} + (z-z)\,\hat{\mathbf{k}} = 0$$

$\therefore$ स्टोक्स प्रमेय से,

$$\oint_C \mathbf{F}\cdot d\mathbf{r} = \iint_S (\text{curl}\,\mathbf{F})\cdot\mathbf{n}\,dS = 0 \qquad [\because \text{curl}\,\vec{\mathbf{F}} = 0]$$

47. समतल में ग्रीन प्रमेय से,

$$\iint_R \left(\frac{\partial N}{\partial x} - \frac{\partial M}{\partial y}\right)dxdy = \oint_C (Mdx + N\,dy)$$

यहाँ, $\quad M = \cos x\sin y - xy$ तथा $N = \sin x\cos y$

$\therefore \quad \frac{\partial M}{\partial y} = \cos x\cos y - x$ तथा $\frac{\partial N}{\partial x} = \cos x\cos y$

अतः
$$\iint_R xdxdy = \int_{\theta=0}^{2\pi}\int_{r=0}^{1} r\cos\theta d\theta\,dr = \int_{\theta=0}^{2\pi}\left[\frac{r^3}{3}\right]_0^1 \cos\theta\,d\theta$$

$$= \frac{1}{3}[\sin\theta]_0^{2\pi} = \frac{1}{3}(0) = 0$$

48.
$$\int_C (y^2dx + xydy) = \iint_S \left[\frac{\partial}{\partial x}(xy) - \frac{\partial}{\partial y}(y^2)\right]dxdy$$

$$\left[\because \oint_C \phi dx + \psi dy = \iint_S \left(\frac{\partial\psi}{\partial x} - \frac{\partial\phi}{\partial y}\right)dxdy\right]$$

$$= \int_0^9\int_0^{\sqrt{x}} (y - 2y)\,dxdy$$

$$= \int_0^9 dx \int_0^{\sqrt{x}} (-y)\,dy = -\int_0^9 dx\left[\frac{y^2}{2}\right]_0^{\sqrt{x}}$$

$$= -\int_0^9 \left(\frac{x}{2}\right)dx = -\left(\frac{x^2}{4}\right)_0^9 = -\frac{81}{4}$$

अध्याय 29

त्रिविमीय ज्यामिति

Three-Dimensional Geometry

शंकु Cone

एक ऐसी गतिमान रेखा द्वारा जनित पृष्ठ जो सदैव किसी निश्चित बिन्दु से गुजरती है तथा एक नियत वक्र को काटती है तो वह शंकु कहलाता है।

जहाँ नियत बिन्दु, शंकु का शीर्ष कहलाता है, नियत वक्र निर्देशी वक्र तथा शंकु के पृष्ठ पर कोई भी रेखा उसकी जनक रेखा या जनक कहलाती है।

(i) **शंकु का समीकरण जिसका शीर्ष मूल बिन्दु है**

$$ax^2 + by^2 + cz^2 + 2fyz + 2gzx + 2hxy = 0$$

(ii) **शंकु का व्यापक समीकरण**

$$ax^2 + by^2 + cz^2 + 2fyz + 2gzx + 2hxy + 2ux + 2vy + 2uz + d = 0$$

(iii) **अन्वालोपी शंकु** (Enveloping Cone) किसी बिन्दु से किसी पृष्ठ पर खींची गई स्पर्श रेखाओं के बिन्दुपथ को स्पर्श या अन्वालोपी शंकु कहते हैं।

(iv) **स्पर्श शंकु का समीकरण**

$$SS_1 = T^2$$

जहाँ, $S = x^2 + y^2 + z^2 - r^2,\ S_1 = \alpha^2 + \beta^2 + \gamma^2 - r^2$

तथा $T = \alpha x + \beta y + \gamma z - r^2$

(v) **द्विघात समीकरण द्वारा एक शंकु को प्रदर्शित करने का प्रतिबन्ध**

$$\begin{vmatrix} a & h & g & u \\ h & b & f & v \\ g & f & c & w \\ u & v & w & d \end{vmatrix} = 0$$

(vi) **व्युत्क्रम शंकु** (Reciprocal Cone) किसी शंकु के स्पर्श समतलों के अभिलम्ब शीर्ष से गुजरने वाली रेखाओं का बिन्दुपथ व्युत्क्रम शंकु कहलाता है।

(vii) **तीन परस्पर समकोणिक जनक रेखाओं का प्रतिबन्ध**

$$ab + bc + ca - f^2 - g^2 - h^2 = 0$$

जहाँ, शंकु का समीकरण निम्न है

$$ax^2 + by^2 + cz^2 + 2fyz + 2gzx + 2hxy = 0$$

(viii) **लम्बवृत्तीय शंकु का समीकरण**

$$\cos^2\theta[(x-\alpha)^2 + (y-\beta)^2 + (z-\lambda)^2][l^2 + m^2 + n^2] = [l(x-\alpha) + m(y-\beta) + n(z-\lambda)]^2$$

बेलन Cylinder

एक स्थिर रेखा के समान्तर तथा दिए गए वक्र की प्रतिच्छेद चर रेखा द्वारा जनित पृष्ठ को बेलन कहते हैं।

जहाँ पर रेखा बेलन की जनक, स्थिर रेखा उसकी अक्ष तथा दिया गया वक्र निर्देशी वक्र कहलाता है।

(i) **बेलन का समीकरण**

$$a(nx - lz)^2 + 2h(nx - lz)(ny - mz) + b(xy - mz)^2 + 2gn(nx - lz) + 2fn(ny - mz) + cn^2 = 0$$

(ii) **लम्बवृत्तीय बेलन का समीकरण**

$$(x-\alpha)^2 + (y-\beta)^2 + (z-\lambda)^2 = r^2 + \left[\frac{l(x-\alpha) + m(y-\beta) + n(z-\gamma)}{\sqrt{l^2 + m^2 + n^2}}\right]^2$$

(iii) यदि लम्बवृत्तीय बेलन की अक्ष X-अक्ष तथा त्रिज्या r हो, तो लम्बवृत्तीय बेलन का समीकरण $y^2 + z^2 = r^2$

अभ्यास प्रश्न

शंकु

1. उस शंकु का समीकरण जिसका शीर्ष मूलबिन्दु पर और जो वक्र $ax^2 + by^2 = 2z$, $lx + my + nz = p$ से गुजरता है, है

(a) $(ax^2 + by^2)^2 = lx + my + nz$

(b) $p(ax^2 + by^2) = 2z(lx + my + nz)$

(c) $p(ax^2 + by^2) = \frac{z}{p}(lx + my - nz)$

(d) उपरोक्त में से कोई नहीं

2. रेखा $\frac{x}{l} = \frac{y}{m} = \frac{z}{n}$ शंकु $2x^2 + 3y^2 - 5z^2 = 0$ की जनक है, तब

(a) $l^2 + m^2 + n^2 = \sqrt{2}$

(b) $2(l^2 + m^2 + n^2) = 5$

(c) $2l^2 + 3m^2 - 5n^2 = 0$

(d) $l^2 + m^2 - n^2 = 0$

3. एक रेखा जो (α, β, γ) से गुजरती है और परवलय $z^2 = 4ax$, $y = 0$ को प्रतिच्छेद करती है, निम्न में से किस शंकु पर स्थित है?

(a) $(\beta z - \gamma y)^2 - 4a(\beta - y)(\beta x - \alpha y) = 0$

(b) $(\gamma z - \beta y)^2 - 4(a\beta + y)(\alpha x + \beta y) = 0$

(c) $z(\gamma - \beta)^2 - 4a(\beta + y)(\alpha x - \beta y) = 0$

(d) उपरोक्त में से कोई नहीं

4. शंकु $ax^2 + by^2 + cz^2 = 0$ के व्युत्क्रम शंकु का समीकरण है

(a) $\frac{a}{x^2} + \frac{b}{y^2} + \frac{c}{z^2} = 0$

(b) $\frac{x^2}{a} + \frac{y^2}{b} + \frac{z^2}{c} = 0$

(c) $\frac{1}{x^2} + \frac{1}{y^2} + \frac{1}{z^2} = abc$

(d) उपरोक्त में से कोई नहीं

5. शंकु $ax^2 + 4y^2 + 5z^2 + 2yz + 4zx + 6xy = 0$ के तीन परस्पर लम्बवत् अक्ष होने के लिए आवश्यक प्रतिबन्ध है

(a) $a = -9$ (b) $a = 9$

(c) $a = 5$ (d) $a = 4$

बेलन

6. उस बेलन का समीकरण, जो वक्र $ax^2 + by^2 + cz^2 = 1$, $lx + my + nz = p$ को प्रतिच्छेद करता है और जिसके जनक Z-अक्ष के समान्तर हैं, है

(a) $(cl^2 + an^2)x^2 + (cm^2 + bn^2)y^2 + 2clmxy - 2cplx - 2cpmy + (cp^2 - n^2) = 0$

(b) $(cn^2 + al^2)x^2 + (bm^2 + cn^2)y^2 + 2alnxy - 2bply - 2apnx + (cp^2 - n^2) = 0$

(c) $(l^2 + m^2)x^2 + (bcm^2 + abn^2)y^2 + 2almxy - 2bplx - 2cpmy + (cp^2 - n^2) = 0$

(d) उपरोक्त में से कोई नहीं

7. उस बेलन का समीकरण जिसकी त्रिज्या 5 तथा अक्ष, Z-अक्ष है, हैं

(a) $x^2 + y^2 = 5, z = 0$ (b) $x^2 + y^2 = \sqrt{5}, z = 1$

(c) $x^2 + y^2 = 25, z = 0$ (d) $x^2 + y^2 + z^2 = (5)^3$

8. उस लम्बवृत्तीय बेलन का समीकरण होगा, जिसकी अक्ष रेखा $x = y = z$ है तथा त्रिज्या 1 है

(a) $x^2 + y^2 + z^2 + (x + y + z)^2 = 2$

(b) $x^2 + y^2 - z^2 - (x + y + z) = 1$

(c) $(x^2 + y^2 + z^2) + (x + y + z) = 2$

(d) $x^2 + y^2 + z^2 = 3 + (x + y + z)^3$

9. रेखाओं का बिन्दुपथ निम्न में से होगा, जोकि रेखा कि समानान्तर हो तथा सतह को स्पर्श करता है।

(a) लम्बवृत्तीय बेलन (b) आवर्तीय बेलन

(c) आवर्तीय शंकु (d) इनमें से कोई नहीं

10. बेलन का समीकरण ज्ञात कीजिए, जो Z-अक्ष के समानान्तर हो तथा वक्र से होकर गुजरता है।

$$ax^2 + by^2 = 2cz, lx + my + nz = p$$

(a) $n(ax^2 + by^2) = 2c(p - lx - ny)$

(b) $l(ax^2 + by^2) = 2c(p - my - nz)$

(c) $m(ax^2 + by^2) = 2c(p - lx - nz)$

(d) $p(ax^2 + by^2) = 2cz(lx + my + nz)$

उत्तरमाला

1.	(b)	2.	(c)	3.	(a)	4.	(b)	5.	(a)	6.	(a)	7.	(c)	8.	(d)	9.	(b)	10.	(a)

संकेत एवं हल

1. दिए गए वक्र का समीकरण निम्न है

$$ax^2 + by^2 = 2z \quad \ldots(i)$$

तथा $lx + my + nz = p \Rightarrow \frac{lx + my + nz}{p} = 1 \quad \ldots(ii)$

समी (ii) की सहायता से समी (i) को समघात बनाने पर मूलबिन्दु पर शीर्ष वाले शंकु का अभीष्ट समीकरण है।

$$ax^2 + by^2 = 2z\left(\frac{lx + my + nz}{p}\right)$$

$$\Rightarrow \quad p(ax^2 + by^2) = 2z(lx + my + nz)$$

2. मूलबिन्दु पर शीर्ष वाले दिए गए शंकु का समीकरण है

$$2x^2 + 3y^2 - 5z^2 = 0 \quad \ldots(i)$$

दी गई रेखा का समीकरण है

$$\frac{x}{l} = \frac{y}{m} = \frac{z}{n} \quad \ldots(ii)$$

$\because$ रेखा समी (ii), शंकु समी (i) की जनक है,

समी (ii) के दिक् अनुपात समी (i) को सन्तुष्ट करेंगे x, y, z की जगह क्रमशः l, m, n प्रतिस्थापित करने पर,

$$2l^2 + 3m^2 - 5n^2 = 0$$

3. इस प्रश्न में हमें उस शंकु का समीकरण ज्ञात करना है जिसका शीर्ष (α, β, γ) पर और आधार वक्र निम्न है

$$z^2 = 4ax, y = 0 \quad \ldots(i)$$

तथा (α, β, γ) से होकर जाने वाली किसी रेखा का समीकरण निम्न है

$$\frac{x-\alpha}{l} = \frac{y-\beta}{m} = \frac{z-\gamma}{n} \quad \ldots(ii)$$

रेखा समी (ii) समतल $y = 0$ को $\left(\alpha - \frac{l\beta}{m}, 0, \gamma - \frac{n\beta}{m}\right)$ पर मिलती है।

यहाँ बिन्दु वक्र समी (i) पर स्थित होगा। यदि

$$\left(\gamma - \frac{n\beta}{m}\right)^2 = 4a\left(\alpha - \frac{l\beta}{m}\right) \quad \ldots(iii)$$

समी (ii) से, $\frac{n}{m} = \frac{z-\gamma}{y-\beta}$ और $\frac{l}{m} = \frac{x-\alpha}{y-\beta}$

समी (ii) और (iii) से l, m, n का विलोपन करने पर, अभीष्ट शंकु का समीकरण है

$$\left\{\gamma - \left(\frac{z-\gamma}{y-\beta}\right)\beta\right\}^2 = 4a\left\{\alpha - \left(\frac{x-\alpha}{y-\beta}\right)\beta\right\}$$

$$\Rightarrow \quad (\beta z - \gamma y)^2 = 4a(\beta - y)(\beta x - \alpha y)$$

4. माना शंकु $ax^2 + by^2 + cz^2 = 0 \quad \ldots(i)$

के व्युत्क्रम शंकु का समीकरण है

$$Ax^2 + By^2 + Cz^2 + 2Fyz + 2Gzx + 2Hxy = 0 \quad \ldots(ii)$$

अब समी (i) की $ax^2 + by^2 + cz^2 + 2fyz + 2gzx + 2hxy = 0$ के साथ तुलना करने पर,

$$a = a, b = b, c = c, f = 0, g = 0, h = 0,$$

अब, $A = bc - f^2 = bc - 0 = bc$

इसी प्रकार, $B = ca, C = ab$

इसके अतिरिक्त, $F = gh - af = 0$

इसी तरह, $G = 0, H = 0$

A, B, C, F, G तथा H के मानों को समी (ii) में रखने पर,

$$bcx^2 + cay^2 + abz^2 = 0$$

$\Rightarrow \frac{x^2}{a} + \frac{y^2}{b} + \frac{z^2}{c} = 0$, जोकि अभीष्ट शंकु का समीकरण है।

6. दिए गए वक्रों के समीकरण हैं

$$ax^2 + by^2 + cz^2 = 1 \quad \ldots(i)$$

तथा $\quad lx + my + nz = p \quad \ldots(ii)$

$\because$ बेलन के जनक Z-अक्ष के समान्तर हैं।

$\therefore$ बेलन के समीकरण में z उपस्थित नहीं होगा।

अतः समी (i) व (ii) से z का विलोपन करने पर बेलन की अभीष्ट समीकरण प्राप्त होगी

$$ax^2 + by^2 + c\left[\frac{p - lx - my}{n}\right]^2 = 1$$

$$\Rightarrow an^2x^2 + bn^2y^2 + c(p^2 + l^2x^2 + m^2y^2 - 2plx + 2lmxy - 2pmy) = n^2$$

$$\Rightarrow (cl^2 + an^2)x^2 + (cm^2 + bn^2)y^2 + 2clmxy - 2cplx - 2cpmy + (cp^2 - n^2) = 0$$

अध्याय 30

स्थिति विज्ञान

Statics

स्थिति विज्ञान (Statics) यान्त्रिकी की वह शाखा है, जिसमें बलों के परस्पर सम्बन्धों का अध्ययन किया जाता है।

कुछ महत्त्वपूर्ण परिभाषाएँ Some Important Definitions

(i) **कण** (Particle) पिण्ड का वह छोटे-से-छोटा (Infinitely small) भाग जिसके आकार की उपेक्षा की जा सकती हो, कण कहलाता है।

(ii) **पिण्ड** (Body) द्रव्य का वह भाग, जो सीमित क्षेत्र घेरता है तथा जिसका निश्चित आकार होता है, पिण्ड कहलाता है। प्रत्येक पिण्ड में असंख्य कण होते हैं।

(iii) **द्रव्यमान** (Mass) किसी पिण्ड के द्रव्य की मात्रा, उस पिण्ड का द्रव्यमान कहलाती है।

(iv) **घनत्व** (Density) किसी वस्तु के द्रव्यमान तथा आयतन के अनुपात को घनत्व कहते हैं अर्थात् $\rho = \frac{M}{V}$

जहाँ, ρ = पिण्ड का घनत्व, M = पिण्ड का द्रव्यमान
तथा V = पिण्ड का आयतन

(v) **गति** (Motion) जब कोई कण अथवा पिण्ड अपने चारों ओर की वस्तुओं के सापेक्ष अपनी स्थिति बदल लेता है, तब वह कण या पिण्ड गति की अवस्था में कहलाता है।

(vi) **विरामावस्था** (Rest) जब कोई कण अथवा पिण्ड अपने चारों ओर की वस्तुओं के सापेक्ष अपनी स्थिति नहीं बदले अर्थात् एक ही स्थान पर स्थित रहे, तब वह कण या पिण्ड विरामावस्था में कहलाता है।

बल Force

बल वह बाह्य कारक है जो किसी पिण्ड की स्थिति में परिवर्तन करता है या परिवर्तन करने का प्रयास करता है। बल को व्यक्त करने के लिए निम्न चार बिन्दुओं पर ध्यान दीजिए।

(i) **क्रिया बिन्दु** (Point of action) पिण्ड का वह बिन्दु जिस पर बल क्रिया करता है, क्रिया बिन्दु कहलाता है इसे रेखा के एक सिरे से व्यक्त किया जाता है।

(ii) **क्रिया रेखा** (Line of action) पिण्ड की वह रेखा जिसके अनुदिश बल कार्य करता है, क्रिया रेखा कहलाती है। क्रिया बिन्दु से प्रारम्भ रेखा स्वयं क्रिया रेखा को व्यक्त करती है।

(iii) **बल का परिमाण** (Magnitude of the force) बल को ग्राम, किग्रा या न्यूटन, किलोन्यूटन इत्यादि में मापकर, जिसे उपयुक्त पैमाना लेकर रेखा द्वारा व्यक्त किया जाता है, बल का परिमाण कहलाता है।

(iv) **बल की दिशा** (Direction of the force) बल की क्रियाकारी दिशा जिसे तीर ($\rightarrow$) के निशान द्वारा व्यक्त किया जाता है, बल की दिशा कहलाती है।

भार Weight

किसी पिण्ड का भार वह बल है जिससे पृथ्वी उस पिण्ड को अपनी ओर आकर्षित करती है। इसे अक्षर w से निरूपित करते हैं।

यदि किसी पिण्ड का द्रव्यमान m तथा भार w हों, तब $w = mg$, जहाँ, g एक स्थिरांक है जिसे गुरुत्वीय स्थिरांक (Gravitational constant) कहते हैं।

तनाव Tension

जब किसी डोरी से कोई भार सन्तुलित किया जाता है या लटकाया जाता है, तब डोरी के अनुदिश एक खिंचाव बल कार्य करता है, यह बल तनाव कहलाता है। इसी प्रकार, यदि किसी छड़ को संकुचित किया जाता है, तब एक बल उत्पन्न होता है, यह बल प्रणोद (Thrust) कहलाता है।

बलों की साम्यावस्था Equilibrium of Forces

किसी पिण्ड पर कार्य करने वाले बल साम्यावस्था में होंगे, यदि वह पिण्ड की स्थिति में कोई परिवर्तन न करें।

किसी बिन्दु पर कार्यरत दो बलों को साम्यावस्था में होने के लिए निम्न बातें आवश्यक होती हैं

(i) दोनों बल परिमाण में समान हों।

(ii) दोनों बल समान रेखा के अनुदिश कार्यरत् हों।

(iii) दोनों बल एक-दूसरे की विपरीत दिशा में कार्यरत् हों।

बलों का संयोजन Composition of Forces

यदि किसी कण पर एक ऐसा बल ज्ञात किया जा सके, जिसका प्रभाव कण पर लगे सभी भिन्न बलों के सम्मिलित प्रभाव के समान हो, तब यह प्रक्रिया बलों का संयोजन कहलाती है तथा यह बल कण पर क्रियाशील भिन्न बलों का परिणामी बल (Resultant force) कहलाता है तथा कण पर क्रियाशील विभिन्न प्रकार के बल, परिणामी बल के घटक (Components) कहलाते हैं।

माना किसी कण पर भिन्न-भिन्न बल $F_1, F_2, F_3, \ldots$ क्रियाशील हैं तथा कण पर R एक ऐसा बल क्रियाशील है जिसका प्रभाव कण पर क्रियाशील बलों $F_1, F_2, F_3, \ldots$ के सम्मिलित प्रभाव के समान है, तब बल R इन सभी भिन्न बलों का परिणामी बल कहलाता है तथा बल $F_1, F_2, F_3, \ldots$ परिणामी बल R के घटक कहलाते हैं।

एक ही सरल रेखा में क्रियाशील बलों का परिणामी Resultant of the Forces Acting in the Straight Line

(i) **जब बल विपरीत दिशाओं में लगे हों** (When the forces are in opposite directions) यदि किसी कण पर लगे दो बल F_1 तथा F_2 विपरीत दिशाओं में हों, तब उनका परिणामी उनके अन्तर के बराबर होगा और वह F_1 तथा F_2 में से बड़े बल की दिशा में ही कार्य करेगा।

(ii) **जब बल एक ही दिशा में लगे हों** (When the forces are in same direction) यदि दो या दो से अधिक बल एक कण पर एक ही दिशा में क्रियाशील हों, तब उनका परिणामी बल उन सभी बलों के योग के बराबर होगा और वह दिए हुए बलों की दिशा में ही कार्य करेगा।

(iii) **भिन्न-भिन्न दिशाओं में क्रियाशील बलों का परिणामी बल** (Resultant of the Forces Acting in Different Directions) यदि किसी पिण्ड के एक बिन्दु पर दो बल भिन्न-भिन्न दिशाओं में क्रियाशील हों, तब उनका परिणामी, बलों के समान्तर चतुर्भुज नियम (Law of parallelogram of forces) द्वारा दिया जाता है।

(iv) **बलों के समान्तर चतुर्भुज का नियम** (Law of Parallelogram of Forces) बलों के समान्तर चतुर्भुज का नियम निम्न प्रकार परिभाषित है

यदि एक बिन्दु पर क्रियाशील दो बल, परिमाण और दिशा में किसी समान्तर चतुर्भुज की एक शीर्ष से खींची गई दो संलग्न भुजाओं से निरूपित किए जाएँ, तब उनका परिणामी बल, परिमाण तथा दिशा में समान्तर चतुर्भुज के उसी विकर्ण द्वारा निरूपित होता है, जो उस बल से होकर गुजरता है।

बलों का वियोजन Resolution of Forces

दिए गए बल का वियोजन ज्ञात करने के लिए उसके घटकों की दिशाएँ ज्ञात होनी चाहिए। इस प्रकार, किसी बल की निर्दिष्ट दिशाओं में घटक बल ज्ञात करने की प्रक्रिया, बल का वियोजन कहलाती है। यदि बल के घटक (Components of force) एक-दूसरे के लम्बवत् हों, तब बल वियोजन समकोणीक वियोजन (Rectangular resolution) कहलाते हैं व घटक बल वियोजित भाग (Resolved parts) कहलाते हैं और यदि बल के घटक लम्बवत् न हों, तब बल वियोजन, तिर्यक वियोजन (Oblique resolution) कहलाते हैं।

तिर्यक वियोजन Oblique Resolution

माना बल R जो परिमाण तथा दिशा में OC द्वारा निरूपित है, के घटक OX तथा OY दिशाओं में ज्ञात करने हैं।

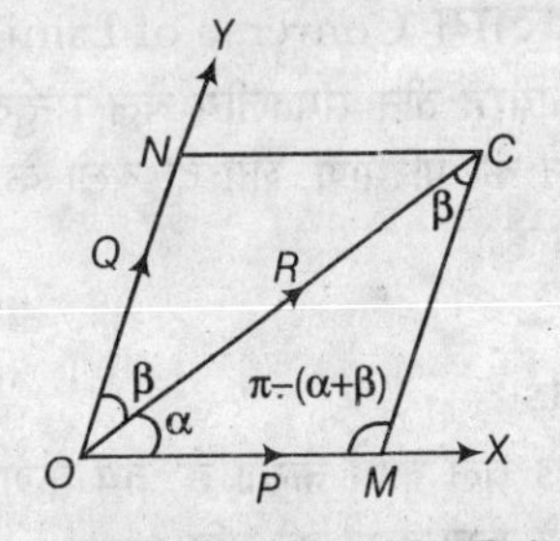

$$\therefore \quad P = \frac{R\sin\beta}{\sin(\alpha+\beta)} \text{ तथा } Q = \frac{R\sin\alpha}{\sin(\alpha+\beta)}$$

जोकि दिए गए बल R के अभीष्ट घटक हैं।

वियोजित भाग Resolved Parts

यदि बल R के दो घटक P तथा Q एक-दूसरे के लम्बवत् (Perpendicular) हैं, तब

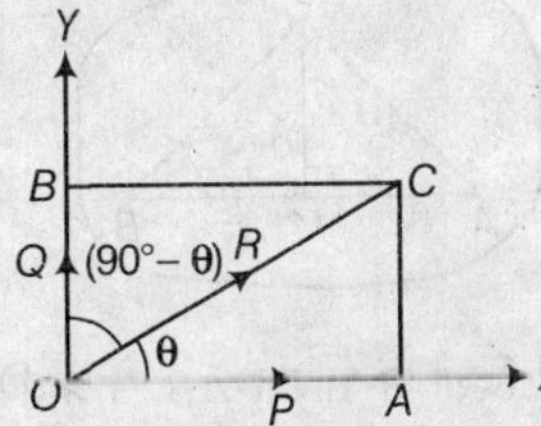

$$\therefore \quad P = \frac{R\sin(90^\circ-\alpha)}{\sin 90^\circ} = R\cos\alpha$$

तथा $$Q = \frac{R\sin\alpha}{\sin 90^\circ} = R\sin\alpha$$

$= R\cos(90^\circ-\alpha)$, बल R का ऊर्ध्वाधर घटक है।

संगामी बलों की साम्यावस्था
Equilibrium State of Concurrent Forces

यदि एक कण पर लगे विभिन्न बलों का परिणामी शून्य हों, तब कण सन्तुलन में कहलाता है। यह बलों की साम्यावस्था कहलाती है तथा इसे लामी प्रमेय द्वारा ज्ञात किया जा सकता है।

लामी की प्रमेय Lami's Theorem

यदि एक कण पर क्रियाशील तीन बल सन्तुलन में हैं, तब प्रत्येक बल अन्य दो बलों के मध्य कोण की ज्या (Sine) के समानुपाती होता है।

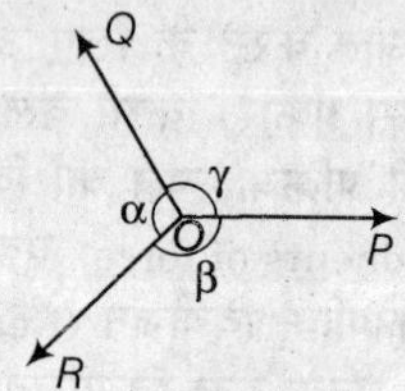

माना बिन्दु O पर तीन बल P, Q तथा R क्रियाशील हैं जोकि सन्तुलन में हैं और बलों Q व R के बीच कोण α है, R व P के बीच कोण β है तथा P व Q के बीच कोण γ है।

तब, $$\frac{P}{\sin\alpha} = \frac{Q}{\sin\beta} = \frac{R}{\sin\gamma}$$

लामी प्रमेय का विलोम Converse of Lami's Theorem

यदि किसी बिन्दु पर कार्यरत तीन समतलीय बल सन्तुलन में इस प्रकार हैं कि उनमें से प्रत्येक बल का परिमाण, शेष दो बलों के बीच के कोण की ज्या के समानुपाती होता है

आघूर्ण Moments

जब किसी कण पर कोई बल कार्य करता है, तब कण द्वारा बल की दिशा में की गई गति को रूपान्तरण की गति (motion of translation) या स्थानान्तरीय गति कहते हैं या आघूर्ण कहते हैं।

बल-आघूर्ण Moment of the Force

किसी बल द्वारा पिण्ड को स्थिर बिन्दु के सापेक्ष घुमाने की प्रवृत्ति को ही बिन्दु के सापेक्ष बल-आघूर्ण कहते हैं।

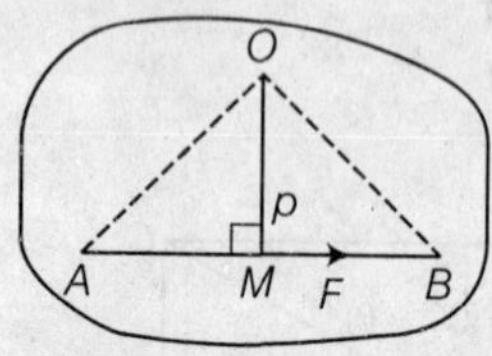

यदि बल F परिमाण तथा दिशा में सदिश AB से प्रदर्शित किया जाए, तब बिन्दु O के सापेक्ष बल F का आघूर्ण

$$= F \cdot p = |AB| \cdot OM$$

$$= 2 \cdot \frac{1}{2} \cdot AB \cdot OM = 2\,(\Delta OAB \text{ का क्षेत्रफल})$$

नोट आघूर्ण धनात्मक तथा ऋणात्मक हो सकता है।

वेरीगनन प्रमेय Varignon's Theorem

दो बलों का उनके समतल में स्थित किसी बिन्दु के सापेक्ष आघूर्णों का बीजगणितीय योग उनके परिणामी बल के उसी बिन्दु के सापेक्ष आघूर्ण के बराबर होता है।

घर्षण Friction

वस्तुओं का वह गुण जिसके कारण दो रूक्ष (Rough) पिण्डों के सम्पर्क बिन्दु पर एक गति विरोधी बल स्वत: उत्पन्न हो जाता है जोकि एक पिण्ड को दूसरे पिण्ड पर फिसलने से रोकने की प्रवृत्ति रखता है, घर्षण कहलाता है तथा यह अवरोधी बल जो सदैव उस दिशा की विपरीत दिशा में कार्य करता है जिसमें पिण्ड फिसलने या चलने की प्रवृत्ति रखता है, घर्षण बल (Force of friction) कहलाता है।

घर्षण के नियम Laws of Friction

(i) जब दो पिण्ड सम्पर्क में हों, तब घर्षण बल सम्पर्क बिन्दु पर उस दिशा की विपरीत दिशा में कार्य करेगा जिसमें पिण्ड गति करना प्रारम्भ करता है।

(ii) जब पिण्ड गति करना प्रारम्भ करता है, जब उपरोक्त सीमान्त घर्षण नियम लागू होता है और यह घर्षण, वेग से स्वतन्त्र रहता है।

(iii) सीमान्त घर्षण का मान f_s, अभिलम्ब प्रतिक्रिया R के समानुपाती होता है।

अर्थात् $f_s \propto R \Rightarrow f_s = \mu_s R \Rightarrow \mu_s = f_s/R$, जहाँ μ_s एक नियतांक है, जिसे स्थैतिक घर्षण गुणांक कहते हैं।

गतिक घर्षण के लिए, $\mu_k = \dfrac{f_k}{R}$, जहाँ, μ_k गतिक घर्षण गुणांक है।

घर्षण के प्रकार Types of Friction

1. **सीमान्त घर्षण** (Limiting Friction) जब एक पिण्ड को दूसरे पिण्ड पर चलाने का प्रयास किया जाता है और पहला पिण्ड ठीक चलने को तैयार होता है, तब इस स्थिति को सीमान्त सन्तुलन की स्थिति कहते हैं। सीमान्त सन्तुलन की स्थिति में कार्य करने वाले घर्षण को सीमान्त घर्षण कहते हैं। सीमान्त घर्षण का मान अधिकतम होता है।

R
F ← → P
W

2. **स्थैतिक घर्षण** (Dynamic Friction) जब एक पिण्ड को दूसरे पिण्ड पर चलाने का प्रयास किया जाता है और पहला पिण्ड चलने की स्थिति में नहीं हो, तब इस स्थिति में घर्षण को स्थैतिक घर्षण कहते हैं।
3. **गतिक घर्षण** (Kinetic Friction) जब एक पिण्ड दूसरे पिण्ड के ऊपर चलता है, तब दोनों पिण्डों के सम्पर्क तलों के मध्य कार्य करने वाले घर्षण को गतिक घर्षण कहते हैं। गतिक घर्षण का मान सदैव सीमान्त घर्षण से कम होता है। गतिक घर्षण दो प्रकार का होता है अर्थात् सर्पी (Sliding) घर्षण तथा बेलन (Rolling) घर्षण।
4. **घर्षण कोण** (Angle of Friction) सीमान्त घर्षण और अभिलम्ब प्रतिक्रिया का परिणामी, अभिलम्ब प्रतिक्रिया से जो कोण बनाता है, उसे घर्षण कोण कहते हैं तथा इसे सामान्यत: λ से प्रदर्शित करते हैं।

घर्षण गुणांक Coefficient of Friction

जब एक रूक्ष पिण्ड, दूसरे रूक्ष पिण्ड के ऊपर फिसलने की अवस्था में होता है, तब इस समय लगने वाला घर्षण, सीमान्त घर्षण कहलाता है और यह अभिलम्ब प्रतिक्रिया से एक अचर अनुपात में होता है। इस अचर अनुपात को घर्षण गुणांक (Coefficient of friciton) कहते हैं। जिसे μ से प्रदर्शित करते हैं।

अत: $\mu = \tan\lambda = \dfrac{\text{अधिकतम घर्षण}}{\text{अभिलम्ब प्रतिक्रिया}}$

$\Rightarrow \quad \mu = \dfrac{F}{R} \Rightarrow F = \mu R$

जहाँ, F सीमान्त घर्षण तथा R अभिलम्ब प्रतिक्रिया है, μ का मान सदैव 0 से 1 के मध्य होता है।

घर्षण शंकु Cone of Friction

ऐसा शंकु जिसका शीर्ष दो पिण्डों का सम्पर्क बिन्दु हो, जिसका अक्ष उनके उभयनिष्ठ अभिलम्ब गुरुत्व केन्द्र के अनुदिश हो और जिसका अर्द्ध-शीर्षकोण (Semi-vertical angle) घर्षण कोण λ के बराबर हो, घर्षण शंकु कहलाता है।

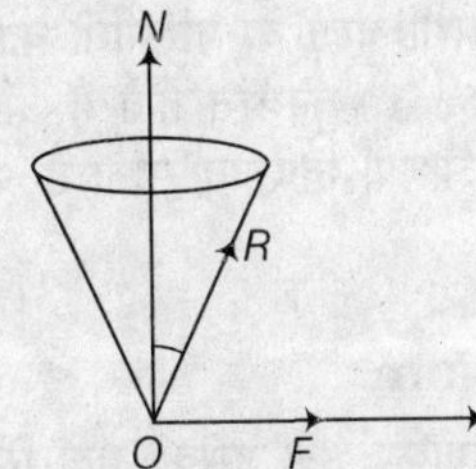

गुरुत्व केन्द्र Centre of Gravity

गुरुत्व केन्द्र वह बिन्दु होता है जिस पर किसी पिण्ड या निकाय का सम्पूर्ण भार केन्द्रित होता है। किसी भी निकाय या पिण्ड का एक और केवल एक गुरुत्व केन्द्र होता है।

Y
• $A_n(x_n, y_n)$
• $A_2(x_2, y_2)$
• $G(x, y)$
• $A_1(x_1, y_1)$
O X

माना बिन्दुओं $A_1(x_1, y_1), A_2(x_2, y_2), \ldots, A_n(x_n, y_n)$ पर $W_1, W_2, \ldots, W_n$ भार के पिण्ड रखे गए हैं, तब उनके गुरुत्व केन्द्र G के निर्देशांक $(\bar{x}, \bar{y})$ निम्नवत् होंगे

$$\bar{x} = \frac{\Sigma W_1 x_1}{\Sigma W_1} \text{ तथा } \bar{y} = \frac{\Sigma W_1 y_1}{\Sigma W_1}$$

संयुक्त पिण्ड का गुरुत्व केन्द्र
Centre of Gravity of Compound Body

माना G_1 तथा G_2 एक ही पिण्ड के दो भागों के गुरुत्व केन्द्र हैं जिनके भार W_1 तथा W_2 हैं। पुन: माना सम्पूर्ण पिण्ड का गुरुत्व केन्द्र G है, तब पिण्ड का सम्पूर्ण भार $(W_1 + W_2)$, बिन्दु G पर कार्यरत है। यहाँ, बिन्दु G, G_1 तथा G_2 को मिलाने वाली रेखा पर स्थित होगा। अब, माना G_1G_2 पर कोई स्थिर बिन्दु O है।

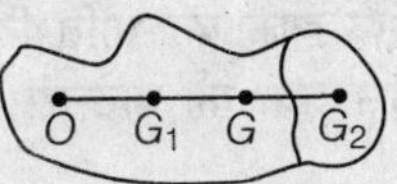

तब, $OG_1 = x_1, OG_2 = x_2$ तथा $OG = \bar{x}$

अत: बिन्दु O के सापेक्ष आघूर्ण,

$$(W_1 + W_2)\bar{x} = W_1x_1 + W_2x_2$$

$$\therefore \quad \bar{x} = \frac{W_1x_1 + W_2x_2}{W_1 + W_2}$$

विशेष स्थितियों में पिण्डों से गुरुत्व केन्द्र की स्थितियाँ
Positions of Centre of Gravity in Special Cases

(i) **सर्वत्रसम छड़ (दण्ड)** (Uniform rod) इसका गुरुत्व केन्द्र उसका मध्य-बिन्दु होता है।

(ii) **त्रिभुजाकार समतल** (Triangular plane) इसका गुरुत्व केन्द्र उसकी माध्यिकाओं का प्रतिच्छेद बिन्दु अर्थात् केन्द्रक होता है जो प्रत्येक माध्यिका को 2:1 के अनुपात में विभाजित करता है। यदि किसी त्रिभुज के शीर्षों के निर्देशांक $(x_1, y_1), (x_2, y_2)$ और (x_3, y_3) हों, तब गुरुत्व केन्द्र के निर्देशांक $\left(\dfrac{\Sigma x}{3}, \dfrac{\Sigma y}{3}\right)$ होंगे।

(iii) **समान्तर चतुर्भुज, आयत और वर्गाकार समतल** (Parallelogram, rectangle and square plane) इसका गुरुत्व केन्द्र विकर्णों का प्रतिच्छेद बिन्दु होता है।

(iv) **वृत्त के त्रिज्यखण्ड** (Sector of circle) जो केन्द्र पर 2α कोण अन्तरित करता है, का गुरुत्व केन्द्र सममित त्रिज्या पर केन्द्र से $\dfrac{2a}{3} \cdot \dfrac{\sin\alpha}{\alpha}$ दूरी पर होता है, जहाँ त्रिज्या α है और α रेडियन में है।

(v) **वृत्तीय चाप** (Circular arc) जो केन्द्र पर 2α कोण अन्तरित करता है, का गुरुत्व केन्द्र सममित त्रिज्या पर केन्द्र से $a \cdot \dfrac{\sin\alpha}{\alpha}$ दूरी पर होता है, जहाँ त्रिज्या α है और α रेडियन में है।

(vi) **अर्द्ध-वृत्ताकार चाप** (Semi-circular arc) गुरुत्व केन्द्र सममित् त्रिज्या पर केन्द्र से $\dfrac{2a}{\pi}$ दूरी पर होता है।

(vii) **अर्द्ध-वृत्ताकार समतल** (Semi-circular plane) गुरुत्व केन्द्र सममित त्रिज्या पर केन्द्र से $\dfrac{4a}{3\pi}$ दूरी पर होता है।

(viii) **खोखला अर्द्ध-गोला** (Hemi-spherical shell) गुरुत्व केन्द्र सममित त्रिज्या पर केन्द्र से $\dfrac{a}{2}$ दूरी पर होता है।

(ix) **ठोस अर्द्ध-गोला** (Solid hemi-sphere) गुरुत्व केन्द्र सममित त्रिज्या पर केन्द्र से $\dfrac{3a}{8}$ दूरी पर होता है।

कटेनरी Catenary

यदि किसी चेन या रस्सी को दो बिन्दुओं के बीच बाँधकर लटकाया जाए, तब यह एक वक्र की भाँति दिखता है जो परवलय की आकृति का होता है। इस वक्र को कटेनरी कहते हैं।

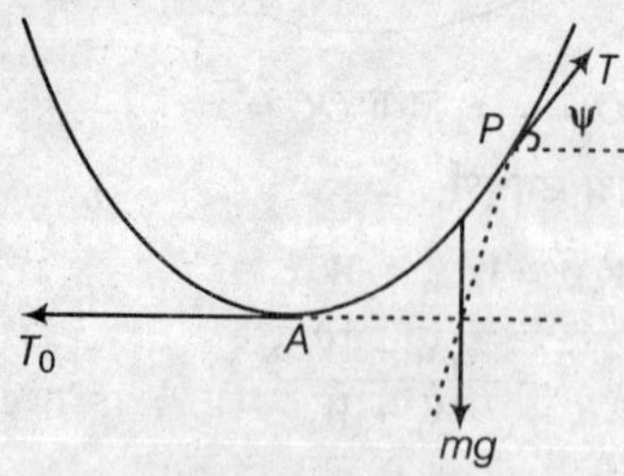

कटेनरी का इनट्रीन्सिक समीकरण
Intrinsic Equation of Catenary

$$T_0 = T\cos\psi \quad \text{...(i)}$$

तथा $\mu sg = T\sin\psi$ ...(ii)

समी (i) तथा (ii) का वर्ग करके जोड़ने पर,

$$(\mu sg)^2 + T_0^2 = T^2 \quad \text{...(iii)}$$

तथा $\tan\psi = \dfrac{\mu sg}{T_0}$ ...(iv)

अचर a प्रयुक्त करते हैं जिसकी लम्बाई विमा निम्न प्रकार परिभाषित है

$$a = \frac{T_0}{\mu g} \quad \text{...(v)}$$

समी (iii) तथा (v) से, $T = \mu g\sqrt{s^2 + a^2}$ ...(vi)

तथा $s = a\tan\psi$

उपरोक्त समीकरण ही कटेनरी का इनट्रीन्सिक समीकरण कहलाता है।

आभासी कार्य Virtual Work

हम जानते हैं कि यदि बल साम्यावस्था में हो, तब वह अनुप्रयोग बिन्दु से विस्थापित नहीं होते तथा बल द्वारा वास्तविकता में कोई कार्य नहीं होता। माना यदि हम कल्पना करते हैं कि सूक्ष्म विस्थापन में बल साम्यावस्था में है, तो बल द्वारा विस्थापन के समय हुए कार्य को ज्ञात कीजिए। इस प्रकार का कार्य आभासी कार्य कहलाता है।

त्रिविमीय बल Force in Three Dimensions

यदि किसी पदार्थिक निकाय पर तीनों अक्षों के समान्तर कार्यरत् बल उसकी स्थिति को थोड़ा-सा परिवर्तित कर दे, तब इन बलों को त्रिविमीय बल कहते हैं।

त्रिविमीय बलों का कार्य फलन
Work Function of Three Dimensions Forces

यदि तीन बल X, Y, Z किसी कण पर क्रमश: X-अक्ष, Y-अक्ष तथा Z-अक्ष के समान्तर कार्यरत् हैं और कण को अक्षों के अनुदिश dx, dy तथा dz दूरी विस्थापित कर देते हैं,

तब बलों का कार्य फलन,

$$W = \int Xdx - Y \cdot dy + Zdz$$

यहाँ, W को बलों का कार्य फलन कहते हैं।

शून्य रेखा Null Line

बलों के निकाय की शून्य रेखा, वह रेखा है जिस पर मूलबिन्दु को परिवर्तित करके, इस बिन्दू सापेक्ष निकाय का आघूर्ण शून्य होता है।

शून्य समतल Null Plane

वह समतल जिसको सभी शून्य रेखाएँ सन्तुष्ट करती हैं, शून्य समतल कहलाता है।

मध्य अक्ष Central Axis

वह रेखा, जिसके अनुदिश निकाय पर कार्यरत् सभी बलों का परिणामी, एकलबल के परिमाण के बराबर कार्यरत् होता है; मध्य अक्ष कहलाती है।

पॉयनसॉट मध्य अक्ष Pointsot's Central Axis

वह रेखा जिसके अनुदिश सभी बलों के परिणामी का परिमाण R और एक बलयुग्म का आघूर्ण $G\cos\theta$ कार्यरत् होते हैं और वस्तु की स्थिति परिवर्तित हो जाती है तथा आघूर्ण निश्चित रहता है, उसे पॉयनसॉट मध्य अक्ष कहते हैं।

सन्तुलन Equilibrium

जब किसी वस्तु पर बल लगाकर उसे उसकी मूल स्थिति से विस्थापित करके छोड़ दिया जाता है, तो वह कुछ समय बाद साम्यवस्था में आ जाती है, इसे सन्तुलन कहते हैं।

सन्तुलन के प्रकार Types of Equilibrium

सन्तुलन मुख्यतया निम्न तीन प्रकार के होते है

1. स्थायी सन्तुलन Stable Equilibrium

जब किसी वस्तु पर बल लगाकर उसकी मूल स्थिति से विस्थापित करके छोड़ दिया जाता है और वह कुछ समय बाद अपनी मूल स्थिति में साम्यवस्था में आ जाती है, तब सन्तुलन, स्थायी सन्तुलन कहलाता है।

2. स्थायी सन्तुलन Unstable Equilibrium

जब किसी वस्तु पर बल लगाकर उसकी मूल स्थिति से विस्थापित करके छोड़ दिया जाता है और वह कुछ समय बाद मूल स्थिति के सापेक्ष किसी दूसरी स्थिति में आ जाती है, तो सन्तुलन, अस्थायी सन्तुलन कहलाता है।

3. उदासीन सन्तुलन Neutral Equilibrium

जब किसी वस्तु पर बल लगाकर उसकी मूल स्थिति से विस्थापित कर छोड़ दिया जाता है और वह कुछ समय बाद, अपनी मूल स्थिति में, या नई स्थिति में आ जाती है, तब सन्तुलन, उदासीन सन्तुलन कहलाता है।

अभ्यास प्रश्न

1. एक समरूप सीढ़ी का एक सिरा एक रूक्ष क्षैतिज फर्श पर और दूसरा सिरा एक चिकनी ऊर्ध्वाधर दीवार के सहारे रखा है। सीढ़ी का भार 400 इकाई है। 800 इकाई भार का एक व्यक्ति, सीढ़ी के नीचे के सिरे से, सीढ़ी की लम्बाई की चौथाई दूरी पर खड़ा है। यदि सीढ़ी का क्षैतिज से झुकाव 30° है, तो दीवार का प्रतिक्रिया बल होगा

(a) 0 इकाई (b) $1200\sqrt{3}$ इकाई
(c) $800\sqrt{3}$ इकाई (d) $400\sqrt{3}$ इकाई

2. उस बल का मान क्या होगा, जो किसी नतसमतल के अनुदिश 10 किग्रा-भार को रोकता है? (दिया गया है कि बल, तल की प्रतिक्रिया तथा पिण्ड का भार समान्तर श्रेणी में हैं।)

(a) 4 किग्रा-भार (b) 6 किग्रा-भार
(c) 8 किग्रा-भार (d) 7 किग्रा-भार

3. IA, IB तथा IC के अनुदिश तीन बल क्रमशः $\vec{P}, \vec{Q}$ तथा $\vec{R}$ कार्यरत् हैं, जहाँ ΔABC का अन्तःकेन्द्र I है, तब $\vec{P}:\vec{Q}:\vec{R}$ है

(a) $\operatorname{cosec}\frac{A}{2}:\operatorname{cosec}\frac{B}{2}:\operatorname{cosec}\frac{C}{2}$ (b) $\sec\frac{A}{2}:\sec\frac{B}{2}:\sec\frac{C}{2}$
(c) $\sin\frac{A}{2}:\sin\frac{B}{2}:\sin\frac{C}{2}$ (d) $\cos\frac{A}{2}:\cos\frac{B}{2}:\cos\frac{C}{2}$

4. एक समरूप छड़ (Uniform rod) दो चिकने समतलों के बीच साम्यावस्था में रखी है। छड़ का एक सिरा एक समतल पर और दूसरा सिरा दूसरे समतल पर है। दोनों समतल परस्पर क्षैतिज समतल में प्रतिच्छेदित करते हैं और क्षैतिज से क्रमशः α और β कोणों पर झुके हैं। तब छड़ का ऊर्ध्वाधर से झुकाव θ निम्न समीकरण से दिया जाता है

(a) $2\cot\theta = \cot\beta - \cot\alpha$
(b) $\tan\theta = 2\tan\alpha\tan\beta/(\tan\alpha - \tan\beta)$
(c) $\cot\theta = \sin(\alpha-\beta)/2\sin\alpha\sin\beta$
(d) उपरोक्त सभी

5. एक लोहे की छड़ जिसका गुरुत्व केन्द्र इसे दो बराबर भागों a तथा b में विभाजित करता है, एक चिकने क्षैतिज अर्द्ध गोले के भीतर रखी हुई है। यदि साम्यावस्था की स्थिति में, क्षैतिज से छड़ का झुकाव θ है तथा छड़ द्वारा गोले के केन्द्र पर अन्तरित कोण 2α है, तब

(a) $\tan\theta = (b-a)(b+a)\tan\alpha$ (b) $\tan\theta = \frac{(b-a)}{(b+a)}\tan\alpha$
(c) $\tan\theta = \frac{(b+a)}{(b-a)}\tan\alpha$ (d) $\tan\theta = \frac{1}{(b-a)(b+a)}\tan\alpha$

6. दो बलों P तथा Q का परिणामी R है। यदि इनमें से एक बल की दिशा विपरीत करने पर परिणामी R' हो जाता है, तब

(a) $R'^2 = P^2 + Q^2 + 2PQ\cos\alpha$ (b) $R'^2 = P^2 - Q^2 - 2PQ\cos\alpha$
(c) $R'^2 + R^2 = 2(P^2 + Q^2)$ (d) $R'^2 + R^2 = 2(P^2 - Q^2)$

7. A व B दो समदिश समान्तर बल हैं। एक आघूर्ण युग्म A व B के तल पर स्थित है तथा उनमें संग्रहित है। संयोजन के बाद A व B का परिणामी किस दूरी द्वारा विस्थापित होगा?

(a) $\frac{H}{2(A+B)}$ (b) $\frac{H}{A-B}$ (c) $\frac{2H}{A-B}$ (d) $\frac{H}{A+B}$

8. एक चिकने नतसमतल पर रखे m द्रव्यमान के छोटे पिण्ड P पर एक क्षैतिज बल F लगा है। समतल का क्षैतिज से झुकाव θ है। यदि बल F पिण्ड P को सन्तुलन में रखने के लिए पर्याप्त है, तो F का परिमाण है

(a) $mg\cos^2\theta$ (b) $mg\sin^2\theta$ (c) $mg\cos\theta$ (d) $mg\tan\theta$

9. किसी समतल में एक बिन्दु पर तीन बल P, Q, R कार्यरत् हैं। यदि P व Q तथा Q व R के मध्य कोण क्रमशः 150° तथा 120° हैं, तब साम्यावस्था में बलों P, Q, R में अनुपात होगा

(a) 1 : 2 : 3 (b) $1:2:\sqrt{3}$ (c) 3 : 2 : 1 (d) $\sqrt{3}:2:1$

10. एक समदण्ड अपने एक सिरे के चारों ओर स्वतन्त्रतापूर्वक घूम सकता है। इसके दूसरे सिरे पर क्षैतिज बल लगाकर खींचा जाता है। यह बल परिमाण में दण्ड के भार का आधा है। सन्तुलन की अवस्था में दण्ड का ऊर्ध्वाधर से झुकाव है

(a) 30° (b) 45°
(c) 60° (d) इनमें से कोई नहीं

11. बल 1 और 2 क्रमशः रेखाओं $x=0$ और $y=0$ के अनुदिश क्रिया करते हैं, तो परिणामी की क्रिया रेखा का समीकरण है

(a) $y-2x=0$ (b) $2y-x=0$
(c) $y+x=0$ (d) $y-x=0$

12. बिन्दुओं A तथा B पर कार्यरत् दो असमदिश समान्तर बल एक बल-युग्म बनाते हैं, जिसका आघूर्ण G है। यदि इनकी क्रिया रेखा एक समकोण से घुमा दी जाए, तब वे H आघूर्ण का बल-युग्म बनाते हैं। जब दोनों AB से समकोण पर कार्यरत् हैं, तब वे निम्न आघूर्ण का बल-युग्म बनाएँगे

(a) GH (b) $G^2 + H^2$
(c) $\sqrt{G^2 + H^2}$ (d) इनमें से कोई नहीं

13. तीन समदिश समान्तर बल ΔABC के शीर्ष बिन्दुओं पर कार्यरत् हैं। इन बलों का परिणामी त्रिभुज के परिकेन्द्र से होकर गुजरता है, यदि

(a) $\frac{P}{a} = \frac{Q}{b} = \frac{R}{c}$ (b) $P = Q = R$
(c) $P + Q + R = 0$ (d) इनमें से कोई नहीं

14. भुजा a के वर्ग $ABCD$ की भुजाओं AB, BC, CD तथा DA के अनुदिश लगे हुए 4 इकाई, 3 इकाई, 4 इकाई तथा 3 इकाई के बलों का परिणामी निम्न होगा

(a) वर्ग के केन्द्र से जाने वाला $5\sqrt{2}$ इकाई का बल
(b) आघूर्ण $7a$ इकाई का एक बल-युग्म
(c) शून्य बल
(d) उपरोक्त में से कोई नहीं

15. 3 सेमी त्रिज्या के वृत्ताकार वलय को इसके केन्द्र से 4 सेमी ऊपर परिधि के समान अन्तरालों पर बँधी चार डोरियों द्वारा लटकाया गया है। यदि दो क्रमागत डोरियों के मध्य कोण θ है, तब $\cos\theta$ का मान है

(a) $\frac{4}{5}$ (b) $\frac{4}{25}$
(c) $\frac{16}{25}$ (d) इनमें से कोई नहीं

16. P और Q समदिश समान्तर बल हैं। यदि P को उसी के समान्तर x दूरी से हटाया जाए, तो P और Q का परिणामी कितनी दूरी से हट जाएगा?
(a) $Px/(P+Q)$ (b) $Px/(P-Q)$
(c) $Px/(P+2Q)$ (d) इनमें से कोई नहीं

17. किसी बिन्दु पर कार्यरत् तीन बलों $P-Q$, P तथा $P+Q$ की दिशाएँ एक समबाहु त्रिभुज की क्रम से ली गई भुजाओं के समान्तर हैं। इनके परिणामी का परिमाण है
(a) $\sqrt{3}P$ (b) $\sqrt{3}Q$ (c) $3\sqrt{3}P$ (d) $3P$

18. एक क्षैतिज दण्ड AB को दो ऊर्ध्वाधर डोरियों से किनारों पर बाँधकर लटकाया गया है। दण्ड की लम्बाई 0.6 मी तथा भार 3 इकाई है। इसका गुरुत्व केन्द्र G, सिरे A से 0.4 मी की दूरी पर है, तो A पर डोरी का तनाव (इकाई में) होगा
(a) 0.2 (b) 1.4 (c) 0.8 (d) 1

19. दो बल, जिनका परिमाण 12 है, एक बल-युग्म बनाते हैं तथा बल-युग्म की भुजा 8 मी है। यदि इनमें से एक बल 4 न्यूटन है, तब छोटे बल से परिणामी की दूरी है
(a) 8 न्यूटन (b) 16 न्यूटन (c) 12 न्यूटन (d) 4 न्यूटन

20. किसी क्षैतिज रेखा में दो स्थिर बिन्दुओं A तथा B पर एक डोरी ABC के सिरे बँधे हुए हैं। यदि दिए गए बिन्दु C पर एक भार W बाँध दिया जाए, तब भाग CA में तनाव है (जहाँ, त्रिभुज की भुजाएँ a, b, c तथा क्षेत्रफल Δ है)
(a) $\frac{Wb}{4c\Delta}(a^2+b^2+c^2)$ (b) $\frac{Wb}{4c\Delta}(b^2+c^2-a^2)$
(c) $\frac{Wb}{4c\Delta}(c^2+a^2-b^2)$ (d) $\frac{Wb}{4c\Delta}(a^2+b^2-c^2)$

21. तीन बल P, Q, R, ΔABC की क्रम से ली गई भुजाओं BC, CA, AB के अनुदिश कार्यरत् हैं। यदि इनका परिणामी ΔABC के अन्तःकेन्द्र से होकर गुजरता है, तब
(a) $P+Q+R=0$ (b) $\frac{P}{a}+\frac{Q}{b}+\frac{R}{c}$
(c) $aP+bQ+cR=0$ (d) इनमें से कोई नहीं

22. एक दिया हुआ बल घटकों P और Q में वियोजित किया जाता है जो उस पर समान रूप से आनत हैं, तो
(a) $P=2Q$ (b) $2P=Q$
(c) $P=Q$ (d) इनमें से कोई नहीं

23. एक बिन्दु O पर कार्यरत् दो बलों P और Q के बीच का कोण 150° है। इनका परिणामी जो O पर क्रिया करता है, 2 इकाई परिमाण का है और P पर लम्ब है, तो P और Q के परिमाण होंगे
(a) $2\sqrt{3}, 4$ (b) $\sqrt{(3/2)}, 2$ (c) 3, 4 (d) 4, 5

24. ΔABC का परिकेन्द्र O है। यदि सन्तुलन की अवस्था में बल P, Q तथा R क्रमशः OA, OB तथा OC के अनुदिश हैं, तब $P:Q:R$ है
(a) $\sin A : \sin B : \sin C$ (b) $\cos A : \cos B : \cos C$
(c) $a\cos A : b\cos B : c\cos C$ (d) $a\sec A : b\sec B : c\sec C$

25. दो बलों P और Q का परिणामी R है। यदि Q को दोगुना कर दिया जाए, तो R भी दोगुना हो जाता है। यदि Q की दिशा उलट दी जाए, तो भी R दोगुना हो जाता है, तो $P^2:Q^2:R^2$ का मान है
(a) 1 : 1 : 1 (b) 2 : 2 : 3 (c) 2 : 3 : 2 (d) 3 : 2 : 2

26. किसी ΔABC के शीर्षों A, B तथा C पर तीन समदिश समान्तर बल कार्यरत् हैं तथा क्रमशः लम्बाइयों BC, AC तथा AB के समानुपाती हैं, बल का केन्द्र है
(a) केन्द्रक पर (b) परिकेन्द्र पर
(c) अन्तःकेन्द्र पर (d) इनमें से कोई नहीं

27. एक पिण्ड एक रूक्ष नतसमतल पर अपने ही भार के अधीन नीचे की ओर फिसलने की सीमा पर है। यदि समतल का क्षैतिज से झुकाव 30° हो, तो घर्षण कोण होगा
(a) 30° (b) 60° (c) 45° (d) 15°

28. एक खोखले शंकु के वक्रपृष्ठ का गुरुत्व केन्द्र शंकु के अक्ष पर होता है और इसे निम्न अनुपात में बाँटता है
(a) 1 : 2 (b) 1 : 3 (c) 2 : 3 (d) 1 : 1

29. एक 4 सेमी व्यास के वृत्ताकार पटल पर एक वर्गाकार छिद्र किया गया है। यदि वर्ग का विकर्ण वृत्त की त्रिज्या हो, तो वृत्त के केन्द्र से शेष भाग के गुरुत्व केन्द्र की दूरी होगी
(a) $\frac{1}{2\pi+1}$ (b) $\frac{1}{2\pi-1}$ (c) $\frac{1}{\pi+1}$ (d) $\frac{1}{\pi-1}$

30. भार W और लम्बाई $2l$ की एकसमान छड़, त्रिज्या r के एक चिकने गोलीय प्याले के भीतर सन्तुलन की अवस्था में रखी है। छड़ क्षैतिज से निम्न कोण पर झुकी हुई है
(a) 0° (b) $\pi/4$ (c) $\tan^{-1}\left(\frac{1}{r}\right)$ (d) $\frac{1}{\sqrt{(r^2-l^2)}}$

31. एक समांग छड़ की लम्बाई 6 फुट और भार 11 पौण्ड है। इसके एक सिरे से 1 फुट, 2 फुट, 3 फुट और 4 फुट की दूरियों पर क्रमशः 2 पौण्ड, 3 पौण्ड, 4 पौण्ड और 5 पौण्ड के भार लटकाए गए हैं, तो इस सिरे से कितनी दूरी पर छड़ क्षैतिज रहेगी?
(a) $\frac{53}{25}$ (b) $\frac{63}{25}$ (c) $\frac{73}{25}$ (d) इनमें से कोई नहीं

32. क्षैतिज से α कोण पर झुके रूक्ष समतल, जिसका घर्षण गुणांक μ है, पर W भार का एक पिण्ड विरामावस्था में है। पिण्ड को ऊपर की ओर खींचने के लिए अभीष्ट न्यूनतम बल है
(a) $2W\sin(\alpha+\lambda)$ (b) $W\sin(\alpha+\lambda)$
(c) $W\sin(\alpha-\lambda)$ (d) $2W\sin(\alpha-\lambda)$

33. क्षैतिज से α कोण पर झुके नतसमतल पर एक कण विराम में है। घर्षण कोण λ है। कण सन्तुलन में रहेगा, यदि और केवल यदि
(a) $\alpha > \lambda$ (b) $\alpha \geq \lambda$ (c) $\alpha \leq \lambda$ (d) $\alpha < \lambda$

34. W भार का एक मणिका (Bead), एक ऊर्ध्वाधर तल में चिकने वृत्तीय तार पर फिसल सकता है। यह एक हल्के धागे द्वारा तार के उच्चतम बिन्दु से बँधा है और धागा सन्तुलन की अवस्था में तना हुआ है। यदि धागे की लम्बाई, तार की त्रिज्या के बराबर है, तो धागे में तनाव और तार की मणिका पर प्रतिक्रिया निम्न है
(a) $W, 2W$ (b) W, W (c) $W, 3W$ (d) इनमें से कोई नहीं

35. दो असमदिश समान्तर बल 5 मी की दूरी पर स्थित बिन्दुओं पर कार्यरत् हैं। यदि परिणामी बल 9 न्यूटन बड़े बल से 10 मी की दूरी पर कार्यरत् है, तब
(a) $P=16$ न्यूटन, $Q=7$ न्यूटन (b) $P=15$ न्यूटन, $Q=6$ न्यूटन
(c) $P=27$ न्यूटन, $Q=18$ न्यूटन (d) $P=18$ न्यूटन, $Q=9$ न्यूटन

36. $\sqrt{5}$ इकाई का बल रेखा $\frac{(x-3)}{2}=\frac{(y-4)}{-1}$ के अनुदिश कार्यरत् है। बल का बिन्दु (4, 1) के सापेक्ष Z-अक्ष की दिशा में आघूर्ण निम्न है

(a) 0 इकाई (b) $5\sqrt{5}$ इकाई
(c) $-\sqrt{5}$ इकाई (d) 5 इकाई

37. r त्रिज्या तथा W भार का एक गोला चिकनी ऊर्ध्वाधर दीवार के सहारे विराम में है। l लम्बाई की एक डोरी, जिसका एक सिरा दीवार के किसी बिन्दु पर तथा दूसरा गोले की सतह से जुड़ा हुआ है, तब डोरी में तनाव बल है

(a) $\frac{W(l-r)}{\sqrt{(l^2+2lr)}}$ (b) $\frac{W(l-r)}{(l+r)}$
(c) $\frac{W(l+r)}{\sqrt{(l^2+2lr)}}$ (d) इनमें से कोई नहीं

38. यदि समकोणीय कार्तीय निर्देशांक में बिन्दु (2, 3) पर X तथा Y-अक्ष की धनात्मक दिशा के समान्तर क्रमशः $6W$ तथा $5W$ बल कार्य कर रहे हैं, तब मूलबिन्दु के परितः परिणामी बल का आघूर्ण है

(a) $8W$ (b) $-3W$
(c) $3W$ (d) $-8W$

39. एक मनुष्य एक हथौड़े को अपने कन्धे पर रखे हुए है और उसके हल्के हत्थे के दूसरे छोर को अपने हाथ में पकड़े हुए है। यदि वह कन्धे पर हत्थे की टेक के बिन्दु को बदलता है और यदि इस बिन्दु की हाथ से दूरी x है, तब उसके कन्धे पर दबाव निम्न के समानुपाती होगा

(a) x (b) x^2 (c) $\frac{1}{x}$ (d) $\frac{1}{x^2}$

40. किसी समकोण ΔABC में, $\angle A = 90°$ तथा भुजाएँ a, b, c क्रमशः 5 सेमी, 4 सेमी, 3 सेमी हैं। यदि शीर्षों A, B तथा C के परितः बल के आघूर्ण (न्यूटन-सेमी में) क्रमशः 0, 9 तथा 16 हैं, तब $\vec{\mathbf{F}}$ का परिमाण है

(a) 9 (b) 4 (c) 5 (d) 3

41. एक खम्भे के आधार से वह ऊँचाई क्या होगी जिस पर एक दी हुई लम्बाई की रस्सी AB के सिरे B को बाँधा जाए ताकि एक आदमी जो भूमि पर खड़ा है और उसके दूसरे सिरे को एक दिए हुए बल से खींच रहा है, खम्भे को गिराने (Overturn) की महत्तम प्रवृत्ति रख सके?

(a) AB (b) $\frac{AB}{2}$
(c) $\frac{AB}{\sqrt{2}}$ (d) इनमें से कोई नहीं

42. यदि N को दो घटकों में इस प्रकार वियोजित किया जाता है, कि पहला भाग, दूसरे का दोगुना है। तब घटकों के मान हैं

(a) $5N, 5\sqrt{2}N$ (b) $10N, 10\sqrt{2}N$
(c) $\frac{2N}{\sqrt{5}}, \frac{N}{\sqrt{5}}$ (d) इनमें से कोई नहीं

43. दो समदिश समान्तर बलों P व Q का परिणामी बिन्दु O से गुजरता है। जब Q तथा R को क्रमशः P तथा Q से प्रतिस्थापित किया जाता है। तब भी परिणामी O से गुजरता है, तो

(a) P, Q, R गुणोत्तर श्रेणी में हैं
(b) Q, P, R गुणोत्तर श्रेणी में हैं
(c) R, P, Q गुणोत्तर श्रेणी में हैं
(d) P, Q, R समान्तर श्रेणी में हैं

44. ΔABC की भुजाओं BC, CA, AB के अनुदिश लगे बलों P, Q, R का परिणामी त्रिभुज के परिकेन्द्र (Circumcentre) से होकर जाता है, तब

(a) $P\sin A + Q\sin B + R\sin C = 0$
(b) $P\cos A + Q\cos B + R\cos C = 0$
(c) $P\sec A + Q\sec B + R\sec C = 0$
(d) $P\tan A + Q\tan B + R\tan C = 0$

45. यदि दो बल P तथा Q, 60° का कोण बनाते हुए किसी बिन्दु पर कार्यरत् हैं तथा इनका परिणामी बल $\sqrt{7}Q$ है, तब P/Q है

(a) 1 (b) 3/2 (c) 2 (d) 4

46. किसी तल में तीन समरेखीय बिन्दुओं A, B, C के परितः समतलीय बलों (सन्तुलनावस्था में नहीं) के निकाय के आघूर्ण G_1, G_2, G_3 हैं, तब

(a) $G_1 \cdot AB + G_2 \cdot BC + G_3 \cdot AC = 0$
(b) $G_1 \cdot BC + G_2 \cdot CA + G_3 \cdot AB = 0$
(c) $G_1 \cdot CA + G_2 \cdot AB + G_3 \cdot BC = 0$
(d) उपरोक्त में से कोई नहीं

47. 40 किग्रा-भार का एक पिण्ड एक रूक्ष क्षैतिज समतल पर रखा है, जिसका घर्षण गुणांक 0.25 है। वह न्यूनतम क्षैतिज बल जो पिण्ड को गत्यावस्था में लाएगा, है

(a) 10 किग्रा-भार (b) 20 किग्रा-भार
(c) 30 किग्रा-भार (d) 40 किग्रा-भार

48. a सेमी लम्बाई की छड़ का द्रव्यमान केन्द्र, जिसका घनत्व इसके एक सिरे से दूरी के वर्ग के अनुसार परिवर्तित होता है, होगा

(a) इस सिरे से $\frac{a}{2}$ दूरी पर (b) इस सिरे से $\frac{a}{3}$ दूरी पर
(c) इस सिरे से $\frac{2a}{3}$ दूरी पर (d) इस सिरे से $\frac{3a}{4}$ दूरी पर

49. तीन बल P, Q, R; ΔABC की भुजाओं के अनुदिश क्रम से कार्यरत् हैं। यदि इनका परिणामी केन्द्रक से होकर गुजरता है, तब

(a) $P+Q+R=0$ (b) $\frac{P}{a}+\frac{Q}{b}+\frac{R}{c}=0$
(c) $\frac{P}{\cos A}+\frac{Q}{\cos B}+\frac{R}{\cos C}=0$ (d) इनमें से कोई नहीं

50. यदि दो बलों $2P$ तथा $\sqrt{2}P$ का परिणामी $\sqrt{10}P$ है, तब इनके मध्य कोण होगा

(a) π (b) $\frac{\pi}{2}$ (c) $\frac{\pi}{3}$ (d) $\frac{\pi}{4}$

51. दो बलों $3P$ तथा $2P$ का परिणामी R है। प्रथम बल को दोगुना करने पर परिणामी भी दोगुना हो जाता है। बलों के मध्य कोण है

(a) $\frac{\pi}{3}$ (b) $\frac{2\pi}{3}$ (c) $\frac{\pi}{6}$ (d) $\frac{5\pi}{6}$

52. यदि दो बलों के महत्तम और न्यूनतम परिणामी क्रमशः P और Q हैं, तब इन बलों का परिणामी, जब ये परस्पर लम्बवत् दिशाओं में लगते हैं, निम्न है

(a) $P+Q$ (b) $P-Q$ (c) $\frac{1}{2}\sqrt{P^2+Q^2}$ (d) $\sqrt{\frac{P^2+Q^2}{2}}$

53. दो समान बल परस्पर 2α कोण पर झुके हैं, इन बलों का परिणामी जब ये 2β पर कार्यरत् हैं, से दोगुना है, तब

(a) $\cos\alpha = 2\sin\beta$ (b) $\cos\alpha = 2\cos\beta$
(c) $\cos\beta = 2\cos\alpha$ (d) $\sin\beta = 2\cos\alpha$

54. $ABCD$ एक समान्तर चतुर्भुज है। एक कण क्रमशः PA तथा PC के समानुपाती बलों के द्वारा A तथा C की ओर आकर्षित होता है तथा PB व PD के समानुपाती बलों द्वारा B तथा D से प्रतिकर्षित होता है। इन बलों का परिणामी है

(a) 2 **PA** (b) 2 **PB** (c) 2 **PC** (d) इनमें से कोई नहीं

55. एक समकोण त्रिभुजाकार समपटल ऐसा है कि समकोण बनाने वाली भुजाओं में से एक-दूसरे की तीन गुनी है। त्रिभुजीय समपटल को समकोण पर एक डोरी द्वारा बाँधकर लटका दिया जाता है। सन्तुलन की अवस्था में त्रिभुज के कर्ण द्वारा ऊर्ध्वाधर से बनाया गया कोण निम्न है

(a) $\sin^{-1}\left(\frac{3}{5}\right)$ (b) $\sin^{-1}\left(\frac{4}{5}\right)$ (c) 60° (d) इनमें से कोई नहीं

56. दो बल P तथा Q, जो θ कोण पर कार्यरत् हैं, का परिणामी $(2m+1)\sqrt{P^2+Q^2}$ है। जब दोनों बल $90° - \theta$ कोण पर कार्यरत् हैं, परिणामी $(2m-1)\sqrt{P^2+Q^2}$ है, तब $\tan\theta$ का मान है

(a) $\frac{1}{m}$ (b) $\frac{m+1}{m-1}$ (c) $\frac{m-1}{m+1}$ (d) $\sqrt{1+m^2}$

57. तीन बल $P, 2P$ तथा $3P$, ΔABC की भुजाओं AB, BC, CA के अनुदिश कार्यरत् हैं। मान लीजिए इन बलों के परिणामी का परिमाण R है तथा यह BC भुजा के साथ θ कोण बनाता है, तब

(a) $R = P\sqrt{3}, \theta = \frac{\pi}{2}$ (b) $R = 2P\sqrt{3}, \theta = \frac{\pi}{2}$

(c) $R = P\sqrt{3}, \theta = \frac{\pi}{6}$ (d) $R = 2P\sqrt{3}, \theta = \frac{\pi}{6}$

58. एक बिन्दुगामी दो बलों के परिमाण $P+Q$ न्यूटन तथा $P-Q$ न्यूटन हैं। उनकी क्रिया रेखाओं के बीच कोण 135° है और उनका परिणामी 2 न्यूटन का बल है जोकि दूसरे बल की लम्बवत् दिशा में है, तब P और Q के मान क्रमशः हैं

(a) $(\sqrt{2}+1), (\sqrt{2}-1)$ (b) $(\sqrt{2}-1), (\sqrt{2}+1)$

(c) $(\sqrt{3}+1), (\sqrt{3}-1)$ (d) $(\sqrt{3}-1), (\sqrt{3}+1)$

59. $2a$ लम्बाई की एकसमान छड़ चिकने ऊर्ध्वाधर तल के सहारे तथा तल से h दूरी पर एक चिकनी खूँटी पर साम्यावस्था में रखी है। यदि ऊर्ध्वाधर से छड़ का झुकाव θ है, तब $\sin^3\theta$ का मान है

(a) $\frac{h}{a}$ (b) $\frac{h^2}{a^2}$ (c) $\frac{a}{h}$ (d) $\frac{a^2}{h^2}$

60. दो बलों X तथा Y का परिणामी F है तथा X की दिशा में F के वियोजित भाग का परिमाण Y है, तब दोनों बलों के मध्य कोण है

(a) $\sin^{-1}\sqrt{\frac{X}{2Y}}$ (b) $2\sin^{-1}\sqrt{\frac{X}{2Y}}$

(c) $4\sin^{-1}\sqrt{\frac{X}{2Y}}$ (d) इनमें से कोई नहीं

61. एक डोरी जिसकी लम्बाई a है, एक समचतुर्भुज को जो चार समान छड़ों से बनाया गया है और इसकी प्रत्येक भुजा की लम्बाई b, भार W है छोटे विकर्ण से बाँधकर लटकाया गया है। यदि एक छड़ क्षैतिज हो, तब डोरी का तनाव क्या होगा?

(a) $\frac{2W(2b^2-a^2)}{b\sqrt{4a^2-b^2}}$ (b) $\frac{2W(4a^2-b^2)}{a\sqrt{(4a^2-b^2)}}$

(c) $\frac{2W(2b^2-a^2)}{b\sqrt{(4b^2-a^2)}}$ (d) $\frac{4W(b^2-4a^2)}{a\sqrt{b^2-4a^2}}$

62. एक भारी छड़ जिसकी लम्बाई $2a$ है, के सिरे दो चिकने समतलों, जो क्षैतिज से α एवं β कोण पर झुके हैं, रखे हैं। यदि छड़ क्षैतिज से θ कोण बनाए और निकाय आभासी कार्य के सिद्धान्त पर निर्भर हो, तब

(a) $\tan\theta = \frac{1}{2}(\cot\alpha - \cot\beta)$ (b) $\tan\theta = \frac{1}{2}\left(\cot\beta - \cot\frac{\alpha}{2}\right)$

(c) $\tan\theta = \cot\beta - \cot\alpha$ (d) $\sec\theta = \frac{1}{2}(\cot\alpha - \cot\beta)$

63. बल X, Y, Z क्रमशः सरल रेखाओं $y = b, z = -c; x = -a, z = c$ तथा $x = a, y = -b$ के अनुदिश कार्यरत् हैं और एकल परिणामी रखते हैं, तब

(a) $\frac{X}{a}+\frac{Y}{b}+\frac{Z}{c}=0$ (b) $\frac{a}{X}+\frac{b}{Y}+\frac{c}{Z}=0$

(c) $a+b+c=0$ (d) $X+Y+Z=0$

64. बल P, Q और R एक घन की तीन संलग्न भुजाओं के अनुदिश कार्यरत् हैं, तब मध्य अक्ष का समीकरण क्या होगा?

(a) $\frac{(a-y)\cdot R - aQ + zQ}{P} = \frac{(x-a)R - zP}{Q} = \frac{yP - xQ}{R}$

(b) $\frac{(b-y)R + zQ}{P} = \frac{(x-a)Q - zR}{Q} = \frac{yQ - zP}{R}$

(c) $\frac{(c-x)z + xP}{Q} = \frac{(x-a)Q - zR}{R} = \frac{xR - yP}{P}$

(d) उपरोक्त में से कोई नहीं

65. जब किसी अर्द्धगोले का वक्रपृष्ठ एक गोले के ऊपर रखा है, तब सन्तुलन होगा

(a) स्थायी (b) अस्थायी

(c) उदासीन (d) अस्थायी व उदासीन

66. एक वस्तु एक शंकु एवं अर्द्धगोले के वक्रपृष्ठों को मिलाकर बनाई गई है और वस्तु को एक मेज पर इस प्रकार रखा गया है कि अर्द्धगोले का पृष्ठ मेज पर रखा है। यदि सन्तुलन स्थायी हो, तब शंकु की अधिकतम ऊँचाई क्या होगी जबकि अर्द्धगोले की त्रिज्या r है?

(a) $3r$ (b) $\frac{r}{2}$ (c) $\sqrt{3}r$ (d) $\frac{r}{\sqrt{3}}$

उत्तरमाला

1.	(d)	2.	(b)	3.	(d)	4.	(d)	5.	(b)	6.	(c)	7.	(d)	8.	(d)	9.	(d)	10.	(b)
11.	(b)	12.	(c)	13.	(c)	14.	(b)	15.	(c)	16.	(a)	17.	(b)	18.	(d)	19.	(b)	20.	(c)
21.	(a)	22.	(c)	23.	(a)	24.	(c)	25.	(c)	26.	(c)	27.	(a)	28.	(a)	29.	(b)	30.	(a)
31.	(c)	32.	(b)	33.	(c)	34.	(b)	35.	(c)	36.	(d)	37.	(c)	38.	(d)	39.	(c)	40.	(c)
41.	(c)	42.	(c)	43.	(a)	44.	(b)	45.	(c)	46.	(b)	47.	(a)	48.	(d)	49.	(b)	50.	(d)
51.	(b)	52.	(d)	53.	(b)	54.	(d)	55.	(a)	56.	(c)	57.	(c)	58.	(a)	59.	(a)	60.	(b)
61.	(c)	62.	(a)	63.	(b)	64.	(a)	65.	(a)	66.	(c)								

संकेत एवं हल

1. A के परितः आघूर्ण लेने पर,

$$R \cdot AL = 800AM + 400AN$$

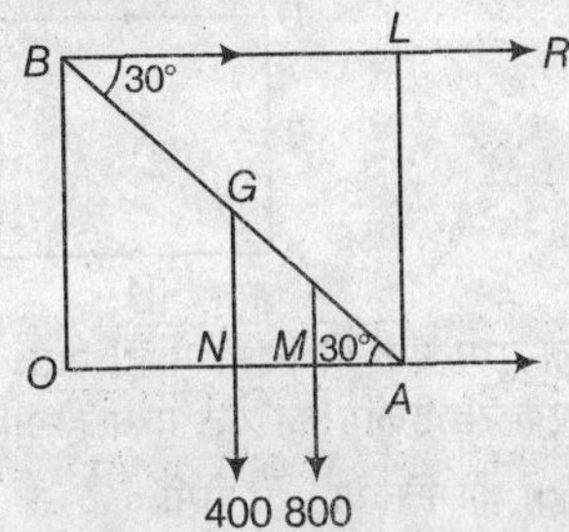

$$\Rightarrow R \cdot AB\sin 30° = 800\left(\frac{AB}{4}\right)\cos 30° + 400\left(\frac{AB}{2}\right)\cos 30°$$

$\Rightarrow \quad R \cdot \frac{1}{2} = 200 \cdot \frac{\sqrt{3}}{2} + 200 \cdot \frac{\sqrt{3}}{2}$

$\therefore \quad R = 400\sqrt{3}$ इकाई

2. यहाँ, $F = 10\sin\alpha$, $R = 10\cos\alpha$

$\because F, R, 10$ समान्तर श्रेणी में हैं।

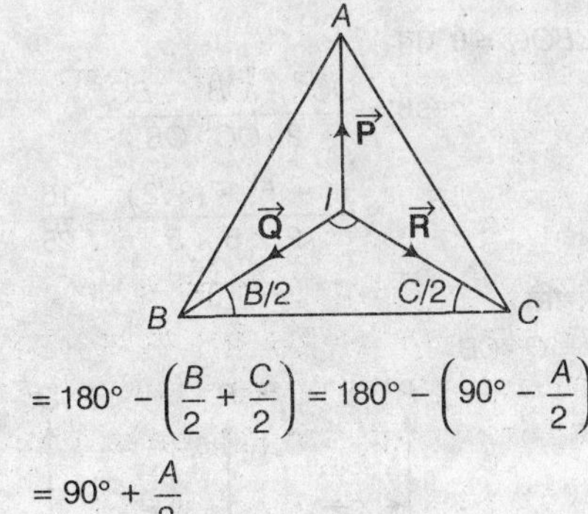

$\therefore \quad 2R = F + 10,$

$\therefore \quad F^2 + R^2 = 100$

$\Rightarrow \quad (2R - 10)^2 + R^2 = 100$

$\Rightarrow \quad 5R^2 - 40R = 0$

$\Rightarrow \quad R = 8$

$\therefore \quad F = 2R - 10 = 16 - 10 = 6$

अतः बल = 6 किग्रा-भार

3. I, अन्तःकेन्द्र है जोकि अन्तःकोण अर्द्धकों का संगामी बिन्दु है।

$\therefore \quad \angle BIC = 180° - (\angle IBC + \angle ICB)$

$$= 180° - \left(\frac{B}{2} + \frac{C}{2}\right) = 180° - \left(90° - \frac{A}{2}\right)$$

$$= 90° + \frac{A}{2}$$

इसी प्रकार, $\angle CIA = 90° + \frac{B}{2}$ तथा $\angle AIB = 90° + \frac{C}{2}$

लामी की प्रमेय से,

$$\frac{P}{\sin\left(90° + \frac{A}{2}\right)} = \frac{Q}{\sin\left(90° + \frac{B}{2}\right)} = \frac{R}{\sin\left(90° + \frac{C}{2}\right)}$$

$$\Rightarrow \quad \frac{P}{\cos\frac{A}{2}} = \frac{Q}{\cos\frac{B}{2}} = \frac{R}{\cos\frac{C}{2}}$$

$$\therefore \quad P : Q : R = \cos\frac{A}{2} : \cos\frac{B}{2} : \cos\frac{C}{2}$$

4. AB एक छड़ है। A तथा B पर प्रतिक्रिया O पर लम्बवत् है। अतः W भार वाली छड़ की क्रिया रेखा भी O से गुजरेगी।

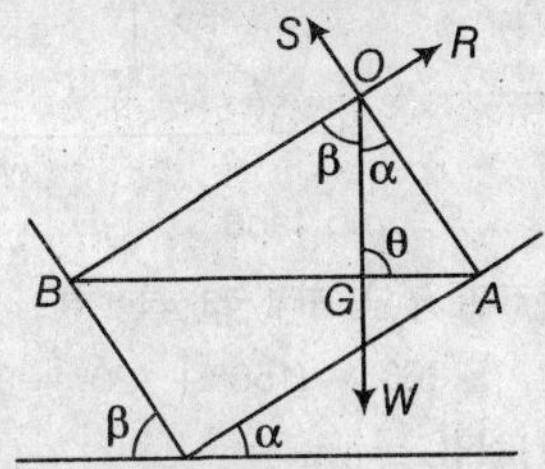

ΔOBA में m-n प्रमेय के उपयोग से,

$$(AG + BG)\cot\theta = BG\cot\beta - AG\cot\alpha$$

$\Rightarrow \quad 2\cot\theta = \cot\beta - \cot\alpha$

$\Rightarrow \quad \tan\theta = \frac{2\tan\alpha\tan\beta}{\tan\alpha - \tan\beta}$

$\therefore \quad \cot\theta = \frac{\sin(\alpha - \beta)}{2\sin\alpha\sin\beta}$

5. ΔABO में m-n प्रमेय के उपयोग से,

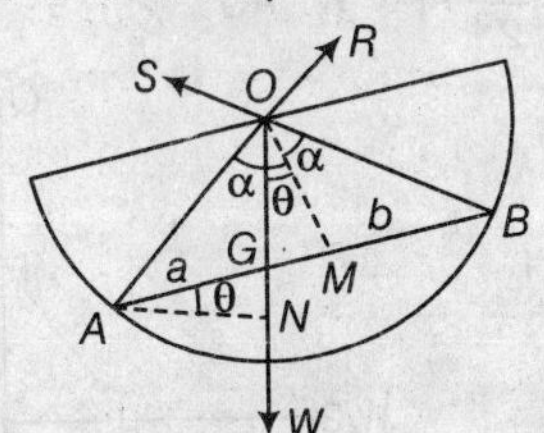

$$(AG + GB)\cot\angle OGB = GB\cot\angle OAB - AG\cot\angle OBG$$

$$\Rightarrow (a + b)\cot(90° - \theta) = b\cot\left(\frac{\pi}{2} - \alpha\right) - a\cot\left(\frac{\pi}{2} - \alpha\right)$$

$\Rightarrow \quad (a + b)\tan\theta = b\tan\alpha - a\tan\alpha$

$\therefore \quad \tan\theta = \left(\frac{b - a}{a + b}\right)\tan\alpha$

6. $\because \; R^2 = P^2 + Q^2 + 2PQ\cos\alpha$ ...(i)

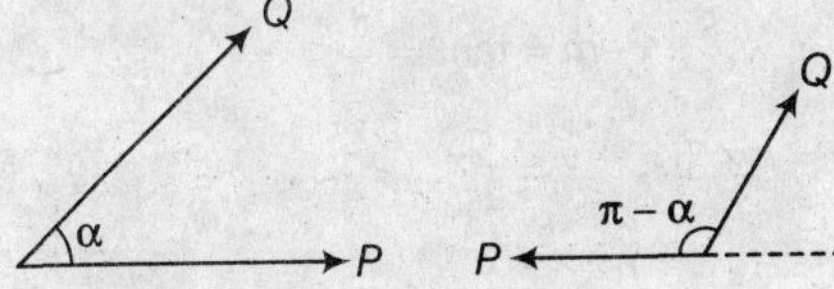

यदि एक बल की दिशा बदल दी जाए, तब

$$R'^2 = P^2 + Q^2 + 2PQ\cos(\pi - \alpha)$$

$\Rightarrow \quad R'^2 = P^2 + Q^2 - 2PQ\cos\alpha$ ...(ii)

समी (i) तथा (ii) को जोड़ने पर,

$$R^2 + R'^2 = 2(P^2 + Q^2)$$

7. $Al_1 = Bl_2$, $H = (l_1 + l_2)R$

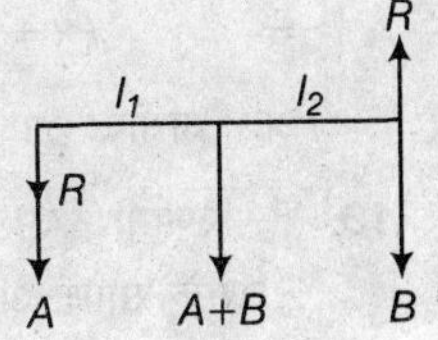

माना परिवर्तित दूरी x है।

तब, $(A + R)(l_1 - x) = (B - R)(l_2 + x)$

$\therefore \quad x = \frac{H}{A + B}$

8. यहाँ, $R = mg\cos\theta$

$\therefore$ $F\cos\theta = mg\sin\theta$

$\therefore$ $F = mg\tan\theta$

9. स्पष्टतः P तथा R के बीच का कोण है,

$$360° - (150° + 120°) = 90°$$

लामी प्रमेय द्वारा,

$$\frac{P}{\sin 120°} = \frac{Q}{\sin 90°} = \frac{R}{\sin 150°}$$

$$\Rightarrow \frac{P}{\sqrt{3}/2} = \frac{Q}{1} = \frac{R}{1/2}$$

$$\Rightarrow \frac{P}{\sqrt{3}} = \frac{Q}{2} = \frac{R}{1}$$

$\therefore$ बलों P, Q, R का अनुपात $\sqrt{3} : 2 : 1$ है।

10. A पर प्रतिक्रिया की उपेक्षा करने के लिए A के परितः आघूर्ण लेने पर,

$\therefore$ $\frac{W}{2} \cdot AP = W \cdot AQ$

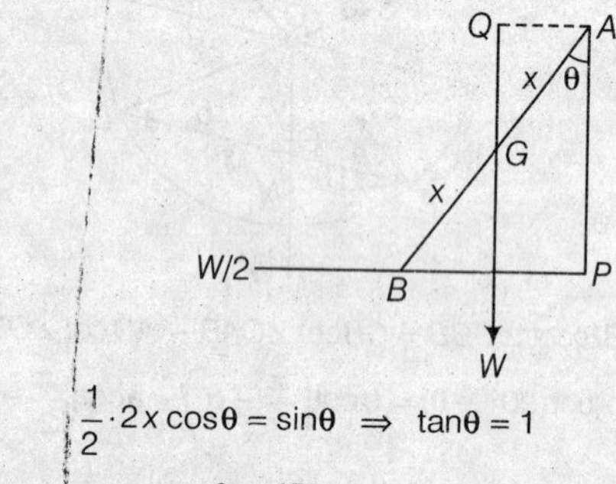

$\Rightarrow$ $\frac{1}{2} \cdot 2x\cos\theta = \sin\theta \Rightarrow \tan\theta = 1$

$\therefore$ $\theta = 45°$

11. जब बल समकोण पर क्रिया करते हैं, तो $\tan\theta = \frac{Y}{X} = \frac{1}{2}$

परिणामी मूलबिन्दु से गुजरता है और माना यह x-अक्ष से कोण θ बनाता है, तो

$$m = \tan\theta = \frac{1}{2}$$

$y = mx$ से, $y = \frac{1}{2}x$

$\therefore$ $2y - x = 0$

12. प्रश्नानुसार, $Pa = G$ तथा $Pb = H$ ...(i)

$\because$ $a^2 + b^2 = x^2$

$\therefore$ $x = \sqrt{\frac{G^2}{P^2} + \frac{H^2}{P^2}}$

[समी (i) से]

$\Rightarrow$ $Px = \sqrt{G^2 + H^2}$

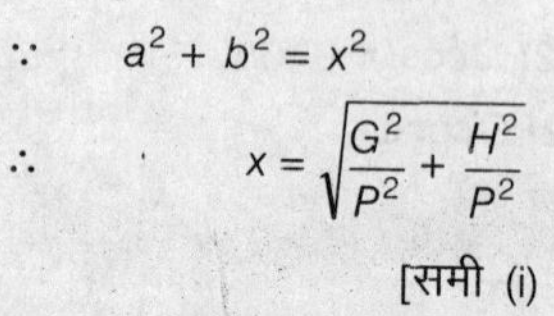

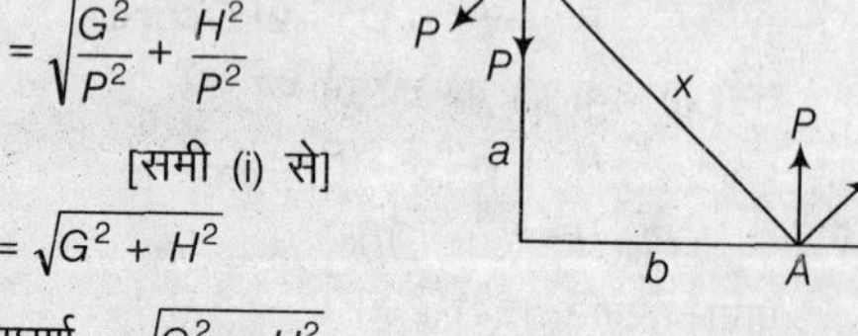

अतः अभीष्ट आघूर्ण $= \sqrt{G^2 + H^2}$

13. $\because$ परिणामी ΔABC के परिकेन्द्र से गुजरता है।

$\therefore$ उसके सापेक्ष आघूर्णों का बीजगणितीय योग शून्य है।

अतः $P + Q + R = 0$

14. $\because$ 4 इकाई बल AB के अनुदिश और 4 इकाई बल CD के अनुदिश लगा है। अतः एक $4a$ इकाई का बल-युग्म बनाते हैं। इसी प्रकार, BC के अनुदिश 3 इकाई और DA के अनुदिश 3 इकाई का बल लगा है। अतः यह $3a$ इकाई का एक बल-युग्म बनाते हैं।

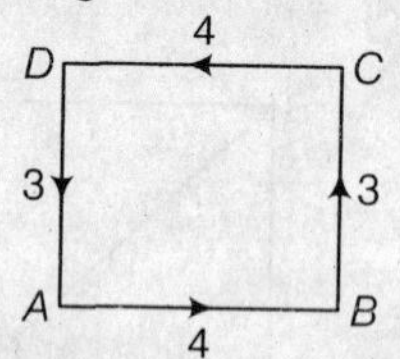

$\because$ दोनों बल-युग्म एक ही दिशा में हैं। अतः दोनों बल-युग्मों का परिणामी एक $7a$ इकाई का बल-युग्म होगा।

15. अँगूठी (ring) की त्रिज्या = 3 सेमी

$\therefore$ $OO' = 4$ सेमी

माना डोरी की लम्बाई $= OB = l$ सेमी

तब $\Delta O'BC$ में, $\angle BO'C = \frac{\pi}{2}$

अतः $\Delta O'BC$ समद्विबाहु समकोण त्रिभुज है।

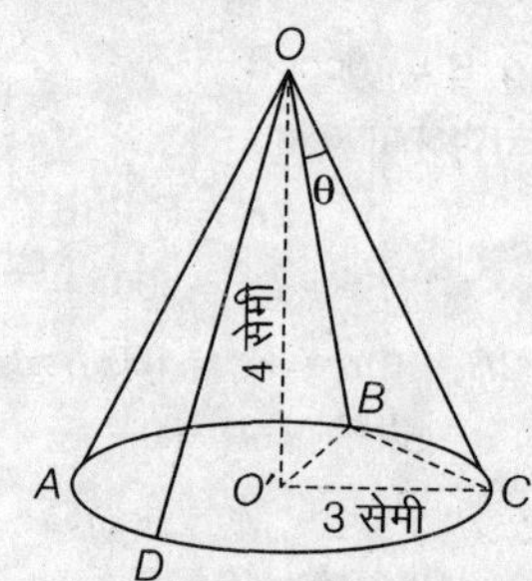

$\therefore$ $BC = 3\sqrt{2}$ सेमी

$\Delta OO'B$ में, $\angle BO'O = \frac{\pi}{2}$

$\therefore$ $OB = l = \sqrt{4^2 + 3^2} = 5$ सेमी

माना $\angle BOC = \theta$, तब

$$\cos\theta = \frac{OC^2 + OB^2 - BC^2}{2 \cdot OC \cdot OB}$$

$$= \frac{5^2 + 5^2 - (3\sqrt{2})^2}{2 \times 5 \times 5} = \frac{16}{25}$$

16. प्रथम स्थिति

$P \cdot AC = Q \cdot CB$ ...(i)

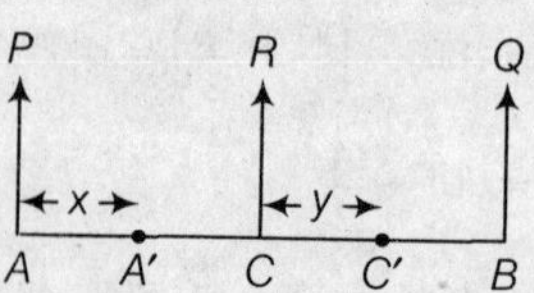

द्वितीय स्थिति

बल P को दूरी $AA' = x$ से स्थानान्तरित कर दिया गया है। इसके फलस्वरूप परिणामी R, बिन्दु C से C' पर स्थानान्तरित हो जाता है,

जहाँ $CC' = y$

$\therefore$ $P \cdot A'C' = Q \cdot C'B$

$\Rightarrow$ $P(AC - x + y) = Q(CB - y)$

$\Rightarrow$ $P(-x + y) = -Qy$ [समी (i) से]

$\therefore$ $(P + Q)y = Px \Rightarrow y = \frac{Px}{P + Q}$

17. यहाँ, $R\cos\theta = (P - Q)\cos 0° + P\cos 120° + (P + Q)\cos 240°$

$\Rightarrow \quad R\cos\theta = (P - Q) - \frac{P}{2} - \left(\frac{P + Q}{2}\right) = -\frac{3}{2}Q \quad \ldots(i)$

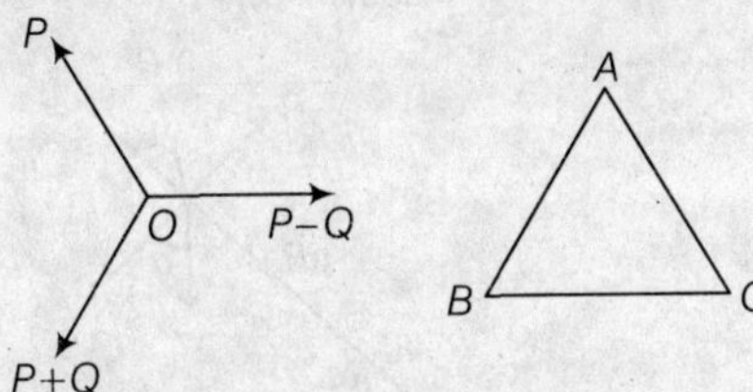

तथा $R\sin\theta = P\frac{\sqrt{3}}{2} - (P + Q)\frac{\sqrt{3}}{2} = -Q\frac{\sqrt{3}}{2} \quad \ldots(ii)$

समी (i) तथा (ii) का वर्ग करके जोड़ने पर,

$\therefore \quad R^2 = \frac{9}{4}Q^2 + \frac{3}{4}Q^2 = 3Q^2$

$\therefore \quad R = \sqrt{3}Q$

18. माना दण्ड के दोनों तनाव T_1 व T_2 हैं।

$\because T_1$ ज्ञात करना है, अतः B के परितः आघूर्ण लेने पर,

$T_1 AB = 3GB$

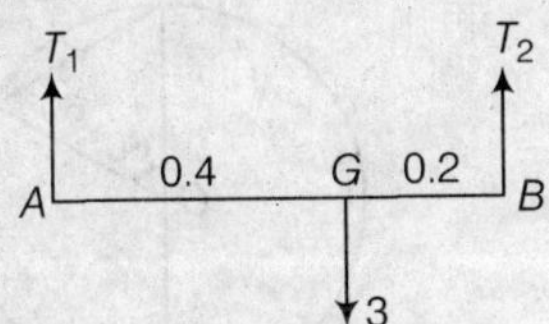

$\therefore \quad T_1 = 3 \cdot \frac{0.2}{0.6} = 1$ इकाई

19. $\because$ दोनों बल-युग्म समतुल्य हैं, इसलिए इनका आघूर्ण समान है।

अतः $12 \times 8 = F \times 6 \Rightarrow F = 16$ न्यूटन।

20. बिन्दु C पर लामी प्रमेय से,

$\frac{T_1}{\sin(90° + B)} = \frac{W}{\sin C}$

$\therefore \quad T_1 = \frac{W\cos B}{\sin C}$

$= \frac{W \cdot (c^2 + a^2 - b^2)}{2ca\sin C}$

$= \frac{Wb}{4c\Delta}(c^2 + a^2 - b^2) \quad \left[\because \Delta = \frac{1}{2}ab\sin C\right]$

21. $\because$ परिणामी का I के सापेक्ष आघूर्ण

= सभी बलों के आघूर्णों का I के सापेक्ष योग

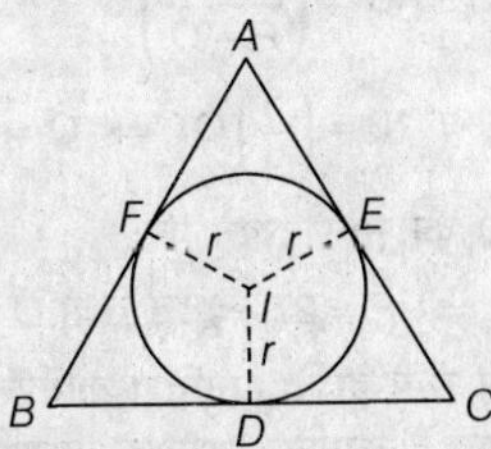

$\therefore \quad P \cdot ID + Q \cdot IE + R \cdot IF = 0$

$\Rightarrow \quad P \cdot r + Q \cdot r + R \cdot r = 0$

$\therefore \quad P + Q + R = 0$

22. $\because \tan\theta = \frac{Q\sin\alpha}{P + Q\cos\alpha}$

अब, $\quad \theta = \frac{\alpha}{2}$

$\therefore \quad \cot\frac{\alpha}{2} = \frac{P + Q\cos\alpha}{Q\sin\alpha} = \frac{P}{Q\sin\alpha} + \cot\alpha$

$\Rightarrow \quad \cot\frac{\alpha}{2} - \cot\alpha = \frac{P}{Q\sin\alpha}$

$\Rightarrow \quad \frac{\sin\left(\alpha - \frac{\alpha}{2}\right)}{\sin\frac{\alpha}{2} \cdot \sin\alpha} = \frac{P}{Q\sin\alpha} \Rightarrow \frac{1}{\sin\alpha} = \frac{P}{Q\sin\alpha}$

$\therefore \quad P = Q$

23. $R = 2, \theta = 90°$

$\Rightarrow \quad P + Q\cos\alpha = 0$

$\therefore \quad 2^2 = P^2 + Q^2 + 2PQ\cos\alpha$

$\Rightarrow \quad 4 = P^2 + Q^2 + 2P(-P)$

$\Rightarrow \quad 4 = Q^2 - P^2 \quad \ldots(i)$

तथा $\quad P + Q\cos 150° = 0$

$\Rightarrow \quad P = -\frac{Q\sqrt{3}}{2}$

P का मान समी (i) में रखने पर,

$4 = Q^2 - \frac{3Q^2}{4} = \frac{Q^2}{4}$

$\therefore \quad Q = 4, P = 2\sqrt{3}$

24. लामी प्रमेय से, $\frac{P}{\sin 2A} = \frac{Q}{\sin 2B} = \frac{R}{\sin 2C}$

$\because \quad \sin 2A = \frac{a\cos A}{R'}$

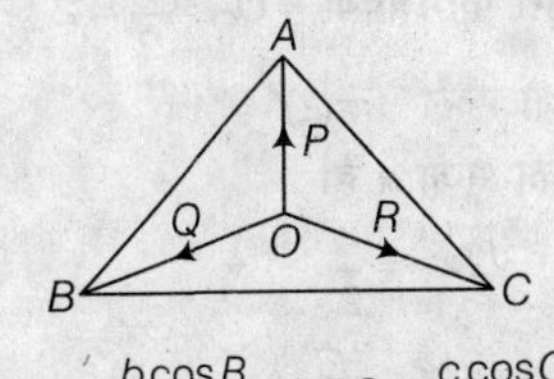

$\sin 2B = \frac{b\cos B}{R'}, \sin 2C = \frac{c\cos C}{R'}$

जहाँ, R' = परिवृत्त की त्रिज्या

$\therefore \quad P : Q : R = a\cos A : b\cos B : c\cos C$

25. माना P और Q के बीच का कोण α है, तो दिए हुए प्रतिबन्धों से,

$R^2 = P^2 + Q^2 + 2PQ\cos\alpha \quad \ldots(i)$

तथा $\quad (2R)^2 = P^2 + (2Q)^2 + 2P(2Q)\cos\alpha$

$\Rightarrow \quad 4R^2 = P^2 + 4Q^2 + 4PQ\cos\alpha \quad \ldots(ii)$

तथा $\quad (2R)^2 = P^2 + (-Q)^2 + 2P(-Q)\cos\alpha$

$\Rightarrow \quad 4R^2 = P^2 + Q^2 - 2PQ\cos\alpha \quad \ldots(iii)$

समी (i) और (iii) को जोड़ने पर,

$2P^2 + 2Q^2 - 5R^2 = 0 \quad \ldots(iv)$

समी (iii) को 2 से गुणा करके समी (ii) में जोड़ने पर,

$12R^2 = 3P^2 + 6Q^2$

$\Rightarrow \quad P^2 + 2Q^2 - 4R^2 = 0 \quad \ldots(v)$

समी (iv) तथा (v) को हल करने पर,

$$\frac{P^2}{-8+10} = \frac{Q^2}{-5+8} = \frac{R^2}{4-2}$$

$$\Rightarrow \quad \frac{P^2}{2} = \frac{Q^2}{3} = \frac{R^2}{2}$$

$$\therefore \quad P^2 : Q^2 : R^2 = 2:3:2$$

26. माना बिन्दु A, B, C पर कार्यरत् बल क्रमशः $\lambda a, \lambda b, \lambda c$ हैं। माना ΔABC के भीतर बिन्दु O पर इन बलों का परिणामी $\lambda(a+b+c)$ है।

माना $AD \perp BC$ और $OL \perp BC$

BC के परितः बलों के आघूर्णों का योग

= BC के परितः परिणामी बल का आघूर्ण

$$\Rightarrow \quad \lambda a \cdot AD = \lambda(a+b+c) \cdot OL$$

$$\Rightarrow \quad \lambda(BC \cdot AD) = \lambda(a+b+c) OL$$

$$\Rightarrow \quad 2\Delta = 2s \cdot OL$$

$$\therefore \quad OL = \frac{\Delta}{s} \Rightarrow OL = r \qquad [\because r = \Delta/s]$$

अतः बलों का केन्द्र अन्तःकेन्द्र पर होगा।

27. $\because R = mg\cos\alpha, \mu R = mg\sin\alpha$

$$\therefore \quad \mu = \tan\alpha = \tan 30°$$

$$\therefore \quad \alpha = 30°$$

28. गुरुत्व केन्द्र आधार तथा शीर्ष को 1 : 2 के अनुपात में बाँटता है।

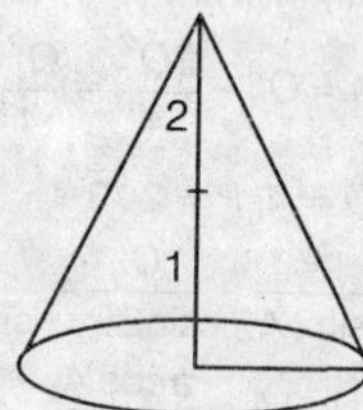

29. दिया है, वृत्त की त्रिज्या = $OA = \frac{4}{2} = 2$

$\therefore$ वृत्त का क्षेत्रफल = $\pi(2)^2 = 4\pi$

माना वर्ग की भुजा x है।

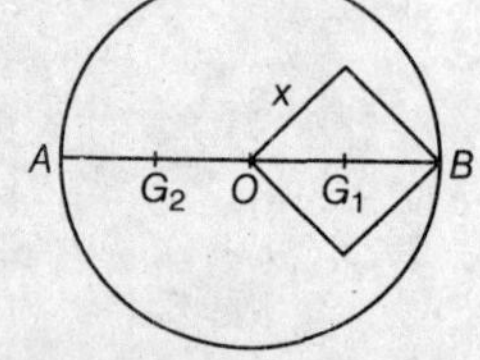

तब , $\sqrt{2x^2} = \frac{4}{2}$

$$\Rightarrow \quad x = \sqrt{2}$$

माना G_1 वर्गाकार प्लेट का गुरुत्व केन्द्र तथा शेष भाग का गुरुत्व केन्द्र G_2 है।

$$\therefore \quad OG_2 = \frac{(4\pi\rho g) \times 0 - (\sqrt{2})^2 \rho g \times (-OG_1)}{4\pi\rho g - (\sqrt{2})^2 \rho g}$$

$$= \frac{-(\sqrt{2})^2 \rho g(-1)}{4\pi\rho g - 2\rho g} = \frac{1}{2\pi - 1}$$

30. सतह घर्षण रहित है, अतः छड़ क्षैतिज से न्यूनतम झुकाव पर होगी अर्थात् छड़ क्षैतिज से 0° कोण पर झुकी होगी।

31. $\bar{x} = \frac{\Sigma m_1 x_1}{\Sigma m}$

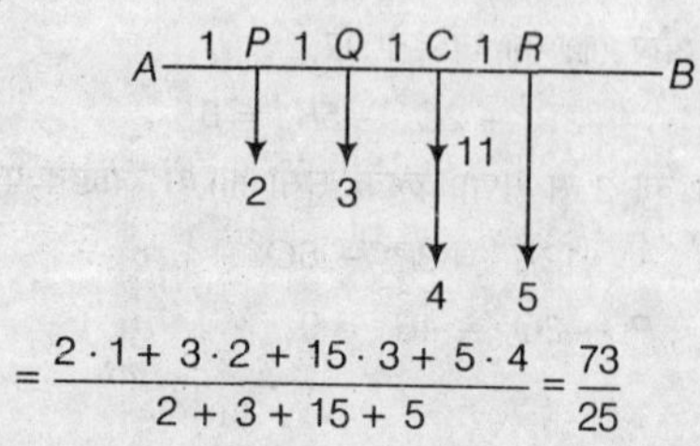

$$= \frac{2 \cdot 1 + 3 \cdot 2 + 15 \cdot 3 + 5 \cdot 4}{2 + 3 + 15 + 5} = \frac{73}{25}$$

32. माना वस्तु को नतसमतल पर ऊपर की ओर गति कराने के लिए आवश्यक बल P है जोकि समतल के साथ θ कोण पर कार्यरत् है, तब

$$P = W\frac{\sin(\alpha+\lambda)}{\cos(\theta-\lambda)} \qquad [\because \mu = \tan\lambda]$$

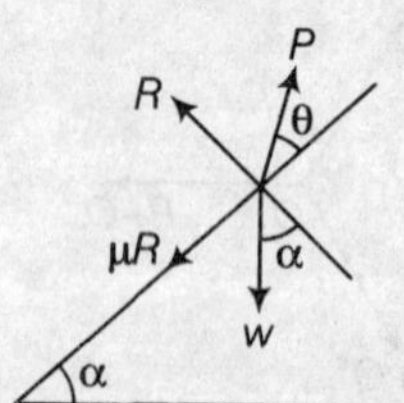

बल P न्यूनतम होगा जब $\cos(\theta-\lambda)$ का मान अधिकतम होगा अर्थात् $\cos(\theta-\lambda)=1$, अतः P का न्यूनतम मान $W\sin(\alpha+\lambda)$ है।

33. यदि $\alpha \le \lambda$, तब पिण्ड सीमान्त साम्य में है तथा ठीक फिसलने की अवस्था में है।

34. माना मणिका (bead) की साम्य स्थिति P है।

$$\because \quad OP = OA = AP$$

$\therefore \Delta OAP$ एक समबाहु त्रिभुज है।

बिन्दु P पर लामी प्रमेय से,

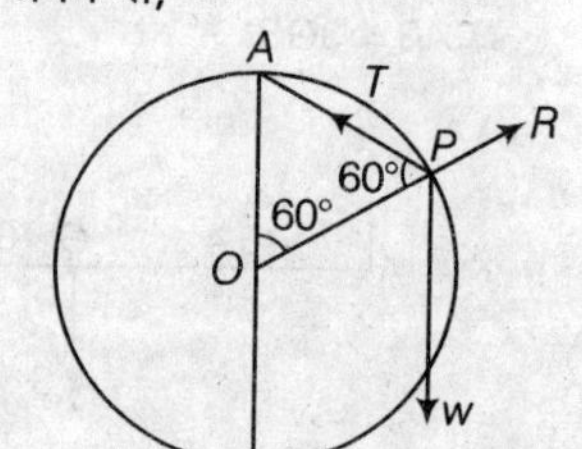

$$\frac{T}{\sin(RPW)} = \frac{W}{\sin(TPR)} = \frac{R}{\sin(TPW)}$$

$$\Rightarrow \quad \frac{T}{\sin(120°)} = \frac{W}{\sin(120°)} = \frac{R}{\sin(120°)}$$

$$\therefore \quad T = W, R = W$$

35. यहाँ, $P - Q = 9$ न्यूटन ...(i)

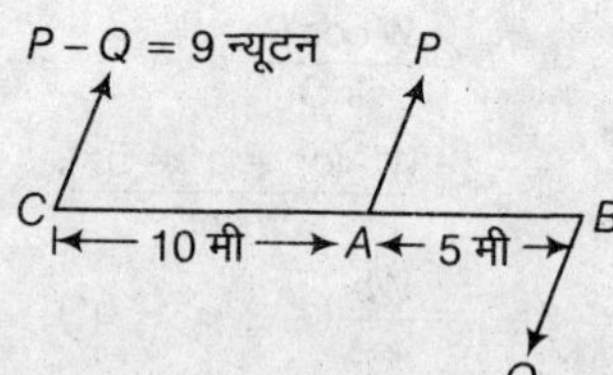

$\because P$ तथा Q का परिणामी C पर कार्यरत् है।

$$\therefore \quad AC = \left(\frac{AB}{P-Q}\right)Q$$

$$\Rightarrow \quad 10 = \left(\frac{5}{9}\right)Q \Rightarrow Q = 18 \text{ न्यूटन}$$

समी (i) में Q का मान रखने पर,

$P - 18 = 9 \Rightarrow P = 27$ न्यूटन तथा $Q = 18$ न्यूटन

36. बल xy - तल में रेखा के अनुदिश कार्यरत् है। चूँकि बल आघूर्ण, बल के तल के लम्बवत् है इसलिए अभीष्ट आघूर्ण Z-अक्ष के सापेक्ष है। रेखा का समीकरण $x + 2y - 11 = 0$ है।

$\therefore$ (4, 1) से रेखा की लम्बवत् दूरी = $\left|\frac{4 + 2 \cdot 1 - 11}{\sqrt{1+4}}\right| = \sqrt{5} = P$

अतः अभीष्ट आघूर्ण = $\sqrt{5}P = \sqrt{5}\sqrt{5} = 5$ इकाई

37. माना डोरी में तनाव T है।

अब $T\sin\theta = W$

$\Rightarrow \quad T = \dfrac{W}{\sin\theta}$

$\Rightarrow \quad T = \dfrac{W}{OA/OC} = \dfrac{W\cdot OC}{\sqrt{OC^2 - AC^2}}$

$\therefore \quad T = \dfrac{W(l+r)}{\sqrt{(l+r)^2 - r^2}}$

$= \dfrac{W(l+r)}{\sqrt{(l^2+2lr)}}$

38. मूलबिन्दु के परितः परिणामी बल का आघूर्ण

$= O(0, 0)$ के सापेक्ष बल आघूर्ण का बीजगणितीय योग

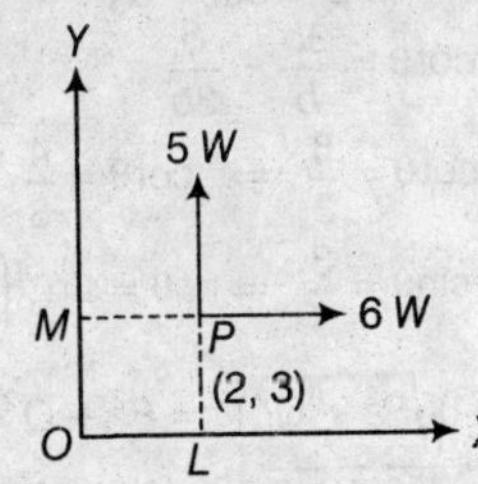

$= 5W\cdot OL - 6W\cdot OM$

$= 5W\cdot 2 - 6W\cdot 3 = -8W$

39. B के परितः आघूर्ण लेने पर,

$P\cdot BC = W\cdot BA$

$\Rightarrow \quad P = \dfrac{W\cdot AB}{x}$

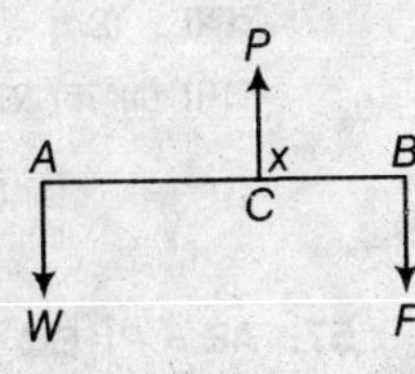

$\therefore \quad P \propto \dfrac{1}{x}$

40. चूँकि **F** का A के सापेक्ष आघूर्ण शून्य है इसलिए **F**, A से गुजरेगा। माना **F** के AB तथा AC के अनुदिश घटक क्रमशः X तथा Y हैं, तब B के परितः **F** का आघूर्ण = 9

$\Rightarrow 3Y = 9 \Rightarrow Y = 3$

$\because C$ के परितः **F** का आघूर्ण = 16

$\Rightarrow \quad 4X = 16$

$\Rightarrow \quad X = 4$

अतः $\quad F^2 = X^2 + Y^2$

$= 4^2 + 3^2 = 25$

$\therefore \quad F = 5$

41. माना ON खम्भा है और A आदमी की स्थिति है। माना रस्सी का एक सिरा खम्भे के बिन्दु B पर बँधा है और आदमी द्वारा लगाया गया खिंचाव (अर्थात् रस्सी में तनाव) T है। खम्भा बिन्दु O के परितः उलटेगा। अतः आदमी की, खम्भे को उलटने की प्रवृत्ति महत्तम होगी। यदि O के परितः T का आघूर्ण महत्तम हो।

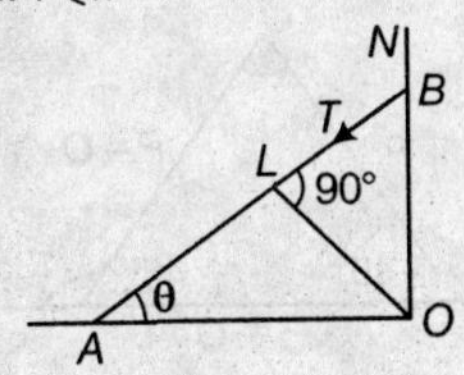

अब O के परितः T का आघूर्ण

$= T\cdot OL = T\cdot AO\sin\theta$

$= T\cdot AB\cos\theta\sin\theta = \dfrac{1}{2}T\cdot AB\sin 2\theta$

[$\because T$ और AB दिए हुए हैं]

अतः यह आघूर्ण महत्तम होगा, जब

$\sin 2\theta = 1$ अर्थात् जब $\theta = 45°$

$\therefore \quad OB = AB\sin\theta = \dfrac{AB}{\sqrt{2}}$

42. माना N के दो घटक N_x तथा N_y हैं।

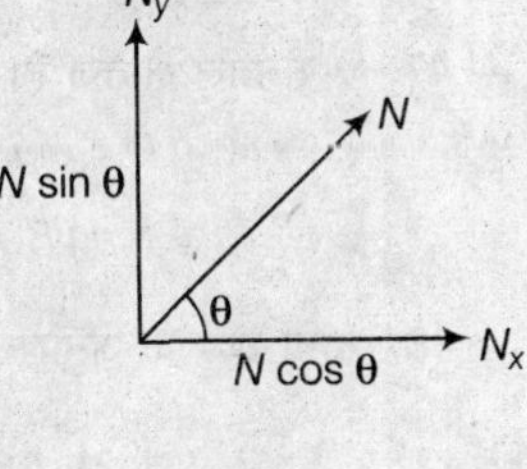

जहाँ, $\quad N_x = N\cos\theta$

तथा $\quad N_y = N\sin\theta$

प्रश्नानुसार, $\quad N_x = 2N_y$

तब, $\quad N_x^2 + N_y^2 = N^2$

$\Rightarrow \quad 4N_y^2 + N_y^2 = N^2$

$\Rightarrow \quad 5N_y^2 = N^2 \Rightarrow N_y = \dfrac{N}{\sqrt{5}}$

तथा $\quad N_x = \dfrac{2N}{\sqrt{5}}$

43. माना समदिश समान्तर बल P तथा Q किसी ठोस पिण्ड के बिन्दु A तथा B पर कार्यरत् हैं।

$\because P$ तथा Q का परिणामी O से भी गुजरता है।

$\therefore \quad AO = \left(\dfrac{AB}{P+Q}\right)Q \quad \ldots\text{(i)}$

समदिश समान्तर बल Q तथा R का परिणामी क्रमशः A तथा B पर कार्यरत् है तथा O से भी गुजरता है।

$\therefore \quad AO = \left(\dfrac{AB}{Q+R}\right)R \quad \ldots\text{(ii)}$

समी (i) तथा (ii) से,

$\left(\dfrac{AB}{P+Q}\right)Q = \left(\dfrac{AB}{Q+R}\right)R$

$\Rightarrow \quad Q^2 + QR = PR + QR$

$\Rightarrow \quad Q^2 = PR$

$\therefore P, Q$ तथा R गुणोत्तर श्रेणी में हैं।

44. यदि ΔABC की परित्रिज्या R है, तो इसका परिकेन्द्र भुजा BC, CA तथा AB से क्रमशः $R\cos A, R\cos B$ तथा $R\cos C$ दूरी पर है।

परिकेन्द्र के परितः आघूर्ण लेने पर हमें ज्ञात होता है कि सभी बलों का परिकेन्द्र के परितः आघूर्ण = परिणामी का इसके परितः आघूर्ण

अर्थात् $\quad P\cos A + Q\cos B + R\cos C = 0$

45. $\because R^2 = P^2 + Q^2 + 2PQ\cos\theta$

$\therefore \quad (\sqrt{7}Q)^2 = P^2 + Q^2 + 2PQ\cos 60°$

$\Rightarrow \quad 7Q^2 = P^2 + Q^2 + PQ$

$\Rightarrow \quad P^2 + PQ - 6Q^2 = 0$

$\Rightarrow \quad (P-2Q)(P+3Q) = 0$

$\Rightarrow \quad P - 2Q = 0$ या $P + 3Q = 0$

$\therefore \quad P - 2Q = 0 \Rightarrow \dfrac{P}{Q} = 2$

46. यहाँ, $G_1 = F \cdot OA\sin\theta, G_2 = F \cdot OB\sin\theta, G_3 = F \cdot OC\sin\theta$

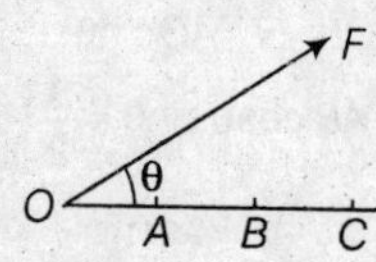

$\therefore\ G_1 \cdot BC + G_2 \cdot CA + G_3 \cdot AB$

$= F\sin\theta[OA \cdot BC + OB \cdot CA + OC \cdot AB]$

$= F\sin\theta[OA(OC - OB) + OB(OA - OC) + OC(OB - OA)]$

$= 0$

47. $\because$ समतल क्षैतिज है।

$\therefore \quad R = mg$

$F = \mu R = \frac{1}{4}(40g) = 10g = 10$ किग्रा-भार

48. माना छड़ के अनुप्रस्थ काट का क्षेत्रफल A है, तब

$$\bar{x} = \frac{\int_0^a x \cdot kx^2 A\,dx}{\int_0^a kx^2 A\,dx} = \frac{\int_0^a x^3\,dx}{\int_0^a x^2\,dx} = \frac{\frac{a^4}{4}}{\frac{a^3}{3}} = \frac{3}{4}a$$

50. $\because \quad R = \sqrt{P^2 + Q^2 + 2PQ\cos\theta}$

$\therefore \quad \sqrt{10}P = \sqrt{(2P)^2 + (\sqrt{2}P)^2 + 2(2P)(\sqrt{2}P)\cos\theta}$

$\Rightarrow \quad 10P^2 = (6 + 4\sqrt{2}\cos\theta)P^2$

$\Rightarrow \quad \cos\theta = \frac{1}{\sqrt{2}}$

$\therefore \quad \theta = \frac{\pi}{4}$

51. $\because R = \sqrt{(3P)^2 + (2P)^2 + 2(3P)(2P)\cos\alpha}$ ...(i)

तथा $2R = \sqrt{(6P)^2 + (2P)^2 + 2(6P)(2P)\cos\alpha}$ ...(ii)

समी (i) को 2 से गुणा कर तथा वर्ग करके समी (ii) को समी (i) में से घटाने पर,

$4(9P^2 + 4P^2 + 12P^2\cos\alpha) - 36P^2 - 4P^2 - 24P^2\cos\alpha = 0$

$\Rightarrow \quad 12 + 24\cos\alpha = 0$

$\Rightarrow \quad \cos\alpha = -\frac{1}{2} \Rightarrow \alpha = \frac{2\pi}{3}$

52. माना दो बल F_1 तथा F_2 हैं।

अधिकतम परिणामी $= P = F_1 + F_2$

तथा न्यूनतम परिणामी $= Q = F_1 - F_2$

अतः $\quad F_1 = \frac{P+Q}{2}$ तथा $F_2 = \frac{P-Q}{2}$

$\therefore \quad R = \sqrt{F_1^2 + F_2^2} = \sqrt{\frac{P^2 + Q^2}{2}}$

53. माना प्रत्येक बल का परिमाण P है, तब $R_1 =$ दो बराबर बल जिसमें प्रत्येक का परिमाण P है तथा एक-दूसरे पर 2α कोण पर झुके हैं $= 2P\cos\alpha$ तथा $R_2 =$ दो बराबर बल जिनमें प्रत्येक का परिमाण P है तथा एक-दूसरे पर 2β कोण पर झुके हैं $= 2P\cos\beta$

प्रश्नानुसार, $\quad R_1 = 2R_2$

$\Rightarrow \quad 2P\cos\alpha = 4P\cos\beta$

$\therefore \quad \cos\alpha = 2\cos\beta$

54. परिणामी सदिश

$= \mathbf{AP} + \mathbf{PB} + \mathbf{CP} + \mathbf{PD}$

$= \mathbf{AB} + \mathbf{CD}$

$= \mathbf{AB} + (-\mathbf{AB}) = 0$

अतः परिणामी शून्य है।

55. समकोण त्रिभुज में कर्ण का मध्य-बिन्दु शीर्ष से बराबर दूरी पर होता है।

$\therefore \quad DB = DC = DA$

तथा $\quad \angle BAC = 90°$

$(m\text{-}n)$ प्रमेय द्वारा,

$(1 + 1)\cot\theta = 1 \cdot \cot\alpha - 1 \cdot \cot\beta$

$\Rightarrow \quad 2\cot\theta = \cot\alpha - \tan\alpha$

$[\because \beta = 90° - \alpha]$

$\Rightarrow \quad 2\cot\theta = \frac{3b}{b} - \frac{b}{3b}$

$\Rightarrow \quad 2\cot\theta = \frac{8}{3} \Rightarrow \cot\theta = \frac{4}{3}$

अतः $\quad \sin\theta = \frac{3}{5} \Rightarrow \theta = \sin^{-1}\left(\frac{3}{5}\right)$

56. यहाँ, $\{(2m + 1)\sqrt{P^2 + Q^2}\}^2 = P^2 + Q^2 + 2PQ\cos\theta$

तथा $[(2m - 1)\sqrt{P^2 + Q^2}]^2 = P^2 + Q^2 + 2PQ\cos(90° - \theta)$

$\therefore \quad (2m + 1)^2(P^2 + Q^2) - (P^2 + Q^2) = 2PQ\cos\theta$ ...(i)

तथा $\quad (2m - 1)^2(P^2 + Q^2) - (P^2 + Q^2) = 2PQ\sin\theta$ ...(ii)

समी (ii) को समी (i) से भाग देने पर,

$$\tan\theta = \frac{\{(2m-1)^2 - 1^2\}(P^2 + Q^2)}{\{(2m+1)^2 - 1^2\}(P^2 + Q^2)} = \frac{m-1}{m+1}$$

57. $\mathbf{AB} = P\hat{\mathbf{i}}, \mathbf{BC} = -\frac{2P}{2}\hat{\mathbf{i}} + \frac{2P\sqrt{3}}{2}\hat{\mathbf{j}}$

$\mathbf{CA} = \frac{-3P}{2}\hat{\mathbf{i}} - \frac{3P\sqrt{3}}{2}\hat{\mathbf{j}}$

$$R = \sqrt{\left(P - \frac{2P}{2} - \frac{3P}{2}\right)^2 + \left(\frac{2P\sqrt{3}}{2} - \frac{3\sqrt{3}P}{2}\right)^2}$$

$\Rightarrow \quad R = P\sqrt{3}$

अब $\quad \tan\theta = \frac{\frac{\sqrt{3}}{2}}{\frac{3}{2}} = \frac{1}{\sqrt{3}} \Rightarrow \theta = \frac{\pi}{6}$

$\therefore$ **BC** भुजा के साथ कोण $= \frac{\pi}{6}$

58. $\tan\alpha = \frac{(P-Q)\sin 135°}{(P+Q) + (P-Q)\cos 135°} = \tan\frac{\pi}{4}$ ...(i)

$\Rightarrow \quad \frac{(P-Q)/\sqrt{2}}{(P+Q) - (P-Q)/\sqrt{2}} = 1$

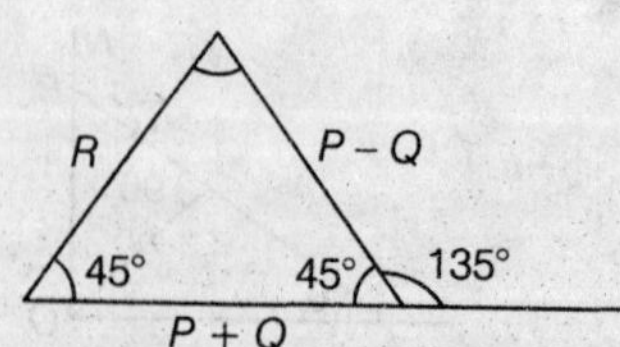

तथा $2 = \sqrt{(P+Q)^2 + (P-Q)^2 + 2(P+Q)(P-Q)\cos 135°}$ ...(ii)

समी (i) तथा (ii) से,

$$P = (\sqrt{2}+1) \text{ तथा } Q = (\sqrt{2}-1)$$

59. माना AB, $2a$ लम्बाई तथा W भार की एक छड़ है। यह किसी चिकनी (घर्षण रहित) दीवार के सहारे A तथा खूँटी C के ऊपर स्थित है जोकि दीवार से h दूरी पर है। छड़ निम्न बलों के प्रभाव में सन्तुलन में होगी

(i) G पर भार W

(ii) A पर प्रतिक्रिया R

(iii) C पर, AB के लम्बवत् प्रतिक्रिया S

$\because$ छड़ सन्तुलन में है अतः यह तीनों बल बिन्दु O पर संगामी हैं।

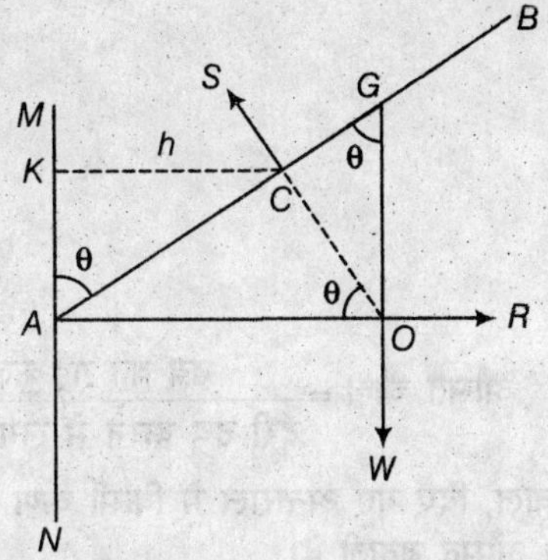

ΔACK में, $\sin\theta = \dfrac{h}{AC}$

ΔACO में, $\sin\theta = \dfrac{AC}{AO}$

ΔAGO में, $\sin\theta = \dfrac{AO}{a}$

$$\therefore \quad \sin^3\theta = \frac{h}{AC}\cdot\frac{AC}{AO}\cdot\frac{AO}{a} = \frac{h}{a}$$

60. माना OA तथा OB क्रमशः दो बलों X तथा Y को निरूपित करते हैं। माना उनके बीच का कोण α तथा परिणामी (OC द्वारा निरूपित) OA के साथ θ कोण बनाता है।

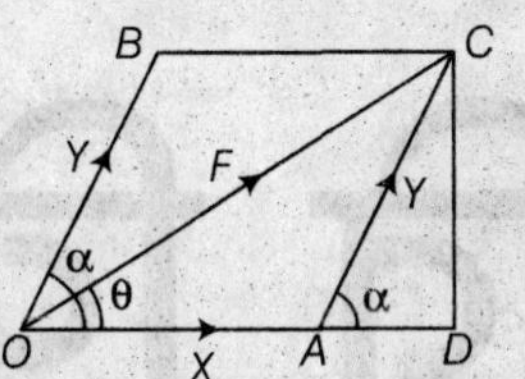

अब OA के अनुदिश F का घटक

$$= F\cos\theta = OC \times \frac{OD}{OC} = OD$$

$$= OA + AD = OA + AC\cos\alpha$$

$$= X + Y\cos\alpha$$

किन्तु OA के अनुदिश F का घटक Y द्वारा दिया गया है।

$$\therefore \quad Y = X + Y\cos\alpha$$

$$\Rightarrow Y(1-\cos\alpha) = X \Rightarrow cY\cdot 2\sin^2\frac{\alpha}{2} = X$$

$$\Rightarrow \quad \sin^2\frac{\alpha}{2} = \frac{X}{2Y} \Rightarrow \sin\frac{\alpha}{2} = \sqrt{\frac{X}{2Y}}$$

$$\Rightarrow \quad \frac{\alpha}{2} = \sin^{-1}\sqrt{\frac{X}{2Y}} \Rightarrow \alpha = 2\sin^{-1}\sqrt{\frac{X}{2Y}}$$

अध्याय 31

गति विज्ञान

Dynamics

गति विज्ञान (Dynamics) यान्त्रिकी की वह शाखा है जिसके अन्तर्गत कणों अथवा पिण्डों की गत्यात्मक अवस्था का अध्ययन किया जाता है।

दूरी तथा विस्थापन Distance and Displacement

गतिशील कण द्वारा गति पथ पर दो बिन्दुओं के मध्य तय कुल लम्बाई, उन बिन्दुओं के मध्य तय की गई दूरी कहलाती है जबकि गतिशील कण द्वारा गति पथ पर प्रारम्भिक एवं अन्तिम बिन्दु के मध्य तय की गई कुल, लम्बाई विस्थापन का परिमाण तथा प्रारम्भिक बिन्दु से अन्तिम बिन्दु की दिशा विस्थापन की दिशा कहलाती हैं।

चाल Speed

एक गतिशील कण अथवा पिण्ड की स्थिति परिवर्तन की दर उसकी चाल कहलाती हैं। अतः चाल $= \frac{\text{दूरी}}{\text{समय}}$

किसी गतिशील कण या पिण्ड की चाल से गति की दिशा के बारे में कोई जानकारी प्राप्त नहीं होती है। अतः चाल अदिश राशि है। MKS पद्धति में चाल का मात्रक मी/से, CGS पद्धति में चाल का मात्रक सेमी/से तथा FPS पद्धति में चाल का मात्रक फुट/से होता है। किसी कण या पिण्ड की चाल निम्न दो रूपों में परिभाषित की जा सकती है

तात्क्षणिक चाल Instantaneous Speed

गतिशील कण की किसी क्षण विशेष चाल को तात्क्षणिक चाल कहते हैं अर्थात् यदि कोई कण अपने गति पथ पर अति अल्प दूरी Δs को Δt समय में तय करे अर्थात् शून्य की ओर अग्रसर हो, तब

$$\text{कण की तात्क्षणिक चाल} = \lim_{\Delta t \to 0} \frac{\Delta s}{\Delta t} = \frac{ds}{dt}$$

औसत चाल Average Speed

किसी गतिशील कण द्वारा गति पथ पर तय की गई कुल दूरी तथा इस दूरी को तय करने में लगे कुल समय का अनुपात, कण की औसत चाल कहलाती है।

अतः
$$\text{औसत चाल} = \frac{\text{तय की गई कुल दूरी}}{\text{दूरी तय करने में लगा कुल समय}} = \frac{s}{t}$$

औसत चाल, दिए गए अन्तराल में किसी कण की सम्पूर्ण गति की चाल का औसत बताती है।

वेग Velocity

किसी गतिशील कण के विस्थापन परिवर्तन की दर वेग कहलाता है। इसे v से निरूपित करते हैं।

अतः $v = \frac{ds}{dt} = \frac{dx}{dt} = \frac{\text{विस्थापन परिवर्तन की दर}}{\text{समय}}$

जहाँ, s या x कण द्वारा t सेकण्ड में चली गई विस्थापन दूरी है।

MKS पद्धति में वेग को मी/से तथा CGS पद्धति में वेग को सेमी/से में मापा जाता है। वेग एक सदिश राशि है जिसका परिमाण कण की चाल को निरूपित करता है।

किसी कण के वेग को निम्न दो भागों में परिभाषित कर सकते हैं

तात्क्षणिक वेग Instantaneous Velocity

यदि समयान्तराल अति अल्प होते हुए शून्य की ओर अग्रसर हो, तब औसत वेग का सीमान्त मान तात्क्षणिक वेग कहलाता है अर्थात्

$$\text{तात्क्षणिक वेग} = \lim_{\Delta t \to 0} \frac{\Delta s}{\Delta t} = \frac{ds}{dt}$$

त्वरण Acceleration

किसी गतिशील कण के वेग परिवर्तन की दर त्वरण कहलाती है। इसे t से निरूपित करते हैं।

$$f = \frac{dv}{dt} = \frac{d}{dt}\left(\frac{dx}{dt}\right) = \frac{d^2x}{dt^2} = v\frac{dv}{dx} \qquad \left[\because \frac{d^2x}{dt^2} = v\frac{dv}{dx}\right]$$

MKS पद्धति में त्वरण का मात्रक मी/से^{2} तथा CGS पद्धति में त्वरण का मात्रक सेमी/से^{2} होता है। यह एक सदिश राशि है। त्वरण को निम्न दो रूपों में परिभाषित करते हैं।

एकसमान त्वरण Uniform Acceleration

यदि कोई कण इस प्रकार गति करता है कि उसके गति पथ पर वेग में परिवर्तन की दर सदैव समान रहती है, तब उसका त्वरण एकसमान या अचर त्वरण (Constant acceleration) कहलाता है।

तात्क्षणिक त्वरण Instantaneous Acceleration

यदि समयान्तराल Δt अति अल्प होते हुए शून्य को अग्रसित करे, तब औसत त्वरण का सीमान्त मान तात्क्षणिक त्वरण को निरूपित करता है अर्थात् तात्क्षणिक त्वरण = $\lim_{\Delta t \to 0} \frac{\Delta v}{\Delta t} = \frac{dv}{dt}$

तात्क्षणिक त्वरण को त्वरण कहते हैं। यह भी सदिश है तथा इसे f से प्रदर्शित किया जाता है।

औसत त्वरण Average Acceleration

किसी गतिशील कण के एक बिन्दु से दूसरे बिन्दु तक पहुँचने में इसके वेग में परिवर्तन तथा उसमें लगे समय का अनुपात उन बिन्दुओं के मध्य कण का औसत त्वरण कहलाता है। यह एक सदिश राशि होती है।

अर्थात् औसत त्वरण = $\frac{\Delta v}{\Delta t} = \frac{v_2 - v_1}{t_2 - t_1}$

वेगों के परिणामी Resultant of velocities

किसी कण के दो वेगों का परिणामी समान्तर चतुर्भुज द्वारा ज्ञात करते हैं।

वेगों के समान्तर चतुर्भुज का नियम Law of Parallelogram of Velocities

यदि एक बिन्दु पर स्थित कण पर एकसाथ कार्यरत दो वेग, किसी समान्तर चतुर्भुज के एक शीर्ष से होकर जाने वाली दो आसन्न भुजाओं के द्वारा परिमाण एवं दिशा में निरूपित होते हैं, तब इनका परिणामी वेग परिमाण एवं दिशा में इस शीर्ष से होकर जाने वाले विकर्ण के द्वारा निरूपित होगा।

माना एक बिन्दु पर एकसाथ लगने वाले दो वेग U तथा V परिणाम एवं दिशा में समान्तर चतुर्भुज $OACB$ की भुजाओं OA तथा OB द्वारा निरूपित हो, तो इनका परिणामी वेग R परिमाण एवं दिशा में O से होकर जाने वाले विकर्ण OC के द्वारा निरूपित करेगा।

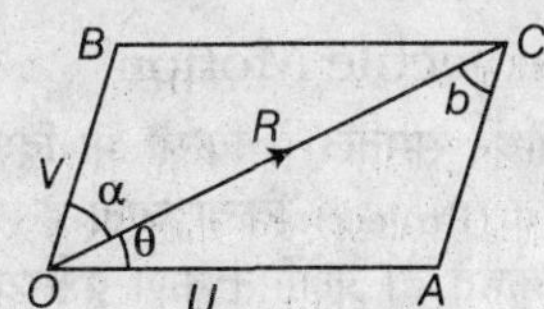

परिणामी वेग, $R = \sqrt{U^2 + V^2 + 2UV \cos\alpha}$ है तथा परिणामी वेग की दिशा, U की दिशा से θ कोण इस प्रकार बनाती है कि

$$\tan\theta = \frac{U \sin\alpha}{U + V\cos\alpha}$$

एकसाथ n वेगों का परिणामी वेग Resultant of n Simultaneous Velocities

माना बिन्दु O पर स्थित कण पर $v_1, v_2, v_3, ..., v_n$ वेग कार्य करते हैं तथा समतल में स्थित एक निश्चित दिशा OX से $\alpha_1, \alpha_2, \alpha_3, ..., \alpha_n$ कोण बनाते हैं।

माना OY, OX पर लम्बवत् रेखा है, तब OX दिशा के अनुदिश वेगों $v_1, v_2, v_3, ..., v_n$ के वियोजित भाग क्रमशः $v_1 \cos\alpha_1, v_2 \cos\alpha_2, v_3 \cos\alpha_3, ..., v_n \cos\alpha_n$ हैं तथा OY दिशा के अनुदिश वेगों $v_1, v_2, v_3, ..., v_n$ के वियोजित भाग क्रमश: $v_1 \sin\alpha_1, v_2 \sin\alpha_2, v_3 \sin\alpha_3, ..., v_n \sin\alpha_n$ हैं तथा वेग V का OX दिशा में वियोजित घटक $V \cos\theta$ तथा OY दिशा में वियोजित घटक $V \sin\theta$ होगा।

आपेक्षिक वेग Relative Velocity

माना दो गतिशील कणों A तथा B के वेग क्रमशः v_A तथा v_B हैं, तब B के सापेक्ष A का आपेक्षिक वेग वह है, जो B से A की गति का अवलोकन करने पर प्रतीत होता हैं अर्थात्

$$v_{AB} = v_A - v_B$$

जहाँ v_{AB}, B के सापेक्ष कण A का आपेक्षिक वेग है।

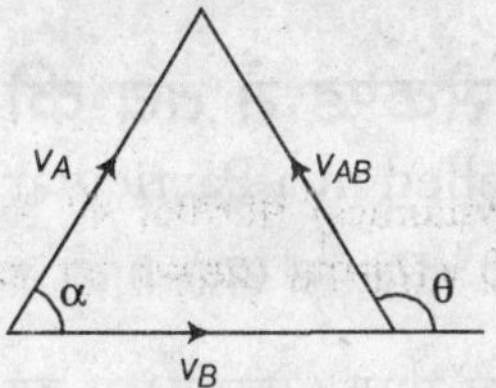

माना कणों A तथा B के वेगों के बीच का कोण α है, तब वेगों के समान्तर चतुर्भुज नियम से,

$$v_{AB} = \sqrt{V_A^2 + V_B^2 - 2V_A V_B \cos\alpha}$$

अब, यदि B के सापेक्ष A का आपेक्षिक वेग, B के वेग की दिशा से θ कोण बनाता है, तब

$$\tan\theta = \frac{v_A \sin\alpha}{v_B + v_A \cos\alpha}$$

अचर त्वरण के आधीन गतिशील कण के लिए गति समीकरण Equations of Motion of a Particle Moving with Constant Acceleration

माना एक कण प्रारम्भिक वेग u से सरल रेखा में अचर त्वरण f से गतिशील है। यदि t समय पश्चात् कण का वेग v तथा दूरी s हो, तब गति के समीकरण निम्न होंगे।

(i) $v = u + ft$

(a) यदि कण विरामावस्था से चलना प्रारम्भ करता हो, तब

$$u = 0 \Rightarrow v = ft$$

(b) यदि कण मन्दन (Retardation) से गति करता हो, तब f को $-f$ से प्रतिस्थापित करने पर गति का समीकरण $v = u - ft$ होगा।

(ii) $s = ut + \frac{1}{2}ft^2 = \left(u + \frac{1}{2}ft\right)t$

(a) यदि कण विरामावस्था से चलना प्रारम्भ करता हो, तो

$$u = 0 \Rightarrow s = \frac{1}{2}ft^2$$

(b) यदि कण एकसमान अचर वेग (Uniform velocity) से चलता हो, तो

$$f = 0 \quad \Rightarrow \quad s = ut \quad \left[\because v = \text{स्थिरांक}, f = \frac{dv}{dt} = 0\right]$$

(c) मन्दन के अधीन गति के लिए f को $-f$ से प्रतिस्थापित करने पर,

$$s = ut - \frac{1}{2}ft^2$$

(iii) $v^2 = u^2 + 2fs$

(a) यदि कण विरामावस्था से चलना प्रारम्भ करता हो, तो

$$u = 0$$

$$\Rightarrow \quad v = \sqrt{2fs}$$

(b) मन्दन के अधीन गति के लिए f को $-f$ से प्रतिस्थापित करने पर,

$$v^2 = u^2 - 2fs$$

किसी विशेष सेकण्ड में तय की गई दूरी

Distance Travelled in a Particular Second

$$S_t = U + \frac{1}{2}f\ (2t - 1)$$

किसी कण की विशेष समय (सेकण्ड) में तय की गई दूरी

$$S_t\text{वाँ} = U + \frac{1}{2}f\ (2t - 1)$$

गुरुत्वीय त्वरण के अधीन गति गुरुत्वाकर्षण बल के कारण उत्पन्न त्वरण को गुरुत्वीय त्वरण कहते हैं, इसे g से निरूपित करते हैं। इसका MKS पद्धति में g का मान 9.8 मी/से^{2} लिया जाता है।

गुरुत्वीय त्वरण के अधीन गति को दो स्थितियों में बाँटा गया है

स्वतन्त्रतापूर्वक ऊर्ध्वाधर अधोमुखी गति एक कण बिन्दु O से ऊर्ध्वाधर नीचे की ओर प्रारम्भिक वेग U से फेंका जाता है, तब गति के समीकरण में $s = h$ तथा $f = g$ रखने पर,

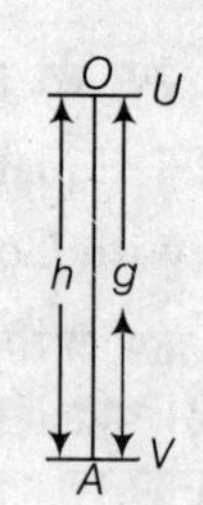

(i) $v = u + gt$

(ii) $h = ut + \frac{1}{2}gt^2$

(iii) $v^2 = u^2 + 2gh$

जहाँ, g गुरुत्वीय त्वरण है।

औसत वेग Average Velocity

माना एकसमान त्वरण f से गतिमान कण का प्रारम्भिक वेग u तथा t सेकण्ड में चली गई दूरी तथा वेग क्रमशः s तथा v हैं, तब

$$\text{औसत वेग} = \frac{\text{कण द्वारा } t \text{ सेकण्ड में चली गई दूरी}}{\text{समय } t} = \frac{s}{t}$$

$$= \frac{ut + \frac{1}{2}ft^2}{t} \qquad \left[\because s = ut + \frac{1}{2}ft^2\right]$$

$$= \frac{2u + ft}{2} = \frac{u + (u + ft)}{2} \qquad [\because v = u + ft]$$

$$= \frac{u + v}{2}$$

अतः प्रारम्भिक तथा अन्तिम वेगों का समान्तर माध्य कण का औसत वेग होता है।

ऊर्ध्वाधर गति Vertical Motion

इस स्थिति में गुरुत्वीय त्वरण मन्दन का कार्य करता है, तब गति के समीकरण निम्न होंगे, मन्दन के लिए $(g = -g)$ रखने पर,

$$v = u - gt$$

$$\Rightarrow \quad h = ut - \frac{1}{2}gt^2 \quad \Rightarrow \quad v^2 = u^2 - 2gh$$

तथा tवें सेकण्ड में कण द्वारा चली गई दूरी h_tवें $= u - \frac{g}{2}(2t - 1)$

ऊर्ध्वाधर रेखा में गति के लिए महत्त्वपूर्ण निगमन

Important Deductions for the Motion in a Vertical Line

ऊर्ध्वाधर गति के लिए कण का प्रारम्भिक वेग शून्य नहीं हो सकता है। अतः प्रारम्भिक वेग u से फेंके गए कण के लिए निम्नलिखित बातें आवश्यक होंगी

(i) महत्तम ऊँचाई, $H = \frac{u^2}{2g}$

(ii) महत्तम ऊँचाई तक पहुँचने में लगा समय, $T = \frac{u}{g}$

(iii) किसी निश्चित ऊँचाई h तक पहुँचने में लगा समय,

$$T_1 = \frac{u \pm \sqrt{u^2 - 2gh}}{g}$$

आवेग Impulse

किसी दिए गए समयान्तराल में बल का आवेग बल तथा समयान्तराल के गुणनफल के बराबर होता है। किसी दिए गए समयान्तराल t में बल F का आवेग निम्न प्रकार दिया जाता है

बल का आवेग = बल × समयान्तराल $I = F \cdot \Delta t = m \cdot \Delta v = \Delta P$

संवेग Momentum

किसी पिण्ड के द्रव्यमान (m) और वेग (v) के गुणनफल को पिण्ड का संवेग कहते हैं।

अतः संवेग = द्रव्यमान × वेग $= m \times v \Rightarrow P = mv$

संवेग की इकाई ग्राम-सेमी/से या किग्रा-मी/से होती है।

प्रक्षेप गति Projectile Motion

जब कोई कण ऊर्ध्वाधर समतल में किसी भी दिशा में किसी कारक (Cause) द्वारा प्रक्षिप्त (Project) किया जाता है, तब कण द्वारा की गई गति को प्रक्षेप गति कहते हैं। प्रक्षेपित कण **प्रक्षेप्य** कहलाता है तथा कण द्वारा बनाए गए पथ को **प्रक्षेप्य पथ** कहते हैं।

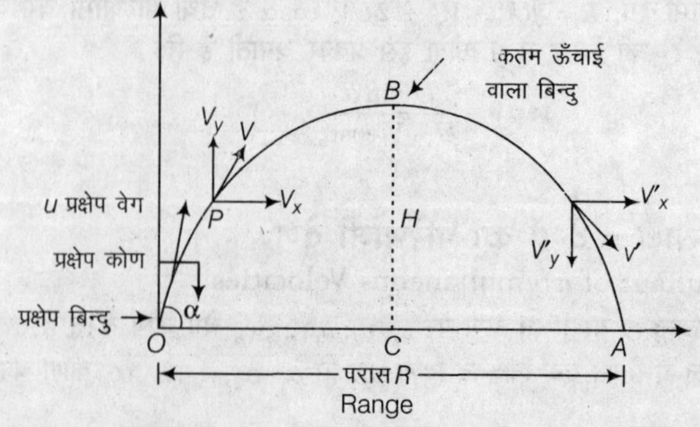

(i) **प्रक्षेप कोण** (Angle of projection) प्रक्षेपित कण का क्षैतिज के साथ बना कोण प्रक्षेप कोण कहलाता है।

(ii) **प्रक्षेप वेग** (Velocity of projection) किसी कण को जिस वेग से प्रक्षेपित किया जाता है, वह प्रक्षेप वेग कहलाता है।

(iii) **क्षैतिज परास** (Horizontal range) क्षैतिज रेखा पर प्रक्षेप्य जहाँ टकराता है, उस बिन्दु की प्रक्षेप बिन्दु से दूरी क्षैतिज परास कहलाती है।

(iv) **उड्डयन काल** (Time of flight) प्रक्षेप्य गति में कण को प्रक्षेप बिन्दु O से क्षैतिज परास OA के बिन्दु A तक पहुँचने में लगा समय उड्डयन काल कहलाता है।

प्रक्षेप की गति का समीकरण
Equation of Motion of Projectile

माना प्रक्षेप को प्रारम्भिक वेग u से कोण α पर प्रक्षेपित किया जाता है, तब वेग का क्षैतिज घटक $= u\cos\alpha$ तथा वेग का ऊर्ध्वाधर घटक $= u\sin\alpha$

शीर्ष के निर्देशांक $= \left(\dfrac{u^2\sin\alpha\cos\alpha}{g}, \dfrac{u^2\sin^2\alpha}{2g}\right)$

नाभिलम्ब जीवा की लम्बाई $= (2u^2\cos^2\alpha)/g$

नाभि के निर्देशांक $= \left(\dfrac{u^2\sin 2\alpha}{2g}, \dfrac{-u^2\cos 2\alpha}{2g}\right)$

नियता $y = \dfrac{u^2}{2g}$ तथा नाभिलम्ब $= \dfrac{2u^2\cos^2\alpha}{g}$

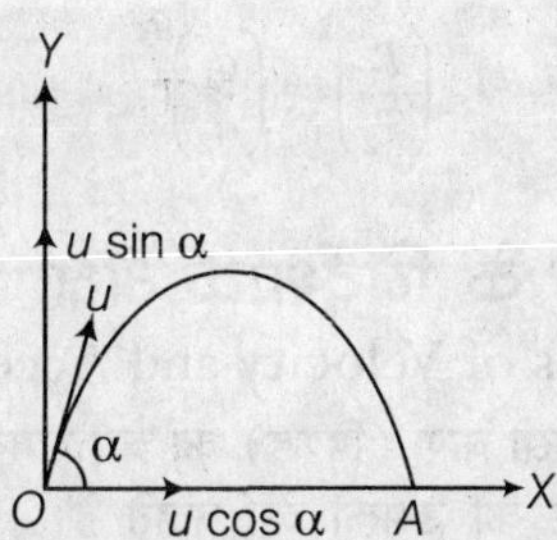

अत: प्रक्षेप की गति परवलयाकार (Parabolicshape) होती है।

प्रक्षेप गति से सम्बन्धित महत्त्वपूर्ण परिणाम
Important Results Related to Projectile Motion

माना कण का प्रारम्भिक वेग u, प्रक्षेप कोण α तथा किसी समय t पर इसका वेग v है एवं किसी बिन्दु P पर गति की दिशा θ है। माना पथ का उच्चतम बिन्दु O है, जहाँ केवल क्षैतिज वेग $u\cos\alpha$ है तथा कण क्षैतिज समतल से बिन्दु B पर टकराता हैं, तब

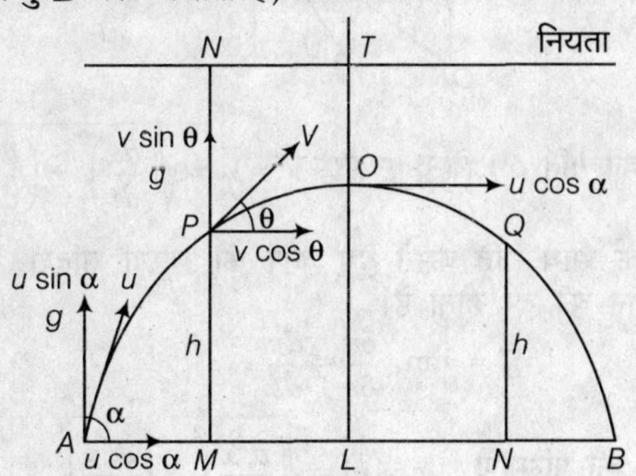

(i) t समय पश्चात् वेग एवं दिशा,

$$\theta = \tan^{-1}\left(\frac{t \text{ समय बाद ऊर्ध्वाधर वेग}}{\text{अचर क्षैतिज वेग}}\right)$$

(ii) h ऊँचाई पर वेग तथा दिशा,

$$\theta = \tan^{-1}\left(\frac{h \text{ ऊँचाई पर ऊर्ध्वाधर वेग}}{\text{अचर क्षैतिज वेग}}\right)$$

क्षैतिज समतल पर परास एवं उड्डयन काल
Range on Horizontal Plane and Time of Flight

(i) उड्डयन काल $(T) = \dfrac{2u\sin\alpha}{g}$

(ii) परास $(R) = \dfrac{u^2\sin 2\alpha}{g}$

प्रक्षेप्य द्वारा प्राप्त महत्तम ऊँचाई, लिया गया समय तथा महत्तम ऊँचाई पर वेग एवं दिशा

(i) महत्तम ऊँचाई, $H = \dfrac{u^2\sin^2\alpha}{2g}$

(ii) महत्तम ऊँचाई तक पहुँचने में लगा समय, $t = \dfrac{u\sin\alpha}{g}$

नोट उड्डयन काल महत्तम ऊँचाई पर पहुँचने के समय का दोगुना होता है।

महत्तम क्षैतिज परास Maximum Horizontal Range

$$R_{\max} = \frac{u^2}{g}$$

महत्तम परास के लिए उड्डयन काल $= \dfrac{u}{g}\sqrt{2}$

संघट्ट Impact

दो पिण्डों का परस्पर टकराव, पिण्डों का संघट्ट कहलाता है। पिण्डों का संघट्ट दो प्रकार का होता है:

(i) **सीधा या प्रत्यक्ष संघट्ट** (Direct impact) यदि संघट्ट के पहले प्रत्येक पिण्ड की गति की दिशा उभयनिष्ठ अभिलम्ब के अनुदिश स्पर्श बिन्दु पर होती है, तब दो पिण्डों के परस्पर संघट्ट को सीधा संघट्ट कहते हैं।

(ii) **तिर्यक संघट्ट** (Oblique impact) यदि संघट्ट के पहले एक या दोनों पिण्ड की गति की दिशा उभयनिष्ठ अभिलम्ब के अनुदिश स्पर्श बिन्दु पर होती है, तब दो पिण्डों के परस्पर संघट्ट को तिर्यक संघट्ट कहते हैं।

संघट्ट के नियम Laws of Impact

संघट्ट के मुख्यतया निम्न तीन नियम हैं

1. संवेग संरक्षण का नियम
Law of Conservation of Momentum

संवेग संरक्षण के नियम के अनुसार संघट्ट के ठीक पहले या संघट्ट के ठीक पश्चात् संवेग नियत रहता है।

अर्थात् $m_1u_1 + m_2u_2 = m_1v_1 + m_2v_2$

जहाँ, m_1 = प्रथम पिण्ड का द्रव्यमान

m_2 = द्वितीय पिण्ड का द्रव्यमान

v_1 = प्रथम पिण्ड का अन्तिम वेग

v_2 = द्वितीय पिण्ड का अन्तिम वेग

u_1 = प्रथम पिण्ड का प्रारम्भिक वेग

तथा u_2 = द्वितीय पिण्ड का प्रारम्भिक वेग

2. न्यूटन का प्रयोगात्मक संघट्ट का नियम Newton's Law of Practical Impact

न्यूटन के प्रयोगात्मक संघट्ट के नियम के अनुसार, दो पिण्डों के संघट्ट में उभयनिष्ठ अभिलम्ब के अनुदिश संघट्ट के ठीक बाद आपेक्षिक वेग तथा संघट्ट के ठीक पहले आपेक्षिक वेग में एक अचर अनुपात होता है। दोनों स्थितियों में संघट्ट की दिशा विपरीत होती है।

3. प्रत्यानन गुणांक Coefficient of Restituation

प्रत्यानन गुणांक को e से निरूपित करते हैं।

यहाँ, $e = \dfrac{\text{निकाय के बाद का आपेक्षिक वेग}}{\text{निकाय के पहले का आपेक्षिक वेग}} = \dfrac{v_2 - v_1}{u_1 - u_2}$

e का मान पिण्डों के पदार्थों की प्रकृति पर निर्भर करता है तथा पिण्डों के द्रव्यमान से स्वतन्त्र होता है। यदि पिण्ड पूर्णत: प्रत्यास्थ है, तब $e = 1$ तथा यदि पिण्ड पूर्णत: अप्रत्यास्थ है, तब $e = 0$ अत: e का मान 0 से 1 की सीमा में होता है अर्थात् $0 \le e \le 1$

प्रत्यास्थ पिण्डों का संघट्ट Impact of Elastic Bodies

यदि किसी पिण्ड को संकुचित किया जा सके तथा संकुचन के पश्चात् पिण्ड अपनी पूर्व अवस्था में आ जाए, तब पिण्ड के पदार्थ के इस गुण को प्रत्यास्थता (elasticity) कहते हैं तथा इस गुण वाले पिण्डों को प्रत्यास्थ पिण्ड कहते हैं।

एकसमान वृत्तीय गति Uniform Cyclic Motion

यदि वृत्तीय गति करते हुए निकाय के वेग का परिमाण अचर रहता है, तब इसे एकसमान वृत्तीय गति कहते हैं।

वृत्तीय गति के कुछ पद Some Terms of Cyclic Motion

(i) **कोणीय विस्थापन** (Angular displacement) यदि वृत्तीय गति करता हुआ कोई कण किसी समय में Δs दूरी तय करता है तथा वृत्ताकार मार्ग की त्रिज्या r हो, तब कोणीय विस्थापन $= \dfrac{\Delta s}{r}$

(ii) **कोणीय वेग** (Angular velocity) कोणीय विस्थापन के परिवर्तन की दर को कोणीय वेग कहते हैं।

कोणीय वेग $(\omega) = \dfrac{\Delta\theta}{\Delta t}$, रेखीय वेग $V = r\omega$

(iii) **कोणीय त्वरण** (Angular acceleration) कोणीय वेग के परिवर्तन की दर को कोणीय त्वरण कहते हैं।

कोणीय त्वरण $(\alpha) = \dfrac{d\omega}{dt} = \dfrac{d^2\theta}{dt^2}$

तथा रेखीय त्वरण $(a) = r \cdot \alpha$

वृत्तीय गति के समीकरण Equations of Cyclic Motion

(i) $\omega = \omega_0 + \alpha t$ (ii) $\theta = \omega_0 t + \frac{1}{2}\alpha t^2$ (iii) $\omega^2 = \omega_0^2 + 2\alpha\theta$

जहाँ, ω_0 = प्रारम्भिक कोणीय वेग, ω = अन्तिम कोणीय वेग, t = समय, α = कोणीय त्वरण, θ = कोणीय विस्थापन

केन्द्रीय कक्ष Central Orbit

केन्द्रीय बल के द्वारा किसी कण की गति के पथ को केन्द्रीय कक्ष कहते हैं।

केपलर का ग्रहों की गति सम्बन्धी नियम Kepler's Law of Planetary Motion

(i) **कक्ष का नियम** (Law of orbit) सभी ग्रह, सूर्य के चारों ओर दीर्घवृत्तीय कक्षा में गति करते हैं तथा सूर्य इसकी एक नाभि पर स्थित होता है।

(ii) **क्षेत्रफल का नियम** (Rule of area) ग्रहों की क्षेत्रीय चाल अचर होती है।

अर्थात् $\dfrac{dA}{dt} = \dfrac{L}{2m}$ = अचर

जहाँ, L = कोणीय संवेग तथा m = ग्रह का द्रव्यमान।

(iii) **आवर्त नियम** (Law of period) सूर्य के परित: ग्रहों के घूमने के आवर्त काल का वर्ग, दीर्घवृत्तीय कक्षा के अर्द्ध–दीर्घ अक्ष के घन के समानुपाती होता है।

अर्थात् $T^2 \propto a^3$ या $\left(\dfrac{T_1}{T_2}\right)^2 = \left(\dfrac{a_1}{a_2}\right)^3$

वेग तथा त्वरण के निर्देशांक अक्ष Coordinate Axes of Velocity and Acceleration

(i) वक्र के साथ किसी कण (पिण्ड) का वेग समय के सापेक्ष विस्थापन में परिवर्तन की दर को उसका वेग कहते हैं।

$$\vec{V} = \lim_{\delta t \to 0} \frac{\vec{tr}}{t\delta} = \frac{\vec{dr}}{dt}$$

जहाँ, $\vec{r}$ कण की स्थिति सदिश है।

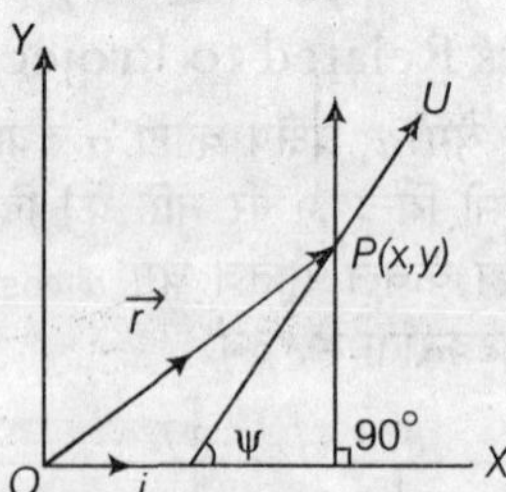

कण की गति (v) बिन्दु P पर, $V = \vec{V} = \sqrt{\left(\dfrac{dx}{dt}\right)^2 + \left(\dfrac{dy}{dt}\right)^2} = \dfrac{ds}{dt}$

(ii) वक्र के साथ गति करते हुए कण का त्वरण सदिश, वेग सदिश में परिवर्तन की दर होता है।

$$\vec{a} = \lim_{\delta t \to 0} \frac{\delta v}{\delta e} = \frac{dv}{dt}$$

त्वरण का परिमाण, $a = |\vec{a}| = \sqrt{\left(\dfrac{d^2x}{dt^2}\right)^2 + \left(\dfrac{d^2y}{dt^2}\right)^2}$

कोणीय वेग तथा त्वरण
Angular Velocity and Acceleration

माना P तथा Q गति करते हुए किसी कण की A एवं $A+\delta t$ के सापेक्ष स्थिति है।

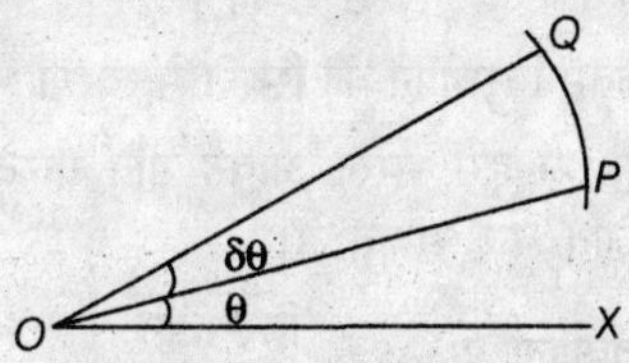

इस प्रकार, $\angle POX = \theta$ तथा $\angle QOX = a + \delta\theta$

कोणीय वेग बिन्दु, $P = \lim_{\delta t \to 0} \dfrac{\delta\theta}{\delta t} = \dfrac{d\theta}{dt} = \theta$

तथा कोणीय त्वरण $= \dfrac{d^2\theta}{dt^2} = \theta$

अर्द्धव्यासित तथा अनुप्रस्थ वेग एवं त्वरण
Radial and Traverse Velocities and Accelerations

माना P एक बिन्दु है तथा गति करते हुए कण के t तथा r समय के लिए, जिसकी स्थिति सदिश मूलबिन्दु 'O' के सापेक्ष है।

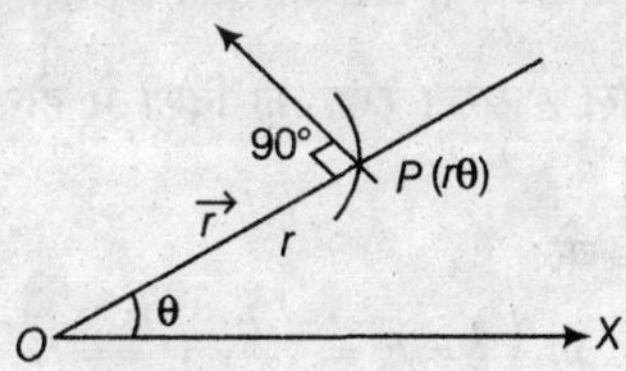

(i) अर्द्धव्यासित वेग $= \dfrac{dr}{dt}$, अनुप्रस्थ वेग $= \dfrac{rd\theta}{dt}$

तथा परिणामी वेग $= \sqrt{\left(\dfrac{dr}{dt}\right)^2 + \left(r\dfrac{d\theta}{dt}\right)^2}$

(ii) अर्द्धव्यासित त्वरण $= \dfrac{d^2r}{dt^2} - r\left(\dfrac{d\theta}{dt}\right)^2$

तथा अनुप्रस्थ त्वरण $= \dfrac{1}{r}\dfrac{d}{dt}\left(r^2\dfrac{d\theta}{dt}\right)$

एवं परिणामी त्वरण $= \sqrt{\left\{\dfrac{d^2r}{dt^2} - r\left(\dfrac{d\theta}{dt}\right)^2\right\}^2 + \left\{\dfrac{1}{r}\dfrac{d}{dt}\left(r^2\dfrac{d\theta}{dt}\right)\right\}^2}$

स्पर्श रेखीय तथा अभिलाम्बिक वेग व त्वरण
Tangential and Normal Velocity and Acceleration

माना वक्र पथ AB पर चलता हुआ कोई कण t समय पर P बिन्दु पर पहुँचता है, जहाँ $AP - S$

माना कि बिंदु P पर खींची गई स्पर्श रेखा तथा अभिलम्ब की दिशा में इकाई सदिश $\hat{n}_1$ तथा $\hat{n}_2$ हैं।

हम जानते हैं कि परिवर्ती वेग से चलने वाले एक कण का किसी बिन्दु पर वेग, यदि कण एक पथ के लिए बिंदु P पर स्पर्श रेखा की दिशा में इकाई सदिश $\hat{n}_1$ हो, तो $\vec{v} = \dfrac{ds}{dt}\hat{n}_1 = \dfrac{ds}{dt}\hat{n}_1 + 0\cdot\hat{n}_2$

अत: कण का स्पर्श रेखीय वेग $= \dfrac{ds}{dt} = \vec{v}$ ... (i)

तथा अभिलाम्बिक वेग = 0 ... (ii)

कण का त्वरण, $\vec{f} = \dfrac{d\vec{v}}{dt} = \dfrac{d}{dt}\left(\dfrac{ds}{dt}\hat{n}_1\right) = \dfrac{d^2s}{dt^2}m + \dfrac{ds}{dt}\dfrac{d\hat{n}_1}{dt}$

हम जानते हैं कि, $\dfrac{d\hat{n}_1}{dt} = \dfrac{d\hat{n}_2}{dt}\hat{n}_2$

अत: त्वरण, $\vec{f} = \dfrac{d^2s}{dt^2}\hat{n}_1 + \dfrac{ds}{dt}\dfrac{d\hat{n}_2}{dt}\hat{n}_2 = \dfrac{d^2s}{dt^2}\hat{n}_1 + \dfrac{v^2}{\delta}\hat{n}_2$

$\therefore$ स्पर्श रेखीय त्वरण $= \dfrac{dy}{dz} = \dfrac{dv}{dt} = v\dfrac{dv}{ds}$

तथा अभिलाम्बिक त्वरण $= \dfrac{u^2}{P}$

समतल (चिकने) वक्र पर गति
Motion on Smooth Plane Curves

जब कोई कण ऐसे पथ पर गति करता है कि उस पर घर्षण बल कार्य नहीं करता है तब कण की गति, समतल वक्र पर गति कहलाती है।

असमतल (रूक्ष) वक्र पर गति
Motion on Rough Plane Curves

जब कोई कण ऐसे पथ पर गति करता है कि उस पर घर्षण बल कार्य करता है तब कण की गति असमतल (रूक्ष समतल) वक्र पर गति कहलाती है।

प्रतिरोधी माध्यम में गति
Motion in a Resting Medium

जब कोई कण किसी माध्यम में नियत गुरूत्व त्वरण से नीचे की ओर गति करता (या गिरता) है, तब इसकी गति प्रतिरोधी माध्यम में गति कहलाती है।

आवर्ती गति Periodic Motion

यदि कोई वस्तु एक निश्चित समयान्तराल में एक ही निश्चित पथ पर बार-बार अपनी गति को दोहराती है, तो उसकी गति को आवर्ती गति कहते है; जैसे— सूर्य के चारों ओर पृथ्वी की गति।

सरल आवर्त गति Simple Harmonic Motion

जब कोई वस्तु अपनी निश्चित स्थिति के दोनों ओर एक सरल रेखा में इधर-उधर गति करती है, तो उसकी गति को सरल आवर्त गति कहते हैं।

किसी वस्तु की सरल आवर्त गति के लिए निम्नलिखित प्रतिबन्ध पूरे होने चाहिए

(i) कण की गति एक स्थिर बिन्दु के इधर-उधर सीधी रेखा में हो।

(ii) कण पर कार्यकारी प्रत्यानयन बल (अथवा त्वरण) सदैव उस बिन्दु से कण के विस्थापन के अनुक्रमानुपाती हो।

(iii) बल (अथवा त्वरण) सदैव उस बिन्दु की ओर को दिष्ट हो।

सरल आवर्त गति की विस्थापन समीकरण निम्न प्रकार है

$$y = a\sin\omega t$$

जहाँ, $y =$ वस्तु का विस्थापन (मध्यमान स्थिति से),

$a =$ वस्तु का आयाम।

सरल आवर्त गति से सम्बन्धित परिभाषाएँ
Definitions Related to SHM

(i) **विस्थापन** (Displacement) सरल आवर्त गति करने वाली वस्तु की किसी क्षण मध्यमान स्थिति से दूरी को उस वस्तु का विस्थापन कहते हैं तथा इसे y से प्रदर्शित करते हैं।

(ii) **आयाम** (Amplitude) सरल आवर्त गति करने वाली वस्तु का मध्यमान स्थिति के एक ओर का अधिकतम विस्थापन, उस वस्तु का आयाम कहलाता है तथा इसे a से प्रदर्शित करते हैं।

(iii) **आवर्तकाल** (Time Period) सरल आवर्त गति करती हुई किसी वस्तु द्वारा अपना एक कम्पन पूरा करने में लिए गए समय को उस वस्तु का आवर्तकाल कहते हैं तथा इसे T से प्रदर्शित करते हैं।

(iv) **आवृत्ति** (Frequency) सरल आवर्त गति करती हुई किसी वस्तु द्वारा 1 सेकण्ड में किए गए दोलनों की संख्या को उस वस्तु की आवृत्ति कहते हैं तथा इसे n से प्रदर्शित करते हैं एवं इसका मात्रक हर्ट्ज या प्रति सेकण्ड है।

(v) **कला** (Phase) जब कोई कण कम्पन करता है, तो भिन्न-भिन्न क्षणों पर उसकी स्थिति तथा गति की दिशा भिन्न-भिन्न होती हैं। किसी क्षण कम्पनमान कण (Vibrating particle) की 'कला' उस क्षण कण की स्थिति तथा गति की दिशा को व्यक्त करती है।

सरल आवर्त गति में वेग Velocity in SHM

सरल आवर्त गति से वेग, $v = \omega\sqrt{a^2 - y^2}$

(i) इस सूत्र से स्पष्ट है कि सरल आवर्त गति करते समय किसी कण का वेग विस्थापन के साथ बदलता है।

(ii) यदि $y = 0$, तो वेग अधिकतम होता है।

$bv_{\max} = a\omega$ अर्थात् साम्य स्थिति में कण का वेग अधिकतम होता है।

(iii) यदि $y = a$, तो वेग शून्य होता है अर्थात् अधिकतम विस्थापन की स्थिति में वेग शून्य होता है।

सरल आवर्त गति में त्वरण Acceleration in SHM

त्वरण, $\alpha = -\omega^2 y$

ऋणात्मक चिह्न यह दर्शाता है कि त्वरण सदैव साम्य स्थिति की ओर दिष्ट होता है।

(i) यदि $y = 0$ हो, तो त्वरण शून्य होता है, अर्थात् साम्य स्थिति में त्वरण शून्य होता है।

(ii) यदि $y = a$, तो त्वरण अधिकतम होता है।

$$\alpha = -\omega^2 y$$

अर्थात् अधिकतम विस्थापन की स्थिति में त्वरण भी अधिकतम होता है।

(iii) त्वरण के सूत्र से हम सरल आवर्त गति करते हुए किसी कण का आवर्तकाल ज्ञात कर सकते हैं।

अर्थात् आवर्तकाल, $T = 2\pi\sqrt{\dfrac{\text{विस्थापन}}{\text{त्वरण}}}$

परिवर्ती बल के अधीन सरल रेखीय गति
Rectilinear Motion Under Variable Force

हम जानते हैं कि परिवर्तनशील त्वरण को उत्पन्न करने के लिए पिण्डों पर लगे बल भी परिवर्ती होने चाहिए।

यदि कोई कण सरल रेखा में चलता है, तो उस रेखा पर स्थित किसी स्थिर बिन्दु के सापेक्ष कण की किसी t समय पर स्थिति एक मात्र चर $(OP = S)$ द्वारा प्रदर्शित की जाती है। उस समय कण का वेग $\frac{ds}{dt}$ तथा त्वरण $\frac{d^2s}{dt^2}$ या $\frac{dr}{dt}$ या $v\frac{dv}{ds}$ से प्रदर्शित होता है। इस दशा में कण पर कार्य करने वाला बल F सरल रेखा की दिशा में होगा। अतः गति का समीकरण

द्रव्यमान $\times$ त्वरण = बल

$$\Rightarrow \qquad m\frac{d^2s}{dt^2} = F \Rightarrow \frac{dv}{dt} = \frac{F}{m} = f$$

अब f सर्वदा एकसमान हो सकता है या वह $s_1 v$ व t में से एक या अधिक का फलन है। त्वरण f अचर हो तो कण पर लगने वाला बल भी अचर होगा।

हुक का नियम Hooke's Law

हुक के नियमानुसार, "लघु विकृतियों की सीमा के अन्दर किसी वस्तु पर कार्य करने वाला प्रतिबल उसमें उत्पन्न विकृति के समानुपाती होता है।"

अर्थात् प्रतिबल $\propto$ विकृति या प्रतिबल = (E) (विकृति)

यहाँ, $E = \dfrac{\text{प्रतिबल}}{\text{विकृति}}$ एक नियतांक है, जिसे प्रत्यास्थता गुणांक (Modulus of elasticity) कहते हैं।

अभ्यास प्रश्न

1. एक बिन्दु की एक रेखा में t समय में चलित दूरी $s = t^3 - 12t + 15$ से दी जाती है। वह समय क्या होगा जब बिन्दु का वेग शून्य हो जाता है?

(a) 1 सेकण्ड (b) 1.5 सेकण्ड
(c) 2 सेकण्ड (d) 2.5 सेकण्ड

2. एक कण विरामावस्था से और अचर त्वरण से चलना आरम्भ करता है। समय t के पश्चात् त्वरण $2f$ हो जाता है। समय $2t$ के पश्चात् $3f$ हो जाता है, इत्यादि समय nt के अन्त में कण का वेग है

(a) $\frac{n+1}{2}ft$ (b) $\frac{n(n+1)}{2}ft$
(c) $\frac{n-1}{2}ft$ (d) $\frac{n(n-1)}{2}ft$

3. एक पिण्ड प्रक्षेप बिन्दु A से बिन्दु P तक समय t_2 में पहुँचता है और प्रक्षेप बिन्दु से होकर जाने वाले क्षैतिज समतल पर बिन्दु P से समय t_2 में पहुँचता है। समय से बिन्दु P की ऊँचाई है

(a) gt_1t_2 (b) $\frac{1}{4}gt_1t_2$
(c) $\frac{1}{2}gt_1t_2$ (d) इनमें से कोई नहीं

4. एक कील का द्रव्यमान m और हथौड़े का द्रव्यमान M है। हथौड़ा वेग u से चलकर कील को ठोकता है। यदि हथौड़ा अप्रत्यास्थ हो, तो गतिज ऊर्जा में हानि होगी

(a) $\left(\frac{Mm}{M+m}\right)u^2$ (b) $\frac{1}{2}\left(\frac{Mm}{M+m}\right)u^2$
(c) $\frac{1}{4}\left(\frac{Mm}{M+m}\right)^2$ (d) इनमें से कोई नहीं

5. क्षैतिज से $45°$ के कोण पर झुके हुए समतल पर किसी कण की महत्तम परास 1090 सेमी है। जबकि कण नीचे से ऊपर की ओर फेंका गया। यदि कण ऊपर से नीचे की ओर फेंका जाए, तो महत्तम परास है

(a) $1090(3+\sqrt{2})$ सेमी (b) $1090(3+2\sqrt{2})$ सेमी
(c) $1090(3-\sqrt{2})$ सेमी (d) इनमें से कोई नहीं

6. सुंरग की छत से गिरती हुई पानी की बूँदे रेलगाड़ी की खिड़की के पास क्षैतिज से कोण $\tan^{-1}\frac{1}{2}$ बनाती हुई दिखाई पड़ती है और यह ज्ञात है कि उनका वेग 24 डेसीमी/से है। वायु के प्रतिरोध को नगण्य मानते हुए रेलगाड़ी का वेग होगा

(a) 44 डेसीमी/से (b) 48 डेसीमी/से
(c) 45 डेसीमी/से (d) 46 डेसीमी/से

7. कोई मीनार 8829 सेमी ऊँची है। एक पिण्ड मीनार की चोटी से गिराया गया और उसी क्षण दूसरा पिण्ड मीनार के पाद से ऊर्ध्वाधर दिशा में फेंका गया और वे दोनों बीचों बीच में मिलते हैं, ऊपर फेंके गए पिण्ड का आरम्भिक वेग होगा

(a) 2141 सेमी/से (b) 2943 सेमी/से
(c) 2711 सेमी/से (d) 2509 सेमी/से

8. किसी $45°$ के कोण पर झुके हुए समतल पर नीचे की दिशा में परास ऊपर की दिशा से तीन गुना है, तब प्रक्षेप बिन्दु से खींचे क्षैतिज समतल पर परास उस ऊँचाई का कितने गुना है, जो प्रक्षेप अधिकतम प्राप्त कर सकता है जबकि यह मान लिया गया है कि तीनों दशाओं में प्रारम्भिक वेग तथा प्रक्षेण कोण समान है?

(a) दोगुना (b) तीन गुना
(c) चार गुना (d) इनमें से कोई नहीं

9. दो कण एक ही ऊर्ध्वाधर समतल में एक ही बिन्दु से क्रमश u और v वेग से, क्षैतिज से α और β कोण बनाते हुए एकसाथ फेंके जाते हैं। दोनों कण कितना समय बीतने पर समान्तर दिशा में चलेंगे?

(a) $\frac{uv\sin(\alpha-\beta)}{g(v\cos\beta - u\cos\alpha)}$ (b) $\frac{uv\sin(\alpha+\beta)}{g(v\cos\beta - u\cos\alpha)}$
(c) $\frac{uv\sin(\alpha+\beta)}{g(v\cos\beta - u\cos\alpha)}$ (d) $\frac{uv\cos(\alpha+\beta)}{g(v\cos\beta - u\cos\alpha)}$

10. एक रेलगाड़ी जिसका द्रव्यमान M है, एकसमान त्वरण f से जा रही है, एकाएक गाड़ी से m द्रव्यमान का एक डिब्बा अलग हो जाता है। रेलगाड़ी का नया त्वरण होगा

(a) $\frac{Mf}{M-m}$ (b) $\frac{Mf}{M+m}$ (c) $\frac{2Mf}{M-m}$ (d) $\frac{2Mf}{M+m}$

11. यदि किसी प्रक्षेप्य की परास उतनी दूरी के बराबर हो जितनी कि स्वतन्त्रतापूर्वक गिरकर कोई कण प्रक्षेप वेग के बराबर वेग प्राप्त कर सके, तो प्रक्षेप कोण होगा

(a) 60° (b) 75° (c) 36° (d) 30°

12. एक कोण वेग v से इस प्रकार फेंका जाता है कि क्षैतिज धरातल पर उसकी परास, प्राप्त की गई महत्तम ऊँचाई की दोगुनी है, परास होगी

(a) $\frac{2v^2}{3g}$ (b) $\frac{4v^2}{3g}$ (c) $\frac{4v^2}{5g}$ (d) $\frac{v^2}{7g}$

13. यदि किसी प्रक्षेप्य की क्षैतिज परास R तथा महत्तम ऊँचाई H हो, तो प्रारम्भिक प्रक्षेप वेग होगा

(a) $\sqrt{\left[2g\left(H+\frac{R^2}{8H}\right)\right]}$ (b) $\sqrt{\left[2g\left(H+\frac{R^2}{6H}\right)\right]}$
(c) $\sqrt{\left[2g\left(H+\frac{R^2}{3H}\right)\right]}$ (d) $\sqrt{\left[2g\left(H+\frac{R^2}{16H}\right)\right]}$

14. एक कण चिकने नत समतल पर फिसलकर नीचे आ रहा है। विराम से उस समतल से अनुदिश 4.9 मी फिसलने में उसका वेग $4.9\sqrt{2}$ मी/से हो जाता है। समतल का झुकाव है

(a) 45° (b) 60°
(c) 30° (d) इनमें से कोई नहीं

15. किस ऊँचाई से एक भारी प्रत्यास्थ गेंद फर्श पर गिराई जाए कि तीन बार उछलने के बाद 490.5 सेमी तक पहुँच सके, जबकि प्रत्यास्थता गुणांक $\frac{1}{3\sqrt{2}}$ है?

(a) 981 सेमी (b) 1962 सेमी
(c) 900 सेमी (d) 1800 सेमी

16. बराबर द्रव्यमान की 16 गेंदें एक डोरी में माला के दोनों तरफ से है। उनमें से कुछ $\sin^{-1}\left(\frac{1}{3}\right)$ झुकाव के चिकने समतल पर रखी है और शेष समतल के शिखर पर से लटक रही हैं। यदि आरम्भ में त्वरण $\frac{1}{2}g$ है, तो कितनी गेंदें लटकी हुई हैं?

(a) 10 (b) 6
(c) 8 (d) 9

17. किसी कण का प्रारम्भिक वेग $t = 0$ पर u है तथा त्वरण f, at द्वारा प्राप्त होता है। निम्न में से कौन-सा सम्बन्ध सत्य है?

(a) $v = u + at^2$ (b) $v = u + \frac{at^2}{2}$
(c) $v = u + at$ (d) $v = u$

18. यदि सरल रेखा में गति करते हुए कण की गति का नियम $ks = \log\left(\frac{1}{v}\right)$ द्वारा दिया जाता है, तब त्वरण a है

(a) $a = -kv$ (b) $a = -kv^3$
(c) $a = -kv^2$ (d) इनमें से कोई नहीं

19. यदि एक कण सरल रेखा में गति करते हुए t समय में s दूरी तय करता है, जो सम्बन्ध $s^2 = at^2 + 2bt + c$ द्वारा प्राप्त होती है, तब इसका त्वरण है

(a) $\frac{b^2 - ac}{s^3}$ (b) $\frac{ac - b^2}{s^3}$
(c) $\frac{ac - b^2}{s^2}$ (d) $\frac{ac - b^2}{s}$

20. X-अक्ष के अनुदिश गति करते हुए कण की t समय पर स्थिति सम्बन्ध $s = t^3 - 9t^2 + 24t + 6$ द्वारा दी जाती है, जहाँ s मूलबिन्दु से दूरी (मीटर में) प्रदर्शित करता है। तब, कण का उस क्षण पर वेग, जब त्वरण शून्य है, है

(a) $v = 3$ (b) $v = -3$ (c) $v = 0$ (d) $v = -6$

21. एक कण नियत सरल रेखा में इस प्रकार गति करता है, कि $s = \sqrt{1+t}$ यदि किसी समय t पर वेग v है, तब इस कण का त्वरण है

(a) $-2v^3$ (b) $-v^3$
(c) $-v^2$ (d) $2v^3$

22. एक कण सरल रेखा के अनुदिश इस प्रकार गति करता है कि प्रारम्भ से किसी समय t पर, रेखा पर स्थित एक स्थिर बिन्दु से इसकी दूरी समीकरण $s = 6 - 2t + 3t^3$ द्वारा प्राप्त होती है, तब गति के 1 सेकण्ड पश्चात् त्वरण है

(a) 12 (b) 16
(c) 18 (d) इनमें से कोई नहीं

23. यदि एक कण सरल रेखा के अनुदिश नियम $s^2 = at^2 + 2bt + c$ के अनुसार गति करता है, तब इसका त्वरण है

(a) $\frac{a - v}{s}$ (b) $\frac{a - v^2}{s}$ (c) $\frac{a - v^2}{s^2}$ (d) $\frac{c - v}{s^2}$

24. यदि विरामावस्था पर किसी कण के एक ही समय में वेग 3 मी/से, 5 मी/से तथा 7 मी/से हैं, तब प्रथम दो वेगों के मध्य कोण है

(a) 120° (b) 150°
(c) 60° (d) 90°

25. एक चोर पकड़े जाने पर चलती हुई ट्रेन से समकोण की दिशा में 5 मी/मिनट के वेग से कूदता है। यदि ट्रेन का वेग 36 किमी/घण्टा है, तब चोर के कूदने की दिशा तथा ट्रेन की गति की दिशा के मध्य कोण है

(a) $\tan^{-1}\left(\frac{5}{36}\right)$ (b) $\tan^{-1}\left(\frac{1}{120}\right)$
(c) $\tan^{-1}\left(\frac{5}{120}\right)$ (d) इनमें से कोई नहीं

26. अचर परिमाणों के दो वेगों के परिणामी के महत्तम तथा न्यूनतम मान क्रमश: u तथा v हैं। यदि एक कण के इन दोनों वेगों के मध्य कोण 2α हो, तब परिणामी वेग का परिमाण होगा

(a) $\sqrt{u^2\cos^2\alpha + v^2\sin^2\alpha}$ (b) $\sqrt{u^2\sin^2\alpha + v^2\cos^2\alpha}$
(c) $\sqrt{u^2\cos\alpha + v^2\sin\alpha}$ (d) उपरोक्त में से कोई नहीं

27. एक व्यक्ति उत्तर की ओर 4.5 किमी/घण्टा की चाल से गति कर रहा है तथा दूसरा व्यक्ति पश्चिम की ओर 6 किमी/घण्टा की चाल से दौड़ रहा है, तब पहले व्यक्ति के सापेक्ष दूसरे व्यक्ति के आपेक्षिक वेग का परिमाण तथा दिशा है

(a) 7.5 किमी/घण्टा, पश्चिम से दक्षिण की ओर $\tan^{-1}\left(\frac{3}{4}\right)$ कोण पर
(b) 7.5 किमी/घण्टा, दक्षिण से पश्चिम की ओर $\tan^{-1}\left(\frac{3}{4}\right)$ कोण पर
(c) 7.5 किमी/घण्टा, दक्षिण-पश्चिम
(d) उपरोक्त में से कोई नहीं

28. एक यात्री सीधी सड़क के अनुदिश आधी दूरी v_1 वेग से तथा शेष आधी दूरी v_2 वेग से तय करता है, तब औसत वेग है

(a) $v_1 + v_2$ (b) $\frac{v_1 + v_2}{2}$
(c) $\frac{2v_1v_2}{v_1 + v_2}$ (d) $\sqrt{v_1v_2}$

29. किसी नदी में नाव की चाल u मी/से तथा धारा की चाल v मी/से है। एक नाव धारा की दिशा में d मी दूरी तय कर, मूल स्थिति में वापस लौटती है। नाव की जाने तथा वापस आने में की गई यात्रा की औसत चाल है

(a) $\frac{u^2 - v^2}{u^2}$ (b) $\frac{u^2 - v^2}{v^2}$ (c) $\frac{u^2 - v^2}{u}$ (d) $\frac{u^2 - v^2}{v}$

30. यदि दो वेग u तथा v के मध्य कोण इस प्रकार है कि इसी कोण पर झुके वेगों $2u$ तथा v का परिणामी, v से समकोण बनाता है, तब u या v के परिणामी का परिमाण है

(a) $2u$ (b) v
(c) $2v$ (d) u

31. एक कण ऋणात्मक त्वरण के साथ सरल रेखा में गति कर रहा है ऋणात्मक त्वरण का निरपेक्ष मान कण के वेग पर, $a\sqrt{v}$ के अनुसार निर्भर करता है, जहाँ a धनात्मक अचर है। प्रारम्भिक क्षण पर कण का वेग v_0 हो, तो कण के विरामावस्था में आने में लगा समय होगा

(a) $\frac{2\sqrt{v_0}}{a}$ (b) $\frac{\sqrt{v_0}}{a}$
(c) $\frac{v_0}{a}$ (d) $\frac{a}{\sqrt{v_0}}$

32. एक पिण्ड को क्षैतिज भूमि से 60° कोण बनाते हुए प्रक्षिप्त किया जाता है। यदि 96 फुट की ऊँचाई पर गति की दिशा क्षैतिज से 30° का कोण बनाती है, तो पिण्ड का प्रक्षेप वेग है

(a) 40 फुट/से (b) 60 फुट/से (c) 80 फुट/से (d) 96 फुट/से

33. यदि OP, 1 सेकण्ड में 4 परिक्रमण करता है, तब कोणीय वेग (रेडियन/से में) है

(a) π (b) 2π (c) 4π (d) 8π

34. सरल रेखा में गति करते हुए कण के लिए वेग v का फलन, समय t से सम्बन्धित है, तब त्वरण a में परिवर्तन की दर है

(a) $a^2\dfrac{d^2t}{dv^2}$ (b) $a^3\dfrac{d^2t}{dv^2}$ (c) $-a^3\dfrac{d^2t}{dv^2}$ (d) इनमें से कोई नहीं

35. एक कण क्षैतिज से 30° के कोण पर 39.2 मी/से के वेग से ऊपर की ओर प्रक्षिप्त किया जाता है। यह कितने समय बाद प्रक्षेप दिशा से समकोण बनाने वाली दिशा में गतिमान होगा?

(a) 8 सेकण्ड (b) 5 सेकण्ड (c) 6 सेकण्ड (d) 10 सेकण्ड

36. एक कण का xy-तल में किसी क्षण पर x तथा y विस्थापन, समीकरण $x = at^2$ तथा $y = 2at$ से प्राप्त होता है, जहाँ a अचर है, तब किसी क्षण पर कण का वेग है

(a) $4a\sqrt{t^2+4}$ (b) $2a\sqrt{t^2+1}$ (c) $4a\sqrt{t^2+1}$ (d) $\dfrac{a}{2}\sqrt{t^2+4}$

37. 200 फुट ऊँची कुतुबमीनार के शिखर से एक गेंद क्षैतिज से 30° कोण बनाती हुई ऊपर की दिशा में 80 फुट/से के वेग से फेंकी जाती है। मीनार के पास से उस स्थान की क्षैतिज दूरी, जहाँ यह भूमि से टकराती है, होगी (g = 32 फुट/से^{2})

(a) 200 फुट (b) $200\sqrt{3}$ फुट (c) $300\sqrt{3}$ फुट (d) $200/\sqrt{3}$ फुट

38. एक सीधी सड़क पर एक मोटरगाड़ी 10 किमी/घण्टा के वेग से जा रही है। जब मोटरगाड़ी सड़क के किनारे खड़े आदमी को पार कर रही होती है, तब चालक एक पार्सल $10\sqrt{2}$ किमी/घण्टा के वेग से फेंकता है। मोटरगाड़ी की दिशा से किस कोण पर फेंकने पर पार्सल उस आदमी को मिलेगा?

(a) 135° (b) 45° (c) $\tan^{-1}(\sqrt{2})$ (d) $\tan^{-1}\left(\dfrac{1}{\sqrt{2}}\right)$

39. एक सरल रेखा में गति करते हुए किसी कण की गति का नियम $s = \dfrac{1}{2}vt$ है, जहाँ t समय पर कण का वेग v तथा तय की गई दूरी s है, तब त्वरण है

(a) t का एक फलन (b) s का एक फलन (c) v का एक फलन (d) अचर

40. सरल रेखा में गति कर रहा कण एक प्रतिरोध से सम्बन्धित है, जो मन्दन kv^3 उत्पन्न करता है, जहाँ v वेग तथा k अचर है। यदि कण का प्रारम्भिक वेग u है, तब

(a) $v = \dfrac{u}{1+kxu}$ (b) $v = \dfrac{u}{1+xu}$ (c) $v = \dfrac{ku}{1+kxu}$ (d) $v = \dfrac{u}{1-kxu}$

41. एक प्रक्षेप्य का क्षैतिज परास इसकी महत्तम ऊँचाई का $4\sqrt{3}$ गुना है। प्रक्षेप कोण है

(a) 30° (b) 45° (c) 60° (d) इनमें से कोई नहीं

42. दो बिन्दु A तथा B, विराम से प्रारम्भ कर, एक सरल रेखा में क्रमशः अचर त्वरण f तथा f' से चल रहे हैं। यदि A, B से m सेकण्ड अधिक लेकर B से n एकक दूरी तय कर, B के समान गति पाता है, तो

(a) $\dfrac{1}{2}(f+f')m = ff'n^2$ (b) $(f'-f)n = \dfrac{1}{2}ff'm^2$ (c) $(f-f')m^2 = ff'n$ (d) $(f+f')m^2 = ff'n$

43. ऊँचाई h की एक पहाड़ी पर शत्रु की स्थिति का उन्नयन कोण β है। इस पर गोला मारने के लिए प्रक्षेप्य का प्रारम्भिक वेग किससे कम नहीं होना चाहिए?

(a) $[gh(1+\sin\beta)]^{1/2}$ (b) $[gh(1-\sin\beta)]^{1/2}$ (c) $[gh(1+\operatorname{cosec}\beta)]^{1/2}$ (d) $[gh(1-\operatorname{cosec}\beta)]^{1/2}$

44. यदि एक कण द्वारा t समय में तय की गई दूरी s कण के वेग के घनमूल के समानुपाती है, तब त्वरण है

(a) एक अचर (b) $\propto s^3$ (c) $\propto \dfrac{1}{s^3}$ (d) $\propto s^5$

45. यदि दो कण A तथा B, दो सरल रेखाओं में u तथा $2u$ वेग से, α कोण बनाते हुए गति करते हैं, तब A के सापेक्ष B का सापेक्षिक वेग होगा

(a) $u\sqrt{5+4\cos\alpha}$ (b) $u\sqrt{5-4\cos\alpha}$ (c) $u\sqrt{4-5\cos\alpha}$ (d) $u\sqrt{4+5\cos\alpha}$

46. यदि किसी कण का विस्थापन समय के साथ $\sqrt{x} = t + 7$ के अनुसार परिवर्तित होता है, तब

(a) कण का वेग, t के व्युत्क्रमानुपाती है
(b) कण का वेग, t के समानुपाती है
(c) कण का वेग, $\sqrt{t}$ के समानुपाती है
(d) कण, नियत त्वरण से गति कर रहा है

47. दो बिन्दु एक ही क्षण एक ही सरल रेखा में एक ही स्थान से गति प्रारम्भ करते हैं। पहला बिन्दु समान गति u से और दूसरा समान त्वरण f से चलता है। दोनों बिन्दुओं के मध्य दूरी अधिकतम है, समय

(a) $t = \dfrac{2u}{f}$ पर (b) $t = \dfrac{u}{f}$ पर (c) $t = \dfrac{u}{2f}$ पर (d) $t = \dfrac{u^2}{f}$ पर

48. एक पत्थर इस प्रकार प्रक्षिप्त किया जाता है कि इसका महत्तम क्षैतिज परास 80 फुट हो। इसका उड्डयन काल (सेकण्ड में) तथा महत्तम ऊँचाई (फुट में) हैं

(a) $\sqrt{3}$, 1 (b) $\sqrt{4}$, 15 (c) $\sqrt{5}$, 20 (d) इनमें से कोई नहीं

49. एक पिण्ड को बिन्दु A से स्वतन्त्रतापूर्वक गिराया जाता है तथा यह पिण्ड बिन्दु B तथा C से होकर गुजरता है तथा दिया गया है $AB = 2BC$, तब पिण्ड द्वारा दूरियाँ AB तथा BC को तय करने में लगे समय का अनुपात होगा

(a) $\dfrac{2+\sqrt{6}}{1}$ (b) $\dfrac{2-\sqrt{6}}{1}$ (c) $\dfrac{1-\sqrt{6}}{2}$ (d) $\dfrac{1+\sqrt{6}}{2}$

50. एक गेंद को 96 फुट/से के वेग से प्रक्षिप्त किया जाता है (i) क्षैतिज समतल पर इसका महत्तम परास (फुट में), (ii) 144 फुट के परास के लिए प्रक्षेप कोण हैं

(a) 288, 30° या 60°
(b) 100, 45° या 45°
(c) 288, 15° या 75°
(d) इनमें से कोई नहीं

51. यदि किसी प्रक्षेप्य का क्षैतिज परास 24 है और वह महत्तम ऊँचाई 8 तक जा सकती है, तो उसका प्रारम्भिक वेग और प्रक्षेप कोण होंगे

(a) $24\sqrt{g}, \sin^{-1}(0.6)$
(b) $8\sqrt{g}, \sin^{-1}(0.8)$
(c) $5\sqrt{g}, \sin^{-1}(0.8)$
(d) $5\sqrt{g}, \sin^{-1}(0.6)$

52. एक गोला दूसरे गोले से जो इसी के बराबर है और निश्चल है, सीधा संघट्ट करता है। यदि प्रत्यास्थता गुणांक e हो, तो संघट्ट के बाद इनके वेगों का अनुपात होगा

(a) $1 : e$
(b) $e : 1$
(c) $1 + e : 1 - e$
(d) $1 - e : 1 + e$

53. दो गेंदों को एक ही बिन्दु से क्षैतिज से 60° और 30° की दिशाओं में प्रक्षिप्त किया जाता है। यदि वे समान ऊँचाई तय करते हैं, तो उनके प्रक्षेप वेगों का अनुपात है

(a) $\sqrt{3} : 1$
(b) $1 : \sqrt{3}$
(c) $1 : 1$
(d) $1 : 2$

54. यदि एक पिण्ड u वेग से ऊर्ध्वाधरतः प्रेक्षित किया जाता है तथा t सेकण्ड पश्चात् दूसरा पिण्ड इसी वेग से इसी प्रकार प्रेक्षित किया जाता है, तब दोनों पिण्ड दूसरे पिण्ड के प्रेक्षण के T सेकण्ड पश्चात् मिलते हैं, जहाँ T बराबर है

(a) $\frac{u - gt}{2g}$
(b) $\frac{u - 2gt}{2g}$
(c) $\frac{2u - gt}{g}$
(d) $\frac{2u - gt}{2g}$

55. किसी ऊर्ध्वाधर मीनार की ऊँचाई m मी से एक पिण्ड स्वतन्त्रतापूर्वक गिराया जाता है जबकि दूसरा पिण्ड मीनार के शिखर से n मी नीचे स्थित बिन्दु से गिराया जाता है। यदि दोनों पिण्ड विरामावस्था से गिरना प्रारम्भ करते हैं तथा सतह पर एकसाथ पहुँचते हैं, तब इनके द्वारा सतह तक पहुँचने में लगा समय है

(a) $\frac{n + m}{\sqrt{2gm}}$
(b) $\frac{n + m}{\sqrt{2gn}}$
(c) $\frac{n - m}{\sqrt{2gm}}$
(d) $\frac{m - n}{\sqrt{2gn}}$

56. h मी ऊँची मीनार से एक पिण्ड गिराया जाता है तथा इसी समय दूसरा पिण्ड मीनार की तली से ऊर्ध्वाधरतः ऊपर की ओर इस वेग से फेंका जाता है कि यह ठीक मीनार के शिखर तक पहुँच सके। तब, दोनों पिण्ड किस ऊँचाई पर मिलते हैं?

(a) $\frac{h}{2}$
(b) $\frac{3h}{5}$
(c) $\frac{3h}{4}$
(d) $\frac{h}{4}$

57. एक कण का त्वरण वक्र $r = ae^{\theta}$ के अनुसार परिवर्तित होता है। यदि वेग और त्वरण r के अनुक्रमानुपाती हो, तब

(a) कोणीय वेग नियत होगा
(b) कोणीय वेग = αr
(c) कोणीय वेग = r
(d) कोणीय वेग परिवर्तित होगा

58. एक कण रूक्ष समतल पर गति कर रहा है जबकि नीचे की ओर कोई बल नहीं लगा है तब वक्र के किसी बिन्दु पर वेग का मान क्या होगा?

(a) $Ce^{\mu\psi}$
(b) $C\psi$
(c) $\frac{C}{\psi}$
(d) $Ce^{-\mu\psi}$

59. एक m द्रव्यमान का कण v वेग से नीचे की ओर एक ऐसे माध्यम में गिरता है जिसका प्रतिरोध वेग के वर्ग के अनुक्रमानुपाती है तब n दूरी गिरने के बाद कण की गतिज ऊर्जा क्या होगी?

(a) $\frac{1}{2}mv^2(1 - e^{-2g/v})$
(b) $\frac{1}{2}mv^2(1 - e^{-2gh/v^2})$
(c) $\frac{1}{2}mv^2(1 - e^{2g/v})$
(d) $\frac{1}{2}mv^2(1 - e^{2gh/v^2})$

60. एक कण केन्द्रीय त्वरण $\mu(r^5 - c^4r)$ से एक वक्र के अनुदिश प्रक्षेपित किया जाता है। c दूरी पर कण का वेग $\sqrt{\frac{2\mu}{3}}c^3$ है तब

(a) $x^4 + y^4 = c^4$
(b) $x^5 + y^3 = c^4$
(c) $x^5 + y^5 = c^2$
(d) $x^3 + y^3 = c^3$

61. यदि एक कण बल F के अन्तर्गत वक्र $r = a\sin\theta$ पर गति करता है तब बल का नियम क्या है?

(a) $F \propto \frac{2a^2}{r^5}$
(b) $F \propto \frac{2n^2a^2}{r^5} - \frac{(n^2 - 1)}{r^3}$
(c) $F \propto \frac{1}{r^5}$
(d) $F \propto \frac{1}{r^3}$

उत्तरमाला

1.	(c)	2.	(b)	3.	(c)	4.	(b)	5.	(b)	6.	(b)	7.	(b)	8.	(a)	9.	(a)	10.	(a)
11.	(b)	12.	(c)	13.	(d)	14.	(c)	15.	(b)	16.	(a)	17.	(b)	18.	(c)	19.	(b)	20.	(b)
21.	(a)	22.	(c)	23.	(b)	24.	(c)	25.	(b)	26.	(a)	27.	(b)	28.	(c)	29.	(c)	30.	(d)
31.	(a)	32.	(d)	33.	(d)	34.	(c)	35.	(a)	36.	(b)	37.	(b)	38.	(a)	39.	(d)	40.	(a)
41.	(a)	42.	(b)	43.	(c)	44.	(d)	45.	(b)	46.	(d)	47.	(b)	48.	(c)	49.	(a)	50.	(c)
51.	(c)	52.	(d)	53.	(b)	54.	(d)	55.	(c)	56.	(c)	57.	(a)	58.	(d)	59.	(b)	60.	(a)
61.	(b)																		

संकेत एवं हल

1. $\because \quad s = t^3 - 12t + 15$

$\Rightarrow$ वेग $v = \frac{ds}{dt} = 3t^2 - 12$

प्रश्नानुसार, $3t^2 - 12 = 0$

$\Rightarrow \quad t^2 - 4 = 0$

$\Rightarrow \quad t^2 = 4$

$\Rightarrow \quad t = \pm 2$

$\therefore \quad t = 2$ सेकण्ड

2. माना $t, 2t, 3t, \ldots, nt$ समयों के अन्त में वेग क्रमशः $v_1, v_2, v_3, \ldots, v_n$ है।

$v_1 = ft$

$v_2 = v_1 + 2ft$ ...(i)

$v_3 = v_2 + 3ft$ ...(ii)

………………

………………

………………

$v_n = v_{n-1} + nft$

$v_n = \frac{n(n+1)}{2} ft$

4. कील का संवेग + हथौड़े का संवेग = (कील + हथौड़े) का संवेग

$\Rightarrow \quad m \cdot 0 + Mu = (m + M)V$

$\Rightarrow \quad V = \frac{Mu}{m + M}$ ...(i)

टकराने से पूर्व गतिज ऊर्जा $= \frac{1}{2} m \cdot 0 + \frac{1}{2} Mu^2$

$= \frac{1}{2} Mu^2$ ...(ii)

टकराने के बाद गतिज ऊर्जा $= \frac{1}{2}(m + M)V^2$

$= \frac{1}{2}(m + M) \frac{M^2u^2}{(m + M)^2}$

$= \frac{M^2u^2}{2(m + M)}$ ...(iii)

$\therefore$ गतिज ऊर्जा में हानि $= \frac{1}{2} Mu^2 - \frac{M^2u^2}{2(m + M)} = \frac{1}{2}\left(\frac{Mm}{(M + m)}\right) u^2$

5. नीचे से ऊपर फेंकने पर,

महत्तम परास $= \frac{u^2}{g(1 + \sin\beta)}$

$\Rightarrow \quad 1090 = \frac{u^2}{g(1 + \sin 45°)}$

$\Rightarrow \quad u^2 = 1090 \times 981 \left(\frac{\sqrt{2} + 1}{\sqrt{2}}\right)$

ऊपर से नीचे की ओर फेंकने पर,

महत्तम परास $= \frac{u^2}{g(1 - \sin\beta)}$

$= \frac{1000 \times 981 \left(\frac{\sqrt{2} + 1}{\sqrt{2}}\right)}{981(1 - \sin 45°)}$

$= 1090(3 + 2\sqrt{2})$ सेमी

7. माना मीनार के पास से u सेमी/से के वेग से फेंका गया पिण्ड मीनार की चोटी से गिराए गए पिण्ड से, T सेकण्ड बाद, मीनार के मध्य बिन्दु पर मिलता है और तब उसका वेग v सेमी/से है। अतः दोनों पिण्ड T सेकण्ड में $\frac{8829}{2}$ सेमी की दूरी तय करते हैं।

यहाँ, $u = 0, f = 981$ सेमी/से^{2}, $t = T$ सेकण्ड तथा $h = \frac{8829}{2}$ सेमी

$\therefore \quad h = ut + \frac{1}{2} fT^2$

$\Rightarrow \quad \frac{8829}{2} = \frac{1}{2} \times 981 \times T^2$

$\Rightarrow \quad T^2 = 9 \Rightarrow T = 3$ सेकण्ड

ऊपर फेंके गए पिण्ड की गति के लिए,

$u = u,\ f = -981,\ t = T = 3$ सेकण्ड तथा $h = \frac{8829}{2}$ सेमी

$\therefore \quad h = ut + \frac{1}{2} ft^2$ से,

$\Rightarrow \quad \frac{8829}{2} = u \cdot 3 - \frac{1}{2} \times 981 \times (3)^2$

$\Rightarrow \quad u = 2943$ सेमी/से

8. $\because \frac{\text{नत समतल पर नीचे की ओर परास}}{\text{नत समतल पर ऊपर की ओर परास}} = 3$

$\Rightarrow \quad \frac{\frac{2u^2 \cos\alpha \sin(\alpha + 45°)}{g \cos^2 45°}}{\frac{2u^2 \cos\alpha \sin(\alpha - 45°)}{g \cos^2 45°}} = 3 \Rightarrow \tan\alpha = 2$

$\therefore \quad \frac{\text{क्षैतिज समतल पर परास}}{\text{क्षैतिज समतल से महत्तम ऊँचाई}} = \frac{\frac{2u^2 \sin\alpha \cos\alpha}{g}}{\frac{u^2 \sin^2\alpha}{2g}} = 2$

9. माना t समय बाद कणों के वेगों के क्षैतिज से झुकाव क्रमशः θ_1 तथा θ_2 हैं, तब

$\tan\theta_1 = \frac{u \sin\alpha - gt}{u \cos\alpha}$ तथा $\tan\theta_2 = \frac{u \sin\beta - gt}{v \cos\beta}$

वेगों के समान्तर होने के लिए,

$\theta_1 = \theta_2 \Rightarrow \tan\theta_1 = \tan\theta_2$

$\Rightarrow \quad t = \frac{uv \sin(\alpha - \beta)}{g(v \cos\beta - u \cos\alpha)}$

10. $\because \quad P = mf$

$\Rightarrow F = mf$ ...(i)

डिब्बा अलग होने के लिए,

$F = (M - m)f'$ ...(ii)

समी (i) व (ii) से,

$f' = \frac{Mf}{M - m}$

11. माना प्रक्षेप वेग u तथा प्रक्षेप कोण α है, तो

क्षैतिज परास $= \frac{u^2 \sin 2\alpha}{g}$

यदि विराम से स्वतन्त्रतापर्वूक h दूरी गिरकर कोई कण u वेग प्राप्त कर लेता है, तो

सूत्र $v^2 = u^2 + 2fs$ से,

$$u^2 = 0 + 2gh$$

$$\Rightarrow \quad h = \frac{u^2}{2g} \quad ...(i)$$

क्षैतिज परास h अर्थात् $\frac{u^2 \sin 2\alpha}{g} = \frac{u^2}{2g}$

$$\Rightarrow \quad \sin 2\alpha = \frac{1}{2}$$

$\Rightarrow \quad \sin 2\alpha = \sin 30°$ या $\sin(180° - 30°)$

$\Rightarrow \quad 2\alpha = 30°$ या $150°$

$\Rightarrow \quad \alpha = 150°$ या $75°$

12. यदि प्रक्षेप कोण α है, तो

क्षैतिज परास $= \frac{2v^2 \sin\alpha \cos\alpha}{g}$

तथा महत्तम ऊँचाई $= \frac{v^2 \sin^2\alpha}{2g}$

$\therefore$ क्षैतिज परास $= 2 \times$ महत्तम ऊँचाई

अर्थात् $\frac{2v^2 \sin\alpha\cos\alpha}{g} = 2 \times \frac{v^2\sin^2\alpha}{2g}$

$$\Rightarrow \quad 2\cos\alpha = \sin\alpha$$

$$\Rightarrow \quad \tan\alpha = 2$$

$\therefore \quad \sin\alpha = \frac{2}{\sqrt{5}}$, तथा $\cos\alpha = \frac{1}{\sqrt{5}}$

अतः परास $= \frac{2v^2 \sin\alpha\cos\alpha}{g}$

$$= \frac{2v^2\left(\frac{2}{\sqrt{5}}\right)\left(\frac{1}{\sqrt{5}}\right)}{g} = \frac{2v^2\left(\frac{2}{5}\right)}{g} = \frac{4v^2}{5g}$$

13. माना प्रक्षेप वेग u तथा प्रक्षेप कोण α है, तो

$$R = \frac{2u^2 \sin\alpha\cos\alpha}{g} \quad ...(i)$$

तथा $$H = \frac{u^2\sin^2\alpha}{2g} \quad ...(ii)$$

समी (i) से,

$$R^2g^2 = 4u^4\sin^2\alpha\cos^2\alpha = 4(u^2\sin^2\alpha)\cdot u^2(1-\sin^2\alpha)$$

$$= 4(u^2\sin^2\alpha)\cdot(u^2 - u^2\sin^2\alpha)$$

$$= 4(2gH)(u^2 - 2gH)$$

$$\Rightarrow \quad u^2 - 2gH = R^2\frac{g}{8H}$$

$$\Rightarrow \quad u^2 = g\left[2H + \left(\frac{R^2}{8H}\right)\right]$$

$$\therefore \quad u = \sqrt{\left[2g\left(H + \frac{R^2}{16H}\right)\right]}$$

14. $\because v^2 = u^2 + 2fs$

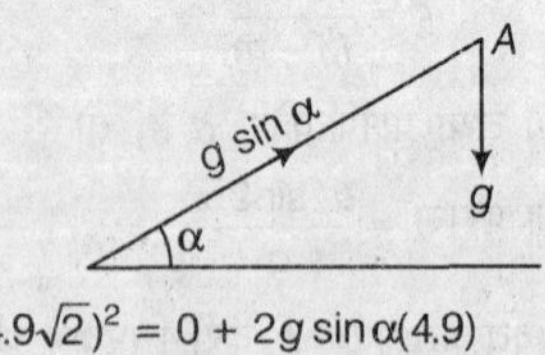

$$\Rightarrow \quad (4.9\sqrt{2})^2 = 0 + 2g\sin\alpha(4.9)$$

$$\Rightarrow \quad \alpha = 30°$$

15. माना गेंद को h सेमी की ऊँचाई से गिराया जाता है,

तब तीसरे उछाल की ऊँचाई $= 490.5 \Rightarrow e^6 h = 490.5$

$\Rightarrow \quad \left[\frac{1}{2^{\frac{1}{3}}}\right]^6 h = 490.5 \Rightarrow h = 1962$ सेमी

16. माना प्रत्येक गेंद का द्रव्यमान m है और 16 गेंदों को इस प्रकार बाँटा गया है कि p गेंदें चिकने नत समतल पर तथा q गेंदें लटकी हुई हैं।

$$\therefore \quad p + q = 16 \quad ...(i)$$

नत समतल पर स्थित p गेंदों का द्रव्यमान $= pm$

तथा लटकी हुई q गेदों का द्रव्यमान $= qm$

यदि डोरी का तनाव T, उभयनिष्ठ त्वरण f और समतल का क्षैतिज से झुकाव α हो, तो गति के समीकरण निम्न होंगे

$$(qm)g - T = qmf \quad ...(ii)$$

तथा $$T - (pm)g\sin\alpha = pmf \quad ...(iii)$$

समी (ii) तथा (iii) को जोड़ने पर,

$$(q - p\sin\alpha)mg = (p+q)mf$$

$$\Rightarrow \quad f = (q - p\sin\alpha)\left(\frac{g}{p+q}\right)$$

प्रश्नानुसार, $\frac{1}{2}g = t = \frac{(q - p\sin\alpha)g}{p+q} \Rightarrow (p+q) = 2\left(q - p\frac{1}{3}\right)$

$$\Rightarrow \quad 5p = 3q \quad ...(iv)$$

समी (i) व (iv) को हल करने पर,

$$p = 6, q = 10$$

अतः 6 गेंदें नत समतल पर और 10 गेंदें लटकी हुई हैं।

17. दिया है, $f = at$

$$\Rightarrow \quad \frac{dv}{dt} = at \Rightarrow dv = at\,dt$$

समाकलन करने पर, $v = a\frac{t^2}{2} + C$

परन्तु प्रारम्भ में $t = 0$ पर, $v = u$ है, तब

$$u = 0 + C \Rightarrow C = u$$

$$\therefore \quad v = \frac{at^2}{2} + u$$

18. दिया है, $ks = \log\left(\frac{1}{v}\right) \Rightarrow ks = -\log v$

s के सापेक्ष अवकलन करने पर,

$$k = -\frac{1}{v}\frac{dv}{ds} \Rightarrow \frac{dv}{ds} = -kv$$

$$\Rightarrow \quad \frac{vdv}{ds} = -kv^2 \quad \left[\because a = v\frac{dv}{ds}\right]$$

$$\Rightarrow \quad a = -kv^2$$

19. दिया गया है, $s^2 = at^2 + 2bt + c$ ...(i)

t के सापेक्ष अवकलन करने पर,

$$\Rightarrow \quad \frac{ds}{dt} = \frac{at + b}{s} \quad ...(ii)$$

t के सापेक्ष पुनः अवकलन करने पर,

$$\frac{d^2s}{dt^2} = \frac{as - \frac{ds}{dt}(at+b)}{s^2}$$

$$= \frac{as^2 - (at+b)^2}{s^3} \quad \text{[समी (ii) से]}$$

$$= \frac{as^2 - (a^2t^2 + b^2 + 2abt)}{s^3}$$
$$= \frac{(as^2 - a^2t^2 - 2abt) - b^2}{s^3}$$

$\Rightarrow$ त्वरण $= \frac{ac - b^2}{s^3}$ [समी (i) से]

20. दिया है, $s = t^3 - 9t^2 + 24t + 6$

t के सापेक्ष अवकलन करने पर,

$$\text{वेग} = \frac{ds}{dt} = 3t^2 - 18t + 24$$

t के सापेक्ष पुनः अवकलन करने पर,

$$\text{त्वरण} = \frac{d^2s}{dt^2} = 6t - 18$$

अब, त्वरण = 0

$\Rightarrow$ $6t - 18 = 0 \Rightarrow t = 3$

तब, $v = 3t^2 - 18t + 24$ में $t = 3$ रखने पर,

$\therefore$ $v = 3 \times 9 - 18 \times 3 + 24 = -3$

21. दिया है, $s = \sqrt{1+t}$

t के सापेक्ष अवकलन करने पर,

$$\frac{ds}{dt} = \frac{1}{2\sqrt{1+t}}$$

t के सापेक्ष पुनः अवकलन करने पर,

$$\frac{d^2s}{dt^2} = \frac{-1}{4(1+t)^{\frac{3}{2}}} = \frac{-1}{4}\left(\frac{1}{\sqrt{1+t}}\right)^3$$

$\Rightarrow$ $\frac{d^2s}{dt^2} = \frac{-1}{4}\left(2\frac{ds}{dt}\right)^3$ $\left[\because \frac{ds}{dt} = \frac{1}{2\sqrt{1+t}}\right]$

$\therefore$ त्वरण $= \frac{d^2s}{dt^2} = -2v^3$ $\left[\because r = \frac{ds}{dt}\right]$

22. दिया है, $s = 6 - 2t + 3t^3$

t के सापेक्ष अवकलन करने पर,

$$\frac{ds}{dt} = -2 + 9t^2$$

t के सापेक्ष पुनः अवकलन करने पर,

$$\frac{d^2s}{dt^2} = 18t = \text{त्वरण}$$

$\therefore$ 1 सेकण्ड बाद त्वरण $= 18 \times 1 = 18$

23. दिया है, $s^2 = at^2 + 2bt + c$

t के सापेक्ष अवकलन करने पर,

$$2sv = 2at + 2b$$

पुनः अवकलन करने पर,

$2\frac{ds}{dt}v + 2s\frac{dv}{dt} = 2a + 0$ $\left[\because v = ds/dt, f = \frac{dv}{dt}\right]$

$\Rightarrow$ $2v^2 + 2sf = 2a$

$\Rightarrow$ $f = \frac{a - v^2}{s}$

24. माना वेग 3 मी/से एवं 5 मी/से के बीच का कोण α है।

$\because$ दिए गए तात्क्षणिक वेग कण को विरामावस्था में रखते हैं। अतः परिणामी वेग का परिमाण 7 मी/से एवं दिशा विपरीत होगी।

समान्तर चतुर्भुज नियम से,

$\therefore$ $7^2 = 3^2 + 5^2 + 2 \times 3 \times 5\cos\alpha$

$\Rightarrow$ $\cos\alpha = \frac{1}{2} \Rightarrow \alpha = 60°$

25. दिया है, u = ट्रेन का वेग = 36 किमी/घण्टा

= 36000 मी/घण्टा = 600 मी/मिनट

तथा v = चोर का वेग = 5 मी/मिनट

$\alpha = u$ एवं v के बीच का कोण = 90°

$\therefore$ $\tan\theta = \frac{v\sin 90°}{u + v\cos 90°} = \frac{v}{u} = \frac{5}{600} = \frac{1}{120}$

$\therefore$ $\theta = \tan^{-1}\left(\frac{1}{120}\right)$

26. माना v_1 एवं v_2 दो वेग इस प्रकार हैं कि $v_1 > v_2$, तब $u = v_1 + v_2$ एवं $v = v_1 - v_2$

$\Rightarrow$ $\omega = 2\sqrt{v_1^2 + v_2^2 + 2v_1v_2\cos 2\alpha}$

$$= \sqrt{\left(\frac{u+v}{2}\right)^2 + \left(\frac{u-v}{2}\right)^2 + 2\left(\frac{u+v}{2}\right)\left(\frac{u-v}{2}\right)\cos 2\alpha}$$
$$= \sqrt{\frac{1}{2}u^2(1+\cos 2\alpha) + \frac{1}{2}v^2(1-\cos 2\alpha)}$$
$$= \sqrt{u^2\cos^2\alpha + v^2\sin^2\alpha}$$

27. P के सापेक्ष Q का वेग, Q के वास्तविक वेग एवं P के वेग के विपरीत का परिणामी है।

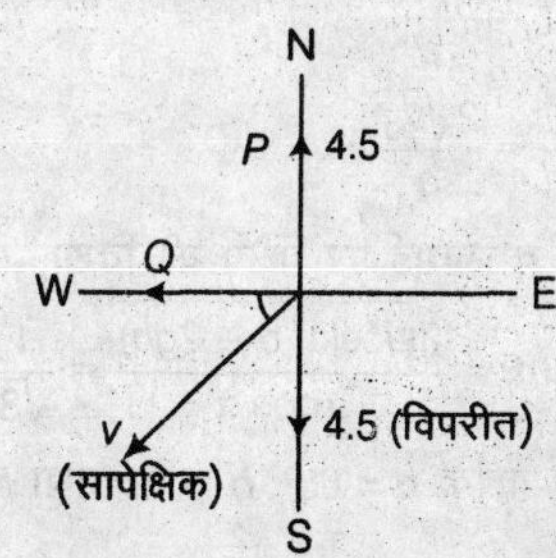

$\therefore$ $v^2 = 6^2 + (4.5)^2 \Rightarrow v = 7.5$ किमी/घण्टा

अब, $\tan\theta = \frac{4.5}{6} \Rightarrow \theta = \tan^{-1}\frac{3}{4}$, दक्षिण-पश्चिम की ओर

28. औसत वेग $= \frac{\text{कुल दूरी}}{\text{कुल समय}} = \frac{\frac{x}{2} + \frac{x}{2}}{\frac{x}{2v_1} + \frac{x}{2v_2}} = \frac{2v_1v_2}{v_1 + v_2}$

A ——— x ——— B ——— C; AB = $\frac{x}{2}$, BC = $\frac{x}{2}$

29. $u + v$ = धारा के अनुदिश वेग तथा $u - v$ = धारा के विपरीत दिशा में वेग यदि दूरी d है, तब

$t_1 = \frac{d}{u+v}$ एवं $t_2 = \frac{d}{u-v}$ $\left[\because \text{समय} = \frac{\text{दूरी}}{\text{चाल}}\right]$

$\therefore$ कुल समय $= \frac{d}{u+v} + \frac{d}{u-v} = \frac{2ud}{u^2 - v^2}$ $[\because t = t_1 + t_2]$

तथा कुल दूरी $= d + d = 2d$

$\therefore$ औसत चाल $= \frac{2d}{\frac{2ud}{(u^2 - v^2)}} = \left(\frac{u^2 - v^2}{u}\right)$ मी/से

30. माना u एवं v दिशाओं के बीच का कोण α है, तब परिणामी वेग,

$$\omega = \sqrt{u^2 + v^2 + 2uv\cos\alpha}$$

$\because$ $2u$ एवं v का परिणामी v के साथ समकोण बनाता है, तब

$$\tan 90^\circ = \frac{2v\sin\alpha}{v + 2u\cos\alpha} \quad \left[\because \tan\theta = \frac{u\sin\alpha}{v + u\cos\alpha}\right]$$

$$\Rightarrow \quad v + 2u\cos\alpha = 0 \quad \ldots(i)$$

अब, $\omega = \sqrt{u^2 + v^2 + 2uv\cos\alpha}$

$= \sqrt{u^2 + v(v + 2u\cos\alpha)}$

$\Rightarrow \quad \omega = \sqrt{u^2 + v \times 0} = u$ [समी (i) से]

31. दिया है, $\frac{dv}{dt} = -a\sqrt{v}$

$\Rightarrow \quad v^{\frac{1}{2}}dv = -a dt$ [समाकलन करने पर]

$\Rightarrow \quad 2\sqrt{v} = -at + c \quad \ldots(i)$

प्रारम्भ में, $t = 0, v = v_0$

$\therefore \quad 2\sqrt{v_0} = 0 + c$ [समी (i) से]

$\Rightarrow \quad c = 2\sqrt{v_0}$

$\Rightarrow \quad 2\sqrt{v} = -at + 2\sqrt{v_0}$

विरामावस्था के लिए, $v = 0$ इस सम्बन्ध में रखने पर,

$$t = \frac{2\sqrt{v_0}}{a}$$

अतः अभीष्ट समय $= \frac{2\sqrt{v_0}}{a}$

32. हम जानते हैं कि, h ऊँचाई पर प्रक्षेप की दिशा,

$$\tan\theta = \frac{\sqrt{(u^2\sin^2\alpha - 2gh)}}{u\cos\alpha} = \frac{1}{\sqrt{3}} \quad [\because \theta = 30^\circ]$$

दोनों पक्षों का वर्ग करके $\alpha = 60^\circ$, $g = 32$ तथा $h = 96$ रखने पर,

$\therefore \quad 3\left[\frac{3}{4}u^2 - 64 \times 96\right] = \frac{u^2}{4}$

$\therefore \quad u = 96$ फुट/से

33. कोणीय वेग, $\omega = 2\pi n$, जहाँ $n = 4$ घूर्णन/से

$\therefore$ $\omega = 8\pi$ रेडियन/से

34. माना $t = f(v)$, तो v के सापेक्ष अवकलन करने पर,

$$\frac{dt}{dv} = f'(v) \Rightarrow \frac{dv}{dt} = \frac{1}{f'(v)}$$

$\Rightarrow \quad a = \frac{1}{f'(v)} \quad \left[\because a = \frac{dv}{dt} \text{ त्वरण}\right] \ldots(i)$

$\Rightarrow \quad af'(v) = 1$

अब, $af'(v) = 1$

t के सापेक्ष अवकलन करने पर,

$$af''(v)\frac{dv}{dt} + \frac{da}{dt}f'(v) = 0$$

$\Rightarrow \quad a^2f''(v) + \frac{da}{dt} \times \frac{1}{a} = 0 \quad \left[\because \frac{dv}{dt} = a\right]$

समी (i) से, $\frac{da}{dt} = -a^3f''(v) \Rightarrow \frac{da}{dt} = -\frac{a^3d^2t}{dv^2}$

35. हम जानते हैं कि प्रक्षेप का t समय पश्चात् दिशा का समीकरण,

$$\tan\theta = \frac{u\sin\alpha - gt}{u\cos\alpha}, \text{ जहाँ } \theta = 90^\circ + \alpha$$

$\therefore \quad -\cot\alpha = \tan\alpha - \frac{gt}{u\cos\alpha}$

$\Rightarrow \quad \frac{gt}{u\cos\alpha} = \frac{\sin\alpha}{\cos\alpha} + \frac{\cos\alpha}{\sin\alpha} = \frac{1}{\sin\alpha\cos\alpha}$

$\Rightarrow \quad t = \frac{u}{g}\text{cosec}\alpha = \frac{39.2}{g} \cdot 2 = \frac{78.4}{9.8} = 8$ सेकण्ड

36. दिया है, $x = at^2$ तथा $y = 2at$

t के सापेक्ष अवकलन करने पर,

$$\frac{dy}{dt} = 2a \text{ तथा } \frac{dx}{dt} = 2at$$

$\therefore \quad s^2 = x^2 + y^2$

अतः $\frac{ds}{dt} = \sqrt{\left(\frac{dx}{dt}\right)^2 + \left(\frac{dy}{dt}\right)^2} = \sqrt{4a^2t^2 + 4a^2}$

$\therefore \quad \frac{ds}{dt} =$ वेग $= 2a\sqrt{t^2 + 1}$

37. $200 = (-80\sin 30^\circ)t + \frac{1}{2}gt^2$ [$\because h = ut + \frac{1}{2}gt^2$ तथा $g =$ फुट/से^{2}]

$2t^2 - 5t - 25 = 0$

$\therefore \quad (t - 5)(2t + 5) = 0$

$\therefore \quad t = 5 \quad [\because t \neq -\text{ve}]$

$\therefore$ क्षैतिज दूरी $= u\cos\alpha \cdot t = 80 \cdot \frac{\sqrt{3}}{2} \cdot 5 = 200\sqrt{3}$ फुट

39. दिया है, $s = \frac{1}{2}vt \Rightarrow s = \frac{1}{2}\frac{ds}{dt}t \quad \left[\because v = \frac{ds}{dt}\right]$

समाकलन करने पर,

$$\int \frac{2}{t}dt = \int \frac{1}{s}ds$$

$\Rightarrow \quad 2\log t = \log s + \log C \Rightarrow t^2 = sC$

$\Rightarrow \quad s = \frac{t^2}{C}$

t के सापेक्ष अवकलन करने पर,

वेग $= \frac{ds}{dt} = v = \frac{2t}{C}$

t के सापेक्ष अवकलन करने पर,

त्वरण $= \frac{dv}{dt} = \alpha = \frac{2}{C} =$ नियतांक $=$ अचर

40. प्रश्नानुसार, $f = -kv^3 \quad \left[\because f = \frac{dv}{dt} \text{ तथा } \frac{dx}{dt} = v\right]$

$\Rightarrow \quad \frac{dv}{dt} = -kv^3$

$\Rightarrow \quad \frac{dv}{dx} \cdot \frac{dx}{dt} = -kv^3 \Rightarrow \frac{dv}{dx}v = -kv^3$

$\Rightarrow \quad \frac{dv}{dx} = -kv^2 \Rightarrow -\frac{dv}{v^2} = kdx$

समाकलन करने पर, $-\int_u^v \frac{dv}{v^2} = \int_0^k kdx$

$\Rightarrow \quad \frac{1}{v} - \frac{1}{u} = kx \Rightarrow \frac{1}{v} = \frac{1}{u} + kx$

$\Rightarrow \quad \frac{1}{v} = \frac{1 + kux}{u}$

$\therefore \quad v = \frac{u}{1 + kxu}$

41. प्रश्नानुसार, क्षैतिज परास = $4\sqrt{3}$ (महत्तम ऊँचाई)

$\Rightarrow \quad \dfrac{2u^2\sin\alpha\cos\alpha}{g} = 4\sqrt{3}\cdot\dfrac{u^2\sin^2\alpha}{2g}$

$\therefore \quad \tan\alpha = \dfrac{1}{\sqrt{3}} \Rightarrow \alpha = 30°$

42. यहाँ $f't = f(t+m)$

$\Rightarrow \quad t = \dfrac{mf}{f'-f}$ (प्रश्नानुसार) ...(i)

एवं $\dfrac{1}{2}f't^2 + n = \dfrac{1}{2}f(t+m)^2$ ...(ii)

समी (i) एवं (ii) के उपयोग से,

$\dfrac{n}{m} = \dfrac{1}{2}f'\left(\dfrac{mf}{f'-f}\right)$

$\Rightarrow \quad (f'-f)n = \dfrac{1}{2}m^2ff'$, जोकि अभीष्ट प्रतिबन्ध है।

43. माना समतल पर ऊपर की ओर महत्तम परास r तथा ऊँचाई h है, तब

$h = r\sin\beta$

हम जानते हैं कि, नत समतल पर ऊपर की ओर परास,

$r = \dfrac{u^2}{g(1+\sin\beta)} \Rightarrow r = \dfrac{h}{\sin\beta} = \dfrac{u^2}{g(1+\sin\beta)}$

$\therefore \quad u^2 = gh\dfrac{(1+\sin\beta)}{\sin\beta} = gh\,(1+\operatorname{cosec}\beta)$

$\Rightarrow \quad u = [gh(1+\operatorname{cosec}\beta)]^{1/2}$

44. दिया गया है, $s \propto v^{1/3} \Rightarrow u \propto s^3$

$\Rightarrow \quad v = Ks^3$ ...(i)

t के सापेक्ष अवकलन करने पर,

$\dfrac{dv}{dt} = 3s^2\dfrac{ds}{dt}\cdot K$

$\Rightarrow \quad$ त्वरण $= 3s^2(v)\cdot K \quad \left[\because v = \dfrac{ds}{dt}\right]$

$\therefore$ त्वरण $= 3s^2(Ks^3)$ [समी (i) से]

$\Rightarrow$ त्वरण $\propto s^5$

45. A के सापेक्ष B का वेग, B के वेग एवं A के विपरीत वेग का परिणामी है तथा दिया है वेग A एवं B के वेगों के बीच का कोण α है। अतः B के वेग एवं A के विपरीत वेग के मध्य कोण $(\pi - \alpha)$ है।

$\therefore v_{BA} = \sqrt{v_B^2 + v_A^2 + 2v_Bv_A\cos(\pi - a)}$ [समान्तर चतुर्भुज नियम से]

$v_{BA} = \sqrt{u^2 + (2u)^2 + 2u\,(2u)(-\cos\alpha)} = u\sqrt{5 - 4\cos\alpha}$

46. दिया है, $\sqrt{x} = t + 7$

दोनों तरफ वर्ग करने पर, $x = (t+7)^2 \Rightarrow x = t^2 + 14t + 49$

t के सापेक्ष अवकलन करने पर,

वेग $(v) = \dfrac{dx}{dt} = 2t + 14$

t के सापेक्ष अवकलन करने पर,

त्वरण $f = \dfrac{d^2x}{dt^2} = 2 =$ अचर

अतः कण का त्वरण अचर है।

48. परास $= \dfrac{u^2\sin2\alpha}{g}$ महत्तम होगा, यदि $\alpha = 45°$

$\therefore \quad \dfrac{u^2}{g} = 80$ (प्रश्नानुसार)

$\therefore \quad u^2 = 80 \times 32$ [$\because g = 32$ फुट/से]

अब, उड्डयन काल $= \dfrac{2u\sin\alpha}{g} = \dfrac{2}{32}\sqrt{(80\times32)}\times\sin45°$

$= \sqrt{5}$ सेकण्ड

तथा महत्तम ऊँचाई $= \dfrac{u^2\sin^2\alpha}{2g} = \dfrac{80\times32}{2\times32}\cdot\sin^2 45° = 20$ फुट

49. माना $BC = x$ मी

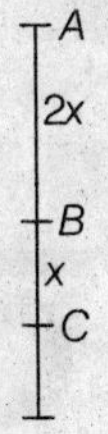

$\therefore \quad AB = 2x$ मी [$\because AB = 2BC$]

A से B तक, सूत्र $v^2 = u^2 + 2gh$ तथा $v = u + gt$ से,

$v^2 = 0 + 2g\cdot2x = 4gx$

तथा $\quad v = gt \Rightarrow 2\sqrt{gx} = gt$

$\Rightarrow \quad t = 2\sqrt{\dfrac{x}{g}}$

अब A से C तक, सूत्र $v^2 = u^2 + 2gh$ तथा $v = u + gt$ से,

$v_1^2 = 0 + 2g\cdot3x = 6gx$ तथा $v_1 = gt_1$ [$\because h = 2x + x = 3x$]

$\Rightarrow \quad \sqrt{6gx} = gt_1 \Rightarrow t_1 = \sqrt{\dfrac{6x}{g}}$

अब, B से C तक दूरी तय करने में लगा समय,

$t_2 = t_1 - t = \sqrt{\dfrac{6x}{g}} - 2\sqrt{\dfrac{x}{g}} = (\sqrt{6}-2)\sqrt{\dfrac{x}{g}}$

अभीष्ट अनुपात $= \dfrac{2}{\sqrt{6}-2} = 2\left(\dfrac{\sqrt{6}+2}{2}\right) = \dfrac{\sqrt{6}+2}{1}$

52. दिया है, $m_1 = m_2$, $u_2 = 0$ (विरामावस्था)

अतः संघट्ट के नियमों से,

$v_2 - v_1 = e\,(u_1 - 0)$ ...(i)

तथा $\quad m\,(v_1 + v_2) = m\,(u_1 + 0)$ ...(ii)

हल करने पर,

$v_2 = \dfrac{u_1}{2}(1+e), v_1 = \dfrac{u_1}{2}(1-e)$

$\therefore$ अभीष्ट अनुपात, $\dfrac{v_1}{v_2} = \dfrac{1-e}{1+e}$

53. $\because h = \dfrac{u_1^2\sin^2 60°}{2g} = \dfrac{u_2^2\sin^2 30°}{2g}$

[$\because$ प्रश्नानुसार, दोनों की महत्तम ऊँचाइयाँ समान हैं]

$\therefore \quad \dfrac{u_1^2}{u_2^2} = \dfrac{1}{4} \div \dfrac{3}{4} = \dfrac{1}{3}$

$\Rightarrow \quad u_1 : u_2 = 1 : \sqrt{3}$

जोकि प्रक्षेप वेगों में अभीष्ट अनुपात है।

56. यदि दोनों पिण्ड t समय बाद एवं H ऊँचाई पर मिलें, तब

$h - H = \dfrac{1}{2}gt^2$ ...(i)

एवं $\quad H = ut - \dfrac{1}{2}gt^2$ [ऊपर आते पिण्ड के लिए] ...(ii)

जहाँ, $u = \sqrt{2gh}$ [नीचे गिरते पिण्ड के लिए]

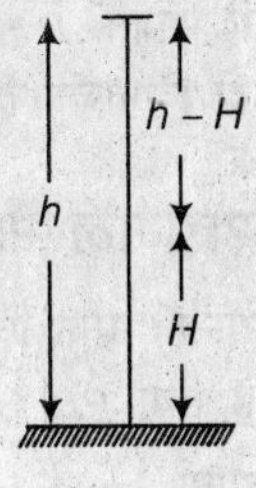

$\Rightarrow \quad t = \sqrt{\dfrac{2(h-H)}{g}}$ [समी (i) से]

$\Rightarrow \quad H = \sqrt{\dfrac{2(h-H)(2gh)}{g}} - \dfrac{1}{2}g\times\dfrac{2(h-H)}{g}$

$\therefore \quad h = \sqrt{4h(h-H)}$ [समी (ii) से]

$\Rightarrow \quad h^2 = 4h(h-H)$

$\Rightarrow \quad H = \dfrac{3h}{4}$

अध्याय 32

वास्तविक विश्लेषण

Real Analysis

राइमन समाकलन Riemann Integral

अन्तराल $[a, b]$ पर परिभाषित परिबद्ध फलन f, राइमन समाकलनीय कहलाता है, यदि राइमन ऊपरी तथा निम्न समाकलन समान हों अर्थात्

$$\underline{\int_a^b} f(x)\,dx = \int_a^{\bar{b}} f(x)\,dx$$

विभाजन या नेट Partitions

माना $I = [a, b]$ एक सीमित अन्तराल है, तब I का नेट का अर्थ है कि वास्तविक संख्याओं का सीमित समुच्चय $P = \{x_0, x_1, x_2, ..., x_{n-1}, x_n\}$ निम्न गुण रखता है $a = x_0 < x_1 < x_2 < ... < x_{n-1} < x_n = b$, तब

सीमित उप-अन्तराल

$$I_1 = [x_0, x_1], I_2 = [x_1, x_2], I_3 = [x_2, x_3], ...$$

$$I_{n-1} = [x_{n-2}, x_{n-1}], I_n = [x_{n-1}, x_n]$$

P के तत्वों से ज्ञात होता है। खण्ड $[x_{r-1}, x_r]$ की लम्बाई को Δx_r से प्रदर्शित करते हैं अर्थात् $\Delta x_r = x_r - x_{r-1}$, जहाँ $r = 1, 2, 3, ..., n$

नॉर्म अथवा मेश Norm or Mesh

विभाजन P के महत्तम खण्ड की लम्बाई को मेश कहते हैं। इसे $\|P\|$ अथवा $\mu(P)$ से प्रदर्शित करते हैं।

$$\| P \| = \max (\Delta x_r : r = 1, 2, ..., n)$$

रिफाइनमेन्ट Refinment

विभाजन P^* को रिफाइनमेन्ट कहते हैं। यदि $P^* > P$ तथा P_1 और P_2 दो विभाजन हैं, तब रिफाइनमेन्ट $P^* = P_1 \cup P_2$

राइमन योग Riemann Addition

माना f एक घिरा हुआ फलन है, जोकि बन्द अन्तराल $[a, b]$ से परिभाषित है तथा $P = \{x_0, x_1, x_2, ..., x_n\}$ कोई एक अन्तराल $[a, b]$ का विभाजन है।

माना $m_r = \inf \{f(x) : x_{r-1} \le x \le x_r\}$

तथा $M_r = \sup \{f(x) : x_{r-1} \le x \le x_r\}, r = 1, 2, 3, ..., n$

$$L(P, f) = \sum_{n-1}^{n} m_r \cdot \Delta x_r \text{ और } U(P, f) = \sum_{n-1}^{n} m_r \cdot \Delta x_r$$

तब, $L(P, f)$ को $[a, b]$ में लोअर योग तथा $U[P, f]$ को अपर योग कहते हैं।

(i) $L(P, f) \le U(P, f)$ (ii) $L(P, -f) = -U(P, f)$

(iii) $U(P, -f) = -L(P, f)$

लोअर और अपर R-समाकलन Lower and Upper R-Integrals

(i) (a) $\underline{\int_a^b} f(x)\,dx = \sup \{L(P,f) : P, [a, b]$ का एक विभाजन है$\}$

(b) $\int_a^{\bar{b}} f(x)\,dx = \inf \{U(P,f) : P, [a, b]$ का एक विभाजन है$\}$

(ii) $L(P, -f) = -U(P,f)$ तथा $U(P, -f) = -L(P,f)$ से हम जानते हैं कि,

$$\underline{\int_a^b} (-f) = -\int_a^{\bar{b}} f$$

और $$\int_a^{\bar{b}} (-f) = -\underline{\int_a^b} f$$

(iii) $\underline{\int_a^b} f \le \int_a^{\bar{b}} f$ अर्थात् लोअर समाकलन R, अपर समाकलन R से बड़ा नहीं होता है।

डारबॉक्स प्रमेय Darboux Theorem

माना f एक रक्षित फलन है, जोकि अन्तराल $[a, b]$ में परिभाषित है। प्रत्येक $\varepsilon > 0, \exists\, \delta > 0$ के लिए,

$$U(P,f) < \int_a^{\bar{b}} f + \varepsilon \text{ और } L(P,f) > \underline{\int_a^b} f - \varepsilon,$$

पार्टिशन P के साथ, $\| P \| \le \delta$

नोट $\lim_{\|P\| \to 0} L(P,f) = \underline{\int_a^b} f$ और $\lim_{\|P\| \to 0} U(P,f) = \int_a^{\bar{b}} f$

दोलन समायोजन Oscillatory Sum

हम जानते हैं कि, $U(P,f) = \sum_{r-1}^{n} M_r \cdot \Delta x_r$

तथा $$L(P,f) = \sum_{r-1}^{n} m_r \cdot \Delta x_r$$

माना $W_r = M_r - m_r \Rightarrow W_r, [x_{r-1}, x_r]$ पर f का आवर्ती है।

अत: $U(P,f) - L(P,f) = \sum_{r-1}^{n} (M_r - m_r) \cdot \Delta x_r = \sum_{r-1}^{n} W_r \cdot \Delta x_r$

समाकलन का बीजगणित Algebra of Integral

यदि $b < a$, तब हम $\int_a^b f$ को परिभाषित कर सकते हैं जिसका मान $-\int_b^a f$ के बराबर होगा अर्थात् $f \in R[a, b]$ तथा $\int_a^b f = 0$

समाकलन के लिए बीजगणित की महत्त्वपूर्ण प्रमेय
Important Theorems of Algebraic for Integral

(i) माना $f \in R[a, b]$ और m तथा M, f के $[a, b]$ पर रक्षित हैं।
तब, $m(b-a) \le \int_a^b f(x)\,dx \le M(b-a)$,
यदि $b \ge a$ और $b \le a$, तब,
$$m(b-a) \ge \int_a^b f(x)\,dx \ge M(b-a)$$

(ii) माना $f, g \in R[a, b]$, तब
$$f \ge g \Rightarrow \begin{cases} \int_a^b f(x)\,dx \ge \int_a^b g(x)\,dx, \text{ यदि } b \ge a \\ \int_a^b f(x)\,dx \le \int_a^b g(x)\,dx, \text{ यदि } b \le a \end{cases}$$

(iii) माना $f \in R[a, b]$ और $a < c < b$, तब
$$f \in R[a, c], f \in R\,[c, b] \text{ और } \int_a^b f = \int_a^c f + \int_c^b f$$

(iv) माना $f \in R[a, b]$ और $[c, d] \subset [a, b]$, तब $f \in R\,[c, d]$

(v) यदि $f \in R[a, b]$ और $I \in R$, $f \in R\,[a, b]$ और $\int_a^b I f = I \int_a^b f$

(vi) यदि $f \in R[a, b]$, तब $-f \in R[a, b]$ और $\int_a^b (-f) = -\int_a^b f$

(vii) यदि $f \in R[a, b]$ और $g \in R[a, b]$, तब
$f + g \in R[a, b], f - g \in R[a, b]$
पुन: $\int_a^b (f+g) = \int_a^b f + \int_a^b g$ और $\int_a^b (f-g) = \int_a^b f - \int_a^b g$

(viii) यदि $f, g \in R[a, b]$, तब $I_1 f + I_2 g \in R[a, b]$,
$$\int_a^b (I_1 f_1 + I_2 f_2) = I_1 \int_a^b f_1 + I_2 \int_a^b f_2$$

(ix) यदि $f \in R[a, b]$ और $g \in R[a, b]$
और यदि $f(x) \le g(x), \forall\, x \in [a, b]$, तब $\int_a^b f \le \int_a^b g$

(x) यदि $f \in R\,[a, b]$, तब $|f| \in R[a, b]$ और $\int_a^b f \le \int_a^b |f|$

(xi) यदि $f \in R[a, b]$ और $g \in R[a, b]$, तब $fg \in R[a, b]$

(xii) माना $f \in R[a, b]$ और $g \in R[a, b]$,
$|g(x)| \ge I, I > 0, \forall\, [a, b]$ में x, तब $\frac{f}{g} \in R[a, b]$

प्रीमिटिव अथवा एन्टी-प्रीमिटिव अवकलनीय
Primitive or Anti-primitive Differentials

एक अवकलनीय फलन ϕ जोकि $[a, b]$ पर परिभाषित है, जैसा कि इसका अवकल गुणांक ϕ', $[a, b]$ पर फलन f के बराबर है, तब इसको प्रीमिटिव कहते हैं।

प्रीमिटिव पर महत्त्वपूर्ण प्रमेय
Important Theorems on Primitive

प्रमेय 1 माना $f \in R[a, b]$, तब फलन f, $[a, b]$ पर परिभाषित होगा।
$F(x) = \int_a^x f(t)\,dt$ एक सतत् फलन होगा, $[a, b]$ पर।

प्रमेय 2 माना f, $[a, b]$ पर सतत् है और $F(x) = \int_a^x f(t)\,dt, \forall\, x \in [a, b]$
तब, $F'(x) = f(x), \forall\, x \in [a, b]$

प्रमेय 3 माना $f \in R[a, b]$ और f, $x_0 \in [a, b]$ पर सतत् है।
यदि $F(x) = \int_a^x f(t)\,dt, a \le x < b$, तब $F'(x_0) = f(x_0)$

माध्यमान प्रमेय Mean Value Theorems

प्रमेय 1 माना $f \in R[a, b]$, तब $\exists$ a संख्या μ, m और M के बीच स्थित होगी।
$$\int_a^b f(x) = \mu\,(b-a)$$
यदि f सतत् है, तब
$$\int_a^b f(x)\,dx = \mu\,(b-a) f(c), a \le c \le b$$

प्रमेय 2 माना $f \in R[a, b]$ और $g \in R[a, b]$ और $g(x) \ge 0$ अथवा $\le 0, \forall\, x \in [a, b]$, तब $\exists\, a$ संख्या μ, $m \le \mu \le M$ के साथ जैसा कि
$$\int_a^b f(x) \cdot g(x)\,dx = \mu \int_a^b g(x)\,dx$$
जहाँ, m और M, $[a, b]$ पर f में रक्षित है।

प्रमेय 3 यदि $f \in R[a, b]$, तब

(i) $\lim_{n \to \infty} \sum_{1}^{n} hf(a + rh) = \int_a^b f$ [जहाँ, $b - a = nh$]

(ii) $\lim_{n \to \infty} \sum_{1}^{n} f(ah^r) = (ah^r - ah^{r-1}) = \int_a^{b^r} f$
$$\left[\text{जहाँ}, h^n = \frac{b}{a} \in R_+\right]$$

अनुपयुक्त समकलज Improper Integrals

यदि फलन f, $[a, b]$ के असीमित है, तब समकलज की सीमा अनन्त होगी। अत: $\int_a^b f(x)\,dx$ समकलज को अनुगयुक्त समकलज कहा जाएगा। यदि एक या दोनों सीमाएँ अनन्त हो जाती हैं, तब सीमित क्षेत्र $\int_a^b f(x)\,dx$ को अनुपयुक्त समकलज केवल पहली स्थिति के लिए होगा।

यदि f, $\{a, b\}$ के लिए असीमित होता है, तब समकलज की सीमा अनन्त नहीं होगी। अत: $\int_a^b f(x)\,dx$ को दूसरी स्थिति के लिए अनुपयुक्त समकलज कहा जाएगा।

असीमित सीमा के साथ समकलज

Integral with Infinite Limits

यदि फलन f, $x \geq a$ समकलज के लिए निहित है, तब

$$\int_a^\infty f(x)\,dx = \lim_{t\to\infty}\int_a^t f(x)\,dx \text{ या } \int_a^\infty f(x)\,dx = \lim_{\varepsilon\to\infty}\int_\varepsilon^{1/\varepsilon} f(x)\,dx$$

उपरोक्त समकलज $\int_0^\infty f(x)\,dx$ को अभिमुख होना कहा जाएगा, यदि अस्तित्व उस स्थिति में है और यदि अस्तित्व उस स्थिति में नहीं है, तब अपसारी समकलज कहेंगे।

किसी भी $\varepsilon > 0, \exists\, m > 0$ के लिए $\int_0^\infty f(x)\,dx$ का अभिमुखी मान (Convergent value) l के लिए $r \geq m$ होगा। यदि $|\int_a^r f(x)\,dx - l| < \varepsilon$

प्रमेय अभिमुखी समकलज (Convergent integral) $\int_a^\infty f(x)\,dx$ के लिए आवश्यक शर्त यह है कि दिए गए ε के मान के लिए अंक m, लघु हो। x_2 के लिए, $|\int_{x_1}^{x_2} f(x)\,dx| < \varepsilon, \forall x_1, x_2$, जहाँ $x_2 > x_1 > m$

$\int_a^\infty f(x)dx$ का अभिसरण प्रयोग

Test for Convergence of $\int_a^\infty f(x)dx$

1. तुलना प्रयोग Comparison Test

माना $f(x)$ और $\phi(x)$ दो फलन हैं, जहाँ सीमित क्षेत्रों के समकलज का अन्तराल $[a, \infty]$ है। माना $f(x)$ धनात्मक है और $|\phi(x) \leq f(x)|$, जहाँ $x \geq a$, यदि $\int_a^\infty f(x)\,dx$ अभिमुख हो, तब $\int_a^\infty \phi(x)\,dx \leq \int_a^\infty f(x)\,dx$ होगा।

यदि x के सभी मानों के लिए $|\phi(x) \geq f(x)|$ अधिक हो, तब $(x_0 > a)$, $\int_a^\infty f(x)\,dx$ को अभिसारी कहेंगे और $\int_a^\infty \phi(x)\,dx$ भी अभिसारी होगा।

2. $\int_a^\infty \frac{dx}{x^n}, a > 0$ का अभिमुखी प्रयोग

Test for Convergent of $\int_a^\infty \frac{dx}{x^n}, a > 0$

$$\int_a^\infty \frac{dx}{x^n} = \lim_{\varepsilon\to 0}\int_0^{1/\varepsilon}\frac{dx}{x^n} = \begin{cases}\dfrac{a^{1-n}}{n-1}, & n > 1\\ \infty, & n < 1\end{cases}$$

$\therefore\ n = 1$ के लिए,

$$\int_a^\infty \frac{dx}{x^n} = \lim_{\varepsilon\to 0}\int_a^{1/\varepsilon}\frac{dx}{x} = \lim_{\varepsilon\to 0}\left[\log\frac{1}{\varepsilon} - \log a\right] = \infty$$

यदि $n > 1$, तब समकलज का अभिमुख होगा और यदि $n < 1$, तब समकलज का अभिमुख नहीं होगा।

3. μ-प्रयोग μ-Test

माना अन्तराल $[a, \infty]$ के लिए फलन f क्षेत्र और समकलज फलन है, जहाँ $a > 0$, यदि संख्या $\mu > 1$ है,तब $\lim_{x\to\infty} x^\mu f(x)$ अस्तित्व रखेगा। इसको $\int_a^\infty f(x)\,dx$ का अभिसारी कहेंगे।

यदि $\mu < 1$ है, तब $\lim_{x\to\infty} x^\mu f(x)$ का अस्तित्व है, जो शून्य नहीं होगा।

इसलिए समकलज $\int_a^\infty f(x)\,dx$ अपसारी है।

4. अल्बेल प्रयोग Albel's Test

यदि $\int_a^\infty f(x)\,dx$ अभिमुखी हो तथा $\phi(x)$ क्षेत्रक और एकल के लिए मान $x > 0$ हो, तब $\int_a^\infty f(x)\cdot\phi(x)\,dx$ अभिमुख होगा।

5. डिरिश्लेट प्रयोग Dirichlet's Test

अन्तराल $[a, \infty]$ में $f(x)$ का क्षेत्रक और एकल हो और $\lim_{x\to\infty} f(x) = 0$, तब समकलज $\int_a^\infty f(x)\cdot\phi(x)\,dx$ अभिमुख होगा और x के सभी मानों के लिए क्षेत्रक $\left|\int_a^\infty \phi(x)\,dx\right|$ होगा।

पूर्ण अभिसरण Absolute Convergence

यदि f सीमाबद्ध है और $[a, x]$ पर समकलज है, जबकि $\forall x \geq a$ और अस्तित्व $\int_a^\infty f(x)\,dx$ है। इसलिए $\int_a^0 f(x)\,dx$ का भी अस्तित्व होगा। अत: हम कह सकते हैं कि समकलज $\int_a^\infty f(x)\,dx$ का अभिसरण करेगा, यदि वह पूर्ण रूप से अभिसरण करता है।

1. तुलना प्रयोग Comparison Test

माना $f(x)$ धनात्मक है, जहाँ अन्तराल $[a+\varepsilon, b]$ में $|\phi(x)| \leq f(x)$ होगा। अत: $\int_a^b \phi(x)\,dx$ का अभिसरण $\int_a^b f(x)\,dx$ को भी अभिसरण करेगा। यदि $|\phi(x)| \geq f(x)$ अन्तराल $[a+\varepsilon, b]$ है, तब $\int_a^b \phi(x)\,dx$ भी $\int_a^b \phi(x)\,dx$ को विभिन्न बनाता है।

2. $\int_a^b \frac{dx}{(x-a)^n}$ का अभिसरण प्रयोग

Convergence Test of $\int_a^b \frac{dx}{(x-a)^n}$

हम जानते हैं कि,

$$\int_a^b \frac{dx}{(x-a)^n} = \lim_{\varepsilon\to 0}\int_{a+\varepsilon}^b \frac{dx}{(x-a)^n}$$

$$= \lim_{\varepsilon\to 0}\frac{1}{1-n}[(b-a)^{1-n} - \varepsilon^{1-n}]$$

$$= \begin{cases}\dfrac{1}{1-n}(b-a)^{1-n}, & \text{यदि } n < 1\\ \infty, & \text{यदि } n > 1\end{cases}$$

जब $n = 1$, तब

$$\int_a^b \frac{dx}{(x-a)} = \lim_{\varepsilon\to 0}\int_{a+\varepsilon}^b \frac{dx}{(x-a)} = \lim_{\varepsilon\to 0}[\log(b-a) - \log\varepsilon] = \infty$$

इस प्रकार समकलज अभिसरण है, यदि $n < 1$ है और यदि $n > 1$ है, तब विभिन्न बनाता है।

3. **μ-प्रयोग** μ-Test

माना $f(x), a$ पर सीमाबद्ध है और अन्तराल $[a+\varepsilon, b]$ पर समकलज हो, तब $0<\varepsilon<b-a$ होगा। यदि कोई अंक μ, 0 और 1 के बीच में है, तब $\lim_{x\to a+0}(x-a)^{\mu}f(x)$ का अस्तित्व होगा।

इस प्रकार, $\int_a^b f(x)\,dx$ भी पूर्ण अभिसरण है।

यदि अंक $\mu>1$ हो, तब $\lim_{x\to a+0}(x-a)^{\mu}f(x)$ का अस्तित्व होगा और शून्य के बराबर नहीं है, तब $\int_a^b f(x)\,dx$ विभिन्न होगा। इसके साथ सत्यता होगी,

यदि $\lim_{x\to at}(x-a)^{\mu}f(x)=\pm\infty$

4. **अल्बेल प्रयोग** Albel's Test

यदि $\int_a^b f(x)\,dx$ अभिसरण है और $\phi(x)$ सीमाबद्ध है, तब अन्तराल $[a, b]$ पर एक दृष्ट हो, तब $\int_a^b f(x)\cdot\phi(x)\,dx$ अभिसरण होगा।

5. **डिरिश्लेट प्रयोग** Dirichlet's Test

यदि $\int_a^b f(x)\,dx$ सीमाबद्ध है और $\phi(x)$ भी सीमाबद्ध है, जबकि एक दृष्ट अन्तराल $[a, b]$ पर होगा। इस प्रकार, अभिसरण शून्य के लिए x से a तक होगा, तब $\int_a^b f(x)\cdot\phi(x)\,dx$ एक अभिसरण होगा।

फोरियर रूपान्तरण Fourier's Transformation

फोरियर रूपान्तरण, सम्मिश्र फोरियर श्रेणी का व्यापक रूप है, जब $L\to\infty$। A_n के स्थान पर $F(k)\,dk$ रखने पर, जबकि $\frac{n}{L}\to k$। योग को समाकलन के रूप में बदलने पर समीकरण

$$F(x)=\int_{-\infty}^{\infty}F(k)\,e^{2\pi ik}\,dk$$

$\Rightarrow$ $F(k)=\int_{-\infty}^{\infty}f(x)\,e^{-2\pi ikx}\,dx$ हो जाएगा।

यहाँ, $F(k)=F[f(x)]k=\int_{-\infty}^{\infty}f(x)\,e^{-2\pi ikx}\,dx$

को अग्रसरित फोरियर रूपान्तरण कहते हैं तथा

$$f(x)=F[F(k)](x)=\int_{-\infty}^{\infty}F(k)\,e^{2\pi ikx}\,dx$$

को व्युत्क्रम फोरियर रूपान्तरण कहते हैं।

कुछ महत्त्वपूर्ण परिणाम Some Important Results

(i) फोरियर रूपान्तरण को सदैव फोरियर ज्या तथा फोरियर कोज्या के रूपान्तर के रूप में परिवर्तित कर सकते हैं, जबकि निम्नलिखित है

$$F[F(x)](k)=\int_{-\infty}^{\infty}E(x)\cos(2\pi kx)\,dx-i\int_{-\infty}^{\infty}O(x)\sin(2\pi kx)\,dx$$

(ii) फलन $f(x)$ का एक अग्रसरित तथा व्युत्क्रम फलन इस प्रकार है कि

$$f(x)=\begin{cases}\int_{-\infty}^{\infty}e^{2\pi ikx}\left[\int_{-\infty}^{\infty}f(x)\,e^{-2\pi ikx}\,dx\right]dk, & \text{जब } f(x), x \text{ पर सतत् हो।}\\ \frac{1}{2}[f(x_+)+f(x_-)], & \text{जब } f(x), x \text{ पर असतत् हो।}\end{cases}$$

जबकि

(a) $\int_{-\infty}^{\infty}|f(x)|\,dx$ का अस्तित्व हो।

(b) एक निश्चित संख्या में असततता हो।

(c) फलन का एक सिरा चर हो।

फोरियर ज्या तथा कोज्या रूपान्तरण
Fourier's Sine and Cosine Transformations

हम जानते हैं कि,

$$f(x)=\frac{2}{\pi}\int_0^{\infty}\sin sx\,ds\int_0^{\infty}f(t)\sin st\,dt$$

$\Rightarrow$ $$f(x)=\sqrt{\frac{2}{\pi}}\int_0^{\infty}\sin sx\,ds\,F(s) \quad \text{...(i)}$$

तथा $$f(s)=\sqrt{\frac{2}{\pi}}\int_0^{\infty}f(t)\sin st\,dt \quad \text{...(ii)}$$

समी (ii) को $f(x)$ का फोरियर ज्या रूपान्तरण कहते हैं तथा समी (i) को $f(s)$ का व्युत्क्रम फोरियर ज्या रूपान्तरण कहते हैं।

$$f(x)=\sqrt{\frac{2}{\pi}}\int_0^{\infty}\cos sx\,F(s)\,dx \quad \text{...(iii)}$$

तथा $$f(s)=\sqrt{\frac{2}{\pi}}\int_0^{\infty}f(t)\cos st\,dt \quad \text{...(iv)}$$

समी (iv) को $f(x)$ का फोरियर कोज्या रूपान्तरण कहते हैं तथा समी (iii) को $f(s)$ का व्युत्क्रम फोरियर कोज्या रूपान्तरण कहते हैं।

फोरियर रूपान्तरण के गुणधर्म
Properties of Fourier's Transformation

(i) **रैखिक गुण** (Linear Property) यदि $F_1(s)$ तथा $F_2(s)$ क्रमशः $f_1(x)$ तथा $f_2(x)$ के फोरियर रूपान्तरण हैं, तब
$F[af_1(x)+bf_2(x)]=aF_1(s)+bF_2(s)$, जहाँ a तथा b अचर हैं।

(ii) **माप परिवर्तन का गुण** (Property of Change Maps) यदि $F(s), f(x)$ का एक सम्मिश्र फोरियर रूपान्तरण है, तब
$$F[f(ax)]=\frac{1}{a}F\left(\frac{s}{a}\right)$$

(iii) यदि $f(s), f(x)$ का सम्मिश्र फोरियर रूपान्तरण हो, तब
$$F[f(x-a)]=e^{isa}F(s)$$

(iv) $F[e^{isa}f(x)]=F(s+a)$

(v) **मॉड्यूलेशन प्रमेय** (Modulation Theorem) यदि $F(s), f(x)$ का सम्मिश्र फोरियर रूपान्तरण है, तब
$$F\{f(x)\cos ax\}=\frac{1}{2}[F(s+a)+F(s-a)]$$

(vi) यदि $F\{f(x)\}=F(s)$, तब $F\{x^n f(x)\}=(-i)^n\frac{d^n}{ds^n}F(s)$

(vii) $F\{f'(x)\}=isF(s)$, यदि $f(x)\to 0$ की ओर अग्रसर हो, तब $x\to\pm\infty$

(viii) $F\left\{\int_a^x f(x)\,dx\right\}=\frac{F(s)}{-is}$

कन्वोलूसन प्रमेय Convolution Theorem

दो फलनों $f(x)$ तथा $g(x)$ का कन्वोलूसन इस प्रकार परिभाषित है

$$f(x) * g(x) = \int_{-\infty}^{\infty} f(x) g(x-u)\, du$$

फोरियर रूपान्तरण की कन्वोलूसन प्रमेय

Convolution Theorem of Fourier's Transformation

$f(x)$ तथा $g(x)$ के कन्वोलूसन का फोरियर रूपान्तरण उनके फोरियर रूपान्तरण के गुणनफल के बराबर होता है

$$F[f(x) * g(x)] = F[f(x)] \cdot F[g(x)]$$

पार्सेक्ल की सर्वसमिका Parsecal's Indentity

यदि $f(x)$ तथा $g(x)$ का फोरियर रूपान्तरण क्रमशः $F(s)$ तथा $G(s)$ हों, तब

(i) $\int_{-\infty}^{\infty} F(s)\overline{G}(s)\, ds = \int_{-\infty}^{\infty} f(c)\, \overline{g}(x)\, dx$, जहाँ $\overline{G}(s), G(s)$ का सम्मिश्र संयुग्मी है तथा $\overline{g}(x), g(x)$ का सम्मिश्र संयुग्मी है।

(ii) $\int_{-\infty}^{\infty} [F(s)]^2 ds = \int_{-\infty}^{\infty} |F(x)|^2\, dx$

कोज्या रूपान्तरण के लिए पार्सेक्ल सर्वसमिका

Parsecal Indentity for Cosine Transformation

(i) $\dfrac{2}{\pi}\int_0^{\infty} F_c(s) G_c(s)\, ds = \int_0^{\infty} f(x)\, g(x)\, dx$

(ii) $\dfrac{2}{\pi}\int_0^{\infty} |F_c(s)|^2\, dx = \int_0^{\infty} |f(x)|^2\, dx$

अवकलनों का फोरियर रूपान्तरण

Fourier's Transformation of Differential

$$F\{f^n(x)\} = (-is)^n F(s)$$

किसी फलन के आंशिक अवकलन का फोरियर रूपान्तरण Fourier's Transformation of Partial Differential of any Function

$F_f\left[\dfrac{\partial^2 u}{\partial x^2}\right] = -s^2 F(u)$, जहाँ $F(u)$, u का फोरियर रूपान्तरण है।

$F_s\left[\dfrac{\partial^2 u}{\partial x^2}\right] = s(u)_{x=0} - s^2 F_s(u)$ [ज्या रूपान्तरण]

$F_c\left[\dfrac{\partial^2 u}{\partial x^2}\right] = -\left[\dfrac{\partial u}{\partial x}\right]_{x=0} - s^2 F_c(u)$ [कोज्या रूपान्तरण]

सीमित फोरियर रूपान्तरण

Restricted Fourier's Transformation

माना $f(x)$ एक प्रान्तीय सतत् फलन है जिसका परास $(0, l)$ है, तब $f(x)$ का सीमित फोरियर ज्या रूपान्तरण $(0, l)$ अन्तराल में निम्न प्रकार परिभाषित है

$F_s(p) = \bar{f}_s(p) = \int_0^l f(x) \sin \dfrac{p\pi x}{l}\, dx$, जहाँ p एक पूर्णांक है।

सीमित फोरियर कोज्या रूपान्तरण

Restricted Fourier's Cosine Transformation

यदि $f(x)$ एक प्रान्तीय सतत् फलन है जिसका परास $(0, l)$ है, तब $f(x)$ का सीमित फोरियर कोज्या रूपान्तरण $(0, l)$ अन्तराल में निम्न प्रकार परिभाषित हैं

$$F_c(p) = \bar{f}_c(p) = \int_0^l f(x) \cos \frac{p\pi x}{l}\, dx$$

जहाँ, p एक पूर्णांक है।

अवकलनों का सीमित फोरियर ज्या तथा कोज्या रूपान्तरण

Restricted Fourier's Sine and Cosine Transformations

यदि $x \in (0, l)$, तब

(i) $F_s\{f'(x)\} = -\dfrac{p\pi}{l}\bar{f}_s(p)$

(ii) $F_c\{f'(x)\} = f(l)(-1)^p - f(0) + \dfrac{p\pi}{l}\bar{f}_s(p)$

(iii) $F_s\{f''(x)\} = -\dfrac{p^2\pi^2}{l^2}\bar{f}_s(p) + \dfrac{p\pi}{l}[f(0) - (-1)^n f(l)]$

(iv) $F_c\{f''(x)\} = -\dfrac{p^2\pi^2}{l^2}\bar{f}_s(p) + f'(l)\,(-1)^p - f'(0)$

अभ्यास प्रश्न

1. यदि फलन f इस प्रकार परिभाषित है

$$f(x)=\begin{cases}\frac{1}{2^n}, \frac{1}{2^{n+1}}<x\le\frac{1}{2^n}, & n=0,1,2,...\\ 0, \text{ अन्यथा}\end{cases}$$

तब $\int_0^1 f(x)\,dx$ बराबर है

(a) 1 (b) 0

(c) $\frac{2}{3}$ (d) $\frac{3}{2}$

2. समाकलन $\int_0^3 [x]\,dx$, जहाँ $[x]$ महत्तम पूर्णांक फलन है, है

(a) 0 (b) 1

(c) 2 (d) 3

3. यदि f_1 और f_2 राइमन समाकलन फलन हैं, तब $\int_a^b f_1 dx+\int_a^b f_2 dx$ के बराबर होगा

(a) $\int_b^a (f_1+f_2)\,dx$ (b) शून्य

(c) $\int_a^b (f_1+f_2)\,dx$ (d) इनमें से कोई नहीं

4. यदि $f:[0,1]\to R$ और $g:[0,1]\to R$ दो फलन हैं

$$f(x)=\begin{cases}1/n, \text{ यदि } x=1/n, & n\in N\\ 0, & \text{अन्यथा}\end{cases}$$

और $$g(x)=\begin{cases}n, \text{ यदि } x=1/n, & n\in N\\ 0, & \text{अन्यथा}\end{cases}$$

(a) दोनों f और g राइमन समाकलित हैं

(b) f राइमन समाकलित है लेकिन g नहीं है

(c) g राइमन समाकलित है लेकिन f नहीं है

(d) उपरोक्त में से कोई नहीं

5. यदि $[a,b]$ पर रक्षित वास्तविक मान, फलन m और M महत्तम लोअर रक्षित तथा महत्तम अपर रक्षित हैं, तब

(a) $m(b-a)=M(b-a)$ (b) $m(b-a)\ge M(b-a)$

(c) $m(b-a)\le M(b-a)$ (d) इनमें से कोई नहीं

6. एक वास्तविक मान रक्षित फलन $f(x)$ जो (a,b) पर राइमन समाकलित होगा, तब

(a) $\underline{\int_a^b} f(x)\,dx$ तथा $\overline{\int_a^b} f(x)\,dx$ विद्यमान हैं

(b) $\underline{\int_a^b} f(x)\,dx=\overline{\int_a^b} f(x)\,dx$

(c) $\overline{\int_a^b} f(x)\,dx\ne\underline{\int_a^b} f(x)\,dx$

(d) उपरोक्त में से कोई नहीं

7. यदि f, $[a,b]$ पर राइमन समाकलित और c एक वास्तविक संख्या है, तब निम्न में से कौन-सा एक सही है?

(a) $c\int_a^b f(x)\,dx=\int_a^b c\,f(x)\,dx$ (b) $c\int_a^b f(x)\,dx\ne\int_a^b c\,f(x)\,dx$

(c) $c\int_a^b f(x)\,dx\ge\int_a^b c\,f(x)\,dx$ (d) इनमें से कोई नहीं

8. यदि $\int_a^b f(x)\,dx$ और $\int_a^b f\,dx$ लोअर और अपर राइमन समाकलित हैं, $[a,b]$ पर; तब

(a) $\underline{\int_a^b} f\,dx\ge\underline{\int_a^{\bar{b}}} f(x)\,dx$ (b) $\underline{\int_a^b} f\,dx=\overline{\int_a^b} f\,dx$

(c) $\underline{\int_a^b} f\,dx\le\overline{\int_a^b} f\,dx$ (d) इनमें से कोई नहीं

9. एक फलन $f,[a,b]$ प॰ राइमन समाकलित है, यदि और केवल यदि

(a) $\overline{\int_a^b} f\,dx$ अस्तित्व में है (b) $\underline{\int_a^b} f\,dx$ अस्तित्व में है

(c) $\overline{\int_a^b} f\,dx\ne\underline{\int_a^b} f\,dx$ (d) $\overline{\int_a^b} f\,dx=\underline{\int_a^b} f\,dx$

10. यदि f_1 और f_2 राइमन समाकलित फलन हैं, तब $\int_a^b f_1\,dx+\int_a^b f_2\,dx$ के बराबर होगा

(a) $\int_b^a (f_1+f_2)\,dx$ (b) $\int_a^b (f_1+f_2)\,dx$

(c) (a) व (b) दोनों (d) इनमें से कोई नहीं

11. $f:[a,b]\to R, f$ राइमन समाकलित है, तब

(a) $|\int_a^b f(x)\,dx|\le\int_a^b |f(x)|\,dx$ (b) $\int_a^b |f(x)|\,dx\le|\int_a^b f(x)\,dx|$

(c) $\int_a^b f(x)|dx=|\int_a^b f(x)\,dx|$ (d) इनमें से कोई नहीं

12. यदि f_1 एक राइमन समाकलित है, तब $\int_a^b f_1\,dx+\int_b^c f_1\,dx$ का मान होगा

(a) $\int_a^c f_1\,dx+C$ (b) $\int_a^b f_1\,dx+C$

(c) $\int_a^c f_1\,dx$ (d) इनमें से कोई नहीं

13. यदि f एक रक्षित फलन है जोकि $[a,b]$ पर परिभाषित है, तब $f,[a,b]$ पर एक राइमन फलन होगा, यदि और केवल यदि

(a) $\underline{\int_a^b} f\le\underline{\int_a^{\bar{b}}} f$ (b) $\underline{\int_a^b} f\ge\overline{\int_a^b} f$

(c) $\underline{\int_a^b} f=\overline{\int_a^b} f$ (d) $\overline{\int_a^b} f+\underline{\int_a^b} f=0$

14. यदि f, $[a,b]$ पर राइमन फलन है, तब

(a) $|\int_a^b f(x)\,dx|=\int_a^b |f(x)|\,dx$

(b) $|\int_a^b f(x)\,dx|\ge\int_a^b |f(x)|\,dx$

(c) $|\int_a^b f(x)\,dx|=-\int_a^b |f(x)|\,dx$

(d) $|\int_a^b f(x)\,dx|\le\int_a^b |f(x)|\,dx$

15. यदि f तथा $g,[a,b]$ पर परिभाषित रक्षित फलन हैं तथा $P,[a,b]$ का पार्टिशन है, तब

(a) $U(P,f+g)\le U(P,f)+U(P,g)$

(b) $U(P,f+g)\ge U(P,f)+U(P,g)$

(c) $U(P,f+g)=U(P,f)+U(P,g)$

(d) $L(P,f+g)\le L(P,f)+L(P,g)$

16. यदि फलन f अन्तराल [0,1] पर निम्न प्रकार से परिभाषित है

$$f(x) = \begin{cases} 0, \text{ यदि } x \text{ परिमेय है} \\ 1, \text{ यदि } x \text{ परिमेय है} \end{cases}$$

तो निम्न में से सत्य है

(a) फलन राइमन समाकलनीय है
(b) फलन राइमन समाकलनीय नहीं है
(c) फलन परिबद्ध नहीं है
(d) उपरोक्त में से कोई नहीं

17. प्रत्येक परिबद्ध फलन निम्न में से होता है

(a) R-समाकलनीय नहीं है (b) R-समाकलनीय है
(c) R-अवकलनीय है (d) इनमें से कोई नहीं

18. अन्तराल [0, 1] पर ऐसे दो फलन f एवं g परिभाषित कीजिए जोकि राइमन समाकलनीय नहीं है, तो उनका गुणनफल होगा

(a) R-समाकलनीय हैं (b) R-अवकलनीय हैं
(c) R-समाकलनीय नहीं है (d) इनमें से कोई नहीं

19. यदि f अन्तराल [0, 1] के लिए निम्न प्रकार से परिभाषित हो

$$f(x) = \begin{cases} 1, \text{ यदि } x \neq 1/2 \\ 0, \text{ यदि } x = 1/2 \end{cases}$$

तो $\int_0^1 f(x)dx$ का मान ज्ञात कीजिए।

(a) 2 (b) 1
(c) 0 (d) इनमें से कोई नहीं

20. यदि $f(x) = x \in [0,1]$, तो f अन्तराल [0, 1] पर R-समाकलनीय है, तो $\int_0^1 f(x)dx$ का मान ज्ञात कीजिए।

(a) $-\frac{1}{2}$ (b) $\frac{1}{2}$
(c) 0 (d) इनमें से कोई नहीं

21. यदि f, $[a,b]$ पर इस प्रकार परिभाषित है कि $f(x) = K, \forall x \in [a,b]$, जहाँ K एक अचर (Constant) है, तब $f \in R[a,b]$, तो निम्न में से सत्य है

(a) $\int_a^b f(x)dx = K(b-a)$ (b) $\int_a^b f(x)dx = K(a-b)$
(c) $\int_a^b f(x)dx = Ka$ (d) इनमें से कोई नहीं

22. यदि f अन्तराल $[0,a]$ में परिभाषित $f(x) = x^2$ हो, तो $\int_0^a f(x)dx$ का मान ज्ञात कीजिए, यदि $f \in R[0,a]$ है।

(a) $\frac{a^2}{2}$ (b) $\frac{a^3}{3}$
(c) $\frac{a^4}{4}$ (d) इनमें से कोई नहीं

23. अन्तराल [0, 2] में फलन f के निम्न और उपरी R–समाकलन ज्ञात कीजिए, जहाँ

$$f(x) = \begin{cases} x + x^2, \text{ यदि } x \text{ एक परिमेय संख्या है} \\ x^2 + x^3, \text{ यदि } x \text{ एक अपरिमेय संख्या है} \end{cases} \text{ है।}$$

(a) $\frac{83}{12}, \frac{53}{12}$ (b) $\frac{53}{12}, \frac{83}{12}$
(c) $\frac{73}{12}, \frac{53}{12}$ (d) $\frac{53}{12}, \frac{73}{12}$

24. प्रत्येक एक दिष्ट फलन निम्न में से होता है

(a) R-समाकलनीय (b) R-समाकलनीय नहीं है
(c) R-परिबद्ध क्षेत्र (d) उपरोक्त में से कोई नहीं

25. किसी फलन $f, g \in R[a,b]$, तो निम्न में से सत्य है

(a) $\int_a^b (f \pm g)(x)\,dx = \int_a^b f(x)\,dx \pm \int_a^b g(x)\,dx$
(b) $\int_a^b (f \pm g)(x)\,dx = \int_{-a}^b f(x)\,dx + \int_{-a}^b g(x)\,dx$
(c) $\int_a^b (f \pm g)(x)\,dx = \int_a^{-b} f(x)\,dx + \int_a^{-b} g(x)\,dx$
(d) उपरोक्त में से कोई नहीं

26. यदि f तथा g अन्तराल $[a,b]$ पर वास्तविक मानीय एवं परिबद्ध फलन है तथा $f, g \in R[a,b]$, यदि $f(x) = \geq g(x), \forall x \in [a,b]$, तो निम्न में से सत्य कथन है

(a) $\int_a^b f(x)(dx) \geq \int_a^b g(x)\,dx$
(b) $\int_a^b f(x)(dx) \leq \int_a^b g(x)\,dx$
(c) $\int_a^b f(x)dx = \int_a^b g(x)\,dx$
(d) उपरोक्त में से कोई नहीं

27. $\int_2^\infty \frac{2x^2}{x^4 - 1} dx$ समकलज का मान है

(a) $\frac{\pi}{2}$ के अभिमुख व समान
(b) $\frac{\pi}{2} - \tan^{-1} 2$ के अभिमुख व समान
(c) $\frac{\pi}{2} - \tan^{-1} 2 + \frac{1}{2} \log 3$ के अभिमुख व समान
(d) अभिसारी

28. समकलज $\int_0^\infty \sin x\, dx$ का मान है

(a) अस्तित्व (b) अस्तित्व और शून्य के समान
(c) अस्तित्व और 1 के समान (d) अस्तित्व नहीं रखता

29. $\int_{-\infty}^\infty \frac{dx}{(x^2+1)^2}$ समकलज का मान है

(a) अस्तित्व व शून्य के समान (b) अस्तित्व व $\pi/2$ के समान
(c) अस्तित्व व $2/\pi$ के समान (d) अस्तित्व नहीं रखता

30. $\int_0^\infty x^{n-1} e^{-x} dx$ समकलज अभिसारी है, यदि

(a) $n > 0$ (b) $n > 1$
(c) $n \leq 0$ (d) $n = 1/2$

31. समकलज $\int_a^\infty \frac{dx}{x^n}$, जहाँ $a > 0$ अभिमुखी है, जब

(a) $n = 1$ (b) $n < 1$
(c) $n \leq 1$ (d) $n > 1$

32. समकलज $\int_0^\infty e^{-x^2} \cos \alpha x\, dx$ का मान है

(a) $\frac{1}{2}\sqrt{\pi} e^{-\alpha^2/4}$ (b) $\frac{\sqrt{\pi}}{2}$
(c) $\sqrt{\frac{\pi}{6}}$ (d) $\frac{\alpha^2}{2}$

33. समकलज $\int_0^1 x^{m-1}(1-x)^{n-1}\,dx$ का अस्तित्व है, यदि

(a) $m > 0$ तथा $n < 0$
(b) $m < 0$ तथा $n < 0$
(c) $n > 0$
(d) m तथा $n = 0$

34. यदि $\int_0^1 \frac{\sin(1/x)}{\sqrt{x}}\,dx$, तब समकलज है

(a) अभिमुख
(b) अभिसारी
(c) पूर्ण रूप से अभिमुख नहीं
(d) उपरोक्त में से कोई नहीं

35. निम्नलिखित में से कौन-सा एक कथन असत्य है?

(a) $\int_0^\infty e^{-x}dx$ अभिमुख है
(b) $\int_{-\infty}^0 e^{-x}dx$ अभिमुख है
(c) $\int_0^\infty e^{-x^2}dx$ अभिमुख है
(d) $\int_0^\infty e^{-x^2}dx$ अभिसारी है

36. यदि $\int_0^{\pi/2} x^m \operatorname{cosec}^n x\,dx$ समकलज है, तब

(a) अस्तित्व है, जब $n > (m+1)$
(b) अस्तित्व है, जब $n < (m+1)$
(c) अस्तित्व है, जब $n - (m+1)$
(d) अस्तित्व नहीं है

37. $\int_0^\infty x\sin x\,dx$ समकलज होगा, यदि

(a) अभिमुख हो
(b) अभिमुख नहीं हो
(c) ऑसिलेट
(d) इनमें से कोई नहीं

38. $\int_0^1 \frac{\operatorname{cosec} x}{x^n}\,dx$ अभिसारी है, यदि

(a) $n = 0$
(b) $n < -1$
(c) $n > 1$
(d) $n \geq 1$

39. यदि $\int_0^1 \frac{\sin(1/x)}{x^p}\,dx,\ p > 0$ अभिमुख होगा, तब

(a) $p = 2$
(b) $p > 1$
(c) $p < 1$
(d) इनमें से कोई नहीं

40. यदि $\int_0^1 \frac{(x^p + x^{-p})\log(1+x)}{x}\,dx$ अभिमुख होगा, तब

(a) $2 < p < 3$
(b) $-1 < p < 1$
(c) $-2 < p < 2$
(d) $0 < p < 2$

41. यदि $\int_0^1 \left(\log\frac{1}{x}\right)^n dx$ अभिमुख होगा, तब

(a) $-1 < n < 1$
(b) $-1 < n < 0$
(c) $0 < n < 1$
(d) $-2 < n < 0$

42. $\int_0^{\pi/2} \sin x \log \sin x\,dx$ अभिमुख का मान है

(a) $\log\left(\frac{2}{e}\right)$
(b) $\log\left(\frac{e}{2}\right)$
(c) $\log\left(\frac{4}{e}\right)$
(d) $\log\left(\frac{e}{4}\right)$

43. $\int_0^\infty \frac{\cos ax}{x^2+1}\,dx$ का समकलज होगा

(a) पूर्ण अभिसरण
(b) अपसारी
(c) (a) और (b) दोनों
(d) न तो (a) और न ही (b)

44. निम्न में से कौन-सा एक अपसारी है?

(a) $\int_0^\infty \frac{x^2dx}{4x^2+25}$
(b) $\int_0^\infty \frac{x^{3/2}}{b^2x^2+c^2}dx$
(c) $\int_0^\infty \frac{xdx}{\sqrt{x^4+x^2+1}}$
(d) (b) और (c) दोनों ही

45. निम्नलिखित में से कौन-सा एक कथन असत्य है?

(a) $\int_2^\infty \frac{(x^2-1)dx}{\sqrt{x^6+1}}$ अपसारी है
(b) $\int_1^\infty \frac{xdx}{3x^4+5x^2+1}$ अभिसारी है
(c) $\int_0^\infty \frac{\sin^2 x}{x^2}dx$ अभिसारी है
(d) उपरोक्त में से कोई नहीं

46. $\int_0^\infty \frac{x^{2m}}{1+x^{2n}}$ समकलज है, जहाँ m और n धनात्मक पूर्णांक है, तब

(a) अभिसारी $n > m$ तथा अपसारी $n \leq m$
(b) अपसारी $n > m$ तथा अभिसारी $n \leq m$
(c) अभिसारी $n \geq m$
(d) उपरोक्त में से कोई नहीं

47. $\int_a^\infty e^{-\alpha x}\frac{\sin x}{x^2}dx$ समकलज में $e^{-\alpha x}$ अल्बेल प्रयोग को सन्तुष्ट करने के लिए होना चाहिए

(a) एकदृष्ट तथा सीमाबद्ध
(b) अभिसरण
(c) अपसारी
(d) इनमें से कोई नहीं

48. समकलज $\int_0^\infty \frac{dx}{1+x^2}$ का मान होगा

(a) $\frac{\pi}{2}$
(b) π
(c) $\frac{\pi}{4}$
(d) इनमें से कोई नहीं

49. समकलज $\int_0^1 \frac{dx}{x^2(1+x)^2}$ होगा

(a) अपसारी
(b) अभिसारी
(c) दोलन
(d) इनमें से कोई नहीं

50. समकलज $\int_0^\pi \frac{\sin x}{x^3}dx$ होगा

(a) अपसारी
(b) अभिसारी
(c) दोलन
(d) इनमें से कोई नहीं

51. $f(x) = \begin{cases} 1, |x| < a \\ 0, |x| > a \end{cases}$ का फोरियर रूपान्तरण होगा

(a) $2\sin as,\ s \neq 0$
(b) $2\cos as,\ s \neq 0$
(c) $\frac{2\sin as}{s},\ s \neq 0$
(d) इनमें से कोई नहीं

52. e^{-x} का फोरियर रूपान्तरण है

(a) $\sqrt{\frac{2}{\pi}}\frac{\omega}{1+\omega^2}$
(b) $\sqrt{\frac{\pi}{2}}\frac{\omega}{1+\omega^2}$
(c) $\sqrt{\frac{2}{\pi}}\frac{\omega^2}{1+\omega^2}$
(d) इनमें से कोई नहीं

53. $f(x) = e^{-x} + 2e^{-2x}$ का फोरियर कोज्या रूपान्तरण होगा

(a) $\sqrt{\frac{2}{\pi}}\left(\frac{1}{1+\omega^2} - \frac{4}{4+\omega^2}\right)$ (b) $\sqrt{\frac{\pi}{2}}\left(\frac{1}{1+\omega^2} + \frac{4}{4+\omega^2}\right)$

(c) $\sqrt{\frac{\pi}{2}}\left(\frac{1}{1+\omega^2} - \frac{4}{4+\omega^2}\right)$ (d) $\sqrt{\frac{2}{\pi}}\left(\frac{1}{1+\omega^2} + \frac{4}{4+\omega^2}\right)$

54. $f(x) = 1/x$ का फोरियर ज्या रूपान्तरण होगा

(a) π (b) $\sqrt{\pi/2}$

(c) $\sqrt{\pi/4}$ (d) 0

55. यदि $f(s) = F\{F(x)\}$, तब $F\{F(ax)\}$ का मान है

(a) $\frac{1}{a}f(s)$ (b) $af(s)$

(c) $af\left(\frac{s}{a}\right)$ (d) $\frac{1}{a}f\left(\frac{s}{a}\right)$

56. यदि $F\{F(x)\} = f(s)$, तब $F\left\{\frac{d}{dx}F(x)\right\}$ का मान है

(a) $sf(s)$ (b) $isf(s)$

(c) $-isf(s)$ (d) $-sf(s)$

57. $e^{-x^2/2}$ का फोरियर रूपान्तरण है

(a) $e^{-s^2/2}$ (b) $\sqrt{(2\pi)}e^{-s^2/2}$

(c) $e^{s^2/2}$ (d) $\sqrt{2(\pi)}e^{s^2/2}$

58. xe^{-x} का फोरियर ज्या रूपान्तरण है

(a) $\sqrt{\frac{\pi}{2}}\cdot\frac{2\omega}{(1+\omega^2)}$ (b) $\sqrt{\frac{\pi}{2}}\cdot\frac{2\omega}{(1+\omega^2)^2}$

(c) $\sqrt{\frac{2}{\pi}}\cdot\frac{2\omega^2}{(1+\omega^2)^2}$ (d) $\sqrt{\frac{2}{\pi}}\cdot\frac{2\omega}{(1+\omega^2)^2}$

59. xe^{-x} का फोरियर कोज्या रूपान्तरण है

(a) $\sqrt{\frac{2}{\pi}}\cdot\frac{(1-\omega^2)}{1+\omega^2}$ (b) $\sqrt{\frac{2}{\pi}}\cdot\frac{(1+\omega^2)}{(1-\omega^2)}$

(c) $\sqrt{\frac{\pi}{2}}\cdot\frac{(1+\omega^2)}{(1-\omega^2)}$ (d) $\sqrt{\frac{\pi}{2}}\cdot\frac{(1-\omega^2)}{(1+\omega^2)}$

60. यदि $f_s(s) = F_s\{F(x)\}$, तब $F_s\{F(x/a)\}$ का मान है

(a) $(1/a)f_s(s/a)$ (b) $af_s(as)$

(c) $af_s(a/s)$ (d) इनमें से कोई नहीं

61. यदि $f(s) = F\{F(x)\}$, तब $F\{F(x-a)\}$ का मान है

(a) $f(s-a)$ (b) $e^{isa}f(s)$

(c) $e^{-isa}f(s)$ (d) इनमें से कोई नहीं

62. $f(x) = x$ का सीमित ज्या रूपान्तरण है

(a) $[(-1)^s - 1]/s^2, s = 1, 2, 3$

(b) $\pi(-1)^{s+1}/s$

(c) $\frac{\pi}{s}$

(d) उपरोक्त में से कोई नहीं

63. $\frac{x}{\pi}$ का सीमित फोरियर ज्या रूपान्तरण होगा

(a) $(-1)^s/s$ (b) $(-1)^{s+1}/s$

(c) $1/s$ (d) इनमें से कोई नहीं

64. $f(x) = \frac{\pi}{3} - x + \frac{x^2}{2\pi}$ का सीमित फोरियर कोज्या रूपान्तरण है

(a) $\frac{1}{n}$ (b) $\frac{1}{n^2}$

(c) n (d) n^2

65. $f(x) = x^2$ का अन्तराल $0 < x < 4$ में सीमित फोरियर कोज्या रूपान्तरण है

(a) $\frac{128}{\pi^2 s^2}(\cos s\pi - 1)$ (b) $\frac{128}{\pi^2 s^2}(\cos s\pi + 1)$

(c) $\frac{128}{\pi^2 s^2}\cos s\pi$ (d) इनमें से कोई नहीं

66. $e^{-x}\cos x$ का फोरियर रूपान्तरण है

(a) $\frac{2}{\pi}\int_0^\infty \frac{s^2+2}{s^4+4}\cos xds$ (b) $\frac{2}{\pi}\int_0^\infty \frac{s^2-2}{s^2-4}\cos xds$

(c) $\frac{\pi}{2}\int_0^\infty \frac{s^2+2}{s^2+4}\cos xds$ (d) इनमें से कोई नहीं

67. $\int_0^\infty \frac{\cos x\lambda}{1+\lambda^2}d\lambda$ का मान निम्न में से है

(a) $\frac{\pi}{2}e^x$ (b) $\frac{\pi}{2}e^{-x}$

(c) $\frac{\pi}{4}e^x$ (d) $\frac{\pi}{4}e^{-x}$

68. फोरियर ज्या रूपान्तरण द्वारा निम्न का मान होगा

$$\int_0^\infty \frac{x\sin mx}{x^2+1}dx = ?$$

(a) $\frac{\pi}{2}e^m, m > 0$ (b) $\frac{\pi}{2}e^{-m}, m > 0$

(c) $\frac{\pi}{4}e^m, m > 0$ (d) $\frac{\pi}{4}e^m, m > 0$

69. फोरियर ज्या रूपान्तरण द्वारा मान होगा

$$f(x) = \begin{cases} 1, & 0 < x < x \\ 0, & x > a \end{cases}$$

(a) $\sqrt{\frac{2}{\pi}}\left(\frac{1-\cos as}{s}\right)$ (b) $\sqrt{\frac{\pi}{2}}\left(\frac{1-\cos as}{s}\right)$

(c) $\sqrt{\frac{2}{\pi}}\left(\frac{1+\cos as}{s}\right)$ (d) इनमें से कोई नहीं

70. फोरियर ज्या रूपान्तरण द्वारा मान होगा

$$f(x) = \frac{e^{-ax}}{x} = ?$$

(a) $\sqrt{\frac{2}{\pi}}\tan\left(\frac{s}{a}\right)$ (b) $\sqrt{\frac{2}{\pi}}\tan^{-1}\left(\frac{s}{a}\right)$

(c) $\sqrt{\frac{\pi}{2}}\tan\left(\frac{s}{a}\right)$ (d) $\sqrt{\frac{\pi}{2}}\tan^{-1}\left(\frac{s}{a}\right)$

71. फोरियर कोज्या रूपान्तरण द्वारा मान होगा

$$f(x) = e^{-x^2} = ?$$

(a) $\frac{1}{\sqrt{2}}e^{-s^2/4}$ (b) $\frac{1}{\sqrt{2}}e^{s^2/4}$

(c) $\frac{1}{\sqrt{2}}e^{4/s^2}$ (d) $\frac{1}{\sqrt{2}}e^{-4/s^2}$

72. $f(x) = \cos as$ का फोरियर ज्या रूपान्तरण है

(a) $\frac{n}{n^2 - a^2}$ (b) $\frac{n^2 - a^2}{n}$

(c) $\frac{n}{n^2 + a^2}$ (d) $\frac{n^2 + a^2}{n}$

73. फोरियर रूपान्तरण द्वारा निम्न का मान होगा

$$\frac{\partial^2 u}{\partial t^2} = c^2 \frac{\partial^2 u}{\partial x^2}, -\infty < x < \infty, t > 0$$

(a) $\bar{F}(s)\cos cst$ (b) $\bar{F}(s)\sin cst$

(c) $\bar{F}(s)\cos(-cst)$ (d) इनमें से कोई नहीं

74. पार्सेक्ल सर्वसमिका द्वारा $\int_0^\infty \frac{dt}{(a^2 + t^2)(b^2 + t^2)} dx$ का मान होगा

(a) $\frac{\pi}{30}$ (b) $\frac{\pi}{6}$ (c) $\frac{\pi}{15}$ (d) $\frac{\pi}{12}$

75. पार्सेक्ल सर्वसमिका द्वारा $\int_0^\infty \frac{dt}{(a^2 + t^2)(b^2 + t^2)}$ का मान ज्ञात कीजिए।

(a) $\frac{\pi}{2ab(a-b)}$ (b) $\frac{\pi}{2ab(a+b)}$

(c) $\frac{2ab(a-b)}{\pi}$ (d) $\frac{2ab(a+b)}{\pi}$

उत्तरमाला

1.	(c)	2.	(d)	3.	(c)	4.	(b)	5.	(c)	6.	(b)	7.	(a)	8.	(c)	9.	(d)	10.	(c)
11.	(b)	12.	(c)	13.	(c)	14.	(d)	15.	(a)	16.	(b)	17.	(a)	18.	(a)	19.	(b)	20.	(b)
21.	(a)	22.	(b)	23.	(a)	24.	(a)	25.	(a)	26.	(a)	27.	(c)	28.	(d)	29.	(b)	30.	(c)
31.	(d)	32.	(a)	33.	(c)	34.	(a)	35.	(d)	36.	(b)	37.	(b)	38.	(d)	39.	(c)	40.	(b)
41.	(b)	42.	(a)	43.	(a)	44.	(d)	45.	(d)	46.	(a)	47.	(a)	48.	(a)	49.	(a)	50.	(a)
51.	(c)	52.	(a)	53.	(d)	54.	(b)	55.	(d)	56.	(c)	57.	(b)	58.	(d)	59.	(a)	60.	(b)
61.	(b)	62.	(b)	63.	(b)	64.	(b)	65.	(c)	66.	(a)	67.	(b)	68.	(b)	69.	(a)	70.	(b)
71.	(a)	72.	(a)	73.	(a)	74.	(c)	75.	(b)										

संकेत एवं हल

1. हम जानते हैं कि, $\int_0^1 f(x)dx = \lim_{n\to\infty} \int_{1/2^n}^1 f(x)dx$

$$= \lim_{n\to\infty} \left\{ \int_{1/2}^1 f(x)dx + \int_{1/2^2}^{1/2} f(x)dx + \int_{1/2^3}^{1/2^2} f(x)dx + \ldots + \int_{1/2^n}^{1/2^{n-1}} f(x)dx \right\}$$

$$= \lim_{n\to\infty} \left\{ \int_{1/2}^1 dx + \frac{1}{2}\int_{1/2^2}^{1/2} dx + \frac{1}{2^2}\int_{1/2^3}^{1/2^2} dx + \ldots + \frac{1}{2^{n-1}}\int_{1/2^n}^{1/2^{n-1}} dx \right\}$$

$$= \lim_{n\to\infty} \left\{ \frac{1}{2} + \frac{1}{2}\left(\frac{1}{2} - \frac{1}{2^2}\right) + \frac{1}{2^2}\left(\frac{1}{2^2} - \frac{1}{2^3}\right) + \ldots + \frac{1}{2^{n-1}}\left(\frac{1}{2^{n-1}} - \frac{1}{2^n}\right) \right\}$$

$$= \lim_{n\to\infty} \left[\frac{1}{2}\left\{ 1 + \frac{1}{2^2} + \left(\frac{1}{2^2}\right)^2 + \left(\frac{1}{2^2}\right)^3 + \ldots + \left(\frac{1}{2^2}\right)^{n-1} \right\} \right]$$

$$= \lim_{n\to\infty} \left[\frac{1}{2} \cdot \frac{1 - \left(\frac{1}{4}\right)^n}{1 - \frac{1}{4}} \right] = \lim_{n\to\infty} \left[\frac{2}{3}\left(1 - \frac{1}{4^n}\right) \right] = \frac{2}{3}$$

2. चूँकि फलन $f(x) = [x]$ रक्षित है और केवल तीन बिन्दुओं $x = 1, 2$ और 3 पर असतत् है।

माना $\varepsilon > 0$ दिया हुआ अंक है।

$\therefore \quad P = \{0 = x_0, x_1, \ldots, x_i, y_0, y_1, \ldots, y_m, z_0, z_1, \ldots, z_n = 3\}$

[0, 3] का पार्टिशन है, जहाँ $y_0 = 1$, $z_0 = 2$

अतः $U(P, f) = \Sigma 0 \cdot \Delta x_i + 1 \cdot (y_0 - x_i) + \Sigma 1 \cdot \Delta y_i + 2(z_0 - y_m)$
$+ \Sigma 2 \cdot \Delta z_i + 3(z_n - z_{n-1})$

$= 1 + 2 + \{(y_0 - x_i) + (z_0 - y_m) + (z_n - z_{n-1})\}$

अब, हम P को चुनते हैं

$(y_0 - x_i) + (z_0 - y_m) + (z_n - z_{n-1}) < \varepsilon \Rightarrow U(P, f) < 3 + \varepsilon$

इसी प्रकार, $L(P, f) = \Sigma 0 \cdot \Delta x_i + \Sigma 1 \cdot \Delta y_i + (z_0 - y_m) + \Sigma 2 \cdot \Delta z_i = 3$

अतः $\quad U(P, f) - L(P, f) < \varepsilon$

अतः $f(x) = [x][0,3]$ में समाकलनीय है और $\int_0^3 [x]dx = \int_{\underline{0}}^3 [x]dx = 3$

16. $\because 0 \le f(x) \le 1 \forall x \in [0,1]$

अतः $f(x)$, अन्तराल [0, 1] पर परिबद्ध है।

माना p अन्तराल [0, 1] का कोई विभाजन है तथा $[x_{r-1}, x_r]$ कोई उप-अन्तराल है।

अब प्रत्येक उप-अन्तराल $[x_{r-1}, x_r], r = 1, 2, \ldots, x$ के लिए $M_r = 0$ एवं $M_r = 1$ (चूँकि प्रत्येक उप-अन्तराल $[x_{r-1}, x_r]$, में परिमेय एवं अपरिमेय दोनों प्रकार की संख्याएँ विद्यमान है।)

अतः $\forall P \in P[0,1]$, $U(f;P) = \sum_{r=1}^n M_r(x_r - x_{r-1}) = \sum_{r=1}^n 1 \cdot (x_r - x_{r-1}) = 1$

तथा $\quad L(f,P) = \sum_{r=1}^n M_r(X_r - X_{r-1}) = \sum_{r=1}^n 0(x_r - x_{r-1}) = 0$

फलतः $\quad \int_a^{\bar{1}} f(x)\,dx = \text{Inf}\, U(f,P) = \lim_{n\to\infty} U(f,P) = 1$

तथा $\quad \int_{\underline{0}}^1 f(x)\,dx = \text{Sup}\, L(f,P) = \lim_{n\to\infty} L(f,P) = 0$

$\therefore \quad \int_a^{\bar{1}} f(x)dx \ne \int_0^b f(x)\,dx \Rightarrow f \notin R[0,1]$

18. माना $f(x) = \begin{cases} 0, & \text{यदि } x \text{ परिमेय है} \\ 1, & \text{यदि } x \text{ अपरिमेय है} \end{cases}$

तथा $g(x) = \begin{cases} 1, & \text{यदि } x \text{ परिमेय है} \\ 0, & \text{यदि } x \text{ अपरिमेय है} \end{cases}$

अतः f, g अन्तराल [0,1] पर R-समाकलनीय नहीं है।

परन्तु $f \cdot g = 0, \forall x \in [0,1]$ इस अन्तराल पर R-समाकलनीय है।

19. फलन $f(x)$, अन्तराल [0,1] में परिबद्ध है क्योंकि $0 \le f(x) \le 1, \forall x \in [0,1]$

माना अन्तराल [0,1] का एक विभाजन P है जिसके Pवें उप-अन्तराल $[x_{P-1}, x_P]$ में 1/2 है, तब $m_r = M_r = 1$, जब $r = 1,2,3,..,n, r \ne P$

$\therefore m_P = 0$ तथा $M_p = 1$

$$U(f,P) - L(f,P) = \sum_{r=1}^{n}(M_r - m_r)(x_r - x_{r-1}) + (M_P - m_p)(x_p - x_{p-1})$$

$$= \sum_{r=1}^{n}(1-1)(x_r - x_{r-1}) + (1-0)(x_p - x_{p-1}) = x_p - x_{p-1}$$

अब, $\varepsilon > 0$ के लिए हम अन्तराल [0,1] का ऐसा विभाजन P से ले सकते हैं कि $x_{p-1} < 1/2 < x_p$ तथा $x_p - x_{p-1} < \varepsilon$

$\therefore U(f,P) - L(f,P) < \varepsilon \Rightarrow f \in R[0,1]$

अब $\overline{\int_0^1} f(x)\,dx = \inf U(f,p)$

$$= \lim_{n\to\infty}\sum_{r=1}^{n} M_r(x_r - x_{r-1}) = \lim_{n\to\infty}\sum_{r=1}^{n} 1\cdot(x_r - x_{r-1})$$

$$= \lim_{n\to\infty}\sum_{r=1}^{n}(x_r - x_0) = 1 - 0 = 1$$

अतः $\int_0^1 f(x)\,dx = 1$

23. दिया है, $(x + x^2) - (x^2 + x^3) = x(1 - x^2)\begin{cases} > 0, & \text{यदि } 0 < x < 1 \\ < 0, & \text{यदि } 1 < x < 2 \end{cases}$

यदि अन्तराल [0,2] का P कोई विभाजन हो, तो P का प्रत्येक उप-अन्तराल में चाहे जितना छोटा क्यों न हो, परिमेय एवं अपरिमेय दोनों प्रकार की संख्याएँ होगी।

यदि rवें उप-अन्तराल का निम्न परिबद्ध m_r तथा उपरि-परिबद्ध M_r हो, तो $r = 1,2,...,n$ के लिए,

$$M_r = \begin{cases} x + x^2, & \text{यदि } 0 < x < 1 \\ x^2 + x^3, & \text{यदि } 1 < x < 2 \end{cases}$$

तथा $$m_r = \begin{cases} x^2 + x^3, & \text{यदि } 0 < x < 1 \\ x + x^2, & \text{यदि } 1 < x < 2 \end{cases}$$

अब, $\overline{\int_0^2} f(x) = \int_0^1 f(x)dx + \int_1^2 f(x)dx = \int_0^1 (x + x^2)dx + \int_1^2 (x^2 + x^3)dx$

$$= \left[\frac{x^2}{2} + \frac{x^3}{3}\right]_0^1 + \left[\frac{x^3}{3} + \frac{x^4}{4}\right]_1^2 = \frac{83}{12}$$

तथा $\underline{\int_0^2} f(x)\,dx = \int_0^1 f(x)\,dx + \int_1^2 f(x)\,dx$

$$= \int_0^1 (x^2 + x^3)\,dx + \int_0^2 (x + x^2)\,dx = \left[\frac{x^3}{3} + \frac{x^4}{4}\right]_0^1 + \left[\frac{x^2}{2} + \frac{x^3}{3}\right]_1^2 = \frac{53}{12}$$

26. यदि $f, g \in R[a,b] \Rightarrow f \cdot g \in R[a,b]$ पुनः $f(x) - g(x) \ge 0, \forall\, x \in R[a,b]$

अतः $\int_a^b f(x)\,dx - \int_a^b g(x)\,dx = \int_a^b [f(x) - g(x)]dx \ge 0$

$\Rightarrow$ $$\int_a^b f(x)\,dx \ge \int_a^b g(x)\,dxce$$

28. हमें ज्ञात है कि,

$$\int_0^\infty \sin x dx = \lim_{\varepsilon\to\infty}\int_0^\varepsilon \sin x dx = \lim_{\varepsilon\to\infty}(1 - \cos\varepsilon)$$

अनुपयुक्त समकलज का अस्तित्व नहीं है, क्योंकि $\cos\varepsilon$ की कोई सीमा नहीं है। $[\because \varepsilon \to \infty]$

29. $\because$ $$\int_{-\infty}^{\infty}\frac{dx}{(1+x^2)^2} = \int_{-\infty}^{0}\frac{dx}{(1+x^2)^2} + \int_0^\infty \frac{dx}{(1+x^2)^2}$$

$$= 2\int_0^\infty \frac{dx}{(1+x^2)^2}$$

$$= \lim_{\varepsilon\to\infty} 2\int_0^\varepsilon \frac{dx}{(1+x^2)^2}$$

$$= \lim_{\varepsilon\to\infty} 2\left[\tan^{-1}\varepsilon + \frac{\varepsilon}{1+\varepsilon^2}\right] = \frac{\pi}{2}$$

अतः इसका अस्तित्व $\frac{\pi}{2}$ के समान है।

32. चूँकि $|x^{e-x^2}\sin\alpha x| \le xe^{-x^2}$, समकलज का अवकलन करने पर,

$$f'(\alpha) = -\int_0^\infty xe^{-x^2}\sin\alpha x dx$$

समकलज करने पर,

$$f'(\alpha) = \left|\frac{1}{2}e^{-x^2}\sin\alpha x\right|_0^\infty - \frac{\alpha}{2}\int_0^\infty e^{-x^2}\cos\alpha x\,dx = -\frac{\alpha}{2}f(\alpha)$$

अतः $$\log f(\alpha) = -\frac{1}{4}\alpha^2 + C$$

$\Rightarrow$ $$f(\alpha) = Ce^{-\frac{1}{4}\alpha^2}$$

अब, $$f(0) = \int_0^\infty e^{-x^2}dx = \frac{\sqrt{\pi}}{2}$$

$\therefore$ $$C = f(0) = \frac{\sqrt{\pi}}{2}$$

अतः $$f(\alpha) = \frac{1}{2}\sqrt{\pi}e^{-\frac{1}{4}\alpha^2}$$

33. समकलज अनुपयुक्त है, यदि $m \ge 1$ और $n \ge 1$

यदि $m < 1$ है, तब शून्य पर अनिरन्तरता होगी, जबकि $n < 1$ है, तब 1 पर अनन्त अनिरन्तरता होगी।

माना $m < 1$ और $n < 1$

दो अनुपयुक्त समकलज के अभिमुख के आधार कोई अंक 0 और 1 के बीच या $\frac{1}{2}$ (माना) $\int_0^{1/2} x^{m-1}(1-x)^{n-1}dx$ और $\int_{1/2}^1 x^{m-1}(1-x)^{n-1}dx$

क्रमशः 0 और 1 हैं तथा शून्य पर अभिमुख

$$f(x) = x^{m-1}(1-x)^{n-1} = \frac{(1-x)^{n-1}}{x^{1-m}},$$

माना $\phi(x) = \frac{1}{x^{1-m}}$, इस प्रकार, $\frac{f(x)}{\phi(x)} \to 1$ जब $x \to 0$

अतः $$\int_0^{1/2}\phi(x)\,dx = \int_0^{1/2}\frac{1}{x^{1-m}}dx$$

शून्य पर अभिमुख होगा, यदि और केवल यदि

$$1 - m < 1 \Leftrightarrow 0 < m$$

$\Rightarrow$ $$\int_0^{1/2} x^{m-1}(1-x)^{n-1}dx$$ $[\because m > 0]$

1 पर अभिमुख है, तो हमें ज्ञात है कि,

$$f'(x) = x^{m-1}(1-x)^{n-1} = \frac{x^{m-1}}{(1-x)^{1-n}}$$

माना $\phi(x) = \frac{1}{(1-x)^{1-n}}$ इसी प्रकार, $\frac{f(x)}{\phi(x)} \to 1$ जब $x \to 1$

अतः $\int_{1/2}^{1} \phi(x)\,dx = \int_{1/2}^{1} \frac{1}{(1-x)^{1-n}}dx$

अभिमुख है, यदि और केवल यदि

$1 - n < 1 \Leftrightarrow 0 < n \quad \Rightarrow \quad \int_{1/2}^{1} x^{m-1}(1-x)^{n-1}dx$

अभिमुख है, यदि और केवल यदि $n > 0$

इसी प्रकार, $\int_0^1 x^{m-1}(1-x)^{n-1}dx$

केवल m तथा n के धनात्मक मानों के लिए अस्तित्व रखता है।

34. माना $f(x) = \frac{\sin(1/x)}{\sqrt{x}}$ शून्य का निकटस्थ न होने के कारण $f(x)$ का चिह्न नहीं बदल सकता है।

अब, $\forall\ x \in (0, 1)$, हमें ज्ञात है $\left|\frac{\sin\frac{1}{x}}{\sqrt{x}}\right| = \frac{\left|\sin\frac{1}{x}\right|}{\sqrt{x}} \le \frac{1}{\sqrt{x}}$

पुनः $\int_0^1 \frac{1}{\sqrt{x}}dx$ अभिमुख है और $\int_0^1 \left|\frac{\sin\frac{1}{x}}{\sqrt{x}}\right| dx$ अभिमुख है।

अतः $\int_0^1 \frac{\sin\frac{1}{x}}{\sqrt{x}}dx$ भी अभिमुख होगा।

35. (a) हमें ज्ञात है कि $\int_0^\infty e^{-x}dx = \lim_{x\to\infty}\int_0^x e^{-x}dx = \lim_{x\to\infty}(1 - e^x) = 1$

इस प्रकार, दिया गया समकलज अभिमुख है।

(b) हमें ज्ञात है कि

$\int_{-\infty}^0 e^{-x}dx = \lim_{x\to-\infty}\int_x^0 e^x dx = \lim_{x\to-\infty}(1 - e^x) = 1$

इस प्रकार, दिया गया समकलज अभिमुख है।

(c) हमें ज्ञात है कि $\int_0^\infty e^{-x^2}\,dx$

अतः $\lim_{x\to\infty} x^2 e^{-x^2} = \lim_{x\to\infty}\frac{x^2}{e^{x^2}} = \lim_{x\to\infty}\frac{x^2}{1 + x^2 + (x^2)^2/2! + \ldots} = 0$

अतः दिया गया समकलज अभिमुख है।

36. माना $f(x) = x^m \operatorname{cosec}^n x$

$$= \frac{x^m}{(\sin x)^n} = \left(\frac{x}{\sin x}\right)^n \cdot x^{m-n}$$

$$= \left(\frac{x}{\sin x}\right)^n \frac{1}{x^{n-m}}$$

यहाँ, $\lim_{x\to 0} f(x) = \begin{cases} 0, \text{ यदि } m - n > 0 \\ 1, \text{ यदि } m - n = 0 \\ \infty, \text{ यदि } m - n < 0 \end{cases}$

इस प्रकार, $\int_0^{\pi/2} f(x)dx$ उपयुक्त समकलज है, यदि $(m-n) \ge 0$ और अनुपयुक्त समकलज है, यदि $(m-n) < 0$, अतः अनन्त समकलज की निरन्तरता में 0 केवल इस परिस्थिति को पूर्ण करता है।

माना $(m-n) < 0 \;\Leftrightarrow (n-m) > 0$

यदि $\phi(x) = \frac{1}{x^{n-m}}$, तब $\frac{f(x)}{\phi(x)} \to 1$ जब $x \to 0$

पुनः $\int_0^{\pi/2} \phi(x)dx = \int_0^{\pi/2}\frac{1}{x^{n-m}}dx$ अभिमुख है, यदि $(n-m) < 1$

$\Leftrightarrow \quad n < (m+1)$

इस प्रकार, समकलज $\int_0^{\pi/2} f(x)\,dx$ अभिमुख है, यदि $n < (m+1)$ हो, तब इसके अतिरिक्त $n \le m$ की परिस्थिति में भी समकलज उपयुक्त होगा।

46. $\because \int_0^\infty \frac{x^{2m}}{1+x^{2n}}dx = \int_0^a \frac{x^{2m}}{1+x^{2n}}dx + \int_a^\infty \frac{x^{2m}}{1+x^{2n}}dx \; (a > 0)$

अतः $\int_0^a \frac{x^{2m}}{1+x^{2n}}dx =$ एक उपयुक्त समकलज है, तो निम्न समकलज अपसारी व अभिसारी दोनों होंगे।

इसी प्रकार, $\int_a^\infty \frac{x^{2m}}{1+x^{2n}}dx$, भी अपसारी व अभिसारी दोनों होंगे

अब, $\int_a^\infty \frac{x^{2m}}{1+x^{2n}}dx$

माना $u = 2n - 2m$

तब, $\lim_{x\to\infty} x^u f(x) = \lim_{x\to\infty} x^{2n-2m}\frac{x^{2m}}{1+x^{2n}} = \lim_{x\to\infty}\frac{x^{2n}}{1+x^{2n}} = 1$

चूँकि m और n धनात्मक पूर्णांक हैं, तब $u > 1$, यदि $n > m$ तथा $u < 1$, यदि $n \le m$

49. चूँकि $x = 0$ पर समकलज सीमाबद्ध नहीं है।

अतः $f(x) = \frac{1}{x^2(1+x)^2}$

माना $g(x) = \frac{1}{x^2}$ तब, $\lim_{x\to 0}\frac{f(x)}{g(x)} = \lim_{x\to 0}\frac{x^2}{x^2(1+x)^2} = 1$

$\int_0^1 f(x)\,dx$ तथा $\int_0^1 g(x)\,dx$ दोनों अभिसारी तथा अपसारी होंगे

लेकिन $\int_0^1 \frac{dx}{x^2}$ अपसारी होगा।

$\because \quad P = 2 > 1$

तब, यह समकलज अपसारी होगा।

52. e^{-x} का फोरियर ज्या रूपान्तरण

$$= \sqrt{\frac{2}{\pi}}\int_0^\infty e^{-x}\sin\omega x\,dx$$

$$= \sqrt{\frac{2}{\pi}} \times \frac{e^{-x}}{1+\omega^2}[-\sin\omega x - \omega\cos\omega x]_0^\infty$$

$$= -\sqrt{\frac{2}{\pi}} \times \frac{e^{-x}}{1+\omega^2}[\sin\omega x + \omega\cos\omega x]_0^\infty$$

$$= \sqrt{\frac{2}{\pi}}\left[\frac{1}{1+\omega^2} \times \omega\right] = \sqrt{\frac{2}{\pi}}\left[\frac{\omega}{1+\omega^2}\right]$$

53. $f(x) = e^{-x} + 2e^{-2x}$ का फोरियर कोज्या रूपान्तरण

$$= \sqrt{\frac{2}{\pi}} \times \frac{1}{1+\omega^2} + 2\left[\sqrt{\frac{2}{\pi}} \times \frac{2}{4+\omega^2}\right]$$

$$= \sqrt{\frac{2}{\pi}}\left[\frac{1}{1+\omega^2} + \frac{4}{4+\omega^2}\right]$$

54. $f(x) = \frac{1}{x}$ का फोरियर ज्या रूपान्तरण

$$= \sqrt{\frac{2}{\pi}}\int_0^\infty \frac{1}{x}\sin sx\,dx$$

$$= \sqrt{\frac{2}{\pi}}\int_0^\infty \frac{\sin\theta}{\frac{\theta}{s}}\frac{d\theta}{s}$$

$sx = \theta$ रखने पर, $sdx = d\theta$

$$= \sqrt{\frac{2}{\pi}}\int_0^\infty \frac{\sin\theta}{\theta}d\theta = \sqrt{\frac{2}{\pi}}\left(\frac{\pi}{2}\right) = \sqrt{\frac{\pi}{2}}$$

65. $f(x) = x^2$ का सीमित फोरियर कोज्या रूपान्तरण

$$= \int_0^4 (x^2)\frac{\cos s\pi x}{4}dx$$

$$= \left[(x^2)\left(\frac{\sin\frac{s\pi x}{4}}{\frac{s\pi}{4}}\right) - (2x)\left(\frac{-\cos\frac{s\pi x}{4}}{\frac{s^2\pi^2}{4^2}}\right) + (2)\left(\frac{\sin\frac{s\pi x}{4}}{\frac{s^3\pi^3}{4^3}}\right)\right]_0^1$$

$$= \frac{2\cdot(4)^3}{s^2\pi^2}\cos s\pi, \text{ यदि } s \neq 0 \Rightarrow = \frac{128}{\pi^2 s^2}\cos s\pi$$

66. फोरियर कोज्या सूत्र से,

$$f(x) = \frac{2}{\pi}\int_0^\infty\int_0^\infty f(t)\cos st\cdot\cos sx\,ds\,dt$$

$f(x) = e^{-x}\cos x$ लेने पर,

$$e^{-x}\cos x = \frac{2}{\pi}\int_0^\infty \cos sx\left\{\int_0^\infty e^{-t}\cos t\,\cos st\,dt\right\}ds$$

$$= \frac{2}{\pi}\int_0^\infty \cos sx\left\{\frac{1}{2}\int_0^\infty e^{-t}[\cos(s+1)t + \cos(s-1)t]dt\right\}ds$$

$$= \frac{1}{\pi}\int_0^\infty \cos sx\left[\begin{array}{l}\frac{e^{-t}}{1+(s+1)^2}\{-\cos(s+1)t + (s+1)\sin(s+1)t\} \\ + \frac{e^{-t}}{1+(s-1)^2}\{-\cos(s+1)t + (s-1)\sin(s-1)t\}_0^\infty ds\end{array}\right]_0^\infty ds$$

$$= \frac{1}{\pi}\int_0^\infty\left[\cos sx\frac{1}{1+(s+1)^2}\{-1\} + \frac{-1}{1+(s-1)^2}\{-1\}\right]ds$$

$$= \frac{1}{\pi}\int_0^\infty\left\{\frac{1}{(s+1)^2+1} + \frac{1}{(s-1)^2+1}\right\}\cos sx\,ds$$

$$= \frac{1}{\pi}\int_0^\infty\left(\frac{1}{s^2+2s+2} + \frac{1}{s^2-2s+2}\right)\cos sx\,ds$$

$$= \frac{1}{\pi}\int_0^\infty \frac{2(s^2+2)}{(s^2+2)^2-4s^2}\cos sx\,ds$$

$$= \frac{1}{\pi}\int_0^\infty \frac{2(s^2+2)}{s^4+4}\cos sx\,ds$$

69. ज्या रूपान्तरण से,

$$\bar{F}_s(s) = \sqrt{\frac{2}{\pi}}\int_0^\infty f(t)\sin st\,dt$$

$$= \sqrt{\frac{2}{\pi}}\int_0^a 1\cdot\sin st\,dt = \sqrt{\frac{2}{\pi}}\left(\frac{-\cos st}{s}\right)_0^a$$

$$= \sqrt{\frac{2}{\pi}}\frac{1}{s}(1-\cos as) = \sqrt{\frac{2}{\pi}}\left(\frac{1-\cos as}{s}\right)$$

73. $\because \frac{\partial^2 u}{\partial t^2} = c^2\frac{\partial^2 u}{\partial x^2}$

फोरियर रूपान्तरण दोनों ओर लेने पर,

$$F\left\{\frac{\partial^2 u}{\partial t^2}; x\to s\right\} = c^2 F\left\{\frac{\partial^2 u}{\partial x^2}; x\to s\right\}$$

$$\frac{d^2\bar{u}}{dt^2} = -c^2s^2\bar{u} \text{ तथा } \frac{d^2\bar{u}}{dt^2} + c^2s^2\bar{u} = 0$$

हल करने पर प्राप्त होता है,

$$\bar{u}(s,t) = A\cos cst + B\sin cst \quad \ldots(i)$$

$$u(x,0) = f(x) \Rightarrow \bar{u}(s,0) = \bar{F}(s) \quad \ldots(ii)$$

$$\therefore \quad u(x,0) = \frac{\partial u(x,0)}{\partial t} = 0 = \frac{\partial\bar{u}(s,0)}{\partial t} = 0 \quad \ldots(iii)$$

समी (ii) से समी (i) में प्रयोग करने पर,

$$A = \bar{F}(s)$$

अवकलन करने पर,

$$\frac{\partial\bar{u}(s,t)}{\partial t} = -Acs\sin cst + Bcs\cos cst$$

$\Rightarrow \quad 0 = Bcs$ [समी (iii) से]

$\therefore \quad B = 0$

$$\bar{U}(s,t) = \bar{F}(s)\cos cst$$

75. माना $f(x) = e^{-ax}$ तथा $g(x) = e^{-bx}$

$$\bar{F}_c(s) = \sqrt{\frac{2}{\pi}}\frac{a}{a^2+s^2} \text{ तथा } \bar{G}_c(s) = \sqrt{\frac{2}{\pi}}\frac{b}{b^2+s^2}$$

पार्सेक्ल सर्वसमिका द्वारा,

$$\int_0^\infty \bar{F}_c(S)\bar{G}_c(s)ds = \int_0^\infty f(x)g(x)dx$$

$$= \int_0^\infty\left(\sqrt{\frac{2}{\pi}}\frac{a}{a^2+s^2}\right)\cdot\left(\sqrt{\frac{2}{\pi}}\frac{b}{b^2+s^2}\right)ds$$

$$= \int_0^\infty e^{-ax}\cdot e^{-bx}dx$$

अथवा $$\frac{2ab}{\pi}\int_0^\infty \frac{ds}{(a^2+s^2)(b^2+s^2)} = \int_0^\infty e^{-(a+b)x}dx$$

$$= \left[\frac{e^{-(a+b)x}}{-(a+b)}\right]_0^\infty = \frac{1}{a+b}$$

$$= \int_0^\infty \frac{dt}{(a^2+t^2)(b^2+t^2)} = \frac{\pi}{2ab(a+b)}$$

अध्याय 33

सम्मिश्र विश्लेषण
Complex Analysis

सम्मिश्र संख्याएँ Complex Numbers

यदि x तथा y वास्तविक संख्याएँ हों, तब $x+iy$ के रूप की संख्याएँ, सम्मिश्र संख्याएँ कहलाती है तथा इन्हें $z=x+iy$ से निरूपित करते हैं, जहाँ i, अयोटा (Iota) है।

सामान्यतः सम्मिश्र संख्या को z से तथा इसके समुच्चय को C से निरूपित करते हैं।

$$\therefore \quad C=\{x+iy : x, y \in R, i=\sqrt{-1}\}$$

जैसे— $7+2i$, $0+i$ तथा $1+0i$ इत्यादि सम्मिश्र संख्याएँ हैं।

सम्मिश्र संख्याओं का बीजगणित
Algebraic of Complex Numbers

दो सम्मिश्र संख्याओं का योग, अन्तर, गुणनफल व भागफल भी एक सम्मिश्र संख्या होगी।

माना z_1 और z_2 दो सम्मिश्र संख्याएँ हैं, जब

$$z_1+z_2, z_1-z_2, z_1\cdot z_2, \frac{z_1}{z_2}; (z_2 \neq 0)$$

सम्मिश्र संख्याओं का संयुग्मी
Conjugate of Complex Numbers

माना $z=x+iy$ एक सम्मिश्र संख्या है, तब z के संयुग्मी को $\bar{z}$ से निरूपित करते हैं तथा यह $x-iy$ के बराबर होगा। इसी प्रकार, $\bar{z}=x-iy$

उपरोक्त परिभाषा से स्पष्ट है कि सम्मिश्र संख्याओं के संयुग्मी को i के स्थान पर $-i$ द्वारा प्रतिस्थापित करके प्राप्त किया जा सकता है।

सम्मिश्र संख्याओं के संयुग्मी के गुण
Properties of Conjugate of Complex Numbers

माना z, z_1 तथा z_2 क्रमशः सम्मिश्र संख्याएँ हैं, तब

(i) $\overline{(\bar{z})}=z$

(ii) $z+\bar{z}=2\text{Re}(z)$

(iii) $z-\bar{z}=2\text{Im}(z)$

(iv) $z=\bar{z} \Rightarrow z$ पूर्णतः वास्तविक है।

(v) $z=-\bar{z} \Rightarrow z$ पूर्णतः काल्पनिक है।

(vi) $z\bar{z}=\{\text{Re}(z)\}^2+\{\text{Im}(z)\}^2$

(vii) $\overline{\left(\frac{z_1}{z_2}\right)}=\frac{\bar{z}_1}{\bar{z}_2}, \bar{z}_2 \neq 0$

सम्मिश्र संख्याओं का मापांक
Modulus of Complex Numbers

$z=x+iy$ का मापांक, $|z|=|x+iy|=\sqrt{x^2+y^2}$

सम्मिश्र संख्याओं के मापांक के गुण
Properties of Modulus of Complex Numbers

(i) $|z_1z_2|=|z_1||z_2|$

(ii) $|z^n|=|z|^n$

(iii) $|z|=|-z|=|\bar{z}|=|-\bar{z}|$

(iv) $\left|\frac{z_1}{z_2}\right|=\frac{|z_1|}{|z_2|}, z_2 \neq 0$

(v) $z\bar{z}=|z|^2$

(vi) $||z_1|-|z_2|| \leq |z_1 \pm z_2| \leq |z_1|+|z_2|$

सम्मिश्र संख्याओं का कोणांक
Argument of Complex Numbers

माना $z=x+iy$ एक सम्मिश्र संख्या है, तब z के कोणांक को $\arg(z)$ या $\text{amp}(z)$ से निरूपित करते हैं

अर्थात् $\arg(z)=\tan^{-1}\left|\frac{y}{x}\right|$

सम्मिश्र संख्याओं के कोणांक के गुण
Properties of Argument of Complex Numbers

(i) $\arg(z_1z_2)=\arg(z_1)+\arg(z_2)$

(ii) $\arg(z^n)=n(\arg z)$

(iii) $\arg\left(\frac{z_1}{z_2}\right) = \arg(z_1) - \arg(z_2)$

(iv) $\arg(\bar{z}) = -\arg(z)$

(v) $\arg(0)$ परिभाषित नहीं है।

सम्मिश्र तल Complex Plane

प्रत्येक सम्मिश्र संख्या $z = x + iy$, यहाँ पर एक अद्वितीय बिन्दु $P(x, y)$, XY-तल पर, जिसको सम्मिश्र तल या आर्गेण्ड तल कहते हैं। X-अक्ष वास्तविक अक्ष और Y-अक्ष काल्पनिक अक्ष कहलाता है।

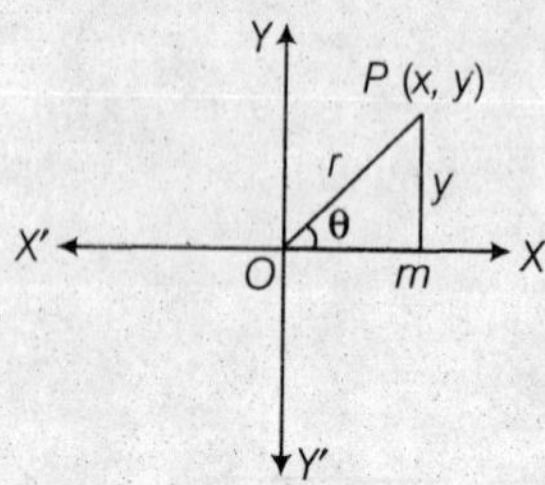

उपरोक्त चित्र से,

(i) $|z| = OP = r = \sqrt{x^2 + y^2}$

(ii) $\arg(z) = \theta$

(iii) ध्रुवीय रूप, $z = r(\cos\theta + i\sin\theta)$

स्टिरियोग्राफिक प्रक्षेप Sterographic Projection

माना गोला $S = \{(x, y, z) : x^2 + y^2 + \left(z - \frac{1}{z}\right)^2 = \frac{1}{4}\}$

तथा $T = S \approx \{0, 0, 1\} \Rightarrow T \approx S$

लेकिन $T \approx C$ रेखा PN और गोले का प्रतिच्छेदन बिन्दु है, जोकि एक अद्वितीय है।

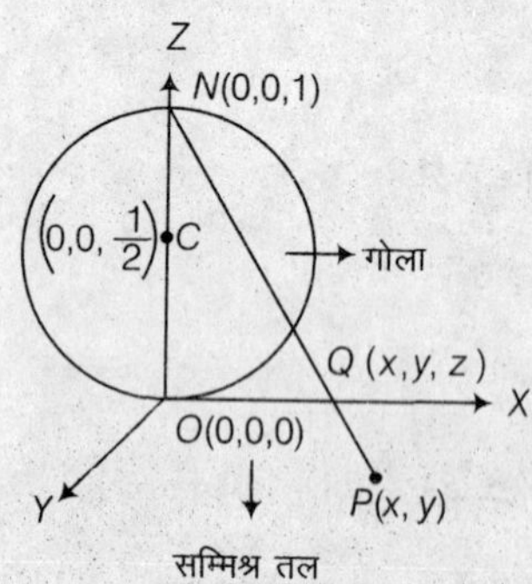

$$X = \frac{x}{1 + x^2 + y^2} = \frac{z + \bar{z}}{2(1 + |z|^2)},$$

$$Y = \frac{y}{1 + x^2 + y^2} = \frac{z - \bar{z}}{2i(1 + |z|^2)}$$

और $$Z = \frac{x^2 + y^2}{1 + x^2 + y^2} = \frac{|z|^2}{1 + |z|^2}$$

निम्न सम्बन्ध, जो गोले में स्टिरियोग्राफिक प्रक्षेप को परिभाषित करता है, है

$$x = \frac{X}{1 - Z} \text{ तथा } y = \frac{Y}{1 - Z}$$

नोट एक त्रिविम प्रक्षेप, वृत्तों को वृत्तों में या सरल रेखाओं में प्रक्षेप करता है।

डिमॉयवर प्रमेय De-Moivre's Theorem

(i) यदि n एक धनात्मक पूर्णांक है, तब

$$(\cos\theta + i\sin\theta)^n = \cos n\theta + i\sin n\theta$$

(ii) यदि n एक परिमेय संख्या है, तब

$$(\cos\theta + i\sin\theta)^n = \cos n\theta + i\sin n\theta$$

सम्मिश्र संख्याओं की ज्यामिति Geometry of Complex Numbers

(i) z_1 और z_2 के बीच की दूरी $= |z_1 - z_2|$

(ii) यदि z, रेखाखण्ड z_1 तथा z_2 को $m_1 : m_2$ में विभाजित करता है, तब

$$z = \frac{m_1 z_2 + m_2 z_1}{m_1 + m_2} \quad \text{[अन्त: विभाजन]}$$

(iii) $\arg\left(\frac{z_3 - z_1}{z_2 - z_1}\right) = \theta \Rightarrow \frac{z_3 - z_1}{z_2 - z_1} = \left|\frac{z_3 - z_1}{z_2 - z_1}\right| e^{i\theta}$

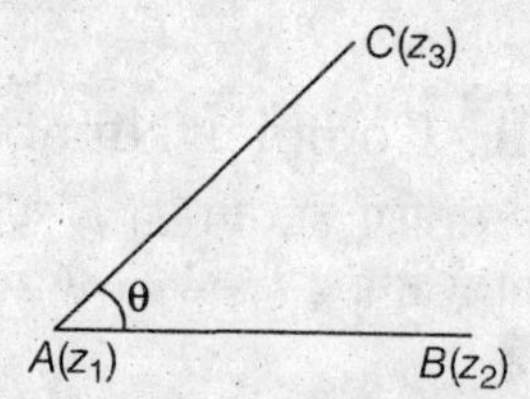

(iv) $\bar{a}z + a\bar{z} = \lambda$ एक सरल रेखा का समीकरण है।

(v) $|z - z_0| = r$ एक वृत्त का समीकरण नहीं है परन्तु C_0 केन्द्र और त्रिज्या r है।

(vi) $z\bar{z} + a\bar{z} + \lambda = 0$ एक वृत्त को निरूपित करता है जिसका केन्द्र $-a$ और त्रिज्या $\sqrt{|a|^2 - \lambda}$ है।

(vii) $|z - z_1| + |z - z_2| = k$, जहाँ $k > |z_1 - z_2|$ एक दीर्घवृत्त को निरूपित करता है।

(viii) $|z - z_1| - |z - z_2| = k$, जहाँ $k < |z_1 - z_2|$ एक अतिपरवलय को निरूपित करता है।

घातांकीय श्रेणी Power Series

$$\sum_{n=0}^{\infty} a_n (z - z_0)^n = a_0 + a_1(z - z_0) + a_2(z - z_0{}^2) + \ldots + a_n(z - z_0)^n + \ldots + 0$$

जहाँ, $z_0, a_0, a_1, a_2, \ldots, a_n$ सम्मिश्र अचर हैं।

$$\sum_{n=0}^{\infty} a_n z^n = a_0 + a_1 z + a_2 z^2 + \ldots + a_n z^n + \ldots$$

घात श्रेणी के अभिसरण का वृत्त एवं त्रिज्या Circle and Radius of Convergence of Power Series

वृत्त $|z| = R$, घात श्रेणी $\Sigma a_n z^h$ का अभिसरण वृत्त कहलाता है, यदि इसके भीतरी भाग $|z| < R$ में z के समस्त मान विद्यमान हैं जिनके लिए घात श्रेणी अभिसारी है तथा त्रिज्या R को इस वृत्त की अभिसारी त्रिज्या कहते हैं।

यदि घात श्रेणी $\Sigma a_n z^n$ की अभिसारी त्रिज्या R हो, तो

$$\frac{1}{R} = \lim_{n \to \infty} \text{Sup} |a_n|^{1/n}$$

इसे अभिसारी त्रिज्या के लिए हाडामार्ड सूत्र कहते हैं।

सम्मिश्र फलन Complex Function

$f(z)$ एक सम्मिश्र चर (z) का फलन है तथा इसे w से प्रदर्शित करते हैं। $w = f(z) = u + iv$, जहाँ u और v, x और y में वास्तविक फलन हैं।

चरघातांकीय फलन Exponential Function

$\exp(z)$ अथवा $e^z = 1 + \frac{z}{1!} + \frac{z^2}{2!} + \ldots + \frac{z^n}{n!} + \ldots \infty$

चरघातांकीय फलन के गुण Properties of Exponential Function

(i) $e^z = e^{x+iy} = e^x \cdot e^{iy} = e^x(\cos y + i \sin y)$

$\Rightarrow |e^z| = |e^x| = e^x$ तथा $\arg(e^z) = y$ $\quad [\because e^x > 0]$

(ii) $e^{\bar{z}} = \overline{(e^z)}$

(iii) e^z एक आवर्ती फलन है, जिसका काल्पनिक आवर्त $2\pi i$ है।

त्रिकोणमितीय फलन Trigonometric Functions

(i) $\cos z = \frac{e^{iz} + e^{-iz}}{2}$ (ii) $\sin z = \frac{e^{iz} - e^{-iz}}{2i}$

(iii) $\sin^2 z + \cos^2 z = 1$

(iv) $\sin(z_1 + z_2) = \sin z_1 \cos z_2 + \cos z_1 \sin z_2$

अतिपरवलयी फलन Hyperbolic Functions

(i) $\cosh z = \frac{e^z + e^{-z}}{2}$ (ii) $\sinh z = \frac{e^z - e^{-z}}{2}$

अतिपरवलयी फलन के कुछ महत्त्वपूर्ण परिणाम Some Important Results of Hyperbolic Functions

(i) $\cosh^2 z - \sinh^2 z = 1$, $\text{sech}^2 z + \tanh^2 z = 1$, $\cot h^2 z - \text{cosech}^2 z = 1$

(ii) $\sinh(z_1 \pm z_2) = \sinh z_1 \cosh z_2 \pm \cosh z_1 \sinh z_2$

$\cosh(z_1 \pm z_2) = \cosh z_1 \cosh z_2 \pm \sinh z_1 \sinh z_2$

$\tanh(z_1 \pm z_2) = \frac{\tanh z_1 \pm \tanh z_2}{1 \pm \tanh z_1 \tanh z_2}$

(iii) $\sinh(2z) = 2\sinh z \cosh z = \frac{2\tanh z}{1 - \tanh^2 z}$

$\cosh(2z) = \cosh^2 z + \sinh^2 z = 2\cosh^2 z - 1$

$= 1 + 2\sinh^2 z = \frac{1 + \tanh^2 z}{1 - \tanh^2 z}$

$\tanh(2z) = \frac{2\tanh z}{1 + \tanh^2 z}$

व्युत्क्रमणीय अतिपरवलयी फलन Inverse Hyperbolic Functions

यदि $\sinh w = z$ है, तब $w = \sin^{-1} h z$

(i) $\sinh^{-1} z = \log[z + \sqrt{z^2 + 1}]$

(ii) $\cosh^{-1} z = \log[|z| + \sqrt{z^2 - 1}]$

(iii) $\tanh^1 z = \frac{1}{2}\log\frac{1+z}{1-z}$

लघुगणकीय फलन Logarithmic Functions

यदि $e^w = z$, तब $w = \log_e z$

जहाँ, $z = x + iy$ तथा $w = u + iv$

चूँकि $e^w = e^{w + 2n\pi i} = z \Rightarrow \log z = w + 2n\pi i$

$\log z$ के लिए सूत्र Formula for $\log z$

माना $z = x + iy$, तब

$$\log_e z = \log_e(x + iy) = \log_e(re^{i\theta})$$

$$= \log_e r + \log_e e^{i\theta} = \log_e \sqrt{x^2 + y^2} + i\theta$$

$$= \frac{1}{2}\log_e(x^2 + y^2) + i \tan^{-1}\left(\frac{y}{x}\right)$$

$x = 0$ तथा $y = 1$ रखने पर,

$$\log_e i = \frac{1}{2}\log_e 1 + i \tan^{-1}\infty = 0 + i\frac{\pi}{2} \Rightarrow \log_e i = i\frac{\pi}{2}$$

विश्लेषणात्मक फलन Analytic Function

माना $f(z)$ एकल मान्य फलन है, जो प्रान्त D पर परिभाषित है तथा प्रान्त D के सभी बिन्दुओं पर अवकलनीय है, तब $f(z)$ को विश्लेषणात्मक फलन कहते हैं।

विश्लेषणात्मक फलनों के गुण Properties of Analytic Functions

यदि $f(z)$ और $g(z)$ दो विश्लेषणात्मक फलन प्रान्त D में हैं, तब

(i) $f(z) \pm g(z)$

(ii) $f(z) \cdot g(z)$

(iii) $\frac{f(z)}{g(z)}, g(z) \neq 0$

(iv) $kf(z)$, जहाँ k एक अचर है।

कोच्चि-राइमन समीकरण Cauchy-Riemann Equation

यदि फलन $f(z) = u(x, y) + iv(x, y)$ बिन्दु $z = x + iy$ पर अवकलनीय है, तब आंशिक अवकलन $\frac{\partial u}{\partial x}, \frac{\partial v}{\partial x}, \frac{\partial u}{\partial y}, \frac{\partial v}{\partial y}$ अस्तित्व में होंगे तथा निम्नलिखित समीकरण को सन्तुष्ट करेंगे

$$\frac{\partial u}{\partial x} = \frac{\partial x}{\partial y} \quad \ldots(i)$$

तथा

$$\frac{\partial u}{\partial y} = -\frac{\partial v}{\partial x} \quad \ldots(ii)$$

यह $f(z)$ के विश्लेषणात्मक फलन होने की आवश्यक शर्त है।

समी (i) व (ii) को कोच्चि-राइमन समीकरण कहते हैं।

ध्रुवीय रूप Polar Form

यदि $f(z) = u(x, y) + iv(x, y)$, जहाँ $x = r\cos\theta$ तथा $y = r\sin\theta$

तब, $x^2 + y^2 = r^2$ तथा $\theta = \tan^{-1}\frac{y}{x}$

$\therefore \quad \frac{\partial u}{\partial r} = \frac{1}{r} \cdot \frac{\partial v}{\partial \theta}$ ...(i)

तथा $\frac{\partial u}{\partial \theta} = -r \frac{\partial v}{\partial r}$ ...(ii)

समी (i) तथा (ii) ध्रुवीय रूप में कोच्चि-राइमन समीकरण है।

$f(z)$ का अवकलज ध्रुवीय रूप में Derivative of $f(z)$ in Polar Form

यदि $f(z) = u(x, y) + iv(x, y)$,

जहाँ, $x = r\cos\theta$ तथा $y = r\sin\theta$

तब, $x^2 + y^2 = r^2$ तथा $\theta = \tan^{-1}\frac{y}{x}$

$$\therefore \quad f'(z) = (\cos\theta - i\sin\theta)\left(\frac{\partial u}{\partial r} + \frac{\partial v}{\partial r}\right) = e^{-i\theta}\left(\frac{\partial f}{\partial r}\right)$$

प्रसंवादी फलन Harmonic Function

किसी प्रदेश D में परिभाषित वास्तविक मान फलन $u(x, y)$ प्रसंवादी फलन कहलाता है यदि वह एवं उसके प्रथम दो कोटियों के आंशिक अवकलज सतत् हो और लाप्लास समीकरण $\frac{\partial^2 v}{\partial x^2} + \frac{\partial^2 u}{\partial y^2} = 0$ को प्रदेश D के प्रत्येक बिन्दु पर सन्तुष्ट करता हो।

सीमा Limit

कोई अचर राशि k, $z = a$ पर फलन $f(z)$ की सीमा कहलाती है, यदि किसी स्वेच्छ धनात्मक संख्या ε, जो चाहे जितनी छोटी हो, के लिए कोई संख्या $\delta > 0$ इस प्रकार हो कि $f(z)$ व k का अन्तर संख्यात्मक रूप से ε से छोटा हो।

अर्थात् $|f(z) - k| < \varepsilon$, जबकि $0 < |x - a| < \delta$ $\quad [\because \lim_{x\to a} f(x) = l]$

सततता Continuity

एक फलन $f(z)$ अपने प्रान्त D के बिन्दु a पर सतत् फलन कहलाता है, यदि D में बिन्दुओं का प्रत्येक अनुक्रम $< a_n >$, a की ओर अभिसृत होता है, तब अनुक्रम $< a_n >, f(a)$ की ओर अभिसृत होता है अर्थात् $\lim a_n = a$

प्रतिचित्रण Mapping

माना $w = f(z) = u + iv$ एक सम्मिश्र मान का फलन है। जहाँ, z एक सम्मिश्र चर है तथा $z = x + iy$, $u = u(x, y)$ तथा $v = v(x, y)$, तब हम बिन्दु (u, v) तथा (x, y) के w तल में कुछ संगतता पाते हैं।

यदि f के प्रान्त D में z-समतल के प्रत्येक बिन्दु के संगत w-समतल में एक बिन्दु (u, v) विद्यमान होगा। z-समतल एवं w-समतल के बिन्दुओं के मध्य परिभाषित संगति को प्रतिचित्रण या रूपान्तरण कहते हैं तथा इन दो समतलों में संगत बिन्दुओं के समुच्चय को एक - दूसरे का प्रतिबिम्ब (Image) कहते हैं।

कन्फॉर्मल प्रतिचित्रण Conformal Mapping

माना रूपान्तरण $u = u(x, y)$ तथा $v = v(x, y)$ के अन्तर्गत बिन्दु z तल के बिन्दु $P(x_0, y_0)$ का प्रतिचित्रण w तल का बिन्दु $P'(u_0, v_0)$ है तथा वक्र C_1 तथा C_2 का प्रतिच्छेद करते हैं। बिन्दु $P(x_0, y_0)$ पर यह बिन्दु $P(x_0, y_0)$ का प्रतिचित्रण बिन्दु $P'(u_0, v_0)$ है। जोकि वक्र Γ_1 तथा Γ_2 का प्रतिच्छेद बिन्दु है, तब बिन्दु (x_0, y_0) के रूपान्तरण को कन्फॉर्मल कहेंगे, यदि वक्र C_1 तथा C_2 के बीच का कोण बिन्दु (x_0, y_0) पर परिणाम तथा दिशा में वक्र Γ_1 तथा Γ_2 के बीच के कोण बिन्दु (u_0, v_0) के बराबर हैं।

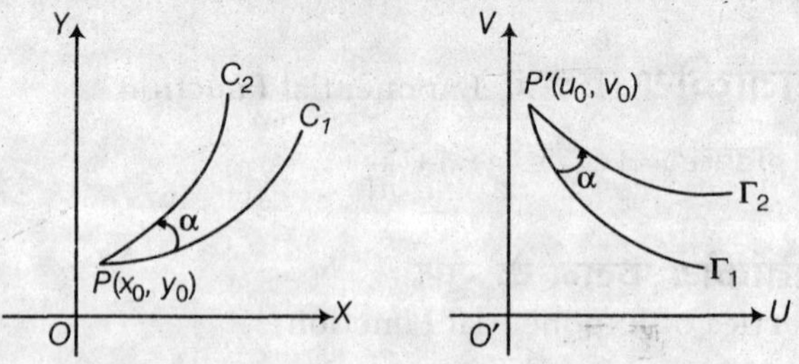

रैखिक रूपान्तरण Linear Transformation

माना $w = \alpha z + \beta$ के प्रकार का एक रूपान्तरण जहाँ α तथा β सम्मिश्र अचर हैं, को रैखिक रूपान्तरण कहते हैं। यह रूपान्तरण, आवर्धन, घूर्णन तथा विस्थापन का परिणामी है।

$$w = \xi + \beta,\ \xi = e^{i\lambda}\tau,\ \tau = a_2 \text{ जहाँ } \alpha = ae^{i\lambda}$$

लिखने पर यह प्रतीत होता है कि आवर्धन, घूर्णन तथा स्थानान्तरण का परिणामी रूपान्तरण है।

मोबिअस रूपान्तरण Mobious Transformation

रूपान्तरण T निम्नलिखित रूप से परिभाषित है

$$w = T(z) = \frac{az + b}{cz + d} \quad \text{...(i)}$$

जहाँ, a, b, c और d सम्मिश्र अचर हैं तथा $ad - bc \neq 0$ को मोबिअस या द्विरेखीय रूपान्तरण कहते हैं।

द्विरेखीय रूपान्तरण का गुणनफल Multiplication of Bilinear Transformation

माना दो द्विरेखीय रूपान्तरण T_1 तथा T_2 इस प्रकार परिभाषित हैं कि

$$T_1(z) = \frac{a_1 z + b_1}{c_1 z + d_1} \quad [\text{जहाँ, } a_1 d_1 - b_1 c_1 \neq 0]$$

तथा
$$T_2(z) = \frac{a_2 z + b_2}{c_2 z + d_2} \quad [\text{जहाँ, } a_2 d_2 - b_2 c_2 \neq 0]$$

तब,
$$T_2[T_1(z)] = T_2\left(\frac{a_1 z + b_1}{c_1 z + d_1}\right) = \frac{(a_2 a_1 + b_2 c_1)z + (a_2 b_1 + b_2 d_1)}{(c_2 a_1 + d_2 c_1)z + (c_2 b_1 + d_1 d_2)}$$

अत:
$$w = T_2[T_1(z)] = \frac{\alpha z + \beta}{\gamma z + \delta}$$

जहाँ,
$$\alpha = a_2 a_1 + b_2 c_1,\ \beta = a_2 b_1 + b_2 d_1,$$
$$\gamma = c_2 a_1 + d_2 c_1,\ \delta = c_2 b_1 + d_2 d_1$$

जिसका सारणिक इस प्रकार दिया गया है

$$\alpha\delta - \beta\gamma = (a_1 d_1 - b_1 c_1)(a_2 d_2 - b_2 c_2) \neq 0$$

कुछ अवयवी रूपान्तरण Some Elements Transformations

1. **ट्रांसलेशन** $w = z + \alpha$ Translation $w = z + \alpha$

इस रूपान्तरण के द्वारा z तल में सभी बिन्दुओं को सदिश α की दिशा में विस्थापित या ट्रान्सलेट कर सकते हैं।

2. **घूर्णन** $w = e^{ir} z$ (r वास्तविक है)

Rotation $w = e^{ir} z$ (r is real)

इस रूपान्तरण के द्वारा किसी बिन्दु P का प्रतिबिम्ब Q, z तल में, रेखा OP को r कोण द्वारा घुमाने पर प्राप्त होता है। यदि $r > 0$, तब यह घूर्णन वामावर्त होगा तथा यदि $r < 0$, तब यह दक्षिणावर्त होगा।

यदि $z = re^{i\theta}$ तथा $w = \rho e^{i\phi}$, तब

$$\rho e^{i\phi} = e^{ir} \cdot re^{i\theta} = re^{i(\theta + r)}$$

$\Rightarrow \quad \rho = r$ तथा $\phi = \theta + r$

3. **आवर्धन $w = cz$ $(c > 0)$** Magnification $w = cz$ $(c > 0)$

इस रूपान्तरण के द्वारा z तल पर बने चित्र में फैलाव या संकुचन होता है। यदि $c > 1$ या $0 < c < 1$ बिन्दु P का z तल में प्रतिबिम्ब Q है। रेखा OP में प्रतिबिम्ब होगा, यदि $0 < c < 1$ या एक बिन्दु Q, के बढ़े हुए भाग में होगा, यदि $c > 1$ इस प्रकार है कि $OQ = cOP$

इस रूपान्तरण को होमोथेटिक रूपान्तरण कहते हैं।

4. **घूर्णन तथा आवर्धन** $w = \beta z$

Rotation and Magnification $w = \beta z$

माना $\quad w = \rho e^{i\phi}, \beta = be^{i\delta}$ तथा $z = re^{i\theta}$

तब, $\quad w = \beta z \Rightarrow \rho e^{i\phi} = be^{i\delta} re^{i\theta} = br\, e^{i(\theta + \delta)}$

$\Rightarrow \quad \rho = br$ तथा $\phi = \theta + \delta$

अतः बिन्दु P का प्रतिबिम्ब Q सदिश OP को कोण $\delta = \arg(\beta)$ द्वारा मूलबिन्दु के परितः घुमाने पर प्राप्त होता है तथा OP को $|\beta|:1$ के अनुपात के रूप में आवर्धित करते हैं। दूसरे शब्दों में, बिन्दु W, Q द्वारा इस प्रकार प्रदर्शित है कि

$$\angle QOP = \angle BOX = \arg(\beta) \text{ तथा } OQ = OB \cdot OP$$

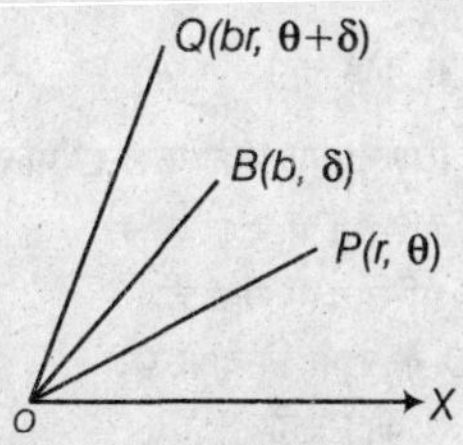

5. **व्युत्क्रम** $w = \frac{1}{z}$ Invertible $w = \frac{1}{z}$

माना $w = \rho e^{i\phi}$ तथा $z = re^{i\theta}$, तब $\rho e^{i\phi} = \frac{1}{r} e^{-i\theta} \Rightarrow \rho = \frac{1}{r}$

अतः $|w| = \frac{1}{|z|}$

तथा $\phi = -\theta$ अर्थात् $\arg(w) = -\arg(z)$

रूपान्तरण $w = 1/z$ को, दो रूपान्तरणों

$$Z = \frac{1}{z} = \frac{1}{r} e^{i\theta} \text{ तथा } w = \overline{Z} \text{ का परिणामी मान सकते हैं।}$$

किसी वृत्त के सापेक्ष व्युत्क्रम बिन्दु

Inverse Point w.r.t. any Circle

माना γ एक वृत्त है जिसका केन्द्र C तथा त्रिज्या r हो, तब बिन्दु A तथा B, बिन्दु C के साथ समरेखीय हैं, तब बिन्दु A तथा B को वृत्त के साथ व्युत्क्रम बिन्दु कहेंगे, यदि $CA \cdot CB = r^2$

अब, हम व्युत्क्रम बिन्दु का वृत्त के सापेक्ष सम्बन्ध प्राप्त करेंगे

$$az\overline{z} + \alpha z + \overline{\alpha}\overline{z} + c = 0 \quad \text{...(ii)}$$

जहाँ, a तथा c वास्तविक तथा α एक सम्मिश्र अचर है।

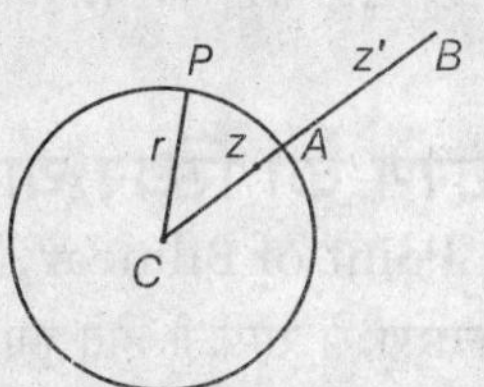

वृत्त (ii) का केन्द्र $-\frac{\overline{\alpha}}{a}$ तथा त्रिज्या r निम्न प्रकार दी गई है

$$r^2 = \frac{\alpha\overline{\alpha} - ac}{a^2} \quad \text{...(iii)}$$

माना वृत्त C के सापेक्ष A तथा B क्रमशः z तथा z' बिन्दुओं के व्युत्क्रम बिंदु हैं। इस दशा में प्रतिबन्ध (i) हो जाएगा

$$\left|z + \frac{\overline{\alpha}}{a}\right| . \left|z' + \frac{\overline{\alpha}}{a}\right| = r^2 \quad \text{...(iv)}$$

या $$\arg\left(z' + \frac{\overline{\alpha}}{a}\right)\left(\overline{z} + \frac{\alpha}{a}\right) = 0$$

$$\Rightarrow \quad \left(z' + \frac{\overline{\alpha}}{a}\right)\left(\overline{z} + \frac{\alpha}{a}\right)$$

पुनः समी (iv) को लिख सकते हैं

$$\left|z' + \frac{\overline{\alpha}}{a}\right| . \left|\overline{z} + \frac{\alpha}{a}\right| = r^2 \quad [\because |z| = |\overline{z}|]$$

$$\Rightarrow \quad \left(z' + \frac{\overline{\alpha}}{a}\right)\left(\overline{z} + \frac{\alpha}{a}\right) = r^2 \quad \left[\because \left(z' + \frac{\overline{\alpha}}{a}\right)\left(\overline{z} + \frac{\alpha}{a}\right)\right]$$

$$\Rightarrow \quad z'\overline{z} + \frac{z'\alpha}{a} + \frac{\overline{z}\,\overline{\alpha}}{a} + \frac{\alpha\overline{\alpha}}{a^2} = \frac{\alpha\overline{\alpha} - ac}{a^2}$$

$$\Rightarrow \quad az'\overline{z} + \alpha z' + \overline{\alpha}\overline{z} + c = 0 \quad \text{...(v)}$$

क्रान्तिक बिन्दु Critical Point

बिन्दुओं, जहाँ $f'(z) = \frac{dw}{dz} = 0$ या ∞, को क्रान्तिक बिन्दु कहते हैं एवं बिन्दुओं, जहाँ $\frac{dw}{dz} \neq 0$, को साधारण बिन्दु कहते हैं।

तीन बिन्दुओं से होकर जाने वाले वृत्त का समीकरण

Equation of Circle Passing through Three Points

तीन बिन्दुओं z_1, z_2 तथा z_3 से होकर जाने वाले वृत्त का समीकरण निम्न है

$$\frac{(z - z_1)(z_3 - z_2)}{(z - z_2)(z_3 - z_1)} = \frac{(\overline{z} - \overline{z}_1)(\overline{z}_3 - \overline{z}_2)}{(\overline{z} - \overline{z}_2)(\overline{z}_3 - \overline{z}_1)}$$

जहाँ, z एक सम्मिश्र चर है।

चार बिन्दुओं के चक्रीय होने का प्रतिबन्ध

Condition for Cyclic of Four Points

यदि चार बिन्दु z_1, z_2, z_3 तथा z_4 हो, तो उनके चक्रीय होने का प्रतिबन्ध निम्न है

$$\frac{(z_4 - z_1)(z_3 - z_2)}{(z_4 - z_2)(z_3 - z_1)}$$

यह पूर्णतः वास्तविक है।

वज्र-अनुपात Cross-ratio

यदि z_1, z_2, z_3 तथा z_4 विभिन्न सम्मिश्र संख्याएँ हैं, तब $\frac{(z_1-z_2)(z_3-z_4)}{(z_2-z_3)(z_4-z_1)}$ को z_1, z_2, z_3 तथा z_4 का वज्र-अनुपात कहते हैं।

द्विरैखिक रूपान्तरण का स्थिर या अचर बिन्दु
Fixed or Constant Point of Bilinear Transformation

वह बिन्दु, जो अपने रूपान्तरण से सम्पाती होते हुए द्विरैखिक रूपान्तरण के अन्तर्गत होते हैं, स्थिर बिन्दु कहलाते हैं।

माना द्विरैखिक रूपान्तरण

$$w = \frac{az+b}{cz+d}, \qquad [\text{जहाँ}, ad - bc \neq 0] \quad ...(i)$$

तब, इस रूपान्तरण का स्थिर बिन्दु, $w = z$ रखकर ज्ञात कर सकते हैं।

$$z = \frac{az+b}{cz+d} \Rightarrow cz^2 + (d-a)z - b = 0 \quad ...(ii)$$

अतः यहाँ पर दो दशाएँ उत्पन्न होती हैं।

चरण I माना $c \neq 0$, तब समी (ii) का मूल

$$z = \frac{(a-d) \pm \sqrt{[(d-a)^2 + 4bc]}}{2c}$$

तब एक या दो सीमित स्थिर बिन्दु प्राप्त होंगे, यदि $(d-a)^2 + 4bc = 0$ या $\neq 0$

चरण II माना $c = 0$ तथा $d \neq 0$

इस दशा में रूपान्तरण समी (i) $w = \frac{a}{d}z + \frac{b}{d}$ हो जाएगा।

$$\Rightarrow \quad z = \frac{a}{d}z + \frac{b}{d} \text{ या } [(a-d)z + b = 0]$$

अतः यदि $a - d \neq 0$, तब रूपान्तरण के दो स्थिर बिन्दु होंगे ∞ तथा $\frac{b}{d-a}$ और इसका केवल एक स्थिर बिन्दु ∞ होगा, यदि $a - d = 0$।

अभ्यास प्रश्न

1. फलन $f(z) = \frac{z-ib}{z^2+b^2}$ निम्न में से किस पर सतत् है?

(a) ib (b) $-ib$
(c) i^3b (d) इनमें से कोई नहीं

2. $\lim_{z\to 0} \frac{\bar{z}}{z}$ का मान होगा

(a) 0 (b) 1
(c) $\frac{1}{2}$ (d) अस्तित्व नहीं है

3. फलन $f(z) = \begin{cases} 1, |z| < 1 \\ 2, \ 1 \leq |z| < 2 \end{cases}$ के एकल बिन्दुओं का समुच्चय है

(a) $\{z : |z| \leq 1\}$
(b) $\{z : |z| \leq 2\}$
(c) $\{z : 1 \leq z \leq 2\}$
(d) $\{z : |z| = 1\} \cup \{z : |z| = 2\}$

4. $u(x, y) = x^3 - 3xy^2 + 3x^2 - 3y^2 + 1$ का विश्लेषणात्मक फलन $f(z)$ होगा

(a) $z^3 - 3z^2 + C$ (b) $z^3 + 3z^2 + C$
(c) $z^2 + 2z^3 + C$ (d) $z^2 - 2z^3 + C$

5. श्रेणी $\sum_{n=1}^{\infty} \frac{z^{2n}}{z^n}$ की अभिमुखी त्रिज्या होगी

(a) 1 (b) $\sqrt{2}$ (c) $\sqrt{3}$ (d) $\sqrt{5}$

6. निम्न में से कौन-सा एक हार्मोनिक फलन नहीं है?

(a) $u = \sinh x \cos y$ (b) $u = \frac{1}{2}\log(x^2 + y^2)$
(c) $u = x^2 + y^2$ (d) $u = x^2 - y^2$

7. फलन $f(z) = z^2$ है

(a) सभी जगह विश्लेषणात्मक (b) कहीं पर विश्लेषणात्मक
(c) $z = 0$ पर (d) इनमें से कोई नहीं

8. फलन $f(z) = \sec z$

(a) सभी z के लिए विश्लेषणात्मक
(b) $z = \frac{3\pi}{2}$ पर विश्लेषणात्मक
(c) $z = \frac{\pi}{2}$ पर विश्लेषणात्मक नहीं है
(d) उपरोक्त में से कोई नहीं

9. यदि $f(z)$ एक विश्लेषणात्मक फलन, प्रान्त D में है, तब

(a) $f'(z)$, D के अस्तित्व में है
(b) $f'(z)$, D के अस्तित्व में नहीं है
(c) $f'(z) = 0$, D के सभी बिन्दुओं पर
(d) उपरोक्त में से कोई नहीं

10. यदि $\omega = f(re^{i\theta})$, तब $\frac{d\omega}{dz}$ होगा

(a) $(\cos\theta + i\sin\theta)\frac{\partial\omega}{\partial r}$ (b) $(\cos\theta - i\sin\theta)\frac{\partial\omega}{\partial r}$
(c) $(\sin\theta + i\cos\theta)\frac{\partial\omega}{\partial z}$ (d) $(\sin\theta - i\cos\theta)\frac{\partial\omega}{\partial z}$

11. श्रेणी $f(z) = \Sigma \frac{(n+1)}{(n+2)(n+3)} z^n$ की अभिमुखी त्रिज्या होगी

(a) 1 (b) 2 (c) 3 (d) 4

12. लघुगणकीय फलन की शाखा है

(a) सतत् फलन (b) अवकलनीय फलन
(c) विश्लेषणात्मक फलन (d) इनमें से कोई नहीं

13. उस सम्मिश्र संख्या का बिन्दुपथ, जो $\arg\left(\frac{z-1}{z+1}\right) = \frac{\pi}{3}$ को सन्तुष्ट करती है, है

(a) सरल रेखा (b) वृत्त
(c) परवलय (d) दीर्घवृत्त परवलय

14. यदि 1, ω तथा ω^2 इकाई के घनमूल हैं, तब $(x-1)^3+8=0$ के मूल होंगे
(a) $-1, -1$ तथा -1 (b) $-1, 1+2\omega$ तथा $1+2\omega^2$
(c) $1, \omega$ तथा 2ω (d) $-1, 1-2\omega$ तथा $1-2\omega^2$

15. $|z|-z=1+2i$ का हल है
(a) $1-2i$ (b) $2-\frac{3}{2}i$ (c) $\frac{3}{2}+2i$ (d) $\frac{3}{2}-2i$

16. आर्गेण्ड चित्र में बिन्दुओं z_1, z_2 तथा z_3 शीर्ष वाले त्रिभुज का क्षेत्रफल होगा
(a) $\Sigma\{(z_1-z_2)|z_1|^2\cdot(4iz_1)\}$
(b) $\Sigma\{(z_2-z_3)|z_1|^2\cdot(4iz_1)\}$
(c) $\Sigma\{(z_1-z_3)|z_2|^2\cdot(5iz_2)\}$
(d) उपरोक्त में से कोई नहीं

17. यदि $f(z)=z^2$ हो, तो $\lim_{z\to z_0} f(z)$ का मान होगा
(a) z_0^2 (b) z_1^2
(c) 0 (d) इनमें से कोई नहीं

18. फलन $u=\cos x\cosh y$ का प्रसंवादी संयुग्मी ज्ञात कीजिए।
(a) $-\sin x\sinh y+C$ (b) $\cos x\cosh y+C$
(c) $-\sin x\cosh y+C$ (d) उपरोक्त में से कोई नहीं

19. $\lim_{z\leftarrow 2e^{\frac{\pi i}{3}}} \frac{z^3+8}{z^4+4z^2+16}$ का मान ज्ञात कीजिए।
(a) -1 (b) $\frac{1}{8}(3-i\sqrt{3})$ (c) z (d) 0

20. यदि $f(z)$, z का एक विश्लेषिक फलन है, तो $\left(\frac{\partial^2}{\partial x^2}+\frac{\partial^2}{\partial y^2}\right)|\text{Re}\, f(z)|^2$ का मान होगा
(a) $4|f'(z)|^2$ (b) 1 (c) $2|f'(z)|^2$ (d) इनमें से कोई नहीं

21. $\frac{d}{dz}(\sin^{-1} z)$ का मान ज्ञात कीजिए।
(a) $\cos z$ (b) $\frac{1}{z}$ (c) $\frac{1}{\sqrt{1-z^2}}$ (d) इनमें से कोई नहीं

22. निम्न समीकरण द्वारा परिभाषित फलन ω, z के किन मानों के लिए विश्लेषिक नहीं है?
$$w=\frac{1+z}{1-z}$$
(a) 1 (b) 0 (c) $\pm i$ (d) इनमें से कोई नहीं

23. प्रतिचित्रण $f(z)=\bar{z}$ है
(a) कन्फॉर्मल
(b) आइसोगोनल
(c) न तो कन्फॉर्मल और न ही आइसोगोनल
(d) एनालिटिक

24. निम्न में से किस श्रेणी के अभिसरण की त्रिज्या सही है?
(a) $\Sigma\frac{(-1)^n}{n}(z-2i)^n$; अभिसरण त्रिज्या $(R)=1$
(b) $\Sigma\frac{Z^n}{n!}$, त्रिज्या $(R)=\infty$
(c) $\Sigma\frac{2^{-n}}{1+in^2}z^n$, त्रिज्या $(R)=2$
(d) उपरोक्त तीनों ही सही हैं

25. तीन बिन्दुओं से गुजरने वाले वृत्त का समीकरण होगा
(a) $\frac{(z-z_1)(z_3-z_2)}{(z-z_2)(z_3-z_1)}$ (b) $\frac{(\bar{z}-\bar{z}_1)(\bar{z}_3-\bar{z}_2)}{(\bar{z}-\bar{z}_2)(\bar{z}_3-\bar{z}_1)}$
(c) $\frac{(z_1-z_2)(z_3-z_1)}{(z-z_1)(z_2-z_3)}$ (d) इनमें से कोई नहीं

26. निम्न में से कौन-सा फलन विश्लेषिक फलन है?
(a) $f(z)=\sin x\cosh y+i\cos x\sinh y$
(b) $f(x)=e^x(\cos y+i\sin y)$
(c) $f(z)=(x^2y^5)(x+iy)x^4+y^{10}$, $z\neq 0$ तथा $f(0)=0$ पर
(d) (a) तथा (b) दोनों ही

27. यदि $f(z)$ तथा $g(z)$ अवकलनीय फलन हो, तो $\frac{d}{dz}\{f(z)\pm g(z)\}$ का हल होगा
(a) $\frac{d}{dz}f(z)\pm\frac{d}{dz}g(z)$ (b) $\frac{d}{dz}f(z)+\frac{d}{dz}g(z)$
(c) $\frac{d}{dz}g(z)-\frac{d}{dz}f(z)$ (d) इनमें से कोई नहीं

28. $f(z)$ के विश्लेषिक फलन होने के लिए आवश्यक प्रतिबन्ध होगा
(a) $\frac{\partial u}{\partial x}\neq\frac{\partial v}{\partial y}, \frac{\partial u}{\partial y}=-\frac{\partial v}{\partial x}$ (b) $\frac{\partial u}{\partial x}=\frac{\partial v}{\partial y}, \frac{\partial u}{\partial y}=-\frac{\partial v}{\partial x}$
(c) $\frac{\partial u}{\partial x}\neq\frac{\partial v}{\partial y}, \frac{\partial u}{\partial y}\neq\frac{\partial v}{\partial x}$ (d) इनमें से कोई नहीं

29. $f(z)=\bar{z}$ किस बिन्दु पर अवकलनीय है?
(a) 0 (b) 1
(c) किसी पर भी नहीं (d) -1

30. $\left(\frac{\partial^2}{\partial x^2}+\frac{\partial^2}{\partial y^2}\right)\log|f'(z)|$ का मान होगा
(a) $u\frac{\partial^2}{\partial z\partial\bar{z}}$ (b) 0
(c) 1 (d) इनमें से कोई नहीं

31. रूपान्तरण $w=2z+z^2$ के अन्तर्गत वृत्त $|z|=1$ का प्रतिबिम्ब होगा
(a) वृत्त (b) रेखा
(c) परवलय (d) कार्डियॉड

32. द्विरेखीय रूपान्तरण $w(z)=\frac{i(1-z)}{1+z}$ का प्रतिचित्रण होगा
(a) $i, 1, -1$ ऑन्टू $1, 0, \infty$
(b) $-1, 0, 1$ ऑन्टू $0, i, 3i$
(c) (a) तथा (b) दोनों
(d) उपरोक्त में से कोई नहीं

33. सभी द्विरेखीय रूपान्तरण का समुच्चय जिसके स्थिर बिन्दु -1 तथा 1 हैं, होगा
(a) $\left\{I(z)=\frac{az+b}{bz+a}, a^2-b^2=0\right\}$
(b) $\left\{T(z)=\frac{az+b}{bz+a}, a^2-b^2\neq 0\right\}$
(c) $\left\{T(z)=\frac{az+b}{bz+a}, a^2+b^2=0\right\}$
(d) $\left\{T(z)=\frac{az+b}{bz+a}, a^2+b^2\neq 0\right\}$

34. यदि $w = \frac{i-z}{i+z}$, तब

(a) w maps Im(z) ≥ 0 ऑन्टू |w| ≥ 1
(b) w maps Im(z) ≥ 0 ऑन्टू |w| ≤ 1
(c) (a) तथा (b) दोनों
(d) उपरोक्त में से कोई नहीं

35. रूपान्तरण $w = ze^{j\pi/4}$ के द्वारा रेखा $x = 0$ रूपान्तरित हो जाएगी, यदि

(a) $v = -u$ (b) $v = u$ (c) $u + v = 1$ (d) $v = 0$

36. $w = \frac{\alpha z + \beta}{\gamma z + \delta}, \alpha\delta - \beta\gamma \neq 0$ का क्रान्तिक बिन्दु है

(a) $-\frac{\delta}{\gamma}$ (b) $-\frac{\delta}{\gamma}$ तथा ∞ (c) $-\frac{\delta}{\gamma}$ तथा 0 (d) $-\frac{\delta}{\gamma}$ तथा 1

37. रूपान्तरण, जो z तल के बिन्दु $z = 1, z = 0$ तथा $z = -1$ को w तल के बिन्दुओं $w = i, w = 0$ तथा $w = -i$ को प्रतिचित्रित करता है, है

(a) $w = iz$ (b) $w = z$
(c) $w = i(z+1)$ (d) $w = zx$

38. प्रतिचित्रण $w = z^2 - 2z - 3$ है

(a) $|z| = 1$ के अन्तर्गत कन्फॉर्मल
(b) $z = 1$ पर कन्फॉर्मल नहीं है
(c) $z = -1$ तथा $z = 3$ पर कन्फॉर्मल नहीं है
(d) सभी जगह कन्फॉर्मल है

39. यदि $z = re^{j\theta}$, तब θ का प्रतिबिम्ब = अचर, तब प्रतिचित्रण $w(z) = Re^{j\phi} = iz^3$ है

(a) $\phi = 3\theta$ (b) $\phi = 3\theta + \frac{\pi}{2}$
(c) $\phi = 3\theta - \frac{\pi}{2}$ (d) $\phi = \theta^3$

40. प्रतिचित्रण $w = \frac{5z+4}{z+5}$ का स्थिर बिन्दु है

(a) 2 तथा 2 (b) 2 तथा –2 (c) –2 तथा –2 (d) $-\frac{4}{5}$ तथा 5

41. यदि $T_1(z) = \frac{z+2}{z+3}$ तथा $T_2(z) = \frac{z}{z+1}$, तब $T_2T_1(z)$ का मान है

(a) $z + 2$ (b) $\frac{2}{2z+5}$ (c) $\frac{z+2}{2z+5}$ (d) $\frac{z+3}{3z+5}$

42. यदि $w' = T_1(z) = \frac{z+2}{z+3}$ हो, तब $T_1^{-1}(z)$ होगा

(a) $\frac{2-3z}{z+2}$ (b) $\frac{2-3z}{z-1}$ (c) $\frac{1}{z+3}$ (d) $\frac{1}{z+5}$

43. यदि C_∞ में $z_1 \neq z_2 \neq z_3 \neq z_4$, तब-वज्र अनुपात (z_1, z_2, z_3, z_4) एक वास्तविक संख्या होगी, यदि z_1, z_2, z_3 तथा z_4 स्थित होंगे

(a) त्रिभुज पर (b) परवलय पर (c) वृत्त पर (d) अतिपरवलय पर

44. एक मोबिअस रूपान्तरण, वृत्त को प्रतिचित्रित करता है

(a) वृत्त में (b) अतिपरवलय में
(c) परवलय में (d) रेखा में

45. रुपान्तरण $z = \frac{i-w}{i+w}$ मे w-समतल का धन अर्द्धतल $V \geq 0$ के समवर्ती z-समतल में वृत निम्न में से है।

(a) $|z| \geq 1$ (b) $|z| \leq 1$
(c) $|z| = 0$ (d) इनमें से कोई नहीं

46. दो रूपान्तरणों $w = \frac{z+i}{z-i}$ और $w = \frac{i+z}{i-z}$ $|w| \leq 1$ के लिए निम्न में से कौन-सा सत्य कथन है?

(a) अर्द्धतल $J(z) \leq 0$ में रूपान्तरित करेगा
(b) अर्द्धतल $J(z) \geq 0$ में रूपान्तरित करेगा
(c) अर्द्धतल $J(z) = 0$ में रूपान्तरित करेगा
(d) उपरोक्त में से कोई नहीं

47. क्रान्तिक बिन्दु के लिए आवश्यक प्रतिबन्ध है

(a) $f(z) = \frac{dw}{dz} = 0$ या ∞ (b) $\frac{dw}{dz} = 1$
(c) $\frac{dw}{dz} = 0$ या $-\infty$ (d) उपरोक्त में से कोई नहीं

48. द्विरैखिक रूपान्तरण $w = \frac{2z+3}{3z+4}$ के लिए निम्न में से सत्य कथन है

(a) यह प्रारम्भिक रूपान्तरणों का संयुक्त है
(b) यह अन्तिम रूपान्तरणों का संयुक्त है
(c) यह रूपान्तरण प्रदर्शित नहीं करता है
(d) उपरोक्त में से कोई नहीं

49. वह प्रतिबन्ध ज्ञात कीजिए जिससे रूपान्तरण $w = \frac{az+d}{cz+d}$, w-समतल में इकाई वृत को z-समतल में एक सरलरेखा में रूपान्तरित कर सके।

(a) $|a| = |c|$ (b) $|a| \neq |c|$ (c) $|a| > |c|$ (d) $|a| < |c|$

50. एक द्विरैखिक रूपान्तरण ज्ञात कीजिए, जो बिन्दुओं $z = \infty, i, 0$ को बिन्दुओं $w = 0, i, \infty$ में प्रतिचित्रित करता है

(a) $w = \frac{1}{z}$ (b) $w = z$
(c) $w = -\frac{1}{z}$ (d) इनमें से कोई नहीं

51. एक द्विरैखिक रूपान्तरण ज्ञात कीजिए, जो बिन्दुओं $z = 2, i, -2$ को क्रमशः $w = 1, i, -1$ में प्रतिचित्रित करे

(a) $\frac{3z-2i}{iz+6}$ (b) $\frac{3z+2i}{iz+6}$ (c) $\frac{3z-2i}{iz-6}$ (d) $\frac{3z+2i}{iz-6}$

52. दो रूपान्तरणों $w = \frac{1-z}{1+z}$ तथा $w = \frac{z-1}{z+1}, |w| \leq 1$ के लिए निम्न में से कौन-सा सत्य कथन है?

(a) अर्द्धसमतल $\text{Re}(z) \geq 0$ में रूपान्तरित करते हैं
(b) अर्द्धसमतल $\text{Re}(z) \leq 0$ में रूपान्तरित करते हैं
(c) अर्द्धसमतल $\text{Re}(z) = 0$ में रूपान्तरित करते हैं
(d) उपरोक्त में से कोई नहीं

53. फलन $w = iz$ दाहिना आधा z-समतल [Rez > 0] का प्रतिचित्रण निम्न में से सत्य है। ऊपरी आधा

(a) w-अभिलम्ब होता है (b) w-समतल होता है
(c) w-त्रिभुजाकार होता है (d) इनमें से कोई नहीं

54. फलन $w = 2z$ द्वारा z-समतल में त्रिभुजाकार प्रदेश जो रेखाओं $x = 0, y = 0$ तथा $x + y = 1$ से परिसीमित है, का w-समतल में प्रतिचित्रित प्रदेश ज्ञात कीजिए।

(a) अन्तःखण्ड z-समतल का चार गुना है
(b) अन्तःखण्ड z-समतल के अन्तःखण्डों का दोगुना है
(c) अन्तःखण्ड z-समतल के अन्तःखण्ड का आधा है
(d) उपरोक्त में से कोई नहीं

उत्तरमाला

1.	(a)	2.	(d)	3.	(b)	4.	(b)	5.	(b)	6.	(b)	7.	(a)	8.	(d)	9.	(a)	10.	(a)
11.	(a)	12.	(b)	13.	(b)	14.	(a)	15.	(c)	16.	(a)	17.	(a)	18.	(a)	19.	(c)	20.	(a)
21.	(b)	22.	(a)	23.	(b)	24.	(c)	25.	(b)	26.	(d)	27.	(a)	28.	(b)	29.	(c)	30.	(b)
31.	(d)	32.	(a)	33.	(b)	34.	(b)	35.	(a)	36.	(b)	37.	(a)	38.	(b)	39.	(b)	40.	(b)
41.	(c)	42.	(b)	43.	(c)	44.	(a)	45.	(b)	46.	(a)	47.	(a)	48.	(a)	49.	(a)	50.	(c)
51.	(b)	52.	(a)	53.	(b)	54.	(b)												

संकेत एवं हल

1. दिया है, $\lim_{z\to ib} f(z) = \lim_{z\to ib}\frac{z-ib}{z^2+b^2} = -\frac{i}{2b}$

और $f(ib) = -\frac{i}{2b}$

अतः $z=ib$ पर f सतत् है।

2. दिया है, $f(z) = \frac{\bar{z}}{z} = \frac{x-iy}{x+iy} = \frac{x^2-y^2-2ixy}{x^2+y^2}$

$\therefore u(x, y) = \frac{x^2-y^2}{x^2+y^2}$ और $v(x, y) = \frac{-2xy}{x^2+y^2}$

माना $y=mx$ के सापेक्ष (0, 0) के अग्रसर होने पर,

$$\lim_{x\to 0} u(x, mx) = \lim_{x\to 0}\frac{x^2-m^2x^2}{x^2+m^2x^2}$$
$$= \lim_{x\to 0}\frac{1-m^2}{1+m^2}$$

जोकि m पर निर्भर करता है। अतः $\lim_{(x, y)\to(0, 0)} u(x, y)$ विद्यमान नहीं है।

इसी प्रकार, $\lim_{(x, y)\to(0, 0)} v(x, y)$ विद्यमान नहीं है।

अर्थात् $\lim_{z\to 0}\frac{\bar{z}}{z}$ विद्यमान नहीं है।

3. दिया है, $f(z) = \begin{cases}1, |z|<1\\ 2, 1\le |z|<2\end{cases}$

$\therefore$ f का प्रान्त $= D = \{z : |z|<2\}$

$f(z)$ के नियमित बिन्दु का समुच्चय $= R = D - \{z : |z|<2\}$

$\therefore$ $R' = \{z : |z|\le 2\}$

$f(z)$ के एकल बिन्दु का समुच्चय $= \{z : |z|=1\} \cup \{z : |z|=2\}$

4. दिया है, $u = x^3 - 3xy^2 + 3x^2 - 3y^2 + 1$

$\therefore$ $u_x = 3x^2 - 3y^2 + 6x$ तथा $u_y = -6xy - 6y$

$\therefore$ $\phi_1(z, 0) = u_x(z, 0) = 3z^2 + 6z$

तथा $\phi_2(z, 0) = u_y(z, 0) = 0$

विश्लेषणात्मक फलन, $f(z) = \int\{\phi_1(z, 0) - i\phi_2(z, 0)\}dz$

$$= \int\{3z^2 + 6z - i(0)\}dz$$
$$= z^3 + 3z^2 + C$$

5. यहाँ, $\frac{|u_{n+1}|}{u_n}$ विद्यमान नहीं है।

माना $u_n = \begin{cases}0, n = 2k-1\\ 2^{-n}, n = 2k, k = 1, 2, ...\end{cases}$

$\therefore$ $\lim_{n\to\infty}\text{Sup}\sqrt[n]{|u_n|} = \lim_{k\to\infty}|2^{-2k}|^{\frac{1}{(2k)}} = \frac{1}{2}$

तथा $\lim_{n\to\infty}\sqrt[n]{|u_n|} = \lim_{k\to\infty}|u_{2k-1}|^{\frac{1}{2k-1}} = 0$

अर्थात् $|z|^2 = 2 \Rightarrow k = \sqrt{2}$

6. (a) दिया है, $u(x, y) = \sinh x \cos y$

$\therefore$ $u_x = \cosh x \cos y, u_y = -\sinh x \sin y$

$\therefore$ $u_{xx} = \sinh x \cos y, u_{yy} = -\sinh x \cos y$

अब, $u_{xx} + u_{yy} = \sinh x \cos y - \sinh x \cos y = 0$

अतः $u(x, y)$ हार्मोनिक फलन है।

(b) दिया है, $u(x, y) = \frac{1}{2}\log(x^2+y^2)$

$\therefore$ $u_x = \frac{1}{2}\cdot\frac{2x}{x^2+y^2} = \frac{x}{x^2+y^2}$

$\therefore$ $u_{xx} = \frac{y^2-x^2}{(x^2+y^2)^2}$

तथा $u_y = \frac{y}{(x^2+y^2)} \Rightarrow u_{yy} = \frac{x^2-y^2}{(x^2+y^2)^2}$

$\therefore$ $u_{xx} + u_{yy} = \frac{y^2-x^2}{(x^2+y^2)^2} + \frac{x^2-y^2}{(x^2+y^2)^2} = 0$

अतः $u(x, y)$ हार्मोनिक फलन है।

(c) दिया है, $u(x, y) = x^2 + y^2$

$\therefore$ $u_x = 2x, u_y = 2y$

$\Rightarrow$ $u_{xx} = 2, u_{yy} = 2$

$\therefore$ $u_{xx} + u_{yy} = 2 + 2 = 4 \ne 0$

अतः $u(x, y)$ हार्मोनिक फलन नहीं है।

(d) दिया है, $u(x, y) = x^2 - y^2$

$\Rightarrow$ $u_x = 2x, u_y = -2y$

$\Rightarrow$ $u_{xx} = 2, u_{yy} = -2$

$\therefore$ $u_{xx} + u_{yy} = 2 - 2 = 0$

अतः $u(x, y)$ हार्मोनिक फलन है।

11. माना $a_n = \frac{(n+1)}{(n+2)(n+3)} \Rightarrow a_{n+1} = \frac{(n+2)}{(n+3)(n+4)}$

$$\therefore \quad R = \lim_{n\to\infty}\left|\frac{a_n}{a_{n+1}}\right| = \lim_{n\to\infty}\left|\frac{n+1}{(n+2)(n+3)}\cdot\frac{(n+3)(n+4)}{n+2}\right|$$
$$= \lim_{n\to\infty}\left|\frac{(n+1)(n+4)}{(n+2)(n+2)}\right| = 1$$

17. यदि $\delta \le 1$, तो $0 < |z - z_0| < \delta \Rightarrow \left|z^2 - z_0\right|^2$

$$= |z - z_0||z + z_0|$$
$$< \delta\, |z - z_0 + zz_0|$$
$$< \delta\, \{|z - z_0| + z|\, z_0|\}$$
$$< \delta\, \{|1 + z|\, z_0|\}$$

माना $\delta = \min\left\{1, \dfrac{\varepsilon}{1 + z|z_0|}\right\}$, तब

$$\left|z^2 - z_0^2\right| < \varepsilon, \text{ जबकि } |z - z_0| < \delta$$

अतः $\lim\limits_{z \to z_0} f(z) = z_0^2$

31. दिया है, $w = 2z + z^2 \Rightarrow w + 1 = (z+1)^2$

माना $w + 1 = \rho e^{i\phi}$, तब $|z| = 1$ अर्थात् $z = e^{i\theta}$

वृत्त का प्रतिचित्रण निम्न है

$$\rho e^{i\phi} = (e^{i\theta} + 1)^2$$
$$= [(1 + \cos\theta) + i\sin\theta]^2$$
$$= 2(1 + \cos\theta)e^{i\theta}$$

अतः $\rho = 2(1 + \cos\theta),\ \phi = \theta$

θ को विलुप्त करने पर,

$\rho = 2(1 + \cos\phi)$, जोकि कार्डियॉड है।

32. दिया है, $w(i) = i\dfrac{1-i}{1+i} = \dfrac{i(1 + i^2 - 2i)}{1+1} = \dfrac{-2i^2}{2} = 1$

$$\Rightarrow \quad w(1) = i\frac{1-1}{1+1} = 0$$

$$\Rightarrow \quad w(-1) = i\frac{1+1}{1-1} = \infty$$

लेकिन $w(-1) = i\dfrac{1+1}{1-1} = \infty$

33. माना $T(z) = \dfrac{az+b}{cz+d}$, तब $T(1) = 1$

$$\Rightarrow \quad a + b = c + d$$

$$\Rightarrow \quad a + b - c - d = 0 \quad \text{...(i)}$$

$$T(-1) = -1$$

$$\Rightarrow \quad -a + b = -(-c + d)$$

$$\Rightarrow \quad -a + b - c + d = 0 \quad \text{...(ii)}$$

समी (i) तथा (ii) को हल करने पर, $a = d$ तथा $b = c$

अतः द्विरेखीय रूपान्तरण का समुच्चय होगा

$$T(z) = \frac{az+b}{bz+a},\ a^2 - b^2 \ne 0$$

34. रूपान्तरण $w = \dfrac{i-z}{i+z}$ को निम्न रूप में लिखने पर,

$$\Rightarrow \quad w = e^{i\pi}\frac{z-i}{z+i}$$

$w = e^{i\alpha}\dfrac{z - z_0}{z - \bar{z}_0}$ के साथ तुलना करने पर,

$\text{Im}(z_0) > 0,\ \alpha \in R\ \alpha = \pi,\ \text{Im}(z_0) = 1 > 0$

अतः द्विरेखीय रूपान्तरण maps $y \ge 0$ ऑन्टू $|w| \le 1$ अर्थात् $\text{Im}(z) \ge 0$ ऑन्टू $|w| \le 1$

35. दिया है, $w = ze^{i\pi/4} \Rightarrow z = we^{-i\pi/4}$

$$\Rightarrow \quad x + iy = (u + iv)\left(\frac{1-i}{\sqrt{2}}\right) = \frac{1}{\sqrt{2}}(u - iu + iv + v)$$
$$= \frac{1}{\sqrt{2}}[(u+v) + i(v-u)]$$

दोनों पक्षों से वास्तविक तथा आभासी पदों की तुलना करने पर,

$$x = \frac{u+v}{\sqrt{2}}$$

अब, $x = 0 \Rightarrow u + v = 0 \Rightarrow v = -u$

36. दिया है, $w = \dfrac{\alpha z + \beta}{\gamma z + \delta}$

$$\Rightarrow \quad \frac{dw}{dz} = \frac{(\gamma z + \delta)\cdot\alpha - (\alpha z + \beta)\cdot\gamma}{(\gamma z + \delta)^2}$$

$$\Rightarrow \quad \frac{dw}{dz} = \frac{\alpha\delta - \beta\gamma}{(\gamma z + \delta)^2}$$

अतः $\dfrac{dw}{dz} = 0$ या ∞

$$\Rightarrow \quad z = \infty \text{ तथा } -\frac{\delta}{\gamma}$$

37. $\because \dfrac{(w - w_1)(w_2 - w_3)}{(w_1 - w_2)(w_3 - w)} = \dfrac{(z - z_1)(z_2 - z_3)}{(z_1 - z_2)(z_3 - z)}$

$$\Rightarrow \quad \frac{(w-i)(0+i)}{(i-0)(-i-w)} = \frac{(z-1)(0+1)}{(1-0)(-1-z)}$$

$$\Rightarrow \quad \frac{w-i}{-w-i} = \frac{z-1}{-z-1} \Rightarrow \frac{w-i}{w+i} = \frac{z-1}{z+1}$$

योगान्तरानुपात नियम से,

$$\frac{w - i + w + i}{w - i - w - i} = \frac{z - 1 + z + 1}{z - 1 - z - 1}$$

$$\Rightarrow \quad \frac{2w}{-2i} = \frac{2z}{-2} \Rightarrow iw = -z$$

$$\Rightarrow \quad w = -\frac{1}{i}z \Rightarrow w = iz$$

48. $w = \dfrac{2}{3} + \dfrac{1}{9\left(z + \dfrac{4}{3}\right)}$

माना $\xi = z + \dfrac{4}{3},\ \eta = \dfrac{1}{\xi}, \upsilon = \dfrac{1}{9}\xi$ तथा $w = \dfrac{2}{3} + \upsilon$

अतः दिया हुआ द्विरैखिक रूपान्तरण निम्न रूपान्तरणों का संयुक्त है।

(i) $\xi = z + \dfrac{4}{3}$ एवं $w = \dfrac{2}{3} + \upsilon$ के द्वारा स्थानान्तरण,

(ii) $\eta = \dfrac{1}{\xi}$ के द्वारा वास्तविक अक्ष एवं इकाई वृत के सापेक्ष परावर्तन

(iii) $\upsilon = \dfrac{1}{9}\xi$ के द्वारा घूर्णन एवं आवर्धन

49. दिया है, $W = \dfrac{az+b}{cz+d} = \dfrac{a}{c}\cdot\dfrac{z + (b/a)}{z + (d/c)}$

अतः इस रूपान्तरण के अन्तर्गत w-समतल के इकाई वृत $(w) = 1$ का z-समतल में रूपान्तरण है।

$$\left|\frac{a}{c}\cdot\frac{z + (b/a)}{z + (d/c)}\right| = 1 \Rightarrow \left|\frac{z + (b/a)}{z + (d/c)}\right| = \left|\frac{c}{a}\right|$$

यह एक सरल रेखा होगी, यदि $\left|\dfrac{c}{a}\right| = 1$ या $|a| = |c|$

$\because \left|\dfrac{z - z_1}{z - z_2}\right| = k$ सरल रेखा व्यक्त करता है, जबकि $k = 1$

51. चूँकि बिन्दुओं z_1, z_2 तथा z_3, को क्रमशः w_1, w_2 तथा w_3, में प्रतिचित्रित करने वाले द्विरैखिक रूपान्तरण निम्न है।

$$\frac{(w-w_1)(w_2-w_3)}{(w-w_3)(w_2-w_1)} = \frac{(z-z_1)(z_2-z_3)}{(z-z_3)(z_2-z_1)}$$

यहाँ, $\frac{(w-1)(i+1)}{(w+1)(i-1)} = \frac{(z-2)(i+2)}{(z+2)(i-2)}$

$$\Rightarrow \quad \frac{(w-1)(1+i)^2}{(w+1)(i+1)(i-1)} = \frac{(z-2)(i+2)^2}{(z+2)(i-2)(2+i)}$$

$$\Rightarrow \quad -\frac{(w-1)2i}{(w+1)2} = \frac{(z-2)(3+4i)}{(z+2)(-5)}$$

$$\Rightarrow \quad \frac{(w-1)}{(w+1)} - \frac{(z-2)(4-3i)}{5(z+2)}$$

$$\Rightarrow \frac{2w}{2} = \frac{5(z+2)+(z-2)(4-3i)}{5(z+2)-(z-2)(4-3i)}$$ [योगान्तरानुपात नियम से]

$$\therefore \quad w = \frac{3(3-i)z+2(1+3i)}{(1+3i)z+6(3-i)}$$

$$= \frac{3z+[2(1+3i)/(3-i)]}{[(1+3i)/(3-i)]z+6}$$

$$= \frac{3z+2i}{iz+6}$$

53. चूँकि $\arg i = \pi/2$ इसलिए इस प्रतिचित्रण के अन्तर्गत z-समतल के इन बिन्दुओं जो $-\pi/2 < \arg z < \pi/2$ को सन्तुष्ट करते हैं, के समवर्ती w-समतल के वे बिन्दु हैं जोकि $0 < \arg w < \pi/2$ को सन्तुष्ट करते हैं।

$$w = u + iv = i(x+iy) = ix - y$$

$$\Rightarrow \quad u = -y, v = x$$

अतः $x > 0$ का प्रतिचित्रण $v > 0$ पर है।

54. $z = x + iy$, $w = u + iv$ लिखने पर दिए फलन से,

$$w = 2z$$

$$\Rightarrow \quad u + iv = 2(x+iy)$$

$$\Rightarrow \quad u = 2x, v = 2y$$

अतः दिए हुए रूपान्तरण के द्वारा रेखा $x - 0, y = 0$ तथा $x + y = 1$ का रूपान्तरण क्रमशः $u = 0, v = 0$ तथा $u + v = 2$ है जोकि त्रिभुजाकार आकृति है, जिसका अक्षों पर अन्तःखण्ड z-समतल के अन्तःखण्डों का दोगुना है।

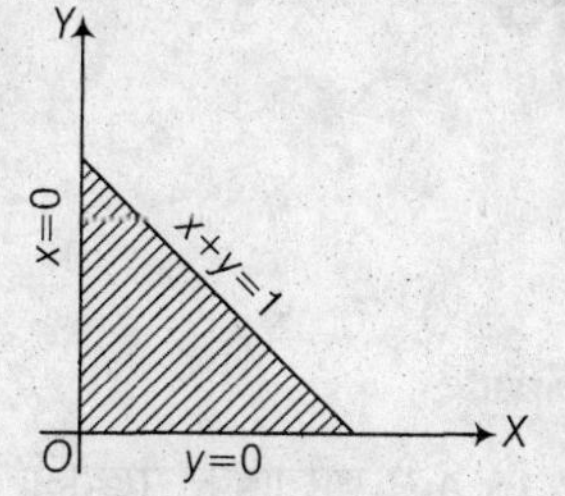

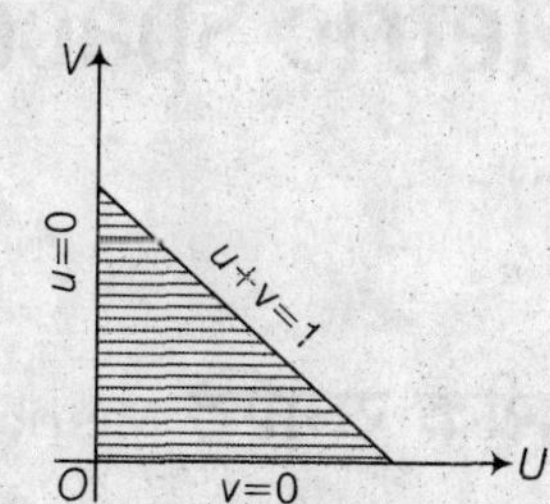

अध्याय 34

दूरीक समष्टि

Metric Spaces

दूरीक समष्टि Metric Space

माना A एक अरिक्त समुच्चय हैं। $A \times A$ से वास्तविक संख्याओं के समुच्चय R में परिभाषित फलन d दूरीक (या दूरी फलन) कहलाता है, यदि और केवल यदि फलन d, सभी $x, y, z \in A$ के लिए निम्नलिखित अभिगृहितों (Axioms) को सन्तुष्ट करता हो

$[\mathbf{M}_1]$ $d(x, y) \geq 0$

$[\mathbf{M}_2]$ $d(x, y) = 0$ यदि और केवल यदि $x = y$

$[\mathbf{M}_3]$ $d(x, y) = d(y, x)$ [सममित]

$[\mathbf{M}_4]$ $d(x, y) + d(y, z) \geq d(x, z)$ [त्रिभुज असमिका]

विवृत्त समुच्चय Open Set

माना (A, d) एक दूरीक समष्टि है। A का एक उपसमुच्चय B को **विवृत्त** (Open) या d-विवृत (or d-open) कहते हैं, यदि और केवल यदि प्रत्येक $x \in B$ के लिए $r > 0$ विद्यमान है ताकि $S(x, r) \subset B$ अर्थात् दूरीक समष्टि A का उपसमुच्चय B विवृत्त होगा, यदि और केवल यदि B के प्रत्येक बिन्दु के लिए एक विवृत गोलक प्राप्त किया जा सके, जोकि B में आविष्ट हो या यदि दूरीक समष्टि A के किसी उपसमुच्चय B का प्रत्येक बिन्दु, B के किसी न किसी विवृत गोलक का केन्द्र हो, तो B को A का **विवृत्त समुच्चय** कहते हैं।

संवृत्त समुच्चय Closed Set

माना (A, d) एक दूरीक समष्टि है और S, A का उपसमुच्चय है। यदि S के समस्त सीमा बिन्दुओं का समुच्चय S_1, S का उपसमुच्य हो, तो S का एक **संवृत्त समुच्चय** कहते हैं।

सामीप्य बिन्दु Neighbourhoods

एक उपसमुच्चय N, (जहाँ $N \subset R$) को बिन्दु P का सामीप्य बिन्दु कहते हैं, जबकि $P \in R$ और N एक विवृत अन्तराल में P को रखता है।

अर्थात् यदि $]a, b[$ एक विवृत्त अन्तराल है, तब $P \in]a, b[\subset N$.

अन्त बिन्दु Limits Points

यदि $A \subset R$, तब बिन्दु $P \in R, A$ का अन्त बिन्दु कहलाता है, यदि प्रत्येक $\in$ एक सामीप्य बिन्दु है, जहाँ nbd $N(P, \in)$ है।

संवरणक बिन्दु Closure Points

एक बिन्दु P, को समुच्चय A का संवरणक बिन्दु कहते हैं, यदि प्रत्येक $\in$ समुच्चय A के पूरक समुच्चय का सामीप्य बिन्दु है।

अभ्यन्तर बिन्दु Interior Points

माना समुच्चय A, समुच्चय R का एक उपसमुच्चय है और यदि $P \in A$, तब P को A का अभ्यन्तर बिन्दु कहते हैं।

परिसीमा बिन्दु Boundary Points

एक बिन्दु P को समुच्चय A का परिसीमा बिन्दु कहते हैं, यदि P न तो संवरणक बिन्दु है और न ही अभ्यन्तर बिन्दु।

दूरीक समष्टि का उपसमष्टि

Subspaces of a Metric Space

माना (X, d) एक दूरीक समष्टि है और $Y \subseteq X$ है। माना d^*, d के उपसमष्टि को प्रदर्शित करता है, जबकि $d \in Y \times Y$ अर्थात्

$$d^*(x, y) = d(x, y), \text{ जहाँ } x \text{ और } y; Y \text{ के बिन्दु हैं।}$$

कोशी अनुक्रम Cauchy Sequences

माना (X,d) एक दूरीक समष्टि है और माना $S < S_n >$ एक X में अनुक्रम है, तब S को X में कोशी अनुक्रम कहते हैं।

पूर्णता दूरीक समष्टि Complete Metric Spaces

एक दूरिक समष्टि (X,d) को पूर्णता दूरीक समष्टि कहते हैं, यदि और केवल यदि X में प्रत्येक कॉशी अनुक्रम परिबद्ध हो और प्रत्येक बिन्दु X में हो।

केन्टर सर्वनिष्ठ प्रमेय
Cantor's Intersection Theorem

माना (X, d) एक दूरीक समष्टि है तथा माना $< f_n > X$ के अरिक्त परिबद्ध उपसमुच्चय की मोनोटॉनिक अनुक्रम ऐसा है कि $\delta(f_n) \to 0$, जबकि $n \to \infty$, तब X का पूर्णता दूरीक समष्टि है, यदि और केवल यदि $x \bigcap_{n=1}^{\infty} f_n$ हो।

बेयर केटगरी प्रमेय
Baire Category Theorem

प्रत्येक पूर्णता दूरीक समष्टि स्वयं की द्वितीय केटगरी होती है।

संहिता समष्टि Compactness Space

दूरीक समष्टि X के एक उपसमुच्चय A को संहिता समष्टि कहते हैं, यदि प्रत्येक विवृत्त समुच्चय के लिए $\{G_\lambda : \in \wedge\}$, जिसका $A \subset \cup \{G_\lambda \in \wedge\}$ इस प्रकार है कि समुच्चयों $G_{\lambda_1}, G_{\lambda_2} ..., G_{\lambda_n}$ के लिए $A \subset G_{\lambda_1} \cup ... \cup G_{\lambda_n}$

अनुक्रमणीय संहिता समष्टि
Sequentially Compactness Spaces

एक दूरीक समष्टि (X,d) को अनुक्रमणीय संहिता समष्टि कहते हैं, यदि प्रत्येक अनुक्रम X में परिबद्ध उप-अनुक्रम (Subsequence) रखता है।

विघटीय समुच्चय Separated Sets

माना (X,d) एक दूरीक समष्टि है। X के दो अरिक्त समुच्चय A और B विघटीय समुच्चय कहलाते हैं, यदि $A \cap \overline{B} = \phi$ तथा $\overline{A} \cap B = \phi$ हो।

सम्बद्धता समुच्चय Connectedness Sets

माना (X,d) एक दूरीक समष्टि है, तब X के एक उपसमुच्चय A को सम्बद्धता कहते हैं, यदि दो अरिक्त विघटीय समुच्चयों C और D का सम्मिलन A ऐसा है कि $A = C \cup D, C \cap \overline{D} = \phi$ तथा $\overline{C} \cap D = \phi$।

अभ्यास प्रश्न

1. वास्तविक संख्याओं के R में एक दूरीक समष्टि है
(a) $d(x, y) = | x - y | \; \forall \; x, y \in R$
(b) $d(x, y) = \left| \frac{x}{y} \right| \forall \; x, y \in R$
(c) $d(x, y) = | xy | \; \forall \; x, y \in R$
(d) उपरोक्त में से कोई नहीं

2. यदि सम्मिश्र संख्याओं का समुच्चय C एक दूरीक समष्टि है, तब
(a) $d(z_1, z_2) = \frac{|z_1|}{[1 + |z_1|^2 + |z_2|^2]^{1/2}}$
(b) $d(z_1, z_2) = \frac{|z_1 - z_2|}{[(1 + |z_1|^2)(1 + |z_2|^2]^{1/2}}$
(c) $d(z_1, z_2) = \frac{|z_2|}{[(1 + |z_1|^2)(1 + |z_2|)^2]^{1/2}}$
(d) उपरोक्त में से कोई नहीं

3. निम्नलिखित में कौन-सा एक विवृत्त है?
(a) [1, 2] (b) {1, 2, 3, 4} (c) N (d)]0,1[

4. एक दूरीक समष्टि $d(x, y) = | x - y |$, R में है, तब अन्तराल] 0, 2 [में सामीप्य बिन्दु क्या होगा?
(a) 0 (b) 2
(c) 1 (d) इनमें से कोई नहीं

5. यदि $< S_n >$, एक दूरीक समष्टि (X,d) में, एक अनुक्रम है और एक समुच्चय E_n इस प्रकार है कि
$E_1 = \{S_1, S_2, ...\}, E_2 = \{S_2, S_3, ...\}, ..., E_n = \{S_n, S_{n+1}, ...\}$ है।
यदि $< S_n >$ कॉशी अनुक्रम है, तब
(a) $\delta(E_n) \to 0; n \to \infty$ (b) $\delta(E_n) \to 1; n \to \infty$
(c) $\delta_n(E_n) \to \infty, n \to \infty$ (d) इनमें से कोई नहीं

6. सभी अपरिमेय संख्याओं का समुच्चय निम्न में से किस केटगरी का है?
(a) प्रथम केटगरी (b) द्वितीय केटगरी
(c) प्रथम एवं द्वितीय केटगरी (d) इनमें से कोई नहीं

7. एक दूरीक समष्टि में प्रत्येक विवृत्त गोला होगा
(a) विवृत्त समुच्चय
(b) संवृत्त समुच्चय
(c) विवृत्त एवं संवृत्त दोनों प्रकार का समुच्चय
(d) उपरोक्त में से कोई नहीं

8. एक दूरीक समष्टि X का उपसमुच्चय A संवृत्त है, यदि और केवल यदि
(a) A, सभी संवरणक बिन्दु रखता है या $D(A) \neq A$
(b) A, सभी अभ्यंतर बिन्दु रखता है या $D(A) \not\subset A$
(c) A, सभी अंतबिन्दु रखता है या $D(A) \subset A$
(d) A, सभी परिसीमा बिन्दु रखता है

9. एक दूरीक समष्टि में प्रत्येक अभिसारी अनुक्रम होता है

(a) दोलीय अनुक्रम (b) अपसारी अनुक्रम

(c) कॉशी अनुक्रम (d) परिमित दोलायमान अनुक्रम

10. यदि $C[a,b]$ अन्तराल $[a,b]$ पर सभी सतत् फलन के समुच्चय को प्रदर्शित करता है। यदि प्रत्येक $f, g \in C[a,b]$ के लिए परिभाषित फलन $\rho(f,g) = \{\int_a^b |f(x) - g(x)|^2\, dx\}^{1/2}$ है, तब दूरीक समष्टि $C[a,b]$ के लिए सत्य कथन है

(a) यह पूर्णता दूरीक समष्टि है (b) यह पूर्णता दूरीक समष्टि नहीं है

(c) यह उप-समष्टि है (d) यह संहिता समष्टि नहीं है

11. $A =]2, 3[, B =]3, 4[$ एक दूरीक समष्टि के साथ वास्तविक संख्याओं के समुच्चय R के उपसमुच्चय हैं, तब A और B के सत्य कथन है

(a) A तथा B विघटीय समुच्चय हैं

(b) A तथा B विघटीय समुच्चय नहीं हैं

(c) A तथा B विघटीय नहीं होंगे, यदि $A \cap \bar{B} = \phi$ और $\bar{A} \cap B = \phi$

(d) उपरोक्त में से कोई नहीं

12. संहिता समुच्चयों का संवृत्त उपसमुच्चय होता है

(a) संहिता समुच्चय (b) सम्बद्धता समुच्चय

(c) अनुक्रमणीय सम्बद्धता (d) इनमें से कोई नहीं

उत्तरमाला

1.	(a)	2.	(b)	3.	(d)	4.	(c)	5.	(a)	6.	(b)	7.	(a)	8.	(c)	9.	(c)	10.	(b)
11.	(a)	12.	(a)																

अध्याय 35

अमूर्त बीजगणित

Abstract Algebra

स्वाकारिता (स्वसमरूपता) Automorphism

यदि एक समूह (ग्रुप) G का एक तुल्यकारी प्रतिचित्रण स्वयं आच्छादक हो तब यह प्रतिचित्रण समूह G का समूह स्वाकारिता कहलाता है।

अतः $f : G \xrightarrow[\text{एकैकी}]{\text{आच्छादक}} G$ एक समूह स्वाकारिता है G का, यदि

$$f(ab) = f(a)\, f(b),\ \forall\ a, b \in G.$$

आंतर स्वाकारिता Inner Automorphism

यदि G एक समूह है। एक प्रतिचित्रण f_a जो समूह स्वाकारिता है। आंतर स्वाकारिता कहलाता है, यदि $f_a : G \to G$ इस प्रकार परिभाषित हो कि $f_a(x)\ \ a^{-1}xa\ \forall\ x \in G$

संयुग्मी अवयव Conjugate Elements

यदि a, b समूह G के दो अवयव हैं, तब b को a का संयुग्मी अवयव कहते हैं, यदि एक अवयव $x \in G$ इस प्रकार है कि $b = x^{-1}ax$

संयुग्मता का सम्बन्ध Relation of Conjugacy

संयुग्मता का सम्बन्ध एक तुल्यता सम्बन्ध होता है, अर्थात् संयुग्मता का सम्बन्ध स्वतुल्य (Reflexivity), सममित (Symmetry) तथा संक्रमक (Transitivity) होता है।

एक समूह के एक अवयव का नॉर्मलाईजर
Normalizer of an Element of a Group

यदि $a \in G$, तब समूह G के एक अवयव a का नार्मलाईजर $N(a)$, G के उन सभी अवयवों का समुच्चय है जो a के साथ क्रमविनिमय है।

अर्थात् $N(a) = \{x \in G : ax = xa\}$

स्वयं संयुग्मी अवयव Self-congugate Elements

एक समूह G के एक अवयव a को स्वयं का संयुग्मी अवयव कहते हैं यदि कक्षा $C(a)$ के केवल सदस्य a के संयुग्मी अवयव हैं।

अर्थात् $c(a) = \{a\}$

अतः a, स्वयं संयुग्मी है, यदि और केवल यदि

$$a = x^{-1}ax\ \forall\ x \in G \text{ या } xa = ax\ \forall\ x \in G$$

समूह का केन्द्र Centre of a Group

एक समूह G के सभी स्वयं संयुग्मी अवयवों के समुच्चय Z, को समूह G का केन्द्र कहते हैं अर्थात् $Z = \{Z \in G : Zx = xZ\ \forall\ x \in G\}$

समूह का गणितीय सिद्धान्त
Counting Principle of a Group

यदि H, समूह G तथा G के प्रसामान्य समूह K का जो H को रखता है, का प्रसामान्य समूह है, तब $G/K \doteq (G/H)/(K/H)$

परिमित समूह (ग्रुप) पर कुछ महत्त्वपूर्ण प्रमेय
Some Important Theorems on Finite Groups

1. आबेली समूह के लिए कोशी का प्रमेय
Cauchy's Theorem for Abelian Groups

माना G एक परिमित आबेली समूह है और $p/o\,(G)$ अर्थात् p समूह के क्रम $[o(G)]$ का भाजक है, जहाँ p एक अभाज्य संख्या है, तब वहाँ एक अवयव $a \neq e \in G$ इस प्रकार है कि $a^p = e$

2. **अनआबेली समूह के लिए कोशी का प्रमेय**
Cauchy's Theorem for Unabelian Groups

माना G एक परिमित अनआबेली समूह है और $p/o(G)$, जहाँ p एक अभाज्य संख्या है, तब G में एक अवयव इस प्रकार है कि $o(a) = p$

3. **परिमित समूह के लिए सेलो का प्रमेय**
Sylow's Theorem for Finite Groups

माना G एक परिमित क्रम का समूह (ग्रुप) है और p एक अभाज्य संख्या है। यदि $p^m / o(G)$ एवं p^{m+1} समूह G के क्रम का भाजक नहीं है, तब G एक p^m क्रम का उपसमूह रखता है।

वलय Ring

एक बीजगणितीय संरचना $(R, +, \cdot)$ को वलय कहते हैं, यदि यह निम्नलिखित गुणों को सन्तुष्ट करती है

(i) $(R, +)$ एक अबेलियन समूह (Abelian group) है।
(ii) गुणा का क्रमविनिमेय क्लोज्ड है।
(iii) गुणनफल क्रमविनिमेय है।
(iv) गुणनफल, योग पर वितरित है।

इकाई वलय Unit Ring

यदि $1 \cdot a = a = a \cdot 1, \forall a \in R$ तब वलय, इकाई वलय कहलाता है।

विनिमय वलय Commutative Ring

यदि $a \cdot b = b \cdot a, \forall a, b \in R$

भाजित वलय Division Ring

एक वलय R, इकाई तत्व के साथ जो कम-से-कम दो तत्वों को रखता है, भाजित वलय कहलाता है।

शून्य भाजित वलय Zero Division Ring

यदि $ab = 0 \Rightarrow$ या तो $a = 0$ या $b = 0$ तब वलय, शून्य भाजित वलय कहलाता है।

वलय का व्युत्क्रमणीय (एकांक) अवयव
Reciprocal Unit of a Ring

एक वलय R, जोकि क्रमविनिमेय तत्समक वलय है, का अवयव $a \in R, R$ में व्युत्क्रमणीय अवयव है, यदि R में एक ऐसा अवयव b विद्यमान है कि $ab = 1, R$ जहाँ $1, R$ का गुणन संक्रिया का तत्समक अवयव है

$H6 \rightarrow$ वलय का केन्द्र (centre of a ring) एक वलय R के सभी संयुग्मी अवयवों के समुच्चय C को वलय R का केन्द्र कहते हैं

$$C = \left\{ r \in \frac{R}{r\theta} = a, r, \forall a \in R \right\}$$

उपवलय Subring

माना $(R, +, \cdot)$ एक वलय है। R का अरिक्त उपसमुच्चय S, उपवलय कहलाता है, यदि $(S, +, \cdot)$ एक वलय है।

क्षेत्र Field

एक साहचर्य वलय इकाई तत्व के साथ, जो कम-से-कम दो तत्वों को रखता है, क्षेत्र कहलाता है।

उपक्षेत्र Subfield

माना $(F, +, \cdot)$ एक क्षेत्र है। F का अरिक्त उपसमुच्चय K, उपक्षेत्र कहलाता है, यदि $(K, +, \cdot)$ एक क्षेत्र है।

सम्पूर्ण प्रान्त Integral Domain

एक साहचर्य वलय, इकाई तत्व के साथ, जिसका कोई शून्य भाज्य न हो, सम्पूर्ण प्रान्त कहलाता है।

आइडियल Ideals

वलय R का अरिक्त उपसमुच्चय S, आइडियल कहलाता है, यदि

(i) $(S, +, \cdot), (R, +)$ का उपवलय है।
अर्थात् $a \in S$ और $b \in S \Rightarrow a - b \in S$
(ii) $a \in S, r \in R \Rightarrow ra \in S$ तथा $ar \in S$

बायाँ आइडियल Left Ideal

वलय R का एक अरिक्त उपसमुच्चय S, बायाँ आइडियल कहलाता है, यदि

(i) $(S, +), (R, +)$ का उपवलय है।
अर्थात् $a \in S$ और $b \in S \Rightarrow a - b \in S$
(ii) $a \in S$ और $r \in R \Rightarrow ra \in S$

दायाँ आइडियल Right Ideal

वलय R का अरिक्त उपसमुच्चय S, दायाँ आइडियल कहलाता है, यदि

(i) $(S, +), (R, +)$ का उपवलय है। अर्थात् $a \in S$ और $b \in S \Rightarrow a - b \in S$
(ii) $a \in S$ और $r \in R \Rightarrow ar \in S$

वलय का होमोमॉरफीज्म Homomorphism of Ring

$f(P) \rightarrow R^1$, एक होमोमॉरफीज्म वलय कहलाता है, यदि

$$f(-a) = -f(a), \forall a \in R$$

वलय का आइसोमॉरफीज्म Isomorphism of Ring

फलन $\phi : R \rightarrow R'$ एक आइसोमॉरफीज्म कहलाता है, यदि

(i) ϕ एक होमोमॉरफीज्म है। (ii) ϕ एकक-एकक है।
(iii) ϕ आच्छादित है।

भागफल वलय Quotient Ring

माना R एक वलय है और S, R का कोई आइडियल है, तब $\frac{R}{S} = \{a + S : a \in R\}$ भागफल वलय कहलाता है।

सैद्धान्तिक आइडियल Principle Ideal

माना R का एक आइडियल S, सैद्धान्तिक आइडियल कहलाता है, यदि $a \in S$, तब $S = (a)$

अभाज्य आइडियल Prime Ideal

माना R एक विनिमय वलय है, तब एक आइडियल $S \neq R$, अभाज्य आइडियल कहलाता है,

यदि $ab \in S \Rightarrow$ या तो $a \in S$ या $b \in S, \forall a, b \in R$

अधिकतम आइडियल Maximum Ideal

वलय का एक आइडियल $M \neq R$, यदि किसी आइडियल V के लिए। जैसे— $M < V < R$, तब या तो $M = V$ या $V = R$

भागफल क्षेत्र Quotient Field

यदि $f : D, D$ का एक आइसोमॉरफीज्म है तथा क्षेत्र $F = \{[a, b] : a, b \in 0$ तथा $b \neq 0\}$ को भागफल क्षेत्र कहते हैं।

बहुपदीय वलय Polynomial Ring

माना वलय R, x का एक अनिर्धार्य (Indeterminate) है, जहाँ $x \notin R$, तब बहुपदीय

$$f(x) = a_0 + a_1x + a_2x^2 + ... + a_nx^n, \text{ जहाँ } a_n \neq 0$$

अत: $a_0, a_1, a_2, ..., a_n$, सभी R में हैं।

बहुपद वलय (रिंग) Polynomial Ring

माना R कोई रिंग है तथा x, वास्तविक संख्याओं के समुच्चय R का अपरिमित अवयव है, तब बहुपद $f(x)$ को R का रिंग कहते हैं, यदि $f(x) = a_0x^0 + a_1x + a_2x^2 + ...$, जहाँ $a_0, a_1, a_2, ..., R$ के अवयव हैं।

यूक्लिडियन वलय रिंग Euclidean Rings

माना R एक सम्पूर्ण प्रान्त है। तब R को यूक्लीडियन रिंग कहते हैं यदि अशून्य अवयव $a \in R$, जहाँ a एक धनात्मक पूर्णांक इस प्रकार है कि

(i) $\forall a, b \in R$, दो अशून्य हैं, तब $d(ab) \geq d(a)$

(ii) $a, b \in R$ तथा $b \neq 0$ वहाँ $q, r \in R$ इस प्रकार है कि $a = qb + r$, जहाँ या तो $r = 0$ या $d(r) < d(b)$

अद्वितीय गुणनखण्ड डोमेन (प्रान्त) Unique Factorization Domain

इकाई अवयव रखने वाले एक सम्पूर्ण प्रान्त (डोमेन) R को अद्वितीय गुणनखण्ड प्रान्त कहते हैं यदि

(i) R का कोई अशून्य अवयव या तो इकाई है या R के अभाज्य अवयवों की गुणा की निश्चित संख्या के रूप में लिखा जा सकता है।

(ii) भाग (i) अद्वितीय और साहचर्य है।

सदिश समष्टि Vector Spacc

यदि (F^+) एक क्षेत्र है, तब F के तत्व अदिश कहलाते हैं। अब माना V एक अरिक्त समुच्चय है, जिसके तत्वों को सदिश कहते हैं, तब V क्षेत्र F पर एक सदिश समष्टि होगा तथा इसे $V(F)$ से प्रदर्शित करते हैं।

(i) V का परिभाषित आन्तरिक समायोजन, सदिशों का योग कहलाता है तथा इसको '+' से प्रदर्शित करते हैं।

(ii) बाहरी समायोजन, अदिश गुणनफल कहलाता है, जैसे कि

$$\alpha \in V \;\forall \alpha \in F$$

(iii) सदिशों का योगफल व गुणनफल निम्नलिखित को सन्तुष्ट करता है

(a) $a(\alpha + \beta) = a\alpha + a\beta, \forall a \in F$ और $\forall \alpha, \beta \in V$

(b) $(a + b)\alpha = a\alpha + b\alpha, \forall a, b \in F$ और $\alpha \in V$

(c) $(ab)\alpha = a(b\alpha), \forall a, b \in F$ और $\forall \alpha \in V$

(d) $1\alpha = \alpha, \forall \alpha \in V$ और 1, क्षेत्र F का एक इकाई तत्व (Unit element) है।

सदिश समष्टि के सामान्य गुण Ordinary Properties of Vector Space

***प्रमेय* 1** माना $V\ (F)$ एक सदिश समष्टि है और 0 एक शून्य सदिश है।

(i) $a0 = 0, \forall a \in F$

(ii) $0\alpha = 0, \forall \alpha \in V$

(iii) $a(-\alpha) = -(a\alpha), \forall a \in F, \forall \alpha \in V$

(iv) $(-a)\alpha = -(a\alpha), \forall a \in F, \forall \alpha \in V$

(v) $a(\alpha - \beta) = a\alpha - a\beta, \forall a \in F$ और $\alpha, \beta \in V$

(vi) $a\alpha = 0 \Rightarrow a = 0$ या $\alpha = 0$

***प्रमेय* 2** माना $V(F)$ एक सदिश समष्टि है, तब

(i) यदि $a, b \in F$ और α, V का एक अशून्य तत्व है।

(ii) यदि $\alpha, \beta \in V$ और a एक अशून्य तत्व है, तब

$$a\alpha = a\beta \Rightarrow \alpha = \beta$$

सदिश उपसमष्टि Vector Subspaces

परिभाषा माना V क्षेत्र पर एक सदिश समष्टि है और $W \subseteq V$, तब W, क्षेत्र V का उपसमष्टि कहलाता है।

***प्रमेय* 1** यदि $W, V(F)$ का सदिश उपसमष्टि है, तब इसके लिए निम्न आवश्यक शर्तें हैं

(i) $\alpha \in W, \beta \in W \Rightarrow \alpha - \beta \in W$

(ii) $a \in F, \alpha \in W \Rightarrow a\alpha \in W$

***प्रमेय* 2** सदिश समष्टि $V(F)$ का अशून्य उपसमुच्चय W होने के लिए आवश्यक शर्त यह है कि

$$a, b \in F \text{ और } \alpha, \beta \in W \Rightarrow a\alpha + b\beta \in W$$

***प्रमेय* 3** सदिश समष्टि V के लिए दो उपसमुच्चयों W_1 और W_2 का प्रतिच्छेदन भी $V(F)$ का उपसमुच्चय होगा।

***प्रमेय* 4** $V(F)$ के दो उपसमुच्चयों का सम्मिलन (Union) भी एक उपसमुच्चय होगा।

रैखिक अवधि Linear Period

माना $V(F)$ एक सदिश समष्टि है और S, V का कोई अरिक्त उपसमुच्चय है, तब S की रैखिक अवधि, S के सभी तत्वों के रैखिक समायोजन का समुच्चय है। इसे $L(S)$ से प्रदर्शित करते हैं।

$L(S) = \{a_1\alpha_1 + a_2\alpha_2 + ... + a_n\alpha_n : \alpha_1, \alpha_2, \alpha_3, ..., \alpha_n \in V$ तथा $a_1, a_2, a_3, ..., a_n \in F\}$

दो सदिश उपसमष्टि का रैखिक योग

Linear Addition on Two Vector Subspaces

माना W_1 और W_2 सदिश समष्टि $V(F)$ के उपसमुच्चय हैं, तब इनका रैखिक योग $W_1 + W_2$ होगा, जोकि $\alpha_1 + \alpha_2$ के योग का समुच्चय होगा।

$\because \quad \alpha_1 \in W_1$ तथा $\alpha_2 \in W_2$

$\Rightarrow \quad W_1 + W_2 = \{\alpha_1 + \alpha_2 : \alpha_1 \in W_1, \alpha_2 \in W_2\}$

सदिश समष्टि V के लिए, उपसमुच्चय W के लिए, $W_1 + W_2 = W$

रैखिक योग पर आधारित महत्त्वपूर्ण प्रमेय

Important Theorems Based on Linear Addition

***प्रमेय* 1** यदि W_1 और W_2 सदिश समष्टि $V(F)$ के उपसमुच्चय हैं, तब

(i) $W_1 + W_2, V(F)$ का उपसमुच्चय होगा।

(ii) $W_1 + W_2 = \{W_1 \cup W_2\}$ अर्थात् $L(W_1 \cup W_2) = W_1 + W_2$

***प्रमेय* 2** यदि S और T, $V(F)$ के उपसमुच्चय हैं, तब

(i) $S \subseteq T \Rightarrow L(S) \subseteq L(T)$

(ii) $L(S \cup T) = L(S) + L(T)$

(iii) S, V का उपसमुच्चय होगा $\Leftrightarrow L(S) = S$

(iv) $L\{L(S)\} = L(S)$

***प्रमेय* 3** माना V सभी फलनों R से R पर अन्त:क्षेपी (into) का सदिश समष्टि है तथा V_e समफलनों का एक उपसमुच्चय है। $f(-x) = f(x)$ तथा V_o विषम फलनों का उपसमुच्चय है, यदि $f(-x) = -f(x)$, तब

(i) V_e और V_o, V के उपसमष्टि होंगे।

(ii) $V_e + V_o = V$

(iii) $V_e \cap V_o = \{0\}$

रैखिक विस्तृति Linear Span

माना $V(f)$ एक सदिश समष्टि है और S, V का अरिक्त समुच्चय है, तब S के परिमित समुच्चयों के अवयवों के रैखिक संचयों के समुच्चय को S का रैखिक विस्तृति कहते हैं तथा इसे $L(S)$ से प्रदर्शित करते हैं।

एकघाततः आश्रित Linear Dependence

माना $V(F)$ एक सदिश समष्टि है। $V(F)$ का एक परिमित समुच्चय $(\alpha_1, \alpha_2, \alpha_3, ..., \alpha_n)$ एक घाततः आश्रित होगा, यदि अदिश $a_1, a_2, ..., a_n \in F$ हैं।

जैसे— $a_1\alpha_1 + a_2\alpha_2 + a_3\alpha_3 + ... + a_n\alpha_n = 0$

एकघाततः स्वतन्त्र Linear Independence

माना $V(F)$ एक सदिश समष्टि है। $V(F)$ का एक परिमित समुच्चय $(\alpha_1, \alpha_2, \alpha_3, ..., \alpha_n)$ एकघाततः स्वतन्त्र कहलाता है, यदि

$a_1\alpha_1 + a_2\alpha_2 + a_3\alpha_3 + ... + a_n\alpha_n = 0,\ a_i \in F,\ 1 \le i \le n$

$\Rightarrow a_i = 0$, सभी $1 \le i \le n$ के लिए।

सदिश समष्टि का आधार Base of Vector Space

सदिश समष्टि $V(F)$ का उपसमुच्चय $S, V(F)$ का आधार है, यदि

(i) S रैखिक स्वतन्त्र सदिश रखता है।

(ii) $S, V(F)$ उत्पन्न करता है अर्थात् $L(S) = V$, V का प्रत्येक सदिश रैखिक S के सभी तत्वों का एकघाततः रैखिक स्वतन्त्र समायोजन होगा।

परिमित विमीय सदिश समष्टि

Finite Dimensional Vector Space

सदिश समष्टि $V(F)$ परिमित विमीय सदिश समष्टि कहलाता है, यदि V का एक परिमित उपसमुच्चय S अस्तित्व में है। जैसे— $V = L(S)$

परिमित विमीय सदिश समष्टि के गुण

Properties of Finite Dimensional Vector Spaces

(i) आधारों के अस्तित्व का प्रमेय (Extension Theorem) एक परिमित जनित्र सदिश समष्टि $V(F)$ का प्रत्येक रैखिक स्वतन्त्र उपसमुच्चय सदिश समष्टि $V(F)$ के आधार का एक भाग होता है।

(ii) यदि $V(F)$ एक परिमित अविचरणीयता विमा n का सदिश समष्टि है, तब V के किसी रैखिक स्वतन्त्र सदिश का समुच्चय V के आधार के रूप में होता है।

परिमित विमीय सदिश समष्टि की उपसमष्टि की पूरक उपसमष्टि का अस्तित्व Existance of Complementary Subspace of Finite Dimensional Vector Space

प्रत्येक सदिश उपसमष्टि W_1 के अनुसार, सदिश समष्टि $V(F)$ की परिमित विमा सदिश उपसमष्टि W की विमा इस प्रकार है कि W_1 तथा W_2 की विमाओं का योग V की विमा के बराबर होता है।

उपसमष्टियों के योग की विमा

Dimension of Sums of Subspaces

यदि $V(F)$ एक परिमित विमा का सदिश समष्टि है, तथा W_1 और W_2 इसके दो सदिश उपसमष्टियाँ हैं तब, V की विमा $= W_1$ की विमा $+ W_2$ की विमा

अर्थात् $\quad \dim V = \dim W_1 + \dim W_2$

भाज्य समष्टि Quotient Space

माना W सदिश समष्टि $V(F)$ की एक सदिश उपसमष्टि है तब W, योग के अन्तर्गत आबेली समूह V का एक प्रसामान्य समूह है, यदि $\alpha \in V$, तब $W + \alpha V$ का एक दायाँ संयुक्त समुच्चय है।

माना $\frac{V}{W}$, V में W के सभी संयुक्त समुच्चयों को प्रदर्शित करता है

अर्थात् $\frac{V}{W} = \{W + \alpha, \alpha \in V\}$, तब $\frac{V}{W}$ एक को भाज्य समष्टि कहते हैं।

भाज्य समष्टि की विमा Dimension of a Quotient Space

यदि W परिमित सदिश समष्टि का एक सदिश उपसमष्टि है, तब

$\frac{V}{W}$ की विमा $= V$ की विमा $- W$ की विमा

अर्थात् $\quad \dim \frac{V}{W} = \dim V - \dim W$

रैखिक रूपान्तरण Linear Transformation

माना $U(F)$ तथा $V(F)$ दो सदिश समष्टि हैं,जोकि किसी फील्ड F पर परिभाषित हैं। एक रैखिक रूपान्तरण U से V पर एक फलन T होता है। जो निम्न प्रकार परिभाषित है

$$T(a\alpha + b\beta) = aT(\alpha) + bT(\beta),\ \forall \alpha, \beta \in U$$

तथा $a, b \in F$ ...(i)

समी (i) को रैखिक गुणधर्म कहते हैं।

रैखिक ऑपरेटर Linear Operator

माना $V(F)$ एक सदिश समष्टि है। V पर एक रैखिक ऑपरेटर, एक फलन T है जो V से U पर इस प्रकार है कि

$$T(a\alpha + b\beta) = aT(\alpha) + bT(\beta),\ \forall \alpha, \beta \in V$$

तथा $\forall\ a, b \in F$

कुछ महत्त्वपूर्ण रूपान्तरण Some Important Transformations

1. शून्य रूपान्तरण Null Transformation

यदि $T(a\alpha + b\beta) = 0 = a \cdot 0 + b \cdot 0$ [T की परिभाषा से]

$= aT(\alpha) + bT(\beta)$ [$\because T(\alpha) = 0, V$ का शून्य सदिश]

2. तत्समक ऑपरेटर Identity Operator

यदि $I(a\alpha + b\beta) = a\alpha + b\beta = aI(\alpha) + bI(\beta)$ है,तब I, V से V पर एक रैखिक रूपान्तरण है रूपान्तरण I को तत्समक ऑपरेटर कहते हैं।

3. ऋणात्मक रैखिक रूपान्तरण Negative Linear Transformation

माना $\alpha, \beta \in U$ तथा $a, b \in F$, तब $a\alpha + b\beta \in U$ तथा

$$(-T)(a\alpha + b\beta) = -[T(a\alpha + b\beta)] \quad [-T \text{ की परिभाषा से}]$$
$$= -[aT(\alpha) + bT(\beta)]$$
$$= a[-T(\alpha)] + b[-T(\beta)]$$
$$= a[(-T)\alpha] + b[(-T)\beta]$$

अत: $-T$ एक रैखिक रूपान्तरण है। U से V पर रैखिक रूपान्तरण $-T$ को T का ऋणात्मक रूपान्तरण कहते हैं।

प्रमेय माना T एक रैखिक रूपान्तरण $U(F)$ से $V(F)$ पर है, तब

(i) $T(0) = 0$

(ii) $T(-\alpha) = -T(\alpha), \forall \alpha \in U$

(iii) $T(\alpha - \beta) = T(\alpha) - T(\beta), \forall \alpha, \beta \in U$

(iv) $T(a_1\alpha_1 + a_2\alpha_2 + \ldots + a_n\alpha_n) = a_1T(\alpha_1) + a_2T(\alpha_2) + \ldots + a_nT(\alpha_n)$

जहाँ, $\alpha_1, \alpha_2, \alpha_3, \ldots, \alpha_n \in U$ तथा $a_1, a_2, a_3, \ldots, a_n \in R$

रैखिक रूपान्तरण का परास Range of Linear Transformation

माना $U(F)$ तथा $V(F)$ दो सदिश समष्टि हैं तथा T, U से V पर एक रैखिक रूपान्तरण है, तब T के परास को $R(T)$ लिखते हैं। यहाँ V में सभी सदिशों के लिए β इस प्रकार है कि $\beta = T(\alpha), \forall \alpha \in U$ इसलिए T का परास U के प्रतिबिम्ब समुच्चय U है। T के अन्तर्गत अर्थात् परास

$$T = \{T(\alpha) \in V \alpha \in U\}$$

रैखिक रूपान्तरण की रिक्त समष्टि Null Space of Linear Transformation

माना $U(F)$ तथा $V(F)$ दो सदिश समष्टि है तथा T, U से V पर एक रैखिक रूपान्तरण है, तब T के रिक्त समष्टि को $N(T)$ लिखते हैं तथा यह निम्न प्रकार से परिभाषित है $N(T) = \{\alpha \in U, T(\alpha) = 0 \in V\}$

रैखिक रूपान्तरण का रैंक तथा नलिटि Rank and Nullity of Linear Transformation

माना $U(F)$ तथा $V(F)$ दो सदिश समष्टि हैं तथा T, U से V पर एक रैखिक रूपान्तरण है, तब T के रैंक को $\rho(T)$ से लिखते हैं तथा यह निम्न प्रकार परिभाषित है

$$\rho(T) = \dim R(T)$$

तथा T का नलिटि निम्न प्रकार परिभाषित है

$$V(T) = \dim N(T)$$

1. $L(U, V)$ में F पर अदिश गुणन तथा योगफल Scalar Product and Addition on F in $L(U, V)$

माना U तथा V दो सदिश समष्टि हैं। क्षेत्र F पर, यदि C का कोई अवयव है, तो

(a) $(CT)(\alpha) = CT(\alpha), \forall \alpha \in U$

एक रैखिक रूपान्तरण, U से V पर होगा।

(b) $(T_1 + T_2)(\alpha) = T_1(\alpha) + T_2(\alpha), \forall \alpha \in U$

2. $L(U, V)$ की विमा Dimension of $L(U, V)$

यदि $U(F)$ तथा $V(F)$ सीमित विमीय (Finite dimensional) हैं, तब सदिश समष्टि किसी रैखिक रूपान्तरण, U से V का भी सीमित विमीय होगा।

व्युत्क्रमणीय रैखिक रूपान्तरण Invertible Linear Transformation

माना U तथा V सदिश समष्टि, F पर हैं। T, U से V पर एक रैखिक रूपान्तरण इस प्रकार है कि T एकैकी आच्छादक है, तब T व्युत्क्रमणीय होगा। माना T, U से V पर एक फलन है, तब T को एकैकी कहेंगे, यदि $\alpha_1, \alpha_2 \in U$ तथा $\alpha_1 \neq \alpha_2 \Rightarrow T(\alpha_1) \neq T(\alpha_2)$

पुन: T आच्छादक होगा, यदि $\beta \in V \Rightarrow \exists \alpha \in U$। इस प्रकार, $T(\alpha) = \beta$

T का व्युत्क्रम Inverse of T

यदि T एकैकी आच्छादक है, तब हम एक फलन T^{-1}, V से U पर इस प्रकार परिभाषित करते हैं कि प्रत्येक $\gamma \in V \Rightarrow \exists\, \alpha \in U$

तब, $T(\alpha) = \gamma$

$\because T$ एकैकी है, इसलिए α, U का अद्वितीय अवयव होगा।

$\therefore \quad \alpha, \beta \in U$ तथा $\alpha \neq \beta \Rightarrow \gamma = T(\alpha) \neq T(\beta)$

अत: $\quad T^{-1} : V \to U$

इसी प्रकार, $\quad T^{-1}(\gamma) = \alpha \Leftrightarrow T(\alpha) = \gamma$

$\therefore T^{-1}$ एकैकी आच्छादक है।

व्युत्क्रम तथा अव्युत्क्रम रूपान्तरण पर आधारित प्रमेय
Theorems Based on Invertible and Non-invertible Transformations

प्रमेय 1 माना T, U से V के लिए रैखिक रूपान्तरण है, तब T एकांकी रूपान्तरण नहीं होगा तथा T उपसमुच्चय U के रैखिक अस्वतन्त्र का मान उपसमुच्चय V के रैखिक अस्वतन्त्र चर की ओर अग्रसर होता है।

प्रमेय 2 माना T रैखिक रूपान्तरण होगा सदिश समष्टि $U(F)$ से सदिश समष्टि $V(F)$ के लिए, तब T एकांकी रूपान्तरण नहीं होगा, यदि T एकक-एकक हो।

प्रमेय 3 माना U तथा V सीमित विमीय सदिश समष्टि क्षेत्र F से परिबद्ध है। अत: $\dim U = \dim V$ यदि T, U से V के लिए रैखिक रूपान्तरण है, तब निम्न में से समान है

(i) T प्रतिप्य है।

(ii) T एकांकी रूपान्तरण नहीं है।

(iii) T का परास V है।

(iv) यदि $(\alpha_1, \alpha_2, ..., \alpha_n)$ U के किसी आधार के लिए, तब $\{T(\alpha_1), T(\alpha_2), ..., T(\alpha_n)\}$ $3V$ के आधार के लिए।

(v) यहाँ, U के लिए कुछ आधार $(\alpha_1, \alpha_2, ..., \alpha_n)$ तथा इसी प्रकार $\{T(\alpha_1), T(\alpha_2), ..., T(\alpha_n)\}$ $3V$ के आधार के लिए।

प्रमेय 4 (i) एक रैखिक रूपान्तरण T सीमित विमीय सदिश समष्टि के लिए प्रतिप्य होगा, यदि T अग्रसर हो।

(ii) एक रैखिक रूपान्तरण T सीमित विमीय सदिश समष्टि के लिए प्रतिप्य होगा, केवल यदि T एकांकी रूपान्तरण नहीं है।

अदिश रूपान्तरण Scalar Transformation

माना $V(F)$ एक सदिश समष्टि है एक रैखिक रूपान्तरण T, V से सम्बन्धित रूपान्तरण, अदिश रूपान्तरण V से सम्बन्धित होगा, यदि

$$T(\alpha) = C\alpha, \forall \alpha \in V,$$

जहाँ C,F के लिए एक स्थिर सदिश है।

रैखिक रूपान्तरण का आव्यूह प्रदर्शन
Matrix Representation of Linear Transformation

माना U तथा V सदिश समष्टि की विमाएँ n तथा m है ,तो साधारणत: माना $B_1 = \{\alpha_1, \alpha_2, ..., \alpha_n\}$ और $B_2 = \{\beta_1, \beta_2, ..., \beta_n\}$, U तथा V विमा के आधार हैं। माना $T : U \to V$ के लिए रैखिक रूपान्तरण निम्न प्रकार से परिभाषित हैं

$$T(\alpha_j) = \alpha_{1j}\beta_1 + \alpha_{2j}\beta_2 + ... + \alpha_{mj}\beta_m \text{ तथा } j = 1, 2, ..., n$$

अत: सदिश निर्देशांक $T(\alpha_j)$ को सदिश $[a_{1j}\ a_{2j}\ a_{3j} ... a_{nj}]^T$ के रूप में लिखा जा सकता है।

$T(\alpha_1), T(\alpha_2), ..., T(\alpha_n)$ को सफलतापूर्वक स्तम्भ सदिश को आयताकार सारणिक (Determinant) के रूप में दर्शाया जाता है।

$$\begin{bmatrix} a_{11} & a_{12} & a_{13} & \dots & a_{1n} \\ a_{21} & a_{22} & a_{23} & \dots & a_{2n} \\ \vdots & \vdots & \vdots & \vdots & \vdots \\ a_{m1} & a_{m2} & a_{m3} & \dots & a_{mn} \end{bmatrix}$$

इस आयताकार सारणिक को B_1 तथा B_2 आधार से सम्बन्धित T का आव्यूह कहा जाता है तथा इसे $(T : B_1, B_2)$ से दर्शाते हैं।

आव्यूह आधार से परिवर्तन
Transformation by Matrix Base

माना $B = \{\alpha_1, \alpha_2, \dots, \alpha_n\}$ तथा $B' = \{\beta_1, \beta_2, \dots, \beta_n\}$ दो क्रमागत आधार हैं, n-विमीय सदिश समष्टि $V(F)$ के लिए।

माना

$$\begin{aligned} \beta_1 &= a_{11}\alpha_1 + a_{12}\alpha_2 + \dots + a_{1n}\alpha_n \\ \beta_2 &= a_{21}\alpha_1 + a_{22}\alpha_2 + \dots + a_{2n}\alpha_n \\ &\ \vdots \\ \beta_n &= a_{n1}\alpha_1 + a_{n2}\alpha_2 + \dots + a_{mn}\alpha_n \end{aligned}$$

अत: किसी आव्यूह A की पंक्तियों और स्तम्भों को परस्पर बदल दिया जाए, तो इस प्रकार प्राप्त आव्यूह को मूल आव्यूह का परिवर्तन आव्यूह (P) कहते हैं।

प्रमेय 1 माना $V(F)$ एक n-विमीय सदिश समष्टि क्षेत्र F से परिबद्ध है, तब B तथा B' दो क्रमागत आधार हैं V के लिए, तब आवश्यक रूप से $n \times n$ व्युत्क्रम आव्यूह A होगा, जब सम्पूर्ण क्षेत्र (F) इस प्रकार हो कि

(i) $[\alpha]_B = A[\alpha]_B$

(ii) $[\alpha]_{B'} = A^{-1}[\alpha]_B$, प्रत्येक सदिश α, V के अन्तर्गत।

प्रमेय 2 माना $B = \{\alpha_1, \alpha_2, ..., \alpha_n\}$ तथा $B' = \{\beta_1, \beta_2, ..., \beta_n\}$ दो क्रमागत आधार हैं। n-विमीय सदिश समष्टि $V(F)$ के लिए, यदि $(x_1, x_2, ..., x_n)$ n अदिश का क्रमागत समुच्चय होगा!

माना $\alpha = \sum_{i=1}^{n} x_i \cdot \alpha_i$ तथा $\beta = \sum_{i=1}^{n} x_i \cdot \beta_i$

तब, $T(\alpha) = \beta$, जहाँ T एक रैखिक संकारक V के लिए परिभाषित है। $T(\alpha_i) = \beta_i$, $i = 1, 2, ..., n$

आव्यूह की समानता Similarity of Matrix

माना A तथा B क्षेत्र, n क्रम के वर्ग आव्यूह के क्षेत्र F से परिबद्ध है। अत: B को A के समान कहा जा सकता है। यदि एक $n \times n$ व्युत्क्रमणीय वर्ग आव्यूह C अवयव के साथ F क्षेत्र पर इस प्रकार विद्यमान हो, अर्थात्

$$B = C^{-1}AC$$

रैखिक रूपान्तरण की समानता

Similarity of Linear Transformation

माना A तथा B दो रैखिक रूपान्तरण सदिश समष्टि $V(F)$ के लिए स्थित हैं। तब, B को A के समान कहा जा सकता है। यदि एक व्युत्क्रमणीय रैखिक रूपान्तरण C, V क्षेत्र के लिए इस प्रकार विद्यमान हो, अर्थात् $B = CAC^{-1}$

रैखिक रूपान्तरण समानता से सम्बन्धित महत्त्वपूर्ण प्रमेय

Important Theorems Related to Similarity of Linear Transformation

प्रमेय 1 माना T एक रैखिक संकारक है, यदि n-विमीय सदिश समष्टि $V(F)$ के लिए, यदि B एवं B' दो क्रमागत आधार हैं V के लिए, तब आव्यूह T, B' से इस प्रकार सम्बन्धित है। आव्यूह T, B से सम्बन्धता के समान।

प्रमेय 2 माना V एक n-विमीय सदिश समष्टि क्षेत्र (F) से परिबद्ध है, तब T_1 एवं T_2 दो रैखिक संकारक हैं, पर आधारित।
यदि दो क्रमागत आधार B एवं B', V के लिए इस प्रकार विद्यमान हों कि $[T_1]_B = [T_2]_B$, तब T_2, T के समान होगा।

सीमित विमीय सदिश समष्टि के रैखिक रूपान्तरण का सारणिक Determinant of Linear Transformation of Finite Dimensional Vector Space

माना T एक रैखिक संकारक है, n-विमीय सदिश समष्टि $V(F)$ के लिए ,तब T का सारणिक आव्यूह T के सारणिक के किसी क्रमागत आधार V से सम्बन्धित होगा।

आव्यूह का अनुरेखण Trace of Matrix

माना A एक n क्रम का वर्ग आव्यूह है, जो क्षेत्र F से परिबद्ध है। A के अवयवों का योग मूलभूत विकर्ण के साथ-साथ हो, तो उसे A का अनुरेखण कहते हैं।

अनुरेखण A को tr से दर्शाया जाता है, यदि $A = [a_{ij}]_{n \times n}$, तब

$$\text{tr}(A) = \sum_{i=1}^{n} a_{ij} = a_{11} + a_{22} + \ldots + a_{nn}$$

माना A तथा B दो वर्ग आव्यूह n क्रम के क्षेत्र (F) से परिबद्ध है तथा $\lambda \in F$, तब

(i) $\text{tr}(\lambda A) = \lambda \text{tr}(A)$

(ii) $\text{tr}(A + B) = \text{tr}(A) + \text{tr}(B)$

(iii) $\text{tr}(AB) = \text{tr}(BA)$

(iv) समान आव्यूह का अनुरेखण समान होता है।

रैखिक रूपान्तरण का अनुरेखण

Trace of a Linear Transformation

माना T एक रैखिक संकारक है, n-विमीय सदिश समष्टि $V(F)$ के लिए, तब T का अनुरेखण, आव्यूह T के अनुरेखण से सम्बन्धित होगा। (किसी भी क्रमागत आधार V के लिए)

गुणात्मक मान तथा गुणात्मक सदिश

Characteristic Values and Characteristic Vectors

माना V एक सदिश समष्टि क्षेत्र (F) से परिबद्ध है तथा T एक रैखिक संकारक है V के लिए, यदि $\exists\, 0 \neq V \in V$ इस प्रकार $T(V) = CV$ के लिए, तब V को T का गुणात्मक सदिश कहते हैं तथा C को गुणात्मक मान कहते हैं।

गुणात्मक मान तथा सदिश पर आधारित प्रमेय

Theorems Based on Characteristic Values and Vectors

प्रमेय 1 यदि α एक गुणात्मक सदिश है, T के संगत है गुणात्मक मान C का, तब $K\alpha$ भी गुणात्मक सदिश है, T के संगत समान गुणात्मक मान C के लिए, जहाँ K एक अशून्य अदिश है।

प्रमेय 2 यदि α एक गुणात्मक सदिश है। T के लिए, तब α का मान एक से अधिक गुणात्मक मान T के संगत नहीं हो सकता।

प्रमेय 3 माना T एक रैखिक संकारक है सीमित विमीय सदिश समष्टि V के लिए तथा C गुणात्मक मान है T के लिए, तब समुच्चय $W_C = \{\alpha \in V : T\alpha = C\alpha\}$, V का उपसमुच्चय है।

प्रमेय 4 T के भिन्न गुणात्मक सदिश, T के भिन्न गुणात्मक मान के लिए रैखिक अस्वतन्त्र है।

प्रमेय 5 यदि T एक रैखिक संकारक है। सीमित विमीय सदिश समष्टि V के लिए, तब निम्न समान होगें।

(i) C गुणात्मक मान है, T के लिए

(ii) संकारक $T - CI$ अव्युत्क्रमणीय है

(iii) et $(T - CI) = 0$

प्रमेय 6 माना T एक रैखिक संकारक है n-विमीय सदिश समष्टि V के लिए, तब T के लिए n से अधिक भिन्न गुणात्मक मान नहीं हो सकते।

प्रमेय 7 माना T एक रैखिक संकारक है, n-विमीय सदिश समष्टि V के लिए तथा A एक आव्यूह T के संगत किसी भी क्रमागत आधार B के लिए है। तब सदिश α, V के अन्तर्गत गुणात्मक सदिश होगा। T के संगत तथा गुणात्मक मान C होगा,यदि निर्देशांक सदिश X सम्बन्धित हैं, आधार B के लिए तथा यह मान गुणात्मक सदिश A संगत होगा, गुणात्मक मान C के साथ।

प्रमेय 8 समान आव्यूह A तथा B के लिए, समान गुणात्मक बहुपद तथा इसी प्रकार समान गुणात्मक मान होगा। यदि X, B का गुणात्मक सदिश हो, तो C गुणात्मक बहुपद तथा इसी प्रकार गुणात्मक मान के संगत होगा, जहाँ $B = P^{-1}AP$ तथा P व्युत्क्रमणीय आव्यूह है।

विशिष्ट रैखिक फलन Particular Linear Functions

1. शून्य फलन Zero Function

माना V एक सदिश समष्टि क्षेत्र F से परिबद्ध है फलन F, V से F के लिए इस प्रकार परिभाषित है

$$f(\alpha) = 0, \forall\, \alpha \in V$$

V के लिए रैखिक फलन है।

2. रैखिक फलन की ऋणात्मकता
Negativity of a Linear Function

माना V सदिश समष्टि क्षेत्र F से परिबद्ध है। माना F रैखिक फलन है, V के लिए, तब $-f$ निम्न प्रकार परिभाषित है।

$(-f)(\alpha) = -[f(\alpha)], \forall \in V$ एक रैखिक फलन है, V के लिए।

प्रमेय माना F एक रैखिक फलन है, सदिश समष्टि $V(F)$ के लिए, तब

(i) $f\{0\} = 0$, यहाँ 0 बायाँ भाग है, शून्य सदिश है V के लिए तथा 0 दायाँ भाग है, F का शून्य अवयव है।

(ii) $f(-\alpha) = -f(\alpha), \forall \alpha \in V$

प्रथम द्विसमष्टि First Dual Space

माना V सदिश समष्टि क्षेत्र F से परिबद्ध है, तब समुच्चय V^* सभी रैखिक फलन V का भी सदिश समष्टि क्षेत्र F से परिबद्ध होगा तब सदिश समष्टि V^* को द्विसमष्टि क्षेत्र के लिए कहा जाता है।

प्रथम द्विसमष्टि से सम्बन्धित प्रमेय
Theorems Related to First Dual Space

प्रमेय 1 माना V एक n-विमीय सदिश समष्टि क्षेत्र F से परिबद्ध है तथा $B = \{\alpha_1, \alpha_2, \ldots, \alpha_n)$ एक क्रमागत आधार है V के लिए, यदि $\{x_1, x_2, \ldots, x_n)$ क्रमागत समुच्चच है n का, तब F का अद्वितीय रैखिक फलन V के लिए, इस प्रकार होगा कि

$$f(\alpha_i) = x_i,\ i = 1, 2, \ldots, n$$

प्रमेय 2 माना V एक n-विमीय सदिश समष्टि क्षेत्र F से परिबद्ध है तथा $B = \{\alpha_1, \alpha_2, \ldots, \alpha_n)$ V के लिए आधार है।

माना $B' = \{f_1, f_2, \ldots, f_n)$ B के लिए द्विसमष्टि है, तब प्रत्येक फलन (F), V के लिए, $f = \sum_{i=1}^{n} f(\alpha_i) f_i$

तथा प्रत्येक सदिश α, V के लिए, हमें प्राप्त होता है, $\alpha = \sum_{i=1}^{n} f_i(\alpha) \alpha i$

प्रमेय 3 माना V एक n-विमीय सदिश समष्टि क्षेत्र F से परिबद्ध है, यदि $f(\alpha) = 0, \forall f \in V^*$ के लिए, तब $\alpha = 0$

प्रमेय 4 माना V एक n-विमीय सदिश समष्टि क्षेत्र F से परिबद्ध है। यदि α तथा β दो भिन्न सदिश हैं V के लिए, तब $\exists$ एक रैखिक फलन f, V के लिए इस प्रकार होगा कि $f(\alpha) \neq f(\beta)$ ।

प्रमेय 5 माना V एक n–विमीय सदिश समष्टि क्षेत्र F से परिबद्ध है। यदि α एक अशून्य सदिश है V के अन्तर्गत, तब $\exists$ एक रैखिक फलन f के लिए इस प्रकार होगा कि $f(\alpha) \neq 0$।

द्वितीय द्विसमष्टि Second Dual Space

हम जानते हैं कि प्रत्येक समष्टि V एक द्विसमष्टि V^* सभी रैखिक फलनों V के अन्तर्गत को धारण करती है। अतः V^* भी एक सदिश समष्टि है। इसलिए यह भी द्विसमष्टि V^* सभी रैखिक फलनों (V^*) के साथ धारण करती है। इस द्विसमष्टि V^* को द्वितीय द्विसमष्टि V के अन्तर्गत कहा जाता है तथा इसे V^{**} से दर्शाया जाता है।

यदि V सीमित विमीय हो, तब $\dim V - \dim V^* = \dim V^{**}$

द्वितीय द्विसमष्टि से सम्बन्धित प्रमेय
Theorems Related to Second Dual Space

प्रमेय 1 माना V एक सीमित विमीय सदिश समष्टि क्षेत्र F से परिबद्ध है। यदि α सदिश V के लिए, तब फलन $L\alpha, V^*$ के लिए निम्न प्रकार परिभाषित है

$$L\alpha(f) = f(\alpha), \text{"}\ f \in V^*$$

एक रैखिक फलन है V^* के लिए, इस प्रकार $L\alpha \in V^{**}$

प्रमेय 2 माना V एक सीमित विमीय सदिश समष्टि क्षेत्र F से परिबद्ध है। माना B एक आधार है V के लिए तथा B' द्विसमष्टि है B के लिए, तब

$$B'' = (B')' = B$$

प्रमेय 3 माना V एक सीमित विमीय सदिश समष्टि क्षेत्र F से परिबद्ध है। V^* के प्रत्येक आधार के लिए द्विसमष्टि V के कुछ आधार के लिए भी होगा।

एनहीलेटर Annihilators

माना V एक सदिश समष्टि क्षेत्र F से परिबद्ध है तथा S एक उपसमुच्चय है V का, तब S का एनहीलेटर समुच्चय $S°$ प्रत्येक रैखिक फलन (f), V के लिए इस प्रकार होगा कि $f(\alpha) = 0, \forall \alpha \in S$

S का एनहीलेटर सामान्यतः $A(S)$ के रूप में दर्शाया जाता है।

$$S° = \{f \in V^* : f(\alpha) = 0, \forall \alpha \in S\}$$

हमने S का एनहीलेटर परिभाषित किया है, जोकि V का उपसमुच्चय है। यह आवश्यक नहीं है कि S, V का उपसमुच्चय हो।

यदि S एक शून्य उपसमष्टि है V के लिए, तब $S° = V^*$ तथा यदि $S = V$, तब $S° = V° =$ शून्य उपसमष्टि है, V^* के लिए।

एनहीलेटर से सम्बन्धित प्रमेय
Theorems Related to Annihilators

प्रमेय 1 यदि S कोई उपसमुच्चय है, सदिश समष्टि $V(F)$ के लिए, तब $S°$ एक उपसमष्टि होगी V^* के लिए।

प्रमेय 2 माना V एक सीमित विमीय सदिश समष्टि क्षेत्र F से परिबद्ध है तथा W उपसमष्टि है V के लिए, तब

$$\dim W + \dim W° = \dim V$$

प्रमेय 3 माना V एक सीमित विमीय सदिश है तथा W एक उपसमष्टि है V के लिए, तब W^* समरूपीय होगा $\frac{V^*}{W°}$ के लिए।

बहुपद Polynomials

माना T एक रैखिक रूपान्तरण है सदिश समष्टि $V(F)$ के लिए, तब T भी रैखिक रूपान्तरण होगा, V के लिए।

$\therefore \quad T^1 = T \quad$ तथा $\quad T^2 = T\,T$

हम जानते हैं कि रैखिक रूपान्तरण का गुणन, सहगुणज प्रवृत्ति का होता है। $\therefore \quad T^n = T\,T\,T \ldots n$

निश्चित T^n रैखिक रूपान्तरण है V के लिए,

हम $T^0 = 1$ को परिभाषित कर सकते हैं, जोकि तत्समक् रूपान्तरण है।

माना n तथा l एक धनात्मक पूर्णांक है, तब,

$$T^n T^l = T^{n+l} \text{ तथा } (T^n)^l = T^{nl}$$

समुच्चय $L(v, v)$ सभी रैखिक रूपान्तरण V के लिए सदिश समष्टि जोकि क्षेत्र F से आच्छादित होगा।

अत: $P(T) = a_0T + a_1T + a_2T^2 + a_3T^3 + \ldots + a_nT^n \in L(v,v)$

व्युत्क्रमणीय रैखिक रूपान्तरण Invertible Linear Transformation

माना U तथा V सदिश समष्टि क्षेत्र F से आच्छादित है। माना T रैखिक रूपान्तरण है जोकि U से V के लिए इस प्रकार होगा कि एकक-एकक के लिए अग्रसर हो, तब T को व्युत्क्रमणीय कहा जाता है।

माना T एक फलन U से V के अन्तर्गत है, तब T को एकक-एकक कहा जा सकता है।

यहाँ, $\alpha_1, \alpha_2 \in U$ तथा $\alpha_1 \neq \alpha_2$

$$T(\alpha_1) = T(\alpha_2)$$

अथवा T को एकक-एकक कहा जा सकता है, यदि

$\alpha_1, \alpha_2 \in V$ तथा $T(\alpha_1) = T(\alpha_2) \Rightarrow \alpha_1 = \alpha_2$

व्युत्क्रमणीय रैखिक रूपान्तरण के महत्त्वपूर्ण परिणाम Important Results of Invertible Linear Transformation

(i) माना U तथा V सदिश समष्टि क्षेत्र F से परिबद्ध हैं तथा T रैखिक रूपान्तरण U से V के लिए अग्रसर है। यदि T एकक-एकक की ओर अग्रसर है, तब T^{-1} (व्युत्क्रम फलन) रैखिक रूपान्तरण होगा, V से U के लिए।

(ii) माना A, B तथा C रैखिक रूपान्तरण हैं सदिश समष्टि $V(F)$ के लिए, इस प्रकार $AB = CA = I$, तब A को व्युत्क्रमणीय कहा जा सकता है यदि $A^{-1} = B = C$

(iii) माना T व्युत्क्रमणीय रैखिक रूपान्तरण है सदिश समष्टि $V(F)$ के लिए, तब $T^{-1}T = J = T\,T^{-1}$

(iv) माना $V(F)$ एक सदिश समष्टि है तथा A, B रैखिक रूपान्तरण हैं V के लिए, यदि

(a) A तथा B व्युत्क्रमणीय हों, तब AB भी व्युत्क्रमणीय होगा तथा $(AB)^{-1} = B^{-1}A^{-1}$

(b) A व्युत्क्रमणीय हो तथा $a \neq 0 \in F$, तब aA व्युत्क्रमणीय होगा तथा $(aA)^{-1} = \frac{1}{a}A^{-1}$

(c) A एक व्युत्क्रमणीय हो, तब A^{-1} भी व्युत्क्रमणीय होगा तथा $(A^{-1})^{-1} = A$

अन्त: गुणन Inner Product

माना V एक सदिश समष्टि है। सदिश V का अंत गुणन प्रत्येक क्रमक युग्म u और v सदिश में, सदिश V के अदिश को $\alpha \cdot \beta$ के रूप में लिखा जाएगा।

इस प्रकार अन्त: गुणन के निम्नलिखित गुण हो सकते हैं

(i) $\alpha \cdot (\beta + \gamma) = \alpha \cdot \beta + \alpha \cdot \gamma, \forall \alpha, \beta, \gamma \in V$

(ii) $(a\,\alpha) \cdot \beta = a(\alpha \cdot \beta), \forall \alpha, \beta \in V$ तथा सभी अदिश a के लिए

(iii) $\alpha \cdot \beta = \overline{\beta \cdot \alpha}, \forall \alpha, \beta \in V$

(iv) $\alpha \cdot \alpha \geq 0$ और $\alpha \cdot \alpha = 0$ यदि और केवल यदि $\alpha = 0$

अन्त: गुणन समष्टि Inner Product Space

एक समष्टि सदिश v को अन्त: गुणन के साथ प्रदर्शित करने को अन्त: गुणन समष्टि कहा जाता है।

(i) एक सीमित आयामो का वास्तविक गुणन, समष्टि के यूक्लिडिअन समष्टि (Euclidean space) कहा जाता है, जबकि एक सीमित आयाम या विमीय वाले जटिल गुणन समष्टि को इकाई समष्टि कहा जाता है।

(ii) वास्तविक समष्टि सदिश $v_n(R)$ के लिए अंत: गुणन को इस प्रकार दिखाया जा सकता है

$$\alpha \cdot \beta = a_1b_1 + a_2b_2 + \ldots + a_nb_n \quad \ldots(i)$$

(iii) जटिल समष्टि सदिश $v_n(C)$ के लिए अंत: गुणन को इस प्रकार लिखा जा सकता है

$$\alpha \cdot \beta = a_1\bar{b}_1 + a_2\bar{b}_2 + \ldots + a_n\bar{b}_n \quad \ldots(ii)$$

(iv) समी (i) और (ii) के अन्त: गुणन को प्राकृतिक (मानक) अन्त: गुणन कहते हैं। यदि α और β दो स्तम्भ सदिश हैं, तब $\alpha \cdot \beta$ को गुणन आव्यूह $\alpha^T\beta$ के रूप में लिख सकते हैं।

(v) यदि α और β दो पंक्ति सदिश हैं, तब $\alpha \cdot \beta$ को गुणन आव्यूह $\alpha\beta^T$ के नॉर्म सदिश के रूप मे लिख सकते हैं। नॉर्म सदिश को इस प्रकार प्रदर्शित कर सकते हैं

$$||\alpha|| = \sqrt{\alpha \cdot \alpha}$$

अन्त: गुणन समष्टि से सम्बन्धित महत्त्वपूर्ण प्रमेय Important Theorems Related to Inner Product Space

प्रमेय 1 माना v एक अंत: गुणन समष्टि है जिसमें α, β और γ तीन सदिश हैं तथा 'a' एक अदिश है। इस परिस्थिति में निम्नलिखित व्यवस्थाएँ होंगी

(a) $(\alpha + \beta) \cdot \gamma = \alpha \cdot \gamma + \beta \cdot \gamma$ (b) $\alpha \cdot (a \cdot \beta) = \bar{a}(\alpha \cdot \beta)$

(c) $0 \cdot \alpha = 0 = \alpha \cdot 0$

प्रमेय 2 माना v एक अंत: गुणन समष्टि है और स्वेच्छ सदिश α और β, v में उपस्थित हैं जबकि a अदिश है, तब

(a) $||a\alpha|| = a||\alpha||$

(b) $||\alpha|| \geq 0$ तथा $||\alpha|| = 0$, यदि $\alpha = 0$

(c) $|\alpha \cdot \beta| \leq ||\alpha||\,||\beta||$ [स्वार्ज असमिका]

(d) $||\alpha + \beta|| \leq ||\alpha|| + ||\beta||$ [त्रिभुज असमिका]

लम्बकोणीय सदिश Orthogonal Vector

यदि α और β दो सदिश एक अंत: गुणन समष्टि v में उपस्थित हैं, तब उसे लम्बकोणीय सदिश कह सकते हैं लेकिन $\alpha \cdot \beta$ सदिश 0 (शून्य) होना चाहिए. अर्थात् $\alpha \cdot \beta = 0$

लम्बकोणीय युग्म का सदिश Orthogonal Set of Vector

सदिश का युग्म, लम्बकोणीय उस वक्त होगा, जब प्रत्येक पृथक सदिश एक लम्बकोणीय युग्म हो।

प्रमेय किसी अशून्य सदिश का युग्म जो लम्बकोणीय हो, अंत: गुणन समष्टि रेखीय स्वतन्त्रक (Independent) होगा।

दो सदिशों के बीच का कोण
Angle between Two Vectors

यदि α और β दो सदिश, अंत: गुणन समष्टि v में उपस्थित हैं, तब दोनों सदिश α और β के बीच का कोण होगा

$$\cos\theta = \frac{\alpha \cdot \beta}{||\alpha||| \beta||}$$

एक सदिश से दूसरे सदिश की ओर प्रक्षेप
Projection of One Vector to Another Vector

यदि u और v, एक अन्त: गुणन समष्टि v से सम्बन्धित हैं, तब

$$\frac{\alpha \cdot \beta}{||\alpha||}\beta \qquad [\text{जब } v \neq 0]$$

उपरोक्त समीकरण को सदिश प्रक्षेप α से β की ओर कहा जाएगा।

लम्बकोणीय आधार Orthogonal Basis

माना $B = \{a_1, a_2, ..., a_n\}$, कोई आधार $v_n(k)$ का है जिसमें B सदिशों का लम्बकोणीय युग्म है, तब B को $v_n(k)$ का लम्बकोणीय आधार कहा जाएगा।

नोट प्रत्येक सीमित आयामी अन्त: गुणन समष्टि में एक लम्बकोणीय आधार होता है।

नॉर्मलाइजेशन Normalisation

माना u एक अशून्य सदिश है, तब सदिश $\frac{a}{||a||}$ को v का नॉर्मलाइजेशन कहा जाएगा।

ग्राम-शिमट लाम्बिकता प्रक्रम
Gram-Schmidt Orthogonalisation

प्रत्येक परिमित विमा वाली अन्त: गुणन समष्टि एक लाम्बिक आधार रखती है।

ग्राम-शिमट लम्बकोणीयकरण की प्रक्रिया
Process of Gram-Schmidt Orthogonalisation

माना $B = \{\beta_1, \beta_2, ..., \beta_n\}$ एक सीमित विमीय अन्त: गुणन समष्टि v_n का आधार है और $\{\alpha_1, \alpha_2, ..., \alpha_n\}$ विमीय अन्त: गुणन समष्टि v_n का आधार है जोकि आधार B से निर्मित है। इस प्रकार सदिशों $\alpha_1, \alpha_2, ..., \alpha_n$ को ज्ञात किया जा सकता है

$$\alpha_1 = \frac{\beta_1}{||\beta_1||},\ \alpha_2 = \frac{\gamma_2}{||\gamma_2||}, \text{ जहाँ } \gamma_2 = \beta_2 - (\beta_2 \cdot \alpha_1)\alpha_1$$

$$\alpha_3 = \frac{\gamma_3}{||\gamma_3||}, \text{ जहाँ } \gamma_3 = \beta_3 - (\beta_3 \cdot \alpha_1)\alpha_1 - (\beta_3 \cdot \alpha_2)\alpha_2$$

$$\vdots \qquad \vdots$$

$$\alpha_n = \frac{\gamma_n}{||\gamma_n||}, \text{ जहाँ } \gamma_n = \beta_n - (\beta_n \cdot \alpha_1)\alpha_1 - (\beta_n \cdot \alpha_2)\alpha_2 - ... (\beta_n \cdot \alpha_{n-1})\alpha_{n-1}$$

कोशी-स्वार्ज असमिका Cauchy-Schwarz's Inequality

सदिश समष्टि $V(F)$ के अन्त: गुणन में,

$$|\alpha, \beta| \leq ||\alpha||.||\beta|$$

बेसल्स की असमिका Bessel's Inequality

यदि $B = \{\alpha_1, ..., \alpha_m\}$ एक अन्त गुणन समष्टि में कोई परिमित प्रसामान्य लाम्बिक समुच्चय है और यदि β, V का कोई सदिश है, तब

$$\sum_{i=1}^{m} |\beta, \alpha_i|^2 \leq \|\beta\|^2$$

लाम्बिक पूरक Orthogonal Complement

माना V एक अन्त: गुणन समष्टि है और S, V का कोई एक सदिश है। S का लाम्बिक पूरक, जिसे $S^\perp$ से प्रदर्शित करते हैं, निम्न प्रकार परिभाषित है

$$S^\perp = \{\alpha \in V : (\alpha, \beta) = 0\ \forall \beta \in S\}$$

अभ्यास प्रश्न

1. एक समूह G का केन्द्र Z होता है।
(a) G का प्रसामान्य उपसमूह
(b) G का उपसमूह
(c) G का समूह नहीं होता है
(d) उपरोक्त में से कोई नहीं

2. यदि $a \to a^{-1}$ एक समूह G की स्वाकारिता है यदि केवल यदि
(a) G एक समुच्चय है
(b) G एक उपसमुच्चय है
(c) G एक आबेली समूह है
(d) G एक समूह है

3. यदि समूह G केवल एक P-सेलों उपसमूह H रखता है तब H है।
(a) G का समूह (b) G में प्रसामान्य है
(c) G एकैकी है (d) इनमें से कोई नहीं

4. $f(x) = x^2 + 8x - 2$ किसके सरलित नहीं है?
(a) Z (b) Q
(c) N (d) इनमें से कोई नहीं

5. यदि $f(x) \in F(x)$ और $a \in F$, क्षेत्र F पर है, तब $(x-a)$, $f(x)$ को भाजित करता है, यदि और केवल यदि
(a) $f(a) = 0$ (b) $f(a) \neq 0$ (c) $f(a) = 1$ (d) $f(a) = \infty$

6. किसी क्षेत्र पर वलय का बहुपद है, एक
(a) अभाज्य क्षेत्र (b) समूह
(c) अद्वितीय विभाजित प्रान्त (d) सरलित नहीं है

7. यदि $a \oplus b = a + b + 1$ तथा $a \cdot b = a + b + ab$ है, जिसमें $a, b \in R$ वास्तविक संख्याएँ हैं, तो बताइए कि $(R, \oplus, (\cdot))$ है
(a) एक क्षेत्र (b) वलय
(c) दोनों ही (d) इनमें से कोई नहीं

8. उस वलय के लिए, जिसमें प्रत्येक $a \in R$ के लिए $a^2 = a$ सही है, तो बताइए $a+a$ क्या होगा यदि $a \in R$ है, तो
(a) o (b) 1
(c) a (d) इनमें से कोई नहीं

9. यदि R एक वलय है, तो बताइए $C = \{x \in R / xy = yx, \forall y \in R\}$ वलय R का है
(a) उपवलय (b) उपक्षेत्र
(c) क्षेत्र (d) इनमें से कोई नहीं

10. यदि R तथा S दो वलय हों, $\phi : R \to S$ वलय समकारिता हो, तो $\phi(-a)$ है, जहाँ $\forall a \in R$ है
(a) O (b) O'
(c) $-\phi(a)$ (d) इनमें से कोई नहीं

11. चार आव्यूहों के समुच्चयों जिनके अवयव निम्न आकार के हैं
$$I_1 = \begin{bmatrix} a & b \\ o & o \end{bmatrix}, I_2 = \begin{bmatrix} a & o \\ b & o \end{bmatrix}, I_3 = \begin{bmatrix} a & o \\ o & b \end{bmatrix} \text{ तथा } I_4 = \begin{bmatrix} o & a \\ o & b \end{bmatrix}$$
जहाँ a, b पूर्णांक हैं तथा वलय R, 2×2 कोटि के सभी आव्यूह हैं जिनके अवयव पूर्णांक हैं, तो बताइए I_1 है
(a) दक्षिण गुणजावली
(b) वाम गुणजावली
(c) बहुपद वलय
(d) उपरोक्त में से कोई नहीं

12. वलय $[\{0,1,2,3,4,5\}, +_6, \cdot_6]$ की सभी मुख्य गुणजावली (ideal) ज्ञात कीजिए।
(a) $\{1\}, \{1,2\}, \{1,2,3\}$
(b) $\{0\}, \{0,3\}, \{0,2,4\}, \{0,1,2,3,4,5\}$
(c) $\{0\}, \{1,2\}, \{0,1,3\}$
(d) उपरोक्त में से कोई नहीं

13. यदि वलय $(Z_8, +_8, 8)$ पर $f(x) = 3 + 5x - 7z^2$ तथा $g(x) = 5 - 2x - 7x^3$ कोई दो बहुपद हों, तो $f(x) + g(x)$ कर मान ज्ञात कीजिए।
(a) $7x - 7x^2 - 7x^3$ (b) $5x - 5x^2 - 5x^3$
(c) $7x + 7x^2 + 7x^3$ (d) इनमें से कोई नहीं

14. यदि $< R, +, \cdot >$ एक वलय है जिसमें $a, b, c \in R$ है, तो बताइए निम्नलिखित में से कौन-सा गलत है?
(a) $a \cdot o = o \cdot a = o$
(b) $(-a) \cdot (-b) = a \cdot b$
(c) $a \cdot (-b) = -(a \cdot b) = (-a) \cdot b$
(d) उपरोक्त में से कोई नहीं

15. क्षेत्र F के अरिक्त उपसमुच्चय K का उपक्षेत्र होने के लिए आवश्यक प्रतिबन्ध निम्न में से है
(a) $a \in K, b \in K \Rightarrow a - b \in K$
(b) $a \in K, o \neq b \in K \Rightarrow ab^{-1} \in K$
(c) दोनों (a) तथा (b)
(d) केवल (a) ही

16. यदि पूर्णांकों मे वलय 2 पर बहुपद $f(x) = 2 + 3x - 4x^2$, $g(x) = 3 - 5x - 8x^3$ हो, तो $f(x) \cdot g(x)$ का मान बताइए।
(a) $5 - 2x - 4x^2 - 8x^3$
(b) $6 - x - 27x^2 + 4x^4 + 32x^5$
(c) $7 + 7x - x^2 - 3x^3 - 3x^4 + x^5$
(d) उपरोक्त में से कोई नहीं

17. एक पूर्णांकों का वलय किस प्रकार का वलय होगा?
(a) यूक्लिडियन वलय (रिंग)
(b) यूक्लिडियन वलय नहीं है
(c) क्रमविनिमय वलय
(d) उपरोक्त में से कोई नहीं

18. बहुपद वलय एक क्षेत्र के अधीन होता है?
(a) क्रमविनिमय वलय
(b) यूक्लिडियन वलय
(c) अरिक्त वलय
(d) उपरोक्त में से कोई नहीं

19. निम्न में से कौन-सा सदिश समष्टि है?
(a) $R(C)$ (b) $Q(R)$
(c) $Q(Q)$ (d) $Z(N)$

20. निम्न में से कौन-सा सदिश समष्टि नहीं है?
(a) $N(Q)$ (b) $C(R)$
(c) $C(Q)$ (d) $R(Q)$

21. निम्न में से कौन-सा सदिश $V = (a_1, a_2, ..., a_n)$ का R^n में समुच्चय है, जहाँ $n \geq 3$, R^n के उपसमष्टि हैं?
(a) सभी $V : a_2 = a_1^2$ (b) सभी $V : a_1 \geq 0$
(c) सभी $V : a_2$ परिमेय हैं (d) इनमें से कोई नहीं

22. निम्न में से कौन-सा $V_3(R)$ का उपसमष्टि नहीं है?
(a) $\{(x, 2y, 3z) : x, y, z \in R\}$
(b) $\{(x, x, x) : x \in R\}$
(c) $\{(x, y, z) : x, y$ तथा z परिमेय संख्याएँ हैं$\}$
(d) उपरोक्त में से काई नही

23. $F[x]$ के उपसमष्टि हैं
(a) $W_1 = \{f(x) \in F[x] : f(x+1) = f(x)\}$
(b) $W_2 = \{f(x) \in F[x] : 2f(0) = f(1)\}$
(c) (a) व (b) दोनों
(d) उपरोक्त में से कोई नहीं

24. $\dim V$ का मान है, जहाँ
$V = \{a_1, a_2, ..., a_{100} : a_1 + a_2 = 0, a_3 + a_4 = 0\}$
(a) 97 (b) 98 (c) 99 (d) 100

25. निम्न में से कौन-सा/से सदिश R^3 में रैखिक स्वतन्त्र समुच्चय नहीं है/हैं?
(a) $\{(1, 0, 0), (1, 1, 0), (1, 1, 1)\}$
(b) $\{(1, 1, 1), (-1, 0, 1), (0, -2, 1)\}$
(c) $\{(1, 0, 0), (0, 1, 0), (1, 1, 1), (-1, 1, -1)\}$
(d) उपरोक्त सभी

26. $L(\phi) = 0$ का मान है
(a) 0 (b) ϕ
(c) $\{0\}$ (d) इनमें से कोई नहीं

27. यदि V_1 तथा V_2 सदिश समष्टि $V(F)$ के दो उपसमष्टि हैं, तब $L(...) = V_1 + V_2$
(a) $V_1 \cup V_2$ (b) $V_1 + V_2$
(c) $V_1 \cap V_2$ (d) इनमें से कोई नहीं

28. सदिश (a_1, a_2) और (b_1, b_2), $V_2(F)$ में एकघातीय रैखिक आश्रित हैं, यदि
(a) $a_1a_2 - b_1b_2 = 0$ (b) $a_1b_2 + a_2b_1 = 0$
(c) $a_1b_2 - a_2b_1 = 0$ (d) $a_1a_2 + b_1b_2 = 0$

29. किसी दिए हुए सदिश समष्टि के कितने आधारित समुच्चय हो सकते हैं?

(a) 1 (b) 2
(c) अनन्त (d) इनमें से कोई नहीं

30. निम्नलिखित में से कौन-सा $R^3(R)$ का अधार नहीं है?

(a) [(1, 2, 3), (–1, – 2, 0); (0, 0, – 3)]
(b) [(1, – 1, – 1)(–1, 1, – 1)(–1, – 1, 1)]
(c) [(1, 1, 1)(1, 1, 0), (1, 0, 0)]
(d) [(1, 2, 3), (2, 1, 3), (3, 1, 2)]

31. यदि V_1 तथा V_2 किसी परिमित विमीय सदिश समष्टि V के दो उपसमष्टि क्षेत्र F पर हैं, तब

(a) $\dim(V_1 - V_2) = \dim(V_1 \cap V_2)$ (b) $\dim(V_1 + V_2) < \dim(V_1 \cap V_2)$
(c) $\dim(V_1 + V_2) = \dim(V_1 \cup V_2)$ (d) इनमें से कोई नहीं

32. समुच्चय $S = \{a + ib, c + id\}$ सदिश समष्टि V का R में आधार है, यदि

(a) $ad - bc = 0$ (b) $ad + bc = 0$
(c) $ad + bc \neq 0$ (d) $ad - bc \neq 0$

33. उपसमष्टि R^3 की विमा (–3, 0, 1), (1, 2, 1) और (3, 0, – 1) की अवधि में है

(a) 0 (b) 1
(c) 2 (d) 3

34. यदि V फील्ड $(F, +, \cdot)$ पर सदिश समष्टि हैं, तो $(-1)V$ का मान होगा

(a) V (b) $-V$
(c) V^2 (d) इनमें से कोई नहीं

35. माना फील्ड F पर V एक सदिश समष्टि है, एक नियत $V \in V$ के लिए माना $Wv = \{\alpha v | \alpha \in F\}$, तो निम्न में से सत्य कथन हैं

(a) Wv, V की समष्टि है (b) Wv, V की उपसमष्टि है
(c) Wv, V का रैखिक योग है (d) इनमें से कोई नहीं

36. किसी सदिश समष्टि में एकघातत: स्वतन्त्रता निम्न में से किस पर निर्भर करती हैं?

(a) केवल सदिश पर (b) फील्ड पर
(c) सदिश व फील्ड दोनों पर (d) इनमें से कोई नहीं

37. यदि सदिश समष्टि R^3 में $V_1 = (1,0,1), V_2 = (0,1,0)$ तथा $V_3 = (1,1,1)$ हों, तो सदिश समष्टि निम्न में से है

(a) एकघातत: स्वतन्त्र (b) एकघातत: आश्रित
(c) एकघातत: परतन्त्र (d) इनमें से कोई नहीं

38. किसी n विमीय सदिश समष्टि $V(F)$ के कोई भी $(n+1)$ या इससे अधिक सदिशों के समुच्चय निम्न में से होता हैं।

(a) एकघातत: स्वतन्त्र (b) एकघातत: आश्रित
(c) एकघातत: परलन्त्र (d) इनमें से कोई नहीं

39. सदिश (a_1, a_2) तथा $(b_1, b_2) \in V_2(F)$ के लिए एकघातत: परतन्त्र होने के लिए आवश्यक प्रतिबन्ध है

(a) $a_1b_2 + a_2b_1 = 0$ (b) $a_1b_2 - a_2b_1 = 0$
(c) $a_1b_2 - b_2a_1 = 0$ (d) इनमें से कोई नहीं

40. K के किस मान के लिए $U = \{5, K, 7\} \in V_3(R)$, $U_1 = (1, -5, 3)$ तथा $U_2 = (3, 2, 1)$ सदिशों का एकघातत: संचय होगा?

(a) 8 (b) –8
(c) $\frac{1}{8}$ (d) इनमें से कोई नहीं

41. मैट्रिक्स समुच्चय $V = \left\{\begin{pmatrix} a & 0 \\ 0 & b \end{pmatrix} | a, b \in R\}\right\}$ मैट्रिक्स योग एवं मैट्रिक्स अदिश गुणन के सापेक्ष वास्तविक संख्याओं के क्षेत्र R पर निम्न में से सत्य कथन हैं

(a) सदिश उपसमष्टि (b) सदिश समष्टि
(c) एकघातत: स्वतन्त्र (d) इनमें से कोई नहीं

42. किसी सदिश समष्टि $V(F)$ का अरिक्त उपसमुच्चय W_1V की उपसमष्टि हो, इसके लिए आवश्यक प्रतिबन्ध निम्न में हैं

(a) $W_1 \in W, W_2 \in W \Rightarrow W_1 - W_2 \in W$
(b) $W_1 \in W, W_2 \in W \Rightarrow W_1 + W_2 \in W$
(c) $W_1 \in W, W_2 \in W = \frac{1}{W_1} + \frac{1}{W_2} \in W$
(d) उपरोक्त में से कोई नहीं

43. यह मानकर $V_3(F)$ सदिश समष्टि हैं तथा $W = \{(a_1, a_2, a_3) : a_1 + a_2 + a_3 = 0\}$ हों, तो निम्न में से आवश्यक प्रतिबन्ध हैं

(a) $W(F), V(F)$ की समष्टि हैं
(b) $W(F), V(F)$ की उपसमष्टि हैं
(c) $W(F), V(F)$ का एकघातत: आश्रित हैं
(d) उपरोक्त में से कोई नहीं

44. यदि W_1 और W_2 सदिश समष्टि $V(F)$ के दो सदिश उपसमष्टि हैं, तब क्या सत्य है?

(a) $W_1 + W_2 = \frac{W_2}{W_1}$ (b) $L(W_1 \cup W_2) = W_1 + W_2$
(c) $L(W_1 \cap W_2) = W_1 \cap W_2$ (d) इनमें से कोई नहीं

45. यदि S_1 तथा S_2, $V(F)$ के कोई दो उपसमुच्चय इस प्रकार हैं कि $S_1 \subseteq S_2$, तब

(a) $S_2^\circ \subseteq S_1^\circ$ (b) $S_1^\circ \subseteq S_2^\circ$
(c) $S_1^\circ = S_2^\circ$ (d) इनमें से कोई नहीं

46. यदि $S, V(F)$ का उपसमुच्चय है, तब $S^\circ = [L(S)]^\circ$ तथा $S^{\circ\circ} = \ldots$

(a) $L(S)$ (b) $L(S)]^\circ$
(c) $[L(S)^{\circ\circ}$ (d) इनमें से कोई नहीं

47. यदि $T : R^2 \to R^3$ एक रैखिक रूपान्तरण है। $T(1,0) = (2, 3, 1)$ तथा $T(1, 1) = (3, 0, 2)$, तब निम्न में से कौन-सा कथन सत्य है?

(a) $T(x, y) = (x + y, 2x + y, 3x - 3y), \forall (x, y) \in R^2$
(b) $T(x, y) = (2x + y, 3x - 3y, x + y), \forall (x, y) \in R^2$
(c) $T(x, y) = (2x - y, 3x + 3y, x - y), \forall (x, y) \in R^2$
(d) $T(x, y) = (x - y, 2x - y, 3x + 3y), \forall (x, y) \in R^2$

48. माना $T : R^3 \to R^2$ एक रैखिक रूपान्तरण है जोकि निम्न प्रकार दिया गया है, $T(x, y, z) = (x, y), \forall (x, y, z) \in R^3$ मानक बेसिस R^3 के सापेक्ष तथा R^2 का बेसिस $\{(1,0), (1,1)\}$ है, तब T का आव्यूह निरूपण होगा

(a) $\begin{bmatrix} 1 & 0 \\ -1 & 1 \\ 0 & 0 \end{bmatrix}$ (b) $\begin{bmatrix} 0 & 1 & 1 \\ 0 & 0 & 1 \end{bmatrix}$ (c) $\begin{bmatrix} 1 & -1 & 0 \\ 0 & 1 & 0 \end{bmatrix}$ (d) $\begin{bmatrix} 0 & 0 \\ 1 & 0 \\ 1 & 1 \end{bmatrix}$

49. माना एक रैखिक रूपान्तरण $T : R^4 \to R^4$ निम्न है

$$T(x, y, z, u) = (x, y, 0, 0), \forall (x, y, z, u) \in R^4$$

तब, निम्न में से कौन-सा कथन सत्य है?

(a) T की रैंक $>$ T की नलिटि (b) T की नलिटि $>$ T की रैंक
(c) T की रैंक $=$ T की नलिटि $= 3$ (d) T की रैंक $=$ T की नलिटि $=2$

50. एक रैखिक रूपान्तरण $T: R^3 \to R^3$, जो निम्न प्रकार परिभाषित है $T(x, y, z) = (y, 0, z)$ का रैंक होगा

(a) 3 (b) 2 (c) 1 (d) 0

51. माना R पर एक सदिश समष्टि C है तथा $T: C \to C$ एक रैखिक रूपान्तरण है। यदि $T(z) = \bar{z}$, तब निम्न में से कौन-सा कथन सत्य है?

(a) T एकैकी है, लेकिन आच्छादक नहीं
(b) T आच्छादक है, लेकिन एकैकी नहीं
(c) T एकैकी आच्छादक है
(d) T न तो एकैकी है और न ही आच्छादक

52. माना $T: R^3 \to R^3$ एक रैखिक रूपान्तरण है, जो इस प्रकार परिभाषित है कि $T(x, y, z) = \left(\frac{x}{2}, \frac{y}{2}, 0\right)$, तब T की रैंक है

(a) 4 (b) 3 (c) 2 (d) 1

53. यदि $\{V_1, V_2, ..., V_n\}$ लम्बकोणीय आधार है, अंतः गुणन समष्टि V के लिए हो, तब समुच्चय $\{e_i\}_{i=1}^n$ के लिए लम्बकोणीय आधार V के लिए आवश्यक प्रतिबन्ध निम्न में से है

(a) $e_i = \frac{||V_i||}{V}$ (b) $e_i = \frac{-||V_i||}{V}$
(c) $e_i = \frac{V_i}{||V_i||}$ (d) इनमें से कोई नहीं

54. माना $T: R^2 \to R^3$ निम्न प्रकार परिभाषित है

$$T(x, y) = (x + y, x - y)$$

तब, निम्न में से कौन T का आव्यूह है?
यदि (0, 1) तथा (1, 0) बेसिस हों, तब दोनों प्रान्त तथा परिसर के लिए

(a) $\begin{pmatrix} 1 & 1 \\ 1 & -1 \end{pmatrix}$ (b) $\begin{pmatrix} -1 & 1 \\ 1 & 1 \end{pmatrix}$
(c) $\begin{pmatrix} 1 & -1 \\ 1 & 1 \end{pmatrix}$ (d) $\begin{pmatrix} 1 & 1 \\ -1 & 1 \end{pmatrix}$

55. माना $T: R^2 \to R^2$ एक प्रतिचित्रण है जोकि इस प्रकार परिभाषित है कि $T(x, y) = (x + y, x - y)$, तब निम्नलिखित में से कौन-सा सत्य है?

(a) T रैखिक है तथा इसका करनेल R^2 के अनन्त अवयव हैं
(b) T रैखिक नहीं है
(c) T का करनेल R^2 के केवल दो अवयव से बना है
(d) T की नलिटि शून्य है

56. यदि W_1 तथा W_2 सीमित विमीय सदिश समष्टि $V(F)$ के दो उपसमष्टि हैं तथा यदि $V = W_1 \oplus W_2$, तब V का द्विसमष्टि V' होगा

(a) $W_1°$ (b) $W_2°$
(c) $(W_1 \oplus W_2)°$ (d) $W_1° \oplus W_2°$

57. माना $T: R^4 \to R^4$ निम्न प्रकार है
$T(x_1, x_2, x_3, x_4) = (x_1 + x_2 + x_3, x_2 + x_3 + x_4, x_3 + x_4 + x_2)$, T की रैंक होगी (जबकि R वास्तविक संख्याओं का समुच्चय है)

(a) 1 (b) 2 (c) 3 (d) 4

58. माना T, R^2 पर रैखिक रूपान्तरण इस प्रकार है कि $T(1, 0) = (1, 2)$ तथा $T(1, 1) = (0, 2)$, तब $T(a, b)$ का मान होगा

(a) $(a, 2b)$ (b) $(2a, b)$
(c) $(a - b, 2a)$ (d) $(a - b, 2b)$

59. R^2 पर T परिभाषित है, $T(x_1, x_2) = (x_1 + x_2, x_1 - x_2)$, तब T^{-1} का आव्यूह, मानक बेसिस R^2 से सम्बन्धित है

(a) $\begin{bmatrix} 1 & 1 \\ 1 & -1 \end{bmatrix}$ (b) $\begin{bmatrix} -1 & -1 \\ -1 & 1 \end{bmatrix}$
(c) $\begin{bmatrix} 1/2 & 1/2 \\ 1/2 & -1/2 \end{bmatrix}$ (d) $\begin{bmatrix} -1/2 & -1/2 \\ -1/2 & 1/2 \end{bmatrix}$

60. माना $T: R^3 \to R^2$ पर T निम्न प्रकार परिभाषित है
$T(x, y, z) = (2x - 4y + 9z, 5x + 3y - 2z)$
तब आव्यूह निम्न में से है, यदि मानक बेसिस R^2 से सम्बन्धित है

(a) $\begin{bmatrix} 1 & 1 \\ 1 & -1 \end{bmatrix}$ (b) $\begin{bmatrix} -1 & -1 \\ -1 & 1 \end{bmatrix}$
(c) $\begin{bmatrix} 1/2 & 1/2 \\ 1/2 & -1/2 \end{bmatrix}$ (d) $\begin{bmatrix} 2 & -4 & 9 \\ 5 & 3 & -2 \end{bmatrix}$

61. माना $T: R^2 \to R^2$ पर रैखिक रूपान्तरण इस प्रकार है कि $T(2,3) = (4,5)$ तथा $T(1,0) = (0,0)$, तब $T(a,b)$ होगा

(a) $\left(\frac{5x_2}{3}, \frac{4x_2}{3}\right)$ (b) $\left(\frac{4x_2}{3}, \frac{5x_2}{3}\right)$
(c) $\left(\frac{-5x_2}{3}, \frac{-4x_2}{3}\right)$ (d) इनमें से कोई नहीं

62. माना $T: R^2 \to R^3$ एक रैखिक रूपान्तरण है जो इस प्रकार परिभाषित है कि $T(a, b) = (a - b, b - a, -a)$, तब T की रैंक निम्न में से है

(a) 4 (b) 3
(c) 2 (d) इनमें से कोई नहीं

63. माना $T: R^3 \to R^3$ एक रैखिक रूपान्तरण है जिसे निम्न प्रकार से दर्शाया गया है
$T(x, y, z) = (x + 2y - z, y + z, x + y - 2z)$
तब, T की नलिटि निम्न में से है

(a) $\dim N(T) = 1$ (b) $\dim N(T) = 3$
(c) $\dim N(T) = 2$ (d) इनमें से कोई नहीं

64. माना $S = \{\alpha_1, \alpha_2, \alpha_3\}$ R^3 से सम्बन्धित, जहाँ $\alpha_1 = (1,1,1), \alpha_2 = (1,1,0), \alpha_3 = (1,0,0)$; $(2, -3, 5)$ को $\alpha_1, \alpha_2, \alpha_3$ के रूप में दर्शाइए।

(a) (23,9) (b) (9,23)
(c) (14,23) (d) (23,14)

65. यदि T एक व्युत्क्रम रैखिक रूपान्तरण है सदिश समष्टि $V(F)$ के लिए, तब निम्न में से सत्य कथन है

(a) $T^{-1}T = 1$ (b) $T^{-1}T = 0$
(c) $T^{-1}T = TT^{-1}$ (d) इनमें से कोई नहीं

66. A एक रैखिक रूपान्तरण इस प्रकार परिभाषित है कि $V_2(C)$ के लिए $T(a, b) = (\alpha a + \beta b, \gamma a + \delta b)$, जहाँ $\alpha, \beta, \gamma, \delta$ स्थिर तत्व हैं प्रत्येक C के लिए, तो T के व्युत्क्रम होने के लिए निम्न में से आवश्यक प्रतिबन्ध है

(a) $a\delta + \beta\gamma \neq 0$ (b) $a\delta - \beta\gamma \neq 0$
(c) $a\delta + \beta\gamma = 0$ (d) इनमें से कोई नहीं

67. यदि W_1 तथा W_2 सीमित विमीय सदिश $V(F)$ के दो समष्टि हैं तथा V के लिए, तब $W_1^0 = W_2^0$ समष्टि V^1 होने के लिए आवश्यक प्रतिबन्ध है।

(a) $W_1 \neq W_2$ (b) $W_1 = W_2$
(c) $W_1 > W_2$ (d) $W_1 < W_2$

68. माना W एक उपसमष्टि R^3 इस प्रकार परिभाषित है कि (1,1,0) तथा (0, 1, 1), तब एनहीलेटर का आधार W उपसमष्टि के लिए होगा
(a) $f(x, y, z) = x - y + 2$
(b) $f(x, y, z) = x + y - 2$
(c) $f(x, y, z) = x + y + 2$
(d) इनमें से कोई नहीं

69. सदिश $\alpha_1 = (1, 1, 1), \alpha_2 = (1, 1, -1)$ तथा $\alpha_3 = (1, -1, 1)$ आधार $V_3(C)$ के लिए परिभाषित है। यदि f_1, f_2 तथा f_3 एक ड्यूल आधार है तथा $\alpha = (0, 1, 0)$, तब $f_1(\alpha), f_2(\alpha)$ एवं $f_3(\alpha)$ का मान ज्ञात कीजिए।
(a) $0, \frac{1}{2}, 1$
(b) $0, -\frac{1}{2}, \frac{1}{2}$
(c) $0, \frac{1}{2}, -\frac{1}{2}$
(d) इनमें से कोई नहीं

70. माना $B\{(1,0), (0,1)\}$ तथा $B' = \{(1,2), (2,3)\}$ दो आधाार R^2 के लिए इस प्रकार परिभाषित है कि $T(x, y) = (2x - 3y, x + y)$, तब परिवर्तित सारणिक P तथा Q ज्ञात कीजिए, यदि सारणिक B से B' तथा B' से B सम्बन्धित हो
(a) $P = \begin{bmatrix} -1 & -2 \\ 2 & 3 \end{bmatrix}$ तथा $Q = \begin{bmatrix} -3 & 2 \\ 2 & -1 \end{bmatrix}$
(b) $P = \begin{bmatrix} 1 & 2 \\ 2 & 3 \end{bmatrix}$ तथा $Q = \begin{bmatrix} -3 & -2 \\ -2 & -1 \end{bmatrix}$
(c) $P = \begin{bmatrix} 1 & 2 \\ 2 & 3 \end{bmatrix}$ तथा $Q = \begin{bmatrix} -3 & 2 \\ 2 & -1 \end{bmatrix}$
(d) उपरोक्त में से कोई नहीं

71. यदि दो सदिश x और y, अन्त: गुणन समष्टि में हैं, तब
(a) $||x + y||^2 + ||x - y||^2 = ||x||^2 + ||y||^2$
(b) $||x + y||^2 + ||x - y||^2 = 2(||x||^2 + |y||^2)$
(c) $||x + y||^2 + ||x - y||^2 = 2||x|| \cdot ||y||$
(d) उपरोक्त में से कोई नहीं

72. यदि दो सदिश x और y, वास्तविक अन्त: गुणन समष्टि में हैं जिसमें x लम्बकोणीय है y पर, तब
(a) $||x - y||^2 > ||x||^2 + ||y||^2$
(b) $||x - y||^2 < ||x||^2 + ||y||^2$
(c) $||x - y||^2 = ||x||^2 + ||y||^2$
(d) उपरोक्त में से कोई नहीं

73. यदि v एक अन्त: गुणन समष्टि है, तब निम्नलिखित में से कौन-सा सही नहीं है?
(a) $< 0, v \geq 0, \forall v \in V$
(b) $< 0, u \geq 0, \forall u \in V$
(c) $< u, v \geq 0, \forall v \in V \Rightarrow u = 0$
(d) $< u, v \geq 0, \forall v \in V \Rightarrow u \neq 0$

74. यदि v एक सीमित विमीय अन्त: गुणन समष्टि है और u_3 के उपसमुच्चय S, S_1 तथा S_2 हैं, तब निम्नलिखित में से कौन-सा सही नहीं है?
(a) $S_1 \subseteq S_2 \Rightarrow S_2^{\perp} \subseteq S_1^{\perp}$
(b) $S^{\perp} = [S]^{\perp}$
(c) $[S] \subseteq S^{\perp\perp}$
(d) $[S] = S^{\perp}$

75. सम्बन्ध $< u, av_1 + bv_2 >$ समान्तर है
(a) $\bar{a} < u, u > + \bar{b} < v_1, v_2 >$ के
(b) $\bar{a} < u, \bar{v}_2 > + \bar{b} < u, v_1 >$ के
(c) $\bar{a} < u, v_1 > + \bar{b} < u, v_2 >$ के
(d) उपरोक्त में से कोई नहीं

76. यदि v एक अशून्य सदिश है, जो R^3 में है, यदि रेखीय रूपान्तरण $T : R^3 \rightarrow R^3$ को $T(w) = w - 2\frac{< w, v >}{< v, v >} v$ प्रदर्शित किया जाता है, तब निम्नलिखित में से कौन-सा एक सही है?
(a) w एक अशून्य सदिश है, जिसमें $T(w) = -v$
(b) $T(v) = v$
(c) $T(v) = -v$
(d) w एक अशून्य सदिश है, जिसमें $Tw = w$

77. यदि यूक्लिडिअन अन्त: गुणन $< Ax, x >$ वास्तविक है, तब A एक है
(a) अयताकार
(b) हरमीशियन
(c) स्वत: का परिवृत्त
(d) इनमें से कोई नहीं

78. माना $P[0, 1]$ एक वास्तविक गुणन समष्टि है, जो सभी बहुपदीय के साथ अंत: गुणन $< f, g > = \int_0^1 f(x)\, g(x)\, dx$ हो। यदि $m =$ स्पेन $\{1\}$ है, तब लम्बकोणीय प्रक्षेप x^2 का m पर मान होगा
(a) 1
(b) $\frac{1}{2}$
(c) $\frac{1}{3}$
(d) $\frac{1}{4}$

79. यदि $P([0, 1])$ एक अन्त: गुणन समष्टि है, जो सभी बहुपदीय के साथ अंत: गुणन $< f \cdot g > = \int_0^1 f(x)\, g(x)\, dx$ और $v =$ स्पेन $\{t^2\}$ हों। यदि $h(t) \in V$ जिसमें $||(2t - 1)h(t)||\, (2t - 1) - x(t)||$ के लिए $x(t) \in V$, तब $h(t)$ का मान होगा
(a) $\frac{5}{6}t^2$
(b) $\frac{5}{3}t^2$
(c) $\frac{5}{12}t^2$
(d) $\frac{5}{27}t^2$

80. $\cos\theta$ का मान ज्ञात कीजिए, यदि $f(t) = 2t - 1$ और $g(t) = t^2$ किसी बहुपदीय सदिश के साथ अन्त: गुणन $< f \cdot g > = \int_0^1 f(t)\, g(t) dt$ हो।
(a) $\frac{\sqrt{15}}{4}$
(b) $\frac{\sqrt{15}}{6}$
(c) $\frac{1}{\sqrt{15}}$
(d) $\frac{1}{\sqrt{6}}$

81. धनात्मक वास्तविक अंक $|| v ||$ को कहते हैं
(a) कार्यात्मक
(b) मानदण्ड
(c) विवेकी मानदण्ड
(d) वास्तविक मानदण्ड

82. यदि $w = \{x, y, z \in R^3 : x + y + z = 0\}$ जोकि R^3 में मानक बिन्दु गुणन है, तब w का ऑर्थोनॉर्मल का आधार क्या है?
(a) $\{(1, 0, 0), (0, 1, 0), (0, 0, 1)\}$
(b) $\left\{\frac{1}{\sqrt{3}}(1, 1, 1), \frac{1}{\sqrt{2}}(1, 0, -1), \frac{1}{\sqrt{2}}(0, 1, -1)\right\}$
(c) $\left\{\frac{1}{\sqrt{2}}(1, 0, -1), \frac{1}{\sqrt{2}}(0, 1, -1)\right\}$
(d) $\left\{\frac{1}{\sqrt{6}}(1, 1, -2), \frac{1}{\sqrt{2}}(1, -1, 0)\right\}$

83. अंत: गुणन समष्टि v के लिए U तथा V लम्बकोणीय होंगे, यदि निम्न में से सत्य है
(a) $||U - V||^2 = ||U||^2 + ||V||^2$
(b) $||U + V||^2 = ||U||^2 - ||V||^2$
(c) $||U^2 - V^2|| = ||U|| + ||V||$
(d) उपरोक्त में से कोई नहीं

84. सीमित आयामों का वास्तविक गुणन, समष्टि के किस अन्य नाम से जाना जाता है
(a) लम्बकोणीय
(b) यूक्लिडीयन
(c) नॉर्मलाईजेशन
(d) इनमें से कोई नहीं

85. यदि V एक अन्त: गुणन समष्टि है, तो सामान्यत: फलन $\|\,\|: V \to R$ के लिए निम्न में से सत्य है, यदि $U, V \in V$ तथा $\alpha \in R$

(a) $\|\alpha U\| = |\alpha|\,\|V\|$ (b) $\|\alpha U\| = |\alpha|\,\|U\|$

(c) $\|\alpha U\| = \|\alpha\|\,\|-U\|$ (d) इनमें से कोई नहीं

86. एक लम्बकोणीय समुच्चय $A\,\{U_i\}_{i=1}^{n}$ अशून्य सदिश के लिए अन्त: गुणन समष्टि V के लिए सत्य है

(a) रैखिक अस्वतन्त्रता (b) रैखिक स्वतन्त्रता

(c) रैखिक चर (d) इनमें से कोई नहीं

87. यदि W एक उपसमष्टि है सीमित अन्त: गुणन समष्टि V के लिए हो, तो निम्न में से सत्य है

(a) $(W^1)^{-1} = W$

(b) $(W^1)^1 = W$

(c) $\left(\frac{1}{W}\right)^1 = W$

(d) उपरोक्त में से कोई नहीं

उत्तरमाला

1.	(a)	2.	(c)	3.	(b)	4.	(b)	5.	(d)	6.	(d)	7.	(b)	8.	(a)	9.	(a)	10.	(c)
11.	(a)	12.	(c)	13.	(a)	14.	(d)	15.	(d)	16.	(b)	17.	(a)	18.	(b)	19.	(c)	20.	(a)
21.	(a)	22.	(c)	23.	(c)	24.	(b)	25.	(c)	26.	(c)	27.	(c)	28.	(c)	29.	(c)	30.	(a)
31.	(b)	32.	(d)	33.	(c)	34.	(b)	35.	(b)	36.	(c)	37.	(b)	38.	(c)	39.	(b)	40.	(b)
41.	(b)	42.	(a)	43.	(b)	44.	(b)	45.	(a)	46.	(a)	47.	(b)	48.	(c)	49.	(d)	50.	(b)
51.	(c)	52.	(c)	53.	(c)	54.	(b)	55.	(d)	56.	(d)	57.	(c)	58.	(c)	59.	(c)	60.	(d)
61.	(b)	62.	(c)	63.	(c)	64.	(b)	65.	(c)	66.	(b)	67.	(b)	68.	(a)	69.	(c)	70.	(c)
71.	(b)	72.	(c)	73.	(d)	74.	(d)	75.	(c)	76.	(c)	77.	(b)	78.	(c)	79.	(b)	80.	(b)
81.	(b)	82.	(d)	83.	(a)	84.	(b)	85.	(b)	86.	(a)	87.	(b)						

संकेत एवं हल

4. चूँकि $f(x) = x^2 + 8x - 2 = (x-a)(x-b)$

जहाँ, $a, b \notin Q$ [$\because a$ तथा b अपरिमेय संख्याएँ हैं।]

अत: $f(x)$, Q पर सरलित है।

9. चूँकि $e \in R \Rightarrow ey = ye, \forall y \in R$

$\Rightarrow \quad e \in C \Rightarrow C \neq \phi$

माना $x_1, x_2 \in C$

$\Rightarrow \quad x_1 y_1 = y x_1, x_2 y = y x_2, \forall y \in R$

अब, $(x_1 - x_2)y = [x_1 + (-x_2)]y$

$= x_1 + (-x_2)y$ [बटंनता से]

$= x_1 y - x_2 y$

$= y x_1 - y x_2$ [$\because x_1, x_2 \in C$]

$= y x_1 + y(-x_2)$

$= y[x_1 + (-x_2)]$ [बटंनता से]

$= y(x_1 - x_2) \Rightarrow x_1 - x_2 \in C$

पुन: $(x_1 x_2)y = x_1(x_2 y)$ [साहचर्यता से]

$= x_1(y x_2)$ [$\because x_2 \in C$]

$= (x_1 y)x_2$ [साहचर्यता से]

$= (y x_1)x_2$ [$\because x_1 \in C$]

$= y(x_1 x_2)$ [साहचर्यता से]

$\Rightarrow \quad x_1 x_2 \in C$

उपरोक्त से $x_1, x_2 \in C$

$\Rightarrow \quad x_1 - x_2 \in C, x_1 x_2 \in C$

अत: C, R का एक उपवलय है।

10. $a \in R \Rightarrow -a \in R$

तथा $a + (-a) = o$

$\Rightarrow \quad f[a + (-a)] = f(o)$

$\Rightarrow \quad \phi(a) + \phi(-a) = o'$

जहाँ, S में योगिक संक्रिया के लिए o' तत्समक अवयव है।

$\phi(-a)$, योगिक संक्रिया के लिए $\phi(a)$ का प्रतिलोम है।

$\therefore \quad \phi(-a) = -\phi(a)$

11. गुणजावली के प्रथम प्रतिबन्ध से,

$A, B \in I, I_2, I_3, I_4 \Rightarrow A - B \in I_1, I_2, I_3$ तथा I_4

अत: योग संक्रिया के लिए I_1, I_2, I_3 तथा I_4 वलय R के उपसमूह है

गुणजावली के द्वितीय प्रतिबन्ध से,

दक्षिण गुणजावली के लिए, $\forall x_1 \in I_1, \forall r \in R \Rightarrow x_1 \cdot r \in I_1$

वाम गुणजावली के लिए, $\forall x_1 \in I_1, \forall r \in R \Rightarrow r \cdot x_1 \in I_1$

माना $x_1 = \begin{bmatrix} a & b \\ o & o \end{bmatrix}$

तथा $r = \begin{bmatrix} c & d \\ e & f \end{bmatrix}$ तथा $a, b, c, d, e, f \in Z$

$$x_1 \cdot r = \begin{bmatrix} a & b \\ o & o \end{bmatrix}\begin{bmatrix} c & d \\ e & f \end{bmatrix} = \begin{bmatrix} ac + be & ad + bf \\ o & o \end{bmatrix} \in I_1$$

$\therefore I_1$ एक दक्षिण गुणजावली है।

19. $\because Q \subset R \subset C$

और Q, R तथा C क्षेत्र हैं।

अत: $Q(Q)$ सदिश समष्टि है।

20. $N(Q)$ सदिश समष्टि नहीं है।

24. $\because$ चरों की कुल संख्या − आश्रित चर $= 4 - 2 = 2$

$\therefore$ $\dim V = 100 - 2 = 98$

25. (a) मान लीजिए $a, b, c \in R$, इस प्रकार

$$a(1, 0, 0) + b(1, 1, 0) + c(1, 1, 1) = (0, 0, 0)$$

$\Rightarrow$ $a + b + c = 0, b + c = 0$ तथा $c = 0$

$\Rightarrow$ $a = 0, b = 0$ तथा $c = 0$

अतः $\{(1, 0, 0), (1, 1, 0), (1, 1, 1)\}$ सदिश का रैखिक स्वतन्त्र समुच्चय है।

(b) मान लीजिए $a, b, c \in R$, इस प्रकार

$$a(1, 1, 1) + b(-1, 0, 1) + c(0, -2, 1) = (0, 0, 0)$$

$\Rightarrow$ $a - b = 0, a - 2c = 0$ तथा $a + b + c = 0$

$\Rightarrow$ $a = b, c = \frac{1}{2}b$ तथा $b + b + \frac{1}{2}b = 0$

$\Rightarrow$ $b = 0, a = 0$ तथा $c = 0$

अतः $\{(1, 1, 1), (-1, 0, 1), (0, -2, 1)\}$ सदिश का रैखिक स्वतन्त्र समुच्चय है।

(c) मान लीजिए $a, b, c, d \in R$, इस प्रकार

$$a(1, 0, 0) + b(0, 1, 0) + c(1, 1, 1) + d(-1, 1, -1) = (0, 0, 0)$$

$\Rightarrow$ $a + c - d = 0, b + c + d = 0$ तथा $c - d = 0$

$\Rightarrow$ $c = d, b = -2d$ तथा $a = 0$

$d = 1$ लेने पर, हम पाते हैं

$a = 0, b = -2, c = 1$ तथा $d = 1$

अतः $\{(1, 0, 0), (0, 1, 0), (1, 1, 1), (-1, 1, -1)\}$ सदिश का रैखिक परतन्त्र समुच्चय हैं।

29. किसी दिए हुए सदिश समष्टि के आधारित समुच्चयों की संख्या अनन्त है।

34. F की परिभाषानुसार, यदि $1 \in F \Rightarrow -1 \in F$

$$[1 + (-1)]V = 1V + (-1)V$$

$\Rightarrow$ $0V = 1V + (-1)V$

$\Rightarrow$ $0 = 1V + (-1)V$

$\Rightarrow$ $0 = V + (-1)V$

चूँकि V का V में योग संक्रिया के सापेक्ष प्रतिलोम $(-1)V$ है।

$\therefore$ $(-1)V = -V$

35. सदिश समष्टि की परिभाषा से, $\forall \alpha \in F$ तथा $\forall v \in V \Rightarrow \alpha v = V$

इसलिए $W v = V$

चूँकि $I \in F \Rightarrow Iv = v \in WV \Rightarrow Wv \neq \phi$

माना $W_1, W_2 \in Wv$, तब F के दो अवयव α, β का अस्तित्व हैं कि $W_1 = \alpha v$, तथा $W_2 = \beta v$

$\forall \lambda, \mu \in F$ के लिए,

$$\lambda W_1 + \mu W_2 = \lambda(\alpha v) + \mu(\beta v) = (\lambda\alpha)\, v + (\mu\beta)\, V = (\lambda\alpha + \mu\beta)v \in Wv$$

जहाँ, $\lambda\alpha + \mu\beta \in F$

अतः $Wv(F), V(F)$ की उपसमष्टि है।

37. $1 \cdot V_1 + 1 \cdot V_2 - 1 \cdot V_3 = (1, 0, 1) + (0, 1, 0) - (1, 1, 1)$

$= (1, 0, 1) + (0, 1, 0) + (-1, -1, -1)$

$= (1 + 0 - 1, 0 + 1 - 1, 1 + 0 - 1)$

$= (0, 0, 0) = 0$

अतः V_1, V_2 एवं V_3 एकघाततः आश्रित हैं।

39. अदिशों α एवं β के लिए,

$$\alpha(a_1, a_2) + \beta(b_1, b_2) = 0 = (0, 0)$$

$\Rightarrow$ $(\alpha a_1, \alpha a_2) + (\beta b_1, \beta b_2) = 0 = (0, 0)$

$\Rightarrow$ $(\alpha a_1 + \beta b_1, \alpha a_2 + \beta b_2) = (0, 0)$

$\Rightarrow$ $\alpha a_1 + \beta b_1 = 0, \alpha a_2 + \beta b_2 = 0$

इन दोनों में से α, β का विलोपन करने पर,

$$a_1 b_2 - a_2 b_1 = 0$$

40. माना $U = \alpha U_1 + \beta U_2$, जहाँ $\alpha, \beta \in R$ अज्ञात अदिश संख्याएँ हैं।

अर्थात् $(5, k, 7) = \alpha(1, -5, 3) + \beta(3, 2, 1)$

$= (\alpha, -5\alpha, 3\alpha) + (3\beta, 2\beta, \beta)$

$= (\alpha + 3\beta, -5\alpha + 2\beta, 3\alpha + \beta)$

$\therefore$ $\alpha + 3\beta = 5$ ...(i)

$-5\alpha + 2\beta = k$ ...(ii)

तथा $3\alpha + \beta = 7$ ...(iii)

समी (i) को 3 से गुणा करने पर तथा समी (iii) में से घटाने पर,

$$-8\beta = -8 \Rightarrow \beta = 1$$

$\beta = 1$ का मान, समी (i) में प्रतिस्थापित करने पर,

$$\alpha = 5 - 3\beta = 5 - 3 \cdot 1 = 2$$

समी (ii) से,

$$-5(2) + 2(1) = k$$

$\therefore$ $k = -10 + 2 = -8$

45. चूँकि $\{(0, 0, 1, 0), (0, 0, 0, 1)\}$ रैखिक स्वतन्त्र है तथा स्थान Ker T

$\Rightarrow$ T की नलिटि $= 2$

$\therefore$ T की रैंक $= 2$

[$\because \dim R^4 =$ नलिटि $T +$ रैंक T]

52. $T(x, y, z) = x\left(\frac{1}{2}, 0, 0\right) + y\left(0, \frac{1}{2}, 0\right)$

$\therefore$ T की रैंक $T = 2$

64. माना $(2, -3, 5) = a\alpha_1 + b\alpha_2 + c\alpha_3$

$= (1,1,1) + (1,1,0) + C(1,0,0)$

तब, $a + b + c = 2, a + b = -3$ तथा $a = 5$

समीकरण को हल करने पर,

$a = 5, b = -8$ तथा $c = 5$

$(2, -3, 5) = 5\alpha_1 - 8\alpha_2 + 5\alpha_3 + 5T(\lambda_3)$

$T(2, -3, 5) = T(5\alpha_1 - 8\alpha_2 + 5\alpha_3) = 5T(\lambda_1) - 8T(\alpha_2) + 5T(\alpha_3)$

[$\because T$ एक रैखिक रूपान्तरण है।]

$= 5(1, 0) - 8(2, -1) + 5(4, 3)$

$= (5, 0) - (16, -8) + (20, 15) = (9, 23)$

65. माना λ एक तत्व है V का तथा $T(\lambda)=\beta$

तब, $T^{-1}(\beta)=\lambda \Rightarrow T(\lambda)=\beta$

$$T^{-1}[T(\lambda)]=T^{-1}(\beta) \Rightarrow (T^{-1}T)(\alpha)=\alpha$$

$\Rightarrow \quad (T^{-1}T)(\alpha)=I(\alpha) \Rightarrow T^{-1}T=I$

माना एक तत्व है V का, अतः

$$\beta \in V$$

$\Rightarrow \quad \exists\, \alpha \in V$ तथा $T(\alpha)=\beta$

$\Rightarrow \quad T^{-1}(\beta)=\alpha$

$\Rightarrow \quad T[T^{-1}(\beta]=T(\alpha)$

$\Rightarrow \quad (TT^{-1})\beta=\beta$

$\Rightarrow \quad (TT^{-1})\beta=\beta=j(\beta),$

$\therefore \quad TT^{-1}=I$

71. $||x+y||^2+||x-y||^2$

$=<x+y, x+y>+<x-y, x-y>$

$=||x||^2+<x, y>+<y, x>+||y||^2+||x||^2-<x, y>$
$-<y, x>+||y||^2$

$=2||x||^2+2||y||^2=2(||x||^2+||y||^2)$

72. $\because <x, y>=<y, x>=0$

अब, $||x-y||^2=<x-y, x-y>$

$=<x, x>-<x, y>-<y, x>+<y, y>$

$=<x, x>+<y, y>=||x||^2+||y||^2$

76. दिया है, $T(w)=w-2\dfrac{<w, v>}{<v, v>}v$

$\therefore \quad T(v)=v-2\dfrac{<v, v>v}{<v, v>}=v-2v=-v$

85. $||\alpha U||^2=<\alpha U, \alpha U>^2$

$=\alpha<U, \alpha U>=\alpha<\alpha U, U>$

$=\alpha^2||U||^2$

अतः $||\alpha U||=||\alpha||\ ||U||$

86. यदि सदिश $\alpha_1, \alpha_2, \ldots, \alpha_n, R$ के लिए,

$$\alpha_1 V_1+\alpha_2 V_2+\ldots+\alpha_n V_n=0$$

अंतः गुणन समष्टि V_1 के साथ दोनों तरफ लेने पर तथा द्विरैखिक गुण का उपयोग अंतः गुणन के लिए प्राप्त होता है।

$$\alpha_1<V_1, V_1>+\alpha_2<V_2, V_1>+\ldots+\alpha_n<V_n, V_1>=<0, V_1>=0$$

$$\alpha_1<V_1, V_1>=0$$

$\Rightarrow \alpha_1=0,$ जबकि $<V_1, V_1>\neq 0,$ क्योंकि $V_1\neq 0$ अन्तः गुणन $V_2\ldots V_n$ के साथ लेने पर प्राप्त होता है।

$$\alpha_2=\alpha_3=\ldots=\alpha_n=0$$

अतः यह सत्य होता है कि $A=\{V_i\}_{i=1}^n$ के लिए रैखिक अस्वतन्त्र है।

मध्य प्रदेश
उच्च माध्यमिक शिक्षक पात्रता परीक्षा (भाग-ब)

प्रैक्टिस पेपर 1

निर्देश

इस प्रश्न-पत्र में कुल 120 वस्तुनिष्ठ प्रश्न हैं तथा प्रत्येक प्रश्न के लिए एक अंक निर्धारित है।

1. किसी वस्तु का क्रय मूल्य ₹ 500 है तथा इसे ₹ 400 में बेचा जाता है। लाभ/हानि ज्ञात कीजिए।

(a) लाभ, ₹ 100
(b) हानि, ₹ 50
(c) लाभ, ₹ 50
(d) हानि, ₹ 100

2. यदि A,8 से कम सम प्राकृत संख्याओं का समुच्चय है और B,7 से कम अभाज्य संख्याओं का समुच्चय है, तो A से B में सम्बन्धों की संख्या है

(a) 2^9 (b) 9^2 (c) 3^2 (d) 2^{9-1}

3. फलन $f:R \to R, f(x) = x^3 - 1$ के द्वारा परिभाषित है, होगा

(a) एक एकैकी फलन
(b) एक आच्छादक फलन
(c) एक एकैकी आच्छादक
(d) न तो एकैकी और न ही आच्छादक

4. $\left|x + \dfrac{2}{x}\right| < 3$, तब x होगा, अन्तराल

(a) $(-2,-1) \cup (1,2)$ में
(b) $(-\infty, 2) \cup (-1,1) \cup (2,\infty)$ में
(c) $(-2, 2)$ में
(d) $(-3, 3)$ में

5. यदि $f(x) = \begin{cases} -x^2, & \text{यदि } x \le 0 \\ 5x-4, & \text{जब } 0 < x \le 1 \\ 4x^2 - 3x, & \text{जब } 1 < x < 2 \\ 3x+4, & \text{जब } x \ge 2 \end{cases}$ तो

(a) $f(x), x = 0$ पर सतत् है
(b) $f(x), x = 2$ पर सतत् है
(c) $f(x), x = 1$ पर सतत् है
(d) इनमें से कोई नही

6. माना $f(x) = \begin{cases} (x-1)\sin\dfrac{1}{x-1} & \text{यदि } x \ne 1 \\ 0 & \text{यदि } x = 1 \end{cases}$ तो निम्न में से कौन-सा सत्य है

(a) $f, x = 0$ तथा $x = 1$ पर अवकलनीय है
(b) $f, x = 0$ पर अवकलनीय है लेकिन $x = 1$ पर नहीं
(c) $f, x = 1$ पर अवकलनीय है लेकिन $x = 0$ पर नहीं
(d) f, न तो $x = 0$ पर तथा न ही $x = 1$ पर अवकलनीय है

7. यदि $y = \cot^{-1}\left[\dfrac{\sqrt{1+\sin x} + \sqrt{1-\sin x}}{\sqrt{1+\sin x} - \sqrt{1-\sin x}}\right]$, तब $\dfrac{dy}{dx}$ का मान है

(a) $\dfrac{1}{2}$
(b) $\dfrac{2}{3}$
(c) 3
(d) 1

8. यदि $u = \log_e(x^2 + y^2) + \tan^{-1}\left(\dfrac{y}{x}\right)$ तो $\dfrac{\partial^2 u}{\partial x^2} + \dfrac{\partial^2 u}{\partial y^2}$ का मान है

(a) 0
(b) $2u$
(c) $1/u$
(d) u

9. यदि $|z_1| = |z_2|$ तथा $\arg\left(\dfrac{z_1}{z_2}\right) = \pi$ तब $z_1 + z_2$ बराबर है

(a) 0
(b) पूर्णतः अधिकल्पित
(c) पूर्णतः वास्तविक
(d) इनमें से कोई नहीं

10. यदि z एक सम्मिश्र संख्या हो, तो $|z| + |z-1|$ का न्यूनतम मान है

(a) 1
(b) 0
(c) 1/2
(d) इनमें से कोई नहीं

11. यदि **a, b** एवं **c** तीन असमतलीय सदिश इस प्रकार हैं कि $\mathbf{a} + \mathbf{b} + \mathbf{c} = \alpha\mathbf{d}$ व $\mathbf{b} + \mathbf{c} + \mathbf{d} = \beta\mathbf{a}$, तो $\mathbf{a} + \mathbf{b} + \mathbf{c} + \mathbf{d}$ का मान है

(a) 0
(b) $\alpha\mathbf{a}$
(c) $\beta\mathbf{b}$
(d) $(\alpha + \beta)\mathbf{c}$

12. यदि **a, b** और **c** के लम्बवत् है तथा $|\mathbf{a}| = 2, |\mathbf{b}| = 3, |\mathbf{c}| = 4$ तथा **b** व **c** के बीच कोण $\dfrac{2\pi}{3}$ है, तब $[\mathbf{a}, \mathbf{b}, \mathbf{c}]$ बराबर है

(a) $4\sqrt{3}$
(b) $6\sqrt{3}$
(c) $12\sqrt{3}$
(d) $18\sqrt{3}$

13. यदि $y = \log x, e^{(\tan x + x^2)}$, तो $\dfrac{dy}{dx}$ का मान है

(a) $e^{(\tan x + x^2)}\left[\dfrac{1}{x} + (\sec^2 x + x)\log x\right]$
(b) $e^{(\tan x + x^2)}\left[\dfrac{1}{x} + (\sec^2 x - x)\log x\right]$
(c) $e^{(\tan x + x^2)}\left[\dfrac{1}{x} + (\sec^2 x + 2x)\log x\right]$
(d) $e^{(\tan x + x^2)}\left[\dfrac{1}{x} + (\sec^2 x - 2x)\log x\right]$

14. $\frac{d}{dx}\left[\tan^{-1}\left(\frac{a+x}{1-ax}\right)\right]=....; a$ अचर है, $a,x \in R^+; ax<1$

(a) $\frac{-a}{1+x^2}$ (b) $\frac{a}{1+x^2}$ (c) $-\frac{1}{1+x^2}$ (d) $\frac{1}{1+x^2}$

15. 100 से कम सभी विषम संख्याओं का औसत होगा

(a) 49.5 (b) 50 (c) 50.5 (d) 51

16. फलन $\sin x-\cos x$ किस अन्तराल में वर्धमान है

(a) $\left[\frac{3\pi}{4},\frac{7\pi}{4}\right]$ (b) $\left[0,\frac{3\pi}{4}\right]$

(c) $\left[\frac{\pi}{4},\frac{3\pi}{4}\right]$ (d) इनमें से कोई नहीं

17. फलन $f(x)=\cos x-2px$ एकदिष्ट ह्रासमान है

(a) $p<\frac{1}{2}$ के लिए (b) $p>\frac{1}{2}$ के लिए

(c) $p<2$ के लिए (d) $p>2$ के लिए

18. $\int\frac{dx}{\sqrt{x+a}+\sqrt{x+b}}$ का मान है

(a) $\frac{2}{3(b-a)}[(x+a)^{3/2}-(x+b)^{3/2}]+C$

(b) $\frac{2}{3(a-b)}[(x+a)^{3/2}-(x+b)^{3/2}]+C$

(c) $\frac{2}{3(a-b)}[(x+a)^{3/2}+(x+b)^{3/2}]+C$

(d) उपरोक्त में से कोई नही

19. $\int\frac{dx}{1+3\sin^2 x}$ का मान है

(a) $\frac{1}{3}\tan^{-1}(3\tan^2 x)+C$ (b) $\frac{1}{2}\tan^{-1}(2\tan x)+C$

(c) $\tan^{-1}(\tan x)+C$ (d) इनमें से कोई नही

20. यदि $u=-f''(\theta)\sin\theta+f'(\theta)\cos\theta$ एवं $v=f''(\theta)\cos\theta+f'(\theta)\sin\theta$,

तब $\int\left[\left(\frac{du}{d\theta}\right)^2+\left(\frac{dv}{d\theta}\right)^2\right]^{\frac{1}{2}}d\theta$ का मान है

(a) $f(\theta)-f'(\theta)+C$ (b) $f(\theta)+f'(\theta)+C$

(c) $f'(\theta)+f''(\theta)+C$ (d) $f'(\theta)-f''(\theta)+C$

21. $\int\tan^3 2x\sec 2x dx$ का मान है

(a) $\frac{1}{6}\sec^3 2x-\frac{1}{2}\sec 2x+c$ (b) $\frac{1}{6}\sec^3 2x+\frac{1}{2}\sec 2x+c$

(c) $\frac{1}{9}\sec^2 2x-\frac{1}{3}\sec 2x+c$ (d) इनमें से कोई नहीं

22. समीकरण $\sin^{-1}\left(\frac{dy}{dx}\right)=x+y$ का व्यापक हल है

(a) $\tan(x+y)+\sec(x+y)=x+c$

(b) $\tan(x+y)-\sec(x+y)=x+c$

(c) $\tan(x+y)+\sec(x+y)+x+c=0$

(d) उपरोक्त में से कोई नही

23. $\frac{d^2y}{dx^2}=\sec^2 x+xe^x$ का हल है

(a) $y=\log(\sec x)+(x-2)e^x+c_1x+c_2$

(b) $y=\log(\sec x)+(x+2)e^x+c_1x+c_2$

(c) $y=\log(\sec x)-(x+2)e^x+c_1x+c_2$

(d) उपरोक्त में से कोई नही

24. अवकल समीकरण $(y\log y)dx=(\log y-x)dy$ का समाकलन गुणांक है

(a) $\frac{1}{\log y}$ (b) $\log(\log y)$ (c) $1+\log y$ (d) $\log y$

25. $y^2dx+(x^2-xy+y^2)dy=o$ का व्यापक हल है

(a) $\tan^{-1}\left(\frac{x}{y}\right)+\log y+c=0$

(b) $2\tan^{-1}\left(\frac{x}{y}\right)+\log x+c=0$

(c) $\log(y+\sqrt{x^2+y^2})+\log y+c=0$

(d) $\sinh^{-1}\left(\frac{x}{y}\right)+\log y+c=0$

26. वक्र के बिन्दु (x,y) पर प्रवणता $\frac{y}{x}-\cos^2\left(\frac{y}{x}\right)$ है। यदि यह वक्र बिन्दु $\left(1,\frac{\pi}{4}\right)$ से जाता है, तो वक्र का समीकरण होगा

(a) $y=\tan^{-1}\left[\log\left(\frac{e}{x}\right)\right]$ (b) $y=x\tan^{-1}\left[\log\left(\frac{x}{e}\right)\right]$

(c) $y=x\tan^{-1}\left[\log\left(\frac{e}{x}\right)\right]$ (d) इनमें से कोई नही

27. यदि ${}^nP_r=30240$ तथा ${}^nC_r=252$, तब क्रमित युग्म (n,r) बराबर है

(a) (12,6) (b) (10,5) (c) (9,4) (d) (16,7)

28. $\left[\frac{(x+1)}{x^{2/3}-x^{1/3}+1}-\frac{(x-1)}{x-x^{1/2}}\right]^{10}$ के प्रसार में x से स्वतंत्र पद का गुणांक है

(a) 210 (b) 105

(c) 70 (d) 112

29. $(1+2x+3x^2+.....\infty)^{1/2}$ के प्रसार में x^n का गुणांक, जहाँ n कोई धनात्मक पूर्णांक है, हैं

(a) 1 (b) $\frac{n+1}{2}$ (c) $2n+1$ (d) $n+1$

30. $\left(x+\frac{1}{2x}\right)^{2n}$ के विस्तार में मध्य पद है

(a) $\frac{1.3.5....(2n-3)}{n!}$ (b) $\frac{1.3.5.....(2n-1)}{n!}$

(c) $\frac{1.3.5......(2n+1)}{n!}$ (d) इनमें से कोई नही

31. यदि $f(x)=\begin{vmatrix}x-3 & 2x^2-18 & 3x^3-81\\ x-5 & 2x^2-50 & 4x^3-500\\ 1 & 2 & 3\end{vmatrix}$, तो

$f(1)\cdot f(3)+f(3)\cdot f(5)+f(5)\cdot f(1)$ का मान है

(a) $f(1)$ (b) $f(3)$

(c) $f(1)+f(3)$ (d) $f(1)+f(5)$

32. यदि $P=\begin{bmatrix}\frac{\sqrt{3}}{2} & \frac{1}{2}\\ -\frac{1}{2} & \frac{\sqrt{3}}{2}\end{bmatrix}, A=\begin{bmatrix}1 & 1\\ 0 & 1\end{bmatrix}$ और $Q=PAP^T$ तो

$P(A^{2005})P^T$ का मान है

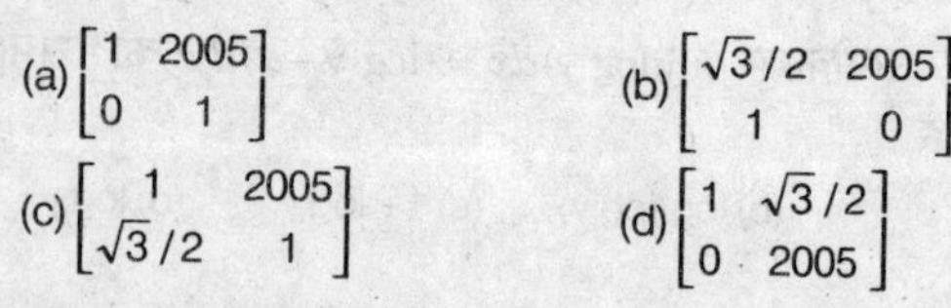

(a) $\begin{bmatrix} 1 & 2005 \\ 0 & 1 \end{bmatrix}$ (b) $\begin{bmatrix} \sqrt{3}/2 & 2005 \\ 1 & 0 \end{bmatrix}$

(c) $\begin{bmatrix} 1 & 2005 \\ \sqrt{3}/2 & 1 \end{bmatrix}$ (d) $\begin{bmatrix} 1 & \sqrt{3}/2 \\ 0 & 2005 \end{bmatrix}$

33. यदि A एक अन्तर्वलनीय (Involutory) आव्यूह है तथा I, उसी कोटि का इकाई आव्यूह हो, तो $(I-A)(I+A)$ है

(a) शून्य आव्यूह (b) A (c) I (d) $2A$

34. निम्न रैखिक समीकरण निकाय को लीजिए

$x_1 + 2x_2 + x_3 = 3,\ 2x_1 + 3x_2 + x_3 = 3,\quad 3x_1 + 5x_2 + 2x_3 = 1$

निकाय के

(a) अनन्त हल है (b) केवल 3 हल है

(c) एकमात्र हल है (d) कोई हल नही है

35. बिन्दुओं $(-1,1)$ व $(5,7)$ को मिलाने वाली रेखा को रेखा $x + y = 4$ निम्न अनुपात में विभाजित करती है

(a) 2:1 (b) 1:2

(c) 1:2 बाह्यतः (d) इनमें से कोई नही

36. केन्द्र $(2,1)$ और रेखा $3x + 4y = 5$ को स्पर्श करने वाले वृत्त का समीकरण है

(a) $x^2 + y^2 - 4x - 2y + 5 = 0$ (b) $x^2 + y^2 - 4x - 2y - 5 = 0$

(c) $x^2 + y^2 - 4x - 2y + 4 = 0$ (d) $x^2 + y^2 - 4x - 2y - 4 = 0$

37. a भुजा वाले समबाहु त्रिभुज के अन्तः वृत्त के अन्दर वर्ग खीचा गया है, तो वर्ग का क्षेत्रफल है

(a) $\frac{a^2}{3}$ (b) $\frac{2a^2}{3}$ (c) $\frac{a^2}{6}$ (d) $\frac{a^2}{12}$

38. परवलय $y^2 = 8x$ के उस बिन्दु, जिस पर अभिलम्ब X–अक्ष से 60° का कोण बनाता है, के निर्देशांक होंगे

(a) $(6, -4\sqrt{3})$ (b) $(6, 4\sqrt{3})$ (c) $(-6, -4\sqrt{3})$ (d) $(-6, 4\sqrt{3})$

39. दीर्घवृत्त $\frac{x^2}{a^2} + \frac{y^2}{b^2} = 1$ की कोई स्पर्श रेखा अक्षों पर h व k लम्बाई के अन्तःखण्ड काटती है, तो $\frac{a^2}{h^2} + \frac{b^2}{k^2} =$

(a) 0 (b) 1

(c) –1 (d) इनमें से कोई नहीं

40. वृत्तों $x^2 + y^2 - 1 = 0,\ x^2 + y^2 - 2x - 4y + 1 = 0$ के प्रतिच्छेद बिन्दुओं से जाने वाले एवं रेखा $x + 2y = 0$ को स्पर्श करने वाले वृत्त का समीकरण है

(a) $x^2 + y^2 + x + 2y = 0$ (b) $x^2 + y^2 - x + 20 = 0$

(c) $x^2 + y^2 - x - 2y = 0$ (d) $2(x^2 + y^2) - x - 2y = 0$

41. यदि रेखा $y = mx + c$, वृत्त $x^2 + y^2 - 2x - 4y + 3 = 0$ को बिन्दु $(2, 3)$ पर स्पर्श करती हो, तो $c =$

(a) –3 (b) 4 (c) 5 (d) –2

42. एक कॉलेज में 25% छात्र तथा 10% छात्रायें गणित विषय लेती है। कुल विद्यार्थियों की संख्या की 60% छात्रायें है। गणित पढ़ने वाले एक विद्यार्थी का यादृच्छिक रूप से चयन करने पर, उसके छात्रा होने की प्रायिकता है

(a) $\frac{1}{6}$ (b) $\frac{3}{8}$

(c) $\frac{5}{8}$ (d) $\frac{5}{6}$

43. यदि X, np माध्य व npq विसरण के साथ, द्विपद बंटन है, तो $\frac{P(X=k)}{P(X=k-1)}$ का मान है

(a) $\frac{n-k}{k-1}, \frac{p}{q}$ (b) $\frac{n-k+1}{k}, \frac{p}{q}$

(c) $\frac{n+1}{k}, \frac{q}{p}$ (d) $\frac{n-1}{k+1}, \frac{q}{p}$

44. किसी समूह के 9 विभिन्न प्रेक्षणों की माध्यिका 20.5 है। यदि समूह के 4 बड़े प्रेक्षणों का मान 2 बढ़ाया जाये, तब नये समूह की माध्यिका का मान

(a) 2 बढ़ जायेगा

(b) 2 कम हो जायेगा

(c) मूल माध्यिका का दो गुना हो जायेगा

(d) मूल माध्यिका के समान ही रहेगा

45. $(2n+1)$ प्रेक्षणों $x_1, -x_1, x_2, -x_2, \ldots\ldots x_n, -x_n$ तथा 0 (शून्य) के लिये (जहाँ x के सभी मान भिन्न हैं)। माना SD तथा MD क्रमशः मानक विचलन तथा माध्यिका प्रदर्शित करते है तब निम्न में से कौन–सा सदैव सत्य है

(a) SD < MD (b) SD > MD

(c) SD = MD

(d) SD तथा MD के सम्बन्ध के बारे में सामान्यतः कुछ नहीं कहा जा सकता है।

46. फलन $x\sqrt{1-x^2}$, $(x > 0)$ रखता है

(a) एक स्थानीय उच्चिष्ठ

(b) एक स्थानीय निम्निष्ठ

(c) न तो स्थानीय उच्चिष्ठ और न ही स्थानीय निम्निष्ठ

(d) उपरोक्त में से कोई नही

47. वक्र $y = x^2$ तथा $y = 2 - x^2$ से घिरे क्षेत्र का क्षेत्रफल है

(a) 8/3 (b) 3/8

(c) 3/2 (d) इनमें से कोई नहीं

48. यदि $na = 1$ तथा $n \to \infty$ हो, तो $\Pi\{1 + (ra)^2\}^{1/r}$ का मान होगा

(a) 1 (b) $e^{\pi^2/8}$ (c) $e^{\pi^2/24}$ (d) $e^{-x^2/12}$

49. $(Z, +)$ से $(Q^*, .)$ पर ऐसे समाकारिता f की संख्या, जिसके लिए $f(2) = \frac{1}{3}$, है

(a) 1 (b) 2 (c) 3 (d) 0

50. समूह $U(15)$ में, 7 की कोटि है

(a) 1 (b) 4 (c) 3 (d) 2

51. Z_{30} में कोटि 10 वाले अवयवों की संख्या हैं

(a) 0 (b) 1 (c) 4 (d) 3

52. माना Q परिमेय संख्याओं का क्षेत्र है, तब क्या असत्य है?

(a) $\sqrt{2}$ और $\sqrt{3}$ दोनों Q पर बीजीय हैं (b) $[Q(\sqrt{2}, \sqrt{3}) : Q(\sqrt{2})] = 2$

(c) $[Q(\sqrt{2}, \sqrt{3}) : Q(\sqrt{3})] = 3$ (d) $[Q(\sqrt{2}, \sqrt{3}) : Q] = 4$

53. माना R एक संरचना है, जो योग क्रमविनिमेयता को छोड़कर वलय की सभी शर्तों को सन्तुष्ट करती है। यदि $x \in R$ का अस्तित्व इस प्रकार है कि $ax = bx \Rightarrow a = b$, तब

(a) R में योग क्रमविनिमेय नियम लागू होता है

(b) R में योग क्रमविनिमेय नियम लागू नहीं होता है

(c) R एक विभाजन वलय है

(d) R वलय नहीं है

54. यदि S वलय R की एक गुणजावली है और T, R की कोई उपवलय है, तब

(a) $S + T, R$ की एक गुणजावली है (b) $S, S + T$ की गुणजावली है
(c) $S + T, R$ की उपवलय है (d) $S + T, R$ की उपवलय नहीं है

55. कलन $I \to I(n), f(a) = \{a\}$ द्वारा परिभाषित है, जहाँ I पूर्णांकों का समुच्चय है और $I(n)$ माड्यूलो n अवशेष वर्गों का समुच्चय है, तब

(a) प्रत्येक $a \in I$ के लिए $I \to I(n)$ एक आच्छादक समाकारिता है
(b) किसी $a \in I$ के लिए $I \to I(n)$ आच्छादक समाकारिता नहीं है
(c) $I \to I(n)$ एक तुल्यकारिता है
(d) उपरोक्त में से कोई नहीं

56. $L^{-1}\left\{\frac{1}{s^2(s^2+1)}\right\}$ का मान है

(a) $\frac{t^2}{2} - \cos t + 1$ (b) $\frac{t^2}{2} + \cos t + 1$
(c) $\frac{t^2}{2} + \cos t - 1$ (d) इनमें से कोई नहीं

57. यदि α, β समीकरण $6x^2 - 2x + 1 = 0$ के मूल हों तथा $S_x = \alpha^n + \beta^n$, तो $\lim_{n \to \infty} \sum_{r=1}^{n} S_r$ का मान है

(a) $\frac{5}{17}$ (b) 0
(c) $\frac{3}{37}$ (d) इनमें से कोई नहीं

58. यदि $P(x) = ax^2 + bx + c$, $Q(x) = -ax^2 + dx + c$, जहाँ $ac \neq 0$, तो $P(x)\,Q(x) = 0$ रखता है

(a) कम-से-कम तीन वास्तविक मूल
(b) कोई वास्तविक मूल नहीं
(c) कम-से-कम दो वास्तविक मूल
(d) दो वास्तविक एवं दो काल्पनिक मूल

59. यदि प्राकृतिक संख्या n के कुल भाजकों की संख्या 15 है तब $n - m^2 = 4(m \in I)$ के हल (n, m) की संख्या है

(a) 1 (b) 2
(c) 0 (d) अनन्त

60. यदि $u = f_1(x, y), v = f_2(x, y)$, तब $\frac{\partial(u, v)}{\partial(x, y)} \times \frac{\partial(x, y)}{\partial(u, v)}$ का मान है

(a) 0 (b) 1
(c) 2 (d) 3

61. आयताकार अतिपरवलय $r^2 \cos 2\theta = a^2$ के लिए वक्रता त्रिज्या (ρ) है

(a) r^3a^2 (b) $\frac{a^2}{r^3}$
(c) $\frac{r^3}{a^2}$ (d) इनमें से कोई नहीं

62. वक्र $y^2 = 4x$ के अनन्तस्पर्शियों की कुल संख्या हैं

(a) 1 (b) 2
(c) अनन्त (d) 0

63. यदि $f(x) = (x-1)(x-2)(x-3)(x-4)$, तब $f'(x) = 0$ के तीनों मूलों में से

(a) तीनों धनात्मक होंगे
(b) तीनों ऋणात्मक होंगे
(c) दो अधिकल्पित होंगे
(d) तीनों वास्तविक, कुछ धनात्मक, कुछ ऋणात्मक होंगे

64. यदि f, $[a, b]$ पर द्विघातीय फलन हो जहाँ $f(x) = \alpha x^2 + \beta x + \gamma, a \neq 0$, तब वास्तविक मान c, जोकि लैग्रान्ज मध्यमान प्रमेय द्वारा स्वीकृत है, बराबर होगा

(a) $\frac{1}{2}(a + b)$ (b) $(a/b + b/a)$
(c) $2ab/(a + b)$ (d) $\sqrt{ab}$

65. यदि फलन $f(x) = x^3 - 6x^2 + ax + b, [1, 3]$ पर परिभाषित हो और $c = \frac{(2\sqrt{3}+1)}{\sqrt{3}}$ के लिए रोले की प्रमेय को सन्तुष्ट करें, तब

(a) $a = 11, b = 6$ (b) $a = -11, b = 6$
(c) $a = 11, b \in R$ (d) इनमें से कोई नहीं

66. रोले की प्रमेय का प्रयोग करके समीकरण $a_0x^n + a_1x^{n-1} + ... + a_n = 0$ का 0 और 1 के बीच कम-से-कम एक मूल होगा, यदि

(a) $\frac{a_0}{n} - \frac{a_1}{n-1} + ... + a_{n-1} = 0$
(b) $\frac{a_0}{n-1} + \frac{a_1}{n-2} + ... + a_{n-2} = 0$
(c) $na_0 + (n-1)a_1 + ... + a_{n-1} = 0$
(d) $\frac{a_0}{n+1} + \frac{a_1}{n} + ... + a_n = 0$

67. अनुक्रम $S_n = \left\{\frac{(3n+1)(n-2)}{n(n+3)}\right\}$ की सीमा है

(a) 0 (b) 1 (c) 2 (d) 3

68. निम्न में से कौन-सा सही नहीं है?

(a) $p > 0$ के लिए, श्रेणी $\frac{1}{1^p} - \frac{1}{2^p} + \frac{1}{3^p} - \frac{1}{4^p} + ...$ अभिसारी है
(b) श्रेणी $1 - \frac{1}{2^3} + \frac{1}{3^3} - \frac{1}{4^3} + ...$ निरपेक्ष अभिसारी है
(c) श्रेणी $1 - \frac{1}{2} + \frac{1}{3} - \frac{1}{4} + ...$ सापेक्ष अभिसारी है
(d) उपरोक्त में से कोई नहीं

69. फलन $f(z) = \sin(\cosh y) + i\cos(\sinh y)$ है

(a) सर्वत्र असतत् (b) कुछ बिन्दुओं पर असतत्
(c) सर्वत्र वैश्लेषिक (d) कहीं वैश्लेषिक नहीं

70. फलन $f(z) = \begin{cases} 1, & |z| < 1 \\ 2 & 1 \le |z| < 2 \end{cases}$ के सभी विचित्र बिन्दुओं का समुच्चय है

(a) $\{z : |z| \le 1\}$ (b) $\{z : |z| \le 2\}$
(c) $\{z : 1 \le z \le 2\}$ (d) $\{z : |z| = 1\} \cup \{z : |z| = 2\}$

71. $f(z) = \log z$ के लिए

(a) $z = 0$ पर $\frac{df(z)}{dz}$ परिभाषित नहीं है
(b) $z = 0$ पर $\frac{df(z)}{dz}$ परिभाषित है
(c) $f(z), z = 0$ पर वैश्लेषिक है
(d) $f(z), z = 1$ पर वैश्लेषिक है

72. $f(z) = \log z$

(a) कॉशी-रीमन समीकरण को सन्तुष्ट करता है
(b) कॉशी-रीमन समीकरण को सन्तुष्ट नहीं करता है
(c) $f(z)$ वैश्लेषिक नहीं है
(d) उपरोक्त में से कोई नहीं

73. उस वक्र का समीकरण $y = f(x)$ के रूप में ज्ञात कीजिए, जो मूलबिन्दु से होकर जाता है तथा जो अवकल समीकरण $\frac{dy}{dx} = \sin(10x + 6y)$ को भी सन्तुष्ट करता है।

(a) $xy = \log(e^{x/y} + c)$ (b) $e^{xy} = \log(xy + c)$
(c) $\tan(5x + 3y) = \frac{5\tan 4x}{4 - 3\tan 4x}$ (d) इनमें से कोई नहीं

74. समीकरण $z = (x + a)(y + b)$ से a तथा b के विलोपन द्वारा आंशिक अवकल समीकरण ज्ञात कीजिए।

(a) $z = pq$
(b) $z = ax$
(c) $z = by$
(d) उपरोक्त में से कोई नहीं

75. दो रेखाओं $y = 0 = u$ और $y = 1 = u$ को रखने वाली तथा $\frac{\partial^2 u}{\partial y^2} = \alpha x^3 y$ को सन्तुष्ट करने वाली सतह का समीकरण है

(a) $u = x^3y^3 + y(1 - x^3)$ (b) ऐसे सतह का अस्तित्व नहीं
(c) $u = -\frac{y^2}{8ax} + 1$ (d) $u = \sin x \cos y$

76. अदिश बिन्दु फलन f का X-अक्ष की दिशा में दिक् अवकलज है

(a) $\frac{\partial f}{\partial x}$ (b) $\frac{\partial f}{\partial y}$
(c) $\frac{\partial f}{\partial z}$ (d) इनमें से कोई नहीं

77. div f का मान, जहाँ $f = 2x^2z\,\hat{\mathbf{i}} - xy^2z\,\hat{\mathbf{j}} + 3y^2x\,\hat{\mathbf{k}}$, है

(a) $2yx(2 - x)$ (b) $2xz(2 - y)$
(c) $2yz(y - z)$ (d) इनमें से कोई नहीं

78. एक समान्तर श्रेढ़ी का प्रथम पद 2 है तथा प्रथम पाँच पदों का योग, अगले पाँच पदों के योग का एक-चौथाई है, 20वाँ पद होगा

(a) 112 (b) −112
(c) 114 (d) −114

79. बिन्दु (3, 2, 0) तथा रेखा $\frac{x-3}{1} = \frac{y-6}{5} = \frac{z-4}{4}$ से होकर जाने वाले तल का समीकरण है

(a) $x - y + z = 1$ (b) $x + y + z = 5$
(c) $x + 2y - z = 0$ (d) $2x - y + z = 5$

80. यदि रेखा $\frac{x+1}{1} = \frac{y-1}{2} = \frac{z-2}{2}$ व तल $2x - y + \sqrt{\lambda}z + 4 = 0$ के बीच का कोण θ इस प्रकार है कि $\sin\theta = \frac{1}{3}$, तब λ का मान है

(a) $-\frac{4}{3}$ (b) $\frac{3}{4}$ (c) $-\frac{3}{5}$ (d) $\frac{5}{3}$

81. तल $x + 2y + z = 4$ एक गोले $x^2 + y^2 + z^2 - x + z - 2 = 0$ को जिस वृत्त में प्रतिच्छेद करता है, उसकी त्रिज्या है

(a) 3 (b) 1 (c) 2 (d) $\sqrt{2}$

82. एक रेखा X-अक्ष तथा Z-अक्ष के साथ समान कोण θ बनाती है यदि कोण β, जो यह रेखा Y-अक्ष के साथ बनाती है इस प्रकार कि $\sin^2\beta = 3\sin^2\theta$, तो $\cos^2\theta$ बराबर है

(a) $\frac{2}{3}$ (b) $\frac{1}{5}$ (c) $\frac{3}{5}$ (d) $\frac{2}{5}$

83. गोलों $x^2 + y^2 + z^2 + 7x - 2y - z = 13$ तथा $x^2 + y^2 + z^2 - 3x + 3y + 4z = 8$ का प्रतिच्छेदन एक गोले व किस तल के प्रतिच्छेदन के समान है?

(a) $x - y - z = 1$ (b) $x - 2y - z = 1$
(c) $x - y - 2z = 1$ (d) $2x - y - z = 1$

84. r_1 और r_2 त्रिज्या वाले दो वृत्त लाम्बिकत: प्रतिच्छेद करते हैं। तब उभयनिष्ठ वृत्त की त्रिज्या होगी

(a) $r_1r_2 / (r_1^2 + r^2)$ (b) $r_1r / (r_1 + r_2)^2$
(c) $r_1r_2 / \sqrt{r_1^2 + r_2^2}$ (d) इनमें से कोई नहीं

85. समीकरण $ax^2 + by^2 + cz^2 + 2ux + 2vy + 2wz + d = 0$ एक शंकु प्रदर्शित करता है यदि

(a) $\frac{u^2}{a} + \frac{v^2}{b} + \frac{w^2}{c} = d$ (b) $\frac{u^2}{b} + \frac{v^2}{c} + \frac{w^2}{a} = d$
(c) $au^2 + bv^2 + cw^2 = abcd$ (d) इनमें से कोई नहीं

86. एक समचतुर्भुजाकार समांग समपटल का एक कोण 120° का है, उसके केन्द्र पर विकर्णों की दिशा में लगाए गए दो बल उसे इस प्रकार थामे हुए हैं कि उसकी एक भुजा क्षैतिज रहती है, यदि वे बल P तथा Q हों जबकि $P > Q$, तो

(a) $P^2 = Q^2$ (b) $P^2 = 2Q^2$
(c) $P^2 = 3Q^2$ (d) $P = \frac{Q}{3}$

87. एक दीवार में तीन खूँटियाँ A, B व C इस प्रकार लगी हुई हैं कि A सबसे ऊपर तथा B और C क्षैतिज दिशा में हैं। ABC एक समद्विबाहु त्रिभुज और शीर्ष कोण α है, एक हल्की डोरी, जिसके प्रत्येक सिरे पर भार w बंधा हुआ है। खूँटियों के ऊपर से होकर गुजरती है, खूँटी B पर दबाव होगा

(a) $w\sin\frac{\alpha}{4}$ (b) $2w\sin\frac{\alpha}{2}$ (c) $2w\sin\frac{\alpha}{3}$ (d) $2w\sin\frac{\alpha}{4}$

88. दो बलों P तथा Q के बीच का कोण θ है और इनका परिणामी $(2m + 1)\sqrt{P^2 + Q^2}$ है। यदि इन बलों के बीच का कोण $(90° - \theta)$ हो, तो इनका परिणामी $(2m - 1)\sqrt{P^2 + Q^2}$ हो जाता है, तब $\tan\theta$ का मान है

(a) $\frac{m}{m+1}$ (b) $\frac{m}{m-1}$
(c) $\frac{m+1}{m-1}$ (d) $\frac{m-1}{m+1}$

89. किसी 45° के कोण पर झुके हुए समतल पर नीचे की दिशा में परास ऊपर की दिशा से तीन गुना है, तब प्रक्षेप बिन्दु से खींचे क्षैतिज समतल पर परास उस ऊँचाई का कितने गुना है, जो प्रक्षेप अधिकतम प्राप्त कर सकता है जबकि यह मान लिया गया है कि तीनों दशाओं में प्रारम्भिक वेग तथा प्रक्षेण कोण समान है?

(a) दोगुना (b) तीन गुना
(c) चार गुना (d) इनमें से कोई नहीं

90. यदि किसी प्रक्षेप्य की परास उतनी दूरी के बराबर हो जितनी कि स्वतन्त्रतापूर्वक गिरकर कोई कण प्रक्षेप वेग के बराबर वेग प्राप्त कर सकें, तो प्रक्षेप कोण होगा

(a) 60° (b) 75°
(c) 36° (d) 30°

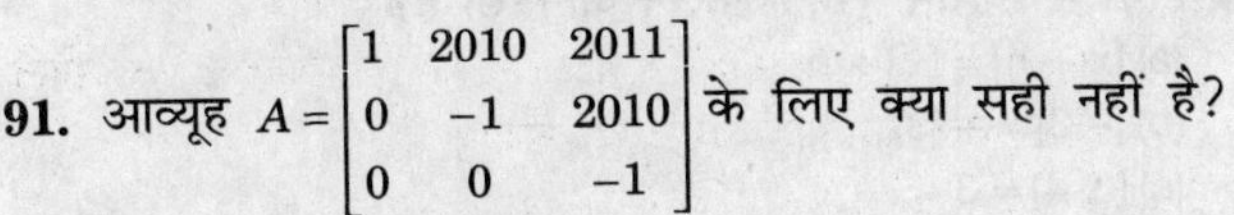

91. आव्यूह $A = \begin{bmatrix} 1 & 2010 & 2011 \\ 0 & -1 & 2010 \\ 0 & 0 & -1 \end{bmatrix}$ के लिए क्या सही नहीं है?

(a) A के अभिलाक्षणिक मान ± 1 हैं
(b) बीजीय बहुलता का योग = 3
(c) गुणोत्तर बहुलता का योग = 1
(d) उपरोक्त में से कोई नहीं

92. निम्न में से कौन-सा सही है?

(a) विषम हर्मिटियन आव्यूह के मुख्य विकर्ण अवयव शुद्ध अधिकल्पित होते हैं
(b) यदि A हर्मिटियन आव्यूह है, तब iA विषम-हर्मिटियन आव्यूह होता है
(c) यदि A कोई वर्ग आव्यूह है, तब $A - A^{\theta}$ विषम हर्मिटियन आव्यूह होता है
(d) उपरोक्त सभी

93. यदि T_1, T_2 सदिश समष्टि V पर व्युत्क्रमणीय रैखिक रूपान्तरण हैं, तब निम्न में से क्या सही है?

(a) $T_2 T_1$, व्युत्क्रमणीय है और $(T_2 T_1)^{-1} = T_1^{-1} T_2^{-1}$
(b) $\alpha(\neq 0) \in F$ के लिए, $(\alpha T_1)^{-1} = \alpha T_1^{-1}$
(c) या तो (a) या (b) सही है
(d) न तो (a) और न ही (b) सही है

94. माना $\{e_1 = (1, 0, 0), e_2 = (0, 1, 0), e_3 = (0, 0, 1)\}$ और $\{f_1 = (1, 1, 1), f_2 = (1, 1, 0), f_3 = (1, 0, 0)\}$ R^3 के दो आधार हैं, तब निम्न में से कौन-सा एक सही नहीं है?

(a) $\{e_i\}$ से $\{f_i\}$ पर संक्रमण आव्यूह $\mu = \begin{bmatrix} 1 & 1 & 1 \\ 1 & 1 & 0 \\ 1 & 0 & 0 \end{bmatrix}$

(b) $\{f_i\}$ से $\{e_i\}$ पर संक्रमण आव्यूह $v = \begin{bmatrix} 0 & 0 & 1 \\ 0 & 1 & -1 \\ 1 & -1 & 0 \end{bmatrix}$

(c) $v = \mu^{-1}$
(d) उपरोक्त में से कोई नहीं

95. $\int_{-1}^{1} P_n(x)\, dx$ का मान है

(a) 0
(b) -1
(c) 1
(d) 2

96. रूपान्तरण, जो z तल के बिन्दु $z = 1, z = 0$ तथा $z = 1$ को w तल के बिन्दुओं $w = i, w = 0$ तथा $w = -i$ को प्रतिचित्रित करता है, हैं

(a) $w = iz$
(b) $w = z$
(c) $w = i(z + 1)$
(d) $w = zx$

97. सदिश (a_1, a_2) तथा $(b_1, b_2) \in V_2(F)$ के लिए एकघात परतन्त्र होने के लिए आवश्यक प्रतिबन्ध है

(a) $a_1 b_2 + a_2 b_1 = 0$
(b) $a_1 b_2 - a_2 b_1 = 0$
(c) $a_2 b_2 - b_2 a_1 = 0$
(d) उपरोक्त में से कोई नहीं

98. $2x_1 + x_2 - x_3 = 2$ और $3x_1 + 2x_2 + x_3 = 3$ का एक मूल हल है

(a) (1, 2)
(b) (1, 0)
(c) (0, 0)
(d) उपरोक्त में से कोई नहीं

99. $\begin{bmatrix} 1 & 2 & 1 \\ 2 & 1 & 5 \end{bmatrix} \begin{bmatrix} x_1 \\ x_2 \\ x_3 \end{bmatrix} = \begin{bmatrix} 4 \\ 5 \end{bmatrix}$ के मूल हलों की अधिकतम सम्भावित संख्या है

(a) 3 (b) 4 (c) 2 (d) 6

100. 252 के धनात्मक भाजकों की संख्या होगी

(a) 9 (b) 5 (c) 18 (d) 10

101. $\log_{100}(0.1)$ का मान बताइए।

(a) $\frac{1}{2}$ (b) $-\frac{1}{2}$ (c) 1 (d) 2

102. यदि समीकरण $kx^2 + 2x + 3k = 0$ के मूलों का योग उनके गुणनफल के बराबर है, तो k का मान ज्ञात कीजिए।

(a) $\frac{1}{3}$ (b) $-\frac{1}{3}$ (c) $\frac{2}{3}$ (d) $-\frac{2}{3}$

103. असमिका $3x + 7 > 5 - 2x \geq 13 - 6x$, (यदि $x \in R$) को हल कीजिए।

(a) $x \in (2, \infty)$
(b) $x \in [\infty, 2]$
(c) $x \in (-2, \infty]$
(d) $x \in [-2, -\infty]$

104. यदि $A = \{5, 7\}$ तथा $B = \{3, 4, 6\}$ हो, तो $A \times B$ का मान ज्ञात कीजिए।

(a) $\{(2,2), (2,3), (2,4), (3,2), (3,3), (3,4)\}$
(b) $\{(5,3), (5,4), (5,6), (7,3), (7,4), (7,6)\}$
(c) $\{(1,1), (1,2), (1,3), (2,1), (2,2), (2,3)\}$
(d) उपरोक्त में से कोई नहीं

105. यदि $f = \{(1, 1), (2, 3), (3, 5), (4, 7)\}$, Z से Z में एक रैखिक फलन है, तो $f(x)$ का मान ज्ञात कीजिए।

(a) $2x - 1$ (b) $x - 1$ (c) $3x - 2$ (d) $x - 2$

106. यदि $P = \begin{bmatrix} x & 0 & 0 \\ 0 & y & 0 \\ 0 & 0 & z \end{bmatrix}$ तथा $Q = \begin{bmatrix} a & 0 & 0 \\ 0 & b & 0 \\ 0 & 0 & c \end{bmatrix}$, तो PQ का मान होगा

(a) $\begin{bmatrix} ax & 0 & 0 \\ 0 & by & 0 \\ 0 & 0 & cz \end{bmatrix}$
(b) $\begin{bmatrix} 0 & by & 0 \\ ax & 0 & 0 \\ 0 & 0 & cz \end{bmatrix}$
(c) $\begin{bmatrix} 0 & 0 & cz \\ 0 & by & 0 \\ ax & 0 & 0 \end{bmatrix}$
(d) इनमें से कोई नहीं

107. सारणिक $\Delta = \begin{bmatrix} 1 & 1 & 1 \\ 1 & 1 + \sin\theta & 1 \\ 1 + \cos\theta & 1 & 1 \end{bmatrix}$ का महत्तम मान ज्ञात कीजिए।

(a) 1 (h) $\frac{1}{2}$ (c) $\frac{-1}{2}$ (d) $\frac{3}{2}$

108. एक समचतुर्भुज की घूर्णी समरूपता का क्रम है

(a) 1
(b) 4
(c) 2
(d) 0

109. एक वृत्त 5 सेमी त्रिज्या का है और वृत्त के केन्द्र से वृत्त की जीवा की लम्बवत् दूरी 3 सेमी है, तो जीवा की लम्बाई कितनी है?

(a) 6 सेमी (b) 5 सेमी (c) 8 सेमी (d) 4 सेमी

110. समीकरण $6x^2 - xy - 12y^2 - 8x + 29y - 14 = 0$ एक रेखा-युग्म को प्रदर्शित करता है जिनके बीच का कोण है

(a) $\tan^{-1}\left(\frac{17}{6}\right)$ (b) $\tan^{-1}\left(\frac{3}{4}\right)$ (c) $\frac{\pi}{4}$ (d) $\frac{\pi}{3}$

111. दिया है, $\hat{i}, \hat{j}, \hat{k}$ लाम्बिक इकाई सदिश हैं तथा $\vec{a}$ एक सदिश है। यदि $\vec{a} \times \vec{r} = \hat{j}$, तो $\vec{a} \cdot \vec{r}$ है

(a) 0
(b) 1
(c) – 1
(d) स्वेच्छ अदिश

112. यदि ΔABC में, $\frac{2\cos A}{a} + \frac{\cos B}{b} + \frac{2\cos C}{c} = \frac{a}{bc} + \frac{b}{ca}$ हो, तो $\angle A$ का मान होगा

(a) 30° (b) 45° (c) 60° (d) 90°

113. ${}^{2n}C_0, {}^{2n}C_1, {}^{2n}C_2, {}^{2n}C_3, \ldots, {}^{2n}C_n$ (जहाँ, n सम है) की माध्यिका है

(a) ${}^{2n}C_{\frac{n}{2}}$
(b) ${}^{2n}C_{\frac{n+1}{2}}$
(c) ${}^{2n}C_{\frac{n-1}{2}}$
(d) इनमें से कोई नहीं

114. $p \Leftrightarrow q$ का तार्किक समतुल्य है

(a) $(p \Rightarrow q) \vee (q \Rightarrow p)$
(b) $(p \vee q) \Rightarrow (p \vee q)$
(c) $(p \wedge q) \wedge (p \vee q)$
(d) $(p \Rightarrow q) \wedge (q \Rightarrow p)$

115. श्रेणी $1 + 3x + 6x^2 + 10x^3 + \ldots \infty$ का योग है

(a) $\frac{1}{(1-x)^2}$
(b) $\frac{1}{1-x}$
(c) $\frac{1}{(1+x)^2}$
(d) $\frac{1}{(1-x)^3}$

116. निम्न में महत्तम पूर्णांक फलन कौन-सा है?

(a) $[x + n] = [x] + n$
(b) $[-3] = -[3]$
(c) $[3 \cdot 4] = 3$
(d) उपरोक्त में से कोई नहीं

117. $\lim_{x \to \infty} \left\{\frac{x}{1+x}\right\}^x$ का मान होगा

(a) $\frac{e}{1-e}$
(b) e
(c) $e^{\frac{e}{1-e}}$
(d) e^{-1}

118. $\int 5^{5^{5^x}} 5^{5^x} 5^x \, dx$ का मान होगा

(a) $5^{5^{5^x}} (\log 5)^3 + C$
(b) $\frac{5^{5^{5^x}}}{(\log 5)^3} + C$
(c) $\frac{5^{5^x}}{(\log 5)^3} + C$
(d) $5^{5^x} (\log 5)^3 + C$

119. $\int \sec^{4/9}\theta \,\text{cosec}^{14/9}\theta \, d\theta$ का मान होगा

(a) $\frac{5}{9}(\tan\theta)^{-5/9} + C$
(b) $-\frac{9}{5}(\tan\theta)^{-5/9} + C$
(c) $\frac{9}{5}(\tan\theta)^{-9/5} + C$
(d) $-\frac{5}{9}(\tan\theta)^{-9/5} + C$

120. यदि $v = \frac{x^3 y^3}{x^3 + y^3}$ है, तब $x\frac{\partial v}{\partial x} + y\frac{\partial v}{\partial y}$ का मान होगा

(a) v
(b) $2v$
(c) $3v$
(d) $5v$

उत्तरमाला

1. (d)	**2.** (a)	**3.** (c)	**4.** (a)	**5.** (b)	**6.** (b)	**7.** (a)	**8.** (a)	**9.** (a)	**10.** (a)
11. (a)	**12.** (c)	**13.** (c)	**14.** (d)	**15.** (c)	**16.** (b)	**17.** (b)	**18.** (b)	**19.** (b)	**20.** (b)
21. (a)	**22.** (b)	**23.** (a)	**24.** (d)	**25.** (a)	**26.** (c)	**27.** (b)	**28.** (a)	**29.** (a)	**30.** (b)
31. (b)	**32.** (a)	**33.** (a)	**34.** (d)	**35.** (b)	**36.** (c)	**37.** (c)	**38.** (a)	**39.** (b)	**40.** (c)
41. (c)	**42.** (b)	**43.** (b)	**44.** (d)	**45.** (b)	**46.** (a)	**47.** (a)	**48.** (c)	**49.** (d)	**50.** (b)
51. (c)	**52.** (c)	**53.** (a)	**54.** (b)	**55.** (a)	**56.** (c)	**57.** (b)	**58.** (c)	**59.** (c)	**60.** (b)
61. (c)	**62.** (d)	**63.** (a)	**64.** (a)	**65.** (c)	**66.** (d)	**67.** (d)	**68.** (d)	**69.** (c)	**70.** (d)
71. (a)	**72.** (a)	**73.** (c)	**74.** (a)	**75.** (a)	**76.** (a)	**77.** (b)	**78.** (b)	**79.** (a)	**80.** (d)
81. (b)	**82.** (c)	**83.** (d)	**84.** (c)	**85.** (a)	**86.** (c)	**87.** (d)	**88.** (d)	**89.** (a)	**90.** (b)
91. (d)	**92.** (d)	**93.** (a)	**94.** (d)	**95.** (a)	**96.** (c)	**97.** (b)	**98.** (b)	**99.** (a)	**100.** (c)
101. (b)	**102.** (d)	**103.** (a)	**104.** (b)	**105.** (a)	**106.** (a)	**107.** (b)	**108.** (c)	**109.** (c)	**110.** (a)
111. (d)	**112.** (d)	**113.** (a)	**114.** (d)	**115.** (d)	**116.** (c)	**117.** (d)	**118.** (b)	**119.** (b)	**120.** (c)

मध्य प्रदेश
उच्च माध्यमिक शिक्षक पात्रता परीक्षा (भाग-ब)

प्रैक्टिस पेपर 2

निर्देश

इस प्रश्न-पत्र में कुल 120 वस्तुनिष्ठ प्रश्न हैं तथा प्रत्येक प्रश्न के लिए एक अंक निर्धारित है।

1. यदि R तथा S किसी समुच्चय A पर दो अरिक्त सम्बन्ध हैं, तब निम्न में से कौन-सा कथन असत्य है

(a) R तथा S संक्रमक हैं $\Rightarrow R \cup S$ संक्रमक है

(b) R तथा S संक्रमक हैं $\Rightarrow R \cap S$ संक्रमक है

(c) R तथा S सममित हैं $\Rightarrow R \cup S$ सममित है

(d) R तथा S स्वतुल्य हैं $\Rightarrow R \cap S$ स्वतुल्य है

2. समुच्चय $8x \equiv 6 \pmod{14}, x \in Z$, का हल है

(a) $[8] \cup [6]$ (b) $[8] \cup [14]$

(c) $[6] \cup [13]$ (d) $[8] \cup [6] \cup [13]$

3. फलन $y = f(x)$ का ग्राफ रेखा $x = 2$ के परितः सममित है, तब

(a) $f(x) = -f(-x)$

(b) $f(2 + x) = f(2 - x)$

(c) $f(x) = f(-x)$

(d) $f(x + 2) = f(x - 2)$

4. $\lim_{n \to \infty} \left\{\frac{1}{n^2} + \frac{2}{n^2} + \frac{3}{n^2} + \ldots + \frac{n}{n^2}\right\}$ है

(a) 1/2 (b) 0 (c) 1 (d) ∞

5. माना $f(x) = \begin{cases} 1, \text{ जब } x \text{ परिमेय है} \\ 0, \text{ जब } x \text{ अपरिमेय है} \end{cases}$, तब $\lim_{x \to \infty} f(x)$ है

(a) 0 (b) 1

(c) $\frac{1}{2}$ (d) इनमें से कोई नहीं

6. बिन्दुओं को समुच्चय जहाँ $f(x) = \frac{x}{1 + |x|}$ अवकलनीय है

(a) $(-\infty, 0) \cup (0, \infty)$ (b) $(-\infty, -1) \cup (-1, \infty)$

(c) $(-\infty, \infty)$ (d) $(0, \infty)$

7. यदि $f(x) = 3e^{x^2}$, तो $f'(x) - 2xf(x) + \frac{1}{3}f(0) - f'(0)$ का मान है

(a) 0 (b) 1

(c) $\frac{7}{3}e^{x^2}$ (d) इनमें से कोई नही

8. यदि $u = \tan^{-1}(x + y)$, तो $x\frac{\partial u}{\partial x} + y\frac{\partial u}{\partial y}$ का मान है

(a) $\sin 2u$ (b) $\frac{1}{2}\sin 2u$

(c) $2\tan u$ (d) $\sec^2 u$

9. यदि $\sqrt{3} + i = (a + ib)(c + id)$, तब $\tan^{-1}\left(\frac{b}{a}\right) + \tan^{-1}\left(\frac{d}{c}\right)$ का मान है

(a) $\frac{\pi}{3} + 2n\pi, n \in I$ (b) $n\pi + \frac{\pi}{6}, n \in I$

(c) $n\pi - \frac{\pi}{3}, n \in I$ (d) $2n\pi - \frac{\pi}{3}, n \in I$

10. बिन्दु, जिनके स्थिति सदिश $60\mathbf{i} + 3\mathbf{j}$, $40\mathbf{i} - 8\mathbf{j}$ तथा $a\mathbf{i} - 52\mathbf{j}$ हैं, समरेखीय होंगे, यदि a का मान है

(a) -40 (b) 40

(c) 20 (d) इनमें से कोई नहीं

11. यदि $\mathbf{u}, \mathbf{v}$ तथा $\mathbf{w}$ तीन असमतलीय सदिश हैं, तब $(\mathbf{u} + \mathbf{v} - \mathbf{w}) \cdot [(\mathbf{u} - \mathbf{v}) \times (\mathbf{v} - \mathbf{w})]$ का मान है

(a) 0 (b) $\mathbf{u} \cdot (\mathbf{v} \times \mathbf{w})$

(c) $\mathbf{u} \cdot (\mathbf{w} \times \mathbf{v})$ (d) $3\mathbf{u} \cdot (\mathbf{v} \times \mathbf{w})$

12. एक ₹ 2500 की राशि चक्रवृद्धि ब्याज की एक निश्चित दर से 2 वर्ष में ₹ 8100 हो जाती है। 4 वर्ष पश्चात् राशि (₹ में) क्या होगी?

(a) 29824 (b) 36284

(c) 41624 (d) 26244

13. यदि $y = \log_{\sin x}(\tan x)$, तब $\left(\frac{dy}{dx}\right)_{\pi/4}$ का मान है

(a) $\frac{4}{\log 2}$ (b) $-4\log 2$

(c) $\frac{-4}{\log 2}$ (d) इनमें से कोई नहीं

14. x के वे मान, जिन पर फलन $\left(\sqrt{x} + \frac{1}{\sqrt{x}}\right)^2$ का x के सापेक्ष प्रथम अवकलज $\frac{3}{4}$ है, हैं

(a) ± 2 (b) $\pm\frac{1}{2}$ (c) $\pm\frac{\sqrt{3}}{2}$ (d) $\pm\frac{2}{\sqrt{3}}$

15. फलन $f(x) = \log(1 + x) - \frac{2x}{2 + x}$ वर्धमान होगा

(a) $(0, \infty)$ में (b) $(-\infty, 0)$ में

(c) $(-\infty, \infty)$ में (d) इनमें से कोई नहीं

16. $\int \frac{x^2 dx}{(a+bx)^2}$ का मान होगा

(a) $\frac{1}{b}\left[x + \frac{2a}{b}\log(a+bx) - \frac{a^2}{b}\frac{1}{a+bx}\right]$

(b) $\frac{1}{b}\left[x - \frac{2a}{b}\log(a+bx) + \frac{a^2}{b}\frac{1}{a+bx}\right]$

(c) $\frac{1}{b}\left[x + \frac{2a}{b}\log(a+bx) + \frac{a^2}{b}\frac{1}{a+bx}\right]$

(d) $\frac{1}{b}\left[x + \frac{a}{b} - \frac{2a}{b}\log(a+bx) - \frac{a^2}{b}\frac{1}{a+bx}\right]$

17. $\int \frac{1}{(x^2+a^2)(x^2+b^2)}dx$ का मान होगा

(a) $\frac{1}{(a^2-b^2)}\left[\frac{1}{b}\tan^{-1}\left(\frac{x}{b}\right) - \frac{1}{a}\tan^{-1}\left(\frac{x}{a}\right)\right] + c$

(b) $\frac{1}{(b^2-a^2)}\left[\frac{1}{b}\tan^{-1}\left(\frac{x}{b}\right) - \frac{1}{a}\tan^{-1}\left(\frac{x}{a}\right)\right] + c$

(c) $\frac{1}{b}\tan^{-1}\left(\frac{x}{b}\right) - \frac{1}{a}\tan^{-1}\left(\frac{x}{a}\right) + c$

(d) $\frac{1}{a}\tan^{-1}\left(\frac{x}{a}\right) - \frac{1}{b}\tan^{-1}\left(\frac{x}{b}\right) + c$

18. $\int \operatorname{cosec}(x-a)\operatorname{cosec}x\, dx$ का मान होगा

(a) $\frac{1}{\sin a}\log[\sin(x-a)\operatorname{cosec}x] + c$

(b) $\frac{1}{\sin a}\log[\sin(x-a)\sin x] + c$

(c) $\frac{-1}{\sin a}\log|\sin x \operatorname{cosec}(x-a)| + c$

(d) $\frac{-1}{\sin a}\log[\sin(x-a)\sin x] + c$

19. यदि $x \in \left(\frac{\pi}{4}, \frac{3\pi}{4}\right)$, तब $\int \frac{\sin x - \cos x}{\sqrt{1-\sin 2x}} e^{\sin x}\cos x dx$

(a) $e^{\sin x} + C$ (b) $e^{\sin x - \cos x} + C$
(c) $e^{\sin x + \cos x} + C$ (d) $e^{\cos x - \sin x} + C$

20. $\int_1^5 (|x-3| + |1-x|)dx$ का मान है

(a) 10 (b) 5/6
(c) 21 (d) 12

21. अवकल समीकरण $\frac{dy}{dx} = e^y(e^x + e^{-x} + 2x)$ का व्यापक हल है

(a) $e^{-y} = e^x - e^{-x} + x^2 + C$ (b) $e^{-y} = e^{-x} - e^x - x^2 + C$
(c) $e^{-y} = -e^{-x} - e^x + x^2 + C$ (d) $e^y = e^{-x} + e^{-x} + x^2 + C$

22. यदि $\frac{d^2y}{dx^2} = 0$, तब

(a) $y = ax + b$ (b) $y^2 = ax + b$ (c) $y = \log x$ (d) $y = e^x + c$

23. अवकल समीकरण $x\frac{dy}{dx} + y\log x = xe^x x^{-\frac{1}{2}\log x}, (x > 0)$ का समाकलन गुणांक है

(a) $x^{\log x}$ (b) $(\sqrt{x})^{\log x}$
(c) $(\sqrt{e})^{\log x}$ (d) e^{x^2}

24. अवकल समीकरण $\left(\frac{dy}{dx}\right)^2 - x\frac{dy}{dx} + y = 0$ का एक हल है

(a) $y = 2$ (b) $y = 2x$
(c) $y = 2x - 4$ (d) $y = 2x^2 - 4$

25. अवकल समीकरण $\frac{dy}{dx} = \frac{1}{x+y+1}$ का हल है

(a) $x = ce^y - y - 2$ (b) $y = x + ce^y - 2$
(c) $x + ce^y - y - 2 = 0$ (d) इनमें से कोई नहीं

26. 960 के सभी धनात्मक विभाजकों का योग है

(a) 3048 (b) 3087
(c) 3047 (d) 2180

27. $(1+x)^n$ के विस्तार में pवें तथा $(p+1)$ वें पदों के गुणांक क्रमशः p व q हों, तो $p+q$ का मान है

(a) $n+3$ (b) $n+1$
(c) $n+2$ (d) n

28. $2C_0 + \frac{2^2}{2}C_1 + \frac{2^3}{3}C_2 + ... + \frac{2^{11}}{11}C_{10}$ का मान है

(a) $\frac{3^{11}-1}{11}$ (b) $\frac{2^{11}-1}{11}$ (c) $\frac{11^3-1}{11}$ (d) $\frac{11^2-1}{11}$

29. $\begin{vmatrix} b^2+c^2 & a^2 & a^2 \\ b^2 & c^2+a^2 & b^2 \\ c^2 & c^2 & a^2+b^2 \end{vmatrix}$ का मान है

(a) abc (b) $4abc$
(c) $4a^2b^2c^2$ (d) $a^2b^2c^2$

30. आव्यूह $\begin{bmatrix} 1 & 2 & -3 \\ 0 & 1 & 2 \\ 0 & 0 & 1 \end{bmatrix}$ के व्युत्क्रम आव्यूह की प्रथम पंक्ति तथा तृतीय स्तम्भ का अवयव होगा

(a) −2 (b) 0 (c) 1 (d) 7

31. λ के किस मान के लिये समीकरण के निकाय $2x - y - z = 12$, $x - 2y + z = -4$, $x + y + \lambda z = 4$ का कोई हल नहीं होगा

(a) 3 (b) −3 (c) 2 (d) −2

32. बिन्दुओं (0, 0) व (9, 12) को मिलाने वाली रेखा को समत्रिभाग करने वाले बिन्दुओं के निर्देशांक हैं

(a) (3, 4), (6, 8) (b) (4, 3), (6, 8)
(c) (4, 3), (8, 6) (d) (3, 4) (8, 6)

33. वृत्त $x^2 + y^2 + 4x - 7y + 12 = 0$ द्वारा Y-अक्ष पर काटे गए अन्तः खण्ड की लम्बाई है

(a) 1 (b) 3 (c) 4 (d) 7

34. परवलय $y^2 = 4ax$ के बिन्दु $(at^2, 2at)$ पर अभिलम्ब की प्रवणता है

(a) $1/t$ (b) t
(c) $-t$ (d) $-1/t$

35. दीर्घवृत्त $9x^2 + 5y^2 - 30y = 0$ के दीर्घ अक्ष के सिरों पर खींची गई स्पर्श रेखाओं के समीकरण हैं

(a) $y = \pm 3$ (b) $x = \pm\sqrt{3}$
(c) $y = 0, y = 6$ (d) इनमें से कोई नहीं

36. बिन्दु (2, 3) एक समाक्ष वृत्त निकाय का एक सीमान्त बिन्दु है जिसका वृत्त $x^2 + y^2 = 9$ एक सदस्य है। दूसरे सीमान्त बिन्दु के निर्देशांक होंगे

(a) $\left(\frac{18}{13}, \frac{27}{13}\right)$ (b) $\left(\frac{9}{13}, \frac{6}{13}\right)$ (c) $\left(\frac{18}{13}, \frac{27}{13}\right)$ (d) $\left(-\frac{18}{13}, \frac{9}{13}\right)$

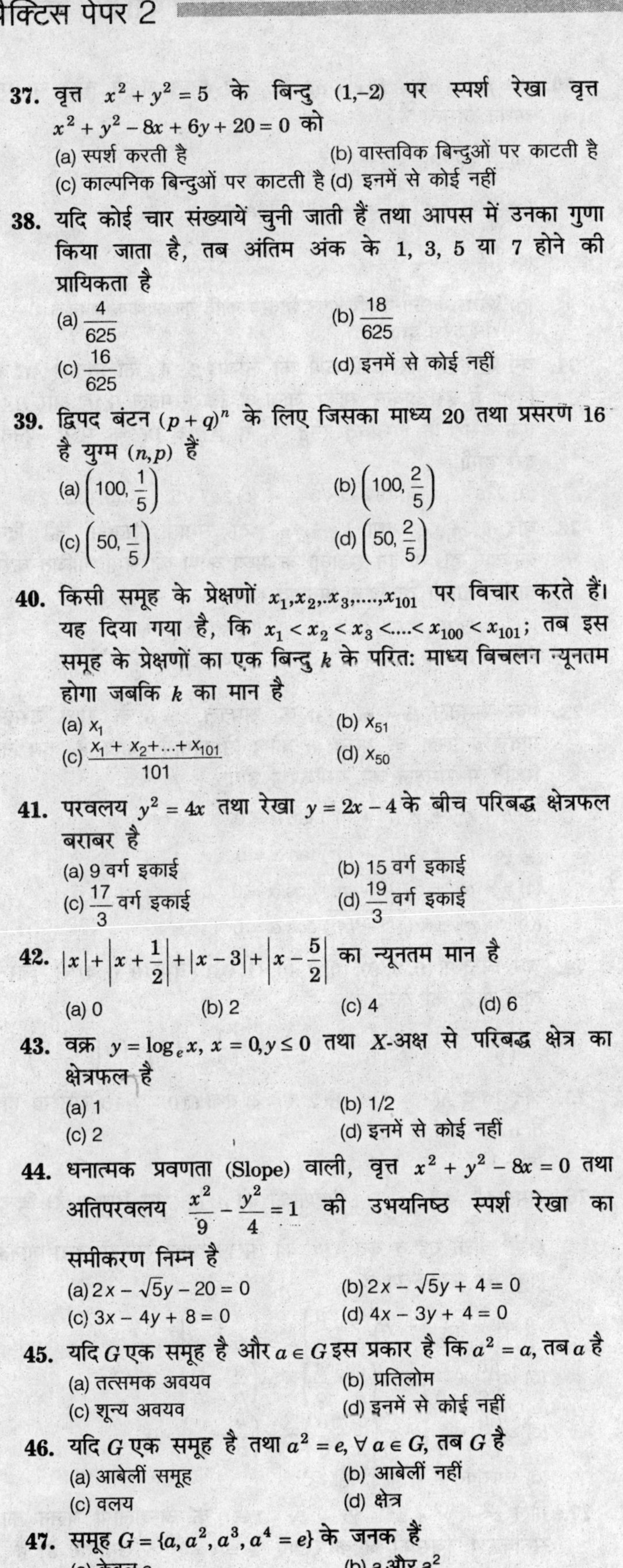

37. वृत्त $x^2+y^2=5$ के बिन्दु (1,–2) पर स्पर्श रेखा वृत्त $x^2+y^2-8x+6y+20=0$ को

(a) स्पर्श करती है
(b) वास्तविक बिन्दुओं पर काटती है
(c) काल्पनिक बिन्दुओं पर काटती है
(d) इनमें से कोई नहीं

38. यदि कोई चार संख्यायें चुनी जाती हैं तथा आपस में उनका गुणा किया जाता है, तब अंतिम अंक के 1, 3, 5 या 7 होने की प्रायिकता है

(a) $\frac{4}{625}$
(b) $\frac{18}{625}$
(c) $\frac{16}{625}$
(d) इनमें से कोई नहीं

39. द्विपद बंटन $(p+q)^n$ के लिए जिसका माध्य 20 तथा प्रसरण 16 है युग्म (n,p) हैं

(a) $\left(100, \frac{1}{5}\right)$
(b) $\left(100, \frac{2}{5}\right)$
(c) $\left(50, \frac{1}{5}\right)$
(d) $\left(50, \frac{2}{5}\right)$

40. किसी समूह के प्रेक्षणों $x_1, x_2, x_3, \ldots, x_{101}$ पर विचार करते हैं। यह दिया गया है, कि $x_1 < x_2 < x_3 < \ldots < x_{100} < x_{101}$; तब इस समूह के प्रेक्षणों का एक बिन्दु k के परित: माध्य विचलन न्यूनतम होगा जबकि k का मान है

(a) x_1
(b) x_{51}
(c) $\frac{x_1+x_2+\ldots+x_{101}}{101}$
(d) x_{50}

41. परवलय $y^2=4x$ तथा रेखा $y=2x-4$ के बीच परिबद्ध क्षेत्रफल बराबर है

(a) 9 वर्ग इकाई
(b) 15 वर्ग इकाई
(c) $\frac{17}{3}$ वर्ग इकाई
(d) $\frac{19}{3}$ वर्ग इकाई

42. $|x|+\left|x+\frac{1}{2}\right|+|x-3|+\left|x-\frac{5}{2}\right|$ का न्यूनतम मान है

(a) 0
(b) 2
(c) 4
(d) 6

43. वक्र $y=\log_e x$, $x=0, y\le 0$ तथा X-अक्ष से परिबद्ध क्षेत्र का क्षेत्रफल है

(a) 1
(b) 1/2
(c) 2
(d) इनमें से कोई नहीं

44. धनात्मक प्रवणता (Slope) वाली, वृत्त $x^2+y^2-8x=0$ तथा अतिपरवलय $\frac{x^2}{9}-\frac{y^2}{4}=1$ की उभयनिष्ठ स्पर्श रेखा का समीकरण निम्न है

(a) $2x-\sqrt{5}y-20=0$
(b) $2x-\sqrt{5}y+4=0$
(c) $3x-4y+8=0$
(d) $4x-3y+4=0$

45. यदि G एक समूह है और $a\in G$ इस प्रकार है कि $a^2=a$, तब a है

(a) तत्समक अवयव
(b) प्रतिलोम
(c) शून्य अवयव
(d) इनमें से कोई नहीं

46. यदि G एक समूह है तथा $a^2=e, \forall a\in G$, तब G है

(a) आबेलीं समूह
(b) आबेलीं नहीं
(c) वलय
(d) क्षेत्र

47. समूह $G=\{a, a^2, a^3, a^4=e\}$ के जनक हैं

(a) केवल a
(b) a और a^2
(c) a और a^3
(d) a और a^4

48. निम्नलिखित में से कौन-सा एक कथन सत्य है?

(a) एक समूह का प्रसामान्य उपसमूह समूह के प्रत्येक कॉम्प्लेक्स के साथ क्रम-विनिमय है
(b) एक समूह का प्रसामान्य उपसमूह, समूह के प्रत्येक कॉम्प्लेक्स के साथ क्रम-विनिमय नहीं है
(c) (a) और (b) दोनों
(d) न तो (a) और न ही (b)

49. माना H समूह G का परिमित कोटि वाला एकमात्र उपसमूह है, तब

(a) H, G में प्रसामान्य है
(b) H, G में प्रसामान्य नहीं है
(c) $o(xH^{-1})\ne o(H), x\in H$
(d) इनमें से कोई नहीं

50. माना $f:F\to R$ क्षेत्र F से वलय R पर एक समकारिता है, तब क्या असत्य है

(a) अष्टि (f), R की एक गुणजावली है
(b) अष्टि (f), F की गुणजावली है
(c) यदि अष्टि $(f)=\{0\}$, f एक तुल्यकारिता है
(d) यदि अष्टि $(f)=F$, $f(x)=0, \forall x\in F$

51. माना $R[x]$ क्रम-विनिमय वलय R की बहुपद वलय है, तब

(a) यदि R पूर्णांकीय प्रान्त है, $R[x]$ भी पूर्णांकीय प्रान्त होगा
(b) यदि R एक क्षेत्र है, $R[x]$ भी क्षेत्र होगा
(c) यदि R यूक्लिडियन प्रान्त है, तब $R[x]$ भी यूक्लिडियन प्रान्त होगा
(d) यदि R एक मुख्य गुणजावली प्रान्त है, तब $R[x]$ भी मुख्य गुणजावली प्रान्त होगा

52. यदि R तथा S दो वलय हों, $\phi: R\to S$ वलय समकारिता हो, तो $\phi(-a)$ है, जहाँ $\forall a\in R$ है

(a) o
(b) o'
(c) $-\phi(a)$
(d) इनमें से कोई नहीं

53. $w=\frac{\alpha z+\beta}{\gamma z+\delta}$, $\alpha\delta-\beta\gamma\ne 0$ के क्रान्तिक बिन्दु हैं

(a) $-\frac{\delta}{\gamma}$
(b) $-\frac{\delta}{\gamma}$ और ∞
(c) $-\frac{\delta}{\gamma}$ और 0
(d) इनमें से कोई नहीं

54. द्विरैखिक रूपान्तरण जो z-समतल के बिन्दुओं $z=1, z=0, z=-1$ को w-समतल के बिन्दुओं $w=i, w=0, w=-i$ पर प्रतिचित्रित करता है, है

(a) $w=iz$
(b) $w=z$
(c) $w=i(z+1)$
(d) इनमें से कोई नहीं

55. प्रतिचित्रण $w=z^2-2z-3$ है

(a) $|z|=1$ के अन्दर कन्फर्मल
(b) $z=1$ पर कन्फर्मल नहीं
(c) $z=-1$ और $z=3$ पर कन्फर्मल नहीं
(d) प्रत्येक जगह कन्फर्मल

56. प्रतिचित्रण $w=(5z+4)/(z+5)$ के स्थिर बिन्दु हैं

(a) 2, 2
(b) 2, –2
(c) –2, –2
(d) $-\frac{4}{5}, 5$

57. यदि $f(x)=(x-4)(x-5)(x-6)(x-7)$, तब $f'(x)=0$ होगा

(a) तीन मूल को प्रत्येक (3, 4), (4, 5) और (5, 6) में
(b) चार वास्तविक मूल
(c) तीन वास्तविक मूल प्रत्येक (4, 5), (5, 6), (6, 7) में पड़ता है
(d) उपरोक्त में से कोई नहीं

58. समीकरण $x^4 - 12x + 7 = 0$ का मूल होगा, जोकि लगभग 2 के बराबर है

(a) 2.05 (b) 1.95
(c) 2.15 (d) इनमें से कोई नहीं

59. समीकरण $e^{x-1} + x - 2 = 0$, होगी

(a) एक वास्तविक मूल (b) दो वास्तविक मूल
(c) तीन वास्तविक मूल (d) अनन्त वास्तविक मूल

60. समीकरण $3x^2 + 4ax + b = 0$ का] 0, 1 [में कम-से-कम एक मूल होगा, यदि

(a) $4a + b + 3 = 0$ (b) $2a + b + 1 = 0$
(c) $b = 0, a = -4/3$ (d) इनमें से कोई नहीं

61. x के किस मान के लिए, अपरिमित श्रेणी $\Sigma \frac{\left(1 + \frac{1}{n}\right)^{n^2}}{x^n}$ अभिसरित होती है?

(a) $x < e$ (b) $x > e$ (c) $x = e$ (d) $x = 1$

62. x के किस मान के लिए, अपरिमित श्रेणी $\Sigma \frac{n!\, x^n}{n^n}$ अपसरित होती है?

(a) $x < e$ (b) $x > e$
(c) $x = \sqrt{e}$ (d) इनमें से कोई नहीं

63. फलन $f: R^2 \to R^2$, जोकि $f(x, y) = (x + y, xy)$ द्वारा परिभाषित है, के अवकलज की आव्यूह होगी

(a) $\begin{bmatrix} x & 1 \\ y & 1 \end{bmatrix}$ (b) $\begin{bmatrix} 1 & x \\ 1 & y \end{bmatrix}$ (c) $\begin{bmatrix} x & y \\ 1 & 1 \end{bmatrix}$ (d) $\begin{bmatrix} 1 & 1 \\ y & x \end{bmatrix}$

64. फलन $f(x, y) = \begin{cases} \frac{xy}{\sqrt{x^2 + y^2}}, & (x, y) \neq (0, 0) \\ 0, & (x, y) = (0, 0) \end{cases}$ आंशिक अवकलज रखता है

(a) (0, 0) पर (b) (1, 1) पर
(c) (– 1, – 1) पर (d) इनमें से कोई नहीं

65. यदि $f(x, y) = x^3 y + e^{xy^2}$, तब निम्न में से क्या सही है?

(a) $f_{xy} > f_{yx}$ (b) $f_{xy} < f_{yx}$ (c) $f_{xy} = f_{yx}$ (d) $f_{xy} \geq f_{yx}$

66. अवकल समीकरण $\frac{dy}{dx} = \sqrt{\frac{1 - y^2}{1 - x^2}}$ का हल है

(a) $\sin^{-1} y - \sin^{-1} x = C$ (b) $\sin^{-1} y + \sin^{-1} x = C$
(c) $\sin^{-1} (xy) = 2$ (d) इनमें से कोई नहीं

67. अवकल समीकरण $(1 + x) y\, dx + (1 - y)\, x\, dy = 0$ का हल है

(a) $\log_e (xy) + x - y = C$ (b) $\log_e \left(\frac{x}{y}\right) + x + y = C$
(c) $\log_e \left(\frac{x}{y}\right) - x + y = C$ (d) $\log_e (xy) - x + y = C$

68. $\iint xy(x + y)\, dx\, dy$ का मान परवलय $y = x^2$ तथा $y = x$ के मध्य क्षेत्र पर ज्ञात कीजिए।

(a) 20 (b) $\frac{3}{56}$ (c) 10 (d) $-\frac{1}{4}$

69. वृत्तों के कुल जिनकी त्रिज्या 5 इकाई तथा केन्द्र रेखा $y = 2$ पर स्थित है, की अवकल समीकरण है

(a) $(x - 2)^2 y'^2 = 25 - (y - 2)^2$ (b) $(x - 2) y'^2 = 25 - (y - 2)^2$
(c) $(y - 2) y'^2 = 25 - (y - 2)^2$ (d) $(y - 2)^2 y'^2 = 25 - (y - 2)^2$

70. $y = f(x - at) + F(x + at)$ के लिए निम्न में से कौन-सा एक कथन असत्य है?

(a) $\frac{\partial y}{\partial x} = f'(x - at) + F'(x + at)$
(b) $\frac{\partial y}{\partial t} = -af'(x - at) + aF'(x + at)$
(c) $\frac{\partial^2 y}{\partial x^2} = -\frac{1}{a^2} \frac{\partial^2 y}{\partial t^2}$
(d) स्वेच्छ कलनों का विलोपन द्वितीय कोटि का आंशिक अवकल समीकरण देता है

71. वर्ग $ABCD$, जिसके विकर्ण की लम्बाई $2a$ है, को विकर्ण AC की दिशा में इस प्रकार मोड़ा जाता है कि समतल DAC और BAC एक-दूसरे के लम्बवत् रहते हैं, तो AB व DC के मध्य न्यूनतम दूरी होगी

(a) $\sqrt{2}a$ (b) $2a/\sqrt{3}$ (c) $2a/\sqrt{5}$ (d) $(\sqrt{3}/2)a$

72. यदि l_1, m_1, n_1 तथा l_2, m_2, n_2 दो संगामी रेखाओं की दिक् कोज्याएँ हों, तो इन रेखाओं के मध्य कोण को समद्विभाजित करने वाली रेखाओं के दिक् अनुपात होंगे

(a) $l_1 \pm l_2, m_1 \pm m_2, n_1 \pm n_2$ (b) $\pm l_1 l_2, \pm m_1 m_2, \pm n_1 n_2$
(c) $\pm \frac{l_1}{l_2}, \pm \frac{m_1}{m_2}, \pm \frac{n_1}{n_2}$ (d) उपरोक्त में से कोई नहीं

73. एक समतल $lx + my = 0$ के समतल $z = 0$ के साथ उसकी प्रतिच्छेद रेखा के परितः α कोण से घुमाया जाता है, तब नई स्थिति में समतल का समीकरण होगा

(a) $lx + my \pm z\sqrt{(l^2 + m^2)} \tan \alpha = 0$
(b) $lx - my \pm z\sqrt{(l^2 + m^2)} \tan \alpha = 0$
(c) $lx + my \pm z\sqrt{(l^2 + m^2)} \cos \alpha = 0$
(d) $lx - my \pm z\sqrt{(l^2 + m^2)} \cos \alpha = 0$

74. चार बिन्दुओं (0, 0, 0), (0, 2, 0), (1, 0, 0) तथा (0, 0, 4) से गुजरने वाले गोले का केन्द्र है

(a) $\left(\frac{1}{2}, 1, 2\right)$ (b) $\left(-\frac{1}{2}, 1, 2\right)$ (c) $\left(\frac{1}{2}, 1, -2\right)$ (d) $\left(1, \frac{1}{2}, 2\right)$

75. यदि बिन्दु $A(a, -2, 3)$, $B(2, 3, -4)$ तथा $C(0, -7, 10)$ समरेख हों, तो a का मान है

(a) – 1 (b) 1 (c) 2 (d) – 2

76. समतल $\frac{x}{a} + \frac{y}{b} + \frac{z}{c} = 1$ निर्देशांकों को A, B, C पर मिलता है। बिन्दु O से खींची गई व वृत्त ABC को मिलने वाली रेखाओं द्वारा जनित शंकु का समीकरण है

(a) $xy\left(\frac{b}{c} + \frac{c}{b}\right) + yz\left(\frac{c}{a} + \frac{a}{c}\right) + zx\left(\frac{a}{b} + \frac{b}{a}\right) = 0$
(b) $yz\left(\frac{b}{c} + \frac{c}{b}\right) + zx\left(\frac{c}{a} + \frac{a}{c}\right) + xy\left(\frac{a}{b} + \frac{b}{a}\right) = 0$
(c) $zx\left(\frac{b}{c} + \frac{c}{b}\right) + xy\left(\frac{c}{a} + \frac{a}{c}\right) + yz\left(\frac{a}{b} + \frac{b}{a}\right) = 0$
(d) उपरोक्त में से कोई नहीं

77. गोले $x^2 + y^2 + z^2 - 2x + 4y - 1 = 0$ के अन्वालोपी बेलन का समीकरण, जिसकी जनक रेखाएँ $x = y = z$ के समान्तर हैं, है

(a) $x^2 + y^2 + z^2 - 4x + 2y + 2 = 0$
(b) $x^2 + y^2 + z^2 - 2x - 4y + 1 = 0$

(c) $x^2 + y^2 + z^2 - yz - zx - xy - 4x + 5y - z - 2 = 0$
(d) $x^2 + y^2 + z^2 + yz + zx + xy - 4x - 5y + z + 2 = 0$

78. यदि $\mathbf{\vec{a}}$ एक अचर लम्बाई का सदिश है और $\left|\frac{d\mathbf{\vec{a}}}{dt}\right| \neq 0$, तब

(a) $\vec{a}$ और $\frac{d\vec{a}}{dt}$ समान्तर हैं
(b) $\vec{a}$ और $\frac{d\vec{a}}{dt}$ एक-दूसरे पर लम्ब हैं
(c) $\vec{a}$ और $\frac{d\vec{a}}{dt}$ सम्पाती हैं
(d) उपरोक्त में से कोई नहीं

79. यदि $\mathbf{\vec{a}}$ अदिश चर t का एक अवकलनीय सदिश गुणन है, तब $\frac{d}{dt}\left(\mathbf{\vec{a}} \times \frac{d\mathbf{\vec{a}}}{dt}\right)$ का मान है

(a) $\vec{a} \times \frac{d^2\vec{a}}{dt^2}$
(b) $\frac{d\vec{a}}{dt} \times \frac{d\vec{a}}{dt}$
(c) $\left(\frac{d\vec{a}}{dt}\right)^2$
(d) इनमें से कोई नहीं

80. यदि $\mathbf{\vec{r}}(t) = 5t^2\,\hat{\mathbf{i}} + t\,\hat{\mathbf{j}} - t^3\,\hat{\mathbf{k}}$, तब $\int_1^2 \left(\mathbf{\vec{r}} \times \frac{d^2\mathbf{\vec{r}}}{dt^2}\right) dt$ का मान है

(a) $12\hat{i} - 45\hat{j} + 17\hat{k}$
(b) $10\hat{i} - 75\hat{j} - 15\hat{k}$
(c) $11\hat{i} + 65\hat{j} + 10\hat{k}$
(d) $-14\hat{i} + 75\hat{j} - 15\hat{k}$

81. एक समद्विबाहु त्रिभुजाकार पटल जिसका शीर्ष कोण 2α है, आधार के एक सिरे से लटकाया जाता है, सन्तुलन में आधार ऊर्ध्वाधर रेखा से कितना कोण बनाता है?

(a) $\tan^{-1}\left(\frac{1}{2}\cot\alpha\right)$
(b) $\tan^{-1}\left(\frac{1}{3}\cot\alpha\right)$
(c) $\tan^{-1}\left(\frac{1}{2}\tan\alpha\right)$
(d) $\tan^{-1}\left(\frac{1}{3}\tan\alpha\right)$

82. $\int_0^4 \int_0^{2\sqrt{z}} \int_0^{\sqrt{(4z-x^2)}} dz\,dx\,dy$ का मान है

(a) 4π
(b) 8π
(c) 2π
(d) इनमें से कोई नहीं

83. यदि समीकरण $x^3 + ax^2 + b = 0\ (b \neq 0)$ एक दिक् मूल (Double root) रखता है, तो

(a) $4a + 27b^3 = 0$
(b) $4a^3 + 27b = 0$
(c) $27a + 4b^3 = 0$
(d) इनमें से कोई नहीं

84. समीकरण $(3|x| - 3)^2 = |x| + 7$ के हल, जोकि फलन $y = \sqrt{x(x-3)}$ के प्रान्त में हैं, होंगे

(a) $\pm 1/9, \pm 2$
(b) $-1/9, 2$
(c) $1/9, -2$
(d) $-1/9, -2$

85. यदि समीकरण $px^2 + qx + r = 0$ के मूल वास्तविक नहीं हैं, तो p, q, r इस प्रकार हैं कि

(a) $p - q + r < 0$
(b) $p - q + r > 0$
(c) $p + r = q$
(d) ये सभी

86. एक बिन्दु की एक रेखा में t समय में चलित दूरी $s = t^3 - 12t + 15$ से दी जाती है। वह समय क्या होगा जब बिन्दु का वेग शून्य हो जाता है?

(a) 1 सेकण्ड
(b) 1.5 सेकण्ड
(c) 2 सेकण्ड
(d) 2.5 सेकण्ड

87. एक कण विरामवस्था से और अचर त्वरण से चलना आरम्भ कर । है। समय t के पश्चात् त्वरण $2f$ हो जाता है। समय $2t$ के पश्चात् $3f$ हो जाता है, इत्यादि समय nt के अन्त में कण का वेग है

(a) $\frac{n+1}{2}ft$
(b) $\frac{n(n+1)}{2}ft$
(c) $\frac{n-1}{2}ft$
(d) $\frac{n(n-1)}{2}ft$

88. 165 मी लम्बे धागे से एक पतंग उड रही है। धागा जमीन से 30° का कोण बनाता है। जमीन से पतंग की ऊचाई क्या होगी यदि धागा ढीला न हो।

(a) 75 मी
(b) 82.5 मी
(c) 88 मी
(d) इनमें से कोई नहीं

89. एक कील का द्रव्यमान m और हथौड़े का द्रव्यमान M है। हथौड़ा वेग u से चलकर कील को ठोकता है। यदि हथौड़ा अप्रत्यास्थ हो, तो गतिज ऊर्जा में हानि होगी

(a) $\left(\frac{Mm}{M+m}\right)u^2$
(b) $\frac{1}{2}\left(\frac{Mm}{M+m}\right)u^2$
(c) $\frac{1}{4}\left(\frac{Mm}{M+m}\right)^2$
(d) इनमें से कोई नहीं

90. क्षैतिज से 45° के कोण पर झुके हुए समतल पर किसी कण की महत्तम परास 1090 सेमी है, जबकि कण नीचे से ऊपर की ओर फेंका गया। यदि कण ऊपर से नीचे की ओर फेंका जाए, तो महत्तम परास है

(a) $1090(3+\sqrt{2})$ सेमी
(b) $1090(3+2\sqrt{2})$ सेमी
(c) $1090(3-\sqrt{2})$ सेमी
(d) इनमें से कोई नहीं

91. न्यूटन रैप्सन विधि से प्राप्त श्रेणी $x_{n+1} = \frac{x_n}{2} + \frac{9}{8x_n}, x_0 = 0.5$ पर विचार करिए। यह श्रेणी अभिसरित होती है

(a) 1.5
(b) $\sqrt{2}$
(c) 1.6
(d) 1.4

92. यदि चौथे और उच्च अन्तर शून्य हैं, तब क्या सही नहीं है?

(a) $U_4 = U_0 + 4\Delta U_0 + 6\Delta^2 U_{-1} + 10\Delta^3 U_{-1}$
(b) $U_4 = E^5 U_{-1}$
(c) $E^5 = (1+\Delta)^5$
(d) $E^5 = (1+D)^6$

93. आलेखीय विधि द्वारा निम्न रैखिक प्रक्रमन समस्या को हल कीजिए।

व्यवरोधों के अन्तर्गत

$$x + 2y \geq 10,$$
$$3x + 4y \leq 24,$$
$$x \geq 0, y \geq 0$$

$Z = 200x + 500y$ का न्यूनतम मान होगा

(a) 2300
(b) 2400
(c) 2200
(d) इनमें से कोई नहीं

94. $2x + 3y - 5 \leq 0$ तथा $4x - 3y + 2 \leq 0$ द्वारा निरूपित क्षेत्र होगा

(a) प्रथम चतुर्थांश में नहीं है
(b) प्रथम चतुर्थांश में परिबद्ध है
(c) प्रथम चतुर्थांश में अपरिबद्ध है
(d) उपरोक्त में से कोई नहीं

95. x के किस मान के लिए नीचे दिया आव्यूह विचित्र होगा?

$$\begin{bmatrix} 8 & x & 0 \\ 4 & 0 & 2 \\ 12 & 6 & 0 \end{bmatrix}$$

(a) 4
(b) 6
(c) 8
(d) 12

96. यदि $A=\begin{bmatrix}-5 & -8 & 0\\ 3 & 5 & 0\\ 1 & 2 & -1\end{bmatrix}$, तब A^2 है

(a) वर्गसम (b) शून्यभावी
(c) अन्तर्वलनी (d) आवर्ती

97. माना V एक त्रिविमीय सदिश समष्टि है जिसके दो उपसमष्टियाँ A व B की विमाएँ क्रमश: 2 व 1 है। यदि $A \cap B = \{0\}$, तब

(a) $V = A - B$ (b) $V = A + B$
(c) $V = A \cdot B$ (d) इनमें से कोई नहीं

98. dim V, जहाँ $V = \{a_1, a_2, \ldots, a_{100} : a_1 + a_2 = 0, a_3 + a_4 = 0$ हैं

(a) 97 (b) 98
(c) 99 (d) 100

99. ग्रीन प्रमेय का प्रयोग करके $x^3 + y^3 = 3axy$ जहाँ $a > 0$, का क्षेत्रफल ज्ञात कीजिए।

(a) $\frac{3}{2}a^2$ (b) $\frac{7}{2}a^2$
(c) $\frac{9}{2}a^2$ (d) इनमें से कोई नहीं

100. माना $C = \left\{(x, y) \in R^2 \middle| x^2 + \frac{y^2}{4} = 1\right\}$, तब किसी स्वेच्छ बिन्दु (x, y) पर इसकी वक्रता K^C होगी

(a) $\pm \frac{1}{(1 + 3x^2)}$ (b) $\pm \frac{2}{(1 + 3x^2)^{1/2}}$
(c) $\pm \frac{2}{(1 + 3x^2)^{3/2}}$ (d) इनमें से कोई नहीं

101. $xp + yq = z$ का हल है

(a) $f(x^2, y^2) = 0$ (b) $f(xy, yz) = 0$
(c) $f(x, y) = 0$ (d) $f\left(\frac{x}{y}, \frac{y}{z}\right) = 0$

102. $L\{\sin^3 2t\}$ का मान है

(a) $\frac{40}{(s + 4) + (s + 36)}$ (b) $\frac{1}{(s^2 + 4)(s^2 + 36)}$
(c) $\frac{16}{(s^2 + 4)(s^2 + 36)}$ (d) $\frac{48}{(s^2 + 4)(s^2 + 36)}$

103. $(1 + 3x + 3x^2 + x^3)^6$ के प्रसार में मध्य पद है

(a) चौथा
(b) तीसरा
(c) दसवाँ
(d) उपरोक्त में से कोई नहीं

104. रेखीय प्रतिबन्धों $3x + 4y \le 18, 2x + 3y \ge 3$ तथा $x, y \ge 0$ के द्वारा प्राप्त सुसंगत क्षेत्र का एक शीर्ष होगा

(a) (0, 2) (b) (4.8, 0)
(c) (0, 3) (d) इनमें से कोई नहीं

105. यदि V एक अन्त:गुणन समष्टि है, तो सामान्यत: फलन $\| \,\| : V \to R$ के लिए निम्न में से सत्य है, यदि $U, V \in V$ तथा $\alpha \in R$

(a) $\| \alpha U \| = |\alpha| \| V \|$ (b) $\| \alpha U \| = \| \alpha \| |U|$
(c) $\| \alpha U \| = \| \alpha \| \| - U \|$ (d) इनमें से कोई नहीं

106. R में सामान्य दूरीक के लिए प्रत्येक संवृत अन्तराल होता है

(a) संवृत समुच्चय (b) विवृत समुच्चय
(c) कैंटर त्रिगुट समुच्चय (d) इनमें से कोई नहीं

107. समूह $\frac{G}{H}$ का विभाग समूह ज्ञात कीजिए, जहाँ $G = (Z_5, +)$ तथा $H = (4Z, +)$ है।

(a) $\{H, H + 1, H + 2, H + 3\}$ (b) $\{H, H, H + 8\}$
(c) $\{H + 1, H + 2\}$ (d) इनमें से कोई नहीं

108. यदि R एक विनिमय वलय है, तब समुच्चय $aR = \{ar : r \in R\}$ है

(a) R का एक आइडियल (b) R का एक आइडियल नहीं
(c) R का अधिकतम आइडियल (d) इनमें से कोई नहीं

109. ϕ के ग्रेडिएंट के curl अर्थात् $\Delta \times (\nabla \phi)$ का मान है

(a) अनन्त (b) शून्य
(c) धनात्मक (d) कोई नहीं

110. शंकु $ax^2 + by^2 + cz^2 = 0$ के व्युत्क्रम शंकु का समीकरण है

(a) $\frac{a}{x^2} + \frac{b}{y^2} + \frac{c}{z^2} = 0$
(b) $\frac{x^2}{a} + \frac{y^2}{b} + \frac{z^2}{c} = 0$
(c) $\frac{1}{x^2} + \frac{1}{y^2} + \frac{1}{z^2} = abc$
(d) उपरोक्त में से कोई नहीं

111. भुजा a के वर्ग $ABCD$ की भुजाओं AB, BC, CD तथा DA के अनुदिश लगे हुए 4 इकाई, 3 इकाई, 4 इकाई तथा 3 इकाई के बलों का परिणामी निम्न होगा

(a) वर्ग के केन्द्र से जाने वाला $5\sqrt{2}$ इकाई का बल
(b) आघूर्ण $7a$ इकाई का एक बल-युग्म
(c) शून्य बल
(d) उपरोक्त में से कोई नहीं

112. एक कण रूक्ष समतल पर गति कर रहा है जबकि नीचे की ओर कोई बल नहीं लगा है तब वक्र के किसी बिन्दु पर वेग का मान क्या होगा?

(a) $Ce^{\mu\psi}$ (b) $C\psi$ (c) $\frac{C}{\psi}$ (d) $Ce^{-\mu\psi}$

113. यदि f एक रक्षित फलन है जोकि $[a, b]$ पर परिभाषित है, तब $f, [a, b]$ पर एक राइमन फलन होगा, यदि और केवल यदि

(a) $\int_{\underline{a}}^{b} f \le \int_{a}^{\overline{b}} f$ (b) $\int_{\underline{a}}^{b} f \ge \int_{a}^{\overline{b}} f$
(c) $\int_{\underline{a}}^{b} f = \int_{a}^{\overline{b}} f$ (d) $\int_{a}^{\overline{b}} f + \int_{\underline{a}}^{b} f = 0$

114. फोरियर ज्या रूपान्तरण द्वारा निम्न का मान होगा

$$\int_0^{\infty} \frac{x \sin mx}{x^2 + 1} dx = ?$$

(a) $\frac{\pi}{2}e^{m}, m > 0$ (b) $\frac{\pi}{2}e^{-m}, m > 0$
(c) $\frac{\pi}{4}e^{m}, m > 0$ (d) $\frac{\pi}{4}e^{m}, m > 0$

115. यदि $\omega = f(re^{i\theta})$, तब $\frac{d\omega}{dz}$ होगा

(a) $(\cos\theta + i\sin\theta)\frac{\partial\omega}{\partial r}$ (b) $(\cos\theta - i\sin\theta)\frac{\partial\omega}{\partial r}$
(c) $(\sin\theta + i\cos\theta)\frac{\partial\omega}{\partial z}$ (d) $(\sin\theta - i\cos\theta)\frac{\partial\omega}{\partial z}$

116. रूपान्तरण $w = 2z + z^2$ के अन्तर्गत वृत्त $|z| = 1$ का प्रतिबिम्ब होगा

(a) वृत्त (b) रेखा
(c) परवलय (d) कार्डियॉड

117. एक दूरीक समष्टि में प्रत्येक अभिसारी अनुक्रम होता है

(a) दोलीय अनुक्रम
(b) अपसारी अनुक्रम
(c) कॉशी अनुक्रम
(d) परिमित दोलायमान अनुक्रम

118. dim V का मान है, जहाँ

$V = \{a_1, a_2, ..., a_{100} : a_1 + a_2 = 0, a_3 + a_4 = 0\}$

(a) 97 (b) 98
(c) 99 (d) 100

119. यदि सदिश समष्टि R^3 में $V_1 = (1,0,1), V_2 = (0,1,0)$ तथा $V_3 = (1,1,1)$ हों, तो सदिश समष्टि निम्न में से है

(a) एकघाततः स्वतन्त्र (b) एकघाततः आश्रित
(c) एकघाततः परतन्त्र (d) इनमें से कोई नहीं

120. सीमित आयामों का वास्तविक गुणन, समष्टि के किस अन्य नाम से जाना जाता है

(a) लम्बकोणीय (b) यूक्लिडीयन
(c) नॉर्मलाईजेशन (d) इनमें से कोई नहीं

उत्तरमाला

1. (a)	**2.** (c)	**3.** (b)	**4.** (a)	**5.** (b)	**6.** (b)	**7.** (b)	**8.** (b)	**9.** (b)	**10.** (a)
11. (b)	**12.** (d)	**13.** (c)	**14.** (a)	**15.** (a)	**16.** (d)	**17.** (a)	**18.** (a)	**19.** (a)	**20.** (d)
21. (b)	**22.** (a)	**23.** (b)	**24.** (c)	**25.** (a)	**26.** (a)	**27.** (b)	**28.** (a)	**29.** (c)	**30.** (d)
31. (d)	**32.** (a)	**33.** (a)	**34.** (a)	**35.** (c)	**36.** (a)	**37.** (a)	**38.** (c)	**39.** (a)	**40.** (b)
41. (a)	**42.** (d)	**43.** (a)	**44.** (b)	**45.** (a)	**46.** (a)	**47.** (c)	**48.** (a)	**49.** (a)	**50.** (d)
51. (a)	**52.** (c)	**53.** (b)	**54.** (a)	**55.** (b)	**56.** (b)	**57.** (c)	**58.** (a)	**59.** (a)	**60.** (b)
61. (a)	**62.** (a)	**63.** (d)	**64.** (a)	**65.** (c)	**66.** (a)	**67.** (a)	**68.** (b)	**69.** (d)	**70.** (c)
71. (b)	**72.** (a)	**73.** (a)	**74.** (a)	**75.** (b)	**76.** (b)	**77.** (c)	**78.** (b)	**79.** (a)	**80.** (d)
81. (b)	**82.** (b)	**83.** (b)	**84.** (d)	**85.** (b)	**86.** (c)	**87.** (b)	**88.** (b)	**89.** (b)	**90.** (b)
91. (a)	**92.** (a)	**93.** (a)	**94.** (b)	**95.** (a)	**96.** (c)	**97.** (b)	**98.** (b)	**99.** (a)	**100.** (c)
101. (d)	**102.** (d)	**103.** (c)	**104.** (d)	**105.** (b)	**106.** (a)	**107.** (a)	**108.** (a)	**109.** (b)	**110.** (b)
111. (b)	**112.** (d)	**113.** (c)	**114.** (b)	**115.** (a)	**116.** (d)	**117.** (c)	**118.** (b)	**119.** (b)	**120.** (b)

मध्य प्रदेश
उच्च माध्यमिक शिक्षक पात्रता परीक्षा (भाग-ब)

प्रैक्टिस पेपर 3

निर्देश

इस प्रश्न-पत्र में कुल 120 वस्तुनिष्ठ प्रश्न हैं तथा प्रत्येक प्रश्न के लिए एक अंक निर्धारित है।

1. यदि ${}^nP_6 = 30 \times {}^nP_4$ हो, तो n का मान है

(a) 7 (b) 8 (c) 9 (d) 10

2. वक्र $y = a\cosh(x/a)$ के लिए ρ का मान है

(a) $\frac{y}{a}$ (b) $\frac{y}{a^2}$

(c) $\frac{y^2}{a}$ (d) y

3. श्रेणी $\sum \frac{n+1}{(n+2)(n+3)} z^n$ की अभिसरण त्रिज्या है

(a) 1 (b) 0

(c) 2 (d) 3

4. $\int \sqrt{\frac{1-\sqrt{x}}{1+\sqrt{x}}}\, dx$ का मान है

(a) $\sqrt{1-x} + \sin^{-1}\sqrt{1-x} + C$

(b) $\sqrt{x-2} + \sin^{-1}\sqrt{x-2} + C$

(c) $\sqrt{1-x}\,(\sqrt{x}-2) + \sin^{-1}\sqrt{1-x} + C$

(d) उपरोक्त में से कोई नहीं

5. $\int x \tan^{-1} x\, dx$ का मान है

(a) $(x^2+1)\tan^{-1} x - x + C$ (b) $(x^2-1)\tan^{-1} x - \frac{x}{2} + C$

(c) $\frac{1}{2}\tan^{-1}(x) - (x+1) + C$ (d) $\frac{1}{2}(x^2+1)\tan^{-1} x - \frac{x}{2} + C$

6. यदि $\int_1^a (3x^2 + 2x + 1)dx = 11$ हो, तो a का मान है

(a) 2 (b) 3 (c) 4 (d) 5

7. $\int_0^{\pi/2} \frac{dx}{1+\sqrt{\tan x}}$ का मान है

(a) $\frac{\pi}{2}$ (b) $\frac{\pi}{4}$ (c) π (d) 2π

8. यदि $y = \sqrt{\tan x + \sqrt{\tan x + \sqrt{\tan x + \ldots\ldots\infty}}}$, तो $\frac{dy}{dx}$ का मान है

(a) $\sec^2 x$ (b) $2y - 1$

(c) $\frac{\sec^2 x}{2y+1}$ (d) $\frac{\sec^2 x}{2y-1}$

9. अन्तराल [1, 5] में फलन $f(x) = x^2 - 2x + 4$ हेतु मध्यमान प्रमेय से c का मान होगा

(a) 1 (b) 2

(c) 3 (d) 4

10. अवकल समीकरण $\frac{dy}{dx} = \frac{x(2\log x + 1)}{\sin y + y\cos y}$ का हल है

(a) $y\cos y = x^2 \log x + C$ (b) $y\sin y = x^2 \log x + C$

(c) $y\sin y = x^2 \cos y + C$ (d) $y\cos y = x^2 \sin y + C$

11. अवकल समीकरण $(2x^2 + 3y^2 - 7)x\, dx - (3x^2 + 2y^2 - 8)y\, dy = 0$ का हल है

(a) $x^2 + y^2 - 3 = C(x^2 - y^2 - 1)^5$

(b) $x^2 + y^2 - 5 = C(x^2 - y^2 - 1)^3$

(c) $x^2 + y^2 = x - y - 1 + C$

(d) $x^2 + y^2 = x + y + 1 + C$

12. अवकल समीकरण $\frac{dy}{dx} = \frac{y}{x} + x\sin\frac{y}{x}$ का हल है

(a) $\log\tan\frac{y}{2x} = x + C$ (b) $\log\cot\frac{y}{2x} = x + C$

(c) $\log\sin\frac{y}{2x} = x + C$ (d) $\log\cos\frac{y}{2x} = x + C$

13. पूर्णांकीय प्रान्त $\{a + ib \mid a, b \in I\}$ का भागफल क्षेत्र है

(a) $\{x - iy \mid x, y \in Q\}$ (b) $\{x + iy \mid x, y \in Q\}$

(c) $\{x + i0 \mid x, 0 \in Q\}$ (d) इनमें से कोई नहीं

14. अनुक्रम $\{x_n\}$ है जहाँ $x_n = \frac{2n-7}{3n+2}$

(a) अपरिबद्ध (b) परिबद्ध

(c) दोलनीय (d) इनमें से कोई नहीं

15. अनुक्रम $x_n = \{\sqrt{n+1} - \sqrt{n}\}\ \forall\, n \in N$ है

(a) अभिसारी (b) अपसारी

(c) एकदिष्ट ह्रासमान (d) इनमें से कोई नहीं

16. यदि $z = f(x + ay) + \phi(x - ay)$, तो $\frac{\partial^2 z}{\partial y^2}$ का मान है

(a) $\frac{\partial^2 z}{\partial x^2}$ (b) $a\frac{\partial^2 z}{\partial x^2}$ (c) $a^2\frac{\partial^2 z}{\partial x^2}$ (d) $a^3\frac{\partial^2 z}{\partial x^2}$

17. यदि n एक पूर्णांक है तथा यदि
$$\begin{vmatrix} x^n & x^{n+2} & x^{n+3} \\ y^n & y^{n+2} & y^{n+3} \\ z^n & z^{n+2} & z^{n+3} \end{vmatrix} = (x-y)(y-z)(z-x)\left(\frac{1}{x}+\frac{1}{y}+\frac{1}{z}\right)$$
तब, n का मान होगा
(a) 1 (b) −1 (c) 2 (d) −2

18. सरल रेखाएँ $4ax + 3by + c = 0$, जहाँ $a + b + c = 0$ संगामी होंगी, यदि बिन्दु है
(a) (4, 3) (b) (1/4, 1/3)
(c) (1/2, 1/3) (d) इनमें से कोई नहीं

19. यदि चर रेखा $\frac{x}{a}+\frac{y}{b}=1$ के लिए प्रतिबन्ध $\frac{1}{a^2}+\frac{1}{b^2}=\frac{1}{c^2}$ (c एक अचर है) सन्तुष्ट होता है, तब मूलबिन्दु से रेखा पर डाले गए लम्ब के पाद का बिन्दुपथ होगा
(a) $x^2 + y^2 = c^2/2$ (b) $x^2 + y^2 = 2c^2$
(c) $x^2 + y^2 = c^2$ (d) $x^2 - y^2 = c^2$

20. उस त्रिभुज का क्षेत्रफल, जो कि सरल रेखा $ax + by + c = 0$ $(a, b, c \neq 0)$ तथा निर्देशांक्षो से घिरा हुआ है, होगा
(a) $\frac{1}{2}\frac{a^2}{|bc|}$ (b) $\frac{1}{2}\frac{c^2}{|ab|}$ (c) $\frac{1}{2}\frac{b^2}{|ac|}$ (d) 0

21. उस वृत्त का समीकरण जो दोनों अक्षों को स्पर्श करता है तथा जिसका केन्द्र (x_1, y_1) है, होगा
(a) $x^2 + y^2 + 2x_1(x + y) + x_1^2 = 0$
(b) $x^2 + y^2 - 2x_1(x + y) + x_1^2 = 0$
(c) $x^2 + y^2 = x_1^2 + y_1^2$
(d) $x^2 + y^2 + 2xx_1 + 2yy_1 = 0$

22. यदि एक संख्या के एक-तिहाई का $\frac{1}{7}$ भाग 5 है, तो संख्या के 400% का 25% क्या होगा?
(a) 21 (b) 100 (c) 115 (d) 105

23. परवलय का समीकरण जिसका शीर्ष मूलबिन्दु है, अक्ष Y-अक्ष है, तथा जो बिन्दु $(6, -3)$ से जाता है, होगा
(a) $y^2 = 12x + 6$ (b) $x^2 = 12y$
(c) $x^2 = -12y$ (d) $y^2 = -12x + 6$

24. वक्र $y^2 = 8x$ के प्राचल समीकरण हैं
(a) $x = t^2, y = 2t$ (b) $x = 2t^2, y = 4t$
(c) $x = 2t, y = 4t^2$ (d) इनमें से कोई नहीं

25. परवलय $y^2 = 12x$ के बिन्दु (3, 6) पर खींचा गया अभिलम्ब यदि परवलय को पुन: $(27, -18)$ पर मिले तो अभिलम्ब जीवा को व्यास मानकर खींचे गए वृत्त का समीकरण होगा
(a) $x^2 + y^2 + 30x + 12y - 27 = 0$
(b) $x^2 + y^2 + 30x + 12y + 27 = 0$
(c) $x^2 + y^2 - 30x - 12y - 27 = 0$
(d) $x^2 + y^2 - 30x + 12y - 27 = 0$

26. रेखा $lx + my - n = 0$, दीर्घवृत्त $\frac{x^2}{a^2}+\frac{y^2}{b^2}=1$ को स्पर्श करेगी, यदि
(a) $a^2l^2 + b^2m^2 = n^2$ (b) $al^2 + bm^2 = n^2$
(c) $a^2l + b^2m = n$ (d) इनमें से कोई नहीं

27. यदि $4x^2 + py^2 = 45$ व $x^2 - 4y^2 = 5$ लाम्बिक प्रतिच्छेदित करते हैं, तो p का मान है
(a) 1/9 (b) 1/3 (c) 3 (d) 9

28. अतिपरवलय $\frac{x^2}{3}-\frac{y^2}{2}=1$ की स्पर्श रेखा, जो रेखा $y - x + 5 = 0$ के समान्तर है, का समीकरण है
(a) $x - y - 1 = 0$ (b) $x - y + 2 = 0$
(c) $x + y - 1 = 0$ (d) $x + y + 2 = 0$

29. समीकरण $2x^2 + 3y^2 - 8x - 18y + 35 = k$ प्रदर्शित करता है
(a) कोई बिन्दुपथ नहीं यदि $k > 0$ (b) एक दीर्घवृत्त यदि $k < 0$
(c) एक बिन्दु यदि $k = 0$ (d) एक अतिपरवलय यदि $k > 0$

30. एक असन्तुलित पासे के लिए अलग-अलग पृष्ठों के लिए प्रायिकता नीचे दी जा रही है

पृष्ठ	1	2	3	4	5	6
प्रायिकता	0.1	0.32	0.21	0.15	0.05	0.17

पासा उछाला गया और यह कहा गया कि या तो 1 या 2 आया है तो इसके 1 होने की प्रायिकता है
(a) $\frac{5}{21}$ (b) $\frac{5}{22}$ (c) $\frac{4}{21}$ (d) इनमें से कोई नहीं

31. यदि $M, A(4\hat{i} + 5\hat{j} - 10\hat{k})$ और $B(-\hat{i} + 2\hat{j} + \hat{k})$ को मिलाने वाली रेखा का मध्य-बिन्दु है, तब M से होकर जाने वाले और AB के लम्बवत् समतल का समीकरण है
(a) $\vec{r}.(-5\hat{i} - 3\hat{j} + 11\hat{k}) + \frac{135}{2} = 0$
(b) $\vec{r}.\left(\frac{3}{2}\hat{i} + \frac{7}{2}\hat{j} - \frac{9}{2}\hat{k}\right) + \frac{135}{2} = 0$
(c) $\vec{r}.(5\hat{i} + 5\hat{j} - \hat{k}) + 4 = 0$
(d) $\vec{r}.(-\hat{i} - 2\hat{j} + \hat{k}) + 4 = 0$

32. यदि $P(x, y, z), Q(2, 2, 4)$ तथा $R(3, 5, 6)$ को मिलाने वाले रेखाखण्ड पर एक बिन्दु इस प्रकार है कि OP का प्रक्षेप अक्ष पर क्रमश: $\frac{13}{5}, \frac{19}{5}$ तथा $\frac{26}{5}$ हैं, तब P, QR को निम्न में से किस अनुपात में विभाजित करता है?
(a) 1 : 2 (b) 3 : 2 (c) 2 : 3 (d) 1 : 3

33. यदि l_1, m_1, n_1 व l_2, m_2, n_2 दो परस्पर लम्बवत् रेखाओं की द्विक कोज्याएँ हों, तो दोनों रेखाओं पर लम्ब रेखा की द्विक कोज्याएँ होंगी
(a) $(m_1n_2 - m_2n_1), (n_1l_2 - n_2l_1), (l_1m_2 - l_2m_1)$
(b) $(l_1l_2 - m_1m_2), (m_1m_2 - n_1n_2), (n_1n_2 - l_1l_2)$
(c) $\frac{1}{\sqrt{l_1^2 + m_1^2 + n_1^2}}, \frac{1}{\sqrt{l_2^2 + m_2^2 + n_2^2}}, \frac{1}{\sqrt{3}}$
(d) $\frac{1}{\sqrt{3}}, \frac{1}{\sqrt{3}}, \frac{1}{\sqrt{3}}$

34. अक्षों के साथ समतल $\frac{x}{a}+\frac{y}{b}+\frac{z}{c}=1$ के प्रतिच्छेद बिन्दु एवं मूलबिन्दु से होकर जाने वाले गोले का केन्द्र है
(a) $\left(\frac{a}{2}, 0, 0\right)$ (b) $\left(0, \frac{a}{2}, 0\right)$
(c) $\left(0, 0, \frac{a}{2}\right)$ (d) $\left(\frac{a}{2}, \frac{b}{2}, \frac{c}{2}\right)$

35. यदि $f(z) = u + iv$ विश्लेषिक फलन है, तथा $v = 2xy$ हो, तो u का मान है

(a) $x^2 + y^2 + c$ (b) $x^2 - y^2 + c$ (c) $x + y + c$ (d) $x - y + c$

36. यदि $f(x + ay, x - ay) = axy$, तब $f(x, y)$ का मान है

(a) xy (b) $x^2 - a^2y^2$ (c) $\frac{x^2 - y^2}{4}$ (d) $\frac{x^2 - y^2}{a^2}$

37. यदि R वास्तविक संख्याओं के समुच्चय को प्रदर्शित करता है, तब फलन $f : R \to R$ इस प्रकार परिभाषित है, कि $f(x) = [x]$, है

(a) केवल एकैकी

(b) केवल आच्छादक

(c) एकैकी व आच्छादक दोनों

(d) न ही एकैकी और न ही आच्छादक

38. यदि $\lim_{x \to 0}[1 + x\ln(1 + b^2)]^{1/x} = 2b\sin^2\theta > 0$ तथा $\theta \in (-\pi, \pi)$, तब θ का मान है

(a) $\pm\frac{\pi}{4}$ (b) $\pm\frac{\pi}{3}$ (c) $\pm\frac{\pi}{6}$ (d) $\pm\frac{\pi}{2}$

39. $\lim_{x \to 0}\frac{\tan x - \sin x}{x^3}$ का मान है

(a) 1/2 (b) −1/2

(c) 2/3 (d) इनमें से कोई नहीं

40. यदि $f(x) = \begin{cases} e^{1/x}, & x \neq 0 \\ 0, & x = 0 \end{cases}$, तो

(a) $\lim_{x \to 0+} f(x) = e$ (b) $\lim_{x \to 0+} f(x) = 0$

(c) $f(x)$, $x = 0$ पर असतत् है (d) इनमें से कोई नहीं

41. $\int_c \frac{1}{z - a}\, dz$ का मान, जहाँ $c : |z - a| = r$ है,

(a) $2\pi i$ (b) πi (c) $\frac{\pi}{2}i$ (d) $3\pi i$

42. $\int_c (\bar{z} + 2)\, dz$ का मान है, जहाँ $c : y = x$ तथा $z = 0$ से $z = 1 + i$

(a) $3 - 2i$ (b) $3 + 2i$ (c) $2 - 3i$ (d) $2 + 3i$

43. यदि $a_n = \sum_{r=0}^{n}\frac{1}{{}^nC_r}$ हो, तो $\sum_{r=0}^{n}\frac{r}{{}^nC_r}$ का मान है।

(a) $(n - 1)a_n$ (b) na_n

(c) $\frac{1}{2}na_n$ (d) इनमें से कोई नहीं

44. $\int_0^{\pi}\frac{x^3\cos^4 x\sin^2 x}{(\pi^2 - 3\pi - x + 3x^2)}\, dx$ का मान होगा

(a) $\pi^2/32$ (b) $\pi^2/64$

(c) $\pi^2/128$ (d) इनमें से कोई नहीं

45. $|z - 1| = |z - 3| = |z - i|$ को सन्तुष्ट करने वाली सम्मिश्र संख्या z है

(a) $2 + i$ (b) $\frac{3}{2} + \frac{1}{2}i$

(c) $2 + 2i$ (d) इनमें से कोई नहीं

46. यदि $A = \{1, 2, 3, 4\}$ और $R = \{(2, 2), (3, 3), (4, 4), (1, 2)\}$ समुच्चय A पर एक सम्बन्ध है, तो R है

(a) स्वतुल्य (b) सममित

(c) संक्रमक (d) इनमें से कोई नहीं

47. यदि $X = \begin{bmatrix} 3 & -4 \\ 1 & -1 \end{bmatrix}$, तब X^n का मान है

(a) $\begin{bmatrix} 3n & -4n \\ n & -n \end{bmatrix}$ (b) $\begin{bmatrix} 2 + n & 5 - n \\ n & -n \end{bmatrix}$

(c) $\begin{bmatrix} 3^n & (-4)^n \\ 1^n & (-1)^n \end{bmatrix}$ (d) इनमें से कोई नहीं

48. आर्गेण्ड तल पर $0, 2 + 3i, i, -2 - 2i$ हैं

(a) आयत के शीर्ष (b) समचतुर्भुज के शीर्ष

(c) समलम्ब के शीर्ष (d) समान्तर चतुर्भुज के शीर्ष

49. $\int_0^3\int_1^2 xy(1 + x + y)\, dxdy$ का मान है

(a) $1\frac{1}{3}$ (b) $30\frac{1}{4}$

(c) $30\frac{3}{4}$ (d) इनमें से कोई नहीं

50. रूपान्तरण $w = 2z + z^2$ इकाई वृत्त $|z| = 1$ को प्रतिचित्रित करता है

(a) वृत्त पर (b) सरल रेखा पर

(c) परवलय पर (d) हृदयाम पर

51. यदि $\bar{x}$ और $\bar{y}$, R^n के अवयव हैं, तब,

(a) $\|\bar{x} + y\| \leq \|x\| + \|y\|$

(b) $\|\bar{x} + \bar{y}\| = \|\bar{x}\| + \|y\|$

(c) $\|\bar{x} + \bar{y}\| < \|\bar{x}\| + \|y\|$

(d) $\|\bar{x} + \bar{y}\| > \|\bar{x}\| + \|\bar{y}\|$

52. माना $T : R^3 \to R^2$ जोकि $T(x, y, z) = (x, y)\ \forall\ (x, y, z) \in R^3$ द्वारा परिभाषित है, R^3 के मानक आधार व R^2 के आधार $\{(1, 0), (1, 1)\}$ के सापेक्ष एक रैखिक रूपान्तरण हैं। T का आव्यूह रूप है

(a) $\begin{bmatrix} 1 & 0 \\ -1 & 1 \\ 0 & 0 \end{bmatrix}$ (b) $\begin{bmatrix} 0 & 1 & 1 \\ 0 & 0 & 1 \end{bmatrix}$

(c) $\begin{bmatrix} 1 & -1 & 0 \\ 0 & 1 & 0 \end{bmatrix}$ (d) $\begin{bmatrix} 0 & 0 \\ 1 & 0 \\ 1 & 1 \end{bmatrix}$

53. परवलय, जिसकी नाभि (0, 0) व शीर्ष पर खींची गई स्पर्श रेखा $x - y + 1 = 0$ है, का समीकरण है

(a) $x^2 + y^2 - 2xy - 4x + 4y - 4 = 0$

(b) $x^2 + y^2 - 2xy + 4x - 4y - 4 = 0$

(c) $x^2 + y^2 + 2xy - 4x + 4y - 4 = 0$

(d) $x^2 + y^2 + 2xy - 4x - 4y + 4 = 0$

54. माना $c : R^3 \to R^3$ एक इकाई चाल वक्र और $r \in R^+$ इस प्रकार हैं कि प्रत्येक $t \in R, \|c(t)\| = r|$ अत: वक्र त्रिज्या r वाले गोले के अन्दर स्थित है। तब

(a) $\|c''(t)\| < r$ (b) $\|c''(t)\| > r$

(c) $\|c''(t)\| \leq \frac{1}{r}$ (d) $\|c''(t)\| \geq \frac{1}{r}$

55. माना $\frac{d}{dx}F(x) = \left(\frac{e^{\sin x}}{x}\right); x > 0$ तथा

$\int_1^4 \frac{3}{x}e^{\sin x^3}\, dx = F(k) - F(1)$, तब k के सम्भावित मानों में से एक है

(a) 15 (b) 16

(c) 63 (d) 64

56. समूह $(G, *)$ में समीकरण $x * a = b$ रखता है

(a) अद्वितीय हल $b * a^{-1}$ (b) अद्वितीय हल $a^{-1} * b$
(c) अद्वितीय हल $a^{-1} * b^{-1}$ (d) अनेक हल

57. किसी समय पर कण का वेग v कण द्वारा तय की गई दूरी से समीकरण $v = as + b$ द्वारा सम्बन्धित है, जहाँ $a > 0$ तथा $b \le a/2$ । इस गति के लिए निम्न में से कौन-सा कथन सत्य है? (जबकि $t = 0$ पर $s = 0$ है)

(a) t समय पर कण का विस्थापन $s = \frac{b}{a}(e^{at} - 1)$
(b) कण मन्दन से गति करता है, यदि $b > 0$
(c) समय $t = 0$ पर कण विरामावस्था में होगा
(d) कण की गति एक समान त्वरण के अधीन है

58. क्षैतिज से $\sin^{-1}(3/5)$ के कोण पर झुका हुआ, 100 फुट लम्बा एक रुक्ष समतल है। समतल का घर्षण गुणांक $1/2$ है और इसके शिखर से, एक पिण्ड विराम से नीचे फिसलता है। नतसमतल की तली पर पहुँचने पर पिण्ड का वेग होगा

(a) $16/\sqrt{5}$ फुट/सेकण्ड (b) 16 फुट/सेकण्ड
(c) $16\sqrt{5}$ फुट/सेकण्ड (d) $16/\sqrt{7}$ फुट/सेकण्ड

59. 150 मी ऊँची एक मीनार के शिखर से एक गेंद 10 मी/सेकण्ड के वेग से प्रक्षेपित की जाती है। यह धरातल तक पहुँचने में 6 सेकण्ड लेती है। गेद का प्रक्षेप्य कोण होगा

(a) 15° (b) 30° (c) 45° (d) 60°

60. यदि समीकरण $ax^2 + by^2 + cz^2 + 2ux + 2vy + 2wz + d = 0$ एक शंकु को निरूपित करता है, तब आवश्यक प्रतिबन्ध है

(a) $u^2 + v^2 + w^2 = d$ (b) $\frac{u^2}{a} + \frac{v^2}{b} + \frac{w^2}{c} = d$
(c) $\frac{u^2}{a^2} + \frac{v^2}{b^2} + \frac{w^2}{c^2} = d$ (d) $\frac{u}{a} + \frac{v}{b} + \frac{w}{c} = d$

61. स्टोक प्रमेय का कथन है

(a) $\int_C \vec{F} \cdot dr = \iint_S \hat{n} \cdot (\vec{\nabla} \times \vec{F})\, dS$
(b) $\int_C (\vec{\nabla} \times \vec{F}) \cdot dr = \iint_S \hat{n} \cdot \vec{F}\, dS$
(c) $\int_C (\vec{\nabla} \cdot \vec{F}) \cdot dr = \iint_S \hat{n} \cdot \vec{F}\, dS$
(d) $\int_C \vec{F} \cdot dr = \iint_S (\vec{\nabla} \times \vec{F}) \cdot dS$

62. यदि S गोले $x^2 + y^2 + z^2 = 9$ का पृष्ठ है, तब $\iint_S \vec{r} \cdot \hat{n}\, dS$ बराबर है

(a) 27π (b) 36π
(c) 54π (d) 108π

63. यदि $\vec{r}$ एक सदिश है, तब div $\hat{r}$ बराबर है

(a) $\frac{1}{r}$ (h) $\frac{2}{r}$ (c) $\frac{3}{r}$ (d) 0

64. यदि $\vec{r} = x\hat{i} + y\hat{j} + z\hat{k}$ और $r = |\vec{r}|$, तो grad $\left(\frac{1}{r}\right)$ बराबर है

(a) $-\frac{\vec{r}}{r^2}$ (b) $-\frac{2}{r^3}$
(c) $-\frac{\vec{r}}{r^3}$ (d) $-\frac{1}{r^2}$

65. यदि $f(z) = u + iv$ एक विश्लेषिक फलन है, तो निम्न में कौन-सा सत्य है?

(a) $\frac{\partial u}{\partial r} = r\frac{\partial v}{\partial \theta}; \frac{\partial u}{\partial \theta} = -r\frac{\partial v}{\partial \theta}$ (b) $\frac{\partial u}{\partial r} = \frac{1}{r}\frac{\partial v}{\partial \theta}; \frac{\partial u}{\partial \theta} = -r\frac{\partial v}{\partial r}$
(c) $\frac{\partial u}{\partial r} = -\frac{1}{r}\frac{\partial v}{\partial \theta}; \frac{\partial u}{\partial \theta} = r\frac{\partial v}{\partial \theta}$ (d) $\frac{\partial u}{\partial r} = -r\frac{\partial v}{\partial \theta}; \frac{\partial u}{\partial \theta} = \frac{1}{r}\frac{\partial v}{\partial \theta}$

66. यदि $o(a) = m, o(b) = n$, जहाँ a और b आबेली समूह G के अवयव हैं, तो

(a) $o(ab) = \sqrt{m}$ (b) $o(ab) = \sqrt{mn}$
(c) $o(ab) = mn$ (d) $o(ab) =$ ल.स. $\{m, n\}$

67. $(x + a)^{2n}; n \in N$ के प्रसार के मध्य पद है

(a) ${}^{2n}C_{n+1}\, x^{n+1} a^{n+1}$ (b) ${}^{2n}C_{n+1}\, x^n a^{n+1}$
(c) ${}^{2n}C_n\, x^{n+1} a^{n-1}$ (d) ${}^{2n}C_n\, x^n a^n$

68. समीकरण निकाय $x + 2y + 3z = 1; 2x + y + 3z = 2$ और $5x + 5y + 9z = 4$ का

(a) कोई हल नहीं है (b) अद्वितीय हल है
(c) अनन्त हल हैं (d) इनमें से कोई नहीं

69. निम्न में से कौन-सी अवकल समीकरण 3 क्रम की रैखिक समीकरण है?

(a) $\frac{d^3y}{dx^3} + \frac{d^2y}{dx^2} + y^2\left(\frac{xy}{dx}\right)^{-1} = x^2$ (b) $x\frac{d^3y}{dx^3} + \frac{d^2y}{dx^2} = e^x$
(c) $\frac{d^3y}{dx^3} + \frac{d^2y}{dx^2} \cdot \frac{dy}{dx} + y = x$ (d) उपरोक्त में से कोई नहीं

70. यदि फलन $u(x, y) = e^x \cos y$ प्रसंवादी है, तो इसका संयुग्मी प्रसंवादी $v(x, y)$ है

(a) $e^y \cos x + C$ (b) $e^x \sin y + C$
(c) $e^y \sin x + C$ (d) $-e^x \cos y + C$

71. समूह $G = \{a, a^2, a^3, a^4, a^5, a^6\}$ के जनक है

(a) a केवल (b) a^5 केवल
(c) a^6 केवल (d) a और a^5

72. यदि $\vec{a}$ और $\vec{b}$ असमरेखीय सदिश हैं तथा x और y इस प्रकार अदिश हैं कि $x\vec{a} + y\vec{b} = 0$, तो

(a) $x = 0, y \ne 0$ (b) $x = 0, y = 0$
(c) $x \ne 0, y \ne 0$ (d) $x = 1, y = 1$

73. यदि $(1 + x)^n = C_0 + C_1 x + ... + C_n x^n$, तब $C_0 + 2C_1 + 3C_2 + ... + (n + 1)C_n$ का मान है

(a) $n2^n$ (b) $n\, 2^{n-1}$
(c) $n2^n + 2^{n-1}$ (d) $2^n + n2^{n-1}$

74. यदि ${}^xP_3 + {}^xC_{x-2} = 14x$, तो x बराबर है

(a) 5 (b) 10 (c) 8 (d) 6

75. $i\left(\frac{3 - i}{2 + i} + \frac{3 + i}{2 - i}\right)$ का कोणांक है

(a) $\frac{\pi}{2}$ (b) $-\frac{\pi}{2}$ (c) $-\frac{\pi}{4}$ (d) $\frac{\pi}{4}$

76. यदि फलन $f : R \to R, f(x) = x^2$ के रूप में परिभाषित है, तब फलन f है

(a) एकैकी पर आच्छादक नहीं
(b) आच्छादक पर एकैकी नहीं
(c) एकैकी एवं आच्छादक
(d) न तो एकैकी एवं ना ही आच्छादक

77. $f(x) = x^{1/x}$ ह्रासमान फलन, है यदि

(a) $x > e$ (b) $x < e$ (c) $x = e$ (d) $x > \frac{1}{e}$

78. फलन $f(x) = x^4 - x$ किस अन्तराल में वर्द्धमान है?

(a) $-1 < x < 1$ (b) $-1 \le x \le 1$
(c) $x \le 1$ (d) $x \ge 1$

79. यदि $f: R \to R, g: R \to R$ सतत फलन है, तब $\int_{-\pi/2}^{\pi/2} [f(x) + f(-x)][g(x) - g(-x)]\, dx$ बराबर है

(a) 1 (b) 0
(c) –1 (d) π

80. किस शर्त के तहत रूपान्तरण $w = \frac{(az + b)}{(cz + d)}$, w-समतल में इकाई वृत्त को z-समतल में एक सरल रेखा में रूपान्तरित करता है?

(a) $|a| = |d|$ (b) $|b| = |c|$ (c) $|a| = |c|$ (d) $|b| = |d|$

81. वक्र $S = a \log(\sec\Psi + \tan\Psi)$ के लिए वक्रता त्रिज्या है

(a) $a\sec\Psi$ (b) $a\cos\Psi$
(c) $a\sin\Psi$ (d) $a\tan\Psi$

82. $y = \frac{ax}{a + x}$ के किसी बिन्दु (x, y) पर वक्रता त्रिज्या ρ हो, तो $\left(\frac{2\rho}{a}\right)^{2/3}$ का मान है

(a) $\left(\frac{x}{y}\right)^2 + \left(\frac{y}{x}\right)^2$ (b) $\left(\frac{x}{y}\right)^2 - \left(\frac{y}{x}\right)^2$
(c) $(x)^2 + (y)^2$ (d) $(x)^2 - (y)^2$

83. वलय $[\{0, 1, 2, 3, 4, 5\}, +_6; \cdot_6]$ की सभी मुख्य गुणजावली है।

(a) {0}, {0, 3}, {0, 2, 4}
(b) {0, 3}, {0, 2, 4}, {0, 1, 2, 3, 4, 5}
(c) {0, 3}, {0, 2, 4, 5}
(d) {0}, {0, 3}, {0, 2, 4}, {0, 1, 2, 3, 4, 5}

84. $\binom{n}{n-1} \div \binom{n}{r+1}$ का मान होगा, यदि $0 \le r \le (n-1)$

(a) $\binom{n}{r-1}$ (b) $\binom{n}{r}$
(c) $\binom{n}{r+1}$ (d) $\binom{n+1}{r+1}$

85. $\sum_{r=0}^{n-1} \frac{{}^nC_r}{{}^nC_r + {}^nC_{r+1}}$ का मान है

(a) $n + 1$ (b) $\frac{n}{2}$
(c) $n + 2$ (d) इनमें से कोई नहीं

86. एक समान्तर चतुर्भुज *ABCD* की दो संलग्न भुजाएँ $\overrightarrow{AB} = 2\hat{i} + 10\hat{j} + 11\hat{k}$ तथा $\overrightarrow{AD} = -\hat{i} + 2\hat{j} + 2\hat{k}$ है। समान्तर चतुर्भुज के समतल में भुजा *AD* को एक न्यूनकोण α से घुमाया जाता है जिससे कि AD, AD' बन जाती है यदि AD', AB के साथ समकोण बनाती है, तो $\cos\alpha$ का मान निम्न है

(a) $\frac{8}{9}$ (b) $\frac{\sqrt{17}}{9}$
(c) $\frac{1}{9}$ (d) $\frac{4\sqrt{5}}{9}$

87. यदि $y\sqrt{x^2 + 1} = \log\{\sqrt{x^2 + 1} - x\}$, तो $(x^2 + 1)\frac{dy}{dx} + xy + 1$ का मान है

(a) 0 (b) 1
(c) 2 (d) इनमें से कोई नहीं

88. फलन $f(x) = x^2 - 6x + 8, 2 \le x \le 4$ के लिए x का मान जिसके लिए $f'(x)$ लुप्त (Vanishes) होता है, है

(a) $\frac{9}{4}$ (b) $\frac{5}{2}$
(c) 3 (d) $\frac{7}{2}$

89. यदि $f(x) = e^x g(x), g(0) = 2$ तथा $g'(0) = 1$ तो $f'(0)$ का मान है

(a) 1 (b) 3
(c) 2 (d) 0

90. यदि $l(m, n) = \int_{t^m}^{1} (1 + t)^n\, dt$, तब व्यंजक $l(m, n)$ का मान $l(m + 1, n - 1)$ के पदों में होगा

(a) $\frac{2^n}{m+1} - \frac{n}{m+1} l(m + 1, n - 1)$

(b) $\frac{n}{m+1} l(m + 1, n - 1)$

(c) $\frac{2^n}{m+1} + \frac{n}{m+1} l(m + 1, n - 1)$

(d) $\frac{m}{n+1} l(m + 1, n - 1)$

91. $\lim_{n\to\infty} \frac{1 + 2^4 + 3^4 + ...n^4}{n^5} - \lim_{n\to\infty} \frac{1 + 2^3 + 3^3 + ... + n^3}{n^5}$ बराबर है

(a) 1/30 (b) 0
(c) 1/4 (d) 1/5

92. यदि $\int_0^{t^2} xf(x)dx = \frac{2}{5}t^5; t > 0$, तो $f\left(\frac{4}{25}\right)$ का मान है

(a) $\frac{2}{5}$ (b) $\frac{5}{2}$
(c) $-\frac{2}{5}$ (d) इनमें से कोई नहीं

93. m के निम्नलिखित में से किस मान के लिए वक्र $y = x - x^2$ और रेखा $y = mx$ से परिबद्ध क्षेत्र का क्षेत्रफल $\frac{9}{2}$ होगा?

(a) –4 (b) –2
(c) 2 (d) 4

94. वक्र $y^2(2a - x) = x^3$ और रेखा $x = 2a$ से घिरे X-अक्ष के ऊपर के क्षेत्र का क्षेत्रफल है

(a) πa^2 (b) $\frac{3\pi a^2}{2}$
(c) $2\pi a^2$ (d) $3\pi a^2$

95. वक्रों $x^2 + y^2 = 9$ तथा $y^2 = 8x$ से परिबद्ध क्षेत्र का क्षेत्रफल है

(a) 0 (b) $\frac{2\sqrt{2}}{3} + \frac{9\pi}{2} - 9\sin^{-1}\left(\frac{1}{3}\right)$
(c) 16π (d) इनमें से कोई नहीं

96. वक्र $y = |x| - 1$ और $y = -|x| + 1$ द्वारा घिरे क्षेत्र का क्षेत्रफल है

(a) 1 (b) 2
(c) $2\sqrt{2}$ (d) 4

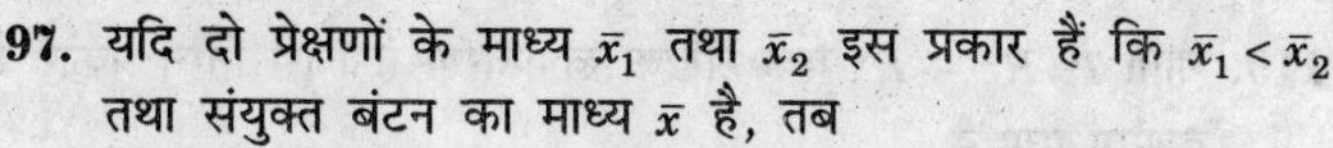

97. यदि दो प्रेक्षणों के माध्य $\bar{x}_1$ तथा $\bar{x}_2$ इस प्रकार हैं कि $\bar{x}_1 < \bar{x}_2$ तथा संयुक्त बंटन का माध्य $\bar{x}$ है, तब

(a) $\bar{x} < \bar{x}_1$ (b) $\bar{x} > \bar{x}_2$

(c) $\bar{x} = \dfrac{\bar{x}_1 + \bar{x}_2}{2}$ (d) $\bar{x}_1 < \bar{x} < \bar{x}_2$

98. n प्रेक्षणों का समान्तर माध्य M है। यदि $n-4$ प्रेक्षणों का योग a है, तब शेष 4 प्रेक्षणों का माध्य है

(a) $\dfrac{nM - a}{4}$ (b) $\dfrac{nM + a}{2}$

(c) $\dfrac{nM - A}{2}$ (d) $nM + a$

99. सममित बंटन के लिए $Q_1 = 25$ तथा $Q_3 = 45$, तब माध्यिका है

(a) 20 (b) 25

(c) 35 (d) इनमें से कोई नहीं

100. यदि $ax^2 + bx + c = 0$ तथा $cx^2 + bx + a = 0$, $(a, b, c \in R)$ का एक वास्तविक उभयनिष्ठ मूल है, तब

(a) $-2|a| < 5b < 2|a|$

(b) $-2|c| < b < 2|c|$

(c) $a = c$

(d) उपरोक्त में से कोई नहीं

101. एक गोले की त्रिज्या 7 मी मापी जाती है, जिसमें 0.02 मी की त्रुटि है। इसके आयतन के परिकलन में सन्निकट त्रुटि ज्ञात कीजिए।

(a) 3.92π घन मी (b) 3.95π घन मी

(c) 4.25π घन मी (d) 5π घन मी

102. $\int_0^{1000} e^{x-[x]}\, dx$ का मान है

(a) $e^{1000} - 1$ (b) $\dfrac{e^{1000} - 1}{e - 1}$

(c) $1000(e - 1)$ (d) $\dfrac{e - 1}{1000}$

103. फलन $L(x) = \int_1^x \dfrac{dt}{t}$ निम्न समीकरण को सन्तुष्ट करता है

(a) $L(x + y) = L(x) + L(y)$ (b) $L\left(\dfrac{x}{y}\right) = L(x) + L(y)$

(c) $L(xy) = L(x) + L(y)$ (d) इनमें से कोई नहीं

104. अवकल समीकरण $(D^2 + D + 1)y = \cos 2x$ का विशिष्ट हल है

(a) $-\dfrac{1}{13}(-2\sin 2x + 3\cos 2x)$ (b) $\dfrac{1}{13}(-2\sin 2x + 3\cos 2x)$

(c) $-\dfrac{1}{13}(2\sin 2x + 3\cos 2x)$ (d) इनमें से कोई नहीं

105. $\Gamma n \Gamma(1 - n)$ का मान है, जहाँ $0 < n < 1$

(a) $\dfrac{\pi}{\cos \pi}$ (b) $\pi \cos n\pi$

(c) $\dfrac{\pi}{\sin \pi}$ (d) $\dfrac{\pi}{\sin n\pi}$

106. $\int_{-1}^{1} P_n^2(x)\, dx$ का मान है

(a) $\dfrac{2n}{2n + 1}$ (b) $\dfrac{2}{2n + 1}$

(c) $\dfrac{n}{n + 1}$ (d) $\dfrac{n}{n - 1}$

107. $L^{-1}\left\{\dfrac{1}{(s^2 + a^2)}\right\}$ का मान है

(a) $\cos at$ (b) $\sin at$

(c) $\left(\dfrac{1}{a}\right)\cos at$ (d) $\left(\dfrac{1}{a}\right)\sin at$

108. $(1 + x + x^2)^n$ के विस्तार में गुणांकों का योग होगा

(a) 2 (b) 3^n

(c) 4^n (d) 2^n

109. यदि दो सदिश x और y, वास्तविक अन्त:गुणन समष्टि में हैं जिसमें x लम्बकोणीय है y पर, तब

(a) $\| x - y \|^2 > \| x \|^2 + \| y \|^2$

(b) $\| x - y \|^2 < \| x \|^2 + \| y \|^2$

(c) $\| x - y \|^2 = \| x \|^2 + \| y \|^2$

(d) उपरोक्त में से कोई नहीं

110. HK, G का एक उपसमूह है, यदि और केवल यदि

(a) $HK = KH$ (b) $HK \subset KH$

(c) $HK \supset KH$ (d) $HK \neq KH$

111. माना $(D,+,.)$ q अवयवों वाला एक विभाजन वलय है, तब

(a) $a^q = 0 \;\forall\; a \in D$ (b) $a^q = a \;\forall\; a \in D$

(c) $a^q = a - 1 \;\forall\; a \in D$ (d) इनमें से कोई नहीं

112. $\oint_C (\cos x \sin y - xy)\, dx + \sin x \cos y\, dy$ का मान, जहाँ $C : x^2 + y^2 = 1$ एक वृत्त है, होगा

(a) 0 (b) 2π

(c) $\dfrac{\pi^2}{2}$ (d) 3π

113. क्षैतिज से α कोण पर झुके रूक्ष समतल, जिसका घर्षण गुणांक μ है, पर W भार का एक पिण्ड विरामावस्था में है। पिण्ड को ऊपर की ओर खींचने के लिए अभीष्ट न्यूनतम बल है

(a) $2W \sin(\alpha + \lambda)$ (b) $W \sin(\alpha + \lambda)$

(c) $W \sin(\alpha - \lambda)$ (d) $2W \sin(\alpha - \lambda)$

114. यदि किसी प्रक्षेप्य की परास उतनी दूरी के बराबर हो जितनी कि स्वतन्त्रतापूर्वक गिरकर कोई कण प्रक्षेप वेग के बराबर वेग प्राप्त कर सके, तो प्रक्षेप कोण होगा

(a) 60° (b) 75°

(c) 36° (d) 30°

115. यदि $\int_0^1 \dfrac{(x^p + x^{-p}) \log(1 + x)}{x}\, dx$ अभिमुख होगा, तब

(a) $2 < p < 3$ (b) $-1 < p < 1$

(c) $-2 < p < 2$ (d) $0 < p < 2$

116. तीन बिन्दुओं से गुजरने वाले वृत्त का समीकरण होगा

(a) $\dfrac{(z - z_1)(z_3 - z_2)}{(z - z_2)(z_3 - z_1)}$ (b) $\dfrac{(\bar{z} - \bar{z}_1)(\bar{z}_3 - \bar{z}_2)}{(\bar{z} - \bar{z}_2)(\bar{z}_3 - \bar{z}_1)}$

(c) $\dfrac{(z_1 - z_2)(z_3 - z_1)}{(z - z_1)(z_2 - z_3)}$ (d) इनमें से कोई नहीं

117. एक दूरीक समष्टि $d(x,y) = |x - y|$, R में है, तब अन्तराल $]0, 2[$ में सामीप्य बिन्दु क्या होगा?

(a) 0
(b) 2
(c) 1
(d) उपरोक्त में से कोई नहीं

118. किसी क्षेत्र पर वलय का बहुपद है, एक

(a) अभाज्य क्षेत्र
(b) समूह
(c) अद्वितीय विभाजित प्रान्त
(d) सरलित नहीं है

119. माना $T : R^3 \to R^3$ एक रैखिक रूपान्तरण है जिसे निम्न प्रकार से दर्शाया गया है

$T(x,y,z) = (x + 2y - z, y + z, x + y - 2z)$

तब, T की नलिटि निम्न में से है

(a) dim $N(T) = 1$
(b) dim $N(T) = 3$
(c) dim $N(T) = 2$
(d) इनमें से कोई नहीं

120. यदि $3\sin^{-1} x = \pi + \sin^{-1}(3x - 4x^3)$ हो, तो

(a) $\frac{1}{2} \le |x| \le 1$
(b) $|x| \le 1$
(c) $|x| \le \frac{1}{2}$
(d) इनमें से कोई नहीं

उत्तरमाला

1. (d)	**2.** (c)	**3.** (a)	**4.** (c)	**5.** (d)	**6.** (a)	**7.** (b)	**8.** (d)	**9.** (c)	**10.** (b)
11. (a)	**12.** (a)	**13.** (b)	**14.** (b)	**15.** (a)	**16.** (c)	**17.** (b)	**18.** (b)	**19.** (c)	**20.** (b)
21. (b)	**22.** (d)	**23.** (c)	**24.** (b)	**25.** (d)	**26.** (a)	**27.** (d)	**28.** (a)	**29.** (c)	**30.** (a)
31. (a)	**32.** (b)	**33.** (a)	**34.** (a)	**35.** (b)	**36.** (c)	**37.** (d)	**38.** (b)	**39.** (a)	**40.** (c)
41. (a)	**42.** (b)	**43.** (c)	**44.** (c)	**45.** (c)	**46.** (c)	**47.** (d)	**48.** (d)	**49.** (c)	**50.** (d)
51. (a)	**52.** (c)	**53.** (c)	**54.** (d)	**55.** (d)	**56.** (a)	**57.** (a)	**58.** (c)	**59.** (b)	**60.** (b)
61. (a)	**62.** (d)	**63.** (b)	**64.** (c)	**65.** (b)	**66.** (b)	**67.** (d)	**68.** (b)	**69.** (b)	**70.** (b)
71. (d)	**72.** (b)	**73.** (d)	**74.** (a)	**75.** (a)	**76.** (d)	**77.** (a)	**78.** (d)	**79.** (b)	**80.** (c)
81. (a)	**82.** (a)	**83.** (d)	**84.** (b)	**85.** (b)	**86.** (b)	**87.** (a)	**88.** (c)	**89.** (b)	**90.** (a)
91. (d)	**92.** (a)	**93.** (b)	**94.** (b)	**95.** (b)	**96.** (b)	**97.** (d)	**98.** (a)	**99.** (c)	**100.** (c)
101. (a)	**102.** (c)	**103.** (c)	**104.** (a)	**105.** (d)	**106.** (b)	**107.** (d)	**108.** (b)	**109.** (c)	**110.** (a)
111. (b)	**112.** (a)	**113.** (b)	**114.** (b)	**115.** (b)	**116.** (b)	**117.** (c)	**118.** (d)	**119.** (c)	**120.** (b)

मध्य प्रदेश
उच्च माध्यमिक शिक्षक पात्रता परीक्षा (भाग-ब)

प्रैक्टिस पेपर 4

निर्देश

इस प्रश्न-पत्र में कुल 120 वस्तुनिष्ठ प्रश्न हैं तथा प्रत्येक प्रश्न के लिए एक अंक निर्धारित है।

1. यदि किसी प्रक्षेप्य का क्षैतिज परास, प्राप्त की गई महत्तम ऊँचाई के बराबर है, तो उसका प्रक्षेप्य कोण है

(a) $\frac{\pi}{4}$ (b) $\tan^{-1} 2$ (c) $\tan^{-1} 4$ (d) $\frac{\pi}{3}$

2. अवकल समीकरण $\log_e\left(\frac{dy}{dx}\right) = 2x - y, y(0) = 0$ का हल है

(a) $e^y = 2e^{2x} + 1$ (b) $2e^y = e^{2x} + 1$
(c) $e^y = 2e^{2x} + 3$ (d) $2e^y = e^{2x} - 1$

3. यदि N प्राकृत संख्याओं का समुच्चय है, तो प्रतिचित्रण $f : N \to N$, जो इस प्रकार परिभाषित है

$f(x) = \begin{cases} x+1 & \text{यदि } x \text{ विषम है} \\ x-1 & \text{यदि } x \text{ सम है} \end{cases}$, है

(a) एकैकी एवं आच्छादक (b) बहुएकी एवं आच्छादक
(c) एकैकी एवं अनाच्छादक (d) बहुएकी एवं अनाच्छादक

4. वृत्त $(x-1)^2 + (y-3)^2 = r^2$ और $x^2 + y^2 - 8x + 2y + 8 = 0$ दो विभिन्न बिन्दुओं पर प्रतिच्छेद करते हैं। निम्नलिखित में कौन सही है?

(a) $r = 1$ (b) $1 < r < 1$
(c) $r = 2$ (d) $2 < r < 8$

5. यदि $V = (x^2 + y^2 + z^2)^{-1/2}$, तो $x\frac{\partial V}{\partial x} + y\frac{\partial V}{\partial y} + z\frac{\partial V}{\partial z}$ बराबर है

(a) V (b) $\frac{1}{2}V$
(c) $-V$ (d) 0

6. G एक समूह है जिसका क्रम 30 है तथा A, B क्रमशः क्रम 2 तथा 5 के नॉर्मल उपसमूह हैं, तो $O\left(\frac{G}{AB}\right)$ है

(a) 2 (b) 3
(c) 5 (d) 10

7. यदि $x = \log(\sec\theta + \tan\theta)$, तो $\cosh x$ का मान है

(a) $\tan\theta$ (b) $\cos\theta$
(c) $\sin\theta$ (d) $\sec\theta$

8. एक कण वक्र $x = t^3 - 2, y = t^2 + t, z = 2t + 1$ के अनुगत चलता है। $t = 1$ पर उसके त्वरण का घटक $\hat{i} - \hat{j} + \hat{k}$ की दिशा में है

(a) 4 (b) $4\sqrt{3}$
(c) $\frac{4}{\sqrt{3}}$ (d) 2

9. यदि सरल रेखाएँ $2x + 3y = 5$ तथा $6x - ky + 8 = 0$ समान्तर हैं, तो k का मान है

(a) −3 (b) −6
(c) −9 (d) 2

10. निम्नलिखित फलनों $T : R^2 \to R^2$ में कौन-सा रैखिक रूपान्तरण है?

(a) $T(x, y) = (x + 1, y)$ (b) $T(x, y) = (x, y + 1)$
(c) $T(x, y) = (x + y, 0)$ (d) $T(x, y) = (x - 1, y)$

11. सारणिक $\begin{vmatrix} 1^2 & 2^2 & 3^2 & 4^2 \\ 2^2 & 3^2 & 4^2 & 5^2 \\ 3^2 & 4^2 & 5^2 & 6^2 \\ 4^2 & 5^2 & 6^2 & 7^2 \end{vmatrix}$ का मान है

(a) 60 (b) 96
(c) 120 (d) इनमें से कोई नहीं

12. फलन $f(x) = |x - 5|$ के लिए निम्नलिखित में से कौन सही नहीं है?

(a) फलन $x = 5$ पर सतत है
(b) फलन $x = -5$ पर सतत नहीं है
(c) फलन $x = 0$ पर अवकलनीय है
(d) फलन $x = -5$ पर अवकलनीय है

13. समीकरण $x^2(y - px) = p^2 y$ का व्यापक हल है; जहां $p = \frac{dy}{dx}$

(a) $y^2 - c^2 = 2cx^3$ (b) $x^2(y - cx) = c^2 y$
(c) $xy^2 = cx^4 + c^2$ (d) $y^2 = cx^2 + c^2$

14. अतिपरवलय के नाभियों के बीच की दूरी 16 है तथा इसकी उत्केन्द्रता $\sqrt{2}$ है। अतिपरवलय का समीकरण है

(a) $x^2 - y^2 = 32$ (b) $2x^2 - y^2 = 16$
(c) $x^2 - 2y^2 = 32$ (d) $x^2 - y^2 = 8$

15. वास्तविक संख्याओं के ऊपर सम्मिश्र संख्याओं के सदिश समष्टि C(R) की विमा है

(a) 1 (b) 2
(c) 3 (d) 4

16. यदि सदिश **a** तथा **b** अघूर्णनीय हैं, तो div (**a** × **b**) बराबर है

(a) 1 (b) 2 (c) 3 (d) 0

17. एक समूह जो कि क्रम विनिमेय नहीं है, में कम-से-कम होते हैं

(a) 2 अवयव (b) 3 अवयव
(c) 5 अवयव (d) 6 अवयव

18. $4(\sin^2\theta + \cos^4\theta)$ के अधिकतम एवं न्यूनतम मानों का योग है

(a) 3 (b) 4
(c) 5 (d) 7

19. कार्डियायड $r = a(1 + \cos\theta)$ के अन्दर के उस भाग का क्षेत्रफल जो वृत्त $r = a$ के बाहर है, है

(a) $a^2(\pi + 2)$ (b) $a^2\left(\frac{\pi}{4} + 2\right)$
(c) $a^2(\pi - 2)$ (d) इनमें से कोई नहीं

20. श्रेणी $\frac{1}{1\cdot 2} - \frac{1}{2\cdot 3} + \frac{1}{3\cdot 4} - \frac{1}{4\cdot 5} + ...$ का योगफल है

(a) 2 log 2 – 1
(b) 2log2 – 3
(c) 2log2
(d) उपरोक्त में से कोई नहीं

21. सरल रेखाएँ $3x - 4y + 4 = 0$ और $6x - 8y + 13 = 0$ एक ही वृत्त की दो स्पर्शियाँ हैं। वृत्त की त्रिज्या है

(a) $\frac{1}{2}$ (b) $\frac{1}{4}$
(c) $\frac{3}{2}$ (d) 2

22. यदि $f(x) = |x - 1| + |x|$, तो $f'(1)$ का मान है

(a) 0 (b) 1
(c) –1 (d) अस्तित्व में नहीं

23. $5^2 + 6^2 + 7^2 + ...+ 20^2$ का मान है

(a) 2040 (b) 2540
(c) 2840 (d) 3840

24. आंशिक समीकरण

$(mz - ny)\frac{\partial z}{\partial x} + (nx - lz)\frac{\partial z}{\partial y} = ly - mx$ का हल है

(a) $f(x^2 + xz, y^2 + yz) = 0$
(b) $f(z^2 + xy, y^2 + xz) = 0$
(c) $f(x^2 + y^2, lx + my) = 0$
(d) $f(x^2 + y^2 + z^2, lx + my + nz) = 0$

25. यदि $f(x) = ax + b$ और $f(f(f(x))) = 8x + 21$ और यदि a, b वास्तविक संख्याएँ हों, तो $a + b$ बराबर है

(a) 2 (b) 3
(c) 5 (d) 7

26. वक्र $s = a\log\tan\left(\frac{\pi}{4} + \frac{\psi}{2}\right)$ की बिन्दु (s, ψ) पर वक्रता त्रिज्या है

(a) $a\tan\psi$ (b) $a\sec\psi$
(c) $a\sec^2\psi$ (d) $a\sec\psi\tan\psi$

27. वक्र $y = x^3$, X–अक्ष तथा कोटियों $x = -2, x = 1$ से घिरे क्षेत्र का क्षेत्रफल है

(a) 1 वर्ग इकाई (b) $\frac{1}{4}$ वर्ग इकाई
(c) $\frac{3}{4}$ वर्ग इकाई (d) $\frac{17}{4}$ वर्ग इकाई

28. M द्रव्यमान तथा a त्रिज्या वाले खोखले गोले का जड़त्व आघूर्ण, व्यास के सापेक्ष है

(a) $M\cdot\frac{2a^2}{3}$ (b) $M\cdot\frac{2a^2}{5}$
(c) $M\cdot\frac{a^2}{4}$ (d) $M\cdot\frac{a^2}{3}$

29. यदि $(G, *)$ एक समूह है और $x * y = x + 2y - 3\ \forall x, y \in G$, तो x का समूह में व्युत्क्रम है

(a) $\frac{2x+9}{4}$ (b) $\frac{9-2x}{4}$
(c) $\frac{x-3}{4}$ (d) $\frac{x+2}{4}$

30. केन्द्रीय शंकवज $\frac{x^2}{a^2} + \frac{y^2}{b^2} + \frac{z^2}{c^2} = 1$ के निर्देशक गोले का समीकरण है

(a) $x^2 + y^2 + z^2 = a^2 + b^2 + c^2$
(b) $x^2 + y^2 + z^2 = \frac{1}{a^2} + \frac{1}{b^2} + \frac{1}{c^2}$
(c) $ax^2 + by^2 + cz^2 = a^2 + b^2 + c^2$
(d) $x^2 + y^2 + z^2 = 1$

31. यदि सदिश $\mathbf{F} = (x + 3y)\hat{i} + (y - 2z)\hat{j} + (x - az)\hat{k}$ परिनालकीय हैं, तो a का मान है

(a) 1 (b) –1 (c) 2 (d) –2

32. यदि समीकरण $x^3 - 5x^2 - 16x + 80 = 0$ के दो मूल 4 तथा –4 हैं, तो इस समीकरण का तीसरा मूल है

(a) 1 (b) 2 (c) 6
(d) 5

33. यदि $y = 4x - 5$ वक्र $y^2 = ax^3 + b$ के बिन्दु (2, 3) पर स्पर्श रेखा का समीकरण हो, तो (a, b) बराबर है

(a) (2, 7) (b) (2, –7)
(c) (–2, 7) (d) (–2, –7)

34. आंशिक अवकल समीकरण $x\frac{\partial u}{\partial x} + y\frac{\partial u}{\partial y} = 0$ के हल का रूप है

$u =$

(a) $f(x + y)$ (b) $f(x - y)$
(c) $f\left(\frac{y}{x}\right)$ (d) $f(x\,y)$

35. $(Z, +)$ समूह में, 2 तथा 7 से जनित उपसमूह है

(a) $9Z$ (b) $14Z$
(c) Z (d) $5Z$

36. 1, 2, 3, 4, 5 से पाँच अंकों की संख्या बिना आवृत्ति के इस प्रकार बनाई जाती है कि बनी संख्या 4 से विभाजित हो। इस प्रकार से संख्या बनने की प्रायिकता है

(a) $\frac{1}{4}$ (b) $\frac{2}{5}$ (c) $\frac{3}{5}$ (d) $\frac{1}{5}$

37. $\int_0^\infty e^{-x^2}\,dx$ का मान है

(a) $\frac{1}{2}\sqrt{\pi}$ (b) $\frac{\pi}{2}$
(c) $\frac{\pi}{\sqrt{2}}$ (d) π

38. रेखा $y = x$, X-अक्ष तथा कोटियों $x = 0, x = 2$ के बीच के क्षेत्रफलकों को X-अक्ष के परित: घुमाया जाता है, तो इस प्रकार जनित ठोस का गुरुत्व केन्द्र निम्न बिन्दु पर है

(a) $\left(\frac{1}{2}, 0\right)$ (b) $\left(\frac{3}{2}, 0\right)$ (c) $\left(\frac{3}{4}, 0\right)$ (d) $\left(\frac{1}{4}, 0\right)$

39. यदि $\omega\,(\neq 1)$ इकाई का एक घनमूल है तथा $(1+\omega)^7 = A + B\omega$ हो, तो $A^2 + B^2$ का मान है

(a) 0 (b) 1
(c) 2 (d) 4

40. मूल बिन्दु से जाने वाले तथा निर्देशांक अक्षों पर 1, 3, 5 के अन्त: खण्ड काटने वाले गोले का समीकरण है

(a) $x^2 + y^2 + z^2 + x + 3y + 5z = 0$
(b) $x^2 + y^2 + z^2 - x + 3y - 5z = 0$
(c) $x^2 + y^2 + z^2 + x - 3y + 5z = 0$
(d) $x^2 + y^2 + z^2 - x - 3y - 5z = 0$

41. माना $V(F)$, क्षेत्र F पर एक परिमित विमीय सदिश समष्टि है तथा W, V का एक उपसमष्टि है। यदि $\dim V = 5$ तथा $\dim W = 3$, तो $\dim W^\circ$ है

(a) 2 (b) 3 (c) 1 (d) 8

42. अवकल समीकरण $k\frac{d^2y}{dx^2} = \left[1 + \left(\frac{dy}{dx}\right)^2\right]^{3/2}$ की कोटि एवं घात हैं

(a) कोटि 2 घात 3 (b) कोटि 2 घात 2
(c) कोटि 3 घात 2 (d) इनमें से कोई नहीं

43. $\sinh(x + iy)$ बराबर है

(a) $\sin x \cosh y + i \cosh x \sin y$
(b) $\sinh x \cos y + i \cosh x \sin y$
(c) $\sin x \cosh y - i \cosh x \sin y$
(d) $\sinh x \cos y - i \cosh x \sin y$

44. $(1, 1)$ से जाने वाला वक्र, जो अवकल समीकरण $\frac{dy}{dx} + \frac{y}{x} = x^2$ को सन्तुष्ट करता है, का समीकरण है

(a) $xy = x^4 + 3$ (b) $4xy + x^4 = 3$
(c) $ye^x = x^4 + 3$ (d) $4xy = x^4 + 3$

45. सामान्य रज्जुवक्र का कार्तीय (कार्टेशियन) समीकरण है

(a) $y^2 = c^2 + x^2$ (b) $y = c\cosh\left(\frac{x}{c}\right)$
(c) $y = c\sec x$ (d) $y = c\tanh x$

46. यदि $X = \{1, 2, 3, 4\}$ तो X पर परिभाषित सम्बन्ध $R = \{(1,1), (2,2), (3,3), (4,4), (3,2), (2,3), (2,1), (1,2)\}$ है

(a) स्वतुल्य, सममित तथा संक्रामक
(b) स्वतुल्य, सममित परन्तु संक्रामक नहीं
(c) सममित, संक्रामक परन्तु स्वतुल्य नहीं
(d) स्वतुल्य, संक्रामक परन्तु सममित नहीं

47. यदि सम्मिश्र संख्याएँ a_1, a_2, a_3 ..... गुणोत्तर श्रेणी में हैं तथा सार्वानुपात r इस प्रकार है, कि $\sum_{k=1}^{n} a_{2k-1} = \sum_{k=1}^{n} a_{2k+2} \neq 0$, तो r के सम्भव मानों की संख्या है

(a) 1 (b) 2
(c) 3 (d) 4

48. यदि B एक आव्यूह इस प्रकार है कि $B^2 = B$ और $A = I - B$, तो निम्नलिखित में कौन-सा सही नहीं है?

(a) $A^2 = A$ (b) $A^2 = 1$
(c) $AB = 0$ (d) $BA = 0$

49. द्विघात समीकरण $x^2 + 2\sqrt{2}xy + 2y^2 + 4x + 4\sqrt{2}y + 1 = 0$ सरल रेखाओं का युग्म निरूपित करता है, तो इनके बीच की दूरी है

(a) 4 (b) $\frac{4}{\sqrt{3}}$
(c) 2 (d) $2\sqrt{3}$

50. वक्र $x^2y^2 = a^2(x^2 + y^2)$ की अनन्त स्पर्शियाँ हैं

(a) $x = 0, y = 0$ (b) $x = \pm a, y = 0$
(c) $x = 0, y = \pm a$ (d) $x = \pm a, y = \pm a$

51. यदि $y = \cos(3\cos^{-1} x)$, तो $\frac{d^3y}{dx^3}$ बराबर है

(a) 0 (b) 3
(c) 16 (d) 24

52. a त्रिज्या तथा M द्रव्यमान के एक वलय का जड़त्व आघूर्ण केन्द्र से जाने वाली तथा इसके समतल पर लम्बवत् रेखा के सापेक्ष है

(a) $\frac{1}{2}Ma^2$ (b) Ma^2 (c) $\frac{2}{3}Ma^2$ (d) $\frac{4}{3}Ma^2$

53. रेखा समूह $y = k(x - 1), k \in R$, की लम्बकोणीय समछेदी का समीकरण है

(a) $(x-1)^2 + y^2 = c^2$ (b) $(x-1)^2 + (y-1)^2 = c^2$
(c) $ky + x - 1 = 0$ (d) $x^2 + y^2 = c^2$

54. यदि एक 3×3 आव्यूह A के प्रत्येक अवयव को 3 से गुणा किया गया है, तो नए बने आव्यूह का सारणिक है

(a) $3|A|$ (b) $9|A|$
(c) $(|A|)^3$ (d) $27|A|$

55. 3×3 के सभी वास्तविक सममित आव्यूहों से बने सदिश समष्टि की विमा है

(a) 3 (b) 6 (c) $3n$ (d) 9

56. यदि समतल $x + 2y + 3z = p$ शंकवज $x^2 - 2y^2 + 3z^2 = 2$ को स्पर्श करता है, तो p का मान है

(a) 0 (b) 1
(c) 4 (d) 2

57. $\iint_0 \mathbf{F}.\mathbf{n}\,ds$ का मान, जहाँ $\mathbf{F} = 4xz\hat{i} - y^2\hat{j} + yz\hat{k}$ तथा S एक घन की सतह है, जो $x = 0, x = 1, y = 0, y = 1, z = 0, z = 1$ के परिबद्ध है, है

(a) 1 (b) $\frac{3}{2}$ (c) 3 (d) $\frac{5}{2}$

58. आंशिक अवकल समीकरण $\frac{\partial^2 z}{\partial x \partial y} = x + y$ का व्यापक हल है, $z =$

(a) $\frac{1}{2}xy(x-y) + f(x) + G(y)$

(b) $\frac{1}{2}xy(x+y) + F(x) + G(y)$

(c) $\frac{1}{2}xy(x-y) + F(x)G(y)$

(d) $\frac{1}{2}xy(x+y) + F(x)G(y)$

59. यदि H और K एक समूह G के उपसमूह इस प्रकार हैं कि $O(H) = 3$ और $O(K) = 5$, तो $O(H \cap K)$ क्या होगा?

(a) 1 (b) 3 (c) 5 (d) 15

60. $\sum_{r=0}^{n} 3^r . {}^nC_r$ बराबर है

(a) 2^n (b) 3^n

(c) 4^n (d) 1

61. $\sin \log(i^i)$ का मान है

(a) 0 (b) 1

(c) –1 (d) $\frac{1}{2}$

62. फलन $f(x) = \frac{1 - \cos x}{x^2}, x \neq 0$ को $x = 0$ पर सतत बनाया जा सकता है यदि $f(0)$ को परिभाषित करें, $f(0) =$

(a) 1 (b) $\frac{1}{2}$ (c) 0 (d) 2

63. आव्यूह $\begin{bmatrix} 1 & 1 & 0 \\ 1 & 1 & 0 \\ 0 & 0 & 0 \end{bmatrix}$ के भिन्न आइगन मान हैं

(a) 0, 1 (b) 1, –1 (c) 0, 2 (d) 1, 2

64. यदि $\hat{r} = \frac{\vec{r}}{r}, r = |\vec{r}|$, तो div $\hat{r}$ बराबर है

(a) 0 (b) –1

(c) $\frac{1}{r}$ (d) $\frac{2}{r}$

65. यदि $W = \{(x, y, z) \in R^3 : x + y - z = 0\}$ सदिश समष्टि R^3 की उपसमष्टि है, तो W की विमा है

(a) 0 (b) 1 (c) 2 (d) 3

66. यदि $A = f(x) = \begin{bmatrix} \cos x & \sin x & 0 \\ -\sin x & \cos x & 0 \\ 0 & 0 & 1 \end{bmatrix}$, तो A^{-1} है

(a) $f(x)$ (b) $-f(x)$

(c) $f(-x)$ (d) $-f(-x)$

67. xy – तल पर, परवलय $y^2 = x$ के अनुदिश बिन्दु (0, 0) से (1, 1) तक बल $\mathbf{F} = (x^2 - y^2 + x)\hat{i} - (2xy + y)\hat{j}$ द्वारा किया गया कार्य है

(a) 2 (b) 3

(c) $\frac{1}{2}$ (d) इनमें से कोई नहीं

68. यदि $u = \sin^{-1}\left(\frac{x^2 + y^2}{x + y}\right)$, तो $x\frac{\partial u}{\partial x} + y\frac{\partial u}{\partial y}$ का मान बराबर है

(a) cos 2u (b) tan u

(c) tan 2u (d) cot u

69. यदि समीकरण $x^2 + px + 12 = 0$ के मूलों का अन्तर एक हो, तो p के मान हैं

(a) ±7 (b) ±2

(c) ±3 (d) ±1

70. अतिपरवलय $2x^2 - 3y^2 = 6$ पर बिन्दु (–2, –1) से खींची गई स्पर्श रेखाओं के समीकरण हैं

(a) $3x + y + 5 = 0, x - y + 1 = 0$

(b) $3x + y + 5 = 0, x + y + 1 = 0$

(c) $3x - y + 5 = 0, x + y + 1 = 0$

(d) $3x - y + 5 = 0, x - y + 1 = 0$

71. यदि $f(a - x) = f(x)$, तो $\int_0^a x\, f(x)\, dx$ का मान है

(a) $\frac{a}{2}\int_0^a f(x)\,dx$ (b) $a\int_0^a f(x)dx$

(c) 0 (d) $2\int_0^a f(x)dx$

72. एक पत्थर 150 मी दूर स्थित एक 75 मी ऊँची दीवार को ठीक ऊपर से पार करते हुए क्षैतिज दिशा में जाता है, तो प्रक्षेप कोण है

(a) 30° (b) 60°

(c) 45° (d) 75°

73. माना $(z, \circ)$ एक क्रम विनिमेय समूह है, जिसमें $a, b \in z, a \circ b \overset{\text{def}}{=} a + b + 1$ से परिभाषित है। माना a का व्युत्क्रम a' है, तो a' का मान है

(a) $-a + 1$ (b) $-a - 1$

(c) $-a - 2$ (d) $-a + 2$

74. यदि $hxy + gx + fy = c, h \neq 0$ एक रेखा युग्म के समीकरण को निरूपित करता है, तो

(a) $fc + gh = 0$ (b) $fh + cg = 0$

(c) $gf + ch = 0$ (d) $gc + f^2 = 0$

75. यदि $y = \sin(\log x)$, तो निम्नलिखित में कौन सही है?

(a) $\frac{d^2y}{dx^2} + xy = 0$

(b) $\frac{d^2y}{dx^2} + y = 0$

(c) $x^2\frac{d^2y}{dx^2} + x\frac{dy}{dx} + y = 0$

(d) $x^2\frac{d^2y}{dx^2} - x\frac{dy}{dx} + y = 0$

76. यदि $x^y = y^x$, तो $\frac{x}{y}\frac{dy}{dx}$ बराबर है

(a) $\frac{x\log y + y}{y\log x + x}$ (b) $\frac{x\log y - y}{y\log x - x}$

(c) $\frac{y\log x + x}{x\log y + y}$ (d) $\frac{y\log x - x}{x\log y - y}$

77. $\sin^2(x+iy)$ का वास्तविक भाग है

(a) $\frac{1}{2}[1+\cos 2x \cdot \cosh 2y]$

(b) $\frac{1}{2}[1-\cos 2x \cosh 2y]$

(c) $\frac{1}{2}[1+\sin 2x \sinh 2y]$

(d) $\frac{1}{2}[1-\sin 2x \cosh 2y]$

78. मान लीजिए 'a' एक समूह का अवयव है और $O(a)=30$, $O(a^{18})$ बराबर है

(a) 2 (b) 5
(c) 6 (d) 10

79. यदि $\vec{A}$ और $\vec{B}$ सदिश इस प्रकार हैं कि $|\vec{A}|=|\vec{B}|=5$ और $\vec{A}\times\vec{B}=4\hat{i}-3\hat{k}$, तो $\vec{A}.\vec{B}$ बराबर है

(a) $5\sqrt{6}$ (b) $5\sqrt{2}$
(c) $10\sqrt{2}$ (d) $10\sqrt{6}$

80. $\lim_{(x,y)\to(2,1)} \frac{\sin^{-1}(xy-2)}{\tan^{-1}(3xy-6)}$ का मान है

(a) $\frac{1}{3}$ (b) $\frac{1}{2}$
(c) 1 (d) 2

81. मान लीजिए G, एक कोटि 6 का चक्रीय समूह है, तो $g \in G$ के अवयवों की संख्या, जिससे कि $G=\langle g \rangle$ है, है

(a) 2 (b) 3 (c) 4 (d) 5

82. धनात्मक पूर्णांक n का न्यूनतम मान, जिसके लिए $(1+i)^n=(1-i)^n$ हो, है

(a) 2 (b) 4 (c) 6 (d) 8

83. यदि सदिश $x\hat{i}-3\hat{j}+7\hat{k}$ तथा $\hat{i}-y\hat{j}-z\hat{k}$ संरेखी हैं, तो $\frac{xy^2}{z}$ का मान है

(a) $\frac{9}{7}$ (b) $\frac{6}{7}$
(c) $\frac{-6}{7}$ (d) इनमें से कोई नहीं

84. यदि a, b, c समान्तर श्रेढ़ी में हैं, तो
$\begin{vmatrix} x+1 & x+2 & x+a \\ x+2 & x+3 & x+b \\ x+3 & x+4 & x+c \end{vmatrix}$ का मान है

(a) 0 (b) 1
(c) 2 (d) $a\,b\,c$

85. यदि $\sin(\theta+i\phi)=\tan\alpha+i\sec\alpha$, तो $\cos 2\theta \cosh 2\phi$ का मान बराबर है

(a) 3 (b) 2
(c) 6 (d) 4

86. क्रमश: 6 सेमी तथा 3 सेमी त्रिज्या के दो एक ही पदार्थ से बने समांग ठोस गोले दृढतापूर्वक मिले हुए हैं। बड़े गोले के केन्द्र से सम्पूर्ण निकाय के गुरुत्व केन्द्र की दूरी है

(a) 4 सेमी (b) 3 सेमी
(c) 2 सेमी (d) 1 सेमी

87. आव्यूह $A=\begin{bmatrix} 5 & 4 \\ 1 & 2 \end{bmatrix}$ के आइगन मान हैं

(a) 6, 0 (b) 3, 2 (c) 6, 1 (d) 1, 2

88. यदि A एक अव्युत्क्रमणीय आव्यूह हो, तो $A\,\text{adj}(A)$ है

(a) एक तत्समक आव्यूह
(b) एक शून्य आव्यूह
(c) एक अदिश आव्यूह
(d) उपरोक्त में से कोई नहीं

89. यदि $f(x)=\frac{x+2}{x+3}$ और $y=f^{-1}(x)$, तो $\frac{dy}{dx}$ बराबर है

(a) $\frac{2}{(x+3)^2}$ (b) $\frac{1}{(x-1)^2}$ (c) $\frac{x-2}{x-3}$ (d) $\frac{1}{(x+1)^2}$

90. यदि रेखा $ax+by+c=0$ परवलय $y^2=x$ को स्पर्श करती है, तो निम्नलिखित में कौन सही है?

(a) $abc=1$ (b) $b^2=4ac$
(c) $a^2=4bc$ (d) $c^2=4ab$

91. $\left(\frac{x^3}{4}-\frac{2}{x^2}\right)^9$ के प्रसार में अन्त से चौथा पद है

(a) $\frac{48}{x^3}$ (b) $\frac{84}{x^3}$ (c) $\frac{64}{x^3}$ (d) $\frac{72}{x^3}$

92. **कथन A** प्रत्येक चक्रीय समूह का तुल्यकारी प्रतिबिम्ब भी चक्रीय समूह है।

कथन B प्रत्येक चक्रीय समूह आबेली है।

तब

(a) दोनों A तथा B सत्य हैं (b) दोनों A तथा B गलत हैं
(c) केवल A सत्य है (d) केवल B सत्य है

93. एक अर्द्धगोला अपने बराबर अर्द्धव्यास वाले गोले के ऊपर साम्यावस्था में विराम में है। यदि अर्द्धगोले का चपटा तल गोले पर विराम में है, तो यह साम्यावस्था है

(a) स्थाई (b) अस्थाई
(c) उदासीन (d) इनमें से कोई नहीं

94. श्रेणी $\lim_{n\to\infty}\left[\frac{1}{n}+\frac{1}{n+1}+\frac{1}{n+2}+....+\frac{1}{4n}\right]$ के योग का मान है

(a) 0 (b) 1 (c) log 3 (d) log 4

95. गोले $x^2+y^2+z^2+x+y+z=4$ की त्रिज्या है

(a) 3 (b) 4
(c) $\frac{\sqrt{19}}{4}$ (d) $\frac{\sqrt{19}}{2}$

96. निम्नलिखित कथनों पर विचार कीजिए।

I. $\frac{d}{dx}\sinh x=\text{sech}\,x\tanh x$

II. $\frac{d}{dx}\sinh^{-1}x=\frac{1}{\sqrt{x^2+1}}$

निम्नलिखित में कौन-सा/से सत्य है/हैं?

(a) केवल I (b) केवल II
(c) I और II दोनों (d) न तो I न ही II

97. यदि V एक n–विमीय सदिश समष्टि है तथा V पर T एक रैखिक रूपान्तरण इस प्रकार है, कि T की कोटि तथा शून्यता बराबर हैं, तो

(a) n सम है (b) n विषम है
(c) कभी सम तो कभी विषम (d) इनमें से कोई नहीं

98. फलन $f: R \to R, f(x) = \sin x$;
$g: R \to R, g(x) = x^2$, से परिभाषित हैं, तो फलनों का संयोजन $fog(x)$ है

(a) $\sin x + x^2$ (b) $(\sin x)^2$ (c) $\sin x^2$ (d) $x^2 \sin x$

99. यदि $f(x) = ax^2 + 2bx + 1$, a और b धनात्मक वास्तविक संख्याएँ हैं, तथा $b^2 < a$, तो निम्नलिखित में कौन सही होगा?

(a) $f(x) = 0 \; \forall \; x \in R$ (b) $f(x) > 0 \; \forall \; x \in B$
(c) $f(x) < 0 \; \forall \; x \in R$ (d) इनमें से कोई नहीं

100. अवकल समीकरण $\left(\frac{dy}{dx}\right)^2 - 7\frac{dy}{dx} + 12 = 0$ का हल है

(a) $(y - 4x + c)(y - 3x + c) = 0$
(b) $(y + x + c)(y - x + c) = 0$
(c) $(y + 4x + c)(y + 3x + c) = 0$
(d) $(y + 2x + c)(y + 3x + c) = 0$

101. एक गोला एक समतल पर 20 सेमी प्रति सेकण्ड के वेग से ऊर्ध्वाधर टकराकर 4 सेमी प्रति सेकण्ड के वेग से वापस ऊपर जाता है, तो प्रत्यानयन गुणांक e का मान है

(a) $\frac{1}{2}$ (b) $\frac{1}{3}$ (c) $\frac{1}{4}$ (d) $\frac{1}{5}$

102. यदि ω, इकाई का घनमूल हो, तो
$1 + \omega + \omega^2 + \omega^3 + ... + \omega^{52}, \omega \neq 1$ बराबर है

(a) ω (b) $1 - \omega$ (c) $-\omega^2$ (d) $1 + \omega^2$

103. रेखा $y = mx + 1$ परवलय $y^2 = 4x$ की स्पर्श रेखा है, यदि

(a) $m = 1$ (b) $m = 2$ (c) $m = -1$ (d) $m = -2$

104. $\int_0^{\pi/4} (\cos 2\theta)^{3/2} \cos\theta d\theta$ का माम है

(a) $\frac{\pi}{\sqrt{2}}$ (b) $\frac{\pi}{4\sqrt{2}}$ (c) $\frac{3\pi}{16\sqrt{2}}$ (d) $\frac{3\pi}{8}$

105. $\begin{vmatrix} 1 & 4 & 7 \\ 2 & 5 & 8 \\ 3 & 6 & 9 \end{vmatrix} + \begin{vmatrix} 4 & 4 & 7 \\ 5 & 5 & 8 \\ 7 & 6 & 9 \end{vmatrix}$ का मान होगा

(a) शून्य होगा (b) $\begin{vmatrix} 5 & 8 & 14 \\ 7 & 10 & 16 \\ 10 & 12 & 18 \end{vmatrix}$ होगा

(c) $\begin{vmatrix} 5 & 4 & 7 \\ 7 & 5 & 8 \\ 10 & 6 & 9 \end{vmatrix}$ होगा (d) $\begin{vmatrix} 1 & 8 & 14 \\ 2 & 10 & 16 \\ 3 & 12 & 18 \end{vmatrix}$ होगा

106. यदि $f(x) = \frac{ae^{bx} + be^{ax}}{a + b}$, तो $f''(0)$ बराबर है

(a) 0 (b) ab
(c) $a + b$ (d) $ab(a + b)$

107. शीर्ष मूलबिन्दु पर, Z-अक्ष तथा अर्द्धशीर्ष कोण $\frac{\pi}{4}$ के एक लम्बवृत्तीय शंकु का समीकरण है

(a) $x^2 + z^2 = y^2$ (b) $y^2 + x^2 = z^2$
(c) $z^2 + y^2 = x^2$ (d) $xy = z^2$

108. एक दौड़ में तीन धावकों P, Q, R के जीतने की प्रायिकताएँ क्रमशः $\frac{1}{3}, \frac{1}{4}$ तथा $\frac{1}{5}$ हैं। इनमें से दौड़ में किसी भी धावक के न जीतने की प्रायिकता है

(a) $\frac{1}{5}$ (b) $\frac{13}{60}$
(c) $\frac{2}{5}$ (d) इनमें से कोई नहीं

109. यदि $y = -1$ जब $x = 0$, तो अवकल समीकरण $(1 + e^{2x})\, dy + (1 + y^2)\, e^x dx = 0$ का हल है

(a) $\tan^{-1} y + \tan^{-1} e^x = 0$
(b) $\tan^{-1} xy + \tan^{-1} e^x = 0$
(c) $\tan^{-1} y + \tan^{-1}(xe^x) = 0$
(d) उपरोक्त में से कोई नहीं

110. $y = ae^{-bx}$ (a, b प्राचल हैं) का अवकल समीकरण है

(a) $y\frac{dy}{dx} = \left(\frac{d^2y}{dx^2}\right)^2$ (b) $y\frac{d^2y}{dx^2} = \left(\frac{dy}{dx}\right)^2$

(c) $y\left(\frac{dy}{dx}\right)^2 = \frac{d^2y}{dx^2}$ (d) $y\left(\frac{d^2y}{dx^2}\right)^2 = \frac{dy}{dx}$

111. यदि सरल रेखा $y = mx$, वृत्त $x^2 + y^2 - 20y + 90 = 0$ के बाहर स्थित है, तो m का मान सन्तुष्ट करेगा

(a) $|m| < 3$ (b) $m < 3$
(c) $m > 3$ (d) $|m| > 3$

112. यदि आव्यूह $\begin{bmatrix} k & 1 & 2 \\ 1 & -1 & -2 \\ 1 & 1 & 4 \end{bmatrix}$ की शून्यता 1 है, तो k का मान है

(a) 0 (b) 1
(c) 2 (d) -1

113. यदि $f(2) = 4$ तथा $f'(2) = 1$, तो $\lim_{x \to 2} \frac{xf(2) - 2f(x)}{x - 2}$ बराबर है

(a) 2 (b) 0
(c) 1 (d) 4

114. यदि एक सामान्य रज्जुवक्र के किसी बिन्दु P पर अभिलम्ब नियता से बिन्दु Q पर मिलता है तथा P पर सामान्य रज्जुवक्र की वक्रता त्रिज्या ρ है, तो PQ बराबर है

(a) ρ (b) $c \sec\psi$
(c) $c \tan\psi$ (d) $c^2 \sec\psi$

115. $(1 - 2x + 3x^2 - 4x^3 + ...)^{-n}$ के विस्तार में x^n का गुणांक है

(a) $(-1)^{n+1} n$ (b) $\frac{2n!}{(n!)^2}$

(c) $\frac{2n!}{(n+1)!\,(n-1)!}$ (d) इनमें से कोई नहीं

116. $e^{\sin(x+iy)}$ का वास्तविक भाग है

(a) $e^{\sin x \cosh y}[\cos(\cos x \sinh y)]$

(b) $e^{\sin x \cosh y}[\sin(\cos x \sinh y)]$

(c) $e^{\cos x \sinh y}[\cos(\cos x \sinh y)]$

(d) $e^{\cos x \sinh y}[\sin(\cos x \sinh y)]$

117. रेखाओं की दिक् कोज्याएँ समीकरण $l+m+n=0$ तथा $2lm+2nl-mn=0$ को सन्तुष्ट करती हैं। रेखाओं के बीच का कोण है

(a) 45° (b) 90°

(c) 120° (d) इनमें से कोई नहीं

118. $\int_0^1 \frac{x^7}{1+x^{16}}dx$ का मान है

(a) $\frac{\pi}{4}$ (b) 0

(c) $\frac{\pi}{32}$ (d) 1

119. यदि T एक रैखिक रूपान्तरण $R^3 \to R^2$ पर है जो $T(x,y,z)=(x+y, y-z)$ से परिभाषित है, तो क्रमित आधार $\{(1,1,1),(1,-1,0),(0,1,0)\}$ तथा $\{(1,1),(1,0)\}$ से T का आव्यूह है

(a) $\begin{bmatrix} 0 & -1 & 1 \\ 2 & 1 & 0 \end{bmatrix}$ (b) $\begin{bmatrix} -2 & 0 & 1 \\ 1 & 1 & -1 \end{bmatrix}$

(c) $\begin{bmatrix} 2 & 1 \\ 0 & -1 \\ 1 & 1 \end{bmatrix}$ (d) $\begin{bmatrix} 0 & 2 \\ -1 & 1 \\ 1 & 0 \end{bmatrix}$

120. एक मात्रक सदिश, जो पृष्ठ $x^2-xy+z^2=1$ के बिन्दु $(1,1,1)$ पर अभिलम्ब हो, है

(a) $\frac{\hat{i}-\hat{j}+2\hat{k}}{\sqrt{6}}$ (b) $\frac{\hat{i}+\hat{j}-2\hat{k}}{\sqrt{6}}$

(c) $\frac{\hat{i}+\hat{j}+2\hat{k}}{\sqrt{6}}$ (d) $\frac{\hat{i}-\hat{j}-2\hat{k}}{\sqrt{6}}$

उत्तरमाला

1. (c)	**2.** (b)	**3.** (a)	**4.** (d)	**5.** (c)	**6.** (b)	**7.** (d)	**8.** (c)	**9.** (d)	**10.** (c)
11. (d)	**12.** (b)	**13.** (d)	**14.** (a)	**15.** (b)	**16.** (d)	**17.** (d)	**18.** (d)	**19.** (b)	**20.** (a)
21. (b)	**22.** (d)	**23.** (c)	**24.** (d)	**25.** (c)	**26.** (b)	**27.** (d)	**28.** (a)	**29.** (b)	**30.** (a)
31. (c)	**32.** (d)	**33.** (b)	**34.** (c)	**35.** (c)	**36.** (d)	**37.** (a)	**38.** (b)	**39.** (c)	**40.** (d)
41. (a)	**42.** (b)	**43.** (b)	**44.** (d)	**45.** (b)	**46.** (b)	**47.** (c)	**48.** (b)	**49.** (c)	**50.** (d)
51. (d)	**52.** (b)	**53.** (a)	**54.** (d)	**55.** (b)	**56.** (d)	**57.** (b)	**58.** (b)	**59.** (a)	**60.** (c)
61. (c)	**62.** (b)	**63.** (c)	**64.** (d)	**65.** (c)	**66.** (c)	**67.** (d)	**68.** (b)	**69.** (a)	**70.** (d)
71. (a)	**72.** (c)	**73.** (c)	**74.** (c)	**75.** (c)	**76.** (b)	**77.** (b)	**78.** (b)	**79.** (d)	**80.** (a)
81. (a)	**82.** (b)	**83.** (d)	**84.** (a)	**85.** (a)	**86.** (d)	**87.** (c)	**88.** (b)	**89.** (b)	**90.** (b)
91. (b)	**92.** (a)	**93.** (a)	**94.** (c)	**95.** (d)	**96.** (b)	**97.** (a)	**98.** (c)	**99.** (b)	**100.** (a)
101. (d)	**102.** (c)	**103.** (a)	**104.** (c)	**105.** (b)	**106.** (b)	**107.** (b)	**108.** (b)	**109.** (a)	**110.** (b)
111. (a)	**112.** (d)	**113.** (a)	**114.** (a)	**115.** (b)	**116.** (a)	**117.** (c)	**118.** (c)	**119.** (a)	**120.** (a)

मध्य प्रदेश
उच्च माध्यमिक शिक्षक पात्रता परीक्षा (भाग-ब)

प्रैक्टिस पेपर 5

निर्देश

इस प्रश्न-पत्र में कुल 120 वस्तुनिष्ठ प्रश्न हैं तथा प्रत्येक प्रश्न के लिए एक अंक निर्धारित है।

1. यदि A और B सममित आव्यूह हैं, तो आव्यूह AB सममित होगा, यदि और केवल यदि

(a) $AB = BA$ (b) $AB = -BA$
(c) $AB^{-1} = B^{-1}A$ (d) इनमें से कोई नहीं

2. यदि समीकरण $x^2 + x + a = 0$, $a > 0$ के मूल वास्तविक एवं असमान हो, तो समीकरण $x^2 - 4\sqrt{a}x + 1 = 0$ के मूल होंगे

(a) परिमेय (b) अपरिमेय
(c) अधिकल्पित (d) इनमें से कोई नहीं

3. आव्यूह $A = \begin{bmatrix} \sin\theta & \cos\theta \\ -\cos\theta & \sin\theta \end{bmatrix}$ है

(a) सममित (b) प्रति-सममित
(c) लाम्बिक (d) अव्युत्क्रमणीय

4. यदि $1, \omega, \omega^2$ इकाई के घनमूल हो, तो सारणिक $\begin{vmatrix} 1 & \omega^7 & \omega^{14} \\ \omega^{14} & 1 & \omega^7 \\ \omega^7 & \omega^{14} & 1 \end{vmatrix}$ का मान है

(a) ω^2 (b) ω
(c) 1 (d) 0

5. $(2x - y + 3z)^{20}$ के प्रसार में पदों की संख्या है

(a) 228 (b) 230
(c) 231 (d) 236

6. समीकरण $\begin{vmatrix} 6-x & 3 & 3 \\ 3 & 6-x & 3 \\ 3 & 3 & 6-x \end{vmatrix} = 0$ के दो विभिन्न मूलों का योगफल है

(a) 3 (b) 12
(c) 15 (d) 9

7. $\lim_{x \to 0} \frac{\sin x - x}{2x^3}$ किसके बराबर है?

(a) $-\frac{1}{2}$ (b) $-\frac{1}{4}$
(c) $-\frac{1}{12}$ (d) अस्तित्व नहीं है

8. यदि Q एक व्युत्क्रमणीय आव्यूह तथा P एक वर्ग आव्यूह इस प्रकार है कि $\det(Q^{-1}P^2Q) = 4$, तो $\det P$ बराबर है

(a) 0 (b) 1 (c) 2 (d) 4

9. यदि $A = \begin{bmatrix} 1 & -1 \\ -1 & 1 \end{bmatrix}$, तो A^3 बराबर है

(a) A (b) 4A (c) 3A (d) 2A

10. यदि a, b, c परिमेय संख्याएँ हैं और $ax^2 + bx + c = 0$ एवं $2x^2 + x - 2 = 0$ का एक उभयनिष्ठ मूल हो, तो $4a - 2b + 3c$ बराबर है

(a) −1 (b) −2 (c) 0 (d) 4

11. यदि H एवं K एक समूह G के उपसमूह हैं तथा $O(H) = 3$, $O(K) = 5$, $O(G) = 30$, तो $O(H \cap K)$ है

(a) 1 (b) 2 (c) 3 (d) 5

12. यदि $A^{-1} = \begin{bmatrix} 1 & 2 \\ 3 & 4 \end{bmatrix}$, तो $2A$ बराबर है

(a) $\begin{bmatrix} 4 & 2 \\ 3 & -1 \end{bmatrix}$ (b) $\begin{bmatrix} 4 & -2 \\ -3 & -1 \end{bmatrix}$
(c) $\begin{bmatrix} -4 & 2 \\ 3 & -1 \end{bmatrix}$ (d) $\begin{bmatrix} -4 & -2 \\ 3 & 1 \end{bmatrix}$

13. यदि x, y एक समूह G के अवयव हैं और $O(y) = 3$, तब $O(xyx^{-1})$ है?

(a) 1 (b) 2 (c) 3 (d) 6

14. यदि $f : G \longrightarrow G'$ एक समूह तुल्यकारिता है, तो निम्नलिखित में से कौन-सा सही है?

(a) $O(a) < O(f(a))$ (b) $O(a) = O(f(a))$
(c) $O(a) > O(f(a))$ (d) इनमें से कोई नहीं

15. यदि $A = \{4^n - 3n - 1, n \in N\}$ तथा $B = \{9(n-1), n \in N\}$, तो निम्नलिखित में से कौन-सा कथन सत्य है?

(a) $A \subseteq B$ (b) $B \subseteq A$
(c) $A \cup B = A$ (d) इनमें से कोई नहीं

16. पूर्णांकों के योग समूह में शून्य के अतिरिक्त सभी अवयवों की कोटि (order) होती है

(a) परिमित
(b) अपरिमित
(c) कभी परिमित कभी अपरिमित
(d) उपरोक्त में से कोई नहीं

17. यदि W, R^4 की उपसमष्टि है, जो $\{(1, 0, -1, 0)\}, (0, 1, 0, 1)\}$ से विस्तृत होती हैं, तो निम्नलिखित में से कौन W में होगा ?

(a) (1, 2, 1, 2) (b) (1, 2, −1, 2)
(c) (2, 2, 3, 2) (d) (0, 1, 1, 1)

18. मान लीजिए V, R पर एक सदिश समष्टि है, जो $\frac{d^2y}{dx^2} - 4y = 0$ के हलों से युक्त है। V की विमा है

(a) 0 (b) 1
(c) 2 (d) 4

19. m के किस मान के लिए सदिश $(m, 3, 1)$ सदिशों $(3, 2, 1)$ तथा $(2, 1, 0)$ का एक रैखिक संयोग होगा?

(a) 2 (b) 3
(c) 5 (d) 1

20. सदिश $x = (1, 0, 1)$, $y = (-4, a, 4)$ तथा $z = (a, -1, -a)$, R^3 में रैखिकत: परतन्त्र होंगे, यदि a बराबर है

(a) केवल 2 के (b) केवल −2 के
(c) ±2 दोनों के (d) 0 के

21. समीकरण $r(6 - 4\cos\theta) = 5$ निरूपित करता है एक

(a) परवलय (b) दीर्घवृत्त
(c) अतिपरवलय (d) वृत्त

22. परवलय $4y^2 - 6x - 4y = 5$ की नाभि है

(a) $\left(-\frac{5}{8}, \frac{1}{2}\right)$ (b) $\left(-\frac{3}{8}, \frac{1}{2}\right)$
(c) $\left(-\frac{7}{8}, -\frac{1}{2}\right)$ (d) $\left(-\frac{5}{8}, -\frac{1}{2}\right)$

23. समीकरण $9x^2 + 2hxy + 4y^2 + 6x + 2fy = 3$ दो समान्तर रेखाओं को प्रदर्शित करता है यदि $(h + f)$ बराबर है

(a) 2 (b) 6
(c) 8 (d) 0

24. यदि रेखा $y = x + 3$ वृत्त $x^2 + y^2 = 9$ को A और B पर मिलती है, तो उस वृत्त का समीकरण जिसका व्यास AB हो, है

(a) $x^2 + y^2 + 3x - 3y = 0$
(b) $x^2 + y^2 - 3x + 3y = 0$
(c) $x^2 + y^2 + 3x + 3y = 0$
(d) $x^2 + y^2 - 3x - 3y = 0$

25. वृत्त $x^2 + y^2 - 2x - 4y = 0$ तथा $x^2 + y^2 - 8y - 4 = 0$

(a) बाह्यत: स्पर्श करते हैं
(b) अन्त: स्पर्श करते हैं
(c) स्पर्श नहीं करते हैं
(d) उपरोक्त में से कोई नहीं

26. शांकव $5x^2 - 6xy + 5y^2 + 22x - 26y + 29 = 0$ का केन्द्र है

(a) (−1, 1) (b) (−1, 2) (c) (2, 2) (d) (0, 3)

27. यदि e और e' अतिपरवलय $\frac{x^2}{a^2} - \frac{y^2}{b^2} = 1$ तथा इसके संयुग्मी अतिपरवलय की उत्केन्द्रताएँ है, तो

(a) $e^2 + e'^2 = 1$ (b) $e = e'$
(c) $\frac{1}{e^2} + \frac{1}{e'^2} = 1$ (d) $\frac{1}{e^2} - \frac{1}{e'^2} = 1$

28. वृत्त का केन्द्र, जो बिन्दुओं (2, 0), (0, 6) तथा (5, 1) से होकर जाता है, है

(a) $\left(\frac{3}{2}, 1\right)$ (b) (2, 3)
(c) $\left(\frac{5}{2}, 2\right)$ (d) $\left(\frac{5}{2}, \frac{7}{2}\right)$

29. एक अतिपरवलय के शीर्ष (1, 0) तथा (−1, 0) है और नाभियाँ (2, 0) तथा (−2, 0) हैं। अतिपरवलय का समीकरण है

(a) $3x^2 - y^2 = 3$ (b) $2x^2 - 3y^2 = 3$
(c) $x^2 - 3y^2 = 2$ (d) $3x^2 - 2y^2 = 6$

30. उस शंकु का समीकरण, जिसका शीर्ष मूलबिन्दु पर हैं तथा आधार वक्र $z = k, f(x, y) = 0$ है, है

(a) $f\left(\frac{xk}{z}, \frac{yk}{z}\right) = 0$ (b) $f(k, xyz) = 0$
(c) $f(ky, kxz) = 0$ (d) इनमें से कोई नहीं

31. $\lim_{x \to 0} \frac{(x+1)^5 - 1}{(x+1)^7 - 1}$ बराबर है

(a) $\frac{7}{5}$ (b) $\frac{5}{7}$ (c) $\frac{2}{7}$ (d) $\frac{2}{5}$

32. यदि $f\left(x + \frac{1}{x}\right) = x^3 + \frac{1}{x^3}$, तो $f(1)$ बराबर है

(a) −3 (b) −2 (c) −1 (d) 0

33. बिन्दुओं की संख्या, जहाँ फलन $f(x) = |x + 3| + |x^2 - 4|$ अवकलनीय नहीं है, है

(a) 0 (b) 1 (c) 2 (d) 3

34. अवकल समीकरण $ydx - (x + 2y^2)dy = 0$ का व्यापक हल क्या है

(a) $x = y^2 + cy$ (b) $x = 2cy^2$
(c) $x = 2y^2 + cy$ (d) $x = 2y + cy^2$

35. $\int_{1/e}^{e^2} \left|\frac{\log_e x}{x}\right| dx$ बराबर है

(a) $\frac{1}{2}$ (b) $\frac{3}{2}$ (c) $\frac{5}{2}$ (d) 2

36. यदि $f(x) = \sqrt{4 - x^2}$, तो $\lim_{x \to 1} \frac{f(1) - f(x)}{x - 1}$ बराबर है

(a) $\frac{1}{\sqrt{3}}$ (b) $\sqrt{3}$ (c) 0 (d) $\frac{2}{\sqrt{3}}$

37. $\int_{-\pi/2}^{\pi/2} \sqrt{\cos x - \cos^3 x}\, dx$ का मान है

(a) 0 (b) $\frac{1}{3}$ (c) $\frac{2}{3}$ (d) $\frac{4}{3}$

38. अवकल समीकरण
$\frac{xdx + ydy}{\sqrt{x^2 + y^2}} = \frac{ydx - xdy}{y^2}$, $y(0) = 1$ का हल है
(a) $y\sqrt{x^2 + y^2} = 2x + y$
(b) $x\sqrt{x^2 + y^2} = x + y$
(c) $y\sqrt{x^2 + y^2} = x + y$
(d) $x\sqrt{x^2 + y^2} = 2x + y$

39. $\tan^{-1} x$ का मैक्लारिन प्रसार है
(a) $x + \frac{x^3}{3} + \frac{x^5}{5} + ...$ (b) $x - \frac{x^3}{3} + \frac{x^5}{5} - ...$
(c) $x + \frac{x^3}{3!} + \frac{x^5}{5!} + ...$ (d) $x - \frac{x^3}{3!} + \frac{x^5}{5!} - ...$

40. वक्र $x^2y - 3x^2 - 5xy + 6y + 2 = 0$ की अनन्त स्पर्शियों की संख्या है
(a) 0 (b) 1 (c) 2 (d) 3

41. यदि $y = \sec^{-1}\sqrt{\frac{x+1}{x-1}} + \sin^{-1}\sqrt{\frac{x-1}{x+1}}$, तो $\frac{dy}{dx}$ का $x = 2$ का मान है
(a) 1 (b) 2
(c) 0 (d) 3

42. वक्र परिवार $y = Ae^{2x} + Be^{-2x}$ जहाँ, A और B स्वेच्छ अचर हैं, के लिए अवकल समीकरण है
(a) $\frac{d^2y}{dx^2} + 4y = 0$ (b) $\frac{d^2y}{dx^2} - 4y = 0$
(c) $\frac{d^2y}{dx^2} + \frac{dy}{dx} - 4y = 0$ (d) $\frac{d^2y}{dx^2} + 4\frac{dy}{dx} - y = 0$

43. $\tan^{-1} x > \cot^{-1} x$ सत्य है
(a) $x = 1$ के लिए (b) $x > 1$ के लिए
(c) $x < 1$ के लिए (d) x के सभी मानों के लिए

44. निम्नलिखित में से कौन एक सही है
(a) $\sin h^{-1}x = i \sin^{-1}(ix)$
(b) $\cos h^{-1}x = \log(x + \sqrt{1 - x^2})$
(c) $\cos h^{-1}x = i \cos^{-1}(ix)$
(d) $\tan h^{-1}x = -i \tan^{-1}(ix)$

45. $i\log \frac{x - i}{x + i}$ का मान है
(a) $\pi + 2\tan^{-1} x$ (b) $\frac{\pi}{2} + 2\tan^{-1} x$
(c) $\frac{\pi}{2} - 2\tan^{-1} x$ (d) $\pi - 2\tan^{-1} x$

46. यदि $|z + 5| \le 2, z = x + iy$, तो $|z + 2|$ का अधिकतम मान है
(a) 2 (b) 4 (c) 5 (d) 6

47. यदि $i = \sqrt{-1}$, तो i^i का व्यापक मान है
(a) $e^{(4n+1)\frac{\pi}{2}}$ (b) $e^{-(4n+1)\frac{\pi}{2}}$
(c) $e^{(2n+1)\frac{\pi}{2}}$ (d) इनमें से कोई नहीं

48. $\sinh^{-1}(\cot x)$ बराबर है
(a) $\log(\cos x + \sin x)$
(b) $\log(\cos x - \sin x)$
(c) $\log(\cot x + \operatorname{cosec} x)$
(d) $\log(\tan x + \cot x)$

49. यदि $A + iB = \frac{3 - 2i}{7 + 4i}$, तो $A - B$ का मान है
(a) $\frac{1}{5}$ (b) $\frac{2}{5}$ (c) $\frac{3}{5}$ (d) $-\frac{1}{5}$

50. यदि $|\vec{a}| + |\vec{b}| = |\vec{c}|$ और $\vec{a} + \vec{b} = \vec{c}$, तो $\vec{a}$ और $\vec{b}$ के बीच का कोण है
(a) 0° (b) 45° (c) 90° (d) 180°

51. यदि सदिश $\vec{p} = x\hat{i} + 3\hat{j} + 2\hat{k}$, $\vec{a} = 2\hat{i} + 2\hat{j} + 3\hat{k}$ तथा $\vec{b} = 2\hat{i} + 3\hat{j} + 4\hat{k}$ समतलीय हैं, तो x का मान है
(a) 2 (b) –2 (c) 3 (d) –3

52. यदि $\hat{a}$ और $\hat{b}$ एक–दूसरे पर 30° पर आनत दो इकाई सदिश हो, तो $|\hat{a} + \hat{b}|$ बराबर है
(a) $\sqrt{3} - 1$ (b) $\sqrt{3} + 1$
(c) $\frac{\sqrt{3} - 1}{\sqrt{2}}$ (d) $\frac{\sqrt{3} + 1}{\sqrt{2}}$

53. यदि $\vec{F} = \text{grad}(x^3 + y^3 + z^3 - 3xyz)$, तो $\vec{F}$ है
(a) पारिनालकीय
(b) अघूर्णनीय
(c) पारिनालकीय एवं अघूर्णनीय दोनों
(d) उपरोक्त में से कोई नहीं

54. एक सदिश, जो पृष्ठ $x^2 - xy + yz = 5$ के बिन्दु (1, 2, 3) पर अभिलम्ब हो, है
(a) $\hat{i} + 2\hat{j}$ (b) $2\hat{j} + 2\hat{k}$
(c) $2\hat{i} + \hat{k}$ (d) $\hat{j} + 2\hat{k}$

55. सामान्य कैटनरी के लिए निम्नलिखित में से कौन एक सही नहीं है
(a) $y + s = ce^{x/c}$ (b) $\frac{ds}{d\psi} = \operatorname{csec}^2\psi$
(c) $\sec\psi + \tan\psi = e^{y/c}$ (d) $s = c\sin h\frac{x}{c}$

56. एक गेंद को दिए गए वेग से ऊर्ध्वाधर ऊपर की ओर फेंका जाता है। वह अधिकतम ऊँचाई 100 मी तक पहुँचती है। दूसरी बार उसे दुगुने आरम्भिक वेग से फेंका जाता है, तो गेंद किस अधिकतम ऊँचाई तक जाएगी?
(a) 100 मी (b) 150 मी
(c) 200 मी (d) 400 मी

57. एक पत्थर को 100 मी ऊँचे स्तम्भ से 9.8 मी/से के वेग से क्षैतिज दिशा में प्रक्षिप्त किया जाता हैं। प्रक्षेपण के 1 सेकण्ड के बाद उसका वेग है ($g = 9.8$ मी/से²)
(a) 9.8 मी/से (b) 4.9 मी/से
(c) $9.8\sqrt{2}$ मी/से (d) इनमें से कोई नहीं

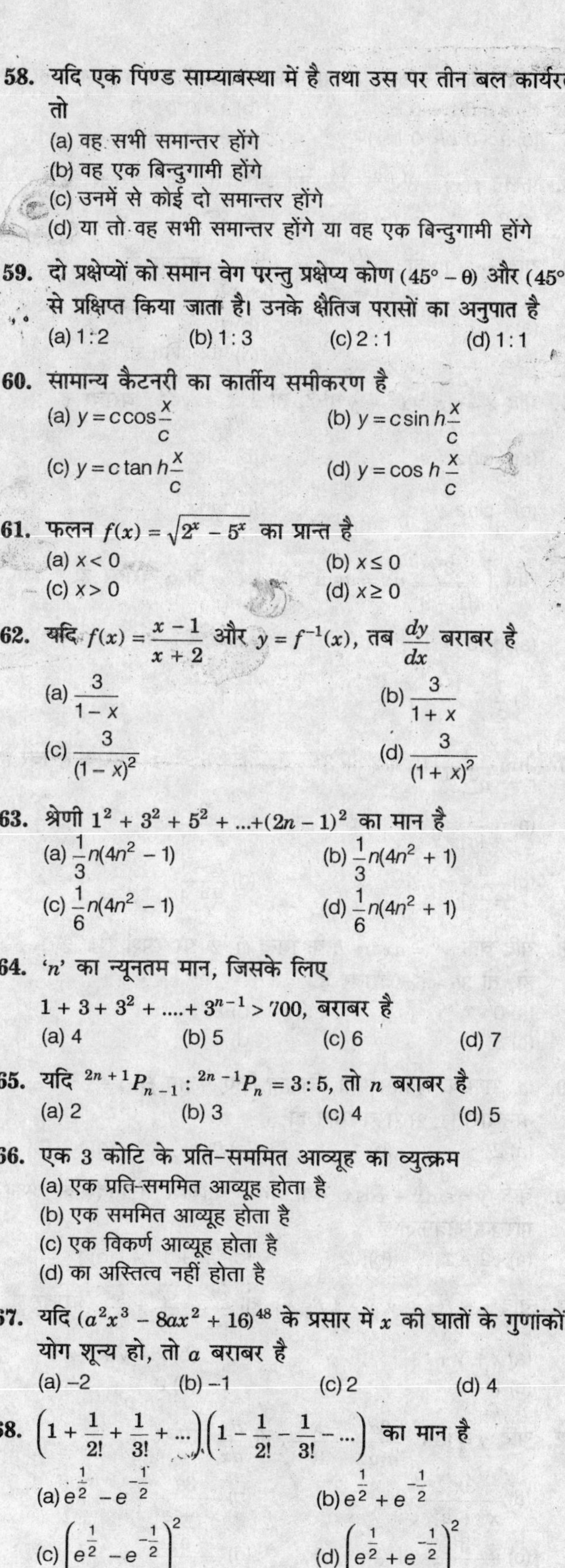

58. यदि एक पिण्ड साम्याबस्था में है तथा उस पर तीन बल कार्यरत् हो, तो
(a) वह सभी समान्तर होंगे
(b) वह एक बिन्दुगामी होंगे
(c) उनमें से कोई दो समान्तर होंगे
(d) या तो वह सभी समान्तर होंगे या वह एक बिन्दुगामी होंगे

59. दो प्रक्षेप्यों को समान वेग परन्तु प्रक्षेप्य कोण $(45° - \theta)$ और $(45° + \theta)$ से प्रक्षिप्त किया जाता है। उनके क्षैतिज परासों का अनुपात है
(a) 1 : 2 (b) 1 : 3 (c) 2 : 1 (d) 1 : 1

60. सामान्य कैटनरी का कार्तीय समीकरण है
(a) $y = c\cos\frac{x}{c}$ (b) $y = c\sin h\frac{x}{c}$
(c) $y = c\tan h\frac{x}{c}$ (d) $y = \cos h\frac{x}{c}$

61. फलन $f(x) = \sqrt{2^x - 5^x}$ का प्रान्त है
(a) $x < 0$ (b) $x \le 0$
(c) $x > 0$ (d) $x \ge 0$

62. यदि $f(x) = \frac{x-1}{x+2}$ और $y = f^{-1}(x)$, तब $\frac{dy}{dx}$ बराबर है
(a) $\frac{3}{1-x}$ (b) $\frac{3}{1+x}$
(c) $\frac{3}{(1-x)^2}$ (d) $\frac{3}{(1+x)^2}$

63. श्रेणी $1^2 + 3^2 + 5^2 + ... + (2n-1)^2$ का मान है
(a) $\frac{1}{3}n(4n^2 - 1)$ (b) $\frac{1}{3}n(4n^2 + 1)$
(c) $\frac{1}{6}n(4n^2 - 1)$ (d) $\frac{1}{6}n(4n^2 + 1)$

64. 'n' का न्यूनतम मान, जिसके लिए
$1 + 3 + 3^2 + ... + 3^{n-1} > 700$, बराबर है
(a) 4 (b) 5 (c) 6 (d) 7

65. यदि ${}^{2n+1}P_{n-1} : {}^{2n-1}P_n = 3 : 5$, तो n बराबर है
(a) 2 (b) 3 (c) 4 (d) 5

66. एक 3 कोटि के प्रति-सममित आव्यूह का व्युत्क्रम
(a) एक प्रति-सममित आव्यूह होता है
(b) एक सममित आव्यूह होता है
(c) एक विकर्ण आव्यूह होता है
(d) का अस्तित्व नहीं होता है

67. यदि $(a^2x^3 - 8ax^2 + 16)^{48}$ के प्रसार में x की घातों के गुणांकों का योग शून्य हो, तो a बराबर है
(a) –2 (b) –1 (c) 2 (d) 4

68. $\left(1 + \frac{1}{2!} + \frac{1}{3!} + ...\right)\left(1 - \frac{1}{2!} - \frac{1}{3!} - ...\right)$ का मान है
(a) $e^{\frac{1}{2}} - e^{-\frac{1}{2}}$ (b) $e^{\frac{1}{2}} + e^{-\frac{1}{2}}$
(c) $\left(e^{\frac{1}{2}} - e^{-\frac{1}{2}}\right)^2$ (d) $\left(e^{\frac{1}{2}} + e^{-\frac{1}{2}}\right)^2$

69. रैखिक समीकरणों के निकाय
$x_1 + 2x_2 + x_3 = 3,\ \ 2x_1 + 3x_2 + x_3 = 3$
$3x_1 + 5x_2 + 2x_3 = 1$ का/के है/हैं
(a) अनन्त हल (b) ठीक ठीक 3 हल
(c) अद्वितीय हल (d) कोई हल नहीं

70. यदि हरात्मक श्रेढ़ी का 5 वाँ पद 7 तथा 7वाँ पद 5 हो, तो 35वाँ पद है
(a) 0 (b) 1 (c) $\frac{7}{12}$ (d) $\frac{1}{35}$

71. यदि $\log 3, \log(3^x - 2)$ और $\log(3^x + 4)$ समान्तर श्रेढ़ी में हों, तो x बराबर है
(a) $\log_3 4$ (b) $\log_2 3$ (c) $\log_3 8$ (d) $\log_8 3$

72. एक समतल में 15 बिन्दु इस प्रकार हैं कि कोई भी तीन बिन्दु एक रेखीय नहीं हैं। इनको मिलाने पर बनने वाले त्रिभुजों की संख्या है
(a) 455 (b) 2730
(c) 355 (d) 454

73. यदि G, 30 कोटि का एक चक्रीय समूह है, तो G के कुल उपसमूहों की संख्या है
(a) 6 (b) 7 (c) 8 (d) 9

74. यदि एक समूह G में प्रत्येक अवयव अपने का व्युत्क्रम हो, तो G है
(a) परिमित (b) अपरिमित
(c) आवेली (d) अन-आवेली

75. $1^3 - 2^3 + 3^3 - 4^3 + ... - 10^3 + 11^3$ बराबर है
(a) 512 (b) 756
(c) 848 (d) 954

76. समूह $G = \{\{2, 4, 6, 8\}, \cdot_{10}\}$ का तत्समक अवयव है
(a) 2 (b) 4 (c) 6 (d) 8

77. मान लीजिए द्विआधारी संक्रिया * जो निम्न से परिभाषित है
$a * b = a + b + 1, \forall\, a, b \in G$
के साथ G एक समूह है। समूह G के अवयव C का व्युत्क्रम है
(a) $2 + C$ (b) $2 - C$
(c) $-2 + C$ (d) $-2 - C$

78. समुच्चय {1, 2, 3, 4, 5} से स्वयं तक के समस्त आच्छादक फलनों की संख्या है
(a) 2^5 (b) $2^5 - 1$ (c) 5! (d) 4!

79. एक चक्रीय समूह का प्रत्येक उपसमूह होता है
(a) प्रसामान्य
(b) केवल प्रसामान्य जब उपसमूह की कोटि अभाज्य संख्या हो
(c) अप्रसामान्य
(d) प्रसामान्य जब समूह की कोटि अभाज्य संख्या हो

80. निम्नलिखित में से कौन सदिश समष्टि R^3 की उपसमष्टि है?
(a) $\{(a, b, c) \in R^3 : a + b = 0\}$
(b) $\{(a, b, c) \in R^3 : a - b = 2\}$
(c) $\{(a, b, c) \in R^3 : a + b = 1\}$
(d) $\{(a, b, c) \in R^3 : a - b = 1\}$

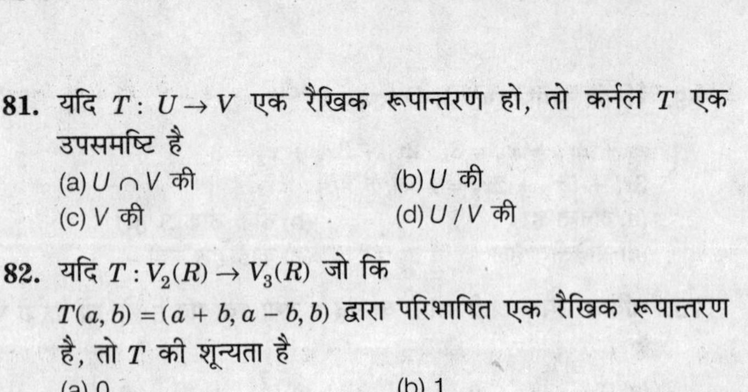

81. यदि $T: U \to V$ एक रैखिक रूपान्तरण हो, तो कर्नल T एक उपसमष्टि है

(a) $U \cap V$ की (b) U की
(c) V की (d) U/V की

82. यदि $T: V_2(R) \to V_3(R)$ जो कि $T(a, b) = (a + b, a - b, b)$ द्वारा परिभाषित एक रैखिक रूपान्तरण है, तो T की शून्यता है

(a) 0 (b) 1
(c) 2 (d) 3

83. यदि $V = R^3, W = \{(a, 0, 0) \in R^3\}$ तो सदिश समष्टि V/W की विमा होगी

(a) 1 (b) 2
(c) 3 (d) 4

84. मान लीजिए α, β समीकरण $x^2 + ax + a^3 = 0, a \neq 0$ के मूल हैं। यदि (α, β) परवलय $y^2 = x$, पर स्थित हो, तो समीकरण के मूल हैं

(a) 2, 3 (b) 4, –2
(c) 4, 2 (d) 2, –3

85. यदि $2x - y + z + 4 = 0$ उस गोले का एक स्पर्श तल हैं जिसका केन्द्र (1, 0, 1) है, तो गोले की त्रिज्या है

(a) 7 (b) $7/\sqrt{6}$
(c) $5/\sqrt{6}$ (d) 5

86. यदि $ax^2 - 6xy + y^2 = 0$ से प्रदर्शित रेखाओं में से एक की प्रवणता दूसरी की प्रवणता का वर्ग हो, तो a के मान हैं

(a) 8, –27 (b) –8, 27
(c) 6, –24 (d) –6, 24

87. बिन्दु $P(1, -2)$ की वृत्त $x = 2 + 3\cos\theta,\ y = -4 + 3\sin\theta$ के केन्द्र से दूरी है

(a) $\sqrt{7}$ (b) $\sqrt{5}$
(c) $\sqrt{3}$ (d) $\sqrt{2}$

88. रेखायुग्म $3x^2 + xy - 2y^2 = 0$ के बीच के कोणों को समद्विभाजित करने वाली रेखाओं का समीकरण है

(a) $x^2 - 10xy - y^2 = 0$
(b) $x^2 + 10xy - y^2 = 0$
(c) $x^2 + 10xy + y^2 = 0$
(d) $x^2 + xy - y^2 = 0$

89. त्रिविमीय ज्यामिति में समीकरण $x^2 + y^2 = r^2$ प्रदर्शित करता है एक

(a) वृत्त (b) गोला
(c) बेलन (d) शंकु

90. समतल, जिस पर X-अक्ष स्थित हो, का समीकरण है

(a) $ax + by = 0$ (b) $by + cz = 0$
(c) $ax + cz = 0$ (d) $x + y + z = 0$

91. मान लीजिए एक दीर्घवृत्त की नाभियाँ S और S' तथा BB' लघु अक्ष है। यदि $\angle BSS' = \theta$, तो दीर्घवृत्त की उत्केन्द्रता है

(a) $\cos\theta$ (b) $\sin\theta$
(c) $\tan\theta$ (d) $\cot\theta$

92. यदि रेखा $ax + by + c = 0$, वक्र $xy = 4$ की एक अभिलम्ब हो, तो

(a) $a < 0, b < 0$ (b) $a > 0, b > 0$
(c) $a > 0, b < 0$ (d) $a < 0, b = 0$

93. फलन $f(x) = 3^{1 + 2x - x^2}$ का अधिकतम मान बराबर है

(a) 3 (b) 9 (c) 27 (d) 81

94. यदि $xy = 1$, तो $\dfrac{dy}{\sqrt{1 + y^4}} + \dfrac{dx}{\sqrt{1 + x^4}}$ बराबर है

(a) 0 (b) 1
(c) y (d) परिभाषित नहीं

95. यदि $z = \sin^{-1}(x^2 + y^2)^{1/5}$, तो $x\dfrac{\partial z}{\partial x} + y\dfrac{\partial z}{\partial y}$ बराबर है

(a) $\dfrac{1}{5}\sin z$ (b) $\dfrac{2}{5}\tan z$
(c) $\dfrac{2}{5}\sin z$ (d) $\tan z$

96. यदि $\int \dfrac{3^x}{\sqrt{1 - 9^x}}dx = a\sin^{-1} 3^x + C$, तो a बराबर है

(a) $\log 3$ (b) $\dfrac{1}{\log 3}$
(c) $\dfrac{1}{2}$ (d) 1

97. $\lim\limits_{n \to \infty} \dfrac{1}{n^{a+1}}[1^a + 2^a + 3^a + ... + n^a], a > -1$, किसके बराबर है?

(a) $\dfrac{1}{a + 1}$ (b) $\dfrac{2}{a + 1}$
(c) $\dfrac{a}{a + 1}$ (d) $\dfrac{a - 1}{a + 1}$

98. यदि वक्र $y^3 = ax^2 + b$ के बिन्दु (1, 2) पर स्पर्श रेखा $2y = x + 3$ हो, तो $3b - 5a$ बराबर है

(a) 0 (b) 2
(c) 3 (d) 4

99. 'a' सम्भव न्यूनतम मान, जिसके लिए फलन $f(x) = x^2 + ax + 1$, अन्तराल [1, 2] में वर्धमान हो, है

(a) 2 (b) 1 (c) 0 (d) –2

100. वक्र $y = \sin x + \cos x$ तथा प्रथम चतुर्थांश में निर्देशांक अक्षों से परिबद्ध क्षेत्रफल है

(a) $\sqrt{2} - 1$ (b) $\sqrt{2}$ (c) $\sqrt{2} + 1$ (d) 1

101. यदि $z = f(x - y, y - t, t - x)$, तो $\dfrac{\partial z}{\partial x} + \dfrac{\partial z}{\partial y} + \dfrac{\partial z}{\partial t}$ बराबर है

(a) $x + y + t$ (b) $x + y + t + 1$
(c) 1 (d) 0

102. यदि $y = \tan^{-1} \dfrac{3ax^2 - x^3}{a(a^2 - 3x^2)}$, तो $\dfrac{dy}{dx}$ बराबर है

(a) $\dfrac{3x}{x^2 + a^2}$ (b) $\dfrac{3a}{x^2 + a^2}$
(c) $\dfrac{3}{x^2 + a^2}$ (d) $\dfrac{a}{x^2 + a^2}$

103. यदि a और b स्वेच्छ अचर हों, तो $z = ax + a^2y^2 + b$ का आंशिक अवकल समीकरण है

(a) $q = 2py$ (b) $p = 2q^2y$
(c) $q = 2p^2y$ (d) $p = xq^2$

104. अवकल समीकरण $(y - px)(p - 1) = p$, $p = \frac{dy}{dx}$ का हल है

(a) $y = cx + \frac{c}{c-1}$ (b) $y = x^2 + c$
(c) $y = cx + 2$ (d) $y^2 = cx + 3$
(जहाँ c एक स्वेच्छ अचर है)

105. गदि $\lim_{x \to 0} x \sin\frac{1}{x} = A$ एवं $\lim_{x \to \infty} x \sin\frac{1}{x} = B$, तो

(a) $A = 1, B = 0$ (b) $A = 0, B = 1$
(c) $A = 1, B = \infty$ (d) $A = \infty, B = 1$

106. निम्नलिखित में से कौन एक सही नहीं है?

(a) $\tan i\theta = i \tan h\theta$ (b) $\cos i\theta = \cos h\theta$
(c) $\cot i\theta = i \cot h\theta$ (d) $\sin i\theta = i \sin h\theta$

107. श्रेणी $\frac{1}{1\cdot 3} + \frac{1}{5\cdot 7} + \frac{1}{9\cdot 11} + \dots$ का योगफल है

(a) $\frac{\pi}{4}$ (b) $\frac{\pi}{2}$ (c) $\frac{\pi}{8}$ (d) $\frac{3\pi}{4}$

108. $\tan^{-1}\frac{1}{2} + \tan^{-1}\frac{1}{5} + \tan^{-1}\frac{1}{8}$ का मान है

(a) $\frac{\pi}{4}$ (b) $\frac{\pi}{2}$ (c) π (d) $\tan^{-1}2$

109. समीकरण $\sin^4\theta - 2\cos^2\theta + a^2 = 0$ का कम से कम एक हल होगा, यदि

(a) $|a| \le 1\frac{1}{2}$ (b) $|a| \le 2$ (c) $|a| \le \sqrt{2}$ (d) $|a| \ge 1$

110. यदि $e^{\sin(x + iy)} = A + iB$, जहाँ A और B वास्तविक हैं, तो $\sqrt{A^2 + B^2}$ बराबर है

(a) $e^{\sin x \cos hy}$ (b) $e^{\sin hx \cos y}$
(c) $e^{\sin hx \sin hy}$ (d) $e^{\sin x \sin y}$

111. $2\sin h(x + y) \cos h(x - y)$ बराबर है

(a) $\sin 2x + \sin 2y$ (b) $\sin 2x + \sin h2y$
(c) $\sin h2x + \sin h2y$ (d) $\sin h2x + \sin 2y$

112. एक त्रिभुज ABC में, $a = 5, b = 7$ और $\sin A = \frac{3}{4}$, तो ऐसे कितने त्रिभुज सम्भव हैं?

(a) 0 (b) 1 (c) 2 (d) 3

113. यदि $\text{div}(r^n \vec{r}) = 0$, तो n का मान है

(a) –3 (b) 1 (c) 2 (d) –1

114. यदि $\vec{A} = \hat{i} + \hat{j} + \hat{k}$, $\vec{A}\cdot\vec{B} = 2$ तथा $\vec{A} \times \vec{B} = \hat{j} - \hat{k}$, तो $|3\vec{B}|$ बराबर है

(a) $2\sqrt{2}$ (b) $3\sqrt{2}$ (c) $2\sqrt{3}$ (d) $3\sqrt{3}$

115. यदि $(\vec{A} \times \vec{B})^2 + (\vec{A}\cdot\vec{B})^2 = 81$ और $|\vec{B}| = 3$, तो $|\vec{A}|$ बराबर है

(a) 9 (b) 3 (c) 27 (d) 1

116. $[\hat{i} - \hat{j}, \hat{j} - \hat{k}, \hat{k} - \hat{j}]$ का मान है

(a) 1 (b) 2 (c) 3 (d) 0

117. बिन्दु $(1, 1, 1)$ पर $\phi = xy + yz + zx$ का द्विक अवकलज सदिश $\hat{i} - 2\hat{j} + 2\hat{k}$ की दिशा में है

(a) $\frac{1}{3}$ (b) $\frac{2}{3}$ (c) $\frac{5}{3}$ (d) $\frac{7}{3}$

118. यदि $\vec{u}$ तथा $\vec{v}$ सदिश बिन्दु फलन हैं और ϕ एक अदिश फलन, तो निम्नलिखित में से कौन-सा कथन अर्थपूर्ण है?

(a) $\vec{\nabla}\cdot\vec{u}$ (b) $\vec{\nabla}(\vec{u} \times \vec{v})$
(c) $\vec{\nabla}(\phi\vec{u})$ (d) $\vec{\nabla}(\vec{u}\cdot\vec{v})$

119. एक प्रक्षेप्य की गति निम्न समीकरण से व्यक्त की जाती है $y = ax - bx^2$। प्रक्षेप्य का परास है

(a) $\frac{a}{b}$ (b) $\frac{a}{2b}$
(c) $\frac{2a}{b}$ (d) इनमें से कोई नहीं

120. यदि दो समान पूर्णतया प्रत्यास्थ पिण्ड सीधे टकराते हैं, तो टकराने के पश्चात्

(a) दोनों अपने वेगों को आपस में बदल लेते हैं
(b) दोनों विरामावस्था में आ जाते हैं
(c) दोनों के वेग नहीं बदलते हैं
(d) उपरोक्त में से कोई नहीं

उत्तरमाला

1. (a)	2. (c)	3. (c)	4. (d)	5. (c)	6. (c)	7. (c)	8. (c)	9. (b)	10. (c)
11. (a)	12. (c)	13. (c)	14. (b)	15. (a)	16. (b)	17. (b)	18. (c)	19. (c)	20. (c)
21. (b)	22. (*)	23. (c)	24. (a)	25. (b)	26. (b)	27. (c)	28. (d)	29. (a)	30. (a)
31. (b)	32. (b)	33. (d)	34. (c)	35. (c)	36. (a)	37. (d)	38. (c)	39. (b)	40. (d)
41. (c)	42. (b)	43. (b)	44. (d)	45. (d)	46. (c)	47. (b)	48. (c)	49. (c)	50. (a)
51. (b)	52. (d)	53. (b)	54. (b)	55. (c)	56. (d)	57. (c)	58. (d)	59. (d)	60. (d)
61. (b)	62. (c)	63. (a)	64. (d)	65. (c)	66. (d)	67. (d)	68. (c)	69. (d)	70. (b)
71. (c)	72. (a)	73. (c)	74. (c)	75. (b)	76. (c)	77. (d)	78. (c)	79. (a)	80. (a)
81. (b)	82. (a)	83. (b)	84. (b)	85. (b)	86. (a)	87. (b)	88. (a)	89. (c)	90. (b)
91. (a)	92. (c)	93. (b)	94. (a)	95. (b)	96. (b)	97. (a)	98. (a)	99. (d)	100. (c)
101. (d)	102. (b)	103. (c)	104. (a)	105. (b)	106. (c)	107. (c)	108. (a)	109. (c)	110. (a)
111. (c)	112. (a)	113. (d)	114. (b)	115. (b)	116. (d)	117. (b)	118. (d)	119. (a)	120. (a)